JURISPRUDENCE GÉNÉRALE

SUPPLÉMENT AU RÉPERTOIRE

MÉTHODIQUE ET ALPHABÉTIQUE

DE LÉGISLATION,

DE DOCTRINE ET DE JURISPRUDENCE

EN MATIÈRE DE DROIT CIVIL, COMMERCIAL, CRIMINEL, ADMINISTRATIF,
DE DROIT DES GENS ET DE DROIT PUBLIC.

TOME SIXIÈME

JURISPRUDENCE GÉNÉRALE

SUPPLÉMENT AU RÉPERTOIRE

MÉTHODIQUE ET ALPHABÉTIQUE

DE LÉGISLATION

DE DOCTRINE ET DE JURISPRUDENCE

EN MATIÈRE DE DROIT CIVIL, COMMERCIAL, CRIMINEL, ADMINISTRATIF, DE DROIT DES GENS ET DE DROIT PUBLIC.

De MM. DALLOZ,

Publié sous la direction de MM.

Gaston GRIOLET
Docteur en droit

Charles VERGÉ
Maître des Requêtes au Conseil d'État

Avec le concours de **M. C. KŒHLER**, Docteur en droit

Et la collaboration de plusieurs magistrats et jurisconsultes.

TOME SIXIÈME

A PARIS

AU BUREAU DE LA JURISPRUDENCE GÉNÉRALE

RUE DE LILLE, N° 19

1890

JURISPRUDENCE GÉNÉRALE

SUPPLÉMENT

AU

RÉPERTOIRE MÉTHODIQUE ET ALPHABÉTIQUE

DE LÉGISLATION, DE DOCTRINE

ET DE JURISPRUDENCE

DROIT DE COMMISSION. — V. *Commissionnaire*, nos 33 et suiv.; *Compte courant*, nos 54 et suiv.; — *Rép.* vis *Banquier*, n° 41; *Commissionnaire*, nos 85 et suiv., 241, 252; *Compte courant*, nos 109 et suiv.

DROIT CONSTITUTIONNEL.

Division.

Art. 1er. — *Sources du droit constitutionnel* (*Rép.* nos 3 à 14).

1. V. *Rép.* nos 3 et suiv.

Art. 2. — *Historique et droit comparé* (*Rép.* nos 15 à 82).

§ 1er. — Constitutions des peuples anciens (*Rép.* nos 16 à 36).

2. V. *Rép.* nos 15 et suiv.

§ 2. — Constitutions anciennes et modernes de la France (*Rép.* nos 37 à 68).

3. On a vu au *Rép.* n° 68 que l'Assemblée constituante de 1848 avait soumis à certaines conditions la revision de la constitution qu'elle avait votée; aux termes de l'art. 3, cette revision ne pouvait avoir lieu que sur le vœu exprimé par l'Assemblée nationale, dans la dernière année d'une législature par trois délibérations successives prises chacune aux trois quarts des suffrages exprimés. Une proposition de revision déposée en 1851 ne put réunir cette majorité; mais la lutte qui s'était engagée entre l'Assemblée nationale et le prince Louis-Napoléon Bonaparte élu en 1848 président de la République eut pour dénouement le coup d'Etat du 2 déc. 1851. Après avoir dissous par la force l'Assemblée nationale, le président demanda au peuple de lui déléguer les pouvoirs nécessaires pour faire une constitution sur les bases suivantes: 1° un chef responsable nommé pour dix ans; 2° des ministres dépendant du pouvoir exécutif seul; 3° un conseil d'Etat préparant les lois et en soutenant la discussion devant le Corps législatif; 4° un Corps législatif discutant et votant les lois, nommé par le suffrage universel sans scrutin de liste; 5° une seconde assemblée « pouvoir pondérateur, gardien du pacte fondamental et des libertés publiques ». Le plébiscite du 20 déc. 1851 conféra au prince Louis-Napoléon Bonaparte les pouvoirs demandés dans sa proclamation du 2 décembre, et il rédigea sur les bases proposées dans cette proclamation la constitution du 14 janv. 1852 (D. P. 52. 4. 33), dont les principales dispositions ont été analysées au *Rép.* v° *Souveraineté*, nos 29 et 30.

4. D'importantes modifications ne tardèrent pas à être apportées à la constitution du 14 janv. 1852. Dès le 7 nov. 1852 (D. P. 52. 4. 203), un sénatus-consulte qui fut ratifié par un plébiscite des 21 et 22 nov. 1852 rétablit la dignité impériale et la déclara héréditaire dans la descendance directe et légitime de Louis-Napoléon Bonaparte, de mâle en mâle, par ordre de primogéniture et à l'exclusion perpétuelle des femmes et de leur descendance. Louis-Napoléon Bonaparte fut proclamé empereur sous le nom de Napoléon III. Nous avons résumé au *Rép.* v° *Souveraineté*, n° 32, les dispositions de ce sénatus-consulte qui réglaient l'ordre de succession au trône, ainsi que celles du sénatus-consulte du 25 décembre suivant (D. P. 52. 4. 221) portant interprétation et modification de la constitution et dont l'esprit général tendait à étendre les pouvoirs de l'empereur en restreignant les attributions du Corps législatif (*Rép.* v° *Souveraineté*, n° 33). Nous avons également reproduit *ibid.*, nos 34 et suiv. les principales dispositions du statut du 21 juin 1853 (D. P. 53. 4. 141) qui réglait les conditions et les obligations de la famille impériale et qui avait été emprunté au statut du 30 mars 1806 sur le même objet, ainsi que celles du sénatus-consulte du 17 juill. 1856 relatif à la minorité et à la régence (D. P. 56. 4. 83). Des lettres patentes du 1er févr. 1858 (D. P. 58. 4. 12) conférèrent à l'impératrice Eugénie le titre de régente « pour porter ledit titre et en exercer les fonctions à partir du jour de l'avènement de l'empereur mineur », conformément aux dispositions du sénatus-consulte précité.

5. Les attributions du Corps législatif et du Sénat, fort restreintes pendant cette première période du second Empire, furent élargies pour la première fois par le décret du 24 nov. 1860 (D. P. 61. 4. 7). « Voulant, porte le préambule de ce décret, donner aux grands corps de l'Etat une participation plus directe à la politique générale du Gouvernement », l'empereur décida que le Sénat et le Corps législatif voteraient tous les ans, à l'ouverture de la session, une adresse en réponse au discours du trône, et que cette adresse serait discutée en présence des commissaires du Gouvernement qui donneraient aux Chambres toutes les explications nécessaires sur la politique intérieure et extérieure. Des ministres sans portefeuille étaient chargés de défendre devant les chambres les projets de loi du Gouvernement, de concert avec le président et les membres du conseil d'Etat.

L'institution des ministres sans portefeuille chargés de soutenir la discussion devant les Chambres ne fut pas de longue durée; un décret du 23 juin 1863 (D. P. 63. 4. 123) supprima leurs fonctions et les fit rentrer dans les attributions du ministre d'Etat.

6. Le décret du 24 nov. 1860 annonçait la présentation au Sénat d'un projet de sénatus-consulte destiné à rendre plus prompte et plus complète la reproduction des débats du Sénat et du Corps législatif: un sénatus-consulte du 2 févr. 1861 (D. P. 61. 4. 28) modifia, en effet, l'art. 42 de la constitution, qui n'autorisait d'autre compte rendu des débats du Corps législatif que la reproduction du procès-verbal dressé par les soins du président à l'issue de chaque séance, et décida que les débats du Sénat et du Corps législatif seraient reproduits par la sténographie et insérés *in extenso* dans le *Moniteur officiel* du lendemain. Le compte rendu des séances par les journaux ou tout autre moyen de publication ne pouvait, d'ailleurs, consister que dans la reproduction de cette sténographie officielle ou du compte rendu analytique rédigé sous l'autorité du président. Un autre décret du 3 févr. 1861 (D. P. 61. 4. 30) régla de nouveau les rapports du Sénat et du Corps législatif avec l'empereur et apporta au régime antérieur les modifications rendues nécessaires par le décret du 24 nov. 1860 et le sénatus-consulte du 2 févr. 1861.

7. Le sénatus-consulte du 18 juill. 1866 (D. P. 66. 4. 104) modifia les art. 40 et 41 de la constitution de 1852, relatifs au droit d'amendement et à la durée des sessions législatives. Le Corps législatif fut autorisé à prendre en considération les amendements qui lui seraient proposés, alors même qu'ils n'auraient pas été adoptés par la commission ou par le conseil d'Etat, et à les renvoyer à un nouvel examen de la commission ; ces amendements ne devaient toutefois être mis en délibération qu'après avoir été adoptés par le conseil d'Etat. La disposition qui limitait à trois mois la durée des sessions ordinaires du Corps législatif fut abrogée: la clôture de la session devait désormais être prononcée par décret. L'indemnité des députés fut fixée à 12500 fr. pour chaque session ordinaire ; en cas de session extraordinaire, elle continuait à être réglée conformément à l'art. 14 du sénatus-consulte du 25 déc. 1852.

Le sénatus-consulte du 18 juill. 1866 contenait en même temps certaines dispositions destinées à assurer d'une manière plus efficace le respect de la constitution. Il rappelait que la constitution ne pouvait être discutée par aucun pouvoir public autre que le Sénat procédant dans les formes qu'elle déterminait ; il soumettait à des restrictions particulières l'examen des pétitions tendant à une modification ou une interprétation de la constitution, et interdisait en outre sous des peines pécuniaires toute discussion par la voie de la presse ayant pour objet la critique ou la modification de la constitution et toute publication anticipée d'une pétition relative à cet objet.

8. Un décret du 19 janv. 1867 (D. P. 67. 4. 1) consacra de nouveaux et importants changements. Une lettre de l'Empereur au ministre d'Etat, dont la publication au *Moniteur* accompagnait celle de ce décret, contenait le passage suivant: « Aujourd'hui je crois qu'il est possible de donner aux institutions de l'Empire tout le développement dont elles sont susceptibles et aux libertés publiques une extension nouvelle, sans compromettre le pouvoir que la nation m'a confié ». L'adresse était remplacée par le droit d'interpellation soumis à une réglementation sévère. Toute demande d'interpellation devait être signée par cinq membres au moins. Si deux bureaux du Sénat ou quatre bureaux du Corps législatif émettaient l'avis que l'interpellation pouvait avoir lieu, la Chambre fixait le jour de la discussion. La Chambre, après la clôture de la discussion, votait l'ordre du jour pur et simple ou le renvoi au Gouvernement.

Une modification non moins importante était apportée aux rapports du Gouvernement avec les Chambres. Chacun des ministres pouvait, par une délégation spéciale de l'empereur, être chargé de représenter le Gouvernement devant le Sénat ou le Corps législatif, dans la discussion des affaires ou des projets de loi.

Ces réformes entraînèrent l'abrogation du décret du 3 févr. 1861 qui réglait les rapports des Chambres avec l'empereur, et la publication d'un décret du 5 févr. 1867 (D. P. 67. 4. 2), portant règlement de ces rapports sur de nouvelles bases et établissant les conditions organiques des travaux des Chambres.

9. Le rôle du Sénat fut également modifié et élargi par un sénatus-consulte du 14 mars 1867 (D. P. 67. 4. 34). Indépendamment du droit qui lui appartenait de s'opposer à la promulgation des lois dans les cas prévus par l'art. 26 de la constitution, il fut investi du droit de provoquer par une résolution motivée, avant de se prononcer sur la promulgation d'une loi, une nouvelle délibération du Corps législatif.

C'est en exécution de ce sénatus-consulte que fut rendu le décret du 23 mars 1867 (D. P. 67. 4. 39) qui modifiait les art. 10, 11 et 14 du décret du 5 févr. 1867 et réglementait la façon dont le Sénat devait provoquer de la part du Corps législatif cette nouvelle délibération.

10. Le sénatus-consulte du 8 sept. 1869 (D. P. 69. 4. 60) modifia beaucoup plus profondément que ceux qui l'avaient précédé le régime politique inauguré en 1852, et rétablit, dans ses traits les plus essentiels, le gouvernement parlementaire. Les ministres furent déclarés responsables, sans que cette responsabilité fût limitée à leurs actes individuels (art. 2) et l'incompatibilité entre le mandat de député et les fonctions de ministre fut abolie (art. 3). Les séances du Sénat furent rendues publiques et son droit de s'opposer à la promulgation des lois fut étendu (art. 4 et 5). Le Corps législatif fut remis en possession du droit d'initiative (art. 1er), du droit d'amendement (art. 8), ainsi que du droit d'élire son bureau, de faire son règlement intérieur (art. 11), de voter le budget par chapitres (art. 9). Tout membre du Sénat et du Corps législatif put adresser au Gouvernement des interpellations suivies d'ordres du jour motivés (art. 7). Enfin les modifications qui seraient apportées à l'avenir aux tarifs des douanes et des postes par des traités internationaux ne durent être obligatoires qu'en vertu d'une loi (art. 10). A la suite de ce sénatus-consulte intervint un décret du 8 nov. 1869 (D. P. 69. 4. 74), qui réglementait à nouveau les rapports entre le Gouvernement, le Sénat, le Corps législatif et le conseil d'Etat.

11. Un dernier sénatus-consulte voté le 20 avr. 1870 (D. P. 70. 4. 31), ratifié par un plébiscite du 8 mai et promulgué le 21 mai suivant, eut pour objet de fixer la constitution de l'Empire en consacrant les réformes déjà opérées, et en les complétant par un certain nombre de dispositions nouvelles qui avaient pour objet de partager le pouvoir législatif entre les deux Chambres, de donner à l'empereur la faculté d'augmenter le nombre des sénateurs, et de retirer au Sénat le pouvoir constituant que lui avaient attribué les art. 31 et 32 de la constitution de 1852. La constitution ne devait plus désormais pouvoir être modifiée que par un plébiscite et sur la proposition de l'empereur.

La constitution nouvelle ne fut en vigueur que pendant quelques mois, et les premiers désastres de la guerre de 1870 entraînèrent la chute du régime impérial.

12. Le gouvernement de la Défense nationale du 4 sept. 1870 (D. P. 70. 4. 85) convoqua par un décret du 8 du même mois (D. P. 70. 4. 86) les collèges électoraux pour le 16 octobre suivant, à l'effet d'élire une Assemblée constituante. Mais ces élections furent ajournées, et ce ne fut que le 8 févr. 1871 que fut élue l'Assemblée nationale qui se réunit à Bordeaux. Le 17 février, cette Assemblée nomma M. Thiers chef du pouvoir exécutif, et décida qu'il exercerait ses fonctions sous l'autorité de l'Assemblée nationale avec le concours des ministres qu'il aurait choisis et qu'il présiderait (D. P. 71. 4. 22). Par une résolution du 1er mars suivant, elle confirma la déchéance de Napoléon III et de sa dynastie déjà prononcée par le suffrage universel, et le déclara responsable de la ruine, de l'invasion et du démembrement de la France (D. P. 71. 4. 28).

13. L'Assemblée nationale, en confiant à M. Thiers le pouvoir exécutif pour pourvoir immédiatement aux nécessités du Gouvernement et à la conduite des négociations, « avait affirmé, suivant les expressions du rapporteur M. Victor Lefranc, son droit souverain de statuer sur les institutions de la France ». Elle renouvela plus explicitement cette affirmation dans le préambule de la loi du 31 août 1871 (D. P. 71. 4. 148), qui avait pour but de fortifier le Gouvernement en lui donnant un caractère plus stable et mieux défini. Aux termes de cette loi, le chef du pouvoir exécutif devait prendre le titre de *président de la République française* et continuer d'exercer, sous l'autorité de l'Assemblée nationale, tant qu'elle n'aurait pas terminé ses travaux, les fonctions qui lui avaient été déléguées par le décret du 17 févr. 1871. Le président devait résider au lieu où siégeait l'Assemblée, et être entendu par elle toutes les fois qu'il le croirait nécessaire et après avoir informé de son intention le président de l'Assemblée. Il devait promulguer les lois dès qu'elles lui seraient transmises par le président de l'Assemblée, assurer et surveiller l'exécution des lois, nommer et révoquer les ministres. Chacun de ses actes devait être contresigné par un ministre. Le conseil des ministres et les ministres étaient responsables devant l'Assemblée. Le président de la République l'était également.

Comme conséquence de la responsabilité du conseil des ministres consacrée par la loi précitée, un décret du 2 sept. 1871 (D. P. 71. 4. 149) institua un vice-président du conseil chargé de le convoquer et de le présider en cas d'absence ou d'empêchement du président de la République.

14. Les difficultés de ce régime provisoire se faisaient sentir chaque jour davantage et s'aggravaient par suite du désaccord qui se manifestait entre l'Assemblée et le président de la République. Ce dernier, dans son message du 13 nov. 1872, insista sur la nécessité de donner aux institutions existantes une organisation plus complète et mieux définie. A la suite de vives discussions, l'Assemblée nomma une commission de trente membres, chargée de lui présenter un projet sur les attributions des pouvoirs publics et les conditions de la responsabilité ministérielle. Le projet préparé par cette commission devint la loi du 13 mars 1873 (D. P. 73. 4. 29). Cette loi modifiait plusieurs des dispositions de celle du 31 août 1871 ; elle imposait, en règle générale, au président de la République l'obligation de ne communiquer avec l'Assemblée que par des messages. Elle l'autorisait toutefois à prendre la parole dans la discussion des lois, après avoir informé l'Assemblée de son intention par un message ; mais cette intervention était soumise à des formalités assez compliquées. Les interpellations ne devaient être adressées qu'aux ministres, et non au président; cependant celui-ci avait le droit d'être entendu lorsque les interpellations se rapportaient aux affaires extérieures. Si les interpellations se rapportaient à la politique intérieure, il ne pouvait intervenir qu'autant que, par une délibération spéciale communiquée à l'Assemblée avant l'ouverture de la discussion par le vice-président du conseil des ministres, le conseil avait déclaré que les questions soulevées se rattachaient à la politique générale du Gouvernement et engageaient ainsi la responsabilité du président.

Pour compenser le désavantage que la loi imposait au président en lui retirant le droit de suivre jusqu'au moment du vote la délibération des lois, elle lui accordait le droit d'en suspendre pour un temps l'effet.

L'art. 5 de la loi portait que l'Assemblée ne se séparerait pas avant d'avoir statué : 1° sur l'organisation et le mode de transmission des pouvoirs législatif et exécutif ; 2° sur la création et les attributions d'une seconde Chambre ne devant entrer en fonctions qu'après la séparation de l'Assemblée ; 3° sur la loi électorale. — Le Gouvernement devait soumettre à l'Assemblée des projets de loi sur ces divers objets.

15. Le Gouvernement se conforma à cette disposition en présentant, le 19 mai 1873, un projet de loi sur les pouvoirs publics et un projet de loi électorale. Le premier de ces projets donnait à la République une consécration légale et une organisation définitive. Le gouvernement de la République se composait : 1° d'un Sénat, dont les membres, pris dans certaines catégories, devaient être nommés pour dix ans par le suffrage universel et au scrutin de liste, avec renouvellement par cinquième tous les deux ans; 2° d'une Chambre des représentants élus pour cinq ans par le suffrage universel et au scrutin d'arrondissement, avec renouvellement intégral ; 3° d'un président de la République, nommé pour cinq ans par un congrès composé des membres du Sénat, de ceux de la Chambre des représentants, et d'une délégation de trois membres désignés par chacun des conseils généraux de France et d'Algérie. Le président pouvait dissoudre la Chambre avec l'autorisation du Sénat.— Quelques jours après la présentation de ces projets, M. Thiers fut renversé par un vote de l'Assemblée, et M. le maréchal de Mac-Mahon fut appelé à la présidence de la République.

16. Une loi du 20 nov. 1873 (D. P. 74. 4. 16) confia pour sept ans le pouvoir exécutif au maréchal de Mac-Mahon : ce pouvoir devait continuer à être exercé, avec le titre de président de la République et dans les conditions actuelles, jusqu'aux modifications qui pourraient y être apportées par les lois constitutionnelles. L'art. 2 de la loi portait que, dans les trois jours de sa promulgation, une commission de trente membres serait nommée, en séance publique et au scrutin de liste, pour l'examen des lois constitutionnelles.

17. Cette commission, dite des *Trente*, fut élue dans les séances des 26, 27, 28, 29 nov., 1er, 2, 3 et 4 déc. 1873. Elle fut saisie de l'examen des projets de loi du gouvernement de M. Thiers, ainsi que d'un certain nombre de propositions émanées de l'initiative parlementaire. Ce fut également à elle que fut renvoyé le projet de loi en vingt-trois articles, concernant la création et les attributions d'une seconde Chambre et les relations à établir entre les pouvoirs publics, présenté le 15 mai 1874 par le maréchal de Mac-Mahon, président de la République, et par le duc de Broglie, vice-président du conseil. Ce dernier projet ne proclamait pas d'une manière définitive, comme celui qu'avaient déposé M. Thiers et M. Dufaure, la forme du Gouvernement ; mais il se bornait à organiser le Gouvernement du maréchal de Mac-Mahon, généralement désigné à la tribune et dans la presse sous le nom de *Septennat*. Aux termes de ce projet, le pouvoir exécutif devait continuer à être exercé par le maréchal de Mac-Mahon dans les conditions prévues par la loi du 20 nov. 1873 ; après la séparation de l'Assemblée, le pouvoir législatif devait être exercé par deux Assemblées, dont l'une, qui porterait le nom de *Grand conseil*, serait composé de membres élus par les départements, de membres de droit et de membres nommés par le président de la République, et dont l'autre, qui porterait le nom de *Chambre des représentants*, serait élue dans des conditions déterminées par une loi spéciale.

La commission des Trente avait préparé une loi sur l'électorat politique ; elle demanda, d'accord avec le Gouvernement, dans la séance du 16 mai 1874, que l'Assemblée mît en tête de son ordre du jour la première délibération sur le projet. L'Assemblée ayant repoussé cette proposition, les ministres donnèrent aussitôt leur démission.

18. La commission fut, à la suite de ce vote, saisie de nouvelles propositions, et notamment d'une proposition de M. Casimir Périer qui invitait la commission à prendre pour base de ses travaux sur l'organisation et la transmission des pouvoirs publics : 1° l'art. 1er du projet de loi déposé le 19 mai 1873, portant que le gouvernement de la République se composait de deux Chambres et d'un président chef du pouvoir exécutif ; 2° la loi du 20 nov. 1873, qui avait confié à M. le maréchal de Mac-Mahon le pouvoir exécutif jusqu'au 20 nov. 1880 ; 3° enfin la consécration du droit de revision totale de la constitution. Cette proposition fut repoussée dans la séance du 23 juill. 1874. A la suite de ce vote l'Assemblée se prorogea jusqu'au 30 novembre suivant.

19. Un mois après le retour de l'Assemblée, le 6 janv. 1875, un message du président lui rappela l'engagement pris par elle de donner au Gouvernement les organes indispensables à son fonctionnement. Elle décida, en conséquence, qu'elle mettrait à son ordre du jour les projets de lois sur l'organisation des pouvoirs publics et sur le Sénat; mais, contrairement à l'opinion de la commission et du cabinet, elle accorda la priorité à la première de ces deux lois. Ce vote entraîna la démission des ministres, qui ne conservèrent qu'à titre provisoire l'administration de leurs départements respectifs.

20. Le projet de la commission sur lequel l'Assemblée fut appelée à délibérer ne contenait que cinq articles. « Ce n'est pas à vrai dire une constitution, disait le rapporteur ; ce nom ne convient qu'aux institutions fondées pour un avenir indéfini : il s'agit simplement aujourd'hui d'organiser des pouvoirs temporaires, les pouvoirs d'un homme ». Ce système ne prévalut pas devant l'Assemblée qui, dans sa séance du 30 janv. 1875, adopta un article additionnel présenté par M. Wallon ; cet article, qui est devenu l'art. 2 de la loi du 25 févr. 1875 (D. P. 75. 4. 30), était ainsi conçu : « Le président de la République est élu à la majorité absolue des suffrages par le Sénat et par la Chambre des députés, réunis en Assemblée nationale. Il est nommé pour sept ans. Il est rééligible ». L'auteur de l'amendement en expliquait la signification en ces termes : « La commission a présenté un projet qui est général par l'art. 1er et qui, pour tout le reste, est personnel. J'ai voté l'art. 1er de la commission qui a un caractère général ; au moment où la commission donne à ses articles un caractère personnel, je crois qu'il faut que l'Assemblée décide si elle veut, en effet, faire une loi toute personnelle ou faire une loi générale qui soit la constitution du pays ».

L'ensemble de la loi amendée dans cet esprit fut voté le 25 février suivant. La loi sur l'organisation du Sénat avait été votée dans la séance précédente ; mais elle ne fut promulguée que le 28 février (D. P. 75. 4. 36). La troisième loi sur les rapports des pouvoirs publics ne fut présentée que le 18 mai suivant et votée que le 16 juillet (D. P. 75. 4. 114).

Ces trois lois constitutionnelles furent suivies d'une loi organique sur les élections des sénateurs du 2 août 1875 (D. P. 75. 4. 117).

Les nouvelles institutions ne tardèrent pas à être mises en vigueur ; la loi du 30 déc. 1875 (D. P. 76. 4. 75) ordonna que les collèges électoraux chargés d'élire les sénateurs seraient convoqués pour le 30 janv. 1876, et les collèges électoraux chargés d'élire les députés pour le 20 févr. 1876, et que le Sénat et la Chambre des députés se réuniraient le 8 mars 1876.

21. Les lois constitutionnelles votées en 1875 ont été deux fois revisées depuis cette époque. La loi du 21 juin 1879 (D. P. 79. 4. 64), votée par les deux Chambres réunies en Congrès a abrogé l'art. 9 de la loi constitutionnelle du 25 févr. 1875, qui fixait à Versailles le siège du Gouvernement. A la suite de cette abrogation, une loi du 22 juill. 1879 (D. P. 79. 4. 65) a fixé à Paris le siège du pouvoir exécutif et des deux Chambres, et affecté le palais du Luxembourg au service du Sénat et le Palais-Bourbon au service de la Chambre des députés. Toutefois, aux termes de cette loi, dans le cas où il y a lieu à la réunion de l'Assemblé nationale, soit pour l'élection du président de la République, soit pour la revision de la constitution, l'Assemblée doit siéger à Versailles. Lorsque le Sénat est appelé à se constituer en cour de justice, il lui appartient de désigner la ville et le local où il entend tenir ses séances.

22. Une revision plus importante des lois constitutionnelles a eu lieu en 1884. Aux termes de la loi du 14 août 1884 (D. P. 84. 4. 113) votée par le Congrès, la forme républicaine du Gouvernement ne peut faire l'objet d'une proposition de revision, et les princes des familles ayant régné sur la France sont déclarés inéligibles à la présidence de la République. La même loi décide que les articles de la loi constitutionnelle du 24 févr. 1875 relatifs au mode d'élection du Sénat n'auront plus le caractère constitutionnel. Elle abroge la disposition qui prescrivait les prières publiques le dimanche qui suivait la rentrée des Chambres. Enfin elle décide que, dans le cas de dissolution de la Chambre des députés, les collèges électoraux devront être réunis pour de nouvelles élections dans le délai de deux mois et la Chambre dans les dix jours qui suivront la clôture des opérations électorales.

A la suite de cette revision, une loi du 9 déc. 1884 (D. P. 85. 4. 1) a modifié le mode d'élection des sénateurs et supprimé pour l'avenir la catégorie des sénateurs inamovibles élus par le Sénat.

TABLEAU DES CONSTITUTIONS ET DES LOIS ET ACTES CONSTITUTIONNELS (1).

4-12 janv. 1860. — Décret impérial qui attribue un traitement aux membres du conseil privé (D. P. 60. 4. 2).

(1) Ce tableau fait suite à ceux qui sont donnés au *Rép.* vis *Droit constitutionnel* et *Souveraineté*.

5-14 juin 1860. — Décret impérial portant création d'un secrétaire du conseil de famille impérial (D. P. 60. 4. 68).

24 nov.-11 déc. 1860. — Décret impérial concernant le Sénat et le Corps législatif, et portant création de ministres sans portefeuille (D. P. 61. 4. 7).

24 nov.-11 déc. 1860. — Décret impérial portant suppression du ministère de la maison de l'Empereur et du ministère de l'Algérie et des colonies, modification de quatre ministères, nomination du ministre de la marine et des colonies, du grand chancelier de la Légion d'honneur et du gouverneur général de l'Algérie (D. P. 61. 4. 7).

2-4 févr. 1861. — Sénatus-consulte qui modifie l'art. 42 de la Constitution (D. P. 61. 4. 28).

3-7 févr. 1861. — Décret impérial portant règlement des rapports du Sénat et du Corps législatif avec l'Empereur et le conseil d'Etat, et établissant les conditions organiques de leurs travaux (D. P. 61. 4. 30).

26 avr.-2 mai 1865. — Lettres patentes qui confèrent à l'Impératrice le titre de Régente, pour en exercer les fonctions pendant l'absence de l'Empereur (D. P. 65. 4. 22).

10 mars-8 oct. 1866. — Décret impérial relatif au traitement des membres du conseil privé (D. P. 66. 4. 143).

18-22 juill. 1866. — Sénatus-consulte qui modifie la Constitution, et notamment les art. 40 et 41 (D. P. 66. 4. 104).

19-31 janv. 1867. — Décret impérial qui remplace l'adresse par le droit d'interpellation et envoie les ministres au Sénat et au Corps législatif en vertu d'une délégation spéciale, pour y participer à certaines discussions (D. P. 67. 4. 1).

5-16 févr. 1867. — Décret impérial portant règlement des rapports du Sénat et du Corps législatif avec l'Empereur et le conseil d'Etat, et établissant les conditions organiques de leurs travaux (D. P. 67. 4. 2).

14-16 mars 1867. — Sénatus-consulte qui modifie l'art. 26 de la Constitution (D. P. 67. 4. 34).

23-30 mars 1867. — Décret impérial qui modifie les art. 10, 11 et 14 du décret du 5 févr. 1867, portant règlement des rapports du Sénat et du Corps législatif avec l'Empereur et le conseil d'Etat, et établissant les conditions organiques de leurs travaux (D. P. 67. 4. 39).

8-10 sept. 1869. — Sénatus-consulte portant modification des art. 8 et 13, du deuxième paragraphe de l'art 24, des art. 26 et 40, du cinquième paragraphe de l'art. 42, du premier paragraphe de l'art. 43, de l'art. 44 de la Constitution, des art. 3 et 5 du sénatus-consulte du 25 déc. 1852, et de l'art. 1er du sénatus-consulte du 31 déc. 1861 (D. P. 69. 4. 60).

8-17 nov. 1869. — Décret impérial concernant les rapports entre le gouvernement de l'Empereur, le Sénat, le Corps législatif et le conseil d'Etat (D. P. 69. 4. 74).

23-23 avr. 1870. — Décret impérial qui convoque le peuple français dans ses comices pour le dimanche 8 mai (D. P. 70. 4. 30).

23-23 avr. 1870. — Décret impérial qui rend exécutoire en Algérie le décret du 23 avr. 1870, convoquant le peuple français dans ses comices pour le 8 mai (D. P. 70. 4. 31).

18-22 mai 1870. — Recensement général des votes émis sur le projet de plébiscite soumis le 8 mai 1870 à l'acceptation du peuple français (D. P. 70. 4. 31).

21-22 mai 1870. — Sénatus-consulte fixant la Constitution de l'Empire (D. P. 70. 4. 31).

29 mai-2 juin 1870. — Décret impérial concernant les rapports entre le gouvernement de l'Empereur, le Sénat, le Corps législatif et le conseil d'Etat (D. P. 70. 4. 44).

23-28 juill. 1870. — Lettres patentes qui confèrent à l'Impératrice le titre de Régente, pour en exercer les fonctions pendant l'absence de l'Empereur (D. P. 70. 4. 75).

4-10 sept. 1870. — Proclamation au peuple français (D. P. 70. 4. 84).

4-10 sept. 1870. — Proclamation aux habitants de Paris (D. P. 70. 4. 85).

4-10 sept. 1870. — Décret portant dissolution du Corps législatif et abolition du Sénat (D. P. 70. 4. 85).

8-12 sept. 1870. — Proclamation au peuple français, suivie d'un décret portant convocation des collèges électoraux, à l'effet d'élire une Assemblée nationale constituante (D. P. 70. 4. 86).

12-14 sept. 1870. — Décret concernant les militaires et les fonctionnaires qui ont perdu leur grade ou leur rang par suite des événements de décembre 1851 (D. P. 70. 4. 88).

12-14 sept. 1870. — Décret portant que M. Crémieux, membre du gouvernement de la Défense nationale, garde des sceaux, ministre de la justice, est délégué pour représenter le Gouvernement et en exercer les pouvoirs, en cas d'investissement de Paris (D. P. 70. 4. 88).

16-18 sept. 1870. — Décret portant que M. Glais-Bizoin, membre du Gouvernement, et le vice-amiral Fourichon, ministre de la marine et des colonies, se rendront à Tours et y formeront, avec le garde des sceaux, la délégation du gouvernement de la Défense nationale (D. P. 70. 4. 90).

4-5 oct. 1870. — Décret relatif au nombre de signatures suffisant pour la validité des décrets du Gouvernement (D. P. 70. 4. 95).

4-8 oct. 1870. — Décret qui adjoint M. Gambetta à la délégation de Tours, et charge M. Jules Favre de l'intérim du ministère de l'intérieur à Paris (D. P. 70. 4. 95).

1er-2 nov. 1870. — Décret relatif : 1° au vote sur le maintien des pouvoirs du gouvernement de la Défense nationale ; 2° à l'élection des maires et des adjoints des vingt arrondissements de Paris (D. P. 70. 4. 99).

14-19 nov. 1870. — Décret concernant les militaires de tout grade qui ont perdu leur grade par suite des événements de décembre 1851 (D. P. 70. 4. 104).

8-10 déc. 1870. — Décret qui transfère à Bordeaux le siège de la délégation du Gouvernement (D. P. 70. 4. 136).

12-14 déc. 1870. — Décret relatif au nombre de signatures suffisant pour la validité des décrets du Gouvernement (D. P. 70. 4. 108).

21 janv.-5 févr. 1871. — Décret qui sépare de la présidence du Gouvernement le commandement en chef de l'armée de Paris et supprime le titre et les fonctions de gouverneur de Paris (D. P. 71. 4. 4).

4-8 févr. 1871.—Décret relatif au nombre de signatures suffisant pour la validité des décrets du Gouvernement (D. P. 71. 4. 7).

17 févr.-14 avr. 1871. — Résolution de l'Assemblée nationale ayant pour objet de nommer M. Thiers chef du pouvoir exécutif de la République française (D. P. 71. 4. 22).

1er-4 mars 1871. — Décision de l'Assemblée nationale confirmant la déchéance de Napoléon III et de sa dynastie, déjà prononcée par le suffrage universel, et le déclarant responsable de la ruine, de l'invasion et du démembrement de la France (D. P. 71. 4. 28).

10 mars-29 avr. 1871. — Résolution ayant pour objet de transporter à Versailles le siège de l'Assemblée nationale (D. P. 71. 4. 28).

31 août-3 sept. 1871. — Loi portant que le chef du pouvoir exécutif prendra le titre de *Président de la République française* (D. P. 71. 4. 148).

2-3 sept. 1871. — Décret qui : 1° institue un vice-président chargé de convoquer et de présider le conseil des ministres, en cas d'absence ou d'empêchement du Président de la République ; 2° nomme M. Dufaure vice-président du conseil des ministres (D. P. 71. 4. 149).

8-12 sept. 1871. — Loi portant que l'Assemblée nationale, le Pouvoir exécutif et les ministres continuent à résider à Versailles (D. P. 71. 4. 157).

15-23 févr. 1872. — Loi relative au rôle éventuel des conseils généraux dans des circonstances exceptionnelles (D. P. 72. 4. 39).

16 févr.-9 mars 1872. — Loi qui règle, au point de vue de l'indemnité, la situation des fonctionnaires nommés députés (D. P. 72. 4. 41).

25 avr.-1er mai 1872. — Loi qui interdit toutes fonctions publiques salariées aux membres de l'Assemblée nationale (D. P. 72. 4. 80).

13-19 mars 1873. — Loi qui règle les attributions des pouvoirs publics et les conditions de la responsabilité ministérielle (D. P. 73. 4. 29).

24-25 mai 1873. — Nomination de M. le maréchal de Mac-Mahon, duc de Magenta, à la présidence de la République française (D. P. 73. 4. 61).

23-29 juill. 1873. — Loi qui accorde à la commission de permanence le droit d'autoriser la poursuite des délits d'offense commis contre l'Assemblée nationale pendant sa prorogation (D. P. 73. 4. 92).

20-23 nov. 1873. — Loi qui confie le pouvoir exécutif pour sept ans au maréchal de Mac-Mahon, duc de Magenta (D. P. 74. 4. 16).

24-28 févr. 1875. — Loi relative à l'organisation du Sénat (D. P. 75. 4. 36).

25-28 févr. 1875. — Loi relative à l'organisation des pouvoirs publics (D. P. 75. 4. 30).

Art. 1er. Le pouvoir législatif s'exerce par deux Assemblées : la Chambre des députés et le Sénat.

La Chambre des députés est nommée par le suffrage universel dans les conditions déterminées par la loi électorale.

La composition, le mode de nomination et les attributions du Sénat seront réglés par une loi spéciale.

2. Le Président de la République est élu à la majorité absolue des suffrages par le Sénat et par la Chambre des députés réunis en Assemblée nationale.

Il est nommé pour sept ans. Il est rééligible.

3. Le Président de la République a l'initiative des lois, concurremment avec les membres des deux Chambres. Il promulgue les lois lorsqu'elles ont été votées par les deux Chambres ; il en surveille et en assure l'exécution.

Il a le droit de faire grâce ; les amnisties ne peuvent être accordées que par une loi.

Il dispose de la force armée.

Il nomme à tous les emplois civils et militaires.

Il préside aux solennités nationales ; les envoyés et les ambassadeurs des puissances étrangères sont accrédités auprès de lui.

Chacun des actes du Président de la République doit être contresigné par un ministre.

4. Au fur et à mesure des vacances qui se produiront à partir de la promulgation de la présente loi, le Président de la République nomme, en conseil des ministres, les conseillers d'Etat en service ordinaire.

Les conseillers d'Etat ainsi nommés ne pourront être révoqués que par décret rendu en conseil des ministres.

Les conseillers d'Etat nommés en vertu de la loi du 24 mai 1872 ne pourront, jusqu'à l'expiration de leurs pouvoirs, être révoqués que dans la forme déterminée par cette loi. Après la séparation de l'Assemblée nationale, la révocation ne pourra être prononcée que par une résolution du Sénat.

5. Le Président de la République peut, sur l'avis conforme du Sénat, dissoudre la Chambre des députés avant l'expiration légale de son mandat.

En ce cas, les collèges électoraux sont convoqués pour de nouvelles élections, dans le délai de trois mois.

6. Les ministres sont solidairement responsables devant les Chambres de la politique générale du Gouvernement, et individuellement de leurs actes personnels.

Le Président de la République n'est responsable que dans le cas de haute trahison.

7. En cas de vacance par décès ou pour toute autre cause, les deux Chambres réunies procèdent immédiatement à l'élection d'un nouveau Président.

Dans l'intervalle, le conseil des ministres est investi du pouvoir exécutif.

8. Les Chambres auront le droit, par délibérations séparées, prises dans chacune à la majorité absolue des voix, soit spontanément, soit sur la demande du Président de la République, de déclarer qu'il y a lieu de reviser les lois constitutionnelles.

Après que chacune des deux Chambres aura pris cette résolution, elles se réuniront en Assemblée nationale pour procéder à la revision.

Les délibérations portant revision des lois constitutionnelles, en tout ou en partie, devront être prises à la majorité absolue des membres composant l'Assemblée nationale.

Toutefois, pendant la durée des pouvoirs conférés par la loi du 20 nov. 1873 à M. le maréchal de Mac-Mahon, cette revision ne peut avoir lieu que sur la proposition du Président de la République.

9. Le siège du pouvoir exécutif et des deux Chambres est à Versailles.

16-18 juill. 1875. — Loi constitutionnelle sur les rapports des pouvoirs publics (D. P. 75. 4. 114).

Art. 1er. Le Sénat et la Chambre des députés se réunissent chaque année le second mardi de janvier, à moins d'une convocation antérieure faite par le Président de la République.

Les deux Chambres doivent être réunies en session cinq mois au moins chaque année. La session de l'une commence et finit en même temps que celle de l'autre.

Le dimanche qui suivra la rentrée, des prières publiques seront adressées à Dieu dans les églises et dans les temples pour appeler son secours sur les travaux des Assemblées.

2. Le Président de la République prononce la clôture de la session. Il a le droit de convoquer extraordinairement les Chambres. Il devra les convoquer si la demande en est faite, dans l'intervalle des sessions, par la majorité absolue des membres composant chaque Chambre.

Le Président peut ajourner les Chambres. Toutefois, l'ajournement ne peut excéder le terme d'un mois ni avoir lieu plus de deux fois dans la même session.

3. Un mois au moins avant le terme légal des pouvoirs du Président de la République, les Chambres devront être réunies en Assemblée nationale pour procéder à l'élection du nouveau Président.

A défaut de convocation, cette réunion aurait lieu de plein droit le quinzième jour avant l'expiration de ces pouvoirs.

En cas de décès ou de démission du Président de la République, les deux Chambres se réunissent immédiatement et de plein droit.

Dans le cas où, par application de l'art. 5 de la loi du 25 févr. 1875, la Chambre des députés se trouverait dissoute au moment où la présidence de la République deviendrait vacante, les collèges électoraux seraient aussitôt convoqués, et le Sénat se réunirait de plein droit.

4. Toute assemblée de l'une des deux Chambres qui serait tenue hors du temps de la session commune est illicite et nulle de plein droit, sauf le cas prévu par l'article précédent et celui où le Sénat est réuni comme cour de justice ; et, dans ce dernier cas, il ne peut exercer que des fonctions judiciaires.

5. Les séances du Sénat et celles de la Chambre des députés sont publiques.

Néanmoins, chaque Chambre peut se former en comité secret, sur la demande d'un certain nombre de ses membres, fixé par le règlement.

Elle décide ensuite, à la majorité absolue, si la séance doit être reprise en public sur le même sujet.

6. Le Président de la République communique avec les Chambres par des messages qui sont lus à la tribune par un ministre.

Les ministres ont leur entrée dans les deux Chambres et doivent être entendus quand ils le demandent. Ils peuvent se faire assister par des commissaires désignés, pour la discussion d'un projet de loi déterminé, par décret du Président de la République.

7. Le Président de la République promulgue les lois dans le mois qui suit la transmission au Gouvernement de la loi définitivement adoptée. Il doit promulguer dans les trois jours les lois dont la promulgation, par un vote exprès dans l'une et l'autre Chambre, aura été déclarée urgente.

Dans le délai fixé pour la promulgation, le Président de la République peut, par un message motivé, demander aux deux Chambres une nouvelle délibération qui ne peut être refusée.

8. Le Président de la République négocie et ratifie les traités. Il en donne connaissance aux Chambres aussitôt que l'intérêt et la sûreté de l'Etat le permettent.

Les traités de paix, de commerce, les traités qui engagent les finances de l'Etat, ceux qui sont relatifs à l'état des personnes et au droit de propriété des Français à l'étranger, ne sont définitifs qu'après avoir été votés par les deux Chambres. Nulle cession, nul échange, nulle adjonction de territoire ne peut avoir lieu qu'en vertu d'une loi.

9. Le Président de la République ne peut déclarer la guerre sans l'assentiment préalable des deux Chambres.

10. Chacune des Chambres est juge de l'éligibilité de ses membres et de la régularité de leur élection ; elle peut seule recevoir leur démission.

11. Le bureau de chacune des deux Chambres est élu chaque année pour la durée de la session et pour toute session extraordinaire qui aurait lieu avant la session ordinaire de l'année suivante.

Lorsque les deux Chambres se réunissent en Assemblée nationale, leur bureau se compose des président, vice-présidents et secrétaires du Sénat.

12. Le Président de la République ne peut être mis en accusation que par la Chambre des députés et ne peut être jugé que par le Sénat.

Les ministres peuvent être mis en accusation par la Chambre des députés pour crimes commis dans l'exercice de leurs fonctions. En ce cas, ils sont jugés par le Sénat.

Le Sénat peut être constitué en cour de justice par un décret du Président de la République, rendu en conseil des ministres, pour juger toute personne prévenue d'attentat commis contre la sûreté de l'Etat.

Si l'instruction est commencée par la justice ordinaire, le décret de convocation du Sénat peut être rendu jusqu'à l'arrêt de renvoi.

Une loi déterminera le mode de procéder pour l'accusation, l'instruction et le jugement.

13. Aucun membre de l'une ou de l'autre Chambre ne peut être poursuivi ou recherché à l'occasion des opinions ou votes émis par lui dans l'exercice de ses fonctions.

14. Aucun membre de l'une ou de l'autre Chambre ne peut, pendant la durée de la session, être poursuivi ou arrêté en matière criminelle ou correctionnelle qu'avec l'autorisation de la Chambre dont il fait partie, sauf le cas de flagrant délit.

La détention ou la poursuite d'un membre de l'une ou de l'autre Chambre est suspendue pendant la session, et pour toute sa durée, si la Chambre le requiert.

2-13 août 1875. — Loi organique sur les élections des sénateurs (D. P. 75. 4. 117).

30 déc. 1875-1 janv. 1876. — Loi relative à la date de l'élection des sénateurs et des députés et à la séparation de l'Assemblée nationale (D. P. 76. 4. 75).

10 juin-19 juill. 1876. — Règlement du Sénat (D. P. 77. 4. 15).

16 juin-19 juill. 1876. — Règlement de la Chambre des députés (D. P. 77. 4. 18).

22-26 juin 1877. — Résolution du Sénat relative à la dissolution de la Chambre des députés (D. P. 77. 4. 49).

25-26 juin 1877. — Décret qui dissout la Chambre des députés (D. P. 77. 4. 80).

13 nov. 1877. — Résolution de la Chambre des députés portant modification à son règlement (D. P. 78. 4. 4).

20 mai 1878. — Résolution de la Chambre des députés portant modification de son règlement.

30-31 janv. 1879. — Nomination de M. Jules Grévy à la présidence de la République (D. P. 79. 4. 21).

28 févr. 1879. — Résolution de la Chambre des députés portant modification de son règlement.

21-22 juin 1879. — Loi qui revise l'art. 9 de la loi constitutionnelle du 25 févr. 1875 (D. P. 79. 4. 64).

22-23 juill. 1879. — Loi relative au siège du Pouvoir exécutif et des Chambres à Paris (D. P. 79. 4. 65).

1er déc. 1879. — Résolution de la Chambre des députés portant modification de son règlement.

20-21 nov. 1883. — Loi portant approbation de la convention provisoire passée le 26 mai 1883 et d'une convention annexe passée le 9 juill. 1883 entre le ministre des travaux publics et la compagnie des chemins de fer de Paris à Lyon et à la Méditerranée (Extrait) (D. P. 84. 4. 19).

Art. 5. Tout député ou sénateur qui, au cours de son mandat, acceptera les fonctions d'administrateur d'une compagnie de chemins de fer sera, par ce seul fait, considéré comme démissionnaire et soumis à la réélection.

14-15 août 1884. — Loi portant revision partielle des lois constitutionnelles (D. P. 84. 4. 113).

Art. 1er. Le paragraphe 2 de l'art. 5 de la loi constitutionnelle du 25 févr. 1875, relative à l'organisation des pouvoirs publics est modifié ainsi qu'il suit :

« En ce cas, les collèges électoraux sont réunis pour de nouvelles élections dans le délai de deux mois et la Chambre dans les dix jours qui suivront la clôture des opérations électorales ».

2. Le paragraphe 3 de l'art. 8 de la même loi du 25 févr. 1875 est complété ainsi qu'il suit :

« La forme républicaine du Gouvernement ne peut faire l'objet d'une proposition de revision.

« Les membres des familles ayant régné sur la France sont inéligibles à la Présidence de la République ».

3. Les art. 1er à 7 de la loi constitutionnelle du 24 févr. 1875, relative à l'organisation du Sénat, n'auront plus le caractère constitutionnel.

4. Le paragraphe 3 de l'art. 1er de la loi constitutionnelle du 16 juill. 1875 sur les rapports des pouvoirs publics est abrogé.

8-9 déc. 1884. — Loi qui suspend l'effet de l'art. 7 de la loi du 24 févr. 1875 sur le remplacement des sénateurs inamovibles (D. P. 85. 4. 5).

9-10 déc. 1884. — Loi portant modification aux lois organiques sur l'organisation du Sénat et l'élection des sénateurs (D. P. 85. 4. 1).

2 févr. 1885. — Résolution de la Chambre des députés portant modification de son règlement.

24-25 déc. 1885. — Décret portant réunion du Sénat et de la Chambre des députés en Assemblée nationale pour procéder à l'élection du président de la République (D. P. 86. 4. 1).

28-29 déc. 1885. — Nomination de M. Jules Grévy à la présidence de la République française (D. P. 86. 4. 1).

3-19 déc. 1887. — Nomination de M. Carnot à la présidence de la République française (D. P. 88. 4. 1).

§ 3. — Constitutions des peuples modernes (*Rép.* nos 69 à 82).

23. — I. Empire d'Allemagne. — L'Empire d'Allemagne qui, à l'époque de la publication du *Répertoire*, n'était plus qu'un souvenir (*Rép.* n° 69), a été proclamé à Versailles pendant l'invasion de 1870 et a reçu, le 16 avr. 1871, sa constitution définitive. Les États confédérés et l'Alsace-Lorraine annexée à l'Empire envoient trois cent quatre-vingt-dix-sept députés au *Reichstag* ou *Diète de l'Empire*. Ces députés sont nommés par le suffrage universel direct, au scrutin uninominal. Les Etats confédérés sont également représentés au *Bundesrath* ou conseil fédéral qui concourt avec le *Reichstag* à la confection des lois et qui est chargé, en outre, de faire les règlements nécessaires à l'exécution des lois de l'Empire. Ce conseil est présidé avec voix prépondérante par le chancelier de l'Empire. L'empereur a un droit de *veto* sur toutes les lois relatives aux impôts, à l'armée et à la marine. Il peut dissoudre le *Reichstag* avec le concours du *Bundesrath*. La constitution énumère les matières assez nombreuses qui doivent être réglées par des lois de l'Empire et qui sont placées en dehors du gouvernement de chaque État. Parmi ces matières figurent, indépendamment de celles qui intéressent l'organisation militaire et politique de l'Empire, celles qui touchent à l'ensemble du droit civil, du droit pénal et de la procédure, au droit commercial et à la législation sur le change.

24. — II. Prusse. — Le régime représentatif a été établi en Prusse par la constitution du 31 janv. 1850, qui est restée en vigueur avec certaines modifications. Le souverain partage la puissance législative : 1° avec la *Chambre des seigneurs*, qui se compose de membres de droit et de membres nommés à vie par le roi ; 2° avec la *Chambre des députés*, composée de quatre cent trente-quatre membres, élus pour trois ans et soumis au renouvellement intégral. La loi peut dissoudre les deux Chambres. L'art. 44 de la constitution déclare les ministres responsables, et semble ainsi consacrer le gouvernement parlementaire dans sa plénitude ; mais, par une lettre à ses ministres du 4 janv. 1882 qui a donné lieu à un débat au sein de la Chambre des députés, le roi a revendiqué les droits de la couronne et la responsabilité des ministres envers le souverain (Batbie, *Droit public et administratif*, 2e éd., t. 3, n° 131).

25. — III. Autriche. — Les institutions politiques de l'Autriche sont consacrées par les lois du 21 déc. 1867, du 2 avr. et du 12 mai 1873. L'autorité législative appartient à l'empereur et au *Conseil d'Empire* (*Reichsrath*) qui est divisé en deux Chambres, la *Chambre des seigneurs* (*Herrenhaus*) et la Chambre des députés (*Abgeordnetenhaus*). La Chambre des seigneurs se compose de membres de droit et de membres à vie nommés par l'empereur parmi les personnes « qui ont rendu des services signalés à l'Etat, à l'Eglise, aux sciences et aux arts ». La Chambre des députés se compose de trois cent cinquante-trois membres élus pour six ans et se renouvelant intégralement: quatre-vingt-cinq députés représentent la grande propriété foncière; quatre-vingt-dix-sept les villes; vingt et un les chambres de commerce et d'industrie; cent trente et un les communes rurales, et dix-neuf sont nommés par les électeurs réunis des villes et des chambres de commerce (Batbie, *op. cit.*, n° 132. V. notre *Code des lois politiques et administratives annotées*, v° *Elections*, nos 66 et suiv.).

26. — IV. Hongrie. — La Hongrie est gouvernée par un ministère et un Parlement séparé, sous le même souverain que l'Autriche. Le Parlement se compose de la *Chambre des magnats* dont la composition est essentiellement aristocratique et de la *Chambre des députés* qui compte quatre cent quarante-sept membres. Les députés de la Croatie sont élus par la diète d'Agram, ceux de la Hongrie et de la Transylvanie par un corps électoral dont la loi du 26 nov. 1874 a déterminé la composition (V. notre *Code des lois politiques et administratives annotées*, v° *Elections*, n° 70).

Les affaires communes à la Hongrie et à l'Autriche sont traitées par les *Délégations*, sorte de Parlement commun dans lequel chacun des deux pays est représenté par soixante délégués. L'administration est confiée à un ministère commun composé de trois membres, affaires étrangères, guerre et finances (Batbie, *op. cit.*, n° 134).

27. — V. Iles Britanniques. — Nous avons analysé au *Rép.* nos 70 et suiv. les caractères généraux de la constitution britannique. Les institutions politiques de l'Angleterre n'ont subi, depuis cette époque, aucune modification; mais les lois qui en 1867 et en 1884 ont élargi le droit de suffrage et l'ont presque étendu à l'universalité des citoyens, ont eu pour effet de déplacer les bases de l'ancienne organisation politique (V. notre *Code des lois politiques et administatives annotées*, v° *Elections*, n° 40). On trouvera une appréciation complète de cette grande transformation dans l'ouvrage de M. le comte de Franqueville sur le *Gouvernement et le Parlement britannique*, et dans celui de M. Boutmy sur le *Développement de la constitution et de la société politique en Angleterre*.

28. — VI. Etats-Unis d'Amérique. — La constitution des Etats-Unis a été étudiée au *Rép.* n° 76, et il est inutile de rappeler ici les bases du gouvernement fédéral. Trois amendements à la constitution ont été introduits, à la suite de la guerre de sécession, en 1865, en 1868, et en 1870, et forment aujourd'hui les art. 13, 14 et 15 du pacte fédéral.

Le premier de ces articles porte que l'esclavage ne pourra désormais exister aux Etats-Unis ni dans aucun territoire soumis à leur juridiction.

Aux termes du second de ces articles, toute personne née ou naturalisée aux Etats-Unis a la qualité de citoyen des Etats-Unis et de l'Etat où elle réside ; aucun Etat ne peut, par une loi, porter atteinte aux privilèges et immunités d'un citoyen des Etats-Unis, priver aucune personne de sa vie, de sa liberté ou de sa fortune sans une procédure régulière, ni refuser la protection des lois à aucune personne placée sous sa juridiction. — La représentation de chaque Etat doit être calculée d'après le nombre des habitants qu'il renferme à l'exception des Indiens non taxés. Mais si le droit électoral de certains habitants mâles d'un Etat, âgés de vingt et un ans et citoyens des Etats-Unis, vient à être supprimé ou amoindri, sauf pour participation à la rébellion ou pour tout autre crime, la base de la représentation sera réduite dans cet Etat dans les proportions du nombre des citoyens ainsi privés de leurs droits au nombre total des citoyens mâles de vingt et un ans dudit Etat. Nul ne pourra être sénateur ou membre du Congrès ou électeur présidentiel, ni occuper aucune fonction civile ou militaire, soit des Etats-Unis, soit d'un Etat particulier si, ayant prêté serment de soutenir la constitution fédérale comme membre du Congrès, comme membre de la législature d'un Etat ou comme fonctionnaire, soit des Etat-Unis, soit d'un Etat, il a pris part à une insurrection ou à une rébellion contre cette constitution ou fourni assistance à ses ennemis. Mais le Congrès pourra, par un vote des deux tiers dans chaque Chambre, effacer cette incapacité. — La validité de la dette publique des Etats-Unis, en y comprenant les dettes contractées pour le payement de pensions et récompenses à raison de services rendus dans le répression de l'insurrection ou de la rébellion, ne devra pas être mise en question. Mais ni les Etats-Unis, ni les Etats particuliers ne devront accepter aucune dette contractée pour venir en aide à l'insurrection, ni accueillir aucune réclamation fondée sur la perte ou l'émancipation d'esclaves. Toutes ces dettes, obligations et réclamations seront considérées comme illégales et nulles.

L'art. 15 de la constitution (amendement voté en 1870) porte que le droit électoral ne pourra être refusé à aucun citoyen des Etats-Unis à raison de sa race, de sa couleur ou de son état antérieur de servitude.

29. — VII. Belgique. — La constitution belge, dont les principales dispositions ont été résumées au *Rép.* n° 81, n'a subi aucune modification (Sur les changements apportés à la législation électorale, V. notre *Code des lois politiques et administratives annotées*, v° *Elections*, nos 85 et suiv.).

30. — VIII. Hollande. — D'après la constitution du 30 nov. 1848, le pouvoir législatif est exercé par le roi concurremment avec deux Chambres dont la réunion constitue les Etats généraux. La première Chambre compte trente-neuf membres élus pour neuf ans par les conseils provinciaux et renouvelables par tiers; la seconde, quatre-vingt-six membres nommés par le suffrage direct pour quatre ans et renouvelables par moitié (Batbie, *op. cit.*, n° 116).

31. — IX. Suisse. — La République helvétique est régie par la constitution du 29 mai 1874 (*Annuaire de législation étrangère*, 1875, p. 445). Le pouvoir central de la confédération se compose d'une Assemblée fédérale divisée en deux sections : 1° le *Conseil national*, qui est élu à raison d'un député par vingt mille habitants ou par fraction de dix mille, chaque demi-canton devant nommer au moins un député; 2° *le conseil des Etats*, dans lequel chaque canton, quelle que soit sa population, est représenté par deux délégués au moins. Les deux conseils se réunissent deux fois par an en session ordinaire. Les lois qu'ils votent sont exécutoires après un délai de quatre-vingt-dix jours. Pendant ce délai, les citoyens ont le droit de demander que les lois votées soient soumises au vote direct du peuple. Le *referendum* doit être demandé par trente mille citoyens ou par huit cantons. Si la majorité des votants repousse la loi, elle est considérée comme non avenue.

Le pouvoir exécutif de la confédération est exercé par le *Conseil fédéral*, composé de sept membres élus pour trois ans par l'Assemblée fédérale. Chacun de ses membres dirige un département ministériel (Batbie, *op. cit.*, nos 136 et suiv.).

32. — X. Italie. — Le statut du Piémont du 4 mars 1848, qui a été analysé au *Rép.* n° 82, a été étendu à tout le royaume d'Italie. A la suite de l'annexion des Etats romains à l'Italie, les relations de l'Eglise avec l'Etat italien ont été réglées par une loi du 31 mai 1871, dite *Loi des garanties* : le conseil d'Etat a déclaré, le 2 mars 1878, que cette loi, à raison de son importance et de son objet, devait être considérée comme *loi fondamentale* du royaume (V. Dareste, *Constitutions*, t. 1, p. 549). — Aux termes de cette loi, le souverain pontife conserve la dignité, l'inviolabilité et toutes les prérogatives personnelles du souverain. Sa personne est inviolable et sacrée. Les envoyés des gouvernements étrangers près de Sa Sainteté jouissent dans le royaume de toutes les prérogatives et immunités accordées aux agents diplomatiques suivant le droit international. Le souverain pontife correspond librement avec l'épiscopat et avec tout le monde catholique sans aucune ingérence du gouvernement italien. La dotation d'une rente annuelle de 3225000 livres est consacrée en faveur du Saint-Siège et inscrite au grand livre de la dette publique.

Le Saint-Siège est resté étranger à cette législation qui n'a que le caractère d'un acte unilatéral et a refusé de recevoir les arrérages de la dotation créée en sa faveur (V. Dareste, *op.* et *loc. cit.*).

33. — XI. Espagne. — L'Espagne, dont on a résumé au *Rép.* n° 81 l'organisation politique sous la constitution de 1837, est aujourd'hui régie par la constitution du 30 juin 1876. Son gouvernement est une monarchie héréditaire et constitutionnelle. Le roi gouverne par des ministres responsables et avec un Parlement divisé en deux Chambres. Le *Sénat* se compose de trois cent soixante membres : la moitié de ses membres est élective, l'autre comprend des membres de droit ou des membres nommés par le roi. La *Chambre des députés* se compose de quatre cent trente et un membres dont on a indiqué ailleurs le mode d'élection (V. notre *Code des lois politiques et administratives annotées*, v° *Elections*, n° 98).

34. — XII. Portugal. — Le Portugal est comme l'Espagne une monarchie constitutionnelle héréditaire. La Charte constitutionnelle a été modifiée par la loi du 24 juill. 1885 (V. *Annuaire de législation étrangère*, 1886, p. 351). Le roi gouverne avec deux Chambres. La Chambre des pairs se compose de cent membres à vie nommés par le roi, de cinquante membres électifs, et des pairs de droit. La partie élective de la Chambre des pairs peut être dissoute en même temps que la Chambre des députés ou séparément. La Chambre des députés se compose de cent quarante-neuf membres. Chaque législature doit durer trois ans, et chaque session annuelle trois mois. Le roi ne peut être absent du royaume pendant plus de trois mois sans l'assentiment du Parlement. Le droit de réunion est garanti par la constitution.

35. — XIII. Suède et Norwège. — En Suède, le pouvoir législatif est exercé par le roi et par la Diète qui, jusqu'à la loi du 22 juin 1866, se composait des représentants des quatre ordres, noblesse, clergé, bourgeoisie et paysans. Depuis cette loi, la division en quatre ordres n'existe plus. Le Parlement est composé de deux Chambres. La première, qui se compose de cent trente-trois membres, est élue pour neuf ans par les assemblées provinciales et les conseils municipaux des villes de plus de vingt-cinq mille habitants. La seconde se compose de cent quatre-vingt-dix-huit membres nommés par une élection à deux degrés.

La Norwège a une constitution spéciale : le pouvoir législatif y appartient à une Diète ou *Storthing*, divisée en deux Chambres : celle des hommes de loi et celle des propriétaires fonciers. Les Chambres doivent se réunir chaque année; le vote du budget est annuel. Le *veto* du roi n'est que suspensif (V. Batbie, *op. cit.*, n° 121).

36. — XIV. Danemark. — La loi fondamentale a été votée le 7 nov. 1865 et sanctionnée le 28 juill. 1866. Le pouvoir législatif est exercé par le roi et par deux Chambres. La première Chambre est composée de soixante-six membres dont douze sont à la nomination du roi, et les autres élus par le suffrage à deux degrés. Ils sont nommés pour huit ans et renouvelables par moitié. La seconde Chambre, composée de cent deux députés, est nommée pour trois ans par le suffrage universel.

37. — XV. Russie. — La Russie est soumise au pouvoir absolu du tsar. « L'empereur de toutes les Russies, dit l'art. 1er du Svod, est un souverain autocrate et absolu. Dieu lui-même commande d'obéir à son pouvoir suprême, non seulement par crainte, mais encore par devoir de conscience. » Aux termes de l'art. 51, « aucun fonctionnaire ni aucune autorité de l'Empire ne peut, de son propre mouvement, créer une loi nouvelle et aucune loi ne peut acquérir sa perfection sans l'approbation du pouvoir autocratique. » L'Empereur a auprès de lui un *Conseil de l'Empire*, sorte de conseil d'Etat dont les attributions sont purement consultatives. Quant au *Sénat*, il est presque exclusivement réduit à des attributions judiciaires et joue le rôle d'une cour de cassation. Ses membres sont quelquefois chargés par l'empereur d'enquêtes administratives dans les provinces (V. Batbie, *op. cit.*, n° 158).

38. — XVI. Grèce. — La Grèce est régie par la constitution du 16 nov. 1864. Son gouvernement est la monarchie parlementaire avec une Assemblée unique, nommée pour quatre ans par le suffrage universel.

39. — XVII. Roumanie. — La Roumanie, érigée en état indépendant par le traité de Berlin du 13 juill. 1878, est restée soumise à la constitution du 30 juin 1866. Elle a un Sénat composé des princes de la famille royale, de sénateurs élus pour huit ans par des électeurs censitaires, et de deux sénateurs élus par les universités de Jassy et de Bucharest. La Chambre des députés se compose de cent cinquante-sept membres élus, les trois quarts par le suffrage direct, et un quart par le suffrage à deux degrés.

40. — XVIII. Serbie. — La constitution du 11 juill. 1869 a établi une Assemblée unique (la *Skouptchina*) composée de cent trente-quatre membres dont cent un sont électifs et trente-trois nommés par le roi.

41. — XIX. Bulgarie. — La Bulgarie est une monarchie constitutionnelle héréditaire, régie par la constitution du 16 avr. 1879. L'Assemblée nationale est élue par le suffrage universel. Une Haute Assemblée, composée d'un nombre de membres double de celui de l'Assemblée nationale, peut être convoquée extraordinairement, soit pour les aliénations ou échanges de territoires, soit pour la revision de la constitution, soit pour désigner un nouveau prince en cas de mort d'un prince sans héritier, ou pour nommer les régents (V. Batbie, *op. cit.*, n° 170).

Art. 3. — *Constitution actuelle de la France.*

§ 1er. — Du pouvoir législatif.

42. Aux termes de l'art. 1er de la loi constitutionnelle du 25 févr. 1875 relative à l'organisation des pouvoirs publics, le pouvoir législatif s'exerce par deux Assemblées : la Chambre des députés et le Sénat.

43. — I. Composition et mode d'élection de la Chambre des députés et du Sénat. — La Chambre des députés est, aux termes du même article, élue par le suffrage universel dans les conditions déterminées par la loi électorale : la composition, le mode de nomination et les attributions du Sénat doivent être réglés par une loi spéciale. La loi électorale, dont nous étudierons ailleurs les dispositions (V. *infrà*, v° *Droit politique*), n'a jamais eu le caractère d'une loi constitutionnelle ; mais le mode de nomination des membres du Sénat avait été primitivement réglé par la loi constitutionnelle du 24 févr. 1875. La loi du 14 août 1884 (D. P. 84. 4. 113), portant revision partielle des lois constitutionnelles, a enlevé à ces articles le caractère constitutionnel ; ils ont ensuite été abrogés et remplacés par les art. 1er à 7 de la loi du 9 déc. 1884 (D. P. 85. 4. 1). V. *infrà*, v° *Droit politique*.

44. Les membres de la Chambre des députés ont été élus tour à tour au scrutin d'arrondissement conformément à la loi du 30 nov. 1875 (D. P. 76. 4. 4), puis au scrutin de liste en vertu de la loi du 16 juin 1885 (D. P. 85. 4. 68) ; la loi du 13 févr. 1889 (D. P. 89. 4. 46) a rétabli le scrutin uninominal. D'après le tableau annexé à cette dernière loi, le nombre actuel des députés est de cinq cent soixante-seize (V. *Journ. off.* du 14 févr. 1889). Les députés sont élus pour quatre ans; la Chambre se renouvelle intégralement (L. 25 févr. 1875, art. 15).

45. Le Sénat se compose de trois cents membres élus par les départements et les colonies. Ils sont élus pour neuf ans, avec renouvellement triennal. La catégorie des soixante-quinze sénateurs élus à vie par le Sénat a été supprimée pour l'avenir par la loi du 9 déc. 1884, citée *suprà*, n° 22, (V. *infrà*, v° *Droit politique*).

46. — II. Indemnité des députés et sénateurs. — Les députés reçoivent une indemnité : il résulte de la combinaison des art. 17 de la loi du 30 nov. 1875 et des art. 96 et 97 de la loi du 15 mars 1849 (D. P. 49. 4. 66), que le chiffre de cette indemnité est fixé à 9000 fr. et qu'elle est cessible et saisissable même pour la totalité. La loi du 16 févr. 1872 (D. P. 72. 4. 41), à laquelle se réfère l'art. 17 de la loi du 30 nov. 1875, interdit le cumul entre l'indemnité législative et le traitement de fonctionnaire public (art. 1er). Si le chiffre de l'indemnité est supérieur à celui du traitement du fonctionnaire, ce traitement est ordonnancé en totalité au profit du Trésor pendant la durée du mandat législatif (art. 2) ; si le chiffre du traitement est supérieur à celui de l'indemnité le fonctionnaire député ne touche, pendant la même période, que la portion de son traitement net excédant ladite indemnité (art. 3). Les traitements dont il est question comprennent, pour tous les fonctionnaires civils et militaires, l'ensemble des traitements et suppléments de toute nature assujettis à la retenue au profit du Trésor et alloués par les règlements à la position d'activité, sauf les indemnités de représentation et les frais de bureau (art. 5). On doit en excepter les pensions de retraites civiles et militaires, le traitement des officiers généraux admis dans le cadre de réserve, la solde ou pension des officiers mis en réforme, les traitements afférents aux décorations de la Légion d'honneur, les rentes viagères attribuées aux médailles militaires, les pensions allouées à titre de récompense nationale (art. 6). Le conseil d'Etat a jugé qu'au point de vue des lois relatives à l'indemnité législative, un évêque devait être considéré comme un fonctionnaire, et que, par conséquent, les dispositions de la loi du 16 févr. 1872 lui étaient applicables (Cons. d'Et. 23 nov. 1883, aff. Evêque d'Angers, D. P. 85. 3. 45).

47. La loi organique du 2 août 1875 (D. P. 75. 4. 117) a consacré le principe d'une indemnité en faveur des membres du Sénat; et l'art. 26 de cette loi fixe cette indemnité au même chiffre que celle des députés. Mais cet article ne renvoyant pas à l'art. 17 de la loi du 30 nov. 1875, il en résulte que les dispositions de cette dernière loi qui interdisent le cumul de l'indemnité avec les traitements ne doivent pas être appliquées aux sénateurs (Cons. d'Et. 26 janv. 1877, aff. de Bastard, D. P. 77. 3. 20).

48. Le président du Sénat et celui de la Chambre des députés reçoivent chacun une indemnité spéciale et supplémentaire de 72000 fr.; et chacun des questeurs des deux Chambres une indemnité supplémentaire de 9000 fr. (Résol. ch. dép. 27 juill. 1876 et Résol. Sénat, 19 déc. 1876; Poudra et Pierre, *Traité de droit parlementaire*, n° 247).

49. — III. Réunion; Prorogation et ajournement des Chambres. — Les attributions des deux Chambres sont réglées par la loi du 16 juill. 1875 sur les rapports des pouvoirs publics. Ces Assemblées doivent se réunir chaque année le second mardi de janvier, à moins d'une convocation antérieure faite par le président de la République. Elles doivent être réunies en session cinq mois au moins chaque année. La session de l'une commence et finit en même temps que celle de l'autre (art. 1er). Cette disposition, conforme aux usages de la monarchie constitutionnelle, rompt avec la tradition des constitutions républicaines antérieures, qui avaient admis le principe de la permanence des Assemblées. « Il n'est pas nécessaire, a dit à ce sujet le rapporteur de la loi, M. Laboulaye (D. P. 75. 4. 114), de tenir toujours une nation en haleine; l'opinion finit par se fatiguer des discussions et des rivalités parlementaires: il est sage de lui laisser du repos. Les Chambres ne sont pas les dernières à profiter de ce silence...; du reste, ce terme de cinq mois n'a rien d'absolu. Ce sont les événements, c'est le vote du budget qui décidera de la durée des sessions plus souvent que la loi. »

Aux termes du paragraphe 3 de l'art. 1er de la loi du 16 juill. 1875, des prières publiques devaient être adressées à Dieu le dimanche qui suivrait la rentrée des Chambres pour appeler son secours sur les travaux des Assemblées. Ce paragraphe a été abrogé par l'art. 4 de la loi du 14 août 1884 par le motif que cette clause était, par son caractère et sa nature, étrangère « aux lois constitutionnelles » (Exposé des motifs, D. P. 84. 4. 116, note 1. V. *suprà*, n° 22, et v° *Culte*, n° 31).

50. L'art. 2 de la loi du 16 juill. 1875 reconnaît au président de la République le droit de convoquer, de proroger et même d'ajourner les Chambres. Il est tenu de les convoquer extraordinairement dans l'intervalle des sessions, lorsque cette convocation est demandée par la majorité des membres composant chaque Chambre. La commission avait émis l'avis qu'il suffirait que la demande fût formée par le tiers des membres. Mais cette proposition a été repoussée sur l'observation faite par M. Dufaure que, dans ce cas, la convocation pourrait dépendre d'une minorité qui formerait dans chacune des deux Chambres une opposition systématique.

51. — IV. Dissolution de la Chambre des députés. — Le président tient de l'art. 5 de la loi du 25 févr. 1875 un pouvoir plus considérable. Il peut, sur l'avis conforme du Sénat, dissoudre la Chambre des députés avant l'expiration de son mandat. Le texte primitif de l'art. 5 portait que, dans le cas de dissolution, les collèges électoraux seraient convoqués pour de nouvelles élections dans le délai de trois mois. A la suite de la dissolution de la Chambre des députés qui eut lieu le 25 juin 1877, le Gouvernement interpréta ce texte en ce sens qu'il suffisait que le décret de convocation des électeurs parût dans le délai de trois mois et qu'il n'était pas nécessaire de procéder aux élections dans ce délai. Par suite de cette interprétation, il publia le 22 septembre un décret convoquant les électeurs pour le 14 octobre suivant.

52. Cette solution fut l'objet de très vives critiques: et, dans son rapport au nom de la commission d'enquête sur les actes du ministère du 16 mai 1877, M. Henri Brisson soutint qu'elle était en contradiction avec les prescriptions de la loi constitutionnelle et qu'il ne devait dans aucun cas s'écouler un intervalle de plus de trois mois entre la dissolution et le jour du scrutin. Pour qu'aucun doute ne puisse subsister à cet égard, la nouvelle rédaction de l'art. 5 porte que « les collèges électoraux sont *réunis* pour de nouvelles élections dans le délai de deux mois, et la Chambre dans les dix jours qui suivront la clôture des opérations électorales ».

53. Le Sénat ne peut être dissous, et le Congrès de 1884 n'a pas accepté les propositions de MM. Rivet, Bernard Lavergne et Floquet qui demandaient que le droit de dissolution pût s'exercer à l'égard des deux Chambres. M. Saint-Girons qui a soutenu cette opinion (*Manuel de droit constitutionnel*, p. 483 et 650), regrette qu'elle n'ait pas prévalu et que, dans le cas où un conflit se produirait avec le Sénat, il n'existe aucun moyen de le faire juger par le pays. Suivant lui, « au lieu de trouver un élément de force dans son indissolubilité, le Sénat y rencontre la vraie cause de son infériorité à l'égard de la Chambre, le secret de ses timidités, de ses faiblesses et de cette inégalité permanente qui a eu pour résultat de fausser le régime parlementaire ».

54. — V. Publicité des séances. — L'art. 5 de la loi du 16 juill. 1875 porte que les séances du Sénat et de la Chambre des députés sont publiques, mais que chaque Chambre peut se former en comité secret sur la demande d'un certain nombre de ses membres fixé par le règlement. Le Sénat peut se former en comité secret sur une demande signée de cinq membres, et la Chambre sur une demande signée de vingt membres. La décision est prise sans débat (Règl. Ch. dép., art. 110; Règl. Sénat, art. 45). Les mesures prises par les présidents des Chambres pour assurer l'ordre des séances et spécialement pour régler l'admission du public ou de la presse échappent au contrôle du conseil d'État d'une manière aussi absolue que les règlements des Assemblées. Ces décisions ne peuvent donc être attaquées même par la voie du recours pour excès de pouvoirs (Cons. d'Et. 24 nov. 1882, aff. Merley, D. P. 84. 3. 40).

55. — VI. Mesures destinées a assurer la sécurité et la liberté des Assemblées. — La loi du 22 juill. 1879 (D. P. 79. 4. 64), qui a fixé à Paris le siège du pouvoir exécutif et des deux Chambres, contient des dispositions importantes destinées à assurer la sécurité et la liberté du Parlement. Aux termes de l'art. 5 de cette loi, les présidents du Sénat et de la Chambre des députés sont chargés de veiller à la sécurité intérieure et extérieure de l'Assemblée qu'ils président. A cet effet, ils ont le droit de requérir la force armée et toutes les autorités dont ils jugent le concours nécessaire. Les réquisitions peuvent être adressées directement à tous officiers, commandants ou fonctionnaires, qui sont tenus d'y obtempérer immédiatement sous les peines portées par les lois. Les présidents du Sénat et de la Chambre des députés peuvent déléguer leur droit de réquisition aux questeurs ou à l'un d'eux. Ces dispositions consacrent le droit de réquisition directe, qui avait existé en vertu du décret du 11 mai 1848 et qui avait donné lieu à une discussion mémorable à l'Assemblée législative, quelques semaines avant le coup d'Etat du 2 décembre. Le Sénat avait jugé préférable que les réquisitions fussent adressées par les présidents des chambres au ministre de la guerre; mais la Chambre des députés a repoussé l'amendement voté en ce sens par le Sénat.

56. Une disposition de la même loi, empruntée à l'art. 45 de la Charte de 1830, interdit d'apporter des pétitions en personne ou à la barre des Chambres; les infractions à cette disposition sont punies d'un emprisonnement de quinze jours à six mois, ainsi que les provocations par des discours proférés publiquement ou par des écrits ou imprimés affichés ou distribués, à un rassemblement sur la voie publique ayant pour objet la discussion, la rédaction ou l'apport aux Chambres ou à l'une d'elles de pétitions, déclarations ou adresses (art. 6 et 7).

57. — VII. Immunité parlementaire. — L'art. 13 de la loi du 16 juill. 1875 (D. P. 75. 4. 114) consacre, comme les constitutions antérieures, le principe de l'immunité parlementaire. Aucun membre de l'une ou l'autre Chambre ne peut être poursuivi ou recherché à l'occasion des opinions ou des votes émis par lui dans l'exercice de ses fonctions. La même disposition se retrouve dans l'art. 41 de la loi du 29 juill. 1881 (D. P. 81. 4. 65) sur la presse. On trouvera *infrà*, v° *Presse-outrage*, les applications que ce principe a reçues de la jurisprudence.

58. Le principe qu'un sénateur ou député ne peut être poursuivi à raison des discours tenus par lui au sein du Parlement ne met pas obstacle à l'exercice du pouvoir disciplinaire dont chaque Chambre est investie à l'égard de ses membres. Des peines disciplinaires sont établies par les règlements de la Chambre des députés (art. 117 et suiv.) et du Sénat (art. 116 et suiv.). Ce sont : le rappel à l'ordre, le rappel à l'ordre avec inscription au procès-verbal, la censure, la censure avec exclusion temporaire du lieu des séances. D'après l'art. 128 du règlement de la Chambre des députés, la censure simple emporte de droit la privation pendant un mois de moitié de l'indemnité allouée au député; la censure avec exclusion temporaire emporte de droit la privation de moitié de l'indemnité pendant deux mois. L'une et l'autre mesure entraînent, en outre, l'impression et l'affichage à deux cents exemplaires, aux frais du député, de l'extrait du procès-verbal mentionnant la censure. Dans le cas où le député temporairement exclu reparaît dans le Palais législatif avant l'expiration du délai d'exclusion, il est arrêté par l'ordre des questeurs, conduit dans un local préparé à cet effet et y est retenu pendant un temps qui ne peut excéder trois jours (art. 126).

59. La jurisprudence a reconnu que les Chambres législatives, ayant le droit de régler leur propre fonctionnement et d'assurer l'ordre de leurs discussions, sont investies d'un pouvoir disciplinaire sur leurs membres et que l'exercice de ce pouvoir ne peut donner lieu à un recours devant l'autorité judiciaire (Paris, 14 févr. 1881, aff. Baudry-d'Asson, D. P. 82. 2. 180, et sur pourvoi, Req. 30 janv. 1883, D. P. 85. 1. 170). En conséquence, les tribunaux civils sont incompétents pour statuer sur la demande d'un député tendant à obtenir la restitution des retenues opérées sur son indemnité par mesure disciplinaire et par application du règlement de la Chambre (Mêmes arrêts).

On doit également regarder comme une mesure d'ordre intérieur, obligatoire pour tous les députés, la disposition du règlement de la Chambre qui autorise le président à ordonner dans certains cas l'arrestation d'un député; et le fait, de la part du président, d'avoir ordonné cette arrestation, et de la part des questeurs et du chef des huissiers, d'y avoir procédé, ne constitue ni crime, ni délit (Paris, 4 janv. 1881, aff. Baudry-d'Asson, D. P. 82. 2. 179).

60. — VIII. Inviolabilité parlementaire. — Les sénateurs et députés ne peuvent, pendant la durée de la session et sauf le cas de flagrant délit, être poursuivis ou arrêtés, en matière criminelle ou correctionnelle, qu'avec l'autorisation de la Chambre dont ils font partie (L. 16 juill. 1875, art. 14). Cette autorisation doit être préalable à toute citation en justice (Besançon, 10 avr. 1865, aff. de Grammont, D.P. 65. 2. 80), et tout acte de poursuite fait sans cette autorisation est frappé de nullité (Crim. rej. 5 août 1882, aff. Drouhet, D. P. 83. 1. 44). Les membres du Parlement ne jouissent de cette prérogative que lorsque leur élection a été validée, et si, en cas d'élections générales, elle s'étend momentanément et avant la vérification des pouvoirs à tous les candidats élus, celui dont l'ajournement a été prononcé ne peut s'en prévaloir, tant que dure cette mesure, pour se soustraire à des poursuites commencées après le vote d'ajournement (Crim. rej. 10 avr. 1847, aff. Drouillard, D. P. 47. 1. 90). L'inviolabilité parlementaire est établie dans l'intérêt public, et non dans l'intérêt des membres qu'elle couvre ; ceux-ci ne peuvent donc y renoncer (Arrêt précité du 5 août 1882). Les officiers de police judiciaire ou les juges qui auraient poursuivi ou arrêté sans l'autorisation prescrite un député ou un sénateur se rendraient coupables de forfaiture et seraient passibles de la peine de la dégradation civique édictée par l'art. 121 c. pén.

L'art. 14 de la loi du 16 juill. 1875 ne vise que les poursuites en matière criminelle et correctionnelle. Il en résulte que les poursuites pour contravention de simple police peuvent être exercées sans autorisation préalable contre les membres du Parlement. Aucun texte ne s'oppose davantage à ce que ces derniers soient cités sans autorisation préalable comme civilement responsables devant la juridiction correctionnelle (Douai, 21 avr. 1862, aff. Siméon, D. P. 68. 3. 29, note 1; Trib. corr. Bastia, 17 mars 1868, aff. Gavini, D. P. 68. 3. 29); ni à ce qu'ils soient poursuivis devant la juridiction civile en réparation du préjudice résultant d'un délit (Montpellier, 14 juill. 1873, aff. Colomès, D. P. 74. 2. 31).

En dehors de la session, les membres du Parlement peuvent être poursuivis sans autorisation. La Chambre dont ils font partie peut ordonner que la détention soit suspendue pendant toute la durée de la session (L. 16 juill. 1875, art. 14, § 2) ; mais la poursuite se continue régulièrement si la suspension n'en est pas requise par la Chambre (Rouen, 30 janv. 1886, aff. Dreyfus, D. P. 87. 2. 176; Crim. rej. 29 mai 1886, aff. Amagat, D. P. 87. 1. 142).

61. — IX. Règlements des Chambres. — Quoique les lois constitutionnelles actuelles, de même que les constitutions antérieures, ne confèrent pas explicitement aux Chambres le droit de faire leurs règlements intérieurs, ce droit ne saurait faire l'objet d'aucune contestation. Ces règlements ne peuvent être assimilés à des lois, puisqu'ils n'émanent pas des deux Chambres et ne sont pas promulgués par le président de la République; mais ils sont obligatoires pour tous les membres qui les ont votés. Le règlement de la Chambre des députés a été adopté le 16 juin 1876 (D. P. 77. 4. 18). Il a été successivement modifié par des résolutions du 13 nov. 1877 (D. P. 78. 4. 4), du 20 mai 1878, des 28 févr. et 1er déc. 1879 et du 2 févr. 1885 (V. notre *Code des lois politiques et administratives annotées*, t. 1, p. 53, note *b*, 52, note *a*, 54, note *f*, 53, notes *c*, *d* et *e*). Le règlement du Sénat a été adopté le 10 juin 1876 (D. P. 77. 4. 15).

62. — X. Nomination du bureau. — Le bureau de chacune des Chambres est élu chaque année pour la durée de la session et pour toutes les sessions extraordinaires qui auraient lieu avant la session ordinaire de l'année suivante (L. 16 juill. 1875, art. 11). En attendant qu'il ait été procédé à cette élection, le plus âgé des membres présents exerce les fonctions de président, et les fonctions de secrétaires sont remplies par les plus jeunes membres présents (Règl. Sénat et Ch. dép., art. 1er). A la première séance d'une nouvelle législature et après l'installation du président d'âge, il est procédé à la nomination d'un président et de deux vice-présidents provisoires ; l'élection du bureau définitif n'a lieu que lorsque les pouvoirs de la moitié plus un des membres de la Chambre ont été vérifiés (Règl. Ch. dép., art. 2 et 10).

63. — XI. Vérification des pouvoirs. — Ainsi que nous l'exposerons ailleurs avec plus de détails (V. *infrà*, v° *Droit politique*), les Chambres vérifient les opérations électorales et sont seules juges de la validité de ces opérations. Cette règle est consacrée par l'art. 10 de la loi du 16 juill. 1875, et les règlements des deux Chambres déterminent les formes suivant lesquelles il doit être procédé à cette vérification. Chacune des deux Chambres peut faire procéder par une commission prise dans son sein à une enquête sur les faits électoraux.

64. — XII. Confection des lois. — L'initiative des lois est partagée par l'art. 3 de la loi du 25 févr. 1875 entre le président de la République et les deux Chambres. Ce principe est appliqué dans la plupart des pays parlementaires. « L'initiative partagée, dit M. Saint-Girons, *Manuel de droit constitutionnel*, p. 107, est un des meilleurs moyens de collaboration pour les pouvoirs publics. Elle concilie les prérogatives des deux pouvoirs et donne ouverture aux tendances diverses du Parlement et du chef de l'Etat ». Dans la pratique, les projets de loi du Gouvernement sont déposés sur le bureau de la Chambre saisie par un des ministres. Le projet est précédé d'un exposé des motifs et suivi d'un décret de présentation. Les propositions émanées des membres du Parlement doivent être rédigées par écrit et précédées d'un exposé des motifs. Elles peuvent être prises en considération et, par suite, renvoyées aux bureaux sur le rapport de la commission d'initiative (V. sur la procédure parlementaire et les règlements des deux Chambres le *Traité de droit parlementaire* par Poudra et Pierre, nos 483 à 730, et Saint-Girons, *op. cit.*, p. 303).

Les projets émanés de l'initiative parlementaire qui ont été votés par l'une des deux Chambres sont transmis par le président de celle-ci au président de l'autre Chambre. Dans le cas où un projet voté par la Chambre des députés a été modifié par le Sénat, la Chambre des députés peut décider, sur la proposition d'un de ses membres, qu'une commission sera chargée de se réunir avec une commission du Sénat à l'effet de s'entendre sur un texte commun (Règl. Ch. dép., art. 144).

65. Aux termes de l'art. 8 de la loi du 24 févr. 1875 relative à l'organisation du Sénat (D. P. 75. 4. 38), le principe que le Sénat a concurremment avec la Chambre des députés l'initiative et la confection des lois reçoit exception en ce qui concerne les lois de finances: ces lois doivent être, en premier lieu, présentées à la Chambre des députés et votées par elle. On doit entendre par lois de finances le budget des recettes et des dépenses de l'exercice futur et les comptes de l'exercice ancien, les projets de loi pour crédits supplémentaires et extraordinaires, enfin les projets tendant à l'établissement d'impôts nouveaux ou à la modification d'impôts anciens (Saint-Girons, *op. cit.*, p. 49). On doit y comprendre, suivant M. Batbie, *op. cit.*, n° 54, toutes les lois de finances intéressant soit l'État, soit les départements, soit les communes. Toutefois, le Gouvernement a, contrairement à cette opinion, soumis au Sénat, en 1879, avant de l'envoyer à la Chambre des députés, un projet d'approbation d'une convention entre la ville de Paris et le Crédit foncier. Ce projet n'a donné lieu à aucun débat devant le Sénat ni devant la Chambre des députés. Mais le rapporteur de la Chambre, M. Crozet-Fourneyron, n'a conclu à l'adoption que sous réserves et à raison de l'urgence constatée, par le motif que « les stipulations financières contenues dans cette convention lui donnaient le caractère des lois réservées par la constitution à l'initiative de la Chambre (*Journ. off.* du 5 août 1879) ».

66. L'interprétation de l'art. 8 a donné lieu à de très vives controverses et l'on a contesté au Sénat, en s'appuyant sur cet article, le droit d'amender les lois de finances et de rétablir les crédits supprimés. En Angleterre, ce droit d'amendement n'a jamais été reconnu par la Chambre des communes à la Chambre des Lords, par le motif que cette Chambre ne procède pas de l'élection; mais aux État-Unis, qui possèdent un Sénat électif, la constitution dispose formellement que « le Sénat a, en matière de finances, le même droit d'amendement qu'à l'égard des autres bills » (V. Louis, *Le vote des lois de finances en Angleterre et aux Etats-Unis, Bulletin de la société de législation comparée*, 1877, p. 231). Le Sénat belge n'a pas d'initiative en matière financière; mais il peut prendre le projet de loi de finances tel qu'il a été déposé à la Chambre, le modifier, le rétablir dans son intégrité, malgré les suppressions votées par les députés. Dans un grand nombre d'Etats où la Chambre haute n'est pas élective, la Chambre élective a, comme chez nous, la priorité, mais le droit d'amendement appartient à la Chambre haute. Il en est ainsi en Italie, en Espagne, en Danemark, au Brésil, en Portugal, en Autriche où le chiffre le plus bas d'impôts est censé adopté par les deux Chambres, en Suède où l'opinion qui a réuni la majorité, en comptant les membres des deux Chambres, a force de loi (Saint-Girons, *op. cit.*, p. 285). Il convient d'ajouter qu'en France, sous la monarchie constitutionnelle, la Chambre des Pairs a revendiqué le droit d'amender les lois de finances et en a plusieurs fois usé.

67. La question a été soulevée dans nos Assemblées, à l'occasion du budget de 1877. L'opinion qui refusait au Sénat le droit de rétablir les crédits supprimés par la Chambre des députés a été énergiquement défendue par M. Gambetta qui a soutenu, d'une part, que le Sénat n'avait en aucun cas le droit de créer des dépenses et, d'un autre côté, que, le projet du Gouvernement tendant à l'ouverture d'un crédit ayant cessé d'exister par suite du rejet de ce crédit par la Chambre, le Sénat prendrait en réalité l'initiative d'une loi de finances en rétablissant le crédit supprimé. Mais l'opinion contraire a été soutenue par M. Jules Simon, ministre de l'intérieur et président du Conseil, qui a répondu que, lorsque la loi de finances présentée d'abord à la Chambre et votée par elle revenait au Sénat, cette dernière Assemblée pouvait exercer le droit d'amendement qui lui appartenait en cette matière comme en toute autre; qu'elle ne créait, d'ailleurs, pas une dépense en rétablissant un crédit, puisque le rétablissement proposé par elle ne pouvait devenir définitif qu'après avoir été accepté par la Chambre. Ce dernier système a prévalu à cette époque devant la Chambre des députés, qui l'a consacré en votant dans la séance du 28 déc. 1876 plusieurs des crédits rétablis par le Sénat (D. P. 77. 4. 23, note 2. V. conf. Batbie, t. 3, n° 54; Saint-Girons, *op. cit.*, p. 280 et suiv.; Ch. Lefèvre, *Etudes sur les lois constitutionnelles de* 1875, p. 149).

68. La question a été soulevée de nouveau sous les législatures suivantes. En 1878 et 1879, les rapporteurs du budget à la Chambre des députés, MM. Fallières et Wilson, ont déclaré qu'il n'y avait lieu « ni en droit ni en fait » d'accepter le rétablissement des crédits votés par le Sénat. En 1884, le Gouvernement, voulant faire trancher législativement cette question, a compris l'art. 8 au nombre des articles dont il proposait de demander la revision. Cette proposition a été repoussée par le Sénat, par ce motif, développé dans le rapport de M. Dauphin, qu'il ne pouvait consentir à la revision sur ce point sans connaître les intentions de la Chambre relativement au règlement des attributions financières. En présence de ce vote, la Chambre des députés a renoncé à demander la revision de l'art. 8; mais le rapporteur, M. Dreyfus, a affirmé de la manière la plus énergique que le Sénat, en matière de dépenses comme en matière d'impôts, ne pouvait exercer qu'un droit de contrôle et que « la Chambre saurait faire prévaloir cette interprétation ». M. Gerville-Réache, dans son rapport à l'Assemblée nationale, n'a pas moins nettement déclaré que, malgré le vote du Sénat, la Chambre maintenait tous ses droits en matière de finances. C'est à la suite de ces déclarations que l'Assemblée nationale, dans sa séance du 13 août 1884, a écarté par la question préalable un amendement de MM. Floquet et Allain-Targé ainsi conçu: « L'Assemblée nationale, interprétant la loi constitutionnelle du 24 févr. 1875, déclare que l'art. 8 de cette loi doit être entendu dans ce sens que le droit d'initiative et de décision en matière d'ouverture de crédits ou d'établissement d'impôts appartient exclusivement à la Chambre des députés (D. P. 84. 4. 116, note, col. 3).

69. La controverse a été soulevée de nouveau en 1887, à l'occasion du rétablissement par le Sénat d'un certain nombre de crédits relatifs au service des cultes. Le rapporteur de la Chambre des députés, M. Jules Roche, a revendiqué la suprématie de cette Chambre en matière de budget et a déclaré que la commission ne considérait le vote du Sénat portant rétablissement de crédits supprimés que comme une simple procédure, critiquable d'ailleurs en la forme, par laquelle il provoquait une seconde délibération de la Chambre. Il a soutenu que le Sénat épuisait par cet appel son droit de contrôle, et que la deuxième délibération de la Chambre était définitive et irréformable. A la suite du vote de la Chambre, qui maintenait la suppression de la plupart des crédits rétablis par le Sénat, la commission du Sénat s'est bornée à quelques réserves et a reconnu, par l'organe de son rapporteur, sans soulever la question de droit, qu'il était de bonne politique que chaque Chambre s'inclinât dans sa seconde délibération devant la volonté de l'autre, lorsqu'il s'agissait de suppressions ou de réductions de crédits appartenant uniquement au domaine financier et n'assurant pas l'exécution d'une loi spéciale. En conséquence, le Sénat n'a pas persisté dans sa première décision (D. P. 85. 4. 41, note 2).

70. Les lois ne pouvant être abrogées que par le concours du Sénat et de la Chambre, on ne peut admettre qu'une seule de ces Assemblées paralyse l'exécution d'une loi non abrogée en supprimant un crédit nécessaire à l'application de cette loi (Batbie, t. 3, n° 55). C'est cependant ce qu'a fait à plusieurs reprises la Chambre des députés, et cette grave question a été soulevée en 1885 dans le débat qui vient d'être rappelé. La commission du Sénat avait, dans cette circonstance, constaté l'irrégularité de cette manière de procéder et conclu au rétablissement de crédits indispensables pour assurer des services organisés par des lois spéciales. Mais, après une longue discussion dans laquelle le Gouvernement a fait appel à l'esprit de conciliation du Sénat, celui-ci a adopté le projet de loi tel qu'il lui avait été renvoyé par la Chambre (D. P. 85. 4. 42, note).

71. Le président de la République n'est pas appelé à *sanctionner*, mais seulement à *promulguer* les lois adoptées par le Parlement. M. Ducrocq en a tiré cette conséquence que la loi doit être considérée comme parfaite dès qu'elle a été votée par les deux Chambres (*Cours de droit administratif*, 6e éd., t. 1, nos 20, 21, 39, 49 et 190). Nous pensons, comme M. Batbie, *op. cit.*, n° 68, que cette opinion ne doit pas être suivie. Pour qu'une loi soit complète, il faut qu'elle ait été rendue exécutoire par la promulgation; et, tant qu'elle n'a pas été promulguée, elle peut être impunément violée.

La promulgation doit être faite dans le mois pour les lois ordinaires, et dans les trois jours en cas d'urgence spécialement déclarée. Dans ce délai, le président peut demander une nouvelle délibération, et la loi ne devient définitive que si elle est de nouveau votée par la majorité des deux Chambres (L. 16 juill. 1875, art. 8). Dans ce cas, le message motivé par lequel le président provoque une nouvelle délibération doit être imprimé et distribué. Les Chambres se réunissent dans leurs bureaux et nomment une commission sur le rapport de laquelle il est procédé à une délibération nouvelle (V. *infrà*, v° *Lois*).

72. — XIII. Attributions judiciaires du Sénat. — Indépendamment de ses attributions législatives, le Sénat a des attributions judiciaires. Aux termes de l'art. 9 de la loi du 25 févr. 1875, il peut être constitué en cour de justice pour juger soit le président de la République, soit les ministres, et pour connaître des attentats commis contre la sûreté de l'État. L'art. 12 de la loi du 16 juill. 1875 a réglé divers points relatifs à l'application de ce principe (V. *suprà*, v° *Compétence*, n° 2), et une loi du 10 avr. 1889 (D. P. 89. 4. 36) a déterminé la procédure à suivre devant le Sénat pour juger toute personne inculpée d'attentat commis contre la sûreté de l'État (Comp. *suprà*, v° *Délit politique*, nos 36 et 37). Les questions relatives à l'organisation et au fonctionnement de la Haute Cour de justice seront traitées *infrà*, v° *Organisation judiciaire*.

73. — XIV. Rôle éventuel des conseils généraux. — La loi du 15 avr. 1872 (D. P. 72. 4. 39) prévoit le cas où les Chambres seraient illégalement dissoutes ou empêchées de se réunir. Dans ce cas, les conseils généraux s'assemblent immédiatement et de plein droit, sans qu'il soit besoin d'une convocation spéciale, au chef-lieu du département ou dans tout autre lieu si des motifs de sécurité l'exigent. Chaque conseil général nomme deux délégués qui se rendent au lieu où se trouvent les membres du Gouvernement qui ont pu se soustraire à la violence. Cette Assemblée des délégués est chargée de prendre pour toute la France les mesures urgentes que nécessite le maintien de l'ordre, spécialement celles qui ont pour objet de rendre aux Chambres la plénitude de leur indépendance et de l'exercice de leurs droits. Elle pourvoit provisoirement à l'administration générale du pays, et ses décisions doivent être exécutées, à peine de forfaiture, par tous les fonctionnaires, agents de l'autorité et commandants de la force publique.

§ 2. — Du pouvoir exécutif.

74. — I. Président de la République. — Le pouvoir exécutif est confié à un président de la République, investi d'une magistrature élective et temporaire, irresponsable devant les Chambres, mais non inviolable. « Il est *irresponsable*, dit M. Batbie, *op. cit.*, n° 66, c'est-à-dire qu'il n'est point, comme les ministres, tenu de se retirer devant la volonté du Parlement; mais il n'est pas *inviolable*, car, s'il se rendait coupable de forfaiture, il pourrait être mis en accusation par la Chambre des députés devant le Sénat. »

Le président de la République est élu à la majorité absolue par le Sénat et par la Chambre des députés réunis en Assemblée nationale. Il est nommé pour sept ans; il est rééligible (L. 25 févr. 1875, art. 2) (Comp. *suprà*, v° *Compétence*, n° 4).

75. — II. Élection du président. — Les deux Chambres doivent être réunies en Assemblée nationale pour procéder à l'élection du président de la République un mois avant la fin de la période septennale. Quand la vacance a lieu par démission, décès ou autre cause, l'Assemblée nationale se réunit immédiatement et de plein droit. Dans l'intervalle, le conseil des ministres est investi du pouvoir exécutif (L. 25 févr. 1875, art. 7). Dans le cas où la Chambre des députés se trouverait dissoute au moment où la présidence de la République deviendrait vacante, les collèges électoraux seraient aussitôt convoqués et le Sénat se réunirait de plein droit (L. 16 juill. 1875, art. 3). Il a, d'ailleurs, été déclaré par le rapporteur, M. Laboulaye, que, dans ce cas, le Sénat n'a qu'un pouvoir intérimaire et ne peut faire aucun acte de législateur.

76. L'Assemblée nationale doit se réunir à Versailles dans l'ancienne salle de la Chambre des députés (L. 22 juill. 1879, art. 3). Le bureau se compose des président, vice-présidents et secrétaires du Sénat (L. 16 juill. 1875, art. 11). L'Assemblée est constituée en collège électoral; on en a conclu qu'elle doit procéder à l'élection par appel nominal et sans débat, et qu'aucun membre ne peut demander la parole pour formuler une proposition ou une déclaration quelconque. C'est du moins la solution qui a été admise par l'Assemblée nationale et son président le 28 déc. 1885. Au contraire, dans la séance du 30 janv. 1879, deux membres de l'Assemblée ont été admis à poser des questions avant le scrutin (D. P. 79. 4. 21, note 3).

L'élection a lieu à la majorité absolue des suffrages exprimés, à la différence de ce qui a lieu pour la revision des lois constitutionnelles, auquel cas la loi exige la majorité absolue des membres qui composent l'Assemblée nationale.

77. Lorsqu'il y a lieu de procéder à l'élection d'un président, par suite de l'expiration du terme légal des pouvoirs présidentiels, on s'est demandé à qui il appartenait de provoquer la réunion de l'Assemblée nationale. En 1885, cette convocation a été faite par le Gouvernement. Toutefois, on a soutenu qu'elle devrait émaner du président du Sénat appelé par la constitution à présider l'Assemblée nationale (Pierre, *Lois constitutionnelles*, p. 52). Nous avons dit que, dans le cas de vacance par décès ou toute autre cause, les Chambres se réunissent de plein droit. La démission du président doit être adressée aux présidents des deux Chambres, et ne doit pas être soumise à l'acceptation de l'Assemblée (Décis. Assemb. nat. 30 janv. 1879, D. P. 79. 4. 21, note 3). Le conseil des ministres qui, dans ce cas, exerce provisoirement le pouvoir exécutif, est chargé de recevoir du président du Sénat et de transmettre au nouveau président de la République le vote de l'Assemblée.

Le président de la République est toujours élu pour sept ans, alors même que son prédécesseur n'a pas entièrement accompli son mandat, ainsi que l'a déclaré M. Dufaure en réponse à une question de M. Sarlande à l'occasion de l'élection de M. Grévy en remplacement du maréchal de Mac-Mahon démissionnaire (D. P. 79. 4. 21, note 3).

78. Le traitement du président de la République a été fixé à 600000 fr. par la loi de finances du 16 sept. 1871 et figure chaque année pour cette somme au budget en tête des dotations (D. P. 71. 4. 92, note, n° 19). Le président reçoit, en outre, 600000 fr. par an, dont 300000 fr. pour frais de maison, et 300000 fr. pour frais de voyage, de déplacement et de représentation (L. 29 déc. 1876, art. 1er, état A, D. P. 77. 4. 23).

79. — III. Attributions du président de la République. — Ces attributions ont déjà été indiquées *suprà*, v° *Compétence*, nos 4 et 5. Le président, ainsi que nous l'avons dit précédemment, a l'initiative des lois et promulgue celles qui ont été votées par les deux Chambres (V. *suprà*, nos 64 et 71). Il en surveille et en assure l'exécution (L. 25 févr. 1875, art. 3). Il fait pour l'exécution des lois des règlements qui sont, suivant la définition qu'en donne M. Batbie (t. 3, n° 76), « des dispositions secondaires ayant pour objet de faire descendre les principes de la loi dans les détails de l'application ». Nous traiterons ailleurs du pouvoir réglementaire (V. *infrà*, v° *Règlements administratifs*).

80. Le président a le droit de faire grâce; mais les amnisties ne peuvent être accordées que par une loi

(L. 25 févr. 1875, art. 3). Les questions relatives à l'exercice de cette prérogative seront traitées *infrà*, v° *Grâce*.

81. « Le chef de l'Etat, dit M. Saint-Girons, *op. cit.*, p. 381, en république comme en monarchie, est l'incarnation vivante du pays : il le personnifie d'une manière sinon exclusive, du moins principale. C'est lui qui préside aux solennités nationales ; c'est auprès de lui que sont accrédités les envoyés et les ambassadeurs des puissances étrangères » (L. 25 févr. 1875, art. 3).

82. Chargé de faire exécuter les lois, ainsi qu'on l'a vu *suprà*, n° 79, le président de la République est, dans ce but, le chef suprême du Gouvernement et de l'Administration ; il nomme à tous les emplois civils et militaires, et il dispose de la force armée. Aux termes de l'art. 50 de la constitution de 1848, le président disposait de la force publique, sans pouvoir la commander en personne. Un amendement de M. Marcel Barthe, rédigé dans les mêmes termes, a été retiré sur la déclaration faite par le général de Chabaud-Latour, ministre de l'intérieur, dans la séance du 1er févr. 1875, que si cette disposition était adoptée, le maréchal de Mac-Mahon « n'hésiterait pas vingt-quatre heures à déposer le titre de président de la République » (D. P. 75. 4. 34, note 1). Chacun des actes du président devant, aux termes du paragraphe final de l'art. 3 de la loi du 25 févr. 1875, être contresigné par un ministre responsable, les pouvoirs qu'il a pour disposer de la force armée et pour nommer aux emplois ne s'exerçent, ainsi que le fait très justement observer M. Batbie (*op. cit.*, n° 73), que sous le contrôle du Parlement.

83. L'art. 8 de la loi du 16 juill. 1875 donne au président de la République le droit de négocier et de ratifier les traités ; il doit seulement en donner connaissance aux Chambres aussitôt que la sûreté de l'Etat et l'intérêt public le permettent. La ratification du Parlement n'est donc pas, en règle générale, exigée pour les traités internationaux : c'est ainsi que le traité de Berlin du 13 juill. 1878, qui avait pour objet le règlement des questions soulevées en Orient, a été ratifié par le président de la République pendant la prorogation des Chambres et promulgué par décret le 5 sept. 1878 (D. P. 78. 4. 101).

Mais les traités de paix, de commerce, les traités qui engagent les finances de l'Etat, ceux qui sont relatifs à l'Etat des personnes et au droit de propriété des Français à l'étranger ne sont définitifs qu'après avoir été votés par les deux Chambres. De même, nulle cession, nul échange, nulle adjonction de territoire ne peut avoir lieu qu'en vertu d'une loi.

84. Le droit d'approuver ou de rejeter ces traités, qui appartient aux Chambres, n'implique pas le droit d'imposer à l'avance au Gouvernement les bases sur lesquelles il devra négocier. Aussi les Chambres ont-elles repoussé, en 1880, comme inconstitutionnel un amendement qui proposait de décider qu'aucun traité de commerce ne pourrait abaisser les droits de douane au-dessous du tarif général (*Jour. off.* des 24 févr., 5 et 16 juin 1880). D'après les règlements de la Chambre des députés et du Sénat (Règl. Ch. dép., art. 32 ; Règl. Sénat, art. 75), une procédure spéciale doit être suivie pour l'examen des projets de loi par lesquels le Gouvernement demande l'approbation des traités conclus avec les puissances étrangères ; en pareil cas, il n'est pas voté sur les articles du traité, et il ne peut être présenté d'amendement à son texte. Les Chambres votent l'adoption, le rejet ou l'ajournement du projet.

85. Aux termes de l'art. 9 de la loi du 16 juill. 1875, le président de la République ne peut déclarer la guerre sans l'assentiment des deux Chambres. M. Batbie, t. 3, n° 75, a émis des doutes sur l'efficacité de cette prohibition. En effet, ainsi qu'il le fait remarquer, le Gouvernement pourra toujours, sans l'assentiment des Chambres et sous sa responsabilité, conduire les choses à ce point que l'honneur du drapeau rendra la guerre inévitable et que le Parlement ne pourra refuser les crédits demandés sans manquer de patriotisme. Aussi l'éminent professeur estime-t-il que le Gouvernement sera probablement moins arrêté par l'art. 9 que par le sentiment de la responsabilité ministérielle.

M. Laboulaye a constaté, dans son rapport sur la loi du 16 juill. 1875, que l'art. 9 ne mettait pas obstacle à ce que le président, qui dispose de la force armée, prît en cas d'urgence les mesures nécessaires pour ne pas laisser surprendre le territoire national par une invasion (D. P. 75. 4. 115, note, n° 9).

86. — IV. Responsabilité ministérielle. — L'art. 6 de la loi du 25 févr. 1875 consacre le principe de la responsabilité ministérielle, qui est la base du régime parlementaire. Le président de la République n'est responsable que dans le cas de haute trahison ; les ministres sont solidairement responsables devant les Chambres de la politique générale du Gouvernement, et individuellement de leurs actes personnels. Suivant les expressions du rapport de M. Laboulaye sur la loi du 16 juill. 1875, ils représentent le Parlement devant le pouvoir et le pouvoir devant le Parlement, et doivent se retirer quand l'accord est rompu (D. P. 75. 4. 114, note 2).

La responsabilité solidaire des ministres suppose l'existence d'un cabinet homogène sous la présidence d'un des ministres. Un décret du 2 sept. 1871 avait institué un vice-président du conseil, chargé de présider le conseil des ministres en l'absence du président de la République (D. P. 71. 4. 149). Depuis la mise en vigueur des lois constitutionnelles de 1875, le chef du cabinet porte le titre de président du conseil des ministres (Décr. 9 mars 1876, D. P. 76. 4. 93) (V. *infrà*, v° *Organisation administrative*).

L'art. 6 de la loi du 16 juill. 1875 confère aux ministres le droit d'avoir leur entrée dans les Chambres et d'y être entendus quand ils le demandent.

87. Les lois constitutionnelles de 1875 ne parlent pas des interpellations, qui sont la conséquence nécessaire du Gouvernement parlementaire. Mais les règlements des deux Chambres ont déterminé la procédure qui doit être suivie en cette matière (Règl. Ch. dép., art. 39 et suiv. ; Règl. Sénat, art. 83 et suiv.). Tout député ou sénateur qui veut faire une interpellation doit en adresser la demande écrite au président de la Chambre et du Sénat. L'Assemblée, après avoir entendu un des membres du Gouvernement, fixe, sans débats sur le fond, le jour où l'interpellation sera faite. Comme conséquence de l'interpellation, l'Assemblée vote soit un ordre du jour pur et simple, soit un ordre du jour motivé.

88. Indépendamment de la responsabilité politique à laquelle ils sont soumis, les ministres peuvent encourir une responsabilité criminelle et une responsabilité civile.

Les ministres, aux termes de l'art. 12 de la loi du 16 juill. 1875, peuvent être mis en accusation par la Chambre des députés pour crimes commis dans l'exercice de leurs fonctions. En ce cas, ils sont jugés par le Sénat. En ce qui concerne les crimes de droit commun, ils seraient justiciables des tribunaux ordinaires. Même pour les crimes commis dans l'exercice de leurs fonctions, la poursuite par la Chambre des députés devant le Sénat n'est que facultative ; et la Chambre, si elle l'aimait mieux, pourrait laisser la justice ordinaire faire son œuvre (Batbie, t. 3, n° 88). Il en serait autrement du président de la République qui, soit dans le cas où il serait poursuivi pour crime de droit commun, soit dans l'hypothèse où il se serait dans l'exercice de ses fonctions rendu coupable de haute trahison, ne pourrait, aux termes de l'article précité, être mis en accusation que par la Chambre des députés et jugé que par le Sénat. Le crime de haute trahison n'étant, d'ailleurs, prévu et défini par aucune loi, il appartiendrait au Sénat, constitué en Cour de justice, de qualifier les faits, de déterminer la peine et de l'appliquer.

89. La loi du 10 avr. 1889 (D. P. 89. 4. 36), qui a réglé la procédure à suivre devant le Sénat pour juger toute personne inculpée d'attentat commis contre la sûreté de l'Etat, ne renferme aucune disposition applicable à la responsabilité pénale des ministres et du président de la République. Le projet de loi relatif à cette dernière matière a été, ainsi que l'a exposé le rapporteur du Sénat, réservé pour un examen ultérieur (D. P. 89. 4. 36, note 8). D'après M. Batbie, t. 3, n° 90, le Sénat devrait, en pareil cas, suivre autant que possible, quant à la procédure et quant à la peine, le code d'instruction criminelle et le code pénal. Il devrait, notamment, s'inspirer de l'art. 4 du sénatus-consulte du 4 juin 1858 (D. P. 58. 4. 86), aux termes duquel « les peines devaient être prononcées conformément à la loi », et de l'art. 12 du sénatus-consulte du 10 juill. 1852 (D. P. 52. 4. 182), d'après lequel la Haute Cour procédait conformément aux dispositions du code d'instruction criminelle (V. *infrà*, v° *Organisation judiciaire*).

90. La responsabilité civile des ministres est formellement consacrée par l'art. 9 de la loi du 15 mai 1850 (D. P. 50. 4. 85) et par l'art. 41 du décret du 31 mai 1862 (D. P. 62. 4. 86). Le premier de ces articles porte « qu'aucune dépense ne pourra être ordonnée ni liquidée sans qu'un crédit préalable ait été ouvert par une loi, et que toute dépense non créditée ou portion de dépense dépassant le crédit sera laissée à la charge personnelle du ministre contrevenant ». Aux termes de la seconde des dispositions précitées, « les ministres ne peuvent, sous leur responsabilité, dépenser au delà des crédits ouverts à chacun d'eux, ni engager aucune dépense nouvelle avant qu'il ait été pourvu au moyen de la payer par un supplément de crédit ».

En l'absence d'un texte spécial, la jurisprudence applique aux ministres, en matière de responsabilité civile, les mêmes règles de compétence et les mêmes principes qu'aux fonctionnaires. Ainsi elle n'admet pas la compétence judiciaire pour connaître des actions en responsabilité dirigées contre un ministre soit à raison d'actes qualifiés *actes de Gouvernement* (Paris, 29 janv. 1876, aff. Jérôme Napoléon, D. P. 76. 2. 41), soit à raison d'actes administratifs, alors même qu'ils seraient entachés d'excès de pouvoirs, pourvu que l'illégalité de ces actes n'implique pas une faute personnelle de leur auteur (Trib. confl. 5 mai 1877, aff. Laumonnier Carriol, D. P. 78. 3. 13; 29 déc. 1877, aff. Viette, D. P. 78. 3. 20).

§ 3. — Du pouvoir constituant (*Rép.* nos 84 et 85).

91. Plusieurs systèmes ont été proposés et mis en pratique pour la revision des lois constitutionnelles. Dans la plupart des Etats de l'Europe, c'est le pouvoir législatif qui exerce la fonction constituante. Ce système, qui a toujours été appliqué en Angleterre, a également existé dans notre pays de 1814 à 1848. Ailleurs, comme en France sous l'empire de la constitution de 1848, c'est à une Assemblée spécialement élue à cet effet qu'est réservé le pouvoir de reviser la constitution. Les lois constitutionnelles de 1875 ont consacré un système nouveau. Elles ont décidé que la revision serait faite par les deux Chambres réunies en Assemblée nationale. Aux termes de l'art. 8 de la loi du 25 févr. 1875, les Chambres ont le droit par délibérations séparées, prises dans chacune à la majorité absolue des voix, soit spontanément, soit sur la demande du président de la République, de déclarer qu'il y a lieu de reviser les lois constitutionnelles. Après que chacune des deux Chambres a pris cette résolution, elles se réunissent en Assemblée nationale.

92. Nous avons indiqué *suprà*, n° 76, la composition du bureau de l'Assemblée nationale et le lieu de réunion que lui assigne la constitution. Les dispositions de l'art. 11 de la loi du 16 juill. 1875 et de l'art. 3 de la loi du 22 juill. 1879 sont également applicables au cas où l'Assemblée se réunit pour procéder à l'élection du président de la République, et au cas où elle est appelée à statuer sur un projet de revision des lois constitutionnelles. Mais l'Assemblée nationale, aux termes de l'art. 8 de la loi du 25 févr. 1875, ne peut voter la revision qu'à la majorité absolue des membres qui la composent : ce qui paraît devoir s'entendre du nombre *légal* des députés et sénateurs, et non du nombre des députés et sénateurs en exercice. Cette disposition n'est applicable qu'aux votes portant revision, et non aux autres décisions et spécialement à celles qui sont rendues sur la question préalable opposée à des amendements (Laferrière, *L'article 8 de la constitution*, p. 40, et Saint-Girons, *op. cit.*, p. 628).

93. Il avait été reconnu, dans la discussion de la loi du 25 févr. 1875, et le rapporteur de cette loi l'avait formellement déclaré, que le droit de revision était absolu et illimité, et que la forme même du Gouvernement pouvait être l'objet d'une revision (D. P. 75. 4. 35, note 4). Ce droit a été limité par l'art. 2 de la loi du 14 août 1884, qui interdit de faire porter la revision sur la forme républicaine du Gouvernement (D. P. 84. 4. 115, note 2). Mais, ainsi que le fait remarquer M. Saint-Girons, *op. cit.*, p. 619, cette disposition n'a pas de sanction pratique, et l'Assemblée de 1884 a écarté une proposition de M. Villeneuve portant que « quiconque aurait par ses discours, ses écrits, ses actes, affirmé sa volonté de changer la forme du Gouvernement, perdrait sa qualité et ses droits de Français ».

94. Une question qui a donné lieu à de vives controverses est celle de savoir si l'Assemblée nationale une fois réunie n'a le droit de procéder à la revision que dans les limites où ce droit a été déterminé par la délibération des deux Chambres. En 1879, M. Méline, rapporteur à la Chambre des députés du projet de retour à Paris, s'est prononcé en faveur du système de la revision limitée (D. P. 79. 4. 64, note 2). La même doctrine a été soutenue par M. Gambetta, lors de la présentation de son projet de revision partielle portant sur les scrutins de liste et le Sénat. « Les pouvoirs délégataires de la souveraineté nationale, a-t-il dit, dans la séance du 26 janv. 1882, sont la Chambre des députés, le Sénat et le président de la République... Il ne faut pas dire que les deux Chambres sont des pouvoirs inférieurs au Congrès, elles sont des pouvoirs nécessaires à sa création, pouvoirs qui lui sont antérieurs et qui ont besoin pour l'engendrer de se mettre d'accord sur ce que j'appelle son titre d'existence. Et de même qu'ils le créent, ils fixent les limites de sa compétence et de ses attributions » (*Journ. off.* du 27 janv. 1882).

95. La question a été soulevée de nouveau en 1884. M. Jules Ferry, président du conseil, a soutenu, comme l'avaient fait précédemment M. Méline et M. Gambetta, la théorie de la revision limitée devant l'Assemblée nationale. M. Gerville-Réache a formellement déclaré que « le Sénat et la Chambre des députés pouvaient mettre en droit et en fait une limitation au programme de leurs discussions » (D. P. 84. 4. 114, note, n° 2). L'Assemblée nationale a sanctionné cette doctrine en écartant, par la question préalable, divers amendements relatifs à d'autres points que ceux que les deux Chambres avaient limitativement déterminés (D. P. 84. 4. 115, note 3).

Toutefois une Assemblée a voté un amendement de M. Andrieux déclarant inéligibles à la présidence de la République les membres des familles qui avaient régné sur la France, bien que cet amendement discuté par la Chambre des députés n'eût pas été voté par elle, qu'il n'eût pas même été discuté au Sénat et qu'il ne figurât pas dans le projet déposé par le Gouvernement. Le rapporteur s'appuya, il est vrai, pour demander le vote de cet amendement sur ce que « la teneur en avait été arrêtée au cours de la discussion des Chambres » et que le président du conseil s'était engagé à le soutenir devant le Congrès. Malgré ces arguments, il semble difficile de concilier ce vote avec le principe de la revision limitée, et avec l'engagement qu'avait pris le Gouvernement devant le Sénat de s'opposer dans l'Assemblée nationale à toute délibération sur des propositions qui sortiraient des limites des questions posées (D. P. 84. 4. 113, note 2).

96. La doctrine de la revision limitée, soutenue dans une brochure précédemment citée de M. Laferrière (V. *suprà*, n° 92) et dans une étude de M. Bozérian, *sur la revision de la constitution de* 1875, a été très vivement critiquée par M. Saint-Girons, *op. cit.*, p. 635, qui la déclare « contraire à la constitution, dangereuse par l'arbitraire inévitable qu'elle laisse au Congrès, chargé de décider quelle est la portée et l'étendue des questions posées par les Chambres, dépourvue de toute sanction efficace qui garantisse l'observation par le Congrès de la formule de revision séparément votée par les députés et les sénateurs ».

On ne peut méconnaître la valeur de cette dernière objection et la difficulté qu'il y aurait pratiquement à empêcher l'Assemblée nationale une fois réunie de sortir des bornes tracées par les délibérations des Chambres. M. Batbie, qui a examiné cette question (*op. cit.*, n° 63), pense que le président du Congrès pourrait refuser de mettre en délibération tout projet dépassant des limites du mandat donné au Congrès par les Chambres, et, au besoin, lever la séance; que le Sénat, s'il était menacé par la majorité de la Chambre des députés, pourrait se retirer, ce qui entraînerait la dissolution de l'Assemblée; enfin que le président de la République pourrait, même pendant la réunion de l'Assemblée nationale, dissoudre la Chambre des députés, ce qui rendrait également nécessaire la séparation de l'Assemblée. Mais M. Batbie fait remarquer avec raison que deux de ces moyens seraient inefficaces, si le président du Sénat et le président de la République étaient favorables à la revision totale; que la dissolution de la Chambre des députés exigerait, en outre, l'assentiment du Sénat; qu'enfin la retraite du Sénat ne rendrait l'Assemblée irrégulière que si cette retraite était complète, c'est-à-dire si tous les membres du Sénat cessaient de prendre part aux travaux du Congrès, hypothèse qui, dans la pratique, semble à peu près irréalisable.

§ 4. — Du pouvoir judiciaire.

97. Le rôle du pouvoir judiciaire et ses rapports avec les autres pouvoirs seront étudiés *infrà*, v° *Organisation judiciaire* (V. aussi *suprà*, v° *Compétence*, n°s 39 et suiv.).

Table sommaire

des matières contenues dans le Supplément et le Répertoire.

(Les chiffres précédés de la lettre *S* renvoient au Supplément; les chiffres précédés de la lettre *R* renvoient au Répertoire.)

Table chronologique des Lois, Arrêts, etc.

DROIT DE GARANTIE. — V. *Matières d'or et d'argent;* — *Rép.* eod. v°, n°s 21 et suiv., 40.

DROITS DE GREFFE. — V. *Enregistrement; Greffe-Greffier;* — *Rép.* v^{is} *Enregistrement*, n°s 5849 et suiv.; *Greffe-Greffier*, n°s 1, 135 et suiv.

DROITS D'HYPOTHÈQUE. — V. *Enregistrement; Priviléges et hypothèques;* — *Rép.* v^{is} *Enregistrement*, n°s 5910 et suiv.; *Priviléges et hypothèques*, n°s 721 et suiv.

DROIT INTERNATIONAL. — V. *infrà*, v° *Droit naturel et des gens.*

DROITS LITIGIEUX. — V. *Vente;* — *Rép.* eod. v°, n°s 1978 et suiv., 1995 et suiv., 2048 et suiv.

DROIT MARITIME. — **1.** La marine marchande doit occuper une place dans la législation, et cela pour plusieurs motifs. Il importe sans doute que le commerce maritime, comme toutes les industries, soit exempt d'entraves; les conventions auxquelles il donne lieu doivent être librement débattues entre les parties et, dès lors, elles ne relèvent en principe que de leur volonté; mais il appartient au législateur d'indiquer le mode de constatation auquel elles seront soumises pour que leur existence soit légalement établie. De plus, il est rare que les parties aient embrassé dans leurs prévisions tous les faits qui peuvent se produire, qu'elles se soient expliquées d'une façon suffisamment explicite sur tous les effets qu'elles entendent attribuer au contrat. C'est alors à la puissance législative de déterminer les obligations qui incombent aux contractants, les circonstances qui sont de nature à entraîner l'extinction ou la résolution des accords intervenus, et, puisqu'il s'agit de marchés d'une nature particulière, les dispositions édictées à cet effet sont nécessairement empreintes d'un caractère de spécialité.

Ce n'est pas tout; le commerce maritime doit, dans un intérêt d'ordre public, être soumis à une réglementation. La marine marchande contribue puissamment à l'essor des autres industries et au développement de la richesse publique; elle ouvre, en effet, des débouchés et facilite l'exportation des produits indigènes, en même temps qu'elle permet d'importer dans le pays les produits de l'étranger. Aussi les peuples dont la marine marchande a été plus particulièrement prospère ont-ils de tout temps occupé le premier rang au point de vue commercial et industriel; il suffit de citer, à titre d'exemples, les Phéniciens et les Carthaginois dans l'antiquité; au moyen âge les républiques d'Italie, les villes maritimes qui ont fait partie de la ligue hanséatique; enfin, à une époque moins reculée, la Hollande et l'Angleterre.

D'un autre côté, les opérations maritimes s'accomplissent dans des ports qui font partie intégrante du territoire, et les navires français pénètrent dans les ports étrangers avec l'empreinte et sous le couvert de notre nationalité. Si l'on considère les périls auxquels sont exposés les gens d'équipage qui servent à bord des navires et les passagers qui y prennent place, les risques auxquels sont soumis les capitaux engagés dans des entreprises de cette nature, il importe que l'État intervienne et prescrive les mesures de précaution reconnues nécessaires afin d'assurer la sécurité commune.

2. Enfin la marine marchande peut devenir, à un moment donné, soit que l'on considère son matériel, soit que l'on envisage son personnel, l'auxiliaire de la marine militaire, et elle est appelée ainsi à coopérer à la défense de l'indépendance nationale. Si, en effet, depuis le traité de Paris (V. la déclaration du 16 avr. 1856), les navires marchands ne peuvent plus être armés en course, sauf dans des cas tout à fait exceptionnels, ils peuvent être réquisitionnés par l'Etat (art. 9 de la loi du 29 janv. 1881 sur la marine marchande) qui les utilise pour les transports des vivres, des munitions, des troupes, et remédie de la sorte à l'insuffisance des navires de guerre. D'autre part, en vertu des lois sur l'inscription maritime, les marins inscrits qui servent à bord des navires de commerce peuvent, lorsqu'une guerre éclate, être appelés, comme réservistes, de vingt à cinquante ans, au service de la flotte. Aussi, dans le préambule de l'édit de 1666, Louis XIV n'hésitait-il pas à déclarer déjà que « *le commerce de mer est un des plus puissants moyens pour apporter l'abondance pendant la paix et rendre en guerre la force d'un État formidable* ». Pour ce motif encore, on conçoit que la marine marchande soit soumise à un contrôle, à une surveillance particulière de la part du Gouvernement.

Toutes les prescriptions législatives dont il vient d'être fait mention constituent le droit maritime tel qu'il a été défini au *Rép.* n° 1, et elles sont assez nombreuses; elles ont un caractère assez spécial pour qu'il y ait lieu de les considérer comme constituant une branche de législation distincte.

3. Le droit maritime présente, du reste, trois ramifications principales : 1° *Le droit international maritime*, qui comprend les principes appelés à régir sur mer les rapports des nations entre elles soit en temps de paix, soit en temps de guerre. Le droit international, après avoir formulé le grand principe de la liberté des mers et du commerce maritime, détermine les restrictions que comporte ce principe dans l'application. Il délimite l'étendue du domaine maritime pour chaque nation voisine du littoral et spécifie les prérogatives dont l'Etat limitrophe est investi dans l'étendue de ce domaine. Il réglemente les mesures, telles que l'interdiction de commerce, le blocus, l'arrêt par ordre du Gouvernement, la prise, dont l'effet est de porter, là même où il s'applique dans toute sa plénitude, une atteinte exceptionnelle et momentanée au principe de la liberté des mers. Enfin il régit les rapports de notre marine avec les nations étrangères; — 2° *Le droit public et administratif maritime* règle les rapports de la marine marchande avec l'Etat et avec les diverses administrations publiques. Les prescriptions relatives à la police des côtes, des ports, des rades, de la navigation; celles qui ont pour objet le régime administratif auquel sont soumis les navires, le recrutement, la surveillance des gens de mer, la discipline à laquelle les marins sont assujettis à bord des bâtiments, l'organisation et la compétence des tribunaux maritimes chargés de juger leurs infractions, la procédure à suivre devant ces juridictions, les pénalités à prononcer; tout ce qui a trait aux mesures de précaution qui s'imposent soit afin de prévenir les accidents, et spécialement les abordages, soit dans le but de sauvegarder la santé publique; toutes les dispositions sur les sauvetages, sur la pêche, sur les douanes, rentrent dans son domaine; — 3° *Le droit maritime privé* ou *droit commercial maritime* règle les relations qui s'établissent entre les particuliers à l'occasion des expéditions maritimes. Il traite des navires considérés comme propriété privée; il en détermine la nature juridique et réglemente les affectations auxquelles ils peuvent être soumis en faveur des créanciers; il définit la situation juridique du propriétaire ou des copropriétaires quand le navire appartient à plusieurs par indivis; il renferme les dispositions sur les contrats maritimes (vente des navires, engagement des gens de mer, affrétement, prêt à la grosse, assurances), sur les risques et les avaries, sur les prescriptions et fins de non-recevoir qui, dans bien des cas, viennent abréger la durée des actions relatives aux faits de la navigation.

Les dispositions contenues dans le liv. 2 c. com. appartiennent exclusivement à cette dernière branche de la législation maritime et c'est celle qui fait, comme on l'a dit au *Rép.* n° 2, l'objet spécial du présent traité. — Quant aux autres branches, on ne s'y réfère qu'exceptionnellement, pour y faire les emprunts que nécessite l'exposé complet de certaines matières.

Division.

CHAP. 1er. — Historique, législation et droit comparé (*Rép.* nos 3 à 54).

1. Le droit maritime se distingue du reste de la législation, c'est-à-dire du droit civil, de la procédure, du code pénal, par sa stabilité et son universalité. Ces deux particularités, qui au fond se réduisent à une seule, s'expliquent par un double motif. D'abord les entreprises maritimes sont toujours et partout les mêmes; elles se sont exécutées de tous temps et dans tous les pays à peu près de la même façon; les conventions auxquelles elles donnent naissance, les périls qu'elles suscitent ont été à toutes les époques et sont chez tous les peuples presque complètement identiques; il n'est pas étonnant, dès lors, que les dispositions qui s'y réfèrent n'aient jamais subi de variations bien profondes. D'autre part, les relations que le commerce maritime établit se produisent souvent entre personnes de diverses nationalités; il importe, par conséquent, que les principes qui les régissent s'harmonisent avec les besoins et les tendances des différents peuples. Ces principes reflètent donc, moins que tous autres, les mœurs, les idées, les préjugés propres à chaque nation; ils se modèlent moins exactement sur l'état civil et politique de chaque région. — Les idées qui viennent d'être exprimées n'ont, sans doute, rien d'absolu; certains changements sont survenus dans le cours des siècles, par suite des progrès accomplis dans l'art de la navigation; des différences sensibles et souvent regrettables existent sur bien des points entre les règles correspondantes formulées par les diverses législations; mais ces fluctuations, ces diversités sont moins profondes en matière maritime qu'elles ne le sont dans toute autre matière. De là l'importance particulière que présente ici l'étude des sources et celle des lois étrangères.

5. — I. Historique et législation. — Le commerce en général, et le commerce maritime en particulier, remonte à une haute antiquité. « L'agriculture, dit Pardessus, *Collection de lois maritimes*, t. 1, chap. prélim., p. 4, en assurant la subsistance des hommes, a produit le commerce; elle a donné l'idée et fourni les premiers moyens des échanges dont il se compose essentiellement. Mais les choses ne naissent pas toujours telles qu'elles puissent satisfaire à tous les besoins; l'industrie manufacturière a donc dû naître promptement de la nécessité d'accommoder aux usages des hommes ce que la terre avait accordé à leurs travaux; et comme en tout temps et en tout lieu les arts suivent naturellement la marche et la progression des besoins, l'échange des produits de l'industrie ne tarde pas à devenir aussi indispensable que celui des fruits de l'agriculture. Les échanges se multiplièrent avec les produits, les richesses avec les échanges, le goût du superflu avec les richesses. Le commerce, intermédiaire de ces négociations, porta chez tous les peuples les mêmes arts, les mêmes usages et les communications qui en furent le résultat accélérèrent les progrès de la civilisation. »

Or, ainsi qu'on l'a déjà expliqué *suprà*, n° 1, l'existence du commerce maritime implique nécessairement celle du droit maritime. Ce droit a donc lui-même une origine fort ancienne; purement coutumier à l'origine, comme toute autre branche de la législation, il a ensuite attiré l'attention des pouvoirs publics; le jour où une expérience prolongée est venue attester la valeur des règles établies par la pratique, le législateur est intervenu et les a sanctionnées.

6. Les anciens peuples d'Asie (habitants des contrées qui depuis ont constitué la Chine, Indiens, Perses, Babyloniens, Arabes, Hébreux, Lydiens), ceux du nord-est de l'Afrique (Ethiopiens, Egyptiens) étaient déjà en possession d'un commerce plus ou moins actif, et ce commerce devait se faire en partie par la voie de mer. Les lois de Manou, du reste, mentionnent le prêt à la grosse comme ayant été en usage douze cents ans avant Jésus-Christ.

Parmi les peuples voisins de la Méditerranée qui se sont plus particulièrement adonnés à la navigation, il faut citer, à côté des Phéniciens (V. *Rép.* n° 3), les Carthaginois qui leur devaient l'existence et ne tardèrent pas à devenir leurs émules. Malheureusement, il en est de la législation maritime des Phéniciens et des Carthaginois comme de celle des nations d'Orient dont il a été fait mention en premier lieu; elle n'est pas parvenue jusqu'à nous.

7. Les Grecs, quoique à un moindre degré, avaient acquis également, comme peuple navigateur, une réputation méritée. Les villes d'Asie-Mineure, les îles de la mer Egée étaient le centre d'un commerce maritime relativement étendu. L'île de Rhodes avait même une importance particulière au point de vue législatif (V. Cicéron, *Pro lege Manilia*, § 18; Strabon, liv. XIV, ch. 77, § 4, et L. 9, Dig. *De lege Rhodiâ, De jactu*); aussi le droit maritime des Rhodiens a-t-il fait l'objet d'une mention spéciale au *Rép.* n° 4. — Sur le littoral de la péninsule hellénique, deux cités, Corinthe et Athènes, possédaient une marine renommée. Les lois en vigueur dans la première de ces deux cités sont demeurées inconnues et le texte même de celles qui régissaient la seconde ne nous a pas été transmis. Mais le fond de la législation athénienne a été en partie conservé; on en trouve l'empreinte dans les ouvrages des écrivains, dans les discours des orateurs, et notamment dans ceux de Démosthènes; on se souvient même (V. *Rép.* n° 9) que le plaidoyer contre Lacritus contient la reproduction textuelle d'un contrat à la grosse. — Quant aux deux grandes colonies grecques de Marseille et d'Alexandrie, il n'y a pas lieu de s'y arrêter, quelle qu'ait été leur situation au point de vue commercial, les lois applicables dans ces deux cités nous étant inconnues.

8. Les Romains, comme puissance maritime, ne sauraient être mis en parallèle avec les nations dont il vient d'être fait mention. Ils avaient même pour le commerce et l'industrie un certain dédain. Cependant quand ils devinrent maîtres de l'univers, ils surent détourner à leur profit les sources de richesses qu'ils rencontraient chez les peuples soumis, et ils utilisèrent à cet effet les marines que la conquête avait placées sous leur domination. Les ports d'Italie, restaurés et agrandis, donnèrent asile aux vaisseaux qui, du Pont-Euxin et des autres points du littoral méditerranéen, se dirigeaient vers la Péninsule; il arriva même un moment où les citoyens s'adonnèrent à la construction et à l'armement des navires; or, du jour où le commerce maritime acquit ainsi, dans toute l'étendue de l'Empire, un développement d'une certaine importance; du jour où ses opérations donnèrent naissance à des contestations multiples et variées, comme ces contestations présentaient à juger des questions d'une nature particulière, la sollicitude des magistrats, l'attention des jurisconsultes fut mise en éveil, et les qualités éminentes dont ils ont donné tant de preuves trouvèrent dans l'étude du droit maritime une nouvelle occasion de se manifester. Aussi des passages importants lui étaient-ils consacrés dans leurs ouvrages, et les fragments les plus essentiels en ont été reproduits dans le Digeste aux endroits déjà cités (V. *Rép.* n° 5). Toutefois, sans aller jusqu'à dire, comme l'ont fait certains auteurs (Alauzet, *Commentaire du code de commerce*, 3e éd., t. 5, n° 1624), que la loi romaine est, en cette matière, dépourvue de tout caractère d'originalité; sans refuser d'y voir autre chose qu'une reproduction tronquée des dispositions en vigueur dans les pays conquis, spécialement de la loi rhodienne et du droit grec; sans contester enfin que les textes afférents à cette branche de la législation constituassent un véritable corps de doctrine, on ne saurait disconvenir que le droit maritime fût loin d'occuper dans le droit romain une place comparable à celle du droit civil et du droit criminel.

9. C'est à Constantinople que les recueils de Justinien ont vu le jour; c'est également à Constantinople qu'ont été composées les Basiliques. Un certain nombre de dispositions relatives au droit maritime se trouvent disséminées dans les différentes parties de l'ouvrage. De plus un livre entier, le liv. LIII, lui était spécialement affecté; mais on sait qu'il a été perdu (V. *Rép.* n° 5), et les reproductions partielles que l'on trouve de ses dispositions dans les abrégés d'une date postérieure, notamment dans la *Synopsis major* (V. Pardessus, *Collection de lois maritimes antérieures au 18e siècle*, t. 1, p. 179 et suiv.), ne nous donnent de son contenu qu'une idée assez imparfaite. La perte du texte original n'est pas, toutefois, aussi regrettable qu'on pourrait le supposer à première vue, car les fragments que l'on connaît prouvent que les rédacteurs s'étaient contentés de reproduire d'une façon plus ou moins textuelle les règles déjà formulées par les Romains.

Enfin au droit grec byzantin se rattache une autre compilation, c'est celle qui est connue sous le nom de *Lois rhodiennes ou droit maritime des Rhodiens :* il ne faudrait pas croire, en effet, qu'il y ait rien de commun entre le contenu de cette collection et la législation maritime des anciens habitants de l'île de Rhodes; il est reconnu aujourd'hui qu'elle est apocryphe. C'est également à tort que certains interprètes ont considéré plusieurs des chapitres contenus dans la dernière partie du recueil comme ayant fait partie intégrante du tit. 8 du liv. LIII des Basiliques. Il faut y voir simplement une collection d'usages nautiques datant du Bas-Empire, et dont on a cru rehausser le prestige en la présentant comme une émanation du vieux droit rhodien. Rédigée en Grec, elle n'a pas régi l'empire d'Orient tout entier; elle n'a eu tout au plus qu'une autorité locale; peut-être était-ce l'œuvre d'un particulier; peut-être aussi un projet de loi qui aurait été abandonné par la suite. — L'ouvrage se compose de trois fragments qui, primitivement distincts, ont été réunis plus tard. Le premier est un prologue dans lequel on fait raconter à un empereur romain, que l'on désigne sous le nom de Tibérius Cœsar, comment des commissaires furent envoyés à Rhodes pour recueillir les lois maritimes en vigueur et comment leur travail, approuvé par Vespasien, fut définitivement sanctionné par Trajan. Ce récit est purement fantaisiste. La seconde pièce, intitulée *Droit naval*, contient vingt et un chapitres. Les treize premiers reproduisent des usages locaux qui n'ont pas, à proprement parler, une valeur législative et ont pour but de régler simplement certains détails d'application; les principes formulés dans les autres ne sont que la répétition textuelle ou abrégée des dispositions, que contenait déjà la loi romaine et que s'était appropriées le droit grec-byzantin, sur le dépôt fait par un passager entre les mains du patron, sur le serment que doivent prêter les matelots et les marchands en cas de perte d'objets qui n'ont pas été spécialement confiés au patron, sur le prêt à la grosse, sur la responsabilité des armateurs à raison des faits et actes des gens d'équipage. La troisième, intitulée *Droit maritime des Rhodiens extrait du onzième livre du Digeste*, renferme cinquante et un chapitres. Plusieurs d'entre eux ne font aussi que reproduire et développer des règles de droit commun, les autres établissent un système de contribution aux avaries différent de celui du Digeste et des Basiliques (Pardessus, *op. cit.*, p. 231 et suiv.).—Les lois rhodiennes, quelle qu'en soit la valeur intrinsèque, ont été compulsées par les commissaires chargés de la confection de l'ordonnance de 1681 et elles ont pu, dès lors, influer, dans une certaine mesure, sur sa rédaction.

10. Dans les royaumes qui se sont élevés sur les ruines de l'empire d'Occident, le commerce maritime, fortement ébranlé par la secousse violente que lui avaient fait subir les invasions, fut en outre comprimé dans son essor par l'état de trouble qui les suivit et par les dangers que la piraterie faisait courir aux navigateurs. Il se ranima cependant quelque peu quand la tourmente fut apaisée; il acquit même un certain développement à l'époque de Charlemagne; mais ce développement fut arrêté de nouveau sous la féodalité. Le négoce était d'ailleurs, d'une façon à peu près exclusive, aux mains des anciens habitants de l'Empire, car les envahisseurs étaient complètement étrangers à l'art de la navigation.—Etant donné le principe de la personnalité des lois, étant donné, d'autre part, l'inexistence, dans les lois germaniques nouvellement importées, de dispositions relatives au commerce, ce fut la loi romaine qui conserva son empire. On sait quelles étaient alors les sources du droit romain : l'édit perpétuel, les écrits des jurisconsultes, le code Théodosien. Quant aux recueils de Justinien, qui sont postérieurs à ces sources, ils ne furent importés que bien plus tard dans la partie occidentale de l'Europe. Mais les monuments originaux, dont les exemplaires étaient en nombre restreint, furent bientôt perdus de vue par ceux-là mêmes qui semblaient plus particulièrement appelés à en conserver le dépôt. D'autre part, les résumés, tels que *l'Edit de Théodoric, le Bréviaire d'Alaric, la Lex Romana Utinensis, le Papien, le Fuero de Juzgos, les Origines d'Isidore de Séville, le Brachylogus, les Exceptiones legum romanarum de Petrus*, qui furent composés dans le cours de cette période, ne contenaient que fort peu de choses sur le droit maritime. La navigation resta alors soumise aux anciennes règles que la tradition avait conservées, et ces principes plus ou moins altérés avec le temps, et suivant les localités, finirent par constituer autant d'usages distincts (V. *Rép.* n° 6).

11. Tel était encore l'état des choses au 11e siècle. A compter de cette époque, le commerce maritime prend un nouvel et vigoureux essor. Les Croisades, l'émancipation des communes, puis, dans les contrées septentrionales, l'établissement de la ligue hanséatique lui imprimèrent une vive impulsion. Nous n'avons pas ici à retracer l'histoire des républiques d'Italie qui étaient le centre d'un commerce des plus prospères en même temps qu'elles enfantaient la renaissance des villes de Provence et de Languedoc, de Marseille principalement, ni des cités Espagnoles, qui, affranchies du joug des Maures, avaient su conserver les bienfaits de leur civilisation ; toutes appartenaient au bassin de la Méditerranée, c'est-à-dire aux contrées du *Levant*, suivant l'expression de l'époque, toutes dirigeaient principalement leurs entreprises du côté de l'Orient, et notamment du côté de Constantinople, de la mer Noire, de l'Asie-Mineure et du Nord de l'Afrique. Sur le littoral de l'Océan, de la mer du

Nord de la Baltique, dans les contrées du *Ponant*, se trouvaient aussi des villes maritimes dont l'activité commerciale s'était considérablement développée. Au lieu de vivre en hostilité perpétuelle les unes avec les autres comme les précédentes, au lieu de passer leur temps à se disputer la domination, elles avaient su en général éviter les rivalités dangereuses, et même un grand nombre d'entre elles, celles notamment qui confinaient à la mer du Nord et à la Baltique, avaient fini par s'affilier à cette vaste confédération que l'on désignait sous le nom de Hanse teutonique. — Dans tous ces ports, le commerce maritime était toujours soumis aux anciennes coutumes déjà mentionnées plus haut. Seulement il arriva un moment où l'on éprouva le besoin d'imprimer un certain caractère de fixité aux principes juridiques qui régissaient la navigation et servaient de fondement aux décisions judiciaires, surtout dans ce qu'ils avaient de particulier à chaque cité. On procéda dès lors à la rédaction partielle des usages maritimes, comme on procéda plus tard à celle des coutumes en matière civile. Les villes commerçantes de quelque importance se trouvèrent ainsi en possession de statuts, dont plusieurs ont été conservés. Il convient de citer notamment : ceux de Trani (Pardessus, *Collection de lois maritimes antérieures au 18e siècle*, t. 5, p. 237 et suiv.), d'Ancône (*Ibid.*, t. 5, p. 116 et suiv.), de Venise (*Ibid.*, t. 5, p. 20 et suiv.), de Pise, de Florence (*Ibid.*, t. 4, p. 569 et suiv.), de Gênes (*Ibid.*, t. 4, p. 439 et suiv.), d'Arles, de Montpellier, de Marseille (*Ibid.*, t. 4, p. 251 et suiv.), de Barcelone, de Valence (*Ibid.*, t. 5, p. 333 et suiv.), de Bayonne, d'Oléron (*Ibid.*, t. 4, p. 283 et suiv.), de Brême (*Ibid.*, t. 3, p. 317 et suiv.), de Hambourg (*Ibid.*, t. 3, p. 337 et suiv.), de Lubeck (*Ibid.*, t. 3, p. 399 et suiv.), de Dantzick (*Ibid.*, t. 3, p. 461 et suiv.), de Berghen (*Ibid.*, t. 3, p. 27 et suiv.), de Birca, de Wisby (*Ibid.*, t. 3, p. 111 et suiv.), de Riga (*Ibid.*, t. 3, p. 505 et suiv.). De plus, pour les causes ci-dessus indiquées (V. *suprà*, n° 3), les usages en vigueur dans les ports d'une même zône subirent un mouvement de concentration; les règles communes dont l'autorité était reconnue par tous les navigateurs furent recueillies et consignées dans des recueils généraux.

12. Une sorte de bifurcation se produisit alors, au point de vue géographique, dans le droit maritime; on peut dire, sans toutefois qu'il y ait lieu d'attribuer à cette proposition un caractère absolu, que les monuments qui eurent force de loi dans le bassin de la Méditerranée furent autres que ceux dont on suivit les prescriptions dans les ports de l'Océan, de la mer du Nord et de la Baltique. Au premier groupe appartenaient : l'Assise de la court des Bourgeois, la Table d'Amalfi et le Consulat de la mer; au second les Rôles d'Oléron, les Jugements de Damme ou lois de Westcapelle, les Coutumes d'Amsterdam, d'Enchuysen, de Stavern ou Ordinantie, la Coutume de Wisby, les Recès de la Hanse, le Guidon de la mer. De courtes observations suffiront pour compléter les indications dont plusieurs de ces ouvrages ont déjà fait l'objet au *Rép.* nos 6 et 7.

13. Les contrées régies par les Assises de Jérusalem dépendaient de l'empire d'Orient; mais ce monument, œuvre de Français, reproduisait les usages accrédités dans les ports de France et c'est pourquoi il trouve ici sa place. Il se composait de deux recueils destinés à un usage différent : l'*Assise de la court des Barons* et l'*Assise de la court des Bourgeois*. Ce dernier renfermait quelques dispositions sur le droit maritime. Les plus dignes de remarque sont relatives au chargement à profit commun et au mode d'évaluation des objets grevés de contribution, mode d'évaluation différent de ceux précédemment adoptés (V. chap. XL à XLVI dans Pardessus, *op. cit.*, p. 275 et suiv.).

La Table d'Amalfi, qui a eu au 16e siècle une grande autorité, remonte à une époque inconnue. On serait tenté de croire, à première vue, qu'elle reproduit simplement les usages adoptés dans la ville dont elle porte le nom ; il n'en est rien. Il y avait, en effet, à Amalfi, une cour de haute amirauté dont la juridiction était acceptée par tous les peuples navigateurs de l'Europe méridionale ; les principes dont elle s'inspirait dans ses décisions avaient donc un caractère international ; or ce sont ces principes dont on trouve la formule dans le recueil précité. Les uns sont empruntés au droit romain, les autres aux constitutions des empereurs d'Orient, les autres enfin aux statuts des villes qui faisaient le commerce avec le Levant. Elle comprend seulement soixante-six articles, les uns en latin, les autres en italien. Elle a été retrouvée en 1844 à la bibliothèque impériale de Vienne.

Le Consulat de la mer est plus étendu et a joui d'une plus grande célébrité. « C'est, selon l'expression de Cresp, *Cours de droit maritime*, t. 1, p. 13, un vaste digeste nautique, où se trouvent entassés des lois romaines, des constitutions des empereurs d'Orient, des ordonnances royales, des usages locaux, etc. » Quoiqu'un peu défectueux au point de vue de l'ordre et de la méthode, il est assez complet. Il comprend deux cent cinquante-deux ou deux cent quatre-vingt-dix-sept chapitres, suivant les éditions. C'est que, depuis un temps immémorial, on a contracté l'habitude d'y annexer un document qui, primitivement, n'en faisait pas partie. Ce document, qui a trait principalement à la procédure en matière maritime, avait été rédigé antérieurement à l'année 1343 pour les juges-consuls de Valence et comprend quarante-deux chapitres. On y a ajouté également, par la suite, trois autres chapitres sur le serment que devaient prêter les avocats appelés à plaider devant les tribunaux de l'île de Majorque et sur la portée des navires. L'intitulé de l'ouvrage semblerait indiquer que le Consulat a été composé pour les besoins d'une juridiction chargée de statuer sur les contestations en matière maritime. Il existe, en effet, une relation évidente entre la dénomination qu'il porte et celle de *juges-consuls* dont on se servait pour désigner les magistrats auxquels étaient alors déférées les affaires commerciales. Mais il semble que cette dénomination ne lui ait été donnée qu'un certain temps après sa confection. Il est donc possible que le Consulat ait été simplement l'œuvre de particuliers, car il est à présumer qu'il émane de plusieurs auteurs. — Les controverses qui existaient sur l'endroit où il a vu le jour, sur l'époque à laquelle il a été publié, sur le point de savoir dans quelle langue il a été primitivement rédigé n'ont pas cessé de subsister depuis la publication du *Répertoire*. Les interprètes admettent toujours qu'il a été composé à Barcelone ; mais les uns le présentent comme datant vraisemblablement des 11e ou 12e siècle (Cresp, *loc. cit.*); d'autres, des 13e ou 14e siècle seulement (Pardessus, *op. cit.*, t. 2, p. 24 et suiv.; Dufour, *Droit maritime*, t. 1, Introduction, n° 15 ; Boistel, *Précis de droit commercial*, 3e éd., n° 9 ; de Valroger, *Droit maritime*, t. 1, p. 7). Il a été écrit vraisemblablement en langue romane (Pardessus, *op. cit.*, t. 2, p. 16 et 17 ; de Valroger, *loc. cit.*) ou en catalan, ce qui revient à peu près au même ; c'est, en effet, dans cet idiome qu'était rédigé l'exemplaire le plus ancien qui nous soit parvenu (Cresp, *loc. cit.*; Boistel, *loc. cit.*). — Le Consulat traite de presque toutes les matières se rattachant au droit maritime ; il ne dit rien cependant du prêt à la grosse. Sur beaucoup de points il reproduit, avec plus de développements, les principes déjà énoncés dans les Rooles d'Oléron dont il va être parlé ; toutefois, les règles qu'il formule sur la contribution aux avaries diffèrent sensiblement de celles adoptées par les législations antérieures ou contemporaines (Droit romain, Basiliques, Compilation rhodienne, Assise de la court des bourgeois, Usages locaux et Rôles d'Oléron). Le Consulat a joui d'une très grande autorité sur tout le littoral méditerranéen, et même il a fini par acquérir une certaine influence dans les contrées maritimes du Nord de l'Europe. La preuve en est qu'il a été traduit en italien, en français, en espagnol, en hollandais et en allemand (V. le texte dans Pardessus, *op. cit.*, t. 2, p. 49 et suiv.).

14. Sur le versant océanien, les règles du droit maritime viennent d'abord se fondre et se résumer dans un premier monument, *les Rôles ou jugements d'Oléron*. On a dit quelle est l'époque à laquelle remonte sa rédaction originaire (V. *Rép.* n° 6), et on a pu se convaincre, dès lors, qu'il est antérieur au Consulat. On sait aussi d'où vient vraisemblablement sa dénomination. Quant à cette légende accréditée par Cleirac, *Us et coutumes de la mer*, p. 2, et qui consiste à prétendre que les Rôles d'Oléron auraient été rédigés sur l'ordre d'Éléonore de Guyenne au retour de son voyage en Terre-Sainte, qu'ils auraient été ensuite augmentés par son fils Richard, roi d'Angleterre et duc de Guyenne, Pardessus en a complètement fait justice (*Collection des lois maritimes*, t. 1, p. 306 et 308). Plusieurs États ont, du reste, revendiqué l'honneur de les avoir mis au jour. L'Angleterre en a réclamé la paternité ; des auteurs ont prétendu qu'ils venaient de la Flandre, qu'il ne fallait y voir qu'une reproduction des Jugements de Damme, dont il va être fait mention, avec adjonction de dispositions complémentaires. D'autres ont pensé qu'ils émanaient de la Scandinavie; qu'ils avaient été composés, en effet, d'après la Coutume de Wisby, dont il sera parlé également. Mais il est à peu près avéré aujourd'hui que ce monument est français d'origine (V. Pardessus, *op. cit.*, p. 288 et suiv., 347 et suiv., 438 à 440). Les dispositions qu'il renferme ont été extraites vraisemblablement de décisions judiciaires passées à l'état d'usages. C'est d'abord ce qui résulte de l'intitulé même du livre; le mot *Rôles* servait à désigner les parchemins sur lesquels étaient transcrits les actes judiciaires, et cela à cause de l'habitude que l'on avait d'enrouler ces parchemins. La même impression se dégage, en outre, de la formule par laquelle se terminent invariablement tous les articles « *et ce est le jugement en ce cas* ». Moins complets que le Consultat, ils ne contiennent que cinquante-six articles. Tous ne paraissent pas dater de la même époque et, parmi ceux qui ont été ajoutés par la suite, plusieurs semblent avoir vu le jour en Angleterre. Les indications qui précèdent et celles qui vont suivre ne se réfèrent qu'aux articles originaires, c'est-à-dire aux vingt-quatre ou vingt-cinq premiers articles. — Les Rôles d'Oléron ont exercé dans les contrées voisines de l'Océan et de la mer du Nord un empire analogue à celui qu'exerçait dans la Méditerranée la compilation précitée (V. le texte dans Pardessus, *op. cit.*, p. 323 et suiv.). Importé en Espagne, le texte primitif prit place dans *les Partidas de Castille;* en Angleterre, s'il ne fut pas investi officiellement de l'autorité législative, toujours est-il qu'il fut adopté en tant que droit commun; puis le mouvement de diffusion se poursuivant vers le Nord, il fut traduit et publié en Flandre, sous le nom de *Jugements de Damme*, en Zélande sous le nom de *Lois de Westcapelle* (V. le texte dans Pardessus, *op. cit.*, p. 371 et suiv.). Il a été reproduit en partie, et d'une façon plus ou moins littérale, dans un recueil intitulé *Coutumes d'Amsterdam, d'Enchuysen, de Stavern*, et vulgairement connu sous le nom d'*Ordinantie* (V. le texte dans Pardessus, *op. cit.*, t. 1, p. 405 et suiv.; t. 4, p. 29 et suiv.) Enfin, transporté jusque dans la mer Baltique, il a été intercalé dans un autre recueil *la Coutume de Wisby*.

On a dit au *Rép.* n° 7 que ce dernier recueil constatait les usages qui régissaient le commerce maritime dans la mer Baltique; mais ses dispositions empruntées, pour partie, aux anciens Codes de Lubeck, reproduisaient, en outre, les articles des Rôles d'Oléron qui en constituaient le texte originaire, puis les Coutumes maritimes d'Amsterdam, d'Enchuysen, de Stavern dont il vient d'être fait mention en dernier lieu. Il est même douteux que ce soit à Wisby que cette compilation ait été composée. Rédigée en plat allemand, à une époque qu'il est difficile de bien préciser, elle est vraisemblablement l'œuvre d'un particulier; elle comprend soixante-six ou soixante-douze articles, suivant les manuscrits et les éditions, et se compose de deux parties. Elle a régi au moyen âge les contrées maritimes du Nord, notamment le Danemark et la Suède (V. le texte dans Pardessus, *op. cit.*, p. 463 et suiv.).

15. Il y a lieu de mentionner ici un autre monument célèbre, *les Recès de la Hanse*. Les villes affiliées à la ligue hanséatique avaient, ainsi qu'on l'a fait observer précédemment (V. *suprà*, n° 11), chacune leur statut particulier; mais, en outre, il était arrivé un moment où l'assemblée de la ligue avait édicté des règles générales pour toutes les cités englobées dans la confédération. Ce sont ces règles que l'on a désignées sous le nom de *Recès*, et cette appellation leur est venue, sans doute, de ce qu'elles étaient votées et promulguées par les délégués à la veille de leur séparation. Le mot *Recès* vient, en effet, du mot latin *recessus*. Plusieurs renferment des dispositions sur le droit maritime. Les plus anciens, parmi ceux qui s'y réfèrent, dont le texte ait été conservé, remontent à la fin du 14e siècle; mais ces recès et la plupart de ceux édictés dans le cours du 15e siècle ne contiennent que des dispositions isolées, destinées à trancher des difficultés dont la solution était urgente ou à faire disparaître des abus. On remarquera, d'autre part, que les recès postérieurs reproduisent souvent, d'une façon textuelle, les dispositions des précédents. Ceux du 16e siècle sont les premiers dont le contenu constitue un ensemble législatif, sans cependant qu'ils renferment un corps de doctrine complet. Le recès de 1591 et celui de 1614 méritent particulièrement de fixer l'attention. Le second, plus étendu, reproduit sur beaucoup de points, mais dans un ordre différent, les dispositions déjà contenues dans les recès antérieurs et notamment dans celui de 1591. C'est à lui qu'on se réfère dans les ouvrages, quand on fait mention de la législation hanséatique sans autre explication (V. le texte des recès connus en matière maritime dans Pardessus, *op. cit.*, t. 2, p. 455 et suiv.).

16. *Le Guidon de la mer* (V. *Rép.* n° 7) a vu le jour vraisemblablement à la fin du 16e siècle; il est l'œuvre d'un praticien demeuré inconnu, et il a été composé probablement, comme son nom l'indique, pour servir de manuel à la juridiction consulaire de Rouen, qui venait d'être instituée par Henri II; ses dispositions ne sont qu'une reproduction résumée des principes déjà accrédités, tels qu'ils se trouvaient formulés, soit dans les recueils ci-dessus mentionnés, soit dans les ordonnances publiées, depuis le commencement du siècle précédent, tant en Espagne que dans les Pays-Bas. L'auteur s'est efforcé simplement de réunir en un corps de doctrine les règles suivies dans la pratique. « Les principes du droit maritime, dit Dufour, *Introduction*, n° 16, y sont formulés avec une telle précision, les besoins du commerce y sont ménagés avec une telle sagacité, qu'on ne sait si on doit en attribuer la gloire à un jurisconsulte ou à un négociant ». D'autre part, c'est le premier monument qui, en France, ait réglementé les assurances, et, à ce titre, il est particulièrement précieux. La plupart de ses décisions ont été reproduites par l'ordonnance de 1681. Le Guidon, toutefois, n'a pas obtenu à l'étranger la même autorité que les Rôles d'Oléron; le motif en est, sans doute, qu'à l'époque de sa publication, tous les pays commerçants étaient en possession de législations très développées (V. le texte dans Pardessus, *op. cit.*, t. 2, p. 377 et suiv.).

17. A compter du 16e siècle, le commerce maritime, subitement déplacé, acquiert une extension considérable. L'invention de la boussole, suivant la belle expression de Montesquieu, *Esprit des lois*, liv. 21, chap. 21, « *avait ouvert pour ainsi dire l'univers* » en permettant à Vasco de Gama de doubler le cap de Bonne-Espérance et à Christophe Colomb de découvrir le Nouveau-Monde. A la suite de ces événements, la navigation se porta principalement vers les contrées nouvellement explorées. Les villes d'Italie, celles du midi de la France et de l'est de l'Espagne restèrent liées sans doute à l'ancien régime des mers; elles conservèrent leurs anciennes relations avec les contrées où elles avaient accès antérieurement; mais la prépondérance qu'elles possédaient jusqu'alors passa aux États voisins de l'Océan. De plus, les destinées du commerce maritime furent étroitement rattachées aux progrès de la colonisation; car, par suite du système prohibitif qui était alors pratiqué dans toute sa rigueur, les métropoles avaient le monopole du trafic avec leurs colonies. C'est ainsi que le Portugal, l'Espagne, la Hollande, la France et l'Angleterre furent appelées successivement à figurer au premier rang parmi les puissances maritimes. Ajoutons que les entreprises, en même temps qu'elles se multiplièrent, exigèrent des efforts plus vigoureux et des mises de fonds plus abondantes, étant donné la nécessité de se rendre dans des contrées lointaines où l'on ne pouvait accéder qu'après une longue et pénible traversée. Le besoin d'une législation uniforme et sagement coordonnée se faisait donc sentir. Or il s'en fallait de beaucoup, malgré les progrès accomplis, que le droit en vigueur fût, à cet égard, pleinement satisfaisant. Il se composait, en effet, d'éléments multiples qui n'étaient pas toujours en harmonie parfaite les uns avec les autres: le droit romain, les usages locaux, les recueils généraux dont il a été parlé en dernier lieu contenaient sans doute des règles communes; mais ils présentaient aussi des diversités sur certains points, et, comme tous avaient la même valeur au point de vue législatif, les tribunaux pouvaient s'inspirer indifféremment de celles de leurs dispositions que bon leur semblait pour juger les espèces dont ils avaient à connaître; de là, un certain arbitraire dans l'administration de la justice et un manque de fixité dans la jurisprudence.

18. Pour obvier à cet inconvénient, il fallait se livrer à un travail de coordination, de codification; il fallait reproduire, à l'aide de formules nettes et concises, les principes uniformément accrédités, choisir parmi les dispositions en opposition les unes avec les autres celles qui apparaissaient comme étant les plus conformes à l'essence des institutions et aux besoins du commerce, combler au besoin les lacunes que présentait, à certains égards, la législation existante, présenter enfin dans un ordre méthodique les prescriptions nouvellement adoptées. Ce fut Colbert qui eut l'initiative de ce travail; c'est à lui, en effet, que l'on doit l'ordonnance de 1681 (V. *Rép.* nos 11 à 13). Les sources auxquelles on puisa furent au nombre de trois : 1° les lois et coutumes déjà en vigueur, telles que le droit romain, les prétendues lois rhodiennes, le consulat de la mer, les rôles d'Oléron, la coutume de Wisby, les recès de la hanse, le guidon de la mer, les ordonnances de Charles-Quint et de Philippe II, les polices d'assurances adoptées sur les places d'Anvers et d'Amsterdam, les projets d'édits et règlements dressés par ordre du cardinal de Richelieu, les ordonnances des rois de France jusqu'en 1660 : une compilation de ces divers documents fut même composée spécialement pour les rédacteurs; — 2° La jurisprudence des tribunaux maritimes, ainsi que les statuts et règlements locaux qui servaient de base à leurs décisions. Le conseiller d'Etat d'Herbigny, marquis de Thibouville, envoyé dans les ports du royaume pour constater et redresser les abus qui s'étaient glissés dans l'administration et dans la distribution de la justice au sein des amirautés, avait été chargé en même temps de compulser la jurisprudence, les statuts, les ordonnances, les règlements d'après lesquels la justice était rendue, et d'en résumer le contenu en y ajoutant ses observations personnelles ; — 3° La législation maritime de la Hollande, la plus complète et la plus parfaite de toutes à cette époque, qu'un avocat, du nom de Legras, fut, si l'on en croit certaines relations, chargé d'aller étudier sur les lieux mêmes. Il semble qu'un projet ait été rédigé par un autre avocat, dont Colbert avait fait un maître des requêtes, Levayer de Boutigny; que ce projet ait été discuté ensuite au sein d'une commission que présidait M. de Morangis; enfin que le texte définitivement adopté par la commission ait été promulgué tel que nous le connaissons. C'est au mois d'août 1681 qu'a eu lieu cette promulgation.

L'ordonnance ne porte pas seulement sur le droit commercial, mais sur l'ensemble du droit maritime; elle comprend cinq livres divisés chacun en un nombre inégal de titres; les liv. 2 et 3 sont les seuls qui aient trait au commerce de mer. Elle passe pour le chef-d'œuvre législatif de Louis XIV; adoptée presque universellement en Europe comme contenant l'expression du droit en vigueur, elle a servi de modèle dans tous les pays, même dans ceux qui étaient le plus jaloux de la France, pour la confection des lois d'ensemble qui ont été édictées par la suite. Complétées sur certains points de détail par diverses déclarations royales, notamment par celle de 1747 sur le privilège des ouvriers et fournisseurs avec lesquels traite le constructeur en cas de construction à forfait et par celle de 1779 sur les assurances (V. *Rép.* n° 13), les dispositions des liv. 2 et 3 et celles du tit. 14, du liv. 1er, ont été presque textuellement reproduites dans le liv. 2 c. com.

19. Après avoir ainsi passé en revue les monuments du droit maritime antérieur, il nous reste à dire quelques mots des jurisconsultes qui ont enrichi de leurs commentaires les principes qui s'y trouvent formulés. « Pris isolément, dit Dufour, *Introduction*, n° 24, les textes ne sont souvent qu'une formule sèche et stérile; mais ils s'animent, sous la plume des commentateurs, par leur application aux innombrables péripéties du commerce nautique. Aussi je ne crois pas qu'il soit possible de se faire une idée du droit maritime sans recourir à leurs écrits ». Or les auteurs dont les études ont porté sur cette branche de la législation appartiennent à trois groupes principaux : l'école italienne, l'école du Nord et l'école française.

20. — 1° *Ecole italienne.* — Parmi les écrivains qui, en Italie, ont jadis traité des matières maritimes, il en est quatre dont les noms sont restés plus ou moins célèbres. *Straccha* a commenté, au 16e siècle, la police d'assurance adoptée sur la place d'Ancône, et il a laissé ainsi sur ce contrat un ouvrage digne d'être consulté. — *Roccus* est postérieur de quelques années; conseiller à Florence, il a, dans la première moitié du 17e siècle, traité de diverses parties du droit maritime dans ses publications, et principalement dans ses *Responsa legalia*. — *Targa*, qui vivait également au 17e siècle, est auteur d'un livre intitulé *Ponderazzioni maritime*, dont le mérite a été justement apprécié. — *Casarégis*, le plus célèbre de tous, est né à Gênes en 1670; après avoir suivi les leçons de plusieurs professeurs célèbres à cette époque, mais dont la renommée s'est éteinte par la suite, il professa lui-même et plaida avec un grand succès pendant plusieurs années, puis il devint successivement auditeur à la rote de Sienne et à celle de Florence, il mourut enfin dans cette dernière ville en 1737. Il avait, comme juriste, une réputation immense; il a laissé un commentaire du *Consulat de la mer* et un nombre considérable de dissertations connues sous la dénomination de *Discursus legales*. Ces dissertations portent sur toutes les matières du droit commercial; beaucoup d'entre elles ont particulièrement trait au droit maritime.

21. — 2° *Ecole du Nord.* — *Peckius*, le plus ancien des jurisconsultes célèbres appartenant à cette école, était professeur de droit à Louvain; en 1556, il rassembla tous les textes du droit romain en matière maritime et les accompagna d'un commentaire où se reflètent exactement les errements de la pratique à cette époque dans les pays septentrionaux. Cet ouvrage a été enrichi par Vinnius d'annotations nombreuses et savantes et réédité, avec ces annotations dont la valeur dépasse celle du texte primitif, en 1647. — *Stypmanus*, à peu près contemporain de Peckius, a laissé un ouvrage intitulé *Jus maritimum;* cet ouvrage n'a été publié qu'en 1652. — *Loccenius*, jurisconsulte suédois du 17e siècle, a traduit en latin les anciennes lois de la Suède et a composé un traité intitulé *De jure maritimo et navali*. — Dans le courant du même siècle, *Kuricke* s'est attaché à élucider et à commenter le droit hanséatique; il a publié en 1667, à Hambourg, un traité sur les assurances qui mérite de fixer l'attention. — Enfin c'est encore au 17e siècle que vivait *Marquadus;* il était magistrat à Lubeck et y jouissait d'une véritable célébrité; il a composé un livre intitulé *De jure mercatorum*, dans lequel se trouvent exposées avec une grande précision les règles fondamentales du droit maritime. — *Wedderkop*, jurisconsulte danois, appartient au siècle suivant; ce n'est, en effet, qu'en 1757 qu'il a publié son abrégé sur le droit maritime.

22. — 3° *Ecole française.* — A cette dernière école se rattache en premier lieu *Cleirac*, Avocat au parlement de Bordeaux, il a fait paraître, en 1647, un ouvrage intitulé des *Us et coutumes de la mer.* Dans les deux premières parties de l'ouvrage se trouvent, accompagnés de quelques commentaires, les rôles d'Oléron en quarante-sept articles, les plus anciens de ces articles dans un style quelque peu différent du style primitif, puis une partie des dispositions de la coutume de Wisby et des recès de la Hanse de 1597 traduites en français, enfin le texte du Guidon. C'est même dans les *Us et coutumes de la mer* que le Guidon a été rapporté pour la première fois d'une façon correcte. Cleirac n'était pas, à proprement parler, un jurisconsulte ; c'était un praticien éclairé, et ses exposés peuvent être considérés comme un tableau fidèle de la pratique maritime à l'époque où il écrivait. A sa suite, viennent se grouper les trois grands commentateurs de l'ordonnance, Valin, Emérigon et Pothier. — *Valin*, avocat, puis procureur du roi à la Rochelle, a, mis au jour, après quarante ans d'études, en 1760, un commentaire article par article de l'ordonnance qui, en France et à l'étranger, a joui d'une très grande et très légitime célébrité; il a été réimprimé en 1776. A une vaste érudition, à une connaissance approfondie des sources s'allie, chez le commentateur, l'expérience que procure une longue habitude des affaires. Esprit ferme et droit, Valin découvre sans effort les origines des dispositions qu'il explique et sait en faire ressortir la portée jusque dans les moindres détails. Son style, quelquefois un peu sec, est toujours simple et limpide. — *Emérigon* avait été avocat près du parlement de Provence, puis conseiller à l'amirauté de Marseille; il a, en 1783, publié son admirable *Traité des assurances et des contrats à la grosse*. Comme Valin, Emérigon possédait un vaste savoir et avait acquis dans le maniement des affaires une expérience consommée; les matériaux nécessaires à la composition d'une œuvre capitale ne lui faisaient donc pas défaut et, de plus, il avait l'habileté nécessaire pour en tirer un excellent parti. Quant à ses qualités distinctives, elles sont loin d'être les mêmes; il a toute la flexibilité d'esprit, toute l'abondance d'un méridional, abondance qui va même parfois jusqu'à l'exubérance; les exemples et les applications sont multipliées les nécessités du commerce toujours habilement ménagées, mais on rencontre souvent des digressions, et la méthode laisse à désirer. Le style, moins précis que celui de Valin, est, en revanche, d'une lecture plus attachante. — Si les aptitudes distinctes des deux écrivains sont dissemblables, leurs tendances sont également opposées. Valin subit l'influence des traditions accréditées sur les côtes de l'Océan, telles qu'elles se trouvent reproduites dans les rôles d'Oléron, dans la coutume de Wisby, etc. Emérigon subit le contre-coup des doctrines adoptées dans le bassin de la Méditerranée, spécialement de celles dont on rencontre la trace dans le *Consulat de la mer* et dans les ouvrages des jurisconsultes italiens. Il n'est donc pas étonnant, quand le texte prête à la controverse, que les opinions émises par ces deux grands esprits soient souvent en opposition les unes avec les autres. — *Pothier* a exploré plusieurs matières du droit maritime; il a publié d'abord un traité *Des louages maritimes*, et, sous cette dénomination, sont compris l'affrétement, la théorie des avaries, et le louage des matelots; puis il a composé un traité *Des assurances et prêts à la grosse*. Dans ces diverses parties de ses œuvres, on est frappé, suivant les expressions de M. de Valroger, de « cette admirable méthode, de cette fermeté de principes, de cette sûreté de déductions qu'on retrouve dans toutes ses œuvres. Mais peut-être pourrait-on lui reprocher d'appliquer trop facilement au droit maritime les principes du droit commun qui lui étaient si familiers » (*op. cit.*, Introduction, p. 10).

23. Considérée dans sa partie administrative, quant à celles de ses dispositions qui concernent la police de la navigation et les mesures administratives auxquelles la marine est soumise dans un intérêt d'ordre public, l'ordonnance de 1681 n'a pas, même de nos jours, complétement perdu son autorité. Celles de ses prescriptions qui n'ont pas été abrogées au moins tacitement par des lois postérieures ont conservé force législative. Mais elle a, sur beaucoup de points, fait place à des textes plus récents qui en diffèrent plus ou moins et dont nous n'avons pas à fournir l'énumération. Ils font, en effet, l'objet d'un commentaire détaillé dans une autre partie de l'ouvrage (V. *Organisation maritime*; — *Rép.* eod. v°).

Quant à la partie commerciale, elle a été formellement abrogée par la loi des 15-25 sept. 1807; on sait, d'ailleurs, qu'en réalité, les dispositions de l'ordonnance ont, pour la plupart, survécu à l'abrogation dont elles avaient été l'objet, puisqu'elles ont été reproduites par le code de commerce dans le liv. 2 consacré au commerce maritime (V. *Rép.* n°s 14 et 15).

24. Mais, depuis quatre-vingts ans qu'elle est en vigueur, la législation de 1807 a subi elle-même plusieurs remaniements. C'est que si, à l'époque où elle a vu le jour, le besoin de modifier les lois antérieures ne se faisait pas encore sentir, il est arrivé, au contraire, un moment où les changements survenus dans le mode d'exécution des entreprises maritimes ont nécessité des réformes plus profondes. L'adaptation de la vapeur à la navigation, l'établissement de services postaux réguliers et de câbles télégraphiques sous-marins, la diffusion du crédit, qui donne aux capitaines en cours de voyage des facilités qu'ils n'avaient pas pour se procurer l'argent nécessaire afin de faire face aux besoins imprévus, ont transformé les conditions dans lesquelles s'exécutent les voyages en mer. Or, à des situations nouvelles, il fallait des règles nouvelles. — Les modifications introduites par la loi du 14 juin 1841 aux art. 216, 234 et 298, sur l'étendue de la responsabilité qui incombe aux propriétaires de navires (*Rép.* n° 16), constituaient un premier pas en avant; elles mettaient fin à l'une des controverses les plus regrettables qui eussent surgi au lendemain de la promulgation du code. Puis d'autres modifications avaient été apportées à quelques dispositions d'ordre secondaire. Ainsi une loi du 14 juin 1854 (D. P. 54. 4. 113), avait substitué à la définition que donnait, en matière de délaissement, du voyage au long cours l'art. 377 une définition plus rationnelle et plus compréhensive. Une autre loi du 3 mai 1862 (D. P. 62. 4. 43) avait abrégé les délais accordés à l'assuré par les art. 373 et 375 pour opter entre l'action d'avarie et l'action en délaissement. Mais ces réformes bien insuffisantes n'étaient pas de nature à dissiper les nombreuses et légitimes critiques dont les dispositions du code étaient devenues l'objet.

En 1865, le Gouvernement conçut l'idée d'opérer une refonte complète du liv. 2, et une commission spéciale fut instituée à cet effet. Dans le courant même de l'année, un avant-projet fut préparé; il fut soumis aux chambres et aux tribunaux de commerce du littoral, afin qu'ils eussent à fournir leurs observations; plusieurs chambres de commerce ont même publié leur travail. Sur le vu de ces observations, la commission introduisit dans l'avant-projet les modifications reconnues nécessaires et rédigea un projet définitif qu'elle remit au ministère en 1867. Le conseil d'Etat en fut saisi; mais l'examen n'en était pas encore terminé quand éclatèrent les événements de 1870, et, depuis, il n'a jamais été repris dans son ensemble; mais le texte élaboré en 1867 a servi de base à des remaniements partiels, qu'il nous reste à faire connaître.

25. La loi de 1873 (D. P.74. 4. 7), en même temps qu'elle supprimait la surtaxe de pavillon, prescrivait la nomination d'une nouvelle commission extra-parlementaire qui devait être chargée d'étudier les moyens les plus efficaces de venir en aide à la marine marchande. Cette commission proposa certaines réformes législatives. D'abord, elle demandait que l'hypothèque maritime fût promptement organisée et que le projet de loi déposé à cet effet par M. Savoye et plusieurs de ses collègues, le 29 juill. 1872, fût voté le plus tôt possible. Le désir manifesté par la commission fut satisfait et la loi du 10 déc. 1874 (D. P. 75. 4. 64) vint combler la lacune évidente que présentait le code sur ce point. Mais la loi nouvelle ne produisit pas les résultats qu'on en attendait et l'usage de l'hypothèque maritime fut très lent à se développer. On en attribua la cause aux imperfections de la loi nouvelle. Divers projets de modifications furent présentés par des députés, et, après un vote de la Chambre, le Sénat fut saisi de la question; mais la commission sénatoriale n'avait pas terminé son travail quand survinrent les élections générales et la proposition, qui émanait de l'initiative parlementaire, fut frappée de caducité. C'est alors que M. Durand, de concert avec plusieurs de ses collègues, présenta un nouveau projet qui fut bientôt voté par la Chambre, puis, remanié par le Sénat, revint devant elle et fut accepté par elle tel qu'il lui était renvoyé. C'est ainsi que la loi du 10 juill. 1885 (1) est venue se substituer à celle du 10 déc. 1874.

26. La commission extraparlementaire de 1873 avait

(1) 10-11 juill. 1885. — *Loi qui modifie celle du 10 déc. 1874 sur l'hypothèque maritime* (D. P. 86. 4. 17).

Art. 1er. Les navires sont susceptibles d'hypothèques; ils ne peuvent être hypothéqués que par la convention des parties.

2. Le contrat par lequel l'hypothèque maritime est consentie doit être rédigé par écrit; il peut être fait par acte sous signatures privées.

Le droit d'enregistrement de l'acte constitutif d'hypothèque authentique ou sous seing privé est fixé à un franc (1 fr.) par mille francs (1000 fr.) des sommes ou valeurs portées au contrat.

3. L'hypothèque sur le navire ne peut être consentie que par le propriétaire ou par son mandataire justifiant d'un mandat spécial.

Si le navire a plusieurs propriétaires, il pourra être hypothéqué par l'armateur titulaire pour les besoins de l'armement ou de la navigation, avec l'autorisation de la majorité, telle qu'elle est établie par l'art. 220 c. com., et celle du juge, comme il est dit à l'art. 233.

Dans le cas où l'un des copropriétaires voudrait hypothéquer sa part indivise dans le navire, il ne pourra le faire qu'avec l'autorisation de la majorité, conformément à l'art. 220 c. com.

4. L'hypothèque consentie sur le navire ou sur portion de navire s'étend, à moins de convention contraire, au corps du navire, aux agrès, apparaux, machines et autres accessoires.

5. L'hypothèque maritime peut être constituée sur un navire en construction. Dans ce cas, l'hypothèque doit être précédée d'une déclaration faite au receveur principal du bureau des

également manifesté le vœu qu'on modifiât les dispositions de plusieurs articles du code de commerce, spécialement celles des art. 216, 258, 262 et 334. Ces propositions, réunies dans un projet de loi, furent soumises au conseil d'Etat, et ce projet amplifié, amendé, fut porté devant l'Assemblée nationale en janvier 1875; les pouvoirs de cette Assemblée expirèrent avant qu'elle n'eût statué. Repris devant le Sénat par MM. Grivart et de Kerjégu, en vertu de leur droit d'ini-

---

douanes dans la circonscription duquel le navire est en construction.

Cette déclaration indiquera la longueur de la quille du navire et approximativement ses autres dimensions, ainsi que son tonnage présumé. Elle mentionnera l'emplacement de la mise en chantier du navire.

6. L'hypothèque est rendue publique par l'inscription sur un registre spécial tenu par le receveur principal du bureau des douanes dans la circonscription duquel le navire est en construction, ou du bureau dans lequel le navire est immatriculé, s'il est déjà pourvu d'un acte de francisation.

Des décrets détermineront, pour les chantiers de construction établis en dehors du rayon maritime, le bureau des douanes dans la circonscription duquel ils devront être compris.

7. Tout propriétaire d'un navire construit en France, qui demande à le faire admettre à la francisation, est tenu de joindre aux pièces requises à cet effet un état des inscriptions prises sur le navire en construction ou un certificat qu'il n'en existe aucune.

Les inscriptions non rayées sont reportées d'office à leurs dates respectives par le receveur des douanes, sur le registre du lieu de francisation, si celui-ci est autre que celui de la construction.

Si le navire change de port d'immatricule, les inscriptions non rayées sont pareillement reportées d'office, par le receveur des douanes du nouveau port où il est immatriculé, sur son registre et avec mention de leurs dates respectives.

8. Pour opérer l'inscription, il est présenté au bureau du receveur des douanes un des originaux du titre constitutif d'hypothèque, lequel y reste déposé s'il est sous seing privé ou reçu en brevet, ou une expédition s'il en existe minute.

Il est joint deux bordereaux signés par le requérant, dont l'un peut être porté sur le titre présenté. Ils contiennent :

1° Les noms, prénoms et domiciles du créancier et du débiteur, et leur profession, s'ils en ont une;

2° La date et la nature du titre;

3° Le montant de la créance exprimée dans le titre;

4° Les conventions relatives aux intérêts et au remboursement;

5° Le nom et la désignation du navire hypothéqué, la date de l'acte de francisation ou de la déclaration de la mise en construction;

6° Election de domicile par le créancier dans le lieu de la résidence du receveur des douanes.

9. Le receveur des douanes fait mention sur son registre du contenu aux bordereaux, et remet au requérant l'expédition du titre, s'il est authentique, et l'un des bordereaux, au pied duquel il certifie avoir fait l'inscription.

10. S'il y a deux ou plusieurs hypothèques sur le même navire ou sur la même part de propriété du navire, le rang est déterminé par l'ordre de priorité des dates de l'inscription.

Les hypothèques inscrites le même jour viennent en concurrence, nonobstant la différence des heures de l'inscription.

11. L'inscription conserve l'hypothèque pendant dix ans à compter du jour de sa date; son effet cesse si l'inscription n'a pas été renouvelée avant l'expiration de ce délai sur le registre tenu en douane.

12. Si le titre constitutif de l'hypothèque est à ordre, sa négociation par voie d'endossement emporte la translation du droit hypothécaire.

13. L'inscription garantit, au même rang que le capital, deux années d'intérêt en sus de l'année courante.

14. Les inscriptions sont rayées, soit du consentement des parties intéressées ayant capacité à cet effet, soit en vertu d'un jugement en dernier ressort ou passé en force de chose jugée.

15. A défaut de jugement, la radiation totale ou partielle de l'inscription ne peut être opérée par le receveur des douanes que sur le dépôt d'un acte authentique de consentement à la radiation donné par le créancier ou son cessionnaire justifiant de ses droits.

Dans le cas où l'acte constitutif de l'hypothèque est sous seing privé, ou si, étant authentique, il a été reçu en brevet, il est communiqué au receveur des douanes, qui y mentionne, séance tenante, la radiation totale ou partielle.

16. Le receveur des douanes est tenu de délivrer, à tous ceux qui le requièrent, l'état des inscriptions subsistant sur le navire, ou un certificat qu'il n'en existe aucune.

17. Les créanciers ayant hypothèque inscrite sur un navire ou portion de navire le suivent, en quelques mains qu'il passe, pour être colloqués et payés suivant l'ordre de leurs inscriptions.

Si l'hypothèque ne grève qu'une portion de navire, le créancier ne peut saisir et faire vendre que la portion qui lui est affectée. Toutefois, si plus de la moitié du navire se trouve hypothéqué, le créancier pourra, après saisie, le faire vendre en totalité, à charge d'appeler à la vente les copropriétaires.

Dans tous les cas de copropriété, par dérogation à l'art. 883 c. civ., les hypothèques consenties durant l'indivision, par un ou plusieurs des copropriétaires, sur une portion du navire, continuent à subsister après le partage ou la licitation.

Toutefois, si la licitation s'est faite en justice, dans les formes déterminées par les art. 23 et suiv. de la présente loi, le droit des créanciers n'ayant hypothèque que sur une portion du navire sera limité au droit de préférence sur la partie du prix afférente à l'intérêt hypothéqué.

18. L'acquéreur d'un navire ou d'une portion de navire hypothéqué, qui veut se garantir des poursuites autorisées par l'article précédent, est tenu, avant la poursuite ou dans le délai de quinzaine, de notifier à tous les créanciers inscrits sur le registre du port d'immatricule, au domicile élu dans leurs inscriptions :

1° Un extrait de son titre indiquant seulement la date et la nature de l'acte, le nom du vendeur, le nom, l'espèce et le tonnage du navire, et les charges faisant partie du prix;

2° Un tableau sur trois colonnes, dont la première contiendra la date des inscriptions; la seconde, le nom des créanciers, la troisième, le montant des créances inscrites.

Cette notification contiendra constitution d'avoué.

19. L'acquéreur déclarera par le même acte qu'il est prêt à acquitter sur-le-champ les dettes hypothécaires jusqu'à concurrence de son prix, sans distinction des dettes exigibles ou non exigibles.

20. Tout créancier peut requérir la mise aux enchères du navire ou portion de navire en offrant de porter le prix à un dixième en sus, et de donner caution pour le payement du prix et des charges.

21. Cette réquisition, signée du créancier, doit être signifiée à l'acquéreur dans les dix jours des notifications. Elle contiendra assignation devant le tribunal civil du lieu où se trouve le navire, ou, s'il est en cours de voyage, du lieu où il est immatriculé, pour voir ordonner qu'il sera procédé aux enchères requises.

22. La vente aux enchères aura lieu à la diligence, soit du créancier qui l'aura requise, soit de l'acquéreur, dans les formes établies pour les ventes sur saisies.

23. Au cas de saisie, le saisissant devra, dans le délai de trois jours, notifier au propriétaire copie du procès-verbal de saisie et le faire citer devant le tribunal civil du lieu de la saisie, pour voir dire qu'il sera procédé à la vente des choses saisies.

Si le propriétaire n'est pas domicilié dans le ressort du tribunal, les significations et citations lui seront données en la personne du capitaine du bâtiment saisi, ou, en son absence, en la personne de celui qui représentera le propriétaire ou le capitaine, et le délai de trois jours sera augmenté d'un jour par cinq myriamètres de la distance de son domicile, sans que le délai puisse dépasser un mois.

S'il est étranger, hors de France et non représenté, les citations et significations seront données, ainsi qu'il est prescrit par l'art. 69 c. proc. civ.

24. Le procès-verbal de saisie sera transcrit au bureau du receveur des douanes du lieu où le navire est en construction ou de celui où il est immatriculé, dans le délai fixé au paragraphe 1er de l'article précédent, avec augmentation d'un jour par cinq myriamètres de la distance du lieu où se trouve le tribunal qui doit connaître de la saisie et de ses suites.

Dans la huitaine, le receveur des douanes délivrera un état des inscriptions, et dans les trois jours qui suivront (avec augmentation du délai à raison des distances comme il est dit ci-dessus), la saisie sera dénoncée aux créanciers inscrits, aux domiciles élus dans leurs inscriptions, avec indication du jour de la comparution devant le tribunal civil.

Le délai de la comparution sera calculé à raison d'un jour par cinq myriamètres de distance entre le lieu où le navire est immatriculé et le lieu où siège le tribunal dans le ressort duquel la saisie a été pratiquée, sans qu'en aucun cas, et tous calculs faits, il puisse dépasser les termes fixés par les deux derniers paragraphes de l'art. 23.

25. Le tribunal fixera par son jugement la mise à prix et les conditions de la vente. Si, au jour fixé pour la vente, il n'est pas fait d'offre, le tribunal déterminera par jugement le jour auquel les enchères auront lieu sur une nouvelle mise à prix inférieure à la première et qui sera déterminée par le jugement.

26. La vente se fera, à l'audience des criées du tribunal civil, quinze jours après une apposition d'affiche et une insertion de cette affiche dans un des journaux imprimés au lieu où siège le tribunal, et, s'il n'y en a pas, au chef-lieu du département, sans préjudice de toutes autres publications qui seraient autorisées par le tribunal.

Néanmoins, le tribunal pourra ordonner que la vente sera faite soit devant un autre tribunal civil, soit en l'étude et par le

tiative, il fut voté par cette Assemblée au commencement de l'année 1877. Quant à la Chambre des députés, elle ne le discuta qu'en 1882, et introduisit un certain nombre d'amendements, qui nécessitèrent un renvoi devant le Sénat. La Chambre haute ayant maintenu le texte primitif, il fallut revenir encore devant la Chambre des députés qui, cette fois, céda sur presque tous les points. Un nouveau vote du Sénat eut lieu le 9 juill. 1885; quelques légères modifications furent introduites, et le texte, soumis de nouveau à la Chambre des députés, fut accepté par elle, sans changement aucun, le 1er août de la même année. Telles sont les nombreuses vicissitudes par lesquelles a passé la loi du 12 août 1885 (1).

27. — II. Droit comparé (*Rép.* nos 17 à 54). — Chez la

ministère d'un notaire, soit par un courtier conducteur de navires à la Bourse ou dans tout autre lieu du port où se trouve le navire saisi.

Dans ces divers cas, le jugement réglementera la publicité locale.

27. Les affiches seront apposées au grand mât ou sur la partie la plus apparente du bâtiment saisi; à la porte principale du tribunal devant lequel on procédera; dans la place publique et sur le quai du port où le bâtiment sera amarré, ainsi qu'à la Bourse de commerce, s'il y en a une.

28. Les annonces et affiches devront indiquer :

Les nom, profession et demeure du poursuivant;

Les titres en vertu desquels il agit;

Le montant de la somme qui lui est due;

L'élection de domicile par lui faite dans le lieu où siège le tribunal civil et dans le lieu où se trouve le bâtiment;

Les nom, profession et domicile du propriétaire du bâtiment saisi;

Le nom du bâtiment, et, s'il est armé ou en armement, celui du capitaine;

Le mode de puissance motrice du navire, à voiles ou à vapeur, à roues ou à hélice; s'il est à voiles, son tonnage légal; s'il est à vapeur, les deux tonnages légaux, brut et net, ainsi que le nombre de chevaux nominaux de sa machine motrice;

Le lieu où il se trouve;

La mise à prix et les conditions de la vente;

Les jour, lieu et heure de l'adjudication.

29. La surenchère n'est pas admise en cas de vente judiciaire.

30. L'adjudicataire sur saisie, comme l'adjudicataire par suite de surenchère, sera tenu de verser son prix, sans frais, à la caisse des dépôts et consignations, dans les vingt-quatre heures de l'adjudication à peine de folle enchère.

Il devra, dans les cinq jours suivants, présenter requête au président du tribunal civil pour faire commettre un juge devant lequel il citera les créanciers par acte signifié aux domiciles élus, à l'effet de s'entendre à l'amiable sur la distribution du prix.

L'acte de convocation sera affiché dans l'auditoire du tribunal et inséré dans l'un des journaux imprimés au lieu où siège le tribunal, et, s'il n'y en a pas, dans l'un de ceux qui seront imprimés dans le département.

Le délai de la convocation sera de quinzaine sans augmentation à raison de la distance.

31. Dans le cas où les créanciers ne s'entendraient pas sur la distribution du prix, il sera dressé procès-verbal de leurs prétentions et contredits.

Dans la huitaine, chacun des créanciers devra déposer au greffe une demande de collocation contenant constitution d'avoué avec titres à l'appui.

A la requête du plus diligent, les créanciers seront, par un simple acte d'avoué à avoué, appelés devant le tribunal qui statuera à l'égard de tous, même des créanciers privilégiés.

32. Le jugement sera signifié, dans les trente jours de sa date, à avoué seulement pour les parties présentes, et aux domiciles élus pour les parties défaillantes. Ce jugement ne sera pas susceptible d'opposition.

Le délai d'appel sera de dix jours, à compter de la signification du jugement, outre un jour par cinq myriamètres de distance entre le siège du tribunal et le domicile élu dans l'inscription.

L'acte d'appel contiendra assignation et l'énonciation des griefs à peine de nullité.

La disposition finale de l'art. 762 c. proc. civ. sera appliquée, ainsi que les art. 761, 763 et 764 du même code, relativement à la procédure devant la cour.

Dans les huit jours qui suivront l'expiration du délai d'appel, et s'il y a appel, dans les huit jours de l'arrêt, le juge, déjà désigné, dressera l'état des créances colloquées, en principal, intérêts et frais. Les intérêts des créances utilement colloquées cesseront de courir à l'égard de la partie saisie. Les dépens des contestations ne pourront être pris sur les deniers à distribuer, sauf les frais de l'avoué le plus ancien.

Sur ordonnance rendue par le juge-commissaire, le greffier délivrera les bordereaux de collocation exécutoires contre la caisse des dépôts et consignations, dans les termes de l'art. 770 c. proc. civ. La même ordonnance autorisera la radiation, par le receveur des douanes, des inscriptions des créanciers non colloqués. Il sera procédé à cette radiation sur la demande de toute partie intéressée.

33. La vente volontaire d'un navire grevé d'hypothèques à un étranger, soit en France, soit à l'étranger, est interdite. Tout acte fait en fraude de cette disposition est nul, et rend le vendeur passible des peines portées par l'art. 408 c. pén. L'art. 463 du même code pourra être appliqué.

Les hypothèques consenties à l'étranger n'ont d'effet à l'égard des tiers, comme celles consenties en France, que du jour de leur inscription sur les registres de la recette principale des douanes du port d'immatricule du navire.

Sont néanmoins valables les hypothèques constituées sur le navire acheté à l'étranger avant son immatriculation en France, pourvu qu'elles soient régulièrement inscrites par le consul français sur le congé provisoire de la navigation, et reportées sur le registre du receveur des douanes du lieu où le navire sera immatriculé.

Ce report sera fait sur la réquisition du créancier, qui devra produire à l'appui le bordereau prescrit par l'art. 8 de la présente loi.

Les dispositions du présent article seront mentionnées sur l'acte de francisation.

34. L'art. 191 c. com. est terminé par la disposition suivante : « Les créanciers hypothécaires sur le navire viennent, dans leur ordre d'inscription, après les créanciers privilégiés. »

35. L'art. 233 c. com. est modifié ainsi qu'il suit :

« Si le bâtiment est frété du consentement des propriétaires et que quelques-uns fassent refus de contribuer aux frais nécessaires pour l'expédition, le capitaine peut, en ce cas, vingt-quatre heures après sommation faite aux refusants de fournir leur contingent, emprunter hypothécairement pour leur compte, sur leur part dans le navire, avec l'autorisation du juge.

« Au cas où la part serait déjà hypothéquée, la saisie pourra être autorisée par le juge et la vente poursuivie devant le tribunal civil, comme il est dit ci-dessus. »

36. Les navires de vingt tonneaux et au-dessus seront seuls susceptibles de l'hypothèque créée par la présente loi.

37. Le tarif des droits à percevoir par les employés de l'administration des douanes, ainsi que le cautionnement spécial à leur imposer, à raison des actes auxquels donnera lieu la présente loi, les émoluments et honoraires dus aux notaires et aux courtiers-conducteurs de navires pour les ventes dont ils pourront être chargés, seront fixés par des décrets rendus dans la forme des règlements d'administration publique.

La responsabilité de la régie des douanes du fait de ses agents ne s'applique pas aux attributions conférées aux receveurs par les dispositions qui précèdent.

38. L'intérêt conventionnel en matière de prêts hypothécaires sur navires est libre. L'intérêt légal est de 6 pour 100, comme en matière commerciale.

39. Sont abrogés :

Le paragraphe 9 de l'art. 191 et le paragraphe 7 de l'art. 192 c. com.;

Les art. 201, 202, 203, 204, 205, 206 et 207 du même code;

La loi du 10 déc. 1874 sur l'hypothèque maritime;

Et généralement toutes les dispositions contraires à la présente loi.

(1) 12-14 août 1885. — *Loi ayant pour objet de modifier plusieurs articles du livre 2 du code de commerce* (D. P. 86. 4. 22).

Art. 1er. Les art. 216, 258, 262, 263, 265, 315, 334 et 347 c. com. sont modifiés ainsi qu'il suit :

Art. 216. Tout propriétaire de navire est civilement responsable des faits du capitaine et tenu des engagements contractés par ce dernier pour ce qui est relatif au navire et à l'expédition.

Il peut dans tous les cas s'affranchir des obligations ci-dessus par l'abandon du navire et du fret.

Toutefois, la faculté de faire abandon n'est point accordée à celui qui est en même temps capitaine et propriétaire ou copropriétaire du navire. Lorsque le capitaine ne sera que copropriétaire, il ne sera responsable des engagements contractés par lui, pour ce qui est relatif au navire et à l'expédition, que dans la proportion de son intérêt.

En cas de naufrage du navire dans un port de mer ou havre, dans un port maritime ou dans les eaux qui leur servent d'accès, comme aussi en cas d'avaries causées par le navire aux ouvrages d'un port, le propriétaire du navire peut se libérer, même envers l'Etat, de toute dépense d'extraction ou de réparation, ainsi que de tous dommages-intérêts, par l'abandon du navire et du fret des marchandises à bord.

La même faculté appartient au capitaine qui est propriétaire

plupart des nations étrangères, comme en France, le droit maritime est codifié, et même, dans un certain nombre de contrées, c'est notre code de commerce, importé lors des guerres du premier Empire, qui, après avoir été en vigueur pendant un certain nombre d'années, a servi de fondement à la législation actuellement existante.

28. — 1° *Belgique.* — Le code de 1807 y est demeuré applicable jusqu'au moment où il a été revisé par la loi du 21 août 1879 (*Annuaire de législation étrangère*, 1880, n°s 503 et suiv.), et il est à remarquer que les rédacteurs de la loi nouvelle ont largement puisé dans le projet élaboré chez nous en 1867. Il existe, en outre, en Belgique une loi sur les assurances, du 11 juin 1874 (*Annuaire précité*, 1875, p. 420).

29. — 2° *Italie.* — Depuis 1843, le commerce maritime était régi, en Sardaigne, par le *Code Albertin*, qui reproduisait avec quelques modifications le code de commerce français. En 1865, le *Code Albertin* a été déclaré applicable à l'ensemble du royaume d'Italie. Enfin, en 1882, un nouveau code de commerce, promulgué le 31 oct. 1882 et mis en vigueur le 1er janv. 1883 a été substitué à l'ancien, et c'est aujourd'hui le livre 2 de ce code qui, au lieu et place du livre correspondant de l'ancien, régit le commerce maritime (*Annuaire de législation étrangère*, 1883, p. 641). Il existe, en outre, dans le royaume d'Italie un code sur la marine marchande, qui renferme toutes les dispositions relatives à la police de la navigation, aux prises, au droit pénal maritime. Promulgué en 1865, il a été revisé par la loi du 24 mai 1877 (*Annuaire précité*, 1878, p. 345 et suiv.).

30. — 3° *Grèce et Turquie.* — Les codes grec et turc publiés, le premier en 1835, le second en 1864, ne sont guère que la reproduction du nôtre. En Grèce, le gage des navires est réglé par la loi du 1er déc. 1836, sur le nantissement en général. Enfin il existe une loi des 13-25 nov. 1851 sur le livret des navires et sur les prêts à la grosse.

31. — 4° *Espagne.* — C'est, de toutes les nations chez lesquelles notre code de commerce a été implanté, celle qui, la première, en a entrepris la revision complète; il a été remplacé, en effet, par un nouveau code dès 1829; le troisième livre, consacré au commerce de mer, comptait plus de quatre cents articles.

Mais le code de 1829 a cessé lui-même d'exister; il vient de faire place à un autre, qui est en vigueur depuis le 1er janv. 1886 (L. et Décr. 25 août 1885). Le liv. 3 consacré au droit maritime est divisé en cinq titres et comprend environ trois cents articles (*Annuaire de législation étrangère*, 1886, p. 298).

32. — 5° *Portugal.* — Le code portugais date du 28 juin 1888; il est en vigueur seulement depuis le 1er janv. 1889; il a été calqué, en partie, sur le code italien.

33. — 6° *Hollande.* — Là encore notre code de commerce a été introduit par Napoléon Ier, et il est resté en vigueur pendant trente années. C'est seulement en 1838 qu'il a fait place à un nouveau code; le liv. 2 est consacré au droit maritime; ses dispositions présentent une étroite affinité avec celles du code portugais.

34. — 7° *Allemagne.* — Avant d'être unifiée au point de vue politique, l'Allemagne l'était déjà, dans une certaine mesure, au point de vue commercial, par suite de l'établissement du *zollverein* ou union douanière, et, grâce à cet état de choses, l'uniformité existe depuis environ vingt-cinq ans dans la législation commerciale. Le code général de commerce allemand de 1861 a été déclaré applicable dans tous les Etats qui faisaient partie de la confédération dont il vient d'être parlé, sauf, pour chacun, le droit d'en modifier les dispositions si bon lui semblait. La constitution de 1867 pour l'Allemagne du Nord admettait, en principe, que les décisions du Parlement central en matière commerciale auraient seules force législative dans toute son étendue, et le code de commerce revêtit ainsi, pour les divers Etats qui en faisaient partie, un caractère absolument obligatoire. Enfin, en 1871, ce même code a été appliqué à l'Empire tout entier. Le liv. 5 spécialement consacré au droit maritime comprend près de cinq cents articles. Très complet et solidement coordonné au point de vue scientifique, il est en outre soigneusement approprié aux besoins actuels du commerce en général et du commerce maritime en particulier. Il a donc une valeur législative incontestable. Aussi la

---

ou copropriétaire du navire, à moins qu'il ne soit prouvé que l'accident a été occasionné par sa faute.

Art. 258. En cas de prise, naufrage ou déclaration d'innavigabilité, les matelots engagés au voyage ou au mois sont payés de leurs loyers jusqu'au jour de la cessation de leurs services, à moins qu'il ne soit prouvé, soit que la perte du navire est le résultat de leur faute ou de leur négligence, soit qu'ils n'ont pas fait tout ce qui était en leur pouvoir pour sauver le navire, les passagers et les marchandises, ou pour recueillir les débris.

Dans ce cas, il appartient aux tribunaux de statuer sur la suppression ou la réduction du loyer qu'ils ont encourue.

Ils ne sont jamais tenus de rembourser ce qui leur a été avancé sur leurs loyers.

En cas de perte sans nouvelles, les héritiers ou représentants des matelots engagés au mois auront droit aux loyers échus jusqu'aux dernières nouvelles et à un mois en sus. Dans le cas d'engagement au voyage, il sera dû à la succession des matelots moitié des loyers du voyage.

Si l'engagement avait pour objet un voyage d'aller et retour, il sera payé un quart de l'engagement total, si le navire a péri en allant; trois quarts, s'il a péri dans le retour; le tout, sans préjudice des conventions contraires.

Dans tous les cas, le rapatriement des gens de l'équipage est à la charge de l'armement, mais seulement jusqu'à concurrence de la valeur du navire ou de ses débris, et du montant du fret des marchandises sauvées, sans préjudice du droit de préférence, qui appartient à l'équipage pour le payement de ses loyers.

Art. 262. Le matelot est payé de ses loyers, traité et pansé aux frais du navire, s'il tombe malade pendant le voyage, ou s'il est blessé au service du navire.

Si le matelot a dû être laissé à terre, il est rapatrié aux dépens du navire; toutefois, le capitaine peut se libérer de tous frais de traitement ou de rapatriement en versant entre les mains de l'autorité française une somme à déterminer d'après un tarif qui sera arrêté par un règlement d'administration publique, lequel devra être revisé tous les trois ans.

Les loyers du matelot laissé à terre lui sont payés jusqu'à ce qu'il ait contracté un engagement nouveau ou qu'il ait été rapatrié. S'il a été rapatrié avant son rétablissement, il est payé de ses loyers jusqu'à ce qu'il soit rétabli. Toutefois, la période durant laquelle les loyers du matelot lui sont alloués, ne pourra dépasser, en aucun cas, quatre mois à dater du jour où il a été laissé à terre.

Art. 263. Le matelot est traité, pansé et rapatrié de la manière indiquée en l'article précédent, aux dépens du navire et du chargement, s'il est blessé en combattant contre les ennemis et les pirates.

Art. 265. En cas de mort d'un matelot pendant le voyage, si le matelot est engagé au mois, ses loyers sont dus à sa succession jusqu'au jour de son décès.

Si le matelot est engagé au voyage, au profit ou au fret et pour un voyage d'aller seulement, le total de ses loyers ou de sa part est dû, s'il meurt après le voyage commencé; si l'engagement avait pour objet un voyage d'aller et retour, la moitié des loyers et de la part du matelot est due s'il meurt en allant ou au port d'arrivée; la totalité est due s'il meurt en revenant.

Pour les opérations de la grande pêche, la moitié de ses loyers ou de sa part est due s'il meurt pendant la première moitié de la campagne; la totalité est due s'il meurt pendant la seconde moitié.

Les loyers du matelot tué en défendant le navire sont dus en entier pour tout le voyage si le navire arrive à bon port, et, en cas de prise, naufrage ou déclaration d'innavigabilité, jusqu'au jour de la cessation des services de l'équipage.

Art. 315. Les emprunts à la grosse peuvent être affectés sur le navire et ses accessoires, sur l'armement et ses victuailles, sur le fret, sur le chargement, sur le profit espéré du chargement, sur la totalité de ces objets conjointement ou sur une partie déterminée de chacun d'eux.

Art. 334. Toute personne intéressée peut faire assurer le navire et ses accessoires, les frais d'armement, les victuailles, les loyers des gens de mer, le fret net, les sommes prêtées à la grosse et le profit maritime, les marchandises chargées à bord et le profit espéré de ces marchandises, le coût de l'assurance et généralement toutes choses estimables à prix d'argent sujettes aux risques de la navigation.

Toute assurance cumulative est interdite.

Dans tous les cas d'assurances cumulatives, s'il y a eu dol ou fraude de la part de l'assuré, l'assurance est nulle à l'égard de l'assuré seulement; s'il n'y a eu ni dol, ni fraude, l'assurance sera réduite de toute la valeur de l'objet deux fois assuré. S'il y a eu deux ou plusieurs assurances successives, la réduction portera sur la plus récente.

Art. 347. Le contrat d'assurance est nul s'il a pour objet les sommes empruntées à la grosse.

2. Les art. 259, 318 et 386 c. com. sont abrogés.

commission instituée pour préparer le nouveau code de commerce italien avait-elle reçu l'ordre de le prendre pour base de son travail. Le législateur suédois s'en est également inspiré en 1864.

Le code allemand a, du reste, dans certaines de ses parties, subi déjà des remaniements, et il a été complété sur d'autres points par des lois ou ordonnances postérieures. Ainsi la loi du 27 déc. 1872 sur les gens de mer a remplacé le tit. 4, qui leur était consacré (*Annuaire de législation étrangère*, 1873, p. 191). Le même jour, il a été voté aussi une loi concernant l'obligation imposée aux navires de commerce allemands de rapatrier les gens de mer (*Ibid.*, p. 198). Une loi du 28 juin 1873 (*Annuaire précité*, 1874, p. 88) est venue réglementer l'enregistrement des navires marchands; une autre, du 17 mai 1874 (*Annuaire précité*, 1875, p. 136 et suiv.), est relative aux naufrages; une troisième, du 27 juill. 1877 (*Annuaire précité*, 1878, p. 148 et suiv.), aux sauvetages; une quatrième, du 13 juill. 1887 (*Annuaire précité*, 1888, p. 232 et suiv.), réglemente l'assurance des gens de mer contre les accidents. Il convient de citer enfin les six lois du 15 déc. 1887 qui régissent à Brême, l'hypothèque maritime (*Ibid.*, p. 374).

35. — 8° *Norwège*. — Le droit maritime y fait, depuis le 25 mars 1860, l'objet d'une loi spéciale. Cette loi a été modifiée par celle du 21 mars 1883 (*Annuaire de législation étrangère*, 1884, p. 669).

36. — 9° *Suède*. — L'ancien code maritime a été remplacé, en Suède, par un autre plus récent, qui date du 28 févr. 1864. Une loi du 13 avr. 1883 (*Annuaire de législation étrangère*, 1884, p. 680), en modifiant l'art. 7 du tit. 17 de ce code, est venue réglementer à nouveau le privilège conféré sur le navire en voie de construction à celui qui le fait construire.

37. — 10° *Russie*. — Les lois commerciales, d'abord consignées dans un recueil général appelé *Swod Sokonow*, ont été complétées et codifiées en 1857. Le code ainsi composé contient un certain nombre de dispositions sur le droit maritime.

38. — 11° *Finlande*. — La Finlande possède un code spécial pour la marine marchande, qui date du 9 juin 1873 (*Annuaire de législation étrangère*, 1880, p. 748).

39. En Autriche, en Danemark, en Angleterre et aux Etats-Unis, les règles du droit maritime n'ont été soumises, jusqu'à ce jour, à aucun travail de codification proprement dit.

40. — 12° *Autriche*. — La navigation est régie par des lois éparses; tandis, en effet, que les quatre premiers livres du code de commerce allemand ont été adoptés comme devant servir de règle au commerce terrestre, les dispositions du liv. 5, relatives au commerce maritime, ainsi qu'il a été dit, n'ont pas encore reçu droit de cité. L'édit de 1774, qui réglemente certaines matières, et qui, avec quelques modifications, a été promulgué de nouveau en 1847, est resté en vigueur. D'autre part, une loi a été promulguée à la date du 7 mai 1879 (*Annuaire de législation étrangère*, 1880, p. 301 et suiv.), sur l'enregistrement des navires. Un projet de loi sur les gens de mer, qui avait été présenté en même temps pour donner satisfaction aux vœux exprimés par la représentation nationale, est toujours en voie d'élaboration. Sur les points où la loi est restée muette, on suit les règles tracées par les auteurs dans leurs ouvrages; en Dalmatie, on applique les dispositions du code italien.

41. — 13° *Danemark*. — Un code de commerce est en préparation depuis 1871, mais il n'est pas encore promulgué. Quelques lois spéciales sont venues, depuis quinze ans, réglementer certaines matières; la plupart se rattachent au droit administratif maritime; il en est deux, cependant, qui sont relatives au droit commercial, la loi du 12 mai 1871 sur l'engagement des gens de mer, celle du 26 févr. 1874 sur le rôle d'équipage.

42. — 14° *Angleterre*. — La législation maritime, comme les autres, est, en grande partie, demeurée à l'état coutumier, c'est-à-dire que les contestations qui ont trait à la navigation sont jugées d'après les usages ou d'après les données fournies par la jurisprudence, et spécialement par la jurisprudence de la cour d'amirauté. Cette source cependant n'est pas la seule; à côté de la coutume se trouve la loi écrite, qui, depuis trente-trois ans environ, a reçu, en matière maritime, des développements considérables. Il faut citer, en première ligne, le *Merchant shipping act* de 1854, qui comprend cinq cent quarante-huit articles. La plupart de ses dispositions appartiennent au droit administratif; il en est cependant qui se rattachent au droit commercial; telles sont celles qui se rapportent aux navires, à l'enregistrement, à la transmission des bâtiments de mer, à l'hypothèque maritime ou *mortgage*, au capitaine et aux gens d'équipage, du moins en tant qu'elles déterminent les effets de l'engagement et qu'elles réglementent le payement des salaires; telles sont encore celles qui délimitent la responsabilité des propriétaires de navires envers les tiers à raison des faits et actes du capitaine.

Le *merchant shipping act* de 1854 a été modifié et complété par une série d'actes législatifs postérieurs. Parmi ceux qui ont plus particulièrement trait au droit maritime privé, il convient de citer les suivants : 1° l'*act* de 1855 pour faciliter la construction et l'entretien des phares a modifié, en outre, certaines dispositions du *merchant shipping act* et donné au *board of trade* ou bureau du commerce le droit de poursuivre le remboursement des frais de rapatriement dus aux gens de mer; 2° l'*act* de 1855 a amendé la loi sur les connaissements; 3° l'*act* de 1855, la loi relative au transport des passagers. Il a été lui-même modifié par celui du 13 juill. 1863; 4° l'*act* de 1861 a étendu la juridiction de la cour d'amirauté et a déféré à cette cour toutes les contestations relatives au droit maritime; 5° l'*act* du 29 juill. 1862 a complété les dispositions du *merchant shipping act* et introduit de nouvelles règles sur l'enregistrement des navires, sur le payement et le recouvrement des gages, sur la responsabilité des propriétaires de navires, sur l'affectation des marchandises au payement du fret; 6° les *acts* des 31 juill. 1868 et 2 août 1869 ont autorisé la reine à conférer à des cours de comté le droit de connaître de certaines affaires maritimes, et notamment des actions pour frais de sauvetage, remorquage, avaries, abordages, loyers, affrètement; 7° les *acts* des 21 août 1871, 31 juill. 1872 (*Annuaire de législation étrangère*, 1873, p. 6); 5 août 1873 et 15 août 1876 (*Annuaire précité*, 1877, p. 51 et suiv.), sont intervenus à la suite de la campagne entreprise par M. Plimsoll, membre de la Chambre des communes, dans le but de provoquer les mesures nécessaires à l'effet de conjurer les dangers que faisait souvent courir aux gens d'équipage, aux passagers et aux cargaisons le défaut de solidité et l'état de surcharge des bâtiments employés par les armateurs à l'accomplissement des expéditions maritimes; 8° deux *acts* du 2 août 1880 (*Annuaire précité*, 1881, p. 10), sont relatifs, le premier principalement aux salaires des marins, le second au nombre maximum des individus qui pourront figurer simultanément comme propriétaires du navire dans l'acte d'enregistrement.

43. — 15° *Etats-Unis*. — Là encore la législation maritime est en grande partie coutumière, et les usages que l'on suit ne sont autres, pour la plupart, que ceux accrédités en Angleterre. Il existe, en outre, comme dans la Grande-Bretagne, des lois spéciales sur certains points; il convient de citer : en première ligne, la loi fédérale du 3 août 1851 sur l'abandon du navire et du fret; en second lieu, la loi du 26 juin 1884 dont les dispositions se rattachent pour partie au droit privé (*Annuaire de législation étrangère*, 1885, p. 763). Ces dispositions ont trait à la nationalité des officiers qui montent les navires, aux mesures à prendre pour le débarquement des marins, pour le payement de leurs salaires, leur rapatriement, leur sécurité et leur installation à bord; elles ont, en outre, pour but de délimiter la responsabilité des copropriétaires du navire.

44. Quelques observations suffiront pour compléter le tableau qui précède. La multiplication des relations internationales entre commerçants ne pouvait manquer de rendre plus saillants les inconvénients que présente, au point de vue de la bonne expédition des affaires, la diversité des législations en matière commerciale. Aussi un certain nombre de juristes ont-ils cru le moment arrivé de préparer l'avènement d'une législation uniforme pour le règlement des transactions relatives au négoce entre les principaux peuples. Il s'est formé, en Angleterre, une *association pour la réforme et la codification des lois internationales*. Cette association a ouvert plusieurs congrès dans diverses villes d'Angleterre, de Belgique, d'Allemagne, et, au sein de ces congrès, où des jurisconsultes, des négociants, des armateurs, des assureurs des contrées maritimes les plus importantes s'étaient réunis, ont été élaborées diverses séries de propositions destinées un jour ou l'autre, dans la pensée des adhérents, à remplacer les dispositions actuellement en vigueur.

A la suite de trois congrès tenus : le premier à York en 1864, le second, à Brême, en 1876, le troisième à Anvers en 1877, un règlement général sur les avaries communes a été publié sous le nom de Règles d'York et d'Anvers (V. le texte dans l'ouvrage de M. de Valroger, t. 5, p. 17, note 1). Des règles uniformes sur l'affrètement, le connaissement et les avaries ont été proposées en 1882 dans une conférence tenue à Liverpool, dans une conférence tenue à Hambourg au mois d'août 1885 (V. la traduction de ces propositions dans la *Revue internationale de droit maritime*, t. 1, p. 274 et suiv.).

45. De nouveaux efforts venaient d'être tentés, lorsqu'à l'occasion de sa dernière exposition, la Belgique a organisé dans la ville d'Anvers un congrès international pour préparer l'unification des législations sur la lettre de change, le billet à ordre, le contrat de transport et *le droit maritime*. Des délégués ont été envoyés par dix-huit gouvernements, par un grand nombre de barreaux, de facultés de droit, d'associations commerciales, etc. Le congrès s'est ouvert le 27 sept. 1885 et a clos ses travaux le 3 octobre suivant. Un questionnaire avait été dressé par une commission d'initiative afin de faciliter et de régulariser ses investigations. Ses membres avaient été répartis dans deux sections, et l'une d'elles était spécialement préposée à l'étude des questions concernant le droit maritime. De ses délibérations est issu un ensemble de résolutions destinées, ce semble, à devenir le noyau des réformes que les divers législateurs seront appelés à introduire dans leurs législations respectives (1).

Un certain nombre de questions n'ayant pu être examinées, faute de temps, la section a émis le vœu que le

---

(1) RÉSOLUTIONS ADOPTÉES PAR LE CONGRÈS D'ANVERS EN 1885.

I. — CONFLIT DES LOIS MARITIMES.

1. En cas de conflit de lois maritimes il ne faut pas appliquer une loi générale, mais distinguer suivant les cas (Question générale).

2. En cas de contestation sur les privilèges, l'hypothèque ou le nantissement, on suivra la loi du pavillon (Quest. 10).

3. La loi du pavillon régit, en tous pays, les différends relatifs au navire et à la navigation, qu'ils se produisent entre les copropriétaires, entre les propriétaires et le capitaine, entre les propriétaires ou le capitaine et les gens de l'équipage (Quest. 15).

4. Les pouvoirs du capitaine pour pourvoir aux besoins du navire, l'hypothéquer, le vendre, contracter un emprunt à la grosse, sont déterminés par la loi du pavillon, sauf à se conformer, quant à la forme des actes, soit à la loi du pavillon, soit à celle du port où il a accompli ces opérations (Quest. 18 et 56).

5. Le règlement des avaries se fait d'après la loi du port où se délivre la cargaison (Quest. 36).

6. La loi du pavillon détermine l'étendue de la responsabilité ou de la garantie du propriétaire du navire, à raison des actes du capitaine et des gens de l'équipage (Quest. nouvelle).

7. A l'exception du règlement des avaries communes, pour lequel les assureurs sont censés accepter la loi qui régit les assurés, les contestations relatives au contrat d'assurance doivent être tranchées d'après la loi du pays auquel les parties ont emprunté la police (Quest. 52).

8. L'abordage dans les ports, fleuves et autres eaux intérieures, est réglé par la loi du lieu où il se produit.

L'abordage en mer entre deux navires de même nationalité est réglé par la loi nationale.

Si les navires sont de nationalité différente, chacun est obligé dans la limite de la loi de son pavillon et ne peut recevoir plus que cette loi lui attribue (Quest. 60).

9. Si l'abordage a eu lieu dans les ports, fleuves et autres eaux intérieures, on applique, quant aux fins de non-recevoir et aux prescriptions, la loi du lieu où il se produit.

Si l'abordage a eu lieu en mer, le capitaine conserve ses droits, en réclamant dans les formes et délai prescrits par la loi de son pavillon, par celle du navire abordeur, ou par celle du premier port de relâche (Quest. 63).

10. L'assistance maritime dans les ports, fleuves ou autres eaux intérieures est rémunérée d'après la loi du pays.

Si elle a lieu en mer elle est rémunérée d'après la loi de l'assistant (Quest. 62).

II. — PROJET DE LOI MARITIME UNIFORME.

Des propriétaires de navires.

11. Les propriétaires de navires sont civilement responsables, vis-à-vis des affréteurs et chargeurs, des faits de leur capitaine et de leurs préposés relatifs à la cargaison, à moins qu'ils ne justifient que le dommage provient de la force majeure, du vice propre de la marchandise ou de la faute de l'expéditeur ;

Il est néanmoins loisible aux parties de déroger par des stipulations particulières à cette responsabilité, sauf les exceptions ci-après :

Il doit être interdit aux propriétaires de navire de s'exonérer d'avance de leur responsabilité, par une clause insérée dans le contrat d'affrètement, le connaissement ou toute autre convention :

a) Pour tous les faits de leur capitaine ou de leurs préposés qui tendraient à compromettre le parfait état de navigabilité des navires.

b) Pour tous ceux qui auraient pour effet de causer des dommages par vice d'arrimage, défaut de soins, ou incomplète délivrance des marchandises confiées à leur garde.

c) Pour toute baraterie, tous faits, actes et négligence ayant le caractère de la faute lourde (Quest. 11 et 12).

La responsabilité des propriétaires de navires dérivant des faits et engagements de leurs préposés est limitée à la valeur du navire et du fret.

Ils peuvent se libérer de cette responsabilité par l'abandon du navire et du fret ou de leur valeur au moment de la poursuite (Disposition additionnelle).

12. Sauf l'application des règles en matière de société, il n'existe point de solidarité entre les divers copropriétaires de parts de navire (Quest. 13).

13. La responsabilité du propriétaire subsiste même quand il a remis la possession du navire à un affréteur-armateur, qui l'exploite, sauf son recours contre ce dernier (Quest. 14) (Angleterre et Bas Canada).

Du capitaine.

14. En principe, le capitaine répond personnellement de ses fautes à l'égard du chargeur. Par exception, il ne doit pas répondre de ses fautes nautiques, lorsque celles-ci n'ont pas le caractère du dol ou de la faute lourde. Le capitaine ne peut pas, par des clauses inscrites dans la charte-partie ou dans le connaissement, s'affranchir de la responsabilité qui lui incombe (Quest. 16).

15. Une visite doit avoir lieu à des intervalles à déterminer par les législations particulières.

Le défaut de visite à l'époque légale fera disparaître la présomption de bonne navigabilité du navire (Quest. 17).

Du connaissement.

16. Le connaissement doit contenir l'indication de la nature et de la quantité, ainsi que les espèces des objets à transporter, indiquer le nom et le domicile du chargeur, le nom du capitaine, le nom de celui à qui l'expédition est faite, le nom et la nationalité du navire, le lieu du départ et les indications relatives à la destination, les stipulations relatives au fret ; les marques et numéros des objets à transporter, le nombre des exemplaires délivrés à la date à laquelle il est signé. Le connaissement peut être à ordre ou au porteur ou à personne dénommée.

Il établit entre le capitaine et le chargeur une présomption excluant toute preuve contraire, sauf le cas de dol ; le tiers porteur seul ne peut se voir opposer par le capitaine l'exception déduite du dol du chargeur ; les tiers auxquels on oppose le connaissement et notamment les assureurs doivent, même en l'absence du dol, pouvoir faire la preuve contraire.

En cas de désaccord entre le connaissement et la charte-partie, il y a lieu de donner la préférence au connaissement (Quest. 18 *bis*).

Du contrat de louage ou du transport maritime.

17. La loi ne doit pas interdire la transmissibilité de la charte-partie par voie d'endossement (Quest. 23).

18. Si le navire ne peut achever le voyage commencé, le capitaine est tenu d'agir de manière à sauvegarder le mieux possible les intérêts du chargeur en réexpédiant les marchandises, si les circonstances le permettent.

Si les marchandises parviennent à destination à un fret moindre

gouvernement belge instituât un comité permanent pour coordonner les résolutions prises, rassembler, sur les questions qui restaient à résoudre, les dispositions législatives des divers pays et mettre ainsi le congrès à même d'arrêter, dans une session ultérieure, un projet définitif et général de loi internationale maritime. — Un autre congrès a tenu depuis ses assises; c'est le congrès de droit commercial qui a eu lieu à Bruxelles en 1888, et où l'on

---

que celui qui avait été convenu avec le capitaine du navire naufragé ou déclaré innavigable, la différence en moins entre les deux frets doit être payée à ce capitaine. Mais il ne lui est rien dû si le nouveau fret est égal à celui qui avait été convenu avec lui; et, si le nouveau fret est supérieur, la différence en plus est supportée par le chargeur.

Il n'est dû aucun fret pour les marchandises qui, après naufrage ou déclaration d'innavigabilité du navire, ne seront pas parvenues à destination (Quest. 27).

19. Le fret entier des marchandises arrivées à destination est dû quel que soit leur état, et le chargeur ne peut se libérer par leur abandon.

Lorsqu'une marchandise est, dans l'intérêt exclusif de celle-ci, vendue en cours de voyage, le fret entier sera dû, sous déduction des frais épargnés par le capitaine (Quest. 29).

20. Le capitaine, bien qu'ayant le droit de retenir le fret par voie de compensation sur le prix des marchandises vendues, ne peut cependant, sauf convention contraire contenue dans la charte-partie, retenir les marchandises même à son bord jusqu'au payement du fret. Pour maintenir l'efficacité de son privilège, il suffit de lui reconnaître le droit de faire déposer la marchandise en mains tierces (Quest. 30).

Des avaries.

21. L'uniformité des lois maritimes ne peut être établie et maintenue que si ces lois se bornent à définir l'avarie commune, laissant aux parties le soin d'en énumérer les principaux cas.

Sont avaries communes toutes dépenses extraordinaires et tous sacrifices faits volontairement pour la sécurité commune du navire et de la cargaison.

Le navire ou la cargaison doit être sauvé en tout ou en partie; il n'est pas nécessaire que l'un et l'autre le soient.

Il ne suffit pas que la dépense ou le sacrifice soit dicté par un intérêt commun quelconque; le but de cette mesure d'intérêt commun doit être d'échapper à un danger sans que l'imminence du danger soit requise (Quest. 31).

22. Les règles relatives à l'avarie commune doivent s'appliquer même lorsque le danger, cause primordiale du sacrifice ou de la dépense, a été amené soit par la faute du capitaine, de l'équipage ou d'une personne intéressée au chargement, soit par le vice propre du navire ou de la marchandise. Le recours que donne la faute ou le vice propre doit être indépendant du règlement de l'avarie commune (Quest. 32).

23. Il n'importe que le salut, au lieu de procéder directement du sacrifice, se produise par suite de circonstances indépendantes (Quest. 33).

24. La masse contributive doit se composer :

1° De la valeur nette intégrale qu'auraient eue, au moment et au lieu du déchargement, les choses sacrifiées;

2° De la valeur nette intégrale qu'ont, au même lieu et moment, les choses sauvées, ainsi que du montant du dommage qui leur a été causé pour le salut commun ;

3° Du fret net à faire.

Les effets et loyers des gens de mer, les bagages des passagers, les munitions de guerre et de bouche dans la mesure nécessaire au voyage, bien que remboursés par contribution, le cas échéant, ne font pas partie de la masse contributive (Quest. 34).

25. Les objets successivement sacrifiés ou plutôt les indemnités dues à leurs propriétaires étant grevés d'obligations réciproques (les indemnités relatives au second sinistre pour avoir été sauvées par le premier sacrifice, celles relatives au premier sinistre pour l'avoir été par le second sacrifice), il faut régler simultanément, à la fin du voyage, toutes les avaries communes. Il n'en est autrement que lorsqu'une marchandise est débarquée ou embarquée à un port d'échelle, et pour cette marchandise seulement (Quest. 35).

Des assurances maritimes.

26. Toutes choses ou valeurs, estimables à prix d'argent et sujettes aux risques de la navigation, doivent pouvoir faire l'objet d'un contrat d'assurance maritime valide (Quest. 38).

27. L'assurance étant un contrat d'indemnité, l'assureur doit pouvoir, nonobstant toute stipulation contraire, et même en l'absence de fraude, contester la valeur que le contrat d'assurance attribue à l'objet assuré au lieu et au moment du départ. Il doit pouvoir contester aussi la réalité de la plus-value assurée en cours de voyage. Si la valeur de l'objet assuré a été agréée par lui, la preuve contraire lui incombe.

Si le profit espéré a été agréé, l'assureur, en cas de contestation, devra justifier que l'évaluation excédait à l'époque de la conclusion du contrat, le bénéfice auquel il était permis de s'attendre après une saine appréciation commerciale.

La même solution s'applique en cas d'assurance de la commission, du courtage ou d'autres avantages à retirer d'objets soumis aux fortunes de la mer.

L'assureur peut aussi contester la valeur agréée, si elle est moindre que la valeur réelle, afin d'échapper à l'obligation de payer : 1° l'avarie commune; 2° l'avarie particulière, si le montant des dommages mis en rapport avec la valeur réelle n'atteint pas la franchise convenue.

L'assureur du navire assuré au voyage ou à terme, à sa valeur au moment du départ ou au moment du commencement des risques, ne peut contester la valeur assurée à raison d'une dépréciation survenue en cours de voyage (Quest. 39).

28. L'assurance pour compte de qui il appartiendra doit être validée, que l'assureur ait ou n'ait pas mandat du véritable intéressé et sans que l'assuré doive, en contractant, déclarer s'il a ou n'a pas mandat.

En cas de sinistre, celui qui réclame l'indemnité doit, préalablement au payement de l'indemnité, faire connaître celui pour compte de qui l'assurance a été faite et justifier de l'intérêt de celui-ci.

L'assuré porteur de la police et du connaissement est présumé avoir cet intérêt et n'a pas d'autres justifications à fournir (Quest. 41).

29. L'aliénation de la chose assurée doit, en l'absence de stipulation contraire inscrite dans la police ou dans l'acte d'aliénation, entraîner *ipso facto* la cession de l'assurance, sans qu'il faille distinguer entre la période pour laquelle la prime était payée au moment de la cession et la période ultérieure.

L'assureur reste affranchi des aggravations de risques qui seraient la conséquence de l'aliénation.

Il n'y a pas lieu de distinguer entre les polices à ordre ou au porteur et les polices cessibles d'après les règles du droit commun (Quest. 42).

30. Les assurances multiples faites sans fraude sur les mêmes choses et contre les mêmes risques, par les mêmes intéressés, agissant en personne ou par mandataires, doivent s'appliquer par ordre de date.

L'assurance postérieure, faite par l'intéressé ou son mandataire, doit primer l'assurance antérieure faite dans son intérêt par un tiers sans mandat, même si l'intéressé a ratifié cette première assurance après avoir conclu la seconde. Il n'en doit être autrement que si, en ratifiant la première assurance, l'intéressé a annulé ou postposé la seconde (Quest. 43).

31. L'assureur ne peut, y eût-il même plusieurs sinistres successifs, être tenu au delà de la somme assurée; mais, à moins de convention contraire, s'il veut ne pas être exposé à payer, outre la somme assurée, l'excédent des frais de sauvetage sur le produit du sauvetage, ainsi que des frais d'expertise et de règlement d'avarie, il doit, dès que le sinistre parvient à sa connaissance ou avant que le sauvetage soit commencé, consentir à payer la totalité de la somme assurée (Quest. 44).

32. L'assureur qui indemnise l'assuré doit être légalement subrogé dans tous ses droits et recours. L'assuré ne peut, par son fait, porter atteinte aux droits de l'assureur (Quest. 46).

33. L'annulation de l'assurance doit être prononcée, s'il est prouvé que, à la date du contrat, l'heureuse arrivée ou le sinistre était notoirement connu au lieu où se trouvait le contractant ou son mandataire (Quest. 47).

34. A moins de stipulation contraire, l'assurance maritime doit ne pas comprendre les risques de guerre, mais s'il survient un fait de guerre qui modifie les conditions du voyage, l'assurance des risques de mer doit ne cesser ses effets que lorsque le navire est ancré ou amarré au premier port qu'il atteindra (Quest. 48).

35. A défaut de stipulation expresse, l'assureur maritime ne doit, comme l'assureur terrestre, être responsable que du dommage éprouvé par les objets assurés et des frais faits pour leur conservation, sans avoir à répondre des recours des tiers (Quest. 49).

36. Le droit de délaisser, consacré par l'usage, doit être maintenu en cas de défaut de nouvelles, de prise ou d'arrêt de la chose assurée, quand l'un de ces trois faits se prolonge pendant une durée à déterminer par la loi; il doit aussi être maintenu en cas de perte totale de la chose assurée, mais non en cas de perte aux trois quarts;

Le navire qui n'est pas susceptible d'être réparé est assimilé au navire perdu.

Les parties restent libres de stipuler d'autres cas de délaissement (Quest. 51).

Du contrat à la grosse.

37. Le respect de la liberté des conventions commande de laisser au propriétaire d'un navire ou d'un chargement la faculté d'emprunter à la grosse; mais, quand la loi admet l'hypothèque

s'est encore longuement occupé de plusieurs questions afférentes au droit maritime.

46. Depuis la publication du *Répertoire*, la jurisprudence et la doctrine ont pris, en matière de droit maritime, un développement considérable. Il est peu de questions sur lesquelles les tribunaux n'aient pas été appelés à se prononcer; aussi aurons-nous à rapporter ou à citer, au cours de ce travail, un très grand nombre de décisions intéressantes. D'autre part, cette branche si importante du droit commercial a fait l'objet de nombreux et importants commentaires. Parmi ceux où le droit maritime est étudié dans son ensemble, nous citerons : Alauzet, *Commentaire du code de commerce et de la législation commerciale*, 2e éd., 1879, t. 5 et 6; Bédarride, *Du commerce maritime*, 2e éd., 1876, 5 vol.; Boistel, *Précis de droit commercial*, 3e éd., nos 1108 à 1451; Bravard et Demangeat, *Traité de droit commercial*, t. 4, 1886; Caumont, *Dictionnaire universel de droit maritime*, 1867; de Courcy, *Questions de droit maritime*, 1877-1887, 4 vol.; Cresp, *Cours de droit maritime annoté*, complété et mis au courant de la jurisprudence par Laurin, 1876-1882, 4 vol.; Arthur Desjardins, *Traité de droit commercial maritime*, 1878-1889, 8 vol.; Dufour, *Droit maritime, commentaire des tit. 1er et 2 du code de commerce*, 2 vol.; Lyon-Caen et Renault, *Précis de droit commercial*, 1879-1885, t. 2, nos 1563 à 2521; Pouget, *Principes de droit maritime*, 1859, 2 vol.; de Valroger, *Droit maritime, commentaire théorique et pratique du livre 3 du code de commerce*, 1882 à 1886, 5 vol.

CHAP. 2. — Des navires (*Rép.* nos 55 à 300).

SECT. 1re. — DES DIVERSES ESPÈCES DE NAVIRES (*Rép.* nos 55 à 60).

47. Aux yeux des jurisconsultes romains et des anciens auteurs, les mots *navire* et *vaisseau* désignaient tout bâtiment de charpente destiné à flotter sur l'eau, susceptible d'y être dirigé et, par suite, de servir, soit comme instrument de guerre, soit comme moyen de transport (loi 1, § 6, *de exercit. act.*, loi 1, § 14 *De flumin.*, Dig.; Straccha, *De navib.* part. 1, 2; Stypmanus, *Jus marit.*, 3e part., chap. 1er, n° 8; Casarégis, *Disc.* 1, n° 29; Valin, *Commentaire du tit. 10 du liv. 2 de l'Ordonnance de 1681*; Emérigon, *Traité des assurances*, chap. 6, sect. 7, § 1er). Aujourd'hui, ces expressions ne s'appliquent qu'aux bâtiments de mer; c'est ce que l'on peut induire de l'intitulé du tit. 1er, liv. 2, c. com., et du texte du premier alinéa de l'art. 190. Dans le langage usuel, on emploie le mot *bateau* pour désigner les embarcations uniquement affectées à la navigation fluviale.

Mais si les appellations de *navire* et de *vaisseau* sont usitées parfois dans la pratique et même dans le code (art. 300, 330, 351 et 356) comme synonymes l'une de l'autre et avec la signification générale que nous venons de leur attribuer, souvent aussi elles sont prises dans un sens plus restreint, et, tandis que la qualification de *navire* est appliquée plus spécialement aux bâtiments marchands et même à ceux d'une certaine importance, celle de *vaisseau* est réservée pour les bâtiments de guerre, ainsi que l'observation en a déjà été faite (V. *Rép.* n° 56).

48. Le navire se compose : d'abord, d'une partie principale ou coque qui, considérée isolément, est désignée sous le nom de *corps* ou *quille*; puis d'organes et d'ustensiles accessoires que l'on appelle *les agrès* ou *apparaux*. Au nombre de ces derniers on a cité la *chaloupe* et le *canot* (V. *Rép.* n° 57). C'était cependant, chez les Romains, une question controversée que celle de savoir si la chaloupe et le canot faisaient partie des agrès du navire, et, tandis que Labéon la résolvait affirmativement, Paul adoptait la solution négative (L. 44, Dig. *De evict.*, loi 29, Dig. *De instructo vel instrumento legato*). La discussion s'était reproduite parmi les anciens auteurs; mais l'opinion de Labéon avait déjà prévalu (Straccha, *op. cit.*, *De navibus*, part. 2, n° 14; Targa, *Ponderazzini maritime*, chap. 52, n° 5; Loccenius, *De jure maritim.*, liv. 1er, chap. 2, n° 9; Kuricke, *Traité sur les assurances*, quest. 5; Wedderkop, liv. 2, tit. 1, § 9; Emérigon, *Traité des assurances*, chap. 6, sect. 7, § 2), et aujourd'hui elle est admise sans difficulté par tous les jurisconsultes. On sait, d'ailleurs, que l'expression de navire, toutes les fois qu'elle figure seule dans un texte de loi ou dans un acte, comprend, non seulement le corps ou quille, mais aussi les agrès et apparaux (V. *Rép. ibid.*).

49. On entend par *armements* les armes et munitions de guerre; sont-ce des accessoires du navire, au même titre que les agrès ou apparaux ? Plusieurs opinions ont été émises à ce sujet. Boulay Paty, *Cours de droit commercial maritime*, tit. 2, sect. 4, leur refuse ce caractère; on ne saurait, en effet, d'après lui, les considérer comme les instruments obligés de toute navigation. Dufour, t. 2, n° 527, MM. Cresp et Laurin, t. 1, p. 55; de Valroger, t. 1, p. 76, le leur attribuent, au contraire, d'une façon absolue, et ils invoquent en ce sens : d'une part, l'opinion de Valin qui le décidait ainsi sous l'empire de l'ordonnance (*Commentaire de l'art. 2, tit. 14, liv. 1er*); d'autre part, la disposition de l'art. 200 c. com. qui comprend les armes et munitions, de même que les agrès et apparaux, au nombre des objets sur lesquels porte la saisie du navire. D'autres (V. *Rép.* n° 57; Pardessus, *Traité de droit commercial*, 6e éd., t. 2,

---

maritime et le prêt sur connaissement, il n'y a plus de motif de réglementer légalement le prêt à la grosse fait au propriétaire, ni de lui accorder un privilège.

La loi ne doit se préoccuper que du prêt fait au capitaine en cours de voyage (Quest. 53).

38. Le fret doit pouvoir, isolément aussi bien que conjointement avec le navire, servir d'aliment à un prêt à la grosse (Quest. 54).

39. Le prêt à la grosse sur un objet assuré pour sa pleine valeur doit avoir pour effet de ristourner l'assurance à due concurrence, à moins que l'emprunt ne soit fait en cours de voyage pour les besoins du navire et du chargement, auquel cas la dépense qui a nécessité l'emprunt est à la charge de l'assureur (Quest. 55).

40. Le prêteur à la grosse doit contribuer aux avaries communes, sauf convention contraire (Quest. 57).

De l'abordage.

41. En cas d'abordage de navire, s'il y a eu faute commise à bord des deux navires, il est fait masse des dommages, lesquels sont supportés par les deux navires dans la proportion de la gravité qu'ont eue les fautes respectivement constatées comme cause de l'événement.

Si l'abordage a été causé par une faute commise à bord d'un seul navire, le dommage est supporté entièrement par lui. Si l'abordage est fortuit ou douteux, chaque navire supporte son dommage, sans répétition (Quest. 58).

42. Dans chaque cas de collision entre deux navires, il est du devoir du capitaine ou de toute personne ayant charge du navire, et pour autant qu'il le peut sans danger pour son navire, son équipage ou ses passagers, de rester à proximité de l'autre navire jusqu'à ce qu'il se soit assuré qu'une plus longue assistance était inutile et de donner à ce navire, son capitaine, son équipage et ses passagers, tous les secours possibles et utiles, pour les sauver de tout danger résultant de l'abordage.

A défaut de se conformer à ces prescriptions, le capitaine ou toute autre personne ayant charge du navire sera, sauf la preuve du contraire, présumé avoir provoqué l'abordage par fausse manœuvre, négligence ou défaut de soin. Il sera, en outre, passible des pénalités à comminer par la loi du pays (Quest. 59).

De l'assistance et du sauvetage.

43. Le capitaine qui rencontre un navire, même étranger ou ennemi, en détresse, doit venir à son aide et lui prêter toute l'assistance possible, sous des pénalités à comminer par la loi de son pays (Quest. 65).

44. L'indemnité d'assistance ou de sauvetage doit être déterminée surtout en prenant pour base les circonstances suivantes : le zèle déployé, le temps employé, les services rendus aux navires, aux personnes et aux choses, les dépenses faites, le nombre des personnes qui sont intervenues activement, le danger auquel ces personnes ont été exposées, le danger qui menaçait le navire, les personnes ou les choses sauvées, enfin la valeur dernière des objets sauvés, déduction faite des frais.

Les passagers dont la vie a été sauvée ne doivent pas contribuer à la rémunération spéciale d'assistance.

Tout contrat fait durant le danger est sujet à rescision.

N'a aucun droit à l'indemnité du navire ou d'assistance celui qui a imposé ses services, qui notamment est monté sur le navire sans l'autorisation du capitaine présent (Quest. 61).

n° 599; Bédarride, t. 1, n° 41; Alauzet, t. 5, n° 1627. V. cependant aussi *ibid.*, n° 1685) distinguent entre l'artillerie, qu'ils considèrent comme une annexe du navire si elle a déjà servi ou si elle est disposée pour son usage habituel, et les munitions qui, suivant eux, sont indépendantes du bâtiment. Quant à M. Desjardins, t. 1, n° 38, il propose également une distinction basée sur la circonstance que les armes et munitions sont ou non destinées à l'usage perpétuel du navire. — Selon nous, ces deux distinctions doivent être combinées l'une avec l'autre. L'artillerie, dont nous avons à nous occuper en premier lieu, n'est pas indispensable pour que le navire puisse être utilement employé comme instrument de navigation; elle n'en constitue donc pas nécessairement une dépendance, et, par suite, un accessoire. C'est, d'ailleurs, attacher une importance exagérée aux termes dans lesquels est conçue la disposition de l'art. 200 c. com. que de la considérer comme ayant pour résultat d'identifier, dans tous les cas, le sort des armements avec celui du navire. De ce que la saisie, qui porte sur le bâtiment, et, subsidiairement, sur ses accessoires, peut comprendre, en même temps que les agrès et apparaux, les armes et munitions, il ne résulte pas que ces objets soient, comme ceux indiqués en premier lieu, des annexes du bâtiment; l'article, en effet, n'a nullement trait à ce dernier point; il suppose la question résolue, et cela, par application des principes. Mais si l'artillerie ne fait pas partie du navire essentiellement et quand elle se trouve à bord pour un temps limité, en vue de la réalisation de tel ou tel voyage, il en est autrement, lorsqu'elle y est en permanence et pour son usage perpétuel.

Quant aux munitions de guerre, autres que les armes, telles que poudre, projectiles, etc., comme elles se renouvellent périodiquement, et comme, par suite, elles ne séjournent sur le bâtiment que pendant un laps de temps restreint, elles ne nous paraissent pas susceptibles, du moins en règle générale, d'être classées au nombre de ses dépendances.

50. Les *victuailles*, c'est-à-dire les munitions de bouche, ont été également présentées comme se rattachant au bâtiment (Laurin sur Cresp, t. 1, p. 55; de Valroger, t. 1, p. 76), et, si l'argument tiré de l'art. 200 était exact, il faudrait adopter cette opinion; car le texte place les provisions, aussi bien que les armes et munitions, sur la même ligne que les agrès et apparaux. Mais, du moment où l'on refuse, comme nous venons de le faire, le caractère d'accessoires aux armes et munitions qui ne sont pas sur le navire à perpétuelle demeure, il faut le dénier à plus forte raison, pour les mêmes motifs, aux provisions de bouche, toutes les fois, du moins, que le contraire ne résulte pas des intentions manifestées par les parties (Pardessus, *op. cit.*, t. 2, n° 599; Bédarride, t. 1, n° 41; Dufour, t. 2, n° 529; Desjardins, t. 1, n° 38).

51. Nous en dirons autant des engins de pêche, dont la présence à bord tient à la destination spéciale que le navire a reçue du propriétaire entre les mains duquel il se trouve, mais qui ne font, en aucune façon, partie intégrante de son outillage.

52. Le fret qui, en principe, a une existence propre et distincte de celle du bâtiment (V. *Rép.* n° 57), suit, cependant, dans certains cas, le sort de ce dernier (V. notamment c. com. art. 216, 271, 280, 346, 401).

53. Il a été jugé: 1° que la décision d'un tribunal, qui, par appréciation des circonstances du fait, range au nombre des accessoires du navire un baril de clous et des feuilles de zinc, dont plusieurs déjà percées pour recevoir les clous, le tout embarqué pour servir au doublage du navire, qualifie d'une façon exacte les objets en question (Civ. rej. 8 janv. 1878, aff. Demalvillain, D. P. 79. 1. 458); — 2° Que les appartenances et dépendances du navire ne comprennent que les objets attenant nécessairement au navire ou à son matériel sans pouvoir en être détachés, ni séparés; que, par suite, le chronomètre ne saurait être considéré comme rentrant dans cette dénomination (Trib. Marseille, 28 déc. 1875, aff. Daver, *Recueil de Marseille*, 1876. 1. 160).

54. Le mot *corps* est employé quelquefois à l'effet de désigner le navire et ses accessoires, par opposition au mot *facultés*, qui s'applique à la cargaison.

55. Quels sont les bâtiments auxquels, d'une façon générale, s'appliquent les dispositions du liv. 2 c. com.? Ce sont seulement les *navires proprement dits*, c'est-à-dire les *bâtiments de mer*. Cette proposition trouve sa justification dans l'intitulé même du liv. 2 (*Du commerce maritime*), dans la rubrique du tit. 1er (*Des navires et autres bâtiments de mer*), enfin dans la disposition du 1er alinéa de l'art. 190: « *Les navires et autres bâtiments de mer* sont meubles ». Les expressions dont s'est servi le législateur indiquent, en effet, de la façon la plus positive, qu'il n'a entendu s'occuper que de la navigation maritime et des bâtiments affectés à ce genre de navigation. L'art. 190 mérite particulièrement de fixer l'attention. L'art. 151 du projet, auquel il correspond, n'était pas aussi explicite; il se contentait de classer parmi les meubles « *tous navires et autres bâtiments* ». Or le conseil de commerce de Cologne, éprouvant quelques doutes sur la portée exacte de ces expressions, demanda que l'on indiquât nettement si les termes dont on s'était servi comprenaient tous les bâtiments indistinctement ou seulement les bâtiments de mer. C'est pour donner satisfaction à cette réclamation et pour prévenir toute équivoque, que l'on a remanié le texte et que l'on a substitué au mot *bâtiments* l'expression *bâtiments de mer* qui se trouvait déjà dans la rubrique du titre (*Observations des tribunaux*, 1re part., p. 332). C'est donc intentionnellement que le législateur s'est exprimé comme il l'a fait, et, afin de mieux accentuer sa pensée, lorsque, par exception, il a voulu étendre à la navigation fluviale certaines des règles contenues dans le liv. 2, il a pris soin de s'en expliquer formellement; on en trouve particulièrement la preuve dans l'art. 335, qui présente les prescriptions du code de commerce en matière d'assurances comme régissant indistinctement celles qui viendraient à être souscrites « pour tous voyages et transports par *mer, rivières et canaux navigables* ». En sens inverse, l'art. 107 du même code déclare communes à la navigation fluviale les dispositions édictées pour les transports ordinaires, c'est-à-dire pour les transports terrestres. Enfin il est à remarquer que, parmi les règles contenues dans les art. 190 et suiv. il en est qui ne peuvent en fait s'appliquer à la navigation intérieure. Par exemple, comment le droit de suite des créanciers pourrait-il se trouver purgé par une vente en justice opérée conformément aux art. 197 et suiv., étant donné que la vente des bâtiments de rivières n'a jamais lieu en justice suivant les formes édictées par ces articles? Comment pourrait-il se trouver purgé, à la suite d'une vente volontaire, par l'accomplissement d'un voyage en mer sous le nom de l'acheteur, puisque, d'une part, le bâtiment ne voyage jamais en mer et que, d'autre part, à défaut de registre et d'acte de nationalité sur lequel figure le nom du propriétaire, il ne navigue pas sous le nom d'une personne déterminée dans le sens que le code attache à cette expression? (V. *infrà*, n° 64; *Rép.* n° 288). Or, si le droit de suite n'est pas susceptible d'être purgé à un moment donné, s'il doit avoir une durée indéfinie, comment peut-il raisonnablement exister? Aussi la doctrine qui vient d'être exposée rallie-t-elle aujourd'hui tous les suffrages (Dufour, t. 1, nos 50 et suiv., 843 et suiv.; Alauzet, t. 5, n° 1626; Laurin sur Cresp, t. 1, p. 48, note 6; de Valroger, t. 1, p. 74, et n° 9; Desjardins, t. 1, n° 33; Boistel, 3e éd., n° 1116; Lyon-Caen et Renault, t. 2, n° 1606, et notes 4 et 5. — *Contrà :* Boulay-Paty, *op. cit.*, t. 1, tit. 1, et tit. 2, sect. 19 *in fine*; Bédarride, t. 1, n° 264; Dageville, *Commentaire du code de commerce*, t. 2, p. 109; Delamarre et Le Poitvin, *Traité théorique et pratique de droit commercial*, t. 5, n° 103, note 3. V. aussi *Rép.* n° 111).

56. Il a été jugé: 1° que l'art. 196 c. com., qui accorde à tous les créanciers du vendeur un droit de suite sur le bâtiment vendu, est, au même titre que les art. 215, 216, 433, 435 et 436, inapplicable aux bâtiments exclusivement affectés à la navigation fluviale (Bordeaux, 5 juill. 1870, aff. Vieilly, D. P. 71. 2. 138); — 2° Que les expressions « navires et autres bâtiments de mer » dans l'art. 190 doivent être restreintes aux navires et bâtiments qui, quelle que soit leur qualification et leur capacité, sont destinés au commerce maritime; que les créanciers ne peuvent, en conséquence, se prévaloir du droit de suite établi par cet article sur un bateau dénommé bateau de canal par les parties elles-mêmes (Req. 7 avr. 1874, aff. Tailliez-Bourbon, D. P. 74. 1. 289, et la note); — 3° Que, bien que les dispositions du code de commerce relatives aux assurances maritimes aient été, à défaut de dispositions spéciales touchant les assurances fluviales, appliquées, dans certains cas, aux bateaux de rivière, le paragraphe 10 de l'art. 191, qui confère à l'assureur un privilège sur le navire pour le montant de la prime, ne saurait être étendu aux bâtiments de cette nature, les textes en matière de privilèges étant de droit étroit (Trib. com. Seine, 5 juin 1886, aff. Syndic Turquet, *Recueil de Marseille*, 1886. 2. 172); — 4° Que le droit de se libérer envers les créanciers par l'abandon du navire et du fret n'existe que pour les propriétaires de bâtiments de mer (Trib. com. Anvers, 28 févr. 1879, aff. Wilford et autres, *Jurisprudence du port d'Anvers*, 1879. 1. 192; 22 janv. 1886, aff. Société *Anglo-Belgian Screw Steam Towing*, *ibid.*, 1886. 1. 116; Bruxelles, 14 juill. 1886, aff. Société *Anglo-Belgian Screw Steam Towing*, *ibid.*, 1886. 1. 408); — 5° Que la visite prescrite par l'art. 225 n'est pas obligatoire pour les bateaux ou chalands destinés à la navigation fluviale (Trib. Anvers, 14 mai 1875, aff. Comp. Assur. *Yssel*, *Jurisprudence du port d'Anvers*, 1875. 1. 230; Bruxelles, 10 juin 1878, aff. Comp. Assur. *Yssel*, *ibid.*, 1879. 1. 36; Req. 19 déc. 1883, aff. Claparède, D. P. 84. 1. 362). — 6° Que la vente d'un bateau employé à la navigation intérieure ne tombe pas sous l'application de l'art. 195 c. com. et peut se prouver à l'aide de tous modes de preuve (Trib. Anvers, 4 nov. 1867, aff. de Sadeleer, *Jurisprudence du port d'Anvers*, 1867. 1. 346; Trib. civ. Charleroi, 11 janv. 1873, aff. Jadin, *ibid.*, 1873. 2. 112); — 7° Que le louage d'un bateau d'intérieur peut également se prouver autrement que par écrit (Trib. Anvers, 21 déc. 1861, aff. Terwoorden et autres, *Jurisprudence du port d'Anvers*, 1862. 1. 101. — *Contrà*: Trib. Anvers, 14 juin 1873, aff. Veuve Muys et autres, *ibid.*, 1873. 1. 249); — 8° Que les dispositions contenues dans le liv. 2 du nouveau code de commerce (belge) ne sont pas applicables à la navigation sur les fleuves et rivières; qu'un batelier ne peut, par suite, réclamer le demi fret, lorsque l'affréteur rompt le voyage avant tout chargement (Trib. Anvers, 16 août 1880, aff. Wittman, *Jurisprudence du port d'Anvers*, 1880. 1. 375; 31 janv. 1881, aff. Pols et autres, *ibid.*, 1881. 1. 104); — 9° Que les règles du code de commerce en matière d'abordage ne s'appliquent qu'à l'abordage maritime (Paris, 3 janv. 1884, aff. Jennès, D. P. 86. 2. 193; 22 janv. 1885, aff. Pavot, *ibid.*). Mais il y a controverse sur le point de savoir en quoi l'abordage maritime diffère exactement de l'abordage fluvial. Les uns s'attachent à la nature et à la destination des bâtiments entre lesquels la collision s'est produite; les autres considèrent l'endroit où a eu lieu cette dernière (Rouen, 4 mai 1880, aff. Levigoureux, D. P. 81. 2. 123, ainsi que les autorités citées dans la note qui accompagne cet arrêt; Desjardins, t. 5, n° 1077; de Valroger, t. 5, n° 2097; Lyon-Caen et Renault, t. 2, n° 2007). La question sera examinée quand nous traiterons des abordages; — 10° Que la prescription d'un an établie par l'art. 433 c. com. ne peut être utilement invoquée par le propriétaire d'un bateau qui navigue simplement sur les eaux intérieures (Trib. Nantes, 4 janv. 1861, *Recueil de Nantes*, 1861. 1. 332; Trib. Anvers, 3 juin 1861, aff. Rens, *Jurisprudence du port d'Anvers*, 1861. 1. 301); — 11° Que les fins de non-recevoir des art. 435 et 436 c. com. ou, ce qui revient au même, des art. 232 et 233 de la loi belge du 21 août 1879, ne sont opposables qu'en matière maritime; qu'il est impossible de s'en prévaloir lorsque la navigation est purement fluviale (Amiens, 4 mai 1858, aff. Pieau et comp., *Recueil du Havre*, 1859. 2. 18; Sol. impl., Rouen, 15 mai 1860, aff. Persil, *ibid.*, 1861. 2. 134; Trib. Anvers, 14 déc. 1878, aff. Chainaye et autres, *Jurisprudence du port d'Anvers*, 1879. 1. 17; 17 janv. 1879, aff. Atkins Steppe de Block, *ibid.*, 1879. 1. 102; 15 mars 1879, aff. Veuve Gilis, Herinckx et comp., *ibid.*, 1879. 1. 211; Bruxelles, 30 janv. et 3 avr. 1879, aff. Société de remorquage à hélice, *ibid.*, 1879. 1. 229; Trib. Anvers, 17 janv. 1880, aff. Falcon, *ibid.*, 1881. 1. 40; Sol. impl., Rouen, 4 mai 1880 précité; Trib. Anvers, 13 août 1880, aff. de Hoec, *Jurisprudence du port d'Anvers*, 1880. 1. 369; 21 mars 1884, aff. Lissnyder, *ibid.*, 1884. 1. 197; Bruxelles, 8 déc. 1884, aff. Société de remorquage à hélice, *ibid.*, 1885. 1. 199); — 12° Qu'en Belgique, l'arrêté royal du 1er août 1880, pris pour l'exécution du liv. 2 c. com. mis en vigueur par la loi du 21 août 1879, ne régit, comme ce dernier, que les bâtiments de mer (C. cass. Belgique, 21 juin 1883, aff. Société d'assur. et d'armat. pour le remorquage et le sauvetage à Anvers, *Jurisprudence du port d'Anvers*, 1883. 1. 257). — Décidé, toutefois, que les tribunaux peuvent, par analogie de l'art. 294 c. com., allouer, comme indemnité, au batelier qui navigue sur les eaux intérieures, la moitié du prix stipulé pour le transport avec les surestaries en cas de retirement, par l'affréteur, des marchandises qu'il a chargées sur le bateau avant le moment du départ (Trib. Anvers, 5 janv. 1871, aff. Claessens, *Jurisprudence du port d'Anvers*, 1871. 1. 117; 14 août 1871, aff. Chavatte, *ibid.*, 331; Bruxelles, 17 déc. 1871, aff. Dewolf frères, *ibid.*, 1872. 1. 90).

57. Les propositions ci-dessus formulées ne sont, d'ailleurs, rigoureusement exactes qu'à l'égard de celles des dispositions du liv. 2 c. com. qui sont empreintes d'un caractère exceptionnel, telles que celles des art. 190 et suiv., 197 et suiv., 215, 216, 220, 225, 311 et suiv., 407, 408, 433, 435 et 436. Dans le silence de la législation sur le régime auquel sont soumis les bateaux de rivière, les tribunaux peuvent appliquer à ces derniers, par analogie, celles des dispositions du liv. 2 qui sont conformes au droit commun (Dufour, t. 1, n° 53; de Valroger, t. 1, p. 74; Desjardins, t. 1, n° 33).

On n'en est pas moins réduit à constater, dans le code de commerce, une lacune regrettable; pourquoi le législateur qui a réglementé avec soin tout ce qui a trait au commerce maritime, n'a-t-il pas cru devoir s'occuper également de la navigation fluviale? L'inexistence de dispositions sur cette matière ne saurait être, cependant, attribuée à un oubli de sa part, car plusieurs corps judiciaires, notamment les tribunaux d'appel de Bruxelles, Rouen et Toulouse, quand il furent appelés à présenter leurs observations sur le projet du code, émirent le vœu qu'on introduisît quelques dispositions sur la navigation intérieure (*Observations des tribunaux*, t. 1, p. 124 et 269; t. 2, 2e part., p. 541.) Les rédacteurs ont jugé sans doute inutile de légiférer spécialement sur ce point; ils ont pensé que les règles du droit commun suffisaient pour résoudre les questions qui viendraient à se présenter. Le projet de revision élaboré en 1867 était également muet à ce sujet. Dans le code hollandais, au contraire, un titre entier, le tit. 13 du liv. 2, est relatif *aux navires et bateaux naviguant sur les rivières et les eaux intérieures*.

58. Les principes qui les régissent étant différents, il importe de rechercher quel est le signe auquel on distingue les bâtiments de rivière des bâtiments de mer. Il n'y a pas à se préoccuper du mode de construction du navire, car souvent aujourd'hui les bateaux exclusivement affectés à la navigation fluviale ont des dimensions telles, et sont construits de telle façon qu'ils pourraient être, d'un moment à l'autre, employés à des entreprises maritimes. On doit envisager exclusivement la nature de la navigation à laquelle ils se trouvent actuellement destinés; s'ils vont en mer, ce sont des bâtiments de mer; s'ils circulent sur les voies navigables intérieures, telles que lacs, fleuves, rivières, canaux, ce sont des bâtiments de rivière. Il va sans dire, du reste, qu'il y a lieu de classer dans la première catégorie non seulement les bâtiments qui naviguent exclusivement en mer, mais encore ceux qui exécutent des voyages mixtes, c'est-à-dire qui, en quittant le port d'embarquement situé à une certaine distance du littoral, descendent un fleuve ou d'un canal pour gagner ensuite la mer, ou qui, après avoir parcouru les mers, remontent le cours d'un fleuve ou d'un canal pour gagner le port de déchargement, de telle sorte que la qualification de bâtiment de rivière n'appartient qu'aux embarcations dont les pérégrinations se trouvent limitées à l'étendue du cours d'eau, du canal, du lac, etc. (Dufour, t. 1, n° 56; Laurin sur Cresp, t. 1, p. 48, note 6; de Valroger, t. 1, n° 9; Desjardins, t. 1, n° 35; Lyon-Caen et Renault, t. 2, n° 1606). Il a été jugé, toutefois, que des chalands destinés à la navigation fluviale, qui doivent être conduits au Sénégal par des remorqueurs, ne sont pas, pour cela, susceptibles d'être assimilés à des navires proprement dits, et qu'ils ne sont pas, par suite, astreints à la visite prescrite par l'art. 225 c. com. (Req. 19 déc. 1883, cité *suprà*, n° 56). C'est qu'en pareil cas, si le bâtiment est obligé de traverser la mer pour gagner le fleuve sur lequel il doit naviguer par la suite, il ne sera, une fois rendu à destination, affecté, comme instrument de transport, qu'à la navigation fluviale. Pour les navires en voie de construction, on prendra en considération la destination que leur assigne le constructeur ou l'armateur qui les fait construire, et pour la constater, on aura recours à tous les modes de preuve autorisés par la loi commerciale (Dufour, t. 1, n° 61).

59. Mais les indications qui précèdent ont pour résultat de déplacer la question plutôt que de la résoudre ; car il reste à savoir quelles sont les embarcations qui peuvent être considérées comme allant en mer, quelles sont celles qui naviguent exclusivement sur les fleuves, rivières, canaux, etc. Où se trouve, en effet, à l'embouchure, la ligne de démarcation entre la mer et le fleuve, le cours d'eau ou le canal? Au point de vue de la police de la navigation et de la pêche, il y a lieu de distinguer trois zones principales : d'abord, la *mer proprement dite* qui, d'après les uns, a pour limite la ligne idéale tirée entre les deux points extrêmes du littoral de chaque côté de l'embouchure ; d'après les autres, le point où, à marée basse, le volume des eaux maritimes devient inférieur à celui des eaux fluviales, où, par suite, la salure diminue sensiblement, les végétations marines et les dépôts marins disparaissent (Instr. min. mar. 24 mars 1852 ; Cons. d'Et. 10 mars 1882, aff. Duval, D. P. 83. 3. 73 ; 27 juin 1884, aff. Ville de Narbonne, D. P. 85. 3. 121 ; Comp. *suprà*, v° *Domaine public*, n°s 13 et suiv.); — en second lieu la *partie saline*, qui s'étend de l'endroit où la mer prend fin jusqu'à celui où les eaux cessent d'être salées; — enfin la *partie non saline*, où se fait sentir l'influence de la marée : limitée, en aval, par la zone dont il vient d'être fait mention en second lieu, elle se prolonge, en amont, jusqu'à l'endroit où les phénomènes du flux et du reflux cessent de se manifester d'une façon appréciable, et, dans les régions qui ne sont pas soumises à l'influence de la marée, jusqu'au point extrême où les bâtiments de mer peuvent remonter (L. 3 brum. an 4, art. 2 ; Pierre Fournier et Enrici-Bajon, *Cours d'administration des élèves commissaires de la marine*, t. 1, p. 114 et suiv.; Pierre Fournier et Neveu, *Traité d'administration de la marine*, t. 3, p. 12 et suiv.). Les limites de la mer sont fixées par décret du président de la République rendu en conseil d'Etat; le point de salure et le point d'arrêt de la navigation maritime, par décret inséré au *Bulletin des lois* (Décr. 21 févr. 1852, art. 1er et 2, D. P. 52. 4. 67).— Les bâtiments qui pénètrent dans la première zone doivent être incontestablement classés comme navires et sont, dès lors, soumis aux dispositions du liv. 2 c. com. Ce sont d'ailleurs les seuls qui, pour bénéficier des prérogatives attachées à la nationalité française, soient astreints à la *francisation;* il résulte, en effet, des textes que l'acte de francisation n'est obligatoire que pour les embarcations qui pénètrent au delà du dernier port situé à l'embouchure du dernier bureau de douane (Règl. gén. 7 nov. 1866, art. 151); d'où la conséquence que tout bâtiment muni d'un acte de francisation doit être, en tant que bâtiment de mer, considéré comme tombant sous l'application des dispositions précitées. Mais n'en est-il pas de même de ceux qui naviguent dans la deuxième et la troisième zone? Dans l'étendue de ces deux zones, la navigation et la pêche sont encore, du moins à certains égards, considérées comme maritimes. Ainsi les embarcations qui y circulent sont, comme celles qui vont en mer, soumises à l'immatriculation, tant sur les registres de la douane que sur ceux de l'administration de la marine (Ord. 31 oct. 1784, art. 7, tit. 7); elles doivent être munies d'un congé (L. 27 vend, an 2, art. 4 et 5 ; Règl. 7 nov. 1866, art. 161 à 164) ; elles sont tenues d'arborer le pavillon national, conformément aux dispositions du règlement du 3 déc. 1817 et du décret du 20 mai 1868 ; les gens d'équipage qui les montent sont astreints à l'inscription maritime (L. 3 brum. an 4, art. 2) et leur présence à bord nécessite, par suite, la délivrance d'un rôle d'équipage (Décr. 19 mars 1852, art. 1er, D. P. 52. 4. 111); le régime disciplinaire et pénal établi par la loi du 10 avr. 1825 et par le décret du 24 mars 1852 (D. P. 52. 4. 127) leur est applicable (V. l'art. 3 du décret); la pêche, plus généralement l'exploitation des espèces animales et végétales, s'y trouve, sauf quelques variantes dans les détails, soumise à la même réglementation que dans la partie de la mer voisine du littoral (L. 15 avr. 1829, art. 3 ; Décr. 9 janv. 1852, art. 2, D. P. 52. 4. 41 ; 4 juill. 1853, art. 46, D. P. 53. 4. 170; 19 nov. 1859, art. 57, D. P. 59. 4. 131 ; 27 nov. 1859, art. 1er, D. P. 59. 4. 132) ; enfin la protection des personnes et des biens naufragés, l'administration des biens sans maîtres présents, trouvés sur les flots ou rejetés par les flots, y est, comme dans l'étendue du domaine maritime, attribuée au département de la marine (V. aussi les art. 1er et 68 du décret du 9 avr. 1883 concernant les bateaux à vapeur qui naviguent sur les fleuves, rivières, canaux, lacs et étangs d'eau douce, D. P. 83. 4. 99).

60. On a, d'ailleurs, fait observer avec raison que les règles de délimitation contenues dans les lois et règlements précités n'ont qu'une portée relative ; que l'étendue assignée à la navigation et à la pêche maritimes ne doit être prise en considération qu'en ce qui concerne l'application des mesures de surveillance et de police établies par ces lois et règlements ; que leurs dispositions perdent toute autorité, lorsqu'il s'agit de l'application de prescriptions d'un autre ordre, telles que celles contenues dans le liv. 2 c. com. ; qu'à ce point de vue, il n'y a de navigation maritime que celle qui s'exerce véritablement sur mer (Dufour, t. 1, n° 56; Laurin sur Cresp, t. 1, p. 48, note 6; Desjardins, t. 1, n° 35; de Valroger, t. 1, n° 9; Lyon-Caen et Renault, t. 2, p. 26, note 1). — Il a été jugé en ce sens : 1° que des gabarres qui, navigant sur la Charente dans les limites de l'inscription maritime, n'ont jamais pénétré en mer et n'ont jamais été pourvues d'un acte de francisation, ne tombent pas sous l'application des art. 190, 193, 194 et 196 c. com. « Il importe peu, dit la cour, que ces deux gabarres naviguent sur la Charente, dans les limites de l'inscription maritime, et pratiquent ainsi une navigation dite maritime par le décret du 19 mars 1852, qu'elles doivent être munies d'un rôle d'équipage, d'un congé ou d'un certificat de jaugeage, et qu'elles soient inscrites au quartier maritime de Saintes, dépendant de la direction de la Rochelle ; ces prescriptions purement administratives, destinées à assurer au pays un personnel expérimenté et toujours disponible pour la composition de son armée de mer ou une perception régulière d'impôts, ne sauraient servir à interpréter les dispositions de l'art. 196 c. com. conçues dans un tout autre esprit, et appartenant à un ordre d'idées entièrement différent » (Bordeaux, 5 juill. 1870, aff. Vieilly, D. P. 71. 2. 138); — 2° Que pour savoir, dans le cas où le propriétaire prétend se libérer par l'abandon du navire et du fret, si le bâtiment est un bâtiment de mer, il faut rechercher si, d'après sa construction et sa destination, il est appelé à faire des voyages de mer et si, en réalité, il est affecté à ce genre de navigation; que le même caractère doit être attribué, sans doute, à celui qui navigue indifféremment sur mer et sur les eaux intérieures, sans qu'il y ait à distinguer suivant qu'il fait des transports ou qu'il est employé comme remorqueur ; mais qu'il est impossible de considérer comme tel celui auquel son mode de construction ne permet pas de résister aux voyages de mer et qui ne s'avance en mer, à une certaine distance, qu'exceptionnellement ; qu'il n'y a pas lieu, dès lors, de comprendre parmi les bâtiments de mer un remorqueur de petites dimensions employé au remorquage sur l'Escaut, s'il n'a vu la mer qu'exceptionnellement (Trib. com. Anvers, 22 janv. 1886, aff. Société *Anglo-Belgian screw steam towing*, *Jurisprudence du port d'Anvers*, 1886. 1. 116); — 3° Que le caractère de bâtiments de mer appartient exclusivement à ceux qui font un véritable service de mer, c'est-à-dire qui exécutent habituellement en mer des voyages de quelque durée ; qu'un remorqueur ne peut être classé comme bâtiment de mer si les excursions auxquelles il se livre dans les eaux maritimes, et même accidentellement en mer, ne constituent pas des voyages de mer proprement dits ; à plus forte raison, s'il ne va pas en mer et se borne à remorquer les navires dans les eaux maritimes de l'Escaut (Bruxelles, 14 juill. 1886, même affaire, *Jurisprudence du port d'Anvers*, 1886. 1. 408) ; — 4° Que l'influence du flux et du reflux à l'endroit d'un fleuve où un abordage est survenu n'a pas pour résultat de rendre applicables les règles qui régissent spécialement la navigation maritime et notamment les art. 435 et 436 c. com. (Trib. civ. Malines, 29 oct. 1875, aff. Bussens, William Wilford et comp., *Jurisprudence du port d'Anvers*, 1877. 2. 53); — 5° Que si les règles auxquelles la navigation maritime est soumise dans un intérêt de sécurité et de police s'appliquent dans toutes les eaux où le flux et le reflux de la mer font sentir leur action, il en est autrement de celles qui ont trait aux relations commerciales et aux intérêts purement privés; spécialement, que les art. 435 et 436 sont inapplicables au cas d'abordage survenu dans les eaux intérieures, bien qu'il ait eu lieu dans un endroit où l'action de la marée se manifeste (Bruxelles, 3 avr. 1879, aff. Veuve Gilis, *Jurisprudence du port d'Anvers*, 1879. 1. 211); — 6° Que l'abordage ne saurait être considéré comme maritime par rapport au remorqueur, quand ce dernier est un steamer de petite dimension employé uniquement à remorquer les bateaux d'intérieur et quand, au moment où la collision s'est produite, il remorquait en réalité un bateau de cette nature (Bruxelles, 8 déc. 1884, aff. Société de remorquage à hélice, *Jurisprudence du port d'Anvers*, 1885. 1. 199); — 7° Que l'impôt du dixième sur le prix du transport des voyageurs auxquels sont assujetties les entreprises de transport par eau (de même que les entreprises de transport par terre), est dû pour toute navigation intérieure, alors même qu'elle s'accomplit dans les limites de l'inscription maritime; qu'il ne cesse d'être exigible que lorsqu'il s'agit d'une navigation à la fois maritime et extérieure, ou, en d'autres termes, qui dépasse l'embouchure d'un fleuve et le domaine public maritime (Rennes, 18 févr. 1886, aff. Admin. des contributions indirectes *C.* Comp. de navigation de la Basse-Loire, D. P. 86. 2. 245).

61. Mais il a été jugé, en sens inverse : 1° que les dispositions du liv. 2 c. com. s'appliquent au bâtiment qui, à l'époque où le fait générateur de l'obligation s'est produit, se trouvait dans la partie d'un fleuve où le flux et le reflux de la mer se font sentir (Trib. Anvers, 6 avr. 1870, aff. Straatman, Van Duinen, bat. Kwik, *Jurisprudence du port d'Anvers*, 1870. 1. 136); — 2° Que les dispositions du liv. 2 c. com., et spécialement l'art. 288, ont pu être quelquefois étendues à bon droit à la navigation qui a lieu sur les parties d'un fleuve voisines de la mer (Sol. impl., Trib. Anvers, 14 août 1871, aff. Veuve Chamaye-Discry, Tenvoorden, *Jurisprudence du port d'Anvers*, 1871. 1. 291); — 3° Que la navigation de l'Escaut devant Anvers avait été toujours considérée comme une navigation maritime, et qu'elle devait être exceptionnellement régie par les dispositions du liv. 2 c. com. (Trib. com. Anvers, 8 mai 1876, aff. Guida, Louis Lemmé et comp., *Jurisprudence du port d'Anvers*, 1876. 1. 208); — 4° Que le caractère de navigation dépend, non de la nature du navire et de sa destination, mais de l'endroit où elle s'exerce au moment où se produit le fait qui donne naissance à l'action; que la navigation maritime n'est pas rigoureusement limitée à la mer même; que certaines parties des fleuves sont, sous ce rapport, assimilées à la mer; que ses limites s'étendent, en effet, à l'embouchure des cours d'eau, jusqu'aux endroits où le flux et le reflux se font sentir avec une certaine importance (Trib. Anvers, 17 janv. 1879, aff. Veuve Gilis, *Jurisprudence du port d'Anvers*, 1879. 1. 211); — 5° Que l'abordage est maritime, lorsqu'il se produit entre bâtiments qui naviguent dans la partie maritime des fleuves ou rivières ou bien lorsqu'il survient dans la partie du fleuve ou de la rivière soumise à l'action du flux et du reflux; qu'il est régi, dès lors, par les dispositions du liv. 2 c. com. (art. 407, 435 et 436), et que les actions auxquelles il donne naissance sont de la compétence des tribunaux de commerce (Comp. Rouen, 8 avr. 1859, aff. Pingado, Vaghi, *Recueil du Havre*, 1859. 2. 289; Bordeaux, 23 févr. 1863, aff. Flornoy, Noturier, *Recueil de Marseille*, 1863. 2. 78, *Recueil du Havre*, 1863. 2. 218; Trib. Anvers, 7 janv. 1864, aff. Somers, *Jurisprudence du port d'Anvers*, 1864. 1. 138; Rennes, 4 déc. 1867, aff. Daumer, *Recueil du Havre*, 1868. 2. 181; Rouen, 4 mai 1880, aff. Levigoureux, D. P. 81. 2. 121); — 6° Que l'arrêté royal du 1er août 1881 (en Belgique) s'applique aux bâtiments de mer qui naviguent dans les parties d'un fleuve où l'action de la marée se manifeste et où la navigation est, par suite, maritime (Bruxelles, 8 déc. 1882, aff. Société de remorquage à hélice, *Jurisprudence du port d'Anvers*, 1883. 1. 5).

62. Si les bâtiments de mer sont les seuls qui soient régis par les dispositions des art. 190 et suiv. c. com., tous ne tombent pas dans la sphère d'application de certaines de ces dispositions. Ainsi on sait que les canots, chaloupes, nacelles, embarcations de minime importance échappent au droit de suite et aux privilèges établis par le code de commerce (art. 190 et 191) (V. *Rép.* n° 230).

63. Du reste, lorsqu'on veut déterminer ceux des bâtiments de mer qui, à raison de leur peu d'importance, se trouvent, par exception, soustraits aux affectations mentionnées par les articles précités du code de commerce, il n'y a pas à se préoccuper de leurs dimensions, ni des dénominations sous lesquelles ils sont désignés dans la pratique, mais seulement de leur destination. Les seuls bâtiments soumis aux charges indiquées par les art. 190 et suiv. sont, d'après la jurisprudence, ceux qui, « avec un armement et un équipage qui leur sont propres, remplissent un service spécial, et suffisent à une industrie particulière ». Sont exclus, par suite, indépendamment des bateaux de plaisance dont il a été fait déjà mention (V. *Rép. loc. cit.*) : 1° les chaloupes et canots qui constituent des dépendances d'un navire proprement dit. Si, en effet, ils sont soumis, en tant qu'accessoires, au droit de suite et aux privilèges qui portent sur le navire, ils sont, au contraire, affranchis de toute affectation de cette nature quand on les considère isolément; — 2° Les bateaux destinés au service du port ou de la rade, et dans cette catégorie il faut comprendre, selon nous, les remorqueurs à vapeur.

64. Toutes ces embarcations sont, en cas de vente, affranchies de la mutation en douane; elles ne peuvent donc jamais être considérées comme navigant sous le nom de l'acheteur; d'autre part, elles ne sont pas appelées à exécuter de voyage en mer dans les conditions indiquées par l'art. 194; or on a déjà constaté (V. *suprà*, n° 55) que le droit de suite ne peut s'appliquer qu'aux bâtiments en état de le purger par un voyage accompli conformément aux prescriptions de cet article (Comp. sur tous ces points : Bédarride, *op. cit.*, t. 1, n° 47; Dufour, t. 1, nos 48 et 49; Alauzet, t. 5, n° 1626; Laurin sur Cresp, t. 1, p. 48, note 6; Desjardins, t. 1, n° 36; de Valroger, t. 1, n° 9; Lyon-Caen et Renault, t. 2, p. 26, note 1). Il a été jugé : 1° que l'art. 220 c. com. ne s'applique pas aux bateaux destinés simplement au service de la rade et du port, soit pour faciliter l'embarquement et le débarquement des marchandises, soit pour servir de magasins flottants (Trib. com. Anvers, 24 janv. 1879, aff. Curateur de la faillite B. Lamot, Gysels et Borrenberg, *Jurisprudence du port d'Anvers*, 1879. 1. 68); — 2° Qu'un bateau dragueur n'est pas un navire, mais une simple machine dont la vente ne tombe pas sous l'application de l'art. 195 c. com. (Trib. civ. Bruges, 11 mars 1872, aff. Cossoux, Blanchemanche, Jonckheere, *Jurisprudence du port d'Anvers*, 1872. 2. 122); — 3° Que l'obligation de se munir d'un rôle d'équipage n'existe pour le patron de chalands et allèges, aux termes de l'art. 226 c. com. et du décret du 20 mars 1852, qu'autant que ces chalands et allèges possèdent des mâts, voiles, ou tout autre propulseur qui leur permette, sans un secours étranger et indispensable, d'exercer la navigation (Trib. Saint-Nazaire, 6 juill. 1883, aff. Leroy, Nouteau, *Recueil du Havre*, 1884. 2. 58).

65. Enfin les textes eux-mêmes déclarent formellement certaines dispositions inapplicables aux bâtiments qui n'atteignent pas des dimensions déterminées. Ainsi l'art. 29 de la loi du 10 déc. 1874, reproduit par l'art. 36 de la loi du 10 juill. 1885, n'admet comme susceptibles d'hypothèques que les navires jaugeant plus de vingt tonneaux. Mais, sauf ces exceptions, tous les bâtiments qui naviguent sur mer, quel que soit leur système de locomotion, leur capacité, leur destination, sont soumis indistinctement aux règles formulées par le liv. 2. Il en est, à ce point de vue, des navires à vapeur comme des navires à voiles; des navires de peu d'importance, par exemple, des barques pontées susceptibles de tenir la mer, comme des vaisseaux du plus fort tonnage; des embarcations destinées à la pêche, comme des bâtiments affectés au transport des passagers et des marchandises. Il a été jugé : 1° qu'il y a lieu de comprendre sous la dénomination de bâtiments de mer et de considérer, dès lors, comme étant régis par les dispositions du liv. 2 c. com. les sloops, barques ou bateaux de pêche (Civ. rej. 20 févr. 1844, *Rép.* n° 1268); — 2° Que la marine marchande comprend, dans sa généralité, tous les bâtiments navigant dans un inté[illegible] privé et dans un but de luxe et de négoce ; que les bâtim[illegible] employés à la pêche maritime rentrent essentiellement [illegible] cette catégorie, et que, dès lors, on ne peut faire de d[illegible]tion, au point de vue de l'insaisissabilité de la s[illegible] entre le matelot engagé sur un bâtiment de pêche et [illegible]ui engagé sur un bâtiment de commerce (Civ. cass. 14 mai [illegible], aff. Loncle-Ringot, D. P. 74. 1. 105).

66. Déjà, chez [illegible]omains, les navires étaient considérés comme meuble[illegible] 20, § 4, *Quod vi aut clam*, Dig.) ; mais on sait qu'à Ro[illegible] les meubles étaient comme les immeubles, susceptible[illegible]ypothèque et que l'hypothèque sur les meubles, de mê[illegible] l'hypothèque sur les immeubles, conférait au créan[illegible]on seulement un droit de préférence sur les autres [illegible]nciers, mais aussi un droit de suite à l'encontre des tiers acquéreurs.

67. Au moyen âge les choses ne pouvaient se passer exactement de la même façon, car, dans la plupart des pays de coutume, les meubles n'étaient pas susceptibles d'hypothèque, et, dans les pays de droit écrit ainsi que dans quelques provinces coutumières, telles que la Normandie, où ils en étaient susceptibles, l'hypothèque dont ils étaient grevés ne conférait au créancier qu'un droit de préférence. On sait, en effet, que dans l'ancien droit « les meubles n'avaient suite par hypothèque ». Dans ces conditions, assimiler de tous points les navires aux biens meubles, c'eût été rendre la constitution d'une hypothèque impossible dans beaucoup de contrées; c'eût été, dans les autres, restreindre considérablement la portée, et, par suite, l'efficacité de celles dont ils seraient devenus l'objet. Il paraît que, dans certaines régions tout au moins, on prit d'abord le parti, pour échapper à cet inconvénient, de traiter les bâtiments de mer comme des immeubles; c'est ce qui eut lieu dans les Pays-Bas et aussi, en France, à Bordeaux et en Bretagne, au témoignage de Boyer, cité par Cleirac aux *Us et coutumes de la mer*, 3e part., *Juridiction de la marine*, art. 5, no 8. Mais, en procédant de la sorte, on ne parait à un danger que pour se trouver immédiatement en butte à un autre. Du moment, en effet, où les navires étaient identifiés avec les immeubles, ils devenaient, en cas de vente, si d'ailleurs ils faisaient partie des propres, sujets au *retrait lignager* de la part des parents du vendeur ; le seigneur dans le fief duquel ils se trouvaient était fondé, d'autre part, à réclamer le payement des droits seigneuriaux et, notamment, celui *des lods et ventes*, ce qui ne laissait pas que d'entraver considérablement les mutations de propriété (Cleirac, *loc. cit.*). — Pour sortir d'embarras, on prit l'habitude d'attribuer aux navires une nature mixte; considérés, à certains égards comme tenant des meubles, ils étaient, à certains autres, assimilés aux choses immobilières. En tant que meubles, ils étaient, en cas d'aliénation, soustraits à l'exercice du retrait lignager et affranchis du payement des droits seigneuriaux. En tant qu'immeubles, ils étaient considérés comme susceptibles d'hypothèques même dans les contrées où les meubles ne pouvaient pas être soumis à ce genre d'affectation, et l'hypothèque constituée sur les navires conférait au créancier en faveur duquel elle était établie, non seulement un droit de préférence, mais encore un droit de suite. Tel était le système consacré par la jurisprudence en Bretagne, à Bordeaux et dans les ports de Provence (Cleirac, *loc. cit.*, nos 8 et suiv. ; Préambule de l'édit d'octobre 1666).

68. Tel était encore l'état des choses dans la plupart des provinces maritimes quand l'édit d'octobre 1666 vint introduire une nouvelle modification en décidant qu'à l'avenir, tous les navires, quelle qu'en fût l'importance et la valeur, seraient réputés meubles, et que, par suite, ils ne seraient susceptibles d'aucune hypothèque. Cette dernière disposition, il est vrai, ne fut pas rigoureusement observée dans toutes les régions ; les bâtiments de mer demeurèrent susceptibles d'hypothèque dans celles où les meubles ordinaires pouvaient y être soumis, mais l'hypothèque sur les navires, de même que celle établie sur les meubles en général, ne conférait au créancier qu'un droit de préférence (Valin, *sur l'art. 2 du tit. 10 du liv. 2 de l'ordonnance de 1681*).

69. Du reste, l'édit de 1666 n'eut qu'une durée assez éphémère, car l'ordonnance de 1681 vint bientôt réagir, à son tour, contre le système nouvellement établi. « Les navires et autres bâtiments de mer sont réputés meubles », à la vérité; par suite, le texte déclare qu'ils « ne sont sujets à retrait lignager, ni à aucuns droits seigneuriaux ». A ce point de vue, il ne fait que consacrer la doctrine traditionnelle. — De plus, les navires ne sont pas rangés au nombre des objets susceptibles d'hypothèque, comme ils l'étaient d'après la jurisprudence antérieure à 1666 ; d'où cette conséquence, qu'ils ne peuvent être hypothéqués que dans les contrées où l'hypothèque sur les meubles est admise, de même que précédemment. Mais une innovation considérable est introduite; tous vaisseaux sont affectés aux dettes du vendeur, « jusqu'à ce qu'ils aient fait un voyage en mer, etc. » (art. 2, tit. 10, liv. 2), et ils se trouvent soumis ainsi à un véritable droit de suite en faveur, non seulement des créanciers privilégiés et hypothécaires, comme les immeubles, mais de tous les créanciers indistinctement, même des créanciers chirographaires. C'est cette disposition de l'ordonnance que le code a reproduite dans l'art. 190 c. com.

70. Le principe que les navires sont meubles, jadis formulé par Locenius, *De jure marit.*, liv. 3, chap. 6, no 4 ; Stypmanus, *De jure marit.*, 4e part., chap. 10, no 3 ; Kurike, *Quæst. illust.*, *quæst.* 9. ; Straccha, *De navib.*, 2e part., § 31 ; Wedderkop, liv. 2, tit. 1er, § 10, est édicté encore de nos jours par divers codes étrangers, et notamment par le code italien (art. 480), par le code portugais (art. 485), par le code hollandais (art. 309). Il entraîne de nombreuses conséquences dont voici les principales : 1o il va sans dire qu'une servitude réelle ne saurait être valablement constituée sur un navire, ni en faveur d'un navire (c. civ. art. 637) (Conf. Straccha, *De navib.*, 2e part., § 20) ; — 2o Le rapport des navires se fait en moins prenant comme celui du mobilier (art. 868 c. civ.) ; — 3o Si le propriétaire de bâtiments de mer a légué ses immeubles à une personne et ses meubles à une autre, les bâtiments en question appartiennent au légataire des meubles ; — 4o La donation et la vente d'un navire ne sont pas soumises à la transcription telle qu'elle est organisée par les art. 939 à 942 c. civ. et par la loi du 23 mars 1855 (D. P. 55. 4. 27) ; mais on verra que la mutation de propriété ne devient opposable aux tiers que moyennant l'accomplissement de formalités équivalentes édictées par la loi du 27 vend. an 2 ; — 5o D'autre part, la donation entre vifs d'un navire ayant pour objet une chose mobilière, elle devra, à peine de nullité, être accompagnée de l'état estimatif prescrit par l'art. 948 c. civ. ; — 6o En sens inverse, la vente d'un bâtiment de mer n'est pas rescindable pour lésion de plus des sept douzièmes (c. civ. art. 1674 et suiv.) ; — 7o L'action en revendication d'un navire est mobilière ; en conséquence, ce n'est pas devant le tribunal dans le ressort duquel le navire stationne que l'action doit être portée, par application du 3e alinéa de l'art. 59 c. proc. civ., elle doit être déférée au tribunal du domicile de celui contre lequel elle est intentée, conformément à la règle générale formulée par le 1er alinéa du même article. De plus, si les parties, ou l'une d'elles, sont incapables, ce n'est pas aux règles auxquelles se trouve soumise la revendication en matière immobilière qu'on devra se conformer. Ainsi le tuteur du mineur ou de l'interdit, pour intenter une action de cette nature ou pour acquiescer à celle dirigée par un tiers contre son pupille, n'a pas besoin de l'autorisation du conseil de famille exigée par l'art. 464 c. civ. ; le mineur émancipé, demandeur ou défendeur à une action concernant le navire dont il est propriétaire, est admis à plaider sans l'assistance de son curateur, étant donné qu'il ne se trouve pas dans la situation indiquée par l'art. 482 c. civ. ; enfin le mari est, sous le régime de la communauté, recevable à exercer, pour le compte de sa femme, conformément au second alinéa de l'art. 1428 c. civ., les actions destinées à lui assurer la possession des navires qui, par exception, feraient partie de ses propres ; — 8o L'aliénation des bâtiments de mer, quand le propriétaire est incapable, n'est pas soumise aux formes et conditions imposées pour l'aliénation des immeubles, mais simplement à celles édictées pour les aliénations mobilières. Ainsi le tuteur du mineur non émancipé ou de l'interdit peut vendre les bâtiments de mer appartenant à ce dernier ; le mineur émancipé, les bâtiments de mer dont il est propriétaire, sans recourir aux mesures de précaution édictées, pour la vente des immeubles, par les art. 457, 459 et 484 c. civ., 6, 2e al., c. com. Le prodigue, le faible d'esprit pourvu d'un conseil judiciaire pourra procéder à une vente du même genre sans l'assistance de son conseil, si toutefois on admet, car la question prête à la controverse, que la prohibition d'aliéner établie par les art. 499 et 513 c. civ. n'existe que pour les immeubles (V. *infrà*, v° *Interdiction-conseil judiciaire*). Le mari, sous le régime de la communauté, pourra disposer entre vifs, à titre gratuit et particulier, des bâtiments de mer qui font partie de l'actif commun comme de tous autres effets mobiliers (c. civ. art. 1422); il aura le droit d'aliéner à titre onéreux les bâtiments de mer demeurés propres à sa femme, si toutefois on lui reconnaît, avec la jurisprudence, celui d'aliéner d'une façon générale les propres mobiliers de cette dernière (V. *suprà*, v° *Contrat de mariage*, n° 993). Enfin la femme séparée de biens pourra disposer seule, et sans autorisation, des navires qui lui appartiendraient, dans la mesure où elle peut disposer de ses meubles en général aux termes de l'art. 1449, 2° alinéa; — 9° Si un propriétaire de navires se marie sous le régime de la communauté légale, ces derniers, en règle générale, tombent dans la communauté, aux termes de l'art. 1401, 1er alinéa; — 10° De plus, lorsque les époux sont communs en biens, celui d'entre eux qui est créancier d'une récompense contre la communauté exercera le prélèvement auquel il a droit sur les bâtiments de mer qui font partie de l'actif commun avant de l'exercer sur les immeubles (c. civ. art. 1471); — 11° Les navires qui, sous le régime dotal, font partie des biens dotaux de la femme, ne sont frappés d'inaliénabilité que dans la mesure où en est frappée la dot mobilière, si tant est que cette dernière soit inaliénable comme la dot immobilière (V. *suprà*, v° *Contrat de mariage*, nos 1230 et suiv.); — 12° Les navires ne peuvent pas être soumis à un droit d'antichrèse (c. civ. art. 2072); — 13° Les immeubles qui appartiennent à un mineur même émancipé ou à un interdit ne peuvent être mis en vente qu'autant que le prix des bâtiments de mer dont il est propriétaire ne suffit pas pour désintéresser le créancier (c. civ. art. 2206).

71. Mais, quoique meubles, les navires sont, à certains égards du moins, soumis à un régime différent de celui auquel se trouvent soumis les meubles ordinaires. Ainsi : 1° les bâtiments de mer sont, on l'a déjà constaté, grevés d'un véritable droit de suite au profit des créanciers de leur propriétaire, de tous les créanciers indistinctement, même des créanciers chirographaires (c. com. art. 190); — 2° Ils sont même susceptibles d'hypothèque, du moins quand ils jaugent plus de vingt tonneaux (L. 10 déc. 1874, remplacée aujourd'hui par celle du 10 juill. 1885); — 3° La procédure applicable à la saisie, à la vente sur saisie et à la distribution par contribution du prix de vente d'un navire diffère de celle applicable aux meubles ordinaires; elle présente, surtout depuis la réforme introduite par la loi du 10 juill. 1885, de nombreuses analogies avec la procédure en matière de saisie immobilière et en matière d'ordre (Comp. les art. 197 et suiv. c. com., 23 et suiv. de la loi du 10 juill. 1885 et les art. 673 et suiv., 749 et suiv. c. proc. civ.); — 4° La vente volontaire des navires est soumise à un mode de constatation déterminé (c. com. art. 195); de plus, comme toute aliénation, elle n'est, d'après la plupart des auteurs et aussi d'après la jurisprudence, opposable aux tiers, quand elle a pour objet un navire francisé, que moyennant l'accomplissement préalable de certaines formalités, connues sous le nom de *mutation en douane* (L. 27 vend. an 2, art. 17. V. *infrà*, n° 174 ; *Rép.* v° *Organisation maritime*, nos 501 et 506); — 5° Enfin la maxime *En fait de meubles possession vaut titre* n'est pas applicable aux navires (V. *Rép.* n° 14).

72. Sous certains rapports les bâtiments de mer sont dans une situation quelque peu analogue à celle des personnes. Ce n'est pas qu'il y ait lieu de les considérer, à proprement parler, comme des personnes civiles, car il n'y a de personnes civiles que celles auxquelles la puissance publique reconnaît cette qualité, et il n'y a pas de texte qui investisse les bâtiments de mer de la personnalité civile. Mais ils ont néanmoins une sorte d'individualité juridique. La conservation, par les navires, de leur identité, malgré le renouvellement successif de leurs parties constitutives (V. *Rép.* n° 58), établit déjà un lien de ressemblance entre eux et les personnes; mais il y a plus. Les navires portent chacun un nom qui leur est propre; ils ont un domicile (le port d'attache), une nationalité qu'ils conservent pendant le cours de leurs pérégrinations à travers les mers et qui, par suite, ne dépend nullement de la contrée où ils stationnent à un moment donné. Comme les individus, ils sont, du moins dans une certaine mesure, suivis, lorsqu'ils voyagent, par leur loi personnelle; on verra, en effet, qu'ils sont, à plusieurs points de vue, régis par la loi de leur pavillon, quand ils se trouvent à l'étranger. Ce n'est pas tout encore; les bâtiments de mer ne peuvent naviguer sans être munis de certains papiers et notamment d'un *passeport* désigné sous le nom de *congé*; ils ont leurs registres de l'état civil; ce sont les matricules que tiennent, d'une part, les commissaires de l'inscription maritime, et, d'autre part, l'administration des douanes; sur ces matricules, en effet, tous les navires sont inscrits et les mutations dont ils sont l'objet, les affectations auxquelles ils sont soumis, leurs mouvements d'armement et de désarmement, les événements de nature à leur faire perdre leur nationalité ou susceptibles de mettre fin à leur existence sont soigneusement relatés (V. sur tous ces points : *Rép.* nos 61 et suiv., et v° *Organisation maritime*, nos 482 et suiv.). Enfin ces mêmes bâtiments sont spécialement astreints à l'acquittement des dettes qui leur sont afférentes, car le propriétaire peut s'affranchir par l'abandon du navire et du fret de la responsabilité qui lui incombe à raison des faits et actes du capitaine, ainsi que des obligations qui pèsent sur lui en vertu des engagements souscrits par ce dernier sans sa participation (c. com. art. 216).

SECT. 2. — DES CONDITIONS PARTICULIÈRES AUXQUELLES EST ASSUJETTIE LA PROPRIÉTÉ DES NAVIRES (*Rép.* nos 61 à 81).

73. Les matières comprises dans cette section ayant été traitées à nouveau et d'une façon plus complète au *Rép.* v° *Organisation maritime*, nos 481 et suiv., 572 à 576, les indications complémentaires qui y sont relatives trouveront naturellement leur place dans la partie correspondante du *Supplément*. Il est inutile, par suite, de s'en occuper ici.

SECT. 3. — DES DIVERSES MANIÈRES DONT S'ACQUIERT LA PROPRIÉTÉ DES NAVIRES (*Rép.* nos 82 à 170).

74. Les modes d'acquisition de la propriété ou de la copropriété des navires (V. *Rép.* n° 82) peuvent être classés de la façon suivante : 1° mode originaire (construction); 2° modes du droit public (prise, confiscation, sauvetage); 3° modes du droit civil (succession, donation entre vifs, legs, prescription, obligations translatives); 4° mode du droit commercial (délaissement opéré par l'assuré sur corps conformément aux art. 369 et suiv. c. com.).

75. Il a été traité de la prise au *Rép.* v° *Prise maritime*; et les innovations introduites par la déclaration du 16 avr. 1856 seront examinées *infrà*, eod. v°. Les principaux cas de confiscation sont déterminés par les lois du 22 août 1791 (tit. 3, art. 7, et tit. 5), et du 4 germ. an 2 (tit. 2, art. 7 et 10); par les lois du 28 avr. 1816 (tit. 5, art. 41), et des 21-23 avr. 1818 (tit. 6, art. 34), combinées, par celles du 15 avr. 1818 (art. 1er), et du 4 mars 1831 (art. 5); par la loi du 27 vend. an 2 (art. 5); par le règlement général du 7 nov. 1866 (art. 141 et suiv., 161 à 164) (V. *Douanes*, nos 696 et suiv.; *Organisation maritime*; — *Rép.* vis *Douanes*, nos 261, 279, 322, 325, 350, 568, 648, 764 et 765, 767, 769, 772, 980 et suiv.; *Organisation des colonies*, nos 1002 et suiv.).

76. Quant à l'acquisition totale ou partielle par les sauveteurs des épaves trouvées en pleine mer ou tirées du fond de la mer, elle est également réglementée, par des textes particuliers qui, bien qu'antérieurs au code, sont encore en vigueur (Ord. 1681, liv. 4, tit. 9, art. 27; Décl. 15 juin 1735, art. 2 et 3; L. 26 niv. an 7, art. 1er). Elle a fait l'objet d'explications détaillées (V. *Rép.* v° *Organisation maritime*, nos 684 et suiv.).

77. La course étant abolie (Décl. 16 avr. 1856), le droit de prise, si ce n'est dans le cas exceptionnel où la France serait en guerre avec l'une des puissances qui ont refusé d'adhérer aux décisions du congrès de Paris, ne peut plus être exercé que par les bâtiments de l'Etat. Le produit des prises se partage alors entre l'équipage du navire qui y a procédé et l'établissement des invalides de la marine. Le propriétaire des objets capturés n'est dessaisi, du reste, qu'autant que la prise a été validée par le tribunal compétent (V. *infrà*, v° *Prise maritime*).

78. Les bâtiments confisqués pour participation à la traite des nègres sont traités de la même façon (L. 4 mars 1831, art. 16, *Rép.* v° *Organisation des colonies*, n°s 989 et suiv.); dans toute autre circonstance, les objets confisqués reviennent à l'Etat.

79. A la différence de l'abandon permis par l'art. 216, 2e al. c. com., qui, ainsi qu'il a été dit, n'est pas translatif de propriété (V. *Rép.* n° 221), le délaissement fait par l'assuré à l'assureur, en cas de sinistre majeur, transfère à celui-ci la propriété des objets laissés; il trouve naturellement place dans la partie de l'ouvrage qui a été consacrée aux assurances maritimes (V. *Rép.* n°s 1981 et suiv., et plus spécialement, *ibid.* n°s 2191 et suiv.).

ART. 1er. — *De la construction des navires* (*Rép.* n°s 84 à 88).

80. Si nous qualifions d'originaire l'acquisition qui a lieu par l'effet de la construction, c'est que le navire, dont devient propriétaire celui qui construit ou celui qui fait construire, n'a encore appartenu à personne.

81. La construction des navires peut, ainsi qu'il résulte des explications déjà fournies (V. *Rép.* n° 84), se réaliser de diverses façons.

82. Lorsque celui auquel le navire doit appartenir se procure lui-même les matériaux nécessaires, traite directement avec les ouvriers, dirige personnellement les travaux, on dit qu'il y a construction *par soi-même*, ou, plus généralement, construction *par économie*. Ce mode de construction était, de tous, le plus généralement pratiqué dans les siècles précédents, alors que, les dimensions des navires étant plus restreintes, leurs formes plus rudimentaires, leurs aménagements moins perfectionnés, leur édification n'exigeait pas des connaissances techniques aussi multiples et aussi développées. C'était même à peu près le seul usité en France. Aujourd'hui, il n'est plus guère employé que pour les réparations de peu d'importance, si ce n'est par les grandes compagnies d'armement, qui, possédant des chantiers pour leur usage personnel, construisent encore de cette façon.

83. Lorsque c'est un constructeur de profession qui construit le navire pour son propre compte, sans commande préalable de la part de qui que ce soit, avec la pensée de le vendre ensuite, il y a encore construction *par économie*, puisque celui qui l'entreprend agit toujours dans son intérêt propre, avec des matériaux qu'il se procure à cet effet et par l'entremise d'ouvriers avec lesquels il traite directement. Cependant, en fait, ce mode de construction diffère sensiblement du précédent, car ce n'est plus l'armateur qui préside à l'exécution du travail avec la pensée de conserver et d'utiliser pour son compte personnel le bâtiment qui en fait l'objet; c'est un entrepreneur, habitué par profession à l'exécution de travaux du même genre, qui y procède afin, non de se servir par la suite du navire comme instrument de transport, mais de le vendre à un tiers le plus avantageusement possible et de réaliser un bénéfice sur le prix. Ce mode de construction, qui exige chez le constructeur des capitaux considérables, est usité dans les contrées maritimes, telles que l'Angleterre et les Etats-Unis, où l'industrie des constructions navales est très florissante. « En Angleterre, dit M. Desjardins (*op. cit.*, t. 1, n° 60), un constructeur sur deux fabrique sans commande. » Le code italien fait également mention, dans son art. 316, « *del costruttore che avesse impresa la costruzione per proprio conto* ». En France, il n'existe pas de constructeur qui soit en situation d'opérer dans de semblables conditions.

84. Dans le cas où l'armateur procède lui-même à la construction *par économie*, c'est à lui évidemment qu'appartient le bâtiment à compter de sa mise en chantier, puisqu'il provient du façonnement de matériaux qui étaient devenus sa propriété avant d'être employés par un personnel dont il s'est également assuré les services.

85. Pour les mêmes motifs, c'est au constructeur, qui entreprend la construction sans commande préalable et pour son compte personnel, qu'appartient le navire pendant la durée des travaux; seulement la vente dont ce navire est ultérieurement l'objet en transfère la propriété à l'armateur en faveur duquel elle a lieu, car cette vente est pure et simple; de plus, elle a pour objet un corps certain, le bâtiment nouvellement construit (c. civ. art. 1138 et 1583).

86. Si un constructeur de profession, sur la commande d'un armateur, se charge, moyennant un prix fixé d'avance, de construire, pour le compte de ce dernier, le navire dont il a besoin dans des conditions déterminées et conformément aux énonciations du devis adopté par les parties, il y a construction *à forfait*, construction *pour compte* ou construction *à l'entreprise*. La construction à forfait était peu pratiquée en France dans les siècles précédents; il n'y avait pas, en effet, de constructeurs de profession en possession des chantiers, du matériel et du personnel ouvrier nécessaires pour pouvoir s'adonner à des entreprises de cette nature; il n'y avait que des charpentiers ou calfats et des maîtres calfats qui travaillaient sous les ordres de celui pour le compte duquel s'effectuait la construction. Le Consulat de la mer, il est vrai, consacre un chapitre spécial (le chap. 9 dans l'édition de Pardessus) au « *constructeur ou calfat qui travaillera à forfait* »; mais ce n'est qu'au 18e siècle que ce mode de construction s'est généralisé. La déclaration royale du 16 mai 1747, après avoir constaté que « la construction par économie était encore d'un usage presque universel lors de la rédaction de l'ordonnance de 1681 » ajoute que, « depuis cette époque, les progrès du commerce ayant multiplié les négociants et la construction ayant été perfectionnée, on a trouvé plus sûr et plus commode de faire construire à forfait ». Aujourd'hui, presque tous les bâtiments de mer se construisent de cette façon.

87. Le marché à forfait peut, du reste, être souscrit lui-même de deux façons différentes. Tantôt, en effet, l'armateur, auteur de la commande, procure au constructeur les matériaux destinés à la construction, de telle sorte que ce dernier n'a à fournir que la main-d'œuvre et quelques objets accessoires; le plus souvent, le constructeur prend tout à la fois à sa charge la fourniture de la matière première et le façonnement dont elle doit être l'objet. C'est à tort, en effet, que Cresp, dans le premier cas, qualifie l'opération de construction *par économie* et réserve pour le second la dénomination de construction *à forfait* (*loc. cit*). La vérité est que, dans les deux cas, il y a construction à l'entreprise, car, ce qui caractérise le forfait, l'entreprise, c'est le fait, chez le constructeur, de se charger de la confection d'un ouvrage dans son ensemble, pour le compte d'autrui, moyennant une rétribution fixe.

88. Dans le cas de construction à forfait, avec fourniture des matériaux par l'armateur pour le compte duquel l'ouvrage s'exécute, le contrat qui intervient entre le constructeur et l'auteur de la commande n'est qu'un louage d'ouvrage et d'industrie. A quoi s'oblige, en effet, l'entrepreneur? à faire bénéficier celui avec lequel il traite de ses connaissances techniques, de l'expérience professionnelle qu'il a acquise, de l'outillage qu'il possède, du personnel ouvrier dont il dispose, en vue de l'accomplissement d'un travail déterminé. Or tels sont bien les caractères du louage d'industrie. La loi romaine attribue le caractère d'un louage au contrat par lequel un bijoutier se charge de confectionner avec de l'or qu'on lui fournit des anneaux d'une forme déterminée, moyennant un prix fixé d'avance (*Instit. de Gaius, comm.* 3, § 147, *in fine*, *Instit. de Just.* liv. 3, tit. 25, § 4, *in fine*, loi 2, § 1er, *in fine*, *locat. conduct.*, lois 20 et 65 *de contrahend. empt.* Dig.) Les anciens auteurs qualifient également de louage le contrat par lequel un artisan se charge de la fabrication d'un objet pour le compte d'une personne qui lui fournit la matière première (Fabre, *Ration. in pandect.* sur la loi 2, § 1er, *locat. conduct.*; Godefroy, *Corpus juris. civ.* sur cette même loi; Vinnius, *In inst.*, liv. 3, tit. 25, § 4; Pothier, *Du contrat de louage*, 7e part., chap. 1er, art. 1er, n° 394). Et pour les mêmes motifs, le contrat aurait dû évidemment recevoir la même définition s'il était intervenu en vue de la construction d'un navire. Or, l'art. 1711 *in fine* c. civ. indique que la question doit être résolue sous l'empire du code comme elle l'était antérieurement : « les devis, marché ou prix faits, pour l'entreprise d'un ouvrage, moyennant un prix déterminé, sont aussi un louage, lorsque la matière est fournie par celui pour qui l'ouvrage se fait ». La proposition qui précède demeurerait d'ailleurs exacte, alors même que l'entrepreneur aurait à fournir, en sus de la main-d'œuvre, quelques objets accessoires. Pothier (*loc. cit.*), en faisait déjà la remarque : « Observez, disait-il, que, pour qu'un contrat soit un contrat de louage, il suffit que je fournisse à l'ouvrier la principale matière qui doit entrer dans la composition de l'ouvrage; quoique l'ouvrier fournisse le surplus, le contrat n'en est pas moins un contrat de louage ».

Quant au point de savoir à qui, du constructeur ou de l'armateur qui fait construire, appartient, en pareil cas, le navire objet de la construction, il se résout nécessairement en faveur de l'armateur ; car ici encore le navire n'est que le produit du façonnement, de la transformation de matériaux qui lui appartiennent par des ouvriers qui travaillent, sinon sous ses ordres, du moins pour son compte particulier et exclusif.

89. Lorsque la construction est l'œuvre d'un constructeur qui l'a entreprise à forfait pour le compte d'un armateur et s'est chargé tout à la fois de la fourniture de la main-d'œuvre et de celle des matériaux, la question de savoir quelle est la nature du marché intervenu, et celle qui consiste à se demander qui est propriétaire du navire pendant la durée de la construction, soulèvent des difficultés assez graves. Ce n'est pas d'ailleurs à l'occasion seulement des constructions maritimes que ces questions s'agitent ; elles surgissent toutes les fois qu'un entrepreneur se charge à forfait de la construction d'un édifice, de la fabrication ou de la confection d'un objet pour le compte d'un tiers, en s'engageant à fournir tout à la fois la matière première et le travail nécessaire à l'accomplissement de l'œuvre entreprise. Il y a lieu, toutefois, de rechercher ici jusqu'à quel point les conditions dans lesquelles on procède et l'individualité que possède le navire peuvent influer sur la solution du problème.

90. D'abord, quels sont les caractères juridiques du marché conclu entre l'entrepreneur qui construit et celui pour le compte duquel la construction s'exécute ?

Ainsi qu'on l'a vu au *Rép.* v° *Louage d'ouvrage*, n° 88, cette question a été diversement résolue. On a indiqué *ibid.* l'opinion de Duranton et de Duvergier, suivant laquelle il n'y aurait dans ce cas, comme dans le précédent, qu'un louage d'ouvrage ou d'industrie, et l'on a fait connaître les motifs pour lesquels cette opinion n'a pas prévalu. — D'après un autre système (V. notamment Aubry et Rau, *Droit civil français*, 4e éd., p. 4, § 374, texte et note 2), le contrat présente le caractère d'un louage d'ouvrage et les rapports des parties sont régis principalement par les règles du louage jusqu'au moment de la réception de l'ouvrage ; il revêt, au contraire, plus particulièrement le caractère d'une vente et les règles en matière de vente deviennent applicables, du moins en principe, à compter du moment où la réception a eu lieu. On ajoute cependant que, même dans le cours de cette seconde période, la convention conserve quelque chose du louage et que l'entrepreneur reste, quant à la responsabilité dont il est susceptible, soumis aux règles en matière de louage. Cette opinion n'est pas plus admissible que la précédente. Pour définir une convention, il faut l'envisager au moment de sa formation, et le caractère qu'elle présente au début, à raison de la nature des prestations imposées aux cocontractants, elle le conserve indéfiniment ; on ne conçoit donc pas comment un contrat qui renferme un louage pendant un laps de temps déterminé pourrait, par la suite, constituer une vente (V. *infrà*, v° *Louage d'ouvrage et d'industrie*).

91. Un autre système, qui a été exposé au *Rép.* n° 88, enseigne que le marché à forfait, dans le cas dont s'agit, est un contrat d'une nature particulière qui tient tout à la fois de la vente et du louage ; de la vente, à raison de l'obligation pour le constructeur de procurer à l'armateur les matériaux nécessaires à la construction ; du louage, à raison de la nécessité où il se trouve de mettre au service de celui avec lequel il a traité son outillage, ses aptitudes, son temps, le travail des ouvriers qu'il a à son service, et cela en vue de la confection d'un ouvrage déterminé. — Il a été soutenu, spécialement, en ce qui concerne la construction des navires par M. Levillain, *Revue générale du droit, de la législation et de la jurisprudence*, 1877, p. 586 et suiv., 1878, p. 57 et suiv., 181 et suiv. (V. aussi Massé, *Droit commercial*, t. 3, n° 2665). L'argumentation de cet auteur peut se résumer ainsi : si l'armateur qui traite avec le constructeur a en vue l'acquisition d'un bâtiment de mer, toujours est-il que la translation qui doit lui en être faite ne constitue pas l'objet exclusif, ni même principal de l'engagement souscrit par l'entrepreneur. L'obligation de livrer le navire, objet de la commande, n'est en quelque sorte, pour celui-ci, que subsidiaire et complémentaire ; ce dont il est tenu avant tout, c'est de construire, c'est-à-dire, de fournir tout ce qui est nécessaire pour que la construction s'opère. Or que faut-il pour qu'elle s'accomplisse ? Deux choses : d'abord, des matériaux ; en second lieu, un travail plus ou moins prolongé destiné à transformer les matériaux, de telle façon qu'il fassent place à un objet nouveau. Or, un contrat, qui implique pour l'une des parties l'obligation de procurer à l'autre les matériaux destinés à l'exécution d'un ouvrage, et celle de façonner les matériaux en question pour le compte de cette dernière, en vue de la confection d'un objet déterminé, contient tout à la fois une vente de la matière première, et un louage d'ouvrage ou d'industrie. On peut supposer, d'ailleurs, que deux traités distincts ont été passés : l'un avec un fournisseur pour l'obtention des matériaux, l'autre avec un entrepreneur en vue de la confection de l'ouvrage à l'aide des matériaux que doit fournir le premier. Dans ce cas, est-il douteux, que, d'une part, il y ait une vente et, d'autre part, un louage ? Or, lorsque les deux marchés sont passés simultanément avec un même entrepreneur de façon à n'en constituer qu'un seul, ne doit-on pas logiquement considérer le contrat comme étant à la fois une vente et un louage ? Aussi l'obligation qui incombe au constructeur n'est-elle pas seulement une obligation de donner (*dare*), comme celle qui incombe au vendeur, c'est encore et surtout une obligation de faire (*facere*) ; la réputation d'habileté de l'entrepreneur, le degré de perfectionnement de son outillage et de ses procédés sont, en effet, toujours pris en considération, ce qui n'aurait pas lieu s'il était astreint simplement à une obligation de donner.

On ajoute que les propositions précédentes sont particulièrement exactes dans le cas où le marché à forfait intervient en vue de la construction d'un navire ; car, d'une part, les matériaux sont présentés immédiatement comme devant être employés à la réalisation de l'ouvrage entrepris, et, d'autre part, c'est privativement et nominativement pour le compte de l'armateur, auteur de la commande, que l'ouvrage s'exécute. Voici, en effet, comment les choses se passent le plus habituellement dans la pratique.

Avant d'utiliser les matériaux qu'il s'est procurés, le constructeur les soumet à l'agrément de l'armateur pour le compte duquel il construit, de telle sorte que ces matériaux se trouvent, dès le principe, spécialement affectés à l'édification du bâtiment. En outre, aussitôt que les travaux commencent, un écriteau est apposé à l'une des extrémités du chantier et, sur cet écriteau, sont énoncés, en toutes lettres, l'appellation que l'on se propose de donner au navire, le nom, la raison sociale ou la dénomination de la maison pour le compte de laquelle s'opère la construction. Ces mesures de précaution ne sont-elles pas un indice de l'intention qui a présidé à la formation du contrat ? La vérification et l'acceptation des matériaux ne révèle-t-elle pas, que, dans la pensée des contractants, il y a vente de ces matériaux par celui qui a entrepris la construction à l'armateur dans l'intérêt duquel elle s'opère. D'un autre côté, le soin que l'on prend d'indiquer l'ouvrage comme s'exécutant pour l'auteur de la commande ne dénote-t-il pas l'existence d'un louage d'ouvrage ? — On ajoute que si les jurisconsultes romains, pour la plupart, et si nos anciens auteurs, Pothier entre autres, se montraient d'un avis contraire, il est à remarquer qu'ils visaient des espèces autres que celle dont s'agit, et il est permis de se demander si, dans le cas d'un marché passé en vue de la construction d'un navire, étant données les conditions particulières dans lesquelles cette construction s'accomplit, ils n'auraient pas été d'un avis différent.

92. Quoi qu'il en soit, cette doctrine n'a pas eu une meilleure fortune que les précédentes, et on est à peu près unanime pour décider aujourd'hui que le marché à forfait, quand le constructeur se charge de la fourniture de la main-d'œuvre et de celle des matériaux, renferme une vente à livrer du navire à construire, vente réalisable le jour où la construction sera terminée et où l'armateur sera en situation de vérifier et d'agréer le bâtiment nouvellement édifié (V. outre les autorités citées au *Rép.* v° *Louage d'ouvrage et d'industrie*, n° 88 : Marcadé, *Explication du code civil*, sur les art. 1787 à 1791, n° 1 ; Colmet de Santerre, *Cours analytique*, t. 7, nos 241 et 241 *bis* I, II et III ; Laurent, *Traité de droit civil*, t. 26, n° 5 ; Delamarre et Le Poitvin, *Traité de droit commercial*, t. 5, nos 90 à 96, t. 6, nos 123 et suiv. ; Dufour, t. 2, nos 561 et suiv. ; Demangeat, t. 4, p. 14 ; Laurin sur Cresp, t. 1, p. 233 et suiv., en note ; Desjardins, n° 62 ; de Valroger, t. 1, nos 48, 147, et t. 3, n° 1181 ; Lyon-Caen et Renault, t. 1, n° 1631 ; Boistel, n° 1134, et note sur Civ. cass. 17 mai 1876, aff. Perdereau, D. P. 78. 1. 97 et suiv. ; Guillouard, *Traité du contrat de louage*, t. 2, nos 772 et suiv.). Le constructeur s'engage, en effet, à procurer à l'armateur, après l'avoir préalablement construit, le navire que celui-ci lui demande, en échange d'une rétribution en argent, c'est-à-dire d'un prix. Or un contrat qui implique, pour l'une des parties, l'obligation de transférer à l'autre, moyennant un prix déterminé, un objet d'une certaine nature, le jour où il sera susceptible de translation, présente bien les caractères d'une vente à livrer ou d'une vente de chose future. Que l'on achète chez un fabricant un objet déjà confectionné ou que l'on s'entende avec lui, si cet objet n'existe pas encore, pour qu'il le fabrique d'abord et le livre ensuite, à raison d'une certaine somme, la convention est toujours la même ; seulement, tandis qu'elle est pure et simple dans le premier cas, dans le second, elle est subordonnée à une éventualité puisqu'elle dépend de l'existence future de l'objet. Aussi est-ce bien ce caractère que le droit romain, du moins dans son dernier état, attribuait au marché. Prévoyant, dans les textes cités *suprà*, n° 88, le cas où le bijoutier avec lequel on traitait pour la confection d'anneaux d'or devait fournir tout à la fois la matière première et la main-d'œuvre, les jurisconsultes se demandaient si le contrat devait être alors considéré comme renfermant une vente ou comme contenant un louage et, après avoir constaté l'existence d'une controverse à ce sujet, ils ajoutaient : « *Sed placuit tantum emptionem et venditionem contrahi* ». Dans notre ancien droit, les auteurs étaient du même avis ; après avoir reproduit la règle formulée par la loi romaine, Pothier ajoute : « *Par exemple, si j'ai fait marché avec un orfèvre pour qu'il me fasse une paire de flambeaux d'argent et qu'il fournisse la matière, c'est un contrat de vente que cet orfèvre me fait de la paire de flambeaux qu'il se charge de faire* » (*loc. cit.*). Il est vrai qu'il s'agit dans ces divers passages de marchés passés pour la confection d'objets autres que des bâtiments de mer ; mais il n'est pas douteux que la définition donnée n'eût été la même si la convention fût intervenue en vue d'une construction navale. Les textes du code civil semblent d'ailleurs, ainsi qu'on l'a montré au *Rép. loc. cit.*, favorables à cette doctrine.

93. A la question qui vient d'être examinée se rattache celle de savoir à qui appartient le navire pendant la durée de la construction. Si le marché renferme simplement un louage d'ouvrage ou d'industrie, comme dans le cas où les matériaux sont fournis par l'armateur, c'est, comme dans cette hypothèse (V. *suprà*, n° 88), à l'armateur qu'appartient le bâtiment dès le moment de sa mise en chantier.

L'entrepreneur étant, en effet, considéré comme simplement assujetti à la confection de l'ouvrage et y procédant pour le compte de son contractant, c'est nécessairement sur la tête de ce dernier que repose la propriété de la chose en voie d'édification. Il en est de même si le contrat est considéré comme étant d'une nature complexe, comme tenant à la fois de la vente et du louage ; de la vente, à raison de l'obligation où se trouve le constructeur de fournir les matériaux, du louage, à raison de l'engagement qu'il a pris de procéder à la construction. Les prestations, dont le constructeur est tenu, s'exécutent, en effet, successivement, au fur et à mesure que les matériaux destinés à la confection sont façonnés par les ouvriers de manière à faire partie intégrante du bâtiment. La propriété des matériaux est ainsi transférée à l'armateur par le fait de leur affectation, de leur emploi à une œuvre entreprise dans son intérêt, et le navire qui est construit, avec des matériaux devenus siens, pour son compte particulier, ne saurait appartenir à un autre qu'à lui. Mais le droit de propriété qu'a l'armateur, dès le début des travaux, est résoluble, sur sa demande, si la construction n'est pas conduite à bonne fin, ou même si le navire entièrement construit n'est pas conforme aux énonciations du devis. Le traité qu'il a passé avec le constructeur a pour objet l'exécution d'un ouvrage d'ensemble qui, on le verra, constitue un tout indivisible et qui, de plus, doit s'accomplir dans des conditions déterminées. Par suite, si l'œuvre entreprise demeure inachevée ou n'est pas exécutée comme elle doit l'être, le propriétaire peut refuser de prendre livraison et laisser pour compte le bâtiment édifié partiellement ou édifié d'une façon défectueuse (Levillain, *Revue générale du droit, de la législation et de la jurisprudence*, 1878, p. 389 et suiv.). Si, au contraire, conformément à l'opinion générale, le marché est considéré comme renfermant une vente à livrer, c'est au constructeur que le navire appartient tant que les travaux ne sont pas terminés et même tant que l'armateur n'a pas été mis en situation de le vérifier et de l'agréer. La vente a, en effet, pour objet une chose future, puisque le bâtiment à livrer n'existera que le jour où il sera construit ; or la vente d'une chose future n'est parfaite et, par suite, translative de propriété qu'à compter du moment où cette chose existe. Ce n'est pas tout ; le navire est indiqué comme devant satisfaire à certaines conditions déterminées. Donc, pour que la vente produise son plein et entier effet, pour que l'acheteur devienne propriétaire, il faut qu'il y ait certitude acquise, ou, du moins, qu'il y ait pour celui-ci possibilité de s'assurer, à l'aide d'une vérification minutieuse, que la construction est conforme aux stipulations intervenues (*Rép.* v° *Louage d'ouvrage et d'industrie*, n° 124, et les auteurs cités *suprà*, n° 92).

94. Très souvent, dans la pratique, la rétribution dont l'armateur se constitue débiteur envers le constructeur est payable par fractions successives, au fur et à mesure des progrès du travail ; la construction d'un navire est, en effet, une opération fort coûteuse, et il est rare que le constructeur puisse y subvenir à l'aide de ses seules ressources. Au lieu de recourir au crédit afin de se procurer les fonds nécessaires, il convient avec celui pour le compte duquel il procède que le versement du prix aura lieu en plusieurs fois et à des époques que l'on échelonne suivant le degré d'avancement de l'œuvre entreprise, de façon que les sommes lui parviennent au moment précis où il en a besoin pour subvenir à l'acquittement des impenses qu'elle nécessite. Il est entendu, par exemple, qu'un premier tiers sera versé quand le navire s'élèvera sur quille, un second tiers, après la pose des préceintes, un dernier tiers, après la mise à l'eau. Lorsque la construction est parvenue au degré d'avancement voulu pour que telle ou telle fraction du prix devienne exigible, l'armateur est mis en situation de procéder à une vérification de l'ouvrage et, s'il reconnaît qu'il est réellement dans l'état indiqué, il remet le montant de la somme devenue exigible. Or on s'est demandé si, en admettant que le constructeur demeure généralement propriétaire du navire en chantier, les vérifications et les payements partiels dont il vient d'être parlé n'ont pas pour effet de transférer à l'armateur la propriété des portions du bâtiment déjà construites au moment de leur réalisation. La solution affirmative avait rencontré un certain nombre de partisans (Levillain, *Revue générale du droit, de la législation et de la jurisprudence*, 1878, p. 394 et 396 ; 1879, p. 277 et suiv., ainsi que les autorités citées dans cet article. V. aussi *Rép.* n° 88), et, à l'appui de cette solution, on invoquait les arguments suivants : aux termes de l'art. 1138 c. civ., l'obligation de donner est, par elle-même et indépendamment de toute livraison, translative de propriété à compter du moment où elle existe d'une façon définitive. A plus forte raison, y a-t-il translation de la propriété de la chose en faveur du créancier quand il y a eu tradition ; or l'art. 179 du même code déclare que, « s'il s'agit d'un ouvrage à plusieurs pièces ou à la mesure, la vérification peut s'en faire par parties », et il ajoute que cette vérification « est censée faite pour toutes les parties payées, si le maître paie l'ouvrier en proportion de l'ouvrage fait ». Donc le versement d'acomptes sur le prix implique qu'il y a eu, de la part de l'armateur, vérification et réception, autrement dit, prise de possession des parties déjà construites au moment du payement. Et si l'on objecte que l'art. 1791 est inapplicable au cas où le travail entrepris a pour objet la construction d'un navire, sous prétexte que ce dernier constitue un tout indivisible, on répond d'abord que, si un bâtiment de mer n'est pas susceptible d'être fractionné matériellement, sous peine de destruction, il est juridiquement divisible, puisqu'il peut appartenir à plusieurs par indivis; que rien ne s'oppose, dès lors, à ce que le constructeur et l'armateur en soient copropriétaires, chacun pour une partie. On fait observer en second lieu que si, dans la pensée des contractants, le bâtiment forme un ensemble non susceptible de fractionnement quand ceux-ci l'envisagent exclusivement au point de vue de son affectation future, c'est-à-dire en tant qu'instrument de navigation, il n'en est plus de même quand on peut leur supposer l'intention de le considérer, en outre, comme une sorte de gage destiné à garantir à l'armateur le remboursement éventuel des avances qu'il a faites. L'armateur pourrait incontestablement insérer dans le marché qu'il passe avec le constructeur une clause par laquelle il stipulerait que les parties du navire déjà construites deviendront sa propriété au fur et à mesure du payement des divers acomptes. Or, l'intérêt qu'il a à ce que cette translation s'opère et la relation établie entre le degré d'avancement des travaux et la quotité des avances doit faire considérer la clause comme sous-entendue quand elle n'est pas formellement exprimée.

95. Cette opinion toutefois n'a pas triomphé, et l'on est à peu près unanimement d'accord pour décider aujourd'hui que, nonobstant les vérifications et les payements partiels auxquels il a été procédé, le constructeur demeure propriétaire tant que la construction n'est pas complètement terminée (V. les auteurs déjà cités, *suprà*, n°s 89 et 92). A l'argument tiré de l'art. 1138 c. civ., on répond que l'obligation de donner est assurément translative de la propriété de la chose à livrer au créancier, mais seulement à compter du moment où elle devient parfaite, et elle ne devient parfaite que le jour où existe la chose à transférer; or, il n'y a de navire, à proprement parler, qu'à compter de l'époque où la construction est terminée; car le constructeur ne s'est pas engagé à procurer à l'armateur une charpente affectant les formes spécifiques requises pour devenir un navire par la suite; il s'est obligé à lui fournir un bâtiment en état de naviguer. L'objection tirée de l'art. 1791 se réfute à l'aide de considérations du même genre; cet article n'est applicable qu'autant qu'il *s'agit d'un ouvrage à plusieurs pièces ou à la mesure;* or, de tout temps, on a opposé aux ouvrages de cette espèce ceux qui sont entrepris en bloc, *per aversionem*, et il y a lieu de considérer comme ayant été entrepris *per aversionem* ceux qui, dans la pensée des contractants, constituent nécessairement, eu égard à la destination de la chose qui en fait l'objet, une œuvre d'ensemble, un tout indivisible. A ce point de vue le caractère des constructions maritimes n'est pas sérieusement contestable. Ce que veut obtenir l'armateur qui a fait la commande, ce n'est pas telle ou telle fraction d'un navire en voie d'édification, c'est un navire dont il puisse se servir comme instrument de navigation. Donc l'entreprise du constructeur porte sur l'ensemble de l'ouvrage dont il prend à sa charge l'accomplissement; c'est une entreprise *per aversionem.* Aussi a-t-on fait observer avec raison que, la vérification à laquelle procède l'armateur, lors de chaque payement, ne porte que sur l'état plus ou moins avancé de la construction, et non sur sa qualité ou sur la conformité de la partie construite avec les stipulations du contrat (Boistel, *loc. cit.*). Quant à ce fait que le payement du prix doit avoir lieu par fractions et que les versements des divers acomptes sont échelonnés suivant les progrès de la construction, il n'a pas l'importance qu'on lui attribue. Les sommes versées par anticipation le sont à titre d'avances, et si, au lieu d'adopter, pour leur versement, des termes fixes, on a pris des termes incertains en corrélation avec les progrès de la construction, c'est afin que le montant des sommes à payer parvienne dans les mains du constructeur au moment où il en a besoin pour pouvoir mener à bonne fin l'ouvrage entrepris. — Certains auteurs vont même plus loin; ils prétendent que la doctrine dominante sur la question de propriété du navire en voie de construction a été définitivement consacrée par la loi du 10 déc. 1874 et par celle du 10 juill. 1885 qui en a reproduit les dispositions (Laurin sur Cresp, *loc. cit.*, p. 239; Desjardins, *loc. cit.;* Guillouard, *loc. cit.*). Cette proposition est-elle exacte? L'art. 5 de la loi du 10 déc. 1874, qui permettait de constituer une hypothèque sur un navire en construction, ne fournissait aucune indication sur le point de savoir à qui du constructeur ou de l'armateur appartenait le droit de la consentir, et l'art. 5 de la loi du 10 juill. 1885 n'est pas plus explicite. Mais, dit-on, le rapport déposé sur le bureau de l'Assemblée nationale au nom de la commission explique dans les termes les plus précis quelle a été, sur ce point, la pensée du législateur. « Ordinairement la construction se fait sur commande pour un armateur qui verse des acomptes au fur et à mesure de l'avancement du travail. Une longue et grave controverse s'est engagée dans la jurisprudence sur le point de savoir à qui appartient le navire en construction jusqu'au moment de la réception définitive. Appartient-il à l'armateur qui l'a commandé et qui a fait des versements d'acomptes? Est-il, au contraire, en attendant la livraison, la propriété du constructeur avec cette conséquence, qu'en cas de faillite de celui-ci, il soit compris dans l'avoir général, gage commun des créanciers? C'est cette dernière solution qui a prévalu. Il est admis aujourd'hui qu'un navire construit sur commande ne devient la propriété de l'armateur sur l'ordre duquel il a été construit qu'après que la réception s'en est accomplie, etc. » (D. P. 75. 4. 64). Or, en votant le texte proposé par la commission, l'Assemblée s'est approprié virtuellement les doctrines contenues dans le rapport. Il faut répondre d'abord que, si le législateur avait entendu trancher incidemment la question de savoir à qui appartient le navire en construction dans la loi sur l'hypothèque maritime, il aurait pris le soin de traduire sa volonté dans un texte de loi et ne se fût pas contenté de déclarations plus ou moins précises contenues dans un document qui émane simplement d'une commission et qui, par suite, n'a point force législative. On remarquera, d'autre part, que le rapporteur constate simplement la prédominance du système dont il fait mention sans le présenter comme ayant ses préférences et celles des membres de la commission. Dans ces conditions, comment attribuer force de loi à la solution qu'il constate?

96. Certains auteurs, du reste, apportent à cette solution un tempérament; MM. Boistel et Guillouard, *loc. cit.*, reconnaissent que l'armateur a la propriété du navire en voie de construction, lorsque la façon dont le constructeur procède, par suite des accords intervenus, dénote l'intention, chez les contractants, d'une part, que les matériaux destinés à la construction soient, avant d'être employés, vérifiés et acceptés par l'armateur; d'autre part, que la construction s'exécute pour le compte exclusif de ce dernier. Les matériaux que l'on présente à l'armateur et qu'il agrée deviennent, au moment même, sa propriété, puisqu'ils se trouvent ainsi individualisés, et que, dans notre droit, l'obligation de donner, et spécialement celle qui découle de la vente, pour le vendeur, est translative de propriété dès que l'objet en est déterminé. Par suite, les fragments du navire qui sont confectionnés successivement, avec ces matériaux devenus siens et pour son compte personnel, lui appartiennent au fur et à mesure qu'ils prennent forme. Et ce n'est pas seulement au regard du constructeur, c'est aussi au regard des tiers que l'armateur est fondé à se réclamer de la qualité de propriétaire, puisqu'on a pris soin de les informer, par l'apposition d'un écriteau sur le chantier, de la façon dont les choses devaient se passer.

97. Il a été jugé: 1° que le marché à forfait qui intervient entre l'armateur et le constructeur participe de la nature du contrat de mandat, en ce que l'armateur a donné commission au constructeur de construire un navire pour son compte, et du contrat de louage d'ouvrage, en ce que le constructeur, pour un prix déterminé, s'est chargé de la construction du navire en fournissant son travail et la matière (Rouen, 14 janv. 1826, aff. Frémond, syndic Bataille, *Recueil de Marseille*, 1826. 2. 90); — 2° Que, dans le cas de construction à forfait d'un navire pour le compte d'un armateur déterminé, le navire devient la propriété de l'armateur au fur et à mesure de la construction; qu'il y a lieu surtout de le décider ainsi quand l'armateur doit fournir et a fourni en fait une partie des matériaux (Aix, 7 déc. 1826, aff. Mauric, Teissère, Bory, *Recueil de Marseille*, 1827. 1. 65); — 3° Que le contrat qui intervient à forfait entre l'armateur et le constructeur en vue de la construction d'un navire, pour un prix déterminé, est un marché sur devis qui doit être régi par les dispositions du liv. 3, tit. 8, sect. 3 c. civ.; que, d'après les dispositions constamment appliquées par la jurisprudence des cours et tribunaux aux constructions de navires et bâtiments de mer, le négociant qui a fait un marché avec un constructeur pour que celui-ci lui fournisse, moyennant un prix convenu et payé successivement à mesure des progrès de l'œuvre entreprise, le travail, l'industrie et les matériaux nécessaires à la construction d'un navire, est propriétaire de ce navire; qu'au contraire les matériaux dont il n'a pas encore été fait emploi, quel que soit le lieu où ils sont déposés, quelle que soit la préparation qu'ils aient reçue, continuent d'appartenir au constructeur (Marseille, 19 janv. 1843, aff. Lamonta, *Recueil de Marseille*, 1843. 1. 236); — 4° Que la convention par laquelle un constructeur s'oblige à construire, pour le compte d'un armateur, un navire de dimensions déterminées, moyennant un prix fixé d'avance, présente des caractères particuliers; que le navire construit spécialement pour l'armateur avec des matériaux qu'il agrée et paie successivement, devient sa propriété, à mesure qu'il s'élève, sous la condition que le constructeur achèvera l'ouvrage, qu'il sera des dimensions convenues et conforme aux règles de l'art (Bordeaux, 23 mars 1857, aff. Tastet, syndic d'Amiot, *Recueil de Marseille*, 1857. 2. 90); — 5° Que celui qui a commandé la construction d'un navire est propriétaire dudit navire dans la proportion des payements par lui effectués eu égard à l'importance des travaux exécutés, et propriétaire éventuel du surplus du navire, au fur et à mesure des travaux ultérieurement exécutés, acceptés et payés (Trib. civ. Seine, 19 mars 1858, aff. Gouvernement russe, *Recueil de Marseille*, 1858. 2. 46).

98. Mais il a été jugé, en sens inverse : 1° que la convention par laquelle un constructeur de navires se charge de construire, pour le compte d'un armateur, un navire affectant certaines formes, ayant un tonnage déterminé, livrable à époque fixe complètement équipé et prêt à prendre la mer, moyennant un prix payable en divers termes suivant le degré d'avancement des travaux, constitue principalement un marché ou devis à forfait, c'est-à-dire une vente à livrer, et que le constructeur reste, nonobstant les versements opérés par l'armateur, propriétaire du bâtiment jusqu'au moment de la livraison (Rennes, 24 janv. 1870, aff. Barnès, D. P. 71. 2. 140); — 2° Que l'entrepreneur qui, se chargeant de la confection d'un ouvrage, s'oblige à fournir non seulement son travail, mais aussi tous les matériaux nécessaires, demeure propriétaire de la chose tant que son œuvre n'est pas achevée et tant qu'il est dans l'impossibilité de la remettre aux mains de celui auquel il doit la livrer; que ce principe, applicable à la chose elle-même, l'est également à toutes les parties qui la composent, chaque fois qu'elles ne sont pas de nature à être livrées par pièces ou à la mesure ou que l'objet commandé est indivisible, soit par sa nature, soit par son rapport à l'obligation qui ne la rend pas susceptible d'une exécution partielle; spécialement, qu'un navire en voie de construction, insusceptible d'une livraison partielle, continue d'appartenir au constructeur malgré le payement par l'armateur au constructeur d'acomptes proportionnels à l'avancement des travaux (Civ. rej. 20 mars 1872, aff. Leverrier, D. P. 72. 1. 140); — 3° Qu'un marché pour la construction d'un navire ne constitue point un louage d'ouvrage auquel s'ajouterait une vente de matériaux de diverses natures plus ou moins mis en œuvre, mais un contrat commercial de vente à livrer, portant sur une chose future, et réalisable seulement par la construction achevée du navire et sa livraison à l'acheteur qui l'agrée; que le constructeur demeure, par suite, propriétaire jusqu'au moment de la livraison (Rennes, 23 juill. 1873, aff. Legal, D. P. 75. 5. 303); — 4° Que, dans le cas où un constructeur entreprend la construction de navires à forfait, pour le compte d'un armateur, la propriété de ces navires réside sur la tête de l'entrepreneur tant qu'ils se trouvent sur ses chantiers; qu'au contraire, elle passe légalement de l'entrepreneur à l'armateur du jour où lesdits bâtiments sont construits et livrés (Rennes, 21 avr. 1874, aff. Perdereau; Civ. rej. et Civ. cass. 17 mai 1876, aff. Perdereau, 1re et 2e espèces, D. P. 78. 1. 97; Rennes, 4 mars 1880, aff. Guitton, D. P. 81. 2. 210); — 5° Que le marché à forfait pour la construction d'un navire, alors que le constructeur fournit tout à la fois son travail, son industrie et la matière, constitue, non un simple louage d'ouvrage, mais une véritable vente à livrer conditionnelle et portant sur un objet futur; que cette vente ne se réalise que par la construction achevée du navire et sa délivrance à l'acheteur qui l'agrée; que le navire, par suite, continue d'appartenir au constructeur jusqu'à sa livraison (Rennes, 27 avr. 1877, aff. Legal, D. P. 79. 2. 221).

99. En Angleterre, on admet généralement que la propriété du navire en voie de construction réside sur la tête du constructeur qui, procédant à forfait, se charge tout à la fois de la fourniture des matériaux et de celle de la main-d'œuvre, bien que le prix soit payable, par acomptes successifs, au fur et à mesure des progrès des travaux. Mais on admet de nombreuses exceptions à cette règle : l'armateur est considéré comme devenant propriétaire des portions du navire auxquelles correspondent les avances fournies, lorsqu'une clause particulière, ou même les circonstances indiquent que telle a été l'intention des contractants, et la jurisprudence se montre aujourd'hui plus large que jamais lorsqu'il s'agit de le décider ainsi (V. Maclachlan, p. 2 et suiv.).

Le code du Bas-Canada s'exprime dans les termes suivants (art. 2378) : « Les parties contractantes peuvent convenir que le bâtiment dont la quille est posée sera la propriété de la personne qui avance les deniers ou effets pour le parachever, et cette convention transfère de plein droit à celui qui fait les avances, pour lui en assurer le payement, non seulement la propriété de la partie du bâtiment alors construite, mais celle du bâtiment jusqu'à et subséquemment à son parachèvement ».

100. La nature des conventions conclues avec les ouvriers et fournisseurs par l'armateur qui procède lui-même à la construction dans le cas de construction *par économie*, ou par le constructeur qui construit pour son propre compte ou pour le compte de l'armateur en vertu d'un traité à forfait, est facile à déterminer. Les conventions qui interviennent avec les ouvriers sont des louages d'ouvrage; celles qui sont passées avec les fournisseurs des matériaux sont des ventes d'objets mobiliers; les unes et les autres sont soumises aux règles du droit commun en matière de louage ou en matière de vente. — Quant au contrat qui intervient postérieurement entre le constructeur qui a construit pour son compte personnel et l'armateur qui se rend acquéreur du navire, c'est incontestablement une vente qui, ayant pour objet un bâtiment de mer, est régie par l'art. 195 c. com.

101. Pour se rendre un compte exact de l'intérêt que présentent, quant à leurs conséquences pratiques, les problèmes précédemment examinés, il faut se placer successivement à plusieurs points de vue.

102. — I. MODE DE CONSTATATION DES CONVENTIONS QUI INTERVIENNENT EN VUE DE LA CONSTRUCTION. — Les contrats, que passe avec les ouvriers et les fournisseurs l'armateur qui construit *par économie*, le constructeur qui procède à l'édification du navire, soit pour son propre compte, soit pour le compte d'un armateur avec lequel il a traité à forfait, ne sont soumis à aucun mode de constatation particulier; ils sont régis, quant à la preuve, par les art. 1341 et suiv. c. civ., s'ils sont purement civils, par l'art. 109 c. com., s'ils affectent un caractère commercial.

103. Il en est de même du marché qui intervient entre l'armateur et le constructeur, s'il renferme simplement un louage d'industrie ou même un louage d'ouvrage accompagné d'une vente de matériaux. Du moment, au contraire, où il y a vente du navire, la solution est différente, et l'art. 195 c. com. devient applicable. Est-ce la vente d'un navire déjà construit? La proposition est incontestable. Est-ce la vente à livrer du navire à construire? La question devient sans doute plus délicate; un auteur, M. de Valroger, *op. cit.*, t. 1, nos 134 et 147, incline à penser que l'art. 195 ne régit pas la vente du navire en construction et, à plus forte raison, le marché à forfait qui intervient entre l'armateur et le constructeur, le navire n'étant qu'à l'état de projet et non commencé. « Lorsque le législateur, dit-il, a voulu parler du navire en construction, il l'a fait expressément et d'une manière spéciale » (V. L. 10 déc. 1874; 10 juill. 1885, art. 5). Mais la généralité des termes employés dans l'article ne permet guère d'accepter cette distinction. La vente volontaire des navires est indiquée comme devant toujours être constatée par écrit, sans qu'il y ait à se préoccuper ni des apparences qu'elle revêt, ni de l'état particulier du bâtiment qui en fait l'objet. Il n'y a pas de raison pour la soustraire à l'empire de cette disposition dans le cas spécial dont s'agit (Conf. Levillain, articles précités, *Revue générale du droit, de la législation et de la jurisprudence*, 1879, p. 469 et suiv.; Desjardins, n° 64; Dufour, t. 2, n° 573; Lyon-Caen et Renault, n° 1631). Il a été jugé que l'art. 195 c. com. est inapplicable à la vente de la coque d'un navire en construction; mais que cette vente ne peut, à raison de son importance, être considérée comme définitive qu'autant qu'il y a eu échange de signatures entre les cocontractants (Trib. Nantes, 20 avr. 1866, *Journal de Nantes*, 1866. 1. 126).

104. Aux termes de l'art. 316 c. com. italien, « les contrats pour la construction des navires, les pactes qui s'y réfèrent, les explications, modifications, changements ou annulations de ces mêmes contrats doivent être passés par écrit et transcrits sur les registres du département maritime où doit s'exécuter la construction sous peine de nullité ». L'art 489 du nouveau code de commerce portugais décide que les contrats qui ont pour objet la construction d'un navire doivent être rédigés par écrit, que le titre de construction doit indiquer le prix qui est dû; il ajoute que les mêmes prescriptions sont applicables aux contrats de grande réparation de navires et à tous ceux qui modifieront, altéreront, remplaceront ou révoqueront les contrats de construction et ceux de grande réparation.

105. De la nature juridique du marché dépendent encore, lorsque le contenu en est relaté dans un acte sous seing privé, les conditions de formes auxquelles cet acte doit satisfaire. Si la convention entre l'armateur et le constructeur renferme un louage d'ouvrage ou même, tout à la fois, une vente de matériaux et un louage d'ouvrage, comme cette convention affecte un caractère commercial, l'acte n'est pas soumis à la formalité des doubles telle qu'elle est établie par l'art. 1325 c. civ., et il acquiert date certaine au regard des tiers indépendamment des conditions imposées par l'art. 1328 du même code; car on reconnaît généralement qu'en matière commerciale, l'acte sous seing privé échappe à l'application de ces dispositions (V. *Rép.* v° *Obligations*, n° 3911 et 4022; Aubry et Rau, t. 8, § 756, texte et notes 49-51, § 756 *bis*, texte et note 148; Demolombe, *Des contrats et des obligations*, t. 6, n° 581; Boistel, n° 440; Lyon-Caen et Renault, t. 1, n° 605 et 607, ainsi que les autorités citées par ces auteurs). Mais il en est différemment si le contrat contient une vente, soit du navire que le constructeur a construit précédemment pour son propre compte, soit de celui qu'il s'engage à construire pour le compte de l'armateur avec lequel il traite à forfait; car on verra que l'acte sous seing privé destiné à constater la vente d'un bâtiment de mer est soumis sans restriction aux prescriptions des articles précités.

106. — II. GARANTIE A RAISON DES VICES DE CONSTRUCTION. — Les fournisseurs, avec lesquels traite celui qui construit afin de se procurer les matériaux nécessaires, sont, en tant que vendeurs de ces derniers, garants des vices cachés dont ils seraient affectés (c. civ. art. 1641 et suiv.). Les ouvriers, de leur côté, pourront voir leur responsabilité engagée s'ils n'ont pas exécuté les ordres, s'ils ne se sont pas conformés aux instructions qui leur étaient adressées quant à la façon dont le travail devait s'exécuter. Mais ni les uns ni les autres ne sont responsables des vices de construction proprement dits; une personne n'est, en effet, jamais appelée à répondre que des dommages qui proviennent de son fait ou de celui de ses préposés; un ouvrier, un artisan n'est tenu à raison des défectuosités que présente l'ouvrage exécuté avec sa coopération, qu'autant qu'il a présidé à son accomplissement et que les défauts dont on constate l'existence peuvent être considérés, par suite, comme tenant à un manque d'équilibre dans ses combinaisons, d'habileté dans la façon dont il a conçu ou dirigé les travaux. Or ce n'est pas sous les auspices des fournisseurs et des ouvriers que la construction s'est opérée, c'est à l'armateur ou au constructeur qu'en a appartenu la direction. « *Nisi ideo*, disait le jurisconsulte Javolenus, *in operas singulas merces constituta erit, ut arbitrio domini opus efficeretur; tum enim nihil conductor præstare domino de bonitate operis videtur.* » Cette proposition n'a pas cessé d'être exacte depuis la promulgation du code.

107. Le constructeur qui entreprend à forfait la construction d'un navire pour le compte d'un armateur est au contraire garant envers celui-ci des vices de construction; du moment, en effet, où il s'est chargé, dans son ensemble, de l'ouvrage à exécuter, les défauts que présente cet ouvrage peuvent être considérés à bon droit comme provenant d'un défaut d'harmonie dans ses conceptions, d'un manque de vigilance dans sa direction ou bien enfin de la maladresse ou de l'incurie des ouvriers dont il a la responsabilité. *Spondet peritiam artis.* Mais l'étendue et la durée de la garantie varient suivant le caractère du contrat.

108. Si les matériaux sont fournis par l'armateur pour le compte duquel la construction s'opère, le constructeur n'est absolument garant que des vices de construction au sens strict du mot; il n'aura pas à répondre des imperfections qui tiendraient à la mauvaise qualité des matériaux employés, s'il n'a pas été en situation de s'en rendre compte; peut-être même n'encourra-t-il qu'une responsabilité partielle quand il en a été instruit, étant donné que, s'il est en faute de les avoir acceptés, l'armateur a eu le tort de les lui remettre (Comp. *Rép.* v° *Louage d'ouvrage et d'industrie*, n° 131, 136, 138, 143 et 144; Req. 1er déc. 1868, aff. Barbaroux, D. P. 72. 1. 65, et la note ainsi que les autorités citées dans cette note; Guillouard, t. 1, n° 790, 847 et suiv., 875 et suiv.; Desjardins, t. 1, n° 61). Lorsque, au contraire, le constructeur fournit tout à la fois la main-d'œuvre et la matière première, il répond, sans restriction, non seulement des vices qui tiennent à la façon plus ou moins malencontreuse dont le travail a été exécuté, mais aussi de ceux qui proviennent de la qualité des objets employés, sauf cependant le droit qu'il a de recourir, ainsi qu'il a été dit, contre ceux qui les lui ont procurés.

109. A un autre point de vue, si le marché renferme un louage d'industrie ou un louage d'industrie combiné avec une vente de matériaux, la garantie, quant à sa durée, ne peut être régie que par les règles en matière de louage. Il est vrai qu'on se trouve alors en présence de deux dispositions différentes : celle de l'art. 1790 c. civ., applicable lorsque la fabrication a pour objet une chose mobilière, celle des art. 1792 et 2270 du même code qui se réfèrent à la construction des édifices immobiliers. Quelle est, de ces deux dispositions, celle qui devra être appliquée dans le cas de construction d'un navire? Ni l'une, ni l'autre d'une façon exclusive. D'une part, le constructeur ne saurait être considéré comme affranchi de toute responsabilité au moment de la livraison. Il en est affranchi, sans doute, quand il s'agit d'un objet mobilier ordinaire dont un examen superficiel, opéré à l'instant même, permet de vérifier la structure et le conditionnement; car, en pareil cas, le maître qui, après vérification, accepte l'ouvrage, est censé renoncer à tout recours ultérieur contre le fabricant. Mais il en est autrement quand il s'agit d'un navire qui, sous les apparences les plus satisfaisantes, peut être affecté de vices qui le rendent impropre à la navigation et dont les défectuosités n'apparaissent le plus souvent qu'à l'épreuve de la mer. D'autre part, il est impossible de faire survivre la responsabilité à la réception pendant dix ans, conformément aux art. 1792 et 2270, car ces dispositions empreintes d'un caractère exceptionnel ne peuvent pas être étendues par voie d'analogie; or elles ne s'appliquent qu'aux constructions immobilières. Est-ce à dire que le constructeur demeurera garant pendant 30 ans? Evidemment non, car le législateur n'a certainement pas entendu le traiter plus sévèrement que celui qui préside à la construction d'un édifice immobilier. Il convient donc d'adopter un moyen terme : l'obligation subsistera jusqu'au moment où, les vices de construction s'étant manifestés, il y aura réellement lieu à réclamation, c'est-à-dire jusqu'à l'issue du premier voyage; c'est seulement, en effet, à compter de cette époque que le silence de l'armateur peut impliquer, de sa part, renonciation à tout recours ultérieur contre l'entrepreneur. Seulement il ne lui suffira plus de justifier de l'existence d'avaries, il lui faudra prouver qu'elles ont eu pour cause un vice de construction proprement dit.

110. Si, au contraire, le marché renferme une vente du

navire à construire considéré comme chose future, il y a lieu de se demander si la garantie à laquelle le constructeur est astreint reste soumise aux règles en matière de louage, ou si elle n'est pas régie plutôt par les art. 1641 et suiv. c. civ., comme celle dont le vendeur est tenu à raison des vices cachés. La question est controversée (Comp. Troplong, *Du louage*, t. 2, n° 1015; Aubry et Rau, *op. cit.*, t. 4, § 374, texte et notes 2 et 17; Laurent, *Principes de droit civil*, t. 26, n° 34; Guillouard, *op. cit.*, n° 880; et spécialement en matière de constructions maritimes : Delamarre et Le Poitvin, *op. cit.*, t. 5, n°s 205 à 211; Desjardins, t. 1, n° 63); mais la logique voudrait, ce semble, qu'on appliquât les principes en matière de vente. Or si l'on adopte cette manière de voir, l'armateur a le choix entre l'*action rédhibitoire*, ou action en résiliation, et l'action *quanti minoris* qui tend à l'obtention d'une réduction sur le prix, sauf l'obligation de subir les réparations proposées par le constructeur et de se contenter d'une indemnité pour cause de retard, quand ces réparations doivent faire disparaître définitivement le vice de construction et quand, d'autre part, elles sont susceptibles de s'exécuter dans un délai raisonnable. Quelle que soit, d'ailleurs, celle des deux actions à laquelle il donne la préférence, l'armateur est tenu de l'exercer dans un bref délai et il appartient aux tribunaux de décider, par appréciation des circonstances, si la poursuite a été introduite en temps opportun.

111. L'application des art. 1641 et suiv., discutable dans le cas de construction à forfait avec obligation pour le constructeur de fournir tout à la fois la main-d'œuvre et les matériaux, alors même que le marché est considéré comme renfermant une vente à livrer du navire, est, au contraire, incontestable quand le constructeur, après avoir construit le bâtiment sans commande préalable et pour son propre compte, le vend ensuite à un armateur; car la vente qui intervient dans ces conditions est une vente ordinaire, et, par suite, on ne peut plus argumenter de son caractère exceptionnel pour la soustraire à l'application des dispositions précitées.

112. Il a été jugé : 1° que le constructeur n'est pas responsable envers l'armateur du préjudice causé par le vice propre du navire, quand il ne s'est pas chargé à forfait de toutes les réparations à faire audit navire, mais a simplement exécuté les changements et réparations qui ont eu lieu sous la surveillance et les indications de l'armateur, et lorsque, d'autre part, il n'est pas établi que le vice propre provient d'une négligence dont le constructeur se serait rendu coupable (Rouen, 19 janv. 1841, et Req. 11 janv. 1842, *Rép.* n° 985); — 2° Que le constructeur d'un navire responsable des vices de construction qui le rendent impropre à la navigation, ne peut, afin de s'exonérer de cette responsabilité, exciper de l'impossibilité où il s'est trouvé de construire un bâtiment en état de naviguer par suite des conditions de dimension, de port, de marche et de prix qui lui étaient imposées, puisqu'il dépendait de lui de ne pas entreprendre la solution d'un problème insoluble; que l'action en responsabilité de l'armateur contre le constructeur est recevable même après que le navire, livré à l'armateur et envoyé en mer en vue de l'accomplissement d'un voyage, est rentré dans le port à cause de l'impossibilité où il s'est trouvé de naviguer par suite du vice de construction dont il était affecté; que cette action ne peut être tenue en suspens par l'offre que fait le constructeur de procéder à une réparation qu'autant que cette réparation peut être effectuée sans qu'une atteinte grave soit portée aux éléments essentiels de la convention, c'est-à-dire sans que les conditions nautiques et commerciales du navire soient modifiées au point de le dénaturer et sans que la livraison en soit considérablement retardée; que, dans le cas où ces conditions font défaut, l'armateur est en droit de contraindre le constructeur à reprendre le bâtiment, à lui en rembourser le prix et à l'indemniser, en outre, du préjudice que lui cause la rupture du voyage (Rennes, 28 mars 1860, aff. G..., D. P. 60. 2. 220, et les notes).

113. — III. RISQUES. — Il s'agit de savoir, quand le navire en voie de construction périt par suite d'un cas fortuit, pour qui, de l'armateur ou du constructeur, est la perte survenue. Dans le cas de construction par économie, elle est pour l'armateur, qui reste tenu envers les fournisseurs du payement du prix des fournitures faites et envers les ouvriers du payement des salaires déjà gagnés. Les conventions passées avec eux ne sont, en effet, nullement subordonnées à l'achèvement de la construction, et, du moment où ils ont fourni partiellement les prestations promises, ils ont droit à une fraction correspondante de la rétribution stipulée.

114. Le constructeur qui construit le navire pour son propre compte se trouve, avons-nous dit, dans une situation identique à celle de l'armateur qui construit par économie; c'est donc pour lui également que sont d'abord les risques. Mais la vente, après que la construction est terminée, les transfère à l'acheteur en même temps que la propriété, toutes les fois du moins qu'elle est pure et simple (c. civ. art. 1138 et 1583). En conséquence, la perte postérieure est pour l'acquéreur qui n'en reste pas moins débiteur du prix. Dans le cas de construction à forfait, la question est résolue par les art. 1788 à 1790 c. civ. Si l'armateur, pour le compte duquel la construction s'opère, fournit les matériaux, c'est pour lui qu'est la perte (art. 1789); toutes les fois cependant que le bâtiment périt avant la livraison ou, tout au moins, avant que l'armateur ne soit en demeure de vérifier le travail, le constructeur n'est pas fondé à réclamer la rétribution qu'il a stipulée. — Si le constructeur fournit les matériaux en même temps que la main-d'œuvre, quel que soit le caractère que l'on attribue au marché, quel que soit celui sur la tête duquel réside la propriété pendant la durée des travaux, les risques sont pour l'entrepreneur qui, du moment où le navire a péri, même par cas fortuit, se trouve dans l'impossibilité d'exiger de l'armateur le payement du prix qui lui avait été promis, à moins, toutefois, qu'à l'époque du sinistre, ce dernier ne fût déjà en demeure de recevoir l'ouvrage ou, à plus forte raison, qu'il n'eût procédé à sa réception (art. 1788).

Jusqu'ici, l'intérêt pratique des controverses examinées *suprà*, n°s 90 et suiv., n'apparaît pas, il se manifeste, au contraire, dans les questions suivantes.

115. En premier lieu, l'art. 1788 demeure-t-il rigoureusement applicable et les risques continuent-ils de peser sur le constructeur quand, au lieu d'être exigible en une seule fois après que la construction est terminée, le prix est payable par fractions successives suivant le degré d'avancement des travaux? L'entrepreneur est-il, en pareil cas, tenu de rembourser les acomptes qui lui ont été versés? Non, si les vérifications et les payements partiels qui ont eu lieu sont considérés comme constituant une livraison partielle; car il résulte, on l'a vu, du texte même de l'art. 1788 que la perte fortuite n'est pour le constructeur qu'autant qu'elle est antérieure à la réception; et il en est du risque partiel, dans le cas de réception partielle, comme du risque total dans le cas de réception totale. L'art. 1791, quand il est applicable, déroge dans une certaine mesure à l'article précité; il en restreint la portée. Au contraire si, conformément à l'opinion dominante, les vérifications et les payements opérés n'ont pas pour effet d'attribuer à l'armateur les portions déjà existantes du bâtiment, l'art. 1791 étant inapplicable, l'art. 1788 conserve tout son empire; il n'y a alors de réception proprement dite que le jour où, la construction étant complètement terminée, le navire existe définitivement en tant qu'instrument de navigation, et la réception ou l'acte qui constitue l'armateur en demeure d'y procéder peut seul, ainsi qu'il a été dit, exonérer le constructeur des risques.

116. D'autre part, il y a lieu de se demander si le constructeur qui, en cas de perte fortuite du navire, ne peut réclamer à l'armateur la rétribution stipulée n'est pas, en outre, tenu de lui en construire un autre satisfaisant aux mêmes conditions et pour le même prix. Si le marché renferme un louage d'industrie, ou même, tout à la fois un louage d'industrie et une vente de matériaux, et si le navire appartient, dès le principe, à l'armateur pour le compte duquel la construction s'opère privativement, la solution négative ne peut faire difficulté. Le constructeur, simplement astreint à fournir les matériaux nécessaires et à façonner ces matériaux comme il convient, pour que la construction du navire qui se dresse sur le chantier soit conduite à bonne fin, est nécessairement affranchi de cette obligation, la seule qui lui incombe, du moment où la perte fortuite de la chose en voie d'édification en rend l'exécution irréalisable.

117. Il en est de même si, le marché renfermant une vente du navire à construire, les vérifications et les payements d'acomptes opérés au fur et à mesure des progrès de la construction ont un caractère translatif, et si, d'autre part, la perte fortuite survient après que la première de ces translations a eu lieu. Du jour, en effet, où l'armateur est devenu propriétaire des portions déjà construites de la quille, le constructeur n'est plus tenu que de continuer l'œuvre commencée, que de faire parvenir progressivement l'ouvrage en voie d'exécution au degré de perfectionnement nécessaire pour que les livraisons subséquentes puissent avoir lieu aux époques indiquées, et si la destruction de ce qui existe déjà du bâtiment en rend l'achèvement impossible, il est naturellement exonéré.

118. Y a-t-il lieu, au contraire, non seulement de considérer le contrat comme renfermant une vente à livrer du navire, objet du travail entrepris, mais encore de dénier aux vérifications et aux payements partiels qui se sont accomplis tout caractère translatif? Le constructeur reste obligé, ce semble, de construire dans des conditions identiques, pour l'armateur avec lequel il a traité, un autre bâtiment au lieu et place de celui qui a péri. Le navire qu'il a vendu, n'existant pas encore, a été simplement indiqué comme devant affecter certaines formes, certaines dimensions, comme devant, au point de vue de sa structure, satisfaire à certaines conditions. La vente n'a donc pas eu pour objet un corps certain, mais une chose déterminée seulement, quant à son genre et à son espèce. Plus tard, lorsque les contours du bâtiment ont été esquissés, lorsque ce dernier a acquis une forme spécifique, le contrat a néanmoins conservé son caractère originaire ; car l'entrepreneur qui, demeurant propriétaire, en gardait la libre disposition n'était pas obligé de livrer spécialement à l'armateur le navire à la construction duquel il procédait ; il aurait pu lui en livrer un autre, qu'il aurait construit parallèlement dans les mêmes conditions ; la chose à transférer ne devait se trouver réellement individualisée que le jour où, les travaux étant terminés, elle aurait été présentée définitivement comme devant faire l'objet de la livraison. Dans ces conditions, la destruction fortuite qui survient à une époque antérieure ne peut avoir pour résultat d'exonérer le constructeur de la prestation à laquelle il s'est soumis ; car, aux termes de l'art. 1302 c. civ., l'obligation de donner n'est éteinte par la perte de l'objet à transférer qu'autant que cet objet est un *corps certain et déterminé*.

119. — IV. PRIVILÈGE DES OUVRIERS ET FOURNISSEURS. — Le droit, pour les ouvriers et les fournisseurs, d'invoquer le privilège que leur confère sur le navire l'art. 191, alin. 8 c. com., ne soulève aucune difficulté dans le cas où ils ont traité directement avec un armateur qui construit *par économie* ou, ce qui revient au même, avec un constructeur qui construit pour son propre compte. Il en est autrement lorsqu'il s'agit d'un constructeur qui opère à forfait pour le compte d'un tiers. La question, en ce cas, dépend de celle de savoir à qui appartient le navire en chantier, si c'est le constructeur, ou bien l'armateur qui en a la propriété (V. sur ce point, *suprà*, nos 93 et suiv.). — Tout ce qui concerne le privilège des ouvriers et fournisseurs sera étudié en détail, *infrà*, nos 371 et suiv.

120. — V. DROIT DE DISPOSER DU NAVIRE PENDANT LA DURÉE DE LA CONSTRUCTION. — La question de savoir à qui appartient le navire durant sa construction présente encore un sérieux intérêt, lorsqu'il s'agit de déterminer qui, du constructeur ou de l'armateur, en a la libre disposition pendant la durée des travaux, qui des deux peut l'aliéner ou l'affecter à l'acquittement de ses obligations. — Si c'est, en effet, l'armateur qui en est propriétaire, lui seul peut en disposer, c'est-à-dire l'aliéner, soit à titre gratuit, soit à titre onéreux, le donner en nantissement, l'hypothéquer, etc., et les actes qu'il a pu consentir en faveur des tiers conservent leur efficacité après que la construction est terminée, puisque c'est sur sa tête que doit continuer de résider la propriété. Est-ce au constructeur qu'appartient, au contraire, le navire en construction? C'est alors ce dernier qui a seul le droit d'en disposer, et les droits qu'il concède continuent de subsister au profit des tiers qui s'en trouvent investis lorsque, plus tard, le bâtiment est transféré à l'armateur, car les tiers en question peuvent s'en prévaloir contre ce dernier en vertu du droit de suite que leur confère l'art. 190 c. com.

121. La proposition formulée en dernier lieu s'applique sans difficulté toutes les fois que le constructeur, après avoir procédé à la construction pour son propre compte, vend ensuite le bâtiment à un armateur qui auparavant était pour lui un étranger, car la vente qui intervient dans ces conditions est pure et simple et opère seulement *ut ex tunc*. Mais certains doutes surgissent dans le cas où, opérant à forfait avec mission de fournir les matériaux, l'entrepreneur, considéré comme propriétaire tant que l'ouvrage n'est pas complètement achevé, se trouve dépossédé ensuite au profit de l'armateur pour le compte duquel il a exécuté l'ouvrage. Le marché qui intervient alors entre lui et l'auteur de la commande renferme, a-t-on dit, une vente à livrer du navire à construire, donc une vente d'une chose future, et une vente de cette nature est nécessairement sous condition suspensive, puisqu'elle est subordonnée à la confection de la chose conformément aux énonciations du devis. Or la condition, lorsqu'elle s'accomplit, opère avec effet rétroactif (c. civ. art. 1179). Par suite, quand, les travaux une fois exécutés, l'armateur devient propriétaire, il le devient rétroactivement, le constructeur est censé ne l'avoir jamais été, et les droits qu'il a pu conférer sont considérés comme non avenus (Dufour, *op. cit.*, t. 2, nos 569 à 572). — On remarquera d'abord que cette manière de voir est inadmissible, dans le cas où c'est une hypothèque que le constructeur a constituée sur le navire, car elle se heurte contre le texte même de la loi sur l'hypothèque maritime; l'art. 7 de la loi du 10 déc. 1874 reproduit par l'art. 7 de la loi du 10 juill. 1885, après avoir, en effet, imposé au propriétaire qui demande à faire admettre à la francisation un navire nouvellement construit l'obligation de joindre aux pièces requises un état des inscriptions prises sur le navire en construction ou un certificat qu'il n'en existe aucune, ajoute que « les inscriptions non rayées sont reportées d'office, à leurs dates respectives, par le receveur des douanes, sur le registre du lieu de la francisation, si ce lieu est autre que celui de la construction » ; on suppose donc que l'hypothèque consentie pendant la durée des travaux subsiste après qu'ils ont pris fin. D'autre part le législateur, lorsqu'il s'est occupé du sort des hypothèques constituées sur les navires en construction, a eu certainement en vue le cas de construction à forfait avec fourniture des matériaux par l'entrepreneur qui est de beaucoup le plus fréquent. Donc, étant donné que le texte ne distingue pas, il y a lieu de le considérer comme ayant entendu attribuer un caractère définitif à l'hypothèque consentie, alors même que les circonstances sont telles qu'on vient de le supposer. — Mais, s'il en est ainsi des hypothèques, il serait bien étrange qu'il en fût autrement du droit de gage, plus généralement du privilège que posséderait un autre créancier, du droit d'usufruit ou de propriété dont serait investi un acquéreur, soit à titre onéreux, soit à titre gratuit. La vérité est, d'ailleurs, que leur situation est exactement la même ; l'objection soulevée par M. Dufour ne résiste pas, en effet, à un examen quelque peu attentif. D'abord si, comme le prétend cet auteur, la vente du navire à construire est conditionnelle, au moins doit-on reconnaître que la condition dont elle dépend est, en grande partie, potestative de la part du constructeur ; or, c'est une question fort débattue que celle de savoir si la condition potestative rétroagit comme la condition casuelle (Comp. Aubry et Rau, *op. cit.*, t. 4, § 302, texte et notes 65 et 66 ; Demolombe, *op. cit.*, t. 2, nos 385 et suiv. ; Laurent, *Principes de droit civil*, t. 17, n° 86, et *infrà*, v° *Obligations*). De plus, la vente contenue dans le marché à forfait qui est intervenu entre l'armateur et le constructeur est sans doute soumise à certaines éventualités, mais ce n'est pas une vente conditionnelle dans la véritable acception du mot ; une obligation n'est, en effet, soumise à une condition proprement dite qu'autant qu'elle est subordonnée à un événement futur et incertain arbitrairement choisi par les parties en dehors de ses principes constitutifs ; on ne peut pas dire, en effet, qu'une obligation est conditionnelle, parce que son existence dépend de la coexistence des éléments nécessaires à sa formation ; or si, dans le cas actuel, l'existence et, par suite, l'effet translatif de la vente demeure en suspens, c'est uniquement parce que son objet n'existe pas encore. Il n'y a donc pas lieu d'appliquer ici l'art. 1179 exclusivement afférent aux obligations véritablement conditionnelles; son application engendrerait une conséquence absurde; par l'effet d'une fiction, l'armateur serait réputé propriétaire du navire avant qu'il n'existât (Laurin sur Cresp, t. 1, note précitée, p. 233; Desjardins, t. 1, nos 62 et 144; de Valroger, t. 1, n° 48; Lyon-Caen et Renault, n° 1631; Boistel, note sur l'arrêt du 17 mai 1876, aff. Perdereau, D. P. 78. 1. 97). — Il a été jugé que celui qui a commandé la construction d'un navire en est propriétaire actuel dans la proportion des payements tels qu'il les a effectués, et propriétaire éventuel du surplus, au fur et à mesure des travaux ultérieurement exécutés, acceptés et payés; que, par suite, le nantissement conféré à un tiers par le constructeur sur ledit navire ne peut prévaloir sur son droit de propriété (Trib. civ. Seine, 19 mars 1858, *Recueil de Marseille*, 1858. 1. 46).

122. — VI. DROITS ET PRÉROGATIVES DE L'ARMATEUR QUI A PAYÉ DES ACOMPTES AU CONSTRUCTEUR EN CAS DE FAILLITE DE CE DERNIER. — Un armateur a traité à forfait avec un constructeur en vue de la construction d'un navire; le constructeur est déclaré en faillite avant que cette construction ne soit terminée et, par suite de cette circonstance, les travaux sont interrompus: quelle est la situation de l'armateur qui a fait la commande? Lorsque la rétribution dont il se trouve débiteur est payable en une seule fois, à l'issue des opérations, la question ne présente pas un grand intérêt; quoi qu'il advienne, en effet, il n'éprouve pas de préjudice appréciable. Si les syndics optent pour l'exécution de la convention et pour l'achèvement de la construction, l'armateur, qui prend livraison du navire après son achèvement, doit payer à la faillite le montant total de la somme promise; tout au plus est-il fondé à en déduire l'indemnité qui lui serait allouée à raison du préjudice que lui a occasionné le retard dans l'accomplissement de l'œuvre entreprise. Si, au contraire, les syndics laissent l'ouvrage inachevé, de deux choses l'une: ou bien l'armateur est, en tant que propriétaire, admis à revendiquer la coque dans l'état où elle se trouve, afin d'en faire continuer l'édification par un autre entrepreneur, et il doit alors verser à la masse une quote-part du prix proportionnelle au degré d'importance des travaux déjà réalisés, ou bien, n'étant pas propriétaire, il se trouve dans la nécessité de laisser à la faillite ce qui existe déjà du bâtiment, et alors, excipant de ce que le failli n'a pas exécuté les obligations dont il était tenu, il refusera de payer la rémunération, sans préjudice des dommages-intérêts auxquels il pourra prétendre à raison du tort que lui occasionnerait l'inaccomplissement ou l'inachèvement de la construction, ainsi qu'il sera dit plus loin.

123. Mais lorsque, au lieu d'être payable en une seule fois après que l'ouvrage est terminé, le prix est payable par fractions successives, au fur et à mesure du degré d'avancement des travaux, et lorsque, au moment de la déclaration de faillite, des acomptes ont été déjà versés, la question de propriété présente un intérêt incontestable; car, suivant que le bâtiment qui se dresse sur le chantier est considéré comme appartenant au constructeur ou à l'armateur, la situation de ce dernier se trouve plus ou moins compromise. Est-ce l'armateur qui est propriétaire? Si les syndics refusent de mener à bonne fin l'opération dont le failli s'était chargé, il peut, moyennant l'abandon définitif des sommes déjà versées et le payement d'un excédent dans le cas où les sommes en question ne seraient pas absolument l'équivalent des portions déjà construites du bâtiment, se faire remettre la coque dans l'état où elle se trouve et faire terminer la construction par un autre constructeur. Il va de soi, du reste, que les opérations qui se continuent de la sorte ont lieu aux risques et aux frais de la masse par application de l'art. 1144 c. civ., car les obligations du failli, représenté actuellement par ses créanciers, envers l'armateur pour le compte duquel il avait entrepris la construction ne sont pas éteintes par le fait de la faillite. L'armateur, qui fait l'avance des impenses occasionnées par la continuation de l'ouvrage, est donc en droit de répéter ces avances contre la faillite et il peut les compenser avec la rétribution partielle dont il est resté débiteur envers elle.

En vain on objecte qu'étant simplement créancier de la faillite pour le montant des déboursés dont il est admis à exercer la répétition et n'ayant, par suite, comme les autres créanciers, qu'un dividende à percevoir, il ne peut établir de compensation que jusqu'à concurrence de ce dividende, sans quoi, il arriverait, indirectement et par un moyen détourné, à bénéficier d'un privilège que la loi ne lui confère pas. — Il faut répondre que celui pour le compte duquel le navire se construit n'est tenu d'exécuter ses obligations envers le constructeur qu'autant que ce dernier a, de son côté, exécuté celles auxquelles il est soumis envers lui. Il peut refuser, par suite, de payer la rétribution promise ou la portion de cette rétribution dont il se trouve encore redevable tant que le constructeur n'a pas exécuté le travail mis à sa charge dans les conditions prévues et indiquées par la convention, ou, ce qui revient au même, tant que le constructeur ne lui a pas remboursé les sommes qu'il a personnellement avancées pour faire conduire le travail à bonne fin. Et la faillite de celui avec lequel il a traité ne met nullement obstacle à ce qu'il use de cette prérogative; car la masse substituée au failli se trouve, à ce point de vue, dans une situation de tous points identique à celle du failli lui-même; elle ne peut revendiquer le bénéfice d'un contrat synallagmatique passé par un tiers avec le failli avant la faillite qu'autant qu'elle exécute complètement les engagements de ce dernier envers le tiers en question ou qu'elle rembourse préalablement les dépenses opérées afin d'en assurer l'accomplissement. Les syndics ne peuvent donc obtenir de l'armateur la somme dont le failli est encore créancier qu'à charge de subir la compensation dont il a été parlé et de réduire leurs prétentions à l'excédent de cette somme sur le montant des avances dont ils doivent la restitution (V. Dufour, t. 2, n° 585).

Si, au lieu d'être inférieures à la portion de la rétribution qui est encore due, les dépenses faites par l'armateur en vue de la continuation des travaux sont supérieures, c'est lui qui, en sens inverse, se trouve créancier de la faillite pour le surplus; il est alors, quant à ce surcroît, traité comme les créanciers ordinaires et n'a droit qu'à un simple dividende; mais le dommage qu'il éprouve de ce chef est essentiellement limité.

124. Du moment où, au contraire, c'est le constructeur qui est propriétaire, la situation est bien différente; la coque du navire, comme tous ses autres biens, est le gage commun de ses créanciers; elle fait partie de l'actif de la faillite; l'armateur ne peut donc la revendiquer d'une façon exclusive; il a simplement le droit d'exiger le remboursement des acomptes qu'il a payés (c. civ. art. 1235 et 1377); mais, simple créancier du failli, il vient, pour le montant total de la somme à répéter, en concours avec les autres créanciers; il ne touche qu'un dividende et il subit ainsi, si les sommes dont il a déjà fait l'avance au moment de la déclaration de faillite atteignent un chiffre élevé, une perte considérable.

Dufour, t. 2, nos 577 à 579, s'est efforcé d'obvier à cet inconvénient à l'aide du raisonnement suivant: « Le marché à forfait, dit-il, renferme une vente du navire à construire; cette vente est conditionnelle, car elle est subordonnée à la réalisation de la construction conformément aux indications du devis. Si la construction reste inachevée et si, par suite, la condition ne s'accomplit pas, c'est uniquement parce que le constructeur a été déclaré en faillite, c'est-à-dire par suite d'un fait imputable au vendeur; or, aux termes de l'art. 1178 c. civ., la condition est réputée accomplie, lorsque c'est le débiteur, obligé sous cette condition, qui en a empêché l'accomplissement. » Donc, par le fait de la faillite, la vente qui était conditionnelle devient pure et simple; son effet translatif est immédiat et l'armateur, réputé propriétaire du navire qui s'élève sur le chantier, est fondé à en exiger la délivrance. — Mais on sait déjà que cette argumentation pèche par la base; nous avons, en effet, constaté *suprà*, n° 121, que, si la vente contenue dans le marché est conditionnelle, la condition à l'accomplissement de laquelle elle se trouve subordonnée est potestative; or l'art. 1178 est inapplicable, lorsque la condition présente ce caractère. Nous avons même reconnu que la convention, bien que soumise à certaines éventualités, n'est pas cependant, à proprement parler, une convention sous condition suspensive; dès lors, elle échappe à l'application de l'art. 1178 comme à celle de l'art. 1179. Dans les deux cas, le résultat obtenu serait également inadmissible : le contrat serait considéré comme parfait et comme produisant immédiatement son plein et entier effet, quoiqu'il ne fût pas encore pourvu de tous les éléments nécessaires à sa formation, et l'armateur, en vertu d'une fiction légale, serait réputé propriétaire d'une chose qui n'existe pas encore telle qu'elle doit exister pour satisfaire au vœu exprimé par les parties contractantes (Laurin sur Cresp, t. 1, note 42, p. 238; Desjardins, t. 1, n° 62; Lyon-Caen et Renault, n° 1633, p. 40, note 1).

Il faut donc s'en tenir aux idées qui ont été formulées précédemment; l'armateur, du moment où il n'est pas propriétaire du navire en voie de construction, se trouve dans l'impossibilité de le faire distraire de la masse et de s'en faire attribuer la possession; il est simplement fondé à répéter les avances qu'il a faites au constructeur avant la déclaration de faillite; mais, de ce chef, il n'a qu'un droit de créance. Pour le prémunir contre le préjudice auquel l'expose la nécessité de subir le concours des autres créanciers, le projet de remaniement de 1867 lui conférait un privilège sur le bâtiment, et ce privilège était même indiqué comme devant être colloqué avant celui des fournisseurs et des ouvriers employés à la construction; mais les lois de 1885 n'ont pas consacré cette innovation; l'armateur n'a donc d'autre ressource que d'exiger une hypothèque conformément à la disposition de l'art. 5 de la loi du 10 juill. 1885, et cette hypothèque ne lui permettra jamais de venir sur le prix de vente du navire qu'après les créanciers privilégiés (art. 34 de la même loi).

125. Une dernière question reste à examiner. L'armateur peut-il, lorsque le constructeur en faillite se trouve hors d'état de mener à bonne fin l'ouvrage en voie d'exécution, lui réclamer des dommages-intérêts à raison du préjudice qu'il éprouve par suite de l'inachèvement de la construction? A l'appui de la solution négative (Dufour, t. 2, n° 586) on invoque, par analogie, la disposition de l'art. 445 c. com. qui fait cesser le cours des intérêts à compter du jugement déclaratif. Les intérêts sont, dit-on, pour le créancier d'une somme d'argent, ce que sont les dommages-intérêts moratoires pour tout autre créancier et, notamment, pour celui au profit duquel existe une obligation de faire; de même, en effet, que les intérêts ont pour objet de dédommager le premier de la privation de la jouissance de son capital pendant le retard que subit le payement, les dommages-intérêts ont pour objet d'indemniser le second du préjudice qu'il éprouve par suite de l'impossibilité où il est de jouir de la chose, objet de la prestation promise, à défaut de livraison. Si donc, en cas de faillite du débiteur, il est interdit à tout créancier d'une somme d'argent de réclamer les intérêts de cette somme, les autres doivent, pour les mêmes motifs, être non recevables à demander des dommages-intérêts.

Nous croyons, au contraire, que l'armateur est fondé dans sa prétention (Conf. Desjardins, *loc. cit.*). La disposition de l'art. 445 est exceptionnelle comme toutes celles qui prononcent des déchéances, et il est impossible, même sous prétexte d'analogie, de l'appliquer à un autre cas que celui visé spécialement par le texte. Cette interprétation extensive est, dans la circonstance, d'autant plus inadmissible que les motifs sur lesquels elle repose font complètement défaut. Si le cours des intérêts est suspendu à compter de la déclaration de faillite, c'est afin de maintenir l'égalité entre les créanciers. Des délais souvent assez longs s'écoulent avant que l'actif du failli ne puisse être réparti entre les ayants droit, et le retard qui se produit entraîne pour tous un préjudice proportionnellement équivalent. Cependant, si les intérêts continuent de courir au profit de ceux d'entre eux qui ont pris les mesures nécessaires pour pouvoir les réclamer et s'ils ne courent pas en faveur de ceux qui ont négligé de recourir aux mêmes précautions, non seulement ces derniers se trouvent, par rapport aux premiers, dans un état d'infériorité regrettable, mais cet état s'aggrave progressivement à raison des lenteurs que comportent nécessairement la liquidation, la réalisation et la répartition de l'actif de la faillite. Pour éviter cet inconvénient il fallait décider, ou bien que les intérêts courraient au profit de tous, ou bien, ce qui est plus simple, qu'ils ne courraient au profit de personne. Mais cette disposition, facilement explicable, lorsqu'il s'agit de créanciers de sommes d'argent auxquels les retards occasionnent un dommage identique, serait injustifiable si elle avait pour résultat de priver des dommages-intérêts moratoires auxquels ils ont droit des créanciers qui se trouvent dans une situation différente et auxquels l'inexécution, par le failli, des prestations promises occasionne un préjudice inégal. D'ailleurs, ce ne sont pas seulement les intérêts moratoires qui cessent de courir aux termes de l'article précité, il en est de même des intérêts conventionnels. Or, si les parties avaient pris soin de déterminer, à l'aide d'une clause pénale, l'indemnité qu'aurait à payer le constructeur dans le cas où le navire ne serait pas construit et livré à l'époque indiquée, est-ce que l'armateur se trouverait, par suite de la faillite de celui-ci, dans l'impossibilité de bénéficier de la stipulation intervenue? Personne n'a jamais soutenu un pareil système.

Mais, pour le montant de ces dommages-intérêts, comme pour les sommes qu'il peut avoir à répéter contre la faillite, l'armateur, simple créancier, doit subir le concours des autres créanciers et n'a droit qu'à un dividende, à moins qu'il ne soit en situation de recourir au droit de rétention et, par suite, d'établir une compensation entre l'indemnité et les sommes dont il serait demeuré débiteur, ainsi qu'il a été dit *suprà*, n° 123.

126. Les questions qu'il convient d'examiner ont été diversement résolues par la jurisprudence. D'une part, il a été jugé : 1° que le marché à forfait souscrit en vue de la construction d'un navire n'est pas dissous par la faillite du constructeur comme il le serait par sa mort; que, par suite, en cas de refus de sa part de finir l'ouvrage commencé, la masse qui le représente et est tenue d'exécuter ses obligations comme il en était tenu lui-même, doit, ou bien faire terminer la construction par un autre constructeur, ou bien laisser au maître toute latitude pour la faire terminer; que, le jour où la construction est terminée, il doit, après avoir prélevé sur la portion de la rétribution dont il est encore débiteur, les sommes à payer aux ouvriers et fournisseurs et verser le surplus à la caisse de la faillite (Rouen, 14 janv. 1826, aff. Frémond, syndic Bataille, *Recueil de Marseille*, 1826. 2. 90); — 2° Que le navire construit à forfait pour le compte d'un armateur devient sa propriété au fur et à mesure de la construction; que celui-ci peut, dès lors, en cas de faillite du constructeur pendant la durée des travaux, se faire remettre la coque et la faire terminer par un autre aux frais de la faillite; qu'il a le droit de répéter contre la masse les impenses occasionnées par l'achèvement de la construction; mais que, pour le montant de ces impenses, il vient au marc le franc avec les autres créanciers (Aix, 7 déc. 1826, aff. Mauric, Teissère, Bory, *Recueil de Marseille*, 1827. 1. 65); — 3° Que, si le constructeur tenu, en vertu d'un marché, de fournir, moyennant un prix convenu et payable par fractions successives, le travail, l'industrie et les matériaux nécessaires à la construction d'un navire, vient à tomber en faillite avant que l'ouvrage ne soit terminé, mais après avoir encaissé une partie du prix stipulé, l'armateur, pour le compte duquel il opère, peut, en tant que propriétaire, se faire livrer le bâtiment dans l'état où il se trouve afin d'en faire achever l'édification par un autre; qu'il ne peut revendiquer, au contraire, les matériaux déposés auprès du navire et déjà préparés en vue de sa continuation, mais dont il n'a pas encore été fait emploi, ces derniers appartenant toujours au constructeur (Trib. Marseille, 19 janv. 1843, aff. Lamonta, Chirac et comp., syndics de Coulomb et Vincent, *Recueil de Marseille*, 1843. 1. 236); — 4° Que, dans le cas où le constructeur, qui a entrepris à forfait la construction d'un navire, tombe en faillite après avoir perçu successivement plusieurs acomptes sur le prix, l'armateur, propriétaire du bâtiment en voie d'édification, est fondé à exiger qu'on le lui livre dans l'état où il se trouve, afin d'en faire terminer la construction sur la partie du prix dont il est resté débiteur; qu'il est alors simplement tenu de verser à la caisse de la faillite l'excédent s'il en existe; qu'à plus forte raison, il y a lieu de déclarer valable la convention additionnelle souscrite le jour où les travaux se sont trouvés entravés par suite du mauvais état des affaires de l'entrepreneur et postérieurement à la réception par ce dernier de diverses fractions du prix, dans le but de permettre à l'armateur de prendre livraison de la coque et d'employer la portion du prix dont il était encore redevable à l'achèvement de l'ouvrage dans le chantier et sous la surveillance du constructeur; que cette convention produit son plein et entier effet, bien que le constructeur ait été, peu de temps après, déclaré en faillite et que la faillite ait été reportée à une époque antérieure à la prise de livraison par l'armateur; qu'en effet, la convention dont il s'agit a eu simplement pour résultat de faire droit amiablement à une revendication susceptible d'être exercée légitimement devant les tribunaux; que, dans ces conditions, elle ne saurait tomber sous l'application des art. 446 et 447 c. com. (Bordeaux, 23 mars 1857, aff. Tastet, syndic d'Amiot, *Recueil de Marseille*, 1857. 2. 90).

127. Mais il a été jugé, en sens inverse : 1° que, dans le cas où la construction d'un navire, entreprise à forfait par un constructeur qui s'est chargé tout à la fois de la fourniture de la main-d'œuvre et de celle des matériaux, est interrompue, même après qu'une portion du prix a été payée, par suite de la faillite de ce dernier, le navire étant la propriété du constructeur et faisant partie de l'actif de sa faillite, l'armateur est simple créancier chirographaire des sommes dont il a fait l'avance antérieurement au jugement déclaratif (Rennes, 24 janv. 1870, aff. Barnès, D. P. 71. 2. 140); — 2° Que le navire construit à forfait, pour le compte d'un armateur, par un constructeur qui se charge de fournir, non seulement son travail, mais encore tous les matériaux nécessaires, restant la propriété de celui-ci tant que son œuvre n'est pas achevée et tant que la chose n'est pas susceptible de livraison, l'armateur ne peut, quand le constructeur est déclaré en faillite, revendiquer la coque contre la masse; qu'il a seulement le droit de répéter le montant de ses avances (Civ. rej. 20 mars 1872, aff. Leverrier, D. P. 72. 1. 140).

128. La jurisprudence a également eu à se prononcer sur la question de savoir si l'armateur a droit à des dommages-intérêts à raison du préjudice que lui cause l'inachèvement de la construction entreprise par le failli; elle l'a, en général, résolue affirmativement (V. Rouen, 14 janv. 1826; Aix, 7 déc. 1826; Rennes, 24 janv. 1870; Civ. rej. 20 mars 1872, cités *suprà*, n°s 126 et 127). — Aux termes de l'arrêt du 14 janv. 1826, l'armateur a le droit de prélever sur le prix dont il est encore débiteur le montant de ces dommages-intérêts, de même que les sommes dues aux ouvriers et fournisseurs. Les arrêts des 7 déc. 1826 et 24 janv. 1870 décident qu'il ne peut réclamer le payement des dommages-intérêts auxquels il n'a droit qu'au marc le franc avec les autres créanciers. — Une seule décision (Trib. Marseille, 19 janv. 1843, cité *suprà*, n° 126) refuse à l'armateur le droit de réclamer des dommages-intérêts, un pareil droit ne pouvant se concilier avec la cessation du cours des intérêts qui représentent, pour tout créancier d'une somme d'argent, le dommage causé par la faillite du débiteur commun.

129. Le code suédois confère à l'armateur, pour les recouvrements des avances faites au constructeur, un privilège sur le navire qui lui permet de se faire colloquer sur le prix de vente avant les créanciers ordinaires (art. 3). Le nouveau code belge (art. 4, § 11) accorde également un privilège à celui en faveur duquel s'opère la construction pour le recouvrement des sommes avancées au constructeur; mais il ne le fait venir qu'au onzième rang et après celui que possèdent les ouvriers et fournisseurs avec lesquels a traité celui-ci.

130. Si le navire a été construit avec les matériaux d'une personne tierce, appartient-il à celui dont il serait la propriété si les matériaux avaient été fournis par l'armateur ou par le constructeur, ou bien appartient-il au propriétaire des matériaux? Si le constructeur est de mauvaise foi, disait Wedderkop (*Introduct. in jus nauticum*, liv. 2, tit. 1, p. 8), le navire appartient au propriétaire des matériaux. Aujourd'hui il faut appliquer, en pareil cas, les principes édictés par les art. 570-572 c. civ., et la question doit être résolue diversement suivant les cas. — Les matériaux employés ont, comme il arrivera le plus souvent, une importance pour le moins équivalente à celle de la main-d'œuvre; c'est à leur propriétaire qu'appartient le navire. Le prix de la main-d'œuvre dépasse-t-il, au contraire, sensiblement celui de la matière première? c'est le constructeur ou l'armateur qui a la propriété du bâtiment. Enfin a-t-on employé tout à la fois les matériaux d'un tiers et ceux qu'avait fournis celui qui construit ou qui fait construire, et ces derniers ajoutés à la main-d'œuvre constituent-ils, à peu de choses près, l'équivalent des premiers? on décidera que le navire appartient conjointement au propriétaire des matériaux d'emprunt et à celui qui construit ou qui fait construire. — C'est à l'aide de distinctions du même genre que la question doit être résolue dans le cas indiqué au *Rép.* n° 194.

ART. 2. — DE L'ACQUISITION DES NAVIRES PAR PRESCRIPTION ET PAR VENTE VOLONTAIRE OU FORCÉE (*Rép.* n°s 89 à 170).

§ 1er. — De la prescription acquisitive.

131. Le possesseur d'un navire peut en acquérir la propriété par prescription, alors même qu'il n'est pas de bonne foi et qu'il n'est pas muni d'un juste titre; car, aux termes de l'art. 712 c. civ., « la propriété des biens s'acquiert... par prescription »; et, d'après l'art. 2262 c. civ., « toutes les actions tant réelles que personnelles sont prescrites par trente ans, sans que celui qui allègue cette prescription soit obligé d'en rapporter un titre ou qu'on puisse lui opposer l'exception déduite de la mauvaise foi ». Or, loin de déroger à cette règle, le code de commerce, dans l'art. 430, la confirme implicitement; dire que le capitaine ne peut acquérir la propriété du navire par prescription, c'est supposer que d'autres personnes peuvent bénéficier de ce mode d'acquisition. Mais le possesseur, en pareil cas, ne peut acquérir qu'à l'aide de la prescription trentenaire. Il n'est en situation d'invoquer ni la règle « en fait de meubles possession vaut titre » (c. civ. art. 2279), ni la prescription de dix ou vingt ans établie par l'art. 2265, car la première n'est applicable qu'autant que le possesseur est de bonne foi, et la seconde qu'autant, qu'étant de bonne foi, il possède de plus en vertu d'une juste cause.

Le code italien déclare que l'action pour revendiquer la propriété du navire se prescrit par dix ans, sans que le manque de titre ou de bonne foi puisse être opposé (art. 918), et le nouveau code espagnol promulgué le 22 août 1885 renferme une disposition semblable (art. 573, avant-dernier alinéa).

132. Comment les choses se passent-elles quand la possession repose sur un juste titre et quand le possesseur est de bonne foi? On a prétendu que la règle « en fait de meubles possession vaut titre » pouvait être invoquée par celui qui, de bonne foi, possède un bâtiment de mer; les navires, a-t-on dit, sont des meubles, et si, à certains égards, ils sont soumis à un régime différent de celui des objets mobiliers ordinaires, aucun texte ne les soustrait à l'application de l'art. 2279. — Dufour, t. 2, n°s 593 et suiv., considère également le principe édicté par cet article comme applicable en principe, mais il estime qu'il doit être combiné avec les dispositions qui régissent spécialement la propriété maritime, notamment avec celles des art. 190 et suiv.; et il arrive ainsi par une voie différente à un résultat du même genre que certains des partisans du système opposé. La maxime « en fait de meubles, etc. », qui est de droit commun en matière mobilière, demeure applicable à tous objets que la loi qualifie de meubles toutes les fois qu'un texte spécial n'y déroge pas; mais, pour éviter toute contradiction, il convient de l'appliquer de façon à ce qu'elle se concilie avec les règles propres aux objets dont il s'agit de déterminer le sort; il faut donc, lorsqu'on l'introduit dans le droit maritime, y apporter les tempéraments nécessaires pour la mettre d'accord avec les dispositions spéciales qui régissent les navires. Or, en ce qui concerne les meubles ordinaires, deux effets importants sont, d'après l'art. 2279, attachés à la possession : d'abord elle supplée, au besoin, à l'inexistence du titre; par ce seul fait qu'un tiers de bonne foi possède la chose, il est considéré comme l'ayant régulièrement acquise; pourquoi? parce que, les aliénations mobilières s'opérant en général verbalement, le détenteur, en l'absence de constatation écrite, se trouve dans l'impossibilité de justifier, par la production d'un acte, du droit de propriété qu'il invoque. Elle protège, en outre, le titre contre les critiques dont, à raison de sa provenance, il pourrait devenir l'objet. Il y a présomption que le possesseur de bonne foi a acquis du véritable propriétaire ou d'une personne qui avait qualité pour aliéner; les meubles, en effet, ne sont jamais soumis au droit de suite; du jour où un objet mobilier passe des mains de celui auquel il avait été confié entre celles d'un tiers possesseur de bonne foi, l'action en revendication du propriétaire, qui ne peut s'exercer utilement contre ce dernier, est nécessairement éteinte. Or la possession conserve-t-elle son effet utile à ce double point de vue, lorsqu'elle a pour objet un bâtiment de mer? La première proposition devient inapplicable; car, aux termes de l'art. 195 c. com., la transmission des navires ne s'opère pas avec la même facilité que celle des meubles ordinaires; l'aliénation doit toujours être constatée par écrit, et, si l'on reconnaissait au possesseur la faculté de justifier du droit dont il excipe sans produire un titre, cette règle perdrait en grande partie son autorité. L'art 195, à ce premier point de vue, déroge donc implicitement, mais nécessairement à l'art. 2279. Quant à la seconde proposition, elle ne reçoit son application qu'au bout d'un certain laps de temps; car, à la différence des meubles ordinaires, les navires sont soumis au droit de suite, et, s'ils y sont soumis au profit des créanciers, ils y sont soumis, à plus forte raison, au profit du véritable propriétaire: une règle fondée sur ce que le droit de suite n'existe pas ne peut donc leur être appliquée sans modification. Dans ces conditions, l'art. 2279 ne devient opposable au propriétaire qui revendique qu'à compter du moment où son droit de suite se trouve purgé; c'est alors seulement que le tiers possesseur de bonne foi est fondé à invoquer sa possession pour purifier le vice originel dont son titre d'acquisition se trouvait entaché. Dufour arrive ainsi, après avoir déclaré l'art. 2279 c. civ. applicable en principe, à décider que la possession de bonne foi ne conduit à l'acquisition de la propriété d'un navire qu'autant qu'elle s'appuie sur un titre, et seulement à compter du jour où le droit de suite est éteint, par application des art. 193 et 194 c. com.

133. Aujourd'hui on est généralement d'accord pour considérer l'art. 2279 comme inapplicable en matière maritime (V. *Rép.* n° 94; Bédarride, t. 5, n° 1931; Alauzet, t. 5, n° 1680; Demangeat, t. 4, p. 12; Cresp et Laurin, t. 1, p. 218 et suiv.; Boistel, n° 1156; Lyon-Caen et Renault, t. 2, n° 1604; Desjardins, t. 1, n° 57; de Valroger, t. 5, n° 2256; de Folleville, *Essai sur la possession des meubles*, n° 72; Aubry et Rau, *Droit civil français*, 4e éd., t. 2, § 183, texte et note 25; Laurent, *Principes de droit civil*, t. 32, n° 573; Baudry-Lacantinerie, *Précis du droit civil*, t. 3, n° 1730; Note de M. Labbé sur l'arrêt de cassation du 18 janv. 1870, aff. Haws). Cette opinion s'appuie sur ce que les motifs qui servent de base au principe qu'il formule font ici complètement défaut. Si l'acquéreur d'un meuble corporel ordinaire est admis à exciper du fait de sa possession et de sa bonne foi pour repousser l'action en revendication dirigée contre lui par celui qui se prétend propriétaire, c'est parce que, les aliénations mobilières ne se constatant pas habituellement par écrit, il lui a été impossible, quand il s'est rendu acquéreur, de se faire représenter les titres de propriété et de s'assurer ainsi que la personne qui lui a transféré la chose avait réellement qualité pour aliéner; c'est parce que, dès lors, s'il a acquis d'un *non dominus*, il est à l'abri de tout reproche, tandis que le propriétaire a eu le tort de se fier à un locataire, à un dépositaire, à un mandataire infidèle. Or ces considérations ne peuvent être invoquées quand il s'agit d'un navire, puisque les mutations de propriété sont constatées par écrit (art. 195) et qu'il y a toujours, pour l'acquéreur, possibilité de s'assurer de la réalité du droit de propriété du *tradens*. D'autre part, les transmissions auxquelles les navires donnent lieu ne se renouvellent pas aussi fréquemment et ne s'opèrent pas aussi rapidement que celles dont les meubles ordinaires sont l'objet, de telle sorte que celui au profit duquel elles s'accomplissent a toujours le temps nécessaire pour exiger la communication des documents susceptibles de le renseigner sur la situation de son cocontractant. Ajoutons enfin que la mise en possession de l'acheteur qui a acquis du véritable propriétaire ne suffit pas pour qu'il se trouve soustrait au droit de suite des créanciers de son vendeur (c. com. art. 190, 193 et 194; L. 10 juill. 1885, art. 17 et suiv.), et qu'elle ne peut, en conséquence, quand il a acquis d'un *non dominus*, le prémunir contre l'action en revendication du tiers auquel le navire appartient. Si, en effet, le possesseur ne peut se prévaloir de l'art. 2279 à l'encontre des créanciers, comment pourrait-il être fondé à l'invoquer contre le véritable propriétaire?

Il a été jugé que les navires, bien que la vente, la saisie et l'appropriation en soient soumises à des formalités exceptionnelles, ne sont pas possédés autrement ni avec d'autres conséquences de droit que les biens dans la classe desquels ils se trouvent compris; que, par suite, celui qui a acquis publiquement et de bonne foi un bâtiment de mer mis en vente en vertu d'un ordre de l'autorité légale, conformément aux usages du pays, par l'entremise d'un officier public et sans opposition de la part du représentant du propriétaire, peut, alors surtout qu'il l'a possédé pendant plusieurs mois au vu de ce dernier, sans trouble de sa part, invoquer utilement contre lui sa possession afin de se soustraire à son action en revendication (Rouen, 3 juill. 1867, aff. Caro, D. P. 68. 2. 59). Mais cet arrêt a été cassé et la cour suprême a décidé qu'un navire, quoique meuble par sa nature, est soumis, quant aux saisies, adjudications ou ventes dont il peut être l'objet, à des règles spéciales qui excluent, en cette matière, l'application du principe suivant lequel « en fait de meubles possession vaut titre » (Civ. cass. 18 janv. 1870, aff. Haws, D. P. 70. 1. 127).

134. Quelle est alors la durée de la prescription pour celui qui possède de bonne foi et en vertu d'un juste titre? Valin, sous l'empire de l'ordonnance, prévoyant le cas où un simple copropriétaire aurait vendu la totalité du navire, commençait par déclarer que l'acquéreur ne pouvait purger la propriété pour la part afférente aux autres intéressés « en faisant faire au navire un voyage sous son nom. La raison est, disait-il, qu'il n'a pu acquérir que ce qui appartenait au vendeur dans le navire, et qu'ainsi il a reçu le reste *a non domino*, au moyen de quoi, point de translation de propriété à cet égard en sa personne ». Mais à cette proposition il apportait un tempérament. « N'y aurait-il point, ajoutait-il, un temps après lequel les copropriétaires seraient non recevables à réclamer leurs portions? Il semble que l'on pourrait admettre la fin de non-recevoir en faveur de l'acheteur, s'il avait, *sous son nom seul, fait faire au navire un voyage complet au long cours*, à moins qu'il n'y eût preuve que, lors de son achat, il savait que le navire n'appartenait à son vendeur que pour une *portion* » (*Commentaire sur l'art. 2 du tit. 10 du liv. 2*). Ainsi Valin inclinait à penser que l'acheteur de bonne foi d'un navire, dont le vendeur n'était propriétaire que pour partie, était en droit de repousser les revendications des autres copropriétaires s'il avait, sous son nom seul, fait faire au navire un voyage au long cours. — Il est difficile d'accepter cette opinion dans les termes mêmes où elle est formulée, car pourquoi subordonner l'acquisition par prescription à la réalisation d'un voyage au long cours et ne l'admettre, par suite, que pour ceux des bâtiments qui sont susceptibles d'être employés à ce genre de navigation? Est-ce qu'une semblable distinction a sa source dans les textes et, d'un autre côté, suivant la remarque judicieuse de Dufour, t. 2, n° 593, est-il logique de décider que l'acquisition par prescription des grands navires s'opérera plus facilement et plus rapidement que celle des navires de minime importance?

135. Un auteur a, sous l'empire du code, adopté le même système en en généralisant l'application. D'après lui, celui qui, de bonne foi, a acquis *a non domino* un navire et a été mis en possession, se trouve à l'abri de l'action en revendication du véritable propriétaire, comme il serait à l'abri de toute poursuite de la part des créanciers du jour où le navire a accompli le voyage en mer décrit par les art. 193 et 194 (Pardessus, *Cours de droit commercial*, 6e éd., t. 2, n° 618). Le possesseur d'un immeuble, quand il a un juste titre et est de bonne foi, prescrit contre le propriétaire de la même façon et par le même laps de temps que contre les créanciers hypothécaires (c. civ. art. 2180-4°). Il doit en être de même en matière maritime. Donc, lorsque l'acquéreur de bonne foi et muni d'un juste titre, a rempli les conditions imposées par les art. 193 et 194 pour que le droit de suite des créanciers soit purgé, il a, s'il tient le bâtiment d'un *non dominus*, prescrit également la propriété. On a vu *suprà*, n° 132, que Dufour, est, par une voie différente, arrivé au même résultat. — Cette doctrine n'a pas prévalu, et elle est, en effet, inacceptable. Si, en matière immobilière, la prescription destinée à effacer les hypothèques et celle destinée à affranchir le possesseur de l'action en revendication du véritable propriétaire sont soumises aux mêmes conditions, c'est parce que des textes formels les ont assimilées l'une à l'autre (c. civ., art. 2180 et 2265). Or, en matière maritime, les art. 193 et 194 indiquent bien à quel moment le droit de suite des créanciers sera purgé, mais aucune disposition ne donne à entendre qu'à compter de ce même moment, il y aura prescription de la propriété pour l'acquéreur qui, ayant acquis d'un autre que du véritable propriétaire, aurait juste titre et bonne foi; on ne pourrait donc, pour le décider ainsi, invoquer tout au plus qu'un motif d'analogie, et un motif de ce genre ne suffit pas pour permettre d'établir une prescription, c'est-à-dire une déchéance. Comme le fait remarquer très exactement M. Labbé (note citée *suprà*, n° 133), le prix encore dû de la vente peut offrir aux créanciers, privés de leur droit de suite, une satisfaction convenable. Pour le propriétaire, l'extinction de son droit de suite serait sans compensation. Du reste, le droit de suite des créanciers hypothécaires n'est pas soumis au mode d'extinction établi par les art. 193 et 194 c. com.; les seules causes susceptibles d'y mettre fin sont celles qui font disparaître le droit de suite des créanciers munis d'une hypothèque sur un immeuble (L. 10 juill. 1885, art. 17 et suiv.). Quelle serait donc aujourd'hui la durée de la prescription acquisitive? Le possesseur serait-il admis à l'invoquer comme jadis du jour où la réalisation d'un voyage en mer, opéré dans les conditions indiquées par l'art. 194 c. com., ferait disparaître le droit de suite des créanciers ordinaires ou privilégiés? Ne serait-il fondé à en revendiquer le bénéfice qu'à compter du moment où les circonstances voulues pour qu'il y eût extinction du droit de suite des créanciers hypothécaires se seraient produites? Ou bien enfin la question devrait-elle se résoudre diversement suivant les cas? Les difficultés qui ne manqueraient pas de s'élever à ce sujet rendent, depuis la promulgation de la loi sur l'hypothèque maritime, le système que nous réfutons de plus en plus inadmissible.

135. D'autres auteurs, MM. Dageville et Labbé, ont prétendu qu'il y avait lieu d'appliquer aux navires, par voie d'assimilation, l'art. 2265 c. civ. et que la propriété s'en prescrivait, soit par dix ou vingt ans, soit par vingt ans seulement (Dageville, *Commentaire du code de commerce*, t. 2, n° 57; Labbé, note citée *suprà*, n° 133). Le premier, considérant le port d'attache du bâtiment comme l'équivalent du lieu de la situation d'un immeuble, s'en tient à la disposition même du texte; il décide que la prescription sera de dix ans, si le domicile du véritable propriétaire et le port où le navire est immatriculé se trouvent dans le ressort de la même cour d'appel, de vingt ans, s'ils se trouvent dans les ressorts de deux cours d'appel différentes. Le second, au contraire, reconnaît qu'on ne peut, sans dénaturer le sens des mots et sans tomber, par suite, dans l'arbitraire, considérer le navire comme étant situé, soit dans le port d'immatricule auquel il appartient légalement, soit dans son port d'armement; il admet, en conséquence, que, dans le cas même où le port en question et le domicile du propriétaire se trouveraient dans un seul ressort, il ne peut y avoir lieu à la prescription de dix ans; mais il estime « que l'abréviation à vingt ans ne peut pas être refusée au possesseur de navire ayant juste titre et bonne foi ; car cet abrégement de délai dérive uniquement de la bonne foi du possesseur, et non pas d'un rapprochement constaté entre le domicile du propriétaire et la situation de la chose ».

Cette opinion n'est pas moins sujette à critique que la précédente. La prescription de dix ans est inapplicable pour les motifs indiqués par M. Labbé ; celle de vingt ans ne l'est pas moins; on ne peut, en effet, sans le faire sortir de son cadre, étendre aux navires l'art. 2265 c. civ. D'abord, pour le leur rendre applicable, on commence par le dénaturer, puisqu'on substitue à une prescription qui, suivant les cas, est de dix ou vingt ans une prescription invariable de vingt ans; de plus, on le transporte sur un terrain qui n'est pas le sien, car il ne vise que les immeubles; or, ainsi qu'il a été dit plus haut (V. *suprà*, n° 134), toute prescription entraînant à sa suite une déchéance, les textes qui la régissent doivent être appliqués limitativement. Il faut donc, en l'absence de disposition spéciale qui réduise ici la durée de la prescription, décider que le possesseur de bonne foi et avec juste titre ne pourra, comme le possesseur de mauvaise foi, acquérir la propriété du navire que par le laps de trente ans (V. *Rép. loc. cit.*, et n° 188; Bédarride, t. 5, n°s 1934 et 1935; Alauzet, t. 5, n° 580; Demangeat, t. 4, p. 28; Cresp et Laurin, t. 1, p. 218 et suiv.; Boistel, n° 1156; Lyon-Caen et Renault, n° 1624; Desjardins, t. 1, n° 90; de Valroger, t. 5, n° 2256).— Il y a là, du reste, on doit le reconnaître, une lacune regrettable dans le code de commerce. N'est-il pas singulier, en effet, que celui dont la possession s'appuie sur la bonne foi et sur un juste titre soit traité comme celui qui possède de mauvaise foi et sans titre? Si la prescription est abrégée en faveur du possesseur d'un immeuble quand il se trouve dans les conditions indiquées, à plus forte raison devrait-elle l'être en faveur du possesseur d'un navire; car il importe au commerce maritime qu'une incertitude prolongée ne pèse pas sur la propriété des bâtiments de mer. Aussi les codes italien et espagnol qui, on le sait, ont réduit à dix ans la durée générale de la prescription en matière maritime (V. *suprà*, n° 131), reconnaissent-ils, en outre, à « celui qui possède un navire en vertu d'un titre corroboré par la bonne foi et dûment transcrit le droit de prescrire, le premier par cinq ans, à compter de la transcription du titre et de la mention sur l'acte de nationalité » (art. 918), le second par trois ans (art. 573).

136. Pour conduire à la prescription, il faut d'ailleurs que la possession réunisse ici tous les caractères indiqués par les art. 2229 et suiv. c. civ. Elle doit donc être continue et non interrompue, paisible, publique, non équivoque et dépourvue de tout caractère de précarité. Le code de commerce ne fait qu'appliquer ce principe dans l'art. 430. Reproduisant une disposition déjà contenue dans l'art. 1er du tit. 12 du liv. 1er de l'ordonnance de 1681, il dénie au capitaine le droit d'acquérir la propriété du navire par voie de prescription. Celui qui possède pour autrui, tel que le fermier, le dépositaire, le commodataire, le mandataire, possède à titre précaire et, par suite, ne peut prescrire (art. 2236). Le capitaine, simple mandataire du propriétaire armateur, se trouve nécessairement dans la même situation (V. *Rép.* n° 1433); il n'y aurait pour lui de prescription possible que du jour où son titre serait interverti de la façon indiquée par l'art. 2238. Aussi le projet de revision de 1867 supprimait-il comme inutile l'art. 430.

137. Un auteur (Cresp, t. 1, p. 291) a prétendu que le copropriétaire d'un navire était, comme le capitaine, dans l'impossibilité de l'acquérir en entier par prescription. Mais l'opinion inverse est généralement professée (Bédarride, t. 1, n° 1937; Laurin sur Cresp, note 70; Desjardins, t. 1, n° 90; de Valroger, t. 5, n° 2258). Il ne semble pas douteux, en effet, que le copropriétaire d'un navire, qui a possédé *pro suo*, pendant la durée requise, la totalité du bâtiment, puisse invoquer la prescription pour se soustraire à l'action des autres copropriétaires. Le copropriétaire qui possède, à titre privatif, pendant trente ans, la totalité de la chose indivise est fondé à invoquer la prescription contre ceux de ses coïntéressés qui, par la suite, demanderaient le partage ou la licitation (c. civ. art. 816). Or, aucune disposition du code de commerce n'ayant, à ce point de vue, soumis les copropriétaires d'un navire à un régime exceptionnel, il n'y a pas de raison pour leur refuser le bénéfice de la règle générale. Seulement, comme la possession du communiste prête alors facilement à l'équivoque, il faudra, pour que la prescription s'accomplisse, que les actes de jouissance exclusive dont il s'autorise soient nettement caractérisés. Il devra prouver, par exemple, qu'ayant toujours perçu le montant total du fret, il l'a conservé pour lui seul; qu'il a acquitté de ses deniers personnels le coût des réparations, les loyers dus aux matelots, le prix des ustensiles et des victuailles, les primes d'assurances, les impenses de toute nature; qu'il a, à l'exclusion de ses coïntéressés, présidé à l'accomplissement des actes que comportait la gestion du navire.

138. On a soutenu (Bédarride, t. 5, n°s 1932 et 1933) que le possesseur ne peut être considéré comme possédant publiquement et à titre de propriétaire; que la prescription, par suite, ne peut courir en sa faveur que s'il y a eu mutation à son profit sur les registres de la douane. Cette opinion est inacceptable. D'abord elle entraînerait, si elle était fondée en droit, l'impossibilité pour le possesseur de prescrire sans titre, car l'administration des douanes ne procède à la mutation qu'autant que le requérant justifie d'une cause légitime d'acquisition. Or, on a vu *suprà*, n° 131, que la prescription trentenaire peut être invoquée même par ceux qui possèdent sans une *justa causa*. D'un autre côté, s'il est vrai que la mutation en douane dénote, de la façon la plus évidente, l'intention, chez le détenteur, de posséder *pro suo*, toujours est-il que cet indice n'est pas le seul susceptible de révéler une semblable intention; toutes les fois que ce dernier se comporte comme le ferait un propriétaire, toutes les fois qu'agissant en son nom propre et pour son propre compte, il affecte le navire à la réalisation de voyages dont il encaisse le produit et solde les dépenses de ses deniers, qu'il exécute tous les actes de gestion, est-il permis de douter sérieusement, bien que son nom ne figure pas sur les registres de la douane et sur l'acte de nationalité, de son intention de posséder comme propriétaire? D'ailleurs « on est toujours, dit l'art. 2230 c. civ., présumé posséder pour soi et à titre de propriétaire, s'il n'est prouvé qu'on a commencé à posséder pour un autre. » Est-ce que cette proposition ne doit pas trouver ici son application? Quant à la publicité de la possession, elle est également incontestable, même en l'absence de transcription, du moment où le détenteur ne fait rien pour cacher au véritable propriétaire les agissements auxquels il se livre (V. en ce sens: Laurin sur Cresp, t. 1, note 70; Boistel, n° 1156; Desjardins, t. 1, n° 90; de Valroger, t. 5, n°s 2255 et 2258).

§ 2. — De la vente volontaire des navires (*Rép.* n°s 89 à 97).

139. La vente volontaire des navires est, sur tous les points où il n'y a pas été spécialement dérogé, soumise aux mêmes règles que les ventes, soit en matière civile, soit en matière commerciale; les exceptions introduites au droit commun doivent donc seules nous occuper ici.

Aux termes de l'art. 633, 1er al., c. com., « la loi répute actes de commerce toute entreprise de construction, et tous achats, ventes et reventes de bâtiments pour la navigation intérieure et extérieure ». D'autre part, l'art. 195 qui est, en quelque sorte, le siège de la matière et dont les dispositions feront spécialement l'objet de nos explications, est ainsi conçu : « La vente volontaire d'un navire doit être faite par écrit et peut avoir lieu par acte public ou par acte sous seing privé. Elle peut être faite pour le navire entier ou pour une portion de navire, ce navire étant dans le port ou en voyage ».

140. — I. NATURE ET OBJET DE LA VENTE. — La vente des navires affecte généralement un caractère commercial; c'est, en effet, ce qu'indique très nettement la disposition précitée de l'art. 633 c. com. (V. aussi *Rép.* n° 97), et cette disposition s'applique sans difficulté toutes les fois que le contrat intervient entre un constructeur et un armateur ou entre deux armateurs. Le constructeur est commerçant, comme l'est tout industriel, puisqu'il spécule sur les matériaux et sur la main-d'œuvre qu'il utilise. L'armateur l'est également, comme l'est tout entrepreneur de transports qui spécule sur le louage de son matériel et du personnel qu'il a sous ses ordres (art. 632). Donc la vente qui, en pareil cas, est consentie par un commerçant agissant dans l'intérêt de l'industrie qu'il exerce au profit d'un autre commerçant qui achète, afin d'assurer le fonctionnement de l'entreprise à laquelle il se livre, constitue un acte de commerce, au moins en vertu de la théorie de l'accessoire (c. com. art. 631, 1er al., 632, 6e al.) (V. *suprà*, v° *Acte de commerce*, n° 349).

141. Mais en est-il de même, lorsque les parties contractantes ne sont pas commerçantes ou quand, étant commerçantes, elles traitent pour leurs besoins personnels, par exemple, lorsque la vente a pour objet un bateau de plaisance? Une question semblable se pose pour la plupart des conventions relatives à la navigation : vente d'avitaillements quand elle émane d'un agriculteur et porte sur les produits de son exploitation; affrètement souscrit par un particulier pour le transport de son mobilier; contrat passé par ce même particulier en vue de son passage et de celui de ses bagages à bord d'un steamer; assurance par un non-commerçant des objets qu'il a placés sur un navire dans les conditions précitées (V. sur ces divers points, *suprà*, v° *Acte de commerce*, n°s 346 et suiv.).

142. L'art. 633 place sur la même ligne les achats, ventes et reventes de bâtiments destinés à la navigation extérieure et ceux de bâtiments affectés à la navigation intérieure. Il est évident que les bâtiments de rivière peuvent, comme les bâtiments de mer, faire l'objet d'une vente volontaire ; mais la vente de ces derniers tombe seule sous l'application de l'art. 195 c. com. On n'a pas oublié, en effet, (V. *suprà*, n°s 70 et suiv.) que les navires proprement dits sont seuls régis par celles des dispositions du liv. 2 c. com. qui sont empreintes d'un caractère exceptionnel. Or l'art. 195 déroge, comme on va le voir, aux principes de droit commun en matière commerciale ; aussi a-t-il été cité (V. *suprà*, *ibid.*) comme devant être compris au nombre de ces dispositions. Il a été jugé en ce sens que l'art. 195 est inapplicable à la transmission des simples bâtiments de rivières; que, dès lors, la vente peut en être constatée à l'aide de tous les modes de preuve qui sont de droit commun en matière commerciale (Trib. Nantes, 3 avr. 1880, aff. Maufra et autres, *Recueil de Nantes*, 1880. 1. 289).

143. La vente, dit l'art. 195 dans son second alinéa, *peut être faite pour le navire entier ou pour une portion de navire*, c'est-à-dire qu'elle peut être *totale* ou *partielle* (V. *Rép.* n° 95). Est-ce à dire qu'elle puisse avoir pour objet une fraction du bâtiment? Non, car un navire constitue un ensemble matériellement impartageable ; le fractionner ce serait le détruire. Il est vrai que l'on pourrait mettre en vente les agrès ou apparaux sans mettre en vente le navire lui-même; mais ces ustensiles perdant, par le seul fait de leur disjonction, leurs caractères d'annexes, d'accessoires du bâtiment, la vente ne serait plus régie par l'article précité. Le texte, lorsqu'il signale la vente comme pouvant porter sur une portion de navire, suppose donc qu'elle a pour objet une part indivise dans la propriété. Le bâtiment, qui peut appartenir en totalité à une seule personne, peut aussi appartenir conjointement à plusieurs (art. 220) (V. aussi *infrà*, n°s 269 et suiv.; — *Rép.* n°s 172 et suiv.). Dès lors, la vente partielle peut avoir lieu dans deux circonstances différentes : 1° celui qui a la propriété totale veut, à un moment donné, réaliser partiellement les capitaux engagés dans l'entreprise; il cède alors à un tiers une quote-part du navire et, de propriétaire exclusif qu'il était auparavant, il devient copropriétaire avec son acheteur ; 2° un copropriétaire par indivis cède à un tiers sa part dans le navire moyennant un prix déterminé, de telle sorte que l'indivision déjà établie entre lui et les autres coparticipants existe désormais entre l'acheteur et ces derniers. Rappelons, à ce sujet, que tout copropriétaire, à moins de convention contraire, est absolument libre de disposer de sa part comme bon lui semble (V. *Rép.* n° 95) ; ce droit de libre disposition est, en effet, virtuellement consacré par la disposition même de l'art. 195. Le coïntéressé qui veut aliéner sa part d'intérêt n'a donc pas besoin d'obtenir à cet effet l'assentiment des autres copropriétaires ; il n'est pas tenu non plus, à prix égal, d'accorder la préférence à tel ou tel d'entre eux (V. *ibid.*).

144. Le Consulat de la mer exigeait que l'actionnaire, sur le point de procéder à une vente de cette nature, informât préalablement le patron de son projet; l'acheteur devait l'avertir de son côté, et, si le patron s'opposait à la vente, il ne pouvait entrer en possession de la part dont il était acquéreur jusqu'à ce que le navire eût terminé son voyage. Le patron avait, en outre, un droit de préemption, c'est-à-dire qu'il pouvait, pour le prix indiqué, se faire attribuer, à l'exclusion de tous autres, la part du vendeur dans le navire (ch. 10). On craignait, en effet, que le jour où un nouveau coïntéressé serait substitué au vendeur, une majorité se constituât contre le patron et lui enlevât la maîtrise. Cleirac, au contraire (*Us et coutumes de la mer*, *Juridiction de la marine*, art. 4 et 5, n° 10, *Commentaire sur les rooles d'Oleron*, art. 1er, n° 4), n'admettait le droit de préemption qu'au profit des copropriétaires du maître qui vendrait sa part d'intérêt, parce qu'en vendant sa part, il cédait en même temps la maîtrise.

Mais, dans les Etats septentrionaux de l'Europe, on se

montrait plus sévère. Quel que fût celui des coparticipants dont émanât l'aliénation, les autres avaient le droit de se faire attribuer pour le même prix la portion qui en faisait l'objet, et afin d'éviter que les parties ne parvinssent à paralyser l'exercice de cette prérogative en indiquant un prix plus élevé qu'il ne l'était en réalité, on reconnaissait aux intéressés le droit de faire procéder à une estimation et de se constituer acquéreurs pour le prix fixé par les experts (Statut de la ville de Wisby, ch. 17; Récès de la Hanse de 1591, art. 54, et de 1614, tit. 3, art. 14; Code maritime suédois de Charles XI, 3e part., chap. 5 ; Wedderkop, liv. 3, tit. 2, § 10 et 11).

Des dispositions du même genre se retrouvent aujourd'hui dans certains codes, notamment dans le code norvégien (art. 7). Mais, en France, le droit de retrait n'existe pour aucun des copropriétaires du vendeur et il n'existe pas davantage dans la plupart des autres contrées. Le code allemand (art. 470) reconnaît même formellement à tout cointéressé le droit de disposer de sa part comme bon lui semble. Il décide, toutefois, que, si l'aliénation d'une part d'intérêt doit entraîner pour le navire la perte du droit de porter le pavillon national, elle ne peut être valablement effectuée qu'avec le consentement de tous les copropriétaires (même article), et M. de Valroger, t. 1, n° 143, estime, avec raison, selon nous, qu'il y a lieu d'admettre en France la même restriction, quoiqu'elle ne soit pas écrite, attendu « qu'un associé est toujours tenu de respecter les bases fondamentales de l'association ».

145. En Angleterre, il existe une restriction d'un autre genre. La propriété d'un navire est divisée en soixante quatre parts; toutefois on ne peut enregistrer en même temps plus de trente deux personnes comme propriétaires du bâtiment; d'autre part, on ne peut faire figurer une personne sur les registres comme propriétaire d'une fraction de part; on admet seulement que toute réunion de cinq personnes au plus peut être enregistrée comme propriétaire d'une ou plusieurs parts sous le nom de l'une d'entre elles. Dans ce cas, aucune de ces personnes ne peut disposer isolément de sa part d'intérêt (*Merchant shipping act* de 1854, art. 37). Cette prohibition, qui tient à l'organisation spéciale de la copropriété maritime en Angleterre, ne saurait évidemment trouver son application chez nous ; toute portion, si minime qu'elle soit, peut être librement aliénée.

146. — II. ÉPOQUE A LAQUELLE LA VENTE PEUT AVOIR LIEU. — Le navire peut être vendu valablement avant qu'il n'ait été francisé, ou même pendant qu'il est encore en construction ; seulement il y a lieu de se demander si la vente qui intervient dans ces conditions est régie par l'art. 195. Plusieurs auteurs tiennent pour la négative et estiment que l'on se trouve alors simplement sous l'empire de la règle formulée, pour toutes les ventes commerciales en général, par l'art. 109 c. com. (Delamarre et Le Poitvin, *op. cit.*, t. 5, n° 86; Demangeat sur Bravard, t. 4, p. 24 *in fine;* de Valroger, t. 1, n° 134). En indiquant la vente comme pouvant avoir lieu alors que le navire est *dans le port ou en voyage*, le législateur semble avoir exclusivement en vue un navire déjà armé et par suite déjà francisé. D'ailleurs, toutes les fois qu'il a voulu étendre aux navires en construction les dispositions contenues dans le code, il a eu soin de le mentionner expressément. — Quelle que soit la valeur de cette argumentation, nous ne croyons pas, ainsi que nous l'avons déjà dit précédemment (V. *suprà*, n° 92), que l'opinion à laquelle elle sert de point d'appui soit juridiquement exacte (Conf. Dufour, t. 2, n° 573; Arthur Desjardins, t. 1, n° 64). L'art. 195 parle de *la vente volontaire d'un navire* en termes généraux; il ne distingue pas suivant que cette vente a pour objet un navire déjà construit et francisé ou bien un navire en voie de construction ; donc, à moins de prétendre que la vente d'un navire en chantier n'est pas une vente de navire, il faut, sous peine de tomber dans l'arbitraire, appliquer sa disposition à toute vente de bâtiment quelle qu'elle soit. Quant aux expressions « elle peut être faite... *le navire étant dans le port ou en voyage* », rien n'indique qu'il faille, comme on le prétend, les interpréter dans un sens restrictif. Il a été jugé que, si la vente de la coque d'un navire en construction n'est pas régie par l'art. 195 c. com., elle ne peut cependant être admise comme constante à défaut d'une preuve écrite ou tout au moins d'un commencement de preuve par écrit destiné à servir de fondement à la preuve testimoniale (Trib. Nantes, 20 avr. 1866, aff. Leray, Curet, *Recueil du Havre*, 1866. 2. 230).

147. La vente peut avoir lieu, comme on vient de le constater, *le navire étant dans le port ou en voyage* (V. aussi *Rép.* n° 95), et, dans les deux cas, elle est translative de la propriété et des risques, puisqu'elle a pour objet un corps certain, bien que la livraison du navire soit impossible tant qu'il n'est pas de retour. L'art. 1583 c. civ. est, en effet, applicable en matière commerciale comme en matière civile (Bravard et Demangeat, t. 2, p. 404; Alauzet, t. 1, nos 221 et suiv.; Boistel, n° 450; Lyon-Caen et Renault, t. 1, n° 634. — *Contrà:* Delamarre et Le Poitvin, *op. cit.*, t. 4, n° 49); il s'applique spécialement à la vente des navires; donc il y a translation de la propriété et des risques par le seul effet du consentement, alors même que la tradition n'aurait pas encore eu lieu, alors même qu'elle serait actuellement irréalisable.

148. Mais la vente du navire en voyage n'est valable et, par suite, ne produit d'effet, qu'autant que le navire existe encore au moment où elle est consentie. Si donc le bâtiment avait péri auparavant, quoique la perte fût ignorée des parties, le contrat serait nul; il serait même inexistant comme n'ayant pas d'objet (c. civ. art. 1601). L'assurance souscrite postérieurement à la perte de l'objet assuré est néanmoins valable, lorsque l'assuré ignorait et lorsque, d'ailleurs, il pouvait ignorer légitimement l'existence du sinistre à l'instant où il a contracté avec l'assureur (c. com. art. 365 et suiv.); mais il en est autrement de la vente du navire; car l'art. 1601 c. civ. déclare que la vente est nulle si, au moment où elle est conclue, « la chose vendue était périe en totalité », et, en le décidant ainsi, il ne fait qu'appliquer un principe de droit commun, à savoir qu'une convention ne peut exister qu'autant qu'elle a un objet. Il est vrai que, dans le cours de la discussion dont cette disposition fut l'objet devant le conseil d'Etat, on se demanda si elle devait s'appliquer aux ventes commerciales, et notamment aux ventes des navires en mer. De la discussion engagée sur ce point, il semble résulter que la question fut réservée comme devant être résolue plus tard par le code de commerce (Locré, *La législation civile, commerciale et criminelle de la France*, t. 14, p. 53 et suiv.). Or ce code ne l'a pas tranchée. Dans le silence du texte, on décide unanimement que, du moment où la loi commerciale n'a pas dérogé au principe de droit commun formulé par le code civil, ce principe doit recevoir son application (V. *Rép.* n° 96 ; Dufour, t. 2, n° 475; Demangeat sur Bravard, t. 4, p. 26, note 1 ; Lyon-Caen et Renault, t. 1, n° 634 *bis;* Cresp et Laurin, p. 271 et suiv. ; Desjardins, t. 1, n° 69 ; de Valroger, n° 141, et les autorités citées par ces auteurs).

149. La proposition qui vient d'être énoncée cesserait, toutefois, d'être exacte et la vente serait valable, nonobstant la perte antérieure du bâtiment, s'il était reconnu que les parties ont entendu imprimer au contrat un caractère aléatoire, qu'elles ont voulu traiter à forfait et à tout événement; car la vente a alors pour objet moins le navire lui-même que la chance de son existence. Mais, comme une convention conclue dans ces conditions est exceptionnelle, il faut que l'intention des contractants apparaisse d'une façon positive. Ce n'est pas qu'une clause spéciale et expresse soit absolument nécessaire, car les intéressés ont toute liberté pour manifester leur volonté comme bon leur semble, et cette manifestation peut découler des conditions dans lesquelles la vente a eu lieu, notamment de l'infériorité du prix par rapport à la valeur vénale du navire ; seulement il est indispensable que l'expression de leur pensée ne présente aucune équivoque (Comp. Delamarre et Le Poitvin, *op. cit.*, t. 4, n° 71 ; Dufour, t. 2, n° 476 ; Demangeat sur Bravard, t. 4, p. 26, note 1 ; Cresp et Laurin, t. 1, p. 271 et suiv.; Desjardins, t. 1, n° 69; de Valroger, t. 1, n° 141). De plus, si le navire était assuré, une question surgit, celle de savoir si l'acheteur a droit à la somme que doit payer l'assureur; mais cette question trouvera plus naturellement sa place quand on traitera des effets de la vente (V. *infrà*, n° 188).

150. Aux termes de l'art. 196 qui, du reste, sur ce point, n'a fait que reproduire l'art. 3, tit. 10, liv. 2, de l'ordonnance de 1681, « la vente volontaire d'un navire en voyage ne préjudicie pas aux créanciers du vendeur. En conséquence, nonobstant la vente, le navire ou son prix continue d'être le gage desdits créanciers, qui peuvent même, s'ils le jugent convenable, attaquer la vente pour cause de fraude». Il suffit de signaler en passant cette disposition ; elle sera étudiée dans l'article consacré à l'extinction du droit de suite des créanciers (V. *infrà*, nos 438 et suiv., et *Rép*. nos 298 à 300).

151. — III. PERSONNES DE QUI LA VENTE PEUT ÉMANER ET AU PROFIT DE QUI ELLE PEUT AVOIR LIEU. — La vente, qui peut être consentie par un Français à un autre Français, peut aussi l'être par un étranger à un Français ou par un Français à un étranger. Les navires étrangers peuvent, en effet, être importés en France, moyennant l'acquittement d'un droit d'importation, et admis ensuite à la francisation (L. 19 mai 1866, art. 3, D. P. 66. 4. 52; 30 janv. 1872, art. 5, D. P. 72. 4. 25). A l'inverse, les navires français peuvent être exportés (L. 21 avr. 1818, art. 2); seulement, quand la vente a lieu pour plus de moitié au profit d'un étranger, le navire perd sa nationalité (L. 9 mai 1845); de plus, l'art. 33 de la loi du 10 juill. 1885 interdit la vente volontaire d'un navire grevé d'hypothèque à un étranger, soit en France, soit à l'étranger. On avait été frappé des inconvénients que pouvait avoir pour les créanciers hypothécaires le droit, que conservait le propriétaire sous l'empire de la loi du 10 déc. 1874, de vendre à l'étranger le navire hypothéqué. La vente pouvant alors s'opérer à leur insu et ayant pour résultat, en faisant perdre au navire sa nationalité, de le soumettre à l'empire d'une législation étrangère, leurs prérogatives pouvaient devenir illusoires. Aussi, dans tous les projets de réforme, demandait-on que la vente volontaire du navire grevé d'hypothèque fût interdite en pays étranger, et cette proposition avait été acceptée dans les termes où elle était formulée par la Chambre des députés; mais, lorsque le projet vint en discussion devant le Sénat, on fit observer: d'une part, que la vente d'un navire français dans un port étranger n'avait pas pour résultat de lui faire perdre sa nationalité, si elle avait lieu au profit d'un Français, et qu'elle était alors sans inconvénient pour les créanciers; en sens inverse, que la vente d'un navire français à un étranger, dans un port français, lui enlevait sa nationalité tout comme celle dont il aurait été l'objet dans un port étranger, et qu'elle offrait, dès lors, pour les créanciers les mêmes dangers que cette dernière. On prit alors le parti de modifier la rédaction proposée, et, au lieu d'interdire la vente du navire hypothéqué en pays étranger, on prohiba la vente dudit navire à un étranger, soit en France, soit à l'étranger. De là, la disposition aujourd'hui contenue dans le 1er alinéa de l'article précité de la loi du 10 juill. 1885.

152. La vente ne peut émaner que du propriétaire capable d'aliéner ou d'une personne qui aurait reçu de lui un mandat spécial à cet effet. L'armateur qui, sans être propriétaire, préside à l'armement et à l'exploitation du navire, soit pour le compte de celui ou de ceux auxquels il appartient (armateur gérant), soit pour son compte personnel (armateur-affréteur), n'a pas qualité pour consentir des actes d'aliénation et, spécialement, une vente. Quant au capitaine, il ne peut mettre le bâtiment en vente, sans un pouvoir spécial du propriétaire ou des propriétaires qu'il représente, que dans un cas exceptionnel, celui où le navire a été déclaré innavigable par l'autorité compétente (c. com. art. 237) (V. *infrà*, nos 684 et suiv.; *Rép*. nos 468 et suiv.). L'art. 1599 c. civ., qui déclare nulle la vente de la chose d'autrui, s'applique d'ailleurs à la vente des navires comme à celle de tout autre objet.

153. La vente des bâtiments de mer, qui peut être l'œuvre exclusive des parties contractantes ou de leurs représentants, peut aussi s'accomplir par l'entremise des courtiers; et c'est aux courtiers maritimes que les parties s'adressent le plus habituellement à cet effet. Quant à la question de savoir s'il y a là pour eux un privilège qui exclut l'intervention des autres courtiers, V. *suprà*, vo *Bourse de commerce*, nos 264 et suiv.

154. — IV. MODE DE CONSTATATION DE LA VENTE. — L'ordonnance de 1681 ne soumettait la vente des navires à aucun mode de preuve particulier, et Valin concluait de son silence qu'une vente purement verbale avait la même efficacité que celle qui était constatée par acte sous seing privé ou par acte devant notaires (sur l'art. 3 du tit. 10 du liv. 2). Si la loi du 27 vend. an 2 (art. 18) exigeait que la vente fût faite par-devant un officier public (V. *Rép*. no 89), c'était afin de déjouer les fraudes et simulations auxquelles les parties auraient pu être tentées de recourir, afin d'éluder les prohibitions de l'acte de navigation du 21 sept. 1793. Pour qu'un navire pût alors acquérir et conserver la qualité de Français, il fallait, entre autres conditions, qu'il appartînt en totalité à des Français; c'était afin de s'assurer que la vente totale ou partielle dont le navire avait été l'objet était faite à des nationaux, que la loi de vendémiaire exigeait la rédaction d'un acte authentique.

155. On sait que le code de commerce a adopté un moyen terme : s'il ne se contente pas d'un mode de constatation quelconque, il n'exige pas, en sens inverse, la représentation d'un acte public; la vente doit être faite par écrit, mais elle peut avoir lieu par acte public ou par acte sous signature privée (c. com. art. 195). Même réduite à ces termes, la disposition de l'article constitue, ainsi qu'il a été dit au *Rép*. no 89, une dérogation au droit commun; car, aux termes de l'art. 109 c. com., la vente en matière commerciale peut être constatée à l'aide de tous modes de preuve, même par témoins, même par présomptions. Mais c'est à tort que l'on s'est efforcé d'expliquer cette exception par l'importance des bâtiments de mer (V. Desjardins, *op. cit*., no 70), car beaucoup de ventes, en matière commerciale, portent sur des objets dont la valeur vénale est tout aussi considérable sans échapper cependant à l'application de la règle. Si on s'en est départi en matière maritime, c'est pour un autre motif; le commerce maritime est intéressé à ce que la propriété des navires soit à l'abri de toute incertitude et à ce qu'elle ne fasse jamais l'objet de contestations prolongées. Si la propriété est incertaine, celui auquel le navire appartient, mais qui sera dans l'impossibilité de justifier rapidement de la réalité de son droit, n'inspirera à personne la confiance qu'il mérite; si la question de propriété donne lieu à des débats plus ou moins prolongés, pendant la durée de ces litiges le navire restera sans emploi et le commerce ne pourra que souffrir de cet état de discrédit ou de stagnation auquel seront condamnés les armateurs à un moment donné. Or la preuve par témoins ou par présomptions n'a jamais le caractère décisif de la preuve écrite; elle ne se manifeste qu'à la suite de débats d'une certaine durée; elle ne pare point, dès lors, aux inconvénients qu'il s'agit d'éviter (Conf. Lyon-Caen et Renault, t. 2, no 1613). On verra, du reste, que presque tous les contrats relatifs au commerce maritime sont également soumis à la nécessité d'une constatation par écrit. Mais on a pensé, avec raison, qu'exiger un acte authentique, c'était, en soumettant les contrats à des conditions de formes coûteuses et gênantes, entraver les aliénations (*Observations des tribunaux*, t. 1, p. 269, et t. 2, 2e part., p. 343, t. 3; *Analyse raisonnée des observations*, p. 61). Le projet de revision de 1867 (art. 194) modifiait cet état de choses; il admettait que la vente des navires pourrait être établie à l'aide de tous les modes de preuve indiquées par l'art. 109 c. com.

156. La plupart des codes étrangers renferment des dispositions semblables à celle de notre art. 195 (V. notamment : l'art. 2 de la loi du 21 août 1879 qui a modifié, en Belgique, le liv. 2 c. com., l'art. 483 c. com. italien, l'art. 573 du nouveau code espagnol; l'art. 309 du code hollandais). Le code italien, après avoir déclaré que l'aliénation ou la cession, si elle a lieu dans le royaume, peut être faite par acte authentique ou sous seing privé, décide « qu'à l'étranger, l'aliénation doit être faite par acte reçu à la chancellerie du consulat royal devant l'officier consulaire ». Le nouveau Code portugais exige que tout contrat de transmission de navire soit constaté par un écrit authentique ou rendu authentique (art. 490). — D'après le code allemand (art. 440), la rédaction d'un écrit n'est pas nécessaire en principe; mais chaque partie peut demander qu'il lui soit délivré, à ses frais, un acte en bonne et due forme. — En Angleterre, l'aliénation d'un navire enregistré au profit de personnes susceptibles de devenir propriétaires de navires anglais s'opère à l'aide d'un acte désigné sous le nom de *bill of sale*. Le *bill of sale* doit contenir un extrait du certificat d'enregistrement suffisamment détaillé pour constater l'identité du bâtiment. Le transfert doit s'exécuter en présence d'un témoin au moins et être attesté par lui (art. 55 du *Merchant shipping act* de 1854). La vente de navires qui n'ont pas obtenu le bénéfice de la nationalité et qui, dès lors, ne sont pas susceptibles de naviguer sous pavillon anglais, par exemple, la vente à des étrangers de navires nouvellement construits dans un des ports du Royaume-Uni, n'est soumise à aucun mode de constatation particulier. Aux Etats-Unis, la translation de la propriété des navires doit également s'effectuer à l'aide d'un *bill of sale* ou de tout autre acte écrit analogue. Cependant si, en l'absence de ces formalités, l'acquéreur se trouve dans l'impossibilité d'obtenir un nouvel enregistrement du navire à son nom et de bénéficier, par suite, des privilèges attachés à la nationalité américaine, si même il n'est pas investi de la propriété au regard des tiers, le contrat produit son plein et entier effet dans les rapports des parties entre elles (Dixon, *Traité de droit maritime*, n° 17).

157. Quels sont les officiers publics compétents pour rédiger l'acte destiné à constater la vente, lorsqu'on veut lui imprimer les caractères de l'authenticité? D'abord les notaires. Préposés par la loi à la confection des actes authentiques en général, ils ont mission de rédiger spécialement ceux à l'aide desquels se prouvent les ventes de bâtiments de mer, et, pour leur réception, ils doivent se conformer, comme toujours, aux prescriptions de la loi du 25 vent. an 11. Mais, en fait, il est rare que l'on ait recours au ministère des notaires dans le cas dont s'agit.

158. Très souvent, au contraire, l'acte est l'œuvre du courtier maritime, par l'entremise duquel la vente a été opérée; y a-t-il lieu de le considérer alors comme authentique? L'affirmative ne fait aucun doute, dans le cas où il s'agit d'une vente volontaire faite aux enchères publiques; le procès-verbal dressé par le courtier qui a procédé à cette vente a incontestablement un caractère authentique (V. *suprà*, v° *Bourse de commerce*, n° 269). Et il en serait de même si la vente publique volontaire était faite, à défaut de courtier maritime dans la localité, sous les auspices d'un courtier inscrit; on admet, en effet, que les courtiers inscrits qui procèdent à ces ventes agissent comme le feraient des officiers publics (Fabre, *Des courtiers*, t. 2, n° 442).

159. En est-il de même lorsque la vente n'est pas publique? La question est diversement résolue; mais il importe de bien déterminer l'objet de la controverse. Certains points sont hors de contestation. D'une part, il est certain que l'acte rédigé par le courtier, quel qu'en soit le caractère, n'aura jamais force exécutoire par lui-même, car il n'y a que les actes judiciaires et les actes notariés qui puissent être revêtus de la formule exécutoire. Il ne pourra jamais renfermer une constitution d'hypothèque sur un immeuble, car l'hypothèque immobilière ne peut être consentie que par acte notarié. En sens inverse, on est d'accord pour reconnaître que les écrits rédigés par les courtiers sont dispensés de la formalité des doubles, qu'ils ont une force probante supérieure à celle des actes sous seing privé ordinaires, qu'ils font foi de la véracité des signatures dont ils sont revêtus ainsi que de leur date; l'art. 7 de la loi du 28 vent. an 9 déclare, en effet, que les courtiers ont seul le droit... de justifier devant les tribunaux *la vérité* et le taux des négociations, ventes et achats. Mais l'acte fait-il foi jusqu'à inscription de faux des énonciations substantielles qu'il renferme? — En principe, on admet, contrairement à l'opinion émise au *Rép.* v° *Bourse de commerce*, n°s 466 et 477, que les écrits qui sont l'œuvre de courtiers privilégiés sont des écrits authentiques; ils satisfont aux conditions indiquées par l'art. 1317 c. civ. comme constitutives de l'authenticité, car, d'une part, ils sont l'œuvre d'officiers publics, et d'officiers publics qui ont toujours qualité pour procéder à leur confection, et d'autre part, ils sont rédigés *avec les solennités requises* (V. Pardessus, t. 1, n° 247; Bravard et Demangeat, t. 2, p. 458; Lyon-Caen et Renault, t. 1, n° 609. — *Contrà:* Alauzet, t. 1, n° 57, et t. 3, n° 967; Boistel et les autorités citées par ces auteurs, n° 441). Toutefois, la question est discutée en ce qui concerne spécialement les actes à la rédaction desquels procèdent les courtiers maritimes, et, plus spécialement encore, ceux qui ont pour objet la constatation d'une vente volontaire de navires. On se demande si le courtier maritime, qui est un officier public, et a qualité pour intervenir, pour faciliter la conclusion du marché, a également pour mission de procéder à la rédaction de l'acte ou si c'est seulement d'une façon incidente et par surcroît que cette fonction lui incombe. Il est à remarquer, en effet, que les courtiers maritimes ne sont pas chargés par l'art. 80 c. com. de la confection des écrits destinés à prouver les conventions auxquelles ils prennent part, comme les courtiers d'assurances le sont par l'art. 79 de la confection des polices d'assurances (V. Cresp et Laurin, t. 2, p. 47 et 48; Fabre, *op. cit.*, t. 1, n° 249; Lyon-Caen et Renault, *op. cit.*, t. 1, n° 1550; t. 2, n°s 1615 et 1856). — Ces objections ne nous paraissent pas fondées; à notre avis, le droit, pour le courtier, de participer à une négociation, afin, en établissant un rapprochement entre les parties, de faciliter la conclusion du marché, implique nécessairement celui de procéder à sa constatation, attendu que la première attribution ne se conçoit pas sans la seconde. Mais, disent MM. Lyon-Caen et Renault, si les actes que rédigent les courtiers privilégiés et même les courtiers maritimes sont, en règle générale, des actes authentiques, il en est autrement de ceux destinés à constater les ventes volontaires de navires; le courtier n'agit plus, en pareil cas, dans les limites de ses attributions légales; son entremise, tolérée à raison de l'utilité qu'elle peut avoir, ne constitue pas un acte de ses fonctions (*op. cit.*, t. 2, n° 1615, *in fine*, note 1, p. 30). Cette distinction nous paraît plus subtile qu'exacte; si les courtiers interprètes-conducteurs de navires sont appelés à intervenir dans les ventes, ce n'est pas seulement par suite d'une condescendance de la part du législateur, c'est parce que la loi a consacré, sinon expressément, du moins implicitement, un état de choses déjà accrédité dans la pratique. Ils s'immiscent donc dans ces négociations, comme ils accomplissent tous autres actes de leur ministère, en vertu d'une attribution législative, et c'est en vertu d'un mandat dont la loi les a également investis qu'ils procèdent à leur constatation (Conf. Cresp et Laurin, t. 1, p. 261; Desjardins, *op. cit.*, t. 1, n° 71. — *Contrà:* Lyon-Caen et Renault, *loc. cit.*; de Valroger, t. 1, n° 128).

160. A l'étranger, il faut, lorsqu'on veut imprimer un caractère d'authenticité à l'acte qui constate la vente, recourir à l'intervention des chanceliers des consulats (Ord. 1681, liv. 1, tit. 9, art. 25; 29 oct.-21 nov. 1833, art. 32; Décr. 19 janv. 1881, D. P. 82. 4. 49; V. *suprà*, v° *Consuls*, n° 50) ou bien à celle des officiers publics étrangers compétents à cet effet en vertu de la règle *locus regit actum*.

161. L'acte sous seing privé doit, comme toujours, être revêtu de la signature des parties contractantes; doit-il, en outre, étant donné que la vente est un contrat synallagmatique, satisfaire à la condition des doubles telle qu'elle est établie par l'art. 1325 c. civ.? La solution affirmative, admise au *Rép.* n° 90, a été contestée. La raison de douter vient de ce que, d'après la plupart des auteurs (*Rép.* v° *Obligations*, n°s 4022 et suiv.; Pardessus, *op. cit.*, t. 1, n° 245; Delamarre et Le Poitvin, *op. cit.*, t. 1, n° 139; Aubry et Rau, *op. cit.*, t. 8, § 756, texte et notes 49 et 50; Lyon-Caen et Renault, t. 1, n° 605; Boistel, n° 440, et les autorités citées par ces auteurs. — *Contrà :* Bravard et Demangeat, *op. cit.*, t. 2, p. 453 et suiv.; Alauzet, t. 1, n° 54), la disposition de l'article précité n'est pas applicable aux conventions synallagmatiques qui, au regard de toutes les parties, constituent des actes de commerce. Or, l'art. 195 c. com. déroge sans doute au droit commun en matière commerciale, en tant qu'il exige la rédaction d'un acte écrit pour la preuve du contrat de vente; mais rien n'indique qu'il y ait dérogé en ce qui concerne la soumission de l'acte, quand il est sous seing privé, à la formalité des doubles. — Il faut répondre que si, en général, l'acte sous seing privé n'est pas, en matière commerciale comme en matière civile, assujetti à la condition des doubles, c'est simplement parce que son existence n'est pas indispensable. La partie demanderesse n'est pas tenue, pour prouver la convention, de produire un écrit; elle peut recourir à la preuve testimoniale ou à la preuve par présomptions. A plus forte raison, quand l'écrit existe et est représenté, ne peut-on en contester la force probante sous prétexte que telle ou telle formalité n'a pas été remplie; qui peut le plus peut le moins. Mais le raisonnement qui précède n'est plus admissible dans le cas où, par exception, la preuve de la convention ne peut se faire que par écrit. De plus, les raisons qui, en matière civile, ont déterminé le législateur à prescrire la confection d'autant d'originaux qu'il y a de parties intéressées, exigent que les mêmes mesures de précaution soient imposées aux parties toutes les fois qu'en matière commerciale, la rédaction de l'acte devient obligatoire. En vain, on argumente des art. 32 et 282 c. com. pour soutenir que le législateur, quand il a voulu soumettre exceptionnellement à la formalité des doubles les actes sous seing privé destinés à constater des opérations relatives au commerce, a pris le soin de s'en expliquer. L'objection se comprendrait si les dispositions contenues dans ces articles constituaient des dérogations aux principes; mais on vient de voir, au contraire, qu'elles sont en conformité parfaite avec le droit commun; ce n'est donc pas par *a contrario* qu'il convient d'en argumenter, mais par analogie, et, loin de fournir un point d'appui à la doctrine adverse, elles militent, dès lors, en faveur de la solution proposée (Conf. Dufour, t. 2, n° 480; Alauzet, t. 5, n° 1679; Demangeat sur Bravard, t. 4, p. 22; Laurin sur Cresp, t. 1, p. 261 à 263; Desjardins, n° 73; de Valroger, t. 1, n° 131; Boistel, n° 1151; Lyon-Caen et Renault, t. 2, n° 1616). — Il a été jugé que la vente d'un navire est prouvée valablement à l'aide d'un acte qualifié sous seing privé, dressé en simple original, mais qui était resté déposé entre les mains du courtier par l'entremise duquel la vente avait été opérée (Marseille, 20 janv. 1862, aff. Crousey, Fraissinetti, *Recueil de Marseille*, 1862. 1.50). On reconnaît, en effet, que le dépôt de l'acte sous seing privé effectué par les parties d'un commun accord entre les mains d'un officier public, ou même d'un simple particulier, rend inutile la rédaction de l'acte en plusieurs exemplaires conformément à l'art. 1325 c. civ.

162. L'acte écrit n'est pas exigé *ad solemnitatem*, mais seulement *ad probationem*; c'est-à-dire qu'il n'est pas essentiel à la validité du contrat, il est simplement nécessaire pour en prouver l'existence quand elle est contestée. L'opinion contraire, soutenue par Delamarre et Le Poitvin, *op. cit.*, t. 5, n° 89, et par M. Bédarride, t. 1, n° 156, invoque, d'abord l'art. 226, qui impose au capitaine l'obligation d'avoir à son bord l'acte de propriété du navire, puis la nécessité d'un acte écrit pour l'accomplissement en douane des formalités prescrites par l'art. 17 de la loi du 27 vend. an 2. Mais ces motifs sont loin d'être décisifs. La disposition contenue dans le 1er alinéa de l'art. 226 a été introduite par erreur dans le code et n'est jamais appliquée, comme on le verra plus loin (V. *infrà*, nos 647 et suiv.); on ne peut donc en tirer un argument probant. Quant à la mutation en douane qui, dit-on, nécessite la production d'un titre constatant l'aliénation, elle n'influe, on le verra, sur la transmission de propriété que dans les rapports des parties avec les tiers (V. *infrà*, nos 171 et suiv.). La vérité est que, même en matière civile, les contrats solennels, tels que la donation, le contrat de mariage, l'hypothèque n'existent qu'à l'état d'exception. En matière commerciale, on en trouverait difficilement un exemple; c'est à tort, en effet, que l'on a cité le contrat de change comme rentrant dans cette catégorie; son efficacité ne dépend pas, comme certains paraissent l'avoir cru à tort, de la délivrance d'une lettre de change. Dans ces conditions, l'acte écrit prescrit par l'art. 195 ne pourrait être réputé nécessaire à la validité même de la convention qu'autant qu'il serait indiqué comme affectant ce caractère; or, le texte ne dit rien de semblable. D'autre part, le législateur n'impose pas aux parties la nécessité d'un acte authentique; un acte sous seing privé suffit; or l'acte sous seing privé exclut précisément toute idée de solennité (Alauzet, n° 1678; Dufour, t. 2, n° 488; Demangeat sur Bravard, p. 20; Cresp et Laurin, t. 1, p. 255-259; Boistel, n° 1151; Lyon-Caen, note sur Bordeaux, 23 avr. 1872; Lyon-Caen et Renault, n° 1614; Desjardins, t. 1, n° 72; de Valroger, n° 127, et les autorités citées par ces auteurs).

Que conclure de là? La vente ne pourra sans doute produire d'effet au regard des tiers qu'autant qu'elle aura été constatée par écrit; car la douane n'opérera la mutation qui doit rendre la transmission opposable aux tiers (V. *infrà*, n° 174) que si l'acquéreur produit un titre de propriété; elle ne consentirait pas à y procéder sur une simple déclaration verbale, même accompagnée de l'assentiment du précédent propriétaire (arg. art. 2 et 4, 1er décr. 21 sept. 1793; art. 18. décr. 27 vend. an 2. Conf. *Rép.* n° 91; Delamarre et Le Poitvin, t. 4, p. 183 et suiv.; Beaussant, *Code maritime*, t. 1, n° 439; Dufour, *loc. cit.*; Alauzet, t. 5, n° 1678; Demangeat, *loc. cit.*; Laurin sur Cresp, *op. cit.*, p. 264; Boistel, *loc. cit.*; Desjardins, *loc. cit.* — *Contrà* : Bédarride, t. 1, n° 156). De même, l'aveu ou le serment ne prouvent l'existence de la vente au regard des tiers et ne la leur rendent opposable que du jour où la décision à laquelle ils servent de base est intervenue et a été rédigée dans les formes (*Rép. loc. cit.*; Dufour, *loc. cit.*; Desjardins, *loc. cit.*). Mais, dans les rapports du vendeur et de l'acheteur, il en est différemment; si la vente est avouée par celui auquel l'autre l'oppose, elle a, quoique purement verbale, un caractère obligatoire; la nécessité d'un écrit ne se fait sentir, en effet, qu'autant qu'il y a lieu d'en fournir la preuve, et le demandeur n'a pas à prouver une convention reconnue par le défendeur. A plus forte raison, la vente verbale a-t-elle entre les parties une pleine et entière efficacité, quand son existence est attestée sous la foi du serment, car tout fait juridique certifié par un aveu peut *a fortiori* l'être aussi par le serment (c. civ. art. 1358) (V. *Rép. loc. cit.*; Alauzet, *loc. cit.*; Dufour, *loc. cit.*; Demangeat sur Bravard, *loc. cit.*; Cresp et Laurin, p. 255 et suiv.; Boistel, *loc. cit.*; Lyon-Caen et Renault, *loc. cit.*; Lyon-Caen, note précitée; Desjardins, *loc. cit.*; de Valroger, *loc. cit.*). Il a été jugé toutefois, mais à tort selon nous, que le serment décisoire ne peut être déféré pour constater une convention telle qu'une vente de navire, dont la loi ne reconnaît l'existence qu'autant qu'elle est revêtue de formes spéciales essentielles à sa validité (Trib. com. Nantes, 13 déc. 1882, aff. Simon, Aubin et Quintin, *Recueil de Marseille*, 1884. 2. 28).

163. La vente peut-elle être prouvée à l'aide des livres, des factures, de la correspondance? Non certainement, d'après ce qui vient d'être dit, toutes les fois que c'est contre des tiers que l'une des parties invoque le contrat; mais en est-il de même dans les rapports des parties entre elles? L'affirmative a été admise au *Rép.* n° 92 en ce qui concerne la correspondance, et il y a même raison de décider à l'égard des livres de commerce, contrairement à un arrêt de la cour de Rouen, du 23 janv. 1841, rapporté *ibid.* n° 90. MM. Alauzet, t. 5, nos 1678 et suiv.; Demangeat sur Bravard, t. 4, nos 20 et suiv. se prononcent dans le même sens; l'art. 195 a, en effet, disent-ils, simplement pour but de proscrire la preuve testimoniale; or les livres, factures, correspondances sont des preuves écrites et des preuves écrites non moins certaines que celles qui découlent d'un acte proprement dit. Mais la plupart des auteurs (Delamarre et Le Poitvin, t. 5, n° 89; Dufour, t. 2, nos 481 et 482; Cresp et Laurin, t. 1, p. 260; Boistel, n° 1151; Lyon-Caen et Renault, *loc. cit.*; Lyon-Caen, note citée *suprà*, n° 162; Desjardins, t. 1, n° 73; de Valroger, n° 129), enseignent que la vente ne peut être prouvée qu'à l'aide d'un acte public ou d'un acte sous seing privé. L'art. 109 c. com., qui énumère les modes de preuve généralement applicables en matière commerciale, fait d'abord mention, dans ses deux premiers alinéas, des actes publics et des actes sous signature privée, puis, dans des alinéas subséquents, il signale les livres, factures, correspondances. On est donc fondé à admettre que, dans la pensée du législateur, ces écrits diffèrent les uns des autres. Or l'art. 195 indique quels sont, lorsqu'il s'agit de la vente d'un navire, ceux d'entre eux qui peuvent être utilement invoqués, et il ne signale que l'acte public et l'acte sous seing privé proprement dit comme susceptibles de faire preuve. *Qui dicit de uno, negat de altero.* Donc il est logique de considérer tout autre mode de constatation comme ne répondant pas aux vues des rédacteurs du code. L'art. 195, du reste, est conçu dans des termes généraux et absolus; il ne se prête à aucune distinction; que la question de preuve s'agite dans les rapports des parties avec les tiers ou dans les rapports des parties entre elles, il doit être rigoureusement appliqué. Si, en effet, il est inapplicable ou n'est applicable que sous certaines restrictions, il n'y a pas de raison pour que tous les modes de preuve indiqués par l'art. 109 ne soient pas admis indistinctement. Il faut ajouter enfin que la correspondance et les livres ne prouveraient pas toujours la vente d'une façon aussi positive qu'un acte proprement dit; que leur admission comme moyen de preuve n'empêcherait pas toujours les contestations que le législateur a voulu éviter en édictant l'art. 195. — Cependant la vente pourrait se prouver à l'aide de la correspondance si les lettres échangées contenaient : l'une, une offre ferme; l'autre, une acceptation positive de cette offre. Ce n'est pas alors en tant que correspondance, mais comme acte sous seing privé qu'elle serait admise devant les tribunaux. L'acte sous seing privé n'étant assujetti à aucune forme particulière, on peut dire que les lettres qui contiennent l'offre et l'acceptation constituent un acte sous seing privé en deux parties, et, comme elles sont elles-mêmes au nombre de deux, comme elles émanent : l'une du vendeur, l'autre de l'acheteur, on peut également considérer l'acte comme satisfaisant à la condition des doubles. De même, si une lettre produite contre celui qui méconnaît la vente contient une reconnaissance formelle de sa part de l'existence du contrat, ce n'est pas alors comme correspondance, mais comme renfermant un aveu extra-judiciaire, qu'elle fait preuve aux yeux de la loi.

164. Il a été jugé : 1° qu'une vente partielle du navire constatée à l'aide de la correspondance, des énonciations contenues dans les livres de la partie venderesse, de règlements de compte fournis par cette dernière, doit recevoir son exécution entre les parties contractantes aux termes de l'art. 195 c. com., mais qu'elle n'est pas opposable à la masse des créanciers du vendeur en état de suspension de payements (Rennes, 17 mars 1849, aff. Crouan, D. P. 52. 1. 178); — 2° Que la vente volontaire de tout ou partie d'un navire qui, au regard des tiers, ne peut être prouvée autrement que par acte public ou sous seing privé est susceptible, entre les parties, d'être constatée à l'aide de la correspondance (Bordeaux, 23 avr. 1872, aff. Brétinger, D. P. 73. 2. 37). — Mais il a été jugé également, dans le sens de l'opinion ci-dessus émise, que l'art. 195, spécial pour la vente des navires et aux termes duquel cette dernière doit avoir lieu par acte authentique ou sous signature privée, est limitatif; qu'il exclut tout autre mode de constatation et notamment celui que l'on prétendrait déduire de la correspondance, des énonciations des livres, des règlements de compte fournis par le vendeur (Civ. rej. 26 mars 1852, aff. Crouan, D. P. 52. 1. 178). Il est vrai que, dans l'espèce, la question de preuve s'agitait exclusivement dans les rapports de l'acheteur avec les créanciers du vendeur. — Il a été également reconnu : 1° qu'un acte exprès est nécessaire pour constater la vente des navires, qu'il ne peut être suppléé par les documents susceptibles de faire preuve habituellement en matière commerciale (notamment par la correspondance et les livres des parties), alors surtout que la question de propriété du navire s'agite, non entre le vendeur et l'acheteur, mais entre ce dernier et les créanciers du vendeur : dans l'espèce, c'était, en effet, entre ces deux catégories de personnes que la question de preuve était débattue (Bordeaux, 5 juin 1861, aff. Emile et Isaac Pereire, *Recueil de Marseille*, 1861. 2. 114); — 2° Que les expressions de l'art. 195 « la vente volontaire des navires doit être faite par acte public ou par acte sous signature privée » sont employées dans un sens limitatif (Civ. cass. 3 juin 1863, aff. Pereyra, D. P. 63. 1. 289); — 3° Que l'acte écrit exigé par l'art. 195 c. com. pour la constatation de la vente des navires ne peut être remplacé par des équivalents (Caen, 1er avr. 1878, aff. Foucault, Mauconduit, *Recueil du Havre*, 1879. 2. 11). Mais dans ces deux derniers cas, de même que dans les précédents, il s'agissait pour l'acheteur de faire preuve de la vente intervenue à son profit à l'encontre des créanciers du vendeur.

165. La vente peut-elle se prouver à l'aide de la preuve testimoniale accompagnée d'un commencement de preuve par écrit? En faveur de l'affirmative, on invoque cette considération, qu'en exigeant une preuve écrite, l'art. 195 c. com. a répudié simplement les dispositions spéciales de l'art. 109 sur la preuve en matière commerciale pour faire retour aux règles du droit civil, telles qu'elles sont formulées dans les art. 1341 et suiv.; et on a conclu de cette prémisse que l'art. 1347 devait recevoir ici son application. Mais cette argumentation n'est que spécieuse; les art. 1341 et suiv. n'ont d'autorité qu'en matière civile; ils n'exercent aucun empire sur les transactions commerciales; c'est, en effet, ce qui résulte très nettement de l'alinéa final de l'art. 1341 : « le tout sans préjudice de ce qui est prescrit *dans les lois relatives au commerce*. » Pour savoir quels sont les modes de preuve susceptibles d'être employés en pareil cas, c'est donc aux dispositions du code de commerce qu'il faut se référer exclusivement; l'art. 195 qui déroge, pour la vente des navires, à la règle formulée par l'art. 109, se suffit à lui-même; or il exige positivement que le contrat soit constaté à l'aide d'un acte public ou d'un acte sous seing privé (Dufour, t. 2, n° 482; Cresp et Laurin, t. 1, note 45, p. 256).

Il a été jugé cependant que la vente des navires est soumise, quant à la preuve, aux règles du droit civil; que, par suite, il y a lieu de lui appliquer l'exception faite par l'art. 1347 d'après lequel la preuve testimoniale et les présomptions sont admissibles lorsqu'il y a un commencement de preuve par écrit (Rennes, 21 janv. 1876, aff. Lefol, *Journal de Nantes*, 1877. 1. 58). Quant à la preuve par témoins et à la preuve par présomptions seules, elles sont inacceptables de l'avis unanime de tous les auteurs (V. cependant Alauzet, t. 5, n° 1678).

166. Mais si les modes de constatation précédemment indiqués sont insuffisants pour la justification, même *inter partes*, de l'existence d'une vente proprement dite, c'est-à-dire d'un contrat translatif de propriété, le sont-ils encore lorsque l'une des parties demande simplement à prouver contre l'autre qu'il y a eu, de la part de cette dernière, une promesse de vente ou d'achat demeurée inexécutée, et lorsqu'il réclame uniquement, à raison de l'inexécution de cette promesse, des dommages-intérêts? Oui, répond M. Laurin sur Cresp, t. 1, p. 260, note 47, car c'est toujours l'action *empti* ou l'action *venditi* qu'exerce le réclamant; les dommages-intérêts n'ont d'autre raison d'être que l'inexécution de la vente, et la preuve de ce contrat, quelle que soit l'action à laquelle elle donne naissance, ne peut jamais se faire qu'à l'aide d'un acte écrit. L'opinion contraire nous paraît préférable; sans doute, lorsqu'il s'agit pour la partie demanderesse de prouver qu'une vente véritable est intervenue à son profit et que cette vente a eu pour effet de lui transférer la propriété du navire, il faut s'en tenir au texte formel de l'art. 195; mais, quand il s'agit simplement de constater l'existence d'une convention dont on ne prétend même pas déterminer le caractère, dont on n'invoque l'inexécution de la part de l'adversaire que pour lui réclamer des dommages-intérêts, on ne se trouve plus dans l'hypothèse visée par l'article précité, et comme, à raison de la nature exceptionnelle de sa disposition, il convient de l'appliquer d'une façon restrictive, le droit commun reprend son empire et tous les modes de preuve indiqués par l'art. 109 doivent être admis indistinctement. Il peut se faire, il est vrai, que les documents produits soient conçus dans des termes tels qu'à première vue, ils impliquent, chez les contractants l'intention, non seulement de s'engager en vue de la réalisation d'une vente ultérieure, mais de conclure une vente immédiate; par exemple, dans la correspondance, l'un déclare *vendre* le navire et l'autre déclare l'*acheter*. Est-il alors possible de faire dégénérer une convention que les contractants présentent comme une vente proprement dite en un simple engagement de vendre, sans dénaturer la convention? La réponse se trouve dans les art. 1156 et 1157 c. civ. Le premier décide, en effet, que « l'on doit, dans les conventions, rechercher quelle a été la commune intention des parties contractantes, plutôt que de s'arrêter au sens littéral des termes », et, aux termes du second, « lorsqu'une clause est susceptible de deux sens, on doit plutôt l'entendre dans celui avec lequel elle peut avoir quelque effet, que dans le sens avec lequel elle n'en pourrait produire aucun ». Ces deux dispositions combinées veulent que, dans l'espèce, la convention soit considérée comme contenant un engagement de vendre et d'acheter plutôt qu'une vente véritable. La solution proposée, fondée en droit, d'après ce qui vient d'être dit, a, d'ailleurs, en fait, un avantage incontestable; elle prévient les inconvénients que la nécessité absolue d'une preuve écrite pourrait entraîner; elle empêche que la partie, à l'encontre de laquelle la convention est invoquée, se dérobe impunément, sous prétexte d'insuffisance dans la preuve, à l'exécution de ses obligations (Dufour, t. 2, nos 483 à 487; Lyon-Caen, note citée *suprà*, n° 162;

Lyon-Caen et Renault, t. 2, n° 1614; Desjardins, t. 1, n° 74; de Valroger, *loc. cit.*).

167. Peut-on, en matière de vente de navires, prouver par témoins outre ou contre le contenu à l'acte? Non; ce n'est pas que la disposition de la partie finale de l'art. 1341 c. civ., 1er al., *in fine*, soit directement applicable, car cet article, ainsi que les articles suivants, régit exclusivement les actes en matière civile; mais la raison veut qu'il en soit ainsi. Si les clauses complémentaires ou dérogatoires que l'on introduit dans la convention peuvent se constater à l'aide de tout mode de preuve, la convention est, pour partie, susceptible de se prouver autrement que par écrit, et la prescription de l'art. 195 n'est plus fidèlement observée. D'un autre côté, l'impossibilité de prouver par témoins que des inexactitudes se sont glissées dans l'acte, que des omissions ont été commises se justifie ici à l'aide des considérations habituellement invoquées à l'appui de la disposition similaire du droit civil. Il a été jugé, qu'en matière de vente d'un navire, la preuve par témoins contre ou outre le contenu à l'acte n'est point admissible, alors même que la vente a pour objet un navire échoué; que, le vendeur ne peut, dès lors, recourir à la preuve testimoniale pour justifier du droit qu'il prétend avoir à un supplément de prix dont l'acte ne fait pas mention (Trib. Anvers, 8 mai 1863, et Bruxelles, 27 janv. 1864, aff. Sorll, *Jurisprudence du port d'Anvers*, 1864. 1. 11).

168. — V. CONDITIONS DE FORMES AUXQUELLES LA VENTE DOIT SATISFAIRE POUR DEVENIR OPPOSABLE AUX TIERS. — D'abord, lorsqu'elle est constatée dans un acte sous seing privé, faut-il pour que la vente devienne opposable, que l'acte ait acquis date certaine conformément aux prescriptions de l'art. 1328 c. civ.? La négative a été admise au *Rép.* n° 93, et plusieurs auteurs sont du même avis (V. indépendamment de ceux déjà cités, *ibid.*: Alauzet, t. 5, n° 1679). Mais cette opinion a été contestée. D'abord, a-t-on dit, il s'en faut de beaucoup que la question soit oiseuse à raison de cette circonstance que la vente n'a d'effet *erga omnes* qu'autant qu'elle est relatée sur les registres de la douane (Cresp, t. 1, p. 266 à 269; Boistel, n° 1151); car la formalité de la mutation en douane n'est prescrite qu'autant que la vente a pour objet un navire déjà francisé. D'un autre côté, il semble qu'il y ait contradiction à soutenir que l'acte, soumis au mode de rédaction prescrit par l'art. 1325 (V. *suprà*, n° 161), acquerra date certaine indépendamment des conditions imposées par l'art. 1328 c. civ.; car les raisons de décider sont les mêmes dans les deux cas. — En vain on objecterait qu'en matière commerciale, l'acte sous seing privé est généralement considéré comme faisant foi de sa date par lui-même (V. *Obligations*; — *Rép.* eod. v°, nos 3911 et suiv.); que l'art. 195 c. com. déroge au droit commun en tant qu'il prescrit la confection d'un acte écrit, mais qu'il n'apporte aucune exception aux conditions exigées pour que l'acte devienne opposable aux tiers. On peut objecter à cette argumentation les considérations déjà invoquées quand il s'est agi de la multiplicité des originaux. Aucun texte ne dit que les actes sous seing privé en matière commerciale sont opposables aux tiers sans qu'ils aient acquis date certaine de la façon indiquée par l'art. 1328 c. civ. Si on le décide ainsi, en général, c'est parce que l'acte n'étant pas nécessaire pour prouver la convention, il est difficile, quand il existe, d'exiger qu'il satisfasse à des conditions particulières; les modes de preuve auxquels on pourrait recourir, s'il faisait défaut, pour prouver la convention suffiront, en effet, pour justifier de la véracité de sa date. Mais lorsque, par exception, un acte écrit est exigé, la situation est différente, il n'y a pas de raison pour que ce dernier demeure affranchi des formalités auxquelles il est soumis habituellement. En admettant que l'art. 1328 ne soit pas directement applicable, les motifs sur lesquels il repose conservent toute leur autorité. Aussi l'art. 193 qui, dans son paragraphe 6, indique quelles seront les preuves à fournir par le vendeur pour pouvoir bénéficier du privilège établi par l'art. 191, § 8, à l'encontre des autres créanciers de l'acheteur, exige-t-il qu'il représente un acte ayant date certaine. Or, si le vendeur ne peut se prévaloir de la vente à l'encontre des créanciers de l'acheteur qu'autant que l'acte a date certaine, il doit en être de même toutes les fois que les parties voudront se prévaloir du contrat à l'encontre de toute personne tierce quelle qu'elle soit (Dufour, t. 2, n° 507; Laurin sur Cresp, t. 1, p. 269, note 53; de Valroger, t. 1, n° 136). — Un arrêt de la cour de Bordeaux a déclaré incidemment que des actes sous seing privé, bien que n'ayant pas été enregistrés, avaient date certaine au regard des créanciers du vendeur en faillite du moment où la véracité de la date se trouvait attestée au besoin par des comptes établis dans les livres du failli (Bordeaux, 22 août 1860, aff. Pereyra, D. P. 63. 1. 289); cet arrêt a, du reste, été cassé le 3 juin 1863, *ibid*.

169. Pour que la vente devienne translative de propriété au regard des tiers, est-il nécessaire qu'elle ait été suivie de la tradition? Non. En matière civile, on est unanime pour décider aujourd'hui que la vente d'une chose mobilière transfère, *solo consensu* et indépendamment de la tradition, la propriété de cette chose à l'acheteur, non seulement dans les rapports des parties entre elles, mais même dans les rapports des parties avec les tiers (V. *Obligations*; — *Rép.* eod. v°, n° 697, et v° *Vente*, nos 175 et suiv.); et, bien que plus longtemps contesté, le même principe a fini par triompher en matière commerciale (Dufour, t. 2, nos 498 et suiv.; Demangeat sur Bravard, t. 2, p. 404; Alauzet, t. 1, nos 226 et 227; Boistel, n° 450; Lyon-Caen et Renault, t. 1, n° 634. — *Contrà*: Delamarre et Le Poitvin, *op. cit.*, t. 4, n° 49; Massé, *Droit commercial*, t. 3, nos 1589-1591). Il faut l'appliquer notamment en cas de vente d'un bâtiment de mer; il n'y a même pas place pour l'application de l'art. 1141 c. civ. quand les conditions indiquées par le texte se trouvent réunies, car cet article n'est que le corollaire de la règle édictée par l'art. 2279, et l'on sait que l'art. 2279 n'est pas applicable en matière maritime (V. *suprà*, nos 132 et 133). La cour de Bordeaux a admis, toutefois, que si, après avoir consenti une première vente à un premier acheteur qui a omis de faire procéder à la mutation en douane, le vendeur en a consenti une nouvelle à un second acheteur qui a fait inscrire son nom au dos de l'acte de francisation, l'inscription opérée en faveur de ce second acheteur peut être considérée comme une prise de possession qui lui permet de se prévaloir de la disposition de l'art. 1141 c. civ. et le rend propriétaire de préférence au premier acquéreur, bien que le titre de celui-ci soit antérieur en date; mais l'arrêt ajoute que l'article précité ne peut être invoqué par les créanciers du vendeur qui n'ont d'autres droits que ceux de leur débiteur (Bordeaux, 22 août 1860, aff. Pereyra, D. P. 63. 1. 289, cité *suprà*, n° 168).

170. La question de savoir à quelles conditions la vente est opposable aux tiers soulève des difficultés d'un ordre particulier quand le contrat a pour objet un navire déjà francisé.

Aux termes de l'art. 18 de la loi du 27 vend. an 2, l'acte de vente, ainsi qu'il a été dit au *Rép.* n° 92, doit contenir copie de l'acte de francisation. Cet article, il est vrai, a été abrogé partiellement par l'art. 195 c. com. On a vu, en effet, *suprà*, nos 155 et 156, que le code n'exige plus, comme le faisait la loi de vendémiaire, la rédaction d'un acte public pour la constatation de la convention. Mais l'antinomie entre les deux dispositions n'existant que sur ce seul point, rien ne permet de supposer que l'abrogation ait été totale et que la formalité dont il vient d'être parlé ait perdu son caractère obligatoire. Cette formalité a, d'ailleurs, conservé sa raison d'être; si l'on veut que, dans l'acte de vente, le contenu de l'acte de francisation soit reproduit, c'est afin que les agents de la douane chargés de mentionner la vente sur les registres puissent s'assurer de l'identité du navire qui en fait l'objet. Or, du moment où la mention de la vente sur les registres est toujours exigée, la situation reste la même. L'art. 195 c. com. n'a pas, à la vérité, reproduit, sur ce point, l'art. 18 de la loi de vendémiaire; mais c'est simplement parce qu'il n'a trait qu'aux précautions à prendre dans l'intérêt des contractants, et non à celles prescrites dans un but administratif; du reste, la disposition de cet article a pris place dans l'art. 153 du règlement général du 7 nov. 1866 (Comp. Alauzet, t. 5, n° 1675; Dufour, t. 2, n° 489; Demangeat sur Bravard, t. 4, p. 20, note 1 *in fine*; Boistel, n° 1151, note 1; Lyon-Caen et Renault, t. 2, n° 1617; Desjardins, t. 1, n° 75; de Valroger, t. 1, n° 130).

Le conseil d'Etat, dans un arrêt du 8 janv. 1875, a, par application de l'art. 18 de la loi du 27 vend. an 2, reconnu que toute vente de bâtiment doit contenir la copie de l'acte de francisation (D. P. 75. 3. 116).

Quelle est la sanction de cette formalité? Son inaccomplissement n'entraînerait pas la nullité de la vente, même au regard des tiers; mais l'administration des douanes refuserait de procéder sur ses registres à la transcription dont il va être parlé dans les numéros suivants.

171. Déjà, dans l'ancien droit, le règlement de Strasbourg du 24 oct. 1681 (art. 4, 6 et 9) imposait aux acquéreurs de navires l'obligation de déclarer par devant les officiers de l'amirauté la quotité de leur part afférente dans la propriété et les noms de leurs participes: c'était ce que l'on appelait la *déclaration de propriété;* ils devaient, en outre, faire enregistrer leur contrat au greffe du même tribunal. Lorsque survint la Révolution, les amirautés ayant été supprimées, il y avait nécessité de réglementer à nouveau tout ce qui avait trait à la transcription de la vente sur des registres publics; la loi des 9-13 août 1791 décida, en conséquence (tit. 2, art. 1er), que les ventes de navires seraient enregistrées aux greffes des tribunaux de commerce. Cette disposition est-elle encore en vigueur? Nous n'hésitons pas à répondre négativement; si, en effet, elle n'a été abrogée expressément par aucune loi postérieure, elle l'a été tacitement. Pour s'en convaincre, il suffit de se rappeler les circonstances dans lesquelles elle a été édictée et les faits qui se sont produits depuis sa promulgation. Après la suppression des amirautés, les tribunaux de commerce furent investis momentanément de la surveillance et de la protection dont ces dernières étaient chargées sur la navigation maritime. Or l'enregistrement au greffe des ventes de navire n'était qu'un colloraire de la mission générale qui leur était confiée; le contexte de l'art. 1er de la loi précitée est, sur ce point, pleinement démonstratif. Plus tard, quand l'administration des douanes fut définitivement organisée, ce fut elle qui hérita des attributions conférées temporairement aux tribunaux de commerce. A compter de ce moment, l'enregistrement au greffe des tribunaux de commerce n'eut plus de raison d'être; c'était, en effet, bien plutôt sur les registres de la douane qu'il devait avoir lieu, et c'est en ce sens que se prononça l'art. 17 de la loi de vendémiaire dont il va être parlé. Cet article a donc abrogé implicitement l'article correspondant de la loi des 9-13 août 1791. Les deux formalités étant de nature à faire double emploi, la création de la seconde a eu nécessairement pour résultat d'entraîner la suppression de la première (Beaussant, *loc. cit.;* Cauvet, *Revue de la législation,* 1849, t. 3, p. 284; Dufour, t. 2, n° 491).

172. Aux termes de l'art. 17 de la loi du 27 vend. an 2, « les ventes de partie du bâtiment seront inscrites au dos de l'acte de francisation par le préposé du bureau, qui en tiendra registre. » Ainsi une double condition est imposée: 1° la vente doit être mentionnée sur le registre à souche que tiennent les agents de l'Administration; 2° elle doit être inscrite au dos de l'acte de francisation. Cette double relation constitue ce que l'on appelle la *mutation* ou *transcription en douane.* Elle diffère de la transcription en matière immobilière à deux points de vue: 1° la vente doit être mentionnée, non seulement sur le registre, mais encore sur l'acte de nationalité; 2° en revanche, il n'est pas nécessaire, même sur le registre, d'en reproduire le contenu *in extenso;* il suffit d'en relater, sous forme d'extrait, les clauses essentielles.

Le texte ne prévoit que le cas de vente partielle; le motif en est que, dans la pensée du législateur, la vente totale devait entraîner à sa suite le renouvellement complet de l'acte de francisation. Or jamais, dans la pratique, l'intention qui, sous ce rapport, avait présidé à la rédaction de l'article, dans un but d'ailleurs purement fiscal, n'a reçu satisfaction; on a pris l'habitude de procéder pour les ventes totales comme on le faisait pour les ventes partielles et cet usage a été sanctionné implicitement par l'art. 20, alinéa final, de la loi du 6 mai 1841. « Ne sera plus perçu le droit de 6 fr., établi par l'art. 17 de la loi du 27 vend. an 2, pour l'inscription au dos de l'acte de francisation des ventes *de tout ou partie* des navires ». Aussi l'art. 154 du règlement général de 1866, qui reproduit l'art. 17 de la loi de vendémiaire, débute-t-il par ces mots: « La vente de *tout ou partie du bâtiment,* etc. ».

173. Ce n'est pas seulement la vente qui se trouve assujettie à la formalité de la mutation en douane, ce ne sont même pas seulement, d'une façon générale, les aliénations par actes entre vifs; il en est de même des translations à cause de mort, telles que les legs et les dévolutions héréditaires (Conf. Circ. 4 germ. an 7). A ce point de vue encore, une nouvelle différence apparaît entre la transcription en douane et la transcription en matière immobilière.

174. La mutation en douane a surtout pour but d'empêcher que des étrangers ne deviennent propriétaires de navires français pour une part supérieure à celle fixée par la loi (Acte de navigation du 21 sept. 1793, art. 2; L. 9 juin 1845). Elle est donc établie principalement dans un intérêt politique et administratif. Aussi la douane refuserait-elle de délivrer au propriétaire dont le nom ne figurerait pas sur ses registres et sur l'acte de francisation le *congé* nécessaire pour que le navire puisse prendre la mer (V. *infrà,* nos 177 et suiv.). Mais ces formalités ne constituent-elles pas, en outre, des mesures de publicité destinées à avertir les tiers de la transmission qui s'est opérée, et, dès lors, ne doit-on pas admettre que cette transmission ne leur est pas opposable tant que les mesures prescrites n'ont pas été exécutées?

Des doutes s'étaient tout d'abord manifestés à ce sujet. La loi du 27 vend. an 2, comme l'acte de navigation du 21 sept. 1793 auquel elle se réfère, et dont elle avait pour objet de sanctionner les prohibitions, a été inspirée, disait-on, par des motifs d'ordre purement politique et administratif; or il est impossible d'attribuer à des formalités édictées dans un intérêt politique et de police une influence quelconque sur les effets que la vente est appelée à produire dans l'ordre des intérêts privés, sous peine de dénaturer les textes qui les ont établies. La situation respective, soit des parties entre elles, soit des parties et des tiers, est régie exclusivement par les principes généraux du droit civil et par l'art. 195 c. com. qui ne s'est pas, même d'une façon implicite, approprié la disposition de l'art. 17 de la loi de vendémiaire. Cette loi, d'ailleurs, lorsqu'il s'agit de sanctionner ses prescriptions, se contente d'établir des pénalités pour le cas de vente clandestine à des étrangers (Cauvet, *Revue de législation,* 1849, t. 3, p. 289; Alauzet, t. 5, nos 1676 et 1677).

Un auteur (Dufour, t. 2, nos 508 et suiv.), tout en reconnaissant l'exactitude de ces propositions, a refusé cependant d'admettre la conséquence qu'en avaient tirée les partisans de la doctrine précédente. Suivant lui, quoique prescrite dans un but purement politique, la mutation en douane est cependant nécessaire pour que l'acheteur puisse se faire considérer comme propriétaire *erga omnes.* Il faut, dit-il, se garder de confondre « le but direct de la loi spéciale et les conséquences qu'elle peut indirectement entraîner par ses combinaisons avec la loi générale. Il arrive très fréquemment, en droit, que les règles prescrites dans un intérêt général rejaillissent d'une manière détournée jusque sur l'application des lois privées; et de ce qu'une disposition a le caractère d'une mesure politique ou de police, il est souvent trop absolu d'en inférer qu'elle ne peut exercer absolument aucun effet dans l'ordre des intérêts particuliers ». Or, tel est le cas pour l'art. 17 de la loi de vendémiaire; le navire, objet de la vente, « était inscrit sous le nom du vendeur; il était présenté à tous comme étant sa propriété. Dès lors, en laissant subsister ces déclarations devenues inexactes, l'acheteur s'associe à leur inexactitude; il en devient le complice; donc il en est responsable » et, ajoute l'auteur précité, comme le préjudice qu'éprouvent les tiers « résulte précisément du droit de propriété dont l'acheteur prétend argumenter, la garantie qu'il doit aux tiers s'exercera naturellement par la négation de ce droit ». Ainsi l'impossibilité pour l'acheteur de se prévaloir de la vente à l'encontre des tiers découlerait, si l'on en croit Dufour, du principe général formulé par l'art. 1382 c. civ. Mais ce point de vue ne nous paraît pas exact; si, en effet, la mutation en douane n'est pas prescrite dans l'intérêt des tiers, les parties ne sont pas en faute vis-à-vis d'eux pour avoir négligé de remplir cette formalité, et, si elles ne sont pas en faute vis-à-vis d'eux, elles ne peuvent encourir à leur égard aucune responsabilité. D'autre part, si la partie qui a omis de se conformer à l'art. 17 de la loi de vendémiaire pouvait être en faute, et, comme telle, responsable envers les tiers, elle serait bien passible à leur profit de dommages-intérêts; mais y aurait-il lieu de lui interdire, pour ce motif, de se prévaloir *erga omnes* de la translation de propriété qui s'est accomplie en sa faveur? Il est au moins permis d'en douter.

Aussi est-ce parce que la transcription est considérée comme ayant lieu, non seulement dans un intérêt politique et de police, mais aussi en tant que mesure de publicité destinée à avertir les intéressés, que la translation est considérée aujourd'hui par la doctrine et la jurisprudence comme inopposable à ces derniers tant que les mesures prescrites n'ont pas été exécutées. Les arguments ne manquent pas, du reste, pour justifier cette opinion. L'enregistrement au greffe de l'amirauté et la déclaration de propriété, imposés jadis par le règlement de Strasbourg du 24 oct. 1681, avaient, sans doute, pour but principal d'empêcher que des étrangers ne devinssent, au mépris des prohibitions législatives, propriétaires de navires appelés à naviguer sous pavillon français; ces formalités avaient donc été édictées principalement dans un but politique; mais nul doute qu'elles ne fussent destinées également à avertir les tiers des mutations intervenues; voici, en effet, comment s'exprimait Valin : « Il faut une nouvelle déclaration relative aux changements, sans quoi le vaisseau est réputé appartenir aux mêmes intéressés, déclarés d'abord » (*Commentaire sur l'art. 16 du tit. 1er du liv. 2*). Les mesures édictées, au lieu et place des précédentes, d'abord par la loi des 9-13 août 1791, puis par celle du 27 vend. an 2, en diffèrent, il est vrai, quant aux autorités devant lesquelles elles doivent s'exécuter et aussi quant à leur mode d'accomplissement, mais elles n'en sont pas moins l'équivalent de ces dernières et représentent, par suite, le même caractère. Donc, elles aussi, sont établies tout à la fois dans un intérêt de police et dans un but de publicité; elles aussi tiennent en suspens l'effet translatif du contrat, du moins dans les rapports des parties avec les personnes tierces. — Ajoutons que les textes du code de commerce achèvent de dissiper les doutes qui pourraient subsister à ce sujet. Aux termes de l'art. 193, le droit de suite des créanciers du vendeur ne disparaît que si le navire, objet de la vente, a fait un voyage en mer sous le nom et aux risques de l'acheteur; or, on est d'accord pour reconnaître que le navire ne peut réaliser un voyage sous le nom de l'acquéreur, qu'autant que les formalités édictées par l'art. 17 de la loi du 27 vend. an 2 ont été remplies préalablement (V. *infrà*, n° 177; — *Rép.* n° 288). De plus, la disposition de l'art. 196, d'après lequel « la vente d'un navire en cours de voyage ne nuit pas aux créanciers du vendeur », ne peut s'expliquer que par l'impossibilité d'exécuter, tant que le navire est en mer, la transcription nécessaire pour que la vente leur devienne opposable (V. sur tous ces points *infrà*, nos 177 et suiv.). Enfin on ne concevrait pas que le législateur eût denié à la mutation en douane le caractère et l'influence qui lui est généralement attribuée. En effet, le nom de celui auquel le navire appartient au moment où il est investi de la nationalité française est inscrit sur l'acte de francisation; les tiers sont donc autorisés à considérer le bâtiment comme continuant d'appartenir au même propriétaire tant qu'ils voient son nom figurer sur l'acte en question, et si un acquéreur était en droit, avant que l'aliénation intervenue à son profit ne leur ait été révélée, de se prévaloir contre eux de cette aliénation, leur bonne foi serait surprise à chaque instant (Conf. Delamarre et Le Poitvin, *op. cit.*, t. 5, nos 99 et 100; Bédarride, t. 1, nos 145 et 154; Demangeat sur Bravard, t. 4, p. 22 à 24; Laurin sur Cresp, p. 265, note 52; Boistel, n° 1152; Lyon-Caen et Renault, t. 2, n° 1618; Desjardins, t. 1, n° 76; de Valroger, t. 1, n° 136).

175. Si la vente du navire, si même, plus généralement, la transmission du navire, quelle qu'en soit la cause, n'a d'effet, au regard des tiers, qu'autant qu'elle est dûment relatée sur les registres de la douane et au dos de l'acte de nationalité, il faut décider, en sens inverse, que la mutation régulièrement opérée au nom d'une personne a pour résultat nécessaire de rendre cette personne propriétaire aux yeux des tiers, sans qu'il y ait à se préoccuper de la réalité et de la valeur intrinsèque de l'acte juridique, objet de la transcription. Celui au profit duquel cet acte est intervenu est donc considéré à bon droit comme investi de la propriété, il est soumis, par suite, aux obligations qu'elle impose, et notamment à la responsabilité qu'encourt le propriétaire aux termes de l'art. 216, alors même que l'aliénation indiquée comme ayant eu lieu en sa faveur serait purement fictive et servirait de déguisement à une autre opération telle qu'un nantissement, ou bien alors même qu'elle serait entachée d'un vice susceptible d'en compromettre l'existence juridique (Desjardins, t. 1, n° 76).

176. Mais les tiers ne sont fondés à se prévaloir, soit du défaut de mutation dans le premier cas, soit de la mutation opérée au profit de l'acquéreur apparent dans le second, qu'autant qu'ils sont de bonne foi. Si donc ils ont eu connaissance de l'aliénation, ils ne peuvent, sous prétexte d'inobservation des formalités prescrites par la loi de vendémiaire, la faire déclarer non avenue en ce qui les concerne. Réciproquement, s'ils ont su qu'elle était purement fictive, ils sont mal fondés à argumenter de l'accomplissement de ces formalités pour actionner l'acquéreur dont le nom figure sur les registres et sur l'acte de francisation. A ce point de vue, il existe une nouvelle différence entre la mutation en douane et la transcription en matière immobilière; les tiers peuvent, en effet, invoquer le défaut de transcription même dans le cas où il serait prouvé qu'ils ont été personnellement instruits de l'existence de l'aliénation; il en est autrement en matière maritime. Cette différence, qui est acceptée sans difficulté par la doctrine et la jurisprudence, est justifiée en droit. D'abord la loi du 27 vend. an 2 ne renferme pas de disposition semblable à celle de l'art. 3 de la loi du 23 mars 1855; or, en matière commerciale surtout, on ne peut, à défaut de texte qui le décide ainsi, autoriser les tiers, qui ont su que la vente avait eu lieu, à en méconnaître l'existence par ce seul motif que les formalités destinées à les avertir n'ont pas été exécutées. Il ne faut pas oublier, d'autre part, que la mutation en douane a été établie principalement dans un intérêt politique et de police; si elle a été édictée également dans un but de publicité, toujours est-il que ce point de vue a été envisagé par le législateur d'une façon plus accessoire; le nom du propriétaire originaire figurant sur l'acte de nationalité et les tiers étant fondés à penser que le navire continue de lui appartenir tant que les choses demeurent en l'état, on a jugé nécessaire de subordonner l'effet des transmissions futures au fait de leur divulgation. Mais, lorsque les tiers en ont été avertis, le vœu de la loi est satisfait et la divulgation perd sa raison d'être; on ne comprendrait donc pas qu'ils pussent s'autoriser de ce qu'elle n'a pas eu lieu dans les formes pour contester l'efficacité de la translation. Les mêmes raisons exigent qu'ils soient dans l'impossibilité de bénéficier d'une aliénation dûment publiée alors qu'ils la savent purement fictive (Dufour, t. 2, nos 513 et 514; Laurin sur Cresp, t. 1, p. 265, note 52; Boistel, n° 1152; Desjardins, *loc. cit.*; de Valroger, t. 1, n° 137. — *Contrà* : Lyon-Caen et Renault, n° 1619).

177. Il a été jugé : 1° que le décret du 27 vend. an 2 est du nombre des règlements faits pour la police du commerce maritime; que rien n'indique chez le législateur la pensée de pourvoir aux intérêts de ceux qui traiteraient avec le propriétaire du navire et de subordonner l'efficacité de la vente à l'égard des tiers au fait de son inscription sur l'acte de francisation; que l'on ne peut, dès lors, considérer la vente de partie d'un navire comme non opposable aux tiers, et spécialement aux créanciers du vendeur, parce qu'elle n'a pas été relatée sur l'acte de nationalité (Bordeaux, 26 juill. 1858, aff. Suarès, D. P. 64. 1. 161); — 2° Que la loi du 27 vend. an 2 appartient à l'ordre politique et laisse sous l'empire de la loi commerciale les transactions privées auxquelles les navires peuvent donner lieu; que les dispositions de ses art. 17 et 18 auraient été abrogées dans tous les cas par l'art. 195 c. com.; que si un second acheteur dont le nom a été inscrit sur l'acte de francisation peut être considéré comme ayant pris possession du navire et comme étant, dès lors, en droit de se prévaloir de l'art. 1141 à l'encontre du capitaine devenu lui-même acquéreur pour partie à une date antérieure, sans que son acquisition ait été transcrite, les créanciers du vendeur, n'étant pas recevables à invoquer cet article, ne pourraient contester le droit de propriété du capitaine devenu acquéreur sous prétexte qu'il n'y a pas eu de mutation opérée à son profit (Bordeaux, 22 août 1860, aff. Pereyra, D. P. 63. 1. 289).

Mais cette jurisprudence n'a pas prévalu, et de nombreux arrêts ont été rendus en sens contraire. Ainsi, il a été décidé : 1° que les formalités édictées par la loi du 27 vend. an 2 ne sont pas établies uniquement dans des vues d'intérêt politique et de police, qu'elles ont aussi pour but d'assurer l'intérêt des tiers qui ne peuvent connaître d'autre propriétaire que celui indiqué dans l'acte de francisation; que, par suite, en cas de vente, le navire n'est censé avoir accompli, sous le nom de l'acheteur, le voyage indiqué par l'art. 193 c. com., comme ayant pour effet de purger le droit de suite des créanciers du vendeur, qu'autant que l'inscription prescrite a eu lieu au dos de l'acte de nationalité (Rennes, 17 mars 1849, aff. Crouan, D. P. 52. 1. 178); — 2° Que l'art. 195 c. com. n'a pas dérogé aux dispositions de l'art. 17 de la loi du 27 vend. an 2; que si ces dispositions appartiennent et figurent au nombre de celles qui avaient spécialement pour but d'établir et de maintenir la nationalité des navires employés au commerce, le législateur a cependant entendu en faire dépendre la transmission de la propriété, sinon entre le vendeur et l'acquéreur, du moins à l'égard du public et des tiers, d'où cette conséquence que la vente est sans effet au regard des créanciers du vendeur en faillite quand la mutation en douane n'a pas eu lieu (Rennes, 12 mai 1863, aff. N..., D. P. 63. 5. 255); — 3° Que le voyage en mer, destiné, en cas de vente du navire, à purger le droit de suite des créanciers du vendeur, ne peut être considéré comme ayant eu lieu sous le nom de l'acquéreur qu'autant que l'acte de vente a été inscrit au dos de l'acte de francisation, en exécution du décret du 27 vend. an 2; que les dispositions contenues dans ce décret n'ont pas seulement, en effet, un but politique et un intérêt de police, qu'elles ont encore pour effet de permettre aux tiers de s'assurer des mutations opérées dans la propriété du navire; que les tiers, tant que l'acquéreur n'a rien fait pour les avertir d'un changement de propriété, ont dû considérer comme leur gage le navire qui n'a pas cessé d'être immatriculé et de voyager sous le nom seul de l'armateur avec lequel ils ont traité (Civ. cass. 3 juin 1863, aff. Pereyra, D. P. 63. 1. 289; cet arrêt casse celui du 22 août 1860 précité); — 4° Que le décret du 27 vend. an 2 n'est pas seulement un règlement de police pour la navigation édicté dans un but politique; qu'il a aussi pour objet la protection des intérêts privés; que, par suite, tant que la vente d'un navire n'a pas été inscrite au bureau du port d'attache, elle n'existe pas à l'égard des tiers, et notamment à l'égard des créanciers du vendeur, même de ceux dont la créance est postérieure; que le navire reste leur gage, puisqu'il n'a pas cessé pour eux d'appartenir à l'ancien propriétaire avec lequel ils ont traité (Civ. cass. 16 mars 1864, aff. Suarès, D. P. 64. 1. 161; cet arrêt a cassé celui du 26 juill. 1858, précité); — 5° Que la vente d'un bâtiment de mer est nulle à l'égard des tiers et, comme telle, non opposable au créancier du vendeur qui l'a saisi, si elle n'a pas été transcrite sur l'acte de francisation, d'où cette conséquence que l'acheteur est sans droit et sans qualité pour demander la distraction ou pour faire au créancier saisissant, comme tiers détenteur, le délaissement du navire (Bordeaux, 5 juill. 1870, aff. Vieilly, D. P. 71. 2. 138); — 6° Que le gage constitué sur un navire à l'aide d'une vente apparente du navire soit au créancier, soit au tiers désigné par lui, n'est efficace et n'investit celui auquel il est conféré d'un privilège sur le bâtiment, que si la vente a été suivie des formes de publicité requises pour lui donner effet au regard des tiers, c'est-à-dire si elle a été transcrite sur les registres de la douane, si, de plus, le navire a été francisé au nom du créancier ou si, en cas de francisation antérieure, la vente a été inscrite au dos de l'acte de francisation, le tout avant que le débiteur n'ait été déclaré en faillite; que l'obtention d'un congé provisoire, en dehors de l'accomplissement des mesures prescrites par la loi, ne saurait constituer un équivalent suffisant (Rouen, 2 mars 1875, aff. Langer, D. P. 77. 1. 417); — Il est à remarquer que, dans cette espèce, le navire donné en nantissement n'était pas encore francisé; or il y a exagération à prétendre que l'efficacité d'une vente simulée, destinée à assurer la dation en gage d'un navire qui n'est pas francisé, est nécessairement subordonnée à l'accomplissement des formalités édictées par l'art. 17 de la loi de vendémiaire. Aussi l'arrêt a-t-il été cassé sur ce point. La cour suprême et la cour de renvoi ont décidé que les déclarations et soumissions souscrites par le créancier à l'effet d'obtenir l'acte de francisation, le versement par lui du montant approximatif des droits à payer, la délivrance d'un congé provisoire sur lequel il était mentionné comme propriétaire, l'inscription de son nom sur les registres de la douane et sur le rôle d'équipage constituaient, eu égard à la forme adoptée par les parties pour le contrat de gage et à la nature de la chose donnée en gage, une mise en possession suffisante et de nature à sauvegarder l'intérêt des tiers (Civ. cass. 9 juill. 1877, aff. Langer, D. P. 77. 1. 417; Caen, 7 févr. 1878, même affaire, *Recueil du Havre*, 1878. 2. 111); — 7° Que la loi du 27 vend. an 2 a organisé, en matière de transmission de propriété de navire, un mode de transcription destiné à protéger les intérêts privés tout en réglementant la police de la navigation; qu'en cas de saisie du navire, les cessions précédemment consenties par le saisi au profit d'un tiers ne peuvent, dès lors, si elles n'ont pas été transcrites sur l'acte de nationalité, être opposées par ce dernier au créancier saisissant (Rouen, 31 juill. 1876, aff. Buisson, D. P. 78. 2. 101); — 8° Que, d'après l'art. 17 de la loi du 27 vend. an 2 combiné avec les art. 193 et 196 c. com., la vente volontaire totale ou partielle d'un navire n'est valable, à l'égard des tiers, et ne peut leur être opposée, qu'autant que cette vente a été inscrite au dos de l'acte de francisation; que, par une juste réciprocité, si une vente de navire a été inscrite sur l'acte de francisation et si le navire a voyagé avec un congé délivré au nom de l'acheteur, cet acheteur doit, à l'égard des tiers, être réputé le vrai propriétaire du navire, quand même la vente aurait été simulée et déguiserait en réalité un contrat de nantissement; que c'est donc lui qui, aux termes de l'art. 216 c. com., se trouve civilement responsable des faits du capitaine et tenu des engagements contractés par ce dernier pour ce qui est relatif au navire et à l'expédition (Civ. rej. 27 févr. 1877, aff. Michel, 1re espèce, D. P. 77. 1. 209); — 9° Que, d'après l'art. 17 de la loi du 27 vend. an 2, la vente d'un navire n'est valable, à l'égard des tiers, qu'autant qu'il en est fait mention sur l'acte même de francisation dont le capitaine doit être pourvu à son bord, aux termes de l'art. 226 c. com. (Caen, 1er avr. 1878, aff. Foucault, *Recueil du Havre*, 1879. 2. 11); — 10° Que l'inscription à l'acte de francisation n'est nécessaire que pour sauvegarder les droits de l'acheteur à l'égard des tiers; que le défaut d'inscription ne peut, dans les rapports des parties entre elles, vicier le contrat et le faire déclarer nul pour défaut de délivrance de la chose vendue (Rennes, 7 juin 1878, aff. Duplessis, D. P. 79. 2. 125); — 11° Que le nantissement conféré sur un navire n'est valable qu'autant qu'il y a eu transcription du contrat sur les registres de la douane et sur le double de l'acte de nationalité qui se trouve à bord; que l'accomplissement de ces formalités, prescrites non dans l'intérêt unique du créancier, mais surtout dans le but d'édifier les tiers sur la situation vraie du débiteur qui a consenti le gage, est exigé pour que l'attribution privilégiée consentie au profit du créancier se manifeste d'une façon non équivoque et dans des conditions de publicité suffisante; que, si elles n'ont pas été observées, il faut, tout au moins, que le créancier y supplée par des mesures de publicité équivalentes, sans quoi l'acte n'est pas opposable aux tiers (Pau, 24 mars 1884, aff. Habans, D. P. 85. 2. 68, et sur pourvoi, Req. 11 févr. 1885, D. P. 85. 1. 447).

178. Sur le point de savoir si les tiers peuvent se prévaloir du défaut de mutation en douane quand, en fait, ils ont eu connaissance de l'aliénation, ou, en sens inverse, s'ils peuvent se prévaloir de la mutation opérée à la suite d'une vente qu'ils savaient purement simulée pour actionner le propriétaire apparent, il a été jugé : 1° que si, en thèse générale, celui qui est désigné comme propriétaire du navire dans l'acte de francisation est tenu envers les tiers des faits du capitaine pour tout ce qui est relatif au navire et à l'expédition, il en est autrement cependant quand, la désignation faite dans l'acte de nationalité étant le résultat d'une simulation concertée entre le propriétaire apparent et le véritable propriétaire, les tiers ont su que le navire appartenait à ce dernier et ont contracté avec lui seul (Bordeaux, 28 avr. 1845 et Req. 12 janv. 1847, aff. Lacoin, D. P. 47. 1. 139); — 2° Que la règle d'après laquelle la transmission régulière de la propriété d'un navire ou de parts dans ce navire est subordonnée à la délivrance d'un nouvel acte de francisation, a été édictée en vue des intérêts des tiers qui pourraient ignorer, sans ces formalités, les changements opérés dans la propriété; qu'elle reçoit, par suite, exception lorsque les tiers ont su que celui dont le nom figure sur l'acte de francisation a cessé d'en être propriétaire et que ses droits ont été cédés à un autre (Caen, 25 août 1868, aff. Goubert, D. P. 70. 2. 79); — 3° Que si la vente d'un navire est dépourvue d'effet translatif quand elle n'a pas été faite par acte écrit mentionné sur l'acte de francisation, c'est uniquement dans l'intérêt des tiers qui, sans l'accomplissement de ces formalités, pourraient ignorer les changements survenus dans le personnel des propriétaires; que cette règle cesse, dès lors, de s'appliquer quand il est prouvé que les tiers ont eu connaissance de la cession intervenue, qu'ils lui ont donné leur adhésion expresse ou tacite et qu'ils ont traité le cessionnaire comme le véritable propriétaire; que cette exception existe surtout lorsque le tiers auquel on oppose la vente était armateur du navire et devait, comme représentant de tous les intérêts, faire régulariser la vente au profit du cessionnaire (Rennes, 27 nov. 1874, aff. de Floris, *Recueil du Havre*, 1876. 2. 168); — 4° Que le vendeur d'un bâtiment de mer, dont le nom est resté inscrit sur l'acte de francisation pour garantie des sommes à lui dues par l'acheteur, n'est pas tenu des dettes souscrites pour les besoins du navire envers ceux des créanciers qui ont connu la vente et ont traité avec l'acheteur comme propriétaire; spécialement, qu'il n'est pas astreint au remboursement d'un prêt fait à l'acheteur par le capitaine qui savait ce dernier propriétaire du navire et avait contracté avec lui en cette qualité (Marseille, 9 mai 1876, aff. Lescalier, *Recueil de Marseille*, 1876. 1. 186).

179. Quels sont ceux qui, en tant que personnes tierces, ont qualité pour se prévaloir du défaut de mutation en douane? En l'absence de texte, il faut répondre que le droit d'exciper de l'inobservation de cette formalité appartient à tous ceux qui, n'ayant été ni parties à l'acte, ni représentés par les parties, ont intérêt à ce que la transmission de propriété n'ait pas lieu. Ainsi, lorsqu'un navire a été transféré successivement à deux personnes par le précédent propriétaire, le second acquéreur qui, le premier, s'est conformé aux prescriptions de l'art. 17 de la loi de vendémiaire, peut s'autoriser de ce que le précédent acquéreur ne les a pas exécutées ou les a exécutées tardivement pour se faire déclarer propriétaire à son exclusion.

180. Les créanciers hypothécaires ou privilégiés du vendeur ont également qualité pour invoquer le défaut de transcription, afin de faire considérer comme non avenue, en ce qui les concerne, l'aliénation qui n'a pas été dûment publiée. Les créanciers hypothécaires, toutefois, ne sont fondés, selon nous, à agir de la sorte qu'autant qu'ils ont inscrit leur hypothèque conformément aux dispositions de la loi sur l'hypothèque maritime (L. 10 juill. 1885, art. 6 et suiv.) avant que la mutation en douane n'ait été opérée. Il semble, en effet, que, du moment où l'hypothèque maritime est soumise à l'inscription, les choses doivent se passer, en cas d'aliénation du navire hypothéqué, comme elles se passent en matière immobilière (c. civ. art. 2166, et art. 3 et 6 de la loi du 23 mars 1855 combinés). Les privilèges n'étant, à la différence de l'hypothèque, soumis à aucune condition de publicité, les créanciers privilégiés seront fondés à méconnaître l'existence de l'aliénation du moment où les actes destinés à constater leur créance, aux termes de l'art. 192 c. com., ont acquis date certaine avant la mutation.

181. Enfin les créanciers, même purement chirographaires du vendeur, sont en droit d'exciper également de l'inobservation des mesures édictées par l'art. 17 de la loi du 27 vend. an 2. Cette proposition n'est pas, il est vrai, en harmonie avec la doctrine généralement adoptée en ce qui concerne la transcription en matière immobilière; on admet bien, en effet, que le défaut de transcription d'une donation entre vifs peut être opposé par les créanciers chirographaires du donateur (V. *suprà*, v° *Dispositions entre vifs et testamentaires*, n° 399); mais on décide, au contraire, que le défaut de transcription d'une aliénation à titre onéreux ne peut être invoqué par eux, en vertu de l'art. 3 de la loi du 23 mars 1855 (V. *Transcription hypothécaire*; — *Rép.* eod. v°, n°s 469 et suiv.). Pourquoi en est-il autrement en matière maritime? La raison en est que les créanciers chirographaires, qui ont un droit de suite sur le navire, n'agissent pas seulement du chef de leur débiteur, ils procèdent en vertu d'un titre personnel; ce sont donc des tiers par rapport à l'acheteur comme les créanciers hypothécaires et privilégiés. Ils sont, d'ailleurs, au point de vue de l'exercice de la prérogative qui vient de leur être reconnue, dans la même situation que les créanciers privilégiés; il suffit que l'acte qui constate leur créance ait acquis date certaine antérieurement à la mutation.

182. Dans la plupart des contrées, les ventes de navires sont soumises à des mesures de publicité semblables ou tout au moins analogues à celles dont il vient d'être fait mention. Ainsi, en Belgique, aux termes de l'art. 2, 3e al. de la loi du 21 août 1879, portant remaniement du liv. 2 c. com., « l'acte (de vente) est transcrit en entier sur un registre à ce destiné au bureau de la conservation des hypothèques à Anvers. Jusque-là, il ne peut être opposé aux tiers qui auraient contracté sans fraude ». On remarquera : 1° que l'acte est transcrit littéralement; 2° que la transcription a lieu sur les registres du conservateur des hypothèques, et non sur ceux du receveur des douanes chargé auparavant de remplir la formalité de la mutation, conformément aux prescriptions de la loi de vendémiaire an 2; 3° enfin que le défaut de transcription ne peut être invoqué par les tiers qui ont contracté frauduleusement, c'est-à-dire sachant qu'il y avait eu aliénation, de telle sorte que le nouveau code consacre législativement la solution qui, chez nous, est admise par la jurisprudence.

D'après l'art. 483 du nouveau code de commerce italien, l'aliénation ou la cession, quand elle a lieu dans le royaume, « n'a d'effet, à l'égard des tiers, qu'après la transcription sur les registres du bureau maritime où le navire est inscrit »; s'il y a été procédé en pays étranger, « elle n'a pas d'effet vis-à-vis des tiers, si elle n'est pas transcrite dans les registres du consulat ». Le consul doit, d'ailleurs, transmettre une copie certifiée par lui de l'acte d'aliénation au bureau maritime où est inscrit le navire. « Dans tous les cas, l'aliénation doit être mentionnée sur l'acte de nationalité avec indication si le vendeur demeure créancier du prix en totalité ou en partie. Les administrateurs de la marine marchande et les officiers consulaires ne peuvent recevoir et transcrire l'acte d'aliénation si on ne leur représente pas en même temps l'acte de nationalité, sauf le cas prévu par l'art. 489. La date de la mention sur l'acte de nationalité détermine la préférence qui doit être accordée entre plusieurs aliénations » (V. Appendice).

Le nouveau code espagnol, dans son art. 573, déclare, de son côté, que la vente d'un navire ne produira aucun effet, au regard des tiers, si elle n'est inscrite sur le registre du commerce, et des dispositions du même genre se trouvent dans l'art. 309 du code hollandais, suivant lequel « la délivrance des navires, en tout ou en partie, ne peut avoir lieu qu'en vertu d'un acte transcrit dans les registres publics à ce spécialement destinés ». L'art. 490 du nouveau code portugais, al. 2, 3 et 4, est ainsi conçu : « Si la transmission (du navire) a lieu en pays étranger, le titre sera enregistré à l'agence consulaire de la circonscription où se trouvera le navire objet du contrat, ou dans le premier port où il abordera, si le contrat est passé dans un endroit où il n'y a pas d'agent consulaire portugais. — L'agent consulaire portugais doit adresser, par le premier courrier, au secrétariat du tribunal de commerce dans lequel se trouve immatriculé le navire, une copie de l'enregistrement fait à l'agence respective. — Le contrat de transmission du navire sera immédiatement consigné sur le passeport royal respectif ».

183. En Autriche-Hongrie, la loi du 7 mai 1879 sur l'enregistrement des navires de commerce formule des prescriptions similaires; l'art. 12, après avoir énuméré les énonciations que doit contenir l'enregistrement du navire, ajoute : « En outre, une rubrique devra rester ouverte dans le registre pour toutes les mentions qui pourront être faites par la suite, notamment quant aux *constitutions de gage, aux cessions*, aux extinctions de droits de gage sur le navire ou sur certaines parties du navire, etc. » Puis l'art. 17 s'exprime, à son tour, dans les termes suivants : « Quand un changement se produit dans les faits indiqués à l'art. 12, n°s 1, 2, 4, 5, 6, 7, 8 et 10 (c'est-à-dire, notamment, quand il y a changement de propriétaire) après l'enregistrement du navire, l'armateur ou le représentant des coarmateurs doit en aviser l'autorité chargée de la tenue des registres des navires et en faire la preuve, afin que le changement soit mentionné dans les registres ». Le texte indique, en outre, comment et dans quel délai l'avis devra être donné.

Le code allemand, après avoir réglementé l'enregistrement des navires sur les matricules à ce destinés et la délivrance du certificat de nationalité, déclare, dans l'art. 436, que « si des modifications dans les faits indiqués au précédent article se produisent après l'enregistrement, elles doivent être elles-mêmes enregistrées et mentionnées dans le certificat ». L'art. 12 de la loi du 25 oct. 1867 qui remplace l'art. 437 contient les dispositions que voici : « Les faits qui, d'après l'art. 11, rendent nécessaire un enregistrement ou une radiation dans le registre maritime, doivent être déclarés et justifiés par l'armateur, dans les six semaines qui suivent le jour où il les a connus, au fonctionnaire chargé de tenir les registres. S'il y a lieu, le certificat de nationalité doit être remis. L'obligation de faire cette déclaration et cette justification incombe... 4° lorsque la modification consiste *dans un changement de propriétaire qui ne touche pas au droit de porter le pavillon* fédéral, au nouvel acquéreur du navire ou d'une portion du navire ». Enfin l'art. 15 de la même loi indique quelles seront les peines encourues par ceux qui contreviendraient à l'art 12.

En Angleterre, toute mutation dans la propriété d'un navire immatriculé doit être relatée sur le registre, et la mutation n'a d'effet, à l'égard des tiers, qu'à compter du moment où il y a été procédé. Un acte du Parlement de 1845 exigeait en outre, pour que la propriété fût transférée *erga omnes*, que la vente fût mentionnée sur l'acte de nationalité, mais on se demande si, à ce dernier point de vue, les dispositions de l'acte de 1845 ont été maintenues par le *merchant shipping act* de 1854 (art. 55 et suiv.) (V. Rouen, 31 juill. 1876, aff. Buisson, D. P. 78. 2. 101).

Aux Etats-Unis, comme en Angleterre, aucun acte destiné à transférer la propriété d'un navire n'est opposable aux tiers, s'il n'est relaté sur le registre où le navire est immatriculé (L. 27 juill. 1850, chap. 27, art. 1er). Mais la législation américaine ne prescrit pas en outre, pour la validité de la translation au regard de ces derniers, que l'opération soit mentionnée au dos de l'acte de nationalité.

184. — VI. EFFETS DE LA VENTE. — D'abord, quand elle émane du véritable propriétaire, capable d'aliéner, quand, en outre, elle est pure et simple ou à terme, comme elle a pour objet un corps certain, la vente est *inter partes*, translative de propriété (art. 1138 et 1583 c. civ.); au regard des tiers, elle ne le devient qu'après la mutation en douane, toutes les fois qu'elle porte sur un navire déjà francisé, conformément aux indications précédemment fournies (V. *suprà*, n° 174).

185. La vente, lorsque les conditions précitées se trouvent réunies, fait également passer les risques sur la tête de l'acheteur, c'est-à-dire que les pertes ou détériorations fortuites qui surviendraient par la suite seraient pour ce dernier qui, néanmoins, resterait tenu d'acquitter le montant du prix dans son intégralité (Marseille, 14 juill. 1862, aff. Casareto, *Recueil de Marseille*, 1862. 1. 204). On sait même (V. *suprà*, n° 150, et *infrà*, n° 191), qu'en cas de vente à *toutes chances*, les risques antérieurs à la vente sont, comme les risques postérieurs, supportés par l'acquéreur. Mais la vente volontaire ne purge pas la propriété; le navire n'est soustrait au droit de suite des créanciers privilégiés ou même chirographaires du vendeur qu'après accomplissement, sous le nom de l'acheteur, du voyage indiqué par les art. 193 et 194 c. com.; il n'est soustrait au droit de suite des créanciers hypothécaires qu'autant que les formalités prescrites par les art. 18 et suiv. de la loi du 10 juill. 1885 ont été exécutées. Le contrat qui, antérieurement à la vente, serait intervenu entre le vendeur et le capitaine, ceux conclus, par l'entremise de ce dernier, entre l'armateur et les gens de mer recrutés en vue de la formation de l'équipage ne sont pas opposables à l'acheteur, en l'absence d'une clause spéciale dans l'acte de vente qui lui impose l'obligation de les respecter. Les conventions dont il vient d'être fait mention ne confèrent, en effet, au capitaine et aux gens d'équipage que des actions personnelles contre le vendeur, et ces actions ne peuvent réfléchir contre l'acquéreur qui est un ayant cause à titre particulier. Celui-ci pourrait donc refuser de conserver à son service les gens d'équipage précédemment enrôlés sans encourir, ni vis-à-vis du vendeur, ni vis-à-vis d'eux aucune responsabilité. Quant au vendeur, il ne serait tenu envers le capitaine et les membres de l'équipage que sous les conditions et dans la mesure indiquées par les art. 218 et 270 c. com. (V. *infrà*, nos 720 et suiv.; 840 et suiv.).

186. Que faut-il décider en ce qui concerne le contrat d'affrètement et le contrat d'assurance?

En premier lieu, si, avant d'être mis en vente, le navire a été frété en vue d'un voyage qu'il devait effectuer, celui qui l'a acheté est-il tenu d'exécuter l'affrètement? En principe, il faut répondre négativement. Il en est du contrat d'affrètement comme du contrat d'engagement des gens de mer; il n'engendre que des obligations personnelles pour celui qui y a été partie, et ces obligations ne sont pas transmissibles aux ayants cause à titre particulier tels qu'un acheteur. L'art. 1743 c. civ., qui astreint l'acquéreur à supporter le bail consenti par le vendeur quand il a date certaine, ne s'applique qu'au cas de vente d'un immeuble et, comme la disposition qu'il renferme est exceptionnelle, on ne saurait l'étendre à la vente des navires sous prétexte d'analogie (Dufour, t. 2, n° 520; de Valroger, t. 1, n° 142. — *Contrà :* Borsari, *Commentaire du code de commerce italien*, nos 1148 et 1149, pour le cas d'affrètement total).

187. Mais le principe demeure-t-il applicable lorsqu'il y a eu chargement des marchandises à bord, en vertu de l'affrètement intervenu, avant que la vente n'ait eu lieu? Pothier se prononçait sur ce dernier point dans le sens de la négative. « *Secundum juris stricti rationem*, disait-il, il paraîtrait que l'acheteur du navire pourrait contraindre l'affréteur à les retirer; de même que l'acheteur d'une maison, qui a acheté sans charge du bail, peut déloger le locataire. Néanmoins je penserais qu'en ce cas, l'intérêt public du commerce devrait obliger l'acheteur à tenir l'affrètement, surtout si cet acheteur n'avait donné connaissance de son acquisition qu'à la veille du temps auquel le vaisseau devait mettre à la voile » (*Des contrats de louage maritime*, n° 55). Dufour, t. 2, n° 521, est du même avis, mais pour un autre motif : si, en général, le louage consenti par le vendeur n'est pas opposable à l'acheteur, il en est autrement toutes les fois que l'acheteur s'est obligé à le respecter; il n'est même pas nécessaire que cette obligation ait été souscrite en termes exprès, elle peut résulter implicitement des conditions dans lesquelles la vente a eu lieu. Or celui qui achète le navire sachant que les marchandises d'un affréteur avec lequel avait traité le vendeur sont déjà à bord, et qui ne fait à ce sujet aucunes réserves, doit être considéré comme se soumettant tacitement à l'exécution de l'affrètement (Comp. de Valroger, *loc. cit.*, et le code de commerce espagnol, art. 689 *in fine*). — Peut-être cette doctrine est-elle trop absolue. D'abord, pour que l'acquéreur puisse être considéré comme ayant consenti à exécuter le contrat d'affrètement, il faut qu'il ait eu, au moment de la vente, connaissance de la présence à bord des marchandises et qu'il ait su qu'elles s'y trouvaient en vue d'un transport à réaliser; s'il a ignoré, quand il a traité, l'existence du chargement ou si, en étant averti, il a pu croire raisonnablement que, parvenues à destination, elles devaient être débarquées dans le port même, on ne peut lui attribuer la pensée d'exécuter un affrètement dont il n'a même pas soupçonné l'existence. D'autre part, comme le fait observer très judicieusement Dufour, *loc. cit.*, l'obligation dont il vient d'être parlé ne peut exister que pour le voyage en vue duquel le chargement a été opéré, quelle que soit du reste la durée assignée à l'affrètement par ceux qui l'ont conclu, car l'acheteur qui, on le suppose, n'a eu connaissance de l'affrètement que par le chargement, a dû croire que sa durée était équivalente à celle de l'expédition à la veille de laquelle le chargement avait été opéré. — En sens inverse, on doit décider que, dans le cas même où les marchandises ne seraient pas encore embarquées au moment de la vente, l'acheteur, qui aurait eu connaissance de l'affrètement et aurait conservé une attitude purement passive, devrait être considéré comme l'ayant pris à sa charge et comme étant tenu, dès lors, de la réception et du transport des marchandises.

188. Si le navire avait été assuré, la vente transférerait-elle le bénéfice de l'assurance à l'acheteur et celui-ci, comme cessionnaire des droits du vendeur ou comme subrogé aux droits du vendeur, pourrait-il actionner l'assureur en payement de l'indemnité stipulée? Rien ne s'oppose évidemment à ce que, par une clause expresse, l'assurance soit ainsi transmise, car une convention de ce genre ne présente aucun caractère illicite. Mais, en l'absence d'une stipulation spéciale, l'assurance sera-t-elle transférée de plein droit? Si elle est encore pendante au moment de la vente, si, aucun sinistre ne s'étant encore produit, le droit à l'indemnité n'est pas encore ouvert, il est difficile d'admettre que l'acquéreur se trouve substitué de plein droit au vendeur qui a assuré le navire dans ses rapports avec l'assureur; on ne voit pas, en effet, comment, par le seul effet de la vente, l'acheteur pourrait se trouver, non seulement investi des droits éventuels que la police lui confère, mais encore assujetti aux obligations qu'elle lui impose. La question ne se présente donc sérieusement que dans le cas où, à l'époque de la vente, le droit à l'indemnité est déjà ouvert, et elle se présente surtout quand la vente a été faite *à toutes chances*, car on sait (V. *suprà*, n° 150) que la perte antérieure du navire ne met pas alors obstacle à l'existence et à la validité de la convention. Même en pareil cas, la question doit être résolue négativement; l'acheteur, qui n'est qu'un ayant cause à titre particulier du vendeur, ne succède pas aux actions que ce dernier peut avoir acquises contre des tiers avant la vente; il ne pourrait prétendre à l'indemnité que doit l'assureur qu'autant qu'elle pourrait être considérée comme représentant le navire qui a péri. Or l'indemnité ne représente pas la chose assurée, elle est l'équivalent de la prime payée par l'assuré. C'est donc au vendeur qui a payé la prime qu'elle appartient. En vain on a objecté qu'aux termes de l'art. 17 de la loi du 10 déc. 1874, les créanciers hypothécaires étaient, en cas de perte du navire hypothéqué, subrogés de plein droit à l'indemnité d'assurance, ce qui impliquait, chez le législateur, la pensée que cette indemnité représente le navire; l'article précité, exclusivement afférent au cas de perte ou d'innavigabilité, et, par suite, uniquement applicable dans l'hypothèse d'un sinistre majeur, avait de même et plus encore que l'art. 10 de la loi du 28 mai 1858, un caractère exceptionnel; en conséquence, sa disposition ne pouvait être généralisée; il a été abrogé, du reste, par la loi du 10 juill. 1885. Quant à l'art. 2 de la loi du 19 févr. 1889 (D. P. 89. 4. 29), en admettant même qu'il vise les assurances maritimes, ce qui ne laisse pas que d'être contestable, il n'attribue les indemnités dues par les assureurs qu'aux créanciers privilégiés et hypothécaires (V. de Valroger, t. 1, n° 141; Desjardins, *op. cit.*, n° 69; Lyon-Caen, *Revue critique de législation et de jurisprudence*, 1877, p. 143; — *Contrà :* Laurin sur Cresp, t. 1, p. 276 à 278). — En Belgique, l'indemnité d'assurance est subrogée à la chose assurée (L. 16 déc. 1850, art. 10; 11 juin 1874, art. 6, al. 3; 21 août 1879, art. 149.— Comp. *suprà*, v° *Assurances terrestres*, n°s 33 et suiv.).

189. Quant à l'influence que peut avoir la vente volontaire sur l'abandon, par le propriétaire, du navire à ses créanciers ou sur le délaissement de ce même navire à l'assureur sur corps en cas de sinistre majeur, V. *infrà*, n°s 296 et suiv.

190. – VII. OBLIGATIONS RÉSULTANT DE LA VENTE. — La vente d'un navire, étant un contrat synallagmatique, impose aux parties des obligations réciproques, et ces obligations ne sont autres que celles qui incombent à tout vendeur et à tout acheteur en général.

Ainsi le vendeur est d'abord tenu de procéder à la délivrance des objets vendus, c'est-à-dire, en l'absence de stipulation spéciale, à la délivrance des objets indiqués par les art. 1614 et 1615 c. civ. Il doit livrer le navire dans l'état où il se trouvait au moment de la vente; toutefois, il n'aurait pas à répondre des pertes ou détériorations fortuites qui se seraient produites entre le moment de la vente et celui de la livraison, puisque, du jour de la vente, les risques sont pour l'acheteur (V. *suprà*, n° 185); mais ce serait à lui de prouver le caractère accidentel de ces pertes ou détériorations (c. civ. art. 1302). Le vendeur doit livrer, en outre, les accessoires du navire, c'est-à-dire, les agrès et apparaux y compris les chaloupes et canots, c'est-à-dire encore l'artillerie, les armes, les munitions de guerre, si elles n'ont pas été placées à bord en vue seulement d'un voyage, mais d'une façon permanente, et il en est ainsi alors même qu'au moment de la vente, ces objets se trouveraient momentanément séparés du bâtiment, car une désaffectation définitive pourrait seule leur faire perdre leur qualité d'accessoires. Au contraire, la livraison ne saurait porter sur les victuailles embarquées simplement pour la durée d'une campagne de mer (V. sur tous ces points *suprà*, n°s 47 et suiv.).

191. La délivrance doit encore comprendre les fruits de la chose, c'est-à-dire le fret que gagne le navire quand il est en voyage au moment de la vente. Le fret appartient-il à l'acquéreur dans son intégralité? Non, car, d'après le second alinéa de l'art. 1614 c. civ., c'est seulement depuis le jour de la vente que les fruits appartiennent à l'acquéreur; or, dans le silence de la loi commerciale, l'art. 1614 doit être appliqué; il doit l'être avec d'autant moins d'hésitation, que le fret est un fruit civil qui, d'après l'art. 586, s'acquiert jour par jour (Conf. Stypmanus, *Jus marit.*, 4e part., n° 3; Wedderkop, liv. 3, tit. 2, § 9; Dufour, t. 2, n° 530; Desjardins, t. 1, n° 78). C'est donc à tort, suivant nous, que M. de Valroger attribue la totalité du fret à l'acheteur, sous prétexte qu'il constitue un accessoire du navire au moment de la livraison (t. 1, n° 142).

Il est un cas cependant où l'acquéreur serait en droit de se faire remettre le fret tout entier, c'est celui où le navire en mer aurait été vendu à toutes chances. On sait (V. *suprà*, n° 150, et *infrà*, n° 191) que celui qui achète dans ces termes prend à sa charge tous les risques auxquels le navire a été soumis depuis le commencement du voyage, même ceux antérieurs à la vente; il est juste, en contre-échange, qu'il recueille la totalité de l'émolument que le voyage doit produire. Les principes sont, d'ailleurs, sur ce point, en conformité avec l'équité; la vente, en effet, a moins pour objet le navire lui-même que la chance de son retour et la chance de son retour avec tous les avantages qui peuvent en découler (Dufour, t. 2, n° 531; Desjardins, *loc. cit.*).

192. Enfin le vendeur doit remettre à l'acheteur les titres et documents qui constatent son droit de propriété. Toutefois cette obligation ne pèse sur lui qu'autant que le navire, objet de la vente, n'a pas encore été francisé; car, s'il l'est déjà, l'acte de propriété se trouve dans les bureaux de la douane annexé au registre des francisations. Quant à l'acte de francisation, il est entre les mains du capitaine, si le navire est en mer (c. com. art. 226); il est en dépôt à la douane ou dans les bureaux du consulat de France, si le navire est dans un port (L. 27 vend. an 2, art. 28; Ord. 29 oct. 1833, art. 11; Règl. gén. 1866, art. 207 et 232). Le code portugais (art. 485) considère comme faisant partie du navire : les nacelles, chaloupes, canots, agrès et apparaux, les armes, les provisions, plus généralement tous les objets destinés à son usage, et, si le navire est mû par la vapeur, la machine avec ses accessoires.

193. Aux termes de l'art. 443 c. com. allemand, « parmi les accessoires d'un navire sont comprises les choses affectées à l'usage permanent du navire pendant la navigation maritime. Les canots en font notamment partie. Dans le doute, les objets portés dans l'inventaire du navire doivent être considérés comme ses accessoires ». Quant au fret dans le cas de vente du navire en voyage, l'art. 441 décide « qu'à défaut de convention, on doit admettre, dans les rapports entre l'aliénateur et l'acquéreur, que les bénéfices du voyage en cours appartiendront à l'acquéreur et qu'il en supportera les pertes ». L'art. 577 du code espagnol décide également que, « si le navire est vendu pendant le voyage et avant d'avoir atteint le port de sa destination, le fret appartient à l'acheteur ». Comment s'opère la livraison du navire et de ses accessoires? Les anciens auteurs estimaient que la tradition, alors nécessaire pour que la propriété fût transférée, devait se traduire par un acte matériel; mais reconnaissant, d'autre part, que les navires n'étaient pas susceptibles de tradition manuelle, ils avaient imaginé divers procédés pour y suppléer (V. notamment : Stypmanus, *op. cit.*, 4e part. chap. 9, n°s 9 et suiv.). Cependant Straccha, *De navibus*, 2e part., n° 13, décidait déjà que, si le navire se trouvait dans le port où demeurait l'acheteur, il pouvait être livré sans aucune tradition, et c'est encore ainsi que les choses se passent de nos jours; il suffit, pour que la délivrance ait lieu, que le vendeur consente à ce que l'acheteur prenne possession du bâtiment; en effet, aux termes du dernier alinéa de l'art. 1606, « la délivrance des effets mobiliers s'opère... même par le seul consentement des parties, si le transport ne peut pas s'en faire au moment de la vente ». — Le code allemand va plus loin, il déclare (art. 439) « qu'en cas d'aliénation d'un navire ou d'une part dans un navire, la tradition, qui serait exigée selon les principes du droit civil, peut être remplacée par une convention portant que la propriété passera immédiatement à l'acquéreur. » Aux Etats-Unis, d'après le statut du 29 juill. 1850, toutes les fois du moins que le navire est à la mer, l'inscription sur le registre des transferts équivaut à la délivrance.

194. Le vendeur est, en outre, tenu envers l'acheteur de l'obligation de garantie (c. civ. art. 1625).

La garantie pour cause d'éviction demeure soumise aux règles de droit commun (art. 1626 à 1640 c. civ.). Un seul point mérite ici de fixer l'attention. Il résulte de l'art. 1626 que le vendeur n'est affranchi de la garantie qui pèse sur lui à raison des charges dont est grevée la chose, objet de la vente, qu'autant qu'il les a déclarées à l'acheteur. S'il les connaît et ne les révèle pas, cette proposition s'applique sans difficulté. Or, le vendeur d'un navire a bien connaissance des charges qui existent de son chef; il a, ou du moins il peut avoir connaissance des dettes hypothécaires qui existent du chef des propriétaires antérieurs, puisque l'existence en est révélée par une inscription (L. 10 juill. 1885, art. 6); mais il peut très bien ignorer l'existence des dettes privilégiées et des dettes chirographaires qui émanent des précédents propriétaires et qui sont occultes. Cependant, si le droit de suite des créanciers, en faveur desquels elles ont été souscrites, n'est pas purgé (c. com. art. 193 et 194), elles constituent une menace pour l'acheteur. Il semble que le vendeur s'affranchisse de la garantie éventuelle à laquelle il pourrait être astreint par suite de leur existence en déclarant simplement qu'il n'a pas fait exécuter au navire le voyage susceptible de purger le droit de suite des créanciers (Dufour, t. 2, n° 536). — Le code hollandais (art. 319) ordonne au vendeur de faire connaître à l'acquéreur toutes les créances privilégiées et de lui en donner une liste signée. La révélation prescrite ne s'appliquant qu'aux créances privilégiées, seules susceptibles dans ce pays de conférer le droit de suite aux créanciers, l'obligation du vendeur peut s'exécuter sans difficulté.

195. La garantie à raison des vices cachés est régie également par les art. 1641-1649 c. civ. qui sont généraux et, à défaut de dispositions qui y dérogent, s'applique en matière commerciale comme en matière civile. L'acheteur aura donc le choix entre l'action *rédhibitoire* et l'action *estimatoire* ou *quanti minoris*; il en est ainsi, malgré l'avis contraire de MM. Delamarre et Le Poitvin (*Traité théorique et pratique de droit commercial*, t. 5, n°s 197 et suiv.), alors même que le navire, objet de la vente, n'a pas encore navigué, car le texte, à ce point de vue, ne fait aucune distinction, et, par suite, il s'applique à toute vente de navire quelle qu'elle soit (Conf. Dufour, *op. cit.*, t. 2, n° 546). — Les mêmes auteurs vont également trop loin, lorsque, prévoyant les cas où le vice est réparable, ils refusent à l'acheteur le droit d'user des actions précitées et lui reconnaissent simplement celui d'exercer une action *ad vitiosum reficiendum*, c'est-à-dire une action tendant à l'exécution des réparations nécessaires (t. 5, n°s 205 et suiv.). — Tout ce qu'on peut admettre, c'est que cette action, dans le cas prévu, appartient à l'acheteur indépendamment des actions indiquées par l'art. 1644 c. civ. (V. *Rép.* v° *Vices rédhibitoires*, n° 145). Dans tous les cas, le vendeur peut, par voie d'exception, s'il le juge utile, proposer d'effectuer, à ses frais, les réparations nécessaires pour faire disparaître le vice. Cette offre, qui donne satisfaction au demandeur, lui enlève tout intérêt à persévérer dans son attitude et paralyse, dès lors, sa poursuite. Elle n'est susceptible toutefois d'être accueillie qu'autant que les réparations proposées auront une efficacité certaine et qu'elles seront susceptibles de s'exécuter rapidement. Si le résultat des travaux doit être problématique ou si ces travaux doivent avoir une durée plus ou moins considérable, on ne peut imposer à l'acquéreur l'obligation de les laisser s'accomplir, sans qu'il soit en butte à un préjudice dont les indemnités qui lui seraient allouées ne le dédommageraient qu'imparfaitement; dans ces conditions, on ne comprendrait pas que l'action dont le texte lui assure le bénéfice demeurât en suspens (Dufour, t. 2, n°s 548 et 549; *Rép. loc. cit.*)

196. Aux termes de l'art. 1648, l'action rédhibitoire ou estimatoire doit être intentée dans un bref délai. Du texte même de cet article il résulte que, si le délai n'est pas fixé par la loi ou les usages en vigueur dans la localité où la vente a été faite, il varie suivant la nature des vices rédhibitoires, suivant l'espèce de la chose vendue, suivant les circonstances dans lesquelles le marché a été conclu, les conditions dans lesquelles s'est trouvé l'acheteur, les facilités plus ou moins grandes qu'il a eues pour s'assurer de l'existence des vices (*Rép.* v° *Vices rédhibitoires*, n° 163). — Quant à la question de savoir quel est le point de départ du délai, elle a été diversement résolue (V. *Vices rédhibitoires*; — *Rép.* eod. v°, n°s 175 et suiv.). Ce qui est certain, c'est que ce point de départ est nécessairement différé, lorsqu'il s'agit de vices qui ne se manifestent et, par suite, ne peuvent être connus qu'au bout d'un certain laps de temps (*Rép. ibid.*, n°s 163, 175 à 177). Or les défectuosités des navires n'apparaissent souvent qu'à l'épreuve de la mer et l'acheteur n'en peut être informé que le jour où le bâtiment est de retour d'un premier voyage. Ce n'est donc qu'à compter de ce moment que se posera la question de savoir s'il a agi ou non dans un délai suffisamment restreint (V. *Rép. ibid.*, n° 176 *in fine*; Dufour, t. 2, n° 550).

Mais il appartient alors à l'acheteur de prouver que le vice à raison duquel il réclame existait antérieurement à la vente, et, à plus forte raison, antérieurement au voyage que le navire a exécuté depuis la vente. Le certificat de visite délivré avant que le navire n'ait pris la mer, conformément à la prescription de l'art. 225 c. com., n'élève pas du reste contre le demandeur une fin de non-recevoir absolue, alors même qu'il représente le navire comme étant, au moment de sa délivrance, dans un état satisfaisant, car la présomption qui en découle est une présomption *juris tantum*, susceptible, par suite, d'être renversée par la preuve contraire (V. *Rép.* n° 988). D'ailleurs, si les experts n'ont pas aperçu le vice, peut-être est-ce simplement parce qu'il était caché.

197. Les obligations de l'acheteur sont également au nombre de deux. — Celle qui consiste à prendre livraison du navire ne donne lieu à aucune observation particulière.

198. L'obligation de payer le prix est régie par les art. 1650 et suiv. et le vendeur au profit duquel elle existe jouit des prérogatives habituelles. Ainsi, indépendamment de son action personnelle comme créancier, il peut, dans le cas de vente au comptant, exercer le droit de rétention que l'art. 1612 confère à tout vendeur; il peut, si la livraison a été déjà opérée, et si d'ailleurs les conditions indiquées par le texte se trouvent réunies, user de la revendication spéciale que possède le vendeur d'effets mobiliers aux termes de l'art. 2102-4° c. civ., puisque le navire est un meuble (V. cependant Bédarride, t. 1, n° 99; Alauzet, t. 4, n° 1647); mais la revendication devient impossible du jour où l'acheteur tombe en faillite (c. com. art. 550).

199. Le vendeur possède en troisième lieu un privilège sur le navire; ce privilège ne lui appartient pas, ainsi qu'on pourrait le croire à première vue, en vertu de la disposition générale de l'art. 2102-4° c. civ., mais en vertu de la disposition spéciale de l'art. 191-8° c. com. Le vendeur d'un navire n'est pas, comme le vendeur de meubles ordinaires, simplement investi d'un droit de préférence sur le prix du navire; de même que tout créancier de l'armateur, il possède, en outre, un droit de suite, aux termes de l'art. 190. De plus, son privilège continue de subsister nonobstant la faillite de l'acheteur, car c'est seulement le privilège établi par l'art. 2102-4° c. civ. qui disparaît aux termes de l'art. 550 c. com.; cet article ne fait pas mention de celui conféré par l'art. 191-8°, et comme il soumet le vendeur à une déchéance, comme, par conséquent, il a un caractère exceptionnel, il doit être appliqué limitativement. — Le privilège du vendeur d'un navire fera plus loin l'objet d'explications détaillées (V. *infrà*, n°s 334 et suiv.).

200. Enfin, une dernière ressource existe pour le vendeur non payé; il a l'action en résolution de l'art. 1654 c. civ. Il est même à remarquer que cette action ne cesse pas d'être recevable, comme dans le cas où il s'agit de meubles ordinaires, par cela seul que le navire, objet de la vente, est passé en mains tierces, étant donné que l'art. 2279 c. civ. n'est pas applicable aux navires (V. *suprà*, nos 132 et 133). — Survit-elle au privilège, en tant du moins qu'elle s'exerce au préjudice de ceux des autres créanciers de l'acheteur qui ont eux-mêmes un privilège sur le navire aux termes de l'art. 191? En faveur de la négative, on fait ressortir ce qu'il y aurait d'étrange, et même de contradictoire, à voir le vendeur déchu de son privilège obtenir, à l'aide d'une prérogative équivalente, le résultat que lui aurait procuré son maintien. On invoque en outre, par analogie, l'art. 7 de la loi du 23 mars 1855, d'après lequel l'action résolutoire, qui appartient au vendeur d'un immeuble, « ne peut être exercée après l'extinction du privilège au préjudice des tiers qui ont acquis des droits sur l'immeuble du chef de l'acquéreur » (Bédarride, t. 1, n° 99; Laurin sur Cresp, t. 1, p. 108 et 109; Alauzet, t. 4, n° 1647; Desjardins, t. 1, n° 141; de Valroger, t. 1, n° 62). Malgré la valeur incontestable de ces considérations, la doctrine contraire paraît plus juridique. D'abord comment, en l'absence de texte, pourrait-on soumettre l'action résolutoire du vendeur de navires à un mode d'extinction particulier? Est-il admissible, en effet, que la disposition restrictive de l'art. 191-8° s'applique à l'action en résolution qui prend sa source dans la règle de droit commun formulée dans l'art. 1654 c. civ.? Les inconvénients que peut avoir le maintien de cette action seraient tout au plus de nature à justifier une réforme dans la législation maritime; ils ne sauraient autoriser l'introduction, par voie d'interprétation, d'une déchéance que la loi existante n'a pas établie. C'est ainsi que sous l'empire du code civil et jusqu'en 1855, le vendeur conservait en matière immobilière le bénéfice de l'action résolutoire après l'extinction du privilège établi par l'art. 2103 c. civ. Quant à l'argument tiré de la loi du 23 mars 1855, MM. Lyon-Caen et Renault en ont fait justice. « Il serait pour le moins singulier, disent-ils avec raison, d'invoquer une loi faite en 1855 pour interpréter le code de commerce de 1807 ». Donc, à la différence du privilège, qui s'éteint lorsque le navire a fait un voyage quelconque (V. *infrà*, nos 431 et suiv.), l'action en résolution subsiste tant que le droit de suite n'est pas purgé, c'est-à-dire tant qu'il n'y a pas eu revente du navire par l'acheteur suivie d'un voyage en mer, sous le nom du nouvel acquéreur, dans les conditions indiquées par les art. 193 et 194 (Dufour, t. 1, nos 144 et suiv., 197; Demangeat, p. 62; Lyon-Caen, t. 2, nos 2470 et 2471; Levillain, note sur Civ. cass. 4 janv. 1886, aff. Riotteau, D. P. 86. 1. 113).

201. Enfin que devient l'action résolutoire en cas de faillite de l'acheteur? Plusieurs auteurs (Alauzet, t. 8, nos 2784 et 2832; Dufour, t. 1, n° 147; Demangeat, t. 4, p. 63; Laurin sur Cresp, t. 1, p. 109; Desjardins, t. 1, n° 141. — V. aussi *Rép.* v° *Faillite*, n° 1041) enseignent que cette action n'est plus recevable par application de l'art. 550 c. com. Mais cette opinion suppose que l'action en revendication dont l'art. 550 prononce l'extinction en cas de faillite n'est autre que l'action en résolution pour défaut de payement de prix. Or, suivant une doctrine aujourd'hui très accréditée (V. notamment : Boistel, n° 1005; Lyon-Caen et Renault, t. 2, n° 3013), cette dernière action n'est nullement visée par l'art. 550; c'est l'art. 576 qui lui est applicable. Aux termes de cet article « pourront être revendiquées les marchandises expédiées au failli, tant que la tradition n'en aura point été effectuée dans ses magasins ou dans ceux du commissionnaire chargé de les vendre pour le compte du failli. — Néanmoins, la revendication ne sera pas recevable si, avant leur arrivée, les marchandises ont été vendues sans fraude, sur factures et connaissements ou lettres de voiture signées par l'expéditeur ». Ainsi, dans le système dont il s'agit, l'action en résolution subsiste malgré la faillite de l'acheteur; mais elle n'est recevable que jusqu'au moment de la tradition des marchandises expédiées au failli dans ses magasins ou dans ceux du commissionnaire chargé de les vendre, et même elle prend fin avant leur arrivée, si les marchandises en question ont été revendues sur factures et connaissements ou lettres de voiture (V. *infrà*, v° *Faillite*). Cette règle doit-elle être appliquée en cas de vente d'un navire? Au premier abord, il semble qu'il n'y ait pas de raison plausible pour refuser de l'appliquer ici et qu'il y ait lieu, dès lors, de déclarer l'action en résolution non recevable du moment où le navire, objet de la vente, se trouve matériellement et réellement en la possession de l'acheteur (de Valroger, t. 1, n° 63). Cependant cette solution soulève des objections sérieuses. D'abord, le texte suppose que la revendication ou l'action en résolution dont il limite la durée tend à la restitution *de marchandises expédiés au failli*, que la tradition de ces marchandises n' a pas encore été effectuée dans *ses magasins;* or ces expressions employées manquent de justesse si on les applique aux bâtiments de mer. De plus, il déclare l'action inadmissible du jour où, en cours de voyage, les marchandises auraient été revendues sur factures et connaissements ou lettres de voitures; or la revente d'un navire ne saurait s'opérer de la sorte; cette dernière proposition, d'ailleurs, n'est qu'un corollaire de la règle. « En fait de meubles possession vaut titre » qui, on l'a vu *suprà*, nos 132 et 133, est inapplicable en matière maritime. Enfin les motifs qui ont porté le législateur à limiter l'action en résolution du vendeur de marchandises proprement dites en cas de faillite de l'acheteur, n'existent pas quant au vendeur d'un navire. D'abord les navires ne sont pas, comme les marchandises ordinaires, destinées à être revendues à bref délai par celui qui s'en est rendu acquéreur; dire, par conséquent, que le vendeur ne devait pas espérer retrouver celui qu'il a vendu entre les mains de l'acheteur, ce serait se placer à un point de vue tout-à-fait erroné; d'autant plus que le droit de suite dont le vendeur est investi lui permet, en cas de revente, de le saisir entre les mains du sous-acquéreur. D'autre part, les tiers qui ont accordé du crédit à l'acheteur en possession du bâtiment ne peuvent pas se prétendre déçus le jour où ce dernier se trouve dépossédé par le vendeur, comme ils seraient fondés à le soutenir s'il s'agissait de marchandises proprement dites. Ceux qui traitent avec une personne qu'ils savent en possession de marchandises sont autorisés à croire que ces marchandises lui appartiennent, étant donnée la disposition de l'art. 2279 c. civ. Au contraire, les tiers qui contractent avec le possesseur d'un bâtiment de mer auraient tort de le considérer. à raison du seul fait de sa possession, comme propriétaire incommutable, puisque la maxime : « En fait de meubles, etc. » ne s'applique pas aux objets de cette nature. Ils doivent exiger la production d'un acte écrit constatant que le détenteur est réellement acquéreur (c. com. art. 195); ils doivent même s'assurer qu'après accomplissement préalable de la mutation en douane, le navire a exécuté le voyage en mer prescrit par l'art. 193, car c'est à cette condition seulement qu'il est soustrait au droit de suite des créanciers du vendeur. Enfin ils doivent vérifier si le prix a été payé en se faisant exhiber la quittance qui constate le payement. Si, négligeant ces mesures de précaution, ils ont consenti à devenir créanciers de celui entre les mains duquel se trouve le bâtiment et que celui-ci se trouve ensuite évincé, ils ne peuvent prétendre avoir été victimes d'une surprise et l'on ne concevrait pas qu'ils pussent s'abriter derrière l'art. 576 c. com. pour entraver l'action du vendeur. — Est-ce à dire que cette action subsistera pendant trente ans? Non, car le navire étant de nouveau mis en vente, elle disparaîtra, d'après ce qui vient d'être dit, le jour où le droit de suite du vendeur se trouvera purgé aux termes de l'art. 193 c. com. (Boistel, n° 1155).

202. — VIII. Vente de navires a l'étranger et de navires étrangers en France. — Quant à leur capacité, les contractants sont régis par leur loi nationale conformément au principe formulé par l'art. 3, al. 3, c. civ.

203. Quelle est la législation dont les prescriptions seront applicables, lorsqu'il s'agira de déterminer le mode de constatation auquel la vente sera soumise? Quand un Français vend un navire français à un Français dans un port étranger, les parties peuvent (ainsi qu'il a été dit *suprà*, n° 160), s'adresser au chancelier du consulat qui, naturellement, observera les formes indiquées par la loi française. En sens inverse, l'étranger qui vend, dans un port français, un navire étranger à un étranger de même nationalité, peut faire rédiger l'acte de vente, suivant les formes qu'a établies la loi étrangère, par le consul de sa nation. Observons à ce sujet que les consuls ne sont compétents en principe que pour recevoir les actes qui intéressent exclusivement leurs nationaux, mais qu'un grand nombre de conventions diplomatiques leur accordent le droit de rédiger également les actes passés entre leurs nationaux et les habitants du pays où ils résident; qu'elles leur confèrent même le droit de rédiger ceux qui interviennent entre les habitants de ce pays, lorsque l'acte se réfère à des biens situés dans l'Etat auquel appartient le consul, par exemple, à des navires ou à des parts de navires portant le pavillon du pays dont il est le représentant (Conventions avec la Russie, 1er avr. 1874, art. 9, al. 2, n° 2, D. P. 75. 4. 12-13; avec la Grèce, 7 janv. 1876, art. 10, al. 2 et 3, D. P. 78. 4. 30; avec l'Espagne, 7 janv. 1862, art. 19, al. 3, D. P. 62. 4. 32; avec l'Italie, 26 juill. 1862, art. 8, al. 3, D. P. 62. 4. 117; avec le Portugal, 11 juill. 1866, art. 92, D.P. 67. 4. 128). Les parties qui, à l'étranger, sans avoir recours à l'intervention consulaire, constatent la vente de la façon indiquée par la loi française agissent régulièrement aux yeux des tribunaux français; mais elles peuvent, si elles le préfèrent, se conformer quant aux conditions de forme de l'acte, ou même quant au mode de constatation à adopter, aux prescriptions de la loi étrangère, par application de la règle *locus regit actum*. Par la même raison, la vente d'un navire étranger en France, soit au profit d'un Français, soit au profit d'un étranger, quand elle ne sera par relatée dans un acte dressé par le consul étranger, ne pourra être prouvée légalement devant les tribunaux français que de la façon indiquée par l'art. 195 de notre code de commerce.

204. Quand la vente d'un navire français a lieu en pays étranger, qu'il y soit procédé à la chancellerie ou hors de la chancellerie, le consul de France doit prendre certaines mesures qu'il y a lieu de signaler. D'abord, si la vente est faite par le capitaine, l'art. 32 de l'ordonnance du 29 oct. 1833 impose des précautions afin de prévenir toute infraction à l'art. 237 c. com. qui lui interdit de vendre le navire sans un pouvoir spécial du propriétaire hors le cas d'innavigabilité. La vente est-elle faite à la chancellerie, il faut que le pouvoir de vendre, dont le capitaine doit être muni, soit annexé au contrat après avoir été par lui certifié. Dans le cas inverse, il faut que le capitaine obtienne préalablement du consul un certificat attestant que son pouvoir est régulier. D'autre part, lorsque la vente consentie à un étranger doit avoir pour effet d'enlever au bâtiment le bénéfice de la nationalité française (L. 21 sept. 1793, art. 2; 27 vend. an 3, art. 16; 9 juin 1845, art. 11), le consul doit retenir ou se faire remettre l'acte de francisation, les passeports, congés et autres pièces constatant la nationalité, afin de les envoyer ensuite à l'administration du port où le navire était immatriculé (Ord. 29 oct. 1833, art. 32); il importe, en effet, que les précautions nécessaires soient prises afin que le navire ne navigue plus ultérieurement sous pavillon français. Quand, au contraire, c'est un Français qui achète un navire étranger dans un port étranger avec l'intention de le faire franciser et de le faire immatriculer dans un port français (L. 19 mai 1866, art. 3), le consul, après s'être assuré de la sincérité de l'opération, peut délivrer au capitaine une lettre ou un brevet de francisation provisoire (Décr. 25 août 1861, art. 2, D. P. 61. 4. 117; Circ. min. 5 déc. 1866), puis un congé et un rôle d'équipage provisoires, afin de lui permettre de gagner le port de France où le navire doit être immatriculé et où doit s'opérer la francisation définitive; mais il exige préalablement le payement, tant du droit de mutation, que du droit d'importation qui est dû à l'administration des douanes; ce droit est alors calculé d'après le tonnage du navire tel qu'il est mentionné sur les papiers de bord. Le consul exige, en outre, de l'acquéreur une soumission portant engagement « d'acquitter ultérieurement, à la première réquisition de l'Administration et, au plus tard, au moment de la francisation, les suppléments de droits qui seraient reconnus exigibles ».

205. Quelle est la loi d'après laquelle seront déterminées les mesures de publicité auxquelles la vente sera soumise? Est-ce la loi du lieu où la vente a été consentie? Est-ce celle de la contrée où le navire se trouve, soit au moment de la vente, soit à celui où se produit la contestation? Est-ce celle de la contrée où il est immatriculé et à laquelle il emprunte sa nationalité? La question est intéressante; car, si les législations étrangères soumettent les ventes de navires au régime de la publicité, les formalités qu'elles édictent ne sont pas toujours les mêmes. Ainsi on a vu (V. *suprà*, n° 183) qu'aux Etats-Unis la vente, pour devenir opposable aux tiers, doit être relatée sur le registre où le navire est inscrit; mais rien n'indique qu'elle doive être mentionnée, en outre, au dos de l'acte de nationalité comme en France, en Italie, etc. En Angleterre, il est également douteux que cette seconde formalité soit exigée depuis que le *merchant shipping act* de 1854 est en vigueur.

Si l'on en croit un auteur (de Valroger, t. 1, n° 138), il faudrait se référer à la loi du lieu où la vente s'accomplit, et cela en vertu de la maxime *locus regit actum*. On aurait tort, en effet, d'après cet auteur, de considérer la maxime précitée comme exclusivement applicable « aux formalités extrinsèques et instrumentaires des actes », comme « étrangère au fond du droit, aux modes d'après lesquels la propriété peut être transférée à l'égard des tiers ». De quoi s'agit-il en définitive? Simplement de savoir quelles sont les formalités nécessaires pour opérer la mutation au lieu où elle a été faite. N'est-ce pas alors le cas d'appliquer la règle *locus regit actum?* — Cette doctrine, si elle est exacte, ne peut manquer d'entraîner de fâcheuses conséquences. Un navire italien a été vendu en Amérique; le Français, qui traite avec le vendeur dont le nom continue de figurer sur l'acte de nationalité et ne soupçonne pas l'existence de l'aliénation, n'aura certainement pas la pensée de s'enquérir des mutations qui auraient pu être opérées sur les registres matricules conformément à la loi américaine, et, le jour où le nouveau propriétaire invoquera contre lui son titre, il se trouvera victime d'une opération qu'il n'a pas pu connaître et soumis, par suite, à un préjudice contre lequel il aura été dans l'impossibilité de se prémunir. Mais la solution proposée est-elle conforme aux principes? Non; les mesures de publicité ou autres, auxquelles les parties doivent recourir pour que la propriété soit transférée au regard des tiers, se distinguent des conditions de formes auxquelles l'acte est soumis et ne tombent pas, dès lors, sous l'application de la règle « *locus regit actum* »; elles ont trait au mode de constitution de la propriété; elles sont imposées, d'autre part, dans l'intérêt général du crédit, et, à ces deux titres, relèvent de la loi territoriale. — Aussi reconnaît-on que les conditions de publicité dont dépendent les mutations de propriété en matière immobilière et en matière mobilière ne sont pas déterminées par la loi du lieu où l'acte translatif est intervenu, mais par celle du pays où est situé l'objet transféré (Aubry et Rau, 4e éd., t. 1, § 31, texte et note 62; Demolombe, *Traité de la publication, des effets et de l'application des lois*, t. 1, n° 107; Laurent, *Principes de droit civil*, t. 1, n° 102, et *Droit civil international*, t. 2, nos 252 et 253; Pasquale Fiore, *Droit international privé*, nos 205 et suiv.; Despagnet, *Précis de droit international privé*, n° 543; Lyon-Caen, *Etudes de droit international privé maritime*, n° 8). Pourquoi les conditions auxquelles est soumis le transfert de la propriété maritime ne seraient-elles pas régies par cette même loi?

D'autres prétendent que l'on doit appliquer la loi du lieu où se trouve le navire (*lex rei sitæ*); mais à quel moment? La cour de Rouen a donné gain de cause à des créanciers qui avaient saisi en France un navire anglais et prétendaient que la vente partielle de ce navire par le saisi, alors qu'il était en Angleterre, ne leur était pas opposable, bien qu'elle eût été rendue publique conformément aux prescriptions de la loi anglaise, du moment où elle n'avait pas été, comme l'exige la loi française (L. 7 vend. an 2, art. 17), mentionnée sur l'acte de nationalité. La cour de Rouen admet donc que les mesures à réaliser, en vue de la publicité à donner au contrat, seront déterminées par la loi du pays où se trouve le navire au moment où surgit la question de savoir à qui il appartient. « Attendu, dit notamment l'arrêt, que le *Colstrup*, au moment de la saisie, était mouillé dans le port de Dieppe; que, d'après l'art. 3 c. civ., les immeubles, même ceux possédés par des étrangers, sont régis pas la loi française; que c'est là une conséquence du principe de la souveraineté; qu'il en doit être de même des meubles dès qu'ils reposent sur le sol français; que, d'après les mêmes articles, les lois de police et de sûreté obligent tous ceux qui habitent le territoire; qu'il n'est pas admissible que les meubles qui suivent l'étranger ne soient pas soumis aux mêmes lois que sa personne; qu'en matière de loyers, par exemple, le privilège du propriétaire puisse être contesté, parce que le locataire serait étranger; que l'art. 546 c. proc. civ., les art. 2123 et 2128 c. civ. combinés prouvent; qu'en cas de conflit entre la législation française et la législation étrangère, c'est la législation française qui doit prévaloir; qu'en effet, l'*exequatur* peut être refusé à des actes déclarés exécutoires par une autorité étrangère; que le Français, tenu de ne pas ignorer les lois de son pays, ne peut être astreint à connaître les autres législations; qu'autrement il serait réduit à l'impuissance et que ses intérêts seraient sacrifiés; que, dès lors, il ne traite avec les étrangers, possesseurs de meubles en France, qu'en contemplation des lois françaises; que c'est ce qui est arrivé dans l'espèce, les appelants ne s'étant mis à découvert que parce que le *Colstrup* faisait un service en quelque sorte régulier entre la France et l'Angleterre, et que l'acte de nationalité qu'il portait à son bord n'indiquait d'autre propriétaire que John Almond, leur débiteur » (Rouen, 31 juill. 1876, aff. Buisson, D. P. 78. 2. 101). Le tribunal du Havre, dans une espèce semblable, s'est prononcé dans le même sens le 14 août 1877 (aff. Lewis et Call, *Recueil du Havre*, 1877. 1. 260). Mais cette opinion est inacceptable. D'abord, elle aboutirait à des résultats déplorables. Un navire est appelé à séjourner successivement dans des contrées différentes; une personne s'en rend acquéreur alors qu'il stationne dans son pays d'origine et se conforme à la loi en vigueur pour le mode de publicité à adopter; elle est propriétaire *erga omnes*; mais, le jour où le navire se rend dans un autre pays dont la législation diffère, elle perd le bénéfice de cette situation et les tiers peuvent contester son droit de propriété, sous prétexte qu'il n'a pas été porté à leur connaissance conformément aux dispositions édictées dans cet autre pays. La situation de l'acquéreur ne se trouve-t-elle pas alors complètement dépourvue de stabilité et par suite, de sécurité? Pour se mettre à l'abri de toute contestation ultérieure, ne lui faudrait-il pas, en effet, observer les prescriptions de toutes les lois en vigueur dans les diverses contrées du globe? De plus, la solution consacrée par la cour de Rouen et par le tribunal du Havre est en désaccord avec les principes unanimement admis du droit international privé. Les meubles considérés individuellement sont, comme les immeubles, soumis à la *lex rei sitæ* (V. *Rép.* v° *Lois*, n°s 422 et suiv.; Fœlix et Demangeat, *Traité de droit international privé*, t. 1, n° 62; Pasquale Fiore, *op. cit.*, n°s 197 et 337; Despagnet, *op. cit.*, n°s 96, 339 et suiv.; Aubry et Rau, *op. cit.*, t. 1, § 31, texte et notes 51 et 52; Demolombe, *op. cit.*, t. 1, n° 96; Laurent, *Principes de droit civil*, t. 1, n° 121; *Droit civil international*, t. 2, n°s 173 *bis* et 174), c'est-à-dire à la loi de la contrée où ils se trouvent au moment de la naissance du droit, et la situation régulièrement acquise en vertu des dispositions de cette loi ne saurait se modifier quand, plus tard, l'objet est transporté dans une autre contrée dont la législation est différente (Pasquale Fiore, *op. cit.*, n°s 204 et 338; Despagnet, *op. cit.*, n° 344; Lyon-Caen, *op. cit.*, n° 14, et note sur l'arrêt précité, 31 juill. 1876; Levillain, note sur Grenoble, 11 mai 1881, aff. Nicolaïdès, D. P. 83. 2. 65; Desjardins, t. 1, n° 88).

Au contraire, on pourrait soutenir avec quelque apparence de raison que les conditions de publicité, auxquelles se trouve subordonnée la translation de propriété dans les rapports des parties avec les tiers, seront déterminées par les lois en vigueur à l'endroit où se trouve le navire au moment de la vente. Les navires étant des meubles (c. com. art. 190) sont, en principe, soumis au même régime que ceux-ci; sans doute, par dérogation à la règle générale, la loi les a, à certains points de vue, soumis à des dispositions particulières; mais, à raison précisément du caractère exceptionnel de ces dispositions, il faut éviter d'en élargir le cercle. Toutes les fois, dès lors, qu'un texte ne déroge pas, en ce qui les concerne, aux principes qui régissent les meubles en général, ces principes doivent recevoir leur pleine et entière application; or, il est de règle, d'après ce qui a été dit ci-dessus, que les meubles sont soumis à la *lex rei sitæ* et c'est, en conséquence, d'après la loi du pays où ils se trouvent que sont fixées les formalités à remplir pour que la propriété en soit transférée au regard des tiers. D'autre part, il n'y a pas de disposition législative qui fasse exception à cette règle quant aux bâtiments de mer, qui, dès lors, restent sous son empire. On ajoute que les Français appelés à contracter en France avec le capitaine d'un navire étranger ignorent le plus souvent les dispositions de la loi du pays dont le navire porte le pavillon; ils ne peuvent, par suite, connaître les droits conférés précédemment à des tiers sur le navire conformément à la loi étrangère, et si ces droits leur sont opposables, ils seront victimes d'un préjudice contre lequel il leur aura été à peu près impossible de se prémunir. On serait ainsi conduit à décider que les conditions de formes, auxquelles se trouve subordonné le transfert de la propriété vis-à-vis des tiers, établies dans l'intérêt général du crédit, se rattachent à l'ordre public et tombent, comme telles, sous l'empire de la loi du pays où se trouve l'objet, c'est-à-dire le navire transféré, au moment de l'aliénation.

Cette opinion ne nous paraît cependant pas devoir être adoptée, et nous croyons qu'il y a lieu de suivre la loi du pavillon, c'est-à-dire la loi du pays auquel le navire emprunte sa nationalité, quel que soit l'endroit où la vente a été conclue. Il n'est pas absolument vrai que les navires restent soumis aux dispositions générales qui régissent les meubles ordinaires toutes les fois qu'un texte spécial ne les soumet pas à un régime particulier; c'est ainsi que l'on est d'accord pour considérer l'art. 2279 c. civ. comme étant inapplicable aux navires, bien qu'aucune disposition n'y déroge expressément en matière maritime (V. *suprà*, n°s 132 et 133). Pour que les règles de droit commun auxquelles sont soumis les meubles ordinaires cessent de s'appliquer en matière maritime, il suffit que les motifs sur lesquels elles reposent fassent défaut, lorsqu'il s'agit de les appliquer aux bâtiments de mer. Et l'on doit hésiter d'autant moins à le décider ainsi dans le cas actuel, qu'aucun texte ne détermine, comme le fait pour les immeubles l'art. 3, 2° al., c. civ., la loi à l'empire de laquelle les meubles sont soumis; si on les considère comme étant régis par celle du pays sur le territoire duquel ils se trouvent, c'est uniquement pour des raisons d'utilité publique. Du moment donc où ces motifs n'existent pas quant aux navires, il n'y a pas lieu de soumettre ces derniers à un régime identique. Quels sont les motifs qui ont fait appliquer la *lex rei sitæ* aux meubles ordinaires? Les meubles n'ont pas d'assiette fixe, et quand ils se trouvent transportés d'une contrée dans une autre, aucun indice, aucun document spécial ne révèle leur provenance; il n'existe donc pas de lien juridique qui les rattache d'une façon permanente à un territoire déterminé, et ils ne peuvent pas être soumis, dès lors, d'une façon constante, à la législation de telle ou telle contrée. S'ils ne sont pas régis par la loi du pays où le propriétaire est domicilié, ils le sont nécessairement par celle du pays où ils ont été transportés. Or l'application de la loi du domicile du propriétaire serait, toutes les fois que l'objet mobilier est considéré isolément, pleine d'inconvénients pour les tiers, car le propriétaire d'un objet mobilier est souvent inconnu; on ignore où il est domicilié; comment alors ceux qui traitent en France avec le détenteur parviendraient-ils à découvrir la législation étrangère applicable, et comment pourraient-ils s'assurer que les formalités qu'elle prescrit ont été remplies? Il n'y aurait aucune sécurité dans les transactions, et cet état de précarité serait particulièrement regrettable, étant donné qu'il s'agit d'objets destinés à alimenter le commerce, d'objets destinés, par suite, à être souvent mis en vente. Il n'y avait qu'un moyen d'éviter ces inconvénients, c'était de soumettre les meubles à la législation du pays sur le territoire duquel ils se trouvent au moment où la transaction intervient. Mais il n'en est plus de même quand il s'agit de bâtiments de mer. Ces derniers portent toujours l'empreinte d'une nationalité déterminée, et les documents à l'aide desquels elle se constate sont, pendant la durée du voyage, entre les mains du capitaine. Les tiers ont donc toutes facilités pour reconnaître quelle est la loi applicable au navire et pour se renseigner sur le contenu de ses dispositions; ils sont, par suite, en situation de vérifier si les conditions auxquelles elle subordonne le transfert de propriété ont été remplies par celui avec lequel ils traitent, et ces vérifications présentent d'autant moins de difficulté, que les navires ne sont pas, comme les marchandises ordinaires, l'aliment d'un commerce, mais des instruments destinés à en faciliter les opérations, que leur propriétaire conserve, et dont la mise en vente n'a lieu qu'à des intervalles éloignés. D'ailleurs, les navires, qui ont un nom, une nationalité, un domicile, sont, ainsi qu'il a été dit *suprà*, n° 72, traités, à certains égards, comme les personnes. Or les personnes de nationalité étrangère qui se trouvent dans un pays demeurent soumises, quant à leur état et leur capacité, à la loi étrangère, et la nécessité où sont les regnicoles qui traitent avec eux de se renseigner sur les dispositions de cette loi ne met nullement obstacle à son application ; serait-il rationnel que cette même nécessité empêchât un navire de demeurer, en cours de voyage, sous l'empire exclusif de la loi du pays auquel il continue d'emprunter sa nationalité ? Enfin, loin de présenter les dangers qu'on lui impute, l'application de la loi du pavillon prévient des difficultés et évite des embarras. Si on procède conformément aux dispositions de la *lex rei sitæ*, quels seront les officiers publics auxquels on aura recours pour l'accomplissement des formalités prescrites ? Ceux du pays où le navire a son port d'attache ne manqueront pas de répondre que, s'ils ont qualité pour accomplir les formalités édictées par la loi au nom de laquelle ils instrumentent, ils sont incompétents pour remplir celles établies par une législation dont ils ne relèvent pas. Quant à ceux de la contrée dans les eaux de laquelle stationne le navire, ils répondront que, s'ils ont qualité pour exécuter les mesures prescrites par leur loi nationale, ce n'est qu'autant qu'elles se réfèrent à des navires nationaux. D'un autre côté, les ventes auront-elles toute la publicité que le législateur désire leur imprimer si les formalités qu'il prescrit à cet effet cessent d'être applicables et sont remplacées par d'autres, par cela seul, qu'au moment de la vente, le navire se trouve dans un port étranger, et si, comme il est naturel de l'admettre, ces formalités s'accomplissent alors dans le port en question? Est-ce qu'en effet, les registres matricules tenus dans le port d'attache présenteront un tableau complet des mutations dont le navire aura fait l'objet, et n'est-il pas à craindre, dès lors, que les tiers qui les consulteront pour se renseigner sur la question de propriété et qui n'y trouveront aucune relation des mutations opérées dans un autre pays, ne soient induits en erreur? Le danger ne sera-t-il pas encore plus grand si l'aliénation a lieu dans un pays où elle n'est soumise à aucune condition de publicité? En se conformant à la loi du pavillon, on prévient tous ces inconvénients, et c'est une raison de plus, à notre avis, pour la déclarer applicable (V. en ce qui concerne les mesures de publicité auxquelles est soumise l'hypothèque maritime : Lyon-Caen, note sur Civ. cass. 25 nov. 1879, aff. Barbaressos; Grenoble, 11 mai 1881, aff. Nicolaïdès, D. P. 83. 2. 65, et la note de M. Levillain; Labbé, note sur Caen du 12 juill. 1870; en ce qui concerne les mesures de publicité à remplir pour que la vente d'un navire devienne opposable aux tiers, Lyon-Caen, note sur l'arrêt de la cour de Rouen du 31 juill. 1876, et *Etudes de droit international privé maritime*, n°s 5 et suiv.; Despagnet, *op. cit.*, n° 544. V. aussi Renault, *Revue critique*, 1881, p. 481 ; Desjardins, *loc. cit.*).

La règle qui vient d'être formulée fléchit cependant dans le cas où la vente du navire à des étrangers entraîne la perte de sa nationalité et la substitution à cette nationalité d'une autre nationalité. Ce n'est pas, en effet, la loi en vigueur dans le pays où il était immatriculé avant l'aliénation, c'est celle du pays où il doit l'être par la suite qui déterminera les conditions de forme à remplir par l'acheteur en vue de l'obtention de la nationalité nouvelle. Ainsi, en cas de vente d'un navire anglais à des Français, ce n'est pas la loi anglaise, c'est la loi française qui devra être consultée pour ce qui est des formes à observer en vue de la francisation du bâtiment. Il ne s'agit plus, en effet, d'une simple mutation destinée à révéler aux tiers l'existence de la vente, il s'agit d'une véritable naturalisation; or il n'y a de naturalisation possible qu'aux conditions édictées par la loi du pays qui en confère le bénéfice, et il ne semble même pas que les autorités chargées de l'accorder aient à se préoccuper du point de savoir si, d'après la loi étrangère, la vente a enlevé ou non au bâtiment sa nationalité antérieure. Il paraît cependant que certains de nos consuls, en Angleterre notamment, subordonnent la délivrance du congé provisoire ci-dessus mentionné (V. *suprà*, n° 204) à la production, par l'acheteur français d'un navire étranger, d'un certificat constatant que ce bâtiment est dénationalisé (Arthur Desjardins, *op. cit.*, t. 1, n° 86).

206. Le code hollandais (art. 310) décide que, si des navires appartenant à des regnicoles se trouvent en pays étranger et y sont livrés à des étrangers, la délivrance se fera d'après les lois et usages des lieux où s'effectuera la vente. Ce code ne dit pas quelle loi devrait être appliquée dans le cas de vente en pays étranger à des regnicoles. — D'après le code italien (art. 483) la vente en pays étranger doit être faite par acte reçu dans la chancellerie du consulat royal devant l'agent consulaire, et elle n'a pas d'effet vis-à-vis des tiers si elle n'est pas transcrite sur les registres de ce consulat. — Le premier alinéa de l'art. 448 du code portugais est ainsi conçu : « Les questions relatives à la propriété du navire, aux privilèges et aux hypothèques qui le grèvent sont réglées par la loi de la nationalité qu'avait le navire au temps où le droit, objet de la contestation, a été acquis ».

207. — IX. DROIT FISCAL. — Les mutations dans la propriété des navires, assujetties par la loi de frimaire an 7 (art. 69, § 5, n° 1) au droit proportionnel de 2 pour 100, puis, par la loi du 21 avr. 1818, à un droit fixe de 1 fr., avaient été de nouveau soumises à l'acquittement du droit proportionnel par la loi du 28 févr. 1872 (art. 5) (D. P. 72. 4. 12). Le droit proportionnel a été supprimé de nouveau par la loi du 29 janv. 1881 (D. P. 81. 4. 13) et remplacé par un droit fixe de 3 francs. — V. au surplus *infrà*, v° *Enregistrement*.

§ 3. — De la saisie et vente forcée des navires (*Rép.* n°s 98 à 170).

208. Le tit. 2 du liv. 2 c. com. traite de la saisie et de la vente forcée des navires (art. 197 à 215). — Les dispositions de plusieurs des articles de ce titre prescrivaient des formalités surannées, dont on demandait depuis longtemps la suppression ou la modification. Les art. 23 à 32 de la loi du 10 juill. 1885 (D. P. 86. 4. 17) sur l'hypothèque maritime ont, nous le verrons, *infrà*, n°s 234 et suiv., donné satisfaction à ce vœu et consacré des règles de procédure plus simples et moins coûteuses que celles du code de commerce. Ces dispositions de la loi de 1885 ont remplacé les art. 201 à 207 c. com. dont l'art. 39 de la même loi a formellement prononcé l'abrogation.

209. On a vu au *Rép.* n°s 98 et suiv. que, aux termes de l'art. 197 c. com., qui reproduit sur ce point l'art. 1er, tit. 4, liv. 2, de l'ordonnance de 1681, le navire est affecté au payement de toutes les dettes du propriétaire de ce navire indistinctement, et qu'il peut être saisi par tous les créanciers de ce propriétaire. Le projet de réforme de 1867 supprimait cette disposition comme inutile et contenant « une sorte de déclaration de principe tout à fait surabondante » (Conf. Locré, t. 18, p. 311).

210. L'art. 197 c. com. s'applique évidemment aux navires étrangers comme aux navires français (Desjardins, t. 1, n° 219. Comp. Trib. civ. Bordeaux, 20 août 1883, aff. O'Briens, *Journal du droit international privé*, 1884, p. 190).

211. Certaines législations de l'Europe et de l'Amérique, voulant attirer dans leurs ports les navires étrangers, ont accordé à ceux-ci la faveur exorbitante et injustifiable, au point de vue juridique, d'être *insaisissables*, sauf à raison de certaines dettes. L'art. 605 du code *espagnol* est ainsi conçu : « Les navires étrangers mouillés dans les ports espagnols ne peuvent être saisis pour des dettes qui n'auraient pas été contractées sur le territoire espagnol et pour l'utilité de ces mêmes navires. » — Le code *brésilien* (art. 482) consacre également le même principe, mais avec un autre tempérament : « Les navires étrangers mouillés dans les ports brésiliens, dit-il, ne peuvent être saisis, même alors qu'ils n'ont pas encore pris charge, pour dettes contractées sur le territoire brésilien pour les besoins du navire ou de la cargaison. Il y a exception dans le cas où la dette résulte d'une lettre de grosse ou d'une lettre de change souscrite pour les besoins du navire et de la cargaison en pays étranger, mais payable sur une place de l'Empire. » — L'art. 1031 du code *argentin* édicte la même exception en lui donnant encore plus d'extension : « Les navires étrangers mouillés dans le port de l'Etat ne peuvent être saisis, dit cet article, bien qu'ils n'aient pas encore pris chargement, à raison des dettes qui n'ont pas été contractées sur le territoire de l'Etat, qui ne l'ont pas été pour les besoins de ces navires ou de leur cargaison, ou qui ne sont pas payables dans l'Etat. » — Le code *chilien* reproduit l'art. 605 du code espagnol, en substituant aux mots « pour l'utilité de ces mêmes navires, » les mots : « pour les besoins de l'expédition ». — Le code *péruvien* reproduit purement et simplement l'art. 605 du code espagnol (V. Arthur Desjardins, t. 1, n° 219).

212. L'ordonnance de 1681, liv. 1, tit. 14, art. 18, sanctionnait expressément le droit de saisie *partielle* et accordait aux créanciers de chacun des copropriétaires d'un navire le droit de saisir la part de son débiteur. Bien que le code de commerce ne l'ait pas expressément reproduite, cette règle est encore applicable aujourd'hui. Elle n'est pas en opposition avec l'art. 2205 c. civ., qui ne vise que les immeubles. Cette dérogation se justifie, d'ailleurs, par cette considération que les créanciers n'ont pas ici, comme en toute autre matière, le droit de provoquer, par application de l'art. 1166, le partage du navire, sauf quand leur créancier est copropriétaire de plus de moitié. Il eût donc été injuste, comme le disent MM. Lyon-Caen et Renault, t. 2, n° 2495, de leur refuser le droit de saisir la part de leur débiteur (V. aussi de Valroger, t. 1, n° 153; Desjardins, t. 1, n° 220). — Si le débiteur est copropriétaire de plus de la moitié du bâtiment, le créancier peut, en vertu de l'art. 220, § 1er, faire saisir et vendre *la totalité* du navire. Ce droit, qui lui était déjà reconnu antérieurement à la loi du 10 déc. 1874 (D. P. 75. 4. 64) (Comp. *Rép.* n° 1364) a été formellement sanctionné, ainsi que le droit de saisie partielle, par cette loi, puis par celle du 10 juill. 1885, dont l'art. 17, § 2, reproduction textuelle de l'art. 18, § 2, de la loi de 1874, s'exprime ainsi : « Si l'hypothèque ne grève qu'une portion de navire, le créancier ne peut saisir et faire vendre que la portion qui lui est affectée. Toutefois, si plus de la moitié du navire se trouve hypothéquée, le créancier pourra, après saisie, le faire vendre en totalité, à charge d'appeler à la vente les copropriétaires. » On reviendra *infrà*, n° 535, sur ces dispositions dont l'interprétation a soulevé quelques difficultés.

213. On a exposé au *Rép.* n° 133 que l'on peut saisir non seulement le navire amarré à quai, mais encore celui qui est en rade, flottant sur ses ancres. Telle était la conclusion que l'on tirait autrefois des expressions employées par l'ordonnance dans l'art. 5, liv. 1, tit. 14 : « Les publications et affiches indiqueront aussi le nom du navire saisi... et le lieu où il sera gisant *ou flottant* » (Conf. Valin, sur cet article). Il semble légitime d'attribuer la même portée aux mêmes expressions employées dans l'ancien art. 204 c. com. (Lyon-Caen et Renault, t. 2, n° 2490 ; Desjardins, t. 1, n° 222. V. en sens contraire : Dufour, t. 2, nos 622 et suiv. ; Demangeat, t. 4, p. 106; de Valroger, t. 1, n° 152). — « Les raisons qui s'opposent à la saisie du navire en pleine mer, dit M. Demangeat, *loc. cit.*, existent à peu près au même degré pour le navire en rade : dans un cas comme dans l'autre, il serait impossible ou tout au moins dangereux à l'huissier de se présenter à bord, les personnes disposées à se porter adjudicataires ne pourraient pas facilement visiter le navire, etc... » Mais M. Desjardins, *loc. cit.*, répond avec raison que la situation n'est pas la même dans les deux cas : « dans l'un, il est impossible, dans l'autre, il n'est que difficile à l'huissier ou aux futurs adjudicataires de se présenter à bord ».

214. Il a été jugé que le décret du 24 juill. 1793, sur le service postal (art. 76), quoique visant plus spécialement le service de terre, s'applique cependant aussi au service de mer ; et que, par suite, sont insaisissables : le matériel d'une compagnie de bateaux à vapeur chargée par l'Etat d'un service postal, et la subvention qui lui est accordée pour cet objet (Aix, 3 août 1885, aff. Compagnie des paquebots postes italiens, *Revue du droit international maritime*, 1885, p. 225 ; 27 janv. 1887, aff. Dubor, D. P. 88. 2. 75 ; Trib. civ. Marseille, 22 févr. 1888) (1) ;... et même les sommes dues par le Gouvernement, pour transport du personnel et du matériel de l'Etat (Aix, 26 mai 1887, aff. Orsoni, *Revue internationale du droit maritime*, t. 3, p. 420. Conf. Trib. civ. Marseille, 22 févr. 1888, précité ; *Rép.* v° *Saisie-arrêt*, n° 26). — Ces solutions peuvent donner lieu à critiques ; car il semble exorbitant d'admettre ainsi un privilège tel que celui de l'insaisissabilité, à l'aide de pures considérations, et par voie d'induction. La cour de cassation semble, d'ailleurs, contredire l'assimilation établie par les décisions précitées, car elle a décidé (Civ. cass. 27 août 1883, aff. Novella, D. P. 85. 1. 79), que, depuis la suppression de l'institution des maîtres de postes par les décisions ministérielles des 4 et 27 mars 1873, les entrepreneurs particuliers qui ont remplacé les maîtres de poste ne peuvent jouir des privilèges qui étaient accordés à ces derniers par le décret du 24 juill. 1793, notamment de l'insaisissabilité des sommes qui pouvaient leur être dues par l'Etat (*Rép.* v° *Postes*, p. 4).

215. On a dit au *Rép.* n° 105 que l'ordonnance de 1681 n'interdisait point la saisie du navire prêt à faire voile, et on a exposé les motifs qui ont fait admettre, au contraire, ce privilège par les rédacteurs du code de commerce. — La disposition de l'art. 215, qui déclare insaisissable le navire prêt à faire voile, se relie aux plus anciens documents de la législation maritime : le chap. 3 du *Constitutum usus* de Pise (1160) est consacré tout entier à cette matière et réglemente l'exercice de ce privilège. Il en est de même du chap. 23

(1) (Administration de la marine C. Compagnie Morelli.) — LE TRIBUNAL ; — Attendu qu'à la date du 12 déc. 1877 l'administration de la marine, agissant en son nom personnel et comme représentant les gens de mer, pour avoir payement des salaires restant dus aux équipages des navires *Vanina Sampiero*, *Congo et Ministre-Abbatucci* de la compagnie Morelli, a pratiqué une saisie-arrêt en mains de M. le trésorier payeur général des Bouches-du-Rhône sur les sommes que ladite compagnie doit toucher pour le transport des dépêches, des troupes et du matériel de guerre qu'elle a à effectuer pour le compte de l'Etat ; — Que l'administration de la marine demande au tribunal la validité de cette saisie-arrêt ;

Attendu que si, aux termes de l'art. 567 c. proc. civ., tout créancier peut saisir-arrêter les sommes et effets appartenant à son débiteur, il est fait à ce principe général des exceptions prévues par l'art. 581 du même code qui dit : « Sont insaisissables les choses déclarées insaisissables par la loi » ;

Attendu que l'art. 76 du décret des 24-30 juill. 1793 sur l'organisation des postes porte que « les payements ainsi que les chevaux, provisions, ustensiles et équipages destinés au service de la poste ne pourront être saisis sous aucun prétexte » ; — Qu'il y a lieu d'examiner si cet article s'applique à la cause actuelle ;

Attendu que si l'organisation du service des postes par les maîtres de poste a été modifiée et si ceux-ci ont été supprimés, il y a été substitué un mode d'adjudication qui rétablit le service dans les mêmes conditions d'exactitude, de célérité et de garantie et place les adjudicataires sous la surveillance directe du directeur des postes ; — Que, dans l'espèce, il résulte de l'examen du cahier des charges passé entre le Gouvernement et la compagnie Morelli, qu'il y a entre les anciens maîtres de postes et ladite compagnie, au point de vue de leurs obligations et de leurs devoirs, une ressemblance suffisante pour que l'art. 76 du décret de 1793 soit applicable à cette dernière ;

Attendu au surplus qu'il s'agit d'un service public qui ne peut subir ni retard ni interruption ; que ce serait compromettre l'intérêt de tous si, par suite de saisie pratiquée sur la subvention qu'il reçoit de l'Etat, l'adjudicataire se trouvait obligé de suspendre un service aussi important que celui du transport des dépêches ; que ce sont là les motifs d'ordre public qui ont dicté l'art. 76 du décret de 1793 ; — Que ces motifs existent toujours ; qu'ils relèvent de l'intérêt général qui doit primer l'intérêt des créanciers quelque sympathiques qu'ils puissent être ; — Que c'est ainsi d'ailleurs que l'ont jugé deux décisions récentes du tribunal de céans confirmées par arrêts de la cour d'Aix, au profit de la même compagnie Morelli ; — Qu'en conséquence, l'administration de la marine en frappant d'une saisie-arrêt les sommes dues par le Gouvernement à la compagnie Morelli pour le transport des dépêches du personnel et du matériel de l'Etat, a atteint des choses déclarées insaisissables par la loi et que mainlevée doit être de ladite saisie-arrêt ;

Par ces motifs ; — Déboute l'administration de la marine de ses fins et conclusions ; en conséquence, déclare nulle et de nul effet la saisie-arrêt qu'elle a faite le 12 déc. 1887, à l'encontre de la compagnie Morelli, entre les mains de M. le trésorier payeur général des Bouches-du-Rhône ; ordonne la mainlevée pure et simple de ladite saisie et autorise la compagnie Morelli à toucher des mains des tiers saisis les sommes qui lui sont dues, etc.

Du 22 févr. 1888.-Trib. civ. Marseille, 1re ch.-MM. Jullien, pr.-Roux, subst.-Negretti et Rivière, av.

des privilèges de Pierre III, concédés à la ville de Barcelone en 1283, et du chap. 233 du *Consulat de la mer* (Conf. Targa, *Ponderaz. marit.* c. 78. V. aussi art. 446 c. allemand ; art. 881 c. italien ; art. 604 c. espagnol ; art. 491 c. portugais. — V. Desjardins, t. 1, n° 223).

216. Nous avons vu au *Rép.* n° 106 qu'aux termes de l'art. 215, § 2, le bâtiment est censé prêt à faire voile, lorsque le capitaine est muni de ses expéditions pour son voyage. Les expéditions dont il s'agit ici sont les pièces de bord nécessaires à la navigation, c'est-à-dire l'acte de francisation, le congé (L. 27 vend. an 2, art. 22 et 28) et certaines pièces relatives au chargement (acquits de droits payés, acquits-à-caution, etc. (V. *infrà*, n°s 647 et suiv.). — Faut-il comprendre parmi ces pièces le *billet de sortie* qui doit être délivré par le capitaine du port ? Nous ne le croyons pas ; l'interdiction de sortir sans ce permis est une mesure d'administration et de police locale destinée à éviter l'encombrement à la sortie des ports (Dufour, n° 831 ; Arthur Desjardins, t. 1, n° 223 ; Laurin, t. 1, p. 163 ; Lyon-Caen et Renault, t. 2, n° 2491). C'est pour le même motif qu'il a été décidé que l'opposition à la délivrance du billet de sortie est de nul effet (Trib. com. Marseille, 8 mai 1845, aff. Kerisy, *Recueil de Marseille*, 1845, 1. 253 ; 29 sept. 1851, aff. Nicoletto, *ibid.*, 1851. 1. 236).

217. Les créanciers peuvent-ils former opposition à la délivrance des expéditions ? M. Bédarride, t. 1, n° 257, l'a pensé, mais à tort, croyons-nous ; il ne peut être, en effet, question ici d'une saisie-arrêt, puisque la douane n'est pas, comme un tiers ordinaire, en possession de la chose saisie et n'a qu'un droit de police pour empêcher le départ du navire. D'ailleurs, si cette opposition était permise, on arriverait presque toujours, en fait, à empêcher le départ des navires prêts à mettre à la voile (Demangeat, t. 4, p. 108 ; Dufour, t. 1, n° 233 ; Desjardins, t. 1, n° 224 ; Lyon-Caen et Renault, t. 2, n° 2491). Il a été jugé, conformément à cette doctrine, qu'un créancier n'a pas le droit de saisir-arrêter entre les mains du receveur des douanes les expéditions d'un navire, ces expéditions n'étant pas appréciables à prix d'argent et n'appartenant, d'ailleurs, au propriétaire du navire que du moment où elles lui ont été délivrées par la douane (Rennes, 28 févr. 1824, et Rouen, 2 févr. 1841, *Rép.* n° 99 ; Trib. com. Marseille, 8 mai 1845, cité *suprà*, n° 216 ; 20 févr. 1855, cité par Desjardins, *loc. cit.*). — Quelle sera, en ce cas, la juridiction compétente pour donner mainlevée de l'opposition indûment faite ? Ce sera, croyons-nous, le tribunal de commerce, parce qu'il s'agit de statuer non sur la validité d'une saisie (V. *infrà*, n° 234), mais sur une difficulté relative à une expédition maritime (c. com. art. 663 ; c. proc. civ. art. 418) (Conf. Rouen, 15 août 1819, *Rép.* v° *Compétence commerciale*, n° 397-2° ; 10 févr. 1829, cité par Desjardins, t. 1, n° 224 ; Dufour, n° 836 ; Laurin, t. 1, p. 164 ; Desjardins, t. 1, *ibid.*).

218. L'insaisissabilité du navire dure tant que son voyage n'est pas terminé (Émérigon, t. 2, p. 386). C'est aux tribunaux qu'il appartient, dans le silence de l'art. 215 c. com., de déterminer, en fait, le moment précis où le voyage doit être considéré comme terminé (Trib. com. Marseille, 12 mars 1830 ; Bédarride, t. 2, n° 258). En tous cas, le navire insaisissable au port d'armement l'est encore au port de relâche (Desjardins, t. 1, n° 225 ; Lyon-Caen et Renault, t. 2, n° 2491. Conf. Cour de Catane, 7 juill. 1884, aff. Guarnacia, *Revue internationale du droit maritime*, t. 1, p. 61 ; Cour de Gênes, 4 mars 1885, aff. Compagnie *la Hansa*, *ibid.*, t. 1, p. 409) ; et même au port de départ où un évènement de mer l'aurait contraint de rentrer provisoirement (Trib. com. Marseille, 11 mars 1862, aff. Apostoli, *Recueil de Marseille*, 1862. 1. 103), sans qu'il y ait lieu de se préoccuper de ce que le capitaine, étant obligé de déposer dans les vingt-quatre heures l'acte de francisation et le congé, se trouverait, en fait, dessaisi de ses expéditions (Desjardins, *loc. cit.*).

219. L'art. 215 ne peut être applicable, lorsqu'il s'agit d'un navire qui est sur le point de partir, non pour faire un voyage, mais pour aller se faire radouber dans un port. On ne donne jamais, en ce cas, d'expéditions au navire ; il n'est donc jamais prêt à mettre à la voile, dans le sens de l'art. 215 ; d'ailleurs, les motifs, qui ont fait accorder l'insaisissabilité aux navires prêts à partir n'existent plus ici (Trib. civ. Havre, 13 juin 1884) (1).

220. La disposition de l'art. 215 n'est-elle applicable qu'aux navires qui servent au transport des marchandises ? Les auteurs enseignent généralement que soit l'art. 190 c. com., soit l'art. 215 du même code entendent par *navire* uniquement les bâtiments qui servent à la navigation industrielle ou commerciale, et non les bâtiments de plaisance, affectés exclusivement au transport des personnes pour des voyages d'agrément (Alauzet, t. 5, n° 1626, p. 9 ; Boistel, n° 1116). Cette opinion se fonde sur la discussion au conseil d'État du projet du code de commerce (*Procès-verbaux*, 7 juill. 1807, Locré, t. 18, p. 296). La cour de cassation l'a implicitement admise dans une espèce où il s'agissait d'un sloop destiné à l'industrie (Civ. rej. 20 févr. 1844, *Rép.* n° 1268). Un arrêt a cependant décidé que l'art. 215 est applicable aux bâtiments de plaisance (Aix, 28 nov. 1883, aff. Leblanc, D. P. 84. 2. 198).

221. L'opinion que nous avons rapportée, au *Rép.* n° 112, et d'après laquelle l'art. 215 ne s'appliquerait pas aux navires étrangers (Conf. Alauzet, t. 5, n° 1702 ; Lyon-Caen, *Etudes sur le droit international privé maritime*, n° 26), est aujourd'hui généralement abandonnée : « Attendu, dit l'arrêt de la cour d'Aix du 28 nov. 1883, cité *suprà*, n° 220, que l'art. 215 c. com. n'édicte pas une immunité au profit de la marine française ; qu'il consacre une règle prise dans l'intérêt de la navigation ; qu'il est général et s'applique aux navires étrangers comme aux nationaux ; que ses termes sont absolus » (Conf. Trib. civ. Nice, 25 juin 1883 (2) ; Dufour, n° 846 ;

---

(1) (Comp. des forges et chantiers de la Méditerranée *C.* comtesse d'A...) — La Compagnie des forges et chantiers de la Méditerranée avait effectué au navire *la Pauline*, appartenant à la comtesse d'A..., des réparations dont le prix ne lui avait pas été payé. Une avarie étant survenue à la chaudière de la *Pauline*, ce navire quitta Dieppe, remorqué par un autre bâtiment, et fut conduit au Havre, d'où il devait être dirigé sur Rouen afin d'y recevoir une nouvelle chaudière. La Compagnie des forges et chantiers de la Méditerranée obtint alors du président du tribunal de commerce du Havre une ordonnance l'autorisant à saisir conservatoirement *la Pauline*. La comtesse d'A... ayant argué la saisie de nullité, ce moyen a été rejeté par un jugement ainsi conçu :

Le tribunal ; — Attendu que la dame d'A... demande la nullité de la saisie comme faite en violation des dispositions de l'art. 215 c. com. le navire étant, d'après elle, à l'époque de la saisie, prêt à faire voile et se trouvant même alors en cours de voyage ; — Attendu que le bâtiment *la Pauline* a été saisi dans le port du Havre, alors qu'il avait mis ses chaudières à terre, à Dieppe ; qu'il avait été remorqué jusqu'au Havre, où il était entré, paraît-il, pour chercher un autre remorqueur, dans le but de le conduire à Rouen, où il embarquerait des chaudières neuves ; — Attendu que le navire, dans ces circonstances, ne peut être considéré comme se trouvant en cours de voyage, qu'il n'était pas prêt à faire voile, comme le veut l'art. 215 c. com. ; que le capitaine, en effet, en admettant même qu'il y eût un capitaine à bord, n'était pas muni de ses expéditions de voyage, par la raison qu'on ne donne pas d'expédition de voyage au navire qui va se faire réparer et compléter, et enfin, que ce bateau, dans l'espèce, ne peut même pas être, à proprement parler, considéré comme un navire puisqu'il était désemparé des pièces essentielles pour lui permettre de marcher, spécialement de ses chaudières, et qu'il était plutôt, en réalité, alors un objet transporté qu'un moyen de transport ; — Par ces motifs, rejette comme mal fondé le moyen de nullité de la saisie conservatoire, tiré de la prétendue violation de l'art. 215 c. com.

Du 13 juin 1884.-Trib. civ. du Havre.-MM. Bayeux, pr.-Bodereau et Guerrand, av.

(2) (Leblanc *C.* Hargreaves.) — Le tribunal ; — Attendu qu'aux termes de l'art. 215 c. com., le bâtiment prêt à faire voile n'est pas saisissable pour dettes autres que celles contractées pour le voyage qu'il va faire ; et que, suivant le même article, le bâtiment est prêt à faire voile lorsque le capitaine est muni de ses expéditions pour son voyage ; — Attendu qu'il résulte du procès-verbal de l'huissier Bonnet, et qu'il n'est pas du reste contesté, que, lorsque le 3 mars dernier, il s'est présenté pour opérer la saisie du bateau, le défendeur était muni de toutes les pièces voulues, et que par suite son bateau était prêt à faire voile ; mais que le demandeur prétend que les dispositions de l'art. 215 ne s'appliquent qu'aux bateaux français et que les bateaux étrangers ne peuvent en bénéficier ; — Attendu que l'article précité

Bédarride, t. 1, n° 265; Demangeat, t. 4, p. 110; Boistel, n° 1170; Laurin, t. 1, p. 162; Desjardins, t. 1, n° 226).

222. L'insaisissabilité du navire cesse, aux termes de l'art. 215, lorsqu'il s'agit de dettes contractées pour le voyage qu'il va faire (*Rép.* n°s 105 et 107. Conf. art. 448 c. allemand; art. 881 c. italien; art. 604 c. espagnol; art. 1312 c. portugais). — Par analogie, on doit décider, de même, que le navire peut être saisi *en cours de voyage*, pour dettes contractées *dans le lieu de la relâche* (*Rép.* n° 113. Conf. Lyon-Caen et Renault, t. 2, n° 2491 *bis*; Desjardins, t. 1, n° 227); mais il ne pourrait pas l'être pour dettes contractées au port de départ avant la mise à la voile (Lyon-Caen et Renault et Desjardins, *loc. cit.*; Emérigon, t. 1, p. 166.)

223. Dans le cas même où il s'agit de dettes contractées pour le voyage, le cautionnement empêche toujours la saisie (art. 215) (V. *Rép.* n°s 110 et 113). On a cité (*Rép. ibid.*) un arrêt de la cour de Rennes du 21 mars 1812, d'après lequel la caution s'oblige à représenter le navire à l'époque du retour déterminé par le congé ou à payer la dette s'il ne revient pas (Conf. Bédarride, t. 1, n° 262). Cette formule est inexacte; c'est au payement de *la dette* elle-même que la caution s'oblige; elle est tenue envers les créanciers, alors même que le navire subirait en route des avaries et dans le cas même où le voyage aurait donné naissance à des créances privilégiées préférables à celles pour lesquelles elle s'est portée garant (Demangeat, t. 4, p. 111; Boistel, n° 871; Laurin, t. 1, p. 167; Lyon-Caen et Renault, t. 2, n° 2492; Desjardins, t. 1, n° 228). — C'est seulement après la fin du voyage ou la perte du navire que les créanciers pourront agir contre la caution (Desjardins, *loc. cit.*).

224. La caution qui, en s'obligeant, libère le navire de la saisie a le droit de recourir non seulement contre le propriétaire du bâtiment, mais encore contre toutes les personnes qui ont tiré avantage du cautionnement, et spécialement contre les affréteurs (Req. 10 août 1875, aff. Lacy, D. P. 77. 1. 133). C'est, d'ailleurs, l'application pure et simple des principes sur le recours qui appartient au gérant d'affaires.

225. Le code de commerce ne s'étant pas occupé spécialement de la saisie *conservatoire* des navires, il y a lieu d'appliquer à cette saisie les règles des art. 172 c. com. et 418 c. proc. civ. L'art. 215 empêche, d'ailleurs, même cette sorte de saisie, quand le navire est prêt à faire voile (Trib. civ. Havre, 13 juin 1884, *suprà*, n° 219). — C'est au tribunal civil seul qu'il appartient de statuer sur la demande en mainlevée ou en validité de la saisie conservatoire (Conf. Civ. cass. 22 août 1882, aff. Accomito, D. P. 83. 1. 215; 11 nov. 1885, aff. Mayer, D. P. 86. 1. 68).

226. L'art. 215 est évidemment inapplicable à la saisie des marchandises de la cargaison. Cette saisie peut toujours être opérée, même lorsqu'elle aurait pour effet de retarder le départ (Lyon-Caen et Renault, t. 2, n° 2495).

227. On a vu *suprà*, n° 212, que l'on peut, en général, saisir une portion de navire. Il est certain que, quand le navire est prêt à faire voile, cette saisie partielle est interdite, en principe, aussi bien que la saisie totale. La nullité de cette saisie peut être demandée par les propriétaires des portions non saisies, par les chargeurs et affréteurs, et même par le propriétaire de la part saisie (Dufour, t. 2, n°s 825 et suiv.; Demangeat, t. 4, p. 112; Desjardins, t. 1, n° 229; Lyon-Caen et Renault, t. 2, n° 2495).

228. Le projet de réforme de 1867 généralisait la disposition contenue dans le premier alinéa, *in fine*, de l'art. 215, et accordait non seulement au navire prêt à faire voile, mais à tout navire saisi la faveur de pouvoir substituer un cautionnement à la saisie. — Les règles posées par l'art. 215 c. com. ont passé dans un grand nombre de codes étrangers: art. 604 c. espagnol; art. 1312 c. portugais; art. 604 c. argentin et péruvien; art. 483 c. brésilien; art. 29 c. maritime égyptien; art. 310 c. italien; art. 446 c. allemand (V. Desjardins, t. 1, n° 231).

229. Les art. 198 et suiv. règlent les formes à observer pour la saisie. On a commenté (*Rép.* n°s 114 et suiv.) la disposition de l'art. 198 aux termes duquel il ne peut être procédé à la saisie que vingt-quatre heures après le commandement de payer. Les principes que nous avons formulés (*Rép. loc. cit.*), sont admis sans difficulté par tous les auteurs, sauf celui d'après lequel le commandement se trouverait périmé par l'expiration de l'an et jour. M. Arthur Desjardins, t. 1, n° 232, en l'absence de toute disposition sur ce point dans le code, conteste cette doctrine et décide que le commandement ne se périmera que par trente ans (V. dans le sens de l'opinion émise au *Répertoire*: Alauzet, t. 1, n° 171; Demangeat, t. 4, n° 1080. Comp. Valin, t. 1, p. 343. — Dans le sens de l'opinion de M. Desjardins, V. Dufour, t. 2, n° 642; Laurin, t. 1, p. 141; Lyon-Caen et Renault, t. 2, n° 2498; de Valroger, t. 1, n° 160; Vidal-Naquet, *loc. cit.*, p. 751). Quoi qu'il en soit, il est regrettable que le législateur n'ait pas introduit ici une disposition analogue à celle de l'art. 674 c. proc.; la prescription de quatre-vingt-dix jours eût été suffisante; la prescription trentenaire peut présenter de graves inconvénients dans la pratique.

230. Aux termes de l'art. 199, « le commandement devra être fait à la personne du propriétaire ou à son domicile, s'il s'agit d'une action générale à exercer contre lui. — Le commandement pourra être fait au capitaine du navire, si la créance est du nombre de celles qui sont susceptibles de privilège sur le navire, aux termes de l'art. 191 ». Cette disposition a été expliquée au *Rép.* n°s 117 et suiv. M. Dufour, t. 2, n° 653, fait observer avec raison que la loi exige uniquement, pour que le commandement puisse être fait au capitaine, que la créance soit *susceptible d'un privilège*; il n'est pas nécessaire qu'elle soit privilégiée. Le commandement pourra donc être valablement fait au capitaine, si la créance, après avoir été privilégiée, a perdu son privilège, par exemple, parce qu'elle n'est plus relative au dernier voyage (Conf. Desjardins, t. 1, n° 232; de Valroger, t. 1, n° 158. V. en sens contraire: Demangeat, t. 4, p. 115). — Suivant M. Vidal-Naquet, *loc. cit.*, p. 750, la faculté accordée au créancier privilégié de signifier le commandement au capitaine cesse: 1° quand le propriétaire du navire est présent et demeure sur les lieux (L. 1885, art. 23; c. com. art. 223, 232) (Conf. Dufour, t. 2, n° 651), sauf dans le cas où le créancier a traité avec le capitaine seul et a contre lui un titre exécutoire; 2° quand, dans l'acte de créance, le débiteur a fait élection d'un domicile spécial (c. civ. art. 111). — Quant aux énonciations que doit contenir le commandement, on doit, dans le silence du code de commerce, se référer au droit commun, c'est-à-dire aux règles établies pour la procédure de saisie-exécution (c. proc. civ. art. 583 et suiv.).

231. L'art. 200 énumère les différentes énonciations que doit contenir le procès-verbal de saisie (*Rép.* n°s 119 à 124. Conf. Dufour, t. 2, n°s 660 et suiv.; Laurin, t. 1, p. 142; Demangeat, t. 4, p. 120; Desjardins, t. 1, n° 234; Lyon-Caen et Renault, t. 2, n° 2499; de Valroger, t. 1, n° 159); il prescrit d'établir un gardien (*Rép.* n° 120).

232. Ainsi que nous l'avons dit *suprà*, n° 210, toutes les dispositions relatives à la saisie des navires s'appliquent aussi bien aux navires étrangers qu'aux navires français. — En vertu de la règle « *locus regit actum* », la saisie des navires étrangers est soumise à toutes les formalités prescrites par la loi française. Toutefois, il faut noter que l'huissier ne pourra se transporter à bord pour signifier le commandement ou pratiquer la saisie sans prévenir le consul de la nation à laquelle le bâtiment appartient. Cette obligation résulte notamment de conventions consulaires avec l'Autriche (11 déc. 1866, D. P. 67. 4. 13), le Brésil (21 juill. 1866, D. P. 67. 4. 7), le Portugal (11 juill. 1866, D. P. 67. 4. 128), la Russie (1er avr. 1874, D. P. 75. 4. 12), l'Espagne (7 janv. 1862, D. P. 62. 4. 32), les Etats-Unis (23 févr. 1853,

est conçu en termes généraux; qu'il s'applique, par suite, aussi bien aux bateaux étrangers qu'aux bateaux français; que les étrangers méritent en France la même protection que les Français; que si le législateur avait entendu faire une exception contre eux, il l'aurait indiqué comme il l'a fait par son art. 16 c. civ.; que, dans son silence, on ne peut suppléer une exception de ce genre, et qu'il y a lieu d'interpréter la loi dans le sens le plus large; — Attendu, dès lors, que c'est à bon droit que Hargreaves s'est opposé à la saisie de son navire, et qu'il y a lieu d'ordonner en sa faveur la restitution de la somme de 2.068 fr. qu'il a consignée conditionnellement entre les mains de l'huissier Bonnet; — Par ces motifs; — Déclare Leblanc mal fondé, etc.

Du 25 juin 1883.-Trib. civ. de Nice.-M. Machemin, pr.

D. P. 53. 4. 214), l'Italie (26 juill. 1862, D. P. 62. 4. 117), les Pays-Bas (8 juin 1855, D. P. 55. 4. 77), la République du Salvador (5 juin 1878, D. P. 80. 4. 12).

233. On a dit *suprà*, n° 208, que les art. 23 à 28 de la loi du 10 juill. 1885 (D. P. 86. 4. 17) ont remplacé les art. 201 à 207 c. com. Le législateur de 1885 s'est proposé surtout de simplifier les formes de la saisie et de la vente des navires, en supprimant des dispositions de procédure qui ne concordaient plus avec nos lois modernes sur l'expropriation. Depuis longtemps, cette revision du liv. 2 du tit. 2 était réclamée, et la commission de l'Assemblée nationale avait eu un instant le projet de la donner comme complément à la loi de 1874 sur l'hypothèque maritime. Voici en quels termes s'exprimait son rapporteur : « C'est aux formes ordinaires de la saisie des navires que le projet de loi se réfère toutes les fois qu'il s'agit de poursuites à exercer par le créancier hypothécaire pour faire vendre son gage ou obtenir la distribution du prix. Ces formes, nous ne l'ignorons pas, laissent beaucoup à désirer, et depuis longtemps le commerce maritime réclame un changement dans cette partie de la loi de procédure. C'est un objet sur lequel la commission de 1865 avait porté son attention, et, dans l'ensemble du travail qu'elle avait préparé, il y avait un titre consacré à la saisie des navires qui, en réduisant les frais et les délais, en changeant même l'ordre des juridictions, opérait de réelles améliorations dans la procédure en vigueur. — Votre commission s'est demandé si elle ne devait pas elle-même entrer dans cette voie et donner pour complément à la loi sur l'hypothèque maritime une organisation nouvelle de la procédure de saisie et de vente judiciaire des navires. Une telle réforme est urgente, et nous l'appelons de nos vœux. Nous n'avons pas cru pourtant qu'il fût possible d'en prendre l'initiative, notre compétence ne dépassant pas les limites du projet de loi renvoyé à notre examen. Mais nous n'en pensons pas moins qu'il est d'un grand intérêt pour le commerce maritime que la saisie des navires soit rendue plus simple et plus économique » (D. P. 75. 4. 67, n° 28). Le vœu du législateur de 1874 a été accompli par le législateur de 1885.

234. On a rapporté au *Rép.* n° 125 le texte de l'art. 201 du code de 1807, et on en a commenté les dispositions *ibid.*, sous les n°s 126 et 127. L'art. 23 de la loi de 1885, qui l'a remplacé, est ainsi conçu : « Au cas de saisie, le saisissant devra, dans le délai de trois jours, notifier au propriétaire copie du procès-verbal de saisie et le faire citer devant le tribunal *civil* du lieu de la saisie, pour voir dire qu'il sera procédé à la vente des choses saisies. — Si le propriétaire n'est pas domicilié dans le ressort du tribunal, les significations et citations lui seront données en la personne du capitaine du bâtiment saisi, ou, en son absence, en la personne de celui qui représentera le propriétaire ou le capitaine, et le délai de trois jours sera augmenté d'un jour par cinq myriamètres de la distance de son domicile, sans que le délai puisse dépasser un mois. — S'il est étranger, hors de France et non représenté, les citations et significations seront données, ainsi qu'il est prescrit par l'art. 69 c. proc. civ. » — On a vu (*Rép.* n° 129, et v° *Compétence commerciale*, n° 389), qu'un avis du conseil d'Etat du 17 mai 1809 déférait aux tribunaux *civils* « la connaissance des ventes des navires saisis ». Il a été jugé, en conséquence, que la contestation relative à la validité d'une saisie de navire ne peut être soumise qu'à la juridiction civile et non à la juridiction commerciale (Aix, 10 mai 1858, aff. Séguinaud, D. P. 59. 2. 192). Cet arrêt pose nettement en principe que « les tribunaux de commerce ne connaissent pas de l'exécution des jugements; que toutes les difficultés auxquelles donnent lieu les saisies sont de la compétence des tribunaux civils qui seuls peuvent être investis des demandes en nullité, sauf à surseoir à statuer dans le cas où la solution de ces demandes présenterait à juger préalablement des questions du ressort des tribunaux exceptionnels; mais qu'on ne saurait directement investir un tribunal de commerce principalement d'une question de nullité de saisie ». Un autre arrêt a cependant décidé que l'opposition à la délivrance du prix d'un navire vendu par autorité de justice peut être faite au greffe du tribunal de commerce (Poitiers, 9 mai 1848, aff. Gachinard, D. P. 49. 2. 231. V. *suprà*, v° *Compétence commerciale*, n°s 115 et suiv.).

La solution consacrée par l'avis précité du conseil d'Etat avait été l'objet de nombreuses critiques : la commission de 1865 avait même attribué compétence, en cette matière, aux tribunaux de commerce. La première commission nommée par la Chambre des députés adopta cette opinion (D. P. 86. 4. 20 et suiv., notes) (V. rapport de M. Durand du 10 déc. 1881, D. P. 86. 4. 17, note 2). Mais son système fut vivement combattu (Séance de la Chambre des députés du 7 févr. 1882) par M. Bisseuil, qui, après avoir rappelé la règle fondamentale interdisant aux tribunaux de commerce de connaître de l'exécution de leurs jugements (art. 442), objecta que les ventes judiciaires sont fécondes en difficultés dont la solution donne lieu souvent à des questions de droit civil qui sont en dehors des connaissances générales des membres des tribunaux de commerce. Le grand nombre des créanciers rendrait, d'ailleurs, presque toujours la procédure singulièrement compliquée et coûteuse devant le tribunal de commerce, où ils seraient tous obligés de comparaître en personne; tandis que, devant le tribunal civil, tous les créanciers non contestés ont un mandataire légal unique, l'avoué par eux désigné, ou, à défaut de désignation, l'avoué du dernier créancier colloqué (*Journ. off.* du 8 févr. 1882). — L'amendement présenté par M. Bisseuil, repoussé par le rapporteur au nom de la commission, fut aussi rejeté par la Chambre. Mais le Sénat adoptant les conclusions de M. Barne, son rapporteur, se prononça en faveur de la compétence de la juridiction civile. Ce désaccord entre les deux Chambres faillit empêcher le projet de loi d'aboutir. Celui-ci ne fut adopté qu'en 1885 par la Chambre des députés, qui se conforma à la décision du Sénat sur la question de compétence (V. Desjardins, t. 5, n° 1241).

235. L'ancien art. 201 ne se trouve donc modifié que sur deux points. D'une part, le délai d'un jour, à raison de deux myriamètres et demi, établi par le paragraphe 2 de l'article, est réduit à un jour par cinq myriamètres, sans qu'il puisse excéder un mois. D'autre part, il ne suffit plus, pour que l'art. 69 c. proc. civ. devienne applicable, que le propriétaire du navire soit hors de France; il faut, en outre, qu'il ne soit pas représenté. En fait, il sera presque toujours représenté par le capitaine.—La rédaction de l'art. 23 a, en outre, tranché une controverse qui s'était élevée sous l'empire de l'art. 201. On se demandait si cet article en disposant que « les significations lui seront données *à la personne du capitaine* » avait entendu exclure la possibilité d'une signification *au domicile* du capitaine. MM. Dufour, t. 2, n° 677; Bédarride, t. 1, n° 191; Desjardins, t. 1, n° 235, se prononçaient en ce sens (Conf. *Rép.* n° 127). MM. Laurin, t. 1, p. 144, Lyon-Caen et Renault, t. 2, n° 2501, admettaient, au contraire, que la signification pouvait être faite à la personne ou au domicile du capitaine. Le législateur de 1885 a adopté ce dernier système et fait disparaître toute espèce de doute en remplaçant le mot *à* par le mot *en*. — M. Vidal-Naquet, *Revue internationale du droit maritime*, t. 3, p. 380, fait observer que la signification aux représentants, telle qu'elle est organisée par la loi, présente un danger : elle peut aboutir à rendre la procédure occulte pour le véritable débiteur et à lui laisser ignorer la vente que l'on poursuit contre lui. Pour obvier à cet inconvénient, le législateur aurait dû contraindre le créancier saisissant à aviser directement (par lettre recommandée, par exemple) le débiteur saisi de la notification faite à son représentant.

Si la saisie porte sur une portion indivise du navire supérieure à la moitié, le créancier devra, s'il veut faire vendre tout le navire, dénoncer la saisie à tous les copropriétaires, conformément aux règles que l'on vient d'exposer. La signification au représentant devra donc être faite en autant de copies qu'il y a de copropriétaires.

236. Pour le commentaire des autres dispositions de l'art. 201, nous ne pouvons que renvoyer à ce qui a été dit au *Rép. loc. cit.* (Conf. Dufour, t. 2, n°s 675 et suiv.; Demangeat, t. 4, p. 121 et suiv.; Laurin, t. 1, p. 144 et suiv.; de Valroger, t. 1, n°s 166 et suiv.; Lyon-Caen et Renault, t. 2, n°s 2500 et suiv.; Desjardins, t. 1, n°s 235 et suiv.). — Nous ferons seulement observer que, d'après l'art. 23 de la loi de 1885, comme d'après l'ancien art. 201, il n'y a lieu d'augmenter, à raison de la distance, le délai dans lequel doit être faite la dénonciation, que s'il s'agit de faire cette dénonciation *au capitaine*; la signification au propriétaire, quand c'est à lui qu'elle doit être faite, doit avoir lieu au contraire dans un délai fixe de trois jours, à partir de la date du procès-verbal. Cette disposition a fait l'objet de critiques justifiées. On ne s'explique pas, en effet, pourquoi le saisissant a un délai plus ou moins long pour signifier, selon qu'il s'adresse au propriétaire ou au capitaine (Lyon-Caen et Renault, t. 2, n° 2501; Vidal-Naquet, *loc. cit.*, p. 383). M. Desjardins, t. 1, n° 235, justifie cette anomalie en disant qu'il est naturel, lorsque le propriétaire ne réside pas dans l'arrondissement du tribunal, d'augmenter les délais, car c'est lui qu'il s'agit d'atteindre en la personne de son représentant. Mais M. Vidal-Naquet, *loc. cit.*, fait observer fort justement que cette augmentation de délai profite non pas au débiteur, mais au créancier. Si la dénonciation est faite au capitaine le huitième jour, par exemple, il n'a pas un délai plus long pour aviser le propriétaire que si elle avait été faite le troisième jour. Ce que l'on aurait dû augmenter, en ce cas, c'est le délai accordé à la partie saisie pour comparaître sur la citation. — Si le saisi non domicilié dans le ressort du tribunal n'y a pas de représentant, la dénonciation doit être faite à sa personne ; le saisissant doit avoir le temps matériel de faire cette signification ; on doit donc, en ce cas, augmenter les délais, suivant la distance, par analogie avec l'art. 24, § 1er. — La loi n'ayant établi formellement aucune sanction à l'observation des délais de l'art. 23, on ne peut, en cas de retard, prononcer la nullité de la procédure ; on mettra seulement à la charge du saisissant les frais de garde jusqu'au jour de la notification, par analogie avec l'art. 602 c. proc. civ. (Dufour, t. 2, n° 688; Vidal-Naquet, *loc. cit.*).

237. Les art. 202 à 206 c. com. énuméraient les formalités à observer pour la vente aux enchères. Ils prescrivaient, on l'a vu (*Rép.* nos 129 et suiv.), trois criées, trois insertions dans les journaux et trois affiches. Depuis longtemps, on avait protesté contre ce système suranné et coûteux de publicité : le législateur de 1885 l'a définitivement abandonné. L'art. 24 de la nouvelle loi est ainsi conçu : « Le procès-verbal de saisie sera transcrit au bureau du receveur des douanes du lieu où le navire est en construction ou de celui où il est immatriculé, dans le délai fixé au paragraphe 1er de l'article précédent, avec augmentation d'un jour par cinq myriamètres de la distance du lieu où se trouve le tribunal qui doit connaître de la saisie et de ses suites. — Dans la huitaine, le receveur des douanes délivrera un état des inscriptions, et dans les trois jours qui suivront (avec augmentation du délai à raison des distances, comme il est dit ci-dessus), la saisie sera dénoncée aux créanciers inscrits, aux domiciles élus dans leurs inscriptions, avec indication du jour de la comparution devant le tribunal civil. — Le délai de la comparution sera calculé à raison d'un jour par cinq myriamètres de distance entre le lieu où le navire est immatriculé et le lieu où siège le tribunal dans le ressort duquel la saisie a été pratiquée, sans qu'en aucun cas, et, tous calculs faits, il puisse dépasser les termes fixés par les deux derniers paragraphes de l'art. 23 ».

Dans le texte voté par la Chambre des députés, le paragraphe 2 était ainsi rédigé : « Il sera notifié dans les mêmes délais, aux créanciers inscrits, au domicile élu dans leurs inscriptions, avec l'indication du jour de la comparution devant le tribunal de commerce ». M. Barne, dans son rapport au Sénat, explique, en ces termes, le changement introduit dans la rédaction de ce paragraphe : « Le délai de trois jours, prescrit par l'art. 24 pour la notification, après transcription du procès-verbal de saisie aux créanciers inscrits, n'a pas paru suffisant pour permettre aux poursuivants de connaître le nom de tous les créanciers, à raison du retard que le receveur des douanes peut mettre à la délivrance de l'état hypothécaire. Il est préférable d'imposer au receveur la délivrance de cet état dans la huitaine de la transcription et de ne faire courir les trois jours, pour la notification aux créanciers, qu'à partir de l'expiration de ce délai (D. P. 86. 4. 20, note 4). » — Il faut remarquer qu'ici le poursuivant n'est tenu qu'à dénoncer la saisie aux créanciers inscrits, qui sont ainsi mis à même de surveiller la procédure de saisie; il n'est pas, comme en matière immobilière, obligé de dénoncer d'abord la saisie au débiteur saisi (c. proc. civ. art. 677), puis, après la transcription du procès-verbal, de sommer le même saisi et les créanciers inscrits de prendre connaissance du cahier des charges (c. proc. civ. art. 691). — La mention en marge de la saisie, qui est prescrite, en matière immobilière, par l'art. 693, al. 1, c. pr. civ. n'est pas non plus exigée par l'art. 24, et, dès lors, la disposition du deuxième alinéa de l'art. 693 est ici sans application.

238. Le délai de trois jours, pendant lequel le procès-verbal doit être transcrit au bureau du receveur principal des douanes, n'est pas *franc*, puisque la transcription doit avoir lieu *dans les trois jours* ; mais il ne commence à courir que le lendemain du jour où le procès-verbal est définitivement terminé (Conf. *Rép.* n° 126). — Lorsque le bureau du receveur des douanes n'est pas dans le ressort du tribunal où se poursuit la vente, le délai est augmenté d'un jour par cinq myriamètres entre le bureau du receveur et le siège du tribunal. Il faut, dit M. Vidal-Naquet, *loc. cit.*, t. 3, p. 499, donner au créancier saisissant le temps nécessaire pour faire parvenir le procès-verbal à ce bureau. — Si la transcription n'a pas lieu dans les délais prescrits, on ne peut, dans le silence de la loi qui ne contient pas de disposition analogue à l'art. 715 c. proc. civ., prononcer la nullité de la saisie (Vidal-Naquet, *loc. cit.*).

239. C'est au saisissant que le receveur des douanes doit, *dans la huitaine*, délivrer l'état des inscriptions ; rien n'empêche, d'ailleurs, les intéressés de se faire délivrer le même état, s'ils le jugent utile. Ce délai de huitaine pourra être augmenté, si le saisissant n'est pas domicilié dans le lieu du bureau du receveur ; on doit accorder à celui-ci le temps matériel suffisant pour faire parvenir l'état au saisissant (arg. analog. art. 24, § 1er).

240. L'art. 24, dernier alinéa, ne parle pas, comme il semblerait au premier abord, du délai de la comparution, mais de son augmentation, à raison de la distance. Quel est le délai qui se trouve ainsi augmenté ? C'est évidemment le délai de huitaine du droit commun (Vidal-Naquet, *loc. cit.*, t. 3, p. 503).

241. Les formalités prescrites par l'art. 24 sont inapplicables, lorsqu'il s'agit de la saisie d'un navire étranger. La loi française ne peut contraindre le fonctionnaire étranger à transcrire le procès-verbal de saisie et à délivrer l'état des inscriptions.

242. L'art. 25 de la loi du 10 juill. 1885 est ainsi conçu : « Le tribunal fixera par son jugement la mise à prix et les conditions de la vente. Si, au jour fixé pour la vente, il n'est pas fait d'offre, le tribunal déterminera par jugement le jour auquel les enchères auront lieu sur une nouvelle mise à prix inférieure à la première, et qui sera déterminée par le jugement ». La seconde phrase de cet article a été ajoutée par la commission du Sénat : « L'art. 25 laissant au tribunal et non aux créanciers poursuivants, comme en matière de saisie immobilière, le droit de fixer la mise à prix, l'adjudication ne peut être prononcée, faute d'enchères, au profit du saisissant. Il a paru nécessaire d'indiquer qu'à défaut d'offre, il sera procédé à une nouvelle adjudication sur une mise à prix réduite et fixée par le jugement qui l'ordonnera » (Rapport au Sénat, D. P. 86. 4. 20, note 5).

243. L'art. 26 s'exprime en ces termes : « La vente se fera, à l'audience des criées du tribunal civil, quinze jours après une apposition d'affiche et une insertion de cette affiche dans un des journaux imprimés au lieu où siège le tribunal, et, s'il n'y en a pas, au chef-lieu du département, sans préjudice de toutes autres publications qui seraient autorisées par le tribunal. — Néanmoins, le tribunal pourra ordonner que la vente sera faite soit devant un autre tribunal civil, soit en l'étude et par le ministère d'un notaire, soit par un courtier conducteur de navires à la Bourse ou dans tout autre lieu du port où se trouve le navire saisi. — Dans ces divers cas, le jugement réglementera la publicité locale. » Le texte adopté par la Chambre des députés était ainsi conçu : « La vente se fera à la Bourse ou au lieu désigné par le tribunal de commerce, aux enchères publiques, par le ministère d'un courtier conducteur de navires, qui sera nommé par le tribunal, ou, en cas d'empêchement survenu depuis sa nomination, par ordonnance du président, après deux appositions d'affiches à huit jours d'intervalle, et une insertion dans l'un des journaux imprimés au lieu où siège le tribunal de commerce, et, s'il n'y en a pas, dans l'un de ceux qui seront imprimés dans le département, sans préjudice de toutes autres publications qui seraient autorisées par le tribunal ». La commission du Sénat a fait subir à cette rédaction les modifications qu'entraînait le rejet de l'attribution au tribunal de commerce du droit de statuer sur la saisie et la vente des navires. Elle a estimé, en outre, qu'une seule apposition d'affiche pendant quinze jours assurerait une publicité convenable. Enfin elle a inséré dans le paragraphe 2 des prescriptions destinées « à satisfaire la plupart des préoccupations qui avaient inspiré le choix des tribunaux de commerce comme juridiction, et celui des courtiers conducteurs de navires, comme agents chargés des ventes ». — Pour éviter le renvoi, par le tribunal, de la vente en un lieu que ne justifierait pas le véritable intérêt des parties, la commission avait admis que le renvoi ne pourrait jamais être prononcé que du consentement des parties, représentées à l'audience par leurs avoués. A la séance du Sénat du 8 mai 1883, M. Brunet a déclaré que cette disposition était trop rigoureuse, et signalé en ces termes les abus auxquels elle donnerait lieu. « Il pourra se rencontrer telles circonstances dans lesquelles la vente dans un port autre que celui où le navire a été saisi, présentera des avantages énormes au point de vue des intérêts de la masse des créanciers ; et peut-être se rencontrera-t-il un homme plus ou moins grincheux, ou bien, voulant se faire payer son consentement plus ou moins cher, qui, par son refus, paralysera la volonté de tous les autres et celle du tribunal ; de telle sorte que, le refus d'une seule partie, d'un seul individu ayant une inscription hypothécaire de médiocre importance, de 25 ou 30 fr. par exemple, pourra paralyser l'exercice d'un droit qui est éminemment favorable à la masse des créanciers ». En conséquence, il a présenté un amendement tendant à supprimer les mots : « avec le consentement de toutes les parties représentées à la barre, donné par leurs avoués ». Cet amendement a été adopté (D. P. 86. 4. 20, note 6).

Il ne faut pas prendre à la lettre ces mots du second alinéa de l'art. 26 : «... du port où se trouve le navire saisi ». Le tribunal du lieu de la saisie pourrait, s'il le jugeait utile, ordonner la vente du navire à la bourse de toute autre ville où il se vendrait mieux. Tel semble bien être l'esprit de la loi nouvelle. — Mais le droit d'option est réservé uniquement au tribunal du lieu de la saisie ; le tribunal délégué ne pourrait subdéléguer un courtier ou un notaire de son arrondissement ; sinon, on serait obligé de l'autoriser également à renvoyer devant un troisième tribunal, ce qui est certainement inadmissible (Desjardins, t. 5, n° 1244 ; Vidal-Naquet, *loc. cit.*, t. 3, p. 618).

244. Le tribunal compétent se trouve saisi par les deux assignations dont nous avons étudié les règles ; dénonciation au saisi, dénonciation aux créanciers inscrits. Mais on a vu que chacun de ces ajournements se trouve soumis à des règles spéciales, notamment en ce qui concerne les délais à observer. L'assignation au saisi est à huitaine franche, avec augmentation du délai à raison de la distance entre le siège du tribunal et le domicile du saisi ; l'assignation aux créanciers est donnée à jour fixe, et l'augmentation des délais est calculée à raison de l'éloignement du bureau du receveur. L'expiration du délai de l'un des ajournements pourra donc ne pas coïncider avec l'expiration des délais de l'autre (Vidal-Naquet, *loc. cit.*, t. 3, p. 505).

245. M. Laurin, t. 1, p. 151, estime que les publications et affiches tiennent lieu de cahier des charges ; l'avoué du poursuivant ne serait donc pas tenu, comme en matière immobilière, de rédiger et déposer au greffe un cahier des charges et clauses de la vente. La majorité des auteurs repoussent ce système et pensent que la rédaction d'un cahier des charges est indispensable (Desjardins, t. 1, n° 241 ; Dufour, t. 2, n° 710 ; Lyon-Caen et Renault, t. 2, n° 2503. Conf. projet de 1865, art. 203 et suiv.). L'art. 25 de la loi de 1885, en disant que le tribunal fixe dans son jugement les conditions de la vente, semble avoir voulu maintenir cette pratique universellement usitée jusque-là. En tous cas, cet article prouve que les publications et affiches ne sont pas suffisantes et que les intéressés doivent pouvoir consulter au greffe un document officiel (Vidal-Naquet, *ibid.*).

246. Au jour fixé, le tribunal statue. Dans son jugement : 1° il ordonne la vente du navire à l'audience des criées, dont il fixe le jour ; 2° il fixe la mise à prix ; 3° il fixe les conditions de la vente ; 4° il prescrit, s'il le juge à propos, des mesures de publicité extraordinaires (une simple ordonnance du président serait ici insuffisante, art. 26. Comp. art. 697 c. proc. civ.) ; 5° s'il ordonne le renvoi de la vente devant une autre juridiction, il réglemente la publicité locale.

Ce jugement doit-il être signifié au saisi ? Sous l'empire du code, le tribunal se bornait à ordonner la vente et à désigner un juge pour recevoir les enchères ; aussi certains auteurs voyaient-ils là une simple formalité analogue à celle prescrite par l'art. 695 c. proc. civ., et décidaient-ils que la signification n'était pas obligatoire (Dufour, t. 2, n° 702. — *Contrà :* Lyon-Caen et Renault, t. 2, n° 2503). M. Vidal-Naquet, *loc. cit.*, t. 3, p. 649, pense que, sous l'empire de la nouvelle loi, on ne peut attribuer au jugement dont parle l'art. 25 le caractère d'un acte de pure forme ; il devra donc être signifié (c. proc. civ. art. 147).

247. L'opposition ne doit pas être admise contre ce jugement, non plus que contre les jugements par défaut rendus en matière de saisie immobilière. — Mais le jugement pourra être frappé d'appel, si l'on considère, comme le proposent MM. Lyon-Caen et Renault et Vidal-Naquet, que cette décision n'est pas un simple jugement de forme analogue à ceux dont parle l'art. 730 c. proc. civ. On appliquera alors les art. 731 et 732 c. proc. civ.

248. « Les affiches, dit l'art. 27 de la loi de 1885, seront apposées au grand mât ou sur la partie la plus apparente du bâtiment saisi ; à la porte principale du tribunal devant lequel on procédera ; dans la place publique et sur le quai du port où le bâtiment sera amarré, ainsi qu'à la bourse de commerce, s'il y en a une. » L'addition des mots «... ou sur la partie la plus apparente du bâtiment saisi » et «... s'il y en a une », constituent les seules modifications apportées par ce texte à l'art. 203 c. com. (Comp. *Rép.* n° 132).

249. L'art. 204 c. com. qui indiquait les énonciations que devaient contenir les criées, publications et affiches, est remplacé par l'art. 28 de la loi de 1885, ainsi conçu : « Les annonces et affiches devront indiquer : les nom, profession et demeure du poursuivant ; — les titres en vertu desquels il agit ; — le montant de la somme qui lui est due ; — l'élection de domicile par lui faite dans le lieu où siège le tribunal civil et dans le lieu où se trouve le bâtiment ; — les nom, profession et domicile du propriétaire du bâtiment saisi ; — le nom du bâtiment, et, s'il est armé ou en armement, celui du capitaine ; — le mode de puissance motrice du navire, à voiles ou à vapeur, à roues ou à hélice ; s'il est à voiles, son tonnage légal ; s'il est à vapeur, les deux tonnages légaux, brut et net, ainsi que le nombre de chevaux nominaux de sa machine motrice ; — le lieu où il se trouve ; — la mise à prix et les conditions de la vente ; — les jour, lieu et heure de l'adjudication. » L'art. 204 (V. *Rép.* n° 133) ne s'occupait que des criées, publications et affiches, mais ne parlait pas des *annonces ;* la loi de 1885 a comblé cette lacune. — Le paragraphe 7 du projet adopté par la Chambre le 7 févr. 1882 ne parlait que du « tonnage du navire » ; la commission sénatoriale y a ajouté d'autres énonciations destinées à mieux préciser la nature du bâtiment mis en vente (V. Desjardins, t. 1, n° 243 ; t. 5, n° 1245).

250. En matière immobilière, toute personne peut, dans les huit jours de l'adjudication, faire une surenchère du sixième (c. proc. civ. art. 708 et suiv.). « La surenchère n'est pas admise, en cas de vente judiciaire », dit l'art. 29 de la loi de 1885. L'art. 24 de la loi de 1874 (D. P. 75. 4. 71) auquel cette disposition est empruntée, portait : « La réquisition de mise aux enchères n'est pas admise en cas de vente judiciaire ». Le projet de 1867 s'exprimait déjà dans les mêmes termes. — Quelle est précisément la signification de ces mots *vente judiciaire ?* La controverse qui s'était élevée sur ce point, sous l'empire de la législation de 1874, n'a pas été tranchée par la loi de 1885 et n'a même pas été discutée lors des travaux préparatoires de cette loi. Par les mots *vente judiciaire*, doit-on entendre uniquement la vente sur saisie ? M. de Valroger, t. 3, n° 1296, le soutient : il invoque, à l'appui de son opinion, l'ancien droit qui ne dispensait de la purge qu'en cas de *décret*. Les termes généraux employés par l'art. 29 ne permettent pas, croyons-nous, d'adopter cette opinion. D'autres auteurs (Bédarride, n° 329 ; Laurin, t. 1, n° 211 ; Arthur Desjardins, t. 5, n° 1246 ; Jeanbernat, *Thèse*, p. 219), entendent, au contraire, les expressions « vente judiciaire » dans le sens le plus large. Elles désignent, disent-ils, outre le cas de saisie, le cas de vente en justice d'un navire appartenant à un mineur (c. civ. art. 452 ; c. proc. civ. art. 946), ou dépendant soit d'une succession bénéficiaire (c. proc. civ. art. 989), soit d'une faillite (c. com. art. 486). Un jugement du tribunal civil de Boulogne du 24 févr. 1883 (aff. Malfoy, *Recueil de Marseille*, 1884. 2. 76), s'est formellement prononcé dans ce sens. Les travaux préparatoires de la loi de 1874 ne contredisent pas ce système. M. Sebert, dans la discussion devant l'Assemblée nationale (10 déc. 1873, *Journ. off.* du 11 déc. 1873), avait interprété les mots « vente judiciaire » dans ce sens ; personne ne lui a reproché d'en avoir exagéré ou dénaturé la portée : « Dans les ventes judiciaires, disait-il, il n'y a pas que celles sur saisie ; la vente judiciaire a lieu aussi par suite de l'ouverture d'une succession bénéficiaire, ou en cas de minorité.... » Et, proposant la suppression de l'art. 24 du projet, il ajoutait : « Pourquoi priver le créancier du droit de surenchérir ? La vente judiciaire, après décès, peut se faire très vite, sans plus de publicité que la vente volontaire. La statistique indique un plus grand nombre de surenchères dans les ventes judiciaires que dans les ventes volontaires » (D. P. 75. 4. 71, note 7). On objecte (de Valroger, *loc. cit.*) que ce système crée une antinomie entre la loi de 1885 et l'art. 193 c. com., d'après lequel la vente judiciaire ne purge le droit de suite des créanciers que si elle a été faite dans les formes établies par le liv. 2, tit. 2, c. com. D'après cet article, la vente aux enchères autorisée par le tribunal de commerce dans un des cas prévus par la loi du 3 juill. 1861 (D. P. 61. 4. 106) et confiée le plus souvent aux courtiers, n'opère donc pas la purge du droit de suite des créanciers chirographaires ou privilégiés. Comment admettre qu'elle suffise pour purger les droits des créanciers hypothécaires ? Il est vrai, peut-on répondre, que le créancier hypothécaire jouit de toutes les prérogatives attachées à sa créance envisagée comme chirographaire. Avant d'être créancier hypothécaire, il est créancier. Toutes les fois donc qu'un créancier ordinaire conservera un droit de suite sur la chose, il conservera un droit semblable. Mais devra-t-il pour cela avoir le droit de *surenchérir* ? Ces deux droits sont complétement distincts : l'un n'est pas nécessairement l'accessoire de l'autre. Le droit de surenchère, dans les ventes de navire, n'a pas figuré dans notre droit jusqu'à la loi de 1874, qui ne l'a même introduit qu'à titre exceptionnel et en cas de purge sur aliénation volontaire. On ne saurait donc étendre ce droit aux ventes judiciaires (Arthur Desjardins, *loc. cit.*).

251. Aux termes de l'art. 30 de la loi de 1885, « l'adjudicataire sur saisie, comme l'adjudicataire par suite de surenchère, sera tenu de verser son prix, sans frais, à la caisse des dépôts et consignations, dans les vingt-quatre heures de l'adjudication, à peine de folle enchère. — Il devra, dans les cinq jours suivants, présenter requête au président du tribunal civil, pour faire commettre un juge devant lequel il citera les créanciers par acte signifié aux domiciles élus, à l'effet de s'entendre à l'amiable sur la distribution du prix. — L'acte de convocation sera affiché dans l'auditoire du tribunal et inséré dans l'un des journaux imprimés au lieu où siège le tribunal, et, s'il n'y en a pas, dans l'un de ceux qui seront imprimés dans le département. — Le délai de la convocation sera de quinzaine sans augmentation à raison de la distance. » L'art. 209 c. com. n'est pas au nombre de ceux qu'abroge l'art. 39 de la loi de 1885 (Conf. Rapport de M. Durand, 10 déc. 1881). Cependant ces dispositions ne subsistent plus qu'en tant qu'elles ne sont pas contraires à la loi nouvelle. Ainsi l'art. 209 permettait à l'adjudicataire de payer ou de consigner, à son choix. Le payement pouvait être dangereux, puisque les créanciers pouvaient, en formant opposition dans les trois jours, conserver leur droit intégral et priver, peut-être ainsi, le saisissant entre les mains de qui l'adjudicataire s'était libéré (*Rép.* n° 145 ; Dufour, t. 2, n° 767 ; Demangeat, t. 4, p. 134 ; Laurin, t. 1, p. 153 ; Lyon-Caen et Renault, t. 2, n° 2206 ; Desjardins, t. 1, n° 248. V. cependant : Bédarride, t. 1, n° 229). C'est pour ce motif que le législateur de 1885 a enlevé l'option à l'adjudicataire et lui prescrit, dans tous les cas, la consignation. — En outre, on consignait autrefois entre les mains du greffier près le tribunal de commerce, lequel devait verser ensuite les fonds à la caisse des consignations (*Rép.* n° 146 ; Dufour, Demangeat, Lyon-Caen et Renault, Arthur Desjardins, Bédarride, *loc. cit.* Comp. Laurin, *loc. cit.*) ; désormais, c'est à la caisse des dépôts et consignations que le prix sera directement versé. — C'est à l'adjudicataire qu'appartient le droit de poursuivre la distribution. Il eût été préférable de conférer ce droit au saisissant ; car, lorsqu'il n'y a pas d'hypothèques, l'adjudicataire, libéré par le dépôt à la caisse des consignations, n'a pas intérêt à agir (Vidal-Naquet, *loc. cit.*, t. 3, p. 779).

252. L'art. 209, § 2, qui détermine les conditions de la folle enchère, reste certainement applicable aujourd'hui. Nous ne pouvons que renvoyer au commentaire qui en a été donné au *Rép.* n°s 146 et suiv. (V. aussi les auteurs cités, *suprà*, n° 251). Nous ferons observer seulement que la contrainte par corps a été supprimée par la loi du 22 juill. 1867 (D. P. 67. 4. 75).

253. Le juge commis par le président, conformément aux art. 30 de la loi de 1885 et 750, § 3, c. proc. civ., est investi de fonctions analogues à celles que l'art. 751 c. proc. civ. confère au juge des ordres. Une tentative amiable doit avoir lieu sous sa direction et son autorité. — Cet essai de règlement, comme l'ordre amiable, ne forme pas une instance judiciaire : les avoués ne peuvent y intervenir qu'exceptionnellement et comme des mandataires ordinaires des parties (Conf. Crim. cass. 28 mars 1879, aff. Wisner, D. P. 79. 1. 275). — Si les créanciers s'accordent, le juge commis dresse procès-verbal de la distribution, ordonne la délivrance des bordereaux aux créanciers colloqués et la radiation des inscriptions des créances non admises en ordre utile.

254. L'art. 31 de la loi de 1885 est ainsi conçu : « Dans le cas où les créanciers ne s'entendraient pas sur la distribution du prix, il sera dressé procès-verbal de leurs prétentions et contredits. — Dans la huitaine, chacun des créanciers devra déposer au greffe une demande de collocation contenant constitution d'avoué avec titres à l'appui. — A la requête du plus diligent, les créanciers seront, par un simple acte d'avoué à avoué, appelés devant le tribunal qui statuera à l'égard de tous, même des créanciers privilégiés. » Comme en matière d'ordre (V. *Ordre entre créanciers* ; — *Rép.* eod. v°, n° 220), le refus ou l'absence d'un créancier (mais non du saisi ou de l'adjudicataire) empêche ici le règlement amiable (Conf. Trib. civ. Abbeville, 4 juin 1883, aff. Vasseur, D. P. 84. 3. 16, et la dissertation de M. Glasson, *ibid.*), sans que, d'ailleurs, le créancier absent encoure l'amende prononcée par l'art. 751 c. proc. civ. (de Valroger, t. 3, n° 1298).

255. Faute d'entente entre les créanciers, le juge dresse un procès-verbal de leurs prétentions et contredits (art. 31) ; et non pas, comme en matière d'ordre, un état de collocation, qui clôt l'ordre, s'il n'est pas attaqué dans le délai fixé (c. proc. civ. art. 755 et suiv.), et à la suite duquel les avoués eux-mêmes inscrivent leurs contestations. — Dans la huitaine, chaque créancier doit, sans aucune mise en demeure, déposer au greffe une demande de collocation. Les créanciers non comparants ne seront même pas avertis d'avoir à former leur demande dans ce délai. L'art. 31, § 2, abroge implicitement l'art. 213 c. com. qui exigeait que les créanciers opposants fussent sommés de produire, et leur accordait un délai de trois jours, à compter de la sommation de produire. — Le projet adopté par la Chambre des députés portait : « Dans le cas où les créanciers ne s'entendraient pas sur la distribution du prix, il sera dressé procès-verbal de leurs prétentions et contredits, pour être ensuite statué par le tribunal suivant les droits de chacun. Ils auront un mois pour produire leurs titres, à compter de la citation qui leur aura été donnée à la requête du plus diligent d'entre eux. Le tribunal statuera à l'égard de tous les créanciers, même des créanciers privilégiés ». La commission du Sénat a modifié cette rédaction « de façon à simplifier la procédure et à abréger les délais dans lesquels doivent être faites les demandes de collocation par le ministère d'avoués. Un délai de huitaine a paru suffisant après le procès-verbal de contredit, pour la production des demandes et des titres, et l'audience doit être poursuivie par un simple acte d'avoué » (Rapport de M. Barne au Sénat, D. P. 86. 4. 21, note 2).

256. Le créancier le plus diligent doit ensuite citer devant le tribunal les créanciers (art. 31), même ceux qui n'ont pas formé leur demande de collocation, s'ils sont inscrits (Desjardins, t. 5, n° 1248 ; de Valroger, t. 5, p. 359). Même après le délai de huitaine, le créancier qui a déjà formé sa demande peut la modifier pour réclamer un rang meilleur (Desjardins, *loc. cit.* Comp. *infrà*, v° *Ordre entre créanciers*). Mais l'expiration du délai de huitaine emporte-t-elle déchéance contre les créanciers qui n'ont pas produit? En l'absence d'une disposition analogue à celle de l'art. 755 c. proc. civ., on doit, semble-t-il, répondre négativement (Conf. art. 1030, § 1er, c. proc. civ.). « Mais le juge commis, dit M. Desjardins, *loc. cit.*, va se trouver fort embarrassé. Jusqu'à quel moment pourra-t-on produire? Tout au moins, sans doute, jusqu'à l'acte d'avoué qui ouvrira l'instance judiciaire, plus probablement jusqu'à la décision même du tribunal civil, par application de la jurisprudence antérieure à la loi du 21 mai 1858 » (Conf. Vidal-Naquet, *loc. cit.*, t. 3, p. 783).

257. Les dispositions contenues dans l'art. 32 déterminent la procédure à suivre en cas d'appel et les actes à accomplir, qu'il y ait eu appel ou non, jusqu'au payement des créanciers colloqués et à la radiation des inscriptions au bureau de la douane. Cet article s'exprime ainsi : « Le jugement sera signifié, dans les trente jours de sa date, à avoué seulement pour les parties présentes, et aux domiciles élus pour les parties défaillantes. Ce jugement ne sera pas susceptible d'opposition. Le délai d'appel sera de dix jours, à compter de la signification du jugement, outre un jour par cinq myriamètres de distance entre le siège du tribunal et le domicile élu dans l'inscription. L'acte d'appel contiendra assignation et l'énonciation des griefs à peine de nullité. La disposition finale de l'art. 762 c. proc. civ. sera appliquée, ainsi que les art. 761, 763 et 764 du même code, relativement à la procédure devant la cour. Dans les huit jours qui suivront l'expiration du délai d'appel, et, s'il y a appel, dans les huit jours de l'arrêt, le juge, déjà désigné, dressera l'état des créances colloquées, en principal, intérêts et frais. Les intérêts des créances utilement colloquées cesseront de courir à l'égard de la partie saisie. Les dépens des contestations ne pourront être pris sur les deniers à distribuer, sauf les frais de l'avoué le plus ancien. Sur ordonnance rendue par le juge-commissaire, le greffier délivrera les bordereaux de collocation exécutoires contre la caisse des dépôts et consignations, dans les termes de l'art. 770 c. proc. civ. La même ordonnance autorisera la radiation, par le receveur des douanes, des inscriptions des créanciers non colloqués. Il sera procédé à cette radiation sur la demande de toute partie intéressée ». Le législateur a eu en vue, dans cet article, d'adapter à notre matière la loi du 21 mai 1858 (D. P. 58. 4. 38) qui a modifié le titre de l'*Ordre* au code de procédure civile. — En matière d'ordre, l'appel non signifié au saisi est nul (Req. 23 déc. 1884, aff. Sacré, D. P. 85. 1. 119. V. *Ordre entre créanciers; — Rép.* eod. v°, n° 885). Il n'en est pas de même en notre matière ; la loi de 1885 n'enjoint d'appeler le saisi ni devant le juge commis, ni devant le tribunal, s'il n'est pas contestant : il n'y a donc aucun motif pour le mettre en cause en appel.

258. A partir de la consignation, les créanciers ne touchant que les intérêts payés par la Caisse, ne perçoivent pas tout ce qu'ils auraient perçu, d'après les termes de la convention (L. 10 juill. 1885, art. 38, § 1er). Comme l'adjudication n'a pu avoir pour effet de libérer le débiteur saisi de ses obligations, il sera tenu de payer aux créanciers inscrits la différence entre l'intérêt dû et l'intérêt payé par la Caisse, jusqu'au moment où sera dressé l'état des collocations qui fait cesser le cours des intérêts (Desjardins, t. 5, n° 1249. Conf. anal. Req. 24 juin 1857, aff. Ogier, D. P. 58. 1. 420).

259. L'art. 768 c. proc. civ. accorde au créancier sur qui les fonds manquent par suite du cours des intérêts au profit des premiers colloqués, et au débiteur qui paye d'autant plus d'intérêts que l'ordre dure plus longtemps, une action pour réparation du préjudice causé, contre les créanciers contestants qui ont succombé. Cette disposition, non reproduite par la loi de 1885, doit-elle recevoir application en notre matière? Non, à moins que le créancier ou le saisi prouve que les contestants ont fait un usage abusif de leur droit (Desjardins, t. 5, n° 1249).

260. L'art. 32 de la loi de 1885, de même que la loi de 1858, décide que les frais des contestations ne pourront être pris sur les deniers à distribuer ; celui-là les paie qui a succombé, contestant ou contesté. Mais, après avoir énoncé le principe, l'article ajoute : « sauf les frais de l'avoué le plus ancien ». Quel peut être le sens de cette disposition additionnelle, introduite dans l'article par la commission du Sénat? « Nous n'en saisissons pas très bien la raison d'être, dit M. Desjardins, t. 5, n° 1249. Encore si l'on pouvait retrouver, en notre matière, la trace d'une disposition analogue à l'art. 667 c. proc. civ., qui met seul en cause, dans la procédure des contestations élevées contre le règlement provisoire, lorsqu'il s'agit de la distribution par contribution, *le créancier contestant, celui contesté, la partie saisie et l'avoué le plus ancien des opposants!* Les créanciers intéressés dans la contribution ne sont plus représentés dans ces contestations par leurs avoués respectifs, mais par l'avoué le plus ancien, d'après l'ordre du tableau, des créanciers colloqués, ou plutôt si quelque créancier s'entête à se faire représenter individuellement par son avoué, c'est à ses frais. Mais est-ce que la loi de 1885 confie dans une vue d'économie cette représentation générale des intéressés à l'avoué le plus ancien? Non, sans doute, puisqu'elle vise l'art. 763, § 1er, c. proc. civ., qui est un corollaire de l'art. 760, et que l'art. 760 donne pour représentant aux créanciers intéressés dans les contestations en matière d'ordre l'avoué du dernier créancier colloqué. Dès lors, pourquoi conférer à l'avoué le plus ancien une telle prérogative ? » — « Il n'est pas inutile de faire observer, ajoute le même auteur, *ibid.*, note 3, que, même dans l'hypothèse prévue par l'art. 667 c. proc. civ., la représentation générale des créanciers intéressés dans la contribution n'est pas toujours confiée à l'avoué le plus ancien (V. Pigeau, t. 2, p. 184 ; Carré, t. 2, p. 506). Cependant, notre art. 32 confère indistinctement à l'avoué le plus ancien quel que soit son rôle, ce droit exorbitant ».

261. L'art. 208 c. com. aux termes duquel l'adjudication du navire fait cesser les fonctions du capitaine, sauf à lui à se pourvoir en dédommagement contre qui de droit (V. *Rép.* nos 144 et 605), n'a pas été abrogé par la loi de 1885 (art. 39). Nous en étudierons la disposition *infrà*, n° 746.

262. On a expliqué, *suprà*, nos 251 et suiv., que la disposition du 1er alin. de l'art. 209 a été implicitement abrogée par l'art. 30 de la loi du 10 juill. 1885 ; mais le second alinéa, qui réglemente la folle enchère est resté en vigueur. Le commentaire en a été donné au *Rép.* nos 146 et suiv.

263. Aux termes de l'art. 210, dont on a étudié les dispositions au *Rép.* nos 150, 151 et 167, lorsque la saisie d'un navire comprend des objets n'appartenant pas au débiteur saisi, le tiers qui prétend être propriétaire de ces objets a le droit d'en demander la distraction. La demande en distraction doit être intentée à la fois contre le saisissant et contre le saisi, car elle intéresse aussi bien celui-ci que ses créanciers (Dufour, t. 2, n° 784 ; Desjardins, t. 1, n° 237 ; de Valroger, t. 1, n° 196). — La demande en distraction formée avant l'adjudication empêche l'adjudication de la chose revendiquée ; formée après l'adjudication, elle a seulement pour effet de conférer au revendiquant le droit de réclamer la portion du prix de vente correspondant à ce qui lui appartient dans le navire vendu. — D'après l'art. 211 c. com., le demandeur en distraction, si la demande est formée avant l'adjudication, ou l'opposant, si elle n'est formée qu'après, a trois jours pour fournir ses moyens, à compter du jour où sa déclaration a été notifiée au greffe. Le défendeur a trois jours pour contredire (*Rép.* nos 152 et suiv.). Le délai de trois jours depuis l'adjudication, après lequel les oppositions ne sont plus admises, s'applique même aux demandes en distraction qui, n'étant formées qu'après l'adjudication, valent seulement comme oppositions. On a prétendu que ces demandes peuvent être formées, utilement avec cet effet restreint, jusqu'à la distribution du prix : il s'agit ici, dit-on en effet, non d'un propriétaire, mais d'un *créancier* (Dufour, t. 2, nos 795 et suiv. ; Demangeat, t. 4, p. 142). Cette doctrine semble erronée : dès l'instant que la demande en distraction formée après l'adjudication ne vaut que comme opposition, il est évident qu'elle doit être soumise en toutes choses aux règles des oppositions (Laurin, t. 1, p. 149 ; Arthur Desjardins, t. 1, n° 238 ; Lyon-Caen et Renault, t. 2, n° 2511 ; de Valroger, t. 1, n° 198). — Le jugement qui intervient sur la demande en distraction n'est pas susceptible d'opposition, mais il peut être attaqué par la voie de l'appel (V. anal. c. proc. civ. art. 730 et suiv.) (Conf. Vidal-Naquet, *loc. cit.*, t. 3, p. 654).

264. La cause est portée à l'audience sur simple citation (art. 214, § 3) (*Rép. loc. cit.*). Il doit en être de même, du reste, de tous les divers incidents que la saisie peut susciter. Le juge commis pour procéder à la vente n'a en cette matière aucun pouvoir de juridiction; il ne pourrait donc, par exemple, ordonner, en cas de contestation, l'insertion d'une clause au cahier des charges. — Il a été jugé, en ce sens, que, en cas de vente forcée d'un navire gratifié, conformément à la loi du 6 mai 1841, d'une prime restituable sous caution, si le navire cessait d'être exclusivement affecté à la navigation internationale maritime, la demande de la caution tendant à l'insertion au cahier des charges de l'obligation pour l'adjudicataire de conserver au navire cette affectation et de fournir une nouvelle caution, doit, lorsqu'elle est contestée, être renvoyée au tribunal, et que, par suite, l'ordonnance du juge-commissaire qui statue sur la difficulté est nulle (Req. 4 juill. 1859, aff. de Conninck, D. P. 59. 1. 450). M. Aldrick Caumont a soutenu l'opinion contraire, dans une dissertation insérée dans le *Moniteur des tribunaux* des 23 juin et 3 juill. 1859. M. Caumont se fonde sur ce que le juge commis pour procéder à la vente ordonnée par le tribunal est délégué pour assurer l'exécution du jugement, et représente ainsi le tribunal dont les pouvoirs sont concentrés entre ses mains, lorsqu'il s'agit de vider les incidents qui entravent cette exécution. Il en conclut que le juge commis se trouve investi, par sa fonction, de la compétence qu'aurait le tribunal lui-même, et il critique l'arrêt de la cour de Rouen du 14 févr. 1859 rendu dans l'espèce précitée. — M. Dufour, examinant à son tour la question (t. 2, n°s 733 et suiv.), à propos de l'arrêt précité de la cour de cassation, en approuve complètement la doctrine, comme étant une simple application de ce principe général de procédure que tout juge commis ne trouve dans sa délégation qu'un pouvoir spécial, *ad rem*, et que la juridiction contentieuse demeure exclusivement au tribunal, hors le cas d'une disposition de loi contraire, disposition que les art. 205 et 206 c. com. ne renferment ni dans leur texte, ni dans leur esprit (Conf. Laurin, t. 1, p. 149; Desjardins, t. 1, n° 237; de Valroger, t. 1, n° 199).

265. Le code de commerce ne parle pas des demandes *en nullité*. Dans le silence de la loi, il semble rationnel, disent MM. Lyon-Caen et Renault, t. 2, n° 2511 *bis*, de les assimiler aux demandes en distraction, quant à leurs formes et au délai dans lequel elles doivent être formées (Conf. Vidal-Naquet, *loc. cit.*).

266. Le prix de l'adjudication est destiné aux créanciers du saisi. Les art. 212, 213 et 214 c. com. déterminent quelles formalités ces créanciers ont à remplir pour exercer leurs droits sur ces deniers et obtenir leur collocation, et de quelle façon doit se faire la distribution entre eux. Nous avons étudié en détail les dispositions de ces articles au *Rép.* n°s 155 et suiv. (Conf. Dufour, t. 2, n°s 806 et suiv.; Demangeat, t. 4, p. 144; Laurin, t. 1, p. 150; Desjardins, t. 1, n°s 250 et suiv.; Lyon-Caen et Renault, t. 2, n°s 2508 et suiv.). Nous nous bornerons ici à rappeler que la loi du 10 déc. 1874 avait accordé aux créanciers hypothécaires une double faveur. D'une part, ils n'étaient pas tenus de se faire connaître par une opposition formée sur le prix; pour eux, l'inscription valait opposition. D'autre part, la loi leur accordait, pour la production de leurs titres, un délai d'un mois, à partir de la sommation de produire, tandis que l'art. 213 n'accorde qu'un délai de trois jours aux créanciers chirographaires ou privilégiés (art. 25). Ces dispositions exceptionnelles ont été supprimées par la loi du 10 juill. 1885 (V. *infrà*, n° 514. V. cependant Vidal-Naquet, *loc. cit.*, t. 3, p. 771).

267. Aux termes de l'art. 214, § 1er, c. com., la collocation des créanciers et la distribution des deniers sont faites entre les créanciers privilégiés, dans l'ordre prescrit par l'art. 191; et entre les autres créanciers, au marc le franc de leurs créances. L'art. 27 de la loi de 1874, puis l'art. 34 de la loi de 1885 ont complété, on le verra *infrà*, n° 397, l'art. 191 c. com., pour le mettre en harmonie avec la législation nouvelle. D'après le dernier alinéa ajouté à cet article, en vertu des dispositions des lois précitées, « les créanciers hypothécaires sur le navire viendront, dans leur ordre d'inscription, après les créanciers privilégiés » (Comp. Vidal-Naquet, *loc. cit.*, t. 3, p. 774 et suiv.).

268. Les créanciers sont colloqués à leur rang respectif, non seulement pour le capital, mais encore pour les frais et intérêts (art. 214, § 2); toutefois, aux termes de l'art. 13 de la loi du 10 juill. 1885 (Conf. Loi de 1874, art. 13), les créanciers hypothécaires ne sont colloqués au rang que leur assigne leur inscription que pour leur capital et « pour deux années d'intérêts, en sus de l'année courante » (V. *infrà*, n° 531).

SECT. 4. — DES PROPRIÉTAIRES DE NAVIRES (*Rép.* n°s 171 à 228).

269. — I. DE LA COPROPRIÉTÉ DES NAVIRES (*Rép.* n°s 172 à 199). — On a exposé (*Rép.* n°s 172 et suiv.) les règles spéciales auxquelles, dans l'intérêt du commerce maritime, le législateur a soumis la copropriété des navires. — Les commentateurs ont eu à se demander quelle est la nature de cette copropriété. Constitue-t-elle une simple *communauté*, ou une *société* véritable? On a rapporté (*Rép.* n° 173) un jugement du tribunal de commerce de Marseille du 31 mai 1833, qui s'est prononcé dans le sens de la première opinion. MM. Bédarride, t. 1, n° 318; Demangeat, t. 4, p. 166, note 1; Caumont, v° *Armateur*, n° 8; Alauzet, t. 3, n° 1127, professent la même doctrine. M. Boistel, n° 1172, admet également, du moins en thèse générale, que l'on ne trouve aucun des caractères des sociétés dans la copropriété des navires. — Cette théorie contraire à la manière de voir des anciens auteurs qui employaient généralement l'expression d'*associés* pour désigner les copropriétaires (Straccha, *De navibus*, II, n° 6; Valin, sur l'art. 5, liv. 2, t. 8 de l'ordonnance; Pothier, *Traité de la charte-partie*, n° 50. Conf. Décr. 27 vend. an 2, art. 13), est combattue par MM. Laurin, t. 1, p. 338; Desjardins, t. 2, n° 321; Lyon-Caen et Renault, t. 2, n° 1651, note (Conf. Pardessus, t. 3, p. 47; Boulay-Paty, t. 2, p. 357). M. le premier avocat général Bédarrides, dans ses conclusions devant la cour de cassation (Civ. rej. 27 févr. 1877, aff. Michel et aff. Le Hégarat, D. P. 77. 1. 209), a nettement établi ce second système : « La communauté, dit-il, est un état passif, produit, en général, du hasard; la société, au contraire, un état actif résultant de la convention des parties et consistant en une collaboration dont le but est de partager les bénéfices... Faisons maintenant l'application de ces principes à la copropriété des navires. Je n'hésite pas à dire qu'elle ne constitue pas une simple communauté d'intérêts, non que cette communauté ne puisse jamais exister entre les copropriétaires d'un navire, par exemple, entre les héritiers d'un propriétaire unique, le lendemain de sa mort et avant toute résolution prise en commun; mais, en général, la copropriété d'un navire implique bien plutôt l'idée d'une association soit pour la construction, soit pour l'armement, soit pour l'expédition maritime à entreprendre. Elle constitue un état actif; son but est la spéculation. Les dépenses considérables qu'entraînent les expéditions maritimes, les risques à courir nécessitent l'appel à de nombreux capitaux et provoquent la réunion d'un certain nombre d'intéressés. Toutes les formes de la société commerciale peuvent être employées, sans doute : la commandite, la société anonyme, la société en nom collectif; mais, en dehors de ces formes, quand on n'y a pas eu recours, je dis qu'il y a au fond une association en participation entre tous les intéressés, et non une communauté passive, car la participation se prête aux combinaisons des plus vastes entreprises. Les expéditions maritimes sont des actes de commerce; une réunion formée en vue de bénéfices à partager ne saurait être évidemment considérée comme une simple communauté (art. 1832 c. civ., 47 et 633 c. com. combinés). On objecte que la copropriété des navires étant divisible par fractions ou *quirats*, la cession des quirats rapproche des inconnus qui ne contractent pas ensemble, ce qui serait exclusif de l'idée de société. L'objection n'est pas sérieuse. Il est permis de stipuler, même dans les sociétés civiles, qu'un associé pourra céder sa part à un tiers qui prendra sa place. Dans les sociétés commerciales, la cessibilité des actions est dans la nature des choses. Dans la pratique de tous les jours, le cessionnaire prend la place de l'associé primitif. » Les deux arrêts précités du 27 févr. 1877 ont consacré cette doctrine, et décidé qu'il y a nécessairement société de commerce entre les copropriétaires d'un navire qui l'emploient à la navigation maritime, soit qu'ils l'aient armé eux-mêmes directement, soit qu'ils en aient confié l'armement à un tiers ; en conséquence, dans l'un et dans l'autre cas, ils sont tenus *solidairement* des engagements pris par eux ou en leur nom pour ce qui concerne le navire et son expédition (Conf. Rennes, 4 mars 1880, aff. Guitton, D. P. 81. 2. 210; Civ. cass. 27 févr. 1883, aff. Russeil, D. P. 84. 1. 29; Rennes, 19 juin 1884, aff. Robert, *Revue internationale du droit maritime*, t. 1, p. 474; Trib. com. Dunkerque, 21 mars 1887, aff. Hardibelle, *ibid.*, t. 2, p. 668; Arthur Desjardins, t. 2, n° 260; de Valroger, t. 1, p. 169. — V. en sens contraire : Syra, 27 sept. 1885, aff. Crioras, *ibid.*, t. 1, p. 401).

270. On a étudié en détail (*Rép.* n°s 176 et suiv.) les difficultés que soulève l'application de la règle d'après laquelle l'avis de la majorité des copropriétaires doit, en l'absence de stipulations contraires, être suivi en tout ce qui concerne l'intérêt commun. — Pour qu'un acte soit réputé être d'intérêt commun, il faut, disent fort bien MM. Lyon-Caen et Renault, t. 2, n° 1645, qu'il ne puisse être fait que pour le navire entier, et qu'il concerne son exploitation (Conf. Boistel, n° 1173; Desjardins, t. 2, n° 328; Bédarride, t. 1, n° 325). — C'est ainsi qu'un arrêt (Bordeaux, 2 avr. 1844, *Recueil de Marseille*, aff. Jamyot, 1844. 2. 9) a décidé, conformément à l'avis que nous avons émis au *Rép.* n° 180, que la majorité ne pourrait faire assurer le navire, chacun des *quirataires* (*Rép.* n° 172) restant, d'ailleurs, libre de faire assurer sa part séparément (Conf. Demangeat, t. 4, p. 167; Boistel, Lyon-Caen et Renault, *loc. cit.*; Caumont, v° *Armateur*, n° 20. — V. en sens contraire : Laurin, t. 1, p. 359; Desjardins, t. 2, n° 330).

271. C'est par application de la règle que la majorité peut faire tout ce qui concerne l'intérêt commun, qu'on lui reconnaît le pouvoir de faire tout ce qui est nécessaire pour se procurer les sommes utiles à l'exploitation du navire, notamment de l'affecter à un prêt à la grosse ou de l'hypothéquer (Boistel, *loc. cit.*; Lyon-Caen et Renault, *loc. cit.*; Mallet, *De l'hypothèque maritime*, p. 34).

272. Sur ce qu'il faut entendre ici par la majorité, V. *Rép.* n° 177. — La majorité ne peut revenir sur une décision prise ; il existe au profit de tous un droit acquis, que l'unanimité seule peut faire disparaître (*Rép.* n° 182 ; Demangeat, t. 4, p. 173 ; Boistel, n° 1173 ; Laurin, t. 1, p. 356 ; Desjardins, t. 2, n° 331; Lyon-Caen et Renault, t. 2, n° 1646).

273. L'art. 220, en disant que « la majorité se détermine », semble bien supposer qu'il y a eu une délibération préalable à la décision de la majorité ; aussi a-t-il été décidé que les propriétaires réunissant plus de la moitié de la propriété du navire ne peuvent prendre valablement une mesure concernant l'intérêt commun, sans avoir consulté la minorité (Caen, 9 déc. 1861 (1). Conf. Desjardins, t. 2, n° 324; Laurin, t. 1, p. 352; Lyon-Caen et Renault, t. 2, n° 1646).

274. Lorsqu'il y a partage sur le point de savoir si le navire doit naviguer, certains commentateurs adoptant l'opinion de Valin (t. 1, p. 585) ont pensé que l'avis favorable à la navigation doit toujours prévaloir (*Rép.* n° 184). Cette opinion est aujourd'hui généralement repoussée; la plupart des auteurs décident que, dans ce cas, le seul moyen de trancher la difficulté est de recourir à la licitation du navire (Laurin, t. 1, p. 355 ; Bédarride, t. 1, n° 324; Lyon-Caen et Renault, *loc. cit.*; Desjardins, t. 2, n° 325. — V. en sens contraire : Trib. com. Marseille, 31 mai 1836, aff. Castellin C. Estienne, *Recueil de Marseille*, t. 16, 1. 153).

275. On a indiqué au *Rép.* n° 176 qu'il peut être dérogé par des conventions spéciales à la disposition de l'art. 220, d'après laquelle, en tout ce qui concerne l'intérêt commun, l'avis de la majorité doit être suivi. Il a été jugé, en ce sens, que, quand il a été convenu entre les copropriétaires d'un navire construit par l'un deux que celui-ci, n'ayant fait cette construction que pour être l'armateur, conserverait cette qualité, la majorité ne peut l'en déposséder sous prétexte qu'il aurait perdu sa confiance, si d'ailleurs il n'est pas justifié d'un fait constituant de sa part la violation des obligations par lui contractées (Rennes, 22 juill. 1863) (2).

---

(1) (Debon C. Belliard-Delisle.) — LA COUR ; — Considérant qu'il est constant en fait : 1° qu'en 1854, neuf commerçants d'Isigny s'associèrent pour la construction d'une goélette, appelée l'*Expéditive*, qui devint ainsi leur propriété commune, et qu'ils choisirent le sieur Bonnefond, l'un d'eux, pour remplir les fonctions d'armateur ; 2° qu'après la mort dudit Bonnefond, arrivée en 1859, quelques-uns des copropriétaires du navire, représentant cinquante-deux centièmes de sa valeur, souscrivirent un acte par lequel ils déclarèrent transmettre la qualité d'armateur à Belliard-Delisle, mais sans demander, en aucune façon, l'avis des copropriétaires, et qu'il ne s'agit en ce moment que de savoir si cette nomination a été régulière et valable ; — Considérant qu'en général on n'est lié par acte qu'autant qu'on y a consenti ; que cependant, lorsque la même chose appartient à plusieurs et qu'il y a nécessité de prendre une mesure importante dans l'intérêt commun, il faut bien recourir au moyen de sortir de l'inaction qui résulterait du désaccord des parties ; qu'en ce cas, il est naturel que l'avis de la majorité prévale et que la loi supplée au consentement refusé par la minorité ; que c'est, en effet, ce qu'a décidé, pour le cas présent, l'art. 220 c. com. qui porte qu'en tout ce qui concerne l'intérêt commun des propriétaires d'un navire, *l'avis de la majorité est suivi*, en ajoutant que la majorité se détermine par une portion d'intérêts dans le navire excédant la moitié de sa valeur ; — Mais que cette exception forcée à la règle générale de consentement personnel de l'intéressé ne doit être admise qu'autant que l'expression de l'opinion de la majorité présente les garanties que la loi et la raison exigent pour constater qu'elle a été exempte de surprise ou d'erreur ; — Que par cela même que l'art. 220 exige l'avis de la majorité, il suppose nécessairement et exige qu'on consulte tous les propriétaires et qu'on mette chacun d'eux à portée d'exprimer son avis, pour savoir définitivement dans quel sens la majorité se décidera ; qu'il est fort ordinaire que, dans une délibération, les opinions que quelques-uns avaient eues d'abord se modifient par les motifs qui sont donnés par d'autres ; et que, véritablement, il n'y a eu de majorité éclairée et définitive, qu'après que tous les intéressés qui ont cru devoir se faire entendre ont été entendus ; — Considérant qu'on objecte inutilement que l'art. 220 n'a prescrit aucun mode spécial de constatation de l'avis de la majorité, et qu'on ne peut admettre une nullité qu'il n'a point prononcée ; que ce n'est là qu'une pétition de principe ; qu'en effet, il s'agit précisément de savoir, en interprétant l'art. 220, si, par cela seul qu'il veut *l'avis* de la majorité, il ne veut point ce sans quoi il n'y a point de véritable avis de majorité, c'est-à-dire une convocation et une délibération ; — Que tout ce qu'on peut induire de ce qu'il n'indique point de forme particulière pour ce cas, c'est qu'il suffit que, d'une manière et dans une forme quelconque, tous les intéressés aient été mis à portée de connaître l'avis de leurs coïntéressés et de leur faire connaître le leur ; mais que, si cette condition substantielle n'a pas été accomplie, il n'y a pas, ainsi qu'on l'a déjà dit, de véritable *avis* de la majorité, dans le sens de la loi, et, partant, pas de nomination valable;... — Par ces motifs, dit que Belliard-Delisle n'a point été légalement investi du titre d'armateur de la goélette l'*Expéditive*; que, par suite, il ne pourra se prévaloir de cette qualité dans le compte à rendre de ses actes de gestion, relativement aux responsabilités qu'il peut avoir encourues, etc.

Du 9 déc. 1861.-C. de Caen, 4° ch.-MM. Binard, pr.-Jardin, av. gén.-Simon et Paris, av.

(2) (Payaux C. Bridoux et autres.) — LA COUR ; — Considérant que les dispositions de l'art. 220 c. com. ne sont point de celles auxquelles il ne puisse pas être dérogé par des conventions, et que les conventions régulièrement formées sont la loi des parties contractantes ; — Considérant que des faits non contestés au procès et constatés par la sentence même dont est appel, il résulte que, quand les appelants ont acquis les parts qu'ils possèdent dans le navire *la Providence*, il était entendu entre eux et Payaux que celui-ci n'ayant construit le navire que pour en être l'armateur, retiendrait et conserverait cette qualité qui rentrait dans l'ordre ordinaire de ses occupations habituelles et des spéculations auxquelles il employait ses capitaux, tandis que les autres intéressés, de professions diverses, n'agissaient qu'en vue des fournitures à faire pour la construction et l'armement ; — Considérant qu'en présence de cette condition primordiale de l'association, la majorité des propriétaires, en supposant même que, dans l'espèce, son vœu se trouve régulièrement et suffisamment constaté, ne pouvait pas déposséder Payaux de sa qualité d'armateur, en déclarant purement et simplement qu'il avait perdu sa confiance ; qu'on n'allègue contre lui aucun reproche qui concerne la gestion des intérêts communs, aucun fait qui, constituant de sa part la violation ou l'inaccomplissement des obligations qu'il avait prises, ne lui permettrait plus de réclamer l'exécution à son profit de la convention synallagmatique qui les contenait ; que, loin de là, il apparaît, au contraire, dans les circonstances qui ont amené le désaccord, avoir agi selon son droit et selon son devoir, pour sauvegarder sa responsabilité personnelle et maintenir dans les limites de son mandat le capitaine auquel le commandement du navire était confié ; que, dans de telles circonstances, les coïntéressés n'ont pas pu s'affranchir

276. La disposition de l'art. 220 suivant laquelle, en tout ce qui concerne l'intérêt commun des copropriétaires, l'avis de la majorité est suivi, cesse d'être applicable quand la majorité des associés a constitué l'un d'eux armateur (Rennes, 22 juill. 1863, n° 275. Conf. Bédarride, t. 1, n° 336; Caumont, v° *Armateur*, n° 8; Laurin, t. 1, p. 348; Lyon-Caen et Renault, t. 2, n° 1647). — Comp. *infrà*, n° 285.

277. On a étudié (*Rép.* n°s 190 et suiv.) la règle posée par le dernier aliéna de l'art 220. On a dit que, d'après certains auteurs, la licitation ne peut être accordée que sur la demande des propriétaires formant ensemble la moitié de l'intérêt total dans le navire; elle ne peut être ordonnée sur la demande même de la majorité; c'est seulement dans le cas d'un partage égal d'opinions, ce partage ayant pour effet de paralyser toutes les opérations, qu'il y a lieu à la licitation forcée (Conf. Cresp, t. 1, p. 370 et suiv.; Bédarride, t. 1, n° 346; Bordeaux, 22 nov. 1858, aff. Delbos C. Laroze, *Recueil de Marseille*, t. 37, 2. 65). Cette opinion est généralement abandonnée aujourd'hui (V. Laurin sur Cresp, *loc. cit.*, note 82; Desjardins, t. 2, n° 336; Lyon-Caen et Renault, t. 2, n° 1649). L'art. 220, § 3, semble, en effet, avoir été fait précisément pour le cas où la majorité voudrait liciter le navire: il résulte des travaux préparatoires que l'on a voulu seulement admettre, par dérogation aux deux premiers paragraphes du même article, que la moitié en intérêt pourrait *aussi* provoquer la licitation.

278. C'est aux tribunaux de commerce qu'il appartient d'ordonner la vente par licitation d'un navire indivis entre plusieurs négociants associés en participation (Rouen, 4 déc. 1861, aff. Giret, D. P. 62. 2. 85). Et cette vente doit avoir lieu à la bourse, par le ministère des courtiers, et non devant le tribunal civil, par le ministère des avoués (Même arrêt. Conf. Arthur Desjardins, t. 2, n° 337; Laurin, t. 1, p. 371; Lyon-Caen et Renault, t. 2, n° 1649). — Jugé, au contraire, que la vente volontaire en justice d'un navire appartenant par indivis à plusieurs copropriétaires majeurs qui n'ont pu s'entendre sur les moyens de sortir d'indivision, doit, par assimilation avec le cas de vente forcée, être faite à la barre du tribunal civil par le ministère des avoués (Trib. civ. Havre, 5 juill. 1860, aff. Godefroy, D. P. 60. 3. 64; Trib. civ. Boulogne, 21 déc. 1860, aff. Wiart, D. P. 61. 3. 47). Dans tous les cas, à supposer que l'opération ne dût pas être assimilée à une vente forcée, ce n'est pas aux commissaires-priseurs, mais aux courtiers exclusivement qu'il appartiendrait d'y procéder (Jugement précité du 21 déc. 1860).

279. Il a été jugé que la disposition du troisième alinéa de l'art. 220 c. com., aux termes de laquelle la licitation du navire peut être accordée sur la demande d'un ou de plusieurs copropriétaires, formant ensemble la moitié de l'intérêt total dans le navire, est exceptionnelle et ne doit pas être étendue à la vente par saisie; qu'en conséquence, les créanciers chirographaires d'un des copropriétaires du navire indivis ne peuvent saisir et faire vendre la totalité de ce navire qu'autant qu'ils sont en situation d'invoquer, du chef de leur débiteur, le principe posé au premier alinéa de l'art. 220 c. com., c'est-à-dire qu'autant que la part de ce dernier dans la copropriété dépasse la moitié de la valeur totale du bâtiment (Civ. cass. 31 mars 1886, aff. Lair, D. P. 86. 1. 313, et sur renvoi, Amiens, ch. réun., 21 juill. 1887, *Recueil de Marseille*, 1888. 2. 103. V. *infrà*, n° 335). — Bien plus, la majorité elle-même ne pourrait prétendre, en vertu des deux premiers alinéas de l'art. 220 c. com., imposer à la minorité la vente du navire tout entier autrement qu'en provoquant la licitation; car, aux termes du 1er al. de l'art. 220, l'avis de la majorité ne s'impose à la minorité qu'en ce qui concerne l'intérêt commun, c'est-à-dire pour ce qui est des actes de gestion à exécuter dans l'intérêt collectif; et la vente totale du navire, qui tend à faire cesser l'indivision, ne présente à aucun degré ce caractère (*Rép.* n° 186; Bédarride, t. 1, n° 348; Alauzet, t. 5, n° 1738; Caumont, v° *Armateur*, n° 20; Laurin, t. 1, p. 370 et 371; Demangeat, t. 4, p. 173; Desjardins, t. 2, n° 335; de Valroger, t. 1, n°s 304 et 320).

280. L'art. 220 c. com. s'applique-t-il au cas de mise en société d'un navire? D'abord, il nous paraît hors de doute que la majorité des copropriétaires d'un navire ne pourrait pas contraindre la minorité à former la société elle-même, parce que ce serait là employer le navire à des opérations autres que celles qui rentrent dans sa destination naturelle, à savoir: l'affrétement de ce navire comme instrument de transport. Le concours de tous les communistes serait donc indispensable pour l'achat et le chargement d'une cargaison à revendre à profit commun, pour l'affectation du navire à l'industrie de la pêche, etc. C'est ce qu'enseignait formellement Valin sur l'ordonnance de 1681, art. 5, liv. 2, tit. 8. Mais si une société a été librement formée entre tous les intéressés, sera-t-elle soumise aux principes généraux des sociétés, ou à la disposition particulière de l'art. 220 c. com.? Le mode d'administration sera incontestablement régi par les règles applicables à toute société, telles qu'elles sont formulées dans les art. 1856 et suiv. c. civ. La première partie de l'art. 220, qui place la minorité sous la loi de la majorité, est donc étrangère aux sociétés qui emploient des navires à une industrie maritime. Quant à la dissolution de la société, il est incontestable qu'en principe, les sociétés dont on s'occupe sont soumises aux causes de dissolution énumérées dans l'art. 1865 c. civ.

281. Mais la question s'est posée de savoir si, dans une société maritime de ce genre, tout associé pourrait, si la société est d'une durée illimitée, exercer la faculté de dissolution *ad nutum* ouverte par les art. 1865 et 1869 c. civ., et poursuivre la vente sur licitation du navire sans être tenu de s'astreindre au vote que prescrit l'art. 220 c. com. Un arrêt (Rennes, 26 févr. 1867, aff. Allenon, D. P. 69. 1. 137) s'est prononcé pour l'application de l'art. 220 dans ce cas, et a décidé que les armateurs associés doivent être considérés comme liés par cet article; qu'en conséquence, la dissolution de l'entreprise et la licitation des navires et de l'armement ne peuvent avoir lieu que du consentement de la majorité. — C'est là, suivant nous, une erreur, au moins en ce qui touche le droit de *dissolution* de la société. L'art. 220 c. com. règle des rapports entre copropriétaires, et non pas des rapports entre associés. La majorité des armateurs qui se sont réunis en société pour une industrie entreprise à l'aide d'un ou de plusieurs navires leur appartenant en commun ne peut pas plus enchaîner la minorité, ni même un seul des associés, dans une société à durée indéfinie, qu'elle ne pourrait briser, sans l'assentiment de tous les associés, une société à temps limité. Les sociétés maritimes créent pour chaque associé des éventualités de bénéfices et de pertes qu'il n'est pas permis de confondre, dans une même réglementation, avec les intérêts dérivant d'un simple état de copropriété ou de communauté. L'art. 220 ne saurait être un obstacle à l'exercice d'un droit de dissolution où chaque associé doit trouver un secours nécessaire contre les périls d'une société illimitée. — Reste la licitation du navire. La dissolution de la société devra-t-elle être suivie de la licitation du navire? Ce serait, à nos yeux, aller trop loin. La société une fois dissoute, l'indivision prévue par l'art. 220 lui succède. La licitation ne pourra donc être ordonnée que dans les conditions de cet article.

282. Il a été jugé, d'ailleurs, que l'association formée sans fixation de durée par les propriétaires de navires pêcheurs, pour la pêche de la morue (à Terre-Neuve), ne

---

eux-mêmes d'un engagement qu'ils avaient librement contracté; — Considérant qu'on n'est pas fondé à prétendre qu'en cédant successivement à divers des fractions de l'intérêt qu'il possédait d'abord dans le navire, Payaux ait modifié dans l'une de ses conditions essentielles sa situation originaire; qu'évidemment il ne peut avoir pris ni entendu prendre, à l'égard d'aucun de ceux qui ont été successivement et individuellement intéressés dans le navire, l'obligation de conserver intégralement la portion de propriété qui lui appartenait au moment où il traitait avec chacun d'eux; que, d'ailleurs, les conséquences qui ont été tirées des aliénations qu'il a faites, et qui étaient dans son droit, sont d'autant moins légitimes qu'il possède encore dans la propriété du navire une portion de beaucoup supérieure à celle de la plupart des autres intéressés et à très peu de chose près égale à la plus forte; — Réformant, dit que les conventions en vertu desquelles les intimés ont pris des parts d'intérêt dans le navire assuraient à Payaux la qualité d'armateur, et qu'il n'a pu en être dépossédé par le seul fait d'une volonté contraire exprimée par la majorité des intéressés; le maintient, en conséquence, dans cette qualité, etc.

Du 22 juill. 1863.-C. de Rennes.-MM. Boucly, 1er pr.-Bidard et Jouin, av.

doit pas être considérée comme une société d'une durée illimitée, lorsqu'il est établi que, d'après les usages du port où elle a été formée, elle présente les caractères d'une simple association en participation dont la durée est restreinte à celle des navires qui en sont l'objet. En conséquence, l'un des associés ne peut puiser dans la disposition de l'art. 1869 c. civ., relative aux sociétés d'une durée illimitée, la faculté de dissoudre une telle association par sa seule volonté déclarée de bonne foi et non à contre-temps, et de demander la licitation des navires engagés dans l'entreprise et celle de l'armement. Cette association ne tombe pas davantage sous l'application de l'art. 1869 c. civ., abstraction faite de son caractère et de sa durée, si, d'après le même usage, chaque associé a le droit de se retirer de l'opération en cédant sa part, ou en en réclamant la liquidation amiable (Req. 13 juill. 1868, aff. Allenon, D. P. 69. 1. 137).

283. Décidé que la patente à laquelle est soumis l'armateur d'un navire, bien qu'elle soit calculée à raison du tonnage du navire, constitue une charge purement personnelle; que dès lors l'armateur ne peut, à moins de convention contraire, y faire contribuer les divers intéressés du navire (Rennes, 3 mars 1859, aff Boyer, D. P. 62. 5. 216).

284. — II. DE L'ARMATEUR ET DU PROPRIÉTAIRE DU NAVIRE. — Il ne faut pas confondre le propriétaire du navire et l'armateur. Ces deux qualités, quoique souvent réunies dans la même personne, sont distinctes. L'armateur est celui qui arme, pour l'expédier en mer, un bâtiment sur lequel il peut, d'ailleurs, n'avoir aucun droit. — Sur la situation de l'*exercitor* dans le droit romain et l'ancien droit français, V. Desjardins, t. 2, n°s 257 et 258. — En principe, l'armateur, que le navire lui appartienne ou non, exerce les droits d'un *propriétaire*. Cependant l'étendue de ses droits et de ses obligations peut varier à l'infini suivant sa situation et les clauses de son contrat. « L'armateur, dit M. Desjardins, t. 2, n° 259, peut être lui-même un des propriétaires chargé de représenter ses associés; dans ce cas, il arme, gère, exploite à la fois pour son compte et pour le compte d'autrui. Un ou plusieurs propriétaires peuvent aussi confier l'armement et l'exploitation de leur bâtiment à un tiers non propriétaire chargé d'administrer dans leur intérêt exclusif; celui-ci n'est plus qu'un mandataire. Il se peut enfin que le propriétaire abandonne à un tiers son navire non armé, pour un temps fixe, moyennant un prix déterminé, en le laissant libre d'armer et d'exploiter à sa guise. Dans ce cas, l'armateur est aussi un affréteur.

285. Le mandat de l'armateur copropriétaire peut être exprès ou tacite (Bédarride, t. 1, n° 336; Desjardins, t. 2, n° 259). Il est révocable (Trib. com. Nantes, 14 févr. 1872, cité par Desjardins, *ibid.*; Laurin, t. 1, p. 348; Desjardins, *loc. cit.*), à moins qu'il n'ait été donné par l'acte constitutif de la société (c. civ. art. 1856), où que le mandataire ne soit propriétaire de plus de la moitié du navire (c. com. art. 220). — L'interdiction pour le mandataire de se substituer un tiers dans sa gestion sans l'agrément des copropriétaires doit être ici présumée (Desjardins, *loc. cit.*). — Le copropriétaire investi du rôle d'armateur a, sous sa responsabilité personnelle, le droit et le devoir de gérer et d'administrer seul les intérêts du navire; il règle seul ce qui concerne l'affrètement et l'établissement de la charte-partie, ainsi que les achats des charbons et le lieu où ces achats doivent être opérés; les copropriétaires du navire n'ont pas le droit de s'immiscer dans ces opérations (Pau, 20 mars 1878) (1). Cet armateur peut être tenu de convoquer les copropriétaires du navire après chaque voyage pour leur rendre ses comptes; mais il ne peut être obligé par les copropriétaires à tenir des livres spéciaux

(1) (Lacombe C. Caubet.) — Le 21 sept. 1877, jugement du tribunal de commerce de Bayonne, qui statue en ces termes : — « En droit : — Attendu que Lacombe invoque contre Caubet les prescriptions de l'art. 220 c. com. d'après lesquelles l'avis de la majorité des propriétaires d'un navire doit être suivi en tout ce qui concerne leur intérêt commun; — Attendu que Lacombe, propriétaire de 59 centièmes du *Persévérant* et formant à lui seul la majorité, veut imposer à Caubet, armateur dudit steamer : — 1° l'obligation de ne point affréter le *Persévérant* sans son consentement et sans qu'une charte-partie ait été régulièrement dressée par le courtier de l'opération, aussi bien pour l'aller que pour le retour du navire; — 2° L'obligation de faire remplir les soutes du charbon nécessaire aux approvisionnements du *Persévérant*, sur les lieux de production, chaque fois que le navire ira charger en Angleterre; — 3° L'obligation de convoquer les intéressés du navire, après chaque voyage, pour faire la répartition des bénéfices ou des pertes; — 4° L'obligation de tenir les écritures du *Persévérant* sur des livres spéciaux; — Attendu que Caubet prétend trouver, dans sa qualité d'armateur, le droit de repousser toutes les demandes de Lacombe; — Attendu qu'en l'absence d'articles précis du code de commerce réglant les rapports respectifs de l'armateur et des copropriétaires d'un navire, le tribunal doit rechercher dans les usages maritimes et dans les antécédents de la cause si les prétentions de Lacombe doivent être admises, et si les prescriptions de l'art. 220 sont applicables dans l'espèce; — En ce qui concerne l'affrètement : — Attendu que, lorsque plusieurs intéressés forment une entreprise maritime, l'impossibilité de l'administrer eux-mêmes les oblige à confier le soin de gérer leurs intérêts communs à l'un d'eux, qui prend le titre d'armateur et devient, sous sa responsabilité personnelle, le représentant et l'agent de tous; — Attendu que l'acte de choisir un armateur responsable, pour un temps déterminé, a le caractère d'un contrat par lequel les copropriétaires d'un navire aliènent entre les mains de cet armateur, pour toute la durée de ses fonctions, tous les droits qu'ils tiennent de l'art. 220; — Attendu qu'avant d'aliéner ses droits, la majorité les fait prévaloir dans toute leur souveraineté, soit dans le choix de l'armateur, soit dans les conditions imposées à sa gestion; — Attendu qu'il est d'usage constant que la qualité et les fonctions d'armateur d'un navire donnent comme attributions à celui qui en est investi, et sous sa responsabilité personnelle, le droit et le devoir de gérer et d'administrer seul les intérêts de ce navire; — Que l'affrètement, le choix de l'itinéraire, l'établissement d'une charte-partie et le choix des consignataires sont des actes d'administration et de gestion qui rentrent toujours exclusivement dans les attributions de l'armateur; — Attendu qu'il ne saurait en être autrement sans troubler l'unité de direction indispensable aux bons résultats des entreprises maritimes qui réclament à la fois de promptes décisions et une complète liberté d'action de la part de l'armateur responsable de sa gestion; — Attendu que, précisément parce qu'il est responsable, l'armateur doit être entièrement libre dans l'accomplissement de tous les actes de son administration; — Que cette nécessité consacrée par l'usage a acquis une nouvelle autorité d'une décision du tribunal de Nantes, en date du 20 févr. 1864, jugeant que l'armateur institué pour gérer la chose commune a seul le droit de fréter le navire, soit pour l'aller, soit pour le retour, malgré l'opposition du capitaine et quand même celui-ci serait propriétaire de plus de la moitié du navire; — Attendu qu'on essaie en vain d'expliquer ce jugement, par la nécessité de la subordination du capitaine envers l'armateur, cette subordination ne détruisant nullement sa qualité de principal propriétaire du navire; — Attendu que, lorsqu'un bâtiment est géré par un armateur responsable nommé pour un temps déterminé, l'immixtion des copropriétaires dans ses actes d'administration, alors même qu'ils disposent de la majorité, est tout à fait incompatible avec la bonne direction des affaires et qu'un conflit de volontés les entraverait au lieu de les servir; — Attendu que l'intérêt commun des copropriétaires, liés par un contrat avec leur armateur, est suffisamment garanti par la responsabilité effective de cet armateur, qui leur doit compte de tous les actes de son administration et qu'ils peuvent l'attaquer s'il commet des fautes dans sa gestion; — Attendu que, si l'usage est de confier à l'armateur les pouvoirs les plus étendus, c'est parce qu'on a reconnu que tel était le moyen de sauvegarder les intérêts multiples et importants engagés dans les affaires maritimes; — Attendu que les droits et les attributions des armateurs, résultant d'usages universellement établis, il faudrait, pour qu'une modification quelconque y fût apportée, qu'elle eût été l'objet d'une convention spéciale antérieure à l'entrée en fonctions de l'armateur; — Attendu que tel n'est pas le cas, puisque, lors de l'achat du *Persévérant*, un contrat est intervenu entre Lacombe et Caubet, aux termes duquel celui-ci, nommé armateur pour cinq ans, a pris possession de ses fonctions, dans toute leur intégrité, sans aucune des restrictions auxquelles Lacombe voudrait aujourd'hui le soumettre, et dans les conditions où il avait géré l'*Union bayonnaise* et le *Bayonnais*; — Attendu qu'en instituant Caubet armateur du *Persévérant*, pour une période de cinq années, Lacombe a contracté une obligation à laquelle il ne saurait se soustraire et a abandonné d'avance, pour toute la durée de cette période, les prétentions basées sur l'interprétation de l'art. 220 dont il entend à tort se prévaloir aujourd'hui; — Attendu, au surplus, qu'un arrêt de la cour de Pau, daté du 16 mai 1877, a rendu à Caubet le titre d'armateur dont Lacombe et consorts, se basant, alors comme aujourd'hui, sur l'art. 220, l'avaient dépossédé; — Que, par cet arrêt, Caubet a été réintégré dans le plein exercice des fonctions d'armateur, telles qu'il les remplissait avant sa révocation, et sans exclusion d'aucune des attributions ordinaires des armateurs; — Que la prétention de Lacombe, si elle était admise par le tribunal, serait en opposition directe avec la décision de la cour de Pau, puisqu'elle aurait

pour les opérations du navire (Même arrêt). — Jugé, de même, que le copropriétaire-armateur chargé, moyennant la commission d'usage, de la gestion et de l'administration du navire est tenu, sous sa responsabilité, de faire assurer le navire pendant son séjour dans le port (Rouen, 4 déc. 1872 (1). Conf. Montpellier, 10 déc. 1835, *Rép.* n° 197 ; Laurin, t. 1, p. 348; Desjardins, *loc. cit.*; Lyon-Caen et Renault, t. 2, n° 1647). Enfin il a le droit d'exercer, en sa qualité propre, les actions du navire; il peut poursuivre, à ce titre, soit les tiers, soit le capitaine, et, réciproquement, il peut défendre à toutes les actions qui seraient dirigées contre le navire; la prescription interrompue par une citation en justice qui lui est adressée l'est contre l'armement tout entier (Rouen, 16 juill. 1873, aff. Martineau, D. P. 74. 2. 174; Desjardins, t. 2, n° 259. V. *suprà*, n° 284).

286. L'*armateur-gérant* a en principe les mêmes pouvoirs que celui qui est copropriétaire de navire, et les propriétaires, ses mandants, sont tenus des engagements qu'il contracte envers les tiers. — Cette dernière proposition cesse d'être exacte lorsque l'armateur est en même temps affréteur. « Si, après avoir loué le bâtiment en bloc (*per aversionem*), dit M. Desjardins, t. 2, n° 260, il le fait naviguer à ses risques et périls et pour son propre compte, il n'engage pas indistinctement les propriétaires. Il est certain que, si le préposé lie le commettant, l'affréteur ne lie pas le fréteur. Toutefois cette situation pourra faire naître des questions délicates, parce qu'il ne dépend pas des propriétaires de navires de restreindre les droits des créanciers privilégiés sur le navire. » (Comp. Civ. cass. 11 juin 1845, aff. Togno, D. P. 45. 1. 279).

287. L'armateur-gérant ne peut évidemment consentir l'abandon du navire, car le propriétaire d'une chose peut seul en abdiquer la propriété (Civ. rej. 18 mars 1878, aff. Tandonnet, D. P. 78. 1. 193. Conf. Laurin, t. 1, p. 616). — Mais les propriétaires du navire pourront-ils se dégager, par l'abandon, des obligations contractées par l'armateur-gérant vis-à-vis des tiers, M. Desjardins, t. 2, n° 259, estime que les propriétaires étant entièrement représentés par cet armateur, les choses doivent se passer comme si ces propriétaires avaient eux-mêmes contracté ; ils ne pourront donc pas se libérer par l'abandon (Conf. Bordeaux, 11 mai 1868, aff. Lopez, D. P. 72. 1. 54 ; Demangeat, t. 4, p. 171 ; Laurin, t. 1, p. 149. — V. en sens contraire *Rép.* n° 189). — Les copropriétaires actionnés à raison des actes personnels de l'armateur-gérant seront-ils tenus solidairement ? (V. *suprà*, n° 269, *in fine*).

---

pour effet d'enlever à Caubet la direction de l'armement qui lui a été rendue par l'arrêt de la cour; — Attendu, par conséquent, qu'à tous les points de vue la demande de Lacombe relative à l'affrètement doit être repoussée; — En ce qui concerne les approvisionnements du charbon : — Attendu que les achats de charbon constituent un acte d'administration intérieure ; — Que l'armateur chargé du fret est seul juge du lieu où ces achats doivent être opérés, sans que les copropriétaires aient à intervenir dans cette question, et que, du reste, ils ont leur recours contre Caubet, si, dans ces achats, il faisait passer ses propres intérêts avant ceux de l'entreprise commune; il y a donc lieu de repousser cette prétention ; — En ce qui concerne la convocation des intéressés après chaque voyage: — Attendu que chaque voyage forme un tout complet dont l'armateur doit rendre compte à ses coïntéressés, en leur faisant la répartition des bénéfices et des pertes; que Caubet le reconnaît et s'engage à rendre ses comptes chaque voyage, à la condition qu'il sera laissé entre ses mains une somme suffisante pour payer, soit les réparations, soit l'expédition, soit les autres frais divers que peut nécessiter le navire ; il y a donc lieu d'ordonner que Caubet rendra ses comptes, après chaque voyage, dans un délai qui ne devra pas dépasser vingt jours après le déchargement, et qu'une somme de 4000 fr. sera laissée entre ses mains par provision ; — En ce qui concerne la tenue de livres spéciaux pour les opérations du navire : — Attendu que cette question étant essentiellement d'administration intérieure, il n'y a pas lieu de contraindre Caubet à tenir la comptabilité du *Persévérant* sur des livres spéciaux, cela étant d'autant moins nécessaire que sa responsabilité envers ses coïntéressés l'oblige à leur fournir, à chaque voyage, toutes les pièces justificatives des actes de sa gestion ; — Par ces motifs ; — Le tribunal; — Dit que Caubet devra rendre ses comptes dans un délai de vingt jours, à partir du déchargement, après chaque voyage du *Persévérant;* — Qu'il répartira à ses coassociés les bénéfices ou les pertes, et qu'une somme de 4000 fr. restera entre ses mains pour faire face aux diverses dépenses de l'entreprise ; — Déclare Lacombe mal fondé dans toutes ses autres demandes, fins et conclusions, et l'en déboute, etc. » — Appel par Lacombe. — Arrêt.

LA COUR ; — Adoptant les motifs des premiers juges ; — Confirme.

Du 20 mars 1878.-C. de Pau. ch. civ.-MM. d'Aguilhou, pr.-Lespinasse, 1er av. gén., c. conf.-Lamaignère (Gaston) et Guichenné, av.

(1) (Postel et fils *C.* Cazalis.) — Le 23 avr. 1872, jugement du tribunal de commerce du Havre ainsi conçu : — « Attendu que Postel et ses fils étaient chargés, moyennant la commission d'usage, de l'armement et de la gestion du navire *Minerve*, dont ils étaient propriétaires pour 9/16 et Cazalis pour 4/16 ; qu'en août 1870, ce navire fut envoyé à Cherbourg pour y recevoir des réparations d'une certaine importance ; que pendant leur cours, en sortant du bassin pour se rendre dans la cale sèche, il échoua, se rompit et dut être vendu comme épave ; — Attendu que Postel n'avait pas fait assurer la *Minerve* pendant son séjour à Cherbourg ; que les héritiers Cazalis lui reprochent cette omission comme une faute lourde engageant sa responsabilité et lui réclament la somme de 10000 fr. représentant la valeur de leur intérêt dans ledit navire ; — Attendu que la responsabilité du mandataire salarié doit être d'autant plus rigoureusement appréciée qu'il a reçu, comme dans l'espèce, des pouvoirs plus étendus pour la gestion des intérêts qui lui sont confiés ; — Qu'il ne peut considérer comme acte facultatif d'administration celui qui consiste à sauvegarder la chose elle-même ; que du devoir de veiller à la conservation, résulte l'obligation de la faire assurer, et, qu'à cet égard, l'initiative lui incombe sous peine d'être constitué en faute en cas de sinistre ; — Attendu que le défendeur conteste l'application de ces principes, parce que, suivant lui, l'assurance des navires dans le port n'est pas généralement usitée ; — Attendu qu'il résulte des documents fournis au tribunal que cette assurance est assez généralement pratiquée pour indiquer que, même dans un port, il y a des risques à prévoir et à garantir ; que l'événement l'a d'ailleurs surabondamment démontré pour la *Minerve ;* — Que s'il est d'une bonne administration de faire cesser, aussitôt l'arrivée, l'assurance onéreuse des risques de navigation, il est encore plus essentiel de la remplacer par un nouveau contrat, dont les conditions sont en rapport avec la diminution du risque ; — Attendu que l'intérêt prépondérant du défendeur dans le navire ne l'autorisait pas à laisser ses coïntéressés exposés à des éventualités qu'il pouvait ne pas redouter pour lui-même ; qu'en vain il prétend que Cazalis avait connaissance de cette situation et l'avait ratifiée par l'approbation donnée par lui à tous les comptes de la *Minerve* où ne figure pas l'assurance dans le port;... — Attendu que Cazalis, qui n'était pas sur les lieux, devait s'en rapporter à son mandataire pour tout ce qui concernait la gestion de ses intérêts; que, voyant des sommes portées en compte pour assurance et police, il était en droit de supposer que leurs stipulations étaient assez étendues pour garantir la propriété;... — Par ces motifs, etc. » — Appel par les sieurs Postel et fils. — Arrêt.

LA COUR ; — Attendu qu'il est reconnu que Postel et ses fils étaient les mandataires salariés de Cazalis, par rapport à l'administration du navire *la Minerve*, et que la difficulté est de savoir s'ils ont commis une faute dans leur gestion ; — Attendu que le navire *la Minerve* se trouvait dans le port de Cherbourg, où il devait stationner pendant quelques mois, ayant à subir d'importantes réparations ; qu'il fallait le conduire du bassin du commerce à la cale sèche, et lui faire ainsi parcourir un trajet de 400 à 500 mètres ; que ce parcours devait être accompli à l'heure de la marée, et qu'on pouvait laisser passer le moment opportun ; qu'un échouement offrait du danger, le fond de l'avant-port étant en roche, et n'ayant pas de couche de vase assez épaisse pour que le navire y pût faire sa souille ; que l'événement a justifié ces prévisions ; qu'en effet, le navire a échoué en se rendant à la cale sèche, a été renversé sur le flanc et s'est rompu ; — Attendu qu'il devient aujourd'hui de pratique usuelle de faire assurer les navires contre les divers risques maritimes auxquels ils se trouvent exposés pendant leur séjour dans les ports ; que les compagnies d'assurances ont des formules imprimées et des prix spéciaux pour cette espèce particulière d'assurance ; que, pendant l'administration de Postel et fils, le navire a été quatre fois l'objet de réparations, et que deux fois il a été couvert par une assurance pour séjour dans le port ; que cette mesure de prudence devait d'autant moins être négligée, cette fois, que le navire, fatigué et vieilli, ne présentait plus la même solidité qu'auparavant ; qu'au Havre, le prix de l'assurance n'était que de un quart pour cent, et que, dès lors, l'adoption de la mesure n'aurait occasionné qu'une dépense insignifiante, comparativement aux frais qu'allaient entraîner les réparations du navire ; — Attendu que, de ce qui précède, il résulte que Postel et ses fils, en ne faisant pas assurer le navire *la Minerve* pour le temps de son séjour dans le port de Cherbourg, ont commis une faute, et qu'ils doivent être condamnés à la réparer ; — Adoptant, au surplus, les motifs des premiers juges ; — Confirme.

Du 4 déc. 1872.-C. de Rouen, 1re ch.-MM. Massot, 1er pr.-Pouyer, av. gén.-Godreuil (du barreau du Havre) et Deschamps, av.

288. L'armateur a-t-il le pouvoir de préposer au commandement du navire? Il n'y a pas sur ce point de règle fixe; il faut se référer avant tout à l'intention des parties. Mais, en cas de silence des conventions, nous croyons que le choix du capitaine doit, en principe, appartenir à l'armateur préposé à la gestion et à l'exploitation du navire. — Si l'armateur a le droit de nommer le capitaine, il a évidemment aussi celui de le congédier (Rouen, 16 juin 1853, aff. Sales, D. P. 53. 2. 158; Bordeaux, 1re ch., 25 juin 1860, aff. Ortigé.-MM. de la Séglière, pr.-Couheau, Guimard et Guillorit, av.; Desjardins, *loc. cit.*). Mais ce droit ne pourrait être exercé par le simple affréteur qui se trouve en présence du propriétaire-armateur, qu'autant qu'il aurait été délégué par celui-ci (Req. 6 avr. 1852, aff. Valery, D. P. 52. 1. 149). Le capitaine a pareillement le droit de nommer le subrécargue, si les conventions ne réservent pas ce droit aux propriétaires du navire (Desjardins, *loc. cit.*).

289. M. Desjardins, t. 2, n° 263, expose d'une façon détaillée l'état des principales législations maritimes, en ce qui concerne la situation faite à l'armateur. Les codes hollandais (art. 326 à 340), portugais (art. 1343 à 1360), brésilien, argentin (art. 1048 à 1062), chilien (art. 927 et suiv.), allemand (art. 450, 460 à 466, 476), norvégien (art. 5. Conf. *Revue internationale du droit maritime*, t. 3, p. 630), suédois (art. 13 à 16), finlandais (tit. 2 du code de 1873), espagnol (code de commerce de 1885, art. 594 à 608, *Revue internationale du droit maritime*, p. 399 et 519), donnent une théorie distincte et complète des droits et des obligations de l'armateur. — En Angleterre, l'armateur, appelé *ship's husband* (mari du navire), est un directeur gérant désigné par les propriétaires pour diriger tout ce qui a trait à l'exploitation du bâtiment. M. Desjardins, *loc. cit.*, détermine quelles sont ses fonctions et ses devoirs. — Aux Etats-Unis, le *ship's husband* existe également; mais ses pouvoirs paraissent moins étendus que dans la législation anglaise. Les codes belge, turc, égyptien et italien sont calqués sur la loi française.

290. — III. DE L'ACTION QUI PEUT ÊTRE FORMÉE CONTRE L'ARMATEUR, A RAISON DES FAITS DU CAPITAINE (*Rép.* nos 200 à 228). — On a exposé (*Rép.* nos 200 et suiv.) les controverses qui se sont élevées au sujet de l'étendue de la responsabilité de l'armateur, relativement aux faits du capitaine, et de la responsabilité personnelle de ce dernier, quant à ses fautes propres. En principe, avons-nous dit, le capitaine n'est point personnellement obligé à l'exécution des engagements qu'il a contractés dans l'exercice de ses fonctions, s'il n'a point excédé ses pouvoirs, s'il s'est conformé aux dispositions de la loi, et s'il n'a pas, d'ailleurs, déclaré s'engager directement (*Rép.* n° 201; Boistel, n° 124; Desjardins, t. 2, n° 379). — Il a été jugé, en ce sens, que le capitaine, n'étant que le mandataire légal de l'armateur, les engagements qu'il contracte en cours de voyage en sa qualité de capitaine, pour ce qui concerne le navire et l'expédition, ne l'obligent pas personnellement (Rennes, 16 juin 1860, aff. Maugat, D. P. 61. 2. 161); à moins que son obligation personnelle ne résulte des termes de la convention, de la nature spéciale de l'engagement ou de la commune intention des parties. Ainsi lorsque dans l'acte d'emprunt à la grosse il a pris l'engagement personnel de ne pas laisser débarquer les marchandises avant le remboursement, à moins qu'il ne soit fourni bonne et valable caution, il est responsable des débarquements opérés sans que cette condition ait été remplie (Même arrêt).

291. La jurisprudence admet au surplus qu'il peut être actionné en justice à raison des faits par lui accomplis ou des actes qu'il a consentis dans l'intérêt du navire et de l'expédition; par exemple, à raison soit de travaux de chargement et de déchargement du navire et d'arrimage des marchandises (Req. 10 août 1875, aff. Vincent, D. P. 76. 1. 384);... soit d'avances faites par un courtier, pour permettre au navire de prendre la mer (Req. 10 août 1875) (1);... soit de fournitures de charbon faites pour subvenir aux nécessités du voyage entrepris par le navire

(1) (Vincent C. Manjot.) — Le 4 oct. 1873, le tribunal de commerce de Nantes a rendu un jugement conçu en ces termes : — « Vu l'assignation introductive d'instance du 21 juill. 1873, par laquelle Manjot, courtier maritime à Nantes, appelle devant ce tribunal Robert-Vincent, capitaine du steamer anglais *Stannington* pour s'entendre condamner à lui payer la somme de 3000 fr. pour remboursement de frais et droits payés pour compte dudit navire et courtage, sous réserve de tout règlement définitif et de tous autres droits; — Attendu que Robert-Vincent repousse cette demande, prétendant n'avoir aucun engagement envers Manjot et ne l'avoir jamais invité à régler les droits de tonnage, pilotage et autres, ce qu'il n'a donc pu faire que par convention avec H. Raymond et comp. (affréteurs du navire), que ces droits regardent particulièrement; — Attendu que Robert-Vincent prétend encore que les avances à lui faites par Manjot ne l'ont été que sur les ordres de Raymond et comp.; qu'il n'a donc point à répondre des dettes de Raymond et comp. dont la responsabilité comme affréteurs du *Stannington* est seule engagée; — Attendu que Manjot, courtier du service maritime entre Londres et Nantes, a reçu de H. Raymond et comp., directeurs à Londres, ou de Boutin, leur représentant à Nantes, des instructions au nombre desquelles se trouvait l'ordre d'acquitter les droits et les frais relatifs à la navigation du *Stannington* et de compter certaines sommes au capitaine Robert-Vincent; — Qu'il est impossible d'admettre que le capitaine Vincent ait pu croire que les débours et les soins de Manjot ne fussent qu'une dette personnelle de Raymond et comp., absolument étrangère au navire qui les avait occasionnés; — Attendu que le capitaine Vincent ne formule aucune critique sérieuse contre le compte produit par Manjot, mais qu'il y a lieu, dans l'intérêt du demandeur lui-même, et conformément à son assignation, d'admettre toutes réserves pour le règlement définitif d'entre parties; — Attendu qu'une somme destinée à valoir payement pour toutes condamnations nonobstant appel jusqu'à concurrence de 5000 fr. a été fournie par les propriétaires du *Stannington* pour dégager le navire, saisi conservatoirement; — Par ces motifs, condamne Robert-Vincent, en sa qualité de capitaine du *Stannington*, à payer à Manjot la somme de 3000 fr., avec intérêts de droit et aux dépens, sous réserves de règlement définitif des comptes d'entre parties; — Dit que cette somme sera versée à Manjot sur simple notification du jugement, par Grignon-Dumoulin, qui en a cautionné le payement. » — Appel par le sieur Robert-Vincent. — Le 3 août 1874, arrêt de la cour de Rennes qui confirme le jugement dont il adopte les motifs. — Pourvoi en cassation par le sieur Robert-Vincent pour violation de l'art. 1165 c. civ., et subsidiairement des principes du mandat, et l'art. 216 c. com., en ce que l'arrêt attaqué a condamné le demandeur à payer au sieur Manjot la somme de 3000 fr. à raison des engagements contractés envers ce dernier par MM. Raymond et comp., alors qu'il était complètement étranger à ces engagements, et que d'ailleurs en sa qualité de capitaine, simple mandataire, il ne pourrait être obligé personnellement. — Arrêt.

LA COUR; — Sur le moyen unique, pris de la violation de l'act. 1165 c. civ., et de l'art. 216 c. com. : — Attendu que les faits accomplis et les engagements contractés dans les conditions déterminées par l'art. 216 c. com., affectent exclusivement le navire et le fret, et présentent ainsi un caractère essentiellement réel; — Attendu que le navire est le principal obligé dans les actes de cette nature; qu'au point de vue de l'exécution des engagements ainsi contractés, le capitaine et le propriétaire ou ses affréteurs qui sont à ses droits ne sont plus considérés que comme la personnification du navire et ses représentants nécessaires devant la justice; qu'il suit de là que les tiers qui ont contracté avec le capitaine dans l'intérêt de l'armement, ne peuvent exécuter le navire, leur véritable obligé, qu'après avoir obtenu une condamnation contre les personnes qui représentent le navire; qu'il importe peu, dès lors, que les actes dont l'exécution est poursuivie aient été accomplis ou consentis par le capitaine sur sa seule initiative ou sur l'ordre et avec l'autorisation du propriétaire ou des affréteurs, du moment où ils l'ont été dans l'intérêt du navire et de l'expédition; que l'art. 216 donnant aux tiers qui ont contracté avec le navire en vue de l'expédition deux débiteurs, le capitaine et le propriétaire, il ne saurait dépendre du concert intervenu entre ces derniers de supprimer l'un des deux, et de diminuer ainsi par leur fait les garanties que la loi a établies dans l'intérêt du commerce et de la navigation; — Attendu qu'il résulte de ce qui précède que si le capitaine peut être actionné en justice à raison des faits par lui accomplis, ou des actes qu'il aurait consentis dans l'intérêt du navire et de l'expédition, la condamnation prononcée contre lui en sa qualité de préposé à l'armement ne peut être exécutée que sur le navire, véritable débiteur des obligations ainsi contractées; — Attendu qu'il est reconnu par l'arrêt attaqué que les débours aussi bien que les avances faites par Manjot, courtier maritime, dans les mains du capitaine du *Stannington* l'ont été dans l'intérêt de la navigation de ce navire; que la nature même de ces débours et de ces avances implique que leur remboursement était la condition essentielle pour que le navire pût prendre la mer; — Que le capitaine était aussi intéressé que le propriétaire à ce résultat; — Qu'il suit de là que les dépenses ayant été faites dans l'intérêt de l'armement, Manjot pouvait diriger l'action en remboursement contre le demandeur pris en qualité de capitaine du

(Req. 10 août 1875) (1). Mais la condamnation ainsi prononcée contre lui en sa qualité de préposé à l'armement ne peut être exécutée que sur le navire (Mêmes arrêts).

La demande formée en pareil cas contre le capitaine n'est pas dénuée d'intérêt, bien qu'elle n'ait pas pour objet de le contraindre à exécuter lui-même l'engagement; elle est utile en ce qu'elle permet, comme le dit Pardessus, t. 2, n° 659, d'obtenir une reconnaissance régulière et exacte de l'obligation; car l'armateur qui serait assigné ne manquerait pas de demander la mise en cause du capitaine, afin de faire décider si l'engagement allégué est véritable; l'introduction d'une demande directe contre le capitaine prévient cette sorte d'exception (V. aussi Dageville, t. 2, p. 139; Bédarride, t. 1, n°s 282 et 283; Alauzet, t. 4, n° 1718; Dutruc, sur Devilleneuve et Massé, *Dictionnaire du contentieux commercial et industriel*, v° *Armateur*, n° 16).

292. Il est hors de doute que l'armateur peut être assigné séparément, soit avant, soit après l'instance introduite contre le capitaine, devant le tribunal du lieu de payement du fret (Aix, 17 janv. 1888) (2);... alors même que l'action dirigée contre lui tendrait exclusivement à le faire condamner, comme civilement responsable, au payement d'une condamnation prononcée contre le capitaine, à raison d'une faute commise par celui-ci dans un transport de marchandises (Req. 24 oct. 1888, même affaire, D. P. 89. 1. 312).

293. Que décider quant à la responsabilité découlant de fautes commises dans l'exécution du contrat, spécialement du contrat d'affrètement? Le capitaine oblige-t-il encore, en ce cas, l'armateur vis-à-vis de l'affréteur, sans s'obliger lui-même? Oui, si la faute par suite de laquelle la marche du navire a été entravée émane de l'armateur seul; le capitaine ne peut alors être personnellement actionné, il ne peut l'être qu'en nom qualifié. Mais il en

---

Stannington; — Que c'est aussi en cette qualité et non en son nom personnel que l'arrêt attaqué a condamné Robert-Vincent au remboursement de la somme réclamée par Manjot; — Qu'en le jugeant ainsi ledit arrêt n'a point violé les articles ci-dessus visés; — Rejette.

Du 10 août 1875.-Ch. req.-MM. de Raynal, pr.-d'Oms, rap.-Reverchon, av. gén., c. conf.-Bozérian, av.

(1) (Vincent C. Haas.) — Le 4 oct. 1873, jugement du tribunal de commerce de Nantes ainsi conçu: — « Vu l'assignation introductive d'instance du 21 juill. 1873, par laquelle Haas, négociant à Nantes, appelle devant ce tribunal Robert-Vincent, capitaine du steamer anglais, pour s'entendre condamner à lui payer la somme de 2740 fr. 80 cent., pour fournitures de charbons, faites sur sa demande, pour les besoins du navire; — Attendu que Robert-Vincent repousse cette réclamation, prétendant n'avoir jamais demandé de charbon à Haas, qu'il ne connaît pas, et qui, ayant traité avec Boutin (consignataire des affréteurs à Nantes), doit s'adresser à celui-ci ou à Raymond et comp., affréteurs du *Stannington*; que le capitaine Robert-Vincent soutient à tort qu'il n'avait pas à s'occuper des charbons nécessaires à la machine du *Stannington*; qu'il existe au dossier la preuve qu'il avait instruction de Raymond et comp. de prendre des renseignements avec leur consignataire Boutin pour le charbon dont le *Stannington* pourrait avoir besoin; que, dès lors, l'arrangement pris entre Boutin et Haas l'était de concert avec le capitaine, seul apte à juger des qualités et quantités des combustibles nécessaires à chaque voyage; — Attendu que les factures produites par le capitaine Robert-Vincent et dont il ne critique même pas le chiffre, sont libellées généralement au nom du vapeur *Stannington* ou de la compagnie anglaise *du Stannington*, et que le fait exceptionnel d'une facture au nom de Boutin ne laisse pas le moindre doute sur la livraison au navire; qu'ainsi le capitaine Robert-Vincent, s'il n'a pas, par des difficultés de langage ou d'autres motifs, donné personnellement ses commandes, n'en oblige pas moins son navire pour le payement des dettes ainsi contractées; — Attendu que pour dégager le *Stannington*, saisi conservatoirement, caution a été fournie par les propriétaires, etc.; — Par ces motifs, condamne Robert-Vincent, en qualité de capitaine du *Stannington*, à payer à Haas la somme de 2746 fr.; — Dit que cette somme sera versée à Haas sur simple notification du jugement par Grignon-Dumoulin qui a cautionné le payement ». — Sur l'appel du sieur Robert-Vincent, arrêt de la cour de Rennes du 3 août 1874, qui confirme le jugement par adoption de motifs.

Pourvoi en cassation par le sieur Robert-Vincent. — Même moyen que dans l'espèce ci-dessus. — Arrêt.

La cour; — Sur le moyen unique, pris de la violation de l'art. 1165 c. civ. et de l'art. 216 c. com.: — Attendu que les faits, etc. (comme à l'arrêt qui précède); — Attendu qu'il est constaté par l'arrêt attaqué que le capitaine Robert-Vincent avait reçu de Raymond et comp. des instructions pour prendre avec Boutin des renseignements pour le charbon dont le *Stannington* avait besoin; que les arrangements intervenus entre Boutin et Haas étaient concertés avec le capitaine, seul habile à juger des qualités et des quantités de combustible nécessaire à chaque voyage; que le même arrêt constate que les factures produites par le capitaine Robert-Vincent sont généralement libellées au nom du vapeur *le Stannington* ou de la compagnie anglaise *le Stannington*; — Qu'il suit de là que les charbons ayant été achetés et livrés pour subvenir aux nécessités du voyage qu'allait entreprendre le navire et par conséquent dans l'intérêt du navire et de l'expédition, c'est avec raison que l'arrêt attaqué a condamné le demandeur, en sa qualité de capitaine dudit navire, à rembourser au défendeur éventuel le montant de sa facture; — Rejette, etc.

Du 10 août 1875.-Ch. req.-MM. de Raynal, pr.-d'Oms, rap.-Reverchon, av. gén., c. conf.-Bozérian, av.

(2) (Paul frères C. Flornoy et fils.) — Le 3 juin 1887, jugement du tribunal de commerce de Toulon ainsi conçu: — « Attendu que l'insolvabilité du capitaine Lemerle n'ayant pas permis d'exécuter la condamnation prononcée contre lui, les sieurs Paul frères ont assigné les sieurs Flornoy et fils, armateurs du navire *l'Ernestine* en responsabilité des fautes de leur capitaine et leur demandent le payement de la somme de 1892 fr., à laquelle ledit capitaine Lemerle a été condamné; — Attendu que, sans examiner la question de savoir si l'action des sieurs Paul frères est recevable en la forme et si elle est juste au fond, les cités se bornent à décliner la compétence du tribunal de céans déclarant que le tribunal de commerce de Nantes, leur domicile, doit seul connaître de l'action des sieurs Paul frères; — Attendu que, cette exception n'est pas fondée; qu'en effet l'art. 420, troisième paragraphe, établit d'une façon certaine la compétence du tribunal de céans, pour le différend pendant devant lui; — Attendu qu'en effet ce n'est pas en vertu des règles particulières applicables seulement tant que le navire *l'Ernestine* était à Toulon, mais en vertu des règles ordinaires toujours applicables que MM. Paul frères ont saisi le tribunal de céans; — Attendu que Toulon est bien le lieu du payement partiel du fret et en tous cas le lieu de l'exécution du transport, le lieu de la livraison de l'objet transporté, en ce qui concerne les blés revenant à MM. Paul frères; — Attendu qu'en l'état de ce qui précède, il y a lieu de débouter les sieurs Flornoy et fils de leur exception d'incompétence et de les condamner aux dépens et même à payer des frais frustrés; — Par ces motifs;... — Jugeant en premier ressort, se déclare compétent, retient l'affaire pour être plaidée au fond et condamne les sieurs Flornoy et fils aux dépens de l'incident. » — Appel. — Arrêt.

La cour; — Attendu que le capitaine Lemerle, commandant le navire *l'Ernestine* dont les sieurs Flornoy et fils sont les armateurs, n'ayant pas exécuté la condamnation prononcée contre lui par arrêt de la cour de céans au profit de Paul frères, ces derniers on tactionné devant le tribunal de commerce de Toulon les sieurs Flornoy et fils pour s'entendre condamner à leur payer le montant de la condamnation susénoncée; — Que les sieurs Flornoy et fils ont conclu à l'incompétence de ce tribunal à cause de leur domicile; — Qu'ils ont soutenu que la condamnation dont s'agit était basée sur un quasi-délit du capitaine dont ils seraient civilement responsables aux termes de l'art. 1384 c. civ., et que dès lors la dérogation au droit commun en matière de compétence édictée par l'art. 420 c. proc. civ. ne leur était pas applicable; — Mais attendu que la condamnation intervenue contre le capitaine n'est pas causée par une faute de ce dernier, équivalant à un quasi-délit, mais bien par le fait de son départ du port du Havre postérieurement à l'époque convenue, fait qui constitue une inexécution de ses obligations; — Attendu que, suivant l'art. 216 c. com. l'armateur est tenu des engagements contractés par le capitaine; — Qu'il peut être actionné à raison de cette responsabilité en même temps que le capitaine; que dans ce cas il est certain qu'il aurait pu être cité comme ce dernier par application du troisième paragraphe de l'art. 420 susénoncé devant le tribunal dans l'arrondissement duquel le payement du fret devait être effectué; — Que la situation est la même dans le cas où l'armateur est actionné *séparément, soit avant, soit après* l'instance introduite contre le capitaine, car la demande est toujours motivée sur l'inexécution d'engagements commerciaux dont il répond; — En conséquence, et sans retenir la circonstance visée par les premiers juges que Toulon est le lieu de la livraison qui ne saurait être efficace que si Toulon était en même temps le lieu de la promesse;

Attendu que Toulon est le lieu de payement du fret; que le tribunal de commerce de Toulon s'est à bon droit déclaré compétent;...

Par ces motifs et ceux des premiers juges non contraires aux présents; — Déboute les appelants de leur appel et les condamne à l'amende et aux dépens.

Du 17 janv. 1888.-C. d'Aix.

est autrement, quand elle est l'œuvre du capitaine; celui-ci encourt alors une responsabilité propre, non comme étant tenu en vertu du contrat, mais en vertu du principe général formulé par les art. 1382, 1383 c. civ., 221 et 222 c. com. (Desjardins, t. 2, n° 377. V. cependant : de Courcy, t. 2, p. 113). Quant à l'armateur, il est également obligé, mais seulement aux termes de l'art. 216 c. com., et dans la limite tracée par cet article. Nul doute, d'ailleurs, qu'ils ne puissent alors être actionnés l'un et l'autre pour la totalité de l'indemnité à obtenir.

Enfin, quand l'armateur et le capitaine sont tous les deux en faute, ils sont tous les deux passibles de l'indemnité. Quant à l'armateur s'il est obligé au payement total de la somme allouée à titre de dédommagement, alors même que la faute commise par le capitaine lui est étrangère, à plus forte raison est-il obligé quand il y a participé; tenu pour partie à raison de la responsabilité qu'il a directement encourue, il est tenu pour le surplus comme étant civilement responsable du fait du capitaine. — Que doit-on décider à l'égard de celui-ci? La faute qu'il a commise n'ayant occasionné que pour partie les entraves que le voyage a subies et le préjudice qu'a éprouvé l'affréteur, devra-t-il contribuer à sa réparation pour une part supérieure à celle pour laquelle il y a coopéré? La question doit être, en ce qui le concerne, résolue comme elle l'est généralement par rapport à tous ceux qui, pour avoir concouru à l'accomplissement d'un fait dommageable, encourent une responsabilité collective. Si la part de responsabilité qui incombe au capitaine est nettement appréciable, il n'est passible que pour partie des condamnations prononcées au profit de l'affréteur. Au contraire, quand il y a impossibilité de déterminer dans quelle mesure le dommage peut être attribué au fait du capitaine, alors l'obligation de chacun au payement de l'indemnité existe *in solidum*. C'est ce qui résulte d'un arrêt (Req. 6 juin 1882, aff. Lacotte, D. P. 83. 1. 49), aux termes duquel, toutes les fois que le préjudice causé à l'affréteur par le retardement provient tant de la faute du capitaine que de celle de l'armateur, et qu'il n'est pas d'ailleurs possible de déterminer la proportion pour laquelle la faute de chacun contribue au dommage total, les tribunaux peuvent condamner l'armateur et le capitaine au payement intégral de la somme allouée à l'affréteur. Cette décision est, d'ailleurs, conforme à une jurisprudence constante et à l'opinion à peu près unanime des auteurs (Req. 20 juill. 1852, aff. Lazare Cerf, D. P. 52. 1. 248; Civ. cass. 29 déc. 1852, aff. Gallibert, D. P. 53. 1. 49; Civ. rej. 30 juin 1869, aff. Ferret, D. P. 69. 1. 336; Req. 15 janv. 1878, aff. Casamayau, D. P. 78. 1. 152; *Rép.* v° *Responsabilité*, n°s 243 et suiv.; Aubry et Rau, *Droit civil français*, t. 4, § 298 *ter*, texte et note 16; Demolombe, *Traité des contrats*, t. 3, n°s 279 et suiv., ainsi que les autorités citées par ces auteurs; Baudry-Lacantinerie, *Précis de droit civil*, t. 2, n° 946).

294. Le propriétaire n'est évidemment tenu des engagements contractés par le capitaine qu'autant qu'il s'agit d'actes accomplis par lui en cette qualité; les expressions de l'art. 216 « pour ce qui est relatif au navire et à l'expédition » ne peuvent laisser aucun doute sur ce point. C'est ainsi que l'on décide que, dans le cas, où le capitaine autorisé du propriétaire, conformément aux art. 239 et 251, a reçu d'un tiers une *pacotille* qu'il est chargé de vendre (V. *infrà*, n°s 694 et 762), la responsabilité qu'il peut encourir dans l'exécution du mandat ne saurait rejaillir sur le propriétaire (Trib. com. Marseille, 10 janv. 1821, aff. Croce et Cusson C. Jouvin, *Recueil de Marseille*, t. 3, 1. 98; Rouen, 2 juill. 1851, aff. Giret C. Marziou, *ibid.*, t. 30, 2. 89; Laurin, t. 1, p. 619; Desjardins, t. 2, n° 267; Lyon-Caen et Renault, t. 2, n° 1653).

295. Chargé de la direction d'un navire déterminé, le capitaine ne représente l'armateur que relativement à ce navire et pour le voyage en vue duquel il a été affrété, et l'on ne saurait étendre son mandat à d'autres expéditions à accomplir avec d'autres navires, sous prétexte qu'elles font partie d'une entreprise générale pour laquelle l'armateur a fait avec divers affréteurs une convention à laquelle le capitaine est lui-même resté complètement étranger. Il résulte nécessairement de là que le capitaine est sans pouvoir, en ce qui concerne ces autres navires, aussi bien pour payer ce que peut devoir l'armateur que pour recevoir ce qui peut lui être dû. — Jugé, en conséquence, que l'affréteur d'un navire ne peut opposer, en compensation, à la demande formée contre lui par le capitaine de ce navire en payement du montant du fret, les avances qu'il a faites à l'armateur pour l'aménagement d'un autre navire, et, cela, encore bien que la charte partie relative à ce second navire ne soit, comme celle concernant le premier, que l'exécution d'une convention générale intervenue entre l'armateur et l'affréteur pour un transport à effectuer sur plusieurs navires en différents voyages, si le capitaine n'a été ni partie, ni même présent à cette convention (Rouen, 26 janv. 1880, aff. Tollefsen, D. P. 80. 2. 179).

296. On a expliqué au *Rép.* n°s 203 et suiv. que, depuis la promulgation de la loi du 15 juin 1841, le droit accordé au propriétaire de s'affranchir, par l'abandon du navire et du fret, des obligations à lui imposées comme responsable des faits du capitaine, s'applique d'une manière générale et sans distinction, à tous les engagements pris par celui-ci pour ce qui est relatif au navire et à l'expédition, et non pas seulement à ceux résultant de faits illicites (Req. 31 déc. 1856, aff. Belloni, D. P. 57. 1. 188). — C'est ainsi que le propriétaire d'un navire peut s'affranchir par l'abandon du navire et du fret... des obligations résultant à sa charge d'un contrat passé en dehors de lui, et aux termes duquel un tiers s'est porté caution du capitaine à l'effet de dégager le navire d'une saisie occasionnée par un fait exclusivement imputable à ce dernier (Req. 10 août 1869, aff. Poisson, D. P. 72. 1. 79);... de l'obligation de rembourser les sommes avancées par le capitaine pour sa nourriture ou celle de l'équipage (Bordeaux, 1er août 1853, aff. de Beauséjour, D. P. 57. 2. 43);... de l'obligation de payer au second un supplément de solde (à supposer qu'il y eût droit), à raison de ce qu'il a pris le commandement du navire abandonné par le capitaine. (Même arrêt);... de l'obligation d'indemniser de la perte de leurs bagages les passagers, même non-commerçants, en cas de sinistre survenu par la faute du capitaine (Paris, 24 mai 1862, aff. Risk-Allah-Effendi, D. P. 62. 2. 175);... de l'obligation de rembourser un emprunt à la grosse contracté par le capitaine pour faire face aux réparations nécessitées par la vice propre du navire, l'art. 326 c. com. ne dérogeant pas, dans ce cas, à la disposition générale et absolue de l'art. 216 c. com. (Caen, 13 mai 1862) (1).

(1) (Hauvet C. Saint-Ange-Couperie.) — LA COUR; — Considérant qu'en fait l'emprunt à la grosse dont il s'agit fut contracté à Calcutta par le capitaine du *François-Hervé*, en vertu de l'autorisation du consul de France, conformément à l'art. 234 c. com., pour faire au navire toutes les réparations dont il avait besoin; et qu'en droit l'art. 216 du même code autorise le propriétaire à se dégager de toutes les obligations prises par le capitaine, en abandonnant le navire et le fret; — Que cet article, tel qu'il a été revisé par la loi du 14 juin 1841, est général et absolu, et qu'il n'est pas permis d'en restreindre l'application par des exceptions que la loi elle-même n'a pas créées; — Qu'il est vrai que l'art. 326 dispose que les déchets, diminutions et pertes qui arrivent par le vice propre de la chose, ne sont point à la charge du prêteur à la grosse; mais que cette disposition ne modifie en aucune façon l'art. 216, et qu'elle s'explique parfaitement sans cela; qu'en effet, d'abord le prêt à la grosse peut avoir lieu sur autre chose que les corps et quilles du navire; qu'en second lieu, dans le cas d'emprunt sur le corps du navire, cet emprunt peut être contracté par le propriétaire lui-même; qu'en troisième ordre l'abandon autorisé par l'art. 216 n'est que facultatif; que souvent le propriétaire aura intérêt à n'en point user, et que, dans tous les cas, il était nécessaire de dire à la charge de qui, du prêteur ou de l'emprunteur, seraient les pertes provenant du vice propre de la chose affectée; qu'enfin il l'était encore même en cas d'*abandon*, lequel, à la différence du *délaissement* autorisé par l'art. 369, ne transfère pas la propriété du navire et ne donne au prêteur que le droit de se présenter avec les autres créanciers, pour se faire payer sur le prix à provenir de la vente du navire; qu'en un mot, l'art. 326, en décidant la question de savoir si les pertes résultant du vice propre étaient ou non à la charge du prêteur à la grosse, ne s'est nullement préoccupé de celle de savoir comment et par qui le prêt avait été contracté, comment et sur qui le prêteur pourrait exercer son action pour se faire rembourser; qu'il s'est borné à régler d'une façon générale à cet égard les droits du prêteur sans parler du mode de libération de l'emprunteur; qu'il se concilie donc parfaitement avec l'art. 216 considéré comme absolu et sans exception, et que, dès lors, il ne porte aucune atteinte au droit d'abandon autorisé par ce dernier arti-

297. L'abandon du navire peut avoir lieu, même en cas de perte totale (Rouen, 16 déc. 1868, aff. Poisson, D. P. 72. 1. 79 ; Trib. com. Havre, 6 avr. 1870, *Recueil de Marseille*, 1872. 2. 246) ; ainsi le propriétaire ou armateur d'un navire peut se soustraire à la responsabilité des faits du capitaine par l'abandon du navire et du fret, alors même que le navire a totalement péri dans le sinistre (Paris, 24 mai 1862, aff. Hisk-Allah-Effendi, D. P. 62. 2. 175) : « Attendu, dit parfaitement cet arrêt, que l'abandon noxal, autorisé par la loi, ne suppose pas que la chose qui en doit être l'objet ait continué à exister après l'événement qui a causé le dommage ; qu'il suffit que sa perte ne soit pas le résultat d'un fait nouveau, imputable au maître. »

298. Le propriétaire d'un navire, condamné comme civilement responsable des suites du naufrage d'un bâtiment causé par la faute et l'imprudence du capitaine, à des dommages-intérêts et à une pension envers la veuve et les enfants du maître mécanicien du bâtiment naufragé mort dans le sinistre, a également le droit de faire abandon du navire, pour se décharger de cette responsabilité civile (Poitiers, 23 févr. 1876, aff. d'Orbigny, D. P. 76. 2. 132).

299. Par application du principe que le propriétaire d'un navire ne peut pas user de la faculté d'abandon résultant de l'art. 216, pour se libérer de ses engagements personnels (*Rép.* n° 206 ; Alauzet, t. 5, n° 1712 ; Laurin, t. 1, p. 349 ; Desjardins, t. 2, n° 283 ; Lyon-Caen et Renault, t. 2, n° 1663 ; de Valroger, t. 1, n° 256), il a été jugé que l'armateur ou propriétaire d'un navire ne peut pas s'exonérer, par l'abandon du navire et du fret, des engagements qu'il a contractés par rapport aux frais de rapatriement et aux loyers des matelots, soit en se soumettant aux stipulations insérées à cet effet dans le rôle d'équipage, soit en encaissant les frets affectés au payement desdits frais et loyers (Décr. 7 avr. 1860, art. 14) (Rouen, 16 juill. 1873, aff. Martineau et Chauvet, D. P. 74. 2. 174 ; 2 août 1873, aff. David Vander Cruyce, D. P. 74. 2. 179). Cet affranchissement ne résulterait pas non plus de ce qu'il aurait, avant la fin de l'expédition, cédé sa part dans la propriété du navire, alors que cette cession n'a été inscrite ni au dos de l'acte de francisation, ni sur les registres matricules de la marine (Arrêt précité du 16 juill. 1873). Et tous les coobligés doivent être condamnés solidairement au payement de cette double dette, quel que soit le montant de leurs intérêts respectifs dans la propriété du navire, lorsqu'il est constant que chacun d'eux a encaissé une part de fret excédant le chiffre total des dettes dont il s'agit. La circonstance que l'un deux se serait libéré entre les mains des autres de la portion des frets pour lui encaissée, ne l'affranchirait pas de l'obligation personnelle provenant de sa soumission aux stipulations du rôle d'armement (Même arrêt. Comp. Rennes, 30 août 1866, aff. Allard, D. P. 68. 2. 25). — Jugé, de même, que le propriétaire du navire doit être considéré comme soumis à une obligation personnelle et directe, exclusive de la faculté d'abandon de son navire, à l'égard des salaires dus aux marins embarqués sur un navire dont l'équipage a été formé dans le lieu même de la demeure de ce propriétaire, l'engagement des hommes qui le composent étant alors réputé fait conjointement par le capitaine et par le propriétaire armateur (Bordeaux, 1er août 1855, aff. Marziou, D. P. 57. 2. 43 ; Civ. cass. 30 août 1859, aff. Poillon, D. P. 59. 1. 350 ; 10 juin 1879, aff. Pellolio, D. P. 79. 1. 339 ; Trib. com. Marseille, 22 juin 1859, aff. Anfonso *C.* Jullien, *Recueil de Marseille*, t. 37. 1. 195 ; 25 mars 1862, aff. Delong *C.* Rodocanachi, *ibid.*, 1862. 1. 126 ; 16 oct. 1868, aff. Cussino *C.* Hermitte, 1869. 1. 28. Conf. Pilleau, *Engagement des gens de mer*, p. 73 ; Bédarride, n° 298 ; Desjardins, t. 2, n° 283 ; Laurin, t. 1, p. 628 ; Alauzet, n° 1712 ; Caumont, v° *Abandon*, n° 65. Comp. Civ. rej. 8 janv. 1878, aff. Demalvilain, D. P. 79. 1. 457).

300. Le propriétaire ne peut non plus, comme étant directement obligé, s'exonérer par l'abandon du navire et du fret : de l'obligation de restituer à l'affréteur la portion de fret qu'il s'est fait avancer, avec engagement de la rendre en cas de non-livraison du chargement (Req. 4 juill. 1864, aff. Gay, D. P. 64. 1. 259) ; ... ni de l'obligation de payer les salaires dus aux marins embarqués sur un navire dont l'équipage a été formé dans le lieu même de la demeure du propriétaire, l'engagement des hommes qui le composent étant alors réputé fait conjointement par le capitaine et par le propriétaire armateur (Bordeaux, 1er août 1853, aff. de Beauséjour, D. P. 57. 2. 43 ; Civ. cass. 30 août 1859, cité *suprà*, n° 299) ; ... ni de l'obligation de rembourser aux gens de l'équipage les dépenses par eux faites pour leur propre nourriture, par suite du dénuement du navire (Arrêt précité du 1er août 1853) ; ... ni de l'obligation de payer les fournitures de victuailles, si le propriétaire se trouve être personnellement obligé envers les fournisseurs, par exemple, s'il est établi qu'il existait entre lui et ses agents qui ont traité avec les fournisseurs, une participation pour l'exploitation de la ligne desservie par les navires auxquels les fournitures ont été faites (Trib. com. Marseille, 29 juill. 1887, aff. Grand Canary, Coaling et comp., *Revue internationale du droit maritime*, t. 3, p. 317) ; ... ni de l'obligation de rembourser à l'affréteur les dépenses qu'il a faites pour réparer un vice propre du navire personnellement imputable à ce propriétaire (Req. 11 avr. 1870, aff. Lopez, D. P. 72. 1. 54). — Cette dernière décision n'est point en contradiction avec l'arrêt de la cour de Caen du 13 mai 1862, cité *suprà*, n° 296 ; les espèces sont différentes. Dans celle de l'arrêt de 1862, le vice propre constaté au retour du navire provenait de la manière défectueuse dont il avait été réparé en cours de voyage, et ne pouvait, en conséquence, comme dans l'espèce jugée en 1870, être imputé aux propriétaires (Conf. Arthur Desjardins, t. 2, n° 283).

301. Il a été jugé encore que le copropriétaire d'un navire sur lequel le capitaine a fait un emprunt à la grosse est personnellement responsable envers le prêteur de la perte de ce navire, et, par suite, se trouve déchu de la faculté d'abandon, lorsque cette perte est arrivée par suite d'un changement de route que le capitaine a commencé et que ce copropriétaire a continué, après avoir succédé, en qua-

cle ; — Qu'on ne saurait argumenter des dispositions relatives au délaissement qui peut, en certains cas, être fait aux assureurs ; que le droit de délaissement prévu par l'art. 369 est accordé à l'assuré, quoique son engagement envers les assureurs émane de son fait personnel ; que c'est donc une faculté plus exorbitante que celle de l'art. 216, et que, par cela même, il était juste de la soumettre à des conditions spéciales ; que, d'ailleurs, le résultat du délaissement est d'obliger l'assureur à payer la somme pour laquelle le navire a été assuré et par conséquent d'affranchir le propriétaire de toute perte, tandis que l'abandon laisse le propriétaire en perte de la totalité de son navire et le met seulement à l'abri d'une autre perte qu'il serait obligé de supporter aux dépens de sa fortune de terre ; qu'il n'y a donc aucun argument à tirer d'un cas à l'autre ; — Considérant qu'il y a d'autant plus lieu d'admettre l'abandon dans l'espèce actuelle, que le vice propre constaté à Cherbourg provenait réellement de la manière très défectueuse dont les réparations avaient été faites à Calcutta ; qu'à la vérité, à l'arrivé de ce navire à Calcutta, après avoir éprouvé de violents coups de vent, il fut constaté que les dégradations qu'il avait éprouvées étaient dues, au moins en grande partie, au vice propre de la construction ; mais que c'était précisément pour y remédier par de bonnes réparations que l'emprunt à la grosse de la somme énorme de 37000 roupies, c'est-à-dire de 92500 fr., avait été autorisé par le consul de France ; que si ces réparations avaient effectivement été faites comme elles doivent l'être, le navire se serait trouvé dans un état tout à fait satisfaisant ; mais que, dans un dernier procès-verbal d'expertise, ordonné par jugement du tribunal de commerce de Cherbourg en date du 7 janvier 1860, déposé au greffe le 12 du même mois et communiqué par Hauvet devant la cour, les experts ont émis l'avis unanime que les réparations exécutées à Calcutta furent faites avec la plus grande *incurie, de la manière la plus inintelligente et pouvant compromettre la solidité du navire, enfin d'une manière déplorable* ; que la faute de n'avoir point fait disparaître complètement et même d'avoir, en quelque sorte, créé par de mauvaises réparations le vice propre du navire, ne peut être imputée au propriétaire qui y était tout à fait étranger, mais uniquement soit au capitaine, soit aux consignataires, qui, étant en même temps les prêteurs à la grosse, devaient en cette double qualité surveiller l'emploi de la somme prêtée ; que si elle doit être imputée à ces derniers, il est clair qu'ils ne peuvent s'en prévaloir ; et que si la négligence vient du capitaine, c'est précisément l'un des cas que l'art. 216 a eu en vue lorsqu'il a permis au propriétaire de mettre sa responsabilité à couvert par l'abandon du navire et du fret ; — Par ces motifs, etc.

Du 13 mai 1862.-C. de Caen, 4e ch.-MM. Binard, pr.-Jardin, av. gén.-Trébutien et Goubeau (du barreau de Bordeaux), av.

lité de second du navire, au capitaine décédé, bien qu'il eût connaissance de l'emprunt (Civ. rej. 30 juin 1869, aff. Ferret, D. P. 69. 1. 336).

302. Mais le propriétaire d'un navire chargé, par contrat passé avec l'administration des postes, du transport des dépêches de cette administration, ne contracte aucune responsabilité spéciale à cet égard et s'oblige seulement à un transport maritime dans les termes du droit commun ; il n'est donc tenu, en cas d'abordage, que de réparer le dommage arrivé par cas fortuit ou par la faute de son capitaine, et, dès lors, il peut se décharger de cette responsabilité en abandonnant le navire et le fret (Paris, 9 juill. 1872, aff. Valéry, D. P. 74. 2. 193). Décidé, au contraire, que l'armateur, concessionnaire d'une entreprise de transport de dépêches, contracte, en cette qualité, et pour l'exécution de son marché, une obligation directe et personnelle ; en conséquence, si les dépêches sont perdues par suite d'un naufrage, il ne peut être admis à se libérer de toute responsabilité par l'abandon du navire et du fret (Cons. d'Et. 8 mai 1874, aff. Valéry, D. P. 75. 3. 32. V. *Postes* ; — *Rép.* cod. v°, n° 18).

303. Il n'y a pas non plus engagement personnel de l'armateur à l'égard du propriétaire d'un chargement, emportant déchéance de la faculté d'abandon, par cela seul que c'est à lui ou à son agent, et non au capitaine, que les marchandises ont été remises à l'origine, et que c'est avec lui ou avec son agent qu'a été passé le contrat relatif au transport, la personnalité de l'armateur s'effaçant devant celle du capitaine auquel il ne peut se dispenser de confier l'exécution du contrat (Civ. rej. 22 mai 1867, aff. Sarrat, D. P. 67. 1. 212) ; ... Il en est surtout ainsi lorsque, en recevant les marchandises, l'armateur ou son agent a déclaré n'agir que pour le compte du capitaine et en son nom, comme l'ont constaté les connaissements qui ont suivi (Même arrêt).

304. L'art. 216, lorsqu'il accorde au propriétaire du navire la faculté d'abandon, suppose des actes faits par le capitaine, en vertu du mandat général qui lui a été donné, par cela même que le commandement du navire lui a été confié. Mais cet article est étranger aux actes que le capitaine fait en vertu d'un mandat spécial et formel, par exemple, en vertu du mandat qui lui aurait été donné de gérer la cargaison ou de se livrer à des opérations commerciales pour le compte de ses commettants (Desjardins, t. 2, n° 283 ; Bédarride, t. 1, n° 285) ;... ou en vertu du mandat d'assurer le navire (Desjardins et Bédarride, *loc. cit.* ; Alauzet, t. 5, n° 1713 ; Demangeat, t. 4, p. 156 ; de Courcy, t. 2, p. 59 ; de Valroger, t. 1, n° 252 ; Boistel, n° 1188 ; Lyon-Caen et Renault, t. 2, n° 1663). — Jugé, en conséquence, que le propriétaire ne peut, dans ce cas, se libérer, par l'abandon, de l'obligation de payer les primes (Trib. com. Marseille, 25 mars 1862, aff. Delong *C.* Rodocanachi, *Recueil de Marseille*, 1862. 1. 126 ; 7 janv. 1869, aff. Sirischierich *C.* Martinengo de Nowack, *ibid.*, 1869. 1. 66 ; V. Cauvet, n° 67).

305. La faculté d'abandon cesse encore si l'obligation, d'abord contractée par le capitaine, est *ratifiée* par le propriétaire ; c'est alors comme si celui-ci avait agi lui-même (Desjardins, t. 2, n° 284. Conf. Rennes, 16 juin 1860, aff. Maugat, D. P. 61. 2. 161 ; Req. 7 nov. 1854, aff. Marsaud, D. P. 54. 1. 437). Il en est ainsi, notamment, à l'égard d'un emprunt à la grosse, si le propriétaire, après s'être rendu sur le lieu du sinistre qui l'a motivé, en a reconnu la nécessité, ... alors surtout qu'après avoir été informé du montant, de la forme et des conditions de l'emprunt contracté, il a laissé le capitaine débarquer les marchandises qui en étaient le gage, les remettre aux destinataires, toucher le fret, et qu'il a expédié son navire, sous un autre capitaine, pour une nouvelle opération, après en avoir retiré quelques agrès (Arrêt précité du 16 juin 1860).

306. Tout propriétaire de navire, civilement responsable des faits du capitaine, peut se libérer par l'abandon du navire et du fret, quelle que soit la personne, naturelle ou civile, commerçante ou non, qui l'actionne ; ainsi la faculté d'abandon est opposable à l'État qui actionne l'armateur à raison de la perte d'un bateau-pilote coulé par le fait du capitaine du navire, l'Etat, malgré l'affectation du bateau-pilote à un service public, exerçant son action comme personne civile et non comme pouvoir public (C. cass. Belgique, 24 nov. 1881) (1). — Jugé, encore, que la faculté d'abandon est opposable même aux non-commerçants, spécialement au passager qui actionne l'armateur ou le propriétaire du navire à raison de la perte de ses bagages dans un sinistre arrivé par la faute du capitaine (Paris, 24 mai 1862, aff. Risk-Allah-Effendi, D. P. 62. 2. 175. Conf. Laurin, t. 1. p. 625 ; Arthur Desjardins, t. 2, n° 280). — Décidé, à l'inverse, que la compagnie des messageries nationales, malgré le monopole qu'elle exerce, la subvention qui lui est accordée et la régularité du service auquel elle est astreinte, est recevable, comme tout autre propriétaire de navires, à réclamer, le cas échéant, le bénéfice de l'art. 216 c. com. (Paris, 24 mai 1862, précité ; Civ. rej. 22 mai 1867, aff. Sarrat, D. P. 67. 1. 212. Conf. Civ. cass. 8 mars 1865, aff. Grosset-Grangé, D. P. 65. 1. 131 ; 1er mai 1865, aff. Colin, D. P. 65. 1. 271).

307. Il a été décidé que la faculté accordée au propriétaire d'un navire d'en faire l'abandon pour se libérer de la responsabilité civile des faits du capitaine relatifs à ce navire et à l'expédition, est inapplicable au cas où il s'agit d'un bateau hors de service, et conduit à une faible distance pour être déchiré ; la responsabilité civile des dommages causés durant le trajet par ce bateau doit être réglée suivant le droit commun (Civ. cass. 25 nov. 1851, aff. Poulin, D. P. 52. 1. 8).

308. L'art. 216 c. com., modifié déjà par la loi du 14 juin 1841 (*Rép.* n° 204), l'a été de nouveau par la loi du 12 août 1885 (D. P. 86. 4. 22), rendue applicable aux colonies par décret du 2 sept. 1887 (*Journ. off.* du 15 sept. 1887). Le changement apporté par cette dernière loi consiste uniquement dans l'addition des deux derniers alinéas, ainsi conçus : « En cas de naufrage du navire dans un port de mer ou havre, dans un port maritime ou dans les eaux qui leur servent d'accès, comme aussi en cas d'avaries causées par le navire aux ouvrages d'un port, le propriétaire du navire peut se libérer, même envers l'Etat, de toute dépense d'extraction ou de réparation, ainsi que de tous dommages-intérêts, par l'abandon du navire et du fret des marchandises à bord. — La même faculté appartient au capitaine qui est propriétaire ou copropriétaire du navire, à moins qu'il ne soit prouvé que l'accident a été occasionné par sa faute ». — Les motifs de cette addition sont expliqués, en ces termes, dans le rapport de M. Griolet au conseil d'Etat, sur le projet de loi (D. P. 86. 4. 22, note 4) : « Il arrive quelquefois qu'un navire coule à fond dans un port ou dans les eaux servant d'accès à un port. En pareil cas, l'administration des ponts

(1) (L'Etat belge *C.* Frutsaert.) — LA COUR ; — Sur le seul moyen de cassation : violation des art. 1382, 1384 et 2092 c. civ., et fausse application du paragraphe 2 de l'art. 7 de la loi du 21 août 1879 (reproduisant la loi du 19 juin 1855, qui avait modifié l'art. 216 c. com. de 1808), en ce que l'arrêt dénoncé admet la veuve et les héritiers Frutsaert au bénéfice de l'abandon contre l'Etat, comme si celui-ci était une personne privée, commerciale, et qu'il a violé les règles du droit commun en matière de responsabilité civile : — Considérant que, suivant la loi du 19 juin 1855, reproduite par l'art. 7 de la loi du 21 août 1879, tout propriétaire de navire, civilement responsable des faits du capitaine et tenu des engagements contractés par ce dernier pour ce qui est relatif au navire et à l'expédition, peut, dans tous les cas, s'affranchir de ces obligations par l'abandon du navire et du fret ; — Considérant que, si cette exception aux règles de droit commun est de stricte interprétation, elle doit recevoir néanmoins toute l'application que ses termes comportent ; — Considérant que, dans l'intérêt du commerce maritime, cette exception borne à l'abandon du navire et du fret la responsabilité de tout propriétaire de navire, quelle que soit la personne, naturelle ou civile, commerçante ou non commerçante, qui l'actionne ; — Considérant que l'Etat, en qualité de propriétaire du bateau-pilote coulé par la chaloupe de pêche de la partie défenderesse, a cité celle-ci devant le tribunal de commerce d'Ostende, en réparation du dommage ; que, dans l'instance, bien que le bateau-pilote fût affecté à un service public, l'Etat agit, non pas comme pouvoir public, mais comme personne civile ; — Considérant qu'aucune disposition de la loi ne lui fait une position privilégiée à l'égard du propriétaire de navire civilement responsable des faits et des engagements du capitaine ; — Considérant qu'il suit de là que, loin d'avoir contrevenu à la loi, l'arrêt attaqué en a fait une juste application ; — Rejette, etc.

Du 24 nov. 1881.-C. cass. de Belgique, 1re ch.-MM. de Longé, pr.-Lejeune, Dolez et Delecourt (du barreau de Gand), av.

et chaussées, chargée de veiller à la conservation et à la police des ports maritimes de commerce, fait immédiatement enjoindre au propriétaire du navire d'avoir à procéder à l'extraction du navire ou de ses débris. A défaut par le propriétaire du navire d'obtempérer à cette mise en demeure, l'Administration fait opérer l'extraction d'office et elle poursuit ensuite contre le propriétaire le recouvrement des dépenses effectuées. Le refus du propriétaire constituant, aux termes des lois et règlements relatifs à la police des ports maritimes, une contravention de grande voirie, c'est devant le conseil de préfecture que la demande de l'Administration est portée, sauf recours au conseil d'Etat. Les armateurs ont prétendu qu'ils étaient fondés, en pareil cas, à opposer à l'Administration les dispositions de l'art. 216 c. com., qui autorise le propriétaire du navire à se libérer, par l'abandon du navire et du fret, de toute obligation résultant des faits du capitaine ou des engagements contractés par lui pour ce qui est relatif au navire ou à l'expédition. Mais les conseils de préfecture et le conseil d'Etat ont toujours repoussé ce moyen, et les armateurs ont eu quelquefois à payer des sommes considérables pour le remboursement des frais d'extraction de leurs navires (Cons. d'Et. 8 janv. 1863, *Rép.* v° *Organisation maritime*, n°s 822 et 879; Conf. Cons. d'Et. 8 févr. 1864, aff. Fessard et Guérin, *Rec. Cons. d'Et.* p. 118; 15 juin 1870, aff. Grenet, *ibid.*, p. 782) ». Après avoir montré que cette jurisprudence était conforme aux principes, le rapporteur ajoute « qu'au point de vue de l'hypothèse dont il s'agit, l'art. 216 c. com. paraît véritablement incomplet. En limitant à la valeur du navire et du fret la responsabilité de l'armateur, non seulement à raison des faits illicites du capitaine, mais encore à raison des engagements contractés par lui dans l'intérêt du navire et de l'expédition, le législateur a voulu affranchir les autres biens et la personne de l'armateur de toutes les obligations se rattachant à l'expédition, à l'exception seulement de celles qui auraient été contractées par l'armateur lui-même. C'est en ce sens qu'il est vrai de dire que, pour l'armateur, la fortune de mer est séparée de la fortune de terre. Or, s'il est une obligation dont l'armateur doive être ainsi dégagé, n'est-ce pas celle qui lui incombe à raison de sa seule qualité de propriétaire, comme lorsque, en cas d'échouement dans le port, il est tenu de supporter les frais d'extraction de sa chose? Aux obligations résultant du fait illicite du capitaine et à celles résultant des engagements du capitaine, qui sont prévues par le texte actuel de l'art. 216, il est logique et juste d'ajouter une obligation qui résulte de l'existence même du navire. Il n'y a pas d'hypothèse où l'on puisse mieux comprendre la libération par l'abandon; il n'en est pas qui rappelle mieux l'antique abandon noxal. » — Jugé que, lorsque le propriétaire d'un navire échoué dans le chenal d'un port, mis en demeure d'opérer le renflouement, déclare faire l'abandon de ce navire et du fret, aucune contravention ne peut être relevée à sa charge (Cons. d'Et. 27 mai 1887, aff. Chégaray, D. P. 88. 3. 95).

309. « Les dispositions relatives à l'échouement dans un port, dit encore M. Griolet dans son rapport, doivent évidemment être appliquées à la responsabilité que le propriétaire peut encourir à raison des dommages causés par le navire aux ouvrages du port. La section estime qu'aujourd'hui même, sous l'empire du texte actuel de l'art. 216 c. com., le propriétaire pourrait, dans cette hypothèse, se libérer par l'abandon du navire et du fret. Alors, en effet, il est poursuivi, non pas en son nom personnel, mais comme civilement responsable du fait du capitaine qui est l'auteur du dommage et qui est personnellement tenu de le réparer, à moins que l'accident ne soit arrivé par force majeure, auquel cas ni le capitaine ni le propriétaire ne peuvent être obligés. Mais il a paru utile, surtout à raison des doutes qui se sont produits devant la commission de la marine marchande, de résoudre la question par une disposition formelle. »

310. La loi nouvelle, dans l'hypothèse qu'elle prévoit, restreint le fret à abandonner aux marchandises qui se trouvent à bord. « Lorsque le propriétaire du navire, a dit le rapporteur de la loi, veut se libérer des conséquences des faits du capitaine ou des engagements contractés par lui, c'est tout le fret du voyage qu'il doit abandonner. Il ne saurait, en effet, se soustraire aux charges de l'expédition sans renoncer à tous les bénéfices qu'elle a pu produire. Mais ici l'obligation résultant, pour ainsi dire, du fait du navire lui-même, il a semblé possible et juste de limiter le fret à abandonner au prix du transport *des marchandises chargées sur le navire au moment où l'accident est arrivé*. Le propriétaire sera ainsi autorisé à conserver le fret des marchandises qu'il a pu débarquer aux escales précédentes ».

311. Le sens des mots « *dans un port maritime* » employés dans le quatrième alinéa du nouvel art. 216 a été ainsi expliqué par le rapporteur de la commission sénatoriale, dans la séance du 9 juill. 1885 : « Ce que nous voulons, c'est que l'art. 216 ne reçoive pas exclusivement son application dans les ports formés par la mer, dans les ports de mer. Nous avons employé l'expression de *port maritime*, parce qu'à côté des ports de mer, il y a les ports maritimes qui peuvent être situés à une certaine distance de la mer. En un mot, la disposition s'applique à tous les ports où se fait le commerce maritime, où il existe une administration maritime ».

312. Le propriétaire répond non seulement des fautes du capitaine, mais encore de celles des gens de l'équipage (Rouen, 8 avr. 1864 (1); Laurin, t. 1, p. 620; Desjardins, t. 2, n° 274; Lyon-Caen et Renault, t. 2, n° 1654). Spécialement, il est responsable des accidents causés par l'explosion de la machine à vapeur, quand cette explosion doit être attribuée à l'imprudence du mécanicien et du chauffeur, le mécanicien et le chauffeur d'un bâtiment à vapeur étant, comme les autres gens de l'équipage, sous la direction et l'autorité du capitaine (Req. 29 mars 1854, aff. Valéry, D. P. 54. 1. 235);... sans qu'il y ait lieu, d'ailleurs, de rechercher si le mécanicien et le chauffeur sont des préposés directs, ou s'ils sont placés sous l'autorité du capitaine (Même arrêt). — Le propriétaire répond même des fautes commises par les passagers, lorsque le capitaine aurait pu les empêcher en usant de son pouvoir disciplinaire (V. *Rép.* n°s 322 et suiv.); Boistel, p. 882; Desjardins, Lyon-Caen et Renault, *loc. cit.* Comp. Laurin, *loc. cit.*).

(1) (Soarès C. Dusseigné.) — LA COUR; — Attendu que, suivant l'art. 1384 c. nap., les maîtres et les commettants sont responsables civilement du dommage causé par leurs domestiques et préposés dans les fonctions auxquelles ils les ont employés, sans qu'ils puissent s'exonérer de cette responsabilité en prétendant qu'ils n'ont pu empêcher le dommage; que le principe édicté dans cet article est général; qu'il s'applique en matière commerciale comme en matière civile; que, pour les matières maritimes il est reproduit dans l'art. 216 c. com., pour les faits du capitaine; que seulement la loi commerciale y met un tempérament pour encourager les armements, en permettant à l'armateur de s'en affranchir par l'abandon du navire et du fret; — Attendu que cette responsabilité pour ces faits délictueux imputés au capitaine dans l'exercice de ses fonctions doit aussi, dans de semblables circonstances, peser, d'après l'art. 223 c. com., sur l'armateur pour les faits de même nature commis par les gens de l'équipage; qu'en effet, le choix des gens d'équipage, quoique laissé au capitaine, même dans le lieu de la demeure de l'armateur qui dans l'espèce a accepté ce choix, est réputé le fait de celui-ci, et qu'il en sort contre lui une présomption qui le rend responsable des délits commis dans leur préposition par les gens de l'équipage dont il a accepté la composition, comme il l'est de ceux du capitaine lui-même dans les mêmes conditions; que telle est, en effet, la jurisprudence et l'opinion des auteurs qui ont écrit sur le droit maritime; qu'ainsi, en droit, la responsabilité de Dusseigné est engagée, si, en fait, il est prouvé que le délit dont Bailly, maître d'équipage de son navire, a été déclaré coupable, a eu lieu dans son service de maître d'équipage du navire *Polymnie*; — Attendu, à cet égard, qu'il est constaté par le jugement dont est appel, contradictoirement avec Dusseigné, et qu'il est certain d'ailleurs et non contesté par lui que, dans la nuit du 14 juin, Bailly, maître de l'équipage, était de quart, alors que Soarès tenait la barre; que c'est pendant le service de l'un et de l'autre et à l'occasion de ce service que Bailly a volontairement porté des coups et fait à Soarès des blessures qui ont occasionné à celui-ci, son subordonné, une incapacité de travail de plus de trente jours; que, dès lors, en droit comme en fait, Dusseigné en était civilement responsable; qu'à tort les premiers juges ont décidé le contraire; d'où suit que sur ce point leur jugement doit être réformé; — Infirme, etc.

Du 8 avr. 1864.-C. de Rouen, ch. corr.-MM. Forestier, pr.-Couvet, subst.-Lemarcis et Renaudeau d'Arc, av.

313. Il a été jugé : 1° que le propriétaire du navire ne répond pas des engagements contractés pour la navigation par l'affréteur du navire, alors que le capitaine, institué d'ailleurs par l'affréteur lui-même, n'a pris aucune part à ces engagements (Civ. cass. 11 juin 1845, aff. Togno, D. P. 45. 1. 279); la responsabilité des faits et engagements du capitaine, établie par l'art. 216 c. com. à l'encontre des propriétaires d'un navire suppose que le capitaine est leur représentant ou leur mandataire, pour ce qui concerne les besoins du voyage; mais ce mandat légal n'est présumé chez nul autre que le capitaine (Même arrêt);... 2° Que les propriétaires armateurs qui ont fait le délaissement de leur navire à des assureurs ne peuvent être poursuivis à raison des faits postérieurement accomplis par le capitaine auquel ils avaient confié la direction de ce navire (Crim. rej. 25 juin 1853, aff. Tigual, D. P. 54. 5. 653). — L'armateur ou propriétaire du navire est, au contraire, tenu au payement : 1° de la rémunération due, en cas de sauvetage de son navire, au capitaine d'un autre navire, avec privilège sur le navire sauveté, son fret et sa cargaison, si le capitaine sauveteur ne s'est consacré à cet acte d'humanité qu'en s'exposant à une grave responsabilité par les dangers qu'il faisait courir aux intérêts de son armateur et des affréteurs (Rouen, 7 janv. 1853, aff. Everaert, D. P. 53. 2. 25);... 2° Des dommages-intérêts dus au chargeur pour inexécution de la charte-partie résultant de la saisie du navire, motivée par l'introduction faite dans un port étranger, par le capitaine, de marchandises prohibées que ce dernier avait chargées sur le navire pour son compte contrairement à la charte-partie (Req. 22 juill. 1867, aff. Baston, D. P. 68. 1. 81).

314. Une importante controverse existe sur la validité ou la non-validité de la clause par laquelle, dans les conventions passées avec les tiers, le propriétaire du navire s'exonère des fautes du capitaine. M. le premier avocat général de Raynal, dans de remarquables conclusions sur lesquelles la chambre civile a rendu un arrêt de cassation le 20 janv. 1869 (aff. Desgrands, D. P. 69. 1. 94), après avoir fait un exposé très complet de la question, s'est prononcé pour l'affirmative. Il a développé son système dans les termes suivants : « C'est assurément un principe du droit commun, en même temps que de la morale et de la raison, qu'on ne peut se dégager par aucune convention de la responsabilité de son fait personnel et s'assurer en quelque sorte l'impunité, même au point de vue purement civil... Mais ce n'est pas de cette responsabilité directe qu'il peut être question dans la cause; c'est de la responsabilité du fait d'autrui, c'est-à-dire d'une responsabilité indirecte et secondaire. Il suffira de dire ici qu'aux termes de l'art. 1384 c. nap., cette responsabilité même semble ne pouvoir être écartée, quand la personnalité de l'agent disparaît et s'efface devant la personnalité du garant : par exemple, la personnalité de l'enfant mineur devant celle de ses parents avec lesquels il habite; celle des domestiques et préposés, devant celle des maîtres et commettants, dans les fonctions auxquelles ils les ont employés; celle des élèves et apprentis, devant celle des instituteurs et artisans, sous la responsabilité desquels ils sont placés. Mais quand les deux personnalités subsistent et restent indépendantes l'une de l'autre, on ne voit pas bien pourquoi le garant ne pourrait pas, par une convention licite avec les tiers, échapper à la responsabilité purement civile des faits de l'agent direct, pourquoi le tiers ne pourrait pas, si elle lui suffit, si même il y trouve un avantage, se contenter de la garantie personnelle de cet agent. Toutefois il nous tarde de serrer la question de plus près; et nous rencontrons déjà une certaine analogie entre la position même qui nous occupe et celle faite par le code de commerce aux commissionnaires de transport et aux voituriers par terre et par eau. L'art. 98 rend le commissionnaire garant des avaries et pertes de marchandises, mais il met deux limites à cette responsabilité : s'il y a force majeure, et aussi s'il y a stipulation contraire dans la lettre de voiture. L'art. 103 ne permet pas et ne devait pas permettre une telle dérogation au simple voiturier ni à l'entrepreneur de transports. La raison en est saisissante. Le commissionnaire ne transporte pas lui-même. Il restera donc toujours directement responsable de son dol personnel ou de sa faute lourde dans le choix des voituriers, de sa complicité intentionnelle dans les fautes de ces derniers; mais quoi de plus légitime de sa part que de dire à l'expéditeur : « Je ferai tous mes efforts pour vous trouver un voiturier sûr; mais, ce devoir loyalement accompli, je ne veux pas répondre des actes de ce voiturier, et, sauf votre recours contre lui, le transport se fera à vos risques et périls »? Si l'expéditeur accepte, tout est dit. C'est ce qui ne pourrait être permis au voiturier; car une pareille convention de sa part serait une prime donnée à toutes les négligences et à tous les abus. Cela nous permet d'écarter du débat les arrêts rendus par la cour contre les compagnies du chemin de fer. A nos yeux, en effet, ces compagnies ne sont pas des commissionnaires de transports; elles sont essentiellement des voituriers ou des entrepreneurs de transports. La personnalité de leurs agents s'efface devant la leur... Les transports maritimes sont régis par d'autres dispositions qu'il est temps d'examiner, et notamment par les art. 216 et 221 c. com... Il y a entre les deux situations séparément réglées par ces articles, celle du propriétaire du navire et celle du capitaine, cette profonde différence qui sépare la responsabilité immédiate, absolue et directe, de la responsabilité secondaire, réfléchie et indirecte, la responsabilité du fait personnel et celle du fait d'autrui. Est-ce que la personnalité du capitaine s'efface devant celle du propriétaire du navire, comme celle des enfants mineurs devant celle de leurs parents? Loin de là; d'après la nature même des choses, c'est plutôt la personnalité du propriétaire qui s'efface devant celle du capitaine, aux termes de l'arrêt que nous avons déjà cité (Civ. rej. 22 mai 1867, aff. Sarrat, D. P. 67. 1. 212). Du moment, en effet, que le capitaine, dont l'aptitude est de droit présumée, puisqu'on ne peut le choisir que parmi ceux qui ont subi certaines épreuves légales, a pris le commandement du navire, c'est avec lui que traitent les tiers qui veulent charger des marchandises sur ce navire; c'est lui qui délivre les connaissements; c'est à lui qu'appartiennent, de la manière la plus absolue, la direction du voyage, depuis le départ jusqu'au débarquement, la conduite du bâtiment et le gouvernement de l'équipage; il est, en un mot, comme on l'a dit, « le maître du navire après Dieu ». Il reste donc et doit rester garant, sans pouvoir se soustraire par aucun pacte à la garantie de ses fautes, même légères, et à la responsabilité des dommages qu'éprouvent les personnes ou les choses, et qu'il aurait pu conjurer. Mais on ne voit pas les mêmes motifs pour que l'armateur, à la condition qu'il aura livré un navire en bon état, ne puisse pas, d'accord sur ce point avec l'expéditeur, s'exonérer de la responsabilité purement civile qu'il encourt. — Ce qui le prouve, c'est que la loi lui donne le droit de s'affranchir de cette responsabilité par l'abandon du navire et du fret. Rien de semblable n'existe pour les transports terrestres, par une double raison : c'est que le commissionnaire n'est pas propriétaire de la voiture, et que le voiturier est garant personnel et ne peut s'affranchir de la responsabilité de ses propres fautes. Or c'est là, il faut le reconnaître, un droit considérable... Comment, si la responsabilité avait pour base un principe absolu d'ordre public, le propriétaire du navire pourrait-il être admis à s'en exempter au prix d'un sacrifice relativement minime? Le navire même peut avoir péri corps et biens, par la faute du capitaine, aussi bien pour celui à qui il appartenait que pour ceux qui lui avaient confié leurs marchandises, et l'abandon qui, en pareil cas, sera fait à ces derniers ne sera-t-il pas, pour eux, une compensation illusoire?... En résumé, la responsabilité des propriétaires de navires n'est qu'une responsabilité civile et au second degré, en présence de laquelle subsiste la personnalité toujours engagée du garant direct, le capitaine; le propriétaire peut toujours s'en affranchir par un sacrifice limité, l'abandon du navire et du fret, insuffisant pour couvrir les pertes; il peut s'en affranchir intégralement au moyen de l'assurance qu'il a le droit de contracter contre les fautes mêmes du capitaine et de l'équipage; on ne voit pas pourquoi il ne pourrait pas s'en affranchir par une convention librement consentie avec les chargeurs qui, non seulement conservent la garantie personnelle du capitaine, mais peuvent, de leur côté, par l'assurance, grâce à la diminution du fret, se sauvegarder contre les préjudices possibles; et aucun principe ne paraît sérieusement combattre une telle solution. »

Outre ces arguments, on peut encore invoquer, à l'appui

de la thèse soutenue par M. de Raynal, l'intérêt de la navigation et du commerce maritimes. Pour être admises à répudier par une clause du connaissement la responsabilité édictée par l'art. 216 c. com., les grandes compagnies de navigation ont diminué le prix du fret, ce qui permet au chargeur d'obtenir, avec cette diminution de prix concédée, la garantie d'une assurance qui remplace celle du navire et du fret, presque toujours insuffisante et souvent illusoire. Il y a donc un très grand avantage pour le commerce à ce que la validité de la clause de non-responsabilité soit reconnue par la jurisprudence, si, d'ailleurs, comme on le reconnaît aujourd'hui, la loi ne l'a point proscrite. Ajoutons que la plupart des nations étrangères admettent dans la pratique les conventions de cette nature, dont elles ont senti l'utilité. Elles sont, notamment, en usage chez les Anglais, qui n'en discutent pas la validité: les connaissements anglais contiennent la clause suivante: « L'acte de Dieu, des ennemis de la reine, les accidents, pertes et avaries provenant de mer ou de tous actes de négligence ou de faute des pilotes, capitaines ou marins et autres employés, seront aux risques de l'envoyeur ».

La cour de cassation, dans l'arrêt précité du 20 janv. 1869 rendu sur ces conclusions, a évité de résoudre explicitement la question, comme elle l'avait déjà fait, lorsque la difficulté lui avait été soumise pour la première fois en 1864 (Civ. cass. 23 févr. 1864, aff. Jullien, D. P. 64. 1. 166). Mais, depuis lors, elle s'est, ainsi que plusieurs cours d'appel, nettement déclarée en faveur de la solution proposée par M. de Raynal. Le 16 mars 1875, la cour d'Aix, réformant un jugement du tribunal de commerce de Marseille, avait reconnu la validité d'une clause de connaissement qui exonérait l'armateur de toute responsabilité à raison des fautes commises par le capitaine d'un navire; le pourvoi dirigé contre cette décision a été rejeté le 14 mars 1877 (aff. Duclaux, D. P. 77. 1. 449). La même solution a été adoptée par la cour de Rouen, le 14 juin 1876 (aff. Lenormant, D. P. 77. 2. 69), et, sur pourvoi, par un arrêt de rejet de la chambre civile le 2 avr. 1878 (D. P. 78. 1. 479); le 23 juill. 1878 (aff. Stora, D. P. 78. 1. 349), cette chambre a, de même, cassé un jugement du tribunal de commerce d'Alger, du 12 juill. 1876, qui avait admis la responsabilité de l'armateur, par ce motif que, si la clause de non-garantie affranchissait de certains risques, « elle ne pouvait, en aucun cas, affranchir des obligations d'ordre public », et elle a déclaré qu'aucune loi n'ayant interdit aux propriétaires de navires de s'affranchir par convention, sinon de la responsabilité de leur propre fait, au moins de la responsabilité du fait d'autrui que leur impose l'art. 216 c. com., cette clause n'avait rien d'illicite, et qu'insérée dans le connaissement délivré aux chargeurs, elle était devenue la loi des parties (V. aussi dans le même sens: Alger, 26 déc. 1881, aff. Teissier, D. P. 82. 2. 213; 3 janv. 1882, aff. Lévy, D. P. 84. 1. 121, et sur pourvoi, Sol. impl., Civ. cass. 22 janv. 1884, *ibid.*; C. cass. de Belgique, 12 nov. 1885, aff. Cork Steam Ship Company, *Recueil de Marseille*, 1888. 2. 121; Trib. com. Marseille, 20 déc. 1887, aff. Mante frères, *ibid.*, 1888. 1. 83; Trib. com. Seine, 12 juill. 1888, *infrà*, n° 316; Civ. rej. 31 juill. 1888, aff. Busch, D. P. 89. 1. 305; Req. 11 déc. 1888, aff. Fraissinet, D. P. 89. 1. 340). Plusieurs auteurs ont également adopté ce système (de Courcy, t. 2, p. 75; Sourdat, *De la responsabilité*, t. 2, n° 1017 *bis*; Lyon-Caen et Renault, t. 2, n° 1656; Lyon-Caen, *Revue critique*, 1880, p. 755 et suiv.). — D'autres jurisconsultes, au contraire, décident que la clause est illicite, en tant du moins qu'elle aurait pour résultat de mettre le propriétaire à l'abri de toute responsabilité; qu'elle déplace simplement le fardeau de la preuve (Boistel, n° 1186; Laurin, t. 1, p. 638 et suiv.; Desjardins, t. 2, n° 276; de Valroger, t. 1, n° 246). La responsabilité qui pèse sur l'armateur à raison des faits du capitaine et des gens de l'équipage doit, dit-on, être considérée comme d'ordre public. La loi en a fixé l'étendue et les limites, elle doit être scrupuleusement respectée dans les conventions privées. Le moyen de se libérer pour l'armateur est d'abandonner le navire et le fret, s'il veut se délier de la responsabilité légale qui pèse sur lui. Admettre qu'il peut s'affranchir d'avance de sa responsabilité à raison des fautes du capitaine, c'est priver les chargeurs de la garantie qu'ils ont sur le navire lui-même pour le recouvrement des dommages-intérêts qui peuvent leur être dûs. C'est les obliger à payer un fret, alors que, par suite de la négligence apportée dans le transport, aucun salaire n'est dû. Le capitaine est l'homme de l'armateur, il est choisi par lui, c'est son préposé à l'armement, l'armateur doit en répondre comme de l'équipage, dont il ratifie le choix. Les capitaines sont généralement peu solvables, les exécutions sont très difficiles contre eux, un recours limité à leurs biens sera le plus souvent fictif. D'ailleurs, si on n'admet d'action que celle qui naît d'une faute personnelle, le recours ne pourra s'exercer que contre l'officier de service sur le bord au moment où elle aura été commise; tout recours disparaît alors pour le chargeur. Cette faculté de s'affranchir des fautes du capitaine, si elle permet à l'armateur de faire de meilleures conditions au chargeur au point de vue du prix du fret, fera, en définitive, la situation de celui-ci bien plus mauvaise. Un certain nombre de décisions judiciaires ont sanctionné cette opinion (Trib. com. Marseille, 16 mars 1860, et Aix, 30 janv. 1861, aff. Jullien, D. P. 64. 1. 166; Trib. com. Marseille, 8 juin 1874, aff. Duclaux, D. P. 77. 1. 449; Trib. com. Alger, 12 juill. 1876, aff. Stora frères, D. P. 78. 1. 349; Civ. cass. 21 juill. 1885, aff. Emmanuel, D. P. 85. 5. 86; 17 nov. 1886, aff. Taylor, D. P. 88. 1. 117; Civ. rej. 17 nov. 1886, aff. Lemierre, *ibid.*; 1er mars 1887, aff. Charton, D. P. 87. 5. 82; Trib. com. Havre, 26 juill. 1887, aff. Siegfried, *Recueil du Havre*, 1887. 1. 186. — Comp. *suprà*, v° *Commissionnaire*, n°s 147 et suiv.).

315. Des difficultés peuvent s'élever parfois sur le point de savoir s'il a, ou non été dérogé à la règle qui fait peser sur le propriétaire la responsabilité des faits du capitaine. — Il a été jugé qu'une pareille dérogation ne résultait pas de ce que le capitaine était placé, par une clause spéciale de la charte-partie, sous les ordres et la direction de l'affréteur « en ce qui concerne l'emploi du navire, l'agence et autres arrangements », alors qu'il était reconnu en fait que le capitaine restait tenu, malgré cette clause, de la direction nautique, et, par suite, de la bonne navigation du navire (Req. 11 déc. 1888, aff. Fraissinet et comp., D. P. 89. 1. 340); qu'en conséquence, le propriétaire pouvait, nonobstant ladite clause, être déclaré responsable des fautes commises par le capitaine, notamment d'un vice d'arrimage et d'un défaut de fardage (Même arrêt).

316. A la question que l'on vient d'examiner se rattache celle de savoir si une clause de non-responsabilité *imprimée* sur un billet ou bulletin remis à un voyageur ou à un expéditeur de marchandises est opposable à ce dernier. Il s'agit de savoir si le voyageur ou l'expéditeur peut être considéré comme ayant eu connaissance de cette clause et l'ayant acceptée. La question n'est pas spéciale aux transports maritimes; elle se présente dans des termes analogues à l'occasion des transports par voie de terre, et notamment par chemins de fer. Plusieurs arrêts (V. Alger, 16 déc. 1846; Douai, 17 mars 1847, cités *suprà*, v° *Commissionnaire*, n° 236; *Adde*: Aix, 30 janv. 1861, aff. Jullien, D. P. 64. 1. 166; 18 mars 1874, aff. Messageries maritimes, D. P. 77. 2. 43), l'ont résolue négativement. Telle est aussi l'opinion de la la plupart des auteurs, et de ceux-là mêmes qui considèrent la clause de non-garantie comme valable (V. notamment: Lyon-Caen, t. 2, n° 1656, note 3). Mais, d'autre part, la cour de cassation a reconnu dans plusieurs arrêts la force obligatoire des mentions portées dans le billet de passage des voyageurs relatives aux conditions de transport des bagages de ces voyageurs (V. *suprà*, v° *Commissionnaire de transport*, n° 149; *adde*: 22 janv. 1884, aff. Lévy, D. P. 84. 1. 121; Trib. com. Seine, 12 juill. 1888) (1).

Cette dernière opinion nous paraît préférable; si la clause de non-garantie est valable, il est difficile d'admettre qu'elle reste inefficace par cela seul qu'elle a été apposée sur un bulletin imprimé. Ce bulletin sert de titre aux parties; il

(1) (Valenzuela C. Compagnie Transatlantique et autres.) — Le Tribunal; — Sur la fin de non-recevoir tirée de l'art. 4 du bulletin de passage: — Attendu que la Compagnie Transatlantique attribue l'incendie à une faute du capitaine, et qu'elle décline, en

règle les conditions du contrat de transport, et le voyageur, qui a le droit d'exiger l'exécution des clauses qu'il renferme en sa faveur, doit aussi, par réciprocité, subir l'effet des stipulations qui peuvent restreindre l'étendue de ses droits (V. la note sur l'arrêt du 22 janv. 1884, D. P. 84. 1. 121).

317. La clause du connaissement par laquelle l'armateur a décliné toute responsabilité à raison des négligences ou fautes du capitaine ne vise-t-elle que celles par lui commises dans la conduite et la direction du navire, à l'exclusion de celles commises dans la gestion des intérêts commerciaux qui lui sont confiés, ou bien se réfère-t-elle indistinctement à toutes les fautes dont il se rendrait coupable dans l'exécution de l'une quelconque des opérations dont se compose le transport maritime? — La seconde solution ne saurait faire difficulté, et c'est à tort que l'on prétendrait restreindre l'effet de la clause de non-garantie aux opérations nautiques et exclure de son application les opérations commerciales dont il se trouve chargé; non seulement la loi n'établit aucune différence entre les actes relatifs au commandement ou à la gestion du navire et ceux qui ont trait à la conservation et au transport de la cargaison, mais elle l'exclut par la généralité de ses termes. C'est en vertu de la disposition contenue dans le premier alinéa de l'art. 216 c. com. que le propriétaire est responsable dans les deux cas; il peut, par conséquent, dans un cas comme dans l'autre, recourir au mode de libération que met à sa disposition le deuxième alinéa du même article. Or, on vient de constater, *suprà*, n° 314, que le propriétaire est, dans le système adopté par la jurisprudence, fondé à écarter complètement la responsabilité dont il est menacé par l'insertion d'une clause de non-garantie, toutes les fois qu'il lui serait en l'absence de cette clause, loisible de recourir à l'abandon pour s'en décharger. Aucune raison n'existe donc ici pour distinguer entre les fautes que commet le capitaine dans l'exercice du commandement, dans la conduite du navire et celles qu'il commettrait dans l'accomplissement du mandat commercial dont il est investi, en tant que préposé au transport des marchandises. —Jugé, en conséquence, que, lorsqu'un connaissement exonère l'armateur de la responsabilité des fautes du capitaine, l'armateur est exonéré de la responsabilité, non seulement des fautes *nautiques*, mais de toutes les fautes quelconques du capitaine (Civ. rej. 31 juill. 1888, aff. Busch, D. P. 89. 1. 305).

En tous cas, il a été décidé, que, lorsque le propriétaire d'un navire a stipulé, par une clause du connaissement, qu'il ne répondrait ni des accidents de mer et de force majeure, ni de ceux de machine ou de chaudière, ni d'une faute ou négligence quelconque du pilote, du capitaine, des marins ou autres employés, le juge ne peut se fonder, pour déclarer ce propriétaire responsable des marchandises chargées, sur le motif qu'il ne serait point prouvé que l'avarie doive être nécessairement attribuée à l'une de ces causes, s'il n'indique en même temps quelqu'autre cause de responsabilité pouvant motiver la condamnation qu'il prononce (Civ. cass. 20 janv. 1869, aff. Desgrands et comp., D. P. 69. 1. 94; 10 mars 1869, aff. Arlès Dufour, aff. Debourg, aff. Heitz, et aff. Desgrands et comp., *ibid.*).

318. Mais si la clause de non-garantie exonère l'armateur de toutes les fautes que peut commettre le capitaine dans l'accomplissement de son mandat habituel, elle ne lui permettrait pas de décliner la responsabilité des fautes dont le capitaine se serait rendu coupable dans l'exercice d'un mandat spécial qui lui aurait été décerné en dehors de ses attributions habituelles, par exemple, de celui qu'il aurait reçu de vendre les marchandises chargées sur le navire. Le capitaine étant, à ce point de vue, un simple mandataire, un simple préposé, on se trouve en présence de la question générale de savoir si la convention par laquelle le mandant, le préposant décline toute responsabilité à raison des faits et actes de son mandataire ou préposé est licite ou non, et c'est dans le sens de la négative que se prononcent la jurisprudence et la plupart des interprètes (V. *infrà*, v° *Responsabilité*). D'ailleurs, la responsabilité qu'encourt le propriétaire du navire à raison de fautes commises par le capitaine dans l'accomplissement de fonctions spéciales, distinctes de ses attributions normales et habituelles, n'est pas de celles dont il puisse s'affranchir par l'abandon du navire et du fret (V. *suprà*, n° 304). Par la même raison, il ne doit pas pouvoir s'en exonérer valablement par une clause de non-garantie. La validité de cette clause n'étant admise que dans le cas prévu par l'art. 216, et la possibilité d'y recourir exceptionnellement dans cette hypothèse se justifiant à l'aide des motifs qui expliquent le droit d'abandon, sa sphère d'application est nécessairement la même.

319. On a dit *suprà*, n° 314, que la plupart des nations étrangères admettent, dans la pratique, la clause dont on vient d'étudier les effets. Nulle difficulté ne peut donc se présenter dans le cas où le contrat d'affrétement a été passé dans un pays étranger, si l'on admet le système, qui a prévalu dans la jurisprudence, d'après lequel cette clause doit être réputée licite. Mais si l'on adopte, au contraire, l'opinion qui considère une pareille stipulation comme nulle aux yeux de la loi française, un conflit pourra s'élever entre cette loi ainsi interprétée et celle du pays où a été contracté l'affrétement. L'armateur pourrait-il alors se prévaloir de ce que la législation en vigueur dans ce dernier pays l'autorisait à s'affranchir, par une convention spéciale, de la responsabilité des fautes du capitaine? Cette question a été résolue affirmativement par un arrêt de la cour de cassation (Civ. cass. 23 févr. 1864, aff. Jullien, D. P. 64. 1. 166) qui s'est fondé sur la règle générale d'après laquelle la loi du lieu où un acte a été passé régit cet acte, quant à sa forme, à ses conditions fondamentales et à son mode de preuve. L'arrêt décide, en conséquence, que le contrat intervenu dans une possession anglaise, entre une compagnie de transport et un Français, pour le transport en France de ce dernier et de ses bagages, est soumis au statut anglais, et non à la loi du lieu de destination, c'est-à-dire à la loi française, en ce qui concerne

conséquence, toute responsabilité envers le demandeur, parce qu'aux termes de l'art. 4 des conditions imprimées au dos de ses bulletins de passage, il est dit qu'elle ne répond pas des pertes et dommages pouvant résulter des fautes du capitaine, du pilote, ou autre personne de l'équipage; — Attendu que les débats engagés à ce sujet ont soulevé trois questions: 1° celle de savoir si la clause invoquée par la Compagnie transatlantique était valable en elle-même; 2° celle de savoir si elle pouvait être considérée comme acceptée par le demandeur; 3° celle de savoir si en fait, il y avait eu faute du capitaine;

Attendu, en ce qui concerne la première question, que la jurisprudence a consacré la validité des stipulations exonérant l'armateur des conséquences des fautes personnelles de l'équipage; qu'il a été établi que cette dérogation au principe posé par l'art. 216 c. com. n'ayant rien de contraire à l'ordre public, était licite et valable;

Attendu, en ce qui concerne la seconde question, que le billet de passage règle les conditions du transport des voyageurs au même titre que le connaissement règle les conditions du transport des marchandises; — Qu'à la vérité, les connaissements sont généralement acceptés par écrit par les expéditeurs de marchandises, tandis que pareille forme d'engagement n'est pas exigée des passagers, mais que l'acceptation des conventions faisant loi entre les parties n'est pas subordonnée à un engagement écrit; que la preuve peut en résulter d'autres circonstances; — Que, si la signature de l'expéditeur de marchandises a une utilité incontestable pour établir aux yeux d'un destinataire éloigné les conditions d'un contrat de transport auquel ce destinataire n'a point pris part et dont il peut cependant être appelé à discuter ou contrôler les effets, semblable formalité n'est pas nécessaire au regard du voyageur qui reste détenteur du billet constituant l'instrument du contrat; — Attendu que, en payant d'abord le prix de sa place contre remise d'un ticket qui détermine les droits et obligations réciproques des parties contractantes, et qui précise ou limite l'étendue des engagements pris par un transporteur, maître de fixer ses tarifs suivant l'importance desdits engagements, et en s'embarquant ensuite sans observation ni protestation, le passager est présumé avoir librement et pleinement adhéré et consenti à toutes les clauses d'un contrat dont il était à même d'examiner et de discuter les stipulations avant de le former; — Que l'on ne saurait admettre qu'un passager qui a consommé le contrat de transport en arrivant à destination puisse après cela répudier une partie des clauses de ce contrat, et ne réclamer que le bénéfice de celles dont il a profité; — Qu'il faut donc reconnaître que les conditions du billet de passage, en tant qu'elles n'ont rien d'illicite, font la loi des parties...

Du 12 juill. 1888.-Trib. com. Seine.-MM. Richemond, pr.-Delarue et Reitlinger, av.

notamment la question de savoir si les mentions inscrites sur le bulletin délivré au voyageur, à l'effet d'affranchir la compagnie de toute responsabilité en cas de perte des bagages transportés, sont obligatoires pour ce voyageur, même en l'absence d'une acceptation expresse (V. dans le même sens : Bordeaux, 27 nov. 1872, *Recueil de Marseille*, 1873. 2. 131 ; de Valroger, t. 1, n° 246). On pourrait, toutefois, objecter que si, pour apprécier la validité d'un contrat, on doit, en général, s'inspirer de la législation en vigueur dans le pays où le contrat a été passé, les tribunaux français ne peuvent admettre comme valable une stipulation qui, licite d'après la loi étrangère, serait, comme la clause dont il s'agit, contraire à l'ordre public, d'après la loi française (Conf. Lyon-Caen et Renault, t. 1, n° 903, note ; Fœlix, *Traité de droit international*, t. 1, n° 82 ; Aubry et Rau, t. 1, p. 105).

320. L'armateur qui n'est pas en même temps propriétaire est-il responsable des actes du capitaine en vertu de l'art. 216 c. com. ? Cette question, qui est controversée, a été examinée d'une façon approfondie par M. Levillain dans une note sur un arrêt de la cour de cassation du 18 mars 1878 (Civ. rej. aff. Tandonnet, D. P. 78. 1. 193). M. Levillain résume d'abord dans les termes suivants les arguments qui ont été invoqués dans le sens de l'affirmative : « On s'est fondé d'abord, dit-il, sur la loi 1, *pr.* et § 2, 5, 15, D., *De exercit. act.*, qui déclarait l'*exercitor* responsable des faits et actes du capitaine toutes les fois, du moins, qu'il l'avait choisi, sans distinguer suivant qu'il était propriétaire ou simplement locataire du navire. On a ajouté que cette proposition devait être tenue encore pour exacte sous l'empire du code, et cela en vertu des principes en matière de mandat. C'est, en effet, a-t-on dit, l'armateur qui, dans le cas supposé, choisit le capitaine, de telle sorte que ce dernier est son préposé. Or, le préposant est toujours garant des faits et actes de son préposé, car il répond du choix qu'il a fait, et si ce choix a été mauvais, il doit en subir les conséquences. L'art. 216, il est vrai, n'indique que le propriétaire comme encourant la responsabilité qu'il établit ; mais cela tient à ce que le législateur statuant *de eo quod plerumque fit*, a envisagé exclusivement le cas où le propriétaire est en même temps armateur. Lorsqu'il y a un armateur distinct, il faut, pour combler la lacune qui existe dans le texte, s'inspirer des principes généraux » (Bravard, p. 319 et 566 *in fine* ; Douai, 28 mai 1845, aff. Luckin, D. P. 45. 2. 141 ; Bordeaux, 15 mai 1866, aff. Faure, D. P. 68. 1. 150). — M. Levillain n'admet pas cette doctrine, et il soutient, avec raison, selon nous, que, dans le cas même où il y a un armateur distinct du propriétaire, celui-ci reste seul responsable des actes du capitaine à l'égard des tiers. Il écarte tout d'abord les dispositions de la loi romaine. « Elles s'expliquent, dit-il, soit par les conditions particulières dans lesquelles s'opéraient les armements maritimes dans l'empire romain, soit par des considérations tirées des principes du droit romain en matière de mandat, principes différents de ceux formulés par notre droit français. On doit d'autant moins en tenir compte que les textes du code de commerce et les principes généraux suffisent pour la solution de la question. L'art. 216 est très explicite : « Tout propriétaire de navire est civilement responsable, etc. ». C'est donc toujours, quoi qu'il advienne, sur le propriétaire seul que porte tout le poids de la responsabilité. En vain on prétend que le législateur s'est préoccupé exclusivement dans cet article du cas où le propriétaire est en même temps armateur ; rien n'autorise cette supposition. Le cas opposé se présente trop fréquemment dans la pratique pour que l'on puisse admettre que les auteurs du code ne l'ont pas eu présent à l'esprit lors de la rédaction de l'art. 216. S'ils ont déclaré le propriétaire seul responsable, c'est qu'ils entendaient ne faire peser que sur lui la responsabilité. — Le deuxième alinéa de l'article vient, du reste, corroborer sur ce point les inductions que l'on tire de la rédaction du premier. Il est évident que celui-là seul se trouve responsable en vertu du premier paragraphe qui est en situation de bénéficier de la libération par voie d'abandon autorisée par le second. La responsabilité et l'abandon sont, en effet, corrélatifs. Or, qui du propriétaire ou de l'armateur peut en profiter ? Ce n'est assurément pas l'armateur ; car, s'il perçoit le fret qu'il a stipulé des chargeurs avec lesquels il a traité, il n'est pas propriétaire du navire et ne peut l'abandonner au créancier. Le propriétaire, au contraire, a la libre disposition du navire et peut en faire l'abandon. On objecte qu'il ne peut disposer du fret, puisque le fret revient à l'armateur ; mais cette objection confond le fret que l'armateur perçoit des chargeurs avec lesquels il traite en sous-ordre et celui dont il est personnellement redevable, en sa qualité d'affréteur principal, envers le propriétaire ; c'est ce dernier qui sera compris dans l'abandon conjointement avec le navire. Ainsi, le propriétaire peut recourir au mode de libération indiqué par le deuxième alinéa de l'art. 216 ; il est le seul qui puisse y recourir ; donc il est seul responsable aux termes du premier alinéa. — Si telle est la conclusion qui s'impose à la lecture du texte, il faut, en outre, reconnaître que le législateur avait d'excellentes raisons pour le décider ainsi. C'est souvent le propriétaire qui, bien que le navire ait été armé par un tiers, nomme et congédie le capitaine ; le capitaine étant alors son préposé, il est évident qu'il se trouve seul responsable des actes de ce dernier, seul tenu des engagements que le capitaine souscrit. Veut-on supposer, au contraire, que le droit de nommer ou de congédier le capitaine a été, comme dans l'espèce actuelle, attribué à l'armateur ? Ce n'en sera pas moins le propriétaire qui restera, à l'égard des tiers, seul chargé de la responsabilité, et cela pour deux raisons : d'abord, parce que l'armateur qui a choisi et engagé le capitaine n'a agi qu'en vertu de la délégation qu'il a lui-même reçue, de telle sorte que, dans ce cas, aussi bien que dans le précédent, le capitaine est le préposé de celui de qui émane tout pouvoir, c'est-à-dire du propriétaire ; en second lieu, parce que le nom du propriétaire figure seul sur l'acte de francisation, et que c'est lui qui, en conséquence, personnifie toujours le navire au regard des tiers pour lesquels le contrat passé avec l'armateur est *res inter alios acta* et l'armateur un inconnu ». — Il a été jugé en ce sens que la responsabilité civile des actes du capitaine n'incombe pas à l'armateur qui n'est pas indiqué comme propriétaire du navire dans l'acte de francisation, bien qu'il ait agi vis-à-vis du public, et même du capitaine, comme si le navire lui appartenait, notamment en frétant le navire et en choisissant le capitaine et le second (Bordeaux, 17 févr. 1876, aff. Tandonnet, D. P. 78. 1. 195). — « Est-ce à dire, ajoute M. Levillain, que l'armateur qui a choisi le capitaine échappera à toute responsabilité si, faisant mauvais usage des pouvoirs qui lui sont confiés, il prépose au commandement du navire un capitaine dont la vigilance et la sagacité laissent à désirer ? Non, il sera responsable envers le propriétaire dont il tient ses attributions ; seulement envers les tiers, ce sera celui-ci qui restera tenu en vertu de l'art. 216 » (Demangeat, t. 4, p. 158 ; Bédarride, n° 279 ; Laurin, t. 1, p. 607 et suiv. ; Desjardins, t. 2, n° 262 ; *Rép.* n° 211 et 212 ; Civ. rej. 27 févr. 1877, aff. Michel, D. P. 77. 1. 209).

321. Mais, continue M. Levillain, note précitée, D. P. 78. 1. 195, « s'il y a lieu de déclarer l'armateur, lorsqu'il n'est pas en même temps propriétaire, exempt de toute responsabilité à l'égard des tiers, ce n'est évidemment qu'en tant qu'il s'agit de la responsabilité établie par l'art. 216 c. com., c'est-à-dire de la responsabilité qu'il pourrait encourir à raison des actes du capitaine. Il est évident, en effet, qu'il deviendra responsable, non plus en vertu de l'art. 216 c. com., mais en vertu de l'art. 1382 c. civ., toutes les fois qu'il interviendra de sa part un fait personnel de nature à exercer sur la conduite du capitaine, pendant la durée de la navigation, une influence prédominante. Il en sera ainsi, notamment, toutes les fois qu'il aura pris vis-à-vis de ce dernier une attitude susceptible de donner à ses instructions l'apparence d'injonctions, et que l'observation des recommandations ainsi faites aura été la cause occasionnelle et même déterminante du déroutement qui a amené le sinistre. Il est de principe, en effet, que personne ne peut, quelle que soit sa situation, se soustraire à la responsabilité de ses propres actes ». — C'est ainsi qu'il a été jugé que l'armateur, bien que n'ayant pas été indiqué comme propriétaire du navire dans l'acte de francisation, devient personnellement responsable dans les termes du droit commun, s'il a contribué aux faits qui ont amené le sinistre par les instructions qu'il a données au capitaine et dont le caractère obligatoire est souverainement constaté par les juges du fond (Civ. rej. 18 mars 1878, aff. Tandonnet, D. P. 78. 1. 193; 19 mars 1878, aff. Compagnie *la Neufchatelloise*, *ibid.*). Ajoutons que l'armateur tenu, dans ce cas, non plus en vertu de l'art. 216 c. com., mais en vertu du principe général édicté par l'art. 1382 c. civ., encourra une responsabilité indéfinie qui ne lui permettra pas de se libérer par voie d'abandon.

322. L'abandon n'a pas pour effet de transmettre la propriété du navire aux créanciers; mais seulement de leur permettre de faire vendre le navire aux enchères et de se payer sur le prix (Caen, 13 mai 1862, *Recueil de Nantes*, 1862. 2. 185; Trib. com. Anvers, 2 avr. 1870, *Jurisprudence du port d'Anvers*, 1870. 1. 155; Rennes, 25 mars 1873, *Recueil de Nantes*, 1873. 1. 142; Bordeaux, 15 févr. 1887, aff. Barker, *Revue internationale du droit maritime*, t. 3, p. 416; Alauzet, t. 5, n° 1720; de Valroger, t. 1, n° 270. — V. en sens contraire : Paris, 29 juill. 1862, *Recueil de Nantes*, 1863. 2. 73; Laurin, t. 1, p. 629; Lyon-Caen et Renault, t. 2, n° 1678; de Courcy, t. 3, p. 279, etc.).

323. On étudiera *infrà*, n° 595, la question très controversée de savoir si, lorsqu'un accident survient pendant la présence à bord d'un pilote lamaneur, le capitaine doit en être déclaré personnellement responsable. Quant au propriétaire du navire, il ne peut y avoir de doute sur l'existence, en ce cas, de sa responsabilité civile, en vertu du premier alinéa de l'art. 216 c. com. En vain, pour décliner toute responsabilité, exciperait-il de l'obligation imposée par les règlements de recourir dans certains cas au ministère d'un pilote; en vain prétendrait-il s'autoriser, en outre, de la nécessité de choisir le pilote dans une catégorie déterminée de marins spécialement commissionnés par le gouvernement. Ces observations, également vraies quand il s'agit du choix d'un capitaine, n'empêchent pas l'armateur d'être déclaré civilement responsable des délits et quasi-délits commis par celui-ci dans l'exercice du commandement. De plus, la responsabilité encourue par le propriétaire, à raison des fautes du pilote, se justifie ici, en droit comme en fait, à l'aide d'une double considération : d'une part, le propriétaire instruit, dans le moment du départ, de l'obligation qui existera pour le capitaine de se faire assister d'un pilote dans telle et telle circonstance déterminée, peut être considéré comme acceptant éventuellement et par anticipation le pilote pour son préposé et comme se soumettant aux conséquences découlant de cette situation. D'autre part, la nécessité de recourir à l'intervention d'un pilote et celle de choisir ce pilote dans une certaine catégorie d'individus ont été établies pour la sauvegarde des intérêts de l'armateur lui-même; or, comment pourrait-il arguer de ces mesures de précaution, introduites en sa faveur, pour s'affranchir de la responsabilité que le droit commun lui impose? Comment surtout pourrait-il les retourner contre les tiers et priver ces derniers d'un recours qui leur est naturellement ouvert à raison du préjudice éprouvé? Aussi sur ce point y a-t-il aujourd'hui accord unanime (Rennes, 3 août 1832, *Rép.* n°s 509 et 2295; Sol. impl., Bruxelles, 23 janv. 1858, *Journal de Marseille*, 1858. 2. 127; Trib. com. Marseille, 8 juin 1874, *ibid.*, 1874. 1. 199; Aix, 16 mars 1875, *ibid.*, 1875. 1. 156; Beaussant, t. 1, n° 342; Bédarride, t. 1, n° 281; Alauzet, t. 4, n° 1714; Caumont, v[is] *Abordage*, n° 191; *Pilote*, n° 38; Sibille, *Jurisprudence et doctrine en matière d'abordage*, n°s 328 et suiv.; Laurin, t. 1, p. 621; Boistel, n° 1184; Desjardins, t. 2, n° 274).

324. Un arrêt a décidé que l'art. 216 c. com., aux termes duquel le propriétaire d'un navire peut s'affranchir de la responsabilité des faits du capitaine en abandonnant le navire et le fret, s'applique même au cas où le capitaine a encaissé le fret, si, d'ailleurs, il n'en a pas rendu compte au propriétaire; en pareil cas, le propriétaire satisfait à toutes ses obligations en cédant aux créanciers les droits qu'il peut avoir contre le capitaine pour obtenir le remboursement du fret touché par celui-ci (Civ. rej. 17 avr. 1872, aff. Doublet, D. P. 72. 1. 185). — Cette décision nous paraît en conformité parfaite non seulement avec les termes généraux et absolus de l'art. 216 c. com., mais aussi avec l'esprit qui a dicté cette disposition. L'art. 216 consacre la distinction suivante : relativement à ses faits propres et à ses engagements personnels, le propriétaire ou l'armateur du navire est, comme tout autre individu, indéfiniment obligé; relativement aux faits accomplis et aux engagements contractés par le capitaine, sa responsabilité est limitée à sa fortune de mer. C'est ce que le législateur exprime en disant que le propriétaire peut, dans tous les cas, s'affranchir des obligations provenant des faits et des engagements du capitaine, en abandonnant le navire et le fret. Mais ces derniers mots doivent-ils être entendus en ce sens que le propriétaire soit tenu de représenter en nature le navire et le fret, dans toutes les circonstances possibles, alors même, par exemple, qu'il n'aurait plus de navire et n'aurait pas touché de fret? Évidemment non; une telle interprétation serait directement contraire au but de la loi, qui a voulu affranchir l'armateur de toute obligation sur sa fortune de terre, à la seule condition qu'il ne conserverait rien de sa fortune de mer. L'armateur satisfait donc à toutes ses obligations en abandonnant le navire et le fret, s'il les a, et dans l'état où il les a. — Ainsi, le navire a-t-il péri en entier avec la cargaison, le propriétaire, qui ne touche alors aucun fret et qui n'a plus de navire, est libéré par le seul fait de cette perte totale (Rouen, 16 déc. 1868, rapporté avec Req. 10 août 1869, aff. Poisson, D. P. 72. 1. 79); le navire a-t-il péri, tandis que la cargaison a été sauvée en tout ou en partie, le propriétaire s'affranchit en abandonnant le fret afférent aux marchandises sauvées; enfin, si le navire est sauvé seul et sans aucune portion des marchandises, le propriétaire est quitte en abandonnant le navire.

Dans l'espèce de l'arrêt précité, il n'y avait pas eu de sinistre majeur; la cargaison avait été régulièrement débarquée, et le fret avait été encaissé par le capitaine, mais les propriétaires n'en avaient rien touché; la situation était donc la même, en ce qui les concernait, que si, pour une cause quelconque, le fret n'avait pas été payé; de telle sorte que, s'ils avaient été condamnés à le rapporter, ils auraient dû en prendre le montant sur leur fortune personnelle, ce qui aurait constitué une violation expresse de l'art. 216 c. com. On pourrait objecter que le capitaine est le mandataire du propriétaire, et que, dès lors, le fret encaissé par le premier a été censé touché par le second. L'objection ne porte pas. Sans doute, le capitaine est le mandataire du propriétaire, et il agit en cette qualité lorsqu'il reçoit le fret; mais c'est un mandataire qui, au lieu d'engager son mandant indéfiniment dans les termes de la loi civile (c. civ. art. 1998), l'engage limitativement dans les termes de l'art. 216 c. com. (V. article de M. Gonse, *Revue critique*, 1872, p. 417 et suiv.).

325. Il est certain, d'ailleurs, que le seul fret à abandonner par le propriétaire du navire est le fret pendant au moment de l'abandon, et non les frets des traversées antérieures (Trib. com. Cherbourg, 5 nov. 1887) (1).

326. On a expliqué au *Rép.* n° 221 que l'armateur peut

---

(1) (Freker, Lacroix et comp. C. Postel et fils.) — Le capitaine de l'*Alfred*, parti de Saint-Pierre Miquelon à destination de la Martinique, se trompa de route et relâcha à Saint-Domingue, en Haïti. Les experts, nommés à l'effet d'examiner l'état de la cargaison, déclarèrent que vu sa nature, elle ne pourrait supporter le transport de Saint-Domingue, à Saint-Pierre Martinique et en ordonnèrent la vente immédiate, qui eut lieu à vil prix. L'armateur de l'*Alfred* fut assigné par les chargeurs en responsabilité des fautes de navigation du capitaine. De son côté, l'armateur abandonna son navire et le fret pendant; mais cet abandon fut repoussé par les chargeurs qui prétendirent qu'en faisant naviguer l'*Alfred* depuis le retour de Saint-Domingue, l'armateur avait par lui-même renoncé au droit d'abandon; d'ailleurs, disaient-ils, l'abandon était insuffisant et devait comprendre tous les frets acquis depuis et y compris le passage à Saint-Domingue. A cela les assureurs répliquèrent en disant que les risques d'une prolongation de voyage, pouvant affecter un chargement de morues, constituaient un vice propre, ne donnant pas lieu à délaissement.

LE TRIBUNAL; — Attendu que les experts nautiques ont nettement démontré dans leur rapport que la relâche à Saint-Domingue, en août 1886, est le résultat d'une suite d'erreurs commises par le capitaine Le Bozec, qui a complètement manqué de prévoyance et de prudence; que d'ailleurs, aucune des parties ne conteste les conclusions de ce rapport et qu'il y a lieu d'en prononcer l'homologation; — Attendu que A. Postel et ses fils, armateurs de l'*Alfred*, reconnaissant que leur responsabilité se trouve engagée par suite des fautes commises par le capitaine

faire l'abandon du navire à un tiers, même après que, pour recouvrer le montant de ses assurances, il en a fait le *délaissement* à l'assureur (Conf. Bédarride, n° 291; Demangeat, t. 4, p. 158; Alauzet, t. 5, n° 1720). Le code de commerce, qui veut en principe que la fortune de terre de l'armateur puisse être affranchie de toute responsabilité quant aux risques de la navigation, a ouvert à cet armateur deux facultés : aux termes des art. 216 et suiv., pour se dégager des obligations contractées par le capitaine, il peut abandonner aux créanciers le prix du navire et son fret; aux termes des art. 369 et suiv., et sous les conditions qu'ils indiquent, il peut, après l'accident de mer, user du délaissement, c'est-à-dire remettre le navire et le fret à ses assureurs, en touchant de ceux-ci le montant des bénéfices de l'assurance qu'il a contractée. En elles-mêmes, ces deux opérations n'ont rien d'inconciliable. Elles le seraient si toutes deux étaient translatives de propriété, car le navire ne pourrait être transféré, à la fois, à deux parties distinctes. Mais les auteurs comparent justement cette situation à celle qui se produit quand un immeuble hypothéqué est vendu : la propriété en est transférée à l'acheteur, à la charge d'acquitter la dette inscrite sur cet immeuble. De même ici, par le délaissement, les assureurs deviennent propriétaires du navire et du fret; mais ce navire et ce fret, si, d'un autre côté, l'abandon en est fait, leur arrivent grevés des créances de ceux vis-à-vis desquels le capitaine s'était obligé. Ces créanciers suivent leur gage dans les mains du nouveau détenteur, l'assureur, et moyennant cette sorte de délégation de débiteur, l'armateur est à l'abri de leurs réclamations. Sans doute, l'assureur, après avoir touché le prix du navire vendu par ses soins et le montant du fret, pourra devenir insolvable, et les créanciers n'auront ainsi qu'une créance irrecouvrable. Mais, en cas de non-délaissement, n'en est-il pas de même à l'égard de l'armateur, qui lui aussi peut tomber en état d'insolvabilité? D'ailleurs, les créanciers, en acceptant pour obligé le capitaine au nom de l'armateur, savaient à l'avance quels étaient les côtés aléatoires de leur contrat, puisque les facultés spéciales ouvertes à l'armateur pour se soustraire aux obligations du capitaine et pour délaisser sont expressément inscrites dans la loi : ils ont agi en connaissance de cause et à leurs risques et périls, sans pouvoir se plaindre d'aucune surprise. La cour de cassation appelée, pour la première fois, à se prononcer sur la possibilité de la combinaison du délaissement aux assureurs et de l'abandon aux créanciers, a, par un arrêt du 13 févr. 1882 (Req. 13 févr. 1882, aff. Dreyfus frères, D. P. 82. 1. 129), adopté le système que l'on vient d'exposer (Conf. Bordeaux, 15 févr. 1887, aff. Barker, *Revue internationale du droit maritime*, t. 3, p. 416; Desjardins, t. 2, n° 291; Laurin, t. 1, p. 632; de Valroger, t. 1, n° 272; Lyon-Caen et Renault, t. 2, n° 1671; de Courcy, t. 2, p. 175).

327. Lorsque l'armateur a, à la fois, abandonné et délaissé, ne doit-il pas, au moins, être tenu personnellement, vis-à-vis des créanciers, sur le montant, touché par lui, des bénéfices de l'assurance? On l'a soutenu : quand il n'y a pas délaissement, a-t-on dit, le navire, en cas d'innavigabilité au cours du voyage, est vendu par l'armateur; celui-ci a en mains le prix de la vente et le montant du fret; et, quand il recourt à l'abandon, il remet ces deux sommes aux créanciers. Veut-il, au lieu de vendre lui-même le navire et de réaliser le fret, user de la faculté du délaissement, moyennant laquelle il touchera l'indemnité d'assurance? Cette opération, résultant d'un contrat étranger aux créanciers, ne peut leur être opposée de manière à préjudicier à leur situation. Il faut, dans ce cas, et pour que leur position ne soit pas changée, que l'armateur, sur le montant de l'assurance touchée par lui, remette aux créanciers une somme égale au prix du navire et du fret. — Ce système ne peut être accepté. Le navire et le fret constituent le seul gage des obligations contractées par le capitaine, d'après l'esprit de la loi; c'est là la fortune de mer répondant seule des risques de la navigation. Quant au bénéfice de l'assurance, il est le prix et la contre-partie des primes payées par l'armateur qui a voulu s'assurer, par un surcroît de débours, une garantie spéciale pour se récupérer de la perte possible de son navire. C'est un avantage personnel à l'assuré, un fruit direct de sa vigilance et qui ne doit pas lui être enlevé. Ce point ne peut plus être utilement contesté, quand on se reporte à la discussion de la loi modificative du code de commerce du 15 juin 1841. A une demande tendant à ce que l'armateur, pour se décharger de sa responsabilité, fût obligé d'abandonner, non seulement le navire et le fret, mais l'assurance elle-même, le ministre de la justice répondit, en effet : « La loi ne veut pas que l'armateur soit exposé au delà des sommes qu'il a consacrées à son expédition. Mais si l'armateur, poussant plus loin la prévoyance, veut se mettre à l'abri même de cette perte limitée, en assurant son navire, pourquoi donc renverser ce calcul légitime?... Les fréteurs ou les chargeurs, à qui il sera fait l'abandon seulement du navire et du fret, n'auront point à se plaindre de leur condition, ils la connaissaient d'avance ». Il est donc certain que le bénéfice de l'assurance doit demeurer à l'écart; et dès lors que, dans le cas où le délaissement vient se juxtaposer à l'abandon, c'est le navire et le fret seuls que les créanciers doivent suivre, comme constituant exclusivement leur gage, entre les mains des assureurs, nouveaux détenteurs de cette fortune de mer destinée à repondre de la navigation. C'est donc avec raison que l'arrêt du 13 févr. 1882, cité *suprà*, n° 326, a décidé que, lorsque l'armateur a à la fois délaissé et abandonné, il n'est redevable, envers les créanciers, d'aucune somme sur le bénéfice de l'assurance; qu'en conséquence, lorsque cet armateur est appelé en justice pour répondre des obligations provenant du capitaine, il doit être mis hors de cause, s'il a usé de la faculté de faire abandon : la réclamation ne peut alors être poursuivie que contre les assureurs auxquels a été fait le délaissement.

328. La faculté accordée par l'art. 216 c. com. au propriétaire d'un navire de s'affranchir de la responsabilité des

---

Le Bozec, demandent acte de ce que, conformément à l'art. 216 c. com., ils font l'abandon du navire *Alfred* en ce moment en charge à Saint-Pierre et Miquelon pour Bordeaux et du fret afférent à cette traversée, et en outre de ce qu'ils obéissent payer les frais; — Que par contre Freker, Lacroix et comp., propriétaires de partie du chargement de morues concluent au rejet de cet abandon, comme non recevable et insuffisant et demandent de décider subsidiairement que ledit abandon ne pourrait, en tous cas, libérer A. Postel et ses fils de leurs obligations relatives aux primes de pêche;

Sur la validité de l'abandon : — Attendu qu'il est admis en doctrine et en jurisprudence que l'armateur du navire autorisé à se soustraire par l'abandon à la responsabité des actes du capitaine, ne peut être contraint d'invoquer ce moyen libératoire tant que l'étendue de son obligation n'a pas été déterminée et conserve son droit d'option tant qu'il n'a pas fait des actes inconciliables avec cet abandon; — Que les demandeurs soutiennent, il est vrai, que Postel et ses fils auraient implicitement renoncé à la faculté d'abandon en employant le navire à de nouveaux voyages; mais qu'il est constant que les chartes-parties qui ont donné lieu à ces nouveaux voyages avaient été signées antérieurement à l'assignation qui avertissait les armateurs que la responsabilité pouvait être engagée; que rien dans les autres faits de la cause ne peut même faire présumer que A. Postel et ses fils avaient renoncé tacitement au droit que la loi leur accordait;

Sur le reproche que l'abandon serait insuffisant: — Attendu que c'est à titre d'accessoire, de complément du navire que le fret est compris dans l'abandon; qu'il ne peut y avoir d'accessoire au navire que le *fret pendant au moment de l'abandon*, les autres frets étant entrés dans la fortune de terre de l'armateur; que ce sont bien là les principes pratiqués chaque jour en matière de délaissement; — Que si le délaissement, à l'encontre de l'abandon, est translatif de propriété, tous deux offrent une analogie complète en ce qui concerne les choses à délaisser, à abandonner, et que l'armateur qui délaisse n'a pas à rapporter les frets de traversées antérieurement faites sous le bénéfice de la même police, mais uniquement le fret du dernier voyage; — Que l'abandon du navire *Alfred*, dans les conditions où il est fait par MM. A. Postel et ses fils, est donc suffisant;...

Par ces motifs;... — Statuant en premier ressort; — Donne acte à Postel et ses fils de ce qu'ils déclarent faire abandon du navire *Alfred* en ce moment en charge à Saint-Pierre et Miquelon pour Bordeaux et du fret afférent à cette traversée; — Dit que cet abandon est régulier et suffisant et qu'au moyen de celui-ci, Postel et ses fils seront affranchis de toutes obligations envers les demandeurs, etc.

Du 5 nov. 1887.-Trib. com. Cherbourg.-MM. Besnard (du barreau de Caen), Favier et Lucas, av.

faits du capitaine par l'abandon du navire et du fret ne peut plus être exercée lorsque le propriétaire a accompli des actes impliquant qu'il a renoncé à faire usage de son droit. — Tel est le cas où, postérieurement à l'interpellation judiciaire des intéressés, le propriétaire a employé le navire à de nouvelles expéditions, à la suite desquelles il a été détérioré (Poitiers, 3 juill. 1876, aff. Faustin, D. P. 77. 2. 70). Il importe peu, d'ailleurs, en ce cas, qu'un précédent arrêt ait donné acte au propriétaire de ses réserves de faire abandon du navire; ces réserves étant sans portée contre les faits accomplis et ne pouvant conserver le droit du propriétaire que pour le cas où l'exercice en aurait encore été possible (Même arrêt). En effet, comme le dit parfaitement l'arrêt: « si, pour opérer l'abandon, on peut dire qu'il n'y a pas de délai de rigueur; si l'on peut dire encore que certains actes de bon père de famille autorisés par l'intérêt commun ne font pas obstacle à l'abandon du navire, il n'en saurait être ainsi, lorsqu'il a été par des faits ultérieurs personnels aux armateurs avarié à nouveau, compromis et dénaturé » (V. conf. Trib. com. Anvers, 8 sept. 1865, *Jurisprudence du port d'Anvers*, 1865. 1. 284; 29 avr. 1870, *ibid.*, 1870. 1. 155; Aix, 2 mars 1865, *Recueil du Havre*, 1865. 2. 193; Civ. cass. 4 déc. 1866, *ibid.*, 1867. 2. 191; Paris, 9 juill. 1872, *ibid.*, 1878. 2. 57; Rennes, 25 mars 1873, *ibid.*, 1874. 2. 3; Caen, 8 janv. 1878, aff. David et Lucco, *ibid.*, 1878. 2. 176; Req. 13 févr. 1882, aff. Dreyfus frères, D. P. 82. 1. 129; Rennes, 11 juin 1884, aff. Oriolle, *Recueil du Havre*, 1884. 2. 198; Florence, 22 févr. 1886, *Revue internationale de droit maritime*, t. 2, p. 730; Trib. Seine, 9 nov. 1886, *La Loi* du 11 nov. 1886). — Jugé, de même, que la faculté d'abandon n'est pas applicable à l'armateur qui, informé du sinistre, s'est rendu sur les lieux, a approuvé les réparations, donné ses instructions au capitaine et reconnu la nécessité d'un emprunt à la grosse; alors surtout qu'après avoir été informé du montant, de la forme et des conditions de l'emprunt contracté, il a laissé le capitaine débarquer les marchandises qui en étaient le gage, les remettre aux destinataires, toucher le fret, et qu'il a expédié son navire, sous un autre capitaine, pour une nouvelle opération, après en avoir retiré quelques agrès (Rennes, 16 juin 1860, aff. Maugat, D. P. 61. 2. 161).

L'abandon pourrait, au contraire, être utilement consenti, si l'assignation qui a averti l'armateur que sa responsabilité pouvait être engagée, ne lui avait été délivrée que postérieurement à la signature de la charte-partie de laquelle on veut faire résulter une renonciation implicite au droit d'abandon (Trib. com. Cherbourg, 5 nov. 1887, *suprà*, n° 325); ou au départ du navire pour un nouveau voyage, si d'ailleurs, l'armateur fait sa déclaration d'abandon dès qu'il est actionné par le créancier (Req. 31 déc. 1856, aff. Belloni, D. P. 57. 1. 188).

329. L'abandon peut être fait *subsidiairement* à des défenses au fond (*Rép.* n° 222);... et notamment après des conclusions au fond tendant à faire fixer l'étendue du dommage et le chiffre de l'indemnité (Paris, 9 juill. 1872, aff. Valéry, D. P. 74. 2. 193). L'abandon du navire et du fret peut même être déclaré pour la première fois en appel (Même arrêt). — On a cité toutefois (*Rép. loc. cit.*) un arrêt aux termes duquel, si l'armateur et le capitaine, au lieu de faire immédiatement l'abandon du navire et du fret, contestent la demande en indemnité formée contre eux et déclarent ne faire l'abandon que subsidiairement, pour le cas où cette demande serait accueillie, ils peuvent être condamnés solidairement, à titre de dommages-intérêts, aux frais et dépens du procès.

330. La faculté d'abandon accordée par l'art. 216 au propriétaire du navire ne doit-elle pas être reconnue également aux chargeurs, à raison des engagements que le capitaine a pu contracter pour leur compte, en cours de voyage? (V. *infrà*, chap. 5, sect. 4).

331. La faculté qu'a le propriétaire du navire de se libérer, par l'abandon de sa fortune de mer, des obligations qui dérivent des actes du capitaine, est reconnue également par les lois de certains pays étrangers, notamment par le code de commerce allemand (art. 451 et 452) (Conf. Code de commerce allemand, traduit et annoté par Gide, Flach, Lyon-Caen, Dietz, p. 179, note 4), par la loi belge sur le commerce de mer du 21 août 1879 (art. 7), par le code de commerce italien de 1882 (art. 492), par le code maritime finlandais (art. 17), par la loi suédoise du 23 févr. 1864 (art. 174 et suiv.), etc. En Angleterre, au contraire, le propriétaire du navire est obligé sur tous ses biens, à raison des engagements contractés par son capitaine. Mais le propriétaire n'est responsable sur tous ses biens des délits ou des quasi-délits commis par le capitaine, qu'à raison de 8 livres sterling (200 fr.), par tonneau de jauge du navire à bord duquel la faute a été commise, si le dommage a été causé à des *choses*, et à raison de 15 livres sterling, par tonneau de jauge, s'il a été causé à des *personnes* (*Merchant shipping act* de 1862, art. 54. Conf. de Courcy, t. 3, p. 243). — Aux Etats-Unis, la loi fédérale du 5 mars 1851 limite l'obligation personnelle de l'armateur à raison des *fautes* du capitaine à la valeur du navire et du fret lors de l'événement.

332. Cette diversité des législations donne lieu parfois à de sérieuses difficultés, lorsque le navire appartient à un pays dont la loi ne concorde pas avec celle du pays du tribunal saisi de la contestation. Un arrêt (Rennes, 21 déc. 1887, aff. Kendrick, D. P. 89. 2. 145) a décidé que les propriétaires d'un navire anglais ne peuvent, par l'abandon du navire et du fret fait conformément à l'art. 216, s'affranchir de la responsabilité des actes du capitaine. Cette solution nous paraît exacte, mais les motifs donnés par la cour pour la justifier peuvent donner lieu à critique: l'arrêt a le tort de se placer à la fois dans deux ordres d'idées différents qu'il importe de distinguer soigneusement; il invoque en même temps la théorie connue sous le nom de *loi du pavillon*, et la nature purement civile du droit d'abandon.

M. Lyon-Caen, dans une étude publiée par *le Droit* du 8 juill. 1888, a exposé avec une grande précision les objections que peut soulever la doctrine de la cour de Rennes. « La théorie de la loi du pavillon, dit-il, est très exacte... Il importe au plus haut point, dans l'intérêt du commerce de mer entre les nations, que la loi applicable aux contestations qui peuvent naître à l'occasion des expéditions maritimes ne varie pas avec le hasard des voyages et le tribunal saisi des contestations. » Il se peut que le fait du capitaine dont répond le propriétaire se produise dans les eaux territoriales ou dans les eaux d'un Etat. « Faudrait-il donc, ajoute M. Lyon-Caen, que la responsabilité de l'armateur fût ou non limitée à sa fortune de mer selon la législation du pays dont les eaux ont servi de théâtre à l'événement? On chercherait en vain le motif juridique et rationnel d'une semblable solution. Avec elle, celui qui organise comme armateur une expédition maritime ne saurait par avance à quelle responsabilité il se soumet. D'ailleurs, cette doctrine serait inapplicable lorsque l'événement se serait produit en pleine mer. » La loi du tribunal saisi (*lex fori*) pourrait, au contraire, être applicable dans tous les cas; mais il semble hors de doute que cette loi ne saurait régir uniquement que les questions de procédure et de compétence. Tenir compte de la loi du tribunal saisi, ce serait remettre la décision sur la loi à appliquer au demandeur, quand il peut, comme en matière d'abordage notamment, opter entre les tribunaux de plusieurs Etats. Aussi, sauf en Angleterre (*Merchant shipping act*, art. 504) et aux Etats-Unis (Arrêt de la cour suprême du 10 mai 1886, *Revue internationale du droit maritime*, 1886-1887, t. 2, p. 457), où cette théorie est consacrée par un texte formel (V. aussi en Belgique: Trib. com. Anvers, 14 juill. 1877, *Jurisprudence du port d'Anvers*, 1877. 1. 311; et en Allemagne: Trib. de l'Empire, 12 juill. 1886, aff. Harrisson, *Journal du droit international privé*, 1887, p. 339); la *lex fori* est-elle généralement considérée comme devant rester toujours étrangère à la décision des questions de fond. — (V. en sens contraire: Trib. com. Anvers, 14 juill. 1877, *Jurisprudence du port d'Anvers*, 1877. 1. 311. V. aussi Asser et Rivier, *Eléments de droit international*, p. 217). « Si l'on écarte, dit M. Lyon-Caen, *loc. cit.*, et la loi du pays où l'événement auquel se rattache le procès s'est produit, et la loi du tribunal saisi, on ne peut appliquer que la loi du pavillon du navire abordeur, c'est-à-dire du navire sur lequel la faute a été commise. Cette loi, l'armateur la connaît ou est réputé la connaître; elle est indépendante de toutes les circonstances extrinsèques qui peuvent se produire durant le voyage... L'application de la loi du pavillon est naturelle. C'est elle qui sert à déterminer les pouvoirs du capitaine et ses rôles divers. Elle doit aussi être consultée pour fixer les conséquences des faits ou actes du capitaine à l'égard du propriétaire au point de vue de l'étendue de sa responsabilité » (V. dans le même sens : Lyon-Caen, *Etudes de droit international maritime*, *Journal du droit international privé*, 1882, p. 258 ; de Valroger, *Revue internationale du droit maritime*, t. 2, 1886-1887, p. 493 ; Lyon-Caen et Renault, t, 2, n° 1661 ; Desjardins, t. 1, n° 282; de Valroger, t. 1, n° 278; Em. Cohendy, *Dissertation*, D. P. 89. 2. 145; Trib. com. Havre, 8 févr. 1886, *Recueil du Havre*, 1886. 1. 64. Conf. Résolutions adoptées par le Congrès d'Anvers, 1885, art. 6, *suprà*, p. 28).

Le principe de la loi du pavillon conduisait, dans l'espèce soumise à la cour de Rennes, à écarter l'application de l'art. 216 c. com. et à réserver seulement au défenseur de nationalité anglaise la faculté de se prévaloir des dispositions du *merchant shipping act;* c'est ce qu'a fait l'arrêt. Mais la cour a eu le tort de ne pas se borner à invoquer, dans l'espèce, la théorie de la loi du pavillon : elle pose en principe que le droit d'abandon accordé par l'art. 216 est un *droit civil*, dans le sens de l'art. 11 c. civ., et que, par suite, il ne peut être exercé, même en France, par le propriétaire d'un navire étranger : « Il n'est pas douteux, dit l'arrêt, que ces dispositions particulières à chaque nation, inspirées par le désir d'encourager les armements, doivent être rangées dans la classe des droits strictement civils... ». « Nous n'insisterons pas ici, pour réfuter ces idées, dit M. Lyon-Caen, *loc. cit.*, sur ce que les seuls droits privés dont les étrangers n'ont pas la jouissance en France, sont ceux qu'un texte de loi leur refuse. Nous nous bornerons à dire que l'argumentation de la cour de Rennes sur ce point conduirait à un résultat vraiment impossible : si le droit d'abandon du navire et du fret est un droit civil et, par suite, un droit réservé aux Français, en l'absence d'un traité diplomatique de réciprocité, ce droit ne peut pas être exercé même par les nationaux de pays admettant la distinction du droit français entre la fortune de terre et la fortune de mer. Ainsi, avec ce système, les Allemands, les Italiens, ne pourraient pas faire en France l'abandon du navire et du fret, bien que leurs lois nationales consacrent le principe de l'abandon. Mais alors dans quelle mesure seraient-ils responsables? La logique conduirait à admettre à leur charge une responsabilité illimitée. Donnerait-on la même solution pour les navires de pays dont les lois, comme la loi anglaise, restreignent la responsabilité de l'armateur sans admettre pourtant l'abandon du navire et du fret ? En cas d'affirmative, on appliquerait en France aux armateurs de navires étrangers une loi qui ne serait ni leur loi nationale ni la loi française, loi du tribunal saisi. Si, au contraire, on faisait bénéficier les armateurs des navires étrangers des restrictions apportées par leur loi nationale à leur responsabilité dès l'instant où il ne s'agirait pas de l'abandon du navire et du fret, on traiterait plus rigoureusement les armateurs des pays dans lesquels le principe de l'art. 216 est admis. Ainsi toute la rigueur de la responsabilité illimitée serait réservée aux propriétaires de navires dont la loi nationale consacre les règles du droit français » (Conf. Em. Cohendy, *loc. cit.*).

L'application de la loi du pavillon se justifierait encore, à plus forte raison, et par les mêmes motifs, dans le cas où le propriétaire serait poursuivi comme tenu non plus des conséquences d'un délit ou d'un quasi-délit du capitaine, mais des obligations contractées par le capitaine pour les besoins de la navigation. Plus encore pour les contrats que pour les délits et les quasi-délits du capitaine, il est naturel que la loi qui sert à fixer les pouvoirs du préposé ou du mandataire serve aussi à fixer l'étendue de la responsabilité du préposant (Lyon-Caen, *loc. cit.*). Du reste, en Angleterre même, cette solution est admise, malgré la prédilection des Anglais pour la loi du tribunal saisi du procès (Arrêt de la cour du banc de la Reine, aff. du Lloyd C. Guibert, 1864). Ici les Anglais ne sont plus liés par le texte du *Merchant shipping act* (Conf. Trib. Brême, 5 mai 1877, aff. Harvey, *Journal du droit international privé*, 1878, p. 627. Conf. Cohendy, *loc. cit.*).

SECT. 5. — DES PRIVILÈGES ET HYPOTHÈQUES SUR LES NAVIRES (*Rép.* n°s 229 à 300).

333. On a, au *Rép.* n°s 229 et suiv., étudié les règles relatives à l'ordre dans lequel s'exercent les privilèges, à la manière dont leur existence doit être constatée et à leur extinction. Depuis la publication de cet ouvrage, les lois des 10 déc. 1874 (D. P. 75. 4. 64) et 10 juill. 1885 (D. P. 86. 4. 17) ont créé et réglementé l'*hypothèque* sur les navires. — Nous étudierons séparément, dans la présente section, les règles relatives aux *privilèges* sur les navires, et celles qui concernent l'*hypothèque* maritime.

ART. 1er. — *Des privilèges sur les navires* (*Rép.* n°s 229 à 300).

334. On a exposé en détail (*Rép.* n° 229), les règles relatives aux privilèges sur les navires ; mais on a seulement indiqué (*Ibid.*, n° 289), que le code de commerce a, en matière maritime, reconnu aux simples créanciers chirographaires, outre le droit de gage général, fondé sur les art. 2092 et 2093 c. civ., un *droit de suite* tout particulier sur les navires de leurs débiteurs. Nous croyons utile de revenir ici avec plus de détails sur les règles qui régissent ce droit exceptionnel, et que le code n'a malheureusement formulées que d'une façon incomplète et obscure, dans les art. 190, 193 et 194.

335. En droit commun, le droit de gage conféré aux créanciers par les art. 2092 et 2093 c. civ. est fort précaire : il ne renferme aucun droit de préférence, et s'éteint sur les biens aliénés à titre particulier par le débiteur. Le code de commerce, dans le but d'augmenter le crédit des propriétaires de navire, a reproduit les dispositions de l'ordonnance de 1681 (liv. 2, tit. 10, art. 1er et 2) et accordé aux créanciers, quels qu'ils soient, un droit de suite sur les bâtiments de mer, grâce auquel ils peuvent les saisir et les faire vendre, alors même qu'ils ont passé entre les mains de tiers acquéreurs. Quelques jurisconsultes, en présence des termes peu précis et peu clairs employés par le code de commerce, ont, il est vrai, nié que le droit de suite fût indistinctement accordé à tous les créanciers du vendeur (Cauvet, *Revue critique*, t. 3, p. 275 ; Houzard, *Revue pratique*, t. 23, p. 174. Comp. Bordeaux, 22 août 1860, aff. Pereyra, D. P. 63. 1. 289). Mais la jurisprudence et la plupart des auteurs ont rejeté ce système et n'ont vu dans les dispositions des art. 190, 193, 194 et 196 que la consécration des principes de l'ordonnance de 1681 (Pardessus, t. 3, n° 941 ; Delamarre et Le Poitevin, t. 5, n° 166 ; Bédarride, t. 1, n° 45 ; Dufour, t. 1, n° 40; Alauzet, t. 3, n° 1053 ; Caumont, v° *Navire ;* Demangeat, t. 4, p. 29 ; Laurin, t. 1, p. 89 ; Boistel, n° 1144 ; Desjardins, t. 1, n° 101 ; Lyon-Caen et Renault, t. 2, n° 227; Rennes, 7 févr. 1813, *Rép.* n° 99 ; Aix, 20 août 1819, *Rép.* n° 99; Rouen, 20 mai 1863, *infrà*, n° 423; Sol. impl., Civ. cass. 3 juin 1863, aff. Pereyra, D. P. 63. 1. 289; 16 mars 1864, aff. Suarès, D. P. 64. 1. 161. Conf. *infrà*, n°s 337 et 436). — Jugé, en conséquence, que, quand un créancier pour fournitures faites à un navire a formé, en vertu de l'ordonnance du juge, opposition à la sortie de ce navire, l'acheteur est mal fondé à demander mainlevée de cette opposition, alors même que le créancier n'aurait pas rempli les formalités prescrites par la loi pour la conservation de ce privilège, car il suffit qu'il ait conservé sa créance pour conserver son droit de suite (Trib. com. Marseille, 25 janv. 1861, aff. Biagini C. Mistral, *Recueil de Marseille*, 1861. 1. 68).

336. Le droit de suite des créanciers *chirographaires* est généralement rejeté par les législations étrangères ; il a été vivement critiqué par les commentateurs du code français (Desjardins, t. 1, n°s 102 et suiv. ; Lyon-Caen et Renault, t. 2, n° 2275), et avait même été supprimé dans le projet de 1867.

337. Le droit de suite ne peut évidemment appartenir qu'à ceux qui sont devenus créanciers de l'aliénateur antérieurement à l'aliénation, ou plutôt au jour où l'aliénation a eu son effet à l'égard des tiers, c'est-à-dire au jour où a eu lieu la mutation en douane. — Jugé, en ce sens, que les créanciers postérieurs à l'aliénation, mais antérieurs à l'inscription de la vente sur l'acte de francisation, ont le droit de suite (Civ. cass. 3 juin 1863, aff. Pereyra, D. P. 63. 1.

289 ; Rouen, 31 juill. 1876, aff. Buisson, D.P.78.2. 101. Conf. Civ. cass. 16 mars 1864, aff. Suarès, D. P. 64. 1. 161 ; Bordeaux, 5 juill. 1870, aff. Vieilly, D. P. 71. 2. 138 ; Civ. rej. 27 févr. 1877, aff. Michel, D. P. 77. 1. 209);... A moins cependant qu'ils n'aient eu personnellement connaissance de la vente (Civ. rej. 26 mai 1852, aff. Crouan, D. P. 52. 1. 178 ; Caen, 25 août 1868, aff. Goubert, D. P. 70. 2. 79. Trib. com. Marseille, 9 mai 1876, *Recueil de Marseille*, 1876. 1. 186 ; Pardessus, t. 2, nos 607 et 620 ; Beaussant, t. 1, p. 479 ; Caumont, v° *Navire*, n° 19 ; Delamarre et Le Poitevin, t. 4, n° 87 ; Dufour, t. 2, n° 512 ; Laurin, t. 1, n° 268 ; Boistel, n° 1152 ; Desjardins, t. 1, n° 76. Conf. *Rép.* n° 175. — V. en sens contraire : Cauvet, *Revue de législation*, 1849, p. 286 ; Lyon-Caen et Renault, t. 2, nos 1619 et 2278).

338. Comme le remarquent MM. Lyon-Caen et Renault, n° 2280 *in fine*, le droit de suite n'existe qu'en cas de vente volontaire ; la vente sur saisie ne laisse jamais subsister ce droit, elle en entraine, au contraire, l'extinction (c. com. art. 193) (V. *infrà*, n° 429).

339. L'art. 190 c. com., de même que l'ordonnance de 1681, ne parle que de la *vente* ; mais il est certain que toute autre aliénation à titre particulier donne également lieu au droit de suite (V. Lyon-Caen et Renault, n° 2280).

340. Si, avec la plupart des auteurs (V. *suprà*, n° 92), on reconnaît au contrat par lequel un entrepreneur s'engage à construire un navire à forfait, le caractère d'une vente à livrer, on doit décider également que le droit de suite appartient aux divers créanciers de cet entrepreneur, contre celui qui a fait la commande. Mais comme la convention relative à la construction n'est pas soumise à la mutation en douane (V. *suprà*, n° 172), les créanciers qui peuvent avoir un droit de suite sont, dans ce cas, ceux-là seuls qui le sont devenus avant la date de la conclusion même du contrat.

341. Sur les causes d'extinction du droit de suite, V. *infrà*, nos 427 et suiv.

342. On a expliqué (*Rép.* n° 230) que les art. 190 et suiv. ne s'appliquent pas aux bâtiments de peu d'importance tels que nacelles, petits bateaux, servant à l'agrément de leurs propriétaires : les travaux préparatoires du code de commerce semblent formels en ce sens. — Ces articles ne sont point, non plus, applicables aux bâtiments qui servent à la navigation sur les fleuves ; c'est un point qui ne peut faire doute, si l'on se reporte aux observations des conseils de commerce et tribunaux sur le projet de code, et notamment à celles du conseil de commerce de Cologne. L'art. 151 du projet, devenu postérieurement l'art. 190, était ainsi conçu : « Tous navires et autres bâtiments, quoique réputés meubles, sont affectés aux dettes du vendeur... ». Le conseil de Cologne, dans des observations générales sur le liv. 2, fit remarquer que le code « ne parlait que de la navigation sur mer, sans faire mention de celle des rivières. Une grande partie des dispositions contenues dans ce livre peut, à la vérité, être adaptée à la navigation des rivières ; mais il y a aussi plusieurs rapports sous lesquels cette navigation exige des dispositions toutes différentes, et même des dispositions particulières ». Passant à l'examen des articles, le conseil posait cette question à propos de l'art. 151 : « Les dispositions portées en cet article doivent-elles s'entendre de tous les bâtiments sans distinction, ou seulement des bâtiments de mer qui sont notamment dénommés au commencement du tit. 1er ? » (*Observations sur le projet de code de commerce*, t. 2, p. 331). L'attention du législateur était donc appelée d'une manière toute spéciale sur l'assimilation à établir entre les bâtiments de mer et les bâtiments de rivière. Or, loin de résoudre la question posée par le conseil de Cologne dans le sens de l'application de l'art. 151 du projet à tous les bâtiments sans distinction, les rédacteurs du code de commerce ont restreint la portée de cette disposition en substituant les mots « bâtiments de mer » au mot « bâtiments ». Le nouveau texte est ainsi conçu : « Les navires et autres bâtiments de mer sont meubles ». En présence de cette rédaction, il nous semble difficile de soutenir que les dispositions que nous allons étudier s'appliquent à la navigation fluviale (Conf. Dufour, t. 1, n° 53 ; Alauzet, t. 4, nos 1626 et 1702 ; Bédarride, t. 1, n° 47 ; Lyon-Caen et Renault, t. 2, n° 2279, et les observations de M. le conseiller d'Oms dans l'affaire jugée par la chambre des requêtes, le 7 avr. 1874, aff. Tailliez-Bourbon, D. P. 74. 1. 289). — Jugé, en ce sens, que le droit de suite accordé aux créanciers du vendeur par les art. 190 et suiv. c. com., en cas de vente volontaire d'un navire, s'applique exclusivement aux bâtiments de mer, et non aux bâtiments de rivière ; spécialement, que ce droit de suite doit être refusé sur un bateau dénommé par les parties elles-mêmes « bateau de canal », cette désignation indiquant la destination de ce bateau à la navigation des canaux (Req. 7 avr. 1874 précité. Conf. Bordeaux, 5 juill. 1870, aff. Vieilly, D. P. 71. 2. 138) : « Attendu, dit très bien l'arrêt de la chambre des requêtes, que les expressions de l'art. 190, *les navires et autres bâtiments de mer*, « sont nécessairement restreintes aux navires et bâtiments qui, quelle que soit leur qualification et leur capacité, sont destinés au commerce maritime ; qu'il ressort, en effet, de la combinaison des art. 620 c. proc. civ. et 207 c. com., que ces bâtiments peuvent seuls remplir les conditions auxquelles l'art. 193 c. com. attache la purge et l'extinction des privilèges, tandis que les bâtiments de rivière continuent à rester, en cas de vente sur saisie, sous l'empire des dispositions de l'art. 620 c. proc. civ. ; que ces mêmes bâtiments ne peuvent, en cas de vente volontaire, remplir les conditions auxquelles les art. 193 et 194 attachent l'extinction des privilèges ; d'où suit que l'impossibilité pour ces bâtiments de purger les créances privilégiées démontre qu'ils ne peuvent pas être affectés à ces sortes de créances, et qu'ils ne sauraient, dès lors, être assujettis au droit de suite ».

343. On étudiera successivement, comme on l'a fait au *Rép.* nos 233 et suiv., chacun des privilèges indiqués par l'art. 191, dans l'ordre de leur énumération, qui est aussi celui de leur classement. On traitera ensuite du mode de constatation des créances auxquelles ils sont attachés, et en troisième lieu des causes d'extinction de ces privilèges.

344. — I. DIFFÉRENTS PRIVILÈGES SUR LES NAVIRES. — 1° *Frais de justice.* — Ces frais, ainsi qu'on l'a indiqué (*Rép.* n° 234), sont uniquement ceux qui sont faits dans l'intérêt commun des créanciers ; ainsi les frais que l'adjudicataire est obligé de subir pour avoir la libre disposition du navire (droits de douane, sommes dues à la caisse des invalides) ne doivent point être considérés comme privilégiés ; car les frais résultant de la mutation en douane ne sont que les accessoires du prix de vente, et les sommes versées à la caisse des gens de mer sont de simples avances sur le prix, qui viennent en déduction de celui-ci (Laurin, t. 1, p. 91 ; Desjardins, t. 1, n° 107. — V. en sens contraire : Bédarride, t. 1, nos 56 et 73 ; Demangeat, t. 4, p. 35).

345. — 2° *Droit de pilotage, tonnage, cale, amarrage, bassin et avant-bassin* (*Rép.* n° 235). — Sur ces divers droits, V. *Organisation maritime* ; — *Rép.* eod. v°, nos 441 et suiv., 545 et suiv., et v° *Droit maritime*, nos 80 et 81. — L'art. 191 ne mentionne pas les droits de *remorquage*, parce que, à l'époque de la rédaction du code, le remorquage était peu usité : ces drois ne sont donc pas privilégiés (Lyon-Caen et Renault, t. 2, n° 2453). — Les droits dus aux pilotes *lamaneurs* sont seuls visés dans le n° 2 de l'art. 191 ; les droits dus aux pilotes *hauturiers* sont garantis par le privilège des gens de mer (art. 191-6°). Le privilège pour droits de pilotage doit être admis au profit de celui qui fait accidentellement fonction de pilote comme au profit du pilote de profession (Dufour, t. 1, n° 87 ; Demangeat, t. 4, p. 39 ; Desjardins, t. 1, n° 113 ; Lyon-Caen et Renault, t. 2, n° 2453).

346. — 3° *Gages du gardien, et frais de garde du bâtiment, depuis son entrée dans le port jusqu'à la vente* (*Rép.* nos 236 à 238). — Le n° 3 de l'art. 191 ne vise pas le *gardien judiciaire*, c'est-à-dire celui qu'établit l'huissier en saisissant le navire (c. com. art. 200) ; sa créance est comprise dans les frais de justice ; le gardien dont parle l'art. 191-3° est celui qui est placé à bord du navire après le congédiement de l'équipage, pour garder le bâtiment et faire dans le port les manœuvres qui peuvent devenir nécessaires (Rouen, 28 nov. 1856, aff. syndic Fabre C. David, *Recueil de Marseille*, t. 35, 2. 65 ; Demangeat, t. 4, p. 42 ; Dufour, n° 91 ; Desjardins, t. 1, n° 119 ; Lyon-Caen et Renault, t. 2, n° 2454. — V. en sens contraire : Laurin, t. 1, p. 93).

347. — 4° *Loyer des magasins où se trouvent déposés les agrès et les apparaux.* — V. *Rép.* n° 239.

348. — 5° *Frais d'entretien du bâtiment et de ses agrès et apparaux, depuis son dernier voyage et son entrée dans le port.* — V. *Rép.* n° 240.

349. — 6° *Gages et loyers du capitaine et autres gens de l'équipage employés au dernier voyage* (*Rép.* n°s 241 à 244). — L'art. 191-6° détermine les *causes* et le *rang* du privilège dont sont investis le capitaine et les gens d'équipage, à raison de leurs gages et loyers ; l'art. 271 fait connaître quels *objets* sont grévés de ce privilège (V. *infrà*, n°s 776 et suiv. ; *Rép.* n°s 681 et suiv.).

350. Ce privilège appartient, sans aucun doute, aux gens de mer qui sont engagés au mois ou au voyage ; nulle difficulté sur ce point. Mais est-il également accordé à ceux qui sont engagés *au fret* ou *à la part?* La question est vivement débattue. Pour la résoudre négativement, on prétend qu'il y a, en ce cas, entre le propriétaire du navire et les gens de l'équipage, une véritable *société*, dont ceux-ci doivent courir toutes les chances : il ne saurait donc être question de privilège. On fait observer que Pothier considérait déjà le matelot engagé à la part ou au fret comme l'associé du maître du navire, et lui donnait contre ce dernier l'action *pro socio* (*Traité du louage maritime*, n° 299). L'art. 260 c. com. ne se borne-t-il pas, d'ailleurs, en cas de perte du navire, à donner aux matelots engagés au fret une action réelle sur les marchandises sauvées seules, tandis que l'art. 259 (abrogé par la loi du 12 août 1885) accordait, en outre, le droit de se faire payer sur les débris du navire aux matelots engagés au mois ou au voyage? Ces derniers ont donc seuls un privilège sur le navire (Dufour, t. 1, n° 104 ; Laurin, t. 1, p. 95).

Dans le sens de l'affirmative, on peut répondre, d'une part, que les rédacteurs du code ne paraissent pas avoir consulté sur ce point Pothier qui, d'ailleurs, ne tranche pas formellement la question. D'autre part, les art. 191-6° et 271 c. com., parlent des *loyers* sans faire aucune distinction, et par le mot loyers, le code entend aussi bien la rémunération due aux matelots engagés au fret que celle due aux matelots engagés au mois ou au voyage : les termes dont se sert l'art. 260 lui-même le démontrent (Conf. Civ. cass. 28 nov. 1866, aff. Souchet frères, D.P.66. 1. 500 ; 19 févr. 1872, aff. Lecour, D. P. 72. 1. 33) ; ces arrêts établissent nettement que les portions de fret ou parts attribuées à l'équipage sont réellement des *salaires*). La nature des services rendus est d'ailleurs identique, dans tous les cas, et le privilège a, par suite, dans tous les cas, la même raison d'être. Enfin, l'argument tiré de l'art. 260 est loin d'être décisif : cette disposition ne prévoit que le cas exceptionnel de perte du navire ; or on conçoit qu'en présence d'un désastre commun, la loi ait privé les gens de mer d'un droit sur les débris, sans que, pour cela, un privilège leur soit ordinairement refusé sur le navire (Bédarride, t. 1, n° 70 ; Desjardins, t. 1, n° 127 ; Boistel, n° 1220 ; Demangeat, t. 4, p. 47 ; de Valroger, t. 1, n° 28 ; Lyon-Caen et Renault, t. 2, n° 1711). — Les rédacteurs du projet de 1867, dans le but de trancher cette controverse, ajoutaient au texte actuel (qui devenait l'art. 191-7°) les mots « quel que soit le mode de rémunération de leurs services ». — Les auteurs de la loi de 1885 ne paraissent pas s'être préoccupés de cette question ; aussi croyons-nous que l'on ne pourrait, dans l'intérêt du second des systèmes qui viennent d'être exposés, tirer argument de la nouvelle rédaction de l'art. 258 c. com. Il est vrai que, dans le paragraphe 6 de ce texte, les mots « sans préjudice du droit de préférence qui appartient à l'équipage pour le payement de ses loyers » terminent une phrase ainsi commencée « Dans tous les cas... », et les mots « dans tous les cas» signifient ici *quel que soit le mode d'engagement :* le contexte de l'article et les travaux préparatoires le démontrent. On pourrait se demander, dès lors, si l'art. 258, *in fine*, en excluant toute distinction, n'a pas voulu trancher la controverse dont il s'agit et indiquer que le privilège sur le navire appartient à tous les matelots, de quelque manière qu'ils soient engagés. Nous ne croyons pas qu'il en soit ainsi : l'obligation de rapatriement existe, il est vrai, quel que soit le mode d'engagement des matelots ; mais, bien loin de vouloir, par les derniers mots de l'article interpréter ou modifier la disposition de l'art. 191-6°, le législateur entend manifestement se référer aux droits de préférence qui appartiennent à l'équipage, en vertu des lois existantes. Les mots « sans préjudice, etc. » ont été ajoutés par la Chambre, sur la demande du rapporteur, lors de la seconde délibération, afin de bien établir, après l'abrogation de l'art. 259, l'ordre des préférences qui devait appartenir aux salaires des gens de l'équipage (Conf. *infrà*, n° 829).

En Belgique, la loi du 21 août 1879 a formellement tranché la controverse : son art. 4, § 7, déclare que le capitaine et les gens de l'équipage sont privilégiés sur le navire « quel que soit le mode de rémunération de leurs services ».

351. Le privilège garantit non seulement les loyers proprement dits, mais encore tout ce qui peut en être considéré comme l'accessoire : 1° les frais de la conduite de retour jusqu'au lieu de départ du navire, ou jusqu'au quartier d'inscription (c. com. art. 252) ;... 2° Les frais de maladie (c. com. art. 262) ;... 3° L'indemnité due en cas de congédiement non justifié (c. com. art. 270) (Trib. civ. Anvers, 28 mars 1879, *Jurisprudence du port d'Anvers*, 1879. 1. 201). Si cette indemnité a été payée au matelot par le capitaine, ce dernier ne peut la répéter contre le propriétaire du navire (c. com. art. 270) ; il ne peut être question, en ce cas, de privilège au profit du capitaine ; mais cela n'empêche pas que le privilège subsiste, dans le cas où c'est le matelot congédié qui agit directement contre le propriétaire, bien que ce ne soit pas, en définitive, celui-ci qui doive supporter le payement de cette indemnité (Laurin, t. 1, p. 97 ; Dufour, t. 1, n° 103 ; Desjardins, t. 3, n° 128. — V. en sens contraire : Demangeat, t. 4, p. 46) ;... 4° Le coût de la feuille de débarquement de l'équipage (Trib. com. Marseille, 29 avr. 1861, aff. Razongles *C.* Spartali, *Recueil de Marseille*, 1861. 1. 137).

352. Le *chapeau* du capitaine est-il garanti par le privilège de l'art. 191 ? Certains auteurs résolvent négativement cette question : le chapeau, disent-ils, n'est pas dû par le propriétaire du navire (Valin, t. 1, p. 629 ; Cleirac, *Contrat maritime*, tit. 5, art. 18, p. 261. Conf. *Rép.* n° 828), et ne peut être, par conséquent, réclamé sur le navire (V. en ce sens : Dufour, t. 1, n° 106. Conf. Aix, 21 nov. 1833, aff. Blanchenay *C.* Montano, *Recueil de Marseille*, t. 14, 1. 259). — Il y a là, en réalité, croyons-nous, une question d'interprétation des conventions : si, en fait, il est reconnu que le chapeau est dû par l'affréteur, le capitaine ne peut pas réclamer un privilège sur le navire ; mais si, comme il arrive souvent, le chapeau est dû au capitaine par l'armement, si, par exemple il a été stipulé qu'une somme proportionnelle au prix du fret serait prélevée sur le montant de celui-ci, et remise au capitaine, à titre de chapeau, la créance du capitaine constitue un véritable supplément de loyer et, comme telle, est garantie par le privilège de l'art. 191 (Trib. com. Marseille, 29 juill. 1858, *Recueil de Marseille*, 1858. 1. 297 ; 13 juill. 1862, aff. Roussier *C.* Orange, *ibid.*, 1862. 1. 205 ; Paris, 21 juill. 1865, aff. Mauguin de l'Etang *C.* Profit, *ibid.*, 1868. 2. 103 ; Trib. com. Marseille, 22 janv. 1866, aff. Aube *C.* Rickmanns, *ibid.*, 1866. 1. 54 ; 17 juill. 1872, *ibid.*, 1872. 1. 219 ; Desjardins, t. 1, n° 129 ; Lyon-Caen et Renault, t. 2, n° 1910. V. cependant : Trib. com. Marseille, 11 juill. 1878, aff. capitaine Griparis, *Recueil de Marseille*, 1878. 1. 221. Comp. Targa, *Ponder. mar.*, c. 12, n° 41 ; Emérigon, t. 2, n° 23), pourvu, nous le verrons *infrà*, n° 933, que la convention relative au chapeau soit portée sur le rôle d'équipage.

353. On verra *infrà*, n°s 776 et suiv. (Conf. *Rép.* n°s 681 et suiv.) que le navire n'est pas l'unique gage des créanciers privilégiés ; le fret leur est encore affecté (c. com. art. 271) ; nous pouvons cependant faire observer, dès maintenant, que, lorsqu'ils réclament leur payement sur le prix du navire, on ne peut les renvoyer à se pourvoir sur le fret : « Il est permis à un créancier qui a plus d'une voie pour se procurer le payement de son dû, de prendre celle qui lui plaît le plus » (Valin, t. 1, p. 363. Conf. Trib. com. Nantes, 1er juill. 1869, *Recueil de Marseille*, 1869. 2. 203 ; Trib. civ. Marseille, 13 juin 1874, *ibid.*, 1875. 2. 8 ; Dufour, t. 1, n° 112 ; Demangeat, t. 4, p. 48 ; Desjardins, t. 1, n° 130 ; Lyon-Caen et Renault, t. 2, n° 1713 ; de Valroger, t. 2, n° 653. V. cependant : Emérigon, t. 2, p. 233 ; Laurin, t. 1, p. 100). — Les gens de mer n'ont pas de privilège personnel sur les marchandises (Civ. rej. 20 mai 1857, aff. Marziou, D. P. 57. 1. 248) ; mais ils peuvent, en exerçant les droits de l'armement (c. civ. art. 1166), réclamer sur ces marchandises, pour la conservation du fret qui est leur gage, le privilège inscrit dans l'art. 307 c. com. (V. *infrà*, chap. 5, sect. 4, art. 4).

354. Les gens de l'équipage ne peuvent non plus invoquer le privilège des gens de service de l'art. 2101 c. civ., et des ouvriers et employés de l'art. 549 c. com. Jugé, en ce sens: 1° qu'un capitaine de navire n'est pas un commis, et ne peut dès lors, en cas de faillite de celui qui l'a employé, réclamer le privilège de l'art. 549 c. com. (Trib. com. Havre, 28 août 1860, aff. Lanne, D. P. 62. 3. 24);... Même dans le cas où ce capitaine a été au service d'une compagnie de transports et de remorquage, et employé par elle, tantôt sur un bateau et tantôt sur un autre, au lieu d'être attaché à un bateau déterminé (Même jugement); — 2° Que les gens de mer ne peuvent davantage, en cas de faillite de l'armateur, réclamer, pour le montant des salaires qui leur sont dus, le privilège accordé par l'art. 2101, § 4, c. civ., aux gens de service sur l'ensemble de l'actif du débiteur (Paris, 5 nov. 1866, aff. Laurent, D. P. 67. 2. 28. Conf. Lyon-Caen et Renault, t. 2, n° 1714).

355. Il a été jugé que le privilège né du contrat d'affrètement en faveur du capitaine et de l'équipage ne peut être modifié par des stipulations intervenues, en dehors de la charte-partie, entre le fréteur et l'affréteur; qu'en effet, il ne peut dépendre de ceux-ci de changer par leur seule volonté, une situation qui n'est pas seulement la leur, mais qui est devenue celle de l'équipage. Et il importe peu que les explications auxquelles ces modifications ont donné lieu se soient produites en présence du capitaine ou d'accord avec lui, cette circonstance n'impliquant pas qu'il ait fait, dans une mesure quelconque, l'abandon de ses droits (Rouen, 8 févr. 1866) (1).

356. Le privilège ne s'applique qu'aux gages et loyers dus pour le dernier voyage, ceux à qui ils sont dus devant s'imputer d'avoir laissé le navire repartir pour un nouveau voyage sans se faire payer (*Rép.* n° 241). — Ainsi que nous l'avons expliqué (*Rép.* n°s 242 et suiv.), on s'accorde à reconnaître qu'ici le voyage comprend l'ensemble des traversées effectuées par le navire, depuis son départ du port d'armement jusqu'à sa rentrée au port de désarmement; peu importe le nombre des expéditions faites pendant ce temps (Trib. com. Rouen, 15 oct. 1856, aff. Créanciers de l'*Eurythèmes C.* Chantrelles, *Recueil de Marseille*, 1856. 2. 107; Civ. cass. 4 août 1857, aff. Gourneuf, D. P. 57. 1. 341; Trib. com. Marseille, 9 avr. 1862, *Recueil de Marseille*, 1862. 1. 30; Civ. cass. 13 nov. 1871, aff. Lecour, D. P. 72. 1. 34. Conf. Delvincourt, t. 2, p. 204; Pardessus, t. 2, n° 672; Bédarride, t. 1, n° 72, et t. 2, n° 476; Dufour, t. 1, n°s 107 et suiv.; Demangeat, t. 4, p. 48; Laurin, t. 1, p. 102; Desjardins, t. 1, n° 131; Lyon-Caen et Renault, t. 2, n° 1713; de Valroger, t. 1, n° 26; Dissertation de M. Cazalens, D. P. 69. 1. 393. V. cependant: Trib. com. Havre, 16 mai 1873, *Recueil de Marseille*, 1874. 2. 135). — Il est certain, d'ailleurs, que la perte du privilège pour les voyages qui ont précédé le dernier, laisse toujours subsister au profit des gens de mer l'action réelle conférée à tous les créanciers chirographaires par l'art. 190, § 2 (Trib. com. Marseille, 25 janv. 1861, *Recueil de Marseille*, 1861. 1. 68. V. *suprà*, n°s 335 et suiv.). — Les rédacteurs du projet de 1867, pour couper court à toute controverse, avaient remplacé les mots « employés au dernier voyage » par ceux-ci: « employés depuis l'ouverture du dernier rôle d'équipage ».

357. — 7° *Sommes prêtées au capitaine pour les besoins du bâtiment pendant le dernier voyage, et remboursement du prix des marchandises par lui vendues pour le même objet* (*Rép.* n°s 245 à 250). — D'après le projet de 1867, le privilège n'existait plus que pour les sommes prêtées *à la grosse*. Cette restriction n'a pas été consacrée par les lois du 10 déc. 1874 et du 10 juill. 1885 sur l'hypothèque maritime; il suit de là, comme le remarque M. Desjardins, t. 1, n° 135, que « les créanciers hypothécaires, s'il n'est pas prouvé qu'ils aient eux-mêmes prêté pour les besoins du navire, seront primés par les simples prêteurs; et comme, s'ils ont prêté pour les besoins du navire, ils ont un intérêt évident à se présenter en qualité de privilégiés, ils devront se garder d'invoquer alors leur droit hypothécaire ».

358. Le privilège de l'art. 191-7° s'étend aussi bien aux fournitures faites directement au capitaine, qu'aux sommes prêtées pour acheter les objets nécessaires aux besoins du bâtiment. Les fournisseurs doivent ici être traités comme des prêteurs; ils ont, comme ceux-ci, contribué à la conservation du gage commun (Lyon-Caen et Renault, t. 2, n° 2458; de Valroger, t. 1, n° 39; Desjardins, t. 1, n° 136; Trib. com. Marseille, 7 juill. 1865, *Recueil de Marseille*, 1865. 1. 221. Conf. *Rép.* n° 247. V. cependant: Trib. com. Mans, 20 déc. 1865, *Recueil de Marseille*, 1866. 2. 33).

359. Le privilège des chargeurs dont les marchandises ont été vendues ou mises en gage est placé par l'art. 191-7° sur la même ligne que celui des prêteurs: il est, en principe, régi par les mêmes règles (*Rép.* n° 250). Une difficulté a cependant été soulevée. Lorsque plusieurs prêts sont, durant le même voyage, faits sur le même navire, dans des ports différents, les prêteurs les derniers en date sont préférés (c. com. art. 323) (V. *infrà*, chap. 7); il y a là une dérogation à la règle posée par l'avant-dernier alinéa de l'art. 191. La règle de l'art. 323 doit-elle être encore appliquée, lorsque des marchandises de différents chargeurs ont été vendues dans des ports différents, pour subvenir aux besoins du navire? On a soutenu que les chargeurs doivent, en ce cas, être considérés comme ayant prêté le prix de leurs marchandises et que, par conséquent, il faut leur appliquer l'art. 323 (Emérigon, chap. 12, sect. 4; Bédarride, t. 1, n° 84). Il paraît cependant plus exact de faire concourir tous les chargeurs; l'art. 323 ne déroge à l'art. 191, avant-dernier alinéa, qu'en ce qui concerne les prêteurs, et les chargeurs dont les marchandises ont été vendues ne peuvent être assimilés aux prêteurs, car ce ne sont pas des prêteurs volontaires. Il serait, d'ailleurs, exorbitant que le capitaine pût déterminer, à son gré, les rangs des chargeurs, par l'ordre dans lequel il vendrait les marchandises. En cas d'abandon du navire et du fret par le propriétaire aux chargeurs dont les marchandises ont été vendues, l'art. 298 ne dit-il pas formellement que la perte se répartit au marc le franc entre les chargeurs? S'il en est ainsi quand le propriétaire abandonne le navire, il doit en être de même dans le cas où le navire est vendu et où le prix se trouve insuffisant (Dufour, t. 1, n° 136; Demangeat, t. 4, p. 54; Boistel, n° 1131; Lyon-Caen et Renault, t. 2, n° 2458; de Valroger, t. 1, n° 43).

En cas de conflit entre prêteurs et chargeurs, on divisera la somme afférente à ces deux classes de créanciers en deux parts proportionnelles à leur montant; puis on répartira chaque part entre les prêteurs et les chargeurs,

(1) (Gallot et Routoure C. Eygleton.) — LA COUR; — Attendu qu'aux termes des art. 271 et 272 c. com., le fret est spécialement affecté aux loyers de l'équipage; d'où il suit que le contrat d'affrètement donne naissance, en faveur de l'équipage, à un privilège qui ne saurait être modifié par les contractants sans porter atteinte à un droit légalement acquis; — Attendu que si le capitaine n'est pas appelé à prendre part au contrat d'affrètement, ce contrat ne lui confère pas moins, en même temps qu'à l'équipage, un droit certain, et que ce contrat devient ainsi, comme l'ont très bien dit les premiers juges, la loi commune de tous; — Attendu que la réserve qu'auraient faite le fréteur et l'affréteur dans la charte-partie de modifier les conditions de l'affrètement ne saurait avoir d'effet à l'égard du capitaine et de l'équipage qu'autant que ces modifications résulteraient de la charte-partie elle-même, qui constitue le titre commun de tous ceux qui y sont intéressés; que toute modification faite en dehors de ce titre doit être considérée comme non avenue quant au capitaine et à l'équipage, parce qu'il ne peut dépendre du fréteur et de l'affréteur de changer, par leur seule volonté, une situation qui n'est pas seulement la leur, mais qui est devenue celle de l'équipage; — Attendu que le capitaine qui présente à l'armateur le compte de fret agit non seulement au nom du fréteur dont il réclame la chose, mais encore au nom de l'équipage et du sien propre dont cette chose est le gage; — Attendu qu'il importe peu que les explications données devant le rapporteur sur les modifications qui donnent lieu au procès l'aient été en présence du capitaine ou d'accord avec lui, ces explications n'impliquant absolument rien quant au maintien de sa prétention; — Attendu qu'il résulte de ce qui précède qu'à bon droit le capitaine Eygleton demande aux sieurs Gallot et Routoure la stricte exécution de la charte-partie consentie entre leur mandataire et la maison Handegger et comp.; — Confirme, etc.

Du 8 févr. 1866.-C. de Rouen, 2e ch.-MM. Lacroix, pr.-Connelly, 1er av. gén., c. conf.-Savolle et Lemarcis, av.

d'après les distinctions qui viennent d'être faites (V. les auteurs cités *suprà*, n° 359).

360. Il a été jugé que les mots *dernier voyage* ont, dans l'art. 191-7°, la même signification que dans le cinquième et le sixième alinéa du même article, et qu'ils ne doivent pas s'entendre du voyage indiqué dans les expéditions en vue desquelles l'emprunt a été fait, mais du voyage *réel*, qui commence au port d'armement et finit au port de destination, où le navire est désarmé (Bordeaux, 9 août 1887, aff. Lauratet, D. P. 89. 2. 249. Conf. *Dissertation* de M. Levillain, *ibid.*). En conséquence, le prêteur à la grosse conserve le bénéfice du privilège que lui confère l'art. 191-7°, alors même que, le voyage total comprenant plusieurs traversées successives, les deniers empruntés par le capitaine ont été employés à la réparation d'avaries éprouvées par le navire dans la première ou dans l'une des premières de ces traversées (Même arrêt).

361. Conformément à une décision antérieure citée au *Rép.* n° 248, il a été jugé que le consignataire d'un navire a privilège tant sur le fret que sur le navire, pour le remboursement des avances qu'il a faites à l'armateur sur le fret;... alors surtout que ces avances ont eu lieu en exécution de la convention relative à la consignation (Rouen, 22 mai 1857, aff. Young, D. P. 58. 2. 40. Conf. *Rép.* n° 248).

362. — 8° *Sommes dues au vendeur, aux fournisseurs et ouvriers employés à la construction, si le navire n'a point encore fait de voyage; et sommes dues aux créanciers pour fournitures, travaux, main-d'œuvre, pour radoub, victuailles, armement et équipement, avant le départ du navire, s'il a déjà navigué* (*Rép.* n°s 251 à 262). — La disposition de l'art. 191-8° accorde un privilège à trois classes de créanciers : 1° au vendeur du navire; 2° aux fournisseurs et ouvriers employés à la construction; 3° à ceux qui ont fait des fournitures ou travaux pour le navire avant son départ.

363. — A. *Vendeurs* (*Rép.* n°s 252 et 253). — Le privilège n'existe au profit des vendeurs, d'après l'art. 191-8°, que « si le navire *n'a pas encore fait de voyage* ». Il ne faudrait pas conclure des termes de cette disposition que le privilège n'existe qu'autant que le navire n'a jamais navigué : le privilège du vendeur est seulement subordonné à la condition que le navire n'ait point encore fait de voyage *depuis qu'il a été vendu* (*Rép.* n° 252). Tel était le sens que Valin, *Sur l'art.* 17, *liv.* 1er, *tit.* 14 *de l'ordonnance*, et Émérigon, t. 2, chap. 12, sect. 4, n° 7, attribuaient aux art. 16 et 17, liv. 1er, tit. 4, de l'ordonnance de la marine, qui semblaient cependant, au premier abord, comme l'art. 291-8° c. com., restreindre le privilège du vendeur au cas où la vente avait pour objet un navire nouvellement construit (V. sur la portée exacte et sur l'historique des dispositions des art. 10 et 17 de l'ordonnance : *Dissertation* de M. Levillain, D. P. 86. 1. 113). Or, il est vraisemblable que les rédacteurs du code de commerce, en reproduisant les dispositions contenues dans les art. 16 et 17 de l'ordonnance, ont entendu s'approprier l'interprétation que Valin et Emérigon donnaient de ces deux articles. Nulle part, d'ailleurs, les discussions et les travaux préparatoires n'indiquent que les auteurs du code aient voulu s'écarter, sur ce point, de la doctrine alors généralement admise. D'autre part, si l'on admettait l'opinion contraire, la situation du vendeur ainsi que le fait très justement observer M. Levillain, *loc. cit.*, « différerait, suivant que la vente aurait pour objet un navire nouvellement construit ou bien un bâtiment qui a déjà navigué; car le privilège établi par l'art. 191-8° c. com. et celui de l'art. 2102-4° c. civ. ne sont pas, comme on le verra plus bas, susceptibles d'être classés au même rang. Or, cette différence serait inexplicable » (V. en ce sens : Demangeat, t. 4, p. 59; Alauzet, t. 5, n° 1644; Bédarride, t. 1, n°s 91 et suiv.; Dufour, t. 1, n° 141; Laurin, t. 1, p. 106; de Valroger, t. 1, n° 57; Desjardins, t. 1, n° 140; Lyon-Caen et Renault, t. 2, n° 2464; Boistel, 3e éd., n° 1133, où est réfutée en excellents termes l'opinion contraire, que ce même auteur avait admise dans la 1re édition de son ouvrage, p. 829).

364. Certains auteurs (Demangeat, t. 4, p. 59; Boistel, n° 1140) estiment que les mots de l'art. 191-8° « si le navire n'a point encore fait de voyage » ne s'appliquent qu'aux fournisseurs et ouvriers employés à la construction, mais non au vendeur. Tel était, disent-ils, l'avis de Valin et d'Emérigon, sous l'empire de l'ordonnance (V. *suprà*, n° 363, et *Rép.* n° 252); il est légitime de supposer que les rédacteurs du code ont entendu sur ce point, comme sur le précédent, adopter l'opinion de ces deux commentateurs. Cette doctrine est généralement repoussée aujourd'hui; la plupart des auteurs décident que la disposition de l'art. 191-8° s'applique au privilège du vendeur comme à celui des fournisseurs et ouvriers; ce privilège est soumis à une cause d'extinction spéciale; il disparaît du moment où, postérieurement à la vente, le bâtiment a fait un voyage en mer (*Rép. loc. cit.*; Dufour, n° 141; Bédarride, n°s 93 et suiv.; Alauzet, *loc. cit.*; Laurin, *loc. cit.*; Desjardins, t. 1, n° 140; de Valroger, t. 1, n° 58; Lyon-Caen et Renault, t. 2, n° 2465). M. Levillain, *Dissertation* précitée (D. P. 86. 1. 114), qui adopte ce système, a établi fort nettement la portée réelle des textes de Valin et d'Emérigon invoqués en faveur de la première opinion : « Valin, dit-il, pour conserver au vendeur le bénéfice du privilège dans l'hypothèse prévue par l'art. 16, argumentait sans doute, par analogie, de la disposition de l'art. 17, et il semble, par suite, que, dans sa pensée, le maintien du privilège, après le premier voyage accompli, découle du texte même de l'ordonnance, tel qu'il l'interprétait. Mais Emérigon raisonne différemment; pour justifier la survie du privilège après le voyage, ce n'est pas sur les dispositions des art. 16 et 17 qu'il se fonde; il invoque les principes du droit commun, et il reconnaît de plus qu'en pareil cas, le vendeur est primé par les créanciers privilégiés dont il est fait mention dans le premier de ces articles. Or, il ne s'agit pas de savoir, pour le moment, si le vendeur est ou non privilégié après que le bâtiment a navigué; on se demande s'il conserve ou non le bénéfice du privilège établi par l'art. 191 c. com. Sur la solution de la question réduite à ces termes, les indications fournies par les commentateurs de l'ordonnance ne sauraient avoir une influence décisive, et le mieux est, dès lors, de s'en tenir au texte même du code. Or, la disposition de l'alinéa 8 de l'article précité paraît péremptoire; il n'y a de privilège pour le vendeur, comme pour les fournisseurs et ouvriers, que *si le navire n'a point encore fait de voyage.* » Il est vrai que ces dernières expressions de l'art. 191-8° auront, dès lors, un sens différent, suivant qu'elles se référeront au vendeur ou aux fournisseurs et ouvriers employés à la construction; car, pour les derniers, il n'y a de privilège possible qu'autant que le navire n'a jamais navigué, tandis que, pour le vendeur, la condition qui tient le privilège en suspens consiste simplement dans l'inaccomplissement d'un voyage depuis la réalisation de l'aliénation. Mais cette singularité est plus apparente que réelle. Dans le membre de phrase dont il s'agit, le législateur a seulement voulu énoncer ce principe, qu'il n'y a privilège pour tous les créanciers dont parle l'art. 191-8° que si le navire n'a pas encore accompli de voyages *depuis le fait générateur de la créance.*

365. Etant admis que les mots « si le navire n'a pas encore fait de voyage » s'appliquent au privilège du vendeur, en quoi doit consister le voyage accompli depuis la vente pour que le privilège se trouve éteint? On a dit au *Rép.* n° 252 qu'il faut que les conditions indiquées par les art. 193 et 194 c. com. se trouvent réunies (Conf. Alauzet, n°s 1644 et suiv.; Bédarride, n° 95); les art. 193 et 194 ne seraient ainsi qu'un complément de l'art. 191. — Cette opinion est généralement repoussée par les auteurs et par la jurisprudence (Civ. cass. 4 janv. 1886, aff. Riotteau, D. P. 86. 1. 113; Conf. Civ. cass. 12 mai 1858, aff. Masson, D. P. 58. 1. 208; Caen, 12 août 1861 (1); Dufour, n° 183; Laurin, t. 1, p. 106; Desjardins, t. 1, n° 140; de Valroger, t. 1, n° 58; Lyon-Caen et Renault, t. 2, n° 2465). L'art. 193 (et par conséquent, l'art. 194) n'a pas trait, dit-on dans le sens de cette seconde

(1) (Leffoullon C. Gilles et autres.) — LA COUR; — Considérant que, par acte sous seing privé en date du 17 juill. 1859, Leffoullon a vendu à Perchey, pour le prix de 6000 fr., la coque d'un bateau de pêche jaugeant vingt-neuf tonneaux; que, sur le prix, il lui était encore dû, le 26 nov. 1859, date de la faillite de Perchey, la somme de 3608 fr.; — Que ce bateau de pêche ayant été vendu aux enchères publiques pour le prix de 6150 fr., le 9 décembre même année, Leffoullon a élevé la prétention de prélever sur ce prix, en privilège, la somme de 3608 fr. lui restant due par Perchey; — Considérant que l'art. 191, n° 8, c. com., en accordant un

opinion, comme ses termes sembleraient l'indiquer, aux privilèges dont parle l'art. 191, c'est-à-dire *au droit de préférence* que possèdent les créanciers appelés à bénéficier de ces privilèges; il se réfère uniquement à l'extinction *du droit de suite* qui appartient à tous les créanciers, même chirographaires, en vertu de l'art. 190. En effet, l'art. 193 indique successivement deux modes d'extinction : la vente en justice et l'accomplissement d'un voyage en mer. Or la vente en justice, bien que purgeant le droit de suite, n'éteint nullement le droit de préférence dont peuvent avoir à bénéficier les créanciers nantis d'un privilège, ce dernier subsistant alors sur le prix. Les art. 193 et 194 sont donc étrangers à la détermination des causes qui peuvent éteindre le droit de préférence. Ce droit est régi exclusivement par l'art. 191, et cet article n'indiquant pas en quoi devra consister le voyage qu'il mentionne comme mettant fin au droit de préférence conféré par le privilège, on doit admettre que tout voyage, quelle qu'en soit la durée, aura pour effet d'éteindre le privilège.

366. Ne faut-il pas au moins, pour que le privilège prenne fin, que le voyage ait été exécuté sous le nom de l'acheteur, c'est-à-dire après que la mutation en douane a été opérée? Emérigon l'enseignait; lorsqu'il présentait le vendeur comme étant, à l'issue du voyage, primé par les créanciers privilégiés de l'art. 16 de l'ordonnance, il supposait que le navire avait été mis à la voile *sous le nom et aux risques du nouveau propriétaire*. MM. Bédarride, nos 95 et 100, et de Valroger, t. 1, no 58, se prononcent également dans ce sens. Il est inadmissible, disent-ils, que les créanciers de l'acquéreur puissent repousser le vendeur comme privilégié, alors que, faute de mutation en douane, il pourrait se présenter vis-à-vis d'eux comme propriétaire. Pourquoi, d'ailleurs, l'accomplissement d'un voyage depuis le moment de la vente éteint-il le privilège? C'est afin que les autres créanciers qui ont contribué à l'accomplissement de ce voyage n'aient pas à subir le concours d'un créancier dont le privilège est occulte et dont ils ont pu ignorer la présence. Or les ouvriers, les fournisseurs, les bailleurs de fonds ne peuvent avoir à redouter cet inconvénient que si le voyage s'exécute sous le nom de l'acheteur; car, tant que c'est le nom du vendeur qui figure sur les registres de la douane et sur l'acte de francisation, rien ne les autorise à considérer le navire comme appartenant à l'acquéreur, et, par conséquent, l'acquéreur comme ayant qualité pour contracter avec eux, en vue du voyage. Ils seraient donc mal fondés à se plaindre de ce que le vendeur qui est resté, au moins en apparence, propriétaire du navire, exerce à leur encontre un droit de priorité sur le prix de ce navire. — M. Desjardins, t. 1, no 140, et conclusions dans l'affaire Riotteau (D. P. 86. 1. 117), et M. Levillain, *Dissertation* précitée (D. P. 86. 1. 115), se sont cependant prononcés en faveur de l'opinion contraire (Conf. Civ. cass. 4 janv. 1886, cité *suprà*, no 365). « Elle est, dit M. Levillain, conforme aux vrais principes. C'est seulement au regard des tiers que l'effet translatif de la convention demeure en suspens jusqu'au moment de la mutation en douane. Entre les parties et leurs ayants cause la propriété est immédiatement transférée par le seul effet du contrat (c. civ. art. 711, 1138 et 1583); le vendeur qui a participé à la convention ne peut donc se prévaloir de l'inobservation des formalités prescrites par l'art. 17 de la loi du 27 vend. an 2, à l'encontre de l'acheteur, et il ne peut pas s'en prévaloir davantage à l'encontre de ses créanciers même hypothécaires, soit pour se prétendre encore propriétaire, soit à l'effet de faire valoir contre eux les prérogatives que la vente lui avait conférées et qu'il n'a pas su conserver. Les créanciers qui peuvent exercer les droits de l'acheteur aux termes de l'art. 1166 c. civ., sont, en effet, indépendamment de toute mutation en douane, autorisés à exciper contre le vendeur de l'aliénation qu'il a consentie, comme serait autorisé à le faire l'acheteur personnellement. »

367. On s'est demandé si le vendeur du navire, déchu du privilège établi en sa faveur par l'art. 191-8° c. com., est fondé à invoquer celui que confère à tout vendeur d'objet mobilier l'art. 2102-4° c. civ. MM. Bédarride, nos 94 et 99; Alauzet, no 1647; de Valroger, t. 1, no 61, se sont prononcés pour la négative. La loi commerciale, en organisant spécialement le privilège du vendeur du navire, a, suivant eux, virtuellement écarté l'application des dispositions générales du code civil sur cette matière; on doit donc s'en tenir strictement aux prescriptions de l'art. 191, et, quand les conditions qu'il impose n'existent pas, il faut considérer le vendeur comme irrémédiablement déchu. — Cette opinion ne semble pas prévaloir; elle est rejetée par la plupart des auteurs (Dufour, nos 194 à 196; Laurin, p. 109, note; Desjardins, no 141; Lyon-Caen et Renault, t. 2, no 2466; Levillain, *Dissertation* précitée, D. P. 86. 1. 116. Comp. Boistel, no 1133, *in fine*), qui accordent, au contraire, au vendeur qui n'est plus en état de se prévaloir du privilège de l'art. 191-8°, le droit d'invoquer celui qui est accordé à tout vendeur par l'art. 2102-4°. Il ne paraît pas admissible, en effet, que l'art. 191 c. com. ait dérogé dans un sens restrictif à l'art. 2102 c. civ. et puisse avoir pour effet d'enlever au vendeur d'un navire les prérogatives que le droit commun accorde à tout vendeur d'effets mobiliers. Lorsque le navire a navigué, le vendeur dépouillé du privilège maritime que lui conférait l'art. 191 doit se trouver dans la situation où il serait si le législateur l'avait passé sous silence dans cet article, c'est-à-dire qu'il pourra invoquer uniquement les prérogatives conférées à quiconque vend un effet mobilier par l'art. 2102 c. civ. Comme le fait très justement observer M. Dufour, *loc. cit.*, l'art. 191-8° « a bien déterminé la série et l'ordre des privilèges attachés aux créances maritimes, en concurrence les unes avec les autres; mais, en dehors de ce premier travail, qui était vraiment son œuvre, il ne s'est point occupé du concours subsidiaire de ces diverses créances avec les créanciers ordinaires. Ceci est l'affaire du droit commun ». Et d'ailleurs, « dans l'art. 191, lorsqu'on prive le vendeur de son privilège sur le navire qui a voyagé, c'est pour lui préférer ceux qui ont mis le bâtiment en état de prendre la mer; les ouvriers en le radoublant, les fournisseurs en lui vendant ce dont il avait besoin, les prêteurs en lui donnant de l'argent, les assureurs en garantissant l'armateur contre les dangers de la navigation, les chargeurs en lui confiant une cargaison et en lui payant un fret. Tous ces créanciers, au point de vue du droit maritime, sont, en effet, plus favorables que le vendeur. Mais, dans l'espèce, que veut-on lui préférer? des créanciers *externes*, comme disait Emérigon, dont les titres n'ont souvent aucune rela-

---

privilège aux vendeurs, aux fournisseurs et aux ouvriers sur les navires et autres bâtiments de mer, y a mis pour condition que le navire n'ait pas encore fait de voyage; d'où il suit que si le navire a fait un voyage, le privilège n'existe plus; que cette disposition de la loi a été édictée dans l'intérêt du commerce maritime, afin que les ouvriers ou fournisseurs, qui, après un premier voyage, ont procuré à l'armateur ou au patron les moyens d'en faire un second, aient la certitude d'être payés de leurs travaux ou de leurs fournitures sur la valeur du navire, ce qui ne peut avoir lieu qu'autant que ces derniers ne rencontreraient pas de privilèges antérieurs qui leur seraient préférables, ou au moins viendraient en concours avec le leur; — Considérant que l'art. 191 c. com. n'a point limité la durée du voyage qui entraîne pour le vendeur la perte de son privilège; qu'il suffit donc d'un voyage fait conformément à la destination du navire pour que le privilège du vendeur soit perdu; que cette disposition de la loi n'a, d'ailleurs, rien de contraire à l'équité, puisque le vendeur peut toujours, s'il n'est pas payé, conserver son privilège en s'opposant au voyage du navire; — Considérant qu'il est constant, en fait, que le bateau de pêche *Notre-Dame-des-Victoires*, appartenant à Perchey, depuis le 11 nov. 1859, jour où il a commencé à naviguer jusqu'au 9 décembre suivant, jour où il a été vendu aux enchères, a fait plusieurs voyages à la pêche et a été presque constamment à la mer; qu'il en résulte que Leffoullon ne peut plus invoquer le privilège du vendeur; — Que l'on objecte que l'art. 194 c. com. a défini ce que l'on doit entendre par un voyage de navire, et que le bateau *Notre-Dame-des-Victoires* n'aurait pas rempli les conditions auxquelles la loi reconnaît qu'il y a eu voyage; mais que cet art. 194 se rapporte évidemment à l'art. 193, dont il n'est que le complément, article qui prévoit un cas tout différent de celui soumis à la cour; — Qu'appliquer au no 8 de l'art. 191 la définition du voyage donné par l'art. 194 serait rendre illusoire la disposition de cet art. 191 pour les navires destinés au cabotage ou à la pêche côtière, puisque leur navigation se compose d'une série de voyages dont le plus souvent aucun n'a la durée fixée par l'art. 194; — Confirme, etc.

Du 12 août 1861.-C. de Caen, 4e ch.-MM. Daigremont-Saint-Manvieux, pr.-Farjas, av. gén.-Massieu et Auber (du barreau d'Honfleur), av.

tion directe au navire. En quoi donc sont-ils tellement dignes de faveur qu'il faille briser pour eux toutes les règles ordinaires du droit? Comment! s'il s'agissait du vendeur du meuble le plus mesquin, il serait privilégié à leur respect; et l'on ne voudrait pas qu'il le fût, lorsqu'il s'agit du meuble le plus considérable? Je ne saurais le comprendre » (Dufour, *loc. cit.*).

368. Quels sont ces créanciers *externes* à l'égard desquels le vendeur pourra invoquer la disposition de l'art. 2102-4°? Faut-il comprendre parmi eux non seulement ceux dont les créances sont purement chirographaires, mais encore ceux qui ont une hypothèque sur le bâtiment? Contrairement à l'opinion émise par M. Desjardins, dans ses conclusions citées *suprà*, n° 366, et à la décision prise par la cour de cassation dans l'arrêt du 4 janv. 1886 (aff. Riotteau, D. P. 86. 1. 113), nous croyons que l'affirmative doit être admise. On peut d'abord en appeler au témoignage d'Emérigon lui-même. « A l'époque où il écrivait, dit M. Levillain, *Dissertation* précitée (D. P. 86. 1. 116), les navires, comme les autres meubles, étaient susceptibles d'hypothèque dans certaines contrées; il y avait donc lieu de se préoccuper de la situation des créanciers hypothécaires en concours avec le vendeur dans les contrées en question. Or, les expressions dont se sert l'illustre jurisconsulte ne laissent pas, comme on l'a déjà vu, d'être caractéristiques; les principes s'opposent à ce que le vendeur soit exclu par des créanciers simplement hypothécaires ou qu'il soit « forcé de venir en concours avec des chirographaires ». De 1807 à 1874, la question ne se posait même pas, puisque les navires n'étaient pas susceptibles d'hypothèque; mais, depuis cette époque, la proposition formulée par Emérigon retrouve naturellement son application. En effet, est-ce que tout privilège, quel qu'il soit, ne prime pas nécessairement les hypothèques? Si les créances que l'art. 2103 c. civ. mentionne comme étant privilégiées sur un immeuble doivent être colloquées avant les créances hypothécaires sur cet immeuble (c. civ. art. 2095), est-ce que, par la même raison, les créances privilégiées sur un objet mobilier, aux termes de l'art. 2102, ne doivent pas passer avant les créances hypothécaires, lorsque, par exception, cet objet se trouve susceptible d'hypothèque? Et l'on doit hésiter d'autant moins à le décider ainsi que les créances hypothécaires ne se rapportent pas nécessairement au voyage accompli par le bâtiment, et que, par suite, elles rentrent incontestablement dans la catégorie des créances externes. Enfin, la solution proposée trouve un appui dans le texte même, soit de l'art. 27 de la loi du 10 déc. 1874, soit, aujourd'hui, de l'art. 34 de la loi du 10 juill. 1885. L'art. 191 c. com. est terminé par la disposition suivante : « Les créanciers hypothécaires sur le navire viennent, dans leur ordre d'inscription, après les créanciers privilégiés »; donc, car l'article ne distingue pas, après tous les créanciers privilégiés, quels qu'ils soient. Il est vrai que, cette disposition ayant été ajoutée à l'art. 191 c. com., on pourrait être tenté de la considérer comme visant exclusivement les privilèges qui y sont mentionnés; mais il est plus naturel de décider que le législateur a entendu simplement appliquer, en matière maritime, le principe de droit commun établi, en matière immobilière, par l'art. 2095 c. civ., seulement que, comme l'art. 191 est le seul du code de commerce qui contienne une énumération et une classification des privilèges sur les navires, il a, sans se préoccuper du caractère plus ou moins limitatif de cette énumération, ajouté à son contenu la disposition nouvelle où se trouvait énoncé le principe en question ». Ces considérations nous paraissent très graves et peuvent inspirer des doutes sur l'exactitude de la solution qui a été consacrée par la cour de cassation dans son arrêt du 4 janv. 1886.

369. Le privilège soit de l'art. 191-8° c. com., soit de l'art. 2102-4° c. civ., n'est pas la seule garantie accordée au vendeur du navire : il jouit, en outre, des garanties appartenant, d'après le droit commun, à tout vendeur d'effets mobiliers, il a donc : 1° un droit de *rétention* sur la chose vendue, si la vente a été faite sans terme (c. civ. art. 1612 et suiv.); 2° un droit de *revendication*, pourvu que la vente ait été faite sans terme, que le navire soit encore en la possession de l'acheteur, et que l'action soit exercée dans la huitaine de la livraison (c. civ. art. 2102-4°); 3° un droit de *résolution* (c. civ. art. 1654) (Desjardins, t. 1, n° 141; Lyon-Caen et Renault, t. 2, n° 2468). — Les auteurs s'accordent à reconnaître que cette action en résolution ne devient pas irrecevable, comme dans le cas où il s'agit de meubles ordinaires, par cela seul que le navire objet de la vente est passé en mains tierces; car l'art. 2279 c. civ. n'est pas applicable aux navires (Alauzet, n° 1680; Demangeat, t. 4, p. 12; Laurin, t. 1, p. 218; Desjardins, t. 1, n° 57; de Valroger, t. 1, n° 3; Boistel, n° 1166; Lyon-Caen et Renault, t. 2, n° 1604. Conf. Civ. cass. 18 janv. 1870, aff. Haws, D. P. 70. 1. 127. V. aussi *suprà*, n°s 132 et 133; *Rép.* n° 94). Mais il y a doute sur le point de savoir si l'action en résolution survit au privilège, même à l'encontre des créanciers mentionnés dans l'art. 191. En faveur de la négative (Laurin, t. 1, p. 108 et 109; Alauzet, n° 1647; Desjardins, t. 1, n° 141; de Valroger, t. 1, n° 62), on fait ressortir ce qu'il y aurait d'étrange et même de contradictoire à voir le vendeur, déchu de son privilège, obtenir, à l'aide d'une prérogative équivalente, le résultat que lui aurait procuré son maintien. On invoque, en outre, par analogie, l'art. 7 de la loi du 23 mars 1855 (D. P. 55. 4. 27), aux termes duquel l'action résolutoire qui appartient au vendeur d'un immeuble « ne peut être exercée après l'extinction du privilège au préjudice des tiers qui ont acquis des droits sur l'immeuble du chef de l'acquéreur ». Malgré ces considérations, la doctrine contraire paraît mieux fondée en droit (Dufour, n°s 144 et suiv., 197; Demangeat, t. 4, p. 62; Lyon-Caen et Renault, t. 2, n°s 2470 et 2471). D'abord, comment, en l'absence de texte, pourrait-on soumettre l'action résolutoire du vendeur de navires à un mode d'extinction particulier? Pourquoi la disposition restrictive de l'art. 191-8° s'appliquerait-elle à l'action en résolution, qui prend sa source dans l'art. 1654 c. civ., plutôt qu'au privilège de droit commun résultant de l'art. 2102 du même code? Les inconvénients que peut avoir le maintien de cette action seraient tout au plus de nature à justifier une réforme dans la législation maritime; ils ne sauraient autoriser l'introduction, par voie d'interprétation, d'une déchéance que la loi existante n'a pas établie. C'est ainsi que, sous l'empire du code civil et avant 1855, en matière immobilière, le vendeur conservait le bénéfice de l'action résolutoire après l'extinction du privilège. Quant à l'argument tiré de l'art. 7 de la loi du 23 mars 1855, MM. Lyon-Caen et Renault en ont fait justice. « Il serait pour le moins singulier, disent-ils, d'invoquer une loi faite en 1855 pour interpréter le code de commerce de 1807 ». Donc, à la différence du privilège, qui s'éteint dès que le navire a fait un voyage quelconque, l'action en résolution subsiste tant que le droit de suite n'est pas purgé, c'est-à-dire, tant qu'il n'y a pas eu revente du navire suivie d'un voyage en mer, sous le nom du nouvel acquéreur, dans les conditions indiquées par les art. 193 et 194.

370. La liquidation judiciaire ou la faillite de l'acheteur a-t-elle quelque effet sur les différentes garanties appartenant au vendeur du navire? Il faut distinguer entre les garanties résultant du droit commun et celles qui sont consacrées par le code de commerce. Les premières sont perdues pour le vendeur, en vertu de l'art. 550 c. com., et de l'art. 24 de la loi du 4 mars 1889 (D. P. 89. 4. 9). Quant aux secondes, aucune disposition ne les atteignant, et les déchéances étant de droit étroit, elles subsistent, malgré la faillite de l'acheteur (Dufour, t. 1, n° 148; Demangeat, t. 4, p. 63; Renouard, *Traité des faillites*, t. 2, p. 264; Laurin, t. 1, p. 105; Desjardins, t. 1, n° 141; de Valroger, t. 1, n° 63; Lyon-Caen et Renault, t. 2, n° 2469).

371. — B. *Fournisseurs et ouvriers employés à la construction du navire* (*Rép.* n°s 254 à 256). — Ces fournisseurs et ouvriers, comme on l'a dit au *Rép.* n° 254, n'ont de privilèges sur le navire; pour le remboursement du prix de leurs travaux, qu'autant que le navire n'a pas encore fait de voyage, ce qui implique, quant à eux, que leur privilège ne peut être exercé que sur un navire nouvellement construit et qui n'a jamais navigué (V. conf. Lyon-Caen et Renault, t. 2, n° 2460; Dufour, t. 1, n° 152); la loi, dit-on, n'a pas voulu surcharger les navires de privilèges.

372. On s'accorde généralement à reconnaître que le privilège de l'art. 191-8° existe aussi bien au profit de ceux qui ont fait des fournitures pour l'*armement* et l'*équipement*, qu'au profit de ceux qui ont fait des fournitures pour la *construction* (Desjardins, t. 1, n° 142; Lyon-Caen et Renault, t. 2, n° 2460).

373. L'exercice du privilège des fournisseurs et ouvriers employés à la construction d'un navire soulève, par suite du laconisme regrettable de l'art. 191-8°, de graves difficultés, lorsque la construction a lieu *à forfait*. La construction *à forfait*, appelée aussi construction à *l'entreprise* ou *à prix ferme*, a lieu quand un constructeur de profession s'engage envers un armateur à lui construire un navire pour un prix déterminé, fixé à forfait. On distingue deux sortes de constructions à forfait : le constructeur, en effet, peut s'engager à livrer le navire tout construit, c'est-à-dire à fournir à la fois les matériaux et la main-d'œuvre; c'est la *construction à forfait proprement dite*, ou *construction à forfait pour le tout*. L'armateur peut, au contraire, fournir les matériaux au constructeur qui se charge de les mettre en œuvre et de fournir son propre travail et la main-d'œuvre; c'est la *construction à forfait pour la main-d'œuvre seulement*. — On appelle, au contraire, *construction par soi-même* ou *par économie* celle qui est accomplie par l'armateur, qui achète ses matériaux lui-même et se sert d'ouvriers qui travaillent à ses gages, sous les ordres d'un ingénieur constructeur, également à ses gages (V. *suprà*, n°s 82 et suiv.).

374. Quand la construction a lieu *par économie*, l'exercice du privilège des fournisseurs et ouvriers ne donne lieu à aucune difficulté. Comme les matériaux étaient la propriété du maître qui a traité avec les fournisseurs et ouvriers, le navire a toujours été également sa propriété. Les fournisseurs et ouvriers, devenant personnellement créanciers du propriétaire de la chose affectée par privilège au payement de leurs créances, exerceront sans conteste leurs privilèges sur cette chose, c'est-à-dire sur le navire. C'est cette hypothèse qui est visée par l'ordonnance de 1673 (V. Décl. 16 mai 1747) et aujourd'hui par l'art. 191-8° c. com.

375. En cas de construction *à forfait*, la question est beaucoup plus délicate. M. Boistel, dans une savante dissertation insérée D. P. 78. 1. 97, en a fait une étude approfondie et a donné un exposé complet de notre ancienne législation sur ce point. — Quand la construction a lieu à forfait, les fournisseurs et ouvriers ne traitent pas directement avec celui qui est ou sera propriétaire du navire, c'est-à-dire avec l'armateur; ils ne traitent qu'avec l'entrepreneur. Aussi est-il fort délicat de déterminer si et dans quelle mesure le navire peut être affecté par privilège à une dette du constructeur. — Si l'on suppose, en premier lieu, que la construction ait lieu *à forfait pour la main-d'œuvre seulement*, il est certain que la propriété réside, dès le début du travail, sur la tête de celui qui a fait la commande. En ce cas donc, la créance du constructeur contre le propriétaire est incontestablement garantie par le privilège de l'art. 291-8°, dont les termes généraux embrassent sans difficulté cette créance.

En est-il de même de la créance des fournisseurs et ouvriers? Est-elle également nantie d'un privilège sur le navire? Il faut distinguer deux hypothèses. Si le prix, ou partie du prix du navire est encore dû au constructeur, et si les fournisseurs et ouvriers veulent seulement poursuivre le propriétaire et le navire dans la limite des droits du constructeur, il est certain qu'ils peuvent, en vertu de l'art. 1116 c. civ., revendiquer les sûretés qui garantissent la créance de leur débiteur, et, par conséquent, invoquer le privilège dont elle est munie, à l'encontre des autres créanciers de l'armateur; seulement ils devront, sur la somme ainsi recouvrée, subir le concours des autres créanciers du constructeur (*Rép.* v° *Privilèges et hypothèques*, n° 458; Persil, *Régime hypothécaire*, art. 2103, § 4, n° 3; Pont, *Privilèges et hypothèques*, n° 210). Bien plus, pour éviter ce concours, ils pourront invoquer le bénéfice de l'art. 1798 c. civ., et exercer contre le propriétaire l'action directe (et par conséquent privilégiée) qui, d'après l'opinion généralement admise, dérive de cette disposition (Marcadé, t. 6, art. 1798, n° 2; Colmet de Santerre, t. 7, n° 251; Pont, *loc. cit.*; Aubry et Rau, t. 4, p. 536; Labbé, *Revue critique*, 1876, p. 573). La double ressource qui appartient ainsi aux fournisseurs et ouvriers leur permettra de se soustraire soit à l'insolvabilité de l'armateur, au moyen de l'art. 1166 c. civ., soit à celle de l'entrepreneur, au moyen de l'art. 1798 c. civ. Mais si les deux insolvabilités existent simultanément, les fournisseurs et ouvriers ne se trouvent plus qu'insuffisamment protégés, puisqu'ils ont à subir le concours soit des créanciers de l'entrepreneur, soit des créanciers de l'armateur, selon qu'ils invoqueront l'art. 1166 ou l'art. 1798.

Pour éviter ces deux concurrences, on a été plus loin : on a décidé que le privilège de l'art. 191-8° c. com. doit être considéré comme attaché à l'action directe que confère l'art. 1798 c. civ. aux fournisseurs et ouvriers, de même qu'il est attaché à la créance de l'entrepreneur; de sorte que ces fournisseurs et ouvriers, agissant de leur chef (art. 1798), éviteront le concours des créanciers de l'entrepreneur, et, agissant en même temps par privilège sur le navire (art. 191-8°), éviteront le concours des créanciers de l'armateur. Cette solution est-elle admissible? La question est identique à celle qui s'élève sur l'art. 2103-4° c. civ., pour les ouvriers employés à des travaux sur un immeuble. D'après une opinion qui s'est récemment produite sur ce point et qui contredit, il est vrai, la doctrine généralement admise jusqu'ici (V. Persil, n° 2103, § 4, n° 3; Pont, n° 210; Aubry et Rau, t. 3, p. 174; *Rép.* v° *Privilèges et hypothèques*, n° 458. Conf. Dageville, t. 2, p. 690; Rennes, 7 mai 1818, *Rép.* v° *Droit maritime*, n° 66), on doit, pour résoudre la difficulté, rechercher quel est le fondement juridique de l'action directe accordée aux ouvriers par l'art. 1798. Or on ne peut le trouver que dans l'une de ces deux causes : ou bien l'entrepreneur, en traitant avec le propriétaire, a agi comme mandataire tacite des ouvriers, ou bien les ouvriers doivent être considérés comme les gérants d'affaires du propriétaire, dont ils ont créé ou amélioré la chose. « Quel que soit le point de vue que l'on adopte, dit M. Boistel dans la dissertation précitée (D. P. 78. 1. 98), il faut reconnaître aux ouvriers un privilège sur l'immeuble ou sur le navire auquel ils ont travaillé. En admettant l'existence d'un mandat tacite, ce privilège doit leur appartenir comme s'ils avaient traité personnellement avec le propriétaire (art. 2103-4°), puisqu'il est de principe que le mandant est censé agir par l'entremise du mandataire. Dans l'hypothèse d'une gestion d'affaires, il faut remarquer que l'art. 2103-4° et l'art. 191-8° sont fondés sur ce qu'une valeur a été mise dans le patrimoine du débiteur, et que cette valeur est affectée par la loi au payement de ceux qui ont ainsi augmenté ce patrimoine; or, en cas de construction à l'entreprise, cette valeur a été mise dans le patrimoine de l'armateur simultanément par l'entrepreneur, les ouvriers et les fournisseurs chacun en proportion de ce qu'ils ont fourni en travail ou en marchandises; chacun d'eux doit donc être privilégié au prorata de la somme qui doit lui revenir définitivement. On peut seulement concéder que l'entrepreneur, s'il est solvable, exercera ce droit pour tous; mais, s'il ne l'est pas, chacun pourra l'exercer dans la mesure de ce qui lui est dû, et à son profit exclusif. Le principe équitable sur lequel repose la règle des art. 2103-4° et 191-8° exige qu'il en soit ainsi » (V. en ce sens : Mourlon, *Examen critique du traité des privilèges et hypothèques* de M. Troplong, n° 176; Demolombe, *Contrats*, t. 2, n° 139; Labbé, *Des privilèges spéciaux sur les créances*, n° 3. V. spécialement en ce qui concerne les navires : Delamarre et Le Poitvin, t. 6, n° 124; Demangeat, t. 4, p. 66). Ce système, appliqué aux navires n'est autre que celui de la déclaration de 1747 sainement interprétée (V. Boistel, *loc. cit.*).

376. On a supposé jusqu'ici que l'armateur doit encore le prix au constructeur, et que les ouvriers et fournisseurs veulent seulement le poursuivre dans la limite des droits de ce dernier. Que décider si, au contraire, l'armateur a déjà payé le prix en totalité ou en partie, et si les fournisseurs et ouvriers veulent exercer un privilège sur le navire pour payement de sommes que l'armateur ne doit plus à l'entrepreneur, ou au delà des sommes qui seraient encore dues? Cette prétention paraît, dès le premier abord, contraire à l'art. 1798 c. civ., qui refuse précisément toute action aux ouvriers contre le propriétaire au delà de ce dont il est encore débiteur envers l'entrepreneur. Plusieurs auteurs distinguent cependant suivant que les ouvriers ont cru que la construction était faite pour le compte de l'entrepreneur, ou qu'ils ont su qu'elle était faite pour le compte d'un armateur. Dans le premier cas, ils accordent aux ouvriers le privilège de l'art. 191-8° et leur permettent de poursuivre le navire même entre les mains de l'armateur; dans le second cas, ils leur refusent tout privilège (V. Valin, t. 1, p. 369; Emérigon, *Contrat à la grosse*, chap. 12, sect. 3; Boulay-Paty, t. 1, p. 133; Dufour, t. 1, p. 173 et suiv.; Alauzet, n° 1064; Bédarride, n°s 101 et suiv. Conf. Rouen, 31 mai 1826; Caen, 21 mars 1827; Aix, 30 mai 1827; Req. 30 juin 1829, *Rép.*, n° 256; Aix, 3 janv. 1838, *Recueil de Marseille*, 1838. 2. 45; Bordeaux, 4 août 1856, *ibid.*, 1856. 1. 171; 18 août 1856, *ibid.*, 1856. 1. 175; 19 août 1856, *ibid.*; Trib. com. Marseille, 19 févr. 1857, *ibid.*, 1857. 1. 34; 15 déc. 1865, *ibid.*, 1866. 1. 33. Conf. Loi belge du 21 août 1879, art. 4-10°).

Ce système est fort contestable. Outre des considérations d'équité, c'est surtout la tradition historique qu'il invoque; mais ce dernier ordre d'argument ne peut avoir aucune valeur dans l'espèce, ainsi que le démontre fort bien M. Boistel, *loc. cit.* On reste donc en présence de l'art. 191-8° c. com. dont on prétend accorder le privilège aux ouvriers de bonne foi. De quel droit? « Une seule cause, dit M. Boistel, *ibid.*, peut-être assignée au privilège établi par cet article, c'est le fait d'avoir mis une valeur dans le patrimoine du débiteur; car on ne trouve ici aucune des conditions nécessaires pour l'existence d'un droit de gage exprès ou tacite. Peut-on donc dire qu'une valeur a été mise par les fournisseurs et ouvriers dans le patrimoine de l'armateur et qu'elle y est restée? Il est évident que non, puisque l'armateur, dans notre hypothèse, a payé le prix total du navire; de sorte que si la valeur de ce navire est entrée dans son patrimoine, il en est sorti une valeur équivalente lors du payement du prix; l'armateur ou ses créanciers qui se partagent son actif ne s'exposent donc pas au reproche de garder à la fois la chose et le prix, ce qui est la seule raison des privilèges fondés sur ce qu'une valeur a été mise dans le patrimoine du débiteur. Le privilège ne reposerait donc ici sur aucun fondement. Au contraire, l'équité condamne la prétention des ouvriers et fournisseurs qui voudraient contraindre l'armateur à payer deux fois; en réalité, sous prétexte de l'empêcher de s'enrichir à leurs dépens, ils tendraient à lui infliger une perte à leur profit. Ce résultat serait d'autant moins admissible que l'art. 1798 c. civ. a eu précisément pour objet de l'empêcher, en leur interdisant d'agir contre le propriétaire de l'ouvrage quand il a payé tout son prix à l'entrepreneur ». — On objecte, il est vrai, que, dans certains cas, la bonne foi des ouvriers pourra être surprise; mais on peut répondre que, si ceux-ci ont négligé de prendre leurs informations, ils ont commis une négligence. Pourquoi d'ailleurs distinguer là où la loi ne distingue pas? L'art. 191-8° dispose en termes absolus; si l'on estime qu'il refuse aux ouvriers un privilège sur le navire quand le propriétaire ne doit rien, on ne saurait faire exception à cette règle quand les ouvriers ont été de bonne foi (Conf. Desjardins, t. 1, n° 144).

377. Supposons maintenant que la construction ait eu lieu *à forfait pour le tout*, comme cela arrive le plus souvent aujourd'hui. Cette hypothèse se complique d'une question qui a été très controversée, celle de savoir à qui appartient le navire en construction jusqu'au moment où il est livré à l'armateur qui l'a commandé. Cette question a été examinée *suprà*, n°s 93 et suiv.; on a vu que, suivant l'opinion qui a prévalu dans la doctrine et la jurisprudence, le constructeur demeure propriétaire du navire tant que la construction n'est pas complètement terminée. — Ce point admis, la question du privilège se trouve par là même résolue. Les ouvriers et fournisseurs, ayant traité directement avec le propriétaire du navire, se trouveront investis du privilège de l'art. 191-8° c. com., privilège qu'ils conserveront, en vertu du droit de suite, jusqu'au jour où ce droit se trouvera éteint par l'un des modes déterminés par les art. 193 et 194 c. com. (V. Civ. rej. et Civ. cass. 17 mai 1876, aff. Perdereau, D. P. 78. 1. 97; Rennes, 27 avr. 1877, aff. Legal, D. P. 79. 2. 221; Req. 10 juill. 1888, aff. Fichet, D. P. 89. 1. 107; Delamarre et Le Poitvin, t. 4, p. 188; Alauzet, t. 4, n°s 1649 et suiv.; Demangeat, t. 4, p. 14; Laurin, t. 1, p. 236; Boistel, n° 1134, et *Dissertation* précitée; Desjardins, t. 1, n° 144; Lyon-Caen et Renault, t. 2, n° 2460).

378. Il arrive souvent que le constructeur et l'armateur conviennent que le prix sera payé par ce dernier en plusieurs fois, pendant la construction, au fur et à mesure des progrès de celle-ci. On a, dans ce cas, voulu appliquer l'art. 1791 c. civ. (V. *suprà*, n° 94). Mais cette opinion a été généralement repoussée et, en effet, la présomption légale contenue dans l'art. 1791 ne peut s'appliquer ici. « Lors de chaque payement, dit fort bien M. Boistel, *Dissertation* citée *suprà*, n° 375, il y a sans doute une vérification, mais elle ne porte que sur l'état plus ou moins avancé de la construction, et non point sur sa qualité ou sur la conformité de la partie construite avec les stipulations du contrat; une telle vérification serait souvent bien difficile ou même impossible. Mais l'art. 1791 est inapplicable à la construction des navires. Il n'a trait, en effet, d'après son texte, qu'aux ouvrages *à plusieurs pièces ou à la mesure*; or, la promesse de construire et de livrer un navire n'a pas pour objet les pièces dont il se compose, mais bien le navire lui-même, considéré comme formant un tout indivisible, un instrument de navigation. Cette interprétation de l'art. 1791 serait au besoin confirmée par son origine. En effet, le code civil l'a empruntée par l'intermédiaire de Pothier à la loi 36, D., *Locati*, où le jurisconsulte Florentinus oppose précisément les ouvrages faits aux pièces ou à la mesure: *Quod ita conductum sit ut in pedes mensurasve præstetur*, aux ouvrages entrepris en bloc, *aversione* et pour un prix unique, et constate que, dans ce dernier cas, la vérification n'est possible qu'après l'achèvement de l'ouvrage. Il est évident que la construction d'un navire rentre dans les ouvrages de la seconde catégorie, et non dans ceux de la première, et qu'il ne faut pas, dès lors, considérer comme translatives de propriété les vérifications ou constatations sommaires qui peuvent être successivement effectuées au cours des travaux » (V. ce sens: Rennes, 24 janv. 1870, aff. Barnès, D. P. 71. 2. 140; Delamarre et Le Poitvin, t. 5, n° 90; Dufour, t. 2, p. 565).

379. M. Levillain, *Caractères juridiques des conventions passées en vue de la construction des navires*, *Revue générale du droit, de la législation et de la jurisprudence*, t. 1, p. 586, signale une autre combinaison de faits: «... Lorsque l'entrepreneur, dit-il, est sur le point de commencer les travaux, il doit présenter à l'armateur et soumettre à son acceptation les matériaux dont il entend se servir. Lorsqu'ils sont acceptés, ils sont placés à part et munis d'un écriteau indiquant qu'ils sont destinés à la construction de tel bâtiment pour le compte de l'armateur dont le nom est mentionné. En outre, lorsque les échafaudages sont dressés, lorsque la carcasse est esquissée, un nouvel écriteau est apposé à l'une des extrémités du chantier, et sur cet écriteau se trouve inscrit en toutes lettres le nom que l'on se propose de donner plus tard au navire, ainsi que le nom ou la raison sociale de la maison pour laquelle la construction s'opère. Enfin les travaux se poursuivent sous le contrôle d'une personne spécialement préposée par l'armateur, afin de surveiller les opérations, et cette personne n'est autre, dans bien des cas, que le capitaine auquel sera confié plus tard le commandement, et que l'on engage par anticipation... Tous ces détails montrent qu'on aurait tort de considérer la construction à l'entreprise comme se réalisant à l'origine sans attribution spéciale, et le navire ainsi construit comme n'étant privativement et exclusivement destiné à celui qui l'a commandé que par le fait de la livraison. C'est, au contraire, dès le principe, c'est-à-dire dès le moment où les travaux sont commencés, que le bâtiment en voie de formation, et dont les contours sont encore à peine dessinés, se trouve individualisé au point de vue de sa destination future; et comme cette individualisation originaire n'est que le résultat, sinon de la volonté formellement exprimée, du moins de l'intention présumée des parties, en vertu d'un usage constant, on peut affirmer que c'est bien pour l'armateur, auteur de la commande, et pour cet armateur seul, que la construction s'opère nécessairement dès le début. » — La pratique signalée par M. Levillain modifie profondément la nature du marché à forfait. Tout y est combiné pour établir la propriété de l'armateur et la manifester à tous les yeux. Il faut donc, croyons-nous, appliquer à cette hypothèse tout ce qui a été dit plus haut, pour le cas où la construction du navire est opérée avec les matériaux de l'armateur (Boistel, *loc. cit.*).

380. — C. *Fournisseurs et ouvriers pour radoub, victuailles, armement et équipement du navire avant le départ* (*Rép.* n°s 258 à 262). — Il n'est question ici que des réparations et fournitures faites avant le départ qui a précédé le dernier voyage. Les sommes dues à raison de réparations faites durant ce voyage lui-même sont privilégiées à un rang supérieur, au septième (art. 191-7°); elles ont, en effet, servi à conserver le résultat de celles qui ont été faites avant le départ.

381. L'art. 191-8°, en parlant du privilège pour frais de radoub, etc., suppose un navire qui a déjà navigué; mais il n'y a aucun motif pour refuser le bénéfice de cette disposition aux créanciers pour frais de cette nature faits avant que le navire saisi ait pris la mer. Le code, en ne visant que l'hypothèse où le navire a déjà navigué, a prévu le cas le plus ordinaire, mais n'a pas entendu exclure le cas exceptionnel où un navire qui n'a pas fait de navigation aurait besoin d'être réparé (Lyon-Caen et Renault, t. 2, n° 2462).

382. — 9° *Sommes prêtées à la grosse sur le corps, quille, agrès, apparaux, pour radoub, victuailles, armement et équipement avant le départ du navire* (*Rép.* n°s 263 à 267). — Ce privilège a été supprimé par les lois sur l'hypothèque maritime des 10 déc. 1874 (art. 27) et 10 juill. 1885 (art. 39). Le rapport de M. Grivart sur la loi de 1874 explique parfaitement cette innovation : « L'art. 27 a pour objet de faire disparaître l'un des privilèges admis par la loi commerciale, celui du prêteur à la grosse pour radoub, victuailles, armement et équipement avant le départ du navire. Ce privilège naît de la convention ; il n'est soumis qu'à une condition qui dépend de la volonté des parties, celle du dépôt d'une expédition ou d'un double de l'acte au greffe du tribunal de commerce, dans les dix jours de sa date. N'est-il pas clair, dès lors, que son maintien est incompatible avec l'institution de l'hypothèque? La garantie du prêteur hypothécaire serait illusoire s'il était loisible au débiteur, en contractant un emprunt à la grosse, d'enlever son rang à l'hypothèque qu'il vient de constituer. Quels services, du reste, rend au commerce maritime le prêt à la grosse avant le départ? Aucun, car il y a dans ce moyen de se procurer des fonds quelque chose de si anormal, il est si onéreux, que nul armateur, soucieux de son crédit, n'oserait y recourir. On n'y recourt pas, en effet, et nous avons recueilli ce témoignage que le prêt à la grosse avant le départ est resté sans application. Nous ne devions pas dès lors hésiter à sacrifier un privilège qui, dépourvu de toute utilité propre, eût été un très grave obstacle au développement du crédit hypothécaire ».

383. Bien que prononcée en termes absolus, l'abrogation du paragraphe 9 de l'art. 191 ne semble pas devoir être considérée comme complète : le privilège existe encore, croyons-nous, pour le prêt à la grosse antérieur au départ, lorsque le navire affecté ayant *moins de vingt tonneaux* n'est pas, aux termes de la loi (L. 10 déc. 1874, art. 29; 10 juill. 1885, art. 36), susceptible d'hypothèque (Lyon-Caen et Renault, t. 2, n° 2320).

384. Il est certain, d'ailleurs, que les créances résultant de prêts faits au capitaine *en cours de voyage*, pour les besoins du bâtiment, conservent le caractère privilégié qu'elles tiennent du paragraphe 7 de l'art. 191. C'est ce qu'a fort nettement expliqué M. Grivart, dans son rapport sur la loi de 1874 : « Il ne pouvait être question, bien entendu, de porter atteinte au privilège accordé pour les prêts faits au capitaine, en cours de voyage, pour les besoins du bâtiment. Comme les sommes ainsi prêtées ont contribué à conserver le navire, il est naturel qu'elles soient remboursées de préférence aux créances hypothécaires. Le prêteur sur hypothèque devra mesurer d'avance le risque résultant pour lui des emprunts contractés en cours de voyage, et il aura le moyen de l'atténuer en contractant une assurance ».

385. — 10° *Montant des primes d'assurances faites sur le corps, quille, agrès, apparaux et sur armement et équipement du navire, dues pour le dernier voyage* (*Rép.* n°s 268 à 272). — On a expliqué au *Rép.* n° 268 que l'antinomie entre les art. 191 et 331 c. com. n'est qu'apparente, le premier visant le cas où le navire est saisi et vendu après son retour, tandis que le second ne s'occupe que du cas où le navire a fait naufrage. Cette interprétation est aujourd'hui adoptée par tous les auteurs (Dageville, t. 2, p. 672; Alauzet, t. 4, n° 1987; Desjardins, t. 1, n° 151; Lyon-Caen et Renault, t. 2, n°s 2386 et suiv.).

386. En présence des expressions dont se sert l'art. 191-10°, on a soutenu que la prime due pour l'assurance, non plus du navire, mais des *marchandises*, n'est pas privilégiée sur les marchandises assurées (Em. Cauvet, *Assurances maritimes*, t. 1, n° 143; Droz, *Traité des assurances maritimes*, t. 1, n° 184; Trib. com. Marseille, 19 mars 1856, *Recueil de Marseille*, 1856. 1. 172). C'est cette opinion que nous avons adoptée (*Rép.* v° *Privilèges et hypothèques*, n° 513). Elle est aujourd'hui généralement repoussée. Dans l'ancien droit, dit-on, on ne distinguait pas, à ce point de vue, entre les assurances sur corps et les assurances sur facultés (Émérigon, chap. 3, sect. 7; Valin, sur l'art. 16, liv. 1er, tit. 14 de l'ordonnance), et rien n'indique que les rédacteurs du code aient voulu innover à cet égard. D'ailleurs, le prêteur à la grosse est privilégié pour le profit maritime qui lui est dû (c. com. art. 320); ce profit comprend une véritable prime due au prêteur qui joue, en partie, le rôle d'assureur; il serait singulier qu'un privilège fût refusé au véritable assureur (J. V. Cauvet, *Assurances maritimes*, t. 1, n° 245; Laurin, t. 1, p. 111, et t. 4, p. 339; Desjardins, t. 1, n° 152; Boistel, n° 1369; Lyon-Caen et Renault, t. 2, n° 2259; de Valroger, t. 1, n° 72. Conf. Trib. com. Marseille, 22 oct. 1822, *Recueil de Marseille*, 1822. 1. 353; Aix, 16 mars 1857, *ibid.*, 1857. 1. 81).

387. On ne saurait toutefois, en présence du silence de la loi, aller jusqu'à reconnaître un privilège au profit de l'assureur, dans les assurances terrestres, notamment dans les assurances portant soit sur des bâtiments de rivière, soit sur leur cargaison (V. *Assurances terrestres*, n° 147; — *Rép.* eod. v°, n° 190. Conf. Pardessus, t. 2, n° 591; Trib. com. Marseille, 14 nov. 1860, *Recueil de Marseille*, 1860. 1. 316; 15 févr. 1861, *ibid.*, 1861. 1. 194).

388. Le privilège de l'assureur sur facultés diffère de celui de l'assureur sur corps en ce que : 1° aucun droit de suite ne pouvant exister sur les marchandises, le privilège de l'assureur ne peut pas être exercé à l'encontre d'un tiers acquéreur des marchandises assurées : il subsiste toutefois sur le prix, tant qu'il n'a pas été payé (Laurin, t. 4, p. 239); — 2° Il est des cas où le privilège de l'assureur sur facultés peut être inefficace ; ainsi il ne peut être opposé au commissionnaire auquel les marchandises assurées servent de gage pour ses avances (Trib. com. Marseille, 8 août 1865, *Recueil de Marseille*, 1865. 1. 255), ni au tiers porteur d'une lettre de change à laquelle les marchandises assurées servent de provision (Trib. com. Marseille, 3 avr. 1865, *ibid.*, 1865. 1. 102).

389. L'assureur n'est privilégié que pour la prime ; il ne peut donc invoquer de privilège pour le demi pour 100 de la somme assurée, dans le cas, soit de rupture du contrat d'assurance, avant le départ (c. com. art. 349), soit de ristourne, pour cause d'exagération de la valeur des choses assurées (c. com. art. 358); c'est là une indemnité fixée à forfait, et non une portion de la prime (Lyon-Caen et Renault, t. 2, n° 2257; Desjardins, t. 1, n° 154).

390. Les expressions de l'art. 191-10° « *pour le dernier voyage* » manquent de clarté et donnent lieu à de nombreuses difficultés. — Il est certain, en premier lieu, qu'il ne faut pas ici, pour déterminer le sens de ces mots, recourir aux art. 193 et 194 : les conditions énumérées par ces articles, nous l'avons indiqué *suprà*, n°s 362 et suiv., sont exigées uniquement lorsque le voyage est considéré comme une cause d'extinction, en cas de vente volontaire du navire, des privilèges appartenant aux créanciers du vendeur (Civ. cass. 12 mai 1858, aff. Masson, D. P. 58. 1. 208). En effet, faire dépendre l'extinction de tout privilège limité par la loi au dernier voyage de l'existence d'un voyage nouveau ayant une certaine durée, ce serait oublier que le législateur a voulu encourager le commerce maritime en donnant une garantie spéciale à ceux qui contribuent à ce que le navire, de retour d'un voyage, en entreprenne un nouveau. Les créanciers privilégiés pour le dernier voyage ont à s'imputer d'avoir laissé repartir le navire sans réclamer ce qui leur était dû (Conf. Trib. com. Marseille, 15 déc. 1855, *Recueil de Marseille*, 1856. 1. 18; Dufour, t. 1, n° 227; Desjardins, t. 1, n° 153; Lyon-Caen et Renault, t. 2, n° 2256. V. cependant : Trib. com. Marseille, 5 déc. 1865, *Recueil de Marseille*, 1866. 1. 18).

391. Mais une question beaucoup plus délicate est celle de savoir si l'art. 191-10° a entendu viser le voyage *assuré* ou le voyage *réel* : deux assurances distinctes ont été contractées, l'une pour l'aller, l'autre pour le retour; le privilège qui garantit le payement de la prime due à l'assureur du voyage d'aller est-il perdu par l'effet du voyage de retour? Oui, si l'on décide que le législateur a visé, dans l'art. 191-10°, le voyage *assuré;* à ce point de vue, le voyage de retour constitue, en effet, un nouveau voyage (Bordeaux, 5 mars 1861, aff. Pereyra, D. P. 62. 2. 54) : « Si l'aller et le retour ont été l'objet d'assurances séparées, dit cet arrêt, ils ont *nécessairement* constitué pour les assureurs deux voyages qui ne peuvent se confondre » (Conf. Laurin, t. 1, p. 113). Si l'on considère, au contraire, que la loi s'est attachée ici au voyage *réel*, la prime due à l'assureur du voyage d'aller est encore privilégiée après le voyage de retour. Cette solution semble préférable : le législateur, en effet, dans l'intérêt du commerce maritime, a voulu traiter avec faveur l'assureur, qui a couru les risques de la navigation à la suite de laquelle le navire est vendu : on ne voit pas pourquoi cette faveur n'existerait pas pour la navigation entière; d'autant plus que, dans le système opposé, le privilège de l'assureur du voyage d'aller devient un droit purement illusoire ; cet assureur ne peut l'exercer ni après la fin du voyage réel, les partisans du système que nous combattons le lui interdisant, ni au terme du voyage d'aller, le navire ne pouvant être saisi en cours de voyage (c. com. art. 215). Les autres créanciers de l'assuré seraient, d'ailleurs, mal fondés à se plaindre ; peu leur importe qu'il y ait eu, pour le voyage réel, un seul ou plusieurs assureurs (Dufour, t. 1, n°s 221 et suiv.; Desjardins, t. 1, n° 153; Demangeat, t. 4, p. 80 ; Lyon-Caen et Renault, t. 2, n° 2254; de Valroger, t. 1, n° 67).

392. C'est surtout à propos des assurances *à temps limité* que la question est débattue dans la pratique. Un navire a été assuré pour dix-huit mois de navigation ; pendant ce laps de temps, il accomplit plusieurs voyages, il est plusieurs fois désarmé et réarmé : l'assureur ne pourra-t-il invoquer le privilège que pour la prime correspondant au dernier de ces voyages?

Les partisans du premier des systèmes exposés dans le numéro précédent repoussent cette interprétation ; ils appliquent encore ici leur doctrine, et étendent le privilège de l'assureur à la prime entière due pour les dix-huit mois. Pour eux, il n'y a, à l'égard de l'assureur, qu'un seul voyage, qui a la même durée que celle du contrat (Rouen, 26 mai 1840, *Recueil de Marseille*, 1840. 2. 171 ; Trib. com. Bordeaux, 28 mars 1865, *ibid.*, 1865. 2. 124; Trib. com. Marseille, 5 déc. 1865, aff. liquid. Rostand, Bonnet et comp. *ibid.*, 66. 1. 18. Conf. *Rép.* n° 271 ; Laurin, *loc. cit.;* Massé, t. 6, n° 599; Bédarride, t. 1, n° 128; Alauzet, t. 1, n° 1068; Demangeat, t. 4, p. 60; Desjardins, t. 1, n° 153).

Les auteurs qui admettent, au contraire, que l'art. 191-10° vise le dernier voyage *réel*, sont divisés sur la solution à donner à la difficulté : les uns, s'écartant du point de départ de leur doctrine, et s'appuyant sur le principe de l'indivisibilité de la prime qui est due pour le tout par cela seul que le navire a commencé à naviguer, estiment que la prime entière est privilégiée, même dans l'assurance à temps limité (Dufour, t. 1, n° 226; Desjardins, t. 1, n° 153). Les autres critiquent cette solution, qui s'appuie sur un principe qui n'a aucun lien avec la question; suivant eux, l'art. 191-10° ne distinguant pas entre les différentes espèces d'assurances, quand il restreint le privilège à la prime due *pour le dernier voyage*, ces dernières expressions se rapportent au dernier voyage réel, pour l'assurance à temps limité aussi bien que pour l'assurance au voyage. La prime entière est due, il est vrai, par cela seul que le navire a commencé à naviguer ; mais une prime peut être due sans être privilégiée, et ici il s'agit de savoir, non pas si la prime est due, mais si elle est, pour le tout, garantie par le privilège (de Valroger, t. 1, n° 69; Lyon-Caen et Renault, t. 2, n° 2255; Boistel, n° 1139. Conf. Pau, 20 févr. 1888, aff. Nereide, D. P. 89. 2. 209, et la note).

393. Si l'on suppose que, à l'expiration de l'assurance à temps limité, le bâtiment se trouvant en cours de route continue à naviguer et achève le trajet commencé, cette navigation constitue-t-elle, au point de vue de la perte du privilège, un voyage nouveau? La solution de la controverse dépend encore ici de celle que l'on donne à la question de savoir si l'art. 191-10° a visé le voyage *réel* ou le voyage *assuré*. Les auteurs qui adoptent le premier point de vue se prononcent ici pour la négative (Dufour et Desjardins, *loc. cit.*) ; ceux qui adoptent le second se rangent à l'affirmative (Laurin et de Valroger, *loc. cit.*).

394. — 11° *Dommages-intérêts dus aux affréteurs, pour le défaut de délivrance des marchandises qu'ils ont chargées, ou pour remboursement des avaries souffertes par lesdites marchandises par la faute du capitaine ou de l'équipage* (*Rép.* n°s 273 à 276). — Ainsi que nous l'avons indiqué (*Rép.* n° 273), le privilège établi par le paragraphe 11 doit être restreint aux deux cas qui y sont énoncés, malgré les termes généraux de l'art. 280, portant que le navire, les agrès et apparaux, le fret et les marchandises chargées, sont respectivement affectés à l'exécution des conventions des parties; et, dès lors, il ne s'étend pas aux dommages-intérêts dus à l'affréteur pour inexécution du contrat d'affrètement (Bédarride, t. 1, n° 134 ; Demangeat, t. 4, p. 82 ; Laurin, t. 1, p. 116 ; Dufour, t. 1, n° 232 ; Desjardins, t. 1, n° 157 ; Lyon-Caen et Renault, t. 2, n° 1927). — Jugé, conformément à cette doctrine, que le privilège de l'affréteur ne garantit que les dommages-intérêts dus pour le défaut de délivrance des marchandises qu'il a chargées ou pour le remboursement des avaries souffertes par lesdites marchandises par la faute du capitaine ou de l'équipage; il ne saurait être étendu aux dommages-intérêts prétendus par un affréteur qui, à raison de la saisie réelle du navire ou autrement, aurait été obligé de retirer les marchandises qu'il y avait chargées (Trib. civ. Marseille, 3 mars 1870, aff. Garelli, D. P. 74. 2. 175).

395. Ce privilège des affréteurs porte non seulement sur le navire, mais encore sur le fret dû par les affréteurs autres que celui qui invoque son droit à des dommages-intérêts ; cela résulte du texte de l'art. 280 c. com. (Lyon-Caen et Renault, t. 2, n° 1927. V. en sens contraire : de Valroger, t. 2, n° 278).

396. L'art. 191-11° n'indique pas que le privilège des affréteurs existe seulement pour les dommages-intérêts dus à l'occasion du *dernier voyage*. Mais cette restriction s'impose. Comment, disent avec raison MM. Lyon-Caen et Renault, t. 2, n° 2474, les affréteurs des voyages antérieurs seraient-ils privilégiés, alors que les créanciers qui passent avant eux, d'après l'art. 191, ne le sont qu'autant que leurs créances ne sont pas nées durant le voyage ayant précédé le dernier?

397. L'art. 34 de la loi du 10 juill. 1885, qui reproduit textuellement l'art. 27 de la loi du 10 déc. 1874, porte : « L'art. 191 c. com. est terminé par la disposition suivante : les créanciers hypothécaires sur le navire viennent, dans leur ordre d'inscription, après les créanciers privilégiés ». Un amendement avait été proposé, en 1874, lors de la discussion de cette disposition ; il était ainsi conçu : « Art. 27, § 2. Au lieu de l'art. 191 du même code terminé par la disposition suivante : « Les créanciers hypothécaires sur le navire viendront dans leur ordre d'inscription après les créanciers privilégiées », mettre : « Les créanciers hypothécaires prendront le rang assigné par le paragraphe 9 de l'art. 191 c. com. aux sommes prêtées à la grosse sur le corps, quille, agrès, apparaux pour radoub, victuailles, armement et équipement du navire avant le départ du navire ». — L'auteur de cet amendement, M. Clapier, le justifiait en ces termes : « En l'état, quel est l'ordre des privilèges? Il y a d'abord les petits privilèges : pilotage, salaires des matelots; c'est peu de chose. Il y a ensuite le privilège résultant du prêt fait en cours de voyage; c'est de toute justice, car ce sont des frais de conservation du gage. Il y avait en neuvième rang l'emprunt à la grosse fait au départ; au dixième, la prime d'assurance, et au onzième rang, les dommages-intérêts qui peuvent être dus au chargeur à raison des avaries contractées pendant le voyage par la faute du capitaine. Ce privilège n'effraie pas le prêteur à la grosse au lieu du départ, car ce prêt est à un rang antérieur. Mais, d'après le projet qui vous est soumis, c'est après les dommages et intérêts résultant de la faute du capitaine que l'on place le prêt hypothécaire. Je dis que c'est là annuler tout simplement le prêt hypothécaire et le rendre impossible, car c'est faire dépendre le sort de ce prêt hypothécaire d'un événement futur, incertain, considérable, qu'il est impossible d'apprécier ». — Mais M. Alfred Dupont, rapporteur du projet de loi, répondait à ces objections : « Nous avons craint, en rétablissant au n° 9 et à titre de privilège le droit auquel nous ne donnons que le caractère de l'hypothèque, d'éloigner les affréteurs de l'emploi des navires hypothéqués, et de créer ainsi une concurrence désastreuse entre les navires appartenant à la marine française, car on aurait bien vite disqualifié les navires hypothéqués pour porter ses préférences sur les navires qui ne le seraient pas. C'est comme une question de cote au bureau *Veritas*, cela. Si, en effet, les chargeurs se voient primés par un privilège en recourant à un navire affecté d'une hypothèque qui n'existera pas sur un autre navire, eh bien! ils iront au navire qui ne sera pas hypothéqué ». L'amendement fut rejeté.

398. L'existence des privilèges et l'ordre dans lequel ils s'exercent sont régis par la législation particulière à chaque Etat. Par suite, il a été décidé que le consul, qui a fait procéder à la vente des débris d'un navire naufragé en pays étranger, a pu valablement remettre le prix de la vente à un créancier dont le privilège (pour cause de réparations, dans l'espèce) avait été judiciairement reconnu par les tribunaux de ce pays, sans faire valoir la priorité qui, d'après la loi française, aurait appartenu à la créance privilégiée des matelots pour leurs gages et loyers, alors qu'il n'est pas établi que cette priorité soit consacrée par la loi du lieu où le payement a été effectué (Rouen, 22 juill. 1873, aff. Lanel, D. P. 74. 2. 180).

399. D'autres privilèges que ceux énumérés par l'art. 191 peuvent être exercés sur les navires : ce sont ceux qui les grèvent soit en vertu des principes du droit commun, soit en vertu de textes spéciaux, non reproduits par le code de commerce. — On doit citer, en première ligne, les privilèges généraux de l'art. 2101 c. civ. : ils portent sur tous les biens, et aucune disposition n'exclut les navires. — Le privilège conféré à l'*administration des douanes* sur tous les biens meubles des redevables par les lois des 22 août 1791 (art. 22, tit. 13) et 4 germ. an 2 (art. 4, tit. 6) atteint également les navires (Req. 14 déc. 1824, aff. Guérin, *Rép.* v° *Privilèges et hypothèques*, n° 625). — Les *frais de sauvetage* sont, de même, privilégiés, non seulement en vertu de textes anciens non abrogés (Ord. 1681, liv. 4, tit. 9, art. 24 et 26; Décl. 10 janv. 1770; L. 9-13 août 1791, art. 5 et 6), mais aussi par application du privilège pour frais de conservation de la chose, de l'art. 2102-3° c. civ. (Desjardins, t. 1, n°s 164 et 166). — On a indiqué *suprà*, n° 367, que l'art. 2102-4° peut aussi être invoqué par le *vendeur*, quand le privilège de l'art. 191-8° est perdu, à raison de ce que le navire a fait un voyage postérieurement à la vente. — Il a été jugé également que la somme prêtée pour assurer l'entrée d'un navire au port de destination et son retour en France, et, par exemple, pour acquitter des droits de pilotage, de tonnage et autres relatifs au navire, ainsi que le prix d'achat et de transport de charbon, peut être considérée comme prêtée pour la conservation du mobilier garnissant le navire, et, dès lors, la créance résultant d'un tel prêt est privilégiée sur ce mobilier (c. civ. art. 2102) (Civ. rej. 18 août 1858, aff. Roubo, D. P. 58. 1. 410).

400. Le consignataire du navire qui a fait des avances au capitaine doit-il être admis à jouir du privilège accordé par l'art. 95 c. com. au commissionnaire? L'affirmative est incontestable, lorsque les avances du consignataire ont consisté à désintéresser des créanciers privilégiés : il est alors subrogé dans leur privilège (Trib. com. Marseille, 3 août 1832, *Recueil de Marseille*, 1832. 1. 245). — Mais, dans tout autre cas, la question est beaucoup plus délicate. Certains auteurs restreignent, en principe, le privilège de l'art. 95 c. com. au commissionnaire acheteur. Pour eux, il ne peut donc y avoir de doute ici : le consignataire d'un navire n'est pas un commissionnaire acheteur; il ne peut être question, par conséquent, de lui accorder un privilège (Boistel, n° 1142). Pour ceux, au contraire, qui, d'accord avec la jurisprudence (V. *suprà*, v° *Commissionnaire*, n° 54), reconnaissent que le privilège de l'art. 95 existe au profit de tout commissionnaire qui a fait des avances à son commettant, la difficulté est plus sérieuse; cependant, il semble que le privilège de l'art. 95 doive être refusé au consignataire du navire, parce qu'il n'a pas, ainsi que l'exige cet article, le navire en sa possession : la publicité résultant d'une inscription sur les registres de la douane ne peut même être considérée comme équivalant à la dépossession du débiteur (Dufour, t. 1, n° 243; Laurin, t. 1, p. 134; Desjardins, t. 1, n° 163; de Valroger, t. 1, n° 85. — V. en sens contraire : Trib. com. Havre, 28 avr. 1856; *Recueil du Havre*, 1856. 1. 116; Trib. com. Marseille, 26 oct. 1869, *Recueil de Marseille*, 1869. 1. 313). — V. *infrà*, n°s 401 et 402.

401. D'après une pratique universellement suivie dans les ports français, les navires peuvent être donnés en *nantissement*, et le créancier nanti exerce le privilège de l'art. 2102-2° c. civ. (Rennes, 29 déc. 1849, aff. Maigne-Monstad, D. P. 52. 2. 8). La jurisprudence a sanctionné cette pratique (Req. 2 juill. 1856, aff. Bonté-Barbe, D. P. 56. 1. 427; Rennes, 2 juin 1864, *Recueil de Marseille*, 1864. 2. 102; Civ. cass. 9 juill. 1877, aff. Langer, D. P. 77. 1. 417, et sur renvoi, Caen, 7 févr. 1878) (1). Mais il y a difficulté sur le point de savoir comment on devra procéder pour que le nantissement

(1) (Syndic Germain-Hermanos C. Langer et comp.) — LA COUR; — Sur la première question : — Attendu que, la partie finale de l'acte de vente du 28 mars 1873, intervenu entre John Watt et Germain frères, autorisait le premier à s'opposer à la francisation du navire le *Wallace*, jusqu'à ce que le prix dû par lesdits Germain frères fût intégralement payé; — Attendu qu'à l'époque où l'opposition de Langer et comp., substitués aux droits de Watt, a été formée, la francisation du *Wallace* et la vente de ce navire n'étaient pas opérées; que, dès lors, cette opposition procédait bien; mais que, depuis l'arrêt de la cour de Rouen du 2 mars 1875, qui l'avait dite à tort, le syndic de la faillite Germain frères a fait effectuer, à la douane du Havre, la francisation du *Wallace*, au nom de la masse de ladite faillite, et que le navire lui-même a été vendu moyennant 750000 fr.; d'où il suit que, dans l'état, l'opposition susénoncée est devenue sans objet, puisqu'il ne s'agit plus que de savoir si le prix du *Wallace* sera attribué en privilège à Langer et comp., ou s'il devra être distribué au marc le franc entre les créanciers chirographaires de Germain frères;

Sur la deuxième question : — Attendu que, sans qu'il soit besoin d'examiner si un navire peut être donné directement en gage, conformément aux dispositions des art. 91 et 92 c. com., il est certain que, d'après tous les documents de la cause, une semblable constitution n'est jamais entrée dans l'intention de Watt, de Langer et comp. et de Germain frères; qu'il est, au contraire, démontré qu'ils ont voulu, sous le déguisement d'un contrat de vente, former indirectement un contrat de gage; que, dès lors, ce chef des conclusions de Langer et comp. doit être dit à tort;

Sur la troisième question : — Attendu qu'aux termes de l'art. 195 c. com., la vente volontaire d'un navire doit être faite par écrit et peut avoir lieu par acte public ou par acte sous signatures privées; — Attendu que la clause finale du contrat du 28 mars 1873, relative à l'enregistrement du navire en France, avait pour objet, dans l'intention commune de John Watt et Germain frères, la stipulation d'un gage destiné à garantir au premier le payement du prix de la vente; que, pour arriver à ce résultat, John Watt recevait le pouvoir de désigner le tiers au nom duquel le navire serait enregistré en douane; que ce fut en usant de ce pouvoir que Watt fit dresser, le 29 mai 1873, devant un notaire de Glascow, l'acte dans lequel il désignait Langer et comp. comme acquéreurs du navire le *Wallace* aux fins de la constitution du gage promis le 28 mars; que, pour ce faire, John Watt n'avait pas besoin d'un nouveau consentement de Germain frères; que, dès lors, au respect de ces derniers, les actes réunis des 28 mars et 29 mai 1873 suffisaient pour la validité de la vente faite à Langer et comp.; qu'il était, d'ailleurs, naturel que le contrat du 28 mars ayant été passé en Angleterre, John Watt, qui continuait d'y résider et qui était, en réalité, l'unique intéressé dans l'acte du 29 mai, fit aussi rédiger ce dernier acte en Angleterre selon la formule admise dans ce pays, conformément à la règle « *locus regit actum* »; que l'acte du 29 mai, ayant été reçu par un notaire, a date certaine; qu'à la vérité, Langer et comp. n'y assistaient pas; mais que, d'après la loi anglaise, la remise en leurs mains de ce même acte et l'enregistrement qu'ils en ont fait opérer à la douane du Havre, le 7 août 1873, pour obtenir le congé provisoire du 11 du même mois, constituaient, de leur part, une acceptation valable, suivant la législation de l'Angleterre; que cette acceptation avait, elle-même, date certaine par son inscription sur les registres de la douane française; qu'il suit de là que l'acte du 29 mai 1873, rapproché du contrat du 28 mars précédent et des déclarations susdites passées à la douane par Langer et comp., réunit les conditions prescrites par l'art. 195 c. com.; — Attendu enfin que, s'il en était besoin, la correspondance échangée entre les parties intéressées, les 29 mai, 5 juin et 7 août 1873, ne laisse aucun doute sur la volonté commune qu'elles ont eue de remettre le navire *l'Indépendance* en nantissement aux mains de Langer et comp.;

Sur la quatrième question; — Attendu qu'il n'y a pas, comme à l'égard des inscriptions hypothécaires, de formalités spéciales

puisse produire ses conséquences légales. Le privilège sur le gage ne subsiste qu'autant que celui-ci a été mis et est resté en possession du créancier ou d'un tiers convenu entre les parties (c. civ. art. 2076 ; c. com. art. 92). Comment, lorsqu'il s'agit d'un navire, réaliser cette condition, sans le frapper d'indisponibilité et le condamner à une inaction ruineuse ? L'art. 92 c. com. dit bien que la possession matérielle de la chose donnée en nantissement peut être suppléée par certains équivalents, et cette disposition est applicable aux bâtiments de mer. Mais, lorsqu'il s'agit de meubles de cette nature, il est fort difficile de déterminer de quels faits pourra résulter cette possession fictive.

La jurisprudence reconnaît, d'abord, que le débiteur peut, pour donner son navire en nantissement, recourir à une vente simulée : il suffit alors, pour la validité du gage, que l'acte de vente réalise toutes les conditions exigées par la loi pour sa régularité, et celles voulues par l'art. 2074 c. civ. pour le privilège sur la chose remise en gage (Arrêts précités des 29 déc. 1849, 2 juin 1864, 9 juill. 1877 et 7 févr. 1878. Conf. Desjardins, t. 1, nº 160. — V. en sens contraire : Lyon-Caen et Renault, t. 2, nº 240). — Spécialement, il a été décidé que, d'après la loi anglaise, l'acte de vente peut, dans cette hypothèse, être passé par-devant notaire, arrière de l'acquéreur ; il suffit qu'en recevant son titre de vente et faisant enregistrer l'acte à la douane française, cet acquéreur ait fait connaître son acceptation. Celle-ci acquiert alors date certaine par le seul fait de l'enregistrement, qui constate aussi suffisamment même au regard des tiers, la remise de possession d'un navire donné en gage (Arrêt précité du 7 févr. 1878). Au point de vue du nantissement du navire, le congé provisoire délivré en douane produit le même effet que l'acte de francisation (Sol. impl., même arrêt).

Cette manière de procéder n'est pas, toutefois, sans présenter de sérieux dangers, aussi bien pour le débiteur que pour le créancier nanti. Aux termes de l'art. 1321 c. civ., la contre-lettre ne peut jamais être opposée aux tiers : le créancier, acquéreur simulé, va donc être, vis-à-vis des tiers, le propriétaire véritable du navire : comme tel, d'une part, il pourra vendre le navire ; d'autre part, il se trouvera tenu de ses dettes (Trib. com. Nantes, 25 nov. 1865, *Recueil de Marseille*, 1866. 2. 149 ; Trib. com. Havre, 12 mai 1874, *ibid.*, 1875. 2. 36). Pour les créanciers *postérieurs* à l'acte de vente, tout au moins, ce dernier point ne peut faire doute ; le créancier gagiste ne pourra se faire colloquer avant eux, parce qu'il est leur débiteur légal (Motifs, Req. 2 juill. 1856, précité ; Trib. civ. Marseille, 21 déc. 1866, *Recueil de Marseille*, 1868. 2. 90 ; Trib. com. Marseille, 5 juill. 1867, *ibid.*, 1867. 1. 266).

La question est plus délicate, en ce qui concerne les créanciers antérieurs : s'ils ont conservé leur droit de suite par une opposition (art. 193, *in fine*), ou si la contestation s'élève avant le départ du bâtiment, ils peuvent invoquer purement et simplement l'acte de vente apparent, et traiter le créancier nanti comme un propriétaire réel du bâtiment ; ils lui opposeront donc valablement leurs droits sur ce navire, qui n'a pas cessé d'être leur gage. Que si ces créanciers ont, au contraire, négligé de former une opposition régulière, il semble, au premier abord, que les privilèges antérieurs à ceux du créancier nanti doivent être considérés comme purgés, le voyage s'étant accompli sous le nom et aux risques du gagiste, dans les conditions déterminées par les art. 193 et 194 (Req. 2 juill. 1856 précité). — Cette solution, toutefois, est contestée : aux termes de l'art. 1321 c. civ., les contre-lettres n'ont pas d'effet *contre* les tiers ; elles peuvent, au contraire, dit-on, en avoir en leur faveur : elles ne peuvent nuire aux tiers, elles peuvent leur profiter. Dans l'espèce, les créanciers non opposants peuvent donc invoquer le caractère fictif de l'acte de vente, pour repousser l'application de l'art. 193 (V. en ce sens : Laurin, t. 1, p. 132 ; Desjardins, *loc. cit.*).

M. Grivart, dans son rapport sur la loi du 10 déc. 1874, a fait parfaitement ressortir les inconvénients du système auquel la pratique a dû recourir pour rendre possible la constitution du gage sur les navires : « Ce nantissement déguisé, dit-il, dont la jurisprudence a reconnu la validité, n'est autre chose que le retour à l'antique contrat de *fiducie*, qui apparaît dans le droit romain comme la première forme de crédit réel, mais auquel se substituèrent bientôt les formes perfectionnées du gage et de l'hypothèque. Il y a dans cet expédient, imaginé pour obvier aux lacunes de la loi, des inconvénients et des périls que révèle une pratique journalière. Le créancier nanti sous l'apparence d'une cession transcrite en douane dispose de la propriété du navire, et, s'il n'est point honnête, il peut abuser gravement des droits qui lui ont été conférés. Les intérêts les plus respectables du débiteur peuvent donc être compromis ; mais le créancier lui-même est exposé à des risques assez graves. En échangeant son titre contre la qualité apparente de propriétaire, il perd le droit de saisir le navire et de concourir avec les autres créanciers dans la distribution du prix. Ce qui est plus grave encore, en certains cas, il encourt une responsabilité personnelle ; car, d'après la jurisprudence, au nombre des obligations contractées par l'armateur et le capitaine du navire, il y en a qui atteignent personnellement les propriétaires inscrits sur l'acte de francisation sans qu'il leur soit permis de s'en affranchir au moyen d'un abandon. En se plaçant, du reste, dans un ordre d'idées plus général et plus élevé, on peut dire que la simulation dans les actes, source d'erreurs et de fraudes, a les inconvénients les plus graves, et qu'il n'est bon ni de la tolérer ni surtout de l'encourager ».

402. Pour échapper aux inconvénients que présente la vente simulée du navire au créancier gagiste, on a cherché à la remplacer par une sorte de tradition fictive du bâtiment. Un jugement (Trib. com. Marseille, 30 mai 1855, *Recueil de Marseille*, 1855. 1. 177) déclare qu'il y a dépossession, dans le sens des art. 2076 c. civ. et 93 c. com., dès que le nantissement est mentionné sur l'acte de francisation déposé à la douane (Conf. Dufour, t. 1, nº 228. V. aussi Aix, 7 mai 1866) (1). Il y a là, croyons-nous, une erreur : on ne doit point confondre la publicité du nantissement avec

---

et rigoureuses exigées, en matière de nantissement, pour la remise d'un navire en la possession du créancier ; qu'il suffit même, à l'égard des tiers, d'après les termes et l'esprit de la loi du 27 vend. an 2, que cette remise de possession ait été enregistrée en douane ; — Attendu qu'il résulte des divers documents de la cause, que, le 7 août 1873, Langer et comp. ont déclaré, à la douane du Havre, qu'ils étaient propriétaires du navire *Wallace* et qu'ils avaient l'intention de le franciser sous le nom de l'*Indépendance* ; que cette déclaration a été suivie du versement par Langer et comp. d'une somme de 5800 fr. dans la caisse de la douane, pour garantie des droits de francisation ; que la douane a délivré auxdits Langer et comp., le 11 août 1873, un congé provisoire dans lequel ils sont indiqués comme propriétaires du navire *l'Indépendance* ; que la mention de ce congé, au nom de Langer et comp., comme propriétaire de l'*Indépendance*, est consignée sur la souche du livre de la douane ; que la qualité de propriétaires de l'*Indépendance*, attribuée à Langer et comp., est également inscrite sur le rôle de l'équipage du 13 août 1873 ; que tous ces actes réunis n'ont pu laisser aucun doute à ceux qui ont pris des renseignements auprès de l'Administration des douanes sur la prise de possession de l'*Indépendance* par lesdits Langer et comp. ; — Attendu enfin que tous les actes dont l'énumération précède ont, à l'exception du dernier qui n'est qu'un renseignement, date certaine, puisqu'ils sont constatés par les registres de l'administration publique compétente, et que tous sont antérieurs à la déclaration de faillite de Germain frères, qui a été prononcée le 7 févr. 1874 ; d'où il suit que le nantissement dont Langer et comp. réclament le bénéfice est régulier et valable ; qu'il n'existe contre eux aucune fin de non-recevoir pouvant mettre obstacle à ce que le privilège du nantissement leur soit accordé ; — Par ces motifs, dit qu'il n'y a pas eu de constitution de gage direct entre les parties, mais uniquement constitution en gage du navire susnommé, au profit de Langer et comp., et remise légale, en leur possession, dudit navire ; ordonne, en conséquence, que le prix provenu de la vente du navire opérée par le syndic de la faillite Germain frères sera attribué en privilège auxdits Langer et comp., en principal et intérêts ; confirme, dans le sens des solutions qui précèdent, le jugement du tribunal de commerce du Havre, du 18 août 1874 ; l'infirme dans tout ce qu'il a de contraire au présent arrêt, etc.

Du 7 févr. 1878.-C. de Caen, ch. réun.-MM. Champin, 1er pr.-Soret de Boisbrunet, av. gén.-Carel et Ricard (du barreau de Rouen), av.

(1) (Holtzer, Dorian et autres C. synd. Archieri.) — Le tribunal de commerce de Marseille a rendu, le 12 janv. 1866, le jugement suivant : — « Attendu qu'en garantie de deux actes de prêt de 100000 fr. chaque, les sieurs Archieri et comp. ont consenti un nantissement aux sieurs Holtzer, Dorian, Jacony et comp., sur neuf bateaux à vapeur ou à voile, par acte des

la *dépossession* de l'objet donné en gage, exigée par la loi (Desjardins, t. 1, n° 161; Lyon-Caen et Renault, t. 2, n° 2401. Conf. Caen, 12 juill. 1870, et Sol. impl., Req. 19 mars 1872, aff. Craven, D. P. 74. 1. 465).

M. Pardessus, t. 4, n° 1203, indique un autre moyen : la remise des titres de propriété au créancier gagiste. Mais Dufour, *loc. cit.*, répond, avec raison, que ce procédé est impossible, en pratique, l'art. 226 c. com. disant que ces documents doivent rester sur le bâtiment comme pièces de bord.

La remise au créancier de la police d'assurance le met en possession de tous les droits du débiteur à l'assurance du bâtiment : ne constitue-t-elle pas la tradition fictive exigée par la loi? Certaines décisions ont semblé l'admettre (Trib. com. Marseille, 30 mai 1855, précité; 2 août 1876, cité par M. Desjardins, t. 1, n° 161, note). Mais ce dernier auteur cite *ibid.* un autre arrêt de la cour d'Aix, du 7 mai 1866, qui a décidé que cette remise ne constitue pas un titre suffisant, aux mains du créancier nanti, pour que celui-ci soit réputé en possession du navire lui-même. « Les polices d'assurance, dit cet arrêt, ne sont pas la représentation du navire dont elles garantissent seulement les avaries. Indépendantes de celui-ci, elles ont pu être cédées à d'autres qu'au prêteur sur nantissement et fournir elles seules l'aliment d'un gage. »

403. Il a été jugé que, lorsque le capitaine est copropriétaire du navire, l'inscription du nom de l'armateur sur l'acte de francisation, à la place et du consentement du capitaine, pour sûreté des avances faites à celui-ci, constitue un véritable nantissement, qui donne à l'armateur le droit de faire vendre aux enchères, pour se rembourser, la part d'intérêt du capitaine dans le navire (Rennes, 9 juin 1860) (1).

404. Par application du principe que les privilèges sont de droit étroit, il a été jugé que, lorsque le locataire verbal d'un navire destiné à servir à des sauvetages de bâtiments naufragés l'a muni de machines, et notamment de scaphandres à lui loués par des tiers, le propriétaire du navire ne peut, pour sûreté du payement de ses loyers, exercer sur ces objets aucun droit de gage ni de privilège, soit à titre de dépositaire, ou de locateur, en vertu des art. 1937, 1947, 1948, 2102 c. civ., soit à raison d'un prétendu nantissement, soit enfin en vertu des art. 280 et 307 c. com., qui assurent au capitaine un privilège sur les marchandises chargées; spécialement, est nulle la saisie de ces appareils faite par le

---

14 juill. et 16 nov. 1864, notaire Gambaro à Gênes ; — Attendu qu'aux termes de ces actes, l'annotation du nantissement devait être faite sur les registres matricules de la marine et sur les patentes des navires ; que la garde des mêmes navires pour compte des créanciers nantis restait confiée aux capitaines qui les commandaient ; qu'on devait avoir soin de se procurer leur acceptation, et qu'au besoin ils étaient désignés d'un commun accord comme gardiens, et que les actes devaient leur être notifiés ; qu'enfin, les créanciers devaient avoir une police d'assurance faite sous leur nom ; — Attendu que de ces diverses conditions, jugées nécessaires pour la validité du nantissement, la dernière seulement a été complètement remplie, que les capitaines n'ont pas eu à accepter la qualité de gardiens pour compte des créanciers nantis ; qu'ils n'en ont pas même été informés ; qu'aucune mention des actes de nantissement n'a été faite soit sur les patentes, soit sur les actes de nationalité des navires, avant la faillite des sieurs Archieri et comp., déclarée le 16 mai 1865 ; — Attendu, quant à la mention sur les registres matricules de la marine, qu'il a été produit des certificats différents ; que, d'après un certificat produit par les créanciers, le nantissement de trois navires seulement a été inscrit en décembre 1864, et le nantissement des autres ne l'a été qu'après la déclaration de faillite; que, suivant le certificat versé au procès par le syndic de la faillite, il n'y a eu transcription du nantissement de trois navires que le 8 juin 1865, et la transcription du nantissement des autres est sans date ; — Attendu que la condition essentielle d'un nantissement est que le créancier nanti soit mis en possession de l'objet donné en gage; que cette possession doit être suffisamment notoire pour être connue des tiers qui auraient à traiter avec le propriétaire de l'objet; — Attendu que les navires sont des meubles d'une nature spéciale, dont la propriété se transmet et se constate par des actes publics; que le nantissement étant un démembrement du droit de propriété, doit se constater, à l'égard des tiers, par des moyens analogues; que la transcription sur ces actes est du reste le seul moyen de donner à la possession une notoriété suffisante ; — Attendu que, dans l'espèce, les créanciers n'ont pas été réellement en possession du navire, que les capitaines constitués comme gardiens pour compte de ces créanciers n'ont pas même connu leur qualité; qu'à supposer que le certificat produit par les créanciers soit exact, il est néanmoins établi, même d'après ce document, que ce ne serait que sur les registres de la marine qu'on aurait inscrit le nantissement de trois navires seulement, et que l'inscription la plus importante, celle qui devait être faite sur les actes de nationalité, n'a eu lieu pour aucun des navires avant la faillite ; — Attendu que, suivant l'art. 448 c. com., les privilèges ne peuvent être inscrits après le jugement déclaratif de la faillite; que cette disposition s'applique aux formalités à accomplir pour la validité d'un nantissement qui doit être régulièrement établi au moment où la faillite est déclarée; — Par ces motifs, déboute les sieurs Holtzer, Dorian et comp. de leur demande en privilège par suite de nantissement, etc. » — Appel par les sieurs Holtzer, Dorian et comp. — Arrêt.

La cour ; — Adoptant les motifs des premiers juges ; — Confirme, etc.

Du 7 mai 1866.-C. d'Aix, 1re ch.-MM. Rigaud, 1er pr.-Reybaud, av. gén.-Pascal Roux et Bessat, av.

(1) (Poullain C. Guillon.) — La cour ; — Attendu que le tribunal de commerce de Nantes était saisi de deux demandes : une demande principale formée par Poullain père et fils contre le capitaine Guillon, tendant à faire condamner ce dernier à leur rembourser les avances qu'ils lui ont faites et une demande reconventionnelle du capitaine Guillon tendant à ce qu'il fût fait défense aux sieurs Poullain de priver le capitaine de son commandement, et qu'il leur fût enjoint de réarmer le navire dans le plus bref délai ;

En ce qui touche la demande principale (motifs en fait, desquels il résulte, par appréciation des conventions des parties, que le capitaine devait être tenu de rembourser immédiatement les avances à lui faites par l'armateur) : — Attendu que les sieurs Poullain demandent l'autorisation de faire vendre aux enchères, en cas de non-payement, l'intérêt appartenant à Guillon dans le navire et que l'inscription de leur nom sur l'acte de francisation à la place et du consentement formel de Guillon, constituant un véritable nantissement au profit des sieurs Poullain, il y a lieu conformément à l'art. 2078 c. nap., de leur accorder l'autorisation qu'ils demandent ;

En ce qui touche la demande reconventionnelle du capitaine Guillon, tendant à être maintenu dans son commandement, malgré la volonté des armateurs : — Attendu qu'aux termes de l'art. 218 c. com., le propriétaire peut congédier le capitaine ; que cette disposition est d'ordre public, et qu'il ne saurait y être dérogé par conventions particulières ; qu'il importe à la sûreté de la navigation comme au succès des expéditions maritimes que le capitaine dont l'armateur est responsable soit toujours l'homme de confiance de ce dernier, et que la bonne intelligence ne cesse pas de régner entre eux ; que c'est donc avec une grande sagesse que la loi, tout en sauvegardant les intérêts légitimes du capitaine, prohibe implicitement toute stipulation qui porterait atteinte à ce principe et qui aurait pour effet de restreindre à l'avance la liberté de l'armateur, en lui imposant un capitaine dont il se méfie ou avec qui, pour une raison quelconque, il ne pourrait s'entendre ; — Attendu, d'ailleurs, en fait, que le capitaine Guillon ne remplissant pas ses engagements, quant au remboursement des avances à lui faites, et obligeant les sieurs Poullain à l'actionner en justice et à se faire autoriser à vendre son intérêt dans le navire, il y a dans cette situation amenée par son fait une de ces raisons graves dont parle l'art. 18 du compromis, laquelle motive suffisamment la détermination prise par les armateurs de lui retirer le commandement du navire ; — Attendu que le capitaine Guillon ne saurait s'imposer aux armateurs sous le prétexte qu'il a, dans la propriété du navire un intérêt de 550 millièmes, c'est-à-dire de plus de moitié, par la raison qu'il résulte de l'ensemble des clauses du compromis de navigation que les sieurs Poullain en leur qualité d'armateurs, ont été exclusivement chargés pour les intéressés de tout ce qui concerne l'armement et la gestion des opérations maritimes ; — Que, d'ailleurs, Guillon, en autorisant les sieurs Poullain à se faire inscrire, à sa place, sur l'acte de francisation, pour la totalité de son intérêt, a implicitement renoncé à s'immiscer dans la gestion des armateurs et dans la direction des affaires de l'association ; — Par ces motifs, réforme le jugement dont est appel ; condamne par corps le capitaine Guillon à payer à Poullain père et fils la somme de 25074 fr. 49 cent., montant des billets par lui souscrits ; autorise Poullain père et fils, en cas de non-payement, à faire vendre à la bourse aux enchères, l'intérêt de Guillon dans le navire *Delphine-Elisabeth*, jusqu'à concurrence de ladite somme de 25074 fr. 49 cent. ; — Dit que c'est à tort que les premiers juges ont fait défendre aux armateurs de retirer au capitaine Guillon son commandement et leur ont enjoint de réarmer le navire, etc.

Du 9 juin 1860.-C. de Rennes, 2e ch.-MM. Pouhaër, pr.-L. Grivard et Garnier-Duplessis, av.

patron du navire, surtout lorsqu'il savait qu'ils n'étaient pas la propriété du preneur (Montpellier, 12 févr. 1870, aff. Vidal, D. P. 71. 2. 135).

405. Le code de commerce a classé avec précision les privilèges établis par l'art. 191; mais il n'y a aucune règle écrite dans la loi, quant au rang des privilèges généraux de l'art. 2101 c. civ. et des privilèges spéciaux autres que ceux de l'art. 191, par rapport à ces derniers. Deux questions se posent donc : 1° quel est le rang des privilèges généraux, par rapport aux privilèges spéciaux; 2° quel est le rang des privilèges spéciaux entre eux, selon qu'ils sont établis par l'art. 191 c. com., ou par d'autres dispositions légales?

La première question est des plus délicates. On sait que les commentateurs du code civil ne s'entendent pas sur la solution d'une question plus large, celle de savoir quel est le rang respectif des privilèges généraux et des privilèges spéciaux sur les meubles. Le code civil s'est borné à attribuer sur les immeubles la préférence aux privilèges généraux (c. civ. art. 2105). Certains auteurs appliquent la même règle, lorsqu'il s'agit de biens mobiliers (V. *Privilèges et hypothèques;* — *Rép.* eod. v°, n°s 586 et suiv. et 624). Si l'on admet cette solution, on doit préférer aussi, sur les navires, les privilèges généraux. Mais l'opinion qui paraît dominer fait passer, en principe, sur les biens mobiliers, les privilèges spéciaux avant les privilèges généraux autres que les frais de justice (V. *ibid.*). Cette solution doit-elle être étendue aux navires? Certains auteurs (Laurin, t. 1, p. 138; Desjardins, t. 1, n° 168), l'ont contesté: si l'art. 2105, disent-ils, fait passer les privilèges généraux sur les immeubles avant les privilèges spéciaux, c'est parce que le législateur a présumé que, eu égard à la grande valeur des immeubles, le privilège des créances modiques garanties par les privilèges généraux ne nuirait pas d'une façon appréciable aux privilèges spéciaux : ce raisonnement s'applique également aux navires. — MM. de Valroger, t. 1, n° 87, et Lyon-Caen et Renault, t. 2, n° 2486, estiment, au contraire, que sur les navires, comme sur tous les autres meubles, le premier rang doit appartenir aux privilèges spéciaux ; à moins que le contraire ne résulte du texte ou de l'esprit de la loi, on doit appliquer aux navires toutes les règles relatives aux biens mobiliers. L'opinion contraire a, d'ailleurs, ainsi que le reconnaît M. Desjardins lui-même, l'inconvénient de faire passer des personnes dont les créances n'ont aucune relation avec la navigation, avant celles dont les créances ont une cause maritime; on place, par exemple, les gens de service (art. 2101-4°) avant les gens de mer.

406. Quel sera le rang respectif des privilèges spéciaux énumérés par l'art. 191 et des autres privilèges spéciaux admis sur les navires?

Lorsque les créanciers privilégiés de l'art. 191 se trouvent en présence des créanciers privilégiés de l'art. 2102 c. civ., la préférence doit appartenir aux premiers : il est conforme à l'esprit de la loi, qui a voulu spécialement favoriser les créances énumérées dans l'art. 191, de faire passer les privilèges qu'il consacre avant tous autres résultant du droit commun (Desjardins, t. 1, n° 169; de Valroger, t. 1, n° 87; Lyon-Caen et Renault, t. 2, n° 2486). Ainsi le créancier gagiste ne saurait prétendre ici que son gage lui confère le droit d'être payé de préférence aux autres créanciers; car, d'une part, les créances enfantées par les diverses navigations qu'il a laissé accomplir depuis le nantissement priment évidemment la sienne (Aix, 9 mai 1860, *Recueil de Marseille*, 1862. 1. 238); d'autre part, quant aux créances antérieures au nantissement, il est inadmissible que le débiteur puisse, par son fait, priver de leur rang, et peut-être de tout rang utile, des créanciers que le législateur a voulu spécialement favoriser, dans l'intérêt du commerce maritime (Desjardins, t. 1, n° 170).

En ce qui concerne le privilège sur le bâtiment, pour frais de *sauvetage*, il semble légitime de le placer immédiatement après les frais de justice, puisque les frais de sauvetage ont contribué à la conservation du gage commun (Desjardins, t. 1, n° 171; Lyon-Caen et Renault, *loc. cit.* Comp. Dufour, t. 1, n° 253).

407.— II. MANIÈRE DE CONSTATER LES PRIVILÈGES (*Rép.* n°s 277 à 283). — Les termes impératifs employés dans l'art. 192, *initio*, ne permettent pas de douter que les modes de justification qui vont être énumérés ne soient obligatoires. La créance pourra, sans doute, se prouver autrement, s'il ne s'agit que de l'action *personnelle*; mais l'action *réelle* dérivant du privilège ne pourra être prouvée qu'au moyen des justifications établies par l'art. 192 c. com., sans qu'aucun équipollent doive être admis (Laurin, t. 1, p. 120; Desjardins, t. 1, n° 175; Lyon-Caen et Renault, t. 2, n° 2451. Conf. *infrà*, n°s 412 et 422). Il y a, du reste, nous le verrons, des créances privilégiées pour lesquelles la loi n'exige aucune justification spéciale : on en reviendra, à leur égard, aux principes généraux du droit commun établis par l'art. 109 c. com. La cour de cassation a nettement formulé ce principe, à propos du privilège de l'art. 191-8° : « Attendu qu'en ce qui touche le privilège dont il s'agit, la loi n'établit aucun mode particulier de preuve à l'effet de constater l'importance des fournitures et de déterminer le montant de la créance privilégiée; — Qu'il s'ensuit que les ouvriers et fournisseurs employés à la construction de plusieurs navires peuvent établir ce qui leur est dû sur chacun d'eux par tous les modes de preuve admis en matière commerciale; — Qu'il était donc permis, dans l'espèce, aux juges du fond de recourir à une expertise » (Civ. rej. 17 mai 1876, aff. Perdereau, D. P. 78. 1. 97; *infrà*, n° 415).

408. Les règles posées par l'art. 192 s'appliquent, sans aucun doute, aux créanciers étrangers qui réclament le bénéfice d'un privilège établi par la loi française. « Ils ne sauraient, dit fort bien un jugement (Trib. civ. Marseille, 3 mars 1870, aff. Garelli, D. P. 74. 2. 175), se prévaloir d'une disposition de la loi française qui est favorable à leurs intérêts, sans fournir à la justice les mêmes justifications que la loi demande aux citoyens français » (Conf. Req. 19 mars 1872, aff. Craven, D. P. 74. 1. 465; Desjardins, t. 1, n° 176. V. cependant: de Courcy, p. 49 et suiv.). — Jugé spécialement que : 1° le privilège accordé au prêteur qui a fourni des fonds pour les besoins du navire pendant le dernier voyage, ne peut être exercé qu'autant que la nécessité de l'emprunt est justifiée au moyen d'états arrêtés par le capitaine et les principaux de l'équipage, alors même que cet emprunt aurait été contracté à l'étranger pour un navire étranger et par un capitaine étranger ignorant la prescription de la loi française (Jugement précité du 3 mars 1870); — 2° De même, le privilège attribué au capitaine et aux gens de l'équipage pour les gages et loyers du dernier voyage n'a lieu que si ces gages et loyers sont justifiés par les rôles d'armement et de désarmement arrêtés dans les bureaux de l'inscription maritime, sans que les réclamants puissent prétendre que leur qualité d'étrangers, non soumis aux règles de l'inscription maritime, les dispensait de l'accomplissement de cette formalité (Même jugement).

409. — 1° *Les frais de justice seront constatés par les états de frais arrêtés par les tribunaux compétents* (*Rép.* n°s 277 et 278). — L'antinomie qui existe entre les dispositions des n°s 1 et 3 de l'art. 192 ne peut s'expliquer que par une erreur matérielle; la rédaction définitive de l'art. 192-3° ne parlait que des « dettes désignées par les paragraphes 3, 4 et 5 » : le n° 1 de l'art. 191, dont faisait mention le projet primitif, n'a pu reparaître dans le texte que par suite d'une erreur de transcription (Dufour, t. 1, n° 279; Desjardins, t. 1, n° 177. V. cependant : Bédarride, t. 1, n° 57; Demangeat, t. 4, p. 37; Laurin, t. 1, p. 121).

410. — 2° *Les droits de tonnage et autres sont constatés par les quittances légales des receveurs* (*Rép.* n° 277). — L'art. 192-2° paraît supposer que les droits ont déjà été payés par une personne qui peut se les faire rembourser par le propriétaire du navire. Mais il est certain que la personne morale (Etat, Ville, Chambre de commerce, etc.), créancière de ces droits non encore payés, pourrait aussi faire valoir le privilège de l'art. 191-2°, pour sûreté de sa créance; les quittances préparées par le receveur serviraient alors à constater le montant des droits dus (Demangeat, t. 4, p. 41; Desjardins, t. 1, n° 178; Lyon-Caen et Renault, t. 2, n° 2453).

411. — 3° *Les dettes désignées par les n°s 1, 3, 4 et 5 de l'art. 191 seront constatées par des états arrêtés par le président du tribunal de commerce* (*Rép.* n° 277). — Sur l'antinomie existant entre la rédaction de ce paragraphe et celle du paragraphe 1er, V. *suprà*, n° 409.

412. — 4° *Les gages et loyers de l'équipage sont constatés par les rôles d'armement et de désarmement arrêtés dans les bureaux de l'inscription maritime* (*Rép.* n° 277). — Sur le rôle d'armement et de désarmement, V. *Organisation maritime*; — *Rép.* eod. v°, n°s 628 et suiv. — Nous avons dit, *suprà*, n° 407, que l'on doit repousser tout équipollent pour la constatation des créances garanties par un privilège sur le navire. Jugé, en conséquence, que les gages et loyers du capitaine et des gens de l'équipage dus pour le dernier voyage, cessent d'être garantis par le privilège sur le navire, dont il est mention en l'art. 191-6° c. com., s'ils n'ont pas été justifiés par les rôles d'armement et de désarmement arrêtés dans les bureaux de l'inscription maritime, encore bien qu'il n'existerait ni doute, ni contestation sur l'existence de la dette (Trib. com. Havre, 28 août 1860, aff. Lanne, D. P. 62. 3. 24. Conf. Trib. com. Marseille, 7 mars 1865, *Recueil de Marseille*, 1865. 2. 38; Trib. com. Nantes, 21 févr. 1872, *Recueil de Nantes*, 1872. 1. 305; Pau, 20 févr. 1888, aff. Nereide, D. P. 89. 2. 209. V. Demangeat, t. 4, p. 50; Laurin, t. 1, p. 122; Bédarride, t. 1, n° 77; Desjardins, t. 1, n° 180).

Il a été décidé également que : 1° l'énonciation que l'équipage est engagé *à la part* n'est pas suffisante, puisqu'elle ne fait pas connaître la proportion dans laquelle chacun a droit sur les bénéfices (Arrêt précité du 20 févr. 1888); — ... 2° Lorsque, dans le rôle de désarmement, il est déclaré que l'équipage est payé, un tiers ne peut être admis à prouver, même par acte authentique, qu'il a effectué ce payement et qu'il est subrogé dans le privilège, si la date de cet acte est postérieure à celle du rôle du désarmement (Même arrêt).

413. — 5° *Les sommes prêtées et la valeur des marchandises vendues pour les besoins du navire pendant le dernier voyage sont constatées par des états arrêtés par le capitaine, appuyés de procès-verbaux signés par le capitaine et les principaux de l'équipage, constatant la nécessité des emprunts* (*Rép.* n° 277). — On étudiera, *infrà*, n°s 662 et suiv., les règles relatives au mode de constatation de la créance privilégiée, tel qu'il est prescrit, en ce qui concerne les *prêteurs* et les *chargeurs*, par les art. 192-5° et 234 c. com. (V. Dufour, t. 1, n°s 293 et suiv.; Demangeat, t. 4, p. 56; Desjardins, t. 1, n°s 181 et suiv.; Laurin, t. 1, p. 124).

414. — 6° *La vente du navire sera constatée par un acte ayant date certaine, et les fournitures pour l'armement, équipement et victuailles du navire, seront constatées par les mémoires, factures ou états visés par le capitaine et arrêtés par l'armateur, dont un double sera déposé au greffe du tribunal de commerce avant le départ du navire, ou, au plus tard, dans les dix jours après son départ* (*Rép.* n° 277). — A. *Privilège du vendeur.* — On ne comprend pas, au premier abord, pourquoi le législateur a exigé ici la date certaine de l'acte; il ne peut être question, en effet, d'éviter une antidate; le vendeur aurait, au contraire, intérêt, dans certains cas, à *postdater* la vente, pour qu'elle soit considérée comme postérieure au voyage (Dufour, t. 1, n° 304). Mais M. Demangeat, t. 4, p. 62, a donné une explication plausible de cette disposition : le législateur, dit-il, a voulu que l'acte de vente, en vertu duquel le vendeur prétend exercer son privilège, eût date certaine avant la saisie; il ne faut pas qu'un saisi puisse, d'accord avec un compère, passer un acte qui donnerait à ce dernier la qualité de vendeur, et lui permettrait d'exercer un privilège au préjudice d'autres créanciers (Conf. Desjardins, t. 1, n° 183; de Valroger, t. 1, n° 59; Lyon-Caen et Renault, t. 2, n° 2467. V. aussi Trib. com. Marseille, 2 août 1876, *Recueil de Marseille*, 1876. 1. 211).

415. — B. *Privilège des fournisseurs et ouvriers.* — L'art. 192-6° ne parle pas des créances des fournisseurs et ouvriers *employés à la construction:* ces créances peuvent donc se prouver par tous les moyens (Civ. rej. 17 mai 1876, aff. Perdereau, D. P. 78. 1. 97. Conf. *suprà*, n° 407; Dufour, t. 1, n° 318). Le législateur a estimé que l'on n'avait à craindre ici ni simulation, quant au fait même de la construction, cela est évident, ni même exagération des mémoires ou dissimulation des acomptes payés, concertée avec le saisi; car tous les créanciers ont la faculté de contester la créance et d'en demander la réduction (Bédarride, t. 1, n° 318; Desjardins, t. 1, n° 184).

416. L'art. 192-6° a omis également de mentionner le privilège des *ouvriers employés à la réparation du navire.* MM. Lyon-Caen et Renault, t. 2, n° 2462, estiment qu'il y a lieu de leur appliquer, comme aux ouvriers employés à la construction, les règles du droit commun de l'art. 109 c. com. — Quant aux fournisseurs, dont parlent les art. 192-6° et 191-8°, le législateur, pensant qu'il serait souvent fort difficile d'évaluer des fournitures consommées, ou des réparations dont la trace est effacée par le voyage, juge bon de se prémunir contre la fraude, et subordonne la justification de leur créance à une triple formalité : 1° visa du capitaine; 2° arrêté de compte de l'armateur; 3° dépôt au greffe du tribunal de commerce dix jours au plus après le départ.

417. Par « *armateur* », Bédarride, t. 1, n° 110, entend ici le *propriétaire* du navire : l'affréteur-armateur n'est qu'un locataire qui ne peut avoir la faculté de grever le bâtiment. Cette doctrine est généralement repoussée; on admet, au contraire, que l'affréteur-armateur a qualité pour arrêter le compte des fournisseurs, dont parle l'art. 192-6°, toutes les fois que des termes ou de l'esprit de son contrat il résulte que le propriétaire a entendu lui conférer ce pouvoir (Demangeat, t. 4, p. 70; Dufour, t. 1, n° 309; Desjardins, t. 1, n° 185. Conf. Trib. com. Marseille, 5 juill. 1825, cité au *Rép.* n° 279).

418. Les créanciers peuvent se passer du visa du capitaine ou de l'arrêté de compte de l'armateur, lorsque la force même des choses ne leur permet pas de l'obtenir; par exemple, lorsque les fournitures sont faites dans un lieu autre que celui de la demeure de l'armateur (c. com. art. 232), ou bien lorsque le capitaine refuse son visa ou l'armateur son arrêté de compte (Rennes, 23 juill. 1873, aff. Legal, D. P. 75. 5. 303).

419. Ce que le créancier doit déposer au greffe du tribunal de commerce, c'est un double visé par le capitaine et arrêté par l'armateur : une simple copie de sa facture ne peut suffire, alors même qu'il garderait dans ses mains l'original visé et arrêté (Trib. com. Nantes, 1er juin 1872, *Recueil de Marseille*, 1874. 2. 3). Cette prescription s'applique exclusivement aux dépenses faites avant le départ du port d'armement : « Attendu, dit fort bien la cour de cassation (Req. 23 mars 1869, aff. Treeby, D. P. 70. 1. 103), que, des termes comme de l'esprit de cet article, il résulte que l'obligation de déposer au greffe du tribunal de commerce le double des mémoires et factures ne s'applique qu'aux dépenses faites avant le départ du port d'armement; que cette obligation ne peut donc être étendue aux dépenses faites au cas de relâche forcée en cours de voyage. » Les mots *avant le départ* ne peuvent, en effet, avoir un autre sens que dans l'art. 191-8°. L'art. 192-6° ne spécifie pas le tribunal de commerce au greffe duquel le double doit être déposé. Le dépôt se fera habituellement au port d'armement; mais le fournisseur, s'il est domicilié dans une ville voisine où siège un tribunal de commerce, peut aussi déposer sa facture au greffe de ce tribunal (Anal. Civ. rej. 20 févr. 1844, *Rép.* n° 1268; Desjardins, t. 1, n° 186). — On a dit au *Rép.* n° 279 que les mémoires ou états constatant les fournitures ne peuvent être suppléés par le jugement portant condamnation du capitaine au payement des fournitures. MM. Dufour, t. 1, n° 314, et Desjardins, t. 1, n° 286, approuvent cette doctrine. — Le dépôt peut être effectué tant que le navire n'est pas parti, et dans les dix jours qui suivent le départ; il en est ainsi, alors même que l'armateur serait tombé en faillite avant l'expiration de ces délais, le texte de l'art. 192 c. com. ne permettant pas de distinguer et l'art. 448 ne réglant pas cette hypothèse (Trib. com. Nantes, 27 janv. 1872, *Recueil de Nantes*, 1872. 1. 37; Laurin, t. 1, p. 127; Desjardins, *loc. cit.* — V. en sens contraire : Trib. civ. Marseille, 27 mars 1866, *Recueil de Marseille*, 1867. 2. 32; Bédarride, t. 1, n° 112).

420. — 7° *Les sommes prêtées à la grosse sur le corps, quille, agrès, apparaux, armement et équipement avant le départ du navire seront constatées par des contrats passés devant notaires, ou sous signatures privées, dont les expéditions ou doubles seront déposés au greffe du tribunal de commerce dans les dix jours de leur date* (Conf. c. com. art. 312) (V. *Rép.* n° 277). — La disposition de l'art. 192-7° a été abrogée, au moins en ce qui concerne le prêt à la grosse sur navires de vingt tonneaux et au-dessus, par les art. 27 de la loi du

10 déc. 1874, et 39 de celle du 10 juill. 1885, qui abrogent en même temps l'art. 191-9° (V. *suprà*, nos 383 et suiv.). — Jugé, avant la promulgation de la loi de 1874, que le prêteur à la grosse, qui a produit son contrat dans le délai fixé par l'art. 213 c. com. n'est pas définitivement forclos pour n'avoir pas établi, en même temps, que l'expédition de ce contrat avait été déposée au greffe du tribunal de commerce dans les dix jours de sa date; cette justification peut être utilement faite après la clôture du règlement provisoire de l'ordre (Trib. civ. Marseille, 3 mars 1870, aff. Garelli, D. P. 74. 2. 175).

421. — 8° *Les primes d'assurances seront constatées par les polices ou par les extraits des livres des courtiers d'assurances* (*Rép.* nos 277 et 280). — Il a été jugé qu'une police d'assurance donne droit au privilège établi par l'art. 191-10° c. com., même quand elle a été rédigée par acte sous seing privé (Req. 4 mai 1853, aff. Bouctot, D. P. 53. 1. 125), et sans le concours d'un courtier d'assurances (Même arrêt. Conf. Laurin, t. 1, p. 129; Desjardins, t. 1, n° 189; Lyon-Caen et Renault, t. 2, n° 2258).

422. — 9° *Les dommages-intérêts dus aux affréteurs seront constatés par les jugements, ou par les décisions arbitrales qui seront intervenues* (*Rép.* nos 277, 281 et suiv.). — L'opinion que nous avons formulée (*Rép.* n° 282), et d'après laquelle les dommages-intérêts dus aux affréteurs sont régulièrement constatés, pour l'exercice du privilège, par une transaction ayant date certaine et faite de bonne foi, est aujourd'hui généralement repoussée (Demangeat, t. 4, p. 83; Bédarride, t. 1, n° 135; Laurin, t. 1, p. 129; Desjardins, t. 1, n° 190; Lyon-Caen et Renault, t. 2, n° 2474; de Valroger, t. 1, n° 75). L'art. 192, dit-on, n'admet pas les équipollents. Il est à craindre, d'ailleurs, que la transaction qui, en réalité, sacrifierait ici les intérêts non-seulement des parties qui transigent, mais encore des créanciers privilégiés de l'armateur, ne cache parfois une fraude concertée entre le capitaine et l'affréteur.

423. — III. EXTINCTION DES PRIVILÈGES (*Rép.* nos 283 à 300). — On a fait observer avec raison que le mot « *privilèges* » employé par l'art. 193 ne doit pas être pris à la lettre. Si cet article ne parle que des *privilèges* sur les navires, c'est par suite d'une négligence de rédaction amenée, comme on l'a dit au *Rép.* n° 284, par une critique de la disposition correspondante du projet primitif. Dans ce projet, l'art. 193 commençait ainsi : « Les droits des créanciers privilégiés *et autres* seront éteints... » On critiqua cette rédaction, qui aurait pu laisser croire qu'il s'agissait de l'extinction des créances elles-mêmes, et non pas seulement du droit de suite; on modifia la rédaction; mais, par inadvertance, on ne parla plus expressément que des privilèges (Locré, t. 18, p. 295). Il faut donc lire : « *Le droit de suite* des créanciers sera éteint... » (Dufour, t. 1, n° 40; Demangeat, t. 4, p. 86; Desjardins, t. 1, n° 191. Conf. Rouen, 20 mai 1863) (1).

424. Les privilèges sur les navires sont éteints comme tous autres privilèges, en cas d'extinction de l'obligation

---

(1) (Lemire C. Syndic Simon.) — Le tribunal de commerce de Fécamp avait rendu un jugement ainsi conçu : — « Sur la demande du syndic de la faillite Simon contre J.-B. Lemire et fils, en payement d'une somme de 16340 fr. 94 cent.: — Attendu que cette demande est basée sur la compensation qu'ont faite de leur créance pour la somme de 13157 fr. 67 cent., J.-B. Lemire et fils, avec l'achat pour le prix de 30000 fr. du navire *Eugénie* appartenant à Simon; — Attendu que, lors de cet achat, J.-B. Lemire et fils ont versé à Simon une somme de 3000 fr. destinée, selon eux, pour la plus grande partie, à désintéresser les autres créanciers de Simon; — Attendu qu'il apparait que les sieurs Lemire et fils ont constamment agi avec la plus grande loyauté et que trompés par leur débiteur sur l'importance de ses dettes, ils ont négligé de garder en temps utile, pour se payer, et lorsqu'ils en étaient légitimement possesseurs, les fonds qu'ils avaient dans les mains et en ont bénévolement fait avance à Simon; — Mais attendu que le syndic d'une faillite doit agir en vue des intérêts de la masse qu'il représente, et que Delaume réclame dans l'espèce, pour cette masse, le bénéfice de la loi qui donnerait, selon lui, privilège aux créanciers sur le navire vendu; — Qu'il y a donc lieu d'examiner si la vente faite par Simon à Lemire et fils peut être attaquée en vertu des art. 190 et suiv. c. com.; — Attendu que l'art. 190 pose d'abord en principe que les navires et d'autres bâtiments de mer sont meubles; — Attendu que tout aussitôt et dans le second alinéa du même article, le législateur manifeste sa pensée; — Qu'on voit clairement que les meubles dont il parle ne sont plus pour lui ceux dont il s'est occupé au code civil, qu'il entend les régir d'une manière toute particulière; — Qu'en effet, contrairement au principe général en cette matière, *possession vaut titre*, il les frappe d'une disposition qui implique la pensée immobilière; — Ainsi, après sa classification des navires comme meubles, l'art. 190 ajoute : *Néanmoins ils sont affectés aux dettes du vendeur, et spécialement à celles que la loi déclare privilégiées*; — Attendu que ces deux membres de phrase contiennent le principe d'un double privilège : *privilège général, privilège spécial*; — Attendu que la pensée du législateur devient encore plus évidente par l'examen des art. 191 et 192; — Qu'en effet, une fois le principe posé, il n'a plus qu'à tracer à la règle commune les exceptions des créances privilégiées spécialement; — Attendu que, dans l'énumération qu'il en a fait, on ne voit figurer, sauf les frais de justice qui sont privilégiés, d'ordre public, que des créances ayant trait, soit au navire, soit à la navigation, et il n'en pouvait être autrement avec le principe émis; — Attendu que, malgré leur origine bien constatée, et qui indique assez leur droit de primauté, le législateur a voulu cependant (art. 192) que, les créances spéciales, pour être privilégiées, fussent justifiées, en outre, par certaines formalités; — Qu'il a attaché l'exercice du privilège à l'accomplissement de ces formalités, comme pour rendre de droit plus étroit une exception particulière greffée sur une exception commune; — Attendu que, dans l'art. 193, le législateur, se préoccupant de l'utilité de rendre libre ce meuble qui bien que d'une espèce tout à fait à part à ses yeux, doit cependant participer quelque peu à la facilité de transmission des autres meubles, déclare que les privilèges des créanciers seront éteints par les modes qu'il indique; — Attendu qu'en employant ces expressions, le législateur suit toujours la pensée qui lui fait admettre, dans l'art. 190, deux ordres de privilèges sur les navires : affectation aux dettes du vendeur, règle générale, et à celles que la loi déclare privilégiées, règle spéciale; — Qu'il considère alors les privilèges des uns et des autres créanciers également éteints, la purge régulièrement accomplie et la transmission de propriété valablement opérée; — Attendu que cette pensée devient plus claire encore en présence des termes de l'art. 196 qui reprend textuellement ceux de l'art. 190, et dans son premier comme dans son second alinéa, ne se sert plus que de cette expression : *les créanciers*; — Que l'on conçoit, en effet, que tous, ou généralement ou spécialement privilégiés, ont les mêmes droits, soit contre la vente volontaire pendant le voyage, soit contre la fraude qui leur enlèverait, aussi bien aux uns comme aux autres, et à leur insu, le gage que la loi a affecté à leur créance; — Attendu que l'intention du législateur, eu égard aux navires et, par opposition aux meubles ordinaires, se révèle encore dans les art. 2119 et 2120 c. nap., ce dernier article réservant aux navires et autres bâtiments de mer le bénéfice des dispositions des lois maritimes qui les régissent; — Attendu que dans l'ordre moral, il est facile de comprendre les raisons qui ont déterminé le législateur à s'écarter, pour les navires, de la règle générale tracée pour les meubles; que leur valeur est souvent considérable, et, souvent aussi, comme dans l'espèce présente, forme toute la fortune du commerçant; — Qu'il a donc dû se préoccuper plus particulièrement du sort des créanciers et leur accorder des droits d'autant plus étendus que la propriété du navire leur a inspiré plus de sécurité, et que la mauvaise foi pourrait plus facilement les dépouiller du gage sur lequel ils ont compté; — Attendu enfin que Delaume, syndic de la faillite Simon, a formé opposition au nom qu'il agit, conformément à l'art. 193 c. com.; — Par ces motifs, déclare à tort et contraire au droit l'imputation qu'ont faite de leur créance particulière de 13157 fr. 67 cent. J. B. Lemire et fils, sur le prix de l'achat du navire *Eugénie*; dit aussi à tort le payement de la somme de 3000 fr. aux mains de Simon; les condamne à payer au syndic Delaume la somme du principal de 16157 fr. 67 cent., avec les intérêts de droit, etc. » — Appel par le sieur Lemire. — Arrêt.

LA COUR; — Considérant qu'après avoir déclaré, en son art. 2119, que les meubles n'ont pas de suite par hypothèque, le code Napoléon ajoute, dans l'art. 2120, que rien n'est innové aux dispositions des lois maritimes concernant les navires et bâtiments de mer, d'où la double conséquence que les bâtiments et navires sont meubles, mais qu'en ce qui les concerne, le droit de suite est maintenu tel qu'avaient pu l'établir et le régler les lois spéciales encore en vigueur; — Considérant qu'aux termes de l'art. 1er du tit. 10 du liv. 2 de l'ordonnance de la marine de 1681, tous navires et autres bâtiments de mer étaient réputés meubles; qu'en vertu de l'article suivant, tous vaisseaux restaient affectés aux dettes du vendeur, jusqu'à ce qu'ils eussent fait un voyage en mer, sous le nom et aux risques du nouvel acquéreur; que d'après l'art. 17 du tit. 14 du liv. 1er de la même ordonnance, si le navire vendu n'avait point encore fait de voyage, les créanciers d'une certaine catégorie devaient être payés de préférence à tous autres; que, par l'effet de ces dispositions il y avait évidemment droit de suite au profit de tous les créanciers

elle-même (art. 193, 2ᵉ al.). — L'art. 193 indique, en outre, deux causes spéciales d'extinction, qui atteignent le droit de suite, sans atteindre la créance elle-même; mais ce ne sont pas les seules qui existent. Il y en a d'autres, non indiquées par la loi, qui dérivent des principes généraux du droit : la renonciation des créanciers, la prescription, la perte du navire, la confiscation, etc.

425. Il est évident que les créanciers peuvent *renoncer* à leur droit de suite (Arg. art. 2180-2° c. civ.); cette renonciation n'est soumise à aucune condition de forme.

426. La *prescription* du droit de suite par le tiers acquéreur est accomplie, quand il s'est écoulé trente ans depuis que celui-ci a été mis en possession du navire (c. civ. art. 2262). L'extinction du droit de suite après un voyage en mer, sous les conditions des art. 193 et 194 c. com., rend d'une application très rare, en cette matière, la prescription trentenaire.

427. La *perte* du navire éteint également le droit de suite (Civ. rej. 8 nov. 1887, aff. Cruchet, D. P. 88. 1. 479. Conf. Desjardins, t. 1, n° 192). Ce principe n'est pas douteux; mais son application donne lieu parfois à de sérieuses difficultés. — Ainsi, un navire est l'objet de réparations si considérables qu'il ne reste presque aucune partie du bâtiment primitif; doit-on décider que le navire n'existe plus et que, par conséquent, le droit de suite est éteint? La négative paraît certaine; l'identité, dit très bien Dufour, t. 2, n° 340, s'attache à l'ensemble, et non aux détails (Conf. Desjardins, t. 1, n° 193; Lyon-Caen et Renault, t. 2, n° 2300). — Que si, au contraire, le navire, au lieu d'être renouvelé par des réparations successives, a été démoli en entier, puis reconstruit avec les mêmes matériaux, doit-on considérer que c'est toujours le même bâtiment qui subsiste, et décider qu'il sera grevé des mêmes droits? Il y a là une pure question de fait. Si les matériaux de l'ancien navire entrent pour la totalité ou pour une grande partie dans la construction nouvelle, on doit dire que le même navire subsiste, et que le droit de suite n'est pas éteint (Dufour, t. 2, n° 345; Desjardins, t. 1, n° 193; Lyon-Caen et Renault, t. 2, n° 2300).

428. Il faut assimiler à la perte du navire la *prise* opérée en temps de guerre, ou la *confiscation* prononcée à titre de peine (V. *Organisation maritime*; — *Rép.* eod. v°, n° 488).

429. L'art. 193 déclare, en premier lieu, le droit de suite éteint « par la *vente en justice* faite dans les formes établies par le titre suivant ». On a expliqué (*Rép.* n° 285) quelles sont les ventes qui opèrent ainsi purge; on a dit que l'on doit considérer comme ventes en justice, dans le sens de l'art. 193, non seulement celles qui sont faites par suite des poursuites d'un créancier, mais encore celles que la minorité du propriétaire ou sa qualité d'héritier bénéficiaire oblige à faire à l'audience des criées. Toutefois cette doctrine doit être restreinte au cas où il y a à la fois vente en justice et vente opérée suivant les formes établies dans le tit. 2 du liv. 2 c. com.; car l'art. 193 exige cette double condition. Certains auteurs soutiennent, en sens contraire, que l'art. 193 s'applique exclusivement au cas de vente sur saisie. Ne doivent donc pas être réputées avoir opéré purge les ventes faites par des courtiers maritimes, en vertu de la loi du 3 juill. 1861 (art. 2); car, bien que faites en justice, elles ne sont pas accompagnées des formalités prescrites par les art. 197 et suiv. — Dans tous les cas, au contraire, où il y aura eu observation des règles posées par les art. 197 et suiv., le droit de suite se trouvera éteint (Laurin, t. 1, p. 169; Desjardins, t. 1, n° 197; Lyon-Caen et Renault, t. 2, n° 2286; Demangeat, t. 4, p. 89; Boistel, n° 886; de Valroger, t. 1, n° 93). Mais cette opinion doit être repoussée, car elle ajoute au texte de la loi.

430. L'autorité administrative peut, dans certains cas (notamment quand un navire a été trouvé en pleine mer), être amenée à se substituer au propriétaire du navire, et à en opérer la vente (V. *Organisation maritime*; — *Rép.* eod. v°, n° 489). Cette vente administrative purge-t-elle le droit de suite? L'affirmative est généralement admise : les intéressés ne s'étant pas présentés pour se protéger eux-mêmes, sont censés avoir abdiqué entre les mains de l'administration; ils sont réputés avoir vendu par son intermédiaire, et avoir ainsi renoncé à leurs droits (Dufour, t. 1, n° 363; Desjardins, t. 1, n° 198; Lyon-Caen et Renault, t. 2, n° 2302).

431. Le privilège sera, en second lieu, éteint aux termes de l'art. 193, « lorsqu'après une vente volontaire, le navire aura fait un voyage en mer sous le nom et aux risques de l'acquéreur, et sans opposition de la part des créanciers du vendeur. » Ainsi, trois conditions sont exigées pour la purge du droit de suite en cas de vente volontaire, il faut : 1° que le navire ait fait, c'est-à-dire achevé un voyage en mer; 2° qu'il ait effectué ce voyage au nom et aux risques de l'acquéreur; 3° que le voyage ait eu lieu sans opposition de la part des créanciers du vendeur (*Rép.* n° 286).

432. — 1° *Voyage achevé en mer.* — C'est l'art. 194 qui détermine quand il y a, à ce point de vue spécial, *voyage en mer*; il distingue, on l'a vu (*Rép.* n° 295), trois hypothèses différentes. La première hypothèse vise les voyages ordinaires. On s'est demandé comment il faut, en ce cas, entendre la disposition de l'art. 194 qui exige l'expiration d'un délai de trente jours depuis le départ : la loi a-t-elle voulu dire qu'il fallait que la navigation ait duré trente jours, ou a-t-elle voulu indiquer seulement qu'il fallait que trente jours se fussent écoulés depuis le départ du navire, alors même que le navire n'aurait voyagé que pendant un délai moindre ? Certains auteurs, sans motiver leur opinion, se sont prononcés pour la première interprétation (Pardessus, t. 2, n° 950; Alauzet, t. 3, n° 1074; Bédarride, t. 1, n° 150; *Rép.* n° 297). Mais la seconde réunit aujourd'hui la majorité des auteurs et la jurisprudence (Trib. com. Marseille, 10 mars 1830, *Recueil de Marseille*, 1831. 1. 248; Rennes, 24 déc. 1858, *Recueil du Havre*, 1859. 2. 1; Dufour, t. 2, n° 452; Demangeat, t. 4, p. 93; Boistel, p. 852; Laurin, t. 1, p. 174; Desjardins, t. 1, n° 202; Lyon-Caen et Renault, t. 2, n° 2289; de Valroger, t. 1, n° 116). Pour que les créanciers n'aient pas le droit de se plaindre de la perte de leur droit de suite, la loi veut qu'un temps raisonnable leur soit laissé pour l'exercer. Que leur importe, à ce

---

du vendeur d'un navire, et privilège en faveur de quelques-uns; que l'ordonnance de 1681 n'avait jamais cessé d'être ainsi étendue et appliquée, et que, lors de la promulgation du code napoléon, cette interprétation se trouvait consacrée en termes exprès par l'art. 8 de la loi du 11 brum. an 7; — Considérant que les dispositions de l'ordonnance, telles qu'on les avait toujours observées, sont textuellement reproduites dans l'art. 190 c. com., en ce qui touche soit le caractère mobilier des navires et autres bâtiments de mer, soit leur affectation aux dettes du vendeur; qu'à la vérité, après avoir sanctionné pour toutes ces dettes sans exception l'ancien droit de suite, ledit article ajoute au mot *affecté* aux dettes ceux-ci : *et spécialement à celles que la loi déclare privilégiées*; mais que cette disposition subsidiaire a évidemment pour objet unique de constater la préférence due aux créances énumérées dans l'art. 191, sous les conditions imposées par l'art. 192; — Considérant que si l'art. 193 se borne à dire que les privilèges des créanciers seront éteints par les moyens qu'il indique, le mot *privilège* doit être pris là dans son sens le plus compréhensif, c'est-à-dire comme embrassant à la fois le droit de suite, en ce qui importe sans restriction à toutes les créances, et le droit de préférence en ce qui intéresse exclusivement quelques-unes; — Considérant que cette interprétation ne résulte pas seulement des discussions préparatoires du code de commerce; qu'elle est, en outre, rationnelle, seule juridique et seule compatible avec le but que se proposait le législateur dans l'article à interpréter; qu'il s'agissait pour lui de déterminer le mode de libération de la chose vendue, par extinction des droits des créanciers du vendeur envers l'acheteur, et que ce but aurait été manqué si on s'était borné à décider comment s'éteindraient les privilèges proprement dits, le mot *privilège*, dans son sens étroit, s'appliquant uniquement aux rapports des créanciers, à la préférence accordée aux uns à l'égard des autres, au rang de la créance, et non pas au fond de la dette; — Considérant que, de tout ce qui vient d'être dit, il résulte qu'il y a concordance et non pas antinomie entre les art. 190 et 193 c. com.; que l'un et l'autre statuent également sur la généralité des dettes du vendeur d'un navire, et que Lemire n'est, par conséquent, pas fondé à opposer au syndic de la faillite Simon, agissant pour la masse, les compensations par lui prétendues; — Considérant, au surplus, qu'il y a lieu d'adopter les motifs qui ont déterminé le premier juge, en tout ce qui ne va pas au delà des considérants qui précèdent; — Confirme, etc.

Du 20 mai 1863.-C. de Rouen, 1ʳᵉ ch.-MM. Massot, 1ᵉʳ pr.-Thiriot, av. gén.-Deschamps et Lemarcis, av.

point de vue la durée de la navigation? Il y a, d'ailleurs, un très grand nombre de bâtiments qui ne restent jamais trente jours en mer : ces bâtiments devraient donc rester indéfiniment grevés du droit de suite (Conf. Travaux préparatoires, Locré, t. 18, p. 303 et suiv.). — On doit même aller jusqu'à décider que le droit de suite est éteint trente jours après le départ du navire, lorsque celui-ci, avant l'expiration du délai, est rentré au port de départ : rien dans le texte du code n'implique qu'il faille que les trente jours s'écoulent avant le retour du navire (Dufour, t. 1, n° 457; de Valroger, t. 1, n° 119; Demangeat, t. 4, p. 94; Lyon-Caen et Renault, *loc. cit.* — *Contrà* : Desjardins, t. 1, n° 202; Laurin, t. 1, p. 176). — En tout cas, si la mise en mer ne coïncide pas avec la délivrance du congé, le point de départ est déterminé par la mise en mer (Rennes, 8 juin 1874, *Recueil de Nantes*, 1874. 1. 338).

433. La seconde hypothèse posée par l'art. 194 (laps de soixante jours entre le départ du navire et son retour au même port), soulève une difficulté analogue à celle que l'on a examinée dans le numéro précédent. Pour les mêmes motifs, on décidera que l'expiration du délai de soixante jours depuis le départ suffit pour purger le droit de suite, alors même que la navigation aurait eu une durée moindre (de Valroger, t. 1, n° 120).

434. La troisième hypothèse vise les voyages au long cours qui durent plus de soixante jours. « Pour ces navires, qui peuvent être encore en voyage soixante jours après leur départ, il suffit, disent MM. Lyon-Caen et Renault, t. 2, n° 291, de l'expiration d'un délai excédant ce nombre de jours pour que le navire soit censé avoir fait un voyage en mer ». — Pour ceux qui durent moins de soixante jours, mais plus de trente, le premier paragraphe de l'art. 194 est applicable (Bédarride, t. 1, n° 150; Demangeat, t. 4, p. 95; Laurin, t. 1, p. 177 ; Desjardins, t. 1, n° 204; Lyon-Caen et Renault, t. 2, *loc. cit.*; de Valroger, t. 1, n° 121. — V. en sens contraire : Dufour, t. 1, n° 468).

435. Ainsi qu'on l'a déjà indiqué *suprà*, n° 390, l'art. 194 ne concerne que le cas où l'extinction du privilège a sa cause dans la vente du navire : lorsque le voyage emporte, à lui seul, même pour le navire resté dans le patrimoine du débiteur, la perte du privilège, il n'est pas assujetti, pour produire cet effet, aux conditions de durée déterminées par l'art. 194 (Civ. cass. 12 mai 1858, aff. Masson, D. P. 58. 1. 208). Ainsi le privilège de l'assureur d'un navire, à raison des primes d'assurances dues pour le dernier voyage, est éteint par l'effet du nouveau voyage que le navire assuré a opéré, après celui auquel se rapporte l'assurance, quelle que soit la durée de ce nouveau voyage (Même arrêt).

436. — 2° *Voyage effectué sous le nom et aux risques de l'acquéreur.* — Cette seconde condition consiste en ce que l'acquéreur doit, avant le départ, avoir rempli la formalité de la mutation en douane (V. *suprà*, n°s 172 et suiv.), à la suite de laquelle il est tenu envers l'Administration des obligations qui incombent aux propriétaires du navire; il faut, en outre, suivant Dufour, t. 2, n°s 367 et suiv., que les *expéditions* (c'est-à-dire le congé et l'acte de francisation) aient été requises sous le nom de cet acquéreur (Conf. Demangeat, t. 4, p. 96; Desjardins, t. 1, n°s 205 et 206). MM. Bédarride, t. 1, n° 145, et de Valroger, t. 1, n° 95, se contentent, au contraire, de la mutation en douane (Comp. *Rép.* n° 288). — Jugé, conformément à l'opinion de Dufour, que le navire ou son prix continue, malgré la vente et le voyage qu'il a fait pour le compte de l'acquéreur, d'être le gage des créanciers du vendeur, si la vente n'a pas été inscrite, au bureau du port auquel appartient le navire vendu, sur le registre matricule dont les énonciations servent de base à l'acte de francisation que le capitaine doit avoir à bord et qui fait connaître toute vente totale ou partielle du bâtiment ; on objecterait vainement que le décret de l'an 2 qui exige cette inscription, n'est qu'un règlement de police intervenu dans un but purement politique et étranger à de simples intérêts privés (Civ. cass. 16 mars 1864, aff. Suarès, D. P. 64. 1. 161. Conf. Rennes, 17 mars 1849, aff. Crouan, D. P. 52. 1. 178; 12 mai 1863, aff. N..., D. P. 63. 5. 255; Civ. cass. 3 juin 1863, aff. Péreyra, D. P. 63. 1. 289; Civ. rej. 27 févr. 1877, aff. Michel, D. P. 77. 1. 209).

437. L'art. 193 c. com. qui dispose que les privilèges existant sur un navire sont éteints, lorsqu'après une vente volontaire, le navire a fait un voyage en mer, sous le nom et aux risques de l'acquéreur, sans opposition de la part des créanciers du vendeur, s'applique même au cas où il résulterait d'une contre-lettre passée entre le vendeur et son acquéreur que la vente n'a, en réalité, que le caractère d'un simple nantissement (Req. 2 juill. 1856, aff. Bonté-Barbe, D. P. 56. 1. 427. Conf. Civ. rej. 27 févr. 1877, cité *suprà*, n° 436. V. *suprà*, n°s 401 et suiv.).

438. On a étudié (*Rép.* n°s 298 et suiv.) la disposition de l'art. 196, d'après laquelle le prix du navire vendu en cours de voyage continue d'être le gage des créanciers. On a dit (*ibid.*) que le navire est réputé en voyage, dans le sens de l'art. 196 c. com., dans l'intervalle écoulé entre le moment où le capitaine a pris expédition et celui où il est rentré dans le port de désarmement. M. Laurin estime que le navire est en voyage, tant qu'il n'est pas rentré à son port d'immatricule (t. 1, p. 280). M. Pardessus, t. 2, n° 950, pense, au contraire, que le voyage est terminé quand le navire est revenu à son port de départ, quel qu'il soit; M. Dufour, t. 1, p. 368, quand il est parvenu au lieu de sa destination; MM. de Valroger, t. 1, n° 148; Lyon-Caen et Renault, t. 2, n° 2293, lorsque des expéditions ont été données au nom de l'acquéreur.

439. Il a été jugé que le droit de suite, accordé par l'art. 196 c. com. aux créanciers du vendeur en cas de vente volontaire d'un navire en cours de voyage, ne s'applique pas aux bâtiments de fleuve ou de rivière (Bordeaux, 5 juill. 1870, aff. Vieilly, D. P. 71. 2. 138. V. *suprà*, n° 342).

440. — 3° *Défaut d'opposition de la part des créanciers* (*Rép.* n° 290). — Cette opposition n'est soumise à aucune forme spéciale : elle doit être signifiée à l'acquéreur. Doit-elle l'être également au vendeur? On l'a admis au *Rép.* n° 290. Mais M. Desjardins, t. 1, n° 1208, est d'un avis contraire. Il a même été jugé que cette opposition, si le navire a été vendu en cours de voyage, résulte suffisamment de la saisie qui en a été faite par les créanciers du vendeur au retour du navire, et que, dès lors, les saisissants conservent leur droit de suite sur ce navire, quoiqu'il ait fait un nouveau voyage en mer, sous le nom et aux risques de l'acquéreur (Trib. Angoulême, 17 juill. 1869, aff. Vieilly, D. P. 71. 2. 138).

441. Le système du code relatif à la purge du droit de suite est vivement critiqué : d'une part, la purge n'a pas lieu pour un navire qui ne fait point de voyage ; d'autre part, le voyage est un fait tellement normal, qu'il n'est pas un mode d'interpellation suffisant pour mettre les créanciers en demeure de sauvegarder leurs droits. Aussi le projet de réforme de 1865 proposait-il des modifications importantes sur ce point (V. Desjardins, t. 1, n° 214).

442. Les dispositions des art. 193 et 194 ne concernent pas l'extinction du droit de suite des créanciers hypothécaires : ce droit ne peut se purger que sous les conditions déterminées par la loi de 1885 dont les dispositions à cet égard seront étudiées *infrà*, n°s 553 et suiv.

443. Mais les tiers acquéreurs peuvent-ils purger les *privilèges*, comme ils peuvent aujourd'hui purger les hypothèques? La question était déjà débattue avant la loi de 1874. M. Dufour, t. 1, n° 406, enseignait l'affirmative et décidait que le tiers acquéreur du navire pouvait offrir aux créanciers munis du droit de suite son prix ou une somme en représentant la valeur, en mettant ces créanciers en demeure d'accepter cette offre, lors même qu'elle aurait été inférieure au montant de leurs créances. Mais M. Demangeat, t. 4, p. 100, combattait ce système : il faisait observer que la faculté accordée à l'acquéreur de libérer entièrement la chose, en payant son prix d'acquisition, est une faveur exceptionnelle, injustifiable si les créanciers n'ont pas le droit de repousser une pareille proposition en répondant que le prix offert ne représente pas la valeur réelle de la chose, et en surenchérissant : or tout le monde reconnaissait qu'aucune surenchère n'était établie par la loi, en matière maritime. — La loi de 1874 (art. 19 et suiv.), et, après elle, la loi de 1885 (art. 18 et suiv.), ayant admis la surenchère en matière maritime, M. Desjardins, t. 5, n° 1255, estime que l'on ne saurait aujourd'hui refuser aux acquéreurs de navires la faculté de purger le droit de suite ordinaire, comme ils ont la faculté de purger les hypothèques. — M. de Valroger, t. 1, n° 104, se ralliant entièrement au système de M. Dufour, estime, au contraire, que, même depuis la loi de 1874, les créanciers chirographaires ou privilégiés ne jouissent pas du droit de surenchère, mais que, néanmoins, l'acquéreur a la faculté de purger, en leur offrant purement et simplement son prix. — Ces deux systèmes sont combattus, et avec raison, croyons-nous, par MM. Lyon-Caen et Renault, t. 2, n° 2306, qui, d'accord avec M. Demangeat, sont d'avis que, dans le silence du code, on ne peut conférer au tiers-acquéreur une faculté aussi exorbitante que celle de la purge. D'une part, on ne saurait concevoir la purge sans le droit de surenchérir, qui en est le correctif nécessaire; d'autre part, accorder aux créanciers chirographaires ou privilégiés le droit de purger, c'est se heurter à de nombreuses difficultés de détail sur les formalités à remplir et les délais à observer. M. Desjardins, il est vrai, s'en réfère, sur ce point, à la loi sur l'hypothèque maritime. Mais qu'aurait-il décidé avant 1874? Il se serait sans doute conformé aux règles posées pour les immeubles par le code civil. Or, comment admettre que la loi de 1874, remplacée elle-même aujourd'hui par celle de 1885, ait pu modifier des formalités ou des délais imposés aux créanciers chirographaires ou privilégiés, dont elle ne s'occupe pas? — La conséquence du système de MM. Lyon-Caen et Renault sera que les créanciers seront toujours libres de refuser le prix que leur offre l'acquéreur, et de faire procéder purement et simplement à la saisie et à la vente du navire, sans contracter aucune obligation, à raison de cette mise en vente.

444. L'acquéreur peut, certainement, toujours *délaisser*, comme le tiers acquéreur d'un immeuble hypothéqué. Cette faculté dérive des principes généraux du droit; elle existe au profit de toute personne qui n'est tenue que *propter rem:* elle était, d'ailleurs, déjà admise dans l'ancien droit (Valin, art. 2, liv. 2, tit. 10 de l'ordonnance), et rien n'indique que le code ait voulu la supprimer (Bordeaux, 5 juill. 1870, aff. Vieilly, D. P. 71. 2. 138). Le délaissement se fait, dans la forme indiquée par l'art. 2174 c. civ., au greffe du tribunal *civil* du domicile *de l'acheteur* (Dufour, t. 1, n° 422; Demangeat, t. 4, p. 102; Desjardins, t. 1, n° 212; Lyon-Caen et Renault, t. 2, n° 2308).

ART. 2. — *De l'hypothèque maritime.*

§ 1er. — Considérations générales.

445. L'insuffisance du crédit maritime organisé par le code de commerce avait donné lieu à de nombreuses plaintes. Cette insuffisance, par suite du changement qui s'est produit dans la situation économique de la marine marchande, était devenue de jour en jour plus manifeste et plus dommageable à la marine française. « Pour l'industriel ou le commerçant ordinaire, dit le rapport fait par M. Grivart le 21 mars 1874, sur la proposition qui est devenue la loi du 10 déc. 1874, la loi a multiplié les moyens de crédit; ils peuvent hypothéquer leurs usines ou leurs magasins, donner en gage leurs marchandises. Des lois spéciales ont créé en leur faveur des facilités nouvelles. Ainsi, par la loi de 1863, le gage commercial est affranchi des formalités du droit civil. La loi de 1858 (D. P. 58.4.69) sur les magasins généraux a permis de donner au gage des marchandises la forme d'un titre négociable circulant comme un effet de commerce. La législation se prête donc à des combinaisons fiduciaires d'un grand secours pour le négociant, qui lui permettent, dans les moments les plus difficiles, de se procurer aisément les fonds dont il a besoin. — Le commerce maritime ne participe pas à ces avantages. La loi qui le régit est ainsi faite que de tous les moyens de crédit réel qu'elle a organisés, il n'y en a aucun qui puisse convenir aux navires. Comme ils sont meubles, ils ne peuvent pas être hypothéqués. Ils peuvent, il est vrai, être donnés en gage; mais les conditions auxquelles se trouve surbordonnée la validité du nantissement sont de telle nature que la ressource du gage est purement nominale » (V. *suprà*, n° 401).

En présence d'une telle situation, la pensée d'apporter une réforme à notre législation maritime, en vue d'améliorer les conditions du crédit, n'avait pas tardé à se faire jour parmi les jurisconsultes et les commerçants. Un grand nombre d'armateurs ou de négociants des ports, appelés à déposer dans les enquêtes maritimes de 1865 et de 1870, avaient à la fois signalé l'insuffisance de la législation française au point de vue des ressources de crédit qu'elle offre à l'industrie navale, et exprimé le vœu qu'elle se complétât en procurant à l'armateur le moyen de donner ses navires en garantie des avances dont il a besoin. La commission de réforme du liv. 2 c. com., instituée en 1865 pour satisfaire à ce vœu, n'hésita pas à donner place à l'hypothèque maritime, qui fit l'objet d'un titre spécial consacré à sa réglementation. Le projet fut soumis dans son ensemble à l'examen des chambres de commerce, dont la grande majorité donna au principe de l'hypothèque une approbation empressée. C'est avec ce préjugé favorable que le projet de la commission se présentait au conseil d'Etat, chargé par le Gouvernement de la rédaction officielle d'un projet de loi. Les événements de 1870 n'ont pas permis au conseil d'Etat de se prononcer.

446. C'est dans ces circonstances que, le 29 juill. 1872, MM. Savoye, Peulvé, Grivart et Mathieu-Bodet déposèrent sur le bureau de l'Assemblée nationale une proposition de loi ayant pour objet de rendre les navires susceptibles d'hypothèque (*Journ. off.* du 26 août 1872, annexe n° 1370). Sur le rapport de M. Alfred Dupont (*Journ. off.* du 25 déc. 1872, annexe n° 1473), puis de M. Grivart (*Journ. off.* des 24 et 27 avr. 1874, annexe n° 2312), la proposition de loi, après avoir subi diverses modifications proposées par la commission, fut votée le 10 déc. 1874.

447. L'exemple de cette réforme avait été donné par l'Angleterre qui, dès 1854, avait fait une loi permettant d'affecter par convention les navires à la garantie spéciale d'une dette. Sous le nom de *mort-gage*, elle avait créé une véritable hypothèque maritime qui, soumise au régime de la publicité, présente tous les caractères de l'hypothèque foncière (*Merchant shipping act* de 1854, 2e part., sect. 6 et 7, art. 66 à 83. V. le texte de ces articles dans Tr. Morel, *Commentaire théorique et pratique de la loi du 10 déc. 1874 sur l'hypothèque maritime*, p. 228 et suiv. Comp. Desjardins, t. 5, n° 1206). — L'hypothèque maritime n'était pas, d'ailleurs, une innovation dans le droit français lui-même; M. Grivart l'a fort justement observé dans son rapport précité: « A ceux qui seraient disposés à envisager l'hypothèque maritime comme une anomalie et une nouveauté presque téméraire, il faut rappeler qu'elle a existé dans l'ancien droit. Dans le ressort de plusieurs parlements, les navires étaient réputés immeubles au regard des hypothèques. L'édit de 1666 fit, il est vrai, disparaître cette hypothèque que sa clandestinité rendait dangereuse. Mais on vit s'introduire dans l'ordonnance de 1681 quelque chose de tout spécial pour les navires, qui rappelait, par certains côtés, du moins, l'hypothèque abolie : c'est le droit de suite au profit des créanciers non seulement privilégiés, mais chirographaires. Ce système a passé tout entier dans le code de commerce. Le droit de suite existe aujourd'hui; il est exercé sans condition de publicité par tous les créanciers. Or, que propose-t-on pour organiser le crédit maritime? Une chose très simple qui ne peut porter atteinte à aucun principe, à savoir de créer à côté du droit de suite un droit de préférence conventionnel, en le subordonnant à des conditions rigoureuses de publicité ».

448. Au point de vue des principes rationnels du droit, l'hypothèque maritime se justifie tout aussi bien qu'au point de vue de l'intérêt du commerce et de la navigation. C'est ce qu'exprime avec beaucoup de netteté et de précision le rapport de M. Grivart : « L'hypothèque est la base du crédit réel en matière immobilière. Créée à l'origine pour les meubles comm pour les immeubles, elle a été limitée depuis à cette dernière nature de biens, et notre code civil a justement consacré la maxime qui avait prévalu dans l'ancienne jurisprudence : *Les meubles n'ont pas de suite par hypothèque*. Le principe est excellent, parce que les meubles, d'une nature en général périssable, n'offrant pas de signes certains d'identité, n'ayant pas d'assiette fixe, ne se prêtent à l'organisation d'aucun système de publicité. Or, sans publicité, l'hypothèque n'est pas un instrument de crédit utile: elle n'est trop souvent qu'un danger pour le crédit, un piège pour la bonne foi des tiers. Mais que l'on conçoive une espèce particulière de meubles aussi facile à individualiser que les immeubles, à laquelle puisse d'ailleurs s'adapter un système de publicité aussi complet, aussi large et aussi sûr que celui qui fonctionne en matière immobilière, on chercherait vainement pour quel motifs, soit juridiques, soit économiques, il serait interdit de la faire participer au bénéfice de l'hypothèque. Or, tel est le cas des navires; la loi leur a donné en même temps qu'un état civil un domicile auquel ils restent unis dans le cours même de leurs pérégrinations les plus lointaines. Avec de tels éléments il est aisé de constituer la publicité hypothécaire, et, s'il en est ainsi, rien ne s'oppose à ce que les navires puissent être hypothéqués » (Comp. sur ces divers points : Tr. Morel, *op. cit.*, p. 12 et suiv.; Em. Mallet, *L'hypothèque maritime au point de vue théorique et pratique*, p. 1 et suiv.; Alauzet, *Commentaire de la loi du 10 déc. 1874 sur l'hypothèque maritime*, p. 3 et suiv.; de Valroger, t. 3, p. 169 et suiv.; Lyon-Caen et Renault, t. 2, nos 2399 et suiv.; Desjardins, t. 5, nos 1203 et suiv.).

449. Les nations étrangères nous ont devancés dans cette voie. Indépendamment du *mort-gage* anglais, dont nous avons déjà parlé, et qui a été adopté par les législateurs du *Bas-Canada* (c. civ. art. 2374 et 2375) et des *Etats-Unis* (Tr. Morel, p. 238; Desjardins, t. 5, n° 1206), l'hypothèque maritime figurait déjà en 1874 dans le code *néerlandais* (art. 315), dans le code *prussien* de 1861 (art. 59). — En *Danemark*, l'hypothèque maritime proprement dite n'existe pas, mais plusieurs combinaisons permettent d'asseoir sur le navire une garantie réelle. On peut, par exemple, au moyen d'un contrat dont il est simplement donné lecture devant le tribunal du lieu, accorder au créancier un droit de préférence et un droit de suite sur le navire, sans déposséder le propriétaire; mais aucune publicité par inscription de ce droit n'est organisée (Desjardins, *loc. cit.*). — La loi *russe* semble admetre l'hypothèque du navire, mais en la restreignant à des cas exceptionnels, limitativement énumérés, notamment aux avaries en cours de voyage (Desjardins, *ibid.*).

450. Le *code italien* de 1865 (art. 387) avait constitué le *gage maritime pegno navale*, mais ne s'occupait pas de l'hypothèque maritime (art. 194, 195 et 287); le code de 1882, sous la même dénomination, a organisé une véritable hypothèque sur les navires. — *En Belgique*, l'hypothèque maritime avait été successivement écartée en 1864, lors de la revision du code commerce, puis en 1870; mais la nouvelle loi de revision du 11 août 1879 l'a admise, et aujourd'hui le tit. 5 du liv. 2 du code de commerce belge est consacré à l'hypothèque maritime (art. 134 à 155). — L'hypothèque maritime existe également en Portugal (V. c. com. portugais, art. 584 à 594).

451. La loi du 11 déc. 1874 ne donna pas les résultats qu'on en attendait. « Malgré le soin avec lequel elle fut élaborée, dit le rapport présenté le 7 avr. 1881 par la commission chargée d'examiner divers projets de modification de la loi de 1874, malgré la science et l'autorité juridique incontestable de ses auteurs, ses résultats ont été presque négatifs. Il n'y a guère jusqu'ici qu'un port, celui de Nantes, qui en ait profité, et encore est-ce dans des proportions infimes. A Marseille, au Havre, à Bordeaux, partout ailleurs sur nos cinq cents lieues de côtes, elle est restée à peu près lettre morte, et, dès 1876, l'initiative parlementaire dut en solliciter la revision par la voix autorisée de M. Le Cesne » (Desjardins, t. 5, n° 1204; de Valroger, t. 3, p. 169) (1). De nouvelles propositions furent encore déposées, le 4 déc. 1880, par M. Bouquet et sept de ses collègues, et le 21 janv. 1881 par MM. Godin et Peulevey; un premier projet de loi fut voté par la Chambre des députés le 7 juin 1881 et transmis au Sénat; mais, n'ayant pas été adopté avant les élections générales du 21 août 1881, la proposition, due à l'initiative parlementaire, se trouva frappée de caducité. — M. Durand et plusieurs de ses collègues déposèrent le 11 novembre un second projet de loi, qui fut voté le 7 févr. 1882 et transmis au Sénat (Exposé des motifs, *Journ. off.* de novembre 1881, annexe n° 53, p. 1699; Rapport de M. Durand le 10 décembre, *Journ. off.* de janvier 1882, annexe n° 234, p. 149; Déclaration de l'urgence et discussion les 31 janv. et 7 févr. 1882, adoption le 7 février, *Journ. off.* des 1er et 8 février). La nouvelle commission sénatoriale remania ce projet : les modifications qu'elle proposa furent adoptées par le Sénat le 8 mai 1883 (Transmission le 16 févr. 1882, *Journ. off.* de février 1882, annexe n° 31, p. 44; Rapport de M. Barne le 16 mars 1883, *Journ. off.* d'avril 1883, annexe n° 111, p. 509; Déclaration de l'urgence et discussion les 5 et 8 mai 1883; Adoption avec modifications le 8 mai, *Journ. off.* des 6 et 9 mai). Ce nouveau texte fut voté par la Chambre des députés sans nouvelle discussion et sans amendement le 20 juin 1885 (Retour à la *Chambre des députés*, le 12 mai 1883, *Journ. off.* de juin 1883, annexe n° 1891, p. 746; Rapport de M. Durand, le 13 juin 1885, *Journ. off.* d'octobre 1885, annexe, n° 3834, p. 806; Déclaration de l'urgence et adoption sans discussion le 20 juin 1885, *Journ. off.* du 21). La loi a été promulguée par décret du 10 juill. 1885, inséré au *Journ. off.* du 11 juillet (*Bull.* n° 15981).

452. « Concilier, dit l'exposé des motifs du 11 nov. 1881, trois intérêts divers et pourtant inséparables, ceux de l'armateur, du prêteur et de l'assureur; dégager, par suite, le prêt maritime de toutes les formalités qui ne sont pas absolument indispensables; inspirer confiance aux capitaux, malgré les périls de toute sorte qui entourent un gage livré aux hasards de la mer; rassurer, en dernier lieu, l'assurance et ménager ses susceptibilités qui sont d'autant plus grandes qu'elle se sait plus nécessaire, tel est le problème à résoudre, tel est aussi le but que s'est proposé la commission. » — Parmi les dispositions de la loi de 1874, il en est qui ont été peu critiquées. Ce sont, d'une manière générale, celles qui ont trait à la faculté même d'hypothéquer les navires de vingt tonneaux et au-dessus, à la possibilité de constituer hypothèque sur les navires en construction, aux formalités, aux effets et à la radiation des inscriptions, à la procédure à suivre enfin pour arriver à la purge des hypothèques en cas d'aliénation volontaire. Mais il y en a d'autres, et en assez grand nombre, contre lesquelles, au contraire, de légitimes objections ont surgi. — Les modifications apportées à la loi de 1874 sont relatives : 1° au droit d'enregistrement à percevoir sur les actes de prêts, avec constitution d'hypothèque sur les navires ; 2° aux conséquences de l'indivision dans la copropriété des navires, par rapport au droit hypothécaire; 3° aux formalités de l'inscription et de son renouvellement ; 4° aux effets de l'hypothèque sur les sommes assurées, en cas de perte ou d'avarie ; 5° aux hypothèques et aux ventes de navires consenties à l'étranger; 6° à la procédure à suivre en cas de vente sur saisie ou de surenchère après vente volontaire; 7° et enfin au taux de l'intérêt des sommes prêtées ».

453. On s'est demandé s'il fallait inscrire purement et simplement ces modifications dans la loi de 1874 et la maintenir elle-même en principe, ou s'il ne valait pas mieux l'abroger en reproduisant dans une loi nouvelle celles de ses dispositions qui se trouvent conservées. C'est à ce dernier parti que la Chambre des députés s'est arrêtée. « Les points sur lesquels porte la revision sont nombreux; des règles entièrement nouvelles, comme celles qui concernent la vente judiciaire des navires, sont ajoutées à l'œuvre de nos devanciers ; les innovations qui vous sont proposées agissent enfin, par voie de conséquence, sur la plupart des articles qui sont maintenus et ont même nécessité le remaniement de plusieurs. Une abrogation complète, avec reproduction dans le texte nouveau des dispositions non modifiées, ne peut dès lors, nous a-t-il semblé, avoir que des avantages au point de vue de la simplicité, de la clarté et de l'application de la loi » (Exposé des motifs). Le titre donné à la loi de 1885 : « loi qui *modifie* celle du 10 déc. 1874 sur l'hypothèque maritime, » est donc inexact.

§ 2. — De la constitution de l'hypothèque.

454. — I. Causes de l'hypothèque. — L'hypothèque maritime ne peut être établie que *par convention*. Ce principe,

(1) Voici le résumé des résultats obtenus jusqu'en 1884 :

Année :		Nombre de prêts		Sommes prêtées	
Année :	1875	Nombre de prêts	23	Sommes prêtées	540189
—	1876	—	79	—	8578040
—	1877	—	74	—	9588185
—	1878	—	67	—	5288894
—	1879	—	87	—	8982860
—	1880	—	84	—	5860339
Année :	1881	Nombre des prêts	80	Sommes prêtées	4302120
—	1882	—	121	—	18516754
—	1883	—	149	—	21588619
—	1884	—	100	plus de	40000000

L'année 1884 ne figure ici que pour sept mois (de Valroger, t. 3, p. 176). (On voit qu'à partir de 1882, et surtout en 1884, l'importance des prêts hypothécaires s'est notablement accrue).

déjà posé par l'art. 1er de la loi de 1874, est textuellement reproduit par l'art. 1er de la loi de 1885 : « Les navires sont susceptibles d'hypothèque ; il ne peuvent être hypothéqués que par la convention des parties, » disent ces deux articles. — Cette disposition exclut l'hypothèque légale et l'hypothèque judiciaire. M. Grivart, dans son rapport à l'Assemblée nationale, explique cette exclusion avec beaucoup de clarté et de précision : « Rien ne serait plus contraire au but que nous poursuivons que d'établir une hypothèque *légale* sur les navires. L'hypothèque légale dispensée de publicité, bien loin de servir au crédit, le compromet gravement ; elle ne se justifie que comme une protection nécessaire accordée à certains grands intérêts dignes de la sollicitude particulière de la loi. Ainsi envisagée, il peut paraître juste et utile de la maintenir où elle existe; mais assurément il ne convient pas de lui donner de l'extension et ce serait imposer aux navires un rôle auquel ils ne sont pas destinés que de les faire servir de gage à la dot des femmes et aux deniers pupillaires. — Quant à l'hypothèque *judiciaire*, elle a un grave inconvénient : c'est que, dispensée de spécialité, elle affecte l'ensemble des biens présents et à venir du débiteur. Tout ce que ce dernier possède est concurremment grevé pour la garantie de la même dette. Il en résulte dans le système hypothécaire de grandes complications que nous avons intérêt à éviter. L'hypothèque judiciaire, sorte de prime accordée à la diligence du créancier, n'est pas, du reste, un instrument de crédit. Personne ne prête en considération de l'hypothèque qu'il aura le droit de prendre après l'échéance, en vertu d'un jugement de condamnation, puisque rien ne prouve qu'à ce moment il y ait dans la possession du débiteur une chose susceptible d'être hypothéquée, ni que l'hypothèque puisse s'inscrire en rang utile. En matière commerciale surtout, l'utilité de l'hypothèque judiciaire est bien faible, car les créanciers impayés auxquels elle cause préjudice ont presque toujours le moyen de la faire tomber en provoquant la faillite et en la faisant remonter jusqu'à l'origine de la cessation des payements, c'est-à-dire à une époque antérieure au jugement en vertu duquel l'inscription a été prise » (Conf. Desjardins, t. 5, n° 1207; de Valroger, t. 3, nos 1159 et suiv.; Lyon-Caen et Renault, t. 2, n° 2407). — La loi belge de 1879, le code italien, le code de l'Uruguay n'admettent, de même, que l'hypothèque conventionnelle. Dans le droit prussien, au contraire, le navire est, paraît-il, soumis aux hypothèques judiciaire et légale (Millet, *Bulletin de la Société de législation comparée*, t. 3, p. 102.)

455. — II. OBJET DE L'HYPOTHÈQUE. — La loi ne déclare susceptibles d'hypothèque que les navires (art. 1er), c'est-à-dire les *bâtiments de mer*. Plusieurs tentatives ont été faites, depuis 1874, pour qu'il fût permis d'hypothéquer les bateaux naviguant sur les rivières et canaux, mais elles n'ont pas abouti (V. notamment la pétition adressée au Sénat le 20 juin 1881, et la note remise aux sénateurs par le *Crédit foncier de la marine;* Desjardins, t. 5, n° 1208). Lors de la préparation de la loi de 1885, « la commission du Sénat a recherché s'il n'était pas possible de donner satisfaction à ces vœux. Elle était unanimement convaincue des avantages sérieux qu'il y aurait à doter aussi les entreprises de transport par eau de la faculté de trouver les ressources pécuniaires qui leur sont indispensables, au moyen d'hypothèques consenties sur leur matériel flottant... Mais la commission s'est trouvée en présence de deux obstacles sérieux. Aucune hypothèque n'est possible sans que la propriété de l'objet qui en est grevé soit établie d'une façon certaine. Pour la batellerie fluviale, il n'existe aucune administration analogue à celle de la douane, qui constate les transmissions de propriété de navires. Sans cette garantie, l'hypothèque ne peut offrir aucune espèce de sécurité. D'autre part, la tenue et la conservation des registres hypothécaires confiées aussi pour les navires à la douane, exigeraient une autre organisation pour le matériel de la batellerie, qui circule ordinairement en dehors du rayon où cette administration est établie. « La commission a longtemps espéré que MM. les ministres des finances et des travaux publics pourraient lui fournir un projet de service propre à être admis dans la loi pour la création de l'hypothèque fluviale, soit à l'aide du personnel des ponts et chaussées, qui tient actuellement une statistique du matériel flottant sur les canaux, étangs, fleuves et rivières, soit par une extension des attributions des conservateurs des hypothèques sur les immeubles. Ceux-ci ont le double soin de constater les mouvements de la propriété foncière par les registres de transcription, et de faire toutes les opérations relatives aux inscriptions, à leurs renouvellements et à leurs radiations. Mais après plusieurs conférences, et malgré le désir exprimé par MM. les ministres de permettre à la commission de compléter son œuvre, aucun projet n'a pu encore être produit, et pour ne pas retarder indéfiniment le dépôt de son rapport, la commission a dû renoncer à introduire dans la proposition de loi soumise à son examen l'hypothèque fluviale ».

456. Tous les bâtiments de mer eux-mêmes ne peuvent pas être hypothéqués : l'art. 36 de la loi de 1885, reproduction textuelle de l'art. 29 de la loi de 1874, restreint, en effet, la disposition générale de l'art. 1er qui, dans ses termes, ne fait aucune distinction quant au tonnage des navires susceptibles d'hypothèque : « Les navires de vingt tonneaux et au-dessus seront seuls susceptibles de l'hypothèque créée par la présente loi ». « Nous avons pensé, dit le rapport de M. Grivart sur la loi de 1874, que ce n'est que pour les navires d'un certain tonnage que l'organisation du crédit hypothécaire présente une sérieuse utilité, et qu'il n'est d'aucun intérêt d'étendre les dispositions de la loi à ceux des bâtiments de mer qui ne constituent que de simples barques. Au-dessous d'une certaine limite de tonnage, la construction et l'armement des bâtiments n'exige l'emploi que de capitaux peu importants, pour lesquels l'appel au crédit est rarement nécessaire, et d'ailleurs un très petit navire n'a pas assez de valeur pour être facilement accepté comme garantie hypothécaire. Nous proposons donc de n'appliquer l'hypothèque qu'aux navires de vingt tonneaux et au-dessus. La fixation de cette limite n'a pas un caractère complètement arbitraire, la distinction entre les navires au-dessus et au-dessous de vingt tonneaux existant déjà dans la loi de vendémiaire de l'an 2, au point de vue de la police maritime. »

457. Le code *hollandais* admet l'hypothèque fluviale, lorsque les bateaux sont destinés à naviguer au delà des frontières du pays ; mais, de même que la loi française, il n'admet pas l'hypothèque sur les navires jaugeant moins de dix *lastes* (vingt tonneaux). — La loi *belge* de 1879, au contraire, restreint l'hypothèque aux bâtiments de mer, mais ne fait aucune distinction entre eux suivant le tonnage. Le *merchant shipping act* n'organise, en *Angleterre*, que le *mort-gage* des navires *enregistrés* (V. aussi *infrà*, n° 480, *in fine*).

458. — III. ASSIETTE DU DROIT D'HYPOTHÈQUE. — L'hypothèque peut être contituée, soit sur le navire entier, soit sur une portion indivise du navire (Rennes, 25 mars 1879, aff. Cros, D. P. 81. 1. 9); l'art. 4 de la loi de 1885, reproduction textuelle de l'art. 4 de la loi de 1874, l'indique implicitement : « l'hypothèque consentie sur le navire, *ou sur portion du navire...* ». — L'hypothèque peut, de même, porter soit sur la pleine propriété, soit sur l'usufruit du bâtiment.

459. Avant la modification de l'art. 3 de la loi de 1874 par l'art. 3 de la loi de 1885 (V. *infrà*, n° 468), le simple copropriétaire pouvait faire, pour sa part indivise, ce qu'un propriétaire unique aurait pu faire pour le tout, et engager librement sa part d'intérêt. Il pouvait même hypothéquer une fraction quelconque d'intérêt, *inférieure* à cette part (Rennes, 25 mars 1879, aff. Cros, D. P. 81. 1. 9). Il a encore aujourd'hui la même faculté, à condition, toutefois, de se conformer aux prescriptions de l'art. 3 de la loi de 1885. — La loi *belge* (art. 136) n'autorise pas l'hypothèque sur portion du navire. En *Angleterre*, au contraire (art. 66 de l'*act* de 1854), l'hypothèque peut être assise sur une portion du navire. Il en est de même aux *Etats-Unis*.

460. L'art. 4 de la loi de 1885, calqué sur l'art. 4 de la loi de 1874, est ainsi conçu : « L'hypothèque consentie sur le navire ou portion du navire s'étend, à moins de convention contraire, au corps du navire, aux agrès, apparaux, machines et autres accessoires ». Il y a là une application pure et simple du droit commun. « L'hypothèque, dit M. Grivart dans son rapport, portera tantôt sur la propriété entière d'un navire, tantôt sur une part indivise de propriété. Dans les deux cas, elle s'étendra de plein droit aux accessoires du principal hypothéqué, agrès, apparaux, machines, etc. Il sera pourtant loisible à la convention des parties de limiter l'hypothèque au corps du navire. Mais, à l'inverse, on ne saurait l'appliquer aux seuls accessoires, parce que, lorsqu'ils cessent d'être considérés comme partie intégrante du navire, leur identité ne peut être légalement déterminée, et l'hypothèque dont ils seraient l'objet ne serait susceptible d'aucune publicité effective. »

461. Faut-il comprendre dans ces mots « autres accessoires » le fret, les gains et profits divers? Ce sont là, pourrait-on dire, les fruits civils du navire. Pourquoi ne leur appliquerait-on pas les dispositions générales relatives aux droits du créancier hypothécaire sur les fruits de l'immeuble? Au créancier nanti d'une hypothèque maritime devraient donc revenir, comme accessoires de son droit principal, tous les frets non encore encaissés par l'armateur (anal. art. 520 et 521 c. civ.), ou encaissés postérieurement à la saisie (anal. art. 2176 c. civ. et 682 c. proc. civ.). — Cette application à l'hypothèque maritime et au fret des règles qui régissent l'hypothèque sur les immeubles et les fruits en général ne paraît pas devoir être admise. L'art. 4, en parlant des accessoires, n'entend viser, évidemment, que les accessoires de même nature que les agrès, apparaux et machines, c'est-à-dire les meubles corporels faisant partie de l'armement. C'est ainsi que la question a été résolue en Belgique, où l'art. 137 de la loi du 2 août 1879 reproduit l'art. 4 de la loi française (Rapport déposé à la Chambre des représentants le 6 déc. 1877. V. en ce sens: Mallet, p. 41; Laurin, n° 1262 *bis*; Lyon-Caen et Renault, t. 2, n° 2409; de Valroger, t. 3, n° 1178; Desjardins, t. 5, n° 1210; Bédarride, *Hypothèque maritime*, n° 92; Tr. Morel, n° 45; Boistel, p. 897).

462. M. Bédarride, *loc. cit.*, admet toutefois que les parties pourraient, par une convention expresse, convenir que l'hypothèque s'étendra au fret. La jouissance du navire appartenant à l'emprunteur, celui-ci doit pouvoir librement s'en dépouiller: une telle convention est autorisée par les lois américaine, anglaise, prussienne et finlandaise (Tr. Morel, Millet et Desjardins, *loc. cit.*) — Nous estimons cependant que, dans l'état de notre législation, une stipulation de cette sorte ne saurait être validée: la créance du fret est non pas un accessoire du navire, mais un meuble ordinaire, non susceptible d'hypothèque (Auteurs précités; de Valroger, Laurin, *loc. cit.*, Pont, n° 403).

463. L'hypothèque peut être assise non seulement sur un navire construit, mais encore sur un navire *en construction*: ainsi le décide l'art. 5, *initio*, de la loi de 1885, qui reproduit sur ce point l'art. 5 de l'ancienne loi. Le rapport de M. Grivart justifie en ces termes cette disposition: « On s'est demandé s'il était possible de faire porter l'hypothèque sur une chose qui n'existe pas encore ou qui n'existe qu'incomplètement et qu'il dépend du débiteur d'empêcher de naître ou de se compléter. N'est-ce pas là une dérogation à tous les principes du droit commun en cette matière, et une semblable dérogation est-elle utile, peut-elle se justifier? Ces objections, quoique développées avec force, ne nous ont pas convaincus. Si, en règle générale, l'hypothèque conventionnelle ne frappe que les biens présents du débiteur, il y a des cas dans lesquels les biens à venir eux-mêmes peuvent être hypothéqués (c. civ. art. 2130). L'hypothèque judiciaire, de son côté, s'exerce non seulement sur les biens actuels du débiteur, mais encore sur ceux qu'il peut acquérir. Il n'est donc pas contraire à la nature de l'hypothèque de s'appliquer à une chose future. — Aussi bien, au nom de quel intérêt se refuserait-on à admettre l'hypothèque sur un navire en construction? Dans l'intérêt du créancier qui, acceptant pour gage une chose inachevée, peut craindre que le débiteur ne lui donne jamais le complément dont elle a besoin? Le créancier mesurera lui-même l'étendue de ce risque, et s'il prête, on peut croire qu'il ne le fera qu'à bon escient. Dans l'intérêt du crédit public? Que redoute-t-on pour lui? Il ne s'agit pas de créer une hypothèque clandestine; celle qui aura été constituée sur un navire en chantier se révélera en temps utile par une inscription, et cela suffit pour que la faculté qu'on propose d'accorder au constructeur n'offre aucun danger pour les tiers. — Ainsi, l'hypothèque accordée sur un navire en construction ne peut, dans aucun cas, être nuisible; elle peut, au contraire, rendre de très utiles services, et, au témoignage des personnes les plus compétentes, de toutes les applications de l'hypothèque, c'est celle peut-être qui répond au plus pressant besoin. Cette assertion s'est trouvée justifiée, car on a jusqu'ici hypothéqué un nombre relativement important de navires en construction (V. Desjardins, n° 1204). Un constructeur opérant pour son compte engage souvent dans un seul navire un capital des plus considérables, et immobilise ainsi une forte part de ses fonds disponibles. S'il ne trouve pas immédiatement d'acquéreur, il peut être d'un grand intérêt pour lui d'offrir, pour se procurer des fonds, la garantie du corps de navire en chantier, dont la valeur, même en état d'inachèvement, ne laisse pas souvent d'être fort importante. Dans un autre cas, l'utilité de l'hypothèque sur un navire en construction est encore plus indiscutable. Ordinairement, la construction se fait sur commande pour un armateur qui verse des acomptes au fur et à mesure de l'avancement du travail. — On verra, *infrà*, n°s 469 à 471, qui peut hypothéquer le navire en construction, et quelles formalités sont prescrites par la loi pour rendre publique cette hypothèque. — En *Angleterre*, on peut hypothéquer le navire en construction (Desjardins, t. 5, n° 1211); il en est de même en *Belgique* (Loi de 1879, art. 138), en *Italie* (c. com. art. 486), au *Bas-Canada* (c. civ. art. 2376 et 2377), en *Danemark* (Loi de 1753, qui crée sur les navires en construction un droit de gage spécial appelé *bulbreve*), en *Finlande* (c. com. art. 11). — Le code *néerlandais* et les lois des différents Etats de l'*Allemagne* sont muets sur ce point (V. Desjardins, *loc. cit.*).

464. L'art. 26 de la loi de 1874 avait organisé l'hypothèque des navires *en cours de voyage*, appelée aussi hypothèque *éventuelle*. Le législateur avait voulu donner au capitaine, en cours de voyage, le moyen d'emprunter à un taux moins élevé que s'il avait recours à un emprunt à la grosse, l'intérêt stipulé par le prêteur sur hypothèque étant généralement inférieur au *profit maritime* (Desjardins, t. 5, n° 1212; de Valroger, t. 3, n° 1302). L'article précité réglait ainsi qu'il suit la constitution et la publicité de cette hypothèque: « Le propriétaire qui veut se réserver la faculté d'hypothéquer son navire en cours de voyage est tenu de déclarer, avant le départ du navire, au bureau du receveur des douanes du lieu où le navire est immatriculé, la somme pour laquelle il entend pouvoir user de ce droit. — Cette déclaration est mentionnée sur le registre du receveur et sur l'acte de francisation, à la suite des hypothèques déjà existantes. — Les hypothèques réalisées en cours de voyage sont constatées sur l'acte de francisation: en France et dans les possessions françaises, par le receveur des douanes; à l'étranger, par le consul de France, ou, à défaut, par un officier public du lieu du contrat. Il en est fait mention, par l'un et par l'autre, sur un registre spécial qui sera conservé pour y avoir recours, au cas de perte de l'acte de francisation par naufrage ou autrement, avant le retour du navire. Elles prennent rang du jour de leur inscription sur l'acte de francisation. — La mention faite en vertu du paragraphe 2 du présent article ne pourra être supprimée qu'après le voyage accompli et sur la présentation de l'acte de francisation. » Le rapport de M. Grivart justifiait, en ces termes, les différentes dispositions de l'art. 26: « Dans l'art. 26, on donne au propriétaire d'un navire en cours de voyage la faculté de l'hypothéquer. Une disposition spéciale était pour cela nécessaire, car l'inscription de l'hypothèque devant en principe se faire à la fois sur l'acte de francisation qui voyage avec le navire et sur le registre spécial tenu au port d'immatricule, les formalités constitutives du droit ne peuvent être remplies que pour le navire présent à son port d'attache. — D'après l'art. 26, pour se réserver le moyen d'hypothéquer un navire en cours de voyage, il suffira de déclarer avant le départ, devant le receveur des douanes, la somme pour laquelle on veut user de ce droit. La déclaration sera mentionnée à la fois sur le registre du receveur et sur l'acte de francisation. Cette formalité accomplie, l'hypothèque pourra se réaliser par une simple inscription sur l'acte de francisation. Elle pourra donc être constituée, en quelque lieu que se trouve le navire, par son propriétaire ou par le fondé de pouvoirs spécial de celui-ci. Des facilités analogues existent dans la loi anglaise (art. 76, 77 et 78 du *Merchant shipping act de* 1854), et les auteurs du projet de loi n'ont guère fait que les reproduire. — Le système qu'ils ont adopté nous a paru offrir des avantages sans avoir d'inconvénients appréciables. Sans doute, il pouvait sembler plus simple de dispenser l'hypothèque de l'inscription sur l'acte de francisation, ce qui eût permis d'hypothéquer aussi librement le navire en cours de voyage que celui qui est présent au port. Mais il a paru d'un grand intérêt de mettre le navire à même de porter toujours avec lui son état hypothécaire, ou, quand il est libre de toutes charges, de pouvoir en justifier en quelque lieu qu'il se trouve, ce qui n'était possible qu'à la condition d'exiger que les hypothèques soient inscrites sur l'acte de francisation ».

465. Les dispositions de l'art. 26 de la loi de 1874 furent, dès le principe, l'objet de vives critiques. L'hypothèque éventuelle ne pouvait guère, en effet, avoir d'utilité pratique. Le prêt à la grosse fait en cours de voyage est universellement connu; il est, d'ailleurs, plus avantageux, à raison du privilège qui y est attaché. L'hypothèque éventuelle présentait, en outre, de graves inconvénients : d'une part, elle rendait nécessaire la mention au dos de l'acte de francisation de toute hypothèque constituée avant le départ (Loi de 1874, art. 6) (V. *infrà*, nos 481 et suiv.). D'autre part, le système organisé pour sa publicité était d'une exécution très difficile. Les hypothèques réalisées en pays étranger devaient être constatées par le consul de France, ou, à son défaut, par un officier public du lieu du contrat, et mention devait en être faite par tous deux sur un registre spécial. Or, comment astreindre un officier étranger à tenir un registre prescrit uniquement par la loi française? — Ces critiques furent développées d'abord dans l'exposé des motifs de la proposition de loi de M. Le Cesne du 16 juin 1875, puis dans un rapport présenté par M. Durand (d'Ille-et-Vilaine), le 7 avr. 1881, à la Chambre des députés (Comp. Desjardins, t. 5, n° 1212; Gonse, *Revue critique*, mars 1873; de Valroger, t. 3, n° 1304). On peut ajouter que, jusqu'à 1885, il ne fut fait que très rarement usage de la faculté consacrée par l'art. 26 de la loi de 1874 ; jusqu'au 31 mai 1882, il n'avait été mentionné que dix réserves d'hypothèque en cours de voyage sur les registres de la douane. — La loi de 1885 a avec raison supprimé l'hypothèque éventuelle.

466. — IV. Qui peut constituer une hypothèque maritime. — L'art. 3 de la loi de 1874 était ainsi conçu : « L'hypothèque sur le navire ou sur portion du navire ne peut être consentie que par le propriétaire ou par son mandataire justifiant d'un mandat spécial ». Le paragraphe 1er de l'art. 3 de la loi de 1885 s'exprime ainsi qu'il suit : « L'hypothèque sur le navire ne peut être consentie que par le propriétaire ou par son mandataire justifiant d'un mandat spécial ». Les mots « *par le propriétaire,* » dont se servent les lois du 1874 et de 1885 sont beaucoup moins précis que les mots « *par ceux qui ont la capacité d'aliéner,* » qu'emploie l'art. 2124 c. civ.; car, d'une part, tout propriétaire ne peut pas aliéner sa chose (il en est ainsi notamment des incapables), d'autre part, l'hypothèque peut, parfois, être consentie par d'autres que le propriétaire, par exemple, par un mari, un tuteur, un mandataire du propriétaire (de Valroger, t. 3, n° 1168).

467. Certains auteurs enseignaient, sous l'empire de la loi de 1874, que la majorité des propriétaires du navire avait, en vertu de l'art. 220 c. com., le droit d'hypothéquer le navire (Mallet, p. 34; Tr. Morel, n° 33; Lyon-Caen et Renault, t. 2, n° 2414; Desjardins, t. 2, n° 328). M. de Valroger, t. 3, n° 1172, estimait, au contraire, que le pouvoir d'*administration* conféré à la majorité par l'art. 220 n'impliquait pas le droit d'hypothéquer. L'art. 3, § 2, de la loi de 1885 a tranché la controverse (V. *infrà*, n° 468).

468. On a vu *suprà*, n° 459, que la loi de 1874 laissait au propriétaire d'une part indivise du navire la faculté d'hypothéquer librement cette part. La commission saisie du projet de réforme de M. Le Cesne eut à se demander s'il n'y avait pas lieu d'apporter certaines restrictions à ce droit. Elle reconnut que la liberté d'hypothéquer sa part indivise, laissée à chaque copropriétaire, présentait de graves inconvénients ; car des hypothèques constituées par chacun des quirataires peuvent nuire souvent à l'intérêt général, en rendant impossibles, par la suite, des hypothèques établies sur le navire entier, et en exposant celui-ci à des saisies désastreuses dont la cause est étrangère aux intérêts de tous. Elle proposait, en conséquence, d'ajouter à l'ancien art. 3 les deux alinéas suivants : « Si le navire a plusieurs propriétaires, il pourra être hypothéqué par l'armateur titulaire pour les besoins de l'armement ou de la navigation, avec l'autorisation de la majorité telle qu'elle est établie par l'art. 220 c. com. — Dans le cas où l'un des copropriétaires voudrait hypothéquer sa part indivise dans le navire, il ne pourra le faire qu'avec la même autorisation ». Cette rédaction fut modifiée à la séance du 7 juill. 1882, sur la proposition de M. Gaudin, qui présenta les observations suivantes : « Le paragraphe 2 de l'art. 3 tel qu'il vous est proposé se contente du vote de la majorité des propriétaires pour pouvoir frapper d'hypothèque, c'est-à-dire, éventuellement, pour pouvoir exproprier la part de la personne qui refuserait de payer ce qui est nécessaire pour l'armement du navire. Or, souvent, cette majorité est représentée par l'armateur lui-même. J'ai trouvé, ou plutôt on a trouvé que cette décision de la majorité était insuffisante pour la garantie des copropriétaires ; l'analogie avec les cas prévus dans l'art. 220 n'était pas complète ; elle le devenait, au contraire, si, au lieu de l'art. 220, l'on visait l'art. 233 c. com. En effet, le code, dans cet article, exige l'autorisation du juge pour permettre à la majorité d'emprunter à la grosse ; puisque la loi en discussion tend à substituer au contrat à la grosse le contrat hypothécaire, n'est-il pas convenable, je dirai même indispensable, d'accorder à la minorité cette intervention du juge, qui était sa véritable protection en cas d'emprunt à la grosse ? J'ai donc proposé d'ajouter au vote de la majorité cette autorisation du juge. Non seulement les propriétaires de parts en bénéficieront, puisqu'ils y trouveront un nouveau moyen de faire valoir leurs droits ; mais le crédit maritime, ce crédit en vue duquel nous faisons la loi, n'en bénéficiera pas moins, puisque cette intervention du juge donnera au prêteur toute sécurité. Quant au paragraphe 3, il n'est modifié par l'amendement que dans sa rédaction ; au fond, il reste le même. Il ne s'agit là, en effet, que d'un intérêt privé qui veut être admis à contracter hypothèque pour son compte; dans ce cas, évidemment, la simple majorité suffit. Mais la rédaction a dû être changée, puisque, pour revenir à la pensée primitive, il ne pourrait plus se référer à la rédaction du paragraphe 2, qui subit elle-même une modification ». Le texte définitivement adopté, et qui forme les alinéas 2 et 3 du nouvel art. 3, est ainsi conçu : « Si le navire a plusieurs propriétaires, il pourra être hypothéqué par l'armateur titulaire pour les besoins de l'armement ou de la navigation, avec l'autorisation de la majorité, telle qu'elle est établie par l'art. 220 c. com., et celle du juge, comme il est dit à l'art. 233. Dans le cas où l'un des copropriétaires voudrait hypothéquer sa part indivise dans le navire, il ne pourra le faire qu'avec l'autorisation de la majorité, conformément à l'art. 220 c. com. ».

469. Lorsque le navire est *en construction*, il est souvent difficile de déterminer qui en est propriétaire, et, par conséquent, qui peut l'hypothéquer : est-ce le constructeur? est-ce l'armateur qui a commandé le navire? On a exposé *suprà*, nos 89 et suiv., les difficultés qui peuvent s'élever sur ce point, et que l'on invoquait, en 1874, pour soutenir qu'il n'y avait pas lieu d'autoriser l'hypothèque des navires en construction. Elles n'ont pas arrêté le législateur ; cette hypothèque, nous l'avons indiqué, *suprà*, n° 463, a été admise. M. Grivart justifie en ces termes cette solution : « Une longue et grave controverse s'est engagée dans la jurisprudence sur le point de savoir à qui appartient le navire en construction jusqu'au moment de la réception définitive. Appartient-il à l'armateur qui l'a commandé et qui a fait des versements d'acomptes? Est-il, au contraire, en attendant la livraison, la propriété du constructeur, avec cette conséquence qu'en cas de faillite de celui-ci il soit compris dans l'avoir général, gage commun des créanciers? C'est cette dernière solution qui a prévalu ; il est admis aujourd'hui qu'un navire construit sur commande ne devient la propriété de l'armateur sur l'ordre duquel il a été construit qu'après que la réception s'en est accomplie. On comprend quel danger il en résulte au point de vue des avances que le constructeur réclame toujours et qui, dans l'usage, s'élèvent jusqu'aux quatre cinquièmes du prix. Contre ce danger, l'hypothèque sera un préservatif efficace ; avant de faire ses avances, le bailleur de fonds vigilant aura désormais le moyen de s'assurer un droit de préférence sur le navire qu'elles doivent servir à créer; et comme ce droit sera rigoureusement soumis à la condition de publicité, il n'en pourra résulter aucune atteinte pour le crédit des constructeurs qui n'auraient pas usé de la faculté ouverte par la loi » (V. *infrà*, nos 481 et suiv.).

470. On peut hypothéquer non seulement par soi-même. mais encore par *mandataire*. Toutefois ce mandataire doit justifier d'un mandat *spécial* (art. 3, § 1er) : « tout mandat général, exprès ou tacite serait insuffisant » (Rapport de M. Grivart). Un simple mandat « aux fins de constituer des hypothèques maritimes », ne pourrait donc suffire ; il y a là une aggravation de la disposition de l'art. 1988 c. civ., d'après laquelle un mandat *exprès* suffit pour hypothéquer un immeuble (Desjardins, t. 5, no 1213 ; de Valroger, t. 3, no 1170 ; Lyon-Caen et Renault, t. 2, no 2410. — V. en sens contraire : E. Mallet, p. 36).

471. Le capitaine peut, dans un cas particulier que l'on étudiera *infrà*, no 613, constituer une hypothèque sur une ou plusieurs part indivises du navire, malgré l'opposition des propriétaires de ces parts. L'art. 35 de la loi de 1885, dont le paragraphe 1er est la reproduction textuelle de l'art. 28 de la loi de 1874, s'exprime sur ce point dans les termes suivants : « L'art. 233 c. com. est modifié ainsi qu'il suit : si le bâtiment est frété du consentement des propriétaires et que quelques-uns fassent refus de contribuer aux frais nécessaires pour l'expédition, le capitaine peut, en ce cas, vingt-quatre heures après sommation faite aux refusants de fournir leur contingent, emprunter hypothécairement pour leur compte, sur leur part dans le navire, avec l'autorisation du juge. Au cas où la part serait déjà hypothéquée, la saisie pourra être autorisée par le juge et la vente poursuivie devant le tribunal civil, comme il est dit ci-dessus ».

§ 3. — Des formes de la constitution d'hypothèque.

472. L'art. 2, § 1er, de la loi de 1885, reproduction textuelle de l'art. 2, § 1er, de la loi de 1874, s'exprime ainsi : « Le contrat par lequel l'hypothèque maritime est consentie doit être rédigé par écrit, il peut être fait par acte sous signatures privées ». — « Que le contrat d'hypothèque, dit M. Grivart dans son rapport sur la loi de 1874, doive être rédigé par écrit, c'est un point sur lequel aucune difficulté ne pouvait naître. Quelle que soit la latitude ordinairement accordée par la loi commerciale relativement aux preuves, on ne pouvait, en une matière aussi grave, rien abandonner au hasard de la preuve testimoniale. Du reste, pour que l'officier public chargé de la tenue du registre hypothécaire puisse opérer l'inscription, il faut nécessairement qu'un acte lui soit représenté, duquel résulte la preuve du droit du requérant. — Mais devait-on se contenter d'un acte sous seing privé? Ne fallait-il pas, au contraire, comme en matière civile, exiger un acte authentique? C'est dans le sens le plus favorable à la liberté des transactions que votre commission s'est prononcée sans hésitation. Aucun principe n'est ici engagé, car on ne saurait prétendre qu'il est de l'essence de l'hypothèque de ne pouvoir être constituée que par acte authentique, et il doit même sembler naturel que le navire pouvant être vendu par acte sous seing privé puisse être hypothéqué dans la même forme. Les principes étant saufs, c'est de l'intérêt des parties que nous devions exclusivement nous préoccuper. Or, en matière commerciale, où tout ce qui peut épargner une perte de temps est d'un grand prix, il n'est point indifférent que les contractants, pressés souvent par des délais inflexibles, puissent, s'ils le jugent bon, réaliser leurs conventions sans recourir au ministère d'un notaire ou d'un autre officier public. La forme authentique est d'ailleurs coûteuse ; si les frais qui en résultent semblent déjà lourds en matière civile, où les prêts sont faits en général pour une longue durée, ils paraîtraient exorbitants s'appliquant à des opérations qui seront faites le plus souvent à court terme. Rien ne sera, du reste, plus simple à rédiger que l'acte d'hypothèque maritime, et il est permis de croire que sa rédaction n'excédera pas la capacité du plus grand nombre des commerçants. »

473. Lorsque la convention constitutive de l'hypothèque est faite par acte authentique, cet acte peut valablement être rédigé *en brevet* : l'art. 8 des lois de 1874 et 1885 le décide implicitement et tranche ainsi une controverse qui est agitée en matière d'hypothèque sur les immeubles (V. *Privilèges et hypothèques* ; — *Rép.* eod. vo, nos 2716 et suiv.). — Quand l'acte constitutif d'hypothèque est sous seing privé, il doit être fait en deux exemplaires, cela résulte également de l'art. 8, d'après lequel un des originaux doit rester entre les mains du receveur des douanes qui a opéré l'inscription (Mallet, p. 31 ; Lyon-Caen et Renault, t. 2, no 2415). L'absence d'un double original ne serait cependant pas une cause de nullité de l'acte ; l'art. 2 ne subordonne aucunement la validité de la constitution d'hypothèque à la formalité du double original ; l'art. 8, qui n'a trait qu'aux formalités de l'inscription, n'a entendu statuer que *de eo quod plerumque fit* (Trib. com. Nantes, 5 nov. 1881, cité par Arthur Desjardins, t. 5, no 1214, p. 401).

474. L'acte écrit n'est exigé que *ad probationem tantum*, et non *ad solemnitatem*. Si donc, la convention d'hypothèque étant avouée, il n'y avait pas de preuve à faire, le contrat lierait certainement les parties, sans que le propriétaire du navire puisse opposer l'absence d'acte écrit.

475. En *Belgique* (Loi de 1879, art. 135), en *Italie* (c. com. art. 485), en *Hollande* (c. com. art. 315), en *Prusse* (Loi de 24 juin 1861), la loi se contente, comme en France, d'actes sous seing privé pour la constitution de l'hypothèque. — Il en est de même en *Angleterre* : le législateur anglais a même donné, à la suite du *Merchant shipping act*, une série de formules qui ont été imprimées et dont il suffit de remplir les blancs au moment du contrat (nos 11, 12, L, M, O) (V. Tr. Morel, qui rapporte quelques-unes de ces formules p. 233 et suiv. ; Mallet, p. 187 et suiv. Conf. Arthur Desjardins, t. 5, no 1214). — Aux *Etats-Unis*, l'hypothèque peut, de même, être consentie par acte sous seing privé ; mais cet acte doit, pour pouvoir être enregistré, avoir été préalablement reconnu (*acknowledged*) devant un notaire ou tout autre officier public autorisé à recevoir des reconnaissances d'actes (art. 4193 des statuts revisés) ; cette reconnaissance, toutefois, nécessaire afin de rendre l'acte authentique pour l'enregistrement, n'est pas un élément indispensable à la validité de la convention elle-même (Desjardins, *loc. cit.*). MM. Tr. Morel, p. 239, et Mallet, p. 192, rapportent le texte de la formule généralement usitée en Amérique. — L'art. 2380, § 1er, du code civil du *Bas-Canada* exige un acte notarié ou fait en double en présence de deux témoins.

476. Il est admis, en droit civil, qu'une hypothèque peut être attachée à une lettre de change, à un billet à ordre, à une obligation au porteur, et que, en ce cas, la cession du billet ou de l'obligation sous la forme propre au titre emporte virtuellement celle de l'hypothèque (*Rép.* vo *Privilèges et hypothèques*, nos 1267 et suiv. ; Civ. rej. 20 juin 1854, aff. Bourdel-Eude, D. P. 54. 1. 305 ; Alger, 7 mai 1870, aff. Tabet, D. P. 71. 2. 1 ; Sol. impl., Req. 26 déc. 1871, aff. Méguin, D. P. 72. 1. 319 ; Paris, 15 mai 1878, aff. Société des thermes d'Enghien, D. P. 82. 1. 106. Conf. Trib. civ. Angoulême, 24 déc. 1850, aff. Thibaud, D. P. 52. 2. 280 ; *Revue critique*, 1878, p. 705). Les lois de 1874 et 1885 sont allées plus loin ; elles ont admis que *l'hypothèque elle-même* peut être constituée *à ordre*, quelle que soit la nature du titre auquel elle est attachée. — M. Sebert critiqua vivement cette disposition, lors de la discussion générale (séance du 27 juin), et, à la séance du 10 décembre, il en demanda la suppression : « Dans cette hypothèque, qui peut ainsi être transmise par voie d'endossement, a-t-il dit, il y a un danger, et un danger considérable, pour le créancier : c'est qu'il peut voir périr son droit hypothécaire sans qu'il ait aucun moyen de conjurer le péril. Quand l'immeuble, dans le cas présent, le navire qui est mis sur la même ligne que l'immeuble, est aliéné, et que la purge des hypothèques a lieu, cette purge peut ne pas atteindre le billet à ordre ; de telle sorte que les diverses formalités hypothécaires peuvent être remplies, les collocations faites et les inscriptions rayées sans que le créancier, que n'a pas touché la sommation de produire, en sache quoi que ce soit » (V. aussi *Rép.* vo *Privilèges et hypothèques*, no 2153). M. Grivart, rapporteur, répondit à ces objections : « L'honorable M. Sebert se préoccupe des dangers que pourra courir le créancier si l'hypothèque est transmissible par voie d'ordre. Mais si ce mode de transmission est tellement périlleux, on n'y aura pas recours. Nul n'est prêteur sans le vouloir, et, si le commerce ne trouve pas qu'il y ait avantage, en faisant un prêt sur hypothèque maritime, à stipuler que le contrat sera admissible par voie d'ordre, le prêteur ne sera nullement obligé d'adopter ce système. Mais il y a une raison pour en autoriser l'emploi : c'est que, plus nous marchons, plus la célérité des opérations commerciales s'accentue et plus le mode de transmission par voie d'ordre se généralise. Ainsi, par exemple,... les warrants sont transmissibles par voie d'ordre. Il y a plus, l'art. 313 du code de commerce dispose que, dans le prêt à la grosse, la lettre de grosse est transmissible par voie d'ordre et qu'elle transmet en même temps le privilège qui y est ordinairement attaché. Et ainsi tombent tous les arguments de l'honorable M. Sebert contre le danger que peut craindre le porteur au moment où il veut réaliser soit l'hypothèque, soit le gage, soit le privilège. Le porteur pourra être inconnu ; mais, vous le savez, *jura vigilantibus succurrunt*; chacun a intérêt à veiller au maintien de ses droits ; et si le porteur d'un titre néglige de le présenter à l'échéance, tant pis pour lui ! » L'art. 12 a été maintenu (Séance du 10 décembre). Il était ainsi conçu : « Si le titre constitutif de l'hypothèque est à ordre, sa négociation par voie d'endossement emporte la translation du droit hypothécaire ». L'art. 12 de la loi de 1885 est rédigé en termes identiques.

477. Comment se fera l'endossement ? La loi est muette sur ce point. MM. de Valroger, t. 3, n° 1233, et Desjardins, t. 5, n° 1215, estiment qu'il est facile de combler cette lacune. L'endossement ne pourra pas toujours se faire sur le titre constitutif, ce titre devant rester déposé, au moins lorsqu'il est sous seing privé ou en brevet (art. 8). Mais le créancier a toujours entre les mains un titre certifiant l'inscription, c'est le bordereau visé par le receveur (art. 9). Il suffira de remettre ce titre au cessionnaire, avec un endos.

478. L'inscription mentionnera naturellement la modalité particulière du titre ; mais, tant que le porteur ne se sera pas fait connaître par une annotation en marge de l'inscription, toutes les notifications relatives à l'hypothèque seront utilement faites au créancier, premier bénéficiaire de l'acte, que l'inscription aura seul désigné. — Sur la nécessité de cette annotation, et sur l'obligation, pour le créancier qui le requiert, de justifier de son droit par des titres authentiques, V. *infrà*, n° 500.

479. Peut-on constituer une hypothèque maritime *au porteur* ? On peut évidemment affecter un navire à des obligations au porteur : ce principe admis, on l'a vu *suprà*, n° 476, en matière d'hypothèques sur les immeubles, doit l'être également, en matière d'hypothèque maritime. Dans ce cas, la cession de l'obligation emporte virtuellement celle de l'hypothèque (c. civ. art. 1692). C'est ce cas qu'a sans doute entendu viser le rapporteur de la loi de 1874, lorsqu'il a dit que l'hypothèque maritime devait pouvoir être négociable au porteur. — Mais peut-on, abstraction faite de la nature de l'obligation, constituer *directement* l'hypothèque au porteur ? Cela ne semble pas possible ; car la loi ne l'a pas dit, et a même supposé le contraire, lorsqu'elle a exigé dans l'inscription le nom du *créancier* (art. 8) (V. de Valroger, t. 3, n° 1236 ; Bédarride, *Hypothèque maritime*, n° 217 ; Desjardins, t. 5, n° 1215).

480. En *Allemagne* (c. com. art. 402), en *Belgique* (Loi de 1879, art. 144, § 1er), en *Italie* (c. com. art. 488), l'acte constitutif du gage ou de l'hypothèque peut être négociable à ordre. En droit *néerlandais*, on ne reconnaît que des hypothèques nominatives. La loi *anglaise* ne défend pas de transférer le *mort-gage* par endossement ; mais elle exige que le *registrar* mentionne sur le *register book* le nom du cessionnaire, qui prend le nom de *mortgagee* (Millet, *Bulletin de la société de législation comparée*, t. 3, p. 104 ; Desjardins, *loc. cit.*).

4. — De la publicité de l'hypothèque.

481. Sans la publicité des hypothèques, il ne peut y avoir de sécurité, ni pour les prêteurs, ni pour les acquéreurs. Aussi la publicité est-elle le principe fondamental de notre régime hypothécaire (*Rép.* v° *Privilèges et hypothèques*, nos 2817 et suiv.). Les législateurs de 1874 et 1885 ont organisé cette publicité en ce qui concerne l'hypothèque maritime, dans les art. 6 et suiv. de l'une et l'autre loi. « L'hypothèque, dit l'art. 6, est rendue publique par l'inscription sur un registre spécial... »

482. On a vu *suprà*, nos 172 et suiv., que, de l'art. 17 de la loi du 27 vend. an 2, prescrivant que « les ventes de partie du bâtiment seraient inscrites au dos de l'acte de francisation... », on a tiré la conséquence que la cession d'un navire ou de portion d'un navire n'est opposable aux tiers qu'autant qu'elle est inscrite sur l'acte de francisation. Par l'effet de cette jurisprudence, aujourd'hui définitivement fixée, le registre matricule des francisations est devenu un véritable registre de transcription pour les navires. Il a paru naturel d'appliquer le même système à l'hypothèque maritime, et de confier la tenue des registres hypothécaires, comme de ceux des mutations, à l'administration des douanes. M. Grivart, dans son rapport sur la loi de 1874, justifiait ainsi l'attribution aux receveurs des douanes du service de la publicité hypothécaire en matière maritime : « Nous avons pensé que ce qu'il y avait de mieux à faire c'était, au lieu de recourir à une organisation nouvelle, d'adapter à l'hypothèque ce qui existe déjà pour les transmissions. Les receveurs des douanes sont, dès à présent, les conservateurs de la propriété maritime, puisqu'en vertu de la loi de vendémiaire an 2, ils sont chargés de tenir registre des ventes de navires. Pourquoi ne leur confierait-on pas au même titre le service des hypothèques ? Pourquoi l'hypothèque ne s'inscrirait-elle pas de la même manière que la vente, qui est mentionnée à la fois au dos de l'acte de francisation et sur un registre tenu au port d'immatricule du navire ? Il y a là un système depuis longtemps éprouvé, qui fonctionne d'une manière satisfaisante, et auquel il suffit de donner de l'extension pour réaliser efficacement la publicité hypothécaire. — Quelques objections se sont élevées, en dehors de la commission, contre l'aptitude des agents de la douane à devenir conservateurs des hypothèques maritimes. On a dit que la bonne tenue du registre serait mieux garantie si on la confiait soit aux conservateurs des hypothèques, soit à d'autres fonctionnaires possédant les connaissances de droit qui font le plus souvent défaut aux employés des douanes. Nous n'avons pas cru devoir déférer à ces observations. Le rôle des agents chargés du service de l'hypothèque maritime sera d'une assez grande simplicité du moment que nous n'admettons d'autre hypothèque que l'hypothèque conventionnelle, et, grâce à la facilité de désignation de l'objet hypothéqué, à la courte durée de l'inscription, à l'exclusion de l'hypothèque légale et judiciaire, le service des hypothèques maritimes sera bien loin d'offrir les mêmes complicateurs que celui des hypothèques ordinaires. Dans leurs nouvelles attributions, les receveurs des douanes ne rencontreront guère plus de difficultés qu'il n'en résulte du service des transcriptions dont ils sont chargés depuis soixante-dix ans sans que leur insuffisance ait jamais été signalée ». — M. Sebert avait critiqué, lors de la discussion générale, cette partie du projet de loi (note sous l'art. 6 de la loi de 1874, D. P. 75. 4. 69), et avait proposé, lors de la troisième délibération, un amendement ainsi conçu : « L'hypothèque est rendue publique par l'inscription opérée dans les termes de l'art. 2148 c. civ. au bureau des hypothèques du lieu où le navire est en construction, ou de celui où il est immatriculé ». Cet amendement fut rejeté à la suite d'une longue discussion où la question de la responsabilité de l'État, en cas d'erreur du receveur des douanes, fut examinée, question dont la solution fut renvoyée à l'art. 30 (Séance du 9 déc., *Journ. off.* du 10).

483. Quel est le receveur compétent ? L'art. 6 de la loi de 1885 s'exprime ainsi : « L'hypothèque est rendue publique par l'inscription sur un registre spécial tenu par le *receveur principal* du bureau des douanes dans la circonscription duquel le navire est en construction, ou du bureau dans lequel le navire est immatriculé, s'il est déjà pourvu d'un acte de francisation. — Des décrets détermineront, pour les chantiers de construction établis en dehors du rayon maritime, le bureau des douanes dans la circonscription duquel ils devront être compris ». L'art. 6, § 1er, de la loi de 1874 portait : « L'hypothèque est rendue publique par l'inscription sur un registre spécial tenu par *le receveur* des douanes du *lieu* où le navire est en construction, ou de celui où il est immatriculé ». Dans l'administration des douanes, il existe des *receveurs principaux*, comptables qui sont justiciables de la cour des comptes, et des *receveurs buralistes*. Dans la pratique, le service des mutations et de la conservation des hypothèques maritimes a toujours été fait par les premiers (V. *infrà*, n° 489). On a voulu, en 1885, qu'un texte précis sanctionnât cette pratique, et, dans l'art. 6 nouveau, on l'a exprimé formellement (Comp. Circ. dir. gén. douanes, 22 juill. 1885, n° 1728. V. cependant *infrà*, n° 484).

484. Les dispositions de la loi de 1885, en ce qui concerne l'attribution aux receveurs principaux des douanes du service de la publicité des hypothèques maritimes, ont été modifiées par les lois de finance des 18 déc. 1886 (D. P. 87. 4. 61) et 26 févr. 1887 (D. P. 87. 4. 81) ; l'art. 8 de la première de ces lois et l'art. 7 de la seconde, conçus en termes identiques, s'expriment ainsi : « Les attributions conférées, en matière d'hypothèque maritime, par la loi du 10 juill. 1885, aux titulaires des recettes principales des douanes converties en recettes subordonnées, seront, à l'avenir, exercées par les nouveaux titulaires desdites recettes subordonnées ».

485. Si le navire est francisé, il peut se trouver attaché, par l'immatriculation, à un port autre que celui dans lequel il a été construit: l'inscription de l'hypothèque est alors faite par le receveur du lieu de l'immatricule. La circulaire du directeur général des douanes du 28 avr. 1875, sur l'application de la loi de 1874 (D. P. 77. 3. 28) s'exprimait, sur ce point, dans les termes suivants : « Les navires aujourd'hui attachés à un bureau subordonné, sur lesquels on voudrait constituer une hypothèque, devront donc, au préalable, être immatriculés au port de la principalité. Mais, dans ce cas, les receveurs subordonnés pourront, en leur qualité de délégués du receveur principal, être chargés par les intéressés de transmettre à celui-ci les pièces et titres relatifs à l'inscription. Il est, en outre, d'obligation absolue, pour les navires pourvus d'un acte de francisation, qu'au moment où l'inscription est requise, ils se trouvent dans l'un des ports de la principalité. » La prescription contenue dans cette dernière phrase était de nature à entraver le développement du crédit hypothécaire. Aussi la circulaire du 22 juill. 1885 (V. *suprà*, n° 483) l'a-t-elle supprimée et a-t-elle décidé (sur l'art. 6 de la loi) que l'inscription peut toujours être reçue par le receveur principal du port d'immatricule, en quelque lieu que se trouve le navire.

486. Si le navire change de port d'immatricule, le receveur du nouveau port devient compétent. Dans ce cas encore, le receveur du port *actuel* d'immatricule reporte d'office sur son registre les inscriptions non rayées (Circ. dir. gén. douanes, 28 avr. 1875, V. *infrà*, n° 513).

487. Lors de la discussion de la loi de 1874, M. Clapier avait demandé que, dans le cas où l'acte constitutif de l'hypothèque serait sous seing privé, le créancier qui se présenterait pour demander l'inscription dût être accompagné d'un courtier maritime. « L'hypothèque maritime, disait l'auteur de l'amendement, peut être constituée par un acte sous seing privé ; elle peut être inscrite sur la présentation de cet acte ; mais il faut que le receveur des douanes qui inscrira cet acte ait une garantie que cet acte est sincère, que celui qui le présente est réellement celui qui l'a signé, qu'il est une personne à qui l'on peut accorder quelque confiance. Quand l'hypothèque est établie sur des immeubles, comme elle ne peut être établie qu'en vertu d'un acte authentique, le receveur des hypothèques a la garantie du notaire qui a reçu l'acte et l'expédition qui a été délivrée par l'officier ministériel. Mais ici, quelle sera la garantie du receveur des douanes ? Il n'en aura pas. L'assistance d'un officier ministériel est donc nécessaire. » Mais le rapporteur répondit, avec raison : « L'idée de la commission était de simplifier autant que possible les formalités et de supprimer des frais d'intermédiaires, en donnant à chacun toutes les facilités pour requérir l'inscription d'hypothèque. Une erreur en ce cas aurait peu d'inconvénients. Je suppose que le propriétaire désigné dans l'acte ne soit pas le véritable propriétaire du navire : ce serait un faux, et l'on ne suppose pas aisément le faux ; le dol ne se présume pas. Si l'inscription était prise en vertu de cet acte faux, il serait très facile au propriétaire de la faire disparaître, lorsqu'elle lui serait révélée, et l'existence d'une inscription qui ne serait pas motivée est à peu près sans inconvénient. Au contraire, la commission a été frappée de la situation inverse. Lorsqu'il s'agit de radiation, elle exige l'acte authentique, parce qu'il est nécessaire alors que l'individualité de celui qui consent à la disparition du gage qui affectait le navire soit parfaitement garantie. Mais, pour la prise de l'inscription hypothécaire, il est difficile de comprendre qu'un tiers irait faussement, sans aucun intérêt appréciable, grever d'une inscription hypothécaire, sous un faux nom, un navire sur lequel il n'aurait pas le droit de prendre une garantie ». L'amendement fut rejeté (Séance du 27 juin).

488. Le requérant peut, d'ailleurs, n'être pas le créancier hypothécaire lui-même ; l'inscription peut être requise par un tiers, sans que celui-ci ait à justifier d'une procuration (Circ. dir. gén. douanes, 22 juill. 1875).

489. On a vu *suprà*, n° 463, que l'on peut hypothéquer un navire *en construction*. L'art. 5 de la loi de 1885 détermine ainsi qu'il suit les formalités à accomplir en ce cas : « L'hypothèque doit être précédée d'une déclaration faite au receveur principal du bureau des douanes dans la circonscription duquel le navire est en construction. Cette déclaration indiquera la longueur de la quille du navire et approximativement ses autres dimensions, ainsi que son tonnage présumé. Elle mentionnera l'emplacement de la mise en chantier du navire ». Cet article modifie sur deux points la rédaction de l'art. 5 de la loi de 1874 : 1° il prescrit de faire la déclaration, non plus, d'une façon générale, au receveur des douanes, mais au receveur *principal* (Conf. *suprà*, n°s 483 et suiv.) ; — 2° Parmi les indications que doit contenir la déclaration à faire à la recette principale des douanes, la loi de 1874 avait mis le « port présumé » du navire ; la rédaction nouvelle remplace cette indication par celle « du tonnage présumé » qui est plus précise et plus juridique (Rapport de M. Barne au Sénat. Conf. Circ. dir. gén. douanes, 22 juill. 1885, sur l'art. 5 de la loi). — Le rapport de M. Grivart sur la loi de 1874 explique de la manière suivante les dispositions de l'art. 5 : « Le navire en construction n'est point immatriculé à la douane ; il n'a point d'identité légalement constatée. En cet état, il ne peut pas servir de base à une hypothèque. Aussi exigeons-nous, préalablement à tout acte conférant une hypothèque sur un navire en chantier, une déclaration du constructeur au bureau du receveur des douanes du lieu de construction. Cette déclaration doit contenir des indications précises de nature à empêcher la substitution frauduleuse après coup d'un navire à un autre. La déclaration faite, l'inscription qui devra la viser s'opérera en la forme ordinaire sur le registre hypothécaire. Après la mise à l'eau, les inscriptions prises durant la construction seront reportées d'office sur l'acte de francisation, ainsi que sur le registre du lieu de la francisation, au cas où le navire ne serait pas francisé dans le port où il a été construit ». Lors de la deuxième délibération, l'indication du nom du navire avait été ajoutée à celles prescrites par l'art. 5, sur la proposition de M. Clapier (Séance du 27 juin). Mais lors de la troisième délibération, ces mots « le nom du navire » furent supprimés par la commission. « Nous avons tenu à nous écarter le moins possible de la législation existante, dit le rapporteur, pour expliquer cette suppression. Or, la législation sur l'état civil des navires, c'est-à-dire la loi du 27 vend. an 2, n'exige le nom du navire que lorsqu'il s'agit de délivrer l'acte de francisation. L'acte de francisation n'est délivré qu'au moment du lancement du navire. Lorsque le navire entre en chantier sous la forme de quille ou de quelques madriers assemblés, il n'a pas de nom ; alors le constructeur le construit pour son propre compte, sans savoir à qui il appartiendra. Ce n'est qu'au moment où il sort de la cale qu'il est baptisé, et, comme la loi de vendémiaire an 2, de même que la nôtre, détermine les déclarations qui doivent être faites au moment de la mise en chantier, l'individualisation du navire est complète à ce moment-là pour cette période, indépendamment de sa nomination. C'est pourquoi nous avons supprimé l'obligation de mettre le nom dans le bordereau d'inscription d'une hypothèque sur un navire non encore achevé » (Séance du 9 décembre).

490. Le requérant doit toujours présenter au receveur des douanes le titre en vertu duquel il requiert l'inscription : l'art. 8 de la loi de 1885, qui reproduit purement et simplement l'art. 8 de la loi de 1874, est formel sur ce point. Il s'exprime ainsi, dans son premier alinéa : « Pour opérer l'inscription, il est présenté au bureau du receveur des douanes un des originaux du titre constitutif d'hypothèque, lequel y reste déposé, s'il est sous seing privé ou reçu en brevet, ou une expédition, s'il en existe minute ». — Mais l'accomplissement de cette formalité est-il une condition substantielle de la validité de l'inscription? La négative est admise en droit civil (V. *Rép.* v° *Privilèges et hypothèques*, n° 1452) : elle nous semble devoir l'être également, en matière d'hypothèque maritime (Conf. Desjardins, t. 5, n° 1219). Le receveur pourra toujours refuser de se conformer à la réquisition du créancier qui voudrait faire opérer l'inscription sans présenter son titre ; mais le juge ne sera aucunement tenu d'annuler l'inscription prise sans que cette formalité, qui ne présente d'ailleurs aucun intérêt pour les tiers, ait été remplie. Lorsque les créanciers auront à se partager le prix du gage, il faudra bien que le titre apparaisse, s'il existe, sinon l'inscription tombera. L'amendement de M. Clapier, qui tendait à ajouter à l'art. 8 les mots « à peine de nullité », a, d'ailleurs, été rejeté (Séance du 27 juin).

491. L'art. 8 exige, en outre, la production de « deux bordereaux signés par le requérant, dont l'un peut être porté sur le titre présenté... » M. Sebert avait demandé, en 1874, que l'on n'imposât pas au requérant l'obligation d'apposer sa signature au bas des bordereaux. « Le code civil, disait-il, n'a nullement prescrit l'obligation que vous imposez ici. Or, c'est justement pour une affaire commerciale, pour une affaire industrielle, où généralement les lois sont très simplifiées, que vous apportez une complication inutile. Vous présentez des bordereaux, vous avez le titre à l'appui : ils n'ont pas besoin d'être signés par le requérant. Ces mots « signés par le requérant » n'ont pas d'utilité dans la pratique, et, dans le plus grand nombre des cas, depuis la promulgation du code civil, cette formalité ne s'accomplit pas ». « L'acte sous seing privé, répondit le rapporteur, ne présentant pas certaines des garanties qu'offre l'acte authentique, nous avons cru trouver un supplément de garantie dans la nécessité de faire signer le bordereau par le bénéficiaire de l'acte hypothécaire. J'ajoute que cela est utile à un autre point de vue. Il ne faut pas, si des questions de responsabilité, d'insuffisance de rédaction du bordereau, d'insuffisance de la formule d'inscription hypothécaire sur le registre des douanes, viennent à se soulever, il ne faut pas qu'on puisse ignorer sur qui faire retomber la responsabilité, tandis que, sur un bordereau signé, la garantie est inscrite textuellement, *ipsis verbis*, sur les registres des douanes. S'il y a alors une faute commise par l'auteur du bordereau, par la partie qui doit en retirer bénéfice, il ne peut s'en prendre qu'à lui du préjudice qu'il en peut éprouver ». Bien que le contraire puisse s'induire des termes dans lesquels ces considérations sont présentées, il ne paraît pas douteux cependant que la signature soit nécessaire, même dans le cas où l'acte constitutif de l'hypothèque est authentique ; la loi ne fait ici aucune distinction (Mallet, p. 68; Desjardins, t. 5, n° 1219).

492. Aux termes de l'art. 8, les bordereaux doivent contenir : 1° les noms, prénoms et domiciles du créancier et du débiteur, et leur profession, s'ils en ont une ; — 2° La date et la nature du titre ; — 3° Le montant de la créance exprimée dans le titre ; — 4° Les conventions relatives aux intérêts et au remboursement ; — 5° Le nom et la désignation du navire hypothéqué, la date de l'acte de francisation ou de la déclaration de la mise en construction ; — 6° Election de domicile, par le créancier, dans le lieu de la résidence du receveur des douanes. — « Les bordereaux, lit-on dans le rapport de M. Grivart, doivent contenir les énonciations que les tiers ont intérêt à connaître. Ce sont, pour la plupart, celles qu'exige l'art. 2148, et, en empruntant à cet article ses dispositions, nous avons entendu leur laisser le caractère que la jurisprudence leur a assigné. » Donc, ainsi que le fait remarquer fort justement M. Desjardins, t. 5, n° 1219, tout n'est pas ici de rigueur, et il n'y a de substantielles que les énonciations qui sont nécessaires pour éclairer les tiers (V. *infrà*, n° 493).

493. Les bordereaux doivent, on vient de le voir, énoncer : 1° *Les noms, prénoms et domiciles du créancier et du débiteur, et leur profession, s'ils en ont une.* Il est généralement admis, en matière civile, que les énonciations relatives au créancier ne sont pas exigées à peine de nullité et que les tiers ne pourraient se prévaloir soit de leur omission, totale ou partielle, soit de leur inexactitude. Quant aux mentions concernant le débiteur, bien qu'elles aient plus d'importance, on reconnaît en général que chacune de ces mentions ne constitue pas une formalité substantielle, et qu'il suffit que le débiteur soit désigné assez clairement pour ne pouvoir être confondu avec toute autre personne (V. *Privilèges et hypothèques*; — *Rép.* eod. v°, n°s 1475, 1505 et 1518). Les mêmes solutions sont applicables à l'hypothèque maritime (Conf. Desjardins, t. 5, n° 1219); ... — 2° *La date et la nature du titre.* La question de savoir si l'omission de cette énonciation est une cause de nullité, en matière d'hypothèque immobilière, a été diversement résolue ; mais l'affirmative semble avoir prévalu dans la jurisprudence (V. *Privilèges et hypothèques ;* — *Rép.* eod. v°, n°s 1541 et suiv.). Il y a même raison de décider en ce qui concerne l'hypothèque sur les navires (Conf. Desjardins, t. 5, n° 1218);... — 3° *Le montant de la créance exprimée dans le titre.* Cette énonciation est évidemment substantielle et ne saurait être omise sans vicier l'inscription (Conf. Desjardins, *loc. cit.;* de Valroger, t. 3, n° 1202);... — 4° *Les conventions relatives aux intérêts et au remboursement.* La loi n'entend parler ici que des intérêts *déjà échus*, puisque les intérêts postérieurs à l'inscription sont conservés de plein droit pour une certaine période (art. 13); la mention de l'époque d'exigibilité est, comme en matière ordinaire, une formalité essentielle (Conf. Civ. cass. 30 juin 1863, aff. Gervais, D. P. 63. 1. 277 ; Req. 1er mai 1876, aff. Salabert, D. P. 76. 1. 481. V. *infrà*, v° *Privilèges et hypothèques*). — L'art. 8 ne parle pas des *frais*. MM. de Valroger, t. 3, n° 1214, et Desjardins, t. 5, n° 1219, estiment que, tout étant ici de droit étroit, les frais ne devront pas jouir *de plein droit* du bénéfice de l'hypothèque ;... — 5° *Le nom et la désignation du navire hypothéqué, la date de l'acte de francisation ou de la déclaration de la mise en construction.* Ces mentions, qui servent à *spécialiser* le gage hypothécaire ne sont pas toutes nécessairement substantielles ; il suffit que le bordereau contienne les énonciations propres à prévenir toute erreur. Ainsi M. de Valroger, t. 3, n° 1206, enseigne avec raison que l'inscription serait valable, alors même qu'elle ne renfermerait pas la désignation du navire, si la date de la francisation s'y trouvait indiquée ;... — 6° *Élection de domicile, par le créancier, dans le lieu de la résidence du receveur des douanes.* L'élection de domicile est ici, comme en matière ordinaire, une formalité substantielle imposée par la loi, dans l'intérêt tant du débiteur que des créanciers inscrits et du tiers détenteur (de Valroger, t. 3, n° 1209 ; Desjardins, *loc. cit.* Conf. Civ. cass. 28 mars 1882, aff. Martinie, D. P. 83. 1. 123).

494. « Le receveur des douanes, dit l'art. 9, fait mention sur son registre du contenu aux bordereaux, et remet au requérant l'expédition du titre, s'il est authentique, et l'un des bordereaux au pied duquel il certifie avoir fait inscription. » — « La circulaire du 28 avr. 1875 (D. P. 77. 3. 28) prescrit, pour l'application de cet article, l'emploi de deux registres : un registre des inscriptions et un registre de recette et de dépôt, et indique comment ils devront être tenus.

495. On trouve ensuite dans la circulaire de 1875 des prescriptions très importantes au sujet des inscriptions elles-mêmes: « En matière hypothécaire, dit-elle, la date de l'inscription est d'une importance extrême. Des précautions spéciales sont donc nécessaires pour que cette date soit toujours exactement constatée. La partie du registre qui sert aux inscriptions ne doit jamais présenter ni blanc ni interligne. — Chaque inscription est datée ; elle est signée par le receveur ; la date s'écrit toujours en tête de l'inscription, on sépare les inscriptions par un trait à l'encre. A la fin de la journée, le registre est arrêté par le receveur, soit ou non qu'il y ait eu des inscriptions à y porter. C'est là une prescription absolue qui doit toujours être strictement observée. Il est également d'obligation stricte de faire l'inscription le jour même où elle est requise. Il doit, par conséquent, y avoir toujours concordance entre la date de l'inscription et celle de la quittance des remises et salaires y relatifs. Les inscriptions doivent être écrites avec soin. Aucune surcharge n'y est permise. Si, accidentellement, des mots étaient rayés, il faudrait, avant de clore l'inscription, les rappeler en approuvant les ratures. Aucune rectification ne peut être faite pour des omissions ou des erreurs qui seraient ultérieurement reconnues. L'inscription fait foi et forme titre à l'égard des tiers dans les termes où elle a été portée au registre. Dans le cas où le receveur viendrait à s'apercevoir qu'une inscription n'est pas conforme au bordereau déposé, il devrait faire au registre, une seconde fois, cette inscription, mais à la date du jour où elle serait de nouveau effectuée; et alors elle n'aurait de rang contre les tiers qu'à partir de cette date, sauf au receveur à répondre des différences qui existeraient entre les deux inscriptions. »

496. Aux termes de l'art. 2150 c. civ., « le conservateur fait mention sur son registre du contenu aux bordereaux ». Son rôle est purement passif; il doit se borner à transcrire fidèlement les énonciations du bordereau. C'est ce qu'exprime également la circulaire de 1875 : « Dans l'intérêt de sa responsabilité, le receveur doit scrupuleusement reproduire au registre, sans modification d'aucune sorte, le contenu du bordereau... Le receveur n'est responsable ni des inexactitudes ou des lacunes qui existeraient au bordereau par lequel l'inscription est requise, ni du défaut de validité du titre constitutif de l'hypothèque. Toutefois, il convient qu'il avertisse les intéressés des irrégularités que les pièces remises en vue de l'inscription lui paraissent présenter. Il importe particulièrement qu'il veille à ce que le navire sur lequel l'hypothèque doit porter soit exactement désigné. L'art. 18 de la loi du 27 vend. an 2 exige que l'acte de francisation soit copié dans le contrat de vente d'un navire ou d'une portion de navire. On devra veiller à ce que cette disposition soit observée dans les conventions relatives aux hypothèques, ou du moins à ce que ces conventions reproduisent les principales indications de l'acte de francisation, avec une précision suffisante pour qu'aucune confusion ne soit possible. Si, nonobstant les observations du receveur, les intéressés persistaient à requérir une inscription immédiate, le receveur pourrait l'opérer, mais en exigeant que le créancier en fît la réquisition expresse » (V. *suprà*, n° 170).

497. « Le receveur des douanes, dit l'art. 9, *in fine*, remet au requérant l'expédition du titre, s'il est authentique, et l'un des bordereaux au pied duquel il certifie avoir fait l'inscription. » Le certificat ainsi remis au requérant sert, le cas échéant, de titre hypothécaire au créancier. Il est habituellement conçu dans les termes suivants : « Inscrit cejourd'hui (*date en toute lettres*) sous le n°... volume... f°... et fait mention sur l'acte de francisation désigné au présent. — *Quittance délivrée sous le n°...* ».

498. L'art. 6 de la loi de 1874 imposait au receveur l'obligation de mentionner l'inscription : 1° sur l'acte constitutif de l'hypothèque ; 2° sur l'acte de francisation. Les deux derniers alinéas de cet article étaient ainsi conçus : « Si le navire a déjà un acte de francisation, l'inscription doit être mentionnée au dos dudit acte par le receveur des douanes. Dans tous les cas, l'inscription est, en outre, certifiée par lui immédiatement et sous la même date sur le contrat d'hypothèque ou sur son expédition authentique, dont la représentation lui aura été faite ». En 1885, la Chambre des députés supprima la formalité prescrite par le premier de ces deux alinéas, comme gênante et inutile, formalité qui avait d'ailleurs été introduite surtout en vue des hypothèques contractées en cours de voyage, et devenait sans objet, puisque la loi nouvelle décide que l'hypothèque consentie à l'étranger ne peut produire effet jusqu'au moment où elle est inscrite au bureau du port d'immatricule. La commission du Sénat a cru devoir, en outre, supprimer la formalité dont parlait le dernier alinéa. « Les inscriptions d'hypothèques pour les immeubles, dit M. Barne dans son rapport au Sénat, ne sont mentionnées ni sur les contrats d'emprunts, ni sur les titres de propriété, et leur publicité est assurée par le droit absolu de prendre des états hypothécaires qui concernent les personnes dont on a intérêt à connaître le crédit. Pour l'hypothèque maritime, ce mode de publicité offre les mêmes garanties. Il est presque superflu de faire remarquer que, si la présence du navire n'est pas nécessaire dans le port où se fait l'inscription qui le grève, l'emprunt hypothécaire lui-même peut être contracté en tous lieux et en l'absence du navire » (Rapport de M. Barne au Sénat. Conf. Arthur Desjardins, t. 5, n° 1221).

499. La circulaire de 1875 s'est occupée avec détails des mutations qui peuvent se produire dans les énonciations de l'inscription pendant la durée de l'hypothèque : « Il est admis, pour l'hypothèque terrestre, dit-elle au sujet du *changement de domicile*, que le créancier, au moyen d'une déclaration signée par lui au registre d'inscription, ou reçue par un notaire, peut opérer le changement du domicile qu'il a élu dans le bordereau d'inscription. La même règle sera suivie pour l'hypothèque maritime, mais sous la réserve expresse qu'à l'égard des navires pourvus d'un acte de francisation, la déclaration ne pourra avoir lieu qu'au moment où le navire se trouvera dans l'un des ports de la principalité où il est immatriculé, et que, par conséquent, la mention du changement de domicile pourra être faite simultanément sur le registre d'inscription et sur l'acte de francisation. Lorsque le receveur n'aura pas de doute sur l'identité du créancier ni sur sa capacité à faire la déclaration du nouveau domicile, il portera cette déclaration sur le registre, en regard de l'acte même d'inscription; il la datera, et le créancier la signera avec lui. Lorsque, au contraire, le receveur ne connaîtra pas personnellement le créancier ou qu'il aura des doutes sur sa capacité, il exigera que la déclaration du nouveau domicile soit faite devant notaire. La mention du changement de domicile n'aura alors lieu au registre que sur le dépôt soit d'une expédition en due forme de l'acte authentique de cette déclaration, soit du brevet de l'acte authentique, s'il n'en a pas été fait minute; et le receveur aura soin de rappeler au registre d'inscription la date de l'acte. » — « L'auteur de la circulaire, dit M. Desjardins, *loc. cit.*, en permettant au receveur d'*exiger* que la déclaration du nouveau domicile fût faite devant notaire, nous semble avoir commis une illégalité... De quel droit, alors que l'hypothèque peut être consentie par acte sous seing privé, enjoindre au requérant d'apporter dans notre hypothèse une déclaration notariée? Le receveur ne peut *exiger* qu'un certificat d'individualité du requérant. Encore n'est-il pas inutile de rappeler que les notaires n'ont pas de monopole pour la rédaction de ces certificats ». — Ces critiques paraissent justifiées. — « Dans les deux cas, poursuit la circulaire de 1875, le nouveau domicile doit, suivant la prescription de l'art. 8 de la loi, être élu au lieu de la résidence du receveur principal. La mention portée au registre est immédiatement reproduite sur l'acte de francisation. Elle est, en même temps, certifiée sur le bordereau de l'inscription et sur le titre que le créancier a dû représenter. Par mesure d'ordre, le receveur aura aussi à faire une annotation correspondante tant sur le double du bordereau et du titre primitif sous seing privé ou en brevet conservés par lui, qu'au registre des soumissions de francisation ».

500. La circulaire de 1875 s'exprime comme il suit en ce qui concerne le *changement de créancier* : « Aux termes de l'art. 12 de la loi, le droit hypothécaire peut être transmis par l'endossement du titre constitutif de l'hypothèque, lorsque ce titre est à ordre. La nature même du titre ainsi constitué paraît devoir rendre sans objet pour le porteur une mention spéciale au registre d'inscription. Il faut prévoir, au contraire, que cette mention pourra être requise lorsque, le titre étant nominatif, un nouveau créancier se trouvera substitué aux droits du créancier primitif ». M. Desjardins fait observer avec raison que l'auteur de la circulaire se trompe en disant que le cessionnaire de l'hypothèque n'a pas d'intérêt, au cas de cession par endossement, à faire mentionner son nom en marge de l'inscription. « Comment, s'il ne le fait pas mentionner, recevra-t-il les notifications prescrites par l'art. 18, et, par conséquent, comment exercera-t-il, le cas échéant, les droits réservés par l'art. 20? » (Desjardins, t. 5, n° 1222). — « La faculté donnée par l'art. 2 de la loi de constituer l'hypothèque par convention sous seing privé, ajoute la circulaire, ne s'étend pas aux actes subséquents. Aucune mutation par suite d'héritage ou de donation, aucune subrogation aux droits du créancier primitif ne peut être mentionnée sur le registre d'inscription, qu'autant qu'elle résulte d'*actes* ou de *titres authentiques*. La même règle s'appliquerait aux mentions qui pourraient être requises en vertu d'un titre transmis par voie d'endossement. Il faudrait alors que le titre eût été représenté à un notaire, qui aurait dressé acte du contenu ». Cette exigence de la circulaire, ainsi que le remarque M. Desjardins, *ibid.*, est encore contraire à l'esprit de la loi, qui permet la constitution de l'hypothèque par acte sous seing privé. De quel droit exigerait-on, pour une simple subrogation, un acte notarié? (Arthur Desjardins, t. 5, n° 1222.)

501. « Une autre condition de rigueur pour ces mentions, dit encore la circulaire de 1875, aussi bien que pour celles du changement de domicile, c'est qu'au moment où elles sont requises, le navire pourvu d'un acte de francisation se trouve dans son port d'attache ou dans l'un des ports compris dans la circonscription de la principalité; car, suivant l'observation qui en a déjà été faite, aucun droit hypothécaire ne peut s'établir sur des navires en cours de voyage, autrement que dans les conditions déterminées par l'art. 26 de la loi du 10 décembre. De quelque façon que la mention de mutation ou de subrogation soit requise, le nouveau créancier doit déposer une expédition de l'acte par lequel ses droits sont établis. Election d'un domicile au lieu de la résidence du receveur principal doit, en même temps, être faite dans la forme indiquée ci-dessus, si déjà la déclaration de ce domicile n'a pas été portée dans le titre d'où résulte la subrogation. Enfin, le nouveau créancier doit représenter le bordereau de l'inscription primitive, ainsi que le titre constitutif de l'hypothèque. Le receveur s'assure de la validité des justifications, et, lorsqu'il les a trouvées suffisantes, il mentionne au registre la mutation ou la subrogation en regard de l'acte d'inscription. Cette mention énonce la date et la nature de l'acte produit, les nom et prénoms du nouveau créancier, son domicile réel et son domicile élu; elle indique si la mutation ou la subrogation sont totales ou partielles; et, le cas échéant, elle précise la portion de la créance pour laquelle elles ont été faites, les parts du navire auxquelles elles s'appliquent, enfin, s'il y a lieu, les changements dans les dates de l'exigibilité de la créance. Mention du changement de créancier est faite simultanément sur l'acte de francisation ainsi que sur le bordereau d'inscription et le titre constitutif de l'hypothèque qui ont été représentés. Ce bordereau et ce titre sont rendus au nouveau créancier, mais le receveur conserve l'expédition des actes qui ont autorisé la subrogation. Suivant ce qui a déjà été recommandé pour les changements de domicile, la subrogation sera, par mesure d'ordre, rappelée sur le double du bordereau d'inscription et du titre primitif sous seing privé ou en brevet restés dans les mains du receveur et mentionnée au registre des soumissions de francisation ».

502. Lorsque l'inscription n'a plus de raison d'être, les parties intéressées avertissent les tiers qu'elle est devenue sans objet, au moyen de la *radiation*. La radiation consiste, non pas dans la suppression matérielle de l'article où l'inscription figure, mais dans une annotation faite en marge de cet article. — Les art. 14 et 15 de la loi de 1885 qui traitent de la radiation sont ainsi conçus: « Art. 14. Les inscriptions sont rayées, soit du consentement des parties intéressées ayant capacité à cet effet, soit en vertu d'un jugement en dernier ressort ou passé en force de chose jugée ». — Art. 15 : « A défaut de jugement, la radiation totale ou partielle de l'inscription ne peut être opérée, par le receveur des douanes, que sur le dépôt d'un acte authentique de consentement à la radiation, donné par le créancier ou son cessionnaire justifiant de ses droits. Dans le cas où l'acte constitutif de l'hypothèque est sous seing privé, ou si, étant authentique, il a été reçu en brevet, il est communiqué au receveur des douanes, qui y mentionne, séance tenante, la radiation partielle ou totale ».

503. La radiation est *volontaire* ou *forcée*. — La radiation forcée, qui est opérée en vertu d'un ordre du juge, lorsque l'inscription est nulle ou que la créance est éteinte (V. c. civ. art. 2150), peut être requise par tout intéressé : le tiers acquéreur du navire, le créancier inscrit après celui dont l'inscription doit être radiée, le débiteur lui-même. — C'est sans aucun doute le tribunal *civil* qui est compétent pour connaître de la contestation (Desjardins, t. 5, n° 1223). — « Bien que, pour les radiations en vertu d'un jugement, le code civil exige, comme la loi du 10 décembre, que ce jugement soit rendu en dernier ressort ou qu'il ait acquis la force de chose jugée, il est admis à l'égard de l'hypothèque terrestre que si un tribunal, sans avoir égard aux observations d'un conservateur, prescrivait d'opérer une radiation *nonobstant appel*, le conservateur devrait obéir, sa garantie se trouvant alors dans la décision du tribunal contre laquelle les parties intéressées peuvent seules se pourvoir. Les receveurs des douanes ne pourraient, dans les mêmes conditions, refuser d'obéir à la justice. Mais le fait devrait être porté à la connaissance de l'Administration » (Circ. précitée du 28 avr. 1875).

504. La radiation volontaire n'est valable que si : 1° le créancier est capable de la consentir, c'est-à-dire s'il a la libre disposition de la créance pour sûreté de laquelle l'hypothèque a été inscrite; 2° le consentement a été donné par *acte authentique*. M. Grivart, dans son rapport, s'explique en ces termes au sujet de cette seconde condition : « on s'étonnera peut-être, dit-il, que, tandis que l'hypothèque peut être constituée par acte sous seing privé un acte authentique soit nécessaire pour en opérer la radiation. La raison de cette différence est sensible : une inscription opérée sans droit n'est pas un fait de bien grave conséquence; le dommage qu'elle cause est complètement effacé, lorsque l'annulation en a été prononcée. — Il en est tout autrement d'une radiation qui, lors même qu'elle aurait été le résultat d'un consentement frauduleusement supposé, n'en produirait pas moins des effets définitifs au profit des tiers ayant traité avant le rétablissement de l'inscription. Du reste, s'il y a quelquefois une extrême urgence à constituer une hypothèque, il n'y en a jamais une aussi grande à la radier, et pour le faire, les parties auront toujours le temps de s'adresser à un officier public. » Malgré ces explications, la disposition qui exige un acte authentique pour la radiation est considérée par M. Desjardins, n° 1223, comme peu rationnelle.

505. La disposition de la loi qui exige la *communication* au receveur de l'acte constitutif de l'hypothèque, s'il est sous seing privé ou reçu en brevet, paraît assez difficile à expliquer. « On n'a pas besoin, dit M. Desjardins, t. 5, n° 1223, de communiquer au receveur un titre qu'il a déjà entre les mains en vertu du dépôt prescrit par l'art. 8 ». La circulaire de 1875 donne l'interprétation suivante : « Dans le cas où l'acte constitutif de l'hypothèque est sous seing privé, ou si, étant authentique, il a été reçu en brevet, la loi exige (art. 15) que le double original resté aux mains des ayants droit soit, au moment de la radiation, communiqué au receveur, qui y mentionne la radiation séance tenante ». — « Mais les ayants droit, fait fort justement observer M. Desjardins, *loc. cit.*, n'ont pas nécessairement entre les mains un double original. »

506. On a, dans la loi de 1885, supprimé deux des paragraphes de l'art. 15, le second et le quatrième : « L'un dispensait le titre constitutif de l'hypothèque du droit proportionnel d'enregistrement, au moment de la radiation, si le consentement donné par le créancier ne contenait que la mainlevée pure et simple de l'inscription. Cette disposition est devenue inutile, en présence de l'art. 2 de la loi de 1885, qui soumet indistinctement au droit proportionnel tous les actes constitutifs d'hypothèque authentiques ou sous seings privés. — L'art. 15 de la loi de 1874 prescrivait encore de mentionner les radiations sur l'acte de francisation. Cette formalité est devenue sans objet par la suppression de l'obligation d'y inscrire les hypothèques » (Rapport de M. Barne au Sénat).

507. En ce qui concerne la péremption de l'inscription, on s'était demandé s'il y avait lieu d'appliquer à l'inscription de l'hypothèque maritime la règle qui, en matière immobilière, fixe à dix ans le délai de la péremption. Certaines personnes auraient voulu que l'inscription fût dispensée de renouvellement et subsistât jusqu'à la radiation (V. Bédarride, n° 192). La plupart, au contraire, préféraient maintenir le principe de la péremption, mais différaient sur la durée des délais à impartir pour le renouvellement. Les auteurs de la loi de 1874 estimèrent que le délai de dix ans fixé par la loi civile pouvait être notablement réduit, et ils l'ont limité à trois ans. « A raison du caractère commercial de l'opération, de la nature périssable du gage, les prêts sur navire seront presque toujours faits à court terme et se liquideront dans un bref délai. Il est à peu près impossible de concevoir qu'un créancier se reposant sur la garantie qu'il a obtenue laisse écouler trois ans sans réclamer son règlement. Dès lors, il y a tout avantage à abréger les délais de péremption, ce qui, dans un grand nombre de cas, permettra au débiteur de s'épargner des frais de mainlevée et de radiation. Il nous a été dit, il est vrai, que certains navires, se livrant à l'intercourse, sont parfois éloignés de leur port d'attache pendant plus de trois ans. Mais cette considération ne nous a pas paru décisive, car il est bien entendu qu'une inscription pourra être renouvelée même pendant le voyage du navire hypothéqué, sans qu'il soit besoin d'attendre son retour » (Rapport de M. Grivart). Lors de la discussion, M. Sebert demanda que l'inscription conservât l'hypothèque pendant cinq ans au lieu de trois ans; en cela il y aurait une garantie de plus pour les créanciers. Cette proposition fut repoussée (Séance des 27, 29 juin et 11 déc. 1874), et l'art. 11 fut rédigé dans les termes suivants : « L'inscription conserve l'hypothèque pendant trois ans, à compter du jour de sa date; son effet cesse si l'inscription n'a été renouvelée, avant l'expiration de ce délai, sur le registre tenu en douane, et mentionnée à nouveau sur l'acte de francisation, dès le retour du navire au port où il est immatriculé ». — Cette disposition fut immédiatement l'objet de vives critiques (Billette, *op. cit.*). — Lors de la discussion de la loi de 1885, quelques membres de la commission de la Chambre des députés proposèrent de nouveau de conserver l'inscription tant qu'elle ne serait pas rayée; mais la majorité n'a pas partagé ce sentiment; elle n'a pas voulu, d'une part, créer une anomalie dans notre législation hypothécaire, et, d'autre part, compliquer la tâche du receveur des douanes, qui serait encombré par les inscriptions et soumis à de trop fréquentes chances d'erreur. Le délai de la péremption a été étendu de trois à dix années, comme en matière immobilière. « Ce délai est en harmonie avec celui fixé par le code civil pour la péremption des inscriptions d'hypothèques sur les immeubles; cette uniformité de législation est bonne pour éviter des confusions préjudiciables. Il importe d'ailleurs de ne pas soumettre le créancier au souci d'un renouvellement d'inscription trop fréquent pour les prêts à long terme, et, pour le débiteur, il n'y a point d'inconvénients sérieux dans une longue durée des effets de l'inscription, dont il peut toujours, après s'être libéré, exiger la radiation, s'il ne veut attendre qu'elle soit périmée » (Rapport de M. Barne au Sénat). — Le nouvel art. 11 reçut, en conséquence, la rédaction suivante : « L'inscription conserve l'hypothèque pendant dix ans, à compter du jour de sa date; son effet cesse si l'inscription n'a pas été renouvelée avant l'expiration de ce délai sur le registre tenu en douane ».

508. M. Desjardins, t. 5, n° 1224, pose la question de savoir si l'inscription prise antérieurement à la promulgation de la loi du 10 juill. 1885 sera conservée pendant dix ans, par application de la loi nouvelle, ou seulement pendant trois ans, par application de l'ancienne loi, et il la résout dans le premier sens. Cette question est délicate, et il semble que la disposition de l'art. 2281 c. civ., aux termes de laquelle les prescriptions commencées à l'époque de la publication du présent titre seront réglées conformément aux lois anciennes devrait conduire, par analogie, à la solution contraire. Il est certain, dans tous les cas, que le nouveau délai serait sans application, s'il s'agissait d'une péremption déjà accomplie par le laps de trois ans lors de la promulgation de la loi de 1885.

509. « Le renouvellement de l'inscription, dit la circulaire de 1875, est fait dans les mêmes formes que l'inscription primitive. Il est requis, comme celle-ci, par le dépôt d'un bordereau en double expédition, lequel contient toutes les indications prescrites par l'art. 8 de la loi du 10 décembre, et doit en outre, sous peine de ne prendre rang qu'à partir de sa date actuelle, mentionner expressément qu'il a pour objet le renouvellement de l'inscription faite le (*date*) ....., *sous le* n°... ». Il ne faut pas, ainsi que le dit très justement M. Desjardins, t. 5, *loc. cit.*, prendre ces recommandations à la lettre. « Sans doute, l'inscription hypothécaire prise en renouvellement d'une inscription antérieure dont elle ne fait pas mention, ne vaut que comme inscription nouvelle, puisque l'ancienne tombe en péremption; mais, lorsque plusieurs renouvellements ont été successivement opérés, il suffit que chaque inscription se réfère aux mentions contenues dans la précédente » (Conf. Civ. cass. 6 juill. 1881, aff. Pruès-Latour, D. P. 82. 1. 348). — La circulaire ajoute : « Ce bordereau ne peut rien porter qui ne résulte des inscriptions et des mentions antérieurement faites au registre d'inscription et à l'acte de francisation. Il ne doit être permis, notamment, d'y faire aucun changement quant au domicile élu, si, au moment du renouvellement de l'inscription, le navire ne se trouvant pas dans le port, ce changement ne peut pas être immédiatement mentionné dans l'acte de francisation. Mais si, le navire étant dans le port, le créancier requiert personnellement le renouvellement, on peut, suivant ce qui a été indiqué plus haut, l'admettre à changer sur le bordereau de domicile élu, à la condition qu'il signera au registre d'inscription la déclaration de ce changement ». Ces prohibitions restrictives étaient fort critiquables sous l'empire de la loi de 1874, dont elles semblaient méconnaître l'esprit (Desjardins, *loc. cit.*). Elles ont disparu forcément depuis que l'art. 11 de la loi de 1885 ne prescrit plus de mentionner l'inscription de l'hypothèque au dos de l'acte de francisation.

510. L'art. 16 de la loi de 1885, calqué sur l'art. 16 de la loi de 1874, ne fait que reproduire presque textuellement l'art. 2196 c. civ. Il est ainsi conçu : « Le receveur des douanes est tenu de délivrer à tous ceux qui le requièrent l'état des inscriptions subsistant sur le navire, ou un certificat qu'il n'en existe aucune ». Ainsi le receveur doit délivrer l'état des inscriptions à *quiconque le requiert*, sans avoir à apprécier l'intérêt légal que peut avoir le requérant.

511. En matière d'hypothèque immobilière, la réquisition doit être écrite, et si le requérant ne sait pas écrire, le conservateur doit reproduire, en tête des états et des certificats délivrés, les termes dans lesquels la réquisition verbale lui a été faite (V. *Rép.* v° *Privilèges et hypothèques*, n° 2902). Ces règles doivent être appliquées à l'hypothèque maritime (Desjardins, t. 5, n° 1225). Les tiers ne peuvent pas être admis à compulser les registres d'inscriptions. Toute communication des actes de francisation, pendant leur dépôt à la douane, demeure également interdite autrement qu'avec le consentement des propriétaires des navires. On ne doit pas perdre de vue non plus qu'il s'agit, d'après la loi, d'un relevé à fournir à l'égard d'un navire expressément désigné, et nullement de la recherche à faire des hypothèques qu'un débiteur peut avoir consenties sur différents navires. — L'état que le receveur délivre ne doit présenter ni les inscriptions radiées en totalité, ni les inscriptions ayant plus de *trois* ans de date (aujourd'hui *dix* ans), et non renouvelées. Les inscriptions encore subsistantes en totalité ou pour une partie sont reproduites dans l'ordre des dates, d'après le registre, et textuellement. A la suite de chaque inscription on a le soin de porter, et toujours textuellement, les mentions dont elles ont été l'objet pour changement de domicile, mutations, subrogations, radiations partielles, etc. » (Circ. 28 avr. 1875).

512. Aux termes de l'art. 7 de la loi de 1885, tout propriétaire d'un navire construit en France, qui demande à le faire admettre à la francisation, est tenu de joindre aux pièces requises à cet effet un état des inscriptions prises sur le navire en construction ou un certificat qu'il n'en existe aucune. Les inscriptions non rayées sont reportées d'office à leurs dates respectives, par le receveur des douanes, sur le registre du lieu de francisation, si celui-ci est autre que celui de la construction. — Ces prescriptions ne soulèvent aucune difficulté. La circulaire de 1875 prévoit le cas où le nom du navire n'aura pas été désigné dans la déclaration de construction, et où le propriétaire ne conservera pas le nom qui aurait été primitivement indiqué par le constructeur. « Pour qu'aucune confusion ne puisse se produire, dit-elle, on exigera que celui qui souscrira la soumission de francisation certifie, au pied de l'état d'inscriptions, que ce certificat se rapporte effectivement au navire désigné dans la soumission, et qu'il reconnaisse que ce navire reste grevé de ces inscriptions. »

513. « Si le navire change de port d'immatricule, ajoute l'art. 7, les inscriptions non rayées sont pareillement reportées d'office par le receveur des douanes du nouveau port où il est immatriculé sur son registre et avec mention de leurs dates respectives. » Le nouveau receveur doit exiger, en pareil cas, qu'il soit produit un état certifié par le receveur du premier bureau des inscriptions encore valables, et il doit subordonner à la production de cet état l'acceptation des nouvelles soumissions de francisation. On serait exposé, en effet, à omettre les renouvellements et les radiations qui ont pu avoir lieu depuis le départ du dernier port d'attache, si l'on se bornait à reproduire les mentions portées à l'acte de francisation... Il conviendra, d'ailleurs, que le receveur de l'ancien port d'attache, ou du bureau dans lequel la déclaration de construction avait été reçue, soit informé par lettre spéciale, dont il accusera réception, de ce qui aura été fait dans le nouveau bureau » (Circ. 28 avr. 1875).

514. Le paragraphe 2 de l'art. 25 de la loi de 1874 s'exprimait ainsi : « En cas de distribution du prix d'un navire hypothéqué, l'inscription vaut opposition au profit du créancier inscrit. Les créanciers auront un mois pour produire leurs titres, à compter de la sommation qui leur aura été adressée ». — « Pour que l'hypothèque inspire confiance et devienne une source de crédit, disait le rapporteur de la loi de 1874, il faut que le créancier soit à l'abri de toutes les surprises, et, par exemple, qu'il ne puisse pas redouter qu'après saisie opérée par un tiers, le prix du navire soit distribué à son insu. Dans ce but, nous donnons à l'inscription hypothécaire le caractère et l'effet d'une opposition sur le prix. Sommation de produire devra donc être faite aux créanciers, et, comme cette sommation notifiée au domicile élu peut être lente à leur parvenir, qu'elle peut d'ailleurs les prendre à l'improviste, dérogeant en leur faveur à l'art. 213 c. com., nous leur donnons pour produire le délai d'un mois fixé par l'art. 660 c. proc. civ. ». Ces dispositions exceptionnelles n'ont pas été reproduites dans la loi de 1885.

515. L'art. 37, § 2, de la loi de 1885, conforme à l'art. 30, § 2, de la loi de 1874, s'exprime en ces termes : « La responsabilité de la régie des douanes du fait de ses agents ne s'applique pas aux attributions conférées aux receveurs par les dispositions qui précèdent ». Cette disposition n'a été admise qu'après d'assez longues discussions. On s'est prévalu, pour la justifier, de ce que l'Etat n'est pas responsable des fautes que peuvent commettre les conservateurs des hypothèques immobilières. « L'Etat, a-t-on dit encore, n'est responsable des fautes commises par ses agents que quand il s'agit de la perception des deniers publics, parce qu'il s'agit alors de perceptions faites pour son compte et que le receveur des douanes est son mandataire. Mais quand le receveur des douanes n'agit que dans un intérêt privé, de particulier à particulier, il n'est pas possible que l'Etat soit responsable. » (D. P. 75. 4. 72, note 5). — La disposition des art. 30, § 2, de la loi de 1874 et 37, § 2, de la loi de 1885 a été l'objet de vives critiques (V. notamment : Mallet, p. 65).

516. L'art. 37 de la loi de 1885, reproduction de l'art. 30 de la loi de 1874 dispose que : « le tarif des droits à percevoir par les employés de l'administration des douanes, ainsi que le cautionnement spécial à leur imposer, à raison des actes auxquels donnera lieu la présente loi, les émoluments et honoraires dus aux notaires et aux courtiers conducteurs de navires pour les ventes dont ils pourront être chargés, seront fixés par des décrets rendus dans la forme des règlements d'administration publique ». — Un décret du 23 avr. 1875 (D. P. 75. 4. 104) avait été rendu en exécution de la loi de 1874; il a été remplacé par un décret du 18 juin 1886 (D. P. 86. 4. 85), rendu en exécution de la loi du 10 juill. 1885.

517. Le législateur *anglais* (*Merchant shipping act* de 1854, art. 32) a créé un livre, *Register book*, qui est, en quelque sorte, le registre de l'état civil des navires anglais. Ce livre est tenu par un fonctionnaire appelé *Registrar*. Le *Registrar* doit transcrire, au fur et à mesure (*in the order of time*), tout *mort-gage* dont l'acte constitutif lui est représenté, et faire mention de cette transcription sur le titre (art. 66 et 67; formule 1; Tr. Morel, p. 233; Mallet, p. 187). Quand l'emprunteur s'est libéré de l'obligation hypothécaire, le *registrar*, sur la présentation du titre revêtu du reçu de la somme empruntée, dûment signé et attesté, doit mentionner la libération sur le *register book* (art. 68). La priorité des hypothèques se détermine d'après la date de l'enregistrement du titre (art. 69). Le *mort-gage* enregistré d'un navire peut être l'objet d'un transfert; l'instrument du transfert doit être rédigé selon la formule K, annexée à l'acte de 1854 (Mallet, p. 188; Tr. Morel, p. 234); sur la production de cet instrument, le *registrar* inscrit sur son registre le nom du cessionnaire, et, par une annotation de sa main, constate sur l'instrument du transfert que ledit transfert a été transcrit par lui, en indiquant la date et l'heure de l'inscription (art. 73). La transmission des droits d'un *mortgagee* par mort, faillite, insolvabilité, mariage, etc., doit être dûment établie par la déclaration de l'intéressé rédigée suivant la formule L (Tr. Morel, p. 235; Mallet, p. 189), et indiquer la manière dont l'acte a été passé et la personne à qui le *mort-gage* a été transféré (art. 74). Cette transmission doit également être enregistrée (art. 75). L'art. 80 prescrit l'application des règles suivantes aux certificats de *mort-gage* : 1° le pouvoir sera exercé conformément aux indications contenues dans le certificat; 2° un relevé de chaque *mort-gage* fait en vertu de ce certificat sera endossé sur ledit certificat par un *registrar* ou par un agent consulaire anglais; 3° aucun *mort-gage* fait de bonne foi sur ce certificat ne sera invalidé (*impeached*) par cela seul que le mandant sera décédé avant l'accomplissement dudit *mort-gage*; 4° toutes les fois que le certificat contient la désignation du temps, n'excédant pas douze mois, et du lieu où l'hypothèque est réalisable, aucun *mort-gage* fait de bonne foi à un prêteur n'ayant point reçu d'avis ne sera invalidé par la faillite ou l'insolvabilité antérieure du mandant; 5° la priorité des *mort-gage* s'établit par la priorité de l'enregistrement; 6° moyennant l'observation des règles ci-dessus, tout prêteur dont l'hypothèque est inscrite sur le certificat aura les mêmes droits et sera soumis aux mêmes charges que si son hypothèque avait été inscrite sur le *register book*, au lieu de l'être sur le certificat; 7° la radiation de toute hypothèque enregistrée ainsi sur le certificat peut être inscrite au dos (*indorsed*) de ce certificat par tout *registrar* ou agent consulaire anglais, sur la production d'une preuve (*evidence*) semblable à celle qui doit être fournie pour l'inscription de la radiation d'un *mortgagee* sur le *register book*; 8° lors de la remise du certificat au *registrar* qui l'avait originairement délivré, celui-ci, après l'avoir transcrit sur le *register book* de manière à conserver son rang à toute hypothèque non annulée inscrite sur ce certificat, annulera (*cancel*) ledit certificat et mentionnera le fait de cette annulation sur le *register book*; le certificat ainsi annulé ne pourra plus produire à l'avenir aucun effet.

518. Aux *Etats-Unis* (Tr. Morel, p. 238; Mallet, p. 192; Desjardins, t. 5, n° 1229), le *mort-gage* est inscrit sur les registres tenus en exécution des lois de 1792 et 1793, par le receveur des douanes (Dixon, n° 443). L'art. 4192 des statuts revisés dispose qu'aucun acte de vente, *gage, hypothèque*, ou cession d'un navire n'est valable à l'égard de tout autre que le cédant ou la personne conférant l'hypothèque éventuelle, leurs héritiers et légataires ou les tiers en ayant légalement connaissance, si cet acte n'a été enregistré au bureau du receveur des douanes du port où le navire est enregistré ou enrôlé. Le *collecteur* doit, comme le *registrar* anglais, mentionner non seulement le jour, mais encore l'*heure* de l'enregistrement (Formule rapportée par Tr. Morel, p. 239, et Mallet, p. 193).

519. L'art. 2374, § 2, du code civil du *Bas-Canada* dispose que l'hypothèque sur bâtiment anglais enregistré s'établit conformément aux dispositions du *merchant shipping act* anglais de 1854. Tout contrat fait en vertu de l'art. 2375 doit être passé devant notaire ou fait double en présence de deux témoins. Ce contrat, ou un bordereau, doit être enregistré au bureau d'enregistrement du comté ou de la localité où le bâtiment se construit, suivant les règles prescrites par l'*act* intitulé : *acte pour encourager la construction des vaisseaux*. Le contrat et les actes qui en découlent n'ont d'effet qu'à partir de la date de l'enregistrement (art. 2380).

520. En *Hollande*, c'est par le conservateur des hypothèques qu'est faite l'inscription des hypothèques sur les navires. L'acte constitutif de l'hypothèque, pour produire son effet, doit avoir date certaine et être inscrit sur le registre mentionné en l'art. 309 (art. 615). — De même, dans la République de l'Uruguay, l'hypothèque maritime est inscrite sur le même registre que les autres hypothèques.

521. En *Prusse*, la loi du 24 juin 1861, qui est également applicable dans la *Nouvelle Poméranie*, à Rügen, dans le *Schleswig-Holstein* et dans le *Hanovre*, s'exprime ainsi (art. 50) : « La mise en gage est inscrite au registre des navires. L'inscription se fait par le tribunal qui tient le registre. Elle énonce : 1° le nom des créanciers; 2° la dette qui a le gage pour objet; 3° la mention de l'acte constitutif du gage, lieu et date compris; 4° la date de l'inscription. L'inscription est relatée par le tribunal sur l'acte constitutif du gage et sur le certificat du débiteur. L'inscription au registre vaut constitution de gage. Tant que la mise en gage est inscrite au registre de navires, le créancier a les droits d'un véritable détenteur de gage. L'inscription du gage doit être rayée du registre de navires dès que le droit de gage cesse. »

522. En *Belgique*, la publicité de l'hypothèque résulte de l'inscription sur un registre spécial tenu par le conservateur des hypothèques d'Anvers. (L. 21 août 1879, art. 139). Pour opérer l'inscription, il est présenté au bureau des hypothèques un des originaux du titre constitutif d'hypothèque lequel y reste déposé, s'il est sous seing privé, ou une expédition, s'il est authentique. Il y est joint deux bordereaux dont l'un peut être porté sur le titre présenté (Même loi, art. 140). Le conservateur fait mention sur son registre des énonciations contenues au bordereau, qui sont énumérées par l'art. 140, et il remet au requérant l'expédition du titre, s'il est authentique, et l'un des bordereaux au pied duquel il certifie avoir fait l'inscription, dont il indique la date, le volume et le numéro d'ordre (art. 141). Entre les créanciers, l'hypothèque n'a de rang que du jour de l'inscription. Les créanciers inscrits le même jour viennent en concurrence au même rang (art. 142). L'inscription conserve l'hypothèque pendant trois ans à compter du jour de sa date (art. 143). La cession de créance inscrite ou la subrogation n'est opposable aux tiers que du jour où il est fait, en marge de l'inscription, mention de la date et de la nature du titre du cessionnaire, avec indication des noms, prénoms, professions, domiciles des parties (art. 144, § 2). L'inscription garantit au même rang que le capital trois années d'intérêts (art. 145). Les inscriptions sont rayées ou réduites sur dépôt d'un acte écrit (même sous seing privé) portant consentement des parties, ou en vertu d'un jugement passé en force de chose jugée (art. 146 et 147). L'inscription de l'hypothèque vaut opposition au payement de l'indemnité d'assurance (art. 149, § 2).

523. En *Italie*, l'acte constitutif du *pegno navale* doit, pour avoir effet à l'égard des tiers, être transcrit : 1° quand il a été fait dans le royaume, sur les registres du bureau maritime où le navire est inscrit ; 2° quand il a été fait à l'étranger, sur les registres du consulat royal du lieu où se trouve le navire. Dans les deux cas, le *pegno* doit être inscrit sur l'acte de nationalité du navire ; mention de cette inscription est faite dans la transcription (c. com. art. 485). Lorsqu'il s'agit d'un navire en construction, l'acte n'a pas d'effet à l'égard des tiers, s'il n'est pas transcrit sur les registres du bureau maritime dans le ressort duquel le navire est construit (art. 486). Si l'aliénation, la cession ou la constitution de *pegno* sur un navire se fait dans le royaume pendant que ce navire est en voyage pour un pays étranger, on peut convenir que l'inscription sur l'acte de nationalité sera opérée dans la chancellerie du consulat du lieu où le navire se trouve ou se rend (art. 489). Le contrat n'a, en ce cas, d'effet à l'égard des tiers qu'à dater de l'inscription sur l'acte de nationalité (même article). La radiation des inscriptions ou mentions des privilèges ne peut s'opérer que du consentement des intéressés, ou sur le vu d'un jugement passé en force de chose jugée (art. 682).

§ 5. — Des effets de l'hypothèque.

524. Nous avons à exposer, en ce qui concerne les effets de l'hypothèque : 1° les dispositions de l'art. 17 de la loi de 1874 sur les droits des créanciers en cas de perte ou d'innavigabilité du navire, lesquelles n'ont pas été maintenues par la loi de 1885 ; 2° celles de l'art. 17 de la loi nouvelle qui, reproduisant l'art. 18 de la loi de 1874, déterminent les droits des créanciers hypothécaires, lorsque le navire a échappé aux risques maritimes ; 3° celles de l'art. 35 de la loi de 1885 relatives à la vente des navires grevés d'hypothèques et à l'effet des hypothèques consenties à l'étranger.

525.—I. DROITS DES CRÉANCIERS EN CAS DE PERTE OU D'INNAVIGABILITÉ DU NAVIRE. — L'art. 17 de la loi de 1874 s'exprimait en ces termes : « En cas de perte ou d'innavigabilité du navire, les droits des créanciers s'exercent sur les choses sauvées ou sur leur produit, alors même que les créances ne seraient pas encore échues. Ils s'exercent également, dans l'ordre des inscriptions, sur le produit des assurances qui auraient été faites par l'emprunteur sur le navire hypothéqué. Dans le cas prévu par le présent article, l'inscription de l'hypothèque vaut opposition au payement de l'indemnité d'assurance. — Les créanciers inscrits ou leurs cessionnaires peuvent, de leur côté, faire assurer le navire pour la garantie de leurs créances. — Les assureurs avec lesquels ils ont contracté l'assurance sont, lors du remboursement, subrogés à leurs droits contre le débiteur ».

Le premier alinéa de cet article renfermait une disposition de la plus grande importance, qui avait donné lieu à de graves discussions ; il consacrait le système qui avait été proposé dans le premier projet de revision de 1866, mais avait été définitivement rejeté dans le projet imprimé en 1867. Le rapport de la commission justifiait, ainsi qu'il suit, cette disposition : « La nécessité d'associer le contrat d'assurance à l'hypothèque maritime ne peut faire de doute pour aucun esprit. Déjà en matière civile, quand l'hypothèque frappe des bâtiments, il est usuel de voir le créancier imposer à l'emprunteur l'obligation de l'assurance et se faire subroger conventionnellement à l'indemnité exigible en cas de sinistre. Seulement, la cession éventuelle de l'indemnité à titre de garantie ne peut résulter que d'une stipulation expresse, et elle est assujettie aux formes compliquées du gage des créances. En matière maritime, aucune hypothèque ne serait acceptée sans assurance, et la stipulation deviendrait de style. Il nous a semblé, dès lors, préférable d'en dispenser les parties et d'attacher la subrogation, comme effet de plein droit, au contrat d'hypothèque. Ce système offre de grands avantages ; il épargne au créancier des frais de notification qui seraient le plus souvent très onéreux, car, en matière d'assurance maritime, les risques sont ordinairement divisés, et un grand nombre d'assureurs concourent à la même police. Il permet, d'un autre côté, au débiteur de conserver entre ses mains la police sans laquelle il lui serait difficile de contracter un emprunt ultérieur et il ne pourrait, dans le cas d'avaries, régler avec ses assureurs. Qui pourrait se plaindre d'ailleurs? Les tiers qui connaîtront l'incription sauront d'avance que le droit de préférence découlant de l'hypothèque s'étend de plein droit à l'indemnité d'assurance. Les créanciers ordinaires se verront, il est vrai, primés par les créanciers hypothécaires ; mais l'indemnité d'assurance est en fait la représentation du navire, et, si le navire n'avait pas péri, cette préférence eût existé. Du reste, s'il n'y avait pas de subrogation légale, l'indemnité éventuelle, restant à la disposition du débiteur, n'en échapperait pas moins aux créanciers chirographaires, car elle ferait l'objet d'une subrogation conventionnelle qu'on verrait prendre place dans tous les contrats d'hypothèque. Quant aux assureurs, ils n'auront point à souffrir de la subrogation légale, pourvu qu'il n'en résulte pas pour eux l'obligation de vérifier, à chaque règlement d'avaries, l'état hypothécaire du navire, et de mettre en cause les créanciers inscrits. Or le projet de loi leur donne, à cet égard, toute satisfaction en limitant la subrogation au cas de sinistre majeur, perte ou innavigabilité. Dans les circonstances ordinaires, les rapports des assurés et des assureurs ne seront nullement affectés par les droits attribués aux créanciers, et, dans les cas exceptionnels de perte ou de condamnation du navire, il ne naîtra pour les assureurs ni embarras ni danger de l'obligation de réclamer, avant le règlement de l'indemnité, soit la preuve qu'il n'existe pas d'hypothèques, soit la mainlevée de celles dont l'existence serait constatée par l'état produit ».

L'œuvre du législateur de 1874 fut, sur ce point, l'objet de vives critiques. M. Barne, dans son rapport au Sénat, les exposait en ces termes : « Suivant notre code civil, les effets de l'hypothèque sont restreints à l'immeuble qui en est affecté ou au prix de son aliénation volontaire ou forcée. Les droits de suite et de préférence attachés à l'hypothèque n'ont jamais d'autre objet. Aussi, quand un immeuble assuré contre l'incendie vient à périr, l'indemnité due au propriétaire par l'assureur n'appartient pas aux créanciers hypothécaires, à moins qu'elle ne leur ait été déléguée d'avance par une clause spéciale de l'acte d'emprunt. Cette indemnité devient le gage commun de tous les créanciers de l'assuré, et, en cas de distribution, elle est répartie entre eux au marc le franc. La loi de 1874 avait dérogé à cette règle pour attribuer aux prêteurs sur hypothèque maritime les droits de suite et de préférence sur les sommes dues par les assureurs du navire hypothéqué, en cas de perte ou d'innavigabilité. L'inscription valait opposition au payement de l'indemnité d'assurance. Le législateur avait exagéré la faveur due aux prêts hypothécaires en voulant trop augmenter le crédit de l'emprunteur ; aussi le but fut-il dépassé sans être atteint. La catégorie nombreuse des créanciers privilégiés était sacrifiée par cette dérogation aux principes du droit commun, et les assureurs furent bientôt frappés d'une légitime alarme, produite par une dangereuse influence sur leurs opérations de contrats auxquels ils étaient étrangers. Désormais aucune indemnité d'assurance ne pouvait être payée avec sécurité sans une vérification de la situation hypothécaire de l'assuré. La production d'un état négatif d'inscription était, pour les propriétaires de navires libres de tout engagement, une formalité gênante et souvent une cause de retard dans le recouvrement des indemnités. Les assurances, si nécessaires aux intérêts maritimes, devenaient difficiles et parfois impossibles ; les assureurs exigeaient des conditions particulières dans les polices pour se mettre à l'abri des effets d'une opposition légale et occulte. Ils interdisaient tout emprunt hypothécaire sur les navires assurés. La suppression de l'art. 17 de la loi de 1874 a été demandée avec la plus vive insistance ; dans le monde commercial et maritime, on a fait, avec juste raison, valoir que les créanciers hypothécaires peuvent obtenir, au moment du contrat, la délégation des sommes assurées et que, par la signification aux assureurs de pareilles stipulations, ils se trouvent garantis plus efficacement que par les effets d'une attribution légale à leur profit des indemnités d'assurances. Ils risquent, en effet, de compter sur ces indemnités, alors que les polices qui se renouvellent d'ordinaire chaque année ont pu expirer bien avant le remboursement du prêt. D'ailleurs, la créance hypothécaire peut elle-même faire l'objet d'une assurance spéciale permise par l'art. 334 c. com., qui, en prévoyant l'assurance des sommes prêtées à la grosse, énonce aussi *toutes autres choses ou valeurs estimatives sujettes aux risques de la navigation*. La Chambre des députés, frappée de ces considérations, a supprimé l'art. 17. Votre commission s'est associée à ce retour rationnel aux règles ordinaires du droit hypothécaire, qui mettra d'ailleurs notre législation en harmonie avec celle de nos voisins de la Grande-Bretagne, chez qui l'hypothèque maritime est très pratiquée. Les prêteurs, et non la loi, doivent avoir le soin de protéger leurs intérêts par des assurances de garanties, par des subrogations conventionnelles, ou enfin par le renouvellement, pour le compte de leurs débiteurs, des polices dont ils peuvent exiger la remise en leurs mains, au moment de l'emprunt ». — Ces principes furent admis sans discussion, et les dispositions exorbitantes de l'art. 17 qui, reproduites d'abord dans le projet voté en 1881, avaient entièrement disparu de la proposition déposée en 1882, ne furent soutenues par personne.

526. Les hypothèques constituées avant la loi de 1885, sont, évidemment, encore régies par l'art. 17 de la loi de 1874. La loi nouvelle n'a pu modifier les effets de contrats conclus antérieurement et enlever aux prêteurs des garanties sur lesquelles ils avaient légitimement compté, au moment où ils faisaient leurs avances (Desjardins, t. 5, n° 1230 *bis*).

527. Une autre disposition contenue dans le premier alinéa de l'art. 17, § 1er, de la loi de 1874, portait que les créanciers hypothécaires pouvaient exercer leurs droits d'abord sur les choses sauvées ou sur leur produit. Cette disposition a disparu de la loi nouvelle, en même temps que le reste de l'art. 17. Le rapporteur de la loi au Sénat en donne le motif suivant : « L'art. 17 contenait une dispotion dont l'inutilité a été justement reconnue : car elle n'était que l'application du droit commun. Elle portait qu'en cas de perte ou d'innavigabilité du navire, les droits des créanciers s'exercent sur les choses sauvées ou sur leurs produits, alors même que les créances ne seraient pas encore échues ». M. Desjardins, t. 5, n° 1231, critique cette suppression : les jurisconsultes et la jurisprudence ne sont pas, en effet, unanimes à décider que le créancier peut exercer ses droits, notamment le privilège qui peut être attaché à sa créance (V. pour l'affirmative : Pardessus, t. 3, n° 955 ; et pour la négative : Desjardins, t. 1, n° 166), sur les débris du navire ou sur leur produit. Quoi qu'il en soit, le motif donné pour la suppression de cette disposition de l'ancien art. 17 ne peut aujourd'hui laisser aucun doute. Son principe subsiste toujours.

528. Les alinéas 2 et 3 de l'ancien art. 17 autorisaient expressément le créancier inscrit à faire assurer le navire pour la garantie de sa créance, et réglementaient l'exercice de ce droit. Dans son rapport à l'Assemblée nationale, M. Grivart justifiait cette disposition, dans les termes suivants : « Dans un grand nombre de cas, la subrogation à l'assurance souscrite par le propriétaire suffira au créancier. Mais le projet de loi accorde quelque chose de plus à ce dernier : il lui offre le moyen de se protéger d'une manière plus directe et plus sûre contre les risques de mer en faisant assurer lui-même le navire pour la garantie de sa créance. Grâce à cette disposition, il pourra se former entre les assureurs et le créancier un contrat personnel, indépendant du débiteur, qui ne subira pas l'influence des actes de celui-ci, et dont la convention des parties pourra librement étendre ou resserrer la portée. L'assurance de garantie, loyalement pratiquée, est une convention légitime, n'ayant avec le pari aucune ressemblance, et que la loi peut autoriser. Sans rechercher si, dans l'état de notre législation, elle se concilie avec les dispositions générales du droit commercial, très restrictif en cette matière, nous proposons de la déclarer expressément valable quand elle est contractée par un créancier hypothécaire ». Les dispositions des paragraphes 2 et 3 de l'ancien art. 17 ont disparu de la nouvelle loi. — Malgré cette abrogation, le créancier inscrit pourrait-il faire encore assurer le navire dans la limite de son intérêt ? Il est, à ce point de vue, placé aujourd'hui sous l'empire du droit commun. La question dépend de celle de savoir si le droit commun autorise une assurance ainsi contractée ; c'est un point qui sera examiné *infrà*, chap. 8. Mais à supposer qu'elle doive être résolue affirmativement, il ne faut pas oublier, comme le faisait remarquer le rapporteur de 1874, que, « dans quelques conditions qu'elle ait été souscrite, l'assurance conserve son caractère essentiel ; elle n'est qu'un contrat d'indemnité. Il en résulte que le créancier ne pourra jamais cumuler le bénéfice de sa propre assurance et de la subrogation légale à l'assurance du débiteur, et, qu'après remboursement, ses assureurs personnels seront fondés à exercer tous ses droits contre ce dernier » (Conf. Desjardins, t. 5, n° 1233).

529. Les créanciers hypothécaires, au lieu de faire assurer le navire pour garantie de leurs créances, peuvent-ils faire assurer leurs créances elles-mêmes ? M. Barne, dans son rapport au Sénat, résout affirmativement la question (V. *suprà*, n° 525). Cependant, nous ne pouvons admettre complètement cette solution. En effet, s'il s'agit d'une avance faite au propriétaire lui-même ou au capitaine s'obligeant sur tous ses biens, la créance elle-même est indépendante des fortunes de mer et ne peut être, par suite, l'objet d'une assurance maritime ; car l'assurance maritime ne saurait avoir pour objet de garantir la solvabilité d'un débiteur : elle ne peut s'appliquer qu'aux choses qui sont soumises aux risques de la navigation. Si l'on peut assurer les sommes prêtées à la grosse (art. 334), c'est parce que le sort du prêt étant essentiellement lié à celui des objets sur lesquels il est affecté, on peut dire que les sommes prêtées à la grosse sont elles-mêmes soumises aux risques de la navigation. On ne saurait, au contraire, assurer une créance que l'on peut faire valoir sur la fortune de terre comme sur celle de mer (Civ. cass. 3 janv. 1876, aff. Comp. d'assur. *l'Equateur*, D. P. 76. 1. 8. V. *infrà*, chap. 8). — La solution contraire ne devrait être admise que, « s'il s'agissait d'un prêt fait au capitaine empruntant hypothécairement sur la part d'un quirataire, dans le cas prévu par l'art. 35 ; l'abandon pouvant être fait au créancier, la créance hypothécaire est alors une valeur sujette aux risques de la navigation, comme celle du prêteur à la grosse et devient par suite susceptible d'assurance maritime » (Desjardins, t. 5, n° 1233. Conf. de Valroger, t. 3, n° 1255).

530. — II. Droits des créanciers lorsque le navire a échappé aux risques maritimes. — Il y a lieu d'envisager successivement le droit de préférence, puis le droit de suite que peut avoir à exercer, dans ce cas, le créancier. — En ce qui concerne le *droit de préférence*, on a expliqué *suprà*, n° 397, que les créanciers hypothécaires sont toujours primés par les créanciers privilégiés sur le navire (Loi de 1874, art. 27; Loi de 1885, art. 34). Quant au rang que les hypothèques ont entre elles, il est déterminé, conformément à la règle de droit commun, *prior tempore, potior jure*, par l'art. 10 de la loi de 1885, ainsi conçu : « S'il y a deux ou plusieurs hypothèques sur le même navire ou sur la même part de propriété du navire, le rang est déterminé par l'ordre de priorité des dates de l'inscription. L'art. 10 de la loi de 1874 ne visait que les hypothèques existant sur la même part de propriété du navire... ». La règle édictée par cette disposition s'appliquait évidemment au cas où plusieurs hypothèques étaient inscrites sur le même navire. La loi nouvelle s'explique formellement sur ce point (de Valroger, t. 4, n° 1217). Les hypothèques inscrites le même jour, ajoute l'art. 10, viennent en concurrence, nonobstant la différence des heures de l'inscription ». Le système de l'art. 10, qui fait abstraction des heures pour la détermination du rang des hypothèques, a été très critiqué (V. Desjardins, t. 5, n° 1234).

531. Deux années d'intérêts, en sus de l'année courante, sont garanties par l'inscription, au même rang que le capital (L. de 1874, art. 13; Loi de 1885, art. 13). L'année courante est celle qui est commencée et n'est point encore terminée, au moment où s'arrête le cours des intérêts. Son point de départ est facile à déterminer; c'est la dernière échéance annuelle. Mais quel sera le point d'arrêt ? Les mêmes controverses s'élèvent ici sur l'interprétation de l'art. 2151 c. civ. On les a exposées au *Rép.* v° *Privilèges et hypothèques*, n°s 2425 et suiv. (Comp. *infra*, eod. v°; Civ. cass. 7 avr. 1880, aff. Audonnet, D. P. 80. 1. 209, et la note).

532. Quel est le taux des intérêts conservés en conformité de l'art. 13? L'art. 38 de la loi de 1885 répond à cette question : « L'intérêt conventionnel en matière de prêts hypothécaires sur navires est libre. L'intérêt légal est de 6 pour 100, comme en matière commerciale ». — En ce qui concerne l'intérêt conventionnel, l'innovation consacrée par cet article était justifiée en ces termes, devant le Sénat, par le rapporteur du projet de loi : « Il a été reconnu que, malgré l'hypothèque, les prêts sur navires sont soumis à des risques exceptionnels qui justifient les exigences des prêteurs; que, d'ailleurs, il est plus important pour la marine de trouver de l'argent pour des entreprises souvent lucratives que d'être protégée par une limite légale et bien illusoire du taux de l'intérêt. On l'élude au moyen de commissions perçues sous le prétexte de dangers spéciaux pour l'argent prêté et de la nécessité de surveiller le gage. La concurrence entre les bailleurs de fonds assure mieux que la loi une limite raisonnable au taux de l'intérêt » (Rapport de M. Barne au Sénat). Au reste, la même règle a été étendue par la loi du 12 janv. 1886 (D. P. 86. 4. 32) à tous les prêts en matière commerciale. — Quant à l'intérêt légal, dès 1876, M. Le Cesne, dans son projet de réforme de la loi de 1874, demandait que la loi nouvelle augmentât le taux de l'intérêt légal en matière de prêt hypothécaire sur les navires et le portât à 7 1/2 pour 100 (art. 26 du projet, annexe au procès-verbal de la séance du 16 juin 1876). MM. Godin et Peulevey, en 1881, proposaient de porter ici la limite du taux de l'intérêt conventionnel à 7 pour 100. Mais la commission élue par la Chambre maintint le taux normal de 6 pour 100 (Rapport de M. Durand, du 10 déc. 1881).

533. Le *droit de suite* du créancier hypothécaire est réglé par l'art. 17. Le premier alinéa de cet article, conforme au premier alinéa de l'art. 18 de la loi de 1874, est ainsi conçu : « Les créanciers ayant hypothèque inscrite sur un navire ou portion de navire le suivent, en quelques mains qu'il passe, pour être colloqués et payés suivant l'ordre de leurs inscriptions ». — Les créanciers hypothécaires « suivent le navire », c'est-à-dire que le tiers détenteur est tenu envers eux en tant que tiers détenteur (Conf. c. civ. art. 2166 et suiv.). Ainsi que le faisait fort justement observer M. Grivart dans son rapport de 1874, « quant au droit de suite, c'est-à-dire à la faculté accordée au créancier de saisir et de faire vendre le navire pour obtenir payement de ce qui lui est dû, la loi nouvelle n'a point eu à le créer, car, en matière maritime, il existe d'une manière générale au profit de tous les créanciers. Seulement, elle lui donne la durée et la persistance sans lesquelles la garantie offerte au créancier serait précaire et insuffisante. Attaché à l'hypothèque, le droit de suite durera en principe autant qu'elle. La vente volontaire du navire, suivie d'un voyage accompli sous le nom du nouveau propriétaire, ne le purgera point » (Conf. Desjardins, t. 5, n° 1235). — En *Angleterre*, où le droit de suite existe, les créanciers hypothécaires postérieurs ne peuvent cependant faire vendre le navire sans l'aveu des créanciers antérieurs, sauf autorisation du juge compétent (art. 71 du *merchant shipping act* de 1854. Conf. Desjardins, *loc. cit.*); cette vente peut être faite à l'amiable par le *mortgagee*, qui a sur le navire un droit de disposition absolu (*ibid*). — Le modèle de contrat *américain* précité confère un droit analogue au *mort-gage* (Tr. Morel, p. 238; Mallet, p. 198). — L'art. 3 de la loi *belge* de 1879 est conçu en termes à peu près identiques à ceux du paragraphe 1er de l'art. 17 de la loi française.

534. Les autres dispositions de l'art. 17 sont ainsi conçues : « Si l'hypothèque ne grève qu'une portion de navire, le créancier ne peut saisir et faire vendre que la portion qui lui est affectée. Toutefois, si plus de la moitié du navire se trouve hypothéquée, le créancier pourra, après saisie, le faire vendre en totalité, à charge d'appeler à la vente les copropriétaires. — Dans tous les cas de copropriété, par dérogation à l'art. 883 c. civ., les hypothèques consenties durant l'indivision, par un ou plusieurs des copropriétaires, sur une portion du navire, continuent à subsister après le partage ou la licitation. — Toutefois, si la licitation s'est faite en justice, dans les formes déterminées par les art. 23 et suiv. de la présente loi, le droit des créanciers n'ayant hypothèque que sur une portion du navire sera limité au droit de préférence sur la partie du prix afférente à l'intérêt hypothéqué ». M. Grivart, dans son rapport sur la loi de 1874, a justifié ces dispositions dans les termes suivants : « Les effets de l'hypothèque sont nécessairement limités d'après l'étendue des droits du débiteur. Le propriétaire d'une part indivise de propriété ne peut affecter par une constitution d'hypothèque que le droit qui lui appartient. En matière immobilière, la loi n'admet pas que la poursuite puisse s'exercer sur une portion indivise, et préalablement à la saisie, elle oblige le créancier à provoquer la licitation (c. civ. art. 2205). D'un autre côté, l'hypothèque assise sur une copropriété est exposée à une chance redoutable. Si, par l'effet d'un partage ou d'une licitation, l'immeuble devient la propriété de l'un des coïndivisaires, il est censé lui avoir toujours appartenu, et les hypothèques constituées par les autres propriétaires ne produisent aucun effet. — Il était impossible d'appliquer ces principes en matière maritime. Quand il s'agit des navires, l'indivision est un fait si général, qu'on peut la considérer comme le régime habituel de la propriété. Plusieurs causes concourent à créer cet état de choses : l'importance des capitaux engagés, le désir de diviser les risques, l'avantage que trouve le propriétaire d'un navire à intéresser le capitaine aux chances de la navigation. Du reste, pour les navires, l'état de communauté a une grande affinité avec la société en participation, car, dans l'usage, la propriété commune est gérée par un mandataire, l'armateur, qui a tous les pouvoirs d'un administrateur de société. Aussi la loi, loin de se montrer hostile à cette sorte d'indivision, l'encourage et la protège. Pour pouvoir demander la licitation d'un navire, il ne suffit pas d'en être copropriétaire, il faut représenter plus de la moitié de l'intérêt total (c. com. art. 220) — Il n'était pas possible de ne pas tenir compte de cette situation pour admettre en premier lieu, ce qui est accepté dès aujourd'hui, que les créanciers d'un copropriétaire de navire peuvent, sans licitation préalable, saisir la part de leur débiteur ».

535. La seconde phrase du deuxième alinéa de l'art. 17, qui reproduit la phrase correspondante de l'art. 18 de la loi de 1874, renferme une disposition assez difficile à expliquer. On s'est demandé pourquoi le créancier ne peut faire vendre le navire entier, après saisie, qu'autant que son hypothèque porte sur *plus de la moitié*, alors que le droit de provoquer la licitation appartient au copropriétaire dont la part représente *la moitié* du navire. Il semble que le créancier, exerçant les droits de son débiteur en vertu de l'art. 1166, devrait être admis à poursuivre la vente dans les mêmes conditions que ce débiteur pourrait le faire lui-même. La plupart des auteurs ont critiqué sur ce point l'art. 17 (V. Mallet, p. 97; Bédarride, n°s 269 et suiv.; Laurin, t. 1, p. 199; Boistel, n° 1165; Lyon-Caen et Renault, t. 2, n°s 2437 et 2495; de Valroger, t. 3, n° 1260; Desjardins, t. 5, n° 1236; Vidal-Naquet, *Revue internationale du droit maritime*, t. 2, p. 747). — Un arrêt (Douai, 8 mai 1883, aff. Lair, D. P. 83. 1. 313), a cru pouvoir s'écarter des termes de cet article et a décidé que la saisie et la vente peuvent être poursuivies par le créancier, alors même que le débiteur ne serait copropriétaire que de la moitié du navire. Mais la cour de cassation, sur le pourvoi formé contre cet arrêt, a jugé sa décision inconciliable avec les termes formels de l'art. 17, d'après lesquels le créancier hypothécaire n'est autorisé à faire vendre après saisie la totalité du navire qu'autant que plus de la moitié en est hypothéqué à la créance du saisissant (Civ. cass. 31 mars 1886, D. P. 86. 1. 313). Le même arrêt déclare cette solution applicable, non seulement au créancier hypothécaire, mais aussi aux créanciers chirographaires, « attendu que l'on ne saurait faire au créancier hypothécaire une situation moins avantageuse qu'au créancier chirographaire, en permettant à ce dernier de faire saisir et vendre la totalité du navire indivis, alors que la part de son débiteur atteindrait, sans la dépasser, la valeur de la moitié de ce navire. » — M. Levillain a critiqué cette décision dans une dissertation insérée D. P. *ibid.*, où la disposition précitée de l'art. 17 est l'objet d'une discussion approfondie.

536. Dans le projet de loi adopté par la commission de l'Assemblée nationale, et déposé le 21 mars, le troisième alinéa de l'art. 18 était conçu en termes à peu près identiques à ceux du paragraphe 3 de l'art. 17 de la loi de 1885. M. Grivart expliquait ainsi cette disposition : « Nous n'avons pas hésité à faire fléchir ici le principe de l'art. 883. Quel que soit l'événement de la licitation ou du partage, en quelques mains que passe le navire, le créancier ayant hypothèque sur une part indivise conservera son droit de préférence ; il gardera même son droit de suite, à moins que la licitation ne se soit opérée dans les formes judiciaires. Dans ce dernier cas, l'adjudication ayant été précédée de la publicité la plus complète, on doit croire que le navire a atteint son maximum de prix, et, dès lors, il y aurait plus d'inconvénients que d'avantages à donner aux créanciers le droit de poursuivre une nouvelle vente ». Cette dérogation générale à l'art. 883 c. civ. a été critiquée par M. Sebert. « L'art. 883, a-t-il dit, est la sauvegarde des intérêts des familles. Voici quel a été son but : supposez un père ayant trois enfants ; deux de ses enfants établis ont peut-être, au moment de son décès, déjà reçu plus qu'il ne leur revient, soit par constitution de dot, soit par des avances que le père de famille leur a faites. Il meurt : sa fortune peut consister uniquement dans le navire qu'il possède. Ces deux enfants, qui ont reçu au delà de leurs droits, n'ont plus rien à prétendre dans la succession ; ils n'ont plus, en réalité, aucun droit de propriété dans le navire. Quand on arrivera au partage, il n'y aura rien à leur attribuer ; l'enfant qui n'aura rien reçu pour sa part aura seul droit à la propriété du navire, et il devra lui arriver, en vertu de l'art. 883 c. civ., libre des hypothèques que ses frères auraient pu consentir. Voilà le droit protecteur du code civil ; mais que dit la proposition de loi ? « Que les hypothèques consenties durant l'indivision par un ou plusieurs des copropriétaires sur une portion de navire continuent à subsister après le partage ou la licitation. » De sorte qu'un ou deux enfants qui auront reçu leur part, et même davantage, viendront le lendemain du décès hypothéquer la moitié ou les deux tiers du navire indivis pour la valeur de cette moitié ou des deux tiers, et, comme l'hypothèque continuera de subsister malgré l'événement du partage, il ne restera à l'enfant qui n'aura rien reçu que la moitié ou le tiers du navire pour tout émolument ; mais, pour peu qu'il y ait des dettes dans la succession, comme il faudra les payer sur ce tiers ou cette moitié, il pourra se faire qu'il ne reste rien, ou peu de chose, pour l'enfant non doté. Il a bien, il est vrai, une action personnelle contre ses deux cohéritiers qui ont reçu plus qu'il ne leur revient ; mais s'ils ne sont pas solvables, ceux qui ont reçu garderont ce qui leur aura été compté, et leur frère ne pourra pas même conserver ce qui restait au père de famille. — Voilà le résultat de la dérogation proposée à l'art. 883 c. civ. M. le rapporteur a commis une erreur au sujet de l'effet de cet art. 883 ; il a semblé en faire l'application à la copropriété conditionnelle volontaire, qui peut exister entre plusieurs particuliers. Ce n'est pas là ce qu'a voulu dire votre art. 18 sur l'art. 883 c. civ. Si cinq ou six personnes sont copropriétaires volontaires, chacune peut hypothéquer sa part : l'art. 883 ne règle pas cela. On vend le navire, ou une part de navire, et les créanciers des vendeurs font valoir leurs droits respectivement sur la part de leur débiteur. L'art. 883 ne s'occupe pas de ce cas ; ce qu'il vise, ce n'est pas la copropriété, c'est surtout l'indivision résultant d'un décès. — Je le répète, ce qu'on a mis dans l'art. 18 du projet de loi ne peut être consacré par vous ; et si cet article était maintenu, à lui seul il devrait faire rejeter la loi » (Séance du 27 juin). — Dans l'intervalle de la deuxième à la troisième délibération, la commission modifia l'art. 18 de manière à donner satisfaction à M. Sebert : « L'honorable M. Sebert, dit M. Alfred Dupont, rapporteur, avait demandé la suppression complète de ce paragraphe. La commission n'a pas pu l'accepter. Mais l'honorable M. Humbert a proposé une rédaction que la commission adopte, et qui se borne à restreindre l'effet de la suppression de l'art. 883 dans deux hypothèses : le cas où l'indivision procède de l'ouverture d'une succession, et le cas où l'indivision procède de la dissolution d'une communauté conjugale. M. Humbert a bien voulu nous communiquer son amendement, et nous l'acceptons dans son entier. Il est ainsi conçu : « Dans tous les cas de copropriété autres que ceux qui résultent d'une succession ou de la dissolution d'une communauté conjugale, les hypothèques, etc. » Le surplus, comme au projet. La commission propose à l'Assemblée d'adopter cette rédaction. — Cette rédaction fut, en effet, adoptée et devint le paragraphe 3 de l'art. 18. Mais, en 1885, on revint, comme nous l'avons dit, au texte primitif de 1874 : le rapport de M. Barne au Sénat donne le motif de ce changement : « La commission, dit-il, a pensé qu'il convenait de comprendre dans la règle exceptionnelle établie pour l'hypothèque maritime les deux cas qui en étaient exclus, à raison de ce que toute hypothèque sur une portion de navire ne pouvant être désormais consentie qu'avec l'adhésion de la majorité des copropriétaires, en conformité de l'art. 3 nouveau de la loi, il y avait une garantie pour tous de ne voir établir des hypothèques sur des parts indivises d'un navire que dans l'intérêt et pour les besoins de ce navire lui-même. Le nouvel art. 17 doit donc être modifié dans ce sens. »

La loi de 1885, comme celle de 1874, ne déroge à l'art. 883 c. civ. qu'en faveur des créanciers *hypothécaires*. Les *privilèges* sur les navires restent donc sous l'empire du droit commun, et ne pourraient pas être opposés au nouveau propriétaire (de Valroger, t. 3, n° 1264 ; Desjardins, t. 5, n° 1236).

537. — III. VENTE DES NAVIRES GREVÉS D'HYPOTHÈQUE. — La vente d'un navire hypothéqué peut, lorsqu'elle a lieu à l'étranger, entraîner de graves inconvénients. Que devient, en effet, la garantie du créancier, lorsque le navire, ayant acquis une nouvelle nationalité, se trouve régi par une législation différente de la nôtre ? Ce danger, qui n'avait pas été prévu par le législateur de 1874, préoccupa les auteurs de la loi de 1885, et, lors de la discussion de cette loi, la commission du Sénat proposa d'insérer en tête de l'art. 33 la disposition suivante : « La vente volontaire d'un navire grevé d'hypothèques est interdite à l'étranger ». — Des explications échangées au Sénat, il ressort clairement, ainsi que le fait remarquer M. Desjardins, t. 5, n° 1212, que le législateur n'a entendu punir des peines édictées par l'art. 408 c. pén. que la vente faite frauduleusement à un étranger. « Evidemment, a dit M. Brunet, à la séance du 8 mai, la commission n'a pu vouloir prévoir que le cas de fraude, le cas où la vente aura été faite avec une intention dolosive. Car, s'il arrivait que, vendant en port étranger à des étrangers, le propriétaire ou le conducteur du navire eût le soin de garantir les intérêts des créanciers hypothécaires ; s'il faisait consigner le montant de la vente et si ce prix était suffisant pour désintéresser les créanciers ; s'il faisait verser aux mains des créanciers hypothécaires la somme réalisée par cette vente, il est bien évident qu'ayant pris de telles précautions, il ne pourrait pas être poursuivi en vertu de l'article que nous allons voter tout à l'heure. Cela n'est pas dans la loi : il vaudrait peut-être mieux qu'on le mentionnât d'un mot ; mais enfin cela est tellement dans la nature des choses, que je n'insiste pas sur cette critique, et que je n'en fais pas l'objet d'un amendement. » — M. Brunet a ensuite signalé deux lacunes dans la rédaction proposée. La vente dans un port étranger ne détruira pas toujours la nationalité du navire français vendu. S'il est vendu à un Français, il restera navire français et, dans les mains du second propriétaire, restera grevé des mêmes charges hypothécaires qui pesaient sur lui avant la vente. Cette vente là ne peut être interdite. D'autre part, il n'est pas interdit à un étranger d'acheter un navire français ou de l'armer en France ; seulement, en l'achetant ou en l'armant, il en fait un navire étranger et les créanciers hypothécaires n'ont plus, du chef de la loi française, le droit de suite. A la suite de ces observations et avec l'assentiment de la commission, le Sénat a adopté un amendement, devenu la rédaction définitive de la première partie du paragraphe premier ainsi conçu : « La vente volontaire d'un navire grevé d'hypothèques à un étranger, soit en France, soit à l'étranger, est interdite. Tout acte fait en fraude de cette disposition est nul, et rend le vendeur passible des peines portées par l'art. 408 c. pén. L'art. 463 du même code pourra être appliqué » (Comp. *suprà*, n° 151).

Il n'est pas, d'ailleurs, nécessaire, pour l'application de l'art. 33, § 1er, que le navire ait été vendu tout entier; il suffit que la portion vendue ait été suffisante pour le dénationaliser; il suffit que le propriétaire se soit proposé d'anéantir aux mains du créancier hypothécaire l'exercice légitime de son droit (Desjardins, *ibid.*).

538. Si l'art. 33 interdit, sous la sanction de peines correctionnelles, le changement de nationalité du navire hypothéqué, la substitution pour ce navire d'un port d'attache étranger à son port d'attache français, sans modification de nationalité, ne tombe pas sous le coup de cette interdiction. Mais, à tout le moins, ne résultera-t-il pas de cette substitution une diminution de garantie au regard du créancier hypothécaire, diminution qui permettra à celui-ci d'invoquer l'art. 1188 c. civ.? La question a été résolue affirmativement par un récent arrêt de la cour de cassation (Civ. cass. 19 déc. 1888, aff. Compagnie houillère de Bessèges, D. P. 89. 1. 57). Aux termes de cet arrêt, toutes les formalités prescrites par la loi du 10 juill. 1885, pour la conservation de l'hypothèque maritime, la sûreté de la créance qu'elle garantit et la vente éventuelle du navire devant être remplies au port d'attache français de ce navire, ou auprès du tribunal du lieu, il en résulte que la substitution à ce port d'un port d'attache étranger diminue les sûretés données au créancier hypothécaire, en le plaçant dans l'impossibilité de profiter des dispositions édictées en vue de sauvegarder ses droits. — Et il en est ainsi, alors même que le navire qui acquiert un port d'attache étranger demeurerait immatriculé dans le port français auquel il appartenait, cette immatricule n'étant plus que fictive, et un navire ne pouvant, en réalité, avoir deux ports d'attache. Dans ces conditions, le créancier hypothécaire pour prêt au propriétaire du navire, dont les sûretés sont diminuées, a le droit de poursuivre contre son débiteur la déchéance du bénéfice du terme, et son droit ne peut être paralysé sous le prétexte qu'il savait, lors du prêt fait par lui, que le navire était susceptible d'être employé dans des services gouvernementaux étrangers, cette éventualité étant différente de celle de la substitution, pour le navire, d'un port d'attache étranger à un port français. — Cette décision est parfaitement fondée. Il n'est pas douteux que l'attache du navire joue, dans le système de la loi de 1885, un rôle capital. C'est sur les registres du receveur des douanes du port d'attache que sont inscrites les hypothèques; c'est là qu'elles sont renouvelées; c'est là encore que celles consenties à l'étranger doivent venir se révéler pour être opposables aux tiers. Les formalités, en cas de purge, de saisie, de réquisition de surenchère, se concentrent au même lieu, ou se réfèrent aux mentions contenues dans les registres du même fonctionnaire (art. 6, 9, 11, 15, 16, 18, 20, 23, etc.). Enfin, lorsqu'il y a changement de port d'attache pour le navire, en France, aux termes de l'art. 7 de la loi, les inscriptions sont reportées sur les registres de la douane du nouveau port choisi, en sorte que c'est ce nouveau port qui devient le centre de l'état et des procédures hypothécaires relatives au navire en question.

539. — IV. EFFETS DE L'HYPOTHÈQUE CONSTITUÉE A L'ÉTRANGER. — Un navire français peut être valablement hypothéqué à l'étranger. Le législateur ne soumet expressément la validité de cette hypothèque qu'à une seule condition : pour avoir effet à l'égard des tiers, elle devra être inscrite sur les registres de la recette principale des douanes du port d'immatricule. L'art. 33, 2e al., de la loi de 1885 s'exprime ainsi : « Les hypothèques consenties à l'étranger n'ont d'effet à l'égard des tiers, comme celles consenties en France, que du jour de leur inscription sur les registres de la recette principale des douanes du port d'immatricule du navire ». Mais ne faut-il pas, pour la constitution régulière de l'hypothèque, que le constituant se soit conformé aux prescriptions de la loi étrangère quant à la forme de l'acte, suivant la règle : *locus regit actum?* Par exemple, devrait-on déclarer nulle l'hypothèque constituée par acte sous seing privé, dans un pays où l'acte authentique est exigé ? La négative paraît devoir être admise. Le législateur de 1885, qui a eu surtout en vue de faciliter l'hypothèque des navires n'a pas entendu astreindre le capitaine à des formalités gênantes et onéreuses : il s'agit, d'ailleurs, en réalité, ici, d'une hypothèque française constituée à l'étranger (Desjardins, t. 5, n° 1238).

540. Avant la promulgation de la loi de 1885, une vive controverse existait sur le point de savoir si l'art. 2128 c. civ. ne mettait pas obstacle à ce qu'un contrat intervenu en pays étranger conférât hypothèque sur un navire français. La cour d'Aix avait résolu affirmativement la question (Aix, 22 nov. 1876, aff. Barbaressos, D. P. 78. 2. 103. Conf. Sarrut, *la Loi* du 22 mai 1881). Mais le système opposé était plus généralement adopté par la jurisprudence et les auteurs, qui décidaient que la prohibition de l'art. 2128 ne pouvait, dans le silence de la loi, s'appliquer à l'hypothèque maritime (Civ. cass. 25 nov. 1879, aff. Barbaressos, D. P. 80. 1. 56, et, sur renvoi, Grenoble, 11 mai 1881, D. P. 83. 2. 65; Lyon-Caen, note sur l'arrêt du 25 nov. 1879 ; Renault, *Revue critique*, 1881, p. 485; Levillain, dissertation insérée D. P. 83. 2. 65). — L'art. 33, § 2, de la loi de 1885 a implicitement tranché la controverse dans le sens de cette dernière opinion.

541. Pour que l'hypothèque découlant ainsi d'un contrat passé à l'étranger puisse porter sur un navire français, doit-on exiger que le contrat ait été déclaré exécutoire par les tribunaux de France, conformément aux art. 2123 c. civ. et 546 c. proc. civ.? La cour de cassation, dans l'arrêt du 25 nov. 1879, cité *suprà*, n° 540, se prononce incidemment dans le sens de l'affirmative, et les cours de Grenoble (Arrêt du 11 mai 1881 cité *ibid.*) et de Bordeaux (Arrêt du 2 juill. 1888) (1), émettent une opinion conforme (Conf. Trib. Seine, 20 déc.

(1) (Bemberg et comp. C. Berridge.) — Un bâtiment anglais *le Fire-Queen*, ayant été saisi et vendu sur les poursuites de plusieurs créanciers, une contribution fût ouverte sur le prix, et les sieurs Bemberg et comp. furent colloqués, lors du règlement provisoire, au rang fixé par l'art. 191-9° c. com. comme prêteurs à la grosse. Cette collocation ayant été contestée par le sieur Berridge, créancier hypothécaire, Bemberg et comp. soutinrent que l'acte constitutif de son hypothèque passé à l'étranger n'ayant pas été rendu exécutoire en France, son action n'était pas recevable de ce chef. Le tribunal civil de Bordeaux rendit, le 15 nov. 1886, un jugement qui accordait l'*exequatur* et qui, statuant en même temps au fond, rejetait la demande de Berridge. — Ce dernier interjeta appel ; les sieurs Bemberg et comp. interjetèrent de leur côté un appel incident prétendant que les premiers juges n'avaient pas le droit d'accorder incidemment l'*exequatur*. — Arrêt.

LA COUR ; — Sur l'appel de Berridge : — Attendu qu'avant d'en examiner le mérite il y a lieu d'apprécier la fin de non-recevoir opposée en première instance par Bemberg et comp., reproduite devant la cour par voie d'appel incident ; — Que les susnommés pour faire écarter le contredit dont leur collocation au rang des privilèges a été l'objet, soutiennent que Berridge était sans qualité pour soulever cette difficulté, parce qu'il agit uniquement en vertu d'un titre sous seing privé passé en pays étranger et qui n'a pas été rendu exécutoire ; — Attendu qu'il n'est pas contesté que Berridge n'avait produit pour sa créance personnelle et contesté la collocation de Bemberg et comp. que sur le fondement d'un acte sous seing privé en date du 11 févr. 1881, enregistré à Bordeaux le 4 mai 1885, intervenu à Liverpool et par lequel Banks pour assurer le payement des sommes dont il se reconnaissait débiteur conférait à Berridge une hypothèque maritime sur le navire *Fire-Queen;* — Attendu que d'après les dispositions aussi formelles que générales de l'art. 546 c. proc. civ., les contrats

1878, aff. Zeillinger et Illmer, *Gazette des tribunaux* du 31 déc. 1878; Trib. civ. Marseille, 4 avr. 1881 (1); 20 août 1881, *Recueil de Marseille*, 1881. 2. 188; 31 déc. 1881, aff. Manuel de Laurrauri, *ibid.*, 1882. 2. 26; 10 févr. 1882, *ibid.*, 1882. 2. 35; Trib. Seine, 11 août 1885 et Paris, 25 juill. 1887, aff. Pirson, *le Droit* du 16 nov. 1887). M. le professeur Labbé, approuvant cette doctrine dans une dissertation sur l'arrêt précité de la cour de Grenoble, estime qu' « un créancier porteur d'un jugement ou d'un acte *authentique* étranger qui, dans une distribution au

---

passés en pays étranger aussi bien que les jugements ne sont susceptibles d'exécution en France qu'après l'accomplissement des formalités prévues pour leur revision par les dispositions du code civil; que les traités diplomatiques contenant des dispositions contraires peuvent seul déroger à cette nécessité; qu'il ne s'agit pas seulement d'assurer l'indépendance des tribunaux et des officiers publics français, en soumettant à un nouvel examen ou à une nouvelle formule exécutoire les jugements ou actes d'un pays étranger, mais encore de rechercher si ces documents ne contiennent pas des stipulations que nos lois ne permettent pas de sanctionner; — Attendu qu'en produisant à la contribution ouverte devant un tribunal français pour la distribution du prix d'un navire saisi et vendu en France, loin de se borner à faire un acte conservatoire, Berridge a ramené à exécution, par la seule voie qui lui fût ouverte, l'acte du 11 févr. 1881, souscrit en Angleterre entre Banks et lui; que dans une situation semblable, par un arrêt du 25 nov. 1879, la cour de cassation n'a assuré les effets d'un acte passé en pays étranger et constituant hypothèque sur un navire que parce qu'il avait été exécutoire en France, ce qui n'a pas eu lieu dans la cause actuelle; — Attendu que, si cette exécution peut encore être utilement poursuivie par les représentants de Berridge, elle doit, d'après les principes que la cour de cassation a consacrés, être demandée par voie d'action principale, suivant les règles ordinaires de la procédure et débattue en audience publique; qu'il y a donc lieu d'accorder le sursis demandé pour permettre aux appelants de remplir la formalité essentielle qu'ils avaient négligée; — Par ces motifs; — Sursoit à statuer sur l'appel des représentants de Berridge envers Bemberg et comp. et ordonne que dans le délai de deux mois à dater du jour du présent arrêt, les parties de Me de Saint-Germain se pourvoiront pour faire déclarer exécutoire en France l'acte du 18 févr. 1881, pour être ensuite, soit au cas où il aurait été statué sur cette demande, soit dans le cas où elle n'aurait pas été poursuivie, conclu sur le fond de la contestation, tous droits et moyens ainsi que les dépens réservés.

Du 2 juill. 1888. — C. de Bordeaux, 1re ch.-MM. Dulamon, pr.- Schayé (du barreau de Paris) et Lafon, av.

(1) (Rizzo C. Caramano.) — LE TRIBUNAL; — Attendu que les sieurs Caramano et Rizzo ont élevé, chacun en ce qui le concerne, un contredit au règlement provisoire de la distribution du prix du navire grec *Marie Vagliano* ayant appartenu au capitaine Cournos, et ayant été saisi et vendu aux enchères dans le port de Marseille; — Attendu que, en second lieu, ils contestent entre eux le rang auquel ils prétendent être appelés, à ce dernier point de vue, dans la distribution; — Sur le premier chef qui est commun aux deux opposants: — Attendu que, le 17 sept. 1873, suivant acte du notaire Bistisa Hermopolis de Syra (Grèce), le sieur Jean Cournos, capitaine et propriétaire du navire grec *Marie Vagliano*, a emprunté à la grosse du sieur Vafiadokis, aux droits duquel se trouve Caramano, une somme de 20000 fr. en or avec intérêts maritimes de 2 0/0 par mois, et avec indication qu'il donnait au prêteur en première garantie privilégiée tout son navire, coque, apparaux et en général toutes ses dépendances; — Cet emprunt a été inscrit le 11 septembre, c'est-à-dire le lendemain, par le président du tribunal de commerce d'Hermopolis de Syra, sur le livret du navire conformément à l'art. 6 de la loi grecque du 13-25 nov. 1851; — Attendu que, par un acte semblable du 13 septembre suivant, le même capitaine a emprunté du sieur Rizzo, en la même forme et par-devant le même notaire, une somme de 200 louis d'or, avec mêmes intérêts maritimes sur son navire, avec affectation hypothécaire dudit navire à la sûreté de la créance, ledit emprunt inscrit le même jour sur le livret du navire, conformément à la loi grecque précitée; — Attendu que la question litigieuse soumise au tribunal ne porte pas sur le point de décider si l'hypothèque consentie à l'étranger sur un navire étranger est valable au regard de la loi française, en vertu des dispositions législatives du 10 déc. 1874, d'après lesquelles les navires peuvent être hypothéqués, et si, par suite, les créanciers auxquels cette hypothèque a été consentie sont admis à s'en prévaloir en France; — Qu'il n'y a pas lieu, en conséquence, d'examiner si ces créanciers peuvent se faire colloquer hypothécairement sur le prix du navire saisi et vendu dans un port français, pourvu que le contrat d'où résulte cette hypothèque ait été déclaré exécutoire par un tribunal français; — Attendu que ce principe, formellement reconnu par un jugement du tribunal de céans, du 8 avr. 1876 (affaire Barbaressos), et consacré par un arrêt de cassation du 25 nov. 1879, n'est nullement contesté par les créanciers, qui demandent le maintien de la distribution provisoire; mais que ceux-ci refusent d'en étendre l'application aux contrats Vrafiadokis et Rizzo, lesquels selon leur système, ne sont point des contrats hypothécaires, la loi grecque n'admettant pas, d'après eux, ce genre de convention, mais simplement des contrats à la grosse jouissant d'un privilège; — Qu'ils se fondent pour leur refuser le caractère et la portée de l'hypothèque, sur les termes mêmes de ces engagements, qualifiés *d'emprunts à la grosse*, sur l'élévation du taux de l'intérêt stipulé à 2 0/0 par mois, sur la cause exprimée de ces engagements, la nécessité de les réaliser pour mettre à la voile, enfin sur les dispositions mêmes de la loi grecque de 1851, qui n'auraient nullement organisé l'hypothèque maritime, mais simplement réglementé les formes et déterminé les conditions des contrats à la grosse en même temps que celle des privilèges en dérivant; — Attendu que, s'il est vrai d'admettre que la loi précitée n'a pas organisé en Grèce le fonctionnement de l'hypothèque sur les navires dans les formes où l'a fait en France la loi du 10 déc. 1874, il faut pourtant reconnaître que la loi hellénique a édicté tout un ensemble de dispositions ayant pour objet d'accorder au contrat à la grosse une véritable garantie hypothécaire sur le navire; — Qu'on retrouve, en effet, dans plusieurs de ses dispositions, et notamment dans les art. 1, 5 et 6, les caractères essentiels de l'hypothèque, tels que s'en inspirait en France le législateur de 1874, pour les imprimer à la nature du contrat particulier que la loi nouvelle allait instituer; — Que ces traits constitutifs se trouvent tracés dans le langage du rapporteur de cette loi, qui s'exprimait ainsi: « Pour jeter les fondements du crédit maritime, ce n'est ni au nantissement, ni au privilège qu'il y a lieu de recourir; ce qu'il faut, c'est un droit de garantie résultant de la convention soumise à la publicité et dont le rang soit fixé d'après la date; or, un tel droit a un nom universellement connu; il est usuel en droit civil; c'est l'hypothèque. » (Rapport fait par M. Grivart à l'Assemblée nationale, séance du 21 mars 1874); — Attendu que ce triple caractère, qui imprime à l'hypothèque sa physionomie juridique, apparaît d'une manière frappante dans l'économie de la loi grecque du 13-25 nov. 1851, laquelle fait résulter du contrat l'affectation réelle du navire à la sûreté du prêt, impose à la convention des parties la publicité du livret du navire, et règle le rang des créanciers d'après la date de l'inscription de leurs titres; — Attendu qu'en l'état de ces caractères aussi nettement reconnus, il importe peu de rechercher si, dans les actes Vafiadokis et Rizzo, on retrouve le mot même d'*hypothèque* ou tout autre équivalent grammatical, et qu'il est sans intérêt d'en tirer argument dans l'examen de la convention dont l'objet est si clairement déterminé;

En ce qui touche le point de savoir si Caramano et Rizzo ont droit à une allocation privilégiée ou hypothécaire: — Attendu que l'art. 27 de la loi du 10 déc. 1874 ayant abrogé le privilège du prêteur à la grosse avant le départ du navire, les créanciers susnommés sont sans droit à réclamer un privilège qui a cessé d'exister et qu'ils ont été justement repoussés de leur prétention de ce chef par le juge-commissaire; — Qu'il y a d'ailleurs inconséquence de leur part à revendiquer un privilège abrogé par une loi dont ils invoquent en même temps le bénéfice dans leurs conclusions; — Qu'il y a donc lieu de les colloquer hypothécairement l'un et l'autre; — Et au sujet du rang respectif de cette collocation: — Attendu que Caramano qui réclame la priorité se fonde sur la date de l'inscription de son titre qui est de deux jours antérieure à celle de l'inscription de Rizzo; que celui-ci de son côté conteste le rang de son concurrent, d'abord en excipant d'une disposition de l'art. 5 de la loi grecque de 1851, qui donne la priorité aux emprunts contractés dans le voyage le plus récent pour les besoins du navire; qu'il se fonde, en deuxième lieu, sur ce fait que Caramano, en produisant à la distribution son acte de prêt, n'a fourni qu'un titre imparfait non encore revêtu de l'*exequatur* d'un tribunal français et dénué de toute valeur en l'absence de cette formalité; — Sur le premier chef: — Attendu qu'il a été indiqué et non sérieusement contesté que, depuis la date de l'emprunt Rizzo, le navire *Marie Vagliano* avait accompli un certain nombre de voyages avant d'arriver au port de Marseille où il a été saisi en 1876 et vendu suivant ordonnance d'enchère du 26 juin même année; — Qu'ainsi les dispositions exceptionnelles de l'art. 5 de la loi de 1851 n'ayant pas d'application dans l'espèce, il y a lieu de s'en référer, pour les rangs des créances hypothécaires, à la règle générale tracée dans le même article *in fine*, qui classe ces créances d'après l'ordre de leur inscription;...

Par ces motifs; — Le tribunal réformant en ce point le règlement provisoire de la distribution par contribution du prix du navire *Marie Vagliano*, ordonne: 1° que le sieur Caramano sera colloqué au premier rang des créanciers hypothécaires pour le montant de sa créance en capital, intérêts et frais; 2° que le sieur Rizzo sera colloqué au deuxième rang de ces mêmes créanciers pour les mêmes causes; — Maintient le règlement provisoire dans le surplus de ses dispositions.

Du 4 avr. 1881.-Trib. civ. de Marseille, 2e ch.-MM. Jourdan et de Ferre-Lagrange, av.

marc le franc dans une faillite, prétendrait à un simple dividende et non pas même à un droit de préférence, devrait, au préalable, avoir fait examiner et confirmer par un tribunal français le jugement ou l'acte qu'il invoque.

M. Levillain, *Dissertation* sur l'arrêt précité du 11 mai 1881, combat cette opinion. « Il ne faut pas confondre, dit-il, la force obligatoire d'un acte avec sa force exécutoire. Un créancier ne peut sans doute procéder à des actes d'exécution sur les biens de son débiteur; par exemple, il ne peut pratiquer une saisie qu'autant que son droit de créance est constaté par un acte légalement revêtu de la formule exécutoire, et, si l'acte a été rédigé à l'étranger, la saisie devant avoir lieu en France, les tribunaux français peuvent seuls y apposer cette formule. Mais il n'est nullement question pour le créancier, dans le cas qui nous occupe, de procéder à des actes d'exécution sur les biens du débiteur; il émet simplement la prétention de se prévaloir sur ces biens qui sont, on le suppose, régis par la loi française, du droit d'hypothèque que lui a conféré un contrat passé à l'étranger, suivant les dispositions de la loi étrangère, et il s'agit simplement de savoir si, à cet égard, la convention a l'efficacité qu'elle aurait si elle avait été conclue en France. Or, pour qu'une convention produise son effet, pour que les droits auxquels elle donne naissance sur un bien quelconque, puissent être invoqués devant l'autorité judiciaire, il n'est nullement nécessaire qu'elle soit constatée à l'aide d'un titre exécutoire. C'est ainsi qu'un créancier ayant privilège sur un meuble est en droit, bien que sa créance soit constatée à l'aide d'un acte sous seing privé, lequel n'a jamais force exécutoire, de se faire colloquer au rang que lui donne son privilège dans une distribution par contribution ». C'est ainsi encore qu'il a été jugé qu'une femme mariée qui produit dans une faillite en vertu de son contrat de mariage passé à l'étranger, n'a pas besoin de le faire revêtir de l'*exequatur* (Trib. com. Genève, 20 janv. 1881, aff. Cujas, *Journal du droit international privé*, 1882, p. 233). « D'un autre côté, dit encore M. Levillain, *loc. cit.*, prétendrait-on insinuer que l'hypothèque établie par un acte émanant d'un officier public étranger ne peut porter sur des biens soumis à la loi française, qu'autant que l'acte est déclaré exécutoire en France par les tribunaux français, de même que l'hypothèque judiciaire, découlant de jugements rendus à l'étranger, ne peut affecter les immeubles dépendant de notre territoire qu'autant que l'*exequatur* a été accordé par nos tribunaux? Mais sur quoi ferait-on reposer cette assimilation? L'art. 2123 c. civ. qui subordonne l'efficacité du droit à l'accomplissement de la formalité précitée, ne se réfère qu'à l'hypothèque judiciaire résultant de « *jugements rendus en pays étranger* », et aucun texte dans le code civil ne permet de supposer que l'hypothèque conventionnelle, issue d'un contrat passé à l'étranger soit, dans les cas exceptionnels où elle peut être constituée de la sorte (art. 2128 c. civ.), subordonnée à une condition du même genre. L'art. 546 c. proc. civ. soumet, il est vrai, à la nécessité de l'*exequatur* les actes reçus par les officiers publics étrangers au même titre que les jugements rendus par les tribunaux étrangers; mais cet article se place exclusivement au point de vue de l'exécution dont le contrat peut être l'objet sur notre territoire, et il ne se préoccupe nullement de l'efficacité des privilèges et hypothèques auxquels il est susceptible de donner naissance (Conf. Renault, *Revue critique*, 1881, p. 485; Lyon-Caen, note sur l'arrêt de la cour de cassation du 25 nov. 1879 cité *suprà*, n° 540; Desjardins, t. 5, n° 1239). Il a été jugé, d'ailleurs, que, à supposer qu'il soit nécessaire que le titre étranger soit rendu exécutoire pour obtenir une collocation hypothécaire, l'existence du droit est indépendante de cette formalité, de sorte que le créancier peut faire sa production sans l'avoir remplie dans les délais de l'art. 213 c. com., et, après son accomplissement même postérieurement au règlement provisoire, prendre rang dans la distribution d'après la date de son inscription, conformément à la loi constitutive de l'hypothèque (Trib. civ. Marseille, 4 avr. 1881, jugement précité. Conf. Sol. impl., Bordeaux, 2 juill. 1888, précité; Desjardins, t. 5, n° 1239).

542. Etant admis qu'un acte étranger portant constitution d'hypothèque est susceptible d'être déclaré exécutoire, l'*exequatur* doit-il être nécessairement demandé par action principale, ou, au contraire, le demandeur est-il recevable à requérir l'*exequatur* au cours de l'instance engagée sur le fond? Sur cette question, qui peut s'élever à l'égard de tous actes ou jugements étrangers dont l'exécution est poursuivie en France, V. *suprà*, v° *Droits civils*, n°s 267 et suiv. (*Adde*, dans le sens de la première solution: Bordeaux, 2 juill. 1888, *suprà*, n° 541).

543. Il peut arriver enfin qu'un navire acheté à l'étranger soit déjà grevé d'hypothèques au moment où il est vendu à un Français. Ces hypothèques ne disparaîtront point par suite de la francisation du navire. Mais le créancier devra, pour les conserver, remplir les formalités prescrites par les 3e et 4e aliénas de l'art. 33 de la loi de 1885, ainsi conçus: « Sont néanmoins valables les hypothèques constituées sur le navire acheté à l'étranger avant son immatriculation en France, pourvu qu'elles soient régulièrement inscrites par le consul français sur le congé provisoire de navigation, et reportées sur le registre du receveur des douanes du lieu où le navire sera immatriculé. — Ce report sera fait sur la réquisition du créancier, qui devra produire à l'appui le bordereau prescrit par l'art. 8 de la présente loi ». Le mot « néanmoins » ne se trouve au début du 3e alinéa que par suite d'une erreur matérielle qu'explique M. Desjardins, t. 5, n° 1238, p. 469, note 2. Le 4e alinéa a été ajouté à l'article sur la demande du ministre des finances, qui, dans la séance du 8 mai 1885, s'exprimait ainsi: « Si l'on n'imposait pas au créancier l'obligation de faire les diligences nécessaires pour l'inscription de son hypothèque, il pourrait en résulter que la mention n'en fût pas faite sur le registre d'immatriculation; car les registres de cette espèce sont tenus par les receveurs des douanes des ports. Or, dans la plupart des ports, et surtout dans les grands, les papiers de bord ne sont pas déposés au bureau des douanes, mais bien à un bureau spécial qui est celui de la navigation. Il pourrait donc arriver que la mention d'une hypothèque inscrite au congé provisoire délivré par le consul échappât à la connaissance du receveur du bureau des douanes qui seul a qualité pour en faire l'inscription sur le registre d'immatriculation. Il est donc tout naturel d'imposer au créancier les démarches nécessitées par cette inscription qui sauvegarde ses propres intérêts » (D. P. 86. 4. 21, note 4, *in fine*). V. l'exposé des controverses qui existaient avant 1874 sur le point de savoir si les hypothèques consenties sur le navire antérieurement à sa francisation conservaient leur effet postérieurement à la francisation (D. P. 83. 2. 65, *Dissertation* de M. Levillain. V. aussi *infrà*, n° 551).

544. L'application des 3e et 4e alinéas de l'art. 33 suppose évidemment que l'hypothèque a été valablement constituée à l'origine, car, ainsi que le dit très bien M. Desjardins, t. 5, n° 1238, « il est impossible de soutenir qu'une hypothèque originairement nulle serait vivifiée par une simple réquisition d'inscription sur le congé provisoire de navigation ou sur le registre du lieu d'immatricule ». Et la validité de l'acte constitutif doit être appréciée d'après la loi en vigueur dans le lieu où il a été passé (Desjardins, *loc. cit.* — V. toutefois: de Valroger, t. 3, p. 183 et suiv.).

545. M. Levillain, dans la dissertation insérée, D. P. 83. 2. 65, a exposé la controverse qui peut s'élever sur le point de savoir si l'hypothèque constituée sur un navire étranger conserverait son efficacité après la francisation du navire, alors même que la constitution de cette hypothèque remonterait à une époque antérieure à 1874, c'est-à-dire à une époque où la loi française n'admettait pas encore l'hypothèque maritime. Cette question avait été soulevée incidemment, dans l'espèce soumise à la cour de Grenoble en 1881. Le bâtiment grec, sur le prix duquel le créancier prétendait se faire colloquer hypothécairement, n'était arrivé dans le port de Marseille et n'y avait été saisi qu'en 1875, c'est-à-dire depuis la mise en vigueur de la loi du 10 déc. 1874; mais le prêt datait de 1872, c'est-à-dire d'une époque où l'hypothèque maritime, admise par la loi grecque, n'existait pas encore en France. Les choses s'étant passées de la sorte, si le bâtiment eût été régi par la loi française, par exemple, si, au lieu de se rendre simplement dans un port français, il avait été francisé, le créancier aurait-il été en droit d'invoquer devant nos tribunaux l'hypothèque découlant à son profit du contrat passé en Grèce? Ne pouvait-on pas dire, en effet, que cette hypothèque, en opposition avec les dispositions prohibitives que contenait encore la loi française au moment de la passation de l'acte, était viciée dans son principe, et qu'elle ne pouvait revivre ultérieurement par suite des changements apportés dans notre législation? « C'est avec raison, dit M. Levillain, que la jurisprudence a refusé de se rendre à ces considérations, et qu'elle s'est prononcée en faveur de la validité de l'affectation consentie, sans se préoccuper de l'état de la législation française au moment où l'acte constitutif était intervenu en pays étranger. Pour savoir si une hypothèque constituée, par contrat passé à l'étranger, sur un navire étranger qui a acquis plus tard la nationalité française, est ou non en contradiction avec les dispositions prohibitives de notre législation, ce n'est pas au moment où cette hypothèque a pris naissance qu'il convient de se reporter, mais à celui où, étant entrée en contact avec la loi française, elle a pu se heurter contre ses prohibitions; or quel était l'instant à compter duquel elle s'était trouvée en contact avec notre loi? Celui évidemment où le navire avait été pour la première fois placé sous sa dépendance » (V. en ce sens : Civ. cass. 25 nov. 1879, aff. Barbaressos, D. P. 80. 1. 56 ; Lyon-Caen, note sur cet arrêt).

546. Jusqu'à présent, nous avons constamment supposé que le navire sur lequel on prétend faire porter l'hypothèque est un navire français, ou tout au moins qu'il l'est devenu, dans l'intervalle entre la convention et l'ouverture de la distribution par contribution; qu'il est, par conséquent, régi par la loi française. Mais ce navire peut être étranger : quelle loi devra-t-on lui appliquer? D'après un système qui, jusqu'à ces derniers temps, a prévalu en jurisprudence, la loi appelée à régir le navire en ce cas est la *lex rei sitæ*. Les navires étant meubles, dit-on, doivent être, en principe, sauf exception formelle, soumis au même régime que ceux-ci. Or aucune disposition législative n'a, en ce qui concerne l'applicabilité de la loi française aux navires étrangers qui mouillent dans nos ports, dérogé aux règles générales en matière mobilière; ces dernières, par conséquent, demeurent applicables. On ajoute que les Français appelés à contracter en France avec le capitaine d'un navire étranger ignorent le plus souvent les dispositions de la loi nationale du navire et les droits qu'elle peut conférer à des tiers : vouloir leur appliquer cette loi serait souvent les rendre victimes d'un préjudice contre lequel il leur était presque impossible de se prémunir (V. en ce sens : Req. 19 mars 1872, aff. Craven, D. P. 74. 1. 465; Rouen, 31 juill. 1876, aff. Buisson, D. P. 78. 2. 101; Aix, 22 nov. 1876, aff. Mitaras, D. P. 78. 2. 103). — Une autre opinion propose, au contraire, d'appliquer ici la *loi du pavillon;* elle semble avoir triomphé, au moins dans une certaine mesure, devant la cour de cassation (Civ. cass. 25 nov. 1879, aff. Barbaressos, D. P. 80. 1. 56. Conf. sur renvoi : Grenoble, 11 mai 1881, D. P. 83. 2. 65) et dans la doctrine (Labbé, note sur l'arrêt de la cour de Caen du 12 juill. 1870; Lyon-Caen, notes sur les arrêts de Rouen, 31 juill. 1876, et Civ. cass. 25 nov. 1879; Lyon-Caen, *Etudes de droit international privé maritime*, nos 9 et suiv. Conf. Desjardins, t. 5, n° 1239; Renault, *Revue critique*, 1881, p. 485; Sarrut, Journal *la Loi* du 22 mai 1881; Levillain, *Dissertation*, D. P. 83. 2. 65. Conf., en ce qui concerne le prêt à la grosse : Trib. com. Marseille, 31 déc. 1881, *Recueil de Marseille*, 1882. 1. 26; Trib. Bordeaux, 20 août 1883, aff. O'Briens, *Journal du droit international privé*, 1884, p. 190; Trib. Anvers, 17 mai 1884, aff. Caramano, *ibid.*, 1886, p. 373; 30 juill. 1887, aff. Capitaine Rom, *Jurisprudence du port d'Anvers*, 1887. 1. 378; Bruxelles, 30 mars 1889, aff. Capitaine Rom, *ibid.*, 1889. 1. 161; Bordeaux, 1er avr. 1889, aff. Berridge, *le Droit* du 23 juin 1889; Desjardins, t. 5, n° 1139; de Valroger, t. 3, nos 994 et 1006). Dans la dissertation précitée, M. Levillain a exposé ce système et réfuté la doctrine adverse d'une façon fort complète. « Il n'est pas absolument vrai, dit-il, que les navires restent soumis aux dispositions générales qui régissent les meubles ordinaires toutes les fois qu'un texte spécial ne les soumet pas à un régime particulier; c'est ainsi que l'on est d'accord pour considérer l'art. 2279 c. civ. comme étant inapplicable aux navires, bien qu'aucune disposition n'y déroge expressément en matière maritime. Donc, alors même qu'un texte faisant pour les meubles ce que l'art. 3, 2e alin., c. civ., fait pour les immeubles, serait venu déterminer en principe quelle est, en cas de conflit entre la loi française et une loi étrangère, celle des deux qui devra être suivie, on pourrait, sans contrevenir aux règles d'une saine interprétation, et par appréciation des motifs justificatifs de cette disposition, décider que la règle ainsi formulée ne concerne pas les bâtiments de mer. Mais nous n'en sommes même pas réduits à cette extrémité. Aucun texte n'indique, en effet, quelle est la législation applicable aux meubles ordinaires, et si on les considère comme étant régis par celle du pays sur le territoire duquel ils se trouvent, c'est uniquement pour des raisons d'utilité publique; du moment donc où ces motifs sont dénués de portée en tant qu'il s'agit des navires, ces derniers ne peuvent être traités de la même façon. Le principe étant ainsi posé, quels sont les motifs qui ont fait appliquer la *lex rei sitæ* aux meubles ordinaires? Les meubles n'ont pas d'assiette fixe, et quand ils se trouvent transportés d'une contrée dans une autre, aucun indice, aucun document spécial ne révèle leur provenance; il n'existe donc pas de lien juridique qui les rattache d'une façon permanente à un territoire déterminé, et, en conséquence, ils ne peuvent être soumis d'une façon constante à la législation de telle ou telle contrée. S'ils ne sont pas régis par la loi du pays où le propriétaire est domicilié, ils le sont nécessairement par celle du pays où ils ont été transportés... Mais il n'en est plus de même quand il s'agit de bâtiments de mer. Ces derniers, on l'a vu, portent toujours l'empreinte d'une nationalité déterminée et les documents destinés à justifier cette nationalité sont, pendant la durée du voyage, entre les mains du capitaine. Les tiers ont toutes facilités pour reconnaître quelle est, lorsqu'il stationne dans nos ports, la loi applicable au navire, et sachant quelle elle est, ils sont en situation de se renseigner sur l'état de ses prescriptions. Leur position n'est autre, à ce point de vue, que celle dans laquelle ils se trouvent quand ils traitent avec un étranger régi, quant à sa capacité, par sa loi personnelle. Si donc, dans ce dernier cas, on ne fait aucune difficulté pour appliquer la loi étrangère, on ne voit pas pourquoi, dans notre hypothèse, on refuserait de laisser à la loi du pays auquel le navire continue d'appartenir, nonobstant son séjour en France, un empire exclusif. » On peut ajouter à ces considérations que la doctrine soutenue par M. Levillain a un avantage incontestable, celui de maintenir l'unité de législation au point de vue de la détermination des règles applicables à un même bâtiment pendant la durée de ses voyages successifs.

547. Il est certain, toutefois, qu'une hypothèque clandestine, valable d'après la loi étrangère (V. par exemple art. 11 et 12 du code finlandais), ne serait pas valable en France ; car la publicité est, aux termes de la loi française, le seul moyen d'assurer le droit de préférence qui résulte de l'hypothèque conventionnelle. Il faut que les tiers aient été mis à même, par un procédé quelconque, de discerner l'existence d'un droit réel supérieur au droit des chirographaires (Trib. civ. Marseille, 4 avr. 1881, *suprà*, n° 541 ; Desjardins, t. 5, n° 1139).

548. Les navires étrangers demeurant en cours de route soumis à la loi de leur pavillon, les questions précédemment examinées par rapport aux bâtiments français ou par rapport aux bâtiments étrangers devenus français comporteront des solutions quelque peu différentes, quand elles concerneront des navires étrangers qui séjournent simplement d'une façon momentanée dans des ports français. Ainsi nous avons discuté, *suprà*, n° 541, la question de savoir si l'acte qui, à l'étranger, confère un privilège ou une hypothèque a besoin d'être déclaré exécutoire par nos tribunaux pour pouvoir être invoqué en France, et, contrairement à la décision de la cour de cassation et des cours de Grenoble et de Bordeaux, nous avons répondu négativement même pour le cas où l'acte ferait porter le privilège ou l'hypothèque sur un bien soumis à la loi française. A plus forte raison, doit-on le décider ainsi quand il s'agit d'un privilège ou d'une hypothèque sur un navire étranger qui, dans nos ports, reste soumis à la loi étrangère. Il semble même qu'alors toute difficulté doive disparaître ; car les art. 2123 c. civ. et 546 c. proc. civ. que l'on invoque pour soumettre l'acte constitutif intervenu en pays étranger à la formalité de l'*exequatur* ne demeurent applicables qu'autant que l'hypothèque doit porter sur des biens situés en France, les seuls dont le code civil règle la condition (art. 3, 2e al.), ou bien qu'autant, comme le dit le texte même de l'article précité du code de procédure, que les actes d'exécution doivent avoir lieu en France, ce qui ne peut s'entendre que d'actes d'exécution portant sur des biens soumis à la loi française.

549. S'agit-il de déterminer les formalités que le créancier a dû observer pour rendre le privilège ou l'hypothèque opposable aux tiers? C'est la loi étrangère qui doit être suivie à l'exclusion de toute autre, et, du moment où les mesures qu'elle prescrit ont été exécutées, bien que celles édictées en France par la loi de 1885 ne l'aient pas été, le droit du créancier demeure absolument intact. D'abord, le navire sur lequel porte le droit en question se trouvait à l'étranger à l'époque où est intervenu l'acte en vertu duquel il existe, et ce premier motif suffirait à lui seul, d'après ce qui a été dit ci-dessus, pour justifier notre proposition. D'un autre côté, le navire conservant, alors même qu'il se trouve dans les eaux françaises, la nationalité étrangère et demeurant soumis d'une façon exclusive à la loi du pays dont il porte le pavillon, ce sont les conditions édictées par cette législation qui seules doivent être observées (Civ. cass. 25 nov. 1879 et Grenoble, 11 mai 1881, cités *suprà*, n° 540. Conf. Trib. civ. Marseille, 4 avr. 1881, *suprà*, n° 541; Lyon-Caen, *loc. cit.*, 1882, p. 250; Lyon-Caen et Renault, t. 2, n° 2519; Weiss, *Droit international privé*, p. 792; Despagnet, *Précis du droit international privé*, n° 610; Milhaud, *Privilèges et hypothèques en droit international*, p. 332; Vincent et Pénaud, *Dictionnaire du droit international privé*, v° *Privilèges et hypothèques*, nos 108 et suiv.).

550. Quel doit être, dans un pays où les navires ne sont pas susceptibles d'hypothèque, l'effet de l'hypothèque maritime constituée à l'étranger conformément à la loi étrangère? Certains auteurs enseignent que cette hypothèque doit être tenue pour bonne et valable, nonobstant la *lex rei sitæ*: elle n'est incompatible, dit-on, avec le régime économique des pays où on l'invoque, qu'autant qu'on prétend la faire porter sur un objet soumis à la loi de ce pays. Du moment où elle grève un navire étranger qui, comme tel, demeure soumis à la loi étrangère, l'incompatibilité disparaît, et il n'y a plus de raison, dès lors, pour que le magistrat qui préside à la distribution par contribution refuse d'en tenir compte nonobstant la qualité des créanciers auxquels on l'oppose (V. en ce sens: Lyon-Caen, note sur l'arrêt du 25 nov. 1879, cité *suprà*, n° 540; P. Fiore, *France judiciaire* du 16 janv. 1883; Lyon-Caen, *Journal du droit international privé*, t. 9, p. 246; Clunet, *ibid.*, p. 179; Levillain, *Dissertation*, D. P. 83. 2. 65). La cour de cassation s'est prononcée en sens contraire, alors que l'hypothèque maritime n'était pas encore admise par la loi française (Req. 19 mars 1872, aff. Craven, D. P. 74. 1. 465. Conf. Trib. com. Marseille, 13 juin 1874, aff. Del Vecchio, *Journal du droit international privé*, t. 7, p. 270; Rennes, 1er mars 1875, cité par Desjardins, t. 5, n° 1237; Civ. cass. 25 nov. 1879, cité *suprà*, n° 540; Bruxelles, 27 déc. 1879, aff. Jobson, *Belgique judiciaire*, 1880, p. 131). M. Desjardins, *loc. cit.*, approuve cette solution et propose de l'admettre dans les pays ou l'hypothèque maritime est encore inconnue. « Le législateur d'un peuple, dit-il, a constitué la propriété mobilière sur certaines bases et cru, à tort ou à raison, que, dans un intérêt général de l'ordre économique, les meubles ne devaient pas avoir de suite par hypothèque; ce qui ne pourrait être fait en deçà de la frontière pourra l'être au delà! Il suffirait de s'éloigner pendant quelques heures pour éluder les lois qui ont constitué la propriété mobilière dans un pays, et bouleverser le régime même de cette propriété. Cependant des engagements ont été contractés sur la foi de ce régime; les tiers, faisant abstraction de la nationalité du débiteur, ont compté sur sa fortune mobilière universellement considérée comme leur gage commun » (Conf. Laurent, *loc. cit.*, n° 391).

La question n'est pas aujourd'hui, même en France, dépourvue de tout intérêt pratique. Sans parler du cas, spécialement étudié par M. Levillain, *loc. cit.*, où une hypothèque constituée à l'étranger antérieurement à 1874 serait invoquée aujourd'hui en France (V. *suprà*, n° 545), on sait que les navires de moins de vingt tonneaux ne sont pas susceptibles d'hypothèque en France: l'hypothèque consentie sur un tel bâtiment, en Belgique, sera-t-elle valable en France? La controverse que l'on vient d'exposer se reproduirait en ce cas.

551. L'alinéa 5 de l'art. 33 de la loi de 1885 porte que les dispositions de cet article seront mentionnées sur l'acte de francisation. M. Desjardins, t. 5, n° 1212, *in fine*, explique ainsi cette prescription: « Le législateur, en interdisant la vente volontaire à un étranger du navire hypothéqué, a voulu assurer le respect de cette prohibition; d'autre part, il fallait que nul ne pût se méprendre sur l'effet de l'hypothèque consentie en pays étranger et sur le point de départ du droit de préférence à l'égard des tiers ».

§ 6. — Extinction de l'hypothèque.

552. Conformément aux principes généraux, l'hypothèque maritime s'éteint par l'extinction de la créance dont elle est un accessoire. Elle s'éteint également, suivant les mêmes principes, par la renonciation du créancier, par la perte complète du navire, sauf l'exercice du droit sur le produit des assurances, quand le créancier hypothécaire s'est fait subroger au droit de l'assuré; l'hypothèque subsiste toutefois, ainsi qu'on l'a vu *suprà*, n° 527, sur les débris du navire. Elle subsiste également sur le prix du navire vendu comme *innavigable*, puisque le droit du créancier peut s'exercer sur le produit des choses sauvées (de Valroger, t. 3, n° 1250; Desjardins, t. 5, n° 1251, Ruben de Couder, v° *Hypothèque maritime*, n° 107). — L'hypothèque s'éteint encore par la prise, pourvu que celle-ci soit définitive et que le capturé soit irrévocablement dépouillé. Dans les différents cas de recousse prévus par l'art. 54 de l'arrêté du 2 prair. an 11, le créancier hypothécaire ne peut exercer son droit que déduction faite du tiers, du dixième ou du trentième de la valeur du navire recous (Desjardins, *ibid.*). — La confiscation résultant de l'application d'une loi pénale éteint-elle le droit du créancier hypothécaire sur le navire dont la propriété se trouve ainsi transmise à l'Etat? M. Desjardins, t. 5, n° 1251, estime qu'il y a lieu, en pareil cas, de réserver les droits des tiers, « car il n'y a pas d'intérêt social à ce que les prêteurs soient punis ». Le droit de suite est éteint par la vente sur saisie, et le droit de préférence est alors transporté sur le prix. — Enfin l'hypothèque maritime s'éteint par l'accomplissement des formalités de la *purge*.

553. A qui appartient le droit de purger? Le tiers acquéreur d'un navire hypothéqué peut évidemment se dispenser d'accomplir les formalités de la *purge* et se contenter de faire au créancier offre réelle du montant intégral de sa créance, lorsqu'il n'y a qu'un seul créancier inscrit sur le navire. Le juge appelé à statuer sur la validité de l'offre peut alors la valider en se bornant à rechercher à quelle somme monte la créance du saisissant (Req. 20 mai 1884, aff. Houduce, *Gazette des tribunaux* du 25 mai 1884; Desjardins, t. 5, n° 1252). Le code civil (art. 2183 et 2184) met sur la même ligne l'acquéreur à titre onéreux et le donataire; il accorde à tous deux le droit de purger l'immeuble et parle soit du prix, soit de l'évaluation de la chose. La loi de 1885 (art. 18 et 19), au contraire, parle exclusivement de l'*acquéreur* et du *prix*. Doit-on en conclure que le droit de purger le navire appartient uniquement à l'acheteur? Cette solution serait, semble-t-il, contre l'esprit de la loi, qui n'a évidemment entendu statuer ici que *de eo quod plerumque fit*; ce serait aussi porter une grave atteinte aux intérêts du commerce, le tiers détenteur se trouvant ainsi dans l'impossibilité de purger, s'il possède le navire en vertu d'un legs ou d'une donation (Desjardins, t. 5, n° 1252. — V. en sens contraire: de Valroger, t. 3, n° 1267).

554. L'art. 18 de la loi de 1885 s'exprime en ces termes: « L'acquéreur d'un navire ou d'une portion de navire hypothéqué, qui veut se garantir des poursuites autorisées par l'article précédent, est tenu, avant la poursuite ou dans le délai de quinzaine, de notifier à tous les créanciers inscrits sur le registre du port d'immatricule, au domicile élu dans leurs inscriptions: 1° un extrait de son titre indiquant seulement la date et la nature de l'acte, le nom du vendeur, le nom, l'espèce et le tonnage du navire, et les charges faisant partie du prix; — 2° Un tableau sur trois colonnes, dont la première contiendra la date des inscriptions; la seconde, le nom des créanciers; la troisième, le montant des créances inscrites. — Cette notification contiendra constitution d'avoué ». Cette disposition est la reproduction textuelle de l'art. 19 de la loi de 1874; le dernier alinéa constitue la seule addition faite à ce texte: il a été emprunté à l'art. 832 c. proc. civ. par la commission sénatoriale. — Il en résulte qu'aucun délai n'est imposé au tiers détenteur pour remplir les formalités de la purge, tant qu'il n'est pas poursuivi. Mais, s'il n'a pas fait dans la quinzaine les notifications prescrites par l'art. 18, il est déchu du droit de purger (Desjardins, t. 5, n° 1253. — V. en sens contraire : Bédarride, n° 292). Le délai de quinzaine a pour point de départ la sommation précédée ou accompagnée d'un commandement (Conf. anal. Req. 25 nov. 1862, aff. Knœpfler, D. P. 63. 1. 210). — On doit augmenter, s'il y a lieu le délai d'un jour à raison de cinq myriamètres entre le domicile du tiers détenteur et le domicile élu par les créanciers dans l'inscription (Anal. art. 1033 c. proc. civ.; argum. art. 32, § 2, de la loi de 1885) (V. en ce sens: Desjardins, t. 5, n° 1253; de Valroger, t. 3, n° 1270).

555. La *transcription* de l'acte de vente qui, en droit civil, constitue la formalité préalable à la purge (c. civ. art. 2181), est ici remplacée par la *mutation en douane*, qui met obstacle à de nouvelles inscriptions du chef du précédent propriétaire (V. *suprà*, n°s 172 et suiv.). Mais, à la différence de l'art. 2181 c. civ. qui prescrit la notification au créancier « d'un extrait de la transcription de l'acte de vente », la loi de 1885 n'exige nullement une semblable notification (de Valroger, t. 3, n° 1271; Desjardins, t. 5, n° 1253).

556. « L'acquéreur, dit l'art. 19, déclarera par le même acte qu'il est prêt à acquitter sur-le-champ les dettes hypothécaires jusqu'à concurrence de son prix, sans distinction des dettes exigibles ou non exigibles. « L'art. 2184 c. civ., auquel cette disposition est empruntée, complète les mots « jusqu'à concurrence du prix » par ceux-ci « ou de la valeur par lui déclarée. » Il faut, dit M. Desjardins, t. 5, n° 1254, suppléer ces mots dans l'art. 19. — Cette notification peut être faite par un huissier quelconque : la loi de 1885 ne prescrit pas, comme l'art. 832 c. proc. civ., d'avoir recours à un huissier commis.

557. De même qu'en matière ordinaire, l'acquéreur qui veut purger perd le bénéfice du terme, si la dette n'est pas encore exigible. Quant aux créances conditionnelles, il ne peut en retenir le montant; mais il a la faculté de le consigner jusqu'à l'époque de l'échéance de la condition. — Les créanciers n'ont droit aux intérêts qu'à partir du moment où ils ont accepté l'offre expressément ou tacitement, en laissant passer le délai de dix jours sans faire de surenchère (Desjardins, t. 5, n° 1254).

558. L'art. 20 de la loi de 1885 accorde aux créanciers le droit de surenchère : « Tout créancier peut requérir la mise aux enchères du navire ou portion de navire, en offrant de porter le prix à un dixième en sus et de donner caution pour le payement du prix et des charges ». Cet article reproduit textuellement l'art. 21 de la loi de 1874. Ces mots : *tout créancier* doivent, suivant M. Desjardins, t. 1, n° 211, et t. 5, n° 1255, être pris à la lettre; cet auteur reconnaît en effet, à tous les créanciers, quels qu'ils soient, le droit de purger et de surenchérir; mais cette opinion est généralement repoussée (V. *suprà*, n° 443). Nous croyons donc que la loi n'a voulu parler ici que des créanciers inscrits. C'est d'ailleurs ce qui ressort expressément du rapport de M. Grivart sur la loi de 1874, n° 27 : « Dans les dix jours de la notification, lit-on dans ce rapport, tout créancier *inscrit* peut surenchérir en se soumettant à porter le prix à un dixième en sus » (V. Conf. Constant, *L'hypothèque maritime, Commentaire pratique de la loi du* 10 *juill.* 1885, p. 28).

559. Dans la séance du 10 déc. 1873, M. Rameau avait proposé un amendement qui consistait dans le retranchement des mots : « et de donner caution pour le payement du prix et des charges ». — « Au premier aspect, a dit M. Rameau, on s'étonnera peut-être d'une surenchère sans cautionnement; mais ce ne sont pas les membres légistes de l'Assemblée qui s'en étonneront, car ils savent parfaitement que nous avons dans notre droit trois sortes de surenchères, que je me garderai bien de rappeler, mais dont deux sont connues de tout le monde : c'est la surenchère en matière de vente judiciaire et la surenchère en matière de vente des biens de faillis, d'après l'art. 573 c. com. Ces deux genres de surenchères ne sont point accompagnés de cautionnement. Il est vrai que la surenchère qui se rapproche le plus de celle qui est en discussion, la surenchère pour aliénation volontaire d'immeubles, est accompagnée d'un cautionnement; mais ce cautionnement n'a jamais été qu'un obstacle. Au premier aspect, le cautionnement semble être une garantie qu'apporte le surenchérisseur dans un contrat intervenu entre deux personnes qui ont stipulé la vente d'un immeuble à un prix déterminé. Mais remarquez que, pour que la surenchère s'exerce, il faut qu'il y ait un créancier inscrit sur l'immeuble, et c'est là une première garantie, un créancier inscrit qui vienne dire : je trouve qu'on a vendu l'immeuble dont il s'agit un prix inférieur à sa valeur et je prends l'engagement de le faire vendre un prix supérieur de 10 p. 100. Cet engagement est pris dans l'intérêt du créancier lui-même, dans celui du débiteur et dans celui de tous les créanciers, et j'ajoute que cette disposition s'appliquerait à la vente du navire d'après l'art. 21. »

La proposition de M. Rameau fut combattue en ces termes par le rapporteur : « Les principes du droit commun n'admettant la surenchère du dixième qu'à la condition d'une caution garantissant le payement du prix et des charges, la commission n'a pas cru devoir s'écarter de ce principe ou le modifier. Pourquoi! C'est que, s'il est intéressant, en matière de transmission de tous autres biens grevés, de faire porter le prix à la véritable valeur de la chose vendue, il y a un autre intérêt qu'il ne faut pas perdre de vue : c'est la nécessité de ne pas porter légèrement atteinte à un contrat primitivement formé. Or, du jour où le navire est adjugé, comme du jour où l'immeuble est adjugé, il s'est formé un contrat entre le vendeur ou les créanciers du vendeur et l'adjudicataire. Il ne faut pas porter témérairement et trop aisément la main sur un contrat dès lors complet. C'est la raison qui a déterminé de tout temps le législateur à n'admettre la surenchère du dixième qu'en fournissant un cautionnement. Si vous supprimez le cautionnement, à quels périls n'allez-vous pas vous exposer! Vous vous exposerez à ce qu'un créancier, ne venant pas en ordre utile pour être payé sur le prix de la première vente, se laisse entraîner à l'aventure d'une surenchère téméraire par le désir ou le mirage que sa surenchère sera couverte, et, s'il n'est pas obligé d'avoir à côté de lui quelqu'un que son défaut absolu d'intérêt dans l'affaire préserve de toute illusion, vous avez à craindre que ce créancier surenchérisseur ne se laisse facilement tromper par ses désirs et ses espérances, en les prenant pour des réalités ». L'amendement de M. Rameau fut repoussé, et avec raison, suivant M. Desjardins (V. en sens contraire : Mallet, p. 104).

560. Nous croyons qu'il faut appliquer en notre matière la jurisprudence adoptée par la cour de cassation pour l'interprétation de l'art. 2185 c. civ., et aux termes de laquelle la caution prescrite par cet article « n'a d'autre objet que de garantir l'obligation prise par le créancier surenchérisseur de *porter ou faire porter le prix* à un dixième en sus de celui qui aurait été stipulé dans le contrat ou déclaré par le nouveau propriétaire » (Civ. rej. 2 août 1870, aff. de Rémont, D. P. 70. 1. 344. V. *infrà*, v° *Priviléges et hypothèques*). La caution ne doit donc pas nécessairement être en état de répondre en outre *des charges* (Desjardins, t. 5, n° 1255; Mallet, p. 104. — V. en sens contraire : de Valroger, t. 3, n° 1287).

561. L'art. 21 de la loi de 1885, reproduction exacte de l'art. 22 de la loi de 1874, est ainsi conçu : « Cette réquisition, signée du créancier, doit être signifiée à l'acquéreur dans les dix jours des notifications. Elle contiendra assignation devant le tribunal civil du lieu où se trouve le navire, ou, s'il est en cours de voyage, du lieu où il est immatriculé, pour voir ordonner qu'il sera procédé aux enchères requises ». Lors de la discussion de la loi de 1874, M. Sebert avait demandé la substitution du délai de trente jours à celui de dix jours qui lui paraissait trop bref, la loi civile accordant un délai de quarante jours pour surenchérir. Cette proposition n'a pas été adoptée. — Il faut remarquer que le délai de dix jours n'est pas franc; on ne compte pas, il est vrai, le jour des notifications, mais le délai expiré à la fin du dixième jour suivant. Ce délai doit être augmenté, s'il y a lieu, du délai de distance de l'art. 1033 c. proc. civ. (Conf. Desjardins, t. 5, n° 1256).

562. Les lois de 1874 et 1885 n'ont pas reproduit la formule qui termine l'art. 2185 c. civ. : « le tout à peine de nullité ». Cette phrase doit-elle être sous-entendue? On peut hésiter à l'admettre, car les nullités ne se suppléent pas.

Cependant tous les auteurs se prononcent en ce sens ; ils considèrent, d'une part, que les règles posées par les art. 20 et 21 sont substantielles, et, d'autre part, que l'intention avérée du législateur a été, en cette matière, de se rapprocher autant que possible du droit commun (Mallet, p. 105 ; Tr. Morel, p. 196 ; Alauzet, p. 43 ; Bédarride, t. 1, n° 317 ; Herbault, p. 123 ; Jeanbernat, p. 207 ; L. Laborde, p. 168 ; Desjardins, t. 5, n° 1256 ; de Valroger, t. 3, n° 1290).

Toutefois M. Desjardins, *loc. cit.*, fait observer « qu'aucune nullité de procédure n'étant prononcée, les tribunaux devront se garder plus que jamais d'assimiler à des omissions les erreurs ou insuffisances de détail ».

563. Aux termes de l'art. 21 de la loi de 1885, c'est devant le tribunal civil qu'est donnée l'assignation à fin de procéder aux enchères. C'est également ce tribunal qui est compétent, aux termes de l'art. 23 de la loi de 1885, pour ordonner la vente en cas de saisie (V. *suprà*, n° 234). Nous avons exposé *suprà*, n° 234, les discussions auxquelles a donné lieu la question de savoir s'il n'y avait pas lieu, en cette matière, de substituer la compétence du tribunal de commerce à celle du tribunal civil.

564. Enfin l'art. 22 s'exprime ainsi : « La vente aux enchères aura lieu à la diligence, soit du créancier qui l'aura requise, soit de l'acquéreur, dans les formes établies pour les ventes sur saisie ». Ces termes sont la reproduction de l'art. 23 de la loi de 1874 et de l'art. 2187, § 1er, c. civ. — En 1885, le texte voté par la Chambre des députés portait que la vente aux enchères aurait lieu «... par le ministère d'un courtier conducteur de navires ». Mais la commission du Sénat a reproduit, dans l'art. 22 de la loi nouvelle, l'art. 23 de la loi de 1874. Cette rédaction a été maintenue.

565. MM. de Valroger, t. 3, n° 1292, et Desjardins, t. 5, n° 1257, dont l'opinion nous paraît fondée, estiment que, conformément à l'art. 833 c. proc. civ., si le surenchérisseur ne donne pas suite à l'action, tout créancier inscrit a le droit de se faire subroger à la poursuite. — De même, il faut admettre, avec M. Desjardins, *loc. cit.*, que « si l'acquéreur primitif ne reste pas adjudicataire, son contrat est résolu de plein droit. On respecterait ses actes d'administration ; mais les hypothèques qu'il aurait consenties avant l'adjudication définitive seraient anéanties ».

566. *En Angleterre*, la purge n'existe pas. Mais l'acquéreur du navire qui, après avoir employé son prix à payer les créanciers inscrits, resterait exposé à d'autres poursuites, a soin de se faire garantir contre toute réclamation ultérieure (Desjardins, t. 5, n° 1258).

567. Les articles de la loi *belge* du 21 août 1879, relatifs à la purge, sont ainsi conçus : « Art. 150. Le nouveau propriétaire d'un navire hypothéqué qui veut se garantir des poursuites autorisées par l'art. 3 (c'est-à-dire des poursuites des créanciers privilégiés ou hypothécaires) est tenu, avant les poursuites ou dans le délai de quinzaine à compter de la première sommation qui lui est faite, de notifier à tous les créanciers inscrits, aux domiciles par eux élus dans les inscriptions : 1° un extrait de son titre contenant la date et la qualité de l'acte, la désignation des parties, le nom, l'espèce et le tonnage du navire, le prix et les charges faisant partie du prix, l'évaluation de la chose, si elle a été donnée ou cédée à tout autre titre que celui de vente ; 2° indication de la date, du volume et du numéro de la transcription ; 3° un tableau sur trois colonnes dont la première contiendra la date des inscriptions, la seconde le nom des créanciers et la troisième le montant des créances inscrites. — Art. 151. Le nouveau propriétaire déclarera par le même acte qu'il acquittera les dettes et charges hypothécaires, jusqu'à concurrence du prix ou de la valeur déclarée, sans déduction aucune au profit du vendeur ou de tout autre. Sauf disposition contraire dans les titres de créance, il jouira des termes et délais accordés au débiteur originaire, et il observera ceux stipulés contre ce dernier. Les créances non échues qui ne viennent que pour partie en ordre utile seront immédiatement exigibles vis-à-vis du nouveau propriétaire, jusqu'à concurrence, et pour le tout à l'égard du débiteur. — Art. 152. Tout créancier *inscrit* peut requérir la mise du navire aux enchères, en offrant de porter le prix à *un vingtième* en sus. Cette réquisition sera signifiée au nouveau propriétaire dans les *quinze jours*, au plus tard, de la notification faite à la requête de ce dernier. Elle contiendra assignation devant le tribunal *de commerce* du lieu où se trouve le navire ou, s'il est en cours de voyage, devant le tribunal de commerce du port d'armement, pour voir ordonner qu'il sera procédé aux enchères requises. — Art. 153. En cas de revente par suite de surenchère, elle aura lieu suivant les formes établies pour les ventes sur saisie. — Art. 155. Faute par les créanciers de s'être réglés entre eux à l'amiable, dans le délai de quinzaine pour la distribution du prix offert par la notification, ou produit par la surenchère, il y est procédé dans les formes établies en matière de saisie ».

568. *En Hollande*, le créancier qui a saisi le navire est tenu de faire signifier les publications qui annoncent la vente au domicile élu des créanciers privilégiés inscrits sur les registres (Desjardins, t. 5, n° 1258).

569. *Le code de commerce allemand* dispose (art. 768) : « Il est laissé aux lois particulières de chaque État de déterminer les cas dans lesquels les privilèges s'éteignent, par exemple, lorsque les créanciers du navire ont été sommés sans résultat de faire valoir leurs droits de gage à l'autorité compétente dans le délai fixé après que le navire a mouillé dans le port d'attache ou dans un autre port du pays » (Conf. art. 767, même code). Les règles spéciales relatives à l'extinction des privilèges sur les navires ont été posées *en Prusse* par les lois du 24 juin 1861 (art. 58) et du 15 mars 1869 (art. 94 à 106) ; pour la ville de *Hambourg*, par la loi du 22 déc. 1865 (art. 56 et suiv.) ; pour le *Hanovre*, par la loi du 5 oct. 1864 (art. 42) ; pour le *Mecklembourg-Schwerin*, par la loi du 28 déc. 1865 (art. 56) ; pour le *Schleswig-Holstein*, par la loi du 5 juill. 1867 (art. 79). — L'art. 5 de la loi sur l'hypothèque maritime du 20 janv. 1882, pour la ville de *Lubeck*, dit que l'extinction des hypothèques inscrites reste soumise aux règles du droit commun.

570. Aux termes de l'art. 15 du *code finlandais*, « en cas de vente judiciaire aux enchères publiques, tout privilège sur le navire cesse. En revanche, le créancier conserve ses droits sur le prix d'achat, lequel ne doit être soldé au vendeur qu'au bout d'un mois après que les créanciers inconnus, par une publication dans l'église du lieu de vente et dans les journaux officiels du pays, auront été mis à même de faire valoir leurs droits ».

571. Le code de commerce *italien* renferme les dispositions suivantes : « Outre les modes généraux d'extinction des obligations, les privilèges des créanciers sur le navire s'éteignent : 1° par la vente en justice faite à la demande des créanciers ou pour autre cause, dans les formes établies par le liv. 4, et après payement du prix sur lequel les privilèges sont transférés ; 2° par l'expiration d'un délai de trois mois en cas d'aliénation volontaire. Ce délai court à partir de la transcription de l'acte d'aliénation si le navire se trouve, au temps de la transcription, dans le département où il est inscrit, et à partir de son retour dans ledit département si la transcription de l'aliénation est faite quand le navire est déjà parti, pourvu que, dans le délai d'un mois de la date de la transcription, la vente soit notifiée aux créanciers privilégiés dont les titres se trouvent transcrits et notés (*annotati*) sur l'acte de nationalité. — L'extinction n'a pas lieu à l'égard du créancier privilégié qui, avant l'expiration du délai, a cité l'acquéreur en justice pour obtenir la déclaration d'un privilège » (art. 678). — La notification doit contenir les diverses énonciations mentionnées dans l'art. 18 de la loi française (art. 679). Dans les *quinze* jours, tout créancier peut demander la vente aux enchères, en offrant d'augmenter le prix d'un dixième, et de donner caution (art. 680). S'il n'y a pas de réquisition de mise aux enchères dans le délai, ou si la demande est repoussée, le navire est libéré moyennant la consignation du prix (art. 681). — C'est, en un mot, le système des art. 18 et suiv. de la loi de 1885 étendu à tous les créanciers privilégiés qui se sont fait inscrire sur l'acte de nationalité.

§ 7. — Dispositions diverses.

572. Le deuxième alinéa de l'art. 2 de la loi de 1885 porte : « Le droit d'enregistrement de l'acte constitutif d'hypothèque authentique ou sous seing privé est fixé à un franc (1 fr.) par mille francs (1000 fr.) des sommes ou valeurs portées au contrat ». La loi de 1874 faisait, sur ce point, une distinction ; son art. 2 s'exprimait ainsi : « Pour l'inscription de l'hypothèque, l'acte sous seing privé ne sera passible que du droit fixe de 2 fr. Mais le droit proportionnel pourra être ultérieurement exigé dans les cas où les actes sous seing privé y sont assujettis, conformément aux lois sur l'enregistrement ». Ainsi, quand l'acte était notarié, il était soumis au droit proportionnel ordinaire perçu sur les obligations, c'est-à-dire de 1 pour 100. Au contraire, l'emprunt sous seing privé n'était passible que du droit fixe de 2 fr., sauf l'application du droit proportionnel dans les cas où il serait fait usage du titre en justice, ou bien encore s'il était mentionné dans un acte public. La différence des droits à percevoir suivant la forme de l'acte était une anomalie; nos lois fiscales considèrent, en effet, la nature des conventions et non la forme des actes qui les contiennent (V. dans le rapport de M. Grivart à l'Assemblée nationale l'exposé des motifs qui avaient fait admettre cette dérogation aux principes généraux). — La modération du droit à 1 pour 1000 constitue une grande faveur pour les prêts sur hypothèque maritime; mais, ainsi que le fait remarquer M. de Valroger, t. 5, p. 346 « un droit proportionnel sur l'hypothèque maritime, si minime qu'il soit, est peu justifié, alors que, depuis la loi du 29 janv. 1881, les ventes de navires ne sont soumises qu'à un droit fixe de 3 fr. » (Conf. Mallet, p. 111; Desjardins, t. 5, n° 1259). — Quoi qu'il en soit, les emprunteurs sous seing privé ont perdu quelque chose à la loi nouvelle; ils n'ont plus la faveur de l'enregistrement provisoire à droit fixe.

573. L'art. 37, § 1er, de la loi de 1885 dispose : « Le tarif des droits à percevoir par les employés de l'administration des douanes et le cautionnement spécial à leur imposer, à raison des actes auxquels donnera lieu la présente loi, les émoluments et honoraires dus aux notaires et aux courtiers conducteurs de navires pour les ventes dont ils pourront être chargés seront fixés par des décrets rendus dans la forme des règlements d'administration publique ». Cette disposition, calquée sur l'art. 30, § 1er, de la loi de 1874, en diffère uniquement par l'addition du membre de phrase : « *les émoluments dus aux notaires et aux courtiers conducteurs de navires pour les ventes dont ils pourraient être chargés* »... qui ne se trouvait pas dans l'ancien texte.

Celui de ces décrets qui se rapporte aux employés de l'administration des douanes a été rendu le 18 juin 1886 (D. P. 86. 4. 85). Ce décret remplace un décret analogue du 23 avr. 1875 (D. P. 75. 4. 104). — Dans le décret de 1886, « les dispositions du décret de 1875 n'ont reçu, dit une circulaire du directeur des douanes du 5 juill. 1886, que les modifications nécessitées par les changements apportés à l'économie même de la loi du 10 déc. 1874. Les paragraphes 2 et 3 de l'art. 2 relatifs aux hypothèques prises en cours de voyage sont supprimés; un salaire est établi pour la transcription des procès-verbaux de saisie (art. 2, n° 6), et le délai après lequel les receveurs peuvent réclamer la libération de leur cautionnement est porté de trois à dix ans (art. 5). Mais il a été inséré dans l'art. 2 du décret du 18 juin 1886 une importante disposition, qui règle définitivement une question laissée jusqu'à présent indécise. Il s'agissait de savoir comment la remise d'un demi pour mille doit être calculée, lorsque plusieurs navires sont affectés solidairement à la garantie d'une même créance. Aux termes du nouveau décret, la remise ne doit, en pareil cas, être perçue que sur le capital mentionné à l'acte constitutif de l'hypothèque, quel que soit le nombre de navires sur lesquels il est pris inscription. Toutefois, si les navires hypothéqués sont immatriculés dans les ports dépendant de recettes différentes, la remise est due aux receveurs de chacune des recettes ». — L'art. 4 stipule que « chaque bordereau d'inscription ne peut s'appliquer qu'à un seul navire. Dans le cas de changement de domicile, de subrogation ou de radiation, il est fait aussi une déclaration distincte par inscription ».

574. L'art. 39, qui termine la loi de 1885, est ainsi conçu : « Sont abrogés : le paragraphe 9 de l'art. 191 et le paragraphe 7 de l'art. 192 c. com.; les art. 201, 202, 203, 204, 205, 206 et 207 du même code; la loi du 10 déc. 1874 sur l'hypothèque maritime; et généralement toutes les dispositions contraires à la présente loi ».

575. Sur l'application dans les colonies des lois sur l'hypothèque maritime, V. Desjardins, t. 5, n° 1262, et *infrà*, v° *Organisation des colonies*.

CHAP. 3. — Du capitaine (*Rép.* nos 301 à 610).

SECT. 1re. — DE LA NOMINATION DU CAPITAINE. — CONDITIONS DE CAPACITÉ (*Rép.* nos 302 à 310).

576. On a indiqué (*Rép.* nos 302 et suiv.) que l'armateur n'est pas entièrement libre dans le choix du capitaine : l'importance du rôle de ce dernier a déterminé le législateur à exiger des garanties spéciales. — Il doit, en premier lieu, avoir comme tous les autres officiers la qualité de Français (art. 2 de l'acte de navigation du 21 sept. 1793, reproduit par l'art. 141 du règlement du 7 nov. 1866). Il doit, en outre, remplir certaines conditions d'aptitude, qui varient selon la nature de la navigation qu'il doit entreprendre. L'ordonnance du 7 août 1825 distinguait, à cet égard, deux espèces de navigation; *le long cours* et *le cabotage* (*Rép.* nos 303 et suiv.) ; le décret du 20 mars 1852 (D. P. 52. 4. 112) a reconnu une troisième espèce de navigation, le *bornage* (V. *Rép.* v° *Organisation maritime*, n° 567).

577. L'art. 377 du code de 1807 donnait du voyage *au long cours* une définition imparfaite et peu précise (*Rép.* n° 74). Ce système, qui n'était qu'une reproduction de celui des ordonnances du 20 août 1673, d'août 1681, du 18 oct. 1740, a été abandonné par la loi du 14 juin 1854 (D. P. 54. 4. 113), qui modifie l'art. 377 c. com. et définit scientifiquement le voyage au long cours : « Sont réputés voyages au long cours ceux qui se font au delà des limites ci-après déterminées : au sud, le 30e degré de latitude nord; au nord, le 72e degré de latitude nord; à l'ouest, le 15e degré de longitude du méridien de Paris; à l'est, le 44e degré de longitude du méridien de Paris » (V. *infrà*, n° 579).

578. Les conditions d'aptitude aux fonctions de *capitaine au long cours* étaient autrefois déterminées par l'ordonnance du 7 août 1825 (*Rép.* nos 302 et suiv.). Un décret du 26 janv. 1857 (D. P. 57. 4. 55), modifié lui-même par décret du 22 oct. 1863 (D. P. 64. 4. 32) et par un autre du 21 avr. 1882, a abrogé les dispositions de cette ordonnance relatives à la réception des capitaines du commerce. Enfin un décret du 2 oct. 1880 (D. P. 81. 4. 110) a remplacé celui du 26 janv. 1857 (V. *infrà*, v° *Organisation maritime*).

Pour être capitaine au long cours, il faut : 1° être âgé de vingt-quatre ans accomplis avant le 1er juillet de l'année de l'examen ; 2° avoir navigué pendant soixante mois au moins, accomplis depuis l'âge de seize ans sur des bâtiments français, dont trente mois, au moins, de navigation au long cours; 3° avoir satisfait à des examens spéciaux de pratique, puis de théorie, dont le programme général est donné par le décret de 1880, mais dont les programmes détaillés sont déterminés par arrêtés du ministre de la marine : les anciens officiers ou aspirants de première classe de la marine militaire sont dispensés de ces examens ; 4° avoir reçu du ministre de la marine le brevet de capitaine au long cours.

579. La navigation *au cabotage* est celle qui ne dépasse pas les limites fixées par l'art. 377 c. com. (V. *suprà*, n° 577) et qui excède celles du bornage, telles que les a fixées le décret de 1852 (V. *infrà*, n° 580). — Les conditions d'aptitude requises pour obtenir le brevet de capitaine ou *maître au cabotage* sont déterminées aujourd'hui par le décret du 2 oct. 1880 (D. P. 81. 4. 110). Elles sont les mêmes que celles exigées des capitaines au long cours, sauf que, sur les soixante mois de navigation requis, trente doivent avoir été accomplis sur des navires armés au cabotage, et que le programme des examens est plus simple. — Les maîtres au cabotage sont autorisés à commander, concurremment avec les capitaines au long cours, les bâtiments affectés à la pêche de la morue à Terre-Neuve (L. 21 juin 1836 ; *Rép.* v° *Organisation maritime*, p. 1688).

580. L'ordonnance du 25 nov. 1827 a supprimé, on l'a vu au *Rép.* n° 305, l'ancienne distinction entre le grand et le petit cabotage. Mais, par suite de l'insuffisance du nombre des maîtres au cabotage, les préfets maritimes durent, par délégation du ministre de la marine, autoriser, sous certaines conditions, des marins non brevetés à commander des bâtiments naviguant dans des limites restreintes, notamment les bâtiments servant au transport des denrées nécessaires à l'approvisionnement des îles voisines du littoral (Rapport sur le décret du 20 mars 1852, D. P. 52. 4. 112, note 1). Un décret du 20 mars 1852 (D. P. 52. 4. 112) a substitué un régime uniforme et légal à cet état de choses, en réglementant la navigation dite *au bornage* (V. *Rép.* v° *Organisation maritime*, n° 569). « On entend par *bornage*, dit l'art. 2 de ce décret, la navigation faite par une embarcation jaugeant 25 tonneaux au plus, avec faculté d'escales intermédiaires entre son port d'attache et un autre point déterminé, mais qui n'en doit pas être distant de plus de quinze lieues marines. — Les chiffres de tonnage et de limite de parcours peuvent toutefois être élevés, mais seulement pour les chalans, allèges, penelles et autres bâtiments naviguant sur les fleuves et rivières au moyen du remorquage ou du halage. » — Il suffit, pour commander au bornage, d'être âgé de vingt-quatre ans et d'avoir navigué pendant soixante mois (art. 1er même décret, modifié par décret du 22 oct. 1863, D. P. 64. 4. 32). L'extension des limites du bornage est généralement réclamée (V. proposition de loi déposée le 6 déc. 1879 à la Chambre des députés, *Journ. off.* du 3 janv. 1880). — Le commandement des embarcations armées à la *petite pêche* ne peut être exercé que par un marin définitivement inscrit (Décr. 20 mars 1852, art. 7) (V. *Rép.* n° 308).

581. Sur les pénalités édictées contre ceux qui exercent indûment les fonctions de capitaine, de maître ou de patron, V. *infrà*, v° *Organisation maritime*. V. aussi *ibid.*, dans quelles circonstances la peine de la perte ou de la suspension de la faculté de commander peut être prononcée contre un capitaine.

582. La distinction entre le grand et le petit cabotage a été maintenue dans les colonies par l'ordonnance du 31 août 1828 (*Rép.* n° 306), puis par décret du 26 févr. 1862 (Delabarre de Nanteuil, *Législation de l'île de la Réunion*, t. 6, p. 18). Les conditions d'âge et de navigation préalable exigées pour obtenir un commandement au cabotage sont les mêmes que celles exigées des maîtres au cabotage par la législation métropolitaine. Les maîtres au grand cabotage subissent un examen de pratique, puis de théorie, conformes aux programmes annexés au décret. Pour les maîtres au petit cabotage, l'examen, plus simple, comprend à la fois la théorie et la pratique. Les maîtres au grand cabotage des colonies ne peuvent exercer dans une circonscription coloniale autre que celle de leur ressort, s'ils ne sont déclarés admissibles à un nouvel examen qui comprend les matières énumérées dans le paragraphe 5 de l'art. 12 du décret de 1862.

583. En Algérie, la distinction entre le grand et le petit cabotage est également maintenue; mais les décrets des 9 juill. 1874 (*Bulletin du gouverneur général*, 1874, p. 515) et 15 avr. 1885 (D. P. 85. 4. 86) ont étendu les limites du petit cabotage par bâtiments à voiles aux côtes de la Tunisie, de la Sardaigne, du Maroc et de l'Espagne, y compris les Baléares, sans que le détroit de Gibraltar puisse toutefois être dépassé. Nul ne peut exercer en Algérie le commandement de bâtiments, dans les limites du petit cabotage, s'il ne remplit les conditions d'âge, de nationalité et de navigation préalable, et s'il ne fait preuve des connaissances voulues par le décret du 15 avr. 1885. Le décret du 20 mars 1852 sur le bornage (modifié par le décret du 22 oct. 1863), a été rendu applicable à l'Algérie par décret du 17 sept. 1882 (D. P. 83. 4. 52) (V. *infrà*, v° *Organisation de l'Algérie*).

SECT. 2. — DES DROITS ET DES DEVOIRS GÉNÉRAUX DU CAPITAINE. — ÉTENDUE DE SA RESPONSABILITÉ (*Rép.* nos 311 à 343).

584. — I. DROITS ET DEVOIRS GÉNÉRAUX (*Rép.* nos 311 à 326). — L'opinion émise au *Rép.* n° 311, et d'après laquelle les capitaines de la marine marchande doivent toujours être réputés commerçants, est aujourd'hui vivement combattue. Un arrêt de la cour de Bordeaux du 1er août 1831 (*Rép.* v° *Acte de commerce*, n° 295) s'était prononcé sans restriction en faveur de ce système, en déclarant que la présomption de commercialité s'attache aux billets souscrits par le capitaine (Comp. *suprà*, v° *Acte de commerce*, n° 363). Mais, d'après la doctrine qui semble prévaloir aujourd'hui, s'il est vrai que le contrat passé entre le capitaine et l'armateur est, comme toutes les opérations se rattachant au commerce maritime, un acte de commerce (c. com. art. 633), on ne saurait dire cependant que le capitaine fait profession de contracter des engagements de nature commerciale ; car la nature de ces actes s'oppose à ce qu'ils puissent être renouvelés à chaque instant comme ceux dont la réitération habituelle confère aux individus qui les exercent la qualité de commerçants (c. com. art. 1er). On devrait, d'ailleurs, dans le système opposé, reconnaître à tous les gens de mer, sans exception, la qualité de commerçants (art. 633 *in fine*), ce que personne n'a jamais soutenu. Le capitaine, il est vrai, fait aussi journellement, pour les besoins de l'expédition, les divers contrats maritimes énoncés dans l'art. 633 ; mais il agit alors non pour son compte, mais comme préposé du propriétaire du navire. On peut ajouter encore cette double considération, que, d'une part, les capitaines au long cours et les maîtres au cabotage, ne voyageant pas pour leur compte ne sont point soumis à la patente (L. 15 juill. 1880, art. 17-5°, D. P. 81. 4. 1) (Conf. *Rép.* n° 312), et que, d'autre part, si la loi du 8 déc. 1883, art. 1er et 8 (D. P. 84. 4. 9) les admet à concourir à l'élection des membres des tribunaux de commerce et les rend éligibles, elle a soin de les distinguer des autres commerçants (art. 1er), comme le faisaient déjà les lois des 28 août 1848 (D. P. 48. 4. 161), 21 déc. 1871 (D. P. 72. 4. 3) et 5 déc. 1876 (D. P. 77. 4. 13) (Boistel, n° 1194 ; Alauzet, t. 8, n° 2996 ; Desjardins, t. 2, n° 375 ; Paulmier, *Manuel pratique du capitaine de navire*, n° 42 ; Lyon-Caen et Renault, t. 2, n° 1789).

Il a été jugé, par application de cette doctrine, que le contrat de mariage du capitaine qui navigue pour le compte d'un armateur n'est point assujetti à la publicité prescrite pour les contrats de mariage des commerçants (Trib. com. Bordeaux, 19 juill. 1858, aff. B..., D. P. 60. 3. 31; Comp. Aix, 6 janv. 1870, aff. Sicard, *Recueil de Marseille*, 1870. 1. 124). — On doit admettre, pour le même motif, que le capitaine n'est pas astreint à la tenue des livres réglementaires et qu'il ne peut être déclaré en faillite. — Il est certain, d'ailleurs, qu'il en serait autrement, si le capitaine, étant propriétaire ou copropriétaire du navire, naviguait pour son propre compte (Jugement précité du 19 juill. 1858).

585. Il faut noter, toutefois, que les contestations qui peuvent survenir entre le capitaine non propriétaire et l'armateur seront jugées par les tribunaux de commerce ; car, d'une part, le capitaine a fait, au moins en s'engageant, un acte de commerce isolé (art. 633 *in fine*); d'autre part, on doit le considérer comme le facteur de l'armateur (art. 634-1°) qui, lui, est commerçant (art. 632 et 633).

586. Un arrêt (Aix, 6 juill. 1866, aff. Gaetani, *Recueil de Marseille*, 1867. 1. 122) déclare que « le capitaine n'est commerçant que dans l'exercice du commandement d'un navire et dans les faits qui s'y rattachent ». M. Laurin, t. 1, p. 568, adoptant cette distinction, décide que le capitaine est commerçant, seulement en ce sens qu'il est justiciable des tribunaux de commerce pour l'exécution de ses obligations. Cette formule peut être critiquée en ce qu'elle semble méconnaître le système du code de commerce qui ne reconnaît que deux classes d'individus, ceux qui sont commerçants et ceux qui ne le sont pas : il n'existe pas de classe intermédiaire. Mais, au point de vue pratique, ce système diffère peu de celui que l'on vient d'exposer et qui admet aussi la compétence commerciale pour les procès entre l'armateur et le capitaine. MM. Lyon-Caen et Renault, t. 2, n° 1789, note 1, signalent cependant la divergence suivante entre les conséquences des deux théories : « Dans la doctrine de M. Laurin, disent-ils, le capitaine actionné en vertu de l'art. 1382 c. civ. à raison de quelque faute par un tiers pourrait être cité devant le tribunal de commerce par application de la théorie de l'accessoire. Au contraire, dans notre doctrine, le tribunal civil serait compétent, du moins si l'on admet que l'art. 634-1° concerne les rapports du préposé et du préposant, et non pas ceux du préposé avec les tiers ».

587. On s'est demandé quelle est la nature juridique du contrat qui intervient entre le capitaine et le propriétaire du navire. Est-ce un *louage de services* ou un *mandat salarié?* Certains auteurs lui attribuent un caractère *mixte :* il participe à la fois, disent-ils, des deux contrats (Lyon-Caen et Renault, t. 2, nos 1652 et 1783; Laurin, t. 1, p. 456, 606, 649 et suiv.; Pardessus, t. 2, n° 626; de Valroger, t. 1, nos 285 et 456). Il est incontestable que, si l'on envisage, non pas la mission *technique* du capitaine qui consiste à diriger la navigation, mais uniquement sa mission *représentative* qui consiste à faire certains actes au nom et pour le compte de l'armateur, on peut dire qu'il accomplit ces derniers actes en qualité de mandataire; mais ce rôle n'est qu'accessoire, car l'armateur peut faire personnellement ces actes ou en charger quelqu'un autre que le capitaine. C'est uniquement à propos de la mission technique du capitaine, c'est-à-dire de sa mission principale, que le doute est possible. Le capitaine, en tant que dirigeant la navigation, agit-il à l'égard de l'armateur en qualité de mandataire ou en qualité de *locator operarum?* — M. F. Charvériat a fait une étude complète de cette question (*Annales du droit commercial*, 1888, 2e part., p. 1 et suiv.). Suivant cet auteur, le capitaine, même en ce cas, est véritablement le *mandataire* de l'armateur (Conf. Locré, t. 2, p. 50. — V. en sens contraire: Pothier, *Louage maritime*, nos 31 et 162; Troplong, *Mandat*, no 237. Comp. Boistel, nos 1180, 1181, 1192; Alauzet, t. 5, no 1742; de Fresquet, *Des abordages maritimes*, p. 67 et 84; Paumier, nos 39, 51 et 381; Bédarride, t. 1, no 303, et t. 2, no 357). — Cette opinion se fonde d'abord sur divers textes qui étendent au capitaine, en tant qu'exerçant sa mission technique, des règles propres au mandataire et inapplicables au *locator operarum;* on peut citer, notamment, l'art. 218 c. com. qui applique au capitaine le principe de l'art. 2004 c. civ.; l'art. 221 c. com., qui déroge à l'art. 1137 c. civ. et peut être rapproché de l'art. 1992, 2e al., c. civ. (Conf. *infrà*, no 589); enfin l'art. 238 c. com. qui consacre la règle posée par le deuxième alinéa de l'art. 2007 c. civ. L'art. 272 c. com., il est vrai, étend au capitaine les dispositions du code de commerce concernant les loyers des matelots qui, eux, ne sont que de simples *locatores operarum*, et l'on serait tenté de donner, par suite, à l'engagement du capitaine le même caractère qu'à celui des gens de l'équipage. Mais le rapprochement de l'art. 272 est tout extérieur et ne signifie nullement que la loi mette, quant au point qui nous occupe, le capitaine sur le même pied que le matelot: cet article ne se préoccupe en rien, au point de vue du droit privé, des caractères juridiques de l'engagement du capitaine (Charvériat, *loc. cit.*, p. 7). Et d'ailleurs, la mission du capitaine est toute différente de celle du matelot. Celui-ci fait œuvre surtout matérielle : le capitaine, au contraire, met à profit ses connaissances professionnelles pour conduire la navigation; il trace la route à suivre, il est investi du commandement, il reçoit de la loi un pouvoir disciplinaire : il rend donc, en réalité, au propriétaire des soins qui procèdent de l'exercice d'une *profession libérale*, et, par conséquent, suivant l'opinion générale des auteurs, il exerce un *mandat* (V. *Louage d'ouvrage et d'industrie;* — *Rép.* eod. vo, no 5). — M. F. Charvériat, *loc. cit.*, p. 12 et suiv., expose en détail les conséquences pratiques de cette théorie, notamment en ce qui concerne l'application de l'art. 2000 c. civ.

588. Comme officier public, le capitaine est chargé de l'accomplissement de certaines mesures relatives à la police de la navigation, de la réception à bord des actes de l'état civil et des testaments; il remplit les fonctions de juge d'instruction pour les crimes et délits commis à bord; il est investi d'un pouvoir disciplinaire sur les gens de l'équipage et sur les passagers (V. *infrà*, vo *Organisation maritime*).

Comme représentant de l'armateur, il est, en premier lieu, investi du *commandement* du navire et préposé à sa *direction;* il est, en second lieu, chargé de l'*administration* du navire : c'est à ce dernier point de vue que s'est placé le code de commerce. — Sur les droits et devoirs généraux du capitaine, V. *Rép.* nos 316 et suiv., et vo *Organisation maritime*.

589. — II. RESPONSABILITÉ (*Rép.* nos 327 à 343). — L'art. 221 c. com., en rendant le capitaine garant de ses fautes même légères, ne fait, on l'a vu (*Rép.* no 327), qu'appliquer la règle générale écrite dans l'art. 1992 c. civ. — Par application de cette règle, il a été décidé, notamment : 1° que le capitaine qui, sans nésessité, fait relâche dans un port situé sur sa route, commet une faute à raison de laquelle il doit être déclaré responsable de l'avarie causée à son chargement par une tempête qu'il a essuyée par la suite, et qu'il aurait évitée, s'il s'était rendu directement au lieu de sa destination (Rennes, 8 avr. 1862 (1). Comp. Bordeaux, 17 févr. 1876, aff. Tandonnet, D. P. 78. 1. 193 ; de Valroger, t. 1, no 331) ; — 2° Que la saisie d'un navire motivée par l'introduction dans un port étranger, en contravention aux lois de douane du pays, de marchandises que le capitaine avait embarquées pour son compte sur ce navire contrairement aux prohibitions du contrat d'affrétement, peut être déclarée imputable à la faute de ce capitaine, malgré l'état d'hostilités existant, au moment de la saisie, entre la France et le pays où elle a été opérée, alors qu'il est constaté en fait que ces hostilités n'ont eu aucune influence sur une mesure de répression motivée exclusivement par la faute du capitaine (Req. 22 juill. 1867, aff. Baston, D. P. 68. 1. 81). — Il a été jugé, au contraire, que le capitaine n'est pas en faute pour s'être servi d'une carte qui, bien que réputée de publication récente, avait cessé d'être exacte par suite de modifications survenues dans l'état des lieux, alors que malgré ses recherches, il n'avait pu découvrir qu'il en existait une plus récente ; que, par suite, il ne saurait être responsable de l'échouement du navire, qui a été la conséquence de l'emploi de ladite carte (Rouen, 6 mars 1876 (2). Comp. *Rép.* no 385; Trib. com. Havre, 28 juill. 1875, aff. Pourpoint, *Recueil de Marseille*,

(1) (Rolland C. Thomas et autres.) — LA COUR;... — En ce qui touche la question de savoir si le capitaine Rolland doit être déclaré responsable de l'avarie maritime éprouvée par le chargement : — Considérant que, si le capitaine Rolland s'était rendu directement de Guildo à Morlaix, sans relâcher dans la baie de Paimpol comme c'était son devoir et comme l'ont fait deux autres navires qui, partis à la même époque, des mêmes lieux, pour la même destination, sont arrivés au bout de deux ou trois jours à Morlaix, après une heureuse traversée, il aurait évité la tempête par suite de laquelle son chargement d'orge a été notablement avarié; qu'aux termes de l'art. 221 c. com., « tout capitaine de navire est garant de ses fautes, même légères, dans l'exercice de ses fonctions »; que c'est donc avec raison que les premiers juges l'ont déclaré responsable; — Considérant qu'il allègue, il est vrai, avec offre de preuves, avoir été forcé par l'état de la mer de relâcher le 19 octobre dans la baie de Paimpol, et y avoir été retenu par les vents contraires jusqu'au 27; mais que, si le fait était exact, il n'aurait pas manqué de le mentionner, à sa date sur son registre de bord, et surtout d'expliquer dans le rapport de mer, fait par lui au juge de paix de Lannilis, le 31 octobre, pourquoi il avait cru devoir relâcher dans la baie de Paimpol, et pourquoi il y était resté si longtemps; — Que cependant, dans ce rapport, il se borne à déclarer, sans détails ni explication, *que le 19 il est entré en baie de Paimpol et en est parti le 27;* qu'il est évident que ce capitaine, dont le navire est de Paimpol, et qui lui-même a son domicile, sa famille et ses intérêts dans le voisinage de ce port, a cru pouvoir, sans compromettre les intérêts qui lui étaient confiés, se détourner un peu de sa route pour aller passer quelques jours dans son pays; que sauf les cas de force majeure où certaines circonstances favorables et exceptionnelles dans lesquelles ne se trouve pas le capitaine Rolland, il y aurait péril et inconvénient grave à autoriser la preuve par témoins de faits de navigation qui, suivant la prescription de la loi et par des raisons de sage prévoyance que tout le monde comprend, doivent être immédiatement constatés sur les registres du bord ou déclarés avec affirmation de l'équipage dans les rapports de mer; que la demande d'enquête est donc mal fondée; etc.

Du 8 avr. 1862.-C. de Rennes, 3e ch.-MM. Pouhaër, pr.-Charmoy, Dorange et L. Grivart, av.

(2) (Comp. d'assurances *le Havre* C. Geffroy.) — LA COUR; — Attendu qu'aujourd'hui on se borne à prétendre au nom des compagnies d'assurances que pour les deux cinquièmes de navire, dont il était propriétaire, le capitaine n'aurait pas droit au bénéfice des assurances, parce que l'échouement du navire, qu'il commandait lui-même, ne serait dû qu'à son fait ou à sa faute; que pour justifier ce système, on formule trois reproches principaux, qu'il convient d'apprécier successivement; — En ce qui touche l'absence à bord d'instructions nautiques et d'une carte de publication récente : — Attendu qu'en janvier 1874, le navire *l'Union* partait d'Amsterdam pour Cardiff et Singapore, et qu'à ce moment un voyage à Shanghaï n'entrait que secondairement dans les prévisions du capitaine; que cependant il avait à bord les instructions nautiques habituelles; et qu'en outre, à Amsterdam, il fit l'achat de cartes routières et d'atterrissage pour les côtes de la Chine, particulièrement pour le fleuve Yan-Tse-Kian, et pour Shanghaï; que la carte d'atterrissage, de provenance anglaise, dressée en 1842, revisée en 1859, mise en vente postérieurement, était tenue comme de publication récente; qu'à Singapore, ayant pu obtenir un chargement pour Shanghaï, il prit la précaution de faire rechercher, par le consignataire de son navire, s'il n'existait pas de cartes plus nouvelles; que n'en ayant pas trouvé dans une contrée aussi rapproché de la Chine, il dut penser qu'il n'en existait pas; que le banc de Block-House, sur lequel le navire a échoué, signalé sur la carte du capitaine comme existant

1876. 2. 148. V. aussi Eloy et Guerrand, *Traité des capitaines*, t. 2, n° 1215; Dutruc, *Dictionnaire du contentieux commercial*, v° *Capitaine de navire*, n° 137; Desjardins, t. 2, n° 380).

590. La responsabilité du capitaine ne cessant, aux termes de l'art. 230 c. com., que par la preuve de la force majeure, c'est, en principe, *la faute* qui doit être présumée (*Rép.* n° 330). Il semble, toutefois, que cette présomption doive être restreinte, suivant le droit commun, au cas où le capitaine serait actionné par des personnes envers lesquelles il est lié *par un contrat* (armateur, affréteur, etc.); il invoquerait alors la force majeure comme cause de libération et devrait être tenu, par conséquent, d'en faire la preuve (Req. 4 janv. 1832, *Rép.* n° 1838; Civ. rej. 20 févr. 1844, *Rép.* n° 265. — V. en sens contraire : Aix, 21 août 1873, aff. Locamus, *Recueil de Marseille*, 1873. 1. 60; Trib. com. Havre, 26 août 1873, *ibid.*, 1873. 2. 163; Trib. com. Marseille, 29 déc. 1882) (1). Lorsqu'il se trouvera, au contraire, en présence de personnes agissant en vertu, non d'un contrat, mais de la règle générale de l'art. 1382 c. civ., la preuve de la faute incombera au demandeur. L'art. 230 n'a entendu viser que la première de ces deux hypothèses (Lyon-Caen et Renault, t. 2, n° 1790; Desjardins, t. 2, n° 380). — Il a été décidé en ce sens que l'art. 221 n'a en vue que les rapports des capitaines avec les chargeurs (Trib. com. Havre, 28 juill. 1875, aff. Pourpoint, *Recueil de Marseille*, 1876. 2. 148) et avec l'armateur (Laurin, t. 1, p. 650; Desjardins, t. 2, n° 378). — Le conseil d'Etat, les 15 janv. 1875 (aff. Beck, *Rec. Cons. d'Etat*, p. 55); 17 déc. 1880 (aff. Minto, *ibid.*, p. 1038), a étendu, à tort, cette présomption aux rapports du capitaine avec l'Administration; il n'est pas vrai de dire ici, comme l'a fait l'arrêt de 1875, que la force majeure ne peut être présumée et qu'elle doit être toujours prouvée; vis-à-vis *des tiers*, le capitaine n'est nullement présumé en faute (de Valroger, t. 1, n° 400).

591. L'application de la règle posée par l'art. 230 peut présenter de sérieuses difficultés, lorsque l'accident dont on prétend rendre le capitaine responsable est un incendie. On doit se demander, en effet, si l'incendie doit être considéré ou non comme un événement fortuit. On a prétendu qu'il y avait lieu de lui attribuer ce caractère; qu'en conséquence, du moment où le capitaine établissait que le dommage avait été causé par un sinistre de cette nature, il se mettait à l'abri de la poursuite exercée contre lui, sans qu'il lui fût nécessaire de prouver que l'incendie avait été purement

---

beaucoup plus en amont dans le lit du fleuve, paraît s'être prodigieusement accrû et étendu dans les derniers temps sous l'action des courants; mais que l'ignorance d'une pareille perturbation ne peut guère être reprochée à un capitaine venu de l'autre bout du monde; qu'on objecte qu'il existerait une carte meilleure, éditée en 1866 et revisée en 1869, 1870, 1871 et 1872; mais qu'à la fin de 1873, elle était loin d'être connue comme aujourd'hui, et qu'on ne peut rendre le capitaine responsable de n'avoir pu la trouver ni à Amsterdam, ni à Singapore, ses deux ports successifs d'embarquement;

En ce qui touche le refus des services d'un pilote, le 29 août : — Attendu que le pilotage n'est pas obligatoire à Shanghaï, et que, dès lors les pilotes sont maîtres de leur tarif; qu'il est vrai que, le 29 août, à plus de vingt milles avant la ligne où le pilotage est regardé comme utile, un pilote accosta l'*Union*, mais que, pour prix de ses services, il réclama la somme considérable de 700 à 800 fr., plus encore une taxe proportionnelle et supplémentaire, en cas de retard; que le capitaine, qui avait été averti, à Singapore, de se tenir en garde contre de telles exigences, craignant de sacrifier, en les subissant, les intérêts de son armement, fit d'autres propositions qui ne furent pas agréées; que des motifs évidemment plausibles justifiaient sa résolution; qu'en effet, d'après les assureurs eux-mêmes, pour le service de Shanghaï, il existerait quarante-cinq pilotes, au moins, et que, dès lors, il était permis de croire qu'à de meilleures conditions, puisque la distance serait abrégée, on trouverait aisément des pilotes aux diverses stations de pilotage qu'on allait successivement parcourir; — Que, le 30 août, dès le matin, le capitaine s'empressa de faire le signal d'appel des pilotes, en arborant son pavillon en tête du mât de misaine, et qu'il n'a cessé de le tenir ainsi arboré jusqu'à l'échouement; qu'il ne se présenta qu'un seul pilote, vers cinq heures et demie du soir; mais qu'il expliqua qu'il était retenu, qu'il allait au-devant de la malle et, dès lors, ne pouvait rester à bord; que si donc il n'a pas été rencontré d'autres pilotes, c'est là un résultat auquel on ne devait pas s'attendre, une fortune de mer, qui déjouait des prévisions légitimes;

En ce qui touche le reproche d'avoir, le 30 août, vers dix heures du soir, abandonné son mouillage, sans attendre qu'un pilote répondît à son signal : — Attendu que le temps était clair et serein, et qu'on apercevait distinctement les feux de la côte; que la carte se trouvant à bord indiquait six brasses d'eau à l'endroit où le navire a échoué; qu'on a vu qu'il n'existait aucune bouée; que la confiance du capitaine se trouvait augmentée par les renseignements et les explications que lui avait donnés le pilote de la malle; qu'on ne pouvait remonter le fleuve que par étapes et en profitant du courant des marées; que le mouillage n'avait pas d'abri; qu'on était dans la saison des typhons, que les instructions nautiques signalent comme des ouragans terribles qui éclatent sans que rien les fasse pressentir; que, dès lors, dans cette situation difficile, le capitaine avait de suffisantes raisons pour prendre le parti d'appareiller; — Attendu, en résumé, que la navigation n'est qu'une suite d'événements où la fortune a plus de part que la volonté; qu'on y est entouré de difficultés toujours renaissantes, et que, pour les surmonter, on ne peut exiger d'un capitaine que l'aptitude et les lumières des hommes de sa profession; que, sans doute, le capitaine Geffroy pouvait être plus heureux, mais que, pourtant, on ne saurait lui imputer d'avoir manqué aux règles de la prudence; que, par conséquent, l'échouement en litige, ne provenant ni de son fait ni de sa faute, et ne constituant qu'un pur accident de mer, reste en entier à la charge des assureurs; — Par ces motifs, confirme.

Du 6 mars 1876.-C. de Rouen, 1re ch.-MM. Neveu-Lemaire, 1er pr.-Pouyer, av. gén.-d'Estaintot et Peulevey (du Havre), av.

(1) (Mallen, Théric et comp. C. Henri Vezian et Maderon.) — Le tribunal; — Attendu que Mallen, Théric et comp., vendeurs de trente balles de farine au sieur Maderon, ont embarqué cette marchandise à bord du navire *Paul-Riquet*; — Attendu que cette marchandise, livrable à quai à Marseille, a donc voyagé pour compte et aux risques et périls de l'acheteur; — Que celui-ci l'a refusée à l'arrivée, à Port-Vendres, en excipant de ce qu'elle était avariée par l'effet des émanations du soufre qui avait été chargé à bord du susdit navire; — Que sur ce refus les sieurs Mallen, Théric et comp. ont actionné à la fois leur acheteur et le propriétaire dudit navire; — Que Maderon prend des fins en garantie contre ce dernier; — Attendu que le reproche qui est fait au sieur Henri Vezian d'avoir embarqué les farines dont s'agit dans la même cale qu'une partie du soufre également chargée à bord dudit navire, ne saurait être accueilli; — Que le soufre est par lui-même, dans son état naturel, une marchandise qui ne saurait compromettre, par ses exhalaisons ou ses émanations, les marchandises à côté desquelles il peut être arrimé; — Qu'il n'y a donc pas de vice d'arrimage à imputer au capitaine du navire *Paul-Riquet* pour avoir mis dans la même cale des soufres et des farines; — Que lors de l'embarquement, le cas d'incendie ne pouvait être supposé devoir se produire nécessairement dans le trajet de Marseille à Port-Vendres, et qu'il est certain que si cet accident ne se fût pas produit, les farines du sieur Maderon seraient arrivées sans avarie aucune, sans odeur ou goût sulfureux; — Attendu que quelques heures après le départ du navire, le feu s'est déclaré dans la partie soufre; que c'est à l'acide sulfureux qui s'est dégagé sous l'action de la chaleur et qui s'est répandu dans toute la cale et s'est infiltré dans les balles de farine, qu'est due l'avarie dont se plaint Maderon; — Que cette avarie est donc le résultat d'un accident qu'on ne pouvait prévoir lors de l'embarquement; — Qu'il s'agit de savoir si cet accident est dû à la faute du capitaine ou à une imprudence de l'équipage;

Attendu que rien ne démontre la réalité de cette faute ou de cette imprudence; — Que l'incendie peut résulter, en effet, de causes imprévues et auxquelles la prudence humaine est dans l'impossibilité de parer; qu'une combustion spontanée d'une marchandise comme le soufre peut et doit être admise, quand rien n'établit l'origine de l'incendie, comme dans l'espèce, et que, d'autre part, rien n'autorise à imputer au capitaine une négligence, un manque de soin ou un défaut de surveillance; — Que la faute ne se présume pas et que c'est à celui qui prétend en exciper à la démontrer; — Que le cas d'incendie n'est pas de plein droit réputé provenir de la faute du capitaine et de l'équipage, et que ce serait intervertir le rôle du défendeur, en l'espèce le sieur Henri Vezian, que de mettre à sa charge une preuve qu'il n'est pas tenu de faire, et de l'obliger d'établir la cause de l'incendie;

Par ces motifs, le tribunal met le sieur Henri Vezian hors de cause, tant sur la demande principale que sur les fins en garantie prises contre lui; — Condamne Maderon à payer à Mallen, Théric et comp., 1621 fr. 35 cent., valeur des trente balles de farine dont s'agit, etc.

Du 29 déc. 1882.-Trib. com. Marseille.-MM. Lallement, pr.-Talon et Aicart, av.

accidentel (Trib. com. Marseille, 14 mai 1872, et Aix, 21 août 1872, aff. Locamus, *Recueil de Marseille*, 1873. 1. 60; Trib. Havre, 26 août 1873, et Trib. Marseille, 29 déc. 1882, cités *suprà*, n° 589; Cresp et Laurin, t. 2, p. 125). Cette opinion n'a pas prévalu en doctrine. Aux termes de l'art.230 c. com., le capitaine, pour se soustraire à l'action du réclamant, doit prouver que la destruction ou la détérioration des choses qui lui sont confiées a pour cause un cas de force majeure; or, prouver que l'objet a été incendié, ce n'est pas démontrer absolument qu'il a péri ou qu'il a été détérioré par suite d'un événement purement accidentel, car l'incendie n'est pas toujours le résultat d'un accident; il provient souvent d'une négligence ou d'une imprudence. Donc, le capitaine ne se libérera qu'en justifiant, non seulement de l'existence de l'incendie, mais, en outre, du caractère purement fortuit de cet incendie; il lui faudra tout au moins démontrer qu'aucune faute ou négligence ne peut lui être reprochée; qu'il avait pris toutes les mesures de précaution nécessaires pour éviter le sinistre (Desjardins, t. 2, n° 380; de Valroger, t. 1, n° 398; Lyon-Caen et Renault, t. 2, n° 1894. Comp. Aubry et Rau, 4e éd., t. 4, § 367, texte et note 21; Demolombe, *Traité des contrats*, t. 5, n° 769; Guillouard, t. 2, n° 747. V. anal. Req. 3 juin 1874, aff. Gaignière, D. P. 76. 1. 371).

592. On rencontre assez souvent dans les connaissements une clause aux termes de laquelle le capitaine ne répond pas des événements quelconques qui pourront se produire au cours du voyage. Une telle stipulation, qui a pour résultat d'annuler, au moins en partie, la responsabilité du capitaine, doit être considérée comme contraire à l'ordre public, et par conséquent comme radicalement nulle (Req. 26 mars 1860, aff. Barbezat, D. P. 60. 1. 269; Trib. com. Marseille, 5 févr. 1861, aff. Chaix, *Recueil de Marseille*, 1861. 1. 72; 20 oct. 1873, aff. Racine, D. P. 75. 1. 452; 21 déc. 1874, aff. Brézan, *Recueil de Marseille*, 1875. 1. 79; Aix, 18 mars 1875, *ibid.*, 1876. 1. 75; Trib. com. Anvers, 31 déc. 1885, *Jurisprudence du port d'Anvers*, 1886. 1. 9; 9 juill. 1886, *ibid.*, 1887. 1. 232; Trib. com. Havre, 14 juill. 1886, *Recueil du Havre*, 1886. 1. 7; C. d'Alexandrie, 8 févr. 1877, aff. Balli frères, *Journal du droit international privé*, t. 5, p. 175. V. aussi *suprà*, v° *Commissionnaire*, n°s 147 et suiv.; Desjardins, t. 2, n° 381, et t. 4, n° 982; de Valroger, t. 1, n°s 333, 340 et 402; Boistel, n° 1249; de Courcy, t. 2, p. 75, et t. 4, p. 435; Demangeat, t. 2, p. 359; Bédarride, t. 1, n° 252; Labbé et Thaller, *Annales du droit commercial*, 1887, t. 1, p. 185 et 251; Sainctelette, *Responsabilité et garantie*, chap. 3, n°s 8 et suiv.; dissertation de M. Levillain, D. P. 88. 1. 113. Comp. Pardessus, t. 2, n° 576; Lyon-Caen et Renault, t. 1, n°s 903 et 954; t. 2, n° 1656; Lyon-Caen, *Revue critique*, 1880, p. 755). — Est au contraire valable la stipulation par laquelle les parties dérogent, non plus à l'art. 221, mais à l'art. 230, et exonèrent le capitaine de l'obligation de prouver la cause purement fortuite du dommage. Si, en effet, l'ordre public s'oppose à ce que le capitaine, par une convention particulière, se décharge complètement de la responsabilité qui lui incombe à raison de ses fautes personnelles, il ne s'oppose nullement à ce qu'il se soustraie conventionnellement à la présomption qui pèse sur lui en rejetant sur son cocontractant le fardeau de la preuve. — On va même jusqu'à décider que la clause de non-garantie insérée dans la convention, inefficace en tant qu'elle ne saurait entraîner une exonération complète, suffit cependant pour écarter la présomption dont il vient d'être parlé (Trib. com. Nantes, 27 juin 1862, *Journal de Nantes*, 1863. 1. 193; Req. 29 nov. 1881, aff. Still, D. P. 82. 1. 70; Civ. cass. 11 févr. 1884, aff. Bianchi, D. P. 84. 1. 399; Rouen, 15 mars 1886, aff. Wats-Ward, *Revue internationale du droit maritime*, t. 2, p. 146; Trib. com. Anvers, 8 juin 1887, aff. de Meyer, *ibid.*, t. 3, p. 342; Trib. com. Marseille, 13 févr. 1888, aff. Budd, *ibid.*, t. 4, p. 304. V. aussi, en matière de transports terrestres: les arrêts cités *suprà*, v° *Commissionnaire*, n° 151. Conf. Desjardins, Boistel, de Valroger, *loc. cit.*; Guillouard, *Traité du louage*, t. 2, n° 761. — *Contrà*: Sourdat, *Traité de la responsabilité*, t. 2, n°s 995, 1079 et suiv.). — Sur la question de savoir si, dans les conventions passées avec les tiers, le propriétaire du navire peut valablement se décharger des conséquences des fautes du capitaine, V. *infrà*, n° 314.

593. Le capitaine est-il nécessairement libéré par cela seul qu'il établit l'existence de l'événement de force majeure qui a causé le dommage? Non. Comme on l'a dit au *Rép.* n° 332, l'exception tirée du cas fortuit cesse d'être recevable quand le sinistre a été précédé d'une faute imputable au capitaine, et qui a exposé le navire à l'action d'une force, irrésistible en elle-même, mais à l'action de laquelle il aurait pu échapper sans l'imprudence ou la négligence du capitaine préposé à sa conduite. Ce n'est là, du reste, que l'application d'une règle générale en matière de contrats (V. *infrà*, v° *Obligations*; Aubry et Rau, 4e éd., t. 4, § 308, p. 103 et 104). Mais cette faute ne saurait se présumer, et il appartient à l'armateur ou au chargeur d'en faire la preuve à l'encontre du capitaine qui, à défaut de cette preuve, conserve le bénéfice de la libération résultant de la force majeure. C'est là encore un principe qui régit toute espèce d'obligations (V. *infrà*, v° *Obligations*; Aubry et Rau, *loc. cit.*). — Enfin, la preuve dont il s'agit n'est même pas suffisante; il faut, en outre, que la faute du capitaine ait eu pour résultat d'exposer le navire à l'action de la force majeure, à laquelle, sans cette faute, il aurait échappé; il est de règle, en effet, qu'une faute ne donne naissance à l'action en responsabilité qu'autant qu'elle a été la cause déterminante du dommage qui l'a suivi. Un arrêt de la cour de cassation (Civ. rej. 29 nov. 1881, aff. Gilkey, D. P. 82. 1. 398) a nettement établi ce point: « Attendu, porte cet arrêt, que pour détruire l'effet libératoire résultant d'un obstacle de force majeure constaté, il ne suffit pas d'établir à la charge du capitaine qu'il a commis une faute quelconque, soit avant, soit depuis l'événement; — Que le bénéfice de l'exonération ne doit céder que devant la preuve d'une faute ayant excercé une influence déterminante sur le dommage, soit en l'occasionnant directement, soit en exposant le navire à l'action de la force majeure à laquelle il aurait pu échapper si la faute n'avait pas été commise ».

594. En principe, c'est le capitaine du navire *remorqueur* qui détermine la direction du navire remorqué. Il doit donc être responsable des dommages causés pas sa faute, soit au navire remorqué, soit à d'autres navires (Civ. rej. 23 avr. 1873, aff. Picquot, D. P. 73. 1. 342; 27 janv. 1880, aff. Chambre de commerce de Bayonne, D. P. 80. 1. 401). Mais cette responsabilité n'exclut pas celle du capitaine et de l'équipage du navire remorqué, s'il y a eu faute de leur part (Trib. com. Nantes, 27 févr. 1867, aff. Freslon, *Recueil de Marseille*, 1869. 2. 87. Conf. Motifs, Crim. cass. 5 mai 1855, aff. Château, D. P. 55. 1. 317; de Valroger, t. 1, n° 383, et *infrà*, n° 609). — Que décider dans les rapports du remorqueur et du navire remorqué? Certains arrêts assimilant le remorqueur à un voiturier, ont décidé que le capitaine de ce navire est de droit responsable des dommages éprouvés par le navire remorqué, et n'échappe à cette responsabilité qu'en prouvant la force majeure (Paris, 21 févr. 1873, aff. Ouachée, D. P. 76. 1. 33-34; Pau, 12 mars 1878, aff. Chambre de commerce de Bayonne, D. P. 80. 1. 401. V. aussi Cons. d'Et. 15 janv. 1875, aff. Berck et aff. Johannesen, deux arrêts, D. P. 75. 3. 97). Il paraît cependant difficile d'assimiler le remorquage au contrat de transport; car, on vient de le dire, la remorque a aussi sa responsabilité propre. Mais si le remorqueur n'est pas responsable comme voiturier, en vertu de l'art. 1784 c. civ., il répond du navire remorqué comme mandataire ou dépositaire, et, dès lors, il est de droit responsable en vertu des règles générales des art. 1148 et 1302 c. civ. (de Valroger, t. 1, n° 401).

595. Le pilote qui, à un moment donné, prend en main la direction de tel ou tel bâtiment est, sans contredit, civilement et même pénalement responsable des accidents qui surviennent par sa négligence ou son impéritie pendant la durée de son intervention. Cette proposition découle, en ce qui concerne la responsabilité civile, de l'art. 1382 c. civ., en ce qui concerne la criminalité, des art. 319 et 320 c. pén. (Caen, 16 juill. 1879, aff. Lefèvre, D. P. 81. 2. 169). — Mais lorsqu'un accident arrive ainsi pendant la présence à bord d'un pilote, le capitaine doit-il en être déclaré personnellement responsable? Il est certain d'abord que la présence d'un pilote à bord n'a pas pour résultat de réduire le capitaine à l'inaction. Non seulement le capitaine demeure soumis à l'obligation que lui impose l'art. 227 c. com.; non seulement, par conséquent, il lui est interdit de quitter le bâtiment, mais il y conserve un rôle, il reste investi de certains pouvoirs. « La présence du pilote à bord, dit M. Bédarride, t. 2, nº 395, n'est et ne saurait être, pour le capitaine et l'équipage, le droit de se croiser les bras et de fermer les yeux; leur devoir est de coopérer à la direction du navire et de la faciliter autant qu'il est en eux... Le pilote, simple marin par l'état, par l'éducation, par les mœurs, peut s'oublier, se quereller avec l'équipage, le brutaliser, ne pas être obéi par lui. Tous ces inconvénients disparaissent devant la présence du capitaine.» M. Boistel, nº 1193, reproduit les mêmes idées dans les termes suivants: « Le capitaine doit être là pour faire exécuter avec promptitude et intelligence les commandements du pilote, pour assurer l'obéissance de l'équipage, veiller lui-même sur les obstacles que l'on peut rencontrer, prévenir le pilote et insister pour éviter toute négligence de sa part ». La conséquence à tirer de ces données, dit M. Levillain, *Dissertation* sur l'arrêt précité du 16 juill. 1879 (D. P. 81. 2. 169), c'est que le capitaine encourra personnellement une responsabilité toutes les fois qu'un accident ayant eu lieu, il sera reconnu que cet accident a pour cause, soit une absence de sa part plus ou moins prolongée, soit un défaut de ponctualité dans la transmission des prescriptions formulées par le pilote ou un défaut de célérité dans leur exécution par les hommes de l'équipage dont il a le commandement, de même enfin toutes les fois que le sinistre aura été occasionné par un défaut de vigilance dans l'observation des signaux, ou dans la découverte des obstacles dont la présence devait être révélée au pilote. » Comme le fait encore observer très judicieusement le premier des deux auteurs précités, « le préjudice uniquement imputable à l'oubli de ce devoir (le devoir de surveillance) ne résulte pas du fait ou de la faute du pilote » ; il provient de la négligence dont le capitaine lui-même a personnellement fait preuve. Rien de plus naturel, dès lors, que de lui en faire supporter la responsabilité. Il ne sera même pas nécessaire que la faute relevée contre le capitaine soit une faute grossière; une faute légère suffira (V. Trib. com. Marseille, 2 avr. 1829, *Recueil de Marseille*, 1829. 1. 247; Aix, 14 janv. 1830, *ibid.*, 1830. 1. 58; Trib. com. Marseille, 5 mai 1831, *ibid.*, 1831. 1. 201; Aix, 23 févr. 1841, *ibid.*, 1841. 1. 236; Sol. impl., Bruxelles, 23 janv. 1858, *Rép.* nº 509; Caumont, vis *Abordage*, nº 191, *in fine; Pilote*, nº 38; Beaussant, *Code maritime*, t. 1, nº 342; Bravard et Demangeat, t. 4, p. 216; Cresp et Laurin, t. 1, p. 587 et suiv.; Desjardins, t. 2, nº 470; Bédarride, *loc. cit.*; Boistel, *loc. cit.* Comp. Bordeaux, 2 juin 1876, *Journal des arrêts de la cour de Bordeaux*, t. 51, p. 176).

596. On peut aller plus loin, et admettre que, si le pilote prescrit des manœuvres manifestement périlleuses, s'il imprime au navire une direction de nature à entraîner inévitablement sa perte, le capitaine peut, après avis préalable de l'équipage, lui retirer la mission qu'il lui a confiée et reprendre le commandement. Il serait même tenu de recourir à cette mesure extrême, toutes les fois que les circonstances l'exigeront, sous peine d'engager sa propre responsabilité (*Rép. loc. cit.*; Beaussant, *loc. cit.*).

Mais doit-on dépasser cette limite? Le capitaine qui, nonobstant la présence du pilote à bord, demeure investi d'une mission de surveillance, qui conserve sa supériorité hiérarchique sur les hommes de l'équipage, reste-t-il, en outre, d'une façon générale, en possession de la direction du navire et continue-t-il de présider à la manœuvre d'une façon effective? Y a-t-il lieu, en conséquence, de le déclarer civilement et même pénalement responsable à raison des accidents survenus, quand ils sont le résultat de quelque négligence ou impéritie dans l'adoption des mesures propres à assurer la marche du bâtiment? La question n'est pas sans difficulté. M. Levillain, *Dissertation* précitée, D. P. 81. 2. 169, a exposé les arguments invoqués à l'appui de la solution affirmative, qui paraît prévaloir dans la jurisprudence et la doctrine (Comp. Trib. com. Marseille, 2 avr. 1829, et Aix, 14 janv. 1830, précités; Trib. com. Marseille, 21 avr. 1830, *Recueil de Marseille*, 1831. 1. 302, et la note; 5 mai 1831, précité; Rennes, 3 août 1832, *Recueil de Marseille*, *loc. cit.*; Bordeaux, 8 mars 1869, *ibid.*, 1849. 2. 146; Trib. com. Rouen, 20 févr. 1874 (1); Cons. d'Ét. 15 janv. 1875, aff. Johannessen, D. P. 75. 3. 97; Caen, 16 juill. 1879, cité *suprà*, nº 595; Bordeaux, 1er déc. 1886, aff. Scotto, *Revue internationale du droit maritime*, t. 2, p. 531; *Rép.* nº 509; Beaussant, Bravard et Demangeat, Cresp et Laurin, *loc. cit.*; de Fresquet, p. 41; Desjardins, t. 2, nº 470, t. 5, nº 1113, et *Additions*, p. 569, nº 1113; Lyon-Caen et Renault, t. 2, nº 1823; de Valroger, t. 1, nos 332 et 381). Mais il donne la préférence à la doctrine opposée: « Nous estimons, dit M. Levillain, que, du moment où il y a un pilote à bord, c'est à lui qu'est confiée la direction de la manœuvre, et c'est sur lui, dès lors, que retombe la responsabilité des accidents survenus. D'abord si, faisant abstraction des textes, on recherche quelle est en législation la solution préférable, il semble difficile, quoi qu'on puisse dire, de contester au pilote le droit de présider à la marche du bâtiment. Pourquoi le capitaine, en effet, requiert-il l'assistance d'un pilote? C'est parce que, n'étant pas au courant des difficultés que présente la navigation dans l'étendue de tel ou tel parcours, et se sentant, par suite, hors d'état d'exercer personnellement le commandement sans compromettre la sécurité tant du navire que de la cargaison, il juge prudent de recourir à l'intervention d'un homme, moins instruit sans doute, mais plus expérimenté que lui. Or suffit-il,

(1) (Toublanc C. Morris.) — LE TRIBUNAL; — Attendu qu'il résulte des renseignements fournis au tribunal et des docoments produits que, le 5 janv. 1874, le steamer *Ligthning*, capitaine Morris, et le voilier *Ernest-Marie*, étant mouillés en Seine, par suite de gros temps, par le travers de Quillebœuf, l'ancre du steamer vint à céder, et, par suite de l'action inverse du courant et du vent, il aborda le voilier par son avant et lui causa des avaries qui donnent lieu à l'action du capitaine Toublanc; — Attendu qu'il y a lieu de rechercher si cet accident est le résultat d'un cas fortuit que le capitaine Morris ne pouvait prévoir et dont il ne peut être tenu pour responsable, ou s'il prend naissance dans une faute commise par ce capitaine, et, dans ce cas, quelle est l'importance du dommage souffert par l'*Ernest-Marie*, et le montant de l'indemnité à laquelle son capitaine a droit; — Sur l'abordage: — Attendu qu'en principe le capitaine Morris ne saurait tirer aucun avantage de la présence d'un pilote à son bord, auquel remonterait la responsabilité morale de l'insuffisance des précautions prises; qu'il est, en effet, de doctrine et de jurisprudence que, quoique le ministère du pilote soit forcé, le capitaine n'en est pas moins tenu de surveiller la conduite de celui qu'il a à son bord, la direction qu'il donne à son navire et les mesures de précaution qu'il prend, de sorte qu'il ne peut couvrir sa responsabilité derrière celle de son pilote; — Attendu que le demandeur relève contre le capitaine Morris deux fautes qui, d'après lui, seraient les causes de l'accident survenu; d'abord de n'avoir mouillé qu'une seule ancre, et ensuite de n'avoir pas fait usage de son moteur à vapeur quand il s'est aperçu que son ancre avait cédé; qu'il y a lieu de rechercher si ces fautes existent et si elles ont eu les conséquences qui leur sont attribuées; — Attendu que, de tous les renseignements fournis au tribunal, il résulte la certitude que le capitaine Morris pouvait doubler son ancre; que l'argument qu'il tire du peu de hauteur d'eau existant alors, lequel ne lui permettait pas, vu le tirant d'eau de son navire, de doubler son ancre à l'avant, n'est pas sérieux; qu'il n'est pas douteux que l'action inverse des vents et des courants ne s'opposait pas à ce qu'il agit ainsi; qu'il ne pouvait craindre d'éventrer son navire sur sa deuxième ancre; qu'en tout cas, il lui était facile de la placer de manière à ne craindre aucun accident de la nature de celui qu'il allègue; — Attendu qu'il est impossible de nier que, dans les circonstances où il se trouvait alors, le capitaine Morris a commis une faute certaine en ne mouillant qu'une seule ancre; que cette faute est d'autant plus grave, qu'il avait été forcé d'arrêter son steamer par suite du gros temps qu'il faisait; que, dans ces conditions, il était de son devoir de prendre toutes les précautions indiquées en pareil cas pour parer, autant que possible, aux dangers de la situation; — Attendu que n'ayant pas cru devoir assurer le mouillage de son navire en frappant une seconde ancre, il était du devoir du capitaine Morris de suppléer à cette insuffisance d'attache de son steamer par les autres moyens qu'il avait à sa disposition; que, dans ces conditions, son moteur à vapeur lui offrait une ressource précieuse qu'il pouvait utiliser presque instantanément, si la nécessité s'en faisait sentir; — Attendu, en effet, qu'on ne saurait considérer comme sérieux les renseignements produits au débat en faveur du capitaine Morris, desquels il résulterait qu'on ne peut mettre une machine en mouvement dans un espace moindre de sept à huit minutes; que cela n'est vrai qu'autant que la machine n'est pas parée, prête à tout événement, et tenue presque de manière à pouvoir fonctionner à la première réquisition; que s'il en était autrement de la machine du steamer *Ligthning*, ce fait constitue une faute dont son capitaine est responsable; — ... Par ces motifs, etc.

Du 20 févr. 1874.-Trib. com. de Rouen.-MM. de Powel, pr.-Cosne et Morin, agréés.

pour que tout danger soit écarté, que les endroits où gisent les écueils, les bancs de sable, les obstacles de toute nature lui soient indiqués d'une façon exacte, que la profondeur de l'eau sur tel ou tel point de l'itinéraire à suivre, l'existence et la direction des courants, l'heure des marées, les phénomènes particuliers qui se produisent au moment du flux et du reflux soient portés à sa connaissance? Non; il faut, en outre, que les manœuvres soient spécialement appropriées aux exigences de la situation, que des précautions particulières soient prises afin de prévenir les accidents, et le pilote est alors plus apte que le capitaine pour imprimer au navire une direction convenable, pour déterminer les mesures préventives qu'il convient d'adopter. On ne comprendrait guère qu'une personne, après avoir fait appel, dans une circonstance déterminée, à l'intervention d'une autre dont elle reconnaît la supériorité à certains égards, vînt émettre ensuite la prétention de contrôler les décisions prises par celui qu'elle s'est assigné comme guide. Telle serait cependant la conduite du capitaine au regard du pilote, s'il continuait d'exercer le commandement après l'arrivée de ce dernier à bord du bâtiment ».

La solution proposée par M. Levillain n'est autre que celle qui était déjà donnée au problème dans les siècles précédents (V. sur ce point la dissertation précitée). En résumé, d'après cette doctrine, le pilote chargé de la conduite d'un navire se trouve, à l'exclusion du capitaine, préposé à la conduite du bâtiment, investi de la direction suprême; d'où cette conséquence, qu'en cas d'accident survenu pendant la durée de son séjour à bord par suite d'une faute commise dans l'exercice du commandement, c'est lui et lui seul qui est responsable. Quant au capitaine, il ne peut encourir de responsabilité personnelle que dans les limites précédemment tracées, c'est-à-dire s'il a commis quelque acte de négligence ou d'impéritie dans l'accomplissement des fonctions et prérogatives dont il reste investi, ou bien encore, s'il a laissé le pilote maître des destinées du bâtiment, alors que son congédiement s'imposait de la façon la plus évidente (Comp. Trib. com. Marseille, 11 mai 1827, *Rép.* n° 509; Bordeaux, 23 févr. 1829, *ibid.*, n° 1098; Aix, 23 févr. 1841, *Recueil de Marseille*, 1841. 1. 236; Bruxelles, 23 janv. 1858, *ibid.*, 1858. 2. 127; Trib. com. Seine et Paris, 15 févr. 1861, *ibid.*, 1861. 2. 63; Bordeaux, 2 juin 1876, *Recueil des arrêts de Bordeaux*, t. 51, p. 176; Caumont, v^is^ *Abordage maritime*, n° 191; *Pilote*; Bédarride, t. 1, n° 281, et t. 2, n° 395; Sibille, *Abordages*, n°s 328 et suiv.; Boistel, n° 1193). — C'est dans ce sens, au surplus, qu'est fixée la pratique en Allemagne et en Angleterre (V. de Courcy, *loc. cit.*; Desjardins, t. 2, n° 472).

597. Le capitaine répond non seulement de ses propres faits, mais aussi, par application de l'art. 1384 c. civ., des faits des gens de son équipage, dans l'exercice de leurs fonctions (*Rép.* n° 334); sauf, en cas de condamnation, son recours contre les auteurs du fait dommageable (de Valroger, t. 1, n° 332. — *Contrà:* Trib. com. Havre, 22 juill. 1861, aff. Bigot, D. P. 62. 3. 23). — Cette responsabilité s'étend même au cas où l'équipage n'a pas été choisi par lui; car, en aucun cas, des hommes d'équipage ne peuvent lui être imposés (Aix, 5 avr. 1837, aff. Cartairade, *Recueil de Marseille*, 1837. 1. 205; Lyon-Caen et Renault, t. 2, n° 1791).

598. Le capitaine peut-il s'exonérer des suites des fautes commises par les gens de l'équipage, en prouvant qu'il n'a pu empêcher le fait qui a donné lieu à la responsabilité? Il n'y a, semble-t-il, aucun motif pour ne pas appliquer ici dans toute son étendue la disposition de l'art. 1384, qui ne réserve pas aux maîtres et commettants la preuve qu'ils n'ont pu s'opposer à l'action commise (V. *Responsabilité*; — *Rép.* eod. v°, n°s 695 et suiv.). La présomption légale de faute, à l'égard du capitaine, doit donc être invincible; comme tout autre commettant, il a toujours à se reprocher le mauvais choix qu'il a fait (Lyon-Caen et Renault, t. 2, n° 179). — Certains auteurs admettent cependant que le capitaine peut se décharger de la responsabilité civile du fait de son préposé, en prouvant la force majeure: il se prévaut légitimement en ce cas, dit-on, de la disposition de l'art. 230 c. com. (Desjardins, t. 2, n° 382). Cette doctrine ne renferme-t-elle pas une contradiction? Si l'on reconnaît, et cela semble incontestable, que l'art. 1384 doit s'appliquer au capitaine, il faut s'en tenir aux dispositions de cet article qui refusent dans tous les cas aux commettants la preuve de l'absence de faute à leur charge; faire exception pour le cas où le capitaine se trouverait, par l'effet d'un cas de force majeure, dans l'impossibilité d'agir efficacement sur ses subordonnés, ce serait aller contre la lettre et l'esprit de la loi; car, dans ce cas, aussi bien que dans celui où il n'a pu, par suite de toute autre cause, s'opposer au fait de son préposé, il doit s'imputer le choix de celui-ci. — L'art. 230 c. com. qui fait cesser, en principe, la responsabilité du capitaine par la preuve d'obstacles de force majeure ne saurait, d'ailleurs, recevoir application dans ce cas; car il n'est relatif qu'à la responsabilité personnelle du capitaine, en ce qui concerne ses propres fautes, et non à sa responsabilité civile pour les faits de son équipage, qui, elle, dérive uniquement de la disposition de l'art. 1384. — Pour les mêmes motifs, et à plus forte raison, on doit rejeter le système proposé par MM. de Courcy, t. 2, p. 101, et de Valroger, t. 1, n° 332, suivant lequel le capitaine, lorsqu'il n'est pas en faute, ne peut jamais être personnellement responsable des faits des gens de l'équipage. Il n'est, en ce cas, disent ces auteurs, responsable que *ès qualités*, c'est-à-dire comme représentant du propriétaire du navire, à qui seul incombe la responsabilité civile, et contre qui seul la condamnation à des dommages-intérêts sera exécutoire. Cette théorie a été implicitement sanctionnée par certaines décisions de jurisprudence; il a été décidé, notamment, que le capitaine n'est pas personnellement responsable d'un échouement ou d'un incendie survenu à bord, lorsqu'il est établi qu'au moment de l'accident il était légitimement descendu à terre, laissant le commandement à son second (Rouen, 13 juin 1848, aff. Miège, D. P. 50. 5. 407; Paris, 30 juill. 1873, aff. Roussan, D. P. 76. 2. 164): « Attendu, dit l'arrêt du 30 juill. 1873, que le capitaine Roussan était à terre, lors du sinistre; qu'il y était dans les termes du règlement et de l'usage; qu'il n'avait quitté son bord qu'après avoir délégué ses fonctions à des mains autorisées; que rien alors ne pouvait lui faire prévoir le sinistre; qu'aucun fait de faute propre ne peut lui être reproché par son armateur; que celui-ci aurait été sans action contre lui » (Conf. *Rép.* n° 341; Trib. com. Marseille, 29 juin 1854, et Bruxelles 23 juin 1858, rapportés par de Courcy, *loc. cit.*). Ce système, fondé surtout sur des considérations d'humanité, méconnaît, comme le précédent, la portée de l'art. 1384.

599. Le capitaine doit être déclaré responsable des faits des passagers, lorsque le pouvoir disciplinaire qu'il a sur ceux-ci (Décr. 24 mars 1852, art. 54 et 57, D. P. 52. 4. 127), lui permettait de les empêcher (Desjardins, t. 2, n° 383; Lyon-Caen et Renault, t. 2, n° 1791). — V. *infrà*, v° *Responsabilité*.

600. On a expliqué d'ailleurs (V. *suprà*, n° 587, et *Rép.* n° 201) que le capitaine, n'étant que le mandataire des propriétaires du navire, n'est pas personnellement garant de l'exécution des obligations résultant, non plus de sa faute, mais d'engagements pris par lui dans l'intérêt du navire et de l'expédition. Il en serait autrement si le capitaine avait, dans la conclusion de ces opérations, commis une faute; il a été jugé, en conséquence, que le capitaine qui, abordant dans un port de relâche, traite précipitamment avec un consignataire, à des conditions anormales et onéreuses, sans avoir pris ni l'avis du consul, ni aucuns renseignements, et sans avoir fait appel à la concurrence, doit supporter personnellement la différence existant entre les commissions par lui payées au consignataire qu'il a choisi et celles qui auraient été perçues par d'autres consignataires, également honorables, désignés par le consul, et qu'il a imprudemment écartés (Rouen, 22 déc. 1868, aff. Mazurier, D. P. 69. 2. 135.)

601. A quel moment commence la responsabilité du capitaine vis-à-vis des chargeurs? Par application de la règle de l'art. 1783 c. civ., on décide que le capitaine répond de la marchandise dès qu'elle lui est remise sur le quai ou à sa disposition pour être embarquée. Jugé, en conséquence, que si le capitaine laisse la marchandise se détériorer à l'humidité après avoir promis de l'embarquer, il est responsable (Rennes, 3 août 1874, aff. Duché, D. P. 77. 1. 110). — Quand, le navire n'étant pas à quai, la marchandise doit être apportée sur des allèges, il est admis qu'elle reste aux risques du chargeur jusqu'au moment où ayant été *élinguée*, c'est-à-dire attachée, elle est enlevée pour être mise à bord (Trib. com. Havre, 20 nov. 1878, aff. Currie C. Mohr Nicolle, *Recueil du Havre*, 1878. 1. 275.) — Lorsque la marchandise doit être livrée *sous palan*, c'est au chargeur à passer et fixer l'*élingue* ou nœud coulant autour de la marchandise (Trib. com. Marseille, 14 déc. 1877, aff. Roussin, *Recueil de Marseille*, 1878. 1. 61); mais les cordages et palans doivent être fournis par le capitaine, qui répond de leur rupture (Trib. com. Havre, 20 nov. 1878, précité; de Valroger, t. 1, n° 336).

Une loi du 18 juin 1870 (D. P. 70. 4. 50) et le décret réglementaire du 2 sept. 1874 (D. P. 75. 4. 45) ont assujetti le capitaine à certaines précautions pour le chargement et le déchargement des marchandises dangereuses (V. *infrà*, v° *Tranquillité et sûreté publiques*).

602. Pour que le capitaine soit déchargé de toute responsabilité, à raison des marchandises qu'il a chargées, il ne suffit pas qu'il les ait mises à quai ; il faut, en outre, qu'il en ait fait la délivrance au consignataire ou à ses préposés (Trib. com. Havre, 17 mai 1880, aff. Isselin, *Recueil du Havre*, 1880. 1. 250; Trib. com. Nantes, 25 août 1880, aff. Duzan, *Recueil de Nantes*, 1881. 1. 74; Trib. com. Havre, 9 mai 1881, aff. Larsen, *Recueil du Havre*, 1881. 1. 122; Trib. com. Dunkerque, 8 mai 1882, aff. Wagner, *ibid.*, 1882. 2. 146; Rouen, 17 août 1882 (1); Trib. com. Havre, 22 sept. 1885, aff. Compagnie générale transatlantique C. Dufour, *ibid.*, 1885. 1. 187; 3 nov. 1885, aff. Currie C. Compagnie des Docks-Entrepôts de Paris, *ibid.*, 1885. 1. 194; 14 janv. 1886, *ibid.*, 1886. 1. 7; *Dissertation* de M. Levillain, D. P. 88. 1. 113); ainsi le capitaine qui sans nécessité s'est borné à déposer des marchandises à la douane est responsable envers l'expéditeur si ces marchandises sont remises à la douane à un autre que le destinataire (Req. 11 nov. 1878, D. P. 79. 1. 446). La responsabilité du capitaine n'est pas dégagée par le retard du destinataire à se présenter pour reconnaître et enlever les marchandises mises à quai (Arrêt précité du 17 août 1882). — S'il y a lieu à pesée, le capitaine n'est déchargé qu'après le pesage (Trib. com. Havre, 24 déc. 1878, aff. Picard-Terrieux, *Recueil du Havre*, 1879. 1. 63); il répond donc, en ce cas, des détériorations survenues aux marchandises après leur déchargement, mais avant le pesage (Même jugement). — A moins de stipulations contraires, le capitaine répond des avaries éprouvées par la marchandise pendant le temps qu'elle passe, au moment du déchargement, sur des allèges (Aix, 30 mars 1868, aff. Miscrachi, *Recueil de Marseille*, 1869. 1. 95; Desjardins, t. 2, n° 556. Comp. de Valroger, t. 1, n° 336).

603. La responsabilité du capitaine serait encore engagée si, à l'arrivée, il remettait la marchandise à une personne autre que celle qui a qualité pour la recevoir, c'est-à-dire le destinataire ou toute autre personne nantie du connaissement (V. sur ce point, *infrà*, n°s 955 et suiv.). — Il a été jugé à cet égard que le connaissement faisant seul loi entre le chargeur et le transporteur, ce dernier est en faute par cela même qu'il ne se conforme pas aux indications du connaissement; en conséquence, lorsqu'un connaissement désigne le destinataire à qui les marchandises doivent être délivrées, le capitaine du navire qui remet les marchandises à une autre personne, porteur du connaissement, sans s'assurer que cette personne est le mandataire du destinataire, commet une faute dont il doit réparation si les marchandises sont détournées ; et, en supposant que le tiers qui a retiré les marchandises en présentant le connaissement, ait reçu cette pièce directement du chargeur, l'imprudence qu'a pu commettre le chargeur en adressant le connaissement à une personne autre que celle qu'il avait désignée sur le connaissement comme destinataire peut avoir pour effet de réduire la part de responsabilité du transporteur, mais ne saurait l'en affranchir entièrement (Civ. cass. 21 nov. 1887, aff. Thost, D. P. 88. 1. 390).

SECT. 3. — DES DROITS ET DES DEVOIRS DU CAPITAINE AVANT LE DÉPART. — ARRESTATION ; CAUTION ; FORMATION DE L'ÉQUIPAGE, ETC. (*Rép.* n°s 344 à 425).

604. — I. SUSPENSION DE LA CONTRAINTE PAR CORPS CONTRE LE CAPITAINE PRÊT A METTRE A LA VOILE (*Rép.* n°s 345 à 359). — La disposition de l'art. 231 c. com. est aujourd'hui sans objet, la contrainte par corps en matière civile ou commerciale ayant été abolie par la loi du 22 juill. 1867 (art. 1er, D. P. 67. 4. 75).

605. Pour ce qui est de l'*insaisissabilité* des salaires du capitaine, les dispositions mentionnées au *Rép.* n°s 356 et 357 ont été remplacées par le décret du 4 mars 1852 (D. P. 52. 4. 84) qui, dans son art. 1er, déclare les prescriptions de l'ordonnance du 1er nov. 1745 applicables à tout marin faisant partie de l'équipage d'un navire de commerce, donc même au capitaine (V. cependant : Trib. Marseille, 11 juill. 1854, *Recueil de Marseille*, 1854. 1. 27; Rennes, 15 mai 1861, *ibid.*, 1861. 2. 81).

On a vu (*Rép.* n° 358) que le capitaine ne peut invoquer l'insaisissabilité contre l'armateur dont il est le mandataire. Décidé, en conséquence, qu'il ne peut réclamer ses salaires au propriétaire tant que ses comptes ne sont pas apurés. Toutefois l'armateur n'est pas autorisé à conserver par devers lui les gages du capitaine; il est tenu de les remettre entre les mains de l'administration de la marine, sous réserve d'exercer ses droits sur lesdits gages (Trib.

(1) (Roubeau C. Capitaine Roux et Ravot et Coupery.) — LA COUR ; — Attendu que, d'après l'art. 222 c. com., le capitaine est responsable des marchandises dont il se charge, et dont il fournit la reconnaissance par le connaissement; que sa responsabilité ne cesse que par la délivrance aux destinataires; — Que, par le connaissement souscrit, à Saint-Pierre, le 4 janv. 1882, le capitaine Roux a pris en charge notamment trente-sept fûts de rhum, en doubles fûts, avec obligation formelle de les délivrer, au Havre, à Roubeau fils; — Qu'il est constaté qu'à la reconnaissance faite, les 27 et 28 février, par le service des douanes, il ne s'est trouvé que vingt-huit des fûts indiqués au connaissement; — Qu'il s'ensuit que le capitaine Roux n'a pas accompli son obligation de délivrer, quant aux neuf fûts manquants; — Que, vainement, on excipe, dans son intérêt, de ce que la totalité des trente-sept fûts aurait été débarquée dans les journées des 21 et 22 février; — Que, d'abord, la preuve de ce débarquement intégral ne résulte pas d'un document opposable au réclamateur ou présentant un caractère absolu de certitude ; — Que, d'autre part, le débarquement fût-il dûment constaté, ne constitue pas la délivrance, alors même qu'il s'agit de marchandises qui ne doivent être ni pesées ni mesurées; — Que la mise à terre ne fait donc pas cesser la responsabilité du capitaine, laquelle subsiste jusqu'à la réception, ou tout au moins, jusqu'à la reconnaissance des marchandises faite contradictoirement entre lui et les réclamateurs ; — Que jusque-là les marchandises restent sous la garde du capitaine, qui, soit par lui-même, soit par le consignataire qui le représente, doit veiller à leur conservation; — Attendu que, pour échapper aux conséquences de ces principes, les intimés arguent contre Roubeau de ce qu'il ne s'est pas présenté, le 27 février, pour assister à la reconnaissance des marchandises mises à quai, alors qu'il avait été avisé, le 22, que le débarquement était très avancé, et le 24, qu'un vérificateur des douanes serait donné le lendemain au navire; — Mais, attendu que le retard du réclamateur à se présenter n'a pas pour effet de décharger le capitaine et les consignataires de leurs obligations; que le seul moyen juridique, pour eux, de s'exonérer de leur responsabilité, c'est de faire ordonner par justice, après mise en demeure restée infructueuse, le dépôt de la marchandise; — Attendu, au surplus, qu'on ne pourrait, dans tous les cas, rendre Roubeau passible de la perte des neuf fûts qu'en établissant que c'est son retard fautif qui a été la cause de cette perte; que, pour cela, il faudrait prouver que c'est après le 22 février ou même après le 24 que le détournement des neuf fûts a eu lieu; or, rien n'établit qu'il n'a pas été commis soit dans la nuit du 21 au 22, alors que trente-deux doubles fûts étaient débarqués, soit dans la journée et la nuit du 22, les trente-sept fûts étant alors à quai, selon la prétention du capitaine, soit même jusqu'au 24, c'est-à-dire dans un temps où aucune négligence, aucun retard ne peuvent être justement reprochés à Roubeau; — Qu'ainsi, à quelque point de vue qu'on se place, il faut en revenir à cette conclusion que, pour les neuf fûts objet du litige, le capitaine n'a pas accompli son obligation de les délivrer; — Qu'il s'ensuit qu'il doit être condamné à en payer la valeur, que les documents du procès permettent de fixer à 1352 fr., c'est-à-dire à la somme réclamée par Roubeau;... — Par ces motifs, décharge Roubeau des condamnations contre lui prononcées; — Condamne le capitaine Roux, commandant le navire *Tapageur*, et solidairement Ravot et Coupery, comme consignataires dudit navire et ayant reçu le fret, à payer à Roubeau 1352 fr., valeur des neuf fûts manquant, etc...

Du 17 août 1882.-C. de Rouen, 2e ch.-MM. Lehucher, pr.-Chrétien, av. gén.-d'Estaintot et Marais, av.

Marseille, 12 nov. 1878, aff. Sabas, *Recueil de Marseille*, 1879. 1. 33; Trib. Havre, 24 mai 1882, aff. Letellier, *Recueil du Havre*, 1882. 1. 126; 22 déc. 1886, aff. Morelli, *ibid.*, 1887. 1. 14).

606. — II. MESURES A PRENDRE POUR METTRE LE NAVIRE EN ÉTAT DE TENIR LA MER (*Rép.* nos 360 à 375). — On a énuméré au *Rép.* n° 360 les actes que, aux termes des art. 232 et 233 c. com., le capitaine ne peut faire sans l'autorisation préalable des propriétaires du navire ou de leurs fondés de pouvoirs, lorsqu'il se trouve au lieu de leur résidence. Cette énumération n'a rien de limitatif: aussi décide-t-on que le capitaine d'un navire, quand il se trouve hors du lieu de la demeure des propriétaires, peut, en sa qualité de représentant légal de ceux-ci, faire, sans leur autorisation spéciale, tous les actes nécessaires à la conservation et à l'exploitation du navire (*Rép.* n° 336); par exemple, consentir la résiliation du contrat d'affrétement, alors même que ce contrat aurait été conclu par l'armateur lui-même (Req. 20 avr. 1880, aff. Le Quellec, D. P. 80. 1. 450).

607. Un jugement (Trib. com. Nantes, 17 juin 1876, aff. Lefrançois, *Recueil de Nantes*, 1877. 1. 15) a décidé que le capitaine est réputé traiter dans le lieu de la demeure des propriétaires ou de leurs fondés de pouvoir, lorsqu'il traite dans l'arrondissement où ceux-ci ont leur domicile ou leur résidence (Conf. *Rép.* n° 361). Cette solution, indiquée au *Rép.* n° 361, a été critiquée comme arbitraire et contraire aux termes mêmes de l'art. 232. Il est vrai qu'Emérigon, parlant du prêt à la grosse consenti sans un concert préalable avec le propriétaire, regardait le mot *demeure* comme synonyme des mots *dans le même bailliage*; mais, a-t-on dit, outre que l'arrondissement n'est pas le bailliage, les termes dont se sert l'art. 232 ne se prêtent point à cette interprétation (de Valroger, t. 1, n° 347). — M. Laurin sur Cresp, t. 1, p. 573, décide que le lieu de la demeure du propriétaire est celui où il a *à la fois* sa résidence et son domicile. Cette solution ne saurait être admise, l'expression *demeure* semble n'avoir été employée ici par le législateur que pour désigner le lieu où l'armateur se trouve en fait, encore qu'il n'y ait pas son domicile ou qu'il n'y réside pas habituellement: dans ce cas, en effet, on n'a plus à craindre que l'éloignement de l'armateur soit une cause de retard. Deux arrêts (Bordeaux, 3 juin 1863, D. P. 74. 2. 11, note; Poitiers, 18 févr. 1873, aff. Guignard, D. P. 74. 2. 11) se sont prononcés dans le sens de cette dernière opinion en décidant que le capitaine qui traite sur une place maritime, même voisine de la commune rurale qu'habite l'armateur, n'est pas censé traiter dans le lieu de la demeure de ce dernier (Conf. Boistel, n° 1195; Cresp, t. 1, p. 575; Desjardins, t. 2, n° 389; Lyon-Caen et Renault, n° 1796, note; de Valroger, t. 1, n° 347).

608. Par les mots « et autres choses pour le bâtiment », un jugement (Trib. civ. Anvers, 13 mars 1874, *Jurisprudence du port d'Anvers*, 1874. 1. 139) a décidé que l'on ne peut entendre les provisions de bouche, l'art. 232 devant s'appliquer exclusivement à l'acquisition d'objets formant les accessoires du navire même. Cette théorie est combattue par M. Desjardins, t. 2, n° 398. — Les expressions de l'art. 232 « prendre à cet effet l'argent sur le corps du navire » s'appliquent à l'emprunt ordinaire, comme à l'emprunt à la grosse; mais, pour l'emprunt hypothécaire, il faut toujours un mandat spécial (L. 10 juill. 1885, art. 3; V. *suprà*, n° 470). — M. Boistel, n° 1197, n'applique qu'à l'affrétement *total* l'interdiction de fréter le navire contenue dans l'art. 232. MM. Bédarride, t. 2, n° 438, et Desjardins, t. 2, n° 398, soutiennent au contraire qu'il est des affrétements partiels qui ne pourront jamais, à raison de leur importance, être conclus par le capitaine sans la permission des affréteurs présents; on ne doit soustraire à l'application de la règle générale de l'art. 232 que les affrétements « de remplissage » (Comp. de Valroger, t. 1, n° 407 *in fine*).

609. C'est en général le capitaine qui traite avec les *passagers*. Mais le code est muet sur ce point. Il ne faut donc ici appliquer ni la première ni la seconde règle de l'art. 223 : le capitaine n'est pas tenu de se concerter avec les propriétaires, même lorsqu'il se trouve dans le lieu de leur demeure. — En principe et sauf exceptions résultant par exemple de clauses spéciales imposées aux compagnies subventionnées, le capitaine ne peut pas être contraint d'accepter un passager : maître de son bâtiment, il peut en permettre ou en interdire l'accès à qui il veut (Desjardins, t. 2, n° 394). Mais, une fois la convention conclue avec le passager, le capitaine doit évidemment l'exécuter, à moins de circonstance exceptionnelle (Desjardins, *loc. cit.*).

610. Si le capitaine a fait sans autorisation l'un des actes pour lesquels elle est requise, l'obligation par lui contractée sera-t-elle opposable au propriétaire du navire? Cette question a été exposée au *Rép.* nos 362 et suiv.; elle est toujours l'objet de vives controverses. M. Laurin, t. 2, p. 26 et suiv., admet la validité de cet engagement dans tous les cas, même lorsque le tiers a été de mauvaise foi; mais ce système, on ne saurait le méconnaître, a le tort de ne tenir aucun compte de la disposition de l'art. 232. — MM. Boistel, n° 1177, et de Valroger, t. 1, n° 408, proposent une distinction : selon ces auteurs, les actes dont il s'agit ne sont valables que si les tiers ont été de bonne foi et si l'armateur ne se trouvait qu'*accidentellement* sur les lieux. — Cette dernière condition est critiquée par MM. Desjardins, t. 2, n° 399; Bédarride, t. 2, n° 435; Lyon-Caen et Renault, t. 2, n° 1798; pour ces auteurs, la bonne foi des tiers suffit pour que la convention doive être considérée à leur égard comme valable, alors même que l'armateur aurait sa résidence dans le lieu où le capitaine a agi, s'ils l'ont ignoré : rien dans le texte de la loi ne justifie la distinction proposée par M. Boistel (Conf. Décis. amirauté Marseille, 6 févr. 1781; Trib. com. Havre, 30 janv. 1855, aff. Perquer, *Recueil de Marseille*, 2. 21). — La présence d'un simple consignataire ne peut, selon M. de Valroger, n° 409, suffire pour limiter les pouvoirs du capitaine vis-à-vis des tiers qui ont pu ignorer l'existence du consignataire.

611. Que décider au cas où, le navire appartenant à plusieurs copropriétaires, quelques-uns seulement d'entre eux se trouvent dans le lieu où est le navire? On reconnaît généralement, par extension des règles posées par l'art. 220 c. com., que le capitaine ne peut être lié que par la présence de la majorité des quirataires (Bédarride, t. 2, n° 429; Demangeat, t. 4, p. 185; Desjardins, t. 2, n° 401; Lyon-Caen et Renault, t. 2, n° 1800. Comp. *Rép.* n° 363).

On admet aussi que les conventions qui auraient pour objet de restreindre les pouvoirs du capitaine hors de la demeure du propriétaire du navire ne pourraient être opposables aux tiers qui n'en auraient pas eu connaissance (Lyon-Caen et Renault, t. 2, n° 1799; de Valroger, t. 1, n° 415).

612. Le navire ayant été frété du consentement de tous les propriétaires ou de la majorité d'entre eux, il peut arriver que quelques-uns refusent de contribuer aux frais nécessaires pour l'expédier. L'art. 233 c. com. confère, en ce cas, au capitaine des pouvoirs exceptionnels pour se procurer l'argent nécessaire. Les difficultés qui peuvent se présenter à propos de l'exercice de ce pouvoir ont été l'objet d'un examen détaillé au *Rép.* nos 368 et suiv. — L'art. 28 de la loi du 10 déc. 1874 (D. P. 75. 4. 64) reproduit textuellement par l'art. 35 de la loi du 10 juill. 1885 (D. P. 86. 4. 17) a modifié les dispositions de cet article, en ce que le pouvoir, pour le capitaine, d'hypothéquer la part des récalcitrants est substitué au pouvoir d'emprunter à la grosse sur cette part (V. les motifs de ce changement dans le rapport de M. Grivart à l'Assemblée nationale, D. P. 74. 4. 68, § 32). » L'innovation de la loi de 1874 sur ce point ayant consisté uniquement à substituer l'hypothèque à l'emprunt à la grosse, les explications qui ont été données au *Répertoire* sur les différentes controverses auxquelles avait donné naissance l'ancien article s'appliquent également au nouveau texte (Conf. Desjardins, t. 2, n° 401; de Valroger, t. 1, n° 419; Lyon-Caen et Renault, t. 2, n° 1801).

Nous ferons observer cependant que MM. Desjardins, Lyon-Caen et Renault, *loc. cit.*, combattent l'opinion émise au *Rép.* n° 470, d'après laquelle le capitaine aurait le droit de contraindre, par voie d'emprunt hypothécaire, les propriétaires du navire à contribuer aux frais de l'expédition alors même que *tous* seraient d'accord pour s'y refuser. L'art. 233, disent ces auteurs, ne vise pas ce cas; on ne saurait en déduire, par voie d'analogie, un droit aussi exorbitant pour le capitaine. Ce dernier ne peut agir contre la volonté de ses mandants, et il n'est pas exact qu'il représente, à ce point de vue, les affréteurs en même temps que les propriétaires (Desjardins, t. 2, n° 401. — V. en sens contraire : Locré sur l'art. 233 ; Eloy et Guerrand, t. 3, n° 1672 ; Bédarride, t. 2, n° 400 ; Boistel, n° 1199. Comp. de Valroger, t. 1, n° 422). — La faculté d'abandon, reconnue par Émérigon au propriétaire récalcitrant contre le capitaine qui a dû, faute de trouver un prêteur, obtenir une condamnation judiciaire (*Rép.* n° 373), est contestée par plusieurs auteurs (Démangeat, t. 4, p. 187 ; de Valroger, t. 1, n° 421 ; Lyon-Caen et Renault, t. 1, n° 1801, p. 138, note 3) : la faculté d'abandonner, disent ces derniers auteurs, n'appartient aux propriétaires du navire qu'à raison des actes du capitaine et non à raison de ceux de la majorité (V. en sens contraire : Boistel, n° 1199 ; Laurin sur Cresp, t. 1, p. 361 ; Arthur Desjardins, t. 2, n° 403. — Comp. Trib. com. Marseille, 31 mai 1833, aff. Brigante, *Recueil de Marseille*, t. 13, 1. 180).

L'art. 35 de la loi du 10 juill. 1885, après avoir reproduit les termes de l'art. 28 de la loi de 1874, a complété très utilement cette disposition, en y ajoutant : « au cas où la part (du refusant) serait déjà hypothéquée, la saisie pourra être autorisée par le juge et la vente poursuivie devant le tribunal civil, comme il est dit ci-dessus ».

613. Le code allemand (art 496) accorde au capitaine, *si le navire se trouve en dehors du port d'attache*, le droit de faire, pour le compte de l'armateur, toutes les opérations nécessaires à l'armement, l'équipement, etc., du navire, même de passer des contrats d'affrétement. — Le code italien (art. 506 et 507) reproduit presque textuellement les art. 232 et 233 du code de commerce français. — La loi belge du 21 août 1879 (liv. 2, art. 22 et 23) renferme aussi des dispositions à peu près semblables à celles de ces articles. — Aux termes de l'art. 371 du code hollandais, le capitaine est tenu de consulter les propriétaires du navire ou leurs représentants, pour faire les dépenses nécessaires, s'il se trouve au lieu de leur demeure.

614. — III. FORMATION DE L'ÉQUIPAGE (*Rép.* n°s 376 à 380). — Le droit, pour le capitaine, de composer à son gré son équipage, sauf à agir de concert avec les propriétaires du navire, s'il y a lieu (c. com. art. 223), lui a toujours été reconnu (*Rép.* n° 376) ; il est de nouveau consacré par le règlement de 1866 (art. 224) (*Rép.* v° *Organisation maritime*, n° 616) qui lui accorde expressément « une entière liberté » sur ce point, avec cette unique restriction, qu'il ne pourra engager des marins étrangers que dans la proportion fixée par la loi. Cette disposition réglementaire doit être complétée par plusieurs autres textes aux prescriptions desquels le capitaine doit se conformer pour la composition de l'équipage, notamment par les ordonnances du 4 août 1819 (art. 1er et 2) et du 17 janv. 1846 (art. 28, D. P. 46. 3. 44), le décret du 23 mars 1852 (art. 2) (D. P. 52. 4. 114), la loi du 21 juill. 1856 (art. 12), les décrets des 15 mars 1862 (D. P. 62. 4. 37), 2 mai 1863 (D. P. 63. 4. 118), 17 sept. 1864 (D. P. 64. 4. 115), 22 févr. 1876, 10 juin 1879 (D. P. 79. 4. 77), le règlement général de 1866 (art. 220 et suiv.), etc. (V. *infrà*, v° *Organisation maritime*). — Le capitaine qui débauche les marins d'un autre navire se rend coupable de complicité de désertion, et est passible de la peine édictée par l'art. 70 du décret de 1852 (Règl. 1866, art. 221). — Il faut signaler aussi une circulaire du ministre de la marine du 11 août 1865 (D. P. 65. 3. 73) qui décide que le recrutement par une agence de placement des marins devant former l'équipage d'un bâtiment marchand, est irrégulier et ne doit trouver aucun appui auprès des autorités maritimes ; ce recrutement doit être effectué directement par le capitaine avec le concours du propriétaire du navire, lorsque celui-ci réside sur les lieux. L'entrée du bureau de l'inscription maritime est, par suite, interdite aux agents de placement.

Les codes étrangers renferment, en général, des dispositions semblables à celles de l'art. 223. Toutefois, d'après le code espagnol (art. 610-1°), quand l'armateur est présent, c'est lui qui engage les hommes de l'équipage ; le capitaine peut seulement lui faire des propositions à cet effet ; l'armateur ne peut, d'ailleurs, engager aucun homme contre le gré du capitaine.

615. M. Bédarride, t. 2, n° 369, estime que les droits du capitaine, quant au choix de l'équipage, se bornent à la désignation des personnes et ne s'étendent pas aux conditions de l'engagement, en sorte que ce que le capitaine aurait fait contrairement aux instructions de l'armateur ou, à leur défaut, aux usages de la place, ne lierait pas l'armateur, à moins que les gens de mer engagés n'eussent été de bonne foi (Conf. Demangeat, t. 4, p. 180 ; Boistel, n° 1195 ; Lyon-Caen et Renault, n° 1797 *ter*). — M. Laurin admet, au contraire, que l'armateur, même en ce cas, se trouve lié par les engagements du capitaine, sauf son recours contre celui-ci : « Maître de l'acte, dit-il, le capitaine l'est aussi des conditions » (Conf. Desjardins, t. 2, n° 387 ; *Rép.* n° 378).

616. Le droit du capitaine de choisir librement l'équipage ne cesse que quand il se trouve dans le lieu de la demeure des propriétaires (*Rép.* n° 376) : il ne peut alors agir que *de concert* avec eux. Ceux-ci auxquels l'art. 223 n'accorde ainsi qu'une sorte de droit de *veto*, ne peuvent jamais imposer aucun choix au capitaine : ils ne peuvent que le congédier, s'il y a impossibilité de s'entendre avec lui. — S'il y a plusieurs copropriétaires dont les uns sont présents et les autres absents, le capitaine doit, suivant MM. Lyon-Caen et Renault, t. 2, n° 188, « agir de concert avec les propriétaires, seulement quand les parts de ceux qui sont présents dépassent la moitié de la valeur du navire » (Arg. art. 220 c. com.) (Conf. de Valroger, t. 1, p. 349).

617. Le capitaine est-il encore tenu de se concerter avec le propriétaire, lorsque celui-ci ne se trouve qu'*accidentellement* sur les lieux ? Oui, incontestablement, si l'on n'envisage que la responsabilité que peut encourir le capitaine vis-à-vis de ses mandants : toutes les fois qu'il peut se concerter avec ceux-ci, il doit le faire, sous peine de répondre envers eux des marins qu'il aurait seul choisis et engagés. — Mais vis-à-vis des tiers, il n'en est plus de même. Pour que, à leur égard, les pouvoirs du capitaine se trouvent restreints, il faut un fait patent, ostensible ; la seule présence du propriétaire dans le port où a lieu l'engagement ne peut donc suffire vis-à-vis d'eux pour qu'ils puissent exciper du défaut d'autorisation ; il faut, pour cela, que le capitaine ait agi au lieu de la demeure connue, habituelle du propriétaire (de Valroger, t. 1, n° 348) — Sur ce qu'il faut entendre, en règle générale, par l'expression « dans le lieu de leur demeure », V. *suprà*, n° 607 (Conf. Aix, 27 févr. 1869, *Recueil de Marseille*, 1869. 1. 291).

618. Lorsque des marins ont été engagés par le capitaine *au lieu de la demeure du propriétaire*, sans son consentement, le propriétaire, outre son recours contre le capitaine, a-t-il le droit de refuser de reconnaître l'engagement des matelots ? M. de Valroger, t. 1, n° 348, estime que, bien que l'art. 223 n'exige pas, pour la formation de l'équipage, une *autorisation spéciale*, comme celle qui est requise dans les hypothèses prévues par l'art. 232, cependant le propriétaire pourrait, dans ce cas, répudier l'engagement, sans avoir à payer les indemnités réglées par l'art. 252, pour le cas de rupture, *par le fait du propriétaire*.

619. — IV. AVITAILLEMENT (*Rép.* n° 381). — V. sur l'approvisionnement du navire en *vivres* : Décr. 25 mars 1852 (art. 76) et 9 mars 1861 (art. 9) ; Circ. 20 nov. 1865 ; — ... Sur l'approvisionnement en médicaments : Ord. 4 août 1819 ; Circ. 11 févr. et 16 oct. 1851 ; Règl. gén. 1866 (art. 181 à 183) ; — ... Sur l'approvisionnement de charbon : Trib. com. Marseille, 10 mai 1876 (*Recueil de Marseille*, 1876. 1. 167). — V. *infrà*, v° *Organisation maritime*.

620. — V. VISITE DU NAVIRE (*Rép.* n°s 382 à 390). — L'art. 185 du règlement général de 1866 décide que c'est le tribunal de commerce qui désignera annuellement, pour chaque port, les anciens navigateurs, constructeurs et charpentiers qui composeront la commission chargée des visites (*Rép.* n° 384, et v° *Organisation maritime*, n°s 525 et suiv.). A l'étranger, la visite est faite par des experts désignés par le consul (Ord. 29 oct. 1833, art. 43). — Sur l'origine historique de l'art. 225, V. Desjardins, t. 2, n° 405. — Sur l'utilité de la visite, V. Rapport de la commission extraparlementaire de la marine marchande instituée par le décret du 15 déc. 1873 (Comp. Loi anglaise du 15 août 1876, *Annuaire de législation étrangère*, 1877, p. 51 ; Loi allemande du 27 déc. 1872, art. 47, *ibid.*).

621. La visite se compose de deux actes différents : le navire est d'abord examiné avant l'armement, les experts déterminent les travaux à effectuer pour mettre le navire en état de prendre la mer ; puis, quand l'armement est terminé et le navire sur le point de prendre charge, les experts dans une nouvelle visite s'assurent que les travaux prescrits ont été exécutés et que le navire est pourvu de tous les objets nécessaires à la navigation (outillage, matériel, mobilier d'armement, etc.) (Règl. 1866, art. 186). — Des extraits des procès-verbaux dressés après chaque visite sont remis au capitaine qui doit toujours les avoir à bord (*Rép.* n° 388). — Pour les deux opérations, chaque expert reçoit 15 fr. — La visite doit avoir lieu *avant que le navire ne prenne charge* (*Rép.* n° 384) ; elle ne peut donc pas avoir pour objet de vérifier si les marchandises sont bien arrimées et si elles ne sont pas trop lourdes pour le bâtiment. Les experts ne pourraient, par suite, sans commettre un excès de pouvoir, ordonner de modifier l'arrimage ou de décharger une partie de la cargaison (Lyon-Caen et Renault, t. 2, n° 1802; de Courcy, *La protection de la vie des navigateurs*). — Un arrêt (Rennes, 8 mars 1875, *infrà*, n° 626) s'est cependant prononcé dans un sens opposé et a décidé que le certificat de visite peut être refusé par les experts-visiteurs tant que le navire surchargé n'a pas été allégé : ce refus constitue alors un cas de force majeure pour le capitaine, et, dès lors, le capitaine qui est parti, après le jour de planche, avec un chargement incomplet, faute par le chargeur d'avoir remplacé les marchandises déchargées par des marchandises plus légères, n'encourt aucune responsabilité à l'égard de ce dernier (Même arrêt). — En Angleterre, un bill du 31 juill. 1873 a donné au fonctionnaire du *Board of trade* la faculté de s'opposer au départ des navires qui paraîtraient trop lourdement chargés pour naviguer avec sécurité (*Annuaire de législation étrangère*, 1874, p. 6, notice de M. Ribot).

622. Aux termes de la loi des 9-13 août 1791, la visite des bâtiments faisant la navigation au long cours devait être faite avant chaque voyage (*Rép.* n° 384, et v° *Organisation maritime*, n°s 524 et suiv.). Toutefois, d'après l'art. 188 du règlement de 1866, pour les bâtiments *au long cours*, la visite n'est obligatoire, lorsqu'ils prennent charge aux colonies ou à l'étranger, que s'il s'agit d'un armement primitif ou d'un réarmement après désarmement, ou s'il est survenu depuis le départ des avaries pouvant compromettre la sécurité du bâtiment (*Rép.* v° *Organisation maritime*, n° 533). — La loi du 29 janv. 1881 sur la marine marchande (D. P. 82. 4. 13) a encore atténué la charge qu'impose la visite aux bâtiments au long cours qui font de fréquents voyages ; l'art. 2 décide que la visite prescrite pour un chargement pris en France ne sera obligatoire que s'il s'est écoulé plus de six mois depuis la dernière visite, à moins que les navires n'aient subi des avaries (V. *infrà*, v° *Organisation maritime*).

623. On a expliqué (*Rép.* n° 386) que, pour les navires armés *au cabotage*, la visite n'est pas légalement obligatoire (Conf. Laurin, t. 1, p. 581; Desjardins, t. 2, n° 407; Lyon-Caen et Renault, t. 2, n° 1803). Cependant, dans la pratique, on soumet à une visite annuelle les navires destinés au cabotage : le règlement de 1866 (art. 184) mentionne formellement cette obligation (*Rép.* v° *Organisation maritime*, n° 530). — La légalité de cette pratique n'a pas été mise en doute par la commission de la marine marchande instituée par décret du 15 oct. 1873 (Conf. Circ. 23 mars et 30 oct. 1883; Desjardins, t. 2, n° 407). Mais il a été jugé qu'un chaland destiné à la navigation fluviale et qui doit être conduit sans charge par un remorqueur ne peut être, malgré le voyage en mer exigé par sa destination, assimilé aux navires destinés à la navigation maritime qui doivent être visités avant la prise en charge (Req. 19 déc. 1883, aff. Claparède, D. P. 84. 1. 362). — Au reste, des visites spéciales sont prescrites pour les bâtiments à vapeur, les bateaux de pêche et les paquebots des compagnies subventionnées (V. *Organisation maritime*; — *Rép. eod.* v°, n°s 530 et suiv.).

624. La doctrine émise au *Rép.* n° 383, et d'après laquelle les navires étrangers, comme les bâtiments français, seraient soumis à l'obligation de la visite est aujourd'hui rejetée par la jurisprudence et la plupart des auteurs (Req. 11 févr. 1862, aff. Vasquez, D. P. 62. 1. 247; Trib. com. Havre, 24 août 1875, aff. Martin, *Journal du droit international privé*, 1876, p. 458; 8 janv. 1878, aff. Mark Ventworth, *Recueil du Havre*, 1878. 1. 53; 14 mai 1878, aff. Adam, *ibid.*, 1878. 1. 170; Desjardins, t. 2, n° 408; Lyon-Caen et Renault, t. 2, n° 1804; de Valroger, t. 2, n° 170; Lyon-Caen, *Etudes de droit international privé maritime*, n° 46. — *Contrà* : Laurin, t. 2, p. 580; Demangeat, t. 4, p. 207; Ruben de Couder, v° *Capitaine*, n° 140). — V. *infrà*, v° *Organisation maritime*.

625. L'accomplissement des dispositions légales qui prescrivent la visite des navires est assuré par une triple sanction : 1° le rôle d'équipage et le congé ne doivent être remis au capitaine que sur la production du procès-verbal de visite et doivent mentionner cette production par une annotation spéciale (Règl. 1866, art. 187) ; — 2° Le capitaine, en cas d'accident de mer, n'est pas protégé par la présomption de bon état du bâtiment, s'il n'est pas muni d'un certificat de navigabilité : c'est alors à lui à démontrer le bon état du navire (*Rép.* n° 390. Conf. Req. 29 mars 1854, aff. Valéry, D. P. 54. 1. 235; Bordeaux, 4 juill. 1859, aff. Fauché, D. P. 60. 2. 83; Rouen, 14 juin 1876, aff. Lenormant, D. P. 77. 2. 68); — 3° Le capitaine encourt une amende de 25 à 300 fr. (Décr. 24 mars 1852, art. 83).

Le certificat de visite constatant le bon état du navire ne constitue qu'une présomption qui peut être combattue par la preuve contraire (V. *infrà*, n° 1094).

626. — VI. SURVEILLANCE DU CHARGEMENT (*Rép.* n°s 391 à 402). — C'est au capitaine qu'il appartient de surveiller et de diriger le chargement et l'arrimage des marchandises. Aussi, quand un navire est affrété en travers, le capitaine peut-il refuser de recevoir à bord les marchandises chargées par l'affréteur, si leur nature ou leur poids peut mettre en danger le navire ou l'équipage (Rennes, 8 mars 1875 (1). Conf. *Rép.* n° 393). Si on a spécifié la nature des marchan-

(1) (Barjolle et Rozier C. Briaudeau fils et comp.). — LA COUR ; — Attendu que la charte-partie qui est, dans le procès actuel, la loi des plaideurs, porte (art. 3) que le brick *Edith* sera mis à la disposition des affréteurs Briaudeau, au plus tard, le 26 janv. 1874, et que ces affréteurs devraient avoir opéré leur chargement pour le 17 février suivant; que cette dernière stipulation est évidemment faite en faveur des armateurs Barjolle et Rozier, qui, ayant loué leur navire au prix de 6000 fr. pour un voyage de Nantes à la Pointe-à-Pitre, avaient intérêt à ce que le voyage se fit le plus promptement possible. L'intérêt des armateurs, au départ du navire dans le délai fixé, était si manifeste, qu'ils stipulèrent, dans le même art. 3, qu'au cas où les affréteurs n'auraient pas achevé le chargement dans le délai convenu du 17 février, le capitaine leur accorderait encore dix jours de surestaries ; mais, qu'alors, il recevrait une indemnité de 50 centimes par jour de retard et par tonneau de jauge, ce qui, dans l'espèce, aurait fait une indemnité quotidienne de 105 fr., puisque l'*Edith*, d'après la charte-partie même, jauge deux cent dix tonneaux. Mais les armateurs vont plus loin et déclarent, dans ledit acte, qu'au bout de ces jours de sursis, le capitaine pourra prendre la mer, quel que soit l'état de son chargement, et que le vide lui sera alors payé comme plein. Les armateurs répètent encore, dans l'art. 6, que c'est bien le 17 février que l'*Edith* doit partir de Nantes; et il est d'autant plus naturel de les voir tenir à cette clause, que le fret de 6000 fr. ne devait leur être soldé, d'après l'art. 7, que quand la cargaison aurait été délivrée à la destination de la Guadeloupe ; — Aussi, le 14 février, le capitaine Pierrat requiert les agents de l'amirauté de visiter son navire, qui, à ce moment, avait reçu toutes les marchandises que les chargeurs se proposaient d'y mettre, sauf vingt mules que l'on devait encore embarquer; que les visiteurs assermentés constatèrent, par leur procès-verbal du même jour 14, que l'*Edith* était surchargée, et, prenant en considération la nature de sa cargaison, presque en totalité composée de briques, les vingt mules que ce bâtiment devait encore recevoir, la nécessité de laisser ouvert son grand panneau pour donner de l'air à ces animaux, la mauvaise saison où l'on se trouvait et les dangereuses circonstances de mer que pouvait présenter la traversée, ils déclarèrent qu'il était urgent d'alléger le navire de 25000 kilog., et ils se réservèrent, avant de donner leur certificat de visite, de statuer ultérieurement sur ses qualités nautiques ; ce qui signifiait, évidemment, dans leur pensée, qu'ils se réservaient d'apprécier l'effet que produirait le débarquement de ces 25000 kilog.; — Que cet incident ayant été immédiatement porté par les armateurs à la connaissance des affréteurs, ceux-ci, tout en protestant, déclarèrent qu'ils allaient faire débarquer environ 30000 kilog. de briques ; — Que le 15, en effet, ce débarquement s'effectua ; que l'un des visiteurs assermentés y assistait, et que, lorsqu'il trouva que l'*Edith* était suffisamment allégé pour pouvoir recevoir encore trois cents paniers de liqueurs que Briaudeau et fils se proposaient d'y mettre, et les vingt mules qui n'étaient pas encore à bord, il fit arrêter le déchargement des tuiles ; que, le 16, les trois agents de l'amirauté, étant ensemble revenus faire une dernière vérification de l'état du navire, ils le trouvèrent dans des conditions acceptables de navigabilité et délivrèrent son certificat au capitaine Pierrat ; — Que, de leur côté, les affréteurs prétendaient qu'ils avaient fait mettre à terre 35000 kilog., lors que les visiteurs n'avaient exigé que le débarquement de

dises, il peut refuser de prendre des marchandises d'une nature différente ou des marchandises en quantité supérieure à celle indiquée ou renfermée dans d'autres enveloppes (Desjardins, t. 3, n°s 819 et suiv. V. *infrà*, n° 630). Aucune disposition légale n'oblige le capitaine à assister au chargement (Desjardins, t. 2, n° 421). Il en est autrement d'après le code allemand (art. 484). — La loi du 18 juin 1870 (art. 3, D. P. 70. 4. 50) et le décret du 2 sept. 1874 (D. P. 75. 4. 45), assujettissent le capitaine à des obligations spéciales pour l'embarquement et le débarquement des matières dangereuses (V. *infrà*, v° *Organisation maritime*).

627. Le capitaine, ayant toujours le droit de donner des ordres pour l'arrimage de la cargaison, est responsable des dommages pouvant résulter d'un arrimage défectueux (Rouen, 14 déc. 1820, *Rép.* n° 394 ; 9 oct. 1827, aff. Ramsten, *Recueil de Marseille*, 1828. 2. 110; Trib. com. Marseille, 13 nov. 1845, aff. Vincent, *ibid.*, 1845. 1. 25 ; Rouen, 9 nov. 1859, aff. Fafin, *ibid.*, 1860. 2. 90; Trib. com. Anvers, 9 déc. 1863, *Jurisprudence du port d'Anvers*, 1864. 1. 108, Trib. com. Marseille, 24 avr. 1866, aff. Baldi, *Recueil de Marseille*, 1866. 1. 174 ; Trib. com. Havre, 25 mars 1879, aff. Comp. Iron Screw Collier, *Recueil du Havre*, 1879. 1. 118), alors même que la charte-partie le déchargerait de cette responsabilité (Trib. com. Marseille, 26 nov. 1845, *Recueil de Marseille*, 1846. 1. 128 ; 21 déc. 1874, aff. Robert, *ibid.*, 1875. 1. 79. Conf. Desjardins, t. 2, n° 424; de Valroger, t. 1, n° 337. Comp. Trib. com. Havre, 8 juill. 1879, aff. Grosos, *Recueil du Havre*, 1879. 1. 236).

628. La clause de la charte-partie qui autorise le chargeur à mettre des arrimeurs à bord, ou qui dispose que l'arrimage sera fait par l'affréteur et à son compte, ne peut avoir pour effet de décharger le capitaine de toute responsabilité. L'arrimage s'accomplit toujours sous sa surveillance; les arrimeurs deviennent, en quelque sorte, ses préposés (Desjardins, t. 2, n° 424; de Valroger, t. 1, n° 337. V. cependant : *Rép.* n° 391). Il a été jugé, en conséquence, que le capitaine est toujours responsable de l'arrimage défectueux, même lorsqu'il emploie un arrimeur juré (Rouen, 14 déc. 1820, Caumont, v° *Arrimage*, n° 66; 9 oct. 1827, aff. Ramsten, *Recueil de Marseille*, 1828. 2. 110 ; Trib. com. Marseille, 13 nov. 1845, *ibid.*, 1846. 1. 25; Rouen, 9 nov. 1859, aff. Fafin, *ibid.*, 1860. 2. 90 ; Trib. com. Anvers, 9 déc. 1863, *Jurisprudence du port d'Anvers*, 1864. 1. 108; Trib. com. Marseille, 24 avr. 1866, aff. Baldi, *Recueil de Marseille*, 1866. 1. 174; Trib. com. Havre, 25 mars 1879, cité *suprà*, n° 627). Jugé de même que, bien que la charte-partie stipule que la cargaison sera arrimée par l'affréteur, le capitaine n'en reste pas moins tenu de surveiller l'arrimage et responsable des conséquences que ses défectuosités ont pu avoir pour l'état de la cargaison (Rouen, 15 juill. 1881) (1).

25000 kilog. ; que, dès lors, le capitaine ne pouvait pas se refuser à recevoir à son bord la différence, soit 10000 kilog. ; que leur prétention était donc de l'obliger à prendre, outre les trois cents caisses de liqueurs, pour lesquelles le capitaine Pierrat ne faisait pas d'objection, une masse de bois de feuillards s'élevant au poids de 8 à 10000 kilog. ; — C'est uniquement sur ces feuillards que roule en réalité le procès ; — Or, les affréteurs ayant fait nommer, le 16, par M. le président du tribunal de commerce, trois experts pour apprécier leurs prétentions à ce sujet, ces experts procédèrent à une visite, le 17, et dressèrent, le 18, leur procès-verbal ; il en résulte que l'*Edith* présentait, dans sa cale, un vide suffisant pour loger encore les feuillards dont s'agit ; mais cette appréciation n'est pas dans les données même du procès, car les visiteurs assermentés n'avaient pas refusé leur certificat, à propos du vide ou du plein, mais en raison du poids de la cargaison ; qu'une autre assertion des experts nommés par le président serait plus topique, quand ils disent que le navire aurait pu porter encore 10000 ou 15000 kilog. de plus ; seulement, leur avis est motivé avec une restriction qui semble encore le laisser sans application précise au procès ; pour l'émettre, en effet, ils font, disent-ils, *abstraction de la nature du chargement ;* ils ne paraissent donc pas s'être placés au même point de vue que les certificateurs de l'amirauté, lesquels se préoccupaient, d'une part, du poids considérable de tuiles qui empêchaient l'*Edith* de s'élever à la lame, et de l'autre, de la nécessité de laisser souvent les panneaux ouverts ; qu'on ne peut pas répondre, comme le fait le jugement, que le capitaine aurait toujours été appréciateur de l'opportunité de fermer la cale, sauf à faire périr les mules ; qu'un conducteur de navire se résigne, sans doute, quand il le faut, à sacrifier sa cargaison ; mais qu'il ne prend pas des mesures qui font entrer ce sacrifice dans les conditions normales de sa navigation ; — Qu'il faut bien reconnaître que les officiers de l'amirauté ont exprimé une opinion qui s'applique spécialement et exclusivement à la situation de l'*Edith*, telle qu'elle se présentait les 14, 15 et 16 février, tandis que les experts nommés sont entrés moins directement dans le fait même du procès ; que les premiers peuvent, d'ailleurs, s'autoriser de l'événement pour justifier leur opinion ; car ce brick, à sa sortie de Nantes, ayant essuyé un coup de vent, se montra dépourvu de qualités nautiques et dut relâcher à Brest, dans des conditions telles qu'on peut croire que 10000 kilog. de plus à bord l'auraient mis en perdition ; — Qu'on ne saurait donc reprocher aux armateurs d'avoir fait partir leur navire, après le 17 février, aux termes de leur contrat, sans avoir pris cette surcharge de 10000 kilog. ; et, par suite, leur responsabilité ne peut être engagée ; — Cette solution, au reste, est indépendante de la qualité que pouvaient avoir les visiteurs de la marine, de s'immiscer dans le chargement de l'*Edith ;* dès que la détermination prise par les armateurs a été exempte de faute, il importe peu à quelles inspirations et à quelles injonctions ils ont obéi ; — Ils invoquent, toutefois, le cas de force majeure, en soutenant que cette force résultait pour eux du refus des officiers visiteurs de donner le certificat, s'il n'était pas tenu compte de leur ordre d'allégement ; qu'en l'absence de ce certificat, le congé de la douane ne pouvait être obtenu, et que, par suite, le départ du navire devenait impossible ; — Attendu que les premiers juges, à la vérité, ont cru qu'il n'y avait pas lieu de s'arrêter à cette objection, car, dans leur pensée, les visiteurs assermentés sortent de leurs attributions, lorsqu'ils prennent en considération, pour délivrer le certificat de navigabilité, l'état du chargement. Dans leur opinion, c'était à Briaudeau et fils qu'il appartenait seuls d'apprécier ce qu'ils jugeraient à propos de mettre à bord de l'*Edith*. « En chargeant ce navire, dit le jugement, sans avoir égard aux mules, les affréteurs compromettaient seulement la bonne arrivée de ces animaux, ce qui ne pouvait regarder ni le capitaine, ni les experts de l'amirauté. » — Mais cette appréciation du jugement attaqué est susceptible de réserves à un double point de vue : en ce qui concerne les droits des visiteurs jurés et les devoirs du capitaine ; — Quant aux visiteurs, on doit reconnaître, qu'en principe, ils ont été institués pour s'assurer, dans une première visite, si le navire est en bon état, et, dans une seconde, s'il est pourvu de son armement réglementaire ; que ces deux visites peuvent parfaitement avoir lieu sans que les experts s'occupent de la cargaison ; d'autant mieux qu'il arrive souvent que la cargaison n'est pas à bord lorsqu'ils procèdent à leur examen ; mais qu'il n'en est pas moins vrai que la mission que ces officiers ont reçue de la loi est, après tout, de constater si le bâtiment en partance donne des garanties de sécurité ; que cette sécurité peut être gravement compromise par un excès de chargement, et que les visiteurs, s'ils transgressaient la lettre de la loi, n'en violeraient certainement pas l'esprit, en refusant leur certificat à raison d'une surcharge, qu'en leur âme et conscience, ils regardaient comme une cause imminente de sinistre. — Quant au capitaine Pierrat, il n'était pas condamné à un rôle aussi passif que le suppose le jugement. La bonne arrivée des mules aux Antilles n'était pas tout pour lui. Il y avait aussi la vie de l'équipage, la conservation du navire, les intérêts des armateurs, des assureurs, et même les intérêts bien entendus des affréteurs ; — Il n'était donc pas tenu d'obéir sans contrôle aux ordres des chargeurs ; il se trouvait en présence d'une injonction formelle des agents de l'amirauté ; il l'avait reportée sans délai à Briaudeau et fils ; ceux-ci pouvaient en contester la légitimité et s'en prendre à qui de droit ; pour le capitaine autorisé par son traité du 17 février, et ne pouvant quitter le port de Nantes qu'après s'être soumis aux exigences des visiteurs, il serait recevable à prétendre, en légalité et en raison, que cette exigence constituait pour lui un cas de force majeure, si ce moyen pouvait encore lui être utile après avoir fait valoir le premier ;

Par ces motifs, réforme le jugement attaqué.

Du 8 mars 1875.-C. de Rennes, 1re ch.-MM. Bécot, 1er pr.-Martin-Feuillée et Lebourdais (du barreau de Nantes), av.

(1) (Couvert *C.* Grosos et autres.) — Le 24 août 1880, jugement du tribunal de commerce du Havre, ainsi conçu : — « Attendu que, vu leur connexité, il y a lieu de joindre les instances ; — Attendu que, suivant charte-partie enregistrée, Joannès Couvert a frété à E. Grosos son steamer *Marie-Mignon*, à l'effet de charger à Port-Vendres, pour le Havre, un plein chargement de vins en fûts, avec facilité pour l'affréteur de charger le navire dans un ou deux ports d'Espagne, entre et y compris Barcelone et Alicante; le déchargement devait être effectué au Havre par l'entrepreneur de l'armement, et la marchandise livrée sur le quai, l'embarquement et l'arrimage à Port-Vendres par les arrimeurs de l'affréteur, le steamer payant le prix courant; — Attendu que le *Marie-Mignon* a pris un chargement de vins à Barcelone, et qu'à son arrivée au Havre, le capitaine expert, chargé d'en constater l'arrimage ainsi que les avaries que les marchandises pou-

629. Celui qui doit arrimer supporte les frais de l'arrimage ; ces frais sont donc, en principe, à la charge du capitaine, représentant le fréteur (Desjardins, *loc. cit.*). — Sur les règles auxquelles doit se conformer l'arrimeur, V. Desjardins, t. 2, n° 426, et *infrà*, v° *Organisation maritime.*

630. Le capitaine a, en principe, toute liberté pour l'arrimage des marchandises, sauf la prohibition portée par l'art. 229 ; aux termes de cet article, il ne peut charger les marchandises sur le *tillac* (*Rép.* n°s 395 et suiv.). Il ne lui est même pas permis de les charger dans la *dunette* ou dans le *rouf* (Trib. com. Marseille, 15 mai 1829, aff. Deleuil, *Recueil de Marseille*, t. 10, 1. 108; Rouen, 12 févr. 1864, aff. Busch, *ibid.*, 1864. 2. 182; Trib. com. Marseille, 14 nov. 1866, aff. Rat, *ibid.*, 1867. 1. 23; Bédarride, t. 2, n° 412; Laurin, t. 2, p. 118; Desjardins, t. 2, n°. 431; Lyon-Caen et Renault, t. 2, n° 1876. Comp. *Rép.* n° 396). — Si le capitaine contrevient à cette prohibition, il répond de tous les dommages subis par les marchandises, à moins évidemment qu'il ne prouve que le dommage ne provient pas du mode de chargement, ou que le chargeur n'ait formellement consenti à ce que le chargement ait lieu sur le tillac. Mais la preuve de ce consentement ne peut être faite par témoins ou par de simples présomptions, l'art. 229 exigeant que le consentement du chargeur soit donné par écrit; à défaut de consentement donné par écrit, elle ne peut résulter que de l'aveu ou du serment (*Rép.* n° 395; Trib. com. Marseille, 14 avr. 1853, aff. Pastré, *Recueil de Marseille*, t. 31, 1. 272; Desjardins, t. 3, n° 429; Laurin, t. 2, p. 118; Lyon-Caen et Renault, t. 2, n° 1876. Conf. Rouen, 12 févr. 1864, aff. Busch, *Recueil de Marseille*, 1864. 2. 182; Trib. com. Marseille, 18 mars 1872, aff. Camoin, *ibid.* 1872. 1. 109. — V. en sens contraire : Trib. com. Marseille, 19 déc. 1836, aff. Escalon, *Recueil de Marseille*, t. 16, 1. 202; Aix, 11 août 1840, aff. Pellegrin, *ibid.*, t. 20, 1. 8; 12 mai 1860, aff. Hermitte, *ibid.*, 1861. 1. 40). — On ne pourrait même pas se contenter ici d'un commencement de preuve par écrit complété par la preuve testimoniale, ou par des présomptions de fait (Lyon-Caen et Renault, *loc. cit.*; de Valroger, t. 1, n° 390).

631. L'interdiction de charger sur le tillac ne s'applique pas, à moins de convention contraire entre les parties, au *petit cabotage* (*Rép. ibid.* et les auteurs cités *suprà*, n° 360) ; par cette dernière exception, on doit entendre le petit cabotage, tel que le définissaient l'ordonnance du 17 oct. 1740, l'arrêté consulaire du 14 vent. an 11 et l'ordonnance du 12 févr. 1815, et non le *bornage*, ou le *cabotage* en général. L'ordonnance du 25 nov. 1827 n'a supprimé la distinction entre le grand et le petit cabotage qu'en ce qui concerne les conditions de capacité exigées du capitaine (Laurin, *loc. cit.*).

632. Le capitaine, une fois autorisé à charger sur le tillac, n'est pas, par cela seul, dispensé de donner des soins à la marchandise. La clause « chargées sur le pont aux risques de la marchandise » ne l'exonère pas de toute responsabilité, en cas d'avaries, s'il ne peut établir le bon arrimage de la marchandise sur le pont, et la force majeure qui a causé la détérioration de la marchandise (Trib. com. Havre, 16 avr. 1879, aff. Auger, *Recueil du Havre*, 1879. 1. 222 ; Desjardins, t. 2, n°. 430, de Valroger, n° 390) ;... à moins, évidemment, que les avaries ne se rattachent nécessairement au chargement sur le tillac (Desjardins, *loc. cit.*).

633. On peut se demander dans quels cas le chargeur doit être déclaré responsable envers le destinataire, lorsqu'il a donné par écrit au capitaine l'autorisation de charger les marchandises sur le tillac. La question est parfois délicate (V. la note sur un arrêt de la chambre des requêtes du 16 déc. 1885, aff. Fribourg, D. P. 86. 1. 423).

Mais la responsabilité du chargeur ne paraît pas douteuse

---

vaient avoir éprouvées, a reconnu qu'un grand nombre des fûts étaient, les uns vides, les autres en vidange; que l'avarie provenait en partie de fortune de mer, de vice de fûts et de mauvais arrimage, et que son procès-verbal mentionne pour chaque fût avarié la cause de la détérioration et les vidanges qui en sont résultées; — Attendu que, sur le refus de l'armateur d'admettre les causes assignées par le capitaine visiteur au dommage, ainsi que l'aggravation de vidange que l'affréteur prétend s'être produite depuis le débarquement, il a été procédé, suivant jugement contradictoirement rendu entre les parties, à une contre-expertise, et qu'il résulte du rapport d'arbitre et du procès-verbal d'expertise : que les fûts étaient d'un bon conditionnement et capables de supporter le poids de leur contenu et de la charge d'arrimage, et que les avaries, d'après les renseignements obtenus, étaient en plus grand nombre dans le plan supérieur, ce qui écarte l'hypothèse d'une pression de charge, comme cause principale du désarrimage; qu'il ne faudrait donc l'attribuer qu'à un mauvais temps persistant ou à un arrimage négligé; — Que, depuis les constatations du capitaine-visiteur, les vidanges se sont augmentées dans une proportion indiquée dans le procès-verbal, tant sur une faible partie des fûts par lui déclarés bien arrimés, que sur ceux déclarés mal arrimés, et que cette aggravation doit être attribuée à ce que les fûts ont été changés de place au courant des deux expertises; — Qu'enfin, des échantillons des vins ont été prélevés et cachetés pour servir à la justification des valeurs qui seraient mentionnées par les propriétaires; — Attendu que le rapport de mer du capitaine du *Marie-Mignon* relate que, parti de Barcelone le 10 février, il a eu beau temps jusqu'au 14 au soir; qu'à ce moment, la mer est devenue grosse, le navire roulant beaucoup et fatiguant dans toutes ses parties; le 15, temps à grains, coups de mer très violents, entendu battre les fûts dans toutes les cales; — Qu'il suit de là que, loin d'avoir eu à lutter contre un mauvais temps persistant, l'arrimage a cédé dès le commencement du gros temps, et que, s'il avait été convenablement fait, il aurait plus longtemps résisté, même à une fortune de mer plus caractérisée; qu'il ne saurait donc y avoir de doute sur le vice d'arrimage signalé par le capitaine-expert; — Attendu que, pour se soustraire aux conséquences qui lui incombent de ce chef, au nom de son capitaine, l'armateur excipe de ce fait, qu'aux termes de la charte-partie, l'embarquement et l'arrimage avaient été faits au lieu de charge par les arrimeurs de l'affréteur, et qu'il n'avait pas été stipulé que cette opération se ferait sous la surveillance du capitaine; que, d'ailleurs, l'affréteur, civilement responsable du fait de ses préposés (c. civ. art. 1384) doit répondre, dans l'espèce, de la faute qui peut avoir été commise par ses arrimeurs; — Attendu que ce système de défense ne peut tenir devant le principe supérieur de responsabilité que les art. 222 et 230 c. com. imposent d'une manière absolue au capitaine, quant aux marchandises dont il se charge; — Que cette responsabilité repose sur un intérêt de premier ordre, puisque la sécurité de la navigation peut dépendre de la manière dont les marchandises sont placées dans le navire; qu'elle s'attache au capitaine de plein droit, sans qu'il puisse s'en dégager, et que, par conséquent, il n'est pas nécessaire que la convention le stipule, pour que l'arrimage, même opéré par les arrimeurs de l'affréteur, reste sous la surveillance et l'autorité du capitaine; — Que, par les mêmes raisons, le capitaine ne saurait invoquer à sa décharge la responsabilité civile de l'affréteur sur les arrimeurs fournis par ce dernier; ces arrimeurs ne pouvant plus être considérés que comme les instruments du capitaine, agréés par lui, c'est à lui-même à répondre de leurs fautes; — Attendu que l'enlèvement de la marchandise sur le quai n'ayant pu se faire par suite du refus de l'armateur d'accepter les conséquences du procès-verbal d'arrimage, il doit indemniser l'affréteur, non seulement du coulage survenu dans la traversée sur les fûts mal arrimés, mais encore de l'augmentation de vidange qui s'est produite entre les deux expertises; — Par ces motifs, le tribunal statuant en premier ressort déclare Joannès Couvert responsable du coulage qui s'est produit sur la totalité des fûts de vin embarqués sur son navire *Marie-Mignon* et déclarés mal arrimés par le capitaine-visiteur, ainsi que du coulage postérieur au déchargement, constaté par le procès-verbal des experts sur lesdits fûts; le condamne, en conséquence, à payer à Grosos son affréteur le montant de cette perte avec intérêts de droit, etc. » — Appel par le sieur Couvert. — Arrêt.

LA COUR ; — Attendu que la prétention de Couvert que Grosos, s'obligeant à faire exécuter par ses arrimeurs, au port d'embarquement, l'arrimage de la marchandise, aurait assumé la responsabilité de toutes les conséquences de cet arrimage, est la méconnaissance évidente du véritable esprit et de la portée de la convention; — Que les obligations réciproques des contractants, d'accord avec les prescriptions nécessaires de la loi, laissaient, au contraire, subsister tout entière la direction du capitaine; que les arrimeurs, indiqués seulement par l'affréteur, acceptés par le capitaine, restaient soumis aux ordres, au contrôle et à la surveillance de celui-ci; qu'ils n'ont pu agir et n'ont agi que sous son autorité et sa responsabilité; — Attendu que, par là aussi, le moyen tiré par l'appelant de l'art. 1384 c. civ. se trouve également écarté; et, adoptant, d'ailleurs, à cet égard, aussi bien que sur l'exécution même de l'arrimage et sur les autres points, les motifs de la décision frappée d'appel; ...

Par ces motifs, confirme le jugement frappé d'appel, etc.

Du 15 juill. 1881.-C. de Rouen, 1re ch.-MM. Couvet, pr.-Ricard et Marais, av.

dans le cas où celui-ci, s'étant chargé d'expédier à un acheteur la marchandise qu'il lui a vendu, est en réalité le mandataire ou le gérant d'affaires du destinataire. Il y a alors obligation pour lui de prendre les précautions nécessaires pour que le chargement soit opéré dans de bonnes conditions, et, par conséquent, de ne pas autoriser un chargement sur le tillac, si la nature de la chose vendue s'oppose à ce qu'elle soit placée sur le pont où elle peut être avariée. Jugé, en ce sens, que le chargeur, mandataire du destinataire, est responsable des dommages arrivés aux marchandises embarquées, lorsqu'il a autorisé par écrit dans le connaissement le chargement de ces marchandises sur le tillac dans une proportion supérieure à celle que prévoyait la charte-partie (Arrêt précité du 16 déc. 1885, aff. Fribourg, D. P. 86. 1. 423).

634. — VII. Déclarations a faire a l'autorité; passeports a exiger des passagers. — V. *Rép.* n°s 403 et 404.

635. — VIII. Papiers qui doivent se trouver a bord (*Rép.* n°s 405 à 424). — 1° *Papiers de bord exigés par l'art.* 226. — A. *Acte constatant la propriété du navire.* — C'est à tort que l'art. 226 fait figurer parmi les papiers de bord l'*acte de propriété* du navire. Cet acte qui consiste soit dans un certificat du constructeur, soit dans un acte de vente, reste, en effet, au bureau de la douane. Aussi est-il à remarquer que le règlement du 7 nov. 1866 ne parle d'aucun acte semblable (*Rép.* v° *Organisation maritime*, n° 571. Conf. Demangeat, t. 4, p. 209; Desjardins, t. 2, n° 439; Lyon-Caen et Renault, t. 2, n° 1808).

636. — B. *Acte de francisation.* — On a vu au *Rép.* v° *Organisation maritime*, n°s 484 et suiv. ce qu'est l'acte de francisation: il sert au capitaine qui en est muni à prouver, à tout moment, quelle est la nationalité du navire, quel est son propriétaire, et quel est son état hypothécaire.

637. — C. *Rôle d'équipage.* — Le rôle d'équipage a un double objet: d'une part, il constate les engagements passés entre le capitaine ou l'armateur et les gens de l'équipage; et, d'autre part, au point de vue administratif, il est la preuve des services des marins et peut être invoqué par eux à l'appui de demandes de pension ou de secours. Il sert, en outre, de base au décompte de leurs salaires et des prestations à prélever en faveur de la caisse des invalides de la marine (V. *Organisation maritime*; — *Rép.* eod. v°, n° 579). — Sur les énonciations que doit contenir le rôle d'équipage, V. *Rép. ibid.* — Sur les bâtiments qui sont ou non soumis au rôle d'équipage, V. *ibid.*, n°s 581 et suiv. — Sur l'époque à laquelle le rôle doit être renouvelé, V. *ibid.*, n° 595 (Décr. 19 mars 1852; Règl. 1866, art. 191 à 203). — Sur les pénalités encourues par le capitaine qui contrevient à l'obligation d'avoir un rôle d'équipage, V. *ibid.*, n°s 411 et 596 et suiv.

638. — D. *Connaissement et charte-partie.* — V. *Rép.* n°s 414 et suiv.

639. — E. *Procès-verbaux de visite.* — V. *Rép.* n° 405.

640. — F. *Acquits de payement ou à caution des douanes; Passavants.* — V. *Douanes*, n°s 157 et suiv.; — *Rép.* v°s *Douanes*, n°s 100 et suiv., 186 et suiv., 224 et suiv., 654 et suiv.; *Droit maritime*, n° 405.

641. — 2° *Pièces de bord non mentionnées dans l'art.* 226. — A. *Manifeste.* — V. *Rép.* n° 416 (V. aussi *Douanes*, n°s 150, 188 et suiv.; *Organisation maritime*; — *Rép.* v°s *Douanes*, n°s 299 et suiv.; *Organisation maritime*, n° 578.

642. — B. *Congé.* — V. *Rép.* n° 417, et v°s *Douanes*, n° 639; *Organisation maritime*, n°s 503, 572 et suiv.

643. — C. *Passeport.* — Le capitaine d'un bâtiment de commerce doit se munir d'un passeport, en outre du congé, quand le bâtiment se rend dans les lieux où la navigation est interdite. Le passeport est également imposé aux navires étrangers qui sortent d'un port français pour retourner dans leur pays ou aller ailleurs (Décr. 22 mai 1792) (*Rép.* v° *Organisation maritime*, n° 575).

644. — D. *Patente de santé.* — V. *Salubrité publique*; — *Rép.* v°s *Droit maritime*, n° 418; *Salubrité publique*, n°s 86 et suiv.

645. — E. *Permis de chargement.* — V. *Rép.* v° *Douanes*, n° 638.

646. — F. *Permis de navigation.* — Les bâtiments à vapeur doivent, outre le congé, être munis d'un permis de navigation sans lequel ils ne peuvent naviguer sur mer (Ord. 17 janv. 1846, art. 9, D. P. 46. 3. 44). — Ce permis est délivré par le préfet, après les formalités, visites et épreuves exigées par l'ordonnance du 17 janv. 1846 (art. 2 et suiv.), et sur le vu du procès-verbal de la commission de surveillance (V. *Organisation maritime*; — *Rép.* eod. v°, n° 576).

647. — G. *Pièces diverses.* — Enfin d'autres pièces doivent également figurer dans les papiers de bord. Ce sont: 1° *Le registre-journal* dont la tenue est prescrite par l'art. 224 c. com.; 2° Le *livre de punitions* (Décr. 24 mars 1852, art. 23); 3° Le texte du décret du 24 mars 1852, *disciplinaire et pénal* (Circ. 27 mars 1852 et 16 juin 1855); 4° Un exemplaire de l'instruction du 2 juill. 1828 sur les actes de l'*état civil*, et les imprimés servant à leur rédaction; 5° Un inventaire des objets de *gréement* et de *mobilier*; 6° Une brochure contenant les décrets des 25 oct. 1862 (D. P. 63. 4. 7) et 26 mai 1869 sur les règles pour prévenir les *abordages* en mer, ainsi qu'un questionnaire sur les *signaux* de brume, les *feux* que doivent porter les bâtiments et les règles à suivre pour la *navigation* tant à voile qu'à la vapeur (Circ. 18 juin 1869) (V. *Organisation maritime*; — *Rép.* eod. v°, n° 571).

648. — IX. Dépêches (*Rép.* n° 425). — L'art. 10 de la loi du 29 janv. 1881 (D. P. 82. 4. 13) dispose que: « tout capitaine de navire recevant l'une des primes fixées par l'art. 9 de la présente loi sera tenu de transporter gratuitement les objets de correspondance qui lui seront confiés par l'administration des postes, ou qu'il aura à remettre à cette administration, en vertu des prescriptions de l'arrêté des consuls du 18 germ. an 9. — Si un agent des postes est délégué pour accompagner les dépêches, il sera également transporté gratuitement (V. *Consuls*, n° 21; *Organisation maritime*; — *Rép.* v°s *Consuls*, n° 56; *Organisation maritime*, n° 577).

649. Le capitaine est tenu de se conformer aux ordres que lui adressent les officiers de port et autres agents maritimes, aux règlements de voirie, aux règles établies pour la police des rades, ainsi qu'aux arrêtés par lesquels certains préfets prescrivent de déclarer aux officiers de port la nature du chargement (V. *infrà*, v° *Organisation maritime*).

Sect. 4. — Des droits et des devoirs du capitaine pendant le voyage (*Rép.* n°s 426 à 521).

650. — I. Devoirs imposés au capitaine dans l'intérêt particulier des armateurs et des chargeurs (*Rép.* n° 427). — 1° *Obligation de partir à l'époque fixée et de suivre la route convenue.* — V. *Rép.* n°s 428 et suiv., et *infrà*, n° 683.

651. — 2° *Obligation de se trouver à bord à l'entrée et à la sortie des ports* (*Rép.* n°s 433 et 434). — On a expliqué (*Rép.* n°s 433 et suiv., 518 et suiv., et v° *Organisation maritime*, n° 606), que le capitaine doit être en personne à son bord quand il s'agit de mener son bâtiment en rade, de lui donner un bon mouillage et de le mettre en sûreté (Arg., ord. 1669, tit. 3, art. 5 et 10, et tit. 7, art. 11). — En cas d'infraction à cette règle, le capitaine est passible d'une amende de 25 à 300 fr. (Décr. 25 mars 1852, art. 83); il est, en outre, responsable de tous les accidents qui peuvent survenir au navire ou au chargement (c. com. art. 228) (Trib. com. Anvers, 9 avr. 1874, aff. Bruynserade, *Journal du droit international privé*, t. 2, p. 292. Conf. de Valroger, t. 1, n° 388). — La présence à bord d'un pilote lamaneur ne dispense pas le capitaine de s'y trouver également; parce que, même en ce cas, il conserve la direction suprême du navire (Bédarride, t. 2, n° 393; Laurin, t. 1, p. 588; Desjardins, t. 2, n° 464; de Valroger, t. 1, n°s 378 et suiv.). — V. *suprà*, n°s 595 et 596, et *Rép.* n°s 435 à 462.

652. — 3° *Obligation de pourvoir à la conservation du navire.* — La plupart des législations étrangères renferment des dispositions analogues à celles de l'art. 234, qui en cas de nécessité, autorise le capitaine à contracter des emprunts au cours du voyage (V. codes allemand, art. 497; hollandais, art. 372 et 373; finlandais, art. 48 et 49; italien, art. 509; espagnol, art. 611; portugais, art. 511; loi belge de 1879, art. 24). — Trois conditions doivent se rencontrer pour que le capitaine puisse user du droit que lui confère l'art. 234 c. com. (*Rép.* n° 436).

653. — A. *Il faut que l'on soit en cours de voyage.* — On a expliqué au *Rép.* n° 451 que le capitaine est réputé en cours de voyage même au cas où, avant le retour au port d'expédition, il y a eu déclaration d'*innavigabilité* et *vente* du navire. L'innavigabilité et la vente du navire ne rompent pas, en effet, le voyage, et laissent subsister, pour le capitaine, l'obligation de pourvoir à la conservation et au transport de la cargaison, et celle de payer les loyers de l'équipage, ainsi que les frais occasionnés par le sinistre (Req. 4 déc. 1866, aff. de Gentil, D. P. 67. 1. 161). Ainsi le capitaine peut, en cas d'innavigabilité du navire, emprunter à la grosse sur le chargement pour le payement des frais de transbordement de ce chargement sur d'autres navires (Même arrêt). — De même, le nouveau capitaine du navire sur lequel a été transbordée la cargaison a le droit de contracter un emprunt à la grosse sur cette cargaison, avant même qu'elle soit à son bord, et sans engager son bâtiment, à l'effet de pourvoir, soit au payement des frais de sauvetage, débarquement, réembarquement et magasinage des marchandises, soit au remboursement d'un premier billet de grosse souscrit, à raison d'avaries antérieures, par le capitaine du navire abandonné, alors d'ailleurs qu'il n'a contracté cet emprunt qu'après des tentatives infructueuses pour vendre le bâtiment abandonné et ses agrès (Alger, 25 avr. 1864, aff. d'Honoraty, D. P. 64. 2. 108).

654. — B. *Il faut que la nécessité de l'emprunt soit constatée* (*Rép.* n° 436). — M. de Courcy critique cette exigence de l'art. 234 (t. 3, p. 44 et suiv.). Cependant la délibération de l'équipage est souvent utile pour éclairer le capitaine, lorsqu'il se demande s'il devra saisir le juge, et quelle mesure il devra faire autoriser. Cette délibération sert aussi à éclairer le juge et parfois à suppléer au défaut de compétence pratique de celui-ci (Desjardins, t. 2, n° 507).

655. — C. *Il faut que le capitaine obtienne l'autorisation de contracter l'emprunt* (*Rép.* n° 436). — Cette autorisation n'a pas, comme le dit M. de Courcy, *loc. cit.*, le caractère d'un jugement : elle n'est exigée que comme mesure de protection et de contrôle, dans l'intérêt des absents ; elle n'exclut jamais l'examen et la discussion ultérieure devant l'autorité judiciaire des causes et de la nécessité de l'emprunt (Civ. cass. 24 août 1847, aff. Thompson, D. P. 47. 1. 276. Conf. Desjardins, t. 2, n° 507). — L'autorisation, on l'a vu (*Rép.* n°s 436 et 441), est accordée en France par le tribunal de commerce, ou, à défaut, par le juge de paix, et en pays étranger par le consul français (Décr. 22 sept. 1854, D. P. 54. 4. 158), ou, à défaut, par le magistrat du lieu. Le juge de paix n'est compétent, pour accorder au capitaine l'autorisation prescrite par l'art. 234, que dans les cantons où il n'y a ni tribunal de commerce, ni tribunal ordinaire en remplissant les fonctions. — Jugé que l'autorisation prescrite par l'art. 234 résulte suffisamment de ce que les réparations ont été effectuées d'après l'avis d'experts nommés par le juge de paix (Req. 23 mars 1869, aff. Treeby, D.P. 70. 1. 103). — Les vice-consuls français ont qualité pour autoriser des emprunts à la grosse en pays étranger (Décr. 22 sept. 1854 précité ; 19 janv. et 22 févr. 1881, D. P. 82. 4. 49) (Conf. *Rép.* n° 441). Jusqu'à la promulgation de ces décrets, la question avait été controversée : un arrêt avait notamment décidé que, depuis l'ordonnance du 26 oct. 1833, qui porte (art. 2) que les vice-consuls n'ont pas de chancelier ni de juridiction, les vice-consuls n'avaient plus qualité pour accorder l'autorisation dont il s'agit et que l'on invoquerait en vain, pour valider le contrat, l'erreur commune qui attribue à ces fonctionnaires le pouvoir d'autoriser de tels emprunts (Rouen, 4 janv. 1844, *Rép.* v° *Obligations*, n° 3063. — V. en sens contraire : *Rép.* n° 441).

656. Les conditions de forme prescrites par l'art. 234 peuvent-elles être remplacées par des équipollents ? La cour d'Aix, le 3 janv. 1878 (aff. Clauzel, D. P. 80. 1. 97), a décidé que la loi qui exige un procès-verbal signé des principaux de l'équipage, ne l'ordonne pas sous peine de nullité, que les juges peuvent considérer, par conséquent, comme équivalant au procès-verbal un rapport de mer appuyé par la déclaration de quelques-uns des marins placés sous les ordres du capitaine, si, d'ailleurs, ils estiment en fait que la nécessité de l'emprunt se trouve suffisamment établie. M. Laurin, t. 2, p. 240, note 33, semble cependant se prononcer en sens contraire : « La délibération de l'équipage, dit-il, ne saurait être remplacée par le rapport de mer, car elle implique d'abord un contrôle immédiat qui n'existe plus dans celui-ci, et elle constitue de plus la condition *sine quâ non* de l'autorisation consulaire. » Un jugement (Trib. com. Marseille, 7 mars 1865, aff. Reynaud, *Recueil de Marseille*, 1865. 2. 38) déclare également que le procès-verbal prescrit par l'art. 234 c. com. ne peut être remplacé par le rapport de mer, alors même que ce rapport aurait été vérifié par l'interrogatoire des gens de l'équipage. Mais il faut observer que le tribunal de Marseille, aussi bien que M. Laurin, s'est placé au point de vue spécial de la validité du privilège établi par l'art. 191, § 7, en faveur du prêteur ou du chargeur dont les marchandises ont été vendues. Or, on admet avec raison, qu'en ce qui concerne l'existence du privilège, la constatation de la créance ne peut se faire à l'aide d'autres modes de preuves que ceux indiqués par l'art. 192, ou, ce qui revient au même dans notre hypothèse, que ceux spécifiés par l'art. 234, ces modes de preuve ne pouvant jamais être remplacés par des équivalents, puisqu'en matière de privilèges, toutes les prescriptions sont de droit étroit (Dufour, t. 1, n° 327 ; Cresp et Laurin, t. 1, p. 119). On conçoit donc que, sous ce rapport, l'emprunt ou la vente de marchandises aient été considérés comme dénués d'efficacité, du moment où, au lieu d'être constatés par un procès-verbal signé des principaux de l'équipage, comme l'exige le texte, la nécessité de la dépense se trouvait simplement articulée dans un rapport du capitaine, alors même que ce rapport avait été vérifié de la façon prescrite par l'art. 247 c. com. (V. *Dissertation* de M. Levillain, D. P. 80. 1. 97 et suiv.). — Il a été jugé en ce sens que les formalités prescrites par l'art. 234 sont relatives au privilège attaché à la créance, mais non à la créance elle-même ; qu'en conséquence, l'armateur est tenu des avances faites au capitaine pour les besoins de son navire, quand même les formalités de l'art. 234 n'auraient pas été observées (Trib. com. Havre. 18 déc. 1888, aff. Ayulo, *Recueil de Marseille*, 1889. 2. 137. V. aussi *infrà*, n° 659).

657. Ainsi que nous l'avons exposé au *Rép.* n° 447, il est généralement admis aujourd'hui que, malgré les termes de l'art. 234, le capitaine peut emprunter autrement que par contrat à la grosse ; il peut notamment se contenter de tirer une lettre de change sur l'armateur au profit du prêteur (Conf. Laurin, t. 2, p. 239, note 33 ; Desjardins, t. 2, n° 504 ; Lyon-Caen et Renault, t. 2, n° 1826 ; Sol. impl. Aix, 8 juill. 1871, aff. Ramache, D. P. 73. 2. 30). Mais il ne peut consentir une hypothèque sur le navire qu'en vertu d'un mandat spécial de l'armateur (V. *suprà*, n° 470). M. Desjardins, t. 2, n° 510, admet cette règle, mais avec certaines restrictions. MM. Eloy et Guerrand, t. 3, n° 1856, disent que le capitaine doit user des droits à lui conférés par l'art. 234, dans l'ordre indiqué par le texte, pourvu qu'on l'applique avec ménagement ; il est des cas, en effet, où il peut être plus avantageux de recourir, par exemple, à la vente des marchandises que de contracter un emprunt à la grosse onéreux.

658. L'art. 234 c. com., lorsqu'il mentionne le radoub et l'achat de victuailles comme pouvant motiver un emprunt ou une vente de marchandises de la part du capitaine en cours de voyage, est-il limitatif ou simplement énonciatif ? En d'autres termes, le capitaine n'est-il autorisé à contracter de la façon indiquée par le texte qu'en prévision de ces deux opérations ? ou bien le peut-il même dans d'autres circonstances, pourvu qu'il se trouve sous le coup d'une nécessité impérieuse ? — Tous les monuments du droit maritime antérieurs à 1681 conféraient au capitaine le droit d'emprunter ou de vendre des marchandises afin de se procurer de l'argent, *dans tous les cas de nécessité urgente* (V. notamment : Consulat de la mer, chap. 194 (ou 239) ; chap. 61 et 62 (ou 106 et 107) ; Pardessus, t. 2, p. 223 et suiv., p. 109 et 110 ; Rôles d'Oléron, art. 23, *Adde* art. 1er, Pardessus, t. 1, p. 339 et 323 ; Jugements de Damme, 1 et 23, Pardessus, t. 1, p. 371 et 384 ; Ordinantie, art. 4, Pardessus, t. 1, p. 408 ; Recès de la Hanse de 1591, art. 55 et 58 ; de 1614, art. 2 et 3, tit. 6, Pardessus, t. 2, p. 525, 527, 547 (les recès antérieurs prohibaient l'emprunt sur corps ou facultés ainsi que la vente des marchandises de la part du capitaine d'une façon absolue) ; Ordonnance de Wisby, art. 38 ; *adde* art. 43 et 44, Pardessus, t. 1, p. 487, 492 et 493 ; Guidon de la mer, chap. 18, art. 4, Pardessus, t. 2, p. 424. — V. aussi les autres autorités rapportées dans la dissertation de M. Levillain, D. P. 80. 1. 97, note). L'ordonnance sur la marine de 1681, s'inspirant de ces règlements et usages, disposa (liv. 2, tit. 1er, art. 19) que le capitaine « pourra, pendant le cours de son voyage, prendre deniers sur le corps et quille du vaisseau pour radoub, victuailles et autres nécessités du bâtiment » ; Valin, *sur cet article*, et Emérigon, *Contrat à la grosse*, chap. 4, sect. 5, ont, sans difficulté, accepté cette disposition, avec son sens extensif. — « L'art. 234 c. com., dit M. Levillain, *Dissertation* précitée, semble, à première vue, plus restrictif que ne l'était l'art. 19 de l'ordonnance ; il ne prévoit que le cas de radoub et celui d'un achat de victuailles. Mais cet article n'est pas seul et, pour en saisir exactement la pensée, il faut en rapprocher d'autres dispositions qui se réfèrent à la sienne et servent à l'expliquer et à la compléter. Or les art. 191, § 7, 192, § 5, et 298 c. com. supposent que le capitaine peut emprunter ou vendre une partie de la cargaison, non seulement dans les deux circonstances spécifiées par l'art. 234, mais toutes les fois qu'il y est contraint par une nécessité quelconque. Ils prouvent donc que le code a simplement, quoique sous une forme moins heureuse, reproduit la disposition de l'ordonnance, assignant ainsi au mandat dont le capitaine est investi une étendue qui concorde avec son but. » Cette doctrine trouve, d'ailleurs, sa justification, au point de vue rationnel, dans la nature du mandat dont le capitaine est investi, ainsi que dans les conditions particulières où il exerce ce mandat. Comme le remarque M. Levillain, *loc. cit.*, « le capitaine préposé au commandement du navire pendant ses voyages à travers les mers est le plus souvent séparé du propriétaire ou des copropriétaires par des distances immenses qui le mettent dans l'impossibilité de communiquer rapidement avec eux. Livré, dès lors, à lui-même, il faut qu'il puisse prendre, de sa propre initiative, lorsque les circonstances l'exigent, toutes les mesures que nécessite la conservation du navire, la préservation des marchandises, l'accomplissement du voyage projeté, le transport de la cargaison à destination. S'il est dénué de ressources, on doit lui donner le moyen de s'en procurer. Reconnaître, par conséquent, d'une façon générale, au capitaine le droit de contracter un emprunt avec affectation du navire ou des marchandises, lui reconnaître même celui de vendre partiellement ces dernières pour obtenir les fonds nécessaires afin de subvenir à toutes les dépenses quelconques que peut occasionner la continuation du voyage, c'est interpréter sainement l'intention présumée de l'armateur lorsqu'il a choisi le capitaine pour son représentant. Pourquoi distinguer, du reste, suivant que l'opération projetée consiste dans un radoub ou un achat de victuailles, ou suivant qu'elle présente un caractère différent? C'est, a-t-on dit, parce que, dans les deux premiers cas, la nécessité de l'emprunt est susceptible d'une constatation en quelque sorte matérielle, tandis que, dans toute autre circonstance, les obstacles à surmonter étant moins apparents et, par suite, moins faciles à vérifier, une collusion entre le capitaine et les tiers avec lesquels il traite devient plus facile et est plus à redouter. Mais ce raisonnement n'a rien de probant, car le législateur a pris des précautions minutieuses pour empêcher que l'emprunt ou la vente se réalisent sans que la nécessité et l'urgence en aient été préalablement constatées de la façon la plus positive » (Conf. Rouen, 29 déc. 1831, *Rép.* n° 449 ; Alger, 25 avr. 1864, aff. d'Honoraty, D. P. 64. 2. 108 ; Alauzet, t. 5, n° 1768 ; Demangeat, t. 4, p. 193 ; Boistel, n° 1201 ; Caumont, v° *Capitaine*, n° 41 ; Desjardins, t. 2, n° 506 ; Lyon-Caen et Renault, t. 2, n° 1826 ; Rouen, 4 janv. 1844, cité *suprà*, n° 655 ; Civ. cass. 19 août 1879, aff. Clauzel, D. P. 80. 1. 97. Conf. Sol. impl. Req. 14 août 1882, aff. Simmons, D. P. 83. 1. 337 ; Projet de 1865, art. 243, et loi belge du 21 août 1879, art. 24. — V. en sens contraire : Laurin sur Cresp, t. 2, p. 238).

659. Dans quels cas la dépense peut-elle être considérée comme intervenant pour les besoins du navire ou les nécessités de la navigation? Si le capitaine obligé de subvenir à certaines dépenses pendant le voyage peut, afin de se procurer les fonds nécessaires, disposer des marchandises comme du navire, c'est que ces dépenses intéressent les chargeurs aussi bien que le propriétaire armateur. Le propriétaire a, en effet, intérêt à ce que les travaux destinés à assurer la conservation du bâtiment soient exécutés en temps utile, et, d'un autre côté, obligé envers les affréteurs d'effectuer le voyage, il doit pourvoir aux impenses même imprévues qu'occasionne la navigation. Les chargeurs, de leur côté, ne sauraient rester indifférents à la réalisation des mesures projetées par le capitaine ; car, si elles ne recevaient pas leur application, le transport de leurs marchandises à destination deviendrait impossible. Le capitaine qui, en cours de voyage, est tenu de faire tout ce qu'exigent les circonstances pour assurer autant que possible, dans l'intérêt de tous, le succès de l'entreprise (art. 238), peut, dès lors, imposer aux chargeurs aussi bien qu'à l'armateur les sacrifices jugés indispensables pour atteindre le but qui lui est assigné. Il devra donc pouvoir, afin de se procurer les fonds qui lui manquent, disposer, non seulement du navire, mais encore des marchandises chargées à bord toutes les fois que les chargeurs seront, aussi bien que l'armateur, intéressés à la réalisation de la dépense devenue urgente. Il en est ainsi non seulement en cas de radoub ou de réapprovisionnement par suite d'épuisement des vivres, mais encore, par exemple, dans le cas où, le navire étant sous le coup d'une saisie dans un port de relâche, il n'y a d'autre ressource, pour sortir d'embarras, que de contracter un emprunt ou de vendre des marchandises, afin de payer les créanciers et obtenir mainlevée de la saisie. Dans cette hypothèse, l'art. 234 a été, avec raison, jugé applicable : ici encore, en effet, l'opération intervient aussi bien dans l'intérêt des chargeurs que dans celui du propriétaire ; elle a pour but de lever l'obstacle qui entrave la continuation de la traversée et permet ainsi de conduire à fin le transport commencé. — Le capitaine ne pourra, au contraire, disposer que du navire seul, ou de la marchandise seule, lorsque cette dépense interviendra dans l'intérêt exclusif de l'armateur ou des chargeurs (V. en ce sens : Trib. Marseille, 1er août 1821, *Recueil de Marseille*, 1821. 1. 309). Si, dans le premier cas, le capitaine a toujours le droit d'affecter le navire au remboursement d'un emprunt, nous ne saurions lui reconnaître celui de vendre ou engager la marchandise. Dans le second le capitaine qui conserve le droit de disposer de la marchandise n'a pas celui d'engager le bâtiment. Ainsi il ne pourrait vendre ou affecter la marchandise au remboursement d'un emprunt, par application de l'art. 234, afin de solder à un assureur sur corps avec lequel il voudrait traiter, en cours de voyage, le montant d'une prime d'assurance dont le payement préalable serait exigé comme condition du contrat. Les chargeurs n'ont, en effet, aucun intérêt à ce que le navire voyage sous le couvert d'une assurance. En sens inverse, on peut considérer comme régulière la vente ou la mise en gage d'une portion de la cargaison pour subvenir aux frais de déchargement, de magasinage et de transbordement des autres marchandises, lorsque, le navire se trouvant dans l'impossibilité de continuer sa route, il y a nécessité de les charger sur un autre bâtiment pour les faire parvenir à destination (Bravard et Demangeat, t. 4, p. 193 ; Boistel, n° 1201 ; Alauzet, t. 5, n° 1768 ; Rouen, 29 déc. 1831, *Rép.* n° 449). Mais on peut hésiter à admettre, dans ce cas, la régularité d'une affectation portant sur le navire lui-même. En effet, lorsque le voyage est rompu par suite d'un cas fortuit, le propriétaire se trouve délié de ses obligations envers les affréteurs, et, dès lors, il n'a plus d'intérêt à ce que le transport continue de s'accomplir. Les mesures prises à cet effet par le capitaine interviennent donc uniquement en faveur des chargeurs, et c'est comme mandataire de ceux-ci qu'il y a recours ; comment pourrait-il, dans ces conditions, consentir une affectation sur le navire afin d'en faciliter l'exécution?

660. Est-ce à dire, cependant, que, par cela seul que le navire aura fait naufrage, le capitaine sera toujours autorisé à vendre ou engager la cargaison? L'art. 241 c. com. l'oblige, au cas où il serait forcé d'abandonner son navire en cours de route, à sauver avec lui l'argent et ce qu'il pourra des marchandises les plus précieuses de son chargement. Il doit, même aux termes des art. 296 et 391 c. com., faire toutes diligences pour se procurer un autre navire à l'effet de transporter les marchandises qui lui sont confiées au lieu de leur destination. Il pourra vendre la marchandise, quand cette vente sera impérieusement exigée par l'intérêt exclusif des chargeurs. Mais son mandat, à cet effet, n'existera que lorsque la nécessité sera manifeste, c'est-à-dire quand il ne pourra agir autrement. Lors donc qu'il est constaté, en fait, que le capitaine aurait pu, en agissant énergiquement, sauver la marchandise, il n'est pas permis de l'autoriser à la vendre, parce qu'alors il n'y a plus nécessité absolue et urgente, sous peine de compromettre les intérêts des chargeurs. Son mandat cesse en ce cas, et la vente qu'il a opérée n'est plus opposable aux mandants, soit aux assureurs, soit aux propriétaires de la cargaison. Il a été jugé, en ce sens, que, lorsque le juge du fait constate que, si le capitaine du navire avait énergiquement voulu opérer le sauvetage, il y serait parvenu, il établit par là même que la vente de la cargaison ne s'imposait pas à lui comme une mesure absolument nécessaire, et caractérise ainsi l'absence de la condition *sine qua non* qui pouvait seule rendre valide la vente de ces marchandises et imposer un sacrifice aux mandants (Req. 14 août 1882, aff. Simmons, D. P. 83. 1. 337).

661. Le propriétaire du navire ou l'armateur n'est, on l'a vu (*Rép.* n° 458), *débiteur personnel* des sommes empruntées en cours de voyage par le capitaine, dans le cas prévu par l'art. 234, que jusqu'à concurrence de la valeur de son navire, des marchandises qui lui appartiennent et du fret acquis. Aussi les emprunts dont il s'agit ne doivent-ils avoir d'autre garantie que la valeur du navire, des marchandises appartenant au propriétaire de ce navire et du fret acquis; le prêteur ne peut exercer aucune poursuite sur leurs autres biens. La créance résultant de ces emprunts est d'ailleurs privilégiée sur le navire (c. com. art. 191-7°. — V. *suprà*, n°s 357 et suiv.).

662. La jurisprudence, d'accord avec la majorité des auteurs, admet que l'inobservation par le capitaine des formalités prescrites par l'art. 234 (lesquelles sont uniquement établies en sa faveur et pour mettre sa responsabilité à couvert) le constitue en faute par rapport à ceux dont il tient son mandat, conformément à l'art. 236 c. com.; elle admet, en outre, qu'à défaut de procès-verbal constatant la nécessité de la dépense, le prêteur ou le chargeur dont les marchandises ont été vendues, ne pourra exercer le privilège établi à son profit par l'art. 191-7° (arg. art. 192-5° et art. 312 c. com.); mais elle décide qu'à tous autres égards, le contrat passé par le capitaine reste valable nonobstant les irrégularités de forme commises par ce dernier (*Rép.* n°s 442 et 1271; Civ. cass. 9 juill. 1845, aff. Delessert, D. P. 45. 1. 313; Bordeaux, 3 juin 1862, aff. Ravesies, *Recueil de Marseille*, 1862. 2. 162; Aix, 10 janv. 1863, aff. Flameng, *ibid.*, 1864. 1. 323; Trib. com. Dunkerque, 7 déc. 1864, aff. Baile, *ibid.*, 1864. 2. 171; Aix, 2 mars 1865, aff. Deville, *ibid.*, 1865. 1. 67; Req. 4 déc. 1866, aff. de Gentil, D. P. 67. 1. 161; Aix, 20 déc. 1866, aff. Tommasi, *Recueil de Marseille*, 1866. 1. 39; 9 déc. 1870, aff. Garelli, *ibid.*, 1871. 1. 73; Trib. com. Havre, 16 mai 1873, aff. Caspar, *ibid.*, 1874. 2. 135; Trib. com. Marseille, 19 févr. 1877, aff. Paolinelli, *ibid.*, 1877. 1. 13; 18 févr. 1879, aff. Bonnefoy, *ibid.*, 1879. 1. 110. V. anal. Req. 3 avr. 1867, aff. Tisset, D. P. 68. 1. 38; Bravard et Demangeat, t. 4, p. 189; Laurin, t. 1, p. 124; Pardessus, t. 3, n° 900; Dufour, t. 1, n°s 295 et suiv.; Bédarride, t. 2, n°s 456 et suiv., t. 3, n° 859; Caumont, v° *Emprunt à la grosse*, § 2, n° 7; Desjardins, t. 2, n° 508; Lyon-Caen et Renault, t. 2, n° 1827. Conf. *suprà*, n° 656). — L'arrêt du 9 juill. 1845 expose très nettement cette théorie, lorsqu'il déclare que « les formalités auxquelles le capitaine est assujetti par l'art. 234 c. com. sont principalement prescrites pour mettre sa responsabilité à l'abri et lui fournir les moyens de justifier sa conduite et d'établir la nécessité où il s'est trouvé, pour accomplir son voyage, d'engager le navire et le chargement. Les irrégularités qui ont pu avoir lieu dans l'accomplissement de ces formalités ne préjudicient point aux droits des tiers qui ont traité de bonne foi avec le capitaine ». — La cour ajoute que ce privilège était admis sous l'empire de l'ordonnance de 1681, dont l'art. 19, titre *du Capitaine*, contient des dispositions analogues à celles de l'art. 234. Or, dit-elle, « si les rédacteurs du code de commerce eussent voulu que l'art. 234 fût entendu autrement que ne l'avait été l'art. 19 de l'ordonnance, ils n'auraient pas admis une innovation si importante sans le déclarer expressément ». — La solution consacrée par la cour de cassation était, en effet, enseignée dans notre ancien droit par Emérigon et Valin, sur l'art. 19, tit. 1er, liv. 11 de l'ordonnance de 1681, et elle avait été adoptée par l'amirauté de Marseille, dans une sentence du 19 août 1748. Il peut se faire, d'ailleurs, que le capitaine ait traité avec des étrangers, et ces derniers ne sont pas tenus de connaître la loi française. — Il a été jugé que cet emprunt est obligatoire dans le cas même où il a été fait par un capitaine étranger sur un navire de la même nation (Portugais), si le prêteur est Français et réclame en France le payement des sommes empruntées (Arrêt précité du 9 juill. 1845).

663. Toutefois, ainsi qu'on l'a déjà observé (*Rép.* n° 443), la doctrine contraire, suivant laquelle l'inobservation des formalités exigées par l'art. 234 enlève au prêteur à la grosse le droit de poursuivre, contre l'armateur, l'exécution du contrat, a aussi ses partisans. La cour de Rennes, contrairement à la solution qu'elle avait consacrée par un arrêt du du 16 déc. 1811, cité au *Rép. ibid.*, a décidé, le 18 nov. 1859 (aff. Colin, D. P. 60. 2. 133), que l'emprunt à la grosse non précédé de la permission de l'autorité locale, est *nul*, et que, dès lors, le prêteur ne peut l'opposer à l'armateur, par le motif que le capitaine sort des limites de son mandat quand il fait un emprunt sans se conformer à l'art. 234 c. com. Le prêteur, dit la cour, doit alors « s'imputer de ne s'être pas fait représenter les pouvoirs du capitaine, de même que celui qui stipule avec un mandataire est responsable de son imprévoyance quand il ne s'est pas assuré de l'étendue du mandat » (Conf. outre les autorités citées au *Rép.* n° 443: Pardessus, t. 3, n° 911; Alauzet, t. 3, n° 1331; Rouen, 20 nov. 1818, cité par cet auteur; Amiens, 30 août 1836, aff. Brignette, *Recueil de Marseille*, 1836. 2. 67). L'arrêt de la cour de Rennes décide qu'il en est ainsi, alors même que l'argent prêté aurait profité à l'équipage et à l'entreprise, sauf, en ce cas, au prêteur à poursuivre le remboursement des sommes prêtées contre l'armateur, au moyen de l'action *negotiorum gestorum*, action subordonnée à l'emploi utile des fonds prêtés.

664. Si, en principe, l'emprunt contracté par le capitaine pendant le cours du voyage est obligatoire pour l'armateur, malgré l'inobservation des formalités prescrites par l'art. 234 c. com., il en est autrement lorsque le prêteur ne peut pas se prévaloir d'une entière bonne foi (Aix, 8 juill. 1871, aff. Ramache, D. P. 73. 2. 30. Conf. Req. 14 août 1882, aff. Simmons, D. P. 83. 1. 337. V. analog. Req. 3 avr. 1867, aff. Tisset, D. P. 68. 1. 38); et la bonne foi n'existe, en cette matière, qu'autant que le prêteur a agi avec prudence, et qu'un examen sérieux de l'état des choses l'a autorisé à penser que la somme empruntée devait être réellement employée aux besoins du navire. Spécialement, l'armateur n'est pas tenu au remboursement du prêt, lorsqu'il prouve que le prêteur, n'ayant pu ignorer que le capitaine avait reçu peu de temps auparavant une somme importante, a dû, par cela même, savoir que l'emprunt avait une destination autre que celle indiquée dans la lettre de change à lui souscrite par le capitaine, et que, de plus, c'est le jour même où le navire devait reprendre la mer que l'emprunt a été réalisé (Arrêt précité du 8 juill. 1871). En effet, ainsi que le dit fort exactement M. J.-V. Cauvet, *Assurances maritimes*, t. 1, n° 123, « la bonne foi exigée des prêteurs pour former un engagement de la part des mandants du capitaine, dans l'absence de toutes formalités, doit être prudente et éclairée. Les tiers, dans les prêts maritimes, sont des négociants habitués aux affaires, et il ne faut pas que les intérêts des armements soient livrés aux caprices des capitaines et aux complaisances des prêteurs. Un jugement du tribunal de commerce de Marseille, du 21 août 1857, a déclaré que la bonne foi dont peuvent se prévaloir les prêteurs a pour éléments constitutifs la prudence, l'examen de l'état des choses et l'opinion réfléchie qu'il y a des besoins réels à satisfaire ». — C'est, en ce cas, à l'armateur qu'incombe la charge de prouver la mauvaise foi du prêteur (Arrêt précité du 8 juill. 1871. Conf. *Rép.* n° 445).

Les mêmes principes doivent être appliqués à la vente ou à l'engagement de la cargaison. Il a été jugé que, dans ce cas, la bonne foi de l'acquéreur des marchandises est exclue d'une façon suffisamment précise par les motifs d'un arrêt qui se borne à invoquer la maxime que nul n'est censé ignorer la loi (Arrêt précité du 14 août 1882. Cont. de Valroger, t. 1, n° 438).

665. Il a été jugé que le soumissionnaire d'un prêt à la grosse non réalisé par le fait du capitaine a une action en indemnité contre les chargeurs, et non pas seulement contre le capitaine et l'armateur du navire, s'il est constaté que ce prêt avait été consenti dans l'intérêt des marchandises et, par exemple, pour opérer le transbordement d'un navire échoué, puis déclaré innavigable, sur un autre navire (Req. 4 déc. 1866, aff. de Gentil, D. P. 67. 1. 161).

666. Décidé encore que le capitaine étant le mandataire légal de l'armateur, les engagements qu'il contracte en cours de voyage en sa qualité de capitaine, pour ce qui concerne le navire et l'expédition, ne l'obligent pas personnellement; à moins que son obligation personnelle ne résulte des termes de la convention, de la nature spéciale de l'engagement, ou de la commune intention des parties (Rennes, 16 juin 1860, aff. Maugat, D. P. 61. 2. 161). Mais si le capitaine a pris envers le prêteur l'engagement personnel de ne pas laisser débarquer les marchandises avant le remboursement, à moins qu'il ne soit fourni bonne et valable caution, il est responsable des débarquements opérés sans que cette condition ait été remplie (Même arrêt. Conf. Desjardins, t. 2, n° 379).

667. Les dispositions de l'art. 234 seraient-elles inapplicables au cas où le navire se trouverait en relâche, en France ou à l'étranger, dans un port où l'armateur aurait sa demeure? Certains auteurs décident que l'on rentre alors dans les termes de l'art. 232 c. com., et que le capitaine ne peut rien faire que de concert avec l'armateur (*Rép.* n° 437; Laurin, t. 2, n° 256; Lyon-Caen et Renault, t. 2, n° 1828). Cependant un arrêt (Rouen, 18 mai 1874, aff. Darmandaritz, *Journal du droit international privé*, t. 2, p. 433) a décidé que l'art. 232 ne règle que les devoirs du capitaine avant le départ; que, par conséquent, la présence de l'armateur dans un port étranger, où le navire se trouve en relâche ne peut modifier les pouvoirs du capitaine en ce qui touche les mesures à prendre au cours du voyage: il peut donc, *malgré l'armateur*, mais avec l'autorisation du consul, payer les dépenses de la relâche et emprunter à la grosse pour achever le voyage (Conf. Desjardins, t. 2, n° 510).

668. L'art. 234 suppose un navire *en cours de route* obligé de s'arrêter, *avec son chargement*, par suite d'une nécessité imprévue: que devra-t-on décider lorsque le navire se trouvera, non dans un port de relâche, mais dans un port *de charge autre que le port d'armement?* Il paraît certain que le capitaine pourra emprunter à la grosse *sur le navire*. Les lois du 10 déc. 1874 (art. 27) et du 10 juill. 1885 (art. 34) ont supprimé, il est vrai, le privilège du prêt à la grosse fait avant le départ; mais on a vu *suprà*, n°s 382 et suiv., que cette disposition des lois de 1874 et 1885 ne paraît pas s'appliquer à l'emprunt fait sur le navire, dans un port de charge, le navire, dès qu'il a quitté le port d'armement, pouvant être considéré comme en cours de voyage.

669. Le capitaine pourra-t-il emprunter également avant le départ *sur le chargement?* La question est plus délicate; car, pour les marchandises, le voyage ne commence qu'au départ; aussi a-t-il été jugé que le capitaine ne peut pas emprunter sur le chargement, dans un port de charge, alors même que les marchandises seraient déjà *à bord* (Trib. com. Marseille, 24 mai 1864, *Recueil du Havre*, 1865. 2. 107; Trib. com. Nantes, 19 mars 1870, *Recueil de Nantes*, 1870. 1. 96). C'est, en effet, une obligation pour le capitaine de pourvoir avant le départ aux nécessités du voyage: il ne peut, dès lors, être question de nécessités imprévues, comme celles qui seules autorisent à disposer du chargement en cours de voyage. — Que si l'on suppose qu'un navire étant devenu innavigable au cours d'un voyage, il y ait lieu de transborder les marchandises sur un autre navire (c. com. art. 296), ne doit-on pas reconnaître au capitaine du second navire le droit d'emprunter, avant le départ, sur les marchandises du chargement? Oui; car ces marchandises sont alors en cours de voyage (Alger, 25 avr. 1864, aff. d'Honoraty, D. P. 64. 2. 108. Conf. de Valroger, t. 1, n° 440).

670. L'art. 234, al. 3, comme on l'a vu au *Rép.* n° 462, donne aux chargeurs la faculté de s'opposer à la vente ou à la mise en gage nécessaires pour subvenir aux dépenses imprévues, et d'exiger que leurs marchandises soient débarquées au port de relâche. — Cette disposition, ainsi que le remarquent MM. Lyon-Caen et Renault, t. 2, n° 1828, est équitable, car la vente peut entraîner pour les chargeurs des conséquences préjudiciables, soit que le navire se perde, puisqu'alors ils ne peuvent réclamer que le prix de vente (c. com. art. 298, al. 2) qui le plus souvent sera très inférieur à la valeur des marchandises, soit que le navire arrive à bon port, car si on leur tient compte, en ce cas, de la valeur des marchandises d'après le cours du lieu où le navire est déchargé, ce cours peut être désavantageux et les chargeurs auraient pu attendre, pour opérer la vente, une occasion plus favorable. « Il était, par suite, disent les auteurs précités, équitable de laisser aux propriétaires des marchandises le moyen de se soustraire au dommage qui les menace » (V. aussi Desjardins, t. 2, n° 511).

671. Quant au payement du fret, dans le cas où les marchandises sont ainsi débarquées, l'art. 234 *in fine* fait une distinction fort équitable. C'est ce que M. Lyon-Caen fait très bien ressortir en ces termes: « Si la cargaison entière est débarquée, disent-ils, t. 2, n° 1829, le voyage n'est pas continué; il est juste que le fret ne soit payé qu'en proportion du trajet déjà accompli. Mais, si une partie des chargeurs ne consent pas au déchargement, le fret entier doit être payé sur les marchandises déchargées. Alors le capitaine n'est pas dispensé de poursuivre le voyage, et il serait exorbitant que l'armateur, ayant à payer toutes les dépenses à faire pour la dernière partie de la traversée, ne touchât pas le fret intégral sur lequel il a légitimement compté (V. aussi Desjardins, t. 2, n° 511).

672. — 4° *Défense d'emprunter sans nécessité sur corps ou sur faculté* (V. *Rép.* n°s 463 à 465). — Le capitaine, maître ou patron, qui, dans une intention frauduleuse, se rend coupable de l'un des faits prévus par l'art. 236 est puni de la réclusion (L. 10 avr. 1825, art. 14; Décr. 24 mars 1852, art. 92, *Rép.* v° *Organisation maritime*, n° 718).

673. — 5° *Obligation d'adresser à qui de droit avant le voyage de retour l'état du chargement* (V. *Rép.* n°s 466 et 468). — La loi suppose ici que le capitaine a chargé pour le compte de ses mandants. S'il avait purement et simplement affrété le navire, il ne serait obligé que de faire connaître cet affrètement, et de transmettre l'état des sommes empruntées. Il n'a que ce dernier état à transmettre, si un subrécargue est installé à bord (Desjardins, t. 2, n° 488; Bédarride, t. 2, n° 464). — Le capitaine qui, dans ses comptes, suppose frauduleusement des avaries ou des dépenses, est puni de la réclusion (Décr. 24 mars 1852, art. 92, D. P. 52. 4. 127) (V. *infrà*, v° *Organisation maritime*).

674. — 6° *Défense de vendre le navire sans un pouvoir spécial.* — On a expliqué (*Rép.* n°s 468 à 474) que la vente du navire faite par le capitaine sans un pouvoir spécial, hors le cas d'innavigabilité, est nulle et que le propriétaire peut revendiquer son bâtiment sans rembourser le prix payé par l'acheteur (c. com. art. 237) (Conf. c. com. allemand, art. 499; c. com. hollandais, art. 376; c. mar. Finlande, art. 334; c. com. italien, art. 513; Loi belge du 21 août 1879; c. portugais, art. 513, etc.). — De nombreux arrêts ont décidé qu'il y a innavigabilité, dans le sens de la loi, non seulement quand le navire a subi des avaries de telle nature qu'il ne peut être en aucun cas ni d'aucune manière mis en état de reprendre la mer, mais aussi quand les avaries sont telles que les dépenses nécessaires pour réparer le navire égalent ou dépassent la valeur qu'il avait au départ, ou quand il est constaté par les experts que la démolition d'une grande partie du navire serait indispensable en cas de réparation, et qu'il serait aussi coûteux de le réparer que de le reconstruire à neuf;... et que la vente du bâtiment réparé ne produirait pas un prix plus élevé que la somme dépensée pour les réparations (Req. 5 juill. 1848, aff. Delrue, D. P. 52. 1. 118; Bordeaux, 9 août 1853, aff. Amanieu, D. P. 55. 2. 81; 16 nov. 1857, aff. Hermeville, D. P. 59. 5. 32; Caen, 7 févr. 1859, aff. de la Pradelle, D. P. 59. 2. 109; Req. 17 août 1859, aff. Georges, D. P. 59. 1. 356; 9 août 1860, aff. Blandin, D. P. 60. 1. 439; Aix, 9 nov. 1865, aff. Bergasse, D. P. 66. 2. 17; Rouen, 3 juill. 1867, aff. Caro, D. P. 68. 2. 59; *Rép.* n°s 469 et 2005. V. aussi *infrà*, n°s 685 et suiv.). — Il y a encore innavigabilité: 1° quand le capitaine ne peut pas trouver dans le port de refuge ou à proximité les matériaux ou la main-d'œuvre nécessaires; 2° quand il n'a pas les fonds voulus et ne peut se les procurer. Dans le premier cas, il y a innavigabilité *absolue*; dans les deux derniers, innavigabilité *relative*.

675. En principe, l'innavigabilité (absolue ou relative) doit être constatée dans les formes prescrites par la loi du 13 août 1791; mais l'inobservation de cette loi ne doit point entraîner la nullité de la preuve, lorsqu'il s'agit de fortunes de mer survenues dans les régions où il est matériellement impossible d'appliquer à la lettre les lois édictées pour la mère-patrie; les tribunaux ont à ce point de vue un pouvoir d'appréciation souverain (*Rép.* nos 470, 2085, 2087 et 2089; Req. 6 mai 1867, aff. Bergasse, D. P. 68. 1. 24; Rouen, 3 juill. 1867, cité *suprà*, n° 674; Desjardins, t. 2, n° 521). « Le code français, lit-on dans une consultation de MM. Page, Goubeau et Vaucher, dit bien que l'innavigabilité doit être légalement constatée, mais il s'est bien gardé d'expliquer la nature et les formes de cette constatation légale. La raison en est facile à trouver. L'innavigabilité pouvait se réaliser partout ailleurs qu'en France, même dans les contrées où il n'existe ni loi, ni magistrat. Comment donc exiger, prescrire l'accomplissement de formalités déterminées? Cette constatation, d'ailleurs, et le mode suivant lequel elle pouvait être faite ne sont, en réalité, que des questions de forme d'actes, pour lesquelles il faut revenir à la règle : *locus regit actum.* » — C'est ainsi qu'il a été jugé que l'on doit considérer comme régulière la vente d'un navire effectuée à la Havane avec toutes les formalités usitées en ce pays, après que des experts régulièrement nommés ont reconnu la nécessité de réparations dont le coût, joint aux frais accessoires, aurait absorbé la valeur du navire, et qu'en suite de cette expertise le navire a été condamné par le consul compétent (Rouen, 3 juill. 1867, cité *suprà*, n° 674).

676. La vente d'un navire aux enchères publiques, ordonnée pour cause d'innavigabilité par un consul français, dans un port étranger, transfère à l'acquéreur la propriété du navire, dans le cas même où l'innavigabilité aurait été mal à propos déclarée, et où, par exemple, la détérioration des trois quarts sur laquelle elle a été basée aurait été calculée d'après la somme assurée et non d'après la valeur réelle du navire (Req. 3 avr. 1867, aff. Tisset, D. P. 68. 1. 38). Mais la vente est nulle, lorsque l'acquéreur connaissait le vice de la décision consulaire et l'a même préparée, en donnant son assentiment au mode de calcul erroné adopté par le capitaine, et en lui affirmant qu'il devait procéder de cette manière pour être en règle (Même arrêt. Conf. Desjardins, t. 2, n° 522).

677. Le consul ne peut autoriser ou ordonner la vente d'un navire, sans la demande préalable et le concours personnel du propriétaire ou du capitaine, que dans les cas d'urgence absolue et d'intérêt public : hors ces cas, la vente à laquelle il est procédé au nom du consul seul est nulle comme faite *a non domino* (Rouen, 3 juill. 1867, aff. Caro, D. P. 68. 2. 59; Civ. cass. 18 janv. 1870, aff. Haws, D. P. 70. 1. 127; de Valroger, t. 1, nos 450 et suiv.). Mais la nullité n'est pas opposable à l'adjudicataire de bonne foi, auquel le navire ainsi mis en vente en vertu d'un ordre de l'autorité légale a été vendu conformément aux usages du pays, alors surtout qu'il a possédé le navire pendant plusieurs mois, au vu et su du propriétaire, sans trouble de la part de celui-ci (Arrêt précité du 3 juill. 1867).

678. D'après l'ordonnance du 29 oct. 1833, les vice-consuls et agents consulaires n'avaient pas le droit de faire vendre, pour cause d'innavigabilité, les navires arrivés dans le lieu où ils exercent leurs fonctions (Conf. Cons. d'Et. 1er juin 1854, aff. Fréret, D. P. 54. 3. 83). — Le décret du 22 sept. 1854, art. 2, accorda aux vice-consuls le droit de déclarer l'innavigabilité, lorsque ce pouvoir leur avait été spécialement conféré par le chef de l'Etat. — Le décret du 19 janv. 1881 (D. P. 82. 4. 49), décide, d'une manière générale, que les vice-consuls rétribués sur le budget du ministère des affaires étrangères peuvent toujours exercer les pouvoirs déterminés par le décret de 1854.

679. Quant à la forme de la vente, V. *Rép.* nos 471 et suiv. Le capitaine qui, dans le cas où l'innavigabilité n'a pas été légalement constatée, et dans une intention frauduleuse, vend le navire à lui confié, est puni de la réclusion (L. 10 avr. 1825, art. 14; Décr. 24 mars 1852, art. 92, *Rép.* v° *Organisation maritime*, n° 718).

680. — 7° *Obligation d'achever le voyage commencé* (*Rép.* nos 475 à 477). — M. Desjardins, t. 2, n° 473, voit dans l'art. 238 une dérogation à l'art. 2007 c. civ., qui permet à tout mandataire de renoncer à son mandat. Mais l'art. 2007 dit lui-même que le mandataire est tenu d'indemniser son mandant de la renonciation qui lui porterait préjudice. Il serait inexact, d'ailleurs, de considérer le capitaine comme un simple mandataire; son engagement participe aussi du louage de service, et il est de principe que, quand on a engagé ses services pour une période déterminée, on ne peut rompre le contrat avant le temps fixé, à peine de dommages-intérêts (de Valroger, t. 1, n° 456). — Le capitaine est obligé d'achever le voyage, non seulement vis-à-vis des propriétaires, mais encore envers les affréteurs, à partir de la signature de la charte-partie, et envers tous les chargeurs à partir de la signature du connaissement. — Le voyage que le capitaine est tenu d'achever est déterminé, à l'égard des affréteurs et chargeurs par la charte-partie et les connaissements. Mais que décider à l'égard des propriétaires du navire? Valin pensait que le capitaine devait toujours la traversée d'aller et de retour (V. *Rép.* n° 477. — Comp. Desjardins, t. 2, n° 475; Bédarride, t. 2, n° 467). — Suivant une autre opinion, l'engagement du capitaine, comme celui des matelots, étant constaté par le rôle d'équipage, sa durée doit, à moins de convention contraire, être celle du rôle d'équipage; il expirera donc au bout d'une année, pour la navigation au cabotage, au retour en France pour la navigation au long cours, à moins que des conventions particulières ne lui assignent une plus longue durée (Règl. 7 nov. 1866, art. 199) (de Valroger, *loc. cit.*).

681. L'obligation d'achever le voyage cesse par le congédiement du capitaine par l'armateur (V. *infrà*, n° 711) et par toute circonstance fortuite qui met le capitaine dans l'impossibilité d'effectuer le voyage, maladie, mort, etc. Mais la maladie provenant d'excès commis par le capitaine (Conf. Rouen, 18 févr. 1840, *Rép.* n° 601), ou son suicide (Rouen, 8 déc. 1841, *Rép.* n° 754), ne peuvent être assimilés à la force majeure; ils peuvent, par suite, donner lieu à une action en dommages-intérêts contre le capitaine ou ses héritiers (Conf. Desjardins, t. 2, n° 474; de Valroger, t. 1, n° 457).

682. Si le capitaine, par une cause quelconque, ne se trouve pas en mesure d'achever le voyage, le *second* est appelé à commander à sa place (Décl. 21 oct. 1727, art. 25); aussi les capitaines et armateurs ne peuvent-ils embarquer comme seconds que des marins âgés d'au moins vingt et un ans et ayant au moins quarante-huit mois de navigation (Règl. 7 nov. 1866, art. 213). A défaut de second, c'est le capitaine qui désigne celui qui le remplacera. — Mais s'il y a un second, la direction du navire doit-elle *nécessairement* lui être confiée? Les armateurs ont évidemment le droit de désigner un nouveau capitaine (Rouen, 15 mai 1864, *Recueil du Havre*, 1866. 2. 60; Desjardins, t. 2, n° 476). MM. Eloy et Guerrand, t. 3, n° 1450, à défaut de cette désignation, accordent au capitaine le droit de se faire remplacer par un autre que par le second, si celui-ci ne présente pas des garanties de capacité suffisantes (Conf. Desjardins, *loc. cit.*) Celui, quel qu'il soit, qui remplace le capitaine succède à ses droits comme à ses obligations : il jouira donc des salaires et du *chapeau* promis au capitaine à partir du jour où il aura pris le commandement (Trib. com. Marseille, 11 mars 1856, aff. Gallais, *Recueil de Marseille*, t. 36, 1. 187. Conf. Eloy et Guerrand, t. 3, n° 1450; Desjardins, *loc. cit.*).

683. Le capitaine ne peut, sans une juste cause, modifier l'itinéraire normal, pour se rendre au lieu de sa destination, à moins qu'une clause formelle de la charte-partie ne le lui permette (Desjardins, t. 2, n° 477). — Le déroutement volontaire et dans une intention criminelle est puni des travaux forcés à temps, sans préjudice de l'action en dommages-intérêts qui compète à tous les intéressés (Desjardins, *ibid.*).

684. — 8° *Défense au capitaine naviguant à profit commun de faire un commerce particulier* (*Rép.* nos 478 à 483). — La disposition de l'art. 239 n'est qu'une application particulière de la règle générale de l'art. 251. La prohibition de l'art. 239, comme le font observer MM. Desjardins, t. 2, n° 492, et Laurin, t. 1, p. 327, n'est pas fondée uniquement sur cette idée qu'un associé ne doit pas, par son fait, nuire aux intérêts de la société (c. civ. art. 1847) en faisant, par exemple, comme ici, un négoce séparé; cette interdiction repose aussi sur cette autre considération que les gens de l'équipage ne doivent être distraits par rien du service du navire. C'est précisément parce que l'art. 239

n'est qu'une application particulière d'une règle générale, qu'il ne faut pas étendre la pénalité exceptionnelle (la confiscation des marchandises) édictée en cas de navigation à profit commun, au cas prévu par l'art. 251; l'infraction prévue par ce dernier article ne peut jamais entraîner qu'une condamnation à des dommages-intérêts (V. *infrà*, n° 741. Conf. Desjardins, *loc. cit.*; Lyon-Caen et Renault, t. 2, n° 1778).

685. L'art. 239 excepte le cas où il y a convention contraire. Cette convention peut, comme en toute autre matière commerciale, être prouvée non seulement par écrit, mais encore par tout autre moyen de preuve (Desjardins, t. 2, n° 493; de Valroger, t. 1, n° 461. — V. en sens contraire, Bédarride, t. 2, n° 486; Demangeat, t. 4, p. 259).

686. La prohibition de l'art. 239 s'applique à l'armateur-gérant, comme au capitaine, en vertu des art. 1847 et 1993 c. civ.; mais l'infraction ne peut obliger l'armateur-gérant qu'à rendre compte du profit qu'il aura réalisé, et, s'il y a lieu, à payer des dommages-intérêts : la confiscation étant une peine ne peut être étendue à d'autres que le capitaine, dont parlent seuls les art. 239 et 240 (de Valroger, t. 1, n° 461; Bédarride, t. 2, n° 486; *Rép.* n° 483).

687. On a dit au *Rép.* n° 480 que les art. 239 et 240 ne s'appliquent pas au capitaine naviguant à profit commun *sur le fret*; il en serait autrement du capitaine payé par une *part de pêche*; les art. 239 et 240 devraient lui être appliqués, car les poissons qu'il achèterait et chargerait pour son compte feraient concurrence à ceux du propriétaire, son cointéressé (de Valroger, t. 1, n°s 463 et 464).

688. On a indiqué (*Rép.* n° 479) que, en présence de la généralité des termes de l'art. 239, et par les raisons qui en ont motivé l'adoption, il semble que cet article doive s'appliquer même au commerce que le capitaine voudrait faire sur un autre navire que celui qu'il commande (Conf. Lyon-Caen et Renault, t. 2, n° 1778). MM. Demangeat, t. 4, p. 224; Boistel, n° 1208; de Valroger, t. 2, n° 562, ont combattu cette doctrine.

689. — 9° *Défense d'abandonner le navire pour cause de danger sans l'avis des principaux de l'équipage* (V. *Rép.* n°s 484 à 488; Bédarride, t. 2, n° 491; Laurin, t. 1, p. 588; Desjardins, t. 2, n°s 478 et suiv.; de Valroger, t. 1, n° 468). — Le capitaine doit être le dernier à abandonner son poste (Décr. 24 mars 1852, art. 80) (V. *infrà*, v° *Organisation maritime*). — On a vu au *Rép.* n° 484 quels sont les objets que le capitaine doit de préférence sauver : il n'est évidemment tenu de cette obligation que dans la mesure du possible (Trib. com. Marseille, 1er mai 1851, *Recueil de Marseille*, 1851. 1. 295). — Quelles sont les obligations du capitaine d'un bâtiment remorqueur, lorsque l'abandon du navire remorqué devient nécessaire pour la sécurité du remorqueur. Un arrêt de la cour d'Alger, du 2 nov. 1861 (*Recueil de Marseille*, 1862. 2. 24), a décidé que le capitaine doit, dans ce cas, comme dans l'hypothèse prévue par l'art. 241, consulter son équipage, et, en outre, se concerter avec le capitaine du navire remorqué (Comp. Civ. rej. 27 janv. 1880, aff. Delalun, D. P. 80. 1. 401). M. Desjardins, t. 2, n° 481, approuve cette décision : il faut reconnaître cependant que l'on est ici en dehors de l'art. 241, car le remorquage ne peut être assimilé à un simple contrat d'affrétement ou de transport, le navire remorqué conservant jusqu'à un certain point la liberté de ses mouvements, et par suite sa responsabilité (V. *suprà*, n° 594. Conf. de Valroger, t. 1, n° 472).

690. L'abandon du navire à la mer, de la part du capitaine, en présence d'un péril quelconque, hors le cas de force majeure dûment constaté par les officiers et principaux de l'équipage, est puni d'un emprisonnement d'un mois à un an (Décr. 24 mars 1852, art. 80, *Rép.* v° *Organisation maritime*, n° 1105). Le capitaine peut, en outre, être interdit du commandement pendant le laps de temps d'un an à cinq ans (*Ibid.*) Si l'abandon avait été le fait, soit de l'officier en second, soit d'un simple matelot de l'équipage, il n'y aurait pas lieu à l'application de l'art. 80 du décret de 1852, qui ne parle que du capitaine : on appliquerait alors l'art. 64, du même décret qui punit, ... d'une part, de six jours à six mois de prison « tout marin qui aura formellement refusé d'obéir aux ordres du capitaine ou d'un officier du bord pour assurer la manœuvre », et permet de joindre à cette peine une amende de 16 à 100 fr. (*Ibid.*),... et, d'autre part, d'un emprisonnement de trois mois à cinq ans, avec faculté d'y ajouter une amende de 100 à 300 fr., « toute personne qui aura formellement refusé d'obéir aux ordres donnés pour le salut du navire ou de la cargaison, ou pour le maintien de l'ordre » (V. *infrà*, v° *Organisation maritime*).

691. — 10° *Obligation, en cas de relâche forcée, d'en faire connaître les causes* (V. *Rép.* n° 489; Laurin, t. 1, p. 597 : Desjardins, t. 2, n°s 482 et suiv.; Lyon-Caen et Renault, t. 2, n° 1821). Dans le petit cabotage, on n'a pas l'habitude de déclarer la relâche, si elle ne dure que quelques jours, pour laisser passer le mauvais temps. — Il n'y a, de même, lieu à aucune déclaration, si le navire séjourne seulement quelques heures dans une rade, sans communiquer avec la terre (Circ. min.). Enfin l'article est inapplicable en cas d'échelles (Desjardins, t. 2, n° 483. V. cependant Laurin, t. 1, p. 597).

692. Le capitaine doit, à défaut de consul français, s'adresser au magistrat du lieu. Si l'autorité locale ne peut ou ne veut accepter la déclaration, le capitaine peut s'adresser à un notaire; mais il doit alors, pour dégager sa responsabilité, pouvoir faire la preuve du refus ou de l'empêchement des magistrats locaux (Desjardins, t. 2, n° 483; Bédarride, t. 2, n° 511). — Les tribunaux ont un pouvoir souverain pour apprécier si la relâche est volontaire ou forcée. Diverses causes peuvent la justifier, par exemple, une révolte de coolies chinois (Bordeaux, 25 févr. 1867, aff. Verharne, *Recueil de Marseille*, 1868. 2. 178); ... la présence de croisières ennemies (Trib. com. Marseille, 29 août 1827, aff. Fardel, *ibid.*, t. 9, 1. 311. V. cependant : Trib. com. Marseille, 30 août 1864, aff. Lindermann, *ibid.*, 1864. 1. 228);... de graves avaries éprouvées par la cargaison (Trib. com. Marseille, 27 janv. 1869, aff. Geutile, *ibid.*, 1869. 1. 87. V. toutefois : Trib. com. Marseille, 23 juill. 1866, *ibid.*, 1866. 1. 205). — L'ordonnance de 1681 (liv. 11, tit. 4, art. 24), frappait de punition exemplaire, c'est-à-dire de privation ou suspension de son emploi, le capitaine qui faisait relâche sans nécessité dans un port étranger : cette pénalité est toujours en vigueur (*Rép.* v° *Organisation maritime*, n° 717).

693. — 11° *Devoirs du capitaine, en cas de naufrage.* — V. *Rép.* n° 490.

694. — 12° *Mesures à prendre, en cas d'arrêt de puissance, de survenance de guerre et autre événement de mer.* — V. *Rép.* n°s 491 à 495.

695. — II. Devoirs du capitaine a l'égard des hommes de l'équipage et des passagers (*Rép.* n°s 496 à 505). — 1° *Subsistances* (*Rép.* n° 497). — Sur le droit conféré au capitaine par l'art. 249, V. Desjardins, t. 2, n°s 525 et suiv.; de Valroger, t. 1, n°s 509 et suiv.; Ruben de Couder, v° *Capitaine*, n° 96. Comp. Loi belge du 21 août 1879; Code hollandais, art. 374; Code italien, art. 342; Code égyptien, art. 64; Code russe, art. 700 et suiv.; édit autrichien de 1774, c. 2, art. 18; *Merchant shipping act* de 1854, art. 223). — Le capitaine n'est pas tenu de payer comptant les vivres mis en commun.

696. — 2° *Police sanitaire.* — V. *Rép.* n°s 498 et 517 (V. aussi *Organisation maritime; Salubrité publique*; — *Rép.* v[is] *Organisation maritime*, n° 1071; *Salubrité publique*, n°s 65 et suiv., 106 et suiv.).

697. — 3° *Actes de naissance et de décès.* — V. *Rép.* n°s 499 à 503 (V. aussi *Rép.* v[is] *Actes de l'état civil*, n°s 330 et suiv.; *Organisation maritime*, n°s 599 et suiv. Conf. Règl. gén. 1866, art. 425).

698. — 4° *Testaments.* — V. *Dispositions entre vifs et testamentaires*, n°s 804 et suiv.; — *Rép.* v[is] *Dispositions entre vifs et testamentaires*, n°s 3383 et suiv.; *Droit maritime*, n° 504; *Organisation maritime*, n° 603.

699. — 5° *Conservation des effets laissés par les personnes décédées.* — V. *Rép.* n° 505, et v° *Organisation maritime*, n° 599 (Conf. Règl. gén. 1866, art. 426).

700. — III. Devoirs imposés au capitaine dans l'intérêt des douanes et de la police de la navigation (*Rép.* n°s 506 à 521). — 1° *Devoirs dans l'intérêt des douanes.* — V. *Rép.* n° 507 (V. aussi *Douanes*, n°s 188 et suiv., 405 et suiv.; — *Rép.* cod. v°, n°s 299 et suiv., 634 et suiv.). — Il a été jugé, à cet égard, que la *déclaration de détail* des marchandises transportées par mer incombe à l'armateur pour les marchandises qui lui appartiennent, et au consignataire pour celles qui lui sont destinées; dès lors, le capitaine n'est pas tenu, en dehors d'un mandat spécial, de faire cette déclaration (Civ. cass. 18 oct. 1886, aff. Sabarros, D. P. 87. 1. 150. Conf. note sous Req. 22 janv. 1877, aff. Comp. des steamers Gaudet, D. P. 77. 1. 145).

701. — 2° *Police de la navigation* (*Rép.* nos 508 à 521). — Sur le caractère obligatoire de l'assistance d'un pilote à l'entrée et à la sortie des ports, V. *Organisation maritime ;* — *Rép.* eod. v°, nos 441 et suiv. — Jugé que l'obligation de prendre un pilote peut être imposée à tout capitaine d'un bâtiment entrant dans le port, à quelque distance que soit ce port au moment où le pilote se présente à bord du bâtiment (Civ. cass. 16 janv. 1866, aff. Gallois, D. P. 66. 1. 203);... même pour un bâtiment français se trouvant dans les eaux d'une autre nation et, par exemple, dans les eaux anglaises (Même arrêt). Décidé de même que tout navire astreint au pilotage et en destination du port de Bordeaux est tenu de recevoir à son bord le premier pilote qui se présente pour le guider, à quelque distance que ce soit en mer, ou de lui payer son salaire (Décr. 18 janv. 1865, art. 191, D. P. 65. 4. 103) (Civ. rej. 24 févr. 1886, aff. Albrecht, D. P. 87. 1. 73). Cette disposition particulière du décret du 18 janv. 1865 a été prise régulièrement en exécution de l'art. 41 du décret du 12 déc. 1806 (Même arrêt). — En conséquence, le consignataire d'un navire en destination de Bordeaux doit payer le droit de pilotage au premier pilote qui s'est offert, même au delà des limites de son stationnement, pour conduire le bâtiment à travers les passes de la Gironde, encore bien que le capitaine ait refusé ses services et ait pris un autre pilote auquel il a payé son salaire (Même arrêt). — Mais le capitaine n'est pas responsable pour avoir refusé de prendre un pilote, dont la taxe était exagérée, lorsque le navire se trouvait encore à une distance où le pilotage n'est ni obligatoire, ni même considéré comme utile, surtout si, en approchant des côtes, il a fait le signal d'appel des pilotes en arborant son pavillon en tête du mat de misaine; dans ce cas le capitaine n'est pas en faute pour avoir abandonné son mouillage avant l'arrivée d'un pilote, si ce mouillage était sans abri, à une époque d'ouragans (Rouen, 6 mars 1876, cité *suprà*, n° 593). — La présence, à bord, d'un pilote lamaneur décharge-t-elle le capitaine de la responsabilité de la conduite du navire ? (V. *Rép.* n° 509, et *suprà*, nos 595 et 596).

702. Sur les devoirs des capitaines de navires de commerce dans l'accomplissement des manœuvres à opérer *pendant la traversée*, V. *Rép.* n° 513, et v° *Organisation maritime*, nos 643 et suiv., où sont analysées les diverses dispositions du décret du 25 oct. 1862 (D. P. 63. 4. 7) et du règlement du 7 nov. 1866, relatives à ces manœuvres (V. également : Décr. 4 nov. 1879, abrogé par Décr. 1er sept. 1884). — En ce qui concerne les convois avec escorte en cas de guerre maritime, V. *Rép.* nos 514 et 515, et v° *Organisation maritime*, nos 650 et suiv. — Jugé que l'on doit considérer comme légal et obligatoire le règlement municipal qui, dans l'intérêt de la sûreté du port et la salubrité du lest, interdit aux capitaines des navires entrant dans le port de débarquer leur lest sans en avoir obtenu l'autorisation et de le réembarquer avant d'en avoir fait vérifier la salubrité par les officiers du port (Crim. cass. 8 juin 1861, aff. Roland, D. P. 66. 5. 359). Et ce règlement doit être observé même au cas où le lest débarqué est déposé sur le terrain d'un particulier pour être remis à un autre navire (Même arrêt). Il est applicable aux bâtiments à vapeur comme aux bâtiments à voiles (Même arrêt).

703. Sur les devoirs du capitaine envers les commandants en chef des vaisseaux de l'Etat, V. *Rép.* nos 516 et 520 ; Desjardins, t. 2, nos 499 et suiv.

SECT. 5. — DES DEVOIRS DU CAPITAINE A L'ARRIVÉE (*Rép.* nos 522 à 582).

704. — I. VISA DU REGISTRE DE BORD. — V. *Rép.* n° 524; Desjardins, t. 2, n° 539; Lyon-Caen et Renault, t. 2, n° 1832.

705. — II. DÉPOT DU RAPPORT (*Rép.* nos 525 et suiv.). — Sur l'origine historique du rapport, V. Desjardins, t. 2, nos 540 et 542. — Le rapport est généralement appelé *consulat*, parce que, à l'étranger, il est reçu par le consul ; on appelle *petit consulat* le rapport fait en cas de *relâche*, parce que, comme le rapport fait à l'arrivée, il est reçu par le consul, mais est beaucoup plus abrégé. — On a indiqué au *Rép.* n° 525 quelles sont, d'après l'art. 242 complété par l'ordonnance du 29 oct. 1833, les énonciations que doit contenir le rapport (V. aussi Desjardins, t. 2, n° 542). — Le rapport de mer et le livre de bord ne font pas double emploi ; le premier doit indiquer avec plus de netteté et de développement les faits survenus pendant la traversée et leurs causes. En fait, cependant, le rapport n'est le plus souvent qu'une copie textuelle du livre du bord.

706. Quelle est la sanction pénale de l'obligation imposée au capitaine de faire son rapport dans les vingt-quatre heures? L'art. 4, tit. 10, liv. 1er, de l'ordonnance de 1681 imposait ce devoir au capitaine, « à peine d'amende arbitraire ». Un arrêt (Cons. d'Et. 24 janv. 1873, aff. Leflanchec, D. P. 73. 3. 94) considère cette disposition comme étant encore en vigueur. Les infractions à l'obligation qu'elle impose constituent, d'après cet arrêt, des contraventions de grande voirie déférées au conseil de préfecture par la loi du 29 flor. an 10, une amende de 16 fr. à 300 fr. étant toutefois substituée à l'amende arbitraire par la loi du 23 mars 1842 (art. 1er, § 2) (Conf. Cons. d'Et. 31 déc. 1869, aff. Langlois, D. P. 72. 3. 35 ; 29 déc. 1870, aff. Guégon, *ibid.*). M. Desjardins, t. 2, n° 541, critique cette jurisprudence : « les ordonnances et règlements antérieurs à 1789, dit-il, ne sont appliqués que s'il n'y a pas été dérogé (Décr. 4 mars 1852, art. 2, D. P. 52. 4. 84) ; or il est évident que l'art. 242 c. com. a remplacé la disposition précitée de l'ordonnance ; et cela est d'autant plus certain que, lors des travaux préparatoires, la proposition d'assurer par une sanction pénale l'exécution des dispositions relatives au rapport, ne fut pas admise ».

707. Aux termes de l'art. 232 du règlement de 1866, le capitaine ne doit plus déposer à l'appui de son rapport que: 1° l'acte de francisation ; 2° le congé; 3° le rôle d'équipage; 4° les acquits-à-caution, connaissements et chartes-parties ; 5° le livre de bord (Desjardins, t. 2, n° 545 ; de Valroger, t. 1, n° 476).

La cour de cassation, avec plusieurs auteurs, considérait, dans l'origine, le rapport de mer que doivent faire devant le juge français les capitaines de navires abordant dans un port français, comme une mesure de police prescrite aux capitaines étrangers, aussi bien qu'aux capitaines français (V. Req. 1er sept. 1813, *Rép.* n° 539, et, dans le même sens : MM. Pardessus, t. 3, n° 648 ; Delvincourt, *Institut de droit commercial*, 2e éd., t. 1, p. 144, t. 2, p. 218, note 5 ; Laurin, t. 1, p. 596). On pouvait en conclure que ce rapport serait dénué de toute valeur s'il n'était point fait conformément aux prescriptions de l'art. 243, c'est-à-dire devant un juge français. La cour, dans son arrêt, n'avait point eu à s'expliquer à cet égard ; mais, depuis, la question s'est présentée devant elle, et, par deux arrêts (Civ. cass. 25 nov. 1847, aff. Brown, D. P. 47. 1. 369 ; Civ. rej. 25 nov. 1847, aff. Gautier, *ibid.* Conf. Aix, 21 août 1845, aff. Gautier, D. P. 46. 2. 165), la chambre civile, contrairement à l'induction que fournissait l'arrêt de la chambre des requêtes du 1er sept. 1813, a déclaré régulier le rapport de mer reçu par le consul de la nation à laquelle appartient le capitaine étranger. Un arrêt (Civ. cass. 26 févr. 1851, aff. Purrington, D. P. 51. 1. 34) a confirmé de nouveau cette interprétation de l'art. 243, dont la disposition se trouve ainsi limitée aux capitaines français, et perd, dès lors, le caractère de mesure d'ordre public ou de police que les auteurs ont voulu lui imprimer, pour se transformer, selon le vœu de la circulaire de 1833 du garde des sceaux concertée entre ce ministre et le ministre des affaires étrangères (D. P. 46. 2. 165, *ad notam*), en une obligation gouvernée par les règles moins rigoureuses du droit des gens (Conf. *Rép.* n° 531 ; Bédarride, t. 2, n° 500 ; Desjardins, t. 2, nos 543 et 545 ; Lyon-Caen et Renault, t. 2, n° 1838 ; Lyon-Caen, *Etudes sur le droit international privé maritime*, n° 50). — Seulement c'est à ses risques et périls que le capitaine s'adressera à son consul et fera procéder devant lui à la vérification du rapport de mer. En effet, le rapport de mer reçu et vérifié par un juge français, s'il ne fait pas foi en justice jusqu'à inscription de faux, forme du moins, comme le dit Valin, sur l'art. 7, liv. 10, tit. 1er de l'ordonnance de 1681, « une preuve juridique par témoins, qui ne peut être détruite que par une preuve contraire résultant ou des procès-verbaux du même capitaine, ou de la déposition des autres gens de l'équipage, ou de la combinaison de certaines circonstances avérées qui démontrent la fausseté des faits contenus dans le rapport ». Au contraire, le rapport de mer fait par un capitaine étranger devant le consul de sa nation n'a pas d'autre force que celle attribuée en pays étranger aux rapports des capitaines français reçus par les consuls français. Les tribunaux qui ne sauraient accorder à de tels rapports la valeur d'un acte de juridiction peuvent donc discrétionnairement leur refuser tout caractère probant, dépourvus qu'ils sont des garanties d'authenticité attachées aux rapports dont les énonciations ont été vérifiées, conformément à l'art. 243. — Jugé, par application de ces principes, que le rapport ainsi fait devant un consul étranger n'a pas, non plus que les nominations d'experts et les auditions de témoins dont il a été suivi, la valeur d'un acte de juridiction. En conséquence, ce rapport peut être débattu par toutes les preuves contraires devant les tribunaux français (Aix, 14 mars 1840, *Rép.* n° 531, et Civ. cass. 26 févr. 1851, aff. Purrington, D. P. 51. 1. 34; Conf. Desjardins et Bédarride, *loc. cit.*).

708. Du principe que le capitaine ne peut rien alléguer *outre* ou *contre* son rapport (*Rép.* n°s 534 et suiv. ; Trib. com. Marseille, 3 janv. 1877, aff. Ed. Jullien, *Recueil de Marseille*, 1877. 1. 80; Desjardins, t. 2, n° 547), un arrêt (Rennes, 8 avr. 1862, *suprà*, n° 592) a conclu qu'il serait non recevable à offrir la preuve par témoins de prétendus faits de force majeure, qui ne seraient consignés, ni sur son livre de bord, ni dans son rapport de mer (Conf. Aix, 8 août 1818, *Rép.* n° 535). L'arrêt réserve cependant le cas de « *circonstances favorables et exceptionnelles* » ; c'est en réalité enlever tout caractère absolu au principe, et permettre, dans la pratique, aux tribunaux de substituer au rapport un autre mode de preuve. La cour de Caen l'a fait franchement dans un arrêt qui décide que l'omission du rapport « n'est pas une de ces présomptions légales excluant toute preuve contraire ; que, pour lui attribuer un pareil caractère, il faudrait un texte formel, et que ce texte n'existe pas » (Caen, 7 janv. 1845, aff. Couëdel, D. P. 45. 2. 51. Conf. Trib. com. Havre, 3 févr. 1879) (1). M. Desjardins, t. 2, n° 548, adhère à cette doctrine. Le défaut de rapport, dit-il, engage la responsabilité du capitaine, que le rapport eût dégagée ; mais il n'existe pas plus dans le premier cas que dans le second une présomption *juris et de jure* excluant la preuve contraire (Conf. Laurin, t. 1, p. 605 ; Lyon-Caen et Renault, t. 2, n° 1836).

709. Sur l'obligation, pour le capitaine, en cas de naufrage, de faire un rapport devant le juge du lieu, V. *Rép.* n°s 536 et suiv. — Le mot *naufrage* ne doit pas être, ici, interprété restrictivement, mais entendu de tous les événements qui entraînent la perte du navire, tels que bris, échouement, innavigabilité, capture par un ennemi, pillage par un pirate (Desjardins, t. 2, n° 544).

710. Le rapport rédigé, affirmé et signé par le capitaine est ensuite *vérifié* (*Rép.* n°s 540 et suiv.). Sur la façon dont il doit être procédé à la vérification du rapport, V. *Rép. ibid.* — Le rapport, on l'a vu (*Rép.* n°s 542), n'est pas nul, par cela seul qu'il n'a pas été vérifié par l'interrogatoire de tous les hommes de l'équipage et de tous les passagers : il suffit qu'il l'ait été par l'interrogatoire du plus grand nombre d'entre eux, notamment si les autres n'ont pu être interrogés pour cause de maladie, et alors surtout que, parmi ceux qui l'ont été, figure le second de l'équipage (Paris, 24 janv. 1856, aff. Bonnissent, D. P. 57. 2. 69. Conf. Desjardins, t. 2, n° 546 ; de Valroger, t. 1, n° 498). Le rapport vaut même sans vérification aucune, si elle est impossible (Trib. com. Havre, 2 août 1867, *Recueil de Marseille*, t. 50, 2. 153. Comp. Trib. com. Marseille, 7 août 1824, *ibid.*, 1824. 1. 249 ; Desjardins, t. 2, n° 547 ; de Valroger, t. 1, n° 498. V. cependant : Bédarride, t. 2, n° 522 ; Demangeat, t. 4, p. 246).

711. Le rapport vérifié doit être cru *jusqu'à preuve contraire* (Trib. com. Marseille, 3 janv. 1877, aff. Ed. Jullien, *Recueil de Marseille*, 1877. 1. 80 ; 28 janv. 1879, aff. Cafiero, *ibid.*, 1879. 1. 87. Conf. Desjardins, t. 2, n° 547). La preuve contraire peut résulter non seulement des enquêtes, mais encore « des contradictions ou des impossibilités que présenterait un récit » (Trib. com. Marseille, 27 juin 1877, *Recueil de Marseille*, 1877. 1. 245. V. aussi Req. 8 mars 1832, *Rép.* n° 603 ; 1er déc. 1873, aff. Fraissinet, D. P. 74. 1. 424). L'armateur lui-même peut combattre les énonciations du rapport au moyen de la preuve contraire (Trib. com. Marseille, 27 juin 1877, précité) ; le capitaine seul ne peut rien alléguer de contraire au rapport (V. *suprà*, n° 708).

712. Le ministre de la marine doit, en cas de sinistre maritime, faire procéder à une enquête sur les causes de l'événement ; mais aucune disposition légale ne l'oblige, même sur la demande du capitaine intéressé, à faire procéder ensuite à une contre-enquête (Cons. d'Ét. 5 août 1868, aff. Roussan, D. P. 69. 3. 73 ; de Valroger, t. 1, n° 497).

713. Outre l'obligation de faire viser son livre de bord et de faire son rapport dans les vingt-quatre heures, le capitaine est encore soumis à l'arrivée à différentes obligations. Nous citerons :... la remise au bureau des douanes, lors de l'arrivée du navire au port d'armement, de l'acte de francisation et du congé qui doivent y être déposés jusqu'au prochain départ (*Rép.* n° 543 ; Règl. 1866, art. 206 et 207) ;... L'accomplissement des formalités de douane, qui sont à la charge personnelle du capitaine et l'acquittement des droits (*Rép.* n°s 556 et suiv., et v° *Douanes*, n°s 299 et suiv.) ;... La constatation des avaries pour la restitution proportionnelle des droits de douane, constatation qui doit avoir lieu conformément aux lois du 22 août 1791 et 4 germ. an 2, auxquelles n'ont pas dérogé les art. 242, 243 et 247 c. com. (*Rép.* n° 559, et v° *Douanes*, n° 437) ;... La remise, lors de l'arrivée du navire au port d'armement, du rôle d'équipage au bureau de l'inscription maritime, qui envoie à qui de droit une expédition des actes de naissance et de décès

(1) (Capitaine Gulliksen C. Ephrussi.) — Attendu que, par exploit en date du 23 déc. 1878, Ephrussi et comp., réclamateurs d'un chargement de blé, venu par le navire norwégien *Nyord*, venant de New-York, ont assigné le capitaine Gulliksen, commandant ledit navire, pour s'entendre condamner à leur remettre en bon état la marchandise par lui reçue à son bord, et ce, sous une contrainte de 1000 fr. par chaque jour de retard, avec intérêts de droit et dépens, et subsidiairement pour voir nommer trois experts, à l'effet d'examiner le chargement de blé, et de rechercher la cause de l'avarie dudit chargement ; — Que des experts furent nommés par le tribunal avec la mission demandée ; — Attendu que, conformément au rapport des experts, concluant à la vente publique du chargement de blé, Ephrussi et comp. assignèrent de nouveau le capitaine Gulliksen pour voir dire que le chargement en entier serait vendu en vente publique ; — Que cette vente fut ordonnée par le tribunal ;... — Attendu qu'Ephrussi et comp. fondent leur réclamation contre le capitaine Gulliksen, sur ce que ce dernier aurait omis de signaler, dans son rapport de mer, une relâche faite à New-York, son port de départ, pour le bien et salut commun du navire et de la cargaison, et sur ce qu'il aurait rembarqué des blés dans un état d'avarie tel qu'ils auraient occasionné à la cargaison un dommage s'élevant, d'après les résultats de la vente publique, à plus de 40000 fr. ; — Attendu que si l'omission faite par le capitaine Gulliksen est regrettable à tous les points de vue, elle ne peut, par elle-même, constituer un cas de responsabilité pour ce dernier, alors qu'il est constant, certain et reconnu par toutes les parties en cause, que cette relâche a bien eu lieu en réalité, et que les causes sérieuses qui l'ont nécessitée ne sauraient être contestées ; — Que la seule question est donc celle de savoir si le capitaine a soigné, comme il le devait, les intérêts qui lui étaient confiés ; — Attendu, sur ce point, que les griefs d'Ephrussi et comp. perdent de leur gravité lorsqu'il est établi que le retour du capitaine a eu lieu à son port de charge ; que les frais et dépenses de sa relâche, à New-York, ont été payés par les assureurs de New-York ; d'où la conséquence juridique que les chargeurs ont dû nécessairement intervenir dans les agissements de la relâche et décharger, par là même, le capitaine de sa responsabilité, en ce qui touche les soins à donner à la marchandise ; — Attendu, d'ailleurs, que par les certificats mis au procès, le capitaine établit que la marchandise qu'il a reprise à son bord était en bon état lors de son départ sauf une légère partie avariée, mise dans des sacs ; — Qu'en conséquence, si les blés dont s'agit sont arrivés au Havre dans un état d'avarie relativement grave, il faut s'en prendre aux événements de mer, à la longueur de la traversée, interrompue par ladite relâche et aux gros temps qui ont assailli le navire après son second départ du port de New-York ; — Que toutes ces circonstances sont suffisamment graves, précises et concordantes pour dégager la responsabilité du capitaine ;... — Par ces motifs, le tribunal déclare mal fondée la demande d'Ephrussi et comp. et les en déboute ; les condamne à payer au capitaine Gulliksen le montant du fret dû par eux au navire *Nyord*, etc.

Du 3 févr. 1879.-Trib. com. Havre.-MM. Ferrère, pr.-Roussel et Godreuil, av.

dressés en cours de voyage (*Rép.* nos 555 et 562), remise imposée au capitaine sous peine d'une amende de 25 à 300 fr. (Décr. 24 mars 1852, art. 83, D. P. 52. 4. 133 ; Règl. 1866, art. 206) ;... La remise au même bureau des *testaments* faits en mer conformément aux art. 992 et 993 c. com. (*Rép.* n° 562) ;... La déclaration à l'officier du port de la quantité et de la qualité de *lest* qui se trouve à bord (*Rép.* n° 554), et l'observation des prescriptions relatives au délestage (Sur le lestage et le délestage des navires, V. *Rép.* v° *Organisation maritime*, nos 842 et suiv.);... La remise au consul, dans les lieux de destination et dans ceux où la relâche se serait prolongée au delà de vingt-quatre heures, des procès-verbaux dressés contre les marins déserteurs, et les informations faites à l'occasion des crimes ou délits commis par des matelots ou passagers pendant le cours de la navigation, conformément à l'ordonnance de 1681 (*Rép.* n° 564).

714. Sur les obligations des capitaines à l'entrée et à la sortie des ports, V. Desjardins, t. 2, nos 533 et suiv. — V. *infrà*, v° *Organisation maritime*.

715. Sur l'origine historique de l'art. 248 (*Rép.* nos 568 et suiv.), le projet de revision de 1867 et les dispositions analogues qui se trouvent dans les législations étrangères, V. Desjardins, t. 2, nos 349 et suiv. (V. aussi *Organisation maritime; — Rép. eod. v°*, n° 718 ; de Valroger, t. 1er, nos 505 et suiv.).

716. Le capitaine qui, arrivé dans un port, s'est ancré au lieu qui lui a été désigné par l'administration du port, est-il obligé d'obtempérer à la sommation qui lui est faite par le consignataire de la cargaison de conduire son navire dans un autre port de la même ville pour en opérer le déchargement, alors que cette sommation contient l'offre de payer les frais de déplacement et de compter dans les staries le temps qu'il exige ? Cette question a été fréquemment jugée, notamment par le tribunal de Marseille. Elle a été résolue affirmativement dans le cas où le capitaine s'est engagé à débarquer sous palan dans le lieu indiqué par le consignataire (Trib. com. Marseille, 18 nov. 1863, aff. Clément, *Recueil de Marseille*, 1863. 1. 344), ou lorsque ce déplacement peut être considéré comme la conséquence ordinaire et prévue des conditions du débarquement (Trib. com. Marseille, 15 avr. 1875, *ibid.*, 1875. 1. 210). Mais, en principe, le capitaine est en droit de refuser d'opérer ces mouvements (Trib. com. Marseille, 24 juill. 1862, aff. Worms, *Recueil de Marseille*, 1862. 1. 208 ; 19 mai 1863, aff. Pianello, *ibid.*, 1863. 1. 149; 14 févr. 1865, aff. Féraud d'Honnorat, *ibid.*, 1865. 1. 345; Trib. com. Nantes, *Recueil de Nantes*, 1874. 1. 73. Comp. Desjardins, t. 2, n° 536).

717. Le capitaine, à son arrivée au port de destination, doit faire constater, dans le plus bref délai, la régularité de son arrimage (Trib. com. Marseille, 22 oct. 1863, aff. Tonietti, *Recueil de Marseille*, 1863. 1. 313 ; Trib. com. Havre, 25 mars 1879, aff. Duménil-Leblé, *Recueil du Havre*, 1879. 1. 165; Desjardins, t. 2, n° 554). Sinon, les avaries qui pourront être constatées postérieurement seront présumées être le résultat d'un vice d'arrimage ou d'un manque de précaution de la part du capitaine (*Rép.* n° 572 ; Trib. com. Marseille, 18 janv. 1861, aff. Audinot, *Recueil de Marseille*, 1861. 1. 32; 10 nov. 1862, aff. Caillot et comp., *ibid.*, 1862. 1. 316; 8 juill. 1863, aff. N. Reggio, *ibid.*, 1863. 1. 194; 13 août 1863, aff. Nicolas, *ibid.*, 1863. 1. 248; 10 avr. 1866, aff. Desgrands, *ibid.*, 1866. 1. 165; 27 juill. 1870, aff. Caporicio, *ibid.*, 1870. 1. 250). Il a été jugé, d'ailleurs, que, en règle générale, le capitaine ne peut invoquer les clauses du connaissement (par exemple, la clause *poids inconnu*), quand il a apporté de la négligence dans les opérations du débarquement (Trib. com. Anvers, 4 mai 1874, *Jurisprudence du port d'Anvers*, 1874. 1. 304; Trib. com. Nantes, 26 sept. 1874, aff. Luco, *Recueil de Nantes*, 1874. 1. 379. Comp. Civ. cass. et Civ. rej. 17 nov. 1886, aff. Taylor, et aff. Lemierre, D. P. 88. 1. 113).

718. Il existe, dans certains ports de commerce, notamment à Marseille, un syndicat de capitaines-arrimeurs (connu à Marseille sous le nom de *Lloyd maritime*) qui se chargent de constater à l'amiable les arrimages. M. Desjardins, t. 2, n° 555, détermine d'une façon très complète la valeur juridique des constatations faites par ces experts (Comp. *De la constatation des arrimages par le Lloyd maritime*, consultation rédigée en 1863 par six jurisconsultes d'Aix). Il distingue à cet égard deux hypothèses.

1° Aucune clause du connaissement n'énonce que l'arrimage sera constaté par le *Lloyd*. En ce cas, l'expertise faite par les experts de cette administration est irrégulière ; le procès-verbal qu'ils rédigent n'a que la valeur d'un simple certificat (Trib. com. Marseille, 15 et 28 nov. 1861, aff. Maurin et aff. Negretti, *Recueil de Marseille*, 1861. 1. 295. Comp. Aix, 2 mars 1864, aff. Caillol, *Recueil de Marseille*, 1864. 1. 295).

2° Le connaissement porte que l'arrimage sera constaté par le *Lloyd*. Cette clause lie le chargeur qui a signé le connaissement. Lie-t-elle le destinataire? On a soutenu l'affirmative : le chargeur, a-t-on dit, en signant cette pièce, représente toujours le destinataire, et celui-ci, par conséquent, est lié par la clause qui désigne les experts (V. Consultation précitée. Comp. Eloy et Guerrand, t. 3, n° 1877). Mais cette théorie est combattue avec raison par M. Desjardins (*loc. cit.*) ; les intérêts du chargeur et ceux du destinataire sont ici complètement distincts, on ne peut donc dire que le premier ait représenté le second. Les vérifications faites par les experts du *Lloyd*, en dehors de la participation du chargeur, ne peuvent, par conséquent, être acceptées comme équivalant à une expertise régulière (Trib. com. Marseille, 10 oct. 1882, aff. Paolini, *Recueil de Marseille*, 1883. 1. 14. Comp. Trib. com. Marseille, 13 nov. 1863, aff. Klenlo Saniters, *ibid.*, 1863. 1. 341 ; 3 mai 1864, aff. Lockhart, *ibid.*, 1864. 1. 130; 30 juill. 1866, aff. Guieu, *ibid.*, 1866. 1. 261; 19 mars 1879, aff. Martinetti, *ibid.*, 1879. 1. 157, etc. V. cependant Trib. com. Marseille, 28 févr. 1889, aff. Giraud, *ibid.*, 1889. 1. 169). — Un usage et une jurisprudence analogues se sont établis au Havre (Conf. Trib. com. Havre, 25 août 1861, *Recueil du Havre*, 1861. 1. 179; 25 mars 1879, aff. Duménil-Leblé, *ibid.*, 1879. 1. 165).

SECT. 6. — DE LA CESSATION DES FONCTIONS DU CAPITAINE (*Rép.* nos 583 à 610).

719. — I. DÉMISSION. — V. *Rép.* n° 584.

720. — II. CONGÉ (*Rép.* nos 585 à 599). — Le propriétaire peut congédier le capitaine sans indemnité, et sans être obligé de donner de motifs, soit avant le départ, soit pendant le voyage (c. com. art. 218) (V. *Rép.* n° 585). — Le pouvoir de congédier arbitrairement implique-t-il la faculté de congédier sans indemnité? La question était déjà controversée sous l'empire de l'ordonnance, mais la négative était plus généralement admise; Valin reconnaissait que le capitaine avait droit à une indemnité, lorsqu'il avait été congédié sans cause valable (t. 1, p. 453. Conf. Emérigon, chap. 20, sect. 7). — M. Laurin donne encore la même interprétation aux termes, cependant bien formels, de l'art. 218 (t. 1, p. 650). Mais cette interprétation est généralement repoussée ; l'art. 218 en disant : « il n'y a pas lieu à indemnité, s'il n'y a convention par écrit », proscrit formellement, en principe, toute indemnité. Il est vrai qu'une règle contraire est appliquée aux matelots (art. 270); mais le capitaine ne ressemble à aucun autre mandataire salarié, les conséquences de son improbité peuvent être fort graves; il importe donc que l'armateur ait vis-à-vis de lui la plus grande latitude (Bédarride, t. 1, n° 305; Demangeat, t. 4, p. 160; Desjardins, t. 2, n° 344 ; Lyon-Caen et Renault, t. 2, n° 1785 ; Paris, 27 févr. 1884) (1).

721. Le droit de congédier le capitaine appartient à celui que les propriétaires ont investi du titre d'armateur (Rouen, 16 juin 1853, aff. Salles, D. P. 53. 2. 158);... alors

(1) (Capitaine Trudelle C. Comp. transatlantique.) — LA COUR; — Considérant qu'en juillet 1874, Lendormy-Trudelle, alors lieutenant de vaisseau de la marine de l'Etat, en congé, est entré en qualité de capitaine au service de la Compagnie transatlantique pour un temps indéterminé, et qu'il y est resté jusqu'en novembre 1881 ; qu'à cette dernière époque, il a été relevé de ses fonctions et que, se fondant sur ce renvoi, il a assigné la Compagnie intimée en payement d'une somme de 80000 fr. représentant le dommage qui lui avait été occasionné par ce congédiement, sans motif et sans avis préalable; — Considérant qu'il

même que le capitaine aurait été nommé par l'acte d'armement (Même arrêt. Conf. *Rép.* n° 588. V. aussi *infrà*, n° 724, *in fine*). Vainement on objecte que le congédiement du capitaine nommé par l'acte même d'armement touche au plus haut point à l'intérêt des copropriétaires, et que souvent le changement de capitaine amène l'abandon ou une modification importante de l'entreprise. Il faut répondre que, dans la pratique, les copropriétaires d'un navire choisissent l'un d'eux pour armateur, précisément pour prévenir la nécessité des délibérations que l'urgence des événements et la diversité des appréciations rendraient, la plupart du temps, impossibles ou dommageables pour l'intérêt commun. Or est-il une question qui puisse, suivant les circonstances, exiger une solution plus prompte que celle du remplacement du capitaine? Le copropriétaire-armateur qui correspond avec le capitaine et a tous les documents entre les mains n'est-il pas à même, dans le cas spécial dont il s'agit, de décider ce qui convient le mieux dans l'intérêt de l'entreprise?

722. Le droit de congédier le capitaine n'appartenant, en principe qu'à celui qui a le droit de le nommer (Desjardins, t. 2, n° 261 ; Lyon-Caen et Renault, t. 2, n° 1785), il a été jugé que l'affréteur n'a pas le droit de congédier le capitaine, ni de désarmer le navire en licenciant l'équipage, s'il n'a point été subrogé dans ce droit par le propriétaire (Req. 6 avr. 1852, aff. Valéry, D. P. 52. 1. 149);... Mais l'armateur, qui nomme le capitaine, a aussi le droit de le congédier (Bordeaux, 25 juin 1860) (1).

723. La faculté, pour le propriétaire du navire, de congédier à son gré le capitaine est d'ordre public; par suite, la clause qui garantit au capitaine le commandement du navire pendant un temps déterminé est nulle (*Rép.* n° 586 ; Rennes, 9 juin 1860, *suprà*, n° 403 ; 18 juill. 1865 (2) ; Trib. com. Nantes, 10 avr. 1875, *Recueil de Nantes*, 1875. 1. 185 ; Rennes, 6 juill. 1880, aff. Godefroy, *Recueil du Havre*, 1882. 2. 28 ; 22 juill. 1886 (3) ; Trib. com. Marseille, 21 sept. 1887, aff. Thibal, *ibid.*, 1888. 1. 60 ; Laurin, t. 1, p. 648 ; Desjardins, t. 2, n° 345 ; Lyon-Caen et Renault,

---

résulte des termes de l'art. 218 c. com. que le capitaine peut être congédié par l'armateur, sans que ce dernier soit tenu d'en donner les motifs et qu'en ce cas, le capitaine congédié n'a droit à une indemnité qu'autant qu'une convention par écrit la lui assure; — Considérant que Lendormy-Trudelle ne s'est assuré le bénéfice d'aucune convention de ce genre en entrant au service de la Compagnie, ni depuis lors; qu'en cet état, il ne peut prétendre à aucune indemnité de congédiement, et doit être déclaré mal fondé dans sa demande; — Par ces motifs, déclare Lendormy-Trudelle mal fondé dans sa demande, l'en déboute et le condamne aux dépens.

Du 27 févr. 1884.-C. de Paris, 6e ch.-MM. Villetard, pr.-de la Rochette, subst. proc. gén., c. conf.-Lenté et Cléry, av.

(1) (Ortigé C. Eymond et Henry.) — La cour ; — Sur la question de savoir si Eymond et Henry sont en droit de congédier le capitaine Ortigé : — Attendu, en fait, qu'Eymond et Henry, en traitant avec le capitaine Ortigé, se sont expressément réservé toutes les prérogatives d'armateur; qu'ils ont agi comme tels; que cette qualité leur a été reconnue par tous les intéressés à la propriété du navire; — Qu'il est vrai que, comme armateur, Eymond et Henry sont les mandataires des coïntéressés à la propriété du navire; qu'en règle générale, le mandat est révocable à la volonté du mandant; — Mais que sans examiner si, dans les circonstances de la cause, le mandat d'Eymond et d'Henry pourrait cesser par un effet de la pure volonté des coïntéressés à la propriété du navire, il suffit de remarquer que le mandat ne peut être révoqué par un seul des intéressés; et qu'il n'est pas justifié que Tarel, Caissellié et la dame Pujos aient donné leur assentiment à la révocation du mandat; — Qu'Eymond et Henry ayant la qualité d'armateur ont eu le droit de congédier le capitaine Ortigé, car c'est un des actes nécessaires de la gestion du navire que de pourvoir à son commandement;

Sur la question de savoir si Eymond et Henry peuvent forcer le capitaine congédié à se contenter du remboursement, à dire d'experts, du capital représentant sa part dans le navire : — Attendu que l'art. 219 c. com. donne au capitaine congédié, copropriétaire du navire, l'option ou de conserver sa copropriété, ou d'exiger le remboursement du capital qui la représente; — Que rien ne s'oppose à ce que le capitaine renonce à ce droit d'option; — Qu'il est reconnu que, dans les conventions verbales intervenues entre Eymond et Henry et le capitaine Ortigé, il fut expressément stipulé que, dans le cas où les parties ne pourraient pas se convenir, après un ou plusieurs voyages, il serait fait une évaluation du navire par experts ou arbitres, et que le capitaine serait remboursé de son intérêt sur le prix de cette évaluation; — Que la convention, telle qu'elle est avouée, ne comporte aucune alternative; qu'il a bien été dans l'intention des contractants que le capitaine Ortigé, cessant de commander le navire, fût remboursé du capital qui représenterait sa part d'intérêt; — Que vainement Ortigé allègue la nullité de la convention relative à l'estimation du navire, fondée sur ce que cette convention constituerait un arbitrage sans désignation d'arbitres; que la qualification que les parties auraient donnée à ceux qui seraient désignés ultérieurement pour évaluer le navire ne changerait pas la nature de leurs pouvoirs; que les parties n'ont eu en vue que l'exécution de l'art. 219 c. com., et que leur convention n'a pour objet qu'une opération qui constitue une expertise et non un arbitrage; — Que c'est donc avec raison que le tribunal a ordonné l'estimation du navire à l'égard d'Ortigé; — Par ces motifs, met au néant l'appel interjeté par Ortigé des jugements rendus par le tribunal de commerce de Bordeaux, les 3 et 14 mai 1860, etc.

Du 25 juin 1860.-C. de Bordeaux, 1re ch.-MM. de la Seiglière, 1er pr.-Goubeau, Guimard et Guillorit, av.

(2) (Chevalier et Benoît C. Bertrand.) — La cour ; — Considérant que les termes impératifs et absolus de l'art. 218 c. com. sur le congé donné par le propriétaire du navire au capitaine, même sans cause valable, indiquent une disposition d'ordre public devant prévaloir contre toute convention contraire; qu'en effet, en l'absence de convention contraire il était dans la nature des choses que le propriétaire qui avait nommé le capitaine pût le révoquer et la prescription de l'art. 218 eût été inutile; que, de plus, en édictant qu'en principe il n'y aurait pas lieu à indemnité en faveur du capitaine, le législateur a encore indiqué l'hypothèse d'une convention violée, puisque la pensée même d'une indemnité ne pouvait naître d'une situation dans laquelle chacune des parties eût conservé sa liberté d'action; — Qu'enfin, en exprimant que la convention contraire au refus d'indemnité pourrait avoir effet si elle était constatée par écrit, le législateur a suffisamment indiqué qu'il en serait autrement pour la première disposition de l'art. 218; — Considérant que les règles relatives au pouvoir du capitaine à bord étant d'ordre public, notamment celle qui lui permet de congédier les gens de l'équipage sans cause valable, il devait en être de même des dispositions analogues qui déterminent sa situation à l'égard du propriétaire, et que le législateur a voulu laisser à celui-ci une autorité et une liberté d'autant plus complète qu'il a posé en principe le refus d'indemnité et ne demande, pour l'expression de la volonté du propriétaire que la plus faible portion d'intérêt, excédant la moitié; — Considérant qu'il était essentiel que le droit de congédier le capitaine fût d'ordre public, et que le législateur ne pouvait obliger le propriétaire à conserver un agent dont l'incapacité ou l'inconduite même, en dehors des preuves acquises qui donnent action devant les tribunaux, pût compromettre la vie de l'équipage et des passagers, ou seulement le succès de l'expédition; — Qu'il ne pouvait pas davantage obliger le propriétaire à plaider contre le capitaine qu'il soupçonnait de préparer une expédition illicite; que de pareils débats ainsi que ceux qui s'élèveraient chaque jour pour la réparation et l'armement entre le propriétaire et le capitaine qui n'avait plus sa confiance seraient absolument incompatibles avec les nécessités du commerce maritime, et qu'on ne comprend pas plus un navire restant au port pendant qu'on vérifie s'il a besoin d'un radoub, qu'un capitaine maintenant son autorité sur l'équipage pendant qu'on discute s'il sera congédié; qu'une pareille situation est inadmissible et quand la prospérité du commerce maritime est si intimement liée non seulement au bien général de l'Etat, mais même à sa puissance militaire, il était indispensable qu'il y eût une autorité qui statuât promptement, et par sa seule volonté, entre le capitaine et le propriétaire; qu'en d'autres termes il fallait que l'un fût subordonné à l'autre; que le législateur a préféré, à juste titre, la subordination du capitaine, et comme moyen d'exécution a réservé au propriétaire le droit de lui donner congé malgré toute stipulation contraire; — Considérant que la garantie donnée par Chevalier à Bertrand de lui conserver son commandement, et l'insertion dans le compromis de navigation du 18 juin 1862 de la clause que celui-ci ne prend d'intérêt dans le navire qu'à la condition d'être capitaine, équivalait dans l'intention des parties à la stipulation d'une indemnité pour le cas de congé sans motif appréciable; et que la cour a, dès à présent, les éléments suffisants pour estimer le dommage que ce congé occasionne à Bertrand contre lequel on n'établit aucune faute;... — Par ces motifs, réformant le jugement rendu par le tribunal de commerce de Nantes le 28 janv. 1866, dit que Bertrand est et demeure valablement congédié du commandement du navire *la Perine* et fixe à 2500 fr. l'indemnité, etc.

Du 18 juill. 1865.-C. de Rennes, 1re ch.-MM. Camescasse, 1er pr.-Poulizac, av. gén.-Grivart et Coquebert (du barreau de Nantes), av.

(3) (Parras C. capitaine Leveux.) — La cour ; — Considérant que si la loi commerciale, dans un intérêt supérieur, autorise le pro-

t. 2, n° 1785). Mais, si le droit de congédier ne peut pas être abdiqué, il peut être délégué (Laurin, Desjardins, *loc. cit.*; Sol. impl., Req. 6 avr. 1852, cité *suprà*, n° 722).

724. L'art. 218 c. com., en refusant au capitaine congédié tout droit à une indemnité, n'a entendu prohiber que la demande d'indemnité fondée sur le fait même du congédiement, et non celle qui aurait pour motif le tort causé à la réputation du capitaine par la manière vexatoire et injurieuse dont on lui aurait publiquement retiré ses pouvoirs (Rouen, 16 juin 1853, aff. Salles, D. P. 53. 2. 158. Conf. *Rép.* n° 592; Desjardins, t. 2, n° 344).

725. La clause d'un compromis de navigation portant que l'armateur s'engage à conserver au capitaine son commandement pendant un certain temps, nulle en ce qu'elle s'opposerait au congédiement du capitaine, doit-elle être considérée comme équivalant à une stipulation expresse d'indemnité, pour le cas où le capitaine serait congédié? L'affirmative est consacrée par plusieurs décisions judiciaires (Rouen, 20 janv. 1844, aff. Cormerais, *Recueil de Marseille*, t. 23, 2. 81; Rennes, 18 juill. 1865 et 22 juill. 1886, et Trib. com. Marseille, 21 sept. 1887, cités *suprà*, n° 723; Trib. com. Nantes, 10 avr. 1875, aff. veuve Briand, *Recueil de Nantes*, 1875. 1. 185. V. cependant: Rennes, 6 juill. 1880, cité *suprà*, n° 723. Comp. Demangeat, t. 4, p. 162; Lyon-Caen et Renault, t. 2, n° 1785. — V. en sens contraire: Bédarride, t. 1, n° 309; Desjardins, t. 2, n° 346). — Le capitaine perd le bénéfice de la convention qui lui alloue une indemnité, en cas de congédiement : 1° s'il a été privé de son commandement par mesure disciplinaire; 2° si, par sa conduite, il a nécessité le congédiement (Desjardins, t. 2, n° 348).

726. Le congédiement du capitaine peut être tacite: ainsi, l'affrétement, pour un voyage au long cours, d'un navire commandé par un capitaine qui, n'étant que capitaine au grand cabotage, ne peut conserver le commandement du navire pendant une telle expédition, équivaut à un véritable congédiement (Req. 8 avr. 1862, aff. Chapron, D. P. 62. 1. 415; Lyon-Caen et Renault, *loc. cit.*).

727. Sur l'origine historique de la disposition de l'art. 219 (*Rép.* n°s 593 et suiv.), V. Desjardins, t. 2, n° 351.

728. Le droit de renoncer à la copropriété du navire ne peut appartenir qu'au capitaine *congédié*; on ne saurait donc l'accorder au capitaine *démissionnaire* (Trib. com. Marseille, 1er févr. 1844, aff. Mathé, *Recueil de Marseille*, t. 23, 1. 206; Rennes, 17 août 1872, *Recueil de Nantes*, 1872. 1. 232), ni à celui qui aurait été privé de son commandement par décision d'une juridiction quelconque (Desjardins, t. 2, n° 353).

729. Un arrêt (Rennes, 22 nov. 1860) (1) permet au capitaine congédié d'exiger le rachat, non seulement de sa part d'intérêt dans le navire, mais même de celle qu'il pouvait avoir dans la cargaison, par suite de l'association en participation formée entre lui et l'armateur. — Cet arrêt décide, en outre, que le congé donné au cours du voyage au capitaine intéressé dans la cargaison produit son effet, bien que le capitaine soit décédé avant d'en avoir reçu notification, et confère aux héritiers du capitaine, usant du bénéfice de

---

priétaire du navire à congédier le capitaine sans avoir ni à motiver sa décision, ni à payer une indemnité, elle permet aux parties contractantes de convenir d'une indemnité pour le cas de congédiement, à la seule condition que la convention soit faite par écrit; — Considérant que le propriétaire du navire qui prend dans un compromis de navigation l'engagement de ne point congédier le capitaine, propriétaire d'une part dans le navire, hors le cas d'inconduite et de mauvaise gestion, manifeste suffisamment par écrit qu'il consent à indemniser le capitaine s'il vient à user de son droit de congédiement sans être fondé à motiver sa décision sur l'inconduite ou sur la mauvaise gestion; — Qu'un engagement de cette sorte entendu autrement ne pourrait l'être que dans un sens avec lequel il ne pourrait produire aucun effet, le propriétaire s'engageant, non plus à payer une indemnité au cas de congédiement non motivé, ce qui est licite, mais bien à ne pas congédier le capitaine hors certains cas spécifiés, ce qui serait en opposition avec la règle d'ordre public formulée dans le paragraphe 1er de l'art. 218 c. com.; qu'interprétée suivant la règle inscrite dans l'art. 1157 c. civ., la convention dont il s'agit est licite; — Sur les conclusions subsidiaires de l'intimé : — Considérant que le jugement frappé d'appel étant confirmé, il n'appartient pas à la cour de nommer un expert en remplacement du sieur Jouve non acceptant; — Par ces motifs et ceux des premiers juges; — Confirme le jugement attaqué; se déclare incompétente sur la demande en remplacement d'expert; condamne l'appelant à l'amende et aux dépens.

Du 22 juill. 1886.-C. de Rennes, 2e ch.-MM. Adam, pr.-Grivard et Leborgne, av.

(1) (Hovius C. Lesidaner.) — LA COUR; — En ce qui touche l'opération du sucre : — Considérant que, dans une société en participation, toute opération commencée dans l'intérêt social doit être achevée aux risques communs; que la mort de l'un des associés ne saurait mettre, au moment même, un terme à l'association, et laisser inachevée une entreprise en cours d'exécution et qui n'a pas reçu tout son accomplissement; — Considérant, en effet, qu'il en doit être ainsi dans toute société où l'on n'a pas prévu le décès de l'une des parties prenantes, puisque, aux termes de l'art. 1868 c. nap., lorsqu'il a été stipulé qu'en cas de mort de l'un des associés, la société ne continuerait qu'avec les associés survivants, les héritiers du décédé n'en participent pas moins aux droits ultérieurs qui sont une suite nécessaire de ce qui s'est fait avant la mort de celui auquel ils succèdent; que l'on ne peut donc dire que la mort de Lesidaner, arrivée avant que le navire qu'il commandait fût revenu à son port d'attache, ait mis fin aux opérations sociales dont il avait été chargé ou qu'il devait entreprendre, aux termes de ses instructions; — Considérant que, suivant ses instructions contenues dans la lettre de Hovius du 12 mai 1849, le capitaine avait pour mission non seulement de commander et de diriger le *Ludovic*, mais qu'il était encore constitué seul et unique gérant de l'entreprise, qu'il y a tout lieu de croire que ce n'était même qu'à cette condition qu'il avait consenti à entrer pour un dixième en participation avec son armateur; qu'aussi c'était à lui qu'il appartenait de voir après son arrivée à Bourbon et la vente des marchandises qu'il avait prises à Bordeaux s'il devait revenir directement en France ou bien faire des voyages intermédiaires, s'il devait, en cas de retour direct, acheter des sucres pourvu que les prix fussent bas et la marchandise de belle qualité, ou charger à fret; — Considérant que, dans ces conditions, Lesidaner devait participer à toutes les chances, bonnes ou mauvaises, des opérations qu'il aurait entamées, lors même que son décès serait arrivé avant leur complet achèvement; — Mais considérant que, le 28 mai 1850, Hovius écrivit à ses correspondants de Bourbon de retirer à Lesidaner son commandement avec défense expresse de laisser celui-ci revenir en France sur le *Ludovic*; qu'en même temps, il leur donna l'ordre d'acheter, tant avec les facultés du navire, qu'en faisant traite sur lui, une quantité considérable de sucre, sans s'inquiéter de savoir si cette denrée était au bas prix recommandé à Lesidaner par ses instructions; qu'en agissant ainsi l'appelant principal avait dénaturé et changé complètement les bases de l'association, et manifesté évidemment son intention de rompre toute espèce de relations avec son coassocié, ce qui ne permettait plus de l'intéresser dans des opérations ultérieures, à moins d'avoir obtenu son consentement ou celui de ses héritiers; — Considérant qu'en présence du congé donné à Lesidaner, celui-ci avait le droit d'user du bénéfice de l'art. 219 c. com., de demander immédiatement le remboursement de sa part de copropriété, et de rester étranger aux chances bonnes ou mauvaises des opérations dont on lui retirait la direction, et notamment de l'achat d'une quantité considérable de sucre fait en vue et par suite du congé donné à Lesidaner; — Que le décès du capitaine arrivé avant que le congé lui fût notifié n'a rien changé à la situation qui lui eût été faite à lui-même, s'il eût vécu lorsque l'ordre de lui retirer son commandement est arrivé à la Réunion; mais que ce décès a eu pour effet de saisir immédiatement sa veuve et ses héritiers de tous les droits qu'il avait lui-même, et conséquemment de faire passer sur leur tête le droit que lui conférait l'art. 219; — Considérant que la veuve et les héritiers n'ont jamais été mis en demeure par Hovius de se prononcer sur le point de savoir s'ils consentaient à participer à l'achat des sucres qui font l'objet du litige, et que dès qu'ils ont connu l'intention de l'appelant de les appeler dans cette opération, ils l'ont péremptoirement repoussée et ont argumenté immédiatement du droit que le congé avait donné à leur auteur; — Considérant qu'il suit de tout ce qui précède que c'est à tort que les premiers juges ont considéré le capitaine Lesidaner comme intéressé dans une portion quelconque des sucres achetés à Bourbon en retour du *Ludovic*; mais que la liquidation de son intérêt doit se faire valoir au mois de décembre 1850, époque à laquelle le capitaine Lechartier est revenu de son voyage dans l'Inde, et que l'on doit tenir compte à Lesidaner de l'agio au cours de cette époque;... — Par ces motifs, juge que les héritiers et la veuve Lesidaner resteront complètement étrangers à l'achat des sucres effectué après le décès de leur auteur; dit que les intimés ne doivent pas participer au droit dit de tonnage, etc.

Du 22 nov. 1860.-C. de Rennes, 3e ch.-MM. de Colin, pr.-Gasc, av. gén.-Goujon et Jouin, av.

l'art. 219, le droit de rester étrangers aux opérations que, depuis ce congé, l'armateur aurait cru devoir ordonner seul : ces opérations ne sauraient donc entrer dans le compte de liquidation. — MM. Laurin, t. 1, p. 381, note, et Ruben de Couder, v° *Capitaine*, n° 382, approuvent cette décision ; mais M. Desjardins, t. 2, n° 354, la critique, et estime que l'on ne peut, par voie d'analogie, accorder une faculté aussi exorbitante. M. de Valroger, t. 1, n° 295, partage cette manière de voir, tout en ajoutant qu'on doit reconnaître qu'il est souvent difficile de distinguer le navire de l'opération à laquelle il se rattache ; c'est ainsi que, pour les navires de pêche, on a considéré l'opération de pêche comme se confondant avec le navire : il ne s'agit, en réalité ici, que d'apprécier l'intention des parties.

730. Le droit accordé au capitaine par l'art. 219 n'est évidemment pas d'ordre public. Le capitaine peut donc y renoncer, soit d'avance (Bordeaux, 25 juin 1860, *suprà*, n° 722), soit après le congédiement, expressément ou tacitement (Demangeat, t. 4, p. 165 ; Desjardins, t. 2, n° 355. Comp. Laurin, t. 1, p. 381, note).

731. Le capitaine, copropriétaire du navire, qui exige le remboursement de sa part de copropriété a le droit, tant qu'il n'a pas été remboursé, de rester à bord du navire et d'en retenir les clefs, ainsi que les papiers du bord (Douai, 10 mai 1881) (1).

732. On a expliqué (*Rép.* n° 594) que, si le capitaine, étant propriétaire de plus de la moitié du navire, se trouve former à lui seul la majorité, il ne peut être congédié (Conf. Pardessus, t. 3, p. 54 ; Alauzet, t. 3, p. 1119 ; Bédarride, n° 311 ; Laurin, t. 1, p. 377 ; Desjardins, t. 2, n° 352 ; Lyon-Caen et Renault, t. 2, n° 1786). Cependant il a été jugé que le capitaine peut être congédié par l'armateur, alors même qu'il a un intérêt de plus de moitié dans le navire, s'il a été convenu, dans le compromis de navigation, que l'armateur serait exclusivement chargé de tout ce qui concerne l'armement et la gestion des opérations maritimes, et surtout si le capitaine a autorisé l'armateur à se faire inscrire à sa place sur l'acte de francisation pour la totalité de son intérêt (Rennes, 9 juin 1860, *suprà*, n° 403).

733. La fixation par les experts du montant du capital représenté par la part de copropriété du capitaine ne sera pas sans présenter de sérieuses difficultés, lorsque le navire sera grevé de certaines dettes, au moment du congédiement : on ne pourra, en ce cas, arriver à un règlement définitif avant que toutes ces dettes soient payées. Mais si le capitaine, comme c'est son droit, exige un payement immédiat, un jugement (Trib. com. Marseille, 27 nov. 1851, aff. Roustan, *Recueil de Marseille*, t. 30, 1. 277) décide que l'on devra faire déduction, sur la somme représentative de son intérêt, de sa part contributive aux dettes, si mieux il n'aime donner caution suffisante pour l'avenir (Laurin, t. 1, p. 383 ; Desjardins, t. 2, n° 357).

734. Sur le remplacement du capitaine pour cause de force majeure, maladie, etc. (*Rép.* n°s 600 et 601), V. *suprà*, n°s 681 et suiv.

735. Sur le rapatriement du capitaine et des gens de mer, V. *Rép.* n°s 602 et suiv. ; Décr. 7 avr. 1860 (D. P. 60. 4. 64) ; *infrà*, n°s 784, 816, 830 et suiv., et v° *Organisation maritime*.

736. On a exposé au *Rép.* n° 605 la controverse qu'a soulevée l'art. 208 : cet article, en établissant une faculté de dédommagement au profit du capitaine dont l'engagement est rompu par l'effet d'une vente forcée du navire, se réfère-t-il ou déroge-t-il à la règle de l'art. 218, aux termes duquel il n'y a pas lieu à indemnité au profit du capitaine congédié, s'il n'y a convention par écrit ? La première solution que nous avons adoptée a rallié la majorité des auteurs (Pardessus, t. 3, n° 627 ; Alauzet, t. 3, n° 1091 ; Dufour, t. 2, n°s 761 et suiv. ; Demangeat, t. 4, p. 137 ; Desjardins, t. 1, n° 249 ; de Valroger, t. 1, n° 189 ; Lyon-Caen et Renault, t. 2, n° 1786). Le système de MM. Boulay-Paty et Dageville est adopté par MM. Bédarride, t. 1, n° 224 ; Caumont, v^is *Armateur*, n° 87 ; *Gens de mer*, n° 60 ; *Navire*, n° 80 ; Laurin, t. 1, p. 155 et suiv.

737. Sur la cessation des fonctions du capitaine, par suite de *suspension*, d'*interdiction* ou *de perte du grade*, V. *Rép.* n°s 606 et suiv. V. en outre les dispositions du décret de 1852 *Rép.* v° *Organisation maritime*, n°s 1085 et suiv. ; et *infrà*, eod. v°.

CHAP. 4. — Des matelots et gens de l'équipage (*Rép.* n°s 611 à 781).

738. L'équipage d'un navire, on l'a dit (*Rép.* n° 611), comprend tous ceux qui servent à bord du navire. Le capitaine est chef, et, par conséquent, membre de l'équipage ; il est soumis aux mêmes règles que ses subordonnés, toutes les fois qu'un texte spécial n'y déroge pas. Toutefois les rédacteurs du code, dans le titre cinquième du second livre, distinguent plusieurs fois le capitaine des autres gens de mer et énoncent formellement que les mêmes règles sont applicables aux uns et aux autres (art. 250, 251 et 272) ; on a voulu uniquement éviter par là toute équivoque.

SECT. 1re. — DES DIVERSES PERSONNES QUI COMPOSENT L'ÉQUIPAGE (*Rép.* n°s 612 à 629).

739. Sur l'inscription maritime, V. *Organisation maritime* ; — *Rép.* eod. v°, n°s 171 et suiv., 392 et suiv., 610 et suiv. — Sur les diverses personnes qui composent l'équipage, V. *Rép.* n°s 612 et suiv.

SECT. 2. — DE LA DURÉE ET DU MODE D'ENGAGEMENT DES GENS DE MER (*Rép.* n°s 630 à 640).

740. — I. DURÉE DE L'ENGAGEMENT. — L'art. 1780 c. civ. prohibe les conventions qui auraient pour objet d'imposer à une personne des services *perpétuels* en faveur d'une autre personne. Cette disposition est incontestablement applicable aux gens d'équipage. — Un décret du 2 oct. 1793 déclarait nul tout engagement pour la pêche qui excéderait une année ou une saison de pêche ; une circulaire ministérielle du 22 nov. 1827 autorise, au contraire, l'engagement des gens de mer « pour une ou *plusieurs* années ». Cette circulaire n'a pu abroger le décret de 1793 ; elle est donc inapplicable aux engagements pour la pêche (Ruben de Couder, v° *Gens d'équipage*, n° 171 ; Desjardins, t. 3, n° 614 ; Rouen, 21 août 1859, aff. Duval, D. P. 60. 2. 103).

741. Quand la convention est muette sur la durée de l'engagement, quelle doit en être la durée présumée ? L'administration de la marine estime que, à défaut de convention contraire, les matelots sont liés pour la durée du rôle d'équipage. Il est évident, en effet, que le voyage dont il est fait mention dans les textes relatifs aux gens de mer ne peut

(1) (Engrand C. Dergeke.) — LA COUR ; — Attendu qu'aux termes de l'art. 219 c. com., le capitaine, copropriétaire du navire, congédié par l'armateur, a le droit d'exiger, le remboursement du capital qui représente sa part dans le navire ; — Attendu qu'il ne peut, dès lors, être expulsé du navire tant que ce remboursement n'a pas été effectué ; — Attendu, en fait, que l'intimé, armateur du navire *Jean-Baptiste*, ayant fait à l'appelant, le 25 sept. 1880, sommation d'avoir à lui remettre les clefs et les papiers du navire, celui-ci répondit, le même jour, par acte d'huissier qu'il était prêt à remettre les clefs et les papiers réclamés à la condition qu'il serait préalablement remboursé du montant de sa part dans ledit navire ; — Attendu qu'il avait même, dès le 4 du même mois de septembre, demandé au tribunal de commerce de Dunkerque la nomination d'experts qui seraient chargés d'estimer cette part, et que, si cette demande fut rejetée par ce tribunal, elle fut accueillie par un arrêt infirmatif rendu par la cour d'appel de Douai le 17 nov. 1880, et que les experts ayant procédé en exécution dudit arrêt, la part de l'appelant dans le navire *Jean-Baptiste* fut fixée à la somme de 12000 fr. ; — Attendu que l'intimé n'ayant pas payé cette somme, l'appelant demeura en possession des clefs et papiers du *Jean-Baptiste*, mais il s'empressa de les remettre dès que l'intimé eut fourni caution pour ce payement ; — Attendu que, dans cette situation, l'appelant a constamment agi suivant ses droits ; qu'à tort, par suite, les premiers juges l'ont condamné à payer à l'intimé des dommages-intérêts à libeller avec clause pénale en cas de retard pour défaut de livraison des clefs et papiers du navire *Jean-Baptiste* ;

Par ces motifs, la cour, disant droit à l'appelant, met le jugement à néant, déboute l'intimé de ses demandes, fins et conclusions, décharge l'appelant des condamnations prononcées contre lui, etc.

Du 10 mai 1881.-C. de Douai, 1re ch.-MM. Bardon, 1er pr.-Dubois et Maillard, av.

être autre que celui en vue duquel ceux-ci se sont engagés. Or, le contrat étant constaté à l'aide du rôle d'équipage, il est naturel de supposer, à défaut d'indices particuliers, que les matelots ont entendu s'engager pour le laps de temps compris entre la sortie du port d'armement et la rentrée du navire dans le port de désarmement. — Décidé, en ce sens, que le voyage pour lequel les matelots engagent leurs services comprend, à moins de convention contraire, l'ensemble des traversées que le navire doit effectuer depuis sa sortie du port d'armement jusqu'à son retour en France (Civ. cass. 13 nov. 1871, aff. Lecour, D. P. 72. 1. 34);... Et cette convention ne résulte pas de la mention contraire au rôle d'équipage que le navire a été armé pour aller du port d'armement dans un port étranger, si, d'ailleurs, ce même rôle contient soumission par le capitaine de représenter l'équipage au bureau de l'inscription maritime du port où le navire fera son retour (Même arrêt). *Adde : Rép.* n°s 631 et 660 ; Aix, 21 nov. 1833, *Recueil de Marseille*, 1833. 1. 279 ; Trib. com. Rouen, 12 nov. 1853, cité par Filleau, p. 175 ; 11 oct. 1856, *Recueil de Marseille*, t. 35, 2. 107 ; Civ. cass. 4 août 1857, aff. Gourneuf, D. P. 57. 1. 341 ; Trib. com. Nantes, 2 juill. 1861, cité par Filleau, p. 175 ; Trib. com. Marseille, 9 avr. 1862, *Recueil de Marseille*, 1862. 1. 130 ; 10 août 1863, *ibid.*, 1863, 1. 243 ; Civ. cass. 13 nov. 1871, aff. Lecour, D. P. 72. 1. 34 ; Rouen, 7 févr. 1881, aff. Larget, D. P. 82. 2. 25 ; Conclusions de M. l'avocat général de Raynal, D. P. 69. 1. 397 ; Pardessus, t. 4, n° 600 ; Alauzet, t. 5, n°s 1638 et 1815 ; Bédarride, t. 1, n°s 72 et 75 ; Dufour, t. 1, n° 108 ; Laurin, t. 1, n° 1228 ; Desjardins, t. 1, n° 131 ; Filleau, n°s 45, 57, 60 et 77 ; de Valroger, t. 2, p. 45 ; Dissertation de M. Cazalens, D. P. 69. 1. 393. V. cependant : Douai, 18 août 1865, *Recueil de Marseille*, 1865. 2. 116 ; Trib. com. Havre, 16 mai 1873, *ibid.*, 1873. 2. 135.

742. — II. DIVERS MODES D'ENGAGEMENT. — Ainsi qu'on l'a expliqué au *Rép.* n° 631, l'engagement des matelots peut avoir lieu de quatre manières différentes : 1° au *voyage*, lorsque le matelot loue ses services pour un voyage, moyennant une somme fixe et indépendante de la durée du voyage (Conf. Desjardins, t. 3, n° 616) ; — 2° Au *mois*, lorsque le matelot loue ses services pour tout le voyage, moyennant une somme quelconque par chaque mois que le voyage durera (Conf. Desjardins, t. 3, n° 617). D'après un usage à peu près universel des ports français, on ne compte les salaires des matelots engagés *au mois* que du jour où le bâtiment fait route pour sa destination, quoique l'inscription sur le rôle d'équipage ait eu lieu depuis plusieurs jours ; — 3° Au *profit*, lorsque le loyer du matelot consiste dans une part quelconque des profits de l'expédition. Ce genre d'engagement s'applique surtout aux voyages entrepris pour la pêche, soit de la morue sur le banc de Terre-Neuve, soit du poisson frais sur les côtes (Conf. Desjardins, t. 3, n° 618). Lorsque les matelots sont engagés *au profit*, la portion attribuée à l'équipage est en principe acquise à l'arrivée en France du bâtiment. L'armateur ne pourrait donc se soustraire à l'obligation de la payer, sous prétexte que le navire se serait perdu dans un voyage entrepris pour porter les produits de la pêche du port de retour au port de vente (Rennes, 9 juill. 1860, aff. Aubert, D. P. 61. 2. 210) ; — 4° Au *fret*, lorsque le loyer du matelot consiste dans une part du fret que gagne le navire. — Les engagements au voyage et au mois sont de véritables contrats de louage de services, tandis que les engagements au profit et au fret sont des espèces de contrats de société formés entre les gens de l'équipage et le propriétaire ou le capitaine (Conf. Desjardins, t. 3, n° 619. Comp. de Valroger, t. 1, p. 49 et suiv.). L'engagement au fret n'est guère usité que dans le petit cabotage ; l'usage attribue au capitaine, sur le fret, le double de ce qui revient à chacun des matelots. Un jugement (Trib. com. Marseille, 19 mars 1862, aff. Chastanier, *Recueil de Marseille*, 1862. 1. 320) accorde, en ce cas, aux matelots une part du *chapeau* du capitaine. — L'engagement *au tonneau* est une sorte d'engagement au fret, par suite duquel, en prenant un chiffre constant pour le tonnage du bâtiment, et, en divisant le fret brut par ce chiffre, on accorde un certain nombre de tonneaux de fret à chaque membre de l'équipage, suivant sa capacité (Desjardins, t. 3, n° 619).

743. — III. PREUVE DE L'ENGAGEMENT (*Rép.* n°s 632 à 640). — « Les conditions d'engagement du capitaine et des hommes d'équipage d'un navire sont constatées par le rôle d'équipage ou par les conventions des parties » (c. com. art. 250). Pour l'interprétation de cet article, deux hypothèses doivent être distinguées.

744. — *Première hypothèse.* — Le rôle d'équipage n'a pas encore été rédigé ou le matelot engagé depuis sa confection n'a pas encore pu être porté sur le rôle. L'engagement peut alors certainement être constaté par une convention écrite. Mais ne peut-il l'être autrement ? On l'a contesté (Demangeat, t. 4, p. 257 ; Laurin, t. 1, p. 464 ; Lyon-Caen et Renault, t. 2, n° 1703). L'emploi par l'art 250, du mot « *constatées* » joint au mot « *conventions* » et le rapprochement avec le rôle d'équipage indiquent, dit-on, qu'il s'agit ici d'une constatation écrite du traité intervenu entre les contractants. C'est dans ce sens que l'art. 1132 c. civ., par exemple, emploie également le mot *convention* (Conf. Rouen, 24 déc. 1879, aff. Anquetil, D. P. 80. 2. 233). Dans ce système, un écrit doit toujours être dressé ; mais, comme cet écrit n'est exigé que *ad probationem*, le contrat peut être prouvé par l'*aveu* ou par le *serment*. A défaut de ces preuves, les parties doivent être considérées comme s'en étant rapportées à l'*usage* des lieux, touchant les conditions de l'engagement (Conf. *Rép.* n°s 634 et suiv. ; Trib. com. Marseille, 28 févr. 1872, *Recueil de Marseille*, 1872. 1. 100). — MM. Desjardins, t. 3, n° 624 ; Boistel, n° 1217 ; de Valroger, t. 2, n° 314, ont combattu cette doctrine. Il ne faut pas oublier, disent-ils, que le code de commerce (art. 633) répute actes de commerce tous accords et conventions pour salaires et loyers d'équipage ; or, en matière commerciale, la preuve par témoins et par présomptions est de règle générale ; pourquoi l'exclure ici ? Quant à l'usage, il ne saurait être invoqué que lorsqu'il s'agit d'établir les conditions de l'engagement, non lorsque son existence même est contestée (V. en ce sens : Rouen, 14 août 1858, *Recueil du Havre*, 1859. 2. 244 ; Civ. rej. 27 juill. 1859, *Gazette des tribunaux* du 28 juill. 1859 ; Trib. com. Marseille, 21 sept. 1860, *Recueil du Havre*, 1861. 2. 97 ; Trib. com. Havre, 1er juill. 1862, *ibid.*, 1862. 1. 189).

745. — *Deuxième hypothèse.* — Le rôle existe, le matelot a dû y être porté ; mais le rôle ne relate pas la convention ou ne la relate que d'une façon incomplète : la convention peut-elle être constatée par une preuve prise en dehors du rôle ? Dans un premier système, on soutient que le rôle d'équipage peut seul faire foi ici de l'engagement et de ses conditions. Il contient tout et suffit à tout (Filleau, *Traité de l'engagement des équipages*, n° 15 ; Laurin, t. 1, p. 467). Une seconde opinion estime, au contraire, qu'il n'est pas de l'essence même du contrat d'engagement qu'il soit relaté sur le rôle. En fait, il est vrai, il en est généralement ainsi ; mais on peut supposer que le rôle a été détruit ou perdu, il est évident qu'en ce cas la convention pourrait être prouvée par l'aveu ou par le serment décisoire. L'art. 250 n'ayant pas dérogé à l'art. 109, on ne voit pas pourquoi elle ne pourrait être établie par témoins ou par présomptions, ou surtout par un acte écrit (Desjardins, t. 3, n° 625 ; de Valroger, t. 3, n° 516 ; Rouen, 14 août 1858 ; Civ. rej. 27 juill. 1859 ; Trib. com. Marseille, 21 sept. 1860 ; Trib. com. Havre, 1er juill. 1862, cités *suprà*, n° 744 ; Rouen, 4 mai 1870, *Recueil du Havre*, 1870. 2. 153 ; Trib. civ. Havre, 2 août 1877, aff. Mennequin, *ibid.*, 1878. 2. 37. V. cependant : Rouen, 24 déc. 1879, cité *suprà*, n° 744). — MM. Lyon-Caen et Renault, t. 2, n° 1703, qui, dans la première hypothèse, adoptent le système opposé à celui de M. Desjardins, reconnaissent ici, comme ce dernier auteur, que le contrat d'engagement n'est pas un contrat solennel qui ne peut être constaté que par le rôle d'équipage ; mais ils ajoutent que ce contrat, par une dérogation à l'art. 109 c. com., dérogation commune à tous les contrats maritimes, ne peut être prouvé que par écrit ; les intéressés ne peuvent donc prouver outre ou contre le contenu au rôle d'équipage que par un acte écrit.

746. Au reste, lorsque la convention est portée au rôle, il ne semble pas qu'elle puisse être modifiée par une contre-lettre ; comme le dit M. Desjardins, t. 3, n° 525, « les lois et les règlements qui se sont succédé depuis le 3 oct.

1784 ont voulu que tout se passât au grand jour devant le commissaire de l'inscription maritime, et que celui-ci fût informé de tout » (Conf. Rouen, 24 déc. 1879, cité *suprà*, n° 744).

SECT. 3. — DES DEVOIRS ET DES DROITS DES GENS DE L'ÉQUIPAGE (*Rép.* n°s 641 à 693).

747. — I. DEVOIRS (*Rép.* n°s 641 à 670). — Le matelot est tenu de se rendre à bord, au premier signal, sous peine d'être traité comme déserteur (*Rép.* n°s 641 et 643. V. aussi *infrà*, v° *Oganisation maritime*) ; une fois rendu, il se doit complètement au service du navire, alors même qu'il nécessiterait une descente à terre, par exemple, dans un port de relâche. — Il est tenu au service de la cargaison, en tant qu'il se rattache à celui du navire ; alors même qu'il doit travailler au chargement, il n'est pas obligé de travailler à l'arrimage ; il n'en est autrement que lorsque le chargement, le déchargement ou l'arrimage serait devenu nécessaire en cours de voyage, pour la sécurité du navire ou la conservation de la cargaison (Conf. Trib. com. Marseille, 29 avr. 1863, *Recueil de Marseille*, 1863. 1. 134 ; 5 avr. 1865, *ibid.*, 1865. 1. 137). — Les matelots sont toujours tenus de charger les vivres (Desjardins, t. 3, n° 643.)

748. Le matelot qui ne se rend pas à bord ou quitte le navire sans permission, si l'absence dure un certain temps, est traité comme déserteur (*Rép.* n°s 661 et suiv.). Les pénalités qu'il encourt sont aujourd'hui déterminées par les art. 65 et suiv. du décret du 24 mars 1852 (V. *Organisation maritime* ; — *Rép.* eod. v°, n°s 109 et suiv.).

749. Le matelot qui fait acte d'insubordination, injurie ses chefs, se livre contre eux à des voies de fait, est également passible de peines (Décr. 24 mars 1852, art. 60 et suiv. V. *Organisation maritime* ; — *Rép.* eod. v°, n°s 1090 et suiv.) ;... sans préjudice des dommages-intérêts, s'il y a lieu (Trib. Anvers, 16 oct. 1862, *Jurisprudence du port d'Anvers*, 1863. 1. 220 ; Desjardins, t. 3, n° 642. — V. cependant : Trib. com. Nantes, 5 avr. 1873, cité par Ruben de Couder, v° *Gens d'équipage*, n° 106).

750. Les causes qui peuvent exonérer les gens de mer de leurs obligations sont indiquées au *Rép.* n°s 643 et suiv.

751. Ainsi qu'on l'a exposé (*Rép.* n°s 649 et suiv.), la défense faite au capitaine ou aux gens de l'équipage de charger dans le navire aucune marchandise a été empruntée à l'ordonnance de 1681, qui elle-même ne faisait que consacrer sur ce point les usages alors en vigueur (Desjardins, t. 2, n° 491). Cette prohibition ne peut être levée que par une permission des propriétaires des navires. — Une telle autorisation ne peut-elle résulter que d'une mention dans l'acte d'engagement, ou, au contraire, peut-elle résulter d'une convention postérieure à cet acte et, en ce cas, comment peut se prouver cette convention ? M. Desjardins, t. 2, n° 493, fidèle à son système général, d'après lequel on doit appliquer au contrat d'engagement la règle de l'art. 109 c. com. (V. *suprà*, n° 684), se prononce en faveur de cette dernière opinion. MM. Bédarride, t. 2, n° 551 ; Demangeat, t. 4, p. 259 ; Lyon-Caen et Renault, t. 2, n° 1777, pensent au contraire, que la preuve de cette permission, comme celle de l'engagement lui-même, ne peut être faite que par écrit.

752. Bien que le capitaine et les matelots ne puissent charger sur le navire autre chose que leurs effets et hardes, qu'on appelle coffre ou portée des mariniers, néanmoins, dans l'usage, on tolère, sous le nom de port permis, qu'ils mettent dans leurs coffres... des marchandises leur appartenant, dont ils ne payent pas le fret (*Rép.* n°s 402 et 652) ;... ou même des marchandises appartenant à autrui, dont ils perçoivent le fret (*Rép.* n° 793 ; Desjardins, t. 2, n° 494 ; Bédarride, t. 2, n° 551). Mais il est souvent dérogé à cet usage par une clause expresse de la charte-partie qui interdit au capitaine tout chargement non autorisé par l'affréteur ; cette clause est certainement obligatoire (Rouen, 27 mai 1865, aff. Baston, D. P. 68. 1. 81).

753. Le port permis est l'occasion d'un contrat spécial, dit *contrat de pacotille* (*Rép.* n° 655. V. aussi Bédarride, t. 2, n° 554 ; Desjardins, t. 2, n° 496).

754. — II. DROITS ATTRIBUÉS AUX MARINS (*Rép.* n°s 671 à 693). — On a indiqué *suprà*, n° 742, quels sont les divers modes d'engagement, c'est-à-dire les divers modes de fixation des loyers des matelots. — Nous avons expliqué au *Rép.* n°s 674 et suiv. que les gens de mer ne peuvent être payés de leurs loyers que dans les lieux et dans les formes indiqués par les règlements d'administration maritime. En général, les salaires de l'équipage sont réglés et payés après le désarmement administratif (*Rép.* n° 680 ; C. de la Réunion, 29 juill. 1864, *Rép.* v° *Organisation maritime*, n° 638) et en présence du commissaire de l'inscription maritime (*Rép.* n° 637). Il faut noter que depuis la loi du 2 août 1868 (D. P. 68. 4. 119) qui a abrogé l'art. 1781 c. civ., le maître, en cas de contestation sur le payement du salaire des marins, n'est plus cru sur sa simple affirmation (*Rép.* n°s 636 et suiv.). — Sur le fonctionnement de la caisse des gens de mer et de la caisse des invalides de la marine, et sur le droit d'intervention de l'administration de la marine, dans les instances relatives au salaire des marins. V. *Organisation maritime* ; — *Rép.* eod. v°, n°s 290 et suiv.

755. Des avances peuvent parfois être faites aux gens de mer : l'art. 258, § 3, semble en admettre la légalité. Mais elles ne sont permises que dans certaines conditions, prévues par les lois et règlements. En ce qui concerne les avances avant le départ, elles ne peuvent être faites que sur l'autorisation des commissaires de l'inscription maritime (Décl. 1728 ; Arrêt du conseil de 1734 ; Ord. 1742 ; Règl. 1759), ou des consuls, si les matelots sont engagés à l'étranger (Ord. 29 oct. 1833) ; cette autorisation doit être mentionnée au bas du rôle d'équipage (Ord. 1833 ; 9 oct. 1837) (V. Desjardins, t. 3, n° 684). Les mêmes règles s'appliquent aux avances en cours de voyage (Mêmes textes et Règl. 1866, art. 197) (V. Desjardins, t. 3, n° 685) ; — Comp. *Rép.* n° 674.

756. L'art. 231 c. com. (*Rép.* n°s 344 et suiv., 671), a été abrogé par la loi du 22 juill. 1867 (D. P. 67. 4. 75), qui a aboli la contrainte par corps en matière civile et en matière commerciale.

757. On a rappelé (*Rép.* n°s 356 et 676), que l'ordonnance du 1er nov. 1745 déclare les gages et salaires des matelots insaisissables. Avant 1852, la question de savoir si ce privilège d'insaisissabilité pouvait être invoqué indistinctement par tous les gens de mer était controversée. Tantôt on décidait que c'était là une faveur particulière, rigoureusement limitée à la classe des gens de mer qu'on nomme matelots, et qu'elle ne pouvait être étendue au capitaine et aux officiers mariniers (*Rép.* n° 356 et 359). Tantôt, on décidait, au contraire, que l'insaisissabilité pouvait être invoquée par tous les marins, quel que fût leur rang, et dès lors par le capitaine, aussi bien que par les matelots, en vertu tant de l'art. 111 de l'arrêté du 2 prair. an 11, lequel déclare insaisissables sans distinction les salaires des marins, que de l'art. 37 de l'ordonnance du 17 juill. 1816 qui reproduit la même règle et de l'art. 272 c. com. qui rend communes aux officiers et à tous autres gens de l'équipage toutes les dispositions concernant les loyers des matelots (*Rép.* n° 357). — C'est dans ce dernier sens que la question a été tranchée par l'art. 1er, § 3, du décret du 24 mars 1852, qui déclare les dispositions de l'ordonnance de 1745 applicables à tout marin faisant partie de l'équipage d'un navire de commerce (D. P. 52. 4. 127). Jugé, depuis ce décret, que le privilège de l'insaisissabilité des salaires appartient, non seulement aux marins proprement dits qui font partie de l'équipage d'un navire de commerce, mais encore à tous les employés civils dont le concours est nécessaire à l'équipement régulier de ce navire, et qui reçoivent leur salaire de ceux qui en sont les chefs ou propriétaires (Trib. com. Havre, 29 avr. 1869, aff. Pasquier, D. P. 70. 3. 77). Il appartient, notamment, sur les paquebots de la Compagnie générale transatlantique, ... aux domestiques, femmes de chambre, cuisiniers, et aides-cuisiniers que les conventions passées avec l'Etat obligent cette compagnie à avoir à bord (Même jugement) ; ... A l'employé désigné sous le nom de commissaire en chef, qui exerce à bord une certaine surveillance et tient la comptabilité dans l'intérêt et aux gages de la compagnie (Même jugement). Mais ce privilège ne peut être réclamé par les personnes qui, même inscrites sur le rôle d'équipage, sont étrangères au service du bord, telles que les fonctionnaires administratifs et les employés des postes que la Compagnie générale transatlantique est tenue de recevoir sur ses paquebots (Même jugement. — V. cependant, en sens contraire : Desjardins, t. 3, n° 675 ; Trib. com. Marseille, 11 juill. 1854, *Recueil de Marseille*, 1854. 1. 217 ; Trib. civ. Marseille, 26 juin 1878, *Journal des avoués*, 1878. 1. 330). — Jugé encore que l'insaisissabilité établie par l'ordonnance du 1er nov. 1745 pour les gages des matelots et par le décret des 4-22 mars 1852 pour ceux de tout marin faisant partie de l'équipage d'un navire de commerce ne s'étend pas aux salaires des pilotes côtiers (Rouen, 26 mars 1859, aff. Dazier, D. P. 59. 2. 157). Elle ne s'étend point non plus aux salaires dus aux marins français naviguant sur des bâtiments étrangers (Trib. civ. Havre, 11 déc. 1857, *Recueil du Havre*, 1858. 2. 9) ;... à moins qu'ils n'aient contracté sous l'empire de la loi française, par exemple, s'ils se sont engagés en France (Desjardins, t. 3, n° 677).

758. Il a encore été décidé : 1° que l'insaisissabilité s'applique à la solde des matelots engagés sur un bâtiment de pêche (Civ. cass. 14 mai 1873, aff. Loncle, D. P. 74. 1. 105) ;... 2° Qu'elle s'applique également au chapeau du capitaine (Trib. civ. Havre, 2 août 1877, aff. Hurel, *Recueil du Havre*, 1878. 2. 37) ; ... 3° Que toute rémunération promise au matelot comme prix de son travail à bord, sous quelque forme qu'elle soit stipulée, au fret, au profit, ou moyennant une part proportionnelle dans les produits du fret ou de la pêche, doit être comprise dans le mot *solde*, et protégée par le principe de l'insaisissabilité (Civ. cass. 14 mai 1873 précité). On a prétendu, il est vrai, qu'en cas d'engagement au fret ou à la part, il y a une véritable société et partant pas de loyers et pas d'insaisissabilité ; mais nous avons indiqué, à propos du privilège des art. 191-6° et 271 c. com. (V. *suprà*, nos 349 et suiv.), que cette doctrine est inexacte ; la part dans les bénéfices est une rémunération des services et partant jouit de l'insaisissabilité (Desjardins, t. 3, n° 672; Lyon-Caen et Renault, t. 2, n° 1719).

759. Quant à l'insaisissabilité des parts de prises des marins, l'arrêté de prairial et le règlement de 1816 ne peuvent plus recevoir d'application depuis le décret du 28 avr. 1856 (D. P. 56. 4. 51) portant promulgation de la déclaration du 16 du même mois qui a aboli la course (V. *infrà*, v° *Prises maritimes*).

760. La pensée qui a dicté la prohibition de l'ordonnance de 1745, et surtout la nécessité du consentement des commissaires de la marine, même lorsqu'il s'agit de prêts ou avances pour hardes, subsistances, etc., démontrent clairement, d'une part, que la prohibition s'applique aux achats à crédit de ces hardes ou subsistances, puisqu'elle comprend les prêts faits aux matelots pour se les procurer, et, d'autre part, qu'elle existe dans toute l'étendue des arrondissements maritimes où se trouvent ces matelots, qu'il s'agisse de villes ou de communes rurales, le besoin de protéger leur famille contre leurs dissipations étant le même dans tout l'arrondissement maritime où le matelot séjourne dans l'exercice de sa profession (Civ. cass. 27 déc. 1854, aff. Benoist, D. P. 55. 1. 56).

761. Il a été jugé que la clause de l'engagement de marins sur un navire destiné, par exemple, à la pêche de la baleine, portant que le matelot qui refuserait de remplir son service serait déchu de toute participation aux produits de l'opération, est licite : une telle clause, renfermant un simple règlement de salaire, ne porte pas atteinte à l'insaisissabilité d'ordre public dont la solde des matelots est frappée (Civ. cass. 20 nov. 1860, aff. Maès, D. P. 61. 1. 5 ; Bordeaux, 25 janv. 1862 (1). Conf. Desjardins, t. 3, n° 672; Lyon-Caen et Renault, t. 2, n° 1721. V. cependant observations contraires contenues dans la dissertation insérée D. P. 61. 1. 5).

762. L'insaisissabilité existe-t-elle en faveur des héritiers

(1) (Coicaud et autres et Administration de la marine C. Maès.) — LA COUR ; — En ce qui concerne la recevabilité de l'intervention de la marine, [du chef d'Emile Ridel : — Attendu que ce marin a figuré comme partie à l'instance devant les premiers juges, que le jugement lui a été signifié, comme aux autres demandeurs, par exploit du 2 oct. 1837, et qu'il n'en a point personnellement interjeté appel ; que l'administration de la marine, en tant qu'autorisée par la loi à représenter les marins, ne peut avoir des droits plus étendus que ceux qui leur compètent à eux-mêmes ; qu'ainsi, quelque généraux que soient les termes dans lesquels cette administration est intervenue, dans le procès le 1er mars 1858, au nom de tout l'équipage du *Jason*, elle n'a pu ni relever Emile Ridel de la forclusion encourue par l'expiration des délais d'appel, ni le faire profiter de son intervention, puisqu'il n'aurait pu lui-même prendre cette voie de procédure ; — Attendu, dès lors, qu'il est inutile d'examiner l'exception tirée du défaut de qualité d'Emile Ridel, comme n'ayant jamais fait partie de l'équipage du *Jason* ;

Au fond et sur les conclusions principales : — Attendu que, dans le contrat d'engagement des marins du *Jason*, il a été stipulé que, dans le cas de désertion pendant le voyage ou de refus de remplir son devoir, le contrevenant perdrait la totalité des parts qui pourraient lui être dues; que cette clause est attaquée comme illicite par les appelants ; — Attendu qu'aux termes de l'art. 1134 c. nap., les conventions formées tiennent lieu de loi à ceux qui les ont faites, et ne peuvent être révoquées que de leur consentement mutuel et pour les causes que la loi autorise ; que cette disposition de droit commun, rappelée par l'art. 250 c. com., consacre en principe la liberté des conventions faites par les marins relativement aux conditions de leur engagement avec les armateurs ; — Qu'il est vrai, comme on le soutient, que l'ordonnance du 1er nov. 1845 maintenue et déclarée d'ordre public par le décret du 4 mars 1852, a couvert la solde des marins engagés au commerce par une insaisissabilité partielle opposée à certains créanciers et à certaines créances ; qu'il est vrai encore que cette insaisissabilité d'ordre public, édictée surtout dans l'intérêt des familles des marins et en vue des entraînements que peut faire subir à ceux-ci l'assurance de toucher la solde stipulée, entraîne comme conséquence l'incessibilité de ladite solde par les marins eux-mêmes aux personnes et pour les causes interdites par l'ordonnance; mais que les prohibitions doivent, comme restrictives du droit commun, ne pas être étendues au delà des termes de la loi qui les établit ; — Attendu que l'ordonnance de 1745 ne saurait s'appliquer, ni d'après son esprit, ni d'après ses termes, aux contrats passés entre les armateurs et les marins, par lesquels ils conviennent entre eux des conditions de l'engagement de ces derniers; que le préambule de cette ordonnance en montre clairement le but et la portée ; qu'elle a pour objet d'empêcher les matelots de consommer en dépenses inutiles, au préjudice de leurs familles et pendant le cours du voyage, la solde qu'ils gagneront sur les bâtiments marchands, mais nullement d'intervenir dans le contrat d'engagement qui peut en modifier le taux, ou même en soumettre l'existence à de certaines conditions ; qu'il faut, en un mot, distinguer la disponibilité de la solde acquise, dont s'est occupée l'ordonnance, et le règlement de la solde à acquérir, qu'elle a laissé libre ; — Que cette distinction ressort d'autres dispositions de la loi maritime, puisque, en autorisant l'engagement au profit, c'est-à-dire l'association à des chances qui peuvent ne point se réaliser, cette loi permet au matelot de se soumettre éventuellement à la privation de toute solde, par le résultat de faits en dehors de son pouvoir ; que, *a fortiori*, donc elle n'a pu vouloir l'empêcher d'obtenir un engagement avantageux, en donnant sur sa solde une garantie dont il peut toujours, par sa bonne conduite, prévenir entièrement l'application ; — Attendu, d'autre part, que la loi n'a pas dû davantage vouloir assimiler les obligations résultant des délits ou quasi-délits commis par les matelots en cours de voyage et dans l'exercice de leur profession, aux dettes contractées envers les habitants des villes maritimes, ni obliger l'armateur à payer leur salaire aux matelots rebelles, dont les fautes auraient ruiné des opérations ; que si, en pareil cas, l'armateur doit évidemment être admis à exécuter, par voie de retenue sur la solde, son unique gage peut-être, les dommages-intérêts auxquels il aurait fait condamner les délinquants ; si, en présence d'obligations de telle nature, ne s'applique pas l'insaisissabilité établie par l'ordonnance de 1745, il faut naturellement en induire que le salaire sur lequel l'armateur aurait ainsi action devant les tribunaux peut aussi également devenir, entre lui et les matelots qui s'engagent, l'objet d'une stipulation semblable à celle dont il s'agit au procès ; — Attendu que la loi, loin de mettre obstacle à ce que la solde du matelot puisse être affectée à la réparation des dommages par lui causés à l'armateur, en donne elle-même l'exemple, puisque, au cas spécial de désertion, l'art. 69 du décret du 24 mars 1852 attribue à l'armateur la moitié de la solde due au déserteur, se bornant à réserver sur l'autre moitié un droit qui n'est plus celui du matelot, mais celui de la caisse des invalides ; — Attendu qu'à un autre point de vue les dispositions de la loi, qui, en certains cas, rendent indisponibles dans les mains des matelots les salaires à eux appartenant, ne peuvent être applicables à l'espèce en débat ; qu'en effet, s'il est vrai que cette indisponibilité frappe la solde des matelots, il ne s'en suit pas qu'elle puisse être étendue, sans un texte formel, aux parts de profit que l'engagement substitue à cette solde ; que le matelot naviguant à la part est un véritable associé dans les bénéfices d'une opération entière, que la nature des choses rend indivisible, puisque le droit n'a d'assiette que sur le résultat d'une liquidation finale dont le sort dépend lui-même de la compensation des chances, bonnes ou mauvaises, survenues pendant

du matelot décédé? L'insaisissabilité survit certainement au décès, en ce qui touche les obligations contractées par le marin lui-même : décider le contraire serait méconnaître l'esprit qui a dicté l'ordonnance de 1745 et le décret de 1852. Mais les sommes dues au marin deviennent évidemment saisissables s'il s'agit d'exécuter les obligations contractées par les héritiers eux-mêmes (Alauzet, n° 1792; Desjardins, t. 3, n° 678).

763. L'ordonnance de 1745 ne parle que des habitants *des villes maritimes*. Est-ce à dire que la solde des marins ne sera protégée que contre les habitants du littoral? Évidemment non; l'art. 111 de l'arrêté du 2 prair. an 11 a interprété de la façon la plus large la disposition de l'ordonnance de 1745 (Desjardins, t. 3, n° 669. Conf. Civ. cass. 27 déc. 1854, aff. Benoist, D. P. 55. 1. 56).

764. Les vêtements des gens de mer sont insaisissables comme leurs salaires (Edit de mars 1584, art. 63) (Conf. Desjardins, t. 3, n° 679; Lyon-Caen et Renault, t. 2, n° 1722).

765. Le principe de l'insaisissabilité du salaire des marins reçoit exception dans un certain nombre de cas déterminés par l'ordonnance de 1745 et par d'autres dispositions postérieures. L'ordonnance excepte les sommes dues « par les matelots ou par leurs familles pour loyers de maison, subsistances ou hardes qui leur auront été fournies du consentement des commissaires de la marine ou des autres officiers chargés du détail des classes », quand les créances sont « apostillées par lesdits officiers », commissaires ou consuls sur les matricules ou sur les rôles d'équipage. Cette ordonnance combinée avec les règlements de la marine permet aux créanciers ainsi autorisés de recouvrer par les mains du commissaire, sans avoir d'action à intenter ni de frais à faire, le montant de leurs avances (V. *Organisation maritime*).— Les marins peuvent encore, aux termes de l'ordonnance, solliciter l'apostille en faveur de leurs familles; c'est le système des *délégations* organisé par le décret du 11 août 1856 (art. 74 et suiv., D. P. 57. 4. 17) et l'arrêté du 22 mars 1862 (V. *infrà*, v° *Organisation maritime*. Conf. Desjardins, t. 3, n°s 607 et 670). Des délégations peuvent même être faites d'*office* par l'administration au profit des familles dont les chefs sont absents ou négligent de les secourir (Ord. 1745; Décr. 11 août 1856, art. 78) (V. Desjardins, *loc. cit.*). — L'insaisissabilité cesse encore en cas de débet envers l'État (Décr. 11 août 1856, art. 250).

766. Jusqu'en 1852, on décidait, par interprétation du texte de l'ordonnance de 1745, que le principe de l'insaisissabilité ne s'appliquait pas au salaire du capitaine ou des officiers mariniers (*Rép.* n° 357). Mais le décret du 4 mars 1852 a modifié l'ancienne législation et étendu le principe « à tous les marins faisant partie de l'équipage » (Desjardins, t. 3, n° 673. V. cependant : Trib. com. Marseille, 11 juill. 1854, aff. Capitaine Bryan, *Recueil de Marseille*, 1854. 1. 217; Trib. civ. Marseille, 26 juin 1878, *Journal des avoués*, 1878. 330).

767. L'art. 1er du décret du 4 mars 1852 a déclaré *d'ordre public* la nullité des obligations contractées pendant le voyage par les gens de mer en contravention à la prohibition de l'ordonnance du 1er nov. 1745 (*Rép.* n° 675. V. *infrà*, v° *Organisation maritime*).

768. On a expliqué (*Rép.* n°s 681 et suiv.) que le navire et le fret sont spécialement affectés au loyer des gens de mer (c. com., art. 271). Nous avons déjà (V. *suprà*, n°s 349 et suiv.), cité et commenté partiellement l'art. 271, en étudiant le privilège que donne aux gens de mer l'art. 191-6° c. com.. Nous nous sommes surtout attachés à déterminer *à qui* peut appartenir ce privilège, quelles en sont les *causes*, et quel est le *rang* auquel il doit figurer. Dans les numéros suivants, on recherchera quelle est l'*étendue* de ce privilège et quels objets il frappe.

769. Le privilège des gens de mer, à la différence des autres privilèges de l'art. 191, porte non seulement sur le navire, mais encore *sur le fret* (art. 271). Cette faveur exceptionnelle se justifie à la fois, par l'intérêt du commerce de mer, pour lequel il faut que les marins soient payés aussi exactement que possible, et par ce fait que les gens de mer ont contribué à faire naître la créance du fret, au profit de l'armateur.

770. Le privilège de l'art. 271 c. com. porte-t-il sur le fret en même temps que sur le navire, ou, au contraire, ne peut-il être exercé sur le fret qu'à défaut ou en cas d'insuffisance du privilège sur le navire? Dans le sens de cette dernière opinion, on a prétendu, avant la promulgation de la loi du 12 août 1885 (V. *infrà*, n°s 814 et suiv.), qu'il fallait généraliser la disposition de l'art. 259 c. com. qui, en cas de naufrage, n'admettait les matelots à se faire payer sur le fret que si les débris du navire ne suffisaient pas (Laurin, t. 1, p. 100). Mais cette doctrine était généralement repoussée : la disposition de l'art. 259 était, disait-on, spéciale au cas de naufrage et rien n'autorisait à l'étendre par analogie aux autres cas où le matelot peut invoquer son privilège (Dufour, t. 1, n° 212; Desjardins, t. 3, n° 663; de Valroger, t. 2, n° 653; Lyon-Caen et Renault, t. 2, n° 1713). La loi de 1885 a, croyons-nous, mis fin à la controverse : d'une part, en effet, elle abroge l'art. 259, origine de la discussion; d'autre part, dans l'art. 258 nouveau, *in fine*, lorsqu'elle dit que les frais de rapatriement seront payés sur le navire et le fret, elle n'indique pas que le recours sur le fret n'est que subsidiaire; enfin en terminant le dernier alinéa du même article par ces mots « sans préjudice du droit de préférence

---

la durée de l'association; qu'ainsi, et à la différence de l'engagement au mois ou au voyage, il n'y a pour le matelot engagé à la part aucune rémunération acquise avant que toutes les opérations du navire auxquelles il est participant par son travail aient été entièrement terminées; que ce bénéfice éventuel, tout différent d'une solde et par sa nature et par ses conditions, ne peut logiquement y être assimilé par voie de simple analogie, quand il s'agit d'y appliquer des mesures restrictives du droit commun; que la démonstration de cette vérité se trouve dans les lois même de la matière, puisque pour étendre ces dispositions aux parts de prises, il a fallu l'arrêté spécial du 2 prair. an 11, destiné à encourager la course, de même qu'il a fallu des édits du roi, plus tard la loi du 13 mai 1791 et enfin l'ordonnance du 9 oct. 1837, pour rendre commune aux parts du profit la retenue exercée sur le salaire des marins en faveur de la caisse des invalides; — Attendu que, les lois restrictives de la disponibilité de la solde étant ainsi, à un double point de vue, démontrées inapplicables aux bénéfices des marins engagés au profit, la conséquence nécessaire est que ceux du *Jason* ont pu licitement accepter la clause pénale qui, en cas de refus de remplir leur devoir, les soumettrait à la perte de leurs parts; — Attendu que cette privation de bénéfices, imposée à raison de certains faits que le marin associé est libre de ne pas accomplir, n'a rien de commun avec la clause léonine prohibée par l'art. 1855 c. nap.; — Attendu, en fait, qu'il est constant au procès, et d'ailleurs établi par un jugement correctionnel définitif rendu par le tribunal commercial maritime de Papeiti, que les appelants embarqués à bord du *Jason* ont, les 10 et 12 juill. 1855, refusé nettement d'accomplir leur devoir, soit en exigeant par écrit du capitaine qu'il quittât les parages du Japon pour se rendre à Taïti, en déclarant qu'ils n'obéiraient qu'à ce prix, soit en refusant d'exécuter l'ordre donné par le capitaine d'amener sur une baleine en vue; — Attendu que pour se justifier de ces faits non contestés par eux, les appelants excipent vainement d'une prétendue violation de leur contrat d'engagement, en ce que le navire aurait été conduit dans les mers du Nord, tandis que d'après le contrat, la pêche devait avoir lieu dans les mers du Sud; — Attendu que, dans le langage de la géographie vulgaire, on désigne sous le nom de mer du Sud l'étendue entière du Grand Océan pacifique entre l'un et l'autre pôle; que cette appellation, plus particulièrement usitée chez les matelots, l'est aussi vis-à-vis d'eux; que la pêche baleinière, à raison des migrations capricieuses et lointaines des animaux qu'elle poursuit, ne pourrait limiter d'avance ses explorations; que d'ailleurs, c'est avec le consentement et sans récrimination de l'équipage que le capitaine du *Jason* avait déjà fait trois campagnes dans les mers du Nord; — Qu'ainsi tout démontre qu'il n'était sorti ni de la lettre, ni de l'esprit du contrat; qu'en supposant qu'il y eût ainsi dérogé, cette circonstance aurait pu, à défaut du consentement établi dans l'espèce, motiver ultérieurement de la part des marins, une demande en dommages-intérêts, soit même, en cours de voyage, une demande de débarquement portée devant le consul, mais n'aurait autorisé en aucun cas un refus de service en pleine mer, là où, pour le salut de tous, les règles de la discipline doivent être rigoureusement maintenues; — Qu'il n'est donc pas possible d'admettre qu'elles puissent jamais être violées sous prétexte d'une interprétation de contrat, ou même de danger dont l'équipage intéressé se ferait juge;

Par ces motifs, etc.

Du 25 janv. 1862.-C. de Bordeaux, ch. réun.-MM. Raoul Duval, 1er pr.-Peyrot, 1er av. gén.-Goubeau et Bras-Lafitte, av.

qui appartient à l'équipage pour le payement de ses loyers », elle indique qu'elle entend se référer purement et simplement à la disposition de l'art. 271.

771. Le privilège n'existe que pour le *dernier voyage* (art. 191-6°); mais on s'accorde ici à reconnaître que le voyage comprend l'ensemble des traversées effectuées par le navire depuis son départ du port d'armement jusqu'à son entrée au port de désarmement (Conf. anal. art. 192-4°); peu importe le nombre des expéditions faites pendant ce temps (de Valroger, t. 1, n° 26).

772. Pour que l'exercice du privilège soit possible, il faut, dit-on généralement, que le fret n'ait pas été encaissé par l'armateur, et confondu ainsi avec le surplus de son avoir mobilier (*Rép.* n° 681) (Laurin, t. 1, p. 100; Desjardins, t. 3, n° 664; Bédarride, t. 2, n° 635; de Valroger, t. 2, n° 652; Paris, 5 nov. 1866, aff. Laurent, D. P. 67. 2. 28; Req. 25 avr. 1888, aff. Allain, D. P. 89. 1. 257). — Pour empêcher ce résultat, les marins ont la ressource de pratiquer une saisie-arrêt entre les mains de l'affréteur. Mais à quelle époque cette saisie pourra-t-elle être pratiquée? Les marins ne sont légalement payés qu'à leur débarquement (V. *infrà*, v° *Organisation maritime*); mais souvent le fret est, en tout ou en partie, encaissé pendant le cours du voyage, et, en ce cas, la saisie-arrêt ne pourra plus être utilement pratiquée après l'achèvement du voyage. Peut-elle l'être lorsque celui-ci est encore en cours? On l'a nié : les exigences de la discipline s'opposent, a-t-on dit, à l'exercice d'un pareil droit (Filleau, n° 47). Les marins en seraient donc réduits à former leur opposition avant le voyage. C'est un droit qui leur appartient sans aucun doute (Trib. com. Anvers, 16 avr. 1866, *Jurisprudence du port d'Anvers*, 1866. 1. 191; Caumont, v° *Fret*, n° 46); mais il est à peu près illusoire. Comme on l'a dit avec raison (Desjardins, t. 3, n° 664), imposer aux matelots, au début même de leur engagement, un tel acte de défiance, c'est trop leur demander; aussi doit-on, croyons-nous, leur reconnaître la faculté de saisir en cours de voyage. La déclaration du 18 déc. 1728 et l'arrêt du conseil du 19 janv. 1734 décident, il est vrai, que les matelots ne peuvent être payés pendant le voyage; mais ils ne leur interdisent nullement de procéder aux actes conservatoires de leurs droits, actes qui, en réalité, ne compromettent en rien la discipline du bâtiment (Desjardins, t. 3, n° 664).

773. La règle exposée sous le numéro précédent, et d'après laquelle le privilège s'éteint par l'encaissement du fret par l'armateur, cesse d'être applicable, lorsque le fret a été payé d'*avance* par l'affréteur, et déclaré non restituable en cas de sinistre; une convention intervenue entre l'armateur et l'affréteur ne peut faire disparaître l'un des deux objets du privilège des gens de mer. Le principe général de l'art. 1165 doit, comme le dit fort bien la cour de cassation, trouver ici son application (Civ. cass. 10 juin 1879, aff. Pellolio, D. P. 79. 1. 340. Conf. Trib. civ. Nantes, 1er mai 1878, aff. Le Studer, *Recueil du Havre*, 1879. 2. 49; Laurin, t. 1, p. 100; Desjardins, t. 3, n° 664; de Valroger, t. 2, n° 652. — V. en sens contraire : Boistel, n° 1219).

774. Lorsqu'un navire parti sur lest périt corps et biens en revenant en France avec son chargement, il est certain qu'il n'y a pas matière au privilège, puisqu'aucun fret n'est dû. — Mais si le navire, à l'aller comme au retour, transporte des marchandises et que la charte-partie ne donne à l'armateur droit à aucun fret d'aller, la solution sera-t-elle encore la même? La cour de cassation (Civ. cass. 10 juin 1879, arrêt cité *suprà*, n° 773) partant du principe que, par rapport aux gens de mer, toute traversée est productive d'un fret, décide qu'une telle stipulation n'est pas opposable aux matelots; elle dissimule, en effet, en réalité, une pure et simple répartition du fret. Elle doit être assimilée à la clause par laquelle on convient parfois *d'un franc pour tout fret*, dans le but de priver le capitaine de son action privilégiée sur la cargaison, pour le recouvrement du fret, et de faciliter ainsi la négociation des traites fournies par le chargeur sur le consignataire. Une telle convention, si elle était opposable aux marins, aurait pour effet d'anéantir, en fait, le privilège des matelots sur un fret devenu ainsi irrecouvrable (Desjardins, t. 3, n° 664). — En pareil cas, le prix du fret doit être fixé d'après les cours au temps et au lieu du chargement (*Rép.* n°s 824 et suiv.).

775. Il a été jugé que la perte du privilège attribué aux marins sur le navire et le fret, pour le payement de leurs loyers, laisse subsister, à leur profit, l'action personnelle résultant de la soumission du propriétaire ou armateur aux stipulations du rôle d'équipage. En conséquence, le consul du lieu où le navire a été vendu a pu, sans commettre aucune faute, négliger d'exercer l'action privilégiée, alors que l'action personnelle assurait aux matelots, à raison de la solvabilité des armateurs, l'entier payement de leurs salaires (Rouen, 2 août 1873, aff. David Vander Cruyce, D. P. 74. 2. 179).

776. Les loyers des matelots ne sont privilégiés que sur le navire et le fret; le privilège n'affecte pas les marchandises elles-mêmes (Civ. rej. 20 mai 1857, aff. Marziou, D. P. 57. 1. 248); ...alors même qu'elles appartiendraient à l'armateur (Lyon-Caen et Renault, t. 2, n° 1714). Mais, en vertu de l'art. 1166 c. civ., les gens de mer peuvent exercer le privilège qui, aux termes de l'art. 305 c. com., appartient au fréteur sur les marchandises transportées (Même arrêt). Par cela même, d'ailleurs, que les matelots, en invoquant ce privilège, ne font qu'exercer le droit de l'armateur leur débiteur, ils sont soumis aux mêmes exceptions et moyens de défense que celui-ci; spécialement, ils ne peuvent réclamer, sur les marchandises, le privilège établi par l'art. 307 au profit de l'armateur, pour soumettre ensuite ce fret à leur propre privilège, si ces marchandises délivrées par le capitaine, sans payement préalable du fret, étaient passées en mains tierces (Même arrêt).

777. Quand l'encaissement du fret et la perte du navire leur ont fait perdre le privilège de l'art. 271 c. com., les matelots peuvent-ils invoquer le privilège des gens de service de l'art. 2101-4° c. civ.? La cour de Paris, le 5 nov. 1866 (aff. Laurent, D. P. 67. 2. 28) a répondu négativement, « attendu que la situation des gens de mer a été réglée par les lois particulières au commerce maritime, et qu'en leur accordant un privilège spécial, la loi les a distingués des gens de service ordinaire » (Conf. Lyon-Caen et Renault, t. 2, n° 1714; de Valroger, t. 2, n° 652).

778. Les gens de mer n'ont aucun privilège sur la prime de navigation attribuée à l'armateur, en vertu de la loi du 29 janv. 1881 (D. P. 82. 4. 13-14). Il est vrai que la prime à la navigation doit avoir pour effet de diminuer le montant du fret; mais il semble excessif de la considérer, en conséquence, comme un fret *sui generis* (V. en sens contraire : D. Guillot, *La Loi* du 17 juin 1883). On ne peut, par voie de raisonnement, étendre un privilège à des choses sur lesquelles aucun texte de loi ne le fait expressément porter.

779. On a discuté et résolu affirmativement (V. *suprà*, n°s 349 et suiv.), la question de savoir si les gens de mer engagés *au fret* ou *au profit* ont un privilège sur le navire, pour le recouvrement de leurs loyers. On dit parfois que ces mêmes matelots ne peuvent être créanciers privilégiés sur le fret, parce qu'ils en sont copropriétaires à titre d'associés. Il est vrai que l'armateur n'est pas, envers eux, débiteur du fret qu'ils perçoivent directement. Mais, ainsi que le fait remarquer M. Desjardins, t. 3, n° 662 (Conf. de Valroger, t. 2, n° 654), les portions de fret attribuées à l'équipage étant « considérées comme salaires » (V. *suprà*, n° 752), et les frais d'entretien et de conduite des hommes dans leurs quartiers étant exclusivement supportés par les portions de fret afférentes à l'armateur, les matelots peuvent se trouver créanciers de ce dernier pour cet accessoire de leurs loyers, après avoir touché leur part personnelle; ils peuvent alors, pour garantie de leur créance, faire valoir sur la partie du fret revenant à l'armateur, le privilège de l'art. 271 (Conf. *suprà*, n° 769). — Ils revendiqueront encore ce privilège dans leurs rapports avec le sous-affréteur, quand il s'agira d'empêcher que ce fret encore dû ne soit absorbé par l'affréteur principal et par ses créanciers.

780. Un jugement du tribunal civil d'Anvers du 7 févr. 1879, *Jurisprudence du port d'Anvers*, 1879. 1. 59, a décidé que le privilège de l'art. 271 appartient à l'administration de la marine, alors même qu'elle agit exclusivement pour son propre compte et réclame à l'armateur la retenue réglementaire sur les gages de l'équipage. Il s'agit en effet, même en ce cas, d'une fraction de loyers, et l'art. 271 affecte le navire et le fret au payement de tout le loyer (Conf. Desjardins, t. 3, n° 660).

781. Le tiers qui, à la fin d'un voyage, fait les avances nécessaires pour liquider les salaires des gens de l'équipage n'a pas de plein droit un privilège sur le navire et sur le fret, s'il n'est subrogé légalement (par exemple, en vertu de l'art. 1251, § 3) ou conventionnellement aux droits des marins (Desjardins, t. 3, n° 660). Le capitaine ne jouit donc, en principe, à moins de subrogation expresse, d'aucun privilège pour le remboursement de ses deniers aux gens de l'équipage ; il ne saurait être, en effet, question ici de subrogation légale ; le capitaine, qui n'est pas personnellement débiteur des loyers dus aux matelots placés sous ses ordres, ne peut être considéré comme en étant tenu *avec* ou *pour* l'armateur dont il éteint l'obligation (art. 1251-3°) (V. cependant : Trib. com. Havre, 21 janv. 1880, aff. Adelus, *Recueil du Havre*, 1880. 1. 210 ; Rouen, 21 févr. 1881, aff. Sauton, D. P. 82. 2. 145).

782. Les conditions de forme prescrites par l'art. 192, § 4, pour la validité du privilège *sur le navire* (V. *suprà*, n° 412 ; *Rép.* n° 277) ne sont point obligatoires, lorsqu'il s'agit d'exercer le privilège *sur le fret* (Desjardins, t. 3, n° 660).

783. Le décret du 4 mars 1852 (D. P. 52. 4. 84) qui énumère les prescriptions législatives ayant le caractère de dispositions d'ordre public auxquelles il est interdit de déroger, ne vise pas l'art. 271. Les gens d'équipage peuvent donc renoncer par avance au privilège que leur accorde cet article (Desjardins, t. 3, n° 666). — Le droit anglais ne tolère pas une semblable renonciation.

784. Les gens de mer n'ont pas seulement droit au payement de leurs salaires ; ils ont encore droit : 1° à la nourriture ; 2° aux frais de traitement en cas de maladie ou de blessures ; 3° au rachat en cas de captivité, dans certains cas ; 4° au *rapatriement* (Ord. 1er août 1743 ; Arrêté 5 germ. an 12 ; Décr. 7 avr. 1860, D. P. 60. 4. 64) (V. *Organisation maritime ;* — *Rép.* vis *Droit maritime*, n° 692 ; *Organisation maritime*, nos 420 et suiv. ; *Dissertation* de M. Levillain, D. P. 87. 1. 433). — Les frais de rapatriement des gens de mer sont une dette des armateurs qui ne peuvent, à défaut de convention expresse, y faire contribuer pour une portion quelconque le capitaine, même engagé au tiers franc (Caen, 6 mars 1871, aff. Heulin, D. P. 72. 2. 42. — Conf. Req. 18 oct. 1886, aff. Beust, D. P. 87. 1. 433).

Sect. 4. — Des circonstances qui peuvent modifier ou rompre l'engagement des marins (*Rép.* nos 694 à 781).

785. — I. Rupture du voyage (*Rép.* nos 695 à 714). — 1° *Rupture du voyage par le fait des propriétaires, capitaine ou affréteur.* — Aux termes des deux premiers alinéas de l'art. 252, « si le voyage est rompu par le fait des propriétaires, capitaine ou affréteurs, *avant le départ du navire*, les matelots loués au voyage ou au mois sont payés des journées par eux employées à l'équipement du navire. Ils retiennent pour indemnités les avances reçues. Si les avances ne sont pas encore payées, ils reçoivent pour indemnité un mois de leurs gages convenus ». — Il est certain, bien que le code ne le dise pas, que les marins auraient, en outre, droit à leurs frais de conduite, s'ils avaient été engagés dans un lieu situé hors de leur quartier et s'ils s'y étaient rendus avant la rupture du voyage (V. *Rép.* n° 695).

786. Au contraire, « si la rupture survient *après le voyage commencé*, les matelots loués au voyage sont payés en entier aux termes de leur convention. Les matelots loués au mois reçoivent leurs loyers stipulés pour le temps qu'ils ont servi, et, en outre, pour indemnité, la moitié de leurs gages pour le reste de la durée présumée du voyage pour lequel ils étaient engagés. Les matelots loués au voyage ou au mois reçoivent, en outre, leur conduite de retour jusqu'au lieu de départ du navire, à moins que le capitaine, les propriétaires ou affréteurs, ou l'officier d'administration, ne leur procurent leur embarquement sur un autre navire revenant audit lieu de leur départ (c. com. art. 252, § 3, 4 et 5) » (*Rép.* n° 695).

787. Il résulte des dispositions de l'art. 252 qu'en cas de rupture de voyage, il importe de rechercher si cette rupture est antérieure ou postérieure au voyage commencé. — Pour que le voyage soit réputé commencé, il faut, dit Valin, « que le navire ait navigué au moins vingt-quatre heures » (art. 3, liv. 4, tit. 4 de l'ordonnance) (Conf. Bédarride, t. 2, n° 563 ; *Rép.* n° 696). Un jugement du tribunal de commerce de Marseille, du 19 août 1872, *Recueil de Marseille*, 1872. 1. 234, a décidé qu'il n'y a pas voyage commencé, quand le navire, après avoir navigué deux jours, est revenu à son point de départ. — Pour M. de Valroger, t. 2, n° 538, il y a départ toutes les fois que le navire a définitivement pris la mer en franchissant les passes. — Ces divers systèmes doivent, croyons-nous, être rejetés. Rien n'indique que les rédacteurs aient admis la règle arbitraire de Valin. Dans le silence de la loi, il paraît juste de décider qu'il y a là une question de fait à résoudre d'après les circonstances (Laurin, t. 1, p. 343 ; Desjardins, t. 3, n° 695).

788. Il a été jugé avec raison que le voyage doit être considéré comme rompu par le fait du propriétaire du navire, lorsque la rupture du voyage commencé a été la conséquence de l'abandon auquel les propriétaires se sont décidés dans leur intérêt, et sans y être contraints par l'innavigabilité du navire (Rouen, 2 août 1873, aff. David Vander Cruyce, D. P. 74. 2. 179. Conf. Trib. civ. Anvers, 28 mars 1879, *Jurisprudence du port d'Anvers*, 1879. 1. 201).

789. Les dispositions de l'art. 252 s'appliquent-elles au capitaine aussi bien qu'aux gens de l'équipage ? On a, au *Rép.* n° 700, adopté la négative. Cependant l'opinion inverse prévaut aujourd'hui : on ne saurait, dit-on, invoquer ici la disposition de l'art. 218 qui autorise, en principe, l'armateur à congédier le capitaine sans indemnité : la rupture qui arrête le voyage diffère du congé, elle n'a pas, comme lui, un caractère individuel (V. en ce sens : Demangeat, t. 2, p. 268 ; Bédarride, t. 2, n° 567 ; Desjardins, t. 3, n° 693 ; de Valroger, t. 2, n° 542 ; Lyon-Caen et Renault, t. 2, n° 1740). Il n'en serait évidemment autrement que dans le cas où la rupture serait imputable au capitaine (Desjardins, *ibid.*).

790. — 2° *Interdiction de commerce, arrêt de puissance.* — A l'interdiction de commerce, il faut assimiler non seulement le blocus (*Rép.* n° 707), mais encore tous les événements fortuits qui empêchent d'accéder dans le port de destination, par exemple, la relâche nécessitée par un événement de force majeure. On applique alors par analogie les art. 353 et 354 (Pardessus, n° 685 ; de Valroger, t. 2, n° 554 ; Desjardins, t. 3, n° 199 ; Lyon-Caen et Renault, t. 2, n° 1746. — V. en sens contraire : Filleau, p. 194). — De même, les mots *arrêt du prince* s'entendent non seulement de l'arrêt proprement dit, mais aussi de l'embargo et de l'angarie (*Rép.* n° 1845).

791. Les événements dont parlent les art. 253 et 254 sont de deux sortes, les uns *interruptifs* (interdiction de commerce, etc.), les autres simplement *suspensifs* du voyage (arrêt de puissance). — Lorsque l'obstacle est *antérieur* au départ, on ne distingue pas suivant que l'événement est interruptif ou qu'il est suspensif : dans les deux cas, le contrat est résilié, et il n'est dû aux matelots que les journées employées à équiper le bâtiment (art. 553 ; *Rép.* n° 707). On verra *infrà*, nos 1013 et suiv., que l'*arrêt* avant le départ n'entraîne pas, au contraire, la résiliation (art. 277).

792. Si l'obstacle se produit *en cours de voyage*, l'art. 254 c. com. distingue suivant que l'événement est suspensif ou interruptif. Dans le cas d'événement *suspensif* (arrêt de puissance), le loyer des matelots engagés au mois court, mais pour moitié seulement, pendant le temps de l'arrêt. Quant au loyer des matelots engagés au voyage, il est payé aux termes de leur engagement, c'est-à-dire sans augmentation, cet engagement formant un contrat aléatoire dont le matelot doit subir les chances défavorables toutes les fois qu'elles ont pour cause un événement de force majeure (*Rép.* n° 713). L'événement est-il, au contraire, *interruptif* du voyage (interdiction de commerce, etc.), les matelots sont payés à proportion du temps qu'ils auront servi, qu'ils aient été loués au voyage ou au mois, l'interdiction n'effaçant point leurs services passés (*Rép.* n° 712). — On a vivement critiqué l'art. 254 ; Valin s'élevait déjà contre la disposition correspondante de l'ordonnance (liv. 3, t. 4, art. 5), il la trouvait injuste pour les gens de mer engagés au voyage qui ne sont pas payés pendant la durée de l'arrêt (Conf. Desjardins, t. 3, n° 699 ; Filleau, p. 184 et suiv. ; de Valroger, t. 2, p. 65 et 67). Mais on répond que l'art. 254 peut se justifier par cette considération que les marins engagés au voyage ont traité à forfait et consenti implicitement à supporter les conséquences des événements de route dus à des causes fortuites (Pothier, *Louages maritimes*, n° 182 ; Laurin, t. 1, p. 645 ; Lyon-Caen et Renault, t. 2, n° 1744. V. *Rép.* n° 712).

793. Le code, dans les art. 253 et 254, ne s'occupe que des matelots engagés au mois ou au voyage, c'est-à-dire à salaire fixe. Que décider à l'égard des gens de mer engagés *au profit* ou *au fret*, c'est-à-dire à salaires éventuels ? On leur applique l'art. 257, § 1er, et l'on décide qu'ils ne peuvent réclamer que leur part qui peut se réduire à rien, s'il n'y a eu ni profit réalisé, ni fret acquis (Desjardins, t. 3, n° 701 ; de Valroger, t. 2, n° 567) ; ils doivent, suivant l'expression de Valin, t. 1, p. 700, « suivre la bonne et la mauvaise fortune » (Conf. Ord. 1681, art. 7, tit. 4, liv. 3).

794. Il arrive parfois que, à la suite d'une interdiction ou d'un arrêt, une indemnité est allouée à l'armateur ; les marins engagés au profit et au fret sont admis à y participer. Dans le silence de la loi, il doit en être autrement, selon MM. Lyon-Caen et Renault, t. 2, n° 1745, des marins engagés au mois ou au voyage ; ils ne peuvent rien réclamer (V. en sens contraire : Desjardins, t. 3, n° 700 ; Filleau, n° 49 ; de Valroger, t. 2, n° 553 ; et le projet de revision de 1865, art. 259).

795. — II. Prolongation du voyage (art. 255 et 257 ; *Rép.* n° 715). — On a dit au *Rép.* n° 715 que, au cas de prolongation du voyage, c'est-à-dire lorsque le navire est conduit au delà du port de sa destination primitive, le matelot n'a pas le droit d'abandonner le navire, si d'ailleurs cette prolongation est fondée sur des motifs plausibles (Conf. Bédarride, t. 2, n° 574 ; Laurin, t. 1, p. 473). Cette opinion est combattue par MM. Desjardins, t. 3, n° 704, et de Valroger, t. 2, nos 557 et 558 ; les conventions légalement formées, disent ces auteurs, tiennent lieu de loi à ceux qui les ont faites ; l'art. 255 ne déroge pas à ce principe ; il pose simplement la règle que l'on devra appliquer dans le cas où le voyage aura été prolongé, sans ajouter que le matelot est tenu de subir cette prolongation (Conf. Valin, sur l'art. 4, tit. 7, liv. 2 de l'ordonnance ; Filleau, p. 168).

796. L'armateur qui prolonge *volontairement* le voyage doit une augmentation de loyer proportionnelle à la prolongation. Par prolongation volontaire, il faut entendre ici uniquement celle qui est occasionnée par la volonté seule de l'armateur ou du maître, et non celle qui est acceptée par tout l'équipage : dans cette dernière hypothèse, il y a, pour ainsi dire, un nouvel engagement ; cet acte, en constatant l'adhésion de tout l'équipage, peut, sous le contrôle des commissaires de l'inscription maritime et des consuls, déterminer à nouveau les droits et les obligations de chacun (Desjardins, t. 3, n° 705 ; Filleau, p. 196). Si rien n'est constaté, l'art. 255 redevient forcément applicable, sans toutefois que l'équipage puisse, outre le supplément de loyers, réclamer des dommages-intérêts. — Si, au contraire, la prolongation est imposée à l'équipage, celui-ci pourrait, le cas échéant, obtenir, outre le supplément de loyers, des dommages-intérêts (Desjardins, *loc. cit.* ; Filleau, p. 196 ; de Valroger, t. 2, n° 556. — V. en sens contraire : Laurin, t. 1, p. 555).

797. Lorsque le voyage est prolongé, non plus par la volonté de l'armateur ou du maître, mais par suite d'un cas de force majeure, le matelot peut-il encore invoquer l'art. 255 ? On doit, croyons-nous, répondre affirmativement : le législateur a employé le mot *volontairement* dans l'art. 256 et ne s'en est pas servi dans l'art. 255 ; c'est donc que, dans l'hypothèse de ce dernier article, il n'y a lieu de faire aucune distinction. C'est, d'ailleurs, certainement, avec intention, que le mot « volontairement » a été omis dans l'art. 255, car le législateur avait sous les yeux l'art. 6, liv. 4, tit. 3 de l'ordonnance et le *Commentaire* de Valin qui accordaient au marin une augmentation de salaire, quelle que fût la cause de la prolongation, volontaire ou forcée (Alauzet, t. 3, n° 1189 ; Demangeat, t. 4, p. 273 ; Laurin, t. 1, p. 554 ; Desjardins, t. 3, n° 705 ; de Valroger, t. 2, n° 556 ; Lyon-Caen et Renault, t. 2, n° 1761. — V. en sens contraire : Bédarride, t. 2, n° 578 ; Filleau, p. 194 ; *Rép.* n° 715). Cette solution est d'autant plus équitable que, en cas d'abréviation de voyage par force majeure, les loyers sont diminués (V. *infrà*, n° 800).

798. Quant aux matelots loués au mois, ils sont toujours payés, selon la durée de leur service, à raison de tant par mois, que la prolongation provienne ou non de force majeure (*Rép.* n° 715 ; Desjardins, t. 3, n° 706).

799. — III. Abréviation du voyage (c. com. art. 256 et 257 ; *Rép.* nos 716 à 721). — L'art. 256 c. com. distingue en cas de raccourcissement du voyage, selon que ce raccourcissement est ou non *volontaire*. L'abréviation est réputée volontaire, lorsque, par exemple, elle devient nécessaire, parce que le navire est trop vieux, ou n'est pas muni des instruments nécessaires, ou parce que le capitaine n'a pu se procurer les fonds nécessaires pour exécuter des réparations urgentes qui n'ont pas été occasionnées par un fait de force majeure. Le mot *volontairement* de l'art. 256 doit, d'ailleurs, être entendu dans le sens que nous avons déterminé *suprà*, n° 797, à propos de la prolongation volontaire. Si l'abréviation du voyage est volontaire, il n'est fait, dit l'art. 256, aucune diminution de salaire (*Rép.* n° 716). — Sur le cas où le raccourcissement est imputable au capitaine, V. *Rép.* n° 717 (Conf. Desjardins, t. 3, n° 705).

800. Si le voyage est raccourci, non pas volontairement, mais à raison d'un événement de force majeure, comme, par exemple, à raison d'une tempête qui mettrait le navire hors d'état de continuer sa route, les loyers des matelots subissent une diminution proportionnelle (*Rép.* n° 716. Conf. Desjardins, t. 3, n° 705 ; de Valroger, n° 561 ; Lyon-Caen et Renault, t. 2, n° 1762).

801. L'art. 256, d'après lequel le raccourcissement volontaire du voyage ne donne lieu à aucune diminution de loyer, concerne les matelots au voyage. Quant aux matelots engagés au mois, ils ont le droit de réclamer, à titre d'indemnité, la moitié de leurs gages pour le reste de la durée présumée du voyage pour lequel ils s'étaient engagés (arg. art. 252). — On a réfuté au *Rép.* n° 718 les objections qui ont été formulées contre ce système adopté par MM. Pardessus, t. 3, n° 676 ; Alauzet, t. 3, n° 1187 ; Filleau, p. 191 ; Laurin, t. 1, p. 556 ; Desjardins, t. 3, n° 706 ; Lyon-Caen et Renault, t. 2, n° 1762, mais que combattent encore MM. Demangeat, t. 4, p. 275 ; de Valroger, t. 2, n° 562.

802. Lorsque les matelots sont engagés au profit ou au fret, il ne leur est rien dû, en cas de prolongation ou d'abréviation par force majeure (art. 257, § 1er). — Si la prolongation ou le raccourcissement arrive par le fait des chargeurs, des propriétaires ou du capitaine, les matelots engagés au profit participent aux indemnités allouées au navire, proportionnellement à la part qui leur était attribuée (de Valroger, t. 2, n° 562 ; Desjardins, t. 3, n° 706 ; Lyon-Caen et Renault, t. 2, n° 1762).

803. — IV. Prise ; Bris ; Naufrage ou déclaration d'innavigabilité (c. com. art. 258). — La situation des matelots, en cas de prise, bris ou naufrage, était régie, avant la loi du 12 août 1885 (V. *infrà*, nos 805 et suiv.), par les art. 258 et 259 c. com., dont les dispositions rigoureuses ont été commentées au *Rép.* nos 722 et suiv. — Ainsi qu'on l'a expliqué *ibid.*, n° 722, la confiscation prononcée à la suite d'une fraude ou d'une infraction aux lois ne pouvait être assimilée à la prise qui est un événement de guerre fortuit. M. Filleau, n° 21, distinguait les différents cas suivants : 1° si la confiscation provient du fait des armateurs, capitaines ou chargeurs, elle doit être assimilée à la rupture par le fait de ceux-ci (art. 252) ; 2° si elle est imputable à un ou plusieurs membres de l'équipage, ceux-ci sont responsables envers les personnes lésées, en vertu des principes du droit commun (Conf. Décr. 24 mars 1852, art. 71 et 77) ; mais les autres répéteront contre l'armateur, sauf son recours, les loyers qui leur seraient dus ; 3° si elle est à la fois imputable aux armateurs ou chargeurs et aux matelots, ceux-ci n'auront de loyers à réclamer que sur les bénéfices réalisés, s'ils sont engagés au profit, et que jusqu'au jour de la confiscation, s'ils sont engagés à salaires fixes (Comp. Desjardins, t. 3, n° 710 ; de Valroger, t. 2, nos 569 et 579).

804. L'application des anciens art. 258 et 259 c. com. ne soulevait aucune difficulté, lorsque le voyage dans lequel avait péri le navire avait pour objet une simple traversée d'un point à un autre, ou lorsque, le voyage comprenant l'aller et le retour, le navire périssait pendant le voyage d'aller. Dans ces deux cas, l'action personnelle contre l'armateur était éteinte, et l'action privilégiée était restreinte aux débris du navire et au fret des marchandises sauvées.

Il en était de même si, le navire s'étant perdu au retour, l'affrétement avait été fait *en travers*, de telle sorte que le fret ne fût acquis que par la livraison du chargement de retour (Bordeaux, 15 févr. 1859, cité et critiqué à tort par Filleau, p. 82). Mais que décider au cas où le navire, ayant gagné le fret du voyage d'aller pour lequel il avait été spécialement affrété, périt dans le voyage de retour? Cette question avait été l'objet de vives controverses (*Rép.* nos 723 et suiv.); mais la jurisprudence et la doctrine avaient fini par admettre presque unanimement la théorie à laquelle nous nous sommes ralliés (*Rép.* n° 725), d'après laquelle le privilège des matelots subsistait sur le fret acquis pour le voyage d'aller, de sorte que, dans la pratique, elle n'était même plus discutée et était acceptée d'un commun accord par les armateurs et l'administration de la marine (Bédarride, t. 2, nos 507 et suiv.; Goujet et Merger, v° *Gens d'équipage*, n° 251; Alauzet, t. 3, n° 1191; A. Caumont, v° *Gens de mer*, n° 46; Boistel, n° 1227; Desjardins, t. 3, n° 712; de Valroger, t. 2, n° 579; Lyon-Caen et Renault, t. 2, n° 1750. — V. cependant en sens contraire : Laurin, t. 1, p. 518; Dissertation de M. Cazalens, D. P. 69. 1. 393). — Il a été jugé, en ce sens, que les divers voyages faits par un navire au cours d'une même expédition, forment, relativement aux loyers des matelots, autant de voyages distincts; les matelots conservent, en cas de naufrage avec perte entière du navire et de la cargaison, le droit de réclamer les loyers dus pour les voyages accomplis antérieurement au sinistre, depuis le départ du port d'armement, sur les frets gagnés à raison de ces voyages : ils ne perdent que les loyers afférents au voyage au cours duquel le navire a péri (Rouen, 12 août 1863 (1); Civ. cass. 27 févr. 1867, aff. Lemare, D. P. 67. 1. 77; Trib. com. Cette, 2 avr. 1868, aff. Gauthier, D. P.

---

(1) (Vaussy C. Administration de la marine.) — Le 17 janv. 1863, jugement du tribunal de commerce du Havre ainsi conçu : — Attendu que, par exploit en date du 11 nov. 1861, le commissaire de l'inscription maritime a fait assigner Vaussy, armateur du brick *le Courrier-des-Antilles*, présumé perdu corps et biens depuis le 24 févr. 1860, pour s'entendre condamner à lui payer, en la qualité qu'il s'agit, la somme de 6110 fr. 33 cent. montant des gages et salaires dus aux marins composant l'équipage dudit navire, y compris le droit des invalides ; — Attendu que Vaussy repousse cette demande en prétendant : 1° que le payement des loyers de l'équipage ayant été mis par acte de société, à la charge du capitaine Labbé, qui naviguait au tiers franc et commandait le *Courrier-des-Antilles* dans lequel il était intéressé, la somme réclamée par l'administration de la marine constitue une créance sur la succession dudit capitaine Labbé mort à Nossi-Bé, quelques jours avant le coup de vent qui a causé la disparition de son navire sur la rade de Saint-Denis (Réunion) ; 2° que lors même qu'il serait décidé que c'est bien à Vaussy, en sa qualité d'armateur, à répondre à l'action qui lui est intentée, il ne pourrait être tenu personnellement au payement des loyers des gens de l'équipage, et qu'il entend se libérer par l'abandon du navire et du fret, conformément à la faculté qui lui est donnée par l'art. 216 c. com.; que d'ailleurs, le navire s'est perdu corps et biens et qu'il n'a encaissé aucun fret depuis l'engagement de l'équipage jusqu'au 24 février jour de la perte du navire ; — 3° Enfin que la nouvelle de la perte du *Courrier-des-Antilles* étant parvenue en France le 5 juin 1860 et la demande de l'administration de la marine n'ayant été formée que le 11 nov. 1861, c'est-à-dire plus d'une année après, l'action se trouve prescrite ; — Attendu, sur le premier point, que tout propriétaire de navire est civilement responsable des faits du capitaine et tenu des engagements contractés par ce dernier, pour ce qui est relatif au navire et à l'expédition; — Que les conventions particulières intervenues entre l'armateur et le capitaine, conventions ignorées de l'équipage, ne peuvent avoir d'influence sur les questions de salaire de ce même équipage, lesquels restent dus par l'armateur, sauf recours sur le capitaine, s'il y a lieu ; — Attendu que, d'après une jurisprudence bien établie l'équipage a, dans l'espèce, privilège pour ses gages sur les frets gagnés dans les voyages antérieurs à celui de Nossi-Bé à Saint-Denis, lequel s'est terminé par la disparition du *Courrier-des-Antilles* après son déradage et avant la mise à terre de sa cargaison de bois ; — Attendu que Vaussy prétend, il est vrai, que depuis le départ du navire du Havre jusqu'au 24 févr. 1860 il n'a encaissé aucun fret ; — Mais attendu qu'il résulte de la lettre du capitaine Labbé en date du 4 oct. 1859 et de celle du capitaine Desmare, du 1er mai 1860, adressée l'une et l'autre de Saint-Denis à Vaussy, que le *Courrier-des-Antilles* a acquis dans son voyage du Havre à Saint-Denis et dans ses divers voyages de la mer de l'Inde, des frets importants et de beaucoup supérieurs aux gages dus à l'équipage ; — Attendu que, si le produit de ces frets n'est pas arrivé aux mains de Vaussy, il n'en a pas moins été touché et employé par le capitaine Labbé pour les besoins et au profit de l'opération d'armement du *Courrier-des-Antilles*, que si des critiques peuvent être adressées par Vaussy au capitaine Labbé sur l'usage qu'il a fait de ses fonds, l'équipage ne peut, dans aucun cas, en souffrir, et que Vaussy reste comptable desdits fonds, qu'ils lui soient parvenus ou non, envers l'administration de la marine, jusqu'à concurrence du montant des salaires gagnés par les gens de l'équipage ; que s'il en était autrement, les gens de mer, en cas de perte du navire, et lorsqu'il leur est dû des salaires arriérés, comme cela arrive souvent pour les voyages dans les mers de l'Inde, se trouveraient à la merci de la gestion plus ou moins heureuse ou intelligente d'un capitaine et auraient ainsi à courir les mauvaises chances des opérations de l'armateur, sans avoir été admis à profiter de ses bénéfices si elles lui en avaient rapporté ; — Attendu, sur le moyen de prescription invoqué par Vaussy, qu'il n'y a pas eu, dès le 24 févr. 1860, perte du *Courrier-des-Antilles* sur la rade de Saint-Denis, mais simplement disparition, et, par suite, présomption de perte corps et biens dudit navire ; que la perte du *Courrier-des-Antilles* était un fait incertain, et que le délai d'un an édicté par l'art. 433 c. com. n'est donc pas applicable à l'espèce ; que l'on doit, au contraire, et par analogie s'en rapporter aux dispositions de l'art. 375, qui fixe à deux ans le délai aux termes duquel, en matière d'assurance, la perte est considérée comme certaine pour les navires au long cours dont on n'a pas de nouvelles ; — Attendu, d'ailleurs, que le rôle d'équipage du *Courrier-des-Antilles* envoyé par M. le commissaire de l'inscription maritime de Saint-Denis, par dépêche du 10 août 1860, n'a été reçu à l'administration de la marine au Havre que le 4 mai 1861 ; que le 22 juin, Vaussy a été mis en demeure d'avoir à verser les salaires de l'équipage à la caisse des gens de mer, et, qu'enfin, le 11 novembre il a été assigné devant le tribunal de commerce; — Par ces motifs, sans s'arrêter ni avoir égard aux exceptions opposées par Vaussy, dont il est débouté, non plus qu'à l'abandon du navire et du fret tel qu'il est opposé, juge l'administration de la marine fondée dans son action contre Vaussy ; condamne Vaussy par corps et biens au payement des gages et salaires acquis aux marins composant l'équipage du *Courrier-des-Antilles*, y compris le droit des invalides, jusqu'au dernier voyage de ce navire, etc. » — Appel par le sieur Vaussy. — Arrêt.

LA COUR; — Attendu que, par ses conclusions devant la cour, Vaussy n'excipe plus des conventions particulières intervenues entre le capitaine Labbé et lui; — Que le débat se restreint au point de savoir : 1° si l'abandon qu'il a fait du fret, aux termes de l'art. 216 c. com., l'affranchit de l'obligation de représenter, pour le payement des salaires de l'équipage du navire le *Courrier-des-Antilles*, le fret gagné dans la traversée du Havre à l'île de la Réunion, et dans les diverses opérations de ce navire dans la mer des Indes jusques et non compris celle dans laquelle il a disparu le 24 févr. 1860; 2° si l'action appartenant au commissaire de l'inscription maritime du Havre se prescrit par une année, aux termes de l'art. 233 du même code, à partir dudit jour 24 févr. 1860; 3° si cette prescription atteint aussi les salaires des marins débarqués ou désertés en cours des opérations, à partir du jour de leur débarquement ou de leur désertion ; 4° enfin, si, en raison des compensations que Vaussy, armateur, aurait à opposer au capitaine Labbé, les salaires de ce dernier doivent figurer au règlement général à faire pour déterminer la fraction qui, d'après ces règlements, doit entrer dans la caisse des invalides;

Sur le premier point : — Adoptant les motifs des premiers juges, et, attendu, d'une part, que le fret gagné et perçu par le capitaine pour les opérations du navire avant le voyage dans lequel ce navire a péri, constitue un fret acquis, qui doit être représenté par l'armateur, quoiqu'il ne l'ait pas reçu sauf toute action de sa part contre le capitaine; que, d'un autre côté, les gens de l'équipage ont pour leur salaire un privilège sur le fret, d'après l'art. 271 c. com.;

Sur le deuxième point: — Attendu que la durée de l'action des officiers et matelots pour le payement de leurs gages et salaires est fixé à une année par l'art. 433 c. com.; que cet article est le seul applicable à la matière, et non, comme l'ont dit à tort les premiers juges, l'art. 375 édicté pour un cas qui n'a aucune analogie à l'espèce; qu'il s'agit seulement de fixer l'époque à laquelle la prescription de l'art. 433 a commencé à courir; — Attendu que cette époque ne peut être que celle à partir de laquelle l'action en payement des gages a pu être exercée, soit par les marins eux-mêmes, soit par le commissaire de l'inscription maritime du Havre en leur lieu et place; — Attendu que par le rôle d'équipage, l'armateur, en conformité des prescriptions d'ordre public édictées dans les ordonnances maintenues dans les décrets des 31 déc. 1790-7 janv. 1791 et 4-23 mars 1852, a pris l'engagement formel de ne payer les gages des marins qu'après le règlement définitif au port du Havre, lieu de l'armement; que jusque-là les gages formaient une créance à terme ; qu'aux termes de l'art. 2257 c. nap., la prescription édictée par

68. 2. 231; Sol. impl., Civ. cass. 1er juin 1869, aff. Cauvière, D. P. 69. 1. 393; Req. 18 nov. 1873, aff. Lauriol, D. P. 74. 1. 115; Civ. cass. 10 juin 1879, aff. Pellolio et aff. Franceschi, D. P. 79. 1. 339; et les arrêts cités au *Rép.* n° 725. V. *infrà*, n° 832).

805. La loi du 12 août 1885 (D. P. 86. 4. 22) a modifié cet état de choses; elle a supprimé la disposition exorbitante de l'art. 258 c. com. et décidé que, en principe, les gens de mer ne seront plus privés de leurs loyers, en cas de perte du navire, mais auront, au contraire, droit à leurs salaires jusqu'au jour de la cessation de leurs services (V. de Courcy, t. 4, p. 12 et suiv.). La loi du 12 août 1885 a été rendue exécutoire dans les colonies par décret du 2 sept. 1887 (*Journ. off.* du 15 sept. 1887).

806. M. Griolet, dans son rapport au conseil d'Etat sur le projet de loi déposé par le Gouvernement à l'Assemblée nationale le 5 janv. 1875, justifie en ces termes les innovations consacrées par les trois premiers alinéas du nouvel art. 258 c. com. (ces dispositions ont passé sans modification dans la loi du 12 août 1885): « Les art. 258 et 259 c. com. règlent aujourd'hui le droit aux loyers des matelots en cas de naufrage. D'après leurs dispositions combinées, les matelots perdent toujours à peu près entièrement leurs loyers, en cas de prise, de bris et naufrage; ils ne sont payés de leurs loyers que jusqu'à concurrence de la valeur du navire et du fret des marchandises sauvées. C'était là, autrefois, une règle universellement admise... Mais il ne semble plus aujourd'hui possible de conserver cette antique règle du droit de la mer. Le malheur des matelots privés de leurs loyers nous touche davantage. Et, d'un autre côté, l'armateur n'est plus dans la position précaire du patron d'autrefois. Généralement, il est couvert par des assurances, et, en définitive, il peut souvent paraître affranchi par l'art. 258 c. com. de l'un des risques de l'expédition, tandis que toutes les chances de gain lui sont réservées. Enfin, est-il bien vrai que le désir de conserver leurs loyers soit un mobile assez puissant pour retenir à bord du navire des marins qui seraient disposés à l'abandonner? Si le sentiment du devoir n'est pas assez fort pour les empêcher de songer d'abord à sauver leur vie, est-il probable que la crainte de perdre leurs loyers aura sur eux beaucoup plus d'empire? Ces raisons ont déterminé la plupart des nations qui ont récemment revisé leurs lois maritimes, à laisser aux matelots naufragés leur droit aux loyers jusqu'au jour de la cessation de leurs services (V. *Merchant shipping act*, 1854, art. 183; Code de commerce allemand, art. 542, L. 27 déc. 1872, sur les gens de mer, art. 32, 33 et 68). V. aussi Loi belge, du 21 août 1879 (art. 54). Toutefois notre ancien art. 258 est reproduit sans modification dans le code italien de 1882 (art. 535). — Comp. Desjardins, t. 5, n° 1270. — Les trois premiers alinéas du nouvel art. 258 sont ainsi conçus: « En cas de prise, naufrage ou déclaration d'innavigabilité, les matelots engagés au voyage ou au mois sont payés de leurs loyers jusqu'au jour de la cessation de leurs services, à moins qu'il ne soit prouvé soit que la perte du navire est le résultat de leur faute ou de leur négligence, soit qu'ils n'ont pas fait tout ce qui était en leur pouvoir pour sauver le navire, les passagers et les marchandises, ou pour recueillir les débris. Dans ce cas, il appartient aux tribunaux de statuer sur la suppression ou la réduction du loyer qu'ils ont encourue. Ils ne sont jamais tenus de rembourser ce qui leur a été avancé sur leurs loyers ».

807. L'ancien texte de l'art. 258 ne prévoyait que les cas de perte, de bris et naufrage... On discutait la question de savoir si l'innavigabilité par fortune de mer ou l'absence de nouvelles devaient être assimilées au naufrage; elle était résolue négativement par la plupart des auteurs (Laurin, t. 1, p. 614; Desjardins, t. 3, n° 711; de Valroger, t. 2, n° 573; Lyon-Caen et Renault, t. 2, n° 1749; — *Contrà*: Pardessus, t. 2, n° 684). L'art. 258, dérogeant aux règles ordinaires du louage, devait, disait-on, être entendu *stricto sensu*: en outre, d'une part, les matelots ayant conservé le bâtiment, le but de l'ancienne loi était atteint, et l'innavigabilité causée par la tempête ne pouvait pas infirmer leur droit; d'autre part, l'absence de nouvelles, si elle fait présumer la perte, ne saurait être assimilée à la perte elle-même (Conf. en ce qui concerne l'innavigabilité: Trib. com. Marseille, 4 nov. 1861, *Recueil de Marseille*, 1861. 1. 286; Bordeaux, 22 juin 1863, *ibid.*, 1863. 2. 158; en ce qui concerne l'absence de nouvelles: Req. 20 févr. 1872, aff. Caffarena, D. P. 72. 1. 364). On verra *infrà*, n° 810, que la loi du 12 août 1885 a tranché cette double difficulté, en ajoutant les mots « déclaration d'innavigabilité » aux mots « prise et naufrage », et en réglant, dans les alinéas 4 et 5 du nouvel art. 258 ce qui concerne le cas de *perte sans nouvelles*.

808. La Chambre des députés, voulant rapprocher la rédaction du nouvel art. 258 du texte de l'ancien, avait ajouté au premier paragraphe de l'art. 258 les mots suivants: « même avec perte entière du navire et des marchandises » qui faisaient suite à ceux-ci: « En cas de prise, naufrage ou déclaration d'innavigabilité ». Mais cette addition a été rejetée par le Sénat, sur l'observation de la commission que ces mots n'étaient « pas nécessaires, en présence du principe nouveau d'après lequel les matelots engagés au voyage ou au mois sont payés de leurs loyers jusqu'au jour de la cessation de leurs services en cas de prise, naufrage ou déclaration d'innavigabilité ».

809. M. Desjardins fait observer que le deuxième alinéa du nouvel art. 258 consacre une dérogation à la règle d'ordre public d'après laquelle les loyers des matelots doivent toujours échapper à toute saisie: « ces loyers, dit-il, n'auraient pas pu, si le législateur ne s'était formellement prononcé, servir de gage pour le payement des dommages-intérêts dus à raison des fautes commises au moment du naufrage ». — Le même auteur, *loc. cit.*, signale une différence de rédaction entre le troisième alinéa du nouvel art. 258 et la disposition correspondante du second alinéa de l'ancien texte: le mot *jamais* a été substitué au mot *point*. Cette modification, suivant M. Desjardins, indique que la règle qu'il pose doit être appliquée nonobstant toute convention contraire, et dans le cas même où les avances reçues excéderaient les loyers échus (Desjardins, t. 5, n° 1273. Comp. *Rép.* n° 722).

810. On a exposé *suprà*, n° 807, les difficultés qui se présentaient avant 1885, en cas de perte du bâtiment sans nouvelles; on a dit que les quatrième et cinquième alinéas de l'art. 258 avaient mis fin à cet état de choses, en posant les règles applicables à ce cas. Ces deux alinéas sont ainsi conçus: « En cas de perte sans nouvelles, les héritiers ou représentants des matelots engagés au mois auront droit aux loyers échus jusqu'aux dernières nouvelles et à un mois en sus. Dans le cas d'engagement au voyage, il sera dû à la succession des matelots moitié des loyers du voyage. — Si l'engagement avait pour objet un voyage d'aller et retour, il sera payé un quart de l'engagement total, si le navire a péri en

---

l'art. 433 n'a pas couru jusqu'au jour fixé pour le règlement; — Que la prescription fixée par l'art. 433 n'a donc commencé à courir que du jour où le commissaire de la marine du Havre a arrêté le rôle de l'équipage dont s'agit et fixé définitivement les salaires des marins qui avaient composé cet équipage; qu'il est prouvé que ce règlement n'a eu lieu qu'en mai 1861; que l'action étant du 11 novembre de la même année, il s'ensuit que l'exception de prescription est mal fondée;

Sur le troisième point: — Attendu que les diverses opérations du navire *le Courrier-des-Antilles* ne devaient former, dans l'intention des parties, qu'un seul et unique voyage depuis son départ jusqu'à sa perte; que le règlement des salaires devait avoir lieu au Havre pour les marins débarqués avec autorisation du consul, ou déserté; que la prescription a couru, non du jour du débarquement ou de la désertion, mais seulement du mois de mai 1861 puisque le payement n'en pouvait être exigé qu'à partir de cette dernière époque; qu'ainsi l'exception de prescription quant aux salaires de ces marins est également mal fondée;

Sur le quatrième et dernier point: — Attendu que les répétitions que Vaussy peut avoir à exercer contre le capitaine Labbé, en raison du compte particulier à faire entre eux, ne sont pas un obstacle à ce que les salaires de ce capitaine figurent dans le règlement général à l'effet de déterminer la fraction qui, d'après les lois sur la matière, doit entrer dans la caisse des invalides; que cependant, lors du règlement réservé entre les parties, Vaussy doit rester dans tous ses droits, contre le capitaine Labbé pour ce qui, dans les salaires de ce dernier, n'entrera pas dans la caisse des invalides; — Confirme, etc.

Du 12 août 1863.-C. de Rouen, 1re ch.-MM. Forestier, pr.-Thiriot, av. gén.-Desseaux et Dechamps, av.

allant; trois quarts, s'il a péri dans le retour; le tout, sans préjudice des conventions contraires ». Ces dispositions ont été ajoutées par la commission du Sénat: « Dans cette hypothèse, a dit M. Grivart, la date de la cessation des services restant inconnue, nous avons admis, pour le règlement à intervenir entre l'armement et les représentants des marins disparus, une sorte de forfait qui nous a semblé calculé d'une manière équitable » (Rapport au Sénat du 11 déc. 1876).

811. Le nouvel art. 258, ainsi que l'ancien, ne mentionne pas les matelots engagés au fret. La raison en est que, en cas de naufrage, ces matelots perdent naturellement leur part dans le fret ou dans la partie du fret qui n'est pas payée, à raison de la perte des marchandises ou de l'interruption du voyage (V. Rapport de M. Griolet).

812. La disposition des quatrième et cinquième alinéas de l'art. 258, « nécessairement empreinte d'arbitraire, ne devra s'exécuter que dans le silence du contrat d'engagement, et il est expressément spécifié qu'elle pourra être modifiée par la convention des parties, si les parties jugent à propos de stipuler en prévision d'une telle éventualité » (Rapport au Sénat du 11 déc. 1876).

813. Des difficultés se sont déjà produites sur le point de savoir ce que le législateur avait entendu par les derniers mots du cinquième paragraphe : « Le tout, sans préjudice des conventions contraires ». Il est incontestable, dit M. de Valroger, t. 5, p. 370, que les marins, dans leurs conventions avec leurs armateurs, pourraient modifier le règlement fait par la loi pour le cas de défaut de nouvelles. Mais faut-il aller plus loin, et permettre aux marins de se replacer, par leurs conventions, sous le régime de l'ancien art. 258 qui, en cas de naufrage, les réduirait à se faire payer sur le navire et le fret » ? MM. de Valroger, *loc. cit.*, et Desjardins, t. 5, n° 1286, estiment avec raison qu'une pareille convention serait contraire à l'ordre public. Le rapport de M. Grivart paraît bien restreindre au cas de perte sans nouvelles la faculté de déroger au texte de cet article; d'ailleurs, décider autrement, ce serait mettre les gens de mer à la merci des armateurs. Ainsi les marins ne pourraient renoncer au bénéfice de l'art. 258, al. 1. De même, M. Desjardins estime « qu'on ne pourrait pas soustraire aux tribunaux, pour le transporter à l'armateur ou à quelqu'un de ses préposés, le droit de statuer, dans l'hypothèse prévue par l'art. 258, § 2, sur la suppression ou la réduction des loyers. » Mais il admet que les parties pourraient, toutefois, d'un commun accord, après le sinistre, déférer le litige à des arbitres.

814. L'art. 2 de la loi du 12 août 1885 abroge l'art. 259 c. com. On proposait, au nom de la commission de la Chambre des députés, de ne pas abroger cet article, afin de conserver aux matelots un droit réel et privilégié sur les produits du sauvetage (Rapport du 10 juin 1882). Le maintien de cette disposition, adopté par la Chambre, a été repoussé par le Sénat. « Il nous paraît superflu, a dit M. Roger-Marvaise, en présence de l'art. 271 c. com. auquel il n'est pas touché, et, d'après lequel « le navire et le fret sont spécialement affectés aux loyers des matelots » (Rapport du 22 janv. 1883). La commission de la Chambre des députés, en acceptant la suppression de l'art. 259, a insisté pour que le droit réel accordé aux matelots pour le payement de leurs loyers fût maintenu, et que la priorité des loyers sur les frais de rapatriement fût consacrée par l'addition des mots qui terminent le paragraphe 6 : « *sans préjudice du droit de préférence qui appartient à l'équipage pour le payement de ses loyers* » (Rapport du 10 nov. 1883. Conf. Desjardins, t. 5, n° 1577).

815. Ces derniers mots signifient uniquement (cela résulte clairement de la discussion) que le législateur a voulu se référer aux droits de préférence qui appartiennent à l'équipage, en vertu des lois existantes : il n'a nullement entendu innover et étendre le privilège sur les débris à tout équipage, quel que soit son mode d'engagement; aujourd'hui, comme avant 1885, le salaire des matelots engagés au profit n'est pas garanti par un droit sur les débris du navire ou sur le fret (Desjardins, t. 5, n° 1278). — Quant aux matelots engagés au voyage ou au mois, le nouvel art. 258 confirme leur droit de préférence sur le fret des marchandises sauvées, sans même reproduire le mot *subsidiairement* de l'ancien art. 259. D'autre part, l'art. 260 donne, sur ce même fret, un droit de préférence aux matelots engagés au fret (*Rép.* n° 730). Comment régler les droits respectifs des uns et des autres? On ne saurait soutenir, depuis la suppression du mot *subsidiairement*, que les marins engagés peuvent, comme compensation du droit qu'on leur refuse sur les débris du navire, prétendre conserver entière la part qui leur revient dans le fret. M. de Valroger, t. 2, n° 588, considérant en quelque sorte les marins engagés au fret comme des associés qui ont accepté un salaire purement éventuel, estime qu'ils doivent se voir préférer les marins engagés au voyage ou au mois; les conventions par lesquelles, en dehors de ces derniers, une partie du fret aurait été attribuée aux marins engagés au fret, ne sauraient leur être opposées. M. Desjardins, t. 5, n° 1279, reconnaît, au contraire, à tous les marins des droits égaux sur le fret (V. *suprà*, n° 811).

816. Le dernier alinéa du nouvel art. 258 renferme une importante disposition, relative aux frais de rapatriement. Comme on l'a exposé au *Rép.* v° *Organisation maritime*, n°s 424 et suiv., l'art. 14 du décret du 7 avr. 1860 (D. P. 60. 4. 64) mettait à la charge de l'armement les frais de rapatriement au même titre que les loyers, et les imputait sur le navire, subsidiairement sur l'ensemble des frais gagnés depuis que le navire a quitté son port d'armement. On a vu que la légalité de ces dispositions, d'abord contestée, avait été admise par la jurisprudence, qui, depuis la publication du *Répertoire*, n'a pas cessé de se prononcer dans le même sens (V. *infrà*, v° *Organisation maritime*). La disposition finale de l'art. 258 apporte des restrictions à l'obligation du rapatriement : désormais les frais de rapatriement ne pourront être répétés que sur le fret des marchandises sauvées, et non plus sur les frets gagnés dans les voyages accomplis depuis que le navire a quitté son port d'armement. — On reviendra sur ce point, *infrà*, v° *Organisation maritime*, où seront étudiées en détail toutes les règles concernant le rapatriement.

817. Les art. 260 et 261 c. com. sont commentés au *Rép.* n°s 230 et suiv. En ce qui concerne les devoirs du capitaine en cas de naufrage, à l'égard du navire et de la cargaison, V. *Rép.* n°s 537 et suiv.;... le règlement des journées de sauvetage, V. *Rép.* v° *Organisation maritime*, n°s 667, 677 et suiv.;... l'*indemnité du tiers* due aux sauveteurs d'un navire abandonné, V. *ibid.*, n° 684;... le *privilège* pour frais de sauvetage, V. *Rép.* n° 282. — On a vu au *Rép.* n°s 282 et 732 que les gens d'équipage qui coopèrent au sauvetage ont un privilège sur les objets sauvés, par application de l'art. 2102 c. civ. (frais faits pour la conservation de la chose); les frais de justice et de sauvetage sont même prélevés avant tout sur les débris du navire, sur le fret, sur les marchandises sauvées. Dans quelle proportion sont-ils prélevés sur toutes ces valeurs? Il peut arriver que certains matelots ne sauvent que des débris, et d'autres que des marchandises : le privilège sera restreint pour les premiers aux débris, pour les seconds aux marchandises (Valin, t. 1, p. 703). Il en est ainsi, par exemple, lorsque le débarquement et le sauvetage de la cargaison sont opérés tout d'abord dans l'intérêt exclusif de cette cargaison en péril (Conf. Trib. com. Honfleur, 1er avr. 1868, aff. Bevans, D. P. 68. 3. 62). Dans ce cas, les frais faits pour sauver soit les débris du navire, soit la cargaison, prennent le caractère d'avaries particulières aux objets sauvés, et doivent être réglés en conséquence. Il se peut, au contraire, que, dans certaines circonstances, les frais faits pour sauver le navire et la cargaison doivent être classés et réglés comme avaries communes (Civ. rej. 15 avr. 1863, aff. Séhier, D. P. 63. 1. 346; Rouen, 14 juin 1876, aff. Lenormant, D. P. 77. 2. 68. Conf. Desjardins, t. 3, n° 719; de Valroger, t. 5, n° 84).

818. Il a été jugé que le sauveteur d'un navire et de sa cargaison a, pour le remboursement de la totalité des frais de sauvetage, un privilège indivisible qui porte aussi bien sur les marchandises que sur le navire et le fret. Les dispositions du code de commerce qui règlent la répartition des avaries communes entre les chargeurs et les propriétaires du navire ne sont pas opposables au sauveteur qui n'a pas été partie au contrat d'affrètement (Civ. rej. 29 mai 1878, aff. Postel, D. P. 78. 1. 427. Conf. anal. *Rép.* v° *Privilèges et hypothèques*, n° 2346; Req. 22 févr. 1864, aff. Vallée,

D. P. 64. 1. 70); et le chargeur qui a payé au sauveteur du navire et de la cargaison tous les frais de sauvetage commun privilégiés à la fois sur la cargaison et le navire doit, pour le recouvrement de la partie de ces frais mis à la charge du navire par le règlement d'avaries, subir le droit de préférence du sauveteur à raison des frais exposés dans l'intérêt du navire seul (Arrêt précité du 29 mai 1878).

819. — V. MALADIE, MORT, CAPTIVITÉ OU CONGÉ DES HOMMES DE MER (*Rép.* n°s 735 à 781). — D'après le droit commun, non seulement le maître ne doit pas les loyers pendant la maladie du serviteur ou de l'ouvrier (*Rép.* n° 735), mais il n'est pas tenu des frais de traitement (de Valroger, t. 1, n° 594). L'exception apportée à ces principes par les art. 262 et 263 tient surtout à ce que la blessure a pour cause un fait inhérent au service et à ce que la maladie survenue au cours du voyage peut être considérée à bon droit comme provenant des fatigues et des privations endurées par le matelot, de la rigueur des climats sous lesquels il a séjourné.

820. Le marin blessé au service du navire est déchu du bénéfice de l'art. 262, si la blessure provient de son fait ou de son imprudence (Conf. *Rép.* n° 737); le fardeau de la preuve incombe alors évidemment au capitaine.

821. A partir de quel moment le matelot a-t-il le droit d'être traité et pansé aux dépens du navire? « S'il tombe malade *pendant le voyage* » ou « s'il est blessé *au service* du navire », dit le premier alinéa de l'art. 262 qui reproduit textuellement l'ancien article. Ces termes indiquent qu'il y a lieu de distinguer entre la maladie proprement dite et la blessure. Il suffit pour cette dernière qu'elle ait été reçue au service du navire; il faut, pour la première, qu'elle ait été contractée pendant le voyage (*Rép.* n° 736. Conf. Civ. cass. 31 janv. 1854, cité par Filleau, p. 96; Rouen, 7 févr. 1881, aff. Larget, D. P. 82. 2. 25). Cette distinction peut se justifier ainsi : la cause de la blessure se caractérise généralement avec beaucoup de précision; il est facile de déterminer si elle a été reçue au service du navire. Il est, au contraire, beaucoup moins aisé de savoir si la maladie doit être attribuée aux fatigues du service ou à quelque disposition préexistante; le législateur se règle alors d'après des probabilités et considère la maladie survenue avant le départ comme provenant de faits antérieurs (Laurin, t. 1, p. 494 ; Desjardins, t. 3, n° 724. — V. en sens contraire : Pardessus, t. 3, p. 138 ; Filleau, p. 92).

822. La loi n'oblige pas le marin à prouver que la maladie est survenue après le commencement du voyage : on présume que, s'il n'eût pas joui d'une bonne santé lors de son embarquement, cet embarquement n'eût pas eu lieu ; c'est donc à l'armateur à prouver, le cas échéant, que la maladie est antérieure au voyage (Conf. Merlin, *Questions de droit*, v° *Prises maritimes*, § 3; Rouen, 24 déc. 1879, aff. Anquetil, D. P. 80. 2. 233, et note de M. Levillain; 7 févr. 1881, aff. Larget, D. P. 82. 2. 25). Mais, logiquement, il faut décider que, si la maladie éclate après le voyage terminé, les frais, du moins en thèse générale, n'en seront pas supportés par le navire (Desjardins, t. 3, n° 724); il n'en serait autrement que dans le cas où il serait absolument évident que la maladie qui s'est développée après la fin du voyage a réellement commencé pendant le voyage (Conf. Trib. com. Marseille, 18 juill. 1851, *Recueil de Marseille*, 1851. 1. 201; Trib. com. Saint-Malo, 14 avr. 1875, *Recueil de Nantes*, 1875. 1. 47). — On considère comme survenue au cours du voyage la maladie dont le matelot est atteint dans un port de relâche (Rouen, 7 févr. 1881 précité, et la note).

823. L'obligation de l'armateur ne prend fin qu'avec la maladie proprement dite, fût-elle incurable (*Rép.* n° 742; Desjardins, t. 3, n° 725; de Valroger, t. 2, p. 118. V. en sens contraire : Filleau, p. 215; Trib. com. Saint-Malo, 14 avr. 1875, cité *suprà*, n° 822). Mais lorsque le matelot, après que la maladie proprement dite est terminée, reste estropié, sans que son état puisse être amélioré, l'obligation de l'armateur cesse; il ne s'agit plus là de le panser et de le traiter, mais de lui faire une pension (Trib. com. Marseille, 3 déc. 1874, *Recueil de Marseille*, 1875. 1. 71; Desjardins, *loc. cit*. Conf. Valin, t. 1, p. 722; Emérigon, t. 1, p. 636. — V. en sens contraire : Cleirac, p. 34; Casarégis, Disc., 46, n° 44).

824. Il a été jugé que le marin peut, en sus des allocations indiquées par l'art. 262, réclamer des dommages-intérêts, s'il prouve que la maladie ou la blessure a pour cause une imprudence du capitaine (Req. 31 mai 1886, aff. Alarcon, D. P. 87. 1. 163. Conf. Req. 9 juill. 1873, aff. Lebrun, D. P. 75. 1. 465; Desjardins, t. 3, n° 725).

825. L'art. 262 c. com. s'applique aussi bien aux engagements *au profit* ou *à la part* qu'aux engagements *à salaires fixes* (Civ. cass. 19 févr. 1872, aff. Hoost, D. P. 72. 1. 33). En conséquence, le matelot engagé au profit, qui est tombé malade au service du navire, a le droit de réclamer sa part dans les bénéfices réalisés pendant le voyage (Même arrêt). Et c'est par l'armateur, représentant légal du navire, et non par l'équipage, que la part ainsi attribuée au matelot malade doit être supportée (Même arrêt. Conf. Trib. com. Dunkerque, 14 févr. 1849, cité par Desjardins, t. 3, n° 726; Caen, 3 févr. 1873, aff. Valet, D. P. 74. 5. 48; Lyon-Caen et Renault, t. 2, n° 1766; Desjardins, t. 3, n° 726). — M. Filleau, p. 213, propose une solution différente. « Si l'on ne s'arrêtait, dit-il, qu'au texte de l'art. 262 qui, loin de faire une distinction suivant la nature de l'engagement, dispose, au contraire, que cette part doit être supportée par le bâtiment, il semblerait que l'armateur dût en faire les frais. Toutefois, en réfléchissant à la nature de l'engagement à la part et à ce que, suivant l'interprétation donnée à l'art. 262 par la cour de cassation, le matelot est traité comme s'il était resté à bord jusqu'au désarmement, on est fondé à en conclure que les parts doivent être faites indépendamment de toute circonstance de maladie, et que l'armateur ne contribue à celle qui est donnée au matelot débarqué pour cette cause que dans la proportion de son intérêt » (V. aussi dans le même sens : Laurin, t. 1, p. 97, 323 et 463; Dissertation de M. Levillain, D. P. 80. 2. 233).

826. Les gens de mer étant traités diversement suivant qu'ils tombent ou non malades en cours de voyage, il importe de savoir quand commence et quand finit le voyage. On a prétendu que la maladie ne peut être considérée comme postérieure au départ que si elle survient plus de vingt-quatre heures après la sortie du port (*Rép.* n° 738; Bédarride, t. 2, n° 599); mais c'est là refaire la loi et ajouter au texte. — Mais les raisons qui ont motivé la disposition de l'art. 262, et que l'on a exposées *suprà*, n° 821, ne permettent pas de même de considérer comme postérieure au départ la maladie survenue après l'inscription du marin sur le rôle d'équipage, mais avant la sortie du port (V. cependant Filleau, p. 93; de Valroger, t. 1, n° 596). Le navire ne peut être ici réputé en cours de voyage que lorsqu'il a mis à la voile et quitté le port (Civ. cass. 31 janv. 1854, cité par Filleau, p. 96; Rouen, 7 févr. 1881, aff. Larget, D. P. 82. 2. 25; Desjardins, t. 3, n° 724).

827. En principe, le matelot peut invoquer le bénéfice de l'art. 262 jusqu'à son retour au port d'armement, puisque, à moins de stipulation contraire, il est réputé s'être loué pour l'aller et pour le retour (Desjardins, t. 3, n° 724). Si donc celui qui est rapatrié aux frais de l'armement est atteint de maladie sur le navire qui le ramène, il doit être pansé et traité aux frais de cet armement (Trib. com. Marseille, 27 juin 1832, *Recueil de Marseille*, 1832. 1. 263);... à moins que, au lieu d'être reconduit sur ce navire à titre de passager, il n'y soit employé comme matelot; la maladie resterait, en ce cas, à la charge du second navire (Trib. com. Marseille, 10 août 1863, *Recueil de Marseille*, 1863. 1. 243; Bédarride, t. 2, n° 602; Desjardins, *loc. cit*. Conf. *Rép.* v° *Organisation maritime*, n° 418).

828. Le voyage pour lequel le matelot doit être payé de ses loyers comprend-il, à moins de convention contraire, l'ensemble des traversées accomplies par le navire depuis son départ jusqu'à son retour au port d'armement? Emérigon décidait déjà que les matelots doivent être payés de tous les salaires à prétendre jusqu'au retour, comme s'ils eussent continué leur service effectif pendant tout le voyage (*Assur*. ch. 12, sect. 45, § 15. Conf. Valin sur les art. 2 et 4, tit. 7, liv. 2 de l'ordonnance; Desjardins, t. 3, n° 725). La cour de cassation, adoptant cette solution, a décidé que le marin atteint, en cours de voyage, d'une maladie qui le met hors d'état de continuer son service, a droit au *loyer* du voyage pour lequel il s'est engagé, et, par exemple, jusqu'au retour et au désarmement du navire, s'il résulte du rôle d'équipage qu'il avait pris l'engagement de ramener le navire au port de départ (Civ. cass. 4 août 1857, aff. Gourneuf, D. P. 57. 1. 341; 13 nov. 1871, aff. Lecour, D. P. 72. 1. 34; conf. Rouen, 7 févr. 1881, aff. Larget, D. P. 82. 2. 25). Et il a droit à ses loyers, quoiqu'il ait été traité, non à bord du navire, mais à terre dans un hospice (Civ. cass. 4 juin 1850, aff. Chourito, D. P. 50. 1. 317).

829. Sur les précautions prises par l'autorité pour s'assurer que le traitement à bord des matelots malades aura lieu dans de bonnes conditions (Ord. 4 août 1819; Décr. 17 sept. 1864, art. 181-183, D. P. 64. 4. 115; Règl. gén. 7 nov. 1866, art. 214, V. *infrà*, v° *Organisation maritime; — Rép.* eod. v°, n° 739). — Sur les mesures de précaution imposées au capitaine, lorsqu'il y a nécessité de débarquer le marin malade (Ord. 1er août 1743, art. 3; Arrêté 5 germ. an 12, art. 3; Ord. 29 oct. 1833, art. 50; Décr. 7 avr. 1860, art. 2), V. *Organisation maritime; — Rép.* vis *Consul*, n° 752; *Droit maritime*, n° 739. Conf. Desjardins, t. 3, n° 725; de Valroger, nos 598 et 599.

830. Aux termes des dispositions des ordonnances et décrets cités dans le numéro précédent, lorsqu'un matelot tombe malade pendant le voyage, ou est blessé au service du navire, il doit, en règle générale, être soigné à bord; si cependant il est atteint gravement, si son maintien à bord doit lui être préjudiciable, et surtout si sa maladie est contagieuse ou épidémique, il est débarqué et laissé à terre. Dans la première hypothèse, aucune contestation n'est possible : le matelot est soigné aux dépens du navire, il reçoit des loyers pendant tout le temps de la maladie (art. 262, 1er alinéa). Dans la seconde hypothèse, la situation est très différente. Elle donnait lieu avant 1885 à de graves difficultés : aux termes de la jurisprudence de la cour de cassation (Civ. cass. 4 juin 1850, aff. Chourito, D. P. 50. 1. 317; 4 août 1857, aff. Gourneuf, D. P. 57. 1. 341; 13 nov. 1871, aff. Lecour, D. P. 72. 1. 34; Conf. Trib. com. Marseille, 10 août 1863, aff. Boyé, *Recueil de Marseille*, 1863. 1. 243; Rouen, 24 déc. 1879, aff. Anquetil, D. P. 80. 2. 233; Émérigon, chap. 12, sect. 41, § 13; Bédarride, t. 2, n° 601; Caumont, v° *Gens de mer*, nos 53 et 54; Filleau, p. 103 et 208; Demangeat, t. 2, p. 298; Laurin, p. 499; Ruben de Couder, v° *Gens d'équipage*, n° 346; Desjardins, t. 3, n° 725; Lyon-Caen et Renault, t. 2, n° 1764), le matelot malade et débarqué devait, en vertu de l'ancien art. 262, être payé de son salaire, non pas jusqu'à son rétablissement, mais jusqu'au jour du désarmement du navire à son port d'armement; il est arrivé ainsi que des armateurs ont été tenus de payer les loyers du matelot pour une durée de plusieurs années depuis le débarquement. En outre, le matelot débarqué devait être rapatrié. Cette durée indéterminée pour le payement des loyers, les frais considérables de traitement et de rapatriement des matelots débarqués malades ou blessés ont soulevé de vives réclamations. La loi de 1885 y a fait droit, en modifiant les art. 262 et 263 c. com. : « La commission de la marine marchande et le conseil d'Etat, dit l'exposé des motifs de la proposition de loi déposée le 19 mai 1876 au Sénat par MM. Grivart et Montjarret de Kerjégu, ont admis qu'il convenait de limiter les obligations qui pèsent sur l'armement. Quant aux loyers, la commission avait jugé convenable d'en arrêter le cours à partir du rétablissement du matelot, et, dans tous les cas, de les restreindre à une durée maximum de quatre mois, à dater du débarquement du matelot; le conseil d'Etat a pensé que le cours des loyers devait être prolongé même après le rétablissement, jusqu'à ce que le matelot ait contracté un engagement nouveau ou qu'il ait été embarqué pour être rapatrié sans que, toutefois, la période durant laquelle ses loyers lui sont alloués, puisse dépasser, en aucun cas, quatre mois à dater de son débarquement. Cette dernière rédaction nous a paru devoir être admise; elle forme le troisième paragraphe de l'art. 262. En ce qui touche le traitement et le rapatriement du matelot débarqué, il convient de maintenir le principe qui laisse la dépense à la charge du navire, en limitant cette dépense par un forfait; l'Etat se chargerait alors, moyennant indemnité, du rapatriement du matelot; le second paragraphe de l'art. 262, après avoir posé la règle du rapatriement du matelot aux dépens du navire, dispose, en effet, que le capitaine peut se libérer de tous frais de traitement et de rapatriement en versant entre les mains de l'autorité française une somme à déterminer d'après un tarif qui sera arrêté par un règlement d'administration publique, et qui devra être revisé tous les trois ans. Il n'a pas paru qu'il dût y avoir de difficulté sérieuse à régler les tarifs. Il va sans dire que la mesure est purement facultative pour le capitaine qui pourra, s'il estime que le forfait du tarif est trop désavantageux, en refuser l'application et se soumettre à payer tous les frais de la maladie et du rapatriement; le but de la disposition nouvelle est uniquement d'affranchir, s'il le désire, l'armateur de l'incertitude que la législation actuelle fait peser sur lui en ce qui touche le montant des frais de traitement et le rapatriement du matelot même après le désarmement du navire et la liquidation des opérations du voyage » (Conf. Desjardins, t. 5, nos 1281 et suiv.).

831. Le nouvel art. 262, dont le premier alinéa se borne à reproduire l'ancien texte, est ainsi conçu : « Le matelot est payé de ses loyers, traité et pansé aux frais du navire, s'il tombe malade pendant le voyage, ou s'il est blessé au service du navire. — Si le matelot a dû être laissé à terre, il est rapatrié aux dépens du navire; toutefois le capitaine peut se libérer de tous frais de traitement ou de rapatriement en versant entre les mains de l'autorité française une somme à déterminer d'après un tarif qui sera arrêté par un règlement d'administration publique, lequel devra être revisé tous les trois ans. — Les loyers du matelot laissé à terre lui sont payés jusqu'à ce qu'il ait contracté un engagement nouveau ou qu'il ait été rapatrié avant son rétablissement; il est payé de ses loyers jusqu'à ce qu'il soit rétabli. Toutefois, la période durant laquelle les loyers du matelot lui sont alloués, ne pourra dépasser, en aucun cas, quatre mois à dater du jour où il a été laissé à terre ».

832. La disposition de l'ancien art. 262 avait été déclarée d'ordre public par le décret du 4 mars 1852, art. 1er (*Rép.* v° *Organisation maritime*, n° 418). Ce décret s'applique-t-il au nouvel article? Les prescriptions de ce dernier n'étant que le développement de l'ancien texte, la question doit, semble-t-il, être résolue affirmativement (V. conf. Desjardins, t. 5, n° 1286; de Valroger, n° 604).

833. L'art. 263, modifié par la loi de 1885, est conçu en ces termes : « Le matelot est traité, pansé et rapatrié de la manière indiquée en l'article précédent, aux dépens du navire et du chargement, s'il est blessé en combattant contre les ennemis et les pirates ». — Cette disposition ne contient d'autre changement au texte de l'ancien art. 263 que l'addition du mot « rapatrié » qui a semblé nécessaire pour la mettre en harmonie avec la rédaction nouvelle des art. 258 et 262 (V. *Organisation maritime; — Rép.* vis *Droit maritime*, nos 743 et suiv. et 1088; *Organisation maritime*, n° 418). — L'art. 263 est, comme l'art. 262, une disposition d'ordre public à laquelle il ne peut être dérogé par des conventions particulières (Décr. 4 mars 1852, art. 1. V. *suprà*, n° 832; Desjardins, t. 5, n° 1286; de Valroger, n° 610).

834. Le matelot qui est blessé en combattant contre les ennemis ou les pirates s'est exposé pour le salut commun; les frais de son traitement, de son pansement et de son rapatriement doivent donc être réputés avaries communes (Pothier, *Louages maritimes*, n° 143); aussi l'art. 263 les met-il à la charge du navire et du chargement. — Pour le même motif, le bénéfice de l'art. 263 pourrait être invoqué par le capitaine et même par les passagers blessés en combattant (*Rép.* nos 743 et 1051; Desjardins, t. 3, n° 727).

835. Les loyers, quoique l'art. 263 ne le dise pas, courent certainement pendant le voyage au profit du matelot blessé en combattant. Mais, du silence de l'art. 263, il faut conclure que ces loyers restent à la charge exclusive de l'armement; car, étant dus en vertu du contrat, il ne sauraient être considérés comme une dépense extraordinaire faite pour le salut commun, et l'art. 400, § 6, qui classe parmi les avaries communes « les loyers et nourriture des matelots *pendant la détention* », n'y comprend que « les pansement et nourriture » des matelots blessés en défendant le navire (Demangeat, t. 4, p. 302; Bédarride, t. 2, n° 605; Desjardins, t. 3, n° 727; de Valroger, n° 607).

836. On a étudié (*Rép.* nos 745 et suiv.) la disposition de l'art. 264 c. com., aux termes duquel « si le matelot sorti du navire sans autorisation est blessé à terre, les frais de ses pansement et traitement sont à sa charge : il pourra même être congédié par le capitaine. Ses loyers, en ce cas, ne lui seront payés qu'à proportion du temps qu'il aura servi ». On reconnaît, en général, aujourd'hui, ainsi que nous l'avons fait au *Rép.* n° 748, que le matelot descendu à terre avec autorisation doit, s'il y a été blessé, être pansé aux dépens du navire, quoique ce ne soit point au service du navire qu'il ait reçu sa blessure, si d'ailleurs celle-ci n'a point été provoquée par sa faute, et, par exemple, par son état d'ivresse, mais est la suite d'un accident fortuit (Demangeat, t. 4, p. 303; Bédarride, t. 2, n° 605; Desjardins, t. 3, n° 728). Cependant MM. Lyon-Caen et Renault, t. 2, n° 1766; de Valroger, t. 2, n° 615, estiment que, même en l'absence de toute faute, si la blessure a été reçue à terre, dès l'instant où le matelot n'était pas au service du navire, les frais de traitement doivent rester à sa charge, et qu'il n'a droit aux loyers que jusqu'au jour où il cesse de servir. Ce cas n'ayant pas été prévu par la loi, il faut lui appliquer les principes du droit commun. Telle était déjà l'opinion de Valin, sur l'art. 12, liv. 3, tit. 4 de l'ordonnance.

L'art. 264 n'est pas compris parmi les dispositions d'ordre public auxquelles le décret du 4 mars 1852 défend de déroger.

837. Le *décès* entraîne l'extinction du contrat d'engagement, car ce contrat n'est pas de ceux qui se perpétuent avec les héritiers. Mais jusqu'à quel moment ces derniers auront-ils droit aux loyers du marin décédé? La loi fait sur ce point des distinctions fondées sur la nature de l'engagement du matelot.

838. On a expliqué au *Rép.* n° 750 que, en cas de mort pendant le voyage d'un matelot engagé au mois, ses loyers, alors acquis jour par jour, sont dus à sa succession jusqu'au jour de son décès, sans qu'on puisse en retrancher ceux qui ont couru durant sa maladie (Conf. Filleau, n° 58; Desjardins, t. 3, n° 734). Le 1er alinéa de l'ancien art. 265 qui prévoyait ce cas n'a pas été modifié par la loi de 1885 (V. *infrà*, n° 840).

839. Sous l'empire de l'ancien art. 265, on décidait déjà que : 1° le matelot engagé au voyage avait droit à la moitié de ses loyers, s'il mourait en allant ou au port d'arrivée, et au total, s'il mourait en revenant, quand même son décès arriverait presqu'aussitôt après que le navire aurait mis à la voile; l'art. 265 était formel sur ce point; 2° que lorsque le matelot n'avait été engagé au voyage que pour l'aller ou pour le retour, s'il décédait durant la traversée, la totalité de ses loyers était due à ses héritiers, le voyage de l'aller ou celui du retour n'étant pas divisible comme l'ensemble des voyages d'aller et de retour (*Rép.* n° 751). Cette doctrine a été formellement consacrée par le nouvel art. 265, tel que l'a modifié la loi de 1885 (V. *infrà*, n° 840). — Sur les raisons qui ont motivé une telle dérogation au droit commun, V. *Rép. loc. cit.*

840. Aux termes de l'ancien art. 265, la part du matelot engagé *au profit* ou *au fret* était due tout entière, s'il mourait le voyage commencé, quand même sa mort serait survenue le jour du départ, et alors même que le matelot aurait été engagé pour un voyage d'aller et retour. On a exposé (*Rép.* n° 753) les critiques qu'avait soulevées cette disposition. La loi de 1885 a atténué ce qu'elle a d'exorbitant, en distinguant suivant que le matelot a été engagé pour un voyage d'aller seulement, ou pour un voyage d'aller et retour. - Les trois premiers alinéas de l'art. 265 c. com., modifié par la loi du 12 août 1885, sont ainsi conçus : « En cas de mort d'un matelot pendant le voyage, si le matelot est engagé au mois, ses loyers sont dus à sa succession jusqu'au jour de son décès. — Si le matelot est engagé au voyage, au profit ou au fret et pour un voyage d'aller seulement, le total de ses loyers ou de sa part est dû, s'il meurt après le voyage commencé; si l'engagement avait pour objet un voyage d'aller et retour, la moitié des loyers et de la part du matelot est due, s'il meurt en allant ou au port d'arrivée; la totalité est due, s'il meurt en revenant. — Pour les opérations de la grande pêche, la moitié de ses loyers ou de sa part est due, s'il meurt pendant la première moitié de la campagne; la totalité est due, s'il meurt pendant la seconde moitié ».

841. La proposition de loi présentée au Sénat ne contenait d'autre modification à l'ancien art. 265 qu'une addition au dernier paragraphe destinée à assurer l'égalité de traitement entre les héritiers du matelot tué en défendant le navire et les survivants (V. *infrà*, n° 845). — La commission de la Chambre des députés a présenté les observations suivantes sur le paragraphe 4 de l'ancien art. 265 : « *Si le matelot est engagé au profit ou au fret, sa part entière est due s'il meurt le voyage commencé* ». — « Quelques chambres de commerce ont fait remarquer avec beaucoup de raison, suivant nous, que, quelles que fussent les conditions du louage ou de l'association, le salaire ou la part devaient avoir pour cause le travail accompli et le service rendu. Or, il est assez difficile de comprendre pour quels motifs le matelot engagé au voyage ne doit avoir droit qu'à la moitié de ses loyers, s'il meurt en allant ou au port d'arrivée, tandis que le matelot engagé au profit ou au fret aurait droit à la totalité de sa part, s'il meurt le voyage commencé. On a fait remarquer à cet égard que l'engagement à la part se pratique particulièrement pour la grande pêche, et qu'une campagne de pêche dure habituellement, en moyenne, de six à huit mois. Serait-il juste d'attribuer aux représentants du matelot mort quelques jours après le départ une part égale à celle des matelots qui auraient accompli leur travail pendant toute la durée de la campagne de pêche? La chambre de commerce de Brest a proposé de modifier ce paragraphe de la manière suivante : « Si le matelot est engagé au profit ou au fret, la moitié de sa part lui est due s'il meurt en allant, ou en arrivant au lieu de pêche; le total de sa part lui est dû s'il meurt au cours de la pêche ou en revenant » (Rapport de M. Peulevey du 10 juin 1882). — Cette modification, adoptée par la Chambre des députés, a été d'abord rejetée par le Sénat, sur la demande de son rapporteur. — La Chambre des députés, après avoir entendu les observations de son rapporteur (Séance du 18 mai 1885, *Journ. off.* du 19 mai 1885), adopta alors une nouvelle rédaction ainsi conçue : « Si le matelot est engagé au profit ou au fret, *la moitié de sa part lui est due s'il meurt en allant ou au port d'arrivée*. Le total de sa part est dû s'il meurt en revenant. — Pour les opérations de la grande pêche, la moitié de sa part lui est due s'il meurt en allant ou en arrivant au lieu de pêche; le total de sa part lui est dû s'il meurt au cours de la pêche ou en revenant ». — La commission du Sénat, d'accord avec le ministre de la marine, a remanié la rédaction de l'art. 265 sur les bases suivantes : « Qu'il y ait engagement au voyage, au profit ou au fret, on distinguera entre les engagements pour un voyage d'aller seulement et ceux qui seront faits pour un voyage d'aller et retour. Dans le premier cas, la totalité des gages ou de la part est due au marin s'il meurt après le commencement du voyage; dans le second, la moitié des loyers ou de la part est due s'il meurt en allant ou au port d'arrivée; s'il meurt en revenant, la totalité est acquise. Dans le cas d'engagement à la grande pêche, la moitié des loyers ou de la part est due si le matelot meurt *pendant la première moitié de la campagne*, la totalité, s'il meurt pendant la seconde moitié. La durée de la campagne de pêche étant fixée par l'intervalle qui s'écoule entre la revue de départ et le désarmement, la base de calcul ne peut donner lieu à contestation » (Rapport de M. Roger-Marvaise du 22 janv. 1883).

842. M. Desjardins, t. 5, n° 1285, se demande s'il ne faut pas généraliser la disposition de l'art. 265, § 3; toutes les fois que, en dehors des opérations de la grande pêche, le matelot engagé au voyage, au profit ou au fret, doit accomplir un certain nombre de traversées avant de revenir au port d'armement, ne doit-on pas diviser la durée présumée du voyage total en deux périodes, la première correspondant à l'aller, et la seconde au retour? M. Desjardins se prononce, et avec raison, croyons-nous, pour la négative. Les termes formels de l'art. 265, § 3, indiquent clairement que le législateur n'a entendu appliquer cette disposition qu'à la grande pêche. On devra donc se conformer à la solution qui était généralement admise sur ce point avant 1885 (Laurin, t. 1, p. 557; Desjardins, t. 3, n° 733); on divisera la somme stipulée à forfait pour le voyage en fractions proportionnelles à la durée de chaque traversée, puis, considérant chacune de celles-ci comme un voyage d'aller, on attribuera à la succession les fractions correspondant aux traversées déjà accomplies et à celle qui était en cours d'exécution au moment du décès (Desjardins, t. 5, n° 1285).

843. En cas de décès, pendant la durée du voyage, des gens de mer engagés au profit, leurs héritiers peuvent, suivant les distinctions établies par l'art. 265, § 2, réclamer soit la totalité, soit la moitié de leur quote-part, dans les bénéfices de l'entreprise. Mais en est-il encore ainsi, lorsque la maladie dont meurt le marin existait déjà avant le départ? Non; il résulte, en effet, par *à contrario* de l'art. 262 c. com., que le matelot tombé malade avant que le navire ait levé l'ancre ne conserve pas, comme celui qui tombe malade par la suite, le droit de réclamer le payement total de ses salaires. Rien ne permettant de présumer, en pareil cas, que l'affection découle des fatigues endurées au service et encore moins des rigueurs du climat, on revient à l'application pure et simple des principes généraux en matière de louage et spécialement de louage d'ouvrage; le marin qui se trouve désormais dans l'impossibilité de procurer à l'armateur la jouissance de la chose objet de louage, puisqu'il ne peut le faire bénéficier de sa collaboration, n'a aucun droit aux loyers à venir; il ne peut réclamer que les fractions de loyers déjà échues au moment de l'interruption de son travail et correspondant à ses services antérieurs. Est-il besoin d'ajouter que, s'il en est ainsi lorsque le marin tombé malade avant le départ guérit par la suite, il n'en saurait être autrement lorsqu'il meurt de la maladie dont il était atteint? Les loyers, dont le cours a été arrêté du jour où il a dû quitter son emploi, ne peuvent pas, par cela seul qu'il est ensuite décédé, être considérés comme ayant continué de courir au profit de ses héritiers; ils le peuvent d'autant moins que, en général, les héritiers du matelot décédé en cours de voyage sont moins bien traités que le matelot lui-même après sa guérison. C'est, en effet, ce qui résulte de la comparaison du texte de l'art. 262 avec celui de l'art. 265 (de Courcy, *La Loi du 12 août 1885*, *Questions*, t. 4, p. 18; Desjardins, t. 5, n° 1285). L'application du dernier de ces deux articles est donc subordonnée à celle du premier; elle ne peut avoir lieu qu'autant que la maladie s'est déclarée pendant la durée de la traversée (V. en ce sens : Dissertation de M. Levillain, D. P. 80. 2. 234; de Valroger, t. 2, n° 619). — Quoi qu'il en soit, il a été jugé, sous l'empire de l'ancien art. 265, que le capitaine qui entreprend une traversée est, jusqu'à preuve contraire, présumé valide, et, par suite, en état de résister, soit aux fatigues du voyage, soit aux intempéries du climat qu'il affronte; et il en est surtout ainsi lorsque l'armateur a stipulé à l'égard des autres marins que, « si une indisposition les empêchait de se livrer à la pêche pendant un certain laps de temps, leur salaire ne serait réglé que d'après la moyenne de la morue pêchée pendant cette indisposition », sans avoir fait aucune réserve de ce genre dans la convention passée avec le capitaine; en conséquence, lorsque le capitaine était engagé au profit, ses héritiers ont le droit de réclamer la totalité de sa part dans les bénéfices (Rouen, 24 déc. 1879, aff. Anquetil, D. P. 80. 2. 233). Ces principes sont évidemment encore exacts aujourd'hui, sauf la distinction faite par le paragraphe 2 de l'article pour la fixation du montant des loyers dus.

844. On a expliqué (*Rép.* n°s 756, 758 et 759) que, aux termes du dernier alinéa de l'ancien art. 265, les loyers du matelot *tué en défendant le navire* sont dus en entier pour tout le voyage, si le navire arrive à bon port. On a vu *ibid.* quelles sont les conditions voulues pour que les héritiers puissent bénéficier de cette disposition. — La proposition de loi présentée au Sénat, comme on l'a vu *suprà*, n° 841, ne contenait d'autre modification à l'ancien art. 265 qu'une addition au dernier paragraphe, addition destinée à assurer l'égalité du traitement entre les héritiers du matelot tué en défendant le navire et les survivants. Les auteurs du projet ont déclaré, à cet effet, qu'en cas de prise, naufrage ou déclaration d'innavigabilité, les loyers du matelot tué en défendant le navire lui seront payés de la même manière qu'aux survivants, c'est-à-dire conformément à l'art. 258 c. com. Aucune difficulté ne s'est élevée pour l'adoption de cette disposition, qui est devenue le 4e alinéa de l'art. 265. Elle est ainsi conçue : « Les loyers du matelot tué en défendant le navire sont dus en entier pour tout le voyage si le navire arrive à bon port, et, en cas de prise, naufrage ou déclaration d'innavigabilité, jusqu'au jour de la cessation des services de l'équipage » (V. Desjardins, t. 5, n° 1285; de Valroger, t. 2, n° 622).

845. Nous avons expliqué (*Rép.* n° 757) que, dans le cas prévu par l'art. 265, dernier alinéa, les loyers échus jusqu'au moment de la mort sont dus par le navire seul, et le surplus, par le navire et le chargement; ainsi, tout ce qui excède les loyers qui auraient été dus au matelot s'il était mort de mort naturelle est une avarie commune, et, à ce titre, cet excédent tombe à la charge du bâtiment et de la cargaison.

846. On a vu (*Rép.* n° 754) d'une part, que le *suicide* n'équivaut pas à la désertion; d'autre part, que les héritiers du suicidé ne peuvent être aussi bien traités que si le marin était mort naturellement; ils n'ont droit qu'à une fraction des loyers proportionnelle au service effectif accompli par le marin; ils peuvent être, en outre, passibles d'une indemnité à raison du dommage causé à l'armement par le suicide de leur auteur : cette indemnité s'imputera sur les loyers (Desjardins, t. 3, n° 328; de Valroger, t. 2, n° 619).

847. Les dispositions du nouvel art. 265 sont, comme celles de l'ancien article, d'ordre public (Décr. 4 mars 1852, art. 1; V. *Rép.* v° *Organisation maritime*, n° 418; Desjardins, t. 5, n° 1286; de Valroger, t. 5, p. 375).

848. Sur les loyers et l'indemnité dus au matelot *fait esclave* (c. com. art. 266 à 269), V. *Rép.* n°s 760 et suiv.

849. On a dit au *Rép.* n° 767 que, en vertu de l'art. 270 c. com., les matelots peuvent être *congédiés*, même *sans cause valable*, en France ou dans les colonies françaises : la disposition contraire de l'art. 15 du tit. 14 de l'ordonnance de 1784 ne doit pas être suivie. Toutefois, le matelot qui justifie qu'il est congédié sans cause valable a le droit de réclamer une indemnité contre le capitaine (*Rép.* n° 771). Il appartient aux juges d'apprécier souverainement, au moyen des explications des parties et de tous autres genres de preuve qu'ils croiraient devoir employer, si le capitaine a congédié le matelot arbitrairement et par pur caprice, ou, au contraire, pour cause valable (Demangeat, t. 4, p. 317; Desjardins, t. 4, n° 631). — Quand le congédiement a lieu pour une cause valable, le marin n'a droit qu'à ses journées de salaire, et non à l'indemnité fixée par l'art. 270 (*Rép.* n° 780). Si le congédiement a lieu sans cause valable, l'indemnité est déterminée par l'art. 270 (*Rép.* n°s 775 à 778. Conf. Desjardins, *loc. cit.*; de Valroger, t. 2, n° 639).

850. On a émis au *Rép.* n° 774 l'opinion conforme à celle de Valin, que le capitaine n'a le droit de congédier de son chef un homme de l'équipage, que lorsqu'il ne se trouve pas dans le lieu de la demeure du propriétaire du navire : dans le cas contraire, il ne le peut que de l'aveu de celui-ci. Cette doctrine est aujourd'hui abandonnée : le législateur semble, dit-on, avoir voulu rendre le capitaine indistinctement responsable du congédiement, puisqu'il lui défend sans distinction de répéter le montant de l'indemnité contre les propriétaires du navire (Bédarride, t. 2, n° 629; Demangeat, t. 4, p. 316; Desjardins, t. 3, n° 631; de Valroger, t. 2, n° 633).

851. On sait que le capitaine ne peut débarquer, sans l'intervention de l'autorité maritime ou consulaire, aucun individu porté à un titre quelconque sur le rôle d'équipage (*Rép.* n° 769); toute infraction à cette prohibition rend le capitaine passible d'une amende de 300 fr., si le navire est armé au long cours, de 50 à 100 fr., s'il est armé au cabotage, de 25 à 30 fr., s'il est armé à la petite pêche (Décr. 19 mars 1852, art. 4 et 5) (V. *infrà*, v° *Organisation maritime*).

852. Sur le débarquement des officiers-majors, V. *Rép.* n° 773; Desjardins, t. 3, n° 634.

853. Bien que l'art. 270, § 6, paraisse interdire d'une façon absolue le congédiement des matelots à l'étranger, on admet généralement que le législateur n'a pas entendu innover, mais s'en rapporte à ce que décidait l'ordonnance de 1784 (tit. 14, art. 15) qui permettait le débarquement des matelots à l'étranger, s'il avait lieu de leur consentement, ou pour cause valable, et avec l'assentiment du consul. Il est des cas où le débarquement d'un matelot malade ou mutin peut être indispensable (Desjardins, t. 3, n° 633; de Valroger, t. 2, n° 636; Ord. 29 oct. 1833, art. 24; Décr. 19 mars 1852, art. 4 et 5; 7 avr. 1860, art. 2, D. P. 60. 4. 64. V. toutefois *Rép.* n° 768; Lyon-Caen, t. 2, n° 1758).

854. L'art. 270 c. com. constitue une disposition d'ordre public, à laquelle il est interdit de déroger (Décr. 4 mars 1852, art. 1er, *Rép.* v° *Organisation maritime*, n° 418).

855. Le matelot peut provoquer son débarquement (Arrêté 5 germ. an 12, art. 9; Ord. 29 oct. 1833, art. 24). Les commissaires ou consuls devront toujours accueillir ces requêtes avec une grande circonspection (Filleau, n° 55). En général, le matelot débarqué sur sa demande, pour motifs étrangers au service, cesse d'être payé à partir de son débarquement;... à moins cependant que celui-ci ne soit motivé par les mauvais traitements du capitaine, cas auquel il a droit à l'indemnité fixée par la loi (Trib. com. Marseille, 27 nov. 1860, *Recueil de Marseille*, 1860. 1. 322).

856. Les commissaires et consuls doivent intervenir, alors même que le débarquement a lieu d'accord entre le capitaine et le matelot (Ord. 1784, tit. 14, art. 15; Arrêté 5 germ. an 12, art. 2; Décr. 19 mars 1852, art. 5, D. P. 52. 4. 111). Le matelot est alors payé de son salaire pour le temps pendant lequel il a servi et les avances qui lui ont été faites ne peuvent même être répétées contre lui pour la portion qui excéderait le montant de ce salaire; mais il n'a droit à aucune indemnité (Trib. com. Marseille, 27 août 1880) (1); il doit, en outre, être rapatrié aux frais de l'armateur (Desjardins, t. 3, n° 637).

857. Les gens de mer peuvent encore être débarqués d'*office*, par ordre des commissaires ou consuls, « pour faire cesser des troubles qu'il pourrait y avoir à leur occasion dans les navires, ou pour d'autres causes particulières à l'égard desquelles ce débarquement serait jugé absolument nécessaire par lesdits officiers » (Ord. 1er août 1743, art. 2. Conf. Arrêté 5 germ. an 12). En ce cas, ils sont payés pour le temps pendant lequel ils ont servi, mais ils ne peuvent jamais demander aucune indemnité (Desjardins, t. 3, n° 635). Quant aux frais de retour, l'art. 2 de l'arrêté de germinal et l'art. 2 du décret du 7 avr. 1860 disent que le consul ou le commissaire devra les mettre à la charge du marin ou de l'armement, suivant que le débarquement est ou non imputable au matelot. — Cette décision du consul ou du commissaire aura-t-elle force de chose jugée? Un arrêt (Req. 8 mars 1832, *Rép.* n° 603) a répondu affirmativement. M. Desjardins, *loc. cit.*, se prononce pour la solution inverse: il s'agit là de la détermination d'un droit privé qui ne peut être que de la compétence des tribunaux; l'Administration ne saurait se prononcer que sur ce qui est d'intérêt public, c'est-à-dire le débarquement lui-même (Conf. de Valroger, t. 2, n° 644).

CHAP. 5. — Des chartes-parties, affrètements ou nolissements (*Rép.* nos 782 à 1061).

SECT. 1re. — RÈGLES GÉNÉRALES (*Rép.* nos 783 à 801).

858. Le navire peut être affecté à la pêche ou au transport soit des choses, soit des personnes. Dans les tit. 6 à 8 du liv. 2, le code de commerce l'envisage uniquement comme instrument de transport pour les choses, les marchandises. — Les navires ne transportent pas toujours, et surtout d'une façon exclusive, des marchandises appartenant à l'armateur lui-même. De là, le contrat d'*affrètement* ou de *nolissement* que l'on désigne aussi parfois, mais à tort, sous le nom de *charte-partie* (*Rép.* n° 782); ce dernier terme ne doit s'appliquer qu'à l'écrit par lequel est constaté le contrat.

859. L'affrètement diffère du contrat de transport ordinaire en ce qu'il est, à la fois, un louage d'ouvrage et un louage de choses. Le propriétaire du navire ne loue pas seulement son bâtiment, mais encore les services du capitaine, son préposé (Conf. L. 1, § 1, Dig. XIX. tit. 5, *De præscriptis verbis*). Il peut arriver cependant que le propriétaire ne loue que son navire, par exemple, à un affréteur qui se propose exclusivement de trouver un sous-affréteur, et qui peut même s'être fait déléguer le droit de choisir le capitaine (Desjardins, t. 3, n° 755). Il a été jugé que lorsque la charte-partie a stipulé que les affréteurs devraient tenir les armateurs indemnes de toute conséquence de la signature des connaissements et des autres instructions à donner au capitaine, qu'ils pourraient demander le remplacement du capitaine, s'ils avaient à se plaindre de lui, et que les fréteurs seraient déchargés de toutes les responsabilités imposées aux propriétaires, les affréteurs étaient garants, envers les armateurs, du recours des tiers à l'occasion des faits imputés au capitaine (Trib. com. Anvers, 28 févr. 1879, *Jurisprudence du port d'Anvers*, 1880. 1. 191. Conf. Laurin, t. 2; de Valroger, t. 2, n° 666).

860. On a indiqué au *Rép.* n° 784 que la charte-partie constitue un véritable contrat de louage, auquel il convient d'étendre, en général, les principes du droit civil sur les points qui n'ont pas été réglés par la loi commerciale. Ainsi, de même qu'il est reconnu que le propriétaire d'un immeuble a contre le sous-locataire, jusqu'à concurrence de ce qui est dû par ce dernier au locataire principal, une action directe qui lui permet d'agir non pas seulement par voie de saisie-gagerie sur les meubles placés dans les lieux loués, mais sur tous les biens quelconques du sous-locataire, et par les voies ordinaires d'exécution (V. Civ. cass. 24 janv. 1853, aff. Verdier, D. P. 53. 1. 124; Paris, 26 févr. 1873, aff. Weltz, D. P. 77. 5. 287; Civ. cass. 2 juill. 1873, aff. Marçais, D. P. 73. 1. 412), il a été jugé que le propriétaire d'un navire a une action personnelle et directe contre le sous-affréteur, dans la limite de ce que celui-ci doit lui-même à l'affréteur; par suite, le sous-affréteur ne peut opposer en compensation au propriétaire les dommages-intérêts qu'il prétend lui être dus par l'affréteur, mais au sujet desquels aucune décision n'est encore intervenue (Rouen, 28 févr. 1878, aff. Ménage, D. P. 79. 2. 30).

861. Tout contrat d'affrètement suppose un navire qui est loué, un usage déterminé à faire de ce navire, c'est-à-dire un transport d'un lieu dans un autre, un prix ou *fret*. — On peut supposer, il est vrai, que le propriétaire du navire en cède gratuitement l'usage; mais il y a là un contrat de bienfaisance, que le code de commerce n'a pas eu à régler, et dont nous n'avons pas à nous occuper ici. En principe, comme l'a dit très exactement la cour de cassation (Civ. cass. 10 juin 1879, aff. Pellolio, D. P. 79. 1. 340), toute marchandise transportée par mer doit un fret. On convient parfois *d'un franc pour tout fret;* on a indiqué, *suprà*, n° 774, dans quel but avait été imaginé, dans la pratique, cet affrètement *nummo uno*. Il y a là une pure fiction; la convention ayant été conclue pour l'aller et le retour, le fréteur s'est assuré, pour le retour, un fret plus élevé qui, en réalité, comprend le fret d'aller et celui de retour. — Il arrive aussi qu'un capitaine prend à son bord des marchandises comme simple lest et sans aucune rémunération. Une pareille convention n'est pas, à proprement parler, un contrat d'affrètement; elle doit être appréciée *ex æquo et bono*.

862. On a examiné *suprà*, v° *Acte de commerce*, nos 353

(1) (Vidal C. Roux de Fraissinet et comp.). — LE TRIBUNAL; — Attendu que le sieur Vidal, mécanicien à bord du bateau à vapeur *Emile-Eloïse*, a été débarqué à Port-Saïd après dix-neuf jours de navigation seulement; qu'il a été constaté par le consul de France dans ce port, qu'il avait été débarqué de son consentement et sur la demande de son capitaine; — Attendu que le sieur Vidal a demandé des indemnités aux armateurs du bateau; que la disposition de l'art. 270 c. com., qui interdit de congédier un matelot en pays étranger, n'est pas applicable au cas où le service du marin à bord serait une cause de trouble, ni au cas où il renonce lui-même à son engagement; — Que les consuls français remplissent en pays étranger les fonctions des commissaires de l'inscription maritime, et qu'ils constatent les engagements comme les cessations d'engagements qui interviennent; — Qu'il est donc justifié au procès que c'est de son consentement que le mécanicien Vidal a été débarqué à Port-Saïd; — Attendu que les armateurs ont conclu reconventionnellement au remboursement d'avances faites à concurrence de l'excédent de ces avances sur les salaires de dix-neuf jours; — Attendu que dans le cas de rupture de voyage ou d'engagement, les avances sont acquises aux marins; que si l'engagement, dans l'espèce, a été résilié d'un consentement commun, il n'en résulte pas qu'il ait cessé par suite de torts imputables au mécanicien; que le capitaine n'a provoqué aucune décision à cet égard, et qu'il n'a fait aucune réserve pour la répétition des avances; que le consentement du mécanicien a seulement pour effet d'exonérer les armateurs de toute indemnité;

Par ces motifs, le tribunal déboute le sieur Vidal de sa demande et les sieurs Roux de Fraissinet et comp. de leurs conclusions reconventionnelles, etc.

Du 27 août 1880.-Trib. com. Marseille.-MM. Dupré, pr.-Morel et Aicard, av.

et suiv. la question de savoir si l'affrétement présente un caractère commercial.

863. C'est aux *courtiers maritimes* qu'appartient exclusivement le droit de se livrer au courtage des affrétements, c'est-à-dire de s'entremettre entre les fréteurs et les affréteurs, et de procurer des chargements aux capitaines moyennant un prix déterminé (V. *suprà*, v° *Bourse de commerce*, n° 252). Leur ministère toutefois n'est pas obligatoire; l'affréteur peut traiter directement avec l'armateur, et, en ce cas, il n'a aucun droit de courtage à payer (V. *infrà*, n° 878).

864. Nous avons exposé (*Rép.* n° 790), l'opinion d'après laquelle l'ordonnance de 1681, liv. 3, tit. 3, art. 27, portant défense « de sous-fréter les navires à plus haut prix que celui porté dans le premier contrat, à peine de 100 livres d'amende et de plus grande punition s'il y échet », serait encore en vigueur. — Cette opinion est aujourd'hui abandonnée par la plupart des auteurs (de Courcy, p. 127; Ruben de Couder, v° *Fret*, n° 15; Desjardins, t. 3, n° 761; Lyon-Caen et Renault, t. 2, n° 1850), et elle a été condamnée par un arrêt de la cour de cassation (Crim. rej. 23 janv. 1875, aff. Godet, D. P. 77. 1. 510), qui décide que la prohibition portée par l'ordonnance de 1681 « a cessé d'être en vigueur; qu'elle est contraire au principe de la liberté du commerce et aux règles du droit commun sur le contrat de louage, et qu'elle n'a pas été reproduite dans le code de commerce; qu'elle ne peut être considérée comme maintenue par la disposition générale de l'art. 484 c. pén.; que cet article, en effet, n'autorise l'application des peines portées par des lois et règlements particuliers, que dans les matières qu'il ne régit pas lui-même, et que l'art. 416 de ce code, qui punit tous ceux qui, par des moyens frauduleux quelconques, opèrent la hausse ou la baisse des denrées ou marchandises, pourvoit au danger d'accaparement et à la répression de l'abus auxquels l'art. 27 avait spécialement en vue d'obvier ».

865. Il a été jugé que le capitaine d'un navire, quand il se trouve hors du lieu de la demeure de l'armateur ou de son fondé de pouvoir, a le droit de résilier le contrat d'affrétement par un accord intervenu de bonne foi entre lui et l'affréteur, encore bien que la charte-partie aurait été signée par l'armateur lui-même; et cette résiliation entraîne l'annulation de la clause pénale qui avait été stipulée dans le contrat (Req. 20 avr. 1880, aff. Le Quellec, D. P. 80. 1. 450).

866. Il y a plusieurs espèces d'affrétement: il peut avoir lieu, dit l'art. 286 c. com., « pour la totalité ou pour partie du bâtiment, pour un voyage entier ou pour un temps limité, au tonneau, au quintal, à forfait, ou à cueillette, avec désignation du tonnage du vaisseau ». — On a exposé (*Rép.* n°s 792 et suiv.) les règles spéciales à chacun de ces modes d'affrétement; sur l'affrétement *total* ou *partiel*, V. *Rép.* n°s 792 et suiv.; sur l'affrétement *au voyage* ou *au mois*, V. *Rép.* n° 794; sur l'affrétement *à temps limité*, V. *Rép.* n° 794; sur l'affrétement *à cueillette*, V. *Rép.* n° 798; sur l'affrétement *à forfait*, V. *Rép.* n° 798.

867. En cas d'affrétement *au tonneau*, le fret peut être fixé en bloc et à forfait, ou à tant par tonneau de jauge (*Rép.* n° 797). — Sur la mesure et la capacité du tonneau, et sur le jaugeage des navires, V. *Organisation maritime*; — *Rép.* eod. v°, n°s 519 et suiv.; Décr. 25 août 1861 (D. P. 61. 4. 118); 24 déc. 1872 (D. P. 73. 4. 17) et 24 mai 1873 (D. P. 73. 4. 73). — Si l'affrétement a pour objet l'emplacement nécessaire pour loger une certaine quantité de marchandises, il peut encore être conclu à forfait, ou le fret peut être réglé d'après le volume ou le poids de la marchandise, tant par mètre cube, tant par hectolitre, tant par quintal (ancien quintal de 50 kilog.), tant par tonneau de mer, ou d'affrétement.

Il importe de distinguer soigneusement le tonneau de mer ou d'affrétement et le tonneau de jauge: le premier est une mesure de poids et de volume qui s'applique aux marchandises, tandis que le second est une mesure de capacité qui sert à fixer le tonnage des navires. Pour la fixation du tonneau de mer, qui sert à déterminer le montant du fret, il est tenu compte à la fois du poids et du volume des marchandises. En principe, le tonneau est le poids d'un mètre cube d'eau, soit 1000 kilogr.; mais il est des marchandises qui, sous un volume considérable, atteignent un poids relativement faible; pour elles, le tonneau de mer représentera un poids inférieur à 1000 kilog. Jusqu'en 1861, les usages fixaient seuls pour chaque espèce de marchandises, et dans chaque port, la composition en kilogrammes du tonneau d'affrétement (Desjardins, t. 3, n° 758). Un décret du 25 août 1861 (D. P. 61. 4. 118) a fixé d'une façon uniforme pour tous les ports la composition du tonneau; selon la catégorie des marchandises, le tonneau est de 150 à 1000 kilogr. Le tableau annexé à la loi du 13 juin 1866 sur les usages commerciaux (1re part., VII, D. P. 66. 4. 70), a décidé que le tonneau de mer s'entend du tonneau d'affrétement tel qu'il est réglé par le décret de 1861 (Desjardins, *loc. cit.*; Lyon-Caen et Renault, t. 2, n° 1845. V. cependant: de Valroger, t. 2, n° 757).

868. La composition du tonneau de mer varie de pays à pays; aussi a-t-on souvent, dans la pratique, à se poser la question suivante: lorsqu'un affrétement est conclu dans un port étranger pour un port français (ou réciproquement), à tant par tonneau, sans que l'on se soit expliqué sur la capacité du tonneau, doit-on calculer le fret sur le tonneau en usage dans le port du contrat, ou sur le tonneau en usage dans le port de destination? Le tribunal de commerce du Havre, le 27 oct. 1856 (*Recueil du Havre*, 1856. 1. 197) et le 18 août 1871 (*ibid.*, 1874. 1. 142), avait d'abord décidé qu'il fallait établir le calcul d'après le tonneau du port de déchargement, mais, par deux jugements des 29 avr. 1874 (*Recueil du Havre*, 1874. 1. 156) et 10 juin 1874 (*ibid.*, 1874. 1. 202), il a abandonné cette jurisprudence et décidé avec raison, croyons-nous, que c'est au tonneau usité dans le port du contrat que l'on doit se référer (Conf. Trib. com. Marseille, 29 avr. 1825, *Rép.* n° 797; 6 janv. 1880, aff. Cap. Pasquale, *Recueil de Marseille*, 1880. 1. 86; 26 févr. 1880, aff. Cap. Luporini, *ibid.*, 1880. 1. 128; Desjardins, t. 3, n° 758); il n'en serait autrement que si, à raison de quelque circonstance particulière, l'intention des parties devait être interprétée en sens contraire (Conf. Trib. com. Anvers, 23 sept. 1858, *Jurisprudence du port d'Anvers*, 1858. 1. 218; Bordeaux, 19 déc. 1873) (1).

869. Le fret *au quintal* est ordinairement calculé sur le poids brut, et non sur le poids net de la marchandise; et la mention de ce dernier poids dans le connaissement n'entraîne pas dérogation à cet usage (Rouen, 30 déc. 1874,

(1) (Dussaud C. Melling.) — LA COUR; — Attendu qu'en frétant, en travers par la charte-partie du 22 nov. 1872, son navire norvégien *le Hyeunet* comme jaugeant officiellement 394 tonneaux, le capitaine Melling, loin d'avoir exagéré la capacité de son navire, restait, au contraire, au-dessous de la vérité; — Qu'il est, en effet, établi que la jauge officielle du navire en Norvège était de 94 lastats 60 centièmes, soit de 404 tonneaux; — Qu'à la vérité, Dussaud frères soutiennent qu'en France, où le contrat d'affrétement s'est formé, la jauge ne doit être calculée que sur la capacité de la cale et de l'entrepont, et que, dès lors, le navire affrété ne jaugeait réellement que 353 tonneaux 86 centièmes; mais que ce mode de calcul ne saurait être et n'est pas appliqué dans l'usage aux navires norvégiens qui ont une construction spéciale et bien connue; — Que ces navires sont pourvus d'un poop-deck ou vaste dunette faisant corps avec le bâtiment et destiné à contenir une quantité de marchandises relativement considérable, et qu'en fait, la dunette du *Hyeunet* jaugeait 108 tonneaux 23 centièmes, sur lesquels 74 tonneaux 79 centièmes pouvaient recevoir et ont effectivement reçu les marchandises des chargeurs; en sorte qu'il a été mis à leur disposition plus qu'il ne leur avait été promis, c'est-à-dire une jauge réelle de 428 tonneaux 65 centièmes, et qu'ils ne sauraient dès lors avoir sujet de se plaindre; — Qu'il y a d'autant plus lieu de décider ainsi qu'on ne peut pas assimiler les marchandises placées dans la dunette à celles qui sont chargées sous le pont, ainsi que la cour l'a jugé par arrêt du 13 janv. 1841, confirmatif d'un jugement du tribunal de commerce de Bordeaux; — Attendu enfin que, si la correspondance échangée entre le courtier maritime à Bordeaux de Dussaud frères, et le mandataire que ce courtier s'était substitué au Havre pour traiter de l'affrétement du navire, a pu faire supposer aux affréteurs qu'ils auraient, en sus du tonnage promis, et moyennant le prix stipulé, la faculté de charger leurs marchandises dans la dunette du *Hyeunet*, cette correspondance ne saurait être opposée au capitaine, qui ne l'a pas connue et y est resté complétement étranger; — Par ces motifs, confirme.

Du 19 déc. 1873.-C. de Bordeaux, 2e ch.-MM. Vaucher, pr.-Dossat, av. gén.-Battar et Trarieux, av.

aff. Ehrichsen, *Journal du droit international privé*, t. 2, p. 430 ; *Rép.* n° 797 ; Desjardins, t. 3, n° 759 ; de Valroger, t. 2, n° 758 ; Caumont, v° *Affrétement*, n° 247), à moins de convention ou d'usage contraire (Trib. Anvers, 4 août 1866, *Jurisprudence du port d'Anvers*, 1867. 1. 235).

SECT. 2. — DES FORMES DE LA CHARTE-PARTIE (*Rép.* n°ˢ 802 à 829).

870. On a expliqué (*Rép.* n° 803), que la formalité de l'écriture n'est exigée que pour la *preuve*, et non pour la *validité* du contrat de charte-partie. Un jugement (Trib. com. Nantes, 9 janv. 1875, *Recueil de Marseille*, 1875. 2. 108) porte, il est vrai, que « la disposition de l'art. 273 est absolue, qu'elle établit un point de forme qui est de rigueur et que le contrat n'est point parfait, tant qu'il n'est point signé par les parties ». Mais cette décision est isolée, et la jurisprudence est d'accord avec la doctrine, pour reconnaître que le contrat d'affrétement est parfait par le seul consentement des parties (Trib. com. Bordeaux, 28 oct. 1845, aff. Pournun, *Recueil de Marseille*, 1846. 2. 81 ; 22 nov. 1847, aff. Mertens, *ibid.*, 1848. 2. 17 ; 12 juin 1849, aff. Ménard, *ibid.*, 1849. 2. 127 ; Trib. com. Marseille, 7 août 1855, aff. Perquer, *ibid.*, 1855. 2. 21 ; Bordeaux, 12 mars 1861, aff. Lafitte, *ibid.*, 1861. 2. 67 ; Trib. com. Marseille, 23 mars 1864, aff. Margliano, *ibid.*, 1864. 1. 144 ; 2 avr. 1873, aff. Pinède, *ibid.*, 1873. 1. 287 ; Motifs, Aix, 23 févr. 1875, aff. Gaud-Jounzoff, D. P. 78. 5. 81 ; Trib. com. Marseille, 7 août 1878 (1) ; Bédarride, t. 2, n° 642 ; Laurin, t. 2, p. 33 ; Sebire et Carteret, n° 22 ; Boistel, n° 1233 ; Desjardins, t. 3, n° 763 ; de Valroger, t. 2, n° 760 ; Ruben de Couder, v° *Charte-partie*, n° 5 ; Lyon-Caen et Renault, t. 2, n° 1854). Il est incontestable, en effet, que le législateur n'a entendu, dans le premier alinéa de l'art. 273, s'occuper que de la preuve ; il a voulu exclure la preuve testimoniale (ou par présomptions) (Conf. Trib. com. Anvers, 31 mars 1860, *Jurisprudence du port d'Anvers*, 1860. 1. 360). Cette exclusion, renouvelée de l'ancien droit, qui la considérait, suivant l'expression de Valin, comme « la sûreté des parties » est aujourd'hui vivement critiquée ; aussi le projet de 1865 disposait-il (art. 277) que « le contrat d'affrétement se constate par les moyens de preuve énoncés en l'art. 109 ». La loi belge du 21 août 1879 (art. 67), consacre cette dernière règle (V. aussi c. com. allemand, art. 558). D'autres codes récents (V. notamment c. com. espagnol de 1885, art. 652 ; c. com. portugais de 1889) exigent la rédaction d'un écrit (Comp. c. com. italien de 1882, art. 547).

871. La jurisprudence elle-même, dans l'intérêt du commerce, tend à restreindre, d'une façon peut-être excessive, la portée de l'art. 273 : c'est ainsi qu'il a été jugé que l'obligation de rédiger par écrit les conventions pour le louage d'un vaisseau, imposée par l'art. 273 c. com., n'est pas applicable au louage de bâtiments destinés au petit cabotage, et que la preuve du louage peut, en pareil cas, avoir lieu par la correspondance, les livres des parties ou leur interrogatoire (Aix, 28 avr. 1846, aff. Audibert, D. P. 46. 2. 136. Conf. *Rép.* n° 806 ; Sol. impl., Trib. com. Havre, 10 avr. 1878, aff. Grosos, *Recueil du Havre*, 1878. 1. 155. Comp. Trib. com. Marseille, 7 août 1878, cité *suprà*, n° 870). Cette décision ne fait, il est vrai, que consacrer un usage constant, mais elle ne tient pas assez compte, croyons-nous, de la disposition impérative de l'art. 273.

872. La preuve testimoniale (ou par présomptions) doit-elle être écartée même dans le cas où il s'agit d'une somme inférieure à 150 fr. ? MM. Bédarride et Boistel, *loc. cit.*, se prononcent pour la négative. Mais l'opinion inverse est plus généralement admise : l'art. 273 ne fait aucune distinction, et sa prohibition doit être considérée, non comme un retour à l'art. 1341 c. civ., mais comme une dérogation générale et complète à l'art. 109, qui admet, dans tous les cas, la preuve par témoins en matière commerciale (Trib. com. Bordeaux, 28 oct. 1845, 22 nov. 1847, 12 juin 1849 ; Trib. com. Marseille, 7 août 1855, 23 mars 1864, 2 avr. 1873, cités *suprà*, n° 870 ; Laurin, de Valroger, Ruben de Couder, Desjardins, Lyon-Caen et Renault, *loc. cit.*). — En est-il encore de même quand il y a un commencement de preuve par écrit ? La preuve testimoniale ne doit-elle pas, dans ce cas, devenir admissible ? MM. Boistel, de Valroger, Desjardins, *loc. cit.*, se prononcent pour l'affirmative (Conf. anal. Req. 1ᵉʳ août 1867, aff. Pigeaux, D. P. 73. 5. 301 ; Civ. cass. 24 déc. 1877, aff. Machet, D. P. 78. 1. 160 ; Civ. rej. 8 janv. 1879, aff. de Gryniéwitch, D. P. 79. 1. 128. — V. en sens contraire : Motifs, Req. 11 janv. 1860, aff. Risk-Allah-Effendi, D. P. 60. 1. 91 ; Lyon-Caen et Renault, t. 2, n° 1854).

873. La preuve par témoins ou par présomptions est seule interdite par l'art. 273. Rien n'empêche donc de recourir au *serment décisoire* ou à *l'aveu* ; du moment où l'écrit n'est pas exigé *ad solemnitatem*, il peut être remplacé par ces modes de preuve (Bordeaux, 12 mars 1861 ; Aix, 23 févr. 1875 ; Trib. com. Marseille, 7 août 1878, cités *suprà*, n° 870 ; Boistel, Sebire et Carteret, Laurin, Desjardins, de Valroger, Lyon-Caen et Renault, *loc. cit.* — *Contrà* : Trib. com. Nantes, 9 janv. 1875, cité *suprà*, n° 870).

874. Il a été jugé que la représentation d'un écrit n'est plus indispensable lorsqu'il y a eu commencement d'exécution, par exemple, lorsque le capitaine a reçu la note détaillée des objets à charger et en a commencé le chargement (Trib. com. Marseille, 6 juin 1838, *Recueil de Marseille*, 1838. 1. 157 ; 31 août 1870, *ibid.*, 1870. 1. 269 ; 7 août 1878, *suprà*, n° 870). L'exécution volontaire constitue, en effet, un aveu tacite. Le connaissement constatant l'exécution doit aussi être considéré comme suffisant pour faire la preuve, à défaut de charte-partie.

875. Que doit-on entendre par l'expression *écrit*, dont se sert l'art. 273 ? Le code a-t-il voulu désigner par là tout document écrit, par exemple, les factures contenant engagement du capitaine, la correspondance, les livres des parties, la déclaration du livre de bord, etc. ? MM. Boistel, Bédarride, Desjardins, *loc. cit.* ; Pardessus, t. 2, n° 708 ; Bravard et Demangeat, t. 4, p. 329, se prononcent pour l'affirmative : l'art. 273, disent-ils, ne parle pas, comme l'art. 195, d'un *acte* écrit ; toute preuve écrite doit donc être considérée comme suffisante (Conf. Bordeaux, 16 juin 1863, *Recueil de Marseille*, 1864. 2. 159 ; Aix, 20 juin 1867, *ibid.*, 1868. 1. 104 ; Trib. com. Marseille, 6 févr. 1872, aff. Laurette, *ibid.*, 1872. 1. 87. — V. en sens contraire : Lyon-Caen et Renault, t. 2, n° 1854. — V. aussi la distinction que propose M. Laurin, t. 2, p. 58). Il a même été jugé que la preuve du contrat d'affrétement peut être faite par la production de dépêches télégraphiques échangées entre les parties contractantes (Trib. com. Havre, 23 févr. 1868, cité par Hœschter et Sacré, *Manuel de droit commercial maritime*, t. 1, p. 320 ; Bruxelles, 4 nov. 1868, *Jurisprudence du port d'Anvers*, 1869. 1. 5).

876. La charte-partie ayant été rédigée par écrit, l'affréteur peut-il être recevable à prouver, à l'aide de présomptions, certaines clauses additionnelles, par exemple, l'obligation prise par le fréteur de faire partir son navire à une date déterminée et de le faire voyager sans escale ? Deux jugements (Trib. com. Anvers, 8 févr. 1861, *Jurisprudence du*

(1) (Capitaine Olivier C. Ernest Blanc et comp.). — LE TRIBUNAL ; — Attendu que l'art. 273 c. com. exige, comme moyen de preuve d'un affrétement, un acte écrit ; qu'un affrétement ne peut donc pas être établi par témoins ; mais qu'il peut résulter des autres preuves qu'admettrait la loi civile comme justification d'une convention qui ne pourrait pas être prouvée par témoins ; — Attendu que, dans l'espèce, l'affrétement convenu entre le capitaine Olivier, commandant le brick-goélette *Haydée*, et les sieurs Ernest Blanc et comp., de mille bariques vides à transporter de Marseille à Malaga, est établi non seulement par une charte que les deux parties ont acceptée et qui énonce les conditions du contrat, mais encore par l'exécution qui a eu lieu de la part des sieurs Ernest Blanc et comp. ; — Attendu, en effet, que ceux-ci ont pris en douane le permis d'embarquement de mille barils pétrole à charger sur le navire *Haydée* et qu'il en est embarqué cent vingt-huit ; — Attendu qu'il s'agit d'un affrétement au petit cabotage et que les affrétements de ce genre se constatent le plus souvent par des écrits ne présentant pas toutes les formes de chartes-parties ;

Par ces motifs ; — Condamne les sieurs Ernest Blanc et comp. à embarquer sur le navire *Haydée* le solde de mille bariques pétrole ou à retirer celles déjà embarquées, en payant le demi-fret, sous réserve de surestaries ; — Condamne les sieurs E. Blanc et comp. aux dépens.

Du 7 août 1878.-Trib. com. de Marseille.-MM. Arnaud, pr.-Germondy et Mengin, av.

port d'Anvers, 1861. 1. 262 ; Trib. com. Marseille, 7 mars 1873, aff. Vidal frères, *Recueil de Marseille*, 1873. 1. 187. Conf. Bordeaux, 16 juin 1863, cité *suprà*, n° 875), se sont prononcés pour la négative. M. Desjardins, t. 3, n° 763, approuve cette solution : il y a lieu, en effet, suivant lui, d'appliquer la règle de l'art. 1341, qui interdit de prouver outre ou contre ce qui est écrit dans un acte. — On admet toutefois, dans la pratique, que le connaissement peut modifier les clauses de la charte-partie, dont il devient alors une annexe (Trib. com. Marseille, 7 mars 1873, précité ; 29 sept. 1880, aff. Capitaine Willies, *Recueil de Marseille*, 1880. 1. 295. Conf. de Valroger, t. 2, n° 673).

877. On a dit au *Rép.* n° 804 que, lorsque le contrat est sous seing privé, il est nécessaire, à peine de nullité, qu'il soit fait en autant d'originaux qu'il y a de parties ayant un intérêt distinct. — Cette opinion a été adoptée par MM. Bédarride, n° 643 ; Boistel, n° 1233 ; Laurin, t. 2, p. 55, note ; Ruben de Couder, v° *Charte-partie*, n° 11 ; Lyon-Caen et Renault, t. 2, n° 1856 ; Demolombe, *Obligations*, t. 6, n° 388 (Conf. Trib. com. Marseille, 9 déc. 1840, *Recueil de Marseille*, 1840. 1. 26). Mais elle est combattue par MM. Boulay-Paty, t. 2, p. 272 ; Delvincourt, t. 2, p. 277 ; Alauzet, n° 1832 ; Sebire et Carteret, n° 26 ; Cresp, t. 2, p. 52 ; Caumont, v° *Affrètement ;* Desjardins, t. 3, n° 764 ; de Valroger, t. 2, n° 674 ; Bravard et Demangeat, t. 4, p. 329).

878. La loi exige un acte écrit, mais non pas un acte authentique (*Rép.* n° 802) ; la charte-partie peut donc être rédigée soit par acte sous seing privé, soit par acte passé devant un notaire ou un courtier maritime (V. *suprà*, n° 863) ou, à l'étranger, devant les chanceliers de consulat, ou devant les autorités locales compétentes ; dans ce dernier cas, on applique la règle *locus regit actum* (V. *suprà*, v° *Bourse de commerce*, n° 252 ; Desjardins, t. 3, n°s 765 et suiv.).

879. L'acte qui est l'œuvre d'un courtier a-t-il le caractère d'acte *authentique ?* L'affirmative semble devoir être admise, puisque la rédaction des chartes-parties rentre dans les attributions des courtiers maritimes, et que, comme on l'a dit lors de la discussion de la loi de 1866, « ils exercent de véritables fonctions notariales et doivent, par cette raison, à la différence des courtiers de marchandises, être considérés comme des officiers publics » (Conf. Desjardins, t. 3, n° 765 ; de Valroger, t. 2, n° 675. — V. toutefois : Bravard et Demangeat, t. 4, p. 330).

880. La charte-partie peut incontestablement être rédigée en langue étrangère : les tribunaux français n'en seront pas moins compétents, dans ce cas, pour l'interpréter, si elle a été rédigée en France (Conf. Trib. Anvers, 27 avr. 1880, *Jurisprudence du port d'Anvers*, 1880. 1. 251).

881. On se sert souvent, pour la rédaction des chartes-parties, de formules imprimées, dont on comble les blancs à l'aide d'annotations manuscrites. S'il y a alors contradiction entre une clause imprimée et une clause manuscrite, la préférence appartient à cette dernière.

882. La charte-partie, de même que tout titre, en matière civile ou commerciale, peut être *à ordre* (de Valroger, t. 2, n° 677).

883. On a énuméré (*Rép.* n°s 808 et suiv.) les diverses énonciations que doit contenir la charte-partie ; toutes, on l'a vu, ne sont pas prescrites à peine de nullité ; il n'en est ainsi que de celles qui ont un caractère substantiel (*Rép.* n° 809).

884. En règle générale, l'énonciation du *nom* et du *tonnage* du navire est nécessaire (*Rép.* n°s 809 et 812) ; il faut, en effet, désigner clairement le navire qui fait l'objet du contrat. En même temps que le nom du navire, on indique souvent aussi sa forme spécifique (trois-mâts, brick, etc., à vapeur ou à voiles) et son port d'attache (de Valroger, t. 2, n° 678). Quant à l'indication du tonnage, elle contribue parfois à déterminer l'identité du navire ; elle renseigne en outre l'affréteur sur la grandeur du navire et les sûretés qu'il offre pour ses marchandises (*Rép.* n° 812) ; elle fournit aussi une base d'évaluation pour la fixation du fret des *surestaries* (Desjardins, t. 3, n° 768 ; de Valroger, t. 2, n° 678). — Il arrive parfois qu'une personne ou une compagnie propriétaire de plusieurs navires s'engage à transporter des marchandises sur l'un d'eux, sans indication précise : MM. Desjardins, t. 3, n° 768 ; Lyon-Caen et Renault, t. 2, n° 1857, considèrent qu'il serait excessif de prononcer la nullité d'une charte-partie qui omettrait ainsi d'indiquer le nom et le tonnage du bâtiment. MM. Bédarride, t. 2, n° 648, et Laurin, t. 2, p. 93, estiment, au contraire, que cette omission entraîne nécessairement la nullité du contrat.

885. L'énonciation du *nom du capitaine* n'est point indispensable, le capitaine désigné pouvant être congédié par l'armateur, malgré l'opposition de l'affréteur, et sans que celui-ci puisse invoquer cette circonstance comme une cause de résolution du contrat (*Rép.* n° 811) ;... à moins, cependant que l'affrètement n'ait été fait, quant au capitaine, *intuitu personæ*, par exemple, quand il s'agit d'expéditions très difficiles (Aix, 26 juin 1840, *Recueil de Marseille*, 1840. 1. 211 ; Laurin, t. 2, p. 24 ; Desjardins, t. 3, n° 768 ; Lyon-Caen et Renault, t. 2, n° 1858).

886. En principe, l'omission dans la charte-partie des *noms du fréteur et de l'affréteur* est une cause de nullité du contrat (*Rép.* n° 809 ; Hœschter et Sacré, t. 1, p. 320 ; Bédarride, t. 2, n° 650 ; Desjardins, t. 3, n° 768 ; de Valroger, t. 2, n° 680 ; Laurin, t. 2, p. 185). Cependant l'indication du nom du fréteur n'est pas nécessaire, quand le capitaine intervient à l'affrètement comme mandataire de celui-ci (Desjardins, de Valroger, *loc. cit.* — V. en sens contraire : Bédarride, Laurin, *loc. cit.*). — Le nom du véritable affréteur peut être également passé sous silence, quand c'est un commissionnaire qui traite pour son compte : il suffit que le nom de ce dernier soit révélé. L'affrètement, de même que l'assurance, peut être conclu *pour le compte de qui il appartiendra* (Desjardins, *loc. cit. ;* Laurin, t. 2, p. 48, 84 et 94).

887. Il est bon d'indiquer le *prix du fret*, qui figure au nombre des éléments constitutifs de l'affrètement (c. com. art. 286). Toutefois, le défaut d'indication du *prix du fret* dans la charte-partie n'est point une cause de nullité. Il peut être suppléé à cette omission par le connaissement, et, à son défaut, par l'usage du lieu du contrat (*Rép.* n°s 824 et suiv. Conf. auteurs cités *suprà*, n° 864). Pour cela, on consulte le cours du fret dans le port de chargement, dont la constatation officielle est faite par les courtiers maritimes ; s'il y a divers cours, on prend le cours moyen.

888. Avec le prix du fret, on mentionne le montant du *chapeau* du capitaine (*Rép.* n° 828 ; Desjardins, t. 3, n° 770). — Le chapeau doit-il être considéré comme un accessoire du fret, ou au contraire comme une gratification personnelle due par l'affréteur au capitaine ? M. Laurin, t. 2, p. 90, adopte la première solution ; mais M. Desjardins, t. 3, n° 770, préfère la seconde qui est conforme à la tradition maritime et à la nature même des choses, puisque le chapeau est, avant tout, la rétribution des peines et soins donnés par le capitaine à la cargaison (Conf. *Rép. loc. cit.*). — La cour de Bordeaux, le 19 juin 1867, a jugé, conformément à cette doctrine, que lorsque, le capitaine étant mort au cours du voyage, le commandement a été pris par le second, celui-ci a droit au prorata du chapeau à partir du décès du capitaine, le chapeau revenant de droit à celui qui a eu le commandement du navire (1).

(1) (Badimond C. Lubis.) — LA COUR ; — Attendu que l'émolument connu dans les usages commerciaux sous le nom de chapeau du capitaine n'est qu'un supplément d'honoraires destiné, par son assiette sur le fret et les passagers, à intéresser plus particulièrement le capitaine à la conservation du bâtiment et de la cargaison, et à récompenser la responsabilité qu'il encourt pour ce double objet ; qu'ainsi son importance varie dans la même proportion que celle du fret et des passagers ; qu'il est soumis à la condition de leur réalisation, et doit, par suite, en cas de sinistre, s'évanouir, soit totalement, soit partiellement comme eux ; qu'il y a donc une corrélation exacte, d'une part, entre le bénéfice, et d'autre part, entre les soins, le travail, la vigilance, la responsabilité et l'heureux résultat dont il est la rémunération ; qu'il est, en conséquence, rationnel de renfermer l'un dans les limites que n'ont point dépassées les autres, lorsque, comme dans l'espèce, aucune convention positive n'a attribué, dans tous les cas, au capitaine qui a commencé le voyage la totalité du chapeau y afférent ; — Attendu que cela est évidemment de toute équité, dans le cas où, le capitaine venant à décéder en mer, ainsi qu'il est advenu au sieur Lubis, ses soins, son travail, sa vigilance et sa responsabilité ont immédiatement passé comme autant d'obligations légales à la charge du second ; que celui-ci

889. On stipule souvent aussi, outre le fret, « *les avaries aux us et coutumes de la mer* ». Ces expressions désignent les menues dépenses (lamanages, touages, etc.); aux termes de l'art. 406 c. com., ce ne sont point là des *avaries*, mais de simples frais à la charge du navire. Mais, comme le remarque M. Desjardins, t. 3, n° 771, « l'art. 406 ne dispose que pour l'hypothèse où ces dépenses sont la conséquence prévue du voyage entrepris. Pour éviter les contestations qui peuvent naître de cette distinction, on convient que les dépenses de navigation seront, dans tous les cas, supportées pour partie par le propriétaire du navire, pour partie par les affréteurs; tel est l'objet de la clause précitée (Valin, t. 2, p. 172; Desjardins, *loc. cit.*).

890. L'énonciation que l'affrètement est *total* ou *partiel* n'est pas nécessairement expresse : elle peut résulter implicitement de la charte-partie.

891. La charte-partie doit encore énoncer *le lieu et le temps convenus pour la charge et pour la décharge, et l'indemnité stipulée pour le cas de retard.* — Le lieu de charge n'est pas toujours celui du départ, et le lieu de décharge celui de l'arrivée, il est donc nécessaire que l'on s'explique catégoriquement. Il est évident, d'ailleurs, que la destination peut être *alternative ;* de même, il peut être convenu que le navire se rendra dans un lieu déterminé, pour y attendre les ordres relatifs au port où il devra se diriger.

892. Il importe également de déclarer si les marchandises seront livrables *à quai*, ou *sous palan.*

893. « *L'indemnité convenue pour le cas de retard* » se nomme frais de *surestarie* (V. la définition des *staries* ou *jours de planche* et des *surestaries* ou *surstaries*, *Rép.* n°s 816 et suiv.). — Aux termes de l'art. 274 c. com., « si le temps de la charge et de la décharge du navire n'est point fixé par les conventions des parties, il est réglé suivant l'usage des lieux » (V. *Rép.* n°s 816 et suiv.). — L'usage qui fixe le temps de starie à quinze jours pour la navigation au long cours et au grand cabotage, et à trois jours pour la navigation au petit cabotage, n'existe pas dans tous les ports : ainsi aucun délai précis n'est établi par l'usage à Bordeaux (Bordeaux, 11 janv. 1867, et Trib. com. Bordeaux, mars 1880, cités par Desjardins, t. 3, n° 775), et à Anvers (Trib. com. Anvers, 8 févr. 1862, *Jurisprudence du port d'Anvers*, 1862. 1. 204; 23 janv. 1868, *ibid.*, 1868. 1. 50 ; 8 avr. 1879, *ibid.*, 1879. 1. 302; 15 mars 1879, *ibid.*, 1879. 1. 226 ; 30 déc. 1879, *ibid.*, 1880. 1. 220; 9 janv. 1880, *ibid.*, 1880. 1. 135 ; 20 avr. 1880, *ibid.*, 1880. 1. 204; 4 mai 1880, *ibid.*, 1880. 1. 209). Il n'y a, de même, aucun délai de starie fixe pour la navigation à vapeur à Marseille (Desjardins, *loc. cit.*) ; mais, pour les navires à voiles, le déchargement doit avoir lieu dans les quinze jours ou les huit jours, suivant qu'ils jaugent plus ou moins de 100 tonneaux (Trib. com. Marseille, 17 oct. 1850, *Recueil de Marseille*, 1850. 1. 220 ; 29 janv. 1878, aff. Capit. Sorrensen, *ibid.*, 1878. 1. 81). Le tarif arrêté en 1864, d'après les usages, par la chambre et le tribunal de commerce de Nantes (art. 1er) fixe la planche à dix jours (Desjardins, *loc. cit.*). — Certaines législations étrangères déterminent, à défaut de convention, la durée du délai de starie : ainsi le code hollandais (art. 457) le fixe conformément à l'usage général, à quinze jours pour la charge et la décharge, à trois jours pour les allèges. D'après le code finlandais (art. 91), on compte six jours de staries quand le tonnage du navire n'excède pas 50 *lastes*, et trois jours en sus par chaque excédent de 50 *lastes* (de Valroger, t. 2, n° 692).

894. Le point de départ du délai des staries, comme le délai lui-même, quand il n'est pas fixé par la convention, est déterminé par les usages de la place. Or ces usages varient suivant les localités. Au Havre, à Rouen, à Dunkerque, les jours de planche ne courent qu'à compter de la mise à quai (pourvu que les chargeurs ou destinataires en aient été avisés) (Trib. com. Honfleur, 14 juin 1879, aff. Cerisola, *Recueil du Havre*, 1879. 2. 221 ; Trib. com. Dunkerque, 25 nov. 1879, aff. Chater, *ibid.*, 1880. 2. 20 ; Trib. com. Havre, 27 janv. 1879, aff. Parsons, *ibid.*, 1879. 1. 114 ; 25 août 1880, aff. Talbot, *ibid.*, 1880. 1. 226). A Marseille, il en était de même, à une certaine époque (Trib. com. Marseille, 27 juill. 1865, *Recueil de Marseille*, 1865. 1. 239 ; 7 mars 1867, *ibid.*, 1867. 1. 144 ; Laurin sur Cresp, t. 2, p. 156 et 157), et, en 1873, le tribunal de commerce se conformait encore à cette coutume dans une espèce où, d'après la charte-partie, les staries devaient courir du lendemain du jour où le navire serait prêt à recevoir le chargement, les parties ayant pris soin d'indiquer, d'autre part, que l'embarquement se ferait suivant l'usage des lieux et sous palan, que le capitaine ferait accoster son navire au quai qui lui serait désigné, que le chargement se ferait dans le bassin et au môle indiqué au tour du rôle d'arrivée du bâtiment (Trib. com. Marseille, 27 août 1873, *Recueil de Marseille*, 1873. 1. 305). Mais, depuis cette époque, le même tribunal a rendu plusieurs décisions indiquant qu'en l'absence de clause spéciale dans la charte-partie, les staries seraient comptées du lendemain de la remise du manifeste en douane (Trib. com. Marseille, 14 nov. 1877, aff. Martarazzo, *Recueil de Marseille*, 1878. 1. 39; 29 janv. 1878, aff. Sorensen, *ibid.*, 1878. 1. 81). Il semble donc que l'usage ait changé dans ces dernières années. A Nantes, c'est également du lendemain de la déclaration en douane que court le délai des staries (Trib. com. Nantes, 4 janv. 1862, *Recueil de Nantes*, 1862. 1. 30 ; 22 févr. 1879, aff. Merceron, *ibid.*, 1879. 1. 77; Rennes, 22 nov. 1880, aff. Guillemet, *Recueil de Marseille*, 1883. 2. 49). D'après un arrêt de la cour de Bordeaux du 23 févr. 1882 (aff. Marcillac, D. P. 84. 2. 17), il en est de même dans cette ville.

Lorsque le délai a ainsi pour point de départ la remise du manifeste en douane, doit-il commencer à courir du jour même de la remise ou seulement du lendemain? C'est cette seconde solution qui a prévalu, et il n'en pouvait être autrement. D'abord, l'usage, qui doit être suivi en l'absence de clause particulière dans la charte-partie, veut que les jours de planche ne se comptent que du lendemain de la déclaration. D'autre part, le *dies à quo* n'est pas, en général, compris dans le délai auquel il sert de point de départ : « Enfin il arrivera souvent que le navire ne sera déclaré en douane que dans la soirée, et que, par conséquent, le destinataire ne sera en situation de décharger que le jour suivant (Bordeaux, 23 févr. 1882, précité. Conf. Lyon-Caen et Renault, t. 2, n° 1913). — Cependant, suivant le tribunal de Marseille, bien que la charte-partie ou l'usage assigne pour point de départ aux staries le lendemain de l'accomplissement des formalités en douane, il y a lieu d'y comprendre le jour même de leur accomplissement du moment où, en fait, le débarquement a été commencé ce jour-là (Trib. com.

---

les a nécessairement recueillies, suivant la règle *ubi onus, ibi emolumentum*, c'est-à-dire avec les droits et avantages qui y étaient attachés, puisque la continuation de l'œuvre n'est pas moins indispensable que son commencement pour l'obtention du résultat final que la prime dite du chapeau est destinée à mieux assurer; — Attendu que les chances et le labeur du marin étant généralement les mêmes dans le cours d'un seul voyage, la base la plus équitable pour le partage du chapeau, au cas qui vient d'être indiqué, est dans la durée proportionnelle des deux commandements successifs; — Attendu que le fret de retour étant distinct et séparé du fret d'aller par la force même des choses et dans les usages de la navigation commerciale, la même distinction doit s'appliquer au droit du chapeau qui en est l'accessoire; qu'ainsi dans l'espèce le demandeur Badimont n'élève de prétention que sur une partie du chapeau afférent au fret de retour et liquidé à 4939 fr. 50 cent., le chapeau du voyage d'aller appartenant sans conteste aux héritiers du capitaine Lubis; — Attendu que le voyage de l'*Antonia* a commencé non pas, comme le prétend le demandeur au procès, le 29 janv. 1886, jour du départ du Callao, mais antérieurement, le jour non actuellement déterminé, où, ayant son plein chargement à bord, elle a fait route des îles Chinchas vers le Callao pour y régulariser ses expéditions; qu'il faut donc pour assurer la répartition du droit de chapeau, calculer, à partir de cette dernière date jusqu'à l'arrivée à Vigo, la durée totale du voyage de retour dont la première partie s'est effectuée, sous le commandement du capitaine Lubis, jusqu'au 16 mars, jour de sa mort, et la seconde comprenant quarante-sept jours sous celui du capitaine Badimont, depuis le 16 mars jusqu'au 2 mai, jour de son arrivée à Vigo; — Attendu que la répartition effectuée sur cette base donnera pour le capitaine Badimont une quote-part proportionnelle dans la somme de 4959 fr. 50 cent., formant l'importance totale du droit de chapeau à partager;

Par ces motifs, émendant, etc.

Du 19 juin 1867.-C. de Bordeaux, 1re ch.-MM. Raoul Duval, 1er pr.-Maîtrejean, av. gén.-Faye et Guimard, av.

Marseille, 5 sept. 1878, aff. Boucart, *Recueil de Marseille*, 1878. 1. 268).

895. Aux jours de planche succèdent les surestaries (*Rép.* n° 816 et suiv.). La période des surestaries ne s'ouvre pas nécessairement après l'expiration des jours de planche. On fait généralement, dans la pratique, une distinction sur ce point. Lorsque, à défaut de fixation opérée dans la charte-partie, la durée des staries ainsi que le taux de l'indemnité à payer par chaque jour de retard se trouvent déterminés par l'usage des lieux, les surestaries ne courent pas *de plano*, par cela seul qu'à l'expiration des jours de planche le chargement et le déchargement n'est pas terminé. Il faut, pour qu'elles commencent à courir et que l'indemnité soit due, que le capitaine ait mis préalablement l'affréteur ou le destinataire en demeure à l'aide d'une protestation, d'une sommation ou de tout autre acte équivalent. Il n'y a aucune raison, en effet, pour ne pas appliquer ici le principe de droit commun formulé par les art. 1139 et 1146 c. civ., et d'après lequel le débiteur ne peut être condamné au payement de dommages-intérêts à raison du retard apporté dans l'exécution de son obligation qu'autant qu'il a été préalablement mis en demeure de la remplir. Ce principe s'applique en matière commerciale comme en matière civile ; il s'applique spécialement dans le cas qui nous occupe, car le silence du capitaine pourrait être interprété comme dénotant de sa part l'intention d'accorder à l'affréteur ou au destinataire une prorogation de délai. — En vain on objecte que les sommes accordées au fréteur pour cause de surestaries ne présentent pas, à proprement parler, le caractère de dommages-intérêts ; que c'est un supplément de fret déterminé par la convention ou par l'usage des lieux d'après la durée des retards (Civ. cass. 10 nov. 1880, aff. Dreyfus, D. P. 80. 1. 457 ; 9 mars 1881, aff. Régis, D. P. 81. 1. 477). Ce supplément de fret, dont le chargeur ou le destinataire devient débiteur à raison du retard apporté dans l'exécution de ses obligations, est nécessairement alloué à titre d'indemnité, et c'est ainsi, en effet, que le qualifie l'art. 273 c. com. dans son dernier alinéa (Conf. Trib. Marseille, 13 juill. 1827, *Recueil de Marseille*, 1827. 1. 255 ; 29 févr. 1840, *ibid.*, 1840. 1. 233 ; 4 avr. 1845, *ibid.*, 1845. 1. 186 ; 12 févr. 1849, *ibid.*, 1849. 1. 101 ; 17 oct. 1851, *ibid.*, 1851. 1. 309 ; 13 févr. 1857, *ibid.*, 1857. 1. 40 ; 1er juill. 1857, *ibid.*, 1858. 1. 100 ; 19 oct. 1859, *ibid.*, 1859. 1. 316 ; Bordeaux, 24 févr. 1862, *ibid.*, 1862. 2. 27 ; Trib. Marseille, 16 mai 1873, *ibid.*, 1873. 1. 222 ; Caumont, vis *Affrétement*, n° 81, § 1er, et n° 225, § 1er ; *Chargeur*, n° 21, § 1er, et n° 34, § 2 ; Dutruc, nos 23 et 35 ; Alauzet, t. 4, n° 1838 ; Laurin, t. 2, p. 160 ; Desjardins, t. 3, n° 829 ; Lyon-Caen et Renault, t. 2, n° 1914). Au surplus, on est d'accord pour admettre, d'ailleurs, que la mise en demeure n'est alors soumise à aucune forme particulière ; un avertissement, une protestation ou réserve insérée dans un écrit quelconque, régulièrement porté à la connaissance du chargeur ou du destinataire, suffisent pour remplir le but proposé (*Rép. loc. cit.* ; Alauzet, n° 1838 ; Cresp et Laurin, t. 2, p. 159).

896. La durée des staries et le quantum de l'indemnité à payer en cas de retard se trouvent-ils, au contraire, indiqués dans la charte-partie, les surestaries courent de plein droit à l'expiration des jours de planche ; sans qu'il soit besoin d'une mise en demeure préalable. On objectera peut-être (de Valroger, t. 2, n° 696), que le code civil n'a pas admis la règle : *Dies interpellat pro homine* ; qu'aux termes de l'art. 1139, la *mora* ne découle de la seule échéance du terme que dans le cas où les parties ont manifesté spécialement l'intention de voir les choses se passer ainsi. Mais il n'est pas nécessaire que l'accord intervenu dans le but de constituer le débiteur en demeure par le seul fait de l'exigibilité se manifeste sous une forme déterminée ; il suffit que la volonté des contractants résulte nettement du contexte de l'acte (Req. 18 févr. 1856, aff. Malo, D. P. 56. 1. 260 ; *Rép.* v° *Obligations*, n° 756 ; Aubry et Rau, *loc. cit.*, texte et note 7 et 8 ; Demolombe, *loc. cit.*, nos 519 et suiv. ; Massé, *loc. cit.*, n° 1641 ; Delamarre et Le Poitvin, *op. cit.*, n° 256). Or, l'indication dans la charte-partie de la durée des staries ainsi que du taux de l'indemnité à payer par chaque jour supplémentaire employé au chargement ou au déchargement, ne dénote-t-elle pas clairement chez les contractants l'intention de considérer la mise en demeure comme se produisant d'elle-même et les surestaries comme devant courir immédiatement à l'expiration des jours de planche ? L'affirmative ne paraît pas douteuse (V. en ce sens : Trib. Marseille, 30 oct. 1860, *Recueil de Marseille*, 1860. 1. 298 ; Trib. Bordeaux, 19 mars 1875, *Mémorial de jurisprudence commerciale et maritime*, 1875. 1. 156 ; Trib. Marseille, 1er févr. 1876, *Recueil de Marseille*, 1876. 1. 121 ; Rennes, 4 févr. 1876, *ibid.*, 1877. 2. 26 ; Trib. Bordeaux, 5 févr. 1877, *Mémorial de jurisprudence commerciale et maritime*, 1877. 1. 99 ; Rennes, 1er mars 1880, aff. Syndic Gouyon, *Recueil du Havre*, 1881. 2. 235 ; Rouen, 26 juill. 1881, aff. Dubosc, D. P. 82. 2. 185 ; Trib. com. Marseille, 11 juill. 1882, aff. Tyrer, *Recueil de Marseille*, 1882. 1. 222 ; Caumont, vis *Affrétement*, n° 205, § 3 ; *Chargeur*, n° 34, § 2 ; Dutruc, v° *Fret*, n° 133 ; Cresp et Laurin, *loc. cit.* ; Desjardins, *loc. cit.*).

897. Quoi qu'il en soit, comme, dans l'une et l'autre hypothèse, les surestaries ne peuvent être allouées à l'armement qu'après l'expiration du délai des staries, l'arrêt qui condamne un affréteur à payer des surestaries doit toujours, à peine de nullité, constater que le délai des staries a été dépassé (Civ. cass. 27 mai 1889) (1).

898. Le taux de l'indemnité due à raison des surestaries est fixé par la convention ou par l'usage : il est généralement évalué à 50 cent. par tonneau de jauge et par jour (Rouen, 24 janv. 1876, aff. Larget, D. P. 77. 2. 238 ; Trib. com. Havre, 31 mai 1880, aff. Soich, *Recueil du Havre*, 1880. 1. 254 ; Desjardins, t. 3, n° 776 ; Lyon-Caen et Renault, t. 2, n° 1914). Cependant, dans le port de Marseille, le montant de l'indemnité pour un navire *à vapeur* est généralement fixé à 1 fr. par tonneau de jauge *utile* et par jour (Trib. com. Marseille, 3 déc. 1867, 30 juill. 1874, aff. Valéry, *Recueil de Marseille*, 1874. 1. 226 ; 1er juin 1876, aff. Barrin, *ibid.*, 1876. 1. 179 ; Laurin, t. 2, p. 161 ; Desjardins, *loc. cit.*). On a estimé avec raison que l'indemnité de retard doit être plus élevée à raison du capital plus important que représentent les bâtiments à vapeur, et de l'équipage plus nombreux qui les monte. Dans le port de Nantes, pour les bateaux de la navigation intérieure et les alléges de la basse Loire, « les surestaries sont payées à raison de 10 cent. par jour et par tonneau sur la jauge constatée au certificat des contributions indirectes, avec un *minimum* de 6 fr. par jour » (Tarif de 1864, art. 4). — En général, et sauf stipulation contraire dans la charte-partie, les surestaries sont calculées sur la jauge officielle, et non sur le tonnage de chargement ou jauge utile (Trib. com. Havre, 31 mai 1880, jugement précité). Il n'en est autrement que pour les navires à vapeur, dans le port de Marseille.

899. On est généralement d'accord aujourd'hui pour ne faire entrer dans le compte des jours de starie et de surestarie que les jours ouvrables, à l'exclusion des dimanches et des jours fériés (Trib. com. Marseille, 18 avr. 1825, *Recueil de Marseille*, 1825. 1. 152 ; 16 janv. 1833, *ibid.*, 1833. 1. 257 ; 12 oct. 1839, *ibid.*, 1839. 1. 127 ; 8 févr. 1844, *ibid.*, 1844. 1. 168 ; 16 oct. 1844, *ibid.*, 1845. 1. 60 ; 30 mars 1847, *ibid.*, 1847. 1. 124 ; 30 janv. 1852, *ibid.*, 1852. 1. 20 ; 23 juin 1859, *ibid.*, 1859. 1. 206 ; Trib. Havre, 25 juill. 1866, *Recueil du Havre*, 1866. 1. 213 ; Trib. Marseille, 1er mars 1869, *Recueil de Marseille*, 1869. 1. 133 ; 5 mars 1877, *ibid.*, 1877. 1. 148 ; Trib. com. Havre, 31 juill. 1878, aff. Tréfy, *Recueil du Havre*, 1878. 1. 255 ; Douai, 24 mars 1880, aff. Chater, *ibid.*, 1880. 2. 113 ; Trib. com. Havre, 14 févr. 1881, aff. Dubosc, D. P. 82. 2. 185 ; Caumont, v° *Chargeur*, n° 23 ; Dutruc, v° *Charte-partie*,

(1) (Ephrussi et comp. C. Dreyfus, Covry et Ockenden). — LA COUR ; ... Sur le deuxième moyen en sa première branche : — Vu l'art. 274 c. com. ; — Attendu qu'il est de principe que les surestaries ne peuvent être allouées à l'armement qu'après l'expiration du délai de staries ou jours de planche accordés au destinataire par la convention ou par l'usage du port ; — Attendu, néanmoins, que l'arrêt attaqué (Rennes, 10 août 1885) a condamné Ephrussi et comp. au payement de cinq jours de surestaries, sans constater que le délai des staries eût été, dans l'espèce, dépassé ; qu'il a ainsi prononcé une condamnation qui manque de base légale, et qu'il a violé les dispositions de l'article du code de commerce ci-dessus visé ; — Par ces motifs, et sans qu'il y ait lieu de statuer sur les deux dernières branches du moyen ; — Casse.

Du 27 mai 1889.-Ch. civ.-MM. Barbier, 1er pr.-Michaux-Bellaire, rap.-Desjardins, av. gén., c. conf.-Choppard, Devin et Morillot, av.

n° 41; Laurin, t. 2, p. 157; Desjardins, t. 3, n° 779; Lyon-Caen et Renault, t. 2, n° 1913, etc. — V. en sens contraire : Bédarride, t. 2, n° 653; Alauzet, t. 4, n° 1840; Boistel, n° 1239). — Mais ce procédé n'est applicable qu'autant que les contractants n'ont pas manifesté, dans la charte-partie, l'intention d'adopter un mode de computation différent; or cette intention résulte incontestablement de la clause par laquelle le délai est mentionné comme comprenant un certain nombre de jours courants. Le délai qui se compose de jours courants n'est plus, en effet, un délai utile; c'est un délai continu (Conf. Sol. impl., Trib. com. Marseille, 18 avr. 1825 et 30 mars 1847 précités; 5 mars 1859, *Recueil de Marseille*, 1860. 1. 33; 30 oct. 1860, *ibid.*, 1860. 1. 298; Trib. Nantes, 7 févr. 1867, *Recueil de Nantes*, 1867. 1. 146; Bordeaux, 14 déc. 1877, *Mémorial de jurisprudence commerciale et maritime*, 1877. 1. 403; *Rép.* n° 819; Caumont, Desjardins, Lyon-Caen et Renault, *loc. cit.*; de Valroger, t. 2, n° 698). — Jugé que, dans la clause d'un affrétement accordant tant de jours courants de staries, dimanches exceptés, le mot *dimanche* doit être entendu restrictivement et ne peut s'étendre aux autres jours légalement fériés (Trib. com. Marseille, 30 mai 1888, aff. Cap. Kirton, *Recueil de Marseille*, 1888. 1. 279).

D'après l'usage général des ports français, les jours de planche, en ce qui concerne les navires à voiles, ne se fractionnent pas (Caumont, v° *Usage*, n° 172; Desjardins, *loc. cit.*; de Valroger, t. 2, n° 699. Conf. Trib. com. Nantes, 29 juin 1859, cité par Caumont, *loc. cit.*; Trib. com. Havre, 31 juill. 1878, précité).

M. Desjardins, *loc. cit.*, fait observer que, lors même que les staries seraient comptées par jours courants, il n'est pas d'usage que l'on puisse obliger le capitaine à travailler le dimanche (Conf. Trib. com. Marseille, 30 oct. 1861, aff. Deluy, *Recueil de Marseille*, 1861. 1. 284; Trib. com. Anvers, 18 mars 1880, *Jurisprudence du port d'Anvers*, 1880. 1. 168).

900. Les surestaries ne sont dues que dans le cas où le retard est imputable au propriétaire des marchandises ou à ses préposés (c. com. art. 294); elles ne le sont pas, quand il a pour cause un cas de force majeure. A plus forte raison, cessent-elles de l'être toutes les fois que le retard provient du fait du capitaine lui-même; ce dernier ne peut, en effet, s'autoriser de ses propres fautes pour réclamer un dédommagement (Comp. Trib. Marseille, 8 avr. 1836, *Recueil de Marseille*, 1837. 1. 97; 26 févr. 1844, *ibid.*, 1844. 1. 181; 18 nov. 1844, *ibid.*, 1845. 1. 65; 26 mars 1845, *ibid.*, 1845. 1. 189; 21 mars 1849, *ibid.*, 1849. 1. 104; 10 juill. 1849, *ibid.*, 1849. 1. 234; 27 janv. 1852, *ibid.*, 1852. 1. 58; 7 nov. 1855, *ibid.*, 1855. 1. 346; 8 oct. 1856, *ibid.*, 1856. 1. 281; Trib. Bordeaux, 11 mai 1877, *Mémorial de jurisprudence commerciale et maritime*, 1877. 1. 203). C'est ainsi qu'il a été jugé que, quand il est stipulé dans la charte-partie que le *déchargement* s'effectuera « avec toute l'expédition possible », suivant l'usage du port, et lorsque, d'autre part, le déchargement, suivant les usages de la localité, se fait à la diligence du capitaine, ce dernier ne peut, à raison de ce que le débarquement n'a pas été opéré dans le temps accordé par les règlements locaux, réclamer des surestaries, si, d'ailleurs, il ne prouve pas que les opérations ont été entravées par le fait de l'affréteur ou de ses préposés (Rouen, 26 juill. 1881, aff. Dubosc, D. P. 82. 2. 185).

901. Le délai de staries est-il suspendu quand un obstacle fortuit, tel qu'un accident de la nature ou un fait de l'Administration, rend le chargement ou le déchargement momentanément impossible? La question est controversée. Suivant certains auteurs, il n'y a pas suspension. « Si l'on s'arrêtait, dit M. Laurin, à tous les empêchements qui peuvent suspendre ou entraver l'opération, on arriverait à prolonger indéfiniment le délai, au grand détriment des expéditions maritimes et des intérêts de toute sorte qui y sont engagés; c'était à l'affréteur à faire entrer lui-même ces accidents en ligne de compte dans ses prévisions et à prendre son temps en conséquence » (Laurin sur Cresp, t. 2, p. 159. V. conf. les décisions citées par cet auteur et, en outre : Douai, 24 mars 1880 (1); Trib. Marseille, 9 mai 1882, *Recueil de Marseille*, 1882. 1. 163). M. Laurin fait cependant une réserve pour le cas où la violence de la tempête aurait amené un dérapage, c'est-à-dire aurait momentanément éloigné le navire de la côte; alors, dit-il, « la mise à quai, condition première et indispensable du fonctionnement du délai, n'existe plus ».

Le tribunal de commerce de Saint-Nazaire et la cour de Rennes résolvent la question par une distinction. Quand le délai de staries est porté à un certain nombre de jours courants, il n'y a pas de suspension possible; le délai est, en effet fixé à forfait, et contre ce forfait, ni le cas fortuit, ni le cas de force majeure ne peuvent prévaloir. Au contraire, si le délai comprend seulement les jours ouvrables, la suspension a lieu (Trib. com. Saint-Nazaire, 29 janv. 1880, aff. Vallée, *Recueil de Nantes*, 1881. 1. 87; 12 févr. 1880, *ibid.*; Rennes, 24 mai 1880, *ibid.*, 1881. 1. 87; 22 nov. 1880, aff. Guillemet, *Recueil de Marseille*, 1883. 2. 49).

Nous croyons avec M. Desjardins, t. 3, n° 830, que le délai devra toujours être suspendu. D'abord, les considérations invoquées en sens contraire sont loin d'être probantes. Il y a exagération évidente à prétendre que l'affréteur devait, lorsqu'il a été procédé à la fixation des jours de planche, prévoir et faire entrer en ligne de compte les accidents de nature à entraver le chargement ou le déchargement; car le propre des événements fortuits, c'est de défier toutes les prévisions. D'un autre côté, peut-on faire un grief au chargeur ou au destinataire d'avoir interrompu l'embarquement ou le débarquement, alors que la continuation en était impossible? La doctrine opposée se concilie d'ailleurs difficilement : d'abord, avec les règles du droit commun qui veulent que le délai accordé pour l'exécution d'une opération soit suspendu, alors que cette opération

---

(1) (Capitaine Chater C. Wagner et joints.) — LA COUR; — Attendu que la charte-partie intervenue entre Chater et les affréteurs du steamer *le Charles-Howard* porte, dans son art. 10, que si le vapeur est dirigé pour décharger sur un port du continent où il n'y ait pas suffisamment d'eau pour permettre au navire d'entrer à la première marée qui suit son arrivée, les jours de planche doivent compter à partir de vingt-quatre heures après l'arrivée au large du port; — Attendu que, suivant cette clause, le *Charles-Howard*, dirigé sur Dunkerque, n'ayant pu entrer dans le port à la première marée qui a suivi son arrivée en rade, laquelle a eu lieu le 7 oct. 1879, c'est à partir du lendemain 8 dudit mois, qu'ont dû commencer à courir les jours de planche; — Attendu que, dès que les jours de planche commencent à courir, ils ne peuvent être suspendus, en dehors des jours ouvrables, que pour les causes prévues par la convention; — Attendu que la charte-partie qui régit l'espèce ne stipule aucune restriction aux effets de la clause susénoncée, et qu'elle repousse même l'application des coutumes des ports qui seraient contraires à ses dispositions; — Attendu qu'il n'est pas possible de modifier une clause nette et précise et d'en limiter à son gré le sens par des interprétations plus ou moins spécieuses toujours arbitraires; — Que l'esprit de la clause exclut toute distinction; qu'elle n'emporte pas, d'ailleurs, que le navire entrant dans le port à la première marée ne fût soumis aux règlements du port pour les jours de planche, puisqu'elle s'applique exclusivement au cas où le navire n'entre pas dans le port dans ces conditions, et que ce cas s'étant réalisé pour le *Charles-Howard*, la loi établie par la convention est seule applicable loyalement, continûment et sans restriction; — Attendu, par suite, qu'à tort les premiers juges n'ont accordé à l'appelant que quatre jours de planche au lieu de sept, en supprimant les jours intermédiaires employés à faire rentrer le navire dans le port et attendre qu'il ait pu se placer à quai; — Attendu que les retards n'ont lieu, dans ce cas, que pour faciliter et rendre moins onéreux les frais de déchargement, et que les réclamateurs, qui peuvent en bénéficier sous ce rapport, doivent, par contre, en subir les conséquences voulues par la convention, si ces retards empêchent le navire d'être déchargé dans les huit jours de planche accordés par la convention;

Par ces motifs, déclare l'appel non recevable vis-à-vis de Wagner et Bourdon et comp., et statuant sur ledit appel vis-à-vis de Coolen et comp., émendant le jugement et faisant ce que les premiers juges auraient dû faire, condamne Coolen et comp. à payer à l'appelant, et, ce, au prorata des marchandises par eux réclamées, le montant des surestaries pour sept jours de planche, le *Charles-Howard* possédant mille trois cents quatre-vingt quatorze tonneaux de jauge et les surestaries calculées sur le tonnage par jour et par chaque tonneau de jauge brute dudit navire s'élevant à une somme de 32 livres 12 shillings par jour, etc.

Du 24 mars 1880.-C. de Douai, 1re ch.-MM. Bardon, 1er pr.-Pierron, av. gén.-Merlin et de Beaulieu, av.

devient momentanément irréalisable par suite d'un cas de force majeure; puis, spécialement, avec la disposition contenue dans le deuxième alinéa de l'art. 294 c. com., aux termes de laquelle l'arrêt du navire au départ, pendant la route ou au lieu de décharge, n'entraîne pour l'affréteur l'obligation de supporter les frais du retardement qu'autant que le retard provient de son propre fait. Enfin, si les jours de planche doivent continuer à courir, il semble qu'ils doivent courir dans tous les cas, même lorsqu'il y a déradage. — Quant à la solution adoptée par le tribunal de Saint-Nazaire et la cour de Rennes, elle n'est pas plus admissible. L'expression *jours courants*, prise dans la pratique par opposition aux mots *jours ouvrables* indique simplement que les jours fériés devront être comptés au même titre que ces derniers (V. *suprà*, n° 899); elle n'a nullement pour effet d'exprimer que les staries suivront leurs cours alors que, par suite d'une circonstance indépendante de la volonté, le chargement ou le déchargement se trouvera momentanément entravé (V. Desjardins, *loc. cit.*; de Valroger, t. 2, n° 695, et les décisions judiciaires citées par ces auteurs; *Adde* : Trib. com. Bordeaux, 14 déc. 1877, *Mémorial de jurisprudence commerciale et maritime*, 1877, p. 399 et 401; Civ. cass. 3 avr. 1883, aff. Tollfensen, D. P. 84. 1. 21; Lyon-Caen et Renault, t. 2, n° 1913).

Du reste, pour qu'il y ait suspension, il ne suffit pas que la continuation du chargement ou du déchargement présente des difficultés plus ou moins sérieuses à raison des incidents nouvellement survenus; il faut qu'elle ait été rendue réellement impossible. Nous n'avons pas à rechercher ici quels sont les faits susceptibles d'entraîner à leur suite une impossibilité proprement dite; il appartient aux tribunaux de déterminer, à ce point de vue, le caractère des événements dont l'appréciation leur est soumise. — M. Desjardins, *loc. cit.*, indique diverses circonstances qui peuvent ou non être considérées comme des cas de force majeure. L'injonction de déplacement adressée au capitaine d'un navire par les officiers du port est, à juste titre, rangée dans cette catégorie (Conf. Trib. Anvers, 14 juill. 1879, *Jurisprudence du port d'Anvers*, 1880. 1. 157; — *Contrà :* Trib. com. Havre, 31 juill. 1878, aff. cap. Tréfy, *Recueil du Havre*, 1878. 1. 255). Il en est de même du refus de la douane de laisser procéder au déchargement, alors même que ce refus serait le résultat d'une erreur (Trib. com. Anvers, 9 janv. 1880, *Jurisprudence du port d'Anvers*, 1880. 1. 259). — Le mauvais temps, au contraire, n'est pas, en règle générale, un cas de force majeure (Rouen, 27 août 1879, aff. Hartmann, *Recueil du Havre*, 1879. 2. 224; Trib. com. Havre, 23 févr. 1870, *ibid.*, 1870. 1. 72. V. cependant : Trib. com. Anvers, 5 mai 1873, *Jurisprudence du port d'Anvers*, 1873. 1. 163),... à moins qu'il ne provoque des accidents qui constituent des obstacles absolus au chargement ou au déchargement (Trib. com. Havre, 31 juill. 1878, précité). — De même, l'encombrement du quai n'est pas, en principe, un cas de force majeure (Trib. com. Havre, 27 janv. 1879, aff. cap. Parsons, *Recueil du Havre*, 1879. 1. 114);... sauf quand il est un obstacle invincible, empêchant tout débarquement (Trib. com. Havre, 26 nov. 1861, *ibid.*, 1861. 1. 223. Comp. Aix, 1er juill. 1875, *Recueil de Marseille*, 1876. 1. 116). — Jugé également que les surestaries sont dues, alors même que le retard proviendrait d'une grève des ouvriers du port (Trib. com. Marseille, 9 mai 1882, aff. Lévêque, *Recueil de Marseille*, 1882. 1. 162; 27 juin 1889, aff. Lindhner, *Revue internationale du droit maritime*, t. 5, p. 245. — V. en sens contraire : Rennes, 25 mai 1875, *Recueil de Nantes*, 1876. 1. 35). — Un arrêt (Bordeaux, 23 févr. 1882, aff. Marcillac, D. P. 84. 2. 17) a fait une saine application des principes, en décidant que, lorsqu'une charte-partie porte que le navire devra être mouillé « toujours à flot » pendant le déchargement, si le navire mouille le jour de son arrivée dans un endroit où il ne peut se maintenir à flot pendant la basse marée, et si, à raison du danger que présente cette situation, le capitaine du port exige que le bâtiment quitte son poste d'amarrage pour aller en occuper un autre qu'il lui assigne, l'interruption produite par l'exécution de cette mesure dans les opérations du déchargement n'étant en aucune façon imputable au destinataire, il y a suspension corrélative du délai des staries. Si, en effet, le délai est suspendu quand l'interruption forcée du chargement ou du déchargement provient d'un cas de force majeure, à plus forte raison en est-il de même quand l'interruption est occasionnée par l'obligation de remédier à une situation dont le capitaine, et, par suite, le fréteur a seul la responsabilité.

La question que l'on vient d'examiner est prévue par le code allemand (art. 574). Aux termes de cet article, on doit comprendre dans le calcul des staries et des surestaries, les jours où l'affréteur a été empêché par un cas fortuit de livrer le chargement. N'entrent pas toutefois en ligne de compte, les jours pendant lesquels le mauvais temps ou tout autre événement de force majeure empêchent, soit la livraison de toute espèce de chargement aussi bien que du chargement convenu, soit la réception du chargement.

902. Quand le délai des staries afférentes au déchargement est suspendu, si le navire est loué au mois, le fréteur ne peut réclamer le fret pendant la durée de cette suspension, car il ne saurait profiter de la force majeure. La question ne peut s'élever en ce qui concerne les surestaries afférentes au chargement; car le fret ne court généralement que du départ (art. 275) (Desjardins, *loc. cit.*).

903. MM. Desjardins et Laurin, *loc. cit.*, assimilent, au point de vue de la question qui vient d'être examinée, les surestaries aux staries, et leur appliquent les systèmes que l'on vient d'exposer. Le tribunal de commerce d'Anvers, au contraire, revenant sur sa jurisprudence antérieure (Trib. com. Anvers, 13 avr. 1872, *Jurisprudence du port d'Anvers*, 1872. 1. 258), a décidé que, si le délai des staries est suspendu par un fait de force majeure, il n'en est pas de même des surestaries, parce qu'alors, « la force majeure étant précédée d'une faute du destinataire, celui-ci doit répondre des conséquences » (Trib. com. Anvers, 15 mars 1881, *ibid.*, 1881. 1. 176). N'est-ce pas aller trop loin que traiter ainsi en coupable l'affréteur qui a dépassé le délai de la planche? Il n'a fait, en réalité, qu'user d'un droit qui lui est reconnu, à charge d'indemnité, par son contrat (Desjardins, *loc. cit.*).

Il a été jugé que l'arrêté administratif qui interdit le transvasement de pétrole chargé en vrac, son déchargement dans un port et ses dépendances, et même le stationnement ou la navigation de bâtiments chargés de cette marchandise, constitue un cas de force majeure qui place le destinataire du pétrole dans l'impossibilité de le décharger au port d'arrivée désigné par la charte-partie, et, dès lors, ce destinataire ne saurait être condamné à payer au capitaine du navire, auquel il a fait connaître l'obstacle, les surestaries ou les dommages-intérêts qu'il eût encourus pour cause de retard, si le débarquement eût été possible (Civ. cass. 3 avr. 1883, aff. Tollfensen, D. P. 84. 1. 21).

904. Le capitaine ne peut exiger que les jours de surestaries, auxquels il prétend avoir droit en vertu du contrat d'affrètement, pour retard dans le chargement, soient portés sur le connaissement (Civ. cass. 29 déc. 1874, aff. Schiaffino, D. P. 75. 1. 433). En effet, le connaissement ne saurait indiquer les conditions dans lesquelles doit être fait le chargement, puisqu'il n'est rédigé qu'après le chargement effectué. C'est dans la charte-partie seule que peuvent être indiquées ces conditions, notamment le délai accordé pour le chargement et l'indemnité due pour retard dans le chargement. Ou bien les surestaries sont déjà dues en vertu des stipulations de la charte-partie ou en vertu des usages, ou bien il est trop tard pour faire naître une obligation relative à des faits passés. L'affréteur peut donc, s'il fait lui-même le chargement, se refuser à laisser insérer dans le connaissement une clause lui imposant des surestaries qu'il prétendrait ne pas devoir en vertu de la charte-partie. À plus forte raison, doit-il en être ainsi, lorsque le capitaine se trouve en présence de chargeurs étrangers au contrat primitif d'affrètement. Mandataires de l'affréteur à l'effet d'opérer le chargement, les chargeurs n'ont aucune obligation à contracter envers le capitaine. Il n'appartient à celui-ci que de constater le retard pour réserver ses droits contre l'affréteur; mais la date seule du connaissement suffit pour cela, en la rapprochant des stipulations de la charte-partie (V. Civ. cass. 28 janv. 1861, aff. Geay, D. P. 61. 1. 56). Peut-être les chargeurs devront-ils des dommages-intérêts à l'affréteur pour le retard de la livraison, et celui-ci, poursuivi par le capitaine, se retournera-t-il contre eux; mais le capitaine ne peut exiger un engagement direct des chargeurs, d'autant plus que ceux-ci pourraient n'être pas tenus envers l'affréteur, si le retard est dû à la faute de celui-ci, par exemple, s'il leur a donné tardivement l'ordre de livraison et s'ils ne se sont pas engagés à livrer plus tôt qu'ils ne l'ont fait. — C'est donc avec raison que l'arrêt précité du 29 déc. 1874 a décidé que l'obligation de payer les surestaries ne saurait être invoquée personnellement contre les chargeurs, dans le cas où ils ne sont que de simples mandataires de l'affréteur, à l'effet d'effectuer le chargement (V. Lyon-Caen et Renault, t. 2, n° 1916).

On peut cependant se demander si cet arrêt n'est pas allé trop loin, en disant, dans ses motifs, que l'art. 281 c. com. détermine d'une manière limitative les énonciations que doit contenir le connaissement. D'abord, la formule du code n'a absolument rien de limitatif. De plus, il y a bien des stipulations dont ne parle pas l'art. 281, qui se réfèrent directement au chargement accompli et au transport à faire et qu'on ne peut raisonnablement refuser aux parties le droit de faire insérer. Et, par exemple, pour un cas très voisin de celui que nous discutons, il nous semble indubitable que le chargeur pourrait stipuler une indemnité pour le retard que le capitaine mettrait au départ ou à la livraison après l'arrivée; de même, le capitaine pourrait stipuler une indemnité pour le retard que l'on mettrait au déchargement. Ces stipulations se réfèrent directement à la situation nouvelle que le chargement crée entre les parties et que le connaissement a pour but de régler (Conf. anal. art. 101 c. com.). — L'intérêt du commerce exigerait, d'ailleurs, que le connaissement fît toujours mention des jours de surestaries auxquels le capitaine peut avoir droit, en vertu de la charte-partie. L'absence d'une telle mention peut, en effet, entraîner parfois de très graves inconvénients. Ainsi un arrêt (Poitiers, 25 juill. 1876, aff. Curet, D. P. 78. 2. 124) a jugé que le capitaine ne peut pas subordonner la livraison de la cargaison au payement de surestaries provenant du fait du chargeur, alors qu'il n'en a pas fait l'objet d'une réserve spéciale lors de la signature du connaissement qu'il savait être à ordre et transmissible à une personne indéterminée. En effet, les charges exceptionnelles grevant les marchandises et provenant du fait d'autrui ne peuvent pas être imposées à l'acquéreur qui puise son droit dans un connaissement à ordre, où ces charges ne sont pas énoncées, et dont il est devenu bénéficiaire sans autre condition que l'obligation ordinaire de payer le prix et le fret.

905. Lorsque la charte-partie n'a pas limité la période des surestaries, tous les jours employés au chargement, en sus des staries, doivent être payés au même taux (Trib. com. Marseille, 3 juill. 1862, *Recueil de Marseille*, 1862. 1. 193. V. cependant : Rouen, 28 oct. 1885, *Recueil du Havre*, 1885. 2. 234). Mais souvent la charte-partie limite la durée des surestaries ; le temps employé en sus de ce second délai forme une troisième période, celle des *contrestaries, contre-surestaries ou sursurestaries*. Le taux des contrestaries est parfois fixé par la charte-partie. En cas de silence des conventions, le taux des contrestaries est de tant pour cent en sus des surestaries ; mais les usages sont très variables, quant à ce tant pour cent : certaines décisions le fixent à 20, d'autres à 25, d'autres à 50 pour 100 (V. Desjardins, t. 3, n° 777). Un arrêt (Rouen, 9 juill. 1877, aff. Perquer, D. P. 78. 2. 154-159) décide même qu'il faut, en pareil cas, doubler le chiffre conventionnel des surestaries. Mais faut-il alors prendre comme base d'évaluation le taux conventionnel ou le taux usuel des surestaries, quand, sur ce point, la convention a dérogé aux usages ? Les cours de Rouen (Arrêt précité du 9 juill. 1877), et Paris, 30 avr. 1878 (aff. Perquer, *Gazette des tribunaux* du 4 mai 1878), ont pensé avec raison qu'il faut, en ce cas, se référer au chiffre conventionnel des surestaries (Conf. Desjardins, n° 777 ; de Valroger, n° 700). Les contrestaries ne pouvant avoir lieu qu'autant que le délai des surestaries a été fixé par la charte-partie, il faut admettre, conformément au système que nous avons exposé plus haut relativement aux surestaries, que l'expiration des surestaries implique toujours mise en demeure de plein droit (Lyon-Caen et Renault, t. 2, n° 1915). — Il a été décidé (Rouen, 28 oct. 1885, précité) que les contrestaries comprennent les jours fériés ; cette doctrine paraît contestable (V. *suprà*, n° 899).

906. La clause d'une charte-partie portant, après fixation des jours de planche et du temps et du taux des surestaries, que « le retard non justifié à toute période du voyage, sera payé au taux des surestaries », s'applique-t-elle aux jours de contrestaries ? Un certain nombre des cours d'appel ont été presque simultanément saisies de cette question et l'ont résolue en des sens différents. Les unes, s'attachant aux termes mêmes dans lesquels est conçue la clause en question, et estimant « que ce texte s'applique sans exception et sans réserve à tous les retards qui, en dehors des jours de planche et de surestaries, ont pu survenir, soit par le fait des affréteurs, soit par celui des armateurs pendant le voyage du navire et au cours des opérations entreprises en exécution de la charte-partie », se sont prononcées en faveur de l'affirmative (Bordeaux, 28 nov. 1876, aff. Cabrol, D. P. 78. 2. 154 ; Rennes, 24 mai 1877, aff. Germain, *ibid.* ; Douai, 27 févr. 1877, aff. Bourdon, *Recueil de Douai*, 1877, p. 275 ; Poitiers, 15 août 1877, aff. Bellando C. Dreyfus). — D'autres cours, au contraire, ont décidé que l'indemnité de surestarie stipulée en cas de retard pendant le *voyage* ne s'applique pas aux contrestaries pour les retards dans le *chargement* (Rouen, 23 août 1876, aff. Perquer, D. P. 78. 2. 154 ; Rennes, 19 janv. 1877, aff. Trillot, *ibid.* ; Rouen, 9 juill. 1877, aff. Perquer, *ibid.* Conf. Trib. com. Anvers, 11 mai 1877, *Jurisprudence du port d'Anvers*, 1877. 1. 163). C'est dans le sens de ces dernières décisions que s'est prononcé M. Ruben de Couder, v° *Charte-partie*, n° 40. « Le chargement et le voyage, dit-il, ne doivent pas être confondus. Cette distinction ressort, en effet, des art. 273, 274 et 275 c. com. qui distinguent nettement entre le lieu et le temps de la charge et de la décharge et le jour où le navire fait voile ; elle ressort également des art. 294, 295 et 296 c. com. où chaque phase de la navigation est déterminée : l'arrêt au départ, en cours de route ou au lieu de la décharge. Dans tous ces textes, jamais le législateur n'a employé le mot voyage comme synonyme de chargement. » — La cour de cassation à qui ont été déférés les arrêts précités de Rouen, 23 août 1876, Bordeaux, 28 nov. 1876, Rennes, 24 mai 1877, et Rouen, 9 juill. 1877, ne s'est pas prononcée entre les deux systèmes qui divisent les cours d'appel ; elle a décidé que, les solutions données par les arrêts attaqués se fondant uniquement sur une interprétation des conventions et une appréciation de l'intention des parties, les juges du fond avaient statué souverainement, et que leurs décisions échappaient, par conséquent, au contrôle de la cour de cassation (Civ. rej. 10 juill. 1878, aff. Dreyfus, quatre arrêts, D. P. 78. 1. 350).

907. Les arrêts de Rouen, 23 août 1876, et Rennes, 19 janv. 1877, cités *suprà*, n° 906, ont, en outre, décidé que l'affréteur qui, aux termes de la charte-partie, devait payer l'indemnité des surestaries dans un port étranger, en monnaie du pays, à un taux de change déterminé, est tenu de payer l'intégralité de l'indemnité en monnaie française et sans pouvoir réclamer le bénéfice du change, alors que c'est par sa faute et par suite de son refus de laisser insérer dans les quittances des réserves jugées plus tard bien fondées, que le payement n'a pas été fait dans les conditions prévues et doit être effectué en France. — L'arrêt de Bordeaux du 28 nov. 1876 cité *ibid.*, a jugé, au contraire, que l'affréteur ne peut être obligé à effectuer en monnaie française et sans déduction du change, un payement que la convention l'autorisait à faire dans un pays étranger en monnaie du pays à un taux de change déterminé, bien que, par sa faute et par suite de ses exigences non légitimes, le payement n'ait pas été fait à l'époque et au lieu convenus ; sauf le droit pour le créancier d'obtenir des dommages-intérêts à raison du préjudice qui lui a été causé. Ces dommages-intérêts sont dus, alors même que le capitaine n'aurait consenti à recevoir le payement que sous des réserves qui, plus tard, ont été reconnues mal fondées. — Décidé, toutefois, par l'arrêt de Rennes du 24 mai 1877, cité *ibid.*, que l'affréteur n'encourt aucune responsabilité à raison de son refus de payer au lieu de charge, alors que ce refus a été motivé par la prétention du capitaine de faire insérer au connaissement ses réserves relativement au taux des contrestaries. — La cour de cassation, sur le pourvoi formé contre ces arrêts, a encore déclaré (Arrêts des 10 juill.

1878, cités *suprà*, n° 906), que les décisions des juges du fond étaient ici souveraines (V. *Obligations; — Rép.* eod. v°, n° 1755).

908. Une grave controverse s'est élevée sur la nature de la créance qui a pour objet les surestaries et les contrestaries. Un premier système la considère comme une créance de dommages-intérêts ordinaire; les surestaries et contrestaries, dit-on, ne sont, en réalité, que la réparation du préjudice résultant d'une perte de temps causée par l'affréteur. Trois conséquences résultent de cette façon d'envisager les surestaries et contrestaries: 1° elles doivent être payées, même dans le cas où le fret cesse d'être dû par suite de la perte du navire en cours de voyage (V. en ce sens: Aix, 10 janv. 1879, aff. Régis, D. P. 81. 1. 477); — 2° Le fréteur ne jouit pas, pour leur recouvrement, du privilège que la loi lui accorde pour le recouvrement du fret (V. en ce sens: Trib. com. Anvers, 28 août 1873, *Jurisprudence du port d'Anvers*, 1873. 1. 366; 18 févr. 1880, *ibid.*, 1880. 1. 123); — 3° L'action en payement des surestaries et contrestaries se prescrit par trente ans, et non par une année écoulée depuis le voyage, comme le fret (Trib. com. Anvers, 21 mars 1879, *ibid.*, 1879. 1. 223; Rouen, 26 mars 1879, aff. Dreyfus, D. P. 80. 1. 457); — 4° Les surestaries ne sont pas comprises, comme le fret, dans l'abandon (c. com. art. 216). — Ce système est rejeté par la jurisprudence de la cour de cassation qui considère la créance résultant des surestaries et contrestaries comme l'accessoire et le complément du fret (Civ. cass. 10 nov. 1880, aff. Dreyfus, D. P. 80. 1. 457; 9 mars 1881, aff. Régis, D. P. 81. 1. 477. Conf. Trib. com. Rouen, 18 mai 1881, aff. Lawson C. Fouquier, *Gazette des tribunaux* du 3 juin 1881; Laurin sur Cresp, t. 2, p. 152; Desjardins, t. 3, n° 828; Lyon-Caen et Renault, t. 2, n° 1918; de Valroger, t. 2, n° 701). — L'art. 273, il est vrai, qualifie les surestaries d'*indemnité*, comme Valin, *sur l'art. 4, tit. 1er, liv. 3 de l'ordonnance*, les qualifiait déjà de *dommages-intérêts;* il est vrai, également, que le taux des contrestaries étant plus élevé que celui des surestaries, on serait tenté de ne voir, au moins dans les contrestaries, que de simples dommages-intérêts. Cependant, ainsi que le fait très justement observer M. l'avocat général Desjardins, dans ses conclusions sur l'arrêt précité du 10 nov. 1880, l'affréteur n'est, en réalité, aux yeux du législateur qu'un locataire. Or, par suite de son retard, il jouit du navire plus longtemps qu'il ne devrait; les sommes dont il se trouve débiteur pour cette prolongation de jouissance représentent donc véritablement un supplément de loyers: « Le fret échappe au fréteur durant cette période, et c'est avant tout ce fret que les surestaries et contrestaries remplacent ». L'art. 273 ne fait-il pas, d'ailleurs, figurer les surestaries au nombre des énonciations qui, d'après le vœu de la loi, devraient se trouver dans toutes les chartes-parties, et ne les place-t-il pas sur le même plan que le fret lui-même? — Cette théorie aboutit à des conséquences inverses de celles qui découlent du premier système: 1° la créance des surestaries et contrestaries, n'étant qu'un accessoire du fret, s'éteint avec lui, en cas de perte des marchandises par cas fortuit (c. com. art. 302) (V. en ce sens: Civ. cass. 9 mars 1881 et les auteurs précités); — 2° Elle est, comme le fret, garantie par un privilège sur le navire (c. com. art. 191 et 280) (V. Mêmes auteurs); — 3° Elle est, de même que le fret, soumise à la prescription de l'art. 432 c. com. (V. en ce sens: Civ. cass. 10 nov. 1880, précité, et les mêmes auteurs); — 4° Les surestaries doivent être abandonnées comme le fret.

909. Qui doit les surestaries et contrestaries? C'est évidemment celui par la faute de qui le retard se produit. Ce sera donc toujours l'affréteur, en cas de retard *dans le chargement*. Aussi a-t-il été jugé que le capitaine est non recevable à réclamer au destinataire les surestaries encourues pour retard dans le chargement, lorsque, d'après la charte-partie, ces surestaries devaient être payées par le chargeur au lieu de charge (Trib. com. Marseille, 16 mai 1873, aff. Magliarachi, *Recueil de Marseille*, 1873. 1. 222. Conf. Trib. com. Anvers, 14 juill. 1879, *Jurisprudence du port d'Anvers*, 1879. 1. 291; Trib. com. Havre, 19 juill. 1881, aff. Schotter, *Recueil du Havre*, 1881. 1. 166; Trib. com. Marseille, 19 sept. 1884, aff. cap. Colotto, *Recueil de Marseille*, 1884. 1. 290). Il n'en serait autrement que si le destinataire était l'agent de l'affréteur, ou le porteur d'un connaissement qui mentionne expressément la créance née de ces surestaries (Desjardins, t. 3, n° 829; Lyon-Caen et Renault, t. 2, n° 1916. Conf. *suprà*, n° 904; de Valroger, n° 701).

910. Quant aux surestaries encourues pour retard *dans le déchargement*, elles doivent toujours être acquittées par le destinataire à qui la faute est imputable (Bruxelles, 15 mai 1879, *Jurisprudence du port d'Anvers*, 1880. 1. 70). Un jugement du tribunal de commerce de Marseille, du 2 mars 1877 (*Recueil de Marseille*, 1877. 1. 146), tout en reconnaissant que le destinataire est tenu, en principe, de ces surestaries, conteste que les clauses spéciales de la charte-partie qui, sur ce point, dérogent à l'usage, puissent lui être opposées: il y a là *res inter alios acta*. — Cette doctrine ne semble pas pouvoir être admise; car, d'une part, dans la charte-partie, l'expéditeur avait seul qualité pour fixer le taux des surestaries et engager le destinataire dont il gérait l'affaire; d'autre part, ce dernier est en faute et serait mal fondé à alléguer qu'il a négligé de se renseigner sur les conséquences éventuelles de cette faute (Conf. Desjardins, t. 3, n° 829).

Si la cargaison comprend des marchandises expédiées à divers destinataires, ceux-là seuls qui seront en retard ou qui, par leur faute, auront causé le retard des autres destinataires, devront être tenus des surestaries: il n'y a, entre les divers destinataires, ni indivisibilité, ni solidarité (Trib. com. Nantes, 20 déc. 1876, *Recueil de Marseille*, 1880. 2. 49; Trib. com. Rouen, 7 févr. 1879, aff. cap. Boynton, *Recueil du Havre*, 1879. 2. 146; Rouen, 27 août 1879, aff. Hartmann, *ibid.*, 1879. 2. 224; Trib. com. Anvers, 9 janv. 1880, *Jurisprudence du port d'Anvers*, 1880. 1. 135; de Valroger, t. 2, n° 702. — V. cependant en sens contraire: Gand, 14 févr. 1877, *Jurisprudence du port d'Anvers*, 1879. 2. 99; Trib. com. Anvers, 21 mars 1879, *ibid.*; 31 mai 1879, *ibid.*, 1879. 1. 223; 25 juill. 1879, *ibid.*, 1880. 1. 129).

911. On enseigne généralement qu'il n'y a aucun rapport entre les jours de planche et le délai pour mettre à la voile, en sorte que, si le chargement est opéré avant l'expiration des staries, le capitaine doit faire partir son navire sans attendre qu'elles soient écoulées; s'il ne se conforme pas à cette obligation, il sera passible, après une simple mise en demeure, des dommages-intérêts pour retard (art. 295) (Conf. Desjardins, t. 3, n° 77 *in fine;* Laurin, t. 2, p. 154; Lyon-Caen et Renault, t. 2, n° 1918). Une décision contraire du tribunal de commerce de Marseille, du 8 déc. 1819, a été citée au *Rép.* n° 814. M. Desjardins, *loc. cit.*, note, fait observer que cette décision est contraire à l'usage du port de Marseille et des autres ports français (V. *infrà*, n° 1004).

912. Il a été jugé que: 1° lorsque la charte-partie n'a fixé le point de départ des jours de planche que dans le cas où le navire serait empêché d'entrer au port de destination, les juges du fait, peuvent, sans dénaturer la convention, les faire partir du jour où les marchandises ont été mises à la disposition du destinataire (Req. 13 avr. 1881, aff. Bainton, D. P. 82. 1. 269); — 2° Quand une charte-partie, fixant les jours de planche pour le chargement et le déchargement d'un navire, a stipulé que, dans le cas où ce navire ne trouverait pas assez d'eau pour entrer à la première marée après son arrivée dans le port de déchargement, les jours de planche compteraient à partir des vingt-quatre heures après l'arrivée du bâtiment en dehors du port, les juges du fond ne dénaturent pas la convention intervenue en refusant de l'appliquer au cas où le manque d'eau a arrêté le navire, non devant le port de destination, mais à l'entrée du fleuve qui y conduit (Même arrêt).

913. Indépendamment des énonciations dont parle l'art. 273 c. com., la charte-partie doit contenir les autres conditions du contrat arrêtées entre le fréteur et l'affréteur. Elle doit indiquer la nature de la cargaison, car il y a des chargements qui fatiguent plus ou moins les navires, la durée de l'affrètement, s'il est consenti pour un temps limité ou pour un voyage et pour quel voyage. Si l'affrètement est à cueillette, il faut l'indiquer, et alors il est bon de fixer le délai qui sera imparti au capitaine pour compléter son chargement. On indiquera également, s'il y a lieu, la clause pénale stipulée pour le cas d'inexécution des obligations par l'une des parties.

914. On a dit au *Rép.* n° 817 que, dans le contrat d'affrétement, les clauses douteuses s'interprètent contre l'affréteur ou chargeur. — Mais, avant d'appliquer cette règle, les juges doivent chercher à découvrir le véritable sens de la clause en litige; et à cet égard ils jouissent, comme en toute autre matière, d'un pouvoir souverain d'interprétation. Ainsi il a été jugé : 1° qu'il appartient aux juges du fond de décider souverainement, d'après l'intention des contractants, que la stipulation d'une charte-partie qui exclut de l'embarquement une catégorie de marchandises s'applique à une autre certaine catégorie assimilable à la première (Civ. rej. 8 mars 1882, aff. Pauwels, D. P. 83. 1. 54); — 2° Que la clause d'une charte-partie, d'après laquelle l'allégement sera toujours aux frais et risques du chargement, peut, à raison de sa connexité avec les clauses précédentes, être entendue en ce sens qu'elle s'applique aux seuls allègements devenus nécessaires au port de débarquement, et non aux frais d'un allègement nécessité dans le cours du voyage par suite d'un échouement; ces derniers frais, par conséquent, sont à la charge de l'armement (Rouen, 16 avr. 1881, aff. Krauss, D. P. 84. 1. 208).

915. Sur la forme du contrat d'affrétement dans les pays étrangers, notamment en Angleterre, V. Desjardins, t. 3, n°s 772 et suiv., et en Espagne, V. *Revue internationale du droit maritime*, t. 4, p. 504.

916. Les parties peuvent évidemment se référer, dans la charte-partie, à la loi ou aux usages en vigueur soit au port de départ, soit au port de destination. Mais, dans le silence du contrat sur ce point, quelle loi devra-t-on appliquer? Celle du lieu où il a été conclu; car, lorsque deux parties contractent, il est à présumer qu'elles songent au statut sous l'empire duquel elles contractent, et non à celui du pays inconnu où il faudra plaider pour obtenir l'exécution de la convention. Tel est, d'ailleurs, le principe que sanctionne l'art. 1159 c. civ. (Civ. cass. 23 févr. 1864, aff. Jullien, D. P. 64. 1. 166; Rennes, 4 janv. 1870, aff. Worms, D. P. 73. 1. 182; Trib. com. Anvers, 4 mai 1873, *Jurisprudence du port d'Anvers*, 1873. 1. 213; Rouen, 30 déc. 1874, aff. Ehrichsen, *Journal du droit international privé*, t. 2, p. 430; Trib. com. Marseille, 16 févr. 1877, *Recueil de Marseille*, 1877. 1. 129; Trib. com. Anvers, 27 avr. 1880, *Jurisprudence du port d'Anvers*, 1880. 1. 251. Conf. Desjardins, t. 3, n° 780; de Valroger, t. 2, n° 690).

917. La règle que l'on vient de poser ne s'applique toutefois qu'aux contestations nées à l'occasion de l'interprétation du contrat, non aux mesures préparatoires ou conservatoires qu'il y aurait lieu de prendre en cours de voyage. On ne saurait soutenir que les parties, en ce qui concerne ces mesures, aient entendu se soumettre d'avance à la juridiction du consul de l'Etat où l'affrétement a été conclu et dessaisir le juge de la nation à qui appartient le navire, juge naturellement compétent en pareille matière (Desjardins, t. 3, n° 781).

918. En quelque pays que la charte-partie ait été signée, on doit, là où l'on embarque ou débarque, se conformer, pour les opérations de l'embarquement et du débarquement, aux usages de la place où elles s'accomplissent (Trib. com. Anvers, 8 nov. 1862, *Jurisprudence du port d'Anvers*, 1863. 1. 20; Trib. com. Marseille, 10 sept. 1863, *Recueil de Marseille*, 1863. 1. 267; Trib. com. Anvers, 25 févr. 1864, *Jurisprudence du port d'Anvers*, 1864. 1. 233; Trib. com. Havre, 25 oct. 1864, *Recueil du Havre*, 1864. 1. 215; Trib. com. Marseille, 20 nov. 1866, *Recueil de Marseille*, 1869. 1. 306; Trib. com. Anvers, 4 déc. 1869, *Jurisprudence du port d'Anvers*, 1869. 1. 392; 3 mai 1871, *ibid.*, 1871. 1. 155; 27 janv. 1873, *ibid.*, 1873. 1. 108; 20 août 1873, *ibid.*, 1873. 1. 301; 27 déc. 1875, et sur appel, Aix, 8 mai 1876, *ibid.*, 1878. 1. 17; 9 nov. 1876, *ibid.*, 1877. 1. 42; Trib. com. Anvers, 7 mars 1877, *Jurisprudence du port d'Anvers*, 1880. 1. 14; Trib. com. Havre, 12 nov. 1877, *Recueil du Havre*, 1878. 1. 9; 23 janv. 1878, aff. cap. Nilsen, *ibid.*, 1878. 1. 67; 6 févr. 1878, aff. Holman, *ibid.*, 1878. 1. 104; Trib. com. Marseille, 22 mars 1878, aff. Coutin, *Recueil de Marseille*, 1878. 1. 139; Trib. com. Havre, 15 mai 1878, aff. Currie, *Recueil du Havre*, 1878. 1. 161; Trib. com. Anvers, 15 juin 1878, *Jurisprudence du port d'Anvers*, 1878. 1. 235; 6 août 1878, *ibid.*, 1880. 1. 43; Trib. com. Havre, 17 déc. 1879, aff. Mohr Nicole, *Recueil du Havre*, 1881. 1. 8; Trib. com. Marseille, 29 sept. 1880, aff. cap. Willies, et aff. cap. Storey, *Recueil de Marseille*, 1880. 1. 295; Trib. com. Havre, 24 nov. 1880, aff. Bert, *Recueil du Havre*, 1881. 1. 11).

919. La question de savoir quelle est la juridiction compétente pour statuer sur les contestations nées à l'occasion d'un contrat d'affrétement conclu à l'étranger doit se résoudre d'après les règles générales exposées *suprà*, v° *Droits civils*, n°s 211 et suiv. — Conformément à la jurisprudence analysée *ibid.*, n° 213, il a été jugé que les tribunaux français ont qualité pour connaître des difficultés nées à l'occasion d'une charte-partie faite en pays étranger entre deux nationaux de ce pays, quand cette convention doit être exécutée en France (Trib. com. Bordeaux, 19 avr. 1888, aff. Pelletier, *Revue internationale du droit maritime*, t. 4, p. 300; V. aussi Trib. com. Marseille, 5 août 1856, *Recueil de Marseille*, 1856. 1. 256; 6 oct. 1864, *ibid.*, 1864. 1. 278; Aix, 28 juill. 1871, *ibid.*, 1871. 1. 71; Trib. com. Havre, 23 janv. 1872, *Recueil du Havre*, 1872. 1. 26; 24 févr. 1872, *ibid.*, 1872. 1. 22; Rouen, 15 mai 1864, *ibid.*, 1865. 2. 20; Trib. com. Havre, 14 mars 1881, aff. Hammond, *ibid.*, 1881. 1. 103).

SECT. 3. — DES OBLIGATIONS DU FRÉTEUR ET DU CAPITAINE, SON MANDATAIRE (*Rép.* n°s 830 à 938).

ART. 1er. — *De la délivrance du connaissement* (*Rép.* n°s 831 à 883).

920. On a vu au *Rép.* n°s 831 et 832 en quoi consiste le connaissement, ce qui le distingue de la charte-partie, et comment il peut y suppléer, étant donné qu'en constatant l'exécution du contrat, il en constate l'existence (V. *suprà*, n°s 874 et 904).

Lorsque le connaissement, entaché d'irrégularité, cesse de faire preuve complète, peut-il être corroboré ou même remplacé par d'autres actes ou documents susceptibles d'établir l'existence et la nature du chargement? Nous avons (*Rép.* n° 879) admis l'affirmative, et décidé que, en cas d'irrégularité du connaissement, la partie intéressée est admise à justifier du fait du chargement par des équivalents, tels que le manifeste, les expéditions des douanes, les lettres d'avis du chargeur, les attestations de l'équipage, etc. — Jugé, conformément à cette doctrine, que le connaissement entaché d'irrégularité peut être corroboré et complété par tous autres actes et documents justificatifs que l'assuré aurait produits au procès à titre complémentaire, tels que des extraits certifiés des livres du chargeur, des factures constatant l'achat des marchandises, des quittances délivrées par les gens employés au chargement, etc. (Rouen, 26 avr. 1882, et sur pourvoi, Req. 24 juill. 1883, aff. Peulevey, D. P. 84. 1. 417; Trib. com. Marseille, 29 janv. 1872, aff. Mariano, *Recueil de Marseille*, 1872. 1. 63; 8 mai 1876, aff. Arnauld, *ibid.*, 1876. 1. 164. V. aussi Alauzet, t. 5, n° 1859; Bédarride, t. 2, n° 699; Laurin, t. 2, p. 138; Boistel, n° 1243; de Valroger, t. 2, n° 744).

921. Que décider, lorsqu'il n'y a pas eu de connaissement? On doit évidemment, dans ce cas, pouvoir recourir à la preuve par témoins : le transport a eu lieu, il serait inadmissible qu'il ne pût être prouvé. L'art. 283 n'est pas, d'ailleurs, exclusif des autres genres de preuve admis en matière commerciale (Req. 18 févr. 1863, aff. Borchard, D. P. 63. 1. 372. Conf. *Rép.* n°s 175 et suiv.; Sol. impl., Aix, 11 juill. 1872, aff. Messageries maritimes, *Recueil de Marseille*, 1873. 1. 126; Massé, t. 4, n° 2564; Bédarride, n° 599 *bis*; Desjardins, t. 4, n° 926; Lyon-Caen et Renault, t. 2, n° 1888. V. cependant : Trib. com. Marseille, 15 nov. 1880, aff. Ortoli, *Recueil de Marseille*, 1881. 1. 51). — Aux termes de ce jugement, celui qui a chargé à bord d'un navire une marchandise sans connaissement ne peut rendre le capitaine responsable de la perte de cette marchandise qu'il attribue à un manque de soin de la part des gens de l'équipage.

922. On a dit au *Rép.* n° 832 que, pour les chargements faits sur les barques ou petits bâtiments, on délivre, au lieu de connaissement, une simple lettre de voiture commune aux divers chargeurs : cette lettre a alors les effets d'un connaissement (Conf. Alauzet, t. 5, n° 1859). — La loi du 30 mars 1872 (art. 3, D. P. 72. 4. 77) dispose, toutefois, que « tout transport par mer et sur les fleuves, rivières et canaux dans le rayon de l'inscription maritime doit être accompagné de connaissements ». Cette disposition n'a qu'un but purement fiscal. — L'administration de l'Enregistrement a décidé, d'ailleurs, qu'il n'y a pas lieu d'exiger de connaissement dans les cas où l'administration des Douanes n'exige pas de manifeste, c'est-à-dire pour les transports de faible importance entre des lieux très voisins de la même côte, ou entre le continent et les îles du littoral (Sol. adm. Enreg. 8 juill. 1872, D. P. 73. 5. 445. Conf. Décis. min. fin. 30 janv. 1873, D. P. 73. 5. 446. V. *infrà*, v° *Enregistrement*).

923. Le connaissement destiné à faire la preuve du chargement n'est délivré que lorsque la marchandise est chargée, soit sur le navire, soit même sur des allèges fournies pour le compte du navire (Trib. com. Anvers, 2 août 1864, *Jurisprudence du port d'Anvers*, 1864. 1. 347; 10 mars 1871, *ibid.*, 1871. 1. 98. Comp. Trib. com. Anvers, 11 janv. 1881, *ibid.*, 1881. 1. 180); mais le capitaine délivrerait prématurément le connaissement, s'il le remettait dès que les marchandises ont été déposées sur le quai, le long du bord ou même dans les magasins de l'armateur (Trib. com. Anvers, 1er févr. 1870, *Jurisprudence du port d'Anvers*, 1870. 1. 51; 28 nov. 1873, *ibid.*, 1874. 1. 122; 17 avr. 1874, *ibid.*, 1874. 1. 298; 20 janv. 1875, *ibid.*, 1875. 1. 80; 15 févr. 1875, *ibid.*, 1875. 1. 188. Conf. Desjardins, t. 4, n° 907).

924. Souvent il arrive que le capitaine reçoit à la dernière heure du jour une cargaison dont il ne peut vérifier l'état et l'importance, ou que l'affréteur ne lui remet qu'une partie de la cargaison. Il ne lui délivre alors qu'un *reçu provisoire*, destiné à suppléer le connaissement, qui sera délivré ultérieurement, lorsque la cargaison aura été vérifiée ou complétée. Ce reçu met les marchandises sous la responsabilité du capitaine, mais ne le rend pas, en principe, non recevable à faire ensuite sur le connaissement les réserves qu'il aurait omis de faire sur le reçu provisoire et que comportent la nature et l'état des objets à transporter (Trib. com. Anvers, 27 août 1856, *Jurisprudence du port d'Anvers*, 1856. 1. 282. Conf. Trib. com. Marseille, 30 sept. 1872, *Recueil de Marseille*, 1873. 1. 144).

925. Le connaissement affecte ordinairement la forme d'un acte sous seing privé : en général, il est imprimé avec des blancs que les parties remplissent à la main (*Rép.* n° 833). Il peut être rédigé en langue étrangère, sans que le capitaine ait besoin de se faire assister d'un courtier interprète (Trib. com. Marseille, 29 mars 1865, *Recueil de Marseille*, 1865. 1. 84; Aix, 4 déc. 1883, aff. Castel, D. P. 84. 2. 197).

926. Les signataires du connaissement doivent apporter le plus grand soin à sa rédaction, afin d'éviter des inexactitudes qui pourraient avoir de graves conséquences; car le connaissement, à la différence des autres actes sous seing privé, même en matière commerciale, fait preuve de son contenu non seulement entre les parties qui l'ont signé mais même à l'égard des tiers (c. com. art. 283) (V. *infrà*, nos 948 et suiv.). Aussi a-t-il été jugé que tous les signataires d'un connaissement commettent une faute grave engageant leur responsabilité, lorsque, même sans intention frauduleuse, ils insèrent dans ce connaissement des mentions inexactes (Rouen, 14 janv. 1888, aff. Stacey, D. P. 89. 2. 121); et cette responsabilité incombe spécialement aux entrepreneurs de transport qui ont signé le connaissement pour le capitaine, et au capitaine qui a accepté le connaissement en recevant à bord les marchandises y désignées (Même arrêt).

927. Les énonciations que contient le connaissement sont à peu près les mêmes que celles de la charte-partie et de la lettre de voiture (*Rép.* nos 834 et suiv.). Aucune d'elles n'est prescrite à peine de nullité ; lorsqu'elles font défaut, on y supplée à l'aide des modes de preuve susceptibles de remplacer le connaissement quand il n'y en a pas (Civ. cass. 2 mai 1854, aff. Jacquot, D. P. 54. 1. 253. Conf. Desjardins, t. 4, n° 918). La navigation à vapeur s'est même affranchie complètement de toutes les prescriptions de l'art. 281 (Desjardins, t. 4, n° 918; de Courcy, p. 21). — Quoique l'art. 281 n'exige pas que le connaissement soit daté, il est certain que la date est de l'essence même de cet acte (*Rép.* n° 864. Conf. Desjardins, t. 4, n° 919).

928. Le connaissement doit exprimer, en premier lieu, la nature et la quantité, ainsi que les espèces ou qualités des objets à transporter (*Rép.* nos 835 et suiv.). Le capitaine ne peut donc refuser de mentionner sur le connaissement le nombre, le poids ou le volume des colis embarqués (Trib. com. Marseille, 8 août 1879, aff. Caillol, *Recueil de Marseille*, 1879. 1. 280). — Il suffit, d'ailleurs, d'indiquer la qualité générique et apparente des objets chargés, car c'est la seule dont réponde généralement le capitaine (Trib. com. Havre, 9 févr. 1881, aff. cap. Taarvig, *Recueil du Havre*, 1881. 1. 100; 12 avr. 1881, aff. Humbert, *ibid.*, 1882. 1. 191 ; 4 mai 1881, aff. Schœneman, *ibid.*, 1881. 1. 200. Conf. Desjardins, t. 4, n° 910).

929. Le capitaine est responsable des colis tels qu'ils ont été décrits dans le connaissement, et il ne peut se soustraire à cette responsabilité en alléguant une erreur, car il était en situation de contrôler les indications du chargeur ou, s'il ne pouvait les contrôler, il devait insérer des réserves dans le connaissement (Rouen, 26 juill. 1881, *Recueil du Havre*, 1881. 2. 238). — Il a été jugé que lorsque des marchandises mises à bord d'un navire sont indiquées dans le connaissement comme étant d'un poids déterminé, sans aucune mention restrictive, on en doit conclure que ces marchandises ont été l'objet d'un pesage, et que, par suite, le capitaine ne peut se prévaloir de la stipulation imprimée de non-garantie contenue dans le connaissement, pour échapper à la responsabilité d'un déficit constaté lors de la livraison (Civ. rej. 9 nov. 1875, aff. Racine, D. P. 75. 1. 452). En tout cas, la décision des juges du fond sur ce point repose sur une appréciation souveraine, qui échappe au contrôle de la cour de cassation (Même arrêt).

930. Ainsi que nous l'avons indiqué au *Rép.* nos 838 et suiv., lorsque l'énonciation de la qualité ou de la quantité dans le connaissement est suivie d'une clause restrictive telle que l'une des suivantes : « que dit être », « mesure à moi inconnue », « poids inconnu », il y a lieu de présumer qu'aucune vérification n'a eu lieu, que le capitaine s'en est rapporté à la déclaration du chargeur, et il n'encourt, dès lors, aucune responsabilité à raison des inexactitudes que peut renfermer cette énonciation. — Jugé, par exemple, que : 1° la mention *poids inconnu* ajoutée par le capitaine dans le connaissement à l'indication du poids de la marchandise exonère le capitaine de toute responsabilité envers le destinataire en cas d'inexactitude du poids indiqué, s'il n'a pas été en situation de se rendre un compte exact de la consistance de la cargaison (Douai, 28 juin 1881, aff. Raam, D. P. 83. 2. 137 ; Req. 8 août 1882, aff. Mac-Donald, D. P. 83. 1. 249 ; Rouen, 3 déc. 1883, aff. Currie, *Recueil du Havre*, 1884. 2. 96); 2° Que, lorsque le connaissement porte la clause « que dit être » ou « suivant la déclaration du chargeur, poids, contenu, mesure, qualité et valeurs inconnues », les signataires de ce connaissement ne sont pas tenus de vérifier même la nature *in genere* des marchandises, et ne sont obligés qu'à délivrer en bon état au destinataire le nombre de colis par eux reçus (Rouen, 14 janv. 1888, aff. Stacey, D. P. 89. 2. 121). Il suffit alors que le contenu des colis ait eu l'apparence de la marchandise indiquée pour que la responsabilité du capitaine et du transporteur soit couverte (Même arrêt. V. aussi Trib. com. Marseille, 5 janv. 1825, *Recueil de Marseille*, 1825. 1. 161 ; 4 nov. 1831, *ibid.*, 1831. 1. 78 ; 19 déc. 1834, *ibid.*, 1834. 1. 210; 19 janv. 1835, *ibid.*; 9 juill. 1835, *ibid.*, 1835. 1. 145 ; 28 août 1835, *ibid.*, 1835. 1. 336 ; Boistel, n° 1244 ; Laurin, t. 5, n° 1861 ; Desjardins, t. 4, n° 935).

931. Le capitaine demeurerait responsable, nonobstant la clause *poids inconnu* ou autre de même nature, s'il avait connu ou dû connaître, au moins d'une façon approximative, la quantité ou le poids réel des marchandises chargées à bord, et si néanmoins il avait laissé insérer dans le connaissement au bas duquel il apposait sa signature une mention sur la véracité de laquelle il ne pouvait avoir de doute. Par suite, le capitaine serait, malgré ladite clause, tenu de remettre au destinataire la quantité ou le poids énoncé au connaissement.

« Il faut, dit très bien M. le conseiller Féraud-Giraud, dans son rapport sur l'affaire jugée par la chambre des requêtes le 29 nov. 1881 (aff. Still, D. P. 82. 1. 70), que la clause du poids inconnu se trouve nettement formulée dans le connaissement, et qu'elle ne puisse laisser d'équivoque pour personne; qu'elle soit en quelque sorte la conséquence de l'impossibilité où a été le capitaine de constater le poids, et qu'elle ne soit pas en contradiction avec la teneur du connaissement... De plus, et surtout si, malgré cette réserve, la différence du poids entre la quantité portée au connaissement et la portion livrée est due à la faute du capitaine, cette réserve, destinée à le protéger contre les erreurs ou la mauvaise foi des autres, ne pourra couvrir sa faute personnelle. C'est ce qui est de doctrine et jurisprudence constantes ». C'est ainsi qu'il a été décidé que : 1° quelle que soit la valeur légale des mentions ajoutées par le capitaine au connaissement pour restreindre sa responsabilité, cette responsabilité subsiste en son entier, s'il est expressément établi que c'est par sa faute qu'il existe, au moment de la livraison, un déficit sur le montant des quantités prises en charge dans ledit connaissement. Spécialement, le capitaine qui, en signant un connaissement dans lequel le poids des marchandises est indiqué, ajoute à titre de réserve : « poids inconnu », ne peut échapper à la responsabilité résultant d'un déficit en poids constaté à l'arrivée, si le juge relève en fait que c'est par suite de sa négligence que les réceptionnaires n'ont pas reçu les quantités portées audit connaissement, et ont dû cependant les payer intégralement (Arrêt précité du 29 nov. 1881); — 2° La mention *poids inconnu* ajoutée par le capitaine dans le connaissement à l'indication du poids de la marchandise n'exonère le capitaine de toute responsabilité envers le destinataire, en cas d'inexactitude du poids indiqué, qu'autant qu'il a réellement ignoré la consistance de la cargaison. — Ainsi le capitaine qui, connaissant le tonnage de son navire, doit savoir nécessairement que les quantités exprimées ne peuvent trouver place à son bord, commet, en signant un connaissement dont les énonciations sont visiblement mensongères, une faute lourde dont il demeure responsable envers le destinataire, nonobstant la clause précitée (Req. 8 août 1882, aff. Mac-Donald, D. P. 83. 1. 249. Conf. Trib. com. Anvers, 10 mai 1858, *Jurisprudence du port d'Anvers*, 1858. 1. 80; Trib. com. Havre, 4 avr. 1859, *Recueil du Havre*, 1859. 1. 71; 27 avr. 1867, *ibid.*, 1867. 1. 118; Trib. com. Anvers, 22 juin 1870, *Jurisprudence du port d'Anvers*, 1870. 1. 279; 30 oct. 1871, *ibid.*, 1872. 1. 134; 18 juin 1872, *ibid.*, 1872. 1. 320; 3 oct. 1872, *ibid.*, 1872. 1. 370; Bordeaux, 27 nov. 1872, *Recueil de Marseille*, 1873. 2. 150; Trib. com. Anvers, 4 mai 1874, *Jurisprudence du port d'Anvers*, 1874. 1. 304; 16 nov. 1874, *ibid.*, 1875. 1. 98; Trib. com. Havre, 27 avr. 1875, *Recueil du Havre*, 1875. 1. 127; Trib. com. Anvers, 27 mai 1875, *Jurisprudence du port d'Anvers*, 1875. 1. 333; Trib. com. Havre, 8 janv. 1877, *Recueil du Havre*, 1877. 1. 58; Trib. com. Nantes, 11 avr. 1877, aff. Bernier, *ibid.*, 1878. 2. 178; Trib. com. Havre, 15 mai 1878, aff. Ephrussi, *ibid.*, 1878. 1. 162; Trib. com. Anvers, 10 janv. 1879, *Jurisprudence du port d'Anvers*, 1879. 1. 73; Trib. com. Havre, 21 mars 1879, aff. Follain, *Recueil du Havre*, 1879. 1. 156; Trib. com. Marseille, 16 juill. 1879, aff. Nelson-Dontin, *Recueil de Marseille*, 1879. 1. 227; Aix, 28 janv. 1880, même affaire, *ibid.*, 1880. 1. 190; Trib. com. Havre, 6 juill. 1880, aff. Bunge, *Recueil du Havre*, 1880. 1. 223; Trib. com. Dunkerque, 13 juill. 1880, aff. Cap. Tellessen, *ibid.*, 1880. 2. 220 ; Trib. com. Havre, 25 août 1880, aff. Cap. Talbot, *ibid.*, 1880. 1. 226; 29 déc. 1880, aff. Collet, *ibid.*, 1881. 1. 81; Trib. com. Anvers, 31 janv. 1881, *Jurisprudence du port d'Anvers*, 1881. 1. 139; Rouen, 8 juill. 1881, aff. Postel, *Recueil du Havre*, 1881. 2. 167; 9 févr. 1885, *infrà*, n° 974. Comp. Civ. rej. 31 juill. 1888, aff. Busch, D. P. 89. 1. 305).

932. S'il est prouvé que, nonobstant la clause *poids inconnu*, le capitaine n'a pu se méprendre sur la véracité des énonciations du connaissement quant à la quantité, quelles seront les personnes envers lesquelles existera cette responsabilité, et quelles en seront les limites? Il est difficile d'admettre que le capitaine puisse être tenu d'une indemnité quelconque envers le chargeur, car celui-ci a connu aussi bien, et même mieux que personne, le volume ou le poids exact de la marchandise; s'il a fait à ce sujet une déclaration inexacte, il est le premier en faute, et du moment où la quantité remise à l'arrivée concorde avec celle qui a été réellement embarquée, de quoi peut-il se plaindre? Par la même raison, le capitaine ne sera soumis à aucune obligation envers le destinataire, quand ce dernier ne sera qu'un simple consignataire, un simple préposé du chargeur lui-même; car, dans ce cas, le destinataire s'identifie avec celui-ci et ne peut avoir des droits plus étendus. Le capitaine ne sera responsable envers le destinataire, plus généralement envers le tiers porteur du connaissement, qu'autant que ce dernier aura acquis sur le chargement un droit propre et personnel. Par exemple, c'est un commissionnaire qui a fait des avances à l'expéditeur et qui, régulièrement nanti du connaissement, est admis à bénéficier sur la cargaison du privilège établi par l'art. 93 c. com. Plus généralement, c'est un créancier auquel le chargeur a conféré un droit de gage sur la marchandise en lui négociant les connaissements (c. com. art. 92, al. 2). Ou bien encore, c'est un acheteur des objets expédiés à bord du navire, etc. Dans tous ces cas, il n'est pas douteux que le capitaine sera responsable du préjudice qu'il aura causé par sa faute. C'est ce qu'a reconnu l'arrêt de la chambre des requêtes du 8 août 1882, cité *suprà*, n° 931. Mais cet arrêt ajoute que, si le destinataire a, sur la foi du connaissement, accepté une traite représentant une valeur supérieure à celle de la marchandise transportée, le capitaine doit lui tenir compte du déficit constaté à l'arrivée, déduction faite toutefois du déchet ordinaire de route. Nous hésitons à admettre cette dernière solution; la faute que le capitaine a commise en laissant subsister dans le connaissement une énonciation qu'il savait mensongère et en se contentant de la faire suivre de la clause « *poids inconnu* », a été suivie d'une imprudence de la part du destinataire; car la présence de cette clause devait inspirer à celui-ci quelque défiance sur l'exactitude de l'indication relative au poids. En prenant, sans la contrôler, cette indication fournie comme base de ses calculs, lorsqu'il s'est agi de fixer le prix d'achat de la marchandise ou de déterminer le montant des avances à consentir au chargeur, il a agi d'une façon quelque peu téméraire. Or, si la négligence commise par le destinataire n'exclut pas la faute du capitaine et n'a pas pour effet de faire disparaître sa responsabilité, toujours est-il qu'elle constitue une cause d'atténuation. Les tribunaux doivent donc tenir tel compte que de raison de cette circonstance dans la fixation du montant de l'indemnité qu'ils allouent au réceptionnaire (Comp. Aubry et Rau, 4e éd., t. 4, § 308, texte et note 31).

933. Le capitaine qui n'est pas obligé par la charte-partie d'assister au chargement, et qui n'a été ni prévenu des jour et heure auxquels il serait procédé au chargement, ni sommé d'y assister, est en droit d'exiger que l'indication faite au connaissement du poids et de la qualité des marchandises soit accompagnée de la clause *que dit être* ou autre équivalente, destinée à caractériser cette indication dont il n'a pas été mis à même de vérifier l'exactitude (Civ. cass. 29 déc. 1874, aff. Schiaffino, D. P. 75. 1. 433). — Cependant le capitaine qui s'est engagé dans la charte-partie à signer les connaissements énonçant le poids de la marchandise, moins une tolérance dont le taux est déterminé, ne peut, de son autorité privée, se soustraire à cette obligation; en conséquence, la clause de non-garantie quant au poids insérée par lui dans les connaissements se trouve dépourvue d'effet. Le capitaine garant des quantités énoncées ne peut, d'ailleurs, sous prétexte de déchet de route, se faire déclarer non responsable du déficit constaté à l'arrivée en sus de la tolérance accordée lors de la formation du contrat (Rouen, 26 juill. 1881, aff. Dubosc, D. P. 82. 2. 185).

934. Les clauses dont on vient de parler tendent à dégager, dans une certaine mesure, la responsabilité du capitaine. Quelquefois le connaissement stipule d'une façon générale que cette responsabilité ne pourra être engagée par suite des événements qui viendraient à se produire durant le voyage. On s'est occupé *suprà*, n° 591, de cette clause, et l'on a vu que, suivant l'opinion dominante dans la doctrine et la jurisprudence, elle devait être réputée nulle, comme contraire à l'ordre public ; que le capitaine pouvait seulement être exonéré par une clause semblable de l'obligation de prouver le cas fortuit auquel il attribue le dommage.

935. Le connaissement peut aussi renfermer une clause de non-garantie au profit non plus du capitaine, mais du propriétaire du navire. La question de savoir si une pareille clause est valable a été examinée *suprà*, n° 314, et résolue conformément à l'opinion qui a prévalu dans le sens de l'affirmative. Mais cette solution doit être restreinte à la responsabilité des fautes commises par le capitaine. Elle ne saurait s'appliquer aux fautes qui seraient imputables au propriétaire lui-même. — Jugé que, si une compagnie de transport peut valablement stipuler qu'elle ne répondra pas des fautes du capitaine de l'équipage et des autres personnes embarquées à bord, elle ne peut, au contraire, s'affranchir de ses fautes ou de ses négligences personnelles (Civ. rej. 12 févr. 1890, aff. Comp. transatlantique *C.* Vacongne, D. P. 90, 1re partie). Spécialement, elle demeure responsable, nonobstant la clause de non-garantie, pour avoir laissé embarquer, sans prendre de précautions spéciales, un produit dangereux qui a causé un incendie à bord, s'il n'est pas établi qu'il y ait eu faute particulière du capitaine ou de l'équipage (Même arrêt).

936. Un arrêt (Bordeaux, 30 juill. 1888, aff. Powley-Thomas, *Revue internationale du droit maritime*, t. 4, p. 259) reconnaissant, comme nous l'avons fait, la validité de la clause de non-garantie, pose en principe que l'insertion d'une telle clause dans le connaissement constitue non pas une remise de dette, mais une exception personnelle aux armateurs du navire, et, par conséquent, ne peut profiter à des tiers. Il décide, en conséquence, que, lorsque les chargeurs d'un navire perdu dans un abordage dû à la faute commune des capitaines des deux navires exercent leur action solidaire uniquement contre le capitaine du navire abordeur, ce capitaine ne peut pas se prévaloir de ce que les connaissements dont lesdits chargeurs sont porteurs dégagent le navire abordé et coulé « de toute responsabilité provenant de la faute du capitaine. »

937. D'autres clauses qu'on insère aussi parfois dans les connaissements sont celles de « *franc de bris, ou de casse* », « *franc de mouille* », « *franc de coulage* » (Desjardins, t. 4, n° 933). Ces clauses ne peuvent affranchir celui qui les a stipulées de sa propre faute; comme les clauses de non-garantie en général, elles ont uniquement pour effet de mettre le fardeau de la preuve à la charge du réclamant. C'est ce qui a été jugé, relativement à la clause *franc de bris*, par les décisions suivantes : Trib. com. Anvers, 4 févr. 1869 (*Jurisprudence du port d'Anvers*, 1869. 1. 151); Bruxelles, 11 août 1869 (*ibid.*, 1869. 1. 232); Trib. com. Anvers, 24 sept. 1870 (*ibid.*, 1870. 1. 334); Civ. cass. 6 juin 1882 (aff. Duménil, D. P. 83. 1. 340); Trib. civ. Annecy, 12 août 1887 (1) (Conf. anal. *Rép.* vis *Commissionnaire*, n° 342; *Voirie par chemin de fer*, n° 438; Civ. cass. 24 janv. 1874, aff. Abegg, D. P. 76. 1. 133; 4 févr. 1874, aff. Tournadre, D. P. 74. 1. 305; 17 févr. 1874, aff. Loutrel, D. P. 74. 1. 302; Req. 22 avr. 1874, aff. Guichard, D. P. 75. 5. 58; Civ. cass. 14 déc. 1875, aff. Pizani, D. P. 76. 1. 133, etc. V. *infrà*, v° *Voirie par chemins de fer*); ... relativement à la clause *franc de mouille* (Trib. com. Anvers, 24 juin 1869, *Jurisprudence du port d'Anvers*, 1869. 1. 316); ... relativement à la clause *franc de coulage* (Trib. com. Anvers, 18 juin 1870, *ibid.*, 1870. 1. 272). Mais cette dernière clause ne s'entend que du coulage ordinaire, c'est-à-dire de celui qui peut être attribué à un défaut inhérent à la marchandise, et non de celui qui, par sa nature, ferait présumer qu'il n'est qu'une conséquence du mauvais arrimage ou de toute autre faute du capitaine (Trib. com. Anvers, 15 juill. 1859, *ibid.*, 1859. 1. 301; 6 janv. 1871, *ibid.*, 1871. 1. 71).

938. Le connaissement doit porter, en marge, les *marques* et *numéros* des objets à transporter, et le capitaine est tenu de délivrer les marchandises chargées sur son navire avec les marques indiquées au connaissement (Trib. com. Havre, 3 févr. 1880, aff. Ravot, *Recueil du Havre*, 1880. 1. 119). La clause par laquelle le capitaine déclare ne pas répondre des marques ou numéros, si elle peut l'exonérer à cet égard des suites d'une erreur ou d'un défaut d'identité, ne saurait cependant l'autoriser à rendre des colis dépourvus de marques, lorsque le connaissement indique qu'ils portaient des marques déterminées (Trib. com. Anvers, 27 mai 1871, *Jurisprudence du port d'Anvers*, 1871. 1. 193; Aix, 22 déc. 1880, aff. Bianchi, *Recueil de Marseille*, 1881. 1. 31; Trib. com. Marseille, 13 août 1889, aff. Roux, *Revue internationale du droit maritime*, t. 5, p. 386). — A plus forte raison, si les connaissements ont été signés par les agents des armateurs, ces derniers ne peuvent pas invoquer une clause de non-garantie pour se dispenser de délivrer les marchandises avec les marques insérées au connaissement (V. Trib. com. Havre, 20 sept. 1880, aff. Hortog, *Recueil du Havre*, 1881. 1. 152; 23 août 1881, aff. Mayer, *ibid.*, 1881. 1. 214; 16 mai 1882, aff. Morin-Bilard, *ibid.*, 1882. 1. 139; Aix, 22 déc. 1880, précité; Civ. cass. 11 févr. 1884, aff. Bianchi, D. P. 84. 1. 399; Rouen, 15 mars 1886, *Recueil du*

(1) (Lamy *C.* Compagnie P.-L.-M. et Compagnie transatlantique.) — LE TRIBUNAL; ... — Attendu, au surplus, qu'aux termes des art. 282 et 283 c. com., le connaissement fait foi entre les parties intéressées au chargement, et que, par conséquent, il est opposable au destinataire qui en reçoit une expédition contre la remise seule de laquelle il peut exiger à l'arrivé la délivrance de la marchandise; — Attendu, relativement aux clauses insérées dans le connaissement, qu'il est dit à l'art. 5 que le capitaine et la Compagnie ne répondent pas de la casse ou rupture des objets fragiles, ni de ceux en terre ou verreries; qu'il est dit à l'art. 6 qu'ils ne répondent pas des pertes ou des avaries des marchandises en balles ou en sacs, des avaries et manquants causés par l'insuffisance ou la déchirure des emballages; — Attendu que, sans avoir à faire aucune distinction entre un connaissement imprimé ou écrit à la main, il y a lieu de reconnaître qu'aux termes de l'art. 1134 c. civ., les conventions tiennent lieu de loi à ceux qui les ont faites, si elles ne sont pas défendues par la loi ou contraires à l'ordre public ou aux bonnes mœurs; — Attendu que si, aux termes de l'art. 103 c. com., le voiturier est garant des avaries autres que celles qui proviennent du vice propre de la chose ou d'un cas de force majeure, les parties peuvent déroger à ces prescriptions et que le transporteur, peut, sans enfreindre les principes qui régissent l'ordre public et les bonnes mœurs, stipuler la non-garantie notamment pour les objets fragiles et pour pertes ou avaries résultant d'un emballage insuffisant ou de déchirures d'emballages; — Attendu, il est vrai, que l'on devrait considérer comme contraire à l'ordre public ou aux principes généraux de notre code, une clause stipulant l'irresponsabilité des fautes personnelles; que, de même aux termes de l'art. 1628 c. civ., le vendeur, malgré la stipulation de non-garantie, reste cependant tenu de celle qui résulte, d'un fait personnel, de même le transporteur reste tenu de ses fautes, malgré la stipulation de non-garantie;

Mais attendu que les clauses de la nature de celles qui sont insérées au connaissement de l'appelée en garantie doivent être entendues en ce sens que la preuve de la faute du transporteur doit incomber au destinataire; que, s'il résulte, en effet, des dispositions des art. 98 et 103 c. com., que c'est au transporteur à établir que les pertes et avaries sont dues à un vice de la chose ou à un cas de force majeure, parce qu'il est présumé avoir reçu les marchandises en bon état, il faut reconnaître que la stipulation de non-garantie a précisément pour effet de renverser cette présomption et de mettre la preuve de la faute à la charge du destinataire; — Attendu que si le connaissement sert au destinataire à revendiquer tous les droits qui y sont attachés et l'exécution de toutes les obligations prises en sa faveur d'un autre côté, ces droits ont pour limites et pour règles les règles et les limites que le titre contient; il doit en être de ce titre comme de tous les titres possessibles, c'est-à-dire qu'il forme un tout et que celui qui s'en prévaut pour en réclamer l'exécution est obligé de le prendre tel qu'il est et ne peut pas réclamer l'exercice des droits qui en découlent sans se soumettre aux conditions que le titre apporte à cet exercice; — Attendu qu'il est de jurisprudence aujourd'hui constante que la faute que le destinataire doit prouver à l'encontre du transporteur doit être précisée et établie d'une manière certaine; qu'elle ne pourrait pas, par exemple, résulter d'une induction, ou d'une imputation alternative; — Attendu que l'expertise non contradictoire faite à l'arrivée des colis ne saurait lier la Compagnie transatlantique; qu'il résulte de ce qui vient d'être dit que la stipulation de non-garantie a précisément pour but de combattre la présomption que les colis ont été reçus par le transporteur en bon état; que c'est parce que les marchandises peuvent être présentées en mauvais état à l'embarquement et pour que le transporteur n'ait point à s'inquiéter de cette circonstance qui constitue véritablement un vice propre de la chose, que l'on a inséré au connaissement de la clause de non-garantie;

Par ces motifs, etc.

Du 12 août 1887.-Trib. civ. Annecy, 1re ch.-M. Vallier-Colombier, pr.

Havre, 1886. 2. 122; Trib. com. Marseille, 13 févr. 1888, aff. Naegely, *Recueil de Marseille*, 1888. 1. 197. Conf. Desjardins, t. 4, n° 911).

939. Le connaissement doit, en outre, indiquer : *le nom du chargeur* (*Rép.* n° 843); il faut que l'on sache à qui renvoyer la cargaison si elle est refusée par le destinataire, et contre qui exercer un recours, lorsque, en cas d'avaries, la vente des marchandises ne produit pas de quoi couvrir le fret;

... *Le nom et l'adresse de celui à qui l'expédition est faite* (*Rép.* n° 843), à moins évidemment que le connaissement ne soit à l'ordre du chargeur ou au porteur (Bédarride, t. 2, n° 678; Desjardins, t. 4, n° 913);

... *Le nom et le domicile du capitaine* (*Rép.* n° 844), excepté quand les marchandises doivent être transportées à destination par diverses lignes de bateaux : c'est alors le dernier transporteur qui répond de la marchandise envers le destinataire, sauf, s'il y a lieu, son recours contre les transporteurs antérieurs auxquels il est substitué (Rouen, 22 janv. 1881, aff. de Querhœnt, *Recueil du Havre*, 1881. 2. 39. Conf. Trib. com. Anvers, 27 juill. 1880, *Jurisprudence du port d'Anvers*, 1881. 1. 274; Trib. com. Havre, 11 janv. 1881, aff. Thompson, *Recueil du Havre*, 1881. 1. 52). On rédige alors, parfois, un nouveau connaissement, au moment du transbordement;

... *Le nom et le tonnage du navire* (*Rép.* n° 845);

... *Le lieu du départ et celui de la destination* (*Rép.* n° 846). Un grand nombre de connaissements, après avoir indiqué le lieu de destination, prévoient le cas où la marchandise ne pourrait y être déchargée; ils laissent alors au capitaine le choix du lieu du débarquement;

... *Le prix du fret* (*Rép.* n° 847), de sorte que le destinataire qui, déjà en possession du connaissement, prend livraison de la marchandise, s'oblige, par là même, à payer le fret stipulé dans le connaissement et ne peut critiquer le compte de fret dressé par le capitaine en vertu de cette pièce (Trib. com. Anvers, 1er mars 1873, *Jurisprudence du port d'Anvers*, 1873. 1. 42; 15 mars 1873, *ibid.*, 1873. 1. 59; 30 janv. 1875, *ibid.*, 1875. 1. 202). — Le connaissement détermine encore souvent le lieu où le fret est payable et le mode de payement; il indique le montant des sommes dues pour droit de *chapeau*, pour avaries, à la charge de qui seront les frais de quarantaine (Desjardins, t. 4, n° 917).

940. Le connaissement doit être daté (*Rép.* n° 864); l'art. 281 ne l'exige pas, il est vrai; mais la date est nécessaire ici pour fixer le point de départ du délai accordé pour le transport (Desjardins, t. 4, n° 919; Rouen, 11 mai 1882, aff. Arlès-Dufour, *Recueil du Havre*, 1882. 2. 137). — Le code italien (art. 555) exige expressément que le connaissement soit daté.

941. On a expliqué (*Rép.* nos 865 et suiv.) que chaque connaissement doit être fait en quatre originaux au moins (c. com. art. 282). — On a dit également (*Ibid.* n° 867) qu'il est prudent de mentionner sur chaque original le nombre total des originaux rédigés, mais que cette mention n'est pas légalement prescrite par les art. 281 et 282 c. com. qui ne reproduisent pas l'injonction de l'art. 1325 c. civ. Cette situation a été modifiée par la loi sur le timbre du 30 mars 1872 (D. P. 72. 4. 77). Auparavant, chaque original du connaissement était soumis à un droit de timbre de soixante centimes; mais les fraudes étaient nombreuses. La loi de 1872 a eu pour but d'assurer plus efficacement la perception des droits. D'après cette loi, tout transport dans le rayon de l'inscription maritime par des navires français doit être accompagné de connaissements que le capitaine est tenu d'exhiber, à l'entrée et à la sortie des ports, aux agents des douanes. Les droits de timbre exigibles pour tous les originaux sont réunis sur l'original destiné au capitaine. A cet effet, les quatre originaux sont simultanément présentés à la formalité du timbre; celui qui est destiné au capitaine est frappé d'un droit de 2 francs (un franc pour le petit cabotage entre ports français, — plus, dans tous les cas, deux décimes par franc (L. 23 août 1871, art. 21, D. P. 71. 4. 54); les autres originaux sont timbrés gratis. S'il y a plus de quatre originaux, les originaux supplémentaires sont soumis à un droit de 60 centimes, décimes compris, qui peut être acquitté au moyen de timbres mobiles (V. *infrà*, v° *Timbre*). L'art. 5 de la loi de 1872 ajoute : « Ils (les timbres mobiles) seront apposés sur le connaissement existant entre les mains du capitaine, et en nombre égal à celui des originaux qui auraient été rédigés, *et dont le nombre doit être mentionné conformément à l'art. 1325 c. civ.* » Ainsi la nécessité de la mention sur chaque exemplaire du nombre des originaux n'est pas douteuse aujourd'hui.

942. Mais dans le cas où les parties ne se seraient pas conformées à cette prescription, quelle sera la sanction de l'inobservation de l'art. 5 de la loi de 1872 ? Le même article édicte d'abord, comme pénalité, la perception, sur l'original du capitaine, d'un droit triple du droit ordinaire. — Doit-on aller plus loin? Quoique la loi de 1872 ait eu pour effet de rendre applicable au connaissement la disposition de l'art. 1325, § 3, c. civ., on ne peut soutenir que l'absence de mention que le connaissement a été fait quadruple, quintuple, etc., doive entraîner la nullité de cet acte. Une telle rigueur jetterait une véritable perturbation dans les habitudes du commerce ; elle serait, en outre, ainsi que le fait observer M. Desjardins, t. 4, n° 921, contraire à l'esprit même de la loi commerciale. Les parties doivent donc toujours conserver le droit de prouver, conformément à l'art. 109 c. com., le nombre des originaux qui ont été rédigés. Mais, d'après le même auteur, l'inobservation de la prescription de l'art. 1325 peut assujettir, le cas échéant, les contrevenants à des dommages-intérêts.

943. Les quatre originaux sont signés par le chargeur et par le capitaine, dans les vingt-quatre heures après le chargement (*Rép.* nos 868 et suiv.). On a vu *ibid.* pour quels motifs la signature du chargeur est exigée, en même temps que celle du capitaine (Comp. Desjardins, t. 4, n° 922 ; Lyon-Caen et Renault, t. 2, n° 1878). — Si le capitaine n'a signé aucun des originaux, il n'y a pas de connaissement, à moins cependant qu'un autre n'ait signé pour lui. La mission de signer peut être attribuée à un préposé spécial, délégué directement par l'armateur. Mais en ce cas, si la signature a eu lieu hors la présence et sans le contrôle du capitaine, celui-ci est recevable à contester, le cas échéant, l'identité des marchandises énoncées au connaissement et des marchandises apportées sur le navire (Desjardins, t. 4, n° 922).

944. Il arrive souvent, dans la pratique, que des notes marginales, réglant des clauses accessoires et secondaires ne soient pas revêtues de la signature des parties ; les tribunaux de commerce en reconnaissent néanmoins, en général, la validité, lorsqu'elles figurent sur tous les doubles (Trib. com. Anvers, 19 févr. 1853, *Jurisprudence du port d'Anvers*, 1857. 1. 216; 1er oct. 1859, *ibid.*, 1860. 1. 123 ; 12 janv. 1860, *ibid.*, 1860. 1. 254 ; 2 févr. 1860, *ibid.*, 1860. 1. 263; Trib. com. Havre, 8 mai 1883, aff. Dennès, *Recueil du Havre*, 1883. 1. 174).

945. On s'est demandé si le sous-affréteur peut, en vertu de la disposition de l'art. 282, exiger que les connaissements soient signés par l'affréteur principal. M. Desjardins résout la question négativement (t. 4, n° 922. Conf. Trib. com. Marseille, 8 août 1879, aff. Caillol, *Recueil de Marseille*, 1879. 1. 280). L'affréteur principal, en effet, est un simple locataire du navire et ne s'engage envers les sous-affréteurs qu'à faire donner place à leurs marchandises sur ce navire. Il ne saurait donc avoir à signer une reconnaissance des marchandises.

946. On a vu (*Rép.* nos 875 et suiv.) comment les choses se passent quand il s'agit de marchandises appartenant au capitaine, aux gens de l'équipage, aux passagers (Comp. sur ce point : Desjardins, t. 4, n° 922).

947. Le connaissement rédigé en pays étranger est, quant à ses conditions de forme, régi par la loi étrangère ; en conséquence, il ne peut être argué de nullité à raison des irrégularités dont il serait entaché qu'autant que les formalités prescrites, à peine de nullité, par cette législation, n'auraient pas été fidèlement observées (Rouen, 26 avr. 1882, aff. Peulevey, D. P. 84. 1. 417). Il y a lieu, en effet, d'appliquer ici purement et simplement la règle « *locus regit actum* ». — Il va de soi, d'ailleurs, que c'est d'après la loi susceptible de régir l'acte sous le rapport des conditions de forme auxquelles il doit satisfaire qu'on doit déterminer quelles sont, parmi les formalités prescrites, celles qui ont un caractère substantiel et doivent, comme telles, être observées à peine de nullité (Comp. Fœlix et Demangeat, *Droit international privé*, t. 1, n°s 73, 76, 77 ; Ch. Brocher, *Droit international privé*, n°s 112 et 114 ; Pasquale Fiore, *Droit international privé*, n°s 314, 316 ; Demolombe, *Traité de la publication, des effets et de l'application des lois*, n° 105 ; Aubry et Rau, t. 1, § 31, texte et notes 70, 75, 81).

948. — I. Du connaissement considéré comme mode de preuve du chargement. — Le connaissement fait foi de son contenu, à l'égard des parties intéressées au chargement (c. com. art. 283) (*Rép.* n° 877), pourvu toutefois que le litige ait trait au fait ou aux conditions du transport. Il en serait autrement, au contraire, dans le cas où une difficulté s'élèverait au sujet d'une vente ou d'une dation en gage consentie pour le chargeur au destinataire, ou au sujet de la propriété de la marchandise chargée (de Valroger, t. 2, p. 263). Par parties intéressées il faut entendre tous ceux qui à un titre quelconque et à quelque époque que ce soit, ont acquis un intérêt à établir le fait du chargement et la nature ou la quantité des objets chargés ; c'était déjà la solution de l'ancien droit (V. Valin, *Sur l'ordonnance de* 1681, liv. 3, tit. 2, art. 4; Emérigon, *Traité des assurances*, chap. 11, sect. 6). Mais les tiers, à la différence des parties signataires ou valablement représentées par les signataires, pourront faire la preuve contraire (V. en ce sens : mêmes autorités, pour l'ancien droit, et, pour le droit actuel : Boulay-Paty, t. 2, p. 306 et suiv.; Bédarride, n° 699 *bis;* Alauzet, t. 5, n° 1875; Boistel, n° 1247; Lyon-Caen et Renault, t. 2, n° 1883; de Valroger, t. 2, n° 739). La possibilité de cette preuve contraire n'empêche pas que la foi due au connaissement ne constitue, en cas d'inexactitude, une gêne très grave pour les tiers, et même ne leur fasse peut-être perdre des droits très importants si les moyens de preuve contraire leur font défaut ou sont jugés insuffisants (V. *infrà*, n° 952).

949. Ainsi qu'on l'a expliqué au *Rép.* n° 877, le connaissement fait preuve du chargement, non seulement dans les rapports de l'affréteur ou du destinataire avec le capitaine, mais aussi dans les rapports du propriétaire des marchandises avec son assureur. Y a-t-il là une dérogation au droit commun en matière de preuve? La plupart des auteurs (Cresp et Laurin, t. 2, p. 144 et 145 ; Boistel, n° 1247 ; de Valroger, t. 2, n°s 739 et 740) l'admettent ; mais M. Lyon-Caen, dans une note sur l'arrêt de la chambre des requêtes du 24 juill. 1883 (aff. Peulevey), combat cette opinion, et sa réfutation nous semble péremptoire. « En y voyant (dans l'art. 283), dit-il, une disposition de nature exceptionnelle, en tant qu'il concerne les assurances, on nous semble faire une confusion trop fréquente, que les rédacteurs du code civil ont faite eux-mêmes dans plusieurs dispositions (art. 1319 et 1322) ; on paraît confondre la question de savoir à l'égard de quelles personnes un acte juridique peut produire effet avec la question toute différente de savoir à l'égard de quelles personnes un écrit (acte authentique ou sous seing privé) a force probante. S'il est certain qu'un acte juridique n'a pas d'effet à l'égard des tiers (c. civ. art. 1165), il est hors de doute qu'un écrit a force probante *ergà omnes* » (Conf. Lyon-Caen et Renault, t. 2, n° 1882. Comp. *Obligations ;* — *Rép.* eod. v°, n° 3858). A ce point de vue, il en est du connaissement comme de tout acte sous seing privé. — Mais l'acte ne fait pas foi d'une façon aussi absolue vis-à-vis des assureurs qu'à l'encontre des signataires ou de ceux que représentent les signataires, c'est-à-dire à l'encontre du capitaine et de l'armateur, d'une part, du chargeur et du destinataire d'autre part. Opposé à ces personnes, il fait preuve complète, c'est-à-dire que la présomption de véracité qui s'attache à ses énonciations revêt les caractères d'une présomption *juris et de jure* contre laquelle aucune preuve contraire n'est admissible, sauf le cas de fraude. Quand, au contraire, il est invoqué contre les tiers intéressés, et, spécialement, contre les assureurs, on décide généralement qu'il ne fait foi que jusqu'à preuve contraire (V. en ce sens : Alauzet, t. 5, n° 1873 ; Bédarride, t. 2, n° 698 ; Cresp et Laurin, t. 2, p. 145 ; Boistel, *loc. cit.* ; de Valroger, t. 2, n° 741 ; Droz, *Traité des assurances maritimes*, t. 1, n° 359 ; *Rép.* n° 878. — V. en sens contraire : Em. Cauvet, *Assurances maritimes*, t. 1, n° 321. Comp. Bravard et Demangeat, t. 4, p. 392 et 393).

950. Il a été jugé que : 1° c'est, à moins de convention contraire, d'après les quantités de marchandises qui y sont portées que le fret doit se calculer, lors même qu'il porte d'ailleurs la clause « poids, contenu, qualité, quantité et valeur inconnues », et que le pesage en douane à l'arrivée constate une quantité moindre que celle portée au connaissement (Rouen, 10 août 1874, aff. Langstaff, D. P. 76. 2. 205); l'erreur fût-elle reconnue, celui qui réclame devrait néanmoins l'intégralité du fret d'après le poids indiqué au connaissement, par la raison que l'espace nécessaire lui avait été réservé dans le navire sur la base de cette donnée (Même arrêt); — 2° S'il s'agit de déterminer sur quel point a été chargée une marchandise en pays étranger, on ne saurait faire prévaloir sur les énonciations du connaissement celles d'une déclaration signée par le capitaine et par le maître d'équipage, ou d'un certificat délivré par la douane du port où le chargement a eu lieu (Bordeaux, 28 déc. 1880, aff. Roux, *Recueil de Marseille*, 1881. 2. 70. V. *infrà*, n° 1071).

En principe, le signataire du connaissement n'est pas recevable à contester la sincérité de ses énonciations : ainsi le capitaine ne peut, après avoir certifié le poids d'une marchandise sur le connaissement, alléguer ensuite qu'il ne l'a pas vérifié par lui-même (Trib. com. Marseille, 17 févr. 1880, cité par Desjardins, t. 4, n° 928. — V. cependant : Trib. com. Havre, 16 janv. 1878, *Recueil du Havre*, 1878. 1. 42). La preuve contre le contenu au connaissement devrait cependant, sans aucun doute, être autorisée, si le capitaine alléguait que sa reconnaissance lui a été surprise par fraude (Desjardins, *loc. cit.;* Lyon-Caen et Renault, t. 2, n° 1883; Bravard et Demangeat, t. 4, p. 393) ;... ou même qu'une indication est erronée et que l'erreur était difficilement évitable (Trib. com. Havre, 16 janv. 1878 précité).

951. Les parties qui ne sont pas directement intervenues au connaissement peuvent prouver contre le contenu à l'acte par tous les moyens de preuve, même par témoins (Trib. com. Anvers, 7 mai 1864, *Jurisprudence du port d'Anvers*, 1864. 1. 26 ; 1er févr. 1870, *ibid.*, 1870. 1. 51. Conf. *Rép.* n°s 878 et 1760 ; Desjardins, t. 4, n° 928. V. *suprà*, n° 948).

952. Le connaissement qui est revêtu de la signature du capitaine, et non de celle du chargeur, conserve-t-il sa force probante à l'égard des tiers ? Un certain nombre d'auteurs et plusieurs décisions judiciaires admettent que, nonobstant l'absence de signature de la part du chargeur, le connaissement fait foi *ergà omnes* (Trib. com. Havre, 15 mai 1877, aff. Mac Dougall, *Recueil du Havre*, 1877. 1. 147 ; Rouen, 23 juin 1877, même affaire, *ibid.*, 1877. 2. 166 ; 26 avr. 1882, aff. Comp. *le Zodiaque*, D. P. 84. 1. 417 ; Alauzet, t. 5, n°s 1872 et suiv. ; Thaller, *Dissertation* insérée dans la *Revue critique*, 1884, p. 376). A l'appui de cette doctrine, on argumente de la façon suivante : l'art. 282 exige sans doute que les divers originaux du connaissement soient signés conjointement par le capitaine et par le chargeur ; mais il ne prescrit pas cette formalité à peine de nullité ; d'un autre côté, l'apposition de la signature du chargeur ne saurait être considérée comme essentielle. Qu'est-ce, en effet, que le connaissement ? Un récépissé que délivre le capitaine et dans lequel il reconnaît l'embarquement des marchandises dont le transport doit avoir lieu ; or une reconnaisance de cette nature doit être nécessairement signée de celui de qui elle émane ; mais il n'est nullement nécessaire qu'elle soit revêtue de la signature du chargeur, auquel on la délivre. D'ailleurs, l'acceptation du connaissement par ce dernier n'équivaut-elle pas à sa signature ? — La plupart des auteurs ont cependant adopté l'opinion contraire (Bédarride, t. 2, n° 695 ; Cresp et Laurin, t. 2, p. 142 ; Boistel, *loc. cit.*; de Valroger, *loc. cit.*, t. 2, n° 742. Comp. Desjardins, t. 4, addition au n° 922, p. 505). Nous croyons que c'est avec raison : le code de commerce commence par déterminer, d'une façon précise, dans les art. 281 et 282, les conditions de forme auxquelles le connaissement doit satisfaire pour être régulier ; puis, dans l'article suivant, il indique quelles sont les personnes vis-à-vis desquelles il fait preuve du chargement, et il s'exprime ainsi : « Le connaissement rédigé dans la forme ci-dessus prescrite fait foi, etc. ». Donc ce n'est qu'autant que les prescriptions édictées par les articles précédents ont été observées, et spécialement, qu'autant que les deux signatures exigées par l'art. 282 *ont été* apposées que le connaissement conserve sa force probante, non seulement *inter partes*, mais aussi à l'encontre des tiers. L'objection tirée de ce que la signature du chargeur n'est pas imposée à peine de nullité se heurte d'abord contre le texte de l'art. 282, car elle ne tend à rien moins qu'à établir entre la signature du capitaine et celle du chargeur une distinction que ce texte ne comporte pas, puisqu'il les prescrit l'une et l'autre dans les mêmes termes. Elle se heurte ensuite contre le texte de l'art. 283, qui subordonne la force probante à l'observation ponctuelle des formalités édictées, de toutes les formalités, y compris celle dont il vient d'être parlé. L'objection tirée de ce que la signature du chargeur n'a rien d'essentiel n'est pas plus déterminante ; car l'art. 283, rapproché de l'art. 282, prouve qu'au point de vue de l'efficacité du connaissement comme mode de preuve, du moins dans les rapports des parties avec les tiers, la signature du chargeur n'a pas été considérée comme moins essentielle que celle du capitaine.

953. Le connaissement qui n'est revêtu d'aucune signature est dépourvu de force probante ; mais, s'il est revêtu de l'une des deux signatures, il fait foi contre celui qui l'a apposée et ceux qu'il représente. Ainsi celui qui est signé du capitaine fait foi contre lui et l'armateur, celui qui est signé du chargeur, contre lui et le destinataire. — Par la même raison, le connaissement irrégulier ne fait pas foi contre les tiers intéressés (c. com. art. 283) ; mais entre les signataires il fait preuve des faits qu'il relate, comme la lettre de voiture. — Pour compléter le connaissement ou pour y suppléer, on a recours aux modes de preuve indiqués *suprà*, n°s 921 et suiv., comme pouvant le remplacer.

954. On a expliqué (*Rép.* n° 881) que, en cas de divergence entre les connaissements d'un même chargement, celui qui est entre les mains du capitaine fait foi, s'il est rempli de la main du chargeur, de son commis, ou de son commissionnaire; et celui qui est présenté par le chargeur ou le consignataire sera suivi, s'il est rempli de la main du capitaine (c. com. art. 284). Le législateur a supposé que l'original écrit par le capitaine et détenu par le chargeur est défavorable au capitaine : il oppose donc à celui-ci son propre témoignage, rien n'est plus logique (Trib. com. Marseille, 19 mai 1856, *Recueil de Marseille*, 1856. 1. 182 ; 16 mai 1860, *ibid.*, 1860. 1. 234). Mais on peut supposer que l'exemplaire détenu par le capitaine est favorable au chargeur, tandis que l'exemplaire détenu par le chargeur est favorable au capitaine : les deux témoignages se neutraliseraient alors l'un l'autre ; la question sortirait des termes de l'art. 284 et devrait se résoudre suivant les règles générales du droit commun, en matière de preuve (Desjardins, t. 4, n° 929 ; Laurin, t. 2, p. 145 ; Bravard et Demangeat, t. 4, p. 396; Lyon-Caen et Renault, t. 2, n° 1884). — Il a même été jugé qu'il en doit être ainsi dans le cas où les connaissements n'auraient pas été rédigés dans les formes prescrites par les art. 281 et 282 ; car on ne peut alors appliquer ni l'art. 283 (qui ne parle que des connaissements rédigés « dans la forme ci-dessus prescrite »), ni par conséquent l'art. 284 (Trib. com. Anvers, 28 avr. 1879, *Jurisprudence du port d'Anvers*, 1879. 1. 348).

955. — II. DU CONNAISSEMENT CONSIDÉRÉ COMME TITRE REPRÉSENTATIF DE LA MARCHANDISE, AU COURS DU VOYAGE. — Le connaissement confère à celui qui en est régulièrement saisi un droit exclusif à la délivrance de la marchandise (V. *infrà*, n°s 976 et suiv.). Pour mettre la marchandise à la disposition d'une personne, pour lui en transférer la possession pendant qu'elle est en cours de voyage, il suffit donc de lui transférer le connaissement qui, de même que la lettre de voiture, représente la marchandise pendant le cours du voyage. Cette translation aura lieu, soit au profit de l'acheteur, si la marchandise a été vendue par le destinataire, soit au profit du créancier gagiste, si elle a été donnée en gage (V. c. com. art. 92) (V. Rouen, 7 mai 1887, aff. Busch, D. P. 89. 2. 81).

956. Le destinataire, alors même qu'il n'est que mandataire ou consignataire du chargeur, peut disposer ainsi du connaissement, du moment où, en étant régulièrement nanti, il apparaît aux yeux des tiers comme ayant la libre disposition de la marchandise. L'excès de pouvoir qu'il peut commettre, l'abus de confiance dont il se rend coupable, en agissant ainsi, n'empêche pas la négociation de produire son effet. Il peut se faire que diverses personnes, en possession d'exemplaires du même connaissement, se présentent alors simultanément pour réclamer la marchandise à l'arrivée. Le règlement de ces conflits soulève les questions les plus délicates. La jurisprudence a eu souvent à s'occuper de ces difficultés (V. notamment : Civ. cass. 17 août 1859, aff. Noël, D. P. 59. 1. 347 ; Trib. com. Havre, 30 août 1881, aff. Fehr, *Recueil du Havre*, 1881. 1. 234 ; Civ. cass. 12 mai 1885, aff. Bossière, D. P. 85. 1. 185, et sur renvoi, Rouen, 22 juill. 1886, *Recueil du Havre*, 1887. 2. 74 ; Trib. com. Havre, 22 mars 1887, aff. Nolting, *ibid.*, 1887. 1. 120 ; Rouen, 7 mai 1887, cité *suprà*, n° 955), et certains auteurs se sont efforcés de les résoudre (Laurin, t. 2, p. 148 et suiv. ; Desjardins, t. 4, n° 945, et *Réquisitoire* devant la cour de cassation, D. P. 85. 1. 185 ; Chavegrain, note sur l'arrêt du 12 mai 1885 ; Levillain, *Dissertation*, D. P. 89. 2. 81. Comp. *Rép.* n° 931). — Différentes hypothèses peuvent se présenter.

957. On peut supposer d'abord que le chargeur demeuré en possession d'un des exemplaires du connaissement, ou le destinataire encore muni de l'un des exemplaires qui lui ont été adressés, se trouve en rivalité avec une autre personne à qui un autre exemplaire a été transféré. C'est alors cette personne qui vient toujours en première ligne, alors même qu'elle tiendrait le connaissement non du chargeur ou du destinataire, mais d'un simple mandataire ou commissionnaire à qui il avait été confié et qui l'a négocié frauduleusement. Il n'y a pas à se préoccuper de ce que ce mandataire ou ce commissionnaire s'est rendu ainsi coupable d'un délit, d'un abus de confiance ; il n'y aurait aucune sécurité pour les tiers s'ils se voyaient enlever le bénéfice d'une opération, en apparence régulière, sous prétexte que, de la part de celui avec lequel ils ont traité de bonne foi, elle est entachée d'illégalité. Il ne devrait en être autrement que dans le cas où un *faux* aurait été commis ; car celui dont on a imité la signature n'est jamais tenu envers personne (Comp. Bordeaux, 20 août 1872, aff. Micheau, D. P. 73. 5. 183 ; Req. 20 mars 1882, aff. Dubois-Plattier, D. P. 82. 1. 244; Civ. rej. 17 déc. 1884, aff. Bourgeois, D. P. 85. 1. 102 ; *Rép.* n° 858 ; Alauzet, t. 4, n° 1401 ; Nouguier, *Des lettres de change*, 2e éd., t. 1, n°s 219 et suiv. ; Boistel, n°s 756, 757 et 803 ; Lyon-Caen et Renault, t. 1, n°s 1090 et 1102, p. 603, note 3). La cour de cassation a appliqué ces principes dans son arrêt du 17 août 1859, mentionné *suprà*, n° 956.

958. Il peut arriver, en second lieu, que divers exemplaires du connaissement aient été transmis, soit par le chargeur, soit par le destinataire, à plusieurs individus qui viennent concurremment réclamer la marchandise. La préférence appartient alors à celui qui a été le premier investi de la possession (c. civ. art. 1141 et 2279 ; c. com. art. 92), c'est-à-dire à celui qui, le premier, a été régulièrement nanti du connaissement (c. com. art. 91) (Bédarride, *Des commissionnaires*, n°s 194, 200 et 201 ; Laurin, t. 2, p. 148 et suiv. ; Boistel, n°s 491, 493 et 1248 ; Lyon-Caen et Renault, t. 1, n°s 698 et 807, t. 2, n°s 1879 et 1888 ; de Valroger, t. 2, n° 734 ; Desjardins, t. 4, n°s 938 et suiv.). « Si, dit très justement M. Chavegrain, dans la note citée *suprà*, n° 956, nous laissons de côté le cas où les porteurs de connaissement ont la qualité de simples mandataires de l'endosseur, nous voyons en eux des créanciers gagistes, dont les marchandises constituent le gage, ou des tiers qui ont acquis sur ces marchandises un droit de propriété. Or, d'une part, entre plusieurs gagistes prétendant avoir pour garantie la même chose, celui-là seul peut opposer son droit aux autres qui s'est fait mettre et qui est demeuré régulièrement en possession, et, comme la mise en possession résulte, sans contact matériel avec les objets engagés, de la négociation du connaissement (c. com. art. 92), le créancier auquel ce titre a été endossé en premier lieu, devenu et resté possesseur aux yeux de la loi, occupe une situation privilégiée que nul ne sera en mesure de lui enlever. D'autre part, si les porteurs du connaissement sont propriétaires des marchandises, le premier qui a acquis le titre par voie d'endossement est saisi *erga omnes* des choses qu'il représente, et repousse victorieusement toute revendication fondée sur une négociation ultérieure. » Il est vrai qu'ici encore le chargeur ou le destinataire s'est rendu coupable d'une escroquerie ; mais le caractère frauduleux de la négociation considérée par rapport à celui dont elle émane ne l'empêche pas, nous l'avons dit au numéro précédent, de produire tout son effet à l'égard du bénéficiaire, s'il est de bonne foi (V. en ce sens : Civ. cass. 12 mai 1885 cité *suprà*, n° 956. Conf. Arrêt du parlement d'Aix rendu en mai 1755, et dont Emérigon indique la teneur, *Traité des assurances*, chap. 11, sect. 3, § 7 ; Rouen, 22 juill. 1886, cité *suprà*, n° 956 ; Chavegrain, Levillain, *loc. cit.*).

959. On peut supposer enfin que le connaissement étant à ordre ou au porteur, le chargeur ait transmis à un tiers l'original resté entre ses mains, et que le destinataire ait transféré à une autre personne l'exemplaire qui lui avait été adressé. Pour déterminer auquel des deux tiers porteurs on devra accorder la priorité, il faut, comme dans l'hypothèse précédente, considérer la date des transmissions en vertu desquelles chacun possède (V. autorités citées *suprà*, n° 958). Seulement, ainsi que le fait observer avec raison M. Levillain, *loc. cit.*, pour déterminer l'époque exacte à laquelle remonte celle en vertu de laquelle l'ayant cause du destinataire a été réellement investi, il y a lieu de recourir à une distinction. Si le destinataire, au moment où il a lui-même reçu le connaissement, a, soit comme acheteur, soit comme créancier et à raison des avances qu'il avait pu faire, acquis la propriété de la marchandise ou un droit de gage sur cette marchandise (c. com. art. 92 et 95), le tiers auquel il a transmis ensuite le titre et qui est à ses droits peut invoquer sa quasi-possession et faire ainsi remonter la transmission à l'époque où il a été lui-même nanti. Au contraire, si le destinataire n'était qu'un mandataire ou un commissionnaire simplement chargé de recevoir la marchandise et de la vendre ou de la réexpédier pour le compte du chargeur, le tiers porteur auquel il a transféré l'exemplaire du connaissement qui lui avait été confié dans le but de lui faciliter l'accomplissement de sa mission est fondé sans doute, ainsi qu'il a été dit ci-dessus, à se prévaloir de la négociation intervenue en sa faveur, bien qu'elle constitue un abus de confiance de la part du destinataire ; mais il ne peut invoquer que sa quasi-possession personnelle et ne peut faire remonter la transmission dont il s'autorise qu'à l'époque où le titre lui est parvenu. « Il semble, ajoute M. Levillain, *loc. cit.*, que les choses doivent encore se passer ainsi dans le cas où le destinataire, propriétaire ou créancier gagiste, n'a été mis en possession que sous certaines conditions auxquelles il n'a pas satisfait, par exemple, à charge de payer une somme dont le versement n'a pas été effectué ou d'accepter des traites au bas desquelles il a refusé d'apposer son acceptation. Celui auquel le chargeur a transféré le connaissement a, en effet, conservé le droit d'exciper de l'inexécution des conditions susdites contre le destinataire, tant que ce dernier est resté personnellement muni de l'autre original ; il a conservé le droit d'en exciper, sinon de son propre chef, du moins du chef du chargeur, et cette exception ne lui a échappé que du jour où le destinataire a, de son côté, négocié le titre à celui qui actuellement émet une prétention rivale. » Ainsi, dans le premier cas, le porteur qui a reçu le connaissement du chargeur n'a droit à la priorité que s'il en a été saisi avant le destinataire (Conf. Rouen, 7 mai 1887, aff. Busch, D. P. 89. 2. 81) ; dans les deux derniers, au contraire, on devra le préférer, du moment où il aura été mis en possession avant que le destinataire n'ait lui-même négocié l'exemplaire dont il était nanti.

960. Nous avons toujours supposé, dans les explications qui précèdent, que les porteurs en présence étaient de bonne foi. Si au contraire, l'un d'eux s'était rendu complice de l'escroquerie ou de l'abus de confiance commis, la priorité appartiendrait certainement à l'autre porteur, quelle que soit la date de sa mise en possession. Pour pouvoir invoquer les art. 1141 et 2279 c. civ. il faut toujours être de bonne foi.

961. Si nous supposons que le conflit existe encore entre tiers porteurs tenant leurs connaissements soit du chargeur, soit du destinataire, mais que l'un de ces porteurs en ait été investi non plus comme acheteur ou créancier gagiste, mais comme simple *mandataire* ou *commissionnaire* chargé de vendre ou de réexpédier la cargaison, ce porteur, bien que premier en date, n'obtiendra pas la préférence. La priorité appartiendra, au contraire, à l'autre porteur, s'il est propriétaire de la cargaison, ou créancier nanti d'un gage sur cette cargaison (Comp. Trib. com. Marseille, 11 oct. 1871, *Recueil de Marseille*, 1871. 1. 249 ; Bédarride, n° 898 ; Desjardins, t. 4, n° 946). En effet, « le chargeur ou le destinataire ne peut pas, dit M. Levillain, *loc. cit.*, donner à un tiers le mandat de prendre livraison pour son compte des objets transportés, en même temps qu'il en transfère la propriété ou qu'il la donne en gage à un autre. Il y a plus, le chargeur ou le destinataire qui, après avoir donné à une première personne la mission de recevoir pour son compte les objets en cours de voyage et lui avoir fait parvenir, à cet effet, un des originaux du connaissement, transférerait ensuite à un autre la propriété de ces objets ou conférerait à un autre un droit de gage sur les mêmes objets, et lui remettrait à ces fins un autre original du connaissement révoquerait, au moins tacitement, le mandat qu'il avait donné en premier lieu ». De même encore, la préférence n'appartiendra pas, alors même qu'il aurait été le premier nanti du connaissement, à celui qui n'en a été mis en possession que *conditionnellement* et n'a pas satisfait à la condition, par exemple, à celui qui, ayant promis d'accepter des traites tirées sur lui pour la valeur de la marchandise, a refusé son acceptation (Laurin, p. 151 ; Levillain, *loc. cit.*).

962. M. Levillain, *loc. cit.*, fait observer que « la situation est, à peu de chose près, la même dans le cas où, des porteurs en concours, l'un tient le connaissement du *chargeur* et l'autre du *destinataire*. Par exemple, le destinataire, simple correspondant du chargeur, s'est substitué une tierce personne et lui a transféré le connaissement, afin de lui faciliter l'accomplissement de son mandat, ou bien le destinataire, acheteur de la marchandise, mais encore débiteur du prix, a rétrocédé cette marchandise à un tiers en lui imposant l'obligation de payer à son acquit la somme dont il se trouvait redevable, et il lui a transféré le connaissement, afin de le mettre en possession. Alors même que la transmission opérée dans ces conditions serait antérieure à celle qui émane du chargeur, le tiers porteur investi par celui-ci, s'il a sur la chose un droit irrévocable, obtiendra la préférence. Dans le premier cas, le chargeur révoque implicitement le mandat décerné précédemment au destinataire ou à celui que ce dernier s'est substitué. Dans le second, le tiers porteur, qui est aux droits du chargeur, peut, comme le chargeur lui-même, s'opposer à la délivrance de la marchandise entre les mains du destinataire ou de celui auquel le destinataire l'a transmise, tant que les sommes dues n'ont pas été payées (Conf. Trib. com. Havre, 22 mars 1887, aff. Nolting, *Recueil du Havre*, 1887. 1. 120).

963. C'est en principe à celui qui, ayant été nanti le dernier du connaissement, réclame cependant la priorité, qu'incombe le fardeau de la preuve. Toutefois, ainsi que le fait remarquer M. Levillain, *loc. cit.*, « il y aurait présomption en sa faveur, si, le connaissement étant à ordre, il avait été transmis à son compétiteur à l'aide d'un endossement irrégulier ou d'un endossement en blanc ; l'endossement irrégulier ou en blanc d'un connaissement de même que celui d'une lettre de change, vaut, en effet, uniquement comme procuration (Arg. c. com. art. 138) (Conf. *Rép.* n°s 852 et 859, et v° *Commissionnaire*, n°s 205 et 206 ; Bordeaux, 7 juin 1880, aff. Lafargue, *Recueil du Havre*, 1881. 2. 242 ; Laurin, p. 148. V. cependant p. 151 ; Desjardins, t. 4, n° 939 ; de Valroger, t. 2, n° 734). Il est vrai que l'on a parfois décidé que l'endossement irrégulier, s'il ne confère pas la propriété de la marchandise, donne au moins sur elle un droit de gage (Trib. com. Havre, 13 mai 1878, aff. Dreyfus et comp., *Recueil du Havre*, 1878. 1. 179 ; 24 mars 1884, aff. Delbrück Léo, *ibid.*, 1884. 1. 148 ; Rouen, 9 déc. 1884, aff. Delbrück Léo, *ibid.*, 1884. 2. 258 ; 21 déc. 1886, *ibid.*, 1887. 2. 102 ; Alauzet, n°s 1002 et suiv. ; Massé, n° 2880 ; Bédarride, n°s 203 à 205 ; Duverdy, n° 21 ; Boistel, n°s 493 et 1248). Mais cette doctrine est très contestable (Conf. Trib. com. Anvers, 28 mai 1853, *Jurisprudence du port d'Anvers*, 1856. 1. 431 ; Bruxelles, 1er juill. 1865, *ibid.*, 1867. 1. 106 ; Trib. com. Gand, 30 sept. 1865, *ibid.*, 1865. 2. 71 ; Gand, 27 avr. 1866, *ibid.*, 1866. 2. 64).

964. Les solutions qui précèdent conservent-elles leur application dans le cas où l'un des porteurs aurait déjà été mis en possession effective de la marchandise ? Ce porteur, à qui la livraison a été faite, ne doit-il pas toujours être préféré, quelle que soit la date à laquelle le titre lui a été transmis? Un jugement (Trib. com. Havre, 30 août 1881, aff. Fehr, *Recueil du Havre*, 1881. 1. 234) a adopté l'affirmative (Conf. Desjardins, t. 4, n° 945). Mais la cour de Rouen s'est, avec raison, croyons-nous, prononcée en sens contraire, et a décidé que, même en ce cas, la priorité appartient à celui qui a été le premier régulièrement nanti du connaissement (Rouen, 22 juill. 1886, *Recueil du Havre*, 1887. 2. 74. Conf. Levillain, *loc. cit.*). « Attendu, dit fort bien cet arrêt, qu'il importe peu que le commissionnaire Brochner ait été mis en possession réellement de la marchandise et ait réuni ainsi la possession effective à la possession symbolique; que la seule différence qui en résulte, en effet, consiste dans le droit de rétention que le commissionnaire pourra opposer à la demande du commettant réclamant les marchandises sans rembourser les avances, mais non opposable aux autres créanciers dont le droit demeure entier. » — V. l'exposé des principales législations étrangères, sur les points qu'on vient d'examiner, dans la *Dissertation* précitée de M. Levillain.

965. On a étudié au *Rép.* n°s 849 et suiv. la règle posée par l'art. 281 *in fine*, qui dispose que le connaissement peut être *à ordre, au porteur*, ou *à personne dénommée*. — La manière dont peut s'opérer la transmission du connaissement dépend évidemment de la forme qui lui a été donnée; ainsi il a été jugé : 1° que le connaissement ne peut être négocié par voie d'endossement que s'il est à ordre (Civ. cass. 12 janv. 1847, aff. Crouzet, D. P. 47. 1. 59. Conf. Civ. cass. 26 janv. 1848, aff. Borty, D. P. 48. 1. 73; 30 janv. 1850, aff. Arnaud, D. P. 50. 1. 50) ;... — 2° Que le nantissement d'un connaissement fait à personne dénommée n'est régulier à l'égard des tiers que par la signification de l'acte de nantissement aux détenteurs de la marchandise (Trib. com. Marseille, 24 juill. 1878, et Aix, 26 août 1878, aff. Droche, Robin C. Fratelly Lévy, *Recueil de Marseille*, 1878. 1. 232, et 1879. 1. 43; Trib. com. Marseille, 25 juill. 1878, et Aix, 21 août 1878, aff. Droche, Robin C. Ledgar et Hornby, *ibid.*, 1878. 1. 234, et 1879. 2. 44; Req. 13 août 1879 (1). Conf. *Rép.* n° 850). On a objecté, il est vrai, contre cette jurisprudence, que la lettre de voiture, alors même qu'elle est à personne dénommée, peut être négociée par voie d'endossement, et on s'est fondé, pour le décider ainsi, sur ce que tel est l'usage universellement suivi dans le commerce (Alauzet, t. 3, n°s 1007 et 1041; Duverdy, *Traité du contrat de transport*, 3e éd., n°s 16 et suiv.; Boistel, n° 540). Mais cette manière de voir a trouvé de nombreux contradicteurs dans la doctrine et a été condamnée par la jurisprudence : si, en effet, en matière commerciale, l'usage a force de loi quand le législateur a gardé le silence, il ne saurait prévaloir contre une prescription impérative à laquelle les contractants sont dans l'impossibilité de se soustraire, même par l'expression d'une volonté formelle. Or, aux yeux du législateur, les titres à ordre sont les seuls qui soient négociables par voie d'endossement, les titres à personne dénommée ne sont transmissibles qu'à l'aide d'une cession opérée conformément aux art. 1689 et suiv. c. civ. et il n'est pas au pouvoir des parties de se dérober à l'application de cette règle. Comment un usage, si constant qu'on veuille le supposer, pourrait-il la tenir en échec (V. en ce sens : Civ. cass. 12 janv. 1847 et 26 janv. 1848 précités ; v° *Commissionnaire*, n°s 46 et suiv. ; — *Rép.* eod. v°, n°s 207 et suiv. ; Bravard, t. 2, p. 344 ; Massé, t. 4, n° 2884; Lyon-Caen et Renault, t. 1, n° 880). Ces considérations, applicables à la lettre de voiture, le sont également au connaissement; et celui-ci, par conséquent, lorsqu'il est à ordre, ne peut être régulièrement transmis qu'à l'aide d'une cession-transport, laquelle n'a d'effet, du moins à l'égard des tiers, qu'autant que les formalités prescrites par l'art. 1690 c. civ. ont été remplies (V. en ce sens les arrêts précités ; Massé, n° 2882; Desjardins, t. 6, n° 938).

966. Un arrêt (Rouen, 7 mai 1887, aff. Busch, D. P. 89. 2. 81) a, toutefois, décidé que la transmission d'un connaissement à personne dénommée par voie d'endossement, s'il ne transfère pas au consignataire au profit de qui il a lieu la propriété des marchandises, a du moins pour effet de lui en attribuer la *possession* et, par suite, de les mettre à sa disposition à titre de gage, avec pouvoir de les réaliser. — Cette solution est-elle bien exacte? On vient de voir que les titres à ordre sont les seuls qui, en principe, puissent être transférés par voie d'endossement. L'arrêt de la cour de Rouen ne contredit pas directement, il est vrai, cette jurisprudence; il reconnaît que l'endossement d'un connaissement à personne dénommée ne transfère pas la propriété de la marchandise ; il le considère simplement comme ayant pour effet d'en attribuer la libre disposition au bénéficiaire de l'endossement, et de lui donner la possession qui doit lui faire acquérir, en tant que créancier gagiste ou consignataire, le privilège établi par la loi. Cette distinction avait déjà rencontré des partisans. Pour que le créancier gagiste, pour que le commissionnaire, disait-on, ait à sa disposition les marchandises en cours de voyage et pour qu'il en devienne, par suite, possesseur, il suffit que le débiteur, dans le premier cas, le commettant, dans le second, lui confère le droit exclusif de se les faire livrer au moment de l'arrivée ; il le lui confère en lui donnant mandat de les recevoir à sa place, et en lui remettant le titre qui lui est nécessaire à cet effet ; or un mandat n'est soumis à aucune forme sacramentelle; il peut résulter d'une énonciation inscrite au dos du connaissement, alors même que la clause à ordre fait défaut ; du moment donc où le connaissement revêtu d'un endossement a été remis à celui qui a fait ou doit faire l'avance stipulée, la possession lui est acquise et le vœu de la loi est pleinement satisfait (Alauzet, n° 1007. Comp. Duverdy, *loc. cit.*; Boistel, n° 493, p. 337, note 2).

Cette argumentation est loin d'être décisive, et M. Levillain l'a réfutée en ces termes (*Dissertation* sur l'arrêt précité, D. P. 89. 2. 81) : « Il ne s'agit pas, dit-il, de transférer au créancier ou au commissionnaire la propriété des marchandises ; il s'agit simplement de lui en attribuer la possession et, comme il est impossible de lui en attribuer la possession effective, on l'investit d'une quasi-possession en lui transmettant la créance du débiteur ou du commettant contre le transporteur. Il ne faudrait pas croire, en effet, et c'est en cela que consiste l'erreur des partisans de la solution adverse, que la transmission, même régulièrement opérée, de la créance du chargeur ou du destinataire contre le transporteur ait nécessairement pour résultat de rendre propriétaire des objets transportés celui au pro-

(1) (Droche, Robin et comp. C. Ledgar et Hornby.) — LA COUR; — Sur le moyen unique, pris de la fausse application de l'art. 2075 c. civ., et violation des art. 136 et suiv., 91, 92 et 281 c. com., en ce qu'on a déclaré la possession du connaissement litigieux par les exposants impropre à leur assurer le privilège du gagiste, soit que ce connaissement fût à ordre bien que l'endossement à leur profit fût accompagné des documents qui constituaient un nantissement régulier, ou qu'il fût au porteur, la remise qui lui en était faite suffisant avec lesdits documents pour justifier la mise en gage; — Attendu, en fait, que Ledgar et Hornby, négociants à Londres, vendeurs de quarante balles de girofles, exerçaient la revendication de cette marchandise non payée, et Droche et Robin et comp., banquiers à Marseille, prétendaient avoir sur cette même marchandise un privilège pour l'avoir reçue en gage de Lacotte frères, négociants dans la même ville, à qui elle était expédiée sous le connaissement litigieux ; que les parties n'étaient pas divisées sur l'existence de la convention même de gage qui était prouvée par la correspondance, aux termes des art. 91 et 109 c. com.; que le débat soumis, en appel, à la cour d'Aix, portait sur la question de savoir si le créancier qui réclamait le privilège devait être réputé saisi de l'objet donné en gage, conformément à l'art. 92 c. com.; que Droche et Robin et comp. soutenaient que la mise en possession résultait, en leur faveur, de la tradition qui leur avait été faite du connaissement, revêtu par le destinataire d'un endossement en blanc; — Attendu que les juges du fond ont reconnu, pour l'interprétation de ce connaissement écrit en langue anglaise, qu'il n'était ni à ordre, ni au porteur, mais à personne dénommée ; — Attendu en droit que le titre qui n'a pas été créé à ordre n'est pas susceptible d'être transmis par endossement; qu'aux termes des art. 91, 92 c. com. et 2075 c. civ., le privilège du gagiste ne peut s'établir sur une créance mobilière autre qu'une valeur négociable, que par la signification au débiteur de l'acte par lequel le gage a été convenu; d'où il suit que cette signification n'ayant point eu lieu, la cour d'appel d'Aix a jugé à bon droit que la revendication du vendeur ne rencontrait point d'obstacle dans un privilège non existant à son égard; qu'en statuant ainsi la cour d'Aix, après avoir résolu une question de fait, loin de violer aucune loi, a sainement appliqué les art. 281, 91, 92 c. com. et 2075 c. civ.; — Rejette, etc.

Du 13 août 1879.-Ch. req.-MM. Bédarrides, pr.-Connelly, rap.-Babinet, av. gén., c. conf.-Bosviel, av.

fit duquel elle a lieu, car on peut avoir le droit exclusif de prendre livraison de ces objets au moment de l'arrivée à un autre titre qu'à celui de propriétaire, et en tant seulement que possesseur. La question se réduit donc à rechercher comment la créance du chargeur ou du destinataire pourra être transférée à celui que l'on veut investir. La loi a résolu elle-même ce problème; le procédé à suivre est indiqué par l'art. 91 c. com. et il résulte de cet article que, si le titre est à personne dénommée, on doit se conformer à la disposition de l'art. 2075 c. civ., c'est-à-dire recourir à une cession effectuée dans les formes prescrites par les art. 1689 et suiv. du même code, mais effectuée à titre de garantie seulement » (V. en ce sens les décisions mentionnées *suprà*, n° 965. *Adde: Rép.* v° *Commissionaire*, n°s 207 à 209; Massé, *loc. cit.*; Desjardins, *loc. cit.*; Lyon-Caen et Renault, t. 1, n°s 697 et 880).

967. De ce que le tiers auquel un connaissement à personne dénommée a été transmis n'en est saisi à l'égard du capitaine que par la signification de l'acte de cession (*Rép.* n° 850), il suit que, tant que le capitaine n'a reçu aucune signification de transport, il peut délivrer la marchandise au destinataire dénommé au connaissement. Mais ne doit-il pas exiger auparavant la remise du connaissement, afin de sauvegarder les droits du tiers auquel ce connaissement a pu être transmis? La cour d'Aix a admis l'affirmative, en décidant que le capitaine qui délivre les marchandises au destinataire sur la remise, non pas du connaissement primitif, mais d'un second connaissement créé au cours du voyage, engage sa responsabilité envers le tiers auquel le connaissement primitif a été donné en gage, bien que ce connaissement fût, non pas à ordre, mais à personne dénommée, et que le contrat de nantissement n'eût pas été signifié au capitaine (Aix, 20 juin 1866, aff. Albrecht, D. P. 69. 1. 135.) Cependant, on peut douter que le capitaine soit tenu d'aucune obligation envers un tiers qui, ne lui ayant pas signifié son acte de cession, est à son égard sans droit sur la marchandise transportée.

968. Le connaissement portant que la marchandise sera consignée à tel destinataire, ou *à qui pour lui*, doit être considéré comme à ordre (Trib. com. Marseille, 11 mai 1860, aff. Bec, *Recueil de Marseille*, 1860. 1. 228).

969. L'endossement régulier d'un connaissement à ordre transfère la propriété des marchandises auxquelles il s'applique et qui se trouvent en cours de voyage (Civ. cass. 17 août 1859, aff. Noël, D. P. 59. 1. 347; Paris, 1er déc. 1860, aff. Noël, D. P. 61. 2. 88. Conf. Civ. cass. 15 déc. 1856, aff. Gouin, D. P. 56. 1. 445; Req. 13 janv. 1862, aff. Thiriez, D. P. 62. 1. 135; Civ. rej. 22 août 1882, aff. Normand, D. P. 83. 1. 215).

970. Le connaissement à ordre peut aussi être donné *en nantissement* par un endossement régulier, pourvu que cet endossement indique clairement que le connaissement a été remis en garantie. — Jugé qu'un pareil endossement confère au créancier qui en est porteur un droit de gage sur la marchandise et lui permet d'exiger de l'acheteur de la cargaison le prix du chargement; alors même qu'il serait postérieur à la vente (Civ. cass. 31 mai 1869, aff. Petersson, D. P. 69. 1. 302).

971. La présomption de propriété que l'endos fait naître au profit du porteur peut évidemment, comme en matière de lettre de change, être détruite par la preuve contraire (Req. 3 août 1876, aff. Porcher, D. P. 77. 1. 311), par exemple, par la preuve que l'endossement déguise une fraude concertée au préjudice de tiers par leur débiteur et le tiers porteur (Req. 3 janv. 1872, aff. Simonnet, D. P. 72. 1. 73. Conf. Gand, 31 mars 1859, *Jurisprudence du port d'Anvers*, 1859. 2. 44).

972. L'endossement d'un connaissement à ordre, lorsqu'il est irrégulier, n'est pas translatif de propriété en faveur du porteur, et ne vaut, à son égard, que comme *procuration* (*Rép.* n° 852). Il en est ainsi, notamment, de l'endossement *en blanc* (Bruxelles, 17 juill. 1865, *Jurisprudence du port d'Anvers*, 1867. 1. 106; Gand, 27 avr. 1866, *ibid.*, 1866. 2. 64). — Cette procuration permet au porteur de prendre livraison, ou même, à son tour, de négocier le connaissement comme mandataire de l'endosseur.

973. Le porteur de connaissements endossés irrégulièrement peut-il prouver qu'il n'est pas un simple mandataire, mais bien un propriétaire ou un créancier nanti de gage? — La même question se pose en matière de lettre de change: elle est examinée en détail *infrà*, v° *Effets de commerce*. La cour de cassation la résout affirmativement en ce qui concerne le connaissement, comme en ce qui concerne la lettre de change: elle a jugé que le porteur du connaissement, en vertu d'un endossement irrégulier, peut toujours prouver à l'encontre de son endosseur direct, qu'il a fourni la valeur du titre, à l'effet d'en tirer la conséquence que, nonobstant l'irrégularité de l'endossement, la propriété de ce titre lui est acquise (Civ. cass. 7 août 1867, aff. Dats et comp., D. P. 67. 1. 327). Il peut également faire cette preuve à l'encontre de celui de qui son endosseur direct avait reçu le connaissement au moyen d'un endossement en blanc: dans ce cas, l'endosseur direct n'étant que le mandataire du précédent endosseur, la négociation par lui faite produit contre son mandant les mêmes effets que contre lui-même (Même arrêt. Conf. Trib. com. Havre, 24 mars 1884, aff. Delbrück Léo, *Recueil du Havre*, 1884. 1. 148). — Il peut la faire enfin contre les ayants cause de l'endosseur qui n'ont pas de droit propre sur la chose, par exemple, contre les créanciers chirographaires, mais jamais contre des tiers (Bordeaux, 7 juin 1880, aff. Lafargue, *Recueil du Havre*, 1881. 2. 242. — *Contrà*: Trib. Havre, 13 mai 1878, aff. Dreyfus et comp., *ibid.*, 1878. 1. 178).

974. Sur la nature du connaissement *au porteur*, V. les conclusions de M. l'avocat général Desjardins devant la chambre civile de la cour de cassation (*Gazette des tribunaux* du 15 juin 1881). Il se transmet de la main à la main (*Rép.* n° 850). — Un connaissement n'indiquant ni le nom, ni l'adresse du destinataire, et contenant seulement l'invitation de délivrer la marchandise à ordre ou aux ayants droit, a le caractère d'un connaissement au porteur. Par suite, il est alors transmissible par la seule tradition (Req. 16 juill. 1860, aff. Huard, D. P. 60. 1. 505. Conf. Trib. civ. Havre, 12 nov. 1881, aff. Molfino, *Recueil du Havre*, 1881. 2. 253; Rouen, 9 févr. 1885) (1), ou par simple endossement en blanc; et, à supposer qu'un tel connaissement doive être qualifié de connaissement à ordre, l'effet translatif de la tradition ou de l'endossement en blanc ne

(1) (Capitaine Geary C. Comp. de navigation.) — LA COUR; — Attendu que le capitaine du *Zanetto* demande à la compagnie de navigation du Havre à Paris et Lyon la somme de 3015 fr. 60 cent. pour solde de fret; — Attendu que la compagnie offre la somme qui lui est réclamée, mais prétend que le capitaine Geary doit le prix de cent trente sacs de raisin, qui font défaut sur le chargement qu'il a délivré; — Attendu que l'appelant demande en premier lieu que l'action de la compagnie de navigation soit déclarée non recevable, ladite compagnie n'étant pas propriétaire par endos régulier des connaissements qu'elle oppose au capitaine et ne pouvant exercer en justice les droits des bénéficiaires;

Sur cette fin de non-recevoir: — Attendu que dix-neuf des vingt connaissements opposés par la compagnie intimée à l'appelant n'indiquent, ni le nom ni l'adresse du destinataire; qu'ils contiennent seulement l'invitation de délivrer la marchandise à ordre, ou aux ayants droit; que ces connaissements ayant par suite le caractère de connaissements au porteur étaient transmissible par la seule tradition ou par simple endossement en blanc; — Qu'il résulte, au surplus, des documents de la cause que l'intérêt personnel qu'a la compagnie à agir n'est pas contestable; que la fin de non-recevoir soulevée pour la première fois devant la cour ne saurait, dès lors, être accueillie;

Au fond: — Sur les conclusions, tant principales que subsidiaires prises par le capitaine Geary à l'appui de son appel: — Attendu que la clause imprimée du connaissement: « poids, contenu, quantité, qualité et valeur inconnus », n'aurait pour effet d'exonérer le capitaine de toute responsabilité qu'autant qu'elle ne se trouverait pas contredite par les autres énonciations, d'ailleurs contraires des connaissements; — Or, attendu que les vingt connaissements représentés par la compagnie de navigation contiennent, non seulement toutes les énonciations prescrites pour leur validité par l'art. 280 c. com., mais expriment, pour chaque chargement, l'indication très précise, à la fois manuscrite et en chiffre, dans le corps du connaissement et en marge de ces documents, des quantités de sacs de raisin prises en charge par le capitaine; — Qu'étant donné la nature des marchandises embarquées en sacs à bord du *Zanetto* et le mode des chargements successifs et distincts auxquels elles ont donné lieu, il n'est pas admissible que le capitaine ou les représentants du navire n'aient pas été à même de vérifier les déclarations des expéditeurs au fur et à mesure des chargements effectués, et n'aient

peut être contesté au porteur par un tiers ne figurant pas sur ce titre et se bornant à prétendre, sans établir le fait, qu'il a antérieurement acheté du chargeur la marchandise à laquelle s'applique le connaissement, et qu'il en a payé le prix (Même arrêt du 16 juill. 1860).

975. La loi du 15 juin 1872, relative aux titres au porteur perdus ou volés (D. P. 72. 4. 112), est-elle applicable en cas de perte du connaissement au porteur? MM. Lyon-Caen et Renault, t. 2, n° 1879, enseignent avec raison la négative; en effet, toutes les dispositions de cette loi impliquent qu'elle n'est faite que pour les titres au porteur susceptibles d'être négociés en bourse.

976. — III. DROITS DU PORTEUR DU CONNAISSEMENT. — Le porteur du connaissement, qui en a été régulièrement saisi, a le droit exclusif de se faire remettre la marchandise à son arrivée à destination. L'exercice de ce droit ne peut soulever aucune difficulté relativement au chargeur lui-même, ou aux ayants cause du chargeur qui n'ont pas de droit propre et personnel sur la marchandise, tels que ses créanciers chirographaires.

977. Mais le porteur du connaissement peut se trouver en compétition avec des ayants cause du chargeur qui, de leur côté, invoquent sur la marchandise un droit propre et personnel qu'ils prétendent préférable au sien, par exemple, un bailleur de fonds qui invoque un droit de gage sur la marchandise, ou le porteur d'une traite tirée par le chargeur qui prétend que la marchandise est affectée, en tant que provision, au payement de cette traite. Comment le conflit se réglera-t-il? La préférence appartiendra au porteur du connaissement qui a le droit de se faire remettre la chose; le bailleur de fonds n'a de droit de gage sur la marchandise que s'il est saisi, et il n'est saisi que s'il est lui-même nanti du connaissement (art. 92). Le porteur de la traite ne peut, de même, revendiquer la marchandise, comme provision, que si elle est spécialement affectée au payement de l'effet, et elle n'est affectée au payement que si le porteur de la traite est en même temps porteur du connaissement; dans le cas contraire, il n'y a d'autre provision que la créance générale du tireur sur le tiré, du chargeur sur le destinataire (Civ. cass. 26 nov. 1872, aff. Sallambier, D. P. 72. 1. 436. Conf. Desjardins, t. 4, n° 947). — On a examiné *suprà*, n°s 964 et suiv., quelle solution devrait être donnée à la question, dans le cas où le tiers dont s'agit serait lui-même nanti du connaissement.

978. Le porteur du connaissement ne peut en bénéficier qu'à la condition de se soumettre aux obligations qu'il impose. Par exemple, il ne peut se faire délivrer la marchandise qu'en payant le fret stipulé dans le connaissement dont il est porteur et en vertu duquel il prend livraison (Trib. com. Anvers, 30 janv. 1875, *Jurisprudence du port d'Anvers*, 1875. 1. 202). Toutefois, à défaut de payement du fût, le capitaine n'a pas le droit de retenir la marchandise, il ne peut qu'en requérir la consignation (V. *infrà*, n° 1061). — Il est une obligation d'un caractère général que le porteur doit toujours préalablement accomplir; il est tenu de produire son titre. Tant qu'il ne l'a pas fait, le capitaine peut s'opposer au déchargement (Trib. com. Anvers, 12 oct. 1860, *Jurisprudence du port d'Anvers*, 1862. 1. 314; Trib. com. Gand, 13 janv. 1877, *ibid.*, 1879. 2. 110).

979. Lorsque le connaissement reproduit la charte-partie, le porteur est, sans aucun doute, lié par toutes les clauses insérées dans la charte-partie. Il en est de même, si le connaissement renvoie purement et simplement à la charte-partie; le porteur ne peut, en ce cas, s'en prendre qu'à lui-même s'il ne s'est pas renseigné sur les conditions du contrat primitif (Trib. com. Anvers, 3 déc. 1860, *Jurisprudence du port d'Anvers*, 1861. 1. 179; Trib. com. Havre, 22 avr. 1879, aff. Frerichs, *Recueil de Marseille*, 1879. 2. 184; Trib. com. Rouen, 1er mars 1886, *Recueil du Havre*, 1886. 2. 307; 16 avr. 1886, *ibid.*, 1886. 2. 143).

980. Si, au contraire, le connaissement ne reproduit pas la charte-partie ou ne s'y réfère pas, les droits et les obligations du destinataire, porteur du connaissement, ne doivent être déterminés que par le connaissement (Comp. *infrà*, n° 982; Trib. com. Marseille, 11 sept. 1873, *Recueil de Marseille*, 1873. 1. 317; Trib. com. Anvers, 4 juill. 1879, *Jurisprudence du port d'Anvers*, 1879. 1. 330; 17 juill. 1879, *ibid.*, 1879. 1. 291; Trib. com. Havre, 19 juill. 1881, aff. Schotter, *Recueil du Havre*, 1881. 1. 166). Jugé, en conséquence, que le capitaine ne peut pas subordonner la livraison de la cargaison au payement de surestaries provenant du fait du chargeur, alors qu'il n'en a pas fait l'objet d'une réserve spéciale lors de la signature du connaissement qu'il savait être à ordre et transmissible à une personne indéterminée (Poitiers, 25 juill. 1876, aff. Curet, D. P. 78. 2. 124) : « Attendu, dit très bien cet arrêt, que si, en principe, et en vertu de l'art. 280 c. com., le chargement est affecté à l'exécution des obligations résultant de la charte-partie, il y a lieu de faire exception à cette règle lorsque, comme dans l'espèce, la partie à laquelle doivent être livrées les marchandises puise son droit dans un connaissement à ordre qui n'énonce pas les charges exceptionnelles provenant du fait d'autrui et grevant ces marchandises, et alors que ladite partie est devenue bénéficiaire du connaissement par une transmission pure et simple et sans autre condition que l'obligation ordinaire, non contestée au procès par l'intimé, de payer le prix et le fret; — Que, s'il en pouvait être autrement, le porteur d'un pareil connaissement serait exposé à supporter des dommages imprévus et des responsabilités qu'il n'a pas entendu faire siennes en devenant, par la transmission régulière d'un titre à ordre, acquéreur de la cargaison en voyage ». — Jugé, de même, que le porteur n'est pas tenu du fret sur le vide, ou à raison d'une différence entre la charte-partie et le connaissement (Trib. com. Anvers, 3 déc. 1861, *Jurisprudence du port d'Anvers*, 1862. 1. 79; 18 août 1871, *ibid.*, 1871. 1. 303). — La règle générale ne recevrait exception que si le porteur du connaissement agissait réellement au nom et pour le compte de l'affréteur dont il serait l'agent (Desjardins, t. 4, n° 942; de Valroger, t. 2, n° 733); et il ne doit pas être considéré comme étant devenu agent de l'affréteur dans le cas où les marchandises mentionnées au connaissement lui auraient été données en payement de dettes antérieurement contractées par l'affréteur (Trib. com. Havre, 19 juill. 1881 précité).

981. Certaines obligations peuvent cependant dériver du connaissement par la seule force de l'usage commercial, sans y être explicitement spécifiées (Desjardins, t. 4, n° 942). Il est d'usage, par exemple, lorsque le navire est chargé à ordres, que le porteur du connaissement donne ses ordres dans les quarante-huit heures de l'arrivée du navire au port d'ordres, s'il ne veut encourir des surestaries; celles-ci, en ce cas, seraient dues, alors même que le connaissement n'aurait pas expressément astreint le réclamateur de la car-

---

pas, par suite, accepté, en connaissance de cause, les énonciations répétées des connaissements relatives aux quantités à remettre aux destinataires; — Qu'en tout cas vis-à-vis de ces derniers, le capitaine serait en faute d'avoir sans protestation, ni réserve expresse, nonobstant la clause imprimée de non-garantie, certifié par sa signature les quantités indiquées à la fois dans le corps et en marge des connaissements; — Attendu, en outre, que la clause des connaissements d'après laquelle la responsabilité du navire cessera après la délivrance du pont du navire ne saurait évidemment être interprétée en ce sens que la responsabilité du capitaine a cessé à l'instant même du déchargement; — Que d'après les termes mêmes des connaissements, la délivrance pour être effective et décharger la responsabilité du capitaine, doit être accompagnée de la réception des marchandises par le consignataire, lequel est en même temps tenu de payer le fret calculé sur le poids brut délivré; — Qu'il suit de là que la délivrance n'est définitive qu'après le pesage des marchandises; — Qu'à la vérité, en prévision des retards apportés dans la réception par le consignataire, les connaissements accordent au capitaine le droit de prendre certaines mesures ayant pour but de mettre à couvert la responsabilité du navire ou de préserver les intérêts des armateurs, mais qu'il n'est même pas allégué que Geary ait eu recours à quelqu'une de ces mesures; — Sans s'arrêter ni avoir égard à la fin de non-recevoir élevée par l'appelant contre la demande reconventionnelle de la compagnie intimée, laquelle fin de non-recevoir est déclarée mal fondée; — Sans s'arrêter non plus ni avoir égard aux autres conclusions, tant principales que subsidiaires, prises par Geary, à l'appui de son appel, lesquelles sont rejetées comme mal fondées; — ... Confirme, etc.

Du 9 févr. 1885.-C. de Rouen, 1re ch.-MM. Montaubin, 1er pr.-Reynaud, av. gén.-Marais et H. Frère, av.

gaison à en payer, pour le cas de retard au port d'ordres (Trib. com. Havre, 2 août 1881, aff. Bordes, *Recueil du Havre*, 1881. 1. 207).

982. En cas de divergence entre la charte-partie et le connaissement, il y a lieu de croire que les parties ont entendu déroger au premier de ces actes par le second. Cette opinion que nous avions émise au *Rép.* n° 882 a été sanctionnée par la jurisprudence (Trib. com. Marseille, 20 juin 1870, *Recueil de Marseille*, 1870. 1. 202; 7 avr. 1873, aff. Vidal frères, *ibid.*, 1873. 1. 187; 29 sept. 1880, aff. capitaine Willies, *ibid.*, 1880. 1. 295; Rouen, 22 avr. 1885, aff. Lemierre et autres, D. P. 88. 1. 118. Conf. Desjardins, t. 4, n° 927; Lyon-Caen et Renault, t. 2, n° 1885).

ART. 2. — *De l'obligation de mettre et maintenir l'affréteur en jouissance du navire, pour l'usage convenu* (*Rép.* n°s 884 à 938).

983. Le fréteur, comme tout locateur, doit mettre le navire à la disposition de l'affréteur, en vue du chargement, dans le lieu et à l'époque indiqués, et dans la mesure où il a fait l'objet du contrat. Telle est, en effet, l'obligation qu'il s'est imposée en premier lieu en frétant le navire. S'il y contrevient, l'affréteur pourra se faire autoriser judiciairement à louer un autre navire pour assurer le transport de ses marchandises à destination, et le fret supplémentaire qu'il payera, dans ces conditions, lui sera remboursé par le fréteur.

984. C'est le navire indiqué qui doit être livré; car l'affrétement est un louage de chose en même temps qu'un louage d'industrie (V. *suprà*, n° 860). Il ne suffirait donc pas au fréteur de présenter un autre navire offrant des garanties égales au point de vue de la sécurité, de la vitesse, etc. (Trib. com. Marseille, 18 janv. 1861, *Recueil de Marseille*, 1861. 1. 62; Motifs, Req. 1er août 1887, aff. Michalopulo, D. P. 88. 1. 379). — La vente ou la saisie du navire ne déchargerait pas non plus le fréteur de l'obligation de le livrer à l'affréteur. — Il n'y a qu'un cas de force majeure, un incendie, par exemple, qui puisse autoriser une substitution (Trib. com. Marseille, 2 janv. 1879, aff. veuve Séguin-Goncet, *Recueil de Marseille*, 1879. 1. 68; Arg. Civ. cass. 16 mars 1885, aff. Godet, D. P. 86. 1. 36. Conf. Bédarride, t. 2, n° 726; Desjardins, t. 3, n° 788). — Lorsque l'affréteur s'aperçoit qu'il y a eu substitution, il peut refuser la marchandise. Si la substitution a eu lieu sans qu'il s'en soit aperçu, le fréteur est responsable envers lui de tous les dommages qui peuvent en découler. — Il a été jugé en ce sens que l'affréteur ne peut être réputé avoir accepté la substitution d'un navire à un autre, quand il a protesté et réservé ses droits, au cours même du chargement (Arrêt du 1er août 1887 précité); dans ces conditions, et la marchandise ayant été refusée par le destinataire au port de débarquement, le fréteur peut être condamné à payer au chargeur, à titre de réparation, la différence entre le prix que ledit chargeur avait stipulé du destinataire, et le prix produit par la revente de la marchandise aux enchères (Même arrêt).

985. Le navire doit être mis à la disposition de l'affréteur au lieu indiqué dans la charte-partie. — Si donc un port autre que celui où se trouve le navire a été indiqué pour le chargement, ou pour compléter au besoin le chargement, le fréteur doit y conduire le navire. Jugé en ce sens que, quand un navire s'est engagé à aller prendre un chargement dans une rivière qui n'a pas de port, la faculté que les affréteurs se seraient réservée dans la charte-partie de faire faire une escale au navire pour aller prendre le complément de ce chargement, n'est point épuisée par l'ordre donné au capitaine du navire de se transporter d'un point à un autre de la rivière, le déplacement dans les eaux de la rivière ne devant point être considéré comme escale. En conséquence, si le capitaine, après un déplacement de cette nature, a refusé d'aller achever le chargement à une place indiquée au dehors de cette rivière, il est seul responsable des conséquences de son refus, alors surtout que, prévenu dès l'origine des divers déplacements à faire pour effectuer le chargement, il s'est abstenu de toute réclamation (Rouen, 10 août 1849, aff. Blaise, D. P. 52. 2. 103).

986. Le navire doit être livré à l'époque convenue entre les parties; en cas de retard, le fréteur est passible d'une indemnité. — Le navire doit rester à la disposition de l'affréteur pendant toute la durée des staries et même pendant celle des surestaries, si la charte-partie ne confère au capitaine le droit de partir à non-charge qu'à l'expiration de ces dernières.

987. Le fréteur n'est tenu de mettre le navire à la disposition de l'affréteur que dans la mesure fixée par la convention: si donc les parties ont simplement traité en vue du chargement d'une certaine quantité de marchandises, il suffit que le fréteur fournisse dans un endroit convenable l'emplacement suffisant pour le chargement indiqué. Il n'encourrait de responsabilité que s'il était dans l'impossibilité de prendre toutes les marchandises qu'il s'est engagé à charger. Dans ce cas, l'indemnité à payer par le fréteur comprendrait la différence qui pourrait exister dans le fret à payer pour les objets qui n'ont pas été pris à bord et en outre des dommages-intérêts pour le préjudice causé par le retard qu'a éprouvé leur transport. — La responsabilité du capitaine cesserait, toutefois, d'être engagée, si l'obligation par lui contractée de recevoir plus de marchandises que n'en peut en réalité contenir le navire était le résultat d'une erreur excusable ou d'une ignorance justifiée.

988. Si l'affrétement porte sur un emplacement d'une étendue déterminée, il suffit que le fréteur fournisse un emplacement de cette étendue; peu importe encore quelle est la contenance du navire. — Sur le cas où tous les affrétements souscrits ne sont pas exécutables, V. *Rép.* n° 899.

989. Lorsque l'affrétement a pour objet la totalité ou une quote-part du navire, le capitaine est garant de la contenance qu'il a déclarée (*Rép.* n°s 890 et suiv.). — Ce sont les art. 289 et 290 c. com. qui édictent cette responsabilité et en déterminent l'étendue. Pour qu'elle se trouve engagée, cinq conditions doivent se trouver réunies. Il faut que la contenance du navire ait été déclarée; l'art. 289 le dit formellement; — ... 2° Que la déclaration soit inexacte, et que l'inexactitude consiste dans l'indication d'un port plus grand que le port réel (*Rép.* n° 890). Sur le cas où le port déclaré est inférieur au port réel, V. *Rép.* n° 897 (Comp. Laurin, t. 2, p. 100; Bédarride, t. 2, n° 728; Lyon-Caen et Renault, t. 2, n° 1869; de Valroger, t. 2, n° 790). Peu importe, d'ailleurs, dans tous les cas, que le fréteur ait agi de bonne ou de mauvaise foi (*Rép.* n° 891); — ... 3° Que l'erreur soit de plus du quarantième (art. 290) (*Rép.* n°s 894 et suiv.); si elle ne dépasse pas cette limite, elle est excusable et ne peut d'ailleurs être sérieusement dommageable à l'affréteur. Même en ce cas, cependant, le fréteur serait responsable, s'il avait été de mauvaise foi (Alauzet, t. 4, n° 1886; Boistel, n° 1241; Desjardins, t. 3, n° 801), ou si la capacité du navire avait été formellement garantie et avait servi de base au calcul du fret stipulé (Trib. com. Marseille, 23 juill. 1889, aff. Sylvander, *Recueil de Marseille*, 1889, 1. 298). — Il faut de plus que le tonnage indiqué diffère du tonnage officiel (c. com. art. 290) (*Rép.* n° 894); — ... 4° Que la fausse déclaration ait été préjudiciable à l'affréteur. Si donc, en fait, le capitaine peut charger à bord toutes les marchandises que lui présente l'affréteur, sans que le navire se trouve surchargé et sans que les marchandises puissent en éprouver du dommage, sa responsabilité n'est point engagée (*Rép.* n° 892; Desjardins, *loc. cit.*). — Le capitaine serait-il encore responsable du dommage, dans le cas où, après avoir énoncé exactement le tonnage, il a simplement signalé le navire comme pouvant, étant donnée sa capacité, contenir des marchandises d'une certaine nature en quantité supérieure à celle qu'il peut recevoir réellement? « J'incline, dit M. Desjardins, à résoudre négativement cette question délicate. Il ne s'agit plus d'une stipulation concernant le tonnage du navire, c'est-à-dire sa capacité totale, mais de son aptitude relative, eu égard à la nature du chargement. Il faut donc laisser cette fausse déclaration sous l'empire du droit commun auquel l'art. 290 déroge » (Desjardins, t. 3, n° 801 *in fine*. — V. cependant en sens contraire: Motifs, Douai, 28 juin 1881, aff. Raam, D. P. 83. 2. 137); — ... 5° Que l'affréteur, dès qu'il s'aperçoit de l'erreur, rédige et signifie une protestation dans les délais des art. 435 et 436 c. com. (V. *infrà*, chap. 9).

990. On a expliqué (*Rép.* n° 893) que les dommages-intérêts dus pour exagération du tonnage du navire doivent être évalués, non pas, comme sous l'ancien droit, à une somme égale au fret qu'auraient dû payer les marchandises non chargées, mais d'après les principes établis par les art. 1149, 1150, 1151 c. civ. — Divers éléments doivent être pris en considération, pour la fixation de cette indemnité. On doit tenir compte, notamment : 1° de la différence entre le fret indiqué et le fret supérieur que paye l'affréteur pour assurer le transport de la marchandise sur un autre navire (Conf. Trib. com. Havre, 19 nov. 1877, cité par Desjardins, t. 3, n° 800, et *Recueil du Havre*, 1878. 1. 9); — ... 2° Des frais de magasinage supplémentaire jusqu'à ce que ce transport devienne possible ; — ... 3° De la diminution de valeur de la marchandise qui a dépéri pendant le temps où elle est restée en souffrance; — ... 4° Du préjudice qui a pu être causé au chargeur par le retard dans le transport, et l'insuccès de la spéculation entreprise. — Pour évaluer l'indemnité, il faut évidemment considérer l'erreur totale qui a été commise; il n'y a plus lieu de défalquer ici le quarantième.

991. La fausse déclaration du tonnage pourrait être, d'ailleurs, une cause de résiliation totale du contrat (c. civ. art. 1184) (Conf. Lyon-Caen et Renault, t. 2, n° 1869). — Dans le cas où elle donne lieu à une simple réduction du fret stipulé, cette réduction porte sur l'affrètement souscrit, s'il est total, et proportionnellement sur tous les affrètements souscrits, s'il y en a plusieurs, chacun pour une quote-part du navire, une moitié, un quart, un tiers.

992. Un arrêt (Aix, 8 févr. 1853, aff. Hernandez, D. P. 55. 2. 329) a décidé qu'une compagnie de bateaux à vapeur peut, à la suite d'annonces publiques portant qu'elle effectuera sur une ligne déterminée des départs réguliers, à jours fixes et moyennant un tarif établi, être réputée avoir pris un engagement « envers le public » qui ne lui permet pas d'établir arbitrairement des différences entre les divers chargeurs qui se présentent, ou de refuser leurs marchandises, tant qu'il y a place sur le navire (Comp. *Louage ;* — *Rép.* eod. v°, n° 895. — *Contrà :* Trib. com. Marseille, 9 nov. 1880, aff. Caillol et Saint-Pierre, *Recueil du Havre*, 1881. 2. 28. Comp. Trib. com. Havre, 21 mai 1858, *ibid.*, 1858. 1. 123). M. Desjardins critique cette solution: de telles annonces, dit-il (t. 3, n° 787), ne peuvent former une promesse juridique.

993. L'affréteur qui a loué le navire *en totalité* en a la jouissance exclusive, et, dès lors, aucun chargement ne peut être fait sur ce navire que par lui ou avec son consentement. Quand, au contraire, le navire n'est loué qu'*en partie*, l'affréteur n'a droit qu'à l'espace loué : le fréteur peut librement disposer du surplus. On a exposé (*Rép.* n°s 884 et suiv. et 889) les conséquences de ce double principe (Conf. Laurin, t. 2, p. 100 ; Bédarride, t. 2, n° 728; Desjardins, t. 3, n°s 798 et suiv.; Lyon-Caen et Renault, t. 2, n° 1869; de Valroger, t. 2, n° 790).

994. Le capitaine ne peut, même en sa qualité de mandataire du chargeur, utiliser l'espace loué, que celui-ci laisserait disponible et contracter un sous-affrètement en son nom (c. com. art. 287) ; car il n'est son mandataire que pour ce qui concerne les soins à donner à la cargaison, et à compter seulement du moment où elle est à bord (*suprà*, n° 601). L'intervention du capitaine pourrait, d'ailleurs, contrarier les desseins de l'affréteur, qui n'a opéré qu'un chargement partiel, peut-être afin d'obtenir plus de vitesse dans le transport, ou d'éviter une surabondance des marchandises dans le port d'arrivée et une baisse de prix.

995. Lorsque le capitaine, contrevenant à la prohibition de l'art. 287, § 1er, a sous-affrété la place laissée disponible par l'affréteur principal, le sous-affrètement est certainement nul, dans les rapports de ce dernier et du capitaine. Le législateur, en décidant dans l'art. 287, § 2, que « l'affréteur profite du fret », n'a pas entendu dire qu'il devait se borner à profiter du fret, et que la prohibition écrite dans le premier alinéa de l'article n'aurait pas d'autre sanction : le sous-affrètement peut être, en effet, on l'a vu *suprà*, n° 994, parfois plus nuisible qu'utile à l'affréteur principal. On doit donc, pour régler cette situation, se conformer aux règles générales qui régissent les dommages-intérêts (c. com. art. 1149 et suiv.). — Mais que décider quant aux rapports de l'affréteur avec les tiers? Le sous-affrètement est-il encore nul? Il faut distinguer deux hypothèses : 1° le sous-affréteur sait que le navire est déjà loué en entier, et que le capitaine, en lui en sous-affrétant une partie, agit sans mandat de l'affréteur principal : l'affréteur assurément, dans ce cas, peut empêcher le sous-affréteur de charger, et même exiger qu'il décharge la marchandise qu'il aurait déjà embarquée (Desjardins, t. 2, n°s 399 et 509, t. 3, n° 798); — 2° Le sous-affréteur est, au contraire de bonne foi; il ignore que le capitaine a agi en violation de l'art. 287. La question devient beaucoup plus délicate. Le capitaine, dit M. Bédarride, t. 2, n° 728, n'est le mandataire présumé de l'affréteur que relativement à la cargaison, et après qu'il l'a reçue; il n'a donc aucunement qualité pour sous-louer le navire. Le traité qu'il a pu passer à cet effet, émanant *a non domino*, est radicalement nul (Conf. Lyon-Caen, t. 2, n° 1869). — Au contraire, M. Desjardins, qui admet, dans les rapports de l'armateur du navire et des tiers, la validité des affrètements conclus par le capitaine, alors même que l'armateur, présent sur les lieux, n'aurait pas été consulté ou aurait donné des instructions contraires (t. 2, n°s 399 et 509. V. *suprà*, n° 610), décide, par voie de conséquence, que les sous-affrètements conclus par le capitaine en violation de l'art. 287 ne doivent pas être annulés dans les rapports de l'affréteur principal avec les tiers. — Quoi qu'il en soit, il est bien évident que la nullité des sous-affrètements conclus dans ces conditions n'est que relative et que l'affréteur peut les ratifier : il profite alors du fret stipulé par le capitaine (art. 287, § 2), et en profite en entier; par suite encore, si le fret du chargement complémentaire est plus élevé que celui relatif au chargement principal, l'excédant appartient à l'affréteur et non au capitaine (*Rép.* n°s 884 et suiv.).

996. On a dit au *Rép.* n° 887 que le fréteur peut exiger que l'affréteur charge sur le navire loué des marchandises en quantité suffisante pour garantir le payement du fret : le juge saisi de la contestation pourrait, si l'affréteur refusait de se soumettre à cette obligation, le contraindre à fournir caution, ou même, le cas échéant, résilier le contrat (Desjardins, t. 3, n° 799).

997. Le navire fourni par le fréteur doit être en bon état de navigabilité. En ce qui concerne la visite prescrite par l'art. 225 c. com., V. *suprà*, n°s 620 et suiv. Il est évident d'ailleurs, que « l'état du navire doit, ainsi que le dit un arrêt (Rouen, 11 févr. 1876, aff. Fiquet, D. P. 76. 2. 174), être apprécié en ayant égard tant au voyage pour lequel il est affrété, à la durée probable et aux difficultés normales de ce voyage, qu'à la nature du chargement qu'il doit recevoir ». Si le navire n'est pas dans un état satisfaisant, l'affréteur peut refuser de charger ses marchandises et même, si les réparations nécessaires ne sont pas faites dans un certain délai, demander la résiliation de la convention. Si l'affréteur, ignorant l'état du navire, laisse procéder au chargement, le capitaine est responsable des pertes et avaries qui pourraient en être la conséquence. On étudiera *infrà*, n° 1096, les règles qui déterminent l'étendue de cette responsabilité, édictée par l'art. 297 c. com.

998. Le capitaine doit recevoir les marchandises et les charger à bord, à moins qu'il ne se trouve exceptionnellement autorisé à les refuser (V. *infrà*, n° 1039) ; il les reçoit à quai, ou le long du bord, suivant la convention ou les usages (V. *suprà*, n°s 626 et suiv.).

999. On a suffisamment expliqué au *Rép.* n°s 903 et suiv. la disposition de l'art. 292, aux termes de laquelle le capitaine, n'étant tenu de recevoir que les marchandises indiquées dans la convention comme devant faire l'objet du chargement, peut faire mettre à terre, dans le lieu du chargement, les marchandises qui auraient été chargées sans lui être déclarées, ou faire payer au chargeur le fret le plus élevé payé dans le lieu de charge pour les marchandises de même nature. Nous ajouterons seulement que le capitaine, lorsqu'il a loué le navire en entier, ne peut exercer le droit que lui confère l'art. 292, à l'encontre du tiers qui a chargé des marchandises irrégulièrement, qu'avec l'assentiment de l'affréteur; et c'est à ce dernier qu'appartient le fret payé par le tiers, si les marchandises sont conservées à bord. — La disposition de l'art. 292 avait été maintenue, lors du projet de remaniement élaboré en 1867 (Desjardins, t. 3, n° 826).

1000. Le capitaine doit veiller à la garde des marchandises (art. 222). Il doit d'abord, quand il en prend livraison, s'assurer de leur état extérieur, et, si elles portent trace d'avaries, il manquerait aux règles de la prudence en les recevant sans réserves ni protestations ; il en est ainsi dans le cas même où le capitaine n'est qu'un transporteur intermédiaire. Le fréteur doit même, d'après les usages de certains ports, restaurer à ses frais les enveloppes qui sont défectueuses, les sacs en vidange, etc. — Il n'a pas, au contraire, à s'occuper du conditionnement intérieur des colis (Desjardins, t. 3, n° 813).

1001. Le capitaine doit pourvoir à l'*arrimage* et au *fardage* des marchandises, de façon à ce que la sécurité du navire ne soit pas compromise et à ce que la marchandise ne se détériore pas (V. *suprà*, n°s 626 et suiv. ; *Rép.* n°s 900 et suiv.).

1002. Pendant le voyage, le capitaine doit prendre toutes les mesures nécessaires pour éviter la perte ou la détérioration des marchandises. Les art. 98 et 103 c. com. reçoivent donc ici leur application. L'obligation de pourvoir à la conservation des marchandises ne met pas obstacle toutefois à l'adoption des mesures à prendre pour le salut commun ou pour assurer l'exécution du transport dans l'intérêt de tous (vente, mise en gare, jet à la mer).

1003. Les marchandises doivent être transportées sur le navire désigné, à moins qu'un événement fortuit ne rende le transbordement nécessaire (Desjardins, t. 3, n° 788). Elles doivent être conduites au lieu fixé par le contrat. — Le capitaine doit suivre l'itinéraire indiqué, ou, à défaut, l'itinéraire habituel ; il doit s'abstenir de toute relâche (V. *suprà*, n° 683), à moins d'y être autorisé, ou d'y être contraint par une nécessité fortuite. — La clause *d'échelle* n'implique pas le droit de dérouter, et, à plus forte raison, de rétrograder.

1004. Le transport doit avoir lieu dans le délai fixé. Le capitaine doit mettre à la voile dans le laps de temps qui lui est imparti à compter du moment où le chargement est terminé, si le temps le permet ; ou, si ce laps de temps n'est pas fixé par la convention, dans celui qui est fixé par l'usage. — Comme on l'a vu *suprà*, n° 911, ce délai n'a rien de commun avec les jours de planche accordés à l'affréteur pour le chargement : le capitaine doit mettre à la voile dans le délai fixé pour le départ, à partir du moment où le chargement est terminé, quel que soit le nombre des jours de planche non utilisés. Ce délai est généralement, à Marseille, de deux jours après la signature du connaissement et la remise des expéditions ; il est même souvent réduit à vingt-quatre heures pour les vapeurs (Desjardins, t. 3, n° 775).

1005. A l'expiration de ces délais, le capitaine ne peut encourir une responsabilité que s'il a été mis en demeure de partir (*Rép.* n° 909). Un jugement (Trib. com. Havre, 11 août 1880, aff. Foucher, *Recueil du Havre*, 1880. 1. 232), décide que, si aucune date n'a été fixée au capitaine pour le départ, le juge peut lui impartir un délai dans lequel il sera tenu de mettre à la voile, et passé lequel il serait passible de dommages-intérêts. — Réciproquement, le capitaine peut exiger que l'affréteur n'excède pas le délai moralement nécessaire pour le chargement ; mais tant que ce délai, qui ne commence à courir qu'à partir du jour de la mise en demeure de l'affréteur, n'est pas expiré, le capitaine ne peut mettre à la voile sans s'exposer à des dommages-intérêts envers l'affréteur (Trib. com. Marseille, 10 mai 1867, *Recueil de Marseille*, 1867. 1. 205) ; ... à moins cependant qu'il n'ait fait régulièrement constater que l'affréteur *refuse* complètement de lui livrer le chargement, car il n'a alors aucune raison pour attendre (Aix, 26 août 1855, *ibid.*, 1866. 1. 155 ; Bruxelles, 26 janv. 1870, *Jurisprudence du port d'Anvers*, 1870. 1. 65).

1006. Une fois en mer, le capitaine doit se rendre à destination sans perte de temps. Il est donc, comme le voiturier, soumis aux prescriptions des art. 97 et 104 (c. com. art. 295). Mais il faut, pour que sa responsabilité puisse se trouver engagée : 1° que le retard puisse lui être imputé à faute ; 2° qu'il ait occasionné un préjudice à l'affréteur ou au destinataire ; c'est à tort que l'on a contesté la nécessité de cette condition en matière de transport (Req. 8 août 1867, aff. Valabrègue, D. P. 68. 1. 30 ; Chambéry, 11 mars 1874, aff. Bocquin, D. P. 77. 2. 62 ; Lyon, 26 mars 1884, aff. Voytier, D. P. 85. 2. 71 ; Civ. cass. 2 févr. 1887, aff. Mazet, D. P. 87. 1. 477. — V. en sens contraire : Trib. com. Nantes, 13 juill. 1870, aff. Crémieux, D. P. 71. 3. 33. — V. *suprà*, v° *Commissionnaire*, n°s 172 et suiv. ; *infrà*, v° *Voirie par chemin de fer*).

1007. Le fréteur doit, en principe, délivrer ce qu'il a reçu, dans l'état où il l'a reçu (Trib. com. Havre, 22 déc. 1880, aff. Haase, *Recueil du Havre*, 1881. 1. 36) ; il répond donc, en règle générale, des avaries survenues à la cargaison ; il répond, de même, du retard dans la délivrance. Ces avaries ou ce retard sont toujours, jusqu'à preuve du contraire, réputés provenir de son fait (*Rép.* v° *Commissionnaire*, n° 374).

1008. La responsabilité du capitaine cesse « par la preuve d'obstacles de force majeure » (c. com. art. 230) : il n'est pas nécessaire, d'ailleurs, que le capitaine justifie d'un fait déterminé ; il lui suffit de prouver qu'il a pris toutes les précautions nécessaires pour éviter les accidents (Conf. anal. Rouen, 17 nov. 1859, aff. Guillot-Rafly, D. P. 60. 2. 208. V. *suprà*, v° *Commissionnaire*, n°s 195 et suiv.) ; mais il ne lui suffirait pas de prouver que l'arrimage était défectueux (Desjardins, t. 3, n° 813). — Le cas fortuit ou de force majeure ne serait plus toutefois une cause d'exonération, s'il avait été précédé d'une faute imputable au capitaine (c. com. art. 228, 229, 297. V. *suprà*, n°s 589 et suiv.). — La preuve d'une perte par suite d'incendie équivaut, dans certains cas, à celle d'une perte par cas fortuit (V. *suprà*, n° 590).

1009. Il a été jugé que l'affréteur principal, qui s'est engagé à faire transporter par le navire affrété les marchandises des sous-affréteurs, et qui laisse passer le temps convenu pour le départ, est responsable du retard éprouvé, s'il ne justifie pas d'une cause légitime d'excuse. La saisie du navire par un créancier du propriétaire ne peut servir d'excuse à l'affréteur principal ; il a à s'imputer d'avoir imprudemment engagé un navire susceptible d'être frappé d'indisponibilité, et c'est à lui qu'incombait la charge de lever promptement les obstacles qui s'opposaient au départ. En conséquence, et dans ces conditions, l'affréteur principal est passible de dommages-intérêts vis-à-vis des sous-affréteurs (Req. 16 mars 1885, aff. Godet, D. P. 86. 1. 36).

1010. On a vu au *Rép.* n°s 910 et suiv. qu'aux termes de l'art. 276 c. com., si, avant le départ du navire, il y a interdiction de commerce avec le pays pour lequel il est destiné, les conventions sont résolues sans dommages-intérêts de part ni d'autre. Les principes que cet article formule, en matière d'affrètement, sont les mêmes que ceux posés pour l'engagement des gens de mer par l'art. 253 c. com. Il y a résolution du contrat, puisque l'événement survenu met obstacle à son exécution pour un laps de temps indéterminé. Il ne peut être question de dommages-intérêts, puisque la résolution a pour cause un cas fortuit ; enfin la résolution ayant lieu, avant le départ, les parties sont respectivement déliées de leurs obligations. Chacune d'elles supportera donc les dépenses déjà faites jusqu'au jour de la résolution (de Valroger, t. 2, n° 713).

1011. Le texte prévoit spécialement le cas d'une interdiction de commerce. Peu importe qu'elle ait eu lieu par suite d'une guerre ou en temps de paix ; qu'elle découle d'une mesure prise par les autorités françaises ou par les autorités étrangères ; qu'elle soit *générale* et s'applique à tous les ports de la contrée où le navire doit se rendre ou *spéciale* à certains de ces ports, si celui de destination s'y trouve compris ; qu'elle soit absolue et s'applique à toutes les marchandises ou qu'elle ne soit que relative et ne s'applique qu'à certaines, y compris celles à fournir par le chargeur : ce dernier ne peut pas toujours, en effet, les remplacer par d'autres.

1012. A l'interdiction de commerce, il faut assimiler le blocus du port de destination, même s'il n'est pas effectif et ne s'impose pas, par suite, au respect des neutres (V. de Valroger, t. 2, n° 712), et d'une façon générale, il faut assimiler à l'interdiction de commerce tout événement fortuit qui rend le port inaccessible (Trib. com. Marseille, 11 juill. 1877, *Recueil de Marseille*, 1877. 1. 293) ; par exemple, la fermeture du port par les glaces (de Valroger, t. 2, n°s 714 et suiv.) ; ou l'arrêt par ordre du gouvernement, s'il a lieu sans limitation de durée (*Rép.* n° 913). —

Jugé aussi que l'affrétement d'un navire destiné à transporter des marchandises d'un port dans un autre peut être résilié, si l'exportation de ces marchandises se trouve défendue dans le port de chargement par suite du blocus de ce port (Req. 1er mai 1848, aff. Quebeille, D. P. 48. 1. 86. V. cependant : *Rép.* n° 914. Conf. de Valroger, t. 2, n° 711).

1013. On a dit au *Rép.* n° 911 que l'interdiction de commerce *avant le départ* n'entraîne la résolution de la charte-partie qu'autant qu'elle s'applique au pays pour lequel le navire est destiné; ainsi l'interdiction de commerce avec d'autres pays ne résoudrait pas le contrat, quand même elle rendrait la navigation plus dangereuse. Cette solution n'a pas prévalu, et il a été fait, en 1870-1871, de nombreuses applications du système opposé. Il a été jugé, par exemple, que la survenance d'une guerre déclarée par la France ou contre elle entraîne la résolution de chartes-parties signées en France, même quand elles ont pour objet des voyages à destination d'un port appartenant à une nation restée en dehors de cette guerre, s'il n'est possible de les effectuer qu'en passant en vue des ports de guerre ennemis, et en longeant les côtes ennemies, dont les phares ont été éteints (Trib. com. Nantes, 23 juill. 1870, aff. Hue, D. P. 70. 3. 115. Conf. Trib. com. Nantes, 8 mars 1869, *Recueil de Marseille*, 1870. 2. 20; Trib. com. Anvers, 8 août 1870, *Jurisprudence du port d'Anvers*, 1870. 1. 210; 14 oct. 1870, *ibid.*, 1870. 1. 346; 7 nov. 1870, *ibid.*, 1870. 1. 347. — *Contrà :* Gand, 3 nov. 1870, *ibid.*, 1871. 2. 26; Desjardins, t. 3, n° 789);... ou si l'on ne peut entrer dans le port neutre sans s'exposer au danger résultant de la présence de torpilles qui en parsèment l'entrée (Trib. com. Marseille, 11 juill. 1877, *Recueil de Marseille*, 1877. 1. 293). Cette jurisprudence repose sur ce qu'on peut, sans s'écarter de l'esprit de l'art. 276, admettre comme causes de résiliation les autres cas de force majeure bien caractérisés qui peuvent résulter de la survenance d'une déclaration de guerre, lorsqu'il est démontré que le péril n'est plus simplement présumable, mais qu'il est inévitable et certain (Conf. arrêt du conseil du 20 mai 1744, *Rép.* n° 911). — Dans tous ces cas, il est certain que la résolution n'a pas lieu de plein droit; c'est aux tribunaux d'apprécier s'il convient ou non de la prononcer (Desjardins, t. 3, n° 789; de Valroger, t. 2, n° 710).

1014. Aux termes de l'art. 279 c. com., quand le port de destination se trouve frappé de blocus, le capitaine est tenu, s'il n'a des ordres contraires, de se rendre dans un des ports voisins *de la même puissance* où il lui sera permis d'aborder (*Rép.* nos 921 et suiv.). Quoique cet article ne parle que de blocus, il semble que l'on pourrait appliquer, par analogie, sa disposition au cas de prohibition soudaine dans le port de destination des marchandises formant la cargaison (Trib. com. Anvers, 28 janv. 1871, *Jurisprudence du port d'Anvers*, 1871. 1. 102). — Si, d'ailleurs, le cas avait été prévu au moment du départ, ou si le capitaine, en situation de communiquer avec les intéressés, les a avisés, les instructions fournies doivent être suivies. — Toutefois, les ordres donnés par l'armateur ne sont pas obligatoires pour le chargeur, ceux donnés par l'armateur et les chargeurs ne sont pas obligatoires pour les assureurs (V. de Valroger, t. 2, nos 722 et suiv.; Desjardins, t. 3, n° 808).

1015. La convention de charte-partie n'est point rompue, mais seulement suspendue, par tout événement de force majeure qui n'apporte à son exécution qu'un obstacle passager; et, en ce cas, il n'y a pas lieu à dommages-intérêts à raison du retard (c. com. art. 277) (*Rép.* n° 916). — Il y a lieu d'appliquer ce principe, notamment quand le navire ne reçoit pas, en temps opportun avant le départ, sa patente de santé,... ou est soumis, à son arrivée à une quarantaine, sans qu'on puisse imputer aucune faute au capitaine (Trib. com. Marseille, 19 sept. 1862, *Recueil de Marseille*, 1862. 1. 268);... ou est obligé, au cours du voyage, de se réfugier dans un port ou sous le canon d'une citadelle, pour fuir une tempête ou une agression. Il en serait encore de même si le navire était réquisitionné par l'Etat, en vertu de l'art. 9 de la loi du 29 janv. 1881 (D. P. 82. 4. 13-14) (Desjardins, t. 3, n° 808).

1016. Le chargeur a le droit, pendant l'arrêt du navire, de faire décharger ses marchandises à ses frais, soit que l'arrêt survienne avant le départ, soit qu'il ait lieu durant le voyage, et lorsque le bâtiment a relâché dans un port intermédiaire. Mais il est tenu de les recharger après la levée de l'arrêt, sous peine de dommages-intérêts envers le capitaine (art. 278) (*Rép.* nos 918 et suiv.; de Valroger, t. 3, nos 718 et 721; Desjardins, t. 3, n° 807; Bédarride, t. 2, n° 671). — L'affréteur qui débarque momentanément sa marchandise doit supporter non seulement les frais de débarquement et rembarquement, mais encore tous ceux auxquels ces opérations peuvent donner lieu, à raison de la nécessité de déplacer d'autres marchandises (Desjardins, *loc. cit.*).

1017. Comment se traduit la responsabilité du fréteur, lorsqu'elle est engagée? Si le transport n'a pas eu lieu, le fréteur n'a pas droit au fret; il doit même supporter la différence entre celui qu'il avait stipulé et celui que doit payer l'affréteur, pour faire opérer le transport sur un autre navire; il peut être passible enfin de dommages-intérêts supplémentaires. — En cas de perte, le fret n'est pas dû alors même que la marchandise a péri par cas fortuit (c. com. art. 302) (V. *infrà*, n° 1128), à plus forte raison, en est-il ainsi quand la perte est imputable au fréteur : celui-ci, dans ce dernier cas, doit, en outre, rembourser la valeur de la marchandise, avec des dommages-intérêts. S'il y a déficit, l'affréteur a droit à une diminution proportionnelle du fret (ce droit lui appartient même en cas de perte partielle par cas fortuit, V. *infrà*, n° 1131), et à une indemnité à raison de la moins-value. Enfin en cas d'avaries, le fret n'est pas susceptible de réduction (c. com. art. 310); mais l'affréteur a droit à une indemnité de moins-value, comme dans l'hypothèse précédente. — Comment se détermine la moins-value? En cas de déficit, on recherche quelle en est la quotité, et on fixe la valeur du manquant d'après les prix courants dans le port d'arrivée (Trib. com. Havre, 20 févr. 1883, aff. Eug. Lecoq, *Recueil du Havre*, 1883. 1. 60; Rouen, 29 août 1883, aff. Taylor et Greenwell, *ibid.*, 1883. 2. 227). Pour la déterminer, en cas d'avaries, il faut, si la marchandise était à l'état sain lors de l'embarquement, comme on doit d'ailleurs toujours le présumer, retrancher de la valeur qu'aurait eue cette marchandise dans le port d'arrivée, d'après les prix courants, la valeur qu'elle a, à l'état d'avaries (de Valroger, t. 2, n° 343). — Si le montant du dommage est d'une certaine importance, la marchandise peut aussi être laissée pour compte. Le destinataire a le droit d'exiger alors que le fréteur lui paie la valeur de la marchandise, d'après le prix courant dans le port de débarquement, et en outre des dommages-intérêts.

1018. En cas de *retard*, le destinataire, s'il prend livraison, doit le fret; mais il peut réclamer des dommages-intérêts (c. com. art. 295). Ces derniers comprennent les frais supplémentaires, par exemple, les frais de magasinage que le retard occasionne et le préjudice qui en résulte. Il faudrait même, croyons-nous, tenir compte de la baisse sur le prix de vente et des intérêts du coût de la marchandise pendant la durée du retard, car ce sont là des dommages directs et même prévus (c. civ. art. 1149 et suiv.) (Comp. Trib. com. Marseille, 14 juill. 1864, *Recueil de Marseille*, 1864. 1. 201; 9 mai 1865, *ibid.*, 1865. 1. 154). Le destinataire pourrait aussi dans certains cas laisser la marchandise pour compte (Comp. Civ. rej. 28 janv. 1884, aff. Casalonga, D. P. 84. 1. 338), et il y aurait lieu d'appliquer alors ce qui a été dit *suprà*, n° 1017, *in fine*.

1019. On insère parfois dans les chartes-parties, comme dans les autres contrats, des clauses pénales, en prévision, soit du retard, soit de l'inexécution : ces clauses doivent être interprétées conformément aux règles du droit civil. — Il a été jugé, notamment, par application de ces règles : 1° que l'inexécution d'une charte-partie, portant qu'un navire serait rendu au port de chargement au plus tard à une date déterminée, ne tombe pas sous le coup de la clause portant que l'armateur s'engage à tenir compte aux affréteurs d'une somme fixe par jour à compter de cette date; les juges peuvent, en ce cas, accorder au créancier des dommages-intérêts à fixer par état (Req. 8 juill. 1873, aff. Lamy, D. P. 74. 1. 56); en effet, la clause pénale, stipulée en vue du retard dans l'exécution d'une convention, devient sans objet si la convention est résolue pour inexécution; en conséquence, les dommages-intérêts doivent, en ce cas, être appréciés, non d'après les stipulations de la clause pénale, mais d'après les principes du droit commun (Même arrêt); — 2° Que lorsqu'une charte-partie stipule une clause pénale pour chaque jour de retard dans l'exécution de la convention, et une autre clause pénale en cas d'inexécution de cette convention, il y a lieu d'apprécier les dommages-intérêts, d'après cette seconde clause pénale, dans le cas où la nature de l'entreprise pour laquelle le navire avait été affrété ne permet plus d'en poursuivre l'exécution à la date où le navire en retard est arrivé au port de chargement (Req. 28 janv. 1874, aff. Massey, D. P. 74. 1. 387);... — 3° Que lorsque l'inexécution complète du contrat de transport a été seule prévue dans la charte-partie, la clause pénale est inapplicable, si l'affréteur se plaint, non pas de l'absence de tout transport des marchandises, mais des retards apportés à l'embarquement ainsi qu'à l'arrivée du navire, et de la substitution d'un bâtiment à un autre (Req. 1er août 1887, aff. Michalopulo, D. P. 88. 1. 380).

1020. L'action en responsabilité pour cause de retard s'éteint par la prescription de trente ans; l'art. 433 est inapplicable ici. Celle pour cause d'avarie s'éteint par la réception de la marchandise sans protestation (art. 435 et 436), et par la prescription; mais on se demande s'il faut lui appliquer la prescription annale de l'art. 433, ou si la prescription trentenaire est seule applicable (V. *infrà*, chap. 9, sect. 1).

1021. Le capitaine, à l'arrivée, doit livrer les marchandises au destinataire. Cette délivrance doit être faite dans le port de destination. Mais que doit faire le capitaine quand le navire arrivant devant ce port se trouve dans l'impossibilité d'y entrer, à raison, par exemple, de l'insuffisance de hauteur de la marée ou de l'amoncellement des glaces? Si la charte-partie s'est expliquée sur ce qu'aurait à faire le capitaine, nulle difficulté: il doit se conformer à ces indications; il en est ainsi, notamment, quand il a été stipulé que le navire se rendrait au port indiqué, ou le plus près qu'il en pourrait approcher avec sécurité (Rennes, 25 nov. 1879, aff. Petersen, *Recueil du Havre*, 1880. 2. 66; 20 févr. 1888) (1). — Si la charte-partie est muette sur ce point, on admet qu'en principe, c'est au port de destination que le capitaine devra toujours se rendre, en employant, s'il le faut, des allèges (Trib. com. Honfleur, 14 juin 1879, aff. Cerisola, *Recueil du Havre*, 1879. 2. 221. Conf. Desjardins, t. 3, n° 811). Il n'en serait autrement que s'il fallait attendre indéfiniment, ou si, eu égard à la nature de la cargaison, il était impossible d'alléger (Rouen, 16 déc. 1879, aff. Boivin-Jenty, *Recueil du Havre*, 1879. 2. 253. Conf. Trib. com. Nantes, 9 mars 1861, *Recueil de Nantes*, 1861. 1. 94; 7 juin 1862, *ibid.*, 1862. 1. 185; 27 juin 1863, *ibid.*, 1863. 1. 207; 26 nov. 1864, *ibid.*, 1864. 1. 244; Rennes, 28 juin 1878, aff. Campbell, *ibid.*, 1879. 1. 145; Trib. com. Rouen, 9 mai 1879, aff. Boivin-Jenty, *Recueil du Havre*, 1879. 2. 141; Rennes, 7 juill. 1881, aff. Menandez, *ibid.*, 1881. 2. 218; Rouen, 2 févr. 1882, aff. Genestal, *ibid.*, 1882. 2. 50; Trib. com. Cherbourg, 11 janv. 1884, aff. Stocken, *ibid.*, 1884. 2. 24).

1022. Si la charte-partie ou le connaissement ne contient pas de clause contraire, le capitaine peut opérer son déchargement dans tout bassin faisant partie du port de destination; il n'est pas tenu de se rendre au lieu que le consignataire de la cargaison lui assigne pour le débarquement (V. *suprà*, n° 716).

1023. La délivrance des marchandises doit avoir lieu dès qu'elle est possible sans dommage pour les parties, et sans que le capitaine ait le droit de retenir la cargaison à bord jusqu'au payement du fret; le législateur lui a refusé tout droit de rétention sur le chargement (V. *infrà*, n° 1061. Conf. Trib. com. Marseille, 16 avr. 1875, *Recueil de Marseille*, 1875. 1. 221; Trib. com. Nantes, 11 déc. 1875, *ibid.*, 1876. 2. 172). — Le capitaine serait responsable si la délivrance était retardée par son fait, et, en ce cas, non seulement il ne pourrait réclamer de surestaries, mais il serait encore passible de dommages-intérêts à raison du préjudice que le retard aurait causé au destinataire.

1024. La responsabilité du capitaine peut être engagée non seulement s'il a retardé le déchargement, mais encore si, en le précipitant, il a occasionné un surcroît de frais, par exemple, s'il a obtenu des autorités un tour de faveur, à la condition de faire procéder immédiatement à l'enlèvement de la marchandise, et s'il a payé, à cet effet, à des voituriers une somme plus ou moins considérable (Trib. com. Anvers, 22 juin 1878, *Jurisprudence du port d'Anvers*, 1879. 1. 5; 19 sept. 1878, *ibid.*).

1025. La livraison des marchandises doit être faite à celui qui a le droit de les réclamer; c'est-à-dire, si le connaissement est *à personne dénommée*, à celui au nom de qui il est rédigé, ou à son cessionnaire;... s'il est *à ordre*, à celui à l'ordre de qui il est rédigé ou à celui à qui il a été transmis par endossement; peu importe, d'ailleurs, que l'endossement soit régulier ou non, l'endossement irrégulier conférant à celui qui en est bénéficiaire, le droit de prendre livraison en qualité de mandataire (V. *suprà*, n° 972);... s'il est *au porteur*, à tout porteur, quel qu'il soit (de Valroger, t. 2, n° 734; Desjardins, t. 3, nos 943 et 944, t. 2, n° 557; Lyon-Caen et Renault, t. 2, n° 1890).

1026. Le capitaine ne peut remettre la marchandise au réclamateur qu'autant que celui-ci est nanti du connaissement; s'il n'en est pas muni, c'est peut-être parce que le connaissement a été transféré à un tiers, ou parce que la remise du connaissement entre ses mains était subordonnée à une condition (par exemple, l'acceptation des traites) qu'il n'a pas encore remplie. En vain, le réclamateur prouverait-il qu'il n'est autre que le chargeur ou son agent; en vain établirait-il qu'il est acheteur de la marchandise; en vain représenterait-il un permis de débarquement délivré par la douane, car ce permis ne confère aucun droit sur la

(1) (Semensen C. Raffineries de Chantenay.) — LA COUR; — Sur la compétence: — Considérant qu'il avait été stipulé dans la charte-partie souscrite le 28 août 1886, à Sourabaya, que le *Faust* prendrait sur la côte de Java un plein chargement de sucre, « et qu'il se rendrait à Falmouth ou à Queenstown où il recevrait ordre pour décharger dans un port sûr du Royaume-Uni ou sur le continent d'Europe entre Bordeaux et Hambourg, les deux inclus, ou aussi près dudit port que le navire peut arriver avec sécurité et là décharger sa cargaison en recevant son fret »; que le 13 janv. 1887 Semensen reçut à Falmouth, de Maclaine Watson et comp. l'ordre de faire voile pour Nantes; que, dès le lendemain, par acte de Donnisson, notaire public à Londres, il protesta contre l'envoi de son navire à Nantes, énonçant qu'à raison du tirant d'eau du *Faust* Nantes n'était point, pour ce navire un port sûr dans l'esprit et suivant la lettre de la charte-partie; — Qu'en conséquence, il se rendrait au port le plus voisin de Nantes; que le 31 janv. 1887, au moment où le *Faust* calant dix-huit pieds anglais entrait en Loire, l'étiage du fleuve était de trois mètres vingt centimètres, et que la première marée permettant la remonte avec sécurité devant n'avoir lieu qu'en septembre, le capitaine Semensen s'est arrêté à Saint-Nazaire, port sûr le plus rapproché de Nantes; que son voyage étant terminé à point, il a déchargé sa cargaison dans des gabarres qui avaient été affrétées par la société anonyme;

Considérant qu'il résulte des documents versés aux débats, et qu'il n'a pas été d'ailleurs contesté que la déclaration en douane a été faite à Saint-Nazaire, et que la cargaison après y avoir été déchargée, a été transportée à Nantes, sous le régime du compte d'ordre aux frais et risques du destinataire;

Considérant qu'il n'est pas justifié que le capitaine Semensen ait assisté ou ait été mis en demeure d'assister aux opérations de vérification et de pesage qui ont été effectuées à Nantes, dans l'intérêt du Trésor et du destinataire; qu'il est, au contraire, établi par la correspondance échangée entre les parties que le fret a été calculé et réglé, non sur le poids trouvé en douane, mais bien sur les poids portés aux connaissements, déduction faite de 1 1/2 pour 100 pour déchet;

Considérant que Saint-Nazaire ayant été le port de reste et de décharge était le lieu du payement; que par suite, le tribunal de cet arrondissement était, à l'exclusion du tribunal de Nantes, compétent pour connaître de toutes actions relatives soit au payement du fret, soit aux dommages-intérêts dus pour arrêt ou retard du navire;

Par ces motifs; — Faisant droit à l'appel et réformant, dit que le tribunal de commerce de Nantes était incompétent pour connaître de la demande dirigée par la Société des raffineries de Chantenay contre Semensen, capitaine du navire *Faust*.

Du 20 févr. 1888.-C. de Rennes, 3e ch.-MM. Adam, pr.-de Gueyniveau, av. gén.-Galibourg (du barreau de Saint-Nazaire) et Grivart, av.

marchandise (*Rép.* n° 859). Le réceptionnaire qui aurait retardé le déchargement du navire en ne produisant pas son connaissement devrait être responsable des surestaries que son retard à entraînées (Trib. com. Gand, 13 janv. 1877, *Jurisprudence du port d'Anvers*, 1879. 2. 110).

1027. Le capitaine qui remettrait la marchandise à un autre qu'au porteur du connaissement en devrait la valeur à ce dernier. — Jugé, par exemple, que le capitaine qui délivre les marchandises au destinataire sur la remise, non pas du connaissement primitif, mais d'un second connaissement créé au cours du voyage, engage sa responsabilité envers le tiers auquel le connaissement primitif a été donné en gage, bien que ce connaissement fût, non pas à ordre, mais à personne dénommée, et que le contrat de nantissement n'ait pas été signifié au capitaine (Civ. cass. 13 janv. 1869, aff. Albrecht, D. P. 69. 1. 135). — Le capitaine ne doit pas d'ailleurs exiger seulement la représentation du connaissement; il doit exiger qu'on le lui remette.

1028. Si le destinataire a perdu son connaissement, on appliquera l'art. 306, al. 2, c. com., et la marchandise restera en dépôt jusqu'à ce qu'il ait fait reconnaître son droit de prendre livraison. — S'il n'existe pas de connaissement, la marchandise est remise au chargeur lui-même, ou à celui à qui il donne l'ordre de la livrer. Elle ne pourrait être remise à celui qui se présenterait avec une simple facture, car la seule possession d'une facture ne donne pas droit à la délivrance, comme celle du connaissement ou d'une lettre de voiture.

1029. On a étudié *suprà*, n°s 958 et suiv., le cas où plusieurs personnes se trouvent simultanément nanties de divers exemplaires du même connaissement. — Si un numéro ou un indice quelconque révèle au capitaine la multiplicité des exemplaires susceptibles d'être mis en circulation, il doit, avant de procéder à la livraison, exiger qu'on lui restitue tous les exemplaires (arg. art. 148 c. com.), à moins, cependant, que le connaissement représenté ne contienne la clause indiquée par l'art. 147 c. com. — Si aucun indice ne révèle la pluralité des exemplaires, le capitaine qui livre de bonne foi la marchandise au premier porteur qui se présente est libéré (Trib. com. Anvers, 24 mai 1856, *Jurisprudence du port d'Anvers*, 1856. 1. 175. Conf. Desjardins, t. 4, n° 945).

1030. Il est d'autres cas où le capitaine ne doit jamais livrer la marchandise sans retirer préalablement tous les exemplaires. C'est : 1° lorsqu'il remet, en cours de voyage, les marchandises au chargeur qui veut les retirer; 2° lorsqu'il les remet au capitaine d'un autre navire à bord duquel elles sont transbordées. Le capitaine qui, dans l'un ou l'autre cas, négligerait de prendre cette précaution, resterait tenu envers le tiers porteur, au moment de l'arrivée (*Rép.* n° 859. Conf. Valroger, t. 2, n°s 749 et suiv.).

1031. La livraison devant se faire, en principe, entre les mains du destinataire porteur du connaissement, le capitaine qui décharge les marchandises et les dépose sur le quai en demeure responsable, tant qu'elles n'ont pas été remises à qui de droit (Trib. com. Havre, 24 déc. 1878, aff. Picard-Terrieux, *Recueil du Havre*, 1879. 1. 63; Trib. Nantes, 25 août 1880, aff. Duzan, *Recueil de Nantes*, 1881. 1. 74; Trib. Havre, 17 mai 1880, aff. Iselin, *Recueil du Havre*, 1880. 1. 250; 9 mai 1881, aff. Larsen, *ibid.*, 1881. 1. 122; Trib. Dunkerque, 8 mai 1882, aff. Wagner, *ibid.*, 1882. 2. 146; Rouen, 17 août 1882, aff. Roubeau, *ibid.*, 1882. 2. 220; Trib. Havre, 22 sept. 1885, aff. Dufour, *ibid.*, 1885. 1. 187; 14 janv. 1886, *ibid.*, 1886. 1. 7; Desjardins, t. 2, n°s 556 et 557, t. 3, n° 812, t. 4, n° 931; de Valroger, t. 3, n° 342; Lyon-Caen et Renault, t. 2, n°s 1890 et suiv. — V. cependant : Trib. Havre, 2 mai 1882, aff. Roubeau, *Recueil du Havre*, 1882. 1. 121).

Le capitaine demeure responsable de ces marchandises dans le cas même où il se serait substitué, pour leur déchargement et leur livraison, le consignataire du navire ou un entrepreneur quelconque; car le mandataire doit toujours répondre non seulement de ses propres faits, mais encore des faits de celui qu'il s'est substitué dans l'accomplissement de son mandat (c. civ. art. 1994) (V. Trib. com. Havre, 24 déc. 1878 et 17 mai 1880 précités; Desjardins, t. 2, n° 556, et t. 3, n° 814 *in fine*).

1032. Les parties peuvent-elles, par des conventions particulières, déroger à ces règles? Un jugement déclare nulle, comme contraire à l'ordre public, la convention par laquelle le capitaine serait autorisé à délaisser les marchandises débarquées sur le quai, aux risques et périls du destinataire, si celui-ci ne se présente pas immédiatement pour les recevoir (Trib. com. Anvers, 11 févr. 1881, *Recueil d'Anvers*, 1881. 1. 101). « Il serait contraire à l'ordre public, dit ce jugement, que le transporteur pût, sans que le destinataire connût peut-être l'arrivée de la marchandise, abandonner celle-ci dans la rue à la disposition du premier venu » (Conf. Desjardins, t. 3, n° 812, note 1. Comp. Trib. com. Nantes, 25 août 1880, cité *suprà*, n° 1031 ; Trib. Dunkerque, 19 sept. 1881, aff. Clarck, et 8 mai 1882, aff. Wagner, *Recueil du Havre*, 1882. 2. 66 et 146; — en sens inverse : Douai, 16 févr. 1882, aff. Clarck, *ibid.*, 1882. 2. 66).

1033. Doit-on considérer également comme illicite la convention par laquelle on stipule dans le connaissement que, si le destinataire ne se présente pas pour recevoir les marchandises le long du bord, lors de leur déchargement, elles seront remises par le capitaine à une tierce personne qui en deviendra, dès le moment de la remise, seule responsable? Certains tribunaux l'ont pensé (Trib. com. Dunkerque, 19 sept. 1881 et 8 mai 1882, et Trib. com. Havre, 14 janv. 1886, cités *suprà*, n° 1031). — Cette doctrine nous paraît fort contestable. M. Levillain, dans une dissertation insérée D. P. 88. 1. 113, l'a réfutée d'une façon fort complète. « L'ordre public, dit-il, est-il compromis, en effet, parce que les parties intéressées ont, d'un commun accord, circonscrit l'opération du transport en avançant l'époque à laquelle le capitaine sera en droit de se dessaisir des objets transportés? Quel intérêt peut avoir le commerce maritime, considéré dans son ensemble, à ce que le capitaine conserve toujours personnellement la garde des marchandises jusqu'au moment où elles sont reçues par le destinataire, ou bien à ce qu'il demeure responsable de celles qui, au moment du débarquement, ont été confiées à une personne tierce? Est-ce que le mandataire ne cesse pas de répondre de celui qu'il s'est substitué dans la gestion, quand il a reçu le pouvoir de procéder à cette substitution et quand il y a eu désignation de celui ou de ceux qu'il serait admis à se substituer (c. civ. art. 1994)? Or cette disposition n'est-elle pas applicable, dans le cas actuel, au moins par analogie? On objecte qu'une clause de cette nature ainsi interprétée réduit à néant l'obligation qui incombe au transporteur d'opérer la délivrance, lors de l'arrivée à destination, obligation qui est de l'essence du contrat de transport... Mais cette objection repose sur une confusion : la clause ne tend pas, comme on le suppose, à la suppression de la livraison; elle change simplement son mode d'accomplissement. Si, en règle générale, les marchandises doivent être livrées, après mesurage et vérification préalable, aux destinataires indiqués comme tels dans les connaissements ou aux porteurs des divers connaissements, les parties peuvent déroger à cette règle qui ne repose sur aucun motif d'intérêt général; elles peuvent convenir que les objets chargés sur le navire seront remis en bloc à une personne tierce qui les recevra et les gardera pour le compte des intéressés avec mission d'attribuer ensuite à chacun ce qui doit lui revenir. »

La cour de cassation a sanctionné cette théorie en décidant que la clause du connaissement, aux termes de laquelle les marchandises transportées devront être enlevées le long du bord, à l'endroit où le navire déchargera, aussitôt qu'il sera prêt à décharger, sans quoi elles seront débarquées par le capitaine et déposées aux frais du réclamateur et à ses risques de feu, perte ou dommage dans l'entrepôt affecté à cet usage ou dans le magasin public, a nécessairement pour effet de substituer, en ce qui concerne la prise de livraison, le consignataire du navire qui reçoit ainsi les marchandises au réclamateur; la remise au consignataire constitue, dès lors, une véritable délivrance, et elle affranchit le capitaine de toute responsabilité à raison des pertes et avaries que lesdites marchandises viendraient à subir entre les mains du consignataire (Civ. cass. 17 nov. 1886, aff. Taylor, D. P. 88. 1. 113; Civ. rej. 17 nov. 1886, aff. Lemierre, Reinhardt, Larue, *ibid.*). — Jugé, en conséquence : 1° qu'un arrêt ne peut, sans dénaturer la convention, sans méconnaître ses effets légaux, et sans violer l'art. 1134 c. civ., sous prétexte que la délivrance faite au réclamateur lui-même est seule libératoire, décider que la marchandise demeure aux risques du capitaine tant que le consignataire du navire en reste détenteur (Civ. cass. 17 nov. 1886 précité);... — 2° Que, au contraire, il y a lieu de considérer comme conforme à la convention, et comme ne violant aucun texte de loi, l'arrêt qui, par appréciation souveraine de la volonté des parties, constate que les réclamateurs ont consenti à ce que, le cas échéant, le consignataire du navire prît livraison en leur lieu et place, et qui, se fondant sur ce qu'il y a eu, vis-à-vis d'eux, délivrance des marchandises et quantités mises à quai, exonère le capitaine de toute responsabilité à raison des pertes ou avaries postérieures (Civ. rej. 17 nov. 1886 précité. Conf. Douai, 16 févr. 1882, aff. Clarck, *Recueil du Havre*, 1882. 2. 66).

1034. En Angleterre, le mode de délivrance et, par conséquent, la durée de la responsabilité pour le fréteur dépend de la convention et des usages. L'*act* du 29 juill. 1862 décide, toutefois que, si le réceptionnaire n'avise pas au débarquement et à la mise à terre, le fréteur est en droit de décharger la cargaison à l'expiration du délai fixé par la convention, ou, si la convention est muette, au bout de soixante-douze heures, sur le quai ou dans le magasin indiqué par la convention, si les marchandises peuvent y être reçues sans inconvénient. En l'absence de toute indication, le débarquement aurait lieu sur le quai ou dans le magasin habituellement affecté à la mise en dépôt des marchandises de même nature (Desjardins, t. 3, n° 817, p. 588. V. aussi sur le même point : c. com. hollandais, art. 492 à 494; c. com. allemand, art. 607 et suiv.).

1035. Un arrêt (Aix, 3 déc. 1869, aff. Valéry, D. P. 71. 2. 109) a décidé que le capitaine de navire qui a déposé en douane, aux risques de qui de droit, les colis non retirés dans les vingt-quatre heures de l'arrivée par le porteur des connaissements à ordre, n'est pas responsable de la remise irrégulière faite par le dépositaire à un tiers; la perte doit être supportée exclusivement par le propriétaire des objets détournés qui a nécessité le dépôt. On doit noter que cet arrêt prend soin de constater qu'une convention expresse intervenue entre le chargeur et le capitaine autorisait le dépôt en douane aux risques de qui de droit. — Dans une autre espèce, où il y avait une convention autorisant le dépôt à la douane en cas de non-présence des destinataires; le capitaine n'en a pas moins été déclaré responsable des manquants constatés après la sortie des magasins de la douane, par la raison que les marchandises avaient été remises au destinaire par le transporteur lui-même, et que, dès lors, la convention ne pouvait recevoir son application dans l'espèce (Civ. rej. 28 févr. 1872, aff. Valéry, D. P. 73. 5. 48).

Dans le cas où il n'existerait pas de convention de ce genre, il a été jugé, au contraire, que le capitaine qui dépose à la douane les marchandises à lui confiées, sans que ni la force majeure ni aucune autre circonstance aient rendu ce dépôt nécessaire ou même utile, est responsable, vis-à-vis de l'expéditeur, de la perte de ces marchandises que la douane dépositaire a livrées par erreur à une personne autre que le destinaire (Req. 11 nov. 1878, aff. Pageaut, D. P. 79. 1. 446) : dans cette espèce, le connaissement se bornait à stipuler que la livraison serait faite sur la remise du connaissement régulièrement acquitté.

1036. Le déchargement des marchandises s'opère soit à *quai*, soit *sous palan*. Dans le premier cas, le capitaine décharge directement les marchandises du navire sur le quai; dans le second, disent MM. Lyon-Caen et Renault, t. 2, n° 1893, les destinataires accostent le navire au lieu où il se trouve et font transporter les marchandises à leurs frais sur des barques ou allèges. — La question de savoir quel mode on doit employer se résout, soit d'après la convention des parties, soit, lorsque rien n'a été convenu à cet égard, d'après l'usage de la place où a lieu le débarquement (Lyon-Caen et Renault, *loc. cit.*; Desjardins, t. 3, n°s 782 et 812. Comp. Trib. com. Anvers, 8 nov. 1862, *Jurisprudence du port d'Anvers*, 1863. 1. 20; Trib. com. Marseille, 10 sept. 1863, *Recueil de Marseille*, 1863. 1. 267 ; Trib. com. Anvers, 25 févr. 1864, *Jurisprudence du port d'Anvers*, 1864. 1. 233; Bruxelles, 1er août 1864, *ibid.*, 1864. 1. 213; Trib. com. Havre, 25 oct. 1864, *Recueil du Havre*, 1864. 1. 215; Trib. com. Marseille, 20 nov. 1866, *Recueil de Marseille*, 1869. 1. 306 ; Trib. com. Anvers, 4 déc. 1869, *Jurisprudence du port d'Anvers*, 1869. 1. 392 ; 3 mai 1871, *ibid.*, 1871. 1. 155; Trib. com. Marseille, 27 janv. 1873, *Recueil de Marseille*, 1873. 1. 108; 20 août 1873, *ibid.*, 1873. 1. 301 ; Aix, 8 mai 1876, *ibid.*, 1878. 1. 17; Trib. com. Marseille, 9 nov. 1876, *ibid.*, 1877. 1. 42 ; Trib. com. Anvers, 7 mars 1877, *Jurisprudence du port d'Anvers*, 1880. 1. 14; Trib. com. Havre, 12 nov. 1877, *Recueil du Havre*, 1878. 1. 9 ; 23 janv. 1878, aff. Wilsen, *ibid.*, 1878. 1. 67; Trib. com. Marseille, 22 mars 1878, aff. Jean Vezian, *Recueil de Marseille*, 1878. 1. 139 ; Trib. com. Anvers, 15 juin 1878, *Jurisprudence du port d'Anvers*, 1878. 1. 235; Trib. com. Marseille, 29 sept. 1880, aff. Willies, et aff. Storey, *Recueil de Marseille*, 1880. 1. 295; Trib. com. Havre, 24 nov. 1880, aff. Bert, *Recueil du Havre*, 1881. 1. 11).

1037. A Marseille, l'usage paraît être qu'il appartient au capitaine d'extraire les marchandises de la cale et de les mettre sur le pont; au réceptionnaire de les prendre sur le pont et de les porter à quai (Desjardins, *loc. cit.*; Trib. com. Marseille, 20 nov. 1866 et 27 janv. 1873, cités *suprà*, n° 1036. —V. en sens contraire : Trib. com. Marseille, 29 sept. 1880, cité *suprà*, n° 1036). — Dans ce même port, le pesage des marchandises doit se faire à quai et non à bord, même lorsque la marchandise est livrable sous palan (Trib. com. Marseille, 10 sept. 1863, cité *suprà*, n° 1036) ; il se fait à frais commun entre le capitaine et le réceptionnaire (Trib. com. Marseille, 9 nov. 1876, cité *suprà*, n° 1036).

Dans le cas où le déchargement incombe au capitaine, celui-ci doit y employer un personnel suffisant pour qu'il ait lieu avec toute la célérité requise, et si l'équipage ne suffit pas, il doit employer des ouvriers de renfort (Trib. com. Havre, 11 mars 1879, aff. Herglich, *Recueil du Havre*, 1879. 1. 154).

1038. Lorsque la livraison a eu lieu, le capitaine a intérêt à le faire constater, afin de prouver qu'il a rempli ses obligations; cette constatation a, en outre, pour effet de l'exonérer de toute responsabilité à raison des pertes ou avaries, si la réception par le destinataire a eu lieu sans protestation (V. *infrà*, chap. 9, sect. 2). — La vérification du chargement par les agents de la douane constitue une constatation suffisante, au premier point de vue, mais non au second, les registres de la douane n'indiquant pas si la réception a eu lieu avec ou sans protestation. Aussi l'art. 285 c. com. dispose-t-il, ainsi qu'on l'a vu (*Rép.* n° 933), que « tout commissionnaire ou consignataire qui aura reçu les marchandises mentionnées dans les connaissements ou chartes-parties sera tenu d'en donner reçu au capitaine qui le demandera, à peine de tous dépens, dommages-intérêts, même de ceux de retardement ». Le reçu dont il est parlé dans l'art. 285 se donne ordinairement au dos des divers connaissements (*Rép. loc. cit.* Conf. Bédarride, t. 2, n° 710 ; Desjardins, t. 4, n° 948).

SECT. 4. — DES OBLIGATIONS DE L'AFFRÉTEUR (*Rép.* n°s 939 à 1040).

ART. 1er. — *Des cas où le chargement est arrivé sans retard à destination* (*Rép.* n°s 940 à 960).

1039. L'affréteur doit, en premier lieu, fournir, à l'époque fixée pour le chargement, les marchandises dont celui-ci doit se composer. Alors même que l'on n'aurait pas, à l'avance, spécifié en quoi ces marchandises devraient consister, le capitaine peut toujours refuser celles dont la présence à bord serait préjudiciable soit au navire, soit aux autres marchandises, et *a fortiori* celles dont la présence serait compromettante pour la sécurité des personnes. — Si l'on a spécifié la nature des marchandises, le capitaine peut refuser celles qui ne seraient pas de l'espèce indiquée. Cependant la convention, sur ce point, ne doit pas être interprétée d'une façon trop littérale ; on doit se conformer à l'intention présumée des parties. Ainsi, pour emprunter l'exemple donné par M. Desjardins, t. 3, n° 819, le capitaine avait promis de charger certaines céréales, l'affréteur lui apporte d'autres céréales du même volume et du même poids, il n'a aucune raison pour les refuser (Conf. de Valroger, t. 2, n° 776): à plus forte raison, en serait-il ainsi, si le chargeur offrait de substituer à des marchandises dangereuses des marchandises n'offrant pas les mêmes inconvénients (Trib. com. Marseille, 5 mars 1874, *Recueil de Marseille*, 1874. 1. 137). — En tous cas, le chargeur doit fournir des marchandises en quantité suffisante pour occuper l'emplacement mis à sa disposition, ou en quantité équivalente à celle indiquée. — Il doit les présenter dans les conditions déterminées par la convention; si, par exemple, il a été convenu que les marchandises seraient renfermées dans des sacs, il ne peut les livrer en caisses qui occupent plus de place, ou les charger en vrac, car ce mode de chargement présente des dangers pour le navire, dont le centre de gravité peut être déplacé par l'effet du roulis qui dérange les marchandises. Il y aurait encore violation des engagements pris, si l'affréteur n'opérait pas le chargement promis (c. com. art. 288), s'il ne procédait qu'à un chargement partiel (même article), sauf imputation, sur le fret dont il est redevable, de celui perçu sur les marchandises prises en remplacement (c. com. art. 287); s'il chargeait des marchandises en quantité supérieure à celle indiquée (c. com. art. 288 et 292) (V. *suprà*, nos 989 et suiv.). — L'affréteur doit livrer les marchandises dans le lieu désigné, et dans le délai de planche fixé par la convention; sinon, il doit des *surestaries* et peut être des *contre-surestaries*. A un moment donné, le capitaine peut même partir à non-charge et réclamer le fret total (V. *suprà*, nos 985 et suiv.).

1040. A l'arrivée, le chargeur ou le destinataire doit prendre livraison de la marchandise. Cette obligation est la contre-partie de celle qui consiste pour le fréteur à effectuer la livraison (V. *suprà*, nos 1021 et suiv.; Desjardins, t. 3, n° 816). — Le destinataire doit procéder à l'enlèvement des marchandises dans les délais fixés par la convention ou les usages, sous peine d'avoir encore à payer des *surestaries* et même des *contre-surestaries* (V. *suprà*, nos 893 et suiv.).

1041. Si l'on constate un manquant ou des avaries d'une certaine importance, le destinataire peut laisser la marchandise pour compte (Comp. *suprà*, n° 1017). — Le tribunal de commerce de Marseille a jugé, le 18 janv. 1864, que, dans les rapports du capitaine et du réceptionnaire, la consignation est *indivisible*, de telle sorte que le dernier ne peut prendre livraison partielle et laisser pour compte le surplus de la marchandise. Cette proposition n'est pas absolument exacte. M. Desjardins qui cite ce jugement, t. 3, n° 815, ne l'admet, et avec raison, que dans le cas où « le rapport sous lequel les contractants ont, dans l'obligation, considéré la marchandise à délivrer (c. civ. art. 1218) lui imprime un véritable caractère d'indivisibilité ». Le navire a, par exemple, été loué en entier pour transporter un chargement de grains de même nature; on peut admettre que, dans ce cas, d'après l'intention des parties, le consignataire n'a pas le droit de faire un triage et doit tout accepter ou tout refuser. Il en serait autrement, si le transport avait pour objet des marchandises de diverses espèces.

1042. Le tribunal peut ordonner la vente de la marchandise laissée pour compte, si on ne sait où la loger, ou si elle est sujette à dépérissement. Le prix, déduction faite des frais, du fret, des sommes dues accessoirement au capitaine, est déposé à la Caisse des consignations. — Si ces marchandises ne sont pas mises en vente, elles sont consignées (c. com. art. 306). Le destinataire, a droit alors à leur valeur (V. *suprà*, n° 1017).

1043. Si, malgré le déficit ou l'avarie, le destinataire prend livraison, il peut insérer dans le reçu qu'il délivre une protestation, afin de pouvoir ensuite actionner le capitaine et l'armateur en payement d'indemnité. — S'il n'y a ni déficit ni avarie, le destinataire doit prendre livraison et délivrer le récépissé (V. *suprà*, n° 1038), sans réserves ni protestations, sous peine d'une indemnité par chaque jour de retard.

1044. L'affréteur est tenu de payer le fret convenu (c. com. art. 309; c. civ. art. 1134). En principe, le chargeur ne peut demander de diminution sur le prix du fret fixé par la convention ou par la loi, quelque circonstance particulière qu'il invoque en sa faveur (art. 309) (*Rép.* nos 940 et suiv.). — Nulle difficulté, sur ce point, si l'affrètement est *total* ou si, étant partiel, il porte sur une quote-part du navire, ou sur un emplacement d'une étendue déterminée; mais doit-on toujours admettre la même solution, quand l'affrètement partiel a pour objet la place nécessaire pour loger une certaine quantité de marchandises? Lorsque, dans ce cas, le fret est calculé à raison de tant le quintal ou le tonneau ou, d'une façon générale, sur le poids, et si une clause spéciale n'indique pas quelle est, pour la fixation de ce poids, la base d'évaluation à considérer, on est généralement d'accord pour décider que le fret doit être déterminé d'après le poids exprimé dans le connaissement (V. *suprà*, n° 950). Peu importe, d'ailleurs, qu'il y ait eu adjonction de la clause « *que dit être* », « *sans approuver* », « *poids inconnu* », car cette clause n'a d'autre but que de mettre à couvert la responsabilité du capitaine et de l'armateur en cas d'inexactitude de l'énonciation relative à la quantité; elle est sans influence sur le mode de fixation à adopter quant au fret (Desjardins, t. 3, n° 841; Laurin, t. 2, p. 172 et 173, ainsi que les nombreuses décisions judiciaires citées par ces auteurs).

Mais y a-t-il là une présomption *juris et de jure*, et le chiffre ainsi obtenu constitue-t-il un forfait qui, quoi qu'il advienne, fait la loi des contractants; ou bien n'est-ce qu'une présomption *juris tantum*, susceptible de céder devant la preuve contraire? Lorsque le destinataire ne trouve au débarquement qu'un poids inférieur à celui mentionné dans le connaissement, n'est-il pas fondé à réclamer une diminution du fret, à raison du manquant? Le tribunal de Marseille, tout en adoptant en principe, la solution négative, réserve cependant au chargeur ou au destinataire le droit de réclamer une réduction, s'il prouve qu'il y a eu erreur dans le pesage, et par suite dans la mention du poids que contient le connaissement (V. notamment: Trib. com. Marseille, 26 janv. 1860, *Recueil de Marseille*, 1860. 1. 22; 4 mars 1864, *ibid.*, 1864. 1. 97; 23 janv. 1866, 2e espèce, *ibid.*, 1866. 1. 74). Au contraire, d'après la cour de Rouen, le fret doit, suivant l'usage généralement adopté, être calculé sur le poids porté au connaissement, alors même que l'existence d'une erreur dans le pesage se trouverait établie. Telle parait être également l'opinion de MM. Laurin et Desjardins, *loc. cit.* Ces auteurs refusent en effet au chargeur ou au destinataire toute réduction à raison du déficit constaté lors du débarquement, sans faire de restriction pour le cas où une erreur viendrait à être constatée. L'affréteur, dit-on, ne peut s'en prendre qu'à lui-même, s'il n'a pas chargé intégralement les quantités qu'il était en droit d'introduire à bord du navire pour occuper d'une façon complète l'emplacement qui lui était alloué, et il ne peut s'autoriser de cette circonstance pour réclamer une diminution dans le montant du fret (c. com. art. 288) (Rouen, 10 août 1874, aff. Langstaff, D. P. 76. 2. 205; Desjardins, n° 842; Laurin, *loc. cit.* Comp. Douai, 28 juin 1881, aff. Raam, D. P. 83. 2. 137). — Ce dernier système parait fondé si l'on se place dans l'hypothèse où le chargeur, en situation d'embarquer la totalité des quantités exprimées, n'a, pour un motif quelconque, embarqué qu'une quantité moindre: le chargement n'étant alors que partiel, il y a lieu d'appliquer l'art. 288 c. com. Mais les considérations sur lesquelles il repose ne seraient plus exactes, et la solution contraire devrait être adoptée, dans le cas où l'infériorité des quantités chargées par rapport à celles fixées dans le connaissement proviendrait uniquement de ce que le navire ne peut les contenir en totalité. Si le chargeur a un reproche à s'adresser, ce n'est pas celui d'avoir opéré un chargement inférieur à celui indiqué, c'est simplement d'avoir laissé subsister dans le connaissement une énonciation qui n'est pas en harmonie avec la réalité des choses. Or, est-il bien juste que le capitaine, alors même qu'il n'est pas en faute, profite de l'inexactitude commise pour réclamer, soit au chargeur qui a signé le connaissement, soit même au destinataire qui, en fait, est demeuré étranger à sa rédaction, un fret en disproportion, non seulement avec les quantités réellement transportées, ce qui pourrait s'expliquer, mais même avec celles que le navire était capable de transporter?

1045. Si c'est, au contraire, le fréteur, et non plus le destinataire qui demande à prouver que les chiffres portés au connaissement sont faux, et que les quantités mentionnées sont inférieures aux quantités transportées, on est généralement d'accord pour faire fléchir la règle, et on admet que le calcul du fret doit être effectué sur le poids reconnu lors du débarquement. La présomption que le capitaine aurait traité à forfait eu égard aux quantités exprimées dans le connaissement n'est écrite nulle part et ne peut être admise par voie d'interprétation. Le capitaine, lorsqu'il a accepté l'indication fournie quant au poids, n'a pas entendu renoncer au droit qu'il a de la contrôler et d'en poursuivre, s'il y a lieu, la rectification. D'un autre côté, le fret, qui est le prix du transport, doit être fixé d'après les quantités réellement transportées, et, si ces quantités sont supérieures à celles énoncées, c'est d'après les résultats fournis par le mesurage ou le pesage au moment de l'arrivée qu'il doit être réglé (Desjardins, *loc. cit.*, Laurin, *loc. cit.*; Trib. com. Marseille, 12 juin 1876, *Recueil de Marseille*, 1876. 1. 183).

1046. Quand, par dérogation à la règle (V. *suprà*, n° 950), le fret est fixé d'après le poids ou le volume reconnu au débarquement, sa quotité varie suivant les augmentations ou diminutions, même fortuites, qui ont pu se produire en cours de voyage, puisque les parties ont indistinctement résolu de s'en tenir aux résultats du dernier mesurage (Trib. com. Marseille, 1er juin 1864, *Recueil de Marseille*, 1864. 1. 169. Conf. Trib. com. Anvers, 27 mai 1865, *Jurisprudence du port d'Anvers*, 1865. 1. 405; 14 févr. 1867, *ibid.*, 1867. 1. 75; Trib. com. Havre, 27 juin 1879, aff. Got, *Recueil du Havre*, 1879. 1. 215; Desjardins, t. 3, n° 841). Mais, dans ce cas même, il n'en est pas des avaries comme des manquants; elles sont sans influence sur la quotité du fret (*Rép.* n° 940).

1047. On a expliqué (*Rép.* n° 943), que, si le chargeur est affranchi du payement du fret, en cas de *perte* des marchandises par cas fortuit, il ne peut, lorsqu'il y a eu simple *détérioration* ou *diminution* de valeur de ces marchandises, ni réclamer une diminution du prix du fret, ni en faire l'abandon pour le payement de ce fret, la détérioration du gage laissant subsister l'obligation du débiteur (c. com. art. 310, § 1er). Le chargeur n'est pas davantage autorisé à abandonner, pour le payement du fret, les marchandises, même non diminuées de prix ni détériorées (*Rép.* n° 944) : c'est une application de la règle *aliud pro alio non datur invito creditore*. — Il n'en est autrement que lorsqu'il s'agit de marchandises *liquides* qui ont coulé (art. 310, § 2) (*Rép.* n° 945. Conf. de Valroger t. 2, n° 943; Desjardins, t. 3, nos 672 et suiv.). — On a exposé (*Rép.* n° 943) les critiques qu'a soulevées la disposition de l'art. 310 (Comp. de Valroger, t. 2, nos 935 et suiv.). — Cette disposition cesse, d'ailleurs, d'être applicable, lorsque les marchandises ont subi une dépréciation ou une détérioration par suite d'un fait imputable à l'armateur ou au capitaine, par exemple, un vice du navire, un vice d'arrimage, etc. Le destinataire peut, en ce cas, laisser les objets pour compte (V. *suprà*, nos 1017, 1041. V. cependant de Valroger, nos 937, 938, 940 et 941).

1048. L'abandon, dans le cas de l'art. 310, § 2, n'est permis que si les futailles sont vides ou presque vides; dans toute autre hypothèse, l'abandon ne pourrait avoir lieu, dans quelque état que fussent les liquides, et alors même, par exemple, que du vin aurait tourné ou que de l'huile serait devenue rance (*Rép.* n° 949; Trib. com. Marseille, 19 nov. 1856, *Recueil de Marseille*, 1858. 1. 106; 28 janv. 1857, *ibid.*; Aix, 8 juin 1857, *ibid.*). — Toutefois, le chargeur n'a pas le droit d'abandon, si le coulage a eu lieu par suite du mauvais état des futailles ou du vice propre (*Rép.* n° 948; Desjardins, t. 3, n° 848; Bédarride, n° 823; Boistel, n° 1249. — V. en sens contraire : de Courcy, t. 1, p. 167; Trib. com. Anvers, 18 juill. 1856, *Jurisprudence du port d'Anvers*, 1856. 1. 248).

1049. On a exprimé au *Rép.* n° 947 l'avis que si les futailles sont, les unes vides, les autres pleines, le chargeur ne peut abandonner seulement les futailles vides et se faire décharger du fret à proportion : il doit en abandonner la totalité, le fret convenu n'étant en aucun cas susceptible de diminution (V. *suprà*, n° 1047), ni, dès lors, de division. M. Desjardins, *loc. cit.*, adopte l'opinion contraire. — Le chargeur peut d'ailleurs renoncer au bénéfice du deuxième alinéa de l'art. 310; mais cette renonciation ne saurait se présumer (de Valroger, t. 2, nos 948 et suiv.).

1050. En principe, à moins que l'intention contraire des parties ne résulte des termes du connaissement, le payement du fret doit être fait en monnaie usitée dans le pays du déchargement (V. Desjardins, t. 2, n° 840). C'est alors le capitaine qui supporte le change ou la prime que fait l'or si, le billet de banque ayant cours forcé, il est obligé de recevoir un payement en billets.

1051. Lorsque le connaissement indique la monnaie dont on devra se servir, cette clause qui est licite doit être interprétée d'après l'intention présumée des parties. — Si leur volonté n'a pas été vraisemblablement que le payement ne pourrait se faire qu'à l'aide de la monnaie indiquée, le destinataire peut se servir de la monnaie du pays, sauf à tenir compte du change, ou des billets ayant cours forcé, sauf à tenir compte de la prime (Saïgon, 1er sept. 1876, et Civ. cass. 12 janv. 1880, aff. Lebourdais, D. P. 80. 1. 166. — Si, au contraire, l'intention des parties a été que le payement ne pût se faire qu'à l'aide de la monnaie indiquée, le capitaine peut refuser tout payement fait à l'aide d'autre monnaie. — Pourrait-il refuser un payement en billets de banque, si le billet de banque a cours forcé? La cour de cassation (Civ. cass. 11 févr. 1873, aff. Do-Delattre, D. P. 73. 1. 177) a répondu négativement; mais cette doctrine est contestable : la loi qui établit le cours forcé assimile purement et simplement le billet à la monnaie légale; or, dans les pays de bimétallisme, on peut stipuler que le payement se fera en monnaie d'or et non en monnaie d'argent; pourquoi n'en serait-il pas de même à l'égard des billets de banque, lorsque leur cours est forcé ? (V. *Dissertation* de M. Boistel sous l'arrêt précité, D. P. 73. 1. 177. Conf. Desjardins, n° 840. V. *infrà*, v° *Monnaie*).

1052. Qui doit payer le fret? Le destinataire ou consignataire qui, en prenant livraison, se soumet aux obligations que le transport impose (Trib. com. Marseille, 20 févr. 1875, *Recueil de Marseille*, 1875. 1. 141). Jugé, en conséquence, que l'on doit considérer comme tenu personnellement du payement du fret le destinataire qui a accepté cette qualité et a fait acte de consignataire du chargement en remplissant les formalités de douane et d'octroi pour le débarquement des marchandises, et en concluant des marchés pour leur vente (Aix, 31 mai 1875, aff. Miallon, D. P. 77. 5. 57). C'est même au destinataire que l'on doit s'adresser, en première ligne; cela résulte du contrat même d'affrètement.

1053. L'affréteur est tenu subsidiairement : il l'est d'abord, si le consignataire refuse la consignation; on ne saurait admettre, en effet, que le fréteur ait renoncé à son action contre l'affréteur tant qu'un autre débiteur n'a pas pris sa place. Il l'est encore, pour les mêmes motifs, si le consignataire, après avoir accepté la consignation, refuse la marchandise. Il l'est enfin si le consignataire prend livraison, mais ne peut ou ne veut payer le fret. On a prétendu, il est vrai, qu'il n'en est ainsi que lorsque le consignataire est simplement l'agent de l'affréteur et reçoit la marchandise pour son compte. Dans le cas contraire, c'est-à-dire lorsque le destinataire a un droit propre et personnel, l'affréteur ne serait tenu que de procurer simplement un bon réceptionnaire; il est libéré, dit-on, du moment où il a indiqué un destinataire, si ce destinataire était solvable au moment de cette désignation et s'il a pris régulièrement livraison; il y a novation par changement de débiteur. — Cette théorie est inadmissible, la novation ne se présumant pas; si le capitaine a consenti à avoir le destinataire pour débiteur, si même, à raison de l'avantage qu'il y a pour lui à avoir deux débiteurs au lieu d'un, il a consenti à s'adresser en premier lieu au destinataire et à l'actionner en temps utile, rien ne permet de supposer qu'il ait entendu abandonner définitivement son action contre l'affréteur. Il n'en serait autrement qu'autant que l'intention d'opérer novation aurait été nettement manifestée, ce qui est rare en fait (V. cependant : Trib. com. Marseille, 24 nov. 1882, aff. Michel, *Recueil de Marseille*, 1883. 1. 60; de Valroger, t. 2, n° 909).

1054. Le sous-affréteur est tenu directement envers le fréteur : il y a lieu, en effet, d'appliquer ici, par analogie, l'art. 1753 c. civ. (Comp. *suprà*, n° 995).

1055. Le capitaine a qualité pour recevoir le payement du fret (*Rép.* n° 950). Il peut de même en poursuivre, s'il y a lieu, le recouvrement (*Rép.* n° 960). Mais, dans tous ces cas, il n'agit qu'en qualité de mandataire du fréteur; il n'exerce pas un droit propre. L'art. 271 c. com. lui donne, il est vrai, un privilège sur le fret pour le payement de ses loyers; mais ce privilège ne le rend pas personnellement créancier de l'affréteur ou du destinataire, il ne peut l'exercer qu'en formant saisie-arrêt entre les mains de l'affréteur sur les sommes que celui-ci doit à l'armateur. La conséquence de cette doctrine est que le capitaine ne pourra exiger de l'affréteur le payement de son fret, lorsque d'autres créanciers de l'armateur auront frappé ce fret de saisie-arrêt entre les mains de l'affréteur, ou lorsque celui-ci opposera la compensation opérée entre la somme due pour le fret et d'autres dettes qu'aurait contractées envers lui l'armateur. M. Desjardins, t. 3, n° 837, critique avec raison la doctrine contraire qu'enseigne M. Laurin, t. 2, p. 165, et qu'ont sanctionnée plusieurs décisions judiciaires (Trib. com. Marseille, 29 avr. 1861, *Recueil de Marseille*, 1861. 1. 137; 17 juill. 1872, *ibid.*, 1872. 1. 219; Aix, 19 déc. 1866, *ibid.*, 1868. 1. 102).

1056. Il a été jugé que le payement fait au propriétaire d'un navire, ou au capitaine qui le représente, du fret dû à raison des marchandises chargées sur ce navire, est valable, quoique le fret se trouve alors transmis à un tiers auquel le navire avait été régulièrement affrété, si le débiteur n'avait pas connaissance de cet affrètement, notamment parce que la charte-partie qui le renferme ne lui avait pas été représentée (Rouen, 22 mai 1857, aff. Young, D. P. 58. 2. 40, et, sur pourvoi, Req. 19 mai 1858, D. P. 58. 1. 286);... Et il n'importe que le payement du fret ait eu lieu par anticipation, si, en cela, le débiteur s'est conformé à l'usage des lieux (Mêmes arrêts).

1057. Le consignataire du navire, porteur du connaissement acquitté par le capitaine, a, non pas *jure suo*, mais comme délégué du fréteur, une action pour le recouvrement du fret contre le réceptionnaire de la cargaison (Trib. com. Marseille, 14 juin 1865, *Recueil de Marseille*, 1865. 1. 212; 22 juin 1865, *ibid.*, 1865. 1. 249. — V. en sens contraire : Trib. com. Marseille, 30 sept. 1873, *ibid.*, 1874. 1. 5).

1058. A quel moment le fret doit-il être payé? A l'époque indiquée dans le connaissement. Il est d'usage que l'affréteur, au moment du chargement, avance au fréteur une portion du fret. Les avances peuvent même être déclarées non restituables en cas de sinistre. — Quant à l'excédent, quelquefois il n'est stipulé payable qu'un, deux ou trois mois après le débarquement, et les traites tirées sur le destinataire ont des échéances correspondantes. — A défaut de stipulation particulière, l'affréteur n'est pas tenu de payer le fret tant que le transport n'est pas accompli, car le fret est le prix du transport, et, d'autre part, l'obligation de le payer s'éteint si certains événements surviennent en cours de voyage (art. 302); mais il doit payer comptant, c'est-à-dire immédiatement après le débarquement.

1059. Le refus de payer ou le retard dans le payement entraîne pour le débiteur l'obligation de payer les intérêts. — Peut-il être condamné en outre à des dommages-intérêts? La solution négative fournie par le *Rép.* n° 959 a trouvé des contradicteurs. L'art. 1153 c. com., a-t-on dit, n'est pas rigoureusement applicable en matière commerciale; quant à la question de bonne ou de mauvaise foi du réceptionnaire, elle n'a d'influence que sur la quotité de l'indemnité (c. civ. art. 1151). — Mais cette solution doit être tenue néanmoins pour exacte. L'art. 1153 s'applique en matière commerciale comme en matière civile, puisqu'il n'y a pas de texte qui y déroge dans le code de commerce (Trib. Marseille, 17 avr. 1868, *Recueil de Marseille*, 1868. 1. 192; Rouen, 30 juill. 1884, aff. Fœrster, *Recueil du Havre*, 1884. 2. 249; de Valroger, t. 1, n° 918; Desjardins, t. 3, n° 839).

1060. Le fret étant payable aussitôt après le débarquement des marchandises (*Rép.* n° 951), c'est, en principe, au lieu d'arrivée qu'il doit être acquitté : le tribunal compétent pour connaître des difficultés que peut faire naître le règlement du fret est donc celui du lieu d'arrivée (c. proc. civ. art. 420, § 3) (Desjardins, t. 3, n° 839. Comp. Trib. com. Marseille, 4 juill. 1870, *Recueil de Marseille*, 1870. 1. 229; Rennes, 20 févr. 1888, *suprà*, n° 1021).

1061. Le capitaine ne peut, en cas de non-payement du fret, retenir la cargaison dans son navire. Mais il a le droit d'en demander le dépôt en mains tierces, jusqu'au payement du fret (c. com. art. 306) (*Rép.* n°s 951 et suiv.). — La loi belge de 1879 (art. 78) n'accorde pas non plus au capitaine le droit de retenir la marchandise jusqu'au payement du fret; il en est de même du code italien (art. 580), du code portugais (art. 561). Ce droit est, au contraire, reconnu par le code allemand (art. 616); il existe également aux Etats-Unis (Desjardins, t. 3, n° 860, p. 718).

La consignation peut être requise avant que le débarquement soit terminé. En vain, on objecterait que jusque-là le fret n'est pas exigible et que la consignation ne peut être requise tant que le fret n'est pas exigible. La consignation n'est pas un acte d'exécution; c'est une mesure purement conservatoire. D'ailleurs, si elle ne pouvait être requise qu'après le déchargement, elle ne porterait que sur celles des marchandises qui, débarquées en dernier lieu, ne sont pas encore enlevées, et elle serait inefficace (V. conf. de Valroger, t. 2, n° 915).

1062. On sait à qui appartient la désignation du consignataire (*Rép.* n° 952. Comp. de Valroger, n° 916). Ce dernier emmagasine la marchandise et pourvoit de son mieux à sa conservation; il est, quant à ses droits et obligations, régi par les art. 1961 et suiv. c. civ.

1063. Les frais du dépôt sont à la charge du destinataire (Trib. com. Anvers, 13 janv. 1870, *Jurisprudence du port d'Anvers*, 1870. 1. 26).

1064. La cour de cassation (Civ. cass. 5 mars 1884, aff. Lasserre, D. P. 84. 1. 105) a jugé que le tribunal devant lequel le capitaine de navire a, conformément à l'art. 306 c. com., demandé, dans le temps de la décharge, le dépôt en mains tierces jusqu'au payement de son fret des marchandises dont il a opéré le transport, ne peut refuser de faire droit à cette demande, sous le prétexte qu'un usage contraire existe sur la place et que la solvabilité du destinataire n'est pas contestée : « Attendu, dit cet arrêt, qu'aux termes de l'art. 306 c. com., si le capitaine ne peut pas retenir à son bord les marchandises, faute de payement de son fret, il peut du moins, dans le temps de la décharge, demander le dépôt en mains tierces jusqu'au payement de ce même fret; — Attendu que cette disposition étant formelle, tout usage contraire est sans force pour en faire écarter l'application; — Que, d'autre part, la loi s'exprime en termes purs et simples et ne subordonne nullement le droit du capitaine à la condition qu'il établira préalablement la non-solvabilité du destinataire ». On peut se demander si cette interprétation de l'art. 306 ne force pas le sens du texte : la portée de cet article, est, en effet, facile à déterminer : « Le capitaine, est-il dit, ne peut retenir les marchandises... ». Le législateur avait compris que le moindre retard dans la livraison des marchandises peut causer au destinataire, dans certains cas, un préjudice irréparable. Cependant, si la doctrine de l'arrêt précité devait prévaloir, il aurait mieux valu, ce semble, ne pas supprimer le droit de rétention. Le capitaine pourra toujours, même sous le plus futile prétexte (puisque sa demande devra toujours être accueillie) retarder la livraison définitive. Ce retard pourra être désastreux si la marchandise est sujette à déperdition ou a été l'objet d'une revente devenue inexécutable. En outre, certaines cargaisons seront ainsi grevées de frais énormes qui absorberont ou dépasseront le bénéfice légitimement espéré du destinataire. — L'interprétation de l'art. 306, § 2, donnée par la cour de cassation, paraît, en outre, contraire aux principes généraux du droit civil. Il s'agit d'un dépôt judiciaire. Or, les juges, aux termes de l'art. 1961 c. civ., ne sont jamais obligés d'ordonner le dépôt judiciaire : ils peuvent recourir de préférence à toute autre mesure (Req. 28 avr. 1813, *Rép.* v° *Action possessoire*, n° 691; Req. 6 mars 1834, *Rép.* v° *Dépôt*, n° 222. *Adde:* Pont, *Petits contrats*, n° 560). On peut ajouter, d'ailleurs, que la formule employée par les rédacteurs de l'art. 306 c. com : « Le capitaine peut... demander le dépôt », n'a pas toujours, dans le texte de nos codes, la portée que lui attribue l'arrêt. L'art. 324 c. proc. civ. énonce que « les parties peuvent, en toutes matières et en tout état de cause, demander de se faire interroger respectivement sur faits et articles »; cependant le juge est maître de ne pas ordonner l'interrogatoire (Civ. rej. 11 janv. 1815, *Rép.* v° *Interrogatoire sur faits et articles*, n° 28-2°). D'après l'art. 909 c. proc. civ., l'apposition des scellés pourra être requise par tous ceux qui prétendront droit dans la succession, ou dans la communauté, etc.; cependant le juge du fait apprécie souverainement les circonstances et documents invoqués à l'appui d'une demande à l'effet d'obtenir permission de requérir l'apposition des scellés (Req. 23 juill. 1872, aff. Ricardo, D. P. 73. 1. 355.

V. *infrà*, v° *Scellés et inventaire*. V. aussi l'interprétation de l'art. 474 c. com., *infrà*, v° *Faillite*, etc.). — C'est donc avec raison, croyons-nous, que le tribunal de commerce d'Anvers a jugé, le 28 janv. 1869 (*Jurisprudence du port d'Anvers*, 1869. 1. 185), contrairement à la doctrine adoptée par la cour de cassation, que, s'il a été offert au capitaine, pour le payement de son fret, des garanties par lui reconnues satisfactoires, il n'est point autorisé à faire déposer la marchandise en lieu neutre, et que tous les frais et retards résultant de ce dépôt doivent rester à sa charge.

1065. Si le consignataire refuse de recevoir les marchandises, le capitaine peut, par autorité de justice, les faire vendre jusqu'à concurrence du payement de son fret, et faire ordonner le dépôt du surplus (*Rép.* n° 956). L'art. 305 qui lui accorde ce droit déroge au droit commun, en ce que la vente peut avoir lieu sans saisie préalable et même sans que le créancier soit muni d'un titre exécutoire. Le payement du fret peut donner lieu à des contestations; or on n'a pas voulu imposer au capitaine l'obligation d'attendre qu'elles soient vidées et qu'une saisie ait eu lieu, car il peut avoir un besoin urgent des sommes dues pour acquitter les dettes contractées en cours de voyage, ou pour effectuer des réparations urgentes; enfin il ne peut prolonger indéfiniment son séjour dans le port. D'ailleurs, si le destinataire prétend qu'il n'est pas tenu de prendre livraison, contre qui procéderait-il?

1066. On sait que l'art. 305 s'applique non seulement en cas de refus de prendre livraison, mais aussi quand le destinataire dûment averti ne se présente pas ou quand il consent à prendre livraison, mais refuse de payer le fret dans son intégralité (*Rép.* n° 955). Le capitaine doit alors, avant de faire procéder à la vente, constater le refus du destinataire ou son abstention, s'il ne se présente pas : il doit en outre, dans ce dernier cas, aviser le chargeur (*Rép.* n°s 956 et 957). Enfin il doit faire autoriser la vente par la justice; il peut se faire que le silence ou le refus du destinataire soit justifié, et il importe de sauvegarder ses intérêts et ceux du chargeur. *L'autorisation* de vente et de dépôt dont parle l'art. 305 est donnée, *en France*, par le tribunal de commerce (*Rép.* n° 956); quant aux expéditions faites à destination d'un port étranger, le capitaine, s'il ne trouve point accès près des tribunaux étrangers, doit s'adresser au consul de France, et, faute de l'avoir fait, il ne peut s'excuser sur l'usage des lieux (Bordeaux, 10 mars 1857, aff. Maïz, D. P. 58. 2. 171).

1067. Les marchandises doivent être *vendues* aux enchères avec les formalités ordinaires (*Rép.* n° 958); c'est-à-dire à la bourse, par l'entremise d'un courtier. — Le capitaine ne conserve son recours contre le chargeur, en cas d'insuffisance du produit de la vente, qu'autant que la vente a eu lieu par autorité de justice et aux enchères, alors même qu'il aurait agi au mieux des intérêts du chargeur, à raison des frais considérables qu'une vente judiciaire aurait occasionnés (Civ. cass. 29 mars 1854, aff. Fréret, D. P. 54. 1. 317; Bordeaux, 10 mars 1857, aff. Maïz, D. P. 58. 2. 171. — *Contrà* : Rouen, 10 mai 1852, cassé par l'arrêt précité du 29 mars 1854, D. P. 53. 2. 98. V. Desjardins, t. 3, n° 857; de Valroger, n°s 902 et suiv.).

1068. Si le prix de vente, déduction faite des frais, ne suffit pas pour désintéresser le capitaine, ce dernier conserve, pour le surplus, un recours contre le chargeur (*Rép.* n° 958); si la valeur des marchandises est plus que suffisante pour assurer, tous frais payés, l'acquittement des sommes dues, on se contentera de procéder à une vente partielle, et le surplus sera consigné, conformément à l'art. 306. — Il arrive, d'ailleurs, un moment où les marchandises consignées sont elles-mêmes mises en vente, si le destinataire ou le chargeur ne les réclame pas; cette vente doit également avoir lieu après autorisation du juge et aux enchères. Sur le produit, on prélève les frais, les sommes dues au tiers consignataire, et le surplus est versé à la Caisse des consignations.

ART. 2. — *Du cas où l'arrivée a éprouvé des retards* (*Rép.* n°s 961 à 993).

1069. L'affréteur est tenu de tous les frais de retardement qui proviennent de son fait; car il est en faute. Il a contrevenu à ses engagements, et le retard a occasionné un préjudice au fréteur, toujours intéressé à ce que le voyage s'exécute le plus rapidement possible (art. 294) (*Rép.* n°s 961 et suiv.).

Les frais de retardement dont il est tenu s'entendent de toutes les impenses supplémentaires auxquelles le retard a donné lieu tels que frais de nourriture et loyers des gens de l'équipage.

1070. Aux cas de retard provenant du fait de l'affréteur mentionnés par le n° 961 du *Répertoire*, il faut ajouter celui où l'affréteur n'a pas chargé dans les délais, celui où il a débarqué dans un port de relâche les marchandises chargées et les a remplacées par d'autres ou les a rechargées ensuite, après leur avoir fait subir certaines manipulations (de Valroger, n° 810); celui où, dans le port d'arrivée, le destinataire n'a pas pris livraison de la marchandise assez rapidement; celui où la marchandise a été saisie par ses créanciers.

1071. Sur les *staries*, *surestaries*, *contre-surestaries*, V. *suprà*, n°s 893 et suiv.

1072. On a étudié au *Rép.* n°s 963 et suiv. la disposition du second alinéa de l'art. 294, aux termes duquel, si le navire a été frété pour l'aller et le retour, l'affréteur qui déclare ne vouloir point faire de chargement de retour doit le fret entier et non pas seulement le demi-fret : ici ne s'applique pas la disposition de l'art. 288, al. 3, relative à l'affréteur qui, sans avoir rien chargé, a rompu le voyage avant le départ. — L'art. 294, § 2, impose à l'affréteur l'obligation de supporter, le cas échéant, en sus du fret, l'intérêt du retardement. Cette expression qui, dans le premier alinéa, a été remplacée par les mots « frais du retardement » (*Rép.* n° 962), a été laissée par oubli dans le deuxième ; elle doit être interprétée comme l'autre. — L'affréteur doit tenir compte, plus généralement, au capitaine des dommages que lui occasionne l'inexistence totale ou partielle du chargement promis; par exemple, s'il est obligé d'embarquer un supplément de lest (de Valroger, t. 2, n° 814).

1073. La disposition du deuxième alinéa de l'art. 294 s'applique, par analogie, si le navire ayant été affrété pour plusieurs traversées, l'affréteur ne fournit pas ou ne fournit que partiellement le chargement promis pour une de ces traversées (de Valroger, t. 2, n° 812).

1074. Aucune indemnité n'est due, lorsque le retard provient d'une force majeure (*Rép.* n° 970), et la constatation que le capitaine a été privé de son navire par des événements qui ne sont point imputables aux chargeurs, échappe au contrôle de la cour de cassation (Req. 30 janv. 1856, aff. Cauvière, D. P. 56. 1. 133). — Le retard doit être attribué à la force majeure, lorsqu'il provient, par exemple, d'une quarantaine imposée au navire (*Rép.* n° 968) ;... ou du fait par le capitaine d'avoir tenté le sauvetage d'un autre navire en détresse (D. P. 53. 2. 25, note 2. Conf. de Valroger, t. 2, n°s 809 et suiv.).

1075. Le capitaine et l'affréteur doivent, au même titre, connaître la législation douanière du pays où l'un conduit son navire, et l'autre expédie sa marchandise. En conséquence, la responsabilité des dépenses occasionnées par la saisie d'un navire important en pays étranger des marchandises prohibées par les lois de ce pays doit être supportée à la fois par le capitaine et l'expéditeur, la saisie ayant eu pour cause une faute commune à l'un et à l'autre (Aix, 22 nov. 1867, aff. Levesque, D. P. 67. 2. 232).

1076. Le retard imputable au capitaine peut provenir (c. com. art. 295) d'une faute commise par lui : soit *au moment du départ*, si, par exemple, il a négligé de se procurer les expéditions aussi vite qu'il l'aurait dû, ou n'a pas mis à la voile dans le délai fixé par la convention ou l'usage, malgré la mise en demeure par lui adressée, ou a été arrêté par une saisie pratiquée avant le départ;... soit *au cours du voyage*, par exemple, lorsqu'il y a eu saisie du navire motivée par l'introduction dans un port étranger, en contravention aux lois de douane du pays, de marchandises que le capitaine avait embarquées pour son compte, contrairement aux prohibitions du contrat de charte-partie (Req. 22 juill. 1867, aff. Boston, D. P. 68. 1. 81. Conf. *Rép.* n°s 909 et 969 et suiv.) ;... *soit à l'arrivée*, s'il n'a pas rempli, aussitôt qu'il l'aurait pu les formalités nécessaires pour que le navire soit déchargé (de Valroger, t. 2, nos 815 et suiv.).

1077. Le fret, dans toutes ces hypothèses, est dû dans son intégralité, car la marchandise est parvenue à destination; mais l'affréteur ou le destinataire à qui le préjudice a été causé par le retard a droit à des dommages-intérêts (art. 295) qui pourront se compenser avec le fret (V. sur ces dommages-intérêts, *suprà*, n° 1018; *Rép.* n° 969; *Adde :* Trib. com. Marseille, 14 juill. 1864, *Recueil de Marseille*, 1864. 1. 201; Aix, 11 avr. 1866, *ibid.*, 1867. 1. 257; 28 nov. 1866, *ibid.*, 1867. 1. 258).

1078. « Ces dommages-intérêts sont réglés par des experts, » dit l'art. 295 c. com. *in fine.* — D'après l'opinion que nous avons émise (*Rép.* n° 972) et qui est généralement adoptée, l'expertise, pour le règlement des dommages-intérêts dus par le capitaine, quand le retard provient de son fait, est obligatoire, à la différence du cas où le retard provient du fait de l'affréteur (V. *suprà*, n° 1069). L'indemnité dont le capitaine est passible se compose d'éléments compliqués qui comprennent tout à la fois la perte effective que l'affréteur éprouve, et les gains dont il est privé (c. civ. art. 1149); son estimation nécessite, dès lors, un examen détaillé auquel des experts seuls peuvent se livrer (Conf. Laurin, t. 2, p. 108; de Valroger, t. 2, nos 819 et suiv.). M. Desjardins cependant (t. 3, n° 803) combat ce système et admet que l'expertise ne doit pas être nécessairement ordonnée. — En tous cas, les juges ne sont point tenus de prendre l'expertise pour règle de leur décision (c. proc. civ. art. 323) (*Rép.* n° 973).

1079. Aux termes de l'art. 296 c. com., si le capitaine est contraint de faire radouber le navire pendant le voyage, l'affréteur est tenu d'attendre, ou de payer le fret en entier (*Rép.* n° 975; Desjardins, t. 3, nos 794 et suiv.; de Valroger, t. 2, n° 826). — Cependant, il peut arriver que le retard rendu nécessaire par le radoub du navire menace d'entraîner la perte du chargement : ce cas équivaut à une rupture forcée du voyage pour cause d'innavigabilité relative, et, dès lors, le chargeur qui opère le déchargement des marchandises pour en éviter la perte, n'est tenu du fret qu'en proportion du voyage commencé (Req. 15 mars 1859, aff. Georges, D. P. 59. 1. 443; Rennes, 26 avr. 1880, aff. Lewinstre, D. P. 80. 2. 192. Conf. auteurs précités, et Laurin, t. 2, p. 110).

1080. Le capitaine qui est contraint par un événement survenu durant la traversée de relâcher pour faire radouber son navire et de vendre les marchandises à son bord, afin d'éviter qu'elles ne s'avarient complètement pendant l'opération du radoub, peut-il réclamer du chargeur le fret entier ou seulement une part proportionnelle au trajet parcouru depuis le lieu du départ jusqu'au lieu du débarquement? La cour de Rennes (Rennes, 19 août 1831, *Rép.* n° 976; 19 août 1839, 30 juill. 1841, *Rép.* n° 1015; 26 avr. 1880, cité *suprà*, n° 1079) décide que ce cas ne doit être assimilé ni à celui du retirement volontaire des marchandises prévu par l'art. 293 c. com., ni à celui d'une relâche momentanée pour radoub indiqué par l'art. 296, et qu'en conséquence, l'affréteur n'est tenu de payer qu'une portion du fret proportionnelle au voyage réellement effectué jusqu'au lieu du sinistre (V. dans le même sens : Req. 2 mai 1843, *Rép.* n° 1015; 15 mars 1859, cité *suprà*, n° 1079; *Rép.* nos 976 et 1015; Caumont, v° *Affrètement*, n° 102; Dutruc, v° *Fret*, n° 171; Alauzet, t. 5, nos 1891 et 1895; Bravard et Demangeat, t. 4, p. 441). On peut rattacher à cette opinion un arrêt de la cour d'Aix, du 11 août 1859 (aff. Topsent, D. P. 60. 2. 15), qui, après avoir assimilé au retirement volontaire la vente faite par le capitaine des marchandises avariées, et reconnu que le chargeur, dans l'intérêt duquel cette vente a eu lieu, doit le fret en entier, déduit cependant du montant de ce fret la valeur du transport des marchandises du lieu où elles ont été vendues au lieu de leur destination. — Cette doctrine nous paraît à la fois équitable et conforme à la pensée du législateur qui, dans l'art. 293 c. com., n'a accordé le fret entier au capitaine qu'à raison de l'impossibilité où celui-ci semble devoir se trouver de remplacer les marchandises. Mais si le navire radoubé et devenu libre par le déchargement peut être employé à de nouveaux transports, il serait inique de permettre au capitaine de réaliser ainsi un double bénéfice, celui du fret entier stipulé pour le transport des marchandises vendues et celui des marchandises qu'il chargerait après la vente des premières. — Certains arrêts ont cependant appliqué à ce cas l'art. 293 c. com. et accordé au capitaine le droit de percevoir le fret stipulé entier (V. Bordeaux, 30 nov. 1848, aff. Foussat, D. P. 49. 2. 258; 26 juill. 1877, aff. Keighley, D. P. 78. 2. 249). MM. Bédarride, t. 2, sous l'art. 296, nos 769 et 770, et Ruben de Couder, v° *Fret*, nos 257 et 258, soutiennent la même opinion, qui a été également sanctionnée par plusieurs décisions (V. Aix, 12 févr. 1846, *Recueil de Marseille*, 1826, p. 268; Trib. Marseille, 17 juin 1851, *ibid.*, 1851, p. 177; Trib. Havre, 19 juin 1855, *Recueil du Havre*, 1855, p. 131; Trib. Marseille, 29 oct. 1855, *Recueil de Marseille*, 1857. 2. 40; Aix, 4 mai 1857, *ibid.*, 1857. 2. 178; Caën, 24 nov. 1857, *ibid.*, 1858. 2. 88; Bordeaux, 25 juill. 1877, *Recueil de Bordeaux*, 1877, p. 257 et 356).

1081. Il a été jugé que, dans certaines circonstances, et encore bien que l'obstacle au transport des marchandises soit purement temporaire et provienne de force majeure, le contrat d'affrètement peut être résilié sans dommages-intérêts de part ni d'autre. Il en est ainsi, spécialement, lorsque la cause du retard s'est produite non seulement avant que les marchandises fussent à bord, mais avant même que le navire fût arrivé au port de chargement et pendant qu'il voyageait sur lest pour s'y rendre, et que ce retard était de nature à causer à l'affréteur un grave préjudice (Rennes, 31 déc. 1866) (1).

(1) (Croizet C. Bourdet.) — La cour; — Sur les demandes de Croizet en résiliation du contrat d'affrètement, et de Bourdet frères en payement du demi-fret : — Considérant qu'il est incontestable que la loi commerciale a voulu protéger d'une manière particulière le maintien du contrat d'affrètement; — Qu'elle n'en prononce explicitement la résolution qu'au cas d'empêchement absolu (c. com. art. 276), et qu'elle déclare qu'il subsiste dans le cas de simple empêchement temporaire, alors même qu'il provient de force majeure (c. com. art. 277 et 296); — Considérant que, si ce principe ne peut jamais recevoir atteinte de la volonté d'une seule des parties (art. 288), il comporte toutefois des exceptions qui peuvent résulter de la nécessité des choses; — Qu'une application rigoureuse conduirait inévitablement, dans certains cas, non plus à la conciliation des intérêts du navire et du chargement, but certain du législateur, mais à un sacrifice injuste de l'un à l'autre; — Qu'aussi sous l'empire de l'ancienne ordonnance maritime, exactement conforme en cette matière à notre code, il est attesté par Valin et par divers, que, en cas d'empêchement simplement temporaire, même survenu au cours du voyage, la charte-partie pouvait être résiliée par le chargeur, si la réparation ne pouvait se faire promptement; — Que ces tempéraments d'équité semblent surtout justifiés et le maintien de la convention moins impérieusement commandée, lorsque, comme dans l'espèce, la cause du retard s'est produite, non seulement avant que les marchandises fussent à bord, mais avant même que le navire fût arrivé au port de chargement et pendant qu'il voyageait sur lest pour s'y rendre, les inconvénients d'une rupture étant évidemment moindres dans de telles conditions, et le lien de droit étant moins étroit lorsque la solidarité d'intérêts entre le navire et la marchandise n'existe pas encore effectivement; — Considérant, en fait, que, par suite de l'abordage qu'il a subi le 13 août, l'*Ozanam* n'a pu se rendre dans le temps convenu au port de Tonnay-Charente où le chargement l'attendait; que d'après le rapport des experts du 30 août, déposé le 3 septembre, les réparations, évaluées à 52359 fr. 70 cent., exigeaient encore pour leur confection un délai de soixante jours; qu'un si long retard n'eût pas seulement été dommageable pour Croizet, mais qu'il eût rendu impossible pour lui l'exécution des obligations en vue desquelles il avait affrété l'*Ozanam;* qu'en effet, l'industrie de Croizet, bien connue des frères Bourdet, qui étaient depuis un certain temps en relations d'affaires avec lui et avaient déjà fait voyage pour son compte, consiste à se charger à des époques périodiques, tous les quatre-vingts jours environ, du transport de marchandises pour des tiers, de Tonnay-Charente en Australie; que la régularité dans le service est une condition nécessaire de ces sortes d'opérations; — Qu'aussi il est justifié que diverses réclamations de négociants ont été adressées à Croizet à une époque voisine du sinistre, afin de protester contre tout retard dans l'expédition; que, pour parer aux exigences de sa situation, il a dû se pourvoir d'un navire en remplacement de l'*Ozanam* qui ne pouvait partir; et, qu'en fait, il a, dès le 31 août, par l'intermédiaire du même courtier maritime, affrété à cet effet le navire *la Ville-de-Saint-Lô;* que les frères Bourdet ont été au courant des agissements de Croizet, et qu'ils n'ont pu se méprendre sur sa résolution; que, malgré les lettres et les sommations qu'il leur a adressées, au lieu de protester contre les

1082. Les frais du radoub sont à la charge de l'armateur. Il en est de même généralement des frais de nourriture et des loyers des gens de mer pendant la durée des réparations. — Si le radoub nécessite le débarquement des marchandises, les frais de débarquement, de magasinage, de rembarquement sont-ils à la charge de ceux auxquels elles appartiennent ou à celle de l'armateur? Nous avons (*Rép.* n° 977) adopté la première de ces opinions; mais la question est controversée. Elle sera examinée de nouveau dans le chapitre consacré aux avaries (V. *infrà*, n°s 1229 et suiv.).

1083. Les auteurs reconnaissent que la seconde disposition de l'art. 296 c. com., aux termes de laquelle, lorsque le radoub est impossible, le capitaine est *tenu* de louer un autre navire, s'il le peut, ne doit pas être entendue dans un sens restrictif; qu'elle est appelée à recevoir son application, non seulement dans le cas d'innavigabilité absolue, mais aussi dans le cas d'innavigabilité relative (V. *suprà*, n° 675), et même dans celui où la durée des réparations doit faire considérer le navire comme innavigable par rapport aux chargeurs; elle est encore applicable en cas de prise, de naufrage, d'échouement, d'abordage, et, d'une façon générale, toutes les fois que, par suite d'une fortune de mer quelle qu'elle soit, le navire est mis hors d'état de continuer le voyage (Émérigon, chap. 12, sect. 16, § 6; Desjardins, t. 3, n° 795; de Valroger, t. 2, n° 827. Comp. Bordeaux, 20 avr. 1880, aff. Etcheverry, *Recueil de Marseille*, 1880. 2. 204. — *Contrà* : Trib. com. Marseille, 16 nov. 1880, aff. Wolf, *Recueil du Havre*, 1881. 2. 57). — Mais la doctrine est également unanime à décider qu'il n'y a plus lieu de suivre la même ligne de conduite et qu'au contraire, l'abstention s'impose comme un devoir toutes les fois que le sauvetage et le transport à destination nécessitent une mise de fonds en disproportion avec la valeur des objets (Desjardins, de Valroger, *loc. cit.*; Trib. com. Marseille, 9 nov. 1864, *Recueil de Marseille*, 1864. 1.297).

1084. Le capitaine n'aurait pas, lorsque le radoub est impossible, la faculté de s'affranchir de l'obligation de louer un autre navire, en se contentant d'une partie du fret proportionnée à l'avancement du voyage (Bruxelles, 27 mai 1848, aff. Sérigiers, D.P.48.2.182) : ainsi, lorsqu'un armateur s'est engagé à fournir, durant un laps de temps déterminé, les bâtiments nécessaires au transport d'un certain nombre d'émigrants, à raison de tant par tête pour le transport et l'alimentation, cet engagement constitue une véritable entreprise de transport qui astreint le fréteur, au cas de perte de l'un des bâtiments par fortune de mer, à en fournir un autre pour achever le voyage (Même arrêt). Le capitaine doit également supporter les frais de la relâche forcée et de l'entretien des passagers pendant la relâche (Même arrêt. Conf. *Rép.* n°s 979 et 981; de Valroger, t. 2, n° 827; Desjardins, t. 3, n° 795).

1085. Le fréteur est responsable de l'inexécution de l'obligation imposée au capitaine par l'art. 296 c. com. (Bruxelles, 27 mai 1848, cité *suprà*, n° 1084).

1086. L'application de la disposition de l'art. 296, § 2, a soulevé une autre question très délicate : en cas d'innavigabilité du navire survenue au cours du voyage, le contrat d'affrétement se trouve-t-il rompu ou continue-t-il de subsister sur le nouveau bâtiment loué pour achever le voyage? Si l'on décide qu'il est rompu, il faut conclure de là que le capitaine qui loue un autre navire agit comme mandataire des chargeurs, et, dès lors, que ce sont les chargeurs qui doivent bénéficier de l'infériorité du second fret; si, au contraire, on décide qu'il continue de subsister, la conséquence est que le capitaine agit toujours comme tel, c'est-à-dire, comme représentant du fréteur, et, en prenant à sa charge le second fret, a le droit de réclamer la totalité du fret originairement stipulé. C'est en ce dernier sens que s'est prononcée la cour d'Aix, le 11 août 1859 (aff. Topsent, D. P. 60. 2. 15). Cette doctrine conforme à l'opinion exprimée au *Rép.* n° 980, a été adoptée par MM. Bédarride, t. 2, n° 773; Bravard et Demangeat, t. 4, p. 445 et 446; Lyon-Caen et Renault, t. 2, n° 1873; mais elle a été repoussée par le tribunal de commerce de Marseille les 19 juill. 1858 (*Recueil de Marseille*, 1858. 1. 328), et 10 sept. 1858 (*ibid.*), et par MM. Alauzet, n° 1897; Laurin, t. 2, p. 113; Desjardins, t. 3, n° 795 (Conf. Marseille, sent. arbit., 3 févr. 1866, *Recueil de Marseille*, 1866. 2. 3; Trib. com. Nantes, 7 juill. 1866, *ibid.*, 1867. 2. 115).

Suivant la doctrine du tribunal de Marseille et des auteurs précités, l'engagement du capitaine envers les chargeurs n'est pas, comme celui du voiturier, un engagement personnel et indéterminé de faire parvenir les marchandises au lieu désigné et dans un temps déterminé, par un mode quelconque : la loi elle-même, dans l'art. 273 c. com., définit la charte-partie « une convention pour louage d'un vaisseau », et elle exige que l'écrit qui en est dressé énonce le nom et le tonnage du navire. Tel est le caractère dominant du contrat d'affrétement : c'est le louage d'un navire, le louage d'une chose pour une certaine destination. Or un tel contrat se trouve nécessairement résilié par la perte de cette chose. Aussi l'affrétement originaire prend-il fin par l'innavigabilité du navire. Lorsque le capitaine, pour se conformer à l'art. 296 c. com., loue un autre navire, il n'agit en cela que comme mandataire des chargeurs, et c'est pour le compte de ces derniers que le voyage s'achève. Si le fret du nouveau navire est proportionnellement supérieur au fret convenu, les chargeurs doivent en supporter l'excédent, si, au contraire, le second fret est moindre, il est juste qu'ils bénéficient de la différence. — Cette argumentation ne nous semble point exacte. Et d'abord, nous ne pouvons admettre que la charte-partie soit purement et simplement, comme on le prétend, le louage d'une chose qui prenne fin par la perte de cette chose. Il est essentiel de considérer ici le but du contrat : ce but, comme cela résulte de l'art. 393 c. com. c'est le transport des marchandises au lieu de leur destination et la location du navire n'est que le moyen de l'atteindre. Mais, dans la pensée des contractants, la convention n'est pas étroitement limitée à l'existence du navire sur lequel les marchandises doivent être chargées; ils ne peuvent, en effet, perdre de vue l'obligation que l'art. 296 impose au capitaine, pour le cas d'innavigabilité, de louer un autre navire, et ainsi il est tacitement entendu entre eux que le transport se fera, soit sur le navire loué, soit, en cas d'innavigabilité, sur celui qui lui serait substitué; par conséquent, l'hypothèse prévue par l'art. 296 venant à se réaliser, le nouveau navire est subrogé à l'ancien, il le continue en quelque sorte pour l'exécution du contrat. Lors donc que, les marchandises étant arrivées à leur destination, le capitaine réclame son fret, on ne voit pas sur quelle raison légitime les chargeurs pourraient se fonder pour en retenir une partie. Le but qu'ils se proposaient par la charte-partie étant atteint, ni les principes ni l'équité ne leur permettent de se soustraire à l'accomplissement de leurs engagements. Que leur importe qu'au lieu d'être arrivées sur tel bâtiment, leurs marchandises soient arrivées sur tel autre? L'essentiel pour eux, c'est qu'elles soient arrivées, c'est que le but de l'affrétement soit atteint. — Mais, dit-on, si le nouveau fret, au lieu d'être inférieur à l'ancien, avait été supérieur, les chargeurs eussent dû supporter l'excédent; ne doivent-ils pas, par une équitable réciprocité, bénéficier de la différence dans le cas inverse? A cela, on peut répondre que, quand le second fret est supérieur au premier, il est juste que les chargeurs supportent l'excédent, car cet excédent est la conséquence d'une fortune de mer qui tombe naturellement à leur charge. C'est comme une espèce particulière d'avarie. Lors, au contraire, que, le second fret étant inférieur, on leur demande le fret convenu, de quoi peuvent-ils se plaindre? On ne leur demande pas autre chose que ce qu'ils ont promis. Et, d'ailleurs, lorsqu'il y a un excédent de fret à payer, qui en pro-

intentions qui y étaient exprimées, ils ont gardé un silence insolite dans des relations de cette nature et qui a pu être considéré par Croizet comme une sorte d'adhésion à sa conduite et à ses projets; — Que, du reste, Bourdet frères, les réparations de leur navire à peine terminées, ont trouvé presque immédiatement un nouvel affrétement en remplacement de celui qui leur faisait défaut; — Considérant que, eu égard aux circonstances du procès, l'obstacle au voyage ayant porté une atteinte essentielle à la convention doit produire le même effet qu'un empêchement absolu; qu'il y a donc lieu de prononcer la résiliation, sans dommages-intérêts de part et d'autre;

Par ces motifs, etc.

Du 31 déc. 1866.-C. de Rennes, 3e ch.-MM. Baudouin, pr.-Bodin et Grivart, av.

fite? Est-ce le fréteur? Nullement; c'est le locateur du navire substitué. Quant à lui, il ne recevra que le fret convenu. Pourquoi donc, dans le cas inverse, devrait-il subir une réduction? Si le navire était arrivé heureusement à sa destination, les chargeurs n'auraient pu se dispenser de payer la totalité du fret; et, parce que le navire a péri en route, ils voudraient, eux qui n'ont rien perdu, se prévaloir du malheur arrivé au fréteur pour le frustrer d'une partie de ce qu'ils lui doivent! — On peut ajouter, dans le sens de l'opinion adoptée par la cour d'Aix, qu'aux termes de l'art. 308 c. com., le chargeur ne peut, en aucun cas, demander de diminution sur le prix du fret. Cet article ne fait aucune distinction, et ses termes absolus ne semblent comporter aucune exception. — Enfin un nouvel argument est fourni par l'art. 393 c. com.: d'après cet article, l'excédent du fret est supporté par les assureurs du chargement (c'est-à-dire par les chargeurs), aussi bien que les frais de déchargement et de rembarquement de la marchandise. Cet article n'est que la conséquence de celui qui le précède immédiatement, et qui déclare le voyage continué, malgré la substitution du navire. Ce n'est donc pas parce que le voyage est rompu que l'excédent de fret est supporté par les chargeurs; c'est, au contraire, parce que le voyage continue, qu'ils peuvent recourir contre leurs assureurs qui seraient dégagés par la rupture du voyage. Cet excédent de fret, comme les frais de déchargement et de rembarquement de la marchandise, est donc considéré par la loi comme le résultat d'une fortune de mer qui tombe sur la cargaison, comme une avarie particulière à la marchandise. Le voyage se continue entre le capitaine et les chargeurs en exécution de la charte-partie primitive; seulement, par suite des événements survenus, la marchandise se trouve grevée de dépenses extraordinaires, notamment d'un supplément de fret, avarie qui reste à sa charge, aux termes des art. 393 et 397 c. com.

1087. Lorsque, au contraire, le capitaine n'a pu trouver à fréter un nouveau navire qu'à un prix proportionnellement *plus élevé* que le fret primitif, tous les auteurs sont d'accord pour reconnaître que l'excédent du fret est à la charge des affréteurs; c'est ce qui résulte, en effet, de l'art. 393 c. com. (*Rép.* n° 980; Bédarride, t. 2, n° 772; Alauzet, n° 1896; Laurin, t. 2, p. 112; Boistel, n° 1260; Ruben de Couder, v° *Fret*, n° 1231; Desjardins, t. 3, n° 795; de Valroger, t. 2, n°s 929 et suiv.). — Dans tous les cas, les frais de débarquement, magasinage et rechargement sont supportés par les affréteurs (art. 393) (de Valroger, t. 2, n° 831).

1088. Suivant une opinion à laquelle nous nous sommes ralliés (*Rép.* n° 982), l'affréteur qui refuse d'accepter le navire présenté par le capitaine en remplacement du premier, doit, s'il résulte d'une vérification par experts que ce refus est mal fondé, être considéré, s'il y persiste, comme opérant volontairement la rupture du voyage et reste débiteur du fret entier. D'autres auteurs enseignent, au contraire, que le chargeur n'est jamais tenu d'accepter le transbordement, et que, s'il refuse de laisser charger ses marchandises sur l'autre navire, il ne doit jamais que le fret proportionnel (Desjardins, t. 3, n° 795).

1089. Si le chargeur est présent ou représenté dans le port de relâche où il s'agit de procéder au transbordement, le capitaine peut-il encore agir sans prendre l'avis du chargeur ou de son représentant, ou au contraire, doit-il se conformer aux ordres que lui donnent ceux-ci? M. Desjardins, t. 3, n° 795, se rangeant à l'opinion déjà exprimée par Émérigon, se prononce en faveur du premier système (V. en sens contraire : Ruben de Couder, v° *Fret*, n° 229).

1090. Le capitaine cesserait d'être tenu d'affréter un navire, s'il ne pouvait louer qu'un bâtiment n'offrant pas des garanties suffisantes de sécurité, ou dont on lui demande un prix manifestement exagéré (Trib. com. Marseille, 9 nov. 1864, *Recueil de Marseille*, 1864. 1. 297; 4 sept. 1873, *ibid.*, 1873. 1. 313; Desjardins, *loc. cit.*).

1091. Pour calculer le fret de distance dû par l'affréteur, nous croyons, avec M. Desjardins, t. 3, n° 795, qu'on doit se borner à comparer le trajet déjà parcouru avec le trajet total, sans avoir à tenir compte des frais et du temps employés, des dangers courus, etc. (V. en sens contraire : de Valroger, t. 2, n° 832; de Courcy, t. 1, p. 162; c. com. allemand, art. 633, § 2).

1092. Les avances reçues, alors même qu'elles ont été déclarées non restituables, sont imputables sur le fret de distance (Aix, 21 mai 1869, aff. Roussier, *Recueil de Marseille*, 1869. 1. 296; de Valroger, t. 2, n° 833).

1093. Le bailleur étant tenu de la garantie pour les défauts cachés de la chose louée (*Rép.* v° *Vices rédhibitoires*, n° 45), le capitaine perd son fret, si l'affréteur prouve que, lorsque le navire devenu innavigable a fait voile, il était hors d'état de naviguer, alors même que le capitaine aurait ignoré le vice du navire (c. com. art. 297; c. civ. art. 1721) (*Rép.* n°s 983 et suiv.). — Décidé, en ce sens, que l'ignorance du vice du navire est, de la part du capitaine, une faute que sa bonne foi ne peut excuser (Rouen, 11 févr. 1876, aff. Fiquet, D. P. 76. 2. 174). — Dans ce cas, l'affréteur n'est pas tenu d'attendre les réparations, alors même que le navire est réparable; il peut résilier le contrat et ne doit aucun fret, puisque le fréteur s'est mis dans l'impossibilité d'accomplir le transport dans les conditions voulues.

Le capitaine, dans le même cas, répond, en outre, de tous les dommages-intérêts de l'affréteur (art. 297) (*Rép.* n°s 983 et suiv.). — Celui-ci, toutefois, ne pourrait réclamer aucuns dommages-intérêts, s'il avait connu, lors du départ, l'état d'innavigabilité du navire (Trib. com. Havre, 8 janv. 1878, *Recueil du Havre*, 1878. 1. 53. Conf. *Rép.* n° 990, et v° *Organisation maritime*, n° 714). Mais la simple visite du navire par l'affréteur n'enlève pas à celui-ci le droit aux dommages-intérêts, s'il n'est pas établi que cette visite lui a fait connaître les vices de construction qui rendaient le bâtiment impropre à la navigation (Req. 6 juin 1882, aff. Lacotte, D. P. 83. 1. 49).

1094. Pour que le navire soit réputé innavigable, il faut, mais il suffit que, au moment du départ, il soit hors d'état de réaliser le voyage projeté (Rouen, 11 févr. 1876, aff. Fiquet, D. P. 76. 2. 174; de Valroger, t. 2, n° 837). — La preuve de l'innavigabilité est toujours admissible, nonobstant tout certificat de visite au départ (c. com. art. 297) (V. *suprà*, n°s 620 et suiv.; *Rép.* n°s 987 et suiv.; Req. 29 mars 1854, aff. Valéry, D. P. 54. 1. 235; Aix, 10 mars 1857, aff. Bouisson, D. P. 58. 2. 62; Bordeaux, 4 juill. 1859, aff. Fauché, D. P. 60. 2. 83; Rouen, 11 févr. 1876, cité *suprà*, n° 1093; 14 juin 1876, aff. Lenormant, D. P. 77. 2. 68). Mais l'effet du certificat de visite est de faire présumer le bon état du navire, et de mettre la preuve du vice propre à la charge de l'affréteur (*Rép. ibid.* V. la critique de cette disposition de l'art. 297 dans l'ouvrage de M. de Courcy, t. 1, p. 148). — Le permis de navigation délivré par le préfet su[illegible]rocès-verbal de la commission instituée par l'o[illegible], du 17 janv. 1846 (art. 2 et suiv.), peut-il, au po[illegible]ue de l'application de l'art. 297, être considéré comm[illegible]uivalant au procès-verbal de visite prescrit par l'art. [illegible] c. com.? L'art. 2 de l'ordonnance est ainsi conçu : « [illegible]ucun bateau à vapeur ne pourra naviguer sur mer sans un permis de navigation, et ce, indépendamment de l'exécution des conditions imposées à tous les navires de commerce français tant par le code de commerce que par les lois et règlements sur la navigation ». Il semble donc que la visite prescrite par l'ordonnance, et cela, dans un but spécial, ne fait pas double emploi avec celle mentionnée par l'art. 225, et, si nous sommes bien renseignés, c'est ainsi que les choses sont entendues dans la pratique (Comp. de Valroger, t. 2, n° 839). Un arrêt (Req. 6 juin 1882, aff. Lacotte, D. P. 83. 1. 49) paraît cependant avoir adopté l'opinion inverse, en décidant que la visite d'un bâtiment à vapeur opérée par la commission de surveillance conformément à l'ordonnance du 17 janv. 1846, et le certificat délivré par le secrétaire de la commission pour autorisation provisoire de naviguer au long cours, sauf rédaction ultérieure du permis régulier, constituent une présomption de navigabilité en faveur du navire (de Valroger, *loc. cit.*).

1095. Peut-on déroger, par une clause spéciale, à l'art. 297 et stipuler que le capitaine n'encourra pas les déchéances qu'il édicte pour le cas d'innavigabilité du navire? On peut soutenir que l'obligation de livrer le navire en état de tenir la mer est non seulement de la nature, mais encore de l'essence du contrat d'affrètement, et que, dès lors, le capitaine n'en saurait être déchargé même du consentement de l'affréteur. Toutefois, les auteurs se prononcent généralement en sens contraire : « Je ne vois pas, dit M. de Valroger,

t. 2, n° 838, pourquoi le fréteur ne pourrait pas limiter ses obligations par la mise en état du navire au départ. S'il est vrai de dire que, par cela seul qu'on frète un navire, on est réputé s'obliger à le mettre en bon état de navigabilité, et qu'on réponde à cet égard de ses fautes ou négligences, je ne vois pas pourquoi on ne pourrait pas se décharger de ces obligations, imposer à l'affréteur le soin de la mise en état, ou si l'on craint que le navire, quoique muni du certificat de visite, ne soit pas de force à résister aux fatigues du voyage, décliner à cet égard la responsabilité qu'édicte l'art. 297 » (V. aussi dans le même sens : Desjardins, t. 3, n° 793; Lyon-Caen et Renault, t. 2, n° 1871 *bis*).

1096. L'art. 297 est-il applicable dans le cas où le navire, hors d'état de naviguer au moment de faire voile, est parvenu néanmoins à gagner le port de destination, à la suite de réparations opérées successivement dans différents ports? N'y a-t-il pas lieu plutôt, en pareil cas, d'appliquer les dispositions de l'art. 295, relativement aux dommages-intérêts dont est tenu le capitaine envers l'affréteur, en cas de retardement provenant de son fait, sauf à compenser ici les dommages-intérêts avec le fret ? — Cette question ne présente pas grand intérêt quand le dommage causé par le retardement se chiffre par une somme égale ou supérieure au montant du fret. En effet, l'indemnité se compensant avec le fret jusqu'à due concurrence, l'affréteur se trouve, sinon en droit, du moins en fait, dispensé d'en effectuer le payement, et quelquefois même un excédent lui reste dû. Mais elle acquiert une sérieuse importance toutes les fois que le préjudice occasionné par le retard dans l'arrivée du navire se traduit par une indemnité moindre que le fret; du parti que l'on adopte dépend, en effet, le point de savoir si l'affréteur aura droit ou non à la différence. La chambre des requêtes applique l'art. 297 (Req. 9 avr. 1833, *Rép.* n° 988 ; 15 nov. 1876, aff. Martin, D. P. 78. 1. 86 ; 6 juin 1882, aff. Lacotte, D. P. 83. 1. 49. Conf. Rouen, 11 févr. 1876, aff. Fiquet, D. P. 76. 2. 174). — Cette jurisprudence a l'approbation de MM. Bédarride, t. 2, n° 779 ; Bravard et Demangeat, t. 4, p. 449 ; Desjardins, t. 3, n° 792 *in fine ;* Ruben de Couder, v° *Fret*, n° 60 ; de Valroger, t. 2, n° 835 ; Laurin, t. 2, p. 105. Ces auteurs se fondent sur le texte même de cet article. La loi, disent-ils, a prévu plusieurs cas de retardement, d'abord celui où il aurait pour cause un événement purement fortuit : à cette hypothèse se réfère l'art. 296, 1er al., dont il n'y a pas à s'occuper ici ; puis celui où le retard est occasionné par un fait du capitaine, abstraction faite de l'état du navire au moment de la sortie du port : à cette seconde hypothèse se réfère l'art. 295 ; enfin celui où le retard provient du mauvais état du bâtiment lors de son départ : dans ce dernier cas, c'est l'art. 297 qui régit la situation, à l'exclusion de l'art. 295 ; son application n'est, en effet, nullement subordonnée à l'interruption absolue du voyage par suite de l'innavigabilité du bâtiment, le texte ne dit rien de semblable ; une seule condition est prescrite, il faut, qu'au moment de faire voile, le bâtiment soit déjà hors d'état de naviguer. — Cette argumentation n'est pas décisive, elle a été réfutée en ces termes par M. Levillain dans une note sur l'arrêt précité du 6 juin 1882. « D'abord, si, faisant momentanément abstraction des textes, on considère les principes et les données de l'équité, on n'a pas de peine à reconnaître que la solution proposée est dépourvue de tout caractère rationnel. On conçoit que l'affréteur soit exonéré du payement du fret quand, par suite de l'état du navire, le voyage n'a pu s'accomplir et le contrat d'affrètement est demeuré inexécuté de la part du fréteur ; mais il serait contraire aux règles générales en matière de louage que l'affréteur en fût encore dispensé quand, le navire étant parvenu à destination, le transport des marchandises a été réalisé. Le loyer est dû, en effet, par le locataire toutes les fois que la jouissance de la chose louée lui a été procurée pendant la durée du louage. L'équité, de même que les principes, veut qu'il en soit ainsi. L'indemnité que l'affréteur est en droit de réclamer à raison du préjudice que lui a occasionné le retard dans l'arrivée, sauvegarde complètement ses intérêts. Le dispenser, en outre, du payement du fret stipulé, ce serait lui procurer le moyen de réaliser un bénéfice à l'occasion de la faute commise par le fréteur, ce qui serait injuste. Mais la solution qu'impose la logique, que prescrit l'équité, cadre-t-elle avec l'art. 297 c. com. ? Nous n'hésitons pas à répondre affirmativement, et les doutes que l'on a conçus sur ce point tiennent, si nous ne nous trompons, à ce que l'on a faussement interprété la disposition de cet article. Le législateur suppose que le navire était hors d'état de naviguer au moment du départ. Or, peut-on dire d'un bâtiment qu'il était hors d'état de naviguer, quand il est établi que, grâce à des radoubs opérés en cours de voyage, il a pu accomplir tant bien que mal le voyage projeté ? Il est permis d'en douter. Il semble donc que les conditions exigées par l'art. 297 font ici complètement défaut. — Nous reconnaissons avec les partisans de la doctrine adverse que le législateur a, dans les art. 295, 296 et 297 c. com., prévu plusieurs cas différents ; mais la différence n'est pas là où ils croient l'apercevoir. Le cas prévu par l'art. 297 n'est autre que celui déjà mentionné dans son troisième alinéa par l'art. 296 auquel il fait suite ; c'est ce qu'indiquait nettement le mot « toutefois » qui reliait les deux dispositions similaires de l'ordonnance de 1681 (art. 11 et 12, tit. 3, liv. 3), et, bien que cette expression ait disparu dans le code de 1807, l'observation n'a rien perdu de sa justesse. On suppose que le navire a été arrêté en cours de voyage par des avaries irréparables, et que le capitaine a été dans l'impossibilité d'affréter un autre bâtiment pour assurer le transport des marchandises à destination. En général, le fret est dû à proportion du degré d'avancement du voyage ; néanmoins, s'il est prouvé que l'interruption a eu pour cause l'état d'innavigabilité où se trouvait le bâtiment dès le moment du départ, comme l'inexécution du contrat provient du fait du fréteur, l'affréteur est entièrement exonéré du payement du fret, indépendamment du droit qu'il a de réclamer des dommages-intérêts à raison du préjudice que lui a occasionné cette inexécution. Au contraire, le voyage, sans être rompu, a-t-il été retardé dans son accomplissement ? Alors même que le retard proviendrait de la nécessité de réparer, dans un port de relâche, des avaries qui mettaient le navire hors d'état de continuer sa route, alors même que les avaries dateraient d'une époque antérieure au départ, ce ne sont plus les dispositions précitées, mais l'art. 295 et l'art. 296, premier alinéa, qui doivent être appliqués. Le premier alinéa de l'art. 296 se préoccupe du point de savoir quel est le sort du contrat d'affrètement et jusqu'à quel point l'affréteur demeurera soumis aux obligations qui en découlent, lorsqu'il y aura retard dans l'exécution du transport ; il prévoit spécialement le cas où le retard est occasionné par la nécessité de faire radouber le navire en cours de voyage ; il ne distingue pas, d'ailleurs, suivant que les avaries qui nécessitent le radoub sont antérieures ou postérieures au départ, et, comme le contrat n'est pas inexécutable, comme l'exécution en est simplement différée, il décide que l'affréteur est tenu d'attendre ou de payer le fret en entier. Mais ce dernier n'a-t-il pas droit à un dédommagement ? La négative est évidente, dans le cas où aucune faute n'est à reprocher, soit à l'armateur, soit au capitaine. La question doit être, au contraire, résolue par l'affirmative, dans le cas où une faute aurait été commise, et c'est à ce second ordre d'idées que se réfère l'art. 295. Or, au nombre des faits qui peuvent engager la responsabilité de l'armateur ou du capitaine, il faut évidemment ranger celui qui consiste dans l'absence de réparations au navire avant le départ, alors que les défectuosités ou les détériorations dont il est atteint le rendent impropre à la navigation. Le décider autrement, ce serait introduire arbitrairement une distinction que ne comportent pas les termes généraux et absolus de cet article » (V. en ce sens : de Courcy, t. 1, p. 154 et suiv. ; Lyon-Caen et Renault, t. 2, n° 1871 *bis*).

1097. Sur la disposition de l'art. 300 c. com. relative au payement du fret, en cas d'arrêt par ordre de puissance, V. *Rép.* nos 992 et suiv. (Conf. Bédarride, t. 2, n° 790 ; Ruben de Couder, v° *Fret*, n° 238 ; Desjardins, t. 3, n° 833 ; Laurin, t. 2, p. 204).

Art. 3. — *Du cas où le chargement n'est pas arrivé à destination* (*Rép.* nos 994 à 1034).

1098. L'affréteur est tenu de payer « le vide pour le plein, » lorsqu'il n'a pas chargé la quantité de marchandises indiquée par la charte-partie (art. 288, § 1er) (*Rép.* nos 994 et suiv.), ou quand il n'a occupé que partiellement l'emplacement dont il peut disposer (de Valroger, n° 770). Au motif indiqué au *Rép. loc. cit.*, pour justifier cette solution, il faut ajouter que le navire reste tenu d'exécuter le voyage, et que les frais sont les mêmes, que le chargement soit total ou partiel. La même disposition se retrouve en général dans les législations étrangères (V. notamment: code italien, art. 564, 2e al.; espagnol, art. 680; portugais, art. 553, § 1er, etc.). — Mais on a indiqué au *Rép.* n° 995 que le fréteur ne peut invoquer cette disposition de l'art. 288 qu'autant qu'il a régulièrement mis l'affréteur en demeure de compléter son chargement (Conf. Trib. com. Havre, 26 avr. 1870, *Recueil du Havre*, 1870. 1. 112; Trib. com. Anvers, 24 juin 1878, *Jurisprudence du port d'Anvers*, 1880. 1. 48; Trib. com. Marseille, 28 janv. 1880, aff. Ansaldo, *Recueil de Marseille*, 1880. 1. 103; 17 mars 1884, aff. Jouve, *ibid.*, 1884. 1. 156. V. cependant: Trib. com. Marseille, 3 nov. 1865, *Recueil de Marseille*, 1865. 1. 336). Jugé, toutefois, que la déclaration par écrit de l'affréteur qu'il ne peut charger le navire dispense le fréteur de le mettre en demeure (Trib. com. Marseille, 10 juill. 1860, *Recueil de Marseille*, 1861. 1. 245. Conf. Trib. com. Marseille, 10 mars 1864, *ibid.*, 1864. 1. 100). Contrairement à l'opinion émise au *Rép. ibid.*, M. de Valroger, t. 2, n° 771, enseigne que l'obtention d'un jugement n'est pas nécessaire (de Valroger, t. 2, n° 771). Aux termes de l'art. 571 du code allemand, le capitaine doit prévenir l'affréteur trois jours au moins avant l'expiration des surestaries.

1099. Le fréteur auquel le vide doit être payé pour le plein ne doit pas recevoir plus qu'il n'aurait touché, si les marchandises avaient été effectivement transportées : ainsi on déduira du fret les frais présumés auxquels aurait donné lieu pour le fréteur le transport de la partie non chargée (Aix, 22 déc. 1866, *Recueil de Marseille*, 1867. 1. 297), ceux d'embarquement, ainsi que le surcroît de prime qui aurait été payé pour l'assurance des marchandises à placer sur le pont, etc. (Trib. com. Marseille, 16 juill. 1861, *Recueil de Marseille*, 1861. 1. 203). — On devra déduire aussi le fret des marchandises prises en remplacement (*Rép.* n° 996). — Le fréteur peut réclamer, en sus du fret, des surestaries, s'il y a eu retard, puis une indemnité, à raison des faux frais qu'occasionne l'inexistence partielle du chargement, par exemple, les frais de lestage supplémentaire (Jugement précité du 16 juill. 1861; de Valroger, t. 2, n° 773; Desjardins, t. 3, n° 824).

1100. Si l'affréteur charge sur le navire, du consentement du capitaine, une quantité de marchandise supérieure à celle portée au contrat, ou si les marchandises occupent une place supérieure à celle qui a été indiquée, le fret de l'excédant doit être réglé d'après le prix fixé dans la charte-partie (art. 288, § 2) (*Rép.* nos 997 et suiv.). Il intervient un affrètement supplémentaire qui est réputé souscrit aux mêmes conditions (art. 292) (Desjardins, t. 3, n° 825. Conf. Trib. com. Anvers, 24 juill. 1862, *Jurisprudence du port d'Anvers*, 1863. 1. 130; Trib. com. Havre, 23 janv. 1878, aff. Cap. Nilsen, *Recueil du Havre*, 1878. 1. 67).

1101. L'affréteur qui rompt le voyage avant le départ du navire, sans avoir rien chargé, doit payer, à titre d'indemnité, la moitié du fret convenu, *quel qu'ait été le mode de l'affrètement* (art. 288, § 3) (*Rép.* nos 999 et suiv.). Régulièrement, l'affréteur devrait payer le fret entier, car une partie ne peut, de sa propre autorité, se soustraire, même partiellement, à ses obligations. Si l'on déroge ici à la règle, c'est parce que l'affréteur peut ne pas recevoir, en temps utile, les marchandises sur lesquelles il comptait pour opérer le chargement, ou que, par suite de circonstances imprévues, le transport jugé fructueux ne peut désormais qu'entraîner des pertes; il importe qu'alors l'affréteur ait toute facilité pour se dégager. D'ailleurs, comme on l'a dit au *Rép.* n° 999, le fréteur peut, en général, trouver facilement un autre affréteur (*Rép.* n° 999). — Il existe une certaine connexité entre l'art. 228, § 3, et l'art. 252 : sa disposition avait été maintenue par le projet de 1867 (Desjardins, t. 3, n° 597).

1102. De ce que le demi-fret est dû à titre d'*indemnité*, il résulte d'abord que le capitaine ne peut, pour le payement de ce demi-fret, exercer le privilège de l'art. 307 (*Rép.* n° 1000. Conf. Bédarride, t. 2, n° 816; Desjardins, t. 3, n° 821; Trib. com. Marseille, 1er août 1833, *Recueil de Marseille*, 1834. 1. 62; Trib. com. Nantes, 2 juin 1858, *ibid.*, 1859. 2. 49). — Il en résulte, en outre, que le capitaine ne peut réclamer le demi-fret que si, avant de partir, il a mis l'affréteur en demeure, à moins que ce dernier n'ait spontanément déclaré qu'il lui est impossible d'opérer le chargement promis (V. *infrà*, n° 1106. Conf. *suprà*, n° 1098).

1103. L'indemnité étant fixée à forfait par la loi peut être réclamée alors même que le fréteur n'éprouve aucun préjudice, et elle est invariable, quelle que soit la quotité du préjudice éprouvé (*Rép.* n° 999. Conf. de Valroger, t. 2, n° 780).

1104. Si l'affrètement a été conclu pour l'aller et le retour, ou pour une série de traversées, l'indemnité doit être calculée sur les frets afférents à ces diverses traversées (Desjardins, t. 3, n° 821; Laurin, t. 2, p. 197; Bédarride, t. 2, n° 754; de Valroger, t. 2, n° 781).

1105. La disposition de l'art. 288, § 3, doit s'appliquer, quel que soit le mode d'affrètement du navire (*Rép.* n° 999), ... notamment en cas d'affrètement total : la résolution d'un affrètement total est, d'ailleurs, plus avantageuse pour le fréteur que celle d'un affrètement partiel; car, dans le premier cas, il est dispensé d'exécuter le voyage, et il ne l'est pas dans le second (de Valroger, t. 2, n° 778. — *Contrà* : Bravard et Demangeat, t. 4, p. 422; Bédarride, t. 2, nos 732 et 733).

1106. Quelles sont les conditions nécessaires pour que l'art. 288, § 3, soit applicable? Il ne suffit pas que l'affréteur laisse expirer les délais et partir le navire, il faut qu'il manifeste un refus ou ne réponde pas à la mise en demeure qui lui est adressée, ou bien que, même de bonne foi, il ait soulevé une contestation qui ait empêché le chargement de s'accomplir (Desjardins, t. 3, n° 597 *in fine*; de Valroger, t. 2, n° 779). — Il faut que la rupture ait lieu avant tout chargement, même partiel; l'affréteur qui rompt le voyage après que le navire a reçu une partie de son chargement doit le fret entier, si le navire part à non-charge (art. 288, § 4) (V. *Rép.* nos 1001 et 1002; Desjardins, t. 3, n° 823; de Valroger, t. 2, nos 780 et 784). Cette condition n'est pas exigée par le code allemand : d'après ce code (art. 581), l'affréteur peut, tant que le voyage n'est pas commencé, résilier le contrat en payant la moitié du fret convenu, alors même qu'une partie des marchandises aurait déjà été chargée (V. aussi code finlandais, art. 94).

1107. L'art. 288, § 4, ne s'applique pas au cas où il s'agit d'un chargement à *cueillette*; dans ce cas, en effet, l'affréteur a toujours la faculté de résilier la charte-partie avant le départ, et de retirer les marchandises déjà chargées en totalité ou en partie, à la charge seulement de payer le demi-fret et les frais énoncés dans l'art. 291 (*Rép.* nos 1003 et suiv.).

Le droit de retrait qui appartient à l'affréteur en cas d'affrètement à cueillette est absolu; mais il ne peut s'exercer que jusqu'au moment du départ (*Rép.* n° 1004). — Contrairement à la décision rapportée *ibid. in fine*, M. Desjardins, t. 3, n° 599, enseigne que le navire ne doit pas être réputé parti quand il est arrimé et expédié en douane. Il faut s'en tenir, dit-il, au sens vrai du mot. C'est ce que faisait Valin; de plus, l'art. 291 alloue au fréteur les frais de retardement, or il n'y a de retardement véritable que si le retrait a lieu à la veille du départ.

1108. En cas d'affrètement à cueillette, le fréteur a droit en sus du demi-fret, aux frais de retardement, c'est-à-dire qu'il doit lui être tenu compte des impenses supplémentaires auxquelles il est soumis en cas de retard dans le départ par suite du retrait. — L'affréteur doit également supporter les frais de débarquement de la marchandise qu'il reprend et ceux que le débarquement occasionne, par exemple, à raison de la nécessité de déplacer d'autres marchandises et de procéder à un nouvel arrimage; de même, il doit tenir compte des avaries que le débarquement occasionne, soit au navire, soit à d'autres marchandises (de Valroger, t. 2, n° 795).

1109. L'affréteur à cueillette ne peut évidemment, après avoir chargé une partie de ses marchandises, refuser de compléter le chargement, sans retirer les marchandises déjà chargées et prétendre ne payer que le demi-fret pour ce qui manque; il ne saurait, en effet, cumuler le bénéfice de l'exécution et celui de la résiliation; la convention doit être résiliée ou maintenue pour le tout; elle ne peut pas être exécutée partiellement et résiliée pour le surplus : c'est donc la disposition de l'art. 288, § 1er, qui seule est applicable dans ce cas (Boistel, n° 1241; Bédarride, t. 2, n° 752; Desjardins, t. 3, n° 822; de Valroger, t. 2, n° 797).

1110. Il a été jugé que l'affréteur d'un navire, qui s'est réservé le droit de refuser ou d'accepter la charte-partie, jusqu'à l'expiration d'un certain délai après lequel cette charte-partie serait obligatoire, doit, s'il laisse passer le délai convenu, sans faire connaître son refus, être réputé accepter le contrat; dès lors, la déclaration tardive de sa volonté de ne point affréter le navire équivaut à une rupture de voyage avant le départ, et donne lieu au payement de la moitié du fret, à titre de dommages-intérêts (Req. 19 déc. 1855, aff. d'Abbadie, D. P. 56. 1. 359).

1111. Il peut y avoir rupture du voyage avant le départ par le fait du fréteur qui, par exemple, refuse de recevoir le chargement. — Le fréteur qui contrevient ainsi à ses obligations, non seulement ne peut réclamer le fret, puisque le transport n'a pas lieu, par son fait, mais doit, en outre, des dommages-intérêts. Seulement ces dommages-intérêts n'étant pas déterminés par la loi devront être fixés par les tribunaux.

1112. Aux termes de l'art. 293 c. com., le chargeur qui retire ses marchandises pendant le voyage est tenu de payer le fret en entier et tous les frais de déplacement occasionnés par le déchargement : si les marchandises sont retirées pour cause des faits ou des fautes du capitaine, celui-ci est responsable de tous les frais (V. *Rép.* nos 1007 et suiv.). Cette disposition est toute différente de celle de l'art. 252 c. com. qui prévoit le cas de rupture de l'engagement des gens de mer. Le motif de cette différence est que, pour les gens de mer, peu importe que le voyage s'accomplisse ou non; il suffit qu'en cas de rupture ils soient indemnisés, et ils le sont par les allocations que prescrit l'art. 252. Au contraire, il importe à l'armateur que le contrat d'affrètement s'exécute, car la rupture, même avec indemnité partielle, lui enlève le bénéfice de l'entreprise. L'art. 293 est d'ailleurs conforme au droit commun (c. civ. art. 1134), et il n'y a pas ici de raison pour y déroger, comme dans le cas de l'art. 288 c. com.— L'affréteur est, d'ailleurs, toujours libre de retirer ses marchandises, à la condition de payer le fret. D'après le code allemand (art. 588-2°), il ne le peut qu'avec le consentement de tous les autres affréteurs, s'il doit en résulter un retardement du voyage ou un transbordement.

1113. On a vu que l'art. 293 c. com. est applicable, quel que soit le mode d'affrètement, et même s'il est à cueillette (V. *suprà*, n° 1107; *Rép.* n° 1007). Peu importe également qu'il y ait retrait total de la cargaison, ou seulement retrait partiel; la distinction faite à ce point de vue dans le cas de l'art. 234 n'est pas admissible en dehors de cette hypothèse (de Valroger, t. 2, n° 805).

1114. L'art. 293 n'est applicable qu'en cas de retrait volontaire. Doit-on considérer comme volontaire le retrait de marchandises en voie de détérioration? Il a été jugé, sur ce point, que le capitaine a droit au fret, même des marchandises avariées qu'il a été obligé de faire vendre (Aix, 11 août 1859, aff. Topsent, D. P. 60. 2. 15); ce cas doit, en effet, être assimilé à celui où l'affréteur aurait lui-même retiré et vendu ses marchandises en cours de voyage (*Rép.* n° 1016. Conf. Bordeaux, 26 juill. 1877, aff. Maxsted, D. P. 78. 2. 249; Douai, 4 janv. 1881 (1); Desjardins, t. 3, n° 844; de Valroger, t. 2, n° 804).

1115. Le motif qui a dicté au législateur la disposition de l'art. 293 c. com. paraît être, ainsi qu'on l'a indiqué au *Rép.* n° 1007, qu'il serait vraisemblablement fort difficile au capitaine de remplacer pendant le voyage les marchandises qu'on lui retire. C'est ce qu'exprimait déjà Valin dans son *Commentaire de l'art. 8, tit. 3, liv. 3, de l'ordonnance de* 1681, qui formulait la règle reproduite par l'art. 293 c. com. : « La raison, disait-il, pour laquelle le fret est dû en entier lorsque le chargeur retire ses marchandises pendant le voyage sans que le fait du maître y donne lieu, c'est que le maître est par là mis hors d'état de remplacer les marchandises, au moyen de quoi il serait constitué en perte si le fret ne lui était pas payé en entier ». Si donc il a pu remplacer par d'autres marchandises les marchandises vendues, ou, ce qui revient au même, s'il a employé à des opérations nouvelles le navire devenu libre par le déchargement, il semblerait conforme à l'équité et à l'esprit de la loi qu'il tînt compte au chargeur, par une réduction sur le fret, du bénéfice ainsi recueilli, et que n'étant pas, suivant les prévisions du législateur, constitué en perte, il ne bénéficiât point de la perte subie par le chargeur. C'est ainsi que, suivant l'art. 287 c. com., l'affréteur d'un navire en totalité, qui doit le fret entier bien que le chargement soit incomplet, profite cependant du fret des marchandises qui, fournies par d'autres chargeurs, complètent le chargement du navire (V. *Rép.* nos 884 et suiv.). C'est ainsi encore que, si l'art. 288 c. com. oblige l'affréteur qui n'a pas chargé la quantité de marchandises portée dans la charte-partie, à payer le fret entier, c'est à la condition que la place qui devait contenir le surplus soit restée disponible (*Rép.* n° 826), et que le capitaine qui a reçu, au lieu et place des marchandises manquantes, des marchandises appartenant à d'autres qu'à l'affréteur, ne puisse réclamer à celui-ci que la différence entre le fret payé pour les marchandises réellement chargées et le fret supérieur primitivement convenu (*Rép.* n° 996). — On peut rattacher à ces principes la solution donnée par un arrêt de la cour d'Aix du 11 août 1859 (aff. Topsent, D. P. 60. 2. 15) cité *suprà*, n° 1114, qui, après avoir assimilé au retirement volontaire la vente faite par le capitaine, dans l'intérêt des chargeurs, de marchandises avariées, et reconnu, en conséquence, que les chargeurs sont tenus de payer le fret entier, déduit cependant du montant du fret ce qu'aurait coûté au capitaine le transport de ces marchandises du lieu où elles ont été vendues au lieu de leur destination. Enfin M. Caumont, v° *Affrètement*, n° 107, § 1er, cite un jugement du tribunal de commerce du Havre du 29 août 1864, décidant que les chargeurs qui ont remplacé les marchandises ainsi vendues en cours de voyage par des marchandises nouvelles en égale quantité ne doivent aucun supplément de fret.

La cour de Bordeaux, dans un arrêt qui, assimilant au retirement volontaire la vente des marchandises avariées faite au cours du voyage dans l'intérêt du chargeur, condamne ce dernier à payer le fret entier, a donné une interprétation de l'art. 293 différente de celle que l'on vient d'exposer (Bordeaux, 30 nov. 1848, aff. Foussat, D. P. 49. 2. 238) : elle fonde sa décision sur ce que la loi n'a pas voulu mettre les intérêts du capitaine en contradiction avec ses devoirs : « Il y aurait en effet, dit l'arrêt précité, devoir pour lui de vendre la marchandise, et intérêt à la retenir, afin de ne pas perdre le fret ». — Un autre arrêt de la même cour du 26 juill. 1877 (aff. Maxsted, D. P. 78. 2. 249),

(1) (Woussen C. Capitaine Bent.) — Le tribunal de commerce de Dunkerque a rendu le jugement suivant : — Attendu que l'expertise et la vente à La Barbade des deux cents tonneaux de grains contestés par les défendeurs, sont faites en une forme qui est de nature à donner tout apaisement au tribunal; que les défendeurs ne demandent même pas à établir que le capitaine n'ait pas suivi la procédure usitée au port de relâche; que la régularité des actes du capitaine résulte implicitement de ce que les pièces constatant la nécessité de vendre et la réalisation de la vente ont été scellées par le vice-consul de France; — Attendu que les intérêts confiés au capitaine paraissent avoir été complètement garantis; que la prétention des défendeurs d'exiger des justifications plus complètes est donc mal fondée; qu'il y a lieu de classer en avaries particulières au chargement les frais d'expertise et de vente des deux cents tonneaux en état d'avaries; — Attendu que la mesure prise par le capitaine en vendant les deux cents tonneaux avariés est toute dans l'intérêt du chargement; — Attendu que les cas de suppression ou de réduction du fret sont prévus par la loi et impliquent une faute du capitaine, ou tout au moins, comme dans l'art. 302, la possibilité d'une faute dans la conduite et la défense des intérêts qui lui sont confiés; que les étendre au cas actuel serait placer le capitaine entre son devoir et son intérêt et lui infliger une pénalité en retour des soins qu'il aurait pris de préserver la partie saine de sa cargaison; que ce serait, pour ainsi dire, un moyen détourné de donner un certain caractère d'avaries grosses à une fortune de mer affectant la marchandise seule; que c'est, au contraire, le cas d'appliquer l'art. 293 c. com., puisque le capitaine, mandataire des intérêts de tous, a fait ce que les chargeurs eux-mêmes eussent été forcés de faire; — Attendu qu'en conformité de ces principes, la jurisprudence la plus récente alloue en pareil cas au capitaine son fret entier;

Par ces motifs, le tribunal déclare avaries particulières au chargement les frais d'expertise et de vente à La Barbade de deux cents tonneaux de maïs avariés; condamne P. Woussen et comp. à payer au capitaine Bent le fret entier sur les deux cents tonneaux avariés vendus à la Barbade. — Appel par Woussen.

La cour; — Adoptant les motifs des premiers juges; — Confirme.

Du 4 janv. 1881.-C. de Douai, 1re ch.-M. Jorel, pr.

partant du même principe, a décidé que, lorsque des marchandises avariées par vice propre ont été vendues par le capitaine dans un port de relâche, cette vente ayant eu lieu dans l'intérêt du chargeur, équivaut au retirement volontaire prévu par l'art. 293 c. com.; en conséquence, le chargeur doit le fret entier des marchandises; et le capitaine qui, rompant volontairement le voyage commencé, a expédié à destination par steamer ce qui lui restait de la cargaison, ne doit pas compte au chargeur des bénéfices que lui ont procurés les opérations entreprises avec le navire devenu libre. — M. Levillain a critiqué la décision de cet arrêt dans un article inséré dans le *Journal des arrêts de la cour de Bordeaux*, 1877, p. 356. — Certains auteurs proposent une distinction : ils admettent que le fret des marchandises prises en remplacement est imputable sur celui qui est dû aux termes de l'art. 293; mais que, s'il y a rupture complète du voyage, il n'y a pas lieu d'imputer le produit d'une entreprise nouvelle à laquelle se livre le navire, et ils concilient ainsi les décisions de la jurisprudence (de Valroger, t. 2, n° 805).

1116. Le chargeur qui retire la marchandise doit, en sus du fret, supporter les frais de déplacement occasionnés par le débarquement de cette marchandise (art. 293); quant aux frais de débarquement, ils ne lui incombent qu'autant que, d'après la convention ou l'usage, ils devaient être à sa charge. Le chargeur doit encore supporter les avaries que le débarquement occasionne au navire ou aux autres marchandises; il doit payer la part qui lui incombe dans les avaries communes antérieures (de Valroger, t. 2, n° 806).

1117. Sur le cas où le retrait de la marchandise a pour cause des faits ou des fautes du capitaine qui, par exemple, a changé de route, ou bien allongé le voyage par des escales imprévues, V. *Rép.* n° 1008. Le chargeur ne peut être tenu, en ce cas, du payement total du fret, puisque le transport n'a pas lieu, et cela à cause des agissements du capitaine. Doit-il au moins le fret de distance? Il semble qu'il ne le devrait que s'il avait bénéficié du transport partiellement opéré (de Valroger, t. 2, n° 804). Quant aux condamnations que peut encourir le capitaine, V. *Rép. loc. cit.*

1118. On a vu au *Rép.* n° 1009 qu'aux termes de l'art. 298, 1er al., lorsque des marchandises ont été vendues pour les besoins du navire, le fret n'en est pas moins dû dans son intégralité, à raison de ces marchandises. Il en est ainsi alors même que le navire, par suite d'un sinistre ultérieur, ne parvient pas à destination, bien que le destinataire ne reçoive pas alors une somme équivalente à la valeur intégrale de la chose (de Valroger, t. 2, n° 844). On doit, toutefois, imputer sur le fret que doit le chargeur celui perçu à raison de marchandises prises en remplacement. Enfin le fret n'est dû que proportionnellement à la distance, s'il y a retrait total des marchandises pour éviter la vente (art. 234, § 3) (V. *suprà*, nos 655 et suiv.; de Valroger, t. 2, n° 844).

1119. L'obligation pour le chargeur ou le destinataire de payer le fret dans le cas prévu par l'art. 298 a pour contre-partie celle qui incombe à l'armateur et au capitaine de les indemniser. On sait quel est le *quantum* de l'indemnité quand le navire arrive à bon port : on tient compte à l'affréteur de la valeur des marchandises au lieu de la destination (*Rép.* n° 1009). — M. de Valroger, t. 2, n° 841, se demande ce qu'il faudrait décider dans le cas où cette valeur serait inférieure au prix pour lequel la vente a été faite au lieu de relâche, et il estime avec raison que la totalité du prix réel doit être attribuée à l'affréteur; il paraît impossible, en effet, « que les propriétaires du navire puissent retirer un bénéfice de la vente des marchandises en cours du voyage. Cette solution est consacrée par l'art. 613 du code allemand. Nous ajouterons que, si la marchandise a été affectée au remboursement d'un fret à la grosse, il suffit de remettre au destinataire la somme nécessaire pour qu'il puisse, en remboursant le prêteur, dégrever la marchandise (de Valroger, t. 2, nos 847 et 848).

1120. On a vu d'autre part (*Rép.* nos 1011 et 1012) quel est le *quantum* de l'indemnité quand le navire périt par la suite. L'avis d'Emerigon, qui refusait alors toute indemnité au chargeur sous prétexte que la marchandise aurait péri avec le navire si elle était restée à bord, est inadmissible. Qui sait, en effet, si elle aurait péri ou si elle n'aurait pas été sauvée? De plus, l'armateur qui a employé le prix de vente à l'acquittement d'impenses qui lui sont personnelles s'enrichirait ainsi aux dépens du chargeur. Mais, dans l'incertitude où l'on est sur le point de savoir si les marchandises auraient péri ou non dans le cas où elles seraient restées à bord, on ne pouvait condamner l'armement qu'à rembourser la somme perçue (*Rép.* n° 1010; de Valroger, t. 2, n° 842). Le propriétaire du navire peut, d'ailleurs, déduire de la somme à payer non seulement le fret qui lui reste dû, mais aussi les impenses, tels que droits de douane épargnés au destinataire par l'effet de la vente ou de la dation en gage (de Valroger, t. 2, nos 843 et 846).

1121. L'armateur n'est tenu du payement de la somme que sur sa fortune de mer (art. 298) (*Rép.* n° 1013). Cette disposition, contraire à la doctrine de Pothier, mais conforme à celle d'Emérigon, ne fait qu'appliquer le principe formulé par l'art. 216, 1° al., tel qu'il existe depuis le remaniement dont cet article a été lui-même l'objet. On a pensé, d'ailleurs, qu'en équité, le propriétaire du navire atteint par un sinistre ne devait pas demeurer astreint à l'acquittement intégral de la valeur de marchandises qui vraisemblablement auraient été également avariées si elles étaient restées à bord (de Valroger, t. 2, n° 849).

1122. Le chargeur dont la marchandise a été vendue ou donnée en gage n'est pas seul à subir la perte qui découle de ce mode de libération (art. 298 *in fine*) (*Rép.* n° 1014). Cette perte doit être répartie au marc le franc sur la valeur de ces marchandises et de celles qui sont arrivées à destination ou ont été sauvées postérieurement.

Si ceux des chargeurs dont les marchandises ont été débarquées dans le port où s'est réalisée l'opération sont affranchis de la contribution (*Rép. ibid.*), à plus forte raison en est-il de même de ceux dont les marchandises avaient été débarquées antérieurement (Desjardins, t. 3, n° 857).

1123. Tous les chargeurs, y *compris ceux dont les marchandises ont été vendues*, contribuent d'après la valeur de ces dernières, en cas d'arrivée à bon port. En cas de perte du navire, le propriétaire des marchandises vendues contribue d'après le prix de vente, les autres propriétaires, d'après la valeur de leurs marchandises dans le lieu du sinistre (Desjardins, t. 3, n° 855 *in fine;* de Valroger, t. 2, nos 850, 852 et 853).

1124. Le capitaine est payé du fret des marchandises jetées à la mer pour le salut commun, à la charge de contribution (art. 301) (*Rép.* nos 1021 et suiv.). Ici encore, le chargeur se trouve dans une situation équivalente à celle où il se trouverait, si le transport avait eu lieu; il est donc juste qu'il paye le fret. — Jugé toutefois que, lorsqu'il y a eu jet de marchandises chargées sur le tillac du navire, le propriétaire, n'ayant droit à aucune indemnité à raison de la perte de ces marchandises et ne pouvant exercer qu'un recours personnel contre le capitaine, ne doit aucun fret pour les objets dont il s'agit (Bordeaux, 1er juill. 1872, aff. Méric, D. P. 73. 5. 77); et il en est ainsi, alors même que le chargement sur le tillac aurait eu lieu du consentement du chargeur (Même arrêt. Conf. Trib. com. Bordeaux, 11 janv. 1865, *Recueil de Marseille*, 1866. 2. 13; Rouen, 3 févr. 1865, *Recueil du Havre*, 1865. 2. 38; Trib. com. Marseille, 14 nov. 1866, *Recueil de Marseille*, 1867. 1. 23; 8 févr. 1877, *ibid.*, 1877. 1. 120; Desjardins, t. 3, n° 853; de Valroger, t. 2, n° 873). — L'art. 301 c. com. est également inapplicable si la présence à bord des marchandises n'est pas constatée par un connaissement ou par une déclaration du capitaine; dans ces deux cas, en effet, le propriétaire qui ne peut exercer l'action en contribution (c. com. art. 420 et 421) n'est plus tenu du fret; il faut donc appliquer l'art. 302 c. com.

1125. L'art. 301 c. com. fait encore place à l'art. 302 c. com., quand le jet n'a pas empêché la perte des objets soumis aux risques; dans ce cas, le propriétaire est encore privé de l'action en contribution (V. *infrà*, nos 1340 et suiv.), il ne peut être tenu du fret. — Si le navire d'abord sauvé a péri fortuitement, par la suite, le propriétaire des objets sacrifiés ne peut exercer l'action en contribution que sur ceux des objets qui ont échappé au sinistre; il devra le fret dans la mesure où la contribution lui profite (art. 303) (Conf. de Valroger, t. 2, n° 869).

Enfin, si les marchandises jetées ont été recouvrées, l'action en contribution n'ayant lieu que pour le montant de la dépréciation qu'elles ont subie, le fret est dû totalement ou partiellement, suivant qu'elles sont ou non, par la suite, parvenues à destination (*Rép.* n° 1022).

1126. *L'interdiction de commerce* est un cas fortuit, dont il est légitime que chaque partie doive souffrir; aussi le législateur a-t-il fait fléchir les principes devant l'équité : rigoureusement, aucun fret n'est dû quand le transport n'a pas eu lieu; cependant l'art. 299 dispose que, s'il survient une interdiction de commerce avec le pays pour lequel le navire est en route, et qu'il soit obligé de revenir avec son chargement, il n'est dû au capitaine que le fret de l'aller, quoique le vaisseau ait été affrété pour l'aller et le retour (*Rép.* nos 1017 et suiv.). — D'après le code allemand (art. 636), le fret est dû proportionnellement à la distance parcourue ; « Si le navire, dit cet article, est retourné dans le port de départ ou dans un autre port, c'est le point de départ le plus rapproché du port de destination auquel le navire ait atteint qui servira de base au calcul du fret de distance, à l'effet de déterminer la distance parcourue. » Le code italien (art. 572) dispose que, s'il n'y a qu'un seul fret stipulé pour l'aller et le retour, l'affréteur doit la moitié de ce fret; s'il y a deux frets distincts, il doit la moitié des deux frets cumulés.

Il peut arriver que le navire soit affrété pour l'aller et le retour, avec l'indication de plusieurs destinations successives. Comment fixera-t-on alors la ligne de démarcation entre le voyage d'aller et celui du retour? Suivant M. Laurin, t. 2, p. 201, il y a lieu de la fixer à la dernière destination, le voyage de retour ne pouvant être jusque-là commencé, puisque l'objet que l'on avait en vue dans l'expédition première n'a pas été complètement rempli (Conf. Trib. com. Marseille, 6 août 1827, *Recueil de Marseille*, 1828. 1. 301). M. Desjardins, t. 3, n° 846, tout en reconnaissant que cette solution, généralement conforme à la vérité des choses, la juge cependant trop absolue : il peut arriver, par exemple, que le navire décharge la plus grande partie de ses marchandises à l'avant-dernière escale, et y prenne une portion correspondante du chargement de retour; au port de sa dernière destination, il ne peut débarquer, à cause d'une interdiction de commerce. Tout le fret de retour cessera-t-il d'être dû? Non, évidemment; car, quant à la plus grande partie de la cargaison, le voyage de retour est commencé. On devra simplement réduire le fret de retour proportionnellement à la partie du chargement qui n'a pu être débarquée (V. aussi de Valroger, t. 2, n° 862).

1127. Quand peut-on dire que l'interdiction de commerce survient après ou avant le commencement du voyage? Lorsque le navire va prendre charge dans un lieu déterminé, autre que celui où a été conclu le contrat, si une interdiction de commerce survient avant l'arrivée au port de charge, le voyage est-il réputé commencé, et, par conséquent, le fret d'aller est-il dû? Un jugement du tribunal de commerce de Marseille du 11 nov. 1858 (*Recueil de Marseille*, t. 37, 1. 85), a répondu négativement (Conf. Laurin, t. 2, p. 201; Desjardins, t. 3, n° 846 ; de Valroger, t. 2, n° 861); mais un autre jugement du même tribunal du 4 juill. 1878 (aff. Billion, *Recueil de Marseille,* 1878. 1. 211) s'est prononcé en sens contraire. — La première solution nous paraît préférable : le capitaine, en se rendant au lieu de charge, n'exécute pas encore le contrat d'affrètement, il se met à même de l'exécuter : l'art. 299 est donc inapplicable.

1128. En règle générale, il n'est dû aucun fret pour les marchandises perdues par naufrage ou échouement, pillées ou prises, et, en général, pour les marchandises qui ont péri par cas fortuit (art. 302),... par exemple, dans un incendie, dans un abordage (Trib. com. Nantes, 11 mars 1871, *Recueil de Marseille*, 1871. 2. 152. Conf. de Valroger, t. 2, nos 875 et suiv.). Il n'y a pas à distinguer suivant que l'accident a eu lieu en pleine mer, ou dans le port de destination, avant l'expiration du délai de planche et avant le débarquement (Trib. com. Nantes, 11 déc. 1875, *Recueil de Marseille,* 1876. 2. 173. Conf. de Valroger, t. 2, nos 880 et suiv.).

Non seulement en pareil cas, l'affréteur n'est plus tenu du payement du fret encore dû, mais il peut répéter les avances sur le fret (art. 302, § 2) (*Rép.* n° 1023). Il existe, à ce point de vue, une différence entre l'art. 258 et l'art. 302; le législateur a considéré sans doute que le fréteur pouvait, plus facilement que les gens de mer, restituer les avances reçues (de Valroger, t. 2, n° 885).

1129. M. de Valroger, t. 2, n° 879, estime que lorsque le transport a pour objet des animaux, et que ceux-ci viennent à périr durant le voyage, le fret n'en est pas moins dû, à moins que l'accident ne soit la conséquence d'une fortune de mer telle qu'un naufrage. — Cette solution ne paraît pas contestable. Le code allemand (art. 619) contient une disposition formelle en ce sens.

1130. La disposition de l'art. 302 c. com. n'étant pas d'ordre public, les parties peuvent convenir que, en cas de naufrage du navire, le fret sera dû à l'armateur, ou, s'il a été payé d'avance, pourra être gardé par lui (Rouen, 13 déc. 1886, aff. Becker, D. P. 87. 1. 149 ; Pardessus, t. 3, n° 716 ; Alauzet, t. 4, n° 1429 ; Lyon-Caen et Renault, t. 2, n° 1903). Cette clause, dite « du fret payable à tout événement » doit, à défaut de circonstances de fait qui lui donneraient un sens restrictif, être entendue comme s'appliquant au fret dû aussi bien qu'au fret payé (Même arrêt). — Jugé, cependant, en sens contraire, que cette convention, licite pour le fret payé d'avance, est nulle pour le fret payable à l'arrivée (Aix, 15 nov. 1886, aff. Cicellis, D. P. 87. 2. 149. Comp. Desjardins, t. 3, n° 847 ; de Valroger, t. 2, nos 885, 886 et 888).

1131. Si le sinistre n'a entraîné qu'une perte partielle des marchandises, le fret cesse d'être dû pour une part proportionnellement équivalente à la perte. — Il n'en est pas, à ce point de vue, des pertes partielles comme des simples détériorations (art. 309 et 310) (V. *suprà*, nos 1044 et suiv.; Trib. com. Anvers, 21 juill. 1874, *Jurisprudence du port d'Anvers*, 1874. 1. 301). — Les avances même déclarées non restituables sont toujours imputables sur le fret partiel qui est dû (Desjardins, t. 3, n° 852; de Valroger, t. 2, n° 833).

1132. On a exposé au *Rép.* n°. 1024 les règles applicables au cas où, le navire ayant été frété pour l'aller et le retour, le sinistre survient pendant le voyage de retour. — Si le fret afférent à l'aller et au retour a été stipulé *in globo*, il faudra, pour déterminer le montant de celui que perd le fréteur, recourir à une ventilation (*Rép. ibid.*). — S'il a été stipulé que le transport afférent au voyage d'aller aurait lieu « franco de fret », ou moyennant « un franc pour tout fret », sur quelle base s'opérera la ventilation? Nous avons apprécié la portée de cette clause quand il s'agit de décider sur quel fret d'aller les gens de mer pourront exercer leur privilège (V. *suprà*, n° 774). La question ne se présente plus ici sous le même aspect. Il n'y a aucun motif pour que la convention, qui n'a rien d'illicite, ne soit pas exécutée entre les contractants dont elle fait la loi. Aucun fret d'aller ne sera donc dû. Il n'en serait autrement que si le fréteur pouvait prouver qu'un fret d'aller a été réellement stipulé et que la convention n'est qu'un expédient destiné à éviter l'action privilégiée des matelots, ou à faciliter la négociation de traites fournies par le chargeur sur le consignataire (Desjardins, t. 3, n° 847; de Valroger, t. 2, n° 884).

1133. Il est rare aujourd'hui que la *prise* soit suivie de rachat, car les instructions ministérielles défendent, en général, aux capitaines des navires de guerre, les seuls qui, en temps de guerre, puissent capturer les navires ennemis, de traiter avec les capitaines des navires capturés (de Valroger, t. 2, n° 892). — L'art. 303 décide que, si des marchandises prises ou naufragées sont rachetées ou sauvées, le capitaine est payé du fret jusqu'au lieu de la prise ou du naufrage ; si même il conduit les marchandises au lieu de leur destination, il reçoit le fret entier, sauf, en cas de rachat, la contribution à établir, pour le rachat, entre le navire et le chargement (*Rép.* nos 1027 et suiv.). — Jugé que l'armateur, ayant droit au fret jusqu'au lieu du naufrage quand les marchandises ont été sauvées, doit recevoir la totalité du fret, si, au moment du naufrage, le navire était arrivé dans le port de destination; et il n'y a pas même lieu, dans ce cas, de déduire la somme qu'il aurait fallu débourser, sans cet événement, pour décharger et livrer la marchandise à l'endroit désigné dans la charte-partie (Trib. com. Honfleur, 1er avr. 1868, aff. Bevans, D. P. 68. 3. 62).

1134. Le fret n'est dû que partiellement, si le navire, à l'issue du sinistre, se trouve hors d'état de continuer sa route, même moyennant un radoub, et si le capitaine ne trouve pas à louer, dans des conditions acceptables, un autre bâtiment pour assurer le transport de la marchandise à destination, ou même, suivant certains auteurs, si les chargeurs refusent de charger leurs marchandises sur cet autre navire (V. *suprà*, n° 1084; *Rép.* n°s 1027 et suiv.; de Valroger, t. 2, n° 897). — Pour déterminer le rapport qui existe entre la portion du trajet déjà effectuée et le trajet total, on procède comme on l'a fait dans le cas prévu par l'art. 296 (V. *suprà*, n° 1086).

1135. L'art. 303 devient inapplicable, et le fret total est dû, quand, le navire étant en état de continuer sa route, c'est l'état de détérioration de la marchandise qui s'oppose à son rembarquement. — Il a été jugé que le fret est dû pour les marchandises vendues sous l'eau après naufrage ou échouement du navire, ces marchandises devant être réputées sauvées jusqu'à concurrence du prix d'adjudication (Civ. cass. 13 févr. 1877, aff. *Union malouine*, D. P. 77. 1. 147). — Quelle est, en ce cas, la quotité du fret dû par l'affréteur? L'armateur a-t-il droit au fret de tout le chargement, bien que le prix de vente ne représente qu'une partie de la valeur des marchandises? La question n'a pas été formellement résolue par l'arrêt précité. Toutefois, en déclarant que les marchandises doivent être réputées sauvées jusqu'à concurrence du prix d'adjudication, la cour de cassation semble bien avoir implicitement admis que le fret n'était dû que pour une part proportionnelle au prix d'adjudication comparé avec la valeur totale du chargement. Cette solution serait, dans tous les cas, la plus juridique et la plus équitable. Peut-on dire, en effet, que, pour ce qui excède le prix d'adjudication, les marchandises soient sauvées? Comme le dit très bien M. de Valroger, t. 2, n° 896, « si le prix de vente ne représente que le tiers de la valeur des marchandises, il n'y a en réalité sauvetage que d'un tiers du chargement, et le fret ne sera dû que pour ce tiers » (V. dans le même sens : Lyon-Caen, note sur l'arrêt de la cour de Rouen du 6 avr. 1875, cassé par l'arrêt du 13 févr. 1877; Ruben de Couder, v° *Fret*, n° 281. — *Contrà :* Bravard et Demangeat, t. 4, p. 464; de Courcy, t. 1, p. 181; Desjardins, t. 3, n° 851, p. 678).

1136. En cas de prise, si le navire est retenu et la marchandise restituée, le fret est dû au capteur qui est aux droits de l'armateur. Si la prise est validée en ce qui concerne la cargaison seulement, et si le navire est restitué, le capteur soumis aux obligations de l'affréteur doit payer le fret; il le doit même intégralement, car la prise équivaut à un retrait volontaire (art. 293) (de Valroger, t. 2, n° 892). En cas de sinistre, il n'est pas nécessaire, pour que l'art. 303 reçoive application, que le sauvetage soit l'œuvre du capitaine lui-même (de Valroger, t. 2, n° 895). — V. en sens contraire une décision rendue en Angleterre par le conseil de l'Amirauté, le 17 nov. 1874 (*Journal de droit international privé*, 1875, p. 206) (V. aussi c. finlandais, art. 108).

1137. Les frais de *sauvetage* sont, on le verra *infrà*, n°s 1242 et suiv., le plus souvent avaries particulières et, comme tels, supportés par le propriétaire des marchandises sauvées (de Valroger, t. 2, n° 901). — L'indemnité de *rachat* est réputée avarie commune (c. com. art. 303, 304 et 400) (V. *Rép.* n° 1034, et *infrà*, n°s 1185 et suiv.). Le mode de rachat du navire ou des marchandises capturées par un *corsaire*, et les actions qui peuvent résulter de la convention de rachat, étaient soumis à certaines règles qui ont cessé de recevoir leur application depuis l'abolition de la *course* par la déclaration du 15 avr. 1856 et le décret du 28 du même mois (D. P. 56. 4. 51) (V. *Prises maritimes ; — Rép.* eod. v°, n°s 217 et suiv.).

1138. Le capitaine doit contribuer au rachat, non seulement quand il a conduit les marchandises à destination, comme pourrait le faire croire l'art. 303, mais même quand, ne les y conduisant pas, il ne reçoit qu'un fret proportionnel; seulement sa part afférente à la contribution est alors moindre (de Valroger, t. 2, n° 900).

1139. Les dispositions qui précèdent sont exclusivement applicables à la navigation *maritime* (Trib. com. Nantes, 24 mai 1879) (1).

ART. 4. — *Des dispositions communes à tous les cas où le fret est dû* (*Rép.* n°s 1035 à 1040).

1140. L'art. 280 c. com. crée un privilège réciproque : 1° au profit du chargeur, sur le navire, les agrès ou apparaux et le fret dû par les affréteurs autres que celui qui exerce ce privilège; 2° au profit de l'armateur et du capitaine sur les marchandises chargées à bord. L'art. 280 ainsi qu'on l'a vu *suprà*, n° 395, fait exception à la règle d'après laquelle les privilèges sur les navires ne s'étendent pas en principe sur le fret.

1141. Quelles sont les créances à raison desquelles ces privilèges peuvent être invoqués? Le fréteur est privilégié pour son fret, pour les sommes dues accessoirement au fret et pour celles dues à raison d'avaries (c. com. art. 308). On a examiné *suprà*, n° 908, la question de savoir si le capitaine est privilégié à raison des indemnités qui lui sont dues pour cause de retard (surestaries, contre-surestaries). — On sait aussi qu'il ne l'est pas (*suprà*, n° 1102; *Rép.* n°s 1005 et 1007) à raison des indemnités que lui doit le chargeur pour inexécution totale ou partielle de l'affrètement (art. 288, 291 et 293), bien qu'elles consistent dans une portion du fret, car elles ne sont pas, comme le fret, *le prix du transport*, elles sont dues précisément parce que le chargeur a mis le fréteur dans l'impossibilité d'y procéder complètement (*Rép.* n° 1038; de Valroger, n° 921). — Cependant, suivant ce dernier auteur, le privilège pourrait être invoqué dans le cas où les marchandises, après avoir été chargées, auraient été retirées par l'affréteur; l'art. 280, en effet, n'exclut le privilège que losqu'il s'agit de marchandises qui n'ont pas été *chargées*. Mais l'opinion contraire est plus généralement admise (V. Bédarride, t. 2, n° 816; Laurin, t. 2, p. 193; Trib. com. Nantes, 2 juin 1858, *Recueil de Nantes*, 1859. 1. 280). — A plus forte raison, le capitaine n'a-t-il pas de privilège pour les sommes auxquelles il peut prétendre (par exemple, pour frais d'amarrage ou de gardiennage) à raison de faits postérieurs au débarquement (Desjardins, t. 3, n° 691). — Les avances pour droits de douane et frais de sauvetage seront garanties par un privilège spécial que le capitaine invoquera en vertu de la subrogation. On peut d'ailleurs les

(1) (Grangeot C. Guérin.) — LE TRIBUNAL; ... — Attendu que le bateau *Trocadéro* fit naufrage quelques lieues avant le Mans, où était livrable son chargement; que le bateau fut perdu, mais que les marchandises furent sauvées et vendues, dans l'état d'avaries où elles se trouvaient, pour compte des assureurs, qui en acceptèrent l'abandon; — Que c'est sur ces marchandises que Grangeot, par son exploit introductif d'instance, demande un fret qui, selon lui, serait dû proportionnellement à la distance parcourue lors de l'accident; — Que le débat ne porte donc réellement que sur la somme de 1004 fr. 83 cent., pour laquelle, d'ailleurs, les assureurs acceptent de prendre fait et cause pour les défendeurs; — Attendu que Grangeot invoque à l'appui de sa demande l'art. 303 c. com., qui édicte que la marchandise sauvée de la prise ou du naufrage doit le fret proportionnellement à la distance parcourue; — Attendu que cet article fait partie du livre 2 du code de commerce, qui porte pour titre : *Du commerce maritime*, et qui contient un ensemble de dispositions relatives à la navigation en mer, aux propriétaires et aux capitaines de navires; — Que, spécialement, l'art. 303 édicte une disposition en dehors des conventions apparentes des parties; que le but du législateur a été d'intéresser au sauvetage en mer, opération difficile et souvent dangereuse, le capitaine et les gens de l'équipage, qui trouvent, d'ailleurs, dans le fret, en vertu de l'art. 271, un aliment affecté par privilège au payement de leurs gages; — Attendu qu'il suffit de voir le but et la portée de cet article pour comprendre que Grangeot ne peut en invoquer les termes à son profit; que, d'ailleurs, il n'est pas propriétaire de navire, mais marinier, maître de bateaux destinés à la navigation fluviale; — Que sa situation se trouve réglée par les art. 96 et 108 du livre 1er du code de commerce traitant des commissionnaires de transports par terre et par eau; — Que, ces articles ne donnant aucune disposition spéciale justifiant la demande de Grangeot, il se trouve en présence des conventions stipulées par la lettre de voiture; — Que le prix du transport était dû seulement après livraison des marchandises à destination; que Grangeot, n'ayant pas effectué cette livraison, est sans droit à exiger des chargeurs ou du destinataire tout ou partie du fret exigé pour le transport; — Par ces motifs, déboute Grangeot de ses demandes, etc.

Du 24 mai 1879.-Trib. com. Nantes.-MM. Francheteau, pr.-Thibaud, Palvadeau et Berthault, av.

considérer comme un accessoire du fret (de Valroger, t. 2, nº 923).

1142. Les chargeurs n'ont de privilège que pour les dommages-intérêts qu'ils sont fondés à réclamer pour absence de transport, pour avaries des marchandises par le fait du capitaine ou des gens de l'équipage, mais non pour ceux qu'ils réclament à raison d'un retard (de Valroger, t. 2, nº 727).

1143. Le privilège du capitaine et de l'armateur ne s'étend qu'aux marchandises proprement dites, qui sont censées acquérir une valeur nouvelle par le fait du transport; aussi a-t-il été jugé que le propriétaire d'un navire loué pour servir à des sauvetages de bâtiments naufragés, ne peut, pour le payement de ses loyers, exercer sur les machines, et notamment sur les scaphandres que son locataire a lui-même pris en location de tiers et dont il a muni ce navire, aucun droit de gage ni de privilège, soit à titre de dépositaire ou de locateur, en vertu des art. 1937, 1947, 1948, 2102 c. civ., soit à raison d'un prétendu nantissement, soit enfin en vertu des art. 280 et 307 c. com. qui assurent au capitaine un privilège sur les marchandises chargées (Montpellier, 12 févr. 1870, aff. Vidal, D. P. 71. 2. 135);... Spécialement, est nulle la saisie de ces appareils faite par le patron du navire, surtout lorsqu'il savait que ces appareils n'étaient pas la propriété du preneur (Même arrêt).

1144. Au point de vue de la durée et de l'extinction du privilège, celui des chargeurs et destinataires est régi par le droit commun (V. *suprà*, nºs 413 et suiv.). — Celui du capitaine, au contraire, est soumis non seulement aux modes d'extinction ordinaires, mais en outre à celui qu'indiquent les art. 307 et 308 c. com. Bien que reposant, comme celui du voiturier sur une idée de gage tacite (*Rép.* nº 1035), il ne prend pas fin, comme ce dernier, par la remise des marchandises au destinataire; il continue de subsister pendant quinze jours. Le motif de cette différence est l'absence de tout droit de rétention en faveur du capitaine. — Le délai de quinzaine court de la *délivrance;* mais le dépôt sur le quai ne constitue pas la livraison. On a vu *suprà*, nºs 1025 et suiv., en quoi celle-ci peut consister.

1145. Le passage de la marchandise en mains tierces avant l'expiration de la quinzaine fait perdre au capitaine son privilège. Toutefois, ainsi qu'on l'a expliqué au *Rép.* nº 1036, les marchandises ne peuvent pas être considérées comme passées en mains tierces, dans le sens de l'art. 307, par cela seul qu'elles ont été vendues par le consignataire, et même qu'elles lui ont été payées avant que le capitaine réclame sur elles son privilège, si d'ailleurs elles sont restées, malgré la vente, dans les magasins du vendeur, et si le capitaine a exercé son droit dans la quinzaine de la délivrance par lui faite à ce dernier; ce n'est point, à proprement parler, la transmission de la propriété des marchandises à un tiers qui emporte extinction du privilège dont il s'agit, mais leur tradition réelle à ce tiers (Conf. Trib. com. Marseille, 15 juill. 1851, *Recueil de Marseille*, 1851. 1. 205; Laurin, t. 2, p. 190; Desjardins, t. 3, nº 859; Lyon-Caen et Renault, t. 2, nº 1925; de Valroger, t. 2, nº 927). — Jugé, par application des principes que l'on vient d'énoncer, que le privilège se trouve éteint lorsque les marchandises délivrées par le capitaine sans payement préalable du fret sont passées en mains tierces; et que les marchandises doivent être réputées passées en mains tierces, lorsque, d'une part, elles ont été remises à des créanciers au profit desquels elles avaient été affectées pour sûreté d'avances par eux faites aux propriétaires des marchandises, et que, d'autre part, elles ont été vendues avec application du prix au remboursement de ces avances (Civ. rej. 20 mai 1857, aff. Marzion, D. P. 57. 1. 248). — Il faut, au reste, supposer, dans tous les cas, que le tiers à qui la marchandise a été remise est de bonne foi. — Sur le cas où le passage de la marchandise en mains tierces n'a été que partiel, V. *Rép.* nº 1039, et les auteurs précités.

1146. Lors même que *le destinataire* a été déclaré en faillite avant l'expiration du délai de quinzaine, le privilège continue de subsister. D'une part, en effet, la faillite n'enlève pas, sauf exception, aux créanciers les prérogatives dont ils sont investis, elle ne modifie que la façon dont elles s'exercent et n'influe que sur leurs effets; d'autre part, si elle dessaisit le failli de l'administration de ses biens, elle ne lui en ravit pas la possession, et ne les fait pas passer en mains tierces. — On sait que la faillite n'a pas pour conséquence d'étendre à tous les biens du failli le privilège du capitaine, comme le texte pourrait le faire supposer à première vue (*Rép.* nº 1040). Mais elle perpétue le privilège même au delà de la quinzaine; car, d'une part, elle fixe immédiatement la situation de chacun, et, d'autre part, les biens du failli se trouvent à partir du moment où elle est prononcée, entre les mains du syndic qui conserve et exerce les droits de tous les créanciers; on ne peut donc plus reprocher au fréteur de n'avoir pas agi dans la quinzaine (Desjardins, t. 3, nº 858; de Valroger, t. 2, nº 930).

1147. Le privilège de l'armateur et du capitaine prime tous les autres, sauf bien entendu ceux qui seraient issus des frais faits dans l'intérêt exclusif du fréteur, et pour la conservation de son propre droit (Trib. com. Anvers, 5 mai 1871, *Jurisprudence du port d'Anvers*, 1871. 1. 109; Bruxelles, 5 juin 1871, *ibid.*); il prime même celui du vendeur impayé, celui du commissionnaire pour avances, etc. (Trib. com. Anvers, 28 oct. 1869, *Jurisprudence du port d'Anvers*, 1869. 1. 361; 23 nov. 1869, *ibid.*). « Le capitaine est privilégié sur tous les créanciers » dit, en effet, expressément l'art. 308 c. com. (Conf. Lyon-Caen et Renault, t. 2, nº 1926; Desjardins, t. 3, nº 958; de Valroger, t. 2, nº 931). — Le code allemand (art. 78) dispose que le droit de gage à raison du fret est primé par ceux qui grèvent les marchandises à raison de l'argent prêté à la grosse, des contributions à avaries grosses, des frais de sauvetage et d'assistance (V. aussi code finlandais, art. 109). — D'après le code italien (art. 673), le privilège pour les frais de transport et de déchargement prime celui du prêteur à la grosse.

Sect. 5. — Des règles qui concernent le transport des passagers (*Rép.* nºs 1041 à 1061).

1148. Le code de commerce français, à la différence de plusieurs codes étrangers (c. com. allemand, art. 665 à 679; c. com. italien, art. 582 à 589; c. com. hollandais, art. 521 à 533; c. com. brésilien, art. 630 à 633; c. com. argentin, art. 1272 à 1279; c. com. chilien, art. 1067 à 1083; loi belge du 21 août 1879, art. 120 à 133; c. com. espagnol, art. 693 à 705; c. com. portugais, art. 563 à 576. V. aussi pour l'Angleterre, le *Passengers act* de 1855, modifié en 1863), ne s'est point occupé du transport des passagers par mer; aussi est-il souvent fort difficile de déterminer les règles qui doivent être appliquées à ce contrat.

1149. Quelle est la nature du contrat de transport des passagers? Cette question a été étudiée en détail, *suprà*, vº *Acte de commerce*, nºs 355 et suiv. Comme on l'a vu *ibid.*, elle est généralement résolue en ce sens que le contrat dont il s'agit ne constitue, même en ce qui concerne le transport des effets accompagnant les passagers, qu'un acte purement civil et n'a rien de commun avec le contrat d'affrétement. Néanmoins, on doit reconnaître que le propriétaire du navire a, en cas de perte des bagages dans un sinistre survenu par la faute du capitaine, la faculté de limiter sa responsabilité par l'abandon du navire et du fret, conformément à l'art. 216 (Paris, 24 mai 1862, aff. Risk-Allah, D. P. 62. 2. 175).

1150. Le contrat de transport des passagers suppose: 1º un navire, sur lequel on loue une ou plusieurs places; 2º un usage déterminé à faire de ce navire, un voyage à réaliser; 3º un prix. — Ce contrat, comme celui d'affrétement, est à titre onéreux, et donne lieu, sous ce rapport, aux mêmes observations (V. *suprà*, nºs 858 et suiv.); mais le prix convenu n'est pas un fret véritable, sauf cependant lorsqu'il s'agit d'un traité passé entre une compagnie de transport et une agence d'émigration. Le prix convenu est à l'égard de l'agence, mais non des passagers eux-mêmes, un véritable fret (Desjardins, t. 3, nºs 862 et 863).

1151. Sur les dispositions réglementaires relatives au transport des passagers ordinaires, des émigrants, des pèlerins musulmans, ou de certains passagers sur les navires des compagnies subventionnées, V. *infrà*, vº *Organisation maritime*, et Desjardins, t. 3, nº 862.

1152. Le contrat qui intervient entre le transporteur et le passager ne doit pas nécessairement être rédigé par écrit; l'art. 273, § 1er, n'est pas applicable ici (Desjardins, t. 3, nº 865; Lyon-Caen et Renault, t. 2, nº 1936; de Valroger,

t. 2, n° 952; Motifs, Trib. com. Seine, 12 juill. 1888, aff. Valenzuela *C.* Comp. transatlantique, *Le Droit* du 4 août 1888). Il est d'usage de délivrer au passager un bulletin de passage et un autre pour ses bagages, excepté pour les menus colis qu'il conserve avec lui.

1153. On a vu *suprà*, n°s 744 et suiv., et *Rép.* n° 1043, que l'on ne peut, en principe, embarquer une personne qui ne figure pas sur le rôle d'équipage (Décr. 19 mars 1852, art. 4 et 5. Conf. Décr. 20 mars 1852, art. 6). Mais, d'après plusieurs circulaires ministérielles résumées dans les art. 274 et 275 du règlement de 1866 (Circ. min. 20 mars 1852, 12 févr. 1864, 20 déc. 1865), la disposition du décret du 19 mars 1852 n'est pas applicable à l'embarquement des passagers à bord des bâtiments spécialement affectés à des transports périodiques de voyageurs. Les capitaines de ces bâtiments ne sont tenus que de dresser une liste des passagers qu'ils ont embarqués. Cette liste, close et signée au moment d'appareiller, doit être remise au bureau de l'inscription maritime vingt-quatre heures au plus tard après le départ.

1154. Le passager peut-il, sans l'assentiment du capitaine, céder à un tiers les droits que lui confère la convention de transport? En l'absence de toute disposition contraire dans la loi, on doit appliquer ici les principes généraux du contrat de louage, et répondre affirmativement à la question, alors même que le passager est dénommé au contrat;... à moins cependant que la convention n'ait été conclue *intuitu personæ*, par exemple, lorsqu'il s'agit d'un transport à prix réduit accordé à certaines personnes en raison de leur qualité, ou d'un billet d'aller et retour avec réduction de prix (Desjardins, t. 3, n° 864).

1155. Le contrat de transport de passagers par mer est, comme le contrat d'affrètement, régi et interprété par la loi ou par l'usage du lieu où il a été conclu (Civ. cass. 23 févr. 1864, aff. Jullien, D. P. 64. 1. 166).

1156. — I. OBLIGATIONS DE L'ARMATEUR ET DU CAPITAINE. — L'armateur est tenu envers les passagers de diverses obligations; 1° il doit mettre et tenir à la disposition du passager le navire indiqué au contrat. Le contrat de transport des passagers, comme le contrat d'affrètement, intervient donc en vue d'un navire déterminé; si on prend en considération la solidité et les qualités nautiques du navire quand il s'agit de charger des marchandises, à plus forte raison en est-il de même quand il s'agit d'y prendre place personnellement. Toute substitution d'un autre bâtiment au bâtiment indiqué serait une cause de résiliation avec dommages-intérêts (Desjardins, t. 3, n° 869. V. *suprà*, n° 1003). — Le transporteur n'est dispensé de mettre le navire à la disposition du passager que si, par suite d'un cas de force majeure, par exemple, de la destruction fortuite du navire ou d'avaries fortuites nécessitant de longues réparations, il se trouve dans l'impossibilité de fournir le navire indiqué. — A plus forte raison, doit-il en être de même, si l'exécution de la convention devient impossible par suite d'un fait imputable au passager, par exemple, s'il ne s'est pas muni de passeport (*Rép.* n° 1041; Desjardins, t. 2, p. 288). — C'est dans l'endroit indiqué et à l'époque fixée que le navire doit être mis à la disposition des passagers.

1157. Le capitaine n'est tenu de recevoir que ceux des passagers avec lesquels il a traité. D'abord, le permis de navigation délivré par l'Administration aux propriétaires de navires à vapeurs détermine le nombre maximum des passagers (Ord. 17 janv. 1846; art. 10) : la sanction est une amende de 50 à 500 fr. en cas de contravention (L. 21 juill. 1856, art. 16) (V. *infrà*, v° *Organisation maritime*). De plus, même dans cette limite, le capitaine a le droit de traiter avec qui bon lui semble (Desjardins, t. 3, n°s 868 et 877, et t. 2, p. 288).

1158. — 2° Le capitaine doit, en second lieu, livrer le navire en état de servir. S'il est constaté qu'au moment du départ le navire était innavigable, l'armateur est responsable. Le bâtiment doit, en outre, être muni des appareils de sauvetage nécessaires (chaloupes, canots, etc.), les logements affectés à la réception des passagers doivent être convenablement aménagés, le bâtiment doit être pourvu de tous les ustensiles nécessaires à l'alimentation ou à la médication en cas de maladie.

1159. — 3° Le capitaine doit assurer aux passagers la jouissance du navire dans les conditions prévues par le contrat. Celui auquel on a délivré un billet de 1re classe ne peut être relégué dans le local affecté aux voyageurs de 2e ou de 3e classe. Le passager ainsi traité pourrait refuser de prendre place à bord ; il pourrait, s'il y prend une place, se faire tenir compte de la différence sur le prix de passage et réclamer en outre, le cas échéant, des dommages-intérêts (Desjardins, t. 3, n° 870).

1160. — 4° Le navire doit partir à l'époque fixée et arriver sans retard. Si, par le fait de l'armateur, le navire ne part pas au moment voulu, le passager peut réclamer des dommages-intérêts ou même faire résilier la convention, mais sa réclamation n'est recevable que s'il a protesté de ce chef avant de s'embarquer. S'il ne l'a pas fait, il peut être considéré comme ayant, par un fait d'exécution volontaire, couvert la faute du capitaine (Trib. com. Anvers, 18 oct. 1865, *Jurisprudence du port d'Anvers*, 1865. 1. 359).

1161. Le capitaine doit, comme en matière d'affrètement, se rendre à destination en suivant l'itinéraire habituel ; s'il déroute, s'il fait escale sans y être autorisé, il est passible de dommages-intérêts et le passager peut même se faire débarquer (Trib. Anvers, 28 juin 1861, *Jurisprudence du port d'Anvers*, 1865. 1. 249), à moins cependant que le déroutement et la relâche ne soient nécessités par un cas fortuit (Desjardins, t. 3, n° 872). — Jugé encore que le fréteur peut être tenu de dommages-intérêts envers le passager, s'il a supprimé une escale annoncée, sur laquelle celui-ci comptait pour débarquer (Trib. com. Seine, 20 oct. 1883, aff. Société des mines de Carotal *C.* Comp. Transatlantique, *Le Droit* du 10 nov. 1883).

1162. — 5° L'armateur doit-il pourvoir à la nourriture du passager? Il n'y a pas, en droit français, de règle générale sur ce point : on doit s'en référer, à défaut de convention formelle, à la convention implicite telle qu'elle est déterminée soit par les précédents, soit par les circonstances, par exemple, la durée du trajet, la modicité du prix du transport, etc. (*Rép.* n° 1045 ; Desjardins, t. 3, n° 873 ; de Valroger, t. 2, n° 957). — En tous cas, quand, par suite d'une prolongation imprévue dans la durée du voyage, les provisions d'un passager sont épuisées, le capitaine doit lui fournir les aliments nécessaires, sauf à en réclamer le prix ultérieurement (Desjardins, *loc. cit.*). — Les passagers sont, comme les gens d'équipage, soumis à la prescription de l'art. 249 c. com.

1163. — 6° Le transporteur doit, enfin, veiller à la sécurité des passagers et à la conservation de leurs bagages. Il doit donc prendre, à cet effet, toutes les mesures que commande la prudence. — En cas d'accident ou d'avaries, c'est à l'armateur et au capitaine, toujours présumés responsables, de prouver que le dommage a une cause indépendante de leur fait et de celui de leurs préposés. Les causes d'exonération de la responsabilité sont toujours les mêmes : cas fortuit, faute du passager, vice propre, par exemple, une maladie existant déjà au moment du départ, le délabrement des bagages à ce moment. — L'armateur ne pourrait pas stipuler qu'il ne sera pas tenu de rendre les bagages par lui reçus, sans prouver la perte par force majeure ; il ne pourrait même stipuler qu'il ne répondra pas des fautes de son préposé (Desjardins, *loc. cit.* V. cependant, *suprà*, n°s 314 et suiv.). — Le capitaine n'est tenu des avaries survenues aux objets dont le passager a conservé la garde que si ce dommage provient du fait de l'équipage ou du vice du navire. — Le capitaine doit veiller à la conservation des objets que possédaient à bord les passagers décédés en cours de voyage, et il doit les restituer à leurs héritiers quand le voyage est terminé (Desjardins, *loc. cit.*, et n°s 736 et suiv.). — V. *infrà*, v° *Organisation maritime*.

1164. — II. OBLIGATIONS DU PASSAGER. — Le passager doit : 1° se mettre, lui et ses bagages, à la disposition du capitaine dans les délais convenus : nous avons dit (*Rép.* n° 1056) que, lorsque le passager rompt le voyage avant le départ, il ne doit que la moitié du prix du transport. M. Desjardins, t. 3, n° 877, estime, au contraire, que c'est au juge du fait qu'il appartient, en ce cas, de déterminer, d'après les circonstances, les dommages-intérêts à allouer au fréteur ; la règle de l'art. 288, § 3, est spéciale au contrat d'affrètement (Conf. Lyon-Caen et Renault, t. 2, n° 1939; de Valroger, t. 2, n° 960); l'indemnité sera, d'ailleurs, généralement du montant du prix du passage (c. civ. art. 1134). — Les lois, règlements et usages relatifs aux staries, surestaries et contre-surestaries ne sont évidemment pas applicables aux passagers (Desjardins, t. 3, n° 878);... — 2° Se conformer aux ordres du capitaine, en ce qui concerne le maintien de l'ordre à bord (Décr. 24 mars 1852, art. 52 et 97); ceux qui enfreignent les prescriptions formulées sont passibles de peines disciplinaires (Même décret, art. 52 à 54, et 77);... — 3° Payer le prix du passage et du transport des bagages, s'il y a lieu.

1165. Le contrat de transport du passager, comme l'affrétement, est soumis aux mêmes causes de résolution que les autres contrats : assentiment des parties, résolution prononcée par les tribunaux, sur la demande de l'une d'elles pour inexécution par l'autre de ses obligations (c. civ. art. 1184). Il est en outre, comme l'affrétement, soumis à des causes de résiliation spéciales et des événements particuliers peuvent influer sur son exécution (V. *infrà*, n°s 1208 et suiv.).

1166. — III. RUPTURE FORTUITE. — 1° *Rupture avant le départ.* — Lorsqu'un cas de force majeure (interdiction de commerce, blocus) met obstacle à la réalisation du voyage projeté ou l'ajourne indéfiniment, le contrat est résilié sans dommages-intérêts de part ni d'autre. L'art. 276 c. com. n'est pas, il est vrai, directement applicable ici; mais on doit s'inspirer des principes généraux dont il est l'expression. — Que décider si, avant le départ, le passager meurt ou est contraint de rester par un accident de force majeure (blessure ou maladie)? M. Desjardins estime que la convention est alors dissoute (t. 3, n° 877); on ne peut invoquer ici l'art. 1742 c. civ. qui décide que le contrat de louage n'est pas dissous par la mort du preneur : cette solution est d'ailleurs celle qui a été consacrée par l'art. 6 de la loi du 18 juill. 1860 (D. P. 60. 4. 92) relative au transport des émigrants (V. *Rép.* v° *Transport des émigrants*, n° 22). Si le contrat est rompu, il l'est sans indemnité (c. civ. art. 1148); à moins que l'événement qui a amené la rupture n'ait été précédé ou accompagné de quelque faute du passager.

1167. — 2° *Rupture après le départ.*— Si le port de destination devient inaccessible, la continuation du voyage est impossible : le contrat est encore, en ce cas, résilié sans dommages-intérêts de part ni d'autre. Mais les choses ne sont plus entières; une partie du trajet a été effectuée; aussi croyons-nous que le prix est dû par le passager proportionnellement à la distance parcourue. C'est ce qui a lieu, au cas de perte ou d'innavigabilité fortuite du navire (V. *infrà*, n° 1168). — Si le passager meurt en cours de route, le contrat est dissous; de plus, on vient de voir que le transport ne doit pas être considéré comme indivisible; aussi, contrairement à l'opinion émise au *Rép.* n° 1060, MM. Desjardins, *loc. cit.*; Lyon-Caen et Renault, n° 1938; de Valroger, t. 2, n° 880, estiment-ils que, en cas de décès du passager en cours de route, le fret n'est dû qu'à proportion de ce que le voyage est avancé : toutefois, d'après les mêmes auteurs, si le passager a péri dans un naufrage, aucun fret n'est dû (V. *infrà*, n° 1174).

1168. En cas d'*innavigabilité fortuite* du navire, le capitaine qui offre au passager de lui faire terminer le voyage sur un autre navire de même qualité peut, alors même que le passager refuse, réclamer le prix entier du passage, car il exécute dans la mesure du possible les obligations qui lui incombent (Desjardins, t. 3, n° 869). Si le capitaine ne peut faire transporter le passager sur un autre bâtiment, faut-il appliquer l'art. 296, § 3? Non, a-t-on dit, car le trajet parcouru n'a été d'aucune utilité pour le voyageur; aucune rétribution n'est donc due. Il n'en serait autrement que si, en fait, le parcours effectué lui avait profité (Bordeaux, 20 juin 1860, *Recueil de Marseille*, 1860. 2. 150). — Nous croyons, au contraire, l'article applicable; on a vu, en effet, qu'un fret proportionnel est dû quand les marchandises sont débarquées dans un port de relâche, le voyageur qui se trouve dans une situation semblable doit être astreint à une obligation du même genre (*Rép.* n° 1059; Desjardins, t. 3, n° 870).

1169. — IV. RUPTURE PAR LE FAIT DE L'UN DES CONTRACTANTS. — Si c'est le passager qui rompt le contrat en se faisant débarquer volontairement dans un port autre que celui de destination, le prix entier est dû : il faut appliquer l'art. 293 par analogie; une partie ne peut pas, de son autorité privée, se soustraire à ses obligations (*Rép.* n° 1056; de Valroger, t. 2, n° 963).

1170. Si c'est l'armateur qui refuse de réaliser le transport projeté, il est passible de dommages-intérêts envers le passager, alors même qu'il lui offrirait d'assurer son départ sur un autre navire (V. *suprà*, n° 1156). — Enfin, si le navire se trouve, à un moment donné, hors d'état de continuer le voyage par suite de son délabrement antérieur au départ, l'art. 297 qui est conforme au droit commun reçoit son application (Desjardins, t. 3, n° 870).

1171. — V. RETARDEMENT PAR SUITE DE CAS FORTUIT. — Que le retard provienne d'un fait fortuit antérieur ou postérieur au départ, le passager doit le subir et il ne peut réclamer ni résiliation ni dommages-intérêts (*Rép.* n° 1047), il ne doit en sens inverse que la rétribution promise. Les frais de nourriture pendant la durée de la suspension restent à sa charge, s'ils ne sont pas compris dans le prix du passage; d'ailleurs, le capitaine doit, même dans ce cas, lui fournir les aliments nécessaires, si ses provisions sont épuisées, à charge de remboursement (Trib. com. Anvers, 15 janv. 1855, *Jurisprudence du port d'Anvers*, 1856. 1. 28; Desjardins, t. 3, n° 873).

1172. Si c'est par suite de la nécessité d'un radoub occasionné par des avaries fortuites postérieures au départ que le voyage est suspendu, il y a lieu d'appliquer l'art. 296, § 1er; chacun doit, en ce qui le concerne, subir les conséquences du cas fortuit. L'armateur, tenu alors de fournir au passager un logement gratuit et d'exécuter les conventions relatives à la nourriture pendant le radoub, se libère de ces obligations en offrant au passager de lui faire immédiatement continuer le voyage sur un autre navire présentant des garanties équivalentes (Desjardins, t. 3, n° 869).

1173. — VI. RETARD PAR LE FAIT DE L'UNE DES PARTIES. — *Si, par le fait de l'armateur ou du capitaine*, le départ est différé ou le voyage prolongé, une indemnité est due au passager. Elle comprend les dépenses supplémentaires faites par ce dernier pendant la durée du retard, par exemple, les frais de logement et de nourriture. — *Si le retard provient du fait du passager*, celui-ci doit des dommages-intérêts; mais on a déjà vu qu'il n'y a pas lieu d'appliquer alors les règles sur les surestaries et les contre-surestaries (V. *suprà*, n° 1164). Le capitaine n'est pas tenu d'attendre le passager, et, s'il part sans lui, il a droit néanmoins au prix entier du passage; mais il faudrait alors en déduire le coût de la nourriture ultérieure s'il s'y trouvait compris.

1174. Contrairement aux décisions rapportées ou citées au *Rép.* n° 1057, M. Desjardins, t. 3, n° 880, estime qu'en cas de prise fortuite du navire, le prix est dû proportionnellement au degré d'avancement du voyage : quand la prise est suivie du rachat des marchandises ou le sinistre suivi de sauvetage, le fret est dû au moins partiellement; le passager qui échappe au sinistre doit le prix de passage dans la même proportion. — Il devrait le prix total, si l'on assurait son transport à destination. — Si le passager périt dans le naufrage, ses héritiers, on l'a vu *suprà*, n° 1167, ne doivent pas le prix du transport : l'art. 1722 c. civ. n'est pas applicable dans le cas d'un transport et spécialement d'un transport de passagers. — Si ce sont les bagages qui ont péri, le passager ne doit pas plus le prix afférent à leur transport qu'il ne devrait le fret afférent au transport d'un mobilier; or s'il est affranchi du prix de transport de ses bagages au cas de perte de ces derniers, ses héritiers sont affranchis du prix afférent au prix de transport de sa personne quand c'est lui qui périt (Desjardins, t. 3, n° 880 *in fine*).

1175. Les obligations respectives du transporteur et du passager ne sont point garanties par les privilèges accordés à l'affréteur et au fréteur par les art. 191-11° et 280 c. com., mais seulement par les privilèges du droit commun. Le passager n'a donc aucun privilège sur le navire pour les indemnités auxquelles il aurait droit, à raison des avaries de ses bagages ou des blessures qu'il aurait reçues. L'armateur jouit du privilège établi par l'art. 2102-6° c. civ., au profit du voiturier sur la chose transportée, pour le payement du prix du transport et des dépenses accessoires. Les dispositions spéciales contenues dans les art. 305 et 306 c. com. sont inapplicables à ce privilège (Desjardins, t. 3, n° 881; Lyon-Caen et Renault, t. 2, n° 1940). Mais le capitaine peut, comme tout voiturier, exercer un droit de rétention sur les bagages. Du moment, en effet, où il n'est pas admis à bénéficier de l'art. 306 c. com., comme en matière de droit commun, il doit être traité comme le voiturier ordinaire : son privilège qui disparaît par le fait de la livraison serait éminemment précaire, s'il était dans l'impossibilité d'éviter cette dernière (Desjardins, t. 3, *loc. cit.*).

CHAP. 6. — Des avaries, du jet et de la contribution (*Rép.* nos 1062 à 1234).

SECT. 1re. — DES AVARIES (*Rép.* nos 1062 à 1146).

1176. On désigne sous le nom de *sinistres* ou *fortunes de mer* les accidents qui se produisent sur mer. Dans un sens large, on comprend sous la dénomination d'*avaries* tous les dommages survenus au navire ou à sa cargaison, même les *sinistres majeurs*, c'est-à-dire les pertes totales; mais, dans un sens plus restreint, on n'entend par là que les dommages résultant d'un *sinistre mineur*. Cette distinction est surtout importante dans les rapports des assurés avec leurs assureurs (V. *infrà*, chap. 8). — Sur l'étymologie du mot *avaries*, V. Desjardins, t. 4, nos 951 et 952; de Valroger, t. 5, no 1976. — Dans le langage vulgaire, le mot *avaries* ne s'entend que des dommages matériels; dans le langage du droit, il s'entend, en outre, des dépenses extraordinaires que nécessitent le navire ou la cargaison ou les deux réunis, même celles qui sont nécessaires pour assurer l'exécution du voyage (Desjardins, t. 4, nos 951 et 953; de Valroger, t. 5, nos 1978 et suiv. V. *Rép.* no 1062). Il y a lieu d'attribuer encore le caractère d'avaries à la dépréciation qu'éprouve la marchandise qui ne parvient pas à destination et est ramenée au point de départ (art. 371 et 397 combinés) (Conf. Paris, 17 mars 1859, *Recueil de Marseille*, 1860. 2. 51; Trib. com. Nantes, 3 mai 1873, *ibid.*, 1874. 2. 143); mais il en est autrement du préjudice causé par le retard dans l'accomplissement du transport, quand ce dernier ne donne pas lieu à une dépense extraordinaire (Comp. Trib. com. Marseille, 27 janv. 1869, *Recueil de Marseille*, 1869. 1. 87; Desjardins, t. 4, no 953). — Il faut, pour qu'il y ait avarie, que la détérioration ou la dépense soit exceptionnelle et accidentelle. — L'usure du navire en cours de voyage n'est pas une avarie, non plus que les frais de navigation, qui s'imputent sur le fret et n'entament pas la fortune de mer de l'armateur, mais limitent seulement son bénéfice (*Rép.* no 1063). Il en faut dire autant du déchet de route que M. Desjardins, t. 4, no 954, a tort, croyons-nous, de confondre avec les avaries provenant du vice propre, et des frais que nécessite le transport : ils entrent dans le prix de revient de la chose et réduisent simplement le bénéfice réalisé sur le prix de vente (de Valroger, t. 5, nos 1981 et 1982).

1177. Aux termes de l'art. 406 c. com., « les lamanages, touages, pilotages pour entrer dans les havres ou rivières ou pour en sortir, les droits de congés, visites, rapports, tonnes, balises, ancrages et autres droits de navigation, ne sont point avaries; mais ils sont de simples frais à la charge du navire » (*Rép.* nos 1132 et suiv. Conf. Desjardins, t. 4, no 956; de Valroger, t. 5). — Sur l'historique de cette disposition, V. Desjardins, t. 4, no 956; de Valroger, t. 5, nos 2039 et suiv. — Cet article ne s'applique que sauf convention contraire. Or on sait que souvent le capitaine stipule de l'affréteur, en sus du fret, une certaine somme pour *avaries*, et l'on a vu qu'il ne s'agit pas alors de faire contribuer ainsi l'affréteur aux avaries proprement dites, mais à l'acquittement des droits que mentionne l'art. 406 (V. *suprà*, no 889; de Valroger, t. 5, no 2093).

1178. Les impenses dont on vient de parler revêtent cependant le caractère d'avaries quand elles ont lieu extraordinairement, par exemple, à l'entrée d'un port de relâche où le navire est obligé de se réfugier par suite d'une fortune de mer (*Rép.* no 1133; Trib. com. Marseille, 22 nov. 1878, aff. cap. Higginson, *Recueil de Marseille*, 1879. 1. 37; Trib. com. Havre, 24 juin 1881, *Recueil du Havre*, 1881. 1. 173; Trib. com. Anvers, 3 mars 1879, *Jurisprudence du port d'Anvers*, 1879. 1. 246; Desjardins, t. 4, no 956 *in fine*; de Valroger, t. 5, nos 1980, 1982 et 2092).

1179. L'art. 397 c. com. suppose que le dommage ou la dépense a pour cause un événement survenu depuis « le chargement et départ » et avant « le retour et déchargement ». On a dit au *Rép.* no 1064 que le temps de la navigation est déterminé non seulement par cette disposition, mais aussi par les art. 328 et 341, qui le règlent d'une manière plus précise. Toutefois les auteurs sont généralement d'avis que ces articles, qui ont trait aux rapports entre l'armateur ou le chargeur, d'une part, le prêteur à la grosse ou l'assureur, d'autre part, ne doivent pas être appliqués sans restriction lorsqu'il s'agit des avaries considérées en elles-mêmes, c'est-à-dire dans les rapports entre le navire et la cargaison. « Un navire qui se trouve dans un port, disent MM. Lyon-Caen et Renault, t. 2, no 1946, et qui n'est pas encore chargé, ou la cargaison d'un navire non encore parti peut subir un dommage (par exemple, par suite d'un abordage); on ne voit pas pour quelle raison on ne le qualifierait pas d'avarie. » (V. aussi de Valroger, t. 5, no 1983; Desjardins, t. 4, no 955; Trib. com. Havre, 2 déc. 1879, aff. cap. Lévy Smith, *Recueil du Havre*, 1880. 1. 71).

1180. Les mots *chargement* et *déchargement* s'entendent même du chargement sur des *allèges* qui transportent la marchandise à bord, et seulement du débarquement des allèges sur le quai, si toutefois l'opération est à la charge de l'armateur (Trib. Havre, 17 juill. 1883, aff. Mignot, *Recueil du Havre*, 1883. 1. 210; Desjardins, t. 4, no 955).

1181. D'après les termes mêmes de l'art. 398 c. com., ainsi que nous l'avons fait remarquer (*Rép.* no 1065), les parties peuvent faire relativement aux règlements des avaries les stipulations qu'elles jugent convenables : ce n'est qu'à défaut de conventions spéciales que les avaries sont réglées par la loi. L'ordre public n'est pas en jeu ici; les textes ne peuvent donc avoir qu'un caractère interprétatif de la volonté présumée des parties (Desjardins, t. 4, no 958). — Jugé, en conséquence, que, lorsqu'il a été stipulé dans une charte-partie souscrite entre Français en pays étranger, que les avaries seraient réparties conformément à un usage de ce pays, le règlement établi par les experts ne peut être critiqué, en ce qu'il serait contraire aux prescriptions de la loi française (Req. 22 avr. 1872, aff. Worms, D. P. 73. 1. 182; Trib. com. Dunkerque, 15 avr. 1884, aff. cap. Morteo, *Recueil du Havre*, 1884. 2. 238; de Valroger, t. 5, no 1984). — Les parties peuvent même aller jusqu'à décider qu'il n'y aura pas d'avaries communes (Aix, 30 janv. 1862, aff. Féraut, *Recueil de Marseille*, 1862. 1. 5; 7 févr. 1878, aff. cap. Castorani, *ibid.*, 1878. 1. 98; Trib. com. Marseille, 13 nov. 1883, aff. Mavrolachis, *ibid.*, 1884. 1. 45; 17 mai 1888, aff. Chambon, *ibid.*, 1888. 1. 271; Govare, *Traité des avaries communes et de leur règlement*, p. 10; Desjardins, t. 4, no 958; de Valroger, no 1985. — V. en sens contraire : Trib. com. Marseille, 17 janv. 1862, aff. Mandalione, *Recueil de Marseille*, 1862. 1. 52). Mais la clause d'un affrètement portant que le navire et la cargaison seront mutuellement affranchis de l'avarie particulière ne peut être interprétée comme comportant affranchissement mutuel de toute contribution à avarie commune (Rouen, 20 mars 1878, aff. cap. Miller, *Recueil du Havre*, 1878. 2. 117; Aix, 16 nov. 1886 (1);

(1) (Capitaine Bournakis C. Consignataires.) — Le 28 mai 1886, jugement du tribunal de commerce de Marseille ainsi conçu : — « Attendu qu'il s'agit de savoir quel sens doit avoir la clause portant que le navire et la cargaison seraient mutuellement affranchis de l'avarie particulière; — Que l'avarie particulière étant et demeurant de plein droit à la charge personnelle du propriétaire de la chose qui la subit, il était inutile que les parties prissent le soin de le stipuler; que ce n'est donc pas, par suite, le sens qu'il faut supposer qu'elles ont voulu donner à la clause susrelatée; — Que le mot *mutuellement* qu'elles ont employé pour traduire leur pensée la précise et lui donne sa signification spéciale, au moyen de laquelle elle a une véritable valeur et n'est point une formule inutile et vaine; que l'intention des parties, qui ressort de l'interprétation que se prêtent et se donnent les expressions susrelatées, est que chaque propriétaire de la chose sur laquelle l'avarie aurait frappé en subira seul et personnellement les conséquences, alors même que cette avarie aurait le caractère d'une avarie commune; — Que les parties ont ainsi voulu, quoi qu'il arrivât, qu'il n'y eût entre elles aucun règlement d'avarie commune;

Par ces motifs, le tribunal déboute le capitaine Bournakis de sa demande en règlement d'avaries communes et le condamne aux dépens. » — Appel par le capitaine Bournakis. — Arrêt.

LA COUR; — Attendu que l'interprétation a des limites; que celle fournie par les premiers juges est aussi peu justifiée que conjecturale; que la classification des avaries communes et particulières consacrée par la loi est élémentaire et usuelle; — Qu'il est inadmissible que les contractants dans la charte-partie du 21 janv.

de Valroger, t. 5, n° 1984). — De même, il a été jugé que les cahiers des charges qui, pour le cas d'avarie, règlent dans quelles formes seront faits les procès-verbaux de constatation, font la loi des parties qui ne peuvent demander la substitution d'autres modes de vérification à ceux qui ont été ainsi déterminés à l'avance (Cons. d'Et. 21 nov. 1884, aff. Compagnie transatlantique, D. P. 86. 3. 52). — Jugé également que le Français pouvant valablement renoncer au bénéfice que lui accorde sa loi nationale de saisir les tribunaux français des contestations qui s'élèvent entre lui et un étranger, on doit considérer comme valable la convention qui a pour but d'attribuer juridiction au juge du port d'attache d'un navire étranger, pour les actions de perte ou d'avaries que ce Français pourrait avoir à exercer contre le propriétaire de ce navire (Civ. cass. 29 févr. 1888, aff. Bernex, D. P. 88. 1. 483).

1182. La théorie des avaries et de la contribution ne s'applique, en principe, qu'au commerce maritime : ainsi il a été jugé que les art. 410 et suiv. c. com. sont inapplicables aux transports par terre, et que, par conséquent, si le conducteur d'une diligence remet à des voleurs à main armée, et sur leur injonction, une certaine partie des objets qu'il transporte, la perte des objets volés doit être supportée exclusivement par leur propriétaire, sans que le surplus du chargement soit tenu de contribuer à cette perte (Req. 4 mars 1863, aff. Cohin, D. P. 63. 1. 399. — Conf. Paris, 17 janv. 1862, aff. Cohin, et les conclusions de M. l'avocat général Sapey, D. P. 62. 2. 30. Conf. Cauvet, *Traité des assurances maritimes*, t. 1, n° 338). — MM. de Courcy, t. 1, p. 241, et Desjardins, t. 4, n° 959, critiquent les termes, trop absolus selon eux, dans lesquels s'est exprimée la cour de cassation. Ils admettent que la perte doit, dans ce cas, se répartir entre tous les intéressés; mais, suivant ces auteurs, il ne faut pas se référer ici aux principes de la contribution établis par le code de commerce : on doit considérer que le conducteur a géré l'affaire de tous et qu'il a, comme représentant de tous les chargeurs, consenti un sacrifice dont la charge devra se répartir entre ceux-ci proportionnellement à la valeur de chacun des objets sauvés (Conf. Lyon-Caen et Renault, t. 2, n° 1949). — Il en serait de même, d'après M. Desjardins, *loc. cit.*, si un sacrifice avait eu lieu dans un intérêt de salut commun en matière de navigation fluviale.

1183. Le code distingue deux classes d'avaries, les avaries *grosses* ou *communes* et les avaries *simples* ou *particulières* (art. 399) (V. *Rép.* n°s 1066 et suiv.). — Dans la pratique, on adopte aussi parfois une autre classification ; on distingue les *avaries matérielles* ou *avaries-dommages* et les *avaries-frais;* mais ces dénominations n'ont pas un sens bien défini : les auteurs et les praticiens qui les emploient ne sont pas d'accord sur la signification à leur attribuer (V. Cauvet, t. 2, p. 370; Boistel, n° 270; de Valroger, t. 5, n° 1981; Desjardins, t. 4, n° 962; Lyon-Caen, *Examen doctrinal de la jurisprudence en matière de droit maritime en 1881 et 1882*, p. 8).

1184. Presque tous les codes étrangers ont réglementé la question des avaries (Desjardins, t. 4, n°s 957 et suiv.). — *Le code espagnol* de 1885 considère comme avaries tous frais extraordinaires ou imprévus faits pendant la navigation pour la conservation du navire et de la cargaison et tout dommage ou détérioration souffert par le navire depuis son départ jusqu'à son arrivée. Les avaries sont, comme dans notre droit, simples ou particulières, grosses ou communes.

Cette classification est adoptée par les codes hollandais (art. 698), brésilien, argentin, chilien, mexicain, belge (L. 21 août 1879), turc (art. 242), égyptien (art. 236), norvégien (art. 70), italien (art. 642 § 2), espagnol (art. 808), portugais (art. 635). Elle est également suivie, sauf certaines modifications par les codes suédois (art. 169 et 170) et finlandais (art. 150, § 2), par le code allemand qui organise, en outre, dans un cas spécial, une contribution entre les intéressés à la cargaison suivant les règles de la grosse avarie (art. 734, § 1). — Le code russe (art. 1068) distingue quatre espèces d'avaries : les petites avaries, les avaries simples et particulières qui correspondent à nos avaries simples; les avaries grosses et communes qui correspondent à nos avaries grosses, les avaries de dommage réciproque qui sont celles que le navire ou son chargement éprouve de la part d'un autre navire.

Quant à la définition même des avaries, la plupart des codes étrangers reproduisent en substance celle de notre art. 397 ; il en de même de la disposition édictée par l'art. 406 de notre code de commerce. — « Il n'existe, dit M. Desjardins, t. 4, n° 957, de loi spéciale sur les avaries ni en Angleterre, ni aux Etats-Unis, la matière y est régie par la coutume et l'équité. »

ART. 1er. — *Des avaries communes* (*Rép.* n°s 1069 à 1113).

1185. Bien que le code donne, dans l'art. 400 *in fine*, une définition de l'*avarie commune*, les auteurs ne sont pas d'accord sur ses caractères distinctifs (V. Lyon-Caen et Renault, t. 2, n°s 1950 et suiv.; J.-V. Cauvet, t. 2, n° 341; Boistel, n° 1272; de Valroger, t. 5, n° 1995; Hoeschter et Sacré, t. 2, p. 946; de Courcy, t. 1, p. 225, et t. 2, p. 265; Desjardins, t. 4, n° 971 ; Lyon-Caen, *Examen de la jurisprudence en matière de droit maritime en 1881 et 1882*, p. 5. Comp. *Rép.* n°s 1071 et suiv.; Rennes, 27 avr. 1860, aff. Harmsolm, D. P. 61. 2. 38; 27 juill. 1860, aff. Leroux, *ibid.*).

1186. Pour qu'il y ait avarie commune, plusieurs conditions doivent se trouver réunies. Il faut : 1° *qu'un sacrifice ait été réalisé*, c'est-à-dire que l'on ait détruit certains objets, qu'on les ait soumis à des risques plus considérables que ceux qu'ils auraient courus si l'on avait laissé agir les événements, ou bien que l'on ait fait une impense extraordinaire. — Ainsi les dommages causés par une manœuvre habituelle, par exemple, par un forcement de voile qui n'atteint pas des proportions inusitées (V. *infrà*, n° 1236), ne présentent pas le caractère d'avaries communes. — De même, la mort d'animaux placés à fond de cale, par suite de la fermeture des panneaux, présente le caractère d'avarie particulière, parce que régulièrement les panneaux devant toujours rester fermés, leur fermeture n'est pas une mesure extraordinaire (V. *infrà*, n° 1191).

Il faut, d'ailleurs, que la mesure, même extraordinaire, prise par le capitaine, ait été de nature à compromettre réellement les objets auxquels elle s'applique. Si donc elle porte sur un objet déjà irrémédiablement condamné à périr, il n'y a pas d'avarie commune. Il en est ainsi, par exemple, quand le navire étant porté inévitablement à la côte, le capitaine prend le parti de s'y diriger tout droit, afin de s'y échouer dans de meilleures conditions.

1187. — 2° Pour que l'avarie soit commune, il faut, en second lieu, *que le sacrifice ait été volontairement accompli* (*Rép.* n° 1071). — La spontanéité du sacrifice a toujours été considérée comme le signe caractéristique de l'avarie commune; l'art. 400 est d'ailleurs formel sur ce point. A la différence de l'avarie particulière qui peut être purement fortuite, l'avarie commune doit toujours provenir du fait de l'homme. Ainsi, le renversement, par l'effet de la tempête, d'un mât que l'on avait résolu d'abattre donne simplement lieu à une avarie particulière, parce que, en fait, il est purement accidentel. De même, lorsqu'une relâche est prescrite dans l'intérêt commun, l'échouement du navire à l'entrée du port de relâche donne lieu à des avaries simples, s'il n'était pas inévitable, car c'est un fait purement accidentel (Desjardins, t. 4, n° 972, p. 171. Conf. *infrà*, n° 1226). De même encore, si le navire que l'on a fait échouer volontairement est frappé par la foudre, le dommage causé par le feu du ciel est une avarie particulière (Desjardins, t. 4, n° 972,

1886 en réglant le sort des avaries particulières aient voulu, au contraire, désigner les avaries communes; qu'on prétendrait vainement qu'entendue dans son sens naturel et grammatical, la clause serait sans effet, puisqu'elle ne ferait que rappeler les dispositions de l'art. 404 c. com.; qu'il est, au contraire, d'un usage fréquent dans les conventions les plus usuelles de rappeler les dispositions de la loi; — Qu'au surplus, si les intimés ont voulu employer dans un sens détourné et nouveau l'expression dont il s'agit, ils ont à s'imputer de ne s'être point expliqués plus clairement;

Par ces motifs; — Déclare l'appel recevable, réforme le jugement, etc.

Du 16 nov. 1886.-C. d'Aix, 1re ch.-MM. Lorin de Reure, pr.-Grassi, av. gén.-Abram et Rigaud, av.

p. 172). — Au reste, le sacrifice n'en est pas moins l'œuvre d'une volonté libre, bien que la détermination ait été prise sous l'influence des circonstances, et peut-être même sous une pression morale de la part de l'entourage.

1188. — 3° Il faut que *le sacrifice ait été accompli dans un but de conservation*. — Si donc le capitaine, par méchanceté, réalise un sacrifice, le dommage causé n'engendre qu'une avarie particulière, sauf recours du propriétaire de l'objet sacrifié contre le capitaine coupable de baraterie (c. com. art. 405). Il en est encore de même si le sacrifice a été accompli sous l'empire d'une panique injustifiable. Les parties contre lesquelles est exercée l'action en contribution ont donc toujours le droit de contrôler la conduite du capitaine. — On ne doit pas cependant se montrer trop sévère à cet égard; il faut tenir compte de l'impression que les événements ont pu produire sur des hommes doués de sang-froid. De fréquentes difficultés s'élèvent, dans la pratique, sur le point de savoir quels doivent être la nature et le degré de gravité de l'intérêt qui fait agir le capitaine (V. de Valroger, t. 5, nos 1998 et suiv.; Desjardins, t. 4, n° 976; Trib. com. Havre, 14 mai 1878, aff. cap. Adam, *Recueil du Havre*, 1878. 1. 170; Trib. com. Marseille, 1er juin 1880, aff. cap. Douthivaite, *Recueil de Marseille*, 1880. 1. 155; Req. 10 août 1880, aff. Henricksen, D. P. 80. 1. 448; Trib. com. Havre, 24 juin 1881, aff. cap. Grovis, *Recueil du Havre*, 1881. 1. 173; Rouen, 7 mars 1883) (1).

En sens inverse, y a-t-il encore avarie commune, quand le péril est tellement imminent que l'on se trouve dans l'alternative d'une perte entière ou du sacrifice? M. Desjardins, t. 4, n° 972, n'hésite pas à le croire: le capitaine a dû, en effet, pour apprécier la nécessité du sacrifice, faire usage de son libre arbitre; il y a donc eu de sa part acte volontaire (Conf. Rennes, 28 déc. 1863, aff. Ertaud, D. P. 64. 5. 26).

1189. Il en est autrement, si le danger a pour cause une faute du capitaine (c. com. art. 405). Les dommages causés, en ce cas, aux marchandises sont supportés par le propriétaire des marchandises endommagées, sans qu'il puisse rien répéter contre les autres chargeurs (*Rép.* nos 1130 et suiv.), et sauf son recours contre le propriétaire du navire responsable des faits du capitaine, en vertu de l'art. 216 (*Ibid.*). — Le code allemand (art. 704) consacre une règle différente: « L'application des règles sur les avaries grosses, dit-il, n'est pas exclue par la circonstance que le danger provient de la faute, soit d'un tiers, soit d'une partie intéressée. La partie intéressée à qui une pareille faute est imputable est non seulement privée de tout recours à raison des dommages-intérêts qu'elle a éprouvés, mais, en outre, responsable, envers tous ceux qui doivent la contribution à l'avarie grosse, du préjudice qui résulte pour eux de ce que le dommage est considéré comme avarie grosse. Toutefois si le danger provient de la faute d'une personne de l'équipage, l'armateur en supporte aussi les conséquences » (V. aussi Loi suédoise du 23 févr. 1864).

1190. Les expressions de l'art. 405 : « *dommages arrivés aux marchandises* » doivent-elles s'entendre uniquement de ceux qui se produisent d'eux-mêmes, ou doivent-elles s'entendre également de ceux qui résultent d'un sacrifice librement accompli pour échapper à un danger occasionné par une négligence ou une inadvertance du capitaine? La cour de cassation et la majorité des auteurs ont adopté cette dernière interprétation et considèrent le sacrifice accompli dans ces conditions comme donnant naissance à une avarie particulière qui restera à la charge du propriétaire de la marchandise, sauf recours contre le capitaine et l'armateur (Civ. rej. 16 nov. 1881, aff. Aubert, D. P. 82. 1. 399; Req. 6 juin 1882, aff. Lacotte, D. P. 83. 1. 185; et les décisions citées *infrà*, n° 1191; Bédarride, t. 5, n° 1798; Morel, *Des avaries, du jet et de la contribution*, p. 22; Weill, *Des assurances maritimes et des avaries*, n° 283; Droz, *Traité des assurances maritimes*, t. 2, nos 404 et suiv.; Govare, *op. cit.*, n° 17; Desjardins, t. 4, n° 1019; Levillain, *Dissertation* insérée D. P. 83. 1. 185; *Rép.* n° 1148). Mais MM. de Courcy, *Revue critique*, 1883, p. 659; Lyon-Caen et Renault, t. 2, n° 1957; Bravard et Demangeat, t. 4, p. 800; de Valroger, t. 5, n° 2002, soutiennent la doctrine inverse et classent en avarie commune le dommage volontairement souffert pour échapper au péril suscité par la faute du capitaine. Si, en effet, disent-ils, l'art. 400 décide que l'on doit répartir proportionnellement entre tous les intéressés le dommage résultant de la mesure prise pour le salut commun, c'est parce

(1) (Boman C. Compagnie des Docks de Rouen et Assureurs.) — Le tribunal de commerce de Rouen a rendu un jugement ainsi conçu : — « En droit : — Vu les art. 400 et 403 c. com.; — Attendu que les avaries communes sont, en général, les dommages soufferts volontairement et les dépenses faites d'après délibérations motivées pour le bien et le salut commun du navire et des marchandises; que les avaries particulières sont en général les dépenses faites et le dommage souffert pour le navire seul ou pour les marchandises seules; — Attendu que si la jurisprudence a admis que le défaut de délibération ne constitue pas une fin de non-recevoir insurmontable contre la demande d'admission en avaries communes, ce n'est qu'autant qu'il est établi en fait que le navire s'est trouvé dans un danger imminent et que les sacrifices volontairement faits ont été nécessités pour le bien et le salut commun du navire et de la cargaison; — En fait : — Attendu que le navire *Brage* est parti d'Ouelsund le 3 déc. 1881, que le 5, une certaine irrégularité s'est produite dans la machine, que des bruits anormaux, dont on n'a pu immédiatement découvrir la cause, se sont fait entendre, que dans la soirée, le navire a relâché, en rade de Copenhague, pour prendre du charbon et examiner la machine, que l'on s'est aperçu alors que l'arbre villebrequin était cassé, que le 6 des experts, ayant été nommés, constatèrent l'avarie et ordonnèrent que le navire fût remorqué dans le port de Malmo, pour faire réparer la machine; — Attendu que la relâche à Copenhague n'a été précédée d'aucune délibération, qu'elle ne s'est imposée par aucun cas de force majeure, que le navire ne s'est pas trouvé un seul instant en danger, qu'elle n'a été amenée que par la nécessité de renouveler la provision de charbon, que cette relâche ne saurait donc à aucun titre être considérée comme constituant un sacrifice volontairement fait, dans un intérêt commun, puisque à ce moment le navire n'était pas en danger; — Attendu que la rupture de l'arbre villebrequin de la machine dont les causes n'ont pas été précisées et vérifiées ne paraît pas due à une fortune de mer, le capitaine Boman, dans son rapport, ne relatant aucun incident de navigation pouvant expliquer le bris; qu'on ne peut, par suite, l'attribuer qu'à un vice propre de la machine, soit que l'arbre fût atteint de défaut de matière ou de construction, soit que la machine elle-même fût en mauvais état, que quelle que soit la cause, elle ne saurait avoir les caractères d'une avarie commune; qu'il est évident que l'avarie est particulière au navire; — Attendu que lorsque le capitaine Boman s'est rendu à Malmo pour faire réparer sa machine, il n'a été conduit à le faire que dans l'intérêt du corps, qu'à ce moment la cargaison n'était nullement en péril; que le sacrifice qu'il a décidé sans aucune délibération avec son équipage n'avait pas été pris sous le coup d'un danger commun; que cela est tellement vrai que le navire *Brage*, le capitaine Boman le déclare lui-même, pouvait naviguer à la voile; que la machine ne lui était pas indispensable; qu'il faut donc reconnaître que le navire *Brage* n'a relâché à Copenhague et ensuite à Malmo, que dans l'intérêt du corps d'abord pour son ravitaillement, et ensuite pour la remise en état d'une partie du navire, reconnue défectueuse par une cause que l'on ne saurait attribuer à une fortune de mer;... — Par ces motifs; — Le tribunal, jugeant en premier ressort, joint la demande reconventionnelle de la Compagnie des Docks à la demande principale, et statuant par un seul et même jugement, sans s'arrêter aux plus amples demandes et conclusions des parties, qu'il rejette en tant que de besoin, comme autant non recevables que mal fondées; — Reçoit la Compagnie *Sjo Torsa Kings Océan* intervenante dans l'instance; — Dit et juge que les avaries souffertes par le steamer *Brage*, et les frais de relâche qui en ont été la conséquence sont le résultat d'un vice propre à la machine dudit steamer; — En conséquence, met lesdits frais à la charge du capitaine Boman. » — Appel par le capitaine Boman et appel incident par les Docks de Rouen. — Arrêt.

LA COUR; — Statuant sur l'appel principal et sur l'appel incident : — Adoptant les motifs du jugement et les appliquant aux conclusions des parties en cause d'appel; — Et attendu qu'il y a lieu d'admettre comme constants les faits dont l'existence a été affirmée par le premier juge, et qui ont servi de base à ses appréciations; — Qu'on ne saurait admettre pour le règlement des avaries et pour quelques-unes des dépenses, spécialement celles se rattachant au chargement et au déchargement de la marchandise sous prétexte de gestion d'affaires ou de contribution équitable, une répartition en désaccord avec les art. 400 et suiv. c. com., et en opposition avec la loi maritime à observer et à appliquer seule en ce cas; — Qu'il est à tort allégué et en contradiction avec les faits établis, qu'il y ait eu danger imminent, ni délibération ou acte équivalant, ni objection et ordre donnés par la compagnie d'assurance...

Du 7 mars 1883.-C. de Rouen, 1re ch.-MM. Couvet, pr.-Ricard, av. gén.-Delarue (du barreau de Paris), Frère et Marais, av.

que tous ont tiré profit de cette mesure et qu'il serait inique que ceux dont la chose a été conservée s'enrichissent au détriment de celui dont la chose a été sacrifiée dans l'intérêt de tous. Or que le péril qui a nécessité ce sacrifice ait été nécessité par la faute du capitaine ou par un cas purement fortuit, le même motif d'équité subsiste pour faire supporter proportionnellement à tous les intéressés le dommage souffert dans l'intérêt commun. Dire que celui dont la marchandise a été sacrifiée doit, en ce cas, se contenter d'un recours contre le capitaine et l'armateur civilement responsable, c'est donner à ce chargeur une ressource trop souvent illusoire, soit par suite de l'insolvabilité du capitaine et de l'armateur, soit par suite de l'abandon que peut opérer ce dernier, conformément à l'art. 216 c. com. Aucun texte, d'ailleurs, ajoute-t-on, n'enlève dans cette hypothèse au sacrifice accompli le caractère d'avarie commune. L'art. 410, il est vrai, suppose que le jet a eu pour cause le danger produit par une tempête ou la poursuite de l'ennemi ; mais ses énonciations ne doivent point être considérées comme limitatives. Enfin, pour déterminer le caractère d'une avarie, c'est à l'art. 400, dernier alinéa, que l'on doit, en principe, se référer ; or rien, dans la définition que donne cet article, ne permet de supposer que le législateur ait voulu, pour déterminer la nature de l'avarie, distinguer suivant la cause qui lui a donné naissance.

M. Levillain, dans la dissertation insérée D. P. 83. 1. 185, combat ce système. La solution généralement adoptée est, dit-il, conforme à la doctrine admise antérieurement à la promulgation du code: les anciens documents, lorsqu'ils décident qu'il y a lieu à contribution, supposent toujours que l'événement qui a mis en péril le navire et la cargaison n'a pas été précédé d'une faute imputable au capitaine ou aux gens de l'équipage (V. Consulat de la mer, chap. 53, 54 et 61; Rôles d'Oléron, art. 8, 9, 42 et 44; Ordonnance de Visby, art. 7, 22, 23 et 42; Guidon de la mer, chap. 5, art. 21; Casarégis, *Discurs.* 45, n°s 23 et 24, *Discurs.* 46, n° 10; Cleirac, *Us et coutumes de la mer*, sur l'art. 8 des rôles d'Oléron, n° 20; Ord. 1681, liv. 3, tit. 8, art. 1er; Emérigon, *Traité des assurances*, chap. 12, sect. 40, § 1er, et sect. 41, § 5). « Cette doctrine qui était traditionnelle, dit M. Levillain, a-t-elle été délaissée par les rédacteurs du code de 1807 ? Si telle eût été leur intention, il serait bien extraordinaire que rien n'en eût transpiré lors des travaux préparatoires. Mais y a-t-il au moins dans les textes un indice quelconque dénotant cette pensée d'innovation ? Non. La disposition finale de l'art. 400 à laquelle on doit, nous le reconnaissons, se référer en première ligne pour découvrir les conditions constitutives de l'avarie commune, ne renferme sans doute aucune indication qui ait trait à la cause occasionnelle du péril. Mais les articles insérés dans le tit. 11 ne contiennent pas une réglementation complète des avaries communes, une réglementation qui puisse se suffire à elle-même, et, pour en combler les lacunes, il faut s'inspirer des données fournies par les art. 410 et suiv., qui figurent dans le tit. 12 intitulé : *Du jet et de la contribution* (V. notamment les art. 414 et suiv.)... Ce n'est donc pas ici l'art. 400 qui doit, s'il est permis de s'exprimer de la sorte, servir à rectifier l'art. 410 c. com. C'est, au contraire, l'art. 410 qui doit, servir à expliquer et à compléter la disposition de l'art. 400 dans ce qu'elle peut avoir d'obscur ou d'insuffisant. Or, l'art. 410 suppose que le jet est nécessité par une tempête ou par la chasse d'un ennemi. Sans doute ces énonciations n'ont pas un caractère absolument limitatif. Mais au moins faut-il que le fait qui engendre le péril en vue duquel il y est procédé présente un caractère analogue à celui des accidents visés par le texte, c'est-à-dire le caractère d'un cas de force majeure. Et on doit hésiter d'autant moins à le décider ainsi que les dispositions en matière d'avarie commune et de contribution dérogent aux principes généraux d'après lesquels chacun doit supporter le préjudice découlant de la perte ou de la détérioration accidentelle de sa chose. D'ailleurs, on rencontre dans le même titre un article, l'art. 421, qui nous révèle sur ce point le véritable sentiment du législateur. Aux termes de cet article, si les effets jetés ou endommagés par le jet étaient chargés sur le tillac du navire, « le propriétaire n'est point admis à former une demande en contribution, il ne peut exercer son recours que contre le capitaine ». La dernière phrase de l'article montre qu'il s'applique, non seulement dans le cas où le chargement sur le tillac a eu lieu avec l'assentiment du chargeur, mais aussi dans celui où il a été opéré à son insu et sans son autorisation. Or, pourquoi refuse-t-on alors de classer le jet au nombre des avaries communes ? Ce ne peut être que pour un seul motif. Le danger dont se trouvent menacés le navire et la cargaison a été causé par la présence sur le pont des marchandises chargées irrégulièrement, c'est-à-dire par un fait qui présuppose une faute de la part du capitaine. Les intentions du législateur se manifestent donc ici avec une netteté qui ne prête à aucune équivoque. Du moment où le péril contre lequel on a dû se prémunir a été occasionné par un acte de négligence ou d'impéritie imputable à celui qui est investi du commandement ou à ses subordonnés, le sacrifice constitue simplement une avarie particulière ; celui des intéressés qui est directement atteint ne peut recourir par voie de contribution contre ses coïntéressés, il a uniquement une action en responsabilité contre le capitaine et l'armateur. » — Cette solution, qui s'impose, étant donné l'état de la législation, se justifie également en raison et en équité, ainsi que l'a démontré M. Levillain, *loc. cit.* (Conf. Loi belge du 21 août 1879, art. 103, al. 3).

1191. Il a été jugé, conformément à la doctrine que l'on vient d'exposer : 1° que l'on ne peut classer en avaries communes les frais d'une relâche rendue nécessaire par la faute du capitaine, par exemple, pour remettre en état les pompes obstruées par des infiltrations provenant de marchandises insuffisamment emballées (Trib. com. Marseille, 14 avr. 1863, aff. capitaine Lantier, *Recueil de Marseille*, 1863. 1. 114);... pour réparer une voie d'eau résultant du chargement excessif du navire (Trib. com. Marseille, 20 oct. 1863, *Recueil de Marseille*, 1863. 1. 316);... pour éviter la perte du navire, alors que celui-ci était déjà en mauvais état au moment du départ (Trib. com. Havre, 24 sept. 1878, aff. cap. Thorn, *Recueil du Havre*, 1878. 1. 242) ; — 2° Que, lorsque des chevaux placés dans la cale d'un navire ont été étouffés à la suite de la fermeture du grand panneau décidée au milieu d'une tempête et sur l'avis de l'équipage, le dommage provenant de leur perte constitue une avarie particulière, s'il est établi que le capitaine avait commis la faute d'embarquer ces chevaux sans leur assurer des voies d'aération indépendantes des écoutilles (Civ. rej. 16 nov. 1881, aff. Aubert, D. P. 82. 1. 399) ; — 3° Que le jet opéré à l'effet d'alléger le navire échoué par la faute du capitaine et d'assurer ainsi la conservation, tant du bâtiment lui-même que du reste de la cargaison, ne saurait donner ouverture à une contribution ; le capitaine et l'armateur sont seuls responsables envers le chargeur directement atteint du préjudice que lui occasionne la perte de ses marchandises (Req. 6 juin 1882, aff. Lacotte, D. P. 83. 1. 185); — 4° Que, lorsqu'un sacrifice fait pour le salut commun a été rendu nécessaire par une faute précédente du capitaine, celui-ci ne peut exercer contre le propriétaire de la cargaison l'action en contribution pour avaries communes (Trib. com. Marseille, 5 mars 1885, aff. Balestrino, *Recueil de Marseille*, 1885. 1. 124. V. aussi dans le même sens : Motifs, Req. 15 juill. 1872, aff. Valéry, D. P. 73. 1. 150 ; Trib. com. Marseille, 12 juill. 1874, *Recueil de Marseille*, 1874. 1. 223 ; 10 mai 1876, *ibid.*, 1876. 1. 167 ; Rouen, 14 juin 1876, *ibid.*, 1877. 2. 12 ; 31 déc. 1879, aff. Stevens, *Recueil du Havre*, 1881. 2. 1 ; 21 mars 1883, aff. Busch, *ibid.*, 1884. 2. 116 ; 22 mai 1883, aff. Brigonnet, D. P. 85. 1. 137).

1192. On a vu, *suprà*, n° 314, que la jurisprudence reconnaît la validité de la clause par laquelle le propriétaire du navire s'affranchit des conséquences des fautes commises par le capitaine. La cour de cassation a décidé que, lorsque l'on se trouve en présence d'une clause de cette nature, la doctrine qui vient d'être exposée ne doit plus recevoir application, et que l'on doit considérer comme communes les avaries qui sont la suite de fautes commises par le capitaine, aussi bien que celles dont l'origine est une fortune de mer (Civ. rej. 2 avr. 1878, aff. Lenormand, D. P. 78. 1. 479. Conf. Rouen, 31 déc. 1879, aff. Stevens, *Recueil du Havre*, 1881. 2. 1; 24 févr. 1880, aff. Compagnie transatlantique, *ibid.*, 1880. 2. 291).

1193. Le sacrifice, en vertu des principes que l'on vient d'exposer, cesse encore de constituer une avarie commune, quand il a été accompli à l'effet d'éviter un péril suscité par la faute *du chargeur sur les marchandises de qui il a porté.* L'art. 405 n'a pas, il est vrai, prévu cette hypothèse; mais il semble néanmoins que l'on doit, dans ce cas, comme dans celui que l'on vient d'étudier, s'en tenir à la règle d'après laquelle le caractère originaire de l'avarie doit réagir sur tous les dommages qui en sont la suite (Desjardins, t. 4, n° 1021 ; Morel, p. 22; Droz, n° 398).

1194. La conséquence à tirer de ce principe et de celui de l'art. 405, c'est que le sacrifice revêt simplement le caractère d'une avarie particulière toutes les fois qu'il a pour cause le danger occasionné par la nature ou le vice propre de la chose (par exemple, l'inflammation spontanée de certaines marchandises, telles que des allumettes chimiques englobées indistinctement dans l'ensemble du chargement). Si, en effet, le capitaine a su en quoi consistait cette chose, s'il a eu connaissance du vice dont elle était affectée et si, néanmoins, il l'a acceptée, il a fait acte d'imprévoyance, et la nécessité où il se trouve de prendre un parti extrême pour s'en débarrasser tient à un défaut de sagacité dont il a la responsabilité; si, au contraire, trompé par les agissements des chargeurs, il ne s'est pas trouvé en situation de constater le danger que pouvait présenter la présence à bord des objets qui lui étaient présentés; si, par suite, il est personnellement à l'abri de tout reproche, toujours est-il qu'il y a eu faute de la part de l'affréteur et la mesure prise en cours de voyage pour échapper aux conséquences de cette faute ne peut retomber que sur celui qui l'a commise; il ne serait pas juste de la faire rejaillir sur les autres chargeurs. — Jugé, en conséquence, que le jet causé par un danger qui procède de la nature de la marchandise et des risques particuliers qu'elle fait courir au navire et à la cargaison cesse de revêtir les caractères d'une avarie commune (Rouen, 22 mai 1883, aff. Brigonnet, D.P. 85. 1. 137). De même, si le péril provient du mode de chargement adopté, par exemple, d'un vice d'arrimage (Arg. art. 420 et 421). Il en serait autrement, si l'arrimage irréprochable à l'origine a été dérangé par une fortune de mer (Aix, 15 avr. 1880, aff. Cap Blohm, *Recueil de Marseille*, 1880. 1. 154; Trib. com. Havre, 24 juin 1881, *Recueil du Havre*, 1881. 1. 173; Desjardins, t. 4, n° 985 *in fine*).

1195. Le péril peut découler non seulement de la menace d'un préjudice futur, mais encore du préjudice que causerait un événement préexistant, si l'on négligeait d'employer les mesures nécessaires (par exemple, le rachat qui a pour cause la prise déjà effectuée).

1196. Pour qu'il puisse constituer une avarie commune, il faut que le dommage ait été souffert ou que la dépense ait été faite en vertu d'une délibération constatant que c'est bien en vue du salut commun du navire et de la cargaison que le sacrifice constitutif de l'avarie commune a été résolu (c. com. art. 410) (*Rép.* n° 1072). — Cette délibération cesse cependant d'être obligatoire dans le cas où des circonstances impérieuses et urgentes la rendent impraticable (*Rép.* n° 1073); ainsi, il a été jugé que l'on doit réputer avaries communes celles qui résultent de l'emploi d'une manœuvre au moyen de laquelle un pilote lamaneur, de concert avec le capitaine, au milieu d'une tempête, afin d'éviter le péril imminent de la perte totale du navire, lui a fait franchir la passe d'un chenal, bien que cette manœuvre n'ait pas été précédée de la délibération motivée dont parle l'art. 400 c. com. (Rennes, 28 déc. 1863, aff. Ertaud, D. P. 64. 5. 26. Conf. Rouen, 12 janv. 1849, aff. Delessert, D. P. 50. 2. 200; Trib. com. Havre, 29 mars 1883, aff. Kairis, *Recueil du Havre*, 1883. 1. 128; de Courcy, t. 1, p. 236; de Valroger, t. 5, n° 2006). — La jurisprudence va même plus loin encore. Elle déclare parfois qu'il y a avarie commune, si les conditions indiquées par le texte se trouvent réunies, malgré l'absence de délibération et sans s'inquiéter du point de savoir si les circonstances y ont mis obstacle (Trib. com. Havre, 14 mai 1878, aff. Cap. Adam, *Recueil du Havre*, 1878. 1. 170; Trib. com. Marseille, 12 mai 1879, aff. Cap. Crome, *Recueil de Marseille*, 1879. 1. 193; Rouen, 7 mars 1883, *suprà*, n° 1188; Trib. com. Havre, 24 juin 1885, aff. Cap. Luigi d'Ancona, *ibid.*, 1885. 1. 175. Conf. de Valroger, t. 5, n° 2139. V. *infrà*, n° 1198).

Le projet de 1867 avait supprimé tout ce qui avait trait à la délibération de l'équipage. — Il va sans dire, d'ailleurs, que la préexistence d'une délibération ne peut transformer une avarie particulière en avarie commune (Req. 10 août 1880, aff. Henricksen, D. P. 80. 1. 448).

1197. Si le capitaine a agi contre le gré de son entourage, il y a contre lui présomption de responsabilité, et c'est à lui de détruire cette présomption en prouvant qu'il a agi sous l'empire d'une nécessité. — S'il a agi en vertu d'une délibération conforme, il y a, en sa faveur, présomption d'irresponsabilité; mais cette présomption n'est pas absolue, car, étant maître, il peut toujours refuser d'ordonner une mesure qu'il juge prématurée (de Valroger, t. 5, n°s 2139 et 2149).

1198. On a expliqué (*Rép.* n°s 1155 et suiv.) que, aux termes des art. 412 et 413 c. com., le capitaine est tenu de rédiger par écrit la délibération, aussitôt qu'il en a les moyens; la délibération exprime les motifs qui ont déterminé le jet, les objets jetés ou endommagés. Elle porte la signature des délibérants ou les motifs de leur refus de signer, et est transcrite sur le registre. Au premier port où le navire aborde, le capitaine doit, dans les vingt-quatre heures de son arrivée, affirmer les faits contenus dans cette délibération (Conf. de Valroger, t. 5, n°s 2146 à 2148). — Les formalités prescrites par les art. 412 et 413 sont inapplicables, quand il s'agit de bâtiments affectés au petit cabotage (*Rép.* n° 1157). Du reste, même lorsqu'il s'agit de navigation au grand cabotage ou au long cours, elles ne sont pas rigoureusement obligatoires et la nécessité du sacrifice peut se prouver par tous autres documents (*Rép.* n°s 1073 et 1159. Comp. Aix, 25 avr. 1841, *Recueil de Marseille*, 1841. 1. 257; Trib. com. Saint-Nazaire, 22 janv. 1880, aff. Germain, *Recueil de Nantes*, 1881. 1. 95; Trib. com. Marseille, 22 févr. 1883, aff. Mavricakis, *Recueil de Marseille*, 1883. 1. 139. Conf. Desjardins, t. 4, n°s 973 et 979; de Valroger, t. 5, n°s 2139 et 2149. V. *suprà*, n° 1196).

1199. — 4° Il faut que *le sacrifice ait été réalisé pour la conservation du navire et de la cargaison*, sans quoi la contribution n'aurait pas de raison d'être. Il faut donc que le danger auquel on a en vue d'échapper menace à la fois le navire et la marchandise : si, par exemple, le navire est seul capturé, la rançon payée en vue de son rachat est avarie particulière (art. 400-1° et 403 *in fine*), alors même que la mesure prise dans l'intérêt du navire profite indirectement à la cargaison (Trib. com. Havre, 6 mars 1882, aff. Cap. Christiansen, *Recueil du Havre*, 1882. 1. 77). — Il faut que la mesure prise soit de nature à assurer la conservation du navire et de la cargaison, et ne se trouve pas, d'ailleurs, en disproportion avec le but proposé (Desjardins, t. 4, n° 972). Si elle est de nature à assurer la conservation de l'un ou de plusieurs seulement des objets soumis aux risques, l'avarie sera à la charge des propriétaires de ces objets (Trib. com. Marseille, 20 juill. 1882, aff. Cap. Bayley, *Recueil de Marseille*, 1882. 1. 227; Desjardins, t. 4, n°s 975 et 1030).

1200. — 5° Il faut que *le sacrifice ait eu un résultat utile*. Une grave controverse s'est élevée sur ce point entre les auteurs. Plusieurs systèmes ont été soutenus.— Suivant une première opinion, l'intention seule déterminerait ici le caractère de la mesure : il suffirait que la tentative fût en elle-même profitable aux intéressés. Par exemple, un capitaine assailli par une tempête fait jeter la moitié de la cargaison; le navire se brise néanmoins sur la côte : les marchandises sauvées devraient contribuer au jet (Frémery, *Etudes de droit commercial*, p. 231. Comp. Morel, *op. cit.*, p. 18). Ce système contraire à la tradition universelle (*Guidon de la mer*, chap. 5, art. 28; Casarégis, *Disc.* 46, n° 37, et 121, n° 4; Valin, t. 2, p. 155, 195 et suiv.; Emérigon, t. 1, p. 616) est en contradiction évidente avec les termes de l'art. 423 c. com.: il ne saurait être admis (Aix, 16 déc. 1872, aff. Ferraro, *Recueil de Marseille*, 1873. 1. 214). — Suivant M. J.-V. Cauvet, *Assurances maritimes*, t. 2, n° 355, il faut qu'il y ait résultat utile obtenu, et ce résultat « *doit être le salut du navire et de la cargaison* ». Cette formule est, croyons-nous, trop absolue; car, si en la prenant à la lettre, on devrait décider que, si le navire entier a été sacrifié pour assurer le salut de la cargaison, ou si toute la cargaison a été sacrifiée pour assurer le salut du navire, il n'y a pas lieu à contribution (de Courcy, t. 1, p. 245 et suiv.). — D'après un troisième système, il faut et il suffit que le sacrifice ait eu *un résultat profitable à l'intérêt commun;* mais les mots *intérêt commun* doivent être ici entendus dans leur sens le plus large.

Ainsi, dans le cas où toute la cargaison a été sacrifiée pour le salut du navire, le navire remboursera la valeur de la cargaison, déduction faite de la part contributoire de la cargaison. Le jet a donc eu, en définitive, un résultat profitable pour la cargaison comme pour le navire; il est avarie commune (de Courcy, *loc. cit.;* de Valroger, t. 5, n°s 2003 et suiv.; Lyon-Caen et Renault, t. 2, n° 1955; Desjardins, t. 4, n° 977; Bravard et Demangeat, t. 4, p. 798. Conf. Req. 18 déc. 1867, aff. Faure, D. P. 68. 1. 145; Aix, 16 déc. 1872, précité. V. *infrà*, n°s 1323 et suiv.). — Le code allemand (art. 705) exige aussi, pour qu'il y ait avarie commune, « que le navire et la cargaison aient été sauvés l'un et l'autre, chacun en tout ou partie ».

1201. Le caractère de l'avarie est irrévocablement fixé au moment où s'accomplit l'acte volontaire; ses suites nécessaires présentent le même caractère qu'elle. C'est ainsi que les sacrifices réalisés ou les dépenses faites comme conséquence forcée d'une avarie particulière sont avarie particulière; il en est de même des frais accessoires, frais de relâche, d'emprunt, intérêts, profit maritime, frais d'évaluation de l'avarie, etc. (Req. 8 et 22 juin 1863, aff. Comp. *la Gironde*, et aff. Comp. *le Neptune*, D. P. 63. 1. 416; 3 févr. 1864, aff. Pignon, D. P. 64. 1. 57; 18 déc. 1867, aff. Faure, D. P. 68. 1. 145; 10 août 1880, aff. Henricksen, D. P. 80. 1. 448; Montpellier, 25 mai 1886, aff. Augst Koch, *Recueil de Marseille*, 1886. 2. 218; Rouen, 26 janv. 1887, aff. Carlson, D. P. 88. 2. 276; Desjardins, t. 4, n° 982). « C'est une règle fondamentale, en cette matière, dit M. le conseiller d'Oms (Rapport sur Req. 3 févr. 1864, précité), que le caractère d'une avarie est déterminé par les causes qui la produisent et non par les effets qui la suivent. Fixé irrévocablement au moment du sinistre, ce caractère ne peut être modifié par les événements ultérieurs. L'avarie particulière, à son origine, ne peut pas plus dégénérer en avarie commune par les actes subséquents, que celle-ci ne peut se résoudre en avarie particulière. » Mais l'application de ces principes soulève de graves difficultés, soit dans le cas où le fait originaire dont il s'agit de déterminer les conséquences constitue une avarie particulière, soit dans le cas où il présente les caractères d'une avarie commune. — Et d'abord, cette doctrine ne doit pas être prise dans un sens absolu, si l'on se place dans l'hypothèse d'une avarie *particulière*. Lorsque l'avarie provient d'une voie d'eau ou d'un échouement forcé, événements que l'art. 403 c. com. range dans la classe des avaries particulières, on comprend que les dépenses de réparations ou de mise à flot du navire ne puissent être également réglées qu'à titre d'avaries particulières (Conf. Req. 8, 22 juin 1863, et 3 févr. 1864 précités. V. aussi Bordeaux, 18 nov. 1839, et Req. 2 déc. 1840, *Rép.* n° 1119; Aix, 23 sept. 1851, *Recueil de Marseille*, 1857. 1. 261; 27 déc. 1853, *ibid.*, 1855. 1. 127; 6 févr. 1855, *ibid.*; 29 juill. 1855, *ibid.*, 1855. 1. 215; 22 août 1855, *ibid.*, 1855. 1. 127; Rennes, 27 avr. 1860, aff. Harmsolm, D. P. 61. 2. 38; 27 juill. 1860, aff. Leroux, *ibid.;* Caen, 29 mai 1866 (1); Rouen, 26 janv. 1887, précité; 15 juill. 1889) (2). — Ces solutions reposent sur une théorie très simple, celle de l'indivisibilité de nature entre l'avarie originaire et ses

(1) (Compagnie Transatlantique C. Van-Zanten.) — Le 26 janv. 1866, jugement du tribunal de commerce de Cherbourg ainsi conçu : — « Considérant que, le 26 oct. 1864, les deux navires *Washington*, capitaine Duchesne, et *Professor-van-der-Boon-Mesch*, capitaine Van-Zanten, se sont abordés en pleine mer; — Que par jugement du 10 mars 1865, le tribunal de commerce de Cherbourg a décidé qu'il y avait doute dans les causes de l'abordage, et qu'en conséquence, il serait fait une masse des dommages causés par l'abordage, laquelle serait supportée par moitié par les deux navires ainsi que les frais; — Que par jugement du 6 avril, le même tribunal a nommé le sieur Lambert aux fins de donner son avis sur les mémoires concernant les dommages de toute nature résultant de l'abordage; que cet expert a accompli sa mission dont il a dressé procès-verbal, qu'il a déposé au greffe le 7 août dernier; — Qu'il résulte de ce procès-verbal que le total général de tous les comptes présentés par les deux navires s'élève, etc.; — Quant aux frais de chargement, emmagasinage, rechargement des marchandises composant la cargaison du *Professor*, contestés par la Compagnie Transatlantique et le capitaine Duchesne : — Considérant qu'il est de règle fondamentale que le caractère d'une avarie est déterminé par les causes qui la produisent et non par les effets qui la suivent; — Que, fixé irrévocablement au moment du sinistre, le caractère de l'avarie ne peut être modifié par les événements ultérieurs, l'avarie particulière ne pouvant pas plus dégénérer en avarie commune que celle-ci se résoudre en avarie particulière; — Considérant que les art. 400 et 403 c. com. posent, chacun en ce qui concerne le genre d'avarie qu'il entend régler, un principe général auquel il faut recourir toutes les fois que l'événement de mer ne rentre pas dans les dispositions spéciales que ces articles ont indiquées; or, aux termes de l'art. 400, le caractère essentiel de l'avarie commune est de procéder d'un acte *volontaire* délibéré pour le salut commun du navire et de la marchandise; l'art. 403, au contraire, par les exemples qu'il donne et par sa formule finale, avertit que l'avarie particulière procède toujours d'un accident auquel la volonté est restée étrangère; — Considérant, dans l'espèce, que l'abordage, sur les causes duquel il y a doute, étant un accident de mer auquel la volonté est restée étrangère, les avaries souffertes par les deux navires sont incontestablement des avaries particulières qui doivent, ainsi que leurs conséquences, être supportées par les navires seuls; — Que le déchargement, emmagasinage, rechargement et autres frais relatifs aux marchandises composant la cargaison du *Professor*, ayant été nécessités dans le seul but de parvenir à réparer le navire, ces faits doivent être considérés comme étant la conséquence du fait primitif et être classés en avarie particulière au navire *Professor* pour être ensuite supportés en commun par les deux navires; — En ce qui concerne les 71338 fr. 50 cent. pour indemnité de retard et interruption de voyage du *Professor* contestés par les mêmes : — Considérant qu'en classant cette somme dans les dommages et frais à supporter en commun par les deux navires, l'expert a opéré conformément au jugement du tribunal de commerce du 10 mars 1865, accepté par les parties, et par application du troisième paragraphe de l'art. 407, lequel dit : « S'il y a doute dans les causes de l'abordage, le dommage est réparé à frais communs, et par égale portion, par les navires qui l'ont fait et souffert; dans ce cas, l'estimation du dommage est faite par experts »; — Que c'est à tort que la Compagnie Transatlantique et le capitaine Duchesne soutiennent dans leurs conclusions que, dans l'espèce, l'abordage n'a eu pour le *Professor* d'autres conséquences que l'avarie même; s'il en était ainsi, on se demanderait en vain quel est le fait principal; or, le fait principal causé par l'abordage est l'avarie elle-même; et les conséquences les plus directes et les plus immédiates sont l'interruption de voyage forcée et le retard occasionné par les réparations; — Qu'en estimant l'indemnité due au *Professor* à 0 fr. 50 cent. par jour et par tonneau de jauge, l'expert n'a fait qu'appliquer un principe consacré par plusieurs arrêts et se conformer à l'usage constamment admis et pratiqué en cette matière; qu'il ne faut pas perdre de vue que dans cette indemnité sont compris les vivres, gages de l'équipage et autres frais déboursés par le *Professor* pendant les cent quatre-vingt-onze jours de retard qu'il a subis, temps plus que suffisant dans les circonstances ordinaires pour effectuer son voyage de Cherbourg à Melbourne et gagner son fret d'aller; en outre, que ce navire contribue lui-même pour moitié de la somme ci-dessus, puisqu'elle est classée par l'expert parmi celles à être supportées en commun par les deux navires; — Qu'il est de toute équité que cette somme de 71338 fr. 50 cent. soit comprise dans les dommages soufferts par le *Professor*, alors que le *Washington* dont les réparations, relativement minimes, ont pu être faites en quelques jours, n'a pas interrompu ses voyages réguliers et a ainsi pu faire profiter sa compagnie des avantages importants de sa navigation; — Par ces motifs, etc. » — Appel par la Compagnie Transatlantique. — Appel incident par le capitaine Van-Zanten. — Arrêt.

La cour; — Sur l'appel principal : — Adoptant les motifs des premiers juges; — Sur l'appel incident : — Adoptant les motifs des premiers juges sur les réclamations qui leur étaient soumises et qu'ils ont rejetées; — Et considérant, sur la demande d'une somme de 4981 fr. 89 cent. pour prime d'assurance et de commission de banque, que cette prime n'a pas été payée; qu'il n'est pas justifié qu'il y ait eu de commission de banque; que, d'ailleurs, ces justifications fussent-elles faites, elles ne rentreraient pas dans les conséquences immédiates de l'abordage, et ne pourraient entrer en compte pour être mis à la charge du *Washington;* — Confirme, etc.

Du 29 mai 1866.-C. de Caen, 4e ch.-MM. Le Menuet de la Jugannière, pr.-Le Menuet de la Jugannière, subst.-Dufour (du barreau de Paris) et Aldrick Caumont (du barreau du Havre), av.

(2) (Genestal et Delzons C. capitaine Moore.) — La cour; — Attendu qu'aux termes de l'art. 400, § 8, c. com., l'échouement volontaire d'un navire est seul classé, avec les pertes, dommages et dépenses qu'il entraîne, dans la catégorie des avaries communes; que, si l'échouement est le résultat de la force majeure ou de la faute du capitaine, il n'est plus qu'une avarie particulière, et que tous les actes ultérieurs, qui en sont la suite immédiate et directe, ont, en principe, le même caractère; qu'il en est ainsi,

conséquences immédiates et forcées. — Mais il peut arriver aussi qu'à la suite d'un sinistre constituant une avarie particulière, et pour conjurer le péril auquel ce sinistre expose le navire et le chargement, des mesures de salut commun soient *délibérées* ou *résolues*, mesures consistant dans des sacrifices qui auraient incontestablement le caractère d'avaries grosses, si on les prenait isolément, tel que le jet à la mer d'une partie du chargement, le sacrifice de la mâture, etc. De semblables sacrifices devront-ils, au contraire, être rangés dans la classe des avaries particulières, parce que l'équipage et les intéressés au chargement, au lieu de se les imposer pour échapper à la tempête ou à tout autre événement de mer menaçant à la fois le navire et la marchandise encore intacts, y auront eu recours pour les soustraire aux effets d'un sinistre qui a déjà atteint et avarié plus ou moins gravement le navire? Boulay-Paty, t. 4, p. 458; Bédarride, t. 5, n° 1675; Caumont, v° *Avaries*, n° 6; Alauzet, t. 6, n° 2295; Weil, *Assurances maritimes et avaries*, n°s 289 et suiv., vont jusque-là. A leurs yeux, il est indifférent qu'il y ait eu délibération en vue du salut commun. « Au moment où la délibération est intervenue, dit M. Alauzet, au sujet d'une relâche pour la réparation d'une voie d'eau, la voie d'eau existait. La délibération n'a donc pu porter que sur les moyens de la réparer; dans les avaries grosses, elle porte sur les moyens de créer l'avarie pour en éviter une plus considérable. Une fois le caractère de l'avarie bien déterminé, toutes les conséquences qu'elle entraîne sont de même nature qu'elle. En effet, quel est donc le sinistre qui peut frapper le navire sans menacer la cargaison? » M. le conseiller Féraud-Giraud (Rapport sur Req. 10 août 1880, aff. Henricksen, D. P. 80. 1. 448) exprime la même opinion : « Pour qu'une dépense soit classée en avarie commune, il ne suffit pas qu'elle procède d'un acte volontaire, il faut surtout que cet acte volontaire et la délibération motivée qui le consacre s'accomplissent dans des conditions telles qu'elles embrassent tout à la fois le navire et la marchandise, chose évidemment impossible quand le sort du navire est déjà fixé et que l'avarie qu'il a soufferte est déterminée par un accident de force majeure. Dans ce cas, le navire placé sous la loi de l'avarie particulière ne peut plus en sortir, et ce caractère s'imprimera à tous les actes subséquents, à toutes les dépenses même volontaires qui sont la conséquence nécessaire du fait primordial de force majeure » (Conf. Rapport précité de M. le conseiller d'Oms; Lyon-Caen et Renault, t. 2, n° 1952, et arrêts précités d'Aix, 23 sept. 1851, et de Bordeaux, 18 nov. 1839). — Il a été jugé, conformément à cette doctrine : 1° que les détériorations occasionnées par les rats depuis le départ du navire et qui ont amené la mise des pompes hors de service constituant une avarie particulière, la relâche du navire et le déchargement des marchandises, qui ont été la conséquence de cet accident, ont aussi le caractère d'avaries particulières et non celui d'avaries communes; alors même que la relâche aurait été précédée d'une délibération de l'équipage portant qu'il y avait lieu de l'effectuer dans l'intérêt commun du navire et de la cargaison, s'il est constaté en fait qu'à ce moment le navire n'était menacé d'aucun péril imminent (Req. 10 août 1880 précité);... — 2° Que la rupture de l'arbre de couche d'un navire à vapeur occasionnée par fortune de mer étant une avarie particulière que le capitaine doit réparer, la relâche effectuée dans ce but ne constitue qu'une avarie particulière, alors même qu'elle aurait été précédée d'une délibération de l'équipage (Rouen, 26 janv. 1887, précité);... — Et qu'elle n'aurait été décidée qu'à la suite de gros temps, et plusieurs jours après l'accident survenu à la machine (Rouen, 8 août 1889) (1). — Cette théorie n'est-elle pas inexacte? Sans doute, la réparation de l'avarie a, avec l'avarie elle-même, un lien trop étroit pour ne pas en prendre le caractère, encore que les travaux en aient été délibérés et prescrits en vue du salut commun. « La dépense, comme le dit Émérigon, *Assurances*, t. 1, chap. 12, sect. 11, § 6, a plutôt pour objet de réparer le navire et de le mettre en état de continuer son voyage que de conserver les marchandises ». En d'autres termes, elle n'est qu'une exécution de l'obligation de transport prise par l'armateur dans le contrat d'affrétement. Mais en sera-t-il de même des sacrifices, des dépenses ou des pertes de temps que l'état du navire maltraité par fortune de mer aura pu occasionner et faire ordonner par l'équipage, dans la pensée du salut commun? La cour de cassation elle-même n'a pas cru que la réaction du fait originaire de l'avarie sur ses conséquences ultérieures fût impérieuse à ce point que la qualification d'avarie grosse dût être refusée aux sacrifices et dépenses ainsi résolus en dehors des dépenses de réparation. Émérigon, *loc. cit.*, regardait comme avaries grosses, au cas dont on parle, sinon les frais de radoub, du moins le temps de la relâche, ainsi que les frais de décharge et de recharge. La cour de cassation, qui a même qualifié d'avaries communes, en pareille hypothèse, les dépenses de réparation du navire (Req. 19 févr. 1834, *Rép.* n° 1121) a aussi donné cette dénomination aux frais de déchargement, d'emmagasinage et de rechargement qui ont eu lieu par suite de la relâche qu'une délibération motivée a crue nécessaire pour le salut du navire et de la cargaison (Civ. rej. 16 juill. 1861, aff. Aquaronne, D. P. 61. 1. 316); et M. le conseiller d'Oms, rapprochant cette décision, lors de l'arrêt du 3 févr. 1864 précité, du principe qu'il venait de poser relativement à l'identité de nature existant entre l'avarie particulière et les actes même volontaires qui en sont la conséquence, fait remar-

---

notamment, des sacrifices volontaires effectués pour la remise à flot du navire; qu'il n'existe d'exception à la règle que dans le cas de péril imminent régulièrement constaté; qu'alors il se produit, à vrai dire, une situation nouvelle, génératrice d'une nouvelle avarie, qui, tout en se rattachant au même fait, doit être appréciée d'après les règles qui lui sont propres;

Attendu, dans l'espèce, que l'échouement du *Brooklands* n'a pas été volontaire; qu'il paraît devoir être attribué au cas fortuit; qu'il constitue, par suite, une avarie particulière et que l'allégement auquel il a été procédé pour le renflouement du navire ne saurait avoir un autre caractère; que rien n'établit, en effet, qu'il était commandé par le salut du navire et de la cargaison; que les conditions dans lesquelles il a eu lieu et les documents versés au débat ne peuvent laisser aucun doute à cet égard; que l'équipage n'a point été appelé à délibérer sur la nécessité et l'urgence de la mesure qui a été prise; — Attendu que, d'autre part, le capitaine Nison, commis par le tribunal de commerce de Rouen pour visiter le *Brooklands* et indiquer les précautions à prendre, affirme dans son rapport que la situation du navire est bonne et qu'il ne voit pas la nécessité de prescrire des mesures pour sa conservation et celle de la cargaison; que le renflouement s'opérera naturellement dans quelques jours et que l'allégement n'a d'utilité que pour gagner du temps; que la portée de ces déclarations ne saurait être confirmée par des certificats qui, émanés de personnes n'ayant pas vu le *Brooklands* lors de l'événement et dépourvus d'ailleurs des garanties dont l'œuvre de la justice doit toujours être entourée, ne peuvent avoir aucune valeur juridique;

Par ces motifs; — Faisant droit à l'appel relevé par Génestal et Delzons contre le jugement rendu par le tribunal de commerce de Rouen le 19 déc. 1888, infirme le jugement attaqué, déclare le capitaine Moore mal fondé dans sa demande et ses conclusions; décharge les appelants des condamnations contre eux prononcées, etc.

Du 15 juill. 1889.-C. de Rouen.-MM. Beylot, 1er pr.-Frère et Marais, av.

(1) (Capitaine Shrader C. Assureurs.) — LA COUR; — Attendu que la relâche décidée le 19 mars 1889 par l'équipage du *Yedmandale*, dans l'intérêt commun du navire et de la cargaison, n'a été que la conséquence nécessaire de l'accident que le navire avait éprouvé deux jours auparavant à sa machine; qu'après avoir quitté le 16 mars la rade de Newport New, il avait dû s'arrêter dès le lendemain, sans que le rapport du capitaine ait signalé aucun événement de mer et sans qu'on ait pu découvrir la cause des infiltrations d'eau qui avaient amené l'extinction des feux; qu'il n'est pas étonnant qu'ainsi désemparé le navire ait paru hors d'état de résister aux gros temps, qu'il a essuyés jusqu'au 19, mais que par eux-mêmes ces gros temps n'ont point constitué un fait nouveau susceptible de modifier le caractère de l'avarie; que la cour n'a pas à rechercher si le non-fonctionnement des machines est dû à un vice propre ou à une faute du capitaine; qu'il lui suffit de constater que l'avarie a été, dès l'origine, une avarie particulière et qu'elle est restée telle jusqu'à la fin; qu'il n'y a par suite aucune raison de déroger au principe posé par l'art. 403, § 3, c. com., que les dépens doivent être supportés par la partie qui succombe;

Par ces motifs, etc.

Du 8 août 1889.-MM. Letellier, pr.-Frère et Delarue (du barreau de Paris), av.

quer que la chambre civile, loin de contredire ce principe, le confirme pleinement. « L'arrêt, dit-il en effet, prend soin de déclarer que la relâche a eu lieu par suite d'une délibération prise avec raison pour le salut commun du navire et de la cargaison. Il est, dès lors, évident que le navire était placé sous l'empire d'une avarie commune, et que les dépenses qui ont été la conséquence de cette avarie devaient aussi être classées en avaries communes » (V. aussi Rennes, 22 mai 1826, *Rép.* n° 1126; Caen, 20 nov. 1828, Rouen, 27 mai 1841 et 6 févr. 1843, *Rép.* n° 1122; Rouen, 12 janv. 1849, aff. Delessert, D. P. 50. 2. 200). Ainsi, malgré la règle, en apparence très générale, établie par la chambre des requêtes dans les arrêts de 1863 et 1867, il ne serait pas exact de traiter comme avaries particulières toutes les dépenses volontaires qui seront une conséquence d'une avarie de cette nature subie par le navire, et, par exemple, celles occasionnées par la relâche que cette avarie a amenée. Si la relâche a été opérée en vertu d'une délibération prise pour sauver le navire et la cargaison du péril imminent qui est né de l'état du navire, les dépenses qu'elle aura entraînées seront avaries grosses, sauf celles des réparations. De telles dépenses ne se rattachent plus directement à l'avarie particulière à réparer, à raison de la survenance d'un fait postérieur, la relâche volontaire qui en est devenue la cause immédiate et les a isolées du sinistre originaire (V. aussi Desjardins, t. 4, n°s 982, 1011 et 1012). On peut citer comme se prononçant implicitement dans le sens de la distinction que nous proposons, outre les arrêts qui viennent d'être rapportés, un arrêt (Civ. rej. 9 nov. 1868, aff. Mahieu, D. P. 68.1.479) aux termes duquel la disposition de l'art. 403 c. com., n° 3, qui répute avarie particulière la perte des agrès du navire résultant d'un accident de mer et les dépenses d'une relâche occasionnée par la perte fortuite de ces objets, n'est pas applicable au cas extraordinaire où, à la suite d'un événement de mer, un danger de perte totale menaçant à la fois le navire et les marchandises, le sacrifice d'une partie des agrès et les frais d'une relâche sont faits volontairement, de l'avis du capitaine et de l'équipage, pour le salut commun du navire et du chargement; dans ces circonstances, la perte des agrès du navire et les dépenses de la relâche sont des avaries communes, bien qu'elles aient été la conséquence d'un accident de mer qui n'avait d'abord occasionné qu'une avarie particulière. Si la chambre civile avait appliqué, dans toute sa rigueur, à cette espèce, le principe général formulé par les arrêts de la chambre des requêtes, elle aurait dû considérer comme avaries particulières, non seulement les dommages qui avaient été directement occasionnés par l'abordage, mais toutes les pertes et dépenses qui avaient pu devenir nécessaires pour sauver le navire et la cargaison de la situation périlleuse où l'abordage les avait placés. Mais elle a préféré, avec raison, s'attacher uniquement à la question de savoir si l'abandon des agrès et la relâche avaient été des faits volontairement accomplis pour échapper à un péril qui menaçait également le navire et la cargaison, sans rechercher quelle était l'origine de ce péril (Conf. Dissertation de M. Brésillion, D. P. 68. 1. 145; de Courcy, t. 2, p. 283; Desjardins, t. 4, n° 982; Coulon et Houard, t. 2, p. 16; Rouen, 26 janv. 1887, et Montpellier, 25 mai 1886, précités. V. *infrà*, n°s 1220 et 1226).

1202. La même règle doit aussi recevoir d'importantes restrictions pour le cas où le sinistre originaire constitue une avarie *commune*: une tempête met en péril le navire et le chargement, on décide, après une délibération régulière, le bris et le jet à la mer d'une partie de la mâture. Il y a lieu incontestablement de régler en avarie commune la perte résultant du sacrifice volontaire ainsi résolu et opéré pour le salut commun du navire et de la cargaison. Mais le navire amené au port, avec son chargement, après les sacrifices volontaires qu'il avait subis, n'a pu y être réparé, faute de matériaux et d'ouvriers; il a été déclaré innavigable et vendu un prix bien inférieur à celui auquel il a été estimé au départ. Sera-ce cette perte, et non pas seulement celle des mâts antérieurement sacrifiés que l'armateur aura le droit de faire considérer comme avarie commune? La cour de cassation (Req. 18 déc. 1867, aff. Faure, D. P. 68. 1. 145) a répondu affirmativement. Après avoir proclamé le principe déjà signalé que tout dommage qui n'est que la conséquence nécessaire de l'acte volontaire ou du fait de force majeure constitutif, à l'origine, d'une avarie commune ou d'une avarie particulière, participe de la nature de cette avarie, la cour de cassation constate, avec les juges du fait, que, dans le cas particulier, l'innavigabilité du navire était le résultat direct du bris et du jet de sa mâture, c'est-à-dire d'une avarie commune, et elle en tire la conséquence que l'avarie commune consistait non pas seulement dans le sacrifice volontaire qui avait causé l'innavigabilité, mais dans cette innavigabilité elle-même.

Cette thèse rencontre deux ordres d'objections qui nous paraissent très graves. — La règle énoncée par la cour, conformément à sa jurisprudence, est exacte en elle-même. Mais, comme nous l'avons déjà fait remarquer au sujet des dommages survenus comme conséquence d'une avarie particulière, l'application en est souvent fort délicate (V. *suprà*, n° 1201). L'avarie commune produite par le sacrifice volontaire de la mâture d'un navire y reçoit une telle extension qu'on y rattache même la perte ultérieure du navire que le capitaine n'a pu ensuite réparer au port de relâche, faute de matériaux et d'ouvriers. N'est-ce pas là tenir trop peu de compte de la circonstance essentiellement fortuite qui s'est placée entre le fait originaire et l'accident fatal dont il a été suivi? — D'ailleurs, le texte de la loi ne résiste-t-il pas au classement parmi les avaries communes de la perte d'un navire? Il y met, semble-t-il, obstacle à deux points de vue. En effet, en premier lieu, il interdit d'inscrire *au crédit* de la contribution le montant de la perte du navire déclaré innavigable. La loi, à cet égard, est positive, précisément pour le cas qui nous occupe. L'art. 424 c. com. suppose que le navire, après avoir été sauvé par le jet, continue sa route et se perd. Si les effets chargés sur le navire ne périssent pas avec le navire, s'ils sont débarqués, le jet antérieurement accompli demeure avarie commune, parce que ce jet, en sauvant du premier péril les marchandises débarquées, leur a permis d'échapper au second. Or que dit ensuite le législateur quant à la perte du navire? « Les marchandises, porte l'art. 425, ne contribuent point au payement du navire perdu ou réduit à l'état d'innavigabilité. » Ainsi, d'après ce texte, la perte ou l'innavigabilité du navire constitue une avarie particulière. Le jet antérieur est seul avarie commune. L'armateur ne peut produire à la contribution que dans les limites du sacrifice imposé au navire lors du jet; il n'a pas le droit d'y ajouter le dommage que lui a fait souffrir la perte ultérieure de son navire.

On objecte, il est vrai, que l'art. 425 suppose que le navire est perdu et que le chargement doit son salut non pas à ce navire, mais à des secours étrangers. Tout autre serait la situation, « lorsque le navire épuisé, mais non vaincu par une longue lutte contre la tempête, consacre, par un suprême effort, ses facultés en détresse à conduire sa cargaison dans un port qui la met à l'abri de toute fortune de mer, et expire en quelque sorte sous l'effort même qu'il a fait pour la sauver... Dans ce cas, le navire a réellement sauvé la marchandise. Voilà pourquoi cette marchandise doit concourir au payement du navire perdu ou réduit à l'état d'innavigabilité » (Rapport de M. le conseiller d'Oms sur Req. 18 déc. 1867 précité). — Cette solution ne nous paraît pas pouvoir être acceptée. Le navire n'a pas droit au bénéfice de l'avarie commune par cela seul qu'il aura conduit la cargaison au lieu de débarquement; il faut qu'il la sauve au moyen de l'un des sacrifices volontaires énumérés et définis dans l'art. 401 c. com. Si sa mâture est rompue et jetée à la mer pour le salut commun, la loi voit dans un pareil sacrifice une avarie qu'elle classe en termes exprès parmi les avaries grosses. A cet égard, pas de difficulté. Mais est-il permis d'en conclure qu'il y a également avarie commune dans la déclaration ultérieure de l'innavigabilité du navire? Là est la question, et la résoudre affirmativement par l'unique motif que le navire n'aura été déclaré hors d'état de naviguer qu'après avoir conduit la marchandise au port, c'est faire dépendre le caractère de la perte d'une circonstance dont nulle disposition législative ne fait sortir les éléments constitutifs de l'avarie grosse. Sans doute, le navire qui a ainsi rempli sa destination, au moins, jusqu'à un port de déchargement, doit être rémunéré; mais quel droit cet accomplissement de sa mission confère-t-il au maître du navire? Un seul, celui d'exiger le fret jusqu'au port où il a mis la marchandise en sûreté, en lui épargnant ainsi les frais de sauvetage ou de transport qui fussent devenus nécessaires en cas de perte du navire avant l'arrivée au lieu de débarquement, tandis que, dans ce dernier cas, le capitaine ne serait payé du fret que jusqu'au lieu du naufrage (c. com. art. 303). D'autre part, la loi, en déterminant la part contributive pour laquelle le propriétaire du navire est débité dans la masse qui doit supporter l'avarie commune résultant du jet à la mer, soit des objets détachés du navire, soit des marchandises, ne suppose jamais que ce propriétaire puisse y prendre au delà de la valeur des objets de son navire ainsi sacrifiés. Aux termes de l'art. 401 c. com., les avaries communes sont supportées par les marchandises et par la moitié du navire et du fret, au marc le franc de la valeur. En cas de jet à la mer, soit d'objets dépendant du navire, soit d'effets faisant partie de la cargaison, l'art. 417, appliquant avec plus de précision la règle générale posée dans l'art. 401, dispose que « la répartition pour le payement des pertes et dommages est faite sur les effets jetés et sauvés, et sur moitié du navire et du fret, à proportion de leur valeur au lieu du déchargement. » La masse contribuable est donc composée : pour les chargeurs des marchandises sauvées, de la valeur de ces marchandises au lieu du déchargement ; pour les propriétaires des marchandises sacrifiées, de la somme qu'ils en auraient obtenue au même lieu si elles n'avaient pas été jetées à la mer ; pour le propriétaire du navire, de la moitié du navire et du fret, soit en en détachant les objets séparés du navire par la mesure du jet pour les faire contribuer en totalité à l'avarie, soit en les réunissant au navire et en ne mettant dès lors l'avarie à leur charge que dans la proportion de moitié applicable au navire lui-même et au fret. Les chargeurs des marchandises sacrifiées participent ainsi à la formation de la masse contribuable pour la somme représentative de leurs effets, et, quant au propriétaire du navire, il y figure, d'une part, pour la moitié de ce qu'il a conservé, c'est-à-dire pour la moitié de la valeur du navire et du fret à lui acquis au lieu de déchargement ; d'autre part, pour la moitié ou l'intégralité de ce qu'il a perdu à titre d'avarie commune, selon qu'on optera pour le système de la réunion au navire ou de la séparation des objets ainsi perdus. Comme on le voit, le propriétaire des objets sacrifiés est débité dans la masse, aussi bien que le maître des objets sauvés. Rien de plus juste, d'ailleurs, puisque, s'il était indemnisé de toute sa perte, il se trouverait entièrement placé à l'abri des atteintes de l'avarie. Or le règlement d'avaries ne peut pas lui permettre de recouvrer tout ce qu'il a perdu. Les objets sacrifiés, rétablis fictivement dans le compte d'avaries, doivent proportionnellement avec les objets sauvés y supporter le sinistre qui, de la sorte, n'est à la charge exclusive ni des premiers, ni des seconds. La conséquence est visible. Si le propriétaire du navire avait le droit de faire considérer comme avarie commune la perte résultant de l'innavigabilité de son navire, c'est également le montant de cette perte, qui, indépendamment de la moitié de la valeur actuelle du navire et du fret, devrait être inscrit à la masse contribuable ; il ne suffirait pas d'y porter la valeur des objets volontairement sacrifiés lors du jet. Or ce sont là les seuls objets que l'art. 417 fasse entrer, avec les effets sauvés et la moitié du navire et du fret, dans l'actif grevé de la charge de l'avarie commune. Ne suit-il pas de là que le maître du navire ne doit être porté à la contribution comme partie prenante que pour ces seuls objets, puisque c'est pour eux seuls qu'il y est porté comme partie payante ? — Ainsi les dispositions du code de commerce sur la matière ne permettent ni de *créditer*, ni de *débiter* le propriétaire du navire dans la contribution, pour le montant de la perte résultant de l'état d'innavigabilité du bâtiment. Comment, dès lors, pourrait-on soutenir que cette perte constitue une avarie commune ? (V. en ce sens : Brésillion, de Courcy, Desjardins, *loc. cit.* V. *infrà*, n° 1334).

1203. Quoi qu'il en soit, et lors même que l'on adopterait, dans les termes généraux où elle est posée, la règle formulée par la chambre des requêtes, il est certain que, pour que le caractère originaire de l'avarie doive ainsi réagir sur tous les dommages qui pourront ultérieurement survenir, il faut que ces dommages soient la conséquence *nécessaire*, soit de l'acte volontaire qui constitue l'avarie commune, soit du fait accidentel qui constitue l'avarie particulière (V. les arrêts des 3 févr. 1864 et 18 déc. 1867, cités *suprà*, nos 1201 et 1202 ; Bordeaux, 2 juin 1869, aff. Mestrezat, D. P. 70. 2. 36). Dans quels cas devra-t-on reconnaître qu'il en est ainsi, qu'il existe entre l'acte ou le fait primitif et les dommages subséquents ce *lien nécessaire*, cette *conséquence nécessaire?* Il y a là une question d'appréciation fort délicate, dont la solution appartient aux juges du fait (Req. 18 déc. 1867, cité *suprà*, n° 1202 ; Civ. cass. 27 déc. 1871, aff. Mestrezat, D. P. 72. 1. 36 ; Rouen, 26 janv. 1887, aff. Carlson, D. P. 88. 2. 276). Il a été jugé, par exemple, que des dommages fortuits éprouvés par le navire dans le port où la relâche délibérée dans un intérêt commun était déjà opérée, et à un moment où le but de cette relâche se trouvait complètement atteint, constituent des avaries particulières ; on objecterait vainement que, tant que dure la relâche, les périls auxquels le navire se trouve exposé dans le port où il séjourne doivent être considérés comme une conséquence de cette relâche, alors qu'il s'agit de dommages ayant leur cause, non pas dans l'état particulier de ce port, mais dans un événement de mer imprévu et postérieur à celui qui avait déterminé la relâche, à ce moment consommée. Spécialement, en cas d'échouement du navire dans le port de refuge, par suite d'une nouvelle tempête, les frais de remise à flot de ce navire, tels qu'entretien de feux et renforts d'hommes, de remorqueurs et de cordages, doivent, en l'absence d'une délibération nouvelle constatant qu'ils ont été nécessités pour le salut commun, être qualifiés d'avaries particulières. Il en est de même des frais de déchargement et de rechargement de la cargaison, nécessités par cet échouement (Bordeaux, 2 juin 1869, et Civ. cass. 27 déc. 1871 précités. V. *infrà*, n° 1226).

1204. L'avarie commune ne se présume pas, car elle constitue une dérogation à la règle de droit commun : *res perit domino.* C'est donc au demandeur en contribution qu'il appartient de prouver que le dommage ou la dépense réunit les caractères ci-dessus indiqués (Desjardins, t. 4, n° 981).

1205. L'art 400 c. com. n'a pas seulement défini l'avarie commune, il en a donné une énumération. Mais cette énumération n'est pas limitative ; cela résulte des termes mêmes de l'article. Elle comprend seulement les cas principaux et les plus fréquents d'avaries communes et n'est pas exclusive de ceux de même nature qui n'y ont pas été exprimés (*Rép.* n° 1070). — Plusieurs codes étrangers renferment également une liste détaillée des avaries qui sont réputées communes (V. notamment c. com. allemand. art. 702 ; c. com. italien, art. 643 et 644 ; L. suédoise de 1864, art. 142 et 143). — Il en est autrement de la loi belge de 1879, qui se borne à poser en termes généraux la règle suivante (art. 102) : « Sont avaries communes les dépenses extraordinaires faites et les dommages soufferts volontairement pour le bien et le salut commun du navire et des marchandises. Toutes autres avaries sont particulières ». « Sont toutefois considérées comme avaries communes, ajoute l'art. 103, les dépenses de toute relâche effectuée à la suite de fortune de mer, qui mettrait le navire et la cargaison, si la navigation était continuée, en état de péril commun. » — Nous compléterons les explications fournies au *Répertoire* sur chacun des cas d'avaries communes énumérés par l'art. 400.

1206. « Sont avaries communes : 1° les choses données par composition et à titre de rachat du navire et des marchandises... » (*Rép.* nos 1075 et suiv.). On a exposé au *Rép. loc. cit.* les conditions requises pour que l'art. 400-1° soit applicable. Si la remise par un chargeur de certains objets pour le rachat de ses marchandises propres n'engendre qu'une avarie simple, il en est de même de celle opérée pour le rachat du navire seul, s'il est seul de bonne prise (Trib. Anvers, 11 nov. 1863, *Jurisprudence du port d'Anvers*, 1864. 1. 84). Enfin si une rançon est payée pour la cargaison entière qui appartient à plusieurs, elle se répartit entre ces derniers, et l'armateur contribue tout au plus sur le fret dont le rachat assure le payement (Desjardins, t. 4, n° 997 ; de Valroger, t. 5, n° 2012).

On a indiqué également au *Rép.* nos 1078 et 1079 quels sont les frais et dépenses à classer comme avaries communes par application de l'art. 400-1°. — Sur la question de savoir si les loyers et frais de nourriture des gens de l'équipage doivent toujours être classés comme avaries communes, même quand mainlevée de la saisie est ensuite obtenue, V. Desjardins, t. 4, n° 998; Frignet, *Traité des avaries communes et particulières*, t. 1, n° 451; Govare, p. 90; Morel, t. 5, p. 938; de Valroger, t. 5, n° 2015. — Sont encore avaries communes : la rançon que l'on paie pour obtenir la liberté de l'otage que l'on a livré au capteur pour obtenir la libération du navire et de la cargaison;... l'indemnité payée à cet otage;... l'indemnité payée au sauveteur dont on a invoqué le concours pour reprendre le navire par voie de recousse, si la tentative a été opérée avec succès;... les présents faits aux magistrats étrangers pour obtenir un jugement favorable (*Rép.* n° 1854. Conf. Govare, p. 88; Desjardins, t. 4, n° 997).

1207. « ... 2° Celles qui sont jetées à la mer... » Le *jet* dont il est traité spécialement dans le tit. 12 du liv, 2 du code de commerce n'est qu'une avarie commune ordinaire; c'est, selon l'expression de M. Desjardins, t. 4, n° 984, « le type de l'avarie commune, dans l'ordre chronologique, comme dans l'ordre logique ». — On ne doit donc pas interpréter isolément l'art. 410, mais combiner ses dispositions avec les principes généraux de l'avarie commune : c'est ainsi que l'on décidera que le jet ne constitue pas une avarie grosse, s'il a été accompli d'une façon irréfléchie et par des gens affolés, s'il n'a pas été accompli dans l'intérêt commun, par exemple, si l'on s'est débarrassé de certaines marchandises qui, par leur contact, infectaient les marchandises voisines, sans compromettre d'ailleurs la sécurité du navire (Trib. com. Marseille, 20 juill. 1882, aff. capitaine Bayley, *Recueil de Marseille*, 1882. 1. 227);... ou si l'on a jeté certains objets du bord, pour sauver un matelot tombé à la mer (Trib. com. Marseille, 15 avr. 1863, *ibid.*, 1864. 1. 118). — On ne peut, de même, admettre en avarie commune le jet qui provient d'une faute; il incombera, par conséquent, à l'armement seul, s'il a été motivé, par exemple, par une voie d'eau, conséquence d'un vice propre au navire, ou par l'excès du poids du chargement (Trib. com. Marseille, 3 févr. 1873, *Recueil de Marseille*, 1873. 1. 117). —Il incombe au chargeur, s'il a été motivé par le vice propre de la chose. — Dans tous les cas, le jet ne peut constituer une avarie grosse et donner lieu à contribution, lorsque les marchandises jetées avaient été chargées sans connaissement ou déclaration du capitaine (art. 420) (*Rép.* n°s 1153, 1184 et suiv.), ou avaient été chargées sur le pont (art. 421) (*Rép.* n°s 1190 et suiv. V. *infrà*, n° 1209). — Le code suppose que le jet est motivé par la *tempête* ou la *chasse d'un ennemi* : ces expressions ne sont pas limitatives; il en est de même toutes les fois que le danger a pour cause une fortune de mer, par exemple, la nécessité d'alléger le navire qui découvre une voie d'eau (*Rép.* n° 1143).

1208. Il est certain, d'ailleurs, que les choses jetées ne cessent pas d'appartenir à leurs anciens maîtres, à qui elles doivent être restituées, si elles sont recouvrées (*Rép.* n° 1162; Cauvet, t. 2, p. 115; Desjardins, t. 4, n° 984; Lyon-Caen et Renault, t. 2, n° 1959); sauf application, en ce cas, de la disposition de l'art. 429 (*Rép.* n° 1232).

1209. L'art. 411 c. com. fixe l'ordre que le capitaine doit suivre, autant qu'il est possible, pour le jet des marchandises (V. sur ce point : *Rép.* n°s 1153 et suiv.; Desjardins, t. 4, n° 985. Conf. Trib. Marseille, 7 juin 1865, *Recueil de Marseille*, 1865. 1. 183; 21 févr. 1867, *ibid.*, 1867. 1. 298). — Aujourd'hui, le plus souvent, il n'y a pas d'entrepont; on prendra les marchandises qui sont à la partie supérieure du navire (de Valroger, t. 5, n° 2144). — Les marchandises chargées sans connaissement ou déclaration du capitaine ne devant point être comprises dans la contribution (art. 420) (V. *suprà*, n° 1207), le capitaine du navire et les chargeurs des autres marchandises ont intérêt à ce qu'elles soient sacrifiées les premières; c'est d'ailleurs leur présence qui surcharge le navire : le capitaine devra donc jeter tout d'abord ces marchandises, de préférence aux autres. — Il faut en dire autant, et pour le même motif, des marchandises chargées sur le tillac, quand il s'agit d'un navire au long cours ou au grand cabotage (*Rép.* n° 1154; Bédarride, t. 5, n° 1814; Caumont, v° *Jet*, n° 2; Lyon-Caen et Renault, t. 2, n° 1960; Govare, p. 69; Frignet, *op. cit.*, t. 1, n° 357; Desjardins, t. 4, n° 985; de Valroger, t. 5, n°s 2134 et suiv. et 2205. Comp. Trib. com. Marseille, 27 janv. 1880, aff. Cap. Fama, *Recueil de Marseille*, 1880. 1. 101. V. *suprà*, n° 1207). — Le jet peut avoir aussi pour objet les agrès et les munitions. Mais on ne doit procéder au jet de ces objets qu'avec la circonspection la plus grande (Trib. com. Marseille, 21 févr. 1867, *Recueil de Marseille*, 1867. 1. 298; 29 mai 1868, *ibid.*, 1868. 1. 234. Comp. Desjardins, *loc. cit.*).

1210. Il faut rapprocher du paragraphe 2 de l'art. 400 la disposition du paragraphe 5, ainsi conçu : « ... Les dommages causés par le jet aux marchandises restées dans le navire... » (*Rép.* n° 1087). Les suites immédiates et nécessaires d'une avarie commune sont en effet toujours elles-mêmes avaries communes (V. *suprà*, n°s 1202 et suiv.). Jugé, par exemple, que le dommage causé à une cargaison de blé par l'introduction de l'eau dans la calle, au moment où les panneaux ont été ouverts, en vue d'un jet à la mer pour le salut commun, constitue une avarie commune, mais seulement dans la mesure où l'introduction de l'eau a dépendu de cette ouverture (Trib. com. Marseille, 29 déc. 1873, *Recueil de Marseille*, 1874. 1. 77). — Les mêmes motifs exigeraient que l'on attribuât le caractère d'avarie commune au dommage occasionné par le jet au bâtiment lui-même (par exemple, rupture des cordages, des bordages, des voiles, etc.). Cependant l'art. 400-5° ne fait mention que des dommages causés aux marchandises, et l'art. 422 ne semble considérer comme avaries communes que les dommages volontairement infligés au navire pour faciliter le jet, c'est-à-dire ceux qui, considérés isolément, présentent le caractère d'avaries grosses (sabordage, etc.), c. com. art. 426). Mais on a déjà dit *suprà*, n° 1205, qu'il faut généraliser les dispositions de l'art. 400 dont l'énumération, empruntée à l'ordonnance de 1681, n'a pas un caractère limitatif (Conf. *Rép.* n°s 1087 et 1163; Desjardins, t. 4, n° 986; Bravard et Demangeat, t. 4, p. 803; de Valroger, t. 5, n°s 2217 et 2218. Comp. *infrà*, n° 1239). Le projet élaboré en 1867 supprimait l'art. 422.

1211. « ... 3° Les mats ou câbles rompus ou coupés... » (*Rép.* n°s 1081 et suiv. Conf. Desjardins, t. 4, n° 989; Bravard et Demangeat, t. 4, p. 801; de Valroger, t. 5, n°s 2021 et suiv.). — L'avarie grosse comprend ici, comme précédemment, les dommages causés par l'exécution de la mesure aux marchandises et au navire lui-même. Si même les objets sacrifiés ne peuvent être remplacés et que le navire devienne par suite innavigable, on doit, d'après la jurisprudence de la cour de cassation, classer comme avarie commune la valeur du navire, déduction faite de son prix de vente (Req. 18 déc. 1867, aff. Faure, D. P. 68. 1. 145. V. toutefois, *suprà*, n° 1202).

1212. «... 4° Les ancres et autres effets abandonnés pour le salut commun... » (*Rép.* n°s 1084 et suiv. Conf. Desjardins, n° 988; Govare, p. 79; de Valroger, t. 5, n° 2024). — Sur les précautions à prendre, dans certains cas, pour que les ancres abandonnées puissent être retrouvées (Décr. 12 déc. 1806, art. 36, 37, 39) V. *infrà*, v° *Organisation maritime*. — Si le capitaine a négligé de prendre les mesures prescrites par l'art. 39 du décret de 1806, il a commis une faute et n'est pas fondé à faire admettre le montant du sacrifice en avarie commune (Trib. com. Marseille, 17 mars 1857, *Recueil de Marseille*, 1857. 1. 137; 21 avr. 1857, *ibid.*, 1857. 1. 233; Aix, 24 août 1857, *ibid.*).

1213. «... 5° Les dommages occasionnés par le jet aux marchandises restées dans le navire... » (V. *suprà*, n° 1210).

1214. « ... 6° Les pansement et nourriture des matelots blessés en défendant le navire, les loyer et nourriture des matelots pendant la détention, quand le navire est arrêté en voyage par ordre d'une puissance, et pendant les réparations des dommages volontairement soufferts pour le salut commun, si le navire est affrété au mois » (*Rép.* n°s 1088 et suiv.; Bravard et Demangeat, t. 4, p. 804 et suiv.). Cette disposition doit être rapprochée des art. 262 et 263 que l'on a étudiés *suprà*, n°s 831 et suiv. (V. aussi *infrà*, n° 1249). Si, dans le cas prévu par le premier de ces deux articles, les frais de traitement et de nourriture sont avaries particulières (*Rép.* n° 1089), c'est que la maladie ou la blessure constitue un accident fortuit. Si, dans le cas prévu par le second, ils constituent une avarie commune, c'est parce que, comme il a été dit ci-dessus, le matelot s'est volontairement sacrifié pour le salut commun; car, en coopérant à la défense du navire, il coopère en même temps à la défense de la cargaison. Aussi est-ce avec raison que l'on a étendu cette disposition à tous ceux qui ont pris part à la défense (*Rép.* n° 1088. Conf. Desjardins, t. 4, n° 1000; de Valroger, t. 5, n°s 2027 et suiv.). Mais on a vu que les loyers restent à la charge de l'armateur (V. *suprà*, n° 835. V. cependant de Valroger, t. 5, n° 2028). — Ces dispositions ne sont d'ailleurs applicables que si le sacrifice a eu un résultat utile (V. *suprà*, n° 1200). — Si le matelot a été tué en défendant le navire, on classe comme avarie commune la différence entre la somme à laquelle les héritiers auraient eu droit si le matelot était mort accidentellement et celle que lui alloue l'art. 265 *in fine* (*Rép.* n° 1091. V. *suprà*, n° 845).

1215. Quant aux dommages éprouvés par le navire et la marchandise pendant un combat contre l'ennemi ou des pirates, il y avait déjà controverse sous l'empire de l'ordonnance. Il y a lieu, croyons-nous, de faire aujourd'hui une distinction sur ce point. Si le navire, en fuyant devant l'ennemi, a reçu des projectiles, les dégâts qui ont alors un caractère fortuit sont avaries particulières. Si, au contraire, le navire a tenu tête à l'ennemi et est sorti de la lutte à son avantage, les avaries sont communes, car elles sont la conséquence d'une mesure volontairement prise pour le salut commun, et qui a abouti (Desjardins, t. 4, n° 1000; de Valroger, t. 5, n° 2029).

1216. Aux termes de l'art. 400-6°, les frais de nourriture supplémentaire et les salaires qui continuent de courir pour moitié au profit des matelots engagés *au mois*, (c. com. art. 254) sont encore avaries communes (V. de Valroger, t. 5, n° 2030). Il n'y a pas, il est vrai, ici de sacrifice volontaire, la détention est purement fortuite; il semblerait donc que ces impenses devraient, comme avaries particulières, rester à la charge exclusive de l'armateur; d'autant plus que l'arrêt par ordre du Gouvernement n entraîne pas la résiliation de l'affrétement, et que l'affrétement impose à l'armateur l'obligation d'entretenir à bord un équipage suffisant (de Valroger, t. 5, n° 2033). Si le législateur a cru devoir déroger ici aux règles du droit commun, c'est parce que le fret cesse de courir pendant la durée de l'arrêt dans le cas d'affrétement au mois (art. 300), et que l'on n'a pas voulu que le fréteur qui ne perçoit aucun fret restât seul tenu de payer les frais de nourriture des gens de mer et les loyers qui peuvent continuer de courir à leur profit, loyers qui généralement se prélèvent sur le fret. Si, en effet, pendant la détention, les matelots rendent service au navire, ils prennent aussi soin de la cargaison. — Dans le cas d'affrétement au voyage, les choses se passent autrement parce que l'armateur, ayant traité à forfait, a pris à sa charge les événements fortuits susceptibles de prolonger la durée du voyage (Desjardins, t. 4, n° 999; de Valroger, t. 5, n° 2031. Conf. *Rép.* n° 1092). — Le projet de 1867 classait comme avaries communes les loyers et frais de nourriture pendant la détention, sans faire de distinction.

1217. Le texte de l'art. 400-6° s'applique dans le cas d'*embargo*, comme dans celui d'arrêt (Desjardins, t. 4, n° 999, *in fine*). — Peu importe, d'autre part, que l'arrêt émane d'un gouvernement étranger, même non reconnu.

1218. Il peut arriver que, par suite de *blocus* ou *d'interdiction de commerce*, le port de destination devienne inaccessible, et que le capitaine se rende dans un port voisin. Les loyers et frais de nourriture des gens de mer ou autres impenses extraordinaires qui sont alors rendues nécessaires sont toujours avaries particulières, parce que l'on ne peut pas dire que la mesure ait été prise en vue du salut commun, et que, d'autre part, l'obligation de gagner le port voisin est sous-entendue éventuellement dans la charte-partie (V. Cauvet, *Assurances maritimes*, t. 2, p. 172; Desjardins, t. 4, n° 998).

1219. Enfin sont encore avaries communes, aux termes de l'art. 400-6°, les loyers et nourriture des gens de mer pendant les réparations des dommages volontairement soufferts pour le salut commun, si le navire est affrété au mois. L'ordonnance ne renfermait pas de disposition semblable : on appliquait, en ce cas, les principes généraux en matière d'avaries. Le code a donc innové : on a cru, sans doute, appliquer le principe d'après lequel les suites nécessaires d'une avarie commune sont elles-mêmes avaries communes; mais alors, pourquoi ne pas les déclarer avaries communes dans tous les cas, et distinguer suivant le mode d'affrétement? On comprendrait même plutôt la distinction inverse; car, dans le cas d'affrétement au mois, le fret continue de courir au profit de l'armateur (c. com. art. 296), et alors si le chargeur qui paye le fret contribue, en outre, aux loyers et aux frais de nourriture, il semble qu'il contribue deux fois. Au contraire, dans le cas d'affrétement au voyage, le fret stipulé ne subit aucune augmentation; si donc il est un cas où le chargeur doit contribuer au payement des loyers et des frais de nourriture, c'est celui-là (de Valroger, t. 5, n°s 2035 et 2037; Desjardins, t. 4, n° 1014).

Il a été jugé, conformément à ce qui est dit au *Rép.* n°s 1094 et suiv., et contrairement aux décisions rapportées *ibid.*, n° 1095, que la nourriture et le loyer des matelots, pendant les réparations des dommages soufferts volontairement pour le salut commun du navire et des marchandises ne doivent être considérés comme des avaries communes que lorsque le navire est affrété au mois: cette nourriture et ce loyer sont avaries particulières quand le navire est affrété *au voyage* (Req. 30 janv. 1856, aff. Cauvière, D. P. 56. 1. 133). L'art. 403 semble formel à cet égard. Dans une disposition qui vient compléter celle de l'art. 400, et qui en reproduit la pensée, il déclare avaries particulières « la nourriture et le loyer des matelots, pendant les réparations qu'on est obligé d'y faire, si le navire est affrété au voyage » (Conf. Bordeaux, 2 juin 1869, aff. Mestrezat, D. P. 70. 2. 36) : ces mêmes dépenses ne seraient que des avaries particulières, si les réparations qui ont prolongé la durée du voyage n'étaient aussi elles-mêmes que des avaries particulières, quelque soit alors le mode d'affrétement (V. Req. 8 juin 1863, aff. Compagnie *la Gironde*, D. P. 63. 1. 416; 22 juin 1863, aff. Compagnie *le Neptune*, *ibid.*). — Jugé également que les loyers et nourriture sont avaries communes (toujours dans le cas d'affrétement au mois) non seulement pendant le temps employé aux réparations du navire, mais même pendant le temps qui a précédé ou suivi ces réparations, si le séjour prolongé du navire dans le port où il a été réparé a eu pour cause les mêmes réparations (Mêmes arrêts). — Le projet de remaniement de 1867 classait dans tous les cas les loyers et les frais de nourriture comme avaries communes sans distinguer suivant le mode d'affrétement.

1220. Sont encore avaries communes : « ... 7° les frais du déchargement pour alléger le navire et entrer dans un havre ou dans une rivière, quand le navire est contraint de le faire par tempête ou par la poursuite de l'ennemi... » (*Rép.* n° 1096. Conf. Trib. com. Marseille, 22 août 1883, aff. Barban, *Recueil de Marseille*, 1883. 1. 292; de Valroger, t. 5, n° 2038). — Si l'allégement a été rendu nécessaire par une avarie particulière, ou par une faute du capitaine ou du chargeur, les frais d'allège sont évidemment avaries particulières (V. *suprà*, n°s 1201 et suiv.).

1221. En principe, d'après les art. 400-7° et 427 c. com., la perte ou détérioration des marchandises mises dans des barques pour alléger le navire entrant dans un port ou une rivière est assimilée à la perte résultant du jet de ces marchandises opéré pour le salut commun. Dès lors, c'est une avarie commune (*Rép.* n°s 1173 et suiv.). — Doivent, de même, être classés comme avaries communes, conformément aux principes généraux, le prix de location des allèges, ainsi que le dommage causé au navire par le transbordement.

1222. Lorsque les barques employées pour alléger le navire viennent à périr avec les marchandises, il y a lieu à contribution pour raison de leur valeur, si l'on s'est servi de barques appartenant au navire, c'est-à-dire des chaloupes de ce navire. Mais la perte de barques appartenant à un tiers qui les a fournies, moyennant un fret, constitue une avarie particulière à la charge de ce tiers, la location en ayant été faite à ses risques et périls (*Rép.* n° 1174. Conf. de Valroger, t. 5, n° 2241; Desjardins, t. 4, n° 1003).

1223. L'art. 427, qui prévoit le cas de perte des marchandises placées sur les allèges, n'est applicable que sous les mêmes conditions que l'art. 400-7° (*Rép.* n°s 1173 et suiv. et auteurs cités *suprà*, n° 1222). Si, dans une navigation ordinaire, le capitaine, pour franchir plus aisément une barre, place des marchandises sur allèges, on s'est demandé si, malgré les termes de l'art. 427, il ne faut pas voir là une nécessité ordinaire du voyage que le capitaine a dû prévoir, dont il doit payer la dépense et dont il supportera seul les conséquences dommageables, si les marchandises chargées sur les allèges viennent à périr. M. J.-V. Cauvet, *op. cit.*, t. 2, n° 355, se prononce pour l'application stricte, même en ce cas, de la disposition de l'art. 427 (V. en ce sens : Trib. com. Marseille, 15 janv. 1869, *Recueil de Marseille*, 1869. 1. 101; 13 févr. 1883, aff. Braunstein, *ibid.*, 1883. 1. 124). — MM. Bédarride, t. 5, n° 1910, et Desjardins, t. 4, n° 1003, font observer, au contraire, que l'art. 427 n'est pas le seul dont on ait à tenir compte dans l'espèce ; il se relie à l'art. 400, § 7, qui ne fait entrer les conséquences de l'allégement en avarie commune que s'il a eu lieu par suite de circonstances fortuites et imprévues (Conf. Trib. com. Anvers, 5 févr. 1857, *Jurisprudence du port d'Anvers*, 1857. 1. 91 ; 9 juill. 1859, *ibid.*, 1859. 1. 292 ; Bruxelles, 4 juill. 1860, *ibid.*, 1860. 1. 169. V. de Valroger, t. 5, n° 2240). — Toutefois, l'art. 427 doit être appliqué alors même que, considérée isolément, la perte est purement fortuite; car elle n'aurait pas eu lieu sans la mesure volontairement prise par le capitaine (Desjardins, t. 4, n° 1003).

1224. Quant aux marchandises ainsi mises dans des barques pour alléger le navire, elles ne contribuent pas, quoiqu'elles soient arrivées à bon port, à la perte du navire et du reste de son chargement, cette perte n'ayant pas contribué à leur conservation. A la vérité, si on ne les eût pas placées dans les allèges, d'autres y eussent été mises. Elles ne contribuent pas non plus aux simples avaries communes que le navire ou le reste du chargement ont pu subir et qui ne les ont pas empêchées d'arriver au port, ces avaries n'ayant pas davantage contribué à leur conservation : on objecterait vainement que, en ce qui touche ces avaries, les marchandises mises dans les allèges doivent être considérées comme étant encore dans le navire, tant qu'elles n'ont pas été mises à terre et consignées au propriétaire au lieu de la destination (*Rép.* n° 1476. Comp. auteurs cités *suprà*, n° 1223. V. aussi *infrà*, n° 1326).

1225. «... 8° Les frais faits pour remettre à flot le navire échoué dans l'intention d'éviter la perte totale ou la prise » (*Rép.* n°s 1097 et suiv.). On a expliqué au *Répertoire* dans quels cas les détériorations et impenses occasionnées par l'échouement sont avaries communes, et quelles sont celles qui sont susceptibles d'être classées comme telles (Conf. Desjardins, t. 4, p. 275 ; de Valroger, t. 5, n°s 2042 et suiv. ; Bravard et Demangeat, t. 4, p. 808).

1226. L'échouement n'a pas le caractère d'avarie grosse, même lorsqu'il a eu lieu à la suite de l'exécution d'une mesure délibérée et résolue pour le salut commun du navire et de la cargaison, s'il n'en est pas la conséquence *immédiate et directe* (*Rép.* n°s 1099 et 1102 et suiv. V. *suprà*, n° 1203). Ainsi on ne doit pas considérer comme avarie commune l'échouement du navire dans le port où a été opérée la relâche résolue dans l'intérêt commun, lorsque cet échouement a eu lieu par suite d'une nouvelle tempête, et à un moment où le but de cette relâche était complètement atteint (Bordeaux, 2 juin 1869, aff. Mestrezat, D. P. 70. 2. 36, et, sur pourvoi, Civ. rej. 27 déc. 1871, D. P. 72. 1. 36) ;... ni les dépenses nécessitées par cet échouement, telles que les frais de remise à flot du navire (Mêmes arrêts) ;... ni les frais de déchargement et de rechargement de la cargaison (Mêmes arrêts) ;... alors d'ailleurs qu'aucune délibération nouvelle n'a été prise à l'effet de constater que les dépenses et les frais dont il s'agit avaient lieu pour le salut commun (Mêmes arrêts. V. cependant : Rouen, 19 juin 1826, *Rép.* n° 1100) ; à plus forte raison, l'échouement purement fortuit doit-il être considéré comme avarie simple (art. 400 et 403 combinés) (V. *infrà*, n°s 1242 et suiv.).

Comment classera-t-on les frais de renflouement et autres faits à la suite de cet échouement? Cette question se rattache à la controverse plus générale qui a été examinée *suprà*, n°s 1201 et suiv., et porte sur le point de savoir si, dans tous les cas, le caractère de l'avarie est déterminé une fois pour toutes, au moment où se produit le fait cause première du dommage. Il faut distinguer ici suivant que l'échouement met ou non le navire et la cargaison en état de péril commun. De là, la diversité apparente des solutions intervenues (V. Desjardins, t. 4, n° 1002 ; Lyon-Caen et Renault, t. 2, n° 1970 ; Govare, p. 103). — Il a été jugé sur ce point : 1° que, en cas d'échouement d'un navire par force majeure, échouement constitutif d'une avarie particulière, les sacrifices même volontaires qui en sont une suite nécessaire, et, par exemple, les dépenses de renflouement du navire, de déchargement, de magasinage et de rechargement de la cargaison, participent du caractère de l'avarie qui en a été la cause, et doivent, dès lors, être qualifiés, comme elle, d'avarie particulière à la charge exclusive du navire, alors qu'il est constaté que les dépenses dont il s'agit ont été faites, non dans l'intérêt du navire et de la marchandise, mais dans l'intérêt du navire seul, la marchandise n'étant menacée d'aucun péril imminent (Req. 3 févr. 1864, aff. Pignon, D. P. 64. 1. 57);... — 2° Qu'on doit considérer comme avaries particulières au navire les dépenses nécessaires pour réparer une voie d'eau causée par un échouement involontaire et mettre le navire en état de continuer son voyage, ainsi que les frais de déchargement et de rechargement de la cargaison, qui n'a d'ailleurs subi aucune avarie, lorsque le déchargement n'a eu lieu que pour faciliter la réparation du navire; il en doit être ainsi surtout dans le cas où l'échouement est imputable à la faute du capitaine (Rennes, 27 avr. 1860, aff. Harmsolm, D. P. 61. 2. 38) ;... — 3° Qu'il y a lieu également de régler comme avaries particulières au navire les dépenses occasionnées par la relâche et la réparation du navire à la suite d'un abordage en mer, y compris les frais de déchargement, emmagasinage et rechargement de la cargaison, qui n'a elle-même reçu aucune avarie (Rennes, 27 juill. 1860, aff. Leroux, D. P. 61. 2. 38 ; Bordeaux, 2 juin 1869, aff. Mestrezat, D. P. 70. 2. 36, et sur pourvoi, Civ. cass. 27 déc. 1871, D. P. 72. 1. 36 ; Req. 10 août 1880, aff. Henricksen, D. P. 80. 1. 448. Conf. Boistel, n° 1281). — Jugé, au contraire : 1° que les frais de déchargement, emmagasinage et rechargement de la cargaison dans un port de relâche, à l'effet de faciliter la réparation d'une voie d'eau qui menaçait d'une perte commune le navire et la cargaison doivent être considérés comme avaries communes (Aix, 10 mars 1859, aff. French, D. P. 61. 2. 40) ;... — 2° Que l'art. 403 c. com., qui répute avaries particulières les dépenses résultant de toutes relâches occasionnées soit par la perte des agrès du navire, soit par le besoin d'avitaillement, soit par une voie d'eau à réparer, n'est pas applicable aux frais extraordinaires d'une relâche que la tempête a rendue nécessaire et qui a été opérée en vertu d'une délibération de l'équipage, pour le salut commun du navire et des marchandises : ces frais, tels que ceux de pompage extraordinaire, de déchargement, magasinage et rechargement des marchandises, et leurs accessoires, doivent être considérés comme avaries communes (Civ. rej. 16 juill. 1861, aff. Aquaronne, D. P. 61. 1. 316. Conf. Trib. com. Marseille, 13 juill. 1871, aff. Messina, *Recueil de Marseille*, 1871. 1. 177 ; Aix, 16 déc. 1872, aff. Ferraro, *ibid.*, 1873. 1. 214 : Trib. com. Marseille, 12 mai 1879, aff. Capitaine Crome, *ibid.*, 1879. 1. 193 ; Trib. com. Havre, 2 déc. 1879, aff. Cap. Levy Smith, *Recueil du Havre*, 1880. 1. 71. Conf. Projet de 1867 ; Desjardins, Govare, Lyon-Caen et Renault, *loc. cit.*; de Valroger, t. 5, n° 2044).

1227. — Avaries communes autres que celles énumérées par l'art. 400. — Le code de commerce n'ayant pas mentionné dans son énumération les frais de remorquage, on doit, dans un règlement d'avaries, appliquer à ces frais les principes généraux de la matière. Les dépenses de remorquage seront donc, à titre d'avaries particulières ou plutôt de frais généraux, exclues de la contribution, si le remorquage a lieu pour vaincre une difficulté normale, ou s'il a été explicitement ou implicitement prévu par le contrat d'affrètement (Trib. com. Havre, 30 avr. 1878, aff. Cap. Boullanger, *Recueil du Havre*, 1878. 1. 158; J.-V. Cauvet, t. 2, p. 134; Desjardins, t. 4, n° 1002);... ou s'il est imputable à une faute du capitaine ou à un vice propre du navire (Trib. com. Rochefort, 20 févr. 1882, aff. Larsen, *Recueil du Havre*, 1882. 2. 70);... ou s'il a pour cause une avarie qui ne met pas en état de péril commun le navire et la cargaison. Si au contraire, le remorquage a pour cause une avarie particulière qui met en état de péril commun le navire et la cargaison, les dépenses sont avaries communes (Douai, 24 mai 1886, *Recueil du Havre*, 1886. 2. 309;

Montpellier, 25 mai 1886, aff. Augst Koch, *Recueil de Marseille*, 1886. 2. 218).

Le remorquage entre encore en avarie commune, lorsque le navire a été mis par quelque sacrifice volontaire hors d'état de naviguer seul (Desjardins, *ibid.*); ou lorsque l'on a dû, après délibération, recourir au remorquage pour éviter la perte totale du navire; mais, en ce cas, le danger disparu, la dépense occasionnée par le remorquage, s'il est nécessaire pour continuer le voyage, devient une dépense particulière du navire et cesse d'être une avarie commune, car le capitaine est tenu, par le contrat de transport, de porter la cargaison à l'endroit désigné par ce contrat, et, par suite, il doit supporter les frais nécessaires pour mettre le bâtiment en état d'effectuer le transport, par exemple, réparer le navire, s'il est susceptible d'être réparé. Cette obligation est compensée, à son égard, par celle qui incombe au chargeur d'attendre l'achèvement des réparations dans un port intermédiaire, ou de payer le fret entier du voyage (c. com. art. 296). Si donc, au lieu de radouber son navire ou de faire remettre en état sa machine avariée, ou même d'en louer un autre, le capitaine a recours à l'emploi d'un remorqueur, il se borne en cela à exécuter les clauses et conditions du contrat de transport, et ne peut prétendre faire supporter partiellement au chargeur les frais de ce remorquage. — Il a été jugé, conformément à ces principes : 1° que la rupture en cours de voyage de l'axe d'une machine à vapeur, qui met un navire en mouvement, ne constitue une avarie commune susceptible d'être répartie entre le propriétaire de la marchandise embarquée et celui du bâtiment, que dans le cas où il serait établi que, causée par un accident de mer, elle aurait mis en péril à la fois le chargement et le navire. Dès lors, doit être annulé, comme manquant de base légale, l'arrêt qui se borne à déclarer l'existence d'une avarie commune, sans préciser ses caractères, et, spécialement, sans déterminer l'accident de mer qui a occasionné la rupture de l'axe, et, par là, la nécessité soit d'une relâche, soit d'un remorquage du navire dans le but de sauver ce bâtiment et sa cargaison (Civ. cass. 15 avr. 1885, aff. Brossette, D. P. 85. 1. 467) ; il serait inexact, en effet, de dire, comme semblait l'admettre, dans cette espèce, l'arrêt attaqué, que, en règle générale, le remorquage d'un navire constitue une avarie commune, dès qu'il se trouve plus ou moins utile ou nécessaire, car le danger seul et la nécessité d'y échapper sont les caractères essentiels de l'avarie commune; ... — 2° Que les frais de remorquage ne constituent une avarie commune que si le remorquage a été nécessité par un danger actuel et imminent et est devenu une mesure de salut commun (Montpellier, 25 mai 1886, précité).

1228. Enfin, aux termes du dernier alinéa de l'art. 400, tous les dommages soufferts volontairement pour le salut commun du navire et de la cargaison, quoique non spécialement désignés dans l'énumération purement démonstrative de l'art. 400, doivent être considérés comme avaries communes (V. *Rép.* n°s 1104 et suiv.). Ainsi sont avaries communes :... les dommages causés par une manœuvre au moyen de laquelle un pilote lamaneur, de concert avec le capitaine, au milieu d'une tempête, afin d'éviter le péril imminent de la perte totale du navire, lui a fait franchir la passe d'un chenal (Rennes, 28 déc. 1863, aff. Ertaud, D. P. 64. 5. 26);... les frais de sauvetage, de voyage et autres qui en ont été la conséquence, payés pour retirer le navire et la cargaison des mains de sauveteurs étrangers (Caen, 13 févr. 1861, aff. Sehier, D. P. 61. 5. 41, et sur pourvoi, Civ. rej. 15 avr. 1863, D. P. 63. 1. 346; Civ. rej. 2 avr. 1878, aff. Lenormand, D. P. 78. 1. 479; Rouen, 24 févr. 1880, aff. Compagnie transatlantique, *Recueil du Havre*, 1880. 2. 291; Aix, 28 mars 1881, aff. de Montricher, D. P. 84. 1. 449; *Dissertation* de M. Levillain, D. P. 84. 1. 449; Droz, *Assurances maritimes*, t. 2, n° 42. — V. cependant, Morel, p. 42);... et même les frais de sauvetage, de remorque et autres, payés par l'armateur pour dégager des indemnités dues au sauveteur le navire avec sa cargaison abandonné en mer par la faute de l'équipage, lorsque cet armateur a stipulé dans le connaissement qu'il ne serait pas responsable de la négligence, de la faute ou de l'erreur du capitaine, de l'équipage et des mécaniciens (Rouen, 14 juin 1876, aff. Lenormant, D. P. 77. 2. 68). — Sur la validité d'une telle stipulation, V. les conclusions de M. l'avocat général de Raynal, rapportées avec Civ. cass. 20 janv. 1869 (aff. Desgrands, D. P. 69. 1. 94), et *suprà*, n°s 314 et suiv. Les frais de sauvetage sont, au contraire, avarie particulière, si le sauvetage a lieu à la suite d'un sinistre fortuit, dans le but uniquement d'en atténuer les conséquences (Trib. com. Marseille, 25 oct. 1877, aff. Estelin, *Recueil de Marseille*, 1878. 1. 29. Comp. Rouen, 6 févr. 1878, aff. Compagnie transatlantique, *Recueil du Havre*, 1878. 2. 102; Desjardins, t. 4, n° 1006; de Valroger, t. 5, n°s 2063 et 2064. V. aussi *infrà*, n° 1247).

1229. Quant aux frais de relâche, ils constituent tantôt des avaries particulières, tantôt des avaries communes : sont avaries particulières les frais de la relâche opérée dans un intérêt purement nautique (de Valroger, t. 5, n° 2066), par exemple, ceux qui ont eu pour cause un abordage en mer (Rennes, 27 avr. 1860, aff. Harmsolm, D. P. 61. 2. 38; Req. 3 févr. 1864, aff. Pignon, D. P. 64. 1. 57) ou qui ont été faits pour réparer une voie d'eau causée par un échouement involontaire et mettre le navire en état de continuer son voyage (Mêmes arrêts; Douai, 15 janv. 1862, *infrà*, n° 1249);... alors surtout que l'échouement est imputable à la faute du capitaine (Mêmes arrêts); ceux qui ont lieu dans l'intérêt exclusif soit de certaines marchandises qu'il était urgent de décharger et de faire sécher, soit du bâtiment lui-même (Trib. com. Marseille, 16 déc. 1859, *Recueil du Havre*, 1861. 2. 52; 25 mai 1864, *ibid.*, 1865. 2. 109);... ou par suite d'un fait imputable soit au capitaine, soit aux gens de l'équipage;... ou nécessités par le vice propre de certains objets soumis aux risques (Trib. com. Marseille, 29 oct. 1861, *Recueil de Marseille*, 1862. 1. 24; Aix, 17 janv. 1862, *ibid.*; Trib. com. Marseille, 14 avr. 1863, *Recueil du Havre*, 1863. 2. 172; Rouen, 29 déc. 1869, *Recueil de Marseille*, 1872. 2. 14; Req. 15 juill. 1872, D. P. 73. 1. 150; Trib. com. Havre, 14 mai 1878, aff. Cap. Adam, *Recueil du Havre*, 1878. 1. 170; 24 sept. 1878, aff. Cap. Thorn, *ibid.*, 1878. 1. 242; Rouen, 7 mars 1883, aff. Boman, *ibid.*, 1883. 2. 85; 21 mars 1883, aff. Busch, *ibid.*, 1884. 2. 116. Conf. Desjardins, t. 4, n° 1009);... ou causés par une avarie particulière qui gêne la navigation sans mettre le navire et la cargaison en état de péril commun (*Rép.* n° 1118; Rouen, 12 févr. 1877, *Recueil du Havre*, 1877. 2. 55; 26 janv. 1887, aff. Cap. Carlson, *ibid.*, 1887. 2. 188. Comp. *Rép.* n° 1118; Desjardins, t. 4, n°s 1028 et suiv.; de Valroger, t. 5, n° 2067. V. aussi les décisions rapportées *infrà*, n°s 1248 et suiv.).

1230. Quand les frais de relâche sont avaries particulières, il en est de même des frais de débarquement, magasinage et rembarquement de la cargaison. C'est ce qui a lieu, notamment, dans le cas où il a été nécessaire, pour réparer durant la traversée les avaries occasionnées au navire par le mauvais temps, de décharger les marchandises, soit que le déchargement ait eu lieu pour la constatation des avaries survenues au navire (Req. 8 juin 1863, aff. *la Gironde*, D. P. 63. 1. 416; 22 juin 1863, aff. *le Neptune*, *ibid.*), soit qu'il ait eu pour objet de faciliter l'exécution des travaux de réparations (Rennes, 27 avr. 1860 et Req. 3 févr. 1864, cités *suprà*, n° 1229);... alors, d'ailleurs, que le déchargement a été opéré non dans un port situé en dehors de la route contractuelle du navire, mais dans un port où la charte-partie obligeait de faire escale, et sans qu'il y ait eu délibération motivée de l'équipage ordonnant ce déchargement dans l'intérêt commun du navire et de la marchandise (Req. 8 et 22 juin 1863, précités. V. aussi Req. 10 août 1880, aff. Henricksen, D. P. 80. 1. 448). Mais les frais dont il s'agit sont-ils à la charge du propriétaire de la marchandise ou à la charge de l'armateur? Un certain nombre de décisions judiciaires se sont prononcées dans ce dernier sens (Rennes, 27 avr. et 27 juill. 1860, aff. Harmsolm, et aff. Leroux, D. P. 61. 2. 38; Civ. cass. 8 juin 1863, aff. Comp. *la Gironde*, D. P. 63. 1. 416; 27 déc. 1871, aff. Mestrezat, D. P. 72. 1. 36; Req. 10 août 1880, précité; Rouen, 7 mars 1883, cité *suprà*, n° 1229. V. cependant : Desjardins, t. 4, n° 1011).

Lorsque la relâche est occasionnée par une avarie particulière qui met en état de péril commun le navire et la cargaison, les frais de réparation sont avaries particulières (Lyon-Caen et Renault, t. 2, n° 1968, note; Desjardins, t. 4, n° 1013; de Valroger, t. 5, n° 2071). En est-il de même en ce cas des frais de relâche proprement dits? L'art. 403-3° répond affirmativement à cette question : « Sont avaries particulières... les dépenses résultant de *toutes* relâches occasionnées soit... » (Conf. Desjardins, t. 4, n° 1011; de Valroger, t. 5, n° 2067; Alauzet, t. 5, n° 2296; Frémery, p. 117; Bédarride, t. 5, n° 1676; Boistel, n° 1287. — V. en sens contraire : J.-V. Cauvet, *Assurances maritimes*, t. 2, p. 141; Govare, p. 114; Req. 2 déc. 1840, *Rép.* n° 1119). Cette doctrine, il est vrai, ne concorde pas avec celle qui veut que l'on classe comme avarie commune les sacrifices causés par une avarie particulière, si celle-ci crée un péril commun (V. *suprà*, n°s 1201 et suiv.); mais le texte semble trop formel, pour qu'il soit possible de décider autrement (Desjardins, *loc. cit.*). — Mais, dans cette même hypothèse, les frais de déchargement, magasinage et rechargement doivent être classés comme avaries communes.

1231. La relâche ne constituant pas par elle-même un accident de mer, et le caractère en étant déterminé par celui de l'événement qui l'a motivée, les dépenses auxquelles elle a donné lieu doivent être considérées comme avaries communes, lorsqu'elle a été délibérée et résolue pour soustraire le navire et le chargement à la perte totale dont les menaçait la tempête ou tout autre événement de mer, à un moment où ce navire et ce chargement se trouvaient encore intacts (*Rép.* n° 1120. Conf. Rouen, 28 déc. 1874, aff. Bourgaux, D. P. 78. 5. 58; de Valroger, t. 5, n° 2066). C'est ainsi que l'on doit considérer comme avaries grosses les dépenses résultant de la relâche faite de l'avis de l'équipage, après une tempête, pour procéder au réarrimage de la cargaison (Aix, 19 août 1874, aff. Outré, D. P. 77. 2. 115);... sans y comprendre toutefois les frais de l'hôtel du capitaine et l'achat de provisions pendant la relâche, qui sont une avarie particulière au navire (Même arrêt. Conf. Morel, p. 116; Desjardins, t. 4, n° 1008).

La relâche, avec ses conséquences immédiates et directes, rentre également dans la classe des avaries communes, lorsqu'elle a été délibérée et résolue pour le salut commun du navire et de la cargaison menacés d'une perte totale, même à la suite d'une avarie particulière qui avait déjà causé au navire un dommage plus ou moins considérable : la relâche n'en constitue pas moins, en ce cas, un fait volontaire qui devient une avarie commune, abstraction faite du caractère du sinistre originaire (*Rép.* n° 1123). Ainsi la disposition de l'art. 403, n° 3, c. com. qui répute avarie particulière les dépenses d'une relâche occasionnée par la perte fortuite des agrès du navire, n'est pas applicable au cas extraordinaire où, à la suite d'un événement de mer qui n'avait d'abord causé au navire qu'une avarie particulière, un danger de perte totale menaçant à la fois le navire et les marchandises a motivé une relâche faite volontairement, de l'avis du capitaine et de l'équipage, pour le salut commun du navire et du chargement (Civ. rej. 9 nov. 1868, aff. Mahieu, D. P. 68. 1. 479. Comp. de Valroger, t. 5, n° 2067).

1232. De même, ont le caractère d'avaries grosses les dépenses extraordinaires, telles que frais de chargement, emmagasinage et rechargement, auxquelles a donné lieu la relâche du navire, bien que cette relâche ait eu pour cause directe la nécessité de réparer les avaries particulières du navire, si les réparations dont il s'agit ont été jugées indispensables pour préserver les marchandises des chances de perte qui les menaçaient dans l'état de péril où se trouvait en mer le bâtiment avant la relâche (*Rép.* n°s 1122 et 1123; Desjardins, t. 4, n°s 1011 à 1013; de Valroger, t. 5, n°s 2072 et 2073; Req. 7 mars 1848, aff. Gauthier, D. P. 48. 5. 26; Rouen, 12 janv. 1849, aff. Delessert, D. P. 50. 2. 200; Aix, 10 mars 1859, aff. French, D. P. 61. 2. 40, et sur pourvoi, Civ. rej. 16 juill. 1861, D. P. 61. 1. 316; Trib. com. Marseille, 12 déc. 1861, *Recueil de Marseille*, 1861. 1. 308; Douai, 15 janv. 1862, *infrà*, n° 1249; 24 mars 1868, *ibid.*, 1868. 1. 168; Trib. com. Havre, 7 mars 1871, *Recueil du Havre*, 1871. 1. 40; 14 mai 1878, aff. Boman, *ibid.*, 1878. 1. 170; 26 juin 1878, aff. Rang, *ibid.*, 1878. 1. 174; 2 mai 1882, aff. Busch, *ibid.*, 1882. 1. 132; Rouen, 7 mars 1883, aff. Boman, *ibid.*, 1883. 2. 85. — V. cependant : Bordeaux, 18 nov. 1839, *Rép.* n° 2288; Rennes, 27 avr. 1860, aff. Harmsolm, D. P. 61. 2. 38; 27 juill. 1860, aff. Leroux, D. P. 61. 2. 39; Bordeaux, 9 févr. 1880, aff. Henricksen, D. P. 80. 1. 450);... Spécialement, doivent être considérés comme avaries grosses les frais de déchargement, emmagasinage et rechargement de la cargaison, dans un port de relâche, où le navire a été conduit sur délibération de l'équipage, pour faciliter la réparation d'une voie d'eau qui menaçait d'une perte commune le navire et la cargaison (Arrêts précités des 12 janv. 1849 et 10 mars 1859). Il n'importe, d'ailleurs, que, en raison de l'impossibilité de réparer le navire au port de relâche, son innavigabilité ait été reconnue (Arrêt précité du 12 janv. 1849. V. *suprà*, n° 1230).

1233. Si la relâche est nécessitée tout à la fois par des avaries communes et des avaries particulières, comment devront en être classés les frais? Il semble d'abord équitable de classer les dépenses de réparations proprement dites d'après la nature des avaries (J.-V. Cauvet, t. 2, p. 140; Desjardins, t. 4, n° 1010). — Quant aux frais mêmes de la relâche, « on devra, dit M. Desjardins, *loc. cit.*, faire une ventilation : vouloir rattacher, en ce cas la relâche à une cause qui n'aurait pas suffi, à elle seule, pour la déterminer, ce serait le comble de l'arbitraire » (V. cependant : J.-V. Cauvet, t. 2, p. 140). — Il a été jugé que le déficit provenant, d'un côté, de la manipulation de la marchandise pendant la relâche, de l'autre, des suites d'un coup de mer, sans qu'il soit possible de déterminer l'influence respective de chacune de ces deux causes de perte, doit être porté pour moitié au compte des avaries communes et pour moitié au compte des avaries particulières (Aix, 19 août 1874, aff. Outré, D. P. 77. 2. 115).

1234. Les dépenses de la relâche faite pour réarrimer la cargaison sont, en principe, avaries particulières : il n'en est autrement que si les marchandises doivent être, à raison de certaines circonstances particulières, réarrimées dans l'intérêt de la sécurité commune (Aix, 19 août 1874, aff. Outré, D. P. 77. 2. 115; 15 avr. 1880, *Recueil de Marseille*, 1880. 1. 154; Trib. com. Havre, 24 juin 1881, aff. Cap. Groves, *ibid.*, 1881. 2. 153). — De même, la relâche en vue d'un ravitaillement est, en principe, avarie particulière : elle n'est avarie commune que si elle est rendue nécessaire dans l'intérêt de tous, par suite de certains événements, et si elle n'est pas le résultat d'un défaut d'avitaillement au départ (Trib. com. Havre, 30 avr. 1878, aff. Cap. Boullanger, *Recueil du Havre*, 1878. 1. 158; Desjardins, t. 4, n° 1009; J.-V. Cauvet, t. 2, n° 362. Comp. Morel, p. 114). — Quant aux frais d'expertise, ils se classent d'après l'objet de l'expertise (de Valroger, t. 5, n° 2051). — Ceux d'emprunt et les intérêts se classent d'après l'affectation de la somme (Desjardins, t. 4, p. 305; de Valroger, t. 5, n°s 2049 et suiv.; Aix, 19 août 1874 précité).

1235. Les dommages éprouvés par le navire et la cargaison à l'occasion de la relâche sont avaries communes, quand la relâche présente ce caractère, s'ils peuvent être considérés comme en résultant inévitablement; ils sont avaries particulières, s'ils se sont produits accidentellement. Il en est de même des avaries éprouvées par les marchandises au moment du débarquement (Trib. com. Marseille, 12 déc. 1861, *Recueil de Marseille*, 1861. 1. 308; 13 juin 1872, *ibid.*, 1872. 1. 200; 15 févr. 1878, aff. Cap. Miller, *ibid.*, 1878. 1. 108; Desjardins, t. 4, n°s 1008 et 1013; de Valroger, t. 5, n°s 2074 et 2075. V. *suprà*, n°s 1201 et suiv.).

1236. On a dit au *Rép.* n° 1104 que l'on doit classer comme avaries communes les dommages résultant du *forcement des voiles* délibéré et opéré pour le salut commun dans le but de prévenir, en évitant la côte et les écueils, de plus grands malheurs que la perte d'une partie des marchandises ou des agrès du navire (Conf. Trib. com. Marseille, 13 mars 1889, aff. Manoloudis, *Recueil de Marseille*, 1889. 1. 171); il en est de même du *forcement de vapeur* (Conf. Trib. com. Havre, 1er juill. 1861, *Recueil du Havre*, 1861. 1. 148; Trib. com. Marseille, 18 mars 1862, aff. Cumeni, *Recueil de Marseille*, 1862. 1. 132; 30 avr. 1862, aff. Feraud, *ibid.*, 1862. 1. 154; 23 sept. 1863, aff. Pignet, *ibid.*, 1863. 1. 276; 17 janv. 1866, aff. Pagliano, *ibid.*, 1866. 1. 131; 29 juill. 1868, *Recueil du Havre*, 1869. 2. 33; Rouen, 28 déc. 1874, aff. Bourgaux, D. P. 78. 5. 58; Trib. com. Marseille, 2 mai 1879, aff. Alibert, *Recueil de Marseille*, 1879. 1. 179; Govare, p. 94 et suiv.; Desjardins, t. 4, n° 990; Lyon-Caen et Renault, t. 2, n° 1973; Coulon et Honard, *Code pratique des assurances maritimes*, du dé-

laissement, des avaries, du jet et de la contribution, t. 2, p. 17. — V. en sens contraire : de Courcy, t. 1, p. 258 et suiv., t. 2, p. 272 et suiv.) — Ces manœuvres, d'ailleurs, ne sont avaries communes que lorsque l'on y procède sous l'empire de circonstances exceptionnelles et qu'elles atteignent des proportions inusitées (Desjardins, t. 4, n° 990; de Valroger, t. 5, n° 2021. V. *suprà*, n° 1227).

1237. Les dommages occasionnés par le feu dans un incendie survenu à bord d'un navire sont évidemment des avaries particulières; mais il n'en est pas de même des détériorations causées par l'eau aux marchandises autres que celles qui ont été atteintes par le feu : ces détériorations sont des avaries communes (Trib. com. Havre, 8 mars 1870, aff. Letellier, *Recueil de Marseille*, 1871. 2. 12; de Courcy, t. 2, p. 270; Govare, p. 82; Lyon-Caen et Renault, t. 2, n° 1971. Conf. Trib. com. Havre, 30 déc. 1867, *Recueil du Havre*, 1868. 1. 26; 26 août 1873, *ibid.*, 1874. 1. 167; 5 mai 1886, *ibid.*, 1886. 1. 125);... à moins, cependant, que l'incendie provienne soit d'une négligence du capitaine (Desjardins, t. 4, n° 994), soit d'un vice propre de la marchandise (Desjardins, *loc. cit.*; Trib. com. Marseille, 9 janv. 1824, *Recueil de Marseille*, 1824. 1. 22. Conf. Davanseau, *Considérations générales sur les règlements d'avaries*, p. 117).

1238. L'emploi des objets qui sont à bord comme combustible, quand la provision de charbon est épuisée, n'est pas une avarie commune, si la nécessité de recourir à cette mesure provient de l'insuffisance de la provision au moment du départ; car elle a pour cause une négligence du capitaine. Il y a, au contraire, avarie commune si l'épuisement prématuré du charbon vient d'une prolongation de voyage par suite du mauvais temps (Trib. com. Marseille, 10 juill. 1874, *Recueil de Marseille*, 1874. 1. 223; 1er déc. 1874, *ibid.*, 1875. 1. 66; Desjardins, t. 4, n° 993; de Valroger, t. 5, n° 204 *in fine*; Lyon-Caen et Renault, t. 2, p. 250). — Les frais pour sauver le navire de la *débâcle des glaces* sont avaries communes, s'il s'agit de soustraire le navire et la cargaison à une situation périlleuse, et avaries particulières, s'il s'agit seulement d'accélérer le voyage (Trib. com. Marseille, 1er juin 1880, *Recueil de Marseille*, 1880. 1. 175. Conf. Trib. com. Marseille, 13 juill. 1871, *Recueil de Marseille*, 1871. 1. 177; Desjardins, t. 4, n° 996). — Les frais d'*escorte* et les frais faits en attendant le convoi pour éviter l'ennemi et pourvoir, par conséquent, au salut commun sont avaries grosses, à moins qu'ils n'aient été explicitement ou implicitement prévus dans la charte-partie (Desjardins, t. 4, n° 998).

1239. Le *sabordement* du navire (c. com. art. 426) est également une avarie commune, quand il a pour objet de faciliter le jet (c. com. art. 422) (V. *suprà*, n° 1210, et *Rép.* nos 1087 et 1172). — Il est encore avarie commune, quand il est destiné à faciliter le renflouement du navire, à la suite d'un échouement. L'art. 426 ne distingue pas suivant que le sabordement est précédé d'une avarie commune ou d'une avarie particulière : il déclare, dans tous les cas, le sabordement avarie commune. Cette disposition, fort logique dans le premier cas, ne l'est plus dans le second, si l'avarie ne met pas en péril le navire et la cargaison (V. *suprà*, n° 1199). — Quoi qu'il en soit, pour que le sabordement soit avarie commune, il faut, bien entendu, qu'il ait été opéré tout à la fois dans l'intérêt du navire et de la marchandise : s'il a lieu seulement pour assurer le salut de cette dernière, il est évidemment avarie particulière (Conf. de Valroger, t. 5, nos 2235 et suiv.; Desjardins, t. 4, n° 986). — La disposition de l'art. 426 avait été supprimée par le projet de revision de 1867.

1240. La perte ou détérioration de la chaloupe du pilote est, en principe, à la charge du navire et de la cargaison (Décr. 12 déc. 1806, art. 46) (de Valroger, t. 5, n° 2009. V. *infrà*, v° *Organisation maritime*).

1241. Le remboursement des marchandises vendues en cours de voyage pour subvenir aux nécessités pressantes du navire, et la perte éprouvée par leur propriétaire, quand l'armateur se libère envers lui par voie d'abandon, comme l'art. 298 le permet, doivent, aux termes du même article (al. 4), être répartis, au marc le franc, sur la valeur de ces marchandises et de toutes celles qui sont arrivées à leur destination, ou qui ont été sauvées du naufrage postérieurement aux événements de mer qui ont nécessité la vente (*Rép.* nos 1013 et suiv.). — Dans le cas d'abandon, y a-t-il à proprement parler avarie commune? (V. sur ce point : *Rép.* n° 1126; Desjardins, t. 4, n° 1015; de Valroger, t. 5, n° 2050).

ART. 2. — *Des avaries particulières, et spécialement de l'abordage* (*Rép.* nos 1114 à 1144).

1242. — I. DES AVARIES PARTICULIÈRES. — Les avaries *particulières*, à la différence des avaries communes, qui supposent le plus souvent un sinistre futur qu'il s'agit de conjurer, sont celles qui résultent d'un sinistre *déjà existant*, dont il est nécessaire de réparer les suites (Rennes, 27 avr. 1860, aff. Harmsolm, D. P. 61. 2. 38; 27 juill. 1860, aff. Leroux, *ibid.*). — D'après la disposition générale contenue dans l'alinéa final de l'art. 403, les avaries particulières consistent dans les dépenses qui ont été faites, les dommages qui ont été volontairement soufferts pour le navire seul ou pour la marchandise seule. Ce que l'on doit considérer ici, c'est l'objet pour la sauvegarde duquel la mesure a été prise et non celui sur lequel le sacrifice a porté; car il peut se faire que le sacrifice ait eu lieu tout à la fois pour le navire et la cargaison, bien qu'ayant porté exclusivement sur l'un ou sur l'autre. — Les sacrifices ou impenses qui sont réalisés pour l'ensemble de la cargaison du navire doivent être répartis proportionnellement entre les chargeurs (Req. 22 févr. 1864, aff. Vallée, D. P. 64. 1. 70; de Valroger, t. 5, n° 2061; Desjardins, t. 4, n° 1017). — On trouve dans le code italien (art. 646) et dans la loi suédoise de 1864 une énumération des avaries particulières, analogue à celle que renferme l'art. 403.

1243. Sont avaries particulières, dit l'art. 403, § 1er : « Le dommage arrivé aux marchandises par leur vice propre, par tempête, prise, naufrage ou échouement ». On appelle *vice propre* un principe d'altération inhérent à certaines substances et qui, secondé par le temps et les circonstances, amène leur détérioration ou leur destruction. — Le vice propre peut découler non seulement des défectuosités de la chose, mais encore de sa nature, quand elle est de bonne qualité. — Le vice propre du navire, comme celui de la marchandise, ne donne évidemment lieu qu'à une avarie particulière : il découle de la mauvaise qualité des matériaux, d'un vice de construction, de la pourriture des bois, du délabrement du navire. Toutefois la simple vétusté ne constitue pas, à elle seule, un vice propre du navire (Aix, 28 mars 1865, *Recueil de Marseille*, 1865. 1. 60; Desjardins, t. 4, n° 1024). — Pour les marchandises, le vice propre consiste soit dans un état de dégradation préexistant, soit dans la propension qu'ont les liquides à s'évaporer, à couler, à se décomposer, ou qu'ont certaines marchandises à se corrompre, à fermenter, à s'échauffer, à prendre feu, à se briser par l'effet du roulis, etc. Le vice propre des marchandises peut même provenir de leur emballage (de Courcy, t. 2, p. 337; Em. Cauvet, t. 1, p. 492; Desjardins, t. 4, n° 1026; Bravard et Demangeat, t. 4, p. 814).

1244. Si le navire seul est atteint par une avarie de cette nature, lui seul doit en supporter les conséquences; si, au contraire, le vice propre du navire a atteint aussi la cargaison, l'avarie de la marchandise sera particulière à celle-ci; car il est de principe que l'avarie particulière tombe toujours sur la chose qui l'a soufferte : il n'y a pas réaction d'une avarie particulière sur une autre avarie particulière. Si donc le propriétaire du navire et le capitaine n'ont commis aucune faute, ce sera en principe le chargeur seul qui devra supporter définitivement l'avarie survenue au chargement. Mais, en fait, il en sera rarement ainsi; dans presque tous les cas, le fréteur aura à se reprocher de n'avoir pas fourni à l'affréteur un navire en bon état, ou de ne pas l'avoir prévenu des vices de ce navire : l'art. 405 deviendra donc alors applicable (Desjardins, t. 4, nos 1017, 1024 et suiv. Conf. *Rép.* n° 1115). C'est ainsi qu'il a été décidé qu'un entrepreneur de transports maritimes est responsable d'accidents résultant non de l'état de la mer, mais de l'aménagement défectueux du bâtiment et de l'absence des précautions prévues par le cahier des charges (Cons. d'Ét. 21 nov. 1884, aff. Compagnie transatlantique, 1re espèce, D. P. 86. 3. 52). — Il en sera de même si une avarie est causée au navire par le vice propre de la marchandise. L'armateur alors a ou non un recours contre le chargeur, suivant qu'il a ou non pu connaître l'existence du vice : dans le premier cas, l'armateur, qui a fixé sans doute le fret en conséquence, est censé avoir pris à sa charge les risques que la marchandise peut faire courir au navire (*Rép.* n° 1127; Desjardins, t. 4, n° 1026).

1245. Le chargeur supporte les avaries de la marchandise, à raison de son vice propre, sans recours contre le capitaine et l'armateur, quand le vice propre s'est développé par suite du séjour prolongé de la marchandise à bord, à raison de circonstances fortuites, ou par suite de l'introduction de l'eau de mer à l'intérieur du navire. Mais il en est autrement si le développement du vice propre tient à un retard imputable au capitaine ou à un arrimage défectueux.

1246. Doivent encore être considérées comme avaries particulières, en vertu de l'art. 403-1°, toutes celles qui sont causées par un événement fortuit. Le mot *fortune de mer* dont on se sert souvent, en ce cas, doit être pris *lato sensu* : il s'entend même d'accidents dont la navigation maritime est l'occasion plutôt que la cause (incendie, faits de guerre, révolte à bord) (Bordeaux, 25 févr. 1867, *Recueil de Marseille*, 1868. 2. 178 ; Desjardins, t. 4, p. 352).

1247. Sont encore avaries particulières les frais de *sauvetage* des marchandises (art. 403-2°). Ainsi, dans le cas de naufrage, s'il n'a été possible de sauver que les marchandises sans utilité pour le navire qui se trouvait irrévocablement perdu, les frais de ce sauvetage doivent être considérés comme avaries particulières au chargement et être supportés exclusivement par lui, et non pas en commun par le chargement et par le fret (Trib. com. Honfleur, 1er avr. 1868, aff. Bevans, D. P. 68. 3. 62). — Il en serait autrement si les frais avaient été faits pour pourvoir au salut commun du navire et des marchandises. M. le conseiller d'Oms (Req. 22 févr. 1864, aff. Vallée, D. P. 64. 1. 70), a exposé très nettement cette théorie dans son rapport : « Il est, dit-il, incontestable que les frais exposés pour un sauvetage constituent, selon les circonstances, des avaries grosses et communes ou des avaries particulières. S'agit-il de pourvoir au salut commun du navire et de la marchandise, les frais exposés dans cet objet constituent eux-mêmes une avarie commune et doivent être supportés par le navire et la marchandise (c. com. art. 400 et 401). S'agit-il, au contraire, du salut du navire seul ou du salut de la marchandise exclusivement, les dépenses exposées dans cet objet prennent le caractère d'avaries particulières (art. 403) ». — On a vu d'ailleurs, *suprà*, n° 1228, dans quels cas les frais de sauvetage sont avaries communes, dans quels cas ils sont avaries particulières.

1248. Sont encore rangées, par l'art. 403-3°, dans la catégorie des avaries particulières : 1° la perte des câbles, ancres, voiles, mâts, cordages, par tempête ou autre accident de mer. La perte fortuite de ces objets est une avarie particulière au navire à raison de l'obligation, pour l'armateur, de fournir aux chargeurs un bâtiment en état de supporter les accidents ordinaires de la navigation jusqu'au lieu de destination (*Rép.* nos 1118 et 1082) ;... — 2° Les dépenses de relâche occasionnées par la perte fortuite des mêmes objets, pour le besoin d'avitaillement par voie d'eau à réparer (V. *suprà*, nos 1229 et suiv. ; Bravard et Demangeat, t. 4, p. 816).

1249. Enfin, constituent, d'après l'art. 403, § 4 et 5, des avaries particulières au navire : « ... 4° La nourriture et le loyer des matelots pendant la détention, quand le navire est arrêté en voyage par ordre d'une puissance, et pendant les réparations qu'on est obligé d'y faire, si le navire est affrété au voyage » (*Rép.* nos 1092 et suiv. ; Douai, 15 janv. 1862) (1). Cette disposition a déjà été expliquée *suprà*, nos 1214 et suiv. ; rappelons seulement que les loyers et frais de nourriture pendant les réparations ne sont avaries communes, dans le cas d'affrètement au mois, que si les réparations ont pour cause une avarie commune (Conf. de Valroger, t. 5, n° 2078 ; Desjardins, t. 4, n° 1032) ; — « ... 5° La nourriture et le loyer des matelots pendant la quarantaine, que le navire soit loué au voyage ou au mois » (*Rép.* n° 1129). — Les frais de quarantaine, de lazaret, d'assainissement, etc., sont tantôt de simples frais de navigation, à la charge du fréteur, lorsqu'ils ont été prévus au moment du contrat et ont concouru à déterminer le taux du fret (Trib. com. Marseille, 7 oct. 1862, aff. Cap. Valkmann, *Recueil de Marseille*, 1862. 1. 298) ; par exemple, si le navire part d'un endroit contaminé :... tantôt des avaries particulières, quand ils sont causés par une fortune de mer, par exemple, quand le navire atteint par une voie d'eau, ayant dû entrer dans un port de relâche, est, à raison de son séjour dans ce port, soumis à l'arrivée à une quarantaine ; ces frais sont, en ce cas, à la charge du navire, quand ils ont été causés par l'état du navire (Trib. com. Marseille, 3 nov. 1865, aff. Cap. Stalla, *Recueil de Marseille*, 1865. 1. 336 ; Trib. Havre, 4 nov. 1879, aff. Cap. Chiozza, *Recueil du Havre*, 1880. 1. 5). Ils sont, au contraire, à la charg de la marchandise, quand ils sont causés par l'état de celle-ci (Trib. com. Marseille, 20 mars 1878, aff. Frisch, *Recueil de Marseille*, 1878. 1. 136. Conf. de Valroger, t. 5, n° 2079 ; Desjardins, t. 4, n° 1033).

1250. L'énumération que donne l'art. 403 des événements fortuits pouvant donner lieu à des avaries particulières n'est pas limitative. Ainsi on doit attribuer le caractère d'avaries particulières aux dommages qu'occasionne le feu de l'ennemi, quand, d'après ce qui a été dit *suprà*, n° 1215, il n'y a pas lieu de les classer comme avaries communes ;... aux dommages ou impenses extraordinaires que fait subir au navire ou à la cargaison un incendie, un abordage, etc. Il en est de même des frais de traitement, de rapatriement, de sépulture des matelots blessés au service du navire ou qui tombent malades en cours de voyage (Trib. com. Havre, 8 juill. 1878, aff. Cap. Merdey, *Recueil du Havre*, 1878. 1. 203) ;... de l'indemnité de rachat d'un matelot fait captif, alors qu'il allait remplir à terre ou en mer une mission pour les besoins du navire seul ou pour ceux de la cargaison seule ;... du fret supplémentaire, en cas de transbordement de la cargaison sur un autre bâtiment (c. com. art. 296) ;... des ravages causés par les rats, etc. (Desjardins, t. 4, n° 1029 ; de Valroger, t. 5, n° 2080).

1251. On a vu (*Rép.* nos 1130 et suiv.) que, aux termes de l'art. 405 c. com., les dommages arrivés aux marchandises par suite d'un accident provenant de la faute du capitaine ou de l'équipage sont des avaries particulières supportées par le propriétaire des marchandises, mais pour lesquelles il a son recours contre le capitaine, le navire et le fret. Pour qu'il en soit ainsi, il faut évidemment qu'il y ait entre la faute et le sinistre un lien de cause à effet ; aussi, si, malgré des fautes évidentes commises par le capitaine, il est démontré que la violence de la tempête est la seule cause du dommage, on ne doit pas tenir compte des fautes, pour le classement des avaries (Civ. rej. 16 nov. 1881, aff. Aubert, D. P. 82. 1. 399 ; Trib. com. Havre, 18 déc. 1883,

---

(1) (Malo C. Gibbs et fils.) — Le tribunal de commerce de Dunkerque avait rendu le jugement conçu en ces termes : — « En ce qui concerne l'état des avaries et leur répartition contenue dans les conclusions de Malo et contestée par Gibbs et fils : — Attendu que si le jet et la relâche délibérés et exécutés pour le salut commun doivent être classés en avaries communes, ainsi que les frais et dépenses en résultant, tels que frais de remorquage, débarquement, mise en magasin et magasinage du chargement, quote-part proportionnelle dans les frais de courtage, chancellerie, consignation et accessoires, lesquels ne pourront se reconnaître que par le dépouillement des comptes à produire, toutes les dépenses relatives à la voie d'eau doivent être classées en avaries particulières au navire, ainsi que tout ce qui est relatif aux gages, nourriture et frais faits dans l'intérêt de l'équipage, le navire étant affrété au voyage, enfin les frais d'expertise exposés pour régler les intérêts engagés entre Malo et ses assureurs, la part proportionnelle dans les frais de courtage, chancellerie et consignation ; les frais faits dans l'intérêt de la cargaison postérieurement à la déclaration d'innavigabilité du navire, resteront à la charge particulière du chargement, en y comprenant les frais faits pour se procurer un autre navire ; quant aux frais pour obtenir de l'argent à la grosse, l'expert ci-après nommé recherchera dans les documents qui lui seront fournis, si cette demande concerne le navire ou le chargement, ou tout à la fois l'un et l'autre, et les répartira en conséquence ; — Déclare avaries communes pour être supportées comme telles conformément à la loi, le jet à la mer de partie du chargement et les frais de relâche déterminés dans l'intérêt commun au navire et au chargement par suite d'une voie d'eau et pour éviter un danger évident, et le surplus des avaries restant communes ou particulières au navire et au chargement d'après les considérations ci-dessus, dont l'expert fera l'application, etc. » — Appel par le sieur Malo. — Arrêt.

LA COUR ; — Adoptant les motifs, etc. ; — Confirme, etc.

Du 15 janv. 1862.-C. de Douai, 1re ch.-MM. de Moulon, 1er pr.-Morcrette, 1er av. gén.-Ed. Lemaire et Coquelin, av.

aff. Gouarne, *Recueil du Havre*, 1884. 1. 35; Req. 24 juin 1884, aff. Brigonnet, D. P. 85. 1. 139; de Valroger, t. 5, nos 2085 et suiv.; Desjardins, t. 4, nos 1019 et suiv.).

1252. — II. DE L'ABORDAGE. — Des règles spéciales sont appliquées aux avaries résultant de l'*abordage* de deux navires. Elles sont contenues dans l'art. 407 c. com. (*Rép.* nos 1136 et suiv.). — Les législations étrangères consacrent toutes à la matière de l'abordage des dispositions plus ou moins détaillées. Nous signalerons, comme présentant le plus d'intérêt, celles des codes allemand (art. 736 à 741), italien (art. 660 à 665), espagnol (art. 826 à 839), portugais (art. 664 à 675), par la loi belge de 1879 (art. 228 à 231), conforme sur beaucoup de points à notre projet de réforme de 1867.

1253. — 1° *Caractères de l'abordage.* — On appelle *abordage*, dans le sens de l'art. 407, le choc d'un vaisseau contre un autre (*Rép.* nos 1828 et 2292. Conf. Desjardins, t. 5, nos 1074 et suiv.; de Valroger, t. 5, n° 2097; Bravard et Demangeat, t. 4, p. 829), et non pas, par exemple, le choc d'un navire contre une jetée (Douai, 13 mai 1859, aff. Rolf, D. P. 78. 3. 46, note);... contre le ponton d'un bâtiment à vapeur (Bordeaux, 13 déc. 1860, *Recueil de Bordeaux*, 1860, p. 504);... contre un bloc de glace flottant (V. cependant en sens contraire : Trib. com. Cognac, 4 févr. 1876, aff. Renault, D. P. 78. 3. 46);... contre un bâtiment réduit à l'état d'épave (Trib. com. Anvers, 11 avr. 1863, *Jurisprudence du port d'Anvers*, 1863. 1. 308; Trib. com. Nantes, 7 mai 1881, aff. Benoit, *Recueil de Marseille*, 1882. 2. 112; Desjardins, t. 5, n° 1075 *in fine*);... contre la chaîne d'un autre bâtiment déjà ancré (Trib. com. Marseille, 24 janv. 1871, aff. Bosch, *Recueil de Marseille*, 1871. 1. 64. Conf. Sibille, *Jurisprudence et doctrine en matière d'abordage*, n° 20. — V. en sens contraire : Rennes, 9 août 1851 cité par Desjardins, t. 5, n° 1076; Desjardins, *ibid.*);... contre un bâtiment non susceptible de naviguer comme un bateau-lavoir (Trib. com. Nantes, 6 juin 1883, aff. Guépin, *Recueil de Marseille*, 1884. 2. 114);... le choc d'une hélice contre un corps flottant (Desjardins, t. 5, n° 1075; Trib. com. Nantes, 18 juill. 1885, aff. Flornoy et fils, *Recueil de Nantes*, 1886. 1. 33; Trib. com. Seine, 2 juin 1887, aff. Flornoy, *Recueil de Marseille*, 1888. 2. 95).

1254. Au contraire, le choc survenu entre un navire et son remorqueur est certainement un abordage (Trib. com. Marseille, 4 déc. 1882, aff. Artaud, *Recueil de Marseille*, 1883. 1. 65); il en est de même, à plus forte raison, du choc entre un navire et son bateau-pilote. — Mais si, après qu'un remorqueur a été abordé par un navire autre que celui qu'il conduit, son capitaine coupe la remorque qui le relie au navire remorqué, et que ce dernier abandonné à lui-même se perde, ainsi que sa cargaison, l'action en indemnité formée par le capitaine de ce navire doit-elle être considérée comme ayant pour objet la réparation d'un dommage causé par un abordage? Un arrêt a résolu négativement cette question, et il en a conclu que les fins de non-recevoir édictées par les art. 435 et 436 c. com. étaient inapplicables en pareil cas (Civ. rej. 27 janv. 1880, aff. Chambre de commerce de Bayonne, D. P. 80. 1. 401). En effet, l'abandon du navire remorqué, dans les conditions où il s'était produit, constituait évidemment un fait distinct de l'abordage à la suite duquel il avait eu lieu, et la perte qui en était résultée ne pouvait, dès lors, être considérée comme un dommage résultant de cet abordage (Conf. Desjardins, t. 5, n° 1076. Comp. *ibid.*, t. 5, n° 1114).

1255. Les abordages peuvent parfois engendrer des avaries communes. En général, l'abordage volontaire présente le caractère d'une malversation et ne donne naissance qu'à une avarie particulière; mais des mesures prises volontairement à la suite d'un abordage accidentel qui met en état de péril commun le navire et la cargaison peuvent donner naissance à des avaries communes. C'est là du reste un cas tout exceptionnel.

1256. L'abordage peut être *maritime* ou *fluvial*. L'abordage maritime est régi par les dispositions des art. 407, 435 et 436 c. com. Ces dispositions, au contraire, n'ont point pour but de réglementer l'abordage fluvial qui, par suite, se trouve soumis au droit commun. Mais, comme les règles posées par les deux premiers alinéas de l'art. 407 ne sont que la sanction des principes du droit commun, elles sont applicables à toute espèce d'abordage. L'avant-dernier alinéa de l'article seul n'est applicable qu'à l'abordage maritime. Il en est de même de la fin de non-recevoir des art. 435 et 436 (de Valroger, t. 5, n° 2097. Conf. Nîmes, 21 févr. 1849, *Recueil de Marseille*, 1849. 2. 30; Amiens, 4 mai 1858, *ibid.*, 1858. 2. 142; Rouen, 30 mai 1875, *Le Droit* du 20 oct. 1875, Paris, 22 janv. 1885, aff. Pavot, 2e espèce, D. P. 86. 2. 193). — Si donc l'abordage fluvial a pour cause une circonstance purement fortuite, le dommage qui en résulte pour chacun des deux bâtiments demeure à la charge de leur propriétaire, *res perit domino*; s'il a pour cause une faute imputable au capitaine de l'un des bateaux, il est supporté par ce dernier ou par le propriétaire dont il est le préposé (c. civ. art. 1382 et 1384). — S'il y a faute commune, la responsabilité doit être partagée entre l'abordeur et l'abordé, et il appartient au juge du fait de déterminer la proportion dans laquelle s'opérera la répartition (Paris, 3 janv. 1884, aff. Jennès, D. P. 86. 2. 193; 22 janv. 1885, aff. Pavot, *ibid.* V. *infrà*, nos 1273 et 1287).

1257. On voit quel intérêt pratique il peut y avoir à distinguer l'abordage fluvial de l'abordage maritime. Mais il y a controverse sur le point de savoir en quoi consiste exactement l'abordage fluvial et en quoi il se distingue de l'abordage maritime. D'après la plupart des auteurs et d'après certaines décisions judiciaires, on doit prendre exclusivement en considération le lieu du sinistre; l'abordage est maritime, s'il a lieu en mer ou dans la partie maritime d'un fleuve ou d'une rivière; il est fluvial, s'il est survenu sur un lac ou étang d'eau douce, sur un canal, sur une rivière ou un fleuve en deçà des limites de l'inscription maritime, sans qu'il y ait lieu, d'ailleurs, de se préoccuper de la nature et de l'affectation des bâtiments entre lesquels le choc s'est produit (Sibille, nos 3 et suiv.; de Fresquet, *Des abordages*, p. 103; Caumont, v° *Abordage*, nos 18, 24 et 343; Lyon-Caen et Renault, n° 2007; Desjardins, t. 5, n° 1077; Rouen, 8 avr. 1859, *Recueil du Havre*, 1859. 2. 289; 15 mai 1860, *ibid.*, 1861. 2. 134; 23 mai 1860, *ibid.*, 1861. 2. 129; Rennes, 4 déc. 1867, *ibid.*, 1868. 2. 181; Rouen, 30 juin 1875, *ibid.*, 1875. 2. 152; Trib. com. Anvers, 4 avr. 1884, *Jurisprudence du port d'Anvers*, 1884. 1. 254). Il serait illogique, dit-on, de soumettre à des règles différentes des bâtiments, même de nature dissemblable, qui naviguent dans les mêmes eaux. Pour savoir jusqu'où s'étend la navigation maritime, on appliquera l'art. 1er, § 2, du décret du 19 mars 1852. — D'autres, au contraire, faisant abstraction du lieu du sinistre, ne considèrent que la nature et l'affectation des bâtiments; si le heurt est intervenu entre deux bâtiments de mer, l'abordage est maritime; s'il est intervenu entre deux bâtiments de rivière, l'abordage est fluvial (Alauzet, t. 5, n° 2316; Boistel, n° 1302; Bruxelles, 8 déc. 1884, *Jurisprudence du port d'Anvers*, 1885. 1. 199). Cette dernière opinion nous semble préférable; elle seule, en effet, paraît conforme, soit à l'art. 407, soit à l'économie générale du liv. 2 c. com.; l'art. 407 ne s'occupe que de l'abordage de navires, et le mot *navire* est, dans le langage du code, synonyme de bâtiments de mer; c'est, en effet, ce qu'attestent, d'une part, l'intitulé du tit. 1er du liv. 2, d'autre part, la disposition du premier alinéa de l'art. 190. Donc, quand il s'est agi de spécifier quels sont les abordages soumis d'une façon générale aux règles du droit maritime, c'est à la nature, à l'affectation des bâtiments que le législateur s'est attaché exclusivement; rien n'indique, au contraire, que le lieu du sinistre ait été pris en considération. Ajoutons qu'en procédant de la sorte, les rédacteurs du code n'ont fait que se conformer à leur système habituel; il suffit, en effet, de jeter un coup d'œil d'ensemble sur le liv. 2 c. com. pour reconnaître que ses dispositions, spéciales au commerce maritime, sont, s'il est permis de s'exprimer ainsi, plutôt personnelles que réelles; uniquement applicables aux bâtiments de mer, elles régissent ces bâtiments, non seulement quand ils sont en mer ou dans les eaux maritimes d'un fleuve, mais dans le cas même où ils pénètrent dans les eaux intérieures d'une rivière. Or, ce qui est vrai à ce point de vue des art. 190 et suiv., des art. 215, 216, 258 à 260, des art. 369 et suiv., même des art. 400 à 404, ne saurait cesser d'être exact en ce qui concerne les art. 407, 435 et 436 (Comp. de Valroger, t. 5, n° 2097).

Quelle que soit l'opinion que l'on adopte, il est certain

que, si les deux conditions se trouvent réunies, c'est-à-dire si la collision a eu lieu entre bâtiments de mer, et dans la partie maritime d'un fleuve, il ne peut y avoir aucune difficulté; les règles des art. 407, 435 et 436 doivent recevoir application (Bordeaux, 23 févr. 1863 (1); Rouen, 4 mai 1880, aff. Levigoureux, D. P. 81. 2. 121; Paris, 3 janv. 1884 et 22 janv. 1885 cités *suprà*, n° 1256).

1258. Il n'y a pas lieu, d'ailleurs, de se préoccuper, en ce cas, de ce que le navire abordé était, au moment de l'accident, traîné par un remorqueur. Sans importance aux yeux de ceux qui déclarent l'abordage maritime par cela seul qu'il se produit en mer ou dans la partie d'un fleuve confinant à la mer, le fait en question est également insignifiant, si, conformément à notre opinion, on fait dépendre la nature de l'abordage du mode d'emploi des bâtiments entre lesquels le choc s'est produit. Le remorqueur, en effet, fût-il exclusivement affecté à la navigation fluviale, le navire remorqué victime de l'abordage n'en conserverait pas moins son caractère de bâtiment de mer; or, cette condition est suffisante pour faire considérer l'abordage comme maritime (Rouen, 4 mai 1880, cité *suprà*, n° 1257).

1259. Divers règlements internationaux ont été édictés dans le but de prévenir les abordages en mer; le règlement actuellement en vigueur date du 1er sept. 1884 (*Journ. off.* 5 sept. 1884; de Valroger, t. 5, p. 118 et suiv., note). — M. Desjardins, t. 5, nos 1081 à 1103, a fait un exposé complet des règles posées pas ce règlement (V. *infrà*, v° *Organisation maritime*. Comp. *Rép.* eod. v°, nos 643 et suiv.). — Avant le décret du 26 août 1852 qui a le premier fixé les mesures à prendre pour prévenir les abordages, la jurisprudence avait dû établir diverses règles sur les précautions à prendre en mer contre l'éventualité des abordages. Ces règles ont été résumées au *Rép.* nos 1140 et suiv.

1260. — 2° *Causes de l'abordage.* — Il ne peut, en réalité, y avoir que deux espèces d'abordage : ou bien l'abordage provient d'une *faute*, ou bien il est le résultat d'un cas de *force majeure*. Le droit romain (L. 29, § 2, 3, 4, Dig. *ad leg. Aquil.*) et le consulat de la mer (ch. 155, 158) ne prévoyaient que ces deux cas. Dans le premier cas, on décidait que le dommage était supporté par l'auteur de la faute; dans le second, que chacun supportait le dommage définitivement éprouvé par son navire, par application de la règle : *res perit domino*. — Les coutumes du Nord (Rôles d'Oléron, art. 15; coutume d'Amsterdam; statuts de Hambourg et de Lubeck), quoique ne reconnaissant que deux sortes d'abordages, consacraient un système différent. Elles décidaient que le dommage, quand il n'y avait pas de faute constatée, devait se partager par moitié (de Valroger, t. 5, n° 2098; Desjardins, t. 5, n° 1126). — L'ordonnance de 1681 décidait aussi que, à moins de faute constatée, le dommage devait être réparti également entre les deux navires. Valin s'en tenait aux termes mêmes de cette disposition (de Valroger, *loc. cit.*). Mais Emérigon l'interprétait autrement et, rejetant le partage par moitié quand l'abordage était purement fortuit, il ne l'admettait que pour le cas où une faute avait été commise, mais sans que l'on pût savoir à qui l'attribuer; en réalité, il reconnaissait trois espèces d'abordages (Desjardins, t. 5, n° 1127; de Valroger, t. 5, p. 115). — C'est cette opinion que le code a reproduite, en la modifiant quelque peu. Ainsi qu'on l'a expliqué (*Rép.* nos 1136 et suiv.), il distingue trois sortes d'abordages : 1° l'abordage *fortuit*; 2° l'abordage *fautif*; 3° l'abordage *mixte* ou *douteux*.

1261. — A. *Abordage fortuit.* — L'abordage fortuit est celui qui a lieu d'une façon accidentelle, bien que toutes les précautions utiles pour l'éviter aient été prises (Lyon-Caen et Renault, t. 2, n° 2009); par exemple, lorsque, par suite de la brume et du voisinage de la côte, les navires ne se sont aperçus qu'à une distance très rapprochée et dans des

---

(1) (Flornoy C. Roturier.) — LA COUR; — Sur l'exception d'incompétence *ratione materiæ*, prise de ce qu'il s'agirait dans l'espèce d'un abordage fluvial ressortissant aux tribunaux civils ordinaires : — Attendu que l'abordage dont il s'agit au procès est survenu dans les eaux maritimes; qu'il a eu lieu entre deux navires, le *Paris-et-Londres* et le *Jacques-Paul*, tous deux bâtiments de mer, dont l'un, venant du Havre à Bordeaux, et l'autre se rendant de Bordeaux à Nantes, faisaient un service maritime entre ces divers ports; d'où il résulte que cet abordage est essentiellement maritime et ressortit comme tel aux tribunaux de commerce;

Sur l'incompétence *ratione loci*, prise de ce que le tribunal de commerce de Bordeaux n'aurait pas juridiction territoriale pour connaître dudit accident : — Attendu que l'action en réparation d'avaries causées par un abordage a, comme résultant d'un quasi-délit, tous les caractères d'une action personnelle; — Attendu, en fait, que l'appelant Flornoy a son domicile à Nantes, et que la société des Paquebots de l'Ouest, dont il est le directeur, y a également son siège; — Attendu qu'en règle générale, tout défendeur doit être assigné, en matière personnelle, devant les juges de son domicile, et, en matière de société, devant les juges du lieu où elle est établie, aux termes de l'art. 59 c. proc. civ.; — Attendu qu'en admettant que l'établissement formé à Bordeaux par la compagnie des Paquebots de l'Ouest réunisse l'importance, les attributions et le caractère d'une véritable succursale, il n'en résulterait pas que l'établissement principal, et, par conséquent, le siège de la société, ait cessé d'être à Nantes, ni qu'elle puisse être régulièrement assignée devant les juges de Bordeaux pour obligations autres que celles contractées par les agents de la succursale ou stipulées payables en cet endroit; — Attendu qu'il n'est pas justifié au procès que le directeur de ladite succursale ait mandat de représenter la société en dehors de ces spécialités; — Attendu que, pour déroger, à propos d'abordage, aux règles posées par l'art. 59 c. proc. civ., il faudrait trouver l'exception écrite dans la loi en termes aussi formels, aussi précis que le principe, comme il l'a été pour certains cas particuliers dans les art. 420 c. proc. civ., 414 et 416 c. com.; mais qu'il n'est pas possible de l'induire de prétendues assimilations avec les cas spéciaux énumérés auxdits articles : — Qu'il n'existe, en effet, entre ceux-ci et le cas d'abordage, qu'une analogie lointaine et trop incomplète pour être décisive au point de faire fléchir la règle générale; — Attendu que si, dans le cas de jet à la mer pour le salut commun, le code de commerce (art. 414 et 416) attribue en termes exprès juridiction au tribunal du lieu de déchargement du navire pour le règlement de la contribution qui doit s'ensuivre, cette disposition exceptionnelle prend son origine dans l'intérêt commun qu'ont toutes les personnes engagées dans une même expédition maritime à régler le plus tôt possible les avaries dont chacune doit supporter sa part, là où elles peuvent être le mieux constatées et appréciées, là aussi où chacune des parties a presque toujours, outre le capitaine, un correspondant chargé de veiller à ses affaires; que, dans de telles circonstances, tous les cointéressés de la même expédition maritime peuvent facilement être réputés avoir, par un accord tacite, accepté d'avance, à raison de la nature et du but de l'entreprise, une juridiction dont la compétence les sert au mieux de leurs intérêts; — Attendu qu'un tel quasi-contrat ne peut être supposé entre les armateurs de deux navires qui ne se rapprochent que par hasard, et qui, d'ordinaire, sont de provenances et ont des destinations différentes; qu'en effet, entre ces armateurs dont l'un aura rarement un représentant au port où l'autre a expédié son navire, le fait de l'abordage, évidemment imprévu de part et d'autre, ne fait naître qu'une obligation unilatérale, procédant d'un quasi-délit sans se rattacher directement ni indirectement à aucun autre intérêt commun; qu'il n'y a donc point analogie de situation, et qu'on n'aperçoit nullement la parité de raison indispensable pour étendre au second cas la juridiction exceptionnelle établie pour le premier; — Attendu que les art. 435 et 436, uniquement relatifs aux protestations à faire en cas d'abordage, ne peuvent être étendus au delà de leur objet, ni avoir pour effet de déplacer la compétence; que leur silence même sur ce point essentiel, alors qu'il se présentait naturellement à l'attention du législateur, démontre bien que celui-ci n'a voulu rien modifier aux principes, au contraire de ce qu'il a fait, en s'occupant du jet et de la contribution; — Attendu que l'art. 420 c. proc. civ. ne peut non plus être invoqué utilement pour attribuer juridiction aux juges du lieu où le navire arrive à l'effet de se réparer; que, s'il autorise le demandeur en matière de commerce à assigner le défendeur devant le juge du lieu où le payement doit être fait, c'est qu'il suppose que ce dernier, en contractant l'engagement de payer dans un lieu autre que celui de son domicile, a nécessairement pris ses mesures pour y défendre aussi sur les difficultés, que ce payement pourrait amener; qu'en effet, ce contrat implique par lui-même élection de domicile, et justifie ainsi la compétence *in loco contractûs*; mais qu'au contraire, il n'est pas possible d'admettre, même par hypothèse, ni une prévision, ni un engagement tacite de cette nature, de la part de l'armateur d'un navire pour le cas tout à fait accidentel et dès lors inattendu où ce navire en aborderait un autre; — Attendu que la variété et l'antagonisme des solutions multiples fournies sur la question par la jurisprudence et par la doctrine, quand elles avouent les donner à titre d'exception au principe général et dominant, sont encore une raison pour s'attacher fortement à celui-ci; — Par ces motifs, dit que le tribunal de commerce de Bordeaux était incompétent pour connaître de l'action portée devant lui par le capitaine Roturier, etc.

Du 23 févr. 1863.-C. de Bordeaux, 1re ch.-MM. Raoul Duval, 1er pr.-Peyrot, 1er av. gén.-Monteaud et Fayo, av.

conditions où les manœuvres les plus habiles auraient été impuissantes pour conjurer une rencontre inévitable (Grenoble, 22 nov. 1872, aff. Ralli, D. P. 73. 2. 191. Conf. Aix, 7 juin 1869, aff. Giustiniani, D. P. 73. 1. 341; Rouen, 27 déc. 1887, aff. Traub, *Le Droit* du 1er janv. 1888; Civ. cass. 19 mars 1888, aff. Compagnie maritime du Tonkin, D. P. 88. 1. 391; Civ. rej. 1er avr. 1889, aff. Fœrster, D. P. 90, 1re partie).

1262. Il serait inexact de dire, comme l'a fait incidemment un arrêt (Motifs, Pau, 12 mars 1878, aff. Chambre de commerce de Bayonne, D. P. 80. 1. 401), que l'abordage dont la cause est inconnue doit être présumé fortuit ; la vérité est qu'on le considère alors comme *douteux* et qu'on lui applique, ainsi que nous le verrons *infrà*, nos 1274 et suiv., le troisième alinéa de l'art. 407 et non le premier. — Le même arrêt a eu à trancher une question plus délicate : un remorqueur ayant été abordé par un navire coupe la remorque qui le relie au navire remorqué, lequel, abandonné à lui-même, se perd ; si l'on considère la perte de ce navire comme causée par l'abordage (V. *suprà*, no 1254), le remorqueur, obligé de prouver la nécessité fortuite sous l'influence de laquelle il a agi, satisfera-t-il au vœu de la loi en établissant le fait de l'abordage et en démontrant que la rupture de la remorque était le seul moyen d'échapper au péril qui en résultait, ou bien ne devra-t-il pas justifier en outre que l'abordage ne peut lui être imputé en aucune mesure? Cette difficulté se confond avec une autre d'une portée plus générale, que certains auteurs se sont efforcés d'élucider et qui se formule dans les termes suivants : le débiteur qui, pour justifier l'inexécution de ses obligations, excipe d'un fait susceptible de constituer dans certains cas un caractère fortuit, et d'apparaître, au contraire, dans certains autres comme le résultat d'une faute, peut-il se borner à prouver l'existence de cet événement, ou ne doit-il pas démontrer, en outre, l'absence de toute négligence de sa part? Bien que le contraire ait été soutenu, cette dernière doctrine nous paraît préférable. Le débiteur ne pouvant se soustraire à la responsabilité qui lui incombe à raison du dommage causé par l'inobservation de ses engagements qu'autant qu'il justifie de l'impossibilité fortuite où il a été de les exécuter, il ne suffit pas qu'il indique tel ou tel événement comme ayant mis obstacle à la réalisation des prestations promises; il faut qu'il établisse, en outre, le caractère purement fortuit de cet événement (V. *Force majeure; Obligations;* — *Rép.* vis *Force majeure*, nos 6 et 14 ; *Obligations*, no 746). C'est dans le sens de cette opinion que s'est prononcée la cour de Pau, dans l'arrêt précité du 12 mars 1878. Il ne suffit pas, d'après cet arrêt, d'établir que l'abandon du navire a eu lieu dans le seul but de conjurer le péril où se trouvait lui-même le remorqueur à la suite de l'abordage dont il a été victime; il faut prouver, de plus, que l'abordage n'a été en aucune façon imputable au capitaine du remorqueur, la présomption de cas fortuit généralement admise, en cas d'abordage, entre l'abordeur et l'abordé, cessant d'être applicable dans les rapports du remorqueur et du remorqué.

1263. — B. *Abordage fautif.* — L'abordage fautif est celui qui est causé par la faute de l'un des capitaines, ou de son équipage. La faute n'est jamais présumée, même à la charge du capitaine du navire abordeur : si le demandeur en indemnité ne peut établir cette faute, l'abordage est douteux (V. *infrà*, no 1274). Jugé, en conséquence, que le capitaine et l'armateur du navire abordeur ne peuvent être déclarés responsables du dommage causé par un abordage, si une faute n'est pas établie à leur charge (Rouen, 29 déc. 1880) (1). V. l'exposé complet de cette question dans le rapport de M. le conseiller Massé sur Civ. cass. 30 juin 1875 (aff. Basily, D. P. 75. 1. 403) (V. *infrà*, no 1266).

---

(1) (Davis C. Bidgrain et Gimer.) — LA COUR; — En ce qui concerne le défaut de signification de la protestation de l'intimé dans les vingt-quatre heures de l'abordage : — En fait, que le sloop anglais *The Racer*, capitaine Davis, chargé de houille à destination de Dieppe, ayant coulé dans le chenal à l'entrée de l'avant-port le 27 oct. 1878, la goëlette française *le Père de famille*, capitaine Bidgrain, armateur Constantin Gimer, vint, en sortant du port, s'échouer en travers sur ce navire, comme sur un écueil, dans la nuit du 7 au 8 novembre suivant ; que Davis s'empressa de protester en temps utile au greffe et devant le président du tribunal de commerce le 8 novembre ; mais que là s'arrêtèrent ses diligences, et que ce n'est que le 11 du même mois qu'il signifia sa protestation au capitaine Bidgrain à bord du *Père de famille*, à Abbeville ; que les appelants sont donc en droit de lui opposer la déchéance édictée par les art. 435 et 436 c. com. contre l'action en indemnité qu'il a formée pour dommages causés par leur abordage; que vainement Davis invoque la disposition générale de l'art. 1033 c. proc. civ., en vertu de laquelle les délais fixés pour les ajournements, citations, sommations et autres actes faits à personne ou domicile sont augmentés à raison des distances; que si le délai des distances peut s'appliquer à la demande en justice qui doit être intentée dans le mois du sinistre, il paraît impossible de soutenir qu'un délai principal, qui se compte par heures, puisse s'augmenter d'un délai additionnel et supplémentaire, qui se compte par jour; que, fondée sur des nécessités d'intérêt public et commercial, la brièveté du délai suffit à démontrer qu'il ne s'agit point ici d'une signification ordinaire à personne ou domicile; que cette notification doit prendre pour ainsi dire l'abordeur sur le fait, et l'informer de la réclamation de l'abordé en présence des équipages, alors qu'ils n'ont pu se concerter, que les avaries ne peuvent résulter d'une autre cause, qu'elles ne peuvent être l'œuvre ni du temps, ni des flots, et que le défendeur mis en demeure de contrôler l'imputation est en mesure de recueillir les preuves qui sont de nature à dégager ou à diminuer sa responsabilité ; que le délai de vingt-quatre heures imparti au capitaine pour signifier la réclamation, en cas d'abordage, ne peut donc être étendu, sous peine de méconnaître la lettre de la loi et de fausser son esprit ;

En ce qui touche l'impossibilité d'agir alléguée par Davis : — Que ce n'est pas avec plus de raison que l'intimé prétend qu'il était dans l'impossibilité d'agir jusqu'au relèvement de son navire ; qu'en admettant qu'il ait donné les soins les plus vigilants, les plus assidus au sauvetage du *Racer*, alors qu'il est constant que ce sont les autorités maritimes du port qui ont pris la direction des dispositions nécessaires à son renflouement, le navire était échoué depuis dix jours dans l'avant-port de Dieppe ; que cependant Davis a eu la liberté d'agir pour protester ; qu'il devait donc avoir la même liberté d'agir pour signifier sa protestation ; qu'en se rendant au greffe du tribunal de commerce, dès le lendemain de l'abordage, le 8 novembre, pour faire sa réclamation, rien ne s'opposait à ce qu'elle fût signifiée au parquet du procureur de la République, conformément aux analogies du droit commun, si le *Père de famille*, qui le même jour n'a quitté le port qu'à onze heures du matin, n'était plus à Dieppe ; que, demandeur en exception, c'est d'ailleurs à lui de justifier des faits qui l'ont placé dans l'impossibilité qu'il allègue et qu'il n'établit pas ; que c'est donc tardivement que sa protestation a été notifiée le 11, à Abbeville, au capitaine Bidgrain ;

En ce qui touche les pourparlers : — Que l'intimé soutient à la vérité que les appelants ont renoncé à se prévaloir des fins de non-recevoir qui lui sont opposées ; que, d'abord, nul n'est présumé renoncer à son droit, s'il n'y a preuve manifeste de sa renonciation ; que sans doute celui qui a causé un dommage peut reconnaître ce dommage et déclarer sa volonté de le réparer, mais que les pourparlers qui impliquent cette volonté ne doivent rien présenter de vague ou d'équivoque ; qu'il faut que le concours simultané des deux consentements, de la proposition d'arrangement et de l'acceptation, soit constant; que les premiers juges invoquent entre autres considérations à l'appui de leur sentence que plusieurs renvois furent sollicités, notamment par le demandeur, en vue d'une entente amiable ; mais que nulle promesse dans la correspondance, nul acte dans la procédure, ne témoignent de pareilles propositions ; que la cour ne peut d'ailleurs apprécier ni le caractère, ni les bases de prétendues tentatives d'arrangement, dont il n'existe aucune trace ; que, loin de paraître avoir abandonné le bénéfice de la loi, et reconnu la légitimité de l'action dont il est l'objet, le défendeur s'est empressé d'appeler en garantie le pilote assermenté du port, chargé de diriger le *Père de famille ;* que dès la réception de la notification du 11 novembre, à Abbeville, il la contre-dénonçait le 12 au pilote Davis ; qu'il prenait soin de réserver expressément tous ses droits, et a toujours fait défaut, ne pouvant accepter un rapport d'experts fait sans contradiction, en dehors de lui, et complètement muet du reste sur les causes réelles du préjudice, qu'il convient donc d'accueillir la fin de non-recevoir, tirée des art. 435 et 436 c. com. ;

Attendu qu'au surplus, et s'il était besoin de statuer au fond nonobstant cette exception décisive, aucune faute n'est relevée ou même articulée à la charge du capitaine Bidgrain ou de l'armateur Gimer ; que non seulement la direction du *Père de famille* était confiée au pilote lamaneur dont les manœuvres n'ont été l'objet d'aucune critique de la part de l'autorité compétente ; mais que, poussée par la pression du flot qui s'échappait de l'écluse de la rivière d'Argues, sur le *Racer* qui formait écueil, la goëlette n'a pu l'éviter dans l'obscurité de la nuit ; que l'abordage provient de la position dangereuse que le sloop occupait

1264. Si l'abordage provient du fait du pilote de l'un des bâtiments, ce pilote est responsable, ainsi que l'armateur (Rouen, 2 juin 1886, aff. Bensaude, D. P. 87. 2. 167, note. Conf. *Dissertation* de M. Levillain, D. P. 81. 2. 169, 1re col., et *suprà*, n° 595). Pour ce qui est du capitaine la question est douteuse; elle se rattache à la controverse examinée *suprà, loc. cit.* (Conf. Levillain, *loc. cit.*, 2e col.; Lyon-Caen et Renault, t. 2, n° 1823; Desjardins, t. 5, n° 1113; de Valroger, t. 5, n° 2104; Lefeuvre, *De la responsabilité des propriétaires de navires et de l'abandon*, p. 60; Cons. d'Et. 19 déc. 1884, aff. Scopinich, D. P. 86. 3. 69).

1265. Le capitaine ou le marin en faute est tenu personnellement; l'armateur est civilement responsable (c. com. art. 216). — L'auteur de la faute peut, en outre, être passible, suivant les cas, d'une peine disciplinaire (Décr. 24 mars 1852, art. 52), ou d'une peine proprement dite (Décret précité, art. 89; c. pén. art. 319, 440 et 479, § 1er). — Enfin le ministre de la marine peut, en vertu des pouvoirs que lui confère l'art. 87 du décret du 24 mars 1852, prononcer, contre le capitaine en faute, la suspension ou même le retrait du droit d'exercer le commandement (V. projet de loi voté par le Sénat le 18 juill. 1882. Conf. Desjardins, t. 5, n° 1108; de Valroger, t. 5, n° 2103, et *infrà*, v° *Organisation maritime*).

1266. Quand y a-t-il faute de l'un des capitaines? Il est impossible de donner sur ce point une énumération; c'est au juge du fond qu'il appartient, sous le contrôle de la cour de cassation (Civ. cass. 19 mars 1888, aff. Comp. maritime du Tonkin, D. P. 88. 1. 391), d'apprécier si les faits souverainement constatés par lui présentent le caractère juridique de la faute (Civ. rej. 27 mars 1889, aff. Bensaude, D. P. 89. 1. 231). — En général, il y a lieu, dans l'appréciation des fautes commises en matière d'abordage, de tenir compte notamment: de l'inobservation des prescriptions réglementaires, spécialement de celles du règlement international du 1er sept. 1884 (*Journ. off.* 5 sept. 1884; de Valroger, t. 5, n° 2103 *in fine*); des usages locaux (*Rép.* n° 1140); de la pratique maritime universelle. Ainsi, en cas d'abordage en pleine mer de deux navires de pavillons différents, l'appréciation du point de savoir lequel des deux capitaines est en faute doit se faire, non d'après les règlements particuliers de tel ou tel Etat, mais d'après cette règle universelle que les capitaines dont les navires parcourent les mers sont tenus de prendre toutes les précautions nécessaires pour n'en point gêner l'usage public et libre, et pour ne point nuire aux navigateurs; par suite, celui des deux navires entre lesquels a eu lieu l'abordage, qui n'a pas pris la précaution de signaler, la nuit la marche du navire, par des feux ou autrement, doit être considéré comme celui par la faute duquel l'abordage est arrivé, encore bien qu'il appartiendrait à une marine pour laquelle aucun règlement national ne rendrait cette précaution obligatoire (Aix, 23 déc. 1857, aff. Gauthier, D. P. 58. 2. 39); des règlements internationaux (Comm. f. f. Cons. d'Et. 15 févr. 1872, aff. Valery, D. P. 73. 3. 57).

1267. Il est toutefois des cas exceptionnels où la prudence commande de s'écarter de ces règles pour éviter un péril immédiat, et où la faute pourrait résulter, au contraire, de l'observation trop stricte des règlements ou usages. L'art. 19 du décret du 25 oct. 1862 (D. P. 63. 4. 7) disait déjà parfaitement: « En se conformant aux règles qui précèdent, les navires doivent tenir compte de tous les dangers de la navigation; ils auront égard aux circonstances particulières qui peuvent rendre nécessaire une dérogation à ces règles, afin de parer à un péril immédiat ». L'art. 23 du règlement du 1er sept. 1884 reproduit presque textuellement cette disposition. — Jugé, en conséquence: 1° que les suites dommageables d'un abordage ont pu être mises à la charge du capitaine du navire abordeur, bien qu'il ait été reconnu que le commandant du navire abordé ne s'est point conformé à la règle de tribord, s'il est constaté qu'il a dérogé à cette règle sous le coup de la force majeure, et pour parer à un danger imminent (Req. 28 juin 1881, aff. Smith, D. P. 81. 1. 337);... — 2° Que l'on ne saurait déclarer responsable d'un abordage le capitaine qui avait allumé ses feux réglementaires et qui a évolué à bâbord, pour éviter un navire qui *croisait* sa route (Aix, 9 févr. 1888, aff. Mac Laren, D. P. 89. 2. 282);... — 3° Que, lorsque deux navires ne se voient pas, par suite de la brume, le capitaine qui entend le sifflet droit devant lui, puis à bâbord, fait une manœuvre irréprochable en évoluant à tribord (Civ. rej. 1er avr. 1889, aff. Fœrster, D. P. 90, 1re partie);... — 4° Que l'art. 15 du règlement de 1884, qui prescrit la manœuvre à tribord, ne s'applique pas au cas où les navires ne se sont pas aperçus avant l'abordage (Civ. cass. 19 mars 1888, aff. Comp. maritime du Tonkin, D. P. 88. 1. 391. Conf. Bruxelles, 12 déc. 1883, *Jurisprudence du port d'Anvers*, 1884. 1. 151; Trib. com. Marseille, 26 mai 1886, aff. Cap. Razetto, *Recueil de Marseille*, 1886. 1. 180; 30 janv. 1888, aff. Fraissinet et comp., *ibid.*, 1888. 1. 155; Desjardins, t. 5, n° 1083; de Valroger, t. 5, n° 2102). — Jugé que quand par un temps de brume, l'un des navires allait à une vitesse exagérée, le capitaine de ce navire doit être réputé auteur de l'abordage, si aucune faute ne peut, d'ailleurs être établie à la charge du capitaine de l'autre navire (Aix, 2 déc. 1885, aff. Fabre et comp., *Recueil de Marseille*, 1887. 1. 160; Bordeaux, 30 juill. 1888 (1). — Comp. quant au navire

---

depuis dix jours, enseveli sous les eaux; que d'ailleurs ni les experts ni les premiers juges n'ont recherché ni constaté la cause du dommage; qu'ils se sont uniquement préoccupés des résultats matériels, comme si ces résultats devaient retomber nécessairement et de plein droit sur le capitaine et l'armateur du *Père de famille*, sans même tenir compte des avaries singulièrement aggravées par la tempête des 8 et 9 novembre; que l'on n'est responsable que du préjudice causé par son fait ou celui de ses préposés, et que là où il n'y a pas de responsabilité reconnue, il n'y a nul préjudice à réparer; — Par ces motifs; — Réforme, et par nouveau jugement déclare non recevable l'action du capitaine Davis, faute d'avoir signifié sa protestation dans les vingt-quatre heures de l'abordage dans le port de Dieppe où il pouvait agir; — La déclare au besoin mal fondée, nulle faute n'étant établie contre le capitaine Bidgrain ni à la charge de Constantin Gimer.

Du 29 déc. 1880.-C. de Rouen, 1re ch.-MM. Neveu-Lemaire, 1er pr.-Chrétien, av. gén., c. conf.-Marais et Henri Frère, av.

(1) (Powley Thomas et comp. et chargeurs du Durley C. Capitaine Geest.) — La cour; — Sur 1° les causes de l'abordage et 2° la répartition des fautes: — Attendu que les premiers juges ont fait une exacte appréciation des circonstances, en décidant que l'abordage était le résultat de fautes communes commises par les capitaines dans la direction des deux navires; qu'ils ont très judicieusement caractérisé les fautes imputables au capitaine du *Durley*, et à bon droit déclaré qu'elles devaient être retenues comme des fautes initiales et prépondérantes; — Attendu, en ce qui concerne le capitaine du *Sirius*, que sa responsabilité doit être limitée à l'infraction de l'art. 18 du règlement international; que cette faute est aussi certaine qu'inexcusable; — Attendu, en effet, que dans son rapport de mer, confirmé plus tard devant les experts, le capitaine du *Sirius* a reconnu qu'il avait pu observer le *Durley* pendant plus d'une demi-heure avant l'abordage; qu'à deux heures de l'après-midi, l'ayant relevé « à six points de son bâbord », et le voyant s'approcher avec plus de vitesse, il fit ralentir la machine et que l'abordage se produisit immédiatement; qu'il est donc certain, d'après ses propres déclarations, que le capitaine du *Sirius* ne songea à ralentir sa vitesse qu'au dernier moment, et alors que la collision était, non seulement imminente, mais inévitable; — Attendu, d'autre part, qu'il est résulté des débats que le *Sirius* marchait avec une vitesse d'au moins sept à huit milles; qu'en outre, les experts ont apprécié, d'après des blessures faites au *Durley*, que la vitesse du *Sirius* n'avait pas été ralentie, ou que la manœuvre pour la ralentir avait été tardive; qu'ainsi, la preuve de l'infraction à l'art. 18 est de tous points établie; — Attendu que pour se justifier, le capitaine du *Sirius* allègue sans raison que les fausses manœuvres du *Durley* l'ont induit en erreur en trompant ses prévisions; que cette circonstance ne saurait l'excuser; que plus la direction du *Durley* paraissait incertaine, et plus le capitaine du *Sirius* devait se prémunir contre ce voisin imprudent et maladroit en prenant les précautions édictées par l'art. 18; qu'il est indéniable que la crainte de l'abordage a dû naître dans l'esprit de ce capitaine bien avant la manœuvre qu'il a tentée *in extremis*; qu'étant donnés la position respective des navires et ce fait qu'ils se sont observés, en plein jour, pendant plus d'une demi-heure, on ne saurait sérieusement admettre que le capitaine du *Sirius* ait fait le nécessaire pour éviter l'abordage; que s'il peut invoquer l'art. 23 pour expliquer et justifier la fausse manœuvre relevée à sa charge par les experts, et qui par leur opinion aurait eu pour résultat de le faire dévier de sa ligne, en un moment où il aurait dû s'y maintenir, il n'en saurait être de

remorqueur : Aix, 3 mai 1886, aff. Vezion, *Recueil de Marseille*, 1888. 1. 105). V. *infrà*, v° *Organisation maritime*). — C'est, d'ailleurs, au juge du fait qu'il appartient de décider si un abordage a pour cause la force majeure ou une faute (Civ. rej. 27 mars 1889, aff. Bensaude, D. P. 89. 1. 232; 1er avr. 1889, précité. V. toutefois : Civ. cass. 22 janv. 1877, aff. Commune de Solesmes, D. P. 77. 1. 321 ; Trib. com. Dunkerque, 14 déc. 1886, aff. Comp. des hauts fourneaux de Denain et d'Anzin, *Revue internationale du droit maritime*, t. 2, p. 550; Civ. cass. 19 mars 1888, précité).

1268. Ces règles s'appliquent aux bâtiments de l'Etat (Comm. f. f. Cons. d'Et. 15 févr. 1872, aff. Valéry, D. P. 73. 3. 57 ; Cons. d'Et. 15 avr. 1873, aff. Maurel, *ibid.* ; de Valroger, t. 5, n° 2107).

1269. L'art. 407 n'a pas prévu le cas où l'abordage est le résultat de la faute respective des deux capitaines. La responsabilité doit-elle se régler alors comme lorsqu'il y a cas fortuit, de sorte que le dommage soit supporté par le navire qui l'a subi, sans recours possible contre l'autre, ou bien faut-il appliquer la même règle qu'en cas de doute, et mettre le dommage à la charge des deux navires, par portions égales? La première opinion a été adoptée, mais à tort, selon nous, par MM. Sibille, nos 27, 66, 77 et suiv. ; Fresquet, nos 27 et 52 ; Caumont, v° *Abordage maritime*, n° 108 ; Pardessus, n° 652 (Conf. Trib. com. Havre, 23 mai 1863, *Recueil du Havre*, 1863. 1. 194 ; Aix, 7 juin 1869, aff. Giustiniani, D. P. 73. 1. 341 ; Trib. Nantes, 7 sept. 1875, *Recueil de Nantes*, 1875. 1. 35. Conf. c. com. espagnol, art. 827). La seconde, admise par un jugement du tribunal de commerce de Marseille du 2 mai 1870 (aff. Corvetto, *Recueil de Marseille*, 1870. 1. 176), un arrêt de Rouen du 9 févr. 1876 (*Recueil du Havre*, 1877. 2. 135), et un jugement du tribunal de commerce du Havre du 15 juin 1887 (aff. Thorbjornsen, *ibid.*, 1888. 1. 267) (Conf. c. italien, art. 662 ; c. allemand, art. 737 ; c. hollandais, art. 537) est moins acceptable encore, car on ne peut assimiler à un fait incertain un fait qui est clairement établi. — La jurisprudence et la doctrine se sont plus généralement prononcées en faveur d'un système intermédiaire, qui consiste à appliquer en ce cas les règles du droit commun. Le dommage est évalué proportionnellement à la gravité des fautes respectivement commises (Aix, 15 déc. 1870, aff. Corvetto, *Recueil de Marseille*, 1871. 1. 78 ; Civ. cass. 15 nov. 1871, aff. Giustiniani, D. P. 73. 1. 341 ; Comm. f. f. Cons. d'Et. 15 févr. 1872, et Cons. d'Et. 15 avr. 1873, cités *suprà*, n° 1268 ; Req. 30 juin 1879, aff. Compagnie transatlantique, D. P. 81. 1. 172; 20 juill. 1880, aff. Rochaïd Daddah, D. P. 81. 1. 458; 5 avr. 1886, aff. Cap. Parkes, D. P. 87. 1. 219 ; Trib. com. Havre, 25 mars 1884, aff. Cap. Chauvelon, *Recueil du Havre*, 1884. 1. 192 ; Bordeaux, 1er déc. 1886, aff. Scotto, *Revue internationale du droit maritime*, t. 2, p. 531 ; Trib. com. Anvers, 15 juin 1887, aff. Cap. Assurg, *Jurisprudence du port d'Anvers*, 1887. 1. 314; Bordeaux, 30 juill. 1888, *suprà*, n° 1267; Desjardins, t. 5, n° 1128 ; Coulon et Houard, *Code pratique des assurances maritimes*, t. 2, p. 87 ; de Valroger, t. 5, n° 2017 ; Lyon-Caen et Renault, t. 2, n° 2013 ; Boistel, n° 1302 ; Droz, *Assurances maritimes*, t. 2, n° 479. Conf. projet de revision de 1867, art. 421 ; Loi belge de 1879, art. 229 ; c. com. portugais, art. 666). — V. pour l'exposé historique et la discussion de cette question les développements contenus dans le rapport de M. le conseiller Massé sur Civ. cass. 30 juin 1875 (aff. Basily, D. P. 75. 1. 403).

1270. L'arrêt de la cour de Bordeaux du 30 juill. 1888 (*suprà*, n° 1267), décide que, bien que devant supporter en définitive chacun une part du dommage proportionnée à sa faute, les deux capitaines sont tenus *solidairement* à l'égard des tiers qui ont souffert de l'abordage (Conf. Trib. Anvers, 15 juin 1887, cité *suprà*, n° 1269; c. com. espagnol, art. 827). C'est une application du principe que la solidarité doit être prononcée entre tous ceux qui ont

même au sujet du ralentissement de la vitesse ; qu'à cet égard, il ne peut invoquer des circonstances exceptionnelles qui n'existent pas ; que la règle de l'art. 18 qui prescrit le ralentissement de la marche, est aussi impérieuse et aussi impérative que la règle de tribord édictée par l'art. 15, soit que les deux navires se croisent dans une passe, soit qu'ils marchent l'un vers l'autre en pleine mer, de manière à se rencontrer ; qu'elle oblige les capitaines à gouverner avec prudence leur navire et à modérer leur vitesse, afin que, maîtres de leurs manœuvres ils puissent exécuter au moment opportun les mouvements en arrière qui, au cas de danger imminent, constituent les seules garanties efficaces du salut commun ;

Sur la réparation des dommages : — Attendu que la réparation arbitrée par les premiers juges est équitable et proportionnée aux fautes respectives des capitaines ; qu'il n'y a lieu, dès lors, de faire droit à l'appel incident du capitaine du *Durley* ;

Sur la solidarité : — En droit : — Attendu qu'il n'est plus contesté, en jurisprudence, que les coauteurs d'un quasi-délit sont solidairement responsables de ses conséquences envers les victimes de ce quasi-délit ; que cette solidarité résulte de la force des choses, c'est-à-dire de l'impossibilité de séparer, dans l'imputabilité d'un fait unique, des agents multiples qui y ont simultanément concouru, et qui y sont rattachés par des liens de cause à effet ; que cette raison n'est pas une simple abstraction juridique ; qu'elle est justifiée en droit positif, soit par le texte formel de l'art. 55 c. pén., soit virtuellement par la règle générale de l'art. 1332 c. civ. ; qu'en outre, la solidarité résulte, ainsi que l'enseigne Larombière, « de l'indivisibilité dans le fait auquel tous ont participé par une faute commune ; le fait de chacun, étant réputé le fait de tous, la responsabilité qui en découle multiplie contre tous individuellement la réparation civile dont ils sont tenus chacun en vertu d'un engagement personnel » (Larombière, *Obligations*, art. 1202, n° 22) ; — Attendu que ces principes conservent toute leur force et doivent recevoir leur application, même dans le cas où la contribution à la perte est répartie inégalement entre les coauteurs du quasi-délit ; que cette répartition n'affecte que les rapports des codébiteurs entre eux, et a pour objet unique d'établir les bases du partage de la perte, mais qu'elle ne change pas la nature de la dette vis-à-vis du tiers, victime du quasi-délit ; qu'à son égard, la faute collective doit, au point de vue de la réparation, produire les mêmes effets que la faute unique ; que la corrélation juridique entre la faute et la responsabilité qu'elle engendre et la réparation qu'elle impose, est la même dans les deux cas ; que l'action ouverte au profit de la victime dérive d'une cause ou d'un fait également indivisible, soit qu'il s'agisse de fautes conjointes, mais inégales, soit qu'il s'agisse de faute unique, qu'il ne pourrait en être autrement que si les fautes respectives pouvaient être séparées en des quasi-délits distincts et reconnaissables, quoique simultanés ; qu'il y aurait alors connexité, mais non communauté de fautes, et par suite de responsabilité ; — Qu'enfin, dans la matière spéciale de l'abordage, loin de contrarier la doctrine de la solidarité, le législateur l'a confirmée dans le paragraphe 3 de l'art. 407 c. com., où, dans le cas d'abordage douteux, il présume la faute commune des deux navires, et il édicte que le dommage sera supporté à frais communs ; — Attendu, au surplus, et dans l'espèce, qu'il est impossible de déterminer l'influence que les fautes respectives des capitaines ont pu exercer sur l'accident, encore qu'il soit certain qu'elles n'ont pas la même gravité ; qu'il n'est pas invraisemblable d'admettre que si le *Sirius* avait ralenti à temps sa vitesse l'abordage aurait pu être évité ou tout au moins atténué dans ses conséquences ; que c'est donc à bon droit que les premiers juges ont prononcé la condamnation solidaire au profit des chargeurs ;

Sur la clause de non-responsabilité insérée dans le connaissement intervenu entre l'armateur et les chargeurs du *Durley* : — Attendu que le capitaine du *Sirius* prétend que par cette clause, les chargeurs ayant d'avance renoncé à toute action contre l'armateur, en cas d'abordage, cette renonciation doit s'étendre à l'action solidaire qui pourrait être dirigée par ou contre cet armateur ; que cette prétention n'est soutenable ni en droit ni en fait, en droit, parce que en vertu de l'art. 1165 c. civ., la stipulation, n'ayant été faite que pour régler les rapports des chargeurs et des armateurs, ne peut être invoquée par un tiers resté étranger au contrat, pas plus qu'elle ne pourrait lui être opposée ; en fait, parce que cette clause sainement interprétée ne contient pas, même implicitement, la renonciation prétendue ; qu'existât-elle, cette renonciation ne ferait pas disparaître la faute du capitaine et ne l'exonérerait pas de ses conséquences ; qu'il est de règle que toutes stipulations pouvant avoir ce caractère sont nulles d'une nullité d'ordre public ; — Attendu qu'il y a lieu d'écarter aussi le moyen tiré d'un prétendu désistement de l'action solidaire, que les appelants principaux entendent faire résulter de la procédure suivie contre eux par les intimés ; qu'en droit, en vertu des art. 1203 et 1204 c. civ., les chargeurs ont pu légitimement poursuivre la réparation du dommage contre le débiteur de leur choix ; qu'en fait, il n'est pas, quant à présent, justifié même par simple présomption que la procédure adoptée ait été concertée de mauvaise foi, entre les intimés, dans le but de rendre illusoire l'action récursoire du *Sirius* contre le *Durley* ; que nonobstant cette procédure, le capitaine du *Sirius* conservera toutes les garanties auxquelles il a droit en vertu et dans les limites de l'art. 216 c. com., soit contre le capitaine, soit contre l'armateur du *Durley*, par suite de l'abordage dont les conséquences dommageables doivent être supportées solidairement par l'une et par l'autre ; — Par ces motifs, etc.

Du 30 juill. 1888.-C. de Bordeaux.-MM. Delcurrou, 1er pr.-Valler, av. gén.-Brochon, Sallenay et Brazier, av.

conjointement, commis un quasi-délit (V. *Responsabilité;* — *Rép.* eod. v°, n°s 243 et suiv., et v° *Obligations*, n° 1483). Si, en effet, on peut ici établir dans quelle proportion chacun des deux auteurs du dommage a contribué à produire le sinistre, on ne saurait déterminer la proportion dans laquelle sa faute a porté directement préjudice à chacune des parties lésées (V. *infrà*, n° 1286).

1271. Le juge qui doit, d'après ces principes, répartir le dommage entre les parties proportionnellement à la responsabilité respective de chacune, n'est nullement tenu de se livrer à l'évaluation exacte du préjudice, et de fixer en chiffres la responsabilité de chacun: il peut, par une appréciation souveraine du préjudice causé, ainsi que du mode et de la quotité de l'indemnité à allouer, déclarer non recevables les demandes respectives des parties, c'est-à-dire laisser supporter à chaque navire le dommage par lui éprouvé (Req. 30 juin 1879, cité *suprà*, n° 1269; Trib. com. Dunkerque, 29 janv. 1884, aff. Cap. Chisholm, *Recueil du Havre*, 1884. 2. 101. Conf. *Responsabilité;* — *Rép.* eod. v°, n° 238).

1272. Un navire abordé n'a pas d'action contre le navire abordant, si ce dernier a été poussé sur lui par la faute d'un troisième: le recours doit être exercé contre ce dernier, envisagé comme l'unique auteur de l'abordage (Trib. com. Anvers, 1er avr. 1874, aff. Banourich, *Journal du droit international privé*, t. 2, p. 293). En effet, l'abordage étant fortuit dans les relations des deux premiers navires, le premier ne peut rien demander au second (Desjardins, t. 5, n° 1114).

1273. La disposition de l'art. 407, § 2, appliquée par la jurisprudence à l'abordage qui provient de la faute commune des capitaines n'étant, à la différence de la disposition du troisième alinéa, qu'une application pure et simple des principes du droit commun, on doit étendre cette théorie aussi bien à l'abordage *fluvial* qu'à l'abordage maritime (Paris, 3 janv. 1884, aff. Jennès, D. P. 86. 2. 193; 22 janv. 1885, aff. Pavot, *ibid.* V. *suprà*, n° 1256).

1274. — C. *Abordage mixte ou douteux.* — Si, en principe, la faute ne se présume pas, et si, dès lors, la preuve doit en être faite par celui qui demande la réparation du dommage qu'elle lui a causé, l'art. 407, § 3, fait exception à cette règle en matière d'abordage. Lorsqu'il y a doute sur les causes de l'abordage, le dommage doit être mis par égale portion à la charge du navire qui l'a fait et du navire qui l'a souffert (Civ. cass. 30 juin 1875, aff. Basily, D. P. 75. 1. 403). Les auteurs sont unanimes à critiquer cette disposition de l'art. 407, que le projet de réforme de 1867 faisait, d'ailleurs, disparaître: dispenser le demandeur de prouver la faute alléguée en obligeant, au contraire, le défendeur à prouver la force majeure, c'est, en effet, s'écarter des règles fondamentales en matière de preuve: c'est aussi parfois, en notre matière, favoriser l'insouciance du juge (de Courcy, t. 1, p. 188 et suiv.; Desjardins, t. 5, n° 1129; de Valroger, t. 5, n° 2012; Lyon-Caen et Renault, t. 2, n° 2011).

1275. Quel est le sens des mots « s'il y a doute dans les causes de l'abordage? » D'après une première opinion, l'art. 407 n'a entendu que reproduire les art. 10 et 11 de l'ordonnance avec l'addition qui y avait été faite par la doctrine. Lors donc qu'il n'y a preuve ni d'un cas fortuit, ni de l'imputabilité de la faute à l'un ou à l'autre des capitaines, et que, par conséquent, on ne sait ni à qui, ni à quoi attribuer l'abordage, l'abordage est douteux et régi par le troisième paragraphe de l'art. 407, qui, d'après l'exposé des motifs, n'est que la reproduction de l'art. 10 de l'ordonnance (Conf. Boulay-Paty, t. 2, p. 417; Dageville, t. 4, p. 46). — D'après une autre opinion, qui est conforme à la doctrine enseignée autrefois par Emérigon, chap. 2, sect. 4, n° 79, et qui a été adoptée au *Rép.* n° 1138, il y a présomption que l'abordage est fortuit, et, par conséquent, on ne saurait en faire la base d'une action en responsabilité, ni même de la simple répartition admise par l'art. 407, si le doute, au lieu de porter sur l'auteur de la faute, laisse incertaine l'existence même d'une faute. M. Sibille, *Traité spécial de l'abordage*, n° 79, qui soutient ce système, s'exprime ainsi: « Sous le rapport de la clarté, le paragraphe 3 de l'art. 407 laisse beaucoup à désirer. S'il y avait doute sur la cause de l'abordage, il y aurait abordage fortuit: c'est un principe qui domine cette matière, que tout abordage est présumé fortuit tant qu'il n'est pas établi qu'il y a eu faute de la part de l'un des capitaines. Et, lorsque l'abordage ne peut s'expliquer que par une faute et qu'on ne sait pas à qui l'imputer, l'abordage devient douteux; mais ce doute porte, non sur la cause, comme l'indique la loi, mais sur l'auteur de la faute » (Conf. Delvincourt, t. 1, p. 175, note; t. 2, p. 272). Ainsi l'art. 407 n'aurait pas entendu déroger au principe de droit commun d'après lequel la faute ne se présume pas, et laisserait à la charge de celui qui l'a éprouvé le dommage qui, ne pouvant être imputé à une faute non prouvée, serait réputé être le résultat d'un cas fortuit ou de force majeure; le doute dont parle cet article ne profiterait à l'abordé que lorsque, étant préalablement établi et prouvé que l'abordage a été causé par une faute et non par un cas fortuit, il serait impossible de savoir auquel des deux, de l'abordeur ou de l'abordé, cette faute est imputable. — Dans cette même hypothèse (celle où l'on ne sait à qui la faute est imputable), le code italien (art. 661) dispose que chacun des navires supporte ses dommages sans recours. Le premier de ces deux systèmes a été consacré par un arrêt de cassation du 30 juin 1875 (aff. Basily, D. P. 75. 1. 403): — « Attendu, dit cet arrêt, que si, en principe, celui qui réclame l'exécution d'une obligation doit la prouver, et si la faute ne se présume pas, le paragraphe 3 de l'art. 407 c. com. fait exception à cette règle pour le cas où il y aurait doute dans les causes de l'abordage, le doute devant alors profiter au demandeur dans les limites fixées par cet article; — Attendu que ce paragraphe 3 contient une disposition générale qui s'applique à tous les cas dans lesquels il y a doute dans les causes de l'abordage, soit que ce doute existe quant au fait qui a été la cause de l'abordage, cas fortuit ou faute, soit qu'il existe quant aux auteurs d'une faute alléguée » (V. Desjardins, t. 5, n° 1129; de Valroger, t. 5, n° 2112; Lyon-Caen et Renault, t. 2, p. 277).

1276. La disposition de l'art. 407, § 3, cela résulte des précédents historiques, est fondée, non sur cette idée que, dans le doute, il faut supposer qu'il y a eu une faute commune et égale des deux capitaines, mais au contraire sur ce motif que, aucune faute n'étant prouvée à l'encontre de l'un ou de l'autre des capitaines, la loi doit pourvoir à la répartition du dommage, par raison d'équité et pour éviter des discussions sans issue. MM. Lyon-Caen et Renault, t. 2, n° 2011, déduisent de cette observation une double conséquence. En premier lieu, la somme pour laquelle chacun des deux navires devra contribuer sera supportée par le propriétaire de ce navire seul; le capitaine n'en sera tenu en aucune façon: ni le propriétaire du navire, ni les tiers lésés n'ont de recours contre lui (Conf. de Valroger, t. 5, n° 2016). En second lieu, si le propriétaire de l'un des navires se borne à réclamer des dommages-intérêts en se fondant sur un abordage fautif, sans avoir soin de conclure en outre, pour le cas de doute, au partage du dommage souffert, la demande devra être repoussée, si la preuve de la faute n'est pas faite. Les deux demandes sont deux actions entièrement distinctes, fondées sur des causes différentes; le juge ne peut donc, sans statuer *ultra petita*, ordonner, dans ce cas, le partage du dommage en vertu de l'art. 407, § 3. — Cette doctrine de MM. Lyon-Caen et Renault est contredite par un arrêt (Civ. cass. 30 juin 1875, cité *suprà*, n° 1275), qui décide « que l'action pour abordage formée par l'abordé contre l'abordeur saisit le juge de toutes les questions qui peuvent naître des prétentions et des moyens respectifs des parties, et le met en demeure d'ordonner la réparation du dommage dans la mesure qui résulte, en droit, des constatations de fait auxquelles il a dû se livrer; — Qu'il importe peu que les demandeurs aient conclu à être indemnisés de tout le dommage qu'ils avaient souffert; — Que, le moins étant contenu dans le plus, les juges ont le pouvoir et, par conséquent, le devoir de rechercher si, n'ayant pas droit à la réparation de tout le dommage, les demandeurs n'ont pas droit, à raison de l'incertitude constatée dans les causes de l'abordage, à une réparation partielle ». — La cour suprême admet, au contraire, que, lorsque le défendeur, répondant à l'action en dommages-intérêts dirigée contre lui par l'abordé, se borne à conclure au rejet de la demande *sans former lui-même une demande pour le préjudice subi par son propre navire*, bien que le doute sur les causes de l'abordage entraîne le partage des dommages par égales portions entre le navire qui l'a produit et celui qui l'a souffert, le juge ne peut allouer à l'abordeur une indemnité pour son propre dommage, parce qu'il statuerait en ce cas *ultrà petita*, ou plutôt sur chose *non demandée* (Civ. cass. 5 avr. 1882, aff. Arentzen, D. P. 83. 1. 246. Conf. Desjardins, t. 5, n° 1129 ; de Valroger, t. 5, n° 2014).

1277. La disposition de l'art. 407 est exorbitante du droit commun ; elle déroge à la règle d'après laquelle celui qui réclame l'exécution d'une obligation doit la prouver. Aussi doit-on la restreindre dans les strictes limites où le législateur a voulu l'établir (Conf. de Courcy, t. 1, p. 188 ; Desjardins, t. 5, n° 1129; de Valroger, t. 5, n° 2012). — Néanmoins, et bien que l'art. 407 semble supposer toujours deux navires ayant fait ou souffert l'abordage, on peut, sans donner une extension excessive à la disposition de cet article, décider que la répartition qu'il établit doit être appliquée à un navire (par exemple, un remorqueur) qui a été cause de l'abordage sans y être lui-même directement engagé (Civ. rej. 23 avr. 1873, aff. Picquot, D. P. 73. 1. 342). L'esprit de l'article est, en effet, de viser tout navire qui a été cause de l'abordage, quand même il n'y aurait pas pris part directement.

1278. Si trois ou quatre navires sont engagés dans un abordage douteux, le dommage sera encore, suivant les termes mêmes de l'art. 407, § 3, supporté « par égales portions (c'est-à-dire par tiers ou par quart) par les navires qui l'ont fait et souffert ». Nulle difficulté sur ce point (Desjardins, t. 5, n° 1129; Lyon-Caen et Renault, t. 2, n° 2012). — Si un des navires est certainement exempt de faute (c'est, par exemple, un navire remorqué), les juges peuvent le mettre hors de cause sans violer l'art. 407, § 3, car, en ce qui le concerne, le doute n'existe pas (Rouen, 26 juill. 1871, et sur pourvoi, Civ. rej. 23 avr. 1873, aff. Picquot, D. P. 73. 1. 342).

1279. — 3° *Responsabilité dérivant de l'abordage.* — Des explications qui viennent d'être données sur les conséquences juridiques des diverses espèces d'abordages, il résulte : 1° que l'abordage *fortuit* ne donne naissance à aucune action (sauf celle résultant, s'il y a lieu, du contrat d'assurance), puisque chacun supporte sans recours le dommage qu'il a souffert ;... 2° Que, en cas d'abordage *fautif*, au contraire, des actions naissent au profit des propriétaires des navires endommagés, des chargeurs, des personnes blessées et des héritiers des personnes tuées, contre le capitaine auteur de la faute et contre le propriétaire dont il est le préposé. Ce propriétaire a lui-même contre son capitaine un recours dérivant, non de l'abordage, mais du contrat d'engagement. Il n'aura pas, pour triompher dans cette instance, à prouver la faute, car, en règle générale, la preuve du cas fortuit ou de la force majeure est à la charge de celui qui n'a pas exécuté la convention, tandis que, au contraire dans toute action en indemnité dérivant de l'abordage, la preuve de la faute du capitaine incombe à celui qui agit contre lui (Lyon-Caen et Renault, t. 2, n° 1016; Desjardins, t. 5, n° 1112) ;... 3° Que, en cas d'abordage *douteux*, les propriétaires des navires ont action l'un contre l'autre pour la répartition par portions égales du dommage causé aux bâtiments ; ils n'ont aucune action contre les capitaines de ces bâtiments (V. *suprà*, n°s 1274 et suiv.). On verra, en outre, que, dans ce cas, il n'y a pas d'action pour les chargeurs, ni pour ceux qui ont été blessés, ni pour les héritiers de ceux qui ont été tués. La loi actuellement en discussion sur les accidents pourra modifier cette solution, quant aux gens de mer (V. Desjardins, t. 8, n° 1687 *quater ; infrà*, n°s 1285 et 1288).

1280. Quelle sera, dans les deux dernières hypothèses visées dans le numéro précédent, l'étendue de la responsabilité, soit des propriétaires, soit des capitaines ? — En cas d'abordage *fautif*, l'art. 407, § 2, met à la charge du capitaine auteur de la faute, et, par conséquent, du propriétaire qui l'a préposé à la direction du navire (c. civ. art. 1384), la réparation de tous les dommages causés par l'abordage. Ces dommages comprennent non seulement les dommages matériels soufferts par le navire ainsi que les dépenses occasionnées par l'abordage, *damnum emergens*, mais encore, en vertu de l'art. 1149 c. civ., applicable en matière de délits et de quasi-délits, comme en matière contractuelle, les bénéfices dont le propriétaire, le capitaine et les gens de l'équipage du navire endommagé ont été privés, *lucrum cessans* (de Valroger, t. 25, n° 2108 ; Lyon-Caen et Renault, t. 2, n° 2010. — V. en sens contraire : de Fresquet, *Des abordages maritimes*, p. 53). Il n'est dû, d'ailleurs, évidemment que la réparation des dommages qui sont une suite *directe* et *nécessaire* de l'abordage, et non de ceux qui ne sont qu'une conséquence indirecte et éloignée de l'événement (Civ. rej. 12 juin 1876, aff. Cauvin, D. P. 76. 1. 477), et il appartient au juge du fait d'apprécier souverainement, d'après les circonstances de la cause, si le dommage dont la réparation est demandée a ou n'a pas pour cause directe la faute imputable à l'abordeur (Même arrêt). — Ainsi, en cas de perte totale du navire, l'indemnité équivaut à la valeur du navire au moment de l'accident ;... en cas d'innavigabilité, à la différence entre la valeur au moment de l'accident et le montant du prix de vente réalisé ;... en cas d'avaries réparables, au coût des réparations, moins la différence du neuf au vieux (V. en sens contraire : Trib. com. Havre, 21 juin 1887, aff. Wolter, *Recueil du Havre*, 1887. 1. 167) ;... si un emprunt a dû être souscrit ou si des marchandises ont dû être mises en gage, l'indemnité équivaut au montant de la somme à rembourser. Cette indemnité doit comprendre également tous les frais accessoires de sauvetage, remorquage, relâche, débarquement, magasinage, rembarquement de la cargaison, ainsi que le dommage causé par le chômage pendant les réparations.

1281. Il a été jugé, par application de ces principes, qu'il faut tenir compte du fret que le propriétaire du navire abordé a pu perdre, par suite de l'interruption du voyage nécessitée par les réparations (Rennes, 27 avr. 1860, aff. Harmsolm, D. P. 61. 2. 38 ; Req. 3 févr. 1864, aff. Pignon, D. P. 64. 1. 57 ; Rouen, 3 mai 1864, *Recueil de Rouen*, 1864, p. 283 ; 12 déc. 1868, *ibid.*, 1869, p. 124 ; 30 juill. 1872, *ibid.*, 1872, p. 250 ; 7 août 1873, aff. Bourgoin, D. P. 76. 2. 24). Cette indemnité, d'après les usages les plus répandus, se calcule au taux des surestaries (Rouen, 7 août 1873, précité ; 24 janv. 1876, aff. Larget, D. P. 77. 2. 238 ; Aix, 20 nov. 1876, aff. Barrin, *Recueil de Marseille*, 1877. 1. 175 ; Trib. com. Havre, 28 déc. 1886, aff. Lapsley, *Recueil du Havre*, 1888. 1. 5, et les nombreux jugements et arrêts cités par Desjardins, t. 5, n° 1130 ; de Valroger, t. 5, n° 2109. — V. en sens contraire : Trib. com. Marseille, 22 juill. 1885, aff. Cap. Simon, *Recueil de Marseille*, 1885. 1. 253; Trib. com. Havre, 21 juin 1887, aff. Wolter, *Recueil du Havre*, 1887. 1. 167) ;... et l'abordeur ne peut rien retrancher du temps de chômage mis à sa charge, sous le prétexte qu'il a été prolongé par des événements de force majeure (la guerre, par exemple), si cette cause de prolongement existait déjà au moment de l'abordage (Rouen, 7 août 1873, précité).

1282. Sont également compris dans les dommages dont la responsabilité pèse sur l'abordeur, à l'égard des propriétaires de la cargaison, les frais de déchargement, d'emmagasinage et de rechargement nécessités par la relâche et les travaux de réparation du navire qui ont été la suite forcée de l'abordage (Arrêts des 27 avr. 1860 et 3 févr. 1864, cités *suprà*, n° 1281) ;... les gages de l'équipage pendant la durée des réparations (Rouen, 3 mai 1864, cité *suprà*, n° 1281) ;... les loyers que le capitaine aurait touchés, s'il n'y avait pas eu perte totale du bâtiment (Trib. com. Marseille, 30 mai 1873, aff. Sagols, *Recueil de Marseille*, 1873. 1. 215) ;... les frais du remorquage nécessaire pour amener en lieu sûr le navire abordé (Trib. com. Anvers, 5 janv. 1884, *Jurisprudence du port d'Anvers*, 1884. 1. 142) ;... les frais de sauvetage opéré (Rouen, 3 mai 1864, précité), ou même simplement tenté (Aix, 22 nov. 1860, *Recueil de Marseille*, 1861. 1. 83). Jugé également que les propriétaires du navire abordeur doivent payer, non seulement la réparation des avaries prévues lors de l'expertise, mais même celle des avaries découvertes pendant l'exécution des travaux (pourvu, bien entendu, qu'elles proviennent de l'abordage), alors surtout que le procès-verbal d'expertise a fait une réserve au sujet des réparations imprévues (Rouen, 7 août 1873, cité *suprà*, n° 1281).

1283. Il est évident, d'ailleurs, qu'il ne peut être dû de réparations que pour les dommages réellement éprouvés ; ainsi, un navire abordé en mer par un autre n'a droit à aucune indemnité pour les avaries qu'il a subies, si ces avaries ont été réparées au moyen d'un emprunt à la grosse, que la perte ultérieure du navire a dispensé de rembourser (Aix, 23 janv. 1873, aff. Calcagno, D. P. 73. 1. 427).

1284. — En cas d'abordage *douteux*, la masse des dommages qui doivent être supportés en commun comprend tous les dommages matériels subis par les navires, dans lesquels on fait rentrer les frais du chômage nécessité par les travaux de réparation (Caen, 29 mai 1866, *suprà*, n° 1201; Rouen, 24 janv. 1876, aff. Larget, D. P. 77. 2. 238; Trib. com. Marseille, 22 juill. 1885, aff. Cap. Simon, *Recueil de Marseille*, 1885. 1. 253), et cette indemnité de chômage est évaluée par l'usage à 50 centimes par tonne et par jour (Mêmes arrêts. Conf. *suprà*, n° 1282). Mais on ne peut faire entrer ici dans la masse à répartir ni les dommages qu'ont éprouvés les marchandises (V. *infrà*, n° 1285), ni les bénéfices dont les propriétaires des bâtiments ont été privés par suite de l'interruption de la navigation causée par l'abordage; l'art. 407, § 3, ne parle, en effet, que du dommage fait et souffert *par les navires* (Lyon-Caen et Renault, t. 2, n° 2011; de Valroger, t. 5, n° 2015. Comp. Desjardins, t. 5, n° 1130). — Jugé de même que l'on ne peut faire rentrer dans le dommage qui doit être réparé à frais communs le montant d'une prime d'assurance et les sommes payées pour commission de banque (Caen, 29 mai 1866 précité. Conf. de Valroger, t. 5, n° 2115).

1285. Le code de commerce ne s'occupe que des dommages causés par l'abordage aux navires eux-mêmes: il n'indique pas à la charge de qui seront les dommages éprouvés par les *marchandises* que contiennent ces navires. On devra donc, sur ce point, s'en référer aux règles du droit commun. Nulle difficulté, dès lors, en ce qui concerne l'abordage fortuit et l'abordage fautif: les dispositions de l'art. 407, en ce qui les concerne, n'étant que la sanction des règles du droit commun, seront applicables aussi bien à la réparation du dommage causé à la cargaison, qu'à la réparation du dommage causé au navire (*Rép.* n° 1141). En cas d'abordage douteux, au contraire, la disposition exorbitante de l'art. 407, § 3, cessera d'être applicable; en sorte que, d'après les principes généraux du droit, cet abordage, en ce qui concerne les marchandises, devra être considéré comme fortuit. — Ainsi, de deux choses l'une: ou bien le sinistre a une cause purement fortuite, ce que, dans le doute, on doit présumer, et alors le dommage est supporté par le propriétaire des marchandises perdues ou avariées (*res perit domino*) (Paris, 15 févr. 1861, aff. Cremers, D. P. 64. 2. 140; Caen, 24 nov. 1862, aff. Cordelier, *ibid.*; Rouen, 24 janv. 1876, aff. Larget, D. P. 77. 2. 238; Bordeaux, 19 juill. 1850, *Recueil de Marseille*, 1855. 1. 36; 11 mai 1855, *ibid.*; Trib. com. Anvers, 21 août 1857, aff. Pearson, *ibid.*, 1858. 2. 127; Trib. com. Nantes, 9 avr. 1859, *Recueil de Nantes*, 1859. 1. 209; Trib. com. Havre, 18 avr. 1859, *Recueil du Havre*, 1859. 1. 93; Sibille, n°s 87 et suiv.; Droz, n° 481; Boistel, n° 1302; Lyon-Caen et Renault, t. 2, n°s 2009 et 2014; Desjardins, t. 5, n° 1129; de Valroger, t. 5, n° 2015); ou bien il est établi que l'accident est la conséquence d'une faute commise par l'un des capitaines; dans ce cas, réparation est due par ce capitaine (art. 1382) et, subsidiairement, par le propriétaire du navire, civilement responsable aux termes de l'art. 216 c. com. Pour la fixation de cette réparation, les marchandises doivent être évaluées, non d'après leur valeur au lieu de déchargement, mais d'après leurs cours au lieu de destination, car le propriétaire de ces marchandises doit être replacé dans la situation où il se serait trouvé sans l'abordage; ce n'est qu'à cette condition que l'indemnité comprend le *lucrum cessans*. En outre, si l'abordage a eu pour effet de retarder le transport, il faut tenir compte des avaries que la marchandise a subies pendant ce retard, des frais de manipulation, du surcroît de fret, s'il a fallu le transborder (de Valroger, t. 5, n° 2110; Lyon-Caen et Renault, t. 2, n° 2014). — Si les capitaines des deux navires se sont l'un et l'autre rendus coupables d'impéritie, chacun supportera, pour sa quote-part, et proportionnellement à l'étendue relative de l'imprudence qu'il a commise ou de la négligence dont il a fait preuve, le préjudice souffert par le chargeur (Mêmes auteurs. V. toutefois *suprà*, n° 1270).

1286. Les choses ne se passeront ainsi que lorsqu'il sera possible de déterminer en fait dans quelle mesure la faute commise par chaque capitaine a favorisé l'abordage. Toutes les fois, en effet, que plusieurs personnes ayant encouru une responsabilité collective pour avoir coopéré à l'accomplissement d'un même fait dommageable, la part pour laquelle chaque coobligé a contribué à la réalisation du préjudice est susceptible d'être déterminée, l'indemnité n'est mise à sa charge que pour une fraction proportionnellement équivalente (V. cependant *suprà*, n° 1270). Mais, si l'influence respective sur le sinistre des torts imputables aux deux capitaines ne peut être mesurée, ils seront tenus solidairement. Quand, en effet, il y a impossibilité de reconnaître exactement la part de responsabilité qui incombe à chaque coauteur du fait dommageable, l'obligation de chacun au payement de l'indemnité existe *in solidum* (V. *Obligations*; *Responsabilité*; — *Rép.* v^is *Obligations*, n° 1483; *Responsabilité*, n°s 243 et suiv.). Ces règles sont applicables au cas actuel (V. de Valroger, t. 5, n° 2118; Lyon-Caen et Renault, n° 2013, note 4). — Le code de commerce italien, dans son art. 662, déclare expressément que l'obligation des capitaines envers les chargeurs, à raison du dommage éprouvé par les marchandises, les astreint solidairement. Dans les termes où elle est conçue, cette disposition, bien qu'elle ait l'approbation de M. Lyon-Caen, *loc. cit.*, est, ce semble, trop absolue.

1287. Les mêmes règles s'appliquent en matière d'abordage *fluvial* où, dans le silence du code, les principes du droit commun reçoivent seuls application (Paris, 22 janv. 1885, aff. Pavot, D. P. 86. 2. 193. V. *suprà*, n°s 1256 et 1273).

1288. Les mêmes principes doivent régir les dommages résultant des blessures ou de la mort occasionnées par l'abordage à des passagers ou gens de l'équipage (Lyon-Caen et Renault, t. 2, n° 2014). L'indemnité comprend alors les salaires dus à ces derniers et le prix des effets perdus (de Valroger, t. 5, n° 2111). — Jugé: 1° que lorsqu'un accident de personnes est occasionné par un abordage, pour que l'un des navires abordés soit déclaré responsable, il faut que la faute qui lui est imputée puisse être prouvée; si donc l'abordage est douteux, la victime de l'accident n'a aucun recours contre le navire avec lequel la collision a eu lieu; en cas d'accident de personne, la responsabilité est réglée par les principes de l'art. 1382 c. civ., et non par ceux des lois spéciales au commerce maritime (Trib. civ. Marseille, 13 juill. 1888) (1). Conf. Trib. com. Marseille, 23 déc. 1887, aff. Lafon, *Revue internationale de droit maritime*, t. 3,

(1) (Veuve Milhé C. Comp. *Péninsulaire Orientale*.) — LE TRIBUNAL; — Attendu que dans la matinée du 19 avr. 1887, vers minuit quarante-cinq minutes, le yacht français *Magali*, qui faisait route de la Ciota sur Cette, a rencontré à deux milles environ du phare de Planier le vapeur *Chusan*, de la compagnie *Péninsulaire orientale*, qui l'a abordé par tribord d'arrière, coupé en deux et coulé immédiatement; que, grâce à des mesures prises avec célérité, les hommes de l'équipage du yacht, trois exceptés, ont été recueillis à la mer et sauvés par le navire abordeur; que ce sinistre a donné lieu à une instance suivie devant le tribunal de commerce, à la requête du sieur Robert Lafon, propriétaire de la *Magali*, contre la compagnie Péninsulaire Orientale, à l'effet d'obtenir condamnation à des dommages-intérêts à fixer par état; que de nombreux témoins ayant été produits devant les juges consulaires, afin d'établir les causes de l'abordage et de rechercher le fait qui l'a produit, il est intervenu, à la date du 3 déc. 1887, un jugement qui, par application de l'art. 407 c. com., a déclaré qu'il y avait doute sur les causes de l'abordage et ordonné que le dommage serait réparé à frais communs par les navires qui l'avaient fait et souffert; que ce jugement a acquis l'autorité de la chose jugée; qu'il ne saurait cependant être considéré comme *res judicata* pour la solution du procès actuel, puisqu'il n'a pas été rendu entre les mêmes parties, mais qu'il constitue, aussi bien que l'enquête qui l'a précédé, un document judiciaire d'une réelle importance; — Attendu qu'au moment du naufrage, la *Magali* était commandée par Auguste Milhé, maître au cabotage, époux et père des demandeurs; que ce malheureux a péri dans les flots, et que c'est à raison de sa perte que la veuve Milhé ès qualité réclame des dommages-intérêts à la compagnie *Péninsulaire Orientale*; — Que sa demande s'appuie sur une présomption de faute imputée à l'équipage du *Chusan*, lequel aurait dû, d'après la demanderesse, voir le *Magali* dont la voilure s'étendait sur une surface considérable, observation d'autant plus facile que l'on naviguait sous un ciel clair, sans brume, sans nuages, sur une mer calme; que la dame Milhé invoque, en outre, les dispositions de l'art. 17 du décret du

p. 589); ... — 2° Que le décret du 1er sept. 1884, qui établit des présomptions de faute à l'encontre des vapeurs et au bénéfice des voiliers est inapplicable aux dommages-intérêts dus à raison d'accidents de personne (Trib. civ. Marseille, 13 juill. 1888, précité).

1289. Par qui peuvent être intentées, s'il y a lieu, les actions en réparation des dommages causés par l'abordage ? En premier lieu, par le capitaine qui, selon l'expression de M. Desjardins, t. 5, n° 1111, « personnifie le navire et le représente devant la justice » (Conf. Req. 10 août 1875, aff. Robert-Vincent, D. P. 76. 1. 384) ;... en second lieu, par le propriétaire du navire dont le capitaine n'est que le préposé (Trib. com. Marseille, 25 sept. 1883, aff. Dédussis, *Recueil de Marseille*, 1883. 1. 319), ou par l'armateur gérant qui tient le lieu et place des propriétaires ;... en troisième lieu, par le chargeur, pour le dommage causé à la cargaison (Sur la question de savoir si les prescriptions et fins de non-recevoir des art. 435 et 436 s'appliquent à l'action du chargeur, V. *infrà*, chap. 9, sect. 2);... enfin par les gens de mer ou les passagers blessés et les héritiers des personnes tuées dans l'abordage (Trib. civ. Marseille, 9 juill. 1873, aff. Ferrandini, *Recueil de Marseille*, 1874. 2. 39).

1290. Ces actions peuvent être exercées : contre le capitaine du navire abordeur (Desjardins, t. 5, n° 1112);... contre le propriétaire armateur (Desjardins, *loc. cit.* Conf. art. 451, 452, 736 c. allemand ; art. 230, loi belge de 1879, etc.) qui conserve le droit d'abandon, alors même qu'il aurait fait vendre le navire pour le compte de qui il appartiendrait, ou l'aurait fait estimer en son état d'avaries, pour lui permettre de le réparer et de le faire naviguer ensuite (Desjardins, *loc. cit.* Conf. Trib. com. Nantes, 4 janv. 1879, aff. Cap. Allemand, *Recueil de Nantes*, 1879. 1. 39. — V. en sens contraire : Trib. com. Havre, 23 janv. 1884, aff. Mignot, *Recueil du Havre*, 1884. 1. 126 ; Rennes, 11 juin 1884, aff. Oriolle, *ibid.*, 1884. 2. 198) ;... contre l'armateur gérant *ès qualités*, comme représentant les propriétaires en tout ce qui est relatif à l'armement et à l'expédition (Trib. com. Marseille, 20 janv. 1880, aff. Elan, *Recueil de Marseille*, 1880. 1. 91. Comp. Trib. com. Havre, 22 févr. 1881, aff. Cap. Heintzelman, *Recueil du Havre*, 1881. 1. 69. V. *suprà*, nos 283 et suiv.).

1291. Quant aux actions *récursoires*, elles appartiennent, s'il y a lieu, au propriétaire ou à l'armateur déclaré responsable, contre celui des préposés par la faute duquel la collision a eu lieu (Desjardins, *loc. cit.* ; Lyon-Caen et Renault, n° 1016).

1292. Les dommages-intérêts auxquels le propriétaire d'un navire a été condamné par suite d'un abordage en mer constituent-ils une avarie à la charge de l'assureur (V. *infrà*, nos 1879 et suiv.).

1293. — 4° *Compétence et procédure en matière d'abordage* (*Rép.* nos 2303 et suiv.). — *Ratione materiæ*, c'est le tribunal de commerce qui est compétent pour connaître des actions nées de l'abordage. On considère, en effet, ce tribunal comme compétent pour connaître non seulement des actions qui tirent leur origine d'une convention présentant un caractère commercial, mais aussi de celles qui naissent d'un quasi-contrat, d'un délit ou d'un quasi-délit, toutes les fois que le fait a été commis par un commerçant au préjudice d'un autre commerçant et que, se rattachant au commerce de son auteur, il préjudicie au commerce de la victime (V. *Compétence commerciale*, nos 45, 48 et 127 ; — *Rép.* eod. v°, nos 126 et suiv.) ; et, dans cette catégorie, la jurisprudence range les actions naissant de l'abordage maritime (Bordeaux, 23 févr. 1863, *Recueil de Marseille*, 1863. 2. 78 ; Civ. cass. 24 août 1863, aff. Eparvier, D. P. 63. 1. 348 ; Caen, 2 févr. 1874, aff. Simon, D. P. 77. 2. 44 ; Rouen, 7 août 1877, aff. Maryn, D. P. 78. 2. 151. Conf. Bédarride, *Juridiction commerciale*, n° 187 ; Demangeat, t. 6, p. 383 ; Alauzet, t. 8, n° 2959 ; Boistel, n° 50 ; Lyon-Caen et Renault, t. 2, n° 2025); ... ou de l'abordage fluvial (Amiens, 4 mai 1858, *suprà*, v° *Compétence commerciale*, n° 46. — V. en sens contraire : Lyon, 12 mars 1852, *Gazette des tribunaux* du 18 mai 1852 ; Alauzet, *loc. cit.*). — Mais si le demandeur ne fait pas acte de commerce, si, par exemple, le navire abordé est un bateau de plaisance, le demandeur peut, à son choix, traduire le défendeur devant le tribunal civil ou le tribunal de commerce (Caen, 2 févr. 1874, précité; Lyon-Caen, *loc. cit.*). — Si c'est le défendeur qui n'est pas commerçant, le tribunal civil est seul compétent (Desjardins, t. 5, n° 1116). — Les tribunaux de commerce sont compétents pour connaître même des actions des personnes blessées ou des héritiers des personnes tuées dans l'abordage (Lyon-Caen et Renault, *loc. cit.* — V. en sens contraire : Bordeaux, 20 déc. 1853, *Recueil de Marseille*, 1854. 2. 9 ; Trib. civ. Marseille, 7 déc. 1864, *ibid.*, 1865. 1. 53 ; Caen, 2 févr. 1874 et Rouen, 7 août 1877, précités). Mais leur compétence n'est pas exclusive; si lorsque l'abordage s'est produit, le demandeur ne faisait pas un acte de commerce, ce dernier peut alors, à son

---

1er sept. 1884 qui décide que, si deux navires, l'un à voiles et l'autre à vapeur, courent de manière à risquer de se rencontrer, le navire sous vapeur doit s'écarter de la route de celui qui est à voiles, d'où elle tire cette conséquence qu'à défaut de preuve contraire, lorsqu'un abordage se produit entre le navire à voiles et un navire à vapeur, ce dernier est présumé en faute ; — Mais attendu que pour apprécier le mérite de la demande, il est essentiel de rechercher dans les principes du droit civil, les seuls applicables au litige actuel, la raison de juger ; que, suivant les dispositions de l'art. 1382 du code, tout fait de l'homme qui cause à autrui un dommage, oblige celui par la faute duquel il est arrivé, à le réparer ; d'où la conséquence que l'action de la veuve Milhé ne saurait triompher, que si elle prouve que les préposés de la compagnie *Péninsulaire Orientale* ont commis une faute qui engage sa responsabilité; que le jugement du 23 déc. 1887, ci-dessus visé, n'est pas une décision péremptoire, mais qu'il présente les caractères d'un document sérieux qui jette une vive clarté dans le débat actuel ; qu'en effet, le tribunal de commerce a examiné avec une minutieuse attention les témoignages des personnes qui avaient assisté au naufrage du 29 avril, en tenant compte de leur position respective ; que d'une part les hommes de l'équipage de la *Magali*, ainsi que les sieurs Max et Louis Jousen, beaux-frères de l'armateur embarqué sur ce navire, ont déclaré que le *Chusan* est venu droit sur eux, mais qu'ils ne l'ont aperçu que lorsque la collision était inévitable ; que d'autre part, les officiers et l'équipage du *Chusan* affirment qu'à leur bord tout le monde était à son poste et veillait, un matelot de 1re classe avec un lascar à l'avant, le premier capitaine sur la passerelle, le cinquième officier et un lascar à l'arrière ; ils ajoutent que leurs feux, très brillants, auraient dû être aperçus par le yacht, qui, par une manœuvre contraire aux règles de la navigation, avait changé sa route, en tournant à tribord, de façon à se montrer par l'arrière qui n'était pas éclairé et s'était imprudemment jeté dans la ligne du *Chusan*, qui ne l'a vu que trop tard, alors qu'il était absolument impossible d'éviter l'abordage ; — Qu'en faisant la part des appréciations divergentes des témoins, suivant qu'ils appartiennent à l'un ou à l'autre des deux navires, on ne saurait s'empêcher de prendre en sérieuse considération le récit fait par Louis Pilan, marin à bord de la *Magali*; que cet homme ayant pris le quart à minuit quinze minutes, déclare que l'équipage était déjà préoccupé de la vue d'un vapeur que l'on voulait laisser passer ; qu'il aperçut lui-même, en prenant son service, un feu dans la direction du château d'If et le signala au capitaine ; que néanmoins on continua la route sans se rendre compte de la distance qui les séparait de ce vapeur ; que ce qui démontre cette erreur d'appréciation, c'est que à la même heure, le capitaine disait à ses hommes que le navire dont ils apercevaient les feux les éviterait ; que toutes ces contradictions ont été envisagées par le tribunal de commerce, qui a reconnu qu'elles établissaient une complète incertitude sur les causes réelles et les circonstances de fait qui ont accompagné cet événement de mer ; que dans ces circonstances, la faute imputable à l'équipage du *Chusan* et qui engendrerait la responsabilité civile de la compagnie *Péninsulaire Orientale* n'est pas établie ; que la voilure de la *Magali* s'étendait à la vérité sur une large surface; mais cette raison n'est pas suffisante pour décider qu'elle a dû forcément être aperçue par l'équipage du *Chusan ;* qu'en dehors des feux réglementaires, les masses flottantes obscures peuvent, à la mer, tromper l'œil le plus exercé ; — Attendu qu'à défaut de faute caractérisée, la demanderesse ne saurait s'appuyer sur des présomptions qui pourraient entraîner une erreur judiciaire ; qu'il n'y a pas lieu d'appliquer à l'espèce les dispositions de l'art. 17 du décret du 1er sept. 1884 ; qu'il s'agit, en effet, d'un règlement de mer, édictant une présomption en faveur des navires à voiles ; mais encore faut-il qu'il soit démontré que le navire sous vapeur a vu préalablement celui qu'il a abordé, et qu'il a eu le temps de s'écarter de sa route ; que cette preuve n'est point faite, et que, dès lors, la demande ne saurait être accueillie ;

Par ces motifs, le tribunal, etc.

Du 13 juill. 1888.-Trib. civ. Marseille.-MM. de Rossi, pr.-du Trévon de Bréfeuillac, subst.-Autran et Talon, av.

choix, agir devant la juridiction civile ou la juridiction commerciale (Lyon-Caen, *loc. cit.*).

1294. Si le navire abordeur est un navire de guerre, un navire appartenant à l'administration des douanes ou des ponts et chaussées, ou un navire de commerce loué par l'État et naviguant sous sa direction, la jurisprudence décide que l'action doit être portée devant les tribunaux administratifs, et non devant les tribunaux de droit commun (Cons. d'Ét. 11 mai 1870, aff. Metz, D. P. 71. 3. 62; 1er mai 1872, *Recueil de Marseille*, 1873. 2. 3; Paris, 9 juill. 1872, *ibid.*, 1873. 2. 159; Trib. confl. 17 janv. 1874, aff. Ferrandini, D. P. 75. 3. 2. — V. en sens contraire : Desjardins, t. 5, n° 1116; de Valroger, t. 5, n° 2123. V. aussi Trib. confl. 24 mai 1884, aff. Sauze, D. P. 85. 3. 111), à moins que l'action ne soit dirigée contre les agents du Gouvernement, *à raison de faits qui leur sont personnels* (Trib. confl. 7 juin 1873, aff. Godart, D. P. 74. 3. 4). — Jugé, toutefois, que l'autorité judiciaire est compétente pour connaître de l'action intentée par les victimes de l'abordage contre le propriétaire du navire abordé, alors même que celui-ci forme contre l'État une demande en garantie (Trib. confl. 17 janv. 1874 précité). — Le projet de réforme de 1867 déclarait dans tous ces cas les tribunaux *civils* compétents (Desjardins, *loc. cit.*).

1295. Quel est, parmi les tribunaux du même ordre, le tribunal compétent pour connaître de l'action ? Nous supposons d'abord que la controverse s'agite *entre Français*. Certains jurisconsultes attribuent la connaissance du litige au tribunal dans le ressort duquel le défendeur, c'est-à-dire le capitaine ou l'armateur du navire abordeur, est domicilié (Duvergier, *Consultation dans l'affaire du Mongibello*, en 1842; Alauzet, t. 6, n°s 2379 et suiv.; Levillain, *Dissertation* insérée D. P. 81. 2. 121; de Fresquet, p. 89 et suiv.; Lyon-Caen et Renault, t. 2, n° 2025; Autran, *Revue internationale du droit maritime*, 1885-86, p. 367). Quelques-uns accordent la préférence au tribunal le plus voisin du lieu du sinistre (Caumont, v° *Abordage*, n°s 349-353; Louis Morel, p. 380, 383 et suiv.); d'autres, à celui dont dépend le premier port où touche le navire abordé, à la suite de l'accident (Pardessus, n° 1353; Desjardins, t. 5, n° 1117). Plusieurs enfin se prononcent en faveur du tribunal dans la circonscription duquel se trouve, soit le port de destination du navire abordé, soit, lorsque, par suite d'une circonstance quelconque, le navire ne peut se rendre à destination, le port de déchargement où il s'arrête (Dalloz, *Consultation dans l'affaire du Mongibello*, *Rép.* n°s 2303 et suiv.; Bédarride, t. 5, n° 2025). — La même diversité règne parmi les décisions judiciaires. Ainsi, d'après certains arrêts, le droit de connaître de l'action de l'abordé contre l'abordeur appartient au tribunal du domicile du défendeur par application de le règle *actor sequitur forum rei* (Rouen, 23 nov. 1857, aff. Ravilly, D. P. 58. 2. 82; Bordeaux, 23 févr. 1863, *Recueil de Marseille*, 1863. 2. 78; Guadeloupe, 3 août 1885, aff. Boyer, *Revue internationale du droit maritime*, t. 1, p. 364; Aix, 28 févr. 1889, aff. Lanier, D. P. 90. 2. 59). Quelques arrêts ou jugements accordent, au contraire, compétence au tribunal voisin du lieu du sinistre (Rouen, 24 nov. 1840, *Rép.*, v° *Compétence commerciale*, n° 515; Trib. com. Marseille, 22 juin 1868, *Recueil de Marseille*, 1870. 1. 162; Rennes, 28 juill. 1875, aff. Tilloy-Delaune, D. P. 77. 2. 237; Trib. com. Havre, 30 oct. 1877, aff. Laverge, *Recueil du Havre*, 1877. 1. 290; 6 déc. 1878, aff. Cap. Taraldsen, *ibid.*, 1879. 1. 20; Rouen, 4 mai 1880, aff. Levigoureux, D. P. 81. 2. 121. — V. en sens contraire : Trib. com. Anvers, 18 oct. 1884, *Journal des intérêts maritimes d'Anvers* du 23 oct. 1884; Sibille, n° 301). D'autres déclarent régulièrement saisi le tribunal de l'arrondissement où est situé le port qui, le premier, a servi de refuge au navire, après l'accident (Caen, 1er oct. 1848, aff. Ezpelata, D. P. 49. 2. 8; Trib. com. Marseille, 27 janv. 1868, *Recueil de Marseille*, 1868. 1. 91; Aix, 23 mai 1868, aff. Colomb, D. P. 69. 2. 86; Rennes, 28 juill. 1875, précité; Rouen, 17 déc. 1878, aff. Welker, D. P. 79. 2. 248). D'autres considèrent le litige comme pouvant être déféré au tribunal dans le ressort duquel se trouve soit le port de destination, soit tout au moins le port de déchargement du navire abordé (Trib. com. Livourne, 16 août 1842, *Rép.* n° 203; Trib. com. Marseille, 27 janv. 1868, précité; Aix, 23 mai 1868, précité; Rouen, 17 déc. 1878 et 4 mai 1880, précités). Un jugement (Trib. com. Havre, 20 août 1879, aff. Poret, *Recueil du Havre*, 1880. 1. 191) attribue même compétence au tribunal du port de destination du navire *abordeur*. — On doit remarquer, d'ailleurs, que la plupart de ces décisions ne présentent pas comme exclusive la compétence des divers tribunaux auxquels elles reconnaissent le droit de connaître du litige. Plusieurs signalent même deux de ces juridictions comme pouvant être saisies indifféremment, au gré du demandeur (Trib. com. Marseille, 27 janv. 1868, Aix, 23 mai 1868, Rennes, 28 juill. 1875 et Rouen, 17 déc. 1878, précités). L'arrêt de la cour de Rouen du 4 mai 1880 va plus loin; il semble reconnaître indistinctement à tous les tribunaux que nous venons d'énumérer le droit de statuer sur la demande.

M. Levillain, *Dissertation* précitée, a fait une étude fort complète de cette question. « Il est, dit-il, un tribunal, celui du domicile du défendeur, dont la compétence ne peut être sérieusement contestée; elle découle, en effet, soit de l'art. 59, soit de l'art. 420, 1er al., c. proc. civ., aux dispositions desquels il n'a été dérogé ici par aucun texte spécial. Quant aux autres, on peut également invoquer en leur faveur des titres dignes d'attirer l'attention; mais le droit d'intervention qu'on prétend leur attribuer soulève aussi, il faut bien le reconnaître, de graves objections. D'abord, il est difficile de se laisser toucher par les considérations de fait souvent présentées, afin de démontrer les avantages d'une décision émanant, en pareille matière, de la juridiction territoriale. Ces considérations parfaitement justes en elles-mêmes et, comme telles, propres, si l'on veut, à prouver la nécessité d'une innovation législative, ne peuvent suppléer à l'inexistence de toute disposition écrite sur ce point... Existe-t-il donc des textes qui accordent à un tribunal autre que celui du domicile du défendeur le droit de connaître des contestations entre l'abordé et l'abordeur ? On a d'abord invoqué par analogie les art. 414 et 416 c. com. Mais la disposition qu'ils renferment est exceptionnelle, et on ne peut guère, sous prétexte d'assimilation, en élargir le domaine; or l'action en contribution pour cause d'avaries communes à laquelle ces articles se rapportent diffère profondément de l'action en indemnité pour cause d'abordage. D'ailleurs, les motifs justificatifs de cette disposition font ici entièrement défaut; elle est, en effet, fondée sur une élection de domicile tacite et collective de la part de l'armateur et des chargeurs sujets à contribution; une semblable élection de domicile, facilement présumable, lorsqu'elle est attribuée à des coïntéressés associés à la réalisation d'une même entreprise, n'est plus supposable, lorsqu'il s'agit d'une action découlant d'un quasi-délit, c'est-à-dire d'une action qui met en présence des personnes complètement étrangères l'une à l'autre et entre lesquelles, par conséquent, aucune entente ne peut se concevoir. — On tire encore argument des art. 435 et 436 c. com. Mais ces articles ont-ils bien la portée qu'on leur attribue ? Autre chose est la réclamation qu'ils imposent au capitaine, autre chose la poursuite intentée en vue de l'obtention d'une indemnité par ce dernier ou par l'armateur qu'il représente, et rien ne prouve que la seconde puisse être exercée dans la localité où la première est indiquée comme devant s'opérer. — Quant à l'art. 420 c. proc. civ., il est douteux qu'il soit applicable; on peut se demander, en effet, s'il s'étend aux actions en réparation de délits ou de quasi-délits, comme à celles qui puisent leur source dans un engagement contractuel. Il est vrai qu'on est aujourd'hui généralement d'accord pour considérer ces actions comme étant, *ratione materiæ*, de la compétence des tribunaux de commerce, toutes les fois que le délit ou quasi-délit présente un caractère commercial (V. *suprà*, n° 1293). Mais doit-on conclure de là que l'art. 420 c. proc. civ. (2e et 3e al.) est applicable pour ce qui est de la compétence *ratione personæ* ?... Il ne peut être question du tribunal indiqué dans le deuxième paragraphe du moment où l'action ne découle pas d'un engagement contractuel, et celui mentionné dans le troisième paragraphe se confond ici avec celui indiqué dans le premier, ou, ce qui revient au même, avec celui désigné dans l'art. 59; car aucun endroit précis et déterminé n'ayant été fixé pour le payement, le versement de la somme s'effectuera au domicile du débiteur (c. civ. art. 1247) (V. en ce sens : Civ. cass. 16 mars 1858, aff. Silvestre, D. P. 58. 1. 130). — Le système proposé par MM. Pardessus et Desjardins ne *pourrait être admis-*

sible que si l'abordeur était tenu de fournir à l'abordé les ressources nécessaires pour se réparer dans le port de refuge où il se rend. Mais est-ce bien là le lieu du payement? (art. 1247 c. civ.). Quoi qu'il en soit, on doit reconnaître que si l'application de la règle *actor sequitur forum rei* ne soulève aucune difficulté, la compétence des diverses juridictions présentées par certains auteurs et certains arrêts comme également aptes à statuer sur le litige, donne prise, au contraire, à des objections fort sérieuses. — Le projet de réforme de 1867 tranchait la question que l'on vient d'examiner en ces termes : « La demande est portée soit devant le tribunal du port d'attache du navire abordeur, soit devant celui de tout port de destination où se trouvera le navire abordeur. Elle peut être aussi portée devant le tribunal du port où le navire abordeur sera entré en relâche, mais seulement si le navire n'est pas chargé ».

1296. Supposons maintenant que la contestation s'élève *entre Français et étrangers* ou *entre étrangers*, à raison d'un abordage survenu dans les eaux françaises. Dans le premier cas, les tribunaux français sont certainement compétents, aux termes de l'art. 14 c. civ. On admet, en effet, que cet article s'applique aux actions qui naissent d'un délit ou d'un quasi-délit, comme à celles qui naissent d'un contrat (V. *suprà*, v° *Droits civils*, n° 159), et spécialement aux actions qui naissent de l'abordage (Req. 16 févr. 1841, *Rép.* n° 2221; Trib. com. Marseille, 17 mars 1857, *Recueil de Marseille*, 1857. 1. 113; Req. 29 déc. 1857, aff. Durham, D. P. 58. 1. 106; Civ. cass. 12 août 1872, aff. Ryde, D. P. 72. 1. 293; Caen, 2 févr. 1874, cité *suprà*, n° 1293; 6 juin 1882, aff. Bossière, D. P. 84. 2. 13; Paris, 7 déc. 1885, aff. Bertsman, *Le Droit* du 4 avr. 1886; Rennes, 21 déc. 1887, aff. Kendrick, D. P. 89. 2. 145; Aix, 28 févr. 1889, aff. Lanier, D. P. 90. 2. 59. Conf. Aubry et Rau, t. 8, p. 137; Demante, t. 1, n° 29 *bis*; Demolombe, t. 1, n° 250; Fœlix et Demangeat, t. 1, n° 275; Massé, t. 1, n° 686; Bonfils, *Compétence des tribunaux français à l'égard des étrangers*, n° 71; Weiss, p. 892 et suiv.; Gerbaut, *Compétence des tribunaux français à l'égard des étrangers*, p. 240; Lyon-Caen et Renault, t. 2, n° 2025; Desjardins, t. 5, n° 1118; Em. Cohendy, *Dissertation*, D. P. 89. 2. 145. — V. aussi *suprà*, v° *Droits civils*, n° 159). Mais le Français n'a pas le droit de traduire l'étranger devant n'importe quel tribunal de France; si le défendeur a un domicile en France, c'est devant le tribunal de ce domicile qu'il doit être assigné (V. *suprà*, v° *Droits civils*, n° 215; Rennes, 29 févr. 1888, aff. Harry-Tilly, *Le Droit* du 2 avr. 1888; Aix, 28 févr. 1889, précité); sinon, devant le tribunal du lieu où le demandeur a abordé et, à défaut, devant le tribunal du domicile du demandeur (Civ. rej. 9 mars 1863, aff. Formann, D. P. 63. 1. 176).

1297. Dans le second cas, la compétence des tribunaux français se justifie par cette considération qu'ils sont aptes à connaître des contestations entre étrangers, à raison des délits ou quasi-délits commis en France (c. civ. art. 3, § 1er) (Conf. Civ. cass. 26 nov. 1828, *Rép.* v° *Compétence commerciale*, n° 620; Civ. rej. 9 mars 1863, cité *suprà*, n° 1296; Trib. com. Marseille, 3 juin 1867, *Recueil de Marseille*, 1867. 1. 217; 15 juill. 1870, *ibid.*, 1870. 1. 242; Req. 22 nov. 1875, aff. Mohr, D. P. 77. 1. 373; Glasson, *De la compétence des tribunaux français entre étrangers*, p. 11; Garsonnet, *Cours de procédure civile*, § 111; Desjardins, *loc. cit.*; et *suprà*, v° *Droits civils*, nos 209 et 210).

1298. Si l'abordage a eu lieu entre navires étrangers, ailleurs que dans les eaux françaises, les tribunaux français ne peuvent statuer au fond que si les parties y consentent. Dans le cas contraire, ils ne peuvent ordonner que des mesures provisoires et urgentes (Req. 5 mars 1879, aff. Mazy, D. P. 80. 1. 9; Aix, 13 févr. 1882, *Bulletin d'Aix*, 1882, p. 343; Desjardins, t. 5, n° 1118. Comp. art. 426 du projet de 1867, Desjardins, *loc. cit.*).

1299. Si l'abordeur est un navire de guerre étranger, l'Etat étranger peut-il être traduit devant les tribunaux français? Oui, si ce navire faisait le commerce (Desjardins, t. 5, n° 1119. Conf. anal. Paris, 3 juin 1872, aff. Isabelle de Bourbon, D. P. 72. 2. 224). — Dans le cas contraire, la question est très délicate. Elle doit être résolue négativement dans le système consacré par la jurisprudence française, d'après lequel le principe de l'indépendance réciproque des Etats s'oppose à ce qu'un gouvernement puisse être soumis, à raison des engagements qu'il contracte, à la juridiction d'un Etat étranger (Ortolan, t. 1, p. 186. Conf. Civ. cass. 22 janv. 1849, aff. Lambèze, D. P. 49. 1. 5; Paris, 15 mars 1872, aff. Lemaître, D. P. 73. 2. 24). — Suivant une autre opinion, au contraire, ce sont les actes d'un gouvernement agissant dans l'exercice de sa souveraineté qui seuls échappent à la juridiction de tout pouvoir étranger. Mais il n'en est plus de même quand cet Etat est poursuivi soit en vertu d'un contrat (Laurent, *Droit international*, t. 3, p. 83), soit, comme dans l'espèce, en vertu d'un délit ou d'un quasi-délit (Demangeat sur Fœlix, § 212; Desjardins, *loc. cit.*). Suivant cette doctrine, la juridiction française pourrait être valablement saisie.

1300. Les tribunaux français seraient-ils compétents dans le cas où l'on assignerait le commandant du vaisseau de guerre étranger ou un homme de son équipage, non comme représentant l'Etat, mais comme responsable d'un fait personnel? « La question dit M. Desjardins, t. 5, n° 1119, sera tranchée dans un sens ou dans l'autre, suivant qu'on étendra ou qu'on restreindra la fiction de l'exterritorialité ». Cet auteur cite plusieurs jurisconsultes étrangers d'après lesquels elle devrait être résolue négativement; mais il se prononce lui-même en sens contraire.

1301. Sur la procédure des actions nées d'un abordage et les fins de non-recevoir opposables à ces actions (c. com. art. 435 et 436), V. *infrà*, chap. 9, sect. 2, et *Rép.* nos 2275 et suiv. (Comp. Desjardins, t. 5, nos 1123 et 1124).

1302. Le demandeur doit prouver le fait même de l'abordage, sa nature et ses conséquences dommageables. Le fait de l'abordage est prouvé à l'aide du livre de bord et du rapport que fait le capitaine, pour satisfaire aux art. 242 et suiv., si le sinistre a lieu en cours de voyage; à l'aide du procès-verbal rédigé par le capitaine, si l'abordage a lieu dans la rade ou dans le port. L'abordage a, d'ailleurs, une notoriété trop grande pour qu'un doute puisse avoir lieu sur son existence. — Si le demandeur prétend que l'abordage est fautif, le défendeur devra prouver qu'il est fortuit, sans quoi, on le considérera comme douteux. Il ne lui suffirait pas, pour s'exonérer de toute responsabilité, de prouver qu'il y a eu faute de la part du demandeur, car alors il y aurait faute réciproque engageant dans une certaine mesure la responsabilité des deux parties (V. *suprà*, n° 1269). — Le demandeur doit, en outre, établir quelles ont été les avaries causées par l'abordage. Cette preuve se fait à l'aide des énonciations du livre de bord, du rapport, du procès-verbal; mais ces énonciations ont besoin d'être contrôlées. Le demandeur fera donc bien, après avoir signifié la protestation prescrite (art. 435 et 436), de faire constater immédiatement les avaries survenues par des experts qu'il fera nommer, en France, par le président du tribunal de commerce et à défaut par le juge de paix, à l'étranger, par le consul ou à défaut par les autorités locales. Grâce à cette précaution, le défendeur ne pourra pas, par la suite, exciper contre la demande de ce que les avaries proviennent d'événements postérieurs (Trib. com. Anvers, 27 mai 1882, *Jurisprudence du port d'Anvers*, 1883. 1. 222). L'étendue du dommage causé par l'abordage est également fixée à dire d'experts (de Valroger, t. 5, n° 2120. V. *infrà*, nos 1354 et suiv., et *Rép.* nos 1145 et suiv.). — En ce qui concerne les conditions de forme, l'expertise reste soumise aux règles du droit commun (c. proc. civ. art. 429 et suiv.). Il faut en dire autant du débat auquel donne lieu le rapport des experts, et du jugement (Desjardins, t. 5, n° 1125).

1303. Quel est le droit d'enregistrement à percevoir en cas de condamnation à la suite d'un abordage? Est-ce celui de 2 pour 100 pour dommages-intérêts, ou seulement celui de 50 cent. pour 100, pour indemnité mobilière? M. Desjardins, t. 5, n° 1132, résout la question par la distinction suivante, qui est conforme aux principes généraux : quand les dommages-intérêts consistent dans la réparation du préjudice matériel ou moral causé par l'abordage, il y a lieu d'appliquer le droit de 2 pour 100 établi par l'art. 69, § 2, n° 9, de la loi du 22 frim. an 7 et par l'art. 11 de la loi du 27 vent. an 9. Si, au contraire, il ne s'agit que de remplacer dans le patrimoine de l'abordé une valeur préexistante, la régie ne peut percevoir que le droit de 50 cent. pour 100 établi par l'art. 69, § 2, n° 8, de la loi du 22 frim. an 7 (Comp. en ce sens : Trib. com. Havre, 26 déc. 1867 et

Civ. rej. 28 mars 1870, aff. Peulvé, D. P. 70. 1. 396. V. *infrà*, v° *Enregistrement*).

1304. Le propriétaire armateur actionné en réparation du préjudice causé par l'abordage peut se libérer par l'abandon du navire et du fret, dans tous les cas où le code de commerce donne ouverture à la faculté d'abandon (Trib. com. Nantes, 4 nov. 1865, *Recueil de Marseille*, 1866. 2. 83; Trib. civ. Marseille 8 avr. 1870, *ibid.*, 1872. 2. 128; Trib. com. Nantes, 4 janv. 1879, *Recueil de Nantes*, 1879. 1. 39, etc.). Aussi a-t-on parfois qualifié, mais à tort, l'action d'*action réelle*. Il n'y a point là d'action réelle, puisqu'il n'y a ni droit de suite, ni droit de préférence, sauf dans le cas où l'action est intentée par les chargeurs, à raison d'avaries souffertes par leurs marchandises, par la faute du capitaine ou de l'équipage : dans ce cas seul, la personne lésée jouit d'un privilège pour le recouvrement de ce qui lui est dû (c. com. art. 191, § 11) (Conf. Rouen, 3 mai 1864, *Recueil de Marseille*, 1864. 2. 67. V. Desjardins, t. 5, n° 1115).

1305. — 5° *Conflits de lois en matière d'abordage*. — Les règles posées par les art. 407, 435 et 436 c. com. sur l'abordage diffèrent de celles adoptées dans certains pays étrangers. Cette divergence provoque fréquemment des conflits de loi relatifs soit aux personnes qui doivent supporter définitivement le dommage souffert, soit aux fins de non-recevoir qui peuvent être opposées à l'action des personnes lésées. Nous n'étudierons, quant à présent, que les premiers ; nous renvoyons l'examen des seconds à la suite du commentaire des art. 435 et 436, *infrà*, chap. 9, sect. 2.

1306. L'art. 407 contient, nous l'avons déjà indiqué, des dispositions qui ne sont que la sanction des règles du droit commun admises chez toutes les nations et qui, par conséquent, s'appliqueront sans difficulté dans tous les cas, quelle que soit la nationalité des navires ; ces dispositions sont celles qui concernent l'abordage fortuit et l'abordage fautif. Mais le paragraphe 3 du même article pose, relativement à l'abordage douteux, une règle qui a un caractère exceptionnel et exorbitant et qui ne se retrouve pas dans la plupart des législations étrangères. Celles-ci, en effet, considèrent comme provenant d'un cas fortuit, tout dommage résultant d'un abordage, s'il n'est pas établi qu'il dérive d'une faute. Certaines lois s'éloignent encore des règles admises par la législation française, en ce qui concerne la responsabilité de l'armateur pour les fautes du capitaine. L'ancien code espagnol (art. 935), par exemple, ne faisait pas rejaillir sur l'armateur la responsabilité de l'abordage causé par l'impéritie du capitaine ou de l'équipage (Conf. c. mexicain, art. 707). L'art. 826 du nouveau code espagnol dit, au contraire, que, dans ce cas, l'armateur du navire abordeur supportera les dommages et préjudices causés, après estimation par experts. — D'après quelles règles devront être tranchés ces conflits ? Trois hypothèses peuvent se présenter :

1° L'abordage a lieu *dans les eaux territoriales françaises ou étrangères*. — On décide généralement que c'est la loi territoriale que l'on appliquera : la loi du pays où un fait se produit doit toujours servir seule à déterminer les obligations qui en résultent (Lyon-Caen, *Etudes de droit international maritime privé*, n° 63 ; Lyon-Caen et Renault, t. 2, n° 2028 ; Desjardins, t. 5, n° 1121). La jurisprudence des tribunaux belges est fixée en ce sens (Trib. com. Anvers, 5 juin 1881, *Jurisprudence du port d'Anvers*, 1881. 1. 349 ; 28 mai 1883, *ibid.*, 1883. 1. 135 ; Bruxelles, 1er août 1884, *Journal des intérêts maritimes* du 11 déc. 1884 ; 21 nov. 1884, *ibid.* ; Trib. com. Anvers, 6 juin 1885, *Jurisprudence du port d'Anvers*, 1885. 1. 341). En Angleterre, *l'act* du 29 juill. 1862 (art. 57), pose formellement ce principe, en ce qui concerne les abordages survenus dans les eaux anglaises (Desjardins, *loc. cit*) ; quant aux abordages survenus dans les eaux étrangères, la jurisprudence tend à appliquer également le statut du pays dans les eaux duquel la collision s'est produite (*Journal du droit international privé*, t. 3, p. 281. V. cependant même journal, 1879, p. 529). — M. Cohendy, *Dissertation*, D. P. 89. 2. 145, estime, au contraire, que l'on doit s'en tenir, en ce cas, à la loi du pavillon ; la règle de l'art. 3, 1er al., c. civ. est, suivant lui, une règle de droit international terrestre ; le législateur, en l'édictant, n'a pas songé au droit maritime ; il n'y a donc aucun motif pour ne pas appliquer, dans cette hypothèse, comme dans les autres, la loi du pavillon.

1307. — 2° L'abordage a eu lieu *en pleine mer, entre navires français*. — Aucune raison n'existe, en ce cas, pour ne pas appliquer la loi française (Desjardins, t. 5, n° 1121). — M. Lyon-Caen, *Etudes de droit international maritime privé*, n° 63 (Conf. Lyon-Caen et Renault, t. 2, n° 2028), pense cependant que l'on doit, en ce cas, « s'en tenir au droit commun des nations », en sorte que les dispositions des lois françaises qui dérogeraient aux principes de ce droit commun, notamment celles de l'art. 407, § 3, ne devraient jamais recevoir application en ce cas. M. Desjardins, *loc. cit.*, répond, avec raison, croyons-nous, que, entre Français, « le juge français ne peut, sous prétexte qu'une disposition du code lui semble arbitraire, la remplacer par une règle empruntée au droit commun maritime ».

1308. — 3° L'abordage a eu lieu en *pleine mer entre navires de nationalités différentes*. — Un arrêt (Paris, 16 févr. 1882, aff. Morelly Montaner, *Journal du droit international privé*, 1883, p. 145) décide que, si la juridiction française est saisie, la loi française est par là même applicable (Conf. Rouen, 2 juin 1886, aff. Steel, D. P. 87. 2. 167. — *Contrà* : Rennes, 21 déc. 1887, aff. Hendrick, D. P. 89. 2. 145). M. Desjardins, t. 5, n° 1121, critique, avec raison, la généralité des termes de cette décision ; il n'y a, en effet, aucune connexité nécessaire entre la compétence d'une juridiction et l'application d'un statut déterminé ; dans un grand nombre de cas, les juges français sont obligés, au contraire, d'appliquer des lois étrangères (V. *infrà*, v° *Obligations*). — La jurisprudence anglaise applique, au contraire, en ce cas, le droit commun maritime (Conf. Lyon-Caen et Renault, t. 2, n° 2028 ; Lyon-Caen, *Etudes de droit international maritime privé*, n° 63). — M. Desjardins, *loc. cit.*, propose, sur ce point, une distinction qui semble très judicieuse et a pour résultat de permettre, dans beaucoup de cas, d'éviter les contestations que fait naître l'application de principes aussi vagues et aussi controversés que ceux du droit des gens. Si les navires, quoique de nationalités différentes, sont régis par des lois semblables, il n'existe aucune raison de ne pas leur appliquer cette règle commune : si au contraire les deux lois sont différentes, il est équitable d'appliquer la loi du navire *abordé*, soit qu'elle lui soit plus favorable que la loi du navire abordeur, soit même qu'elle lui soit moins avantageuse, car il ne peut réclamer un meilleur traitement que s'il avait été abordé dans les eaux de son pays par un bâtiment naviguant sous son propre pavillon. Nulle difficulté, donc, quand on peut déterminer quel est le navire abordeur et quel est le navire abordé ; mais il n'en est plus de même, en cas d'abordage douteux, c'est-à-dire quand il n'y a, à proprement parler, ni abordeur ni abordé. M. Desjardins propose d'appliquer alors « celle des deux lois qui s'écarte le moins des principes généraux et du droit commun maritime ». On se trouve alors, mais alors seulement, en présence de la difficulté qui rend si délicate l'application de la théorie de M. Lyon-Caen : il faut déterminer le droit commun maritime (Sur la question de savoir quelle loi on doit consulter pour déterminer l'étendue de la responsabilité de l'abordeur, et notamment pour décider s'il jouit ou non de la faculté d'abandon, V. *suprà*, nos 331 et suiv. et la *Dissertation* de M. Cohendy, sous Rennes, 21 déc. 1887, aff. Kendrick, D. P. 89. 2. 145).

1309. L'*Institut du droit international*, dans sa session tenue à Lausanne au mois de septembre 1888, a adopté un projet de règlement international des conflits de lois en matière d'abordage maritime ; ce projet, quant à la détermination de la loi applicable, rejette la distinction, adoptée jusqu'ici, entre la pleine mer et la mer territoriale ; il est ainsi conçu : « Art. 1er. En cas d'abordage dans les eaux intérieures d'un pays entre navires soit de la même nationalité, soit de nationalités différentes, la loi de ce pays doit être appliquée pour déterminer qui supporte le dommage, dans quels délais les réclamations doivent être formées, quelles formalités doivent remplir les intéressés pour la conservation de leurs droits et quels sont les tribunaux compétents pour en connaître. — Art. 2. En cas d'abordage en *pleine mer entre navires de même nationalité*, la loi du pavillon des navires doit être appliquée à toutes les questions nées de l'abordage. Si l'abordage a lieu en *pleine mer entre navires de nationalités différentes*, la loi du pavillon de chaque navire sert à déterminer qui doit supporter le dommage causé aux navires ou aux cargaisons.

Toutefois, le demandeur ne peut faire une réclamation qui ne serait pas justifiée d'après la loi de son pavillon. — Les réclamations doivent être formées dans les délais prescrits par la loi du pavillon du demandeur et après accomplissement des formalités qu'elle exige. Elles peuvent être portées indifféremment devant un tribunal compétent d'après cette loi ou d'après celle du pavillon du défendeur. — Art. 3. Les abordages qui ont lieu dans les eaux territoriales d'un Etat entre navires de la même nationalité ou de nationalités différentes doivent être traités comme les abordages en pleine mer. — Art. 4. Les actions exercées contre un Etat étranger ou contre un officier de la marine de cet Etat pour cause d'abordage maritime sont régies par les règles applicables en toutes autres matières aux actions exercées contre un Etat étranger, ayant agi comme puissance publique ou contre l'un de ses fonctionnaires » (Comp. Résolutions adoptées par le congrès d'Anvers en 1887, art. 8 et 9, *suprà*, p. 28, *infrà*, n° 1310).

1310. D'autre part, le *congrès international du droit commercial*, tenu en 1888, a adopté une série de résolutions dont il a recommandé l'adoption aux nations maritimes et qui, selon lui, devraient former la base d'une législation commune à tous les pays ; les articles de ce projet de loi uniforme, relatifs à l'abordage, sont ainsi conçus : « Art. 1er. En cas d'abordage fortuit, chacun supporte son dommage ; l'abordage douteux est traité comme abordage fortuit. En cas d'abordage fautif : *a* si la faute est imputable à un seul navire, le dommage est supporté par l'auteur de cette faute ; *b* s'il y a faute commune, il est fait masse des dommages causés : cette masse est supportée par chacun des navires proportionnellement à la gravité des fautes respectivement commises ; si le dommage est imputable à deux ou plusieurs navires, tous répondent solidairement du dommage causé aux tiers. La répartition de ce dommage, entre les navires auteurs de l'abordage, a lieu suivant les règles admises, *litt. b*, ci-dessus. — Art. 2. En cas d'abordage, le capitaine doit, en tant qu'il le peut sans danger pour son navire, son équipage et ses passagers, rester à proximité de l'autre navire, jusqu'à ce qu'il se soit assuré qu'une plus longue assistance est inutile, et donner à ce navire, à son capitaine, à son équipage et à ses passagers tous les secours possibles pour les sauver du danger résultant de l'abordage ; faute de se conformer à ces prescriptions, le capitaine sera passible des pénalités édictées par les lois de son pays. — Art. 3. L'assistance est rémunérée d'après les règles de l'équité. Il est surtout tenu compte, d'une part, du temps et du personnel employé, des dépenses faites, des pertes subies et des dangers courus par l'assistant ; d'autre part, des services rendus au navire, aux personnes et aux choses assistées. Les services s'apprécient en raison de la valeur dernière des choses sauvées, frais déduits. Tout contrat fait durant le danger est sujet à rescision. — Art. 4. L'action en payement de l'indemnité d'abordage ou d'assistance n'est subordonnée à aucune formalité préalable. Elle est prescrite deux ans après la fin du voyage du navire abordé ou assistant, si ce voyage peut être achevé et, s'il ne peut l'être, à partir du moment où l'intéressé aura pu agir utilement. Néanmoins, si une action en indemnité pour cause d'abordage est intentée en temps utile, l'assigné pourra y opposer une demande reconventionnelle ».

1311. Par application des art. 2123 c. civ. et 546 c. proc. civ., il a été décidé que le jugement rendu par un tribunal étranger qui règle entre deux navires les conséquences d'un abordage, n'a pas d'autorité en France (Paris, 23 juin 1855, aff. Assier, D. P. 55. 2. 220 ; Req. 28 juin 1881, aff. Smith, D. P. 81. 1. 337, et le rapport de M. le conseiller Féraud-Giraud). — Quant à la jurisprudence des pays étrangers sur ce point, V. Desjardins, t. 5, n° 1122. Cette question se rattache à la question plus générale de savoir si les jugements étrangers ont, en France, l'autorité de la chose jugée (V. *suprà*, vis *Droits civils*, nos 236 et suiv. ; *infrà*, v° *Traité international*).

Art. 3. — *De la constatation des avaries* (*Rép.* nos 1145 et 1146).

1312. Lorsque l'abordage est *fautif* ou *douteux*, l'art. 407, §4, dit que « l'estimation du dommage est faite par experts ». Cette estimation par experts n'est pas obligatoire, ainsi que les termes de l'art. 407 pourraient le faire supposer au premier abord, mais simplement facultative pour le tribunal qui reste toujours libre de ne pas recourir à ce moyen d'information (Poitiers, 14 janv. 1863, aff. Mathieu, D. P. 63. 2. 65 ; *Rép.* n° 1146 ; Desjardins, t. 5, n° 1125 ; Lyon-Caen et Renault, t. 2, n° 2015 ; de Valroger, t. 5, n° 2020). Ainsi les juges peuvent ordonner que le montant du dommage sera établi *par état* (Civ. rej. 23 avr. 1873, aff. Picquot, D. P. 73. 1. 342) ;... ou ordonner que ce dommage sera réparé par les soins du capitaine du navire abordeur ou à ses frais (Req. 9 avr. 1862, aff. Edwards, D. P. 62. 1. 468) ; en ajoutant qu'une indemnité par chaque jour de retard dans l'exécution des travaux de réparation sera allouée au capitaine du navire abordé, cette indemnité étant accordée, non à titre de réparation du dommage éprouvé, mais comme sanction pénale de l'obligation de faire, imposée par le jugement de condamnation (Même arrêt).

1313. Des experts, chargés de vérifier les causes d'un abordage, peuvent être autorisés à entendre les parties et leurs témoins à titre de simples renseignements : il n'y a pas lieu, dans ce cas, de suivre les formalités prescrites pour les enquêtes (Req. 19 nov. 1856, aff. Cabanne, D. P. 57. 1. 60 ; 17 nov. 1858, aff. Audouy, D. P. 59. 1. 32). — Les interrogatoires reçus par le commissaire de la marine, à l'occasion d'un abordage, s'ils ne peuvent être assimilés à une enquête judiciaire, sont des documents dont le juge peut s'aider pour statuer sur la question d'indemnité (Poitiers, 14 janv. 1863, aff. Mathieu, D. P. 63. 2. 65).

Sect. 2. — Du jet (*Rép.* nos 1147 à 1162).

1314. Le *jet* n'est qu'une avarie commune ordinaire. On en a traité avec détail *suprà*, nos 1207 et suiv., en étudiant l'art. 400-2° c. com. (Conf. *Rép.* nos 1080 et suiv., 1147 et suiv.).

Sect. 3. — De la contribution (*Rép.* nos 1163 à 1234).

1315. Le règlement d'avaries, *lato sensu*, est l'opération qui consiste à déterminer ceux qui doivent supporter le dommage ou la dépense, et la mesure dans laquelle ils doivent la supporter, si elle est susceptible de répartition. Il y a deux sortes de règlements d'avaries : celui qui s'opère entre le propriétaire du navire ou son préposé et les consignataires de la cargaison, et celui qui s'opère entre l'assuré et l'assureur. Nous n'avons à nous occuper ici que du premier.

Art. 1er — *Des cas où il y a lieu à contribution* (*Rép.* nos 1163 à 1176).

1316. Il n'y a de règlement proprement dit que pour les avaries communes qui se répartissent par voie de contribution (V. Desjardins, t. 4, nos 1035 et 1041 ; Lyon-Caen et Renault, t. 2, n° 1975 ; de Valroger, t. 5, n° 1988). L'avarie *particulière* ne peut, comme on l'a dit au *Rép.* n° 1163, donner lieu à contribution : quand le navire ou certains objets déterminés de la cargaison ont essuyé une avarie, la dépense est supportée uniquement par le propriétaire du navire ou de ces objets. Mais il peut arriver que des avaries particulières atteignent l'ensemble du chargement ; il en est ainsi, notamment, des frais de sauvetage faits dans l'intérêt commun de tous les chargeurs : ceux-ci les supporteront, on l'a déjà vu *suprà*, nos 1242 et 1247, au prorata de leur intérêt dans le chargement, sans même qu'il y ait lieu de rechercher à quel moment, ou à l'aide de quel moyen on a pu sauver tel ou tel objet. Jugé, spécialement, que le propriétaire d'un colis de bijouterie ne peut se soustraire à l'obligation de contribuer aux frais de sauvetage, sous prétexte que le capitaine, dans la chambre duquel ce colis était placé, l'aurait transporté à terre et mis en lieu sûr, avant l'opération générale du sauvetage, nul colis n'ayant droit à une condition privilégiée qui soit de nature à l'affranchir des conséquences du désastre commun (Req. 22 févr. 1864, aff. Vallée, D. P. 64. 1. 70) : « Quand l'art. 404 décide que les avaries particulières sont supportées et payées par le propriétaire de la chose qui a essuyé le dommage, dit M. le conseiller d'Oms dans son rapport sur cette affaire, il entend le navire ou la cargaison considéré chacun comme une seule chose, un seul corps. L'art. 401 servirait au besoin à justifier cette interprétation. En matière d'avaries communes, cet article fait deux masses distinctes : l'une composée des marchandises et l'autre comprenant le navire et le fret, et il fait concourir à la dépense commune dans chacune des deux masses, sans distinguer les frais afférents à tel ou tel objet composant la cargaison, ou à tel ou tel objet pris dans l'armement du navire. Ce que l'art. 401 fait pour l'avarie commune, l'art. 403 le fait pour l'avarie particulière, avec cette différence cependant que, dans le cas d'avaries communes, les marchandises ne contribuent qu'à une partie des dépenses, l'autre partie demeurant à la charge de la moitié du navire et du fret, tandis que, dans le cas d'avaries particulières, c'est la cargaison seule ou le navire qui a essuyé le dommage qui doit en supporter la dépense ».

1317. Les règlements d'avaries particulières et les règlements d'avaries communes dont on va s'occuper se ressemblent et diffèrent par certains côtés, notamment en ce qui touche le mode d'évaluation des avaries et de fixation des valeurs qui composent le capital contribuable (Desjardins, t. 4, n° 1041 ; J.-V. Cauvet, t. 2, p. 197. V. *Rép.* n°s 2228 et suiv., et *infrà*, n°s 1329 et suiv.).

1318. Aux termes de l'art. 408 c. com., « une demande pour avaries n'est point recevable, si l'avarie commune n'excède pas 1 pour 100 de la valeur cumulée du navire et des marchandises, et si l'avarie particulière n'excède pas aussi 1 pour 100 de la valeur de la chose endommagée ». — On a dit au *Rép.* n° 2208 que cette disposition avait pour objet d'éviter que les frais de règlement ne fussent hors de proportion avec l'avarie elle-même. Cette explication a été critiquée. Pour savoir, a-t-on dit, quel est le *quantum* exact de l'avarie, et, par suite, si les frais de la poursuite sont en rapport avec lui, il faut commencer par procéder à un règlement. Or, à quoi bon déclarer l'action irrecevable à raison du chiffre des frais, quand l'action a été intentée, quand elle est instruite et quand les frais sont déjà faits? Le véritable motif, c'est qu'une avarie minime est toujours difficile à caractériser ; il est souvent fort délicat de déterminer s'il y a simplement déchet naturel ou avarie proprement dite causée par une fortune de mer. On a voulu aussi éviter la multiplicité des réclamations pour avaries même sans importance (Desjardins, t. 4, n° 1042). — Cette disposition, d'ailleurs, n'en est pas moins inique, car un chargeur qui a perdu toutes ses marchandises peut se trouver ainsi dans l'impossibilité d'exercer un recours, parce que leur valeur n'excède pas 1 pour 100. Elle n'avait pas été reproduite dans le projet de réforme de 1867, et les législations étrangères ne renferment, en général, aucune disposition analogue.

1319. On a expliqué (*Rép.* n° 2209) que la disposition de l'art. 408 c. com. ne concerne que l'*assureur*, quand il s'agit d'*avaries particulières*, ces avaries ne donnant pas lieu à contribution, et ne pouvant ouvrir de recours, le cas échéant, que contre le tiers qui serait en faute. — En est-il de même au cas d'avaries communes? Il a été jugé, d'une part, que, lorsque l'avarie commune n'excède pas la quotité déterminée par l'art. 408, celui qui l'a soufferte n'a pas l'action en contribution établie par l'art. 417 à l'égard des chargeurs et de l'armateur ; le bénéfice de l'art. 408 peut, dans ce système, être invoqué aussi bien entre armateurs et chargeurs que par les assureurs (Bordeaux, 2 juin 1869, aff. Mestrezat, D. P. 70. 2. 37). — Décidé, au contraire, sur le pourvoi formé contre cet arrêt, que la disposition de l'art. 408 s'applique exclusivement aux actions exercées par les chargeurs ou armateurs contre les assureurs, et non aux contributions d'avaries communes entre l'armateur et les chargeurs. Par suite, le dommage résultant d'une avarie commune donne ouverture à l'action en contribution établie par l'art. 417, quel que soit le peu d'importance de ce dommage relativement à la valeur cumulée du navire et de la cargaison (Civ. cass. 27 déc. 1871, aff. Mestrezat, D. P. 72. 1. 36), action qu'on ne pourrait en effet, sans injustice, refuser à celui dont la chose aurait été sacrifiée, peut-être pour la totalité ou pour une portion considérable, sous prétexte que la valeur de cette chose n'excéderait pas le centième de la valeur cumulée des navires et de la cargaison (Même arrêt du 27 déc. 1871). Il résulte seulement de l'art. 408 que l'assuré dont la part contributive dans l'avarie commune se trouvera réduite, par suite du règlement de cette avarie, à un centième au plus de la valeur de la chose assurée, sera alors, pour la répétition de cette part, sans action contre l'assureur, à l'égard duquel une perte de si faible importance doit être assimilée à un simple déchet de navigation (Même arrêt. Conf. Pardessus, n° 742 ; Lyon-Caen et Renault, t. 2, n° 1995 ; Boistel, n° 1300 ; Laurin, t. 4, p. 207 ; de Valroger, t. 5, n° 2125 ; Desjardins, t. 4, n° 1013 ; Bravard et Demangeat, t. 4, p. 823).

1320. Les expressions : « valeur cumulée du navire et des marchandises » doivent s'entendre, non de la valeur du navire, mais de celle de la moitié du navire et du fret, cette dernière valeur étant celle d'après laquelle l'armateur est appelé à contribuer. Pour que l'art. 408 reçoive son application, il faut donc que le dommage produit par l'avarie commune n'excède pas le centième de la valeur cumulée, tant de la moitié du navire et du fret que des marchandises (Conf. de Valroger, t. 5, n° 2128). — V. au surplus, sur la disposition de l'art. 408, et sur l'art. 409, *infrà*, chap. 8, sect. 8.

1321. On a expliqué (*Rép.* n°s 1164 et suiv.) que le sacrifice opéré pour le salut commun n'a le caractère d'une avarie grosse, qu'autant qu'il a sauvé le navire, et, avec lui, la cargaison (c. com. art. 423). En effet, ainsi qu'on l'a dit *suprà*, n° 1200, le sacrifice ne donne naissance à une avarie commune que s'il a été suivi d'effet (de Valroger, t. 5, n° 2220). Si donc, malgré la mesure prise, le sinistre n'est pas évité, les objets, les épaves sauvés fortuitement, comme ils l'auraient été en l'absence de tout sacrifice, n'en ont pas bénéficié et sont exempts de contribution ; par exemple, si la prise a eu lieu malgré le sacrifice, les objets restitués ou repris ne contribuent pas (*Rép. loc. cit.*; Desjardins, t. 4, n° 978 ; Lyon-Caen et Renault, t. 2, n° 1955 ; Bravard et Demangeat, t. 4, p. 797). « Toutefois, ajoutent MM. Lyon-Caen et Renault, *ibid.*, cela cesserait d'être vrai si le jet, tout en ne sauvant pas le navire, avait contribué à assurer le sauvetage d'une partie de la cargaison. A défaut du navire, les marchandises, au moins, devraient contribuer. »

1322. La règle d'après laquelle il y a lieu à contribution dès lors que le navire a été sauvé doit recevoir son application par cela seul que, grâce au jet, le navire a pu continuer sa course et opérer le salut du chargement : peu importe, dans ce cas, que le navire soit arrivé au port en état d'*innavigabilité*. Il a été jugé, en conséquence, que, lorsque le navire dont les mâts, agrès et apparaux ont été jetés à la mer pour le salut commun, à la suite d'une délibération de l'équipage, est parvenu au port du salut, avec la marchandise chargée à son bord, cette marchandise doit contribuer au dommage résultant du jet, alors même que le navire aurait abordé au port dans un état complet d'innavigabilité (Req. 23 juill. 1856, aff. Maurel, D. P. 56. 1. 313). — La solution de cet arrêt est d'accord avec la lettre de l'art. 423, car le législateur veut, pour que les marchandises échappées au sinistre contribuent au dommage résultant du jet, que le navire soit sauvé ; or le navire n'est-il pas sauvé comme navire, comme véhicule, lorsque, grâce au jet qui l'a allégé, il est parvenu au port de salut encore chargé des marchandises qui se trouvaient à son bord? Elle n'est pas moins conforme à l'esprit de la loi. En effet, pourquoi les marchandises ne contribuent-elles pas à l'avarie du jet, quand le navire n'a pas été sauvé? C'est que le jet n'a pas été efficace. Le navire a péri, et dès lors ce n'est pas le navire qui a opéré le salut de la marchandise. En pareil cas, on comprend qu'un chargement dont le sauvetage est dû à toute autre cause qu'au sacrifice volontairement fait, soit des mâts ou ancres du navire, soit d'une partie de ce chargement, ne soit pas tenu de subir les conséquences d'un sacrifice, qui ne lui a été d'aucune utilité. Il n'y a pas là une avarie soufferte pour le salut commun, et ayant procuré ce salut. On ne peut donc y voir qu'une avarie particulière. Au contraire, quand le navire allégé est arrivé au port, transportant la marchandise qui va ainsi être placée en lieu de sûreté, le jet n'a pas été inutile, le but qu'on se proposait a été atteint, sinon quant au navire, désormais innavigable, du moins quant aux marchandises; ce jet présente donc tous les caractères d'un dommage volontairement accepté dans l'intérêt du chargement, et dont ce chargement a profité. Peu importe que le navire soit devenu impropre à la navigation, si la marchandise y a trouvé, jusqu'au lieu du déchargement, un asile aussi sûr que sur un navire en bon état. L'équité ne permet pas que ce sacrifice ait, malgré son utilité, été consenti sans dédommagement.

Cette solution n'est nullement contredite par l'art. 425, al. 2, aux termes duquel « les marchandises ne contribuent point au navire perdu ou réduit à l'état d'innavigabilité ». C'est à tort que l'on voudrait conclure de cet article que, dans la pensée du législateur, le navire réduit à l'état d'innavigabilité doit être réputé perdu et que, appliquant ce raisonnement à l'interprétation de l'art. 423, on alléguerait que, si le jet n'a pas empêché le navire de devenir innavigable, c'est comme s'il ne l'avait pas sauvé. L'assimilation que l'art. 425 établit entre la perte du navire et son innavigabilité se conçoit dans l'hypothèse prévue par cet article. La loi y règle la question de savoir si les marchandises sauvées contribuent à la perte ou à l'innavigabilité du navire. Or ce dommage, qui n'a rien de volontaire, est une avarie particulière que les propriétaires du navire doivent seuls supporter. Il est indifférent, à ce point de vue, que le navire soit perdu ou soit simplement devenu innavigable. La cause de l'avarie n'en est pas moins un fait de force majeure, et c'est la cause de l'avarie qui en détermine le caractère. L'art. 425 devait donc réunir dans une même disposition le cas de perte du navire de celui d'innavigabilité. Mais devait-on également tenir pour perdu un navire innavigable dans le cas de l'art. 423, c'est-à-dire quand il s'agit de savoir non plus si les marchandises sauvées contribueront dans la perte ou l'innavigabilité fortuite du navire, mais si, en cas d'innavigabilité aussi bien qu'en cas de perte, le jet à la mer sera supporté par les seuls propriétaires des effets jetés? Evidemment non. Un navire, quoique parvenu au port dans un état complet d'innavigabilité, a pu y conduire les objets chargés à son bord, et ces objets lui doivent alors leur conservation, comme s'il n'avait éprouvé lui-même aucun dégât. L'innavigabilité se distingue donc profondément de la perte du navire, lorsqu'on a à rechercher si le chargement a été sauvé par le navire ou sans lui, c'est-à-dire s'il doit son salut au jet ou à toute autre cause. Dès lors, bien que les deux cas soient placés sur la même ligne dans l'art. 425, pour la contribution au payement du navire perdu ou devenu innavigable, on doit au contraire se garder de les confondre, pour la contribution à l'avarie provenant du jet à la mer (Comp. Trib. com. Marseille, 23 déc. 1873, *Recueil de Marseille*, 1874. 1. 75; de Courcy, t. 1, p. 240; Lyon-Caen et Renault, t. 2, n° 1956; Desjardins, t. 4, n° 978; de Valroger, t. 5, n° 2222).

Mais dans l'hypothèse que l'on examine, les marchandises n'auront-elles à contribuer qu'au payement des objets jetés à la mer, ou devra-t-on mettre également à leur charge la perte résultant de l'état d'innavigabilité du navire, alors du moins que cette perte n'est pas le résultat d'un sinistre postérieur, mais s'est produite à la suite du sacrifice même qui a assuré la conservation de la cargaison? C'est là une question très délicate, qui a été examinée *suprà*, n° 1202. La cour de cassation, comme on l'a vu, l'a résolue dans le dernier sens par un arrêt du 18 déc. 1867, dont la décision nous a paru sujette à critique.

1323. L'art. 424 dispose, ainsi qu'on l'a expliqué (*Rép.* n°s 1165 et suiv.) que, lorsque le jet ou autre avarie grosse a sauvé le navire, si ce navire, en continuant sa route, vient à se perdre par l'effet d'un nouveau sinistre, le droit à contribution sur les effets sauvés du second sinistre comme sur ceux sauvés du premier n'en reste pas moins acquis au propriétaire des objets sacrifiés. Mais les marchandises sauvées ne doivent contribuer que dans l'état où elles se trouvent après le nouveau sinistre, déduction faite des frais de sauvetage (*Rép.* n° 1165; Civ. cass. 2 avr. 1884, aff. de Montricher, D. P. 84. 1. 449, et la note; Desjardins, t. 4, n° 979; de Valroger, t. 5, n° 2228; Bravard et Demangeat, t. 4, p. 858). La doctrine et la jurisprudence n'hésitent pas à reconnaître que l'art. 424, comme le précédent, s'applique non seulement au jet, mais encore à tous les cas d'avarie grosse (Trib. com. Anvers, 29 janv. 1872, *Jurisprudence du port d'Anvers*, 1872. 1. 116; 18 mars 1873, *ibid.*, 1873. 1. 56; Desjardins, t. 4, n° 979). Il est certain, d'ailleurs, que ceux des chargeurs qui ont tout perdu dans le second sinistre ne sont soumis à aucune contribution, car on verra que l'action en contribution est subordonnée à l'existence des objets qui en sont grevés (*Rép.* n° 1166; Trib. com. Anvers, 29 janv. 1872, *Jurisprudence du port d'Anvers*, 1872. 1. 116; 18 mars 1873, *ibid.*, 1873. 1. 56; 24 juin 1873, *ibid.*, 1873. 1. 271; Desjardins, t. 4, n° 979; de Valroger, t. 5, n° 2221, p. 249).

On admet, en général, que la diminution du nombre des contribuables, résultant des pertes occasionnées par le second sinistre, ne doit pas avoir pour effet de faire mettre à la charge des contribuables restants la portion de contribution qui eût afféré aux propriétaires des effets perdus dans le dernier naufrage. Il serait inique, en effet, que le dernier naufrage qui fait perdre aux contribuables une partie de leurs marchandises, n'éteignît pas en même temps une partie des droits du propriétaire des marchandises jetées. Les intéressés doivent être traités, quelle que soit l'époque du règlement, comme si celui-ci suivait immédiatement l'avarie originaire (*Rép.* n° 1167; Alauzet, t. 6, n° 2337; Bédarride, t. 5, n° 1889; Frignet, t. 2, n° 551; Morel, p. 259 et suiv.; Desjardins, t. 4, n° 979. — V. en sens contraire: de Valroger, t. 5, n° 2228). On peut citer dans le sens de cette dernière opinion la disposition suivante de l'art. 706 du code allemand: « Quand, après l'événement qui a donné lieu à avarie grosse et avant que le déchargement qui se fait à la fin du voyage soit commencé, un objet soumis à contribution est perdu en totalité ou en partie, ou bien est diminué de valeur, les parts contributoires des autres objets subissent une augmentation proportionnelle ».

1324. Aux termes de l'art. 425, al. 1er, les effets sacrifiés pour le salut commun du navire et de la cargaison ne contribuent pas aux nouvelles avaries éprouvées depuis par les effets sauvés, ou au payement du navire perdu ou réduit à l'état d'innavigabilité (*Rép.* n°s 1168 et suiv.). L'hypothèse prévue par cet article est la même que celle prévue par l'art. 424. On suppose que le sacrifice a été suivi d'un sinistre postérieur, et on se demande si, de même que les objets qui ont échappé à ce sinistre contribuent à la réparation du dommage causé par le sacrifice, les objets sacrifiés, en admettant qu'ils aient été recouvrés, contribuent à la réparation du dommage causé par le sinistre postérieur; on répond négativement. Pour quel motif? Parce que les pertes causées par le sinistre postérieur, qui a été fortuit, présentent le caractère d'avaries particulières. Les mots « *en aucun cas* » signifient que les objets sacrifiés sont affranchis de toute contribution, non seulement quand ils n'ont pas été retirés de la mer, mais encore quand ils en ont été retirés (de Valroger, t. 5, n° 2230; Desjardins, t. 4, n° 980).

Si les effets sacrifiés ne contribuent pas aux dommages qu'un sinistre fortuit a occasionnés ultérieurement aux marchandises dont la conservation avait été primitivement assurée par le sacrifice, ils ne contribuent pas davantage à la réparation de ceux qu'éprouve le navire, à la suite de ce sinistre: c'est ce que dit l'art. 425 dans son second alinéa (de Valroger, t. 5, n° 2233).

1325. Faut-il aller plus loin et interpréter l'art. 425 en ce sens que les objets primitivement sacrifiés ne contribueront pas à la réparation des pertes causées par un sacrifice postérieur? Nous nous sommes prononcés au *Rép.* n° 1168 pour l'affirmative. Les mots *en aucun cas*, peut-on dire dans le sens de cette opinion, excluent toute distinction: jamais les objets sacrifiés ne doivent contribuer aux dommages subis depuis le sacrifice par les objets sauvés. N'est-il pas évident, d'ailleurs, que les choses primitivement sacrifiées ne peuvent pas contribuer à la réparation d'une avarie particulière postérieure? L'article n'a donc de portée que s'il les exonère de contribution, alors même que l'avarie postérieure est une avarie commune. La pensée du législateur est que les objets primitivement sacrifiés sont, à partir du moment du sacrifice, soustraits à la communauté des risques. — Dans le sens de la négative, on répond que l'interprétation du texte donnée par l'opinion adverse le met en contradiction avec les principes. Dans la pensée du législateur, les objets sacrifiés sont considérés comme restant fictivement à bord et comme parvenant à destination. C'est pour ce motif qu'ils sont, comme on le verra *infrà*, nos 1357 et suiv., estimés d'après leur valeur dans le port de destination. Or, s'ils étaient restés à bord, ils contribueraient certainement, comme les autres, à la réparation des sacrifices ultérieurs. Du reste, en fait, ils bénéficient de ces sacrifices : en effet, leur propriétaire perd le bénéfice de l'action en contribution le jour où les objets qui en sont grevés périssent. Donc le sacrifice ultérieur qui les empêche de périr conserve en même temps l'émolument que doit procurer la contribution au propriétaire des objets sacrifiés en premier lieu (de Valroger, t. 5, nos 2188 et 2231). Ce système est consacré par le code allemand (art. 722), aux termes duquel les marchandises jetées contribuent, en cas de sauvetage, aux avaries grosses résultant du même événement ou d'un événement postérieur, alors du moins que leur propriétaire réclame une indemnité.

1326. Les marchandises mises dans les allèges ne contribuent pas à la perte du navire et du surplus de la cargaison (*Rép.* n° 1175; Desjardins, *loc. cit.*);... ou aux avaries subies par eux depuis le chargement sur les allèges (V. *Rép.* n° 1176). On a déjà indiqué le motif de cette décision; c'est que, la perte ou détérioration étant purement fortuite, c'est une avarie particulière, qui ne donne pas lieu à contribution (de Valroger, t. 5, n° 2242). — Mais que décider si la perte ou détérioration soit du reste de la cargaison, soit du navire, procède d'un sacrifice volontairement accompli? Les marchandises déposées sur les allèges devront, semble-t-il, contribuer; car il y a avarie commune, et, comme ces marchandises n'ont pas cessé de faire partie de la cargaison, il n'y a pas de raison pour les exonérer de la contribution (de Valroger, t. 5, n° 2243. — V. en sens contraire : *Rép.* n° 1176). — Quant à la perte des marchandises déposées dans les allèges et des allèges elles-mêmes, V. *suprà*, nos 1221 et suiv.

1327. Quelle est la nature de l'action en contribution? En général, les auteurs s'accordent à reconnaître que cette action est *réelle* en ce sens qu'elle ne peut être exercée utilement que jusqu'à concurrence de la valeur actuelle de l'objet qui en est grevé (Alauzet, t. 6, n° 2337-*c*; J.-V. Cauvet, t. 2, n° 434; Morel, p. 256 et suiv.; Bédarride, t. 5, nos 1887 et 1889; Desjardins, t. 4, n° 1048; Lefeuvre, *De la responsabilité des propriétaires de navires et de l'abandon*, p. 168. V. cependant : de Valroger, t. 5, n° 938; Lyon-Caen et Renault, t. 2, n° 1994; de Courcy, t. 4, p. 203 et suiv.). La jurisprudence s'est également prononcée dans le même sens : « Attendu, dit un arrêt (Civ. cass. 2 avr. 1884, aff. de Montricher, D. P. 84. 1. 449), qu'il résulte de la combinaison des art. 401 et 404 c. com. que le règlement d'avaries ne donne en principe ouverture contre l'affréteur qu'à une action purement réelle dont l'exercice ne peut être poursuivi que sur les marchandises qui ont fait le sujet du contrat d'affrètement, ce qui exclut, par conséquent, toute action personnelle pouvant affecter sa fortune de terre » (Conf. Req. 16 févr. 1841, *Rép.* n° 2221; Civ. cass. 28 août 1866, aff. Boone, D. P. 66. 1. 486). — Cette doctrine conforme à celle des anciens auteurs (Casarégis, *Discursus legales de commercio*, disc. 45, n° 34; Emérigon, *Traité des assurances*, chap. 12, sect. 43, § 1er) nous paraît exacte; elle découle, en effet, semble-t-il, des dispositions spéciales qui régissent la contribution. L'art. 401 c. com. déclare que les avaries communes seront supportées par les marchandises, puis par la moitié du navire et du fret; il ne dit pas qu'elles le seront par leurs propriétaires. Aux termes des art. 304, 402 et 417, l'estimation des marchandises en vue de la fixation de leur part contributoire a lieu d'après leur valeur au lieu et à l'époque du déchargement; or les rédacteurs du code, en se servant de ces expressions, n'ont pas entendu désigner une valeur abstraite, une valeur de convention, mais la valeur concrète, la valeur réelle de la chose, et, pour l'apprécier, il faut tenir compte de l'état dans lequel se trouve cette chose au moment de son arrivée. C'est, d'ailleurs, ce qu'indique clairement l'art. 424 c. com. dans sa partie finale : « Les effets sauvés contribuent au jet sur le pied de leur valeur en l'état où ils se trouvent, etc. ». Si donc, dans l'intervalle entre l'accomplissement du sacrifice et l'achèvement du voyage, l'effet a subi une détérioration fortuite, il faut prendre en considération cette détérioration, et sa part afférente dans l'avarie commune sera diminuée d'autant; en cas de perte partielle, le résultat sera identique; enfin, en cas de perte totale, la valeur de l'objet étant réduite à zéro, il y aura exonération complète (*Rép.* n° 1166). Aussi l'article précité, visant l'hypothèse où, postérieurement à l'avarie commune, il y a eu sinistre fortuit, ne grève-t-il de la contribution que ceux des effets qui ont été sauvés, c'est-à-dire ont échappé à ce dernier sinistre. On conçoit, d'autre part, jusqu'à un certain point, qu'il en soit ainsi. Si les propriétaires des effets qui se trouvaient à bord, lors du sacrifice, sont tenus de contribuer à la réparation de la perte ou du dommage, c'est moins parce que le capitaine, en y procédant, a agi comme ayant mandat de leur part (V. *suprà*, n° 600), qu'à raison du profit retiré de l'accomplissement de la mesure adoptée. Dès lors, leur part afférente dans la contribution doit se mesurer sur l'étendue de l'avantage obtenu. Or, n'est-il pas clair que la marchandise soumise aux risques en a bénéficié d'autant moins qu'elle s'est vendue moins cher dans le lieu de débarquement, et même le bénéfice ne s'évanouit-il pas complètement en cas de perte fortuite de l'objet survenue postérieurement? N'est-il pas évident, par suite, que, dans ce dernier cas, l'obligation pour le propriétaire de prendre part à la contribution n'a plus aucune raison d'être? Nous supposons, bien entendu, la perte de la marchandise antérieure à la remise de celle-ci entre les mains du destinataire; en cas de perte postérieure, la contribution resterait due jusqu'à concurrence de la valeur de la chose au moment du déchargement; car, par cela même qu'il a pris livraison, le réceptionnaire s'est obligé personnellement à l'acquittement des charges dont cette chose se trouve grevée (Conf. Desjardins, t. 4, n° 1048; de Valroger, t. 5, n° 2248). — M. de Courcy, t. 4, p. 203 et suiv., tout en approuvant la décision de l'arrêt précité du 2 avr. 1884, critique très vivement l'emploi qu'il fait des termes *action réelle*, *fortune de terre*.

1328. Un auteur, M. Frémery, a prétendu (*Etudes de droit commercial*, p. 233), que, si l'action en contribution est réelle quand l'avarie commune se traduit par une perte matérielle, elle est personnelle quand l'avarie consiste dans une dépense extraordinaire, et, à l'appui de cette opinion, il a invoqué cette considération que le capitaine agit alors comme représentant de tous les intéressés en vertu d'un mandat tacite qu'ils sont censés lui avoir conféré collectivement, d'où la conséquence qu'ils se trouvent personnellement obligés de contribuer au remboursement. — Ce raisonnement certainement inapplicable à l'armateur qui conserve toujours le droit de se libérer par l'abandon du navire et du fret, conformément au second alinéa de l'art. 216 c. com., ne s'applique pas davantage aux chargeurs; c'est toujours, en effet, comme gardien des intérêts divers qui lui sont confiés, comme représentant des divers ayants droit, que procède le capitaine, quand il réalise un sacrifice constitutif d'une avarie commune; que ce sacrifice ait pour résultat la perte ou la détérioration matérielle de certains objets, qu'il ait pour objet une dépense supplémentaire, la situation est toujours la même à ce point de vue, et, si l'action en contribution est réelle dans le premier cas, elle doit conserver le même caractère dans le second (V. *infrà*, n° 1352).

ART. 2. — *Des choses qui doivent contribuer*
(*Rép.* nos 1177 à 1196).

1329. L'art. 417 détermine les choses qui doivent contribuer aux avaries communes, c'est-à-dire la masse payante; il reproduit la disposition de l'art. 401. — Aux termes de ces deux articles, la masse payante comprend les marchandises et la moitié du navire et du fret (*Rép.* nos 1144, 1177 et suiv.). — Les objets sacrifiés contribuent comme ceux qui ont été préservés. En effet, le propriétaire de ces objets perçoit une indemnité calculée d'après leur valeur; il peut donc être considéré comme ayant bénéficié du sacrifice au même titre que ceux dont la chose a été conservée, et, s'il ne contribuait pas pour sa quote-part, il serait dans une situation plus avantageuse que ces derniers. Donc, en somme, le propriétaire des objets sacrifiés ne touche l'indemnité qui lui est due que déduction faite de sa part afférente dans la contribution (*Rép.* n° 1177; Desjardins, t. 4, nos 1061 et 1064; de Valroger, t. 5, n° 2175. V. *infrà*, n° 1334). Il n'y a toutefois que les marchandises qui étaient encore à bord au moment du sacrifice qui contribuent, car elles seules en profitent (V. cependant *suprà*, n° 1326, *in fine*).

1330. Les marchandises contribuent sans restriction. Le profit que retirent du sacrifice ceux dont les marchandises ont été protégées équivaut à leur valeur totale ; celui que retirent les chargeurs dont les marchandises ont été sacrifiées équivaut également à leur valeur, puisque l'indemnité est calculée d'après cette valeur (V. *infrà*, n° 1357 et suiv.). — Le navire et le fret ne contribuent, au contraire, que pour *moitié* de leur valeur. Cette disposition est difficile à justifier; l'armateur devrait contribuer de la même façon que les chargeurs, puisqu'il bénéficie également du sacrifice, et il doit contribuer sur le fret comme sur le navire, ainsi qu'on l'a expliqué au *Rép. loc. cit.* — On a proposé diverses explications pour justifier la faveur accordée au propriétaire du navire. Le navire, a-t-on dit, perd de sa valeur, en cours de voyage, par suite de l'usure et, de plus, le propriétaire est soumis à des charges considérables, frais d'armement, victuailles consommées, combustible, loyer des gens de mer, droits à acquitter, intérêt du capital engagé dans l'entreprise, etc.; or il faut déduire cette moins-value et ces charges de la valeur estimative du navire, et la déduction a été fixée à forfait par la loi. On peut répondre qu'il n'y a pas à se préoccuper de la déperdition de valeur que peut subir le navire, puisqu'il est estimé d'après sa valeur au moment de l'arrivée (V. *infrà*, n° 1371 et suiv.). Quant aux charges et impenses ci-dessus énumérées, elles s'imputent sur le fret qui, à cause de cela précisément, ne contribue que pour la moitié de son *quantum ;* il ne faut pas les déduire en outre de la valeur du navire. — On a encore expliqué la disposition exorbitante des art. 401 et 417 c. com. par le désir de favoriser les armements maritimes. Mais alors on les favorise au détriment des chargeurs ; car, si l'armateur contribue pour une part moindre, les chargeurs contribuent pour une part plus forte. Les armateurs n'ont aucun titre pour être favorisés aux dépens des chargeurs, et, d'ailleurs, cette faveur peut se traduire par un abaissement du fret, sous peine de voir peut-être les chargeurs s'adresser à des navires étrangers. — Si le fret, ajoute-t-on, ne contribue que pour moitié, c'est parce qu'il n'est pas tout bénéfice pour le fréteur, puisque c'est sur le fret que sont prélevés les frais du voyage ; il faut déduire ces frais, et, pour éviter toute difficulté d'appréciation, on opère à forfait une déduction de moitié. Nous observerons ici que ce n'est pas seulement la portion du fret constitutive d'un bénéfice qui doit contribuer, car ce n'est pas seulement cette portion dont le sacrifice assure la conservation. Les chargeurs ne contribuent pas seulement sur le bénéfice que leur procurera la marchandise, mais sur la marchandise elle-même. Les seules impenses à déduire du fret, comme de la valeur des marchandises, sont celles que l'armateur n'aurait pas eu à supporter en cas de sinistre, c'est-à-dire celles qui sont postérieures au sacrifice : loyers après cette époque, droits payés à l'arrivée, etc. Il n'y a pas, au contraire, à déduire les impenses antérieures qui auraient eu lieu quand même. Or les impenses postérieures n'équivalent jamais à la moitié du fret (V. sur tous ces points : Desjardins, t. 4, n° 1060 et 1062 ; de Valroger, t. 5, n° 2181).

1331. La faveur excessive accordée ici au propriétaire du bâtiment au détriment des chargeurs aboutit parfois aux conséquences les plus inacceptables, surtout lorsque la cargaison se compose de marchandises de peu de valeur. Il peut arriver, en effet, dans ce cas, que le chargeur contribue pour une somme égale ou même supérieure au prix de sa marchandise, c'est-à-dire perde tout, et ne profite ainsi nullement du sacrifice fait, tandis que le propriétaire du navire ne voit entrer en contribution qu'une partie de la valeur de son navire. Aussi le système du code de commerce, sur ce point, est-il vivement critiqué par la plupart des auteurs (de Courcy, t. 1, p. 229; Desjardins, t. 4, n° 1060 ; de Valroger, t. 5, n° 2181 ; Lyon-Caen et Renault, t. 2, n° 1983). Lors de l'enquête de 1865, le plus grand nombre des chambres et des tribunaux de commerce en ont demandé la modification; le projet de 1867 (art. 408) faisait droit à ce vœu et décidait que le navire contribuerait pour sa valeur nette et le fret net (Desjardins, *loc. cit.*).

La plupart des législations étrangères ont répudié le système consacré par l'art. 417 et décident que le navire doit contribuer pour sa valeur totale au port de déchargement (V. notamment code allemand, art. 719; code hollandais, art. 727). Quant au fret, elles tiennent compte des charges qu'il a à supporter et ne le font contribuer que pour une quote-part (la moitié, d'après le code hollandais, et la loi belge de 1879, art 105, les deux tiers, d'après le code allemand, art. 723). En Angleterre, le fret contribue pour sa valeur entière, déduction faite des dépenses qu'il n'aurait pas eu à supporter en cas de perte. Aux Etats-Unis, le chiffre de cette déduction est fixé à forfait, soit à la moitié, soit au tiers, suivant les Etats (de Valroger, t. 5, n° 2187. Le code italien (art. 647) et le code portugais (art. 636) reproduisant la règle consacrée par les art. 401 et 417 de notre code, ne font contribuer que pour *moitié* la valeur du navire et du fret.

1332. On a expliqué *suprà*, n° 1316, que les propriétaires des marchandises chargées sur un navire qui a péri par suite d'échouement doivent tous supporter les frais de sauvetage de ces marchandises, au prorata de leur intérêt dans le chargement, sans qu'il y ait lieu de rechercher à quel moment, à l'aide de quels procédés tel ou tel colis a pu être sauvé.

1333. Le fret dont la moitié doit contribuer aux avaries communes comprend... la portion de ce fret payée d'avance avec la clause qu'elle ne sera pas remboursable en cas de perte de marchandises par l'un des événements prévus par l'art. 302 c. com. (Trib. com. Marseille, 19 déc. 1867, aff. Frankis, *Recueil de Marseille*, 1868. 1. 62; Bordeaux, 2 juin 1869, aff. Mestrezat, D. P. 70. 2. 36. V. cependant : Desjardins, t. 4, n° 1062) ;... le fret déclaré payable à tout événement (V. *infrà*, n° 1367 *in fine*) ; le prix du transport des passagers (Lyon-Caen et Renault, t. 2, n° 1983).

1334. Quand c'est sur le navire que porte le sacrifice, les parties sacrifiées contribuent comme celles qui sont intactes ; car, sans cela, l'armateur qui est indemnisé de la perte causée par le sacrifice serait dans une meilleure situation que ses coïntéressés (V. *suprà*, n° 1329). — Il a été jugé que l'art. 417 doit, en ce qui concerne les objets sacrifiés dépendant du navire, être appliqué en ce sens qu'il y a lieu de réunir fictivement ces objets au navire, et, dès lors, de les faire contribuer à la réparation de l'avarie, non pour la totalité, mais pour la moitié de leur valeur : il n'y a pas lieu de les supposer séparés du navire, afin de les soumettre intégralement, comme effets jetés, à la contribution (Req. 18 déc. 1867, aff. Faure, D. P. 68. 1. 145. Conf. de Valroger, t. 5, n° 2182 ; Desjardins, t. 4, n° 1061). « Attendu, dit cet arrêt, que, pour faire concourir à la contribution les effets jetés aussi bien que les effets conservés, on doit reconstituer l'intégralité du chargement, en réunissant fictivement les effets jetés et ceux qui ont été sauvés ; qu'il est de toute justice d'appliquer le même procédé au navire en réunissant fictivement les parties sacrifiées à celles qui ont été conservées ; — Attendu, en effet, que la partie sacrifiée du navire appartient au navire au même titre que les effets jetés appartiennent à la cargaison ; que si, au lieu de la réunir fictivement à la partie conservée du navire pour en reconstituer la valeur intégrale au port du déchargement et en prendre la moitié pour déterminer sa part contributive, on la considérait comme détachée du navire et confondue avec les effets jetés qui contribuent pour la totalité de leur valeur à la réparation des avaries communes, il arriverait souvent, par exemple, dans les cas prévus par les art. 422 et 426 c. com., que le navire pourrait être très gravement atteint dans ses facultés essentielles sans qu'il y ait cependant « des effets jetés à la mer, » ce qui rendrait incomplète, dans ce cas, la contribution du navire à la perte commune, puisqu'elle affranchirait de cette contribution la partie avariée du navire en n'y faisant concourir que la partie conservée et romprait ainsi l'égalité relative que l'art. 417 a établie entre le chargement et le navire. » — Cette doctrine a été critiquée, et avec raison, semble-t-il, par M. Brésillion, dans une dissertation sur l'arrêt précité (*Ibid.*) ; le mode d'établissement de la masse contribuable adopté par la cour de cassation paraît, en effet, contraire au texte de l'art. 417. Que dit la loi et que veut-elle? Le propriétaire du navire contribue à l'actif frappé de l'avarie commune à deux titres distincts. On y fait entrer de son chef : 1° ce qu'il a conservé, c'est-à-dire, son navire et son fret ; 2° ce qu'il a perdu, c'est-à-dire, les portions du navire jetées à la mer. Pour le premier élément de sa contribution, il n'est que partie payante ; pour le second, il est à la fois partie payante et partie prenante. Lorsque la loi affecte à l'avarie commune la moitié du navire et du fret, elle parle de ce qui a été sauvé, et, au lieu de prendre le navire dans son entier, elle le réduit à une moitié à laquelle elle ajoute la moitié du fret, pour reformer quant au navire l'entier contribuable. Elle considère ces deux moitiés comme l'équivalent de la valeur conservée du navire (*Rép.* nos 1177et suiv.). Or ce procédé, applicable à ce qui a été sauvé, peut-il être étendu aux objets détachés du navire, et qui forment dans la masse contribuable le contingent représentatif de la perte ? La négative nous paraît difficilement contestable. Il est de règle, en effet, que tout ce qui est porté au passif de la contribution doit être également porté à son actif ; que toute partie prenante doit, pour ce qu'elle a perdu, être en même temps partie payante ; car, sans cela, les propriétaires des effets jetés profiteraient du sacrifice, puisque, s'ils ne contribuaient pas à l'avarie pour ces effets, ils en seraient intégralement remboursés (V. *suprà*, n° 1202). « La condition des marchands dont les marchandises ont été jetées à la mer, dit fort bien Pothier, *Des avaries*, n° 123, à propos du jet de marchandises, serait meilleure que celle des marchands dont les marchandises sont restées dans le navire, ce qui ne doit pas être ; la justice de la contribution exige que la condition de tous soit égale. » L'observation s'applique manifestement aux effets jetés aux dépens du navire. Or, pour quelle valeur le maître du navire est-il crédité dans la contribution, à raison des objets sacrifiés de son navire ? Pour la valeur totale de ces objets. Donc, c'est aussi pour la valeur totale des mêmes objets qu'il doit y être débité. — La réunion fictive au navire des effets jetés n'est-elle pas d'ailleurs en dehors des prévisions de la loi ? Comment soutenir que l'art. 417 a prescrit cette réunion, quand il ne parle que de la valeur du navire au lieu du déchargement ? N'est-il pas évident qu'il s'agit là de la valeur du navire dans l'état où il est au lieu du déchargement ? — Dans son rapport sur l'affaire jugée le 18 déc. 1867 (aff. Faure, D. P. 68. 1. 145), M. le conseiller d'Oms fait remarquer que le navire doit contribuer au payement des pertes, non seulement avec sa partie saine, mais encore avec sa partie avariée. La proposition est, ce nous semble, inexacte. Et, d'abord, le navire ne devrait certainement pas contribuer aux pertes avec la partie atteinte par des avaries particulières. Il n'est pas douteux que le navire doive au lieu du déchargement être estimé dans l'état où l'ont mis ces avaries, et non pas en reconstituant les portions qui en ont été frappées. Quant aux avaries communes, qu'elles proviennent du jet ou de toute autre cause, le chiffre doit assurément en être inscrit à la masse contribuable ; mais il doit y être inscrit distinctement du navire, parce que ce navire ou ses débris sont des objets sauvés, tandis que les objets jetés ou sacrifiés sont des objets perdus : il faut donc les y faire figurer, comme tous autres effets sacrifiés, non pas pour une moitié, conformément à la dernière partie de l'art. 417 qui fixe la contribution du maître du navire à raison de ce qu'il a matériellement conservé, mais pour le tout, par application de la première partie de cet article, qui concerne ce que le sacrifice volontaire a enlevé, soit au navire, soit au chargement (Conf. en ce sens l'exemple de compte d'avaries contenu dans les observations de la cour de cassation sur le tit. 12, liv. 2 c. com., rapporté par Boulay-Paty, t. 4, p. 574, et *Rép.* n° 1225, note ; Desjardins, t. 4, n° 1061 ; Lyon-Caen et Renault, t. 2, n° 1985. — V. en sens contraire : Morel, p. 244 ; de Valroger, t. 5, n° 2182).

1335. L'art. 419 énumère un certain nombre d'objets qui, à raison de leur nature propre, sont exemptés de la contribution (*Rép.* nos 1178 et suiv. Conf. Desjardins, t. 4, n° 1065 ; Lyon-Caen et Renault, t. 2, n° 1981 ; Bravard et Demangeat, t. 4, p. 852). Le mot *hardes* doit s'entendre ici non seulement des effets d'habillement et du linge de corps, mais généralement de tout ce que contient le *coffre* du matelot, même des quelques marchandises qu'il pourrait renfermer (de Valroger, t. 5, n° 2195 ; Desjardins, t. 4, p. 473. V. cependant : Req. 22 févr. 1864, aff. Vallée, D. P. 64. 1. 70). — Le projet de 1867 exemptait aussi les bagages des passagers (V. *Rép.* n° 1180. Conf. de Valroger, t. 5, n° 2196 ; Desjardins, t. 4, p. 472 ; c. com. allemand, art. 725 ; loi belge de 1879, art. 106 ; code portugais, art. 639). — L'argent que le capitaine a en caisse et qui est destiné à être dépensé est également exempt de contribution (Trib. com. Marseille, 13 juill. 1882, aff. Robert, *Recueil de Marseille*, 1882. 1. 225) ; mais une somme d'argent ou des bijoux contribuent, alors même qu'ils se trouveraient dans la chambre du capitaine (Req. 22 févr. 1864, précité ; de Valroger, t. 5, n° 2194 ; Desjardins, t. 4, n° 1065. Conf. *Rép.* nos 1178 et suiv.).

1336. Les *loyers* des gens de mer ne contribuent pas (*Rép.* n° 1181). L'art. 11, liv. 7, tit. 3, de l'ordonnance le disait formellement. L'art. 419 n'a pas reproduit cette disposition ; mais l'art. 304 l'a implicitement sanctionnée ; car il dispense formellement les loyers de contribuer au rachat. Or sous l'empire de l'ordonnance, les loyers contribuaient toujours au rachat (Émérigon, Pothier) ; si aujourd'hui ils ne contribuent plus dans le cas où ils contribuaient jadis, à plus forte raison ne doivent-ils plus contribuer dans les cas où ils ne contribuaient pas déjà. — On a donné au *Rép.* n° 1184, d'après Locré, comme motif de cette immunité, que ce serait imposer une double contribution sur le même objet que de faire concourir à la fois le fret dont les loyers des matelots sont une des charges et ces loyers eux-mêmes. Mais on a objecté que précisément l'armateur ne contribue pas sur la moitié du fret affecté aux impenses (V. *suprà*, n° 1330). Le véritable motif, a-t-on dit, est que c'est avec le concours du matelot que s'accomplit le sacrifice. En outre, et surtout, on n'a pas voulu imposer aux gens de mer une contribution sur leurs loyers qu'ils gagnent péniblement et dont ils ont si grand besoin. Depuis la loi du 12 août 1885 (D. P. 86. 4. 22) d'ailleurs, la contribution n'aurait plus de raison d'être, puisque les gens de mer percevant leurs loyers échus, même en cas de sinistre suivi de perte totale (nouvel art. 258) ; on ne peut plus dire que le sacrifice a assuré la conservation de ces loyers (de Valroger, t. 5, n° 2197).

1337. Les effets dont il n'y a pas de connaissement ou de déclaration du capitaine sur le livre de bord et ceux qui ont été chargés sur le tillac contribuent, s'ils sont sauvés, et ne sont pas payés, s'ils éprouvent une avarie grosse (c. com. art. 420 et 421). — On a étudié (*Rép.* nos 1184 et suiv., 1190 et suiv.) les diverses applications de cette règle (Conf. Desjardins, t. 4, nos 1022 et suiv. ; de Valroger, t. 5, nos 2206 et suiv., 2210 et suiv., 2216). Pour ce qui est des marchandises placées dans la *dunette*, la question est ici la même que celle examinée sous l'art. 229 (V. *suprà*, n° 630. Conf. Desjardins, t. 5, p. 332 ; Rouen, 12 févr. 1864, *Recueil du Havre*, 1864. 2. 43 ; Trib. com. Marseille, 14 nov. 1866, *Recueil de Marseille*, 1867. 1. 23).

1338. On a vu (*Rép.* n° 1194) que l'art. 421 n'est point applicable au jet de marchandises chargées sur le tillac dans une navigation au petit cabotage, le tillac étant, dans le petit cabotage, un lieu régulier de chargement (Conf. le rapport de M. le conseiller Troplong sur Req. 20 mai 1845, aff. Médioni, D. P. 45. 1. 233). Les parties sont toutefois libres de convenir du contraire (Trib. com. Marseille, 8 déc. 1865, aff. Pardigon, *Recueil de Marseille*, 1866. 1. 60), et les magistrats qui voient cette convention contraire dans la clause *sur le pont aux risques des chargeurs*, ne font qu'user du pouvoir souverain d'appréciation dont ils sont investis (Req. 24 juin 1884, aff. Brigonnet, D. P. 85. 1. 137. V. *suprà*, nos 631 et suiv.).

1339. La marchandise chargée sur le pont et jetée à la mer ne donnant pas lieu à contribution ne doit plus de fret (Trib. com. Marseille, 8 févr. 1877, aff. Balsan, *Recueil de Marseille*, 1877. 1. 120), alors même qu'elle aurait été ainsi chargée avec le consentement du chargeur (Bordeaux, 1er juill. 1872, aff. Méric, *Recueil de Marseille*, 1872. 2. 140. V. *suprà*, nos 631 et suiv.).

ART. 3. — *Comment il est procédé à la contribution* (*Rép.* nos 1197 à 1234).

1340. Le règlement des avaries communes consiste : d'une part, dans la constatation et l'évaluation des pertes et dommages constitutifs de l'avarie, c'est-à-dire de la *masse prenante* (V. *infrà*, nos 1357 et suiv.), et, d'autre part, dans l'évaluation des objets qui doivent contribuer à la réparation des avaries communes, c'est-à-dire de la *masse payante* (V. *infrà*, nos 1366 et suiv.). — « Deux principes fondamentaux, disent MM. Lyon-Caen et Renault, t. 2, n° 1977, régissent la formation des deux masses : 1° chacun de ceux dont la propriété a été sacrifiée ou qui ont fait une dépense dans l'intérêt du salut commun doit être placé dans la même situation pécuniaire que si le sacrifice avait porté sur une autre chose, ou si la dépense avait été faite par un autre intéressé; 2° l'armateur et les chargeurs doivent contribuer au sacrifice ou à la dépense en proportion de l'avantage qu'ils en retirent » (Lyon-Caen et Renault, t. 2, n° 1977).

1341. Les règles posées par le code pour le règlement des avaries communes ne sont pas d'ordre public; les parties peuvent y déroger, soit par des clauses des chartes-parties ou des connaissements (c. com. art. 398), soit par des conventions intervenues entre elles depuis l'avarie (Bordeaux, 21 janv. 1875, aff. Preller, D. P. 76. 5. 48). Jugé, en conséquence, que lorsqu'il a été stipulé, dans une charte-partie souscrite entre Français, en pays étranger, que les avaries seraient réparties conformément à l'usage de ce pays, le règlement établi par les experts ne peut être critiqué, en ce qu'il serait contraire aux prescriptions de la loi française (Req. 22 avr. 1872, aff. Worms, D. P. 73. 1. 182). — Toutefois, il faut noter que le règlement purement amiable auquel on a procédé, en exécution de conventions postérieures à l'avarie, ne peut être opposable qu'à ceux qui y ont formellement consenti : il pourrait donc être méconnu par les assureurs qui n'y auraient pas été appelés ou n'y auraient pas donné leur consentement. Les intéressés peuvent même, dans la charte-partie, convenir qu'il n'y aura pas de contribution aux avaries communes, et que chaque partie supportera les pertes qu'elle aura faites : une telle clause n'est pas contraire à l'ordre public (Trib. com. Marseille, 24 nov. 1853, *Recueil de Marseille*, 1862. 1. 5, note; Aix, 30 janv. 1862, aff. Féraud, *ibid.*, 1862. 1. 9; Trib. com. Marseille, 7 févr. 1878, aff. capit. Castorani, *ibid.*, 1878. 1. 98; 13 nov. 1883, aff. Mavorlachis, *ibid.*, 1884. 1. 45; Lyon-Caen et Renault, t. 2, n° 1999; Droz, *Assurances maritimes*, n° 391; J.-V. Cauvet, *Assurances maritimes*, t. 1, p. 80. — V. en sens contraire : Trib. com. Marseille, 13 déc. 1861, *Recueil de Marseille*, 1862. 1. 5; Govare, p. 192).

1342. — I. FORMES DU RÈGLEMENT D'AVARIES. — Les art. 414 à 416 déterminent les formes du règlement d'avaries communes et le lieu dans lequel il doit être dressé. Si tous les intéressés sont majeurs, capables, présents et d'accord, ils peuvent évidemment se dispenser de suivre les formes tracées par ces articles et procéder comme ils l'entendent au règlement d'avaries, soit par eux-mêmes, soit par des arbitres. Mais, pour que le règlement intervenu dans ces conditions soit opposable aux assureurs, il faut que ceux-ci y aient été appelés ou y aient adhéré. Aussi procède-t-on plus généralement suivant les formes établies par les art. 414 et suiv. Le capitaine doit, avant tout, comme représentant des divers intéressés, faire nommer par l'autorité compétente des experts chargés de dresser le règlement et généralement appelés *dispacheurs*. Le capitaine qui ne se conformerait pas à cette obligation pourrait être déclaré responsable avec ses armateurs des marchandises jetées à la mer pendant le voyage (Req. 14 nov. 1859, aff. Fraissinet, D. P. 59. 1. 447), ou envers les armateurs, si le sacrifice a porté sur le navire ou ses accessoires.

1343. Le devoir imposé au capitaine de faire dresser l'état des pertes et dommages doit être accompli, alors même que le caractère de l'avarie serait susceptible d'être contesté. Ainsi cet état doit être dressé, encore bien que le destinataire de la marchandise serait étranger, et que, d'après la loi de son pays (l'ancien code espagnol), cette marchandise chargée sur le tillac serait, à raison de son mode de chargement, exclue du règlement des avaries communes : en conséquence, l'inaccomplissement de cette obligation rend le capitaine et les armateurs du navire responsables de la perte des marchandises jetées à la mer (Req. 14 nov. 1859, cité *suprà*, n° 1342).

1344. On a vu, d'ailleurs (*Rép.* n° 1201), que l'action en contribution peut être exercée par celui à qui appartiennent les objets sacrifiés, bien que l'art. 424 ne semble accorder qu'au capitaine le droit de l'exercer : le droit qu'a le mandataire d'agir au nom de son mandant n'exclut pas celui qu'a le mandant d'agir personnellement (Trib. com. Marseille, 25 sept. 1883, aff. Dédussis, *Recueil de Marseille*, 1883. 1. 319; V. Desjardins, t. 4, n° 1036; de Valroger, t. 5, n° 2154).

1345. Le capitaine ne peut, dans une instance, être son propre contradicteur. L'action doit donc être dirigée par lui contre les consignataires de la marchandise. C'est à tort, croyons-nous, qu'il a été dit au *Rép.* n° 1202 que, pour éviter des frais trop considérables, on peut n'assigner que les deux principaux consignataires ; car les décisions judiciaires n'ont jamais d'autorité que contre ceux qui ont été parties au procès (c. civ. art. 1351). Il peut, d'ailleurs, y avoir conflit d'intérêts entre ceux que l'on met en cause et ceux que l'on n'appelle pas (de Valroger, t. 5, n° 2156; Desjardins, t. 4, n° 1037). — En principe, on n'est pas tenu de mettre les assureurs en cause dans l'instance (Desjardins, t. 4, nos 969 et 1037; de Valroger, t. 5, n° 2174). Mais, comme ceux-ci ont grand intérêt à tout contrôler, il est rare qu'on ne les assigne pas. Ils peuvent d'ailleurs toujours intervenir spontanément (Desjardins, t. 4, n° 964).

1346. Le lieu du déchargement où doit être fait, d'après l'art. 414, l'état des pertes et dommages constitutifs d'une avarie commune, s'entend de tout lieu où les marchandises ont été déchargées (Desjardins, t. 4, nos 964 et 1037) et, par conséquent :... du lieu de destination;... du lieu où le voyage se trouve terminé par rupture ou raccourcissement forcé de voyage, si le débarquement y a été opéré;... du lieu où le voyage a été terminé par suite de la déclaration d'innavigabilité du navire;... à moins, dans cette dernière hypothèse, que la cargaison ne soit transportée par un autre navire au lieu de la destination, auquel cas c'est dans ce dernier endroit que doit être fait le règlement d'avaries, et non dans le lieu où l'innavigabilité a été déclarée (*Rép.* n° 1197). Il n'y a jamais lieu d'ailleurs de se préoccuper du domicile des chargeurs (Desjardins, *loc. cit.* — Conf. Trib. com. Havre, 5 août 1861, *Recueil du Havre*, 1861. 1. 165; Aix, 27 févr. 1865, *ibid.*, 1865. 2. 186; Trib. com. Marseille, 20 juin 1878, aff. Dreyfus, *Recueil de Marseille*, 1878. 1. 200). — Si un chargeur reprend ses marchandises en cours de voyage, il faut, s'il n'y a pas entente entre le capitaine et lui sur le montant de sa part afférente dans la contribution, opérer un règlement immédiat; mais ce règlement n'est que provisoire pour les autres coïntéressés (Desjardins, t. 4, p. 134 et 135). — Le règlement d'avaries communes peut être fait dans un lieu autre que celui du déchargement, lorsqu'il y a impossibilité d'y faire procéder dans ce lieu (Bordeaux, 21 janv. 1875, aff. Preller, D. P. 76. 5. 48; Trib. com. Marseille, 17 juin 1880, aff. Viton, *Recueil de Marseille*, 1880. 1. 237. Conf. *Rép.* n° 1199), ou lorsque *toutes* les parties y consentent (Même arrêt du 21 janv. 1875). — Dans le cas où le règlement a eu lieu dans un port de relâche du consentement d'un certain nombre d'intéressés seulement, ce règlement peut, même à leur égard, être considéré comme simplement provisionnel, si l'on constate qu'il a eu pour but d'éviter un emprunt à la grosse au moyen des sommes versées par les contribuants (Même arrêt; Trib. com. Marseille, 15 nov. 1880, aff. Dreyfus, *Recueil de Marseille*, 1881. 1. 39. Comp. Trib. Marseille, 20 juin 1878, aff. Dreyfus, *ibid.*, 1878. 1. 200; Req. 13 févr. 1882, aff. Dreyfus, D. P. 82. 1. 129).

1347. L'art. 414 détermine quelle est l'autorité compétente pour *nommer les experts*. — Ces experts (à moins que les parties ne s'accordent pour les choisir elles-mêmes) sont nommés, si le déchargement se fait dans un *port français*, par le tribunal de commerce,... et, à défaut de tribunal de commerce et de tribunal civil, par le juge de paix;... si le déchargement se fait dans un *port étranger*, par le consul de France,... et, à son défaut, par le magistrat du lieu (*Rép.* nos 1205 et suiv.).

Nulle difficulté, si tous les intéressés sont Français. Mais que décider si tous ou quelques-uns d'eux sont étrangers, et que l'expertise soit l'objet d'un débat contradictoire? Quelle est, en ce cas, l'autorité compétente ? M. Desjardins, t. 4, n° 965, estime que, lorsque le déchargement a lieu dans un port français, si le litige naît entre Français et étrangers, le juge français est toujours compétent, soit que l'étranger soit demandeur, par application des art. 15 c. civ. et 59 c. proc. civ.,... soit qu'il soit défendeur, par application de l'art. 14 c. civ. (Conf. Trib. com. Marseille, 19 juin 1878, aff. Cap. Sabe, *Recueil de Marseille*, 1878. 1. 197). — La même solution est applicable dans le cas où tous les intéressés sont étrangers, si l'un deux a établi sa résidence en France ou y a un établissement commercial (*Rép.* v° *Droits civils*, n° 345);... ou si tous ne sont pas de même nationalité; la jurisprudence admet en effet, qu'en pareil cas, nos tribunaux peuvent connaître des contestations commerciales entre étrangers; d'ailleurs, s'ils se récusaient, quel serait le juge commun des plaideurs ? On aboutirait alors à une véritable déni de justice.

La compétence du juge français serait encore admise sans difficulté, si ces étrangers n'avaient pas de consul au lieu de reste (*Rép.* n° 1206), ou si leur statut n'attribuait pas compétence à leur consul. Dans le cas contraire, la question est plus douteuse; nous croyons cependant qu'en principe, le juge français pourra accueillir la demande; car on admet qu'il est compétent en matière commerciale, entre étrangers, toutes les fois qu'il le serait *ratione personæ* entre Français; il s'agit, d'ailleurs, ici d'une action *réelle*. Toutefois, M. Desjardins, *loc. cit.*, pense qu'il agira sagement en refusant de statuer, si les parties ont consenti, au moins tacitement, à ce que leur consul soit compétent.

1348. Il a été jugé que, en cas d'avaries survenues à un navire français à destination d'un port étranger, les experts chargés d'évaluer le dommage peuvent être nommés par le magistrat du lieu de déchargement, lorsqu'il n'existe pas dans ce lieu ou dans un voisinage assez rapproché un consul français qui puisse utilement agir (Req. 26 juill. 1881, aff. Comp. *la Mélusine*, D. P. 82. 1. 366). La compétence subsidiaire que l'art. 414 attribue au magistrat local n'est pas subordonnée à la non-existence d'un consulat français dans la circonscription duquel serait placée la localité où les marchandises doivent être déchargées et où l'expertise doit avoir lieu (Même arrêt). S'il en était autrement, cette compétence ne pourrait jamais s'exercer; en effet, toutes les contrées étrangères sont réparties entre les diverses circonscriptions consulaires françaises et chacune d'elles est rattachée en droit à un consulat; mais, en fait, elles sont plus ou moins éloignées du siège de cette juridiction. Or, pour une expertise de la nature de celle qui est prévue par l'art. 414 c. com., expertise essentiellement urgente et ne pouvant être différée sans qu'il en résulte un grave préjudice aux parties, on doit assimiler au *défaut* ou à l'absence du consul français le cas où ce fonctionnaire est trop éloigné du lieu de débarquement pour procéder immédiatement à la nomination des experts. La loi commerciale préfère, sans doute, la compétence de l'agent national, mais à la condition qu'il puisse utilement remplir son ministère et faire droit aux réclamations des parties. — Enfin, il faut réserver le cas où la compétence est réglée par des traités internationaux.

1349. L'état une fois dressé par les experts, il faut l'*homologuer*, et, le cas échéant, statuer sur les contestations qu'il soulève. L'art. 416, § 2 et 3, s'exprime, sur ce point, dans les termes suivants: « La répartition est rendue exécutoire par l'homologation du tribunal. Dans les ports étrangers, la répartition est rendue exécutoire par le consul de France, ou, à son défaut, par tout tribunal compétent sur les lieux ». Ainsi deux hypothèses peuvent se présenter: le déchargement s'est fait dans un port français, ou dans un port étranger.

1350. — 1° *Le port de déchargement est un port français.* — Si les intéressés sont tous des nationaux, c'est le tribunal de commerce (ou le tribunal civil jugeant commercialement) du lieu de décharge qui est compétent. Il en est de même si, parmi les intéressés, il y a des nationaux et des étrangers, ou si tous les intéressés sont des étrangers de nationalités différentes. Mais si tous les intéressés sont de même nationalité étrangère, si aucun d'eux n'a en France sa résidence ou un établissement commercial, et si, en outre, leur consul a reçu de leur loi nationale une compétence exclusive, le tribunal de commerce qui a encore ici, en principe, qualité pour statuer, pourra cependant être amené à se déclarer incompétent, par interprétation de l'intention commune des parties qui seront réputées avoir accepté d'avance, par une sorte de compromis tacite, la prescription de leur statut qui attribue compétence à leur consul (Desjardins, t. 4, n° 966. V. *suprà*, n° 1347).

1351. — 2° *Le port de déchargement est un port étranger.* — Si tous les intéressés sont Français, le consul de France a les mêmes attributions que le tribunal de commerce (art. 416). A quel tribunal les parties, si elles ne sont pas satisfaites, devront-elles s'adresser, pour faire reviser la décision du consul? — La décision du consul est susceptible d'appel; on a vu *suprà*, v° *Consuls*, n° 41, devant quelle juridiction l'appel doit être porté (Comp. Desjardins, t. 5, n° 966; de Valroger, t. 5, n° 2172). — S'il n'y a pas de consul de France à proximité, le règlement sera homologué par les autorités locales (c. com. art. 416). Il se pourrait même, du reste, que ces dernières se déclarassent compétentes, même en présence d'un consul, comme en France les tribunaux de commerce. — S'il y a des étrangers en cause, les autorités locales du port de déchargement sont compétentes; car on ne peut forcer les étrangers à subir la juridiction de nos consuls (Desjardins, *loc. cit.*).

1352. L'action en règlement des avaries communes éprouvées par un navire en cours de voyage est de la compétence de l'autorité judiciaire, et non de celle des tribunaux administratifs, même à l'égard de l'Etat figurant au nombre des chargeurs à raison d'un marché passé entre lui et le capitaine du navire pour le transport de denrées; une telle action ne peut être considérée comme relative à ce marché, mais prend sa cause dans un fait postérieur dont les conséquences sont réglées par la loi elle-même, et donnent lieu d'ailleurs à une opération essentiellement indivisible, laquelle ne saurait être déférée à la juridiction administrative sans autorité sur les chargeurs autres que l'Etat (Civ. cass. 28 août 1866, aff. Boone, D. P. 66. 1. 486. Conf. Desjardins, t. 4, n° 967; *suprà*, v° *Compétence administrative*, n°s 191 et suiv. — V. en sens contraire: Droz, *op. cit.*, t. 2, p. 166; Govare, p. 187; *Rép.* v° *Compétence administrative*, n° 107; Douai, 22 juill. 1863, cassé par l'arrêt précité du 28 août 1866). « Attendu, dit la cour de cassation dans cet arrêt, que l'action en contribution aux avaries communes, qui affecte toutes les marchandises chargées à bord du navire et qui doit être intentée au lieu du déchargement, quel que soit d'ailleurs le lieu du domicile des chargeurs, constitue moins une action personnelle qu'une action réelle qui prend son origine, non dans le contrat d'affrètement, mais dans le fait postérieur d'un dommage souffert pour le salut commun et dont les conséquences sont réglées par la loi elle-même, lorsque, comme dans l'espèce, il n'est pas intervenu de conventions spéciales entre toutes les parties (art. 398 c. com.); — Attendu, d'autre part, que le règlement et la répartition proportionnelle entre tous les intéressés des avaries communes constituent une opération complexe qui de sa nature est essentiellement indivisible, et qui, par conséquent, doit s'effectuer par un seul et même jugement; — Que l'administration ne pouvant avoir aucune juridiction sur les autres chargeurs qui n'ont pas contracté avec elle, il s'ensuit que l'action en contribution doit être déférée pour le tout à la juridiction ordinaire; — Attendu qu'il importe peu qu'il y ait lieu d'examiner si le sinistre qui a occasionné l'avarie ne doit pas être imputé au capitaine; qu'une telle exception, si elle était proposée, étant commune à tous les chargeurs, ne saurait modifier les règles de la compétence, d'après lesquelles le juge de l'action est aussi le juge de l'exception; — Attendu qu'il résulte de ce qui précède qu'en décidant que l'autorité judiciaire était incompétente pour connaître de la demande en règlement d'avaries formée par les demandeurs, l'arrêt attaqué a fait une fausse application de la loi du 16 août 1790, ainsi que de l'art. 14 du décret du 11 juin 1806, et violé les articles ci-dessus visés; — Par ces motifs, casse. »

1353. — II. PROCÉDURE. — Sur l'obligation de signifier les protestations et réclamations dans les vingt-quatre heures et de les faire suivre, dans le mois, d'une action en justice, V. *infrà*, chap. 9, sect. 2, et *Rép.* n°s 2275 et suiv. — La demande est, comme en toute autre matière, introduite à l'aide d'un ajournement (Desjardins, t. 4, n° 1309). La preuve de l'avarie et de sa nature est faite devant le tribunal à l'aide des énonciations que l'on a étudiées *suprà*, n° 1302. S'il n'y a pas eu de délibération de l'équipage, on a recours au rapport de mer, et, à défaut, à tout autre mode de constatation (Desjardins, t. 4, n° 1038).

1354. Le tribunal ne peut procéder par lui-même à l'évaluation des avaries et des valeurs grevées de contribution. Ainsi que le fait observer M. J.-V. Cauvet, t. 2, p. 218, le règlement d'avaries étant une liquidation et une répartition de pertes et de dommages, « c'est, à proprement parler, l'œuvre d'un arbitre-rapporteur. L'intervention d'experts peut seulement être nécessaire soit pour estimer le navire, soit pour vérifier des marchandises avariées, et fournir ainsi les éléments du travail de l'arbitre » (art. 414). On enseigne généralement que les arbitres-rapporteurs ne sont pas tenus de prêter serment (Carré et Chauveau, quest. 1536; Ruben de Couder, v° *Arbitre-rapporteur*, n° 7). M. Desjardins, t. 4, n° 1039, estime cependant que les arbitres qui, en matière de règlements d'avaries, s'acquittent d'une mission confiée par la loi à des experts devraient être soumis au serment prescrit par l'art. 414. — Les parties peuvent, d'ailleurs, dispenser l'arbitre et les experts eux-mêmes du serment (Req. 21 janv. 1874, aff. Fournier, D. P. 74. 1. 494), de même qu'elles pourraient convenir, par un compromis que les arbitres seront dispensés de suivre les formes de la procédure et les règles du droit civil ou commercial et statueront définitivement comme amiables compositeurs (Trib. com. Havre, 14 janv. 1874, *Recueil du Havre*, 1874. 1. 28; 12 sept. 1883, aff. Rose, *ibid.*, 1883. 1. 200).

1355. Les experts, s'ils n'en ont pas été dispensés, prêtent serment devant le magistrat délégué à cet effet (*Rép.* n° 1207). L'expertise est, du reste, quant à sa forme, soumise aux règles édictées par le code de procédure (art. 429 à 431). Le dépôt et la signification du rapport ont également lieu suivant les formes du droit commun. — Une décision concertée entre les ministres de la justice, du commerce et des affaires étrangères (*Bulletin du ministère de la justice*, 1877, p. 82), règle la procédure à suivre pour la délivrance aux intéressés des rapports dressés par les experts nommés *dans les ports étrangers, par les consuls français* : la minute de ce rapport est déposée aux archives du consulat, le consul en délivre des copies certifiées, rédigées dans la même langue que l'original; il n'a pas qualité pour délivrer des traductions. — En aucun cas, d'ailleurs, l'avis exprimé par les experts n'a un caractère obligatoire pour le juge.

1356. Chaque contribuable a le droit de contester le règlement dressé par les experts, et de s'opposer à l'homologation. — Lorsque la répartition faite par les experts en vertu de l'art. 416 a été dûment homologuée par l'une des autorités énoncées dans cet article, elle est exécutoire par provision à la charge par la partie qui en poursuit l'exécution de donner caution (*Rép.* n° 1226).

1357. — III. Détermination de la masse active, ou masse prenante. — Cette masse comprend les marchandises sacrifiées ou endommagées, les dommages subis par le navire, les dépenses extraordinaires faites dans l'intérêt commun, et les frais du règlement d'avaries. — On a vu (*Rép.* n° 1210) que, aux termes de l'art. 415, lorsque les avaries communes sont souffertes par les marchandises, elles doivent être estimées, en cas de perte, à la valeur que ces marchandises auraient eue au lieu de déchargement (Conf. Civ. cass. 10 août 1871, aff. Courtès, D. P. 71. 1. 113). Que faut-il entendre, ici, par le *lieu du déchargement*? M. J.-V. Cauvet, *Assurances maritimes*, t. 2, p. 222, pense avec raison que si, des marchandises ayant été sacrifiées, le navire vient ensuite à être condamné, mais que le capitaine parvienne à faire transporter à destination le reste de la cargaison par un autre bâtiment, la valeur des marchandises sacrifiées devra être fixée d'après celle du lieu de destination. Le voyage n'est, en effet, terminé, pour les marchandises sauvées, que par l'impossibilité de les rembarquer (V. Desjardins, t. 4, n° 1052; de Valroger, t. 5, n°s 2159 et suiv.).

1358. Pour les marchandises simplement endommagées ou vendues pour payer une avarie commune, le montant de l'avarie se calcule de même par la comparaison entre la valeur qu'elles auraient eue au lieu du déchargement, ainsi qu'il vient d'être fixé, et la valeur à laquelle l'avarie les a réduites (*Rép.* n° 1210; Desjardins, t. 4, n° 1055). Toutefois, si les marchandises volontairement endommagées ont essuyé un nouveau dommage qui ne constitue pas une avarie grosse, la valeur de ce dommage doit évidemment être déduite dans le calcul de l'indemnité (Desjardins, *loc. cit.* Conf. c. allemand, art. 715).

1359. Pour estimer les marchandises, il faut en déterminer la qualité. Celle-ci se détermine d'elle-même, s'il reste une partie de la marchandise; sinon, elle se détermine d'après les données du connaissement et des factures. Si l'art. 415 exige la représentation de ces dernières, c'est parce que les indications du connaissement ne sont pas toujours suffisamment précises. Les experts peuvent d'ailleurs recourir pour s'éclairer à tous autres documents (Desjardins, t. 4, n° 1053; de Valroger, t. 5, n° 2160). — On a fait observer au *Rép.* n° 1215 que les marchandises sacrifiées étant estimées suivant le prix courant du lieu de la décharge, et non d'après le prix d'achat, les connaissements et les factures ne doivent être représentées, comme le veut l'art. 415, que pour faire apprécier la qualité et non la valeur des marchandises perdues ou avariées (Conf. Desjardins, *loc. cit.*).

1360. On doit aussi tenir compte de l'état de la marchandise, et, par suite, des avaries particulières qu'elle aurait déjà subies, car alors sa valeur et, par suite, la perte causée par le sacrifice est moindre. — Les objets étant toujours présumés sains, c'est au défendeur à prouver qu'ils étaient déjà détériorés. Il peut, du reste, recourir pour cela à tout mode de preuve. — Doit-on tenir compte, en outre, des avaries fortuites que les autres objets ont éprouvées pendant le reste du voyage, par le motif que, s'ils étaient restés à bord, les objets sacrifiés auraient subi des avaries du même genre? Nous ne le croyons pas; on ne peut, en effet, dans une estimation comme celle dont il s'agit, se baser sur des conjectures (Trib. com. Marseille, 21 avr. 1870, *Recueil de Marseille*, 1870. 1. 174; de Valroger, t. 5, n° 2163; Desjardins, t. 4, p. 435 et suiv.). — Doit-on considérer la valeur brute ou la valeur nette de la marchandise? Il faut défalquer de la valeur brute les frais que le chargeur aurait eu à supporter depuis le moment de l'avarie, si, au lieu d'être sacrifiée, la marchandise avait été transportée à destination : droits de douane, frais de débarquement, courtages, etc. (art. 304, § 1er, et art. 424). — Il ne faut pas, toutefois, déduire le fret : le chargeur en restant débiteur malgré le sacrifice (art. 301), on ne peut donc pas dire que le sacrifice en épargne le payement (Desjardins, t. 4, n° 1052; de Valroger, t. 5, n°s 2161 et suiv. V. *infrà*, n° 1367).

1361. Lorsque l'avarie commune porte sur le navire ou sur ses accessoires et qu'elle est *irréparable*, on procède comme il a été dit ci-dessus; on en détermine le montant d'après la valeur du navire au port de débarquement. En effet, le navire, en tant qu'objet grevé de contribution, est estimé d'après sa valeur au port de débarquement (c. com. art. 417); or l'évaluation de la chose sacrifiée en vue de la fixation du *quantum* de l'avarie se fait sur les mêmes bases que son évaluation en tant qu'élément soumis à la contribution. — L'espèce et la qualité des agrès sacrifiés s'apprécient d'après les dimensions et qualités normales (Desjardins, t. 4, n° 1056; de Valroger, t. 5, n° 2167). — Si, au contraire, l'avarie survenue au navire ou à ses accessoires *est réparable*, le montant du sacrifice porté à la masse active de la contribution est celui de la dépense occasionnée par les réparations ou le remplacement des objets sacrifiés. Toutefois, le coût de ces réparations doit être évalué, non d'après ce qu'elles ont réellement coûté dans le port de relâche où elles ont eu lieu, mais d'après ce qu'elles auraient coûté dans le port de débarquement (Rouen, 5 mars 1880) (1). C'est, en effet, toujours au lieu de reste, lorsque le voyage est terminé, que doit se faire le règlement des ava-

(1) (De Duo C. Réclamateurs.) — La cour; — Attendu qu'il résulte du rapport de mer du capitaine de Duo, commandant la *Nueva-Providencia*, qu'après avoir essuyé, dans les mers du Sud, une violente tempête, il a été obligé, pour le salut commun du navire et de la cargaison, de couper le mât d'artimon; que dans sa chute, ce mât a entraîné la rupture de nombreux agrès et apparaux; qu'il est incontestable que ces sacrifices, avec toutes leurs conséquences directes, doivent être classés en avaries grosses; — Attendu que le capitaine, forcé de relâcher à Algoa-Bay, a dû, pour faire remplacer les objets indispensables sacri-

ries communes : les marchandises et le navire sont estimés d'après ce qu'ils valent dans ce port (Desjardins, *loc. cit.*). Comme la fixation de l'indemnité ne doit jamais être une source de profit pour celui qui a souffert le dommage, on doit déduire de ce chiffre : la valeur que possèdent encore les objets au remplacement desquels on a procédé;... le prix pour lequel ont pu être vendus les débris des objets sacrifiés ;... et en outre la valeur qui représente « la différence du neuf au vieux » (*Rép.*, nos 1083 et 1208) : l'usure des navires doit, en effet, rester à la charge des armateurs qui en trouvent la compensation dans le fret (Rouen, 2 févr. 1849, aff. Chevalier, D. P. 51. 2. 202; Trib. com. Marseille, 6 sept. 1860, aff. capitaine Auger, *Recueil de Marseille*, 1860. 1. 259 ; 22 avr. 1881, aff. Ytier, *ibid.*, 1881. 1. 180; Desjardins, t. 4, n° 1056 ; Lyon-Caen et Renault, t. 2, n° 1979 ; Lemonnier, *Polices maritimes*, t. 2, n° 333. V. cependant en sens contraire : Alauzet, t. 2, n° 322, qui n'admet la déduction pour différence du neuf au vieux que s'il y a une clause expresse à cet égard). — L'usage a introduit, sur ce point, une sorte de forfait : on déduit un tiers de la somme totale des réparations (Desjardins, *loc. cit.*), sauf pour les objets dont l'usure est imperceptible, ancres, chaînes, etc. (*Ibid.*). Cet usage n'a toutefois pas force de loi et ne lie nullement les experts et les juges ; ils ont plein pouvoir pour tenir compte des circonstances particulières à chaque espèce et déterminer souverainement la somme dont le propriétaire ou armateur du navire supportera la déduction (Arrêt précité du 2 févr. 1849). — Pour le doublage en cuivre des navires, la déduction est faite, dans la pratique, d'après ce principe qu'un doublage bien fait doit durer cinq ans (Desjardins, *loc. cit.*). — La déduction pour différence du neuf au vieux porte même sur le prix de la main-d'œuvre employée pour les réparations ; ce prix n'est qu'un élément du prix de revient (*Ibid.*). On doit tenir également compte des pertes éprouvées par l'armateur sur le fret (de Valroger, t. 5, n° 2169. V. *infrà*, nos 1371 et suiv.).

1362. Si le sacrifice a porté sur des objets autres que les marchandises ou le navire, par exemple, sur des provisions de guerre ou de bouche, sur les coffres des gens de mer ou les bagages des passagers, on les évaluera en s'inspirant des principes ci-dessus énoncés.

1363. Si le sacrifice, en même temps qu'il a occasionné la perte totale ou partielle de l'objet sacrifié, a causé un dommage au navire ou aux autres marchandises, il faut évidemment en tenir compte. Ce dommage s'évalue encore à l'aide des mêmes procédés.

1364. Les avaries-frais sont, en général, égales au coût des dépenses. — Si le capitaine, pour payer ces impenses, a dû souscrire un emprunt, l'avarie équivaut au montant des sommes à rembourser. — Les marchandises *vendues* pour payer une avarie commune seront évaluées suivant les règles posées à l'égard des marchandises *jetées* (V. *suprà*, n° 1358). On tiendra donc compte non pas du prix obtenu au port de relâche, mais de la valeur des marchandises de même qualité, à l'époque de l'arrivée dans le port de débarquement (Desjardins, t. 4, n° 1055 ; de Valroger, t. 5, n° 2166).

1365. Il faut comprendre dans l'avarie les frais accessoires, frais de relâche, de séjour, de débarquement, magasinage, rembarquement des marchandises, et même les frais de constatation des avaries et ceux du règlement lui-même, en tant qu'ils sont une suite nécessaire de l'avarie (Trib. com. Marseille, 3 janv. 1866, aff. Collivier, *Recueil de Marseille*, 1866. 1. 52 ; Desjardins, t. 4, n° 1071). — Si le navire et la cargaison ont subi à la fois des avaries com-

---

fiés pour le bien et le salut communs, dépenser une somme de 121152 fr. passée en avaries grosses ; — Qu'il est de jurisprudence constante que, dans le règlement de ces avaries, on ne doit pas s'écarter de ce principe que le sinistre ne peut être une cause de profit pour le propriétaire des objets sacrifiés ; que l'usage s'est alors établi de faire une déduction du tiers à la charge des armateurs, pour la différence du neuf à l'usé ; — Attendu, toutefois, que cette évaluation, qui a pour but d'éviter, dans chaque règlement, des évaluations spéciales offrant trop d'incertitude, ne saurait être absolument arbitraire et constituer, dans tous les cas, un forfait ; qu'elle ne pourrait, par exemple, recevoir son application, si le navire était neuf ; qu'au surplus, aucune contestation n'existe sur ce point, puisque de Duo accepte la déduction en usage ; — Que la seule question du procès est donc de savoir si, comme l'a pensé le tribunal du Havre, la déduction pour la différence du neuf au vieux doit être calculée sur le coût réel des réparations faites à Algoa-Bay, ou ne doit être opérée, comme le soutient l'appelant, que sur le prix qu'auraient coûté au Havre ces mêmes réparations ; — Attendu que les premiers juges, qui ont écarté, par des considérations de fait, le système du capitaine, ont cependant reconnu qu'il était *séduisant* ; qu'il faut aller plus loin, et dire qu'il est juste et équitable, malgré les usages contraires de certains ports ; qu'il est, en effet, la conséquence logique et nécessaire de ce principe accepté par tous, que le sinistre ne peut être une cause de profit pour l'armement qui, s'il ne peut s'enrichir, ne doit pas non plus s'appauvrir ; — Qu'il en serait cependant ainsi et dans les proportions les plus exorbitantes, si le capitaine devait payer 40000 fr. pour le tiers de la dépense réellement faite, c'est-à-dire près du double de la somme qu'aurait coûtée la réparation totale si elle avait eu lieu au Havre, puisqu'elle n'y a été estimée qu'à 22000 fr. ; — Que dans ces conditions, le navire subirait un préjudice inadmissible, puisque lors de l'évaluation au port de reste, il ne serait estimé que pour sa valeur véritable, qui ne serait augmentée que d'un chiffre peu important, ce qui ne l'empêcherait pas, cependant, de contribuer, seul, pour une somme presque dix fois plus élevée ; — Qu'ainsi, l'excédent de la dépense, au lieu de remplacement, qui est une conséquence de l'avarie, resterait en grande partie à la charge exclusive du capitaine, contrairement au principe, qui veut que tout ce qui profite du sacrifice participe à la réparation ; — Que vainement on objecte qu'en admettant la prétention de l'appelant, on provoquerait la négligence des capitaines et on faciliterait la fraude ; que désintéressés dans les dépenses faites au lieu de relâche, ils ne prendraient pas avec assez de soin la défense des intérêts qui leur sont confiés, et même pourraient profiter de leur éloignement pour faire majorer les factures ; qu'on oublie en soutenant cette thèse que le navire et le fret doivent supporter leur part dans le payement des pertes et dommages soufferts ; — Qu'en conséquence, les capitaines ont un intérêt indiscutable à être très circonspects dans les dépenses qu'ils seront obligés de faire, et n'ont pas plus de raison dans un cas que dans l'autre, de manquer à leurs devoirs et à la mission toute de confiance qui leur a été donnée ; — Attendu qu'il n'y a pas à redouter, comme l'ont craint les premiers juges, que le mode de calcul proposé par l'appelant mène à la confusion et à l'arbitraire ; qu'il n'accorde au navire aucune faveur particulière ; qu'il n'est que l'application de cette idée vraie et juste qui veut qu'il ne reste à la charge exclusive du navire que la somme correspondant réellement et effectivement à l'avantage qu'il retire du remplacement du vieux par du neuf ;

Attendu, d'ailleurs, qu'il n'y a pas, dans la cause actuelle, à se préoccuper des difficultés que pourrait soulever la question de savoir dans quel port devra être dressé le devis estimatif devant servir de base au règlement d'avaries ; que le litige n'existe pas entre un assureur et un assuré, mais entre le réclamateur de la marchandise et le capitaine ; — Qu'aux termes des prescriptions générales qui régissent l'avarie commune, c'est au lieu de reste, lorsque le voyage est terminé, que doit se faire le règlement de ces avaries ; qu'il n'est pas seulement attributif de juridiction ; qu'il détermine encore pour les parties intéressées les lois à appliquer. Les marchandises contribuent ou sont payées d'après le cours du port de reste ; le navire est estimé d'après ce qu'il vaut dans ce même port ; tout en un mot se règle d'après les valeurs du lieu de reste ; — Attendu que, dans l'exécution, aucune difficulté sérieuse ne peut exister, puisqu'il est constant que, depuis plus de cinquante ans, on procède ainsi à Marseille, le port français qui a les relations les plus suivies avec les mers des Indes, où les réparations s'élèvent toujours à des chiffres exorbitants, et qu'il n'y a pas d'exemple qu'aucune protestation se soit jamais élevée contre ce mode de procéder constamment suivi ; — Attendu qu'il est donc vrai de dire que le navire *Nueva-Providencia* ne doit supporter de déduction, pour différence du neuf au vieux, que sur le prix du tiers qu'aurait coûté au Havre la réparation des objets sacrifiés pour le salut commun ; — Attendu que la cour a dès à présent les éléments suffisants pour fixer à 7420 fr. 10 cent. le montant de la déduction ;

Par ces motifs, met à néant le jugement sur le chef faisant grief au capitaine de Duo ; infirmant de ce chef, le décharge des condamnations contre lui prononcées ; dit et juge qu'en ce qui concerne les dépenses de remplacement des objets sacrifiés, se montant à 121152 fr. 05 cent., le navire ne supportera de déduction pour différence du neuf à l'usé, que sur le tiers de 22260 fr. 30 cent., soit 7420 fr. 10 cent., et que le surplus sera passé en avaries grosses ; — Ordonne la rectification du règlement d'avaries proposé conformément à la décision qui précède.

Du 5 mars 1880.-C. de Rouen, 2e ch.-MM. Gesbert de la Noe-Seiche, pr.-Raynaud, av. gén., c. conf.-Guerrand (du barreau du Havre) et Marais, av.

munes et des avaries particulières, et que la constatation des unes et des autres ait été faite simultanément, on devra faire faire une ventilation et ne comprendre, dans la masse active de la contribution, que la portion des frais attribuée aux avaries communes (Comp. Aix, 19 août 1874, aff. Outré, D. P. 77. 2. 115, et *infrà*, nos 1390 et 1391).

1366. — IV. DÉTERMINATION DE LA MASSE PASSIVE OU MASSE PAYANTE. — L'art. 417 fixe les bases d'après lesquelles il y a lieu d'estimer les marchandises et la moitié du navire et du fret qui doivent contribuer aux avaries communes, c'est-à-dire la masse payante. Il reproduit :... quant aux marchandises, la disposition de l'art. 402... et, quant au navire et au fret, celle de l'art. 401, qui ne faisait pas connaître le lieu dans lequel la valeur doit en être estimée (*Rép.* nos 1213 et suiv.). L'estimation des marchandises doit être faite... pour les marchandises sauvées, d'après leur valeur au lieu du déchargement (*Rép.* n° 1216),... pour les marchandises jetées, d'après la valeur qu'elles auraient eue au même lieu (*Rép.* n° 1214). Il est évident que le profit tiré du sacrifice par ceux dont les marchandises sont sauvées équivaut à la valeur de ces dernières lors du débarquement; celui qu'en tire le propriétaire des objets sacrifiés est le même, puisque l'indemnité qu'il perçoit est calculée d'après la valeur des effets, lors du débarquement.

1367. Par la valeur des marchandises au lieu du déchargement, on doit entendre la valeur *nette* et non la valeur *brute*. Il convient, en effet, de déduire du prix total que peut atteindre l'objet les frais et impenses auxquels doit subvenir le propriétaire, étant donné que la chose a été conservée, mais dont il aurait été exonéré en cas de perte de cette chose; en d'autres termes, il faut défalquer tous les frais faits depuis le moment du sacrifice jusqu'à ce que le déchargement soit un fait accompli, y compris les frais de sauvetage; et, de plus, le fret dont est tenu le chargeur ou le destinataire, puisqu'en cas de perte, il n'aurait pas eu à en effectuer le payement; ce n'est, en effet, que jusqu'à concurrence de l'excédent que le réceptionnaire ou celui qu'il représente peut être considéré comme ayant bénéficié du sacrifice (*Rép.* n° 1222; Pardessus, t. 2, nos 747 et 748; Bédarride, t. 5, n° 1844; Alauzet, t. 6, n° 2310; Frignet, t. 2, n° 512; Morel, p. 229 et suiv.; Droz, t. 2, nos 460 et 461; Boistel, n° 1292; Desjardins, t. 4, n° 1064; Lyon-Caen et Renault, t. 2, n° 1982; de Valroger, t. 5, n° 2178. — V. en sens contraire : Trib. com. Cherbourg, 10 sept. 1842, *Rép.* nos 1221 et 2243; Aix, 3 juin 1846, aff. Reggio, D. P. 46. 2. 129; Trib. Nantes, 27 mars 1878, aff. Luminais, *Recueil de Nantes*, 1878. 1. 144). — Il résulte de là que la valeur des marchandises sacrifiées ne s'estime pas, dans la masse payante comme dans la masse prenante; dans cette dernière, en effet, elles figurent sans déduction du fret (V. *suprà*, n° 1360; Desjardins, t. 4, n° 1064). Que décider dans le cas où le fret a été stipulé payable à tout événement? MM. Desjardins, t. 4, n° 1062, et de Valroger, t. 5, n° 2178, estiment que le chargeur doit, en ce cas, contribuer comme l'armateur dans l'hypothèse inverse, c'est-à-dire pour moitié seulement (Comp. *infrà*, n° 1375). — On doit déduire la plus-value résultant d'une manutention postérieure au sacrifice (Trib. com. Nantes, 15 juin 1878, aff. Rieck, *Recueil du Havre*, 1879. 2. 6; Trib. com. Havre, 30 déc. 1878, aff. cap. Vellusig, *ibid.*, 1879. 1. 31; Desjardins, t. 4, n° 1064).

1368. On a vu *suprà*, nos 1357 et suiv., que, pour évaluer la marchandise, il faut en connaître la quantité et la qualité. Or la quantité et la qualité se déterminent directement, si les marchandises sont encore dans le port de débarquement entre les mains du destinataire. Mais il peut se faire qu'elles aient été vendues et livrées, ou réexpédiées pour un autre endroit. Il faudra alors, comme précédemment, recourir aux connaissements et aux factures. — Il peut se faire que le connaissement fasse défaut : l'absence du connaissement ne permet de considérer le chargement comme irrégulier que s'il n'y a pas de déclaration du capitaine. Le chargement, alors réputé clandestin, n'est pas pour cela affranchi de la contribution; mais, pour déterminer la qualité et la quotité, on a recours à tous les documents susceptibles de fournir les renseignements nécessaires (V. *suprà*, n° 1359).

1369. Si la qualité de la marchandise a été l'objet dans le connaissement d'une déclaration mensongère, le dol du chargeur ne peut pas lui profiter et peut, au contraire, être invoqué contre lui (*Rép.* n° 1220). De là, la disposition de l'art. 418 qui veut :... d'une part, que le chargeur dont la marchandise est sauvée contribue d'après la qualité désignée, si elle est supérieure à la qualité réelle, et d'après la qualité réelle, si elle est supérieure à la qualité désignée; et, d'autre part, que le chargeur dont la marchandise a été sacrifiée soit payé d'après la qualité désignée, si elle est inférieure à la qualité réelle, et d'après la qualité réelle, si elle est inférieure à la qualité désignée (Conf. *Rép. loc. cit.*; Valin, t. 2, p. 198; Desjardins, t. 4, n° 1054; de Valroger, t. 5, n° 2191). Il faut, d'ailleurs, supposer, pour que l'art. 418 reçoive son application, que l'indication inexacte a été faite dans un but frauduleux (de Valroger, t. 5, n° 2192). — Le projet de 1867 reproduisait la disposition de l'art. 418.

1370. Il faut ici, comme dans le cas où l'on évalue les marchandises sacrifiées en vue de la fixation de l'indemnité, tenir compte de l'état où elles se trouvaient au moment du sacrifice. Quant aux autres marchandises, il faut considérer leur état au moment du débarquement, c'est-à-dire qu'il faut tenir compte non seulement des détériorations fortuites qu'elles ont subies antérieurement, mais aussi de celles qu'elles ont subies postérieurement au sacrifice, mais avant leur déchargement. En effet, les art. 304, 402 et 417 disent qu'elles contribuent d'après leur valeur réelle, lors du déchargement (Conf. aussi art. 424 c. com.). — Si parmi elles, il y en a qui ont péri, il n'y a plus de contribution pour leur propriétaire; si elles n'ont péri que partiellement ou ont été détériorées, il y a affranchissement partiel de la contribution (Lyon-Caen et Renault, t. 2, n° 1982; Desjardins, t. 4, n° 1064; de Valroger, t. 5, n° 2176). — Mais on ne doit pas se préoccuper des avaries fortuites que la marchandise aurait subies après le débarquement (de Valroger, t. 5, n° 2177), non plus que des détériorations causées par un nouveau sacrifice, puisque le propriétaire de la chose est indemnisé (de Valroger, *ibid.*).

1371. Le *navire* doit être estimé, comme la marchandise, pour sa contribution aux avaries communes, d'après sa valeur au lieu du déchargement, et non d'après celle qu'il avait au lieu du départ (*Rép.* n° 1218), sans qu'il y ait lieu de s'occuper de l'estimation qui aurait été donnée au même navire, soit dans un port de relâche, en vue, non pas d'un règlement d'avaries, mais de simples réparations, soit dans la police d'assurance (Bordeaux, 2 juin 1869, aff. Mestrezat, D. P. 70. 2. 37. Conf. Bordeaux, 29 déc. 1865, *Recueil du Havre*, 1866. 2. 132). Mais il faut déduire de la valeur du navire au lieu du déchargement, le montant des réparations qui y ont été faites à raison d'avaries particulières (Bordeaux, 2 juin 1869, précité; Rouen, 17 juill. 1886, *Recueil du Havre*, 1887. 2. 86; de Valroger, t. 5, n° 2183; Desjardins, t. 4, n° 1063. V. *suprà*, n° 1361).

1372. Le navire devant contribuer aux avaries communes pour la moitié de sa valeur au lieu du déchargement, on doit, afin que cette valeur soit complète, réunir fictivement au navire à estimer les parties du même navire qui ont été sacrifiées pour le salut commun et donnent lieu, dès lors, à contribution. Ainsi les effets jetés dépendant du navire, bien qu'ils entrent dans la masse prenante pour la totalité de leur valeur, aussi bien que les effets jetés dépendant de la cargaison, ne doivent, comme le navire lui-même, figurer que pour moitié dans la masse payante, et on ne serait pas fondé à les supposer séparés du navire pour les soumettre intégralement à la contribution, à titre d'effets jetés (Req. 18 déc. 1867, aff. Faure, D. P. 68.1.145. Conf. Desjardins, t. 4, n° 1063, p. 469; de Valroger, t. 5, n° 2182. — *Contrà* : Morel, n° 944).

1373. Le *quantum* du fret est déterminé par les connaissements. — S'il n'y a pas de connaissement et que le chargement soit licite, le fret est indiqué sur le livre de bord ou sur la facture générale du chargement. S'il n'a pas été fixé par les parties, il est déterminé d'après le cours moyen (V. *suprà*, n° 887). S'il est clandestin, il est fixé d'après le cours le plus élevé.

1374. Si la charte-partie a été conclue pour plusieurs voyages, on devra diviser le fret stipulé, proportionnellement à chaque voyage (Desjardins, t. 4, n° 1062), à moins que l'on ne soit convenu que le fret total ne sera dû qu'au retour, en cas d'heureuse arrivée. Dans ce dernier cas, « le fret entier contribue, disent MM. Lyon-Caen et Renault, t. 2, n° 1984, si l'avarie a eu lieu dans le voyage de retour, car, sans elle, aucune partie du fret n'aurait été due; mais il n'est point dû de contribution pour le fret quand il y a eu avarie dans le voyage d'aller; alors, en effet, l'avarie n'a sauvé aucune partie du fret, puisque rien ne sera dû sur le fret, même pour l'aller, si le navire périt en revenant » (V. aussi Govare, p. 161).

1375. Pour le cas où le fret fixé dans le connaissement est différent de celui fixé par la charte-partie, V. les distinctions exposées par Desjardins, t. 4, n° 1062 (Comp. Rouen, 24 janv. 1863, *Recueil du Havre*, 1863. 2. 185).

1376. Lorsque le fret payé d'avance a été stipulé non restituable en cas de sinistre, il semble que le propriétaire du navire ne doive aucune contribution de ce chef, car il n'est tenu de contribuer à raison du fret que parce que le sacrifice l'a sauvé. Le fret figurera néanmoins dans la masse contribuable, mais la part de contribution y afférente sera supportée par le chargeur, pour qui l'avarie commune a sauvé non seulement la marchandise, mais encore le fret qu'il retrouve dans la valeur de cette marchandise au lieu du déchargement (Desjardins, t. 4, n° 1062; Lyon-Caen et Renault, t. 2, n° 1984; de Valroger, t. 5, n° 2184. Comp. *suprà*, n° 1367 *in fine;* c. com. italien, art. 654, al. 2; Loi belge de 1879, art. 105). La jurisprudence s'est cependant prononcée en sens contraire. Il a été décidé que le fret, dont la moitié doit contribuer aux avaries communes, comprend même la portion de ce fret payée d'avance avec la clause qu'elle ne sera pas remboursable en cas de perte de marchandises par l'un des événements prévus dans l'art. 302 c. com. (Trib. com. Bordeaux, 9 juin 1868, aff. Mestrezat, D. P. 70. 2. 32. V. conf. Trib. com. Marseille, 19 déc. 1867, aff. Frankis, *Recueil de Marseille*, 1868. 1. 62; Trib. com. Havre, 11 juill. 1882, aff. Capitaine Kjole, *ibid.*, 1882. 2. 208).

1377. Si le navire éprouve, dans une même traversée, deux avaries communes, l'une antérieure, l'autre postérieure à une relâche, le navire ayant été réparé et les marchandises avariées ayant été vendues au port de relâche, doit-on procéder à la composition d'une seule masse active, ou répartir chaque avarie sur les deux séries de capitaux contribuables? — En ce qui concerne les marchandises, le capital est formé de toute la cargaison pour la première avarie, et réduit, pour la deuxième, du montant des ventes. Le fret de ces marchandises n'est plus en risque depuis la relâche et n'est pas, par conséquent, sauvé par la seconde avarie: il ne doit donc, de même, contribuer qu'à la première. Quant au navire sauvé dans deux occasions différentes, il n'avait pas, dans l'une et dans l'autre, la même valeur. La première avarie commune n'a sauvé qu'un navire détérioré, qu'il a fallu réparer pendant la relâche; la seconde a sauvé ce navire qui avait repris son ancienne valeur par l'effet des réparations et l'a gardée jusqu'au lieu de destination où nous supposons qu'il arrive sans nouvelles avaries particulières. La contribution se réglant au prorata de ce qui a été sauvé, on ne saurait faire contribuer le navire à raison d'un seul capital aux deux avaries réunies (Desjardins, t. 4, n° 1066; J.-V. Cauvet, t. 2, p. 244).

1378. — V. DÉTERMINATION DE LA CONTRIBUTION. — Après que les deux masses ont été composées conformément aux règles précédentes, le règlement d'avaries fait la répartition entre les intéressés et détermine pour chacun le taux de la contribution; il n'y a pour cela qu'à faire une simple règle de proportion. — Un modèle de compte d'avaries et de contribution a été dressé par la cour de cassation, à la suite de ses observations sur le projet du code de commerce. Ce compte est reproduit au *Rép.* n° 1225, note 1 (V. aussi Boulay-Paty, t. 4, p. 574; Pardessus, t. 3, n° 749. Comp. de Valroger, t. 5, p. 455).

1379. Il a été jugé que les experts chargés de faire entre tous les intéressés la répartition d'une avarie, ont un mandat suffisant pour en déterminer les causes et la mettre à la charge de qui de droit (Req. 15 juill. 1872, aff. Valery, D. P. 73. 1. 150) : « Attendu, dit cet arrêt, que les experts avaient reçu de la justice mission, non seulement de constater et d'évaluer l'état des pertes et dommages subis par les marchandises, mais encore d'en faire la répartition entre les intéressés; que ce mandat impliquait la nécessité de rechercher et de déterminer les causes de l'avarie; qu'en effet, cette répartition devait être modifiée selon la nature des avaries et cessait même complètement si, au lieu de procéder d'une fortune de mer, l'avarie procédait du vice propre de la chose ou de la faute du capitaine, puisque, dans ce dernier cas, le dommage doit, aux termes de l'art. 405 c. com., être supporté par le propriétaire des marchandises, sauf son recours contre le capitaine et le fret; qu'on ne saurait admettre pour des experts un mandat judiciaire tel qu'ils dussent procéder à une répartition de dommages entre les parties intéressées, alors que la loi met ces avaries à la charge du capitaine et du navire ».

1380. Aux termes de l'art. 428, le capitaine et l'équipage sont privilégiés sur les marchandises ou le prix en provenant pour le montant de la contribution (*Rép.* n° 1228). Ainsi, en cas de refus de la part des contribuables de payer leur part dans la contribution, le capitaine ne peut retenir leurs marchandises et en faire ordonner la vente jusqu'à concurrence de cette part (arg. art. 306); il a seulement un privilège sur les marchandises soumises à contribution ou sur le prix en provenant, privilège qui, comme tous les privilèges ou comme tout autre droit de créance, s'exerce par voie de condamnation, de saisie et de vente judiciaire (*Rép.* n° 1228; Desjardins, t. 4, n° 1069; Lyon-Caen et Renault, t. 2, n° 1990; de Valroger, t. 5, n°s 2246 et 2247).

Comme on l'a vu au *Rép.* n° 1231, le capitaine, en principe, n'est pas responsable de la portion des insolvables, et cette portion se répartit entre les codébiteurs solvables (Lyon-Caen et Renault, t. 2, n° 1994; Desjardins, t. 4, n° 1069; de Valroger, t. 5, n° 2249). — Le privilège du capitaine, représentant de tous les intéressés s'exerce au nom et dans l'intérêt de toute la masse passive, navire et chargement; il garantit, par conséquent, même les frais de la dispache (Desjardins, t. 4, n° 1069). Le privilège de l'équipage ne garantit, au contraire, que les créances particulières des hommes de l'équipage (Conf. de Valroger, t. 5, n° 2245).

1381. Les contribuables sont tenus des intérêts du montant de leur contribution, à dater du jour de la demande en contribution formée en justice (Desjardins, t. 4, n° 1070), à moins que, à l'arrivée du navire, ils n'aient versé en espèces entre les mains des consignataires judiciaires, pour la garantie de leur part contributive éventuelle, une somme égale ou supérieure à la contribution mise définitivement à leur charge par le règlement (Trib. com. Havre, 9 mars 1880, aff. Napp et comp., *Recueil du Havre,* 1881. 1. 5).

1382. Il a été jugé que la juridiction commerciale du lieu de reste, appelée à redresser un règlement provisoire d'avaries fait par un consul au lieu de relâche, ne doit pas, en condamnant les assureurs devenus détenteurs du navire à restituer au chargeur la somme exigée en trop de ce dernier, comprendre dans la condamnation le change maritime qui a grevé un emprunt à la grosse fait au port de relâche par le capitaine, dans le but d'acquitter les obligations imposées par le règlement provisoire à la cargaison (Req. 13 févr. 1882, aff. Dreyfus, D. P. 82. 1. 129).

1383. On a dit *suprà*, n° 1365, que les frais du règlement d'avaries doivent être compris dans la masse à répartir. Si toutes les avaries sont communes, on ajoutera purement et simplement les frais au total de la masse passive (Desjardins, t. 4, n° 1071; de Valroger, t. 5, n° 2051). Si, au contraire, il y a à la fois des avaries communes et des avaries particulières, on devra faire une ventilation (Mêmes auteurs. Conf. Trib. com. Marseille, 19 juill. 1874, *Recueil de Marseille*, 1875. 1. 109; Trib. com. Havre, 14 juill. 1879, aff. Compagnie transatlantique, *Recueil du Havre*, 1879. 1. 260, et sur appel, Rouen, 24 févr. 1880, *ibid.*, 1880. 2. 291. V. *infrà*, n° 1390).

1384. Si, postérieurement à la répartition, les effets jetés sont recouvrés par leurs propriétaires, ceux-ci sont tenus de rapporter au capitaine et aux intéressés ce qu'ils ont reçu dans la contribution, sauf déduction des dommages causés par le jet et des frais de recouvrement, dommages et dépenses auxquels se réduit alors l'avarie commune à répartir entre les contribuables (*Rép.* n° 1232. Comp. *ibid.*, n°s 1162 et 1224; Desjardins, t. 4, n° 1058; Lyon-Caen et Renault, t. 2, n° 1992).

1385. Sur les fins de non-recevoir contre l'action en

contribution, V. *infrà*, chap. 9, sect. 2, et *Rép.* nos 2275 et suiv.

1386. Sur les règles du droit fiscal en matière de règlement d'avaries communes, V. *Rép.* v° *Consuls*, n° 52; *infrà*, vis *Enregistrement*, *Organisation maritime* (V. aussi Desjardins, t. 4, n° 1072).

1387. — VI. RÈGLEMENT DES AVARIES PARTICULIÈRES. — En cas d'avaries particulières, il n'y a pas lieu à règlement proprement dit, car ces avaries sont toujours à la charge du propriétaire de la chose (art. 404).

1388. Le sauvetage de la marchandise et son transport dans le lieu de déchargement donnent ouverture à une action contre le chargeur ou le destinataire, action qui tend, d'une part, au remboursement des frais de sauvetage, et, d'autre part, au payement du fret. Cette action en payement des avaries-frais n'oblige-t-elle le propriétaire de la marchandise que *propter rem*, c'est-à-dire porte-t-elle simplement sur la marchandise transportée et n'est-elle susceptible de s'exercer utilement que jusqu'à concurrence de la valeur de cette marchandise, ou bien porte-t-elle sur l'ensemble du patrimoine du débiteur? La cour d'Aix, dans un arrêt du 28 mars 1881 (aff. de Montricher, D. P. 84. 1. 449) s'était prononcée en faveur de cette dernière alternative, et, en tant qu'elle obligeait le destinataire au payement de la totalité du *fret*, on ne voit pas que sa décision ait soulevé aucune critique devant la cour de cassation saisie d'un pourvoi contre cet arrêt; en effet, l'obligation pour l'affréteur ou le réceptionnaire d'acquitter le fret dans son intégralité, même sur sa fortune de terre, ne paraît pas contestable. L'impossibilité de restreindre le payement à la valeur actuelle des marchandises résulte explicitement de l'art. 309 c. com., et l'impossibilité, pour l'affréteur, de se libérer par l'abandon de ces marchandises découle non moins formellement de l'art. 310; la généralité des termes employés par le législateur dans ces articles ne permet pas de supposer qu'il ait entendu déroger à la règle, soit dans l'hypothèse prévue par l'art. 293 c. com., soit dans le cas de transport complémentaire de la marchandise sur un autre bâtiment, conformément à la disposition du deuxième alinéa de l'art. 296. — Au contraire, la cour de cassation, dans l'arrêt qu'elle a rendu dans la même affaire, le 2 avr. 1884 (D. P. 84. 1. 449), a décidé que la cour d'Aix avait à tort imposé au consignataire l'obligation de rembourser intégralement les frais de sauvetage alors qu'ils excédaient la valeur de la marchandise. M. Levillain, dans une dissertation sur cet arrêt, critique la décision de la cour de cassation, et estime que les frais de sauvetage constituent pour les chargeurs une dette personnelle qui les oblige *in infinitum*, et qu'ils sont tenus, par conséquent, de payer intégralement, alors même que ces frais excéderaient la valeur des marchandises. Au reste, si le capitaine était en faute pour avoir entrepris un sauvetage onéreux, les dommages-intérêts auxquels il pourrait être condamné reconventionnellement se compenseraient, jusqu'à due concurrence, avec la somme qui lui est due à raison des frais dont il s'agit (Levillain, *loc. cit.* Comp. Desjardins, t. 4, n° 1049).

1389. La question résolue par la cour de cassation dans l'arrêt du 2 avr. 1884 (V. *suprà*, n° 1388) se rattache à une autre d'une portée plus générale, celle de savoir si le capitaine doit être considéré comme le mandataire des chargeurs et dans quelle mesure ces derniers peuvent être obligés par les engagements qu'il contracte, pour leur compte, en cours de voyage. Cette question a donné lieu dans la doctrine à une intéressante discussion. Plusieurs systèmes ont été proposés. — Suivant M. Levillain, *Dissertation* précitée, D. P. 84. 1. 449, « *le capitaine est le mandataire des chargeurs pour tout ce qui a trait à la conservation ou au transport des marchandises* ». Il lui appartient, dès lors, quand survient un sinistre, de prendre toutes les mesures nécessaires pour le sauvetage de la cargaison. L'art. 296 c. com. prescrit, en effet, au capitaine, en cas d'innavigabilité, d'affréter un nouveau navire pour y charger les marchandises, et l'on décide aujourd'hui, par la combinaison de cet article avec l'art. 293 c. com., que si la réunion du fret proportionnel acquis au capitaine et du fret qui est dû au second fréteur forme une somme supérieure au fret primitivement stipulé, cet excédent est à la charge des affréteurs (V. *suprà*, n° 1087). C'est donc qu'il existe un mandat entre le capitaine et l'affréteur : pourquoi, dès lors, dans toute autre circonstance, ce mandat ne produirait-il pas les conséquences ordinaires d'un tel contrat, c'est-à-dire d'obliger le mandant à payer tout le dû (sauf évidemment, en cas de faute du capitaine, son recours contre lui)? Cette solution est, dit-on, conforme à l'équité, et n'est d'ailleurs contredite par aucune disposition de la loi.

Le système que l'on vient d'exposer est très vivement combattu par M. de Courcy (*Revue critique*, 1885, p. 304 et suiv. ; *Questions de droit maritime*, t. 4, p. 183 et suiv. Conf. *ibid.*, t. 1, p. 221). « J'ai beau lire ma charte-partie, si j'en ai signé une, dit cet auteur (*Questions*, t. 4, p. 187), ou mon connaissement, je vois à quoi s'est obligé le capitaine en son nom et au nom de ses armateurs : à transporter mes marchandises. Je vois à quoi je suis obligé : à lui payer le prix du transport ou le fret. De mandat, je n'en aperçois pas trace... Tous les légistes enseignent avec raison qu'il est de l'essence du mandat d'être révocable. Je serais curieux qu'ils voulussent bien me dire comment je m'y prendrais pour révoquer le capitaine. » Le capitaine, d'ailleurs, est nommé par l'armateur; comment admettre que, de plein droit, il se trouve le représentant du chargeur, dont, en fait et en sa qualité de représentant de l'armement, il est presque toujours la partie adverse? L'art. 296 doit donc être considéré non pas comme une application du droit commun, mais comme une disposition exceptionnelle. L'équité, d'ailleurs, ne commande nullement cette solution, car il n'y a aucun motif pour sacrifier ici aux intérêts du capitaine les intérêts des chargeurs, que l'on expose à des responsabilités illimitées qu'ils n'ont pu ni prévoir, ni empêcher. M. de Courcy, *loc. cit.*, soutient donc que le capitaine *n'est en aucune façon le mandataire des chargeurs* ; il n'est nullement tenu de prendre les mesures de conservation de la marchandise que commande la situation ; et, s'il le fait, il agit comme *negotiorum gestor*, et, par conséquent, n'oblige le géré, le chargeur, que dans la limite de l'*utile*, c'est-à-dire du profit par lui recueilli (art. 1375 c. civ.) (de Courcy, *loc. cit.*, p. 210. Conf. Caen, 15 janv. 1867, rapporté par M. de Courcy, *ibid.*, p. 190; Motifs, Trib. com. Marseille, 15 nov. 1880, aff. de Montricher, *Recueil de Marseille*, 1881. 1. 47). N'est-ce pas, d'ailleurs, dit M. de Courcy, la doctrine admise en matière de transport terrestre? « Il ne me vient pas à l'idée que la compagnie P.-L.-M., se transformant de débitrice en créancière, puisse me réclamer 100000 fr., 200000 fr., une somme indéfinie, sous prétexte des dépenses qu'elle aura faites sans me consulter, dans l'intérêt prétendu de mes marchandises... ». Il y a là, croyons-nous, une erreur : les règles auxquelles le transport par mer est assujetti sont complètement distinctes de celles qui régissent le transport par terre. Le droit commun ne contient aucune disposition du genre de celles des art. 216, 228, 238, 241, 273, 288 et 296, etc. N'y a-t-il pas également exagération à prétendre que le mandat ne peut être que contractuel, qu'il ne peut résulter que d'un accord de volontés ? Il peut, dans certains cas, être légal : le tuteur, le syndic est le mandataire légal du mineur, de la faillite. Il n'est donc pas inadmissible, *à priori*, que l'on puisse, dans certains cas, considérer le capitaine comme le mandataire légal des chargeurs. Et même, sans aller jusqu'à attribuer au capitaine un mandat légal, ne peut-on pas lui supposer un mandat tacite, implicitement accordé par les chargeurs ? (c. civ. art. 1135, 1156 et suiv.).

M. Lyon-Caen, dans une note sur l'arrêt précité du 2 avr. 1884, se prononce pour un système intermédiaire. Selon lui, le capitaine n'est le mandataire des chargeurs que « dans une certaine mesure », c'est-à-dire *pour tout ce qui est nécessaire en vue de l'arrivée des marchandises saines et sauves à destination*. C'est ainsi qu'il a pouvoir d'opérer, pour sauver la cargaison, un sacrifice volontaire constituant une avarie commune ;... d'emprunter à la grosse sur les marchandises;... de faire les dépenses nécessaires pour opérer le sauvetage du chargement. D'ailleurs, dans tous les cas où le capitaine représente ainsi les chargeurs, M. Lyon-Caen estime, contrairement à l'opinion de M. Levillain, qu'il ne peut les engager au-delà de la valeur de la chose ; ce qui, d'ailleurs, ne signifie pas, comme le dit la cour de cassation dans l'arrêt précité, que l'action soit ici une action *réelle*. « La vérité, dit M. Lyon-Caen, est que l'action du capitaine contre le chargeur, à raison, soit d'une avarie commune, soit d'une dépense faite dans l'intérêt des marchandises est une action personnelle. C'est une action personnelle *in rem scripta.* » M. Lyon-Caen invoque à l'appui de son système différentes considérations historiques et des inductions tirées de plusieurs dispositions du code de commerce, notamment des art. 216, 381, 417 et 424. — L'argument d'analogie qu'il prétend tirer de la disposition de l'art. 216 ne nous paraît pas pouvoir être admis. Il serait dangereux, en effet, de vouloir l'appliquer aux relations du capitaine avec les chargeurs; car, d'une part, la disposition, par son caractère exceptionnel, comme par les termes dans lesquels elle est conçue, résiste à cette application; et, d'autre part, on s'expose, en invoquant le paragraphe 2 de l'art. 216, à voir soutenir qu'il y a lieu d'appliquer également le premier alinéa du même article, qui édicte la responsabilité civile du propriétaire du navire pour les fautes du capitaine. Enfin on peut objecter au système de M. Lyon-Caen que sa formule manque de précision : les expressions « l'arrivée des marchandises *saines et sauves* » ne déterminent pas suffisamment la portée de la règle. Signifient-elles seulement que le capitaine doit faire tout ce qui est nécessaire pour que la marchandise ne souffre pas du transport, veiller au déchargement, rechargement, magasinage, acquitter les droits à payer, etc. ? Signifient-elles, au contraire, que le capitaine ne doit pas borner là son rôle, mais encore se comporter, en cours de route, comme le véritable gérant de la chose et prendre toutes les mesures que peut nécessiter la nature de la marchandise transportée?

M. Laurin, dans une étude insérée dans les *Annales de droit commercial*, t. 1, p. 5, tout en adoptant le système de M. Lyon-Caen, propose de donner à la formule de cet auteur plus de précision et d'exactitude, et de dire que le capitaine est le mandataire des chargeurs, mais *pour ce qui concerne le transport seulement :* « Les mesures de conservation qu'il peut prendre et qui auraient pour résultat d'obliger le chargeur vis-à-vis des tiers avec lesquels il a pu contracter, sont celles-là *seules*, sans lesquelles le transport ne pourrait pas s'effectuer... Mais ici le transport, par les conditions mêmes dans lesquelles il s'exécute, par les éventualités qu'il peut faire naître, nous paraît comporter, pour le capitaine, des pouvoirs, et par suite un mandat bien autrement large que celui qui appartiendrait à tout autre transporteur; les art. 296, 391, 393 et 397 et suiv. sont décisifs en ce sens. Comment comprendre que le législateur eût, dans les divers cas par lui prévus, conféré de pareils pouvoirs au capitaine, s'il n'avait pas vu en lui le tuteur, le conciliateur, et par suite le représentant du double intérêt du navire et du chargement? — Mais, dans cette limite et avec ce cantonnement, le chargeur n'est tenu qu'*intra vires*, c'est-à-dire jusqu'à concurrence de la valeur de la chose sauvée seulement... Nous croyons que les art. 381, 417 et 424, auxquels il faut ajouter, quoi qu'on en dise, l'art. 401 si énergique en sa concision, imposent cette solution. Le législateur n'a pas pu admettre qu'un mandat aussi circonscrit dans son application, aussi fortuit, aussi exceptionnel que celui qu'il conférait au capitaine, en vînt à absorber toute la valeur de la chose, et par conséquent à occasionner un préjudice au chargeur. Il n'a donc pas indiqué de limite à l'engagement du chargeur parce que cette limite était dans la nature des choses ».

1390. Il est rare, ainsi que le fait observer M. Desjardins, t. 4, n° 1030, qu'il n'y ait pas, dans les naufrages et dans les sinistres majeurs suivis de sauvetage, des frais faits : 1° à la fois pour le navire et la cargaison; 2° pour la cargaison entière; 3° pour diverses catégories de marchandises appartenant à différents chargeurs. Comment opérera-t-on, en ce cas, la répartition de ces avaries-frais? On devra, d'abord, déterminer, si on le peut, dans quelle proportion le navire et la cargaison ont causé les frais généraux (frais de sauvetage du navire et de la cargaison, frais de dépêche, etc.), ou, ce qui arrivera le plus souvent, si l'on ne peut déterminer cette proportion, les répartir proportionnellement à la valeur des effets sauvés dans le lieu où a été opéré le sauvetage (Desjardins, *loc. cit.;* de Valroger, t. 5, n° 2084; J.-V. Cauvet, t. 2, n° 444). — La répartition des frais concernant la cargaison entière s'établit entre les diverses marchandises proportionnellement à leur poids et à leur volume, ou proportionnellement à leur valeur, selon la nature de ces frais ; ainsi les frais de main-d'œuvre, transport, etc., seront répartis proportionnellement au volume (*Ibid.*). Quant aux frais du règlement d'avaries lui-même (expertises, etc.), si toutes les avaries sont particulières, ils se classeront suivant l'application qu'ils ont eue, s'il est possible de la déterminer, sinon proportionnellement aux dépenses que chaque constatation de dommage, prise isolément, a dû occasionner (Desjardins, t. 4, n° 1071). S'il y a tout à la fois des avaries communes et des avaries particulières, on devra ainsi qu'on l'a déjà dit *suprà*, n° 1383, faire une ventilation (Desjardins, *ibid.* Conf. Desjardins, t. 4, n° 1017).

1391. En cas d'avarie particulière, le propriétaire de la marchandise endommagée a, en vertu de l'art. 405 c. com., un recours contre le capitaine et le propriétaire du navire responsable des faits du capitaine en vertu de l'art. 216. Et il a le droit, non seulement de faire contribuer au dommage le capitaine ou le propriétaire du navire, mais encore de s'en faire payer intégralement le montant, conformément à la règle posée dans l'art. 221 ;... sauf la faculté réservée au propriétaire du navire par l'art. 216 de se libérer par l'abandon du navire et du fret (*Rép.* n° 1130). Celui qui exerce ainsi un recours en payement d'indemnité doit établir le *quantum* du préjudice éprouvé, et, par suite, le *quantum* de l'avarie. Les règles formulées pour la fixation de l'avarie commune trouvent alors leur application, dans une certaine mesure. Cette action est, quant aux formes, soumise aux dispositions de droit commun du code de procédure civile.

1392. — VII. CONFLITS DES LOIS EN MATIÈRE D'AVARIES. — La question de savoir quelle est la loi applicable en matière de règlement d'avaries, soit à l'effet de reconnaître s'il y a avarie commune ou particulière, soit à l'effet de déterminer la proportion suivant laquelle, dans le premier cas, chaque cointéressé contribuera, ne soulève aucune difficulté toutes les fois que le navire emprunte sa nationalité à la contrée dont dépend le lieu de reste et où s'opère le règlement. Nul doute, par exemple, que la loi française ne soit applicable quand, le navire étant français, le lieu de reste est un port de France, ou, ce qui revient au même, quand le lieu de reste est un port étranger, mais que le règlement se poursuit devant le consul de France. Au contraire, lorsque le port où se termine le voyage dépend d'un pays autre que celui dont le navire a revêtu la nationalité, par exemple, quand, le chargement ayant lieu et le règlement s'opérant dans un port français, le navire est anglais, le problème devient plus délicat. Au point de vue des formes suivant lesquelles le règlement devra s'accomplir, on n'hésitera pas à appliquer la législation en vigueur dans la localité où stationne le bâtiment et où s'exécutent les opérations ; il n'y a pas de raison en effet pour déroger à la règle, *locus regit actum* (Lyon-Caen, *Etudes de droit international privé maritime*, n° 59 ; Desjardins, t. 4, n° 968. Comp. Req. 11 févr. 1862, aff. Vasquez, D. P. 62. 1. 247). Mais quant au fond, c'est-à-dire quant à la fixation du caractère de l'avarie et à la détermination du mode de répartition à adopter, il y a divergence entre les interprètes. Presque tous les auteurs, ainsi que la jurisprudence, appliquent la loi en vigueur *dans le port de débarquement ;* ils n'admettent d'exception à cette règle que dans le cas où tous les intéressés auraient la même nationalité ; alors ils reconnaissent qu'il convient d'appliquer la loi qui régit ces derniers (Rouen, 7 juin 1856, aff. Young, *Recueil de Marseille*, 1857. 2. 148 ; Caen, 4 mars 1863, *Recueil du Havre*, 1863. 2. 195 ; Trib. com. Marseille, 25 juin 1868, *Recueil de Marseille*, 1868. 1. 262 ; Trib. sup. com. Leipzick, 23 déc. 1872, aff. Drummond, *Journal de droit international privé*, 1874, p. 133 ; Trib. com. Havre, 28 mars 1877, aff. Schierloh, *ibid.*, 1878, p. 157; C. de la Haye, 11 févr. 1878, aff. Veder, *ibid.*, 1879, p. 311 ; Rouen, 20 mars 1878, aff. Miller, *ibid.*, 1878, p. 599 ; Asser et Rivier, *Eléments de droit international privé*, n° 119 ; Govare, p. 185 et suiv. ; Frignet, t. 2, n° 537 ; Desjardins, *loc. cit.* Comp. de Courcy, t. 1, p. 233; de Valroger, t. 5, n° 2173). Ce système n'est qu'une conséquence de la théorie que nous avons exposée, *suprà*, n° 1327. La *réalité* de l'action en contribution implique, en effet, à la fois, la compétence du juge du lieu du déchargement et, *a fortiori*, l'application du statut réel. N'y a-t-il pas, d'ailleurs, une connexité naturelle entre l'attribution de compétence au juge local et l'application de la loi locale? — M. Lyon-Caen, *op. cit.*, n° 56, estime, cependant, que l'on doit se conformer à la loi *du pavillon :* il n'y a pas, selon lui, de lien indissoluble entre les règles de forme et les règles de fond. L'application de la *lex rei sitæ* qui, en thèse générale, est contestée par cet auteur en matière de droit maritime, aurait, d'ailleurs, dans l'espèce, de nombreux inconvénients pratiques et serait fort souvent contraire à l'intention des parties: celles-ci, lorsqu'elles ont contracté, ont entendu s'en remettre à la loi du pays du navire plutôt qu'à celle du pays où aura lieu le règlement d'avaries, car souvent le port de reste ne peut être connu d'avance des parties, soit que le navire ait une destination alternative, soit qu'un événement imprévu vienne à l'arrêter en cours de route (Conf. Lyon-Caen et Renault, t. 2, n° 2000; Droz, t. 2, n° 475; Hoeschter et Sacré, t. 2, p. 1008). La cour de Rouen semble se rallier à ce système, lorsqu'elle dit (Rouen, 22 mai 1883, aff. Brigonnet, D. P. 85. 1. 137): « Attendu qu'il convient de retenir qu'il s'agit, en l'espèce, d'un engagement contracté en Angleterre, entre Anglais, sur un navire anglais, et que, dans ce milieu et dans ces conditions, s'il faut rechercher la pensée commune des parties et l'étendue de leurs conventions, on doit nécessairement arriver à cette conclusion que les parties ont entendu donner à la clause « sur le pont, aux risques des chargeurs », cette signification, dès lors, normale pour eux, à vrai dire, et en harmonie avec la législation, que le navire et son chargement seraient affranchis de toute contribution pour le cas d'avaries ou de perte de la marchandise chargée sur le pont » (Conf. Desjardins, t. 4, n° 968; Lyon-Caen, *Etudes de droit international privé maritime*, n°s 55 et suiv. Comp. *suprà*, n°s 1305 et suiv.).

1393. Nous devons signaler en terminant que l'*Association pour les progrès et la codification du droit des gens* a formulé, relativement au règlement des avaries communes, un ensemble de règles dont elle recommande l'adoption à toutes les nations maritimes. A raison des villes où se sont réunis, en 1864 et 1877, les congrès de cette association qui les ont posées, ces règles sont désignées sous le nom de *Règles d'York et d'Anvers;* MM. de Courcy, t. 1, p. 265; de Valroger, t. 5, n° 1992, en ont publié le texte. MM. Desjardins, *op. cit.*, t. 4; de Valroger, t. 5, les ont commentées et comparées aux dispositions du code français. Jusqu'ici, ces règles n'ont été consacrées par aucune législation.

Le *Congrès international du droit commercial* réuni une première fois à Anvers en septembre 1885, puis à Bruxelles en octobre 1888, a adopté une série de résolutions relatives les unes à un projet de convention internationale pour régler les principaux conflits de lois qui se présentent en matière maritime, les autres à un projet de législation type, que le congrès propose aux nations maritimes. Les résolutions du congrès de 1885, dont les art. 5, 21 à 25 sont relatifs aux avaries, ont été rapportées *suprà*, n° 45, en note. Celles du congrès de 1888, concernant le projet de législation uniforme sur les avaries communes, sont formulées dans les dispositions suivantes : « Art. 1er. Les avaries communes sont les dépenses extraordinaires et les sacrifices faits volontairement par le capitaine ou d'après ses ordres, pour le bien et salut commun du navire et du chargement. — Art. 2. Sont notamment considérées comme avaries communes : — *a)* Les dommages résultant du sacrifice de marchandises, mâts, machines, agrès ou apparaux, et en général de tout objet faisant partie du navire ou de la cargaison; ces dommages comprennent, non seulement la valeur des choses sacrifiées, mais encore toutes les détériorations éprouvées par le navire ou le chargement et qui sont la conséquence directe et immédiate du sacrifice de ces choses. — Sont compris dans ces dommages ceux occasionnés aux choses employées à un usage auquel elles n'étaient pas destinées; il en est autrement des conséquences préjudiciables résultant d'un usage excessif, mais conforme à la destination des choses, tel qu'un forcement de voiles ou un forcement de vapeur; — *b)* Les dommages causés par l'échouement volontaire, effectué en vue d'éviter la perte totale ou la prise du navire et du chargement, y compris ceux qui résultent de la remise à flot du navire échoué et les frais de celle-ci; — *c)* Les dommages causés au navire et aux marchandises non atteintes par le feu, à l'effet d'éteindre un incendie survenu à bord; — *d)* Les dommages causés au navire ou à la cargaison pour empêcher le navire de sombrer; — *e)* Les sacrifices faits dans le but d'éviter un abordage; — *f)* Les frais d'allègement et de transbordement extraordinaires; et, en cas d'échouement et de relâche forcée, les frais de déchargement, emmagasinage et rechargement de la cargaison, et les dommages qui sont la conséquence directe et immédiate de l'un de ces faits; — *g)* Les autres frais de relâche forcée relatifs au navire, y compris les loyers et la nourriture de l'équipage pendant la relâche. Les frais de relâche n'entrent en ligne de compte qu'aussi longtemps que dure la cause qui a amené la relâche; — *h)* Les frais de séjour extraordinaires dans un port d'escale que l'approche de l'ennemi ou des pirates empêche de quitter; — *i)* Les dommages et les frais occasionnés par la défense du navire et de la cargaison contre l'ennemi ou les pirates; sont compris dans ces frais et dommages, les frais de maladie, frais funéraires et indemnités à payer au cas où des personnes de l'équipage ont été blessées ou tuées en défendant le navire; — *j)* L'indemnité d'assistance; — *k)* Les frais résultant des levées d'argent faites en cours de voyage pour payer les avaries communes, ainsi que les frais de liquidation des avaries communes. Sont compris dans ces frais : les pertes sur marchandises vendues en cours de voyage, le profit maritime de l'emprunt à la grosse, la prime d'assurances des sommes employées, ainsi que les frais de l'expertise nécessaire pour dresser le compte des avaries communes. — Art. 3. Les marchandises chargées sur le pont, excepté dans le cas où la loi permet ce mode de chargement, les marchandises sans connaissement et qui ne sont portées ni dans le manifeste, ni dans le registre de chargement, les agrès ou appareils non inventoriés ne sont pas admis en avaries communes. — Art. 4. Il y a lieu de répartir l'avarie commune par contribution dès que le navire ou la cargaison est sauvé, en tout ou en partie. — Il importe peu que le salut, au lieu de procéder directement du sacrifice, se produise par suite de circonstances indépendantes. — Art. 5. La masse qui doit contribuer se compose : — *a)* De la valeur nette intégrale qu'auraient eue, au moment et au lieu du déchargement, les choses sacrifiées, y compris le fret payé d'avance; — *b)* De la valeur nette intégrale qu'ont, aux mêmes lieu et moment, les choses sauvées, même celles spécifiées à l'art. 3 ci-dessus, y compris le fret payé d'avance, ainsi que du montant du dommage qui leur a été causé pour le salut commun. — *c)* Du fret et du prix du passage, s'ils sont encore dus; les frais qui eussent été épargnés, si le navire et la cargaison s'étaient perdus totalement au moment où l'avarie commune s'est produite, seront déduits du fret et du prix du passage. — Les effets des gens de mer, les bagages des passagers, les munitions de guerre et les provisions de bouche, dans la mesure nécessaire au voyage, bien que remboursés par contribution, ne font pas partie de la masse qui doit contribuer. — Art. 6. La masse à indemniser par contribution se compose : *a)* De la valeur nette intégrale qu'auraient eue, au moment et au lieu du déchargement, les choses sacrifiées sans déduction du fret. Lorsqu'il s'agit du navire, la valeur est fixée par le coût des réparations, sous déduction, s'il y a lieu, de la différence du vieux, du neuf et du prix de vente des vieilles pièces remplacées; — *b)* De la différence entre la valeur nette intégrale qu'ont aux mêmes lieu et moment les choses endommagées, et celle qu'elles auraient eue si elles n'avaient pas été endommagées; — *c)* Des dépenses extraordinaires faites conformément à l'art. 1er. — Art. 7. Les règles relatives à l'avarie commune doivent s'appliquer, même lorsque le danger, cause directe du sacrifice ou de la dépense, a été amené, soit par la faute du capitaine, de l'équipage ou d'une personne intéressée au chargement, soit par le vice propre du navire ou de la marchandise. — Le recours que donne la faute ou le vice propre est indépendant du règlement de l'avarie commune. — Art. 8. Toutes les avaries communes successives se règlent simultanément, à la fin du voyage, comme si elles ne formaient qu'une seule et même avarie. Il n'en est autrement que lorsqu'une marchandise est embarquée ou débarquée en un port d'échelle et pour cette marchandise seulement. — Art. 9. Le règlement d'avarie s'opère au port de reste ».

CHAP. 7. — Du contrat à la grosse (*Rép.* nos 1235 à 1425).

1394. Le contrat ou prêt à la grosse qui a été défini au *Rép.* n° 1235 n'est plus aujourd'hui d'un usage fréquent. A l'origine, à côté des avantages qu'il présente encore, il offrait seul celui de permettre à l'armateur ou au chargeur du navire de se prémunir contre les risques et périls de mer. On comprend toute l'utilité que pouvait présenter une semblable convention, alors que les assurances maritimes n'étaient pas encore connues. « L'emprunt à la grosse, dit M. de Valroger, t. 3, p. 2, était le plus souvent contracté au début d'une opération maritime ; tantôt c'est un propriétaire de navire qui emprunte sur le navire pour le mettre en état de prendre la mer, tantôt c'est un marchand qui, pour se procurer des fonds nécessaires ou rentrer dans ses déboursés, emprunte à la grosse aventure sur les marchandises qu'il expédie, et se met ainsi à l'abri des risques de mer. » Mais, s'il permettait au négociant de se prémunir contre les risques de mer, le prêt à la grosse était en même temps beaucoup plus onéreux que l'assurance, en raison du taux du profit maritime, toujours bien plus élevé que celui de la prime, et qui venait grever le bénéfice dans une proportion considérable au cas d'heureuse arrivée. Aussi n'est-il pas étonnant que le contrat d'assurances ait obtenu la faveur du commerce et ait été bientôt employé de préférence au prêt à la grosse, comme moyen préventif contre les risques de mer. En outre, avant même que la loi du 10 déc. 1874 (art. 27, D. P. 75. 4. 64), eût supprimé le privilège du prêteur dans le cas de prêt antérieur au départ, il était beaucoup plus facile de contracter une assurance que de réaliser un emprunt à la grosse. Le prêteur préfère généralement s'engager pour une éventualité d'une réalisation douteuse, qui le laisse en possession de ses capitaux jusqu'à ce qu'elle se soit produite, plutôt que de verser immédiatement une somme dont il devra poursuivre, en cas d'heureuse arrivée, la restitution quelquefois douteuse et difficile à obtenir. Enfin actuellement, le prêteur avant le départ n'ayant plus de privilège sur le navire, est dans une situation particulièrement périlleuse. L'emprunteur, de son côté, a une situation beaucoup moins favorable que l'assuré : le prêteur se trouvant obligé d'augmenter d'autant plus le taux du profit maritime que ses risques sont plus considérables, l'emprunteur supporte nécessairement des charges beaucoup plus grandes que l'assuré pour ne pas recueillir un avantage plus important.

1395. Le contrat à la grosse reste toutefois fort utile comme instrument de crédit, et il offre encore au propriétaire d'un navire un moyen certain de se procurer des fonds, en présence d'une nécessité impérieuse et immédiate. Mais comme, dans ce cas même, au port d'attache, le propriétaire trouve le plus souvent un moyen tout aussi sûr et moins aléatoire dans l'hypothèque maritime (V. *suprà*, nos 445 et suiv.), le prêt à la grosse ne reste plus guère usité que lorsqu'il est pratiqué par le capitaine en cours de voyage, comme suprême ressource pour subvenir aux frais de l'expédition. — Le projet de réforme de 1865 ne l'admettait que dans cette hypothèse, et il en est de même de plusieurs législations étrangères (V. notamment : Loi belge de 1879, art. 156 ; c. com. allemand, art. 680).

Au cours d'un voyage, le capitaine, lorsqu'il n'existe pas de correspondants de l'armateur dans la localité où il se trouve, ne peut, pour se procurer les fonds dont il a besoin, recourir qu'à l'emprunt, soit pur et simple, soit avec dation d'hypothèque, ou à l'emprunt à la grosse. Sans parler de l'emprunt pur et simple qui, en dehors de circonstances toutes spéciales, est particulièrement difficile en raison des faibles garanties qu'il offre au prêteur, l'emprunt avec dation d'hypothèque en cours de voyage est devenu moins facilement réalisable depuis que l'art. 26 de la loi du 10 déc. 1874 a été abrogé par l'art. 33 de la loi du 10 juill. 1885 (D. P. 86. 4. 17) (V. *suprà*, nos 537 et suiv.). L'emprunt à la grosse reste donc la ressource la plus pratique pour le capitaine qui relâche dans un port éloigné de toute communication avec son port d'attache, et qui n'y trouve aucun correspondant de l'armateur. Mais cette situation spéciale tend à devenir de plus en plus rare. La transformation presque générale des conditions du commerce maritime, conséquence de la rapidité des voyages, de l'extension des relations internationales, et du développement de plus en plus grand de la marine à vapeur au détriment de la marine à voile, enfin l'accroissement du nombre et de la puissance des grandes compagnies de navigation, rendent à la fois les communications entre les différents ports plus faciles et l'absence de relations plus rare. Dans presque tous les ports de quelque importance, les grandes compagnies de navigation et les principaux armateurs ont des correspondants ou entretiennent des agents qui se chargent de remettre aux capitaines les fonds que nécessitent les événements imprévus du voyage, et leur évitent ainsi la nécessité de recourir à une convention toujours onéreuse (V. Lyon-Caen et Renault, t. 2, nos 2320 et 2321). « Le télégraphe, dit M. Desjardins, t. 5, n° 1153, p. 219, a beaucoup contribué à ce changement. Aujourd'hui quand un navire entre en relâche pour avaries à Valparaiso, à Montevidéo, à Rio de Janeiro, à Calcutta, à Hong-Kong, l'armateur le sait le lendemain. Il y a des banquiers et des sociétés de crédit qui ont des relations suivies avec tous ces points. Rien de plus facile que d'ouvrir un crédit et par dépêche, sans le moindre retard des opérations du navire. »

1396. La jurisprudence postérieure à la publication du *Répertoire* n'offre, en raison de la rareté du contrat à la grosse, qu'un nombre relativement restreint de décisions. Ce contrat, cependant, n'a pas cessé d'offrir un certain intérêt au point de vue juridique ; il a même donné lieu à une disposition législative récente. La loi du 12 août 1885 (D. P. 86. 4. 22) (V. *suprà*, n° 26) a modifié l'art. 315 c. com. et autorisé le prêt à la grosse sur le fret à faire et le profit espéré, qui était autrefois prohibé par les art. 318 et 334 c. com. En outre, elle a modifié l'art. 334 et autorisé l'assurance des sommes prêtées à la grosse et du profit maritime. Cette dernière innovation permet d'enlever au contrat à la grosse une part considérable de l'aléa qu'il renferme, en donnant au prêteur le moyen de diminuer ses chances de perte (V. sur cette question : le rapport de M. Griolet au conseil d'État, D. P. 86. 4. 25, note 2).

SECT. 1re. — DES CARACTÈRES GÉNÉRAUX DU CONTRAT A LA GROSSE (*Rép.* nos 1237 à 1244).

1397. Le contrat à la grosse est un contrat réel en ce que, dit M. Desjardins, t. 5, n° 1135, on prête à la chose plus qu'à la personne. Quelques auteurs cependant ont voulu de nos jours établir à cet égard une distinction entre l'emprunt contracté par le propriétaire avant le départ et l'emprunt contracté par le capitaine en cours de voyage. Tandis que l'emprunt du capitaine n'obligerait que la chose, l'emprunt contracté par le propriétaire, avant le départ, obligerait en outre le propriétaire personnellement. — Cela reviendrait à ne reconnaître comme emprunt à la grosse, ainsi que le voulait M. de Courcy, *Questions de droit maritime*, t. 1, p. 35, que celui contracté par le capitaine au cours du voyage, et c'est ce qui résultait des modifications apportées au code de commerce par le projet de revision de ce code en 1867. Mais ce projet n'a pas abouti, et la loi du 10 déc. 1874 sur l'hypothèque maritime s'est bornée, comme on l'a vu *suprà*, n° 1394, à supprimer le privilège du prêteur avant le départ. Mais, comme le remarque M. de Valroger, t. 3, p. 13, rien n'a été changé pour les prêts aux marchandises dont la loi de 1874 n'avait pas à s'occuper. On ne peut donc, sans arbitraire, modifier le caractère du contrat à la grosse, suivant qu'il est contracté par le capitaine ou par le propriétaire. Cependant, on doit faire, dans une certaine mesure, une distinction entre ces deux cas d'emprunt à la grosse. « Le capitaine, dit M. de Valroger, t. 3, p. 14, ne peut engager les propriétaires du navire que dans les limites de l'art. 216, et quant aux propriétaires des marchandises, il ne saurait davantage les obliger sur leur fortune de terre ».

1398. Les autres caractères du contrat à la grosse sont, suivant M. Desjardins, t. 5, n° 1135, d'être intéressé de part et d'autre, unilatéral, aléatoire et conditionnel. Le caractère aléatoire du contrat subsiste, malgré les modifications qui ont été apportées comme on l'a vu *suprà*, n° 1396, aux art. 315 et 334 c. com. Ces modifications permettent simplement d'atténuer l'aléa que présente ce contrat ; elles ne le font nullement disparaître (Bravard et Demangeat, t. 4, p. 469).

1399. L'emprunt à la grosse ne peut-il être contracté qu'en vue d'une expédition maritime ? Les auteurs sont divisés sur cette question, au moins en ce qui concerne l'emprunt contracté par le propriétaire, car, pour ce qui regarde l'emprunt fait par le capitaine, tous s'accordent à reconnaître qu'il ne peut être souscrit que pour les besoins de l'expédition. — D'après un premier système, il n'est pas de l'essence du contrat que les fonds empruntés soient employés à la chose sur laquelle ils sont affectés, et les droits du prêteur, s'acquérant par le contrat et la délivrance de l'argent joint au fait que la chose affectée est exposée à des risques de mer, ne dépendent pas de l'emploi des avances (J.-V. Cauvet, *Traité des assurances*, t. 1, p. 155; de Courcy, t. 1, p. 34). — L'opinion contraire était nettement enseignée par Émerigon, *Contrat à la grosse*, chap. 1er, sect. 3, § 1er, et Valin, *Commentaire de l'ordonnance*, liv. 1er, tit. 14, art. 16; ces auteurs étaient d'accord pour reconnaître comme emprunt à la grosse celui-là seul qui était fait en vue d'une expédition maritime, dans l'intérêt du navire ou de la marchandise affectée au prêt; et cette doctrine semble avoir été suivie par les rédacteurs du code de commerce. Notamment l'ancienne disposition de l'art. 191, n° 9, qui accordait un privilège sur le navire, pour le prêt à la grosse avant le départ, supposait expressément que le prêt avait été fait pour radoub, victuailles, armement et équipement. — Mais, si le code paraît s'être inspiré de la doctrine d'Emérigon, ce n'est pas à dire qu'il ait entendu se l'approprier entièrement. Il nous semble que, dès l'instant où les éléments essentiels du contrat à la grosse sont réunis, c'est-à-dire qu'il y a une somme d'argent prêtée, une chose sur laquelle le prêt est fait, des risques maritimes auxquels cette chose est exposée et enfin une somme convenue au profit du prêteur en cas d'heureuse arrivée (*Rép.* n° 1243), on n'a pas à se préoccuper de l'emploi de la somme empruntée. « Alors même qu'il serait prouvé, dit M. de Valroger, t. 3, n° 968, que le propriétaire d'un navire aurait emprunté sur le navire pour une cause étrangère au navire, je ne crois pas qu'en l'absence d'un texte et contrairement à l'intention des parties, on puisse aujourd'hui réduire ce prêt aux effets d'un prêt pur et simple. Seulement il est bien entendu que le porteur ne pourra faire valoir son privilège sur le navire que s'il est dans les conditions « prescrites par les art. 191, n° 7, et 192, n° 5 ». C'est également notre opinion, et nous estimons qu'il y a contrat à la grosse dès l'instant que l'objet sur lequel le prêt est fait, et qui est affecté au remboursement de ce prêt, est exposé aux risques de mer. Mais c'est là une condition essentielle. En effet, l'existence de risques maritimes auxquels la chose soit exposée est, par excellence, l'élément essentiel, à défaut duquel le contrat ne peut se former. Le prêt à la grosse est d'une manière absolue subordonné à la mise en risque de la chose affectée au remboursement de la chose prêtée.

1400. Le plus ordinairement, la chose prêtée consiste en une somme d'argent; mais il n'est pas douteux qu'on puisse également prêter toutes les choses fongibles et spécialement toutes denrées et marchandises (Lyon-Caen et Renault, t. 2, n° 2326; Desjardins, t. 5, n° 1136; de Valroger, t. 3, n° 976. — V. toutefois : Boistel, n° 1431). La chose affectée au remboursement du prêt peut également consister en tout objet qui soit dans le commerce, pourvu qu'il puisse être soumis aux risques de mer, et qu'il y soit réellement soumis (de Valroger, t. 3, nos 1019 et 1020; Desjardins, *loc. cit.*). Enfin le profit maritime peut ne pas consister en une somme d'argent et être représenté, par exemple, par un avantage au profit du prêteur, tel qu'une part des bénéfices à faire sur les objets affectés.

SECT. 2. — DES FORMES DU CONTRAT A LA GROSSE (*Rép.* nos 1245 à 1280).

1401. Actuellement, on s'accorde à reconnaître qu'en prescrivant de passer le contrat à la grosse devant notaire ou de le rédiger sous signature privée, l'art. 311 c. com. a eu en vue la preuve seule du contrat. C'est uniquement dans le but d'assurer cette preuve, et non pas à titre de formalité essentielle, que cet article exige la rédaction d'un écrit. La controverse que nous avons signalée au *Rép.* n° 1245 n'existe donc plus. — Mais si l'existence d'un écrit n'est pas indispensable à la validité du contrat à la grosse, et s'il peut, par conséquent, y être suppléé, suffirait-il pour établir l'existence du contrat d'invoquer soit des présomptions, soit la preuve testimoniale, et le pourrait-on, en l'absence d'un commencement de preuve par écrit, pour une somme excédant 150 fr. ?

L'admissibilité de la preuve testimoniale au-dessous de 150 fr. est enseignée par MM. Bédarride, n° 834; Boistel, n° 1428, et par M. de Valroger, t. 3, n° 989, qui fait d'ailleurs remarquer le peu d'importance pratique de la question, à cause de la rareté des prêts à la grosse inférieurs à 150 fr. Ce système se fonde principalement sur ce qu'une addition proposée au texte de l'art. 311 par la cour de Rennes, lors de la rédaction du code de commerce, et suivant laquelle « la preuve n'est pas reçue par témoins quelle que soit la modicité de la somme », a été rejetée par le législateur. Ce rejet semblerait indiquer la volonté d'autoriser la preuve testimoniale au-dessous de 150 fr.

1402. Nous avons admis au *Rép. loc. cit.* que la preuve par témoins serait admissible même au-dessus de 150 fr. sans être appuyée d'un commencement de preuve par écrit. Mais cette opinion fondée sur l'exception qui résulte de l'art. 1341 c. civ. en faveur des matières commerciales a été rejetée par la jurisprudence et les auteurs. On a fait remarquer que le droit maritime consacre de nombreuses dérogations à la règle de l'art. 109 c. com., et la cour de cassation refuse d'appliquer cet article aux conventions qui, à raison de leur nature ou de dispositions expresses, doivent être prouvées par écrit. Le prêt à la grosse rentre, dit-on, dans cette catégorie étant donnés les termes de l'art. 311 (Civ. cass. 29 mars 1859, aff. Amiez, D. P. 59. 1. 149; de Valroger, t. 3, n° 989; Boistel, n° 1428; Desjardins, t. 5, n° 1137; Lyon-Caen et Renault, nos 2098 et 2337).

Alors même qu'il existe un commencement de preuve par écrit, tous les auteurs n'admettent pas la recevabilité de la preuve testimoniale (V. notamment de Valroger, t. 3, n° 990. — *Contrà :* Desjardins, t. 5, n° 1137). — Dans tous les cas, comme le remarque M. de Valroger, t. 3, n° 991, il est des cas où l'on ne peut repousser la preuve testimoniale ou la preuve par présomptions : c'est lorsqu'il s'agit non pas de prouver, mais de compléter ou d'interpréter l'acte de grosse. — Enfin on admet comme équivalent d'un acte écrit l'aveu ou le serment (de Valroger, t. 3, n° 992). Mais, comme on l'a vu au *Rép.* n° 1246, l'aveu ou le serment ne peut avoir d'effet qu'entre les parties et ne saurait être opposé aux tiers.

1403. La preuve du contrat à la grosse nous paraît pouvoir résulter des livres et de la correspondance des parties. En effet, l'art. 311 c. com., à la différence de l'art. 195, n'exige pas un *acte* écrit et ne prescrit pas la rédaction d'un acte *ad solemnitatem*, comme ce dernier article. On ne saurait donc étendre au contrat à la grosse la doctrine consacrée par la jurisprudence de la cour de cassation en matière de vente de navire, et d'après laquelle le mot *acte* est employé par ce dernier article dans un sens limitatif qui exclut les livres et la correspondance (V. *suprà*, n° 163). A supposer, d'ailleurs, que la rédaction de l'art. 311 laissât place au doute, cette considération suffirait, comme le remarque M. de Valroger, t. 3, n° 988, pour faire préférer l'interprétation la moins formaliste et la plus conforme aux habitudes du commerce. « Pourquoi, dit-il, les livres ne pourraient-ils pas faire preuve, quand ils constituent un aveu écrit de la partie? Quant à la correspondance, quoique l'art. 109 la distingue des actes sous seing privé, ne peut-on pas dire qu'elle constitue souvent elle-même un acte divisé seulement en deux parties ? »

1404. On a vu *suprà*, n° 1398, et *Rép.* n° 1243, que le contrat à la grosse est un contrat unilatéral; il en résulte, comme conséquence directe, que ce contrat, lorsqu'il est constaté par un acte sous seing privé, n'a pas besoin d'être rédigé en double original (Desjardins, t. 5, n° 1137; Lyon-Caen et Renault, n° 1428; de Valroger, t. 3, n° 974). Dans la pratique, d'ailleurs, en raison des chances de perte par naufrage ou autrement qui menacent le billet de grosse, il est d'usage de le rédiger en plusieurs exemplaires, à l'imitation des lettres de change, des connaissements, etc., lorsqu'ils sont destinés à être transportés par mer.

1405. Le billet de grosse n'est pas soumis à la formalité du bon ou approuvé, que l'art. 1326 c. civ. impose aux billets ou actes sous seing privé par lequel une personne s'engage à payer à une autre une somme d'argent. Cette formalité n'étant pas applicable aux billets à ordre et aux lettres de change, il n'y a pas lieu de l'exiger ici, dans le silence de l'art. 311 (de Valroger, t. 3, n° 975; Boistel, n° 1428).

1406. L'acte constatant le prêt à la grosse peut, comme toute autre convention, être passé devant notaire. On peut aussi recourir au ministère des courtiers d'assurances (c. com. art. 79) qui n'ont pas été, comme les courtiers de marchandises, dépouillés de leur monopole par la loi du 18 juill. 1866 (D. P. 66, 4. 118). En fait, c'est aux courtiers, plus souvent qu'aux notaires que l'on s'adresse pour la rédaction des contrats à la grosse.

A l'étranger, si les contractants sont Français, l'authenticité peut être imprimée à l'acte de grosse par le chancelier du consulat de France. — S'ils sont de nationalités différentes, le contrat est régi, quant à sa forme et à son mode de preuve, par la loi du lieu du contrat; mais le prêteur étranger qui veut exercer son privilège en France doit, à ce point de vue, justifier sa créance d'après les lois françaises (Aix, 9 déc. 1870, aff. Garelli, D. P. 74. 2. 175; de Valroger, t. 3, n° 994).

1407. Suivant l'énumération qui a été donnée au *Rép.* n° 1248, le contrat à la grosse doit énoncer : 1° le capital prêté et la somme convenue pour le profit maritime; 2° les objets sur lesquels le prêt est affecté; 3° les noms du navire et du capitaine; 4° les noms du prêteur et de l'emprunteur; 5° si le prêt a eu lieu pour un voyage ou pour un temps déterminé, pour quel voyage et pour quel temps; 6° l'époque du remboursement. Nous allons revenir brièvement sur ces diverses énonciations.

1408. — I. CAPITAL PRÊTÉ ET SOMME CONVENUE POUR LE PROFIT MARITIME (*Rép.* n°s 1249 à 1252). — Comme on l'a vu *suprà*, n° 1400 (V. aussi *infrà*, n°s 1433 et suiv.), la chose prêtée peut consister non seulement en une somme d'argent, mais aussi en marchandises ou autres effets quelconques. L'acte doit alors en mentionner la valeur. M. Desjardins, t. 5, n° 1142, enseigne que, lorsque les objets prêtés doivent être restitués en nature, un état descriptif suffit et qu'une évaluation de ces objets n'est pas nécessaire. Il semble, en effet, qu'en pareil cas, l'énonciation de la valeur soit sans utilité. Quoi qu'il en soit, il n'est pas douteux que la valeur de la chose prêtée doive toujours être indiquée, lorsque le prêt porte sur des objets ou marchandises dont la restitution doit s'opérer à l'aide d'objets ou de marchandises semblables, en quantité équivalente.

1409. L'énonciation du profit maritime dans l'acte de grosse n'est pas, ainsi qu'on l'a exposé au *Rép.* n° 1251, essentielle à l'existence du contrat. Dès l'instant qu'il résulte de l'ensemble des dispositions de l'acte que c'est bien un contrat à la grosse que les parties ont voulu faire, l'omission dans cet acte de l'énonciation du taux du profit maritime ne saurait être une cause de nullité du contrat, et ne ferait pas davantage présumer que le prêt ait été stipulé gratuit. Mais, quoique n'étant pas indispensable à la validité du contrat, l'énonciation du taux du profit offre une utilité incontestable et peut seule prévenir des difficultés considérables; il faut donc décider, en principe, que le billet de grosse doit énoncer le profit maritime; on doit indiquer en quoi il consistera : en une somme d'argent, en une part de bénéfices, etc. (V. *suprà*, n° 1400). S'il consiste dans une somme fixe, il faut en déterminer le *quantum*, où, s'il est de tant pour cent, en fixer le taux; il faut énoncer s'il est stipulé pour toute la durée du voyage ou à tant par mois; spécifier son exigibilité et son mode de payement, etc.

1410. Lorsque le billet de grosse ne contient aucune disposition relative au profit maritime, par quels moyens suppléera-t-on à la clause qui fait défaut? Parmi les auteurs, les uns estiment, conformément à l'opinion émise au *Rép.* n° 1251, que le profit maritime devra se régler d'après le cours de la place au jour du contrat (Lyon-Caen et Renault, n° 2340; de Valroger, t. 3, n° 978). — Dans un autre système, on soutient que le silence de la convention ne permet pas de présumer que les parties aient entendu faire réellement une convention de grosse et ne donne pas, par conséquent, le droit de régler arbitrairement le profit. Rien n'autorise, dit-on, à fixer le profit maritime d'après le cours de la place; le change maritime se mesure sur l'opinion que le prêteur peut se faire du péril au moment du contrat. C'est là une opinion purement personnelle et qui n'offre aucun élément de comparaison avec les autres prix stipulés dans la localité où le contrat a été passé, et dans des circonstances qui diffèrent généralement de celles qui ont déterminé la convention litigieuse (Cresp, t. 2, p. 265; Desjardins, t. 5, n° 1142; Bravard et Demangeat, t. 4, p. 479). — Dans ce système, l'indication du profit maritime devrait être considérée comme une forme intrinsèque essentielle du contrat, en ce sens que celui qui ne la contiendrait pas devrait être considéré comme un prêt ordinaire. « S'il y a perte ou prise du navire, dit M. Desjardins, *loc. cit.*, le prêteur pourra néanmoins réclamer son capital; en cas d'heureux voyage, l'emprunteur ne devra pas payer de profit maritime et ne sera tenu que conformément aux art. 1902 et suiv. c. civ. »

1411. — II. OBJETS SUR LESQUELS LE PRÊT EST AFFECTÉ (*Rép.* n°s 1253 à 1258). — L'énonciation dans la lettre de grosse des objets affectés n'est pas non plus essentielle à l'existence du contrat de grosse, et nous persistons à penser, avec M. de Valroger, t. 3, n° 979, contrairement à l'opinion de M. Bédarride, n° 841, que le silence du contrat sur ce point ne suffirait pas à le transformer en prêt ordinaire. « L'opinion de M. Bédarride, dit M. de Valroger, repose sur une confusion. Il est bien certain que, s'il n'y a pas eu convention sur les objets affectés, il n'y a pas de contrat, puisque l'un des éléments essentiels fait défaut. Mais il en est autrement s'il n'y a qu'une simple omission dans la lettre de grosse ».

1412. Dans le cas de prêt sur corps, il faut évidemment, comme nous l'avons indiqué au *Rép.* n° 1254, déclarer le nom et la qualité du navire, mais, en revanche, il suffit qu'il n'existe aucun doute sur le navire affecté. L'indication de la qualité du navire offre une utilité certaine, en cas de confusion possible entre navires du même nom, et ensuite parce que la qualité détermine le plus souvent la valeur du navire et le degré de résistance qu'il peut opposer aux accidents de la navigation. Mais, dès l'instant qu'aucun doute n'existe, le but du législateur est rempli. — Quand le prêt porte sur des marchandises, s'il convient que la désignation en soit faite de telle façon que le prêteur puisse connaître, par leur espèce et qualité, quelles sont les chances dont il se charge (*Rép.* n° 1255), il est évident que cette désignation ne saurait être essentielle. Lorsque le prêt notamment est fait en vue de l'acquisition de marchandises, il est impossible de les désigner d'une façon absolument précise, alors qu'elles ne sont pas encore achetées au moment de l'emprunt. Il suffit alors d'indiquer que le prêt est fait sur facultés et, s'il est partiel, à quelle portion du chargement il s'applique (Conf. Bravard et Demangeat, t. 4, p. 480).

1413. L'abolition de la course par la déclaration du 16 avr. 1856 (D. P. 56. 4. 51) rend inutile, dans le prêt sur corps, la nécessité de faire connaître si le navire est ou n'est pas armé en course; cette obligation n'existerait plus que dans le cas exceptionnel où la France serait en guerre avec une nation qui, n'ayant pas adhéré à la déclaration de 1856, procéderait à des armements en course.

1414. — III. NOMS DU NAVIRE ET DU CAPITAINE (*Rép.* n°s 1258 à 1261). — On a vu *suprà*, n° 1412, les motifs qui commandent de faire connaître le nom et la qualité du navire, lorsque le prêt est fait sur corps, puisque, dans ce cas, l'énonciation du nom du navire se confond avec celle de l'objet affecté; l'indication du nom du capitaine n'est pas moins importante au point de vue de l'appréciation des chances que peut offrir la navigation, la manière dont le navire est commandé pouvant, dans beaucoup de cas, influer considérablement sur l'heureuse issue du voyage (*Rép.* n° 1258). Mais ces énonciations ne sont pas substantielles. — L'énonciation du nom du navire et de sa qualité offre une égale importance, lorsque le prêt est fait sur marchandises. Toutefois, dans ce genre de prêt, le silence du contrat quant au nom du navire fait supposer que le prêteur a laissé l'emprunteur libre de charger les marchandises affectées sur tel navire qu'il voudrait; et, en pareil cas, il suffit, pour la validité du contrat à la grosse, que les marchandises aient été effectivement chargées sur un navire effectuant le voyage en vue duquel l'emprunt a été contracté (Desjardins, t. 5, n° 1144; de Valroger, t. 3, n° 980. V. aussi J.-V. Cauvet, *Traité des assurances mari-*

times, t. 1, n° 292. — *Contrà :* Bédarride, n° 845). Le prêt à la grosse comme l'assurance peut donc être *in quo vis.* De même le silence gardé par le billet de grosse relativement au nom du capitaine permet de conclure que le prêteur a laissé à l'emprunteur toute liberté pour choisir le capitaine (*Rép.* n° 1261).

1415. — IV. LES NOMS DU PRÊTEUR ET DE L'EMPRUNTEUR (*Rép.* n° 1262). — On s'accorde à reconnaître, suivant l'opinion émise au *Rép.* n° 1262, que l'indication du nom de l'emprunteur est seule indispensable, le billet de grosse pouvant être au porteur (V. *infrà*, n° 1429 ; de Valroger, t. 3, n° 982). Mais si l'omission du nom du prêteur a été fortuite, cette omission pouvant être réparée, comme nous l'avons indiqué au *Rép.* n° 1262, au moyen des circonstances de fait qui seraient propres à révéler le véritable bénéficiaire, le billet de grosse serait même opposable aux tiers s'il avait été enregistré. Mais le silence du billet quant au prêteur ne le transforme pas *ipso facto* en un billet au porteur. « Celui qui se présente pour exiger le remboursement, dit M. Desjardins, t. 5, n° 1145, doit alors prouver qu'il est le créancier primitif en faveur duquel l'acte a été consenti ou bien qu'il est à ses droits, sauf à faire cette justification par tous les moyens » (V. encore : Bédarride, n° 848 ; Ruben de Couder, v° *Grosse aventure*, n° 160).

1416. — V. SI LE PRÊT A EU LIEU POUR UN VOYAGE OU POUR UN TEMPS DÉTERMINÉ, POUR QUEL VOYAGE ET POUR QUEL TEMPS (*Rép.* n°s 1263 et 1264). — Le prêt peut être consenti pour un certain temps, abstraction faite du voyage à réaliser, ou pour un voyage déterminé, ou cumulativement pour un voyage déterminé et pour un temps donné. Lorsque le prêt est fait pour un voyage, il peut l'être pour le voyage d'aller ou pour l'aller et le retour (Desjardins, t. 5, n° 1146 ; de Valroger, t. 3, n° 983). Les diverses conditions du prêt doivent évidemment être mentionnées dans l'acte de grosse, mais cette énonciation n'est encore pas substantielle, ainsi qu'il résulte des explications qui ont été fournies au *Rép.* n°s 1263 et 1264. La plupart des auteurs décident que la notoriété de la destination du navire peut suppléer au défaut d'énonciation du voyage et du temps (V. Dageville, *Code de commerce*, t. 2, p. 508 ; Alauzet, *Commentaire du code de commerce*, 1re éd., t. 3, n° 1307 ; Bédarride, t. 3, n° 851) et que l'indication du voyage résulte suffisamment de l'usage du port. Mais le contrat à la grosse est-il valable, si le voyage et le temps ne sont fixés ni par une énonciation formelle, ni par une publicité équivalente, ni même par un usage des lieux ? Est-il du moins valable, lorsque les circonstances n'ont pas permis, au moment du prêt, de fixer cette double condition du contrat ? La négative est certaine, car, cette double condition sert à mesurer l'étendue des risques que le prêteur consent à courir (Conf. Bravard et Demangeat, t. 4, p. 484). — Toutefois on a jugé que le capitaine qui, dans les publications qu'il a faites pour tenter un emprunt à la grosse dans un port de relâche, à l'effet de réparer le navire, avant de se décider à l'abandonner, a omis d'indiquer pour quel temps et pour quel voyage l'emprunt à la grosse était proposé, conformément à l'art. 311 c. com., n'a commis aucune faute, alors qu'il ne pouvait pas savoir si le navire serait affrété, ni à quelle époque il pourrait partir (Req. 15 juill. 1868, aff. Jrasque, D. P. 69. 1. 198).

1417. — VI. L'ÉPOQUE DU REMBOURSEMENT (*Rép.* n°s 1265 à 1280). — Ici encore le silence du contrat ne serait pas une cause de nullité ; il n'aurait d'autre effet que de rendre le remboursement du prêt à la grosse exigible dès la cessation du risque (Desjardins, t. 5, n° 1147 ; de Valroger, t. 3, n° 984). — Cette règle doit être strictement appliquée dans le cas où le billet de grosse est à ordre, et où, par conséquent, on doit le soumettre aux règles de la lettre de change et du billet à ordre (Desjardins, *loc. cit.* ; de Valroger, *loc. cit.* ; Laurin sur Cresp, t. 2, p. 279 ; Aix, 25 nov. 1859, *Recueil de Marseille*, t. 38. 1. 188). Mais, lorsque le billet est à personne dénommée, le juge a incontestablement le droit d'accorder à l'emprunteur un délai pour réaliser la somme nécessaire au remboursement du prêt, par la vente des marchandises si le prêt avait été fait sur facultés, ou en réalisant le fret s'il s'agissait d'un emprunt sur corps.

Il est bon également d'indiquer le lieu du remboursement ; mais, à défaut de cette énonciation, le lieu de remboursement est celui de destination du voyage. « C'est la chose affectée qui doit, dit M. de Valroger, t. 3, n° 984 ; elle peut être saisie à l'arrivée. »

1418. Les énonciations que l'art. 311 a énumérées comme devant être insérées dans la lettre de grosse n'excluent nullement toutes autres indications que les parties jugeraient à propos d'y introduire ; l'art. 311 fait en quelque sorte l'exposé des énonciations principales qu'il convient d'insérer dans cette lettre, mais il n'a rien de limitatif. M. de Valroger, t. 3, n° 987, remarque que certaines législations sont, à cet égard, plus complètes que la nôtre, et que le code allemand, notamment, recommande de mentionner dans la lettre de grosse la date et le lieu du prêt. Cette mesure est, en effet, d'une utilité incontestable pour déterminer le rang des prêteurs entre eux et pour apprécier la validité des assurances postérieures ; au reste, l'indication de la date et du lieu du prêt est d'un usage constant et il est extrêmement rare qu'elle fasse défaut. — Le code allemand, qui n'admet que l'emprunt fait par le capitaine en cas de nécessité (V. *suprà*, n° 1395), reconnaît au prêteur à la grosse le droit d'exiger la mention des circonstances qui ont fait recourir à l'emprunt. En Angleterre, où il n'y a pas d'emprunt valable sans nécessité (de Valroger, t. 3, n° 987), il est prudent de mentionner les causes de l'emprunt dans le billet de grosse. Au contraire, une pareille mention n'est pas indispensable dans le système de notre code. On a vu en effet, *suprà*, n° 1399, que l'argent prêté à la grosse ne doit pas nécessairement être employé à un usage maritime ; il suffit que la chose affectée au remboursement soit exposée aux risques de mer. « Pour faire valoir son privilège vis-à-vis du créancier, dit M. de Valroger, t. 3, n° 987, le prêteur devra faire certaines justifications. Mais on ne saurait refuser toute action au prêteur par cela seul que le billet ne mentionnerait pas l'origine de l'emprunt. L'art. 311 ne l'exige pas, et il est même à remarquer que dans l'art. 320, on n'a pas reproduit ces mots de l'ordonnance : *pour les nécessités du voyage.* »

1419. Comme on l'a exposé au *Rép.* n° 1266, l'art. 312 du code de commerce dispose que le contrat à la grosse passé en France n'est opposable aux tiers qu'autant qu'il a été enregistré dans les dix jours de sa date au greffe du tribunal de commerce ou, à défaut de tribunal de commerce, au greffe du tribunal civil qui en remplit les fonctions. Il en est ainsi de tous les contrats à la grosse passés en France (de Valroger, t. 3, n° 1002). Parmi ces derniers, il faut incontestablement ranger, tout au moins à l'égard du prêteur français et des tiers, tout prêt à la grosse fait dans un port de France. Peu importe que ce prêt ait été consenti à un étranger et ait été constaté par un acte dressé devant le consul de la nation de cet étranger : pour le prêteur et pour les tiers intéressés, le prêt n'en a pas moins eu lieu en France, ce qui suffit pour assujettir les Français à une formalité dont ne sont affranchis que les contrats à la grosse passés en pays étranger (Civ. cass. 26 mars 1860, aff. Albe, D. P. 60. 1. 223).

1420. L'art. 312 n'établit aucune distinction, au point de vue de l'enregistrement, entre les actes de grosse sous seing privé et les actes de grosse dressés devant notaire. On peut se demander, en remontant aux origines de l'art. 312, si, dans ce dernier cas, la formalité de l'enregistrement présente la même utilité que lorsque l'acte de grosse est rédigé sous seing privé ; elle a été prescrite, en effet, pour donner à la fois date certaine au billet de grosse et l'entourer d'une certaine publicité, afin d'empêcher les fraudes qui se commettaient sous l'empire de l'ordonnance. Cet article répond en cela aux vœux des auteurs les plus autorisés du dernier siècle, tels que Valin et Emérigon. Quoi qu'il en soit, il est impossible, en présence des termes généraux de l'art. 312, de distinguer entre l'acte authentique et l'acte sous seing privé (de Valroger, t. 3, n° 1001 ; Desjardins, t. 5, n° 1138).

1421. L'art. 312 n'a pas désigné le greffe auquel l'enregistrement du billet de grosse doit avoir lieu ; on a vu que, suivant un arrêt du 20 févr. 1844 (*Rép.* n° 1268), l'enregistrement peut, dans le silence de la loi, avoir lieu au greffe du tribunal dans l'arrondissement duquel l'emprunteur exerce son négoce, au greffe du lieu où le contrat est passé, ou à celui du domicile du prêteur. Cette règle est toujours suivie, mais comme le dit M. Desjardins, t. 5, n° 1138, elle a l'inconvénient de laisser les tiers exposés au principal danger dont le législateur a voulu les préserver. « Où se renseigneront les tiers qui voudraient savoir si tel navire est affecté d'un prêt à la grosse ? »

1422. L'art. 312 s'applique aussi bien aux prêts sur facultés qu'au prêt sur corps. Il s'applique aux prêts qui sont consentis dans les ports des colonies françaises, aussi bien qu'à ceux qui sont consentis en France, car il est certain que, faits aux colonies françaises, les emprunts ne peuvent être considérés comme intervenus à l'étranger (de Valroger, t. 3, n° 1009).

1423. L'abrogation du paragraphe 9 de l'art. 191 c. com. par la loi du 10 déc. 1874 et par celle du 10 juill. 1885 (art. 39) et l'abolition, qui en est la suite, du privilège sur le navire, pour garantie des emprunts à la grosse faits avant le départ, ont cette conséquence que les prêts sur corps ne sont désormais soumis à la formalité de l'enregistrement que lorsqu'ils sont consentis à la fois en cours de voyage et dans un port de France (Desjardins, t. 5, n° 1138). Nous pensons toutefois que les lois du 10 déc. 1874 et du 10 juill. 1885 n'ont modifié les règles antérieures, à l'égard des prêts consentis avant le départ, qu'autant qu'il s'agit de navires pouvant être l'objet d'une hypothèque maritime, c'est-à-dire jaugeant plus de vingt tonneaux. Il en résulte que l'art. 312 reste applicable toutes les fois que le navire n'est pas susceptible d'hypothèque. Nous avons admis, en effet (V. *suprà*, n° 383), que le privilège du prêteur subsiste encore en pareil cas (Conf. Lyon-Caen et Renault, n° 2348). M. Desjardins, t. 5, n° 1152, estime, au contraire, que la loi de 1885 n'autorise pas cette distinction (V. aussi Laurin sur Cresp, t. 2, p. 258, note 63). — Le prêt sur facultés antérieur au départ reste, d'ailleurs, soumis à la formalité de l'enregistrement, aussi bien que celui qui est fait en cours de voyage.

1424. Comme on l'a vu au *Rép.* n° 1267, le contrat à la grosse doit être enregistré dans les dix jours de sa date, à peine pour le prêteur de perdre son privilège. — Si les parties dissimulaient ou modifiaient la date qui sert de point de départ à ce délai de dix jours, la preuve de la fraude serait admise et l'enregistrement devrait être considéré comme tardif s'il n'y avait pas été procédé dans les dix jours de la date réelle du contrat. D'ailleurs, le défaut ou la tardiveté de l'enregistrement n'ont aucun effet entre le prêteur et l'emprunteur : ceux-ci ne sont pas moins liés par les stipulations du contrat. Mais comme l'enregistrement a, ainsi qu'on l'a exposé *suprà*, n° 1421, pour but principal de protéger les tiers, c'est à ceux-ci qu'il appartient de se prévaloir de ce que l'enregistrement n'a pas eu lieu ou de ce qu'il a été tardif; ils pourront, par ce moyen, s'opposer au privilège du prêteur, qui n'est en droit de l'exercer contre eux que si l'enregistrement du billet de grosse a eu lieu régulièrement. — Toutefois, nous persistons à penser que l'enregistrement fait après le délai n'entraîne la déchéance du privilège résultant du prêt à la grosse qu'à l'égard des créanciers de l'emprunteur antérieurs à cet enregistrement : il conserve ce privilège à l'encontre des créanciers postérieurs, à quelque époque que le prêt ait eu lieu. Plusieurs auteurs récents rejettent cependant cette opinion ; la loi, dit-on, ne fait aucune distinction entre les créanciers antérieurs et ceux qui sont postérieurs à l'enregistrement ; d'ailleurs, rien n'autorise à étendre aux privilèges maritimes la règle de l'art. 2113 c. civ.; on ne se trouve pas ici en présence d'une hypothèque privilégiée que le défaut d'inscription ait pour effet de convertir en une hypothèque simple (de Valroger, t. 3, n° 1004; Bravard et Demangeat, t. 4, p. 476 ; Boistel, n° 1328). — Mais le système que nous avons adopté au *Répertoire* a rencontré de nombreuses adhésions (Bédarride, n° 858; Ruben de Couder, v° *Grosse aventure*, n° 143). M. Desjardins, qui l'adopte également, réfute victorieusement l'argumentation invoquée à l'appui du système contraire (t. 5, n° 1138). Il faudrait, pour se conformer à la thèse adverse, supposer que le prêteur a perdu son privilège en ne faisant pas enregistrer le contrat, alors qu'il s'agit simplement de savoir s'il ne s'est pas mis hors d'état de l'exercer à l'encontre de certains créanciers : « C'est résoudre, dit-il (*loc. cit.*) la question par la question... Pourquoi l'enregistrement? C'est pour empêcher une antidate qui viendrait frustrer un créancier d'un droit acquis. Mais aucune supercherie n'est à craindre quand le prêteur, nanti de son contrat enregistré, entre en conflit avec ceux qui ont traité après l'enregistrement ».

1425. Le défaut d'enregistrement du contrat à la grosse n'a, d'ailleurs, d'autre effet que d'enlever au prêteur le droit de préférence, le droit réel qui lui appartient, si cette formalité est remplie, et, par suite, le droit d'opposer aux tiers le prêt qu'il a consenti. Mais il n'atteint en aucune façon ses droits personnels contre l'emprunteur non seulement pour le capital prêté, mais pour le profit maritime. Comme le remarque encore M. Desjardins, le privilège peut être détaché du contrat de grosse sans que la substance de ce contrat en soit altérée (Desjardins, t. 5, n° 1138).

1426. Le *Répertoire* a exposé au n° 1271 à quelles formalités le contrat de grosse passé à l'étranger est soumis en vertu des art. 312 et 234 c. com. — Nous avons dit également que l'accomplissement de ces formalités est obligatoire, soit que l'emprunt ait été contracté par le capitaine, soit que le prêt ait été fait directement au propriétaire même des objets affectés à ce prêt. Sur ce dernier point, notre opinion n'est pas unanimement admise. Suivant MM. de Valroger, t. 3, n° 1007; Desjardins, t. 5, n° 1140; Laurin, t. 2, n° 259, l'art. 234 auquel renvoie le second alinéa de l'art. 312 suppose que l'emprunt est fait par le capitaine, c'est-à-dire par un mandataire qui doit, dès lors, se mettre en état d'éviter tout recours de son mandant. Lors donc que l'emprunt a été fait directement par le mandant, on est en dehors de l'hypothèse prévue par l'art. 234 et il ne peut plus être question des formalités de cet article. Dans tous les cas, si cette interprétation est vraie, il faut reconnaître qu'on se trouve en présence d'une lacune dans la loi, qui n'aurait prévu que le cas où l'emprunt est fait par le capitaine (Conf. Bravard et Demangeat, t. 4, p. 476).

1427. Les difficultés que fait naître, à ce point de vue, l'interprétation de l'art. 234, donnent une importance considérable à la question de savoir dans quels cas le prêt doit être considéré comme fait à l'étranger ; on sait, en effet, que le prêt fait en France est seul soumis à l'enregistrement. — Comme on l'a vu *suprà*, n° 1406, le prêt consenti en France à un étranger devant le consul de sa nation doit être considéré comme fait en France. — Si l'on suppose un emprunt contracté à l'étranger, auprès d'un prêteur étranger, par un capitaine français devant le consul de France, devrait-on le considérer comme fait en France et le soumettre à ce titre à l'enregistrement ? M. Desjardins, t. 5, n° 1140, ne le pense pas, et, en effet, il serait impossible de se conformer aux dispositions de l'art. 312, § 1er, qui exige l'enregistrement du contrat dans les dix jours de sa date. Le prêt devra donc être considéré comme fait à l'étranger, et c'est le paragraphe 2 de l'art. 312 qu'il faudra observer. — Il faudrait également considérer comme fait hors de France l'emprunt consenti à l'étranger sur un navire étranger et à un capitaine étranger, et le paragraphe 2 de l'art. 312 devrait être appliqué si le prêteur venait à se prévaloir de son privilège, alors que le navire se trouverait dans un port français ; on ne peut, en effet, invoquer en France un privilège qu'autant qu'il est reconnu par la loi française. Cette dernière règle n'est pas douteuse, et un arrêt de la cour de Bruxelles en a fait une remarquable application, en décidant qu'un prêt passé à l'étranger entre étrangers est valable, s'il a été contracté conformément à la loi nationale des contractants, mais qu'il ne peut produire en Belgique les effets que la loi belge refuse à un emprunt à la grosse dans les conditions où l'emprunt litigieux a été contracté (Bruxelles, 21 déc. 1887) (1).

(1) (Lewis et Forwood Brothers et comp. C. Stuart Williams et comp.). — LA COUR ;... — Quant au privilège dont les appelants Forwood et comp. entendent se prévaloir dans l'hypothèse où les intimés seraient reconnus être propriétaires du fret : — Attendu que la lettre à la grosse dont ils sont porteurs, ladite pièce dûment enregistrée, constate qu'à la date du 26 févr. 1886, à Montevideo, le capitaine du navire *Cella* a contracté sur le navire, son gréement *et sur le fret*, un emprunt de 1166 livres sterling afin de le mettre à même de payer les charbons requis pour le mettre en état de poursuivre son voyage ; — Attendu que

La même règle entraine cette conséquence que les créanciers sont soumis pour la justification de leur créance, au point de vue du privilège, aux formes déterminées par la loi française (de Valroger, t. 3, n° 1006; Aix, 9 déc. 1870, *Recueil de Nantes*, 1874. 2. 97). Toutefois, M. Desjardins, t. 5, n° 1140, envisageant le cas même où le prêteur serait Français, ne pense pas qu'on puisse subordonner l'exercice du privilège du prêteur à l'observation des formalités de l'art. 234. Ces formalités n'ont d'autre objet, dit-il en substance, que de mettre le capitaine à portée de justifier de la nécessité de l'emprunt, dans ses rapports avec son armateur, et le législateur français n'a pu songer à régler les rapports d'un capitaine étranger avec un armateur étranger. De plus, il s'agit, dans l'hypothèse qui nous occupe, d'un navire étranger, et les formalités prescrites par l'art. 234 n'ont trait qu'à la constitution du privilège sur les navires français; et leur inaccomplissement, en ce qui touche les navires étrangers, ne peut faire obstacle à ce que le privilège ait son effet en France, s'il est issu de contrats régulièrement passés à l'étranger.

1428. Nous avons dit au *Rép.* n° 1272 que l'inobservation par le capitaine des formalités de l'art. 234 n'empêcherait pas le prêt d'être valable et de pouvoir être invoqué contre le propriétaire du navire. — Cette question a été de nouveau examinée *suprà*, n° 662, comme elle l'avait été au *Rép.* n° 442, et l'on a vu que la jurisprudence la plus récente confirme sur ce point l'opinion que nous avons adoptée au *Répertoire* (Aux décisions citées *suprà, loc. cit., adde:* Trib. com. Havre, 28 févr. 1887, aff. Morelli, *Recueil du Havre*, 1888. 2. 17). Il résulte de cette jurisprudence que les formalités de l'art. 234 n'ont d'autre objet, ainsi qu'on l'a déjà expliqué à plusieurs reprises, que de couvrir la responsabilité du capitaine vis-à-vis de l'armateur et que leur inobservation ne porte aucune atteinte à la validité du contrat à l'égard des tiers. — Mais le prêteur peut-il, dans ce cas, invoquer son privilège? Comme on l'a vu, *suprà*, n° 656, il le perd certainement si la première formalité, c'est-à-dire la constatation de la nécessité du prêt par le procès-verbal signé des principaux de l'équipage, n'a pas été remplie, mais la question est plus douteuse au cas où il y a eu simplement omission de l'autorisation du consul (Desjardins, t. 5, n°s 181 et 1140; de Valroger, t. 3, n° 238).

1429. Il n'est plus contesté que le billet de grosse puisse être non seulement à personne dénommée ou à ordre, mais aussi au porteur. Les auteurs sont d'accord pour admettre la doctrine que nous avons adoptée sur ce point au *Rép.* n° 1273 (Desjardins, t. 5, n° 1149; Lyon-Caen et Renault, n° 2341). On persiste, d'autre part, à n'accorder qu'à l'endossement régulier du billet de grosse à ordre un effet translatif de la propriété, comme cela a lieu d'ailleurs à l'égard de tout effet à ordre; de telle sorte que celui qui ne détient le billet de grosse qu'en vertu d'un endossement irrégulier n'a que les pouvoirs et les droits d'un mandataire pour en toucher le montant (Lyon-Caen et Renault, n° 2345; de Valroger, t. 3, n° 1013). — En un mot, le billet de grosse à ordre ou au porteur doit être absolument assimilé, en ce qui concerne les droits du porteur, les formalités de protêt et les effets de l'endossement, aux effets de commerce à ordre ou au porteur. Par conséquent, toutes les dispositions légales sur les *effets* et les *actions* en *garantie* résultant des titres à ordre sont applicables aux lettres de grosses rédigées dans la forme d'un effet à ordre; mais la garantie ne s'étend pas au profit maritime et ne porte que sur le principal (c. com. art. 314) (*Rép.* n° 1280. Conf. Bravard et Demangeat, t. 4, p. 485 et suiv.). — Le code italien consacre sur ce dernier point une règle différente : il dispose (art. 592) que la garantie s'étend au profit maritime, à moins de convention contraire.

1430. Suivant M. de Courcy, *Questions de droit maritime*, t. 1, p. 36, il n'y aurait pas de recours possible contre l'endosseur d'un billet de grosse dans le cas où le prêt aurait été fait au capitaine dans les termes de l'art. 234. Cette opinion se fonde sur ce qu'un pareil prêt ne conférerait de droits que sur la chose affectée, qu'il n'y aurait pas en réalité de débiteur du prêt et qu'il n'existerait, dès lors, aucun recours contre les endosseurs qui ne peuvent être tenus qu'à titre de garantie ou en qualité de caution du débiteur. Mais comme le remarquent M. de Valroger, t. 3, n° 1017, et M. Desjardins, t. 5, n° 1148, le prêt fait au capitaine ne confère pas seulement un droit réel sur la chose affectée; le propriétaire de cette chose est également obligé, sauf la faculté d'abandon (V. *suprà*, n° 296). Dès lors, il n'y a aucune raison d'exonérer de la garantie envers le porteur celui qui a négocié la lettre de grosse qui lui avait été souscrite.

1431. Le code de commerce ne s'explique pas sur la question de savoir lequel des porteurs devra être préféré si la lettre de grosse à ordre a été rédigée en plusieurs exemplaires et si plusieurs porteurs en réclament le payement. M. Desjardins, t. 5, n° 1148, se refuse à accepter la solution proposée par M. de Valroger qui consisterait à adapter à la législation française la règle du code allemand prescrivant au capitaine d'écarter d'abord ces porteurs et de déposer les fonds en justice jusqu'à ce que chacun ait fait reconnaître ses droits : « Le conseil est sage, dit-il,

---

les privilèges sont de droit strict et qu'il ne peut en être admis que dans les cas spécialement déterminés par la loi; que du rapprochement des art. 156, 157 et 160 de la loi du 21 août 1879, il résulte que le prêt à la grosse ne peut être affecté par privilège sur le fret que lorsqu'il a été fait au capitaine pour subvenir à des dépenses de réparations ou *autres besoins extraordinaires du navire* ou de la cargaison, ou pour remplacer des objets perdus par suite d'accidents de mer; — Attendu que l'emprunt dont s'agit dans l'espèce n'a été contracté en vue d'aucune des dépenses prévues par ces dispositions; que le capitaine d'un navire qui entreprend un voyage de long cours, en achetant dans un de ses ports de destination intermédiaires le charbon nécessaire à la continuation de sa navigation, ne pourvoit pas à un besoin *extraordinaire* de son navire, mais satisfait au contraire à une nécessité parfaitement prévue en s'approvisionnant du combustible sans lequel son voyage ne pourrait s'effectuer; qu'en parlant de besoins extraordinaires, le législateur a évidemment eu en vue les besoins du navire ou de la cargaison résultant d'événements imprévus qui se produisent en cours de voyage et non de ceux qui résultent normalement des nécessités de la navigation; — Que les appelants soutiennent, à tort, que les mots *besoins extraordinaires* devraient être entendus de tous les *besoins pressants* du navire et qu'à ce titre l'obligation rentrerait dans le cas prévu par la loi; — Attendu, en effet, qu'il se voit du rapprochement des art. 24 et 156 de la loi maritime que, si le législateur a autorisé le capitaine à emprunter sur le corps et la quille du vaisseau et sur le chargement lorsqu'en cours de voyage il y a lieu de pourvoir à des *besoins pressants* du navire, il n'a autorisé l'emprunt avec privilège sur le fret que dans le cas de *besoins extraordinaires ;* que le législateur ayant employé lui-même ces deux termes différents pour chacune des hypothèses distinctes qu'il a prévues, il ne peut être permis de les confondre et de les assimiler l'un à l'autre pour étendre aux deux cas prévus le privilège que la loi n'accorde que pour un seul; — Attendu que vainement encore les appelants opposent que, s'agissant d'une convention conclue entre sujets anglais relative à un navire de cette nationalité, ce serait la loi anglaise et non la loi belge qui devrait être appliquée; — Attendu, en effet, que, si le contrat conclu dans ces conditions peut être considéré comme valable dès l'instant qu'il a été conclu suivant les formes et de la manière prescrites par les lois anglaises, il n'en résulte pas qu'il puisse produire en Belgique des effets que la loi de ce pays n'a point voulu y attacher; qu'en supposant que la créance dont s'agit puisse être privilégiée sur le fret, d'après la loi anglaise, il n'en saurait être de même en Belgique, les tribunaux ne pouvant admettre en Belgique d'autres privilèges que ceux que la loi de ce pays autorise; — Attendu qu'il y a conséquemment lieu de décider qu'en vertu de la lettre à la grosse dont ils sont porteurs, les appelants Forwood et comp. n'ont aucun privilège à exercer sur le fret;

Mais attendu qu'il est constant et non méconnu qu'ils ont payé les salaires dus à l'équipage du navire et qu'ils sont, par suite, subrogés aux droits de celui-ci; que de ce chef ils ont, jusqu'à due concurrence, un privilège à exercer sur le fret, suivant la disposition de l'art. 63 de la loi de 1879 qui porte « que le navire et *les frets acquis pendant la durée de l'engagement de l'équipage sont affectés par privilège* aux loyers des matelots »;

Par ces motifs, réforme le jugement dont appel, en tant seulement qu'il décide que le privilège des appelants Forwood brothers et comp., du chef des gages de l'équipage, ne pourra être exercé sur les frets revenant aux intimés qu'en cas d'insuffisance de la valeur du navire; émendant, quant à ce, dit que le privilège dont s'agit pourra en toute hypothèse s'exercer sur les frets en question, etc.

Du 21 déc. 1887.-C. de Bruxelles, 1re ch.-MM. Jamar, pr.-Leclercq, de Meester et Jacobs, av.

mais ne pourra pas toujours être suivi, notamment si les porteurs ne se présentent pas simultanément. Le capitaine, ajoute l'éminent magistrat (*loc. cit.*, note), peut alors, de bonne foi, payer à un porteur régulier qui n'est pas l'ayant droit, d'autant plus que le véritable ayant droit n'est pas mis en demeure par la loi, chez nous comme en Allemagne, de se présenter dans la huitaine de l'arrivée au port de destination ». Nous pensons qu'en raison des termes de l'art. 313 c. com. suivant lequel « la négociation de cet acte a les mêmes effets et produit les mêmes actions en garantie que celle des autres effets de commerce », c'est aux règles applicables à ces derniers effets pour les cas semblables à celui qui nous occupe qu'il faut se référer (art. 147 et suiv.).

1432. Les contrats à la grosse sont soumis par la loi du 22 frim. an 7 à un droit de 50 cent. pour 100. Pour fixer le droit proportionnel, la loi ne considère pas, comme en matière d'assurance, s'il y a paix ou guerre au moment du contrat. Il n'est pas tenu compte dans la liquidation de ce droit du profit maritime, et il est liquidé « par le capital exprimé dans l'acte et qui en fait l'objet ». — En outre, en vertu des lois des 22 frim. an 7 (art. 69, § 2, n° 1) et 28 avr. 1816 (art. 51), les *abandonnements* pour fait de grosse aventure, c'est-à-dire ce qui est délaissé des objets sauvés affectés au contrat par l'emprunteur qui veut se libérer de la restitution de la chose prêtée, sont assujettis à un droit proportionnel de 1 pour 100. En temps de guerre, le droit est réduit de moitié.

Le contrat à la grosse sous seing privé qui contient des conventions synallagmatiques est assujetti au timbre de dimension et donne lieu au droit de timbre proportionnel, lorsqu'il a un caractère unilatéral, qu'il soit négociable ou non (L. 6 prair. an 7, art. 6; 5 juin 1850, art. 1er). — Le contrat à la grosse est également passible du droit de timbre de dimension, lorsqu'il est passé, en France, devant notaire, ou à l'étranger, devant le chancelier du consulat, ou enfin dressé par un courtier (V. Desjardins, t. 5, n° 1150).

SECT. 3. — DES CHOSES QU'ON PEUT PRÊTER A LA GROSSE ET DE CELLES QUI PEUVENT ÊTRE AFFECTÉES AU PRÊT (*Rép.* nos 1281 à 1303).

1433. — I. DES CHOSES QU'ON PEUT PRÊTER A LA GROSSE (*Rép.* nos 1281 et 1282). — La chose prêtée à la grosse peut consister, ainsi qu'on l'a dit au *Rép.* n° 1281 (V. aussi *suprà*, n° 1400), non seulement en une somme d'argent, mais en toutes espèces de choses susceptibles de se consommer ou dont l'emprunteur peut librement disposer à charge d'en restituer de semblables ou d'en rendre la valeur. Bien que la doctrine paraisse unanime sur ce point, on y constate cependant des divergences, lorsqu'il s'agit de savoir si la chose prêtée peut consister en objets que le prêteur devra rendre en nature avec une prime au cas où ils ne périraient pas dans le voyage. Les uns estiment, par exemple, que, si le prêt consistait en agrès ou apparaux nécessaires au navire, en mobilier pour les cabines de passagers, le contrat ne serait plus un prêt à la grosse, mais une variété du louage (de Valroger, t. 3, n° 976; Lyon-Caen et Renault, t. 2, n° 2326; Boistel, n° 1431; Cresp et Laurin, t. 2, p. 853, note). M. Desjardins, au contraire (t. 5, n° 1142), enseigne que le contrat ne cesserait pas d'être un prêt à la grosse, alors même que la chose prêtée consisterait en objets devant être restitués en nature, mais nécessaires au navire. Voir dans le contrat, lorsque ce cas particulier se présente, une variété du louage ou comme quelques-uns des auteurs qui viennent d'être cités, un louage à la grosse, serait créer un contrat que le législateur n'a pas prévu, alors que la nature du contrat à la grosse ne répugne nullement à la convention dont il s'agit. « Notre code, dit-il (*loc. cit.*), ne nomme et ne reconnaît que le prêt à la grosse. Si ce prêt peut avoir pour objet des choses autres qu'une somme d'argent, si, en donnant ces choses, leur propriétaire assume légalement le risque de la perte et stipule également un profit maritime, il faut conserver au contrat la dénomination et les effets que lui assigne le code ». — Nous n'hésitons pas à préférer la première opinion et, sans aller jusqu'à considérer la convention qui intervient, lorsque les objets prêtés doivent être rendus en nature, comme un louage à la grosse, et créer ainsi en quelque sorte un contrat nouveau, nous croyons avec M. de Valroger qu'on se trouve en présence d'une variété du louage, d'un contrat innommé, si l'on veut, mais non d'un prêt à la grosse. Ce dernier contrat, qui est essentiellement à titre onéreux est une variété du prêt à intérêt et, par suite, du prêt de consommation; or si la chose prêtée doit être rendue en nature après usage, la seule variété de prêt dont se rapproche alors la convention est le prêt à usage; et, comme ce dernier contrat est essentiellement gratuit, il faudrait, pour que l'assimilation fût complète et que le contrat conservât le caractère d'un prêt à usage, qu'il n'eût été stipulé aucun profit maritime. C'est en effet par la gratuité seule que le prêt à usage diffère du louage (Aubry et Rau, 4e éd., t. 4, p. 594). Donc, du moment où il y a stipulation d'un profit maritime et où, par conséquent, la gratuité fait défaut, la convention est bien un louage ou pour mieux dire un contrat innommé, puisqu'il y entre un élément aléatoire, l'éventualité pour le locataire de ne pas avoir à restituer la chose louée, et à payer le prix du loyer au cas où elle serait perdue.

1434. On a exposé au *Rép.* n° 1282 que l'emprunteur a la grosse peut faire tel usage qu'il lui plaît de la somme empruntée et que, notamment, il n'est pas tenu de l'affecter rigoureusement au service direct des bâtiments en vue desquels l'emprunt a eu lieu. La doctrine récente (V. Desjardins, t. 5, n° 1156; de Valroger, t. 3, n° 968; J.-V. Cauvet, *Traité des assurances maritimes*, t. 1, p. 455) confirme généralement cette opinion, tout en y introduisant une distinction qui nous paraît parfaitement justifiée, suivant que le prêt est fait au capitaine ou au propriétaire soit du navire, soit des marchandises.

Si le prêt est fait au capitaine et que la somme prêtée ne soit pas employée aux besoins du navire ou de la cargaison, le contrat à la grosse reste toujours valable à l'égard du prêteur, à moins qu'il ne soit lui-même convaincu de fraude, ou n'ait pas apporté en contractant la prudence commune. Il en est de même lorsque le prêt a été fait au propriétaire du navire ou de la marchandise, et que le prêteur a cru prêter pour contribuer à l'armement du navire ou pour constituer le chargement. En pareil cas, si l'emprunteur n'observe pas les conditions du contrat et affecte à un autre objet la chose prêtée, le contrat n'en reste pas moins un prêt à la grosse à l'égard du prêteur, sans qu'on puisse lui imputer à faute de n'avoir pas surveillé l'emploi de la chose prêtée. Il est en effet certain que celui qui a prêté à la grosse des sommes destinées à subvenir aux besoins d'un navire, n'est pas tenu de veiller à ce qu'elles reçoivent la destination annoncée et n'est pas responsable de la fraude qui viendrait la changer.

D'accord sur ce point, on ne l'est plus pour répondre à la question de savoir si le prêt consenti au propriétaire d'un navire reste un prêt à la grosse quand le prêteur a su que l'emprunt n'était pas fait en vue du navire et qu'il a été affecté, toujours au su du prêteur, à une autre destination. Pour M. Desjardins, *loc. cit.*, le contrat cesse d'être un contrat de grosse pour devenir un prêt ordinaire, tandis que MM. de Valroger, *loc. cit.*, et surtout de Courcy, t. 1, p. 31; ne croient pas qu'en l'absence d'un texte, et contrairement à l'intention des parties, on puisse réduire aux effets d'un prêt pur et simple l'emprunt que le propriétaire aurait fait pour son navire et pour une cause qui était étrangère. « Seulement, ajoute M. de Valroger, il est bien entendu que le porteur ne pourra faire valoir son privilège sur le navire que s'il est dans les conditions prescrites par les art. 191, § 7, et 192, § 5 ». C'est également notre opinion (V. *suprà*, n° 1399).

1435. Ce qui précède nous permet de résoudre la question de savoir si un prêt à la grosse peut être consenti pour la garantie d'avances antérieures ayant servi à des opérations maritimes. L'affirmative est enseignée par MM. Laurin, t. 2, p. 219, et Desjardins, t. 5, n° 1156. — Ce dernier auteur s'exprime en ces termes : « L'art. 311, dit bien que le contrat à la grosse énonce le capital prêté, mais non que la somme doit être nécessairement fournie au moment du contrat. J'aurais pu, dans un port de relâche, vous prêter à la grosse 20000 fr. et vous laisser les deniers par renouvellement à l'occasion d'un second voyage (art. 323); comment ne pourrais-je pas, vous ayant prêté purement et simplement la même somme, stipuler pour la première fois, à la veille de ce nouveau voyage, un change maritime et l'affectation du chargement, par exemple au remboursement du profit joint au capital? » (Aix, 20 déc. 1865, *Recueil de Marseille*, 1866. 1. 39).

1436. — II. DES CHOSES QUI PEUVENT ÊTRE AFFECTÉES A L'EMPRUNT A LA GROSSE (*Rép.* nos 1283 à 1285). — On a énuméré au *Rép.* no 1283 les objets qui peuvent être affectés au prêt à la grosse (c. com. art. 315). La chose affectée ne doit pas nécessairement être corporelle. C'est ainsi qu'on peut emprunter sur une créance exposée à des risques de mer, sur un fret acquis, sur une prime subordonnée à des risques maritimes (de Valroger, t. 3, no 1020). L'énumération du *Répertoire* doit, d'ailleurs, être complétée conformément à la loi du 12 août 1885 (D. P. 86. 4. 24) qui a modifié l'art. 315 c. com. et, comme on le verra *infrà*, no 1442, abrogé l'art. 318 de ce code. Suivant le nouveau texte de l'art. 315, les emprunts à la grosse peuvent être affectés sur le navire et ses accessoires, sur l'armement et les victuailles, sur le fret, sur le chargement, sur le profit espéré du chargement, sur la totalité de ces objets conjointement ou sur une partie déterminée de chacun d'eux, c'est-à-dire sur toutes les choses qui, étant dans le commerce, sont exposées à des risques maritimes; telle est la formule qui avait été donnée au *Rép.* no 1283, et qui est, aujourd'hui, surtout, d'une rigoureuse exactitude.

1437. On a expliqué au *Rép.* nos 1284 à 1290 les différentes modalités de l'emprunt à la grosse, suivant qu'il est fait sur corps, sur facultés et à la fois sur corps et sur facultés. M. Desjardins, t. 5, no 1157, fait remarquer avec raison que, dans la pratique, on ne décompose plus, comme nous avions dû l'indiquer au *Rép.* no 1284, le prêt en prêt sur le corps et quille, prêt sur les agrès, apparaux et victuailles, prêt sur les armements. « Il suffit que les deniers soient donnés soit sur le corps, comme on disait en 1807, soit sur le navire et ses accessoires comme on dit en 1885, pour qu'on ait également privilège sur les agrès, armes et victuailles » (V. en ce sens : Trib. Marseille, 5 août 1862, *Recueil de Marseille*, 1862. 1. 323).

1438. On a vu au *Rép.* no 1285 que tous les bâtiments de mer, sloops, barques de pêche, etc., peuvent être affectés à un contrat à la grosse aussi bien que les grands navires; mais il ne faudrait pas donner trop d'extension aux termes *bâtiments de mer*, employés par les art. 190 et 191 c. com. pour désigner ceux qui sont susceptibles d'être affectés aux dettes que la loi déclare privilégiées, et au nombre desquelles se trouve la dette de l'emprunteur à la grosse. On ne doit entendre par bâtiments de mer que les bâtiments ou bateaux susceptibles de voyager sur mer et de courir les risques de la navigation maritime. On ne saurait notamment ranger dans cette catégorie et affecter à un prêt à la grosse les barques ou allèges qui font le service d'un port ou d'une rade (Desjardins, t. 5, no 1157), non plus que les bâtiments de rivière qui ne seraient pas de dimensions et forces à pouvoir soutenir un voyage sur mer (*Contrà :* Desjardins, *ibid.*; Cauvet, *Revue de droit commercial*, t. 2, p. 191).

1439. On peut affecter au prêt à la grosse un ou plusieurs navires indifféremment et même, suivant un jugement du tribunal de Dunkerque, du 7 déc. 1864 (*Recueil du Havre*, 1865. 2. 81), établir une sorte de solidarité entre les navires affectés, de façon que la somme prêtée ne serait pas restituable et le profit maritime ne serait pas acquis si tous les navires n'étaient heureusement arrivés; réciproquement, on pourrait stipuler que la perte de tous les navires serait nécessaire pour rendre le prêt non restituable (V. en ce sens: Desjardins, t. 5, no 1157; de Valroger, t. 3, no 1022).

1440. — III. PRÊTS SUR CORPS ET FACULTÉS (*Rép.* nos 1286 à 1303). — On admet toujours avec Emérigon et conformément à la doctrine adoptée au *Rép.* no 1286 que le privilège du prêteur à la grosse, lorsque le prêt est fait sur corps et facultés, peut être exercé intégralement sur l'un ou l'autre des deux objets ou sur les deux pris ensemble (Ruben de Couder, vo *Grosse aventure*, no 49; Desjardins, t. 5, no 1158).

1441. Quant au prêt sur facultés, on a vu en quoi il peut consister (*Rép.* nos 1286 et suiv.). Rappelons seulement que le capitaine peut emprunter sur la cargaison non seulement pour les besoins de celle-ci, mais aussi pour les besoins du navire (art. 234) (Desjardins, t. 5, no 1159; de Valroger, t. 3, no 1025); mais il ne peut agir ainsi qu'en cours de voyage (Trib. Marseille, 24 mai 1864, *Recueil de Marseille*, 1864. 1. 147. V. aussi Req. 4 déc. 1866, aff. de Gentil, D. P. 67. 1. 161).

1442. Comme on l'a exposé au *Rép.* no 1291, le code de commerce avait, à l'exemple de l'ordonnance de 1681, prohibé tout emprunt à la grosse sur le *fret à faire* et le profit espéré de la marchandise (art. 318). — La loi du 12 août 1885, modificative d'un certain nombre d'articles du liv. 2 c. com. (*suprà*, p. 25), a abrogé cette disposition de l'art. 318 et ajouté par suite aux choses sur lesquelles les emprunts à la grosse peuvent être affectés, le fret à faire et le profit espéré du chargement. — Cette importante réforme, introduite par le Sénat au cours de la préparation de la loi, ne fut pas acceptée sans discussion. Comme nous l'avons exposé, la prohibition de l'art. 318 était fondée : 1° sur ce que le fret à faire ou le profit espéré ne sont, au moment du contrat, que des objets incertains, sur lesquels on pensait, dès lors, que le prêt à la grosse ne pouvait porter; 2° sur ce que, relativement au fret à faire, l'emprunt sur ce fret aurait pour effet de rendre l'emprunteur indifférent au succès de l'expédition, la perte du navire et la perte du fret, par suite de celle du chargement, étant à la charge du prêteur. C'est sur le premier de ces motifs que s'appuya surtout le rapporteur du projet de loi à la Chambre des députés, M. Peulevey, pour repousser la modification proposée par le Sénat; il fit, en outre, valoir que le contrat à la grosse sur facultés comprend nécessairement le profit espéré des marchandises, et celui sur corps, le fret à faire. « On comprend, disait le rapport de M. Peulevey, une pareille disposition (celle de l'art. 318, qu'il s'agissait d'abroger), étant donnés non seulement les principes généraux du droit sur la matière qui impliquent nécessairement que le prêt est représenté par un objet matériel mis en risque, mais encore les dispositions de l'art. 320 du même code. En effet, si on se reporte à cet article, on voit que le navire, les agrès, même le fret acquis, sont affectés par privilège au capital et aux intérêts de l'argent donné sur le corps et quille du vaisseau. Le chargement, bien entendu avec toute sa valeur réelle au lieu du payement, c'est-à-dire avec le profit espéré, est également affecté au capital et aux intérêts de l'argent donné à la grosse sur le chargement. Quelle peut donc être la nécessité pratique d'autoriser un emprunt spécial sur le fret, en dehors du navire et de ses accessoires, et sur le profit espéré des marchandises en dehors du chargement? » Et il faisait ressortir les difficultés auxquelles donnerait lieu l'action exercée simultanément sur le fret par le prêteur sur corps et par le prêteur sur fret, l'action simultanée sur le profit par le prêteur sur facultés et le prêteur sur profit espéré. — Lorsque le projet revint au Sénat, le rapporteur, M. Roger-Marvaise, s'empara au profit de la thèse adoptée par la Haute Assemblée des aveux que contenait le rapport de M. Peulevey. Il soutint qu'il n'y avait aucun motif pour maintenir dans le code la prohibition d'une stipulation qu'on reconnaissait virtuellement exister dans tout contrat à la grosse. Au contraire, la modification proposée aurait pour conséquence d'apporter plus de précision dans l'objet du contrat, en même temps qu'elle mettrait notre législation en harmonie avec le principe de la liberté des conventions. L'opinion première du Sénat, maintenue à la seconde délibération, fut en définitive adoptée par la Chambre des députés, et cela, avec raison. Comme le remarque M. Desjardins, t. 5, no 1160, « l'argumentation du rapport présenté à la Chambre des députés n'était pas sans réplique. Il est évident que si le fret à faire ou le profit espéré était préalablement et distinctement affecté à un premier donneur, ce fret, en tant qu'accessoire du navire, ne serait plus le gage d'un prêteur sur corps, et ce profit espéré, en tant qu'il augmenterait la valeur des marchandises, ne serait plus le gage d'un prêteur sur facultés. Il y aurait donc, dans les deux cas, une déduction à faire sur la valeur susceptible d'être affectée aux nouveaux emprunts. La question se complique, il est vrai, si l'on a commencé par prêter sur corps et sur facultés. Cependant on pouvait concevoir, si l'art. 320 avait été remanié, un système d'après lequel le fret acquis lui-même et la plus-value des marchandises, une fois transportées, aurait cessé d'être le gage des donneurs sur corps et sur facultés tant qu'une clause spéciale ne les aurait pas affectés; le fret à faire, le profit espéré seraient restés encore susceptibles d'une affectation ultérieure. Le législateur maintenant, au contraire, purement et simplement l'art. 320, il fallait reconnaître à l'emprunteur le droit d'emprunter sur le fret et sur le profit espéré si le premier emprunt n'absorbait pas toute la valeur du navire et du fret ou celle du chargement avec sa plus-value ».

D'après le code allemand (art. 631), le code espagnol (art. 725), la loi belge de 1879 (art. 157 et 158), l'emprunt à la grosse peut porter sur le fret à faire, mais non sur le profit espéré. Au contraire, le code italien (art. 594) autorise l'emprunt même sur le profit espéré.

1443. Le *profit espéré*, que l'art. 315, modifié par la loi du 12 août 1885, permet d'affecter à un emprunt à la grosse, est celui que l'emprunteur espère retirer de la vente des marchandises après leur arrivée à destination. Le fret à faire est celui qui, étant subordonné à l'accomplissement du voyage, n'est pas encore gagné. — Dès l'instant que l'abrogation de l'art. 318 permet d'affecter à un emprunt à la grosse le fret à faire et le profit espéré, on peut considérer comme susceptibles d'être affectés à un prêt de cette nature certains bénéfices éventuels qui ne pouvaient auparavant lui servir d'aliment. Ainsi il nous paraît qu'on peut, à ce point de vue, assimiler au fret à faire ou au profit espéré les produits de la pêche éventuelle d'un bateau; on pourrait de même emprunter à la grosse sur les primes d'exportation ou d'importation dont la loi subordonne le bénéfice à l'arrivée, et notamment sur la prime attribuée par la loi du 22 juill. 1851 (D. P. 51. 4. 165) à l'importation des morues propres à la consommation (Desjardins, t. 5, n° 1160 *bis*. p. 241). Un tel emprunt eût, au contraire, été impossible avant la loi de 1885. « Cette prime, dit M. Desjardins, était au même titre que le fret un objet éventuel; si le fret n'était qu'une espérance aux yeux du législateur, cette prime avait la même fragilité. »

1444. Peut-on affecter à un prêt les primes à la navigation instituées par la loi du 29 janv. 1881 (D. P. 82. 4. 13)? La question est délicate et nous croyons que c'est avec raison qu'elle a été résolue négativement par M. Desjardins, t. 5, n° 1160. Cette prime n'a pas, en effet, le même caractère éventuel que les primes d'exportation qui sont subordonnées à l'arrivée, puisque, d'après le décret du 17 août 1881 (D. P. 82. 4. 82), le navire qui périt corps et biens au cours d'une traversée, sans qu'on sache où il a disparu, est réputé avoir accompli la moitié de sa course et que l'Etat est débiteur de la prime proportionnellement à la distance parcourue si on sait le point où le navire a péri. « Mais, dit M. Desjardins, il est extrêmement difficile de concilier le mécanisme des contrats à la grosse avec celui des primes à l'armement. Le navire périt avec sa cargaison aux quatre cinquièmes de sa traversée; l'emprunteur sur corps et facultés est libéré : quelle sera la situation de l'emprunteur sur la prime à l'armement, percevant après le sinistre presque toute la prime? Il y a là une combinaison de faits et de principes qui échappe aux prévisions du législateur de 1807 et même du législateur de 1885. »

1445. L'abrogation de l'art. 318 a encore cette conséquence que la nullité du contrat et sa transformation en simple prêt ne peut plus se produire dans les conditions prévues au *Rép.* n°s 1292 et 1293. — Il est certain, d'autre part, qu'en permettant d'emprunter sur le profit espéré, le législateur n'a point entendu prohiber le prêt sur le profit acquis des marchandises (*Rép.* n° 1294), de même qu'en autorisant le prêt sur le fret à faire, il n'a pas entendu interdire le prêt sur le fret acquis, c'est-à-dire celui qui est dû en raison de l'arrivée du navire et après cette arrivée (*Rép.* n° 1295). On a vu au *Rép. ibid.* dans quelle hypothèse, notamment, peut se poser la question de savoir si le fret acquis est susceptible d'être affecté à un prêt à la grosse : c'est celle où l'armateur qui a le choix soit de décharger les marchandises dans tel port désigné, soit de les transporter, moyennant une augmentation de fret, dans un autre port plus éloigné, veut, après être parvenu dans le premier port, emprunter sur le fret qu'il aurait pu gagner en déchargeant dans ce premier port, alors qu'il se décide à poursuivre sa route jusqu'au second. Nous avions résolu cette question par l'affirmative et cette solution doit, à plus forte raison, être admise aujourd'hui. En effet, soit que l'on envisage le fret qui aurait pu être exigé après l'arrivée au premier port, en cas de continuation du voyage, comme un fret gagné et certain, soit qu'on le considère comme remis en risque par la continuation du voyage et comme constituant dès lors un fret à faire, on est autorisé par le nouvel art. 315 à l'affecter au remboursement d'un billet de grosse (Comp. Desjardins, t. 5, n° 1160).

1446. L'impossibilité d'affecter le *fret acquis* à l'emprunt à la grosse subsiste, au contraire, si l'on entend cette expression dans le sens, que nous avons signalé au *Rép.* n° 1296, de fret stipulé payable à tout événement. Ce fret diffère précisément de ce qu'on pouvait désigner par l'expression de fret acquis dans l'hypothèse examinée au numéro précédent, en ce qu'il n'est soumis à aucun risque de navigation et répugne, par conséquent, à toute affectation à un prêt à la grosse (Desjardins, t. 5, n° 1160, p. 239; de Valroger, t. 3, n° 1049). Toutefois, comme nous l'avons également exposé au *Rép.* n° 1296, si le capitaine, après avoir perçu le fret, l'a embarqué en espèces ou l'a converti en marchandises, il peut emprunter sur ce fret ou sur les marchandises qui en sont le produit (de Valroger, t. 3, n° 1048). La validité de l'emprunt est, en ce cas, d'autant moins contestable qu'en réalité l'emprunt ne porte plus alors sur le fret, mais sur les deniers ou marchandises qui le représentent et qui sont, comme tous autres objets placés sur le navire, exposés à périr avec lui (Desjardins, t. 5, n° 1160, p. 239, note 5).

1447. M. de Valroger, t. 3, n° 1049, rejette l'opinion professée par Emérigon et que nous avons adoptée au *Rép.* n° 1297, suivant laquelle l'armateur qui a stipulé un fret payable à tout événement ne pourrait emprunter sur son navire jusqu'à concurrence de son entière valeur sans défalquer le montant du fret acquis. « L'emprunt à la grosse fait sur le navire, dit-il, est valable, puisqu'il ne dépasse pas la valeur du navire au départ; d'un autre côté, il est permis de stipuler que le fret sera acquis à tout événement. Le prêteur pourra exercer son privilège sur le fret acquis, mais il n'aura pas d'autre droit : Valin, commentant l'art. 15 de l'ordonnance, décide formellement que celui qui a stipulé que le fret serait acquis à tout événement n'est pas tenu d'en déduire la produit sur la valeur de son navire, quand il le fait assurer. Il se borne à dire qu'en cas de délaissement, on doit rapporter aux assureurs comme un accessoire du navire, même le fret acquis, jusqu'à concurrence des marchandises sauvées. C'est ce que décidait également l'art. 386, aujourd'hui abrogé par la loi du 12 août 1885 ». Sous l'empire de la nouvelle législation, l'opinion de M. de Valroger paraît incontestable, puisque le prêt peut porter sur le fret comme sur le navire et que l'emprunteur peut se ménager ainsi la conservation cumulative de ces deux valeurs. Mais le prêt sur le fret et sur le profit doit toujours être combiné de façon à ce que l'emprunteur ne soit pas mieux traité en cas de sinistre qu'il ne le serait en cas d'heureuse arrivée (de Valroger, t. 3, n° 1052).

1448. On a vu au *Rép.* n°s 1298 à 1300 que l'art. 319 prohibe l'affectation du salaire des matelots à un prêt à la grosse qui leur aurait été consenti. Cette prohibition a été maintenue, bien que ses motifs aient perdu de leur valeur depuis le remaniement de l'art. 238 c. com. par la loi du 12 août 1885. Mais, lorsque ces salaires sont acquis, la jurisprudence persiste dans la doctrine de l'arrêt rendu par la cour d'Aix le 24 janv. 1834 (*Rép.* n° 1300) qui autorise le porteur d'un billet de grosse souscrit par le capitaine, en cours de voyage, sur sa garantie personnelle, à saisir son salaire (Rennes, 10 déc. 1861) (1). M. Desjardins, toutefois, considère cette doctrine comme incompatible

(1) (Bragato C. Belloc.) — LA COUR; — Considérant qu'en empruntant à la grosse de Belloc frères pour les besoins de son expédition et en affectant au remboursement de l'emprunt le navire et toutes ses dépendances, le capitaine Bragato s'est de plus personnellement obligé au payement des sommes empruntées; qu'il a même expressément promis que le navire, ses dépendances et son fret ne seraient employés à aucune affectation quelconque jusqu'au parfait payement de l'emprunt et de sa

avec le décret du 14 mars 1852 (D. P. 52. 4. 84), d'après lequel les salaires du capitaine sont insaisissables, comme ceux de tous autres marins (Desjardins, t. 5, n° 1161, et p. 243, note 4, et n° 673). — Dans ce système, le recours du prêteur ne pourrait donc, en aucun cas, s'exercer sur les salaires, mais seulement sur les autres biens du débiteur, ainsi que nous l'avons expliqué au *Rép.* n° 1299.

1449. L'emprunt à la grosse impliquant l'affectation réelle des choses sur lesquelles il a lieu, on ne peut, ainsi que nous l'avons exposé au *Rép.* n° 1313, emprunter que sur celles qui sont vénales; ainsi l'emprunt ne peut être contracté sur la vie ou la liberté des personnes. Mais l'affectation à un prêt à la grosse est possible toutes les fois que la chose sur laquelle on emprunte n'est pas, par sa nature même, réfractaire à toute idée de vénalité, et qu'elle n'est hors du commerce que par suite de circonstances extrinsèques à sa nature. Spécialement, des poudres appartenant à l'Etat, et qui, par conséquent, étaient en raison de cette circonstance momentanément hors du commerce, ont été considérées comme affectées à la garantie de l'emprunt à la grosse contracté sur le chargement du navire de commerce qui les transportait, quoiqu'elles ne fussent pas susceptibles d'être vendues en cas d'inexécution du contrat de grosse (Alger, 25 avr. 1864, aff. d'Honoraty, D. P. 64. 2. 108). Jugé, qu'en conséquence, l'Etat, de même que les autres destinataires, était tenu de subir l'exercice du droit de rétention appartenant au capitaine jusqu'au payement de la part qui serait mise à sa charge (Même arrêt).

1450. Lorsque le prêt à la grosse est fait à la fois sur des objets qui peuvent être affectés et sur des objets qui ne sont pas susceptibles d'affectation, le contrat doit-il être annulé pour le tout ou seulement dans celles de ses dispositions qui sont contraires à la loi? — Suivant M. Desjardins, t. 5, n° 1162, le contrat vaut pour toutes les choses affectées qui sont susceptibles d'affectation, il est nul pour les autres seulement. C'est, dit-il « la jurisprudence des tribunaux anglais et américains; on ne voit pas pourquoi les nôtres statueraient autrement » (Conf. Trib. Dunkerque, 7 déc. 1864, *Recueil du Havre*, 1865. 2. 81).

SECT. 4. — DES RISQUES (*Rép.* n°s 1304 à 1347).

1451. On a vu au *Rép.* n° 1304, et *suprà*, n° 1399, qu'il est de l'essence du prêt à la grosse que les objets affectés à ce prêt soient exposés à des risques maritimes et que le remboursement du prêt et l'acquisition du profit maritime n'aient lieu qu'autant que l'épreuve des risques de mer aura été victorieusement subie. Ainsi, il n'y aurait pas prêt à la grosse, indépendamment du cas déjà visé au *Rép.* n° 1316, s'il n'avait été ni expressément, ni implicitement stipulé dans le billet de grosse souscrit par le capitaine que le remboursement des sommes empruntées n'aurait lieu qu'en cas de bonne arrivée du navire au port de destination (Douai, 20 mai 1879) (1).

1452. De ce que l'existence de risques maritimes est une condition essentielle de la validité du contrat à la grosse, il résulte que, si le voyage est rompu avant d'être commencé, c'est-à-dire avant que la chose affectée ait encouru des risques de mer, le contrat est ristourné; la somme prêtée doit alors être remboursée avec les intérêts

---

prime; que Bragato, qui s'est volontairement placé dans les liens de cette obligation, ne peut pas opposer à Belloc frères, demandant à être payés sur le prix du navire, ou l'existence d'une créance qui lui serait personnelle, ou le privilège qui appartiendrait à cette créance; que les termes mêmes de son engagement impliquent de sa part une renonciation formelle à toute prétention de cette nature; — Considérant qu'on objecte vainement que la créance à raison de laquelle Bragato demande la reconnaissance d'un privilège préférable à celui des prêteurs à la grosse, est celle de ses gages, et qu'aux termes de l'art. 319 c. com. nul prêt à la grosse ne peut être fait aux matelots ou gens de mer sur leurs loyers ou voyages; qu'il ne s'agit pas ici d'un emprunt à la grosse contracté personnellement par un marin et auquel il aurait affecté ses gages; que l'emprunt a été fait pour les besoins de l'expédition, et que le navire, ses dépendances et son fret y ont été affectés; mais qu'en même temps le capitaine a pris l'obligation personnelle de payer, et qu'il ne résulte d'aucun principe de droit qu'il lui fût interdit de contracter cet engagement dans les termes les plus absolus, quand il devenait la condition d'un prêt fait à l'expédition; qu'on ne soutient pas que, par une conséquence de l'art. 319 précité, les gages du capitaine soient incessibles et insaisissables, et que ses créanciers personnels, notamment Belloc frères, encore bien que leur créance procède d'un prêt à la grosse fait à l'expédition, ne soient pas admissibles à exercer sur les valeurs que ces gages mettent aux mains de leur débiteur les actions attachées à leur créance; qu'on se borne à prétendre que le capitaine a intérêt à faire liquider sa créance et reconnaître son privilège pour que cette partie de ses biens reste le gage commun de ses propres créanciers; — Considérant qu'il ne s'agit point de savoir si Belloc frères ont, sur la créance du capitaine des droits préférables à ceux de ses autres créanciers, puisqu'aucun de ceux-ci n'a jusqu'à présent régulièrement procédé, soit en son propre nom, soit au nom du débiteur commun pour se faire attribuer tout ou partie des sommes afférentes à Bragato; que ce dernier est, devant la cour, le seul contradicteur de Belloc frères, et qu'il ne saurait être admis à se prévaloir des droits supposés appartenir à des créanciers qui n'agissent point, pour opposer sa créance à celle qu'il a cautionnée par son obligation personnelle et dont il ne peut contester l'antériorité sur lui-même, puisqu'il a expressément promis que le prix qu'il s'agit de distribuer ne serait affecté à nul autre emploi avant que cette créance fût intégralement acquittée; — Considérant, d'ailleurs, que si le tribunal a refusé d'admettre le privilège de Bragato, en tant qu'il était opposé à Belloc frères, il a cependant ordonné que la créance de Bragato serait liquidée et apurée à telles fins que le droit; — Met l'appellation au néant; ordonne que ce dont est appel sortira effet, etc.

Du 10 déc. 1861.-C. de Rennes, 1re ch.-MM. Boucly, 1er pr.-Bodin et Grivart, av.

(1) (Société générale C. Petersen.) — LA COUR; — Attendu que, par le billet souscrit à Philadelphie, le 6 déc. 1878, et enregistré à Dunkerque le 27 févr. 1879, le capitaine Petersen promet, « cinq jours après l'arrivée de son navire au port définitif de destination ou à l'encaissement du fret, si fait plus tôt, de payer à l'ordre de Peters Wriggt et fils la somme de 531 livres 14 shellings, valeur reçue pour les débours nécessaires de son navire dans le port de Philadelphie, et pour lesquels il tient responsable son navire, ses armateurs et son fret; » — Attendu que ce texte ne renferme aucune stipulation expresse de n'effectuer le payement qu'à la condition essentielle de la bonne arrivée du navire au port de destination; — Attendu que cette prétendue condition est, d'ailleurs, repoussée tant par la nature du billet que par l'ensemble des énonciations qu'il renferme;

Attendu, en effet, qu'une condition suspensive de payement n'est guère compatible avec une valeur à ordre, dont la négociation serait difficilement praticable si son encaissement était subordonné à l'événement d'une condition incertaine;

Attendu, au surplus, que loin de pouvoir trouver dans ces mots « à cinq jours de l'arrivée du navire au port définitif de destination ou à l'encaissement du fret si fait plus tôt » une obligation exceptionnelle de ne payer que sous condition de bonne arrivée, on y rencontre, au contraire, par application de l'art. 188 c. com. l'énonciation normale de l'époque à laquelle le payement du billet doit s'effectuer; que si, à la vérité, le terme n'est pas spécialisé par un jour fixe, la date de la création de la valeur, jointe au temps ordinairement employé à la traversée de Philadelphie à un port de commerce d'Europe, constitue une époque de payement suffisamment précise pour mettre les tiers porteurs à même d'apprécier le moment où ils pourront demander et obtenir payement;

Attendu qu'en vain le capitaine Petersen soutient que la valeur litigieuse aurait été souscrite en vertu d'une convention intervenue en Amérique entre lui et Peters Wright et fils, ses chargeurs, et par laquelle ces derniers, en lui remettant à Philadelphie 531 livres 14 shellings à valoir sur son fret, se seraient obligés, en échange d'une prime de 3 pour 100 reçue pour commission et assurance, à considérer les 531 livres 14 shellings comme irrévocablement acquis au capitaine en cas de sinistre, et à n'en exiger le remboursement qu'au seul cas d'heureuse arrivée du navire au port de destination;

Attendu que le billet n'énonce pas cette convention; qu'il n'y fait aucune allusion directe ou indirecte; qu'il ne révèle notamment aucune assurance relative aux 531 livres 14 shellings avancés par Peters Wright et comp.; qu'en insérant, au contraire, dans le texte du billet à ordre que, pour lesdites 531 livres 14 shellings par lui reçus, il tenait responsable son navire, ses armateurs et son fret, le capitaine Petersen a clairement fait connaître aux tiers-porteurs que loin d'être conditionnelle, sa promesse de payement était ferme et irrévocable;

Par ces motifs; — Déclare la Société générale tiers porteur régulier; pour le surplus, met le jugement dont est appel au néant; — Réformant, condamne Petersen à payer à la Société générale la somme de 531 livres sterlings, etc.

Du 20 mai 1879.-C. de Douai, 1re ch.-MM. Duhem, pr.-Dupont et de Beaulieu, av.

de terre (*Rép.* n° 1304), sans qu'il y ait à distinguer suivant que la rupture du contrat a eu lieu par force majeure ou par le fait de l'emprunteur. Toute autre solution, dit M. Desjardins, t. 5, n° 1171, serait incompatible avec le second alinéa de l'art. 317.

1453. Faut-il annuler également le contrat, lorsqu'il y aura eu réticence, c'est-à-dire quand il aura été impossible au prêteur, par suite des fausses déclarations de l'emprunteur, de se faire une idée exacte du risque? La jurisprudence a plusieurs fois décidé, bien qu'aucun texte n'étende au contrat à la grosse la disposition de l'art. 348 c. com. qui annule l'assurance maritime pour cause de réticence, que le contrat est nul en cas de réticence ou de fausses déclarations (V. notamment : Trib. Marseille, 21 août 1858, *Recueil de Marseille*, t. 35, 1. 264). C'est la conséquence du caractère du contrat à la grosse qui est, comme l'assurance, un contrat de bonne foi dans lequel, dit M. de Valroger, t. 3, n° 996, les parties ne doivent rien céler.

1454. Comment, lorsque le contrat est ristourné, seront calculés les intérêts de terre? Ils doivent, nous semble-t-il, être calculés, comme l'a prescrit l'art. 317 en cas de ristourne partiel, d'après le cours de la place. C'est ainsi qu'il doit, à notre avis (V. *suprà*, n° 1410) être procédé lorsqu'il s'agit de suppléer au silence du contrat en ce qui concerne le profit maritime; en outre, il n'y a aucune raison de ne pas appliquer au ristourne complet ce qui a été prescrit par l'art. 317 pour le ristourne partiel. Enfin les objections qu'on oppose à notre doctrine, lorsqu'il s'agit d'apprécier le profit maritime, sont ici sans application, puisqu'il ne s'agit à aucun point de vue d'une appréciation personnelle des risques, ceux-ci ayant disparu, et que rien n'est plus facile que de déterminer d'une manière certaine quel est le taux de l'intérêt sur une place de commerce. Tout au plus pourrait-on soutenir que l'intérêt doit être calculé suivant le taux légal en matière commerciale, c'est-à-dire, suivant le taux de 6 pour 100.

La fixation du taux de l'intérêt ne peut, d'ailleurs, présenter de difficulté qu'autant que les parties n'auront pas prévu, ce qui est, il est vrai, le cas le plus fréquent, la conversion du prêt à la grosse en prêt ordinaire, puisque, dans le cas contraire, elles auront pu fixer le taux de l'intérêt à leur gré, la loi du 12 janv. 1886 (D. P. 86. 4. 32) ayant supprimé toute restriction aux stipulations des parties relativement aux intérêts conventionnels en matière commerciale.

En vertu de cette loi, les parties pourraient-elles convenir que, en cas de ristourne du contrat, le profit maritime devra être intégralement payé? La question est délicate; toutefois, l'affirmative nous paraît difficile à admettre. En effet, si la loi du 12 janv. 1886 a établi la liberté du taux de l'intérêt conventionnel en matière commerciale, elle n'a statué qu'en ce qui concerne l'intérêt proprement dit. Or le profit maritime, s'il peut être considéré dans une certaine mesure comme l'intérêt des capitaux prêtés à la grosse, est, avant tout, le prix du risque; c'est uniquement en vue du risque et suivant son importance qu'il est fixé; de plus, son acquisition est subordonnée à l'existence du risque, à la mise en risque de la chose affectée; si cette condition fait défaut, la promesse du débiteur de le payer manque par suite de cause, et cesse, par conséquent, d'être exigible. La loi du 12 janv. 1886 n'a rien pu changer à cette situation. — Dans tous les cas, pour que le profit maritime fût dû, en pareille occurrence, il faudrait une stipulation formelle qui ne laissât aucun doute sur la commune intention des parties; il faudrait, par conséquent, qu'il fût bien avéré qu'elles ont entendu stipuler et promettre le payement du profit maritime, que le contrat fût ou non ristourné.

1455. La solution donnée au *Rép.* n° 1304 s'applique encore au cas de renouvellement d'un billet de grosse. En ce cas, le profit maritime n'est dû qu'autant qu'il y a de nouveaux risques maritimes à courir (Civ. cass. 19 nov. 1872, aff. Clerc, D. P. 73. 1. 153). En d'autres termes, le change maritime stipulé pour un temps ou un voyage déterminé n'est dû que pour cette période, et non pour le temps couru depuis l'échéance primitive du billet de grosse jusqu'au payement effectif à la suite du renouvellement, temps pendant lequel on ne peut stipuler que l'intérêt légal de la somme prêtée. Toutefois l'intérêt dû pour cette seconde période devrait être calculé, non plus au taux autrefois légal, mais au taux moyen de l'intérêt payé sur la place à l'époque où la prorogation a eu lieu. Cette proposition devrait même être accueillie par ceux qui veulent régler les intérêts d'après le taux légal en cas de ristourne du contrat, car la prorogation contient, au moins tacitement, une nouvelle convention (V. toutefois : Rouen, 7 mai 1888, aff. Pélissier et comp., *Recueil du Havre*, 1888. 2. 111).

1456. Quel sera le point de départ des intérêts substitués au profit maritime au cas de ristourne? Les auteurs s'accordent généralement, suivant l'opinion que nous avions émise au *Rép.* n° 1305 pour écarter toute distinction entre le cas où la rupture du contrat a eu lieu par force majeure et celui où elle est due au fait de l'emprunteur et pour faire courir les intérêts *de plano* du jour du prêt (Lyon-Caen et Renault, n° 2359; Cresp et Laurin, t. 2, p. 302; Boistel, n° 1431; Bonnard, p. 188; de Valroger, t. 3, n° 1039; Desjardins, t. 5, n° 1171).

1457. En cas de rupture du voyage, le prêteur perd-il son privilège? Cette question qui a été examinée au *Rép.* n° 264 continue à diviser les auteurs. M. de Valroger, t. 3, n° 1070, est d'avis que le privilège subsiste, tandis que M. Desjardins, t. 5, n° 1181, décide que ce privilège disparaît avec le contrat, le privilège ne pouvant dépendre de la volonté des contractants, mais seulement de la loi et ne pouvant exister, quand la convention à laquelle il est attaché n'existe pas elle-même (V. dans le même sens : Trib. com. Marseille, 27 mars 1866, *Recueil de Marseille*, 1867. 2. 32).

1458. La règle suivant laquelle le contrat doit être ristourné au cas où la chose affectée n'est pas mise en risque s'applique-t-elle au cas où le prêt a été fait pour l'aller et le retour, s'il y a rupture du voyage de retour? Il faut écarter ici tout d'abord la solution qui avait été proposée par Valin et Pothier, solution consistant à appliquer en pareil cas les règles de l'assurance et à faire subir au prêteur la déduction du tiers du profit maritime; dans le silence du code, il ne paraît pas possible d'étendre au contrat de grosse une disposition spéciale au contrat d'assurance; la situation du prêteur est d'ailleurs très différente de celle de l'assureur, puisqu'il a fait des déboursés et des avances que l'assureur ne fait point et qui doivent le faire traiter avec plus de faveur que ce dernier. — Cette solution écartée, il semble qu'on doive attribuer au prêteur l'entier profit maritime; on reconnaît, en effet, que, si l'emprunteur retire en cours de voyage une partie des marchandises affectées, ou que s'il abrège le voyage, le profit n'en est pas moins dû intégralement, puisqu'il y a eu mise en risque (de Valroger, t. 3, n° 1043). Or, au cas où le prêt a été fait pour l'aller et le retour, la rupture du voyage de retour n'est pas autre chose qu'une abréviation du voyage, et, par conséquent, il n'y a aucune raison de ne pas s'en tenir aux règles qu'on applique à la simple abréviation; la totalité du profit est donc due lorsque le voyage de retour n'est pas effectué.

1459. La preuve du ristourne incombe à l'emprunteur qui refuse de payer le profit maritime, par application des principes de l'art. 1315 c. civ. et de la maxime : *reus excipiendo fit actor*. Il doit donc établir que les risques n'ont pas été courus par la chose affectée (Civ. cass. 19 nov. 1872, cité *suprà*, n° 1455).

1460. On a expliqué au *Rép.* n° 1307 les dispositions des art. 316 et 317 c. com. relatives au cas où la valeur des objets affectés au prêt serait inférieure au montant du prêt. Comme on l'a vu *ibid.*, c'est au prêteur qui prétend faire annuler le prêt qu'incombe l'obligation de prouver la fraude commise par l'emprunteur et d'établir que les objets affectés sont d'une valeur inférieure à la somme prêtée à la grosse. Cependant la fraude doit être présumée contre le preneur qui aurait emprunté à la grosse sur des effets ayant déjà été l'objet d'une assurance ou ayant déjà été affectés à un prêt à la grosse (*Rép.* n° 1308. Conf. Desjardins, t. 5, n° 1172). Mais il faut prendre garde de donner à cette règle un sens trop absolu. Comme le remarque M. de Valroger, t. 3, n° 1033, « la fraude suppose une tromperie volontaire, de sorte qu'on a pu juger que le prêteur ne serait pas fondé à invoquer l'art. 316 sous le seul prétexte que le navire, à raison des charges dont il était grevé, ne présentait plus un gage suffisant, alors qu'il n'était pas établi, d'autre part, que le capitaine eût dissimulé la vérité pour tromper le prêteur (Trib. Rouen, 15 oct. 1856, aff. Créanciers de l'*Enthymènes*, *Recueil de Nantes*, 1861. 2. 17).

1461. Nous n'avons pas à revenir sur les explications qui ont été fournies au *Rép.* n°s 1309 et 1310, relativement au mode d'évaluation des objets affectés au prêt à la grosse. On admet toujours notamment que la valeur qui doit servir à apprécier la régularité du contrat est celle de la chose au moment où il a été passé; il faut, comme le dit M. Desjardins, t. 5, n° 1173, déterminer à quelles conditions la marchandise pouvait être échangée au moment du contrat.

1462. On a vu qu'au cas d'annulation du contrat de grosse, le prêteur a droit au remboursement de la somme totale (*Rép.* n° 1311), sans toutefois pouvoir réclamer le profit maritime, nonobstant la perte des objets affectés au prêt (Desjardins, t. 5, n° 1172; de Valroger, t. 3, n° 1034). L'art. 316 disposant que le contrat est déclaré nul, il n'y a plus de prêt à la grosse et par conséquent plus de profit. « Le prêteur, il est vrai, dit M. de Valroger, se trouvera dans une moins bonne situation que celle où il se trouverait, s'il prouvait que la chose avait péri par la faute du capitaine, ou en dehors des risques prévus, car alors il peut réclamer le capital et le profit comme si la chose était arrivée à bon port. Mais prenons garde que l'art. 316 permet au prêteur de se faire restituer son capital, alors même qu'il y aurait eu perte de la chose dans les termes du contrat. Pour l'indemniser de la fraude, le législateur a pu penser qu'il suffisait de le mettre à l'abri des conséquences d'un sinistre qu'il devait supporter. » D'ailleurs, la nullité ne peut être demandée que par le prêteur ou le tiers porteur, qui la proposera seulement en cas de sinistre, car c'est le seul cas où il ait intérêt à le faire (*Rép.* n° 1307).

1463. Les auteurs restent divisés sur la question prévue au *Rép.* n° 1312, de savoir si, en cas d'annulation du contrat pour cause de fraude, le prêteur a droit du moins à l'intérêt de terre. Tandis que MM. Desjardins, t. 5, n° 1172, et Laurin sur Cresp, t. 2, p. 403, admettent l'affirmative pour les motifs qui nous ont déterminé au *Répertoire*, M. de Valroger, t. 3, n° 1041, estime que ce serait ajouter aux dispositions de l'art. 316. Nous croyons, pour notre part, devoir persister à préférer l'affirmative, cette opinion nous paraissant toujours la plus logique et la plus équitable. — Enfin l'emprunteur qui a commis une fraude peut être condamné à des dommages-intérêts (de Valroger, t. 3, n° 1035) et même, dans certains cas, encourir les peines prononcées contre l'escroquerie par l'art. 405 c. pén.

1464. Dans le cas où il y a eu estimation exagérée sans fraude et où le contrat à la grosse doit être, non plus annulé, mais réduit à la valeur réelle des objets affectés à l'emprunt, d'après l'estimation qui en est faite ou convenue (*Rép.* n° 1313), la valeur qui doit être estimée est, comme au cas précédent, celle des objets au jour du contrat. « Les causes extrinsèques et postérieures, dit M. Desjardins, t. 5, n° 1173, qui déprécieraient la valeur de l'objet affecté, ne peuvent pas influer sur la formation même du pacte. La réduction autorisée par l'art. 317 peut être demandée par l'une ou l'autre des parties (*Rép.* n° 1313; de Valroger, t. 3, n° 1037; Desjardins, t. 5, n° 1137). — Mais, suivant M. de Valroger, t. 3, n° 1039, la somme pour laquelle le contrat est réduit ne serait pas immédiatement exigible; elle ne pourrait être réclamée qu'à la fin du voyage. On peut remarquer, à l'appui de cette solution, que l'art. 317 se borne à dire que, s'il n'y a fraude, le surplus de la somme empruntée sera remboursé avec intérêts au cours de la place.

1465. La doctrine est restée indécise sur la question de savoir si, en cas de ristourne pour un des motifs qui viennent d'être indiqués, le prêteur ne peut exiger de l'emprunteur, outre les intérêts, le 1/2 pour 100, à titre d'indemnité sur la somme en ristourne, par analogie avec l'indemnité que, dans un cas analogue, l'art. 349 accorde à l'assureur (*Rép.* n° 1314). La controverse toutefois tend à se restreindre. M. Bédarride, t. 3, n° 891, se conformant à l'opinion de Valin, n'admet l'allocation du 1/2 pour 100 que dans le cas où le prêteur à la grosse, ayant fait assurer la somme prêtée, devrait à son tour le payer à son assureur pour l'indemniser; le payement que le prêteur serait alors tenu de faire à l'assureur constituerait pour lui un préjudice occasionné par le fait de l'emprunteur, dont celui-ci devrait réparation. C'est également à cette doctrine que se range M. Desjardins, t. 5, n° 1171. Suivant M. Laurin, au contraire (t. 2, p. 399), il importerait peu que le prêteur eût ou non fait assurer les deniers prêtés : dans l'hypothèse où il les aurait fait assurer, l'assureur ne serait, à proprement parler, qu'un réassureur qui ne devrait pas avoir plus de droits que l'assureur primitif auquel il est substitué, c'est-à-dire que le prêteur assuré, et ne pourrait pas, dès lors, réclamer à ce dernier l'indemnité de 1/2 pour 100. Mais, comme le fait remarquer M. Desjardins, *loc. cit.*, cette opinion repose sur une fiction juridique qui, transformant le donneur en assureur, est très ingénieuse assurément, mais contraire à l'interprétation traditionnelle. Il n'y a pas d'autre moyen pour le donneur d'échapper à l'obligation de payer le 1/2 pour 100 que de stipuler formellement dans la police qu'il n'en sera pas tenu. « En principe, conclut-il, et sauf interprétation contraire des polices, l'assureur garde son droit au 1/2 pour 100; donc le donneur assuré peut réclamer au preneur le montant de cette indemnité qu'il a dû débourser par sa faute. » Dans tous les cas, l'allocation du 1/2 pour 100 au prêteur à la grosse, en cas de ristourne de contrat par le fait de l'emprunteur, ne repose sur aucune disposition légale, et ne peut être fondée que sur la disposition générale de l'art. 1382. Rien, en effet, n'autorise à étendre au contrat à la grosse la disposition de l'art. 349, qui est spéciale au contrat d'assurance. Peu importe que, dans l'usage, on fixe habituellement à 1/2 pour 100 l'indemnité qui peut être attribuée au prêteur à la grosse; ce n'est pas une raison pour considérer l'allocation de cette quotité comme un taux en quelque sorte légal; il faut y voir seulement une base usuelle du calcul des dommages-intérêts qui peuvent être alloués au prêteur. C'est donc en vertu de l'art. 1382 seulement que le prêteur a la faculté de réclamer une allocation spéciale, lorsque la rupture du contrat lui a causé un préjudice. Cette éventualité se réalise évidemment lorsque, ayant fait assurer la somme prêtée, il est tenu de payer 1/2 pour 100 à son assureur (V. de Valroger, t. 3, n° 1042). D'ailleurs, la plupart des auteurs reconnaissent au prêteur le droit de se prévaloir, en pareil cas, de l'art. 1382 (V. également : Aix, 2 mars 1865, et sur pourvoi, Req. 4 déc. 1866, aff. de Gentil, D. P. 67. 1. 161).

1466. Les règles qui viennent d'être exposées s'appliquent-elles à l'emprunt souscrit par le capitaine en cours de voyage? Les art. 316 et 317 seraient, à en croire M. de Courcy, t. 1, p. 36, sans application à l'emprunt contracté par le capitaine, parce que, dit-il, il n'y a pas alors à proprement parler d'emprunteur : c'est la chose seule qui doit; si donc elle est insuffisante, tant pis pour le prêteur. — Mais on a vu *suprà*, n° 1430, que c'est une erreur de croire qu'au cas d'emprunt fait par le capitaine, le propriétaire de la chose n'est pas obligé; celui-ci est incontestablement tenu sauf la faculté d'abandon (V. de Valroger, t. 3, n°s 1017 et 1028; Aix, 2 mars 1865, *suprà*, n° 1465). Dès lors, ne conviendrait-il pas, comme le demande M. de Valroger, n° 1046, de réserver au moins au prêteur un droit de résiliation ou un recours contre le capitaine? Cela nous semble évident.

1467. On a vu au *Rép.* n° 1315 qu'après avoir emprunté à la grosse une somme égale à la valeur totale d'un navire ou d'une cargaison, on ne pourrait plus contracter une assurance sur ces mêmes objets; réciproquement, celui qui a fait assurer son chargement ou son navire pour toute leur valeur ne peut les affecter à un emprunt à la grosse. Cette opinion a été contestée; plusieurs auteurs essaient d'établir une distinction et enseignent que, si l'assurance postérieure au prêt à la grosse doit être annulée, il n'en est pas de même de l'emprunt postérieur à l'assurance; c'est l'assurance qui, dans tous les cas, devrait être annulée (de Valroger, t. 3, n° 1030; Em. Cauvet, *Traité des assurances*, t. 1, p. 357; Aix, 28 mars 1865, *Recueil du Havre*, 1867. 2. 27). — Le motif de cette distinction serait que l'annulation d'un contrat à la grosse peut avoir, pour le prêteur, des conséquences beaucoup plus graves que le ristourne d'une assurance pour l'assureur : tandis que celui-ci ne perd que sa prime, le premier, perdant son privilège, est exposé à perdre son capital. M. Desjardins, t. 5, n° 1174, repousse cette distinction qu'il trouve arbitraire et confirme ainsi la doctrine du *Répertoire*. « Est-ce que les marchandises sont encore en risques, dit-il, au moment où l'emprunt est conclu? L'assurance étant valablement faite, pourquoi l'anéantir? » — D'ailleurs, tous les auteurs reconnaissent que la discussion ne peut naître qu'à l'égard du prêt à la grosse antérieur au départ (V. *infrà*, n° 1468); or, pour celui-ci, il n'y a plus, depuis la loi du 10 déc. 1874 (V. *suprà*, n°s 382 et suiv.), de privilège sur le navire et, par conséquent, le principal argument, invoqué par les auteurs qu'on vient de citer, manque en fait lorsqu'il s'agit d'un emprunt sur corps.

1468. La difficulté que l'on vient de signaler ne concerne que le cas où le prêt est antérieur au départ. Si l'emprunt à la grosse postérieur à l'assurance est fait en cours de voyage et pendant que le navire est aux risques de l'assureur, il est réputé, en principe, fait dans l'intérêt de l'assureur et pour la conservation de la chose assurée; cela suffit à le rendre valable. Si le navire arrive à destination, c'est l'assureur qui rembourse le prêt; s'il périt en totalité, le prêteur ne recevra rien, mais l'assuré recouvrera contre l'assureur la somme assurée (Desjardins, t. 5, n° 1174; de Valroger, t. 3, n° 1030). Cette solution est parfaitement logique; l'assurance, en effet, ne saurait fournir immédiatement au capitaine, au cours du voyage, les ressources nécessaires pour payer les réparations et sauvegarder la chose assurée : l'intérêt du commerce exige donc que l'assurance ne fasse pas obstacle à la conclusion d'un contrat à la grosse dont la nécessité est incontestable dans l'intérêt de toutes les parties.

1469. La validité du prêt à la grosse et de l'assurance qui portent chacun sur une partie de la valeur du navire ou des marchandises reste certaine, lorsque celle des deux opérations qui est faite en second lieu ne porte que sur la valeur excédant celle qui a été affectée à la première. Il en est ainsi notamment dans le cas, pris pour exemple au *Rép.* n° 1315, où le propriétaire d'un navire valant 100000 fr., après avoir emprunté à la grosse 20000 fr. sur ce navire, le fait assurer ensuite pour 80000 fr. Mais il pourrait y avoir lieu à ristourne partiel si l'assurance postérieure dépassait 80000 fr.; ou si le prêt, au cas où l'assurance de 80000 fr. aurait été contractée en premier lieu, dépassait 20000 fr. Dans ce cas, « le risque, dit M. Desjardins, t. 5, n° 1174, n'est plus que de la différence entre le montant du premier prêt ou de la première assurance et le solde de la valeur des marchandises » (V. en ce sens : Civ. cass. 12 mars 1862, aff. Julien, D. P. 62. 1. 113).

1470. Les risques encourus par le prêteur à la grosse sont énumérés au *Rép.* n° 1317. On admet toujours, d'ailleurs, qu'ils peuvent être étendus conventionnellement au delà des limites légales (*Rép.* n° 1318). Les parties peuvent aussi restreindre leurs risques respectifs, et cette proposition est encore moins contestable depuis que le taux de l'intérêt conventionnel en matière commerciale n'est plus limité (Desjardins, t. 5, n°s 1167 et 1168). Mais il faut que ce déplacement de chances ne soit contraire ni à la bonne foi, ni à l'essence du contrat. Ainsi, il a été jugé, suivant ce qui a été dit au *Rép. ibid.*, que si le prêteur à la grosse peut stipuler qu'il ne sera pas tenu de contribuer aux avaries particulières, il ne peut, même par convention expresse, s'affranchir de l'obligation de contribuer aux avaries communes (Aix, 20 nov. 1867, aff. Dubernad D. P. 68. 2. 193).

1471. Nous n'avons pas à revenir sur les explications relatives au vice propre et à ses effets, fournies au *Rép.* n°s 1320 et 1321. Bornons-nous à remarquer que la vétusté d'un navire ne peut, à elle seule, constituer le vice propre; celui qui prête sur un vieux navire sait pertinemment qu'il est moins apte qu'un navire neuf à résister aux fortunes de mer. Il ne peut donc invoquer la vétusté seule comme constituant un vice propre et se soustraire ainsi aux conséquences de son engagement; il répondra, par conséquent, de la perte, à moins qu'il ne prouve que le navire était hors d'état de naviguer (Comp. de Valroger, t. 3, n° 1110; Desjardins, t. 5, n° 1167).

1472. On a vu au *Rép.* n° 1322 que le fait de l'emprunteur a été mis par l'art. 326 sur la même ligne que le vice propre. Il faut en dire autant du fait du capitaine et de l'équipage (de Valroger, t. 3, n° 1112). Le fait de l'emprunteur libère le prêteur de toute contribution à la perte, soit que le prêt ait été antérieur au départ, et contracté directement par l'emprunteur, soit qu'il ait été contracté par le capitaine au cours du voyage; dans ce dernier cas, la coopération du propriétaire au fait qui a occasionné la perte l'empêche de se libérer, comme il le peut dans tout autre cas, par l'abandon du navire et du fret. Ainsi, lorsque la perte du navire a eu pour cause un changement de la route indiquée au contrat, le second du navire, copropriétaire de celui-ci, qui a connu le contrat à la grosse consenti par le capitaine et qui, ayant succédé au capitaine décédé, a persisté dans le déroutement commencé par celui-ci, s'est soumis envers le prêteur à la grosse à la responsabilité du sinistre qui a été occasionné par le changement de route et, en conséquence, il ne peut se libérer par l'abandon du navire et du fret (Civ. rej. 30 juin 1869, aff. Ferret, D. P. 69. 1. 336). Le prêteur sur le navire conserve, en pareil cas, contre le propriétaire, à défaut de l'action réelle qui disparaît par le fait même du sinistre, l'action personnelle qui lui est accordée sans conteste.

1473. A la différence du fait de l'emprunteur, le fait du capitaine ou de l'équipage ne peut avoir d'action sur les rapports réciproques du prêteur et de l'emprunteur qu'autant que l'emprunt a été l'œuvre du propriétaire même du navire et a été contracté directement par lui. Lorsque, au contraire, l'emprunt a été souscrit par le capitaine en cours de voyage, le fait du capitaine ou de l'équipage n'est en aucune façon susceptible de modifier la situation de l'emprunteur; celui-ci conserve toujours le droit de se libérer des emprunts contractés par le capitaine, au moyen de l'abandon du navire et du fret (Caen, 13 mai 1862, *suprà*, n° 296).

1474. On reconnaît généralement, comme nous l'avons fait nous-même au *Rép.* n° 1323, que le prêteur à la grosse peut prendre à sa charge, par une convention expresse, les conséquences du vice propre (Lyon-Caen et Renault, n° 2374 *bis*; de Valroger, t. 3, n° 1113; Desjardins, t. 5, n° 1167). — Toutefois M. Desjardins excepte des cas où le prêteur peut accepter en principe cette responsabilité du vice propre : 1° l'hypothèse où le vice propre aurait été dissimulé frauduleusement; 2° celle où ce vice serait tel qu'il dût amener inévitablement la perte de l'objet vicié. « Dans ce dernier cas, dit-il, il n'y a plus d'aléa, partant plus de contrat aléatoire, c'est-à-dire plus de contrat à la grosse, et on se trouve en présence d'une convention contraire à l'essence du contrat et qui doit, par conséquent, être réprouvée par application des principes du droit commun. »

1475. On n'accorde généralement pas la même faculté en ce qui concerne le fait de l'emprunteur; comme nous l'avions proposé au *Rép.* n° 1323, on décide que le prêteur n'en saurait valablement assumer la charge (Desjardins, t. 5, n° 1167). Quelques auteurs cependant considèrent comme valable la clause par laquelle l'assureur prend à sa charge les fautes légères de l'emprunteur (de Valroger, t. 3, n° 1113). Dans tous les cas, le prêteur est toujours admis, comme l'assureur, à se constituer garant des faits de baraterie (*Rép. ibid.*).

1476. La question de savoir si les parties peuvent convenir que le prêteur répondra de la confiscation qui serait prononcée pour cause de contrebande par les lois d'un pays étranger, reste toujours fort délicate. La solution que nous avons signalée au *Rép.* n° 1324, et qui consiste à considérer une semblable stipulation comme licite, semble être encore généralement admise. Nous croyons cependant avec M. Desjardins, t. 5, n° 1167, que, si l'on peut admettre comme valable cette convention, en ce qu'elle ne viole que la loi d'un pays étranger, elle devient illicite, lorsqu'il s'agit de violer un des engagements synallagmatiques que contiennent les traités internationaux. « Quand, par exemple, dit M. Desjardins, la France autorise elle-même (art. 2, § 2, de la convention du 28 févr. 1882) la Grande-Bretagne à exclure du transit les armes, les munitions de guerre et les contrefaçons, les tribunaux ne peuvent pas donner effet à une clause qui serait imaginée pour éluder cette stipulation internationale. »

1477. On a vu au *Rép.* n°s 1330 et suiv. quelle est la durée des risques dans les différents cas de prêts, soit au voyage, soit pour un temps limité et pour tous les voyages à entreprendre durant cette période, soit à la fois pour un temps limité et avec désignation du voyage. La fixation de cette durée, conformément à l'art. 328 c. com., à défaut de convention (*Rép.* n° 1326), ne doit guère, suivant l'opinion de MM. Lyon-Caen et Renault, n° 2363, s'appliquer qu'en cas de prêt fait avant le départ. « Pour ce qui est du prêt fait en cours de voyage, disent ces auteurs, les risques doivent être à la charge du prêteur à partir du moment même du prêt. Le navire ou la cargaison est, en effet, exposé dès lors aux risques de mer. » — Cette proposition nous paraît trop absolue. — Il se peut, en effet, qu'un emprunt à la grosse soit fait en cours de voyage sans qu'au moment même du prêt, le navire ou les marchandises soient exposés aux risques de mer, lorsque le navire, par exemple, s'est refugié dans un port. Il nous semble plus exact de dire que, dans tous les cas, les risques sont à la charge du prêteur du moment où la chose affectée est exposée aux risques de mer. En fait, ce moment pourra se confondre avec celui même où le contrat intervient, surtout dans l'hypothèse d'un prêt en cours de voyage, mais ce n'est point là une règle générale.

1478. On s'est demandé au *Rép.* n° 1336 si, lorsqu'un prêt a eu lieu pour un voyage entier, à raison de tant par mois, avec stipulation que les premiers six mois de change seront acquis au prêteur, malgré la perte survenue après ce terme, cette stipulation est valable. Les auteurs restent encore divisés sur cette question, comme l'avaient été Emérigon et Boulay-Paty. — Si le navire périt après les six premiers mois, il n'y a pas lieu, d'après M. de Valroger, de faire la distinction que proposait Émérigon suivant que, avant la perte, l'emprunteur avait pu ou non réaliser à terre dans les ports d'échelle des profits suffisants pour payer les six premiers mois échus (t. 3, n° 1128). Le prêteur a toujours droit aux six premiers mois; il y a deux prêts dont le second est fait en continuation du premier. M. Desjardins, t. 5, n° 1168, estime qu'en présence d'une semblable convention, la seule question à résoudre est une question de fait et d'intention et nous pensons avec lui que le juge n'est lié en cette matière par aucune présomption, mais qu'il doit discerner la réelle intention des contractants et statuer en conséquence.

1479. On a vu au *Rép.* n° 1339 que les pertes ne sont à la charge du prêteur qu'autant qu'elles sont arrivées dans les lieux fixés par le contrat, de sorte que le changement volontaire de route ou de voyage depuis les risques commencés a pour effet de mettre fin aux risques, au point de vue du prêt à la grosse, malgré la perte ou détérioration postérieure des objets, sur lesquels le prêt a eu lieu (V. aussi *suprà*, n° 1472). Mais si le changement de voyage ou de route, après les risques commencés, avait été nécessité par une tempête, par la crainte de l'ennemi, ou par toute autre fortune de mer, il n'opérerait pas la rupture du contrat, et le prêteur serait, en conséquence, responsable des risques qui pourraient survenir pendant le nouveau voyage forcément entrepris (Paris, 18 juill. 1879, aff. Bordes, *Recueil du Havre*, 1879. 2. 202). Il faut supposer aussi que le prêt a été spécialement consenti en vue d'un voyage déterminé; s'il a été souscrit pour un certain laps de temps sans indication du voyage, il ne peut plus être question de changement de route ni de changement de voyage.

1480. Que faut-il entendre par *changement de voyage?* M. Desjardins, t. 5, n° 1169, critique comme nous l'avions fait au *Rép.* n° 1341, l'arrêt de la cour d'Aix du 19 nov. 1830, rapporté *ibid.*, qui a vu un tel changement dans le fait d'avoir annoncé publiquement l'intention de prendre charge pour une destination autre que celle qui avait été primitivement fixée. Mais comme le voyage est qualifié et défini par les deux points extrêmes et comprend le trajet total de l'un de ces points à l'autre, on peut dire qu'il y a changement de voyage, dès qu'il y a changement de l'un de ces points extrêmes. Spécialement, le voyage est réputé changé dès que le navire a pris charge et fait voile pour toute autre destination que celle du voyage indiqué (Civ. cass. 25 août 1874, aff. Provençal, D. P. 75. 1. 161. Conf. Desjardins, *loc. cit.*).

Quant au changement de route, il porte, non sur la destination indiquée, qui reste la même, mais simplement sur la route à suivre pour y arriver, quelquefois avec des escales qui n'ont pas été prévues, la relâche non autorisée étant assimilée au déroutement.

1481. On a vu au *Rép.* n° 1342 que le changement volontaire du navire a le même effet que le changement de route ou de voyage, soit qu'il s'agisse d'un emprunt sur corps, soit d'un emprunt sur facultés. Il faut excepter bien entendu le cas où le navire n'a pas été désigné. — Quant au changement du capitaine, il n'a pas pour effet, sauf convention contraire, de rompre le contrat (Comp. de Valroger, t. 3, n° 1099).

SECT. 5. — DU PROFIT MARITIME (*Rép.* n°s 1348 à 1354).

1482. On a suffisamment exposé au *Rép.* n°s 1348 et suiv. ce que c'est que le profit maritime et en quoi il peut consister. On a vu également *suprà*, n° 1409, qu'il ne devait pas nécessairement être énoncé dans l'acte de grosse, dès l'instant qu'il est avéré que les parties ont entendu contracter à la grosse. Mais il faut qu'il ait été stipulé pour qu'il y ait prêt à la grosse, et s'il était établi qu'on n'a entendu convenir d'aucun profit maritime, le contrat ne serait pas un prêt à la grosse (Desjardins, t. 5, n° 1142).

1483. Comme on l'a vu *suprà*, n° 1409, et *Rép.* n° 1350, le change ou profit maritime peut consister en une somme fixe ou dans un tant pour cent sur les bénéfices éventuels de la vente des marchandises affectées; il peut être également réglé à tant par mois pour la durée du prêt. Il représente à la fois l'intérêt du capital et le prix du risque.

1484. On sait à quelles conditions est subordonné le droit du prêteur de réclamer le profit. Ce droit subsiste tout entier, nonobstant l'abréviation du voyage (*Rép.* n° 1353), et il en est de même comme on l'a vu *suprà*, n° 1458, lorsque le fret ayant été fait pour l'aller et le retour, il y a rupture du voyage de retour.

SECT. 6. — QUELLES PERSONNES PEUVENT EMPRUNTER A LA GROSSE (*Rép.* n°s 1355 à 1372).

1485. Les lois des 10 déc. 1874 et 10 juill. 1885, en abrogeant le paragraphe 9 de l'art. 191 c. com. et supprimant ainsi le privilège du prêteur à la grosse sur corps et sur quille avant le départ, ont rendu pour ainsi dire impossible l'emprunt par le propriétaire sur son navire. « Comme le prêt à la grosse sur le navire, dit M. Desjardins, t. 5, n° 1152, ne se conçoit guère sans une affectation réelle du navire, le législateur, en abrogeant l'art. 191, § 9, a, en fait, aboli cette sorte de prêt à la grosse avant le départ. » Nous avons admis, toutefois (V. *suprà*, n° 1423), que cette innovation concernait seulement les navires susceptibles d'hypothèques.

1486. Le législateur de 1874, en supprimant le privilège du prêteur à la grosse sur le navire avant le départ, a voulu surtout favoriser l'hypothèque maritime; aussi a-t-on jugé que cette disposition n'est pas applicable aux navires étrangers se trouvant en France (Rouen, 7 mai 1888, aff. Pélissier, *Recueil du Havre*, 1888. 2. 111). Il faut, dans tous les cas, en conclure qu'il a laissé subsister le prêt sur le chargement qui ne pouvait en rien nuire à l'hypothèque. Ce prêt peut donc toujours être fait avant le départ et conserve en droit toute son efficacité. Mais il est si peu usité que M. de Courcy a pu dire (*Questions de droit maritime*, t. 1, p. 28), qu'il n'avait pas eu, dans sa longue carrière, connaissance d'un seul emprunt à la grosse contracté par des chargeurs de marchandises. — L'armateur peut donc affecter les marchandises qui lui appartiennent à bord, mais il ne peut affecter que celles-là seules; il ne saurait, en effet, emprunter sur les marchandises qui sont la propriété des chargeurs: tenu envers ceux-ci de pourvoir aux dépenses nécessaires pour mettre le navire en état d'accomplir le voyage convenu, il ne peut s'acquitter à leurs dépens de cette obligation (Desjardins, t. 5, n° 1152. Trib. Marseille, 24 mai 1864, *Recueil de Marseille*, 1864. 1. 147). — Quant au chargeur, fût-il simple possesseur de la marchandise, il peut l'affecter à un emprunt à la grosse ainsi qu'on l'a dit au *Rép.* n° 1357 (Conf. de Valroger, t. 3, n° 982).

1487. Quant à l'emprunt à la grosse en cours de voyage, les conditions qui en sont différentes n'ont pas varié depuis la publication du *Répertoire*. Bien que, dans la pratique, il soit le plus souvent contracté par le capitaine et que celui-ci en ait le droit sous les conditions déterminées par l'art. 234 c. com., il va de soi que l'emprunt serait valablement contracté par les propriétaires. Leur présence dans un port de relâche n'est pas, en effet, chose impossible en raison de la facilité moderne des communications, et le préposant peut toujours faire personnellement ce qu'il a chargé son préposé de faire à sa place. — Les chargeurs peuvent, par la même raison, contracter durant le voyage un emprunt sur facultés.

1488. Un fondé de pouvoirs peut évidemment emprunter à la grosse, comme le propriétaire lui-même, mais encore faut-il qu'il ait pour cela un pouvoir suffisant (Desjardins, t. 5, n° 1154); car, en thèse générale, le véritable fondé de pouvoirs du propriétaire est le capitaine. « Il est évident, dit M. Desjardins, que, dans l'esprit de la loi, c'est au capitaine, quand le propriétaire n'est pas sur les lieux, qu'il appartient de prendre ce grand parti. Le fondé de pouvoirs garde à coup sûr son droit d'autoriser et d'intervenir. Mais il ne faudrait pas lui reconnaître à la légère le droit d'emprunter au lieu et place du capitaine. »

Le capitaine a donc, ainsi qu'il a été exposé au *Rép.* n° 1359, qualité pour traiter à la grosse sous certaines conditions qui sont différentes, suivant qu'il s'agit d'un prêt avant le départ ou d'un prêt en cours de voyage. Mais ce droit lui est rigoureusement personnel et le propriétaire du navire ne serait pas obligé par l'emprunt qui serait contracté par le second, alors que le capitaine commandait effectivement le navire, sauf dans la mesure où l'emprunt aurait été employé aux besoins du navire (Rouen, 16 mars 1860) (1).

1489. — I. PRÊT AVANT LE DÉPART. — Il faut distinguer entre l'emprunt qui est fait sur corps et l'emprunt sur facultés.

1490. — 1° *Emprunt sur corps.* — Le droit du capitaine d'emprunter sur corps dans le lieu de la demeure des propriétaires du navire est subordonné à l'autorisation de ceux-ci, à peine de ne donner privilège que sur la portion du navire qui peut appartenir au capitaine (art. 321) (*Rép.* n° 1359). — L'art. 321 ne parle pas du fondé de pouvoirs, mais on s'accorde généralement à reconnaître que cet article doit être rapproché de l'art. 232 qui dit en termes formels que le capitaine ne peut prendre de l'argent sur le corps du navire dans le lieu de la demeure des fondés de pouvoirs. Le capitaine doit donc, dans les localités où il existe des fondés de pouvoirs du propriétaire, les consulter avant de contracter un emprunt, alors que ceux-ci n'auraient pas eux-mêmes qualité pour souscrire l'emprunt à la grosse. Toutefois nous croyons, avec M. de Valroger, t. 3, n° 1077, que cette obligation n'existe pas à l'égard d'un fondé de pouvoirs quelconque. « Le fondé de pouvoirs, dit-il, dont les tiers ont surtout à se préoccuper est l'*armateur*. L'armateur à la vérité n'a pas lui-même qualité pour emprunter à la grosse. Mais, comme c'est lui qui préside à l'expédition, il est tout simple qu'on ne permette pas au capitaine d'emprunter, quand l'armateur est présent » (V. aussi Desjardins, t. 5, n° 1153).

1491. L'autorisation, d'après l'art. 321, doit être authentique (*Rép.* n° 1360), prescription assez difficile à expliquer, alors que l'art. 232 n'exige qu'une autorisation spéciale et que l'art. 237 pour la vente du navire n'exige également qu'un pouvoir spécial; elle doit cependant être observée (de Valroger, t. 3, n° 1078).

1492. Mais si l'autorisation est nécessaire, lorsque le propriétaire ou son fondé de pouvoirs réside dans la localité, cette exigence ne s'étend pas, suivant M. de Valroger, t. 3, n° 1076, au cas de présence accidentelle du propriétaire ou de son fondé de pouvoirs. Leur présence momentanée ne suffirait pas pour invalider, vis-à-vis d'un prêteur de bonne foi, l'emprunt contracté par le capitaine sans autorisation de leur part, sauf à celui-ci à répondre de sa faute vis-à-vis du propriétaire (V. également: Desjardins, t. 5, n° 1153). On reconnaît toutefois que l'emprunt serait nul, si le prêteur avait été de mauvaise foi et connaissait la présence du propriétaire ou d'un fondé de pouvoirs; le prêteur n'aurait, en pareil cas, qu'une action *de in rem verso*, s'il était justifié que l'argent prêté a bien été employé aux besoins du navire (Desjardins, *ibid.*). Quant à la responsabilité du capitaine, elle ne nous paraîtrait engagée que s'il avait agi de mauvaise foi, c'est-à-dire s'il avait connu la présence du propriétaire ou d'un fondé de pouvoirs de celui-ci (*Rép.* n° 1359), ayant qualité pour intervenir dans un contrat à la grosse.

1493. Rappelons d'ailleurs que l'abolition du privilège du prêteur sur corps avant le départ par les lois de 1874 et de 1885 a rendu à peu près impossible un emprunt de cette nature que le capitaine voudrait conclure même avec l'assentiment du propriétaire. Ces lois ont eu également pour conséquence, en modifiant l'art. 233, de modifier en même temps l'art. 322, qui est en quelque sorte une reproduction de ce dernier article. On sait que l'art. 322 autorise le capitaine à emprunter, même au lieu de la demeure du propriétaire, sur les parts et portions des propriétaires qui n'auraient pas fourni leur contingent pour mettre le bâtiment en état dans les vingt-quatre heures de la sommation qui leur en est faite. Dans l'état actuel de la législation, si quelques-uns des propriétaires refusent avant le départ de contribuer aux frais de l'expédition, le capitaine ne peut plus emprunter qu'hypothécairement pour leur compte sur leur part dans le navire,

(1) (Vaucher C. Levavasseur.) — LA COUR; — Attendu que l'action de Vaucher frères contre James Levavasseur, en payement des deux traites tirées sur lui aux dates des 13 et 14 mars 1858, par le sieur Troude, second du navire baleinier *la Ville-de-Rennes*, ne trouve sa justification ni dans le mandat légal conféré au capitaine par l'art. 216 c. com., ni dans le mandat conventionnel procédant de la lettre de crédit donnée par cet armateur le 15 déc. 1856 au commandant de ce navire; — Sur le premier point: — Attendu que, s'il est certain que les traites tirées sur l'armateur par le capitaine avec l'énonciation que c'est pour les besoins du navire, obligent cet armateur au respect des tiers porteurs, quoiqu'elles n'aient point été précédées des formalités exigées par l'art. 234 entre le capitaine et l'armateur, c'est à la condition que celui qui les a émises était, au moment de leur émission, le capitaine commandant le navire; que cette qualité n'appartient qu'à l'individu auquel elle avait été conférée par le rôle d'équipage; que dans l'espèce, cette qualité n'appartenait alors qu'à Leguédois, et non à Troude, qui n'avait reçu que celle de second; que ce dernier ne pouvait l'avoir qu'en cas de mort ou d'empêchement justifié de Leguédois; qu'il est prouvé, et non méconnu qu'à l'époque des deux traites dont s'agit, Leguédois était dans son navire et le commandait effectivement; qu'il n'est pas allégué qu'il fût empêché d'exercer son commandement; que Troude n'avait donc pas la qualité qui seule pouvait obliger l'armateur d'après l'art. 216; d'où suit qu'à ce premier point de vue, l'action de Vaucher frères manquait de base légale, et qu'à bon droit, le premier juge l'a rejetée; — Sur le deuxième point: — Attendu que la lettre de crédit telle que James Levavasseur la reconnaît et que Vaucher frères l'acceptent renfermait un mandat conventionnel qui se liait intimement avec le rôle d'équipage, et qu'elle n'obligeait le mandat que dans les limites qu'il lui avait données; qu'il résulte des termes clairs et précis dans lesquels ce mandat est conçu, qu'il n'était conféré qu'au capitaine commandant le navire; que, si le nom de Troude s'y trouve placé par une accolade en dessous, et non au-dessus de celui de Leguédois, comme Vaucher frères le disent par erreur, ce n'est pas pour leur donner cumulativement le pouvoir d'en faire usage, mais bien évidemment pour conférer ce pouvoir principalement à Leguédois, et ne le conférer secondairement à Troude que dans le cas où, par événement il se trouverait substitué à Leguédois dans le commandement du navire; — Qu'en fait, Troude ne possédait pas cette qualité au moment où il a tiré les traites dont s'agit; que Vaucher frères devaient vérifier la qualité de celui avec qui ils traitaient; qu'ils avaient la possibilité de faire cette vérification en se faisant représenter le rôle de l'équipage et en le rapprochant de la lettre de crédit, et qu'ils y auraient vu que le droit de faire usage de ce mandat n'appartenait qu'à Leguédois seul, alors en possession effective du titre de capitaine commandant; qu'ils ont donc traité avec un individu sans qualité suffisante pour obliger le propriétaire armateur du navire;

Attendu qu'en pareille occurence, James Levavasseur était bien fondé à refuser de payer les traites, tant que Vaucher frères ne lui justifieraient pas que les fonds par eux versés avaient été réellement employés aux besoins de son navire; que, dès lors, l'obéissance par lui passée de payer après les justifications était suffisante; — Attendu que si en appel quelques justifications ont été faites par les appelants, elles ne sont ni assez complètes, ni assez satisfaisantes pour faire réformer un jugement qui n'a rejeté la demande que quant à présent;

Par ces motifs, met l'appellation au néant; — Ordonne que ce dont est appel sortira effet; mais réserve Vaucher frères à faire ultérieurement devant qui de droit la justification que les sommes prêtées ont réellement été employées aux besoins du navire, etc.

Du 16 mars 1860.-C. de Rouen, 2e ch.-MM. Forestier, pr.-Lehucher, av. gén.-Dupuis et Deschamps, av.

avec l'autorisation du juge, vingt-quatre heures après la sommation faite aux refusants de fournir leur contingent. Cette modification est la conséquence de l'abolition du privilège avant le départ (Desjardins, t. 5, n° 1153).

1494. — 2° *Emprunt sur facultés.* — Aucun texte n'autorise un tel emprunt par le capitaine, quand les chargeurs sont sur les lieux, malgré eux ou sans leur participation (Desjardins, t. 5, n° 1153). *A fortiori* le capitaine ne pourrait-il emprunter en leur absence (Desjardins, *ibid.*, p. 218).

1495. — II. Prêt en cours de voyage. — Si le propriétaire est présent sur les lieux ou s'il a un fondé de pouvoirs, il y a lieu d'appliquer l'art. 321 (V. *suprà*, n° 1490) : le droit du capitaine d'emprunter en cours de voyage n'est absolu que lorsqu'il agit en dehors du lieu de la demeure des propriétaires du navire ou en leur absence (*Rép.* n° 1365). L'art. 322 devrait également être appliqué, dans le cas où, au cours d'un voyage, les propriétaires présents refuseraient de fournir leur contingent pour permettre au navire de continuer sa route. Le capitaine devrait alors faire sommation aux propriétaires récalcitrants et pourrait, vingt-quatre heures après, emprunter sur leur part et portion (de Valroger, t. 3, n° 1083; Desjardins, t. 5, p. 217, n° 1153). Ce dernier auteur estime, toutefois, bien que l'art. 322 n'en fasse pas une obligation pour le capitaine, que celui-ci fera bien de demander l'autorisation du juge conformément à l'art. 234.

1496. S'il s'agit d'un emprunt sur le chargement et que les chargeurs soient présents, ceux-ci peuvent s'y opposer en retirant leurs marchandises, conformément aux dispositions de l'art. 234, § 3 (V. *suprà*, n° 670).

1497. Le prêt à la grosse, lorsque le propriétaire est absent, peut être contracté par le capitaine, à charge pour lui de se conformer aux règles de l'art. 234 (*Rép.* n° 1366). Cette forme de contrat à la grosse est celle qui reste la plus conforme aux nécessités commerciales modernes; néanmoins, sous cette forme même, il tend à disparaître (V. *suprà*, n° 1395); il est cependant encore pratiqué de temps à autre.

1498. Il est un cas où le capitaine ne pourrait, même en se conformant aux prescriptions de l'art. 234, emprunter à la grosse; c'est celui où il lui aurait été interdit par l'armateur d'user de cette faculté. Si le capitaine enfreignait cette prescription, il serait à coup sûr responsable vis-à-vis de l'armateur; mais que décider à l'égard de l'emprunt? Si le prêteur a connu la défense, il n'y a pas de difficulté; il n'aura contre le propriétaire ni action réelle, ni action personnelle. S'il l'a ignorée, il semble évident qu'il ne peut être victime d'un fait qui n'a pas été rendu public, alors surtout que le capitaine est présumé, en thèse générale, apte à emprunter à la grosse au cours du voyage; le prêteur jouira donc, en pareil cas, de tous les avantages du prêt (Desjardins, t. 5, n° 1153, p. 220). — Il a été jugé que le capitaine à l'étranger peut, avec l'autorisation du consul de France et par adjudication publique, emprunter valablement à la grosse, malgré les ordres contraires des armateurs, lorsque, laissés sans ressources, sans vivres et sans argent, les consignataires qui lui avaient fait des avances refusent de les continuer et menacent même de saisir le navire pour obtenir leur remboursement. L'emprunt est alors valable non seulement pour les sommes suffisantes au remboursement des avances des consignataires, mais encore pour les sommes nécessaires au ravitaillement et au retour en France du navire (Trib. Havre, 28 févr. 1887, aff. Morelli, *Recueil de Marseille*, 1888. 2. 17).

1499. Par application de la règle que le capitaine a le pouvoir d'emprunter à la grosse en se conformant à l'art. 234, il a été décidé que, lorsque l'échouement d'un navire en cours de voyage nécessite le transbordement de la cargaison sur un autre bâtiment, après déclaration d'innavigabilité du premier, le capitaine du second navire a le droit de contracter un emprunt à la grosse sur cette cargaison, avant même qu'elle soit à son bord, sans s'obliger personnellement et sans engager son bâtiment, à l'effet de pourvoir, soit au payement des frais de sauvetage, débarquement, réembarquement et magasinage des marchandises, soit au remboursement d'un premier billet de grosse souscrit par le capitaine du navire abandonné à raison d'avaries antérieures, alors, d'ailleurs, que, pour l'un comme pour l'autre emprunt, toutes les constatations ont été légalement faites et toutes les formalités observées, et qu'en outre, le second emprunt n'a été contracté qu'après des tentatives réitérées, mais infructueuses, pour vendre le navire abandonné et ses agrès (Alger, 25 avr. 1864, aff. d'Honoraty, D. P. 64. 2. 108). On prétendrait à tort qu'un tel emprunt ne serait pas contracté dans les conditions de l'art. 234 c. com., parce qu'au moment où il était intervenu, le capitaine du navire qui avait été chargé de conduire les marchandises à leur destination, n'était ni en cours de voyage, ni dans l'exercice de son commandement, ni même en possession des marchandises engagées. Ce qu'il faut considérer pour l'interprétation de l'art. 234, ce n'est pas le voyage partiel que doit faire le nouveau capitaine substitué, par suite d'accident, à l'ancien, c'est l'ensemble du voyage qui a commencé au lieu d'où les marchandises ont été expédiées et qui ne doit se terminer, sauf le cas de rupture forcée, qu'au lieu de leur destination. Les marchandises se trouvaient bien en cours de voyage au moment où l'emprunt avait eu lieu, et l'éloignement des propriétaires justifiait le recours aux mesures autorisées par l'art. 234. D'ailleurs, le nouveau capitaine se trouvait, par l'effet même de sa substitution à l'ancien, investi de tous les pouvoirs appartenant à ce dernier ; or l'ancien capitaine, s'il avait dû, soit radouber son bâtiment, soit en fréter un nouveau, aurait eu incontestablement le droit de contracter un emprunt à la grosse sur son chargement. Le capitaine a en effet, comme on l'a dit au *Rép.* n° 1368, le droit d'emprunter à la grosse sur les marchandises qui composent son chargement, pour les besoins urgents du navire.

Sect. 7. — Des effets du contrat a la grosse (*Rép.* n°s 1373 à 1425).

1500. L'emprunteur s'oblige, en contractant à la grosse, à rembourser la somme prêtée et à payer le profit maritime stipulé, en cas d'heureuse arrivée des objets sur lesquels l'emprunt a été contracté, ou lorsque, par son fait, il a rendu impossible l'événement de cette condition, ou enfin quand il a changé les risques (*Rép.* n°s 1373 et 1374). Le prêteur a donc, en vertu de cet engagement, une action qui lui permet de faire valoir ses droits. — Quelle est la nature de cette action? Elle est tout d'abord réelle; l'art. 320 c. com. la qualifie de privilège et affecte en termes exprès au payement du montant de l'emprunt la chose en vue de laquelle le prêt a été consenti. Le prêteur jouit, en outre, d'une action personnelle contre l'emprunteur. « Sans doute, dit M. Desjardins, t. 5, n° 1176, quand le créancier ne peut exiger le montant de sa créance que jusqu'à concurrence de certains objets déterminés, l'action qui lui compète est, en général, purement réelle. Mais il résulte manifestement des dispositions combinées du tit. 9 du liv. 2 c. com. que le législateur français a entendu laisser coexister en cette matière l'action réelle et l'action personnelle. » L'art. 326 est, à ce point de vue, particulièrement décisif, puisqu'il résulte de ses termes que, dans certains cas, l'emprunteur reste tenu malgré la perte de l'objet affecté. Émérigon, du reste, reconnaissait au prêteur une action personnelle et rien n'indique que le législateur de 1807 ait entendu adopter une solution différente. Le prêteur peut donc, en principe, poursuivre l'emprunteur en payement de ce qui lui est dû, en vertu de l'art. 2092 c. civ., sans être contraint de procéder contre le gage. Si la valeur de ce dernier se trouve diminuée, notamment par suite d'une baisse imprévue du prix des choses qui le composent et qui, à l'époque du prêt, avaient une valeur équivalente au montant de la somme empruntée, l'action personnelle subsiste pour permettre au prêteur de recouvrer la totalité de ce qui lui est dû. — Cette règle ne souffre exception que lorsque l'emprunt a été contracté par le capitaine ; le propriétaire peut alors se libérer par l'abandon du navire (V. *Rép.* n° 1372, et *suprà*, n°s 290 et suiv.), et le prêteur n'a plus, dès lors, que l'action réelle qui, elle-même, pourra se trouver réduite à néant si le navire a péri en totalité. Il est à remarquer, d'ailleurs, que, même dans le cas où l'emprunt émane du capitaine, l'action personnelle existe en principe, et elle pourra être exercée utilement si le propriétaire n'use pas de la faculté d'abandon, ce qui arrivera du reste assez rarement ; il faut supposer pour cela que la perte n'est que partielle, et que, malgré l'avarie, la chose affectée au prêt a conservé une valeur encore supérieure à la somme prêtée et au profit maritime réunis.

1501. La question de savoir quelle est l'action dont jouit le prêteur et contre qui il peut l'exercer, peut quelquefois être assez délicate. — Il en est ainsi, notamment, dans le cas où le capitaine a, en cours de voyage, affecté au remboursement d'un emprunt à la grosse qu'il a souscrit dans l'intérêt du navire, un objet qui n'appartenait pas à l'armateur, par exemple, les marchandises d'un chargeur. Il ne semble pas tout d'abord qu'on puisse reconnaître au prêteur une action personnelle contre le propriétaire de l'objet affecté, c'est-à-dire contre le chargeur. Suivant plusieurs décisions judiciaires, le porteur du billet de grosse n'aurait qu'un droit réel sur la cargaison qui se trouve uniquement grevée de ce droit, à titre de garantie (Aix, 18 juill. 1862, aff. Coiffier, D. P. 66. 1. 55 ; Trib. Marseille, 5 août 1862, *Recueil de Marseille*, 1862. 1. 323 ; Caen, 15 janv. 1867) (1). Mais le prêteur n'a-t-il pas alors une action personnelle contre l'armateur ? M. Desjardins, t. 5, n° 1177, B, estime qu'en pareil cas l'action personnelle est simplement déplacée et qu'elle peut être dirigée contre le propriétaire du navire dont le capitaine était le préposé et au nom duquel il a contracté : « Il est hors de doute, dit-il, que le chargeur garde son recours contre le propriétaire armateur ; comment celui-ci serait-il exposé à ce recours s'il n'était personnellement tenu ? Puisqu'il peut être actionné par ricochet, pourquoi ne le serait-il pas directement ? » Cette doctrine nous semble exacte.

1502. Si, au lieu d'emprunter sur le navire ou sur la cargaison dans l'intérêt du navire, le capitaine a emprunté en cours de voyage sur la cargaison, dans l'intérêt de la cargaison elle-même, le donneur en est-il réduit à l'action réelle, ou a-t-il à la fois une action réelle et une action personnelle ? — Suivant un système adopté par plusieurs auteurs, le donneur n'aurait vis-à-vis du chargeur qu'une action réelle et n'aurait rien à réclamer, s'il lui était fait abandon de la marchandise (J.-V. Cauvet, *Traité des assurances maritimes*, t. 1, n° 68 ; de Valroger, t. 3, n° 280 ; Lyon-Caen et Renault, n° 1677 ; Cresp et Laurin, t. 2, p. 194 ; Trib. Marseille, 9 nov. 1857, *Recueil de Marseille*, 1857. 1. 294 ; 24 janv. 1868, *ibid.*, 1868. 1. 89 ; 6 oct. 1869, *ibid.*, 1869. 1. 299). Ce système paraît également le plus conforme au dernier état de la jurisprudence de la cour de cassation qui considère les impenses imprévues que fait le capitaine, les mises de fonds que nécessite l'acquittement des engagements exceptionnels qu'il a sous-

(1) (Courcier C. Roger, Sevestre et comp.) — LA COUR ; — Attendu, en droit, qu'aux termes de l'art. 1165 c. nap., les conventions n'ont d'effet qu'entre les parties contractantes, et que si les nécessités de la navigation autorisent, dans certains cas déterminés par l'art. 234 c. com., le capitaine d'un navire à contracter un emprunt à la grosse et à affecter à la garantie de cet emprunt le chargement, conformément à l'art. 234 précité et à l'art. 315, même code, cette affectation toute réelle ne fait peser sur le propriétaire des marchandises aucune obligation personnelle ; que sa situation est exactement la même que celle d'un propriétaire d'effets mobiliers, contre lequel un tiers invoque le principe, écrit dans l'art. 2279 c. nap., *qu'en fait de meubles, possession vaut titre* ; — Que les art. 234 et 315 précités ne sont que l'application de cette maxime au droit maritime ; que, dès lors, le capitaine ayant en sa possession le chargement est présumé, au respect du prêteur à la grosse, en être propriétaire, et qu'à ce titre, il peut le mettre en gage ; mais que, lorsqu'il a perdu cette possession par la remise des marchandises au propriétaire, celui-ci, rentré en possession de sa chose, n'est pas tenu au remboursement d'un emprunt auquel il n'a été ni partie ni représenté ; — Attendu, en effet, que le capitaine n'est pas le mandataire des chargeurs ou affréteurs ; qu'il n'est pas choisi par eux ; qu'ils n'ont sur lui aucune autorité, et qu'ils n'ont pas la faculté de le congédier ; qu'ils ne peuvent être assimilés, sous aucun rapport, à l'armateur lequel choisit le capitaine et le renvoie même sans indemnité, ainsi que l'art. 218 c. com. lui en confère le droit ; — Qu'aussi l'art. 234 énonce-t-il que le capitaine représente le propriétaire du navire ; que, de plus, l'art. 216 décide que tout propriétaire de navire est civilement responsable des faits du capitaine, et tenu des engagements contractés par ce dernier, pour ce qui est relatif au navire et à l'expédition ; — Mais qu'il n'existe dans le liv. 2 c. com. aucune disposition analogue concernant les chargeurs et affréteurs ; que, cependant, une semblable disposition eût été plus nécessaire pour eux que pour le propriétaire du navire, si, comme lui, ils devaient être responsables personnellement des faits du capitaine, puisque ce dernier est évidemment le mandataire de l'armateur et qu'en cette qualité, l'art. 1998 c. nap., qui veut que le mandant soit tenu d'exécuter les engagements contractés par le mandataire, semblait suffire ; que cependant, le législateur en a pensé autrement, et qu'il a jugé nécessaire d'édicter une disposition spéciale pour déterminer la responsabilité de l'armateur ; mais que, puisqu'il a gardé un silence absolu relativement aux rapports respectifs du capitaine et du propriétaire de la marchandise, que nulle part il n'a dit que le capitaine représentât les chargeurs et affréteurs, il faut en conclure qu'il n'a pas mis sur la même ligne l'armateur et l'affréteur et qu'il a voulu affranchir ce dernier de toute responsabilité personnelle relativement aux engagements contractés par le capitaine ; — Attendu que cette conséquence doit être admise avec d'autant plus de facilité que le code de commerce n'a pas omis ce qui concerne les propriétaires du chargement ; que leur sort est réglé d'une manière spéciale et complète dans les tit. 11 et 12 du liv. 2 de ce code, desquels il résulte qu'en cas d'avaries et de jet à la mer, ils contribuent aux pertes dans des proportions équitablement déterminées ; — Mais qu'aucun des textes dont se composent ces deux titres ne les soumet à une obligation personnelle vis-à-vis du prêteur à la grosse ; d'où suit qu'il n'a pas d'action directe contre eux ; — Que, sans nul doute, il peut, aux termes de l'art. 1166 c. nap., exercer contre les affréteurs le recours pour avaries qui appartient dans certains cas au capitaine et à l'armateur ; mais qu'alors ce n'est pas en vertu du contrat de grosse qu'il agit, que c'est au lieu et place du capitaine et de l'armateur qui sont ses débiteurs, et que l'exercice qu'il fait de leurs droits est subordonné, dans ses mains, aux mêmes conditions que si l'action était intentée directement par le capitaine et l'armateur ; — Qu'il suit de là que, comme ces derniers, le prêteur à la grosse doit, à peine de non-recevabilité, introduire son instance dans le délai d'un mois à partir des vingt-quatre heures qui suivent le livrement des marchandises, et que, ce délai expiré, les affréteurs sont à l'abri de toute demande, tant du chef du capitaine et de l'armateur que du chef du prêteur à la grosse, qui est à leur lieu et place ; — Attendu, en fait, que l'emprunt à la grosse contracté par le capitaine Langdon, le 4 avr. 1862, a eu lieu sans la participation de Courcier, propriétaire du chargement, qui n'y a été ni partie ni représenté, et dont le nom ne se trouve même pas dans le contrat ; qu'à la vérité, le chargement avait été affecté en privilège au remboursement de l'emprunt ; mais que le navire étant entré au port de Caen, lieu de sa destination, dans les derniers jours du mois d'avril 1862, les marchandises furent débarquées et délivrées à Crabtrée, mandataire de Courcier, dans le mois de mai de ladite année ; — Qu'à la vérité, le réclamateur, trouvant une partie de ses marchandises avariées, avait présenté le 30 avril, au tribunal de commerce de Caen, une requête aux fins de constater l'état de l'arrimage, de vérifier s'il y avait un grenier, quelle était l'importance des avaries éprouvées par la cargaison, et de dresser le règlement des avaries ; qu'au cours de la vérification ordonnée en résultance de cette requête, les experts demandèrent des renseignements au capitaine Langdon, qui leur fit part des embarras qu'il avait éprouvés en mer, des dépenses qu'il avait été obligé de faire et de l'emprunt qu'il avait contracté pour solder ces dépenses ; que les experts, à la suite de l'exposé du capitaine, établirent, sans qu'il apparaisse aucune demande à cet égard, une contribution des dépenses effectuées, entre le navire et la cargaison ; mais que cette contribution n'a pas été acceptée par le réclamateur, et que ni le capitaine ni l'armateur n'y ont donné aucune suite en justice ; d'où il résulte qu'ils n'ont pas satisfait à la disposition impérative de l'art. 436, et que la déchéance qui leur est opposée par Courcier doit être admise ; — Que vainement prétendrait-on que l'expertise du 23 mai 1862 équivaut à la demande en justice exigée par ledit art. 436 ; que ces mots du texte précité, *demande en justice* signifient une action avec ajournement intentée devant un tribunal par celui auquel la contribution est due contre celui qui la doit, et que les mesures préalable à cette action, telles que le constat d'avaries et la recherche de leurs causes par experts désignés par la justice, ne sont ni équivalentes à la demande spécifiée dans l'art. 456, ni même le commencement de cette demande ; — Que d'ailleurs, cette expertise n'a même pas été requise soit par le capitaine, soit par l'armateur ; — Que les marchandises ont été livrées, et que l'inaction du capitaine et de l'armateur doit vraisemblablement être attribuée à l'état de vétusté déplorable dans lequel se trouvait le navire lors du chargement, état que constate le rapport des experts susdaté, et qui, bien plus que les vents contraires, avait occasionné les avaries que le navire et la cargaison avaient subies ; — Qu'enfin, la morosité, pendant quatre années du prêteur à la grosse vis-à-vis de Courcier fait planer sur la légitimité de la demande du premier les plus légitimes soupçons ;

Par ces motifs, infirme, etc.

Du 15 janv. 1867.-C. de Caen, 4e ch.-MM. Champin, pr.-Nicias Gaillard, av. gén.-Paris et Carel, av.

crits en cours de voyage dans l'intérêt de la cargaison, comme présentant le caractère d'avaries-frais et en même temps d'avaries particulières par rapport au propriétaire des objets transportés. Or, d'après cette jurisprudence, les règlements d'avaries particulières, comme les règlements d'avaries communes, ne donnent ouverture contre l'affréteur qu'à une action purement réelle qui ne peut être exercée que sur les marchandises qui ont fait le sujet du contrat, ce qui exclut toute action personnelle pouvant affecter la fortune de terre du chargeur (V. Civ. cass. 2 avr. 1884, aff. de Montricher, D. P. 84. 1. 449, et *suprà*, n° 1388).

Cette solution est incontestablement exacte si, comme M. de Courcy, on refuse de considérer le capitaine comme agissant en tant que mandataire du chargeur et si on lui attribue simplement la qualité de gérant d'affaires; mais, ainsi qu'on l'a vu *suprà*, n° 1389, c'est un point sur lequel on est loin d'être d'accord et, suivant une doctrine soutenue par de graves autorités (V. notamment : Levillain, *Dissertation* sur l'arrêt précité du 2 avr. 1884), le chargeur est tenu personnellement des engagements contractés dans son intérêt par le capitaine, sans pouvoir limiter sa responsabilité à la valeur de la cargaison. Dans ce système, le prêteur a contre lui une action personnelle à l'effet d'obtenir le remboursement total de la somme prêtée.

1503. En principe, l'emprunteur, si aucun délai n'a été stipulé en sa faveur, est obligé de remplir ses engagements dès que la condition à laquelle ils étaient subordonnés vient à se réaliser ; mais on a exposé au *Rép.* n° 1375 qu'il est dans l'usage de lui accorder un certain délai (*Rép.* n° 1375). Toutefois, cet usage est sans application, et le juge ne peut accorder aucun délai de grâce au preneur pour rembourser le prêteur, lorsque le billet de grosse est à ordre; car l'art. 157 c. com. est d'une application générale à tous les titres à ordre (V. *suprà*, n° 1429). D'ailleurs, lorsqu'un délai est accordé, l'intérêt de terre court du jour de l'exigibilité conformément à ce qui sera dit *infrà*, n° 1505.

1504. Le payement doit être fait au créancier ou à son fondé de pouvoirs; il peut l'être aussi au tiers porteur, si le billet est à ordre ou au porteur. Il doit être effectué, comme on l'a vu au *Rép.* n° 1376, au lieu où se trouve le navire quand le risque prend fin si la convention est muette relativement au lieu du payement.— On a dit également que si, dans le lieu où le risque finit, il n'y a personne à qui le payement puisse être fait, le preneur aura le choix ou de consigner la somme ou de la conserver provisoirement. La consignation sera évidemment le mode le plus sûr, puisque ce sera le moyen d'échapper au payement des intérêts de terre et que, si les fonds sont ultérieurement embarqués, ils voyagent aux risques du preneur (Desjardins, t. 5, n° 1184).

1505. Les auteurs restent divisés sur la question de savoir si le retard que met le débiteur à effectuer le remboursement de la somme prêtée et le payement du profit maritime fait courir contre lui les intérêts *ipso jure* et sans qu'il soit besoin d'une demande en justice (*Rép.* n° 1378). En ce qui concerne le capital lui-même, l'opinion que nous avons adoptée au *Rép.* n° 1379, et qui fait courir les intérêts de plein droit du moment de l'expiration des risques est suivie par MM. Desjardins, t. 5, n° 1183 ; Boistel, n° 1431. Au contraire, M. Bédarride, t. 3, n° 913, semble exiger, pour que les intérêts soient dus, sinon une demande en justice, au moins une mise en demeure. Il assimile le billet de grosse à la lettre de change et estime, en conséquence, que le refus de payement doit être constaté à l'aide d'un protêt (de Valroger, t. 3, n° 985).

1506. Le profit maritime, suivant une opinion enseignée par plusieurs auteurs, n'est pas susceptible de produire intérêt, même depuis la demande en justice. De ce nombre sont MM. Boistel, n° 1431 et Lyon-Caen et Renault, n° 2360. « La difficulté, disent ces derniers auteurs, provient des règles légales concernant l'anatocisme. Prohibé dans l'ancien droit, l'anatocisme n'est permis par le code civil (art. 1154) qu'autant qu'il s'agit d'intérêts dus au moins pour une année entière, et les intérêts échus des capitaux ne produisent des intérêts, sous cette condition, que par une demande judiciaire ou par une convention spéciale. Si l'on applique cette disposition au profit maritime, il faut dire que, non seulement il ne produit pas d'intérêts de plein droit, mais qu'encore une convention ou une demande en justice ne peut lui en faire produire que quand, ce qui est rare, il est dû pour une année entière. » L'opinion opposée, que nous avons soutenue au *Rép.* n° 1379, et qui considère le profit maritime comme susceptible de produire intérêt à la suite de la demande en justice ou d'une convention, est adoptée par M. Desjardins, t. 5, n° 1183, quoique par des motifs un peu différents de ceux qui nous avaient déterminés. « Bien que le change, dit-il, comprenne accessoirement un intérêt, il est surtout et essentiellement le prix du risque et diffère profondément de cet intérêt dérivant d'un prêt pur et simple tel que l'a réglé le code civil. Il doit donc produire lui-même intérêt, *discusso periculo*, s'il y a convention à cet égard, et, à défaut de convention, à dater de la demande judiciaire, même s'il n'est pas dû pour toute une année » (V. également: de Valroger, t. 3, n° 986).

1507. On a dit au *Rép.* n° 1381 que l'action en payement du billet de grosse souscrit par le capitaine peut être portée devant le tribunal du lieu où ce billet est payable, aussi bien quand elle est dirigée contre l'armateur que lorsqu'elle l'est contre le capitaine lui-même. C'est l'application à la matière de la disposition de l'art. 420 c. proc. civ. suivant laquelle le juge du lieu où le payement doit être effectué est compétent. On en a conclu que le remboursement du prêt à la grosse peut être demandé devant le tribunal du port français où les risques ont pris fin, bien que le preneur et le donneur soient étrangers, quand le porteur du billet de grosse est Français ou domicilié en France (Trib. Marseille, 6 mars 1872, aff. Agelasto, *Recueil de Marseille*, 1872. 1. 101). Il en serait ainsi, alors même que les deux plaideurs seraient étrangers; l'art. 420 c. proc. civ. qui permet, en effet, au demandeur d'assigner à son choix le défendeur devant le tribunal de commerce, soit de l'arrondissement dans lequel la promesse a été faite et la marchandise livrée, soit de l'arrondissement où le prix devait être payé, ne distingue pas entre l'étranger et le Français, et on admet qu'en matière commerciale les tribunaux français sont compétents pour connaître d'une action entre étrangers quand ils sont compétents pour en connaître entre Français. Il sera d'ailleurs, la plupart du temps, avantageux pour les parties de recourir à la juridiction la plus rapprochée plutôt que de s'adresser au juge souvent fort éloigné du lieu du contrat.

1508. L'exercice des actions qui dérivent du contrat à la grosse n'est soumis à aucune condition particulière; elles doivent être intentées dans le délai imparti par l'art. 432 c. com. (V. *infrà*, chap. 9, sect. 1re).

1509. Aux termes de l'art. 320, le navire, les agrès et les apparaux, l'armement et les victuailles, même le fret acquis, sont affectés au privilège du prêteur à la grosse sur le corps et quille du vaisseau (*Rép.* n° 1382).

En ce qui concerne le fret acquis, le privilège s'exerce tout naturellement lorsque le fret n'est payable qu'après l'arrivée et le débarquement des marchandises, ce qui est le cas habituel, puisqu'en principe le fret n'est dû que sur les marchandises sauvées. Le prêteur, en pareil cas, doit, pour conserver ses droits, former saisie-arrêt entre les mains de ceux qui sont débiteurs du fret. On décide généralement que le payement lui serait opposable s'il avait eu lieu sans opposition de sa part ; le prêteur n'aurait alors aucun recours contre l'affréteur (Bédarride, t. 3, n° 918; Laurin, t. 2, p. 330 ; Desjardins, t. 5, n° 1179).

1510. Il peut arriver que le fret ait été payé d'avance et stipulé non restituable. La situation du prêteur n'est pas la même en ce cas que lorsque le fret a été payé sans opposition après l'arrivée des marchandises. La cour de cassation décide que ses droits contre l'affréteur demeurent alors intacts. En effet, le fret continue de représenter les fruits civils du navire, d'en être l'accessoire et de rester, comme lui, soumis au privilège du prêteur à la grosse; et l'affréteur, s'il a payé à l'armateur le fret de l'aller et du retour, doit s'imputer de n'avoir pas exigé de celui-ci toutes les garanties nécessaires à l'effet de rester indemne, dans le cas où le porteur de la lettre de grosse exercerait son recours contre lui (Civ. rej. 1er août 1870, aff. Doublet, D. P. 71. 1. 132). C'est là, comme le dit M. Desjardins, t. 5, n° 1179, une application rigoureuse, mais logique, du principe écrit dans l'art. 1165 c. civ.

1511. Lorsque le fret a été payé d'avance et stipulé acquis à tout événement, on continue à faire la distinction qui a été signalée au *Rép.* n° 1384, entre le fret applicable aux marchandises sauvées et celui qui est applicable aux marchandises perdues. « La convention, dit M. Desjardins, t. 5, n° 1179, en laissant subsister l'action réelle sur le fret afférent aux marchandises sauvées, n'en permettrait pas l'exercice sur le fret afférent aux marchandises perdues, car ce fret n'est pas gagné par le navire; il résulte uniquement d'une convention aléatoire entre le fréteur et l'affréteur » (V. également : Boistel, n° 1435). Telle n'est cependant pas l'opinion de M. de Valroger, t. 3, n° 1060. « La loi, dit-il, en affectant au privilège le fret acquis, sans distinction, semble conférer au prêteur le droit de réclamer tout fret acquis à l'armateur. Et, en définitive, cela est juste, car, à raison de la stipulation faite par l'armateur, le prix du fret est toujours diminué. Il ne faut pas que le prêteur puisse souffrir de la stipulation sans être appelé à en profiter. » M. Desjardins répond (*Ibid.*, note 3), que le prêteur a pu connaître d'avance le montant du fret et faire ses calculs en conséquence et, en outre, que l'emprunt ne pouvait valablement porter sur cette partie du fret qui n'était pas en risque (V. *suprà*, n°s 1442 et suiv.).

1512. Le privilège porte enfin sur le fret dû par un sous-affréteur. En effet, les termes de l'art. 320, généraux et absolus, excluent toute distinction entre le fret dû par l'affréteur principal et le fret qui aurait été consenti à celui-ci par le sous-affréteur; ni l'un ni l'autre ne saurait donc échapper au privilège conféré au prêteur à la grosse, à moins d'une exception qui n'existe pas dans la loi et que repoussent, d'ailleurs, la nature comme le but de ce contrat (Civ. rej. 1er août 1870, aff. Doublet, D. P. 71. 1. 132, Desjardins, t. 5, n° 1179).

1513. La question de savoir si le privilège du prêteur porte sur le fret net ou sur le fret brut est des plus délicates. — D'après M. J.-V. Cauvet, t. 1, p. 214, le prêteur n'aurait droit qu'au fret net, déduction faite des dépenses du voyage, sans distinction entre celles qui étaient déjà faites lors du prêt et les dépenses à faire. Le fret, au moment de l'affectation, se trouve réduit des dépenses déjà faites, par l'effet d'une autre affectation légale à ces dépenses, et, quant aux dépenses à faire, le prêteur les accepte encore comme des moyens de faire accomplir le voyage qui est aussi l'objet de son prêt ». MM. de Valroger, t. 3, n° 1062, et Desjardins, t. 5, n° 1179, p. 293, estiment avec raison que cette opinion est trop absolue. Comme le remarque M. Desjardins, il n'y a pas lieu de présumer que le prêteur entend donner le pas à d'autres créanciers, s'il leur est légalement préférable. Le fret étant soumis à divers privilèges, il ne faut ni en déduire indistinctement toutes les charges au préjudice d'un des créanciers privilégiés, ni permettre à ce créancier d'évincer pêle-mêle tous les autres. Mais quels privilèges devra-t-on préférer? Il faut évidemment à cet égard se conformer à l'ordre établi par l'art. 191; l'art. 320, comme l'enseigne M. Desjardins, n'efface pas la classification des droits réels sur le fret; il en résulte que le prêteur ne peut empêcher que les frais de réalisation du gage, les loyers des magasins où les marchandises ont été déposées, les indemnités et les loyers dus aux marins, ne soient payés tout d'abord. Il n'aura donc droit qu'au fret dégagé de ces dépenses.

1514. On a vu au *Rép.* n° 1388 que, si un prêt a été fait sur une quote-part du navire ou du chargement, par exemple, sur le tiers ou la moitié, le privilège n'affecte que le tiers ou la moitié du navire ou du chargement, et nous avions ajouté, d'après Delvincourt, qu'au cas de prêts faits séparément, l'un sur le corps et quille, l'autre sur les agrès et apparaux, le prêteur sur les agrès pourrait réclamer dans le fret acquis une quotité égale à la valeur de ces agrès comparée à celle du navire. Telle est encore l'opinion de M. Bédarride, n° 920; mais M. de Valroger, t. 5, n° 1179, p. 293, estime que c'est là donner une trop grande extension aux derniers mots de l'art. 320. Suivant lui, cet article, en décidant que le privilège n'a lieu que dans la proportion de la quotité affectée à l'emprunt, a simplement entendu dire que le prêteur sur une partie du navire aura droit à une partie équivalente du fret. Mais le simple prêteur sur les agrès et apparaux ne pourra rien réclamer du fret, parce que le fret n'appartient qu'au prêteur sur corps et quille.

1515. Celui qui prête sur le fret à faire ou le profit espéré, en vertu du nouvel art. 315 modifié par la loi du 12 août 1885 a évidemment le droit d'exercer un privilège sur ce fret. Mais, comme la loi du 12 août 1885 n'a pas modifié l'art. 320, il faut nécessairement supposer, pour que ce privilège puisse être exercé, ou bien que le navire n'a pas fait antérieurement l'objet d'un prêt à la grosse, ou que le même prêt n'absorbe pas la totalité du fret, ou bien enfin que le prêt sur le fret aura eu lieu en cours de voyage et pour la conservation du navire et du fret (art. 323) (de Valroger, t. 3, n°s 1052 et 1065; Desjardins, t. 5, n° 1160). En tout autre cas, c'est-à-dire si l'emprunt sur le fret ou le profit espéré a été précédé d'un emprunt sur corps, il est évident que le privilège du prêteur sur le fret à faire ne pourra avoir d'effet qu'autant que l'emprunt sur le navire auquel le fret est affecté par privilège en vertu de l'art. 320, n'en aurait pas absorbé la totalité. Il en est de même du prêt sur le profit espéré, qui ne pourra produire effet que s'il n'est pas précédé d'un prêt sur facultés absorbant la totalité de la valeur des marchandises affectées au prêt sur facultés.

1516. Sous l'empire de l'ordonnance, on déclarait illicite la clause par laquelle les parties auraient stipulé que le prêteur sur corps n'aurait pas droit au fret. Avant la loi du 12 août 1885, on se demandait si cette règle était toujours applicable; quelques auteurs, estimaient qu'aucune disposition de la loi ne proscrivait une pareille clause, et la considéraient comme licite (de Valroger, t. 3, n° 1063; Bédarride, t. 3, n° 919) : le prêteur, disaient-ils, était maître, en pareil cas, de sauvegarder ses intérêts et d'apprécier s'il devait ou non accepter une telle dérogation aux principes généraux du contrat à la grosse, sauf à faire payer, par un profit plus élevé, la dispense de rapporter le fret. Depuis la loi du 12 août 1885, cette opinion ne paraît plus contestable. « Puisque le fret à faire peut être désormais affecté séparément, dit M. Desjardins, t. 5, n° 1179, p. 294, il est clair qu'un tel pacte, inséré dans un billet de grosse, ne pourrait plus être réputé non avenu. »

1517. Lorsque le prêt a été fait sur le chargement, l'art. 320 y affecte le chargement (*Rép.* n° 1386), c'est-à-dire que la créance privilégiée s'exerce, en principe et sauf les restrictions exprimées au contrat, sur tout ce qui peut appartenir à l'emprunteur dans le chargement du navire; elle ne s'exercera que sur une quotité, s'il n'a été emprunté que sur une quotité. — On sait qu'il est indispensable à la validité du contrat sur chargement que les marchandises ou objets mis en risque soient de même valeur au moins que l'emprunt. Mais il peut être stipulé que la valeur mise en risque sera supérieure à la somme prêtée, et l'emprunteur peut lui-même charger une valeur supérieure; il accroît ainsi le gage du prêteur, « mais cet accroissement volontaire n'est pas irrévocable, dit M. Desjardins, t. 5, n° 1180, car il dépend de lui, dans le cours du voyage, de décharger à terre ce surcroît de marchandises sans que le donneur puisse s'en plaindre ». Toutefois cette faculté de déchargement partiel ne saurait s'exercer qu'autant que la mise en risque d'une valeur supérieure au prêt a été purement spontanée de la part de l'emprunteur; si elle avait fait l'objet d'une convention, si elle était en quelque sorte une condition du prêt, l'emprunteur ne pourrait modifier le gage affecté au privilège. C'est là, à défaut d'un texte spécial, l'application des principes généraux qui régissent les conventions (de Valroger, t. 3, n° 1045; Desjardins, *loc. cit.*).

1518. Le privilège du prêteur s'exerce également sur les indemnités représentatives de la chose affectée. Si cette chose a été sacrifiée pour le salut commun, le privilège s'exerce sur les sommes dues à titre de contribution; de même, au cas de prise, sur les sommes payées par le capteur à titre de restitution. Mais si le privilège s'exerce ainsi, dit M. de Valroger, t. 3, n° 1068, c'est parce qu'à proprement parler la perte n'est pas réputée avoir eu lieu, et il en serait autrement à l'égard de l'indemnité d'assurance qui serait acquise à l'emprunteur. Sans doute, le prêteur peut faire assurer les deniers prêtés, mais c'est là une assurance distincte de celle qui porterait sur la chose. Même dans le cas de prêt sur le navire, lorsque la loi du 10 déc. 1874 subroge de plein droit les créanciers hypothécaires dans le bénéfice des assurances sur le navire hypothéqué, le caractère spécial de cette disposition s'oppose à ce qu'elle soit invoquée par le prêteur à la grosse (Paris, 18 juill. 1879, cité *suprà*, n° 1479). — Si le prêt à la grosse, dit encore M. de Valroger, *loc. cit.*, fait double emploi avec l'assurance, c'est l'un des contrats qui est annulé ; s'il n'y a pas double emploi, le prêteur et l'assureur se partagent les effets sauvés.

1519. On a vu *suprà*, n° 1490, à propos de la question de savoir si le prêteur peut exercer son privilège sur le fret brut ou le fret net, comme à propos des droits du prêteur sur le fret, qu'un certain nombre de dépenses doivent être prélevées sur le fret, ces dépenses étant, en effet, privilégiées. En d'autres termes, le prêteur sur corps comme le prêteur sur facultés se trouve, lorsqu'il veut exercer son privilège, en concours avec un certain nombre de créanciers qui ont eux-mêmes privilège, soit sur le navire, soit sur le chargement. L'art. 320 n'indique pas quel sera le rang du privilège qu'il reconnaît au prêteur à la grosse; on ne saurait, par conséquent, déroger à l'ordre des privilèges tel qu'il a été fixé sur le navire par l'art. 191, et, si cet article n'a pas classé les privilèges sur facultés, comme il l'a fait pour les privilèges sur corps, il ne s'ensuit pas que le prêteur à la grosse sur facultés doive toujours venir au premier rang. — C'est l'opinion la plus généralement enseignée avec quelques différences toutefois dans l'application. M. de Valroger, t. 3, n° 1069, distingue entre le cas où le prêt a été fait à la fois sur le navire et sur la marchandise, et celui où il n'a porté que sur les marchandises. Dans le premier cas, il estime que le prêteur privilégié sur le fret considéré comme accessoire du navire, aura, à ce titre, le droit de retenir le fret par préférence au capitaine; toutefois, il ne peut s'approprier le prix des marchandises sans en payer le fret. Dans le second cas, au contraire, il estime que le capitaine doit, pour son fret, être préféré au prêteur, puisque c'est le capitaine qui, faisant arriver la marchandise à destination, a donné au prêteur l'occasion d'exercer son droit. M. Desjardins, t. 5, n° 1193, p. 324, enseigne la même doctrine, mais pense qu'il faut classer avant le privilège du prêteur et même avant le privilège du capitaine : 1° les frais de justice; 2° les frais de sauvetage; 3° les frais de garde et magasinage; enfin, après le privilège du capitaine pour son fret, viendraient les créanciers en raison de fournitures faites pendant le cours du voyage pour sauver ou réparer la marchandise. Cet auteur regarde, en effet, toute autre solution comme incompatible avec le mécanisme de notre législation commerciale. « Imagine-t-on, dit-il, un donneur avant le départ, primé par les prêts faits en cours de voyage et primant les frais faits en cours de voyage pour la conservation de la marchandise? Ce serait absolument contradictoire. »

Si un tel créancier se trouve en concours avec un donneur sur facultés au cours de voyage, il faudrait, également d'après M. Desjardins, *ibid.*, p. 325, distinguer entre le cas où les fournitures faites pour la conservation de la chose auraient été postérieures au prêt en cours de voyage ou antérieures à ce prêt. Si les fournitures ont été postérieures au prêt, elles doivent primer le prêt, puisqu'elles auront sauvé le gage du donneur. Au contraire, si les fournitures ont été antérieures au prêt, elles doivent être primées par lui, car c'est alors le donneur qui sera réputé avoir sauvé le gage du fournisseur. Enfin s'il est impossible de distinguer lequel du fournisseur ou du prêteur a le plus particulièrement permis au chargement d'arriver heureusement, notamment si le prêt et les fournitures ont été faits dans un même port de relâche, ils seront l'un et l'autre classés par concurrence.

1520. Sur le navire, le privilège du prêteur pendant le dernier voyage ne vient qu'au septième rang (art. 191-1°) (de Valroger, t. 3, n° 1069; Desjardins, t. 5, n° 1193). Comme le prêt à la grosse fait avant le départ, quand il porte sur un navire (du moins sur un navire susceptible d'hypothèque (V. *suprà*, n° 1423), n'a plus, depuis la loi du 10 déc. 1874, le caractère d'un prêt privilégié et n'est susceptible que d'une stipulation hypothécaire, il se trouve primé non seulement par les sommes prêtées en cours de voyage, mais encore par tous les autres privilèges de l'art. 191. Il en résulte encore que, dans le cas de prêt sur corps, l'art. 323, § 1er, ne concerne plus que, d'une part, le cas de concours entre des emprunts qui auraient été faits pendant le dernier voyage avec d'autres emprunts qui auraient eu lieu pendant un précédent voyage, et, d'autre part, le cas de concours entre les emprunts contractés durant le dernier voyage. Entre ceux-ci, c'est toujours le dernier qui doit être préféré, suivant la règle de l'art. 323 exposée au *Rép.* nos 1390 et suiv., sauf l'exception signalée *ibid.* n° 1392. On continue, toutefois, à admettre, comme nous l'avons fait au *Rép.* n° 1394, qu'il y a lieu de faire concourir entre eux les donneurs, lorsqu'il a été fait dans le même lieu plusieurs prêts destinés aux mêmes réparations. M. Desjardins, notamment, approuve cette dérogation à l'art. 323 (t. 5, n° 1194, p. 327 et 328).

1521. — EXTINCTION DU PRIVILÈGE. — La loi ne reconnaissant plus, depuis l'abrogation du paragraphe 9 de l'art. 191, de privilège sur le navire (du moins lorsqu'il s'agit d'un navire susceptible d'hypothèque. V. *suprà*, n° 1423), que pour les sommes prêtées *au capitaine pendant* le dernier voyage (art. 191, § 7), il s'ensuit, comme le remarque M. de Valroger, t. 3, n° 1071, que tout nouveau voyage purge le privilège sur le navire, alors même que ce nouveau voyage ne remplirait pas les conditions prescrites pour la purge du droit de suite par les art. 193 et 194 c. com. (*Rép.* n° 1398).

1522. Le privilège sur le fret cesse d'exister, on l'a vu *suprà*, n° 1509, du moment où le fret régulièrement payé à l'issue du transport s'est confondu avec les autres biens du propriétaire.

1523. Le privilège du donneur sur les marchandises s'éteint dès qu'elles ont été livrées au destinataire (Aix, 18 juill. 1862, aff. Coiffier, D. P. 66. 5. 55; Caen, 15 janv. 1867, *suprà*, n° 1501). — Le prêteur ne jouit donc pas, comme le capitaine pour le fret, du délai de quinzaine pour faire valoir son privilège (V. *suprà*, n° 1144). Dès que les marchandises ont été livrées, il ne peut plus l'exercer, qu'elles soient ou non passées en *mains tierces* (V. *suprà*, n° 1145). Mais il faut remarquer que les marchandises ne sont pas réputées avoir été délivrées par cela seul qu'elles ont été débarquées sur le quai; il faut qu'elles soient entrées dans les magasins du destinataire. — D'ailleurs, le privilège du donneur sur facultés sera souvent fort précaire, car il se peut fort bien qu'il ne soit pas en mesure de le faire valoir avant la livraison. C'est ce qui arrivera, notamment, si le navire parvient à son lieu de destination avant que le contrat de grosse qui aura été souscrit pendant le voyage et qui sera apporté par un autre navire, soit arrivé au lieu de déchargement. Le prêteur, faute de titre, ne pourra faire valoir son droit. Aussi le projet de revision du code de commerce de 1867 avait-il essayé de remédier à cet inconvénient grave en permettant la nomination d'un séquestre, lorsqu'à l'arrivée d'un navire, il serait résulté des papiers de bord ou des correspondances reçues, qu'il existait un prêt à la grosse dont le titre n'aurait pu être produit. Cette disposition n'aurait fait que consacrer un usage suivi dans la pratique. On remédie, en effet, au moyen de la nomination d'un séquestre, à une difficulté inverse qui se produit fréquemment. Même lorsque le titre est produit et que le porteur peut agir, il est possible que les armateurs et les chargeurs ne soient pas en mesure d'opter en connaissance de cause entre le payement de la dette et l'abandon de la chose; il faut alors que l'on puisse empêcher le donneur d'user d'un droit strict et de procéder immédiatement à une exécution forcée que le payement de la dette peut rendre inutile. Le projet de 1867 légalisait la nomination du séquestre, autorisant le tribunal à lui donner mission de prendre toutes les mesures conservatoires (art. 348 du projet). Le projet déterminait encore le délai dans lequel l'emprunteur doit opter entre le payement de la dette ou l'abandon de la chose affectée, point sur lequel le code est actuellement muet; il pouvait, d'après l'art. 349 du projet, surseoir à sa déclaration d'option jusqu'à l'homologation du règlement de répartition des dépenses.

1524. La perte des effets sur lesquels le prêt à la grosse a eu lieu, lorsqu'elle est totale et qu'elle est survenue par cas fortuit, libère l'emprunteur (*Rép.* n° 1399), et, par conséquent, éteint le privilège du prêteur. La perte doit être entière et n'être pas la conséquence soit du vice propre, soit de la faute de l'emprunteur.

Quand la perte est-elle entière? Lorsque l'emprunt a été

fait sur le navire et le chargement, il n'y a perte entière qu'autant que ni l'un ni l'autre n'a survécu. Dans le cas de prêt sur corps, il suffit, pour qu'il y ait perte entière, que le navire soit perdu en totalité. Enfin, si l'emprunt a porté sur le chargement, la perte est entière lorsque le chargement est perdu. Il se peut cependant que la perte entière du navire puisse, par voie de conséquence, dégager l'emprunteur sur facultés de son obligation personnelle; c'est ce qui se produit, lorsqu'il est impossible de trouver un autre navire pour y opérer le transbordement des marchandises et leur transport à destination (Desjardins, t. 5, n° 1187, p. 312).

1525. A la perte entière il faut assimiler la prise, s'il ne survient pas une restitution qui aurait effet rétroactif en faveur du prêteur. En cas de jet à la mer pour le salut commun, le prêteur sur facultés exercera son privilège sur la contribution. Si, à la vérité, au point de vue de l'exercice du privilège, le prix représentatif de la chose n'équivaut pas à la chose elle-même, on admet que le prêteur doit être considéré comme conventionnellement subrogé à l'emprunteur (de Valroger, t. 3, n° 1105; Desjardins, t. 5, n° 1187, p. 311). Mais, dans ce cas, le prêteur devra tenir compte à l'emprunteur de sa propre contribution à l'avarie grosse, conformément à l'art. 330 (Mêmes auteurs; Rennes, 4 juin 1863) (1).

1526. On avait assimilé au *Rép.* n° 1400 le contrat à la grosse à l'assurance, en ce sens que l'on considérait comme produisant les mêmes effets que la perte entière, la perte ou la détérioration atteignant les trois quarts de la chose; cette application au contrat à la grosse par voie d'analogie de l'art. 369 c. com. est généralement abandonnée aujourd'hui. « Les droits du prêteur, dit M. de Valroger, t. 3, n° 1106, pourront se trouver réduits en cas de naufrage ou d'avarie. Mais le contrat à la grosse ne reste sans effet et sa créance n'est réputée éteinte que si les objets affectés au prêt sont entièrement perdus » (V. aussi Desjardins, t. 5, n° 1187, p. 311).

1527. La disposition de l'art. 325 dérive essentiellement de la nature du contrat à la grosse; en conséquence, il ne peut y être dérogé par la convention (de Valroger, t. 3, n° 1109. V. également : *Rép.* n° 1415).

1528. En cas de naufrage, alors que la perte n'est que partielle, le prêteur qui, si elle est totale, la supporte entièrement, la supporte proportionnellement à l'étendue du sinistre (*Rép.* n° 1403). — De l'avis à peu près général, il est, en pareil cas, déchu de l'action personnelle qui lui appartient ordinairement contre l'emprunteur, et il ne subsiste à son profit qu'un droit sur les débris. Le prêteur n'aurait donc d'action contre l'emprunteur qu'en raison du sauvetage auquel celui-ci aurait procédé ou fait procéder, ou en raison de sa négligence, s'il n'avait pas fait ce qui dépendait de lui pour conserver ce qui pouvait être sauvé. L'action du prêteur se réduit, par conséquent, à exercer un droit réel sur les objets sauvés. — D'autre part, l'emprunteur peut se soustraire aux soins et à la responsabilité du sauvetage en faisant au prêteur un acte d'abandon (de Valroger, t. 3, n° 1116).

1529. On admet toujours que le cas de naufrage n'est énoncé dans l'art. 327 qu'à titre d'exemple et que les dispositions de cet article peuvent être étendues à tous les cas où les objets affectés au prêt ont subi une perte partielle par un sinistre majeur (*Rép.* n° 1404; Desjardins, t. 5, n° 1191). — Mais il faut se garder d'aller trop loin dans cette voie et d'appliquer trop facilement les règles de l'assurance au prêt à la grosse. Ainsi on ne peut pas dire que l'action personnelle sera éteinte dans tous les cas de sinistre, et nous admettons avec MM. de Valroger, t. 3, n° 1117, et Desjardins, t. 5, p. 319, que cette action ne fera défaut qu'autant que l'arrivée à destination n'aura pu avoir lieu. — « Quand il s'agit d'un prêt sur navire et que le navire en cours de voyage a été déclaré innavigable, dit M. de Valroger, j'admets très bien qu'on dise, en ce cas, que la condition du prêt ne s'est pas accomplie et qu'on réduise alors le prêteur à une simple action réelle, comme en cas de naufrage. Mais, quand le navire est arrivé à destination, la créance subsiste, quoiqu'elle puisse être réduite par les avaries. De même, si le prêt avait été fait sur marchandises, l'innavigabilité du navire survenue en cours de voyage ne pourrait être assimilée au naufrage qu'autant qu'on n'aurait pu trouver un autre navire pour conduire les marchandises à destination. » C'est en ce sens, d'ailleurs, que s'est prononcée la jurisprudence en décidant que la créance du prêteur reste intacte et devient exigible, si le navire sur lequel le prêt a été fait arrive au lieu de destination, encore qu'il ait subi des avaries particulières par suite desquelles, faute de fonds pour le réparer, il a été déclaré innavigable et vendu (Rennes, 20 juin 1854, *Recueil de Marseille*, 1866. 2. 5; Req. 9 mars 1869, aff. Quesnel, D. P. 69. 1. 454).

1530. En cas de perte totale, le prêteur ne peut pas, en général, réclamer le profit maritime; en est-il de même en cas de sauvetage? Le texte du code pourrait offrir quelques doutes, à cet égard, car il ne parle que du payement des sommes empruntées, et, lorsqu'il règle dans l'art. 331 le partage du sauvetage entre le prêteur et l'assureur, il ne tient compte que du capital seulement. En outre, on pourrait soutenir que le profit est le prix de l'arrivée et que, lorsqu'il y a naufrage, la condition ne s'étant pas accomplie, le prêteur ne peut le réclamer : que si la loi lui a permis de se faire rembourser de son capital sur le sauvetage, c'est là une conséquence du principe que le contrat à la grosse ne peut être une cause d'enrichissement pour l'emprunteur, et il n'en faut pas conclure qu'elle ait permis au prêteur de réclamer le profit maritime. — Mais cette opinion n'a pas prévalu, et

---

(1) (Belloc C. Bragato.) — LA COUR ;... — Considérant qu'il n'a pas été méconnu que la somme à distribuer, qui est l'objet du débat, se compose exclusivement de la part contributive des chargeurs aux avaries communes, et que ces avaries elles-mêmes consistaient dans l'abandon, nécessité par fortune de mer et effectué pour le salut commun, d'objets qui dépendaient du navire et qui étaient comme tels affectés par privilège au remboursement des prêts à la grosse ; — Considérant que, par suite, cette somme doit être regardée comme représentant ces objets eux-mêmes et comme soumise à l'exercice du même privilège ; que s'il est vrai que le prêteur à la grosse doive courir le risque de toutes les fortunes de mer qui atteignent sa créance dans la même mesure qu'elles atteignent son gage, il est de toute justice que leurs conséquences n'excèdent pas à son détriment les limites dans lesquelles elles se renferment à l'égard de l'emprunteur ; qu'on ne peut réputer définitivement perdus des objets dont le sacrifice même devient pour le propriétaire la cause légale d'une créance déterminée ; que tous les intérêts engagés dans l'armement et dans le voyage sont unis entre eux par un lien qui résulte de la nature même des choses et des principes qui les régissent ; que les relations qui s'établissent entre l'armateur qui emprunte à la grosse et le prêteur qui s'associe aux risques de l'entreprise ne doivent pas être appréciées et réglées en faisant abstraction des éléments, du but et des conditions de la spéculation commune ; qu'il est, par suite, de la nature du contrat de prêt à la grosse que le prêteur ne subisse les conséquences de l'abandon fait pour le salut commun que dans les proportions où le restreint pour l'emprunteur la contribution des autres intéressés qui ont profité de cet abandon, et qu'en admettant même que les principes rigoureux qui régissent les privilèges se refusassent à permettre l'exercice de celui qui appartient au prêteur à la grosse après la perte matérielle des objets corporels qui le frappait, ledit prêteur devrait être réputé conventionnellement subrogé aux droits de l'emprunteur contre les chargeurs par une volonté commune qui se déduit des prévisions nécessairement suggérées par l'ensemble des intérêts et des faits où venait se placer la convention ; — Mais considérant qu'aux termes de l'art. 330 c. com., les prêteurs à la grosse doivent contribuer, à la décharge des emprunteurs, aux avaries communes et même aux avaries simples, lorsque, comme dans l'espèce, il n'y a pas de convention contraire ; que cet article ne fait autre chose que consacrer ce principe qui veut que le prêteur à la grosse prenne sur lui les risques de toutes les fortunes de mer qui diminuent la valeur du gage ; que la part contributive du navire et du fret aux avaries grosses et aux avaries simples ne pourrait pas rester à la charge de l'emprunteur sans que ce principe fût violé ; que l'article précité ne fait, d'ailleurs, aucune distinction entre l'action personnelle et l'action réelle du prêteur pour le cas où le gage est réputé subsister, et qu'on ne peut rien induire pour cette hypothèse des dispositions applicables à celle dans laquelle il est censé perdu ; — Par ces motifs, met ce dont est appel au néant, en ce qu'il a été jugé que la somme à distribuer ne devait pas être allouée par préférence aux prêteurs à la grosse ; émendant quant à ce, dit qu'elle leur appartiendra jusqu'à concurrence de ce qu'il sera reconnu leur rester dû sur le montant du prêt, etc.

Du 4 juin 1863.-C. de Rennes, 1re ch.-MM. Boucly, 1er pr.-Grivart et Charmoy, av.

comme nous l'avons exposé au *Rép.* n° 1405, on admet généralement que le prêteur a droit de se faire payer sur les effets sauvés, non seulement du capital prêté, mais aussi du profit maritime, si la valeur de ces effets est supérieure au montant du prêt. Si, au contraire, la valeur des effets sauvés est égale ou inférieure au capital prêté, le prêteur n'a aucun droit au profit maritime, en même temps qu'il perd, le cas échéant, la partie du capital restée à découvert (de Valroger, t. 3, n° 1118; Desjardins, t. 5, n° 1190, p. 318 et 319).

1531. On a examiné au *Rép.* n° 1406 la question de savoir si, lorsque le montant du prêt à la grosse est inférieur à la valeur du chargement qui est affecté en totalité et qu'une partie des effets, inférieure au prêt, a été sauvée, le prêteur peut prendre la totalité de ces effets; ou si, au contraire, l'emprunteur entrera en contribution avec lui pour l'excédent de la valeur du chargement sur le prêt. Par exemple, celui qui a prêté 10000 fr. sur un chargement de 30000 fr. pourra-t-il, en cas de perte des deux tiers du chargement, réclamer la totalité ou seulement les deux tiers du capital? — Nous avons adopté au *Répertoire* le système le plus favorable au prêteur, qui lui attribue les effets sauvés jusqu'à concurrence de la somme qu'il a prêtée. M. Desjardins, t. 5, n° 1192, estime, au contraire, que l'emprunteur et le prêteur doivent venir en concours sur le sauvetage. Il invoque, notamment, les raisons suivantes : 1° le gage étant supérieur au prêt, le preneur peut, sauf convention contraire, le diminuer, disposer de l'excédent, et l'affecter, par exemple, à un second prêt; dans ce dernier cas, les deux prêteurs reviendraient en concours; or le preneur s'est en quelque sorte prêté à lui-même, pourquoi ne serait-il pas assimilé à un deuxième prêteur? 2° l'art. 331 met en concours les assureurs substitués à l'assuré emprunteur; s'ils ont droit de partager avec le prêteur, c'est que l'emprunteur l'avait lui-même (V. conf. Boistel, n° 1440; Laurin sur Cresp, t. 2, p. 374, note 99, etc.); 3° le prêteur sur gage excédant son prêt n'est tenu de l'avarie que dans la proportion de son intérêt, le surplus étant supporté par le preneur réputé pour l'excédent du prêt son propre prêteur ou son propre assureur; pourquoi appliquer une autre règle dans le cas de sauvetage? 4° l'équité exige cette solution, lorsqu'une partie de la valeur des objets étant couverte par le prêt, le reste est couvert par une assurance; en pareil cas, en effet, l'emprunteur a voulu couvrir tous ses risques et le système qui repousse la contribution empêcherait ce résultat.

Il est à remarquer que M. Desjardins n'envisage que le cas de prêt antérieur au départ, et laisse de côté l'hypothèse d'un prêt conservatoire fait en cours de voyage. M. de Valroger qui suit, pour le prêt avant le départ (t. 3, n° 1119), la même doctrine que M. Desjardins, estime qu'il ne saurait, dans tous les cas, être question de concours si le prêt a été consenti au cours du voyage : « Le propriétaire, dit-il, ne saurait disputer au prêteur une chose qui lui avait été affectée et qu'il est réputé avoir conservée. Le propriétaire serait primé par le prêteur, de même que l'est un prêteur avant le départ, par un prêteur en cours de voyage. »

Il est d'ailleurs certain que, dans le cas où une quotité seulement du chargement a été affectée à l'emprunt, le droit du prêteur sur le sauvetage n'existe que dans la proportion de la quotité affectée. C'est ce que nous avions admis au *Rép.* n° 1407 (Conf. Desjardins, t. 5, n° 1192; de Valroger, t. 3, n° 1119).

1532. Bien que l'art. 327 ne déduise de la valeur des effets sauvés que les frais de sauvetage, il faut encore en déduire toutes les sommes dont le payement est garanti par un privilège préférable à celui du prêteur (V. *suprà*, n° 1519; de Valroger, t. 3, n° 1122). — De même, en cas de prêt sur le fret, le prêteur ne pourrait réclamer le prêt dû que sous déduction des salaires (de Valroger, t. 3, n° 1123).

1533. On a vu au *Rép.* n°s 1409 et suiv. que l'emprunteur tenu, à peine de nullité totale ou partielle du contrat, de charger sur le navire des marchandises pour une valeur au moins égale à la somme empruntée, est astreint à fournir lui-même la preuve de l'accomplissement de cette condition. — Lorsque le prêt est fait sur le chargement, la justification en est faite, ainsi qu'il a été exposé au *Rép.* n° 1411, au moyen du connaissement, des déclarations en douane, de la production du manifeste de sortie, en un mot, par tous les modes de preuve admis en matière commerciale. Il faut, en outre, que l'emprunteur justifie que les marchandises ont été chargées pour son compte ; il ne pourrait, ainsi que l'enseigne M. de Valroger, t. 3, n° 1132, se prévaloir à l'encontre de l'emprunteur, d'un connaissement qui aurait été souscrit au profit d'un tiers, s'il n'y était énoncé que ce tiers agissait comme son mandataire ou comme commissionnaire. L'emprunteur, enfin, doit faire la preuve de la valeur qu'il faut attribuer à la marchandise, si le donneur soutient que la valeur réelle du chargement est inférieure à la somme prêtée : toutefois, il faut excepter le cas où la valeur de la marchandise aurait été évaluée de gré à gré dans l'acte et où le donneur ne serait plus, par conséquent, recevable à la contester.

Au contraire, si le donneur venait à alléguer qu'une partie des marchandises a été débarquée, ce serait à lui de fournir la preuve de son allégation (Desjardins, t. 5, n° 1188, p. 314).

1534. Ainsi qu'on l'a exposé au *Rép.* n°s 1412 et 1413, le prêteur à la grosse peut stipuler qu'il ne sera pas tenu de contribuer aux avaries particulières ; mais il ne peut, même par convention expresse inscrite au contrat, s'affranchir de l'obligation de contribuer aux avaries communes (Aix, 25 nov. 1859, *Recueil de Marseille*, 1860. 1. 158; 23 nov. 1867, aff. Dubernad, D. P. 68. 2. 190 ; Lyon-Caen, n° 2374 *bis ;* Laurin sur Cresp, t. 2, p. 393, note 105 ; Desjardins, t. 5, n° 1199). — M. de Courcy, t. 1, p. 106, professe l'opinion contraire et ne voit pas pourquoi, alors que le législateur a permis aux assureurs de s'affranchir au moyen de la clause « franc d'avaries » de toutes avaries soit communes, soit particulières, la même faculté ne serait pas accordée au prêteur à la grosse, alors surtout que si celui-ci, prêteur pour partie, se trouve en présence d'un assureur franc d'avaries, il supportera seul la contribution à l'avarie à laquelle échappera l'assureur. Il y a là une inconséquence évidente, et, puisque l'art. 330 n'a rien de prohibitif à cet égard, le prêteur doit pouvoir comme tout assureur faire sa loi et, en modérant sa prime, s'affranchir de toutes contributions (V. en ce sens : Sentence arbitrale rendue au Havre, rapportée avec Rouen, 2 févr. 1849, aff. Chevalier, D. P. 51. 2. 202). — Ce raisonnement est assurément très logique, et, comme le dit très bien M. Desjardins, t. 5, n° 1199, il pourrait être pris en considération s'il s'agissait de réformer la loi, mais il ne peut prévaloir contre les dispositions du code. L'art. 330 ne réserve la convention contraire qu'en ce qui concerne les avaries simples, et la volonté du législateur résulte non seulement du texte, mais aussi des travaux préparatoires de la loi. On a voulu couper court aux difficultés d'interprétation auxquelles avait donné lieu l'art. 16 du tit. 4 de l'ordonnance, et ce fut sur les observations de la cour de cassation que la stipulation permettant au prêteur de s'exonérer des avaries communes fut prohibée. — « Toutefois, remarque M. Desjardins, les prêteurs à la grosse essaient de secouer le joug de la loi. Il arrive souvent en fait que le donneur stipule la franchise des avaries grosses. »

D'après le code italien (art. 603), le prêteur à la grosse ne supporte pas les avaries particulières, sauf convention contraire; les avaries communes sont, au contraire, à sa charge, et toute convention contraire est nulle. La loi belge de 1879 consacre la même règle en ce qui concerne les avaries particulières; elle met les avaries communes à la charge du prêteur, mais en autorisant la clause contraire. Quant au code allemand (art. 691), il déclare que le prêteur à la grosse ne supporte ni les avaries grosses, ni les avaries particulières; mais il ajoute que, si les objets affectés à l'emprunt deviennent, par suite d'avaries, insuffisants pour le désintéresser, la perte qui en résulte est à sa charge.

1535. Il n'y a pas à distinguer, au point de vue de l'application de l'art. 330, entre le prêt avant le départ et le prêt fait au capitaine en cours de voyage. M. de Courcy a voulu cependant (t. 1, p. 105) induire des expressions : *à la décharge des emprunteurs*, employées par l'art. 330, qu'il ne pouvait être question que de l'emprunt avant le départ, parce que, dans le cas de prêt fait au capitaine en cours de voyage pour les besoins de la chose et sur le seul crédit de la chose, il n'y aurait pas d'emprunteur. Mais cette appréciation du prêt en cours de voyage est erronée (V. *suprà*, n° 1430) et l'opinion de M. de Courcy lui est restée personnelle. « Les rédacteurs de notre code, dit M. Desjardins, t. 5, n° 1198, ont incontestablement envisagé le preneur en cours de voyage comme un emprunteur » ; il n'y a donc aucune distinction à faire, sous cette réserve que le prêteur en cours de voyage ne doit contribuer qu'aux avaries postérieures au prêt (de Valroger, t. 3, n° 1138 ; J.-V. Cauvet, t. 1, p. 337).

1536. La contribution aux avaries est supportée, comme on l'a exposé au *Rép.* n°s 1416 et suiv., pour le tout par le prêteur, si le prêt fait sur les objets soumis à cette contribution est égal à leur valeur ; elle est répartie entre le prêteur et l'emprunteur, proportionnellement à leur intérêt respectif dans les mêmes objets, si le prêt n'en affecte qu'une portion (Boistel, n° 1438 ; de Valroger, t. 3, n° 1145). — Le prêteur doit-il contribuer sur le pied de la valeur au moment du prêt ou de la valeur au lieu de déchargement ? Suivant un système, la répartition de l'avarie entre le prêteur et l'emprunteur devrait se faire d'après la valeur au lieu de déchargement. Mais le prêteur ne peut voir sa situation aggravée par une baisse de prix qui a pu se produire accidentellement, car ce n'est pas là un risque qui soit à sa charge. Le système qui prend pour base de la contribution la valeur au jour du départ est donc préférable. C'est celui que la cour de cassation a adopté à l'égard de l'assureur dans un arrêt du 10 août 1871 (aff. Courtès, D. P. 71. 1. 113) (de Valroger, t. 3, n° 1141 ; Desjardins, t. 1, n° 1200, *D*).

1537. On a expliqué au *Rép.* n° 1417 que l'obligation pour le prêteur de supporter, à la décharge de l'emprunteur, la contribution aux avaries communes qui pèse sur les objets affectés au prêt, laisse subsister le droit du prêteur à l'intégralité du capital prêté et de l'intérêt nautique de ce capital et l'on a fait ressortir *ibid.* l'intérêt pratique de cette règle. — Au reste, le capital et le profit maritime peuvent, le cas échéant, être absorbés en totalité par la contribution du prêteur aux avaries communes, et alors sa créance se trouve éteinte (Civ. rej. 8 janv. 1866, aff. Coiffier, D. P. 66. 1. 55).

1538. Comme on l'a exposé au *Rép.* n° 1418, aux termes de l'art. 331, s'il y a contrat à la grosse et assurance sur les mêmes objets, le produit des effets sauvés du naufrage (ou autre sinistre majeur) est partagé entre le prêteur et l'assureur, proportionnellement aux chiffres respectifs du capital prêté que le sinistre a fait perdre à l'emprunteur et du principal de la somme assurée que le même sinistre a rendue exigible contre l'assureur. Cependant cette règle souffre exception dans le cas où le prêt à la grosse a été souscrit au cours du voyage assuré et dans l'intérêt même de l'assureur, notamment lorsque le prêt a servi à réparer le navire qui était aux risques de l'assureur (*Rép.* n° 1423). En pareil cas, le prêt est réputé avoir été fait dans l'intérêt de ce dernier, ce qui le rend nécessairement non recevable à venir en concours avec le prêteur (Comp. de Valroger, t. 3, n° 1155 ; Desjardins, t. 5, n° 1195, B).

1539. Si le prêt à la grosse et l'assurance portent sur des quotités distinctes, la perte est réputée avoir frappé chacune des parties indivises qui forment l'objet séparé du prêt et de l'assurance, suivant la proportion de l'intérêt respectif du prêteur et de l'assureur. Donc, en cas de délaissement d'un navire sur lequel ont été faits un prêt à la grosse pour une portion de sa valeur, puis une assurance pour l'excédent, le prix provenant du sauvetage doit être réparti entre le prêteur et l'assureur, en proportion du montant respectif du capital prêté et de la somme assurée (Bordeaux, 2 déc. 1839, aff. Courau, D. P. 52. 2. 47 ; 18 juill. 1849, aff. Assurances générales, D. P. 52. 2. 48).

1540. Il n'y a plus de concours entre un assureur et un prêteur à la grosse sur corps avant le départ qui se trouvent en présence depuis que les lois du 10 déc. 1874 (D. P. 75. 4. 64) et du 10 juill. 1885 (D. P. 86. 4. 17) ont réduit le prêteur sur corps avant le départ au rang de créancier chirographaire ; car l'art. 331 implique un concours entre deux privilégiés. Mais l'art. 331 reste applicable si le prêt et l'assurance ont lieu sur facultés (Desjardins, t. 5, n° 1195).

1541. Comme on l'a vu au *Rép.* n° 1420, il n'y a pas contradiction entre l'art. 191 qui confère au prêteur à la grosse un rang antérieur à l'assureur et l'art. 331 qui les appelle à concourir. Mais il est à remarquer que l'art. 331 ne reçoit son entière application que dans le cas où, à la suite d'un sinistre majeur, le règlement a lieu par voie de délaissement, et non en avaries. En effet, dans ce dernier cas, l'assureur n'a pas la qualité de créancier qui lui est nécessaire pour partager avec le prêteur ; il est, au contraire, débiteur d'une indemnité. La situation prévue par l'art. 331 est donc évidemment celle du règlement par délaissement. L'assureur qui a payé la totalité de la valeur assurée en poursuit le recouvrement sur les effets délaissés et, à ce titre, il vient en concours avec le prêteur à la grosse (Boistel, n° 1439 ; Desjardins, t. 5, n° 1195, p. 330 ; de Valroger, t. 3, n° 1149).

1542. Comme on l'a vu au *Rép.* n° 1419, le prêteur ne concourt avec l'assureur qu'au marc le franc du *capital* prêté, sans qu'il y ait lieu par conséquent de l'augmenter du profit maritime. Ce profit ne peut, en effet, être considéré comme acquis au prêteur, lorsque le produit des effets sauvés du naufrage et sur lesquels portait le prêt est insuffisant même pour couvrir le capital, car les objets affectés au prêt ne sauraient, dans ce cas, être considérés comme arrivés à bon port. « Puisque le prêt à la grosse, dit M. Desjardins, t. 5, n° 1195, p. 331, équivaut, dans l'espèce, à l'assurance, c'est seulement pour le capital prêté que le donneur peut entrer en ligne avec l'assureur ; tous deux, comme le dit M. Boistel, *certant de damno vitando.* Il ne faut pas oublier, en effet, que l'assureur ne concourt pas pour le montant de la prime. Dans le cas où la somme assurée comprend elle-même la prime, l'assuré pouvant faire assurer le coût de l'assurance (art. 342), on doit, pour régler le partage du sauvetage entre le prêteur et l'assureur, déduire de la somme assurée celle qui représente l'assurance de la prime ».

1543. Sur la prescription des actions résultant du contrat à la grosse (*Rép.* n° 1425), V. *infrà*, chap. 9, sect. 1re.

CHAP. 8. — Des assurances maritimes

(*Rép.* n°s 1426 à 2257).

1544. Le code de commerce français, bien qu'il s'occupe du contrat d'assurance maritime, alors qu'il passe sous silence toutes les autres espèces d'assurances, n'a pas donné de définition de ce contrat. Nous l'avons défini au *Rép.* n° 1426 *une convention par laquelle un des contractants, l'assureur, se charge, moyennant un prix convenu, appelé prime, d'indemniser l'autre, l'assuré, des pertes ou dommages qu'éprouveront sur mer et par accidents de force majeure, des choses exposées aux dangers de la navigation.* Dans cette définition, nous nous étions attaché surtout à caractériser le contrat d'assurances à primes fixes, qui est, en matière maritime, le plus usuel ; mais l'assurance maritime n'exclut nullement la forme mutuelle, de sorte que, si l'on veut embrasser dans une seule définition les deux modes que comporte l'assurance maritime, il faut lui appliquer la définition générale des *assurances* et dire qu'elle est un *moyen de compenser les effets des événements fortuits qui détruisent ou diminuent le patrimoine de l'homme, à l'aide de la répartition de fonds spécialement constitués pour couvrir les pertes que le hasard peut occasionner.*

1545. Le contrat d'assurances maritimes est réglementé par la plupart des législations européennes. Certains codes, après avoir formulé d'abord les principes qui régissent les assurances en général, indiquent dans un chapitre spécial les règles particulières aux assurances maritimes. — Dans le *code belge*, les principes spéciaux au contrat d'assurances maritimes sont exposés au tit. 7 du liv. 2. — Dans le *code de commerce néerlandais*, les dispositions relatives « aux assurances contre les risques de mer et d'esclavage » sont inscrites au tit. 9 du liv. 2 qui contient également un titre spécial relatif « aux assurances contre les risques de transport par terre, sur les rivières et autres eaux intérieures ». — Le *code espagnol* de 1885, après s'être occupé des différents contrats d'assurances, consacre un titre spécial (liv. 3, tit. 3) aux contrats propres au commerce maritime et une section particulière (sect. 3, art. 737 et suiv.) aux assurances maritimes. — Le *code italien*, après avoir traité des différentes assurances, traite également, dans un titre particulier, des assurances maritimes (V. *suprà*, v° *Assurances terrestres*, n° 5). Il en est de même du *code portugais* de 1889 (V. liv. 3, tit. 2, art. 595 et suiv.). — *En Allemagne*, comme dans les codes français, les assurances, en général, ne sont l'objet d'aucune disposition spéciale; seules les assurances maritimes sont, dans le code de commerce, aujourd'hui en vigueur pour tout l'Empire, l'objet d'une série de dispositions particulières (V. *suprà*, v° *Assurances terrestres*, n° 6). — Enfin *en Angleterre*, où il n'y a pas de législation applicable aux assurances, même maritimes, il existe cependant quelques dispositions concernant ces dernières dans certains *acts* ayant le plus souvent un caractère fiscal, comme celui du 31 mai 1867 (V. *suprà*, v° *Assurances terrestres*, n° 9).

1546. Parmi les Etats de l'*Amérique*, les *Etats-Unis* n'ont pas de législation spéciale aux assurances maritimes (*suprà*, v° *Assurances terrestres*, n° 9), tandis que le code civil du Bas-Canada consacre un titre entier aux assurances terrestres et un chapitre aux assurances maritimes. Dans l'*Amérique du Sud*, le *code brésilien* ne s'occupe que des assurances maritimes; les *codes de Buenos-Ayres*, et de l'*Uruguay*, le *code mexicain*, le *code de Costa-Rica*, les *codes péruvien*, du *Chili*, du *Honduras*, du *Salvador*, de *Guatémala*, etc., traitent à la fois des assurances en général et, dans des dispositions particulières, des assurances maritimes.

1547. Il est généralement admis que les articles du code de commerce qui régissent les assurances maritimes s'appliquent aux transports par rivières et canaux qui sont l'accessoire d'un voyage maritime, c'est-à-dire à ceux dans lesquels les navires assurés ou les marchandises qui font l'objet de l'assurance ont emprunté, au début ou à la fin du voyage, les rivières ou canaux qui relient à la mer le point de départ ou d'arrivée. Mais la question de savoir si la disposition de l'art. 335, aux termes duquel « l'assurance peut être faite..., pour tous voyages et transports par mer, rivières et canaux navigables », signifie que les règles relatives aux assurances maritimes s'appliquent à tous les transports par canaux et rivières navigables, est aujourd'hui encore discutée par les auteurs et ne paraît pas avoir été tranchée par la jurisprudence.

Dans un premier système, les assurances fluviales ne peuvent être soumises aux règles que le code de commerce a établies pour les assurances maritimes que dans des cas très rares, et sont simplement régies par les principes que la pratique a créés pour les assurances terrestres. Les dispositions du liv. 2 c. com. ne s'appliquent qu'au commerce maritime et plusieurs d'entre elles ne peuvent être invoquées en matière d'assurances fluviales; par exemple, le privilège attribué à l'assureur maritime pour le payement de la prime ne saurait appartenir à celui qui a consenti une assurance portant soit sur des bâtiments de rivière, soit sur des marchandises transportées par ces bâtiments. D'ailleurs, les assureurs maritimes ne répondent que des fortunes de mer, c'est-à-dire du dommage qui arrive sur mer; or ce n'est pas là une pure question de mots, car les risques de la navigation fluviale diffèrent, par leur nature, des risques maritimes et celui qui contracte en vue des uns ne contracte pas en vue des autres (V. en ce sens : Trib. com. Seine, 5 juin 1886, aff. Turquet, *Gazette des tribunaux* du 18 juin). — En définitive, dans ce système, les assurances fluviales ne seraient soumises à aucune règle particulière; tout au plus, à défaut de dispositions légales spéciales, la jurisprudence aurait-elle pu, dans certains cas, d'ailleurs peu fréquents, leur appliquer par analogie les dispositions du code de commerce relatives aux assurances maritimes.

Le système contraire, qui réunit la majorité des auteurs, nous paraît préférable. L'art. 335, comme on l'a vu, déclare que « l'assurance peut être faite... pour tous voyages ou transports par mer, rivières et canaux navigables ». Il ne fait aucune distinction entre les transports par mer et ceux qui empruntent les rivières ou canaux, et ne restreint pas ainsi qu'on veut le faire, l'assurance des voyages et transports par canaux et rivières au cas où ces transports sont simplement l'accessoire d'un voyage de mer. Vouloir interpréter l'art. 335 de cette façon restrictive, c'est ajouter au texte de la loi et le détourner de son sens naturel. La pratique d'ailleurs, comme le constate M. Desjardins, t. 6, n° 1394, condamne cette interprétation. Prenant les deux modèles de police fluviale adoptés par la compagnie d'Assurances générales, et dans lesquels on lit : « Par dérogation à l'art. 369 c. com., le délaissement des marchandises, etc. », cet auteur en conclut « qu'il serait bien inutile de déclarer qu'on déroge à l'art. 369, si cet article n'avait pas été regardé comme applicable de droit à l'assurance fluviale. Les polices sont, d'ailleurs, calquées sur les polices maritimes (notamment en ce qui concerne le commencement et la fin des risques, les devoirs des assurés, la réticence, etc.). Bien plus, on reconnaît que l'art. 79 c. com. inapplicable aux assurances terrestres, embrasse dans ses prévisions les assurances fluviales comme les assurances maritimes et confère un seul monopole aux mêmes courtiers (V. en ce sens : Bédarride, t. 3, n° 1103; de Valroger, t. 3, n° 1406). Il a été fait également aux assurances fluviales de nombreuses applications de l'art. 348 c. com. (V. Trib. com. Seine, 28 sept. 1882, aff. Puylagarde, *Gazette des tribunaux* du 28 oct. 1884; 22 nov. 1886, aff. Blanc, *La Loi* des 14 et 15 févr. 1887 ; Trib. com. Nantes, 1er déc. 1886, aff. Thébaud, *La Loi* du 17 févr. 1887) ; de l'art. 359 (Lyon, 7 juill. 1886, aff. Riot, *Revue internationale du droit maritime*, t. 2, p. 538).

Certaines législations étrangères assimilent les transports par canaux et rivières, au point de vue de l'assurance, aux transports sur mer. De ce nombre sont: la loi belge du 11 juin 1874, qui applique les mêmes règles aux assurances maritimes et aux assurances sur transports par rivières et canaux, toutes les fois qu'une disposition spéciale n'en ordonne pas autrement; le code du Bas-Canada; le code hollandais qui étend aux assurances sur les risques de transport sur les rivières et autres eaux intérieures les dispositions relatives aux assurances maritimes, sauf certaines exceptions; le code portugais. D'autres législations passent sous silence les transports par rivières ou canaux et les comprennent dans les assurances en général (Code espagnol ; Code de Buenos-Ayres; Code de l'Uruguay; Code du Chili; Code de Honduras; Code de Guatemala; Code du Salvador). Le code allemand ne s'explique pas à cet égard (V. sur tous ces points: Desjardins, t. 6, n° 1394 *bis*).

1548. Bien que les assurances maritimes aient surtout pour objet les risques de mer, il n'y a rien d'impossible à ce qu'une même assurance garantisse à la fois les risques de mer et les risques de terre que les marchandises peuvent avoir à courir. « Il arrive souvent, dit M. Desjardins, t. 6, n° 1395, que des compagnies d'assurances maritimes assurent des marchandises à Paris, à Alger, à New-York, ou à d'autres destinations, les assureurs prenant expressément à leur charge tous les risques de terre, d'escale et de transbordement. Dans ce cas, les dispositions générales de la police concernant le règlement des avaries sont réputées s'appliquer aux avaries de terre comme aux avaries de mer. » — La cour de Paris a fait une remarquable application de cette règle dans une espèce où il s'agissait d'un transport de marchandises de San-Francisco à New-York, *vià* Panama. La police stipulait que « tous risques généralement quelconques de terre, de vol, d'escale, de déviation, de transbordement seraient à la charge de l'assureur sans surprime », etc. Au cours du transport, une certaine quantité de marchandises qui avaient été, conformément aux usages suivis par la compagnie du Pacifique, réunis en un groupe distinct, avaient été perdues à terre lors du transbordement. La compagnie repoussait le délaissement sous le double prétexte que les marchandises perdues n'équivalaient pas aux trois quarts de la valeur totale assurée et qu'il ne pouvait être question de règlement séparé par navire, allège ou gabarre, puisque les marchandises étaient à terre, et, par conséquent, ni sur un navire, ni sur une allège, ni sur une gabarre. Abstraction faite de la question de savoir si, dans les termes de la police, les marchandises pouvaient être divisées et faire l'objet d'un règlement séparé par groupe, question dont il n'y a pas à s'occuper ici, il a été décidé que les termes de la police comportaient aussi bien les risques de terre que les risques de mer et qu'il n'y avait pas lieu de les séparer. Après avoir constaté qu'aux termes de la police, les assurés avaient entendu assurer leurs marchandises pour tout le cours de la route, soit sur mer, soit sur terre, et voulu qu'à tout instant du voyage, l'aliment de l'assurance fût couvert par l'indemnité promise pour tous risques généralement quelconques, la cour ajoutait : « Considérant, en outre, et par suite, que l'assurance terrestre a été stipulée dans les mêmes conditions que celles plus spécialement déterminées par le fait de navigation ; — Considérant que les cent trente-deux balles de laine noyées à Aspinwal par l'effet de la destruction du quai où estacade où elles avaient été placées en attendant leur rembarquement pour New-York, y formaient un groupement de la nature de ceux spécifiés en la police et équivalant sur terre à un chargement sur navire séparé en mer; — Qu'il convient donc de faire à la cause l'application, notamment de l'art. 1164 c. civ., et de décider que la spécification des cas prévus au contrat pour l'expiration de l'obligation des assureurs ne saurait, sans faire tort à la commune intention des parties, à la loi du contrat et de l'équité, entraîner la restriction d'un engagement s'étendant de droit à des cas absolument semblables, bien que non exprimés formellement » (Paris, 11 janv. 1877, aff. Lazard, D. P. 78. 1. 351). Toutefois, si le voyage maritime n'avait été que l'accessoire du voyage terrestre, ou si le voyage terrestre avait été prévu séparément dans la police, on devrait séparer les risques terrestres des risques maritimes et ne pas appliquer aux premiers les dispositions qui impliquent l'idée de navigation (Desjardins, t. 6, n° 1395).

1549. On a vu *suprà*, n° 1544, qu'aucune disposition légale ne s'oppose à ce que les assurances maritimes soient contractées sous la forme d'assurance mutuelle. On sait en quoi ce mode d'assurance diffère de l'assurance à prime fixe (V. *suprà*, v° *Assurances terrestres*, n° 13; — *Rép.* eod. v°, n° 18). Toutefois, si l'assurance mutuelle n'a rien de contraire à la loi, il n'en est pas moins certain qu'elle a, de tout temps, été peu usitée en France, et qu'il n'existe depuis 1852 aucune compagnie faisant l'assurance mutuelle maritime; celles qui avaient péniblement subsisté jusque-là n'ont pu se maintenir. Les causes de cet insuccès sont multiples : une des principales est évidemment la décroissance constante du petit cabotage, qui fournissait l'aliment principal de la plupart des compagnies d'assurances mutuelles et qui, depuis que les chemins de fer ont établi des commucations plus sûres et plus rapides entre nos ports, a constamment perdu en nombre et en importance. Une seconde cause réside dans la diversité des choses susceptibles d'être soumises aux risques de la navigation et qui présentent, par conséquent, des dangers de perte extrêmement variables; il en résulte que l'association de chances aussi dissemblables constitue, entre les mutualistes, une inégalité de situation que ne comporte pas l'idée de mutualité. Il faut encore ajouter à ces causes la multiplicité des frais généraux; la complaisance avec laquelle les fondateurs admettaient dans les associations de vieux navires qui étaient évalués comme neufs ou à peu près, en vue de grossir le nombre des adhérents et le capital contribuable; enfin l'extrême mobilité de la contribution qui ne permet pas aux assurés de savoir d'avance quel sera le chiffre de la cotisation et les éloigne de ce mode d'assurances (V. E. Cauvet, *Traité des assurances maritimes*, n° 4; Desjardins, t. 6, n° 1298). Il n'en est pas cependant ainsi dans tous les pays, et chez un certain nombre de peuples maritimes les assurances mutuelles ont pris un réel développement. En Allemagne, notamment, les compagnies d'assurances mutuelles forment environ le cinquième du nombre total des compagnies qui pratiquent l'assurance maritime. Elles existent également en Hollande et surtout aux Etats-Unis, où, dans certains Etats, elles forment même la majorité.

1550. Le code de commerce ne s'occupe que de l'assurance à prime. Ce mode d'assurances est plus que jamais le type de l'assurance maritime et, comme nous l'avons dit, *suprà*, n° 1544, c'est à elle que se réfère la définition donnée au *Rép.* n° 1426.

1551. L'assurance maritime, comme on l'a également exposé au *Rép.* n° 1426, a pour but de favoriser le commerce en atténuant, pour les commerçants, les risques si nombreux auxquels les vaisseaux et les marchandises qu'ils transportent sont exposés par le fait de la navigation. A ce point de vue, le contrat d'assurance est un de ceux qui ont le plus contribué aux développements du commerce de mer. Au moyen d'un sacrifice d'une importance relativement minime, qui s'impute sur le fret ou le bénéfice réalisé en cas d'heureux accomplissement du voyage, il permet au chargeur, à l'armateur, déjà soumis aux risques propres à toute entreprise commerciale, de soustraire leur chose aux dangers de perte que lui fait courir la navigation. La faculté de faire assurer le profit espéré, reconnue par la loi du 12 août 1885 (D. P. 86. 4. 25) modificative de l'art. 334 c. com., permet même à l'assuré de se garantir contre toutes les chances de perte que les événements de mer peuvent faire redouter. L'utilité que présente pour l'assuré le contrat d'assurances maritimes est donc évidente. Pour l'assureur, bien que chaque indemnité payée soit de beaucoup supérieure aux primes correspondantes, le contrat d'assurances ne laisse pas de permettre l'espoir d'un bénéfice d'une importance assez considérable pour justifier les risques de l'entreprise. L'heureuse arrivée est, en effet, la règle, le sinistre ne constitue que l'exception, de sorte que l'assureur, encaissant toutes les primes, ne paye qu'un nombre d'indemnités relativement restreint. Comme l'assurance maritime n'est plus, sauf de très rares exceptions, exercée que par des compagnies importantes opérant sur une grande échelle et avec des capitaux considérables, les frais généraux sont d'autant plus réduits que le nombre d'affaires est plus grand; les risques eux-mêmes sont alimentés par un plus grand nombre de primes et le rapport annuel des primes reçues aux indemnités payées est considérablement diminué. Cependant l'industrie de l'assurance maritime n'est pas des plus prospères, en France particulièrement. De 1870 à 1885, les compagnies d'assurances maritimes ont traversé une crise des plus graves. Leur nombre s'était considérablement multiplié, surtout à Paris; il en était résulté une concurrence effrénée qui avait amené un abaissement excessif du taux de la prime et par suite des pertes importantes de capitaux. Plus de quarante compagnies durent disparaître et il a fallu les heureux résultats acquis en 1884 et 1885, joints au relèvement du taux des primes, pour permettre à plusieurs de celles qui avaient subsisté, de continuer leurs opérations.

D'ailleurs, pour éviter d'encourir une responsabilité trop étendue et de subir les conséquences d'une catastrophe qui compromettrait leur existence, les statuts des compagnies déterminent un maximum qui ne peut être dépassé pour une même assurance. C'est ce qu'on appelle le *plein* de la compagnie : cependant les compagnies acceptent quelquefois des assurances pour une somme supérieure à leur *plein*, mais alors elles se réassurent (V. *infrà*, n° 1693); c'est ce qu'on appelle la réassurance de *trop plein* ou d'*excédent*.

1552. M. Desjardins donne, t. 6, n° 1290, une étude approfondie des origines du contrat d'assurance maritime (V. également : de Valroger, t. 3, p. 301 et suiv.). Sans entrer dans tous les détails historiques de ces origines, nous rappellerons que, bien que relativement récente, l'introduction en Europe du contrat d'assurance remonte au 14ᵉ siècle, époque où elle est pratiquée au Portugal et peut-être en Italie; toutefois ce n'est guère qu'à partir du 16ᵉ siècle qu'on en trouve trace en France. Les grandes découvertes de ce siècle, l'interdiction du prêt à intérêt et les discussions sur le point de savoir si cette interdiction s'appliquait au prêt à la grosse, en ont favorisé le développement. Toutefois les premières compagnies d'assurances ne datent que du 18ᵉ siècle; en Angleterre, elles ne remontent qu'à 1720, époque où deux grandes sociétés *The London insurance corporation* et *the Royal exchange insurance corporation* obtinrent un monopole qui dura plus de cinquante années. Des compagnies se fondèrent à Copenhague en 1726, à Stockolm en 1734, à Berlin en 1765. Mais le développement de ces institutions ne date que du siècle actuel. « Le 19ᵉ siècle, dit M. Desjardins, t. 6, p. 13, apporte à l'assurance un nouvel élément fondamental : l'organisation scientifique de la mutualité. Où fallait-il chercher la compensation des risques ? A la fin du dernier siècle, la spéculation s'était emparée de l'assurance et menaçait de la dénaturer. Cependant les probabilités se calculent et le hasard lui-même est régi par certaines lois. Les compagnies d'assurance sur la vie furent les premières à donner l'exemple de l'assurance rationnelle déterminant par l'emploi raisonné de la statistique les lois mêmes de la mortalité. Les autres branches suivirent et n'ont encore parcouru qu'une partie du chemin ».

Sect. 1re. — De la nature du contrat d'assurance (*Rép.* nos 1427 à 1432).

1553. On a exposé au *Rép.* n° 1427 les éléments essentiels du contrat d'assurance, savoir : 1° une chose assurée; 2° les risques auxquels cette chose est exposée; 3° une somme promise à l'assureur pour se charger de ces risques.

1554. — I. Chose assurée. — En principe, on peut faire

assurer toutes les choses estimables à prix d'argent, sujettes aux risques de la navigation, sauf l'exception prononcée par le nouvel art. 347 (L. 12 août 1885, D. P. 86. 4. 25) à l'encontre des sommes empruntées à la grosse (V. *infrà*, n° 1740). En principe, la chose assurée doit exister au moment de l'assurance, et celle-ci serait nulle si on la faisait porter sur une chose qui n'aurait jamais existé; mais on peut faire valablement assurer une chose qui n'existe plus si, au moment du contrat, on croit qu'elle existe ou s'il y a tout au moins doute sur son existence (V. *infrà*, n°s 1620 et suiv.). La chose peut être assurée avec ou sans estimation; elle peut n'être désignée qu'ultérieurement.

1555. — II. RISQUES. — Il faut que la chose soit exposée non seulement à des risques, mais encore à des risques de navigation, c'est-à-dire que l'existence de cette chose puisse être directement compromise par une fortune de mer. De telle sorte qu'une créance purement chirographaire, née d'un prêt ordinaire pour les besoins d'un navire, ne peut pas être garantie par une assurance maritime, quand bien même cette assurance serait faite en prévision d'un risque de mer. Mais cette doctrine, bien que suivie par la jurisprudence (V. *infrà*, n°s 1585 et suiv.) paraît à M. Desjardins, t. 6, n° 1299, et à M. de Courcy, t. 1, p. 269, contraire au code, surtout depuis la loi du 12 août 1885. On verra d'ailleurs *infrà*, n° 1936, que les risques putatifs suffisent à la validité de l'assurance. — Les risques enfin doivent exister pour l'assuré, ou tout au moins pour celui dans l'intérêt duquel l'assurance est souscrite, les *assurances par gageure* étant prohibées par le droit français moderne comme elles l'étaient déjà par l'ordonnance de 1681. L'existence d'un intérêt au salut de la chose assurée est, en effet, d'ordre public; comme le disait Emérigon, t. 1, p. 6, si l'on prohibe de telles assurances, « c'est parce qu'on a considéré que la navigation intéressant l'ordre public, il serait odieux qu'on se mît dans le cas de désirer la perte d'un vaisseau. L'avidité du gain est capable de produire des perfidies qu'il importe de prévenir ». Ces raisons subsistent toujours, et l'on ne saurait admettre qu'un contrat dont l'objet principal est de garantir l'assuré contre une perte possible pût se transformer en une convention dans laquelle la perte serait le but poursuivi (Desjardins, t. 6, n° 1299).

1556. — III. UNE SOMME PAYÉE A L'ASSUREUR. — La rétribution promise par l'assuré revêt le caractère d'une cotisation dans l'assurance mutuelle, d'une prime dans les assurances à prime fixe, dont nous avons à nous occuper ici spécialement.

1557. On a vu au *Rép.* n° 1428 que le contrat d'assurance est conditionnel, aléatoire et synallagmatique. Ajoutons que c'est un contrat consensuel : il n'est ni réel, comme le prêt à la grosse (V. *suprà*, n° 1397), ni solennel. Le consentement, comme on le verra par la suite, doit porter sur tous les éléments nécessaires au contrat. Il est synallagmatique, à la différence du prêt à la grosse qui est *unilatéral* (V. *suprà*, n° 1398). C'est même un contrat synallagmatique parfait, puisqu'il produit, dès le principe, des obligations à l'égard de chacune des parties. — On a cependant contesté le caractère synallagmatique du contrat d'assurance; M. Weill, notamment (*Des assurances maritimes et des avaries*, n° 7 *bis*), ne pense pas que le contrat d'assurance soit essentiellement synallagmatique. D'après lui, ce contrat peut tout au moins cesser d'être synallymatique, lorsqu'il contient quittance de la prime, parce qu'alors l'assuré n'aurait plus d'obligation à remplir vis-à-vis de l'assureur; et ce dernier restant seul obligé, le contrat deviendrait unilatéral. Mais nous croyons, avec M. Desjardins, t. 6, n° 1291, que, même la prime payée, l'assuré reste tenu d'obligations qui suffisent à conserver au contrat le caractère synallagmatique, telles que l'obligation de ne pas modifier les risques et celles qui ressortent des art. 381, 388 à 395, en cas de naufrage, d'arrêt de puissance ou de prise.

Comme tout contrat synallagmatique, le contrat d'assurance maritime est à titre onéreux. Si une personne prend gratuitement à sa charge les risques auxquels la chose d'autrui est soumise, la convention est sans doute valable, mais elle ne constitue pas une assurance : une telle convention d'ailleurs ne saurait se présumer (V. *infrà*, n° 1652).

1558. Le contrat d'assurance est *conditionnel*, en ce sens qu'il est subordonné à la mise en risque de la chose assurée, s'il est conclu avant la mise en risque, et en ce sens surtout que l'obligation de l'assureur est conditionnelle. Ce n'est pas toutefois un contrat conditionnel dans la pleine acception du terme, puisqu'en réalité il n'y a de contrat conditionnel que celui qui engendre des obligations conditionnelles; or l'obligation de l'assureur est bien conditionnelle comme subordonnée à l'événement futur et incertain de la perte et de l'avarie, mais celle que contracte l'assuré de payer la prime est ordinairement pure et simple; il n'en serait autrement que dans l'hypothèse fort rare où il aurait été convenu que l'assuré ne payerait la prime qu'au cas d'heureuse arrivée du navire (Desjardins, t. 6, n° 1291).

Enfin le contrat d'assurance est *aléatoire*. Comme le disent MM. Lyon-Caen et Renault, t. 2, n° 2059 *bis*, « la prime reçue par l'assureur n'est pas l'équivalent de l'indemnité qu'il paie à l'assuré; c'est l'équivalent du risque dont il se charge, le prix du risque, comme on l'a dit souvent. Réciproquement, l'indemnité payée par l'assureur n'est pas l'équivalent de la prime, elle est l'équivalent du risque qu'a couru l'assuré de payer la prime en pure perte au cas d'heureuse arrivée ».

1559. L'assurance, comme on l'a dit au *Rép.* n° 1429, ne peut jamais être pour l'assuré un moyen de réaliser un bénéfice. Ce principe, qui est d'ordre public (Rennes, 7 déc. 1859, *infrà*, n° 1640) avait été interprété par le législateur de 1807 en ce sens que, par l'effet du contrat, l'assuré devait être simplement placé dans la situation où il se serait trouvé si le voyage n'avait pas eu lieu. Il avait admis, par suite, que l'assurance ne devait s'appliquer qu'à la valeur de la chose assurée lors du départ, et c'est pour ce motif qu'il avait prohibé l'assurance non seulement du loyer des gens de mer, mais du fret à faire et du profit espéré de la vente des marchandises. Mais, suivant une autre interprétation, le principe que l'on vient de rappeler s'oppose seulement à ce que l'assuré obtienne, par l'effet du contrat, plus que ce qu'il aurait eu si le sinistre ne s'était pas produit; en d'autres termes, l'indemnité peut comprendre à la fois la perte subie, *damnum emergens*, et le gain manqué, *lucrum cessans*. La loi du 12 août 1885 a consacré cette seconde interprétation, en permettant d'assurer le fret à faire et le profit espéré.

1560. Le contrat d'assurance maritime constitue-t-il un contrat de droit étroit ou un contrat de bonne foi? La solution de cette question peut différer, suivant qu'on se place au point de vue de la formation ou au point de vue de l'interprétation du contrat. Si on se place à ce dernier point de vue, on peut dire que le contrat d'assurance, pris en général, est un contrat de droit strict, en ce sens qu'il doit être rigoureusement enfermé dans les termes des conventions stipulées par les parties, et que le juge ne peut recourir à l'interprétation qu'autant que les stipulations de l'acte sont obscures ou ambiguës (Desjardins, t. 6, n° 1291, p. 15; Civ. cass. 27 août 1878, aff. Delesque, D. P. 79. 1. 456). C'est là, du reste, un principe applicable à tous les contrats, bien qu'ils soient de bonne foi (c. civ. art. 1134, 3e al.). — Suivant MM. Lyon-Caen et Renault, t. 2, n° 2059, l'assurance est un contrat de droit strict, en ce sens que l'assureur ne doit garantir que les risques mentionnés expressément dans la convention. — Au point de vue de la formation du contrat, l'assurance est, au contraire, essentiellement de bonne foi (*Rép.* n° 1429). « Dans ce pacte aléatoire, dit M. Desjardins, t. 6, n° 1291, p. 16, où la supputation précise des risques est, du moins pour l'assureur, la raison déterminante du consentement, tout est vicié par le dol, et le dol... consiste dans la réticence comme dans le mensonge. »

Il ne faut, d'ailleurs, pas attacher plus d'importance qu'il ne convient à des classifications de contrats qui dérivent des anciennes formules du droit romain; mais, comme ces anciens souvenirs juridiques ont encore une certaine influence sur les décisions de quelques tribunaux, il est nécessaire d'en tenir compte dans une certaine mesure. Aujourd'hui, il n'y a plus que des contrats de bonne foi; mais, en matière d'assurance, la bonne foi est plus essentielle encore que dans les autres conventions, et c'est pourquoi l'on déroge ici au droit commun quant au dol.

1561. Le contrat d'assurance est un contrat du droit des gens (*Rép.* n° 1430), en ce sens, notamment, qu'un étranger peut s'assurer en France et un Français à l'étranger. Ce même contrat peut être formé soit par voie principale, soit accessoirement à un autre contrat. Ainsi il peut être formé accessoirement à un contrat de transport par eau dans lequel l'entrepreneur du transport se charge des pertes totales ou partielles résultant des cas fortuits ou de force majeure, moyennant une prime d'assurance ajoutée au prix du transport; on objecterait vainement qu'il n'y a là qu'une simple extension des obligations de l'entrepreneur. Il y a deux contrats distincts et nettement séparés (Civ. rej. 12 août 1856, aff. l'*Union riveraine*, D. P. 56. 1. 362).

1562. Le contrat d'assurance maritime est-il commercial? Le *Répertoire* a résolu la question négativement au point de vue de la capacité nécessaire à l'assuré (*Rép.* n° 1434) pour contracter l'assurance. Cette opinion est encore celle de quelques auteurs (V. Labraque-Bordenave, *Traité des assurances maritimes en France et à l'étranger*, n° 68); mais la plupart considèrent le contrat d'assurance comme commercial et exigent, en conséquence, chez celui qui fait assurer, la capacité de faire des actes de commerce. On estime généralement qu'il faut à cet égard établir une distinction suivant les conditions dans lesquelles l'acte est passé. La loi, en effet, dit-on, ne répute pas le contrat d'assurance maritime, commercial, à raison de la qualité des obligés ou du but lucratif que l'un deux se propose, mais parce qu'elle entend imprimer le caractère commercial à toutes les conventions se rattachant à une expédition maritime. « Celles-ci, dit M. Desjardins, t. 6, n° 1300, p. 36, sont donc, à condition de se rattacher à une expédition maritime, commerciales en elles-mêmes, sans distinction entre les contractants, que l'un veuille faire un bénéfice, que l'autre se borne à vouloir conserver. » — S'il en est ainsi à l'égard des assurances à prime fixe, en est-il de même des assurances mutuelles? Les sociétés d'assurances sont considérées, en général, comme des sociétés civiles par le motif qu'elles ont pour objet, non pas de réaliser des bénéfices, mais de diminuer au profit des associés leurs pertes éventuelles. M. Desjardins, *ibid.*, estime, néanmoins, que le contrat d'assurance maritime mutuel est un contrat commercial, « non que l'idée même de mutualité s'y transforme, mais parce que la loi ne distingue pas, et que l'art. 633 déclare actes de commerce toutes assurances ».

Sect. 2. — Des personnes qui peuvent assurer ou faire assurer. — Des assurances pour compte (*Rép.* n°s 1433 à 1457).

1563. On a distingué au *Rép.* n° 1433, en ce qui concerne la capacité des parties, entre l'*assurance active*, c'est-à-dire le fait de consentir une assurance, et l'*assurance passive* qui consiste à faire assurer une chose. Nous n'avons pas à revenir sur les règles concernant l'*assurance active*. C'est là incontestablement un acte de commerce, qui exige chez celui dont il émane la capacité de faire des actes de cette nature. Mais la question est en réalité sans intérêt pratique; les assurances maritimes, en effet, comme les assurances terrestres et les assurances sur la vie, sont, à très peu d'exceptions près, souscrites par des compagnies puissamment organisées, constituées sous la forme de sociétés anonymes, ou (très rarement) de sociétés d'assurances mutuelles. Seules des compagnies peuvent, en raison de la multiplicité des affaires qu'elles traitent et de l'importance des capitaux dont elles disposent, compenser les chances de pertes et de bénéfices que comporte la pratique ordinaire des assurances maritimes (V. *suprà*, n° 1551). Ces compagnies, bien qu'elles soient constituées sous la forme anonyme, sont soumises aux dispositions des art. 66 et 67 de la loi du 24 juill. 1867 (D. P. 67. 4. 98) et au règlement d'administration publique du 22 janv. 1868 (D. P. 68. 4. 15), en ce qui concerne leur constitution et leur fonctionnement (V. *infrà*, v° *Société*).

Les sociétés étrangères peuvent faire des assurances en France, lorsqu'elles y sont autorisées, soit en vertu d'une autorisation spéciale, soit en vertu d'une mesure générale, applicable à toutes les sociétés d'un pays déterminé (L. 30 mai 1857, D. P. 57. 4. 75) (V. Desjardins, t. 6, n° 1342).

1564. A l'égard de l'assuré, la question de capacité est subordonnée à la question de savoir si le fait de contracter une assurance est un acte de commerce. On a dit *suprà*, n° 1563, que les auteurs voient aujourd'hui un acte de commerce, même à l'égard de l'assuré, dans toute assurance qui se rattache à une expédition maritime, et M. Desjardins, notamment, pose en principe (t. 6, n° 1300) que, pour figurer dans une assurance, comme assureur ou comme assuré, il faut avoir la capacité requise pour faire des actes de commerce. Toutefois il n'applique pas cette règle indistinctement à tous les cas, et la réserve pour le cas où l'assurance est faite en vue d'une expédition maritime (t. 6, n° 1331). Si donc l'assuré, en contractant, se borne à faire un acte simplement conservatoire, s'il s'agit, par exemple, d'un passager qui assure ses bagages ou son mobilier, il ne devrait pas être réputé faire acte de commerce, et, comme conséquence, il pourrait valablement contracter sans avoir la capacité requise pour faire des actes de commerce (V. en ce sens; E. Cauvet, t. 1, n° 10; Cresp et Laurin, t. 3, p. 328; de Valroger, t. 3, n° 1342; Weill, n° 16). Une semblable assurance pourra donc être faite par un mineur émancipé, un prodigue sans l'assistance de son conseil, une femme séparée de biens sans autorisation de son mari, etc. Lors au contraire que l'assurance est faite à l'occasion d'une expédition maritime, l'assuré devra avoir la capacité requise pour faire acte de commerce par le tit. 1er c. com. Ainsi le mineur émancipé ne peut contracter une telle assurance que s'il est habilité pour faire des actes de commerce, la femme que si elle est autorisée de son mari, etc. (Desjardins, t. 6, n° 1331).

Il y a lieu cependant de remarquer, avec M. Desjardins, t. 6, n° 1331, que le contrat d'assurance, même lorsqu'il est commercial, garde dans une certaine mesure le caractère conservatoire. Cet auteur cite comme exemple le cas où un tuteur aurait été autorisé par le conseil de famille à conserver en nature des navires que le mineur aurait trouvés dans la succession de son père, parce que la vente immédiate en eût été désastreuse. « Quoique le tuteur, dit-il, ne puisse pas, en général, faire des actes de commerce pour le compte du mineur, on ne peut pas lui contester le droit de faire cet acte de commerce *sui generis*; le conseil de famille l'y a, si l'on veut, implicitement habilité. »

1565. Les personnes qui exercent des fonctions incompatibles avec la qualité de commerçant peuvent évidemment assurer les choses qu'elles exposent à des risques maritimes, lorsque l'assurance a un caractère purement conservatoire. Ainsi il ne nous paraît pas douteux qu'un militaire, un magistrat, etc., propriétaire en Algérie, par exemple, pourrait faire assurer, sans contrevenir aux règlements de sa profession, des vins ou autres produits de ses propriétés qu'il expédierait en France pour y être vendus; mais il n'en serait pas de même, si l'assurance était faite dans un but qui ne serait pas purement conservatoire, si elle avait pour objet, par exemple, le transport de marchandises achetées pour les revendre.

1566. Il n'est pas douteux que les étrangers ne puissent faire assurer en France leurs navires et leurs marchandises, de même que les Français peuvent contracter à leur profit des assurances à l'étranger (*Rép.* n° 1436). Toutefois, M. Desjardins, t. 6, n° 1331 *in fine*, enseigne que les nationaux d'un pays étranger en guerre avec la France, ne pourraient faire assurer en France ni leurs marchandises ni, à plus forte raison, leurs navires susceptibles d'être requis pour un service militaire.

1567. On a vu au *Rép.* n° 1437 qu'en général le droit de faire assurer une chose n'appartient qu'à celui qui, en étant propriétaire, a intérêt à sa conservation. L'intérêt à la conservation de la chose est même une condition essentielle de la validité de l'assurance, car si l'assuré, même propriétaire, n'avait pas d'intérêt à la conservation de la chose, l'assurance ne serait de sa part qu'une pure gageure et serait proscrite comme telle. Lorsque l'intérêt existe, le propriétaire sous condition peut souscrire une assurance; il suffit que la condition soit réalisée au moment du sinistre. On peut même assurer une chose pour le cas où l'on en deviendrait propriétaire, comme il arrive, par exemple, en cas d'assurances flottantes. — Il n'est, d'ailleurs, pas nécessaire que l'intérêt à la conservation de la chose provienne pour l'assuré de sa qualité de propriétaire. Si le doute était possible avant la loi du 12 août 1885, il ne l'est plus aujourd'hui en présence du nouveau texte de l'art. 334 qui dispose que *toute personne intéressée* peut faire assurer..., et qui, écartant ainsi ceux qui n'ont pas d'intérêt à la conservation de la chose, admet tous les intéressés sans aucune distinction. Cette doctrine n'est nullement inconciliable avec les dispositions de l'art. 332, § 7, qui veut que, dans la police, on indique si l'assuré agit comme propriétaire. Cet article, en effet, n'a nullement pour objet de spécifier quelles sont les personnes qui peuvent contracter passivement une assurance ; il indique simplement les énonciations à insérer dans la police, et, s'il prescrit d'ajouter à la désignation de l'assuré la constatation de sa qualité de propriétaire ou de commissionnaire, c'est parce qu'il statue sur le *de eo quod plerumque fit*. Elle n'est pas non plus inconciliable avec l'art. 191, § 10, qui attribue à l'assureur un privilège sur le navire assuré pour le payement de la prime, non plus qu'avec les art. 369 et suiv. qui autorisent le délaissement. En effet, le privilège et le délaissement ne sont pas de l'essence de l'assurance. La loi ne confère de privilège pour le payement de la prime qu'à l'assureur sur corps, et il y a controverse sur le point de savoir si, en l'absence d'un texte spécial, l'assureur sur facultés peut revendiquer une prérogative du même genre (Comp. Trib. Marseille, 29 mars 1856, *Recueil de Marseille*, 1856. 1. 172 ; Aix, 16 mars 1857, *ibid.*, 1857. 1. 81 ; *Rép.* v° *Privilèges et hypothèques*, n° 513 ; J.-V. Cauvet, *op. cit.*, t. 1, n° 245 ; Cresp et Laurin, *op. cit.*, t. 1, p. 111 ; Boistel, n° 1369 ; Em. Cauvet, *op. cit.*, t. 1, n° 143 ; Droz, t. 1, n° 184 ; Lyon-Caen et Renault, t. 2, n° 2092). En outre, l'assureur peut renoncer au bénéfice du privilège, sans que la police perde rien de son efficacité. Pour ce qui est de l'action en délaissement, ce n'est encore qu'une faculté dont l'assuré peut ne pas user, et à laquelle il peut renoncer d'avance.

1568. Cependant le nouveau texte de l'art. 334 ne lève pas toutes les difficultés. Ainsi les auteurs restent divisés sur la question de savoir si la majorité des copropriétaires d'un navire pourrait faire assurer la totalité du navire ou si les copropriétaires qui la composent ne pourraient faire assurer que les parts leur appartenant. MM. Lyon-Caen et Renault, n° 1645, ont adopté cette dernière solution. Nous croyons, au contraire, avec M. Desjardins, t. 6, n° 1332, que le droit pour la majorité des copropriétaires du navire d'en faire assurer la totalité résulte de l'art. 220. L'assurance, comme le reconnaissent, d'ailleurs, MM. Lyon-Caen et Renault, n° 2030, est, en principe, à l'égard de l'assuré un acte de conservation et, par conséquent, un acte d'administration. Dès lors, « de quel droit, dit M. Desjardins, quand il s'agit d'un tel acte, biffer le premier alinéa de l'art. 220, d'après lequel, en tout ce qui concerne l'intérêt commun des propriétaires d'un navire, l'avis de la majorité est suivi ? Est-ce qu'il n'y a pas le plus souvent, entre ces propriétaires qui emploient un bâtiment à la navigation commerciale, une société de commerce *sui generis*, ainsi que la chambre civile de la cour de cassation l'a jugé par un arrêt de rejet du 27 févr. 1877 (aff. Michel, D. P. 77. 1. 209-213) ? Est-ce qu'il ne peut pas y avoir un intérêt commun à l'assurance intégrale ? Est-ce que toutes les complications possibles ne peuvent pas naître du défaut d'entente entre ces copropriétaires soit sur l'assurance elle-même, soit sur le choix d'un assureur, notamment pour le cas où il faudrait en venir au délaissement ? Quoi ! cette majorité pourrait, malgré la résistance de la minorité, faire liciter le navire, et elle ne pourrait pas le faire assurer ? Ce serait incompréhensible. »

1569. Le droit du propriétaire de faire assurer par l'entremise d'un représentant ne saurait être contesté ainsi qu'on l'a vu au *Rép.* n° 1438, soit que le représentant agisse au nom d'une personne dénommée et comme mandataire, soit qu'il agisse comme commissionnaire et pour le compte de qui il appartient (*Rép.* n° 1439), et même, sous certaines conditions, comme gérant d'affaires.

1570. — I. ASSURANCE CONTRACTÉE PAR UN MANDATAIRE. — On a vu au *Rép.* n°s 1438 dans quel cas l'assurance peut être faite par un mandataire n'ayant pas à cet effet un mandat spécial, tel qu'un administrateur légal ou conventionnel. Que faut-il décider à l'égard du capitaine ? Peut-il assurer le navire qu'il commande ou les marchandises qu'il transporte ? — La négative est généralement admise en ce qui concerne les marchandises, à moins que le capitaine ne soit en même temps *subrécargue*, et que la convention ne l'ait investi implicitement ou explicitement de ce droit (Desjardins, t. 6, n° 1335 ; Em. Cauvet, t. 1, n° 32).

En ce qui concerne le navire, bien que la question soit plus discutée, l'opinion générale est aussi fixée en ce sens que le capitaine, qui fait assurer pour compte le navire qu'il commande, n'agit pas comme capitaine, mais seulement comme *negotiorum gestor* ; dès lors, le propriétaire ne serait pas lié par son engagement (V. en ce sens : Trib. Marseille, 6 mai 1864, *Recueil de Marseille*, 1864. 1. 136).

Dans tous les cas, nous croyons qu'il faut reconnaître au capitaine le droit, pour dégager sa propre responsabilité, d'assurer en son propre nom le navire et les marchandises (Desjardins, *loc. cit.* ; Em. Cauvet, *loc. cit.*).

1571. De même que le capitaine, le consignataire du navire, c'est-à-dire, le commissionnaire que l'armateur désigne au capitaine et auquel celui-ci doit recourir dans les lieux d'échelle et de décharge pour tout ce qui a trait aux besoins du bâtiment, est, en thèse générale, sans qualité pour assurer le navire. Son rôle est trop spécial pour qu'on puisse présumer que l'armateur ait entendu lui conférer un mandat implicite qui lui permette de contracter l'assurance (Desjardins, t. 6, n° 1335). Mais il est clair que rien ne s'oppose à ce qu'un tel mandat lui soit conféré par l'armateur, et ce mandat peut résulter des conventions mêmes qui sont intervenues entre eux, sans qu'il doive être nécessairement exprès. — Au contraire, l'assurance des marchandises peut être valablement faite par le consignataire, c'est-à-dire par le commissionnaire qui est en correspondance avec l'armateur et auquel les marchandises sont confiées dans les lieux d'échelle et de déchargement. Il peut, comme tout commissionnaire, assurer toutes les marchandises qui lui sont consignées pour le compte de leurs différents propriétaires. C'est ce qui résulte implicitement de deux arrêts de la cour de cassation, aux termes desquels l'assurance qui embrasse d'une manière générale les facultés chargées ou à charger sur un navire protège indistinctement les marchandises de tous les chargeurs de ce navire, lorsqu'elles sont envoyées au même consignataire et que c'est ce consignataire qui a fait consentir l'assurance pour compte de qui il appartiendra ; et cette assurance s'applique même à des chargements qui ont été l'objet d'une police d'assurance spéciale, la spécialité de la police n'excluant pas l'application au même chargement d'une police d'assurance générale (Civ. rej. 2 févr. 1857, aff. Lefebvre, et aff. Camau, D. P. 57. 1. 69. Conf. Trib. Havre, 11 sept. 1866, *Recueil du Havre*, 1866. 1. 226 ; Rouen, 14 août 1867, *ibid.*, 1868. 2. 136).

1572. Le mandat qui habilite tout intermédiaire peut, comme on l'a vu à propos du consignataire, être tacite. L'existence du mandat résulte alors des circonstances : ainsi on admet qu'il y a mandat tacite quand l'intermédiaire traite au vu et au su du véritable intéressé et sans protestation de sa part ; quand, chargé d'expédier des marchandises, il a reçu la somme nécessaire à l'accomplissement des actes destinés à la prémunir contre les risques ; quand il a l'habitude constante de souscrire des assurances pour celui qu'il représente et que ce dernier n'a, en aucune façon, manifesté l'intention de déroger à cet usage.

1573. Vis-à-vis de celui avec lequel il traite, l'intermédiaire n'est, toutes les fois du moins qu'il intervient pour le compte de l'assuré, réputé agir en qualité de mandataire qu'autant qu'il a, en traitant, manifesté qu'il entendait agir en cette qualité, comme, par exemple, lorsqu'il déclare agir au nom et comme fondé de pouvoirs du véritable intéressé, ou bien par procuration. Ce n'est pas, en effet, en qualité de mandataire que l'intermédiaire agit le plus souvent, mais plutôt comme commissionnaire, et c'est en cette dernière qualité qu'il doit être réputé agir, lorsqu'il ne prend pas celle de mandataire. On admet cependant que l'intermédiaire doit être réputé jusqu'à preuve contraire simple mandataire, du moment où celui pour lequel il traite est dénommé dans la police (Desjardins, t. 6, n° 1333 ; de Valroger, t. 3, n° 1345. — *Contrà* : Em. Cauvet, t. 1, n° 99). D'ailleurs, quel que soit le parti qu'on adopte sur ce point, l'indication du nom du mandant dans la police est toujours nécessaire quand l'assurance est faite par mandataire.

Pour déterminer la situation respective du mandant et du mandataire envers celui avec lequel le contrat a été passé, il faut appliquer les règles générales en matière de mandat : le mandataire oblige le mandant sans s'obliger lui-même, c'est donc juridiquement le mandant qui est assureur ou assuré, créancier ou débiteur (*Rép.* nos 1438 et 1441).

1574. Ceux qui représentent l'assureur agissent en général à titre de mandataires. Dans la pratique, les compagnies d'assurances maritimes traitent directement par l'intermédiaire de leurs agents, dont le rôle a en quelque sorte reçu une consécration légale de l'art. 44 de la loi du 5 juin 1850 (D. P. 50. 4. 128), qui oblige les compagnies d'assurances maritimes à avoir, dans chacune de leurs agences, un répertoire coté et paraphé par le juge de paix ou un juge au tribunal de commerce, pour y porter les assurances faites par l'agence sans intermédiaire de courtier ou de notaire. Ces assurances rentrent donc dans la catégorie des assurances directes. L'agent d'assurances maritimes, en effet, est un mandataire salarié de la compagnie d'assurances qui agit en son nom et l'oblige envers les tiers, comme il lie les tiers envers elle. Il en est de même pour les assurances terrestres (Desjardins, t. 6, n° 1345 ; Rouen, 17 mai 1871, aff. Desrousseaux, D. P. 73. 2. 176). Toutefois, l'assureur ne serait pas lié si l'agent ne traitait que sous réserve de ratification. Mandataire, l'agent ne peut, dans tous les cas, obliger l'assuré que dans la limite des pouvoirs qui lui ont été confiés. Mais la difficulté pour les parties qui contractent avec ces agents est précisément de savoir s'ils se maintiennent dans les limites de leurs pouvoirs, et s'ils ont qualité pour engager l'assureur. « En général, dit M. Desjardins, t. 6, n° 1345, p. 170, quand un agent se conforme à des pouvoirs apparents suffisants, il lie la société envers les tiers. » Il en est encore ainsi quand l'agent agit au su de la compagnie (V. d'ailleurs *suprà*, v° *Assurances terrestres*, n° 15).

1575. — II. ASSURANCE CONTRACTÉE PAR UN COMMISSIONNAIRE (*Rép.* nos 1438 et suiv.). — Dans la pratique, l'intermédiaire qui représente l'assureur agit généralement comme commissionnaire. La commission peut, aussi bien que le mandat, n'être que tacite, et dans les mêmes cas. — En admettant qu'il puisse y avoir commission, alors même que le commettant est dénommé, toujours est-il qu'il ne l'est pas d'habitude : l'assurance est faite pour *compte d'ami*, pour *compte d'un tiers à nommer*, pour compte *de qui il appartiendra*. Une telle clause couvre tous ceux qui sont directement intéressés à l'objet de l'assurance (Trib. Havre, 12 déc. 1883, aff. Rivière, *Recueil du Havre*, 1884. 1. 18).

En général, le commissionnaire, à la différence du mandataire, traitant en son nom personnel, devient créancier et débiteur en vertu du contrat, c'est donc régulièrement lui qui joue le rôle d'assureur et d'assuré.

1576. Ces principes s'appliquent sans difficulté si, comme nous l'avons exposé au *Rép.* n° 1446, le commissionnaire opère pour le compte de l'assureur. Mais lorsqu'il opère, comme cela arrive le plus souvent, pour le compte de l'assuré, il résulte des mêmes principes plusieurs conséquences qu'il importe de signaler. Ainsi le commissionnaire qui réclame le bénéfice de l'assurance doit fournir toutes les justifications que devrait fournir le commettant. Il doit prouver, notamment, que celui qui est appelé à recueillir l'indemnité n'est pas demeuré étranger à l'assurance et qu'il a un intérêt personnel à la conservation des objets assurés. D'autre part, l'assureur peut exciper, pour faire annuler le contrat, aussi bien des faits qui sont imputables au commettant que de ceux qui sont imputables au commissionnaire, tels que réticence, fausses déclarations, connaissance de la cessation des risques au moment où l'ordre a été donné, etc.

1577. Si le commissionnaire n'est pas tenu de révéler immédiatement le nom de son commettant, il doit néanmoins le faire connaître à un moment quelconque ; il n'y a, en effet, pas d'assurance sans un commettant, et si l'assurance faite pour le compte d'autrui n'a en réalité été faite pour le compte de personne, l'assureur pourrait en demander la nullité et réclamer des dommages-intérêts au commissionnaire. Aussi les assureurs ont-ils qualité pour rechercher si l'ordre d'assurer a été réellement transmis, s'il est pur et simple ou conditionnel, enfin si, au moment où il a acquis un caractère définitif, l'assurance des objets signalés comme devant alimenter la police était encore possible (Civ. rej. 18 nov. 1879, aff. Oriot, D. P. 80. 1. 193 ; Desjardins, t. 6, n° 1334).

Dans le cas d'assurance sur corps, pour établir que celui, sur l'ordre ou avec l'assentiment de qui on a agi, est intéressé à la conservation du navire, on peut produire l'acte de francisation où se trouve mentionné le nom du propriétaire ; mais il faut alors indiquer que c'est pour lui qu'a eu lieu l'assurance. Dans le cas d'assurance sur facultés, on admet que l'assuré pour compte satisfait à son obligation en produisant un connaissement dont les termes concordent avec ceux de la police pour tout ce qui concerne la désignation des objets assurés (de Valroger, t. 3, n° 1347).

1578. En principe, l'assureur n'a d'action que contre le commissionnaire pour le payement de la prime. Mais lorsque le nom du commettant a été révélé, on a vu au *Rép.* n° 1443 que certains auteurs ont permis à l'assureur de poursuivre directement le payement de la prime contre le commettant, d'autres l'y autorisent à la fois contre le commettant et le commissionnaire ; le tribunal de Nantes est allé plus loin et a décidé, le 19 mars 1861 (*Recueil de Marseille*, 1862. 2. 38), que le commissionnaire n'est tenu de la prime qu'autant que le commettant ne la paye pas et que l'assureur ne peut se faire payer en exerçant son privilège sur la chose assurée. Nous persistons pour notre part à penser que, juridiquement, l'assureur n'a d'action pour le payement de la prime que contre le commissionnaire auquel il a fait crédit (Trib. Marseille, 6 mai 1864, *Recueil de Marseille*, 1864. 1. 136 ; Desjardins, t. 6, n° 1334 ; Em. Cauvet, n° 98 ; J.-V. Cauvet, t. 1, n° 230 ; Laurin sur Cresp, t. 3, p. 14, note 2 ; Lyon-Caen et Renault, n° 2250). Il n'y a, comme le constate M. Desjardins qui juge cette doctrine la plus juridique, aucun motif pour déroger ici aux principes généraux qui régissent la commission et d'après lesquels le commissionnaire est seul obligé envers les tiers avec lesquels il a fait des opérations pour le compte du commettant. Il faut ajouter que l'indication du commettant n'entraîne pas novation par changement de débiteur et qu'elle ne peut avoir pour effet de donner à l'assureur deux débiteurs au lieu d'un.

1579. Lorsque le nom du commettant a été révélé et qu'il réclame l'indemnité à l'assureur, celui-ci peut compenser avec l'indemnité le montant de la prime (V. *infrà*, n° 1884). Peu importe que le commettant, comme le remarque M. Em. Cauvet, t. 1, n° 104, soit seulement créancier, et non pas débiteur. Cette circonstance ne change rien à la solution que nous proposons. En effet, le commettant qui actionne l'assureur en vertu du contrat d'assurance ne peut pas diviser ce contrat et se soumet, par son action même, aux obligations qui en découlent. Il n'y a, du reste, que la prime due en vertu de l'assurance qui puisse alors entrer en compensation et l'assureur ne pourrait prétendre établir la compensation en raison d'autres primes qui lui seraient dues par le commissionnaire (Trib. com. Havre, 31 mars 1875, *Recueil de Marseille*, 1876. 2. 93 ; Desjardins, t. 6, n° 1334, XV ; Lyon-Caen et Renault, n° 2252). D'ailleurs, c'est au commettant dont le nom a été révélé, et non au commissionnaire, qu'appartient le droit d'actionner l'assureur en payement de l'indemnité. C'est, en effet, au commettant seul qu'appartient le droit de toucher l'indemnité ; le commissionnaire ne pourrait l'exercer qu'au nom de ce dernier, car, une fois le sinistre révélé, c'est entre le donneur d'ordre, véritable intéressé, et l'assureur que doivent être débattues les questions de propriété et d'intérêt dans la chose assurée, etc. (Desjardins, t. 6, n° 1334, XIV ; Lyon-Caen et Renault, n° 2202 ; de Valroger, t. 3, n° 1347 ; Aix, 21 nov. 1866, *Recueil de Marseille*, 1867. 1. 46 ; Trib. Marseille, 17 juin 1880, aff. Jullien, *ibid.*, 1880. 1. 236 ; 3 mai 1882, *ibid.*, 1882. 1. 164).

1580. Il résulte des explications qui ont été fournies au *Rép.* n° 1455 que les principes du mandat doivent être appliqués dans les rapports du commissionnaire et du commettant. On a vu, notamment, que le commissionnaire qui a omis de faire une assurance, lorsqu'elle lui a été ordonnée, est, en cas de sinistre, responsable comme tout mandataire qui a manqué à ses devoirs. Il doit alors au commettant une somme équivalente à l'indemnité que celui-ci aurait perçue, déduction faite de la prime qu'il aurait eue à payer et des frais qu'il aurait supportés (Civ. cass. 30 juill. 1877, aff. Cordon, D. P. 78. 1. 24). Mais, s'il n'est survenu aucun sinistre, l'omission de faire l'assurance n'engage nullement la responsabilité du commissionnaire; car le commettant n'a non seulement subi aucun préjudice, mais a plutôt retiré un avantage de l'abstention du commissionnaire, n'ayant pas eu de prime à payer. Si l'assurance n'a été contractée que partiellement et qu'il n'y ait pas eu impossibilité de contracter une assurance totale, le commissionnaire encourt, toutes proportions gardées, une responsabilité du même genre.

Les mêmes principes reçoivent leur application si le commissionnaire s'est mis personnellement en retard pour contracter l'assurance et si, avant qu'elle n'ait eu lieu, la nouvelle d'un sinistre s'est répandue dans la localité et qu'il n'ait plus, dès lors, été possible de la contracter valablement. — Enfin le commissionnaire est responsable, s'il ne s'est pas conformé, en traitant avec l'assureur, aux instructions qui lui ont été données ou aux règles tracées par l'usage, ou même s'il n'a pas agi avec toute la prudence nécessaire, par exemple, s'il a traité avec un assureur notoirement insolvable. En principe, du reste, il n'est pas garant de la solvabilité de l'assureur, à moins qu'il ne se soit porté *ducroire* (Desjardins, t. 6, n° 1334, VII à IX et XVII; de Valroger, t. 3, n° 1348).

1581. Comme on l'a vu au *Rép.* n° 1457, le commissionnaire qui a payé la prime a droit au remboursement de ses avances; il est, à cet égard, légalement subrogé au privilége de l'assureur en vertu de l'art. 1251 c. civ. — Il jouit également du privilége de l'art. 2102, § 3, c. civ., lorsqu'il a fait des frais pour la conservation de la chose assurée, par exemple, en cas de sauvetage. Mais on lui refuse généralement le droit d'exercer sur l'indemnité qu'il percevrait de l'assureur le privilège conféré par l'art. 95 c. com. à tout commissionnaire sur la valeur des marchandises à lui expédiées, déposées ou consignées (V. Trib. Havre, 19 juill. 1881, aff. Morin, *Recueil du Havre*, 1881. 1. 183; Desjardins, t. 6, n° 1334, XIII).

1582. Nous avons dit au *Rép.* n° 1456 que le commissionnaire chargé de faire une assurance peut se rendre lui-même assureur de son commettant avec le consentement de ce dernier. Mais on a vu également qu'à défaut de ce consentement les auteurs n'admettent pas tous la validité de l'assurance. L'opinion d'Émérigon, qui se prononçait pour la nullité, est encore aujourd'hui suivie par M. de Valroger, t. 3, n° 1348, dans le cas où le commettant n'avait pas même implicitement accepté le commissionnaire pour assureur. Mais l'opinion contraire, adoptée déjà lors de la publication du *Répertoire* par quelques auteurs (*Ibid.*), et suivie encore par M. E. Cauvet, t. 1, n° 72, a été consacrée par la cour de cassation, qui a décidé que l'assurance faite pour le compte de qui il appartiendra, par un individu qui est à la fois le commissionnaire de l'assuré et le mandataire de l'assureur, est valable, quand elle a eu lieu de bonne foi (Civ. rej. 11 avr. 1860, aff. Dupré, D. P. 60. 1. 240). L'arrêt observe que la loi ne prononce pas de plein droit la nullité de l'assurance faite par celui qui est à la fois le mandataire de l'assureur et le commissionnaire de l'assuré; que l'usage du commerce l'autorise, quand elle a lieu de bonne foi, et qu'elle doit être maintenue, lorsqu'il n'y a eu ni dol, ni fraude, ni collusion.

1583. — III. ASSURANCE FAITE PAR UN GÉRANT D'AFFAIRES. — Il faut supposer que l'intermédiaire a agi sans ordre; il est alors nécessaire que l'opération soit ratifiée par le véritable intéressé (*Rép.* n° 1438). La ratification survenant postérieurement à la signature de la police rétroagit, comme on l'a vu au *Rép.* n° 1442, au jour où la police a été souscrite. — Est-il nécessaire que cette ratification soit formelle? M. Desjardins, t. 6, n° 1334, p. 141, ne le pense pas; il juge qu'elle peut être tacite et résulter, par exemple, du payement de la prime et du droit de commission. C'est aussi l'avis de M. de Valroger, qui constate (t. 3, n° 1347) que, dans la pratique, la ratification aussi bien que le mandat du véritable intéressé sont suffisamment prouvés par la production des actes justificatifs de la perte, de l'acte de propriété du navire, etc. Il est nécessaire, toutefois, que la ratification intervienne avant le sinistre, ou tout au moins avant que le véritable intéressé en ait eu connaissance (Civ. rej. 18 nov. 1879, aff. Oriot, D. P. 80. 1. 193; Trib. Anvers, 27 déc. 1879, *Jurisprudence du port d'Anvers*, 1880. 1. 109).

1584. L'assurance souscrite par un gérant d'affaires est régie, tantôt par les mêmes principes que celle qui est conclue par un mandataire, tantôt par les mêmes règles que celle qui émane d'un commissionnaire, suivant que le gérant a traité au nom du véritable intéressé ou en son nom personnel.

1585. Les assurances peuvent être faites, du côté de l'assureur, par les courtiers d'assurances maritimes, qu'il ne faut pas confondre avec les courtiers maritimes. Les courtiers d'assurances maritimes, en effet, ont qualité pour s'entremettre entre l'assureur et l'assuré, et on sait qu'ils ont même (V. *infrà*, n°s 1597 et suiv.) le droit de rédiger concurremment avec les notaires les polices que les parties ne rédigent pas sous leur seule signature; ils sont, dans la pratique, et au moins à certains points de vue, considérés comme ayant stipulé pour l'assuré. Le mandat qu'ils sont réputés avoir reçu peut être prouvé soit en leur faveur, soit contre eux, par tous les modes de preuve admis en matière commerciale (Desjardins, t. 6, n° 1336; Trib. Marseille, 21 mars 1861, *Recueil de Marseille*, 1861. 1. 133). Mais la personnalité du courtier ne se confond pas avec celle de l'assuré, comme cela se produit, dans une certaine mesure (V. *suprà*, n°s 1576 et suiv.) pour le commissionnaire. Il en résulte que, conformément à ce qui avait été jugé antérieurement à la publication du *Répertoire* (n° 1445), le courtier n'est responsable envers l'assureur du payement de la prime que s'il a, par son fait ou son imprudence, empêché l'assureur de la recouvrer. En effet, le courtier ne peut en principe être réputé s'être engagé au payement de la prime, ni l'assureur avoir compté sur son engagement, car les règlements professionnels des courtiers leur interdisent de prendre intérêt ou de donner garantie dans les affaires traitées par leur entremise (Desjardins, t. 6, n° 1336). — Le courtier n'a donc que la qualité et la responsabilité d'un simple mandataire, de telle sorte que, s'il avait reçu de l'assuré le montant de la prime et qu'il fût depuis tombé en déconfiture avant de l'avoir payée à l'assureur, l'assuré ne serait pas libéré (Trib. Marseille, 23 juill. 1877, aff. Francou, *Recueil de Marseille*, 1877. 1. 305).

1586. Le créancier hypothécaire, gagiste ou privilégié peut-il faire assurer la chose sur laquelle il est investi d'un *jus in re*? En ce qui concerne les créanciers hypothécaires, l'affirmative n'était pas douteuse sous l'empire de l'art. 17 de la loi du 10 déc. 1874, puisque cet article autorisait expressément les créanciers inscrits ou leurs cessionnaires à faire assurer le navire pour garantie de leurs créances. Elle ne nous paraît pas l'être davantage, malgré l'abrogation de la loi de 1874 par celle du 10 juill. 1885 (D. P. 86. 4. 17); car cette abrogation n'a eu d'autre effet que de replacer le créancier hypothécaire dans le droit commun; or, antérieurement à la loi de 1874, le droit du créancier qui a un intérêt à la conservation de la chose était reconnu par la jurisprudence. « Si la loi ne permet pas, a dit la cour de cassation, que, par des assurances multiples, on puisse obtenir au delà de la valeur de la chose assurée, elle n'interdit point à celui qui, comme le créancier gagiste, a un intérêt personnel à la conservation de son gage, de stipuler, même après une première assurance faite dans un autre intérêt que le sien, une seconde assurance dans laquelle il trouvera une garantie éventuelle pour le cas où la première serait caduque et sans effet; l'art. 359 c. com. ne s'applique point à ce cas où il y a, non pas cumul des assurances, mais substitution de l'une à l'autre (Civ. rej. 26 avr. 1865, aff. Couturier, D. P. 65. 1. 415). C'est aussi ce qu'enseigne M. Desjardins, t. 6, n° 1337; le créancier ne fait, à ses yeux, qu'exercer les droits qui dérivent du démembrement de propriété qui s'est opéré à son profit. Cet auteur fait observer, toutefois, que l'assurance ainsi contractée ne peut aboutir que dans la mesure de l'intérêt réalisable: « S'il est établi, par exemple, dit-il, qu'un créancier hypothécaire était primé par des créanciers antérieurs et n'aurait pu se faire colloquer utilement, comme il n'avait acquis que l'ombre d'un droit dans la chose, il ne pourra pas demander aux assureurs, à la suite d'un sinistre, la représentation de ce droit qui ne fut jamais effectivement démembré à son profit ». *A fortiori*, le droit d'assurer son gage appartient-il au créancier qui a un droit de gage ou un privilège sur le bâtiment ; on ne comprendrait pas, comme le remarque M. Laurin, que ce créancier qui est, en droit, le plus favorisé, n'eût pas une faculté dont jouissent les créanciers hypothécaires (Trib. Marseille, 5 juin 1863, *Recueil de Marseille*, 1863. 1. 169 ; Civ. rej. 26 avr. 1865, précité ; Sol impl., Civ. cass. 3 janv. 1876, aff. Comp. d'assurances maritimes *l'Equateur et l'Atlantique*, D. P. 76. 1. 8 ; Lemonnier, *Des assurances maritimes*, t. 2, n° 378 ; Boistel, n° 1319 ; Laurin sur Cresp, t. 3, p. 350, note 115 ; Em. Cauvet, t. 1, n°s 26 et 27. — *Contrà :* Alauzet, t. 6, n° 2015 ; Bédarride, t. 3, n° 1045 ; Desjardins, t. 6, n° 1337).

1587. En est-il de même du créancier chirographaire qui n'a pas sur la chose de droit de préférence, mais seulement un droit de suite (c. com. art. 190)? La question est vivement controversée. Suivant un premier système, le créancier chirographaire ne pourrait faire assurer le navire ou les marchandises appartenant à son débiteur qu'en vertu de l'art. 1166 c. civ. et en exerçant les droits de ce débiteur. — Un autre système lui refuse ce droit d'une façon absolue; l'assurance, dit-on, est plutôt un acte d'administration qu'un acte conservatoire, et le créancier ne saurait, en vertu de l'art. 1166, s'immiscer dans l'administration des biens de son débiteur. Il ne pourrait contracter l'assurance qu'en qualité de gérant d'affaires, pour le compte du propriétaire et sauf ratification de la part de ce dernier, la qualité de créancier n'étant pas incompatible avec celle de gérant d'affaires (Req. 11 févr. 1868, aff. Alby et Grammont, D. P. 68. 1. 387). — Enfin, d'après un troisième système, le créancier peut s'assurer pour son propre compte ; car il suffit, pour que la police soit valable, que l'action du créancier soit soumise à un risque sérieux par suite des chances de pertes dont est menacé le navire ou la cargaison qui appartient au débiteur et constitue une partie de son actif. — En pareil cas, s'il y a perte du navire, c'est-à-dire perte d'une partie de l'avoir du débiteur, le sort du créancier empire; il ressent le contre-coup direct des risques auxquels est soumise la chose du débiteur; il est, quoiqu'à un degré moindre, dans la même situation que le créancier privilégié ou hypothécaire; on ne voit pas, dès lors, pourquoi on ne lui accorderait pas également le droit de s'assurer (Desjardins, t. 6, n° 1338). Les objections élevées contre ce système ont été discutées et réfutées dans une dissertation de M. Levillain (D. P. 83. 2. 193).

La première objection est tirée de ce que l'art. 334 c. com. ne mentionne pas les créances au nombre des objets qui peuvent être assurés et de ce que l'art. 332, en prescrivant dans la police l'indication, chez l'assuré, de la qualité de propriétaire ou de commissionnaire, exclurait implicitement la possibilité, pour un créancier, de faire assurer la chose de son débiteur. Mais il est de toute évidence que l'énumération fournie par l'art. 334 n'est pas limitative; ce qui le prouve, en premier lieu, c'est la disposition générale, qui termine cet article « et toutes autres choses ou valeurs estimables à prix d'argent, sujettes aux risques de la navigation »; c'est ensuite le droit que confère l'art. 342 à l'assureur de se faire réassurer et celui qu'il confère à l'assuré de faire assurer le coût de l'assurance, toutes choses qui ne se trouvent pas comprises dans l'énumération de l'art. 334.

On objecte encore, ce qui est plus sérieux, que, si la disposition finale de l'art. 334 vise « toutes choses ou valeurs estimables à prix d'argent sujettes aux risques de la navigation », elle ne saurait viser les créances chirographaires qui ne sont point, quand le débiteur est obligé sur tous ses biens, sujettes aux risques de la navigation. En cas de perte par fortune de mer du bâtiment qui appartient au débiteur et qui fait partie du gage commun, la créance n'est pas éteinte; le créancier conserve son action personnelle contre le débiteur. — L'objection n'a pas, en réalité, la portée qu'elle paraît avoir à première vue. D'abord, de ce que la créance ne serait pas sujette à des risques de mer, tout ce que l'on pourrait induire, c'est qu'elle ne peut faire l'objet d'une assurance maritime, mais on n'en saurait rien conclure contre la validité même de la police souscrite par le créancier, car la disposition générale contenue dans le dernier alinéa de l'art. 334 c. com. ne se réfère, en effet, qu'aux assurances maritimes. Il existe nombre de risques qui, sans être des risques de navigation, peuvent faire l'objet d'une assurance. Pour que la police soit valable, il suffit que l'action en remboursement du créancier soit soumise à un risque sérieux par suite des chances de perte dont se trouve menacé, à raison de son mode d'emploi, le navire qui appartient au débiteur et qui constitue la plus grande partie de son actif. Ce risque, quelle qu'en soit la nature, existe-t-il? Là est toute la question, et elle ne peut être résolue qu'affirmativement. Quand un objet d'une valeur considérable, constituant en grande partie l'avoir du débiteur, et sur lequel le créancier fondait, pour le payement de ce qui lui est dû, ses principales espérances, a été détruit fortuitement, on ne peut soutenir que ce créancier est dans une situation aussi avantageuse que celle où il se trouvait auparavant. Il ressent, en fait, sinon en droit, le contre-coup direct des risques auxquels se trouve soumise la chose du débiteur; il est, à ce point de vue, quoiqu'à un degré moindre, dans la même situation que le créancier privilégié ou hypothécaire; et, si l'intérêt qu'a ce dernier à la conservation du navire lui permet de s'assurer, on ne voit pas pourquoi le créancier chirographaire, qui a un intérêt de même nature, serait dans l'impossibilité de souscrire une assurance.

Reste l'objection tirée de la difficulté qu'il y aurait à fixer avec précision, soit au moment de la souscription de la police, soit après le sinistre, l'intérêt du créancier chirographaire à la conservation du gage commun. Cet intérêt peut se mesurer facilement, lorsqu'il s'agit d'un créancier privilégié ou hypothécaire, car on peut se rendre un compte exact du degré d'efficacité de l'hypothèque ou du privilège, et, par suite, du montant de la collocation qu'il aurait obtenue, si le sinistre n'eût pas réduit son gage à néant. Ici, au contraire, dit-on, on ne pourra mesurer l'intérêt du créancier qu'en établissant un rapport entre la totalité de l'actif et la totalité du passif de l'armateur. Or, on est dans l'impossibilité d'évaluer avec certitude le passif et l'actif d'un débiteur tant qu'on n'a pas obtenu communication de son bilan, et on n'est fondé à lui en imposer la communication qu'autant qu'il est en faillite. D'ailleurs, le bilan fût-il communiqué, il y aurait à se demander jusqu'à quel point il est exact et sincère (Comp. *suprà*, v° *Assurances terrestres*, n° 51). Donc, étant donnée l'impossibilité de déterminer d'une façon précise ce que perd le créancier en cas de destruction totale ou partielle de la chose du débiteur, étant donné, d'autre part, qu'un intérêt destiné à demeurer incertain ne peut fournir matière à une assurance, le créancier ne saurait s'assurer. Cette objection n'arrête pas davantage M. Levillain qui y répond en ces termes : « La difficulté, dit-il, que l'on éprouve, en fait, à chiffrer exactement la part d'intérêt d'un créancier à la conservation de la chose de son débiteur, alors d'ailleurs que l'évaluation en est juridiquement possible, ne suffit pas pour attribuer à cet intérêt un caractère indéterminé, et les embarras que peut occasionner le règlement de l'indemnité à payer par l'armateur au créancier en cas de sinistre n'empêchent pas, du moment où celui-ci a un intérêt sérieux et appréciable à la conservation de la chose, que l'assurance ne soit parfaitement valable. D'ailleurs, en fait, les obstacles que l'on signale comme de nature à entraver l'évaluation du droit du créancier sont-ils aussi insurmontables qu'on affecte de le croire? Pour notre part, nous ne le pensons pas. De deux choses l'une, en effet : ou bien l'armateur était solvable avant le sinistre, ou bien il avait déjà cessé de l'être. — S'il était solvable, les choses se passeront de la façon la plus simple. Le bailleur de fonds ne peut exiger de son assureur le payement d'une somme équivalente à celle dont il est demeuré créancier qu'à la condition de le subroger dans ses droits et actions contre son débiteur ; car, autrement, percevant, d'une part, le montant de la somme assurée et conservant, d'autre part, le droit d'opérer le recouvrement de celle dont il a fait l'avance, il trouverait dans l'assurance un moyen de s'enrichir aux dépens de l'assureur, ce que la loi prohibe formellement. On a même été jusqu'à prétendre que l'assureur, qui est tenu avec le débiteur et joue un rôle analogue à celui d'une caution, était subrogé légalement par application, soit de l'art. 1251-3°, soit de l'art. 2029 c. civ. (Amiens, 31 déc. 1868, aff. Meyer, D. P. 69. 2. 19, note; J.-V. Cauvet, *op. cit.*, t. 1, n° 180; Droz, *op. cit.*, t. 1, n° 164). L'assureur pourra donc, quand il aura désintéressé le bailleur de fonds, exercer l'action que celui-ci possédait contre l'armateur, et s'il n'obtient, à l'aide de cette action, qu'une quote-part du montant de la créance, ce résultat sera la conséquence de l'insolvabilité que le sinistre aura pu occasionner, c'est-à-dire d'un fait dont il s'est précisément constitué garant en souscrivant l'assurance. Si l'armateur était déjà au-dessous de ses affaires avant le sinistre et si la perte du navire n'a fait qu'augmenter son insolvabilité, l'assureur peut refuser de payer l'assuré tant que ce dernier n'aura pas établi qu'en l'absence du sinistre il aurait perçu une fraction quelconque du montant de sa créance, et tant qu'il n'aura pas déterminé ce qu'il perçoit en moins à raison de la perte du bâtiment; car l'assurance n'est valable, et, par suite, l'obligation au payement de l'indemnité n'existe qu'autant que le bailleur de fonds avait un intérêt réel à la conservation du navire et dans la mesure seulement de cet intérêt. L'assuré devra donc commencer par se pourvoir contre l'armateur, et la distribution qui interviendra entre les divers créanciers permettra de déterminer, non seulement ce sur quoi il est en droit de compter dans l'état présent, mais aussi ce qu'il aurait obtenu si le navire, dont on connaît la valeur, avait été conservé. L'assureur de la créance devra ensuite le remboursement de la différence.

1588. On peut se demander, toutefois, si l'assurance ainsi contractée par le créancier du propriétaire du navire ou des marchandises constitue véritablement une assurance maritime. L'affirmative ne nous paraît pas douteuse. Il est certain, en effet, que, dans la police, l'assuré s'est placé à un point de vue restreint, qu'il s'est préoccupé exclusivement de l'influence que peut avoir sur le remboursement de ses avances la perte par fortune de mer du navire qui fait partie de son gage; que c'est donc en prévision des risques maritimes dont il est appelé à ressentir le contre-coup qu'il a souscrit l'assurance. Dès lors, l'intérêt pour la sauvegarde duquel il a traité étant, pour nous servir des expressions employées par le législateur lui-même, *sujet aux risques de la navigation*, l'assurance revêt, à notre avis, un caractère maritime. On verra, d'ailleurs, *infrà*, n° 1683, que l'assurance maritime d'une créance est possible aux termes mêmes de l'art. 334 (V. en ce sens : Rouen, 27 avr. 1874, aff. Comp. d'assurances maritimes *l'Equateur et l'Atlantique*, D. P. 76. 1. 8; Pardessus, *op. cit.*, t. 2, n° 803; Lemonnier, t. 2, n° 378; Boistel, n° 1319; de Courcy, *Questions de droit maritime*, t. 1, p. 269 et suiv.; Droz, t. 1, nos 162 et suiv.; Laurin sur Cresp, t. 3, p. 349, note 115. — V. en sens contraire : Rennes, 24 nov. 1860, aff. Marcily, D. P. 76. 1. 8, notes 1, 2, 3; Req. 4 juill. 1864, aff. Gay, D. P. 64. 1. 259; Civ. cass. 3 janv. 1876, aff. Comp. d'assurances maritimes *l'Equateur* et *l'Atlantique*, D. P. 76. 1. 8; Paris, 22 janv. 1877, même affaire, D. P. 78. 2. 26; Bordeaux, 6 juin 1882, aff. Roux, D. P. 83. 2. 193, et sur pourvoi, Req. 15 janv. 1884, D. P. 84. 1. 289; *Rép.* nos 1586 et suiv.; Alauzet, *op. cit.*, t. 5, n° 2053; Bédarride, *op. cit.*, t. 3, n° 1045; J.-V. Cauvet, *op. cit.*, t. 1, n° 135; Em. Cauvet, *op. cit.*, t. 1, n° 29; Cresp, *op. cit.*, t. 3, nos 229 et suiv.). Toutefois, suivant M. Desjardins, t. 6, n° 1338 *bis*, l'assurance par le créancier de sa propre créance n'a le caractère maritime qu'autant que les objets exposés aux risques de la navigation n'ont pas été envisagés par l'assuré d'une façon subsidiaire, ou même secondaire, notamment lorsque tout l'actif du débiteur est soumis aux risques de mer. Au contraire, l'assurance ne serait qu'une assurance terrestre, si, eu égard à la valeur du patrimoine du débiteur, la chose soumise au risque maritime n'avait qu'une très faible valeur. — Au surplus, la question n'a qu'un intérêt fort restreint, les règles applicables soit à l'assurance maritime, soit à l'assurance terrestre, étant à peu près identiques.

1589. Remarquons que la question est beaucoup plus simple et ne comporte guère de controverse toutes les fois que l'armateur ou le propriétaire du navire est admis à se libérer envers le créancier de la façon indiquée par le second alinéa de l'art. 216 c. com. Comme le remarque M. Levillain, *Dissertation* précitée, D. P. 83. 2. 193, « le sort de la créance est subordonné, dans ce cas, à celui du navire, et le créancier voit, autant et plus peut-être que le propriétaire, ses intérêts en jeu à raison des risques que court le bâtiment pendant la durée du voyage. Comment, dans ces conditions, lui refuser le droit de se prémunir à l'aide d'une assurance contre la perte éventuelle dont il est menacé ? » Et le caractère maritime de l'assurance est alors incontestable (Comp. J.-V. Cauvet, *op. cit.*, t. 1, n° 135; Laurin sur Cresp, *op. cit.*, t. 3, p. 338, note 112; Droz, *op. cit.*, t. 1, n° 167; Desjardins, t. 6, n° 1338; *Rép.* n° 1609; Bordeaux, 6 juin 1882, cité *suprà*, n° 1588).

SECT. 3. — DES FORMES DU CONTRAT D'ASSURANCE ET DES ÉNONCIATIONS QUE LA POLICE DOIT CONTENIR (*Rép.* nos 1458 à 1564).

ART. 1er. — *Des formes externes du contrat d'assurance* (*Rép.* nos 1458 à 1474).

1590. On a indiqué (*Rép.* nos 1458 et 1459) l'origine et la raison d'être de la prescription de l'art. 332, suivant laquelle le contrat d'assurance doit être rédigé par écrit. — Cette disposition implique-t-elle que l'écriture soit exigée *ad solemnitatem* ou simplement *ad probationem*? Le *Répertoire* a exposé (n° 1459) les éléments de la controverse que cette question avait soulevée et qui semble aujourd'hui apaisée. On reconnaît, d'une manière à peu près unanime, que si le contrat d'assurance doit être rédigé par écrit, c'est uniquement en vue de la preuve. L'art. 332, en décidant que le contrat est rédigé par écrit, « ne fait, dit M. Em. Cauvet, t. 2, n° 466, qu'exprimer une tradition constante qu'atteste l'obligation imposée aux parties à l'origine de faire dresser la police par un notaire. D'ailleurs, il suffit de lire une police, de considérer l'infinie variété des clauses qui peuvent y entrer pour être convaincu que le simple témoignage créerait plus de difficultés qu'il n'en saurait résoudre ». On a donc entendu simplement proscrire la preuve testimoniale et la preuve par présomptions (Desjardins, t. 6, n° 1303; Em. Cauvet, t. 2, n° 466; Cresp et Laurin, t. 3, p. 231; Lyon-Caen et Renault, n° 2098; de Valroger, t. 3, n° 1332). — Le contrat d'assurances ne peut, par conséquent, être prouvé que par écrit. Il semble cependant, comme on l'a dit au *Rép.* n° 1460, que l'aveu et, à plus forte raison, le serment puissent prouver l'assurance (Req. 30 mai 1881, aff. Delapchier, D. P. 82. 1. 166) et que la loi ne parlant que d'un *écrit* et non d'un *acte écrit*, elle puisse également être prouvée au moyen des livres de commerce ou de la correspondance (Desjardins, t. 6, n° 1303; de Valroger, t. 3, n° 1331).

1591. De ce qui précède on doit conclure, contrairement à ce qui a été décidé par un jugement du tribunal de la Seine du 29 avr. 1885 (*Revue de droit commercial, industriel et maritime*, 1885, p. 238), que la preuve testimoniale n'est pas admissible en matière d'assurance, même au-dessous de 150 fr. Il semble cependant qu'elle puisse être accueillie comme complément d'un commencement de preuve par écrit : « Attendu, a dit un arrêt de cassation du 29 mars 1859 (aff. Amiez, D. P. 59. 1. 149), que l'art. 332, en disant que le contrat d'assurance maritime *est rédigé par écrit*, révèle la pensée du législateur relativement aux assurances en général; — Qu'en effet, à cause de l'importance des valeurs mises en risque, de la variété des accidents à prévoir, et, par conséquent, de la diversité des stipulations dont une telle convention est susceptible, les raisons sont les mêmes que pour l'assurance contre les événements de mer, de ne pas livrer l'assurance terrestre aux incertitudes et à tous les autres inconvénients qui ont rendu justement suspecte la preuve testimoniale quand elle demeure isolée de toute constatation préalable par écrit » (V. également : Req. 5 nov. 1862, aff. Balau, D. P. 63. 1. 229. — *Contrà* : Douai, 7 déc. 1858, *Recueil de Marseille*, 1859. 2. 35; Desjardins, t. 6, n° 1303, p. 42; Boistel, n° 1310).

1592. Mais la preuve testimoniale ne saurait être admise lorsque le contrat est régulièrement établi par écrit, à l'encontre des clauses qu'il contient ou pour prouver certaines conventions additionnelles. En pareil cas, en effet, la preuve testimoniale devrait être repoussée par la raison décisive qu'il n'est pas permis de prouver par témoins contre et outre le contenu aux actes et que cette prohibition, inapplicable, il est vrai, en matière commerciale, conserve toute sa force à l'égard d'un contrat commercial pour lequel la loi déroge aux règles ordinaires de la preuve en matière commerciale et qu'elle soumet rigoureusement à la preuve littérale (Desjardins, t. 6, n° 1303, p. 42).

1593. La preuve testimoniale serait, au contraire, recevable, aussi bien que les présomptions, s'il ne s'agissait que d'interpréter les clauses de la police (V. *suprà*, v° *Assurances terrestres*, n°s 99 et suiv. *Adde* : Desjardins, t. 6, n° 1303, p. 42 *in fine* et 43 ; de Valroger, t. 3, n° 1332).

1594. Il est un cas, enfin, où la preuve testimoniale et, par suite, les présomptions ne pourraient, semble-t-il, être écartées ; c'est celui de perte de la police par cas fortuit, à charge, pour celui qui excipe du cas fortuit, d'en faire la preuve (Desjardins, t. 6, n° 1303, p. 43; de Valroger, t. 3, n° 1332. Comp. *suprà*, v° *Assurances terrestres*, n° 102).

1595. On persiste enfin à reconnaître, comme nous l'avions dit au *Rép.* n°s 1458 et suiv., que l'art. 332 ne prohibe la preuve testimoniale qu'entre les parties, en ce sens tout au moins que les tiers qui ont intérêt à prouver contre l'assureur et l'assuré l'existence du contrat peuvent toujours le faire par témoins (de Valroger, t. 3, n° 1332 ; Weill, n° 7). Mais il n'en est pas de même lorsque l'assureur ou l'assuré prétendent invoquer l'assurance à l'encontre des tiers ; ils ne peuvent se prévaloir d'une convention qui n'aurait pas été constatée conformément à l'art. 332, § 1er, cette convention qui est, par leur faute, imparfaite ou défectueuse ne saurait leur conférer des droits contre les tiers (Desjardins, t. 6, n° 1303 *in fine*).

1596. On sait que l'écrit destiné à constater l'assurance est désigné sous le nom de *police*, mot dont l'étymologie est dans le mot italien *polizza*, qui signifie *promesse*. Lorsque cette police est rédigée sous seing privé, doit-elle être faite en plusieurs originaux ? Cette question reste sujette à controverse, comme on l'a vu au *Rép.* n°s 1642 et 1643. — On a vu *suprà*, v° *Assurances terrestres*, n° 104, qu'elle doit être résolue par l'affirmative, au moins à l'égard des assurances à primes fixes. Cette opinion n'est partagée, en ce qui concerne les assurances maritimes, ni par M. Em. Cauvet, t. 2, n° 468, ni par M. Desjardins, t. 6, n° 1305. Elle heurterait, d'après ce dernier auteur, la tradition et les principes généraux du droit commercial. « Qu'on aille chercher, dit-il, l'origine de la théorie des doubles, dans les arrêts du parlement de Paris du 30 août 1736 et du 7 août 1740, ou dans la pratique du Châtelet, il est certain qu'on n'y songeait pas en 1681, et Valin n'en a pas dit un mot. Pourquoi le code de 1807 en cette matière aurait-il innové ? L'art. 109 met au nombre des preuves en matière de commerce les actes sous signature privée, mais sans prescrire la formalité du double original ; quand le législateur a voulu par exception soumettre un des contrats commerciaux à cette règle, il l'a dit expressément. D'ailleurs, la loi n'exige pas un acte écrit, mais une preuve écrite, qui peut découler des livres ou correspondances » (V. *suprà*, n° 1590), ce qui, par conséquent, exclut l'application de l'art. 1325 c. civ. — C'est également l'opinion de M. de Valroger, t. 3, n° 1333.

1597. Comme on l'a dit au *Rép.* n° 1468 l'art. 332, tout en ne s'exprimant pas d'une manière précise sur la forme que devra revêtir l'écrit constatant l'assurance, n'exclut nullement la forme authentique. Les notaires et les courtiers d'assurances ont qualité pour rédiger les polices ; dans la pratique, c'est aux courtiers que les parties s'adressent de préférence. Le droit des courtiers à cet égard est formellement consacré par l'art. 79 c. com. et la loi du 18 juill. 1866 (D. P. 66. 4. 118) qui proclame que la liberté du courtage des marchandises ne s'applique pas aux courtiers d'assurances, qui sont restés officiers ministériels.

1598. Les courtiers ont une triple fonction : 1° s'entremettre entre les assureurs et les assurés ; 2° constater, sous le contrôle de leur chambre syndicale, le cours légal des primes d'assurances ; 3° dresser les polices. L'entremise des courtiers est particulièrement utile quand le montant de l'assurance dépasse la somme qu'un assureur consent à couvrir : le courtier, dans ce cas, recueille les soumissions des divers assureurs, puis clôt la police par sa signature. Chaque assureur est obligé dès qu'il a signé (Civ. rej. 24 déc. 1873, aff. Ghirlanda, D. P. 74. 1. 358) ; mais la police n'a la valeur d'un acte authentique et ne produit effet vis-à-vis des tiers qu'après la signature du courtier (de Valroger, t. 3, n° 1334). Dans la pratique, la police est délivrée par le courtier à l'assuré revêtue de sa signature et de celle des assureurs, sans que l'assuré la signe lui-même. Cet usage provient de la difficulté, lorsque la police est souscrite par plusieurs assureurs, ce qui est le cas le plus fréquent, de réclamer à chaque adhésion d'un assureur nouveau la signature de l'assuré. D'ailleurs, il ne faut pas oublier, comme on l'a déjà dit *suprà*, n° 1590, que la loi exige simplement *un écrit* et non pas *un acte écrit* ; de plus, aux termes de l'art. 192, § 8, les extraits des livres des courtiers qui ne sont signés par aucune des parties ont la même valeur probante que les polices elles-mêmes. Or les courtiers sont restés tenus de l'obligation, que leur imposait l'ordonnance de 1681, d'enregistrer les polices qu'ils rédigent sur un registre spécial que la loi du 5 juin 1850 (D. P. 50. 4. 114) soumet au timbre de dimension (c. com. art. 84).

Les courtiers d'assurances n'ont pas dans toutes les législations étrangères le caractère d'officiers ministériels qui leur appartient chez nous. Ce n'est qu'en Hollande, en Italie, en Allemagne, au Danemark et en Autriche qu'ils sont revêtus de ce caractère et que leur intervention peut rendre la police authentique. En Angleterre, où on recourt fréquemment à l'entremise des courtiers (*insurance brokters*), ils n'ont pas la qualité d'officiers publics ; ce sont de simples agents qui doivent, au moins lorsqu'ils représentent l'assureur, être munis d'une procuration en due forme, bien qu'ils soient quelquefois admis à fournir la preuve de leur mandat. Ils n'ont également aucun caractère officiel aux Etats-Unis, où l'on a d'ailleurs très rarement recours à leur intervention. En Belgique, les courtiers n'ont de même aucun caractère public ; la liberté la plus absolue du courtage y a été établie par la loi du 30 déc. 1867. — En revanche, la plupart des législations exigent, comme notre code de commerce, que la police soit rédigée par écrit (V. notamment : c. com. hollandais, art. 255 ; c. com. italien, art. 420 ; c. com. espagnol, art. 737, § 1er). Le code allemand n'édicte pas formellement la même règle, et se borne à imposer à l'assureur l'obligation de délivrer à l'assuré, sur sa demande, un écrit signé par lui et constatant le contrat d'assurance (art. 780) (V. Desjardins, t. 6, p. 54 et suiv.).

1599. On a vu au *Rép.* n° 1469 que les notaires ont le droit de rédiger les assurances concurremment avec les courtiers, qu'ils ne sont pas tenus dans ce cas de se conformer à la loi du 25 vent. an 11, et qu'ils peuvent également s'interposer entre les parties pour la négociation de l'assurance ; on a même décidé que le notaire peut, à l'occasion d'une police qu'il a rédigée, être assigné devant la juridiction consulaire (Trib. Marseille, 31 août 1877, aff. Camille Roussier, *Recueil de Marseille*, 1877. 1. 321 ; Em. Cauvet, t. 2, n° 609 ; Desjardins, t. 6, n° 1306). — Qu'elle soit rédigée par un notaire ou par un courtier, la police fait foi jusqu'à inscription de faux, tout en n'emportant pas *exécution parée* (Lyon-Caen et Renault, t. 1, n° 609 ; de Valroger, t. 3, n° 1134 ; Desjardins, t. 6, n° 1306, p. 52). Nous avons admis la même solution en ce qui concerne les actes rédigés par les courtiers maritimes, bien qu'à l'égard de cette classe de courtiers, la question soit controversée (V. *suprà*, n° 159).

1600. Les polices d'assurances ainsi qu'on l'a exposé au *Rép.* n° 1468, peuvent être passées à l'étranger devant les chanceliers des consulats dans les formes prescrites pour les actes reçus par ces agents (Ord. 1681, art. 25, tit. 9, liv. 1er ; Edit de juin 1778, art. 8 ; Arrêt du conseil du 3 mars 1781 ; Circ. min. aff. étr. 9 déc. 1833 et 22 mars 1834). — Le droit des consuls de recevoir les actes qui intéressent les nationaux de leur pays et de leur imprimer l'authenticité est généralement reconnu par les législations étrangères, notamment par celles de l'Angleterre, de l'Autriche, de la Prusse, des Pays-Bas, du Portugal, du Danemark, de la Russie, de la Grèce, des Etats-Unis, du Brésil (V. Desjardins, t. 6, p. 60, note 7). — Il est admis, d'autre part, que, si l'assurance est passée à l'étranger en la forme usitée dans le pays, elle doit être considérée comme valable en vertu de la règle que tout acte est, en principe, régi par la loi du lieu où il a été passé, quant à sa forme, à ses conditions fondamentales et à son mode de preuve (Rennes, 7 déc. 1859) (1). La règle *Locus regit actum* est même seule applicable si le contrat intervient entre des Français et des étrangers.

1601. L'existence de blancs dans le texte de la police est prohibée par l'art. 332 qui, en ne faisant aucune distinction, étend par conséquent aux polices sous seing privé la prohibition générale relative aux actes authentiques. Elle a pour but d'empêcher certains abus qui se produisaient dans la pratique (Desjardins, t. 6, n° 1309) et de rendre impossible toute addition à la police faite après coup au préjudice de l'une ou de l'autre des parties. L'ordonnance de 1681 (art. 68, tit. 6, liv. 3) et les lettres patentes du 29 mai 1778 avaient essayé de corroborer cette prohibition en mettant à la charge du courtier ou du notaire les dommages-intérêts au profit de la partie lésée, et même une amende. Ces mesures n'avaient pas prévalu contre l'usage; il en est de même sous l'empire du code de 1807 qui d'ailleurs n'édicte aucune sanction. Toutefois, dans la pratique, les assureurs se montrent aujourd'hui plus récalcitrants à la signature en blanc des polices.

Du défaut de sanction on a conclu que l'existence de blancs dans la police n'emporte nullité qu'autant qu'elle comporte l'omission d'une clause substantielle de l'acte (*Rép.* n° 1472; Em. Cauvet, t. 2, n° 470; Weill, n° 14). Il n'en peut, dans tout autre cas, résulter que des dommages-intérêts à la charge du rédacteur, par application des principes du droit commun. Mais si, comme nous l'avons dit au *Rép.* n° 1471, les notaires, rédacteurs de polices contenant des blancs, sont passibles de l'amende édictée par l'art. 13 de la loi du 25 vent. an 11, il nous semble qu'on ne peut leur appliquer ce texte que si la police a été rédigée en la forme tracée pour les actes notariés par la loi de ventôse. Si le notaire avait procédé comme courtier, il ne pourrait pas plus que le courtier tomber sous l'application de l'art. 13 (de Valroger, t. 3, n° 1337). — M. de Valroger, *ibid.*, repousse l'opinion de Locré et Dageville (*Rép.* n° 1471), qui appliquaient l'amende aux courtiers.

1602. Tous les renvois, additions et ratures, pour des motifs analogues à ceux qui ont fait prohiber les blancs, doivent être approuvés par les parties (Règl. 18 juill. 1759). Ce règlement, en prescrivant aux courtiers et agents d'assurances de se conformer à cette règle, a donné naissance à l'usage des *avenants* (V. *suprà*, v° *Assurances terrestres*, n° 111) par lesquels on constate les clauses dérogatoires ou supplémentaires qu'on entend insérer dans les polices.

1603. Dans la pratique, on emploie, la plupart du temps, pour la rédaction des polices, des formules imprimées; cet usage tend de plus en plus à se généraliser. Depuis le 15 juill. 1873, les assureurs de Paris, Nantes, Bordeaux et Marseille, ont adopté une formule uniforme; ceux du Havre et de Saint-Malo ont conservé leurs anciennes formules (de Valroger, t. 3, n° 1336). Enfin, en France, on fait usage de deux polices distinctes, suivant qu'il s'agit d'assurances sur corps ou d'assurances sur facultés. Dans les polices imprimées, les vides sont comblés à l'aide d'annotations manuscrites ou d'un trait pour obéir à la disposition de l'art. 332 qui prohibe les blancs. Les clauses imprimées sont obligatoires pour les parties; mais, en cas d'antinomie entre une clause imprimée et une clause manuscrite, on se conforme à cette dernière (Aix, 3 déc. 1879, aff. Vaccaro, *Recueil de Marseille*, 1880. 1. 153; de Valroger, t. 3, n° 1337. Comp. *suprà*, v° *Assurances terrestres*, n°s 106 et 107).

1604. Les règles fiscales que la loi du 5 juin 1850 (D. P. 50. 4. 114) a appliquées aux polices d'assurances maritimes, et que nous avons exposées au *Rép.* n°s 1473 et 1474, sont toujours en vigueur. En outre, depuis la loi du 23 août 1871 (D. P. 71. 4. 54, art. 6), les contrats d'assurance maritime sont, comme les contrats d'assurances contre l'incendie, assujettis à une taxe qui est, pour les assurances maritimes, de 50 cent. par 100 fr., décime compris, du montant des primes et accessoires de la prime. Cette taxe est applicable aux contrats d'assurances maritimes passés à l'étranger par les agents des compagnies françaises, alors même qu'ils ne devraient être ni exécutés, ni publiés en France (Civ. rej. 5 févr. 1884, aff. Comp. *la Réunion*, D. P. 84. 1. 348). — V. *infrà*, v° *Enregistrement*.

Art. 2. — *Des énonciations et clauses que la police peut ou doit contenir* (*Rép.* n°s 1475 à 1548).

1605. Les diverses énonciations que doit contenir la police, aux termes de l'art. 332, ne sauraient, comme on l'a vu au *Rép.* n°s 1475 et suiv., être considérées comme tenant indistinctement à l'essence du contrat; la loi s'est bornée à indiquer les *renseignements* principaux que *constatent* ordinairement les polices d'assurances, laissant aux juges le soin de discerner quelles sont, parmi les énonciations qu'elle énumère, celles qui ont un caractère substantiel et dont l'absence entraînerait la nullité de l'acte. — Cette énumération elle-même n'est pas sans inconvénients, et, dans la pensée de beaucoup de jurisconsultes, il eût été préférable de décider simplement que l'assurance serait

(1) (Dacosta C. Owen Hazell et autres.) — La cour; — Considérant que Delaporte et comp. avaient investi la maison anglaise Owen Hazell et Richardson des pouvoirs les plus étendus pour contracter, en leur nom, sur la place de Londres des polices d'assurances maritimes, et pour les représenter dans la gestion et dans l'administration de ces sortes d'affaires; — Considérant qu'Owen Hazell et Richardson, présents au procès, où il n'ont été appelés que par Dacosta, n'ont dénié ni en première instance, ni en appel, et ont même, soit expressément, soit implicitement, reconnu que Dacosta avait formellement et par écrit déclaré la date du départ du *William-Nicholson*, et qu'ils ont consenti, ainsi que le même écrit le stipule, à admettre l'assurance, soit que Dacosta eût un intérêt quelconque dans le navire et le chargement, soit même qu'il n'en eût aucun; — Considérant qu'on ne peut, dès lors, reprocher à Dacosta aucune réticence qui fût de nature à diminuer l'opinion du risque, ni à en changer le sujet; — Que vainement on lui objecte le silence de la police, tant sur la date du départ du navire que sur la qualité de réassureur; — Qu'en admettant même que la règle qui veut que le contrat d'assurance soit constaté par écrit dût entraîner, en France, cette conséquence extrême que des réticences irritantes fussent réputées dûment prouvées par cela seul que la police né contiendrait pas l'énumération de tous les faits qui peuvent contribuer à établir l'opinion du risque, cette règle ne devrait pas être jugée applicable à une assurance qui a été contractée dans les formes et selon les usages suivis dans la pratique anglaise, ainsi que Owen et Richardson étaient formellement autorisés à le faire par la procuration authentique et dûment enregistrée qui leur avait été donnée, et par application d'ailleurs de la maxime qui veut que les formes de l'acte soient déterminées par la loi du lieu où il a été passé; qu'il est en définitive clairement établi que si, relativement à l'assurance dont il s'agit, Delaporte et comp. n'ont pas été exactement informés de tout ce qu'ils pouvaient avoir intérêt à connaître, ils ne peuvent s'en prendre qu'à leurs propres mandataires, qui n'ont rien ignoré;

Considérant que s'il appert que Dacosta n'était intéressé dans le chargement du *William-Nicholson* que comme assureur, et jusqu'à concurrence de 150 livres sterling seulement (3750 fr., tandis que l'assurance a été commise pour une somme de 300 livres sterling (7500 fr.), il résulte aussi des termes mêmes dans lesquels la convention est intervenue, que cette exagération de la valeur assurée n'a eu, de la part de Dacosta, aucun caractère de dol et de fraude; qu'évidemment il ne trompait pas à ces égard ceux qui admettaient sciemment l'assurance dans l'hypothèse même où il n'aurait eu aucun intérêt dans le navire ni dans son chargement; — Considérant que par suite, aux termes des art. 357 et 358 c. com. le contrat doit être déclaré valable jusqu'à concurrence de l'intérêt que Dacosta possédait dans le chargement de *William-Nicholson*, c'est-à-dire pour 3750 fr.; — Considérant que, c'est en France un principe d'ordre public et auquel les conventions particulières ne peuvent pas déroger, que le contrat d'assurance ne doit pas contenir une garantie de bénéfices, ni, à plus forte raison, constituer une sorte de jeu ou de pari; que par conséquent, quelles que puissent être à ce sujet les dispositions des législations étrangères, les tribunaux français ne peuvent pas sanctionner et rendre exécutoire, sur le territoire de l'Empire, un contrat d'assurance consenti par un Français, s'il présente l'un ou l'autre de ces caractères;

Par ces motifs, met ce dont est appel au néant, en ce que l'exécution complète de la police d'assurance a été ordonnée; émendant, dit que la police ne devra recevoir son exécution que jusqu'à concurrence de 3750 fr.; la déclare pour le surplus nulle et non avenue, etc.

Du 7 déc. 1859.-C. de Rennes, 1re ch.-MM. Boucly, 1er pr.-Grivart et E. Bodin, av.

rédigée par écrit en laissant aux parties l'entière faculté de formuler la convention dans les termes qui leur conviendraient. Le projet de revision de 1867 contenait même une disposition dans ce sens (V. de Valroger, t. 3, n° 1338).

1606. — I. DATE DU CONTRAT (*Rép.* nos 1478 à 1482). — La date du contrat doit, ainsi qu'on l'a exposé au *Rép.* n° 1478, comprendre l'année, le mois et le jour où le contrat a été souscrit, et l'on doit mentionner s'il a été passé avant ou après midi. — Il eût été préférable d'exiger la mention de l'heure plutôt que de se borner à énoncer si la police a été souscrite avant ou après midi: cette prescription n'eût pas soulevé plus de difficultés; mais le législateur a cru devoir se conformer à l'usage établi.

1607. En principe, lorsqu'on traite successivement avec divers assureurs, tout en ne rédigeant qu'une seule police, opération qui se prolonge fréquemment pendant plusieurs jours, chaque souscription devrait être datée du jour où elle est faite. Mais ce n'est pas ainsi que les choses se passent dans la pratique. Il est d'usage de n'apposer que la date de la première souscription, les autres sont sans date; enfin la police est close par le notaire ou le courtier, qui répète la date de la première souscription. Il en résulte tout d'abord que la plupart des souscriptions se trouvent antidatées et que l'acte dressé par un officier ministériel qui est chargé d'en attester la sincérité, est faussé par cet officier même. En outre, comment saura-t-on, si l'assurance excède la valeur des effets mis en risque, discerner quels sont les derniers assureurs qui profiteront du ristourne? Au cas où l'une des assurances viendrait à être faite après la nouvelle d'un sinistre, alors qu'à la date donnée à toutes, l'événement ne se serait pas produit, comment déterminer celles qui seront tardives? (de Valroger, t. 3, n° 1340; Desjardins, t. 6, n° 1310).

L'irrégularité est manifeste. L'art. 332, en effet, en disposant que le contrat sera daté du jour où il est souscrit, désigne évidemment le jour où il s'est formé, c'est-à-dire celui où le consentement intervient; il n'a pas eu en vue la clôture de la police par le courtier, car cette opération est propre à ce dernier, elle ne nécessite pas le concours des intéressés et peut intervenir plusieurs heures, et même plusieurs jours après les souscriptions consenties par les assureurs. C'est une formalité qui n'a rien d'essentiel, et, si la signature du courtier atteste la sincérité du contenu de la police jusqu'à inscription de faux, la date et l'heure jointes à cette signature indiquent seulement que c'est à ce moment que la police a été clôturée, et non pas que c'est à ce même moment que l'assurance a été souscrite.

La cour de cassation a décidé, en conséquence, que, dans le cas où une police porte, dans le corps de l'acte, qu'elle a été passée tel jour, sans indiquer si c'est avant ou après midi, tandis que la clôture de l'acte par le courtier indique le même jour *après midi*, la date contenue au corps de l'acte est la seule date légale du contrat, et, dès lors, il appartient aux tribunaux de rechercher dans d'autres éléments de preuve, notamment dans la correspondance, si le contrat a été passé avant ou après midi (Civ. rej. 24 déc. 1873, aff. Ghirlanda, D. P. 74. 1. 358). — Mais il a été jugé que, lorsqu'une même police a été souscrite successivement par plusieurs assureurs qui n'ont accompagné leur signature d'aucune date spéciale, ces assureurs sont réputés avoir assigné à leurs engagements respectifs la date unique qui se trouvait insérée dans la police (Aix, 25 févr. 1879) (1). — Cette dernière décision, fondée sur l'intention des parties, ne peut soulever aucune objection et n'a rien de contraire à la décision de l'arrêt précité du 24 déc. 1873.

(1) (Dreyfus et comp. C. Roche et comp.) — Les sieurs Dreyfus et comp. chargèrent le 8 juin 1878 le courtier Trabaud d'ouvrir pour une somme de 300000 fr. une police d'assurance *in quovis*. Celui-ci recueillit des souscriptions jusqu'à due concurrence et laissa la police ouverte. A cette date du 8 juin, le navire *Alonzo* chargé dans les conditions indiquées par la police partit pour Marseille. Avisés de ce départ et informés, en même temps, que le vapeur *Stamfort* et d'autres navires vont recevoir pour leur compte d'importants chargements, Dreyfus et comp. font augmenter de 100000 fr. le 14 juin, par Trabaud, la police du 8 juin restée ouverte, en lui remettant à cet effet l'ordre suivant : « *In quovis du 8 juin de 300000 fr.; augmenter de 100000 fr.; 1re application, Alonzo vapeur; 2e application, Stamfort vapeur; Marseille*, 14 *juin* 1878 : *Signé Dreyfus et comp.* ». — Ils donnent en même temps au courtier Blachette l'ordre d'ouvrir le 14 juin, une autre police *in quovis* de 490000 fr. Celui-ci recueille des souscriptions pour la somme demandée et clôt sa police en date du 14 juin. Le courtier Trabaud recueille de son côté, sur la police du 8 juin, de nouvelles signatures jusqu'à concurrence des 100000 fr. d'augmentation réclamés en faisant viser, par tous les assureurs inscrits sur sa police, l'ordre écrit qui portait application à celle-ci des vapeurs *Alonzo* et *Stamfort*, puis il clôture sa police à la date du 8 juin. — Sur ces entrefaites le navire *Alonzo* arrive heureusement avec un chargement évalué à 76000 fr.; le *Stamfort* parti pour Marseille périt en route. Dreyfus et comp. signifient alors le délaissement aux assureurs de la police de Trabaud, et les assignent en payement de 324000 fr., valeur des marchandises naufragées, formant le solde des 400000 fr. assurés par cette police, déduction faite des 76000 fr. qui représentaient la valeur de l'*Alonzo*. Les assureurs Roche et comp. souscripteurs de cette police pour la somme susénoncée de 100000 fr. en réclament, au principal, l'annulation pour cause de réticence; et, subsidiairement, soutiennent que, le contrat d'assurance n'étant formé, quant à eux, que le 14 juin, les assureurs de la police du courtier Blachette, souscrite à la même date, doivent supporter le sinistre en concurrence avec eux. — Le tribunal de commerce de Marseille a, le 23 oct. 1878, rendu le jugement suivant : — « Sur la réticence (sans intérêt) : — Attendu que les assureurs qui ont souscrit la police du 8 juin, mais à la date du 14 juin seulement, ont demandé que les 100000 fr. par eux souscrits ne portassent sur le *Stamfort* qu'en concours avec une police *in quovis* du 14 juin, courtier Blachette; — Attendu qu'il a été décidé par jugement du tribunal de commerce de Marseille du 13 nov. 1871, confirmé par arrêt de la cour d'Aix et maintenu par un arrêt de la cour de cassation, que la date mise par le courtier seul au bas d'une police pouvait être écartée, et qu'un concours pouvait être admis entre assureurs de polices différentes, portant des dates différentes aussi, lorsqu'il était justifié que ces polices ont été faites en même temps; — Attendu que, dans l'espèce, il est établi d'une manière certaine que les derniers souscripteurs pour 100000 fr. de la police du 8 juin ne l'ont souscrite que le 14; qu'il peut, par suite, s'élever une question de concours entre ces assureurs et ceux de la police du 14 juin; mais que cette question, que le tribunal n'entend nullement préjuger, doit être débattue entre les assureurs souscripteurs des diverses polices; qu'en l'état, Dreyfus et comp. ont pu demander le payement de la perte par navire *Stamfort* à tous les assureurs qui ont souscrit un même acte et qui ont accepté pour aliment de la police le chargement sur même navire; — Condamne les assureurs en cause à payer aux sieurs Dreyfus et comp. la somme de 324000 fr. ...sous réserve des droits des sieurs Roche et consorts, à l'égard des assureurs qui ont souscrit la police datée du 14 juin. ». — Appel par les assureurs contre Dreyfus et comp. — De leur côté, les assureurs de la police Blachette interviennent devant la cour pour réclamer la suppression des réserves que le jugement contient à leur égard. — La cour se trouvait ainsi saisie de la question du concours des polices. Les premiers assureurs de la police Trabaud, ceux qui l'avaient signée le 8 juin, se prétendaient seuls assureurs à cette date, leur assurance couvrant seule, disaient-ils, le vapeur *Alonzo* chargé antérieurement au 14 juin. En conséquence, ils devaient bénéficier seuls de l'heureuse arrivée de ce navire, et imputer les 76000 fr., valeur de son chargement, sur la somme de 300000 fr., montant de leur assurance. — Arrêt.

LA COUR; — Sur l'appel principal : — Par les motifs des premiers juges; — Sur l'intervention, en la forme (sans intérêt); — Au fond, sur le moyen tiré de ce que la police du 8 juin contiendrait deux contrats distincts, l'un à la date du 8, l'autre à la date du 14 juin : — Attendu que la police porte une date unique, celle du 8 juin; que cette date est mise au bas de l'écriture qui constitue la police elle-même, et qu'elle est indépendante de celle qui a été mise par le courtier quand il a clôturé cette police; — Attendu que chacun des assureurs successifs, en apposant sa signature au bas de la police et en n'accompagnant cette signature d'aucune mention spéciale, a implicitement accepté la date du 8 juin, et consenti à faire remonter son engagement à cette date; — Attendu qu'il doit en être d'autant plus ainsi dans l'espèce, que, le 14 juin, jour où Dreyfus a donné au courtier Trabaud l'ordre d'augmenter de 100000 fr. la police du 8 juin, en spécialisant l'assurance *in quovis* sur l'*Alonzo* et sur le *Stamfort*, tous les assureurs indistinctement, y compris Roche et consorts, alors qu'ils avaient signé ou qu'ils signaient la police sans accompagner leur signature d'une date spéciale, ont, sous cette date du 14 juin, apposé leur signature sur l'ordre de Dreyfus, comme pour indiquer encore mieux que la police du 8 leur devenait commune pour la date qu'elle portait et pour la spécialisation qui en était faite; qu'il n'y a rien d'illicite dans cette convention qui place ainsi sous une date unique des engagements qui ne sont pris que successivement et à mesure des souscriptions; que cette doctrine n'a rien de contraire à celle qui a été admise par l'arrêt de la cour de céans du 28 mai 1872 et celui de la cour de cassation du 24 déc. 1873 (aff. Ghirlanda, D. P. 74. 1. 358), qui ont seulement déclaré l'un et l'autre que le courtier qui clôture une police d'assurance n'a pas qualité pour

1608. On a objecté au système de la cour de cassation que, si l'on doit s'attacher uniquement, pour déterminer la date d'un contrat, au moment où le consentement a été donné, où les parties sont tombées d'accord pour contracter l'assurance, ce moment ne saurait être celui où l'assureur a donné sa signature, qu'il faut reporter la formation du contrat à une époque postérieure : celle où la police a été signée, soit par l'assuré lui même, soit, si l'on admet qu'il donne son consentement par l'intermédiaire du courtier, celle où le courtier a apposé sa signature. La cour de cassation, dans l'arrêt du 24 déc. 1873 (cité *suprà*, n° 1607), a répondu d'avance à cette objection en disant que le courtier est le mandataire de l'assuré à l'effet de trouver des assureurs; que, par conséquent, le consentement de l'assuré est donné d'avance et ne dépend pas de la signature du courtier; le contrat est donc formé au moment de la souscription par les assureurs.

1609. La mention de la date dans la police d'assurance est utile à différents points de vue qui ont été indiqués au *Rép.* n° 1478; on peut ajouter qu'elle sert à fixer le point de départ de la prescription de cinq ans établie par l'art. 432 c. com. (Desjardins, t. 6, n° 1310, p. 65; Lyon-Caen et Renault, t. 2, p. 239, note 3). Au reste, la doctrine est restée fixée en ce sens que l'omission de la date n'entraîne pas la nullité de la police, cette nullité n'étant pas prononcée par la loi (*Rép.* n° 1480; Em. Cauvet, t. 2, n° 471; Desjardins, *loc. cit.;* de Valroger, t. 3, n° 1339). Toutefois, comme on l'a vu au *Rép. loc. cit.*, si la police non datée est valable *inter partes*, elle est sans effet à l'égard des tiers qui auraient traité avec les parties avant que l'acte eût acquis date certaine.

1610. Lorsque de deux polices qui se trouvent en concours, l'une est régulièrement datée, tandis que l'autre ne porte pas de date ou n'a qu'une date incomplète, on a prétendu que la première devait primer la seconde, c'est-à-dire que l'assureur qui l'a consentie avait le droit, suivant son intérêt, de la faire considérer comme souscrite avant ou après l'autre police : en cas d'heureuse arrivée, il choisirait ce premier parti, pour faire considérer son contrat comme valable à l'exclusion du second et encaisser la prime; en cas de sinistre, il opterait pour le second parti, afin de se soustraire au payement de l'indemnité (V. en ce sens : Pardessus, t. 2, n° 794; Alauzet, t. 5, n° 2006; Em. Cauvet, n° 471; Weill, n° 10). — Ce système, qui repose sur une présomption purement arbitraire, est combattu avec raison par M. de Valroger, t. 3, n° 1339 (V. conf. Lyon-Caen, t. 2, n° 2105; Desjardins, t. 6, n° 1310, III et IV); et il paraît également contraire à la doctrine de la cour de cassation qui, dans son arrêt du 24 déc. 1873, cité *suprà*, n° 1607, reconnaît au juge le pouvoir de reconstituer, à l'aide des éléments fournis par le procès, l'heure véritable (et naturellement aussi, s'il y a lieu, le jour) de la formation du contrat.

1611. Nous avons dit au *Rép.* n° 1482 que, lorsque la même police renferme diverses assurances indépendantes les unes des autres, les engagements non datés sont présumés faits le même jour que celui dont la date suit immédiatement, ou, s'il n'y a pas d'engagements postérieurs à ceux non datés, du jour de la clôture de la police. — D'après la jurisprudence la plus récente, c'est aux tribunaux qu'il appartient de déterminer, d'après les circonstances de la cause, quelle est la date de l'engagement. Cette question peut se présenter fréquemment dans la pratique; en effet, les assureurs cherchent à diviser les risques afin de ne pas assumer une responsabilité trop étendue. Aussi arrive-t-il, comme on l'a déjà exposé *suprà*, n° 1607, que pour les assurances de quelque importance, la police porte le plus souvent la signature de plusieurs assureurs souscrivant séparément une somme de risques déterminée. Ces diverses souscriptions sont souvent recueillies par le courtier à plusieurs jours d'intervalle, puis le courtier clôt la police et la signe. Si ces souscriptions ne sont pas datées, elles doivent, dans le système exposé au *Répertoire*, prendre la date du jour de la clôture de la police. La cour de cassation n'a pas adopté ce système. Pour elle, la date d'une police d'assurance est le moment où le contrat s'est formé par l'engagement réciproque des parties, et non pas celui où la police a été close et signée par le notaire ou le courtier (Civ. rej. 24 déc. 1873, cité *suprà*, n° 1607. V. Desjardins, t. 6, n° 1310, p. 66, VI).

1612. — II. NOM ET DOMICILE, QUALITÉ DE PROPRIÉTAIRE OU DE COMMISSIONNAIRE DE CELUI QUI FAIT ASSURER (*Rép.* n°s 1483 à 1492). — Pourquoi exige-t-on la désignation de l'assuré ? C'est, a-t-on dit, afin qu'on puisse vérifier si l'assuré est intéressé véritablement à la conservation de la chose (*Rép.* n° 1483). — Ajoutons que, dans le cas du moins d'assurance sur corps, la personnalité de l'assuré est prise en considération par l'assureur; car elle peut influer sur les risques que court le navire assuré (de Valroger, t. 3, n° 1341). Enfin il faut toujours dans l'acte qui constate un contrat faire connaître les parties contractantes, afin que l'on sache qui est créancier et débiteur. — La loi prescrit pour l'assuré l'indication du nom et du domicile; mais il suffit de désigner l'assuré de façon à ce qu'il n'y ait pas de doute sur son individualité. Ainsi l'indication du domicile est inutile, si celle du nom suffit pour éviter toute méprise. L'indication du nom est même superflue si le nom du navire suffit pour faire connaître l'assuré. En sens inverse, l'indication du nom et du domicile pourrait être insuffisante, comme dans le cas, par exemple, où l'assuré habiterait avec un frère ou son père. — L'indication de la nationalité peut être utile dans certains cas, par exemple, si, en raison d'une guerre, elle expose la chose à des risques particuliers.

1613. En imposant à celui qui souscrit l'assurance l'obligation de déclarer s'il agit comme propriétaire ou comme commissionnaire, l'art. 332 déroge au droit commun, le commissionnaire n'étant pas tenu habituellement d'indiquer sa qualité. Les motifs de cette dérogation ont été exposés au *Rép.* n° 1486. Comme nous l'avons dit, c'est afin d'éviter les fraudes nombreuses qui pourraient être commises (V. Desjardins, t. 6, n° 1312; de Valroger, t. 3, n° 1345).

1614. Il n'est pas nécessaire de désigner le commettant. Dans la pratique, on emploie généralement une formule permettant à tout intéressé de se prévaloir de l'assurance au lieu d'y dénommer expressément l'assuré. Dans les polices imprimées, le vide laissé pour l'insertion du nom de l'assuré est suivi des mots *pour le compte de...*; puis un nouveau vide, que l'on remplit à l'aide d'une des formules indiquées au *Rép.* n° 1487 et *suprà*, n° 1603. Ce mode de procéder répond mieux aux exigences du commerce, alors que fréquemment, au moment où l'assurance est conclue, la propriété des marchandises est encore indécise en raison de ventes conditionnelles, de ventes à livrer, de comptes en participation, etc. (Desjardins, t. 6, n° 1312; de Valroger, t. 3, n° 1345). — En cas de sinistre, les assurances ainsi contractées peuvent être invoquées non seulement par celui qui les a souscrites, mais aussi par les tiers pour le compte desquels il a agi, ou auxquels les marchandises ont été transférées dans la suite, ou plus généralement qui, à un titre quelconque, se trouvent intéressés à leur conservation. La disposition de l'art. 332 se trouve ainsi éludée, car les locutions employées qui permettent non seulement aux tiers intéressés, mais à l'assuré lui-même de bénéficier de l'assurance, n'indiquent pas à quel titre exactement agit ce dernier. Mais la prescription de l'art. 332 n'a rien de substantiel.

1615. Il a été jugé, d'après ces principes, que, dans l'assurance pour le compte de qui il appartiendra, faite par une compagnie maritime, de marchandises chargées sur un navire déterminé, le nom de l'assuré pour compte est suffisamment désigné, lorsque la police énonce le nom de l'individu qui sert d'agent à la compagnie dans le port où réside le propriétaire des effets chargés, si, d'après un usage établi sur la place et connu de la compagnie d'assurances, l'agent ainsi désigné est toujours, de l'aveu commun, réputé commissionnaire du propriétaire du chargement (Civ. rej. 18 févr.

---

assigner à cette police une autre date que celle que les parties lui ont donnée; — Attendu que, cette solution étant admise, toutes les autres questions disparaissent ; que tous les souscripteurs de la police du 8 juin doivent conjointement et doivent seuls indemniser Dreyfus de la perte du *Stamfort ;* — Reçoit les intervenants ; — Statuant au fond, supprime la réserve faite au jugement ; — Confirme le surplus.

Du 25 févr. 1879.-C. d'Aix, 1re ch.-MM. Rigaud, 1er pr.-Alphandéry, av. gén.-Arnaud, Bouteille, Estrangin, Drujon, Abram et P. Rigaud, av.

1868, aff. Adam, D. P. 68. 1. 499. V. aussi Aix, 7 déc. 1882, aff. Garibaldi, D. P. 84. 2. 41). Mais il a été décidé aussi que l'expression *amis*, ne s'entendant jamais, suivant les usages du commerce, de négociants de la même place, mais de correspondants résidant au dehors, la police flottante souscrite sur marchandises avec stipulation que les marchandises applicables à cette police sont pour le compte de l'assuré et *pour compte d'amis* leur ayant donné l'ordre d'assurer, ne peut être appliquée à des marchandises appartenant à un négociant de la même place (Trib. Havre, 28 nov. 1864, *Recueil du Havre*, 1864. 2. 186).

1616. L'assurance peut, dans certains cas, être réputée faite pour compte de qui il appartiendra, bien que la police ne l'indique pas expressément. C'est ce qui résulte, notamment, d'un arrêt aux termes duquel le patron d'un bateau, simple agent de transport pour autrui, qui a assuré les marchandises chargées en même temps que le bateau lui-même, a fait ainsi l'affaire des chargeurs et doit être considéré comme ayant assuré les marchandises pour le compte de qui de droit (Rouen, 7 mai 1877, aff. Desmarez et Leroux, D. P. 78. 2. 127).

1617. La police contractée *pour le compte de qui il appartiendra* ne doit pas être confondue avec la police *à ordre* ou *au porteur* (V. *infrà*, n° 1656). Autre chose est la formule *pour compte de qui il appartient*, indiquant que celui qui contracte l'assurance entend traiter pour toute personne qui a ou aura par la suite un intérêt propre à la conservation des objets assurés ; autre chose la clause à ordre, impliquant que l'obligation pour l'assureur de payer, en cas de sinistre, le montant de l'indemnité existera, non seulement envers l'assuré lui-même, mais aussi envers toute personne à laquelle la police aura été ultérieurement transmise par voie d'endossement. — On ne saurait non plus considérer, d'une manière absolue, la police souscrite pour le compte de qui il appartient comme étant au porteur. L'assurance contractée dans ces termes peut bien être invoquée en premier lieu par le souscripteur, auquel on reconnaît le droit de se l'appliquer à lui-même, s'il est personnellement intéressé à la conservation des objets assurés, puis par tous ceux qui, soit en tant que propriétaires, soit à tout autre titre, avaient au moment de la formation du contrat, ou ont acquis, dans l'intervalle, entre la souscription et la réalisation du sinistre, un intérêt personnel à ce que ces objets fussent soustraits aux risques de la navigation (Civ. rej. 5 mars 1888, aff. Trombetta, D. P. 88. 1. 366 ; Cresp, *op. cit.*, t. 3, p. 347 et 348 ; Droz, t. 1, n° 24; Em. Cauvet, t. 2, n° 444). C'est à ce point de vue restreint que se sont placés les auteurs et les décisions judiciaires qui ont reconnu à tout porteur d'une police souscrite pour compte de qui il appartient le droit de réclamer l'indemnité promise, pourvu qu'il justifie d'un intérêt à la conservation de la chose assurée, ou bien pourvu qu'il soit en même temps en possession d'un connaissement conforme (Trib. com. Marseille, 17 avr. 1850, *Recueil de Marseille*, 1850. 1. 199; Rouen, 14 août 1867, *ibid.*, 1868. 2. 161 ; Havre, 31 mai 1875, *ibid.*, 1876. 2. 93; Bordeaux, 9 août 1875, *Mémorial de jurisprudence commerciale et maritime*, 1875. 1. 338 ; Bédarride, t. 3, n°s 1043 et 1078 ; J.-V. Cauvet, t. 1, n°s 228 et 266). Ajoutons que le véritable intéressé agit alors non pas en tant que cessionnaire et comme tenant ses droits de l'assuré pour compte; il se pourvoit comme ayant traité ou étant censé avoir traité directement par l'entremise de celui-ci, et comme ayant acquis, dès le principe, les droits et actions qui en découlent contre l'assureur. — Mais il ne faut pas aller au delà, et il n'est guère possible d'admettre que l'assuré pour compte ou le véritable intéressé en faveur duquel il a traité puisse, à l'aide d'une simple remise de la police, transférer par la suite à un tiers, pour lequel la conservation de l'objet assuré est chose indifférente, le bénéfice du contrat. Ce tiers ne peut être considéré comme ayant été représenté dans le contrat d'assurance par celui qui l'a conclu ; il ne saurait être compris dans la catégorie des tiers pour compte et considéré comme créancier du montant de l'assurance par assimilation à un assuré direct. Cela est d'autant moins douteux que sa situation est loin de s'identifier avec celle de l'assuré ; il n'est pas tenu des obligations auxquelles ce dernier est soumis envers l'assureur ; il n'est pas personnellement débiteur de la prime, mais seulement obligé d'en laisser prélever le montant sur la somme à laquelle s'élève l'indemnité (Bédarride, t. 3, n° 1079 ; Cresp, *op. cit.*, t. 3, p. 405 ; Laurin sur Cresp, t. 4, p. 229 et 230 ; Droz, *op. cit.*, t. 1, n°s 45 et 180 ; Em. Cauvet, t. 2, n° 445 ; Trib. com. Marseille, 29 mai 1856, *Recueil de Marseille*, 1856. 1. 172). D'où cette conséquence que la transmission opérée à son profit n'a pas pour effet de le substituer à l'assuré tant au point de vue passif qu'au point de vue actif; elle ne fait que lui transférer les droits et actions qui appartiennent à l'assuré contre l'assureur, sauf le prélèvement dont il vient d'être parlé. — Ajoutons que les tiers porteurs, « simples cessionnaires de la police, sont tenus de rapporter la preuve d'une transmission régulière » (Desjardins, t. 6, n° 1328 *bis*, p. 123 ; Aix, 7 déc. 1882, aff. Garibaldi, D. P. 84. 2. 41). Suivant cet arrêt, celui qui, ne figurant pas au nombre des intéressés susceptibles de bénéficier directement de la clause *pour compte*, est devenu cessionnaire de la police en vertu d'un endossement et sans l'accomplissement des formalités prescrites, en matière de cession-transport de créance, par l'art. 1690 c. civ., ne peut se prévaloir de la qualité de tiers porteur pour obtenir la mainlevée d'une saisie-arrêt pratiquée antérieurement à l'endossement par les créanciers de l'assuré originaire.

1618. On vient de voir que le porteur d'une police souscrite *pour compte de qui il appartiendra* doit, pour réclamer l'indemnité, justifier de son intérêt à la conservation de la chose assurée. La preuve de cet intérêt se fait ordinairement à l'aide du connaissement (V. *infrà*, n° 1912). — D'autre part, suivant la doctrine généralement admise (*Rép.* n° 1490) l'assureur, pour être certain que le porteur du connaissement en est légitime propriétaire, est en droit, avant de payer l'indemnité, d'exiger la production d'un mandat formel du propriétaire ou la preuve de la ratification de l'assurance en temps utile. Une telle prétention ne saurait cependant être admise, dans la pratique, en présence de certaines clauses fréquemment jointes à la clause pour compte de qui il appartiendra. Il en est ainsi, notamment, quand il est stipulé dans la police que « le montant des pertes ou avances sera payable au porteur des pièces justificatives et de la police sans qu'il soit besoin de procuration » ; cette clause dispense nécessairement de la preuve d'un mandat formel le tiers qui, sans intérêt personnel, se présente pour toucher l'indemnité due par les assureurs en cas de sinistre. Toutefois, elle ne l'exonère pas de l'accomplissement des formalités imposées par le droit commun en matière de cession, s'il prétend s'en approprier le montant à l'exclusion des créanciers du véritable intéressé (Aix, 7 déc. 1882, cité *suprà*, n° 1617 ; Desjardins, t. 6, n° 1328 *bis*, p. 124).

1619. — III. Nom et désignation du navire (*Rép.* n°s 1493 à 1512). — On a vu au *Rép.* n° 1493 que la mention du nom du navire est surtout importante, lorsque le navire est non pas seulement le lieu, mais l'objet du risque, c'est-à-dire dans le cas d'assurance sur corps. Cette prescription de l'art. 332 se justifie d'elle-même. D'abord, un acte doit toujours faire connaître l'objet du contrat qu'il constate; ensuite, dans une police d'assurance, l'indication du navire assuré est nécessaire pour édifier l'assureur sur l'étendue et la réalité du risque ; c'est pourquoi les polices sur corps et notamment celles qui, depuis 1873, ont reçu la dénomination de *polices françaises*, portent en tête et au-dessus des clauses imprimées les mots : *navire... capitaine... voyage...* avec des blancs à remplir, puis, au bas des modèles, une formule ainsi conçue : « Le soussigné... assure à... demeurant à... agissant pour compte de... la somme de... sur corps et toutes dépendances généralement quelconques du navire... nommé... capitaine... » (V. Desjardins, t. 6, n° 1314).

1620. On doit énoncer le nom et la qualité du navire, deux navires de force et de dimensions différentes pouvant porter le même nom, et la nature du bâtiment influant d'ailleurs sur le risque ; — son mode de locomotion, c'est-à-dire, s'il est à voile ou à vapeur ; — son tonnage ; — sa nationalité ; — s'il voyage avec un chargement ou sur lest, car, dans les deux cas, les risques ne sont pas absolument les mêmes, un navire chargé ayant plus de stabilité qu'un navire sur lest, et, en cas d'avarie commune, la contribution de la marchandise diminuant la perte de l'assureur du navire.

Dans le cas d'assurance sur corps, il faut encore indiquer exactement l'assiette de l'assurance. Porte-t-elle en même temps sur le corps et les facultés ? En ce cas, porte-t-elle sur ces objets conjointement ou séparément ? Dans le doute, l'assurance est censée porter seulement sur le navire.

1621. Dans le cas d'assurance sur facultés portant sur des marchandises qui doivent être chargées sur plusieurs navires dénommés, il convient de faire connaître si l'assurance est faite conjointement ou divisément. — On doit avoir soin d'indiquer si les marchandises seront chargées *sur* ou *dans* le navire ; ces expressions ne sauraient être employées indifféremment, car les risques ne sont pas les mêmes dans les deux cas ; aussi, lorsque les marchandises ont été chargées *sur* le navire, tandis que la police stipulait qu'elles le seraient *dans* ce navire, les risques sont réputés modifiés (Paris, 20 janv. 1870, et sur pourvoi, Civ. rej. 15 avr. 1873, aff. Kruger, D. P. 73. 1. 432). Enfin la désignation du navire lie l'assuré, qui ne peut procéder à aucune substitution d'un bâtiment à l'autre sans rendre l'assurance résoluble, en raison de l'importance que le navire peut avoir sur l'appréciation du risque. Il existe, en effet, chez la plupart des nations maritimes, des institutions spéciales : en France le bureau *Veritas*, et à Bordeaux spécialement, celui du *registre maritime ;* en Angleterre, le *Lloyd's shipping Register*, qui possèdent, inscrits sur des registres, d'après leur qualité et leur nom, des renseignements complets sur la plupart, sinon sur la totalité des navires. Le bureau *Veritas*, qui est en France la principale de ces institutions, a été fondé en 1828. Il enregistre les navires français et étrangers avec mention de la date de leur construction, de leur tonnage et des réparations qu'ils ont reçues. De plus, il les classe individuellement, après qu'ils ont été soumis à la visite d'experts capables, qui doivent tenir compte, non seulement de l'âge du navire, mais encore de son état, surtout si, par vice de construction, ou par suite d'avaries antérieures, il est très défectueux. Des signes spéciaux indiquent le degré de confiance que mérite chaque navire. Enfin le registre *Veritas* est remanié et publié chaque année (V. Em. Cauvet, t. 1, nos 371 et suiv. ; Weill, n° 60). — Les assureurs qui recourent à ces institutions peuvent donc connaître avec certitude la date de construction de chaque navire inscrit, les grosses réparations qu'il a subies, enfin sa cote d'après l'appréciation d'experts compétents. Mais, pour que les assureurs puissent se renseigner en connaissance de cause, auprès du bureau *Veritas*, par exemple, il est nécessaire qu'ils soient eux-mêmes clairement renseignés sur l'identité du navire (Desjardins, t. 6, n° 1314, p. 73 ; de Valroger, t. 3, n° 1350).

1622. Il est évident que, dans l'assurance sur facultés, si la désignation du navire porteur du risque est de la nature du contrat d'assurance maritime, elle n'est pas de son essence. En effet, comme on l'a vu au *Rép.* nos 1504 et suiv., les parties peuvent contracter une assurance de marchandises chargées ou à charger sur navire indéterminé. Ces sortes d'assurances s'appellent assurances *in quo vis ;* à cette classe se rattachent les polices dites flottantes ou d'abonnement, destinées à couvrir une série de transports que fait ou fait faire un expéditeur de marchandises (V. Em. Cauvet, t. 1, nos 205 et suiv.). On a vu au *Rép.* n° 1504 quelles sont les raisons de nécessité qui ont fait admettre les assurances ainsi contractées. Mais l'*assurance sur facultés* peut seule être *in quo vis ;* car, dans l'*assurance sur corps*, le nom du navire ne saurait être ignoré de celui qui le fait assurer, et sa désignation est nécessaire pour permettre de fixer le risque.

1623. L'assurance *in quo vis* est pratiquée en Angleterre et aux Etats-Unis comme elle l'est en France ; elle donne lieu à une déclaration d'aliment au fur et à mesure que les aliments se produisent et par ordre de date, à moins qu'il ne soit stipulé que les déclarations seront faites dans l'ordre de réception des nouvelles successives de chargements. Ces assurances se font souvent par abonnement et à l'année. — Elles existent également en Espagne, en Belgique, en Italie. — L'art. 821 c. com. allemand prescrit à l'assuré, lorsque l'assurance porte sur des marchandises à charger sur des navires encore non désignés, de faire connaître à l'assureur sur quel navire les marchandises sont chargées, dès qu'il en a connaissance (V. pour plus de détails M. Desjardins, t. 6, n° 1385 *bis*). Le code hollandais dispense exceptionnellement l'assuré qui ignore sur quel navire les marchandises sont chargées de l'obligation de désigner le navire et le capitaine, s'il déclare son ignorance dans la police et fait connaître la date et la signature de la lettre d'avis ou d'ordre qu'il a reçue (V. Desjardins, t. 6, n° 1316).

1624. Comme on l'a vu au *Rép.* n° 1506, l'assurance *in quo vis*, malgré les termes en apparence restrictifs de l'art. 337 est admise aujourd'hui à l'égard des chargements faits en Europe pour une autre partie du monde ; c'est un point qui ne fait l'objet d'aucun doute et l'on ne saurait le contester en argumentant *a contrario* d'un arrêt du 2 févr. 1857 (aff. Bernard, D. P. 57. 1. 67) qui déclare valable l'assurance *in quo vis* quant aux chargements faits aux Échelles du Levant, aux côtes d'Afrique et aux autres parties du monde pour l'Europe.

1625. Dans l'assurance *in quo vis*, on est dispensé de désigner le navire et le capitaine, et même le destinataire ou le consignataire (*Rép.* n° 1505) ; on peut même être dispensé d'indiquer la nature des marchandises (Desjardins, t. 6, n° 1315, p. 78). L'assuré peut se borner à faire assurer telle somme sur tel chargement à faire pour son compte ; en d'autres termes, la jurisprudence qui s'est montrée très favorable à ce genre d'assurances laisse aux parties la liberté la plus complète dans la formation du contrat sous cette unique réserve que l'assurance ne dégénère pas, sous l'apparence d'un contrat d'assurance maritime, en pure gageure. Tout ce qu'il faut, c'est que la réalité du risque se révèle à un moment donné.

L'assurance serait-elle valable, alors même qu'on aurait omis d'indiquer le lieu de départ et celui d'arrivée ? La négative, qui résultait de la doctrine des anciens auteurs (*Rép.* n° 1504), n'a pas prévalu ; on assure aujourd'hui sans détermination de voyage ; on souscrit des polices, dites *flottantes* sur *abonnement* de deux ans, de cinq ans, qui couvrent tous les chargements à faire durant cette période pour une destination quelconque (de Courcy, t. 1, p. 378 ; Desjardins, t. 6, nos 1315 et 1385). Il faut toutefois, en pareil cas, indiquer la somme pour laquelle l'assurance est souscrite et le délai dans lequel les chargements devront être effectués.

1626. L'assurance *in quo vis*, quelque usitée qu'elle soit, n'en est pas moins un mode exceptionnel d'assurance ; aussi ne doit-elle pas être présumée facilement, et ne résulte-t-elle pas de la seule omission dans la police du nom du navire (de Valroger, t. 3, nos 1428 et 1351). Mais si l'on trouve dans la police des clauses qui se rapportent à ce genre d'assurances, il est clair que l'omission du nom du navire deviendra significative.

1627. L'assurance *in quo vis* porte de plein droit, et sans qu'il soit besoin d'une déclaration postérieure, sur les marchandises qui font partie du premier chargement. Comme l'a dit la cour de cassation « l'assurance *in quo vis* est définitive, indépendamment de toute manifestation nouvelle de la volonté des contractants, dès l'instant où des marchandises ont été chargées dans les conditions prévues par le contrat : c'est le fait seul du chargement qui, en pareil cas, donne vie à l'assurance et en fait courir les risques » (Civ. cass. 2 févr. 1857, aff. Bernard, D. P. 57. 1. 67). En conséquence, l'assurance est réputée avoir produit tout son effet, dès que la valeur de ce chargement se trouve être égale au montant de la somme assurée, et elle ne peut être étendue à des chargements postérieurs qui demeurent, dès lors, à la charge exclusive des assureurs de ces derniers chargements (Même arrêt. Comp. de Valroger, t. 3, n° 1424).

Il en est ainsi, alors même que l'assuré n'aurait pas connu le chargement, et que, par conséquent, il n'aurait fait aucune déclaration (Rouen, 16 avr. 1864, *Recueil du Havre*, 1865. 2. 16. V. aussi Trib. Havre, 11 sept. 1866, *ibid.*, 1866. 1. 226 ; Rouen, 14 août 1867, *ibid.*, 1868. 2. 136 ; Trib. Marseille, 25 nov. 1869, *Recueil de Marseille*, 1870. 1. 36 ; Aix, 15 mai 1870, *ibid.*, 1870. 1. 212 ; Trib. Marseille, 7 avr. 1880, aff. Rommieu d'Eyriès, *ibid.*, 1880. 1. 159 ; Trib. Havre, 21 août 1883, aff. Foache, *Recueil du Havre*, 1884. 1. 115 ; 26 déc. 1883, aff. Lockhart, *ibid.*, 1884. 1. 25).

1628. La même règle est-elle applicable au cas où les marchandises sont transportées successivement en plusieurs chargements ? En d'autres termes, lorsque plusieurs chargements de marchandises expédiées successivement sur divers bâtiments sont destinés à voyager sous le couvert d'assurances *in quo vis* souscrites à des dates différentes, chacun tombe-t-il séparément et comme s'il était seul, sous l'application de ces assurances, ou bien, dans leur ensemble, constituent-ils pour elles un aliment collectif? Par exemple, des assurances *in quo vis* ont été, chacune pour une somme de 50000 fr., souscrites successivement en septembre, octobre, novembre et décembre. Un premier chargement d'une valeur estimative de 60000 fr., puis un deuxième d'une valeur équivalente, ont été expédiés et sont arrivés à bon port. Un troisième valant 60000 fr. comme les deux précédents, a été transporté en dernier lieu et a péri. Les quatre polices s'appliquent-elles au premier, puis au deuxième, puis au troisième chargement envisagé isolément, ou bien s'appliquent-elles aux trois considérés comme formant un seul tout? Si c'est à la première alternative que l'on doit s'attacher, les assurances souscrites en septembre et en octobre qui portent sur le troisième chargement comme sur le premier et sur le deuxième, et qui, réunies, atteignent le chiffre de 100000 fr., couvrent et au delà ce chargement dont le prix de facture est de 60000 fr. Par suite, les polices de novembre et de décembre se trouvent dépourvues d'efficacité aux termes de l'art. 359 c. com., et les assureurs qui y ont adhéré demeurent à l'abri de toute responsabilité. Est-ce, au contraire, à la seconde solution que l'on accorde la préférence? La situation est différente. Les polices de septembre et d'octobre qui, à elles deux, embrassent, ainsi qu'il a été dit, pour 100000 fr. de risques, ont été alimentées, jusqu'à complet épuisement, par les deux premiers chargements représentant un capital de 120000 fr.; la police de novembre elle-même a été alimentée partiellement, c'est-à-dire jusqu'à concurrence de 20000 fr., par ces mêmes chargements arrivés dans le lieu de reste sans avaries. Sur cette troisième police, il ne reste donc pour couvrir le dernier chargement, celui qui a péri, qu'un disponible de 30000 fr. Le dernier assureur, l'assureur de décembre, entre, dès lors, nécessairement en ligne, et contribue au payement de l'indemnité pour le surplus. — Nous croyons que c'est cette seconde solution qui doit être adoptée. L'assurance *in quo vis* peut être et est fréquemment conçue en termes très compréhensifs; souvent, il arrive qu'elle portera sur toutes les marchandises expédiées par l'assuré ou qui lui seront adressées pendant un certain laps de temps, *en quoi qu'elles consistent ou puissent consister* et quel que soit le navire qui les transportera. L'assurance s'applique alors, de plein droit, et indépendamment de toute manifestation ultérieure de volonté de la part des contractants, aux premiers chargements qui seront opérés dans les conditions spécifiées par la police, sans même que l'assuré puisse soustraire à l'application de la convention les objets placés primitivement à bord, soit directement en manifestant l'intention de la faire porter sur d'autres objets qui doivent être expédiés par la suite, soit indirectement en souscrivant une nouvelle assurance qu'il présenterait comme applicable à la première cargaison. Aussi, lorsque l'assurance *in quo vis* a été suivie d'autres assurances spéciales ou générales contractées postérieurement, l'assurance première en date porte-t-elle sur le premier chargement et, s'il reste un disponible, sur le chargement ou les chargements subséquents, jusqu'à complet épuisement de la somme assurée. Il pourra se faire que les marchandises à transporter tombent ainsi en totalité sous le couvert de la police primitive; celles qui ont été souscrites par la suite seront alors caduques comme faisant double emploi avec elle (c. com. art. 359). Dans le cas contraire, les chargements qui ne tomberont pas sous l'application de la police *in quo vis* alimenteront successivement la deuxième assurance, puis la troisième, et ainsi de suite, pourvu toutefois qu'ils rentrent dans les désignations fournies. En conséquence, s'ils viennent à se perdre ou à subir une détérioration par suite d'une fortune de mer, cette perte ou détérioration sera supportée par les assureurs à la charge desquels ils se trouvent d'après ce qui vient d'être exposé. C'est ce qu'a décidé la cour de cassation en jugeant que, si plusieurs contrats d'assurances *in quo vis* sont intervenus entre l'assuré et divers assureurs à des époques différentes, ces assurances se trouvent alimentées, successivement, suivant l'ordre de leurs dates, par les chargements qui ont lieu pour le compte de l'assuré, au fur et à mesure de leur accomplissement; et si, les premiers chargements étant arrivés à bon port, le dernier périt en cours de voyage, les assureurs signataires des polices qui, à raison de leurs dates, s'appliquent à ce dernier chargement, répondent de la perte survenue, à l'exclusion de ceux qui ont adhéré aux assurances précédentes (Civ. rej. 29 avr. 1885, aff. Vaillant, D. P. 86. 1. 17).

1629. Cette règle cesserait cependant d'être applicable dans le cas où l'assurance *in quo vis* souscrite en premier lieu serait annulée ou ristournée pour un motif quelconque; les premières cargaisons n'étant plus garanties par cette assurance voyageraient sous la sauvegarde des polices subséquentes. Il faudrait en dire autant, au cas où la première police serait inapplicable aux premiers chargements, parce que ces chargements ne s'opéreraient pas dans les conditions prévues et indiquées par les parties, tandis que les polices postérieures seraient susceptibles de s'y appliquer (Rouen, 15 avr. 1864, *Recueil de Marseille*, 1865. 2. 6). De même encore, s'il résultait des stipulations intervenues que l'assurance originaire ne porterait sur chaque objet que pour une quote-part de sa valeur, les assurances postérieures s'y adaptant alors pour le surplus, tous les assureurs, quelles que soient les époques auxquelles ils auraient traité respectivement, garantiraient conjointement chaque lot de marchandises comme s'ils avaient contracté simultanément. Enfin l'assurance, au lieu d'émaner, soit du propriétaire, soit d'un représentant précédemment investi d'un mandat exprès ou virtuel, peut avoir été l'œuvre d'un intermédiaire agissant sans instructions préalables et comme simple gérant d'affaires (V. *suprà*, n° 1583); le contrat n'a, en pareil cas, de valeur juridique qu'autant qu'il est ratifié par le véritable intéressé antérieurement au sinistre; or si, avant de donner sa ratification, celui-ci fait lui-même assurer la marchandise, il ne peut, par la suite, en s'appropriant la police souscrite par l'intermédiaire, paralyser l'effet de celle qui est son œuvre personnelle; car, en faisant couvrir le risque par un assureur, il s'est mis dans l'impossibilité de ratifier désormais le contrat conclu pour son compte par une tierce personne, en tant du moins qu'il ferait double emploi avec celui dont il a eu l'initiative. Donc, en pareil cas, c'est l'assurance à laquelle il a lui-même procédé qui, bien que postérieure en date, s'appliquera aux premiers chargements. Les choses se passeraient de même dans le cas où la police *in quo vis* aurait été souscrite pour compte de qui il appartiendra par un commissionnaire ou consignataire qui, en fait, n'aurait pas agi dans l'intérêt d'une personne déterminée, mais en faveur de toute personne susceptible d'en profiter par la suite, par exemple, en faveur de ceux de ses correspondants, quels qu'ils soient, dont il sera chargé d'expédier par mer les marchandises pendant la durée de l'assurance. Comme une police de ce genre ne bénéficie privativement à tel ou tel que par le fait du chargement auquel il procède dans les conditions indiquées, elle est primée par toute assurance que le propriétaire lui-même aurait conclue antérieurement au chargement (de Courcy, *Questions de droit maritime*, t. 1, p. 374 et suiv.; Droz, t. 1, n°s 37 et suiv., 331 et suiv., 349-351; Em. Cauvet, t. 1, n°s 225 et suiv., 350-354; Cresp et Laurin, t. 3, p. 164 et suiv., 369 et suiv.; Lyon-Caen et Renault, t. 2, n°s 2066, 2111 et 2112; de Valroger, t. 3, n°s 1420 et suiv., t. 4, n°s 1662, 1664, 1665, 1667, 1669, 1670, ainsi que les autorités citées par ces auteurs. *Adde* : Trib. Marseille, 10 juin 1879, aff. Caudassamy Chetty, *Recueil de Marseille*, 1879. 1. 210).

1630. En principe, lorsque l'assurance *in quo vis* a été contractée avec désignation d'un temps fixe pendant lequel doit se faire le chargement, ce qui est chargé en dehors du délai imparti ne saurait, ainsi qu'on l'a vu au *Rép.* n° 1509, être compris dans l'assurance. — Il a été jugé cependant que les assureurs des risques à appliquer ou à aviser jusqu'à l'expiration d'une période déterminée pouvaient être réputés garants de tous les chargements avisés avant l'expiration de cette période, quoique les marchandises n'eussent été embarquées qu'après l'expiration de cette même période (Rouen, 29 août 1882, *Recueil de Marseille*, 1882. 1. 200; de Valroger, t. 3, n° 1427).

1631. L'assurance *in quo vis* porte sur les marchandises chargées en cours de voyage, aussi bien que sur celles qui sont chargées avant le départ, si la police réserve au capitaine la faculté de faire échelle.

1632. Si, en thèse générale, le fait du chargement donne vie à l'assurance *in quo vis*, indépendamment d'une déclaration d'aliment (V. *suprà*, n° 1627), il ne faut pas en conclure que l'assuré puisse, à son gré, s'abstenir de faire cette déclaration. « Il vous a été loisible, dit M. Desjardins, t. 6, n° 1385, p. 258, de ne pas faire connaître au moment des accords, la nature, la quantité, la destination des marchandises; mais vous ne pouvez pas laisser ignorer jusqu'au bout s'il y a eu ou non un chargement. Pas d'assurance, s'il n'apparaît pas enfin qu'il y ait un aliment à l'assurance ». L'assureur a, sous ce point de vue, un intérêt sérieux à être averti le plus promptement possible, afin de pouvoir se réassurer en temps opportun autrement que par voie d'abonnement, ou afin d'empêcher que l'assuré ne dissimule un chargement qui est arrivé, afin d'appliquer l'assurance à un autre chargement qui aurait péri. Il est donc loisible aux parties de stipuler que, dans un certain délai, l'assureur fera cesser l'indétermination du risque en faisant connaître les marchandises, si elles ne sont pas désignées dans la police et le navire sur lequel le chargement aura été effectué (Bédarride, t. 3, n° 1118).

1633. L'assuré, toutefois, n'est tenu de procéder à la déclaration d'aliment qu'autant qu'il est lui-même informé de l'existence du chargement. La déclaration peut donc être faite, non seulement après le sinistre, mais même après que le sinistre est arrivé à la connaissance de l'assuré, puisque le chargement accompli dans les conditions du contrat a donné vie à l'assurance et l'a rendue valable et définitive (Rouen, 30 oct. 1863, *Recueil du Havre*, 1863. 2. 284. Comp. Bordeaux, 26 févr. 1873, aff. Chaperon, D. P. 74. 2. 72). Il en résulte, suivant M. Weil, n° 195 *bis*, que si, par suite d'une erreur de son correspondant, un assuré n'a pas été avisé d'une cargaison voyageant pour son compte, si, par conséquent, il n'a pu en faire la déclaration et s'il a épuisé son assurance par des aliments chargés postérieurement et arrivés à bon port, il pourra, quand il apprendra à la fois l'existence de la cargaison et sa destruction par fortune de mer, rectifier sa déclaration d'aliment et faire en sorte que l'assurance soit appliquée aux marchandises sinistrées (V. aussi Desjardins, t. 6, n° 1385, p. 259). — La solution doit d'ailleurs être la même en faveur de l'assureur. « Si les premiers aliments, dit M. Desjardins, *ibid.*, sont parvenus à bon port à l'insu de l'assuré dont la déclaration ne concerne qu'un second chargement sinistré, l'assureur pourra ne pas accepter cette déclaration en établissant que la police avait reçu de plein droit son application à la marchandise heureusement arrivée et que cette police était épuisée. »

1634. Les polices flottantes stipulent, en général, que l'assuré fera la déclaration d'aliments successifs; quelquefois, elles stipulent comme sanction la nullité de l'assurance; mais, la plupart du temps, elles laissent au droit commun le règlement des conséquences du défaut de déclaration. L'art. 7 de la police française sur facultés, notamment, disposait : « Si l'assurance est faite sur navire ou navires indéterminés, l'assuré est tenu de faire connaître aux assureurs le nom du navire ou des navires et de leur déclarer la somme en risque dès la réception des avis qu'il aura reçus lui-même, ou au plus tard dans les trois jours de cette réception.— Après quatre mois écoulés à partir de la date de la police, la police ne peut plus produire aucun effet pour tout ce qui n'aura pas été déclaré dans ce délai ». Mais le paragraphe 6 des conditions additionnelles est ainsi conçu : « Par dérogation au premier paragraphe de l'art. 7 de l'imprimé, d'autre part, les déclarations d'aliment devront être faites dans les huit jours de la réception des avis nécessaires; le paragraphe 2 dudit art. 7 est abrogé ». Aucune pénalité formelle n'est donc édictée. — Faut-il en conclure que l'assuré peut se dispenser impunément de faire la déclaration prescrite? Il a été jugé que l'omission de cette déclaration n'entraîne pas nécessairement la caducité du contrat, si aucune déchéance n'était expressément attachée par la police à l'inaccomplissement de cette formalité (Req. 27 juill. 1868, aff. Comp. française d'assurances maritimes, D. P. 78. 2. 248, en note. Comp. Desjardins, t. 6, n° 1385, p. 261 ; de Valroger, t. 3, n° 1425). Mais la doctrine de cet arrêt ne saurait être acceptée sans réserve, et la dérogation au droit commun des assurances qui résulte de la stipulation de l'assurance *in quo vis*, étant limitée par la convention à la mesure du délai fixé pour la déclaration d'aliment, il serait plus juridique de décider que, ce délai expiré, l'assuré se trouve soumis désormais à la nécessité de déclarer le lieu et l'objet du risque, c'est-à-dire le nom et la désignation du navire ainsi que les marchandises, comme au cas d'assurances ordinaires et sous les mêmes sanctions (V. en ce sens : Civ. rej. 26 avr. 1865, aff. Couturier, D. P. 65. 1. 415). De même, lorsque la police oblige l'assuré à faire une déclaration d'aliment sans fixer un délai, l'assuré peut être déclaré déchu du bénéfice de l'assurance, faute de déclaration dans un certain délai moral laissé à l'appréciation des juges du fait (Req. 26 nov. 1873, aff. Chaperon, D. P. 74. 1. 112). — V. sur ces questions en sens divers : Trib. Marseille, 7 oct. 1872 (*Recueil de Marseille*, 1873. 1. 412); 8 mai 1876 (*Ibid.*, 1876. 1. 164); 1er sept. 1876 (*Ibid.*, 1876. 1. 265); Trib. Havre, 21 août 1883 (aff. Foache, *Recueil du Havre*, 1884. 1. 115).

1635. Dans tous les cas, lorsque la police exige que la déclaration soit fournie, cette déclaration doit être exacte et l'inexactitude commise pourrait entraîner la nullité de l'assurance, si elle portait sur un point capital, tel que l'identité du navire porteur du risque (V. *Rép.* n° 1501). — Il faut ajouter que tous changements de navire et de date du départ survenus après une déclaration d'aliment et sans avertissement donné à l'assureur, si d'ailleurs aucun obstacle de force majeure n'a empêché de les faire connaître, constituent, même quand il s'agit de police d'abonnement sur navires indéterminés, une modification du risque entraînant la nullité de l'assurance. Cette nullité serait encourue, alors même qu'aux termes de la police « il serait convenu que la non-conformité des marques et numéros ainsi que du nom des navires, des capitaines, etc., ne pourra nuire aucunement aux droits des assurés », s'il n'y a pas seulement transcription incorrecte du nom du navire, mais désignation d'un bâtiment autre que celui sur lequel le chargement a été effectué; et il n'importe que le navire sur lequel a été fait le chargement présente, au point de vue de la qualité des bâtiments, les mêmes garanties que le navire désigné, qu'il appartienne, notamment, à la même ligne régulière de steamers, alors que la date du départ des deux navires et, par suite, l'époque du risque, est différente (Bordeaux, 3 déc. 1877, aff. Courras, D. P. 78. 2. 248).

1636. Une clause assez usuelle des polices stipule qu'en cas de sinistre, l'indemnité n'est payée que compensation faite de la prime (Police de Paris, sur corps, art. 26; sur faculté, art. 16). Comment cette clause s'applique-t-elle en cas de police flottante? L'assureur actionné en payement de son chargement pourrait-il retenir toutes les primes dues en vertu de la police, ou ne pourrait-il retenir que la prime afférente au risque spécial à régler? Cette dernière solution a été, à juste titre, consacrée par la cour de Rennes le 8 mai 1883 (1) (Desjardins, t. 6, n° 1385 *in fine*; de Valroger, t. 3, n° 1429 *bis*).

(1) (Naudin, Durand-Gosselin et comp. C. Assureurs du navire *Phœbé*). — Le 9 juill. 1881, jugement du tribunal de commerce de Nantes ainsi conçu : — « Vu l'acte introductif d'instance, en date du 21 mars dernier, par lequel E. Naudin, H. Durand-Gosselin et comp. assignent Léon Guillon et autres assureurs du navire *Phœbé* devant ce tribunal pour s'entendre condamner à leur payer la somme de 78672 fr. 35 cent. montant de l'assurance par eux souscrite sur les marchandises par navire *Phœbé*, avec les intérêts de droit; — Attendu qu'à la date du 15 juill. 1880, La Kermance, négociant à Saint-Denis-Réunion, a fait souscrire par l'intermédiaire de Rémy Bernard, courtier, à Léon Guillon et autres assureurs une police, sur marchandises et facultés, s'élevant à 555000 fr.; — Attendu que cette police comprenait les facultés quelconques à charger sur navire à désigner de tous lieux en tous lieux; que La Kermance devait aviser les assureurs des chargements et voyages; qu'il fut, en outre, stipulé que les primes étaient payables après la cessation des risques; — Attendu que le 8 octobre suivant, les compagnies signataires de la police précitée souscrivirent et signèrent un avenant par lequel elles reconnurent comme venant en aliment à la police le chargement du navire *Phœbé*, retour de la côte de Madagascar; que, dans un second avenant du même jour, elles reconnurent, en outre, que ledit avenant servirait seul de titre original d'assurance et que toutes pertes et avaries seraient payées à qui en serait por-

1637. — IV. NOM DU CAPITAINE (*Rép.* nos 1513 à 1517). — On a fait ressortir au *Rép.* n° 1513 l'importance de la disposition de l'art. 332 qui prescrit de faire connaître le nom du capitaine. D'abord, l'indication du capitaine peut contribuer à déterminer l'individualité du navire. En outre, les connaissances, l'expérience, la moralité même du capitaine sont des éléments qui doivent être pris en sérieuse considération pour l'appréciation du risque dont les assureurs assument la responsabilité. On persiste néanmoins, comme nous l'avions déjà constaté au *Rép. ibid.*, à reconnaître que la désignation du capitaine n'est pas de l'essence du contrat et que son omission n'entraîne pas la nullité de l'assurance ; l'assureur est présumé avoir laissé à l'assuré le droit de choisir qui bon lui semblerait (Weill, n° 30 ; Desjardins, t. 6, n° 1314, p. 74 ; Em. Cauvet, t. 1, n° 186). Il faut, bien entendu, excepter le cas où l'omission du nom du capitaine aurait été intentionnelle et frauduleuse et aurait eu pour but d'induire l'assureur en erreur sur l'étendue du risque.

Si l'omission de la désignation du capitaine n'entraîne aucune nullité, lorsqu'elle n'est pas frauduleuse, il faut en conclure, à plus forte raison, qu'une simple erreur dans cette désignation, lorsque, par exemple, le nom du capitaine a été mal orthographié, n'aurait aucune influence sur la validité de l'assurance (Police du Havre, art. 26 ; Police de Bordeaux, art. 29).

1638. Quand le capitaine a été désigné, il ne peut plus être changé sans l'aveu de l'assureur, à peine de nullité de l'assurance, à moins d'un cas de force majeure (Em. Cauvet, t. 1, n° 187) ou encore, à moins que la clause : *ou tout autre pour lui*, n'apporte une restriction aux dispositions impératives de la police. Cette dernière clause est surtout utile dans le cas d'assurance sur facultés ; elle empêche alors que le chargeur ne se voie opposer la résolution de l'assurance, à raison d'un changement auquel il est étranger, puisqu'en fait il émane de l'armateur (Comp. Rennes, 14 juin 1869, aff. Assailly, D. P. 71. 2. 126). Adoptée pour éviter toutes les difficultés qui pourraient résulter du remplacement du capitaine (*Rép.* n° 1513), elle permet aux armateurs de donner le commandement du navire, même avant le départ et sans le consentement des assureurs à tout autre capitaine que celui qui a été désigné dans la police, mais le nouveau capitaine ne peut être pris en dehors des catégories autorisées par le contrat. C'est ainsi qu'on ne peut, si l'assurance a été faite par une société dont les statuts contiennent des dispositions prohibitives à cet égard, remplacer un capitaine au long cours par un maître au cabotage (Arrêt précité du 14 juin 1869). D'ailleurs, on ne peut en vertu

---

teur, comme tiers nanti des connaissements ; — Attendu qu'enfin le 25 janv. 1881, les mêmes assureurs pour régulariser l'avenant provisoire du 8 oct. 1880, reçurent et acceptèrent le détail et la désignation des marchandises devant venir en aliment sur le navire *Phœbé*, pour le voyage de la côte ouest de Madagascar à la Réunion, ainsi que la valeur provisoire de 60000 fr. assignée à ces marchandises ; — Attendu que, par nouvel avenant du 28 février dernier, les mêmes assureurs portèrent cette valeur à 70000 fr. ; — Attendu qu'à cette même époque, E. Naudin, H. Durand-Gosselin et comp. ayant appris, du directeur du *Crédit agricole de la Réunion*, la perte du navire *Phœbé*, déclarèrent au nom des assurés, faire abandon du navire et de la cargaison et que cet abandon fut accepté par les assureurs le 28 février dernier ; — Attendu que Naudin, Durand-Gosselin et comp. représentant le *Crédit agricole et commercial de la Réunion*, ont demandé aux assureurs de leur payer le montant de la valeur assurée, sous déduction de la prime afférente à cette assurance ; — Attendu que les assureurs ne refusèrent pas le payement qui leur était demandé, mais qu'au moment du règlement ils déclarèrent vouloir compenser la somme formant l'importance du sinistre avec le montant des primes dues par La Kermance, aux termes de la police du 15 juill. 1880 ; que seule la compagnie *la Foncière lyonnaise* a offert de régler sous la seule déduction de la prime du risque ; qu'ainsi le tribunal doit décider si Naudin, Durand-Gosselin et comp. agissant pour compte du *Crédit agricole et commercial de la Réunion* et porteurs de pièces justificatives, ont le droit de se faire payer par les assureurs de la cargaison du navire *Phœbé* le montant total du sinistre, moins la prime incombant à l'assurance de ce chargement ; ou si les souscripteurs de la police générale du 15 juill. 1880 peuvent retenir sur le règlement du sinistre en question le montant de toutes les primes qui leur sont dues par La Kermance ; — Attendu que les assureurs basent leur résistance sur ce qu'il leur semble exorbitant que le *Crédit agricole et commercial*, banquier ordinaire de La Kermance, ait pu tardivement se constituer un privilège au détriment des assureurs ; qu'ils invoquent même les termes de l'avenant du 8 octobre qui, suivant eux, détermine rigoureusement les droits des parties et qui stipule que le porteur de l'avenant touchera le montant de l'assurance *jusqu'à concurrence des traites* auxquelles les connaissements servent de garantie ; — Attendu que Naudin, Durand-Gosselin et comp. n'ayant pas produit de traites, mais seulement un état de chargement et une facture de l'agent du *Crédit agricole et commercial*, les assureurs soutiennent qu'ils n'ont pas servi les justifications prévues et exigées et qu'ils ne sauraient être considérés comme créanciers nantis ; qu'ils ajoutent que le *Crédit agricole et commercial* n'est pas un assuré direct, mais qu'il ne vient qu'en exerçant les droits de son débiteur La Kermance ; qu'en conséquence, il ne peut avoir des droits plus étendus que n'en aurait eu ce débiteur et que toutes les exceptions opposables à celui-ci peuvent également être opposées à l'établissement dont est cas ; — Attendu qu'il n'est pas exact de dire que La Kermance a créé abusivement et après coup un privilège en faveur d'un créancier exigeant, puisque dès le 8 octobre, longtemps avant la perte du navire *Phœbé*, il faisait faire l'avenant dont excipent les demandeurs et qui indique bien sa volonté de constituer dès cette époque une garantie en faveur du créancier qui ferait les avances de ladite opération ; — Attendu que l'avenant a été endossé par La Kermance au profit du *Crédit agricole et commercial* ; que la cession est régulière et n'est même pas critiquée ; que, par suite, la transmission de la propriété est complète, et que ladite société est aujourd'hui l'assuré ; que les connaissements qui sont produits justifient suffisamment l'existence et la possession des marchandises données en aliment ; mais qu'au surplus la difficulté actuelle aurait dû être soulevée lorsqu'ont été présentés aux assureurs l'avenant de janvier 1881 ou tout au moins l'acte d'abandon qui cependant a été accepté sans aucune réserve ; qu'il n'est pas permis aujourd'hui d'accueillir une interprétation qui a pour résultat d'amoindrir la valeur d'actes librement consentis ; — Attendu qu'il résulte des termes mêmes de la police générale que les primes étaient différentes pour chaque voyage et que le règlement devait avoir lieu à l'expiration de chaque risque ; que la compensation invoquée ne saurait donc avoir lieu, puisqu'il s'agit de sommes dues à des titres différents, par des débiteurs différents, et que les créanciers de La Kermance, qui ne sont point au procès actuel, ne peuvent avoir aucun recours pour des sommes dues par lui antérieurement sur une créance à laquelle ledit La Kermance a cessé d'avoir droit ; — Attendu que le système soutenu par les assureurs rendrait le plus souvent illusoire et inefficace le gage résultant de la transmission de la police d'assurance par voie d'endossement ; qu'il créerait un danger sérieux pour tous les porteurs d'avenants ; qu'en tous cas il faudrait à cet égard une stipulation expresse qui, dans l'espèce, n'existe pas ; — Attendu que la compagnie *la Foncière lyonnaise* s'est déclarée prête à payer, sous la seule déduction de la prime due pour le voyage du *Phœbé* ; — Attendu que Naudin, Durand-Gosselin et comp., agissant pour compte du *Crédit agricole et commercial*, déclarèrent accepter cette déduction de la prime due en vertu de l'avenant ; — Attendu que les sommes réclamées par l'assignation sont exactes et ne sont l'objet d'aucune contradiction ;

Par ces motifs ; — Décerne acte à la Compagnie *la Foncière lyonnaise* de ce qu'elle s'est toujours déclarée prête à payer la somme de 10549 fr. 10 cent., sous déduction seulement de la prime de 2 1/2 pour 100 incombant à l'assurance du chargement du navire *Phœbé*, au besoin l'y condamne ; — Condamne les Compagnies qui ont assuré le chargement du navire *Phœbé* à faire droit à l'abandon accepté par elles et, en conséquence, à payer à Naudin, Durand-Gosselin et comp., savoir, etc. ; — Dit et juge que des présentes condamnations il y a lieu de déduire la prime incombant à l'assurance du chargement du navire *Phœbé*, etc. ». — Appel par les assureurs du *Phœbé*. — Arrêt.

LA COUR ; — Adoptant les motifs du jugement dont est appel, et considérant, en outre, que par suite des motifs énoncés audit jugement, les compagnies aujourd'hui appelantes ne pouvant compenser au regard des intimés les sommes personnellement dues par La Kermance pour d'autres polices que celle du *Phœbé*, ne peuvent davantage exercer un droit de rétention sur lesdites sommes, ainsi que le demandent les appelants dans leurs conclusions additionnelles ; que c'est à tort également qu'ils prétendent ne pas devoir les intérêts des sommes dues puisque les justifications suffisantes ont été fournies par les demandeurs ; — Dit mal appelé, bien jugé ; — Confirme le jugement dont est appel ; dit qu'il sortira effet ; — Déboute, au surplus, les appelants de toutes leurs fins et conclusions tant principales qu'additionnelles ; — Condamne les appelants à tous les dépens.

Du 8 mai 1883.-C. de Rennes, 1re ch.-MM. Maîtrejean, pr.-Bonnet, av. gén.-Grivart et Berthault, av.

des règlements de la marine, remplacer un capitaine au long cours par un maître au cabotage, s'il s'agit d'un voyage au long cours. — D'une façon générale, le nouveau capitaine doit tout au moins remplir les conditions requises pour exercer le commandement du navire suivant la destination de ce navire (*Rép.* n° 1517). Peu importerait même que la clause *reçu ou non reçu* eût été ajoutée. Cette clause ne confère nullement à l'armateur la faculté de confier le navire, dès le départ, au premier venu; mais elle couvre la responsabilité de l'armateur, quand le capitaine est, en cours de voyage, remplacé, sous le coup de la nécessité, par un homme de l'équipage, et la responsabilité des chargeurs qui n'ont pas le choix du capitaine (de Valroger, t. 3, n° 1352; Desjardins, t. 6, n° 1314, p. 75).

1639. — V. LIEU OU LES MARCHANDISES ONT ÉTÉ OU DOIVENT ÊTRE CHARGÉES; PORT D'OU LE NAVIRE A DU OU DOIT PARTIR; PORTS OU RADES DANS LESQUELS IL DOIT CHARGER OU DÉCHARGER, OU DANS LESQUELS IL DOIT ENTRER (*Rép.* n°s 1518 à 1526). — Les indications que l'art. 332 prescrit de fournir relativement au lieu et à la durée des risques ont pour but de renseigner l'assureur sur l'étendue des charges qu'il assume. Tous les voyages ne présentent pas, en effet, les mêmes périls, comme aussi bien leur mode d'accomplissement influe sur l'étendue de la responsabilité de l'assureur. Le nombre des relâches, l'accès plus ou moins facile des ports que le navire doit visiter, les caractères plus ou moins dangereux, au point de vue de la navigation, des parages dans lesquels il doit naviguer sont autant d'éléments qui rendent la situation de l'assureur plus ou moins critique; il lui importe donc d'être renseigné aussi exactement que possible sur tous ces points.

Pour savoir quelles sont exactement les indications qui doivent être fournies, trois hypothèses doivent être examinées.

1640. — 1° *Assurance au voyage.* — Il faut déterminer ce voyage; car le voyage assuré diffère souvent du voyage réel. « Tandis que le voyage réel, dit M. Desjardins, t. 6, n° 1317, p. 91, est déterminé par le lieu du départ effectif et par celui de l'arrivée effective sans que le point de départ des risques soit pris en considération, le voyage assuré est un nom de droit, *nomen juris*, qui se qualifie par le lieu où le risque commence à courir et par celui où il cesse » (*Rép.* n° 1523). Si donc le voyage assuré commence ailleurs que dans le port de départ ou le port de chargement, s'il finit ailleurs que dans le port de déchargement, il n'y a pas coïncidence entre le voyage réel et le voyage assuré; il est alors d'autant plus indispensable d'indiquer en quel lieu les risques commenceront à courir et dans quel autre lieu ils prendront fin. Toutefois, dans le cas d'assurance sur facultés, il est bon d'indiquer aussi le port de chargement, alors même que l'assurance ne commence que plus tard à produire son effet; la marchandise qui, à ce moment, a déjà navigué et a déjà souffert, est plus susceptible de détérioration; l'assureur peut donc avoir intérêt à connaître cette circonstance. Aussi, quand le lieu du chargement est indiqué, a-t-on vu que l'assurance ne peut s'appliquer qu'aux marchandises chargées dans cet endroit (*Rép.* n° 1523). Si le voyage assuré n'est pas déterminé, il coïncide avec le voyage réel, c'est-à-dire avec le voyage en cours d'exécution ou sur le point de s'accomplir.

1641. Les indications qui précèdent ne sont pas essentielles. Il est inutile, en effet, d'indiquer le port de chargement, quand il se confond avec celui de départ et que celui-ci est désigné; de même, lorsqu'il s'agit de la désignation du navire et du capitaine, la jurisprudence n'attache aucune nullité aux omissions qui n'ont pas eu pour but ou pour effet d'altérer l'opinion du risque. On s'en tient toujours aux règles qui ont été exposées au *Rép.* n°s 1518 et suiv. Ainsi, on persiste à considérer que, l'énonciation erronée du lieu du départ, faite de bonne foi par l'assuré, ne viciant pas le contrat, alors qu'elle n'a pas diminué l'appréciation du risque, elle le vicie encore moins, lorsque l'assureur a connu le véritable lieu du départ (Trib. com. Seine, 9 févr. 1859, *Recueil du Havre*, 1859. 2. 123; Paris, 17 juill. 1861, *ibid.*, 1862. 2. 1). Il a été jugé également que l'omission du lieu du départ ne saurait entraîner l'annulation de l'assurance, alors même qu'on alléguerait que le navire ne serait pas parti de l'un des ports qui arment ordinairement pour la destination indiquée (Paris, 3 janv. 1862, *Journal des tribunaux de commerce*, t. 11, p. 220). — Quant à la désignation du lieu d'arrivée, elle peut être faite d'une manière générale, sans qu'on soit obligé de préciser le port où le navire doit se rendre; on peut se borner, en cas d'assurance au voyage, à assurer le voyage pour une mer désignée. La jurisprudence, en ce cas, comprend au nombre des ports où peut se rendre le navire, non seulement ceux qui sont situés sur cette mer au point de vue géographique, mais aussi ceux qui leur sont assimilables, d'après la pratique et les usages commerciaux. Ainsi on a décidé, en présence d'une assurance faite pour la Manche, que le navire avait pu se rendre à Dunkerque, bien qu'il fût soutenu que ce port était placé sur la mer du Nord (Paris, 17 mars 1876, *Recueil du Havre*, 1876. 2. 216; Trib. com. Seine, 22 févr. 1879, aff. Comp. *l'Atlantique*, *ibid.*, 1879. 2. 125). — Il peut se faire enfin que la région où doit se rendre la navire soit peu connue : on peut alors se dispenser de la préciser.

1642. En principe, le navire doit se rendre directement du lieu de départ au lieu d'arrivée; s'il relâche sans nécessité dans un port quelconque, l'assurance peut être résolue (art. 351). Si donc on veut que le capitaine puisse faire escale sans que l'assurance soit compromise, il est nécessaire que la police contienne des stipulations qui l'y autorisent. Et cela est aussi nécessaire dans le cas d'assurance sur facultés que dans le cas d'assurance sur corps; le chargeur qui n'a pas d'autorité sur le capitaine et veut éviter qu'un écart opéré par celui-ci ne mette en péril l'assurance qu'il a contractée, doit évidemment pouvoir se prémunir contre ce danger. De là, l'emploi de diverses clauses anciennement usitées dans le commerce maritime, telle que celle de *faire échelle* (*Rép.* n°s 1521 et suiv.), celle qui permet de *dérouter*, celle qui permet de *rétrograder*. La portée et les effets de ces clauses seront étudiés *infrà*, n° 2026.

1643. — 2° *Assurances à temps.* — Les différentes hypothèses que nous venons d'examiner ont toutes trait à l'assurance au voyage. Actuellement, les assurances les plus fréquentes sont des assurances *à terme* ou *à temps* pour lesquelles on n'a pas à désigner le voyage. — Ce mode d'assurances permet à l'assuré de quitter le port, d'y revenir, de relâcher, etc., à son gré; les risques sont couverts par l'assurance pendant toute la durée du terme qui lui est assigné. « Les deux points extrêmes de ce temps limité, dit encore M. Desjardins, t. 6, n° 1317, p. 94, forment, dans ce nouvel ordre d'idées, les termes constitutifs du voyage assuré. » Il n'est donc pas utile d'indiquer les ports d'où le navire doit partir et où il doit se rendre; il suffit de faire connaître l'époque où les risques doivent commencer et prendre fin. Ce genre d'assurances, après avoir été d'abord employé par les assureurs au grand et au petit cabotage, puis pour les armements de la grande pêche et les voyages de *caravane* (c'est-à-dire les expéditions se composant de plusieurs petits voyages dans différents ports où le capitaine laisse et prend des marchandises jusqu'à ce qu'il revienne au port de départ), est aujourd'hui de règle pour la plupart des navires et des chargements. — L'expiration du terme met fin à l'assurance, le navire ou le chargement assuré fût-il en cours de route au moment de l'échéance; si l'on veut, dans ce cas, proroger l'assurance, il est nécessaire de le stipuler expressément. Il faut également une stipulation formelle si l'on veut interdire à l'assuré l'accès de certaines mers en tout temps ou à certaines époques de l'année.

1644. — 3° *Assurances à temps ou à voyage.* — Il est évident qu'on peut à la fois déterminer un voyage et fixer un temps donné pendant lequel l'assurance faite en vue de ce voyage, ou réciproquement, couvrira les risques. En pareil cas, le navire ne saurait accomplir un voyage dans des mers autres que celles indiquées (Civ. cass. 8 août 1876, aff. Bonnaud, D. P. 77. 1. 109. Conf. Civ. cass. 29 août 1877, aff. Blanc et comp., D. P. 77. 5. 31). Spécialement, lorsqu'un navire est assuré pour une navigation de douze mois dans la Méditerranée, l'Océan et les dépendances, la police doit être réputée exclure tout voyage dans la mer des Indes (Même arrêt du 8 août 1876). — Qu'arrive-t-il si le voyage n'est pas accompli à l'échéance du terme? Cette question ne saurait être résolue en termes généraux, et nous pensons, avec M. Desjardins, t. 6, n° 1310, p. 65, qu'on ne peut s'en référer à la disposition de l'art. 35, tit. 6, liv. 3 de l'ordonnance de 1681, suivant laquelle l'assurance couvrirait, en pareil cas, les risques du voyage jusqu'à son accomplissement, sous réserve d'une augmentation de la prime correspondant à la prolongation du voyage. Il faut rechercher quelle a pu être, à cet égard, la volonté des parties et les tribunaux doivent statuer d'après leur commune intention. Le plus souvent, d'ailleurs, les conventions prévoient expressément le cas et en règlent les conséquences.

1645. — VI. NATURE, VALEUR OU ESTIMATION DES MARCHANDISES OU OBJETS QUE L'ON FAIT ASSURER (*Rép.* n°s 1527 à 1534). — On a donné au *Rép.* n° 1527 la raison d'être de cette énonciation, qui est surtout importante si la prime ou si la franchise en cas d'avaries (V. *infrà*, n° 2258) doit varier suivant la nature des marchandises (Desjardins, t. 6, n° 1315, p. 77). L'obligation de désigner les objets assurés, d'en préciser la nature et la valeur n'est sans doute pas, comme on l'a vu au *Rép.* n° 1527, essentielle à la validité du contrat, puisqu'elle peut être omise dans certains cas et que, dans d'autres, les parties peuvent reporter à une époque postérieure à la police (polices flottantes, polices ouvertes), l'estimation de la valeur des objets mis en risque. Mais, lorsque le contrat stipule que la nature ou l'estimation des marchandises seront fournies dans un écrit spécial, la convention doit être rigoureusement exécutée. Ainsi il a été jugé qu'en cas d'assurance portant sur diverses marchandises à détailler dans un avenant qui doit être visé des assureurs et annexé à la police, l'assuré doit faire connaître les marchandises auxquelles il entend appliquer le bénéfice de l'assurance; à défaut de quoi, la police est ristournée faute d'aliment, sans que les assureurs aient eu à mettre l'assuré en demeure de souscrire l'avenant stipulé. De toute façon, la déclaration de l'assuré est tardive, lorsqu'elle ne se produit qu'après le sinistre, quoique l'assuré ait pu, beaucoup plus tôt, faire connaître aux assureurs les marchandises chargées; et l'assuré ne peut même, dans ces circonstances, invoquer la clause de la police déclarant qu'en cas de sinistre avant la déclaration d'aliment, les assureurs rembourseraient 10 pour 100 en sus des factures (Bordeaux, 26 févr. 1873, aff. Chaperon, D. P. 74. 2. 72, et sur pourvoi, Req. 26 nov. 1873, D. P. 74. 1. 112).

1646. Les indications de la police peuvent être plus ou moins précises, et l'on a vu au *Rép.* n°s 1528 et suiv. de quelle façon générale elles peuvent être formulées dans certains cas. Ces indications varient suivant la manière dont l'assurance est faite : 1° *assurance de certains objets en tant que corps certains*, par exemple, des tableaux ou autres objets déterminés, etc.; il est nécessaire alors que la marchandise soit spécifiée d'une manière précise, par exemple, au moyen des marques et numéros des caisses qui les renferment, l'assurance ne pouvant porter que sur ces objets et ne valant qu'autant qu'ils sont réellement chargés sur le navire; — 2° *Assurance sur des marchandises d'une certaine nature en quantité déterminée;* il suffit alors de faire connaître la nature et la quantité, c'est-à-dire le poids ou le volume. L'assurance ne peut porter, en ce cas, que sur des marchandises de la nature indiquée, ainsi qu'il a été dit au *Rép.* n° 1530. Il ne faut pas, toutefois, montrer une rigueur exagérée; ainsi on a décidé que l'assurance qui porte sur une quantité de blé peut s'appliquer à un chargement composé de seigle (Aix, 24 juill. 1857, cité par Desjardins, t. 6, n° 1315, p. 78. — *Contrà*, Trib. Marseille, 14 déc. 1855, *Recueil de Marseille*, 1855. 1. 364; de Valroger, t. 3, n° 1354); — 3° *Assurance du chargement ou d'une quote-part.* On sait (*Rép.* n°s 1528 à 1530) qu'en pareil cas, il n'est plus nécessaire de faire connaître même la nature des marchandises; il suffit que l'assurance soit indiquée comme portant sur la cargaison, sur les facultés du navire ou encore sur une fraction de la cargaison que l'on détermine, etc., sans que ces expressions aient rien de sacramentel. L'assurance produit alors son effet du moment où il existe sur le navire des marchandises pour la valeur de l'assurance (*Rép.* n°s 1530 et 1531); — 4° *Assurance faite* in quo vis, *sans désignation des marchandises assurées;* cette assurance est conçue en termes encore plus généraux (V. *suprà*, n°s 1627 et suiv.). Mais on a vu aussi *suprà*, n° 1634, que les marchandises sont souvent spécifiées, dans la suite, par une déclaration d'aliment.

1647. De ce que l'indication de la nature et de la valeur des objets assurés n'est pas, comme on l'a dit *suprà*, n° 1645, de l'essence du contrat d'assurances maritimes, il résulte qu'on peut, après avoir assuré des marchandises pour l'aller jusqu'à concurrence d'une certaine somme, assurer le retour pour la même somme. En pareil cas, l'évaluation, dans la police, des marchandises chargées au départ s'applique, par voie de conséquence, aux marchandises prises en retour, et satisfait pour celles-ci, comme pour les premières, à l'obligation d'exprimer dans le contrat la valeur des objets qu'on fait assurer (Civ. rej. 8 déc. 1852, aff. Nicolle, D. P. 53. 1. 15). Une telle assurance rentre évidemment dans la catégorie des assurances *in quo vis* pour lesquelles l'indétermination est de règle et s'impose fatalement.

1648. — VII. TEMPS AUQUEL LES RISQUES DOIVENT COMMENCER ET FINIR. — V. *Rép.* n° 1535, et *infrà*, n°s 1924 et suiv.

1649. — VIII. SOMME ASSURÉE. — Il résulte des indications énoncées au *Rép.* n°s 1536 et 1537 que l'énonciation de la somme assurée est nécessaire, à moins d'indications supplémentaires fournies par les autres clauses de la police, quand la somme assurée diffère de la valeur estimative de la chose : elle détermine alors l'étendue de l'obligation de l'assureur et, comparée avec la valeur estimative, fixe la quote-part, pour laquelle l'assurance qui n'est que partielle a été souscrite (de Valroger, t. 3, n° 1356). Aussi a-t-on vu *suprà*, n° 1551, que, dans la pratique, chaque assureur indique la somme pour laquelle il prend les risques à sa charge. Dans le cas d'assurance illimitée (V. *infrà*, n° 1716), il est impossible d'indiquer la somme assurée, puisqu'elle n'est pas déterminée; mais une telle assurance ne saurait se présumer, et il est nécessaire que les parties manifestent clairement leur volonté de la contracter (de Valroger, t. 3, n° 1357). Enfin l'énonciation de la somme assurée n'est pas nécessaire quand l'assurance limitée est en même temps totale; car, dans le doute, on considérera l'assurance comme contractée pour la valeur entière de la chose (Sur tous ces points, V. Desjardins, t. 6, n° 1319).

1650. — IX. PRIME OU COUT DE L'ASSURANCE (*Rép.* n°s 1538 à 1541). — Les parties ayant toute liberté pour fixer la prime doivent indiquer dans la police : 1° en quoi elle consiste; 2° le taux, avec mention d'une base d'évaluation, ou bien le *quantum*. Cette énonciation ne nous paraît cependant pas substantielle. Il est vrai, comme on l'a exposé au *Rép.* n° 1538, que la prime est de l'essence du contrat d'assurance, en ce sens qu'il n'y a pas assurance, lorsqu'il n'y a pas une prime stipulée, au moins d'une manière implicite. Mais il nous semble, malgré l'opinion contraire de MM. Alauzet, n° 2175 et Boistel, n° 1536, que, dès l'instant que la stipulation d'une prime est établie, l'assurance existe sans qu'il soit indispensable que le chiffre en soit spécifié dans la police. Sans doute, dirons-nous avec M. Desjardins, t. 6, n° 1320, p. 103, « il n'y a pas d'assurance sans prime et, par conséquent, le contrat est nul du moins en tant qu'assurance, s'il n'est pas établi qu'une prime a été stipulée. Mais nous ne comprendrions pas pourquoi, s'il y a moyen de suppléer légalement à la police, le juge n'y suppléerait pas ». Or on peut suppléer à la police à l'aide d'écrits, tels que les billets de prime, les livres, la correspondance ou au moyen de l'aveu et du serment. On admet, d'ailleurs, que, si le montant seul de la prime est resté indéterminé, les tribunaux pourraient le fixer d'après le cours de la place où la police a été souscrite, ou encore, d'après le tarif commun *minimum* adopté par le congrès des assureurs réuni à Paris en 1875 (V. de Valroger, t. 3, n° 1359; Lyon-Caen et Renault, n° 2123; Desjardins, t. 6, n° 1304, p. 104; *Rép.* n° 1541).

1651. On doit indiquer encore dans la police si le *quantum* ou le *taux* énoncé est fixé pour toute la durée de l'assurance (de Valroger, t. 3, n° 1359 *in fine*) ou seulement par semaine, par mois, etc. De même, si la prime, fixée à forfait pour le voyage, doit cependant subir une augmentation dans le cas où le voyage assuré excéderait une durée *maxima*, il faut faire connaître la quotité de la surprime. De même encore, il y a lieu d'indiquer si la prime stipulée en temps de paix doit subir une augmentation en temps de guerre, si celle stipulée en temps de guerre doit subir une réduction le jour où la paix se rétablirait; plus généralement, si la prime doit subir certaines fluctuations le jour où telle éventualité viendrait à se produire. — En l'absence de stipulation spéciale, la prime demeure invariable.

1652. La police doit énoncer, en outre, l'époque où la prime est exigible; si elle ne le fait pas et n'est pas complétée par d'autres documents, tels qu'un *billet de prime*, la prime est payable comptant. Les *billets de prime* ne sont autre chose que des billets à l'ordre de l'assureur, à diverses échéances, qu'il encaisse et peut négocier; ces billets, jusqu'à l'expiration du risque, ne constituent contre l'assuré que des créances conditionnelles, l'assuré pouvant soit opposer la ristourne du contrat, soit compenser les primes en cas de sinistre avec le montant de l'indemnité, et cela même vis-à-vis du tiers porteur (Rennes, 26 févr. 1866, *Recueil de Nantes*, 1867. 1. 46), et de la faillite de l'assureur. Celui-ci pouvant, de son côté, en cas de sinistre, ne payer l'indemnité que sous la déduction des primes dues, a le droit d'opposer cette déduction au tiers porteur de la police (de Valroger, t. 3, n° 1360).

1653. La police doit encore spécifier le mode de payement de la prime, la monnaie avec laquelle se fera le payement. Enfin, s'il y a assurance de la prime en même temps que de l'objet principal de l'assurance, il doit en être fait déclaration; car cette assurance ne saurait se présumer.

1654. — X. SOUMISSION DES PARTIES A DES ARBITRES EN CAS DE CONTESTATION, SI ELLE A ÉTÉ CONVENUE (*Rép.* n°s 1542 et 1543). — Cette clause constitue une dérogation au droit commun, puisqu'elle valide la clause compromissoire, que la jurisprudence considère généralement comme nulle en toute autre matière (V. *suprà*, v° *Arbitrage*, n°s 51 et suiv.; Alauzet, t. 6, n°s 2039 et suiv.; Bédarride, t. 3, n° 1071; Cresp et Laurin, t. 3, p. 401; Lyon-Caen et Renault, t. 2, n° 2124; de Valroger, t. 3, n° 1361; Desjardins, t. 6, n° 1322). Du reste, on a vu au *Rép.* n° 1542 que le législateur n'avait entendu constituer, par la disposition dont s'agit de l'art. 332, qu'un arbitrage facultatif; on doit en conclure que cette disposition n'a pas été abrogée par la loi du 17 juill. 1856 (D. P. 56. 4. 113) qui supprime l'arbitrage forcé organisé par les art. 51 et suiv. c. com. (Req. 27 nov. 1860, aff. Beaucourt et comp., D. P. 61. 1. 494). — Ajoutons que la clause compromissoire stipulée dans la police d'assurances maritimes ne serait pas nulle par cela même qu'elle n'indiquerait pas le nom des arbitres. En effet, si le compromis doit, aux termes de l'art. 1006 c. proc. civ., contenir cette indication, l'art. 332 doit être considéré comme ayant dérogé à la règle générale de l'art. 1006. En autorisant la stipulation de la clause compromissoire dans la police d'assurances maritimes, l'art. 332 n'a point rappelé le principe consacré par le code de procédure relativement aux arbitrages volontaires; son silence semble donc devoir entraîner l'application des principes du droit ancien en cette matière; or, sous l'empire de l'ordonnance de 1681, la clause compromissoire était toujours valable, bien que les noms des arbitres ne fussent pas désignés. D'un autre côté, le silence de l'art. 332 s'explique par la nature même de l'assurance maritime; au moment de la rédaction de la police d'assurances, les parties ne peuvent pas choisir des arbitres dont l'aptitude spéciale puisse offrir les garanties d'une bonne justice. La dérogation à l'art. 1006 est donc évidente (Req. 27 nov. 1860, précité; Desjardins, t. 6, n° 1322). A défaut d'entente entre les parties, les arbitres sont désignés par le tribunal de commerce. D'ailleurs, les parties insèrent rarement dans la police une clause compromissoire; la plupart du temps on ne trouve, et encore est-ce là une exception, que l'engagement de faire régler par des arbitres certains points spéciaux (Desjardins, t. 6, n° 1322, p. 110 et 111).

1655. Les parties peuvent-elles, quand l'une d'elles est étrangère, déférer conventionnellement à un tribunal étranger la solution des litiges à naître? Un jugement du tribunal de commerce de Marseille du 16 déc. 1885 (aff. Waller père et comp., *Revue internationale de droit maritime*, t. 1, p. 517) s'est refusé à reconnaître la légalité d'une pareille clause. Mais nous croyons avec M. Desjardins, t. 6, n° 1709, que cette décision est erronée. Elle est inconciliable, d'une part, avec la règle qui autorise la clause compromissoire en matière d'assurance et, d'autre part, avec le droit que l'on reconnaît aux Français de renoncer au bénéfice de l'art. 14 c. civ.

1656. — XI. AUTRES CONDITIONS DONT LES PARTIES SONT CONVENUES (*Rép.* n°s 1544 à 1548). — Conformément à ce qui a été dit au *Rép.* n° 1545, il est aujourd'hui reconnu tant en doctrine qu'en jurisprudence que les polices d'assurances peuvent être non seulement à personne dénommée, mais aussi être à ordre ou au porteur (Bédarride, t. 3, n° 1078; Cresp, t. 3, p. 403; Em. Cauvet, t. 2, n°s 444 et 445; Droz, t. 1, n° 48); il en est des polices comme de tous les titres commerciaux en général. — Tandis que la police à personne dénommée ne peut être transmise par l'assuré à une personne tierce qu'à l'aide d'une cession-transport opérée conformément aux art. 1689 et suiv. c. civ. (Aix, 7 déc. 1882, aff. Garibaldi, D. P. 84. 2. 41), la police à ordre se transmet par voie d'endossement (c. com. art. 137 et 138). Mais il faut que l'endossement soit régulier (*Rép.* n° 1546). L'endossement irrégulier ou en blanc équivaut simplement à un mandat; il en résulte que, si le bénéficiaire de l'endossement a alors le droit de réclamer l'indemnité en cas de sinistre, ou même de négocier la police comme représentant de l'endosseur, il n'est pas à l'abri des exceptions opposables à ce dernier. — Quant à la police au porteur, elle se transmet de la main à la main, de même que tous les titres qui affectent cette forme (Desjardins, t. 6, n° 1328 *ter*, p. 126 D, et n° 1328 *quater* B et suiv.).

1657. La police *pour compte de qui il appartiendra* peut-elle être assimilée à une police à ordre ou au porteur, de telle sorte que celui qui la détient doive en être légalement présumé propriétaire à l'égard des tiers et ait le droit de se faire payer en cas de sinistre, sans être soumis à une justification préalable. Cette question a été examinée *suprà*, n° 1617 et résolue négativement.

1658. L'aliénation de la chose assurée n'entraîne nullement de plein droit la cession de la police. Celle-ci, en effet, n'est pas l'annexe des objets assurés, et d'ailleurs, la cession étant susceptible d'aggraver les risques peut donner lieu à ristourne. Les polices françaises prévoient le cas de vente publique ou privée du navire; pour le cas de vente publique, elles disposent que l'assurance cesse de plein droit. L'assurance continue de plein droit en cas de vente privée s'appliquant à moins de moitié de l'intérêt assuré. En cas de vente privée s'appliquant à moitié au moins de l'intérêt et mentionnée sur l'acte de francisation, l'assurance de l'intérêt vendu ne continue que si l'acquéreur l'a demandé aux assureurs et est agréé par eux.

ART. 3. — *De l'interprétation des clauses de la police* (*Rép.* n°s 1549 à 1557).

1659. Nous avons exposé *suprà*, n° 1561, en examinant la nature du contrat d'assurance, qu'au point de vue de l'interprétation de la police les auteurs et la jurisprudence récents s'accordaient à le considérer comme un contrat de droit étroit. C'est ainsi que nous l'avions envisagé au *Rép.* n°s 1549 et suiv., et c'est la règle qui a été posée par l'arrêt du 27 août 1878 (V. *suprà*, n° 1561). A côté de cette décision, il en est, il est vrai, un certain nombre qui sont moins précises et laissent aux tribunaux une certaine latitude d'interprétation. Ainsi, dans une espèce où l'on avait fait assurer des blés chargés ou à charger sur un navire désigné, le navire était arrivé portant des seigles; le tribunal de Marseille par un jugement déjà cité, du 14 déc. 1855, avait décidé, conformément à la police strictement interprétée, qu'on ne pouvait assimiler les seigles aux blés sans donner à la police une interprétation extensive que ne comporte pas l'assurance, contrat de droit strict (V. *suprà*, n° 1646). Mais la cour d'Aix, par arrêt infirmatif du 24 juill. 1857 (V. *ibid.*), décida que les seigles peuvent être considérés comme des blés de qualité inférieure et étaient, dès lors, compris dans les termes de la police. « Cette décision, dit M. Laurin, t. 3, p. 189, implique bien que l'assurance est un contrat de bonne foi, se prêtant à la plus large interprétation. » En réalité, ainsi que nous l'avons remarqué *suprà*, n° 1561, les contrats d'assurance ne diffèrent pas sensiblement, à ce point de vue, de toutes les autres conventions et il y a lieu d'appliquer, pour l'interprétation des polices, les règles générales édictées par les art. 1156 et suiv. c. civ. (de Valroger, t. 3, n° 1363).

1660. Quoi qu'il en soit, on ne saurait décider, d'une manière générale, comme nous l'avons déjà exposé au *Rép.* n°s 1550 et 1551, que la police doive s'interpréter contre l'assureur. « L'art. 1162 c. civ., dit M. Desjardins, t. 6, p. 118, n° 1326, est l'unique règle. Donc toutes les fois qu'un des contractants se portera créancier, alors même que, dans un autre ordre de faits, il sera débiteur à son tour, le doute et l'ambiguïté du contrat s'interpréteront pour restreindre l'obligation dont il poursuit l'exécution contre l'autre : l'obligation de l'assuré, quand on lui réclamera la prime, celle de l'assureur, quand on lui demandera le payement de l'indemnité. » La jurisprudence ne paraît cependant pas unanime à cet égard. Ainsi il a été jugé que le doute sur l'étendue d'une clause d'un contrat d'assurance doit s'interpréter contre l'assuré et en faveur de l'assureur (Bruxelles, 23 juill. 1860, *Jurisprudence du port d'Anvers*, 1860. 1. 157; Trib. com. Havre, 21 août 1883, aff. Foache, *Recueil du Havre*, 1884. 1. 115). — On décide aussi quelquefois contre l'assureur, lorsqu'il s'agit de clauses imprimées, sous le prétexte que l'assuré n'a pu en prendre connaissance réfléchie et en avoir la complète intelligence (Desjardins, t. 6, n° 1326, p. 119). Mais, comme le remarque cet auteur, on ne saurait s'engager dans cette voie qu'avec beaucoup de circonspection. En effet, la jurisprudence considère les clauses imprimées de la police comme ayant la même valeur que les clauses manuscrites, à l'exception toutefois des cas où celles-ci contrediraient les premières et où elles devraient prévaloir (V. *suprà*, n°s 1607 et suiv., et v° *Assurances terrestres*, n°s 106 et 107). On a vu, en outre (*Rép.* n° 1552), que l'usage des lieux où l'acte est passé sert, dans une certaine mesure, à déterminer le sens des clauses des polices et à suppléer aux clauses d'usage qui n'y avaient point été inscrites (c. civ. art. 1159 et 1160) (V. Desjardins, t. 6, n° 1326). Dans tous les cas, la constatation de la commune intention des parties joue un rôle prépondérant en cette matière, et comme on a vu au *Rép.* n° 1557, les juges du fait ont, pour interpréter les conventions des parties en matière d'assurances, les pouvoirs généraux qui leur sont reconnus pour toutes conventions, sans que leurs décisions puissent, sous ce point de vue, être censurées par la cour de cassation.

Art. 4. — *Des cas où plusieurs assurances sont contenues dans la même police* (*Rép.* n°s 1558 à 1564).

1661. La principale difficulté à laquelle donne lieu l'application de l'art. 333 dont on a exposé les règles au *Rép.* n°s 1558 et suiv., consiste à rechercher si la police contient un seul et même contrat ou constate plusieurs conventions. Il y a presque toujours un intérêt sérieux à faire cette recherche. M. Desjardins, t. 6, n° 1325, p. 115 et suiv., fournit à cet égard un certain nombre d'exemples qui en font bien comprendre l'utilité : 1° si l'on suppose deux marchandises dont l'une a fait l'objet d'une fausse déclaration, cette fausse déclaration affecte l'une et l'autre, lorsqu'il n'y a eu qu'une assurance; elle n'affecte que la marchandise qui a fait l'objet de la fausse déclaration, lorsqu'il a été fait deux assurances; — 2° En cas de délaissement, la perte des trois quarts sur l'une des marchandises autorise le délaissement, quant à cette marchandise, s'il y a deux assurances; elle n'autorise aucun délaissement, tant qu'il n'y a pas perte des trois quarts sur le tout, en cas d'assurance unique; — 3° S'il y a deux assureurs, la réticence commise à l'égard de l'un n'entraîne aucune nullité à l'égard de l'autre; si l'assurance est faite conjointement, la réticence produit effet à l'égard des deux assureurs; — 4° S'il y a plusieurs contrats, les derniers en date seront seuls annulés, lorsque les assurances faites sans fraude excèdent la valeur de la chose assurée ; — 5° S'il y a plusieurs assurances (*Rép.* n° 1560), le jugement rendu contre chacun des assureurs assignés par un même exploit, est en premier ou dernier ressort, selon que le chiffre de sa part dans la condamnation requise est supérieur ou inférieur à 1500 fr., alors même qu'ils auraient été assignés dans la personne du mandataire général qu'ils auraient désigné pour les représenter en justice. La condamnation prononcée en ce cas est en dernier ressort à l'égard de ceux d'entre eux dont la part dans l'assurance est inférieure à 1500 fr. et en premier ressort à l'égard des autres (Civ. rej. 3 mars 1852, aff. Maillard, D. P. 52. 1. 91; Civ. cass. 3 mars 1852, aff. Borelly, *ibid.*; Req. 18 févr. 1863, aff. Borchard, D. P. 63. 1. 372). Nous persistons à penser toutefois, conformément à ce que nous avons dit au *Rép.* n° 1561, qu'il en est autrement quand les assureurs se sont engagés solidairement. Dans ce dernier cas, en effet, il existe entre les assureurs un lien légal d'association qui attribue un caractère d'indivisibilité à leurs intérêts (Desjardins, t. 6, n° 1325, p. 115. V. aussi Req. 18 févr. 1863, précité).

1662. Aux termes de l'art. 333 c. com., la même police peut contenir plusieurs assurances, soit à raison des marchandises, soit à raison du taux de la prime, soit à raison de différents assureurs. — *A raison des marchandises.* Lorsqu'il y a assurance de plusieurs marchandises par une seule et même police, il n'y a qu'une seule assurance, si la prime est unique et si les marchandises ont été évaluées en bloc. La question se résout d'après les circonstances, si, assurées pour une prime unique, les marchandises ont été évaluées séparément (Desjardins, t. 6, n° 1325). La division des marchandises par séries ne met pas obstacle à l'unité du contrat (Desjardins, *ibid.*; de Valroger, t. 3, n° 1369). — *A raison du taux de la prime.* On admet que l'assurance peut rester une, quoique la prime ait été divisée, c'est-à-dire que des primes différentes aient été stipulées pour des parties différentes de la cargaison, évaluées séparément (Trib. Marseille, 20 juin 1862, *Recueil de Marseille*, 1862. 1. 189; Desjardins, *ibid.*; de Valroger, t. 3, n° 1368). — *A raison des différents assureurs.* En principe, il y a autant d'assurances que d'assurés différents (de Valroger, t. 3, n° 1368); de même, il y a autant d'assurances que d'assureurs, à moins que ceux-ci ne se soient engagés solidairement (V. *infrà*, n° 1757).

Sect. 4. — Des choses qui peuvent être assurées; De quelle manière elles peuvent l'être; À quelle époque et pour quel temps (*Rép.* n°s 1565 à 1629).

Art. 1er. — *Des choses qui peuvent être assurées* (*Rép.* n°s 1565 à 1605).

1663. On a déjà dit, *suprà*, n° 1567, que l'art. 334 c. com. qui énumère les choses susceptibles d'être l'objet d'une assurance maritime a subi, depuis la publication du *Répertoire*, de notables changements. Aux termes de la loi du 12 août 1885, l'art. 334 est ainsi modifié : « Toute personne intéressée peut faire assurer le navire et ses accessoires, les frais d'armement, les victuailles, les loyers des gens de mer, le fret net, les sommes prêtées à la grosse et le profit maritime, les marchandises chargées à bord et le profit espéré de ces marchandises, le coût de l'assurance et généralement toutes choses estimables à prix d'argent sujettes aux risques de la navigation. Toute assurance cumulative est interdite. Dans tous les cas d'assurances cumulatives, s'il y a eu dol ou fraude de la part de l'assuré, l'assurance est nulle à l'égard de l'assuré seulement; s'il n'y a eu ni dol ni fraude, l'assurance sera réduite de toute la valeur de l'objet deux fois assuré. S'il y a eu deux ou plusieurs assurances successives, la réduction portera sur la plus récente ». — Ces modifications sont fort importantes; au système du code d'après lequel l'assurance a pour objet de replacer l'assuré dans la situation où il serait si l'entreprise n'avait pas eu lieu, on substitue un autre système ; l'assurance peut avoir pour effet de placer l'assuré dans la situation où il serait si le sinistre ne s'était pas produit et si l'entreprise avait réussi. Toutefois, la nouvelle rédaction de l'art. 334 n'altère pas la règle que nous avions déduite au *Rép.* n° 1565, de l'énumération donnée par l'ancien art. 334, et, d'après laquelle on peut faire assurer tout ce qui, pouvant être l'objet d'une transaction commerciale, est exposé à des risques maritimes. Il faut que la chose ait une valeur vénale, puisque l'assureur doit de l'argent, il faut qu'elle soit soumise à des risques maritimes, puisqu'il n'y a pas d'assurance sans risque et que l'assurance maritime suppose des risques maritimes. Quant aux exceptions, elles sont aujourd'hui réduites à une seule, et encore n'est-ce pas, à vrai dire, une exception : l'art. 347 nouveau n'a, comme on le verra dans la suite, maintenu qu'une seule des prohibitions qu'il consacrait anciennement, celle de l'assurance des sommes prêtées à la grosse ; et, si l'assurance est alors impossible, c'est parce qu'il n'existe pas de risques.

L'assurance de la liberté humaine est aujourd'hui passée à l'état de souvenir ; nous n'ajouterons rien aux observations que renferment les nos 1568 à 1572 du *Répertoire*. Au contraire, l'assurance sur la vie (*Rép.* no 1566) a pris une extension considérable en dehors de l'assurance maritime, et elle est aujourd'hui une branche spéciale et importante des assurances. Elle a été *suprà*, vo *Assurances terrestres*, nos 272 et suiv., l'objet d'une étude approfondie.

1664. Le nouvel art. 334 emploie, en ce qui concerne l'assurance du navire ou assurance sur corps, une formule beaucoup plus concise que celle de l'ancien article du code de 1807 puisqu'il se borne à dire : « Toute personne intéressée peut faire assurer le navire et ses accessoires ». On a vu *suprà*, nos 1569 et suiv., quelle portée il faut attribuer à ces expressions.

1665. — I. MARCHANDISES CHARGÉES SUR LE NAVIRE. — L'art. 334, modifié par la loi du 12 août 1885, en autorisant, comme l'ancien article d'ailleurs, l'assurance des marchandises chargées sur le navire, ne permet pas cependant celle qui porterait sur des marchandises dont l'importation en France ou l'exportation de France seraient prohibées par les lois françaises, du moment où elle aurait lieu au vu et su des contractants (*Rép.* no 1573 ; Desjardins, t. 6, no 1360, p. 216 et 217). Cette prohibition doit même, suivant certains auteurs (V. Desjardins, *ibid.*), s'étendre plus loin, et s'appliquer à l'assurance de marchandises destinées à être introduites en contrebande dans les pays étrangers. Mais cette opinion ne semble cependant pas suivie en jurisprudence. Il a bien été jugé, il est vrai, que lorsque, dans un contrat d'assurances maritimes, il a été stipulé que l'assureur ne répondrait pas des dommages et pertes provenant de capture et de confiscation pour contrebande et commerce clandestin, cette stipulation exclut de l'assurance toutes marchandises qui, même sous pavillon neutre et à la faveur d'une destination simulée, sont destinées à procurer à l'un des belligérants des ressources pour l'attaque ou pour la défense et affectent ainsi le caractère de contrebande de guerre et de commerce clandestin (Civ. rej. 12 mai 1868, aff. Galbraith et Marshal, D. P. 68. 1. 193), et que la perte de marchandises de contrebande survenue par suite d'un coup de vent dans le transport nocturne de bord à terre en fraude de la douane, n'est pas à la charge de l'assureur, alors surtout qu'une clause de la police affranchit l'assureur de toute responsabilité en ce qui concerne les « captures, confiscations et événements quelconques provenant de contrebande ou de commerce clandestin » (Rouen, 14 janv. 1878, aff. Hurel et comp., D. P. 78. 2. 176). Mais la cour de cassation, dans la première espèce, et la cour de Rouen dans la seconde, n'ont ni l'une ni l'autre considéré l'assurance comme nulle ; elles ont débouté l'assuré de ses prétentions en lui appliquant les clauses de la police, sans examiner la question de validité de l'assurance. En faveur de cette validité, on peut dire que l'autorité française n'a pas pour mission de faire respecter par nos nationaux les prohibitions des lois étrangères et que, dès lors, l'acte de contrebande dont s'agit n'est pas illicite à ses yeux. — Dans tous les cas, ce principe ne saurait, à notre avis, être appliqué au cas où la contrebande aurait lieu au mépris d'un traité de commerce (V. *suprà*, no 1476. — Comp. aussi, en matière d'assurances terrestres : *suprà*, vo *Assurances terrestres*, no 56).

1666. On doit, d'autre part, décider que l'assurance d'effets appartenant aux sujets d'une nation ennemie est illicite, toutes les fois qu'elle implique un rapport de commerce entre nos nationaux et des nationaux du pays ennemi. Il en serait ainsi, alors même que ces effets seraient chargés sur des bâtiments appartenant à des neutres, à moins que l'interdiction de commerce n'eût été levée (Desjardins, t. 6, no 1360). Mais nous admettons avec M. Desjardins, *ibid.*, qu'une marchandise n'ayant à aucun degré le caractère de contrebande de guerre, de provenance ennemie, voyageant pour un pays neutre à l'abri d'un pavillon neutre, peut être assurée par le destinataire, sujet d'une puissance neutre à un assureur français. En pareil cas, d'après les stipulations du traité de Paris du 30 mars 1856 (D. P. 56. 4. 49) et la déclaration du 16 avr. 1856 sur les droits des neutres (D. P. 56. 4. 51), la marchandise n'est pas réputée marchandise ennemie (de Valroger, t. 3, no 1388).

1667. — II. FRET. — Le nouvel art. 334, abrogeant en partie les dispositions de l'art. 347, permet d'assurer le *fret net* (V. *suprà*, no 1663) ; l'ancien art. 347 déclarait, au contraire, nul le contrat d'assurance qui avait pour objet le fret des marchandises existant à bord du navire. Cette disposition dont on a signalé le motif au *Rép.* nos 1576 et 1577 était assez obscure ; elle avait été restreinte par la pratique dans une certaine mesure ; comme on l'a exposé au *Rép.* no 1577, on l'entendait en ce sens que l'assurance n'était prohibée que lorsqu'elle avait pour objet le fret à faire, et que le fret était, au contraire, valablement assuré lorsqu'il était possible de le considérer comme un fret acquis à l'armateur, alors d'ailleurs, qu'après être devenu exigible, il se trouvait exposé, par l'effet des conventions des parties, à de nouveaux risques maritimes. — On a vu au *Rép.* no 1578 quel est le sens des expressions *fret acquis*. Il y a *fret acquis* : 1o quand le fret est dû à raison d'un transport déjà accompli et de marchandises antérieurement débarquées ; 2o quand le fret afférent à un transport ultérieur a été versé par anticipation et déclaré irrestituable en cas de sinistre, ou même quand il a été stipulé payable à tout événement par dérogation à l'art. 302, c'est-à-dire en cas de perte, comme en cas d'heureuse arrivée. On débattait, avant la loi du 12 août 1885, la question de savoir s'il y avait fret à acquérir, non susceptible d'assurance, ou fret acquis, lorsque, dans une charte-partie, il avait été convenu que des avances seraient faites au capitaine ou au propriétaire du navire, sans qu'il fût dit si ces avances seraient ou non sujettes à restitution en cas de sinistre, et sous la condition que la somme avancée serait assujettie à la prime d'assurance, c'est-à-dire assurée pour le compte de l'affréteur, mais aux frais du propriétaire du navire. On se demandait si le propriétaire pouvait, en cas de naufrage et de sauvetage d'une partie des marchandises, d'une part, retenir l'avance qui lui avait été faite comme non restituable par suite de l'assurance, sauf à l'affréteur à s'en faire rembourser le montant par l'assureur, et, d'autre part, exiger le payement du fret proportionnel qui lui était dû sur les marchandises sauvées. Dans un système, on soutenait que le propriétaire du navire avait un droit irrévocablement acquis à la portion du fret qui lui avait été avancée, l'assurance stipulée au profit de l'affréteur équivalant à une clause de non-restitution, et qu'il devait être admis à en cumuler le bénéfice avec le fret proportionnel aux marchandises sauvées, sous l'unique condition que la somme avancée et ce fret proportionnel n'excéderaient pas la totalité du fret convenu dans la charte-partie (Trib. com. Marseille, 7 juill. 1856, D. P. 69. 2. 125, note ; 18 déc. 1857, *ibid.* ; 10 nov. 1858, *ibid.* ; 5 août 1862, *ibid.* ; 31 juill. 1866, *ibid.* ; 15 déc. 1868, aff. Roussier, D. P. 69. 2. 125 ; Aix, 7 juin 1858, D. P. 69. 2. 125, note). On avait décidé, en sens contraire, que, en cas de sauvetage d'une portion des marchandises sur le fret desquelles l'affréteur a fait une avance, avec assurance à la charge du propriétaire du navire, la somme ainsi avancée, bien qu'elle ne fût pas susceptible de restitution, devait être imputée sur le fret proportionnel dû à raison des marchandises sauvées (Aix, 21 mai 1869, aff. Roussier, D. P. 69. 2. 125, arrêt rendu sur l'appel formé contre le jugement précité du 15 déc. 1868).

Il y a *fret à faire*, quand le fret est afférent à un transport futur et que son obtention demeure, conformément au droit commun, subordonnée aux éventualités du voyage.

1668. Dans quelle mesure le fret pouvait-il être assuré ? La question se posait à l'égard : 1o de celui à qui le fret était dû ; 2o de celui qui était débiteur du fret.

1669. L'assurance pouvait être contractée non seulement par le fréteur, mais aussi par le vendeur du navire qui s'était réservé le fret en cours, par le cessionnaire auquel le fréteur avait transporté sa créance, par l'affréteur principal qui avait souscrit un sous-affrètement. Mais il fallait pour cela que le fret fût soumis à des risques. Si le fret avait été perçu et que la somme se trouvât à bord ou qu'elle eût servi à l'achat de marchandises qui étaient à bord, cette somme, ces marchandises pouvaient être assurées ; mais l'assurance était plutôt une assurance sur facultés qu'une assurance sur fret acquis. Si le fret n'avait pas encore été encaissé, le fréteur pouvait, à l'aide d'une assurance, se prémunir contre l'insolvabilité du débiteur, mais l'assurance de solvabilité différait de l'assurance du fret. On donnait à cet égard diverses explications : 1° le propriétaire du navire, avait-on dit, qui a perçu le fret d'avance, peut, néanmoins, faire assurer la valeur entière du navire sans en déduire la somme perçue (de Valroger, t. 3, n° 1500) ; 2° le fréteur, créancier du fret à tout événement, pouvait, non seulement contracter une assurance de solvabilité, mais aussi assurer jusqu'à due concurrence le chargement qui constituait son gage ; il y avait alors *assurance de fret*, disait-on, et l'assurance était maritime, puisque le chargement était soumis aux chances de la navigation (V. en outre : *Rép.* n° 1580 ; de Valroger, t. 3, n° 1501) ; 3° le fréteur avait intérêt à s'assurer pour le montant du fret acquis en prévision du cas où, étant assuré sur corps, il devrait le comprendre dans le délaissement à faire à l'assureur (art. 386, aujourd'hui abrogé). Il est vrai que la question de savoir si le fret acquis devait être compris dans le délaissement était alors controversée. — Le fréteur ne pouvait pas assurer le *fret à faire*.

1670. Quant au débiteur du fret, il ne pouvait songer à assurer le fret afférent à un transport antérieur. Si, en effet, la marchandise était arrivée à destination, le destinataire était censé se récupérer du fret qu'il payait sur le bénéfice qu'il avait réalisé ; si la marchandise avait subi des avaries, il payait le fret en pure perte, mais il ne pouvait parer à cette perte par une assurance, car on ne s'assure pas contre un risque déjà réalisé. — Au contraire, il pouvait, quand le fret afférent à un transport futur était dû à tout événement, se prémunir par une assurance contre le dommage que lui aurait occasionné la nécessité de le payer, si, par suite de la perte ou de la détérioration des marchandises, il ne réalisait pas le bénéfice espéré. Ainsi on avait jugé que la convention par laquelle le chargeur qui doit le fret à tout événement, stipule que la prime et la police d'assurance de ce fret seront payées par le fréteur, et s'engage, moyennant ce payement, à le décharger de tout recours relativement aux avances qu'il a reçues, n'était pas contraire aux dispositions de l'art. 347 c. com. (Req. 22 avr. 1872, aff. Worms, D. P. 73. 1. 182 ; Trib. Havre, 8 nov. 1882, aff. Peulevey, *Recueil du Havre*, 1883. 1. 8). — Pouvait-il, quand le fret afférent à un transport futur n'était dû que conditionnellement (art. 302), souscrire une assurance du même genre ? On avait jugé que l'affréteur ne pouvait valablement faire assurer la portion du fret qu'il avait avancée au propriétaire du navire que lorsque celui-ci devait conserver l'avance à tout événement, c'est-à-dire soit pour le cas d'heureuse arrivée, soit pour le cas de perte du chargement ; lorsqu'au contraire l'avance n'avait été faite qu'à charge de restitution en cas de non-livraison du chargement, l'affréteur n'étant soumis à aucun risque maritime relativement à la somme avancée, n'avait pas le droit d'en faire assurer le remboursement (Req. 4 juill. 1864, aff. Gay-Bazin, D. P. 64. 1. 289).

Était-ce bien qu'il y eût absence de risques ? Sans doute, l'affréteur n'éprouve pas de préjudice si les marchandises arrivent en bon état, car il retrouve dans le bénéfice réalisé le fret qu'il paye. Il n'en éprouve pas en cas de perte des marchandises, puisque le fret net n'est plus dû (art. 302) ; mais il est soumis à un dommage si la marchandise est détériorée, car le fret reste dû (art. 309 et 310), et il n'y a plus de bénéfice à espérer sur le prix de vente de la marchandise. D'autre part, l'indemnité payée par l'assureur sur facultés est calculée sur la valeur de la chose au moment du départ sans égard au coût du transport. L'affréteur est encore exposé à un dommage, si, pour cause d'avarie, il est obligé de retirer la marchandise en cours de voyage (art. 293) ; si, par suite de blocus ou d'interdiction de commerce, le capitaine est forcé de revenir au port de départ avec son chargement (art. 299) ; enfin, dans le cas de relâche opérée pour réparer le navire, si l'on admet que le fret au mois continue de courir pendant sa durée (V. *suprà*, n° 1090). — Sur tous ces points, V. de Valroger, t. 3, n°s 1502 et 1503 ; Desjardins, t. 6, n° 1352, p. 196 et 197. Si l'assurance était impossible, c'était simplement à raison de la généralité de l'art. 347.

1671. Ces prohibitions furent de tout temps l'objet de vives critiques ; la commission de revision instituée en 1865, et celle qui fut chargée en 1873 d'étudier les mesures propres à venir en aide à la marine marchande demandèrent que l'assurance du fret fût autorisée. Presque tous les codes étrangers en reconnaissent la validité (V. notamment : c. com. allemand, art. 783 ; c. com. italien, art. 606 ; c. com. espagnol, art. 743 ; Loi belge de 1879, art. 168), et M. Griolet démontra sans peine, dans son rapport au conseil d'État, que la prohibition d'assurer le fret était une cause d'infériorité pour notre marine marchande (V. Desjardins, t. 6, n° 1352, p. 198 et 199). — On avait d'ailleurs recours depuis longtemps à divers moyens pour éluder la loi. Ainsi le fréteur stipulait le fret à tout événement ; il y avait alors *fret acquis* ; l'affréteur contractait une assurance pour le montant du même fret, et, afin de rester indemne, stipulait du fréteur le remboursement de la prime et des frais. On a vu *suprà*, n° 1669, que la jurisprudence avait déclaré l'opération valable. Ou bien encore, le fréteur assurait ouvertement le fret à l'aide d'une police dite d'*honneur*, c'est-à-dire qui, dépourvue de toute force légale, puisait son efficacité dans la bonne foi des contractants, mais, en pareil cas, l'assureur pouvait toujours se soustraire à l'exécution de la police, abandonnée à sa délicatesse ; de plus, s'il venait à tomber en faillite, le syndic était tenu de demander la nullité de semblables polices pour couvrir sa responsabilité ; enfin les assureurs exigeaient généralement, en raison de l'irrégularité de l'opération, une prime plus forte. — A l'égard de l'affréteur, la prohibition d'assurer le fret présentait également de graves inconvénients, puisqu'elle le laissait exposé à un préjudice possible ; aussi était-elle également éludée ; l'affréteur ou le destinataire exagérait dans la police sur facultés la valeur estimative du chargement afin d'y comprendre le fret, ou bien assurait le fret à payer à l'aide d'une police d'honneur.

1672. Le nouvel art. 334 autorise toute personne intéressée à faire assurer le fret net. Il faut en effet distinguer le *fret net* du *fret brut*. Le premier représente exclusivement le bénéfice que tire le fréteur, comme transporteur, du transport, comme bailleur, du louage ; le fret brut représente, en outre, d'abord, l'usure du navire pendant le voyage, puis un certain nombre de dépenses : victuailles, avances à l'équipage, armement et toutes mises dehors (Desjardins, t. 6, n° 1353, p. 200). Or la volonté du législateur, clairement exprimée au cours de la discussion et résumée par l'insertion du mot *net*, a été d'écarter toute assurance cumulative qui porterait sur l'entier montant du fret, sans tenir compte de l'usure, des frais d'armement, victuailles, loyers des gens de mer, etc. (D. P. 86. 4. 25 et 26, note). On n'a fait en quelque sorte que consacrer législativement la règle exprimée depuis longtemps dans la police française sur corps, qui disposait que les assurés s'interdisaient les assurances sur fret excédant 60 p. 100 du fret à justifier, et que toute assurance au delà de ce maximum autorisé réduirait d'autant, en cas de délaissement, la somme assurée sur le navire. Depuis le 1er janv. 1886, l'art. 22 de la même police exprime que « l'assurance du fret net, autorisée par la loi du 12 août 1885, est réputée, à l'égard des assureurs du navire, ne pouvoir excéder la proportion de 60 p. 100 du fret brut à justifier ».

1673. Toute assurance qui serait contractée de bonne foi sur le fret brut, serait-elle nécessairement réductible ? M. Desjardins qui pose cette question (t. 6, n° 1353, p. 201) y répond négativement. « L'indication du législateur est bonne, dit-il, mais ne renferme aucune injonction qui doive être exécutée à peine de nullité. Il faut aller au fond des choses. Le même assureur peut faire sans nul doute l'assurance conjointe du fret net et des mises hors, victuailles, armement. Pourquoi ne pourrait-il pas assurer ces derniers accessoires du corps sous une autre dénomination ? Toutefois il est évident que le législateur envisage avec défaveur cette façon de procéder. Celui qui aura fait assurer le fret brut, ayant mis les apparences contre lui, devra prouver qu'il est, au fond, en règle ... ». Donc s'il est prouvé que le navire n'est assuré que pour sa valeur lors du sinistre, et s'il n'y a pas assurance des mises dehors, le fret brut peut être assuré.

1674. Les mots « toute personne intéressée » employés par le nouvel art. 334 démontrent que l'assurance peut émaner non seulement de tout créancier du fret, mais aussi du débiteur.

Bien que l'art. 334, à la différence de la loi belge du 21 août 1879, ne permette pas expressément d'assurer « le prix du passage », il semble évident que le prix du transport des passagers peut être l'objet d'une assurance aussi bien que le prix du transport des marchandises. Il en est de même de toutes les dépenses que ce transport peut occasionner, frais de débarquement et de rembarquement, de nourriture et de logement des passagers dans un port de relâche, etc. « Quand ces dépenses, dit M. Desjardins, t. 6, n° 1355, p. 204, sont à la charge des passagers, ce sont eux qui ont intérêt à faire assurer les sommes nécessaires pour les faire parvenir au port de destination », et leur intérêt manifeste suffit à les autoriser à faire cette assurance, d'après les termes mêmes de l'art. 334.

1675. — III. Profit espéré des marchandises. — Le nouvel art. 334 permet également d'assurer le *profit espéré* des marchandises, alors que cette assurance, ainsi qu'on l'a vu au *Rép.* n° 1581, était prohibée par l'art. 347 c. com., tandis que le profit acquis pouvait faire l'objet d'une assurance (V. *Rép.* n°s 1581 et 1582). Ici encore le législateur de 1885 s'est conformé à la règle consacrée par la plupart des législations étrangères (V. notamment: c. com. allemand, art. 783 ; c. com. espagnol, art. 743 ; loi belge de 1879, art. 168 ; c. com. italien, arg. art. 594, 3e al.).

La prohibition d'assurer le profit espéré se fondait sur des motifs analogues à ceux qu'on invoquait pour prohiber l'assurance du fret, et elle donnait lieu à des critiques aussi sérieuses; elle froissait évidemment de légitimes intérêts. Le profit espéré, suivant l'expression du rapport de M. Griolet au conseil d'État (D. P. 86. 4. 25-26), est un bénéfice préparé par une opération sérieuse. Le commerçant qui s'est procuré les fonds ou les crédits nécessaires, a acheté la marchandise, l'a transportée au port d'embarquement, qui a affrété un navire, enfin a choisi le port sur lequel il avait avantage à diriger l'expédition, a, comme l'armateur, le droit le plus légitime de compter sur un bénéfice, pourvu que le navire échappe aux périls de la navigation. Dans la pratique, d'ailleurs, on avait, comme pour le fret, essayé d'éluder par tous les moyens possibles la prohibition de l'art. 347 et on y était parvenu, soit en majorant la valeur estimative de la marchandise (on admettait une majoration de 10 pour 100), soit au moyen de polices d'honneur (V. Pardessus, n° 766; Boistel, n° 1331; E. Cauvet, t. 1, n° 246; Lyon-Caen et Renault, n° 2077). Autorisée par la plupart des législations étrangères (V. notamment : c. com. allemand, art. 783; c. com. italien, art. 601; loi belge de 1879, art. 168), l'assurance du *profit espéré* était considérée par certains auteurs comme n'ayant rien d'illégal.

1676. L'art. 334 autorisant toute personne intéressée à faire assurer, l'assurance du profit espéré peut émaner de toute personne ayant un bénéfice à sauvegarder, telle que l'expéditeur, le consignataire qui a accepté des traites, l'acheteur à livrer, etc.

1677. La disposition de l'art. 334 qui autorise l'assurance du profit nous paraît s'appliquer au profit espéré de la pêche, aussi bien qu'à celui qui provient de la vente des marchandises. La détermination préalable de ce produit peut se faire d'après les moyennes des campagnes précédentes.

1678. Faut-il étendre cette solution aux primes de navigation, notamment à la prime à l'armement établie par la loi du 29 janv. 1881 (D. P. 82. 4. 13)? Ces primes sont, suivant la cour de Rennes (Rennes, 19 juin 1884, aff. Henry et Fichet, *Revue internationale du droit maritime*, t. 1, p. 472), un produit du navire, un profit espéré par conséquent. M. Desjardins, t. 6, n° 1362 *bis*, p. 223, est du même avis. « La prime à l'armement est, dit-il, une chose estimable à prix d'argent et sujette au risque de la navigation. Ce risque l'atteint toute entière, si le navire périt à la sortie du port de départ; partiellement, d'après un calcul proportionnel des distances, si le navire périt à un point qu'on ait pu constater, partiellement, jusqu'à concurrence de moitié, si le navire périt au cours d'une traversée sans qu'on sache où il a disparu. La mesure même du préjudice causé par la fortune de mer sera la mesure de l'indemnité due par l'assureur de la prime. » Cette opinion nous paraît devoir être suivie.

1679. — IV. Loyers des gens de mer. — Au point de vue de l'assurance, ces loyers doivent être envisagés à un double point de vue, savoir : 1° par rapport à l'armateur qui en est débiteur; 2° par rapport aux gens de mer.

1680. — 1° *Loyers considérés par rapport à l'armateur.* — Déjà, sous l'empire du code, l'armateur avait intérêt à s'assurer pour le montant des avances faites aux gens de mer, car il ne recouvrait pas ces avances en cas de sinistre (art. 258) et, d'autre part, il perdait alors le fret sur lequel, en principe, elles devaient s'imputer (art. 302). Cette assurance était possible antérieurement à la loi du 12 août 1885 ; car les avances faites aux gens de mer rentrent dans les frais d'armement que l'armateur a toujours pu assurer (Bordeaux, 16 mars 1887, aff. Fichet, D. P. 88. 2. 169). Quant au surplus des loyers, l'armateur était exposé déjà à les payer en pure perte, au moins pour partie, dans les cas prévus par les art. 254, 262 et suiv., 400-6° et 403-4°. Aussi lui reconnaissait-on également le droit de les faire assurer en prévision de ces éventualités, comme rentrant dans les frais extraordinaires que peut occasionner une fortune de mer. Mais il ne pouvait être question d'assurer le surplus des loyers en prévision des cas prévus par l'art. 258 ; car alors les loyers cessaient d'être dus et il n'y avait pas de perte à redouter. Aujourd'hui, il en est autrement ; les loyers échus étant, d'après le nouvel art. 258, dus même en cas de perte fortuite du navire (V. *suprà*, n°s 805 et suiv.), l'armateur a intérêt à s'assurer en prévision de cette éventualité (V. le rapport de M. Griolet au conseil d'Etat, D. P. 86. 4. 25-26).

1681. — 2° *Loyers considérés par rapport aux gens de mer.* — Sous l'empire du code de 1807, les gens de mer avaient intérêt à s'assurer. S'ils étaient engagés au fret ou au profit, ils perdaient leur rétribution quand, par suite d'un sinistre, le fret cessait d'être dû (art. 302) ou qu'aucun profit n'était réalisé. Dans le cas même d'engagement au voyage ou au mois, ils perdaient leurs loyers, même les loyers échus (ancien art. 258). Aujourd'hui les matelots engagés au fret ou au profit ont le même intérêt, car leur situation n'a pas varié (de Valroger, t. 3, n° 1518, p. 459) ; mais il en est autrement de ceux engagés au mois ou au voyage qui conservent le droit de réclamer les loyers échus (nouvel art. 258). Ils les perdront, il est vrai, en tout ou partie, s'ils sont en faute (même article) ; mais une assurance ne peut avoir pour effet de les prémunir contre une perte causée par leur faute (art. 351) ; l'assurance n'a donc de raison d'être de leur part que pour les loyers non échus (de Valroger, t. 3, n° 1517). L'ancien art. 347 qui interdisait aux gens de mer de s'assurer avait pour objet d'empêcher l'art. 258 de demeurer lettre morte (*Rép.* n° 1584). Du moment où ce dernier article était modifié, il n'y avait plus de raison de maintenir la prohibition de l'art. 347.

1682. Toutefois l'abrogation de cette défense fut vivement combattue ; mais on fit remarquer qu'il ne saurait y avoir de danger sérieux à permettre aux gens de mer de couvrir par une assurance *la totalité des salaires du voyage* pour lequel ils sont engagés. « S'ils échappent de cette manière aux cas fortuits, disait au Sénat le rapporteur du projet qui est devenu la loi du 12 août 1885 (D. P. 86. 4. 22), ils seront toujours responsables de leurs fautes, d'autant plus sûrement que l'indemnité d'assurance, ne puisant pas son origine dans le contrat d'engagement, ne participera d'aucune manière au privilège d'insaisissabilité des loyers. La condition des matelots assurés sera semblable à celle des marins employés au service de l'Etat, qui, dans les circonstances de mer périlleuses, ne montrent pas moins d'attachement au devoir et d'intrépidité, parce que leurs moyens d'existence et ceux de leur famille ne dépendent pas du salut du navire ». — Il semble résulter de ce passage du rapport, et principalement de la phrase « la totalité des salaires du voyage », que les marins engagés au mois ou au voyage soient fondés à assurer leurs loyers futurs, les seuls qui, de leur part, puissent faire l'objet d'une assurance.

Tous les gens d'équipage peuvent, d'ailleurs, comme les matelots proprement dits, bénéficier de cette prérogative.

1683. — V. SOMMES PRÊTÉES A LA GROSSE ET PROFIT MARITIME. — Le nouvel art. 334 permet encore d'assurer les *sommes prêtées à la grosse et le profit maritime*, tandis qu'avant la loi du 12 août 1885, l'art. 347 prohibait l'assurance du profit maritime (*Rép.* n° 1586). Ce sont des choses appréciables en argent et soumises aux risques de la navigation, puisque la somme n'est pas remboursable en cas de sinistre. D'ailleurs, le prêteur qui a pris les risques à sa charge est dans la situation d'un assureur qui se réassure. La plupart des législations étrangères autorisent l'assurance du profit maritime (V. c. com. allemand, art. 783; c. com. italien, art. 606 ; loi belge de 1879, art. 168). L'innovation consacrée sur ce point par l'art. 334 est une conséquence de la disposition du même art. 334 qui autorise l'assurance du fret net. « Le profit maritime des sommes prêtées à la grosse, dit M. Griolet dans le rapport au conseil d'Etat que nous avons déjà cité (D. P. 86. 4. 25), est tout à fait semblable au fret, en ce qu'il constitue un bénéfice préparé par une opération sérieuse et aussi en ce que le montant en est déterminé par un contrat. L'assurance des sommes prêtées à la grosse et du profit maritime doit être encouragée; car elle tend, en supprimant les riques de l'opération, à ramener le taux des prêts à la grosse au taux ordinaire de l'intérêt, augmenté seulement des primes que le prêteur devra payer pour l'assurance du principal et du profit maritime. En sorte qu'on a jusqu'à présent proscrit un contrat qui devait produire des effets tout à fait conformes à l'un des objets qu'on avait en vue ». Dans la pratique, d'ailleurs, on éludait l'ancienne prohibition, soit en majorant le capital assuré par le prêteur, soit en recourant à des polices d'honneur.

1684. L'assurance des sommes prêtées à la grosse a pour objet ces sommes mêmes, et non la chose affectée à son remboursement. Le prêt et l'assurance constituent, par conséquent, deux conventions indépendantes. Il en résulte que l'assureur ne répond que des fortunes de mer, soit qu'il s'agisse d'un emprunt fait par le propriétaire, soit d'un emprunt fait par le capitaine, et le prêteur conserve à sa charge les risques de l'insolvabilité de l'emprunteur, du vice propre, etc. (de Valroger, t. 3, n° 1382).

1685. La loi du 12 août 1885 a expressément maintenu la prohibition *d'assurer les sommes empruntées à la grosse ;* c'est même la seule des prohibitions de l'art. 347 qui ait été conservée. L'emprunteur n'est, on l'a vu (*Rép.* n° 1585), soumis à aucun risque, puisqu'il est exonéré du remboursement en cas de sinistre ; à plus forte raison, ne peut-il s'assurer pour le montant du profit maritime (Desjardins, t. 6, n° 1374, p. 246 et 247). Enfin il ne peut pas faire assurer les choses affectées au prêt.

La prohibition d'assurer les sommes empruntées à la grosse est d'ailleurs d'une application fort rare, si tant est qu'elle en reçoive jamais aucune. — Il est presque superflu, dès lors, de revenir sur la question, débattue lors de la publication du *Répertoire* et que nous y avons étudiée n° 1589, de savoir si les prohibitions de l'art. 347 sont d'ordre public. L'affirmative à laquelle nous avions adhéré a été confirmée par plusieurs arrêts (V. notamment : Civ. cass. 9 janv. 1854, aff. Villiams, D. P. 54. 1. 69). Cette jurisprudence attribuait à l'art. 347 le caractère d'une loi de police et d'ordre public qui ne pouvait être modifiée par les conventions particulières. Il en résultait que, si l'on avait contracté en pays étranger une assurance ayant dans ce pays un objet légal, mais illicite d'après la loi française, l'exécution de cette assurance n'aurait pas été valable en France (Rennes, 4 déc. 1862) (1). C'était peut-être aller trop loin. Nous pensons, toutefois, avec MM. Em. Cauvet, t. 1, n° 176, et Desjardins, t. 6, n° 1376, p. 248, que, toutes les fois que la loi morale universelle sera atteinte par une assurance valable à l'étranger, elle sera nulle en France.

1686. — VI. PRIME OU COUT DE L'ASSURANCE; SOLVABILITÉ DE L'ASSURANCE, ETC. — On a vu au *Rép.* n° 1592 que l'art. 342 permet à l'assuré de faire assurer « le coût de l'assurance ». De son côté, le nouvel art. 334 permettant l'assurance de la prime, n'y a-t-il pas simplement double emploi? Oui, dans une certaine mesure. On a inséré l'assurance de la prime au nombre des énonciations de l'art. 334, parce qu'il a paru qu'il y avait intérêt à réunir dans un même article tous les objets dont l'assurance est permise (Rapport de M. Griolet, D. P. 86. 4. 25); mais l'art. 334 ajoute cependant à l'art. 342. Tandis que ce dernier article permettait à l'assuré seul de faire assurer le coût de l'assurance, l'art. 334 donne la même latitude à tout intéressé, c'est-à-dire, en dehors de l'assuré, à tous ceux qui ont pu faire l'avance du coût de l'assurance et qui voudraient s'en faire garantir pour leur compte personnel (V. un article de M. H. Morel, *Revue critique*, 1886, p. 660).

1687. L'assurance de la prime et de la prime des primes (*Rép.* n° 1594) n'est possible que si l'assuré ne s'est pas fait garantir par une assurance le payement, en cas de sinistre, des sommes à l'aide desquelles on doit y subvenir ; car alors les deux assurances feraient double emploi. Si donc l'armateur a assuré le fret et le chargeur le profit espéré, ils ne peuvent faire encore assurer la prime qui se trouve ainsi déjà garantie par l'assurance des sommes à l'aide desquelles la prime doit être payée (de Valroger, t. 3, n° 1460).

1688. On peut aussi s'assurer pour les frais accessoires qu'occasionne l'assurance, frais de timbres, de courtage, etc. (Desjardins, t. 6, n° 1366, p. 232; de Valroger, t. 3, n° 1459).

1689. Parmi les assurances complémentaires que l'assuré peut faire, il faut citer celle des risques qui n'ont pas été compris dans une première police (*Rép.* n° 1598). Ainsi il

(1) (Syndic Delaporte C. Betteley.) — LA COUR ; — Considérant que l'art. 347 c. com. prohibe l'assurance sur le fret, en tant du moins qu'il n'est pas définitivement acquis, et que cette prohibition a pour le commerce maritime le caractère d'une loi de police et d'ordre public, qui s'impose à l'assureur comme à l'assuré, et à laquelle il n'est pas permis de déroger par aucune convention particulière ; — Considérant que la police d'assurance dont Betteley, sujet anglais, poursuit l'exécution, avait pour objet le fret espéré pour le navire *le Superbe*, dans le voyage de retour de Cochin en Europe, fret dont il a été privé par l'état d'innavigabilité du navire constaté à Cochin ; — Considérant qu'une convention contraire à une loi de police et d'ordre public ne peut avoir son exécution en France, contre un Français, ni en sa faveur, encore bien que le contrat soit intervenu en pays étranger ; qu'il est inadmissible que les tribunaux français puissent être appelés par un étranger à sanctionner contre un Français un engagement qui lui était interdit par la loi de son pays ; que de même que les lois de police obligent l'étranger qui réside en France, elles s'opposent aussi à ce que l'étranger puisse poursuivre en France l'exécution d'une convention qui les viole ; qu'on ne peut accorder, dans ce cas, à l'étranger contre le Français une action en justice, qui devrait être constamment refusée au Français contre l'étranger ; que s'il est vrai non seulement que la forme de l'acte soit régie par la loi du lieu où il a été passé, mais encore que cette loi puisse être réputée avoir été, dans l'intention commune des parties, la règle d'une convention conclue sous son empire, il n'en résulte pas que, dans ce dernier cas, la loi française à laquelle la volonté du Français ne pouvait déroger, ne recouvre pas toute son autorité quand l'exécution de l'engagement proscrit est poursuivie sur le territoire français ; que, quelle que soit la faveur que méritent la facilité et la sûreté des relations internationales, elle ne peut pas être poussée jusqu'au sacrifice des principes consacrés par les lois de police et d'ordre public ;

Considérant qu'on essaie vainement de transformer en une action en dommages-intérêts une demande qui n'a, au fond, d'autre source que le contrat, ni d'autre but que son exécution ; que ce n'est pas dans les circonstances qui ont précédé et accompagné la convention que l'une des parties peut trouver contre l'autre un principe de dommages-intérêts, puisqu'elles étaient alors également de bonne foi, qu'elles avaient toutes deux l'intention d'exécuter cette convention ; qu'il était dans leur prévision commune qu'elle recevrait en Angleterre son exécution, et qu'il est même vraisemble qu'elles connaissaient toutes deux les conditions dans lequelles elles traitaient ; que l'événement de la faillite Delaporte, la nécessité où, par suite, s'est trouvé l'intimé de poursuivre en France l'exécution de la police d'assurance, et le refus par les syndics d'admettre une créance fondée sur une cause illicite, sont des faits qui ne peuvent motiver l'application de l'art. 1382 c. nap., et procurer, par suite, d'une manière indirecte, le payement qui ne peut pas être directement demandé ; — Réformant, dit que l'exécution d'une police d'assurance sur fret espéré, quel que soit le lieu où elle ait été contractée, ne peut être poursuivie en France ; dit que son inexécution ne peut donner lieu à une action en dommages-intérêts, et que Betteley n'a justifié d'aucune autre cause de préjudice dont la réparation lui soit due, etc.

Du 4 déc. 1862.-C. de Rennes, 1re ch.-MM. Boucly, 1er pr.-Massin, av. gén.-Grivart et Verne, av.

n'y a pas double assurance, dans le sens de l'art. 359, de telle sorte que la première seule doive subsister, si elle couvre la valeur entière de la chose assurée, lorsque la seconde n'a pour objet que de rembourser à l'assuré toutes les fractions de pertes dont la première ne l'indemniserait pas (Civ. rej. 18 févr. 1868, aff. Adam, D. P. 68. 1. 499).

1690. On a cité encore au *Rép.* n° 1599 l'assurance de solvabilité. On a vu que l'assureur n'est pas en ce cas une véritable caution, et qu'il ne peut invoquer le bénéfice de discussion. Tenu de payer quand un commandement adressé au premier assureur est resté sans effet, il l'est également si un effet souscrit par le premier assureur à l'ordre de l'assuré a été protesté, si le premier assureur est en faillite. En un mot, il faut, mais il suffit que l'insolvabilité du premier assureur soit prouvée d'une façon quelconque (Desjardins, t. 6, n° 1368, p. 235 ; de Valroger, t. 3, n° 1495). — Il n'est plus douteux aujourd'hui, en présence de la loi du 12 août 1885, et du nouvel art. 334, que l'assureur ne puisse faire assurer la solvabilité de l'assuré débiteur de la prime. Mais une telle assurance n'est pas une assurance contre les pertes commerciales dont la validité est reconnue par la jurisprudence (Paris, 3 févr. 1885, aff. Perry Duffay, D. P. 85. 2. 184).

1691. Si l'assuré ne veut pas user de l'assurance de la solvabilité de l'assureur, il peut employer ce qu'on appelle *la reprise d'assurance*. L'assuré transporte alors ses droits éventuels contre l'assureur à une personne qui promet de payer au cédant, en cas de sinistre, le montant du dommage éprouvé; celui qui reprend l'assurance a seul le droit de poursuivre l'assureur (Desjardins, t. 6, n° 1372, p. 243). La plupart des compagnies d'ailleurs stipulent formellement que toute reprise d'assurance est interdite à peine de nullité.

1692. On peut encore faire assurer les impenses faites en cours de voyage; l'armateur peut faire assurer les armements et victuailles. Cette assurance, ainsi qu'on le verra *infrà*, n° 1713, ne peut se cumuler avec celle du fret brut (art. 5 de la police française sur corps; de Valroger, n°s 1376 et 1378). — On a vu également au *Rép.* n° 1600 que l'armateur peut faire assurer les dépenses extraordinaires du navire en cours de voyage, non seulement, lorsque ce surcroît de dépense a eu pour but et pour effet d'augmenter la valeur du navire, mais encore lorsque les dépenses ont été uniquement motivées par les besoins du navire.

1693. — VII. RÉASSURANCES. — Les réassurances autorisées par l'art. 342 c. com., et qui ont été examinées au *Rép.* n°s 1601 et suiv., sont d'une légitimité incontestable; l'assureur qui a pris des risques à sa charge, doit pouvoir s'en exonérer aussi bien que l'assuré lui-même. Les réassurances offrent, en outre, une grande utilité en permettant à l'assureur de se décharger de tout ou partie des risques sans résilier l'assurance et, par suite, sans l'intervention de l'assuré. Aussi ont-elles pris, depuis un certain nombre d'années, une grande extension (V. Desjardins, t. 6, n° 1370). Les grandes compagnies d'assurances maritimes modernes, afin de diviser leurs risques sans diminuer leur clientèle ou pour réaliser un bénéfice sur le taux des primes, ont pris l'habitude de réassurer auprès d'autres compagnies une partie de leurs risques, dans une proportion déterminée d'avance. Cette opération est connue sous la dénomination de *réassurance de partage*. D'autres, quand on leur propose une assurance pour une somme supérieure à leur plein (V. *suprà*, n° 1551) l'acceptent d'abord pour ne pas perdre le bénéfice de l'opération, puis réassurent l'excédent de leur *plein*, c'est-à-dire de la somme assurable d'après leurs statuts, sur chaque navire; c'est ce qu'on appelle *la réassurance de trop plein* ou *d'excédent*. Dans la réassurance de trop plein, le réassureur n'est tenu que si l'indemnité due par l'assureur excède le plein (Rouen, 4 juill. 1881 (1); Desjardins, t. 6, n° 1370, p. 238); dans le cas de réassurance de partage, le réassureur est toujours tenu dans la proportion qu'il a acceptée. — Enfin la réassurance *par abonnement* s'est introduite dans la pratique. Suivant cette pratique, le réassuré par abonnement pourrait diminuer ou augmenter ses pleins, et se faire réassurer par d'autres, en cédant ainsi les nouveaux risques en tout ou en partie à ses réassureurs, à charge d'aviser utilement ces derniers. C'est là une pratique éminemment vicieuse et contre laquelle les réassureurs ont intérêt à se prémunir conventionnellement (Desjardins, *ibid.*).

1694. Comme on l'a vu au *Rép.* n° 1602, le contrat de réassurance est un contrat nouveau, totalement distinct du premier (Trib. com. Seine, 8 août 1854, *Journal des tribunaux de commerce*, 1854, p. 443). — Il en résulte notamment, et indépendamment des conséquences signalées au *Rép.* n° 1603, que l'assureur conserve le droit de se faire payer par son réassureur le montant de la réassurance, alors même que, par suite de sa faillite, il n'aurait payé qu'un dividende à l'assuré (Montpellier, 15 mai 1872, aff. Comp. de *l'Afrique française*, D. P. 74. 2. 165), et que la remise de la dette faite à l'assureur ne profiterait pas à son réassureur.

Il n'est cependant pas contraire à l'essence du contrat de stipuler que le réassureur payera directement l'assuré; « mais, dit M. Desjardins, t. 6, n° 1371, p. 240, l'insertion d'une telle clause dans la police n'impliquerait pas une extinction

(1) (Comp. *l'Atlantique* et *l'Equateur* C. Les *Deux-Pôles*.) — LA COUR; — Attendu que la compagnie d'assurances *les Deux-Pôles* s'était engagée par police d'abonnement à réassurer aux compagnies *l'Atlantique et l'Equateur*, jusqu'à concurrence de 20000 fr., leurs excédents au-dessus de 95000 fr., pour le voyage des ports d'Europe à la côte d'Afrique; — Que cet excédent devait porter exclusivement sur facultés, la somme réservée par les compagnies *l'Atlantique* et *l'Equateur* se formant, au contraire, tant par leurs souscriptions sur facultés que par tous autres aliments; — Attendu que le *Saldanha-Marina*, l'un des navires couverts par ces assurances et réassurances, s'étant perdu, et qu'en vue d'une application à faire par suite de ce sinistre, les compagnies assurées ont établi que leurs risques ayant consisté en une somme de 79072 fr. de marchandises et de 28000 fr. de fret, qui dépassent de 12072 fr. le plein conservé par elles, devaient à concurrence de cette somme rester à la charge du réassureur;

Attendu que pour le chiffre de 79072 fr., justifié, d'ailleurs, par la facture, aucune difficulté ne s'élève; que le procès est né de la prétention par les compagnies *l'Atlantique* et *l'Equateur* de faire entrer dans le règlement des risques courus et réassurés le chiffre entier du fret, 28000 fr., bien que la perte de ce chef ait été réglée entre les compagnies *l'Atlantique* et *l'Equateur*, et l'assuré Brochardo, par une somme de 12250 fr. seulement; — Qu'il y a lieu de rechercher si la police, quant au fret, visait le voyage d'une façon absolue et sans admettre le principe d'une relation à établir entre le prix stipulé et l'étendue de la navigation, ou si, au contraire, elle n'admettait pas, comme conséquence acceptée, que le chiffre de 28000 fr. qui pouvait apparaître éventuellement pour le risque réellement couvert sauf règlement ultérieur et définitif à faire, selon l'événement du voyage, pourrait, néanmoins, dans certains cas, faire décroître ce chiffre au-dessous de 28000 fr.; — Attendu que le texte de la police, son esprit et l'interprétation que les intéressés eux-mêmes, assureurs et assurés, ont donné à la convention, loin d'écarter cette solution, tendent, au contraire, à la faire consacrer; — Qu'il est indiqué par la police que le réassureur doit se mettre au lieu et place de l'assureur, et qu'il a le droit de ne régler que sur la production des pièces justificatives; — Qu'il est dit encore que la valeur du fret, 28000 fr., est assurée pour le voyage complet du navire; — Que le règlement s'en est fait au chiffre de 12250 fr., chiffre réduit, que les assurés n'auraient pas admis, si une obligation absolue contractée à leur profit leur avait permis d'exiger 28000 fr.;

Attendu que les compagnies *l'Atlantique* et *l'Equateur*, ayant conservé un risque de 95000 fr., ne peuvent réclamer au réassureur de les couvrir à due concurrence que si leur perte réelle a dépassé 95000 fr.; — Qu'il est établi que les assureurs n'ont payé à l'assuré que 91332 fr., que les compagnies appelantes n'ayant pas épuisé la totalité du risque conservé par elles réaliseraient, si leur prétention était accueillie, un *bénéfice illicite* que proscrit la nature même du contrat; — Que c'est donc par suite d'une véritable confusion, et par une fausse application du droit qu'on prétend invoquer ici des principes vrais, seulement si le fret de 28000 fr. eût été dû intégralement, et si les marchandises et le fret avaient fourni alors un aliment réel à la réassurance; — Que des polices provisoires et des valeurs présumées ne pouvant suffire, il demeure constant que l'assurance sur fret n'a pas été plus ferme que l'assurance sur facultés; que pour l'une comme pour l'autre la liquidation, la justification seules devaient, le cas échéant, faire apparaître l'excédent du risque couvert par la compagnie *les Deux-Pôles*, et que cet excédent n'apparaît pas;

Par ces motifs, confirme, etc.

Du 4 juill. 1881.-C. de Rouen, 1re ch.-MM. Neveu-Lemaire, 1er pr.-Ricard et Marais, av.

par novation de l'obligation primitive. Ainsi l'assuré devrait toujours la prime à l'assureur, celui-ci la devrait au réassureur. L'assureur aurait toujours un droit propre à réclamer du réassureur l'exécution du contrat. »

1695. On peut faire réassurer en France une assurance étrangère et *vice versa*. Il a été jugé, à ce propos, que l'engagement pris par une compagnie d'assurances française, dans une réassurance, de se soumettre aux clauses et conditions de la police étrangère, rend la législation étrangère applicable à la réassurance (Lyon, 17 mars 1881, aff. Comp. espagnole *le Cabotage*, D. P. 82. 2. 198).

1696. Quand le contrat est-il un contrat de réassurance? Quand constitue-t-il une simple convention de garantie? « Il faut pour le décider, dit M. Desjardins, t. 6, n° 1370, p. 239, interroger les principes généraux de la matière. » Il paraît certain, en premier lieu, qu'il n'y a réassurance qu'autant que la convention nouvelle contient l'aléa propre à toute assurance, et que le risque est déterminé. C'est ainsi qu'il a été décidé que l'acte par lequel le membre d'une société d'assurances maritimes mutuelles, fait assurer le montant de sa cotisation, constitue non une simple convention de garantie, mais un contrat de réassurance (Civ. rej. 3 déc. 1860, aff. Lahirigoyen, D. P. 61. 1. 30, et Civ. rej. 11 nov. 1862, aff. Lechevallier et consorts, D. P. 62. 1. 487). Les assurés, en pareil cas, s'assurent au moyen du payement d'une prime fixe contre le risque de cotisations variables qu'ils sont exposés à payer comme participants de la société d'assurances mutuelles dont ils font partie; il y a bien, en pareil cas, risque déterminé, c'est-à-dire péril de payer une cotisation variable, et prime fixe, c'est-à-dire deux des éléments du contrat d'assurance. Au contraire, on a pu juger que la convention par laquelle une compagnie d'assurances maritimes réassure d'une manière générale tous les risques maritimes acceptés par une autre compagnie dans les proportions et conditions convenues, ne constitue pas un contrat de réassurance, mais un contrat particulier participant à la fois de l'assurance, de la société et du mandat (Montpellier, 15 mai 1872, aff. Comp. de *l'Afrique française*, D. P. 74. 2. 165, et sur pourvoi, Civ. rej. 25 févr. 1874, aff. Figuier-Serre et le *Lloyd méridional*, D. P. 76. 1. 71). La cour de Montpellier et la cour de cassation motivent leur décision sur ce que la convention intervenue n'a pas eu pour objet spécial et déterminé des réassurances de la part du *Lloyd méridional* pour tels ou tels risques maritimes vis-à-vis de tels ou tels navires dénommés et spécifiés dans ladite convention, mais pour tous les risques maritimes sans exception, assurés ou à assurer par *l'Afrique française* dans les proportions et conformément aux conditions énoncées audit traité (Arrêt précité du 15 mai 1872). — C'est encore un motif du même genre qu'on retrouve dans un jugement du tribunal de commerce de la Seine du 14 juin 1883 (aff. Comp. *la Confiance*, *Recueil de Marseille*, 1885. 2. 151) : « Attendu, dit ce jugement, que la convention par laquelle une compagnie d'assurances réassure d'une manière générale tous les risques assurés ou réassurés par une autre compagnie ou toute catégorie de risques, et non pas tel risque déterminé, constitue moins une réassurance proprement dite qu'un contrat *sui generis* tenant de l'assurance, de la société et du mandat, auquel on ne saurait appliquer l'art. 342 c. com. ».

Cette jurisprudence et la distinction qu'elle consacre sont vivement critiquées par M. Desjardins, t. 6, n° 1370, p. 239. Il importe peu, selon lui, que les risques maritimes n'aient pas été spécifiés. Est-ce que l'indétermination des risques maritimes, dit-il, vicie l'assurance? Si l'on valide pour les simples assurances la police flottante ou d'abonnement, pourquoi la proscrire dans les réassurances (V. de Courcy, *loc. cit.*)? C'est la *réassurance par voie d'abonnement* dont il a été parlé *suprà*, n° 1693, et que M. de Courcy distingue de la réassurance ordinaire. Quoi qu'il en soit, il paraît évident que les circonstances de la cause et les modalités de la convention ont une grande influence, lorsqu'il s'agit d'en déterminer le caractère. Nous estimons que la loi n'a établi à cet égard aucune règle fixe et, notamment, qu'il n'est pas nécessaire que la convention exprime en termes sacramentels qu'il y a réassurance (V. en ce sens : Jugement précité du 14 juin 1883, et sur appel, Paris, 24 févr. 1885, *Recueil de Marseille*, 1885. 2. 154; Desjardins, t. 6, n° 1371, p. 240. — *Contrà* : Em. Cauvet, t. 1, n° 295; Trib. Marseille, 5 juill. 1843, *Recueil de Marseille*, 1843. 1. 320; 21 mars 1863, *ibid.*, 1863. 1. 150).

1697. L'étendue de la réassurance, qui ne peut jamais être supérieure, peut être inférieure à celle de l'assurance. Le réassureur peut insérer des franchises qui n'existent pas dans l'assurance (de Valroger, t. 3, 1467). — Quant à la prime de réassurance, elle peut être moindre, égale ou supérieure à la prime de l'assurance (Lyon-Caen et Renault, t. 2, n° 2088; Desjardins, t. 6, n° 1371, p. 241). Aucune disposition légale ne prescrit un taux particulier pour cette prime, qui reste abandonnée à la liberté des parties. La réassurance serait parfois impossible, si l'on ne pouvait la contracter pour une prime supérieure; or pourquoi refuser à l'assureur le droit de s'imposer un sacrifice pour se décharger, en tout ou en partie, d'une responsabilité qu'il juge onéreuse. En revanche, pourquoi ne pas l'admettre à bénéficier d'une différence en moins? (Desjardins, *ibid.*; de Valroger, t. 3, n° 1467). D'ailleurs, cette prime est souvent, dans la pratique, inférieure à celle que payent les assurés.

1698. La controverse examinée au *Rép.* n° 1605 sur la question de savoir si l'assureur qui fait réassurer doit déduire du montant de la réassurance la prime qui lui est due par l'assuré, paraît s'être perpétuée. — M. Boistel, en effet, adopte l'opinion que Valin et Pothier avaient soutenue, et qui impose à l'assureur l'obligation de déduire la prime, tandis que l'opinion contraire est plus généralement admise (V. Lyon-Caen et Renault, t. 2, n° 2088; Desjardins, t. 6, n° 1371, p. 241; Laurin sur Cresp, t. 3, p. 440, note 1; Droz, t. 1, n° 149; de Valroger, t. 3, n° 1465; Weill, n° 80; Bravard et Demangeat, t. 4, p. 590. V. aussi Civ. cass. 14 déc. 1880, aff. Comp. d'assurances *le Neptune et la Navigation*, D. P. 81. 1. 164).

1699. Mais l'assureur qui se réassure pour la totalité de la somme assurée ne pourrait ajouter au capital assuré, la prime du contrat primitif et la prime des primes que s'il les avait assurées lui même. En effet, s'il ne les avait pas assurées lui-même et devait les retenir vis-à-vis de l'assuré, il ne pourrait se les faire payer par son réassureur, parce qu'en comprenant dans la réassurance une prime qu'il doit gagner à tout événement, il réaliserait un bénéfice du fait de la réassurance sur cette prime (Em. Cauvet, t. 1, n° 293; Laurin sur Cresp, t. 3, p. 440, note 1; Lyon-Caen, t. 2, n° 2088; Desjardins, t. 6, p. 241-242, n° 1371; de Valroger, t. 3, n° 1466; Bravard et Demangeat, t. 4, p. 590).

ART. 2. — *De la manière dont l'assurance peut être faite* (*Rép.* n°s 1606 à 1621).

1700. L'énumération que donne l'art. 335 des différentes manières dont l'assurance peut être faite, n'est évidemment pas limitative. Comme le remarque M. Desjardins, t. 6, n° 1378, il est impossible de prévoir la diversité des combinaisons qui peuvent être imaginées et l'on doit se borner à l'indication des variétés principales.

1701. Il est à peine besoin de rappeler que l'assurance est *totale* ou *partielle*, suivant que l'engagement de l'assureur s'étend à la pleine valeur de la chose assurée ou qu'elle ne couvre cette valeur que dans une proportion donnée. Tantôt cette proportion est déterminée d'une manière précise, lorsque, par exemple, elle est fixée au tiers, au quart, à la moitié; tantôt elle résulte simplement de la différence qui existe entre la valeur de la police et la valeur réelle de la chose assurée. Mais, dans un cas comme dans l'autre, l'assureur ne saurait appliquer son risque sur telle ou telle partie de la chose assurée qui lui conviendrait : l'assuré et l'assureur sont réputés assureurs par indivis dans la proportion résultant de la police et du découvert. Par exemple, au cas où une police de 50000 fr. est souscrite sur des marchandises évaluées 100000 fr., l'assureur n'est engagé que jusqu'à concurrence de la moitié de la perte ou des avaries qui peuvent survenir : ainsi, en supposant une perte de 40000 fr., l'assureur ne sera engagé que jusqu'à concurrence de 20000 fr. (Desjardins, t. 6, n° 1380, p. 252; Weill, n° 50). Si une autre assurance a été souscrite pour l'excédent, le second assureur paye aussi 20000 fr.

1702. Dans le cas où la chose a été assurée sans évaluation, la question de savoir si les parties doivent encore être présumées avoir entendu faire une assurance partielle et virtuellement limitée à une fraction de la chose, devrait d'après M. de Courcy, t. 1, p. 397, se résoudre par une distinction entre le cas où il s'agit d'une assurance sur corps et celui où il s'agit d'une assurance sur facultés. Si l'assurance porte sur des marchandises, la somme souscrite par l'assureur ne devrait pas être réputée proportionnelle, dans la commune intention des parties, à la valeur totale du chargement, laquelle ne sera connue souvent que plus tard. Au contraire, quand on assure un navire dont la personnalité est déterminée, qui a sa cote au *Veritas*, et dont la valeur est, par conséquent, connue, l'assurance serait virtuellement limitée à une fraction par la proportion qui existe entre la valeur effective du navire et la somme assurée M. de Valroger se prononce formellement contre ce système, (t. 3, n° 1392). « Que la police, dit-il, ait été faite avec ou sans évaluation, que l'assurance soit faite sur marchandises ou sur corps, il faut toujours revenir à ce principe que l'assuré qui ne fait pas assurer la valeur entière de sa chose est réputé rester pour le surplus son propre assureur. » Cette opinion nous semble préférable. La distinction proposée par M. de Courcy, nous paraît arbitraire; le juge, sans doute, sera en droit de discerner la véritable intention des parties intéressées; mais on ne saurait ériger en principe invariable une règle qui ne repose en définitive que sur une présomption de volonté (V. Desjardins, t. 6, n° 1380, p. 253).

1703. Aux termes de l'art. 335 (*Rép.* n° 1606), l'assurance peut être faite conjointement ou séparément; cela peut se produire à l'égard des assureurs ou par rapport à la chose assurée.

Par rapport aux assureurs, il y a évidemment assurance séparée et non conjointe, lorsque chacun d'eux s'engage pour une somme distincte (V. Rennes, 30 mars 1848, aff. Maillard, D. P. 52. 1. 92). De même s'ils s'engagent conjointement sans qu'il y ait solidarité, ils ne sont tenus chacun que pour leur part et portion (Desjardins, t. 6, n° 1381; Civ. cass. 3 mars 1852, aff. Borelly, D. P. 52. 1. 92; de Valroger, t. 3, n° 1396). L'assurance serait, au contraire, conjointe si les assureurs avaient garanti solidairement la totalité de la somme assurée ou encore s'il y avait entre eux une société de commerce, car la solidarité existerait alors de plein droit. Dans ces deux cas, il y a, suivant l'expression de l'arrêt du 3 mars 1852, un lien légal d'association qui attribue un caractère d'indivisibilité à leurs intérêts (Desjardins, *ibid.*).

1704. Par rapport aux choses assurées, l'assurance est faite conjointement, lorsqu'elle comprend différents objets assurés pour une même somme, de telle façon que le tout ne forme qu'une seule masse. Au contraire, l'assurance est faite séparément toutes les fois que la police désigne un ou plusieurs objets distincts, assurés pour des sommes différentes (Desjardins, t. 6, n° 1382, p. 254; Weill, n° 51).

1705. Il ne faut cependant pas s'attacher avec trop de rigueur à la forme de l'assurance pour décider si elle est faite conjointement ou séparément, et il faut accorder au juge une certaine liberté d'appréciation. Ainsi M. de Valroger, t. 3, n° 1393, cite un cas d'assurance conjointe auquel les définitions qui viennent d'être rappelées ne sauraient s'appliquer; c'est celui où, après avoir fait assurer 10000 fr. sur le corps, on aurait fait ensuite assurer 30000 fr. sur corps et facultés, alors que l'assuré avait 10000 fr. dans le navire et 30000 fr. dans le chargement. L'auteur estime qu'on ne saurait considérer la seconde assurance comme s'appliquant pour 10000 fr. au navire et que, comme ces 10000 fr. étaient déjà assurés, l'assurance doit être ristournée pour cette somme; il pense qu'il est plus juste de décider que l'intérêt total de l'assuré étant, en définitive, de 40000 fr., les deux assurances doivent valoir en leur entier.

1706. Les assurances conjointes se rencontrent le plus fréquemment lorsqu'il y a assurance à la fois sur corps et sur facultés; mais ce cas n'est pas le seul; il peut encore y avoir assurance conjointe ou séparée de diverses catégories de marchandises, du navire et de ses accessoires. En pareil cas, les divers objets compris dans l'assurance sont généralement confondus en une seule masse. On a déjà signalé l'intérêt que présente cette distinction à divers points de vue (*Rép.* n°s 1615 et suiv.). MM. Weill, n° 51, et Desjardins, t. 6, n° 1382, p. 255, signalent à leur tour deux conséquences de cette règle qui font bien comprendre tout l'intérêt pratique qu'il y a à distinguer une assurance faite séparément d'une assurance faite conjointement: 1° si l'assurance portait pour moitié sur l'un des objets et moitié sur l'autre, c'est-à-dire si elle était faite séparément sur l'un et sur l'autre, il y aurait à se préoccuper de la question de savoir si l'assuré avait réellement soumis les deux objets aux risques; car, si un seul y avait été soumis, la police se trouvant sans aliment quant à l'autre serait ristournée en tant qu'elle devrait porter sur lui. Au contraire, l'assurance étant faite conjointement, porterait sur le tout, et si tel ou tel des objets n'était pas soumis aux risques, l'assurance porterait sur l'autre; par exemple, à défaut de chargement, elle porterait sur le navire pour le montant total de la somme énoncée dans la police, et l'assuré pourrait, en cas de sinistre, réclamer intégralement cette somme. Il en serait de même si l'un des objets était déjà couvert par une première assurance (de Valroger, t. 3, n° 1393); — 2° L'assureur a stipulé la *franchise d'avarie* jusqu'à concurrence du quart pour diverses catégories de marchandises, c'est-à-dire qu'il a stipulé que, jusqu'à concurrence du quart de la valeur des marchandises, il ne garantirait pas l'avarie. Un sinistre atteint plus du quart d'une des catégories assurées, mais moins du quart de la cargaison assurée s'il y avait eu assurance séparée, l'assureur aurait dû payer le sinistre relatif à la catégorie atteinte, déduction faite du quart; au contraire, avec une assurance conjointe, il se trouve n'avoir rien à payer (V. aussi Boistel, n° 1332; Lyon-Caen et Renault, n° 2114.) De même, pour le délaissement, dans le cas de perte des trois quarts.

1707. L'assurance conjointe peut être faite sur corps et facultés quand ces dernières appartiennent à l'armateur; mais, en raison de la séparation de plus en plus répandue entre l'assurance sur facultés et l'assurance sur corps, il est nécessaire que la police indique formellement l'intention des parties de lui attribuer cette étendue (Desjardins, t. 6, n° 1347).

1708. On a vu au *Rép.* n° 1608 que l'assurance d'un navire est réputée, sauf réserves contraires, comprendre les agrès et armements. On persiste à considérer qu'en l'absence d'une limitation précise, l'assurance porte aussi bien sur les accessoires nécessaires que sur le corps même du bâtiment; et l'expression *navire*, lorsqu'elle sert à désigner la chose assurée, comprend, dans le langage du droit aussi bien que dans le langage usuel, les accessoires sans lesquels n'existe point l'ensemble qui constitue le navire (V. Motifs, Bordeaux, 11 mai 1870, aff. Amanau, D. P. 71. 2. 18). On en a conclu que, si l'assurance porte sur un bateau à vapeur, elle s'applique à la machine en même temps qu'au navire (Em. Cauvet, t. 1, n° 152; Rouen, 19 nov. 1862, *Recueil de Marseille*, 1863. 2. 440). La machine est, en effet, une partie essentielle du navire à vapeur qui ne saurait exister sans elle, en tant, du moins, que bâtiment à vapeur. Mais il n'en serait pas de même, à défaut de convention spéciale, de certains accessoires qui ne font pas partie essentielle du navire, quoiqu'étant indispensables pour remplir le but de l'armement. Ainsi, selon M. Desjardins, t. 6, n° 1347, p. 182, l'assurance d'un navire destiné à la pêche ne s'étendrait pas aux engins de pêche.

1709. Quant aux victuailles, la solution est moins certaine. « L'assurance des victuailles, que l'armateur joint à celle du navire, dit M. J.-V. Cauvet, n° 23, est considérée comme une partie de celle du bâtiment, si elle est faite dans la même police, par la même disposition et sans qu'on lui assigne un capital séparé » (Desjardins, t. 6, n° 1348, p. 183). Les polices de Paris, de Marseille, de Nantes et la police *française* comptent, comme faisant partie *ipso facto* des assurances sur corps, les victuailles et mises dehors. — Jugé cependant, par exception à cette règle, qu'on ne doit pas regarder, au cas d'assurance d'un vapeur à temps limité, comme comprises dans la somme assurée sous le nom d'arment, les dépenses de victuailles faites pour de nombreux passagers pendant un long voyage qui ne rentrait pas dans les prévisions des parties au moment du contrat (Aix, 1er août 1875, *Recueil de Marseille*, 1876. 1. 84).

1710. Si, en principe, l'assurance sur corps est réputée comprendre les agrès, armements, victuailles, il reste évident que ces différentes choses peuvent faire l'objet d'assurances séparées; on peut assurer, par exemple, séparément la machine d'un navire à vapeur, les chaloupes, les canots et enfin les victuailles. Le doute eût-il été possible avant la révision de l'art. 334 par la loi du 12 août 1885, il ne le serait plus aujourd'hui, l'art. 334 énumérant séparément les objets dont il est question ici comme pouvant être assurés. En pratique, parmi les agrès, il n'y a guère que la machine à vapeur qui soit assurée séparément (de Valroger, t. 3, n° 1391). — Quand l'assurance des victuailles est comprise dans l'assurance sur corps, elle est régie par les règles applicables à cette dernière. Mais lorsque, par exception, l'assurance des victuailles est distincte, elle forme, de l'avis unanime des auteurs, une assurance à part, régie par les règles et les usages qui lui sont propres (Trib. Marseille, 20 mai 1857, *Recueil de Marseille*, t. 35. 1. 153). Cette assurance, toutefois, lors même qu'elle est séparée de celle du navire, en est toujours le complément habituel, puisqu'elle comprend les mises dehors autres que celles du capital représenté par le corps même du navire, ses agrès et apparaux. « Elle est habituellement, dit M. J.-V. Cauvet, n° 23, limitée aux dépenses faites avant le départ; on pourrait l'étendre à toutes les dépenses du voyage, elle ne serait qu'éventuelle pour les dépenses restant à faire. L'idée propre de cette assurance est de procurer, pour le cas de perte, une garantie des dépenses effectuées; une nouvelle assurance peut intervenir au fur et à mesure de nouvelles dépenses. Ainsi, en cas de perte, l'assuré peut être remboursé par ses assureurs de ses mises dehors successives. »

1711. On a soutenu que l'assurance des victuailles est comprise dans l'assurance du fret, de telle façon qu'on ne saurait assurer à la fois le fret et les victuailles. Le fret, dit-on, est tout à la fois le prix de la location d'un navire et le prix d'un transport, et comme il comprend les dépenses de victuailles, ce serait faire assurer deux fois ces dépenses que de faire assurer à la fois les victuailles et le fret (J.-V. Cauvet, n° 341). Nous avons fait observer nous-même, *suprà*, n° 1694, que l'assurance des victuailles ferait le plus souvent double emploi avec celle du fret brut. Est-ce à dire qu'elle fasse toujours double emploi avec l'assurance du fret? Nous ne le pensons pas. Les victuailles, en effet, ne composent pas à elles seules les dépenses que le fret est destiné à couvrir, et il est évident, notamment, qu'elles n'entrent en aucune façon dans la composition du fret net. Donc le fret net peut être l'objet d'une assurance en même temps que les victuailles, sans qu'il y ait pour cela assurance cumulative. Mais ce n'est pas tout. Dans le fret brut, tout l'excédent du fret net ne représente pas nécessairement les victuailles. « On peut donc très bien, comme le dit M. Desjardins, t. 6, n° 1348, p. 184, concevoir en thèse, qu'un armateur fasse assurer distinctement : 1° les victuailles; 2° le fret brut abstraction faite des mises dehors », et pour qu'une telle assurance doive être annulée, il faudrait établir qu'elle est cumulative.

1712. Les assurances sur facultés peuvent être plus ou moins compréhensives. Ainsi il peut y avoir: 1° assurance d'objets déterminés; 2° assurance d'une quantité déterminée d'objets d'une certaine nature; 3° assurance des facultés ou du chargement en tout ou en partie; 4° assurance des marchandises chargées et à charger.

1713. L'assurance peut également être faite *in quo vis*. On a vu *suprà*, n°s 1624 et suiv., en quoi consiste cette assurance. On connaît encore l'*assurance flottante*, qu'il ne faut pas confondre avec l'assurance *sur risques flottants* (Desjardins, t. 6, n° 1386, p. 268). L'assurance *sur bonnes ou mauvaises nouvelles*, qui est une assurance sur risques flottants, a pour objet d'écarter la présomption que la loi ou la police fait peser sur la partie quant à la connaissance de la perte ou de l'arrivée (Desjardins, t. 6, n° 1387, p. 269).

1714. L'assurance est encore *limitée* ou *illimitée*. Dans ce dernier cas, l'assureur peut s'engager, moyennant une prime proportionnée à l'étendue des risques, à indemniser l'assuré, non seulement de la valeur de l'objet s'il vient à périr, mais, plus généralement, de toutes les pertes et de tous les dommages que cet objet pourra occasionner à l'assuré par fortune de mer (Desjardins, t. 6, n° 1379, p. 251). L'assurance illimitée ne se présume pas, et il faut que les parties aient manifesté clairement leur intention de la faire.

1715. Nous signalerons enfin l'assurance dans laquelle la valeur du chargement est divisée en séries. La division par séries se fait soit par ordre d'arrimage, soit par ordre de numéros. Le règlement de l'assurance a lieu sur chaque série, de sorte que, à ce point de vue, le chargement peut être considéré comme assuré par autant d'assurances distinctes qu'il y a de séries; on procède de même pour l'application des franchises et pour le cas de délaissement.

1716. Le nouvel art. 334 prohibe toute assurance cumulative. Lorsqu'il y a assurance cumulative, l'effet de cette prohibition est différent, suivant qu'il y a eu dol ou fraude de la part de l'assuré, ou qu'on ne peut lui imputer ni l'un ni l'autre. Dans le cas de dol ou de fraude de l'assuré, l'assurance est nulle à l'égard de l'assuré seulement. S'il n'y a eu ni dol, ni fraude, l'assurance sera réduite de toute la valeur de l'objet deux fois assuré. S'il y a ou deux ou plusieurs assurances successives, la réduction portera sur la plus récente.

1717. La discussion de la loi du 12 août 1885 permet de définir exactement le sens que le législateur a entendu attribuer à l'expression *cumulatives*, expression qui n'a pas été sans donner lieu à quelques critiques; on lui a reproché de n'appartenir ni à la langue du droit, ni à celle de la pratique. Dans la proposition de loi soumise au Sénat, le paragraphe 2 de l'art. 334 était ainsi rédigé: « néanmoins l'armateur ne peut assurer *cumulativement* d'une part, l'entier montant du fret, et, d'autre part, les frais d'armement, les victuailles, les loyers des gens de mer, le coût de l'assurance et autres dépenses de l'expédition. Il est également interdit au chargeur d'assurer cumulativement l'entier profit espéré et les dépenses accessoires du chargement; au prêteur à la grosse d'assurer cumulativement le profit maritime et les frais accessoires du prêt ». — La commission du Sénat avait substitué à ce texte la rédaction suivante: « Toute assurance *cumulative* est interdite. — Ainsi l'armateur ne peut faire assurer concurremment l'entier montant du fret et les frais d'avitaillement, les loyers et autres dépenses faites pour le voyage... » La seconde phrase du paragraphe 2: « ainsi l'armateur... » a été retranchée à la suite d'un accord entre le Gouvernement et la commission du Sénat. — Mais, comme l'a dit M. Laroze dans son rapport à la Chambre des députés, du 25 juill. 1885, ce retranchement n'implique pas renonciation à l'interprétation que le législateur avait voulu donner lui-même du principe qu'il venait de poser. Il doit donc être parfaitement entendu que la détermination du caractère cumulatif de l'assurance est laissée à l'appréciation du juge, d'après les circonstances de la cause, et les exemples qui ont été extraits du texte de la loi peuvent être ici reproduits pour servir à l'interprétation du nouveau texte. C'est ainsi que l'armateur ne pourra faire assurer cumulativement, d'une part, l'entier montant du fret, et, d'autre part, les frais d'armement, les victuailles, les loyers des gens de mer, le coût de l'assurance et autres dépenses de l'expédition. Il sera également interdit au chargeur d'assurer cumulativement l'entier profit espéré et les dépenses accessoires du chargement, au prêteur à la grosse, d'assurer cumulativement le profit maritime et les frais accessoires du prêt, etc. Nous pensons, avec le Sénat, qu'ainsi expliqué, le texte est suffisamment clair et ne donnera lieu à aucune difficulté. »

Quant aux motifs de la prohibition édictée par l'art. 334, ils ont été nettement formulés dans le rapport de M. Griolet au conseil d'Etat. « ... On comprendra aisément, y lisait-on, qu'on ne saurait également permettre l'assurance des dépenses de l'expédition cumulée avec l'assurance de l'entier montant du fret, du fret brut. Alors, en effet, l'assuré recevrait, en cas de sinistre, plus qu'il n'aurait gagné en cas d'heureuse arrivée. Il recevrait d'une part, toutes les dépenses d'expédition, et, d'autre part, tout le fret, tandis que, si le navire était arrivé à bon port il n'aurait reçu que le fret et aurait imputé sur ce fret les dépenses de l'expédition. Dans ces conditions, l'assuré serait intéressé à ce qu'un sinistre arrivât. En outre, l'assurance dégénérerait en un véritable jeu jusqu'à concurrence de la valeur deux fois assurée, de la somme qui n'aurait pas été gagnée en cas d'heureuse arrivée et qui ainsi n'était pas soumise aux risques de la navigation. »

ART. 3. — *A quelle époque l'assurance peut être faite* (*Rép.* n° 1622).

1718. On a vu au *Rép.* n° 1622 que l'art. 335 c. com. autorise l'assurance faite avant ou pendant le voyage du vaisseau. Ainsi le veut le principe de la liberté des conventions. L'assurance antérieure au départ prémunit complètement l'assuré contre les risques, mais elle est résoluble si la mise en risques n'a pas lieu (art. 349). L'assurance en cours de voyage peut être la seule possible, si l'assuré ne connaît la mise en risques qu'après qu'elle a eu lieu. Lorsque la mise en risques est postérieure au départ, faut-il que l'assuré déclare cette circonstance à l'assureur? M. Desjardins, t. 6, n° 1389, p. 271, estime, d'accord avec M. J.-V. Cauvet, t. 1, n° 217, que cette déclaration n'est pas, en principe, indispensable, et qu'il n'y a lieu de l'exiger qu'autant que le silence de l'assuré pourrait diminuer l'opinion du risque et constituer une réticence. « Le défaut de déclaration, dit M. J.-V. Cauvet, est une réticence toutes les fois qu'il y a retard, au moment de l'assurance, ou dans l'arrivée du navire, ou dans la réception des nouvelles. » On en peut conclure, avec un jugement du tribunal de Marseille, du 11 juill. 1877 (*Recueil de Marseille*, 1877. 1. 291), que, s'il n'y a pas retard suffisant pour faire concevoir des appréhensions sur le sort du navire, celui qui le fait assurer, sans signaler en même temps le départ, n'est pas taxé de réticence. M. de Valroger, il est vrai, est d'un avis contraire, et pense que l'assuré doit toujours informer l'assureur du départ (t. 3, n° 1398).

ART. 4. — *Pour quel temps l'assurance peut être faite* (*Rép.* n°s 1623 à 1629).

1719. La plupart du temps la question de savoir quelle est la durée de l'assurance se confond avec celle de la durée des risques. On examinera donc *infrà*, n°s 2073 et suiv., la plupart des développements que ces deux questions comportent. Nous nous bornerons ici à quelques brèves indications.

1720. On a vu au *Rép.* n° 1623, que l'assurance peut être faite au voyage, pour l'aller et le retour ou pour un temps limité, etc. On a déjà vu *suprà*, n°s 1643 et suiv., ce qu'il faut entendre par assurance au voyage, par voyage assuré, voyage légal et voyage réel. — Dans le voyage pour l'aller et le retour ou pour plusieurs traversées successives (*Rép.* n° 1625), c'est-à-dire à *prime liée*, l'assureur supporte, sans interruption et sans intervalle de temps, tous les dommages que peut éprouver le navire ou la cargaison : peu importe le moment auquel ces accidents se produisent, que ce soit au cours du voyage d'aller, du voyage de retour, ou enfin pendant le stationnement au port intermédiaire (Comp. Desjardins, t. 6, n° 1393, p. 273 ; c. com. allemand, art. 831).

« L'allée et le retour ne faisant qu'un seul et même voyage, dit M. Desjardins, *ibid.*, p. 274, si l'on liquidait l'assurance à prime liée d'après l'usage et les règles communes, on devrait attendre, pour opérer le règlement d'avaries, la fin même du voyage assuré, c'est-à-dire le retour du navire. » Mais il peut se faire que la police dispose, comme la police de Paris, sur corps notamment (art. 16), que *chaque voyage sera l'objet d'un règlement distinct* et séparé. Cette clause ne signifie nullement qu'il y aura interruption du risque au port d'arrivée, par exemple, mais qu'au point de vue du règlement chaque voyage sera considéré séparément. Elle garantit à la fois les intérêts de l'assureur en ce qu'elle empêche le cumul des avaries au point de vue du délaissement, et ceux de l'assuré en ce que l'assureur reste pour chaque voyage obligé jusqu'à concurrence de la somme assurée.

1721. Si, au contraire, il n'y a pas prime liée, si le navire, par exemple, est assuré pour le voyage d'aller, et pour celui de retour, ou pour des voyages intermédiaires avec primes distinctes pour chacun des voyages, il y a interruption de l'assurance pendant les intervalles qui séparent les traversées. Il a été jugé qu'au cas d'une assurance à primes distinctes, si le navire périt dans un voyage intermédiaire, le voyage de retour ne peut être réputé commencé et que la prime afférente à ce voyage n'est pas due par l'assuré (Trib. com. Nantes, 27 déc. 1884, *Revue internationale du droit maritime*, t. 1, p. 148 ; Trib. Bordeaux, 19 juill. 1847, aff. Tandonnet, D. P. 47. 4. 26, cité au *Rép.* n° 1556).

SECT. 5. — DE L'ÉVALUATION DES CHOSES ASSURÉES (*Rép.* n°s 1630 à 1676).

1722. En principe, l'évaluation des choses assurées est, ainsi qu'on l'a dit au *Rép.* n° 1631, fixée par la police. C'est, dans l'assurance sur facultés, le cas de la police fermée. On a vu *suprà*, n° 1649, qu'il n'est pas le seul et qu'il y a des cas où la police ne contient pas l'évaluation des marchandises. L'art. 339 ne s'est, d'ailleurs, occupé que de régler à défaut de la police l'évaluation des marchandises ; il n'a rien dit de l'évaluation du navire (V. *infrà*, n° 1736).

1723. L'évaluation de la chose assurée, dans la police, a pour but d'éviter les débats relatifs à la valeur de cette chose. Elle ne produit cependant pas toujours ce résultat. En effet, l'évaluation donnée par la police a une portée, une efficacité plus ou moins grandes, suivant les conditions dans lesquelles elle a été faite. Souvent elle n'a d'effet qu'à l'égard de l'assuré ; il en est ainsi, notamment, lorsque l'estimation des objets se présente sous la forme d'une simple indication de valeur et qu'elle émane de l'assuré seul, sans aucune adhésion ou acceptation de l'assureur. En pareil cas, l'évaluation oblige l'assuré en ce qu'elle fixe un maximum que ses prétentions ne peuvent jamais dépasser ; mais l'assureur peut toujours exiger de lui qu'il prouve l'exactitude de sa déclaration. La simple déclaration de valeur ne change donc pas les règles sur la charge de la preuve, et les modes indiqués par l'art. 339 doivent toujours être employés (Trib. Marseille, 31 août 1866, *Recueil de Marseille*, 1866. 1. 293 ; de Valroger, t. 3, n° 1409). — Au contraire, lorsque l'estimation est présentée dans la police comme *valeur agréée* ou *valeur convenue*, les parties sont liées réciproquement par la convention synallagmatique, qui résulte de leur accord sur la valeur de la chose assurée ; l'assureur, en acceptant cette évaluation, a, par là même, dispensé l'assuré de justifier de son exactitude, et ce serait à lui, s'il prétendait que la valeur a été exagérée, qu'incomberait la preuve de l'exagération. Cette clause : *valeur agréée* ou *convenue de gré à gré*, ou toute autre clause équivalente, a donc pour effet de transporter la charge de la preuve de l'assuré à l'assureur.

Il a été jugé, en conséquence, que, lorsque l'estimation portée au contrat d'assurance a été agréée par les assureurs et qu'ensuite ils opposent à la demande en validité du délaissement une prétendue exagération de la valeur, c'est à eux qu'il incombe d'en faire la preuve (Rouen, 2 juin 1870, aff. *Lloyd havrais*, D. P. 71. 2. 125, et sur pourvoi, Req. 20 févr. 1872, D. P. 72. 1. 250) ; et l'estimation des objets assurés, agréée entre les parties et contenue soit dans la police, soit dans un avenant, dispense l'assuré de toute preuve quant à la valeur des marchandises, même dans le cas où une clause imprimée de la police stipulerait que, nonobstant toute valeur agréée, les assureurs peuvent toujours demander la justification des valeurs réelles, et réduire, en cas d'exagération, la somme assurée (Req. 12 juin 1876, Benecke, D. P. 77. 1. 193). Cette dernière décision rejette ainsi la clause spéciale introduite dans la formule imprimée de la police d'assurance sur facultés, arrêtée en 1873 dans un congrès d'assureurs et connue sous le nom de *police française*, d'après laquelle « nonobstant toute valeur agréée, les assureurs peuvent toujours demander la justification des valeurs réelles, et réduire, en cas d'exagération la somme assurée... » disposition qui avait pour but évident de laisser le fardeau de la preuve à la charge de l'assuré, malgré la déclaration de *valeur agréée* contenue dans la police. Il y aurait là, on le conçoit, une source de graves difficultés. L'intention évidente des parties en employant ces mots *valeur agréée* est de dispenser l'assuré de prouver la valeur des marchandises. S'il en était autrement, l'expression *valeur agréée* serait synonyme de celle-ci : *valeur déclarée*, ce qui est inadmissible.

1724. Il faut, d'ailleurs, se garder d'attribuer à la clause *valeur agréée* ou *valeur convenue* une signification trop favorable aux assurés. On ne saurait soutenir que cette clause, non seulement dispense l'assuré d'aucune preuve, mais encore interdit aux assureurs de prouver eux-mêmes que cette valeur fixée n'est pas exacte. Cette doctrine serait en contradiction avec les principes spéciaux qui régissent le contrat d'assurance. La volonté des parties est impuissante à les lier, du moment que leur convention est contraire à l'essence même du contrat qui intervient entre elles. Or, c'est une règle fondamentale que l'assurance ne doit jamais procurer un gain à l'assuré, qu'elle ne doit jamais imposer aux assureurs un sacrifice supérieur à la perte réellement faite par l'assuré. S'il en était autrement, l'assurance perdrait son caractère pour dégénérer en une sorte de pari; l'assuré ne serait plus garanti simplement contre une perte, il aurait la chance de réaliser un véritable gain par l'effet d'une circonstance fortuite. Il ne saurait être permis aux parties de consacrer par leurs conventions un tel résultat. Les assureurs doivent donc être toujours admis à prouver l'exagération de la valeur déclarée, alors même qu'ils auraient adhéré sans réserves à la déclaration. L'art. 336 c. com. leur reconnaît ce droit d'une manière absolue, et sans distinguer dans quels termes l'évaluation a eu lieu. « En cas de fraude dans l'estimation des effets assurés, dit cet article, en cas de supposition ou de falsification, l'assureur peut faire procéder à la vérification et estimation des objets, sans préjudice de toutes autres poursuites, soit civiles, soit criminelles. »

Cette doctrine est celle qui avait été suivie par les arrêts de Paris (9 avr. 1835) et de Bordeaux (12 janv. 1834), que nous avons exposée au *Rép.* n° 1631, et que la jurisprudence et la doctrine n'ont pas hésité depuis à consacrer de nouveau (Req. 12 juin 1876, cité *suprà*, n° 1723, Bédarride, n°s 1105 et suiv.; Lemonnier, *Commentaire sur les principales polices d'assurances*, n° 135; de Valroger, t. 3, n°s 1410 et suiv.). La règle qu'elle dégage doit être maintenue dans le cas même où les assureurs auraient expressément renoncé à requérir une autre estimation que celle portée par la police (*Rép.* n° 1636; Bédarride, t. 3, n° 1109; Alauzet, *Des assurances*, t. 1, p. 435, n° 225; *Commentaire du code de commerce*, t. 6, n°s 2062 et suiv.; Boistel, *loc. cit.*). Elle est encore appliquée comme elle l'avait déjà été par la cour d'Aix et les tribunaux de Marseille et de Bordeaux (*Rép.* n° 1637), alors même que l'évaluation convenue de la chose assurée est accompagnée dans la police de la clause: *vaille plus, vaille moins*. Il a été jugé que, dans ce cas même, l'assureur conserve le droit d'établir la fausseté et l'exagération de l'évaluation et de la faire réduire à son véritable chiffre, à la condition qu'il établisse lui-même l'exagération qu'il allègue (Rennes, 2 mai 1870 (1); Aix, 20 déc. 1858, *Recueil de Marseille*, 1858. 1. 122. V. également les décisions citées par M. Desjardins, t. 6, n°s 1441 *ter* et 1445, p. 432 et 437; Bravard et Demangeat, t. 4, p. 595, note 1).

1725. L'art. 336 c. com. semble, à première vue, se référer spécialement au cas de fraude ou de supposition; mais on admet toujours (*Rép.* n° 1636) qu'il doit être étendu au cas de simple erreur. De même, on persiste à décider qu'il n'y a aucune distinction à faire entre l'assurance sur corps et l'assurance sur facultés (*Rép. ibid.*; Desjardins, t. 6, n° 1445; de Valroger, t. 3, n° 1418).

1726. Remarquons ici, comme l'a constaté la cour de Rennes dans l'arrêt du 2 mai 1870 (*suprà*, n° 1724), que la preuve qui incombe à l'assureur n'est subordonnée à aucun mode particulier. Si l'art. 332 c. com. exige que le contrat d'assurance soit rédigé par écrit, il ne s'ensuit nullement que l'assureur soit tenu de produire une preuve écrite de l'inexactitude ou de l'exagération des déclarations de l'assuré; il ne s'agit en réalité que d'un litige entre commerçants pour faits de leur négoce, qui peut s'établir suivant les principes généraux du droit. D'ailleurs, on est en présence d'une infraction à la loi, dont l'assureur n'a pu se procurer une preuve écrite (c. civ. art. 1348).

1727. La règle consacrée par la jurisprudence, qui admet l'assureur à contester l'estimation convenue et à prouver qu'elle est excessive, remédie au danger que créent les abus dans l'évaluation des valeurs assurées, abus qui existent sous certaines législations étrangères et que M. de Courcy redoutait en France (t. 4, p. 35 et suiv.). En Angleterre, notamment, la valeur agréée fait loi entre les parties, le cas de fraude excepté; de même aux Etats-Unis et en Belgique, lorsque l'évaluation a été faite par des experts convenus entre les parties (V. Desjardins, t. 6, n° 1452, p. 450, 451 et 457).

1728. On a vu au *Rép.* n° 1642 que l'assuré ne peut être admis à contester l'estimation de la valeur de la chose assurée qui a été faite dans la police. C'est encore l'opinion de M. de Valroger, t. 3, n° 1414.

1729. Les polices sur fret peuvent être évaluées comme les polices sur marchandises. Dans ce cas, il ne peut s'élever de difficultés que sur la quotité du fret net; ici encore l'assureur nous paraît devoir être admis, conformément à la jurisprudence qui vient d'être exposée, à contester l'évaluation du fret net, puisque le droit de contester l'exactitude des évaluations de la police lui appartient, d'après l'arrêt de la cour de cassation du 12 juin 1876 (cité *suprà*, n° 1723), à raison d'un principe d'ordre public.

L'évaluation du fret net est particulièrement délicate; le contrat d'affrétement peut sans doute être consulté; mais on ne connaît par là que le fret brut et c'est le fret net qu'il s'agit de déterminer. Il faut, pour cela, distinguer avec soin les charges naturelles du fret, dépenses ordinaires qui forment la différence du net au brut et ne tombent pas à la charge des assureurs sur fret, et les avaries du fret, dépenses extraordinaires en vue desquelles l'assurance du fret a été contractée (Desjardins, t. 6, n° 1443, p. 436). On pourra encore, en cas de police ouverte, se référer aux cours de la place où le navire a été frété.

1730. Il faut en dire autant de l'assurance des loyers: l'évaluation ne peut évidemment excéder le chiffre qui leur est assigné par les énonciations contenues dans le rôle d'équipage ou dans la convention des parties. La difficulté résidera, d'ailleurs, plutôt dans l'évaluation de la perte que dans l'évaluation des loyers eux-mêmes. Pour l'armateur, elle se déterminera, dans les engagements au voyage, par la somme des loyers qu'il aura à payer, et, pour le matelot, par la différence entre ce qu'il aura touché à titre d'avances et ce qu'il aurait eu à recevoir si le navire était arrivé à destination. Mais, en cas d'engagement au mois, on devra nécessairement évaluer la perte pour l'armateur d'après le montant intégral des loyers qu'il aurait eu à payer en cas d'heureuse arrivée, et pour les matelots, d'après ce qu'ils auraient dû recevoir; il faudra donc apprécier ce qu'aurait dû être la durée du voyage.

1731. L'évaluation du profit assuré ne peut évidemment dépasser le bénéfice auquel il était permis de s'attendre d'après une saine appréciation commerciale. — Si l'évaluation a été faite dans la police il faut appliquer la jurisprudence exposée *suprà*, n°s 1723 et suiv., c'est-à-dire admettre l'assureur à en contester l'exactitude et, suivant que l'évaluation aura été simplement fournie par l'assuré ou agréée,

(1) (Lemoine C. Leroux-Maillard.) — Arrêt. — LA COUR; — Attendu que l'assurance est un contrat d'indemnité et non de spéculation pour l'assuré; qu'elle ne doit jamais procurer un bénéfice à ce dernier, qui ne peut obtenir, en cas de sinistre, que l'équivalent de la valeur de la chose assurée; qu'il s'ensuit que, lors même que l'évaluation de cette chose a été faite de gré à gré dans la police, avec la clause: *vaille plus, vaille moins*, ou toute autre mention équivalente, l'assureur n'en conserve pas moins le droit d'établir la fausseté et l'exagération de l'évaluation, et de la faire réduire à son véritable chiffre; que la clause dont il s'agit ne saurait être un moyen légal pour les parties d'éluder le principe essentiel et d'ordre public qui leur prescrit de ne couvrir par l'assurance que la valeur réelle qui est en risque; — Qu'elle ne doit être maintenue qu'autant que l'estimation agréée de la police ne dépasse pas notablement le prix de la chose assurée, et qu'elle produit en tout cas un résultat considérable, en dispensant l'assuré de toute justification ultérieure et en mettant entièrement à la charge de l'assureur la preuve de l'exagération; — Mais que cette preuve n'est subordonnée à aucun mode particulier; qu'au contraire, s'agissant d'un litige entre commerçants, pour faits de leur négoce, et même d'une prétendue fraude à la loi, elle peut s'établir suivant les principes généraux du droit commercial et même du code Napoléon, soit par témoins, soit par présomptions graves, précises et concordantes; — Que si l'art. 332 c. com. exige que le contrat d'assurance soit rédigé par écrit, il ne s'ensuit nullement que l'assureur soit tenu de produire une preuve écrite de l'inexactitude ou de l'exagération des déclarations de l'assuré; — Attendu que l'unique fait admis en preuve par la sentence arbitrale était pertinent, puisqu'il tendait à démontrer que les objets composant l'armement de pêche, assurés sur le navire *le Mogador*, avaient été retrouvés en nature, sauf le sel, après le naufrage de ce bâtiment sur les rochers des Bas-Sablons, et que leur valeur à l'état sain serait de beaucoup inférieure au montant de l'assurance;

Par ces motifs, etc.

Du 2 mai 1870.-C. de Rennes, 1re ch.-MM. Aucher, 1er pr.-Nadault de Buffon, av. gén.-Rouxère (du barreau de Saint-Malo) et Grivart, av.

obliger celui-ci à prouver l'exactitude de l'évaluation ou l'assureur à en établir l'exagération (Comp. Desjardins, t. 6, n° 1451; Résolutions adoptées par le congrès d'Anvers, art. 27, al. 2, *suprà*, p. 29).

Si cette évaluation n'a pas été faite, la question semble plus difficile à résoudre. Le bénéfice que réalisera le chargeur est, en effet, difficile à apprécier, et il dépendra souvent de circonstances tout à fait étrangères au voyage de la marchandise. Mais, comme l'a dit fort bien M. Griolet dans son rapport au conseil d'État, déjà cité (D. P. 86. 4. 26), « on ne saurait considérer comme pouvant être l'objet d'une assurance les bénéfices que le chargeur peut espérer réaliser, soit à raison de circonstances exceptionnelles, soit à la suite des opérations auxquelles il compte se livrer sur la marchandise après son arrivée. Dans le langage ordinaire du commerce maritime, on entend par *profit espéré* le profit qui doit résulter *directement* du transport de la marchandise sur la place de destination. Et ce profit consiste dans une différence de cours toujours facile à déterminer, souvent à peu près constante. » On dispose donc, en réalité, d'une base d'évaluation suffisamment précise.

1732. On a vu au *Rép.* n° 1644 que, lorsque l'évaluation a été faite dans le contrat en monnaie étrangère, l'art. 338 prescrit de convertir cette évaluation en monnaie française suivant le cours à l'époque de la signature de la police. Mais le code ne prohibant pas, comme l'ordonnance, la disposition contraire, on en a conclu au *Rép. ibid.* qu'il peut être dérogé à l'art. 338. Tel n'est pas l'avis de M. Desjardins, t. 6, n° 1446, p. 439, ni de M. de Valroger, t. 3, n° 1431. Ces auteurs estiment que permettre de supprimer, par une convention licite, la déduction résultant du change, ce serait permettre à l'assuré de chercher un bénéfice dans le sinistre. Cependant on devrait, semble-t-il, tout au moins admettre, avec M. Weill, n° 58, qu'on n'est pas tenu d'évaluer, à peine de nullité, la monnaie étrangère au cours à l'époque de la signature de la police, qu'il suffit de l'évaluer à un cours ayant été coté (V. également : Desjardins, *ibid.*).

1733. La règle de l'art. 338 s'étend, d'ailleurs, au cas de police ouverte, lorsqu'à défaut d'évaluation dans la police, il y a lieu de rechercher la valeur des marchandises d'après les livres et factures (art. 339). Il est nécessaire de convertir en monnaie française les prix inscrits en monnaie étrangère, en tenant compte du change (de Valroger, t. 3, n° 1432).

1734. L'évaluation du navire est particulièrement délicate; on a vu au *Rép.* n° 1646 que cette évaluation pouvait être déterminée par les actes d'achats, etc., et par des procès-verbaux de visite et rapports d'experts. A défaut de la police qui généralement évalue le navire, on devra donc avoir recours à l'un de ces procédés; mais ils ne peuvent être tous employés indistinctement dans tous les cas et fournir tous une exacte appréciation de la valeur. Le prix d'achat ou le prix de revient ne peut fournir une base précise d'évaluation que si le navire vient d'être vendu ou s'il sort des chantiers; car la navigation, un séjour prolongé dans le port produisent une usure appréciable. Il faut donc la plupart du temps recourir à l'expertise (Desjardins, t. 6, n° 1442; de Valroger, t. 3, n° 1439), lorsqu'il y aura contestation.

D'ailleurs, pour faire cette estimation, les assureurs trouvent généralement de précieux auxiliaires dans les agences de renseignements, dont il a été parlé *suprà*, n° 1621, et qui, tout en n'ayant aucun caractère officiel, n'en sont pas moins organisées de manière à fournir des indications précieuses et d'une sincérité complète.

1735. L'évaluation des marchandises, lorsqu'elle n'est pas faite dans la police, c'est-à-dire quand la police est ouverte, peut être justifiée suivant les modes déterminés par l'art. 339 (*Rép.* n° 1647). Lorsqu'on procède par voie d'estimation à l'évaluation des marchandises, on doit prendre leur valeur au moment du chargement; mais il n'y a lieu, d'après l'art. 339, de recourir à l'estimation qu'à défaut des livres et factures. Or les livres et factures donnent le prix d'achat, et non le prix courant au lieu et au temps du chargement qui peut être fort différent. — Faut-il s'en tenir aux prix de facture toutes les fois qu'il y a des factures, comme le veut M. de Valroger, t. 3, n° 1436? Nous pensons, avec M. Desjardins, t. 6, n° 1449, p. 445, que le législateur n'a pas entendu lier avec autant de rigueur les tribunaux. « Ce qu'il a dû vouloir avant tout, dit M. Desjardins, c'est qu'on déterminât le mieux possible la valeur effective au moment de la mise en risque; telle est la seule règle fixe à laquelle le juge nous semble être astreint. Pour la déterminer, que l'on consulte d'abord les livres et les factures, soit; mais si l'on doit aboutir, par leur inspection à une fausse appréciation de la valeur effective, qu'on se reporte sans crainte au prix courant » (Trib. Marseille, 31 août 1866, *Recueil de Marseille*, 1866. 1. 293; Lyon-Caen et Renault, n° 2115).

1736. On a vu au *Rép.* n° 1652, qu'aux termes de l'art. 357, un contrat d'assurance ou de réassurance consenti pour une somme excédant la valeur des effets *assurés* est nul à l'égard de l'assuré seulement, s'il est prouvé qu'il y a eu dol ou fraude de sa part.

La preuve de la fraude incombe naturellement à l'assureur, car l'hypothèse envisagée par l'art. 357 est celle d'une police contenant l'évaluation, et dans laquelle en principe l'évaluation a été agréée (Paris, 18 févr. 1865, *Recueil de Nantes*, 1865. 2. 38; Trib. Nantes, 23 août 1865, *ibid.*, 1865. 1. 103); de plus, il y a lieu d'appliquer ici le principe que le dol et la fraude ne se présument pas et que c'est à celui qui les allègue qu'incombe l'obligation d'en faire la preuve (*Rép.* n° 1657). Mais l'assureur peut ici encore recourir à tout mode de preuve.

1737. Quant à ce qu'on doit entendre par dol et fraude, on a déjà vu par les exemples cités au *Rép.* n° 1657 que le juge jouit à cet égard d'une certaine latitude. Il a été de nouveau jugé, conformément à l'arrêt rendu par la cour de Bordeaux, le 20 août 1835 (*Rép.* n°s 1657-2° et 1590), que l'exagération dans la valeur des choses assurées ne suffit pas à elle seule à établir le dol ou la fraude (Rouen, 4 avr. 1868, *Recueil de Marseille*, 1868. 2. 165).

1738. Les art. 357 et 358, bien qu'ils ne parlent que de l'assurance des *effets chargés*, s'appliquent également à l'assurance sur corps, aux termes d'une jurisprudence constante (*Rép.* n° 1637). Aussi a-t-on pu juger, notamment, que l'exagération de la valeur du navire assuré, portée même au point de faire dégénérer l'assurance en une espérance de bénéfices, entraîne, non pas la nullité du contrat, mais seulement la réduction de l'assurance, lorsque la perte du navire est arrivée dans des circonstances qui n'ont pas fait naître de soupçons sur les causes de l'événement (Aix, 26 déc. 1876, aff. Santi, D. P. 78. 5. 45.) En Angleterre, au contraire, bien qu'en principe, la valeur agréée fasse foi entre les parties (V. *suprà*, n° 1727), on admet cependant qu'une surélévation exagérée peut être à elle seule la démonstration de la fraude (Desjardins, t. 6, n° 1452, p. 450).

1739. Dans certains cas, d'ailleurs, les tribunaux français ont déduit le dol et la fraude d'exagérations même non accompagnées de circonstances extérieures (Paris, 24 déc. 1884, aff. Peulevey, *Recueil du Havre*, 1885. 2. 201; Trib. Marseille, 2 août 1886, *Revue internationale de droit maritime*, t. 2, p. 326; Desjardins, t. 6, n° 1447).

1740. Le dol et la fraude une fois constatés sont opposables à l'assuré, dit l'art. 357. Nous estimons qu'il en est de même à l'égard de tout ayant cause de l'assuré et par exemple du tiers porteur de la police (Desjardins, t. 6, n° 1447, p. 441; Trib. Marseille, 1er août 1882, *Recueil de Marseille*, 1882. 1. 180).

1741. La nullité de l'assurance n'étant prononcée par l'art. 357 qu'à l'égard de l'assuré seulement, il en résulte pour l'assureur, ainsi qu'on l'a exposé au *Rép.* n° 1660, le droit, en cas d'heureuse arrivée, de conserver ou exiger la prime, en ne demandant pas la nullité, et en cas de sinistre de faire valoir la nullité de l'assurance, et par là de s'affranchir des risques. Ne faut-il pas aller plus loin?

Suivant plusieurs auteurs, l'assureur qui fait prononcer la nullité du contrat aurait droit, non sans doute au montant de la prime entière, mais au 1/2 pour 100, et ils invoquent par analogie la règle édictée par l'art. 358 (V. notamment : Lyon-Caen et Renault, t. 2, n° 2065; Laurin sur Cresp, t. 3, p. 159 et suiv.). « Quand il y a exagération sans fraude, disent MM. Lyon-Caen et Renault, *loc. cit.*, note 4, le 1/2 pour 100 est dû, malgré l'annulation de l'assurance; pourquoi ne le serait-il pas aussi en cas de fraude? » L'opinion contraire, enseignée au *Rép.* n° 1661, est adoptée par M. Boistel, n° 1340.

1742. Antérieurement à la loi du 12 août 1885, on pouvait considérer l'exagération qui était l'œuvre volontaire des deux parties comme faisant dégénérer l'assurance en gageure (*Rép.* n° 1662). Cependant on avait admis, dans la pratique, une tolérance de 10 pour 100 pour les marchandises. C'est ainsi, notamment, que l'art. 15 de la police française permettait « de réduire, en cas d'exagération, la somme assurée au prix coûtant, augmenté de 10 pour 100, à moins que les assureurs n'aient expressément agréé sur une élévation supérieure d'une quotité déterminée ». C'était un moyen détourné d'assurer le profit espéré. Cette exagération pourrait, depuis la loi de 1885, être considérée comme régulière, en tant que comportant l'assurance du profit espéré, puisque cette assurance est aujourd'hui licite ; mais, en raison de la prohibition qui atteint les assurances cumulatives, ce ne serait qu'autant que le profit espéré n'aurait pas lui-même été l'objet d'une assurance. Encore faudrait-il qu'il n'y eût point une exagération telle que l'assurance contrevînt au principe d'ordre public suivant lequel un sinistre ne peut pas procurer un bénéfice à l'assuré. Mais, en ce cas même, l'assurance serait simplement sujette à réduction, l'accord des deux parties écartant tout soupçon de fraude. L'assureur, cependant, étant en faute comme l'assuré, ne pourra réclamer le 1/2 pour 100 sur cet excédent (de Valroger, t. 4, n° 1654 ; Desjardins, t. 6, n° 1448, p. 442).

1743. Comme on l'a vu au *Rép.* n° 1663, en l'absence de dol et de fraude le contrat est, aux termes de l'art. 358, réductible jusqu'à la valeur des effets chargés. Lorsque l'assurance est réduite, la prime subit également une réduction proportionnelle, mais avec une indemnité de 1/2 pour 100 sur la partie réduite de la somme assurée (de Valroger, t. 4, n° 1650) ; cette règle s'applique aussi bien à l'assurance sur corps qu'à l'assurance sur facultés. On a bien soutenu que le texte ne parlant que des effets chargés ne s'appliquait qu'aux assurances sur facultés et non aux assurances sur navires (Locré, *Esprit du code de commerce*, art. 358) ; mais cette restriction est arbitraire. « Tout ce qu'on peut dire, enseigne M. de Valroger, t. 4, n° 1657, c'est que les navires étant en évidence et ayant un prix connu, les évaluations exagérées seront surtout à craindre dans les assurances sur facultés. Voilà pourquoi la loi a naturellement supposé une assurance de cette nature. Mais il est clair que les dispositions des art. 357 et 358 seront applicables aux assurances sur navires, lorsqu'il y aura eu exagération de leur valeur. » (V. aussi Lyon-Caen, t. 2, n° 2065).

1744. On a exposé au *Rép.* n° 1665, comment doit s'opérer le ristourne partiel de l'assurance pour insuffisance non frauduleuse du chargement, quand ce chargement a été assuré par diverses personnes (V. aussi sur ce point: Desjardins, t. 7, n° 1502, p. 142).

1745. L'art. 359 (*Rép.* n° 1666) suppose une entière bonne foi de la part de l'assuré; sinon, on applique l'art. 357 aux assurances entachées de dol, le contrat est nul à l'égard de l'assuré et l'assureur a droit à la prime entière et non pas seulement à l'indemnité de demi pour cent. Bien plus, en pareil cas, l'annulation atteindrait non seulement les contrats souscrits quand la chose avait déjà été assurée pour sa valeur, mais encore les polices alimentées elles-mêmes (Bédarride, t. 4, n° 1352 ; Desjardins, t. 7, n° 1499, p. 134 ; de Valroger, t. 4, n° 1660). Il ne faut pas, en effet, oublier que l'assurance est un contrat de bonne foi, dans lequel on punit même la simple réticence; en outre, l'art. 359 exige que les divers contrats aient été faits sans fraude et, comme le dit M. Laurin, t. 3, p. 164, cette prescription ne peut avoir d'intérêt que pour les polices alimentées pour tout ou partie, car, pour celles qui ne le sont pas, la fraude ne saurait avoir un effet plus fort que celui qui était indiqué dans la loi ; par conséquent, il était inutile de la prévoir.

1746. L'art. 359 s'applique, comme les précédents, aux assurances sur corps, sur fret, sur profit espéré, etc., tant aussi bien qu'aux assurances sur marchandises (Desjardins, t. 7, n° 1501, p. 139-140; de Valroger, t. 4, n° 1672). Il s'applique également aux réassurances, quand l'assurance principale est ristournée comme dépassant la valeur de la chose assurée ; cette ristourne rejaillit sur les réassurances ; les premières réassurances seules subsistent jusqu'à concurrence du risque (de Valroger, t. 4, n° 1673).

1747. Quelle est la date respective des assurances quand la première a été souscrite conditionnellement ? Il faut distinguer entre le cas où la condition se réalise avant et celui où elle se réalise après la cessation des risques. Dans le premier cas, la condition a un effet rétroactif, et la première assurance produit son effet; dans le second, c'est le contrat postérieur, mais non conditionnel qui doit être exécuté : il ne saurait y avoir lieu, dans ce dernier cas, à l'application de l'art. 359, al. 1, d'après lequel le contrat le plus ancien doit seul subsister, s'il couvre l'entière valeur des effets chargés. A plus forte raison, en est-il ainsi quand la condition à laquelle était subordonné le premier contrat a fait défaut; c'est ce qui a été jugé dans une espèce où une agence avait consenti à son client une assurance pour le cas où elle ne parviendrait pas à le faire assurer par une compagnie, et où l'assurance projetée avait ensuite été conclue ; il est évident qu'en pareil cas, le premier contrat conclu reste sans effet, et que la seconde convention doit seule recevoir exécution (Civ. rej. 18 févr. 1868, aff. Adam, D. P. 68. 1. 499).

1748. La ratification a le même effet que l'accomplissement d'une condition suspensive, en ce sens que, si elle se produit avant la cessation des risques, le contrat ratifié est préférable au contrat postérieur, bien que celui-ci soit antérieur à la ratification. Ainsi il a été jugé que, lorsque l'agent d'une compagnie d'assurances souscrit une assurance sous conditions de ratification par sa compagnie et qu'une autre compagnie consent une assurance avant que la ratification de la première ne soit intervenue, la première assurance est préférable, si la ratification intervient avant la cessation des risques (Civ. cass. 2 févr. 1857, aff. Lefebvre, D. P. 57. 1. 69; Trib. Marseille, 17 juill. 1877, *Recueil de Marseille*, 1877. 1. 300 ; de Valroger, t. 4, n° 1669 ; Desjardins, t. 7, p. 136).

1749. Lorsqu'une assurance générale a été souscrite, telle qu'une assurance *in quo vis*, l'assuré ne saurait contracter ensuite une assurance spéciale portant sur tel navire ou telles marchandises. La seconde assurance serait ristournée, alors même qu'il serait constant que la volonté de l'assuré, en spécialisant le risque, était de renoncer au premier contrat pour être couvert par le second (Weill, n° 195 ; Desjardins, t. 7, n° 1503, p. 143 ; de Valroger, t. 4, n° 1664 ; Lyon-Caen et Renault, n° 2112). — En effet, il est de règle qu'en l'absence de toute clause particulière, l'assurance *in quo vis* s'applique de droit aux premiers chargements opérés pour le compte de l'assuré, jusqu'à concurrence du montant de l'assurance (Civ. rej. 2 févr. 1857, aff. Lefèvre, et aff. Camau, D. P. 57. 1. 69; Trib. Marseille, 12 mai 1876, *Recueil de Marseille*, 1876. 1. 169; Civ. rej. 29 avr. 1885, aff. Comp. *le Lloyd français*, D. P. 86. 1. 17; 30 mars 1886, aff. Lauratet Leroy, D. P. 86. 1. 449). Il en est de même en ce qui concerne les polices par abonnement, telles que celles que contractent les compagnies de navigation, pour les appliquer aux marchandises qu'elles transportent. Mais, en pareil cas, ainsi que le remarque M. de Valroger, t. 4, n° 1665, l'usage est de ne faire porter l'assurance sur les marchandises chargées, que par suite de la déclaration du chargeur sur le connaissement, qu'il entend profiter du bénéfice de l'abonnement. C'est donc la date du connaissement qu'il faut consulter pour savoir si l'assurance générale a été ou non primée par l'assurance spéciale que le destinataire, par exemple, avait faite au lieu d'arrivée (Trib. Marseille, 17 juill. 1877, *Recueil de Marseille*, 1877. 1. 301).

1750. Il est hors de doute qu'il n'y a pas cumul d'assurances et que l'art. 339 n'est, dès lors, pas applicable, lorsqu'une seconde assurance n'est appelée à produire son effet qu'au cas de caducité de la première. Il suffit, en effet, que la première police puisse être considérée comme inexistante, pour que la seconde soit susceptible de recevoir son exécution, sans qu'il soit besoin que les parties y aient inséré, à cet égard, aucune clause particulière. Jugé, par exemple, que le créancier auquel des marchandises déjà assurées par le débiteur ont été données en gage, a le droit de stipuler une seconde assurance ayant pour objet les mêmes marchandises, pour le cas où la première assurance serait caduque et sans effet; il n'y a pas là cumul d'assurances, dans le sens de l'art. 359 c. com., qui prohibe ce cumul, mais simple substitution d'une assurance à une autre ; et la première assurance doit être considérée comme caduque, lorsque cette première assurance, souscrite sous la dénomination d'assurance *in quo vis,* c'est-à-dire, sans désignation des marchandises assurées ni du navire destiné à en recevoir le chargement, a été subordonnée à la condition expresse d'une déclaration d'aliment à faire par l'assuré dans un certain délai, et que cette déclaration n'a pas eu lieu ; la seconde assurance doit, en ce cas, avoir son effet, sans que les assureurs qui l'ont souscrite puissent en demander la nullité sous prétexte que la première assurance n'aurait cessé d'être obligatoire pour les premiers assureurs que par le fait de l'assuré (Civ. rej. 26 avr. 1865, aff. le *Lloyd bordelais*, D. P. 65. 1. 415).

1751. L'art. 359 ne s'applique pas non plus lorsque le premier contrat est devenu sans efficacité à raison des infractions de l'assuré aux conventions intervenues entre lui et le premier assureur. Mais il ne suffit pas que la première assurance soit annulable ou résoluble ; il faut qu'elle ait été annulée ou résolue avant la cessation des risques. En effet, une assurance annulable subsiste tant qu'elle n'a pas été annulée, et le concours prévu par l'art. 359 se produit entre les assurances qui existent au moment de la cessation des risques.

1752. Aux termes de l'art. 359, « s'il existe plusieurs contrats d'assurance faits sans fraude sur le même chargement et que le premier contrat assure l'entière valeur des effets chargés, il subsistera seul. » On a soutenu que la seconde assurance est nulle *ab initio*, lorsque la première couvre à elle seule l'entière valeur des effets chargés, en se fondant sur ce texte et en invoquant, en outre, le deuxième alinéa du même article d'après lequel les assureurs qui ont signé les contrats subséquents sont libérés. Mais cette interprétation nous paraît inexacte, et nous croyons qu'il résulte du contexte et des motifs des art. 359, 360 et 379 c. com. que c'est seulement au moment du règlement que les assurances multiples, faites sans fraude sur le même objet, doivent concourir ensemble. En effet, l'art. 359 dit que le premier contrat subsistera seul. Le sens naturel de ces mots, c'est que les autres contrats ne sont pas nuls *ab initio*, mais seulement qu'ils ne pourront pas produire d'effet ultérieurement lorsqu'on arrivera au règlement, si à ce moment le premier couvre l'entière valeur des marchandises. Si le code avait voulu adopter une autre solution, il aurait dit que le premier contrat subsiste seul ; et même, il ne se serait pas servi du verbe *subsister*, qui suppose toujours qu'il y a eu un moment au moins où les divers contrats existaient réellement et valablement tous ensemble ; il aurait dit qu'il est *seul valable*, ainsi que s'exprime l'art. 358, immédiatement antérieur, ou que les autres sont nuls, comme le dit l'art. 357. — Un semblable argument peut être tiré du deuxième alinéa de l'art. 359, d'après lequel : « Les assureurs qui ont signé les contrats subséquents sont libérés. » S'ils sont libérés, c'est qu'ils ont été obligés jusqu'à un certain moment, évidemment jusqu'au moment où l'on a pu connaître le résultat que produiraient les divers contrats annulés, c'est-à-dire au moment du règlement du sinistre. — Enfin l'art. 360, qui se réfère toujours au même cas, en prévoyant une circonstance particulière, la perte seulement partielle, déclare que le montant en sera payé au marc le franc par les assureurs ; c'est donc uniquement du payement, c'est-à-dire du résultat final, que s'occupent les art. 359 et 360. — Les raisons qui ont motivé la rédaction de ces articles conduisent aussi à la même conclusion : ils sont l'application de ce principe général, que l'assurance ne doit jamais être une cause de profit pour l'assuré ; c'est en vue de cette application qu'ils suivent avec tant de soin toutes les hypothèses qui peuvent se présenter en cas d'assurances multiples. Or, c'est uniquement dans le règlement final que pourrait apparaître un profit pour l'assuré ; c'est donc au moment de ce règlement que le législateur intervient pour empêcher ce résultat inique. Jusque-là rien n'empêche la coexistence des diverses assurances, et, si la première a été résiliée lors du règlement du sinistre, pourvu qu'elle l'ait été sans fraude et sans que l'assuré connût le sinistre, rien ne saurait empêcher la seconde de subsister. — Enfin l'art. 379, obligeant l'assuré à déclarer lors du délaissement les autres assurances qu'il a faites, suppose bien que ces assurances existent valablement ensemble, et aussi qu'elles couvrent les mêmes objets, puisque les assureurs, entre les mains de qui est fait le délaissement, n'auraient pas intérêt à les connaître, s'il ne pouvait pas y avoir lieu à un règlement avec les autres assureurs.

Le droit de l'assuré de résilier la première en date ou toute autre des polices est donc entier, sans que les autres assureurs puissent s'en prévaloir, lorsque cette résiliation a lieu avant la fin des risques. Les seconds assureurs, étrangers à la première assurance, n'ont aucun droit acquis à ce que celle-ci soit maintenue, tant que la loi n'a pas établi un lien entre les diverses assurances, comme elle le fait au moment du règlement, par l'art. 359. La coexistence de plusieurs assurances n'a donc pu, avant ce moment, constituer un droit au profit des divers assureurs, et empêcher l'assuré de ristourner l'une des assurances sans le concours des autres assureurs (Req. 22 déc. 1874, aff. Rodocanachi, D. P. 76. 1. 65 ; Desjardins, t. 7, n° 1500, p. 138 et suiv.).

1753. La solution qui précède permet de résoudre la question de savoir si l'assureur premier en date, lorsqu'il demande la nullité ou la résolution de l'assurance qu'il a consentie, est tenu d'appeler en cause les assureurs subséquents. M. Laurin, t. 3, p. 168, se prononce pour l'affirmative, attendu que la nullité de la première police intéresse au plus haut degré les seconds assureurs et que, s'ils n'étaient présents ou dûment appelés, la décision intervenue sur la nullité n'aurait point quant à eux l'autorité de la chose jugée, ce qui leur permettrait, en principe, d'agir comme si le précédent contrat subsistait dans toute sa force. — Evidemment, la décision n'aura pas l'autorité de la chose jugée à l'égard des autres assureurs, s'ils n'ont pas été appelés à l'instance ; mais qu'importe puisque, comme on vient de le voir, la première assurance doit être considérée comme leur étant étrangère, tant que les risques ne sont pas échus et qu'ils ne peuvent jusque-là se prévaloir d'autres assurances (Desjardins, t. 7, n° 1500, p. 139).

1754. Pour que l'art. 359 soit applicable, il faut que les diverses assurances aient le même objet (*Rép.* n° 1673), et qu'elles soient intervenues en prévision des mêmes risques (Desjardins, t. 7, n° 1504, p. 143 ; de Valroger, t. 4, n° 1666 ; Civ. rej. 18 févr. 1868, aff. Adam, D. P. 68. 1. 499 ; Em. Cauvet, t. 1, n° 356. V. toutefois : Weill, n° 205).

Il faut encore que les diverses assurances émanent de la même personne et aient été souscrites pour le compte de la même personne. Ainsi il n'y a pas cumul si les assurances ont été faites au profit de divers intéressés ayant un intérêt différent (Desjardins, t. 7, n° 1505, p. 145). La raison de décider est la même que lorsqu'il s'agit d'assurances ne portant pas sur les mêmes risques. Qu'une première assurance ait été contractée par le propriétaire sur certaines marchandises et que, sur ces mêmes marchandises, le commissionnaire ait contracté une assurance pour garantie de ses avances, ou un créancier privilégié à raison de son privilège, il ne saurait y avoir cumul, puisque le bénéfice des deux assurances ne peut aller à la même personne.

1755. On peut objecter comme M. Bédarride, t. 4, n° 1342, que la règle de l'art. 359 est générale ; mais ce n'est qu'autant qu'il s'agit d'assurances cumulatives sur les mêmes risques et au profit du même assuré. Sans doute encore, dans un arrêt du 26 avr. 1865 (cité *suprà*, n° 1750), la cour de cassation, tout en reconnaissant au créancier gagiste le droit de faire assurer la chose après le propriétaire, a paru considérer la seconde assurance comme ne pouvant valoir qu'à défaut de la première ; mais, dans l'espèce de cet arrêt, il s'agissait de la substitution d'une assurance à une autre, bien plus que du cumul proprement dit des assurances. Il n'infirme donc pas notre doctrine.

1756. On a exposé au *Rép.* n° 1675 qu'en cas d'existence simultanée d'un contrat à la grosse et d'un contrat d'assurance sur un chargement insuffisant, la ristourne se règle de la même manière que dans le cas de concours de deux assurances. Cette règle a été de nouveau appliquée par la jurisprudence. Ainsi, aux termes d'un arrêt de la cour de cassation, lorsqu'il a été stipulé que les avaries couvertes par l'assurance du voyage d'aller et retour seront réglées et payées séparément par chaque voyage, si les avaries survenues pendant le voyage d'aller ont été réparées au moyen d'un emprunt à la grosse stipulé remboursable après le retour du navire, ce contrat à la grosse cesse, après le règlement des avaries pour lesquelles il a été passé, de s'appliquer au voyage d'aller, et pèse uniquement sur le voyage de retour; dès lors, si le navire périt pendant le voyage de retour, le prêt doit être imputé sur l'assurance applicable à ce voyage, et non pas sur celle qui couvrait les avaries souffertes pendant le premier voyage, avaries dont les dépenses ont été définitivement réglées et payées par l'assureur, selon les stipulations de la police d'assurance (Civ. cass. 12 mars 1862, aff. Jullien, D. P. 62. 1. 105, et sur renvoi, Montpellier, 12 févr. 1863, D. P. 63. 2. 147). Une fois que les avaries couvertes provisoirement par l'emprunt à la grosse ont été réglées par les assureurs suivant les conditions de la police, l'assuré qui a reçu d'eux le montant doit être considéré comme ayant fait de l'emprunt son affaire personnelle. Il ne peut prétendre faire supporter aux assureurs deux fois les mêmes avaries, ce qui arriverait, si, après avoir réglé ces avaries avec l'assuré, les assureurs étaient demeurés tenus du payement de l'emprunt à la grosse, remboursable seulement à la rentrée du navire suivant le sort de la navigation. Par cette opération, profitant du bénéfice du terme et de l'*éventualité* de l'emprunt, l'assuré a évidemment changé les conditions de l'assurance. Dès l'instant où l'emprunt à la grosse est devenu la propre affaire de l'assuré, il y a eu sur le même navire, pour le hasard de la même navigation, et au profit du même assuré, une nouvelle assurance qui ne pouvait se superposer à la première sans dépasser la valeur du navire réparé au moyen de l'emprunt à la grosse. Cette assurance doit donc être ristournée. — Tels sont les motifs sur lesquels repose la décision précitée. La question, toutefois, était assez délicate, et elle a donné lieu devant la cour de cassation à une discussion intéressante qui a été analysée D. P. 62. 1. 109 et suiv. (V. aussi *ibid.* le rapport de M. le conseiller d'Oms à la chambre des requêtes, et les observations en note sous l'arrêt de cassation).

1757. La preuve du cumul incombe, suivant le droit commun, à celui qui prétend s'en prévaloir. « Donc, dit M. Desjardins, t. 7, p. 146, n° 1508, l'assuré, s'il entend être dispensé de la prime et ne payer que demi pour cent; l'assureur, s'il entend se soustraire à l'obligation de payer l'indemnité », sont tenus de prouver le cumul (V. également: de Valroger, t. 4, n° 1671). L'assureur doit, notamment, prouver qu'il y a entre les diverses assurances l'identité d'objet qui lui procurera sa libération. Jugé, spécialement, que l'assureur qui, pour faire déclarer sans effet une assurance de marchandises destinées à voyager par mer, excipe de l'existence d'une assurance antérieure consentie par d'autres assureurs au profit de coïntéressés de l'assuré, et qui couvrirait les mêmes marchandises, peut être déclaré, quant à présent, mal fondé dans sa demande en nullité, s'il est constaté que, à défaut de mise en cause des parties ayant figuré dans la première police soit comme assureurs, soit comme assurés, l'identité d'objet des deux polices n'a pas été suffisamment justifiée; et il en est ainsi, alors même qu'il s'agirait d'assurances *in quo vis*, c'est-à-dire d'assurances portant sur des marchandises quelconques, chargées ou à charger sur des navires indéterminés, et ayant seulement les mêmes ports de départ et de destination; en conséquence, le payement de la somme due en vertu de l'assurance ainsi validée peut être ordonné, surtout si l'assureur n'est condamné à ce payement que sauf répétition contre qui de droit pour le cas où il rapporterait ultérieurement la preuve de l'assurance multiple dont il n'a pas justifié (Civ. rej. 26 avr. 1865, aff. Comp. *le Lloyd bordelais*, D. P. 65. 1. 415).

SECT. 6. — DES OBLIGATIONS DE L'ASSURÉ (*Rép.* n° 1677).

ART. 1er. — *De l'obligation de l'assuré de s'abstenir de toute réticence ou fausse déclaration capable de diminuer l'opinion du risque* (*Rép.* nos 1678 à 1704).

1758. Comme on l'a exposé au *Rép.* n° 1678, toute réticence ou fausse déclaration qui trompe l'assureur sur l'objet du risque ou qui diminue l'opinion du risque annule l'assurance. Ce principe posé par l'art. 348 c. com., n'avait pas été formulé par l'ordonnance de 1681, mais il était admis par Emérigon (Desjardins, t. 7, n° 1461). Il est à remarquer qu'il constitue une dérogation aux règles du droit commun, d'après lesquelles un contrat n'est annulable que pour cause de dol ou d'erreur substantielle; encore faut-il que l'erreur comme le dol ait été déterminante (c. civ. art. 1109 et suiv.). On trouve, dans la plupart des codes étrangers, des dispositions conçues dans le même sens que notre art. 348 (V. notamment: c. com. allemand, art. 810 à 815; c. com. italien, art. 429; loi belge du 11 juin 1874, art. 9 à 15).

On a dit au *Rép.* n° 1678 quels sont les motifs de cette dérogation qui est, en matière d'assurance, tellement fondamentale qu'elle a été étendue aux assurances de toute nature (V. *Assurances terrestres*, nos 114 et suiv., 118 et suiv.; — *Rép.* eod. v°, nos 167 et suiv.). On a vu *ibid.* ce qu'il faut entendre par *réticence*, par *fausse déclaration*. Celle-ci (*Rép.* n° 1683) peut entraîner la ristourne de l'assurance, bien qu'elle consiste simplement dans l'énonciation d'un fait erroné. « L'assuré, dit M. Desjardins, t. 7, n° 1462, p. 43, doit se reprocher d'avoir déclaré ce qu'il ne savait pas avec certitude ou d'avoir parlé sans réflexion » (Trib. Nantes, 12 juill. 1862, *Recueil de Marseille*, 1863. 2. 40; Aix, 4 déc. 1873, *ibid.*, 1874. 1. 129).

1759. L'art. 348 est, du reste, applicable soit qu'il s'agisse d'une assurance sur corps, soit qu'il s'agisse d'une assurance sur facultés. De même, il n'y a pas de distinction à faire suivant que la réticence ou la fausse déclaration porte sur une particularité qui se rattache matériellement à l'objet de l'assurance ou sur un fait qui agit simplement par voie de conséquence sur l'opinion du risque, ni entre les déclarations faites dans la police et celles faites en dehors de la police verbalement ou par écrit (Desjardins, t. 7, n° 1462, p. 44; de Valroger, t. 3, n° 1523).

1760. On persiste à admettre, conformément à la doctrine exposée au *Rép.* n° 1679, que les réticences commises par l'assuré dans un contrat d'assurances sont une cause de nullité du contrat, alors même qu'elles n'auraient pas été déterminées par le dol ou la fraude (Rennes, 14 juin 1869, aff. Assailly, D. P. 71. 2. 126; Req. 1er déc. 1869, aff. Figuier-Serre, D. P. 70. 1. 200. — *Contrà*: Paris, 2 janv. 1877, aff. Comp. d'assurances *le Neptune*, D. P. 81. 1. 165; Desjardins, t. 7, n° 1462).

1761. Enfin il n'y a pas à se préoccuper de l'influence que les faits qui ont été l'objet de la réticence ou de la fausse déclaration ont pu avoir sur le sinistre. Par exemple, on a dissimulé des rumeurs inquiétantes qui couraient sur le navire, peu importe que celui-ci n'ait péri que plus tard; on a, en temps de guerre, assuré un navire appartenant à un belligérant comme s'il était neutre et, par conséquent, affranchi des risques de guerre; il importe peu, s'il vient à périr par la suite, qu'il ait péri par un événement de mer n'ayant aucun rapport avec l'état de guerre, l'assurance n'en est pas moins annulable (Desjardins, t. 7, n° 1463, p. 45).

1762. Comme on l'a vu au *Rép.* n° 1680, la réticence ou les fausses déclarations de l'assuré n'entraînent la nullité de l'assurance que si elles ont eu pour effet de diminuer l'opinion que l'assureur pouvait se faire du risque ou d'en changer le sujet dans l'esprit de l'assureur (Desjardins, t. 7, n° 1463). Ainsi l'article est inapplicable si l'on a omis de faire connaître des avaries antérieures qui avaient été réparées (de Valroger, t. 3, n° 1529). Il en est de même lorsque le prêteur à la grosse, en s'assurant, a déclaré que le prêt était sur corps alors qu'il était en outre sur facultés. L'intention de l'assuré n'est donc qu'un élément très secondaire au point de vue de l'effet de la réticence: ce qui importe surtout, c'est de savoir dans quelle mesure la réticence a pu diminuer, dans l'esprit de l'assureur, l'opinion du risque ou en changer le sujet. « Attendu, a dit la cour de cassation dans un arrêt du 4 avr. 1887 (aff. Peulevey, D. P. 87. 1. 241), que les dispositions de l'art. 348 c. com. sont claires et formelles et ne sauraient s'entendre autrement qu'en ce sens que les juges doivent rechercher, non pas quelle a été l'intention de l'assuré, puisque cet article exclut le cas de fraude, mais bien si la réticence ou la fausse déclaration qui lui est imputée ont pu diminuer, dans l'esprit de l'assureur, l'opinion du risque ou en changer le sujet; — Qu'en effet, si la réticence est une cause absolue d'annulation du contrat, c'est qu'elle a pour but d'empêcher l'assureur de se faire une idée exacte du risque et d'en mesurer l'étendue; — D'où suit que c'est exclusivement au point de vue de l'influence qu'ils pouvaient avoir sur l'opinion de l'assureur s'il en eût été informé, que les faits dissimulés ou dénaturés doivent être appréciés » (V. Lyon, 17 mars 1882, aff. Comp. espagnole *le Cabotage*, D. P. 82. 2. 198).

1763. L'assureur ne tombe donc pas sous le coup de l'art. 348 pour avoir omis de révéler des faits qui étaient connus de l'assureur ou qui sont de notoriété publique; par exemple, que le navire était hypothéqué (de Valroger, t. 3, n° 1530). — Ne faut-il pas aussi que l'assuré ait connu le fait dont la révélation n'a pas eu lieu ou du moins que l'ignorance de ce fait provienne chez lui d'une négligence? L'affirmative nous paraît évidente, le sens étymologique du mot *réticence* nous semble l'indiquer; n'est-il pas certain, d'ailleurs, qu'il peut y avoir de la part de l'assuré une légitime ignorance de certains faits lorsque le navire, objet ou lieu du risque, accomplit une expédition lointaine, et, en pareil cas, l'assuré qui communique à l'assureur tous les renseignements qu'il aura reçus, remplit évidemment toutes ses obligations. « On n'aura à lui reprocher aucune fausse déclaration ou réticence, dit M. Em. Cauvet, t. 1, n° 224, quand même ces renseignements ne seraient pas complètement exacts ou seraient incomplets, et l'assurance sera valable, pourvu que l'objet et le risque assurés soient suffisamment désignés. Il faut pourtant excepter le cas où les renseignements seraient transmis par des préposés ou agents, des faits desquels l'assuré répondrait. »

1764. Enfin l'assuré n'est tenu de divulguer que les faits; il ne saurait être tenu de faire connaître à l'assureur ses impressions, ses appréhensions, alors même qu'elles auraient été pour lui un motif déterminant du contrat. Dès qu'il fait connaître les faits qui peuvent influer sur l'opinion du risque, on ne peut rien lui demander de plus, c'est à l'assureur à en tirer les conséquences qu'il lui conviendra (de Valroger, t. 3, n° 1527. — *Contrà* : de Courcy, *Questions de droit maritime*, t. 1, p. 308).

1765. L'art. 348 ne précise pas ce qu'on doit entendre par réticence; d'où cette conséquence que les tribunaux ont un pouvoir souverain pour apprécier les faits qui sont invoqués comme constitutifs de la réticence (*Rép.* n° 1681), et que les juges du fait sont appelés à décider, d'après les éléments de la cause, si la non-déclaration d'un acte ou d'un fait a pu influer dans l'esprit de l'assureur sur l'opinion du risque ou sur son objet, et constituer, dès lors, une réticence annulant l'assurance (Req. 22 déc. 1874, aff. Rodocanachi, D. P. 76. 1. 65; 24 avr. 1876, aff. *l'Union des ports et la Flotte*, D. P. 76. 1. 435; Civ. rej. 14 déc. 1880, aff. Comp. d'assurances *le Neptune et la Navigation*, D. P. 81. 1. 164). En effet, le pouvoir du juge du fait n'est pas illimité; il ne peut s'exercer que dans les conditions prévues par la loi elle-même. M. Desjardins, t. 7, n° 1463, p. 45, fait justement remarquer que la question de savoir si le sujet du risque est changé ou l'opinion du risque est amoindrie, est généralement, mais non pas nécessairement, une question de pur fait, tranchée souverainement par le juge du fait. — « Si le juge du fait, dit-il, n'a consulté pour la résoudre que l'intention des contractants, la cour de cassation ne peut pas censurer sa décision. Mais si le juge du fait déclarait, en thèse, que tel événement n'est pas de nature à diminuer l'opinion du risque, sa sentence pourrait être cassée. » C'est en ce sens, d'ailleurs, qu'est fixée la jurisprudence de la cour suprême et que s'est spécialement prononcé l'arrêt du 4 avr. 1887 (cité *suprà*, n° 1762), sur les conclusions du savant magistrat, qui ont été sur ce point adoptées par la cour de cassation. « Attendu, dit cet arrêt, que s'il est vrai qu'en matière d'assurances maritimes, il appartient aux juges du fond d'apprécier les faits qui constituent la réticence, il est vrai aussi que leur droit d'apprécation n'est pas arbitraire et illimité, mais ne peut s'exercer que dans les conditions et sous les rapports déterminés par la loi elle-même; — Attendu qu'à cet égard les dispositions de l'art. 348 sont claires et formelles et ne sauraient s'entendre autrement qu'en ce sens que les juges doivent rechercher, non pas quelle a été l'intention de l'assuré, puisque cet article exclut le cas de fraude, mais bien si la réticence ou la fausse déclaration qui lui est imputée ont pu diminuer dans l'esprit de l'assureur l'opinion du risque ou en changer le sujet... » (de Valroger, t. 3, n° 1525).

1766. Une question vivement controversée est celle de savoir si la réticence de nature à diminuer l'opinion du risque peut résulter d'un fait postérieur au contrat, et, par exemple, d'une assurance nouvelle non déclarée. La jurisprudence de la cour de cassation se sépare complètement sur ce point de la doctrine.

Dans le système, suivi par la plupart des auteurs, la non-révélation d'une assurance ou d'un fait postérieur au contrat qui serait de nature à influer sur l'opinion du risque, ne saurait constituer une réticence susceptible de faire annuler le contrat. La disposition de l'art. 348, dit-on, est exceptionnelle; en général, les contrats ne sont annulables, sur la demande de l'une des parties, que s'il y a eu, de la part de l'autre, dol déterminant ou erreur déterminante sur la substance de la chose; or, en matière d'assurance, la loi se montre plus rigoureuse, elle décide que l'assurance sera susceptible d'annulation quand l'assuré aura omis de révéler un fait qu'il importe à l'assureur de connaître et, à plus forte raison, lorsque les révélations fournies seront entachées d'inexactitude, sans qu'il y ait, d'ailleurs, pour l'assureur lieu de prouver qu'il eût refusé de souscrire l'assurance s'il eût été mieux informé. Dès lors, il convient d'interpréter et d'appliquer l'art. 348 d'une façon restrictive; or les motifs sur lesquels il repose indiquent nettement que ce sont les faits antérieurs ou concomitants à la formation du contrat qui, seuls, doivent, à peine de nullité, être portés à la connaissance de l'assureur. Celui-ci doit être informé de tout ce qui est susceptible d'influer sur la gravité des risques, afin qu'il lui soit loisible de décliner la responsabilité d'éventualités trop périlleuses, ou, s'il les prend à sa charge, qu'il puisse soumettre son acceptation à des conditions en rapport avec la responsabilité qu'il assume : à ce point de vue, la connaissance exacte de l'étendue des risques, importante pour l'assureur au moment où il donne son consentement, ne présente pas le même intérêt après que, ayant consenti, il est irrévocablement engagé (V. en ce sens : Alauzet, t. 6, n° 2109 ; J.-V. Cauvet, t. 1, n°s 221 et 222; E. Cauvet, t. 1, n° 497 ; de Valroger, t. 3, n° 1522 ; Droz, t. 1, n° 267; Lyon-Caen et Renault, t. 2, n° 2270; Weill, n° 112 ; Desjardins, t. 7, n° 1463 *bis*, p. 46).

Le système contraire, adopté par la cour de cassation, s'appuie sur deux motifs principaux : 1° l'art. 348 c. com. ne distingue pas entre les réticences contemporaines du contrat et celles qui se rattacheraient à des faits postérieurs; 2° il résulte de ses expressions mêmes que sa disposition s'applique à toutes les réticences pouvant affecter l'opinion du risque, et pouvant intervenir pendant toute sa durée, jusqu'à la consommation des effets du contrat d'assurance, contrat continu dont les effets ne peuvent être modifiés par l'une des parties seule au préjudice de l'autre, pendant la période des risques auxquels celle-ci a entendu seulement se soumettre (Civ. cass. 4 avr. 1887, aff. Peulevey, D. P. 87. 1. 241). — Jugé, spécialement, par application de ce système, que celui qui, après avoir assuré une certaine somme sur corps et sur fret d'un navire, souscrit ultérieurement à une autre compagnie, et sans en prévenir les premiers assureurs, une assurance nouvelle sur la bonne arrivée du même navire, assurance par l'effet de laquelle la perte de ce navire doit devenir pour lui une occasion de bénéfice, se rend coupable d'une réticence qui entraîne la nullité de la première assurance; et le silence gardé envers les premiers assureurs sur la seconde assurance ainsi contractée peut être déclaré opposable aux propriétaires du navire, quoique cette seconde assurance ait été souscrite par un tiers, pour le compte de qui il appartiendra, la première assurance avait été faite dans les mêmes termes et au nom du même individu, qui, dans ces diverses opérations unies entre elles par un lien commun, agissait comme commissionnaire de tous les ayants droit à la propriété du navire (Req. 13 juill. 1852, aff. Glatigny, et aff. Heurtevent, D. P. 52. 1. 278; Caen, 26 févr. 1889, aff. Comp. *La maritime de Paris*, *Recueil du Havre*, 1889. 2. 66).

1767. Entre ces deux systèmes, malgré l'autorité qui s'attache aux décisions de la cour suprême, nous n'hésitons pas à préférer le premier comme plus conforme aux vrais principes et à la pensée vraisemblable du législateur. Et d'abord, dans quel but la disposition de l'art. 348 a-t-elle été insérée dans le code de commerce? L'ordonnance de 1681, on le sait, n'en contenait pas d'équivalente, mais déjà les commentateurs considéraient comme du devoir de l'assuré de révéler à l'assureur les circonstances susceptibles de le renseigner sur l'étendue des risques qu'il assumait (Pothier, *Traité du contrat d'assurances*, n°s 191 et suiv. ; Émérigon,

Traité des assurances, chap. 1er, sect. 5, § 2, et chap. 15, sect. 3, § 3). Mais ces commentateurs ne considéraient comme devant être portés à la connaissance de l'assureur que les seuls faits propres à influer sur l'étendue des risques qui s'étaient produits au moment de la formation du contrat. Il est vraisemblable qu'en consacrant législativement une règle déjà admise par la doctrine, les rédacteurs du code l'on reproduite telle qu'elle existait alors. Cette intention a d'ailleurs été nettement manifestée dans l'exposé des motifs présenté par Corvetto au Corps législatif : « Quoique cet article (348), disait-il, soit nouveau, il est moins une addition à l'ordonnance qu'un sommaire des principes qu'elle avait consacrés. L'assureur a le droit de connaître toute l'étendue du risque dont on lui propose de se charger ; lui dissimuler quelque circonstance qui pourrait changer le sujet de ce risque, ou en diminuer l'opinion, ce serait lui faire supporter des chances dont il ne voudrait peut être pas se charger ou dont il ne se chargerait qu'à des conditions différentes ; ce serait, en un mot, le tromper. Dès lors, le consentement réciproque qui seul peut assurer un contrat viendrait à manquer. Le consentement de l'assuré se porterait sur un objet et celui de l'assureur sur un autre, les deux volontés marchant dans un sens divergent ne se rencontreraient pas, et il n'y a cependant que la réunion de ces volontés qui puisse *constituer* le contrat ». « Cet article, dit encore M. E. Cauvet, t. 1, n° 497, ne s'applique qu'aux faits existants au moment de l'assurance, parce que, lorsque l'assuré diminue par sa réticence l'opinion du risque, on peut supposer qu'il a égaré la volonté de l'assureur. Or, sans volonté point de contrat. Mais, comme cette volonté s'exprime au moment où le contrat se forme, il est inutile de la diriger ou de l'éclairer, lorsqu'elle s'est déjà définitivement exprimée, ce qui revient à dire qu'après la formation du contrat, il n'y a plus rien à faire, parce que tout est fait. »

Il semble donc certain, d'une part, qu'en insérant dans le code l'art. 348, on a entendu se conformer aux anciens errements ; d'autre part, les considérations invoquées à l'appui de cette nouvelle disposition paraissent indiquer que, dans la pensée du législateur, elles se référaient exclusivement aux conditions du risque telles qu'elles existent au moment de l'assurance. — Quant à l'argument tiré de ce que le contrat d'assurance est un contrat continu, il nous paraît sans portée. Sans doute, le contrat d'assurance est continu, et cela parce que certaines des obligations auxquelles il donne naissance sont elles-mêmes continues, comme par exemple, l'obligation dont l'assureur est tenu vis-à-vis de l'assuré. Mais ce n'est pas une raison pour que les obligations de l'assuré envers l'assureur présentent le même caractère. L'obligation, notamment, d'acquitter le montant de la prime est-elle continue lorsque le payement doit en être effectué totalement en une seule fois ? Pourquoi l'obligation que l'art. 348 impose à l'assuré le serait-elle davantage ? Dira-t-on qu'il n'en est pas des déclarations auxquelles l'assuré est astreint envers l'assureur comme du payement de la prime ; qu'en effet, diverses révélations doivent être opérées successivement à des reprises différentes ; qu'à ce point de vue, l'obligation qui pèse sur l'assuré persiste pendant toute la durée de l'assurance ? Mais de ce que certaines communications sont imposées à l'assuré, au cours de l'assurance, doit-on conclure que toutes le soient à peine de nullité, alors qu'elles n'ont pas à beaucoup près le même degré d'importance ? Evidemment non ; d'autant plus que, si l'on admet que l'art. 348 impose à l'assuré l'obligation de révéler à l'assureur, non seulement les faits antérieurs, mais aussi les faits postérieurs à la souscription de l'assurance, à peine de nullité de celle-ci, on ne voit pas trop comment cet article peut se concilier avec les autres articles du code de commerce qui règlent précisément les rapports de l'assureur et de l'assuré postérieurement au contrat. Ainsi les art. 374, 387 et 390 imposent à l'assuré l'obligation de signifier à l'assureur, dans les trois jours de leur réception, les avis qui lui parviennent des accidents dont il peut avoir à répondre ; mais ils ne disent pas que cette signification devra être faite à peine de nullité, et on décide unanimement que l'assuré qui ne se conforme pas aux prescriptions de ces articles est simplement responsable du préjudice causé par sa négligence (E. Cauvet, t. 2, n° 422 ; de Valroger, t. 4, nos 1795, 1917 et 1945). Si ces articles ne faisaient qu'appliquer à un cas particulier la règle générale qu'on prétend trouver dans l'art. 348, ils devraient avoir la même sanction que cet article, c'est-à-dire, la nullité de l'assurance. Or on s'accorde à rejeter cette dernière conséquence, et il est difficile d'admettre, d'autre part, qu'il y ait nullité lorsque l'assuré omet de porter à la connaissance de l'assureur des faits ou des actes postérieurs à la formation du contrat dont la divulgation ne présente pour celui-ci qu'un intérêt insignifiant, tandis que la convention conserve son effet quand il omet de revéler un fait dont la connaissance a pour l'assureur la plus haute importance, puisqu'elle le met à même d'en vérifier la cause et d'en prévenir les suites.

L'art. 348, tel que l'interprète la cour de cassation, est encore plus difficile à concilier avec les art. 379 et 380, d'après lesquels l'assuré qui ne déclare pas toutes les assurances, en faisant le délaissement n'est pas, hors le cas de fraude, c'est-à-dire, d'après la plupart des auteurs, hors le cas où le montant total des assurances excède la valeur de l'objet assuré, privé des effets de l'assurance. On a simplement suspendu le délai fixé par la loi ou par la police pour le payement de la somme assurée.

En réalité, comme le remarque M. E. Cauvet, t. 1, n° 497, parlant de l'arrêt du 13 juill. 1852 (cité *suprà*, n° 1766), « la cour de cassation a créé un principe nouveau, auparavant inconnu, qu'aucun auteur n'a indiqué, que passent sous silence toutes les législations des peuples maritimes. L'assureur, encore libre lorsqu'on lui déclare les faits antérieurs, peut refuser l'assurance ou en modifier les conditions ; il peut, notamment, élever le taux de la prime, tandis que la révélation des faits qui se produisent après la formation du contrat, ne lui permet pas d'en discéder ou de le modifier, et devient par suite inutile » (V. en ce sens les conclusions de M. Desjardins, contraires à l'arrêt du 4 avr. 1887, aff. Peulevey, D. P. 87. 1. 245).

Enfin la jurisprudence de la cour de cassation nous paraît d'autant plus discutable que cette cour a elle-même décidé qu'on ne saurait considérer comme viciée de réticence de la part de l'assuré, dans le sens de l'art. 348 c. com., une police d'assurance consentie par un assureur, dans l'ignorance d'une première police préexistante (V. *infrà*, n° 1788). La même solution ne devrait-elle pas s'appliquer, à plus forte raison, au cas où c'est une seconde assurance ou un fait postérieur au contrat qui n'a pas été révélé ? (V. Paris, 24 févr. 1885, aff. Comp. *la Confiance*, *Recueil de Marseille*, 1885. 2. 151).

1768. On a exposé au *Rép.* nos 1683 et suiv. un certain nombre de cas où les tribunaux ont reconnu l'existence de fausses déclarations ou de réticences susceptibles de faire annuler le contrat d'assurance. Nous aurons donc à citer, de même, un grand nombre de cas qui pourront servir à résoudre par analogie les difficultés qui se présentent journellement.

1769. — I. RÉTICENCE OU FAUSSE DÉCLARATION RELATIVE AU NAVIRE. — La réticence relative au navire consiste dans la dissimulation de faits propres à renseigner l'assureur sur la valeur du navire et sa solidité, c'est-à-dire sur le degré de résistance qu'il est susceptible de présenter aux périls de la navigation. Il y a fausse déclaration, lorsque l'assuré donne à l'assureur de faux renseignements sur ces divers points.

1770. La réticence peut porter sur le nom du navire ; en effet, la déclaration exacte du nom du navire est nécessaire pour permettre une juste appréciation des risques ; et il en est ainsi, non seulement quand l'assurance porte sur le navire lui-même, mais aussi quand elle s'applique aux marchandises, s'il s'agit des facultés d'un navire dénommé. Aussi a-t-on pu juger que l'assureur ne répondait pas des marchandises chargées sur un navire portant un autre nom que celui qui avait été désigné dans la police, alors même que cette désignation avait été accompagnée des mots « ou son plus véritable nom « (Aix, 23 févr. 1862, *Recueil de Marseille*, 1862. 1. 49). — Mais, en vertu du principe suivant lequel la réticence n'a d'effet qu'autant qu'elle est de nature à influer sur l'opinion du risque, on décide que l'inexactitude dans la désignation du navire est sans conséquence s'il n'y a pas, de la part des parties, doute sur l'identité du navire qu'elles avaient en vue. C'est pour cela que, dans les polices d'assurances est insérée une clause relative à la non-conformité des marques et numéros, des noms du navire et du capitaine. Il n'en est pas de même lorsqu'il y a erreur sur l'identité même du navire, en raison de l'intérêt que l'assureur peut avoir à connaître exactement quel est le navire porteur du risque, notamment afin de se faire garantir, s'il lui convient, par une réassurance. Aussi avait-il été déjà jugé, antérieurement à la publication du *Répertoire* (nº 1501), qu'une telle erreur devait entraîner la nullité de l'assurance.

Il a été jugé depuis que tous changements de navire et de date du départ, survenus après une déclaration d'aliment et sans avertissement donné à l'assureur, si d'ailleurs aucun obstacle de force majeure n'a empêché de les faire connaître, constituent, même quand il s'agit de police d'abonnement sur navires indéterminés, une modification du risque entraînant la nullité de l'assurance. Cette nullité est encourue, alors même qu'aux termes de la police, « il est convenu que la non-conformité des marques et numéros ainsi que du nom des navires, des capitaines, etc., ne pourra nuire aucunement aux droits des assurés », s'il n'y a pas seulement transcription incorrecte du nom du navire, mais désignation d'un bâtiment autre que celui sur lequel le chargement a été effectué. Il n'importe que ce dernier navire présente, au point de vue de ses qualités de navigation, les mêmes garanties que le navire désigné, qu'il appartienne, notamment, à la même ligne régulière de steamers, alors que la date du départ des deux navires, et, par suite, l'époque du risque, est différente (Bordeaux, 3 déc. 1877, aff. Syndic Courras, D. P. 78. 2. 248).

1771. La réticence peut consister dans le défaut de déclaration de la nationalité du navire, lorsqu'en raison d'un état de guerre il est exposé à la prise (V. *suprà*, nº 1761. V. toutefois : Trib. Nantes, 30 août 1865, *Recueil de Marseille*, 1866. 2. 80).

1772. On doit encore appliquer l'art. 348 pour fausse déclaration, lorsque l'assuré a attesté que le navire venait de recevoir un doublage neuf, alors que celui qu'il a reçu a été fait avec du vieux cuivre (Paris, 30 juin 1865, *Journal des assurances*, 1867. p. 96), et par conséquent, dans tous les cas où l'assuré a trompé l'assureur sur l'état matériel du navire. Ainsi il a été jugé que les assureurs ne sont pas responsables de la perte d'un navire neuf assuré pour le voyage de Québec à un port de France ou d'Angleterre, si le navire, non encore coté soit au *Lloyd* américain ou anglais, soit au *Veritas*, n'a pu être connu des assureurs que par les déclarations des assurés, lesquels n'ont pas fait connaître que sa construction défectueuse le rendait impropre à la grande navigation (Paris, 10 mars 1874, aff. Le Hir, *Journal de l'assureur*, 1875. 2. 46). — Décidé, toutefois, qu'un armateur qui avait acheté un vieux chaland pour le transformer en remplaçant les mauvais bois ou les parties défectueuses, et qui, au cours des réparations, avait été amené à opérer une reconstruction totale, donnant même au navire nouveau des dimensions nouvelles, peut sans réticence, faire assurer ce navire comme neuf (Trib. Marseille, 5 juill. 1880, aff. Tournon, *Recueil de Marseille*, 1880. 1. 246).

1773. Si l'on voit, à juste titre, une réticence dans le fait que l'assuré a gardé le silence sur le refus fait par l'administration *Veritas* de renouveler la cote de son navire (Paris, 16 févr. 1860, aff. Emery, D. P. 60. 5. 26), on doit *à fortiori* appliquer l'art. 348 au cas où l'assuré a présenté la cote au *Veritas* comme accordée à son navire, si cette cote, qui devait d'ailleurs être légitimement espérée, n'avait pas encore été obtenue (Desjardins, t. 7, nº 1464, p. 49 ; Trib. Marseille, 7 mai 1871, *Recueil de Marseille*, 1872. 1. 157 ; Aix, 4 déc. 1873, *ibid.*, 1874. 1. 129). « Vainement l'assureur prétendrait-il, dit M. Weill, nº 116, que son navire avait obtenu d'une autre administration une cote équivalente selon lui. Ce n'est pas à lui, mais à l'assureur, qu'il appartient d'en faire l'appréciation ; la cote ne vaut pas par elle-même, elle ne vaut que par l'institution qui la donne. » Jugé cependant que, la cote au *Veritas* étant un renseignement que peut prendre l'assureur à son gré et que l'assuré n'est pas tenu de lui fournir, le fait de l'assuré de n'avoir pas déclaré, au moment de l'assurance, que le navire avait cessé d'être coté au livre *Veritas* ne constitue pas une réticence entraînant la nullité du contrat d'assurance (Aix, 8 août 1866, aff. Comp. *la France maritime*, D. P. 67. 5. 28). Cette jurisprudence a prévalu (Trib. Marseille, 22 juill. 1873, *Recueil de Marseille*, 1873. 1. 169 ; Aix, 4 déc. 1873, *ibid.*, 1874. 1. 129 ; Trib. Seine, 12 mai 1886, aff. Biette, *Revue internationale du droit maritime*, t. 2, p. 440).

1774. Il y a réticence, lorsque la police présente le navire assuré comme un navire à vapeur ordinaire, alors que ce bateau est un dragueur (Paris, 9 févr. 1865, *Recueil de Marseille*, 1865. 2. 115). Le mode d'emploi du navire peut, en effet, modifier la nature du risque. La réticence peut encore porter sur la valeur pécuniaire du navire ; la police devrait, par exemple, être annulée si le prix du navire y a été dissimulé, alors qu'il avait été racheté à vil prix après un naufrage, et comme épave (Trib. com. Seine, 27 juin 1859, *Journal des tribunaux de commerce*, t. 8, p. 416 ; Paris, 15 janv. 1861, *Journal des assurances*, 1861. 106). De même, l'assurance doit être déclarée nulle, lorsque l'assureur déclare faussement que le navire assuré est vendu payable à son arrivée au port de destination (Paris, 18 févr. 1865, *Recueil de Marseille*, 1865. 2. 100).

1775. L'assuré doit faire connaître, particulièrement au cas d'assurance en cours de voyage, les avaries que le navire a pu subir ; si l'assurance est faite avant le départ, il doit déclarer les avaries souffertes dans un voyage précédent, les réparations qu'il a subies, si elles sont de nature à influer sur l'opinion du risque (de Valroger, t. 3, nº 1529). — Jugé, toutefois, que certains échouements en rivière n'étant que des faits communs et sans gravité, la déclaration par l'assuré que le navire était sorti de la rivière sans accident ne doit pas être considérée comme une réticence, si, d'ailleurs, ces échouements n'ont été suivis d'aucune avarie (Trib. Marseille, 29 juin 1877, *Recueil de Marseille*, 1877. 1. 280 ; Veill, nº 116). — Dans le même ordre d'idées, l'assureur doit déclarer, selon M. Em. Cauvet, t. 1, nº 500, l'existence à bord d'une maladie épidémique.

1776. — II. RÉTICENCE OU FAUSSE DÉCLARATION RELATIVE AU CAPITAINE. — On a dit *suprà*, nº 1637, de quelle importance peut être, au point de vue de l'opinion du risque, la personne du capitaine. Il a été décidé que la déclaration, dans une police d'assurance, du nom d'un capitaine autre que celui qui commande en réalité le navire, doit entraîner la nullité de l'assurance, nonobstant la clause que le capitaine pourra être remplacé « par tout autre, reçu ou non reçu » (Bordeaux, 29 mars 1848, aff. Thiellay, D. P. 48. 2. 70. V. aussi Paris, 1er avr. 1881, aff. Delplanque, *Recueil de Marseille*, 1881. 2. 216). — La fausse déclaration du nom du capitaine entraîne contre l'assuré la nullité du contrat d'assurance maritime, alors même que cette fausse déclaration n'a pas été faite de mauvaise foi, surtout lorsque le véritable commandant du navire assuré n'appartient pas à une catégorie spéciale de capitaines exigée par les statuts de la société d'assurances (Rennes, 14 juin 1869, aff. Assailly, D. P. 71. 2. 126) ; l'assuré encourt également la nullité de l'assurance lorsque, sans l'agrément des assureurs, il a changé le capitaine après la signature de la police et avant le départ du navire (Même arrêt). M. Weill, nº 117, cite cependant un jugement (Trib. Marseille, 5 févr. 1857), qui a validé une police dans laquelle l'assuré avait indiqué comme commandant le navire objet de l'assurance, un capitaine qui le commandait précédemment, au lieu de celui qui le commandait au moment où la police était souscrite. Le tribunal s'est fondé sur ce qu'il était d'usage constant sur la place que, dans l'assurance d'un navire dont le capitaine avait été récemment changé, on ne cessât pas de le désigner par le nom de l'ancien capitaine, pour que les assureurs connussent mieux le navire, et que, dans l'espèce, le nom de l'ancien capitaine était indiqué au *Véritas* (V. Desjardins, t. 7, nº 1464, p. 49 et 50).

1777. — III. RÉTICENCE OU FAUSSE DÉCLARATION RELATIVE AU VOYAGE. — La fausse indication ou l'indication erronée du but du voyage peut influer sur l'opinion du risque ; elle est donc susceptible de constituer la fausse déclaration prévue par l'art. 348. Ainsi l'assurance doit être annulée lorsque la police indique par erreur Bordeaux au lieu de Marseille comme but du voyage, quand bien même le navire se serait perdu dans la ligne qu'il eût dû suivre pour se rendre à Bordeaux (Trib. Nantes, 12 juill. 1862, *Recueil de Marseille*, 1863. 2. 40). Mais l'assuré, dit M. Em. Cauvet, t. 1, nº 494, n'est pas obligé d'indiquer aux assureurs les conjectures qui se rattachent à la science de la navigation et de la géographie. Il n'a pas, notamment, à faire connaître à l'assureur les difficultés de la navigation dans les parages que le navire doit rencontrer pour se rendre au but du voyage, il n'est pas tenu d'indiquer qu'il existe en cet endroit une rade foraine et non un port, que le débarquement ne peut être fait à quai, etc. Toutefois, il doit faire connaître les relâches projetées du navire qui ne seraient pas nécessitées par la nature même du voyage qu'il accomplit ou par la configuration géographique des parages à traverser. Ainsi le fait par un assuré d'avoir dissimulé la volonté de faire relâche dans un port intermédiaire constitue une réticence suffisante pour faire prononcer l'annulation de l'assurance, lorsque cette relâche était de nature à augmenter les risques du voyage et la prime stipulée, encore bien que cette réticence n'ait pas influé sur le dommage et la perte de l'objet assuré (Paris, 1er avr. 1845, aff. G. Sauvage, D. P. 45. 2. 85).

1778. Il y a encore réticence si le navire étant en relâche, l'assuré a dissimulé que la relâche était forcée (Aix, 14 déc. 1868, *Journal des assurances*, 1869. 276). Décidé aussi qu'il y a réticence si l'on a signalé le navire comme étant en relâche alors qu'il était en mer (Paris, 19 nov. 1857, *Journal des tribunaux de commerce*, VII, 39).

1779. Si pendant une partie du voyage un navire à voiles devait être remorqué, nous croyons que ce fait devrait être déclaré, car la remorque peut donner lieu à des risques spéciaux. Le contraire a cependant été jugé par un arrêt de la cour d'Aix du 1er mai 1876 (*Recueil de Marseille*, 1877. 2. 37).

1780. Comme on l'a dit au *Rép.* n° 1684, l'assuré qui n'a pas fait connaître aux assureurs les bruits, même vagues, qui couraient sur la perte du navire assuré, à l'époque du contrat, et dont il avait connaissance, commet la réticence prévue par l'art. 348. C'est là, en effet, dissimuler une circonstance de nature à augmenter l'opinion du risque ou en changer le sujet. Spécialement, il y a réticence dans le sens prévu par l'art. 348 c. com., dans ce fait que l'assuré n'aurait pas communiqué aux assureurs l'avis qu'on lui donnait de se faire assurer, le navire tardant à arriver (Rouen, 27 déc. 1848, aff. Havins, D. P. 49. 5. 22; de Valroger, t. 3, n° 1527); car, en présentant une telle assurance comme ayant lieu dans les conditions ordinaires, on diminue évidemment l'opinion du risque.

1781. L'assuré commet également une réticence, ainsi qu'on l'a exposé au *Rép.* nos 1685 et suiv., quand il ne fait pas connaître les retards subis par le navire (V. en ce sens : Trib. com. Marseille, 12 mars 1852, *Journal des assurances*, 1854, p. 67 ; 4 avr. 1856, *ibid.*, 1857. 44; 5 mai 1856, *Recueil du Havre*, 1856. 2. 70; Rennes, 9 déc. 1861, *Recueil de Marseille*, 1863. 2. 21).

Il a été jugé cependant qu'un assuré ne commet pas une réticence, lorsqu'il ne déclare pas à l'assureur que le navire désigné est parti depuis une époque déterminée si, eu égard au voyage, ce délai ne constituait pas le navire en retard (Trib. com. Marseille, 12 oct. 1864, *Recueil de Marseille*, 1864. 1. 283; 11 juill. 1877, *ibid.*, 1877. 1. 291). En règle générale, d'ailleurs, comme l'a formulé le tribunal de commerce du Havre dans un jugement du 29 mai 1883 (aff. Blanchet, *Recueil du Havre*, 1883. 1. 145), l'assurance est, en principe, susceptible d'annulation pour cause de réticence, lorsque l'assuré n'a pas fait connaître aux assureurs toutes les nouvelles qu'il pouvait avoir sur le navire, ainsi que les circonstances de lui connues relatives à sa situation quant au voyage, à ses escales, à ses retards, ou toutes autres propres à influer sur l'opinion du risque.

1782. — IV. RÉTICENCE OU FAUSSE DÉCLARATION RELATIVE AU CHARGEMENT. — La réticence, au sens de l'art. 348, peut provenir d'une fausse déclaration ou d'une déclaration incomplète relativement à la nature des marchandises que doit recevoir le navire assuré. Il est, en effet, certaines marchandises, telles que la chaux vive, le charbon, les essences, la poudre, les allumettes chimiques, la dynamite, qui font courir au navire des risques spéciaux que ne comporte pas un chargement composé d'autres marchandises ordinaires, telles que les sucres, le riz, les bois, etc. Lorsque les marchandises assurées portent en elles-mêmes des causes extraordinaires de destruction, qui viennent s'ajouter aux risques ordinaires de mer, l'assureur, pour s'en garantir, s'il en accepte l'assurance, doit être libre d'exiger une prime plus élevée et en rapport avec l'aggravation des risques qu'il assume. La déclaration de la nature du chargement peut donc avoir une grande importance au point de vue de l'appréciation du rique et l'on comprend que, dans certains cas, son omission puisse constituer une réticence (Desjardins, t. 7, n° 1464, p. 50). Mais, en principe, cette déclaration n'est pas indispensable. Dans l'assurance sur corps, en effet, les parties traitent surtout en vue du navire seul et des navigations qu'il doit entreprendre, sans se préoccuper le plus souvent des marchandises qu'il doit transporter. Parfois même elles ignorent, au moment du contrat, quelles marchandises seront transportées. Il en est ainsi surtout quand l'assurance est conçue en termes généraux, notamment, en cas d'assurance sur corps « à l'année, pour séjour généralement quelconque en tous lieux ». En pareil cas, l'assuré peut employer son navire à tous transports qui n'ont point fait l'objet d'une exception expresse formulée dans la police, et il n'est point obligé de déclarer la nature du chargement auquel il a l'intention d'affecter son navire. Spécialement, il n'y a pas de réticence de la part de l'armateur qui, en faisant assurer son navire à l'année, n'a point déclaré aux assureurs que ce bâtiment était destiné à transporter des émigrants chinois (Bordeaux, 18 nov. 1867, aff. Cabral, D. P. 68. 2. 57). Il a été jugé aussi qu'il n'y a pas réticence dans le défaut de déclaration d'un chargement qui, par sa nature, ne saurait faire courir au navire aucun danger qui lui soit propre, spécialement dans le défaut de déclaration d'un chargement de minerai de cuivre (Bordeaux, 11 févr. 1861, *Recueil de Marseille*, 1863. 2. 3). Décidé encore qu'il n'y a pas réticence de la part de l'assuré qui n'a pas déclaré à l'assureur la totalité de son chargement, alors que ce chargement n'excédait pas le tonnage du navire (Douai, 19 août 1853, *Journal des assureurs*, 1854. 98).

1783. En ce qui concerne l'assurance sur facultés, il est certain que la différence entre la valeur assurée et la valeur réelle des marchandises embarquées peut constituer une réticence ; mais on ne saurait en dire autant de la simple différence dans la forme extérieure ou la quantité des marchandises, dès l'instant que la valeur est restée la même. C'est ainsi que, dans le cas d'assurance sur marchandises chargées ou à charger, la déclaration faite dans l'avenant de régularisation d'une quantité de balles, différente de celle déclarée lors de l'assurance, ne constitue pas à la charge de l'assuré une réticence, ni une fausse déclaration, ni une différence de nature à diminuer l'opinion du risque ou à en changer le sujet, et en conséquence, ne doit pas entraîner la nullité de l'assurance, si les balles embarquées contiennent identiquement la même marchandise assurée, en même poids et quantité (Rouen, 2 juin 1870, aff. Ducasse, D. P. 71. 2. 125, et sur pourvoi, Req. 20 févr. 1872, D. P. 72. 1. 250).

1784. L'art. 348 est applicable au cas où l'assurance s'appliquerait à une chose existant sous une forme différente de celle qui a été déclarée. Ainsi, suivant M. Weil, n° 118, l'assurance qui aurait pour objet *des laines*, alors qu'il aurait été déclaré qu'elle devait porter sur du drap, constituerait une fausse déclaration. Mais il n'y a pas nullité pour fausse déclaration sur le mode d'arrimage ou de conditionnement (Bordeaux, 11 févr. 1861, cité *suprà*, n° 1782; Desjardins, t. 7, n° 1464, p. 54).

1785. Il y aurait également réticence de la part de l'assuré qui aurait présenté comme chargées ou à charger dans un port, des marchandises embarquées depuis sept mois dans un autre port et qui n'ont payé la surprime pour risque de guerre qu'après le départ du navire et sa capture (Paris, 21 mars 1872, *Bulletin de la cour de Paris*, 1872, p. 281).

1786. En principe, l'assuré est tenu de faire connaître à l'assureur les avaries particulières que la marchandise a pu subir antérieurement au contrat, à moins que ces avaries ne soient sans importance ou que, grâce à certaines manipulations, la marchandise ne soit redevenue complètement saine (Trib. com. Marseille, 4 juill. 1854, *Recueil de Marseille*, t. 32, 1. 214). — Il a même été jugé qu'il y a réticence de la part d'un assuré qui n'a pas déclaré à l'assureur que les marchandises n'étaient pas en bon état et ne leur a pas fait viser un connaissement contenant des réserves relatives à l'imperfection et au mauvais état des marchandises, bien que les assureurs eussent parfaitement connu que ces marchandises provenaient du naufrage d'un navire reconnu innavigable à la suite d'un abordage (Trib. com. Havre, 6 déc. 1886, *Recueil du Havre*, 1886. 1. 20; Desjardins, t. 7, n° 1464, p. 54 et 55). Mais cette décision, qui peut s'expliquer par les circonstances particulières de la cause, ne devrait pas, semble-t-il, être généralisée.

1787. L'application de l'art. 348 n'exclut pas les poursuites criminelles auxquelles pourraient donner lieu contre l'assuré les faits qui, en dehors des réticences ou fausses déclarations, présenteraient le caractère d'un délit d'escroquerie. C'est ce qui a été jugé, notamment, dans une espèce où l'assuré avait fait assurer comme lui appartenant des marchandises qui étaient la propriété de son débiteur menacé de faillite, en exagérant sciemment, à l'aide de fausses factures, la valeur de ces marchandises, et n'avait chargé celles-ci qu'en partie sur un navire dont la perte était inévitable; ces circonstances ont paru de nature, non seulement à entraîner la nullité de l'assurance, mais à rendre l'assuré passible des peines de l'escroquerie (Crim. rej. 2 juin 1864) (1).

1788. — V. RÉTICENCE OU FAUSSE DÉCLARATION RELATIVEMENT AUX ASSURANCES ANTÉRIEURES ET EN CAS D'ASSURANCE D'UN PRÊT A LA GROSSE. — Il résulte d'un arrêt de la chambre des requêtes du 22 déc. 1874 (aff. Rodocanachi, D. P. 76. 1. 65) qu'on ne saurait considérer comme viciée de réticence de la part de l'assuré, dans le sens de l'art 348 c. com., une police d'assurance consentie par un assureur dans l'ignorance d'une première police préexistante. En effet, ce que l'assuré doit déclarer, ce sont les circonstances qui peuvent influer sur le risque lui-même, et en diminuer l'opinion. Or, dans le cas où il existe une première assurance, la réticence ne peut influer sur l'opinion du risque, car elle ne peut aggraver la situation des assureurs subséquents; tout au contraire, elle peut diminuer, sinon les risques qu'ils courent, du moins la somme qu'ils pourront avoir à payer en cas de sinistre. — On soutenait, toutefois, dans l'espèce sur laquelle a statué l'arrêt précité du 22 déc. 1874, que l'assureur subséquent pouvait avoir intérêt à connaître la première assurance dans le cas, notamment, qui était celui de l'espèce, où les premiers assureurs auraient exigé, en raison de leur appréciation personnelle des risques, une prime très élevée. Mais ce serait évidemment mal comprendre l'obligation qui incombe à l'assuré dans les déclarations qu'il doit faire. L'assuré ne doit sans doute rien cacher de ce qui permettrait aux assureurs de se faire par eux-mêmes une opinion exacte sur les risques, mais c'est ensuite aux assureurs à tirer des faits déclarés la mesure des risques qu'ils auront à courir. On ne peut admettre que l'assuré soit obligé de faire connaître aux assureurs l'opinion que d'autres personnes ont pu avoir de ces risques, car ce n'est pas par l'opinion d'autrui que les assureurs doivent mesurer le taux de leurs primes, c'est par leur appréciation propre. Ils n'ont donc droit de connaître que les faits de nature à leur permettre de former cette appréciation par eux-mêmes; c'est seulement sur ce point que la réticence est coupable.

La loi, d'ailleurs, comme l'a fort bien constaté l'arrêt du 22 déc. 1874, est favorable aux assurances multiples; le code de commerce, dans ses art. 359 et 379, en consacre l'existence et en règle l'exercice. L'art. 379, notamment, en exigeant que l'assureur, lorsqu'il fait le délaissement, déclare toutes les assurances qu'il a faites ou fait faire sur les mêmes objets, suppose, d'ailleurs, que cette déclaration a pu ne pas être faite avant le moment du délaissement, et que le silence de l'assuré sur ce point n'a pas annulé l'assurance; car, si l'assurance était nulle, le délaissement serait impossible et l'art. 379 n'aurait jamais d'application. Cette doctrine a prévalu en jurisprudence (Paris, 9 juill. 1880, aff. Langer, *Recueil de Marseille*, 1880. 2. 195; 20 nov. 1885) (2).

1789. Le défaut de déclaration d'un prêt à la grosse

(1) (Ginoux.) — LA COUR; — En ce qui touche le moyen unique, pris d'une fausse application de l'art. 405 c. pén., et d'une violation de l'art 3 du même code combiné avec ledit art. 405: — Sur la première partie du moyen: — Attendu que le demandeur ne peut trouver dans les dispositions de l'art. 348 c. com. une fin de non-recevoir contre la poursuite dont il est l'objet; que si cet article, en effet, se borne à déclarer que toute réticence, toute fausse déclaration de la part de l'assuré qui diminuerait l'opinion du risque ou en changerait l'objet, annule l'assurance, ce règlement des intérêts civils, entre l'assureur et l'assuré, ne fait point obstacle à l'exercice de l'action publique; qu'il faut conclure du silence dudit article, quant à cette action, que les faits qu'il prévoit sont restés sous l'empire du droit commun; — Que l'art. 336 du même code vient confirmer cette interprétation, en déclarant qu'en cas de fraude dans l'estimation des effets assurés, en cas de supposition, l'assureur peut faire procéder à la vérification et estimation des objets, sans préjudice de toutes autres poursuites, soit civiles, soit criminelles; — Attendu qu'il résulte des constatations du jugement, adoptées par l'arrêt (Aix, 24 janv. 1864) que, le 28 avr. 1861, le navire autrichien *Emmanuelle*, parti de Marseille à la destination d'Alexandrie, s'échoua au cap Carbonara (Sardaigne) par suite d'une voie d'eau; que, sur ce bâtiment, Martin Ginoux avait fait assurer par police de Locard, courtier à Marseille, au prix de 46000 fr., des glaces, des chaises et des vins; que Ginoux n'était qu'un prête-nom dans cette assurance faite en réalité pour le compte de Béruty, son débiteur; que ce dernier, à la veille de tomber en faillite, essayait ainsi un dernier moyen de tenter la fortune, et de s'acquitter envers Ginoux; que tout avait été combiné pour que Ginoux eût la propriété apparente des marchandises; que le connaissement et l'assurance étant en son nom, Ginoux devait, le cas échéant, toucher le prix de l'assurance des assureurs, sauf à s'entendre avec Béruty; — Qu'après le sinistre, Ginoux fit signifier le délaissement aux assureurs et les appela devant le tribunal de commerce de Marseille pour obtenir le payement de la somme assurée; — Que, sur la demande d'expertise formée par les assureurs, Ginoux conclut à ce que ces derniers fussent condamnés à lui payer provisoirement, sous caution, cette somme et celle de 30000 fr. de dommages-intérêts, pour atteinte portée à sa réputation; qu'à l'appui de sa demande, Ginoux produisit des factures; que l'expertise ordonnée démontra l'énorme exagération des valeurs attribuées aux marchandises; que lesdites factures étaient fausses et avaient été délivrées par complaisance; que dans cette périlleuse situation, Ginoux souscrivit, le 30 déc. 1861, une transaction par laquelle il se désistait de ses demandes, s'obligeait de nouveau à payer la prime aux assureurs, et leur abandonnait le sauvetage des marchandises, en compensation de tous les frais et dépenses qu'il leur avait occasionnés; — Que l'arrêt constate enfin que l'assurance n'avait rien de réel, que toutes les marchandises assurées n'avaient pas été mises à bord, et que l'assurance n'avait eu pour objet que de procurer à Ginoux le payement démesurément exagéré des marchandises dont la perte était prévue; — Attendu que cet ensemble de circonstances présente tous les éléments constitutifs du délit d'escroquerie; que les manœuvres frauduleuses résultent des réticences, des fausses déclarations, des suppositions concertées entre Ginoux et Béruty, et rendues probables par la présentation du connaissement et l'intervention du courtier au contrat d'assurance; — Que la fausse entreprise dont ces manœuvres avaient pour but de persuader l'existence est caractérisée par ces faits, à savoir; qu'une partie seulement des marchandises soumises à l'assurance avait été chargée à bord du navire l'*Emmanuelle*, que la valeur énormément exagérée des marchandises ne laissait à l'assurance qu'un aliment insuffisant, et qu'un concert coupable avait voué ce bâtiment à une perte certaine, alors que les assureurs croyaient à un voyage sérieux vers un point indiqué, et ne devant offrir que des risques ordinaires et prévus; — Que la remise d'un titre obligeant les assureurs a été le résultat desdites manœuvres; que Ginoux s'est approprié ce titre, par l'usage qu'il en a fait devant le tribunal consulaire de Marseille et devant la cour impériale d'Aix;... — Par ces motifs, rejette.

Du 2 juin 1864.-Ch. crim.-MM. Vaïsse, pr.-du Bodan, rap.-Bédarrides, av. gén.-Morin, av.

(2) (Claparède et comp. C. Comp. *l'Armement*, en liquidation.) — Le 24 janv. 1883, sentence arbitrale ainsi conçue: «... En ce qui touche la réticence: — Attendu qu'il résulte des renseignements fournis qu'un procès a été engagé entre la compagnie *la Marine Insurance* et les frères Claparède et comp à raison d'une assurance souscrite par cette compagnie sur divers chalands appartenant auxdits sieurs Claparède et comp., assurance par laquelle ladite compagnie s'obligeait à garantir les risques des chalands qui seraient prêts à être expédiés de Rouen à Saint-Louis (Sénégal) du 1er juin au 1er sept. 1881; — Attendu que c'est par suite de l'inexécution de cette obligation que l'assurance de *la Marine* s'est trouvée résiliée, et que la cour de Rouen a condamné ladite compagnie à des dommages-intérêts envers MM. Claparède et comp., pour les chalands nos 9 et 10, exceptant les chalands nos 11 et 12, lesquels, ne se trouvant pas à l'époque fixée par le contrat sur le lieu d'expédition, n'étaient point couverts par ladite assurance; — Attendu que l'assurance du chaland n° 11, dont il est question, a été souscrite à des

contracté antérieurement par l'assuré n'entraîne la nullité de l'assurance pour cause de réticence qu'autant qu'il était de nature à diminuer l'opinion du risque. On a jugé, notamment, qu'il n'y a pas réticence pouvant amener l'annulation de la police d'assurance dans le fait de n'avoir pas déclaré l'existence d'un prêt antérieurement fait sur le navire, lorsque ce prêt, consenti sans les formalités de l'art. 311 c. com., n'était pas opposable aux assureurs (Rouen, 22 avr. 1874, aff. Boucher, D. P. 76. 5. 39). En effet, le prêt, n'ayant pas été accompagné des formalités prescrites par l'art. 311 c. com. ne pouvait conférer au prêteur un privilège susceptible de venir en concurrence avec celui de l'assureur. Il suit de là que le silence gardé par l'assuré n'avait porté aucun préjudice à l'assureur et que, par conséquent, il ne pouvait y avoir réticence au sens de l'art. 348.

Le prêteur à la grosse qui s'assure n'est pas non plus coupable de réticence pour n'avoir pas déclaré aux assureurs que l'emprunt n'était que le renouvellement d'un emprunt antérieur (Aix, 12 août 1879) (1).

1790. — VI. Réticence ou fausse déclaration en matière de réassurance. — La réticence du réassuré peut évidemment avoir, vis-à-vis du réassureur, les mêmes effets que celle de l'assuré vis-à-vis de l'assureur ; la réticence, dans l'un et l'autre cas, est susceptible de diminuer l'opinion du risque. — Par analogie avec ce qui a été exposé à propos du défaut de déclaration des assurances antérieures, on décide qu'il n'y a pas réticence quand l'assureur n'avertit pas le réassureur qu'il ne conservera personnellement à sa charge aucune part du risque et que la réassurance le couvre en totalité (Paris, 24 févr. 1885, cité par Desjardins, t. 7, nº 1464, p. 52). Mais, suivant M. Weill, nº 106, lorsqu'il y a *risque direct*, c'est-à-dire lorsque l'assurance a pour objet un risque dont le réassuré est le premier assureur, il y a réticence, quand le réassuré dissimule les réassurances partielles antérieures moyennant lesquelles il ne conserve plus aucune partie du risque ; en pareil cas, cet auteur estime que le réassureur aurait pu être trompé sur l'étendue du risque. D'ailleurs, la réassurance serait alors sans effet, indépendamment de toute réticence, en vertu de l'art. 359 c. com., puisque les contrats de réassurance antérieurs assureraient la valeur entière de la chose.

1791. Au cas de risque indirect, c'est-à-dire lorsque la réassurance a pour objet un risque dont le réassuré n'était lui-même que le réassureur à l'égard du premier assureur, il y aurait, suivant le même auteur, réticence de la part de celui qui, faisant réassurer, ne déclarerait pas qu'il s'agit d'un risque qui a déjà donné lieu à deux assurances, « car dit-il, c'est quelque chose pour un assureur, c'est une considération d'un grand poids, de savoir qu'il n'hérite d'un risque qu'après que plusieurs prédécesseurs s'en sont déchargés. Sans doute, lorsqu'il s'agit d'un risque *frais*, c'est-à-dire qui lui est remis directement par le propriétaire de la chose assurée, l'assureur ne peut l'apprécier qu'en l'examinant en lui-même et uniquement dans ses éléments constitutifs. Mais, quand il s'agit d'une réassurance, et d'une réassurance indirecte, ce sont d'autres éléments qui s'offrent à son contrôle et il a droit de se servir de ceux-là, les seuls dont il puisse profiter. Il a droit de rechercher les raisons pour lesquelles on se décharge d'un risque proposé comme d'un danger, et, pour pouvoir découvrir ces raisons, il faut qu'il commence précisément par savoir la filière qu'a suivie ce risque » (Comp. Trib. Marseille, 21 mai 1863, *Recueil de Marseille*, 1863. 1. 150 ; Rouen, 12 déc. 1865, *ibid.*, 1866. 2. 103 ; Paris, 2 févr. 1872, *Bulletin de la cour de Paris*, 1872, p. 368. V. Desjardins, t. 7, nº 1464, p. 55 et 56). Cette théorie ne serait évidemment pas applicable si la réassurance intermédiaire avait été le résultat de conventions intervenues entre les divers assureurs, comme au cas, par exemple, où deux compagnies seraient liées entre elles par des polices flottantes de réassurance, polices applicables de plein droit sans examen ni discussion à tous les risques que l'une proposerait à l'autre (Weill, *ibid.* ; Aix, 5 avr. 1865, *Recueil de Marseille*, 1865. 1. 134).

1792. Par application de la règle qu'il n'y a réticence entraînant la nullité de l'assurance que si le silence gardé par l'assuré tend à une diminution dans l'opinion des risques, il a été jugé que la dissimulation, lors du renouvellement d'une réassurance, de sinistres antérieurs, non compris, dès lors, dans le contrat, ne constitue pas une réticence susceptible d'entraîner la nullité de ce contrat (Req. 1er déc. 1869, aff. Figuier-Serre, D. P. 70. 1. 200). — Décidé, de même, que la non-déclaration par le réassuré, dans la police de nouvelle réassurance, de la réassurance qu'il avait antérieurement faite du surplus de la somme assurée, ne constitue pas une réticence, si elle n'a pu ni diminuer l'opinion du risque, ni en changer le sujet (Civ. rej. 14 déc. 1880, aff. Comp. d'assurance *le Neptune et la Navigation*, D. P. 81. 1. 164).

1793. — VII. Réticence de la part du commissionnaire. — L'ignorance du commissionnaire ne couvre pas, comme on l'a dit au *Rép.* nº 1688, et *suprà*, nº 1576, la réticence du commettant dans les assurances pour compte. Le commettant et le commissionnaire ne font, au regard de l'assureur, qu'une seule et même personne, et le fait de l'un a le même effet que le fait de l'autre. Aussi considère-t-on qu'il y a réticence, entraînant la nullité du contrat, toutes les fois que le commettant, n'ayant pas suffisamment renseigné le commissionnaire, celui-ci n'a pas révélé les faits propres à modifier l'opinion du risque. A plus forte raison, en est-il ainsi lorsque le commissionnaire n'a pas déclaré à l'assureur tous les faits propres à donner à ce dernier l'exacte opinion du risque, et qui lui avaient été communiqués à lui-même (Aix, 1er juill. 1863, *Recueil de Marseille*, 1864. 1. 72, et sur pourvoi, Req. 17 août 1863, *ibid.*, 1864. 1. 72 ; J.-V. Cauvet, t. 1, nº 223 ; de Valroger, t. 3, nº 1531).

---

conditions toutes spéciales et forme un contrat tout à fait distinct de celui de la *Marine* ; — Attendu que l'assuré n'avait pas à faire connaître à ses assureurs des circonstances antérieures qui ne concernaient pas le chaland assuré et ne pouvaient, dans tous les cas, avoir aucune influence sur l'opinion du risque, si ce n'est de leur démontrer... que ledit chaland était en parfait état de navigabilité ; — Attendu qu'en raison des faits ci-dessus la réticence invoquée par la compagnie *l'Armement* doit être repoussée ;... — Par ces motifs ; — Le tribunal arbitral, jugeant en premier ressort, valide le délaissement proposé par les sieurs Claparède et comp., et condamne la compagnie *l'Armement* à leur payer la somme assurée de 74750 fr., avec les intérêts de droit et dépens ». — Appel par le liquidateur de la compagnie *l'Armement*. — Arrêt.

La cour ; — Adoptant les motifs qui ont déterminé les arbitres ; — Confirme.

Du 20 nov. 1885.-C. de Paris.-MM. Fauconneau-Dufresne, pr.-Symonet, subst. proc. gén.-Coulon et Reboul, av.

(1) (Assureurs C. Demestre.) — La cour ; — Attendu que la réticence qui, aux termes de l'art. 348 c. com., doit entraîner la nullité du contrat d'assurance, ne peut produire cet effet que si elle était de nature à influer sur l'opinion que l'assureur devait se faire du risque de la navigation ; — Attendu qu'en admettant que l'omission par Demestre de déclarer que le billet de grosse qu'il faisait assurer n'était que le renouvellement d'un billet de grosse préexistant, pût influer sur l'opinion que l'assureur devait se faire sur la solvabilité du capitaine, cette omission n'aurait influé en rien sur l'opinion qu'il devait se faire sur le risque de la navigation ; — Attendu que l'assureur cherche vainement à établir qu'il existe un rapport nécessaire entre le risque de la navigation et la solvabilité du capitaine, en ce sens qu'un capitaine insolvable a moins d'intérêt qu'un autre à la conservation de son navire ; que ce rapport, au lieu d'être étroit, est bien vague et bien éloigné ; qu'il n'est pas permis d'étendre indéfiniment le champ des réticences interdites, et qu'enfin, fallût-il admettre théoriquement que la solvabilité du capitaine pût dans certains cas être prise en considération par l'assureur, il ne serait pas démontré, dans l'espèce, que le capitaine Barthe, qui renouvelait à Marseille un emprunt à la grosse déjà fait à Barcelone, dût être considéré comme moins solvable que s'il en avait contracté un nouveau ; qu'il n'y a donc pas réticence ; — Attendu qu'emprunter pour renouveler un contrat de grosse préexistant, c'est dans le sens absolu du mot, emprunter pour les besoins du navire ; qu'il n'y a donc pas fausse déclaration ; — Attendu qu'un contrat de grosse renouvelé est aussi bien un contrat de grosse que le contrat de grosse primitif ; qu'il n'y a donc pas changement dans l'objet du risque assuré ;

Par ces motifs ; — Met l'appellation au néant ; ordonne que ce dont est appel sortira son plein et entier effet ; condamne l'appelant à l'amende...

Du 12 août 1879.-C. d'Aix, 1re ch.-MM. Rigaud, 1er pr.-Auguste Arnaud et Paul Rigaud, av.

1794. — VIII. RÉTICENCE OU FAUSSE DÉCLARATION DE LA PART DE L'ASSUREUR. — L'art. 348 n'a pas prévu la réticence ou la fausse déclaration de la part de l'assureur, « ce qui se conçoit aisément, dit M. Desjardins, t. 7, n° 1461, p. 43, puisque celui-ci en général est renseigné, mais ne renseigne pas. Si, par aventure, l'assureur avait laissé ignorer à l'assuré des faits importants parvenus à sa connaissance ou l'avait induit frauduleusement en erreur sur ces faits, il faudrait chercher le remède au mal dans les règles du droit commun relatives au dol et à l'erreur dans les contrats » (V. également Lyon-Caen et Renault, t. 2, n° 2273).

1795. — IX. ACTION EN NULLITÉ POUR RÉTICENCE OU FAUSSE DÉCLARATION. — Les règles exposées au *Rép.* n°s 1702 et suiv., en ce qui concerne le droit d'invoquer la nullité de l'assurance pour cause de réticence ou de fausse déclaration, n'ont pas varié. On reconnaît toujours que l'assureur seul peut demander de ce chef la nullité du contrat; mais, en revanche, on admet que l'assuré qui, s'apercevant d'une erreur de déclaration par lui commise, voudrait la réparer, pourrait contraindre l'assureur à se prononcer immédiatement pour le maintien de la police ou pour la demande en nullité (Weill, n° 120). Si l'assureur gardait le silence, il pourrait, suivant les circonstances, être considéré comme ayant renoncé à se prévaloir de la nullité; car il est admis qu'un contrat d'assurance entaché de vices ou d'irrégularités de nature à en entraîner la nullité, est susceptible de ratification expresse ou tacite. Ainsi il a été jugé que, la nullité d'un contrat d'assurance maritime résultant de l'erreur commise par l'assuré dans l'énonciation du point de départ du navire est couverte, si l'assureur a volontairement encaissé le prix convenu, après avoir eu connaissance de cette erreur,... alors même qu'antérieurement, l'assureur aurait refusé l'avenant qui avait pour objet de rectifier cette erreur (Req. 10 nov. 1851, aff. Campion, D. P. 51. 1. 324). Il y aurait, de même, ratification, si l'assureur contestait, avant d'opposer la nullité, l'action en délaissement de l'assuré et prétendait n'être passible que de l'action d'avaries. La nullité qui résulte de la réticence ou de la fausse déclaration est donc purement relative (de Valroger, t. 3, n° 1532; Desjardins, t. 7, n° 1466, p. 57).

1796. On a dit au *Rép.* n° 1704 que l'assureur qui fait annuler le contrat n'a pas le droit de demander, en outre, l'indemnité de 1/2 pour 100. Suivant de M. de Valroger, « dans l'état actuel de la législation, il semble bien résulter de la combinaison des art. 349, 351 et 358, que quand, d'une part, les risques n'ont pas commencé à courir et que, d'autre part, il n'y a pas fraude de la part de l'assuré, la rupture du contrat ne peut donner lieu qu'à l'indemnité de 1/2 pour 100 au profit de l'assureur ». Dans le cas contraire, l'assureur aurait le droit de conserver la prime. M. Desjardins, au contraire, adopte l'opinion du *Répertoire*. Il estime que les art. 349, 351 et 358 ne peuvent être appliqués par analogie, les pénalités, même civiles, devant être enfermées dans les limites que le législateur a tracées; il pense également que l'assureur ne peut conserver la prime. Mais il peut avoir droit à des dommages-intérêts réglés d'après les principes du droit commun (t. 7, n° 1466, p. 57-58).

ART. 2. — *Du payement de la prime* (*Rép.* n°s 1705 à 1737).

1797. On a vu *suprà*, n°s 1578 et suiv., les nouvelles applications qu'a reçues le principe rappelé au *Rép.* n° 1705, d'après lequel le débiteur de la prime est celui au profit duquel l'assurance a été souscrite, sauf au cas où l'assurance a eu lieu par commissionnaire (Desjardins, t. 7, n° 1454, p. 13 et 14). — D'autre part, il est toujours admis que, lorsque la nature du risque a été pleinement déclarée dans la police, l'assureur ne peut réclamer une élévation de la prime (*Rép.* n° 1707). Il est de principe que la prime ne peut être augmentée en dehors des cas où l'augmentation en a été prévue au contrat, en cas de prolongation du voyage de navigation dans certains parages réputés dangereux, ou enfin de survenance de guerre (*Rép.* n°s 1708 et suiv.).

1798. Lorsqu'une surprime est stipulée pour le cas où un navire naviguerait dans certains parages, elle est due pour tout le temps durant lequel le navire est resté dans ces parages, alors même qu'il n'aurait pas, à proprement parlé navigué durant toute la période. C'est ce qui a été jugé spécialement dans un cas où le navire avait été retenu dans un port par les glaces (Trib. com. Marseille, 27 févr 1861, *Recueil de Marseille*, 1861. 1. 79); ou par des réparations (Trib. Bordeaux, 11 janv. 1859, *Recueil de Marseille*, 1859. 2. 54; Em. Cauvet, t. 1, n° 133. V. aussi Desjardins, t. 7, n° 1455, p. 16 et 17).

1799. Lorsque le navire a été assuré à l'année au moyen de deux polices successives, et que, dans la seconde assurance, la surprime à payer se trouve moins élevée que dans la première qui prend fin au cours du séjour du navire en un point entraînant la surprime, la répartition de la surprime est assez délicate à faire. L'usage, dit M. de Valroger, t. 3, n° 1476, est de répartir par moitié la surprime sur chaque police. Ainsi, une première police stipule une surprime de 2 pour 100 et la seconde une surprime de 5 pour 100 pour le cas où le navire se rendrait à la côte orientale d'Afrique. La première police expire alors que le navire séjourne sur ce point. On allouera à chaque assureur la moitié de sa surprime, soit 1 pour 100 au premier et 2 1/2 pour 100 au second, sans avoir égard au temps plus ou moins long couvert par l'une ou l'autre police. Tel est, du moins, l'usage constaté par le tribunal de Nantes le 11 janv. 1879 (aff. Poujade, *Journal de Nantes*, 1879. 1. 70). Cet usage est avec raison critiqué par M. Desjardins qui ne s'explique pas qu'on ne tienne aucun compte de la durée des risques (t. 7, n° 1455 *bis*, p. 19).

1800. Les cas où il y a lieu à surprime pour survenance de guerre, les conditions qui la rendent exigible, la façon dont elle doit alors être fixée, ont fait au *Rép.* n°s 1708 et suiv., l'objet d'une étude très complète; les solutions que nous avons exposées sont encore celles que les auteurs enseignent généralement (V. Em. Cauvet, t. 1, n°s 127 et suiv.; de Valroger, t. 3, n°s 1470 et suiv.; Desjardins, t. 7, n° 1455 *bis*, p. 19; Weill, n°s 84 et 85; J.-V. Cauvet, t. 1, n° 237). — Les questions auxquelles le cas de guerre peut donner naissance se présentent du reste rarement dans la pratique. Il est, en effet, d'usage dans les polices de séparer les risques de guerre des risques ordinaires de navigation; il résulte de cette distinction que l'assuré peut attendre le moment où la guerre éclate pour faire une assurance spéciale, et, si l'assurance est faite d'avance contre les risques de guerre, on est naturellement conduit à régler la prime d'une manière distincte pour les deux cas, qui sont prévus séparément.

1801. On a vu au *Rép.* n° 1711, qu'on peut fort bien, au cas où une police a été faite en temps de guerre, prévoir une réduction de la prime pour le cas où la paix surviendrait au cours de l'assurance. Des stipulations analogues se rencontrent dans d'autres hypothèses. Ainsi on convient quelquefois que la prime sera réduite ou ne sera pas payée, si le navire arrive heureusement, clause qu'on a interprétée en ce sens qu'il faudrait un sinistre majeur pour que la réduction ne fût pas acquise (*Rép.* n° 1730). Nous croyons avec MM. Desjardins, t. 7, n° 1455, p. 15, et Em. Cauvet, t. 1, n° 135, que cette interprétation est trop subtile, et qu'il faut entendre la clause en ce sens que le navire n'est arrivé heureusement que s'il arrive sans avaries. — La police française sur corps stipule certaines réductions de prime pour le cas où le navire séjourne, aux risques des assureurs, trente jours de suite dans un port de France ou d'Algérie. Au delà de quarante-quatre jours, la réduction peut se régler par quinzaine. — Certains assureurs sur police flottante promettent quelquefois de faire bénéficier l'assuré des réductions de primes qu'ils introduiraient dans leurs tarifs pendant la durée de l'assurance, etc. (V. à cet égard: Desjardins, t. 7, n° 1455, p. 15, note 6, et p. 16).

1802. Il peut se faire que le taux de la prime ou de la surprime n'ait pas été fixé et que les parties aient décidé de s'en rapporter à des arbitres; il arrive aussi parfois qu'elles aient complètement gardé le silence sur ce point, et alors le règlement doit être fait par les tribunaux (*Rép.* n° 1723). Ceux-ci le plus souvent pourront procéder à ce règlement en appliquant purement et simplement les tarifs de la compagnie; sinon, ils le feront d'après les données dont ils peuvent disposer, conformément aux règles de l'art. 343. Ils ne sont, d'ailleurs, pas plus liés par le tarif que par tout autre document soumis à leur appréciation. Il a été décidé, notamment, que le *quantum de la prime* pour le voyage d'aller n'est pas la mesure nécessaire du *quantum* à déterminer pour le voyage de retour (Trib. com. Nantes, 6 déc. 1884, aff. Simon, *Recueil de Nantes*, 1885. 1. 84).

1803. En principe, la prime est due en cas de sinistre aussi bien qu'en cas d'heureuse arrivée, sauf les exceptions fort rares dont on a parlé *suprà*, nos 1800 et suiv., et dont il avait déjà été question au *Rép.* n° 1729. Il est de règle également que la prime est acquise et due dès que la chose est mise en risque; mais on déroge sans cesse à cette règle; en effet, l'usage de ne payer la prime qu'à l'expiration d'un certain délai (*Rép.* n° 1727) s'est de plus en plus répandu. Le plus souvent elle se règle au moyen de billets à diverses échéances, que les assureurs encaissent et peuvent négocier (V. *suprà*, n° 1652; *Rép.* n° 1742; Desjardins, t. 7, n° 1457, p. 23). Mais ces billets n'opèrent pas novation, car jusqu'à l'expiration des risques, les billets de prime ne constituent contre l'assuré que des créances conditionnelles, « l'assuré pouvant jusque-là, comme le remarque M. de Valroger, t. 3, n° 1360, soit opposer la ristourne du contrat, soit compenser les primes en cas de sinistre avec le montant de l'indemnité due par l'assureur » (V. également : Em. Cauvet, t. 1, n° 137).

1804. Dans les usages du commerce, la prime est considérée comme *quérable* (Conf. Paris, 6 août 1884, aff. Comp. l'*Armement*, *Journal du droit international privé*, 1885, p. 73). C'est ce que l'on admet en matière d'assurances terrestres (V. *suprà*, v° *Assurances terrestres*, n° 142). Il en résulte qu'il faut appliquer ici la règle admise par la jurisprudence, que lorsque la prime est quérable, la résiliation de l'assurance ne peut être prononcée pour défaut de payement de la prime qu'après une mise en demeure, conformément à l'art. 1139 c. civ. (Desjardins, t. 7, n° 1458; de Valroger, t. 3, n° 1490).

1805. L'usage de compenser, en cas de sinistre, les primes et l'indemnité, qui n'était répandu qu'en temps de guerre (*Rép.* n° 1728), s'est à peu près généralisé. Sans parler de la compensation légale qui ne peut s'effectuer que lorsque la dette de l'assureur est liquide, c'est-à-dire, lorsque les avaries ont été réglées, la compensation des dettes s'établit conventionnellement dans la pratique. Les polices françaises sur corps, de Bordeaux, du Havre, la police française sur facultés, renferment des dispositions en ce sens.

1806. La compensation légale ou conventionnelle doit être admise même lorsque la police est devenue la propriété d'un cessionnaire qui est créancier de l'indemnité sans être débiteur des primes. Cette solution résulte de l'art. 1295 c. civ., car le porteur agit, dans cette hypothèse, du chef de l'assuré, il n'a pas une personnalité distincte de celle de ce dernier, et, dès lors, une compensation du chef de son cédant lui est opposable. Il en est ainsi même quand la police est au porteur ou à ordre; sans doute, en pareil cas, le débiteur, étant réputé l'obligé direct du dernier porteur, ne peut, en général, lui opposer les moyens de défense qu'il eût pu faire valoir contre le cédant; mais, comme le disent MM. Lyon-Caen et Renault, t. 2, n° 2052, ce principe paraît n'avoir jamais été appliqué aux polices d'assurances en tant, du moins, qu'il s'agit de moyens de défense ayant leur cause dans le contrat lui-même ». D'ailleurs, le tiers porteur, en agissant contre l'assureur, se soumet *ipso facto* à l'obligation de payer la prime; car, autrement, il toucherait l'indemnité complète et par conséquent plus que l'assuré lui-même (Desjardins, t. 7, n° 1457, p. 25 et 26; Lyon-Caen et Renault, t. 2, n° 2252; Trib. com. Marseille, 29 mai 1856, *Recueil de Marseille*, 1856. 1. 172; Rennes, 26 févr. 1866, *Recueil de Nantes*, 1867. 1. 46; Trib. com. Marseille, 29 oct. 1873, *Recueil de Marseille*, 1873. 1. 324; Trib. com. Havre, 31 mai 1875, *ibid.*, 1876. 2. 94).

1807. Quand l'indemnité est réclamée par le commettant, l'assureur peut-il compenser jusqu'à due concurrence l'indemnité qu'il doit au commettant et la prime qui lui est due par le commissionnaire? La négative, enseignée par M. Em. Cauvet, t. 1, n° 104, est rejetée par MM. Lyon-Caen et Renault, n° 2252. Le commettant, disent ces auteurs, en exerçant une action contre l'assureur en vertu du contrat d'assurance, se soumet aux obligations inhérentes à ce contrat. Il ne peut le diviser pour en accepter les avantages sans en supporter les charges. M. Desjardins, t. 7, n° 1457, p. 26, se prononce dans le même sens; on ne saurait, suivant lui, traiter le commettant autrement que le tiers porteur.

1808. Mais la compensation légale ne peut s'accomplir que pour la prime due en vertu du contrat invoqué par le tiers porteur ou par le commettant; l'assureur ne saurait l'opérer à raison de primes dues par l'assuré en vertu d'autres polices; les règles générales du droit civil reprendraient alors leur empire (Trib. com. Havre, 31 mai 1875, *Recueil de Marseille*, 1876. 2. 94; Lyon-Caen, t. 2, n° 2252; Desjardins, t. 7, n° 1457, p. 27).

Cependant les parties peuvent déroger à cette règle et empêcher ainsi l'assuré de se ménager, à l'aide d'une cession, le moyen de toucher son indemnité sous la simple déduction de la prime afférente et sans payer les autres primes qu'il pourrait devoir (V. sur ce point art. 20, pol. franç. sur corps et de Courcy, *Commentaire des polices*, 2e éd., p. 163).

1809. Comme on l'a exposé au *Rép.* n° 1735 et *suprà*, nos 385 et suiv., les assureurs ont un privilège sur la chose assurée pour le payement de la prime d'assurance. On a vu d'ailleurs, à cet égard, les nouveaux développements que la matière comporte.

1810. Rappelons ici que l'assuré, en sus de la prime, doit payer le coût de l'assurance (V. *suprà*, n° 1688).

Art. 3. — *De l'obligation de l'assuré de donner caution pour le payement de la prime s'il vient à tomber en faillite avant la fin des risques* (*Rép.* nos 1738 à 1741).

1811. On a vu au *Rép.* n° 1738 que l'assureur peut, en cas de faillite de l'assuré au cours de l'assurance, exiger une caution pour le payement de la prime et, à défaut de caution, faire résilier l'assurance. Mais ce droit n'existe que pour sûreté des primes dues à raison de risques, non encore réalisés, au moment où il s'exerce. Si à cette époque des pertes étaient déjà survenues, elles constitueraient pour l'assuré un droit acquis, auquel l'assureur ne pourrait se soustraire au moyen de l'action résultant de l'art. 346.

1812. La faculté donnée à l'assureur par l'art. 346, de même que celle qui est accordée à l'assuré en cas de faillite de l'assureur (V. *Rép.* nos 1977 et suiv., et *infrà*, nos 2009 et suiv.), constituent une dérogation au droit commun. On a exposé au *Rép.* nos 1738 et 1739 quelles en ont été les origines; elle peut être motivée sur ce que l'assurance est un contrat aléatoire dans lequel les chances doivent être égales et qu'il n'y a plus d'égalité lorsque l'assuré est exposé à payer la prime en pure perte ou l'assureur à payer l'indemnité sans recevoir la prime (de Valroger, t. 3, n° 1482).

1813. L'assureur cesse-t-il de jouir de la faculté de résilier la police ou de demander caution, lorsque le sinistre est survenu, quoiqu'il ne soit pas encore connu des parties? On admet d'une manière à peu près générale, conformément au système soutenu au *Rép.* n° 1740, que le droit accordé par l'art. 346 c. com. à l'assureur reste ouvert tant que l'événement qui a mis fin aux risques n'est pas parvenu à la connaissance des parties. Un contrat, dit M. Weill, n° 90, conserve son caractère aléatoire, non pas seulement tant que l'événement sur lequel les parties ont spéculé est incertain, mais tant qu'elles le croient incertain. Spécialement, aux termes de l'art. 365, le contrat d'assurance est valable quand il est fait par les parties dans l'ignorance de l'extinction des risques. Ce texte doit recevoir son application ici où il s'agit, non plus sans doute de la formation du contrat, mais, ce qui est analogue, de son efficacité persistante que les parties reconnaissent, l'une par sa demande même en résolution, l'autre par sa résistance à la demande. La système contraire contraindrait les tribunaux à rendre, en opposition avec la pratique normale, des jugements de résolution ou de prestation de caution purement éventuels; car, au moment du jugement, le navire étant en cours de route, on ne pourrait jamais être sûr de l'existence du risque (V. en ce sens : Desjardins, t. 7, n° 1457 *bis*, p. 28; de Valroger, t. 3, n° 1491; Lyon-Caen et Renault, t. 2, n° 2253; Laurin sur Cresp, t. 4, p. 114, note. — *Contrà :* Bédarride, t. 3, n° 1180.)

Il en résulte que le cautionnement donné par les syndics de la faillite de l'assuré, pour les primes dues sur risques flottants, comprend les risques qui étaient encore incertains pour les parties, bien que l'événement pût être accompli.

Mais ce cautionnement ne peut remonter à une époque antérieure à la déclaration de la faillite, quelle que soit la date assignée ensuite à la cessation des payements ; il ne s'applique qu'aux assurances dont le résultat était encore inconnu au jour où il a été demandé (Bordeaux, 5 mars 1861, aff. Pereyra, D. P. 62. 2. 54. V. aussi Trib. com. Marseille, 21 nov. 1861, *Recueil de Marseille*, 1862. 1. 113).

1814. M. Weill rejette l'opinion que nous avions adoptée au *Rép.* n° 1740, sur le point de savoir si, à supposer que la caution puisse être demandée alors que l'événement qui met fin au risque est inconnu des parties, cet événement est présumé connu, par application des art. 365 et 366 c. com., dans le cas où, en comptant trois quarts de myriamètre par heure, il est établi que, soit du lieu de l'événement, soit du lieu où la première nouvelle du sinistre est arrivée, elle a pu parvenir à l'assureur avant l'introduction de sa demande. Tandis que la présomption de l'art. 366 nous avait paru devoir être strictement restreinte à l'hypothèse prévue par cet article, M. Weill préfère la doctrine sanctionnée par l'arrêt du 8 déc. 1814, rapporté au *Rép. ibid.* Il n'admet pas qu'on puisse, d'une part, s'appuyer sur l'art. 365. c. com. pour décider que la fin du risque n'empêche pas une des parties de demander, le cas échéant, la résolution du contrat, et, d'autre part, ne pas accepter l'art. 366 qui réglemente l'application de l'article précédent. — Cette opinion nous paraît inconciliable avec la règle que les présomptions légales ne peuvent être étendues au delà des cas pour lesquels le législateur les a établies ; et nous pensons que si la présomption de l'art. 366 doit, dans le cas de l'art. 346, être prise en considération, elle perd son caractère légal pour dégénérer en présomption simple, susceptible d'être combattue par des preuves et des présomptions contraires (V. en ce sens : Desjardins, t. 7, n° 1457 *bis*, p. 29).

1815. Les dispositions de l'art. 346 sont-elles applicables au cas de déconfiture de l'assuré qui ne serait pas commerçant, comme au cas de faillite ? Cette question qui a été controversée nous paraît devoir être résolue par l'affirmative : M. de Valroger, t. 3, n° 1490, se prononce pour une assimilation complète entre le cas de faillite et celui de déconfiture d'un assuré. C'est aussi l'opinion de M. Desjardins, t. 7, n° 1457 *bis*, p. 28 (V. également : Trib. com. Marseille, 21 nov. 1861, *Recueil de Marseille*, 1862. 1. 113). A la faillite, il faut, semble-t-il, assimiler depuis la loi du 4 mars 1889 (D. P. 89. 4. 9) la liquidation judiciaire.

1816. Il n'est pas nécessaire que la faillite soit déclarée ; la cessation de payements suffit. Mais on ne saurait aller plus loin et autoriser l'assureur à recourir à l'art. 346, lorsqu'il redoute une cessation des payements de l'assuré, parce que celui-ci serait dans un état de gêne inquiétant. Autrement, on donnerait à l'assureur sur les affaires de l'assuré un droit d'inquisition et de vérification qui serait exorbitant (Desjardins, t. 7, n° 1457 *bis*, p. 28).

ART. 4. — *De l'obligation de l'assuré de signifier à l'assureur les avis qu'il reçoit concernant les accidents dont celui-ci est responsable* (*Rép.* nos 1742 à 1749).

1817. On a vu au *Rép.* n° 1742 que l'obligation imposée à l'assuré par l'art. 374 c. com. a pour but de permettre à l'assureur d'atténuer, dans la mesure du possible, les suites du sinistre. En France, les assureurs sont constitués en comités qui se chargent de prendre toutes les mesures propres à opérer le plus promptement possible les opérations de sauvetage, quel que soit l'assureur ; dans les ports importants, les syndicats d'assureurs ont des agents expérimentés qui se rendent le plus tôt possible sur le lieu du sinistre avec les moyens de sauvetage appropriés aux circonstances (V. de Courcy, *Commentaire des polices*, 2e éd., p. 174) ; il est donc de l'intérêt des assureurs d'être promptement avisés et les polices *françaises* déclarent l'assuré responsable de sa négligence à prévenir les assureurs.

1818. Les auteurs paraissent aujourd'hui d'accord pour reconnaître que l'obligation imposée à l'assuré par l'art. 374 n'est pas prescrite à peine de nullité du contrat et que, par conséquent, la sanction de l'art. 374 ne se trouve que dans le droit commun, c'est-à-dire dans l'art. 1382 c. civ. (*Rép.* n° 1745). C'est dans les termes de cet article que l'assuré répondra vis-à-vis des assureurs du préjudice que son retard à leur notifier les avis qu'il aurait reçus leur aurait occasionné (Laurin, t. 4, p. 158 ; de Valroger, t. 4, n° 1795 ; Weill, n° 242 ; Desjardins, t. 7, n° 1468, p. 72 ; Lyon-Caen, t. 2, n° 2205 ; Bédarride, t. 4, n° 1469 ; Aix, 15 janv. 1859, *Recueil de Marseille*, 1860. 2. 44 ; Paris, 6 déc. 1876, *Bulletin de la cour*, 1877. 1. 442 ; Trib. com. Nantes, 21 déc. 1881, aff. de la Gironnière, *Recueil de Nantes*, 1882. 1. 129), et, si l'assuré se trouve privé de tout recours contre l'assureur, ce sera par application, au cas particulier, des principes de l'art. 1382 (de Valroger, t. 4, n° 1795). Ainsi on a décidé avec raison que la saisie du navire par des prêteurs à la grosse ne peut donner ouverture au délaissement si l'abandon a été fait par l'assuré sans qu'il eût mis préalablement les assureurs en demeure de dégager le navire (Trib. com. Marseille, 8 août 1849, *Recueil de Marseille*, 1860. 2. 44). « J'appliquerais, ajoute M. de Valroger, t. 4, n° 1795, la même décision au cas où l'assuré aurait laissé vendre le navire en cours de voyage faute de fonds pour le réparer, sans avertir les assureurs. »

1819. Sans doute, comme on l'a dit au *Rép.* n° 1743, l'application de l'art. 374 est restreinte dans la pratique, aux cas de sinistres majeurs ; mais, en droit cet article est applicable même au cas de simples avaries ; le texte de l'art. 374 prévoyant non seulement le cas de délaissement, mais aussi celui de tout autre accident aux risques de l'assureur. — Comme l'art. 374 ne parle que d'accidents aux risques des assureurs, on pourrait en conclure qu'en cas d'assurance faite avec la clause franc d'*avaries*, l'assuré n'aurait pas à aviser l'assureur des simples avaries dont celui-ci ne répond pas ; mais le silence de l'assuré peut, même en ce cas, être préjudiciable à l'assureur, et il serait préférable que celui-ci fût averti. Il est, en effet, souvent difficile d'apprécier au premier moment la gravité d'une avarie, son caractère et ses suites possibles ; l'avertissement donné à l'assureur ne sera, le plus souvent, que la manifestation de la prudence la plus ordinaire (Bédarride, t. 4, n° 1464 ; Desjardins, t. 7, n° 1468, p. 72 ; de Valroger, t. 4, n° 1796).

1820. Le chargeur assuré doit également prévenir les assureurs sur facultés des accidents qui peuvent atteindre le navire, car ces accidents sont susceptibles dans certains cas de compromettre le chargement, quoique celui-ci ne soit pas directement atteint, et de mettre à la charge des assureurs des avaries-frais, sinon des avaries matérielles. Aussi ne saurait-on établir en thèse générale, comme l'a décidé le tribunal de Nantes par jugement du 21 déc. 1881 (cité *suprà*, n° 1818), que le chargeur n'est pas tenu de notifier à ses assureurs les relâches faites par le navire à la suite d'avaries. Le chargeur peut, en raison des circonstances, n'avoir pas contrevenu à l'art. 374 et n'avoir pas occasionné de préjudice à l'assureur ; mais il peut aussi par son silence l'avoir exposé à des frais considérables. « Le juge, dit M. Desjardins, t. 7, n° 1468, p. 73, devra discerner, selon les espèces, où commence, où finit l'obligation imposée par l'art. 374. »

1821. L'assuré doit signifier l'avis qui lui parvient, d'où qu'il vienne (*Rép.* n° 1744), qu'il relate un accident ou de simples inquiétudes, car même en ce dernier cas son silence pourrait être préjudiciable à l'assureur, qu'un simple avis d'inquiétude peut déterminer à certaines précautions, notamment à se faire réassurer. M. Desjardins, t. 7, n° 1468, p. 72, ne croit cependant pas que l'assuré soit tenu de faire connaître à l'assureur ses inquiétudes personnelles ; « l'inquiétude, dit-il, étant un phénomène psychologique d'ordre subjectif, l'assureur ne peut actionner en justice celui qui s'est dispensé d'une telle confidence ».

1822. Nous persistons dans l'opinion émise au *Rép.* n° 1744 que l'assuré n'a nullement à contrôler les renseignements qu'il reçoit ; nous n'admettons donc pas qu'il soit irresponsable du défaut de transmission d'un avis, sous prétexte qu'il n'a pas dû regarder l'événement annoncé comme certain et positif (de Valroger, t. 4, n° 1797).

1823. A qui incombe l'obligation imposée par l'art. 374, lorsque l'assurance a été faite pour compte ? A celui pour lequel l'assurance a été faite, dit M. de Valroger, t. 4, n° 1799, s'il connaît cette assurance, et à celui qui a fait l'assurance comme commissionnaire. Cette solution, admise par l'art. 822 du code allemand, doit être suivie également en France, en raison de l'assimilation qui résulte des dispositions de l'art. 348, au point de vue de la réticence, entre le commissionnaire et le véritable intéressé.

1824. Une question assez délicate, en présence du texte de l'art. 374 qui impose à l'assuré l'obligation de *signifier à l'assureur les avis qu'il a reçus*, est celle de savoir s'il doit faire connaître à l'assureur les nouvelles parvenues à sa connaissance par la voie des journaux. Bien que le texte de l'art. 374 porte simplement les *avis reçus* et semble ainsi avoir eu seulement en vue les avis *reçus en particulier* par l'assuré, nous pensons que celui-ci doit faire connaître à l'assureur les nouvelles qu'il a connues par la voie de la presse, sans toutefois que cette obligation puisse être érigée en règle absolue. Le but du législateur dans l'art. 374 a été de faire profiter l'assureur de tous les renseignements qui parviennent à l'assuré, et nous pensons qu'il n'y a pas à distinguer, suivant la voie par laquelle les renseignements sont arrivés à la connaissance de l'assuré, de même qu'on ne distingue pas entre ceux qui sont positifs et ceux qui n'ont que la valeur de simples bruits. Dira-t-on que les renseignements insérés dans les journaux sont devenus publics, qu'ils ont pu aussi bien être connus de l'assureur que de l'assuré? Cela est vrai pour les renseignements donnés par certains journaux spéciaux que les assureurs ont coutume de lire. Mais il se peut que les renseignements soient publiés par un journal local, qui insère de préférence les nouvelles relatives aux navires attachés au port où il est publié, et que l'assureur domicilié à Paris, par exemple, ne recevra pas; ou encore qu'ils soient insérés dans un journal publié à l'étranger, dans une région lointaine, que personne ou presque personne ne lit en France et qui tombe sous les yeux de l'assuré ou qu'il reçoit. Celui-ci puise dans cette feuille les mêmes renseignements que dans sa correspondance et les y puise à peu près de la même manière; il est donc évident qu'il devra aussi bien les communiquer à l'assureur que les renseignements qu'il reçoit directement. Ce sera, par conséquent, aux juges de décider, dans le cas où l'assuré aurait négligé de faire connaître à l'assureur un renseignement puisé dans la presse, si cette négligence a été préjudicable à l'assureur. Cette obligation est, d'ailleurs, imposée à l'assureur dans plusieurs pays étrangers, notamment en Allemagne (de Valroger, t. 4, n° 1798. V. aussi : Desjardins, t. 7, n° 1468, p. 73).

1825. Quant au mode de *signification* des avis reçus, on paraît d'accord pour décider qu'il ne faut pas prendre à la lettre l'expression *signifier* employée par l'art. 374. Cependant M. Ruben de Couder enseigne encore que la signification doit être faite par huissier (*Dictionnaire de droit commercial*, v° *Assurances maritimes*, n° 700); mais le projet de revision du code de commerce de 1867, se bornait à dire que l'assuré devrait *faire connaître* à l'assureur les avis reçus, et les auteurs admettent, en général, qu'une communication amiable, au moyen d'une lettre, d'un télégramme, d'une déclaration verbale, remplirait suffisamment le vœu de la loi. Toutefois, suivant MM. Lyon-Caen, t. 2, n° 2205, un avis verbal ne serait pas suffisant. Il importe, d'ailleurs, de faire constater que l'avis a été reçu, ce qui peut se faire également à l'amiable par un visa de la lettre d'avis ou par une réponse écrite à cette lettre ou un télégramme, etc. (de Valroger, t. 4, n° 1800. V. encore Laurin, t. 4, p. 159; Desjardins, t. 7, n° 1468, p. 73-74; Bédarride, t. 5, n° 1475; Bravard et Demangeat, t. 4, p. 749).

1826. Le délai de trois jours est toujours considéré (*Rép.* n° 1748) comme susceptible d'augmentation à raison de la distance. Ce n'est pas un délai de rigueur (Desjardins, t. 7, n° 1468, p. 74; de Valroger, t. 4, n° 1801; Trib. com. Anvers, 31 déc. 1884, *Recueil d'Anvers*, 1885. 1. 64).

1827. Il y a lieu de rapprocher du cas prévu par l'art. 374 le cas particulier de l'art. 390; lorsque le navire a été déclaré innavigable, l'assuré sur le chargement est tenu d'en faire la notification dans le délai de trois jours de la réception de la nouvelle (*Rép.* n° 2115). Il faut se garder de croire que l'assuré doive, pour avertir l'assureur, attendre une déclaration régulière d'innavigabilité; les expressions du code sont restées comme une réminiscence de l'ordonnance de 1681, qui exigeait une condamnation du navire, et le devoir de l'assuré d'avertir immédiatement l'assureur est unanimement reconnu (V. Desjardins, t. 7, n° 1469, p. 74; de Valroger, t. 4, n° 1944).

1828. Le défaut d'avertissement dans le cas prévu par l'art. 390 aurait pour effet de retarder le délaissement (V. *infrà*, n°s 2141 et suiv.) et de rendre l'assuré responsable envers l'assureur du préjudice que le retard aura pu lui occasionner (de Valroger, t. 4, n° 1945). Il est à remarquer, toutefois, que les assureurs de la marchandise ne pourraient se plaindre du défaut de notification de la part de l'assuré, s'ils avaient eu directement connaissance de l'innavigabilité (Bordeaux, 23 août 1884, *Journal de droit maritime*, 1884, p. 29).

ART. 5. — *De l'obligation de l'assuré de justifier du chargement des choses assurées ainsi que de leur valeur* (*Rép.* n°s 1750 à 1772).

1829. Comme on l'a vu au *Rép.* n° 1750, l'art. 383 c. com. fait à l'assurance maritime application du principe de droit commun qui met à la charge de celui qui réclame l'exécution d'une obligation la preuve de l'existence de cette obligation, en astreignant l'assuré à prouver le chargement des marchandises, c'est-à-dire leur mise en risque. Aussi cet article n'est-il pas seulement applicable en cas de délaissement (Desjardins, t. 7, n° 1484, p. 109; de Valroger, t. 4, n° 1862. V. cependant : Trib. com. Seine, 6 avr. 1882, aff. Pira, *Recueil du Havre*, 1882. 2. 214). — La signification dont parle le texte ne doit pas, du reste, s'entendre uniquement d'une signification proprement dite; ici, comme au cas de l'art. 374 (V. *suprà*, n° 1825), des équivalents peuvent être admis (Desjardins, t. 7, n° 1484, p. 109 *in fine* et 110; de Valroger, t. 4, n°s 1863, 1864 et 1865; Montpellier, 15 mai 1872, aff. Comp. *l'Afrique française*, D. P. 74. 2. 165).

1830. Il arrive fréquemment que les parties dérogent à la règle édictée par l'art. 383 et conviennent qu'en cas de sinistre, l'assuré sera dispensé de produire aucune pièce justificative du chargement. On a vu également au *Rép.* n° 1750 que la validité de cette clause avait donné lieu à une controverse, qui s'est d'ailleurs perpétuée. Cependant, une telle clause ne dispensant pas l'assuré du chargement lui-même, mais seulement de la *preuve* du chargement, la plupart des auteurs n'hésitent plus à admettre qu'il est permis de convenir qu'on s'en rapportera à la bonne foi de l'une des parties pour fournir cette preuve. Évidemment, cette clause n'a rien d'illicite, dès que la preuve contraire est réservée à l'assureur; il ne s'agit que d'un déplacement du fardeau de la preuve pour lequel les parties jouissent d'une entière liberté (de Valroger, t. 4, n° 1875; Weill, n° 255; Desjardins, t. 7, n° 1484, p. 111; Em. Cauvet, t. 1, n° 328; Rouen, 21 août 1867, aff. Compagnie d'assurances *la Flotte*, D. P. 68. 2. 199. — *Contrà*: J.-V. Cauvet, t. 1, n° 268). Les tribunaux restent, d'ailleurs, maîtres de contrôler la mise en risque par l'assuré, et notamment, de vérifier si une partie des effets assurés n'avait pas dû être débarquée avant le sinistre; ils peuvent, en pareil cas, diminuer de la valeur de ces objets le montant de l'indemnité à payer par l'assureur (Arrêt précité du 21 août 1867).

1831. Il en est de même en cas de réassurance, comme nous l'avons exposé au *Rép.* n° 1752. Il peut être convenu que le réassuré obligé en principe de justifier du chargement et de la valeur des marchandises vis-à-vis du réassureur, comme l'assuré l'était envers lui, ne sera tenu que d'exhiber la quittance du payement qu'il aura lui-même fait au premier assuré, sous réserve de la preuve contraire à faire par le réassureur. La clause dont s'agit équivaut, comme le remarque M. de Valroger, t. 4, n° 1876, à une sorte de mandat donné par le réassureur au réassuré pour débattre leurs intérêts communs. « L'assureur, ajoute M. de Valroger, serait, d'ailleurs, comme tout mandataire, responsable envers le réassureur s'il payait trop facilement et sans preuve. » (Desjardins, t. 7, n° 1484. V. sur ce point: de Courcy, t. 4, *Des réassurances et des traités de réassurance*, p. 261 et suiv.).

1832. La même solution est également applicable au cas où c'est un prêteur à la grosse qui se fait assurer. L'assureur répond, en pareil cas, des risques maritimes que court le prêteur à la grosse jusqu'à ce que l'objet du prêt soit en sûreté au port de destination (Rennes, 9 mars 1886, aff. Simon, *Recueil de Nantes*, 1887. 1. 130). Le prêteur doit, par conséquent, prouver que les effets affectés ont été mis en risque et ont péri dans le temps et le lieu des risques. Mais il peut être stipulé qu'il pourra se borner à exhiber le contrat à la grosse, l'assureur, en pareil cas, étant réputé s'en être rapporté au prêteur pour vérifier la réalité du risque (de Valroger, t. 4, n° 1876; Desjardins, t. 7, n° 1484; Weill, n° 255).

1833. Quand la preuve est requise de l'assuré, elle se fait ordinairement à l'aide du connaissement, qui a force probante non seulement entre les parties, mais encore à l'égard des assureurs (V. *suprà*, n° 949). Mais si le connaissement contient la clause que *dit être* (V. *suprà*, n° 933) l'assuré doit produire, en outre, les factures et autres pièces de nature à prouver l'espèce, la quantité et la qualité des marchandises chargées (Desjardins, t. 7, n° 1484; Paris, 24 déc. 1884, aff. Peulevey et Roure, *Recueil de Marseille*, 1886. 2. 107). L'assuré peut, d'ailleurs, invoquer d'autres moyens de preuve que le connaissement; les mots « actes justificatifs » employés par l'art. 383 l'indiquent suffisamment et l'appréciation de ces moyens de preuve appartient aux juges du fait (*Rép.* n° 1759; de Valroger, t. 4, n° 1874; Req. 27 mai 1879, *infrà*, n° 1836). Ainsi, tandis qu'il a été jugé que la preuve du chargement peut résulter des déclarations délivrées par la douane du port de chargement (Aix, 29 mars 1887 (1); Trib. com. Seine, 12 janv. 1888, aff. Caucurte, *Revue internationale de droit maritime*, t. 3, p. 570), la cour de Rouen, par un arrêt du 23 janv. 1881 (*Recueil du Havre*, 1884. 2. 77), a pu décider, au contraire, que les certificats de douane, constatant un chargement de quantité inférieure à celle portée au connaissement, ne suffisaient pas à infirmer ce dernier (V. encore : Rouen, 19 mars 1878, *infrà*, n° 1836).

1834. Non seulement le connaissement n'est pas le seul document au moyen duquel la preuve du chargement puisse être fournie, mais la production d'un acte équivalent n'est même pas nécessaire. Il est admis, en effet, que l'assuré peut recourir à tous les modes de preuve quelconques autorisés en matière commerciale (Req. 18 févr. 1863, aff. Comp. *l'Aquitaine*, D. P. 63. 1. 372. V. aussi Paris, 30 juill. 1873, aff. Comp. d'assurances générales, D. P. 76. 2. 164). Décidé, spécialement, que la preuve du *chargé* peut être puisée dans la déclaration du capitaine et de l'équipage devant l'autorité consulaire (Req. 24 juill. 1883, aff. le *Zodiaque*, D. P. 84. 1. 417), et même dans la notoriété publique (Trib. com. Havre, 14 mai 1855, aff. Sergent, D. P. 55. 5. 32). — A plus forte raison la preuve peut-elle se faire autrement que par la production des actes justificatifs en casde perte totale : lorsque ces actes ont péri avec le navire lui-même et tout ce qu'il contenait, le juge doit y suppléer à l'aide des documents de la cause et des explications des parties (Civ. rej. 8 déc. 1852, aff. Nicolle, D. P. 53. 1. 15; Weill, n° 256).

1835. Le droit de faire la preuve des faits contraires à ceux qui sont consignés dans les attestations, consacré par l'art. 384, doit dans tous les cas être réservé à l'assureur, comme on l'a dit au *Rép.* n° 1760, et cette réserve s'applique à tous les cas (*Rép.* n° 1761), même à ceux où la contestation porte sur les évaluations de la police d'assurances relatives à la chose assurée et même quand il s'agit d'évaluations faites de gré à gré (Rouen, 2 juin 1870, aff. Ducasse, D. P. 71. 2. 125, et sur pourvoi, Req. 20 févr. 1872, D. P. 72. 1. 250; Req. 12 juin 1876, aff. Benecke, D. P. 77. 1. 193).

1836. Le droit pour l'assureur de faire la preuve contraire aux attestations qui lui sont opposées va même, suivant un arrêt (Bruxelles, 30 juill. 1887, aff. Weber, *Jurisprudence du port d'Anvers*, 1887. 1. 369) jusqu'à lui permettre de contester les énonciations d'un connaissement même régulier et de prouver à l'encontre de ces énonciations, le défaut de chargement par tous moyens de droit. C'est également l'opinion de M. Desjardins, t. 4, n° 928, et t. 7, n° 1485, p. 113; de M. de Valroger, t. 4, n° 1878, et elle a été consacrée par un arrêt de la cour de Rouen, du 19 mars 1878, confirmé par la cour de cassation, le 27 mai 1879 (2). M. Em. Cauvet, t. 1, n° 323, n'admet la preuve contraire au connaissement qu'au

(1) (Alfano.) — Le 31 déc. 1886, jugement du tribunal de commerce de Nice ainsi conçu : — « Attendu que le sieur François Alfano justifie par des documents réguliers qu'il est légitimement propriétaire des connaissements constatant le chargement des marchandises perdues, ainsi que des polices d'assurances garantissant les risques qu'elles pouvaient éprouver; que, dès lors, il y a lieu de lui reconnaître le droit d'actionner les compagnies défenderesses; — Attendu, en ce qui touche les autres exceptions, que, des documents produits aux débats, il résulte que la plage de Coroglio est comprise dans le périmètre du port de Naples; que les certificats des chargements faits à Coroglio, où il existe un poste de douane et une estacade pour les embarquements, sont datés de Naples et que les chargements faits sur ce point sont généralement réputés faits dans le port de Naples; qu'il y a lieu, dès lors, de considérer comme fait de ce port le voyage de l'*Angela-Maria*; — Attendu qu'il résulte également des documents produits, et, notamment, des déclarations de la douane de Coroglio, que les marchandises dont le sieur Alfano demande le payement ont été réellement chargées à bord de l'*Angela-Maria*; que, ce navire ayant péri par fortune de mer, il y a lieu de déclarer les compagnies défenderesses tenues de payer les marchandises qu'il avait à son bord, et qui étaient assurées par elles; — Par ces motifs, le tribunal condamne les compagnies à payer à Alfano le montant des marchandises perdues, etc. » — Appel par les assureurs.

LA COUR; — Adoptant les motifs des premiers juges; — Confirme.

Du 29 mars 1887.-C. d'Aix.-MM. Lorin de Reure, pr.-Grassi, av. gén.-Abram et Delarue (du barreau de Paris), av.

(2) (Ferrère et comp. C. Comp. d'assurances maritimes *le Triton* et *l'Espérance*.) — La cour de Rouen, le 19 mars 1878, a rendu l'arrêt suivant : — « Attendu qu'après avoir signifié aux compagnies d'assurances maritimes *le Triton*, *l'Espérance* et autres, le délaissement de six mille cuirs (3000 secs et 3000 salés) de premier choix, de poids et de qualité supérieurs, que le capitaine Sturr s'était engagé à transporter de Bahia, sur le navire hollandais *Cornelia-Abrahmina*, Georges Ferrère et comp., consignataires au Havre, ont assigné lesdites compagnies en payement de 113100 fr., valeur assurée par avenant du 17 févr. 1876 à la police flottante du 28 déc. 1875; que, pour réclamer le prix des six mille cuirs, objet de l'assurance, Ferrère et comp. se fondent sur ce que les compagnies ont répondu de la baraterie de patron aux termes de la police, le capitaine n'ayant débarqué au Havre qu'environ deux mille cuirs de rebut avariés et hors classe; qu'ils ajoutent qu'ils doivent au moins rentrer dans la somme de 77218 fr. 60 cent. qu'ils ont déboursée à titre d'avances sur la foi du connaissement dont ils étaient porteurs; que les compagnies objectent à leur tour aux appelants qu'ils ne peuvent opérer le délaissement, ni demander le prix de marchandises, qui, n'ayant point été chargées, n'ont jamais été mises aux risques des assureurs; que d'ailleurs, les conditions dans lesquelles se serait accomplie la baraterie de patron, les affranchit de toute responsabilité; qu'enfin, les consignataires ne peuvent s'en prendre qu'à leur imprudence d'avoir avancé des fonds sur la foi de faux connaissements; — Sur le premier moyen : — Attendu que le capitaine Sturr a été reconnu coupable par le jury de la Seine-Inférieure d'avoir signé de faux connaissements relatifs aux six mille cuirs dont s'agit et tenté d'incendier le navire dont il avait la garde; qu'il a été condamné pour ce double crime à douze années de travaux forcés par arrêt de la cour d'assises du 26 nov. 1876; qu'il est de principe que les arrêts de condamnation sont des actes de l'autorité publique, faisant foi du contenu de leurs déclarations envers et contre tous; qu'il n'est plus permis au juge civil de discuter ou de révoquer en doute la matérialité de faits solennellement constatés, ni leur qualification légale; qu'ainsi la fausseté des connaissements, qui sert de base à l'action civile, comme elle a servi de base à l'action publique pour arriver au but criminel qu'on voulait atteindre, est irrévocablement jugée; qu'il est donc établi que le capitaine n'a ni reçu ni chargé sur son navire les six mille cuirs marqués et choisis, portés aux connaissements des 22 et 24 janv. 1876, malgré sa déclaration sur lesdits connaissements qu'il les avait reçus et chargés; que l'expéditeur et lui, présents au chargement, leur ont substitué, par eux-mêmes ou leurs affidés, environ deux mille cuirs de rebut, presque tous sans marque, de poids et de qualité inférieurs, destinés à périr avec le navire; — Attendu qu'au surplus, et alors même que ces faits ne seraient point reconnus par un verdict souverain, ils résulteraient, avec la dernière évidence, des propres aveux du capitaine et de tous les documents de la cause; qu'en déclarant, dans son interrogatoire, qu'il avait consenti à signer les connaissements tout préparés par le chargeur, malgré la fausse indication des marchandises, qu'il savait n'avoir pas reçues, le capitaine a pour caution de sa véracité le danger même auquel il exposait sa liberté, sa vie peut-être, puisque le navire qu'il tentait d'incendier, pour procurer un bénéfice illicite à l'expéditeur, était habité; que, sous peine d'enlever au crime le seul mobile qui l'avait inspiré, il était dans la nécessité des choses que le chargeur ne lui remît que des cuirs de dernier choix, en moindre quantité et d'une valeur inférieure au capital assuré; que les cuirs, estimés 113100 fr. dans la police, ont été vendus 12716 fr. sur le marché du Havre ; que la vente des cafés, assurés 250000 fr., n'a produit qu'une somme de 38226 fr.; que le manifeste du navire vient confirmer toutes ces présomptions; que, si l'on consulte ce manifeste, d'ailleurs conforme aux faux connaissements, il en ressort cette singularité que le *Cornélia-*

cas de dol et de fraude; mais il infirme lui-même la restriction qu'il propose en reconnaissant que l'art. 283 est, au cas qui nous occupe, modifié par l'art. 348; or cet article vise non seulement le dol proprement dit, c'est-à-dire la collusion entre le chargeur et le capitaine, mais toute fausse déclaration de l'assuré; et c'est bien la fausse déclaration qui est invoquée dans l'hypothèse que nous examinons.

1837. L'art. 383 ne s'applique pas au seul cas d'assurances sur facultés, comme son contexte pourrait le faire croire, étant donné qu'il ne parle que des actes justificatifs de la perte et du chargement. Sans doute, comme le remarque M. de Valroger, t. 4, n° 1866, « les rédacteurs du code ont eu particulièrement en vue l'assurance sur facultés; mais il est évident que, lorsqu'il s'agit d'une assurance sur corps, l'assuré doit également justifier sa demande. Il faut donc généraliser la disposition de l'art. 383 ». Mais, qu'il s'agisse d'une assurance sur facultés ou d'une assurance sur corps, l'assuré n'en aura pas moins à prouver la mise en risques, l'accident qu'il veut mettre à la charge de l'assureur, et enfin son intérêt à la chose assurée et la valeur de celle-ci (V. de Valroger, t. 4, n°s 1866 et suiv.).

1838. La valeur du navire se prouve lorsqu'elle n'est pas fixée par la police, au moyen des renseignements fournis par l'administration du *Veritas*, le *Registre maritime*, etc. (V. *suprà*, n° 1621).

1839. Après avoir prouvé la mise en risque, l'assuré doit prouver l'accident qu'il veut mettre à la charge de l'assureur, le sinistre en un mot. Il dispose pour cela, outre le journal de bord et le rapport de mer, de tous les modes de preuve en matière commerciale. Mais, comme le remarque M. Desjardins, t. 7, n° 1488, p. 115, si l'assuré doit prouver le sinistre, il n'en est pas de même de la cause du sinistre; jusqu'à preuve contraire, le sinistre est présumé le résultat de la fortune de mer, et lorsque l'assureur se croit exonéré par le vice propre, par le fait de l'assuré ou par toute autre cause qui efface sa responsabilité, il doit à son tour en faire la preuve.

1840. On a vu au *Rép.* n°s 1764 et suiv. de quelles précautions l'art. 344 a entouré la preuve du chargement des marchandises qui appartiennent au capitaine, et quelles sont les raisons qui ont motivé ces précautions. Les règles exposées au *Répertoire* doivent toujours être observées; mais on admet, en général, comme le tribunal de Marseille l'avait déjà jugé (*Rép.* n° 1766), que le mode de preuve édicté par l'art. 344 à l'encontre du capitaine, aussi bien que celui imposé par l'art. 345 pour les cas de marchandises appartenant aux gens de l'équipage ou aux passagers, n'est pas rigoureusement impératif et qu'il y peut être suppléé par d'autres modes offrant une preuve péremptoire (Weill, n° 85; de Valroger, t. 4. n° 1478; Trib. com. Marseille, 2 déc. 1853, *Recueil de Marseille*, 1854. 1. 15; 10 déc. 1859, *ibid.*, 1859. 1. 301). Dans tous les cas, l'art. 344 dérogeant au droit commun, il n'y a pas lieu de l'étendre aux cas qu'il ne prévoit pas expressément et, par exemple, à celui où le chargeur serait un parent du capitaine au degré prohibé pour l'admission en témoignage. — La disposition de l'art. 344 s'applique, d'ailleurs, aux marchandises dans lesquelles le capitaine n'aurait qu'un droit de copropriété (de Valroger, t. 4, n° 1477).

1841. De même que l'art. 344 entoure de certaines

Abrahmina, dont la jauge ne mesurait que deux cent soixante dix tonneaux, en aurait porté le double ou quatre cent soixante-dix; qu'à l'ouverture des panneaux à son arrivée au Havre, le 28 avr. 1876, il était constaté en présence du commissaire central et d'après l'expertise faite par les ordres du consul hollandais, que le navire était plein, alors qu'il manquait à bord les quatre mille cuirs, quinze cents sacs de café et une certaine quantité de billes de palissandre ou jacaranda; que d'après le témoignage du second et de tous les hommes de l'équipage il n'avait été rien déchargé ni vendu en cours de route, notamment à Saint-Michel (Açores) où le navire avait relâché; qu'il est donc matériellement certain que les cuirs n'ont jamais été embarqués, puisqu'ils auraient excédé la capacité du navire; — Attendu qu'il n'y a pas lieu de s'arrêter au certificat d'Alvarez, surtout dans les conditions où il est produit et alors qu'il est en contradiction formelle avec la chose jugée, ses propres déclarations comme témoin dans l'information faite au Brésil, et le système même de l'appelant relatif au détournement prétendu des marchandises par le capitaine; que la preuve que Ferrère prétend tirer des attestations de la douane brésilienne n'est ni juridique, ni concluante; que, si les procès-verbaux de l'administration impriment un caractère d'authenticité aux constatations des délits ou contraventions commis au préjudice de l'Etat, on ne peut attribuer la même vertu aux visas émanés de ses agents, en ce qui concerne les constatations relatives aux divers rapports des particuliers entre eux (c. com. art. 384); que les permis de sortie se donnent sur la foi des indications de l'expéditeur ou de ses commis et des reçus provisoires du capitaine lors du chargement à quai, et ne sont, le plus souvent, précédés que d'une vérification sommaire; que le visa des gardes composant les *quadros* de surveillance n'établissent qu'une chose, c'est que les allèges ont porté des colis sur le navire sans contrôler l'espèce et la qualité des objets transportés; qu'il suffit aux préposés que les droits du fisc soient garantis et qu'ils l'ont été dans l'espèce outre mesure puisque les quantités chargées étaient inférieures aux déclarations; que, d'ailleurs, les agents étaient loin de soupçonner la fraude quand le capitaine venait lui-même à terre recevoir la cargaison, que le chargeur lui remettait la note des marchandises, et qu'ils signaient tous deux le connaissement en présence des commis du chargeur; que l'appelant soutient à la vérité que, si les marchandises n'ont point été transportées à bord, elles n'en ont pas moins été placées sur les allèges, qui devaient les y conduire, et qu'aux termes de la police (art. 23), les risques sur facultés commencent au moment de l'embarquement sur les allèges; que, sans doute, lorsque les marchandises, objet des connaissements et de l'assurance, sont placées sur des allèges qui les conduisent immédiatement à bord, les assureurs ne peuvent décliner leur responsabilité; qu'ils l'acceptent encore aujourd'hui dans ces conditions (c. com. art. 328); mais qu'il en est autrement quand des marchandises de rebut portant d'autres marques ou n'en portant aucune et vouées à une perte préméditée, sont substituées sur les allèges à celles qui ont fait fictivement la matière du contrat; que les connaissements et la police manquent alors d'aliment, et que la loi comme la raison affranchit les assureurs de risques qui n'ont jamais existé; que le contrat est sans cause comme se trouvant infecté par une erreur portant sur la substance même de la chose qui en est l'objet; qu'il paraît superflu de rassembler ici les présomptions graves, précises et concordantes, rappelées plus haut, ou qui seront énumérées plus loin; que le certificat d'Alvarez, produit par le chargeur lui-même, suffirait seul pour donner le plus éclatant démenti aux allégations de Rodriguez da Cruz, puisque le patron des allèges affirme avoir porté les cuirs à bord même de la *Cornélia*; qu'il reste donc surabondamment démontré qu'à défaut du chargement indiqué dans la police, l'assurance a manqué de son élément essentiel, et que les marchandises dont Ferrère a signifié le délaissement, qu'elles soient restées dans les magasins de da Cruz ou qu'elle n'y aient jamais été, n'ont point été exposées aux risques prévus par le contrat;... — Par ces motifs, etc. » — Pourvoi en cassation par les sieurs Ferrère et comp. — Arrêt.

LA COUR; — Sur le premier moyen, pris de la violation, par fausse application de la chose jugée par l'arrêt de la cour d'assises de la Seine-Inférieure du 22 nov. 1876 et des art. 328 et 352 c. com.: — Attendu que la cour d'appel de Rouen, pour résoudre la question de savoir si les marchandises assurées par Ferrère et comp. avaient été mises à bord des allèges, en premier lieu, puis ensuite de la goëlette *Cornélia-Abrahmina*, ne s'est pas fondée seulement sur l'autorité de la chose jugée au criminel par l'arrêt du 22 nov. 1876; que la cour de Rouen a vérifié de nouveau et par elle-même les faits de la cause, et qu'après cet examen elle a déclaré que les six mille cuirs assurés n'avaient été chargés ni sur la goëlette, ni même sur les allèges; qu'elle a ajouté, en ce qui concerne le transfert par les allèges de la terre à bord de la goëlette, qu'aucun détournement n'avait eu lieu pendant ce trajet, et que les allèges n'avaient contenu que les marchandises de rebut dont on avait composé frauduleusement la cargaison du navire, destinée à périr avec lui; que la cour d'appel affirmant souverainement tous ces faits comme les ayant vérifiés, il est inutile de rechercher s'ils étaient déjà établis par l'arrêt de la cour d'assises de la Seine-Inférieure en date du 22 nov. 1876; que la cour ayant ainsi déclaré que les marchandises assurées n'ont point été chargées sur les allèges, il en résulte que le moyen, en tant qu'il est pris des art. 328 et 352 c. com., manque par le fait qui lui sert de base;

Sur le second moyen, pris de la prétendue violation des art. 94 et 95 c. com. et fausse application de l'art. 352 du même code: — Attendu qu'il résulte des déclarations de l'arrêt attaqué que les marchandises assurées n'ont été chargées ni sur le navire, ni sur les gabares pour les y porter; — D'où il suit qu'aucun risque maritime n'ayant existé, le contrat d'assurance est sans objet et qu'il est superflu de rechercher quel en serait le bénéficiaire et par quelles exceptions il pourrait être repoussé; — Rejette, etc.

Du 27 mai 1879.-Ch. req.-MM. Bédarrides, pr.-Connelly, rap.-Lacointa, av. gén., c. conf.-Bosviel, av.

précautions la justification de la mise en risque des marchandises assurées par le capitaine, de même les polices sur corps prennent à l'égard du capitaine propriétaire ou copropriétaire du navire, des mesures particulières. D'après l'art. 14 de la police française sur corps, notamment, la part d'indemnité du capitaine propriétaire du navire n'est réglée qu'après que le résultat de l'enquête administrative à laquelle sa conduite doit être soumise est connu. Si la perte est imputable au capitaine, sans dol ni fraude de sa part, les assureurs sont valablement libérés de la part assurée du capitaine en lui payant par composition 50 pour 100 de l'indemnité, lorsque son brevet lui a été retiré définitivement, 75 pour 100, lorsqu'il ne lui a été retiré que pour un temps (V. de Valroger, t. 4, n° 1873).

Art. 6. — *De l'obligation de l'assuré de justifier de la perte des choses assurées* (*Rép.* n° 1773).

1842. V. *infrà*, nos 2091 et suiv.

Art. 7. — *De l'obligation de l'assuré de déclarer, au moment où il exige l'indemnité, les assurances faites sur l'objet assuré.*

1843. V. *infrà*, nos 2148 et suiv.; *Rép.* n° 2175.

Art. 8. — *De l'obligation de l'assuré de veiller et de concourir à la conservation de la chose assurée.*

1844. V. *infrà*, nos 2101 et suiv.; *Rép.* n° 2102.

Sect. 7. — Des obligations de l'assureur (*Rép.* nos 1774 à 1979).

Art. 1er. — *De l'obligation de l'assureur de garantir l'assuré des risques maritimes auxquels sont exposées les choses qui font l'objet de l'assurance* (*Rép.* nos 1775 à 1979).

§ 1er. — De la nécessité d'un risque maritime (*Rép.* nos 1776 à 1816).

1845. Il n'est plus besoin d'insister sur la nécessité d'un risque maritime dans le contrat d'assurance. L'existence du risque est à ce point de l'essence du contrat, que l'assurance est résiliée *ipso facto* lorsque le risque n'est pas encouru. C'est ce qui a lieu notamment dans le cas prévu par l'art. 349 c. com., c'est-à-dire quand le voyage est rompu avant le départ. On dit alors qu'il y a ristourne de l'assurance. C'est là une dérogation au droit commun, qui crée une inégalité évidente entre les parties puisque, tandis que l'assureur est lié par la police, l'assuré peut toujours se dégager moyennant l'indemnité de 1/2 pour 100 (art. 349). L'assureur peut seulement mettre l'assuré en demeure d'exécuter ou de résilier le contrat.

Cette dérogation se justifie par l'inconvénient grave qu'il y aurait à ne pas laisser à l'assuré la liberté de se désister d'une opération qu'il a pu primitivement considérer comme avantageuse, mais dont il a ensuite découvert les dangers (Desjardins, t. 8, n° 1628; Cresp, t. 3, p. 184).

1846. On a dit au *Rép.* n° 1777 que les expressions de cet article « si le voyage est rompu avant *le départ du vaisseau* » ne rendent pas exactement la pensée du législateur et qu'elles doivent être interprétées en ce sens que la rupture du voyage *avant le risque commencé* annule l'assurance. La plupart des auteurs s'accordent à critiquer ces termes impropres de l'art. 349, et même dans le projet de revision du code de commerce de 1867, on avait substitué aux mots *avant le départ* les mots *avant le commencement du risque*; ce sont les expressions de la loi belge de 1879 (art. 177) et de l'art. 614 du code italien (de Valroger, t. 4, n° 1540).

1847. L'indemnité de 1/2 pour 100, désignée sous le nom d'indemnité de ristourne ou droit de signature, représente le dérangement causé à l'assureur (*Rép.* n° 1778); elle est due, comme on l'a vu au *Répertoire*, quelle que soit la cause de la rupture du voyage (Weill, n° 124; de Valroger, t. 4, n° 1541). — Certains auteurs vont même plus loin et rejetant la doctrine que nous avons exposée au *Rép.* n° 1780, refusant d'appliquer à l'assurance les dispositions de l'art. 276 qui dénie l'indemnité au cas où le voyage est rompu avant le départ du navire par suite d'interdiction de commerce avec le pays pour lequel il est destiné, accordent, dans ce cas, l'indemnité de 1/2 pour 100 en se fondant sur la disposition générale de l'art. 349 (Lemonnier, *Commentaire des polices*, t. 1, n° 95; de Valroger, n° 1541; Desjardins, t. 8, n° 1628). L'opinion du *Répertoire* reste, d'ailleurs, partagée par Bédarride, t. 4, n° 1224, et par M. Laurin, t. 3, p. 185. — Le projet de 1867 supprimait l'indemnité d'un 1/2 pour 100, attribuée à l'assuré par l'art. 349, comme tombée en désuétude. Il paraît que souvent dans la pratique elle n'est pas exigée (V. de Valroger, t. 4, nos 1540 et 1542).

1848. Il y a rupture de voyage avant le départ par le fait de l'assuré, dans le sens de l'art. 349, d'abord quand aucun voyage n'a lieu ou quand le chargement n'est pas opéré; de plus, lorsque l'assuré a substitué au lieu de destination désigné dans la police avant le départ un autre lieu, même plus rapproché du lieu de chargement, à moins que le port de destination ne se trouve sur la ligne directe du voyage assuré, auquel cas il y aurait simplement voyage raccourci, hypothèse régie par l'art. 364 (Paris, 18 avr. 1849, aff. Cacherat, D. P. 49. 2. 163). Il y aura, d'ailleurs, la plupart du temps, dans les cas de ce genre, des questions de fait que les juges devront résoudre avec une grande circonspection (de Valroger, t. 4, n° 1538); nous en avons exposé quelques exemples au *Rép.* nos 1785 et suiv.

1849. Les dispositions de l'art. 349 ne sont pas d'ordre public; les parties peuvent stipuler valablement qu'au cas de ristourne l'assureur ne pourra réclamer l'indemnité de 1/2 pour 100. Il a même été décidé que l'assurance peut être souscrite ferme sans ristourne, et qu'on peut stipuler que l'assureur aura le droit à la prime convenue lors même que le risque n'aurait pas été alimenté (Trib. com. Havre, 28 août 1883, aff. *Lloyd suisse*, *Recueil du Havre*, 1883. 1. 238). — Il semble qu'en pareil cas, l'obligation de l'assuré soit dépourvue de cause; mais cette objection n'est pas fondée, suivant M. Desjardins, t. 8, n° 1630. « Les parties, dit-il, sont libres d'élever et de transformer l'indemnité que l'art. 349 accorde à l'assureur; par conséquent, il leur est loisible de stipuler que celui-ci gardera le montant de la prime à titre de dédit. »

1850. L'assureur n'a droit à aucune indemnité, lorsque l'annulation de l'assurance provient, soit d'un fait illicite commun aux deux parties, soit d'un fait particulier à l'assureur lui-même (*Rép.* n° 1782). Quand la nullité est du fait de l'assuré, il faut distinguer entre le cas où il y a eu fraude de sa part et celui où aucune fraude ne peut lui être reprochée. — Dans le premier cas, l'assuré devra supporter les conséquences de la nullité et l'assureur aura droit à la prime entière. Dans le second cas, la nullité de l'assurance doit être assimilée à une rupture du contrat par le fait de l'assuré, et celui-ci devra payer soit la prime entière, soit l'indemnité de 1/2 pour 100, suivant que la nullité aura été prononcée après ou avant le commencement des risques (de Valroger, t. 4, n° 1544; Weill, n° 125; Desjardins, t. 8, n° 1629).

1851. L'allocation faite à l'assureur en cas de rupture du voyage par le fait de l'assuré d'une indemnité de 1/2 pour 100 de la somme assurée n'est pas spéciale aux assurances contractées en France; on la retrouve dans la législation de plusieurs nations européennes et américaines. En Europe, notamment, elle est légale en Hollande, en Belgique, en Espagne. En Allemagne, elle est allouée à défaut de convention ou d'un usage contraire du lieu où l'assurance est contractée. Le code italien (art. 430) accorde à l'assureur une indemnité égale à la moitié de la prime; mais cette indemnité ne peut être supérieure au 1/2 pour 100 de la somme assurée. L'allocation du 1/2 pour 100 est également usuelle en Angleterre, à défaut de clause contraire, et à l'exception du cas où l'assureur aurait connu au moment du contrat l'existence d'un vice susceptible de le faire annuler. En Amérique, les codes de Costa Rica et du Pérou, notamment, accordent cette allocation. D'autres législations, soit en Europe, soit en Amérique, attribuent également à l'assureur une indemnité en cas de rupture du contrat avant le commencement du risque, mais le taux en est différent. Ainsi le code mexicain attribue à l'assureur 5 pour 100 de la prime. Le code suédois n'accorde à l'assureur que 1/4 pour 100 de la somme assurée; il en est de même du code finlandais (V. pour plus de détails: Desjardins, t. 8, n° 1633).

1852. Les règles qui viennent d'être exposées à propos de l'art. 340 s'appliquent dans les cas, examinées au *Rép.* nos 1794 à 1806, où il y a lieu à l'application de l'art. 356. On a vu au *Rép.* n° 1794 que cet article déroge aux principes généraux qui régissent la prime et, spécialement, à la règle que la prime est due dès que les risques sont commencés; on a vu les motifs de cette dérogation qui ne s'applique qu'à une hypothèse particulière.

1853. Comme on l'a vu au *Rép.* n° 1795, l'art. 356 est applicable même dans le cas où le défaut de chargement au retour est dû au fait de l'assuré. — Quand il est le résultat d'un événement fortuit, tel qu'une déclaration de guerre, il y a lieu de distinguer, suivant M. de Valroger, t. 4, n° 1643 : si l'assureur a pris à sa charge les cas fortuits de cette nature, il ne pourra réclamer aucune indemnité. Dans le cas contraire, celui-ci pourra toujours réclamer les deux tiers de la prime, en vertu de l'art. 356.

M. Desjardins semble, au contraire, repousser une semblable distinction (t. 7, n° 1456 *bis*). « Est-ce que le navire, dit-il, n'est pas parvenu à sa destination? L'art. 356 a-t-il distingué entre les causes qui empêchent le chargement en retour? Parce qu'un risque, mis à la charge des assureurs, s'est réalisé, faut-il leur enlever ce coût de l'assurance à forfait que la loi leur accorde, et doivent-ils payer sans être payés? » — C'est à l'aide d'une distinction du même genre que se résout la question de savoir si l'art. 356 est applicable en cas de prise du navire pendant le voyage d'aller (*Rép.* n° 1797).

1854. On a vu au *Rép* n° 1798 comment on doit calculer les deux tiers qui sont alloués à l'assureur en cas de chargement partiel pour le voyage de retour; ces règles sont toujours suivies (Desjardins, t. 7, n° 1456 *bis;* de Valroger, t. 4, n° 1639).

1855. Du caractère exceptionnel de l'art. 356 il résulte que cet article ne doit pas être étendu en dehors des cas pour lesquels il a été édicté. Aussi ne s'applique-t-il pas, de l'avis des auteurs, au cas où l'on a fait assurer des marchandises avec faculté de décharger et de renouveler tout ou partie des marchandises dans des ports d'échelle (Desjardins, t. 7, n° 1456 *bis;* de Valroger, t. 4, n° 1641). Il se peut, toutefois, qu'on ait contracté une assurance conjointement pour un chargement d'aller et retour se combinant avec la faculté de faire escale et de renouveler la cargaison sur un point du trajet de retour. « Dans ce cas, dit M. Desjardins, *loc. cit.*, l'assuré peut encore se prévaloir de la disposition exceptionnelle et ne payer que les deux tiers de la prime, s'il n'a pas au lieu de destination embarqué des marchandises en retour, mais non si, après les y avoir chargées, il les débarque en un lieu d'escale. » « La question, a dit très bien M. de Valroger, n'est pas de savoir le trajet que font les marchandises, mais s'il y a un chargement de retour et dans quelle proportion ».

1856. M. Desjardins, t. 7, n° 1456 *bis*, ne pense pas que l'art. 356 puisse être appliqué au cas d'assurance à prime liée sur victuailles (V. dans le même sens : de Valroger, t. 4, n° 1645). — En cas d'assurance sur le fret à faire, l'application de l'art. 356 semble au même auteur contraire aux prévisions du législateur. Il faut ajouter que l'art. 356 s'applique uniquement à l'assurance sur facultés et que l'assurance sur le fret à faire est régie par des règles toutes différentes de celles de cette dernière assurance. Au contraire, l'assurance sur profit espéré se rapprochant par sa nature de l'assurance sur facultés paraît pouvoir être soumise à l'art. 356 (Desjardins, *ibid.*).

1857. On a étudié au *Rép.* nos 1801 et suiv. l'exception apportée par l'art. 365 au principe que les risques sont de l'essence du contrat d'assurance. D'après cet article, l'assurance est valable en principe, quoiqu'elle ait été faite après l'arrivée ou la perte de la chose assurée, c'est-à-dire après la cessation des risques, si l'événement qui a mis fin à ces risques était ignoré des parties lors de la signature du contrat; les risques, en ce cas, quoiqu'ils soient seulement *putatifs*, sont réputés toujours subsister. Cette mesure se justifie par l'intérêt général du commerce. « En effet, dit M. Desjardins, t. 7, n° 1480, tant que la perte d'un navire ou d'un chargement n'est pas connue, l'armateur, le chargeur le portent à leur actif; dirigeant et mesurant leur trafic en conséquence, ils courraient le risque de se ruiner et d'envelopper d'autres commerçants dans leur ruine, s'ils ne pouvaient assurer l'objet dont le sort est encore ignoré. » Mais l'assurance cesse d'être valable, lorsque l'existence des risques putatifs ne peut plus être supposée, c'est-à-dire non seulement quand l'assuré a connu la perte ou l'assureur l'heureuse arrivée, mais aussi quand il y a *présomption* qu'avant la signature du contrat, l'assuré a pu être informé de la perte qu'il a tenté de couvrir par une assurance tardive, ou quand l'assureur a pu avoir connaissance de la cessation des risques à raison desquels il a cependant cherché à gagner une prime d'assurance.

1858. L'art. 365 est applicable aussi bien lorsque l'assurance est faite directement par le propriétaire de la chose que lorsqu'elle est contractée par un commissionnaire. Lorsque le commettant qui donne l'ordre de faire une assurance ignore la perte ou l'heureuse arrivée de la chose, l'assurance est valable. Mais il ne suffit pas qu'il ait eu cette ignorance au moment où il transmet l'ordre, il faut encore qu'il n'ait pas connu la cessation des risques assez tôt pour le révoquer (Desjardins, t. 6, n° 1334 IV). — En outre, pour que l'assurance d'objets déjà sinistrés et dont la perte est ignorée du commettant soit valable, il est nécessaire que l'ordre soit définitif et non simplement conditionnel. Ainsi il a été jugé que, lorsqu'une police flottante a été souscrite par une personne tant pour son compte que pour compte d'amis lui ayant donné, avant la connaissance de tout sinistre, l'ordre de faire assurer, l'assurance ne peut s'appliquer aux marchandises expédiées à l'assuré pour compte qu'à partir du moment où l'ordre de les faire assurer adressé par l'expéditeur a acquis un caractère définitif; que, notamment, l'ordre d'assurer doit être réputé conditionnel, lorsque l'expéditeur, dans une lettre adressée au consignataire qui a souscrit la police, lui mande de présenter une traite à son échéance au tiré dont il indique le nom, et, en cas de non-payement de cette traite, d'aviser à l'assurance de la marchandise dont elle représente la valeur. En ce cas, en effet, il y a lieu de présumer que, dans la pensée du donneur d'ordre, la marchandise ne doit être assurée que si le tiré refuse de payer le montant de la traite, et, par suite, c'est seulement à compter du moment où cette éventualité se réalise que la police flottante devient applicable à la cargaison. Si donc il est survenu antérieurement quelqu'événement mettant obstacle à ce que les marchandises servent d'aliment à l'assurance, elle reste sans effet en ce qui les concerne; il en est ainsi, notamment, dans le cas de perte du chargement en cours de voyage, si, avant l'époque où l'ordre d'assurer a pris un caractère définitif, l'assuré pour compte se trouve informé du sinistre ou doit en être présumé instruit par application des art. 366 et 367 c. com. (Civ. rej. 18 nov. 1879, aff. Oriot, D. P. 80. 1. 193).

1859. La nouvelle de la cessation des risques est, en vertu d'une présomption légale, réputée être parvenue à l'assuré ou à l'assureur, s'il s'est écoulé un temps suffisant pour qu'elle ait pu être transmise, temps que la loi calcule à raison d'une heure par trois quarts de myriamètre (une lieue et demie) de distance entre le lieu de la cessation des risques et celui du contrat (*Rép.* n° 1802); ou bien entre le lieu où la première nouvelle de la cessation des risques est parvenue et celui où le contrat a été passé. Le texte de l'art. 366 manque, d'ailleurs, de précision, et il est difficile de savoir à partir de quel moment on doit faire courir le délai, alors que l'article donne pour point de départ au calcul du délai de distance à la fois l'endroit de la perte et celui où la première nouvelle est arrivée. Aussi les auteurs sont-ils divisés sur cette question. M. de Valroger, t. 4, n° 1702, propose de calculer toujours la distance d'après le lieu le plus rapproché. M. Em. Cauvet pense que l'art. 366 doit être interprété conformément aux principes généraux, c'est-à-dire dans le sens plus favorable à la validité de l'assurance, et que, dès lors, le choix du terme *a quo* doit être conforme à ce point de vue. Enfin M. Desjardins, t. 7, n° 1480, p. 98, laisse à l'assureur la faculté d'opter entre les deux points de départ.

1860. Le législateur, d'autre part, n'a prescrit de dater l'assurance que comme faite avant ou après midi, alors que le délai se compte par heures. Nouvelle difficulté : les auteurs ne sont pas plus d'accord que sur la solution de la question précédente; la difficulté, d'ailleurs, comme le dit M. Desjardins, t. 7, n° 1486, p. 98, est à peu près insoluble.

La solution qui nous paraît encore préférable est celle qui a été exposée au *Rép.* n° 1803.

1861. Il est à peine besoin de faire remarquer à quel point la présomption de l'art. 366 est, de nos jours, peu conforme à la réalité des faits, à raison de la rapidité actuelle des communications et de l'emploi général, surtout parmi les commerçants, du télégraphe. « Bien avant les délais que l'article établit, dit M. Weill, n° 211, la nouvelle du sinistre sera connue et commentée dans le lieu où le contrat a été passé et chacune des parties serait mal venue à prétendre qu'elle l'a ignorée, quoique la police ait été signée bien en deçà desdits délais ». Aussi les polices en usage de nos jours ont-elles substitué à la présomption légale une présomption plus conforme à la réalité. On lit notamment dans l'art. 18 de la police française sur facultés que « les assurés et les assureurs sont toujours présumés avoir reçu connaissance immédiate des nouvelles concernant les choses assurées, qui sont parvenues au lieu où ils se trouvent respectivement. En conséquence, toute assurance faite après la perte ou l'arrivée des choses assurées est nulle, s'il est établi que la nouvelle de la perte ou de l'arrivée était parvenue, soit au lieu où se trouvait l'assuré, avant l'ordre d'assurance donné, soit sur la place du domicile de l'assureur, avant la signature de la police. Cette présomption est substituée à celle de la lieue et demie par heure, et il est dérogé à l'art. 366 c. com. ». L'art. 29 de la police sur corps contient des dispositions analogues (Weill, n° 211 ; de Valroger, t. 4, n° 1706 ; de Courcy, *Commentaire des polices*, 1re éd., n° 313). Aussi le projet de 1867 sur le code de commerce avait supprimé l'art. 366 et adopté une règle analogue à celle qui est consacrée par les polices.

1862. On a vu au *Rép.* n° 1807 que la présomption des art. 365 et 366 n'est pas applicable en cas d'assurances *sur bonnes ou mauvaises nouvelles*, et *ibid.*, nos 1811 et suiv., qu'une assurance ainsi contractée ne peut être annulée que s'il est prouvé que l'assuré avait réellement connaissance du sinistre avant la signature du contrat (Req. 24 avr. 1876, aff. *Union des ports*, D. P. 76. 1. 435). — Il suffirait à ce point de vue, pour que l'annulation fût prononcée, qu'un commettant eût eu le temps suffisant pour donner, par télégramme, avis du sinistre à son représentant (Paris, 14 nov. 1871, aff. Laurant, D. P. 72. 5. 33). La connaissance par l'assuré de la perte ou de l'heureuse arrivée peut d'ailleurs être établie à l'aide de tout mode de preuve et même par la notoriété publique résultant des nouvelles publiées dans les journaux. C'est ce que décident la plupart des polices actuelles. Avant ces nouvelles dispositions des polices, la cour de Rouen, par arrêt du 11 juill. 1881 (aff. Comp. d'ass. *la Centrale* et *l'Equateur*, D. P. 82. 2. 212), avait jugé que la notoriété résultant de la publication d'un article de journal ne suffisait pas à annuler l'assurance. La solution peut dépendre, d'ailleurs, des circonstances de la cause.

1863. L'assurance sur bonnes ou mauvaises nouvelles, par là même qu'elle échappe à la présomption des art. 365 et 366, s'est fort répandue. La clause qui la consacre est devenue en quelque sorte de style dans les polices sur marchandises.

Cependant les polices françaises ne l'admettent que pour les assurances sur facultés et non pour l'assurance sur corps. « La raison de la différence, dit M. Weill, n° 212, c'est que la police sur corps demeure généralement à celui qui l'a souscrite, la propriété du navire ne changeant habituellement pas de mains au cours d'un voyage; et alors l'assureur estime qu'il n'y a aucun motif pour accorder à des armateurs, qui ont eu tout le loisir de pourvoir en temps utile à leur assurance, des facilités dangereuses pour la fraude. Mais, en matière de police sur marchandises, de polices destinées à circuler, à changer de mains avec les connaissements, il y a là en jeu l'intérêt des tiers, les besoins du crédit à satisfaire » (de Valroger, t. 4, n° 1710).

1864. Ainsi qu'on l'a exposé au *Rép.* n° 1810, l'assurance est nulle si elle est souscrite par un assuré qui aurait reçu une fausse nouvelle relativement à la chose assurée et la croirait à tort, ou sauvée ou perdue. Dans ce cas, la nullité de l'assurance est relative, en ce sens qu'elle ne peut être proposée que par la partie qui a été de bonne foi ; absolue, en ce qu'elle ne se couvre par aucune ratification, aucun commencement d'exécution de la part du demandeur.

1865. Le défendeur qui est simplement présumé avoir connu la perte ou l'heureuse arrivée, soit à raison de l'expiration du délai établi par l'art. 366, soit à raison de toute autre circonstance équivalente, n'est passible d'aucune pénalité (*Rép.* n° 1814) ni même de dommages-intérêts, car une condamnation à des dommages-intérêts suppose l'existence d'une faute bien démontrée.

Mais l'assuré devra-t-il néanmoins payer la prime, puisque le contrat n'est annulé qu'à son égard? La négative nous paraît certaine, car il n'y a aucune analogie entre le cas qui nous occupe et celui de l'art. 357, et on ne voit pas à quel titre infliger à l'assuré une pénalité qui suppose une faute (V. Desjardins, t. 8, n° 1632).

1866. Comme on l'a exposé au *Rép.* n° 1813, l'assuré, en cas de fraude, paye à l'assureur une double prime et l'assureur convaincu de fraude doit payer à l'assuré, en sus de la restitution de la prime perçue, une somme équivalant au double de cette prime, sans préjudice des poursuites correctionnelles contre celui qui est convaincu de fraude. Nous avons émis l'avis au *Rép.* n° 1813 que, malgré le silence de l'art. 368 c. com. en ce qui concerne la peine correctionnelle qui devrait être infligée, soit à l'assureur, soit à l'assuré qui auraient connu et dissimulé la perte antérieure à l'assurance, il y avait lieu d'appliquer l'art. 405 c. pén. et les peines de la tentative d'escroquerie. — Cette opinion a été confirmée par la cour de cassation (Crim. cass. 10 juill. 1857, aff. Dromokaiti, D. P. 57. 1. 379; Crim. rej. 21 nov. 1873, aff. Quemet, D. P. 74. 1. 135). « Attendu, dit l'arrêt du 10 juill. 1857, qu'il résulte des dispositions combinées des art. 365 et 368 c. com. que, lorsqu'une assurance a été faite par un assuré qui savait la perte du navire ou des objets assurés, cette fraude n'annule pas seulement l'acte dans ses effets civils ; que, par une déclaration expresse du législateur, il existe alors un délit ; qu'au moyen du mensonge dont l'assuré a usé envers lui, l'asureur, en effet, a été entraîné dans une erreur invincible ; qu'il a signé la police croyant que les chances de mer pouvaient encore lui être favorables et déterminé ainsi par l'espérance d'un événement chimérique que lui déguisaient les manœuvres de l'assuré ; qu'une tromperie si grave, qui peut avoir des résultats désastreux pour la fortune de l'assureur, et qui vicie dans son essence un contrat tout de bonne foi, a été justement assimilée par le législateur au délit de l'art. 405 c. pén. ; qu'aussi, une fois la preuve acquise d'un tel fait, l'art. 368 c. com. ordonne que des poursuites correctionnelles soient intentées ; que cette disposition impérative de la loi ne peut être purement comminatoire et conduit à l'application nécessaire et forcée des peines de l'art. 405 c. pén. ».

1867. Lorsque l'assurance est faite par un intermédiaire, la validité de l'assurance est subordonnée à l'ignorance de la perte aussi bien chez celui qui donne l'ordre d'assurer que chez celui qui l'exécute, et on décide, toujours conformément aux règles exposées au *Rép.* n° 1816 (V. aussi *suprà*, nos 1576 et suiv.), que l'assurance faite par un commissionnaire qui connaissait la perte du navire lors de la signature du contrat serait frappée de nullité, quand même cet événement aurait été ignoré du commettant.

Réciproquement, l'assurance maritime sur bonnes ou mauvaises nouvelles, contractée au moment où l'assuré savait la perte du navire, alors même que cet événement aurait été ignoré de son commissionnaire qui a signé la police, serait nulle (Paris, 14 nov. 1871, aff. Laurant, D. P. 72. 5. 33).

1868. Il y a plus, la nullité doit être prononcée quand le commettant, qui l'ignorait alors et l'a apprise depuis, n'a pas fait tout ce qui était en son pouvoir pour donner contre-ordre. Ainsi le contrat devrait être annulé lorsque le commettant, qui, en télégraphiant, aurait pu empêcher la signature de l'assurance, s'est contenté d'écrire par la poste (Trib. com. Marseille, 12 août 1864, *Recueil de Marseille*, 1869. 1. 221 ; 8 août 1866, *ibid.*, 1866. 1. 299 ; Trib. Bordeaux, 3 août 1868, *ibid.*, 1869. 2. 30. V. pol. fr. sur corps, art. 29).

Il en est ainsi, alors même que l'assurance est faite sur

bonnes ou mauvaises nouvelles (Paris, 14 nov. 1871, aff. Laurant, D. P. 72. 5. 33; Bruxelles, 14 nov. 1884, *Jurisprudence du port d'Anvers*, 1884. 1. 78. V. toutefois : Trib. com. Seine, 17 mai 1888, aff. Vassiliadi, *Gazette des tribunaux* du 1er juin 1888).

1869. Si la cessation des risques était connue des deux parties, la nullité de l'assurance ne nous paraît pas douteuse, et nous croyons que les règles qui viennent d'être exposées, tant pour le cas où la fraude est simplement présumée que pour celui où elle est prouvée, doivent être appliquées. Ainsi les poursuites correctionnelles prévues par l'art. 368 devraient, à notre avis, être exercées contre celle des deux parties qui serait convaincue de fraude, et contre toutes deux, s'il y avait fraude réciproque. La communauté du délit ne l'efface pas, en effet, et, si la culpabilité réciproque des parties peut produire un certain effet en ce qui concerne leur responsabilité civile, elle n'en peut avoir aucun quant à leur responsabilité pénale.

§ 2. — Quels risques sont à la charge des assureurs (*Rép.* nos 1817 à 1950).

1870. On a vu au *Rép.* n° 1817 quels sont les risques que l'art. 350 c. com. met à la charge des assureurs à défaut de convention. L'assureur ne répond en principe que des avaries proprement dites; il ne garantit ni les déperditions normales causées par le fait même du voyage, ni les dommages qui en sont la conséquence ordinaire et ne proviennent pas d'un événement ayant un caractère fortuit et anormal. Ces dommages et pertes ne peuvent, en effet, être reputés provenir de la fortune de mer. Ainsi, que la mer pendant une traversée ait été dans un état d'agitation constant, il ne s'ensuit pas qu'il y ait eu fortune de mer, parce que c'est là un fait normal; mais il en est autrement, lorsque cet état d'agitation a acquis des proportions insolites et susceptibles de compromettre la solidité d'un navire reconnu en bon état (Bordeaux, 19 août 1862, D. P. 77. 2. 68, note 6; Rouen, 14 juin 1876, aff. Lenormand et autres, D. P. 77. 2. 68-69). C'est aux incidents de la navigation maritime envisagés *lato sensu* que le législateur a songé, et il n'a pas entendu mettre à la charge des assureurs les événements qui doivent être naturellement prévus dans un voyage de mer; de ce nombre seraient les retards occasionnés à un voilier par les vents contraires ou par le calme (Desjardins, t. 6, n° 1396).

1871. L'assureur n'est pas tenu (art. 354) des dépenses du pilotage, du touage, lamanage ou d'aucune espèce de droits imposés sur le navire et les marchandises. On a vu au *Rép.* n° 1132, et *suprà*, n° 1177, que ces frais ne sont pas des avaries, mais de simples frais à la charge du navire (art. 406). A ce titre, et comme ils ne peuvent être reputés occasionnés par fortune de mer, ils ne sauraient être à la charge de l'assureur. L'art. 354 ne fait donc que consacrer une règle que les principes généraux suffisaient à faire admettre; aussi le considère-t-on généralement comme inutile. Il est de plus incomplet; car il existe d'autres impenses qu'il n'indique pas et qui, cependant, rentrent dans les frais généraux de la navigation; tels sont les frais des jours de planche, d'hivernage, de quarantaine (art. 3, § 4, de la police française sur corps; art. 3 de la police sur facultés). En outre, cet article est trop absolu. D'abord, il ne s'applique directement qu'aux droits et impenses qui doivent être supportés lors de l'arrivée à destination, et, par conséquent, l'assureur en cas de sinistre est tenu des impenses faites au départ si elles sont comprises dans l'assurance. De plus, les impenses énumérées par l'art. 354 ne rentrent plus, on l'a vu *suprà*, n° 1178, dans les frais généraux de la navigation et sont à la charge des assureurs, lorsqu'elles sont la conséquence d'une fortune maritime; par exemple, si elles sont faites à l'entrée ou à la sortie d'un port dans lequel le navire a dû relâcher par suite d'un événement de mer imprévu, ou encore si elles proviennent d'un événement de cette nature. Aussi l'art. 354 avait-il été supprimé par le projet de 1867 (V. de Valroger, t. 4, n° 1626).

1872. L'assureur est tenu des avaries communes aussi bien que des avaries particulières. — Il répond non seulement des avaries matérielles, mais aussi des avaries-frais : le législateur a, en effet, employé des termes très généraux, quoique beaucoup moins compréhensifs que certains codes et notamment le code allemand, qui pose en principe que l'assureur répond de tous les risques auxquels le navire et la cargaison sont exposés pendant la durée de l'assurance (art. 824) (*Rép.*, nos 1819 et 1820; de Valroger, t. 4, n° 1546; Weill, n° 128; Desjardins, t. 6, n° 1398; Civ. cass. 23 déc. 1857, aff. Assier, D. P. 58. 1. 61; Rouen, 17 janv. 1881, aff. Bressin, D. P. 82. 2. 73).

1873. Mais, comme on l'a exposé au *Rép.* n° 1823, l'assureur ne répond en général même des avaries proprement dites qu'autant qu'elles ont eu pour cause un sinistre arrivé sur mer. En d'autres termes, les risques maritimes sont seuls à la charge de l'assureur; les risques de terre auxquels peut être soumise la chose assurée ne lui incombent pas. Ainsi il n'est pas responsable des avaries éprouvées par les marchandises après leur débarquement (J.-V. Cauvet, t. 1, p. 167; Desjardins, t. 6, n° 1397, p. 287; *Rép.* n° 1824).

1874. Toutefois, il en est autrement, lorsque les risques de terre sont des conséquences directes de la fortune de mer (*Rép.* n° 1823). C'est ainsi que l'assureur serait tenu des dépenses provenant des mesures ordonnées par les autorités sanitaires d'un port et effectuées en vue de désinfecter un navire, alors même que ces mesures n'auraient été prescrites qu'après l'entier déchargement du navire, c'est-à-dire à un moment où l'assurance avait pris fin, si l'infection avait été contractée au cours du voyage assuré (Trib. Nantes, 19 févr. 1861, *Recueil de Marseille*, 1862. 2. 17). Il en serait encore ainsi au cas où l'autorité municipale refuserait, pour cause de salubrité, de laisser vendre et livrer à la consommation une marchandise avariée, si cette avarie était le résultat des événements de la navigation (Trib. Marseille, 2 juin 1868, *Recueil de Marseille*, 1868. 1. 217). — De même, l'assureur répond de l'élévation excessive de la dépense des réparations d'avaries causées à un navire par un accident de navigation, lorsque cette élévation provient de ce que lesdites réparations ont dû être faites à l'étranger alors que, faites en France, elles eussent coûté plus de moitié moins; c'est là, comme l'a dit le tribunal du Havre, dans un jugement du 4 mars 1884 (aff. Compagnie générale de transports, *Recueil du Havre*, 1884. 1. 99), une des mauvaises chances que courent les assureurs dans les risques qu'ils acceptent (V. Desjardins, t. 6, n° 1397; Weill, n° 130). — L'assureur serait encore responsable du dommage occasionné à l'assuré par la vente forcée de marchandises dont l'autorité sanitaire d'un port où le navire a dû entrer en relâche forcée, a prescrit la réexportation immédiate (Paris, 17 mars 1859, *Recueil de Marseille*, 1860. 2. 51; Rennes, 18 janv. 1869, *ibid.*, 1869. 2. 127).

L'assureur sur corps répond aussi des avaries éprouvées par le navire pendant qu'il a été mis à terre pour subir des réparations qui ont eu pour cause une fortune de mer. De même, l'assureur sur facultés est responsable de la perte des marchandises détruites à terre par un incendie pendant une relâche forcée (Lyon-Caen et Renault, t. 2, n° 2131).

1875. Que faut-il entendre par l'expression *toutes fortunes de mer* employée par l'art. 350? On admet généralement qu'il faut entendre par là toutes les pertes, tous les dommages qui arrivent sur mer par cas fortuit. Cette définition nous paraît trop restreinte, en ce qu'elle ne comprend pas les dommages qui, bien que ne se produisant pas sur mer, se rattachent par un lien direct à un accident de navigation et qui sont à la charge des assureurs (V. *suprà*, n° 1874). Aussi croyons-nous, avec M. Desjardins, t. 6, n° 1398, que la définition de Lemonnier, t. 1, p. 172 « pertes et dommages occasionnés par mer ou survenus sur mer » est plus exacte. — Tous les dommages qui se produisent sur mer rentrent, d'ailleurs, dans cette définition, et l'on n'en saurait exclure même ceux qui proviennent du fait de l'homme, tels que l'abordage.

C'est dans ce sens large que la jurisprudence interprète l'art. 350; elle répute, d'une manière générale, fortune de mer aux risques de l'assureur tout accident de voyage qui ne provient ni du fait de l'assuré, ni du vice propre de la chose, ni de la faute du capitaine ou de l'équipage (c. com. art. 351 à 353). C'est ainsi que la cour de Paris, le 21 déc. 1843, avait mis à la charge de l'assureur le dégât causé par les rats pendant le voyage, dans le chargement assuré (V. *Rép.*

nº 1910); que la cour de Bordeaux, le 18 nov. 1867 (aff. Cabrol, D. P. 68. 2. 57), a décidé que l'assureur était tenu de supporter la perte du navire causée par la révolte de *coolies* que le navire transportait. Décidé de même que l'avarie qui ne provient ni du vice propre de la chose, ni de la faute du capitaine ou de l'affréteur, mais doit être attribuée aux chances d'un voyage fait, suivant l'usage d'une place, avec un chargement de vins dont la fermentation déterminée par le mouvement de la mer a occasionné l'avarie, est aux risques de l'assureur comme ayant pour cause une fortune de mer (Civ. rej. 28 juill. 1869, aff. Comp. d'assurances maritimes *la Dordogne*, D. P. 69. 1. 496). Peu importe donc que la nature de la chose ait pu favoriser l'avarie, si celle-ci est occasionnée par la fortune de mer. — Rappelons enfin que l'énumération des risques qui sont à la charge de l'assureur, donnée par l'art. 350, est toujours considérée comme purement énonciative et n'ayant à aucun degré le caractère limitatif (*Rép.* nº 1818). On examinera ici, comme il a été fait au *Répertoire*, les divers cas qui ont été prévus par l'art. 350.

1876. — I. TEMPÊTE ; NAUFRAGE. — La *tempête* est, comme on l'a dit au *Rép.* nº 1826 (V. Décl. 1735) l'agitation violente des vents et, par suite, des eaux de la mer. Mais encore faut-il que cette agitation acquière des proportions susceptibles de compromettre la solidité d'un navire reconnu en bon état (V. Bordeaux, 19 août 1862, et Rouen, 14 juin 1876, cités *suprà*, nº 1870). Une agitation, même violente des flots, qui ne serait pas susceptible de mettre en péril un navire solide, bien construit et bien entretenu, ne saurait, à notre avis, constituer un risque à la charge de l'assureur, si elle avait occasionné la perte d'un navire dont la solidité était défectueuse ; nous admettons cependant avec M. Desjardins, t. 6, nº 1400, p. 291, que le mot *tempête* ne doit pas être entendu dans un sens trop technique ; il y a tempête, dès l'instant que le mauvais temps est tel que le salut d'un bon navire peut être compromis.

1877. Quant au *naufrage*, nous persistons à penser, conformément aux observations du *Rép.* nº 1826, qu'on doit reconnaître aux juges une certaine latitude pour caractériser cet événement. — Comme le dit M. Desjardins, t. 6, p. 292, nº 1400, le naufrage n'implique pas nécessairement la rupture et la perte du navire, de manière qu'il n'en reste que des débris. Un navire, abandonné par son équipage au moment où il menaçait de sombrer et qui est rencontré en mer flottant, peut être considéré comme naufragé, tout en conservant cependant ses formes essentielles. Le tribunal de Marseille, d'autre part, a pu juger qu'un navire était naufragé, alors qu'il ne pouvait plus être relevé et était voué à une perte certaine, bien qu'ici encore il ne restât pas seulement des débris du navire (Trib. Marseille, 18 juill. 1879, aff. Verminck, *Recueil de Marseille*, 1879. 1. 260).

1878. — II. ECHOUEMENT. — L'*échouement* qui a été défini au *Rép.* nº 1827 peut, ainsi qu'on l'a vu, avoir lieu avec ou sans bris ; il peut être volontaire ou fortuit ; du reste, dans tous les cas, l'assureur est tenu. Cependant l'échouement n'est à la charge de l'assureur que lorsqu'il a lieu par cas fortuit, et non pas lorsqu'il est une conséquence du voyage entrepris, par exemple, si le voyage se fait à destination d'un port où il n'y a pas de bassin et qui se trouve à sec dans l'intervalle des marées (Desjardins, t. 6, nº 1400, p. 292 ; de Valroger, t. 4, nº 1548) ; c'est ce que décide également la jurisprudence anglaise (Desjardins, *ibid.*, note 2). Sans doute, l'assureur peut avoir à répondre des conséquences d'un échouement survenu dans les conditions qui pouvaient être normalement prévues, mais ce ne saurait être qu'en vertu d'une convention spéciale. De plus, l'assureur n'est pas garant de l'échouement qui provient du fait de l'assuré ou de celui du capitaine, s'il n'a pas assumé la responsabilité de la baraterie (Paris, 1er avr. 1881, aff. Delplanques, *Recueil du Havre*, 1881. 2. 247).

1879. — III. ABORDAGE FORTUIT. — M. Desjardins estime (t. 6, nº 1400, p. 293) qu'il ne faut pas entendre ici le mot *abordage* dans le seul sens de choc d'un vaisseau contre un autre. « Il importe peu, dit-il, que le navire ait été endommagé par le heurt d'un autre navire ou par une ancre, par une madrague, etc. ». Cette opinion nous paraît parfaitement justifiée. Au point de vue de l'application de l'art. 350, nous pensons également qu'il y a abordage, non seulement en cas de choc de deux navires, mais aussi lorsqu'un navire s'est heurté contre une masse quelconque, immobile ou flottante, et notamment contre un bloc de glace ; en conséquence, l'assureur qui a limité au cas d'abordage sa responsabilité à raison des détériorations matérielles que pourraient subir certaines marchandises, notamment des liquides en bouteilles, est responsable des avaries survenues à ces marchandises par suite du choc du navire contre des glaces flottantes (Trib. com. Cognac, 4 févr. 1876, aff. Renault, D. P. 78. 3. 46).

1880. Faut-il considérer comme un abordage au même titre que le choc d'une épave, le heurt d'un pieu ou de tout autre obstacle abandonné dans le chenal d'un port ? Ne faut-il pas plutôt voir dans cet accident un échouement partiel ? — Il ne nous semble pas que, dans ce cas, il y ait *abordage* proprement dit (V. *suprà*, nº 1253) ; mais la distinction serait dans tous les cas plus théorique que pratique. Qu'il y ait abordage ou qu'il y ait échouement, l'assureur répondra de toute façon de l'avarie subie par le navire.

1881. On a vu que l'assureur, garant toutes les fois que l'abordage est fortuit par rapport à l'assuré (*Rép.* nº 1829), l'est également en cas d'abordage douteux (*Rép.* nº 1830). Or on sait (V. *suprà*, nº 1274) qu'il y a *abordage douteux*, non seulement dans le cas où on ne peut savoir quel est celui des capitaines qui a causé le sinistre, mais aussi quand on ignore la cause de l'abordage.

1882. Si l'abordage a été occasionné par une faute commune, on sait que la responsabilité du dommage incombe à ceux qui l'ont causé, dans la mesure des fautes qu'ils ont commises (Req. 20 juill. 1880, aff. Rochaïd Daddah, D. P. 81. 1. 458, et *suprà*, nº 1276). La contribution mise à la charge du navire assuré peut être inférieure ou supérieure au dommage réel qu'il a subi. Si elle est inférieure, l'assureur doit payer toutes les avaries, sauf son recours contre l'autre navire (de Valroger, t. 4, nº 1549 ; Desjardins, t. 6, nº 1400, p. 293 et 294). Si elle est supérieure, M. Desjardins et M. Em. Cauvet, t. 2, nº 116, estiment qu'il suffit à l'assureur de payer toutes les avaries matérielles, puisqu'il n'a garanti que le montant de ce dommage. M. de Valroger pense, au contraire, qu'il y a lieu de distinguer suivant que l'assureur a ou n'a pas garanti la baraterie de patron. « S'il a garanti la baraterie, dit-il, comme la part de la contribution dépassant les avaries matérielles représente la faute du capitaine, l'assureur en sera responsable en vertu de ce principe que l'assureur garant de la baraterie de patron, répond du recours des tiers pour abordage. » Cette distinction nous paraît rationnelle.

1883. — IV. CHANGEMENT FORCÉ DE ROUTE, DE VOYAGE OU DE VAISSEAU. — On considère comme un changement forcé de route ou de voyage, celui qui est causé par la juste crainte d'un naufrage, de l'ennemi, par la nécessité où l'on se trouve, à la suite de coups de mer, de faire radouber le navire (*Rép.* nº 1831). C'est à ce titre que l'assureur est responsable des pertes provenant d'un changement de route occasionné par l'approche de l'ennemi, alors même qu'il est stipulé que l'assuré ne sera pas indemnisé des risques de guerre. En vain, l'assureur se prévaudrait de ce que l'assuré a eu connaissance du changement de route, si ce dernier n'a pu s'y opposer ; ou de ce que l'assuré a négligé de contracter une assurance nouvelle ; ou enfin de ce que l'arrivée du navire en face de son port de destination aurait terminé le voyage et mis fin aux risques (Rouen, 1er mai 1872, aff. Compagnie d'assurances maritimes, D. P. 73. 5. 33). Il y a là un cas de force majeure devant lequel l'assureur doit s'incliner (Desjardins, t. 6, nº 1400, p. 294 et 295).

1884. Le changement de vaisseau est à la charge de l'assureur, lorsqu'il a été nécessité par un accident survenu au cours du voyage qui a rendu impropre à naviguer le navire sur lequel les marchandises assurées avaient été primitivement chargées (Desjardins, t. 6, nº 1400, p. 296 et 297). Il faut, du reste, pour que le changement de vaisseau, même non forcé, influe sur le sort de l'assurance, que celle-ci ait été faite sur un navire déterminé ou que, si elle a été faite sur un navire indéterminé, il soit intervenu postérieurement une déclaration d'aliment ou un avenant qui ont précisé le navire sur lequel les marchandises ont été chargées.

La question ne se pose, en outre, que dans le cas d'une assurance sur facultés ; elle ne saurait être soulevée dans une assurance sur corps, car il est inadmisible qu'une assurance qui a été faite sur un navire désigné soit transférée sur un autre ; et, d'ailleurs, l'innavigabilité du navire constituerait, dans une assurance sur corps, l'avènement du risque. Enfin, pour qu'il y ait changement du navire, il faut de toute nécessité que ce changement se soit réellement produit, c'est-à-dire que les marchandises aient été réellement transbordées sur un autre navire; spécialement, il n'y aurait pas changement de navire si le capitaine avait simplement dû recourir à l'emploi d'un remorqueur pour achever son voyage (Trib. Marseille, 28 mai 1875, *Recueil de Marseille*, 1875. 1. 244).

1885. Le changement de capitaine sans l'agrément des assureurs entraîne la nullité de l'assurance (Rennes, 14 juin 1869, aff. Assailly, D. P. 71. 2. 126. V. *suprà*, n° 1638), ce changement produit donc le même effet que le changement de navire (V. *suprà*, n°s 1619 et suiv.).

1886. La relâche forcée doit être assimilée au changement forcé de route, si elle est commandée par un accident de mer. Les juges auront souvent de grandes difficultés à constater les causes véritables de la relâche dans une succession d'événements complexes, causes qui seules cependant permettent d'apprécier si la relâche était ou non forcée. Si, par exemple, la cause déterminante de la relâche a été une voie d'eau, on ne saurait attribuer la relâche au mauvais état d'entretien ou à l'innavigabilité du navire, bien que les appareils moteurs se soient rompus et que les experts qui ont examiné le navire aient attribué cette rupture à une usure négligée ou à un vice propre de la chose, si, en fait, elle n'a eu aucune influence sur la voie d'eau (Trib. Havre, 29 août 1882, aff. Laurent, *Recueil du Havre*, 1882. 1. 183. Conf. Bordeaux, 9 mars 1885, *Revue de droit commercial et maritime*, 1885, p. 273).

1887. Il est évident que le changement de route, de voyage, sa prolongation ne peuvent avoir d'effet qu'autant que le voyage a été précisé, et on n'aurait pas à s'en préoccuper s'il s'agissait d'une assurance souscrite pour une période déterminée, abstraction faite des voyages que le navire pourrait accomplir durant cette période.

1888. Le changement de route, de voyage, de vaisseau ou de capitaine sont, ainsi qu'on l'a vu au *Rép.* n° 1832, présumés volontaires, à la différence des accidents provenant d'abordage (V. au surplus *infrà*, n°s 1926 et suiv., 1933 et suiv.; *Rép.* n°s 1870 et suiv.).

1889. — V. JET. — On a vu au *Rép.* n°s 1833 et 1834, comment se détermine la responsabilité de l'assureur au cas de jet, et comment il doit indemniser l'assuré de ce que celui-ci paye, pour sa part, en cas de contribution. L'assureur, en général, n'est pas admis à critiquer le règlement d'avaries et la contribution, s'il n'y a eu ni collusion ni fraude. Il ne serait même pas recevable, d'après un jugement du tribunal du Havre, du 29 août 1864 (*Recueil de Marseille*, 1864. 2. 146) à critiquer le règlement qui aurait été fait à l'étranger, d'après des principes contraires à la loi française. — Cette doctrine est généralement admise ; elle se fonde sur ce que le règlement, quel qu'il soit, eût-il lieu à l'étranger d'après les principes de la loi étrangère, n'est lui-même que la conséquence d'une fortune de mer (de Valroger, t. 4, n° 1552). Elle est admise en Angleterre et en Allemagne (c. com. allemand, art. 839; de Valroger, *ibid.*).

Mais on discute sur le point de savoir si, comme on l'a admis au *Rép.* n° 1833, l'assureur doit rembourser à l'assuré ce qu'il a réellement payé à titre de contribution ou s'il est tenu simplement dans la proportion indiquée par le règlement (de Valroger, t. 4, n° 1552).

1890. Depuis la loi du 12 août 1885, c'est l'assureur du fret qui doit supporter la contribution du fret à l'avarie commune. Mais la contribution du fret à l'avarie grosse reste à la charge des assureurs sur corps, si les assurés ont pris l'engagement de ne pas faire assurer le fret (Desjardins, t. 6, n° 1400, p. 301).

1891 — VI. FEU. — On a exposé au *Rép.* n° 1835 que les pertes occasionnées par le feu sont à la charge de l'assureur. Celui-ci ne serait cependant pas responsable si l'incendie avait été occasionné par le vice propre de la chose. Ainsi l'assureur sur facultés ne répondrait pas d'un incendie issu d'un vice inhérent à la nature de la cargaison, ou qui aurait pour cause le mauvais état dans lequel elle était au moment de l'embarquement. Les accidents de ce genre se produisent assez fréquemment dans les chargements de charbons, de graines oléagineuses, de laines qui sont embarqués dans de mauvaises conditions, et l'assureur n'est pas responsable de l'incendie qui s'y produit spontanément. Il en est autrement lorsque la combustion, même spontanée, est occasionnée par une fortune de mer, comme au cas, par exemple, où les marchandises mouillées à la suite d'un coup de mer se seraient ainsi échauffées jusqu'à prendre feu. De même, l'assureur sur corps ne répond pas de l'incendie causé par le mauvais état de la machine. — En ce qui concerne l'action combinée du vice propre et de la fortune de mer, V. *infrà*, n°s 1946 et suiv.

1892. L'incendie est à la charge de l'assureur, lorsqu'il est le fait des passagers (Desjardins, t. 6, n° 1400, p. 298; de Valroger, t. 4, n° 1553), à moins que la faute des passagers ne leur soit commune avec le capitaine ou les gens de l'équipage et que les assureurs ne se soient pas chargés de la baraterie de patron, puisque, ainsi qu'on l'a dit au *Rép.* n° 1836, les assureurs ne répondent pas de la faute du capitaine ou de l'équipage, s'ils ne s'en sont chargés par une convention expresse. Il n'en est pas de même en Allemagne où l'assureur répond en principe de la faute du capitaine et de l'équipage, quand il en résulte un dommage pour l'assuré (c. com. allemand, art. 824).

1893. Que décider si l'incendie, allumé par suite du vice propre de certaines marchandises, a gagné et détruit d'autres marchandises et le navire lui-même, ou si l'incendie, qui a pour cause le vice propre du navire, par exemple, l'état défectueux de la machine, a gagné la cargaison? MM. Desjardins, t. 6, n° 1400, p. 298, et de Valroger, t. 4, n° 1553, estiment que l'assureur du navire ou des marchandises qui ont été atteints par l'incendie provenant du vice d'autres marchandises doit en être responsable. — Cette opinion, empruntée au jurisconsulte anglais Arnould, nous paraît parfaitement justifiée. Sans doute, en effet, comme le remarque M. Desjardins, on peut prétendre que le vice propre a déterminé l'avarie, puisqu'il a occasionné l'incendie originaire et que le dommage, par suite, n'a pas pour cause une fortune de mer; mais cela n'est vrai qu'à l'égard de la marchandise dans laquelle l'incendie s'est déclaré, ou du navire, si c'est lui qui a pris feu en premier lieu. A l'égard de la marchandise ou du navire auxquels le feu a été communiqué, il est évident que l'incendie ne provient pas de *leur* vice propre : dans les rapports de l'assureur de ces marchandises et de leur propriétaire assuré, le sinistre provient d'une fortune de mer qui n'est autre que le danger de communication de l'incendie, éclatant dans certaines marchandises, au navire qui les porte ou aux marchandises qui font partie de la même cargaison.

1894. On a exposé au *Rép.* n° 1839 les éléments de la controverse qui s'est élevée sur la question de savoir si l'on doit, lorsque la cause de l'incendie est inconnue, le considérer comme un événement fatal, sauf à l'assureur à prouver qu'il provient soit du vice propre de la chose soit de la faute du capitaine, ou si l'on doit présumer, qu'il a, sauf preuve contraire, pour origine la faute du capitaine ou le vice propre. On trouve encore dans la jurisprudence des décisions dans ce dernier sens (Trib. Marseille, 8 nov. 1859, *Recueil de Marseille*, 1859. 1. 329; Rouen, 30 déc. 1872, *ibid.*, 1873. 2. 41; Trib. Marseille, 8 mars 1875, *ibid.*, 1875. 1. 163; 10 nov. 1875, *ibid.*, 1876. 1. 24). Mais ces décisions s'expliquent par des considérations de fait (Desjardins, t. 6, n° 1400, p. 300). L'opinion qui a prévalu, et que nous avions déjà adoptée au *Répertoire*, est celle d'après laquelle on ne doit présumer ni faute ni vice propre et à défaut de preuve contraire de la part de l'assureur, on doit considérer l'incendie comme fatal (de Valroger, t. 4, n° 1753; Desjardins, t. 6, n° 1400, p. 299). « L'art. 350, dit ce dernier auteur, classe le feu, sans épithète, parmi les fortunes de mer; donc il suffit, en thèse, à l'assuré de prouver l'incendie, l'assureur conservant le droit d'en établir le caractère non fortuit. Il en devait être ainsi d'ailleurs, trop de chances d'incendie menaçant le navire en dehors du vice propre et de la baraterie » (Comp. en ce sens : Trib. com. Bordeaux, 28 mai 1866, *Recueil de Marseille*, 1866. 2. 163; Aix, 2 juin 1871, *ibid.*, 1871. 1. 261; Trib. com. Marseille, 2 déc. 1877, *ibid.*, 1878. 1. 57). Il n'y a pas de distinction à faire suivant que la cause de l'incendie est ou non indiquée dans le rapport, suivant que l'équipage a ou non survécu, l'absence d'explications ne touchant pas au fond des choses et n'étant pas de nature à modifier les causes effectives du sinistre (Desjardins, t. 6, n° 1400, p. 299).

1895. A côté du feu, nous pensons avec M. Desjardins, t. 6, n° 1400, p. 300, qu'il faut placer *l'explosion*. D'ailleurs, la police française sur corps met expressément à la charge des assureurs les risques d'explosion. Celle-ci cependant ne doit pas avoir pour cause le vice propre, soit des marchandises, soit de la machine, si l'explosion a lieu dans cette partie du navire. Il faut encore qu'il n'y ait pas faute de la part du capitaine ou du chargeur (Desjardins, *ibid.*; de Valroger, t. 4, n° 1554), lorsque l'assureur n'a pas pris à sa charge les faits de baraterie.

L'assureur peut, toutefois, convenir qu'il ne répondra pas de l'explosion ou, s'il en accepte l'éventualité, demander une prime plus forte, surtout si la marchandise est, en raison de sa nature, particulièrement sujette à explosion. Mais il semble qu'au cas où une semblable clause aurait été insérée dans la police, l'assureur ne pourrait se prévaloir du vice propre de la chose qu'autant que celle-ci aurait été en mauvais état au moment de l'embarquement et que le sinistre devrait être attribué à cette dernière cause; il ne pourrait, au contraire, s'en prévaloir, si la perte ne pouvait être attribuée qu'à la nature de la chose, puisqu'il a assumé les conséquences que cette nature peut produire.

1896. Dans tous les cas, l'assureur des autres marchandises faisant partie de la même cargaison que les marchandises qui ont fait explosion ou du navire avarié par l'explosion est responsable envers ses assurés, au même titre qu'il le serait en cas d'incendie. Nous pensons enfin que l'explosion doit, aussi bien que l'incendie, être, en principe, considérée comme fatale et que c'est à l'assureur à établir qu'elle provient de la faute ou du vice propre.

1897. — VII. PRISE. — Il a été jugé, conformément à la doctrine exposée au *Rép.* n° 1840, que la prise est à la charge des assureurs, sans qu'il y ait à distinguer si elle est juste ou injuste, et que le risque s'est réalisé à l'encontre de l'assureur, alors même que le navire a été ultérieurement relâché comme n'étant pas de bonne prise (Trib. com. Seine, 6 févr. 1860, *Journal des assurances*, 1860. 2. 72). M. Desjardins, t. 6, n° 1427, p. 371 et 372, critique à ce propos un jugement du tribunal de Marseille du 30 août 1861 (*Recueil de Marseille*, 1861. 1. 140), d'après lequel la prise même non validée rompant le voyage, l'assureur ne répondrait pas de la perte qui serait survenue après la relaxe et dans le voyage ultérieur. « La prise met fin à l'assurance, dit-il : où cela est-il écrit, et pourquoi, à la suite d'un événement dont l'effet légal est rétroactivement effacé, les assureurs seraient-ils déliés de leurs obligations? Pourquoi ne répondraient-ils pas de l'accident nouveau et fortuit qui ne se rattache que très indirectement à la prise ou ne s'y rattache pas du tout? »

1898. — VIII. PILLAGE. — On a vu au *Rép.* n° 1841 que les pertes provenant du pillage sont à la charge de l'assureur; et il en est ainsi alors même que ce dernier, comme il arrive le plus souvent (V. *infrà*, n° 1906), est déchargé des risques de guerre par une clause spéciale de la police : le pillage, en effet, n'est pas un fait de guerre (de Valroger, t. 4, n° 1555). On a expliqué, d'autre part, *ibid.* n°s 1841 et 1842, qu'on ne doit pas considérer comme des actes de piraterie et de pillage, mais bien comme des faits de guerre, la prise faite par les sujets d'une province en révolte contre la mère patrie. C'est ainsi qu'à propos de la guerre de sécession des Etats-Unis, c'est-à-dire de la révolte d'une partie d'un Etat contre l'autre, on a pu juger, conformément à la règle posée au *Rép.* n° 1842, qu'il y avait un fait de guerre, et non un acte de piraterie, dans l'incendie, par un vaisseau du Sud, d'un navire avec ses marchandises appartenant aux Etats du Nord (Trib. Bordeaux, 8 août 1863, *Recueil de Marseille*, 1863. 2. 151). C'est ainsi également qu'on a qualifié fait de guerre la réquisition d'un navire de commerce par l'autorité du pays où il se trouvait pour transporter des armes en prévision d'un soulèvement dont un grand nombre de circonstances annonçaient l'explosion (Trib. com. Seine, 24 juin 1878, et sur appel, Paris, 22 févr. 1881) (1). — Mais on peut ne

(1) (Vengœchea et comp. C. Comp. *l'Union des ports* et autres.) — Le 24 juin 1878, jugement du tribunal de commerce de la Seine ainsi conçu : — « Attendu que Vengohechea et comp. exposent que par police et avenants des 17 juill. et 16 oct. 1875, ils se sont fait assurer par les compagnies défenderesses, dans les proportions désignées à leur exploit, 365000 fr., valeur agréée des corps et dépendances, machines et chaudières du vapeur *Francia-Elena* pour le voyage de leur navire d'un port des Etats-Unis de Colombie à un port de la côte de la Nouvelle-Grenade et pour douze mois de navigation; que le *Francia-Elena*, parti le 4 août 1876 de Couego pour Bodegas de Bogota, s'est perdu totalement le lendemain à Garino à la suite d'un accident de navigation; que dès octobre 1876, ils ont fait le délaissement dudit navire, avec déclaration qu'ils n'avaient fait ni fait faire aucune autre assurance, ni pris aucun argent à la grosse et qu'ils subrogeaient les compagnies assureurs dans tous leurs droits et recours sur le sauvetage; — Attendu que Vengœchea et comp. demandent qu'il leur soit donné acte de ce qu'ils réitèrent en tant que de besoin tout délaissement du navire, que ce délaissement soit déclaré bon et valable et que les compagnies soient condamnées à leur payer 365000 fr., chacune pour sa part et portion; — Attendu que pour résister à la demande, les assureurs invoquent l'art. 2 de la police, qui stipule que les risques de guerre ne sont à la charge des assureurs qu'autant qu'il y a convention expresse; disent que dans le contrat intervenu entre eux et Vengœchea et comp., les risques de guerre ne sont pas à leur charge de convention expresse, soutiennent que la perte du *Francia-Elena* a été la conséquence d'un fait de guerre, et que par suite, ils ne sauraient être déclarés responsables; — Attendu qu'il résulte des renseignements fournis au tribunal : 1° que le 3 août 1876, le navire était dans le port de Caracoli, chargé de douze cent huit cargas de divers produits, et s'apprêtant à les transporter au port de Baraquilla, lorsque le capitaine Smith reçut par dépêche télégraphique de l'autorité centrale l'ordre suivant : « Sous la responsabilité de l'Union, vous enverrez le vapeur à Bodegas de Bogota »; — 2° Que cet ordre était motivé par l'état de guerre civile, dont un grand nombre de faits annonçaient la manifestation; — 3° Que l'ordre fut exécuté, et qu'à peine arrivé à Bodegas de Bogota, le navire fut occupé par un bataillon de grenadiers, sous les ordres du commandant Sanchez; — 4° Que les propriétaires du navire ou leurs représentants, Vengœchea et comp., avertis de ce fait, firent immédiatement dresser (4 août 1876), devant un officier public, un acte de protestation contre l'acte de force dont le navire venait d'être l'objet; — 5° Que le capitaine fit débarquer sans retard une partie de la cargaison, mais qu'il dut interrompre cette opération sur l'ordre donné par le commandant Sanchez, de conduire la *Francia-Elena* à Couego; — 6° Que l'équipage, ayant réclamé la double solde qu'il est d'usage d'allouer au cas d'expédition militaire, elle fut expressément assurée au nom du gouvernement par le commandant Sanchez; — 7° Que le navire ayant été conduit à Couego avec la force armée qui en avait pris possession, le capitaine Smith se mit de nouveau en mesure de continuer le débarquement de sa cargaison, mais qu'il fut de nouveau arrêté au cours de cette opération par l'arrivée du navire *le Vengœchea* qui portait un chargement de fusils; — 8° Que malgré la résistance du capitaine Smith leur chargement fut, sur l'ordre du commandant Sanchez, transféré à bord du *Francia-Elena* et que sur le même ordre celui-ci dut reprendre la route de Bodegas de Bogota; — 9° Que c'est dans ces conditions que ledit navire a éprouvé, le 5 août, l'accident qui, aggravé par une crue subite, s'est terminé par une perte totale; — 10° Qu'avis en étant parvenu à Vengohechea et comp., ceux-ci ont fait dresser le même jour un nouvel acte de protestation où ils constatent eux-mêmes que la *Francia-Elena* avait été conduite à Couego avec la force armée; — Attendu que l'exposé des faits ci-dessus établit pour le tribunal la preuve qu'au moment du sinistre, le navire se trouvait précisément sous l'étreinte directe de faits de guerre dont les risques n'étaient pas couverts par la police; — Attendu, en effet, que la *Francia-Elena* ne manœuvrait plus sous la direction de son capitaine, qu'il avait été livré par un fait de guerre et une volonté supérieure et contraint de subir à tous risques les ordres d'un pouvoir dont le capitaine Smith était devenu l'instrument passif; — Attendu que les demandeurs voudraient en vain prétendre que l'état de guerre n'aurait été officiellement déclaré que onze jours après la saisie; — Attendu, en effet, que les risques exclus de la police ne sont pas les risques de guerre déclarée, mais les risques de guerre; — Qu'il convient de reconnaître que la guerre peut exister et que, dans l'espèce, elle existait avant la déclaration : — Attendu que la saine interprétation de l'art. 2 de la police conduit à décider que tout sinistre se rattachant par un lien intime au cas réservé doit être exclu de la garantie; — Qu'il

pas considérer comme faits de guerre ceux qui résultent de la lutte entre divers partis qui se disputent le pouvoir, alors qu'aucun d'entre eux ne peut être regardé comme un gouvernement, même non reconnu ; il ne faudrait donc pas assimiler, comme la police française sur facultés, la guerre civile à la guerre étrangère (Desjardins, t. 6, n° 1427, p. 371). D'ailleurs, quoiqu'il y ait le plus souvent en pareille matière une question de fait, la cour de cassation n'en a pas moins le droit d'exercer son contrôle, lorsque les juges du fond ont tiré des faits qu'ils ont souverainement constatés des conclusions antijuridiques (*Ibid.*).

1899. En principe, il est admis que le simple vol ne rentre pas dans les fortunes de mer qui sont à la charge des assureurs (*Rép.* n° 1844 ; de Valroger, t. 4, n° 1556). Mais, comme rien ne s'oppose à ce que l'assureur prenne à sa charge les risques de vol, les tribunaux peuvent déduire des termes de la police qu'il doit en supporter les conséquences (Paris, 6 août 1868, *Recueil du Havre*, 1868. 2. 249).

1900. La règle suivant laquelle l'assureur n'est pas responsable du vol repose, comme on l'a vu au *Rép.* n° 1844, sur la présomption que le vol est arrivé par suite du défaut de vigilance du capitaine ou de l'équipage ; de là, la question de savoir si l'assureur ne doit pas être réputé responsable du vol, quel que soit l'auteur, lorsqu'il a garanti la baraterie. On verra *infrà*, n°s 1964 et suiv., ce que l'assureur de la baraterie peut être réputé avoir garanti ; mais nous croyons, avec MM. de Valroger, t. 4, n° 1556, et Em. Cauvet, t. 2, n° 105, que ce serait donner trop d'extension au mot *baraterie* que d'y faire rentrer de simples négligences présumées.

1901. — IX. Arrêt par ordre de puissance. — On a exposé au *Rép.* n°s 1843 et suiv. les mesures désignées par cette expression ; les pertes et dépenses qui en résultent sont mises par l'art. 350 à la charge des assureurs. Nous remarquerons que l'art. 2 de la police française sur corps, ne met les risques d'arrêt à la charge de l'assureur, au même titre que les faits de guerre, qu'autant qu'il existe à cet égard une convention expresse. L'arrêt ne constitue cependant à aucun degré un acte d'hostilité, car il peut se produire en temps de paix, et, même en temps de guerre, il peut émaner d'un gouvernement ami de la nation à laquelle appartient le navire. Mais la dérogation à l'art. 350, consacrée ainsi par la police française s'explique par ce motif que l'arrêt, comme le fait de guerre, présente un caractère exceptionnel et qu'il peut en résulter pour l'assureur certains préjudices contre lesquels il est intéressé à se prémunir.

1902. L'assurance ne cessant pas, en cas d'arrêt par ordre de puissance, de produire son effet, la prime stipulée à tant par mois continue de courir pendant la détention, puisque l'assureur demeure garant des risques ; mais la prime fixée à forfait n'est pas sujette à augmentation, puisque la prolongation du voyage assuré provient d'un fait dont l'assureur est responsable. — Dans le cas d'arrêt, si l'assurance a été faite au voyage, elle est prorogée pendant la durée de l'arrêt : si elle est faite à temps limité, le délai n'est pas suspendu, et l'assurance prend fin au terme fixé.

1903. L'assureur est garant des pertes et dommages causés par l'arrêt, alors même que cette mesure n'est pas spécialement dirigée contre la chose assurée, si le sort de cette chose se trouve intimement lié au sort de celle qui est réellement arrêtée. Par exemple, si le navire est seul arrêté, l'assureur sur facultés répond des dommages causés à la cargaison par l'arrêt du navire (Desjardins, t. 6, n° 1428, p. 374 et 375). Les salaires et frais de nourriture des gens de mer sont, en revanche, à la charge de l'assureur sur corps, dans la mesure où il en est lui-même tenu.

1904. — X. Confiscation. — La *confiscation* est un événement fatal qui est à la charge des assureurs (*Rép.* n° 1871), à moins qu'il ne s'agisse de la confiscation prononcée pour cause de contrebande prohibée par les lois françaises, ou même de la contrebande prohibée par les lois étrangères, si, pour cette dernière, l'assureur ne l'a pas prise à sa charge par une convention formelle (*Rép.* n° 1853 ; de Valroger, t. 4, n° 1390). — La plupart du temps les polices confirment ces principes par une disposition expresse et déclarent que l'assureur ne répondra pas des suites de la contrebande. Lorsqu'une telle clause est insérée dans un contrat d'assurances maritimes, et que notamment il a été stipulé que l'assureur ne répondrait pas des dommages et pertes provenant de capture et de confiscation pour contrebande et commerce clandestin, cette stipulation exclut de l'assurance toutes marchandises qui, même sous pavillon neutre et à la faveur d'une destination simulée, sont destinées à procurer à l'un des belligérants des ressources pour l'attaque ou pour la défense et affectent le caractère de contrebande de guerre et de commerce clandestin (Civ. rej. 12 mai 1868, aff. Galbraith et Marshal, D. P. 68. 1. 193 ; Rouen, 14 janv. 1878, aff. Hurel, D. P. 78. 2. 176).

1905. Bien que les jugements étrangers soient sans autorité en France, en ce sens que la question de la légalité de la confiscation peut être de nouveau soumise aux tribunaux français par l'assuré, et en l'absence de tout traité ou de toute loi qui ait limitativement défini la contrebande de guerre, les juges du fait peuvent, en se fondant sur la décision d'un tribunal étranger comprise parmi des documents qui leur sont soumis et si elle n'est invoquée qu'à ce dernier titre, déclarer que les objets chargés sur le navire assuré constituaient de la contrebande de guerre, et qu'ainsi l'assureur n'avait pas à répondre de la confiscation de ces objets opérée par l'un des belligérants (Civ. rej. 12 mai 1868, cité *suprà*, n° 1904).

1906. — XI. Déclaration de guerre ; Représailles. — L'art. 350 met à la charge de l'assureur les risques provenant d'une déclaration de guerre, quoique le contrat d'assurance ait été passé à une époque où l'on ne prévoyait point la guerre. Il met aussi à leur charge les risques causés par des actes de représailles (de Valroger, t. 4, n° 1559). Mais les compagnies d'assurances ont profité du droit qui appartient aux parties de déroger aux dispositions de cet article pour échapper entièrement aux risques de guerre qui n'auraient pas été prévus et acceptés. Toutes les polices actuellement en usage stipulent que les assureurs ne répondront des risques de guerre qu'autant qu'ils s'en seront expressément chargés (V. Desjardins, t. 6, n° 1427, p. 369 et 370). Cette pratique est très justifiée ; en effet, les risques de guerre sont exceptionnels et l'on conçoit qu'ils soient considérés comme n'ayant pas dû entrer dans les prévisions normales des parties, lorsqu'elles contractent l'assurance en temps de paix (de Valroger, t. 4, n° 1558 ; Desjardins, t. 6, *ibid.*). Les polices vont même plus loin ; afin de faire cesser toute hésitation sur le point de savoir si on ne doit considérer comme faits de guerre que les actes d'hostilité qui ont été précédés d'une déclaration de guerre préalable, ou sur celui de savoir s'il y a eu ou non déclaration de guerre (*Rép.* n°s 1856 et 1857), les polices remplacent généralement l'expression « *déclaration de guerre* » dont s'est servi l'art. 350 par l'expression *hostilités*. C'est donc, non pas à la déclaration de guerre proprement dite qu'il faut attacher les effets que la police attache aux faits de guerre, mais aux premiers actes d'hostilité, lors même qu'ils auraient précédé la déclaration de guerre.

1907. L'état de guerre peut résulter... d'actes d'hostilité d'un gouvernement de fait, d'autant que les polices françaises contiennent le plus généralement la stipulation que les risques de guerre proviennent de... ou molestations quelconques de gouvernements amis ou ennemis *reconnus* ou *non reconnus*. C'est ainsi qu'on a pu considérer comme un fait de guerre l'incendie d'un navire appartenant aux Etats du Nord de l'Amérique par un corsaire du Sud (V. Trib. Bordeaux, 8 août 1863, cité *suprà*, n° 1898).

1908. Il ne faudrait pas cependant ériger en règle générale que tout changement de route, toute mesure prise par le capitaine en raison d'événements de guerre ou de la proxi-

---

résulte de ce qui a été dit ci-dessus que la perte de *Francia-Elena* se rattache par un lien intime et direct au cas de guerre non garanti par la police ; — Qu'il suit de là que la demande est mal fondée ; qu'en conséquence, elle doit être repoussée ; — Par ces motifs ; — Le tribunal déclare Vengœchea et comp. mal fondés en leur demande, etc. ». — Appel par les sieurs Vengœchea et comp. — Arrêt.

La cour ; — Adoptant les motifs des premiers juges ; — Confirme.

Du 22 févr. 1881.-C. de Paris, 1re ch.-MM. Larombière, 1er pr.-Loubers, av. gén., c. conf.-Durier et Cartier, av.

mité de l'ennemi et qui aurait eu pour résultat d'entraîner la perte du navire doive être réputé fait de guerre. Sans doute, la destruction d'un navire, abandonné pendant une tempête, doit être considérée comme le résultat, non d'un événement de mer, mais d'un fait de guerre, quand il est constaté que l'abandon, quoiqu'occasionné par la tempête, n'a eu lieu que pour soustraire l'équipage à des risques de capture nés de l'état de guerre, et que le navire, échoué plusieurs heures après son abandon, a péri par le fait de l'ennemi qui l'a pillé et livré aux flammes, tandis que, sans cet état de guerre, il fût infailliblement entré dans un port de refuge, et eût pu être renfloué ; et en conséquence, l'assureur qui n'a garanti que les événements de mer, en exceptant expressément les risques de guerre, n'est pas responsable de cette destruction (Rouen, 2 avr. 1856, aff. Houllebrèque, D. P. 56. 2. 221, et sur pourvoi, Civ. rej. 11 août 1858, D. P. 58. 1. 366). De même, un navire fuyant devant un croiseur se jette sur un récif involontairement, ou bien le capitaine s'échoue à la côte pour échapper à la poursuite : la perte sera évidemment la conséquence d'un fait de guerre. (V. aussi dans le même sens : Paris, 22 févr. 1881, *suprà*, n° 1898). Mais si le navire se perd, soit après avoir échappé à la poursuite, soit sans être poursuivi, après avoir modifié sa route, pour ne pas traverser les parages où il craint de rencontrer les croiseurs ennemis, pourra-t-on soutenir qu'il a été perdu par suite de l'état de guerre et que sa perte aura été la conséquence de cet état ? La plupart des auteurs ne l'admettent pas, et avec raison. Il faut que l'événement qui a occasionné la perte du navire ait été la conséquence nécessaire d'un fait de guerre, et l'accident, qui survient lorsque le capitaine n'est pas poursuivi ou lorsqu'ayant échappé à la poursuite, il cherche à se mettre à l'abri des poursuites ultérieures de l'ennemi est un accident étranger aux risques de guerre, une fortune de mer, suivant l'expression de M. de Courcy, *Commentaire des polices*, p. 22 et suiv., que les assureurs devront accepter à leurs risques sans avoir le droit de remonter à la cause première du changement de route ». — Le changement de route, d'ailleurs, lorsqu'il a pour but d'échapper à l'ennemi, d'éviter la prise et la poursuite ne peut être considéré comme volontaire ; il rentre donc dans les changements de route forcés qui, suivant la remarque de M. de Valroger, t. 4, n° 1568, sont mis à la charge de l'assureur par l'art. 350, sans qu'il y ait à distinguer s'ils ont eu lieu par suite du voisinage de l'ennemi ou de toute autre cause. La jurisprudence s'est fréquemment prononcée en ce sens. La cour de Rouen a, notamment, décidé à plusieurs reprises que l'assureur est responsable des pertes provenant d'un changement de route occasionné par l'approche de l'ennemi, alors même qu'il est stipulé que l'assuré ne sera pas indemnisé des risques de guerre et qu'il n'est pas recevable à se prévaloir de ce que l'assuré a eu connaissance du changement de route, alors que ce dernier n'a pu s'y opposer ;... ou de ce que l'assuré a négligé de contracter une assurance nouvelle ;... ni à prétendre que l'arrivée du navire en face de son port de destination aurait terminé le voyage et mis fin aux risques (Rouen, 14 mars 1872, *Recueil de Marseille*, 1872. 2. 111 ; 1er mai 1872, aff. Lubbe, D. P. 73. 5. 33). Même décision dans la jurisprudence belge (Bruxelles, 9 janv. 1867, *Jurisprudence du port d'Anvers*, 1867. 1. 63).

Le fardeau de la preuve incombe sur ce point à l'assureur qui se prétend libéré ; c'est à lui d'établir que la perte du navire a été la conséquence nécessaire du fait de guerre.

1909. — XII. BLOCUS. — Faut-il comprendre dans les dommages qui proviennent des faits de guerre ceux qui sont la conséquence d'un blocus? Suivant M. Desjardins, t. 6, n° 1428, p. 372, le blocus est sans doute une fortune de mer, mais c'est aussi un fait de guerre : « c'est un acte directement hostile envers les sujets de la nation bloquée, mais, en outre, envers tous, un acte issu des hostilités et qui, dans les rapports de l'assureur et de l'assuré, doit être qualifié fait de guerre ». M. de Valroger, t. 4, n° 1560, semble ne voir dans le blocus qu'un fait du prince. Mais il estime que, là où l'assureur est responsable du fait du prince, il doit l'être du blocus soit au port de départ, si les risques avaient déjà commencé, soit au port de destination. « L'art. 279, dit-il, porte qu'en cas de blocus du port de destination, le capitaine doit se rendre dans un port voisin. Le trajet sera aux risques des assureurs. » Il faut remarquer, d'ailleurs, que les polices stipulent fréquemment pour ce cas une prime proportionnelle, calculée d'après la distance entre le port bloqué et le port de refuge. Elles déclinent aussi assez souvent toute responsabilité pour le blocus du port de départ.

1910. En principe et d'après la loi, l'assureur répond du dommage causé par l'interdiction de commerce, c'est-à-dire par la défense qu'un gouvernement adresse à ses sujets, de se rendre dans certains ports ou le refus qu'il fait de laisser entrer dans les ports de sa domination les navires appartenant aux sujets d'une autre nation. Mais, en fait, l'interdiction de commerce ne constitue pas une fortune de mer ordinaire et n'est pas toujours à la charge de l'assureur. Les polices l'assimilent généralement à un fait de guerre sous le nom générique de molestation, et au même titre que l'arrêt par ordre du gouvernement et les faits de guerre proprement dits (Desjardins, t. 6, n° 1428, p. 375). — On peut aussi rapprocher du blocus et de l'interdiction de commerce en général le cas où le gouvernement du pays où se trouve le port de destination du navire a pris, à raison d'une guerre qu'il soutient, des mesures qui rendent l'accès de ce port dangereux, comme, par exemple, si les abords de ce port ont été semés de torpilles. Malgré la possibilité de passage que ces mesures laissent, moyennant certaines précautions, la présence des engins de guerre constitue un danger provenant de l'état de guerre (Trib. Marseille, 11 juill. 1877, *Recueil de Marseille*, 1877. 1. 294), et dont l'assureur ne doit pas répondre aux termes des polices françaises actuelles.

1911. Quand l'assureur est garant du blocus et de l'interdiction de commerce, il répond envers l'assuré du préjudice que lui cause l'événement ; il est tenu des frais supplémentaires occasionnés par le trajet que l'on fait pour se rendre dans un autre port, ou par le retour dans le port de départ, et des risques pendant ces traversées, bien que l'assurance ait été souscrite seulement pour le voyage d'aller. — Quant aux dommages causés par l'impossibilité, en cas d'interdiction de commerce, de faire parvenir la marchandise à destination, il n'était généralement pas, antérieurement à la loi du 12 août 1885 (*suprà*, p. 25), considéré comme à la charge de l'assureur sur facultés. Depuis cette loi, il faut, croyons-nous, décider autrement, si l'on a assuré le profit espéré, puisqu'en pareil cas l'assureur répond du manque à gagner qui atteint l'assuré : il répondrait à ce titre de la perte qui résulterait pour l'assuré de la vente à un prix inférieur de la marchandise dans un autre port. L'assureur sur fret devrait répondre également de la perte sur le fret causée par le retour au port de départ. Enfin l'assureur sur facultés répondrait du fret d'aller devenu inutile (Desjardins, t. 6, n° 1428, p. 375).

1912. La violation du blocus est généralement considérée par les polices françaises comme un cas de baraterie dont elles exemptent l'assureur, alors qu'en principe elles mettent la baraterie à sa charge (Desjardins, t. 6, n° 1420, p. 350, et n° 1427, p. 373). L'art. 3 de la police sur corps dispose que les assuseurs sont exempts, par exception et dérogation à l'art. 1er qui les charge de la baraterie : 1° des faits de dol ou de fraude du capitaine, de tous événements quelconques résultant de violation de blocus... L'art. 3 de la police sur facultés est plus général ; il exempte l'assureur des captures, confiscations et événements quelconques provenant de contrebande ou de commerce clandestin ou prohibé.

1913. Mais on peut supposer le cas où la violation du blocus aura été prévue dans le contrat et où le voyage du navire aurait précisément pour objet de violer le blocus. La question se pose alors de savoir si on doit considérer une telle assurance comme valable. Elle nous paraît devoir être résolue comme la question de savoir si l'assureur répond des risques, lorsque le voyage a pour but la contrebande. Nous croyons, avec M. de Valroger, t. 4, n° 1560, que, s'il s'agissait de violer le blocus mis par la nation à laquelle appartient l'assuré, l'assurance serait illégale. Mais le problème est plus délicat lorsque le blocus qu'on se propose de violer est mis par une nation étrangère. M. de Valroger incline à interdire l'assurance quand le blocus est effectif, le blocus effectif étant, d'après le droit des gens, obligatoire même pour les neutres. Nous croyons, avec M. Desjardins, t. 6, n° 1427, p. 373, qu'il faut tout au moins réserver le cas où l'assuré serait sujet de la nation bloquée et celui où il appartiendrait à une nation neutre qui aurait de légitimes raisons de contester la validité du blocus.

1914. — XIII. VENTE DU CHARGEMENT OU EMPRUNT A LA GROSSE POUR RÉPARATION D'AVARIES. — On a vu au *Rép.* n° 1864 que la vente d'une partie des marchandises constituant le chargement d'un navire pour subvenir aux réparations occasionnées par des avaries, doit être considérée comme une fortune de mer. Le propriétaire de ces marchandises doit être remboursé par l'armateur du prix des marchandises au lieu de destination, et si ce prix était, par suite d'une baisse imprévue, inférieur à celui qui était attribué aux marchandises par la police, il pourrait réclamer de ses assureurs la différence. Mais, comme le remarque M. de Valroger, t. 4, n° 1563, le propriétaire du navire peut se libérer par l'abandon de celui-ci et le chargeur est alors réduit à exercer son recours contre les autres chargeurs dans les termes de l'art. 298. Dans ce cas, la responsabilité des assureurs s'étend à la perte que l'assuré a éprouvée et qui est considérée comme une fortune de mer.

1915. Il faut en dire autant lorsque, pour subvenir aux réparations des avaries survenues en cours de route, il a été contracté un emprunt à la grosse au lieu de destination. — On a objecté, il est vrai, que l'assuré est en faute, lorsqu'il ne s'est pas muni d'avance des fonds nécessaires pour subvenir à des réparations éventuelles; que l'assurance a pris fin au moment où l'emprunt est contracté, puisqu'elle cesse par l'arrivée du navire à destination ou quinze jours après d'après les clauses usuelles des polices, et que c'est à ce moment que les obligations de l'assureur sont fixées d'une manière définitive dans leurs conditions d'existence et d'étendue. Ce système nous paraît devoir être rejeté. Peu importe, en effet, que l'emprunt soit postérieur en date à l'expiration de l'assurance, s'il est une conséquence immédiate de la fortune de mer. On a vu, en effet, *suprà*, n° 1875, que l'assureur demeure responsable jusqu'à ce que l'avarie soit réparée ; notamment qu'en cas d'assurance d'un navire pour le voyage d'aller et retour, avec stipulation que les risques seront réglés séparément pour chaque voyage, le voyage d'aller est réputé se prolonger pendant toute la durée des réparations, au port de destination, des avaries souffertes par le navire dans la traversée et qui en empêchaient le retour (Req. 18 févr. 1861, aff. Fauché, D. P. 61. 1. 366). D'autre part, il est difficile de contester que l'emprunt soit une conséquence de la fortune de mer. Il est évident, en effet, comme l'a constaté la cour de Douai dans un arrêt du 9 nov. 1847 (aff. Delrue, D. P. 51. 2. 201), « que si aucune avarie n'était survenue, l'assuré n'aurait pas eu besoin d'envoyer ou de se procurer des fonds au lieu de destination pour faire réparer le navire ». Dans ces conditions, refuser de mettre à la charge de l'assureur les frais d'envoi d'argent ou ceux de l'emprunt que le capitaine a dû contracter, serait contraire aux principes du contrat d'assurances, dont le but est de rendre l'assuré indemne de tout préjudice résultant du sinistre ; ce but ne serait pas atteint, si on ne rétablissait pas les choses au même état qu'elles se seraient trouvées si le sinistre n'était pas arrivé, et ce résultat ne saurait être obtenu si on imposait à l'assuré les frais d'emprunt ou d'envoi d'argent (Weill, n° 146; Desjardins, t. 6, n° 1405, p. 319).

1916. Par les mêmes motifs, l'assureur serait responsable, comme conséquences d'une fortune de mer couverte par l'assurance, de la saisie et de la vente d'un navire ordonnées par un tribunal *étranger*, à raison de l'impossibilité, dans laquelle se serait trouvé le capitaine, de se procurer les fonds nécessaires pour acquitter le coût de réparations rendues indispensables par des accidents et avaries survenues au cours du voyage. On ne pourrait, en effet, dans ce cas, lui reprocher aucune faute et en l'absence d'une faute de l'assuré, l'assureur est responsable des conséquences de l'avarie et des frais qu'elle occasionne. — Jugé en ce sens que lorsque le navire, après avoir été réparé à l'aide de deniers fournis par des tiers, a dû être vendu pour le remboursement de la somme employée à sa réparation, la dépossession légale subie en ce cas par l'assuré équivaut pour lui à la perte du navire, et que l'assureur est tenu de l'en indemniser (Req. 17 août 1859, aff. Georges, D. P. 59. 1. 356; 9 août 1860, aff. Blandin, D. P. 60. 1. 439).

1917. Si le navire arrive à destination, grevé en cours de route d'un emprunt à la grosse, contracté pour des causes qui sont à la charge exclusive des assureurs, que la dette ne soit pas acquittée et que le créancier fasse vendre le navire, à qui incomberont les conséquences de la vente? M. Desjardins, t. 6, n° 1405, et M. Weill, n° 148, n'hésitent pas à mettre ces conséquences à la charge de l'assureur, pourvu qu'il ait été avisé par l'assuré et qu'aucuns frais extraordinaires n'aient été causés par les emprunteurs après l'arrivée de la chose assurée, car ces frais constitueraient des risques de terre qui ne seraient pas une conséquence directe de la fortune de mer (Trib. Nantes, 9 mai 1885, aff. Simon, *Recueil de Nantes*, 1885. 1. 401; Rennes, 9 mars 1886, cité *suprà*, n° 1832). L'assureur supporterait encore la perte subie par l'assuré si, à l'arrivée à destination, le navire avait été déclaré innavigable faute de fonds pour le réparer, et au cas où, après avoir été réparé à l'aide de fonds fournis par des tiers, il avait dû être vendu pour le remboursement de la somme employée à sa réparation (Req. 17 août 1859, aff. Georges, D. P. 59. 1. 356).

1918. Lorsqu'il y a faute de la part de l'assuré ou du capitaine, on admet généralement que les solutions qui précèdent doivent être modifiées. Par exemple, si l'assuré n'avait pas employé aux réparations ou au payement du créancier des fonds qui se trouvaient disponibles entre ses mains et avait recouru à la voie coûteuse de l'emprunt à la grosse ou avait laissé vendre le navire, il devrait supporter seul les conséquences de sa négligence ou de son impéritie. Il en serait ainsi, par exemple, si l'assuré avait entre les mains le fret acquis, encore bien qu'il eût cédé à un tiers partie de ce fret, sans fixation de quotité ; une telle cession qui, par sa nature, ne doit comprendre que la portion du fret susceptible de demeurer libre après prélèvement des sommes nécessaires à l'armement et autres emplois, ne peut être opposée à l'assureur (Bordeaux, 30 août 1854, aff. Viaud, D. P. 55. 5. 31).

Il y aurait toutefois exception à cette règle, alors même que le capitaine serait en faute, si, aux termes de la police, la responsabilité des assureurs ne devait cesser qu'en cas de dol ou de fraude de sa part (Rennes, 25 févr. 1879, aff. Régis, D. P. 80. 2. 132).

1919. Si la dette contractée par la voie de l'emprunt à la grosse devait se répartir, d'après la police, suivant une proportion déterminée entre l'assureur et l'assuré et que ce dernier refusât de payer sa contribution, tandis que l'assureur consentirait à payer la sienne, celui-ci n'aurait pas à supporter la perte résultant de la vente du navire. En effet, il y aurait, en pareil cas, une faute de l'assuré dont l'assureur ne saurait être responsable ; car, si celui-ci a payé sa part de dépenses, la vente du navire ne serait rendue nécessaire que par une dette dont il n'était pas tenu (Desjardins, t. 6, n° 1405, p. 320 ; J.-V. Cauvet, n° 175).

Enfin, si le règlement définitif ne peut avoir lieu avant l'échéance du billet de grosse, l'assuré peut obliger l'assureur à payer la totalité des causes de l'emprunt au moyen d'un règlement provisoire (Weill, n° 148; J.-V. Cauvet, *ibid.*, Desjardins, *ibid.*).

Ces difficultés d'ailleurs se présenteront de plus en plus rarement, car, pour couper court à toute contestation, la police française sur corps prend soin de stipuler (art. 12) que les assureurs sont et demeurent étrangers : 1° aux primes des emprunts à la grosse contractés dans un port d'expédition ou de destination ; 2° à la saisie et vente du navire dans un port d'expédition ou de destination sur la poursuite des prêteurs ou de tous autres créanciers ; 3° aux effets de toutes déterminations des armateurs à l'égard des créanciers, prises en vertu de l'art. 216 c. com. (V. de Courcy, *Commentaire des polices*, p. 129 ; Desjardins, t. 6, n° 1405, p. 321).

1920. L'assureur des sommes prêtées à la grosse n'est garant que du défaut de payement soit total, soit partiel, provenant des fortunes de mer dont le prêteur avait assumé le risque. Il suit de là que le prêteur à la grosse, lorsqu'il a stipulé que le prêt serait franc d'avaries particulières, n'a aucun recours contre l'assureur à raison du non-payement de sa créance dans le cas où le navire, après son arrivée au lieu de destination, a été déclaré innavigable et vendu faute de fonds pour réparer les avaries particulières qu'il avait subies. L'assureur, en ce cas, ne pourrait être tenu de rembourser au prêteur que le montant de la part pour laquelle il serait tenu de contribuer aux avaries communes

(Req. 9 mars 1869, aff. Quesnel, D. P. 69. 1. 453). Peu importe que le remboursement des sommes prêtées rencontre un obstacle de fait dans la diminution de valeur de la chose grevée du prêt et dans l'insolvabilité de l'emprunteur; la créance de l'assuré n'en demeure pas moins entière, et la condition de l'assurance est, dès lors, non accomplie, sauf ce qui concerne la contribution aux avaries communes. Par application des mêmes principes, il a été jugé que l'assureur ne peut être déclaré responsable du défaut de remboursement résultant de la priorité accordée à d'autres prêts à la grosse, contractés en cours de voyage, si ces prêts ont été réalisés, non pour réparer des avaries, mais seulement pour faire face à des besoins d'avictuaillement et des frais ordinaires de navigation, alors d'ailleurs que ces risques n'ont pas fait l'objet d'une clause spéciale de la police (Aix, 5 févr. 1867, aff. Rouquette, D. P. 67. 2. 190).

1921.—XIV. FAIT DE L'ASSURÉ.—L'assureur ne répond pas des pertes et dommages qui proviennent du fait de l'assuré (c. com. art. 351) (*Rép.* n° 1867). En cela, l'assurance maritime diffère profondément des assurances terrestres et particulièrement de l'assurance contre l'incendie, dans laquelle l'assureur répond du sinistre, alors même qu'il a pour cause une faute de l'assuré. Cette différence tient à ce que l'assurance maritime n'a pour but que de couvrir les risques provenant de la fortune de mer, et lorsqu'un sinistre provient de la faute de l'assuré, il n'a évidemment pas pour cause une fortune de mer. L'application stricte du principe qui réduit la garantie donnée par l'assureur à la fortune de mer s'impose d'autant plus qu'elle intéresse la sécurité de la navigation maritime, et, par conséquent, non seulement les intérêts pécuniaires des assurés, mais aussi la vie des passagers et des matelots. Il importe d'empêcher les spéculations qui trouveraient leur succès dans la perte d'une marchandise dont la valeur assurée aurait été exagérée, et, dans tous les cas, de ne pas donner une prime à l'incurie de celui qui, sûr d'être indemnisé par autrui, se désintéresserait des mesures que commande la plus simple prudence. Dans les assurances contre l'incendie, comme l'incendie provient plus souvent d'une faute que du cas de force majeure, on n'aurait pu, sans entraver absolument ce genre d'assurances, ne pas garantir l'assuré contre les fautes légères, les imprudences, les négligences. En outre, même dans cette espèce d'assurance, la responsabilité de l'assureur ne s'étend pas aux négligences excessives, aux imprudences graves (V. *suprà*, v° *Assurances terrestres*, n°s 67 et suiv. Comp. Desjardins, t. 6, n° 1404 ; de Courcy, t. 2, p. 125).

Par application de l'art. 351, il a été jugé, notamment, que l'assureur n'est pas responsable de la perte d'un bateau à vapeur affecté à la navigation fluviale, perte due soit à l'adaptation à ce bateau d'un gouvernail en bois, soit au fait que ce gouvernail a été installé dans des conditions défectueuses, lorsqu'il est constaté que l'établissement de cet agrès, dit *de fortune*, a eu lieu par l'ordre de l'assuré, sans que l'assureur en ait été averti (Req. 27 nov. 1883, aff. Galbrun, D. P. 85. 1. 38).

1922. Peut-on déroger par une clause expresse à la règle que l'on vient de rappeler? Suivant une première opinion, l'assuré pourrait mettre à la charge de l'assureur la responsabilité de ses fautes personnelles dès l'instant qu'elles n'ont pas le caractère d'un dol ou d'une faute lourde assimilable au dol (de Courcy, t. 1, p. 81 et suiv.). — Dans un second système, il faudrait distinguer suivant qu'il s'agit de fautes qui lèsent ou ne lèsent pas l'ordre public. Ainsi M. de Valroger, t. 4, n° 1586, considère comme trop rigoureuse la doctrine qui rend l'assuré toujours responsable de ses simples négligences, tout en reconnaissant que, dans les assurances maritimes, à la différence des assurances terrestres, l'assuré ne doit pas être présumé avoir voulu s'affranchir de cette responsabilité. Suivant lui, le chargeur pourrait, par une clause expresse, stipuler qu'il ne sera pas tenu vis-à-vis de l'assureur de simples fautes ou négligences, par exemple, de celles qu'il aurait commises dans l'emballage ou le chargement de la marchandise. Il convient que la question est plus délicate lorsqu'il s'agit du propriétaire du navire ; il admet que celui-ci ne saurait, notamment, se dispenser de mettre le navire en état de navigabilité, sans porter atteinte à l'ordre public, et que, lorsqu'il est en même temps capitaine chargé de la conduite du navire, il ne peut lui être permis de s'affranchir de la responsabilité de ses fautes et négligences. « La loi, dit-il, qui déclare le capitaine responsable de ses fautes même légères (art. 221) me semble avoir voulu toujours lui imposer une responsabilité rigoureuse ».

Ce système nous paraît faire une distinction arbitraire et peu juridique. Nous n'hésitons pas à persister dans l'opinion que nous avons déjà adoptée au *Rép.* n° 1867, et à refuser à l'assuré le droit de s'affranchir par convention de ses fautes personnelles.

1923. Ce qui vient d'être dit du fait de l'assuré s'applique au fait de ses préposés (*Rép.* n° 1868). Le propriétaire du navire répond envers l'assureur non seulement du fait du capitaine et de l'équipage, mais encore de ses correspondants et consignataires ; le chargeur, du fait du réceptionnaire, du subrécargue (de Valroger, t. 4, n° 1584).

1924. On s'est demandé si l'art. 352, en déchargeant les assureurs des dommages causés par les fait et faute des propriétaires, affréteurs ou chargeurs, n'avait pas ajouté aux dispositions de l'art. 351 qui décharge l'assureur des dommages qui proviennent du fait de l'assuré. En d'autres termes, l'art. 352 n'établit-il pas une responsabilité réciproque des propriétaires affréteurs et chargeurs? Si l'on adopte l'affirmative, on devra décider que les chargeurs répondent envers leur assureur du fait du propriétaire du navire et que, réciproquement, le propriétaire répondra envers son assureur du fait du chargeur (V. en ce sens : Boistel, n° 1376). Nous croyons plutôt que les art. 351 et 352 font double emploi, que les chargeurs ne répondent pas du fait du propriétaire, quoique l'art. 353 mette à leur charge la baraterie de patron, et que, d'autre part, le propriétaire ne répond pas non plus envers l'assureur des faits du chargeur (Desjardins, t. 6, n° 1404, p. 316 ; de Valroger, t. 4, n° 1582). Dans tous les cas, on s'accorde à reconnaître que les chargeurs ne répondent pas du fait les uns des autres (V. les auteurs précités).

1925. — XV. CHANGEMENT DE VOYAGE, DE ROUTE, ETC. — Comme il a été exposé au *Rép.* n° 1870, l'assureur est déchargé, lorsqu'il y a eu changement de route, de voyage ou de vaisseau provenant du fait de l'assuré.

Les règles relatives au changement de route exposées au *Rép.* n°s 1871 à 1873 conservent toujours leur application. Le changement de route, comme le changement de voyage, modifie le lieu du risque et est susceptible, par conséquent, d'aggraver le risque lui-même. Il n'est pas indifférent pour l'assureur que le navire exécute tel ou tel voyage et qu'il l'exécute en suivant telle ou telle route. D'ailleurs, alors même que le changement dans la route ou le voyage serait de nature à atténuer les risques plutôt qu'à les aggraver, il n'en aurait pas moins pour effet de modifier les termes de la convention, dont chacune des parties a le droit d'exiger le maintien et la fidèle exécution.

1926. — 1° *Changement de voyage.* — Le changement de voyage est, aux termes de l'art. 351 c. com., une cause absolue de décharge pour l'assureur s'il provient du fait de l'assuré. On a dit au *Rép.* n° 1874 qu'il y avait changement de voyage, lorsque le navire, après avoir parcouru jusqu'à un lieu d'échelle la route tracée par la police, est parti de ce lieu pour un port de destination autre que celui fixé dans le contrat. Mais cette définition n'envisage qu'un cas spécial et doit être complétée. La définition exacte a été donnée par la cour de cassation dans un arrêt du 25 août 1874. Suivant cet arrêt, dès que la destination change, le voyage est changé. Il faut supposer, toutefois, que la substitution dans le lieu de destination est postérieure à la mise en risques, sans quoi, il y aurait rupture du voyage. Dès que le navire fait voile, soit du port d'expédition, soit d'un point quelconque en cours de voyage pour une autre destination que celle qui avait été primitivement déterminée, les risques cessent d'être à la charge de l'assureur. « Attendu, a dit la cour de cassation dans l'arrêt du 25 août 1874 (aff. Compagnie d'assurances maritimes *la Vigie*, D. P. 75. 1. 161), que le voyage est réputé changé dès que le navire a pris charge et fait voile pour toute autre destination que celle du voyage assuré ; — Qu'il est, en effet, défini et qualifié par les deux points extrêmes d'embarquement et de débarquement ; — Qu'il signifie, indépendamment de la route suivie, le trajet total de l'un de ces points à l'autre ; — Que, lorsqu'il y a changement de l'un des points extrêmes, il y a changement de voyage, et l'assurance cesse de produire effet, à moins qu'il ne soit simplement raccourci. » En résumé, le voyage doit être réputé changé, lorsqu'il y a changement de l'un des points extrêmes, et, en ce cas, l'assurance cesse de produire effet, à moins que le voyage ne soit simplement raccourci.

1927. Le changement de voyage a pour effet de libérer l'assureur de ses obligations, même dans le cas où le nouveau voyage comporterait pour partie une route commune avec celui qui avait été primitivement assuré ; les sinistres survenus dans cette partie de la route ne seraient pas à sa charge. Il semble cependant, à première vue, qu'on ne devrait pas considérer le voyage comme changé si le sinistre s'était produit dans les eaux que le navire aurait dû parcourir de toute façon, alors même que sa destination n'aurait pas été changée, si, par exemple, le sinistre s'était produit dans le détroit de Gibraltar pour un navire venant de l'Océan et qui se dirigerait sur Cette au lieu de Marseille, but primitif du voyage. On pourrait dire que les risques qui se sont réalisés étaient bien ceux que le contrat avait prévus, puisque le sinistre a eu lieu dans des eaux que le navire, selon les prévisions mêmes du contrat, devait traverser, qu'il n'y a eu ni changement de route, ni changement de voyage, et que si, dans la pensée du capitaine, la destination a été changée ; c'est-là une circonstance indifférente, puisqu'elle est restée à l'état de simple projet et qu'elle n'a exercé aucune influence sur les destinées du navire, exposé dans tous les cas aux mêmes dangers. Mais le voyage dans les limites entre le point de départ et le point d'arrivée a un caractère de continuité et d'unité qui s'oppose à ce qu'il puisse être divisé en plusieurs fractions correspondant à autant d'espaces intermédiaires auxquels s'appliquerait divisément le contrat d'assurance. L'assurance d'un voyage comprend les risques que comporte ce voyage dans son ensemble, tels que l'assureur a pu les supputer, dans les conditions de chargement, de navigation, d'équipage, de mise à la mer, et non point les seuls accidents de navigation que peut subir le navire d'un point à un autre de la route qu'il doit parcourir. En parlant du changement non seulement de route, mais aussi de voyage, l'art. 351 c. com. indique clairement que le voyage peut être changé, bien que la route ne le soit pas ou même ne puisse l'être dans une partie plus ou moins étendue du parcours maritime. Enfin la disposition par laquelle cet article exonère l'assureur, en cas de changement de voyage par le fait de l'assuré, est conçue en termes généraux et absolus qui ne permettent pas d'en écarter l'application, dans le cas où le sinistre de mer est arrivé dans des eaux que le navire aurait dû toujours traverser, quand bien même il n'aurait pas changé de destination. L'art. 364 confirme, d'ailleurs, cette solution, lorsqu'il porte que l'assureur est déchargé des risques si l'assuré envoie le vaisseau en un lieu plus éloigné que celui qui est désigné par le contrat, quoique sur la même route. La communauté partielle de route ne suffit donc pas pour mettre les risques du trajet commun à la charge de l'assureur, qui ne répond que des risques du voyage, indivisible, identique à lui-même, qui a fait l'objet de l'assurance (V. en ce sens : Pardessus, t. 2, n° 872 ; Alauzet, *Traité général des assurances*, t. 2, n° 263 ; Bédarride, t. 4, n° 1237 ; Laurin sur Cresp, t. 4, p. 72 et suiv. ; Lyon-Caen et Renault, t. 2, n° 2153 ; Civ. cass. 25 août 1874, cité *suprà*, n° 1926).

1928. Suffit-il pour libérer l'assureur que le changement de voyage ait été simplement projeté ou faut-il que le projet de changer le voyage ait reçu un commencement d'exécution ? C'est à ce dernier parti que l'on s'est rangé au *Rép.* n° 1877. En effet, l'assureur ne saurait se prétendre libéré par cela seul que le capitaine se serait proposé de modifier le voyage. Il faut que le navire ait pris charge, que les expéditions aient été établies et qu'il ait fait route pour la nouvelle destination ; en d'autres termes, il faut que le projet de voyage ait reçu un commencement d'exécution (de Valroger, t. 4, n° 1571). Mais, à partir de ce moment, le changement de voyage est réputé accompli, alors même que le navire ne serait pas sorti des eaux qu'il devait primitivement parcourir.

1929. Il peut même y avoir changement de voyage et, par suite, libération de l'assureur, dans le cas où l'assurance ne porte pas seulement sur un voyage isolé et spécialisé, mais où elle est faite pour un temps donné, si, dans cette assurance, on avait déterminé les parages dans lesquels le navire devrait naviguer. Le changement de voyage et la libération de l'assureur résulteraient, en pareil cas, du fait que le navire se rendrait dans un port non compris dans la zone qui a été désignée par l'assurance. Ainsi lorsqu'un navire, assuré pour une navigation de douze mois en Méditerranée, Océan et dépendances, a péri au début d'un voyage de Cardiff à Aden, c'est-à-dire d'un voyage ayant pour terme un port non compris dans l'assurance, il y a lieu d'annuler l'assurance, ainsi que le délaissement fait à l'assureur par les propriétaires du navire (Civ. cass. 8 août 1876, aff. Bonnaud, D. P. 77. 1. 109 ; 29 août 1877, aff. Blanc, D. P. 77. 5. 31. — *Contrà* : Trib. Marseille, 18 mai 1875, *Recueil de Marseille*, 1875. 1. 238 ; Aix, 24 janv. 1876, *ibid.*, 1876. 1. 88 ; Desjardins, t. 6, n° 1438, p. 410). — De même, lorsque certains parages ont été interdits par l'assurance et que le navire s'y rend, le voyage doit être réputé changé (de Valroger, t. 4, n° 1570). — Si la convention n'a pas déterminé les lieux de la navigation permise, il faut s'en tenir aux limites posées par les art. 328 et 341 (Desjardins, t. 6, *loc. cit.*, p. 410).

1930. La prolongation du voyage libère également l'assureur aux termes de l'art. 364 (*Rép.* n° 1889). On ne doit entendre par prolongation de voyage que celle qui a lieu au delà du point de destination, lorsque le navire arrivé à ce point reçoit l'ordre de se diriger vers un point plus éloigné ; si, dès le début, le navire avait dû se rendre en ce dernier point, il y aurait eu changement de voyage et non simplement prolongation ; c'est en ce sens que doit s'entendre l'art. 364 (Desjardins, t. 6, n° 1438, p. 411). Cette disposition, comme celle afférente au changement de voyage, s'applique non seulement au cas où l'assurance porte sur un seul voyage, mais encore au cas où elle a pour objet une navigation qui doit s'accomplir dans un temps déterminé, dès que les lieux de la navigation permise sont déterminés eux-mêmes (de Valroger, t. 4, n° 1696). C'est ce qu'a décidé la cour de cassation, dans l'arrêt du 8 août 1876 (cité *suprà*, n° 1929).

1931. On a soutenu, en invoquant l'autorité de Pothier, d'Emérigon, *Contrats d'assurances*, n° 72, et de Locré, *Esprit du code de commerce*, sur l'art. 364, t. 4, que l'entreprise du voyage pour un lieu plus éloigné que celui qui est désigné au contrat, ne suffit pas pour rompre l'assurance, qu'il faut encore que cette entreprise ait été menée à fin, et que le navire soit arrivé à la hauteur du lieu porté par la police. Nous avons combattu cette doctrine à propos du changement de voyage ; elle n'est pas plus exacte dans le cas de prolongation. Elle est repoussée d'ailleurs par plusieurs arrêts cités au *Rép.* n° 1891 (de Valroger, t. 4, n° 1694). Elle a été de nouveau condamnée par l'arrêt du 8 août 1876 (*suprà*, n°s 1929 et 1930) pour les assurances au voyage. Il n'y a évidemment aucune raison de distinguer entre le cas où l'assurance porte sur un seul voyage et celui où elle a pour objet une navigation qui doit s'accomplir dans les lieux ou entre des ports déterminés (*Contrà* : Trib. Marseille, 18 mai 1875, et Aix, 24 janv. 1876, cités *suprà*, n° 1929). Les principes sont les mêmes et le texte de l'art. 364 ne fait aucune distinction. L'assuré, dans l'une comme dans l'autre hypothèse, ne saurait avoir le bénéfice de l'assurance qu'à la condition d'en respecter les termes : la loi veut que l'assuré qui ne se conforme pas aux termes du contrat n'en puisse pas réclamer le bénéfice ; il ne s'y conforme pas dès que le navire a pris charge et fait voile pour toute destination autre que celle du voyage ou de l'ensemble des voyages assurés. Dans l'espèce de l'arrêt du 8 août 1876 (cité *suprà*, n° 1929), le voyage de Cardiff à Aden n'était pas assuré, puisqu'il ne pouvait pas s'accomplir dans les eaux de l'Océan et de la Méditerranée. Les risques n'en pouvaient, dès lors, être imposés à l'assureur.

1932. Lorsque le voyage est raccourci, dit encore l'art. 364, l'assurance a son entier effet (*Rép.* n° 1892). Mais quand le voyage est-il raccourci ? « Ce ne serait, dit M. de Valroger, t. 4, n° 1697, qu'à une condition : si le point où le navire s'est arrêté était un port d'échelle indiqué dans la police ou par l'usage. Autrement il y aurait changement de voyage ». — C'est l'opinion qui avait été adoptée par un arrêt de la cour de Paris du 16 août 1837 (*Rép.*

n° 1876) et qui est aujourd'hui généralement suivie; les tribunaux ont d'ailleurs à ce point de vue une grande latitude d'appréciation. La question est particulièrement délicate, lorsque l'assurance a été faite pour l'aller et le retour avec faculté d'échelle. M. de Valroger partage à cet égard l'opinion que nous avions nous-même adoptée au *Rép.* n° 1893, et estime que, si le navire a fait retour d'un port d'échelle au lieu du départ, le voyage doit être considéré comme simplement raccourci. Nous persistons à penser que tout ce qu'on peut exiger en pareil cas, c'est que l'assuré ne se soit pas écarté de la ligne qui lui avait été tracée par la police et qu'il aurait dû suivre pour accomplir le voyage entier (Desjardins, t. 6, n° 1438, p. 411).

1933. — 2° *Changement de route.* — Le changement de route (*Rép.* n° 1872) a le même effet que le changement de voyage. Il faut appliquer au changement de route tout ce qui a été dit du changement de voyage et de la prolongation du voyage: 1° le changement de route n'a d'effet que si l'assurance est au voyage ou si, étant souscrite à temps, on a tracé le périmètre dans lequel devrait être circonscrite la navigation; 2° l'assureur est exonéré du jour où le changement est résolu, si la résolution s'est manifestée par un acte extérieur, et il reste affranchi des risques, même après que le navire a repris l'itinéraire voulu; le contrat ayant été résilié du jour où la loi du contrat a été enfreinte, l'assureur se trouve à jamais exonéré.

1934. Les polices renferment souvent des clauses accordant à l'assuré la faculté de dérouter, de rétrograder et de faire toutes échelles. Ces clauses, comme on l'a vu au *Rép.* n° 1878, sont limitées à certaines modifications de route et n'emportent pas la faculté de changer le voyage en substituant à la destination primitivement arrêtée une nouvelle destination (Civ. cass. 25 août 1874, aff. Comp. *la Vigie*, D. P. 75. 1. 161). Comme l'avait déjà jugé la cour de Paris, le 9 mars 1841 (*Rép.* n° 1879), elles doivent être entendues dans leur sens propre, c'est-à-dire que la clause de faire échelle ne permet au navire d'entrer que dans les ports qui sont indiqués dans la police et en suivant l'ordre qui y a été fixé; ou, lorsque la police est muette quant aux ports d'échelle, dans les ports qui sont immédiatement sur sa route (Req. 9 janv. 1872, aff. Grandin, D. P. 72. 1. 199; de Valroger, t. 4, n° 1573). — On ne doit pas non plus donner un sens extensif à la faculté de faire escale; ainsi, lorsqu'une assurance est faite sur facultés à charger dans les ports du Mexique, sur le golfe, avec faculté de faire toutes escales, gratis pour les vapeurs, et, moyennant une surprime pour les voiliers, les assureurs sont déchargés si le navire, après avoir pris une partie de marchandises dans un port du Mexique, se rend dans un port plus lointain même situé dans le golfe pour y débarquer des marchandises (Rouen, 27 nov. 1882) (1). Et comme, pour les voiliers, la stipulation du droit d'escale comporte une surprime, elle ne peut être invoquée par l'assuré qu'autant qu'il a payé la surprime (Req. 9 janv. 1872, précité).

1935. La faculté de rétrograder donne au capitaine le droit d'aller en avant et en arrière, pourvu qu'il ne perde jamais de vue le but du voyage assuré (*Rép.* n° 1879) et que ce voyage ne soit pas encore terminé. Lorsque le navire a touché au port de destination et effectué son déchargement, et que, par conséquent, le voyage est terminé, tout voyage rétrograde constitue un nouveau voyage qui ne saurait être aux risques des assureurs (Trib. Marseille, 14 nov. 1860, *Recueil de Marseille*, 1861. 1. 10; 23 mai 1878, aff. Voelkl, *ibid.*, 1878. 1. 175; de Valroger, t. 4, n° 1563). Le capitaine ne pourrait pas non plus gagner un port plus éloigné que le port de destination sauf à revenir ensuite vers ce dernier (Trib. Marseille, 14 nov. 1860, précité).

1936. Il a été jugé, par interprétation d'une police d'assurance disposant « que tous les transbordements ou escales seront gratuits », que cette clause autorise l'assuré à transborder ses marchandises d'un navire sur un autre au cours du voyage, lors même que le premier serait à vapeur et le second à voiles, ou à les conserver pendant un certain temps au port de relâche et de transbordement, sans qu'on puisse dire qu'il y a un voyage nouveau (Paris, 27 avr. 1872, aff. Comp. *le Neptune*, D. P. 74. 1. 352; *Rép.* n° 1880).

1937. Suivant M. de Valroger, t. 4, n° 1573, qui reproduit sur ce point l'opinion d'Emérigon, la faculté de s'arrêter en route doit être sous-entendue, lorsqu'elle est conforme à l'usage. Cette opinion est contraire à celle qui résulte de la doctrine enseignée par M. Em. Cauvet, t. 2, n° 30. Nous croyons néanmoins devoir nous ranger à l'avis de M. de Valroger; il est, en effet, certains points des mers où les navires s'arrêtent pour ainsi dire forcément; soit pour faire du charbon, s'ils sont à vapeur, soit pour se ravitailler en vivres et provisions, qu'ils soient à voiles ou à vapeur; ou encore pour traverser certains passages. Dira-t-on, par exemple, qu'un navire qui s'arrêtera à Suez ou à Port-Saïd, pour attendre le libre passage dans le canal de Suez, contrevienne aux clauses de la police. Cela nous paraît difficile. Du reste, cette faculté est, comme le remarque M. de Valroger, *loc. cit.*, accordée en Angleterre et en Allemagne; on y reconnaît qu'il n'y a pas *déviation*, quand le navire s'arrête dans un port intermédiaire, *suivant l'usage de la navigation pour le voyage assuré.*

1938. — 3° *Changement de vaisseau.* — Aux termes de l'art. 351, le changement de vaisseau est une cause de cessation des risques, lorsqu'il a lieu sans nécessité et sans l'assentiment de l'assureur. Il en est ainsi évidemment dans le cas d'assurance sur corps; il en est même ainsi, on l'a déjà vu *suprà*, n° 1622, dans le cas d'assurance sur facultés, car il n'est pas indifférent que la marchandise voyage sur tel ou tel navire; et, d'ailleurs, l'assuré ne peut pas déroger au contrat sans l'assentiment de l'assureur (V. *suprà*, n° 1619 et suiv.; de Valroger, t. 4, n° 1574; Desjardins, t. 6, n° 1438, p. 413 VII). — On applique toujours, en pareil cas, les règles exposées au *Rép.* n° 1895, notamment celle d'après laquelle l'assureur est exonéré, alors même que le bâtiment substitué aurait présenté des garanties de sécurité équivalentes ou même supérieures, et encore bien que la chose assurée eût également péri dans le premier navire (*Rép.* nos 1895 et 1896). Mais l'art. 351 ne s'applique évidemment que si le vaisseau à bord duquel doit voyager la marchandise a été désigné, ou si la convention ne laisse pas à l'assuré la liberté de répartir à son gré la marchandise assurée, et de la transborder au besoin en cours de voyage (de Valroger, t. 4, n° 1574).

1939. — 4° *Changement de capitaine.* — Le changement de capitaine, sans que le nouveau soit agréé par l'assureur, a-t-il vis-à-vis de ce dernier les mêmes effets que le changement de vaisseau? L'affirmative est généralement admise (Rennes, 14 juin 1869, aff. Assailly, D. P. 71. 2. 126), et consacrée, d'ailleurs, par la police française sur corps; elle affranchit

(1) (Batchelor et comp. C. Assureurs.) — LA COUR; — Attendu que, le 3 sept. 1880, Batchelor et comp. ont affrété le navire *Congo*, alors en charge à Bordeaux, pour le golfe du Mexique, à l'effet de prendre, à Tuspan, ou dans les ports voisins de Cazones ou de Tecolutta, un chargement de produits du pays, à destination du Havre; — Que le navire expédié de Bordeaux, avec une cargaison de vins et de liqueurs, pour Brazos-Santiago (Texas), « en touchant à Tuspan », arriva, dans ce dernier port, le 1er déc. 1880; — Qu'après avoir débarqué une partie de ces marchandises, le *Congo*, au lieu de terminer immédiatement son voyage d'aller, en continuant sur Brazos, prit, à Tuspan, deux mille huit cent vingt et une bûches bois jaune, à destination du Havre; — Qu'il fit route ensuite pour Brazos, sauf à revenir à Tuspan compléter son chargement; mais qu'il se perdit, le 7 janv. 1881, sur la barre de Brazos; — Attendu que Batchelor et comp. ayant voulu appliquer une somme de 15151 fr. 50 cent., représentant la valeur des bois pris pour le voyage de retour, à une police flottante du 16 janv. 1880 faite au profit des provenances de « Tampico, Tuspan, Carmen, Campêche, Cazones ou autres points du Mexique, à un port du Royaume-Uni ou du continent », avec faculté d'escales, moyennant surprimes, les assureurs repoussèrent, à bon droit, cette prétention; — Qu'en effet, cette police couvrant seulement les risques du voyage de retour n'a jamais reçu d'aliment, le navire ayant péri dans le voyage d'aller quand il allait atteindre son port de reste; — Attendu, à un autre point de vue, qu'en admettant même au respect des appelants que le voyage de retour fût considéré comme commencé au départ de Tuspan, la déviation sur Brazos constituerait un déroutement autorisant les assureurs à se dégager des stipulations de leur contrat; — Qu'en principe, tout navire doit se rendre à sa destination par la voie la plus courte, et que la faculté générale d'escales accordée par la police ne saurait être étendue au voyage fait par le *Congo* en dehors de sa route ordinaire dans un port autre qu'un port intermédiaire entre la côte du Mexique et le continent européen;

Par ces motifs, confirme le jugement dont est appel, etc.

Du 27 nov. 1882.-C. de Rouen, 1re ch.-MM. Neveu-Lemaire, 1er pr.-Ricard, av. gén.-d'Estaintot et Marais, av.

en effet, l'assureur qui a garanti la baraterie, des faits de dol ou de fraude du capitaine qui aurait été changé sans l'agrément de l'assureur ou de son représentant et remplacé par un autre que le second. — Il est bien entendu, toutefois, que les parties peuvent déroger à cette règle par une convention spéciale; mais, suivant M. de Valroger, t. 4, nº 1575, alors même que la police aurait, selon l'usage, fait suivre la désignation du capitaine de la clause ou *autre pour lui*, on ne pourrait remplacer le premier que par un capitaine de la même catégorie, et on ne saurait, par exemple, substituer à un capitaine au long cours un capitaine au cabotage (V. *suprà*, nº 1638).

1940. — 5º *Changement de propriétaire du navire assuré.* — On discute encore la question de savoir si le changement de propriétaire du navire assuré rompt le contrat. Il faut évidemment qu'il s'agisse d'une assurance souscrite au profit d'une personne déterminée ; car, si la police contient la clause *pour compte de qui il appartiendra*, le bénéfice de l'assurance peut, sans aucun doute, être revendiqué par les propriétaires futurs. Lorsqu'elle a été souscrite par une personne déterminée, la transmission de l'assurance suppose : 1º qu'il y a eu cession ou négociation valable de la police ; 2º que la situation de l'assureur n'est pas aggravée par le changement de propriétaire. En effet, comme le dit M. de Courcy, *Commentaire des polices françaises*, p. 206, en commentant l'art. 28 de la police sur corps, « la personnalité des armateurs est certainement un des principaux éléments de l'appréciation du risque. Il y a des maisons respectées dont les assureurs garantissent volontiers tous les navires, même vieillis. Mais, s'il survient un changement dans la propriété, si, par exemple, les armateurs se débarrassent de leurs plus vieux navires par une vente publique, le risque est dénaturé, il ne peut plus qu'être l'objet d'une négociation nouvelle et les assureurs ne sauraient être tenus d'accepter comme client l'acquéreur quelconque inconnu ou suspect ». C'est pour cela que l'art. 28 de la police française sur corps dispose que la vente publique du navire fait cesser de plein droit l'assurance au jour de la vente. « L'assurance, porte le même article, continue de plein droit en cas de vente privée s'appliquant à moins de moitié de l'intérêt assuré. En cas de vente privée, s'appliquant à moitié au moins de l'intérêt et mentionnée sur l'acte de francisation, l'assurance de l'intérêt vendu ne continue que si l'acquéreur l'a demandé aux assureurs et a été agréé par eux » (V. Desjardins, t. 6, nº 1328 *quater*).

1941. Les changements de route, de voyage ou de vaisseau ne libèrent l'assureur que s'ils sont volontaires de la part de l'assuré ou s'ils procèdent du fait de ses agents (de Valroger, t. 4, nº 1377 ; Req. 9 janv. 1872, aff. Grandin, D. P. 72. 1. 199). — On a vu *suprà*, nº 1884, et *Rép.* nºs 1831 et suiv., que, si le changement est nécessité par un événement fortuit, par une fortune de mer, dont il est garant, l'assureur est responsable (art. 350) ; mais que le changement n'est pas présumé fortuit, et que c'est à l'assuré qu'incombe sur ce point le fardeau de la preuve (de Valroger, t. 4, nº 1579).

1942. Si le changement provient du fait du capitaine, il faut distinguer suivant que l'assureur s'est ou non constitué garant des faits de baraterie (V. *infrà*, nºs 1964 et suiv. ; de Valroger, t. 4, nº 1578). — Si le changement a eu lieu en vertu d'un ordre de l'armateur, dans une assurance sur facultés, sera-t-il opposable aux chargeurs, qui ne répondent pas en principe du fait de l'armateur ? L'affirmative a été adoptée par un arrêt de la cour d'Aix du 26 juin 1879 (1) et est enseignée par M. Desjardins, t. 6, nº 1438, p. 415 XI. — Quand le changement ou la prolongation entraîne le ristourne de l'assurance, non seulement l'assureur n'est pas tenu des frais supplémentaires occasionnés par le changement de vaisseau, de route ou de voyage, mais il n'est pas garant des avaries qui viendraient à se produire. D'autre part, comme le ristourne se produit postérieurement à la mise en risques, il a droit à la prime (art. 351 et 364) (de Valroger, t. 4, nº 1580 ; Desjardins, t. 6, nº 1438, p. 415 X), et, comme la prime est due à titre de peine, il peut invoquer le privilège de l'art. 191-10º.

1943. — XVI. VICE PROPRE DE LA CHOSE ASSURÉE. — On a vu au *Rép.* nº 1905, qu'aux termes de l'art. 352 c. com., les déchets, diminutions ou pertes qui proviennent du vice propre de la chose ne sont pas à la charge des assureurs. Cette règle est consacrée par toutes les législations (V. c. com. allemand, art. 825 ; c. com. italien, art. 615, al. 2 ; loi belge sur les assurances de 1874, art. 18 ; c. com. espagnol, art. 756-6º, etc.). L'assureur ne répond pas du dommage qui est causé à la chose par le seul fait de la navigation ; il n'est donc en aucune façon tenu des détériorations qui, même par suite du fait qu'elle est transportée sur mer, proviennent de la nature même de la chose ou de ses défectuosités intrinsèques et abstraction faite de toute fortune de mer (Desjardins, t. 6, nº 1408 ; de Valroger, t. 4, nº 1587). A ce point de vue, il n'y a pas de distinction à établir entre la chose transportée et le navire. S'il s'agit du navire, le vice propre consistera dans les défauts de construction, dans l'usure et le défaut d'entretien de ses diverses parties. Mais la seule vétusté du navire ne constitue pas un vice propre (Bordeaux, 16 mars 1887, aff. Fichet, D. P. 88. 2. 169 ; de Valroger, t. 4, nº 1605). Quant aux marchandises, elles sont sujettes à certaines détériorations propres à leur nature : des graines oléagineuses à s'échauffer, des fruits à fermenter, des vins à s'aigrir, etc. Ce sont là des faits qui n'engagent pas la responsabilité de l'assureur. On verra *infrà*, nºs 1949 et suiv., différents cas de vice propre applicables soit à la chose transportée, soit au navire.

1944. La règle que l'assureur ne répond pas du vice propre est de la nature, mais non pas de l'essence du contrat

---

(1) (Bret C. Assureurs.) — Le 12 mars 1879, jugement du tribunal de commerce de Marseille ainsi conçu : — « Attendu que le sieur Bret a chargé sur le navire *Columbia*, pour être transportées de Buenos-Ayres à Marseille, soixante-dix mille cornes de bœufs d'une valeur totale de 28000 fr. ; — Qu'il a fait assurer cette marchandise ; — Attendu que le navire *Columbia* ayant péri, le sieur Bret a cité les assureurs en payement de la somme assurée ; — Attendu que la police du 29 mai 1878 a été faite pour courir les risques du voyage de sortie de Buenos-Ayres à Marseille ; — Attendu que le *Columbia* est parti de Buenos-Ayres le 22 mai 1878 ; mais qu'au lieu d'accomplir le voyage direct de Buenos-Ayres à Marseille, il s'est dirigé sur Rio de Janeiro, de là à Pernambuco, puis à Bahia, et que c'est en retournant de ce dernier port sur Buenos-Ayres qu'il s'est perdu, le 13 juill. 1878, à Belmonté, sur la côte du Brésil ; — Attendu que cette perte a eu lieu dans un voyage qui n'était pas celui prévu spécialement entre les parties et que l'on ne saurait considérer comme rentrant dans la catégorie des échelles que permettait la police ; qu'en réalité, le *Columbia*, en sortant du port de Buenos-Ayres, a entrepris une navigation comportant des risques absolument en dehors des prévisions convenues ; — Attendu que, le contrat d'assurance étant un contrat de droit étroit, il s'ensuit que les assureurs ne doivent répondre que des risques du voyage auquel ils ont consenti à se soumettre, et qu'ils se trouvent entièrement dégagés de toute responsabilité du moment que ces risques se trouvent changés ; — Que, dans l'espèce, ce cas se réalise, le *Columbia* ayant péri dans des circonstances qui sont en dehors du contrat ; — Que Bret ne peut donc directement atteindre ses assureurs ; — Mais qu'il prétend que ceux-ci ont accepté vis-à-vis de lui la responsabilité de la baraterie de patron, et qu'il considère comme constituant un fait de ce genre le fait du capitaine du *Columbia*, qui, après avoir reçu à son bord des marchandises pour un voyage de Buenos-Ayres à Marseille, aurait manqué à son engagement, et aurait entrepris un voyage entièrement différent ; — Attendu que ce n'est point volontairement et de sa propre initiative que le capitaine du *Columbia*, au lieu de se diriger sur Marseille, en sortant de Buenos-Ayres, a fait route sur la côte du Brésil ; que sans doute, les soixante-dix mille cornes dont s'agit avaient été prises et embarquées sous son nom à bord du *Columbia* pour être transportées à Marseille ; mais que le changement de voyage n'a eu lieu, ainsi qu'il est pleinement établi aux débats, que sur les ordres formels qui lui ont été donnés par les armateurs ; — Que le capitaine, en obéissant à ces ordres, auxquels il était tenu d'obtempérer, ne commettait aucune faute de nature à engager sa responsabilité directe, par conséquent, à constituer une baraterie de patron à la charge des assureurs ; — Que les seuls auteurs du changement de voyage sont les armateurs du navire, qui avaient autorité, sous leur propre responsabilité, pour l'ordonner et l'imposer à leur capitaine ; — Mais que les assureurs ne répondent point, vis-à-vis de leur assuré, des fautes de ces armateurs ; — Par ces motifs ; — Déboute Bret de sa demande avec dépens ». — Appel par le sieur Bret. — Arrêt.

LA COUR ; — Adoptant les motifs des premiers juges ; — Confirme.

Du 26 juin 1879.-C. d'Aix, 1re ch.-MM. Rigaud, 1er pr.-Paul Rigaud et Arnaud, av.

d'assurance maritime ; aussi s'accorde-t-on à reconnaître qu'il est permis d'y déroger, et que l'assureur peut expressément consentir à en garantir les risques. L'art. 352 ne renferme pas, il est vrai, sur ce point de disposition semblable à celle de l'art. 353 ; mais la convention dont s'agit n'a évidemment rien de contraire à l'ordre public (de Valroger, t. 4, n° 1610; Weill, n° 167; Desjardins, t. 6, n° 1409). « Toutefois, la liberté des conventions, dit M. Desjardins, *ibid.*, p. 326, est en ce point limitée par les exigences de l'ordre public. Par exemple, quoi que l'assureur ait pris à sa charge, il ne répond pas de la perte si l'assuré livre à la navigation un bâtiment notoirement innavigable » (V. également: de Valroger, *loc. cit.*). Il en est de même si l'assuré connaissant le vice propre ne l'a pas révélé et a introduit frauduleusement la clause de responsabilité de l'assureur, ou même si le vice propre se confond avec une faute de l'assuré dont il ne peut s'exonérer (de Valroger, t. 4, n° 1610. Comp. Lyon-Caen et Renault, t. 2, n° 2146). Ces auteurs distinguent suivant que les vices propres se rattachent ou non à une faute de l'assuré : au premier cas, ils n'admettent pas la validité de la clause de non-garantie, l'assureur ne pouvant prendre à sa charge les fautes de l'assuré; mais ils la considèrent comme valable dans le second cas.

1945. Le consentement de l'assureur à répondre du vice propre peut non seulement être exprès, mais encore résulter implicitement des conditions dans lesquelles le contrat d'assurance a été passé. — Ainsi il a été jugé qu'un assureur avait entendu assumer la responsabilité du vice propre et pris à sa charge le risque du coulage inévitable à raison du poids des fûts, parce qu'il avait stipulé une prime double (Trib. Marseille, 21 oct. 1874, *Recueil de Marseille*, 1875. 1. 12). L'assureur ne pourrait davantage exciper du vice propre du navire, s'il en avait connu l'état défectueux et exigé pour ce motif une prime exceptionnelle (Aix, 28 mars 1865, *Recueil de Marseille*, 1865. 1. 61 ; Paris, 22 déc. 1865, *ibid.*, 1866. 2. 147 ; Trib. Marseille, 10 juin 1873, *Recueil de Marseille*, 1873. 1. 234 ; Bordeaux, 9 mars 1885, *Revue de droit commercial et maritime*, 1885, p. 273. V. aussi Req. 15 mars 1869, aff. Merlen, D. P. 70. 1. 121 ; Trib. Marseille, 9 janv. 1877, *Recueil de Marseille*, 1877. 2. 78).

1946. Il faut, pour que l'assureur soit indemne, que le vice propre soit la cause directe du dommage. S'il survient, par exemple, une avarie de la machine, la rupture de l'arbre de couche ou tout autre, et que le navire vienne à périr dans la suite par une tempête, l'assureur sera responsable de la perte s'il est établi que, abstraction faite de l'ouragan, le navire aurait pu continuer à naviguer. « Si, dit M. Desjardins, t. 6, n° 1411, le navire privé de sa machine ne pouvait plus continuer à naviguer, abstraction faite de toute fortune maritime, l'assureur ne subirait pas cette conséquence directe du vice propre. Il en est autrement dans le cas où le navire aurait pu continuer à naviguer s'il n'avait pas rencontré l'ouragan ; la conséquence n'est plus qu'indirecte et fortuite ; l'accident se rattache en définitive à la fortune de mer » (V. également: de Courcy, , t. 1, p. 330 et suiv.; de Valroger, t. 4, n° 1602; Weill, n° 162). — En d'autres termes, si l'assureur n'est pas responsable des pertes ou dommages provenant du vice propre de la chose assurée, il est tenu des pertes ou dommages qui ont eu pour cause déterminante, non ce vice propre, mais une fortune de mer; ainsi, l'assureur est tenu de la perte du navire, causée par un ouragan survenu pendant la traversée et par l'ébranlement général qui en a été le résultat, encore que l'état de vétusté du navire ait pu contribuer, dans une certaine mesure, au sinistre, s'il est déclaré en fait que ce sinistre a eu pour cause déterminante, non le vice propre du navire, mais la fortune de mer (Req. 16 déc. 1868, aff. Véron, D. P. 69. 1. 220 ; 15 mars 1869, aff. Merlen, D. P. 70. 1. 121). Et même, suivant ce dernier arrêt, il n'y a pas lieu de distinguer entre les réparations applicables au dommage causé par l'événement de mer et celles qui ont dû être faites aux parties du navire déjà en mauvais état au moment de l'assurance, dès que cet événement de mer les a rendues nécessaires (*Contrà :* Bordeaux, 26 juin 1860, *Recueil de Marseille*, t. 38, 2. 105 ; Trib. Havre, 26 oct. 1868, *Recueil du Havre*, 1872. 1. 65, et *infrà*, n° 1951, ce qui est stipulé par les polices). Mais, lorsque la fortune de mer a forcé à exécuter les réparations dans un port où les dépenses sont plus élevées qu'au port de destination ou d'armement, il semble juste d'admettre que l'assuré n'aurait à supporter la dépense que jusqu'à concurrence de ce qu'elle aurait coûté au port de destination ou d'armement, et que l'assureur devrait supporter le surplus (de Valroger, t. 4, n° 1606).

1947. Lorsque le vice propre s'est développé à la suite d'un accident de mer, ou d'un retard purement fortuit, l'assureur est-il libéré? Les décisions judiciaires sont, en apparence, divergentes sur ce point; tantôt le dommage est considéré comme provenant du vice propre, tantôt comme procédant d'une fortune de mer, tantôt comme tenant à la fois à ces deux causes et comme engageant partiellement la responsabilité des assureurs. Mais ces divergences tiennent à la diversité des circonstances de fait de chaque espèce, qui dominent toute solution. Si le vice propre s'est manifesté par le seul fait de la navigation, le dommage n'est pas dû à un accident de mer et ne peut, dès lors, être à la charge de l'assureur (V. *suprà*, n° 1943). Celui-ci est, au contraire, responsable, si c'est à la suite d'un événement de mer ou d'un retard causé par événement de mer que le vice propre s'est développé, et s'il paraît certain que sans cet accident ou ce retard il ne se serait pas produit : peu importe que la nature de la marchandise ait contribué à l'avarie et qu'une autre marchandise ne se fût pas détériorée dans les mêmes conditions. Ainsi, il a été jugé que, quelle que soit la tendance de la marchandise à se détériorer en peu de temps, on ne saurait attribuer au vice propre l'avarie dont elle a été atteinte dans le voyage, lorsqu'il a été constaté que cette avarie a eu pour cause première le contact de l'eau de mer qui s'est introduite dans la cale par suite de tempête (Paris, 30 mai 1864, *Recueil de Marseille*, 1864. 2. 144). De même, l'assureur ne saurait imputer au vice propre la détérioration d'un chargement de navire, arrivé en bon état dans un port où le navire porteur avait été obligé de relâcher et où les autorités à raison d'une épidémie de choléra régnant dans la localité, avaient, par mesure sanitaire et pour éviter l'odeur répandue par les morues, prescrit l'enlèvement de ce chargement (Rennes, 18 janv. 1869, *Recueil de Nantes*, 1869. 1. 97. V. encore : Rouen, 10 déc. 1879, aff. Meinel, *Recueil du Havre*, 1880. 1. 131 ; Bordeaux, 9 mars 1885, *Revue de droit commercial et maritime*, 1885, p. 273. — V. cependant : Rouen, 23 juill. 1883, aff. Laurent, *Recueil du Havre*, 1883. 2. 256; Desjardins, t. 6, n° 1412, p. 333). — Enfin, s'il est reconnu que le vice propre se serait développé, quoique d'une façon moins complète, si l'accident de mer n'était pas survenu, l'assureur n'est tenu que dans la mesure de l'aggravation du dommage qui est résultée de l'accident de mer ; il y a donc lieu, en pareil cas, de faire entre l'assureur et l'assuré une sorte de ventilation et de mettre à leur charge respective la part du dommage qui revient à chacun d'eux (de Valroger, t. 4, n° 1606 ; Desjardins, t. 6, n° 1408 ; Trib. Marseille, 11 janv. 1866, *Recueil de Marseille*, 1866. 1. 63; Rouen, 10 déc. 1879, précité ; Trib. Havre, 29 août 1882, aff. Laurent, *Recueil du Havre*, 1882. 1. 183. V. aussi Bordeaux, 24 juin 1860, *Recueil du Havre*, 1861. 2. 76 ; Trib. Havre, 26 oct. 1868, *ibid.*, 1872. 1. 65). Les polices françaises établissent, d'ailleurs, une ventilation de cette nature toutes les fois qu'il y a lieu de remplacer des parties du navire détruites ou avariées par fortune de mer; l'usure devant rester à la charge de l'assuré, et l'assurance ne pouvant être pour lui une source de bénéfice, on déduit la *différence du neuf au vieux ;* cette différence est graduée suivant l'âge du navire et son genre de construction.

1948. La question de savoir si la perte ou détérioration a été causée par le vice propre ou par une fortune de mer et dans quelle proportion les deux causes ont contribué à la perte ou à l'avarie est nécessairement résolue en fait. Le juge est souverain à cet égard et sa décision ne pourrait encourir la censure de la cour de cassation que s'il ne tirait pas, des constatations de fait qu'il a relevées, les conséquences juridiques qu'elles comportent au point de vue de l'application de l'art. 352.

1949. — 1° *Principaux cas dans lesquels l'avarie peut être attribuée au vice propre.* — La mortalité des animaux vivants qui composent une cargaison doit-elle être considérée comme provenant du vice propre de cette cargaison ?

Certains auteurs estiment que l'assureur n'est responsable qu'autant que la mortalité des animaux proviendrait d'un accident de mer, comme, par exemple, s'ils avaient été enlevés par les vagues, jetés les uns sur les autres par le roulis ; au contraire, il ne répondrait pas de la mortalité des animaux occasionnée par le manque de nourriture, par suite de retards dus à des vents contraires et même à des mauvais temps (V. notamment : de Valroger, t. 4, n° 1590). Les assureurs prennent d'ailleurs soin, en général, de stipuler qu'ils ne répondent pas de la mortalité.

1950. L'invasion, dans une cargaison, des rats ou autres animaux rongeurs et parasites que la cargaison peut attirer, est généralement regardée comme une fortune de mer qui reste à la charge de l'assureur. — Cependant, dans certains cas, on a considéré l'existence des rats, à défaut de précautions suffisantes prises par le capitaine pour les détruire, comme un vice propre du navire (V. Desjardins, n° 1400, t. 6, p. 302). C'est la confirmation de la doctrine de l'arrêt de la cour de Paris du 21 déc. 1843 rapporté au *Rép.* n° 1910 (V. de Valroger, t. 4, n° 1589).

1951. Les polices sur facultés, en même temps qu'elles déclarent expressément que les assureurs seront exempts des pertes et dommages qui proviendraient du vice propre, contiennent, en outre, des dispositions ayant pour but de mettre les assureurs à l'abri des détériorations matérielles, qui, causées par une fortune de mer, tiendraient dans une certaine mesure à la susceptibilité particulière à certaines marchandises ou à leur mode d'expédition. — Pour une première catégorie, les assureurs déclarent ne pas garantir la détérioration matérielle, sauf dans les cas suivants : 1° quand les dommages proviennent d'un incendie ; 2° lorsque le navire a été coulé ou brisé ; 3° quand le navire à la suite d'une voie d'eau, d'un échouement ou d'un abordage, a été obligé d'entrer en relâche et de décharger les trois quarts au moins de sa cargaison. — Dans ces cas mêmes, les avaries matérielles ne sont remboursées que sous une franchise de 10 pour 100 de la somme assurée.

Pour une seconde catégorie de marchandises, les assureurs, tout en garantissant les avaries matérielles, stipulent une franchise variant de 3 à 15 pour 100 de la somme assurée. Les *pertes de quantité* sont tantôt remboursées intégralement, pour les métaux précieux, les lingots de plomb et de zinc par exemple, tantôt sous la déduction de 10 pour 100

La cour de Paris, appelée à se prononcer sur le mode de calcul de ces franchises, a rendu une décision fort intéressante. Elle a jugé que, dans la police d'assurance maritime, on doit toujours sous-entendre la clause d'après laquelle les déchets arrivés par le vice propre de la chose ne sont point à la charge des assureurs et qu'en conséquence, s'il a été stipulé expressément une franchise de 5 pour 100, cette franchise doit se calculer après une première déduction faite des déchets provenus de la nature des marchandises (notamment de tuiles) (Paris, 15 nov. 1872, aff. Daireaux et Briand, D. P. 74. 2. 239). — La cour de cassation a rejeté le pourvoi formé contre cet arrêt, par le motif que sa décision était fondée sur une appréciation de fait souveraine (Civ. rej. 27 janv. 1875, D. P. 75. 1. 448).

1952. Le vice propre du navire consiste soit dans des défauts de construction, soit dans un défaut d'entretien du navire et de ses accessoires. Il est souvent délicat, plus encore que pour les marchandises, de déterminer à quelles causes on doit attribuer une avarie, si c'est au vice propre du navire ou à une fortune de mer. On verra *infrà*, n°s 1960 et suiv., que la visite du navire prescrite par l'art. 225 c. com. établit en faveur de l'assuré une présomption que l'accident est dû à d'autres causes que le vice propre ; que l'absence de certificat fait naître une présomption contraire, mais que cette présomption est une présomption *juris tantum*. Le point de savoir si la chose assurée a péri ou a été détériorée au cours du voyage, soit par un vice propre, soit par la fortune de mer, est donc ici, plus que jamais, une question de fait et non de droit, qui est souverainement appréciée par le juge du fond. « Le vice propre du navire, ajoute avec raison M. Desjardins, t. 6, n° 1411, est essentiellement relatif, ce qui signifie qu'il faut l'apprécier quant à la navigation entreprise : un bâtiment apte à faire un voyage est absolument impropre à faire un autre voyage » (V. en ce sens : Bordeaux, 16 mars 1887, aff. Fichet, D. P. 88. 2. 169)

1953. Parmi les accidents de mer un de ceux qui ont le plus donné lieu à des appréciations divergentes est la *voie d'eau*. La cour d'Aix a décidé qu'elle ne pouvait être attribuée au vice propre en présence d'un certificat de visite (Aix, 10 févr. 1864, *Recueil de Marseille*, 1864. 1. 46 ; 2 mars 1865, *ibid.*, 1865. 1. 68). Jugé, au contraire, que la perte du navire doit être attribuée au vice propre malgré le certificat de visite, si elle est survenue par suite d'une voie d'eau peu après sa sortie du port et sans qu'aucune circonstance exceptionnelle de navigation se fût produite jusque là (Desjardins, t. 6, n° 1411, p. 330, et décisions citées par cet auteur, *ibid.*, notes 1 et 2). — De même, la présomption doit fléchir si l'assureur établit que le navire est atteint de pourriture (Paris, 8 déc. 1881, aff. Ferrère, *Recueil du Havre*, 1884. 2. 113 ; Rouen, 21 mars 1883, aff. Busch, *ibid.*, 1884. 2. 116). Décidé, notamment en ce sens, que l'innavigabilité d'un navire doit être attribuée au vice propre de ce navire, et non pas à une fortune de mer, bien qu'une partie du dommage provienne d'avaries causées par fortune de mer, si les réparations sont nécessitées pour la plus grande partie par la mauvaise qualité des bois employés dans la construction du navire (Caen, 7 févr. 1859, aff. de la Pradelle, D. P. 59. 2. 109) ; ou si la mise hors d'état du navire peut être attribuée à un défaut de réparation à la suite d'avaries précédemment souffertes et constatées (Rouen, 15 juill. 1866, *Recueil de Marseille*, 1866. 2. 135) ou à l'état de délabrement du navire (Trib. com. Rouen, 28 oct. 1881, aff. Anquetil, *Recueil du Havre*, 1882. 2. 123). Mais on ne saurait considérer comme provenant du vice propre les suintements qui, par les gros temps, viennent à se produire sur toute la carène d'un navire dont la coque est reconnue solidement conditionnée, et lorsque les tôles entre lesquelles ces suintements se produisent sont bien rivées et recouvrent exactement la carène (Rouen, 14 juin 1876, *Recueil de Rouen*, 1876. 2. 58).

Il faut, d'ailleurs, que l'assureur établisse un lien de cause à effet entre l'avarie et le fait dont il excipe (Desjardins, t. 6, n° 1411 ; Trib. Marseille, 11 janv. 1866, *Recueil de Marseille*, 1866. 1. 63 ; Req. 16 déc. 1868, aff. Véron, D. P. 69. 1. 219 ; 15 mars 1869, aff. Merlen, D. P. 70. 1. 121 ; Trib. Havre, 4 mars 1884, aff. Compagnie commerciale de transports, *Recueil du Havre*, 1884. 1. 99).

1954. Les avaries de machines donnent lieu à des difficultés qui sont fréquemment soumises aux tribunaux, et dont la solution est parfois délicate Les accidents les plus nombreux dans cet ordre proviennent de la rupture de l'arbre de couche. Si elle se produit après plusieurs jours, d'une navigation pénible, par gros temps et lorsqu'on a dû imposer à la machine des efforts considérables, elle est généralement attribuée à la fortune de mer (Trib. Marseille, 10 mars 1865, *Recueil de Marseille*, 1865. 1. 53 ; Aix, 8 mai 1867, *ibid.*, 1868. 1. 181 ; 12 mai 1869, *ibid.*, 1869. 1. 172 ; Trib. Havre, 9 janv. 1877, *ibid.*, 1877. 2. 78). Au contraire, la rupture est réputée provenir du vice propre, lorsqu'elle survient par un temps calme, après une courte navigation (Trib. Marseille, 29 août 1866, *Recueil de Marseille*, 1866. 1. 290 ; 11 mars 1873, *ibid.*, 1874. 1. 217 ; 2 août 1880, aff. Caillol, *ibid.*, 1880. 1. 258 ; Rouen, 6 févr. 1878, aff. Compagnie transatlantique, *ibid.*, 1878. 2. 160). — Il nous paraît évident, d'autre part, que l'assureur doit être dégagé et l'accident être réputé provenir du vice propre, s'il est reconnu résulter d'un vice de construction de l'arbre de couche, de la mauvaise qualité du métal, de son usure extrême (Weil, n° 162 ; de Valroger, t. 4, n° 1602 ; Desjardins, t. 6, n° 1411, p. 330). Mais nous pensons avec ce dernier auteur qu'il faut réserver le cas d'usure ordinaire ou de simple fatigue, que l'assureur, à moins d'une réticence coupable que l'on ne suppose pas ici, a dû connaître, et dont il ne peut, dès lors, exciper (V. Laurin, t. 4, p. 69).

1955. L'assureur est encore, suivant un arrêt, responsable du dommage occasionné à la coque par les piqûres des vers auxquelles les navires sont exposés dans certains parages ; il y aurait là une fortune de mer (Bordeaux, 18 août 1862, *Recueil de Marseille*, 1862. 2. 130). La police de Paris, remarque M. de Valroger, t. 4, n° 1604, prémunit l'assureur contre un semblable danger qui, en Angleterre et en Allemagne, est traité à l'égal du vice propre, en déclarant que l'assureur est exempt de la piqûre des vers sur les parties du navire non protégées par un doublage métallique.

M. de Valroger donne de cette clause l'interprétation suivante : « Un navire non muni d'un doublage, dit-il, entreprend un voyage dans les mers de l'Inde où pullulent les vers. Le dommage qui pourra en résulter ne sera pas à la charge des assureurs. Il en sera de même pour les navires munis d'un doublage, s'ils ont été attaqués au-dessus du doublage, parce qu'alors on doit considérer le doublage comme insuffisant. Mais l'assureur devra être responsable si, des feuilles du doublage ayant été arrachées par un échouement ou la violence des vagues, les vers ont pu pénétrer dans la coque. Il y a alors, en effet, un accident, une fortune de mer » (V. également : de Courcy, *Commentaire des polices*, p. 47).

1956. On décide généralement que l'art. 352 c. com. ne parlant que du vice propre de la chose, les chargeurs assurés ne sont pas garants vis-à-vis de l'assureur du vice propre du navire. En effet, même en faisant abstraction des termes de l'art. 352, qui ne parle que de la chose, c'est-à-dire de la chose assurée, vouloir faire supporter au chargeur les conséquences du vice propre du navire, serait lui faire supporter le vice propre de la chose appartenant à autrui, assurée par autrui, en d'autres termes, lui rendre applicable une convention à laquelle il est resté totalement étranger. Le vice propre du navire n'est, à son égard, qu'une fortune de mer (Bordeaux, 11 mai 1868, *Recueil de Marseille*, 1869. 2. 89; Droz, t. 1, nº 231; de Valroger, t. 4, nº 1608; Desjardins, t. 6, nº 1411, p. 331. — *Contrà:* Em. Cauvet, t. 1, nº 427). De même, l'armateur n'est pas garant envers son assureur du vice propre des marchandises chargées à bord, car les avaries qui en découlent pour le navire ont, par rapport à lui, un caractère fortuit.

1957. La disposition générale de l'art. 352 c. com., d'après lequel l'assureur ne répond que des accidents qui sont la suite d'une fortune de mer, et non de ceux qui proviennent du vice propre de la chose, s'applique, d'après un arrêt, à l'assurance ayant pour objet des deniers prêtés à la grosse (Req. 25 mars 1862, aff. Lopés Dubec, D. P. 62. 1. 413). Si donc le navire périt ou est déclaré innavigable à raison d'un vice propre, le prêteur qui a fait assurer les deniers prêtés pour le cas de perte du navire sur lequel il a consenti ce prêt n'aurait pas d'action contre l'assureur, la cause de la perte étant en dehors des prévisions du contrat d'assurance. — Ce motif nous paraît inexact, car l'assurance a pour objet la somme prêtée et, non le navire. D'autre part, le vice propre du navire est un cas fortuit par rapport au prêteur (V. de Valroger, t. 4, nº 1609; Weill, nº 166). Mais il existe, suivant nous, une autre raison qui doit faire considérer l'assureur comme non obligé en vertu de son contrat. L'assurance de deniers prêtés à la grosse consiste dans l'engagement, de la part de l'assureur, de rembourser au prêteur le montant du prêt, pour le cas où l'emprunteur serait libéré par la réalisation d'un événement de mer mis à la charge de ce prêteur. La situation que fait à ce dernier le contrat d'assurance est celle-ci : les deniers prêtés lui seront restitués, ou par l'emprunteur, avec le profit maritime, en cas d'heureuse arrivée du navire, ou par l'assureur, jusqu'à concurrence de la somme assurée, en cas de perte par l'un des événements compris dans l'assurance. Pour que l'assureur soit obligé, il faut donc que l'emprunteur à la grosse ait cessé de l'être. Or celui-ci reste soumis à l'action du prêteur, quand le navire a péri par un vice propre, aussi bien que lorsque le navire est arrivé à bon port. Bien que le navire ait péri, la créance du prêteur à la grosse existe toujours. Par conséquent, l'assureur de cette créance, qui n'en est responsable qu'autant qu'elle a péri elle-même par suite de l'un des événements de mer mis à la charge du prêteur, son assuré, ne doit rien à cet assuré. A la vérité, l'emprunteur contre lequel le prêteur n'a plus alors qu'une action personnelle, puisque son gage a disparu, peut être insolvable. Mais l'assureur n'a pas à répondre de l'insolvabilité de l'emprunteur à la grosse qu'il n'a pas garantie.

L'assureur, non obligé envers le prêteur, son assuré, se trouve-t-il également à l'abri de toute action de la part des tiers porteurs du billet de grosse qui a fait l'objet de l'assurance? La question ne se pose que si le tiers porteur est en droit de revendiquer le bénéfice de l'assurance, soit parce qu'elle a été contractée pour compte de qui il appartiendra, soit parce que la police lui a été cédée ou négociée en même temps que le billet. L'obligation de l'assureur est subordonnée, comme on vient de le voir, à l'extinction de la créance du prêteur contre l'emprunteur, c'est-à-dire à la réalisation des risques mis à la charge du prêteur par le billet de grosse assuré. L'assurance ne crée donc au profit de l'assuré qu'un droit conditionnel, et, dès lors, les tiers porteurs du billet que le prêteur a fait assurer n'ont d'action contre l'assureur que si la condition mise à l'existence du droit de l'assuré, leur auteur, s'est accomplie; par conséquent, l'assureur n'est pas plus obligé vis-à-vis d'eux qu'il ne le serait vis-à-vis de l'assuré, lorsque ce dernier a conservé sa créance contre l'emprunteur. Il s'agit là, en effet, d'une condition inhérente au billet endossé, et on sait que la règle suivant laquelle le tiers porteur d'un effet négociable par voie d'endossement n'est pas passible des exceptions qui pourraient être opposées au souscripteur, est sans application aux moyens de défense découlant de la nature même de la créance (Arrêt précité du 25 mars 1862; Paris, 29 nov. 1864, *Recueil de Marseille*, 1865, 2. 193; *Rép.* vº *Effets de commerce*, nºs 437 et suiv.).

1958. L'irresponsabilité des assureurs en cas de vice propre leur fournit non seulement une exception pour repousser une demande de l'assuré, mais aussi dans certains cas, un principe d'action. Il a été jugé, par exemple, que les assureurs sur corps qui se sont chargés de renflouer un navire échoué ont une action en répétition contre l'armateur, s'il est reconnu, après expertise, que le navire est innavigable par suite de vice propre (Trib. Marseille, 25 mars 1873, *Recueil de Marseille*, 1873. 1. 165; Weill, nº 165; Desjardins, t. 6, nº 1411, p. 331).

1959. — 2º *Preuve du vice propre.* — Lorsqu'il s'agit des marchandises, deux systèmes sont en présence. Suivant le premier système, exposé au *Rép.* nº 1916, si la marchandise est de nature à se gâter ou à dépérir, le doute sur la véritable cause de sa détérioration doit être interprété dans le sens de son vice propre, et l'assuré doit alors prouver le cas fortuit pour en rejeter la responsabilité sur l'assureur (V. Pardessus, t. 3, nº 773; Bédarride, nº 1268; Desjardins, t. 6, nº 1412). C'est la doctrine que la cour de Rouen avait adoptée déjà dans son arrêt du 9 févr. 1847 (cité au *Rép.* nº 1916), et qu'elle a de nouveau consacrée dans ses arrêts des 30 déc. 1872 (*Recueil de Marseille*, 1873. 2. 14) et 29 juill. 1883 (cité par Desjardins, t. 6, nº 1412).

Le second système, au contraire, pose en principe que c'est à l'assureur que doit être imposée l'obligation de faire la preuve du vice propre; à défaut de cette preuve, tout déchet doit être considéré comme résultant de fortune de mer (Paris, 13 avr. 1874, aff. Bosschaërts, D. P. 76. 2. 215-216; Trib. Marseille, 10 nov. 1875, *Recueil de Marseille*, t. 54. 1. 24; Trib. com. Seine, 17 juill. 1879, aff. Bergasse, D. P. 81. 1. 432; de Valroger, t. 4, nº 1595; Desjardins, t. 6, nº 1412, p. 332). C'est également la doctrine résultant d'un arrêt de la cour d'Aix du 2 juin 1871 (*Recueil de Marseille*, 1871. 1. 261) qui a laissé à la charge des assureurs les conséquences d'un incendie survenu dans une cargaison sans que la cause ait pu en être déterminée (V. encore : Trib. Marseille, 12 déc. 1877, aff. Weiss, *Recueil de Marseille*, 1878. 1. 57).

Entre ces deux systèmes, nous n'hésitons pas à préférer le second. En invoquant le vice propre, l'assureur soulève une exception, se prétend libéré. C'est donc à lui qu'incombe le fardeau de la preuve aux termes de l'art. 1315 c. civ. qui est applicable toutes les fois qu'il n'y est dérogé par aucune disposition spéciale. Et il est tenu de prouver non seulement le vice propre, mais, en outre, le lien de cause à effet entre le vice propre et l'avarie (Desjardins, t. 6, nº 1412, p. 332, note 5). — D'ailleurs, la preuve que l'assureur doit fournir peut être faite par tous les modes admis par la loi, puisqu'il s'agit d'une matière commerciale, et la présomption tirée de la nature de la marchandise devra nécessairement influer sur la décision du juge. C'est la part qu'il convient de faire à la première doctrine (Desjardins, t. 6, nº 1412, p. 332 et 333, et la note 4).

1960. On a déjà vu que le vice propre du navire ne doit pas être présumé, en présence du certificat de visite prévu par l'art. 225 c. civ. Il faut assimiler à ce certificat ceux qui sont délivrés à la Compagnie transatlantique, conformément, soit aux règlements qui la concernent, soit à la loi du 18 juill. 1860 sur l'émigration (D. P. 60. 4. 92) (V. en ce sens : Rouen, 14 juin 1876, *Recueil du Havre*, 1876. 2. 250 ; Req. 6 juin 1882, aff. Lacotte et Valery, D. P. 83. 1. 49-50), et les certificats délivrés par le secrétaire de la commission de surveillance pour les bateaux à vapeur. Ces certificats font présumer qu'au moment du départ le navire était en état de prendre la mer et assez solide dans toutes ses parties pour supporter les fatigues du voyage qu'il allait entreprendre : dès lors, les dégradations et désordres signalés par des visites ultérieures, soit aux ports de relâche, soit aux ports d'arrivée, sont présumés dus aux accidents de la navigation (Bordeaux, 4 juill. 1859, aff. Fauché, D. P. 60. 2. 83).

Mais la présomption qui résulte du certificat de visite peut être combattue par la preuve contraire, même par de simples présomptions ; ainsi, lorsque le navire est arrivé à sa destination, ayant sa membrure dans un état de pourriture qui ne peut s'expliquer par les accidents de la navigation, et qui, d'ailleurs, étant moins avancé au départ, a pu alors échapper à l'attention des experts visiteurs, cette pourriture peut être considérée comme un vice propre dont ne répondent pas les assureurs (Arrêt précité du 4 juill. 1859. V. en outre les décisions citées par Desjardins, t. 6, n° 1410, p. 327, note 2). L'assureur peut encore établir au moyen d'une expertise qu'une voie d'eau provient d'un défaut de calfatage (Rennes, 24 janv. 1863, *Recueil de Marseille*, 1863. 2. 80). Et l'autorité judiciaire, saisie, par exemple, de l'action en réparation du préjudice causé par l'explosion de la machine à vapeur du navire peut, nonobstant le certificat de visite et sans empiéter sur les attributions de l'autorité administrative, signaler l'insuffisance du diamètre des soupapes comme l'une des causes de l'accident (Req. 29 mars 1854, aff. Valery, D. P. 54. 1. 235 ; Rennes, 24 janv. 1863, précité ; et les arrêts cités *suprà*, n°s 1953 et suiv.).

1961. Si la présomption qui résulte du certificat de visite peut être détruite par l'assureur, le défaut de certificat ne constitue pas non plus contre l'assuré une présomption qu'il ne puisse combattre (Paris, 22 déc. 1865, *Recueil de Marseille*, 1866. 2. 69 ; Trib. Marseille, 26 juin 1877, *Recueil du Havre*, 1878. 2. 29 ; Aix, 1er avr. 1878, aff. Edouard Jullien, *ibid.*, 1879. 2. 232) et qui lui interdise d'établir que la perte est due à une fortune de mer (Desjardins, t. 6, n° 1410, p. 327-328 ; de Valroger, t. 4, n° 1599). — Même en l'absence de certificat, l'assureur est garant des pertes qui ne peuvent découler que d'une fortune de mer (de Valroger, t. 4, n° 1598 *in fine*).

1962. Le certificat de visite ne peut, d'ailleurs, être réclamé dans tous les cas ; spécialement, on ne peut l'exiger lorsque le navire n'appartient pas à un pays où ce certificat soit obligatoire ou même habituellement dressé. Pourvu, dans ce cas, qu'avant le départ le capitaine se soit soumis aux formalités prescrites dans le pays, le navire est présumé parti en bon état de navigabilité, aussi bien que s'il était muni d'un certificat de visite (Req. 11 févr. 1862, aff. Vasquez, D. P. 62. 1. 247 ; Paris, 7 déc. 1876, *Bulletin de la cour de Paris*, 1877. 443 ; Trib. Havre, 28 janv. 1878, *Recueil du Havre*, 1878. 1. 53). — Il résulte, toutefois, d'un certain nombre de décisions du tribunal de Marseille et de la cour d'Aix, cités par M. Desjardins, t. 6, n° 1410, p. 328, que le défaut de certificat ne cesse d'être considéré comme une faute à la charge du capitaine que si le navire est la propriété d'un étranger. Ainsi, un navire anglais, acheté en Angleterre par un Français devrait, avant son départ d'Angleterre pour être amené en France à l'effet d'y être francisé, être muni d'un certificat de visite rédigé par des experts nommés par le consul de France ; en l'absence de certificat, la présomption de navigabilité ne serait pas acquise à l'assureur (Trib. Marseille, 3 janv. 1877, *Recueil de Marseille*, 1877. 1. 80 ; 27 juin 1877, *ibid.*, 1877. 1. 245 ; Aix, 1er avr. 1878, cité *suprà*, n° 1961).

1963. On reconnaît, d'une manière générale, que, pour les navires voyageant au long cours, la présomption de navigabilité qui résulte du certificat de visite s'applique à la fois au voyage d'aller et au voyage de retour (V. *suprà*, n°s 620 et suiv., et *infrà*, v° *Organisation maritime* ; Paris, 25 juill. 1857, *Recueil du Havre*, 1858. 2. 36 ; Desjardins, t. 6, n° 1410, p. 328), à moins que le navire n'ait subi des avaries durant le voyage d'aller : dans ce cas, si, après les réparations, il reprend la mer sans une nouvelle visite, il n'est plus couvert par la présomption dont s'agit (Rouen, 22 mai 1858, *Recueil du Havre*, 1859. 2. 51 ; Trib. Nantes, 26 juin 1875, *Recueil de Nantes*, 1875. 1. 344). — Pour les navires employés au cabotage, la présomption qui résulte du certificat de visite dure un an (V. *suprà*, n° 623, et *infrà*, v° *Organisation maritime*). Mais on admet en jurisprudence que le capitaine n'est pas tenu de renouveler en cours de voyage le certificat de visite, même après l'expiration de l'année et, par conséquent, qu'il peut s'en prévaloir contre l'exception du vice propre, s'il n'est pas établi que le navire ait éprouvé dans l'année des avaries *majeures* (Trib. Seine, 31 oct. 1859, *Journal des assureurs*, 1860, p. 164). Jugé ainsi à l'égard d'un caboteur qui se trouvait dans un port étranger lors de la péremption de son certificat et ne l'avait pas fait renouveler avant de prendre charge (Trib. Havre, 9 déc. 1872, *Recueil du Havre*, 1873. 1. 18 ; Desjardins, t. 6, n° 1410, p. 329).

1964. — XVII. Baraterie de patron. — On a dit au *Rép.* n° 1918, que l'assureur n'est point, aux termes de l'art. 353 c. com., tenu des prévarications et fautes du capitaine de l'équipage connues sous le nom de *baraterie de patron*, s'il n'y a convention contraire. En effet, l'assureur n'est garant que des pertes et dommages causés par une fortune de mer et, comme on l'a vu au *Rép.* n° 1919, la baraterie n'est pas une fortune de mer. — Néanmoins, la disposition de l'art. 353 est critiquable. D'abord, l'assureur sur facultés devrait répondre de la baraterie, car le chargeur n'a pas à intervenir dans le choix du capitaine, et ne peut, par conséquent, répondre de ses fautes. L'assureur sur corps devrait aussi en répondre, étant donné la difficulté pour l'armateur de surveiller le capitaine. Enfin, quand un dommage provient à la fois de la baraterie et d'une fortune de mer, comment déterminer la part de responsabilité de l'assureur ?

La baraterie de patron est, à la charge de l'assureur dans un certain nombre de législations étrangères, ou d'après les polices le plus généralement en usage. C'est ainsi que le code allemand met, sauf certaines exceptions, la fraude ou la faute du capitaine et de l'équipage envers l'armement ou les chargeurs à la charge de l'assureur. — Il en est de même en Suède. En Norwège, l'assureur est généralement responsable de la baraterie envers l'armateur ou les chargeurs, mais il cesse d'en répondre envers l'armement dans les cas où le capitaine a agi moins comme capitaine que comme préposé de l'armement. — L'assureur est encore responsable de la baraterie de patron, sauf convention contraire, d'après la loi belge du 21 août 1879. — En Angleterre et aux Etats-Unis, l'assureur est responsable, d'après les polices en usage, de la baraterie ; mais cette expression a conservé dans la langue anglaise sa signification originaire et implique l'idée de fraude et de malversation. — Au contraire, on retrouve le principe de l'art. 353 dans le code italien de 1882, dans les nouveaux codes espagnol et portugais, en Hollande, dans la plupart des Etats de l'Amérique du Sud et dans le code russe.

1965. Il résulte des explications qui ont été fournies au *Rép.* n°s 1918 et suiv. que le mot *baraterie de patron*, qui, dans son acception primitive, ne comprenait que les prévarications du capitaine, s'entend aussi, dans l'art. 353, des simples fautes ; ou, en d'autres termes, de tous les faits dont l'art. 216 rend responsable le propriétaire du navire, même des fautes légères du capitaine, le capitaine étant un mandataire salarié, sans qu'il soit, dès lors, besoin qu'il y ait dol ou fraude. Mais cette acception du mot *baraterie* n'est pas admise sans discussion ; on ne s'accorde pas encore aujourd'hui sur la portée exacte de cette expression. Suivant certains auteurs, notamment, M. de Courcy, *Commentaire des polices*, p. 53 ; de Valroger, t. 4, n° 1612, on ne saurait considérer comme constituant la baraterie toute faute commise par le capitaine, par exemple, une erreur dans les calculs astronomiques ou dans les sondages, ou le fait d'avoir confondu deux phares, etc. « Jamais, dit M. de Courcy, *loc. cit.*, des assureurs exempts de la baraterie ne seraient admis à opposer de telles fautes ; autrement, l'assurance serait illusoire, la plupart des sinistres pouvant toujours être attribués à une faute de manœuvre ». Il n'y aurait baraterie, dans le système de ces auteurs, qu'au cas de manquement à un devoir prescrit par la loi ou de dommage causé par une faute caractérisée. — D'après M. Desjardins, au contraire (t. 6, n° 1416, p. 346), l'opinion qui vient d'être exposée donnerait au mot baraterie un sens beaucoup trop restreint ; à ses yeux, le capitaine n'est pas tenu de la faute très légère que ne commettraient pas les administrateurs les plus vigilants, et, par conséquent, toute faute ne doit pas être considérée comme baraterie; mais il faut, à son avis, comprendre dans la baraterie, comme l'ont fait Valin et Emérigon, tout le dommage qui peut résulter du fait du capitaine et de son équipage par impéritie, imprudence, négligence, dol ou malice. Dans ce système, il faudrait faire rentrer dans l'expression *baraterie* même une simple imprudence du capitaine et un fait d'ignorance et d'impéritie qui aurait eu des conséquences dommageables. — Nous croyons, pour notre part, que la baraterie doit comprendre les fautes dommageables dans le sens attaché par le droit commun à cette expression, sans qu'il y ait à rechercher si la faute a ou non le caractère d'un manquement à un devoir professionnel. C'était l'opinion des commentateurs de l'ordonnance dont les rédacteurs du code ont vraisemblablement adopté la doctrine. D'ailleurs, la distinction proposée est arbitraire et difficile à appliquer (V. cependant : Montpellier, 12 mars 1869, et sur pourvoi, Req. 21 déc. 1869, aff. Puginier, D. P. 70. 1. 305).

1966. Toutefois, le cas de baraterie est essentiellement matière à appréciation et, comme dans tous les cas où il s'agit de faute, les tribunaux ont, ainsi qu'on la vu au *Rép.* n° 1928, une entière liberté d'appréciation pour décider si les faits qui leur sont soumis ont ou n'ont pas le caractère de faute. Ainsi la cour de cassation a décidé que les juges du fond avaient pu refuser de considérer l'imprudence ou l'impéritie du capitaine d'un navire dans une manœuvre qui avait causé l'échouement du navire comme une baraterie de patron non couverte par l'assurance de ce navire, sans qu'une telle décision tombât sous son contrôle (Req. 21 déc. 1869, aff. Société d'assurances maritimes d'Agde, D. P. 70. 1. 305). — Il est donc impossible de donner une nomenclature exacte des fautes des capitaines qui constituent la baraterie. M. Weill, n° 170, en constatant ce point, déclare en même temps « que les barateries se résument dans les cas suivants : 1° changement de route ; 2° retard non justifié dans le voyage ; 3° contrebande ou trafic de marchandises prohibées ; 4° rupture de blocus effectif; 5° tentative de se soustraire à un arrêt de puissance ou à un embargo ; 6° rupture de voyage ; 7° échouement et abordage occasionnés par la faute du capitaine ; 8° défaut d'arrimage ; 9° omission des formalités légales soit pour la visite du navire, soit pour la constatation des sinistres ou avaries, soit pour la rédaction des procès-verbaux, rapports aux consulats ». Nous avons exposé, au *Répertoire*, un certain nombre d'espèces dans lesquelles on a reconnu l'existence de la baraterie ; nous aurons à en signaler d'autres, lorsque nous examinerons (V. *infrà*, n°s 1973 et suiv.) les obligations de l'assureur qui a assumé la responsabilité de la baraterie ; en effet, les parties peuvent déroger conventionnellement à la disposition de l'art. 353.

1967. La baraterie prévue par l'art. 333 s'entend, on l'a vu au *Rép.* n° 1918, des fautes de l'équipage, à moins que la police n'en dispose autrement. Ainsi on a pu juger, dans un cas où la police mettait la baraterie à la charge de l'assureur, à l'exception des dommages provenant de faits ayant le caractère de dol ou de fraude, que l'assureur est responsable de la perte du navire causée par l'insubordination et la désertion de l'équipage à la suite d'une révolte des passagers, la désertion de l'équipage en pareilles circonstances ne pouvant être assimilée à la fraude et au dol du patron choisi par l'armateur, dont l'assureur n'est point garant aux termes des polices (Bordeaux, 18 nov. 1867, aff. Cabrol, D. P. 68. 2. 57).

1968. M. de Valroger, t. 4, n° 1613, fait remarquer qu'on ne doit, pas plus que pour le capitaine, considérer comme un fait de baraterie toute imprudence ou maladresse d'un homme de l'équipage, mais seulement la faute caractérisée. « Ainsi, dit-il, un matelot jette par mégarde une allumette qui met le feu au navire ? Je ne verrais pas là un fait de baraterie, mais un de ces mille faits accidentels inhérents à toute navigation, qui constituent en réalité des fortunes de mer dont l'assureur répond de droit. » Nous acceptons cette doctrine comme exacte, au cas particulier. En effet, la baraterie de patron ne comprend les fautes du capitaine ou des gens de l'équipage que lorsqu'elles ont eu lieu dans l'ordre de leurs fonctions (Rennes, 25 févr. 1879, aff. Régis, D. P. 80. 2. 132). Mais nous ne saurions en dire autant du second cas prévu par M. de Valroger, *ibid.*, où le marin préposé au gouvernail aurait fait une manœuvre imprudente et maladroite ; car la faute commise en ce cas l'aurait été par le marin dans l'exercice de sa fonction.

1969. Faut-il comprendre dans l'équipage le pilote dont le capitaine requiert les services et dont l'emploi dans certains parages est obligatoire ? Les auteurs sont divisés. Suivant MM. Desjardins, t. 6, n° 1416, p. 348 ; Lyon-Caen et Renault, n° 2140 ; Laurin, t. 4, p. 84, le pilote doit être considéré comme faisant partie de l'équipage, au moins momentanément, et, par conséquent, les fautes qu'il commet peuvent constituer la baraterie. En effet, dit-on, quand le ministère du pilote est facultatif, le capitaine répond manifestement de l'homme qu'il s'est substitué ; quand il y a nécessité de recourir à ses services, il en doit être de même ; car, il ne faut pas l'oublier, c'est parce que les prévarications et les fautes, soit du capitaine, soit de l'équipage, ne constituent pas des fortunes de mer que les assureurs n'en répondent pas ; or la même règle s'applique aux fautes du pilote. Au contraire, d'après MM. de Valroger, t. 4, n° 1614, et Bédarride, t. 4, n° 1273, le pilote côtier ne fait pas partie de l'équipage, il est l'auxiliaire d'un moment imposé par l'administration, et ses actes dont le capitaine ne peut répondre constituent une fortune de mer qui retombe de droit à la charge de l'assureur, alors même que celui-ci n'a pas garanti la baraterie de patron. — Ce second système nous paraît préférable. En effet, on ne peut pas dire que le pilote côtier, le seul au sujet duquel la discussion paraît s'élever, fasse partie de l'équipage ; il n'est pas immatriculé au rôle d'équipage et, lorsqu'il aborde le navire et le guide à l'entrée d'un port ou d'une rivière, il exerce une sorte de commandement, il remplit une fonction spéciale qui n'est nullement celle d'un homme d'équipage. En outre, si l'assureur est déchargé de la baraterie, c'est parce qu'il s'agit d'un fait imputable au préposé de l'assuré, qui a pu le choisir et s'assurer de sa capacité, de sa prudence et de son honorabilité et qui, dans tous les cas, est responsable s'il a fait un mauvais choix : il en est de même à l'égard des hommes de l'équipage choisis, sinon par l'assuré, au moins par le capitaine son préposé. Le pilote au contraire, est désigné par l'administration, chargé par elle du service ; et la plupart du temps, lorsqu'il se rend à bord d'un navire, c'est que c'était son tour de service qui le désignait pour effectuer le pilotage au moment où le navire le réclame. Il ne saurait donc être considéré comme un préposé de l'assuré ni celui-ci, par conséquent, répondre des fautes qu'il commet.

1970. Les faits du capitaine et des gens d'équipage du navire assuré ou du navire porteur des marchandises assurées tombent seuls sous l'application de l'art. 353 ; il n'en est pas de même des faits du capitaine ou des gens d'équipage d'un remorqueur qui traîne le navire à sa suite. Il faut en dire autant des faits des passagers, qui sont à la charge de l'assureur (*Rép.* n° 1937). Les faits des passagers, dit M. Desjardins, t. 6, n° 1416, p. 348, tenant sinon à la navigation elle-même, du moins au mode de navigation ou de transport, sont de véritables fortunes de mer, naturellement supportées par les assureurs.

1971. On a vu au *Rép.* n° 1928 que l'art. 353 s'applique aussi bien à l'assurance sur facultés qu'à l'assurance sur corps. Nous avons déjà dit *suprà*, n° 1964, que la disposition de l'art. 353 est, à ce point de vue spécial, éminemment critiquable, puisque ni le capitaine ni l'équipage ne sont choisis par les chargeurs et ne sont que leurs préposés. Mais, tout en reconnaissant que cette règle est illogique, les auteurs sont obligés d'en constater l'existence et les tribunaux doivent l'appliquer (de Valroger, t. 4, n° 1616 ; Desjardins, t. 6, n° 1417).

1972. Les tribunaux ont un entier pouvoir d'appréciation, comme on l'a dit *suprà*, n° 1966, pour décider s'il y a eu ou non baraterie : ils ne sont, à cet égard, liés en aucune façon par les mesures disciplinaires qui ont pu frapper administrativement un capitaine ; ainsi la décision du ministre de la marine qui suspend un capitaine de navire de son commandement, pour avoir par son imprudence causé l'échouement du navire, constitue une simple mesure de discipline, qui ne peut avoir l'autorité de la chose jugée dans l'instance en baraterie de patron dirigée contre le même capitaine (Req. 21 déc. 1869, aff. Société maritime d'Agde, D. P. 70. 1. 305; *Adde :* Trib. com. Nantes, 13 oct. 1877, aff. Radigois, *Recueil de Marseille*, 1878. 2. 148; Trib. Marseille, 7 nov. 1878, aff. Portal, *ibid.*, 1879. 1. 25). S'il y avait poursuite criminelle pour baraterie (V. *Rép.* v° *Organisation maritime*, n°s 715 et suiv.), il faudrait appliquer les règles générales relatives à l'influence de la chose jugée au criminel sur le civil (Desjardins, t. 6, n° 1418, p. 349).

C'est à l'assureur qu'incombe généralement l'obligation de prouver la baraterie comme la faute de l'assuré, mais il peut user de tout mode de preuve.

1973. La disposition de l'art. 353 prévoit la convention contraire et l'assureur peut se constituer garant des faits de baraterie. Cette convention est devenue usuelle et en quelque sorte de style; on peut donc dire aujourd'hui que l'art. 353 ne consacre plus qu'une exception et que le droit commun est précisément la dérogation que cet article prévoit à la règle qu'il pose. — Les polices en usage en France, celles de Bordeaux, du Havre, de Nantes, de Marseille, stipulent que la baraterie est à la charge des assureurs, à l'exception de certains faits qu'elles prévoient. La police française sur corps, notamment, après avoir formellement mis la baraterie à la charge des assureurs, les exempte, par dérogation au principe qu'elle vient de poser, des faits de dol et de fraude du capitaine, de tous événements quelconques résultant de violation de blocus, de contrebande ou de commerce prohibé et clandestin, le tout à moins que le capitaine n'ait été changé sans l'agrément de l'armateur ou de son représentant et remplacé par un autre que le second,... des conséquences pour le navire des faits du capitaine ou de l'équipage à terre, ainsi que du recours des tiers chargeurs ou autres pour vices d'arrimage, chargement sur le pont, excès de charge etc. (art. 3). La police sur facultés apporte beaucoup moins d'exceptions que la police sur corps à la garantie des assureurs; en effet, les chargeurs, présumés étrangers à la propriété du navire, ne sont pas représentés à bord par un mandataire de leur choix et ne sont pas exposés à des responsabilités envers les tiers; aussi, à leur égard, toute baraterie, même frauduleuse, est-elle garantie. L'art. 3 de la police sur facultés se borne à dire que les assureurs sont exempts des captures, confiscations et événements quelconques provenant de contrebande ou de commerce prohibé ou clandestin.

1974. Malgré la clause afférente aux faits de baraterie, l'assureur n'est pas tenu des pertes ou dommages imputables à l'assuré lui-même. En conséquence, comme on l'a vu au *Rép.* n° 1930, l'assurance de la baraterie de patron reste sans effet lorsque c'est l'assuré qui commandait lui-même le navire et qu'il s'agit de ses propres fautes, non de celles procédant des gens de l'équipage (Weill, n° 173; de Valroger, t. 4, n° 1618; Desjardins, t. 6, n° 1421, p. 351). S'il s'agit de ses propres fautes, le capitaine ne saurait évidemment s'assurer contre celles qui ont un caractère dolosif ou qui sont simplement caractérisées; une pareille assurance serait contraire à la morale et à l'ordre public; elle pourrait, en outre, compromettre la sécurité de la navigation (Trib. Havre, 28 juill. 1875, *Recueil du Havre*, 1876. 1. 84; 7 févr. 1882, aff. Bommelaër, *ibid.*, 1882. 1. 58); il n'en saurait être autrement que si la perte ou le dommage ne se rattachaient que d'une manière indirecte à la faute commise (Trib. Havre, 18 déc. 1883, aff. Gouarne, *Recueil du Havre*, 1884. 1. 35). Au contraire, lorsqu'il s'agit des fautes des gens de l'équipage, le capitaine, fût-il propriétaire du navire, peut évidemment se garantir par une assurance contre les faits dommageables qui se produiraient en dehors de lui et sans qu'on eût aucune négligence personnelle à lui reprocher (Weill, n° 173; de Valroger, t. 4, n° 1618; Trib. Marseille, 4 janv. 1850, *Recueil de Marseille*, 1850. 1. 3). — De même, malgré la clause afférente aux faits de baraterie, l'assureur n'est pas tenu si l'assuré a lui-même prescrit l'acte constitutif de la baraterie ou s'il s'y est associé (Rouen, 6 déc. 1860, *Recueil de Marseille*, 1861. 2. 130; 19 mars 1878, *suprà*, n° 1839).

1975. Toutefois, on a exposé au *Rép.* n° 1931 que l'assureur de baraterie ne peut échapper à sa responsabilité en alléguant que si, le capitaine a commis une faute, c'est en agissant contre sa propre volonté et d'après les ordres de l'assuré lui-même, à moins qu'il ne soit établi qu'on a fait violence au capitaine et méconnu son autorité, ou bien que l'ordre donné au capitaine par l'assuré impliquait une violation du contrat d'assurance, comme si, par exemple, il consistait dans un changement de route (Req. 9 janv. 1872, aff. Grandin, D. P. 72. 1. 199; Rouen, 1er mai 1872, aff. Lubbe, D. P. 73. 5. 33) ou de destination (Trib. Marseille, 11 mai 1877, *Recueil de Marseille*, 1877. 1. 209). Dans ce dernier cas, le capitaine qui n'a eu aucune relation juridique avec l'assureur et a suivi la route à lui indiquée par l'assuré ne commet évidemment aucune faute. Le fait du changement de l'itinéraire tracé par la police ne peut donc pas constituer la baraterie de patron; c'est une violation du contrat d'assurance incombant exclusivement à l'assuré et dont il doit seul encourir la responsabilité. — L'assureur ne serait pas non plus responsable de la perte d'un vapeur affecté à la navigation fluviale, si cette perte était due soit à l'adaptation à ce bateau d'un gouvernail en bois, soit au fait que ce gouvernail a été installé dans des conditions défectueuses, lorsqu'il est constaté que l'établissement de cet agrès, dit *de fortune*, a eu lieu par l'ordre de l'assuré, sans que l'assureur en ait été averti; en ce cas, c'est le directeur de la compagnie de transports assurée, par qui l'ordre a été donné, qui est responsable du sinistre envers ladite compagnie (Req. 27 nov. 1883, aff. Galbrun, D. P. 85. 1. 38). — Enfin l'assureur sur corps n'est pas garant des faits de baraterie du capitaine, s'il est avéré que l'armateur a fait choix d'un capitaine notoirement incapable ou improbe, car alors il y a faute de l'assuré lui-même.

1976. L'assureur étant responsable de toutes les fautes qui se rattachent à l'exercice du commandement, lorsqu'aux termes de la police sa responsabilité ne doit cesser qu'en cas de dol ou de fraude, est responsable, comme d'une fortune de mer couverte par l'assurance, de la saisie et de la vente d'un navire ordonnées par un tribunal étranger à raison de l'impossibilité dans laquelle se trouvait le capitaine de se procurer les fonds nécessaires pour acquitter le coût de réparations rendues indispensables par les accidents et avaries survenus au cours du voyage, quand bien même il y aurait eu faute de la part du capitaine (Rennes, 25 févr. 1879, aff. Régis, D. P. 80. 2. 132; Weill, n° 175). — Mais comme l'assurance de la baraterie de patron ne garantit l'armateur que contre les fautes commises par le capitaine à l'occasion des objets mis en risques et formant l'aliment du contrat, elle n'autorise point l'armateur à se faire rembourser par l'assureur le montant des dommages-intérêts auxquels il a été condamné comme civilement responsable des suites d'un acte de violence commis par le capitaine sur un matelot, en admettant même que le remboursement des indemnités dues par l'armateur à des tiers à raison d'un fait du capitaine, lui incombe en règle générale (V. *infrà*, n° 1981; Rouen, 17 févr. 1875, aff. Mulot, D. P. 77. 1. 88; Trib. Havre, 21 mai 1878, aff. Bercegeay, *Recueil du Havre*, 1878. 1. 229).

1977. L'assureur sur facultés n'est pas, comme l'assureur sur corps, libéré lorsque le propriétaire du navire a coopéré à la faute constitutive de la baraterie. En effet, au regard de cet assureur, l'assuré est le chargeur qui est resté étranger à la faute incriminée du propriétaire du navire. Ainsi l'assureur sur facultés reste responsable envers l'assuré des avaries ou retards qui résulteraient de ce que le capitaine, sur l'ordre de l'armateur, aurait embarqué un chargement trop lourd, alors même qu'on aurait vu dans cette circonstance un fait de baraterie (Trib. Marseille, 25 févr. 1880, aff. Carcassonne, *Recueil de Marseille*, 1880. 1. 125).

1978. Les polices ne prévoient que le dol du capitaine; celui des gens de l'équipage reste à la charge des assureurs (Paris, 11 avr. 1865, *Recueil de Marseille*, 1865. 2. 13).

1979. La responsabilité des assureurs étant admise en principe par les polices, toute clause tendant à la restreindre doit être interprétée *stricto sensu*. M. Desjardins, t. 6, n° 1420, p. 350, cite en ce sens un arrêt aux termes duquel, lorsqu'une police d'assurance mettant la baraterie de patron à la charge des assureurs, sauf à l'égard des armateurs, des propriétaires ou de leurs ayants droit lorsqu'elle sera accompagnée de dol ou de fraude et que le capitaine sera de leur choix, a été souscrite dans l'intérêt de l'armateur d'un navire, sur marchandises par lui chargées dans ce navire, les assureurs ne peuvent, après le sinistre et la perte des marchandises, lui opposer la baraterie du capitaine, si l'armateur s'était dessaisi de l'administration du navire en faveur de ses créanciers hypothécaires sur ce navire, et si ceux-ci avaient choisi un nouveau capitaine (Rouen, 6 juill. 1886, *Recueil du Havre*, 1886. 2. 108).

1980. Au cas d'assurances sur facultés, comme au cas d'assurances sur corps, l'assurance de la baraterie de patron ne garantit l'armateur ou l'assuré que contre les fautes commises par le capitaine ou les gens de l'équipage dans l'ordre de leurs fonctions (V. *suprà*, n° 1968). Ainsi les assureurs n'ont pas à répondre des fautes que le capitaine peut commettre dans la gestion des intérêts commerciaux de l'opération maritime qui lui est confiée (Trib. Havre, 12 nov. 1861, *Recueil du Havre*, 1861. 2. 78 ; Trib. Marseille, 14 août 1862, *Recueil de Marseille*, 1862. 1. 261 ; Req. 18 févr. 1863, aff. Borchard, D. P. 63. 1. 372 ; Rennes, 25 févr. 1879, aff. Régis, D. P. 80. 2. 132). — Mais les actes de gestion que comportent l'armement et l'équipement du navire rentrent dans le cercle des attributions dont le capitaine est légalement investi ; dès lors, les fautes qu'il pourrait commettre dans l'exercice de cette gestion seraient couvertes par l'assurance (V. de Valroger, t. 4, n° 1619 ; Laurin, t. 4, p. 90 ; Desjardins, t. 6, n° 1422, p. 354).

1981. Les assureurs qui ont pris à leur charge les pertes et dommages que peuvent subir les objets assurés, tant par la baraterie que par fortune de mer, sont-ils garants non seulement des dommages directs arrivés à ces objets, mais aussi du payement des condamnations qu'un tiers aurait obtenues contre l'assuré à raison du préjudice que les mesures prises par le capitaine auraient occasionné à ce tiers ? Cette question offre, dans la pratique, peu d'intérêt, en raison des clauses de la police qui la plupart du temps, tout en mettant à la charge des assureurs la baraterie de patron, les exemptent de tout recours des tiers, notamment pour vice d'arrimage, infraction de charte-partie ou pour dommages ou empêchements causés dans les ports, rivières ou bassins. C'est ainsi, notamment, que la police française sur corps exempte celui qui assure la baraterie de patron de tous les risques ci-dessus exposés, sauf celui d'abordage dans les ports, bassins ou rivières. — Néanmoins, la question étant très discutée en doctrine, nous exposerons les divers systèmes proposés. D'ailleurs, la difficulté existe non seulement pour les indemnités dues à raison d'un fait de baraterie quand l'assureur a pris ces faits à sa charge, mais aussi, en l'absence de clause particulière, dans le cas d'abordage douteux.

Suivant un premier système, l'assurance de la baraterie garantit l'assuré non seulement contre les dommages directs subis par les objets mis en risque, mais encore contre les effets de la responsabilité à laquelle il peut se trouver exposé comme propriétaire, aux termes de l'art. 216 c. com. Ce système a été soutenu depuis Boulay Paty, tit. 10, sect. 16 et 17, t. 2, p. 100 et 118, par Delvincourt, *Institutes de droit commercial*, t. 2, p. 273 ; Lemonnier, *Commentaire sur les principales polices d'assurances maritimes*, t. 1, n° 182, par Alauzet, t. 6, n° 2142 ; Caumont, *Assurances maritimes*, n°s 294 et 295 ; J.-V. Cauvet, t. 1, n° 151 ; Weill, n° 1771 ; Desjardins, t. 6, n° 1425, p. 360 ; de Valroger, t. 4, n° 1620 ; Levillain, *Dissertation* insérée D. P. 82. 2. 73. — Il a été, en outre, consacré par un grand nombre de décisions judiciaires et il paraît aujourd'hui définitivement consacré en jurisprudence (V. Trib. Havre, 17 sept. 1853, et Rouen, 23 déc. 1853, *Recueil de Marseille*, 1854. 2. 8 ; Rouen, 28 déc. 1855, *Recueil du Havre*, 1856, 1. 4 ; Civ. cass. 23 déc. 1857, aff. Assier, D. P. 58. 1. 61 ; Trib. Marseille, 28 févr. 1859, *Recueil de Marseille*, 1859. 1. 129 ; Aix, 20 juin 1859, *ibid.*, 1859. 1. 291 ; Trib. Marseille, 20 oct. 1859, *ibid.*, 1860. 1. 57 ; Aix, 7 juin 1860, *ibid.*, 1860. 1. 239 ; Trib. Marseille, 23 nov. 1860, *ibid.*, 1860. 1. 317 ; Civ. rej. 4 mars 1861, aff. Clerc et autres, D. P. 61. 1. 163 ; Req. 12 févr. 1861, aff. Assur. gén. marit., D. P. 61. 1. 165 ; Paris, 30 juill. 1873, aff. Roussan, D. P. 76. 2. 165 ; Rouen, 17 janv. 1881, aff. Bressin, D. P. 82. 2. 73). Toutefois, d'après certaines décisions, l'assureur ne serait pas garant des indemnités qui peuvent être dues aux matelots (Rouen, 17 févr. 1875, et Civ. rej. 22 nov. 1876, aff. Mulot, D. P. 77. 1. 88 ; Trib. Havre, 21 mai 1878, aff. Bercegeay, *Recueil du Havre*, 1878. 1. 229). — Ce système nous paraît parfaitement justifié ; comme l'a très bien fait remarquer M. Levillain dans la dissertation insérée D. P. 82. 2. 73, la question est au premier chef une question d'intention. Les parties pourraient, sur ce point, adopter telle stipulation que bon leur semblerait. Le problème consiste, à proprement parler, à rechercher quelle est, lorsque les contractants ne se sont pas expliqués, l'intention qu'il convient de leur attribuer. Or lorsqu'un assuré s'est fait garantir, par une convention spéciale et expresse, de la baraterie de patron, il est vraisemblable qu'il a entendu s'exonérer de toute la responsabilité qui peut résulter pour lui du fait du capitaine ou de l'équipage, se prémunir contre le préjudice éventuel dont il est menacé par la nécessité de confier la chose assurée à un personnel dont il lui est impossible de contrôler à chaque instant les actes. Il est encore à présumer qu'en insérant cette clause dans leur convention, les parties ont entendu lui donner un sens assez large pour lui permettre de produire l'effet maximum dont elle est susceptible. Il faut en conclure que, dans la commune intention des parties, cette clause signifie que l'assureur a assumé la garantie de tout dommage qu'une faute du capitaine ou de l'équipage peut faire subir à l'assuré en tant que propriétaire des objets mis en risque, alors même que ce préjudice n'aurait pas avec ces objets une corrélation directe et nécessaire. Toute autre interprétation, qui tendrait à introduire, suivant la source du dommage, une distinction entre les divers préjudices subis par le propriétaire des objets assurés, serait purement arbitraire et ne répondrait nullement à la pensée manifeste qui a déterminé les parties à déroger à l'art. 353 c. com. Celles-ci ont eu pour but évident de mettre au nombre des risques, dont l'art. 350 contient une énumération énonciative, les conséquences de la prévarication ou de la faute du capitaine. Cette faute, cette prévarication doivent désormais être traitées comme tous autres risques prévus par l'art. 350 ; c'est cet article qu'il faut appliquer. Or si l'art. 350 déclare les assureurs garants de toutes les pertes ou dommages *qui arrivent aux objets assurés*, ces derniers mots ne doivent pas être pris à la lettre ; ils ont été ajoutés en quelque sorte par mégarde au texte de l'ordonnance de la marine par le législateur de 1807 ; et il est si vrai que la responsabilité de l'assureur ne dépend pas de cette circonstance que les dommages survenus par fortune de mer affecteraient directement la chose assurée elle-même, que, dans le projet de revision de 1867, les mots « aux choses assurées » avaient disparu (Desjardins, t. 6, n° 1425, p. 360). Aussi reconnaît-on que les assureurs sont souvent tenus de dommages consistant en impenses extraordinaires qu'une fortune de mer peut rendre nécessaires à un moment donné, dans l'intérêt de la chose assurée, bien que celle-ci soit demeurée intacte, c'est-à-dire qu'ils répondent des avaries-frais comme des avaries-dommages. En d'autres termes, l'art. 350 ne limite pas l'assurance aux pertes matérielles éprouvées par l'assuré : elle s'applique à toutes pertes ou dommages quelconques, directs ou indirects qui peuvent atteindre la chose assurée et porter préjudice à celui qui l'a assurée. — La faute du capitaine, lorsque la police écarte l'art. 353, devient une fortune de mer, c'est le risque assuré, celui dont l'assureur doit, aux termes de l'art. 350, garantir l'assuré, que l'objet de l'assurance en ait été directement ou indirectement affecté.

Suivant un second système, soutenu par un certain nombre d'auteurs (Boistel, n° 1379 ; de Courcy, t. 2, p. 14 ; Droz, t. 1, n°s 190 et suiv., 245 et suiv. ; Em. Cauvet, t. 1, n°s 469 et suiv. ; Lyon-Caen, *Dissertation* sur l'arrêt de la cour de Rouen du 17 janv. 1881), la clause qui met à la charge de l'assureur la baraterie de patron n'a d'autre objet que de garantir à l'assuré la réparation du préjudice que pourrait causer, aux effets mis en risque, la fraude ou l'impéritie du capitaine, et ne saurait le garantir des dommages qui, bien que résultant de cette fraude ou de cette impéritie, n'affecteraient pas directement la chose assurée. Ce système a été adopté par quelques décisions judiciaires (V. notamment : Trib. Marseille, 11 janv. 1831, *Recueil de Marseille*, 1832. 1. 26 ; Paris, 23 juin 1855, aff. Assier, D. P. 55. 2. 220 ; Trib. Rouen, 22 janv. 1858, *Recueil du Havre*, 1858. 2. 68) ; mais il n'a pas prévalu en jurisprudence. L'assureur, dit-on dans ce système, répond bien des dépenses extraordinaires de navigation, mais seulement lorsque ces dépenses ont pour but, soit de réparer un dommage matériel, soit de le prévenir, soit de contribuer à faire parvenir le navire à destination, soit enfin de tenir compte d'un sacrifice fait pour le salut commun. L'art. 350 ne peut avoir une autre portée et, par conséquent, les déboursés occasionnés par le recours des tiers lésés par le navire, qui ne sauraient rentrer dans aucune de ces catégories, ne peuvent être mis à la charge de l'assureur de la baraterie de patron sans une convention spéciale. Or la clause qui déroge à l'art. 353 a pour unique effet de paralyser l'exception qui serait tirée de la faute du capitaine, mais non d'étendre la responsabilité de l'assureur à des dommages ou à des dépenses ne concernant nullement la chose assurée. On prétendrait en vain que, par suite du recours des tiers, le navire assuré subit un dommage, puisque ce recours peut amener l'abandon du navire à ceux qui l'exercent; car, indépendamment de la cause qui y donne lieu, l'abandon n'est pas aux risques de l'assureur. Enfin il est reconnu, en matière d'assurance contre l'incendie, que l'assureur d'une maison ne répond du recours des voisins contre le propriétaire assuré ou des risques locatifs, qu'en vertu d'une clause formelle et contre payement d'une prime spéciale. A quel titre, et en vertu de quel texte, attribuer à l'assurance maritime une étendue plus grande, une portée plus large? — Cette argumentation remarquablement soutenue par M. Lyon-Caen dans la dissertation que nous avons signalée ne nous paraît pas irréfutable, quelque sérieuse qu'elle soit, et M. Levillain, *Dissertation* précitée, D. P. 82. 2. 73, nous paraît y avoir victorieusement répondu. Prétendre que la clause relative aux faits de baraterie n'a pas pour effet d'élargir l'assiette de l'assurance, et implique simplement renonciation à l'exception de l'art. 353 c. com., de telle sorte que l'assureur, garant des dommages causés par une faute du capitaine ou des gens d'équipage, lorsque ces dommages ont une corrélation avec les effets assurés, n'en serait pas responsable dans le cas contraire, c'est, comme nous l'avons dit ci-dessus, méconnaître la véritable intention des parties et la véritable portée de la clause dérogatoire de l'art. 353. L'assurance par elle-même, et abstraction faite de toute clause particulière dans la police, ne répond aux vues des parties et ne fournit à l'assuré la sécurité sur laquelle il est en droit de compter qu'autant que l'assureur prend à sa charge tous les dommages auxquels ce dernier est exposé comme propriétaire des choses assurées et par suite de la soumission de ces choses aux risques de la navigation. Il est évident, dès lors, que la clause relative aux faits de baraterie doit, pour être pleinement efficace, protéger celui qui est appelé à en bénéficier contre tout préjudice éventuel dont il se trouve menacé par suite de la nécessité de confier la chose assurée à un personnel dont il lui est impossible de contrôler les actes. Toute la question est là et l'on ne peut, sans méconnaître le caractère de cette clause, lui donner une interprétation plus restreinte. M. Levillain reconnaît, d'ailleurs avec raison, que la faculté d'abandon, par l'assuré qui veut se libérer, du navire et du fret et la corrélation qui existe, en pareil cas, entre la perte subie et l'objet assuré, n'offre pas un argument solide en faveur de la thèse que nous soutenons. En effet, l'abandon du navire et du fret n'a été admis par le législateur que dans le but de fournir au propriétaire un moyen de s'acquitter envers les créanciers sans recourir à un payement total. Or, l'acte accompli en vue de l'extinction d'une dette n'est pas une cause de perte pour celui qui l'exécute; la perte découle de l'existence de la dette : d'où cette conséquence que l'assureur ne devra rendre l'assuré indemne du sacrifice réalisé en vue de sa libération qu'autant qu'il aura à lui tenir compte de l'obligation elle-même. On ne saurait donc assigner ici pour motif à la responsabilité de l'assureur la possibilité pour l'assuré de recourir à l'abandon. Il faut reconnaître que, si l'assureur est obligé de réparer le dommage que peut éprouver l'assuré, lorsqu'il use de la faculté qui lui est reconnue par l'art. 216 c. com., c'est parce qu'il est tenu du montant des condamnations dont il s'affranchit en agissant de la sorte, et il en est tenu parce que, comme on l'a dit, cette obligation découle naturellement de la clause qui couvre les faits de baraterie. Il faut, en revanche, remarquer que l'objection tirée des règles observées en matière d'assurances contre l'incendie n'est nullement décisive. D'abord, l'assurance maritime et l'assurance contre l'incendie sont d'une nature toute différente. Quand les parties n'ont pas indiqué spécialement dans la police les pertes et dommages qu'elles entendent prendre à leur charge, elles doivent être considérées comme ayant attribué à la garantie fournie par l'assureur un caractère plus ou moins compréhensif, suivant que les risques en prévision desquels l'assurance est intervenue affectent une plus ou moins grande variété, c'est-à-dire suivant que le contrat a pour but de parer à telle ou telle catégorie d'éventualités. A la différence des assurances maritimes qui mettent à la charge de l'assureur tous les risques de mer indistinctement, l'assurance contre l'incendie ne couvre qu'une seule espèce de risques. Les mêmes règles d'interprétation ne peuvent donc s'appliquer dans les deux hypothèses. Si le propriétaire d'un immeuble incendié est, dans certains cas, obligé au payement d'une indemnité envers un voisin, c'est comme étant responsable, soit de son propre fait, soit du fait d'un subordonné dont il est en situation de surveiller à chaque instant la conduite; on comprend que, dans ces conditions, l'assureur ne soit pas, en l'absence de toute clause particulière, réputé prendre à sa charge la condamnation encourue par l'assuré. L'armateur d'un navire, débiteur de dommages-intérêts envers un tiers, se trouve dans une situation notablement différente. Il est actionné à raison du préjudice causé par un préposé que la loi lui impose, et dont, à raison de la distance, il lui est à peu près impossible de contrôler les actes; quelquefois même il est tenu à raison d'un accident qui ne présuppose aucune faute de la part du capitaine et dont il n'est appelé à supporter, en tout ou partie, les conséquences que par un simple motif d'équité. On conçoit que l'assureur soit alors considéré plus volontiers, en l'absence de stipulation spéciale, comme ayant assumé la responsabilité de la perte qui résulte de cette obligation.

1982. Dans tous les cas, l'assureur qui a garanti la baraterie de patron, a, comme nous l'avons dit au *Rép.* n° 1936, qualité pour agir, même avant d'avoir payé le montant de l'assurance, contre le capitaine du navire, à l'effet de le faire déclarer responsable des fautes qu'il lui impute. En effet, tout fait qui, à partir du jour où court l'assurance, produit le risque prévu, et met l'assureur dans la nécessité d'acquitter envers les assurés les obligations nées du contrat d'assurance, cause à l'assureur un dommage dont il a le droit d'exiger la réparation de celui par la faute duquel l'événement est arrivé, et, en exerçant cette action, l'assureur n'agit point comme cessionnaire des droits de l'assuré, mais en vertu d'un droit qui lui est propre, et qui trouve sa base dans les dispositions de l'art. 1382 c. civ. (Civ. cass. 12 août 1872, aff. Rydes, D. P. 72. 1. 293). Si c'est un assureur sur facultés, il peut, en outre, actionner l'armateur civilement responsable et même l'assureur sur corps (Desjardins, t. 6, n° 1422, p. 353; de Valroger, t. 4, n° 1623; Rouen, 16 juill. 1883, aff. Compagnie de cabotage, *Recueil du Havre*, 1883. 2. 216).

1983. Nous n'avons rien à ajouter aux observations que nous avons présentées au *Rép.* n°s 1938 et 1939 sur les dispositions de l'art. 354 aux termes duquel l'assureur n'est point tenu du pilotage, touage et lamanage, ni d'aucune espèce de droits imposés sur le navire et les marchandises. Nous nous bornerons à signaler l'interprétation qu'il convient de donner, suivant MM. de Valroger, t. 4, n° 1627; Desjardins, t. 6, n° 1429, p. 376 *in fine*; de Courcy, *Commentaire des polices*, p. 48 et 225, à l'art. 3 des polices françaises sur corps et sur facultés. Ces articles, en exemptant l'assureur de tous frais d'hivernage, de quarantaine et de jours de planche, supposent que ces frais sont faits au port de chargement ou de déchargement ou dans une relâche non causée par des avaries. S'il y avait relâche forcée, les frais de quarantaine ou d'hivernage retomberaient à la charge de l'assureur (V. *suprà*, n° 1871).

1984. On a exposé au *Rép.* n°s 1941 et suiv. que la clause restrictive autorisée par l'art. 409, dite clause *franc d'avaries*, affranchit les assureurs de toutes avaries, soit communes, soit particulières, excepté dans les cas qui donnent ouverture au délaissement. Les critiques dirigées contre cette clause par Valin (*Rép.* n° 1941) ont été reproduites par M. de Courcy, t. 2, p. 383, qui en a de nouveau fait ressortir tous les dangers. — Dans l'usage, d'ailleurs, les assureurs ne s'affranchissent pas des avaries communes, au moins dans l'assurance sur facultés, et dans l'assurance sur corps la franchise est réduite à 1 pour 100 (de Valroger, t. 5, n° 2133).

1985. Les cas de délaissement auxquels ne s'applique pas la clause « franc d'avaries » sont à la fois, comme le remarque M. de Valroger, t. 5, n° 2134, ceux fixés par la loi et ceux admis par les polices qui, d'ailleurs, tendent plutôt à les restreindre qu'à les étendre. En d'autres termes, l'assureur reste obligé dans les cas de sinistres majeurs indiqués par les art. 369 et suiv., si on n'a pas pris soin de les énumérer spécialement dans la police (V. police française sur corps, art. 19 ; sur facultés, art. 10).

Il a été jugé à cet égard que l'innavigabilité relative résultant de ce que le navire assuré a dû être vendu, faute par le capitaine d'avoir pu se procurer par un emprunt à la grosse les sommes nécessaires pour le radoub, autorise le délaissement, ou bien l'action d'avaries si l'assuré préfère y recourir, bien que la franchise d'avaries particulières ait été stipulée dans le contrat d'assurances (Req. 14 août 1876, aff. Détroyat, D. P. 77. 1. 314). En d'autres termes, comme on vient de le dire, les franchises d'avaries totales ou partielles ne reçoivent pas application quand il y a sinistre majeur (*Rép.* n° 1944. V. aussi Trib. Marseille, 13 avr. 1853, *Recueil de Marseille*, 1853. 2. 66). — Il en est de même lorsque la police est souscrite franche d'avaries particulières matérielles, sauf celles d'abordage, d'échouement ou d'incendie, stipulation qui ne saurait avoir plus d'effet que la clause « franc d'avaries » conçue en termes généraux et ne déroge pas dès lors à l'art. 409 (Bordeaux, 23 août 1875, et sur pourvoi, Req. 14 août 1876, aff. Détroyat, D. P. 77. 1. 314). En revanche, les polices admettent dans certains cas, nonobstant la clause « franc d'avaries », l'action d'avaries en dehors des cas de délaissement. L'art. ~~10 de la police française~~, notamment, repousse le délaissement à raison du montant des réparations quand le navire a été effectivement réparé, mais laisse à l'assuré l'action d'avaries alors même que le navire a été assuré franc d'avaries.

1986. Lorsque la clause « franc d'avaries » ne porte que sur les avaries particulières, les frais de sauvetage, de voyage et autres qui en ont été la conséquence, et ont été payés pour retirer le navire et la cargaison des mains de sauveteurs étrangers, constituant non une avarie particulière mais une avarie commune, peuvent être réclamés contre les assureurs des marchandises chargées sur ce navire (Caen, 15 févr. 1861, aff. Séhier, D. P. 61. 5. 41, et sur pourvoi, Civ. rej. 15 avr. 1863, D. P. 63. 1. 346).

§ 3. — De la durée des risques (*Rép.* n°s 1951 à 1976).

1987. Il est de règle que l'assureur court les risques du voyage assuré pendant toute sa durée, quelque longue qu'elle soit, à moins que le temps du risque n'ait été expressément limité.

Il peut se faire que la convention détermine elle-même la durée du risque et qu'elle le fasse courir soit du jour de la signature de la police, soit d'un jour à fixer ultérieurement. Dans ce dernier cas, il est indispensable que les parties fixent avant le départ du navire le moment à partir duquel les risques seront à la charge de l'assureur ; car si le navire mettait à la voile et venait à périr avant que ce moment eût été déterminé, on persiste à décider conformément à la règle que nous avons exposée au *Rép.* n° 1955, que cette perte ne serait pas à la charge des assureurs (Trib. Marseille, 14 févr. 1884, aff. Lavarello, *Recueil de Marseille*, 1884. 1. 130).

Dans l'assurance au voyage pour laquelle le temps des risques n'a pas été déterminé dans la police, on doit se conformer aux règles de l'art. 328 c. com. (c. com. art. 341), et il y a lieu, comme le fait cet article, de distinguer entre l'assurance sur corps et l'assurance sur facultés.

1988. — I. ASSURANCE SUR CORPS. — L'art. 328 fait courir les risques à l'égard du navire, du jour où le navire a *fait voile*. Cette expression ne peut évidemment être appliquée à la lettre aujourd'hui que la marine à vapeur a pris un développement considérable au détriment de la marine à voiles. De plus, elle est beaucoup trop vague ; aussi considère-t-on qu'elle doit être entendue dans un sens large et l'interprète-t-on généralement en ce sens qu'elle fait commencer les risques dès le moment où le navire s'est mis en mouvement, n'eût-il pas encore quitté le port ou même le bassin dans lequel il était amarré (Weill, n° 65 ; Desjardins, t. 6, n° 1431, p. 384 ; de Valroger, t. 3, n° 1446 ; Trib. Nantes, 6 avr. 1881, aff. Toché, *Recueil de Nantes*, 1882. 1. 120).

1989. Les polices dérogent, d'ailleurs, fréquemment à l'art. 328 ; ainsi l'art. 6 de la police de Paris et la police française sur corps stipulent que les risques de l'assurance au voyage courent du moment où le navire a commencé à embarquer des marchandises ou, à défaut, de celui où il a démarré ou levé l'ancre. La première partie de cette disposition ne nous paraît pas toutefois pouvoir s'appliquer au cas où le navire voyage sur lest, et nous pensons qu'alors il faut s'en tenir aux dispositions des art. 341 et 328.

D'après les mêmes articles, les risques durent jusqu'au jour où le navire est ancré au port ou lieu de destination ; de telle sorte que, lorsqu'un navire a été assuré pour aller d'un port à un autre port déterminé, le voyage est réputé accompli et le risque cesse au moment où le navire est arrivé au port qu'il devait atteindre, et non point seulement au moment où il est revenu au port de départ ou à tout autre port de retour (Aix, 18 nov. 1853, aff. Dalager, D. P. 55. 2. 309). On en a conclu que si, en pareil cas, la faculté, pour le navire, de faire des voyages intermédiaires a été réservée dans la police, cette faculté ne doit s'entendre que des voyages entrepris dans l'intervalle compris entre le départ et l'arrivée au port de destination, et non de ceux qui seraient faits après cette arrivée, quoiqu'avant le départ pour le retour ; et, dès lors, l'assureur n'est pas responsable du sinistre qui surviendrait au navire pendant un voyage entrepris dans ce dernier intervalle. Il n'en serait autrement que si l'assurance avait été faite à prime liée pour l'aller ~~et le retour~~.

1990. La détermination du lieu de destination peut soulever de sérieuses difficultés si le navire doit se rendre dans un port où il recevra avis de sa destination définitive, et s'il est destiné pour une contrée qui n'a que des rades foraines. Il faut, croyons-nous, en pareil cas se référer aux usages de la place où la police a été contractée et aux nécessités des lieux de destination. Si donc au but du voyage on ne trouve pas de ports, mais seulement des rades foraines, les expressions de l'art. 328 doivent être interprétées dans un sens large et le navire cessera d'être aux risques de l'assureur quand il sera ancré en rade, si tel est l'usage, et s'il en résulte que les parties ont dû prévoir cette circonstance. — Il a été jugé par application de cette règle, sur le pourvoi contre un arrêt de la cour de Bordeaux du 14 mars 1853, que la clause d'une police d'assurance maritime portant que les risques sur corps du navire assuré cesseront après un certain délai à partir du jour où le navire aura été ancré ou amarré au lieu de sa destination, a pu, si le lieu de destination indiqué (l'île de la Réunion) n'a pas de port, mais seulement des rades foraines, être considéré, d'après les usages du lieu du contrat, comme se référant à l'une de ces rades, sans qu'une telle déclaration soit soumise au contrôle de la cour de cassation (Req. 4 janv. 1854, aff. Laporte, D. P. 54. 1. 388).

1991. Les polices en usage en France modifient, d'ailleurs, notablement les règles des art. 328 et 341 relatives à la cessation des risques. Elles décident généralement que les risques prennent fin à l'expiration d'un délai plus ou moins long, en général de quinze jours, après que le navire est ancré, en sûreté au lieu de sa destination.

Le mot *jour* s'entend alors de période de vingt-quatre heures comptées à dater de l'instant où le navire a jeté l'ancre, instant qui doit être et est généralement constaté par le livre de bord. Cette prolongation des risques pour le navire tient à ce qu'il peut subir des avaries pendant le déchargement des marchandises ; aussi cesse-t-elle de produire effet, si, avant l'expiration des quinze ou trente jours alloués par la police, le navire a reçu à bord des marchandises pour un nouveau voyage.

1992. Les jours fériés doivent-ils être compris dans les délais de quinze ou trente jours ? Suivant un arrêt de la chambre des requêtes rejetant un pourvoi formé contre un arrêt rendu le 19 août 1853 par la cour de Douai, la clause d'une police d'assurances portant que le risque des marchandises finira au moment de leur mise à terre au lieu de destination, ou, au plus tard, un certain nombre de jours après l'arrivée au port, peut, dans le silence des parties à cet égard, être interprétée en ce sens que le délai énoncé ne devait se composer, suivant les habitudes et les usages du commerce du lieu du contrat, que de jours ouvrables, et qu'en conséquence il fallait en retrancher les jours fériés (Req. 24 avr. 1854, aff. Delaby, D. P. 54. 1. 318). En d'autres termes, la difficulté se règle à défaut de convention, suivant l'usage du lieu où la police a été souscrite. — Toutefois, l'usage du lieu de destination ne saurait être sans influence sur ce règlement, et nous pensons, comme M. Desjardins, t. 6, n° 1431, p. 386, que, dans le silence de la convention, on doit admettre que les jours fériés ne sont pas compris dans le délai, si les parties ont dû s'attendre à ce qu'ils n'y fussent pas compris d'après les usages en vigueur au lieu de destination. En effet, la prolongation des polices ayant pour but de permettre l'entier déchargement du navire avant la constatation des avaries, cette prolongation est calculée d'après le délai moyen qui est réputé nécessaire au déchargement, et l'on ne saurait, par conséquent, y comprendre les jours fériés, si, pendant ces jours, le déchargement doit se trouver suspendu d'après les usages du lieu de destination.

1993. La prolongation des risques au delà du moment fixé par les art. 328 et 341 a lieu quelquefois, même en l'absence des dispositions des polices qui viennent d'être exposées. Ainsi lorsque le navire a subi des avaries en cours de route, les risques se prolongent pour les assureurs du navire, même après l'arrivée au lieu de destination, pendant toute la durée des réparations (Req. 18 févr. 1861, aff. Fauché, D. P. 61. 1. 366).

1994. L'assureur répond, en outre, comme on l'a dit au *Rép.* n°s 1966 et suiv., des avaries survenues pendant le voyage que le navire, après avoir mouillé au port de sa destination, a été obligé de faire, d'après avis des experts, pour se rendre en un autre lieu afin d'y être réparé ; et des loyers et vivres de l'équipage pendant ce voyage forcé (Conf. Bordeaux, 28 févr. 1859, *Recueil de Marseille*, 1859. 2. 63). — Mais cette règle ne reçoit son application que si le nouveau voyage, postérieur au temps pour lequel l'assurance a été contractée, est bien une conséquence nécessaire des avaries souffertes pendant le voyage assuré ; lorsque, par exemple, les réparations peuvent être faites au port de destination, les avaries reçues au cours du nouveau voyage ne sont pas à la charge de l'assureur. Spécialement, en cas d'assurance d'un navire pour un temps limité, les avaries survenues après l'expiration du temps fixé, et postérieurement à l'arrivée du navire au port de destination, ne sont pas à la charge de l'assureur, bien que ces avaries aient eu lieu pendant le trajet effectué du port de destination vers un autre port, pour y faire réparer des dommages soufferts pendant la durée des risques, s'il est établi, en fait, que ces réparations auraient pu être opérées au port de destination lui-même, et, que, par conséquent, le nouveau voyage n'était pas une suite nécessaire des dommages couverts par l'assurance (Req. 20 janv. 1862, aff. Bourcard, D. P. 62. 1. 416. V. encore : Civ. cass. 12 mars 1862, aff. Julien, D. P. 1. 105, et sur renvoi, Montpellier, 12 févr. 1863, D. P. 63. 62. 2. 147).

1995. Suivant l'art. 7 de la police française sur corps, la *quarantaine* fait partie du voyage qui y donne lieu ; mais il y a lieu à une augmentation de prime de 3/4 pour 100 par mois depuis le jour du départ pour la quarantaine jusqu'à celui du retour, si le navire assuré va faire quarantaine ailleurs qu'au point de destination (Desjardins, t. 6, n° 1431, p. 388; de Valroger, t. 3, n° 1450).

La prime subit des augmentations analogues, d'après la nouvelle police de Marseille, lorsque le navire trouvant son port de destination bloqué séjourne devant ce port ou en relève pour un autre. Les assureurs continuent dans ce cas à courir les risques de tous les séjours et relèvements jusqu'à une durée de six mois, à l'exception des frais et augmentations de dépenses qui en résultent. — Enfin, lorsque l'assurance est faite à prime liée, il est accordé, sans augmentation de prime, quatre mois de séjour à partir du moment où le navire aura abordé au premier port où il doit commencer ses opérations. Au delà de quatre mois, chaque mois supplémentaire donne droit en faveur des assureurs à une augmentation de 2/3 pour 100.

1996. On a dit au *Rép.* n° 1970 que les emprunts à la grosse contractés, même après l'expiration du voyage assuré, pour la réparation des avaries souffertes durant la traversée, sont à la charge des assureurs du voyage d'aller, comme ayant pour cause des risques survenus pendant ce voyage (V. encore en ce sens : Douai, 9 nov. 1847, aff. Delrue, D. P. 51. 2. 201). — Que décider au cas où le capitaine aurait contracté dans un port de relâche, pour se procurer l'argent nécessaire à la réparation d'avaries survenues au cours du voyage d'aller, un emprunt à la grosse remboursable non point au lieu de destination du navire, c'est-à-dire à l'expiration du voyage d'aller, mais au port de départ, c'est-à-dire à l'expiration du voyage de retour, et au cas où le navire, arrivé heureusement au lieu de destination aurait péri dans le voyage de retour? La question s'est posée devant la cour de cassation de savoir comment les droits de l'assuré devraient être réglés en présence du contrat à la grosse, dans une espèce où les assureurs avaient pris à leur charge, indépendamment de la perte du navire, les avaries grosses et particulières, avec la condition que ces avaries seraient réglées séparément pour chaque voyage d'entrée et de sortie et non cumulativement pour tout le temps assuré. S'il n'y avait pas eu de contrat à la grosse, le règlement eût été simple. L'assuré ayant fait une double perte, c'est-à-dire : 1° perdu la somme qu'il avait tirée de sa caisse pour réparer les avaries souffertes pendant le voyage d'aller; 2° perdu son navire dont la valeur primitive avait été reconstituée au moyen des dépenses de réparation rendues infructueuses par le sinistre survenu durant le voyage de retour, les assureurs lui auraient dû une double indemnité : l'une correspondante aux avaries, et qui eût dû être réglée au terme du premier voyage ; l'autre relative à la perte du navire, et dont le règlement eût été opéré à l'expiration du second. Donc pas de difficulté, les parties restant soumises aux stipulations de la police d'assurance qui aurait dû être littéralement exécutée. Mais l'existence du contrat à la grosse compliquait la question. La cour de cassation (Civ. cass. 12 mars 1862, aff. Julien, D. P. 62. 1. 105), et après elle sur renvoi, la cour de Montpellier, le 12 févr. 1863 (D. P. 63. 2. 147) l'ont tranchée en jugeant qu'en cas d'assurance établie sur la valeur totale d'un navire, pour une certaine durée de navigation, avec la clause que les avaries, également couvertes par l'assurance, seront réglées et payées séparément par chaque voyage d'entrée et de sortie, on doit régler les avaries survenues pendant le voyage d'aller au terme de ce voyage, quoiqu'elles aient été réparées au moyen d'un emprunt à la grosse stipulé remboursable après le retour du navire, et qu'ainsi les risques du prêteur à la grosse se soient prolongés jusqu'à l'expiration de ce voyage de retour. Par suite, ce contrat à la grosse cesse, après le règlement des avaries pour lesquelles il a été passé, de s'appliquer au voyage d'aller, et pèse uniquement sur le voyage de retour ; dès lors, si le navire périt pendant le voyage ainsi affecté du contrat à la grosse, la somme empruntée doit être ristournée sur le montant de l'assurance applicable à ce voyage, et non pas diminuée de celle qui couvrait les avaries souffertes pendant le premier voyage, avaries dont les dépenses ont été définitivement réglées et payées par l'assureur, selon les stipulations de la police d'assurance. L'assureur ne doit donc payer le montant de l'assurance que sous la déduction de la somme provenant de cet emprunt.

1997. — II. Assurances sur facultés. — Pour les marchandises, l'art. 328, ainsi qu'il a été exposé au *Rép.* n° 1956, fait courir les risques depuis le moment où elles sont chargées sur les navires ou sur les allèges qui doivent les y transporter jusqu'au moment où elles ont été délivrées à terre. Les polices se conforment à cette disposition. Suivant la police française les risques courent du moment où la marchandise quitte terre pour être embarquée et finissent au moment de sa mise à terre au point de destination, tous risques d'allèges pour transport immédiat de terre à bord ou de bord à terre étant à la charge des assureurs. Les polices de Bordeaux et de Marseille sont conçues à peu près dans le même sens. Mais les risques d'allèges ne doivent s'entendre que de ceux qui courent pendant le temps nécessaire pour l'embarquement sur les allèges et le trajet jusqu'à bord (Trib. Marseille, 22 oct. 1867, *Recueil de Marseille*, 1868. 1. 27), de sorte que, si une marchandise était chargée le soir sur une allège pour être embarquée sur un vapeur attendu le lendemain, l'assureur ne répondrait pas de l'avarie survenue pendant la nuit.

1998. Les risques d'allèges sont-ils à la charge des assureurs lorsque le capitaine a la liberté d'entrer dans le port et qu'il ne fait usage de ces allèges que pour éviter des retards? La négative nous paraît résulter des dispositions de l'art. 362 dont la portée est générale; les risques ne nous semblent incomber aux assureurs qu'autant qu'ils ont pu être légitimement prévus, c'est-à-dire qu'il a été fait usage des allèges conformément aux usages du port (de Valroger, t. 3, n° 1452, et t. 4, n°s 1686 et 1687).

1999. Aux termes de l'art. 362, si le capitaine a la liberté d'entrer dans différents ports pour compléter ou échanger son chargement, l'assureur ne court les risques des effets assurés que lorsqu'ils sont à bord, s'il n'y a convention contraire. L'interprétation de cet article a donné lieu à une controverse qui tient aux dispositions que renfermait sur le même point l'ordonnance de 1681 (liv. 3, tit. 6, art. 33): d'après ces dispostions, l'assureur ne répondait point « des risques des effets qui seront à terre, quoique destinés pour le chargement et que le vaisseau soit au port pour les prendre », sauf convention expresse. On avait conclu de cette règle que les risques des marchandises à prendre dans les escales, devaient se régler de droit sur ceux que l'assureur avait assumés pour le chargement des marchandises dans le lieu du départ du navire. On s'est demandé si le code, tout en changeant les expressions de l'ordonnance, n'avait pas entendu consacrer la même solution. La négative a prévalu: il est généralement admis que l'art. 362, en ne mettant les risques à la charge de l'assureur que lorsque les effets seraient à bord, a jugé excessif de mettre à la charge de l'assureur pendant toutes les escales les risques d'allège que les art. 328 et 341 mettent à sa charge au départ; les chargements et déchargements sans cesse renouvelés eussent aggravé sa situation outre mesure (Desjardins, t. 6, n° 1435, p. 393; de Valroger, t. 4, n° 1686; Bédarride, t. 4, n° 1365; Weill, n° 210). D'ailleurs, la convention contraire prévue par l'art. 362 est devenue, dans la pratique, la règle générale.

2000. Certaines circonstances peuvent, comme le remarque M. Weill, n° 75, faire naître des doutes sur le point de départ des risques des marchandises. Au cas notamment où une assurance sur facultés aurait été contractée pour un voyage de retour avec stipulation que les avances de frais à compter au capitaine, seront comprises dans la somme assurée et où ces avances auraient été comptées au capitaine dans le voyage d'aller, M. Weill estime, d'accord avec un jugement du tribunal de Marseille du 7 juill. 1873 (*Recueil de Marseille*, 1873. 1. 259), que ce fait n'avance pas le point de départ des risques; il ne peut avoir pour effet d'engager les assureurs du retour avant que le voyage de retour ait commencé, de sorte que, si le navire périt auparavant, les assureurs ne sont pas tenus de la perte (V. également: Desjardins, t. 6, n° 1432, p. 389, note 1).

2001. Les assureurs qui ont pris à leur charge les risques de transport de terre à bord et de bord à terre ont par cette clause accepté les modes de chargement ou de déchargement usités dans les pays où se fait ce transport; ils sont donc responsables de la perte arrivée par le flottage des marchandises, si ce mode est en usage dans le pays où il a été employé (Rouen, 25 févr. 1873, aff. Lasnier, D. P. 74. 2. 39).

2002. L'assurance faite non au voyage, mais pour un temps déterminé, libère l'assureur par l'expiration du temps convenu, suivant ce qui a été exposé au *Rép.* n° 1971. Au cours de la période couverte par l'assurance, l'assuré est maître de faire entreprendre au navire tel voyage qu'il juge à propos, même de changer un voyage commencé, sans que les assureurs soient recevables à s'en plaindre. Dans ce cas, l'assureur est responsable de l'emprunt à la grosse contracté par le capitaine pour tout voyage accompli pendant le temps convenu, et même de l'emprunt à la grosse plus onéreux qu'il aurait substitué à un premier emprunt, en changeant le voyage annoncé au prêteur lors de ce premier emprunt: les assureurs objecteraient vainement que le capitaine, après avoir lui-même indiqué le voyage en vue duquel il faisait un emprunt, ne pouvait pas les rendre responsables d'un emprunt plus lourd, en entreprenant, au lieu du voyage d'abord annoncé aux prêteurs, un autre voyage considéré comme plus périlleux (Req. 1er août 1859, aff. Quertier, D. P. 59. 1. 357).

2003. L'assurance à terme peut être combinée avec l'assurance au voyage, lorsqu'un délai est stipulé pour l'accomplissement d'un voyage déterminé. Dans ce cas, l'expiration du terme n'entraîne pas toujours nécessairement la libération de l'assureur. Les juges ont à rechercher, en pareil cas, quelle a été la commune intention des parties et à décider si elles ont eu principalement en vue le terme ou le voyage assuré. D'ailleurs, pour éviter toute difficulté, on insère souvent dans la police une stipulation d'après laquelle si, au moment de l'expiration du terme, un navire est en cours de route ou en relâche, l'assurance continuera, avec ou sans surprime, jusqu'à la fin du voyage, tandis qu'au contraire elle prendra fin si à la même époque le navire se trouve dans un lieu de reste en cours de chargement ou de déchargement. Jugé qu'en pareil cas la présence du navire, à l'époque de l'échéance du terme, dans un port de chargement, mettrait fin au contrat, encore bien qu'il serait au moment de lever l'ancre et prêt à partir, dans le sens de l'art. 215 c. com. (Bordeaux, 3 mars 1852, aff. Basse, D. P. 53. 2. 4).

2004. Il peut, à ce propos, s'élever des difficultés au point de vue de la détermination du caractère à attribuer au port où le navire se trouverait au moment de l'expiration de la police. Dans certains cas, on peut avoir à rechercher si le port où le navire est mouillé au moment de l'expiration de sa police est un lieu de reste ou un lieu d'escale; par suite, si le navire est encore en voyage ou non. Il a été jugé qu'à cet égard on peut considérer comme lieux de reste et non comme lieux d'escale les divers points d'une même région compris dans un périmètre déterminé par la charte partie, et où, conformément aux indications de cette dernière, le navire a successivement stationné à l'effet d'effectuer et de compléter son chargement (Req. 15 janv. 1884, aff. Roux, et aff. Chambres d'assurances, D. P. 84. 1. 289). D'une part en effet, on peut convenir valablement que le chargement s'opérera dans un port autre que celui où se font actuellement les préparatifs du voyage; d'autre part, on peut stipuler aussi qu'il s'effectuera partiellement dans divers ports où se trouvent les marchandises et où le navire devra aller les prendre les unes après les autres; or, comme le faisait observer très exactement le tribunal de commerce et après lui, la cour d'appel de Bordeaux dans les arrêts sur la régularité desquels la cour de cassation a eu à se prononcer, le chargement qui s'opère ainsi à diverses reprises constitue une opération complexe, mais unique, et la nécessité pour le capitaine d'y procéder sur divers points ne lui enlève rien de son unité. En conséquence, le jugement ou l'arrêt qui assigne pour point de départ au voyage de retour le moment où le bâtiment muni de ses expéditions a quitté celui des endroits désignés où il s'était rendu en dernier lieu, n'est entaché d'aucune illégalité; et c'est à bon droit que la clause d'une police d'assurance portant que « si, à l'expiration du temps assuré, le navire est en cours de voyage ou en relâche, les risques seront prolongés jusqu'à ce qu'il soit amarré au port ou lieu de sa destination, mais qu'il n'y aura pas lieu de considérer comme étant en cours de voyage, quant à cette prolongation éventuelle des risques, le navire qui se trouve dans un lieu de reste en cours de déchargement ou de chargement », a été interprétée en ce sens que l'assurance ne doit être l'objet d'aucune prorogation, et que le contrat prend fin à compter de l'expiration de la durée pour laquelle il a été consenti (Arrêts précités du 15 janv. 1884).

2005. En cas de police flottante, l'effet de la convention peut être prorogé au delà de la période convenue: il peut même ne commencer qu'après son expiration et se prolonger jusqu'à l'extinction des risques courus par l'aliment auquel la police s'applique (Desjardins, t. 6, n° 1434, p. 392; Trib. Havre, 29 août 1882, aff. Batchelor, *Recueil du Havre*, 1882. 1. 200). Les parties peuvent, en effet, d'un commun accord, donner comme aliment complémentaire à la police un chargement postérieur à l'époque indiquée comme étant celle de son expiration; c'est-à-dire, à l'aide d'un pacte librement consenti et doué d'une sorte d'effet rétroactif, faire revivre l'assurance primitive déjà expirée et la proroger de façon à ce qu'elle puisse se trouver alimentée jusqu'à complet épuisement par le chargement qui est à la veille de s'effectuer. Cette commune intention des parties peut être déduite des circonstances, et notamment de ce qu'après l'époque de l'expiration de la police, l'assureur a reçu de l'assuré l'intégralité des primes dues sur le montant total de l'assurance, et signé sans observation ni réserve un avenant portant déclaration par l'assuré du chargement et indiquant ce chargement comme devant servir d'aliment à l'assurance pour le montant du solde disponible (Civ. rej. 15 janv. 1890, aff. Pablo-Gil, D. P. 90. 1. 129. V. également la note de M. Levillain, *ibid.*).

2006. Aucun texte ne détermine le commencement et la fin des risques dans l'assurance du fret à faire autorisée par le nouvel art. 334 (L. 12 août 1885). M. Desjardins propose avec raison (t. 6, nº 1436, p. 394) de consulter la pratique des pays qui ont admis avant le nôtre ce mode d'assurance. Nous pensons que le risque du fret commence dès l'instant que la convention qui donne lieu au fret a reçu exécution, en d'autres termes, dès que le droit au fret est acquis à l'armateur sauf événements de mer. En effet, comme l'a fait remarquer M. Griolet dans son rapport au conseil d'Etat lors de la préparation de la loi du 12 août 1885, « le fret de la marchandise chargée est un profit déjà complètement gagné, sauf les événements de mer contre lesquels l'assurance doit précisément prémunir l'armateur... C'est une créance née et actuelle, bien que l'exigibilité en soit subordonnée à la condition que le navire arrivera à bon port... Il (le fret) constitue une chose certaine, bien déterminée, dont l'existence est seulement subordonnée aux événements de mer ». C'est donc à partir de ce moment qu'il y a chose mise en risque et que, par conséquent, le risque commence.

Il va de soi, d'autre part, que le risque finit au moment où le fret est définitivement acquis par l'arrivée du navire au port de destination.

2007. Les risques, dans l'assurance sur le profit espéré, doivent évidemment suivre le sort des marchandises à l'occasion desquelles cette assurance est faite. Ils prendront donc fin, lorsque les marchandises seront perdues, si elles subissent un sinistre en cours de route, lorsqu'elles seront réalisées, si elles arrivent à bon port et que, par conséquent, le risque sera fixé.

2008. En Angleterre et aux Etats-Unis, le point de départ des risques varie suivant la nature de la police; dans certains cas, ils commencent pendant que le navire est encore au port, au moment où commence le chargement; dans d'autres cas, lorsque le navire a levé l'ancre. Ils durent jusqu'au moment où le navire arrive au port de destination et cessent dès qu'il est amarré, ou le plus souvent vingt-quatre heures après. L'assurance sur facultés comprend généralement les risques de gabarre ou embarcation soit au départ, soit à l'arrivée; les risques cessent lorsque la marchandise est à terre en état de sûreté. — Le code hollandais fait courir les risques sur le navire du moment où le chargement du navire est commencé; ils finissent vingt et un jours après l'arrivée au port de destination, à moins que le chargement ne soit terminé plus tôt. Sur facultés, les risques commencent lorsque les marchandises sont transportées sur le quai pour être embarquées; ils finissent quinze jours après l'arrivée du navire au lieu de destination, ou lors du déchargement, s'il a lieu avant l'expiration de ce délai. — La loi belge du 21 août 1879 prend également pour point de départ des risques sur corps le début du chargement; ils finissent, d'après cette loi, lors du déchargement ou au plus tard vingt et un jours après l'arrivée à destination. Pour les marchandises, les risques courent du moment du chargement sur le navire ou sur les gabarres jusqu'au au moment où elles sont délivrées à terre. — D'après le code allemand, les risques sur le navire commencent également au moment du chargement, à moins qu'il ne doive prendre ni cargaison ni lest, cas où ils ne commencent qu'au départ; ils finissent, en général, après le déchargement au port d'arrivée. Sur facultés, les risques commencent au moment où les marchandises quittent terre et finissent au moment où elles y sont replacées. Le code suédois et le code finlandais contiennent des règles analogues. — Le code russe fait courir les risques sur corps du moment où le navire quitte le rivage ou le port jusqu'à l'expiration des vingt-quatre heures qui suivent l'arrivage au port de destination. Sur facultés, les risques sont encourus du moment où la marchandise quitte le rivage jusqu'au déchargement. — D'après le code espagnol, les risques courent : pour le navire, du moment où il prend la mer jusqu'au moment où il est ancré au port de destination; pour les marchandises, du moment où elles sont chargées jusqu'au moment où elles sont déchargées. Les mêmes règles sont posées par les législations du Mexique, du Pérou, du Chili, du Honduras, du Guatemala, du Salvador, de Costa-Rica. — La plupart des législations, d'ailleurs, ne statuent qu'à défaut de convention et admettent que les règles édictées peuvent être modifiées par les stipulations des parties.

§ 4. — De l'obligation de l'assureur de donner caution s'il tomb en faillite avant la cessation des risques (*Rép.* nºs 1977 à 1979).

2009. Le droit de l'assuré de demander caution ou la résiliation du contrat en cas de faillite de l'assureur constitue, comme on l'a dit *suprà*, nº 1812, en parlant de la faillite de l'assuré, une dérogation au droit commun (de Valroger, t. 3, nº 1482). Il faut donc que les conditions auxquelles l'art. 346 a subordonné le droit de l'assuré se trouvent réunies. — La première de ces conditions, ainsi qu'on l'a vu au *Rép.* nº 1977, est que l'assureur soit tombé en faillite. — Est-il nécessaire que la faillite de l'assureur soit déclarée? Un arrêt de la cour de Bordeaux du 5 mars 1861 (aff. Pereyra, D. P. 62. 2. 54) a cru devoir l'exiger. Mais cette doctrine semble exagérée. M. de Valroger, notamment (t. 3, nº 1469), estime que si l'assuré ne peut invoquer l'art. 346 que lorsqu'il y a un signe certain de l'insolvabilité de l'assureur sans que les parties puissent se livrer l'une vis-à-vis de l'autre à des inquisitions vexatoires sur l'état de leurs affaires, il n'est pas nécessaire que la faillite soit déclarée. « L'art. 346, dit-il, suppose simplement que l'assureur tombe en faillite. Or, d'après l'art. 347 c. com., tout commerçant qui cesse ses payements est en état de faillite. » Dans tous les cas, l'art. 346 n'est applicable qu'au cas seul de faillite, et non au cas de liquidation judiciaire, si cette situation n'est pas accompagnée de la cessation de payements (de Valroger, *ibid.*; Desjardins, t. 7, nº 1621; Trib. Havre, 3 oct. 1854, *Recueil de Marseille*, 1855. 2. 35. V. d'ailleurs *suprà*, nº 1815). — Mais nous estimons que l'art. 346 est applicable au cas de liquidation judiciaire prévu par la loi du 4 mars 1889 (D. P. 89. 4. 9). En effet, le régime de la liquidation judiciaire créé par cette loi suppose la cessation de payements du débiteur, et aux termes de l'art. 8 de la même loi, le jugement qui déclare ouverte la liquidation rend exigibles à l'égard du débiteur toutes les dettes passives non échues. Il produit donc les mêmes effets que le jugement déclaratif de faillite (c. com. art. 444).

2010. La seconde condition exigée pour l'application de l'art. 346 est que la faillite se produise pendant que les risques sont encore en cours. On a examiné *suprà*, nºs 1811 et suiv., la question de savoir ce qui adviendrait si la faillite avait lieu après la cessation des risques, mais avant que celle-ci ne soit connue des parties. Reste la question de savoir si c'est au demandeur qu'appartient le choix entre la résiliation et l'obtention d'une caution, ou bien si le demandeur n'a que l'action en résiliation et si c'est le failli ou plutôt le syndic qui a la possibilité de se soustraire à cette action en donnant caution. Les auteurs semblent divisés sur ce point. M. de Valroger, t. 3, nº 1486, pense que la résiliation ne peut être demandée qu'à défaut de caution. « Il ne faut pas, dit-il, que l'assuré puisse profiter de la faillite pour résilier le contrat suivant son intérêt. La faillite mise en demeure peut donc toujours éviter la résiliation en donnant caution. » Nous ne partageons pas cette opinion; l'art. 346 donne à l'assuré un entier droit d'option et n'y apporte aucune restriction (Desjardins, t. 7, nº 1621, p. 383). Sans doute, le projet de 1867 proposait de ne laisser à l'assuré le droit de résiliation qu'à défaut de caution; mais, si rationnelle que puisse paraître cette modification, elle n'a pas encore reçu force de loi.

Dans tous les cas, la résiliation du contrat n'a pas lieu de plein droit; il faut qu'elle soit prononcée par les tribunaux, à moins que la police ne contienne à cet égard une disposition spéciale. Les polices françaises, notamment, décident que la résiliation aura lieu de plein droit à défaut de prestation de caution par le failli dans les vingt-quatre heures.

2011. La caution doit-elle réunir les conditions et qualités requises par le code civil? Nous ne le pensons pas. L'assuré pourra certainement soutenir, comme le dit M. Desjardins, t. 7, n° 1621, p. 383, que la caution ne remplit pas les conditions désirables; mais nous croyons avec lui que les tribunaux seront libres d'estimer la solvabilité de la caution en tenant compte de l'ensemble de ses facultés, et en n'ayant pas seulement égard à ses propriétés foncières. Cette caution ne sera, de plus, obligée qu'à défaut de l'assureur lui-même et elle pourra requérir, sur les premières poursuites, que le débiteur principal soit préalablement discuté dans ses biens (Desjardins, *ibid.*).

Lorsque la caution est donnée, le contrat subsiste avec toutes ses conséquences; l'assuré doit, notamment, payer les primes. Au contraire, en cas de résiliation, il a droit au remboursement de la prime entière, l'effet de la résiliation remontant au jour du contrat; mais il ne pourra rien réclamer pour les avaries antérieures à la résiliation (Desjardins, *ibid.*, p. 384; de Valroger, t. 3, n°s 1487 et 1488).

2012. Quand la faillite a lieu après que la cessation des risques est connue des parties, l'assuré ne peut que produire à la faillite pour le montant de l'indemnité à laquelle il a droit. Peut-il alors compenser la prime dont il est débiteur avec cette indemnité? L'affirmative a été admise au *Rép.* n° 1979, et c'est encore en ce sens que se prononce M. de Valroger, t. 3, n° 1489. — Mais M. Desjardins, t. 7, n° 1621, p. 384, se prononce en sens contraire. « D'abord, dit-il, l'assuré ne peut pas répondre à une demande de la prime par une exception de compensation tirée d'un règlement d'avaries pendant au moment où s'ouvre la faillite, puisque, dans ce premier cas, sa créance n'est pas liquide. Il ne le peut pas non plus quand la dette de l'assureur est devenue liquide et exigible après l'ouverture de la faillite, la compensation légale ne pouvant avoir lieu dans ce second cas, puisqu'elle produirait un payement intégral en faveur d'un créancier qui doit subir la loi commune. » — Le même auteur n'admet pas non plus que l'assuré puisse se prévaloir d'un droit de rétention à titre de gage, analogue à celui que l'art. 1613 c. civ. accorde au vendeur. « On ne peut, dit-il, transporter au contrat d'assurance maritime une règle du contrat de vente; en outre, il n'y a pas la moindre ressemblance entre la délivrance de la chose vendue et le payement d'une prime. Enfin le droit de rétention étant exceptionnel de sa nature ne peut être étendu par voie d'analogie, et les jurisconsultes reconnaissent unanimement que le droit de rétention s'exerce exclusivement sur des objets matériels. »

SECT. 8. — DES ACTIONS DE L'ASSURÉ CONTRE L'ASSUREUR (*Rép.* n°s 1980 à 2257).

2013. Comme on l'a vu au *Rép.* n° 1981, l'assuré peut faire valoir contre l'assureur, pour obtenir l'exécution de l'obligation que ce dernier a contractée envers lui, *soit l'action d'avarie*, lorsque les choses assurées n'ont subi qu'une détérioration partielle, soit *l'action en délaissement*, lorsque ces choses ont péri entièrement ou presque entièrement. L'action d'avarie est de droit commun, en ce sens que l'assuré peut toujours y recourir, alors même qu'on se trouverait dans un des cas qui donnent ouverture au délaissement; c'est l'action qui dérive nécessairement du contrat et qui assure à l'assuré la réparation du préjudice qu'il a souffert. L'action en délaissement est au contraire exceptionnelle, spéciale à l'assurance maritime et purement facultative pour l'assuré que rien n'oblige à y recourir. Mais, comme on le verra *infrà*, n° 2166, le législateur ne donne à l'assuré qu'un droit d'option entre ces deux actions, et il est de principe qu'elles ne peuvent être cumulées.

ART. 1er. — *Du délaissement* (*Rép.* n°s 1981 à 2201).

2014. Le délaissement, comme on vient de le rappeler, est spécial à la matière de l'assurance maritime; il n'y a pas d'institution analogue, même dans les assurances terrestres. Il constitue une dérogation aux principes du droit commun qui admet bien la cession de biens, mais faite par le débiteur à son créancier, alors que le délaissement est un abandon fait par le créancier au débiteur, abandon qui, de plus, a pour effet de transférer la propriété, ce qui ne se produit pas au cas de cession de biens, ainsi que l'exprime formellement l'art. 1269 c. civ. « Cette disposition du droit maritime, dit M. Desjardins, t. 7, n° 1517, p. 163, n'est même pas de l'essence du contrat d'assurance, ainsi que le remarquait Emérigon au dernier siècle et que l'ont répété les auteurs modernes; l'objet de l'assurance est de procurer à l'assuré l'indemnité des pertes et dommages qu'il souffre; mais, pour parvenir à cette indemnité, il n'est pas nécessaire que l'assuré abdique le domaine de sa chose. C'est pourquoi le délaissement est étranger aux contrats d'assurance contre l'incendie, contre la grêle, contre les accidents de voiture, même aux assurances de la navigation intérieure et les polices refusent expressément cette faculté à l'assuré. Ce sont les assureurs qui se réservent au contraire dans les assurances contre l'incendie la faculté de s'approprier, au prix de l'estimation des experts, le sauvetage ou les débris, ce qui serait une sorte de délaissement au rebours, à leur option. »

L'origine du délaissement et sa raison d'être doivent donc être recherchées en dehors des principes fondamentaux de l'assurance en général et spécialement de l'assurance maritime. Elles sont assez difficiles à préciser et les auteurs donnent à ce sujet des explications diverses. — M. de Courcy, t. 2, p. 320, estime que le délaissement est né de l'idée de la distance et du fait que, lorsqu'un sinistre se produit dans des contrées éloignées, l'assuré se trouve dépossédé de sa chose dont la réalisation, si elle n'a pas été détruite en totalité, échappe souvent à sa direction et à celle de ses agents pour passer aux mains des consuls ou d'autres mains étrangères. Pour M. Boistel, n° 1392, la source du délaissement se rattacherait aux nécessités d'un règlement très prompt, alors que, si l'assuré devait attendre indéfiniment un remboursement subordonné à une liquidation que les circonstances peuvent rendre très longue, ses affaires pourraient être compromises; on aurait jugé nécessaire, dans le cas de sinistre grave, de régler définitivement la perte, comme si elle était totale et absolue, en réservant aux assureurs le bénéfice du sauvetage éventuel. Peut-être l'explication la plus simple est-elle ici la meilleure et faut-il, comme le propose M. de Valroger, t. 4, n° 1716, rechercher l'origine du délaissement dans l'abandon que l'assuré, réclamant en cas de perte totale la somme assurée, faisait de ses droits et actions sur ce qui pourrait être recouvré plus tard. « Il y a loin de là sans doute, dit cet auteur, au délaissement de ce qu'on sait exister de la chose assurée. Mais si ce qui reste est tel que la substance, c'est-à-dire la forme constitutive de la chose, suivant sa destination, ait été détruite, c'est comme une perte totale. On comprend que l'usage du délaissement ait fait ce nouveau pas. Puis on est venu à attacher à certains sinistres la présomption d'un tel résultat. »

2015. L'ordonnance de 1681 employait encore le mot *abandon* comme synonyme du mot *délaissement*. Il n'en est plus ainsi sous l'empire du code de 1807. *L'abandon* s'entend de l'acte d'un propriétaire de navire qui, tenu sur sa fortune de mer des obligations ou des faits du capitaine, se libère envers ses créanciers en leur abandonnant le navire ou le fret (V. *suprà*, n°s 290 et suiv.). C'est une sorte de cession de biens qui ne transfère nullement la propriété, de telle sorte que, si les créanciers peuvent faire vendre le navire, ils restent tenus de l'excédent envers le propriétaire qui a fait l'abandon. Dans le cas de délaissement, au contraire, la propriété de la chose délaissée est transférée de l'assuré à l'assureur, et celui-ci profite de tout excédent que produit la vente de cette chose (Desjardins, t. 7, n° 1518).

2016. Le délaissement n'est pas un acte unilatéral. On verra *infrà*, n° 2156, que la déclaration faite par l'assuré doit être acceptée par l'assureur ou que, à défaut d'acceptation, le délaissement doit être validé par les tribunaux (V. Desjardins, t. 7, n° 1522; Lyon, 17 mars 1881, aff. Comp. *le Cabotage*, D. P. 82. 2. 198). Il ne saurait, en outre, être ni conditionnel (c. com. art. 372), ni divisible, c'est-à-dire que l'assuré n'a pas le droit de délaisser une partie de la chose assurée et d'exercer l'action d'avaries pour le surplus. La loi a voulu que la translation de propriété opérée par le délaissement fût irrévocable et que l'assuré ne pût, par conséquent, modifier sa détermination pour laquelle un certain délai est accordé ou la soumettre à une condition suivant son intérêt. Mais, tandis que la règle d'après laquelle le délaissement doit être pur et simple est d'ordre public, de telle sorte qu'il ne peut y être dérogé par la convention des parties, on admet que celles-ci peuvent écarter par une convention particulière, l'application de la règle de l'indivisibilité du délaissement. Une dérogation semblable résulte de l'art. 8 de la police française sur facultés, qui admet le délaissement dans une hypothèse non prévue par le code de commerce, celle où la vente de la marchandise assurée est ordonnée en cours de route, pour cause d'avaries matérielles provenant d'une fortune de mer; le délaissement, bien que partiel, est valable en pareil cas; c'est du moins ce que décide un arrêt de la cour de Bordeaux, du 27 mai 1885 (1); Desjardins, t. 7, n° 1524, p. 172).

§ 1er. — Des cas où il y a lieu à délaissement (*Rép.* nos 1984 à 2055).

2017. En raison du caractère exceptionnel du délaissement, les cas où il a été autorisé par la loi ne peuvent être étendus par voie d'analogie (*Rép.* n° 1985). La faculté de délaisser ne peut donc s'exercer que dans les cas expressément admis par l'art. 369; dans tous les autres cas, « les dommages sont réputés avaries et se règlent entre les assurés et les assureurs à raison de leurs intérêts » (Req. 10 janv. 1859, aff. Bourgard, D. P. 59. 1. 60). Toutefois, on reconnaît aux parties le droit de restreindre ou d'étendre par des conventions spéciales les cas de délaissement qui ont été légalement prévus (*Rép.* n° 1990; de Valroger, t. 4, n° 1719). « Quoique la faculté de délaisser soit exceptionnelle, dit M. Desjardins, t. 7, n° 1527, p. 177, et dépasse les limites du droit commun, le forfait qu'elle implique n'a rien de contraire à l'ordre public. Ce forfait peut donc s'adapter, par la force de la convention, à des hypothèses que la loi n'a pas prévues. Si la jurisprudence a dit que le délaissement est une faculté extraordinaire qui ne peut s'exercer hors des cas expressément admis par la loi, cela signifie que, quand les conventions sont muettes, l'action en délaissement n'est pas recevable hors des cas expressément prévus par la loi ». Le délaissement, d'ailleurs, est une pure faculté que la loi accorde à l'assuré (*Rép.* n° 1989) qui, dans les cas où il est autorisé à le faire, peut toujours opter pour l'action d'avarie, et cela alors même que le capitaine aurait, en pays étranger, fait abandon du navire devant le consul et que le navire aurait été vendu après constatation d'innavigabilité (Bordeaux, 9 août 1853, aff. Amanieu, D. P. 55. 2. 81).

2018. On persiste à rejeter (*Rép.* n° 1986) la doctrine de Valin et à reconnaître que le délaissement peut avoir lieu dès que l'on se trouve dans un des cas où la loi l'autorise, sans qu'il soit nécessaire, en outre, qu'il y ait perte totale ou presque totale des objets assurés. En effet, l'art. 369 qui détermine les événements de mer auxquels est attachée la faculté de délaissement, énumère, d'une part, un certain nombre d'événements, la prise, le naufrage, l'échouement avec bris, l'innavigabilité par fortune de mer, l'arrêt d'une puissance étrangère; et d'autre part, d'une manière distincte, la perte ou la détérioration des objets assurés, si la détérioration ou la perte va au moins aux trois quarts. Du rapprochement de ces dispositions, il résulte incontestablement qu'en principe, le naufrage, l'innavigabilité, la prise, etc., ouvrent à l'assuré le droit de délaisser, sans qu'il soit besoin que la chose assurée ait péri et alors même, par conséquent, qu'elle aurait été sauvée en totalité ou en partie. Si la loi avait, en ce cas, subordonné le délaissement à la condition d'une perte matérielle, elle en aurait réglé l'étendue et il est manifeste qu'on ne peut, pour suppléer à son silence, exiger que la perte soit au moins des trois quarts. Ce serait appliquer la règle édictée pour la seconde catégorie de causes de délaissement que distingue la loi, et supprimer la disposition de l'art. 369 relative à la première. Plusieurs auteurs critiquent, il est vrai, cette doctrine, spécialement en ce qui concerne le cas de naufrage (V. *infrà*, nos 2024 et suiv.; Boistel, n° 1401; Laurin, t. 4, p. 105; Lyon-Caen et Renault, n° 2163; Desjardins, t. 7, n° 1538 *bis*, p. 200). Et un arrêt de la cour de Rouen du 5 mai 1856 (aff. Fournier, D. P. 56. 2. 173) a décidé, contrairement à la jurisprudence qui a prévalu (V. *infrà*, n° 2025), que le naufrage du navire n'autorise pas l'action en délaissement des marchandises assurées, lorsque ces marchandises ont été entièrement sauvées; qu'il ne peut y avoir lieu alors qu'à un simple règlement d'avaries; il en est ainsi, notamment, dans le cas où le capitaine du navire naufragé, après avoir opéré le sauvetage complet des marchandises, les a fait vendre dans le port de chargement où a eu lieu le naufrage, et en a obtenu un prix supérieur au quart de la valeur assurée. On ne saurait méconnaître qu'au cas de sauvetage complet, lorsqu'en réalité la mar-

(1) (*Crédit agricole C. La Mélusine et la Prévoyance.*) — LA COUR;... — 2° Sur la validité du délaissement: — Attendu que l'art. 8 de la police énumère les divers et seuls cas du délaissement admis par les assureurs; savoir: 1° le cas prévu par l'art. 394 c. com.; 2° la vente de la marchandise assurée ordonnée en cours de route, pour causes d'avaries matérielles provenant de la fortune de mer; 3° l'innavigabilité du navire; 4° la perte ou la détérioration des trois quarts; qu'après cette énumération l'art. 8 ajoute: « Aucun autre cas ne donne droit au délaissement; il est expressément dérogé aux dispositions du code de commerce contraires à celles des paragraphes qui précèdent »; — Attendu qu'il suffit de rapprocher ce texte de la police du texte des art. 369 et suiv. c. com., pour se convaincre que la police a positivement dérogé au code de commerce, soit en restreignant les cas de délaissement prévus par ce code, soit en modifiant les délais, soit enfin et surtout en introduisant un cas nouveau de délaissement: celui de la vente de la marchandise en cours de route; que, manifestement, ce cas inconnu du code de commerce est complètement distinct du cas prévu au paragraphe 6 de l'art. 369, relatif à la perte ou détérioration des trois quarts; que, relativement à ce dernier cas, la police, reproduisant le texte même de l'art. 369, s'en réfère aux principes du code de commerce; mais que, pour le cas spécial de la vente de la marchandise en cours de route, le texte de la police est le seul texte à consulter, et qu'il y a lieu de l'interpréter d'après la nature du contrat et la commune intention des parties; — Or, attendu que le texte de la police qui définit et formule ce délaissement se suffit à lui-même, par sa précision et sa clarté; qu'il en résulte que le délaissement, dans ce cas particulier, dépend de trois circonstances: 1° vente de la marchandise ordonnée en cours de route; 2° nécessité de cette vente par suite d'avaries; 3° fortune de mer à la charge de l'assureur; qu'il est à remarquer que le texte est muet quant à la quotité de la perte, ce qui indique que le délaissement est admis indépendamment du chiffre de la perte en quantité ou en valeur; que, par cette innovation, qui réalise un progrès sensible en cette matière, la police a voulu, sans contredit, élargir les bases du contrat d'assurance, le mettre plus en rapport avec les nécessités actuelles du commerce et admettre le délaissement pour un cas fréquent, dans l'intérêt réciproque de l'assureur et de l'assuré; que cette innovation se justifie, du côté de l'assuré, en ce qu'elle lui procure un dédommagement exceptionnel et intégral du préjudice résultant de la dépossession forcée et anticipée d'une marchandise sur laquelle l'assuré avait compté pour réaliser son opération; du côté de l'assureur, en lui facilitant les moyens de se débarrasser, en cours de route, d'une marchandise avariée qui, par son contact prolongé avec les parties saines de la cargaison, aggraverait les risques à sa charge; — Attendu que les assureurs objectent, il est vrai, que ce cas spécial de délaissement n'est pas admissible, parce qu'il serait une violation flagrante du principe édicté par l'art. 372 c. com., d'après lequel le délaissement de la marchandise vendue en cours de route, quelles qu'en soient la quotité et la valeur, constitue un délaissement partiel dans le sens de l'art. 372, mais qu'il est incontestable que la police a voulu créer, sur ce point, une dérogation formelle audit article; que cette dérogation est expresse, puisqu'elle résulte de la contrariété et de l'inconciliabilité des textes prévus dans la disposition finale de l'art. 8; qu'elle est licite, parce qu'elle ne viole aucune loi d'ordre public et qu'elle est d'ailleurs autorisée par l'art. 398 c. com.;... — Par ces motifs, confirme, etc.

Du 27 mai 1885.-C. de Bordeaux, 1re ch.-MM. Delcurrou, 1er pr.-Roy de Clotte et Brochou, av.

chandise n'a pas été atteinte par le naufrage, le droit de délaissement paraît peu équitable; mais la loi ne distingue pas et on ne peut la modifier sous prétexte d'interprétation équitable. — M. Desjardins, il est vrai, ne pousse pas le système qu'il adopte jusqu'à ses dernières limites; il propose de distinguer suivant que la marchandise a été réellement atteinte par le naufrage ou ne l'a pas été et que le sauvetage a eu lieu ou non après coup; il lui suffit, pour admettre le délaissement, que le sinistre se soit distributivement étendu aux facultés comme au corps. Mais cette distinction nous paraît arbitraire et découvrir le vice du système que nous combattons. Il faut, en effet, dans ce système, admettre que le délaissement sera possible dès que l'événement de mer aura atteint dans une proportion quelconque les facultés ou le navire. Or cette circonstance se rencontre dans tous les cas prévus spécialement par l'art. 369, en raison des retards et de la dépréciation qui peuvent résulter pour les marchandises embarquées de l'événement de mer qui donne ouverture au délaissement, et, dès lors, on ne rencontrera pour ainsi dire aucun cas où le délaissement ne soit pas possible; ou bien, si on veut exiger une quotité de détérioration, il faudra se conformer à l'art. 369 et exiger les trois quarts, car aucun texte légal n'autorise à fixer une autre quotité.

2019. Une fois que l'action en délaissement est ouverte par l'événement de l'un des faits qui sont spécifiés par l'art. 369, le droit acquis à l'assuré de délaisser ne peut être affecté rétroactivement par les événements ultérieurs. On a exposé au *Rép.* n° 1992 qu'une controverse s'était élevée sur ce point en cas de prise; on verra *infrà*, n°s 2020 et suiv., en traitant de cette cause spéciale de délaissement, ce qui est advenu de cette controverse. Mais, d'une manière générale, la jurisprudence semble aujourd'hui fixée dans ce sens que les événements ultérieurs ne peuvent porter atteinte au droit de délaissement une fois qu'il est ouvert à l'assuré. Qu'il s'agisse soit de la relaxe d'un navire capturé ou arrêté, soit d'un sauvetage, on ne pourrait, sans porter le trouble et l'incertitude dans les relations qui naissent du contrat d'assurance, obliger l'assuré à attendre indéfiniment un résultat toujours incertain. En cas de naufrage, d'échouement, etc., subordonner le délaissement aux chances du sauvetage, ce serait placer le capitaine, mandataire des assurés et quelquefois assuré lui-même, dans l'alternative de compromettre le délaissement en sauvant les marchandises, ou de négliger le sauvetage pour conserver aux assurés la faculté de délaisser; c'est précisément en vue de concilier ces deux obligations qui incombent au capitaine que l'art. 381 c. com. lui impose le devoir de travailler au sauvetage sans préjudice du délaissement à faire en temps et lieu, disposition parfaitement claire et qui implique que les opérations du sauvetage ne sauraient, dans aucun cas, créer une fin de non-recevoir contre l'exercice de la faculté de délaisser (Req. 30 déc. 1850, aff. Wanner-Langer, D. P. 51. 1. 33; Bordeaux, 22 déc. 1857, aff. Dubreuil, D. P. 59. 2. 20; Rouen, 5 juill. 1858, aff. Gardin, D. P. 59. 2. 22; Req. 20 janv. 1869, aff. Mayoux, D. P. 69. 1. 361).

2020. — I. DÉLAISSEMENT EN CAS DE PRISE (*Rép.* n°s 1992 et 1993). — Si la faculté de délaisser est ouverte en cas de prise, est-il nécessaire que le navire ait été retenu plus de vingt-quatre heures par le capteur? Les auteurs sont divisés sur cette question. M. Em. Cauvet, t. 2, n° 271, attribue à la prise tous ses effets dès qu'elle a eu lieu, sans se préoccuper du point de savoir si le navire a été ou non relâché dans les vingt-quatre heures; peu importe que, d'après notre droit public, le navire qui n'est pas resté entre les mains de l'ennemi plus de vingt-quatre heures doive être réputé n'avoir pas été pris; cette maxime ne régit pas les rapports de l'assureur et de l'assuré, pour lesquels le navire est immédiatement et irrévocablement perdu dès qu'il est capturé. Mais cette opinion n'est pas généralement suivie. La plupart des auteurs (de Valroger, t. 4, n° 1720; Desjardins, t. 7, n° 1529, p. 179; Alauzet, n° 2177) estiment qu'on ne saurait considérer comme un cas de prise celui où le navire ne serait resté que quelques heures entre les mains de l'ennemi et où la prise n'aurait pas été réellement consommée, le délai de vingt-quatre heures ne s'étant pas écoulé depuis la capture. On ne saurait donc considérer comme un événement ultérieur pouvant avoir effet sur la validité du délaissement la relaxe du navire avant vingt-quatre heures.

2021. Mais si, bien que la prise ait été légalement acquise, le navire a été relâché avant que l'assuré n'ait signifié le délaissement, pourrait-il encore être fait par l'assuré? La négative, contraire à la doctrine du *Répertoire* (n° 1992), est suivie par la plupart des auteurs. Suivant M. de Valroger, t. 4, n° 1720, le délaissement ne peut être fait si l'assuré est rentré en possession de sa chose avant d'avoir signifié le délaissement, à moins qu'il ne l'ait recouvré par la voie d'un rachat, ce rachat étant considéré comme un titre nouveau d'acquisition qui n'efface pas la prise. La même opinion est soutenue par M. Boistel, n° 1396. Cet auteur se fonde à la fois sur l'art. 375 qui permet de faire le délaissement pour défaut de nouvelles pendant un an, si l'assureur déclare qu'il n'en a reçu aucune, et sur l'art. 385 d'après lequel l'assureur ne peut se dispenser de payer la somme assurée, si le navire réapparaît après le délaissement signifié et accepté, pour déduire de ces textes, par argument *a contrario*, que l'assureur n'est pas tenu au payement de l'assurance quand le navire est repris avant la signification du délaissement. M. Desjardins, t. 7, n° 1529, p. 180, fait remarquer que ce dernier argument se retourne contre ceux qui l'invoquent; il ne suffirait plus, en effet, que la signification ait été faite; il faudrait, en outre, que le contrat bilatéral eût été formé, soit par l'acceptation de l'assureur, soit par le jugement de validité, pour qu'une restitution ne pût empêcher le délaissement (V. Lyon-Caen et Renault, n° 2162 *bis*; Laurin, t. 4, p. 101). Mais il paraît certain que, sous l'empire de l'ordonnance, on se conformait à l'opinion de Valin et de Pothier (*Rép. loc. cit.*), et qu'on regardait l'action en délaissement comme ouverte dès le moment de la prise et indépendamment de la restitution ultérieure. Or il nous semble, avec M. Desjardins, *ibid.*, difficile d'admettre que le législateur de 1807 ait entendu bouleverser le système de l'ordonnance. « Les assureurs, dit M. Desjardins, auraient désormais un grand intérêt à contester avec acharnement la validité du délaissement, dans l'espoir d'une restitution, et cependant M. Boistel rattache tout le premier l'institution du délaissement (V. *suprà*, n° 2014) aux nécessités d'un règlement très prompt sans lequel l'assurance ne porterait pas tous ses fruits. Est-il conforme aux vues du législateur que l'assuré soit privé du droit au délaissement, parce qu'il aura travaillé de toutes ses forces à se faire restituer la chose capturée?... Enfin est-ce que l'art. 373 ne confère pas à l'assuré d'une manière absolue, en cas de prise, la faculté de délaisser dans les six mois de la réception de la nouvelle de la conduite du navire? Croit-on qu'il appartienne aux assureurs, alléchés par la perspective d'une restitution, de suspendre pendant un délai double ou triple, au moyen de procès traînés en longueur l'exercice de ce droit? » (V. dans le même sens: Bédarride, n° 1403; Ruben de Couder, v° *Délaissement maritime*, n° 24).

2022. Lorsque la prise ne porte que sur les marchandises, par exemple, lorsque des marchandises réputées contrebande de guerre ont été saisies à bord d'un navire neutre, la question de savoir si la confiscation des marchandises peut donner lieu au délaissement du navire dépend de celle de savoir si le navire est lui-même sujet à confiscation. M. Desjardins, t. 7, n° 1528, qui estime que le navire neutre, une fois la contrebande de guerre saisie, doit échapper à la confiscation, n'admet pas, en conséquence, le délaissement du navire. C'est aussi l'opinion de M. de Valroger, t. 4, n° 1722. Les mêmes auteurs enseignent également que la prise qui porte sur le navire ne peut s'appliquer aux marchandises, et, par suite, n'en autorisent pas le délaissement en dehors des cas où les marchandises n'auraient pu être transportées à destination (art. 394) et de celui où elles auraient subi une perte ou détérioration des trois quarts.

2023. Les polices usitées en France exceptent généralement le cas de prise des cas où le délaissement est autorisé (V. polices de Bordeaux, du Havre, de Marseille, et les polices dites françaises).

2024. — II. DÉLAISSEMENT EN CAS DE NAUFRAGE ET D'ÉCHOUEMENT (*Rép.* n°s 1994 à 2004). — La jurisprudence a fait au cas de naufrage de nombreuses applications de la règle suivant laquelle le droit au délaissement est acquis à l'assuré dès que l'on se trouve dans un des cas de délaissement prévus par la loi, sans qu'on ait à rechercher si la chose assurée est perdue en totalité ou en partie. D'autre part, elle admet que les marchandises peuvent être délaissées à l'assureur sur facultés, alors même que le sinistre atteint le navire seul, sans qu'il y ait à rechercher encore si les marchandises sont perdues totalement ou en partie seulement. « Les cas de délaissement que la loi indique, dit M. Weill, n° 217, ne sont pas restreints à l'assurance sur corps. La loi parle des objets assurés; par conséquent, il s'agit aussi bien des facultés que du navire. Or des hypothèses pourront se présenter où, malgré le désastre que le navire aura subi, les facultés pourront être retirées absolument intactes. » Suivant la jurisprudence la plus répandue, conforme à celle que la chambre des requêtes avait déjà suivie dans son arrêt du 29 déc. 1840 (*Rép.* n° 1994), lorsque le navire fait naufrage, les marchandises assurées étant réputées perdues en totalité, il y a toujours lieu au délaissement, alors même qu'une partie des marchandises aurait été sauvée et que la perte ou détérioration n'atteindrait pas les trois quarts (Req. 30 déc. 1850, aff. Wanner Langer, D. P. 51. 1. 33; Bordeaux, 22 déc. 1857, aff. Dubreuil, D. P. 59. 2. 20; Rouen, 5 juill. 1858, aff. Gardin, D. P. 59. 2. 22; Req. 20 janv. 1869, aff. Mayoux, D. P. 69. 1. 361).

2025. Si la jurisprudence interprète l'art. 369 en ce sens que le délaissement peut avoir lieu en cas de naufrage, sans qu'il soit nécessaire que les marchandises soient perdues ou aient tout au moins subi une perte ou détérioration des trois quarts, elle reconnaît que cette règle de l'art. 369 n'est pas d'ordre public et que les parties y peuvent valablement déroger (V. Rouen, 5 mai 1856, et sur pourvoi, Req. 7 janv. 1857, aff. Fournier, D. P. 58. 1. 115; Bordeaux, 22 déc. 1857, et Rouen, 5 juill. 1858, cités *suprà*, n°s 2019 et 2024). Ainsi les polices peuvent valablement stipuler que le délaissement des marchandises ne sera autorisé que si au naufrage du navire vient s'adjoindre une perte subie dans une proportion déterminée. Certaines polices même n'admettent pas le délaissement des facultés en cas de naufrage (Police de Bordeaux, art. 12; Police de Marseille pour les marchandises par vapeur du 22 déc. 1882; Police française sur facultés). D'autres vont plus loin et n'admettent pas le délaissement du corps en cas de naufrage; quelques-unes (V. notamment : Police française sur corps, éd. de 1888) ne l'admettent qu'en cas de disparition ou de destruction totale du navire (V. sur ces points : Desjardins, t. 7, n° 1539, p. 201; de Courcy, *Commentaire des polices*, p. 109).

2026. Lorsque la police consacre la faculté reconnue aux contractants de déroger à l'art. 369, la difficulté est de savoir dans quels termes elle doit s'exprimer. Ainsi, lorsque les parties ont stipulé simplement que le délaissement ne pourrait avoir lieu qu'en présence d'une perte ou détérioration des trois quarts au moins de la chose assurée, sans ajouter : « même au cas de naufrage », on peut se demander si elles ont entendu par cette clause déroger à l'art. 369 et réservé l'éventualité du sauvetage. L'interprétation à donner à la clause dont on s'occupe a un grand intérêt pratique, car elle devient en quelque sorte de style dans les polices d'assurances, à tel point que le projet de 1867 décidait que le délaissement ne pouvait être fait en cas de naufrage, à moins qu'il n'y eût détérioration des trois quarts, si le navire assuré avait été remis à flot dans le délai d'un mois à dater de l'événement (Desjardins, t. 7, n° 1538 *bis*, p. 200). — Dans son arrêt du 30 déc. 1850 (cité *suprà*, n°s 2019 et 2024), la chambre des requêtes a jugé nettement que la convention litigieuse ne doit pas être étendue au cas de naufrage, et qu'elle laisse subsister le droit de délaissement tel qu'il est alors organisé par la loi, c'est-à-dire qu'il y ait perte effective ou sauvetage de la chose assurée. De même, l'arrêt du 20 janv. 1869 (aff. Mayoux, D. P. 69. 1. 361) décide que le délaissement de la marchandise assurée peut avoir lieu, en cas de naufrage du navire sur lequel elle était chargée, malgré le sauvetage ultérieur de cette marchandise, encore que, par suite de ce sauvetage, la perte soufferte soit inférieure aux trois quarts de la valeur de l'objet assuré, et alors même que la police d'assurances subordonnerait la faculté de délaissement à une perte ou détérioration de plus des trois quarts de la valeur de la chose assurée, s'il résulte des termes de l'acte souverainement appréciés par les juges du fait que les parties n'ont pas entendu déroger au droit absolu de délaissement établi par la loi pour les cas de naufrage. — Evidemment, ces deux arrêts n'entendent pas décider qu'il est défendu de déroger aux dispositions de l'art. 369. Mais ils signifient que, pour enlever à l'assuré le droit de délaissement qui, au cas de naufrage, lui est accordé malgré le sauvetage, une clause générale, du genre de celle que l'on vient de nous signaler, ne comporte pas une interprétation assez large pour qu'on puisse y comprendre même le cas de naufrage. En l'absence d'autres circonstances de nature à justifier cette interprétation extensive, elle ne devrait pas être sanctionnée.

Au contraire, suivant un arrêt (Req. 7 janv. 1857, aff. Fournier, D. P. 58. 1. 115) rendu sur le pourvoi formé contre l'arrêt de la cour de Rouen du 5 mai 1856, la clause qui restreint la faculté du délaissement au cas de perte des trois quarts sur les facultés et aux cas prévus par l'art. 394 c. com. et qui déclare qu'il est expressément « dérogé à l'art. 369 et à toutes lois et jurisprudences contraires aux pleins et entiers effets du présent article », exprime suffisamment la volonté des parties de faire dépendre de la perte prévue le délaissement de l'objet assuré, qu'il y ait eu naufrage ou tout autre sinistre de mer. En tout cas, cet arrêt paraît regarder comme souveraine la décision des juges du fait qui feraient sortir de la clause susénoncée la preuve d'une volonté exclusive du délaissement, ce qui impliquerait le pouvoir également souverain pour les juges de n'y pas reconnaître cette volonté. C'est ce que décide également l'arrêt précité du 20 janv. 1869.

2027. Il a été encore jugé à cet égard qu'on doit voir une dérogation à l'art. 369... soit dans la clause portant que le délaissement ne peut être opéré si la perte ou détérioration matérielle n'absorbe pas les trois quarts de la valeur, clause qui est réputée réserver l'éventualité d'un sauvetage (Bordeaux, 22 déc. 1857, cité *suprà*, n° 2019);... soit dans celle par laquelle il a été stipulé que « le délaissement ne pourra avoir lieu, même en cas de naufrage, qu'autant qu'il y aurait perte ou détérioration des trois quarts de la valeur assurée », la perte dont il s'agit ici ne pouvant être qu'une perte matérielle (Rouen, 5 juill. 1858, cité *ibid.*).

2028. L'assureur ne peut résister au délaissement du navire naufragé, sous prétexte que le capitaine aurait commis une faute en omettant de remplacer sa grande ancre précédemment perdue dans le cours du voyage, s'il n'est pas établi que ce remplacement aurait pu empêcher le naufrage (Paris, 24 janv. 1856, aff. Bonissent, D. P. 57. 2. 69);... ou s'il a pris à sa charge les faits de baraterie.

2029. On a défini au *Rép.* n° 1826 et *suprà*, n° 1877, ce qu'il faut entendre par *naufrage* (V. de Valroger, t. 4, n° 1427, p. 176 et 177; Desjardins, t. 7, n° 1538); et on a émis l'opinion (V. *suprà*, n° 1877), qu'en cette matière, il y aurait lieu de laisser place dans une certaine mesure, à l'appréciation du juge. — La jurisprudence présente à ce point de vue certaines divergences. Dans un arrêt du 27 juill. 1857 (aff. Durand de la Béduandière, D. P. 58. 1. 392) la chambre des requêtes déclare que nul texte n'ayant fixé les caractères précis du naufrage ou de l'échouement avec bris, ni déterminé à quels signes il serait possible de les distinguer, on doit s'attacher au sens général que l'usage et la doctrine ont donné au mot naufrage; que cette expression implique la rupture et la perte du navire de manière qu'il n'en reste que des débris. Mais, suivant d'autres décisions, il n'est pas nécessaire que le navire soit dores et déjà détruit pour qu'on puisse le considérer comme naufragé, il suffit qu'il soit dans une position telle qu'il ne puisse être relevé et doive être fatalement détruit par la mer (Trib. Marseille, 18 juill. 1879, aff. Verminck, *Recueil de Marseille*, 1879. 1. 260). Suivant d'autres décisions encore, un navire est naufragé dès qu'il est submergé; par exemple, lorsqu'il y a submersion volontaire pour éteindre un incendie (Aix, 16 mai 1872, *Recueil de Marseille*, 1873. 1. 177). On a jugé aussi qu'il y a naufrage donnant lieu à délaissement, dans le sens de l'art. 369 c. com., lorsque le navire a été réduit par les coups de mer à l'état d'une coque rasée, que le capitaine ne peut sauver et est dans la nécessité d'abandonner;... et cela encore bien que, depuis la tempête, il ait pu accidentellement être remorqué dans un port voisin par un autre navire (Bordeaux, 25 août 1856, aff. Bilard, D. P. 57. 2. 77).

2030. L'abandon du navire par son équipage peut être considéré comme équivalant au naufrage, alors surtout que la majeure partie de l'équipage a péri (Bordeaux, 18 janv. 1855, *Recueil de Marseille*, 1855. 2. 43). Mais il est indispensable que l'abandon du navire soit justifié par l'imminence du péril et, comme l'a fort bien jugé la cour d'Aix le 6 juill. 1852 (*Recueil de Marseille*, 1853. 1. 62), un navire ne peut être considéré comme naufragé si l'équipage l'a abandonné dans un moment de terreur chimérique.

Si le navire a été submergé, mais renfloué dans un délai très court, après être resté, par exemple, trois jours sous l'eau, il a été jugé qu'il n'y avait pas naufrage, mais seulement échouement avec bris et que, par conséquent, si, aux termes de la police, l'échouement avec bris ne devait pas donner ouverture au délaissement, celui-ci ne pouvait être exercé (Req. 27 juill. 1857, aff. de la Béduandière, D. P. 58. 1. 392. V. encore : Trib. Nantes, 5 déc. 1866, *Recueil de Nantes*, 1867. 1. 91 ; 11 août 1869, *Recueil de Marseille*, 1871. 2. 142 ; Trib. Marseille, 16 août 1870, *ibid.*, 1870. 1. 258). Ces deux derniers jugements se contredisent : l'un, celui de Nantes, admettant le délaissement pour naufrage lorsque le renflouement avait eu lieu après deux mois de submersion ; l'autre, celui de Marseille, décidant que le délaissement n'était pas admissible même en cas de renflouement après ce laps de temps.

2031. On a exposé au *Rép.* nos 1997 et suiv. que la jurisprudence était divisée sur le sens qu'il convient d'attribuer à la disposition de l'art. 369 c. com. qui exige que l'échouement ait eu lieu avec bris, pour pouvoir constituer une cause de délaissement. Suivant une opinion, le délaissement pour cause d'échouement avec bris n'est admis qu'autant qu'il y a bris absolu et tel qu'on ait été dans l'impossibilité de relever le navire et de le conduire à sa destination; tandis que, dans une autre opinion, il y a ouverture à délaissement, lorsque le bris est assez considérable pour former avec l'échouement un accident majeur, bien que le bris ait été partiel et que le navire fût réparable, ou encore quand bien même l'échouement avec bris aurait eu lieu au retour du navire, en vue du port de destination, et que le navire brisé aurait été ramené dans ce port. C'est ce système qui paraît avoir définitivement prévalu (de Valroger, t. 4, n° 1729; Em. Cauvet, t. 2, n° 168). — M. Desjardins, t. 7, n° 1541, p. 203, exige la fracture d'une des parties essentielles sans lesquelles le bâtiment devient impropre à la navigation.

Pour que le délaissement devînt impossible, il faudrait une stipulation portant qu'en cas de naufrage ou d'échouement avec bris, le délaissement ne pourra avoir lieu que si l'innavigabilité en est résultée ; les assurés ne sont pas admis alors à faire le délaissement, si le bâtiment qui a échoué peut, au moyen de réparations, être mis en état de continuer sa route (Paris, 24 mai 1853, aff. Deust, D. P. 54. 5. 49).

2032. S'il n'y a ouverture au droit de délaissement qu'autant que le bris est assez considérable pour former avec l'échouement un accident majeur, il n'en reste pas moins assez difficile de déterminer les cas où cette condition se trouvera remplie. Il semble bien qu'il suffise que le navire soit atteint dans une ou plusieurs de ses parties essentielles, de telle sorte qu'il lui soit impossible de naviguer. Il en serait ainsi, par exemple, du bris de la machine, alors surtout que le navire n'aurait pas une voilure suffisante pour naviguer sans sa machine (V. Aix, 9 mars 1859, *Recueil de Marseille*, 1859. 1. 138 ; Trib. Marseille, 13 oct. 1865, *Journal de Marseille*, 1865. 1. 308 ; 5 août 1869, *ibid.*, 1870. 1. 286 ; Aix, 20 avr. 1871, *ibid.*, 1872. 1. 48).

Dans ces différents cas, il semble bien qu'on rentre dans celui d'innavigabilité prévu par l'art. 369 (*Rép.* n° 2005). Aussi serait-il peut-être plus rationnel, comme le propose M. de Valroger, « de rayer l'échouement avec bris des cas de délaissement et de n'admettre jamais le délaissement qu'autant que le navire est devenu innavigable, c'est-à-dire qu'il ne peut être relevé et mis à flot ». C'est ce qu'avaient pensé les rédacteurs du projet de revision du code de commerce en 1867 et ce qu'ont fait chez nous les polices sur corps qui n'admettent le délaissement que pour disparition ou destruction totale du navire, et pour innavigabilité produite par fortune de mer et défaut de nouvelles.

2033. La question de savoir quel est l'effet de l'échouement avec bris au point de vue du délaissement des marchandises nous paraît toujours devoir être résolue, ainsi qu'il a été dit au *Rép.* nos 2000 et suiv., conformément aux règles applicables en cas de naufrage (Trib. Marseille, 28 sept. 1855, *Recueil de Marseille*, 1855. 1. 302 ; 14 août 1857, *ibid.*, 1857. 1. 229 ; 13 oct. 1865, *suprà*, n° 2032). Les raisons de décider sont les mêmes. Les polices, toutefois, dérogent à ces règles et n'admettent généralement le délaissement des marchandises, en cas d'échouement avec bris, qu'autant que les marchandises ont elles-mêmes souffert (V. sur ce point : Desjardins, t. 7, n° 1542).

2034. En Angleterre, l'échouement et le naufrage n'ouvrent le droit au délaissement que si le navire est complètement détruit, ou tout au moins ne peut plus être réparé de manière à tenir la mer, ou encore nécessite des réparations pour un prix supérieur à sa valeur ; en dehors de ces cas, l'action d'avarie seule subsiste. — En Espagne, la loi n'autorise le délaissement que si le navire naufragé ou échoué ne peut être remis à flot ou que si le montant des réparations excède les trois quarts de la valeur assurée. Le naufrage et l'échouement ne sont pas davantage, par eux-mêmes, une cause de délaissement. — D'après le code du Brésil, d'après les polices autrichiennes de Trieste, en Hollande, au Portugal, en Italie, en Turquie, le délaissement peut être fait en cas de naufrage ; la loi belge de 1879 consacre une règle analogue.

2035. — III. DÉLAISSEMENT EN CAS D'INNAVIGABILITÉ (*Rép.* nos 2005 à 2016). — L'innavigabilité qui, aux termes de l'art. 369 c. com., donne ouverture au délaissement (*Rép.* n° 2005) est une cause plus compréhensive que les précédentes ; elle peut en effet résulter soit d'un sinistre majeur qui donnerait lui-même, d'après l'art. 369, ouverture au délaissement, soit d'un accident beaucoup moins grave, tel qu'un simple échouement, un abordage, etc.

La jurisprudence distingue deux sortes d'innavigabilité, l'une absolue, l'autre relative qui donnent toutes deux ouverture au délaissement (*Rép.* n° 2009; Req. 17 août 1859, aff. Georges, D. P. 59. 1. 356, et la note ; 9 août 1860, aff. Blandin, D. P. 60. 1. 439 ; 21 déc. 1869, aff. Puginier, D. P. 70. 1. 305 ; 14 août 1876, aff. Détroyat, D. P. 77. 1. 314). M. Desjardins, t. 7, n° 1544, p. 210, réfute les critiques que M. de Courcy, t. 2, p. 342, a dirigées contre cette distinction, en faisant ressortir combien elle est conforme à la nature des choses et l'intérêt qu'elle présente toutes les fois que la police exclut expressément ou implicitement l'innavigabilité relative des cas de délaissement. — La question de savoir si l'on se trouve en présence d'une innavigabilité absolue ou relative est souvent assez délicate.

2036. — 1° *Innavigabilité absolue.* — L'innavigabilité absolue est celle qui procède de l'état matériel du navire qu'il est impossible de rendre à la mer, et qui ne peut plus, par conséquent, ainsi que nous le disions au *Rép.* n° 2005, subsister comme navire et remplir l'objet de sa destination. C'est ainsi qu'il y a innavigabilité absolue dans le cas où la coque d'un navire a été totalement détruite, alors même que la machine aurait été sauvée (Rouen, 22 avr. 1874, aff. Boucher, D. P. 76. 5. 37). La machine, en effet, quelque valeur qu'elle puisse avoir, ne constitue pas le navire ; elle n'en est qu'un organe, un accessoire et, lorsqu'elle subsiste seule, il est clair que le navire n'existe plus comme tel.

Le navire a encore été considéré comme atteint d'innavigabilité absolue quand, après réparations, il n'a pu reprendre la mer par suite d'une voie d'eau (Rennes, 25 févr. 1879, aff. Laforgue, *Recueil du Havre*, 1879. 2. 236); ou s'il n'était en état de naviguer qu'à l'aide d'un remorqueur (Rouen, 19 janv. 1876, *Recueil du Havre*, 1876. 2. 32. V. encore : Bordeaux, 24 mai 1833, *Recueil de Marseille*, t. 21, 2. 92 ; 19 août 1862, *ibid.*, 1862. 2. 130).

2037. En dehors des cas d'innavigabilité absolue où le navire ne peut plus reprendre la mer, on a attribué parfois le même effet à certains faits d'innavigabilité relative qui, en raison des circonstances dans lesquelles ils se présentent, constituent pour l'assuré une véritable innavigabilité absolue. Ainsi, au cas où il y a impossibilité de renflouer le navire (Trib. Marseille, 10 avr. 1876, *Recueil de Marseille*, 1876. 1. 147; Desjardins, p. 211 *in fine*), on assimile celui où il n'est pas possible de le renflouer dans le délai fixé par le juge saisi de l'instance en délaissement (Trib. Marseille, 21 mai 1871, *Recueil de Marseille*, 1871. 1. 153). De même, d'après la jurisprudence, on doit encore considérer comme étant en état d'innavigabilité absolue, et non pas seulement relative, le navire échoué sur des rochers qui n'a pu être renfloué et ramené au port par les assureurs eux-mêmes qu'après des travaux qui ont duré plusieurs mois, et qui, en outre, pour être en état de reprendre la mer, a besoin de réparations qui doivent exiger encore un long délai. En pareil cas, l'assuré ne peut être obligé d'attendre la fin de ces réparations, et il peut faire le délaissement, bien que celui-ci ne fût autorisé par la police que pour le cas d'innavigabilité absolue (Aix, 9 nov. 1865, aff. Assureurs C. Bergasse, D.P. 66. 2. 17, et sur pourvoi, Req. 6 mai 1867, D. P. 68. 1. 24). On a objecté contre ces décisions qu'il est étrange de considérer comme absolue l'innavigabilité d'un navire qui peut être réparé (Desjardins, t. 7, nos 1545 et 1546, p. 211 et 212). Mais le caractère de l'innavigabilité tient avant tout aux circonstances de fait de chaque espèce, en l'absence d'une disposition de la loi qui ait fixé d'une manière précise les caractères de l'innavigabilité absolue; les juges ont donc à cet égard une pleine liberté d'appréciation (Arrêt précité du 6 mai 1867).

2038. — 2° *Innavigabilité relative.* — L'innavigabilité relative est, d'une manière générale, celle qui provient plutôt des circonstances dans lesquelles se trouve le navire, après l'accident qui le rend impropre à naviguer, que de la gravité même de cet accident et de l'état matériel dans lequel il se trouve (Desjardins, t. 7, n° 1544, p. 210).

Comme nous l'avons exposé au *Rép.* n° 2009, elle peut résulter de l'importance des dépenses à faire pour réparer le navire. Il a été jugé, notamment, qu'il y innavigabilité relative, lorsqu'il est constaté par les experts que la démolition d'une grande partie du navire serait indispensable, en cas de reconstruction, et qu'il serait aussi coûteux de le réparer que de le reconstruire à neuf (Req. 5 juill. 1848, aff. Delrue, D. P. 52. 1. 118), ou que la vente du navire, après réparations, ne produirait pas un prix plus élevé que la somme dépensée pour ces réparations (Rouen, 22 mai 1858, *Recueil de Marseille*, 1858. 2. 114; Caen, 7 févr. 1859, aff. de la Pradelle, D. P. 59. 2. 109. V. aussi Douai, 10 mars 1859) (1); et cela alors même que l'innavigabilité n'a pas d'abord été reconnue et ne s'est révélée que successivement à mesure des réparations effectuées (Bordeaux, 16 nov. 1857, aff. Henneville et Dumont, D. P. 59. 5. 32). Mais, comme le fait remarquer M. Desjardins, t. 7, n° 1546 *bis*, p. 216, note 1, il est difficile de concilier cette décision avec le premier paragraphe de l'art. 389.

2039. Si l'innavigabilité relative peut résulter (*Rép.* n° 2009), comme on vient de le voir, de l'élévation des dépenses que les réparations nécessiteraient, il reste à savoir dans quels cas on doit leur attribuer ce caractère. Faut-il qu'elles soient, comme on l'a prétendu et comme l'exigent quelques législations étrangères, notamment les législations belge, allemande, des Pays-Bas, italienne, etc. (V. Desjardins, t. 7, n° 1556), supérieures aux trois quarts de la valeur du navire? La négative est généralement admise en doctrine (Desjardins, t. 7, n° 1546 *bis*, p. 215; de Valroger, t. 4, n° 1935) et en jurisprudence (Aix, 22 avr. 1874, *Recueil de Marseille*, 1875. 2. 156). Toutefois, si tel est le principe, il arrive souvent que les tribunaux ne considèrent comme excessives les dépenses nécessaires à la réparation du navire que si elles excèdent les trois quarts de sa valeur (Ruben de Couder, v° *Délaissement maritime*, n° 50. V. notamment : Rouen, 10 juin 1866, *infrà*, n° 2041). Mais ces décisions sont rendues en fait et non en droit; s'il en était autrement, elles seraient sujettes à cassation (Desjardins, *loc. cit.*).

2040. La plupart des polices, celle de Paris notamment, expriment qu'un navire ne peut être déclaré innavigable que si le montant total des dépenses à faire dépasse les trois quarts de la valeur agréée. Mais cette clause, dérogatoire à l'art. 369, implique la possibilité de faire les réparations et, par conséquent, n'est pas applicable au cas où l'innavigabilité relative, résulte de l'impossibilité de réparer le navire par suite du manque de fonds, d'ouvriers ou de matériaux sur le lieu du sinistre ou dans un port voisin. L'art. 369 doit, dans ce cas, être appliqué. « Attendu, a dit la cour de Rouen dans un arrêt qui consacre cette règle, que l'innavigabilité par fortune de mer, est un des cas spéciaux pour lesquels le législateur a autorisé le délaissement; que l'art. 369 c. com., dans la généralité de cette expression, comprend non seulement l'innavigabilité absolue, celle qui résulte de l'état matériel du navire réduit à la complète impuissance de tenir la mer, mais aussi l'innavigabilité relative, qui, sans affecter ses facultés essentielles, procède de la force même des choses par l'impossibilité de le remettre à flot sans les réparations que commandent impérieusement le salut de l'équipage et la sécurité de la cargaison, qu'abandonnée à la prudence des magistrats, souverains appréciateurs des causes de l'accident, de ses effets, de la distance des lieux, de la durée de temps nécessaire pour relever le navire, de toutes les conditions enfin qui se rattachent au fait, il est de jurisprudence que l'innavigabilité relative existe lorsque la réparation est impossible faute de fonds, d'ouvriers ou de matériaux sur le lieu du sinistre ou dans un port voisin; qu'il en est de même si la restauration exige presqu'autant de temps et d'argent qu'une construction nouvelle, ou que le montant des dépenses égale la valeur du bâtiment; que l'art. 10 de la police ne déroge en rien à ces principes; que si, en cas de sinistre et pour les assurances sur corps, « l'assuré est tenu, aux termes de cet article, de régler en avaries, à moins que la valeur totale ne s'élève, d'après les réparations et estimations des experts, à plus de trois quarts de la valeur agréée, prime de grosse et autres frais non compris », c'est sous la réserve expresse que les réparations pourront être faites, et, par conséquent, le cas d'innavigabilité relative excepté; qu'ainsi l'art. 369 c. com. doit recevoir son application pour cette cause spéciale, essentiellement distincte des stipulations de la police et complètement exclusif du règlement d'avaries » (Rouen, 19 juin 1876, aff. Quesnel, D. P. 78. 2. 205). — Cette interprétation nous paraît parfaitement justifiée. En effet, lorsqu'il y a absolue nécessité de réparer le navire pour qu'il puisse naviguer avec sa cargaison dans les conditions ordinaires, l'innavigabilité est indiscutable, et il importe peu que les dépenses qu'elle entraînerait atteignent ou non les trois quarts de la valeur du navire, dès l'instant qu'elle le rend indisponible entre les mains de l'armateur.

Cette règle s'applique encore alors même que le capitaine aurait pu, en relevant pour un port voisin, y trouver les moyens de faire réparer le navire si, pour se rendre dans ce port, le capitaine avait dû courir un risque exceptionnel. Jugé, notamment, par la cour d'Aix, le 7 avr. 1876 (*Gazette des tribunaux* du 25 oct. 1876), que l'innavigabilité résulte de l'impossibilité de faire réparer le navire au port où il se trouve, alors même qu'il aurait pu relever pour un port voisin, attendu que le capitaine aurait

(1) (Cuénin C. Assureurs maritimes.) — La cour; — En ce qui touche le délaissement: — Attendu que le navire *la Moskowa* a un faux côté; qu'il est extrêmement délié, arqué et tordu; — Attendu que, d'après le rapport d'experts du 12 juin 1858, les réparations à y faire s'élèvent à 24382 fr. 28 cent., à quoi il faut ajouter les frais d'emprunt ou autres pour se procurer les fonds nécessaires, ainsi que les dépenses imprévues qui se présentent d'ordinaire dans les opérations de cette nature; — Que la coque, dans son état actuel, ne vaut que 3500 fr., tandis que le navire assuré a été estimé 30000 fr.; — Attendu que si un navire peut toujours être remis en état de navigabilité par suite de réparations onéreuses, l'expert estime que la *Moskowa* ne doit pas être réparée; — Attendu que la faculté de délaisser serait illusoire s'il suffisait que les débris du navire échoué pussent, à l'aide de dépenses considérables, entrer dans la reconstruction du navire; — Que la doctrine et la jurisprudence ont toujours considéré comme innavigable le navire dont la réparation coûterait presque autant de temps et d'argent que la construction d'un navire neuf; — Attendu que tel est le cas où l'on se trouve dans l'espèce; qu'ainsi Cuénin était fondé à délaisser; — Par ces motifs, etc.

Du 10 mars 1859.-C. de Douai, 2e Ch.-MM. Danel, pr.- Carpentier, av. gén.-Villette et Estabel, av.

peut-être commis une imprudence en quittant un port pour s'aventurer en mer avec un gouvernail de fortune, et alors qu'il n'y avait pas de remorqueur qui pût le conduire à ce port (V. encore : Aix, 19 juill. 1856, *Recueil de Marseille*, 1856. 1. 216).

2041. L'évaluation des dépenses est fort délicate. On est d'accord pour reconnaître qu'elles doivent être évaluées d'après les prix du lieu où elles doivent être faites et non d'après ceux du lieu d'assurance. Mais ne doit-on faire entrer dans le coût des réparations que les dépenses nécessaires pour réparer matériellement le navire ou faut-il y comprendre, en outre, les frais accessoires, tels que les frais de visite, d'expertise, la nourriture et l'entretien de l'équipage pendant les réparations? M. de Valroger incline vers la seconde solution, qui nous paraîtrait, comme à lui, beaucoup plus rationnelle et équitable (t. 4, n° 1936). Mais le système contraire a prévalu dans la jurisprudence (Rouen, 10 juin 1866, aff. Tisset, D. P. 68. 1. 38; Bordeaux, 23 août 1875, aff. Détroyat, D. P. 77. 1. 315).

2042. L'innavigabilité relative qui autorise le délaissement peut résulter aussi de l'impossibilité où l'on est de se procurer la main-d'œuvre ou les matériaux nécessaires aux réparations (*Rép.* n° 2009). Il faut y ajouter le cas où le capitaine ne peut se procurer les fonds nécessaires pour réparer le navire et le remettre en état de naviguer (*Rép. ibid.*; Rouen, 10 juin 1866, cité *suprà*, n° 2041; Req. 21 déc. 1869, aff. Puginier, D. P. 70. 1. 305);... alors surtout que l'assureur, averti de la situation, a refusé de pourvoir lui-même par un envoi de fonds à ces réparations (Même arrêt du 21 déc. 1869). Ce refus ne mettrait pas l'assureur à l'abri du délaissement, même au cas où il résulterait de la police qu'il n'était tenu à faire ces avances que jusqu'au lieu de destination (Paris, 6 déc. 1848, aff. Beautemps, D. P. 49. 2. 213; Rouen, 4 déc. 1877, *Recueil du Havre*, 1877. 2. 251).

2043. L'innavigabilité relative résulte encore de ce que le navire, réparé à l'aide d'une somme empruntée, a dû être vendu pour le remboursement de cette somme; la dépossession légale subie en ce cas par l'assuré équivaut pour lui à la perte du navire (Req. 17 août 1859, aff. Georges, D. P. 59. 1. 356; 9 août 1860, aff. Blandin, D. P. 60. 1. 439). Et le délaissement peut avoir lieu, en pareil cas, bien que la franchise d'avaries particulières ait été stipulée dans le contrat d'assurance (Req. 14 août 1876, aff. Détroyat, D. P. 77. 1. 314); en effet, l'art. 409 dispose que la clause « franc d'avaries » affranchit les assureurs de toutes avaries, soit communes, soit particulières, excepté dans les cas qui donnent ouverture à délaissement et, comme la loi ne distingue pas entre l'innavigabilité absolue et l'innavigabilité relative et permet le délaissement dans les deux cas, cette faculté peut évidemment être laissée à l'assuré en vertu des art. 369 et 409 combinés, nonobstant la clause « franc d'avaries ».

Mais le droit d'arguer, pour opérer le délaissement, de la nécessité de vendre le navire cesse, lorsqu'il n'est pas établi que l'abandon a été le résultat d'avaries occasionnées exclusivement au navire, mais qu'il est, au contraire, constaté que la dette a été souscrite pour payer aussi des frais faits dans l'intérêt de la cargaison; l'assuré n'a alors droit qu'à un simple règlement d'avaries (Civ. rej. 20 juin 1866, aff. Malavois, D. P. 66. 1. 392).

2044. Il faut, dans tous les cas, que tous les efforts nécessaires aient été faits pour éviter l'innavigabilité. Spécialement, pour qu'il y ait innavigabilité relative résultant de l'impossibilité de faire réparer le navire, il faut que le capitaine ait eu recours à tous les moyens qui étaient en son pouvoir pour obtenir les fonds nécessaires à cette réparation (Civ. rej. 23 déc. 1850, aff. Laporte, D. P. 51. 1. 289), et qu'il soit constaté qu'il n'a pu y réussir (Bordeaux, 23 août 1875, cité *suprà*, n° 2041). Spécialement, l'assuré n'est pas fondé à opérer le délaissement faute de fonds pour réparer le navire, lorsque le capitaine pouvait affecter à ces réparations le fret déjà acquis qui se trouvait à sa libre disposition entre ses mains (Bordeaux, 30 août 1854, aff. Viaud, D. P. 55. 5. 31). Il importerait peu que l'assuré eût cédé à un tiers partie de ce fret sans fixation de quotité, une telle cession qui, par sa nature, ne doit comprendre que la portion du fret susceptible de demeurer libre après prélèvement des sommes nécessaires à l'armement et aux autres emplois ne pouvant être opposée à l'assureur (Même arrêt).

D'autre part, l'impossibilité de faire réparer le navire n'est pas suffisamment établie par l'autorisation que le consul a donnée au capitaine de vendre ce navire, fût-elle basée sur cette impossibilité (Arrêt précité du 23 déc. 1850).

2045. On a exposé au *Rép.* n° 2015 que les effets de l'innavigabilité provenant de fortune de mer et dûment constatés sont différents, suivant que l'assurance porte sur le navire ou le chargement. Dans le premier cas, l'innavigabilité donne sur-le-champ ouverture au délaissement; dans le second, le droit au délaissement n'est pas ouvert par le seul fait de l'innavigabilité, mais seulement si la marchandise ne peut être transportée à sa destination. Lorsque l'assurance porte sur le chargement, le capitaine peut user des délais qui lui sont accordés par les art. 391 et 394 c. com. pour trouver un autre navire et y faire recharger la marchandise; mais si, à l'expiration de ces délais, rien n'a été fait, l'assuré est en droit de faire le délaissement (*Rép.* n° 2015). A ce système légal dont les délais paraissaient aujourd'hui trop longs, la pratique a substitué, en général, un système conventionnel, qui est fixé par la police, et aux termes duquel, « dans tous les cas d'innavigabilité du navire », le délaissement peut être fait, après certains délais plus brefs et déterminés au contrat, « si les marchandises n'ont pu être remises à la disposition des destinataires ou des assurés, ou au moins, si le rechargement à bord d'un autre navire prêt à les recevoir, n'en a pas été commencé ». Une pareille clause est parfaitement licite et a un sens net et précis. Elle ne permet pas à l'assureur de refuser le délaissement, sous prétexte que le navire n'est pas absolument innavigable et pourra ultérieurement être réparé. Tout se réduit, en définitive, à une question de temps. Quand l'assuré et son destinataire, privés de la marchandise, ont subi les délais prévus dans la police, le défaut de navigabilité, définitive ou non, du navire, est réputé avoir fait manquer, par le retard, l'opération commerciale dont il s'agissait; et, par suite, le délaissement à l'assureur devient de droit (Comp. Bédarride, *Commerce maritime*, 2e éd., n°s 1417, 1599, 1604 et 1605; Desjardins, t. 7, n° 1546 *ter*, p. 219). Il n'est donc pas nécessaire, pour que le délaissement de la marchandise assurée puisse être fait valablement à l'assureur, que l'innavigabilité du navire qui a souffert de la fortune de mer soit absolue; il suffit, ce navire n'ayant pas été réparé en temps utile, que la marchandise n'ait pas été remise à la disposition du destinataire ou de l'assuré, ni rechargée sur un autre bord, dans le délai expressément fixé à cet égard par une clause spéciale de la police d'assurances (Req. 9 déc. 1884, aff. Comp. d'assurances *la Mélusine*, D. P. 85. 1. 462).

2046. L'innavigabilité du navire peut être prononcée par une décision de justice, c'est-à-dire que le navire peut être *condamné*, comme on disait sous l'empire de la déclaration de 1779. Mais, s'il arrive fréquemment qu'une déclaration d'innavigabilité précède le délaissement (cette déclaration étant nécessaire aux termes de l'art. 237 pour que le capitaine puisse vendre le navire, V. *suprà*, n°s 674 et suiv.), la validité du délaissement ne lui est pas subordonnée, comme elle l'était aux termes de la déclaration précitée (*Rép.* n° 2005; Desjardins, t. 7, n° 1548 *bis*, p. 221; de Valroger, t. 4, n° 1731; Lyon-Caen et Renault, n° 2165; Trib. Marseille, 14 juill. 1865, *Recueil de Marseille*, 1865. 1. 322; 24 août 1865, *ibid.*, 1865. 1. 268). Dans tous les cas, le jugement rendu par le tribunal de commerce, saisi en vertu de l'art. 237, qui prononce l'innavigabilité du navire au regard et dans l'intérêt du capitaine, ne lierait pas le juge saisi par l'assuré d'une demande en validité du délaissement dudit navire et ne l'obligerait pas à valider ce délaissement; l'autorisation de vendre n'est, en effet, qu'une mesure conservatoire des intérêts des parties, une décision qui n'a pas le caractère contentieux et qui, ne pouvant acquérir l'autorité de la chose jugée, ne saurait résoudre la question du délaissement du bâtiment au regard des assureurs qui n'étaient pas à même de la discuter et de défendre leurs droits (Rennes, 21 juin 1869, *Recueil de Marseille*, 1869. 1. 325; Trib. Marseille, 30 juin 1862, *ibid.*, 1862. 1. 138; Aix, 28 mars 1865, *ibid.*, 1865. 1. 60; 25 févr.

1875, *ibid.*, 1875. 1. 250; Trib. Havre, 1er sept. 1879, *Recueil du Havre*, 1880. 1. 94; Civ. rej. 27 avr. 1887, aff. Alibert, D. P. 88. 1. 83; Desjardins, t. 7, n° 1548 *bis*, p. 221. — *Contrà :* Paris, 5 août 1863, *Recueil de Marseille*, 1864. 2. 48).

2047. Le tribunal de commerce français saisi de la demande en validité de délaissement d'un navire français qui se trouve dans un port étranger, où il a relâché par suite de ses avaries, est compétent pour autoriser l'assureur à amener ce navire dans un port de France, afin de le faire réparer et d'échapper ainsi au délaissement; il importe peu que leur décision soit d'une exécution plus ou moins difficile à raison de cette circonstance que le navire, amarré dans un port étranger, est soumis de fait, sinon de droit, à l'autorité des magistrats étrangers. Et les juges français peuvent ordonner la mesure dont il s'agit, incidemment à l'instance en délaissement, sans empiéter sur les attributions du consul de France au lieu de relâche, ce dernier n'ayant compétence que pour prescrire des mesures purement conservatoires. La même mesure peut être également ordonnée sans mise en cause des chargeurs, sauf leur droit de tierce opposition (Req. 22 mars 1864, aff. Bonnefoy, D. P. 64. 1. 411). En effet, d'une part, le tribunal de commerce français est compétent en vertu de ce principe du droit des gens que le navire mouillé dans un port étranger doit être considéré comme la continuation du territoire de la nation à laquelle il appartient, et reste, dès lors, soumis aux lois de cette nation. D'autre part, la décision intervenue n'a aucun caractère judiciaire; elle constitue un acte purement administratif qui ne lie en aucune façon, comme on l'a vu *suprà*, n° 2046, le tribunal saisi de la demande de l'assuré contre l'assureur.

2048. Néanmoins, les expertises régulièrement faites à l'étranger, les jugements ou les ordonnances consulaires relatifs à l'innavigabilité, ne sont pas sans influence sur la décision à intervenir entre l'assuré et l'assureur. Il a même été décidé que ces constatations font foi jusqu'à preuve contraire en l'absence d'autres documents (Rouen, 19 juin 1876, aff. Quesnel, D. P. 78. 2. 205; Trib. Havre, 26 févr. 1879, aff. Postel, *Recueil du Havre*, 1879. 1. 140; 18 mars 1884, aff. Viton, *ibid.*, 1884. 1. 170). Aussi l'assureur a-t-il intérêt à intervenir dans les instances relatives à la déclaration d'innavigabilité, lorsque cette intervention est possible pour lui. On lui reconnaît, notamment, le droit d'y intervenir à l'effet soit de contester l'innavigabilité, soit de faire décider qu'elle provient, non pas de fortune de mer, mais du vice propre du navire; on n'est pas tenu d'attendre que l'assuré ait proposé le délaissement (Caen, 7 févr. 1859, aff. de la Pradelle, D. P. 59. 2. 109). L'intérêt actuel de l'assureur réside dans ce fait que l'instance a pour objet des vérifications ou des expertises dont le résultat serait de créer contre lui, sur la question d'innavigabilité du navire, un préjugé qu'il lui importe de prévenir.

2049. Enfin les juges saisis d'une demande en déclaration d'innavigabilité d'un navire doivent constater d'office les causes de cette innavigabilité pour le compte de qui il appartiendra (Arrêt du 7 févr. 1859, cité *suprà*, n° 2048). L'intérêt de cette règle apparaît, lorsqu'il s'agit de déterminer si l'innavigabilité peut être attribuée à une autre cause que la fortune de mer, par exemple, soit au vice propre du navire, soit à son état de vétusté. Si elle résulte, notamment, d'une voie d'eau imputable, non au mauvais temps, mais à la pourriture de certaines parties du navire, le délaissement ne sera pas possible (V. Trib. com. Seine, 5 sept. 1879, *Gazette des tribunaux* du 12 oct. 1879; Paris, 8 déc. 1881, aff. Ferrère, *Recueil du Havre*, 1884. 2. 113). Il a été jugé que l'innavigabilité d'un navire doit être attribuée au vice propre de ce navire, et non pas à une fortune de mer, bien qu'une partie du dommage provienne d'avaries causées par fortune de mer, si les réparations sont nécessitées, pour la plus grande partie, par la mauvaise qualité du navire; en conséquence, l'innavigabilité n'est pas, en ce cas, à la charge de l'assureur et ne donne pas lieu au délaissement autorisé par l'art. 369 (Caen, 7 févr. 1859, aff. de la Pradelle, D. P. 59. 2. 109). — On doit également tenir compte des réparations s'appliquant aux dommages provenant du vice propre (Rennes, 19 janv. 1864) (1). — Au contraire, l'avarie survenue par fortune de mer à un navire déjà vieux et partiellement atteint de pourriture à l'époque où il a été assuré, peut être mise tout entière à la charge de l'assureur, s'il est constaté qu'elle doit être exclusivement attribuée à cette fortune de mer; il n'y a pas lieu de distinguer entre les réparations applicables au dommage causé par l'événement de mer et celles qui ont dû être faites aux parties du navire déjà en mauvais état au moment de l'assurance, dès que cet événement de mer les a seul rendues nécessaires. Par suite, cette avarie autorise le délaissement, au cas où les réparations à faire excéderaient la valeur du navire (Req. 15 mars 1869, aff. Comp. *la Gauloise*, D. P. 70. 1. 121).

2050. — IV. DÉLAISSEMENT EN CAS D'ARRÊT D'UNE PUISSANCE ÉTRANGÈRE (*Rép.* nos 2017 à 2026). — Le délaissement pour cause d'arrêt d'une puissance étrangère ne donne pas lieu à d'autres observations que celles qui ont été présentées au *Rép.* nos 2017 et suiv.; il est entièrement assimilé à celui qui émane du gouvernement français (V. *infrà*, nos 2079 et suiv.). Lorsque l'arrêt est pratiqué par un gouvernement insurrectionnel, MM. Desjardins, t. 7, n° 1534, p. 192, et de Valroger, t. 4, n° 1725, enseignent qu'il y a lieu à délaissement. « Les assureurs, dit ce dernier auteur, répondent du pillage comme de la prise (art. 350). Par la même raison, ils doivent répondre de l'arrêt qui est le fait d'un gouvernement non reconnu. Notre police met sur la même ligne tous arrêts provenant d'un gouvernement quelconque reconnu, ou non reconnu. »

2051. — V. DÉLAISSEMENT EN CAS DE PERTE OU DE DÉTÉRIORATION (*Rép.* nos 2027 2042). — Le *Répertoire* a exposé (*Rép.* n° 2027), comment la perte et la détérioration ont été assimilées par le législateur de 1807. L'une et l'autre, lors-

(1) (Plessix C. Assureurs maritimes.) — LA COUR; — Considérant qu'admettant que lorsqu'il s'agit d'apprécier, au point de vue du délaissement, le degré de détérioration d'un navire assuré, on ne dût pas, ainsi que l'ont fait les premiers juges, déduire du montant des dépenses que nécessitent les réparations, le produit de la vente du vieux cuivre et que, dans l'espèce, il fût suffisamment justifié que le capitaine n'aurait pu se procurer les fonds nécessaires qu'au moyen d'un emprunt à la grosse dont la prime aurait dû être comprise dans le chiffre de la dépense, il faudrait encore conclure que l'appelant ne prouve pas que le navire *le Méander* eût subi, par suite de fortune de mer, une détérioration égale aux trois quarts de sa valeur; — Considérant qu'il est d'autant moins permis de s'arrêter au prix de la vente qu'en présence des expertises, il n'est pas possible de révoquer en doute que la vétusté du navire et un vice propre antérieur au commencement des risques contribuaient pour une part notable à en diminuer la valeur vénale; — Considérant que l'appelant a vainement tenté d'atténuer l'importance des réparations qui s'appliquaient au vice propre; — Qu'il ne peut être admis à opposer des conjectures plus ou moins hasardées ou même plus ou moins plausibles aux résultats clairs et précis du travail des experts; — Considérant qu'on ne saurait admettre, en pareille matière, que le montant des dépenses que nécessitent les réparations à faire, soit grossi par un chiffre arbitraire de dépenses imprévues, ni surtout que ce chiffre s'élève à une somme considérable; qu'on ne peut regarder la détérioration comme prouvée que jusqu'à concurrence des dépenses nécessaires dont la cause et le but peuvent être constatés et signalés; — Que, dans l'espèce, le nombre des expertises et le soin avec lequel ont été relevées et tarifées toutes les réparations à faire, soit qu'elles provinssent de fortune de mer, soit qu'elles dussent être attribuées au vice propre, rend encore plus inadmissible un chiffre quelconque de dépenses imprévues; — Considérant qu'il n'a pas été justifié que des frais de séjour dans le dock dussent être ajoutés aux frais d'entrée pour le cas où le navire aurait dû y être réparé; — Considérant que la dépense du déchargement, nécessairement variable suivant l'importance et suivant la nature de la cargaison, ne peut être comprise au nombre de celles qui doivent être supputées, lorsqu'il s'agit de rechercher et d'apprécier le degré de la détérioration matérielle que le navire a subie; que le navire ne peut être jugé plus ou moins détérioré selon que le débarquement de la cargaison nécessite une dépense plus ou moins considérable; — Considérant qu'en présence des documents qui ont été respectivement produits devant la cour, on ne peut évaluer en moyenne à plus de 12 pour 100 la prime d'un emprunt à la grosse qui aurait été contracté à Maurice pour un voyage vers l'un des ports de France ou d'Angleterre; — Considérant que le calcul établi sur ces bases n'élève pas la détérioration matérielle du navire aux trois quarts de sa valeur convenue; — Confirme, etc.

Du 19 janv. 1864.-C. de Rennes, 1re ch.-MM. Boucly, 1er pr.-Grivart et Bonamy, av.

qu'elles s'élèvent aux trois quarts de la chose assurée autorisent le délaissement, qu'il s'agisse soit du navire, soit des facultés; le texte de l'art. 369 ne distingue pas.

2052. Pour calculer la perte ou la détérioration subie par un navire, il y a lieu de comparer le navire à l'état sain avec le navire après le sinistre. La valeur à l'état sain est celle du navire au port de départ (Bordeaux, 25 févr. 1856, aff. Tandonnet, D. P. 57. 2. 46). — Cette valeur est le plus souvent fournie par le contrat, la valeur agréée dans la police devant servir de règle invariable dans les rapports de l'assureur et de l'assuré et de mesure à tous leurs droits et obligations respectifs pendant toute la durée de l'assurance (Rennes, 13 avr. 1869, aff. Menès, D. P. 69. 2. 243). C'est également ce que la cour de Bordeaux a décidé dans un arrêt du 23 août 1875 (aff. Détroyat, D. P. 77. 1. 315). Mais, lorsque la police sur corps est ouverte au lieu d'être évaluée, comment la valeur du navire à l'état sain pourra-t-elle s'apprécier? Dans la pratique, on prend pour base la valeur assurée (Laurin, t. 4, p. 125). M. Desjardins préfère évaluer le navire, comme on le fait lorsqu'il s'agit de faire l'évaluation du navire dans la police (V. *suprà*, n° 1734).

2053. Une fois le navire évalué à l'état sain, il faut procéder à la même opération à l'égard du navire après le sinistre. Un premier système propose, pour cette évaluation, de s'attacher à la valeur vénale du navire avarié (*Rép.* n° 2030; Bédarride, t. 4, n° 1436); mais il n'a pas été suivi par la jurisprudence postérieure à la publication du *Répertoire*. Il est généralement admis aujourd'hui que, pour vérifier si le navire assuré a subi la perte des trois quarts qui autoriserait le délaissement, on doit prendre pour base, non le prix auquel ce navire pourrait ou a pu être vendu, mais l'estimation des travaux qui ont été reconnus nécessaires pour le remettre en état, rapprochée de celle qui a été faite du même navire dans la police d'assurances, en estimant les travaux d'après leur coût dans le port où ils devraient être effectués, et non au lieu de l'assurance (Bordeaux, 3 mars 1852, aff. Basse, D. P. 53. 2. 4; Paris, 24 mai 1853, aff. Deust, D. P. 54. 5. 49; Bordeaux, 25 févr. 1856, aff. Tandonnet, D. P. 57. 2. 46; Rennes, 19 janv. 1864, *suprà*, n° 2049; Aix, 21 févr. 1870, aff. Séguran, D. P. 71. 2. 52; Civ. rej. 8 mai 1872, aff. Ménard, D. P. 72. 1. 306).

2054. Aux termes de l'arrêt de la cour d'Aix, du 21 févr. 1870 (cité *suprà*, n° 2053), l'estimation doit être faite d'après le coût réel des réparations dans le port où elles ont eu lieu. Toutefois, quand la police s'écartant des termes de l'art. 369 renferme une clause spéciale autorisant le délaissement dans le cas où les *réparations* à faire dépasseraient les trois quarts de la somme assurée, il semble conforme à l'intention des parties de faire l'évaluation d'après le prix des matériaux au moment où la condamnation intervient, plutôt qu'au jour du délaissement qui peut avoir eu lieu longtemps auparavant, parce que c'est le chiffre réel des dépenses exigées par ces réparations qui a été pris en considération dans la police et non celui auquel aboutirait une évaluation éventuelle ou provisoire. Aussi est-il plus exact de faire cette estimation au jour du jugement qu'à celui de l'expertise. C'est ce qu'a déclaré la cour de Bordeaux; elle a jugé le 15 déc. 1879 (aff. Roux et Barbe, D. P. 84. 1. 338) que, dans le cas où la police d'assurance dérogeant expressément à l'art. 369 c. com. a stipulé la faculté de délaissement, non pour le cas où la perte irait aux trois quarts des effets assurés, mais pour le cas où les réparations à faire dépasseraient les trois quarts de la somme assurée, les réparations doivent être estimées au jour de la condamnation et non à celui du délaissement. La cour de cassation (Civ. rej. 31 août 1881, *ibid.*) a jugé que cette décision ne violait nullement les art. 369 et 385 c. com. (V. Desjardins, t. 7, n° 1562, p. 261 et 262; de Valroger, t. 4, n° 1743).

2055. La perte ou la détérioration des trois quarts doit porter directement sur le navire assuré. Comme l'a dit M. le conseiller d'Oms, dans le rapport précédant l'arrêt de la chambre des requêtes du 10 janv. 1859 (aff. Bourcard et Coquebert, D. P. 59. 1. 60), « la contexture même de l'art. 369 c. com. implique que la perte ou la détérioration doit porter sur les effets assurés eux-mêmes, les altérer dans leur substance, les affecter dans leur qualité ou quantité ». Il ne suffirait donc pas, pour que l'action en délaissement fût ouverte à l'assuré, que celui-ci eût subi dans sa fortune de mer, représentée par le navire et sa cargaison, une perte des trois quarts; autrement, l'action d'avarie serait sans objet, et tout sinistre qui aboutirait à une perte des trois quarts se résoudrait en délaissement, alors même que les objets assurés ne seraient atteints qu'indirectement par la fortune de mer. — On a cependant prétendu le contraire, et c'est sur cette seconde opinion que reposait le pourvoi à l'occasion duquel M. d'Oms a présenté le rapport dont on vient de reproduire un passage; on a soutenu qu'on devait faire entrer dans le calcul des trois quarts constituant la perte subie par un navire les frais de vivres et de salaires de l'équipage pendant une relâche. La cour de cassation a répondu que les expressions employées par l'art. 369 impliquent que la perte ou détérioration, pour donner ouverture au délaissement, doit tomber sur la substance même des objets assurés, les affecter dans leur quantité ou qualité, ou tout au moins procéder de dépenses qui leur soient inhérentes et rendues nécessaires pour assurer leur conservation; qu'il ne suffit donc pas, pour autoriser l'action en délaissement, que l'assuré ait subi, dans l'ensemble de sa fortune de mer représentée par le navire et sa cargaison, une perte des trois quarts, si, dans les éléments qui composent cette perte, se trouvent des objets qui ne peuvent être assurés, ou qui, si assurés qu'ils puissent être, ne peuvent donner lieu qu'à un règlement d'avaries; spécialement, les frais de nourriture et les gages de l'équipage, pendant la relâche forcée du navire assailli par une tempête, doivent être considérés comme une dépense extraordinaire donnant lieu à un simple règlement d'avarie, et ne pouvant, dès lors, entrer dans le calcul de la perte ou détérioration exigée pour l'action en délaissement (Req. 10 janv. 1859, précité; de Valroger, t. 4, n° 1738; Desjardins, t. 7, n° 1562, p. 258; *Rép.* n° 2032). On ne saurait donc faire entrer dans le calcul de cette perte ou détérioration les dépenses accessoires qui ne constitueraient que des avaries ordinaires au sens de l'art. 371 (Civ. rej. 8 mai 1872, aff. Ménard, D. P. 72. 1. 306); ni le montant des frais de sauvetage (Rouen, 5 juill. 1858, aff. Gardin, D. P. 59. 2. 22; Req. 6 nov. 1865, aff. Billard, D. P. 66. 1. 202. V. cependant : de Valroger, t. 4, n° 1745); ni les sommes déboursées pour remorquer le navire du port de refuge au port de radoub, non plus que les vivres et les loyers de l'équipage pendant la durée du trajet et des réparations (Req. 10 janv. 1859, précité; Rennes, 13 avr. 1869, aff. Menès, D. P. 69. 2. 243; Rouen, 24 mars 1872, aff. Barabino, D. P. 74. 2. 5; Bordeaux, 23 août 1875, aff. Détroyat, D. P. 77. 1. 315. — *Contrà* : de Valroger, t. 4, n° 1745); ni les droits de consulat et de chancellerie; ni les frais d'expertise et de consignation, ni ceux de magasinage de la cargaison (Bordeaux, 3 mars 1852, aff. Basse, D. P. 53. 2. 4; Rennes, 13 avr. 1869, précité. V. encore : Rennes, 5 avr. 1861 (1); Aix,

---

(1) (Sellier C. Guillon.) — La cour; — Considérant que de la conférence des art. 369, 371 et 397 c. com. il résulte que la faculté de délaissement, en cas de perte ou de détérioration des effets assurés, si la détérioration ou la perte va au moins aux trois quarts, n'est pas ouverte au profit de l'assuré en ce qui concerne le navire, par cela seul que, par suite de fortune de mer affectant ce navire, l'armement a été grevé de dépenses qui excèdent la valeur des trois quarts dudit navire; qu'il est de règle générale, en matière d'assurances maritimes, que l'assureur n'est tenu que de réparer strictement le dommage souffert par l'assuré; que, par suite, il ne devrait être astreint à payer la valeur entière de l'objet assuré, que dans le cas où l'objet assuré serait entièrement perdu; que si, par un juste tempérament, la loi admet que les effets assurés doivent être réputés entièrement perdus quand ils ont subi une perte ou une détérioration qui va au moins aux trois quarts de leur valeur, ce ne peut être que parce que, perdus ou détériorés à ce point, ils sont présumés ne représenter plus, pour leur propriétaire, qu'un débris devenu impropre à la destination et à l'usage qu'ils avaient reçus; — Considérant qu'il suit de là que la faculté exceptionnelle du délaissement n'est admise par la loi que lorsque les effets assurés eux-mêmes ont été tellement affectés par fortune de mer, soit dans leur qualité, soit dans leur quantité, qu'ils soient réduits au quart de leur valeur première; que si la mesure de

23 nov. 1859, *Recueil de Marseille*, 1860. 1. 224; Bordeaux, 23 août 1875, précité; Rennes, 12 juill. 1881, aff. Guibert, D. P. 84. 1. 155); ni les frais de séjour du navire dans un dock, ceux de pilotage d'entrée et de sortie, ni enfin les frais de chancellerie et la commission du consignataire (Desjardins, t. 7, n° 1562, p. 258).

2056. Il a été jugé cependant que les réparations provisoires doivent entrer dans le calcul des experts, lorsqu'elles ont été faites dans un port de relâche pour conserver le navire et lui permettre d'atteindre soit le port de destination, soit celui où il pourra être définitivement réparé (Trib. Marseille, 11 août 1875, *Recueil de Marseille*, 1875. 1. 303; Bordeaux, 15 déc. 1879, aff. Roux et Barbe, D. P. 84. 1. 338; Desjardins, t. 7, n° 1562, p. 259 et 260).

2057. Il est généralement admis aujourd'hui qu'en faisant le calcul des réparations, on doit déduire la valeur des débris ou, comme le dit M. de Valroger, t. 4, n° 1746, qu'on ne doit tenir compte que des déboursés réels à faire par l'assuré; la valeur des débris diminue d'autant la dépense (Desjardins, t. 7, n° 1562, p. 260 et 261). C'est ce qui a été jugé par la cour de Rennes le 21 juin 1869 (aff. Hermann, D. P. 70. 1. 295) dans un arrêt qui décide que les dépenses de réparations, à raison desquelles le délaissement d'un navire assuré est permis, lorsqu'il est établi qu'elles seraient des trois quarts au moins de la valeur assurée, doivent être calculées, défalcation faite du produit de la vente des parties du navire à en détacher par suite de ces réparations.

2058. Faut-il tenir compte dans le calcul des réparations de la part du dommage qui peut être attribué au vice propre du navire? Un jugement du tribunal de Nantes du 9 juin 1877 (aff. Veuve Moyon, *Recueil de Nantes*, 1878. 1.5) a décidé qu'on ne devait pas faire entrer en compte le remplacement d'allonges, de barreaux qui étaient reconnus pourris et usés. Suivant M. de Valroger, t. 4, n° 1747, cette décision est trop absolue. « Au point de vue du délaissement pour détérioration des trois quarts, dit-il, il s'agit avant tout d'apprécier les dépenses à faire. Du moment que les réparations sont nécessitées par une fortune de mer dont les assureurs ont à répondre, ils ont à en supporter toutes les conséquences. Une seule chose peut être demandée à l'assuré, c'est que le navire soit en état de navigabilité au commencement du voyage. S'il était en état de prendre la mer, l'assureur doit également le remettre en état de continuer le voyage, alors même que les réparations pourraient être aggravées par l'état du navire; le navire a été assuré en conséquence (V. en ce sens : Req. 16 déc. 1868, aff. Véron, D. P. 69. 1. 219). Mais cette doctrine est contestée (Desjardins, t. 7, n° 1562, p. 260; Rennes, 12 juill. 1881, aff. Guibert, D. P. 84. 1. 155). — Il n'y a pas lieu non plus de tenir compte, dans l'évaluation des réparations, de la différence du neuf au vieux; car, s'il est ordinairement tenu compte de cette différence dans les règlements d'avaries, on n'a pas à la prendre en considération en cas de sinistre majeur, alors qu'on n'a pas à examiner si l'assuré profite plus ou moins des réparations neuves, mais si la dépense à faire présente les trois quarts de la valeur du navire à l'état sain (Bordeaux, 25 févr. 1856, aff. Tandonnet, D. P. 57. 2. 46; Rennes, 5 avr. 1861, *suprà*, n° 2055; Bordeaux, 23 déc. 1861, *Recueil de Nantes*, 1862. 2. 7).

2059. On doit, par contre, à la différence de ce qui a lieu quand il s'agit de règlement d'avaries, comprendre dans le compte des réparations, au point de vue du délaissement, les dommages soufferts par le navire qui constituent de simples avaries communes susceptibles d'être partiellement couvertes par la contribution de la cargaison (Bordeaux, 16 août 1869, *Recueil de Marseille*, 1869. 2. 179; de Valroger, t. 4, n° 1748). « En effet, dit M. Desjardins, t. 7, n° 1562, p. 260, « quand, pour le calcul des trois quarts, on ne tient compte que de la perte inhérente au navire, non des dépenses accessoires faites en vue d'en faciliter la conservation, l'assuré sur corps ne doit pas être réputé conserver les trois quarts de la chose, si l'on n'arrive à ce total qu'en supputant le parti à tirer d'une action en indemnité contre des tiers » (Comp. Weil, n° 228).

2060. M. de Valroger, t. 4, n° 1750, admet que la perte des trois quarts peut résulter d'avaries successives dans le même voyage, si ces avaries cumulées entraînent des réparations s'élevant aux trois quarts de la valeur agréée du navire. Il faudrait même, suivant un arrêt de la cour de cassation, tenir compte des avaries qui se produisent après l'arrivée du navire au port, mais pendant la période des réparations durant laquelle l'assurance est prorogée de plein droit (V. *suprà*, n° 1993) et qui, ajoutées aux avaries en cours de réparations devraient entraîner une détérioration de plus des trois quarts de la valeur agréée (Req. 18 févr. 1861, aff. Comp. *la Garonne*, D. P. 61. 1. 366).

2061. On doit comprendre dans l'évaluation du dommage éprouvé par le navire non seulement les dépenses qui peuvent être immédiatement évaluées, mais aussi celles qui ont pour objet des avaries certaines, et dont l'étendue reste seule ignorée, bien qu'alors la perte des trois quarts n'apparaisse qu'une fois les réparations faites. Dans le système du code, le délaissement reste possible, puisque la détérioration des trois quarts est une cause de délaissement distincte de l'innavigabilité (Desjardins, t. 7, n° 1562, p. 262; de Valroger, t. 4, n° 1751). Mais, suivant ce dernier auteur, il en est autrement, lorsque la police n'admet pas la perte des trois quarts comme une cause de délaissement distincte de l'innavigabilité, comme la police de Paris sur corps, qui, après avoir dit que le navire peut être délaissé si le montant total des dépenses à faire dépasse les trois quarts de la valeur agréée et si le navire est, par suite, déclaré innavigable, ajoute (art. 10) : « si le navire *effectivement réparé* est parvenu à sa destination, le délaissement n'est point recevable, quoique le coût des réparations ait dépassé les trois quarts. Dans ce cas, l'action d'avaries est seule ouverte à l'assuré sous les retenues et franchises prévues par les art. 19 et 20 ».

2062. Doit-on admettre, dans l'évaluation de la perte des trois quarts d'un navire assuré, les sommes réclamées pour dépenses imprévues que les experts font forcément entrer en ligne de compte? Un jugement du tribunal de Nantes, du 20 juin 1863 (*Recueil de Marseille*, 1863. 2.166), s'est prononcé en ce sens. Mais la négative, enseignée par M. de Valroger, t. 4, n° 1749, et qui a prévalu dans la jurisprudence (Rouen, 24 mars 1872, aff. Barabino, D. P. 74. 2. 5; Bordeaux, 23 août 1875, aff. Détroyat, D. P. 77. 1. 315; Trib. Havre, 1er sept. 1879, aff. Camoin, *Recueil du Havre*, 1880. 1. 94; Civ. rej. 31 août 1881, aff. Roux et Barbe, D. P. 84. 1. 338), semble préférable. — Il n'est pas possible, en

---

la perte peut être donnée avec une précision suffisante en ce qui touche le navire assuré, par l'évaluation des réparations qui lui sont nécessaires, pour qu'il soit remis en bon état, et la comparaison du montant de la somme à dépenser avec la valeur reconnue audit navire dans la police d'assurance, c'est sous la condition que, dans la somme des dépenses, on ne tiendra compte que du coût de ces réparations elles-mêmes; que toutes autres dépenses, quelque nécessaires qu'elles soient devenues pour l'accomplissement desdites réparations, peuvent bien représenter, pour l'assuré, un dommage dont il devra être indemnisé par un règlement d'avaries, mais ne représentent pas une perte ou une détérioration subie par l'objet assuré;

Considérant que du même principe il résulte, d'un autre côté, que, quand le montant de la dépense nécessaire aux réparations elles-mêmes atteint ou dépasse les trois quarts de la valeur conventionnellement reconnue au navire assuré, l'assureur ne peut être admis à retrancher du montant de cette dépense ce qu'il peut rester de prix aux divers objets dépendant dudit navire, dont le remplacement a été jugé indispensable; qu'il importe de ne pas perdre de vue que, quel que soit le mode d'appréciation qu'on adopte, le but qu'on se propose, c'est d'obtenir aussi exactement qu'il est possible le degré de détérioration du navire considéré comme tel et constituant un instrument de navigation et de commerce; que sa valeur, à ce point de vue, ne devient pas plus grande par cela seul qu'il aura été possible de tirer quelque parti d'objets qui ont dû en être détachés et qui ne lui appartiennent plus; — Qu'admettre le produit de ces objets en ligne de compte quand il s'agit de déterminer si la détérioration du navire assuré ne va pas au moins aux trois quarts, ce serait dans un intérêt différent confondre encore avec l'appréciation de la perte, qui est la condition d'un délaissement, ce qui ne doit être que l'un des éléments du compte à établir pour le règlement des avaries;...

Par ces motifs, etc.

Du 5 avr. 1861.-C. de Rennes, 1re ch.-MM. Boucly, pr.-Grivart et Bonamy, av.

effet, de comprendre dans l'évaluation du dommage éprouvé par le navire une dépense qui n'est pas précisée et dont le demandeur, obligé d'en prouver la légitimité, n'indique même pas la nature.

2063. Bien qu'on ne doive faire entrer dans l'évaluation des dépenses, pour le calcul de la détérioration des trois quarts, que les dépenses qui s'appliquent au corps du navire ou à ses dépendances, on admet toutefois que cette évaluation doit comprendre le change maritime de l'emprunt à la grosse nécessaire pour obtenir la somme à laquelle s'élèvent les réparations (Req. 15 déc. 1851, aff. Riedtmann, D. P. 52. 1. 147; Bordeaux, 25 févr. 1856, aff. Tandonnet, D. P. 57. 2. 46; Rouen, 10 juin 1866, aff. Tisset, D. P. 68. 1. 38; Weill, n° 226. — *Contrà :* Bordeaux, 23 août 1875, aff. Détroyat, D. P. 77. 1. 315). Mais la preuve de la nécessité de cet emprunt reste à la charge de l'assuré, qui ne peut faire ajouter au montant des réparations une somme représentant la prime d'un emprunt à la grosse qu'il eût fallu contracter pour les faire, qu'autant qu'il justifie que cet emprunt était nécessaire pour remettre le navire en état (Req. 10 juill. 1883, aff. Guibert, D. P. 84. 1. 154).

2064. On a vu *suprà*, n° 2051, que le navire peut être délaissé, lorsqu'il a donné lieu à des dépenses qui atteignent ou dépassent, suivant les règles établies par les polices, les trois quarts de sa valeur, et qu'il a dû être vendu et abandonné pour le payement de la dette contractée dans cette éventualité. — Mais il n'y a pas lieu à délaissement quand l'abandon ou la vente est motivée par des dettes qui ne proviennent pas d'événements compris dans la police d'assurance, et dont l'assureur n'était pas, dès lors, tenu de dégrever le navire (Desjardins, t. 7, n° 1561). Spécialement, il n'y a pas lieu à délaissement quand l'emprunt à la grosse qui a motivé l'abandon, avait été contracté pour réparer des avaries laissées par la police à la charge de l'armateur (Civ. rej. 8 mai 1872, aff. Ménard, D. P. 72. 1. 306. V. aussi Rennes, 23 mai 1859, *Recueil de Marseille*, 1859. 2. 91; Trib. Marseille, 8 août 1859, *ibid.*, 1859. 1. 257. — *Contrà :* Trib. Marseille, 22 août 1856, *Recueil de Marseille*, 1856. 1. 253).

2065. L'art. 369 c. com. s'applique-t-il à l'assurance des deniers prêtés à la grosse, et, spécialement, le prêteur peut-il faire le délaissement de sa créance à son assureur, lorsque les avaries particulières souffertes par la chose affectée au prêt en ont entraîné la perte ou la détérioration pour plus des trois quarts? Est-il fondé, par suite, à réclamer le montant de la somme assurée, quoique l'assureur soit affranchi par la police des avaries particulières, et en vertu de la règle d'après laquelle la clause « franc d'avaries » est inapplicable aux cas de délaissement ? « Dans ce cas, dit M. de Valroger, t. 4, n° 1753, la détérioration des trois quarts de la chose affectée à la créance ne suffit pas pour en autoriser le délaissement, s'il reste de quoi payer la créance; mais il y aura lieu au délaissement, si, par suite de la perte ou de la détérioration de la chose affectée, la créance se trouve elle-même perdue pour les trois quarts. » C'est la doctrine que nous avons adoptée au *Rép.* n°s 2037 et 2038, et qui semble généralement admise (V. Desjardins, t. 7, n° 1563, p. 263). Mais il faut que les trois quarts de la créance soient irrecouvrables en droit et non pas seulement en fait, c'est-à-dire que la créance soit éteinte jusqu'à concurrence des trois quarts par suite d'une fortune de mer, et non par le fait du débiteur. Ainsi le délaissement, admissible quand il est justifié que la perte de plus des trois quarts a eu lieu par fortune de mer, ne le serait pas si elle est le résultat d'une vente de la chose affectée au prêt qui ait produit une somme inférieure de plus des trois quarts au montant des deniers prêtés (Req. 9 mars 1869, aff. Quesnel, D. P. 69. 1. 453). C'est, en effet, la fortune de mer, et non le fait de l'emprunteur à la grosse que l'assurance maritime a pour objet de garantir (Weill, n° 227).

2066. La circonstance que les marchandises ne sont pas arrivées à destination ne saurait autoriser le délaissement en dehors du cas prévu par l'art. 394 (*Rép.* n° 2015, et *suprà*, n° 2045; Desjardins, t. 7, n° 1558 IV, p. 245; J.-V. Cauvet, t. 2, n° 311); en d'autres termes, le délaissement n'est possible qu'autant qu'en raison de l'innavigabilité du navire, la marchandise se trouvant privée de tout moyen de transport, ne peut arriver à destination. Mais si c'est pour un autre motif qu'elle n'y parvient pas, par exemple, en raison de la volonté manifestée par l'assuré de délaisser la marchandise dans le lieu où le navire est resté à l'état d'innavigabilité, le délaissement ne peut être validé (Rouen, 5 juill. 1858, aff. Gardin, D. P. 59. 2. 22).

2067. Un certain nombre de décisions ont été rendues dans le sens de la jurisprudence rapportée au *Rép.* n° 2034, d'après laquelle la vente forcée des marchandises assurées, lorsqu'elle est effectuée par le capitaine, à la suite d'avarie provenant de fortune de mer et pour éviter la détérioration complète de la cargaison, ne constitue une perte autorisant le délaissement que si la vente n'a produit qu'un chiffre égal ou inférieur au quart de la valeur attribuée dans la police auxdites marchandises (V. notamment : Rennes, 18 janv. 1869, *Recueil de Marseille*, 1869. 2. 127. Conf. Weill, n° 230). On n'exige pas, d'ailleurs, que la vente ait lieu en cours de voyage; ainsi, lorsqu'un incendie du navire a nécessité la vente au port de départ, le délaissement est recevable si la vente n'a produit que le quart de la valeur des marchandises (Trib. Marseille, 30 oct. 1871, *Recueil de Marseille*, 1871. 1. 238).

Mais un autre système voit dans la vente forcée des marchandises une cause de délaissement, même lorsque la vente aurait produit plus du quart de leur valeur. On se fonde : 1° sur ce que la vente forcée dépossède l'assuré; 2° sur ce que les cas de délaissement doivent être appréciés en eux-mêmes et indépendamment des événements ultérieurs; 3° sur ce que la vente forcée fait avorter l'opération commerciale que l'assuré avait entreprise. Ce système, combattu par M. Desjardins, t. 7, n° 1558 V, p. 246, est adopté par MM. Laurin, t. 4, p. 138, et Lyon-Caen et Renault, n° 2173. D'après un arrêt de la cour d'Aix du 5 mars 1855 (*Recueil de Marseille*, 1855. 1. 231), la vente des marchandises serait une cause de délaissement si elle avait eu lieu pour les besoins du navire, et alors même que la police stipulerait que, sauf dans les cas prévus par les art. 375 et 394, le délaissement des facultés ne peut être fait si, indépendamment de tous frais, la perte ou détérioration matérielle n'atteignait pas les trois quarts de la valeur; il n'y aurait pas alors à se préoccuper de la valeur que les marchandises auraient atteinte, et l'on ne devrait s'attacher qu'au fait seul de la vente (Trib. Nantes, 3 mars 1869, *Recueil de Marseille*, 1871. 2. 117; Trib. Marseille, 23 avr. 1875, *ibid.*, 1875. 1. 183).

Nous croyons qu'il y a lieu de préférer le premier système, qui ne voit un cas de délaissement dans la vente forcée des marchandises qu'autant que le produit de la vente ne dépasse pas le quart de leur valeur. En effet, la vente forcée n'est pas un cas de délaissement prévu par l'art. 369, et l'on a vu *suprà*, n° 2017, qu'en l'absence d'une convention contraire, on ne saurait étendre par analogie les cas que cet article a spécifiés. Il faut donc que la perte ou la détérioration résultant de la vente forcée rentre dans les conditions prévues par l'art. 369, c'est-à-dire qu'elle atteigne les trois quarts de la valeur.

2068. Dans tous les cas, la vente par le capitaine en cours de voyage, lorsque, conformément au droit commun, l'assureur n'a pas assumé la responsabilité de la baraterie de patron, ne peut être mise à la charge de l'assureur que si elle a été régulièrement autorisée : le délaissement ne pourra avoir lieu qu'à cette condition (Trib. Havre, 17 déc. 1878, aff. Meinel, *Recueil du Havre*, 1879. 1. 174). Mais si l'assureur avait pris à sa charge la baraterie de patron, il ne pourrait repousser le délaissement, sous prétexte que le capitaine n'aurait pas été régulièrement autorisé à vendre les marchandises (Rouen, 10 déc. 1879 (1); Desjardins, t. 7, n° 1558, p. 247, note 2).

(1) (Meinel C. Assureurs.) — LA COUR; — Attendu que suivant police en date du 29 août 1878, Louis Meinel a fait assurer par la *Compagnie maritime havraise et parisienne*, moyennant 2500 fr., trente caisses lards, chargées au Havre, sur le navire américain *Wiswel*, allant à Buenos-Ayres; que l'art. 10 de cette police, portant qu'il y a lieu à délaissement, lorsque les quantités perdues ou vendues en cours de voyage atteignent les trois quarts des objets assurés, et les marchandises assurées ayant été vendues, en totalité, par le capitaine, pendant sa relâche à Yarmouth, Meinel a fait assigner la compagnie d'assurances pour faire valider le délais-

2069. Si la chose assurée a été grevée d'un emprunt à la grosse par le capitaine à la suite d'une fortune de mer, dont les conséquences sont à la charge de l'assureur sur facultés (V. *suprà*, n° 1917), c'est à cet assureur, à moins que l'assurance ait été faite « franc d'avaries », qu'incombe l'obligation de rembourser la lettre de grosse. C'est donc lui également qui doit supporter les conséquences du défaut de remboursement et de la saisie de la chose affectée, qui en serait la suite. — Est-ce à dire que l'assureur devra, en pareil cas, supporter le délaissement, quel que soit le chiffre de la perte? La jurisprudence ne distingue pas. Ainsi il a été jugé que, même lorsque la police d'assurance limite la faculté de délaissement de la marchandise assurée au cas de perte matérielle des trois quarts, provenant de fortune de mer, on doit voir une cause de délaissement dans la vente de la marchandise opérée, à l'arrivée, à la requête du porteur d'un contrat à la grosse fait par le capitaine pour la réparation du navire avarié par fortune de mer, et auquel cette marchandise avait été affectée. Vainement objecterait-on qu'il dépendait de l'assuré d'empêcher cette vente en dégageant sa marchandise du contrat à la grosse; ce n'est pas sur l'assuré, mais sur l'assureur, du moins lorsqu'il a été averti en temps utile, que pèse l'obligation de rembourser l'emprunt à l'arrivée à destination. Peu importe également que l'assuré se soit refusé à un règlement amiable d'avaries qui aurait pu empêcher la vente forcée de la marchandise, l'assureur ayant eu lui-même le droit de faire procéder à ce règlement (Bordeaux, 16 mars 1857, aff. Tandonnet, D. P. 57. 2. 93; Trib. Marseille, 21 mai 1875, *Recueil de Marseille*, 1875. 1. 241). Toutefois, la cour d'Aix a jugé qu'il n'y a pas lieu à délaissement en cas de dépossession résultant pour l'assuré de la vente d'une cargaison de blé, sur la poursuite du porteur d'un billet de grosse, lorsque la police stipule que la vente en cours de voyage de blés et autres grains dont la détérioration matérielle n'atteindra pas les trois quarts de la valeur ne donnera lieu qu'à l'action d'avaries (Aix, 22 avr. 1873, *Recueil de Marseille*, 1873. 1. 255).

2070. La disparition, à la suite d'un sinistre, des marques et numéros au moyen desquels on distingue les consignataires des diverses parties d'une cargaison en ballots ou caisses, autorise-t-elle le délaissement? Non, dit un jugement du tribunal du Havre, du 3 juin 1867 (*Recueil du Havre*, 1868. 1. 122), qui déclare que les consignataires sont tenus de se partager soit en nature, soit par la licitation, la partie du chargement arrivée sans marques, au prorata des quantités manquant à chacun d'eux, et n'ont d'autre ressource que l'action d'avaries, à moins que ce partage fait, la perte en déficit ou avaries n'atteigne les trois quarts (Desjardins, t. 7, n° 1558 VIII, p. 249-250).

2071. De même qu'à l'égard du navire (V. *suprà*, n° 2055), il faut, pour apprécier si les marchandises assurées ont éprouvé une perte ou une détérioration des trois quarts, envisager celle qui affecte corporellement la chose, sans tenir compte des dépenses auxquelles elle a donné lieu, telles que frais de sauvetage, perte sur le fret que l'on paye comme si la marchandise était arrivée à l'état sain, etc. La cour de cassation persiste à cet égard dans la doctrine de son arrêt du 19 févr. 1844, rapporté au *Rép.* n° 2053-2°; elle décide, notamment, qu'en matière de délaissement maritime, les frais de sauvetage des marchandises assurées ne doivent pas être défalqués de la valeur de ces marchandises pour le calcul de la perte de plus des trois quarts qui autorise le délaissement, et que ces frais ne donnent lieu qu'à un simple règlement d'avaries (Req. 6 nov. 1865, aff. Billard, D. P. 66. 1. 202. V. encore : Rouen, 5 juill. 1858, aff. Gardin, D. P. 59. 2. 22). Il en est de même des droits de douane (Rennes, 4 févr. 1868, aff. Simon, D. P. 69. 1. 327); de sorte que le délaissement n'est pas recevable si les trois quarts ne sont atteints qu'en ajoutant à la détérioration matérielle proprement dite les droits de douane imposés aux marchandises saisies comme aux marchandises avariées. Les pertes sur le fret n'entrent pas davantage en ligne de compte (Rouen, 23 mars 1864, aff. Billard, D. P. 66. 1. 202). On ne doit pas non plus tenir compte des pertes qui proviennent du vice propre, à moins que le vice propre ne se soit développé qu'à l'occasion du sinistre (Bordeaux, 9 mars 1885, aff. Lalasme, *Recueil de Marseille*, 1886. 2. 140).

2072. L'évaluation de la perte ou de la détérioration ne peut, au moins dans la plupart des cas, se faire pour les marchandises comme pour les navires, c'est-à-dire en constatant le coût des réparations nécessaires pour les remettre en état. Elle est loin d'être aussi facile. — On a dit au *Rép.* n° 2028 que l'évaluation des marchandises devait se faire comme si elles n'avaient éprouvé aucune détérioration, c'est-à-dire suivant leur valeur au lieu et au temps du chargement, comparée à leur valeur en l'état où elles se trouvent réduites par la fortune de mer d'après le prix courant au lieu de chargement. Ce système est encore adopté par plusieurs auteurs (Bédarride, n° 1433; Alauzet, n° 1500; Em. Cauvet, t. 2, n° 152). Il est certainement le plus rationnel et serait, ce nous semble, préférable au système qui est le plus généralement suivi dans la pratique: ce second système consiste à comparer la valeur de la marchandise à l'arrivée, c'est-à-dire dans le lieu où elle se trouve, où elle doit être vendue, et non dans le port de destination, avec la valeur qui a été assurée, et à admettre le délaissement lorsque la valeur actuelle ne dépasse pas le quart de la valeur assurée (Rouen, 5 juill. 1858, aff. Gardin, D. P. 59. 2. 22). Ce dernier procédé est, comme le dit M. de Valroger, t. 4, n° 1739, « simple, mais vicieux. Il ne donne pas au juste la quotité de la détérioration. L'écart que l'on constate entre la valeur assurée et la valeur actuelle peut tenir à des causes tout autres que la détérioration ». La valeur des marchandises peut, au port d'arrivée, être affectée par des circonstances locales, par une situation commerciale tout à fait étrangère à l'avarie qu'elles auront subie. — Le système proposé au *Rép.* n° 2028 reste donc préférable, alors, du moins, qu'il n'y a pas eu assurance du profit espéré (Desjardins, t. 7, n° 1559, p. 251, note 4).

---

sement qu'il lui a fait, et la faire condamner à lui payer la somme de 5200 fr., montant de la valeur assurée; — Attendu que les marchandises assurées ont été vendues par les ordres du capitaine, pendant sa relâche à Yarmouth, à la date du 30 août; que le produit en a été conservé par lui pour payer ses frais de relâche; que le chargeur s'en est trouvé ainsi dépossédé par une vente opérée en cours de voyage; que cette vente a porté sur la totalité des objets assurés; que le délaissement autorisé par les dispositions de l'art. 10 de la police, pour le ca sou la vente faite, dans de telles conditions, atteint les trois quarts des objets assurés, est donc pleinement justifié; — Que les assureurs ne sont pas fondés à se prévaloir de ce que le capitaine aurait procédé à la vente sans y avoir été autorisé, et n'aurait pas dépossédé légalement le chargeur de sa marchandise, puisque cette irrégularité constituerait une baraterie de patron, et que cette baraterie est expressément garantie par l'art. 1er de la police; — Qu'ils ne peuvent pas davantage invoquer le vice propre de la marchandise pour se soustraire au délaissement; qu'en effet, les objets assurés étaient en état sain et de parfaite conservation, lorqu'ils sont arrivés au port de relâche, le 12 mai; qu'ils pouvaient être maintenus en cet état pendant de longs mois, par quelques soins de conservation; qu'immédiatement après la relâche, l'assuré a donné des instructions pour qu'il fût donné, à la marchandises, les soins de resalage et autres, pouvant devenir nécessaires, par suite de son séjour prolongé dans le port; qu'il a insisté près du capitaine, pour qu'elle lui fût délivrée à cet effet, et qu'il a offert, afin d'obtenir cette délivrance, des garanties de toute sécurité pour les droits du fret, d'avaries et autres pouvant incomber à la marchandise; que le capitaine a refusé de s'en dessaisir; qu'il a persisté dans ce refus, après même que les experts, qu'il avait fait nommer pour examiner les lards, en avaient, dans leur rapport du 16 août, recommandé la vente ou le resalage, avec remise en caisse « pour empêcher, disaient-ils, qu'ils perdissent leur valeur marchande »; que cette dernière partie de l'expertise établit que la marchandise pouvait être conservée et livrée au commerce, au moyen de quelques soins que le chargeur a offerts, et qu'elle n'était pas atteinte de vice propre; que les détériorations partielles mentionnées par les experts, trois mois après la relâche, ne se sont manifestées qu'à la suite de cet événement de mer, dont les assureurs sont responsables; — Par ces motifs; — Réformant, rejette la fin de non-recevoir admise par les premiers juges; et statuant au fond, en tant que de besoin par voie d'évocation, la cause étant en état, déclare valable le délaissement des trente caisses lard fait par Meinel à ses assureurs; condamne, en conséquence, la *Compagnie havraise et parisienne* à payer à Meinel la somme de 5200 fr., montant de la valeur assurée, avec les intérêts de droit, etc.

Du 10 déc. 1879.-C. de Rouen, 1re ch.-MM. Neveu-Lemaire, 1er pr.-Gaultier de la Ferrière, av. gén.-Ricard et Marais, av.

Il faut cependant reconnaître avec M. de Valroger, *ibid.*, que le procédé peut être d'une application délicate. « Comment, dit cet auteur, des experts opérant, par exemple à Bombay, sur des marchandises venant du Havre, pourront-ils déterminer la valeur qu'auraient ces marchandises à leur départ du Havre, dans l'état d'avarie qu'ils constatent ? » Aussi comprend-on la préférence accordée à un système qui se rapproche autant que possible de celui qui a été finalement adopté pour le règlement des avaries : ce système, fréquemment suivi par les polices, consiste à comparer, au lieu d'arrivée, la valeur de la marchandise en bon état et sa valeur à l'état d'avaries. « Il y aura donc lieu à délaissement, dit M. de Valroger, t. 4, n° 1739, si les marchandises avariées ne se vendent pas le quart de ce qu'elles auraient valu à l'état sain. Le délaissement, au contraire, devra être repoussé si le prix des marchandises avariées dépasse le quart de leur valeur en l'absence d'avarie. » — D'ailleurs, comme le remarque M. Desjardins, t. 7, n° 1559, p. 253, aucun de ces systèmes n'est illégal, et il n'existe aucune raison juridique pour préférer l'un d'eux.

2073. Lorsqu'une partie des marchandises est perdue et que ce qui subsiste est détérioré, il faut évaluer séparément les deux parties et rechercher si l'ensemble de la perte atteint les trois quarts (Desjardins, t. 7, n° 1560, p. 253 et 254 ; Em. Cauvet, t. 2, n° 151 ; Lyon-Caen et Renault, n° 2167).

2074. La détérioration des marchandises peut être établie soit par une expertise, soit par une vente ; mais, comme on l'a exposé au *Rép.* n° 2036, l'appréciation des experts ne lie pas le juge, qui peut statuer d'après d'autres renseignements. Ainsi il a été jugé qu'un délaissement opéré d'après une expertise qui constatait que les marchandises assurées avaient subi une détérioration des trois quarts, a pu être invalidé, lorsqu'il a été ultérieurent établi par la vente de ces marchandises que l'expertise était erronée (Rennes, 29 août 1845, aff. Desbordes, D. P. 45. 4. 34, et sur pourvoi, Req. 24 août 1846, D. P. 46. 1. 359). En revanche, le délaissement d'une marchandise assurée, pour avarie de plus des trois quarts, ne peut être critiqué, sous prétexte que l'expertise qui a constaté l'avarie et son importance serait irrégulière, si la perte sur laquelle est fondé le délaissement est, en outre, établie par la vente de cette marchandise (Req. 20 mars 1860, aff. Bouquet, D. P. 60. 1. 273). — Décidé aussi qu'en cas d'avarie d'une partie des marchandises assurées, ces marchandises avariées doivent être estimées d'après le prix produit par la vente qui en a été faite, comparé au prix de la vente des marchandises non avariées, quoique les unes et les autres aient été vendues à l'acquitté, c'est-à-dire moyennant un prix augmenté des droits de douane demeurés à la charge du vendeur, et non pas à l'entrepôt, c'est-à-dire moyennant un prix non augmenté des mêmes droits laissés à la charge de l'acheteur, lorsque les parties, au lieu de recourir à une expertise pour déterminer la différence matérielle entre les marchandises saines et celles avariées, sont convenues de faire vendre ces marchandises, et de prendre les prix respectifs de vente comme base du calcul de la perte résultant des avaries (Req. 24 mai 1869, aff. Simon, D. P. 69. 1. 327). En conséquence, si la perte ainsi établie par le rapprochement des deux prix de vente n'atteint pas les trois quarts exigés par l'art. 369 c. com., il n'y a pas lieu à délaissement, encore que, sans l'addition à chacun de ces prix des droits de douane, droits égaux, par exemple, pour les objets avariés et pour les objets non avariés, la différence des prix dont il s'agit eût été de plus des trois quarts (Même arrêt).

2075. Les polices aujourd'hui en usage, si elles ne dérogent pas absolument à l'art. 369, en modifient cependant la plupart du temps les dispositions ; aussi les décisions de la jurisprudence sont-elles généralement inspirées par les termes de la police. La police *française* sur corps supprime le délaissement pour perte ou détérioration tel qu'il a été prévu par le code, car elle n'autorise le délaissement du corps pour cause de perte que dans le cas de disparition ou destruction totale du navire (art. 9, § 1er). La police de Marseille contient une disposition semblable. La police de Bordeaux exclut le délaissement du corps pour perte et détérioration des trois quarts. Seule la police de Nantes se réfère à l'art. 369. — En ce qui concerne les facultés, cette même police n'autorise le délaissement, en dehors des cas prévus par les art. 375 et 394 que lorsque, indépendamment de tous frais quelconques, la perte ou la détérioration matérielle n'absorbe pas les trois quarts de la valeur ; il en est de même de la police de Bordeaux ; la police du Havre et la police française sur facultés, celle de Marseille du 22 déc. 1882 sur marchandises par vapeurs, contiennent également une disposition analogue (V. sur tous ces points : Desjardins, t. 7, n° 1564, p. 264 et suiv.).

2076. La clause qui écarte le délaissement pour cause de perte ou détérioration des trois quarts n'apporte, d'ailleurs, aucune modification au droit qui appartient à l'assuré de faire le délaissement pour cause d'innavigabilité relative. Et il a même été décidé que, nonobstant cette clause, un arrêt avait pu admettre ce délaissement, en se fondant sur ce que les dépenses nécessaires pour réparer le navire excéderaient les trois quarts de sa valeur, alors qu'il n'avait pas pris la détérioration jusqu'à concurrence des trois quarts de la valeur assurée pour cause exclusive et nécessaire du délaissement, mais l'avait rappelée comme l'un des éléments destinés à apprécier l'étendue de la détérioration qui, dans l'espèce, avait rendu le navire innavigable (Req. 19 juill. 1864) (1).

2077. On a vu *suprà*, nos 1984 et suiv., que, dans certains cas, lorsqu'il s'agit de marchandises sujettes à dépérissement, il est d'usage de stipuler certaines franchises, certaines déductions (V. aussi *infrà*, nos 2168 et suiv.). La police de Paris (art. 10) contient, en ce qui concerne le délaissement, des dispositions analogues. Ainsi elle décide : 1° que, pour certaines natures de marchandises, l'assureur ne répond de la détérioration, même dépassant les trois quarts, que s'il y a eu des accidents de mer caractérisés, si le navire a été abordé, échoué, coulé ou incendié ; 2° que, même dans ces cas d'accidents de mer caractérisés, l'assureur jouit d'une franchise qui varie de 5 à 10 pour 100 (V. de Valroger, t. 4, n° 1740).

2078. L'interprétation des polices et la détermination du sens et de la portée de leurs dispositions appartient d'ailleurs aux juges du fond. Il leur appartient, notamment, de décider souverainement, par interprétation de l'intention des parties, que la clause d'une police d'assurance sur facultés

(1) (Compagnie *la Sauvegarde C.* Leclère.) — La cour ; — Sur le moyen pris de la violation de l'art. 369 c. com. et de l'art. 12 de la police d'assurance : — Attendu que l'art. 369 c. com. énumère les divers cas de délaissement d'un navire assuré ; que cet article admet au nombre des cas de délaissement l'innavigabilité par fortune de mer, et la détérioration des effets assurés, si la détérioration ou la perte va au moins aux trois quarts ; — Attendu que de la police d'assurances produite devant les juges du fond, et notamment de l'art. 12 de ladite police, il appert que les parties ont dérogé à l'art. 369 précité, mais seulement en ce point que le délaissement ne pourra être fait dans le cas de détérioration des effets assurés allant au moins aux trois quarts ; mais qu'elles ont, au contraire, entendu maintenir ledit art. 369 dans ses autres dispositions, et, par conséquent, dans celle qui admet le délaissement pour cause d'innavigabilité, soit absolue, soit relative ; — Attendu, dès lors, que les juges du fond avaient à rechercher si dans l'espèce le navire assuré était atteint d'une innavigabilité relative par suite d'une fortune de mer ; que la loi n'ayant, par aucune de ses dispositions, déterminé le caractère de ce genre d'innavigabilité, il appartenait à l'arrêt attaqué de décider, d'après les circonstances de la cause et l'étendue des dépenses nécessaires pour remettre le navire à flot, si ce navire était, en effet, atteint d'innavigabilité ; — Attendu que l'arrêt attaqué (Paris, 3 juill. 1863), en induisant l'innavigabilité de cette circonstance que les dépenses nécessaires pour réparer le navire excéderaient les trois quarts de cette valeur, n'a pas pour cela fait revivre au préjudice des assureurs les dispositions de l'art. 369 c. com., auquel l'art. 12 de la police d'assurance avait formellement dérogé ; qu'il n'a pas pris la détérioration jusqu'à concurrence des trois quarts de la valeur assurée pour cause exclusive et nécessaire du délaissement, mais qu'il l'a rappelée comme l'un des éléments destinés à apprécier l'étendue de la détérioration qui, dans l'espèce, avait rendu le navire innavigable ; — Attendu qu'en jugeant, dans l'espèce, que le navire assuré avait été rendu innavigable par suite d'une fortune de mer, et en validant le délaissement signifié aux assureurs, l'arrêt attaqué n'a ni violé, ni faussement appliqué les articles précités ;

Par ces motifs, rejette, etc.

Du 19 juill. 1864.-Ch. req.-MM. Hardoin, f. f. pr.-D'Oms, rap.-Savary, av. gén., c. conf.-Michaux-Bellaire, av.

qui, mettant à la charge des assureurs tous risques généralement quelconques de terre et de mer, autorise le délaissement au cas de perte des trois quarts sur le chargement d'un navire, doit recevoir application au cas de perte des trois quarts d'un groupe distinct des marchandises assurées déposé sur le quai et destiné à composer seul le chargement d'un navire alors en rade (Req. 18 mars 1878, aff. Lazard frères, D. P. 78. 1. 351).

2079. — VI. Délaissement en cas d'arrêt de la part du gouvernement (*français*). — L'arrêt par ordre du gouvernement français (*Rép.* n° 2043) est, aux termes du paragraphe final de l'art. 369, une cause de délaissement. L'arrêt n'est pas, comme la prise, un fait de guerre ; il peut avoir lieu en temps de paix et n'a pas pour but, de la part du gouvernement qui l'ordonne, de s'approprier la chose d'autrui ; dans l'arrêt, on a le dessein ou de rendre dans la suite la chose arrêtée, ou tout au moins d'en payer la valeur. L'arrêt peut affecter diverses formes : ce qui le caractérise, c'est l'intention dans laquelle il est pratiqué. Peu importe qu'il ait lieu en pleine mer ou dans un port ; peu importe qu'il s'agisse d'un arrêt proprement dit ou d'un *embargo*, c'est-à-dire de la rétention faite par un gouvernement, dans ses ports, des navires d'une autre nation dont il veut, par ce séquestre obtenir la satisfaction de certains griefs, ou d'une *angarie*, c'est-à-dire d'une prise de possession d'un navire par un gouvernement pour l'affecter momentanément à des transports de troupe.

2080. Il faut que l'arrêt survienne après que les risques ont commencé (*Rép.* n° 2020), c'est-à-dire, pour les marchandises, après qu'elles ont été mises à bord (*Rép.* n° 2043) et, pour le navire, après qu'il a mis à la voile (V. *suprà*, n° 1988). Il n'y a pas à cet égard à distinguer entre l'arrêt exercé par le gouvernement français et l'arrêt exercé par une puissance étrangère, comme pourrait le faire croire la rédaction vicieuse de l'art. 369. Il faut dans les deux cas que le voyage soit commencé, sinon, le délaissement ne serait pas possible (V. Desjardins, t. 7, n° 1354, p. 192, note 4; Laurin, t. 4, p. 122).

2081. Il n'y a pas à distinguer suivant que l'arrêt émane d'un gouvernement régulier ou d'un gouvernement insurrectionnel (V. *suprà*, n° 2050).

2082. Lorsque l'arrêt porte sur le navire, le délaissement de la marchandise n'est pas pour cela recevable ; il faut, à cet égard, statuer comme au cas de prise du navire (V. *suprà*, n° 1897 ; de Valroger, t. 4, n° 1746).

2083. — VII. Délaissement en cas de défaut de nouvelles. — Comme on l'a exposé au *Rép.* n° 2044, le défaut de nouvelles d'un navire pendant un certain laps de temps, fait présumer la perte de ce navire et en autorise le délaissement (de Valroger, t. 4, n° 1804). Mais, depuis lors, l'art. 375 a été modifié par la loi du 3 mai 1862 (D. P. 62. 4. 45) et les délais que l'ancien article établissait ont été réduits de moitié à raison des progrès de la navigation. On a eu, toutefois, le tort de fixer des délais uniformes pour les voiliers et les vapeurs. Actuellement, le délai est de six mois sans qu'il soit parvenu de nouvelles, à dater du jour du départ du navire ou du jour auquel se rapportent les dernières nouvelles reçues, pour les voyages ordinaires ou au cabotage, et d'un an pour les voyages au long cours. — Suivant la nouvelle police de Paris, le délai de *six mois* pour les voyages au cabotage est de *huit mois* pour tous les voyages de long cours en deçà des caps Horn ou de Bonne-Espérance, de douze mois pour tous voyages au delà de ces caps, avec réduction du quart pour les bateaux à vapeur.

2084. La plupart des législations étrangères fixent, comme notre code de commerce, des délais dont l'expiration, sans qu'il doit parvenu de nouvelles, fait présumer la perte du navire. Ces délais varient suivant les pays. La loi *belge* du 21 août 1879 et le code *italien* sont, à cet égard, calqués sur notre code de commerce. En *Allemagne*, le délai de disparition est de six mois pour les navires à voiles et de quatre mois pour les navires à vapeur, quand le port de départ et le port de destination sont tous deux situés en Europe ; il est de neuf mois pour tous navires, soit à voiles, soit à vapeur, lorsque l'un des ports de départ ou de destination est seul situé en Europe et que l'autre port se trouve en deçà des caps Horn ou de Bonne-Espérance, et de douze mois, s'il est situé au delà de l'un ou l'autre de ces caps. Ce délai est de six, neuf ou douze mois quand les ports de départ et de destination sont l'un et l'autre situés hors d'Europe, suivant la durée moyenne du voyage. Le délai se calcule du jour du départ ou des dernières nouvelles.

Les délais fixés par le code *espagnol* sont respectivement d'un an dans le cas de courts voyages, c'est-à-dire de ceux qui sont entrepris sur les côtes d'Europe, d'Asie et d'Afrique par la Méditerranée ou dans une partie de l'Amérique et de deux ans pour les longs voyages. Il en est de même d'après les codes du *Mexique*, de *Costa Rica*, du *Chili* et le code *portugais*. D'après le code *hollandais*, le délai est de six mois pour les voyages d'Europe ou pour les côtes d'Afrique et d'Asie dans la Méditerranée et la mer Noire, d'un an pour les voyages vers Madère, les Indes occidentales et les îles ou côtes à l'ouest de l'Afrique et à l'est de l'Amérique ; de dix-huit mois, dans les autres parties du monde.

En *Angleterre*, au contraire, aux *Etats-Unis*, d'après le code civil du *Bas-Canada*, le code *péruvien*, etc., il n'existe aucun délai fixe dont l'expiration fasse présumer la perte du navire. En Angleterre, notamment, il suffit que l'assuré établisse que le navire est bien parti pour le voyage assuré, ou, s'il s'agit d'une assurance à temps, qu'il établisse la vraisemblance de la perte dans les délais couverts par la police ; il n'est pas tenu, comme cela est exigé en Espagne, de prouver le défaut de nouvelles par des attestations des consuls et des autorités maritimes des ports de départ et de destination. Le juge se détermine d'après les circonstances particulières à chaque espèce (V. sur tous ces points : Desjardins, t. 7, n° 1575, p. 282 et suiv. ; de Valroger, t. 4, n° 1811).

2085. Le point de départ du délai à l'expiration duquel la perte est présumée est, d'après l'art. 375 c. com., le jour du départ du navire ou le jour auquel se rapportent les dernières nouvelles *reçues* ; ainsi c'est la date des dernières nouvelles reçues, et non celle de leur réception, qui est le point de départ du délai. En effet, les nouvelles reçues prouvent l'existence du navire au jour de leur date, mais non point au jour postérieur où elles sont parvenues à destination (Desjardins, t. 7, n° 1567, p. 275 ; de Valroger, t. 4, n° 1805).

2086. On a vu au *Rép.* n° 2044 qu'aux termes de l'art. 376 c. com., lorsque l'assurance a été faite pour un temps limité, après l'expiration des délais établis par l'art. 375, la perte est présumée arrivée dans le temps de l'assurance. Cette disposition a tranché une controverse qui existait sous l'empire de l'ordonnance et mis à la charge de l'assureur qui prétendrait que la perte était survenue après l'expiration de l'assurance, la preuve de ce fait. On en avait conclu, ainsi qu'on l'a vu au *Rép.* n° 2056, qu'au cas où l'assureur aurait contracté une nouvelle assurance, après l'expiration de la première, la perte serait à la charge des premiers assureurs s'ils ne prouvaient qu'elle est survenue après l'expiration de la première assurance. Mais la jurisprudence n'applique pas cette présomption avec rigueur, et le juge, n'étant lié par aucun texte, est maître de se décider d'après les considérations de fait spéciales à chaque espèce. Ainsi le tribunal de Nantes, dans une espèce où le navire parti par un beau temps, alors que la première assurance n'avait plus qu'un jour à courir, et n'avait pas reparu, et qu'un ouragan terrible avait été signalé quelques jours après dans les parages qu'il devait traverser, a décidé que la perte devait être à la charge de la seconde assurance (Trib. Nantes, 10 sept. 1864, *Recueil de Nantes*, 1864. 1. 218). M. de Valroger, t. 4, n° 1814, approuve cette décision, qui, en effet, est équitable et logique. « Il ne faut pas, dit-il, oublier que les présomptions de l'art. 375 ont été édictées surtout pour déroger à l'art. 383 et dans l'intérêt de l'assuré qui se trouve dans l'impossibilité de prouver la perte. » Mais M. Desjardins se demande si l'on est en droit d'enlever à l'assuré le bénéfice de la présomption de l'art. 376 au cas où le second assureur serait insolvable (t. 7, n° 1569, p. 278).

2087. On persiste à décider que le défaut de nouvelles doit être absolu (*Rép.* n° 2047) et que des nouvelles, fussent-elles insuffisamment déterminées, rendraient le délaissement impossible (de Valroger, t. 4, n° 1806 ; Desjardins, t. 7, n° 1570, p. 278). Ainsi, suivant un jugement, si l'on peut supposer qu'une marchandise a été vendue en cours de voyage par suite d'une baraterie, et si l'on a appris que le navire dont on ignore le sort a changé de nom, on ne saurait en présence de renseignements aussi incertains prononcer *de plano* le délaissement, ni pour perte des marchandises par baraterie, puisqu'il n'y a pas, sur ce point, certitude suffisante, ni pour défaut de nouvelles, puisqu'il y a des nouvelles, quoique incertaines encore. La condamnation au payement des sommes assurées ne peut, en l'état, être prononcée contre les assureurs qu'à titre provisoire, sous caution comme dans le cas de l'art. 384 (Trib. Marseille, 10 août 1881, aff. Nicolaïdès, *Recueil de Marseille*, 1881. 1. 259).

2088. Bien que les auteurs ne traitent la plupart du temps que du délaissement du navire pour défaut de nouvelles, et que l'art. 375 ne semble prévoir que le cas d'assurance sur corps, il est admis sans contestation que cet article s'applique également aux assurances sur facultés. Les polices sur facultés contiennent généralement les mêmes dispositions à cet égard que les polices sur corps (V. Desjardins, t. 7, n° 1571; de Valroger, t. 4, n° 1810; Laurin, t. 4, p. 144; Droz, t. 2, n° 563).

2089. On a vu au *Rép.* n° 2054 que l'art. 375 accorde à l'assuré à partir de l'expiration des délais qu'il fixe, le droit de n'agir qu'en usant des délais impartis par l'art. 373. Or cet article (V. *Rép.* nos 2156 et suiv., et *infrà*, n° 2141) donne pour point de départ aux délais le moment de la réception de la nouvelle de la perte; dans le cas de l'art. 375, c'est l'absence de nouvelles qui donne ouverture à l'action en délaissement. M. de Valroger, t. 4, n° 1808, après Valin, estime que la présomption résultant du défaut de nouvelles pendant six mois ou un an tient lieu de la nouvelle de la perte; c'est-à-dire que les délais fixés par l'art. 373 pour l'exercice de l'action en délaissement courront à partir de l'expiration des délais de l'art. 375. — Mais l'art. 373 fixe pour l'action en délaissement des délais différents suivant le lieu de la perte, et, dans l'hypothèse de l'art. 375, le lieu de la perte est inconnu. Suivant la police de Paris, les délais doivent être comptés du lieu de destination du dernier voyage entrepris. M. de Valroger, *loc. cit.*, préfère compter les délais d'après le lieu du départ, si l'on n'a eu aucune nouvelle depuis le départ, ou d'après le lieu où le navire a été signalé pour la dernière fois. Cette solution paraît préférable; toutefois les deux systèmes sont également fondés sur de sérieuses raisons; d'ailleurs, la plupart du temps la question est résolue par la police.

2090. Si, après l'expiration des délais impartis par l'art. 375 et pendant que l'assuré use des délais supplémentaires que l'art. 373 lui accorde pour délibérer, on reçoit des nouvelles du navire, ou s'il arrive à destination, le délaissement ne peut plus avoir lieu. Le délaissement, en effet, n'est pas de droit à l'expiration des délais de l'art. 375, car il résulte des dispositions de cet article qu'en faisant la déclaration de délaissement l'assuré doit déclarer qu'il n'a pas de nouvelles du navire (Boistel, n° 1046; de Valroger, t. 4, n° 1809; Desjardins, t. 7, n° 1572, p. 279). — Mais si le délaissement a été valablement fait, l'assureur ne peut se prévaloir des nouvelles qui seraient ultérieurement parvenues (*Rép.* n° 2055). Peu importerait que le délaissement n'eût été ni accepté, ni validé, l'art. 375 exige simplement que l'assuré déclare qu'il n'a pas de nouvelles, pour qu'il puisse faire le délaissement et exiger le payement (Desjardins, t. 7, *ibid.*, p. 280; de Valroger, *ibid.*). A plus forte raison, l'assureur, une fois le délaissement accepté ou validé, ne pourrait-il se prévaloir de nouvelles ultérieures pour refuser le payement (*Rép.* n° 2055).

§ 2. — Des preuves du sinistre donnant lieu au délaissement (*Rép.* nos 2056 à 2101).

2091. La preuve du sinistre qui donne lieu au délaissement, est, comme on l'a dit au *Rép.* nos 2056 et suiv., à la charge de l'assuré. Il ne faut pas confondre la preuve du sinistre et la preuve de la cause du sinistre. En effet, le sinistre est, jusqu'à preuve contraire, présumé provenir de la fortune de mer, et c'est à l'assureur, qui lui attribue une autre cause, à en faire la preuve. Les modes de preuve, qui varient nécessairement suivant la nature de l'événement, sont laissés à l'appréciation des juges (*Rép.* n° 2057). Ceux-ci jouissent d'un pouvoir discrétionnaire pour apprécier si la preuve réclamée ressort des documents qui leur sont soumis (*Rép.* nos 2058 et 2060) (Civ. rej. 8 déc. 1852, aff. Nicolle, D. P. 53. 1. 15; Req 18 févr. 1863, aff. Borchard, D. P. 63. 1. 372). On se conforme toujours à cet égard aux règles exposées au *Répertoire*. Aussi il a été décidé que, si le rapport du capitaine régulièrement établi et joint au livre de bord peut servir de base à la décision du juge, il faut réserver le droit de l'assureur de le critiquer. On admet, d'autre part, que l'absence de rapport ne pourrait être opposée comme une fin de non-recevoir à l'assuré qui ne pourrait pas le produire. « Sans doute, dit M. Weill, n° 143, la production d'un rapport régulier sera la meilleure preuve d'un sinistre en prévision duquel on n'a pu naturellement d'avance se ménager des témoins et se pourvoir d'attestations, sans doute aussi dans le défaut de ce rapport ou dans le retardement que le capitaine aura mis à le déposer, l'assureur pourra légitimement trouver et légitimement faire valoir des raisons de méfiance contre les allégations de l'assuré. Mais ce ne sont là que des questions de fait. » — Il faut en dire autant du cas où le rapport est irrégulier et de celui où il n'a pas été vérifié, comme le prescrit l'art. 247. Cependant il n'est pas tout à fait exact de dire, comme l'a fait M. Weill, *ibid.*, que, devant la loi, la position de l'assuré qui produit un rapport en règle et celle de l'assuré qui n'en produit aucun ou n'en produit qu'un irrégulier, est identique, car la production du rapport établit en faveur de l'assuré une présomption qui n'existe pas dans le cas contraire, et, par suite, le fardeau de la preuve est déplacé. — Dans tous les cas, comme nous l'avons dit au *Rép.* n° 2061, on décide toujours qu'il peut être suppléé au rapport du capitaine par des attestations de témoins, et même qu'un sinistre est valablement constaté par un certificat des habitants du pays, lorsqu'il se produit dans des lieux peu fréquentés où il n'y a pas d'autorité régulière (Rouen, 25 févr. 1873, aff. Lasnier, D. P. 74. 2. 39).

2092. La loi, comme on l'a vu au *Rép.* nos 2058 et 2059, ne prescrit aucun mode de preuve de la *prise*; celle-ci se prouve, dans tous les cas, par la décision qui la valide. On a vu également au *Rép.* n° 2093 que *l'arrêt* est prouvé à l'aide de la décision qui l'ordonne. — La preuve du *naufrage* et de *l'échouement avec bris* n'est pas soumise non plus à une forme rigoureuse et nécessaire (*Rép.* nos 2060 et suiv.).

2093. On a vu *suprà*, n° 2046, qu'une déclaration d'innavigabilité ne lie pas le juge au point de vue du délaissement. Il s'ensuit que l'innavigabilité peut être prononcée en dehors de cette déclaration et, par conséquent, qu'elle ne doit pas nécessairement précéder le délaissement. Cela est d'autant plus vrai que, suivant ce qui a été dit au *Rép.* n° 2085, la constatation régulière de l'innavigabilité n'est pas toujours possible; aussi laisse-t-on aux tribunaux une entière liberté pour apprécier, d'après les circonstances du fait, si les preuves produites par la partie intéressée à faire prononcer le délaissement, peuvent être considérées comme suffisamment concluantes; ils ont une latitude entière dans le choix des moyens de preuve (V. Civ. rej. 8 déc. 1852, et Req. 18 févr. 1863, cités *suprà*, n° 2091; Req. 6 mai 1867, aff. Bergasse, D. P. 68. 1. 24; de Valroger, t. 4, n° 1874).

2094. Comme on l'a exposé au *Rép.* n° 2064, l'innavigabilité n'étant à la charge de l'assureur que si elle provient de la fortune de mer et non de la vétusté ou du mauvais état du navire au départ, il y a lieu de se demander si c'est à l'assuré à rapporter la preuve de la fortune de mer, ou à l'assureur à établir le vice propre. Conformément à la doctrine de plusieurs arrêts rapportés au *Rép.* n° 2069, lorsque le bon état du navire au départ est attesté par des certificats de visites réguliers, l'innavigabilité du navire survenue durant le voyage assuré, doit être présumée résulter d'accidents maritimes et, en conséquence, c'est à l'assureur à établir qu'elle doit être attribuée à un vice propre du navire (Aix, 10 mars 1857, aff. Bouisson, D. P. 58. 2. 62. V. d'ailleurs *suprà*, nos 1959 et suiv.). Spécialement, le délaissement pour innavigabilité peut être admis, bien que des experts aient attribué cette innavigabilité au vice propre du navire et à sa vétusté, s'ils n'ont pas justifié leur opinion, si le bon état du bâtiment au départ est attesté par des certificats de visite, et s'il est établi que ce bâtiment qui, d'ailleurs, était bien connu des assureurs lors du contrat, a éprouvé des fortunes de mer durant le voyage assuré (Même arrêt, et *Rép.* n° 2092). C'est là, au surplus, une question de fait qu'il appartient aux juges du fond de résoudre souverainement, d'après l'examen des actes et des circonstances de la cause (Civ. rej. 27 janv. 1875, aff. Daireaux, D. P. 75. 1. 448).

2095. En cas de perte ou de détérioration, lorsqu'un assuré soutient pour justifier le délaissement par lui dénoncé que les détériorations ou la perte s'élève au moins aux trois quarts, c'est à lui qu'il incombe d'en rapporter la preuve (*Rép.* n° 2090; Req. 10 juill. 1883, aff. Guibert, D. P. 84. 1. 154). L'assuré doit donc prouver : 1° la valeur de la chose assurée à l'état sain; cette valeur est établie au moyen de l'évaluation donnée dans la police à la chose assurée, ou, à défaut, d'après expertise (V. *suprà*, n°s 1722 et suiv.); 2° la déperdition ou la détérioration. On a vu *suprà*, n°s 2052 et suiv., qu'à l'égard du navire, elle se fait au moyen de l'évaluation, faite par experts, des réparations que nécessite le navire; elle peut l'être aussi, d'après les soumissions consenties pour l'exécution des travaux de réparation, quoiqu'un autre mode d'évaluation, par exemple, l'estimation par experts, ait été indiqué dans la police, alors que les juges n'ont fait que suivre l'usage des lieux, et que les intérêts des assureurs n'en ont été nullement compromis (Civ. rej. 19 déc. 1849, aff. Delessert, D. P. 50. 1. 52).

Quant aux marchandises, l'évaluation de la détérioration se fait comme on l'a vu *suprà*, n° 2074, au moyen de l'estimation faite pas des experts; ou d'après le prix produit par la vente des effets assurés, qui ont subi cette perte ou cette détérioration; ou d'après tous autres documents de nature à faire apprécier l'importance des dommages éprouvés. Et l'art. 369 ne prescrivant aucun mode particulier d'évaluation, les tribunaux jouissent d'une latitude complète pour déduire des documents qui leur sont soumis la preuve de la détérioration. Il a été jugé, par exemple, que le délaissement d'une marchandise assurée, pour avarie de plus des trois quarts, ne peut être critiqué, sous prétexte que l'expertise qui a constaté l'avarie et son importance, aurait été irrégulière, si la perte sur laquelle est fondé le délaissement est, en outre, établie par la vente de cette marchandise (Req. 20 mars 1860, aff. Bouquet, D. P. 60. 1. 273). En sens inverse, le délaissement opéré d'après une expertise constatant que les marchandises assurées avaient subi une détérioration des trois quarts a pu être invalidé, alors qu'il avait été ultérieurement avéré, par la vente de ces marchandises, que l'expertise était erronée, et qu'au temps du délaissement la valeur des marchandises était supérieure à celle qu'indiquait l'estimation. On objecterait vainement que la propriété des marchandises se trouvant à l'époque de la vente déjà transférée aux assureurs par l'effet du délaissement, les conséquences de la vente devaient demeurer étrangères aux assurés, cette translation de propriété étant précisément subordonnée à la validité du délaissement (Rennes, 29 août 1845, aff. Desbordes, D. P. 45. 4. 34, et sur pourvoi, Req. 24 août 1846, D. P. 46. 1. 359).

2096. Si, en principe, le défaut de nouvelles est justifié par la seule déclaration de l'assuré qu'il n'a pas reçu de nouvelles, sauf preuve contraire de la part de l'assureur (Weill, n° 243; de Valroger, t. 4, n° 1807; *Rép.* n° 2095), ce n'est qu'autant que la police ne lui impose pas d'autre obligation. La police de Paris, par exemple, impose à l'assuré l'obligation « de justifier de la non-arrivée et de la date du départ ». Il est évidemment satisfait à cette obligation par tous les moyens propres à porter la conviction dans l'esprit du juge, sans qu'il soit nécessaire, comme l'exigent certaines législations (V. *suprà*, n° 2084), de produire des attestations authentiques, et nous estimons que les tribunaux jouissent ici encore de la plus entière latitude.

Cela est d'autant plus vrai que, suivant un arrêt de la cour de cassation, l'obligation, pour l'assuré, de justifier de la perte de la chose assurée, est inapplicable au cas où les pièces à produire pour faire cette justification ont péri avec le navire et le chargement (Civ. rej. 8 déc. 1852, aff. Nicolle, D. P. 53. 1. 15). Peu importerait même que l'assuré ne produisît pas le certificat de visite : il n'en pourrait résulter aucune présomption contre lui, et l'assureur ne pourrait repousser le délaissement sous le prétexte que, le certificat n'étant pas produit, la perte est présumée provenir du vice propre (Bordeaux, 12 mars 1859, *Recueil de Marseille*, 1859. 2. 85).

2097. Le droit que l'art. 384 reconnaît à l'assureur de faire la preuve « des faits contraires à ceux qui sont consignés dans les attestations » produites par l'assuré (*Rép.* n° 2096) s'étend à toutes les preuves que ce dernier peut invoquer. Le droit conféré par l'art. 384 s'étend même, ainsi qu'on l'a vu au *Rép.* n° 1761, et *suprà*, n° 1836, aux certificats des douanes, qui ne font foi jusqu'à inscription de faux qu'au point de vue des contraventions commises au préjudice de l'Etat et sont à l'égard des contestations privées *res inter alios acta* (V. Rouen, 19 mars 1878, *suprà*, n° 1836; Weill, n° 254; de Valroger, t. 4, n° 1878).

2098. La contestation de l'assureur peut n'être qu'un moyen de différer le payement; aussi le législateur a-t-il autorisé le juge à prononcer une condamnation provisoire (*Rép.* n° 2100). Mais il faut pour cela que la contestation ait au moins l'apparence d'une contestation sérieuse, et nous pensons que le juge, s'il considérait comme purement dilatoire de la part de l'assureur l'offre de preuve des faits contraires à ceux que l'assuré a établis, pourrait refuser d'admettre l'assureur à la preuve et prononcer immédiatement une condamnation définitive (Weill, n° 259; de Valroger, t. 4, n° 1881; *Rép.* n° 2100).

En outre, pour que le tribunal puisse prononcer la condamnation provisoire, il faut évidemment que cette mesure, qui n'est pas sans inconvénients, soit, sinon nécessaire, au moins utile. Aussi croyons-nous parfaitement justifié un jugement du tribunal de Marseille du 18 déc. 1861 (*Recueil de Marseille*, 1861. 1. 312), qui a décidé qu'il n'y a pas lieu à condamnation provisoire quand l'assureur offre de fournir la preuve des faits allégués sans autre délai que celui de la procédure ordinaire (de Valroger, t. 4, n° 1881; Desjardins, t. 7, n° 1595, p. 341, note 1). — A plus forte raison, le tribunal ne peut-il condamner l'assureur, même provisoirement, avant l'expiration du délai qui lui est accordé pour se libérer (art. 382).

2099. L'engagement de la caution dure quatre années, à dater, comme on l'a dit au *Rép.* n° 2101, du jour où celle-ci, admise volontairement ou en justice, a fait sa soumission; le paragraphe 3 de l'art. 384 ajoute « s'il n'y a pas eu de poursuite », c'est-à-dire de poursuite contre l'assureur en restitution des sommes provisoirement payées. Mais s'il y avait eu des poursuites, nous croyons avec M. de Valroger, t. 4, n° 1882, que la caution ne serait déchargée qu'autant que l'assuré serait libéré lui-même, et non que la caution serait déchargée à partir de l'expiration d'un délai de quatre ans depuis les dernières poursuites. M. Desjardins, toutefois (t. 7, n° 1595, p. 341), préfère la solution qui décharge la caution quatre ans après les dernières poursuites.

2100. L'assureur contre lequel a été rendu un jugement de condamnation provisoire, peut en arrêter l'exécution au moyen de l'appel, le tribunal ne pouvant ordonner que le jugement sera exécutoire nonobstant appel; car le cas prévu par l'art. 384 c. com. n'est pas au nombre de ceux que l'art. 135 c. proc. civ. a énumérés limitativement. Il peut aussi revenir devant le premier juge qui n'a pas, en raison du caractère provisoire qu'il a donné à son jugement, épuisé sa juridiction. Mais il sera de l'intérêt de l'assureur de ne suivre l'une ou l'autre de ces voies que s'il a les moyens sérieux d'écarter le préjugé qui naît du jugement provisoire (de Valroger, t. 4, n° 1883; Desjardins, t. 7, n° 1595, p. 340, et note 3).

§ 3. — Des obligations particulières qui sont imposées à l'assuré dans quelques-uns des cas de délaissement (*Rép.* n°s 2102 à 2131).

2101. L'obligation de travailler au sauvetage n'incombe pas seulement à l'assuré en cas de naufrage et d'échouement avec bris, comme on pourrait le croire à la lecture de l'art. 381, mais dans tous les cas de sinistre. Cette obligation, toutefois, ne lui est pas imposée à peine de déchéance du droit de délaissement. Lorsqu'il y manque, l'assureur ne peut, ainsi qu'il a été exposé au *Rép.* n° 2105, se refuser au délaissement et au payement de l'assurance ; il peut seulement réclamer à l'assuré des dommages-intérêts pour le préjudice occasionné par le manquement à ses obligations (Req. 5 janv. 1870, aff. Propos, D. P. 72. 1. 35 ; de Valroger, t. 4, n° 1840 ; Weill, n° 249).

2102. L'assuré qui travaille au sauvetage, comme nous l'avons dit au *Rép.* n° 2105, agit pour le compte de l'assureur et en quelque sorte en qualité de mandataire de ce dernier ; il conserve, par conséquent, son droit d'option entre le délaissement et l'action d'avarie suivant les résultats du sauvetage (Rouen, 10 déc. 1879, aff. Meinel, *Recueil du Havre*, 1880. 2. 131 ; Trib. com. Seine, 8 juin 1888, *Le Droit* du 29 juin 1888). De son côté, l'assureur peut procéder au sauvetage sans qu'il puisse être réputé avoir fait acte de propriété et avoir ainsi accepté le délaissement (Trib. Havre, 17 mai 1880, aff. Burns, *Recueil du Havre*, 1880. 1. 180, et sur appel, Rouen, 4 avr. 1881, *ibid.*, 1881. 2. 198). Ces droits sont reconnus par les polices actuellement usitées en France ; c'est ce qui résulte de la clause « *tous droits réciproquement réservés* ». — Les assureurs français, comme on l'a vu *suprà*, n° 1817, sont organisés en syndicats et comités, de façon à pouvoir centraliser les moyens et faciliter les opérations de sauvetage grâce à l'intervention d'employés expérimentés, résidant dans les principaux ports et qui jouissent du droit d'avancer les frais et de prendre les mesures propres à opérer le sauvetage, etc. (V. MM. Weill, n° 249 ; de Valroger, t. 4, n° 1850).

2103. D'après un arrêt, l'obligation imposée à l'assuré de travailler au recouvrement des effets naufragés, s'il se trouve sur les lieux, ne va pas au delà de certaines limites et, spécialement, ne le met pas dans la nécessité d'avancer les fonds pour cet objet, alors surtout que l'entreprise du sauvetage est à la fois coûteuse et incertaine (Bordeaux, 22 déc. 1857, aff. Dubreuil, D. P. 59. 2. 20). Mais telle n'est pas l'opinion de MM. de Valroger, t. 4, n° 1848, et Desjardins, t. 7, n° 1474, p. 82 ; ces auteurs estiment que, indépendamment des dispositions des polices à cet égard, l'assuré est tenu des avances faites pour le recouvrement des objets assurés. C'est ce qui résulte, selon M. Desjardins, des mots « les frais de recouvrement lui sont alloués ». — Il faut remarquer cependant que cette allocation n'est faite par l'art. 381 que jusqu'à concurrence de la valeur de ce qui est sauvé, et qu'on ne saurait, ce nous semble, invoquer cet article pour exiger de l'assuré une avance de fonds qui excéderait manifestement la valeur de ce qui pourrait être recouvré (V. Em. Cauvet, t. 2, n° 429).

2104. L'assuré, lorsqu'il procède au sauvetage des objets assurés, étant, comme on vient de le voir réputé mandataire de l'assureur, a droit au remboursement des dépenses qu'il a dû faire, et il jouit même, pour rentrer dans ses déboursés, du privilège reconnu à tout sauveteur d'un navire et de sa cargaison, privilège qui porte aussi bien sur les marchandises que sur le fret et le navire (Civ. rej. 29 mai 1878, aff. Postel, D. P. 78. 1. 427).

D'autre part, la jurisprudence a confirmé pleinement les observations présentées au *Rép.* n° 2106, et consacré de nouveau la règle suivant laquelle, en cas de délaissement, l'assureur n'est tenu des frais de sauvetage que jusqu'à concurrence de la valeur des effets recouvrés, à moins qu'à l'occasion des opérations de sauvetage, il n'ait contracté une obligation personnelle ou commis une faute engageant sa responsabilité, ou bien encore, à moins que le délaissement n'ait précédé le sauvetage (Civ. cass. 25 nov. 1872, aff. Mulard, D. P. 73. 1. 144). L'art. 381 déroge, en effet, au droit commun en vertu duquel le gérant d'affaires a droit au remboursement de toutes les dépenses qui ont paru utiles au moment où elles ont été faites. Cette dérogation a été consacrée dans l'intérêt des assureurs ; le législateur n'a pas voulu que leur situation pût être aggravée par des frais de sauvetage qui ne leur auraient pas profité. M. de Valroger, t. 4, n° 1843, fait observer avec raison que cette disposition manque souvent son but, en ce qu'elle empêchera, la plupart du temps, les assurés de tenter des opérations de sauvetage tant soit peu hasardeuses.

2105. Quand y a-t-il là faute personnelle de l'assureur, susceptible, d'après l'arrêt du 25 nov. 1872 (cité *suprà*, n° 2104), d'engager sa responsabilité au delà de la valeur des effets recouvrés ? C'est une question de fait et d'intention dont la solution peut varier suivant chaque espèce. L'arrêt précité déclare, notamment, que l'on ne saurait considérer comme une faute engageant la responsabilité de l'assureur la circonstance qu'il n'est pas intervenu pour empêcher les frais d'un sauvetage dont l'inutilité lui était connue, alors qu'il n'est pas constaté en même temps que le délaissement avait précédé le sauvetage et que l'assureur a été informé à temps de cette opération.

2106. Le payement des dépenses avancées par l'assuré lui est fait, aux termes de l'art. 381, sur son affirmation. Cette disposition fondée sur la difficulté, pour ne pas dire sur l'impossibilité d'une justification rigoureuse de dépenses faites au milieu du désarroi qui accompagne un sinistre, n'exclut cependant pas le droit de l'assureur de déférer le serment à l'assuré, conformément aux art. 1358 et suiv. c. civ. (de Valroger, t. 4, n° 1847).

2107. L'assuré est, en outre, tenu envers l'assureur à faire tout ce qui est nécessaire et à remplir toutes les formalités propres à conserver les droits qu'il pourrait avoir contre les tiers qui seraient responsables du sinistre. Sans doute, l'assureur ne pourrait pas refuser le payement de l'indemnité sous le prétexte que l'assuré ne peut le subroger dans un droit qu'il a laissé perdre, en invoquant l'art. 2037 c. civ. L'assurance, en effet, n'est pas un cautionnement, et les dispositions de l'art. 2037 sont de droit étroit. Mais l'assuré n'en serait pas moins responsable de sa négligence envers l'assureur. « La faute constitutive d'un quasi-délit, dit M. Desjardins, t. 7, n° 1474 *bis* II, p. 84, peut aussi résulter d'un fait d'omission lorsque celui auquel on l'impute était légalement tenu d'agir » (V. également : Lyon-Caen, *Dissertation* sous Civ. rej. 2 mars 1886, aff. Serpette et autres).

Les assureurs ont la faculté d'intervenir et de faire, soit de concert avec les assurés, soit séparément, toutes les démarches et prendre toutes les mesures nécessaires. C'est ce qui résulte du deuxième paragraphe de l'art. 388, et ce qui a lieu fréquemment dans la pratique, les polices prenant généralement soin de réserver expressément ce droit à l'assureur (Desjardins, t. 7, n° 1475, p. 84 et 85 ; de Valroger, t. 4, n° 1925). Ces dispositions des polices ont eu pour objet d'éviter certaines résistances qui se produisaient fréquemment. — Il a même été jugé qu'un assureur pouvait faire vendre la marchandise avariée, lorsqu'elle avait été endommagée par un abordage et que, le navire chargé de la transporter ayant été saisi, les circonstances n'en permettaient pas la réexpédition (Trib. com. Seine, 10 août 1880) (1).

2108. On a exposé au *Rép.* n°s 2112 et 2113 les con-

(1) (Mahieu frères C. Comp. *le Cercle commercial* et autres.) — LE TRIBUNAL ; — Attendu que Mahieu frères soutiennent que les compagnies défenderesses auraient fait vendre sans droit la cargaison du navire *Géfina*, qu'elles avaient assurée pour eux, et qu'ils leur réclament payement de la somme de 26248 fr. en représentant la valeur, et celle de 20000 fr. pour réparation du préjudice à eux causé ;

Mais, attendu que de l'instruction et des débats, il ressort que les compagnies défenderesses ont assuré à Mahieu frères les marchandises leur appartenant, chargées sur le navire *le Géfina*, pour une valeur de 29000 fr. ; — Qu'il est établi au débat que le navire *le Géfina* a subi, en cours de route, des avaries par suite d'abordage avec un navire allemand, dans le port de Gothembourg ; — Que le capitaine du navire allemand, ayant fait saisir le navire *le Géfina*, a introduit une instance contre le capitaine de ce dernier navire, devant le tribunal du lieu où l'avarie s'était produite ; — Que la saisie dudit navire a nécessité le déchargement de la cargaison ; — Qu'il a été, dès lors, constaté que la cargaison avait subi elle-même des avaries qui en dépréciaient la valeur ; qu'aux termes de leur police, les assureurs, en cas de sinistre, peuvent prendre telles mesures conservatoires de la chose assurée qu'ils jugent convenables ; — Qu'en l'espèce, la difficulté de trouver un nouveau navire pour faire la réexpédition des marchandises, les avaries que celles-ci avaient subies, le procès intenté au capitaine du navire *Géfina*, l'état de la mer Baltique à l'époque du sinistre qui pouvait faire craindre un hivernage prolongé, préjudiciable aux intérêts de tous, faisaient un devoir aux assureurs de vendre la cargaison ;

Attendu que les compagnies d'assurances font offre à Mahieu frères de la somme de 29000 fr. ; que cette somme représente non seulement la valeur réelle de la marchandise assurée, mais encore les bénéfices espérés des assurés, tels qu'ils l'avaient

ditions à remplir en cas d'arrêt de puissance telles qu'elles sont édictées par les art. 387 et 388. L'assuré est tenu ici encore, à faire tout ce qui dépend de lui pour obtenir le recouvrement des effets assurés et, dans le cas présent, la levée de l'arrêt. S'il était prouvé qu'il lui aurait été possible d'obtenir la levée de l'arrêt, mais qu'il n'a pas fait, dans ce but, tous ses efforts, il serait passible de dommages-intérêts envers l'assureur, conformément aux principes généraux qui ont été exposés *suprà*, nos 2101 et suiv. — Mais nous ne croyons pas, comme M. de Valroger, t. 4, n° 1924, que les tribunaux puissent, en se fondant sur la négligence de l'assuré qui aurait omis de faire les démarches propres à obtenir la levée de l'arrêt, repousser le délaissement, alors qu'ils ne le pourraient pas dans le cas de négligence à prendre toute autre mesure de sauvetage. La loi n'a fait aucune exception pour ce cas particulier, et il n'y a aucune raison de déroger aux règles généralement admises (Desjardins, t. 7, n° 1477, p. 86).

2109. On a vu également (*Rép.* n° 2113 *in fine*) que si les démarches de l'assuré réussissent et s'il obtient la levée de l'arrêt, l'assureur doit en supporter les frais. Doit-il également les supporter, lorsque l'assuré n'aura pas réussi dans ses démarches? M. de Valroger enseigne la négative (t. 4, n° 1926. Conf. Desjardins, t. 7, n° 1476, p. 86). « L'assureur, dit-il, ne peut pas être tenu au delà de la somme assurée. D'autre part, il ne contribue aux frais de sauvetage qu'autant qu'il en a retiré un profit. Il n'en est tenu, en effet, que jusqu'à concurrence des effets recouvrés. Or, lorsque les démarches n'ont pas été couronnées de succès, l'assuré a le droit de faire le délaissement et de réclamer, par suite, toute la somme assurée. L'assureur qui la paie a donc rempli son obligation tout entière. Dans le cas d'arrêt, d'ailleurs, les assureurs ont le droit d'agir de leur côté (V. *suprà*, n° 2017).

2110. Comme a l'a exposé au *Rép.* n° 2115, les dispositions des art. 390 à 394 sont spéciales au cas de délaissement des marchandises chargées sur un navire déclaré innavigable. Tandis que certains accidents, par exemple, le naufrage, l'échouement avec bris, sont généralement considérés comme autorisant par eux seuls le délaissement des marchandises (V. *suprà*, n° 2018), d'autres, tels que l'innavigabilité, n'autorisent le délaissement du chargement qu'après l'accomplissement de certaines formalités, notamment la notification à l'assureur sur facultés de la déclaration de l'innavigabilité dans le délai de trois jours de la réception de la nouvelle (art. 390), et si, dans les délais impartis par l'art. 387, le capitaine n'a pu trouver un autre navire pour transporter les marchandises à destination (art. 394) (*Rép.* nos 2115 et 2116). Peu importe, en effet, au chargeur que le navire soit devenu innavigable, si ses marchandises arrivent à destination.

2111. La formule employée par l'art. 390, qui prescrit à l'assuré sur chargement de faire à l'assureur la notification de la déclaration d'innavigabilité dans les trois jours de la réception de la nouvelle, tendrait à faire croire qu'il n'est tenu à une telle notification que si le navire a été *déclaré innavigable*. Ce serait une erreur ; il faut dire que la notification doit être faite par l'assuré dans le délai de trois jours à dater de la réception de la nouvelle de l'innavigabilité et non de la nouvelle de la déclaration d'innavigabilité. On a vu, en effet, que cette déclaration ne doit pas nécessairement intervenir avant le délaissement, dont elle n'est nullement un préliminaire indispensable. La disposition de l'art. 381 n'est, en définitive, qu'une réminiscence de la déclaration du 17 août 1779 (V. *suprà*, n° 2046 ; Desjardins, t. 7, n° 1549).

2112. Le défaut de déclaration de la part de l'assuré a une double sanction : 1° la notification faisant seule courir le délai qui doit précéder le délaissement, le retard apporté à cette notification entraînera un retard dans le délaissement (art. 387, 390 et 394 combinés) ; 2° l'assuré sera tenu envers l'assureur de tout le préjudice que son retard à lui transmettre la nouvelle de l'innavigabilité pourra occasionner. Enfin M. de Valroger, t. 4, n° 1945, et M. Desjardins, t. 7, n° 1550, p. 223, pensent que l'assureur pourrait repousser le délaissement s'il prouvait qu'averti plus tôt il eût été en état de procurer un autre navire. Cette opinion ne nous paraît pas fondée. Le but de la notification prescrite par l'art. 390 est évidemment de prévenir l'assureur du sinistre, afin de lui permettre de prendre ses mesures en conséquence; c'est une simple application de la règle générale qui oblige l'assuré à signifier à l'assureur les nouvelles qu'il reçoit du navire dans les trois jours de la réception. Or cette règle n'a pas pour sanction la déchéance de l'assuré, mais donne seulement ouverture, au profit de l'assureur, à une action en dommages-intérêts fondée sur l'art. 1382 c. civ. La notification de l'art. 390 n'est donc pas prescrite à peine de nullité (Comp. Lyon-Caen et Renault, t. 2, n° 2205).

2113. Dans tous les cas, l'assureur ne pourrait se prévaloir de ce que la notification n'a pas été faite, s'il avait eu lui-même connaissance du sinistre et si c'est lui qui l'avait porté à la connaissance de l'assuré (Req. 9 déc. 1884, aff. Decauville, D. P. 85. 1. 462). La notification, en pareil cas, constituerait une pure formalité sans aucune raison d'être. Le délai du délaissement courra alors du jour où, en fait, l'assureur s'est trouvé instruit de l'innavigabilité du navire et de l'état de souffrance du chargement dont l'expédition se trouvait interrompue.

2114. L'obligation de rechercher un nouveau navire incombe, comme on l'a exposé au *Rép.* n° 2115, au capitaine. Mais les diligences, à cet effet, peuvent, quand cela est possible, être également faites par les assureurs et par les assurés (Bédarride, t. 4, n° 1616 ; de Valroger, t. 4, nos 1946 et 1947; Desjardins, t. 7, n° 1550, p. 224 ; Trib. Marseille, 1er mai 1870, *Recueil de Marseille*, 1870. 1. 76 ; Aix, 10 juin 1868, aff. Ambanopulo, D. P. 70. 2. 79 ; Trib. Marseille, 16 juin 1879, aff. Rasslan, *Recueil de Marseille*, 1879. 1. 211). On admet que les assureurs qui pourvoient eux-mêmes au remplacement du navire et à la réexpédition des marchandises peuvent diviser ces marchandises en chargements partiels opérés sur plusieurs bâtiments, sans que l'assuré soit admis à faire de ce morcellement de la cargaison une cause de délaissement (Aix, 10 juin 1868, précité; de Valroger, t. 4, n° 1959). En effet, la division de la cargaison, en pareil cas, n'est pas comptée au nombre des causes de délaissement, qui sont limitativement énumérées par la loi.

2115. L'assuré ne peut délaisser valablement avant l'expiration des délais impartis par les art. 387 et 394 : l'assureur serait en droit d'opposer la nullité du délaissement anticipé. Cette nullité est simplement relative; elle ne peut être proposée que par l'assureur. — Toutefois, l'assuré a, de son côté, le droit d'exiger que les choses soient conservées entières durant ces mêmes délais; mais il ne peut critiquer les actes de gestion et de salvation que font les assureurs ; par exemple, il ne saurait se plaindre de la vente des marchandises que le capitaine aurait dû opérer dans l'intérêt du salut de ces marchandises, exposées à un prompt dépérissement (Desjardins, t. 7, p. 224, nos 1550 et 1553 ; de Valroger, t. 4, n° 1958). Mais le capitaine doit avoir soin de se faire autoriser par qui de droit. Jugé que la vente par le capitaine d'un navire déclaré innavigable des marchandises chargées sur ce navire peut être considérée comme une faute dont sont tenus les assureurs qui se sont chargés de la responsabilité des faits du capitaine, et autorise, dès lors, l'exercice de la faculté de délaissement, lorsqu'elle a eu lieu avant l'expiration des délais légaux, sans constatation par experts d'aucun commencement de dépérissement, et avec simple mention dans la requête du capitaine et l'ordonnance du consul relative à la vente, que ces marchandises étaient sujettes à une prompte détérioration : du moins, le jugement qui le décide ainsi renferme une appréciation souveraine de faits, qui échappe à la censure de la cour de cassation (Req. 18 févr. 1863, aff. Borchard, D. P. 63. 1. 372).

M. de Valroger, t. 4, n° 1958, estime que les assureurs pourraient, au contraire, repousser le délaissement lorsque

---

prévu eux-mêmes dans leur contrat d'assurance ; — Qu'il y a donc lieu de déclarer les offres des compagnie d'assurances suffisantes et de les obliger à les réaliser ;...

Par ces motifs ; — Déclare suffisantes les offres des compagnies d'assurances ; en conséquence, les condamne conformément auxdites offres à payer à Mahieu frères 29000 fr. avec les intérêts suivant la loi ; — Déclare Mahieu frères mal fondés dans le surplus de leur demande, etc.

Du 10 août 1880.-Trib. com. de la Seine.-MM. Billard, pr.-Ligneux et Delarue, av.

le capitaine a, comme au cas précédent, agi irrégulièrement, s'ils n'avaient pas assumé la responsabilité de la baraterie de patron. — Mais le même auteur admet le délaissement en cas de vente forcée à la suite de l'innavigabilité du navire, et il s'appuie sur un arrêt de la cour d'Aix du 7 juill. 1874 (*Recueil de Marseille*, 1874. 1. 143) qui a admis le délaissement dans un cas où la vente avait été ordonnée par suite d'une erreur des experts et du consul, cette erreur constituant elle-même une fortune de mer à la charge des assureurs. « Qu'on n'objecte pas, dit-il, que l'art. 394 ne permet le délaissement que si on n'a pu trouver un autre navire dans les délais prescrits. Dans le cas de vente, le délaissement est fondé non sur l'*innavigabilité*, mais sur *la perte* qui résulte de la vente » (V. aussi Desjardins, *loc. cit.*). Cette opinion, qui est combattue par plusieurs auteurs (V. notamment : Weill, n° 278), nous paraît exacte; mais, comme le délaissement ne peut être autorisé pour cause de perte que si celle-ci dépasse les trois quarts de la valeur de la marchandise, il faut que cette condition se trouve réalisée (V. *suprà*, n° 2067).

2116. Si, dans les délais prescrits par l'art. 394, délais qui sont les mêmes que ceux fixés par l'art. 387 pour le cas d'arrêt de la part d'une puissance, le capitaine n'a pu trouver un nouveau bâtiment, le chargement devient, dès que ces délais sont expirés, susceptible de délaissement (*Rép.* n° 2117). — On ne saurait étendre la faculté de délaissement au cas où le navire serait retenu pour cause de réparations et où, par conséquent, les marchandises resteraient à terre pendant un délai plus long que celui de l'art. 387. En effet, ce n'est pas en raison de l'interruption du transport, mais de l'absence de moyens de transport, que les art. 387 et 394 autorisent le délaissement. L'action en délaissement n'est donc pas recevable, si le navire peut être réparé et s'il y a seulement interruption du transport (Desjardins, t. 7, n° 1553, p. 229 ; de Valroger, t. 4, n° 1961).

2117. L'assuré n'est pas obligé de faire immédiatement le délaissement ; son action ne sera prescrite qu'après les délais fixés par l'art. 373. — Qu'arriverait-il, si, après l'expiration du délai, mais avant que l'assuré ait exercé le droit de délaissement, le capitaine trouvait un nouveau navire pour effectuer le transport? L'assuré serait-il tenu de l'accepter? Nous ne le pensons pas; il ne peut être tenu d'abandonner un droit qui lui est légitimement acquis. Mais il peut y renoncer soit expressément, soit implicitement, en consentant, par exemple, à recharger les marchandises Comp. Desjardins, t. 7, n° 1553, p. 229; de Valroger, t. 4, n° 1960).

2118. On a dit au *Rép.* n° 2117 que, lorsque le capitaine est parvenu, dans les délais légaux, à se procurer un autre navire, il y a lieu à l'application des art. 392 et 393, c'est-à-dire que l'assurance conserve son effet, et que l'assureur court les risques des marchandises ainsi réexpédiées, malgré le changement de navire, jusqu'à leur arrivée au port de destination et leur déchargement. Le changement forcé de navire n'est pas, en effet, une cause de ristourne de l'assurance (V. *suprà*, n° 1884). — L'assureur est également tenu, aux termes de l'art. 393, des avaries, *frais de déchargement*, *magasinage*, rembarquement de la marchandise jusqu'à concurrence de la somme assurée. Ces frais ne sont à la charge de l'assureur des marchandises que parce que le navire n'a pu être réparé. En effet, les frais de déchargement, etc., faits en cours de voyage pour réparations sont, suivant une doctrine qui nous paraît exacte, à la charge des assureurs du navire, comme étant une conséquence de l'avarie qui l'a atteint (de Valroger, t. 4, n° 1952), et non *une avarie particulière aux marchandises*. « Du moment que le navire est innavigable, dit M. de Valroger, l'armateur est tenu de le remettre en état pour continuer le voyage et il doit, en conséquence, supporter toutes les suites des réparations. L'assureur des marchandises n'est tenu de supporter que les dommages de la marchandise elle-même ou les dépenses spéciales qui s'y rattachent. » Au contraire, en cas de chargement sur un autre navire, si le contrat d'affrétement subsiste, en ce sens que le capitaine a droit à son fret entier, lorsqu'il a fait parvenir les marchandises à destination, ce qui, d'ailleurs, est loin d'être admis sans discussion (V. *suprà*, n° 1086), on ne saurait considérer le déchargement des marchandises comme un accessoire des réparations ; c'est une véritable opération de sauvetage qui reste, par conséquent, à la charge des marchandises et, par suite, de leur assureur (de Valroger, *ibid.*).

2119. L'art. 393 met, en outre, à la charge de l'assureur l'excédent de fret qui peut résulter de l'affrétement du nouveau navire. Cet excédent est, en effet, reputé une charge de la marchandise; elle est imposée dans l'intérêt de l'assureur qui sans le transbordement aurait été exposé au délaissement. Dans quelle proportion l'assureur supportera-t-il cet excédent? M. Desjardins, t. 7, n° 1552, p. 226 et 227, examine à ce sujet plusieurs hypothèses : 1° celle où l'innavigabilité s'est produite à la moitié du voyage et où le second navire est loué pour la moitié du fret total primitivement fixé. Par exemple, le fret total étant de 10000 fr., le second navire a été loué pour 5000. « On s'accorde à reconnaître, dit-il, que dans ce cas, le premier fréteur peut réclamer seulement une moitié du fret originairement stipulé, parce que l'impossibilité de faire continuer au premier navire le voyage commencé met, en réalité, fin au premier affrétement » ; — 2° Au lieu d'être loué pour moitié du fret total, le second navire est loué pour une somme supérieure, alors que la moitié seulement du voyage a été accomplie, par exemple pour 7000 fr. au lieu de 5000 dans l'hypothèse précédente; qui supportera l'excédent? « L'affréteur et non le fréteur primitif, dit encore M. Desjardins, d'abord par ce que le capitaine procède à la location comme représentant des chargeurs, ensuite, parce que l'impossibilité de faire continuer au premier navire le voyage commencé mettant fin au premier affrétement, le fréteur originaire ne doit pas supporter une dépense faite dans l'intérêt de la marchandise. C'est par une déduction logique de ce principe que notre texte met l'excédent du fret à la charge de l'assureur sur facultés ». — 3° Si le second navire est, au contraire, loué pour une somme moindre que la moitié du fret primitif soit, toujours dans la même hypothèse, pour 4000 fr., qui profitera de cette réduction? Contrairement à l'opinion émise par MM. Lyon-Caen et Renault, (t. 2, n° 1873), et à la doctrine d'un arrêt de la cour d'Aix du 11 août 1859 (aff. Topsent, D. P. 60. 2. 15), M. Desjardins ne croit pas que ce soit le fréteur primitif. La fausseté de ce système résulte, selon lui, de la combinaison des art. 296 et 393, tel que l'interprètent tous les auteurs : « Le capitaine, dit-il, a renoncé à se procurer ou plutôt à procurer un autre navire, et c'est l'assureur sur facultés qui accomplit cet acte de gestion et de salvation. Quoi ! même alors cet assureur devra, dans tous les cas, rembourser le montant intégral de la réduction au fréteur qui, son contrat étant d'ailleurs rompu, s'est hardiment désintéressé de tous les événements ultérieurs et lui a tourné le dos ! Ce serait bien déraisonnable et nous ne l'admettons pas ». Toutefois, M. Desjardins ne pense pas que l'assureur puisse recueillir ce bénéfice même à l'encontre de l'affréteur assuré, les principes de l'assurance ne lui permettant pas de tirer du contrat un autre bénéfice que la prime; mais il lui reconnaît le droit de prélever sur les sommes ainsi économisées les frais de déchargement, de magasinage, etc., qui auraient été faits pour sauver la marchandise. « C'est, pour ainsi dire, ajoute-t-il, l'actif qui vient, dans son compte de gestion, en déduction du passif brut » (V. également : Em. Cauvet, t. 2, n° 219).

2120. L'art. 393 met enfin à la charge de l'assureur, outre les frais de déchargement, magasinage, etc., *tous les autres frais qui auraient été faits pour sauver les marchandises jusqu'à concurrence de la somme assurée*. Cette disposition est diversement interprétée ; mais nous persistons à penser que l'assureur n'est pas tenu cumulativement de la perte entière survenue après le rembarquement des marchandises et des avaries et frais antérieurs à la perte (*Rép.* n° 2232 et 2119). Cette opinion, adoptée par MM. de Valroger, t. 4, n° 1954, et Weill, n° 277, est confirmée par la cour suprême, qui décide qu'en cas de délaissement l'assureur ne peut, en l'absence d'une convention formelle, être tenu de supporter, outre son obligation de payer la somme assurée, le coût des avaries en cours de voyage (Req. 22 juin 1869, aff. Hermanos, D. P. 70. 1. 85). Elle est seule conforme au principe général d'après lequel l'assureur n'est pas tenu au delà de la somme assurée. L'art. 393 dit, il est vrai, que l'assureur *est tenu en outre ;* mais il prend soin d'ajouter: *jusqu'à concurrence de la somme assurée*, et exprime ainsi très clairement qu'il n'entend nullement déroger au principe qui vient d'être rappelé (V. d'ailleurs *Rép.* n° 2232. V. également sur cette question : Desjardins, t. 7, n° 1552, p. 227 et 228; de Valroger, t. 4, n° 1954). — Du reste, la police sur facultés (art. 13) prend soin de stipuler que « la somme souscrite par chaque assureur est la limite de ses engagements et qu'il ne peut *jamais* être tenu de payer au delà ».

2121. On a exposé au *Rép.* nos 2120 et suiv. quelles sont les obligations de l'assuré en cas de prise et comment il peut opérer le rachat des effets capturés sans attendre l'ordre de l'assureur (art. 395). Celui-ci a ensuite le choix de prendre le rachat pour son compte ou d'y renoncer sous les conditions déterminées par l'art. 396. Il est à remarquer que la loi n'a entendu statuer qu'en ce qui concerne le rachat signifié à l'assureur avant le délaissement. Si le rachat intervenait après l'acceptation du délaissement par l'assureur, ou alors que le délaissement aurait été déclaré valable, il ne pourrait plus être effectué que pour le compte de l'assureur et avec son agrément (de Valroger, t. 4, n° 1966).

2122. L'opinion d'Emérigon, qui admettait que l'assuré pouvait faire le rachat pour son propre compte sans en informer l'assureur (*Rép.* n° 2123), est définitivement abandonnée en doctrine. Elle est, suivant MM. de Valroger, t. 4, n° 1968, et Desjardins, t. 7, n° 1530, p. 182, incompatible avec la disposition de l'art. 395 qui oblige expressément l'assuré à signifier la composition aussitôt qu'il en aura les moyens, et avec l'art. 396 qui confère à l'assureur seul le droit d'opter et de prendre ou ne pas prendre la composition à son compte.

2123. Le délai d'option laissé à l'assureur est très court : vingt-quatre heures; c'est afin d'empêcher toute spéculation sur la hausse ou la baisse des marchandises, alors que, surtout en temps de guerre, les variations sont soudaines et souvent considérables (Desjardins, t. 7, n° 1530 VI, p. 184; de Valroger, t. 4, n° 1969; Em. Cauvet, t. 2, p. 226). — V. au surplus sur cette matière les explications fournies au *Rép.* nos 2120 à 2131.

§ 4. — Des objets que doit comprendre le délaissement (*Rép.* nos 2132 à 2154).

2124. Aux termes de l'art. 372, le délaissement des objets assurés ne peut être ni partiel, ni conditionnel; mais il ne porte que sur les objets assurés. Cette règle donne lieu à des difficultés d'application; c'est, en effet, souvent une question délicate que celle de savoir si les choses assurées sont ou non comprises dans une seule et même assurance (*Rép.* nos 2132 et suiv.), et quelle est exactement la portée de l'assurance. On a exposé au *Répertoire*, en ce qui concerne spécialement le point de savoir s'il y a une seule ou plusieurs assurances, nos 2133 et suiv., les règles que les auteurs admettent toujours, et dont la jurisprudence a fait de nombreuses applications (de Valroger, t. 4, n° 1782; Weill, n° 233).

2125. Dans l'assurance sur corps, le délaissement comprend, en principe et à défaut de convention contraire, le délaissement des accessoires. Il faut, bien entendu, excepter le cas où certains accessoires auraient été l'objet d'une assurance distincte de celle du corps. Ainsi il a été jugé que le délaissement d'un navire aux assureurs sur corps pouvait ne pas comprendre une installation qui y avait été faite postérieurement à l'assurance du navire, pour le transport de travailleurs chinois, alors que cette installation constituant une dépense spéciale avait été couverte par une assurance particulière; en conséquence, le délaissement de cette installation a pu être fait à l'assureur qui l'avait prise à sa charge, malgré le délaissement antérieur fait à l'assureur sur corps (Paris, 18 févr. 1869, *Bulletin de cette cour*, 1869, p. 107). A l'inverse, le navire et la machine doivent être considérés comme formant un seul tout au point de vue du délaissement, bien que la somme assurée ait été divisée proportionnellement entre le navire et la machine, et qu'une prime différente ait été stipulée pour l'un et pour l'autre. En conséquence, le délaissement doit comprendre à la fois le corps et la machine, alors même que les avaries auraient porté sur le corps seul et laissé la machine intacte, si elles dépassent les trois quarts de la valeur totale (Paris, 30 nov. 1875, *Recueil de Marseille*, 1876. 2. 96). De même, un arrêt de la cour de Rouen, du 10 janv. 1877 (cité par M. Desjardins, t. 7, n° 1578, p. 293), a jugé qu'il y avait indivisibilité des objets assurés, quant au délaissement, dans l'assurance d'un navire de pêche, faite pour des valeurs portant séparément sur le corps et l'armement, mais par la même police.

2126. Comme, aux termes de l'art. 372, le délaissement ne peut s'étendre qu'aux effets faisant l'objet de l'assurance et du risque, la question se pose de savoir si, quand une partie seulement des objets assurés a été mise en risque, l'autre partie peut être considérée comme y ayant été également soumise, parce qu'elle forme l'accessoire de la partie sinistrée, et si elle peut, dès lors, être comprise dans le délaissement. La cour de Bordeaux, dans le cas d'une assurance faite sur corps et généralement sur toutes les appartenances et dépendances du navire, a adopté l'affirmative par le motif qu'en l'absence d'une limitation précise, l'assurance porte aussi bien sur les accessoires nécessaires que sur le corps même du bâtiment; qu'elle s'applique donc au gréement qui est une de ses parties essentielles, à défaut desquelles il lui serait impossible de naviguer; que si l'expression de *navire*, employée par la police pour désigner la chose assurée, comprend, dans le langage du droit aussi bien que dans le langage usuel, ces accessoires sans lesquels n'existe point l'ensemble qui constitue le navire, il en est ainsi à plus forte raison lorsque cela est expressément déclaré par le texte du contrat; qu'alors, en effet, cette conséquence dérive, non plus seulement de la règle générale puisée dans la nature des choses et adoptée par la loi, ainsi que le démontre bien l'art. 191, mais encore de la volonté formulée des parties contractantes. « Attendu, ajoute l'arrêt, que si, pour la validité du délaissement, les effets délaissés doivent nécessairement avoir été l'objet du risque maritime, cette condition peut être remplie sans qu'ils y aient été directement exposés au moment même du sinistre; que l'assurance ayant pour but de couvrir tous les dommages causés par la fortune de mer, elle est responsable de la détérioration des objets assurés, même lorsque ceux-ci n'en sont atteints qu'indirectement, pourvu que l'origine en soit certaine et se rattache au sinistre maritime, comme l'effet se rattache à la cause ». En conséquence, lorsqu'une assurance a été faite sur corps et généralement sur toutes les appartenances et dépendances du navire, les risques à prendre du jour du départ, ceux de rade à partir du moment de la mise à l'eau jusqu'audit départ restant à la charge des assureurs, si le navire vient à être incendié sur rade, les assureurs sont tenus d'accepter le délaissement total, comprenant même la partie des agrès restée à terre et non atteinte par l'incendie; mais il doit être fait, sur la somme assurée, déduction des objets sauvetés ou réputés tels que l'assuré ne livrerait point en nature, ainsi que des avances non encore payées à l'équipage et des victuailles non encore achetées au moment du sinistre (Bordeaux, 11 mai 1870, aff. Amanieu, D. P. 71. 2. 18).

2127. Dans l'assurance sur facultés, le délaissement s'étend à la totalité des marchandises assurées qui ont échappé au sinistre, et la chose assurée doit être délaissée avec ses accessoires. Ainsi, selon M. Desjardins, t. 7, n° 1577, p. 293, il y aurait lieu de comprendre dans le délaissement le droit à la contribution du propriétaire de la marchandise assurée, dans le cas d'une avarie commune antérieurement survenue. Cet assuré, dit-il, ne pourrait pas toucher des autres intéressés à l'expédition maritime leurs parts contributives et se faire payer, en outre, par l'assureur le montant total de l'assurance » (V. Trib. Havre, 25 févr. 1861, *Recueil du Havre*, 1861. 1. 59).

2128. En matière d'assurances sur facultés, la volonté des parties n'a pas moins d'importance qu'au cas d'assurances sur corps. Aussi, tout en faisant une assurance conjointe par la même police, les parties peuvent-elles diviser l'assurance par séries et convenir que chaque série ou chaque nature de marchandises fera l'objet d'un règlement distinct; on peut alors faire séparément le délaissement d'une série ou d'un groupe de colis portant une même marque sans délaisser le surplus. Le délaissement n'est pas pour cela considéré comme partiel (de Valroger, t. 4, n° 1782; Desjardins, t. 7, n° 1576, p. 291). C'est ce qui a été décidé par interprétation de la police et des usages des lieux où le sinistre s'était produit (Trib. com. Seine, 16 nov. 1874, sur appel, Paris, 11 janv. 1877, et sur pourvoi, Req. 18 mars 1878, aff. Lazard, D. P. 78. 1. 351). Cette décision confirme la doctrine qui avait été adoptée par la cour de Bordeaux, dans son arrêt du 15 déc. 1828 (rapporté au *Rép.* n° 2136).

2129. Lorsque les marchandises ont été assurées par plusieurs assureurs, le délaissement ne doit être fait à chacun qu'en proportion de son intérêt (de Valroger, t. 4, n° 1783; Desjardins, t. 7, n° 1576, p. 291).

2130. L'étendue de l'assurance peut aussi, dans beaucoup de cas, susciter des difficultés (V. *suprà*, n° 1680). Par exemple, lorsque la chose assurée consiste en une marchandise dont l'importation ou l'exportation donne lieu à une prime, la question se pose de savoir si cette prime est ou non comprise dans le délaissement. La cour de cassation a répondu négativement, en décidant que l'assuré qui fait le délaissement d'un chargement de morues, n'est pas tenu d'y comprendre la prime d'exportation accordée par le Gouvernement pour l'introduction dans les ports étrangers de morues de pêche française (à supposer que l'assurance sur cette prime soit valable), à moins qu'il ne soit prouvé qu'elle a été comprise au nombre des valeurs assurées (Req. 8 janv. 1872, aff. Leroux, D. P. 72. 1. 271; de Valroger, t. 4, n° 1785).

2131. On a vu au *Rép.* n°s 2140 et suiv. que le délaissement devait comprendre le fret des marchandises sauvées. Cette disposition avait continué de soulever de nombreuses difficultés d'application. On discutait spécialement la question de savoir si l'assureur ne pouvait réclamer que le fret afférent aux marchandises existant à bord au moment du sinistre et qui auraient été sauvées, ou si le délaissement devait comprendre tout le fret gagné depuis le commencement du risque. On se demandait également si le délaissement devait comprendre à la fois le fret des marchandises sauvées et celui des marchandises perdues, quand il avait été stipulé payable à tout événement, etc. Ces discussions n'ont plus d'objet, l'art. 386 ayant été abrogé par la loi du 12 août 1885 (D. P. 86. 4. 25). « L'art. 386, disait M. Griolet dans son rapport au conseil d'Etat, que nous avons eu déjà plusieurs fois l'occasion de citer, ne peut subsister sous une législation qui autorise l'assurance du fret. C'est en effet, à l'assureur du fret que le fret des marchandises sauvées devra être remis. En cas de non-assurance du fret, il restera à l'armateur considéré comme son propre assureur en ce qui concerne le fret. »

Cette réforme ne fut pas adoptée sans discussion, et la Chambre des députés, lors de la première délibération, refusa de voter l'abrogation de l'art. 386, adhérant ainsi aux critiques que la chambre de commerce de Marseille avait opposées au projet; il semblait inadmissible à la commission de la Chambre des députés comme à la chambre de commerce de Marseille qu'on pût priver l'assureur sur corps du fret des marchandises sauvées, c'est-à-dire d'une sorte de dépendance, d'accessoire du corps délaissé et que l'assurance sur fret pût modifier en quoi que ce fût la position des assureurs sur corps (Rapport de M. Peulevey du 10 juin 1882, D. P. 86. 4. 26). « Dans l'état actuel des choses, disait M. Peulevey, il y a deux manières pour l'armateur de perdre son fret, c'est quand la marchandise perdue ne produit pas de fret, et quand, à la suite d'un sinistre majeur, l'armateur assuré déclare faire délaissement à ses assureurs, parce qu'aux termes de l'art. 386 le délaissement du corps entraîne pour lui l'obligation de faire le délaissement du fret des marchandises sauvées. En effet, dans ce cas, il perd non seulement son navire, mais le profit espéré de son opération maritime. Or, en abrogeant l'art. 386, si le délaissement de corps ne doit plus lui faire perdre le fret des marchandises sauvées, s'il conserve son fret malgré le délaissement, il n'y aura plus pour lui qu'une seule manière de perdre son fret, ce sera la perte même des marchandises, et, dans ce cas, on se demande comment l'armateur pourrait faire à son assureur le délaissement d'une chose qui n'existe pas. D'un autre côté, n'y a-t-il pas une véritable contradiction à dire que le fret des marchandises sauvées doit être délivré à l'assureur du fret? S'il en pouvait être ainsi, l'assurance du fret, hors du cas où il n'y en a pas, serait absolument sans objet, car ce serait dire à l'assureur : « Vous me payerez un fret que je vous délivrerai ». Il n'est pas possible d'assurer à des conséquences plus choquantes. De deux choses l'une : ou le délaissement d'un navire n'entraînera pas le délaissement du fret, et alors il n'y a pas d'assurance, puisqu'il n'y a pas de perte; ou bien le délaissement entraîne le délaissement du fret au profit de l'assureur et alors il n'est plus possible d'en faire le délaissement à l'assureur du fret. Nous ne saurions trop le répéter, si l'assureur du fret devait en profiter, il n'y aurait pas encore d'assurance possible, puisqu'il n'y aurait pas de risque. » — « La seule chose à proclamer, ajoutait encore M. Peulevey, c'est qu'il doit être bien entendu que l'assureur du fret n'assure qu'une créance éventuelle et que, quand cette créance est perdue, il n'y a plus à distinguer entre l'action par voie de délaissement et l'action par voie d'avarie; dans aucun cas, l'assureur du fret ne peut avoir droit au délaissement du fret assuré. »

Une pareille doctrine n'était pas admissible, car elle se trouvait en contradiction avec le nouvel art. 334, tel qu'il était formulé par la loi du 12 août 1885. Comme le disait le rapport présenté au Sénat le 22 janv. 1883 par M. Roger-Marvaise, « dès que le fret a, au point de vue de l'assurance, une existence propre et qu'il peut devenir l'objet d'un contrat distinct, les règles en matière de délaissement lui deviennent applicables. Il ne peut, dès lors, être confondu avec le navire, s'il n'est pas compris dans la même police d'assurances. Avec ce système, on n'entrevoit en aucune manière les conséquences choquantes dont parle le rapport à la Chambre des députés. Il nous paraît certain, en effet, que l'assuré sur le fret peut avoir, dans tous les cas où le délaissement est permis par la loi, intérêt à faire le délaissement. N'arrivera-t-il pas presque toujours, sinon toujours, que l'armateur n'aura droit qu'à une partie du fret ou que les frais à faire pour obtenir le fret entier seront tels que le bénéfice sera absorbé pour la plus grande partie, sinon pour la totalité ». La commission de la Chambre des députés, mieux inspirée lorsque la loi lui revint du Sénat, reconnut que « du moment où le fret, produit du navire, peut être assuré par une police distincte, l'armateur ne peut plus être tenu d'en faire le délaissement à l'assureur sur corps, car, s'il était tenu de faire ce délaissement, comme partie intégrante du navire, il y aurait perte du fret pour lui et ce serait l'assureur du fret qui en demeurerait responsable, alors qu'en réalité le fret n'est pas perdu, puisque les marchandises l'ont payé. Il y aurait là une profonde injustice que la loi ne peut vouloir consacrer ». L'art. 386 fut donc abrogé.

2132. Si le fret peut faire l'objet d'une assurance séparée, il peut aussi être compris dans l'assurance du navire; mais comme dans le doute la loi n'établit aucune présomption, cette assurance devra être prouvée par celui qui l'invoquera (Desjardins, t. 7, n° 1578, p. 295). Dans le cas contraire, comme le disait M. Griolet dans son rapport (V. *suprà*, n° 2131), l'assuré est son propre assureur pour le montant du fret (Conf. Desjardins, *loc. cit.*).

Le droit au délaissement du fret est ouvert à celui qui l'a assuré dans tous les cas où le délaissement des objets assurés est autorisé; on ne saurait évidemment admettre que l'assuré délaissât le fret gagné pour réclamer à l'assureur, s'il trouvait plus commode ou plus avantageux de s'adresser à lui, toute la somme assurée, sans qu'on se trouve dans un des cas de délaissement prévus par la loi. D'autre part, on ne peut restreindre la faculté de délaisser le fret au cas où il serait totalement perdu par suite de la perte matérielle de l'intégralité des marchandises assurées; c'est donc dans les cas prévus par les art. 369 et suiv. qu'il y aura lieu de procéder ainsi. Notamment, nous croyons avec M. Desjardins, t. 7, n° 1579, p. 298, que l'assuré sur fret est recevable à délaisser, lorsque la perte du fret s'élève aux trois quarts. « Quand la perte du fret monte aux trois quarts, dit M. Desjardins (par exemple, si les marchandises sont elles-mêmes aux trois quarts perdues et délaissées à ce titre), l'assuré sur fret est-il recevable à délaisser? Quoi de plus bizarre, dira-t-on peut-être, que de tenir ce langage à l'assureur : j'ai perdu 75000 fr. de fret, vous allez donc me payer 100000 fr. ! Mais il faut remarquer qu'il ne s'agit pas précisément d'un échange d'espèces liquides. L'assuré sur fret ne transmet en définitive qu'une créance à son assureur, créance peut-être d'autant moins facilement recouvrable que des sinistres ont amoindri la fortune maritime du débiteur. Sa situation ressemble, si je ne m'abuse, à celle de l'assuré sur facultés. L'art. 369 me paraît être à ce point de vue applicable. » — Il faut ajouter que l'assurance du fret serait sans objet si elle n'avait pour but de permettre à l'assuré de réclamer l'équivalent du fret, le cas échéant. L'assureur qui assure le fret ne saurait échapper au risque d'en perdre la valeur, puisque c'est précisément en vue de l'éventualité de cette perte qu'il stipule la prime et qu'il la reçoit de l'assuré. Il serait mal venu, par conséquent, à se plaindre d'une éventualité qu'il a dû prévoir en contractant et qui est de l'essence du contrat d'assurance.

2133. Le délaissement du fret, d'après ce qui vient d'être dit *suprà*, n° 2132, est encore possible dans les cas de prise, d'arrêt, de naufrage, si les marchandises ont été perdues, de défaut de nouvelles, de retour du navire avec son chargement par suite de blocus ou d'interdiction de commerce (Desjardins, t. 7, n° 1579, p. 297 à 299). Selon M. Desjardins, *ibid.*, l'innavigabilité ne légitimerait pas *ipso facto* le délaissement du fret, alors même que le fréteur n'aurait pas fait parvenir la marchandise au lieu de destination. Quand le capitaine, par exemple, n'a pu louer un autre navire, « le fret, dit-il, reste dû à proportion de ce que le voyage est avancé; grâce à l'allocation de ce fret proportionnel, le fréteur touchera le plus souvent la plus grande partie du fret stipulé. Il n'y a là ni perte effective, ni même, si l'on combine les art. 296 et 369 c. com., perte légale du fret. Il en serait autrement, bien entendu, sous l'empire d'une charte-partie qui, s'inspirant du projet de revision de 1867, aurait supprimé le fret proportionnel. Mais, suivant le droit commun, le fret ne pourrait être délaissé que si, la proportion une fois établie, il se trouvait entamé jusqu'aux trois quarts ». En définitive, le délaissement du fret est possible dans tous les cas où il se trouve légalement perdu pour l'armateur, à l'exception du cas où le fret se trouverait perdu par l'abandon qui en serait fait conformément à l'art. 216 c. com. (V. *suprà*, n°s 304 et suiv. ; Desjardins, t. 7, n° 1579, p. 297 et suiv.), car alors la perte procède du fait volontaire de l'assuré.

Le délaissement du fret doit évidemment comprendre non seulement le fret des marchandises sauvées, mais tout le fret gagné depuis le commencement du risque, y compris celui afférent aux marchandises débarquées avant le sinistre et celui afférent aux marchandises perdues, s'il a été stipulé payable à tout événement. On ne se trouve plus, en effet, en présence des difficultés qu'avaient fait naître les expressions *marchandises sauvées* employées par l'art. 386, qui avaient continué à diviser les auteurs et la jurisprudence, et dont il a été parlé *suprà*, n° 2131.

2134. Le résultat du délaissement est de mettre l'assureur au lieu et place de l'assuré, comme si ce dernier était resté étranger à toute l'opération. Ainsi compris, il rend l'assuré indemne et correspond au but de l'assurance qui ne saurait être pour lui une cause de gain. L'assureur du fret à qui on délaisse doit donc recueillir le profit de la navigation, s'il en existe, comme si, dès le principe, la navigation avait eu lieu pour son propre compte, et l'assuré ne peut conserver le fret des marchandises qui ont été déchargées avant le sinistre. C'est, du reste, en ce sens que la question avait été résolue en dernier lieu par la cour de cassation sous l'empire du code (Civ. rej. 26 nov. 1879, aff. Picard, D. P. 80. 1. 131; Desjardins, t. 7, n° 1579 *bis*, p. 301 et 302; de Valroger, t. 4, n°s 1899 et 1900) — Mais l'assuré peut retenir le montant des dépenses légitimes qu'il a eu à supporter pour le transport de ces marchandises (Desjardins, *ibid.*, p. 299 et suiv.); car il faut admettre que les assureurs subissent, en général, la déduction des charges qui grèvent le fret. Ainsi le fret brut ne peut être délaissé que grevé des frais d'armement, de victuailles, etc., qui le grèvent naturellement. Le fret net ne peut échapper au privilège de l'art. 271 pour le loyer des matelots, etc.; le principe posé à cet égard au *Rép.* n° 2150 doit toujours être appliqué.

2135. Les emprunts à la grosse peuvent, d'après le nouvel art. 315 (V. *suprà*, n° 1436), être affectés sur le fret. Au cas de délaissement, l'assureur du fret peut-il poursuivre le recouvrement du fret en concours avec les prêteurs à la grosse? Non, répond M. Desjardins, t. 7, n° 1579 *quater*, p. 304 et 305, si le prêt à la grosse a eu lieu pendant le cours du voyage assuré et dans l'intérêt même de l'assureur. Il en serait autrement, ajoute-t-il, si l'emprunt à la grosse avait été fait avant le départ; le concours doit alors s'exercer sur le fret en conformité des art. 320 et 331.

2136. Si l'assureur est tenu, comme on l'a vu *suprà*, n° 2134, de supporter les dettes qui grèvent le fret, cette charge ne saurait lui incomber au delà de la somme assurée, lorsque l'assurance a été faite pour une somme limitée. Si, par exemple, l'assurance s'élève à 20000 fr., l'assureur ne peut être exposé à payer 15000 fr. de dettes en sus du montant de l'assurance (Comp. Paris, 29 janv. 1869, et Req. 22 juin 1869, aff. Germain-Hermanos, D. P. 70. 1. 85; Desjardins, t. 7, n° 1579 *quater*, p. 305). — La question est plus délicate, lorsque l'assurance n'a pas été faite pour une somme déterminée. L'assureur pourrait alors, au cas où ce serait le fret brut qu'il aurait assuré, être tenu sans limitation du chiffre des dettes qui grèveraient le fret délaissé, mais à la condition bien entendu que ces dettes soient afférentes au voyage assuré ou à la période de temps comprise dans l'assurance (Desjardins, t. 7, n° 1579 *quater*, p. 305 et 306; Lyon-Caen et Renault, n° 2191 *bis*). Ainsi il ne supporterait pas les loyers des gens de mer dus pour un précédent voyage et auxquels le fret se trouvererait affecté en vertu de l'art. 271; il pourrait recourir pour le montant de cette dette contre l'assuré, ou même la déduire de l'indemnité à lui payer. — L'assureur peut encore déduire de la somme assurée toutes les dépenses comprises dans l'assurance et que l'assuré est dispensé de payer, par suite du sinistre.

2137. Si c'est le fret net qui a été assuré sans délimitation de somme, nous croyons que l'assureur ne peut être tenu au delà du montant de ce fret; en effet, l'assurance du fret net, même lorsque la somme n'en est pas limitée, peut être considérée comme une assurance limitée à la somme que l'assuré aurait reçue, déduction faite des charges.

2138. Faut-il considérer comme fret le prix du transport des passagers? Aux termes d'un arrêt de la cour de Rouen, antérieur à la loi du 12 août 1885, la généralité des expressions de l'art. 386 commandait de comprendre dans le fret, qui devait être délaissé avec le navire, aussi bien le prix du transport des passagers que celui du transport des marchandises proprement dites, « parce que l'un et l'autre sont également un fruit civil du navire dont le délaissement doit comprendre tous les accessoires de l'objet délaissé » (Rouen, 27 janv. 1852, aff. Lemaître, D. P. 53. 2. 61). « Les mêmes motifs, dit M. Desjardins, *ibid.*, p. 296, empêchent aujourd'hui de confondre avec le navire le transport des passagers et le fret. L'assuré qui délaisse devra prouver catégoriquement que, d'après la loi des parties, le prix de ce transport était compris dans l'assurance du corps ».

2139. Le délaissement du navire doit-il comprendre la prime à l'armement accordée par la loi du 29 janv. 1881? La question était discutée avant la loi du 12 août 1885 (V. notamment dans *La Loi* du 17 juin 1884 une dissertation de M. Denis Guillot). Mais aujourd'hui, la négative n'est plus douteuse, à moins qu'il n'y ait stipulation contraire. Il faut en dire autant de l'indemnité de sauvetage (Desjardins, t. 7, n° 1578, p. 296).

2140. Le nouvel art. 334, modifié par la loi du 12 août 1885 (D. P. 86. 4. 25), permet, ainsi qu'on l'a vu *suprà*, n° 1663, l'assurance du profit espéré. Peut-on délaisser le profit espéré? La question ne saurait se poser dans le cas où le profit espéré et la chose ont été assurés par le même assureur; celui-ci, comme le dit M. Desjardins, t. 7, n° 1580, p. 306, recouvrerait sans contestation tout ce qui serait recouvrable sur la chose délaissée. — Mais que faut-il décider pour le cas où il y a deux assureurs différents? Les auteurs sont généralement d'avis que le délaissement est ici sans application possible (V. Desjardins, t. 7, n° 1580, p. 306; de Valroger, t. 4, n° 1896; de Courcy, t. 2, p. 409).

§ 5. — Des délais dans lesquels le délaissement doit être fait (*Rép.* n°s 2155 à 2172).

2141. Aux termes de l'art. 370, le délaissement ne peut être fait avant le voyage commencé. On a vu *suprà*, n°s 1988 et suiv., quel sens il convient d'attribuer à ces expressions. On les interprète généralement en ce sens que le délaissement ne peut avoir lieu avant le commencement des risques, mais qu'il n'est pas nécessaire que le voyage soit, en fait, commencé. — La durée du délai qui est, ainsi qu'on l'a dit au *Rép.* n° 2155, accordé à l'assuré pour faire le délaissement, a été modifiée depuis la publication du *Répertoire*, par la loi du 3 mai 1862 (D. P. 62. 4. 45), en même temps que la durée d'un certain nombre de délais de procédure. Le nouvel art. 373 promulgué en vertu de cette loi est ainsi conçu: « Le délaissement doit être fait aux assureurs dans le terme de six mois, à partir du jour de la réception de la nouvelle de la perte arrivée aux ports ou côtes d'Europe, ou sur celles d'Asie et d'Afrique, dans la Méditerranée, ou bien, en cas de prise, de la réception de celle de la conduite du navire dans l'un des ports ou lieux situés aux côtes ci-dessus mentionnées; — Dans le délai d'un an après la réception de la nouvelle ou de la perte arrivée, ou de la prise conduite en Afrique en deçà du cap de Bonne-Espérance, ou en Amérique en deçà du cap Horn; — Dans le délai de dix-huit mois après la nouvelle des pertes arrivées ou des prises conduites dans toutes les autres parties du monde. — Et, ces délais passés, les assurés ne seront plus recevables à faire le délaissement. »

En résumé, le nouvel art. 373 conserve les deux premiers délais de six mois et d'un an, en se bornant à remplacer les désignations de lieux à prendre en considération pour la fixation du délai par celles de zônes: « en Afrique en deçà du cap de Bonne-Espérance, ou en Amérique en deçà du cap Horn »; en outre, il réduit à dix-huit mois le délai de deux ans réglé par l'avant-dernier paragraphe de l'ancien art. 373 en raison de la rapidité actuelle des communications. Le projet de 1867 n'accordait aucun délai supérieur à une année.

2142. Contrairement à la solution admise au *Rép.* n° 2156, on admet généralement aujourd'hui que les délais courent de la réception de la nouvelle par l'assuré, et non pas seulement du moment où elle a été de notoriété publique (Desjardins, t. 7, n° 1585, p. 318-319; de Valroger, t. 4, n° 1787). Mais la plupart des auteurs continuent à décider, comme nous-mêmes l'avions fait au *Rép.* n° 2163, que le délai pour faire le délaissement ne court qu'à dater du jour où la nouvelle de la perte du navire est arrivée, sinon accompagnée de preuves légales, du moins d'une manière positive et avec tous les caractères de la certitude, sans qu'il y ait à tenir compte des bruits plus ou moins vagues qui courraient sur le sort du navire (de Valroger, t. 4, n° 1787; Weill, n° 240; Desjardins, *ibid.*, p. 319).

2143. Il n'est pas nécessaire, d'ailleurs, que l'assuré connaisse exactement l'importance de la perte. « A quoi bon, dit M. Desjardins, *ibid.*, p. 319, graduer les délais suivant les distances, s'ils ne commencent à courir que du jour où l'assuré sait tout? On lui donne dix-huit mois pour compléter ses renseignements, et non pour réfléchir après qu'il a été complètement renseigné (V. encore: Weill, n° 240). Cette opinion est conforme à celle qui a été exposée au *Rép.* n° 2163, et contraire à celle qu'avait consacrée la cour de cassation dans un arrêt cité au *Rép. ibid.* (Civ. rej. 22 juin 1847, aff. Massot, D. P. 47. 1. 218): suivant cet arrêt, en cas de perte ou de détérioration, le délai ne courrait que du jour où l'assuré aurait su, d'une manière certaine, que la perte ou la détérioration atteignait les trois quarts. Certaines décisions ont cependant encore suivi cette dernière doctrine (Trib. Havre, 15 déc. 1866, *Recueil du Havre*, 1867. 1. 44; Trib. Nantes, 22 juill. 1868, *Recueil de Nantes*, 1868. 1. 336. *Adde*, dans le même sens: Trib. Marseille, 16 mars 1866, *Recueil de Marseille*, 1866. 1. 150).

2144. On reconnaît toujours, conformément à ce qui a été dit au *Rép.* n° 2164, que le délaissement n'est valablement fait dans les délais impartis que si l'assuré joint à l'acte extrajudiciaire par lequel il met l'assureur en demeure de payer la somme assurée, une demande en validité du délaissement. En effet, comme on l'a fait observer *ibid.*, l'art. 431 déclare expressément que l'action en délaissement est prescrite dans les délais impartis par l'art. 373, ce qui implique la nécessité d'intenter l'action en délaissement, à défaut d'acceptation par l'assureur, dans le délai de l'art. 373. La jurisprudence s'est fréquemment prononcée en ce sens, notamment par un arrêt de la cour de Lyon du 17 mars 1881 (aff. Comp. espagnole *le Cabotage*, D. P. 82. 2. 198), dans une espèce où il y avait lieu d'appliquer les dispositions du code de commerce espagnol qui autorisent le délaissement. Cet arrêt décide que, le délaissement maritime étant un contrat bilatéral, la déclaration de délaissement faite par l'assuré doit être suivie de l'acceptation de l'assureur, pour que le contrat soit parfait, et qu'à défaut d'acceptation, l'assuré doit justifier qu'il a intenté une action en validité du délaissement dans les délais qui lui sont impartis par la loi; une simple proposition faite par l'assuré dans une lettre restée sans réponse ne suffit pas pour interrompre la prescription de l'action en délaissement.

Il est évident, d'autre part, qu'il serait inutile d'intenter l'action en délaissement si l'assureur acceptait formellement le délaissement. En outre, la prescription ne s'accomplirait pas, si l'on se trouvait dans l'un des cas prévus par l'art. 434 c. com., c'est-à-dire s'il y avait cédule, obligation, arrêté de compte ou interpellation judiciaire (V. *infrà*, n° 2235).

2145. On persiste à appliquer les délais de l'art. 373 au cas de réassurance, tout en considérant généralement comme trop rigoureuse la doctrine de l'arrêt de la cour de cassation du 1er juin 1824 (*Rép.* n° 2166). Plusieurs auteurs sont favorables à l'opinion qu'émettait Emerigon sous l'empire de l'ordonnance et admettent que les délais de l'art. 373 ne commencent à courir au profit du réassureur que du jour où le délaissement aurait été fait à l'assureur. M. Desjardins, t. 7, n° 1585 *ter*, p. 321, estime, au contraire, qu'il faut se renfermer dans les limites de l'art. 373. « Il y a vraiment, dit-il, un intérêt d'ordre général à ne pas multiplier, par voie d'interprétation, des délais si longs par eux-mêmes. Dans tous les cas, les parties feront bien de stipuler dans la police un délai en faveur du réassuré. » D'après la loi belge de 1879 (art. 205), les réassurés ont, pour dénoncer le délaissement aux réassureurs, le même délai, à partir de la notification par l'assuré primitif, que celui qui est accordé aux endosseurs des lettres de change. Le code allemand (art. 868, al. 3), dispose que, « dans les réassurances, le délai du délaissement commence à l'expiration du jour où l'assuré a averti le réassuré du délaissement ».

2146. Les délais accordés à l'assuré par le code de commerce sont généralement considérés comme trop prolongés; aussi en 1867 avait-on songé à permettre à l'assureur de sommer l'assuré de faire le délaissement, et faute par celui-ci de le faire dans le mois, il eût été déchu de son droit. C'était peut-être aller trop loin et enlever en partie à l'assuré la possibilité d'opter entre le délaissement et l'action d'avaries, alors que l'assureur aurait intérêt à obtenir le délaissement; le cas eût été rare, il est vrai, mais le danger n'en aurait pas moins existé. Il vaudrait mieux abréger les délais et les mettre plus en rapport avec la réalité résultant de la rapidité actuelle des communications (Comp. Desjardins, t. 7, n° 1585 *bis*). — Ces délais sont, d'ailleurs, sensiblement les mêmes que ceux impartis par les législations étrangères qui obligent l'assuré à faire le délaissement dans un délai fixe. Ainsi, d'après le code *espagnol*, le délai est de dix mois ou de dix-huit mois, suivant que le sinistre est survenu en Europe, sur les côtes de la Méditerranée et sur les côtes d'Amérique entre le Rio-la-Plata et le San-Lorenzo ou dans toute autre région. — En *Allemagne*, le délai dans lequel la déclaration de délaissement doit être faite à l'assureur est de six ou neuf mois, suivant que le sinistre a eu lieu dans un port européen, dans la Méditerranée et la mer Noire, ou dans tous autres parages (c. com. allemand, art. 865). Les délais impartis par la loi *belge* du 21 août 1879 (art. 220 et suiv.) sont les mêmes que ceux de notre art. 373. Les délais impartis par le code *italien* (art. 637) sont plus courts: ils sont respectivement de trois mois à compter du jour où la nouvelle du sinistre a été reçue lorsqu'il s'est produit dans la Méditerranée, la mer Noire, les autres mers d'Europe, le canal de Suez et la mer Rouge; de six mois, s'il s'est produit dans les autres mers de l'Afrique, dans les mers occidentales et méridionales de l'Asie, et dans les mers orientales de l'Amérique; d'un an, s'il s'est produit en tout autre lieu. Les mêmes délais sont prescrits par le nouveau code *portugais* (art. 620).

Certaines législations ne fixent aucun délai; en Angleterre, aux Etats-Unis, notamment, dans le silence de la police, il suffit que le délaissement soit fait dans un délai raisonnable, et qui dépend du degré de certitude des nouvelles qui parviennent à l'assureur (V. pour plus de détails : Desjardins, t. 7, n° 1589, p. 324 et suiv.).

§ 6. — Par qui et dans quelles formes le délaissement peut être fait (*Rép.* n°s 2173 à 2187).

2147. — I. DE QUI PEUT ÉMANER LE DÉLAISSEMENT. — On a vu au *Rép.* n° 2174, que le délaissement peut être fait par un fondé de pouvoirs muni d'un mandat précis; ce mandat ne pouvant s'induire d'expressions vagues et équivoques, il est nécessaire qu'il soit spécial. Le capitaine lui-même ne pourrait, en l'absence d'un semblable pouvoir, faire le délaissement : le capitaine, en effet, en cas d'innavigabilité constatée, a sans doute, aux termes de l'art. 237 c. com., le droit de vendre le navire; mais aucune disposition ne lui confère le droit d'en faire le délaissement; c'est là une faculté qui est personnelle à l'assuré, faculté qu'il peut bien déléguer d'une manière spéciale, mais qui ne peut être exercée sans cette délégation (Bordeaux, 9 août 1853, aff. Amanieu, D. P. 54. 2. 15, et sur pourvoi, Req. 15 mai 1854, D. P. 55. 1. 162; Trib. com. Bordeaux, 19 févr. 1887, aff. Cousteau, *Revue internationale du droit maritime*, t. 3, p. 436).

2148. — II. DÉCLARATIONS PRESCRITES A L'ASSURÉ. — L'obligation imposée à l'assuré par l'art. 379 et dont il a été parlé au *Rép.* n°s 2175 et suiv. de déclarer toutes les assurances qu'il a faites, fait faire ou ordonnées, etc., paraît à certains auteurs, contrairement à l'opinion que nous avions adoptée au *Rép.* n° 2176, obligatoire dans tous les cas, et même lorsqu'il n'y a pas d'autres assurances. « Je crois, dit M. de Valroger, t. 4, n° 1827, que cette déclaration est toujours nécessaire, afin que l'assureur sache au moins que les délais du payement ont commencé à courir ». M. Desjardins, au contraire (t. 7, n° 1492, p. 124), adopte le système du *Répertoire*. Il n'est pas exact, en effet, de dire que le point de départ du délai de payement de la somme assurée coïncide nécessairement avec l'époque de la déclaration. En principe, ce délai court du jour du délaissement et le point de départ du délai n'est reporté au jour de la déclaration que dans les cas où celle-ci devant être faite ne l'a pas été ou ne l'a été que tardivement. « D'ailleurs, ajoute M. Desjardins, l'art. 379 est une de ces dispositions qui entraînent des sanctions rigoureuses et qu'il ne faut pas étendre ; or il n'a pas statué dans l'hypothèse de l'assurance unique. »

2149. Lorsque deux catégories de marchandises, chargées sur le même navire, ont été l'objet de deux assurances distinctes, il est évident que l'assuré n'est pas obligé de déclarer à l'assureur d'une de ces catégories l'assurance qu'il a contractée pour l'autre (Trib. Marseille, 30 avr. 1852, *Recueil de Marseille*, 1853. 1. 146). Il en est ainsi, suivant M. Weill, n° 246, alors même que les marchandises appartenant à l'assuré sur le même navire, et assurées par deux polices distinctes, seraient comprises dans un seul et même connaissement. Les assureurs, en effet, n'ont pas intérêt à connaître l'existence d'assurances qui ne peuvent avoir aucune influence sur l'étendue de leurs engagements (Desjardins, t. 7, n° 1492, p. 124 et 125; de Valroger, t. 4, n°s 1825 et 1826).

2150. Le défaut de déclaration des assurances a pour effet de proroger le délai du payement (*Rép.* n° 2179). Au contraire, les délais de payement courent du moment où cette déclaration a été faite, si elle est régulière (Desjardins, t. 7, n° 1493, p. 125 et 126 ; de Valroger, t. 4, n°s 1829 à 1831). Quand elle est frauduleuse, on a vu au *Rép.* n° 2186 qu'elle n'a pas pour effet d'annuler l'assurance à l'égard de toutes les parties, mais seulement de priver l'assuré du bénéfice de la convention (Desjardins, t. 7, n° 1493 *bis*). Lorsque la déclaration est inexacte sans être frauduleuse, elle donne seulement lieu à *ristourne*, par application de l'art. 359 de l'assurance qui fait double emploi avec d'autres antérieures en date. — Mais quel sera l'effet d'une telle déclaration, c'est-à-dire d'une déclaration incomplète sans fraude, au point de vue du délai de payement? Les auteurs paraissent divisés sur cette question; les uns (V. notamment : Em. Cauvet, n° 436; Desjardins, t. 7, n° 1493 *ter*, p. 127) estiment que la déclaration incomplète a les mêmes effets que l'absence de déclaration, et que, par conséquent, le délai du payement ne court que du jour où la déclaration a été complétée. D'autres, tels que M. de Valroger, t. 4, n° 1832, pensent qu'une déclaration sincère, quoiqu'erronée, fait courir le délai du payement, sauf pour l'assureur le droit de faire annuler en tout ou partie son engagement, si la chose était déjà couverte par des assurances antérieures. Ce dernier système nous paraît plus juridique.

2151. L'obligation de déclarer les assurances qui peuvent avoir été faites sur la chose n'est pas spéciale au délaissement ; elle existe également pour l'assuré qui exerce l'action d'avaries, et à ce titre on l'a énumérée *suprà*, n°s 1758 et suiv., parmi les obligations qui incombent d'une manière générale à l'assuré (Desjardins, t. 7, n° 1492, p. 123 ; de Valroger, t. 4, n° 1834).

2152. — III. FORMES DU DÉLAISSEMENT. — Le délaissement n'est soumis à aucune forme particulière. Il en résulte, comme le remarque M. Desjardins, t. 7, n° 1588, que les règles générales des art. 435 et 436 c. com. sont applicables dans tous les cas où il n'y a pas été dérogé dans la sect. 3 du tit. 10. Aussi il y a lieu d'appliquer la règle qui oblige à signifier les protestations dans les vingt-quatre heures (art. 430), l'art. 373 n'y apportant aucune dérogation (Aix, 14 déc. 1860, *Recueil de Marseille*, 1861. 1. 84 ; Lyon-Caen et Renault, t. 2, n° 2205 ; Laurin, t. 4, p. 157 ; Desjardins, t. 7, n° 1588, p. 323).

§ 7. — Des effets du délaissement (*Rép.* n°s 2188 à 2201).

2153. On a dit au *Rép.* n° 2188 qu'aux termes de l'art. 382 c. com., l'assureur est, à défaut de convention contraire, tenu de payer le montant de l'assurance trois mois après la signification du délaissement. Il faut ajouter, conformément à ce qui a été dit *suprà*, n° 2150, que la signification du délaissement ne fait courir le délai du payement qu'autant que l'assuré a fait la déclaration relative aux autres assurances contractées ou ordonnées, prescrites par l'art. 379 c. com. En revanche, il n'est pas nécessaire que l'assuré ait fait signifier les actes justificatifs de la perte; cette signification, n'étant exigée qu'au point de vue de la poursuite, est valablement faite dans les trois mois (de Valroger, t. 4, n°s 1853 et 1854). Les polices, d'ailleurs, abrègent en général le délai du payement et accordent simplement à l'assureur un délai de trente jours (Police sur facultés, art. 14; sur corps, art. 25) (V. Desjardins, t. 7, n° 1594 *bis*; le projet de 1867 réduisait le délai à un mois).

2154. Les contestations soulevées par l'assureur n'ont pas pour effet de retarder le payement (art. 384, § 2 et 3) (V. *suprà*, n° 2098). — Le point de départ des intérêts de l'indemnité due par l'assureur donne lieu, en jurisprudence comme en doctrine, à de sérieuses divergences. On a prétendu qu'en cas de délaissement les intérêts sont dus à dater de la signification du délaissement et avant même qu'il y ait eu notification des pièces justificatives de la perte (Trib. Marseille, 27 août 1840, *Recueil de Marseille*, 1841. 1. 187; 13 déc. 1875, *ibid.*, 1876. 1. 262). Mais cette doctrine ne nous paraît pas admissible, en présence des termes de l'art. 383 qui dispose que les actes justificatifs de la perte doivent être signifiés à l'assureur avant qu'il puisse être poursuivi pour le payement des sommes assurées, et de la règle d'après laquelle les intérêts ne peuvent être dus, aux termes de l'art. 1153 c. civ., qu'à partir du jour de la demande.

Suivant une autre opinion, les intérêts courraient du jour de la communication des pièces justificatives (Aix, 3 août 1830, *Recueil de Marseille*, 1832. 1. 161). Mais, comme le remarque avec raison M. Desjardins, t. 7, n° 1596, p. 342, « la loi ne les fait pas courir de plein droit à partir de cette date, et il se peut qu'un certain temps s'écoule entre la communication des pièces et la demande ».

Enfin, d'après un troisième système qui nous paraît préférable, les intérêts de l'indemnité due par l'assureur courent du jour où la demande en a été faite (de Valroger, t. 4, n° 1865; Desjardins, t. 7, n° 1596). Mais, pour produire effet, cette demande doit n'être pas prématurée, et avoir été précédée de la remise des pièces justificatives de la perte (Trib. Nantes, 3 janv. 1864, *Recueil de Nantes*, 1864. 1. 5; Desjardins, *ibid.*). Il a même été jugé que les intérêts, eussent-ils déjà commencé à courir, seraient suspendus si l'assuré, mis en demeure de fournir des pièces justificatives, avait, par sa négligence, retardé le règlement (Rennes, 11 déc. 1874, *Recueil de Nantes*, 1875. 1. 148).

Il a été jugé avec raison que l'expiration du terme fixé par la police ou par l'art. 382 pour le payement ne fait pas courir de plein droit les intérêts (Bordeaux, 11 août 1858, *Recueil de Marseille*, 1859. 2. 22).

2155. On a vu au *Rép.* n° 2189 que, suivant deux arrêts de la cour de Rouen des 14 mai 1824 et 16 févr. 1817, l'assureur n'aurait pas le droit de défalquer de la valeur assurée les sommes empruntées à la grosse pour remédier à des avaries, survenues au cours du voyage du navire, lorsqu'il a subi, dans la suite, un sinistre majeur. Cette solution a été repoussée par la cour de cassation; d'après la doctrine adoptée par cette cour, à moins d'une clause formelle, l'assureur, en cas de sinistre majeur suivi de délaissement, ne peut être tenu de payer en même temps et la valeur de l'objet assuré et le coût des avaries survenues en cours de voyage. Par suite, lorsque la police d'assurance ne contient aucune stipulation qui étende les obligations de l'assureur au delà de la somme assurée, en vue de laquelle la prime a été fixée, c'est-à-dire lorsque l'assurance n'est pas illimitée, l'assureur est fondé à déduire de la somme assurée celle pour laquelle il aurait contribué au remboursement d'un emprunt à la grosse que l'assuré aurait fait en cours de voyage (Req. 22 juin 1869, aff. Germain Hermanos, D. P. 70. 1. 85. V. *suprà*, n° 2136).

2156. Le délaissement ne produit aucun effet tant qu'il n'a pas été accepté ou validé. L'acceptation n'est pas nécessairement expresse, elle peut être tacite et résulter d'actes émanés des assureurs. M. de Valroger, t. 4, n° 1886, propose notamment, à titre d'exemple, le cas où l'assureur aurait, après le délaissement, fait vendre les marchandises qui en ont été l'objet. Mais on ne saurait induire cette acceptation d'une intervention des assureurs qui se borneraient à prendre des mesures de sauvetage. Les polices, d'ailleurs, prennent le plus souvent certaines précautions à cet égard, et la plupart du temps les assureurs ont soin de se faire autoriser par justice à prendre les mesures de gestion et de *salvation* qui peuvent être nécessaires. Les mesures ainsi autorisées par les tribunaux ne peuvent compromettre les droits définitifs des parties (Trib. Marseille, 16 juin 1879, aff. Rasslan, *Recueil de Marseille*, 1879. 1. 211; Civ. rej. 27 avr. 1887, aff. Alibert, D. P. 88. 1. 83; de Valroger, t. 4, n° 1886; Desjardins, t. 7, n° 1590, p. 332). — De son côté, l'assuré, tant qu'il conserve l'option entre l'action en délaissement et l'action d'avaries, et même tant que le délaissement n'est pas validé ou accepté, ne doit pas, à peine de déchéance de son droit, faire acte de propriétaire. Il encourrait cette déchéance, notamment, s'il avait fait opérer une vente volontaire du navire sans consulter l'assureur présent sur les lieux (Trib. Nantes, 5 déc. 1866, *Recueil de Nantes*, 1867. 2. 148; Trib. com. Bordeaux, 19 févr. 1887, cité *suprà*, n° 2147; Desjardins, t. 7, n° 1590, p. 332). Mais il peut travailler au sauvetage sans compromettre en rien ses droits (V. *suprà*, n° 2101).

2157. La validation du délaissement équivaut à l'acceptation. En effet, l'acceptation et la déclaration de validité par jugement ont le même effet. « La loi, dit M. de Valroger, t. 4, n° 1887, met sur la même ligne que le délaissement *accepté* celui qui a été *jugé valable*. Il y a, toutefois, à signaler deux différences: 1° le jugement aura plus de force que l'acceptation, car l'erreur de fait, sauf les cas de requête civile, n'est pas elle-même une cause de rétractation des jugements; 2° le délaissement ne peut être déclaré valable que dans les cas déterminés par la loi ou la convention. Il peut, au contraire, être accepté par l'assureur toutes les fois qu'il y a eu accord entre l'assureur et l'assuré ».

2158. Ainsi qu'on l'a exposé au *Rép.* n° 2191, par l'effet du délaissement signifié et accepté ou jugé valable, la propriété des effets assurés est transférée à l'assureur à partir de l'époque du délaissement; cette translation s'opère *ipso jure*, sans qu'il soit nécessaire qu'il y ait dans le jugement subrogation expresse de l'assureur aux droits de l'assuré (Civ. rej. 8 déc. 1852, aff. Nicolle, D. P. 53. 1. 15). Cette subrogation est une conséquence virtuelle et forcée du jugement ou de l'acceptation.

2159. Le délaissement, une fois accepté ou déclaré valable, est irrévocable (Desjardins, t. 7, n° 1591, p. 333 et 334; *Rép.* n°s 2192 et 2194). Par conséquent, il produit son effet, malgré la faillite de l'assureur survenue postérieurement au délaissement, et au profit de la faillite, bien que l'indemnité n'ait pas été payée et quoique l'assuré se trouve réduit à un dividende (Rennes, 8 avr. 1859, *Recueil de Marseille*, 1859. 2. 83).

2160. Aux termes de l'art. 385, l'acceptation ou le jugement de validité a un effet rétroactif au jour du délaissement (*Rép.* n° 2191); mais ne faut-il pas faire remonter cet effet rétroactif jusqu'au jour du sinistre? (*Rép.* n° 2197). La question reste discutée. Un premier système ne fait rétroagir l'effet du délaissement qu'au jour où l'action en délaissement est intentée (de Valroger, t. 4, n° 1890; Laurin, t. 4, p. 182). — Le système qui fait remonter le délaissement au jour du sinistre est suivi par MM. Lyon-Caen et Renault, n° 2200; Em. Cauvet, t. 2, n° 379; J.-V. Cauvet, t. 2, n° 325; Trib. com. Seine, 8 juin 1888, *le Droit* du 29 juin 1888) — Un troisième système enfin fait remonter l'effet du délaissement au jour du commencement du risque. Ce système est suivi par M. Desjardins, t. 7, n° 1592, p. 336. S'il est moins conforme au texte de l'art. 385 que le premier système, il n'en reste pas moins conforme à l'ensemble des dispositions qui régissent le délaissement. En effet, comme le constate M. Desjardins, l'assuré ne peut pas, lorsqu'il délaisse la chose en retenir les produits, pas plus le fret payé d'avance pour les marchandises perdues que le fret des marchandises sauvées. « Puisque, ajoute M. Desjardins, le législateur attribue à l'assureur les produits utiles de la chose depuis le commencement du risque, c'est que l'assureur est depuis cette époque, par l'effet rétroactif du délaissement, mis au lieu et place de l'assuré. »

2161. L'assureur devenu par le délaissement propriétaire des effets assurés, peut exercer tous les droits qui auraient compété à l'assuré, relativement à ces effets, s'il n'y avait pas eu de délaissement (*Rép.* n° 2195; Civ. rej. 8 déc. 1852, aff. Nicolle, D. P. 53. 1. 15). Il n'a cependant pas qualité, d'après M. de Valroger, t. 4, n° 1892, pour exercer des droits qui reposent principalement sur des rapports contractuels entre l'assuré et des tiers (*Rép.* n° 1892). L'assureur, par exemple, n'aurait pas qualité pour donner des ordres au capitaine du navire délaissé, pour réclamer l'exécution de la charte-partie, etc. Suivant M. Desjardins, au contraire, les seuls droits qui ne seraient pas transmis à l'assureur seraient ceux résultant d'un acte personnel et ne pouvant être regardés ni comme des fruits civils, ni comme des accessoires de la chose (t. 7, n° 1593, p. 338), et il cite comme exemple de ces droits le montant de la prime de sauvetage payée à l'armateur du navire assuré qui aurait, avant sa perte, sauvé et ramené dans un port français un navire abandonné en mer.

2162. L'assureur est-il saisi à l'égard des tiers de la propriété de la chose assurée et délaissée, sans avoir besoin de remplir les mesures de publicité requises par la loi: mutation en douane, cession du connaissement, signification de transport? — La cour de cassation avait répondu affirmativement à cette question dans un arrêt du 4 mai 1836 (*Rép.* n° 2196), en déclarant que le délaissement est un moyen légal de transmission de la propriété du navire et qu'en conséquence, les assureurs n'ont pas besoin, pour s'en saisir, de faire aucune signification aux tiers. La même doctrine a été adoptée par un arrêt de la cour d'Aix du 18 juill. 1881 (aff. Garibaldi, *Recueil de Marseille*, 1882. 1. 231), aux termes duquel les créanciers peuvent, à partir du délaissement, agir directement contre les assureurs comme tiers détenteurs; tel est aussi l'avis de M. Weill, n° 265 *ter*.

Toutefois, si cette opinion est généralement admise en ce qui concerne l'assureur sur facultés, qui aurait à revendiquer contre les tiers les marchandises délaissées, et si l'on admet, que ses droits ne sont pas subordonnés à la cession du connaissement (Desjardins, t. 7, n° 1593, p. 337. — V. toutefois : de Valroger, t. 4, n° 1891), il n'en est pas de même en ce qui concerne l'assureur du navire. Suivant M. de Valroger et M. Desjardins, *ibid.*, cet assureur ne pourrait revendiquer le navire contre les tiers que s'il y avait eu inscription sur l'acte de francisation. Sans doute, dit en substance M. Desjardins, le délaissement est un mode spécial de transmission de la propriété des navires; mais, en règle générale, il n'y a de propriétaire des navires à l'égard des tiers que celui qui est inscrit comme tel dans l'acte de francisation. Pourquoi l'assureur ne serait-il pas tenu, comme tout autre acquéreur, d'avertir les tiers du changement opéré dans la propriété du navire? — Il en serait autrement s'il ne s'agissait que de simples débris (de Valroger et Desjardins, *loc. cit.*).

2163. Dans tous les cas, le navire délaissé n'est acquis à l'assureur que grevé des privilèges qui le priment en vertu de l'art. 191, notamment, du privilège résultant des emprunts à la grosse régulièrement faits en cours de voyage pour les besoins du navire (de Valroger, t. 4, n°s 1893 et 1894). Plus généralement, il est soumis au droit de suite des créanciers tant que ce droit n'est pas purgé.

ART. 2. — *De l'action d'avarie* (*Rép.* n°s 2202 à 2257).

2164. On a défini au *Rép.* n° 2202 l'action d'avarie. Cette action est seule ouverte à l'assuré, lorsqu'il s'agit d'événements de mer autres que ceux rentrant dans les cas de délaissement énumérés par l'art. 369, ou prévus, en dehors des termes de cet article, par une convention particulière. Au reste, lorsque l'action en délaissement est ouverte, l'assuré a toujours le droit d'opter entre cette action et l'action d'avarie, alors même que l'assurance est souscrite « franc d'avaries » (Bordeaux, 9 août 1853, aff. Amanieu, D. P. 54. 2. 15; Paris, 18 mai 1855, aff. Icardo, D. P. 56. 2. 236; Desjardins, t. 7, n° 1519, p. 167).

2165. L'action d'avarie procédant d'une cause autre que celle de l'action en délaissement, il s'ensuit que la chose jugée sur l'action en délaissement ne met pas obstacle à l'exercice de l'action d'avarie. Il en résulte encore que l'assuré qui a exercé l'action en délaissement en dehors du délai légal n'est point, par cela seul, irrecevable à poursuivre son assureur par action d'avarie, à moins que les assureurs n'aient demandé acte de l'option de l'assuré pour l'action en délaissement (Paris, 18 mai 1855, aff. Icardo, D. P. 56. 2. 236; Rouen, 18 juin 1879, aff. David Cult, *Recueil du Havre*, 1879. 2. 194; Desjardins, t. 7, n° 1521, p. 170). — Toutefois il a été jugé que l'action d'avarie doit être considérée comme implicitement comprise dans l'action en délaissement, dont elle détermine simplement la portée (*Rép.* n° 2205); de telle sorte que l'action d'avarie peut être exercée subsidiairement à l'action en délaissement (Req. 15 mai 1854, aff. Pérès, D. P. 55. 1. 315; 15 mai 1854, aff. Amanieu, D. P. 55. 1. 162), et pour la première fois devant la cour d'appel (*Rép.* n° 2205).

2166. Dans tous les cas, c'est une règle absolue que l'action en délaissement et l'action d'avaries ne peuvent être cumulées (Motifs, Req. 15 mai 1854, aff. Pérès, D. P. 55. 1. 315; 20 févr. 1872, aff. Ducasse, D. P. 72. 1. 250; Desjardins, t. 6, n° 1520). Aussi l'arrêt qui accueille l'action en délaissement est-il réputé motiver, par là même, le rejet de l'action d'avaries formée cumulativement avec elle (Arrêt précité du 20 févr. 1872).

§ 1er. — Dans quels cas il y a lieu à l'action d'avarie (*Rép.* n°s 2207 à 2213).

2167. On a dit au *Rép.* n° 2207 que l'action d'avarie est ouverte à l'assuré pour obtenir la réparation de tout dommage éprouvé par la chose assurée, de toute dépense extraordinaire faite à cause d'elle, par l'effet de l'un des événements dont l'assureur a assumé la responsabilité. — Mais, comme nous l'avons exposé *ibid.* n° 2208, l'art. 408 dispose que la demande pour avaries n'est point recevable si l'avarie commune n'excède pas 1 pour 100 de la valeur cumulée du navire et des marchandises et si l'avarie particulière n'excède pas aussi 1 pour 100 de la chose endommagée. Cet article a donné lieu à une controverse, signalée au *Rép.* n° 2209, qui s'est perpétuée jusqu'à nos jours, et qui porte sur la question de savoir si l'art. 408 doit être restreint aux rapports entre assurés et assureurs ou s'il doit être appliqué également entre chargeurs et armateurs (V. *suprà*, n°s 1318 et suiv.). La difficulté ne paraît pas exister en ce qui concerne les avaries particulières, ces avaries ne donnant pas lieu à contribution; elle concerne seulement les avaries communes au sujet desquelles la jurisprudence et les auteurs sont divisés.

Un premier système, se reportant à l'origine historique de l'art. 408 (V. *Rép.* n° 2208), lui attribue une portée plus large que celle de l'art. 47 de l'ordonnance. Tandis que ce dernier article était placé au titre des assurances, l'art. 408 se trouve dans le code au titre des avaries, d'où l'on conclut que, dans la pensée du législateur, l'art. 408 s'applique à toute demande en règlement d'avaries entre toutes personnes, entre chargeurs et armateurs, comme entre assurés et assureurs. Ce système, enseigné par M. Bédarride (sur l'art. 408) a été adopté par un arrêt de la cour de Bordeaux du 2 juin 1869 (aff. Mestrezat, D. P. 70. 2. 37). Cet arrêt décide que, lorsque l'avarie commune n'excède pas la quotité déterminée par l'art. 408, celui qui l'a soufferte n'a pas l'action en contribution établie par l'art. 417 à l'égard des chargeurs et de l'armateur; c'est reconnaître que le bénéfice de l'art. 408 peut aussi bien être invoqué entre armateurs et chargeurs que par les assureurs.

Suivant un second système, la disposition de l'art. 408 s'applique exclusivement aux actions exercées par les chargeurs ou armateurs contre les assureurs et non aux actions en contribution d'avaries communes entre l'armateur et les chargeurs. Par suite, le dommage résultant d'une avarie commune donne ouverture à l'action en contribution établie par l'art. 417, quel que soit le peu d'importance de ce dommage relativement à la valeur cumulée du navire et de la cargaison. Il résulte seulement de l'art. 408 que l'assuré, dont la part contributive dans l'avarie commune se trouvera réduite par suite du règlement de cette avarie à un centième en plus de la valeur de la chose assurée, sera alors, pour la répétition de cette part, sans action contre l'assureur à l'égard duquel une perte si faible doit être assimilée à un simple déchet de navigation.

Ce système est adopté par la plupart des auteurs (Boistel, n° 1300; Laurin, t. 4, p. 207; Desjardins, t. 4, n° 1042) et il a été formellement consacré par la cour de cassation qui a cassé l'arrêt précité de la cour de Bordeaux (Civ. cass. 27 déc. 1871, aff. Mestrezat, D. P. 72. 1. 36).

2168. La franchise légale établie par l'art. 408 n'est pas exclusive de dispositions conventionnelles plus étendues (*Rép.* n° 2213) et on peut même dire que, dans la pratique, cet article est tombé en désuétude. Les polices substituent à la franchise légale des franchises conventionnelles applicables soit aux avaries particulières, soit aux avaries communes; ces franchises ont, en général, le caractère de retenues, en ce sens qu'elles ne permettent l'action d'avaries que lorsque le dommage dépasse une quotité variant de 3 à 15 pour 100 de la valeur assurée. L'assureur ne s'engage à payer que le surplus d'avarie souffert par la chose assurée. On admettait, au contraire (*Rép.* n° 2212) que, sous l'empire de l'art. 408, l'assureur ne pouvait, quand l'avarie excédait la franchise de 1 pour 100 se prétendre affranchi jusqu'à concurrence de 1 pour 100 de la valeur assurée, en offrant de payer le surplus et que l'assureur, dès que l'avarie dépassait 1 pour 100, devait en payer la valeur entière (Desjardins, t. 4, n° 1044). Ce mode de procéder est encore suivi en Angleterre, en Allemagne et aux Etats-Unis. Les franchises, dans ce système, n'ont donc que le caractère de fin de non-recevoir, tandis que, dans le système suivi par les polices françaises, elles ont à la fois le caractère de fin de non-recevoir et le caractère de retenue : le caractère de fin de non-recevoir, en ce qu'elles interdisent l'action d'avaries, lorsque l'avarie n'atteint pas un tant pour 100 de la valeur assurée; le caractère de retenue, en ce que, lorsque l'avarie excède la quotité de la franchise, l'assureur ne s'engage à payer que cet excédent.

2169. Les franchises se calculent sur la valeur assurée ou, en cas de réduction, sur la valeur assurable. Alors même que l'assurance comprendrait des marchandises de diverses natures, il n'y a lieu qu'à un règlement unique, si ces marchandises n'ont pas été assurées pour des sommes distinctes. Il en est autrement, lorsqu'elles sont divisées par séries, catégories, etc.; la franchise, en pareil cas, se calcule sur chaque série. On cumule, en outre, les différentes avaries successivement subies au cours du même voyage. — Les franchises ne s'appliquent pas, en général, aux avaries frais, qui, représentant des dépenses faites dans l'intérêt de la conservation des choses assurées, restent, en général, à la charge des assureurs; mais elles s'appliquent aux avaries matérielles. En outre, les franchises sont indépendantes du vice propre que l'assureur peut toujours opposer (V. de Valroger, t. 4, n° 1594, et t. 5, n° 2129).

§ 2. — A quelle époque l'action d'avarie peut être formée (*Rép.* nos 2214 à 2219).

2170. Les explications qui ont été fournies au *Rép.* nos 2214 et suiv. n'exigent aucun complément. On se bornera à remarquer que l'assureur ne peut, en cas de règlement par avaries, réclamer le délai de trois mois qui lui est accordé par l'art. 382, en cas de délaissement, pour le payement de l'indemnité. L'assuré n'est même pas tenu, pour réclamer le payement, d'attendre la fin des risques, car l'action d'avaries est ouverte dès qu'il y a dommage; mais l'assureur ne saurait être astreint à payer tant que le montant de la dette n'aura pas été liquidé (Desjardins, t. 6, n° 1620). — Les polices réservent d'ailleurs en général un délai de trente jours à l'assureur.

En ce qui concerne les intérêts, il faut appliquer les mêmes règles qu'au cas de délaissement (Desjardins, *loc. cit.*).

§ 3. — Devant quel tribunal l'action d'avarie doit être portée (*Rép.* nos 2220 à 2222).

2171. La compétence, au cas d'action d'avaries, doit être envisagée au double point de vue de la compétence *ratione materiæ* et de la compétence *ratione personæ*. — Au point de vue de la compétence *ratione materiæ*, c'est évidemment devant les tribunaux de commerce que l'action d'avarie doit être portée. En est-il toujours ainsi, alors même que l'assuré ne serait pas commerçant? Si l'on admet l'opinion, adoptée *suprà*, n° 1564, d'après laquelle le contrat d'assurance maritime peut constituer un acte purement civil à l'égard de l'assuré, on décidera que l'assuré non commerçant peut porter l'action d'avarie devant les tribunaux civils ou les tribunaux de commerce à son choix, suivant la règle générale exposée *suprà*, v° *Compétence commerciale*, n° 10. — Mais, si l'on considère le fait de contracter une assurance comme un acte commercial à l'égard de l'assuré comme à l'égard de l'assureur, il faut décider que c'est le tribunal de commerce qui, dans tous les cas, est compétent pour statuer sur l'action d'avarie (Desjardins, t. 8, n° 1644, p. 52 et 53; Droz, t. 2, n° 684. V. *suprà*, n° 1563, et v° *Acte de commerce*, nos 359 et 360). — Cette solution devrait même être étendue à l'Etat qui aurait fait assurer un de ses vaisseaux de transport, bien que ce vaisseau ne naviguât pas dans un but commercial. Toutefois, si une clause d'assurance était insérée dans un marché passé avec un ministre ou en son nom, elle pourrait être envisagée comme une partie intégrante du marché, et il pourrait y avoir lieu, suivant M. Desjardins, t. 8, n° 1644 *bis*, p. 54, à la compétence des tribunaux administratifs, à moins qu'au fond et abstraction faite des formes de l'acte, il ne s'agit que de déterminer les droits et obligations dérivant d'un contrat passé par l'Administration.

2172. La connaissance de l'action d'avaries pourrait appartenir à des arbitres, en vertu de la règle qui autorise la clause compromissoire dans les contrats d'assurances maritimes (V. *suprà*, n° 1654; Desjardins, t. 8, n° 1645, p. 55). — Cette action pourrait également être portée devant un tribunal étranger si, un assuré français ayant contracté avec un assureur étranger, l'assuré avait accepté dans le contrat la compétence de ce tribunal. Mais à défaut de convention, l'assuré français pourrait, suivant le droit commun (c. civ. art. 14), citer cet étranger devant la juridiction française.

2173. On a exposé au *Rép.* n° 2220, au point de vue de la compétence *ratione personæ*, que, les obligations qui dérivent du contrat d'assurance étant purement personnelles, les actions tendant à en assurer l'exécution, spécialement les actions de l'assuré contre l'assureur en règlement et en payement d'avaries, doivent être portées devant le tribunal du domicile de l'assureur (c. proc. civ. art. 59), et non devant celui du lieu du déchargement. Et l'assureur contre lequel l'action d'avarie serait formée devant le tribunal du lieu de destination des marchandises serait fondé à décliner la compétence de ce tribunal et à demander le renvoi devant le tribunal de son domicile, alors même qu'il aurait assisté à une expertise ordonnée par le premier tribunal, si cette expertise n'avait été ordonnée et consentie que sous réserve de toutes exceptions (Trib. Havre, 24 oct. 1883, aff. Caucurte, *Recueil du Havre*, 1883. 1. 242).

2174. La compétence du juge du domicile de l'assureur subsiste, alors même que le premier assureur s'est substitué un autre assureur qui a pris activement et passivement le lieu et place du premier; et le tribunal primitivement compétent pour connaître des contestations entre le premier assureur et l'assuré reste compétent à l'égard du second assureur. C'est, du moins, ce qu'a jugé la cour de Bordeaux le 6 août 1885 (1) en matière d'assurances terrestres. Cependant, dit M. Desjardins, t. 8, n° 1651, p. 63, « il en serait autrement s'il y avait eu novation; mais, outre que la novation ne se présume pas, il ne saurait y avoir extinction de l'obligation primitive et de ses suites, si le débiteur délégant n'avait pas été déchargé par le créancier délégataire ».

2175. S'il y a plusieurs assureurs, l'assuré peut les poursuivre devant le tribunal du domicile de l'un d'eux à son choix, par application du paragraphe 2 de l'art. 59 c. proc. civ. De même, lorsque le destinataire poursuit en même temps le transporteur et l'assureur, en raison d'avaries survenues au cours du voyage et dont la responsabilité peut peser sur l'un ou sur l'autre, suivant que l'avarie aurait été la conséquence d'une faute du transporteur ou la suite d'une fortune de mer, il lui est loisible de les assigner devant un même tribunal (Req. 29 juill. 1868) (2).

2176. Le tribunal du domicile de l'assureur est également compétent pour connaître soit de l'action d'avaries, soit de l'action en délaissement. En effet, dans les rapports de l'assureur et de l'assuré, l'action en règlement d'avaries et l'action en délaissement sont deux actions connexes, qui doivent être, comme telles, soumises à la même juridiction puisque, comme on l'a vu *suprà*, n° 2165, l'action d'avaries est implicitement comprise dans l'action en délaissement (Rouen, 19 juill. 1871, aff. Barabino, D. P. 72. 2. 42). Mais c'est seulement dans les rapports de l'assureur et de l'assuré que cette connexité entraîne attribution de juridiction et l'on ne pourrait imposer aux assureurs une juridiction accidentelle qui tiendrait à des faits spéciaux et à la nécessité de certains rapports. La cour de Rouen a, il est vrai, décidé dans l'arrêt précité du 19 juill. 1871, que, lorsque l'assuré, assigné en règlement d'avaries, a appelé en cause ses assureurs, tout à la fois pour faire déclarer commun avec eux le jugement à intervenir sur les avaries et pour faire statuer sur le délaissement par lui signifié, les assureurs qui ont déclaré accepter, en ce qui concerne le règlement d'avaries, la compétence du tribunal saisi, ne sont pas recevables à demander leur renvoi devant le tribunal de leur domicile sur la demande en validité du délaissement. Mais cette décision n'a d'autre fondement que l'acceptation qui avait été faite par les assureurs de la compétence du tribunal saisi de la demande en règlement d'avaries : l'assuré ne peut, en principe, appeler l'assureur comme garant devant le tribunal saisi d'une demande dirigée contre lui (Desjardins, t. 8, n° 1654, p. 68).

2177. La question de savoir si, lorsqu'il y a plusieurs

(1) (Laroche C. Comp. *la Clémentine*.) — La cour; — Sur la compétence du tribunal de Sarlat : — Attendu que la comp. *la Clémentine* admet cette compétence en principe, le tribunal de Sarlat étant celui du lieu où la police d'assurance a été souscrite; mais que la compagnie objecte que, dans l'espèce, la *Clémentine* n'est pas l'assureur primitif et ne l'est devenue que par suite du traité de juxtaposition qui est intervenu entre elle et la comp. *la Sauvegarde*, et qui a été consenti à Paris et non à Sarlat; mais qu'une telle objection ne saurait être fondée, puisque par ce même traité de juxtaposition, accepté par Laroche, la comp. *la Clémentine* a formellement déclaré prendre, tant activement que passivement, les lieu et place de la *Sauvegarde*; qu'elle s'est donc ainsi soumise aux mêmes obligations et aux mêmes modes d'exécution;... — Par ces motifs, etc.

Du 6 août 1885.-C. de Bordeaux, 2e ch.-MM. Boulineau, pr.-Jollivet et Moulinier, av.

(2) (Carbonnel C. Schadegg et autres.) — La cour;... — Sur le quatrième moyen : — Attendu que si les actions qu'avaient les destinataires des sucres à raison de l'avarie survenue à ces marchandises en cours de voyage, l'une contre le transporteur, l'autre contre les assureurs, procédaient de deux contrats distincts, il

assureurs, le tribunal statue à leur égard en premier ou en dernier ressort, se résout différemment suivant qu'ils se sont engagés solidairement ou non. — L'engagement solidaire des assureurs n'a guère lieu d'ailleurs, en dehors du cas où il existe entre eux une société de commerce. Dans ce cas, le premier ou le dernier ressort se calcule d'après la somme totale qui leur est réclamée.

A défaut de solidarité, l'action en payement de l'indemnité est essentiellement divisible, de sorte que, à l'égard de chaque assureur, le premier ou le dernier ressort se détermine d'après la somme demandée à chacun d'eux ou à défaut, d'après la somme que chacun a souscrite (J.-V. Cauvet, t. 2, n° 509; Desjardins, t. 8, n° 1650, p. 60; Civ. rej. 3 mars 1852, aff. Maillard, D. P. 52. 1. 92; Civ. cass. 3 mars 1852, aff. Borelly, D. P. 52. 1. 93). — Il en est ainsi, même lorsque l'assuré fait une déclaration de délaissement, pourvu que le délaissement ne se présente que comme un moyen à l'appui de l'action intentée pour obtenir le payement de la somme assurée; car, s'il soulevait une question indépendante de celle de ce payement, l'objet de la demande étant indéterminé à cet égard, cela suffirait pour que la voie de l'appel fût ouverte (Civ. rej. 3 mars 1852, précité; Req. 18 févr. 1863, aff. Borchard, D. P. 63. 1. 372; 25 mai 1880, aff. Comp. d'assur. *la Gironde*, D. P. 81. 1. 9). Sans doute, le délaissement est en lui-même indivisible; mais il n'a pas ce caractère, si on l'envisage dans ses effets à l'égard des assureurs. Vis-à-vis de ceux-ci, il se répartit dans la proportion de leurs engagements. Le délaissement n'est pas autre chose que l'accomplissement d'une condition justificative de la demande à laquelle il se rattache; l'action en validité n'est pas une demande distincte, mais un moyen d'établir le bien fondé de l'action mobilière en payement de la somme assurée. Or cette dernière action est essentiellement divisible et le degré de juridiction doit être déterminé, non par les arguments présentés à l'appui de la demande, mais par la quotité de cette demande elle-même (V. Req. 20 mars 1860, aff. Bouquet, D. P. 60. 1. 273).

2178. Les parties peuvent, en matière d'assurances, déroger par convention particulière à la compétence établie par les lois de procédure, tant pour éviter les contestations sur la compétence qu'en raison de l'intérêt qu'ont les compagnies de concentrer sur un même point tout le contentieux de leurs opérations. On peut, par conséquent, attribuer juridiction au juge du domicile élu (V. Trib. civ. Seine, 23 juill. 1888, aff. Benoit, *Le Droit* du 1er août 1888). — La volonté des parties limite la portée de l'élection (Req. 12 févr. 1889, aff. Comp. *la Mutuelle de Valence*, *Gazette des tribunaux* du 12 mars 1889).

Enfin, comme en toute autre matière commerciale, l'indication du lieu de payement est attributive de juridiction (Desjardins, t. 8, n° 1661, p. 77).

§ 4. — Comment l'assuré doit justifier des avaries (*Rép.* nos 2223 à 2227).

2179. L'assuré qui élève une réclamation contre l'assureur est tenu de la justifier, en vertu du principe posé par l'art. 1315 c. civ. « Il doit, dit M. Desjardins, t. 7, n° 1478, p. 93, prouver la coexistence de toutes les circonstances nécessaires pour établir la responsabilité de l'assureur. » Et, tout d'abord, il doit établir la mise en risque. On a vu *suprà*, nos 1590 et suiv., dans quelles conditions cette preuve doit être faite. Il doit faire la preuve du chargé (V. *suprà*, nos 1830 et suiv.), du sinistre (V. *suprà*, n° 2091), de l'intérêt qu'il avait à la conservation de la chose assurée (V. *suprà*, n° 1567).

2180. On a exposé au *Rép.* n° 2225 que la preuve des avaries entre l'assureur et l'assuré n'est pas soumise à des formes précises et rigoureuses. Ici, comme en toute matière commerciale où la preuve peut être faite par témoins et par présomptions, les juges sont libres de recourir à des documents étrangers à l'instance, pourvu qu'ils soient susceptibles de devenir les éléments d'un débat contradictoire. Une enquête antérieure, notamment, un rapport d'experts rédigé en pays étranger et non affirmé (*Rép.* n° 2226), peuvent être retenus par un tribunal comme un des éléments propres à former sa conviction; il n'y aurait, en pareil cas, violation des règles relatives à la preuve testimoniale et à la forme des enquêtes que si le juge déclarait invoquer ce document comme ayant une autorité légale, et non à titre de simple renseignement. Aussi le tribunal de Marseille a-t-il pu ordonner la production d'une enquête administrative relative à la perte d'un bâtiment, et faire état de cette enquête en la comprenant dans un ensemble de présomptions prises parmi les divers éléments de la cause. La cour de cassation rejetant le pourvoi dirigé contre un arrêt de la cour d'Aix du 1er avr. 1878, qui avait confirmé le jugement ordonnant cette production, a déclaré « que cette disposition du jugement n'ayant pas pour but et pour effet de confondre l'enquête administrative avec une enquête judiciaire présentant les garanties qui lui sont propres, mais seulement de mettre l'enquête administrative au procès pour y être discutée contradictoirement comme un document quelconque, et que la cour d'Aix n'ayant fait état de ladite enquête qu'en la comprenant dans un ensemble de présomptions prises dans les divers éléments de la cause, il n'y avait aucune violation de la loi (Req. 2 avr. 1879, aff. Jullien, D. P. 80. 1. 32). Les juges ont donc, en ces matières, un pouvoir souverain pour apprécier les documents fournis par l'assuré et pour y suppléer par d'autres preuves.

§ 5. — Quelles sommes l'assuré a le droit de réclamer (*Rép.* nos 2228 à 2257).

2181. — I. CAS D'AVARIES SOUFFERTES PAR LE NAVIRE; RÉPARATIONS; DÉDUCTION DU NEUF AU VIEUX. — Il faut distinguer deux hypothèses : 1° le navire est irréparable et doit être mis en vente; 2° le navire est réparable.

2182. — *Première hypothèse.* — Il résulte des explications fournies au *Rép.* nos 2228 et 2229, que, pour évaluer les avaries qui doivent être mises à la charge de l'assureur, il faut comparer la valeur que le navire avait au lieu du départ, d'après l'estimation qui en a été faite dans la police d'assurance et, à défaut, d'après l'estimation qui en sera faite ou convenue, avec la valeur du même navire après le sinistre, défalcation faite de la diminution de valeur que le bâtiment a subie par l'effet ordinaire du temps et de la navigation. La différence entre ces deux termes de comparaison constitue le montant de l'avarie à supporter par l'assureur. Cette règle est la conséquence du principe que si l'assureur doit indemniser l'assuré des pertes qu'il a faites jusqu'à concurrence de la somme assurée, l'assuré ne peut, de son côté, rechercher et trouver dans l'assurance un bénéfice; elle est restée la base du règlement des avaries sur corps dans cette première hypothèse. Elle a été appliquée, notamment, par deux arrêts de la cour d'Aix, des 21 janv. 1857 (aff. Castelnaud, D. P. 58. 2. 62) et 10 mars 1857 (aff. Bouisson, *ibid.*), d'après lesquels, dans le cas d'action d'avaries exercée par le propriétaire d'un navire assuré qui, étant devenu innavigable par fortune de mer, a été vendu en cours de voyage pour le compte de qui de droit, l'indemnité due à ce propriétaire par l'assureur se compose, non du montant des réparations qu'eût exigées le navire et qui n'ont pas été effectuées, mais de la différence entre le prix de la vente de ce navire et l'estimation qui en avait été faite dans la police d'assurance. Ces arrêts consacraient un nouveau mode de règlement des avaries après vente du navire que venait d'adopter la cour de Bordeaux dans un arrêt du 11 févr. 1856 (aff. Amanieu, *Recueil de Marseille*, 1856. 2. 49). Le règlement après vente « s'est fait jusqu'en 1856, dit M. J.-V. Cauvet, t. 2, n° 448, d'après les mêmes errements que ceux du règlement usité pour le cas où le navire est remis en état. On procédait comme si le

---

est certain qu'elles se rattachaient à un fait unique, l'avarie des marchandises; que la responsabilité devant peser soit sur le transporteur, soit sur les assureurs, selon que l'avarie serait reconnue résulter d'une faute du transporteur ou d'une fortune de mer, cette alternative établissait, entre les deux actions, un lien nécessaire qui autorisait les destinataires à assigner les deux défendeurs devant la même juridiction;

Par ces motifs, rejette.

Du 29 juill. 1868.-Ch. req.-MM. Bonjean, pr.-Nachet, rap.-Savary, av. gén., c. conf.-Clément, av.

navire avait été réparé, on s'en référait aux rapports et devis qui se dressent habituellement avant de prononcer la condamnation du navire ; on y puisait l'état des dépenses qui auraient été effectuées si le navire avait été réparé, et l'indemnité due par les assureurs était équivalente au montant de ces dépenses, sous les déductions et les franchises convenues; la cour de Bordeaux a déclaré que... le navire ayant été vendu, la perte n'était pas dans ce que le capitaine aurait eu à dépenser s'il l'avait réparé; qu'elle était dans le préjudice occasionné à l'assuré par la vente forcée du navire; car c'était là le résultat véritable de la fortune de mer; que cette perte consistait enfin dans la différence de la valeur du navire avant les avaries avec le produit de la vente du navire après les avaries ».

La jurisprudence paraît définitivement fixée en ce sens (V. outre les arrêts précités : Trib. Marseille, 23 sept. 1856, *ibid.*, 1856. 2. 268; Bordeaux, 21 janv. 1861 (1); Trib. Havre, 1er juill. 1861, *Recueil du Havre*, 1861. 1. 137). C'est, en effet, comme le remarque M. Desjardins, t. 7, n° 1602, p. 355, remplacer la fiction par la réalité, que de s'attacher au résultat de la vente, au lieu de raisonner sur le coût des réparations reconnues impossibles. — Mais, en pareil cas, l'assuré qui bénéficie sur le fret ne peut exiger le montant de l'assurance que déduction faite des charges dont ce fret se trouve grevé, savoir : les frais de mise dehors, les vivres consommés pendant la traversée, les loyers de l'équipage, le dépérissement naturel et progressif du navire (Arrêt précité du 21 janv. 1861).

2183. — *Deuxième hypothèse.* — Lorsque, au contraire, le navire a été réparé ou doit l'être, l'assureur est tenu de rembourser à l'assuré toutes les dépenses de réparations rendues nécessaires par l'avarie, ces dépenses devant alors être considérées comme la véritable base d'évaluation de la diminution de valeur dont le sinistre a été la cause. Aux dépenses des réparations proprement dites, il faut, à la différence de ce qui a lieu en cas de délaissement, ajouter les dépenses accessoires, frais de pilotage, de port, d'expertise, de réparations provisoires, de chargement et de déchargement, les primes des emprunts contractés pour les réparations et, dans une certaine mesure, les vivres et gages de l'équipage (de Valroger, t. 4, nos 1771 et 1772).

Il faut, en revanche, déduire du prix des réparations la valeur des débris et faire la déduction du neuf au vieux (de Valroger, t. 4, n° 1769). On a vu, en effet, au *Rép.* n° 2236 que

(1) (Tandonnet C. Assureurs maritimes.) — LA COUR; — Attendu que, le navire *le Saint-Pierre* ayant été vendu à Melbourne pour innavigabilité relative, toutes les avaries qu'il avait éprouvées dans sa traversée s'effacent devant le fait de la vente, qui est le résultat définitif de la fortune de mer; qu'il ne peut être question de réparations, puisque le navire n'a pas été réparé; que le dommage est dans l'expropriation qui a dépossédé l'assuré de sa chose, et constitue une perte entière, moins le produit net de la vente; — Que cette base posée, la difficulté est de savoir si l'assuré ayant opté pour l'action d'avarie et retenant le fret, les assureurs sont tenus de lui payer, sans aucune déduction, la totalité de la somme assurée, moins le prix qu'il a reçu, c'est-à-dire le complément de la valeur qu'avait le navire au départ, ou s'ils ont le droit, par application de l'art. 19 de la police, de déduire sur ce complément un tiers pour la différence du vieux au neuf; — Attendu que si, aux termes des art. 369 et 409 c. com., le délaissement est facultatif, si l'assuré a l'option entre l'abandon et l'exercice de l'action d'avaries, cette option ne lui est donnée qu'afin qu'il puisse choisir, entre les deux actions, celle qui, eu égard aux circonstences, convient le mieux à ses intérêts et l'indemnise plus complètement, non pour lui offrir un moyen de bénéficier au préjudice de l'assureur; — Que, dans une vue d'ordre public, le législateur a voulu que l'assuré fût intéressé à la conservation de la chose; qu'il ne peut, en cas de perte, recevoir au delà du capital exposé; c'est pourquoi, il ne peut faire assurer le fret, et il doit, au cas de délaissement, l'abandonner avec le navire; que ce principe serait facilement éludé, si, lorsque le navire après avoir atteint le port de destination, est vendu pour innavigabilité relative, l'assuré pouvait, en optant pour l'action d'avarie, retenir le fret, et recevoir le montant intégral de l'assurance; que ce serait, sous une autre dénomination, opérer un véritable délaissement avec cette différence qu'en abandonnant le navire, l'assuré conserverait le fret; — Qu'alors, loin d'avoir intérêt à le faire réparer, il aurait intérêt qu'il fût vendu, ce qui serait une source d'autant plus abondante de fraudes et de procès, que, bien que le capitaine soit en droit et par la force des choses, le mandataire des deux parties, de fait il est toujours en communauté d'intérêts avec l'armateur, c'est-à-dire avec l'assuré; — Qu'on objecte que ce que gagne l'assuré, en retenant le fret, n'est que le bénéfice de sa spéculation, et ne lui donne rien de plus que ce que lui aurait rapporté une heureuse traversée; mais qu'en premier lieu, il est contraire à l'esprit de la loi que l'assuré puisse, à la suite d'un désastre qui a entraîné la perte du navire, réaliser le bénéfice que lui aurait valu un heureux voyage; qu'en deuxième lieu, c'est une erreur de dire qu'il ne fait que recueillir le fruit de sa spéculation; que le fret gagné par une heureuse arrivée n'est pas un bénéfice net; qu'il représente, indépendamment de l'intérêt du capital engagé : 1° les frais de mise hors, qui varient selon les lieux; 2° les vivres consommés dans la traversée; 3° les loyers de l'équipage; 4° le dépérissement naturel et progressif du navire; — Que cependant, l'assuré, dans le cas qui nous occupe, recevrait l'entière valeur de son navire au départ, comme s'il n'eût subi aucun dépérissement; il serait remboursé du montant des vivres mis à bord, des avances faites aux matelots, et des autres frais de mise hors, toutes choses qui sont comprises dans l'estimation donnée au navire, et il n'aurait pas à les déduire sur le fret, ou ce qui revient au même, il en serait remboursé par le fret une seconde fois; de sorte qu'un voyage qui aboutit à la perte du navire lui donnerait plus qu'il n'aurait gagné par la plus heureuse traversée; — Attendu que le cas qui donne lieu au procès est en dehors des prévisions de la loi et des prévisions de la police d'assurance; qu'en laissant à l'assuré la faculté d'exercer l'action d'avaries, encore qu'il y ait ouverture au délaissement, la loi a statué dans l'hypothèse où la chose étant détériorée aux trois quarts ou au delà, l'assuré pourrait avoir néanmoins intérêt à la conserver, non en vue de l'hypothèse où elle serait entièrement perdue; que, de son côté, la police a supposé, en ce qui concerne l'assurance sur corps, que l'action d'avaries se résoudrait en un règlement ayant pour objet de déterminer le coût des réparations et des dépenses effectuées pour remettre le navire en état; que, dans cette prévision, elle a autorisé l'assureur à déduire à forfait un tiers pour compenser la différence du vieux au neuf, sans égard à l'âge du navire et à la durée de la navigation; — Que si le navire *le Saint-Pierre*, au lieu d'être vendu à Melbourne, y avait été réparé, l'assuré serait soumis à cette déduction; qu'il semble que la vente du navire, qui est un fait étranger aux assureurs, ne peut changer leur condition; que l'assuré ayant l'avantage du choix entre ces deux actions, doit subir les conséquences prévues de l'une ou de l'autre : abandonner le fret, s'il opte pour le délaissement; subir la déduction du tiers, s'il opte pour l'action d'avaries; — Mais que, si la vente du navire n'est pas le fait des assureurs, il n'est pas non plus le fait de l'assuré, il est le résultat de la fortune de mer; — Que l'art. 19 de la police n'a pas été fait pour ce cas; qu'il suppose des réparations réellement effectuées, des objets neufs remplaçant des objets plus ou moins vieillis; — Que, d'ailleurs, dans l'espèce, à la différence de ce qui s'est présenté dans l'affaire de la *Marie-Louise* dont la vente n'avait produit que 3000 fr., le prix obtenu à Melbourne est de 90000 fr., de sorte que le complément à fournir par les assureurs est loin d'égaler ce qu'ils auraient eu à payer si le navire avait été réparé; qu'ils ne peuvent donc raisonner comme si les réparations avaient été faites, et invoquer par analogie l'application de l'art. 19 de la police; qu'il faut laisser de côté cet article et s'en tenir aux termes généraux du droit, qui ne permettent pas que l'assurance soit pour l'assuré une cause de bénéfice, ni qu'il s'enrichisse aux dépens des assureurs; — Qu'ainsi qu'on l'a dit plus haut, Tandonnet frères, en recevant la valeur totale de leur navire au départ, bénéficieraient du montant des vivres chargés à Calcutta, des avances faites à l'équipage, de tous les autres frais de mise hors, ainsi que de la somme représentant le dépérissement graduel du navire, toutes choses dont ils sont remboursés par le fret; — Qu'en ce qui concerne spécialement les vivres et les avances, ils sont nommément compris dans les objets assurés; que le navire étant arrivé à sa destination, ils ont été utilisés; que les assurés auxquels ils ont profité ne peuvent se les faire rembourser par les assureurs; — Qu'il y a donc à retrancher du complément à fournir par ces derniers la valeur de ces divers éléments, et que, la cour n'étant pas en mesure d'en déterminer le chiffre, il y a lieu de renvoyer les parties devant des experts;

Par ces motifs, dit qu'il n'échet de faire, sur la somme due par les assureurs, la déduction d'un tiers pour différence du vieux au neuf; mais qu'il y a lieu d'en déduire : 1° la valeur des vivres mis à bord du navire *le Saint-Pierre* avant son départ de Calcutta pour Melbourne; 2° les avances faites aux gens de l'équipage; 3° tous autres frais de mise hors du navire, s'il en a été fait; 4° le dépérissement naturel du navire dans sa traversée de Calcutta à Melbourne, eu égard à la durée du voyage et à l'influence du climat, et pour l'évaluation de ces divers chefs de réduction, renvoie les parties devant un ou trois experts, etc.

Du 21 janv. 1861.-C. de Bordeaux, 1re ch.-MM. de la Seiglière, 1er pr.-Faye et Goubeau, av.

l'assureur peut stipuler dans la police que les réparations du navire assuré rendues nécessaires par des accidents maritimes ne seront dues par lui que déduction faite de la différence du neuf au vieux, c'est-à-dire de la différence existant entre la valeur des objets entièrement neufs, par lesquels on a remplacé les objets détruits par le sinistre, et celle de ces derniers eux-mêmes, dans l'état de détérioration où, avant le sinistre, ils avaient été réduits par l'usage qu'on en avait fait. Cette déduction du neuf au vieux doit même, de l'avis de MM. J.-V. Cauvet, t. 2, n° 447, et Desjardins, t. 7, n° 1601, p. 352, être faite, alors même qu'elle n'aurait pas été prévue par la police. Elle est, en effet, une conséquence nécessaire de la règle qui domine toute la matière des assurances, et d'après laquelle la fixation de l'indemnité ne doit pas devenir une source de profit pour l'assuré. Autrement, le navire se trouverait muni de pièces neuves en remplacement de pièces déjà plus ou moins usées et l'assuré réaliserait de ce chef un bénéfice. — Il est, toutefois, des cas où la déduction n'est pas appliquée, c'est lorsqu'il s'agit, par exemple, d'un navire neuf ou du remplacement d'objets peu susceptibles de se détériorer. Les polices n'admettent pas de déduction dans ce cas, parce que le bénéfice est nul pour l'assuré. Leurs dispositions sont, d'ailleurs, très variables à cet égard. Tantôt elles décident, pour les navires neufs ou construits en fer, que pendant un certain temps aucune déduction ne sera faite, tantôt que cette réduction sera faite dans une proportion plus ou moins forte (Desjardins, t. 7, n° 1622, p. 384 et 385; de Valroger, t. 4, n° 1769).

2184. L'usage, à peu près général, de la clause stipulant la déduction du neuf au vieux enlève presque tout intérêt pratique à la question, fort controversée à l'époque de la publication du *Répertoire*, de savoir si les tribunaux doivent ou non suppléer cette clause d'office pour le cas où elle ne se trouverait pas dans les polices. Les éléments de cette controverse ont été développés au *Rép.* nos 2237 et suiv., et l'on a vu quels sont les motifs juridiques et d'équité qui nous ont fait considérer la règle de la différence du neuf au vieux comme devant être appliquée dans la supputation de l'indemnité due par l'assureur. Nous persistons à penser qu'il devrait être tenu compte d'office de cette différence dans le cas, d'ailleurs improbable, où l'on se trouverait en présence d'une police qui ne l'aurait pas prévue. — Cette déduction était ordinairement, ainsi qu'on l'a dit au *Rép.* n° 2239, fixée au tiers de la valeur. Mais ce n'est pas là (*Rép. ibid.*) une règle invariable. Dans le silence de la convention, les juges ne pourraient se borner à fixer la déduction du neuf au vieux au tiers de la valeur; ils devraient justifier la quotité des réductions imposées par la comparaison des objets remplacés et de ceux qui sont employés au remplacement (Desjardins, t. 7, n° 1601, p. 353).

2185. La déduction stipulée dans la police du tiers des dépenses d'avaries, pour compenser la différence du neuf au vieux, n'est applicable qu'au cas où des réparations ont été réellement faites au navire ou doivent être faites. Comme on l'a vu *suprà*, n° 2182, lorsque le navire a été vendu en cours de voyage pour le compte de qui de droit, à raison de l'innavigabilité résultant du sinistre, et qu'ainsi l'indemnité due par l'assureur se compose, non du montant des réparations que le navire aurait exigées et qui n'ont pas été effectuées, mais de la différence entre le prix de la vente de ce navire et l'estimation qui en a été faite dans la police d'assurance, cette indemnité n'est pas susceptible de la déduction du tiers, stipulée dans la police pour le cas de réparations (Trib. Marseille, 23 sept. 1856, cité *suprà*, n° 2182; Aix, 21 janv. 1857, aff. Castelnaud, D. P. 58. 2. 62; 10 mars 1857, aff. Bouisson, *ibid.*; Bordeaux, 21 janv. 1861, *suprà*, n° 2182). Le contraire avait été jugé antérieurement, par la cour de Bordeaux, le 11 févr. 1856 (aff. Amanieu, *Recueil de Marseille*, 1856. 2. 49).

2186. Suivant un arrêt, la déduction du tiers pour différence du neuf au vieux ne doit porter que sur les dépenses faites pour remettre en état le navire, et non sur les autres frais, tels que ceux de l'emprunt à la grosse et les droits de commission alloués au consignataire, loyers et nourriture des matelots pendant les réparations (Douai, 9 nov. 1847, aff. Delrue, D. P. 51. 2. 201). C'est également ce qu'enseigne M. de Valroger, t. 4, n° 1771. Mais telle n'est pas l'opinion de M. Weill, qui estime que les dépenses accessoires doivent, comme les réparations elles-mêmes, subir la réduction. Suivant un arrêt de la cour de Rennes du 11 déc. 1874 (*Recueil de Marseille*, 1876. 2. 101), les frais de séjour d'un navire dans les docks durant les réparations doivent subir la réduction du neuf au vieux comme le prix des réparations elles-mêmes (V. dans le même sens : Rouen, 11 janv. 1876, *Recueil du Havre*, 1876. 2. 10; Desjardins, t. 7, n° 1601, p. 353). « Il faut évidemment, dit M. Desjardins, pour calculer le prix d'une carène neuve, ajouter au coût des matières premières employées celui des moyens nécessairement employés pour les mettre en œuvre. » — L'opinion de M. de Valroger nous paraît préférable. En effet, la déduction de la différence du neuf au vieux repose sur cette règle d'équité, que l'assureur ne saurait payer un objet neuf, alors que l'objet perdu ou détérioré avait, en dehors de l'avarie soufferte, subi l'usure normale due à l'usage qui en avait été fait. Or il est manifeste que les dépenses accessoires, frais de contrats à la grosse, droits de commission, frais de docks, etc., ne sont pas susceptibles de subir cette usure. D'autre part, ce sont des dépenses occasionnées par l'avarie, qui en sont en quelque sorte la conséquence nécessaire. La retenue ne doit donc, à notre avis, être opérée que lorsqu'il s'agit de la réparation d'objets matériels à la suite d'avaries subies par ces objets.

2187. Pour calculer la déduction, à quelque taux qu'elle soit fixée, on doit tout d'abord retrancher du total des dépenses d'avaries, le prix provenant des débris détachés du navire par suite de l'avarie, prix qui, en effet, appartient à l'assuré et réduit le montant de sa perte. En d'autres termes, les déductions s'appliquent non au montant brut, mais au montant net des réparations (Desjardins, t. 7, n° 1601, p. 354) et la dépense dont l'assureur doit tenir compte, sauf la déduction du neuf au vieux, est celle que l'assuré aurait dû supporter si l'assurance n'avait pas existé. C'est le système qui a été consacré par la cour de cassation. La cour de Rouen, par arrêt du 4 mai 1875 (aff. Darmandaritz, D. P. 76. 1. 502), avait décidé « que les remplacements réels et effectifs ou le prix de ces remplacements doivent seuls être admis dans le règlement des avaries; que, les débris du navire constituant l'avarie elle-même, il ne doit être tenu compte de la réparation que dans la mesure exacte où elle a eu lieu; que, replacés en nature ou comptés pour leur valeur vénale, il ne faut toujours apprécier que le total de la représentation précise et fidèle de la réparation dans laquelle ils sont entrés; que, divisés en trois parts, dont deux à la charge des assureurs et l'autre à la charge de l'assuré pour compenser la différence du neuf à l'usé, le tiers formant cette différence à supporter par l'assuré ne peut être ni supérieur, ni inférieur à chacun des deux autres tiers à supporter par les assureurs comme représentant l'indemnité du préjudice éprouvé; qu'autrement la loi d'égalité qui a présidé à la convention serait ouvertement méconnue ». La chambre des requêtes a rejeté le pourvoi formé contre cet arrêt par le motif que, dans l'espèce, l'armateur ayant dû, par suite d'avarie, remplacer le doublage en cuivre du navire, l'arrêt attaqué, faisant application de la police et décidant que, du prix du cuivre neuf et de la main-d'œuvre, on déduirait d'abord le produit de la vente du vieux cuivre, et que, sur la somme restante, un tiers serait mis à la charge de l'armateur assuré pour représenter la différence de valeur du neuf au vieux, cette manière d'opérer était parfaitement conforme aux termes de la police portant que « tous les remplacements, fournitures et main-d'œuvre à la charge des assureurs supporteront un tiers de rabais sur le coût justifié au lieu où auront été faites les réparations »; qu'en effet, pour savoir ce que coûte le remplacement d'une chose par une autre, il faut déduire du prix de celle-ci la valeur de celle-là; que, d'ailleurs, du moment qu'on fixe à un tiers de la dépense brute ce qui doit rester à la charge de l'assuré comme représentation de la plus-value que reçoit sa chose, il y a là un forfait dont chacune des parties pourra profiter ou souffrir selon les cas, et qu'on ne peut pas dire que la manière d'opérer consacrée par la cour de Rouen supprime toute chance de gain pour l'assureur et procure certainement à l'assuré une indemnité qui dépasse le préjudice (Req. 15 mai 1876, aff. Darmandaritz,

D. P. 76. 1. 502. V. ... ement *Dissertation* de M. Lyon-Caen sur cet arrêt).

Un autre système suivant lequel le prix des vieux matériaux devrait revenir en entier à l'assureur a longtemps prévalu en pratique. Dans ce système, il y aurait lieu de faire d'abord la réduction pour différence du neuf au vieux sur le prix brut des réparations, puis, sur la somme ainsi obtenue, de déduire le prix de vente des matériaux si le prix avait été touché par l'assuré (Trib. Nantes, 24 nov. 1869, *Recueil de Nantes*, 1870. 1. 25; 8 nov. 1873, *ibid.*, 1874. 1. 121). Bien que ce système soit tout en faveur des assureurs, il paraît avoir été abandonné par les principales polices (de Valroger, t. 4, n° 1770; de Courcy, *Commentaire des polices*, p. 175) et, dans tous les cas, il a été expressément condamné par l'arrêt du 15 mai 1876 précité.

2188. Les polices actuellement en usage, accordent, en général, aux assureurs sur corps une franchise de 3 pour 100 sur la somme assurée pour les avaries particulières, c'est-à-dire que non seulement elles écartent les demandes d'avaries trop minimes, mais opèrent une réduction de 3 pour 100 sur l'indemnité à payer: par exemple, sur une assurance de 100000 fr., une avarie de 3000 fr. ne sera pas payée et une avarie plus considérable ne sera payée que pour les 97 centièmes de son quantum (V. de Valroger, t. 4, n° 1773; Desjardins, t. 7, n° 1622, p. 385 et suiv.). Cette disposition paraît quelque peu exorbitante. Il est même des polices, notamment celle de Paris sur corps (art. 14), qui disposent que, dans un cas donnant lieu à délaissement, si l'assureur opte pour l'action d'avarie ou l'exerce après que l'action en délaissement est prescrite, l'indemnité due pour l'assureur ne peut jamais dépasser 75 pour 100 de la somme assurée. Cette disposition a pour but d'encourager le délaissement par les assurés dans certains cas où la faculté du sauvetage rendrait l'action d'avarie plus avantageuse à l'assuré. Il en était surtout ainsi avant l'abrogation de l'art. 386 par la loi du 12 août 1885, alors que l'action d'avarie lui permettait de conserver le fret. « Le délaissement, dit M. de Courcy, *Commentaire des polices*, sur l'art. 14, est, on le sait, toujours facultatif pour l'assuré. Il entraîne le délaissement du fret (art. 386.) Si le navire fait naufrage devant le port d'arrivée, le fret pourra être sauvé en entier. L'armateur ne prenant conseil que de ses intérêts, ce qui d'ailleurs sera ici son droit, fera son compte. Pour conserver le fret, il renoncera au délaissement et n'exercera qu'une action d'avarie. Il appellera des experts qui établiront un devis des réparations... Les devis dépasseront les trois quarts de la valeur assurée, dépasseront même peut-être la somme assurée que l'armateur touchera, en vendant de plus à son profit l'épave ou en utilisant les débris dans une construction nouvelle et en encaissant le fret. Je demande si cela est juste, s'il est conforme à l'esprit de la loi et de la convention que l'armateur reçoive la totalité de la somme assurée, sans délaisser aux assureurs ni l'épave, ni le fret. Les assureurs ne l'ont pas pensé. Prévoyant le cas d'un tel calcul... ils ont... limité aux trois quarts de la somme assurée leur responsabilité en se réservant un sauvetage d'un quart. Dans cette limite les armateurs seront encore autorisés à faire leur calcul et pourront quelquefois avoir intérêt à s'abstenir du délaissement. »

2189. Comment se fera le règlement des avaries sur fret dans les assurances sur fret autorisées depuis la loi du 12 août 1885? — On a vu *suprà*, n°s 2130 et suiv., les difficultés que présente le délaissement; au contraire, le règlement des avaries est des plus simples; l'assureur devra payer à l'assuré la perte corrélative du fret qu'il aura subie. On devra, par exemple, considérer comme des avaries du fret les dépenses qui auront été faites en vue de gagner le fret, à moins que ces dépenses n'aient été faites tant dans l'intérêt de la marchandise que dans l'intérêt du fréteur. Elles ne sauraient alors rester entièrement à la charge de l'assureur du fret (Desjardins, t. 7, n° 1604, p. 358). Depuis la loi du 12 août 1885, on doit, semble-t-il, considérer comme avaries du fret pouvant être réclamées de l'assureur sur fret les dépenses de vivres et de gages extraordinaires qui ont été occasionnées par la fortune de mer (Desjardins, *ibid.*, p. 359). — En cas de perte du navire et d'assurance séparée sur fret net, on peut demander à l'assureur du fret le montant de la perte sur le fret net. — S'il y a assurance cumulative du corps, des mises dehors et du fret brut, l'assurance devra être réduite à la partie du fret qui excède le montant des mises dehors, et on procédera au règlement comme si le fret net avait été seul assuré (Desjardins, t. 7, n° 1602, p. 356 C).

2190. — II. CAS D'AVARIES SOUFFERTES PAR LA MARCHANDISE. — Il peut y avoir lieu au règlement par avaries dans le cas de perte totale, de perte partielle, ou simplement de détérioration.

2191. — 1° *Perte totale.* — Si l'assurance était limitée, l'assuré peut réclamer toute la somme assurée; mais, s'il y avait eu surélévation, la dette de l'assureur pourrait être réduite. Avant la loi du 12 août 1885, cette réduction pouvait avoir lieu, par application de l'art. 358, alors même que la surélévation agréée n'excédait pas 10 pour 100 représentant à forfait la hausse de la marchandise (Desjardins, t. 7, n° 1606, p. 360). — Depuis cette loi, la réduction ne serait plus possible que si l'assurance ne comprenait pas le profit espéré, soit parce que ce profit n'aurait pas été assuré, soit parce qu'il l'aurait été par une assurance séparée. Si le profit espéré, dit M. Desjardins, *ibid.*, n'est pas assuré séparément, l'assuré pourra soutenir que la surélévation représente exclusivement la hausse de la marchandise et l'assureur devra prouver que la règle prohibitive des assurances cumulatives a été méconnue. Dans le cas où le profit a été assuré séparément, « il faut, dit encore M. Desjardins, *loc. cit.*, appliquer l'ancienne règle, à moins que l'assurance du profit espéré ne comprenne seulement une fraction de ce profit. Mais: 1° on ne présumera pas qu'elle n'en embrasse pas l'intégralité; 2° qu'il est prouvé qu'elle laisse encore une marge, la marchandise ne sera valablement surévaluée dans la première police que jusqu'à due concurrence, et l'assurance sur facultés sera réduite en tant qu'elle enfreindra la prohibition des assurances cumulatives ». — Au cas d'assurance illimitée, l'assuré pourra réclamer le prix des marchandises évaluées au lieu du départ, conformément à l'art. 339; mais il ne pourrait prétendre à la plus-value au lieu de destination, que s'il était démontré que les parties ont entendu comprendre dans l'assurance une surévaluation correspondant au profit espéré. Si le profit avait été assuré séparément, la règle prohibitive des assurances cumulatives devrait être appliquée (Desjardins, *ibid.*).

2192. — 2° *Perte partielle.* — L'assureur doit à l'assuré une somme proportionnelle aux quantités perdues. Cette somme se calcule d'après les mêmes principes qu'au cas de perte totale.

2193. — 3° *Détérioration.* — On a dit au *Rép.* n° 2242 que le dommage résultant, pour la marchandise assurée, de la perte ou détérioration qu'elle a subie par suite d'avarie, doit être déterminé d'après le rapport existant entre la valeur que cette marchandise aurait eue au temps et au lieu du déchargement, si elles était restée dans le même état que lors du départ, et la valeur qu'elle a réellement dans l'état où l'ont réduite les fortunes de mer. — Ce mode de règlement, dit règlement *par différence*, était généralement proscrit avant la loi du 12 août 1885. Il implique, en effet, l'assurance du profit espéré, puisqu'il met l'assuré dans la même situation que si la marchandise était arrivée en bon état et si elle avait pu être vendue dans de bonnes conditions. Aujourd'hui encore, il n'est applicable que s'il y a assurance du profit espéré (Desjardins, t. 7, n°s 1605 et 1608, p. 359 et suiv.). On préférait le règlement *par quotité* (*Rép.* n° 2243). Ici encore, il s'agit de déterminer la différence entre le produit de la marchandise à l'état sain et son produit à l'état d'avarie au port de destination, mais seulement pour déterminer la proportion entre l'indemnité à payer et la valeur des marchandises, et afin d'appliquer ensuite la fraction obtenue à la valeur au départ, ou à celle indiquée dans la police s'il y a eu évaluation (de Valroger, t. 4, n° 1760; Desjardins, t. 7, n° 1608). « La cargaison, dit à titre d'exemple M. Desjardins, eût donné 100000 fr. à l'état sain et ne donne que 50000 fr., alors que la somme assurée au départ ou la valeur à la même date des marchandises assurées est de 25000 fr. La détérioration équivaut à la moitié de la valeur; cette quotité déterminée, l'assureur doit la moitié de la somme assurée, soit 12500 fr. »

2194. D'une manière générale, les avaries doivent être réglées d'après l'état dans lequel la marchandise se trouve à son arrivée à destination; les assureurs n'auraient pas le droit de demander, par exemple, qu'elle soit améliorée par un triage dans son état actuel (Trib. Marseille, 2 juin 1868, *Recueil de Marseille*, 1868. 1. 216; 8 mai 1874, *ibid.*, 1874. 1. 190; Desjardins, t. 7, n° 1609, p. 363 et 364).

2195. L'évaluation par quotité a donné lieu, comme on l'a exposé au *Rép.* n° 2243, à deux systèmes. — Suivant le premier, on doit évaluer la perte en constatant le produit brut qu'aurait fourni la vente des marchandises en état sain, et le produit brut qu'elles peuvent offrir en état d'avarie : la quotité proportionnelle de la perte est déterminée par le rapport (de moitié, de tiers, de quart, etc.) entre les deux produits. C'est ce qu'on appelle le règlement par *quotité au brut*. — Le second système ou le règlement par *quotité au net*, tout en prenant pour base d'évaluation de l'avarie, la comparaison entre les deux valeurs, saine et avariée, retranche de l'une et de l'autre valeur les dépenses faites depuis le départ, c'est-à-dire le fret, les droits de douane et les frais de débarquement.

De ces deux systèmes, le premier semble avoir définitivement prévalu en jurisprudence, et avec raison. Le second système, en effet (celui du règlement par quotité au net), aurait pour résultat de mettre à la charge de l'assureur une perte contre laquelle il n'a pas garanti l'assuré, la perte des frais et du fret. Or le fret et les frais sont des charges qui doivent rester étrangères à l'assureur, sauf convention contraire, et, dans le système du produit net, ses obligations se trouveraient d'autant plus étendues que le chiffre du fret et des frais serait plus élevé. La valeur d'une marchandise au lieu de destination se compose, pour le propriétaire, de la valeur au départ augmentée du fret, des droits de douane, de débarquement ou de magasinage à l'arrivée. Qu'on suppose une marchandise dont le *prix brut* à l'état d'avarie au lieu d'arrivée soit de 30, alors qu'il eût été de 60 à l'état sain; la quotité de l'avarie étant de moitié, l'assureur payera la moitié de la somme assurée. Si, l'on procède, au contraire, par voie de règlement au net et qu'on suppose que le fret et les frais atteignent le quart de la valeur à l'état sain, cette dernière valeur devra être réduite d'autant et n'atteindra que 45. Si on opère une même déduction sur le prix de la marchandise avariée, elle ne vaudra plus que 15, et la comparaison s'établissant, non plus entre 60 et 30, mais entre 45 et 15, donnera une avarie des deux tiers (de Valroger, t. 4, n° 1761; Weill, n° 350; Desjardins, t. 7, n° 1610, p. 365. *Adde*, dans le sens du règlement au brut : Rennes, 2 juin 1862, *Recueil de Nantes*, 1862. 1. 305; 4 févr. 1868, aff. Simon et Boitard, D. P. 69. 1. 327; 22 févr. 1878, aff. Valentine, *Recueil du Havre*, 1880. 2. 23).

2196. On a soutenu que, s'il n'y avait pas lieu, en principe, de déduire les frais de la valeur estimative des marchandises à l'état sain et à l'état d'avarie, on devait au moins faire exception pour les droits de douane et qu'il y avait lieu d'estimer ces marchandises valeur en *entrepôt* et non après payement des droits de douane, c'est-à-dire à l'*acquitté*. Cette prétention qui avait été admise par certains tribunaux (Trib. Nantes, 10 août 1867, *Recueil de Nantes*, 1868. 1. 118) a été rejetée par la cour de cassation. Elle a jugé qu'en cas d'avaries d'une partie des marchandises assurées, les marchandises avariées doivent être estimées d'après le prix produit par la vente qui en a été faite comparé au prix de la vente des marchandises non avariées, quoique les unes et les autres aient été vendues à l'*acquitté* et non pas à l'*entrepôt* (Req. 24 mai 1869, aff. Simon et Boitard, D. P. 69. 1. 327; Weill, n° 351; de Valroger, t. 4, n° 1762). « Les raisons qui ont fait admettre le règlement au brut, dit ce dernier auteur, militent également en faveur du règlement à l'acquitté. Il y a deux sortes de droits de douane. Quelques-uns sont perçus *ad valorem*, d'autres, les plus nombreux, sont *spécifiques*, c'est-à-dire se perçoivent sur la nature de la marchandise, abstraction faite de sa qualité. Lorsqu'il s'agit de droits *ad valorem* qui, comme tels, sont réduits en proportion des avaries, la proportion entre la valeur à l'état sain et la valeur à l'état d'avarie reste toujours la même, qu'on évalue les marchandises en entrepôt ou à l'acquitté... Le règlement à l'acquitté est le seul équitable, lorsqu'il s'agit de droits spécifiques se percevant sur la marchandise, abstraction faite des avaries. »

2197. D'une manière générale, la fixation de la valeur respective (ramenée ou non au net) de la marchandise avariée et supposée à l'état sain, résultera de la comparaison entre le prix de la vente, ou, à défaut de vente, entre le montant de l'estimation par experts, de la chose avariée et le prix qu'on en aurait eu s'il n'y avait pas eu d'avarie. La vente paraît être le moyen qui offre le plus de garanties, qu'il y soit procédé à l'amiable ou aux enchères publiques. Ce dernier mode peut être exigé par l'assureur (Police française sur les facultés, art. 12). D'ailleurs, en cette matière, aucune règle absolue ne paraît devoir être fixée. Aussi la jurisprudence présente-t-elle certaines variations. Ainsi, un arrêt a décidé que l'écart entre le prix d'achat payé par le destinataire à son vendeur et le prix réalisé par la vente publique de la marchandise avariée doit servir de base à l'évaluation des avaries et, par suite, à la fixation de l'indemnité due par l'assureur (Rennes, 24 janv. 1883, aff. Serpette, D. P. 85. 2. 89). — D'autre part, il a été décidé que les ventes réalisées par les assurés de la partie saine des marchandises assurées peuvent fournir une base à l'estimation de la dépréciation subie par la partie avariée, alors même que des experts nommés auraient donné à cette partie saine une valeur différente, surtout s'il s'agit d'une espèce de marchandise qui n'est pas spécialement cotée à la bourse du lieu d'arrivée; et le droit de faire adopter cette base appartient aux assureurs, alors même que leur agent aurait accepté l'expertise, s'il ne l'a fait que sous la réserve des droits résultant pour les assureurs des conditions de la police (Paris, 13 avr. 1874, aff. Bosschaerts, D. P. 76. 2. 215. V. aussi Trib. Havre, 4 déc. 1866, *Recueil de Marseille*, 1867. 2. 108). L'expertise, dans ce système, ne forme donc pas une base définitive de règlement entre l'assureur et l'assuré et ne lie pas le juge, ce qui est conforme au principe posé par l'art. 323 c. proc. civ. — Le contraire a cependant été jugé par la cour d'Aix le 16 févr. 1870 (*Recueil de Marseille*, 1870. 1. 170); suivant cet arrêt, lorsqu'une expertise a fixé la valeur d'une marchandise à l'arrivée, elle forme définitivement entre l'assureur et l'assuré la base du règlement. Nous estimons, avec M. de Valroger, t. 4, n° 1764, qu'il est plus conforme aux nécessités d'un bon règlement du litige de reconnaître aux juges une entière liberté d'appréciation. Quant aux moyens d'apprécier la véritable valeur de la marchandise, il est évidemment des cas où l'expertise sera préférable à la vente s'il s'agit de marchandises ayant plutôt une valeur de convention qu'un cours réel, tandis que, dans d'autres cas, la vente pourra seule révéler la valeur de la marchandise en l'état du marché. Dans tous les cas, l'expertise en cette matière, comme en toute autre, est destinée à fournir au juge un élément de décision qu'il ne saurait être obligé d'adopter s'il ne lui paraît équitable (c. proc. civ. art. 323) et qui peut être contesté.

2198. Quand les marchandises sont avariées en partie et qu'elles sont divisées de telle sorte qu'on puisse nettement séparer celles qui constituent la partie avariée de celle qui ne l'est pas, comme, par exemple, lorsque des marchandises de natures diverses ont été comprises dans la même assurance ou quand la marchandise se trouve dans des caisses ou en ballots, le règlement doit se faire séparément (*Rép.* n° 2251). Il en est de même lorsque la masse assurée est divisée par séries; c'est ce que décidait, d'ailleurs, l'art. 12 de la police de 1873 sur facultés (Desjardins, t. 7, n° 1609, p. 363; de Valroger, t. 4, n° 1766; Weill, n° 355). Au contraire, il y a lieu à un règlement d'ensemble, lorsqu'il s'agit de marchandises chargées en *vrac* (Trib. Marseille, 9 juin 1874, *Recueil de Marseille*, 1874. 1. 206) ou de balles de marchandises toutes plus ou moins atteintes (Trib. Marseille, 3 avr. 1860, *Recueil de Marseille*, 1860. 1. 136), ou enfin, alors même que l'assurance aurait eu lieu par séries, si l'on ne pouvait plus distinguer les séries par suite de la disparition des numéros et marques (Trib. Havre, 3 juin 1867, *Recueil de Marseille*, 1868. 2. 122). — La destruction d'un assortiment d'étoffes ou autres objets autorise-t-elle un règlement séparé? L'affirmative enseignée par Delaborde (*Rép.* n° 2253) est repoussée par M. de Valroger, cet auteur fait remarquer que l'assortiment est une augmentation de valeur qui doit entrer en ligne de compte.

2199. Lorsque les marchandises ont dû être vendues

dans un port intermédiaire, il y a lieu de comprendre dans l'avarie les pertes causées par la *mévente* des marchandises au port intermédiaire. L'évaluation de l'indemnité qui est due aux assurés, en pareil cas, a donné lieu à trois systèmes différents qui ont été exposés au *Rép.* n° 2244. De ces trois systèmes, celui qui consiste à déterminer l'avarie en comparant la valeur qu'aurait eue la marchandise au port de destination avec le produit de la vente au port intermédiaire est le plus généralement adopté en doctrine (J.-V. Cauvet, *Assurances*, n° 463 ; Droz, n° 645 ; Em. Cauvet, t. 2, n° 310 ; Weill, n° 359 ; Trib. Nantes, 3 mai 1873, *Recueil de Nantes*, 1873. 1. 262).

Cependant certaines décisions ont pris pour base du règlement de l'avarie le rapport de quotité entre les produits de la vente en état d'avarie et en état sain, constatés dans le port intermédiaire, et ont ainsi adopté le premier système exposé au *Rép.* n° 2244 (V. notamment : Rennes, 22 févr. 1878) (1). Ce mode de règlement paraît d'ailleurs parfaitement justifié si, comme le remarque M. de Valroger, t. 4, n° 1763 : 1° le port de relâche étant voisin du port de destination, les prix sont semblables ; 2° la vente ayant eu lieu sur l'ordre et par la volonté de l'assuré, celui-ci peut être réputé avoir accepté le port de relâche comme port de destination.

2200. Si le capitaine, à raison d'un blocus notamment, est obligé de revenir au port de départ avec la marchandise, l'indemnité, comme l'enseigne M. Desjardins, t. 7, n° 1611 *bis*, p. 371, doit être calculée d'après la valeur qu'aurait eue la marchandise au lieu de destination, comparée au prix du lieu de chargement; et si le chargeur paye la moitié du fret, on se trouve dans la même situation que s'il avait dû payer cette moitié dans un lieu de relâche, à raison de l'accomplissement de la moitié du voyage (V. aussi J.-V. Cauvet, t. 2, n° 464).

2201. Il n'y a pas lieu à règlement par quotité pour ce qui concerne les avaries frais, c'est-à-dire les dépenses extraordinaires faites dans l'intérêt de la marchandise. Par cela même que ces dépenses sont faites dans l'intérêt de la marchandise et pour la sauver, elles sont intégralement mises à la charge des assureurs, sur l'état qui en est dressé. Certaines franchises sont cependant d'usage en pareil cas (V. Desjardins, t. 7, n° 1612, p. 371). Les dispositions des polices varient à cet égard ; ainsi, tandis que la police de Paris sur facultés dispose qu'elles sont payées intégralement (art. 9), il est d'usage à Marseille d'étendre les franchises stipulées pour les avaries matérielles à certaines avaries frais, tels que frais de déchargement, de pelletage, etc. (Trib. Marseille, 16 mai 1869, *Recueil de Marseille*, 1869. 1. 168). Dans les assurances sur corps, la police admet quelquefois qu'il n'y a pas lieu à franchise, notamment en cas d'échouement suivi de remise à flot (de Valroger, t. 4, n° 1774).

2202. — III. Cas d'avaries communes. — Dans le cas d'avaries communes, l'assureur est tenu : 1° envers celui dont le bâtiment ou les marchandises ont été atteints par le sacrifice ; 2° envers celui pour lequel le dommage réside dans la contribution qu'ont dû subir le navire, le fret, les marchandises, le profit espéré, etc. — On a vu au *Rép.* n° 2245 que lorsque l'avarie à la charge de l'assureur est une avarie commune qui a donné lieu à une contribution, les estimations et opérations faites pour fixer cette contribution servent de base au règlement à opérer entre l'assuré et l'assureur, sans toutefois modifier en aucune manière les rapports établis entre eux par la police (*Rép.* n° 2246). Les assureurs sont en effet liés, en principe, par le règlement fait en justice par l'autorité compétente, alors même qu'ils n'y auraient pas été appelés; ils sont réputés représentés au règlement d'avaries communes par les assurés ou les représentants de ces derniers (Trib. Marseille, 24 juill. 1856, *Recueil de Marseille*, t. 25, 1. 362). Ils sont considérés, selon M. Desjardins, t. 7, n° 1614, p. 373, comme ayant en contractant donné à l'assuré pour les représenter dans ces règlements judiciaires faciles à prévoir une procuration implicite, de telle sorte que les jugements rendus contre l'assuré leur sont opposables. Mais ce mandat, en admettant l'opinion de M. Desjardins, ne peut être réputé donné que pour un règlement judiciaire ; aussi l'assureur ne serait-il pas lié par un règlement amiable (Trib. Marseille, 2 mars 1887, aff. Paquet, *Recueil de Marseille*, 1887. 1. 166). — D'autre part, le mandat ne peut être réputé avoir été donné que pour un règlement devant un tribunal compétent (Desjardins, *ibid.*, p. 373 à 374).

Les assurés toutefois agiront sagement, toutes les fois que cela sera possible, en appelant les assureurs au règlement des avaries communes. On va jusqu'à considérer, lorsque cette mise en cause est possible, l'omission d'y recourir, de la part de l'assuré, comme une faute dommageable susceptible d'engager sa responsabilité aux termes de l'art. 1382 c. civ.

2203. Les assureurs ont incontestablement le droit d'intervenir à tout règlement amiable auquel est intéressé celui qu'ils ont assuré, et aussi en première instance, à tout règlement judiciaire. En appel, ils ne peuvent intervenir pour la première fois qu'autant qu'ils seraient considérés comme n'étant pas représentés au règlement par l'assuré, et qu'ils auraient le droit de former tierce opposition contre le jugement validant le règlement d'avaries; or ce droit leur est généralement refusé (V. Desjardins, t. 7, n° 1614, p. 372 et 373).

2204. Comme on l'a dit au *Rép.* n° 2247, le règlement d'avaries communes intervenu entre l'armateur et les chargeurs détermine bien, à l'égard de l'assureur, la quotité proportionnelle de la perte éprouvée par la marchandise assurée, mais non pas la somme due par l'assureur à raison de cette perte. Après fixation de cette quotité proportionnelle, la somme représentative de la quotité à payer par l'assureur doit être calculée sur la valeur de la chose assurée au temps et au lieu du chargement, et non sur sa valeur au temps et au lieu du déchargement (Civ. cass. 10 août 1871, aff. Courtès, D. P. 71. 1. 113; Bordeaux, 29 déc. 1865, *Recueil de Marseille*, 1866. 2. 65). — Il suit de là que l'assureur ne peut jamais être tenu de contribuer aux avaries communes pour une somme plus forte que celle qu'il a assurée. Il peut même n'avoir à y contribuer que pour

(1) (Valentine C. Assureurs.) — La cour; ... — Sur le premier grief : — Considérant qu'en matière d'assurances maritimes, il est de principe que l'assureur ne doit indemniser l'assuré que du dommage résultant de la fortune de mer, et que la variation des cours sur le prix de la marchandise assurée ne peut être ni pour l'un ni pour l'autre, la cause d'une perte ni la source d'un bénéfice; que pour arriver à ce résultat, l'usage commercial, sanctionné par la doctrine et la jurisprudence, a adopté un mode de règlement, dit *par quotité ou brut*, qui consiste à déterminer le rapport entre la valeur de la marchandise estimée à l'état sain et à l'état d'avarie au port de reste et à appliquer ce *quantum* de l'avarie à la somme portée dans la police d'assurance, comme représentant la valeur de la marchandise assurée;

Considérant que c'est ainsi qu'a opéré le *dispatcher* pour établir son règlement d'avaries et que l'appelant ne conteste ni la régularité, ni l'équité de ce mode de règlement; qu'il prétend seulement qu'il n'est pas applicable à l'espèce et que les cent-quatre-vingt-onze sacs avariés ayant été vendus publiquement à Berwich, qui était un port de relâche et non un lieu de reste, il a été dépossédé de sa chose, et que cette dépossession équivaut pour lui à une perte totale, qui entraîne l'application d'un autre mode de règlement;

Considérant que si le port de Dundee était indiqué dans la police d'assurance comme étant la destination du navire, il a été convenu entre Valentine et l'agent des assureurs que le port de Berwich auquel le navire avait été obligé de relâcher à la suite des avaries arrivées en cours de voyage était substitué à celui de Dundee comme lieu de reste; que cette convention résulte à suffire d'un certificat délivré par l'agent consulaire de France à Berwich, et de la correspondance échangée entre ce dernier et Valentine, notamment des lettres des 22 et 27 mars 1875 ainsi que du télégramme du 20 du même mois, par lequel ledit Valentine autorisait la vente, et ceux des 5 et 6 avril, par lesquels il acceptait les offres des assureurs et consentait à prendre livraison des marchandises; que les connaissements ont été remis entre les mains de cet agent consulaire et qu'ils ont été déchargés et réglés à Berwich; qu'enfin, s'agissant d'avaries particulières, la vente publique des marchandises avariées, qui a été substituée à l'estimation par experts, ne peut être, pour l'assuré, un motif de réclamer le règlement par simple différence, au lieu du règlement proportionnel, qui lui a été avec raison appliqué par le *dispatcher*; ...

Par ces motifs; — Confirme, etc.

Du 22 févr. 1878.-C. de Rennes, 2e ch.-MM. Grolleau-Villegueury, pr.-Mazeaud, av. gén.-Ravenel et Grivart, av.

une somme moindre, si, par suite d'avaries particulières, la valeur réelle et première des marchandises se trouve, au port de débarquement, moins élevée qu'elle ne l'était au port d'embarquement. En effet, il ne peut rien être réclamé à l'assuré pour les marchandises qui ont, au cours du voyage, été frappées d'avaries particulières et qui, ayant disparu, n'ont pas été sauvées par le sacrifice commun, et ne participent pas dès lors à la contribution. En pareil cas, il faut combiner le règlement d'avaries particulières et celui d'avaries communes, de façon que le chargeur recouvre toute la valeur qu'il a assurée, mais rien de plus, car le surplus, s'il y en a au port de débarquement, constitue le bénéfice de l'opération commerciale que l'assurance ne couvre pas, et dont, par suite, elle ne peut être tenue de payer la part contributive dans les avaries communes. En conséquence, pour déterminer le capital à raison duquel l'assureur de marchandises chargées à bord d'un navire est tenu de contribuer à l'avarie commune, il faut retrancher de la somme assurée le montant de l'avarie particulière que ces marchandises ont subie au cours du voyage (Civ. cass. 10 août 1871, précité).

Ces solutions ne seraient plus applicables depuis la loi du 12 août 1885, si l'assurance comprenait le profit espéré; il faudrait alors tenir compte de la valeur de la marchandise au lieu de destination.

2205. Lorsque la chose assurée a été sacrifiée, la perte existe par cela seul que cette chose a été atteinte dans une proportion donnée; mais elle est diminuée, en pareil cas, du montant de la contribution qui sera attribué au propriétaire de la chose sacrifiée. Celui-ci peut-il réclamer de son assureur le montant total de la perte, ou doit-il déduire le montant de la contribution qui lui est due? Dans la pratique, on opère cette déduction et l'assuré ne réclame à l'assureur la part de contribution qui lui est due par les contribuants que si ceux-ci sont insolvables (de Valroger, t. 4, n° 1776; Em. Cauvet, t. 2, n° 345). — Mais, en droit, on doit reconnaître à l'assuré le droit de demander à l'assureur la totalité de la perte. En effet, l'assureur garantissant la perte dans la mesure de la somme assurée doit rendre l'assuré indemne, et celui-ci ne le serait pas si on lui donnait en payement une créance qu'il n'est pas sûr de pouvoir recouvrer. L'assureur est donc garant de la solvabilité des contribuables, et il n'est pas nécessaire que l'assuré attende, pour lui réclamer la somme totale que cette insolvabilité soit devenue manifeste (Em. Cauvet, t. 2, n° 345; Laurin, t. 4, p. 204; Lyon-Caen et Renault, n° 2227; Desjardins, t. 7, n° 1616, p. 376). Mais l'assureur qui a désintéressé l'assuré est subrogé à ses droits, et l'assuré serait responsable des obstacles qu'il aurait, par son fait, apportés à cette subrogation; de sorte que, si l'assuré avait rendu la subrogation impossible, l'assureur pourrait demander la déduction de la part de contribution due à l'assuré (V. Desjardins, *ibid.*).

2206. Avant la loi du 12 août 1885, l'assuré pouvait réclamer à l'assureur sur corps la part de contribution afférente à la moitié du navire et à la moitié du fret (art. 417). Sous l'empire de la loi de 1885, les droits de l'assuré sont-ils les mêmes? S'il y a assurance spéciale du fret, la contribution du fret à l'avarie commune est à la charge de l'assureur du fret. Il payera donc l'avarie jusqu'à concurrence du fret brut, si le fret a été assuré brut. Mais, en général, l'assurance du fret ne porte que sur le fret net, tandis que l'art. 417 fait porter la contribution sur le fret brut (V. *suprà*, n° 1672); on ne saurait l'obliger à rembourser la part contributive de la différence entre le fret brut et le fret net qu'il n'avait pas couverte. Comment se réglera donc la contribution sur cette différence? La considérera-t-on comme un accessoire et un élément de la valeur du navire et la mettra-t-on à la charge de l'assureur sur corps? Cela paraît impossible, à moins que telle n'ait été manifestement l'intention des parties, et il serait de leur intérêt que les polices réglassent ce point, d'autant plus qu'il semble bien, en présence des dispositions du nouvel art. 334, que le fréteur soit réputé son propre assureur pour la portion du fret (même brut) qu'il n'a pas fait assurer. Ce serait donc lui seul qui devrait supporter la part contributive de la différence entre le fret brut et le fret net.

2207. On a vu au *Rép.* n° 2250 que les frais de vente publique et d'expertise sont à la charge de l'assureur, comme accessoires de l'avarie; aussi chaque assureur n'y doit-il contribuer que dans la proportion où il contribue aux avaries. Il en est ainsi, d'après un jugement du tribunal de Marseille du 19 juill. 1874 (*Recueil de Marseille*, 1875. 1. 109), alors même que l'assuré ayant traité à l'amiable avec les autres assureurs, les constatations n'auraient eu lieu que par rapport à l'un d'eux (de Valroger, t. 4, n° 1779). — M. Desjardins estime, au contraire (t. 7, n° 1619, p. 382), que les assureurs qui n'auraient provoqué la constatation judiciaire des avaries que dans un intérêt personnel devraient seuls supporter le surcroît de dépense qu'elle entraîne. Dans tous les cas, les frais purement frustratoires qui n'auraient été occasionnés que par la négligence ou la mauvaise volonté de l'un d'eux devraient être supportés exclusivement par lui. C'est ainsi qu'un jugement du tribunal du Havre, du 9 févr. 1887 (cité par M. Desjardins, *ibid.*), a mis à la charge d'un plaideur les frais de traduction qui avaient été occasionnés par sa seule résistance à remplir ses engagements.

CHAP. 9. — Des prescriptions et des fins de non-recevoir (*Rép.* nos 2258 à 2312).

SECT. 1re. — DES PRESCRIPTIONS (*Rép.* nos 2258 à 2274).

2208. — I. PRESCRIPTION DE LA PROPRIÉTÉ DU NAVIRE. — L'art. 430 c. com. qui dispose que le capitaine ne peut acquérir la propriété du navire par voie de prescription, est, comme on l'a dit au *Rép.* n° 2258, l'application du principe de droit commun suivant lequel ceux qui possèdent pour autrui ne prescrivent jamais; aussi cet article peut-il être considéré comme inutile et avait-il été, pour cette raison, supprimé dans le projet de revision de 1867. D'ailleurs, comme le remarque M. de Valroger, t. 5, n° 2257, cette prohibition ne s'appliquerait pas au capitaine qui aurait interverti son titre et posséderait désormais le navire à titre de propriétaire, par exemple, comme l'ayant acquis de celui qui passerait pour l'héritier ou le légataire universel de l'armateur.

2209. L'art. 430 ne visant que le capitaine, il est évident que toute autre personne pourra acquérir le navire par prescription, pourvu que sa possession ait les qualités requises. Les difficultés qui s'élèvent au sujet de cette prescription, à raison du silence gardé par la loi en ce qui la concerne, ont été examinées *suprà*, nos 131 et suiv.

2210. — II. ACTION EN DÉLAISSEMENT. — L'art. 373, comme on l'a vu *suprà*, n° 2141, fixe un délai variant de six à dix-huit mois à partir de la réception de la nouvelle du sinistre pour l'exercice de l'action en délaissement, et l'art. 431 se réfère à cette disposition. Mais, si l'on rapproche ces articles de l'art. 432, d'après lequel *toute action* dérivant d'une police d'assurance est prescrite après cinq ans, à compter de la date du contrat, la question s'élève de savoir si l'action en délaissement ne pourra elle-même être intentée, alors que la nouvelle du sinistre n'est reçue qu'après l'expiration de ce délai. Quelques auteurs, notamment M. Em. Cauvet, t. 2, n° 493, pensent que l'action en délaissement pourra toujours être exercée dans les délais de l'art. 373, que la nouvelle du sinistre soit ou non parvenue à l'assuré dans les cinq ans qui suivent le contrat. Mais cette opinion n'est pas suivie généralement. « Si l'on a entendu soumettre à une prescription plus courte l'action en délaissement, dit M. de Valroger, t. 5, n° 2261, on n'a pas imaginé qu'une action quelconque dérivant d'un contrat d'assurance pût être exercée cinq ans après la date de ce contrat » (V. conf. Droz, n° 670; Desjardins, t. 8, p. 168 et 169). Dans ce système, l'action en délaissement peut se trouver éteinte avant l'expiration du délai de cinq ans fixé par l'art. 432; mais elle ne saurait dans aucun cas être intentée passé ce délai.

2211. — III. ACTIONS DÉRIVANT D'UN CONTRAT A LA GROSSE ET D'UN CONTRAT D'ASSURANCE. — On a vu au *Rép.* n° 2259 qu'aux termes de l'art. 432 c. com. toute action dérivant d'un contrat à la grosse ou d'une police d'assurance est prescrite après cinq ans à compter de la date du contrat. La prescription de l'art. 432 est applicable à toutes les actions dérivant d'un contrat à la grosse, sans qu'il y ait à distinguer suivant que le terme est plus ou moins éloigné (Trib. Marseille, 8 juin 1874, *Recueil de Marseille*, 1874. 1. 205). Les parties ne peuvent, en effet, déroger à cette règle et proroger, au moment où le contrat se forme, la durée légale de l'action; ce serait renoncer à une prescription non encore acquise, et contrevenir ainsi à l'art. 2220 c. civ. (V. Paris, 30 nov. 1887, aff. *la Réassurance*, *Recueil de Marseille*, 1888. 2. 99; Desjardins, t. 8, n° 1694).

2212. Les dispositions de l'art. 432 sont-elles opposables à l'action formée contre tout copropriétaire du navire, fût-ce le capitaine, par un autre copropriétaire, en payement de sa part dans les billets de grosse dont ce dernier aurait effectué le remboursement? La négative a été jugée par le motif qu'une telle action a le caractère d'une demande en règlement de compte entre copropriétaires d'un navire, action qui n'est prescriptible que par trente ans (Aix, 23 déc. 1870, aff. Penglar, D. P. 72. 2. 54). On peut, d'ailleurs, y voir aussi une action *mandati contraria*, qui échapperait également à la prescription de cinq ans.

2213. La prescription de l'art. 432 s'applique à toute action dérivant d'un contrat d'assurance, c'est-à-dire aux actions en payement de la prime, en indemnité pour rupture du contrat en nullité ou en réduction de l'assurance. S'applique-t-elle également à l'action en restitution dirigée par l'assureur contre l'assuré, en cas de déclaration inexacte des assurances au moment où l'assuré opère le délaissement ou demande le payement de la prime? M. de Valroger, t. 5, n° 2261 *in fine*, estime que la prescription de cinq ans pourra être opposée à l'assureur, s'il n'y a pas eu fraude de la part de l'assuré; au contraire, en cas de fraude, l'assuré ne pourrait opposer que la prescription de trente ans. M. Desjardins, t. 8, n° 1697, p. 169, n'accorde à l'assuré que la prescription du droit commun, sans distinguer s'il y a eu ou non fraude de l'assuré, et se fonde pour en décider ainsi sur ce que l'action en répétition de l'assureur ne dérive pas de la police, mais bien d'un délit ou d'un quasi-délit extrinsèque et postérieur au contrat d'assurance. C'est une action personnelle dont la prescription ne peut commencer avant qu'elle ne soit née, c'est-à-dire avant que la négligence ou la mauvaise foi de l'assuré n'ait fait naître cette action nouvelle, en conférant à l'assureur un droit à restitution, exclusivement issu de cette faute. Tel est aussi notre avis.

2214. La prescription quinquennale édictée par l'art. 432 s'applique en matière de réassurance. Spécialement, l'acte par lequel une société d'assurances maritimes assure l'armateur d'un navire, moyennant une prime fixe, contre le risque des cotisations qui peuvent être dues par ce dernier à une société d'assurances maritimes mutuelles dont il est membre, formant non une simple convention de garantie, mais un contrat de réassurance, l'action de l'armateur qui a stipulé cette réassurance à fin de remboursement des cotisations constituant le risque qu'il a réassuré, se prescrit par cinq ans, conformément à l'art. 432 c. com., et non par trente ans (Civ. rej. 3 déc. 1860, aff. Labirigoyen, D. P. 61. 1. 30 ; 11 nov. 1862, aff. Lechevallier, D. P. 62. 1. 487. V. aussi Paris, 30 nov. 1887, cité *suprà*, n° 2211; Aix, 14 janv. 1889) (1). Mais on ne saurait voir un contrat de réassurance dans la convention par laquelle une compagnie d'assurances maritimes réassure d'une manière générale tous les risques maritimes acceptés par une autre compagnie dans des proportions et conditions convenues ; c'est là un contrat particulier participant à la fois de l'assurance, de la société et du mandat. En conséquence, la prescription applicable à une pareille convention est la prescription ordinaire de trente ans, et non la prescription abrégée de cinq ans (Montpellier, 15 mai 1872, aff. Comp. *l'Afrique française*, D. P. 74. 2. 165, et sur pourvoi, Civ. rej. 25 févr. 1874, D. P. 76. 1. 7. — V. toutefois : Aix, 14 janv. 1889, précité).

2215. Il y a lieu d'appliquer la prescription de l'art. 432 en matière d'assurances mutuelles, et spécialement aux demandes en payement ou en restitution des cotisations dues ou indûment perçues, en vertu d'une police d'assurances mutuelles. La cour de cassation a, il est vrai, refusé d'appliquer la prescription de cinq ans en matière d'assurances mutuelles terrestres (Civ. cass. 1er févr. 1882, aff. Thillaye, D. P. 82. 1. 99. V. *suprà*, v° *Assurances terrestres*, n° 271). Mais elle juge qu'en matière d'assurances maritimes, les termes de l'art. 432 sont trop absolus et exclusifs de toute distinction, pour qu'il y ait lieu d'y faire une exception, et la prescription *quinquennale* doit être appliquée à toute action qui prend sa source dans un contrat d'assurance mutuelle ou à prime fixe. On objecterait vainement qu'il s'agit là, non pas d'une action entre assureurs et assurés, mais d'une action entre associés, soumise à la prescription trentenaire (Req. 30 avr. 1862, aff. Perdereau, D. P. 62. 1. 528).

2216. Les polices d'assurances peuvent très licitement fixer un délai plus court que celui de l'art. 432 pour la

(1) (*Lloyd français C.* Réassureurs.) — LA COUR; — Considérant que les contrats de réassurance sont soumis aux mêmes règles que les contrats d'assurance; que notamment la prescription quinquennale de l'art. 432 c. com. s'applique indistinctement aux actions dérivant d'une police de réassurance comme d'une police d'assurance; qu'en fait, les polices de réassurance passées entre les parties ont pris fin, d'un consentement commun, par avenant de résiliation du 21 juin 1880, qui a fixé le jour de cette résiliation au 1er juillet suivant; qu'à partir de cette date, aucune application nouvelle en vertu des polices de réassurance n'a plus eu lieu; — Considérant, néanmoins, que l'action en règlement d'indemnité formée par la compagnie demanderesse n'a été introduite que par exploit du 5 août 1885, c'est-à-dire plus de cinq ans même après la résiliation consommée; que la déchéance de l'art. 422 est repoussée pour cette raison que les conventions constatées par la police du 12 avr. 1880 constitueraient non un contrat de réassurance proprement dit mais un contrat particulier *sui generis* participant tout à la fois de l'assurance de la société et du mandat, et soumis pour toutes les opérations qui s'y rattachent à la prescription de trente ans; — Mais considérant que, pour déterminer la nature juridique d'un contrat, il n'y a pas lieu de s'arrêter aux circonstances accessoires, accidentelles, qui ne touchent pas au fond même des accords et n'en modifient pas la substance; qu'ainsi il importe peu, dans l'espèce, que les polices aient été désignées sous la dénomination de police d'abonnement équivalente à cette autre expression *polices flottantes* qui sert dans l'usage à caractériser l'une des variétés de l'assurance dite *in quo vis*; qu'il n'échet non plus de tenir compte de la bonification d'un tant pour cent consenti par le réassureur à l'assureur; que cette bonification n'a pas d'autre caractère que celui d'un courtage ou d'une rémunération, pour menus frais; que l'existence d'un compte courant ne modifie en rien les rapports juridiques, alors que ce compte courant ne comprend d'autres éléments que des règlements de primes d'une part, d'indemnités d'autre part; — Considérant, au contraire, que la situation du *Lloyd français* vis-à-vis de ses réassureurs ne se distingue par aucun côté de celle d'un assuré ordinaire vis-à-vis de son assureur; qu'il n'existe aucun profit commun, aucune association de gains ni de pertes, que les intérêts sont distincts; que les réassureurs n'ont pour débiteur des primes que la compagnie assurée; que l'insolvabilité des clients du *Lloyd français* ne les touche pas et reste pour compte de ce dernier seul; — Considérant qu'aucun mandat impliquant une gestion générale d'affaires communes n'a été donné par le réassureur au *Lloyd français*; que celui-ci n'a rempli à l'égard de ceux-là d'autre office que celui d'un agent chargé de procurer des polices d'assurance, que chaque risque comporte un avenant régulier d'application en tous points semblable à l'avenant entre un négociant ordinaire et son assureur direct pour les polices flottantes; que des règlements de compte de primes et de sinistres s'opèrent par l'intervention d'un courtier; — Considérant que ces divers éléments sont essentiellement caractéristiques du contrat de réassurance prévu par l'art. 342 c. com.; que, par conséquent, la prescription applicable est seule spéciale à toute action, dérivant d'une police d'assurance véritable (c. com. art. 432);

Sur la dispense de délai et formalités judiciaires accordée par la police du 12 avr. 1880, aussi bien que sur les prétendus actes d'interruption de la prescription ou de renonciation : — Adoptant les motifs des premiers juges;

Sur le serment déféré : — Considérant que la prescription est un moyen de se libérer qui dispense de toutes preuves celui au profit duquel il existe; qu'aucune preuve n'est admise contre la présomption légale qui en découle, à moins que cette preuve n'ait été réservée par la loi; — Considérant que l'art. 432 ne donne pas au créancier le droit de déférer le serment à son débiteur; qu'il n'appartient point aux juges d'admettre contre la prescription une exception non expressément prévue; que l'admission de cette preuve serait non seulement contraire au texte, mais encore à l'esprit de l'art. 432 dont le but a été d'amener dans un court délai le règlement des difficultés qui se rattachent à l'exécution des polices d'assurances et de protéger l'assureur contre des réclamations tardives d'un contrôle rendu impossible;

Par ces motifs; — Sans s'arrêter au serment déféré, confirme sur le moyen tiré de la prescription le jugement dont est appel.

Du 14 janv. 1889.-C. d'Aix, 1re ch.-MM. Ruben de Couder, 1er pr.-Grassi, av. gén.-Abram et Drujon, av.

prescription des actions qui dérivent d'un contrat d'assurance ; une telle stipulation n'aurait rien de contraire à l'art. 2220 c. civ. En effet, la disposition de cet article qui défend de renoncer à la prescription et de rendre ainsi les actions perpétuelles ne fait pas obstacle aux stipulations qui tendent à renfermer l'exercice de certaines actions dans des limites plus étroites que celles de la prescription ordinaire. Ainsi, lorsqu'on a stipulé que les actions dérivant d'un contrat d'assurances contre les risques de la navigation fluviale à l'intérieur de la France devront être exercées dans un délai plus court que celui qui est fixé par l'art. 432 c. com. pour les actions dérivant d'un contrat d'assurances maritimes, cette clause qui s'explique par la rapidité des communications à l'intérieur est licite en elle-même, et, si elle a été librement consentie, elle rentre sous l'application de l'art. 1134 c. civ. qui veut que les conventions légalement formées tiennent lieu de loi aux parties (Civ. cass. 16 janv. 1865, aff. Comp. d'assur. *l'Abeille*, D. P. 65. 1. 12 ; Desjardins, t. 8, n° 1702, p. 174 et 175).

2217. Le délai de l'art. 432 court de la date du contrat. C'est là une règle absolue, qui s'applique même en matière de réassurances (Civ. rej. 3 déc. 1860 et 11 nov. 1862, cités *suprà*, n° 2214). Mais il faut bien préciser ce qu'on doit entendre par *la date du contrat*. La difficulté ne se présente guère lorsqu'il s'agit d'une police ordinaire au voyage. En ce cas, le délai de la prescription court du jour du contrat, et non de celui où les risques sont commencés ; à moins que, d'après les termes de la convention, l'assurance ne doive commencer à courir qu'à une époque éloignée du jour où elle est contractée. Par exemple, si l'assurance était contractée le 1er janvier, pour produire effet à partir du 1er juillet, on ne saurait évidemment faire courir la prescription du 1er janvier (Desjardins, t. 8, n° 1700, p. 172). Il en est autrement lorsqu'il s'agit d'une assurance au mois ou à l'année. MM. de Valroger, t. 5, n° 2266, et J.-V. Cauvet, *Assurances maritimes*, t. 2, n° 502, enseignent qu'il y a, au point de vue de la prescription, autant d'assurances séparées que de périodes distinctes, et que la prescription ne court, pour chaque période, qu'à partir du moment où elle a commencé. On donne une solution analogue pour les cas de polices d'abonnement, en admettant qu'il y ait, en ce cas, autant d'assurances spéciales que de chargements et de déclarations d'aliment (de Valroger, *ibid.* ; Weill, n° 368 ; J.-V. Cauvet, *ibid.*).

2218. La prescription de l'art. 432 court contre les mineurs aussi bien que contre les majeurs (Rouen, 12 juill. 1850, aff. Maubou, D. P. 51. 2. 49 ; de Valroger, t. 5, n° 2267). — Le créancier ne peut, pour y échapper, déférer le serment au débiteur (Aix, 14 janv. 1889, *suprà*, n° 2214).

2219. — IV. ACTIONS POUR FRET, GAGES, LOYERS, FRAIS DE RAPATRIEMENT, NOURRITURE FOURNIE AUX MATELOTS PAR ORDRE DU CAPITAINE. — 1° *Fret.* — La prescription de l'action en payement du fret court, comme on l'a vu au *Rép.* n° 2261, d'après le texte de l'art. 433 c. com., à partir de la fin du voyage. Que faut-il entendre par *voyage fini?* D'après un arrêt de la cour de cassation le voyage fini, après lequel la prescription annale est acquise, aux termes de l'art. 433, § 1er, c. com., doit s'entendre de l'époque à laquelle le navire est entré au port d'arrivée et a été déchargé, et non de l'époque fixée pour le payement du fret (Civ. cass. 10 nov. 1880, aff. Dreyfus, D. P. 80. 1. 457. Comp. Alauzet, t. 6, n° 2356 ; Bédarride, t. 5, n° 1961 ; Dutruc, *Dictionnaire du contentieux commercial*, v° *Fret*, n° 267. V. toutefois Pardessus, n° 720).

2220. Bien que l'art. 433 ne parle que de l'action en payement du fret, il s'applique également, sans aucun doute, aux actions qui n'ont pas pour objet le fret proprement dit, mais concernent des créances accessoires et complémentaires du fret. Spécialement, la prescription dont il s'agit est applicable à l'action en indemnité formée par l'armateur contre l'affréteur pour retard dans le chargement ou le déchargement des marchandises pendant le voyage du navire ou aux lieux de charge, c'est-à-dire aux demandes de surestaries et de contre-surestaries (V. *suprà*, nos 893 et suiv. ; Civ. cass. 10 nov. 1880, cité *suprà*, n° 2219). En effet, l'indemnité ainsi désignée n'est, à vrai dire, qu'un supplément ou un accessoire du fret, comme le remarque M. Laurin, t. 2, p. 152 et 153, et comme l'exprime également l'arrêt du 10 nov. 1880 (V. les conclusions de M. Desjardins, D. P. 80. 1. 457).

Mais la prescription de l'art. 433 ne s'applique pas à toutes autres actions qui peuvent naître entre le fréteur et l'affréteur, alors même qu'elles dériveraient de la charte-partie; par exemple, à l'action pour substitution de marchandises dangereuses aux marchandises primitivement assurées. Ces actions ne s'éteignent que par la prescription trentenaire (Desjardins, t. 8, n° 1708 *bis*, p. 183 et 184).

2221. Faut-il, comme le pensent MM. Lyon-Caen et Renault, t. 2, n° 1997, appliquer la prescription d'un an aux actions du capitaine pour contributions d'avaries? Nous ne le pensons pas. En effet, la prescription de l'art. 433 est de droit étroit et ne peut être étendue à des actions autres que celles qui sont énumérées par cet article. Or on ne peut assimiler l'action intentée par le capitaine, pour une contribution qui peut lui être due, à un supplément de loyer et, par conséquent, la regarder comme une action accessoire du fret (de Valroger, t. 5, n° 2277 ; Desjardins, t. 8, n° 1708 *bis*, p. 185).

2222. — 2° *Gages et loyers.* — L'administration de la marine comprend, dans l'intérêt des gens de mer, deux services distincts établis sous les noms de *caisse des gens de mer* et *de caisse des invalides de la marine*, chargés de servir d'intermédiaires entre les marins dispersés sur tous les points du globe et leurs familles, de faire payer à celles-ci les secours qui leurs sont alloués et aux marins eux-mêmes les salaires qu'ils ont acquis (V. *Organisation maritime ;* — *Rép.* eod. v°, nos 278 et suiv.). Il en résulte que c'est le plus souvent par l'administration de la marine qu'est exercée l'action en payement des gages et loyers, comme celle en payement des frais de rapatriement. Or on a exposé au *Rép.* n° 2262 que la prescription édictée par l'art. 433 s'applique à tous les gages et loyers dus aux officiers comme aux marins, sous quelque forme qu'ils aient été convenus. On en a conclu que cette prescription est opposable à l'administration de la marine agissant tant au nom des matelots eux-mêmes que dans son intérêt direct, comme représentant la caisse des invalides de la marine (Aix, 13 août 1859, aff. Aquarone, D. P. 60. 2. 86) ; et notamment à l'action de l'Etat en payement des salaires dûs aux matelots et de la retenue opérée sur lesdits salaires au profit de la caisse des invalides (Rennes, 8 mars 1869, aff. Allard, D. P. 70. 2. 196-198). — Toutefois, la prescription annale établie par l'art. 433 cesserait d'être opposable à l'administration de la marine, si celle-ci avait avancé les salaires dus aux matelots, notamment dans le cas prévu par la circulaire du 3 janv. 1886 (*Bull. off. marine*, 1886, t. 1, p. 36) et en réclamait le remboursement au propriétaire du navire après l'expiration de l'année. En pareil cas, en effet, l'administration de la marine doit être considérée comme un tiers qui a fait le payement pour le compte de l'armateur ; or la prescription de l'art. 433 n'est pas applicable à l'action en remboursement des loyers qui auraient été payés soit par le capitaine, soit par un tiers pour le compte de l'armateur. Cette action, en effet, prend sa source dans un contrat de droit commun, le mandat où la gestion d'affaires (Larombière, *Obligations*, t. 3, art. 1236 ; Aubry et Rau, t. 4, § 316, note 7 ; Demolombe, *Traité des contrats*, t. 4, n° 81), et on ne peut lui appliquer par voie d'analogie une prescription, qui, ainsi qu'on l'a dit au *Rép.* n° 2263, ne saurait être arbitrairement étendue à des actions pour lesquelles elle n'a point été édictée (Rouen, 21 févr. 1881, aff. Sauton, D. P. 82. 2. 145).

2223. La prescription de l'art. 433 s'applique aux salaires et loyers, sous quelque forme qu'ils soient alloués aux officiers et matelots. Ainsi on l'applique non seulement aux salaires fixes, mais à la quotité du fret qui peut être conventionnellement attribué à l'équipage (V. *suprà*, n° 742) et aux salaires aléatoires, tels que le chapeau du capitaine, lorsque, comme la jurisprudence tend de plus en plus à l'admettre (V. *suprà*, n° 888), on peut le considérer comme un supplément de gages (Trib. Havre, 21 août 1877, *Recueil du Havre*, 1878. 2. 27 ; 10 mars 1887, aff. Capit. X..., *Revue internationale du droit maritime*, t. 3, p. 44).

2224. A partir de quel moment courra, en cas de naufrage, la prescription annale de l'art. 433? Cette question n'est pas résolue d'une manière uniforme par la jurisprudence.

On paraît convenir, en général, que, bien que le voyage doive être réputé terminé au moment du sinistre, ce n'est pas à ce moment que peut être placé le point de départ de la prescription. On applique en cette matière la maxime: *Contra non valentem agere non currit præscriptio,* et l'on admet que le cours en doit être suspendu jusqu'au moment où les intéressés sont en mesure de sauvegarder leurs droits. — Mais à partir de quelle époque doivent-ils être censés avoir pu agir? C'est sur ce point que des divergences se sont produites : le système auquel paraît s'être arrêtée la cour de cassation prend pour point de départ le moment où les gens de mer ou l'administration de la marine ont eu connaissance du naufrage. Suivant un arrêt de la chambre des requêtes du 16 juill. 1860, qui rejette le pourvoi formé contre l'arrêt de la cour d'Aix du 13 août 1859 (aff. Aquarone, D. P. 60. 1. 461), la prescription édictée par l'art. 433, à l'égard de l'action en payement des gages et loyers des gens de mer, à compter du jour où le voyage est fini, court, en cas de naufrage du navire, à partir du naufrage, le voyage étant alors réputé fini dans le sens de cet article, sauf les causes d'interruption résultant de l'impossibilité d'agir où se sont trouvés, soit les gens de mer auxquels l'action appartient, soit l'administration de la marine exerçant cette action en leur nom ou en qualité de représentant de la caisse des invalides. Si donc l'intéressé ou l'administration de la marine n'a pas eu connaissance du naufrage, la prescription ne court pas.

D'autre part, l'administration de la marine doit être considérée comme ayant pu agir du jour où le naufrage a été connu d'un consul français, ou tout au moins du ministre de la marine, et non pas seulement du jour du désarmement administratif du navire. En conséquence, c'est à partir de cette connaissance du naufrage, et non à dater du désarmement que court la prescription annale de l'art. 433, bien que les gages et loyers des gens de mer ne puissent être liquidés qu'après l'opération du désarmement, la loi n'ayant pas déclaré suspendu jusqu'à ce moment le cours de la prescription, et l'administration de la marine ou l'intéressé pouvant agir en justice, sinon pour obtenir une condamnation immédiate, du moins pour interrompre la prescription (Req. 16 juill. 1860, précité. V. encore : Rennes, 30 août 1866, aff. Allard, D. P. 68. 2. 25).

2225. Cette règle, toutefois, peut être modifiée par les conventions des parties, et celles-ci, au lieu de la fin du voyage prise pour point de départ par l'art. 433, peuvent choisir une date postérieure. Ainsi il a été jugé que, s'il avait été stipulé que les salaires des marins débarqués en cours de voyage ne seraient payés qu'au désarmement, une telle convention serait valable et obligatoire et que les gages de l'équipage constituant alors une créance à terme jusqu'au désarmement administratif du navire, ce n'est qu'à partir de ce moment que la prescription annale devrait courir (Rennes, 8 mars 1869, aff. Allard, D. P. 70. 2. 198).

Suivant une doctrine qui compte de nombreux partisans, il faudrait aller plus loin et appliquer d'une façon générale la solution consacrée par la cour de Rennes, pour le cas particulier où la convention aurait retardé le payement des salaires. Dans ce système, la prescription de l'art. 433 ne courrait, dans tous les cas, que du jour où le rôle de désarmement a été arrêté par le commissaire de l'inscription maritime. Le naufrage, dit-on, finit bien le voyage pour le navire lui-même, mais non pour le capitaine, pour l'équipage, pour l'armateur, pour l'administration; il n'est fini ni pour les matelots qui ont droit au rapatriement, ni pour l'armateur qui a encore des comptes à régler, des engagements à remplir: les éléments matériels dont se composait le navire ont pu périr, il reste des hommes à ramener au point de départ, une opération commencée à terminer, des intérêts compromis à dégager, autant que le permet le nouvel état de choses. Donc, au sens de l'art. 433, le voyage fini, c'est le voyage accompli par le règlement de toutes les opérations qu'il engage. Or cette fin véritable du voyage est constatée par la clôture du rôle de désarmement. C'est un acte administratif qui est la conséquence et le complément du rôle d'armement, dressé dans les mêmes formes au départ, acte qui est dressé en présence de l'armateur, constate le règlement de ses comptes avec l'équipage et l'administration, et constitue l'accomplissement des opérations et des engagements que le voyage comportait. La date de cet acte est donc bien celle de la fin du voyage et le point de départ de la prescription (V. Observations, D. P. 68. 2. 25, note; conclusions de M. de Raynal, D. P. 69. 1. 397; Filleau, *Traité de l'engagement des équipages*, p. 265 et suiv.; Dufour, t. 1, n° 111; Laurin, t. 1, n° 111). C'est ce qu'a jugé également la cour de Rouen le 12 août 1863 (V. *suprà*, n° 804). Telle est aussi l'opinion adoptée par MM. Desjardins, t. 8, n° 1709 *ter*, p. 192, et de Valroger, t. 5, n° 2285.

Dans tous les cas, la prescription annale établie par l'art. 433 c. com. ne peut être opposée par l'armateur lorsque, par suite de l'absence de nouvelles du navire depuis un temps plus ou moins long, il y a impossibilité de déterminer l'époque à laquelle le voyage a pris fin et, par suite, le point de départ de cette prescription (Req. 20 févr. 1872, aff. Caffarena, D. P. 72. 1. 364).

2226. — 3° *Frais de rapatriement.* — La prescription annale pourrait être également opposée aux marins réclamant eux-mêmes directement leurs frais de rapatriement, comme étant des accessoires des loyers, frais mis à la charge de l'armateur par le nouvel art. 258 (L. 12 août 1885). Mais cette prescription ne saurait être opposée à l'administration de la marine qui a opéré elle-même le rapatriement des marins et en réclame les frais à l'armateur (Civ. cass. 27 et 28 nov. 1866, aff. Zizinia, et aff. Souchet, D. P. 66. 1. 499). La prescription trentenaire peut donc seule être invoquée contre l'administration de la marine qui actionne l'armateur en remboursement des frais de nourriture, de traitement dans les hôpitaux, de sépulture ou de rapatriement en France des marins ou gens d'un équipage (*suprà*, n°s 803 et suiv.). Elle a le même point de départ que celle en payement des gages et loyers (V. *suprà*, n°s 2316 et suiv.).

2227. — 4° *Nourriture fournie aux matelots par ordre du capitaine.* — Au nombre des actions auxquelles s'applique la prescription annale de l'art. 433, il faut encore ranger l'action en payement de la nourriture fournie aux matelots par ordre du capitaine (*Rép.* n° 2261, art. 433 n° 3). Il s'agit ici des fournitures qui peuvent être faites aux matelots à terre, pendant le séjour du navire dans un port, et non de celles faites pour le navire. — Mais, pour que cette prescription soit applicable, il faut que les fournitures de vivres, la nourriture donnée, l'aient été par ordre du capitaine. L'action que les hôteliers, aubergistes, cafetiers, etc., pourraient avoir à exercer contre les gens de mer pour des fournitures qu'ils leur auraient faites directement, serait prescrite suivant les termes du droit commun.

2228. — V. ACTIONS POUR FOURNITURES ET POUR SALAIRES D'OUVRAGES NÉCESSAIRES AU NAVIRE. — Comme nous l'avons exposé au *Rép.* n° 2265, la prescription édictée par l'art. 433 n'est opposable qu'aux fournisseurs du navire. Elle ne saurait être invoquée par ceux-ci contre leurs propres fournisseurs, et de même ne pourrait être opposée aux consignataires ou autres qui auraient avancé au capitaine les fonds nécessaires au payement des fournisseurs (Trib. Havre, 12 mai 1874, *Recueil de Marseille*, 1875. 2. 36); ou être opposée au recours en garantie d'un des copropriétaires contre les autres (Rennes, 25 avr. 1882, aff. Touchet, D. P. 84. 1. 163). Le point de départ de la prescription est différent, suivant qu'il s'agit d'une fourniture isolée, par exemple d'un mât, de voiles, etc., ou d'un ensemble de matériaux payables en bloc; dans le premier cas, la prescription court du jour où l'objet a été fourni, dans le second, du jour de la dernière fourniture.

2229. L'action en payement pour salaires d'ouvriers et pour ouvrages faits est prescrite par un an après la réception des ouvrages. Le propriétaire du navire ne peut donc opposer aux ouvriers la prescription de six mois de l'art. 2271 c. civ. Il n'y a pas ici à distinguer entre les ouvriers qui ont travaillé à la journée et ceux qui ont soumissionné l'entreprise de certains travaux déterminés. — Mais quel sera, en ce qui concerne les premiers, le point de départ de la prescription? L'expression *ouvrages faits* employée par l'art. 433 fait naître une certaine hésitation. On s'accorde à reconnaître qu'il faut l'entendre en ce sens que la prescription court du moment où les journées sont payables, la prescription ne courant en principe qu'à partir de l'exigibilité de la créance (de Valroger, t. 5, n° 2295; Desjardins, t. 8, n° 1712, p. 195).

2230. Enfin l'art. 433 ne s'applique aux demandes formées pour fournitures et ouvrages faits qu'autant qu'il s'agit d'un bâtiment de mer : la prescription qu'il édicte ne serait pas applicable, s'il s'agissait d'un bateau destiné à la navigation fluviale ou à de simples gabarres destinées au service intérieur d'un port. La prescription serait alors celle de l'art. 2271 c. civ. (Desjardins, t. 8, n° 1712, p. 195).

2231. — VI. ACTION EN DÉLIVRANCE DES MARCHANDISES. — On a vu au *Rép.* n° 2266, qu'aux termes de l'art. 433 c. com., l'action en délivrance des marchandises se prescrit par un an à compter de l'arrivée du navire. L'arrivée du navire, c'est-à-dire l'accomplissement du voyage, est donc une condition nécessaire pour que cette prescription spéciale soit encourue. Et, comme les déchéances sont de droit étroit et ne s'étendent pas d'un cas à un autre, la cour de cassation a jugé que la prescription annale établie par l'art. 433 c. com., quant à l'action en délivrance des marchandises chargées sur un navire, ne s'applique pas à l'action en indemnité pour avaries subies par la marchandise (Req. 12 janv. 1870, aff. Compagnie transatlantique, D. P. 70. 1. 306; 1er juin 1870, aff. Compagnie transatlantique, D. P. 71. 1. 109). Il en est ainsi, spécialement, de l'action en réparation des avaries souffertes par une marchandise dont le retrait a été opéré par l'expéditeur en cours de voyage (Arrêt précité du 12 janv. 1870); ou de l'action en réparation d'avaries souffertes, au port de charge, par une marchandise immédiatement retirée par l'expéditeur (Arrêt précité du 1er juin 1870); ou de l'action en restitution du prix de marchandises vendues par le capitaine dans l'intérêt du chargeur (Trib. Nantes, 20 janv. 1875, *Recueil de Nantes*, 1875. 1. 54). — M. de Valroger, t. 5, n° 2302, considère la question comme plus délicate, lorsque les marchandises ont été vendues pour les besoins du navire ou des intéressés. Contrairement à la doctrine de M. Bédarride, n° 1962, il pense que, même après l'arrivée, la demande en payement du prix des marchandises vendues ne peut être assimilée à une demande en délivrance et ne doit être considérée que comme une demande en répétition d'avaries, soumise comme telle à la prescription du droit commun (V. conf. Trib. Marseille, 28 avr. 1879, aff. Demartini, *Recueil de Marseille*, 1879. 1. 176. — *Contrà :* Lyon-Caen et Renault, n° 1931 *bis;* Desjardins, t. 8, n° 1743, p. 197 et 198).

2232. La prescription annale de l'action en délivrance des marchandises ne pourrait plus, suivant quelques jugements, être opposée par l'armateur et ses préposés, si le capitaine avait pris les marchandises sans connaissement (Trib. Marseille, 9 mars 1871, *Recueil de Marseille*, 1871. 1. 113; Trib. Nantes, 20 janv. 1875, *Recueil de Nantes*, 1875. 1. 54). M. Desjardins combat cette doctrine (t. 8, n° 1743, p. 196). La loi, remarque-t-il, ne fait aucune distinction; peu importe que le capitaine ait enfreint un devoir et qu'il ait engagé sa responsabilité personnelle; comme le tribunal de Nantes l'a déclaré, il n'appartient pas au juge de le punir en prolongeant la durée légale de l'action qui compète à son créancier. Dira-t-on encore, avec le tribunal de Marseille, que le destinataire ne peut connaître ni le navire qui doit transporter les marchandises, ni l'époque de leur arrivée? « L'objection n'aurait de portée, répond M. Desjardins, que si la maxime *contra non valentem agere non currit præscriptio* n'avait pas été proscrite par le code civil. »

2233. De même que la prescription établie par l'art. 432 (V. *suprà*, n° 2218), celle qu'édicte l'art. 433 court contre les mineurs et les interdits aussi bien que contre les personnes capables et maîtresses de leurs droits. D'autre part, on admet que la partie qui est en droit d'invoquer cette prescription est libre d'y renoncer. La renonciation peut même, d'après un arrêt de la chambre des requêtes, être tacite et être induite par le juge des circonstances de la cause, sans qu'il soit nécessaire de les préciser (V. notamment : Req. 21 mai 1883, aff. Touchet, et aff. Gachedoit, D. P. 84. 1. 163; *infrà*, v° *Prescription civile;* de Valroger, t. 5, n° 2310).

2234. Contrairement à l'opinion soutenue au *Rép.* n° 2268, la jurisprudence paraît aujourd'hui fixée en ce sens que la prescription d'un an de l'art. 433 c. com. constitue une déchéance absolue, et non pas seulement une présomption qui puisse être détruite par la preuve contraire et contre laquelle il soit permis de déférer le serment (Civ. rej. 13 févr. 1856, aff. Tahier, D. P. 56. 1. 77; Aix, 13 août 1859, aff. Aquarone, D. P. 60. 2. 86) : « Attendu, dit l'arrêt du 13 févr. 1856, que la prescription est un moyen d'acquérir ou de se libérer par un certain laps de temps, qui dispense de toute preuve celui au profit duquel il existe; qu'aucune preuve n'est admise contre la présomption légale qui en découle, à moins que cette preuve n'ait été réservée par la loi; — Que cette règle générale est applicable à toutes les prescriptions, quelle qu'en soit la durée, à celles réglées par la loi commerciale, comme à celles prévues par la loi civile; — Que si, pour certaines prescriptions réduites qui ont paru au législateur reposer exclusivement sur une présomption de payement, il a cru devoir réserver au créancier, à titre de preuve contraire, le droit de déférer le serment au débiteur sur le fait de sa libération, cette réserve a toujours été l'objet d'une disposition expresse, limitée aux cas qu'elle a pris soin de spécifier, qui ne saurait, sous prétexte d'analogie, être étendue à d'autres cas laissés, par le silence seul de la loi, sous l'empire du droit commun et du principe absolu qui ne permet d'admettre aucune preuve contre la prescription, quand cette preuve n'a pas été réservée; — Attendu que l'exception à ce principe posée par l'art. 2275, n'est applicable qu'aux prescriptions prévues par les art. 2271, 2272, 2273 et 2274 qui le précèdent; — Attendu que l'art. 433 c. com. déclare prescrite toute action en payement des gages et loyers des officiers, matelots et autres gens de l'équipage d'un navire, un an après le voyage fini; que cet article ne donne pas au créancier le droit de déférer le serment à son débiteur; qu'il n'appartient pas au juge d'admettre contre la prescription une preuve non réservée par la loi; que l'admission de cette preuve serait non seulement contraire au texte, mais encore à l'esprit de l'art. 433 précité, dont le but a été d'amener, dans un court délai, le règlement définitif des intérêts multiples qui se rattachent à une expédition maritime, et de protéger l'armateur contre des réclamations tardives qui concernent l'armement tout entier, dont il est le seul représentant responsable vis-à-vis des tiers » (Conf. de Valroger, t. 5, n° 2311). Telle est également la solution admise en ce qui concerne la prescription de l'art. 432 (V. *suprà*, n° 2218).

2235. — VII. DES CAS OU LA PRESCRIPTION NE PEUT PLUS ÊTRE OPPOSÉE. — La disposition de l'art. 434 c. com., d'après laquelle la prescription édictée par l'art. 433 du même code ne peut avoir lieu s'il y a cédule, obligation, arrêté de compte ou interpellation judiciaire (*Rép.* n° 2269), est essentiellement limitative; en conséquence, les réserves faites par l'armateur et acceptées par l'affréteur au moment du payement, du fret de l'action en payement des indemnités auxquelles l'armateur prétend avoir droit, ne sont pas interruptives de la prescription de cette action (Civ. cass. 10 nov. 1880, aff. Dreyfus, D. P. 80. 1. 457).

2236. En effet, il faut entendre par les mots « cédule, obligation » employés par l'art. 434 tout écrit contenant la reconnaissance de la dette existante, y compris la correspondance (Montpellier, 15 mai 1872, aff. Comp. *l'Afrique française*, D. P. 74. 2. 165; Req. 19 mars 1888) (1). Et il

(1) (Bascle C. Liquidateurs Massion-Rozier et comp.) — LA COUR; — Sur le moyen unique du pourvoi, tiré de la violation des art. 433 et 434 c. com., en ce que l'arrêt attaqué a, d'une part, qualifié de cédule ou reconnaissance une lettre qui n'en possédait pas les caractères, et a décidé, d'autre part, que cette cédule, qui ne constituait pas une novation, avait pour effet, non d'interrompre la prescription annale, mais de substituer à cette prescription celle de trente ans; — Attendu, en droit, que la prescription annale de l'action en payement pour fret de navire, édictée par l'art. 433 c. com., ne peut avoir lieu, d'après l'art. 434, s'il y a cédule, obligation ou arrêté de compte, et que, par ces mots, la loi entend tout écrit authentique ou sous signature privée, quelle qu'en soit la forme, portant reconnaissance de la dette; que cette reconnaissance, intervenant avant l'accomplissement de la prescription annale, n'a pas seulement pour effet de l'interrompre et de devenir le point de départ d'une nouvelle prescription de même durée, mais qu'elle empêche la prescription annale d'avoir lieu désormais, et que, par suite, la créance n'est

ne suffirait ni d'une reconnaissance verbale (Desjardins, t. 8, n° 1715, p. 211), ni d'un simple commencement de preuve par écrit, même complété par la preuve testimoniale ou par des présomptions (Desjardins, *ibid.*). A plus forte raison de simples réserves seraient-elles insuffisantes (Civ. cass. 10 nov. 1880, cité *suprà*, n° 2235). Il en pourrait être autrement si les réserves avaient été acceptées par écrit et si elles étaient suffisamment précises pour qu'on pût leur attribuer les caractères d'une reconnaissance écrite.

2237. Les cédules, obligations ou arrêtés de compte ont-ils simplement pour effet d'interrompre la prescription, ou bien opèrent-ils novation et ne laissent-ils désormais place qu'à la prescription de trente ans? — Les auteurs paraissent toujours divisés sur cette question. Pour M. Weill, n° 375, en disant que la prescription ne peut avoir lieu, la loi entend que la prescription est interrompue; au contraire, d'après M. de Valroger, il ne s'agit pas d'une simple interruption (t. 5, n° 2316), et la prescription de trente ans devient seule opposable (V. également : Desjardins, t. 8, n° 1717, p. 213). C'est cette dernière solution qui semble prévaloir en jurisprudence. Ainsi il a été jugé que, si l'exécution de la convention a donné lieu entre les parties à un compte courant, toutes les créances comprises dans ce compte ne sont plus susceptibles que de la prescription de trente ans (Montpellier, 15 mai 1872, cité *suprà*, n° 2236; Req. 19 mars 1888, *suprà*, n° 2236); — Que le décompte des loyers par l'administration de la marine ne permet d'opposer que la seule prescription de trente ans (Trib. Nantes, 13 déc. 1883, aff. Bauthamy, *Recueil de Nantes*, 1883. 1. 61).

2238. L'interpellation judiciaire, que l'art. 434 mentionne à côté de la cédule, l'obligation ou l'arrêté de compte, n'a cependant pas les mêmes effets. Jusqu'au jugement auquel elle donne lieu, elle produit simplement l'interruption de la prescription. Mais le jugement opère novation, forme un nouveau titre, et l'action ne se prescrit plus désormais que par trente ans.

Sous le nom d'*interpellation judiciaire*, on désigne toute demande en justice, soit par voie d'assignation, soit sous forme de conclusions; mais on ne saurait assimiler à une demande en justice une citation en référé sans conclusions au fond et réclamant seulement des mesures provisoires (Civ. rej. 5 juin 1883, aff. de Béarn, D. P. 83. 1. 373). A plus forte raison, de simples pourparlers ne suffiraient-ils pas pour interrompre la prescription (Rouen, 12 juill. 1850, aff. Maubou, D. P. 51. 2. 49). — Mais la prescription annale serait interrompue, à l'égard de tous les intéressés, par l'assignation donnée au capitaine (Rennes, 20 août 1866, aff. Allard, D. P. 68. 2. 25; Civ. cass. 1er juin 1869, aff. Cauvière, D. P. 69. 1. 396); ou à l'armateur (Rouen, 16 juill. 1873, aff. Martineau, D. P. 74. 2. 174).

SECT. 2. — DES FINS DE NON-RECEVOIR (*Rép.* n°s 2275 à 2312).

2239. On a vu au *Rép.* n° 2276 que l'art. 435 c. com. déclare non recevables: 1° toutes actions contre le capitaine et les assureurs, pour dommage arrivé à la marchandise, si elle a été reçue sans protestation; 2° toutes actions contre l'affréteur pour avaries, si le capitaine a livré les marchandises et reçu son fret sans avoir protesté; 3° toutes actions en indemnité pour dommages causés par l'abordage dans un lieu où le capitaine a pu agir, s'il n'a point fait de réclamation. — Les protestations doivent être, à peine de nullité, signifiées dans les vingt-quatre heures et suivies, dans le mois de leur date, d'une demande en justice.

Ces fins de non-recevoir sont-elles d'ordre public? La négative est généralement admise. Elles sont considérées comme inspirées principalement par l'intérêt des parties (Rouen, 7 juill. 1879, aff. Louvet, *Recueil du Havre*, 1880. 2. 49; Aix, 9 févr. 1888, *Recueil de Marseille*, 1888. 1. 283; Trib. Havre, 27 mars 1888, aff. Marck Whitvill, *Recueil du Havre*, 1888. 1. 136). Elles ne peuvent être, par conséquent, ni suppléées d'office par le juge, ni proposées pour la première fois devant la cour de cassation (Civ. cass. 17 déc. 1884, aff. Bascle, D. P. 85. 1. 366). — Il résulte encore des termes de ce dernier arrêt que les parties pourraient renoncer à s'en prévaloir (Trib. Marseille, 23 juin 1884, aff. Dreyfus, *Recueil de Marseille*, 1884. 1. 239).

2240. Les fins de non-recevoir établies par les art. 435 et 436 c. com. en matière de transports maritimes peuvent, en l'absence de disposition contraire dans le cahier des charges, recevoir application devant la juridiction administrative dans les contestations relatives à des marchés de transports maritimes passés pour le compte de l'Etat. C'est ce qui résulte implicitement d'un arrêt du conseil d'Etat du 21 nov. 1884 (aff. Compagnie transatlantique, D. P. 86. 3. 52).

§ 1er. — Des protestations. — Des délais dans lequel elles doivent être faites.

2241. — I. ACTION CONTRE LE CAPITAINE OU L'ASSUREUR POUR DOMMAGE ARRIVÉ A LA MARCHANDISE. — On a vu *suprà*, n° 2231 et *Rép.* n° 2266, que la demande contre le capitaine en *délivrance* des marchandises transportées est prescrite par un an après l'arrivée du navire; on a vu également *ibid.* que l'action pour avaries subies par la marchandise est soumise à la prescription du droit commun. Mais l'art. 435 déclare cette dernière action *non recevable*, si la marchandise a été *reçue* sans *protestation*. L'absence de protestation fait naître la présomption légale que les dommages et avaries dont on se plaint tardivement n'existent point, ou du moins ne dérivent pas de la cause à laquelle on les attribue. Enfin la protestation, pour être efficace, doit, aux termes de l'art. 436, être faite et signifiée dans les vingt-quatre heures et être suivie, dans le mois de sa date, d'une demande en justice; il est à remarquer que le seul fait de la réception sans protestation de la marchandise ne saurait produire *ipso facto* la fin de non-recevoir de l'art. 435 au profit du capitaine et des assureurs, comme cela avait lieu sous l'empire de l'ancien art. 105 c. com. au profit du voiturier, lorsque la marchandise avait été reçue par le destinataire et le prix de la voiture payé (V. *suprà*, v° *Commissionnaire*, n°s 286 et suiv.). La règle des art. 435 et 436 est seule applicable en matière de transports maritimes, et les art. 105, 106 et 108 c. com. ne peuvent en aucun cas être invoqués en cette matière; la cour de cassation l'a décidé à plusieurs reprises (Civ. cass. 8 mars 1865, aff. Grosset-Grange, D. P. 65. 1. 131; 10 avr. 1865, aff. Roussel, D. P. 65. 1. 229; 1er mai 1865, aff. Colin, D. P. 65. 1. 271; 25 févr. 1868, aff. Defuidès, D. P. 68. 1. 181; 23 août 1869, aff. Judas-Seban, D. P. 69. 1. 464). — Le capitaine ne peut donc se prévaloir de ces articles (Desjardins, t. 8, n° 1724); mais on peut se demander s'il n'y aurait pas lieu actuellement de mettre les art. 435 et 436 en harmonie avec les nouveaux art. 105, 106 et 108, et de prolonger le délai de la protestation, comme on l'avait d'ailleurs proposé dans le projet de revision du code de commerce en 1867. Le délai, d'après ce projet, eût été de deux jours. Le code allemand (art. 610) accorde aussi au destinataire un délai de quarante-huit heures du jour de la réception pour provoquer la vérification des marchandises; « faute de quoi, dit-il, toutes actions à raison de la perte partielle ou de la détérioration se trouvent éteintes. Il importe peu, ajoute l'art. 610, que la perte ou les détériorations soient ou non apparentes ».

2242. Les formalités et délais des art. 435 et 436 sont évidemment motivés, comme les courtes prescriptions des art. 432 et suiv., par la nécessité de procéder sans retard et contradictoirement avec le capitaine à des vérifications et constatations qu'un ajournement rendrait difficiles ou incertaines. Il en résulte que ces formalités et délais doivent

plus prescriptible que par trente ans; — Attendu, en fait, qu'il est constaté par l'arrêt attaqué que la demande en payement de fret, formée par le liquidateur de Massion-Rozier et comp. contre le demandeur en cassation Bascle, avait pour fondement un compte rectifié que Bascle leur avait remis par lettre missive, et dans lequel il s'était lui-même débité d'une certaine somme pour location d'un navire leur appartenant; que leur créance pour fret était ainsi justifiée par une reconnaissance souscrite avant qu'une année se fût écoulée depuis la fin du voyage; — D'où il suit que la dette ne pouvait plus, à partir de ladite reconnaissance, se prescrire que par trente ans, et qu'en le décidant ainsi, l'arrêt attaqué n'a pas violé les articles de loi invoqués par le pourvoi;

Par ces motifs, rejette, etc.

Du 19 mars 1888.-Ch. req.-MM. Bédarrides, pr.-George-Lemaire, rap.-Chévrier, av. gén., c. conf.-Boivin-Champeaux, av.

être rigoureusement observés et que si, à raison de leur inobservation, l'action se trouve frappée de déchéance, il ne saurait être permis à l'expéditeur, directement poursuivi par le destinataire comme responsable d'un dommage provenant de son propre fait, pas plus qu'au destinataire lui-même, de la faire revivre, sous prétexte d'un recours en garantie contre le capitaine ou ses commettants. L'inobservation des formalités et des délais tracés par les art. 435 et 436 c. com. pour l'exercice contre le capitaine ou ses commettants de l'action en réparation du dommage arrivé à des marchandises transportées par mer, rend donc cette action irrecevable, non seulement quand c'est le destinataire qui la forme directement contre le capitaine, mais encore lorsque l'expéditeur actionne ce dernier par voie de recours en garantie, sur la demande en responsabilité dirigée contre lui par le destinataire (Civ. cass. 1er mai 1865, cité *suprà*, n° 2241).

2243. Bien que l'art. 435 ne parle que du capitaine, il ne paraît pas douteux que la fin de non-recevoir des art. 435 et 436 puisse être opposée par *l'armateur*. Le contraire a été décidé par un jugement du tribunal civil d'Alexandrie, du 12 mai 1877, par application des art. 274 et 275 du code de commerce maritime égyptien, dont les dispositions sont analogues à celles du code français (*Journal de droit international privé*, t. 5, p. 174). Suivant ce jugement, la loi n'a établi des procédures rapides que dans l'intérêt des capitaines, à raison de ce qu'ils peuvent quitter le port d'un moment à l'autre. Mais cette décision est critiquée avec raison par M. Desjardins, t. 7, n° 1733. « Les fins de non-recevoir et les courtes prescriptions, dit cet auteur, furent introduites dans l'intérêt général du commerce et de la navigation; il serait illogique de distinguer entre le préposant et le préposé. » C'est en ce sens, d'ailleurs, que la jurisprudence française est fixée (Civ. cass. 8 mars et 10 avr. 1865, 25 févr. 1868, et 23 août 1869, cités *suprà*, n° 2241; 24 janv. 1876, aff. Fraissinet, D. P. 77. 5. 44).

2244. Le capitaine ne saurait invoquer la fin de non-recevoir de l'art. 435 pour repousser une action récursoire que l'armateur exercerait contre lui à l'occasion des poursuites du destinataire ou de l'expéditeur des marchandises. Il ne s'agit pas, en effet, entre le capitaine et l'armateur, de l'exécution d'un contrat de transport maritime, mais d'un contrat de mandat, et, par suite, d'une action qui, ayant pour objet de faire rendre compte au capitaine de la manière dont il a accompli le mandat qu'il avait reçu, rentre dans le droit commun. Cette action ne peut donc tomber sous le coup de l'art. 435, qui ne doit être appliqué, comme toute disposition d'exception, qu'aux cas pour lesquels il a été édicté (Civ. cass. 17 déc. 1884, aff. Bascle, D. P. 85. 1. 367).

2245. Les dispositions des art. 435 et 436 c. com. qui déclarent non recevables toutes actions contre le capitaine, lorsque la marchandise a été reçue sans protestation dans les vingt-quatre heures et que la protestation n'a pas été suivie d'une demande en justice dans le mois de sa date, sont uniquement applicables au cas où il s'agit d'une marchandise arrivée à destination et régulièrement délivrée au destinataire. Cette déchéance n'est pas encourue lorsque la marchandise a été retirée, soit au port de départ par l'expéditeur après naufrage et qu'une expertise l'a déclarée hors d'état d'être expédiée (Req. 12 janv. 1870, aff. Compagnie transatlantique, D. P. 70. 1. 306), soit en cours de voyage, après échouement ou naufrage du navire, par le chargeur lui-même (Civ. rej. 18 et 19 mars 1878, aff. Tandonnet, D. P. 78. 1. 193). Il en est de même du cas où la réclamation aurait trait à des animaux jetés à la mer pendant la traversée (Cons. d'Et. 21 nov. 1884, aff. Compagnie transatlantique, D. P. 86. 3. 52). Mais l'action pour avaries survenues à une marchandise pendant l'opération de l'embarquement est soumise aux fins de non-recevoir et déchéances édictées par les art. 435 et 436 c. com., l'embarquement devant être considéré comme le premier acte du transport convenu (Douai, 7 févr. 1873, aff. Merlen, D. P. 74. 5. 41).

2246. Il est nécessaire, pour que la fin de non-recevoir des art. 435 et 436 puisse être opposée, que la marchandise soit arrivée à destination. Lorsque la marchandise a été transbordée au cours du voyage, le destinataire, pourvu qu'il ait protesté dans les vingt-quatre heures de la réception effective, est recevable dans son action contre le capitaine du premier navire (Trib. Marseille, 23 mai 1865, *Recueil de Marseille*, 1865. 2. 94); le transbordement ne peut, en effet, être considéré comme une réception de la marchandise (Desjardins, t. 8, n° 1727, p. 233). C'est, en définitive, sur le dernier contrat de transport qu'on se règle et que les droits et les obligations de chacune des parties sont déterminés. Ainsi, dans le contrat par lequel un expéditeur charge une compagnie de transports d'adresser un colis par terre au directeur de son exploitation des services maritimes, pour l'embarquer sur un paquebot de la Compagnie à l'adresse d'un destinataire d'outre mer, on considère qu'il y a deux expéditions distinctes, un transport par terre et un transport par mer; dès lors, si le colis a été livré en bon état au directeur des services maritimes, l'action pour les avaries survenues ensuite est soumise aux règles des transports maritimes; en conséquence, elle est éteinte si les protestations exigées par l'art. 436 c. com. ne sont pas suivies dans le mois d'une demande en justice (Civ. cass. 24 janv. 1870, aff. Alexandre, D. P. 70. 1. 101, et sur nouveau pourvoi, Ch. réun. cass. 22 juill. 1873, D. P. 74. 1. 207). Dans le cas contraire, c'est-à-dire si le transport par terre fait suite au transport maritime, on applique vis-à-vis du voiturier les art. 105 et 108 c. com., aujourd'hui modifiés par la loi du 11 avr. 1888 (D. P. 88. 4. 17) (Trib. Marseille, 28 juill. 1875, *Recueil de Marseille*, 1875. 1. 292).

2247. L'art. 435 c. com. comprend, par la généralité des expressions *dommage arrivé à la marchandise*, aussi bien le déficit dans le poids et la quantité que le dommage provenant de détérioration (Desjardins, t. 8, n° 1726, p. 226; Civ. cass. 13 févr. 1889, aff. Williams, D. P. 89. 1. 210); et la fin de non-recevoir qu'il édicte doit s'appliquer même au cas où la perte provient de détournement, lorsqu'aucun fait de fraude ou d'infidélité n'est relevé à la charge personnelle du capitaine, de l'armateur ou de leurs agents (Civ. cass. 2 juill. 1877, aff. Bacheracht, D. P. 78. 1. 57; 3 juill. 1877, aff. Moisset-Foye, D. P. 78. 1. 58). Dans les espèces sur lesquelles ont statué ces arrêts, il s'agissait de colis incomplets. La cour de cassation, dans l'arrêt précité du 13 févr. 1889, a décidé que l'art. 435 était applicable, alors qu'un certain nombre de sacs, dans un chargement, de graines étaient venus à manquer. Le demandeur prétendait que, quant à ces sacs, la présentation n'ayant pas eu lieu, la réception n'avait pas été possible, et que la déchéance n'avait, dès lors, pu être encourue. La cour n'a pas admis cette prétention et, considérant la marchandise dans son ensemble, a estimé qu'elle avait été reçue et que le dommage provenant du manquant devait être signalé dans les délais de l'art. 435. — Mais encore faut-il que la réception puisse être considérée comme ayant eu lieu, ce qui ne serait pas possible si une faible partie de l'expédition était seule remise à une époque éloignée de l'arrivée du navire et après des recherches prolongées (V Trib. com. Seine, 12 juill. 1888, *Annales de droit commercial*, t. 3, p. 12). Il en serait de même si un chargement devait être transporté par un navire désigné ou par d'autres appartenant à une même compagnie et si, à l'arrivée du navire désigné, le chargement était incomplet; l'art. 435 ne pourrait alors être opposé, parce que les quantités manquantes pouvaient arriver par les bateaux suivants (Trib. Havre, 13 mars 1888, aff. Cap. Milnes, *Recueil du Havre*, 1888. 1. 74).

2248. L'art. 435 ne serait pas applicable à l'action fondée sur un simple retard (Desjardins, t. 8, n° 1726, p. 229; Lyon, 20 févr. 1866, aff. Fougasse, D. P. 68. 1. 68). En tous cas, la déchéance ne peut être invoquée contre le destinataire qui ignorait, lorsqu'il a reçu la marchandise, les conditions du transport (Req. 13 nov. 1867, même affaire, *ibid.*).

2249. L'art. 435 n'est évidemment pas applicable au contrat de transport des passagers par mer, les personnes ne pouvant être assimilées aux marchandises; mais il s'applique aux bagages (Desjardins, t. 8, n° 1726 *bis*).

2250. C'est la réception qui sert de point de départ au délai de protestation; tant qu'il n'y a pas eu prise de possession de la marchandise au lieu de destination par le destinataire (V. *suprà*, n° 2246), ces délais ne peuvent courir. — Il faut, en outre, que la réception soit totale pour que le capitaine puisse opposer la fin de non-recevoir tirée du défaut d'accomplissement des formalités des art. 435 et 436. Ainsi, si la marchandise avait été livrée en plusieurs parties successivement, le délai de vingt-quatre heures accordé au destinataire pour signifier ses protestations ne courrait qu'à partir de la dernière livraison (Bordeaux, 12 févr. 1862, *Recueil de Nantes*, 1862. 2. 137 ; Trib. Havre, 24 juin 1876, *Recueil du Havre*, 1876. 1. 187). Il en serait également ainsi au cas où une cargaison à destination de plusieurs négociants aurait été remise à l'un d'eux chargé de la répartir entre tous; le délai de protestation ne courrait contre ces derniers qu'à dater de la répartition qui leur aura été faite (Req. 23 juin 1884, aff. Cap. Dünn, D. P. 85. 1. 65). — Comme le dit M. de Valroger, « s'il s'agissait de divers colis ou de marchandises représentés par des connaissements distincts, la remise de chaque connaissement au capitaine constituerait une réception distincte » (de Valroger, t. 5, n° 2324).

2251. Il faut que la prise de possession soit réelle. Ainsi la marchandise est réputée n'avoir pas été reçue par le destinataire, lorsque, après son débarquement, elle a été mise sous les clefs de la douane, à l'entrepôt du prohibé, comme provenant de pays étranger, et que c'est dans cet entrepôt qu'elle a été examinée par les experts et vendue aux enchères ; en conséquence, le délaissement de cette marchandise, pour avarie de plus des trois quarts, peut être fait, bien que, lors du dépôt à la douane, les protestations exigées par l'art. 435 c. com. n'aient point eu lieu (Req. 20 mars 1860, aff. Bouquet, D. P. 60. 1. 273). Mais il en serait autrement si la remise dans les entrepôts avait eu lieu en présence du destinataire (Trib. com. Seine, 26 oct. 1878, aff. Durruthy, *Recueil du Havre*, 1878. 2. 240 ; Aix, 8 janv. 1880, aff. Bourcier, *Recueil de Marseille*, 1880. 1. 191). Il a été même jugé que le dépôt en douane équivaut à la réception de la marchandise, lorsque le connaissement autorise le capitaine à effectuer ce dépôt si le consignataire ne se présente pas pour la recevoir (Trib. Marseille, 17 juin 1884, aff. Manarès, *Recueil de Marseille*, 1884. 1. 218). A plus forte raison y a-t-il présomption de droit que les marchandises ont été reçues par le destinataire, lorsqu'elles ont été, du consentement de celui-ci, débarquées et déposées dans les magasins d'un tiers (Bordeaux, 29 août 1854, aff. Salesses, Marcou et comp., D. P. 55. 2. 92).

2252. Le payement du fret, est sans influence sur la déchéance établie par l'art. 435 c. com.; en conséquence, les assureurs sont mal fondés à prétendre qu'ils sont déchargés du payement de l'indemnité due pour cause d'avaries, sous prétexte qu'en recevant la marchandise et en payant le fret sans protestation, le destinataire a perdu toute action contre le capitaine et se trouve dans l'impossibilité de leur en transférer le bénéfice (Rennes, 24 janv. 1883, aff. Serpette, D. P. 85. 2. 89).

2253. Il résulte des explications fournies au *Rép.* n°s 2283 et suiv. que la protestation exigée par l'art. 435 n'est pas assujettie à des formes sacramentelles; elle peut être remplacée par des équivalents, pourvu qu'il soit bien évident que le réceptionnaire a entendu protester et n'a pas accepté la marchandise. Ainsi le réceptionnaire qui, en prenant livraison de la marchandise, a formulé des réserves, gardé les connaissements et pris des précautions indiquant l'intention d'exercer ultérieurement un recours contre qui de droit, n'est pas déchu du droit d'agir, alors, au surplus, qu'une expertise faite à la requête de l'agent consulaire et opposable à toutes les parties avait constaté d'une manière certaine les avaries. Et, au cas où la protestation est rendue inutile par des actes qui en tiennent lieu, le délai dans lequel doit être exercée l'action à raison d'avaries court du jour où les marchandises ont été reçues postérieurement à ces actes (Bordeaux, 17 févr. 1876, aff. Tandonnet, D. P. 78. 1. 193-195). Mais de simples réserves formulées au moment de la réception des marchandises et du payement du fret ne suffiraient pas à sauvegarder les droits du destinataire et ne le dispenseraient pas de signifier sa protestation dans le délai de vingt-quatre heures (Civ. cass. 17 déc. 1884, aff. Bascle, D. P. 85. 1. 367).

2254. Le refus par le destinataire de prendre livraison, à raison de l'état de la marchandise, constitue une protestation formelle dans le sens de l'art. 435 c. com. (Civ. cass. 13 avr. 1870, aff. Brochon, D. P. 70. 1. 389 ; 7 avr. 1874, aff. Way et autres, D. P. 76. 1. 201 ; 2 juill. 1877, aff. Bacheracht, D. P. 78. 1. 57; 3 juill. 1877, aff. Moisset Foye, D. P. 78. 1. 58; Desjardins, t. 8, n° 1730, p. 235). On ne peut donc considérer comme ayant reçu la marchandise et devant, par suite, encourir la déchéance établie par l'art. 435 c. com., le destinataire qui, lors de la première apparition des avaries, au cours du déchargement, a refusé d'en prendre livraison et provoqué la désignation d'un tiers consignataire (Rennes, 24 janv. 1883, aff. Serpette, D. P. 85. 2. 89). Mais le refus du destinataire doit, à peine de nullité, être signifié dans les vingt-quatre heures et suivi dans le mois d'une demande en justice (Arrêts précités des 13 avr. 1870, 7 avr. 1874, 2 et 3 juill. 1877).

Quant à la prise de possession des marchandises par le consignataire, à la suite du refus par le destinataire d'en prendre livraison, elle ne saurait davantage être considérée comme équivalant à une réception, alors surtout qu'au moment de sa désignation, des experts avaient été nommés à la requête du capitaine et des acheteurs à l'effet de constater les avaries (Arrêt précité du 24 janv. 1883. — V. la *Dissertation* de M. Levillain sur cet arrêt).

2255. Aucune forme spéciale n'étant exigée pour la protestation prévue par l'art. 435, elle peut résulter d'une requête afin d'expertise ou du fait qu'il a été procédé à l'expertise (Civ. cass. 13 mai 1889, aff. Fanny Foucault, *le Droit* du 26 mai 1889). Mais la requête n'équivaudrait pas à la signification exigée par la loi, et il en serait ainsi de l'expertise elle-même, à moins que le capitaine n'y eût assisté (Alger, 29 nov. 1867, *Recueil de Marseille*, 1868. 2. 134; Desjardins, t. 8, n° 731).

La protestation peut être valablement faite par une déclaration devant le président du tribunal de commerce (Poitiers, 14 janv. 1863, aff. Mathieu, D. P. 63. 2. 65) ou par dépêche télégraphique (Civ. rej. 5 mars 1888, aff. Trombetta, D. P. 88. 1. 365).

2256. Vis-à-vis des assureurs, la protestation de l'assuré doit être signifiée dans le délai de l'art. 435. Mais ce n'est qu'en matière d'assurances sur facultés qu'il y a lieu de procéder ainsi, la fin de non-recevoir des art. 435 et 436 ne s'appliquant pas aux assurances sur corps (*Rép.* n° 2288 ; Laurin, t. 4, p. 208 ; Desjardins, t. 8, n° 1735). — Si les assureurs ne sont pas présents ou représentés au lieu d'arrivée, la prescription de la loi sera d'une exécution difficile (V. de Courcy, t. 1, p. 196) ; la situation n'est pas toutefois sans remède. La plupart du temps l'assureur est connu, la police accompagnant le plus souvent le connaissement ; il suffira alors de signifier la protestation, en France au maire, à l'étranger au chancelier du consulat (Desjardins, t. 8, n° 1736, p. 242 ; de Valroger, t. 5, n° 2332).

2257. L'assuré qui notifie sa protestation aux assureurs doit-il également en adresser une au capitaine dans le délai légal ? M. Desjardins, t. 8, n° 1737, p. 242, ne croit pas qu'il y soit tenu. Peu importerait, en effet, que l'assuré n'eût pas conservé ses droits contre le capitaine et l'armateur et qu'il eût empêché ainsi la subrogation des assureurs à ses droits, car les assureurs ne sauraient être assimilés à des cautions et ne peuvent être admis à invoquer un mode de libération spécial à la caution (Rennes, 24 janv. 1883, aff. Serpette, D. P. 85. 2. 89, et sur pourvoi, Civ. rej. 2 mars 1886, D. P. 87. 1. 33).

2258. Il est des cas où le capitaine perd, comme l'assureur, le droit d'invoquer la déchéance édictée par les art. 435 et 436; il en est ainsi, par exemple, lorsque le capitaine a reconnu l'existence d'avaries (*Rép.* n° 2284). Cette reconnaissance peut résulter de ce qu'il aurait provoqué une expertise pour faire constater l'état des marchandises (Req. 15 juill. 1872, aff. Valéry, D. P. 73. 1. 150). Mais une vérification des marchandises par experts, qui n'aurait pas été ordonnée contradictoirement avec le capitaine, et à laquelle il ne serait pas été légalement prouvé qu'il ait pris part, ne saurait tenir lieu des protestations exigées par l'art. 435 c. com. (Bordeaux, 29 août 1854, aff. Salesses, D. P. 55. 2. 92). De leur côté, les assureurs ne sauraient, sans compromettre leur droit, concourir à une réception ou laisser vendre une marchandise avariée, sans que les assurés leur aient signifié une protestation (Desjardins, t. 8, n° 1740 ; Trib. Marseille, 2 févr. 1871, *Recueil de Marseille*, 1871. 1. 188; 7 oct. 1872, *ibid.*, 1873. 1. 142).

2259. — II. ACTIONS CONTRE L'AFFRÉTEUR POUR AVARIES. — Le paragraphe 2 de l'art. 435 déclare non recevables toutes actions contre l'affréteur pour avaries, si le capitaine a livré les marchandises et reçu son fret sans protester (*Rép.*

n° 2290). Cet article s'applique à toutes les réclamations que le capitaine peut faire valoir soit pour avances faites dans l'intérêt de la cargaison, soit pour dommages causés au navire par la cargaison, soit pour contributions pour avaries communes (de Valroger, t. 5, n° 2339; Desjardins, t. 8, n° 1741, p. 245). « Dans l'usage, dit M. de Valroger, t. 5, n° 2341, au moins pour les avaries communes, la protestation se fait d'abord d'une manière générale au moyen du rapport, souvent appelé *protêt*, puis, d'une manière plus spéciale, dans la quittance même du fret sur le connaissement, quittance signée par le capitaine sous la réserve expresse de l'action d'avaries » (V. aussi de Courcy, t. 1, p. 202 et suiv.).

2260. Il y a controverse sur le point de savoir si l'art. 435, § 2, est applicable aux avaries particulières que certaines marchandises peuvent avoir causées à d'autres marchandises du même chargement. M. Desjardins, t. 8, n° 1741, p. 246, admet l'affirmative au cas où il ne s'agit que d'une action dirigée contre un chargeur par le capitaine, qui voudrait se prémunir contre les réclamations auxquelles pourrait donner lieu le dommage causé par le vice caché d'une marchandise à d'autres marchandises du chargement. Mais M. de Valroger va plus loin (t. 5, n° 2342) et pense que, si le capitaine a délivré la marchandise dommageable et reçu son fret sans protestation, les autres chargeurs n'auraient aucun recours contre le chargeur de cette marchandise. Ce serait au capitaine à réserver les droits des chargeurs (V. aussi Boistel, n°s 1447 et suiv.). — M. Desjardins, *loc. cit.*, repousse avec raison cette opinion. Suivant lui, il serait exorbitant d'attribuer au capitaine le mandat de vérifier chaque colis et de discerner *hic et nunc* s'il convient de protester au nom de gens qui n'auraient peut-être pas protesté pour leur propre compte. « Se figure-t-on, dit-il, le capitaine d'un grand steamer, ayant affaire à cent réceptionnaires, et contraint de se demander, sous peine d'encourir la responsabilité la plus lourde, s'il convient de sauvegarder par une nuée de protestations distinctes les droits des uns contre les autres? Enfin se figure-t-on un chargeur déchu de toute action contre ses co-chargeurs, parce que le capitaine n'ayant pas découvert les avaries (il s'agit peut-être d'avaries non apparentes) se sera croisé les bras? Il ne convient ni d'imposer au capitaine ce devoir problématique, ni de mettre dans de telles conditions les réclamateurs à sa merci ».

2261. M. de Valroger et M. Desjardins diffèrent encore d'avis sur le point de savoir si l'inobservation de l'art. 435, § 1er, peut être opposée par un réclamateur à un autre réclamateur. D'après M. de Valroger, t. 5, n° 2242, le réclamateur de marchandises non délivrées pourrait opposer au réclamateur de marchandises avariées une fin de non-recevoir par cela seul que celui-ci aurait reçu ses marchandises sans protestation, la réception sans protestation devant toujours faire présumer l'absence de dommage. M. Desjardins, t. 8, n° 1741, p. 246, est d'un avis contraire. Comme il le dit fort bien, le premier alinéa de l'art. 435 ne prévoit que les actions dirigées contre le *capitaine* ou l'*assureur* et le texte dérogeant au droit commun ne saurait être étendu. Enfin il paraît certain que la réception de la marchandise et le payement du fret ne sauraient faire obstacle au recours entre chargeurs prévu par l'art. 298.

2262. On a vu au *Rép.* n° 2290 que lorsque, dès l'arrivée du navire et avant la livraison des marchandises, il est intervenu entre le capitaine et l'affréteur une convention écrite pour le règlement des avaries, l'affréteur ne peut plus se prévaloir des art. 435 et 436. On admet qu'il n'est pas nécessaire qu'il y ait convention écrite et qu'il suffit d'un accord quelconque, pourvu que la constatation en soit possible (Desjardins, t. 8, n° 1742, p. 247). Cet accord n'est pas opposable aux assureurs qui n'y ont pas participé ou adhéré (*Rép.* n° 2291.)

2263. — III. ACTIONS POUR DOMMAGES RÉSULTANT D'UN ABORDAGE. — Suivant la doctrine enseignée au *Rép.* n° 2293, les réclamations et les significations auxquelles les art. 435 et 436 c. com. subordonnent la recevabilité de toute action en indemnité pour dommages causés par un abordage doivent être faites dans tous les cas, quel que soit le lieu où l'abordage s'est produit: peu importe que l'abordage soit survenu en pleine mer, loin de tout port; l'obligation de signifier les protestations dans les vingt-quatre heures n'en subsiste pas moins pour le capitaine, à peine de déchéance. Mais lorsqu'en raison des circonstances et du lieu de l'abordage, le capitaine s'est trouvé dans l'impossibilité d'agir, on reconnaît que le délai de la réclamation ne doit courir que du jour où le capitaine a pu agir (Rennes, 20 avr. 1880) (1). Ainsi, en cas d'abordage en pleine mer, il a été jugé que le délai pour la réclamation et la signification exigées par les art. 435 et 436 ne court, à l'égard du capitaine du navire

(1) (Capitaine Leduc et Rabillet C. Capitaine Méhouas et Godard.) — Le 17 juill. 1879, jugement du tribunal de commerce de Saint-Nazaire ainsi conçu : — « Considérant qu'il est constaté, en fait, que la chaloupe *Fleur-de-Marie*, patron Leduc, a sombré en pleine mer à plusieurs milles du feu de Hœdic, dans la nuit du 30 novembre au 1er déc. 1878, vers onze heures et demie, à la suite d'un abordage survenu entre elle et le steamer *Charles-Godard*, capitaine Méhouas; — Que Leduc et Rabillet, propriétaires de la chaloupe *Fleur-de-Marie*, imputant la responsabilité de ce sinistre au capitaine Méhouas, ont assigné ledit capitaine et le sieur Charles Godard, armateur, devant le tribunal de Saint-Nazaire, conjointement et solidairement à leur payer à titre de dommages-intérêts la somme de 12700 fr.; — Considérant que les défendeurs opposent à la demande deux fins de non-recevoir tirées des art. 435 et 436 c. com. : la première, résultant du défaut de signification de la protestation dans le délai légal; la seconde, résultant de la tardivité de la demande en justice; — Sur la première fin de non-recevoir : — Considérant que les dispositions des art. 435 et 436 c. com. sont générales et absolues; qu'elles régissent tout aussi bien le cas de perte totale du navire que les avaries partielles; qu'il n'y a pas lieu de distinguer, là où la loi ne distingue pas; — Considérant que les fins de non-recevoir établies par les articles précités reposent sur des principes dont la nécessité ne saurait être contestée; qu'il était important, dans l'intérêt du commerce et de la navigation, pour bien préciser les responsabilités, de constater sans retard la cause de l'abordage, d'en établir le carctère et toutes les circonstances; — Mais, considérant que si le délai de vingt-quatre heures imparti pour faire une réclamation et la notifier est un délai de rigueur, courant d'heure à heure, le législateur, dans sa sagesse, a voulu que ce délai ne pût courir que au moment où le capitaine du navire abordé pouvait agir; qu'il a laissé aux tribunaux le soin de déterminer, suivant les circonstances, le point de départ du délai dans lequel les prescriptions de la loi ont pu être mises à exécution; — Considérant que Leduc, recueilli avec son équipage à bord du steamer *Charles-Godard*, a débarqué à Belle-Ile le 1er déc. 1878, à six heures et demie du matin; — Qu'à la date du 2, il a fait sa déclaration au bureau de l'inscription maritime de Belle-Ile, ainsi que son rapport de mer, devant le suppléant du juge de paix; — Considérant que le rapport fait régulièrement par Leduc devant le suppléant du juge de paix doit être considéré comme une réclamation suffisante; que cette réclamation a été faite dans le délai prescrit par la loi; qu'en effet, le 1er décembre était un jour férié et qu'il est de jurisprudence constante que les délais de courte durée et qui se comptent par heure, ne courent pas pendant les jours fériés; — Considérant qu'on objecte, il est vrai, que si la première prescription de la loi a été remplie, il n'en a pas été de même de la seconde; qu'à Belle-Ile, Leduc n'a pas signifié de protestation, qu'il n'en a même jamais signifié; — Considérant qu'on ne saurait imputer à faute à Leduc de ne pas avoir signifié sa protestation à Belle-Ile; que cette formalité devait être faite par le ministère d'un huissier; qu'aucun huissier ne réside à Belle-Ile; que Leduc ne pouvait en trouver que sur le continent, et que la traversée, surtout en décembre, est très souvent difficile; — Que Leduc était donc à Belle-Ile dans l'impossibilité de satisfaire complètement au vœu de la loi; qu'il y avait pour lui un cas de force majeure; — Considérant, par ailleurs, que Leduc, faisant toutes diligences en son pouvoir, est arrivé à Auray le 3 décembre; qu'à la date du 4, les sieurs Méhouas et Godard, par exploits de Penean, huissier à Saint-Nazaire, ont été, à la requête de Leduc et Rabillet, assignés à comparaître devant le tribunal de commerce de Lorient pour s'entendre condamner conjointement et solidairement à payer aux propriétaires de la chaloupe *Fleur-de-Marie* la somme de 12700 fr. en réparation du préjudice causé à ces derniers par la perte de ladite chaloupe à la suite de l'abordage du 30 décembre; — Considérant que cette assignation à comparaître devant le tribunal de commerce de Lorient valait signification de la protestation; que rien ne s'oppose à ce que les deux formalités de la signification de la protestation et la demande en justice s'accomplissent par un seul et même acte; — Qu'en effet, la loi n'a pas tracé les formes substantielles de la signification; qu'elle a voulu seulement que le capitaine du navire abordeur connût sans retard l'action que le propriétaire du navire abordé se proposait de diriger contre lui; — Que, dans l'espèce, le but du législateur a été atteint et

abordé que du moment où ce capitaine ayant été mis à terre a eu sa liberté d'action (Rouen, 27 avr. 1871, aff. Balleine, D. P. 72. 2. 113). Le capitaine n'est nullement obligé, dans ce cas, d'atterrir au port le plus proche; il peut continuer sa route jusqu'à destination (Poitiers, 14 janv. 1863, aff. Mathieu, D. P. 63. 2. 65). Si le navire a pu continuer sa route, l'obligation la plus pressante étant de transporter les passagers dans le temps convenu, le capitaine peut continuer son voyage et protester utilement dans les vingt-quatre heures de l'arrivée au port de destination (Trib. com. Nantes, 9 févr. 1859, aff. Martin, D. P. 59. 5. 1). De même, lorsque le capitaine d'un navire avarié par un abordage a dû rester à son bord pour veiller à la conservation du navire, le délai de vingt-quatre heures pour signifier la protestation à l'auteur de l'abordage, ne court que du moment où, le navire étant en sûreté, le capitaine a pu descendre à terre (Trib. Marseille, 21 mars 1865, aff. Fattorini, D. P. 70. 5. 3-4). — Il faut même ajouter que le défaut de protestation dans les premiers ports où le capitaine est entré ne le prive pas de son recours contre l'abordeur, lorsqu'il n'a pas trouvé dans ces ports d'officiers publics pour recevoir sa protestation (Aix, 9 juill. 1874, aff. Benoît, D. P. 76. 5. 2). Et, à défaut d'officier public, le capitaine n'est pas tenu de suppléer à la protestation par une lettre missive, ni de transmettre, pendant qu'il est en mer, des ordres pour que la signification soit faite en France (Même arrêt. V. encore : Civ. rej. 19 août 1878, aff. Amice, D. P. 78. 1. 454; Req. 26 juin 1882, aff. Rivière, D. P. 83. 1. 33).

Malgré cette jurisprudence, la question reste encore discutée en doctrine, et l'opinion contraire a été soutenue, notamment par M. de Courcy, t. 1, p. 204; Boistel, n° 1449. Le législateur, dit-on, n'a nullement prévu l'abordage en pleine mer que la navigation à vapeur a rendu si fréquent et si redoutable; il n'a songé qu'à l'abordage dans un port ou une rade, alors que les capitaines sont libres d'agir et en présence l'un de l'autre. Mais il est difficile d'admettre que le législateur de 1807 n'ait envisagé que l'abordage dans les ports et rades, alors que l'ordonnance avait suscité des débats sur les abordages en pleine mer. S'il avait voulu rejeter l'interprétation universellement donnée à l'ordonnance, il l'aurait condamnée formellement et il est douteux qu'il ait entendu, sans modifier l'ancienne formule, remplacer une pratique uniformément admise par un système accordant aux intéressés trente ans pour agir, par cela seul que l'abordage a eu lieu en pleine mer (Desjardins, t. 8, n° 1744, p. 251; Weill, n° 408; de Valroger, t. 5, n° 2344).

2264. Lorsque l'impossibilité d'agir où se trouvait le capitaine lors de l'abordage a rendu inapplicables les délais prescrits par l'art. 436, l'action doit être exercée dans un délai moral laissé à l'appréciation des juges (Aix, 12 mai 1857, aff. Gauthier, D. P. 58. 2. 13; Req. 29 déc. 1857, aff. Durham, D. P. 58. 1. 106; Rennes, 20 avr. 1880, *suprà*, n° 2263). — Ceux-ci ne jouissent cependant pas, à cet égard, d'une latitude absolue, et la cour de cassation se réserve le droit d'apprécier s'ils n'ont dérogé à la règle des art. 435 et 436 qu'en raison de la force majeure et s'ils ont suffisamment constaté l'existence de cette cause (Civ. cass. 29 mars 1882, aff. Louvet, D. P. 82. 1. 403). Dans tous les cas, il appartient au capitaine de justifier des faits qui l'ont placé dans l'impossibilité dont il se prévaut (Rouen, 29 déc. 1880, *suprà*, n° 1263).

2265. Le capitaine abordé doit signifier sa réclamation, alors même que l'abordeur n'est pas présent, qu'il a quitté son ancrage ou continué sa route (Civ. rej. 19 août 1878, cité *suprà*, n° 2263). Si l'on est à l'étranger, la signification doit être faite dans les formes usitées dans le pays et par l'entremise du consul du navire abordeur, sauf les cas d'impossibilité constatée. Ainsi l'action est recevable, quoique les protestations faites dans les vingt-quatre heures qui ont suivi l'abordage, n'aient pas été signifiées au capitaine du navire abordeur, si la signification en a été rendue impossible par le départ de ce navire avant que les formalités prescrites pour cette signification par la loi du pays où a échoué le navire abordé aient pu être remplies (Civ. rej. 4 mars 1861, aff. Fraissinet, D. P. 61. 1. 113). En pareil cas, la signification devra être faite dans les vingt-quatre heures de l'arrivée en France du capitaine (Req. 26 juin 1882, aff. Rivière, D. P. 83. 1. 33).

2266. Si l'on est en France et que le capitaine du navire abordeur ne puisse être retrouvé, le capitaine du navire abordé n'est pas dispensé par cette impossibilité de signifier sa protestation. Mais, en pareil cas, la signification n'est pas assujettie aux règles prescrites par l'art. 68 c. proc. civ. Ainsi elle peut être faite en parlant au maire du lieu où était le navire avant le départ (Req. 17 nov. 1858, aff. Audouy, D. P. 59. 1. 32), ou au maire du lieu soit de la protestation, soit du débarquement du capitaine réclamant (Rouen, 27 avr. 1871, aff. Balleine, D. P. 72. 2. 113; 17 nov. 1884, aff. Petitpas, *Recueil du Havre*, 1885. 2. 34), soit au procureur de la République près le tribunal dans le ressort duquel la protestation a été reçue (Même arrêt du 27 avr. 1871; Civ. rej. 19 août 1878, aff. Amice, D. P. 78. 1. 454; Rouen, 29 déc. 1880, *suprà*, n° 1263). On peut encore faire la protestation au moyen d'une lettre recommandée (Desjardins, t. 8, n° 1750, p. 259) ou même d'une simple lettre (Trib. Marseille, 15 mai 1872, *Recueil de Marseille*, 1872. 1. 215; 28 août 1874, *ibid.*, 1874. 1. 271; Trib. Havre, 20 août 1879, aff. Cap. Allen, *Recueil du Havre*, 1879. 1. 269), ou même par télégramme.

2267. Il faut évidemment voir un cas d'*impossibilité d'agir* dans le fait que le capitaine du navire abordé n'a pu savoir le nom du navire abordeur, de son capitaine ou de son armateur. Le capitaine ne pouvant connaître l'individualité du navire ni savoir à qui s'adresser ne peut évidemment remplir exactement les formalités des art. 435 et 436. Aussi a-t-il été jugé, avec raison, qu'en pareil cas le délai de l'art. 436 ne commence à courir que du moment où le nom du capitaine ou de l'armateur du navire abordeur est connu (Aix, 2 févr. 1858, aff. Licioni, D. P. 59. 5. 2; Poitiers, 14 janv. 1863, aff. Mathieu, D. P. 63. 2. 65). — Le capitaine agira, dans tous les cas, utilement en prenant

que la seconde prescription des art. 435 et 436 c. com. a été accomplie dans le délai légal, puisque le délai de vingt-quatre heures, par suite des circonstances, ne pouvait courir que du 3 décembre, date de l'arrivée de Leduc à Auray; — Sur la seconde fin de non-recevoir : — Considérant que d'après l'art. 2246 c. civ., la citation en justice donnée même devant un tribunal incompétent interrompt la prescription; — Que l'art. 2246 doit être étendu à la déchéance prononcée par la loi; qu'en effet, la prescription et la déchéance ont une grande analogie et sont en général régies par les mêmes lois; — Considérant que la citation du 4 déc. 1878 donnée par Leduc et Rabillet à Méhouas et à Charles Godard a été suivie d'un jugement rendu le 4 mars suivant par lequel le tribunal de commerce de Lorient s'est déclaré incompétent; — Que la déchéance de l'art. 436 c. com. a donc été interrompue et qu'il s'agit de décider à partir de quel moment elle a dû reprendre son cours; — Considérant qu'on ne saurait admettre comme point de départ d'une nouvelle déchéance la date de la signification du jugement d'incompétence, encore moins la date de l'expiration des délais d'appel; — Que la maxime *paria sunt non esse et non significari*, applicable à l'exécution des jugements, est tout à fait étrangère à la déchéance; — Mais considérant que le jugement d'incompétence a eu pour effet d'anéantir la citation; qu'il a rendu aux demandeurs toute liberté d'agir devant la juridiction appelée à connaître de la contestation et qu'il est devenu ainsi le point initial d'une déchéance nouvelle; — Que c'est donc à partir du jugement d'incompétence lui-même que les délais de l'art. 436 c. com. ont recommencé à courir; — Considérant que l'assignation à comparaître devant le tribunal de commerce de Saint-Nazaire n'a été donnée que le 26 juin dernier et le 3 juillet courant; — Qu'entre le jugement d'incompétence du 4 mars et la nouvelle demande des propriétaires de la chaloupe *Fleur-de-Marie*, il s'est donc écoulé plus de trois mois, laps de temps beaucoup plus que suffisant pour entraîner contre Leduc et Rabillet la déchéance de l'art. 436 c. com., même si l'on tient compte de l'augmentation des délais à raison des distances; — Que cette déchéance est de droit étroit et doit être rigoureusement appliquée; — Par ces motifs, statuant en matière commerciale et en premier ressort; — Déclare non recevable la demande des sieurs Leduc et Rabillet, faute à eux de n'avoir point fait dans le délai légal leur demande en justice, les en déboute et les condamne à tous les dépens ». — Appel par le capitaine Leduc et Rabillet. — Arrêt.

LA COUR; — Adoptant les motifs des premiers juges, tant sur l'appel principal que sur l'appel incident; — Confirme, etc.

Du 20 avr. 1880.-C. de Rennes, 1re ch.-MM. de Kerbertin, 1er pr.-Arnault de Guényveau, av. gén.-Grivart et Dorange, av.

toutes les précautions propres à sauvegarder ses droits, et il a été jugé, notamment, que, si le capitaine n'a pu savoir le nom du navire auquel l'abordage est imputable, il doit faire connaître, dans le rapport remis au président du tribunal de commerce du port de destination, son intention de réclamer une indemnité contre l'auteur du préjudice, dès que celui-ci pourra être connu (Arrêt précité du 2 févr. 1858). Toutefois, le silence du capitaine dans son rapport ne suffirait pas, d'après ce même arrêt, à entraîner la déchéance de son droit, et la protestation qu'il formerait aussitôt qu'il aurait eu connaissance des noms qu'il ignorait serait valable, si son ignorance antérieure était suffisamment établie.

2268. La signification de la protestation n'étant prescrite que pour bien constater la réclamation, il semble que cette signification serait inutile, comme lorsqu'il s'agit d'avaries, s'il y avait eu reconnaissance de l'abordage et des avaries qui en ont été la suite par l'abordeur ou son représentant (Req. 15 juill. 1872, aff. Valéry, D. P. 73. 1. 150).

2269. On continue à reconnaître, conformément à la doctrine exposée au *Rép.* n° 2292, que les formalités des art. 435 et 436 ne sont applicables qu'au cas de choc entre deux navires. Ainsi l'accomplissement de ces formalités n'est pas exigé quand un navire heurte dans un port la chaîne d'un autre navire (Trib. Marseille, 27 janv. 1871, *Recueil de Marseille*, 1871. 1. 64) ou quand, pour éviter un abordage, on a coupé l'amarre d'un navire (Bordeaux, 11 janv. 1875, aff. Moss, *Recueil de Marseille*, 1879. 2. 29). On reconnaît également que les art. 435 et 436 ne s'appliquent qu'aux bâtiments de mer, et qu'on ne saurait, par exemple, invoquer la fin de non-recevoir, tirée de ces articles, dans le cas d'un abordage survenu dans une rivière entre des bateaux ne faisant qu'une navigation intérieure (Trib. Anvers, 14 déc. 1878, *Jurisprudence du port d'Anvers*, 1879. 1. 17). — Au contraire, la même fin de non-recevoir pourrait être invoquée entre bâtiments de mer, alors même que l'abordage aurait eu lieu en rivière, dans la partie soumise au régime de l'inscription maritime (Rouen, 4 mai 1880, aff. Levigoureux, D. P. 81. 2. 121). M. de Valroger, t. 5, nos 2346 et 2097, propose, avec raison selon nous, d'aller plus loin, et d'appliquer la fin de non-recevoir des art. 435 et 436 à tout bâtiment de mer, en quelque lieu que se soit produit l'abordage, et à tout bâtiment de rivière faisant au moment de l'abordage une navigation maritime.

2270. Les formalités des art. 435 et 436 sont applicables au cas d'abordage entre le navire remorqué et le remorqueur. Il faut en dire autant quand l'abordage a eu lieu entre le navire remorqué et un autre navire par le fait du remorqueur ; en pareil cas, la protestation doit être signifiée au navire remorqueur dans les délais des art. 435 et 436 (Rennes, 11 déc. 1865, *Recueil de Nantes*, 1866. 1. 73). Mais ces articles ne sont pas applicables lorsque le dommage subi par le navire remorqué n'est pas la conséquence directe de l'abordage, par exemple, dans le cas où la perte de ce navire résulte de l'abandon dont il a été l'objet, bien que cet abandon ait été nécessité par un abordage survenu entre le remorqueur et un autre navire (Civ. rej. 27 janv. 1880, aff. Chambre de commerce de Bayonne, D. P. 80. 1. 401).

2271. La jurisprudence n'a pas confirmé l'opinion que nous avions adoptée au *Rép.* n° 2294 sur la question de savoir si les formalités des art. 435 et 436 sont applicables aussi bien lorsque l'abordage a eu pour conséquence la perte totale du navire, que lorsqu'il n'a occasionné que des avaries plus ou moins importantes. La négative, que nous avions soutenue, a encore été admise, depuis la publication du *Répertoire*, par plusieurs auteurs, notamment par Bédarride, n° 2027 ; Alauzet, n° 2273, et la cour de Bordeaux a jugé que la perte du navire ne saurait être comprise dans l'expression *dommage* dont se sert l'art. 435 c. com. et que, par conséquent, les art. 435 et 436 sont inapplicables à ce cas (Bordeaux, 19 août 1872, aff. Scott, D. P. 73. 2. 211). Mais la cour de cassation s'est prononcée en sens contraire et sa jurisprudence paraît avoir définitivement établi que les formalités des art. 435 et 436 doivent être considérées comme obligatoires, aussi bien lorsque l'abordage a entraîné la perte totale du navire, que lorsqu'il n'a causé à ce navire que de simples avaries (Civ. cass. 21 avr. 1874, aff. Scott, D. P. 75. 1. 167 ; Civ. rej. 4 août 1875, aff. Mouttet, D. P. 75. 1. 471 ; Req. 26 juin 1882, aff. Rivière, D. P. 83. 1. 33. V. dans le même sens : de Valroger, t. 5, n° 2348 ; Desjardins, t. 8, n° 1745 ; Fresquet, *Des abordages maritimes*, p. 64 ; Michel, *De l'abordage*, p. 144 ; Aix, 12 mai 1857, aff. Gauthier, D. P. 58. 2. 13 ; 11 févr. 1859, aff. Fraissinet, D. P. 61. 1. 113 ; Montpellier, 31 mars 1873, aff. Mouttet, D. P. 74. 2. 58 ; Rennes, 20 avr. 1880, *suprà*, n° 2263).

2272. La réclamation, dans certaines circonstances qui ont été exposées au *Rép.* n° 2295, doit être faite par l'armateur. Elle peut l'être également par les chargeurs, lorsque le capitaine ne la fait pas ; mais ceux-ci sont tenus d'agir dans les mêmes délais que le capitaine : il n'y a pas pour eux de délai spécial qui commencerait à courir du moment où ils auraient eu connaissance du sinistre (Montpellier, 31 mars 1873, arrêt cité *suprà*, n° 2271, et sur pourvoi, Civ. rej. 4 août 1875, D. P. 75. 1. 471). Un arrêt de la cour de Paris du 15 févr. 1861 (*Recueil de Marseille*, 1861. 2. 63) a cependant décidé que le défaut de protestation par le capitaine n'est pas opposable au chargeur dont la réclamation serait toujours recevable tant qu'il n'aurait pas retiré sa marchandise, par application de l'art. 435, § 1er. Mais nous pensons avec M. de Valroger, t. 5, n° 2349, que cette décision confond l'action du chargeur contre le capitaine et l'assureur, action spécialement visée par le paragraphe 1er de l'art. 435, avec l'action en indemnité contre le navire abordeur. « Le texte de l'art. 435, dit cet auteur, est général et s'applique à toutes actions en indemnité pour dommages causés par l'abordage, ce qui comprend, par conséquent, même les actions en indemnité des chargeurs. Le capitaine a mission de protester au nom de tous les intéressés ; s'il manque à son devoir, les intéressés n'auront de recours que contre lui » (Aix, 22 janv. 1862, *Recueil de Marseille*, 1862. 1. 17).

2273. D'après un arrêt, la fin de non-recevoir de l'art. 435 ne serait pas opposable au cas de mort ou de blessure causées par l'abordage, car il s'agit d'une action qui prend sa source dans un délit, l'homicide par imprudence, et qui rentre, par conséquent, dans les actions du droit civil (Aix, 29 janv. 1866, *Recueil de Nantes*, 1866. 2. 127). Cette décision nous paraît fondée. Quelque généraux que soient les termes de l'art. 435, nous ne pensons pas qu'il soit applicable ici : le capitaine ne représente pas, en effet, les parties lésées dans leur personne ou celle de leurs proches. Telle est du moins l'opinion de MM. Lyon-Caen et Renault, t. 2, n° 2023, et de M. de Valroger, t. 5, n° 2350 (V. aussi Lyon-Caen, *Revue critique*, 1888, p. 356. — *Contrà :* de Courcy, *Revue internationale du droit maritime*, t. 3, p. 124 et 125 ; Desjardins, t. 8, n° 1746).

2274. A défaut du capitaine, qui peut avoir succombé dans l'abordage, le devoir de protester passe évidemment à celui de ses subordonnés qui se trouve appelé à le remplacer. La négative a cependant ses partisans, et la cour de Douai l'avait appliquée dans un arrêt du 5 juill. 1886 (*Revue internationale du droit maritime*, t. 2, p. 258), en se fondant sur le silence des art. 435 et 436, silence qui manifesterait suffisamment la volonté du législateur de faire une différence entre le capitaine et le second. Mais cette doctrine a été rejetée avec raison par un arrêt de la cour de Montpellier, du 10 juill. 1889 (aff. Compagnie maritime française du Tonkin, *ibid.*, t. 5, p. 204) (V. aussi Trib. Marseille, 20 févr. 1860, *Recueil de Marseille*, 1860. 1. 18 ; Desjardins, t. 8, n° 1747 ; Boistel, n° 1430). Toutefois, en cas de perte du navire, et tant que le sort des premiers officiers du bord est incertain, il ne saurait résulter aucune fin de non-recevoir de ce qu'il n'a pas été fait de réclamation régulière par un officier d'un grade inférieur, lequel, en effet, a pu compter sur ses chefs pour l'accomplissement de cette formalité (Aix, 12 mai 1857, arrêt cité *suprà*, n° 2271).

2275. La protestation ou réclamation n'est soumise à aucune forme spéciale et précise. Ainsi elle peut résulter des termes du rapport relatif à l'abordage, rédigé par le capitaine du navire abordé, sans qu'il soit nécessaire que ce rapport contienne une protestation expresse, dès l'instant qu'il résulte des termes employés par le capitaine qu'il a l'intention de réclamer au navire abordeur la réparation du dommage qui lui a été causé (Rennes, 20 avr. 1880, *suprà*, n° 2263 ; Bordeaux, 6 avr. 1881, aff. Rivière, D. P. 83. 1. 33). Mais elle ne saurait résulter, au moins si le capitaine est vivant, d'un procès-verbal du sinistre dressé par l'autorité locale (Req. 19 nov. 1856, aff. Cabanne, D. P. 57. 1. 60).

— Bien qu'il ne soit assujetti à aucune forme sacramentelle, l'acte de protestation exigé au cas d'abordage est soumis à la loi du lieu où il est fait, quant à sa rédaction et à la compétence de l'officier public ou de l'agent chargé de le recevoir et de le signifier (Montpellier, 31 mars 1873, aff. Mouttet, D. P. 74. 2. 58, et sur pourvoi, Civ. rej. 4 août 1875, D. P. 75. 1. 471).

2276. Le délai de vingt-quatre heures se calcule d'heure à heure (Aix, 20 janv. 1879, aff. Cap. Gregori, *Recueil de Marseille*, 1879. 1. 65 ; Rennes, 20 avr. 1880, *suprà*, n° 2263). Néanmoins, il n'est pas nécessaire que la protestation fasse mention de l'heure de sa signification; ainsi la protestation signifiée le lendemain d'un abordage est réputée, bien que la signification n'indique pas l'heure à laquelle elle a été faite, être intervenue dans le délai de vingt-quatre heures prescrit par l'art. 436 (Trib. Havre, 14 juill. 1866, aff. Langstaff, D. P. 70. 5. 1).

2277. Le délai pour signifier la protestation est suspendu lorsque le jour de l'abordage ou le lendemain est jour férié. En effet, s'il est de principe que les jours fériés sont compris dans les délais qui se comptent par année et par mois ou par jour, il en est autrement à l'égard de ceux qui doivent être supputés par heures; ces délais doivent s'entendre de vingt-quatre heures utiles et seraient incomplets si le jour férié était compris dans les vingt-quatre heures que la loi accorde pour faire un acte (V. *infrà*, v° *Jour férié*). — Si les art. 63 et 1037 c. proc. civ. permettent exceptionnellement de signifier un exploit un jour de fête légale en vertu d'une permission du juge, cette exception, consacrée seulement pour le cas où il y a péril en la demeure, ne saurait avoir pour effet de subordonner la validité d'un acte à une autorisation qui pourrait être refusée (Aix, 24 nov. 1852, aff. Dodéro, D. P. 54. 5. 66; Req. 17 nov. 1858, aff. Audouy, D. P. 59. 1. 32; 20 nov. 1871, aff. Pimont, D. P. 72. 1. 79; Rennes, 20 avr. 1880, *suprà*, n° 2263). Cette règle est d'ailleurs générale pour tous les cas où il y a lieu d'appliquer les art. 435 et 436.

2278. Les mêmes délais doivent-ils être augmentés à raison des distances? La négative est enseignée par MM. de Valroger, t. 5, n° 2356; Desjardins, t. 8, n° 1752, p. 266 (Conf. Rouen, 29 déc. 1880, *suprà* n° 1263), l'affirmative par M. Bédarride, n° 2017, et a été adoptée par la cour de Poitiers, le 14 janv. 1863 (aff. Mathieu, D. P. 63. 2. 65).

2279. On admet généralement que la signification de la protestation est une formalité indispensable et indépendante de la demande en justice (V. *infrà*, n°s 2282 et suiv.), qui ne saurait y suppléer (V. notamment : Bédarride, t. 5, n° 2024; Alauzet, t. 5, n° 2376; Rousseau et Laisney, *Dictionnaire de procédure*, v° *Abordage*, n° 30. — V. toutefois en sens contraire : Aix, 22 janv. 1861, *Recueil de Marseille*, 1861. 1. 17; Rennes, 20 avr. 1880, *suprà*, n° 2263).

2280. La question de savoir si les fins de non-recevoir des art. 435 et 436 sont opposables aux étrangers devant les tribunaux français s'est présentée surtout à propos des abordages. — D'une manière générale, M. de Valroger, t. 5, n° 2364, pense que, conformément à ce qui a été jugé par la cour de cassation relativement aux formes à suivre pour la constatation des avaries, il y a lieu, pour les fins de non-recevoir, au point de vue de l'affrétement comme au point de vue de l'assurance, de se référer à la loi du lieu du contrat. — En ce qui concerne l'abordage, la jurisprudence décide que les formalités prescrites par les art. 435 et 436 sont obligatoires pour l'étranger qui vient réclamer en France la réparation du préjudice qui lui a été causé en pays étranger par un navire français (Aix, 11 févr. 1859, aff. Fraissinet et Lapierre, D. P. 61. 1. 113). Cette jurisprudence doit être entendue en ce sens que si, pour la forme des réclamations et protestations, on peut se référer à la loi du pays où elles sont formulées, les délais de la loi française doivent être exactement observés. Une protestation peut donc être faite à l'étranger par un étranger, suivant la loi de son pays, mais elle doit toujours être signifiée dans le délai fixé par l'art. 436 (Montpellier, 31 mars 1873, aff. Mouttet, D. P. 74. 2. 58, et sur pourvoi, Civ. rej. 4 août 1875, D. P. 75. 1. 471-472. V. également : de Valroger, t. 5. n° 2364; Weill, n° 409).

2281. On a vu au *Rép.* n°s 2303 et suiv. que la question de savoir quels sont les tribunaux compétents pour connaître de l'action en indemnité pour dommages provenant de l'abordage donnait lieu à de sérieuses difficultés. Ces difficultés, qui ne sont pas encore résolues, ont été examinées *suprà*, n°s 1293 et suiv.

§ 2. — De la demande en justice.

2282. La demande en justice qui doit, aux termes de l'art. 436, être formée dans le mois de la signification des protestations, s'entend, comme on l'a vu au *Rép.* n° 2308, de celle qui a pour objet le payement de la somme à laquelle peuvent être évalués les dommages ou avaries dont parle l'art. 435. Il ne suffirait pas, pour satisfaire aux prescriptions de l'art. 436, que le demandeur eût pris certaines mesures conservatoires; une assignation en payement est indispensable (Desjardins, t. 8, n° 1754, p. 268), à moins que, dans le délai fixé, il ne soit intervenu entre les parties une convention relative au règlement d'avaries (Civ. rej. 5 mars 1888, aff. Trombetta, D. P. 88. 1. 365). Ainsi on a de nouveau décidé dans le même sens que les décisions rapportées au *Rép.* n° 2308, que la demande serait irrecevable si elle avait été formée plus d'un mois après les protestations, quoique, avant l'expiration de ce délai, le demandeur eût présenté au président du tribunal de commerce une requête à fin d'expertise tendant à faire constater les avaries, ordonner les mesures provisoires nécessaires et évaluer le préjudice causé (Civ. cass. 10 avr. 1865, aff. Roussel, D. P. 65. 1. 229; Douai, 7 févr. 1873, aff. Merlen, D. P. 74. 5. 42). Il en serait ainsi, alors même que l'expertise aurait été ordonnée dans le délai d'un mois (Arrêt précité du 10 avr. 1865. Comp. Caen, 15 janv. 1867, *suprà*, n° 1501). En effet, s'il est vrai de dire que la requête à fin d'expertise et en vue de constater l'état de la marchandise transportée peut et doit être considérée comme la protestation qui doit avoir lieu dans les vingt-quatre heures, d'après l'art. 436, on ne peut en étendre l'effet à la demande en justice qui doit être formée dans le mois qui suit, en ce sens qu'elle puisse équivaloir au fait distinct et spécial de cette demande, tel qu'il est prévu par le même article. — De même, la demande en justice qui, dans le cas d'avaries, doit, sous peine de déchéance, être formée contre le capitaine ou les assureurs dans le mois qui suit la protestation, ne peut être suppléée par la requête présentée au tribunal de commerce à l'effet d'entériner le rapport des experts qui ont constaté les avaries et par le jugement qui a fait droit à cette requête (Bordeaux, 4 juin 1862, aff. Depiot, D. P. 63. 2. 132). — La demande en justice peut, toutefois, résulter d'une demande reconventionnelle formée par de simples conclusions d'audience, à la condition qu'elles aient été précédées d'une protestation faite dans le délai de vingt-quatre heures (Trib. Havre, 20 août 1879, aff. Cap. Allen, *Recueil du Havre*, 1879. 1. 269), et que les conclusions reconventionnelles aient été posées dans le délai d'un mois (Trib. Havre, 29 juill. 1884, aff. Doublet, *Recueil du Havre*, 1884. 1. 250).

2283. Le délai d'un mois accordé pour la demande en justice court du jour des protestations ou réclamations. Il court du jour où les pourparlers ont pris fin ou du jour de la clôture de l'expertise, s'il a été suppléé à la protestation par un de ces équivalents (Req. 15 juill. 1872, aff. Valéry, D. P. 73. 1. 150). Mais il n'en est plus ainsi quand, au lieu d'intervenir dans les vingt-quatre heures de la réception, s'il s'agit de marchandises, la protestation ou l'opération équivalente précède la livraison des marchandises. C'est alors la livraison qui sert de point de départ au délai: il est clair, en effet, que si le délai de vingt-quatre heures pour la protestation ne court pas tant que la remise au destinataire des objets transportés n'a pas eu lieu, il en est de même, à plus forte raison, du délai d'un mois pour l'introduction de la demande en justice (Bordeaux, 17 févr. 1876, aff. Tandonnet, D. P. 78. 1. 195, et la note de M. Levillain, *ibid.*; Desjardins, t. 8, n° 1754, p. 269).

2284. On admet toujours, conformément à ce qui a été dit au *Rép.* n° 2310, que le délai fixé par l'art. 436 doit être augmenté à raison des distances. Décidé, notamment, que le délai d'un mois dans lequel l'expéditeur d'une marchandise refusée par le destinataire pour cause d'avaries doit former sa demande en justice, à partir des protestations et réclamations faites au lieu de l'arrivée des marchandises, conformément aux art. 435 et 436 c. com., doit être augmenté du délai des distances entre ce lieu d'arrivée et le domicile de l'expéditeur (Bordeaux, 4 juin 1862, aff. Depiot, D. P. 63. 2. 132, et sur pourvoi, Civ. rej. 22 août 1864, D. P. 64. 1. 356; Bordeaux, 17 févr. 1876, cité *suprà*, n° 2283, Conf. Alauzet, t. 3, n° 2372; Boistel, n° 1451; de Valroger, t. 5, n° 2361; Desjardins, t. 8, n° 1754, p. 270. — V. toutefois : Lyon-Caen et Renault, t. 2, n° 2020).

2285. M. de Valroger, t. 5, n° 2362, estime qu'il y a également lieu d'appliquer au cas qui nous occupe la règle de l'art. 2246 c. civ., en vertu de laquelle la citation donnée en justice même devant un juge incompétent interrompt la prescription et de décider que la demande en justice faite dans les délais prescrits même devant un juge incompétent suffirait à éviter la fin de non-recevoir. Cette opinion nous paraît devoir être suivie (V. conf. Rennes, 20 avr. 1880, *suprà*, n° 2263; Desjardins, t. 8, n° 1755, p. 271).

Mais le jugement d'incompétence a pour effet d'anéantir la citation, et les délais de l'art. 436 recommencent à courir à partir de ce jugement (Arrêt précité du 20 avr. 1880).

§ 3. — De l'exception de déchéance.

2286. La jurisprudence persiste dans la doctrine qui a été exposée au *Rép.* n° 2311, et qui considère la fin de non-recevoir résultant de l'inobservation des art. 435 et 436 comme n'étant pas d'ordre public; les parties ont donc le droit de renoncer à s'en prévaloir (Rouen, 27 avr. 1871, aff. Balleine, D. P. 72. 2. 113). Cette renonciation (*Rép. ibid.*) peut être tacite, c'est-à-dire résulter des circonstances. Ainsi la renonciation des propriétaires du navire abordeur à se prévaloir de la fin de non-recevoir édictée par les art. 435 et 436 peut résulter de pourparlers engagés par correspondance entre eux et le capitaine du navire abordé et dans lesquels les propriétaires du navire abordeur, au lieu d'invoquer la déchéance encourue par le réclamant, ont consenti à examiner au fond le mérite de ses réclamations (Arrêt précité du 27 avr. 1871; Aix, 9 juill. 1874, aff. Benoît, D. P. 76. 5. 2). Décidé également que la renonciation pourrait résulter de l'invitation faite par le propriétaire du navire abordeur au capitaine du navire abordé, sur la réclamation verbale portée devant lui, de produire les témoins de l'abordage (Req. 19 nov. 1856, aff. Cabanne, D. P. 57. 1. 60). Mais, pour que la renonciation puisse s'induire de pourparlers engagés entre les parties, il faut que les pourparlers ne présentent rien de vague ou d'équivoque, que le concours simultané des deux consentements, de la proposition d'arrangement et de l'acceptation soit constant (Rouen, 29 déc. 1880, *suprà*, n° 1263). — Au reste, cette renonciation ne serait pas opposable au capitaine du navire abordeur demeuré étranger à ces pourparlers. D'autre part, l'appel émis en temps utile par le capitaine ne relève pas le propriétaire de la forclusion résultant à son égard de l'expiration des délais légaux (Arrêt précité du 27 avr. 1871).

2287. On persiste enfin à décider, conformément à l'opinion que nous avons émise au *Rép.* n° 2312, que, d'après les termes de l'art. 436, les conclusions à fin de déchéance ne peuvent pas être considérées comme des nullités ou des exceptions de procédure qui seraient couvertes par les conclusions au fond, mais constituent, au contraire, au profit de ceux qui sont cités, par suite de la responsabilité qu'ils auraient encourue, un moyen de défense proposable en tout état de cause, puisque, en réalité, ce moyen porte sur le fond même du litige et est de nature à le trancher (Civ. cass. 10 avr. 1865, aff. Roussel, D. P. 65. 1. 229; Req. 24 nov. 1873, aff. Hormaza, D. P. 74. 5. 41). — Mais, par cela même que la déchéance édictée par l'art. 436 c. com. constitue un moyen de défense, elle ne peut être proposée pour la première fois devant la cour de cassation; car elle constituerait alors un moyen nouveau, non recevable devant cette juridiction (Civ. cass. 17 déc. 1884, aff. Bascle, D. P. 85. 1. 367).

2288. Un projet de revision des art. 435 et 436, voté par la Chambre des députés dans la séance du 26 juin 1889, est en ce moment soumis aux délibérations du Sénat. On a signalé *suprà*, n° 2241, le défaut d'harmonie qui existe entre les art. 435 et 436 et le texte actuel des art. 105 et suiv. c. com. (V. *suprà*, v° *Commissionnaire*, n°s 286 et suiv.). Mais c'est surtout au point de vue de l'abordage et de ses conséquences que les art. 435 et 436 ont des effets susceptibles de choquer la plus simple équité : les droits lésés par un abordage, notamment, ceux des tiers chargeurs, peuvent être sacrifiés par une négligence du capitaine. « Ce n'est pas seulement choquant, dit M. Desjardins, t. 8, n° 1749, p. 257, c'est absurde ». En outre, on a été amené à reconnaître que le délai de vingt-quatre heures est beaucoup trop court, alors qu'on doit envisager des abordages, comme il s'en est produit quelques tristes exemples, survenant en pleine mer, et qu'on doit songer à la situation du capitaine, peut-être blessé grièvement, aux prises avec la responsabilité la plus lourde. On lui demande, dans des circonstances aussi graves, alors que, pour faire son devoir, il aura usé ses forces physiques et morales, d'accomplir immédiatement un acte qui exige de sa part une entière liberté d'esprit.

Les législations étrangères se montrent en général beaucoup moins rigoureuses. Ainsi le code allemand édicte simplement une prescription de deux ans contre les créances d'indemnité provenant d'un abordage, à partir du jour où l'abordage a eu lieu (art. 906-2° et 908-3°). Le code italien exige seulement pour la recevabilité de l'action en dommages-intérêts résultant de l'abordage des navires qu'il soit fait dans les trois jours une réclamation devant l'autorité du lieu de l'événement ou de la première relâche (art. 665). Il n'exige ni signification par huissier, ni demande en justice dans un délai déterminé. Le même art. 665 ajoute qu'en ce qui concerne les dommages causés aux personnes ou aux marchandises, le défaut de réclamations ne nuit pas aux intéressés qui ne se trouvaient pas sur le navire ou qui n'étaient pas à même de manifester leur volonté. Ces dispositions sont reproduites, à peu près dans les mêmes termes, par le nouveau code portugais (art. 673). — D'autres législations exigent, comme la nôtre, une protestation faite dans les vingt-quatre heures (V. notamment la loi belge de 1879 qui reproduit (art. 232 et 233) les art. 435 et 436 du code de commerce français, en se bornant à ajouter (art. 233, al. 2) qu'en cas de perte entière du navire « le délai de la signification est d'un mois à partir du jour où les intéressés ont eu connaissance de l'événement ».

En 1867, lors de la revision alors projetée du code de commerce, on avait déjà supprimé la nécessité de la protestation, et on se bornait à exiger que la demande en justice fût formée dans le mois de la connaissance acquise de l'événement par les intéressés. Cette demande, si elle était formée par le capitaine ou le propriétaire du navire, conservait les droits des hommes de l'équipage, des tiers chargeurs, des passagers et autres intéressés. Le texte adopté par la Chambre des députés le 26 juin 1889 se rapproche davantage du texte actuel des art. 435 et 436. Voici la nouvelle rédaction soumise au Sénat : « Art. 435. Sont non recevables : toutes actions contre le capitaine et les assureurs pour dommage arrivé à la marchandise, si elle a été reçue sans protestation : toutes actions contre l'affréteur pour avaries, si le capitaine a livré les marchandises et reçu son fret sans avoir protesté. Ces protestations sont nulles, si elles ne sont faites et signifiées dans les vingt-quatre heures, et si, dans le mois de leur date, elles ne sont suivies d'une demande en justice. — Art. 436. Toutes actions en indemnité pour dommages provenant d'abordage sont non recevables, si elles n'ont été intentées dans le délai d'un an à compter du jour de l'abordage ».

Table sommaire

des matières contenues dans le Supplément et le Répertoire.

(Les chiffres précédés de la lettre *S* renvoient au Supplément ; les chiffres précédés de la lettre *R* renvoient au Répertoire.)

Table des articles du code de commerce et de la loi du 10 juill. 1885.

(Les chiffres précédés de la lettre *S* renvoient au Supplément; les chiffres précédés de la lettre *R* renvoient au Répertoire.)

Code de commerce

—230. *S.* 590 s., 598, 1008; *R.* 329 s.
—231. *S.* 604, 736; *R.* 345 s., 671.
—232. *S.* 230, 606 s., 667, 1490 s.; *R.* 200 s., 360 s., 785.
—233. *S.* 468, 471, 606, 612, 1493; *R.* 200 s., 368 s.
—234. *S.* 24, 413, 652 s., 661 s., 1426 s., 1441, 1487, 1490 s.; *R.* 436 s., 1360.
—235. *R.* 466 s.
—236. *S.* 662, 672; *R.* 463 s.
—237. *S.* 152, 204, 674, 1491, 2046, 2147; *R.* 443, 4688.
—238. *S.* 587, 659; *R.* 475 s., 1027.
—239. *S.* 684 s.; *R.* 478 s.
—240. *S.* 686 s.; *R.* 478 s., 651.
—241. *S.* 660, 689; *R.* 484 s.
—242. *S.* 713; *R.* 522 s.
—243. *S.* 707, 718; *R.* 528 s.
—244. *R.* 530 s.
—245. *R.* 489, 530.
—246. *R.* 536 s.
—247. *S.* 656, 713, 2091; *R.* 541 s.
—248. *S.* 715; *R.* 568 s.
—249. *R.* 497.
—250. *S.* 738, 743; *R.* 412, 632 s.
—251. *S.* 684, 738; *R.* 402, 649 s.
—252. *S.* 351, 785 s., 1101; *R.* 695 s.
—253. *S.* 790 s., 1010; *R.* 707 s.
—254. *S.* 790 s., 1216, 1680; *R.* 712 s.
—255. *S.* 795 s.; *R.* 715.
—256. *S.* 797 s.; *R.* 698, 716 s.
—257. *S.* 793 s., 802; *R.* 719 s.
—258. *S.* 26, 350, 770, 803 s., 844, 1448, 1660 s., 2226; *R.* 722 s., 1034.
—259. *S.* 350, 770, 803 s.; *R.* 726 s., 2102.
—260. *S.* 350, 817; *R.* 730 s.
—261. *S.* 817; *R.* 732 c.
—262. *S.* 26, 331, 819 s., 825 s., 843, 1680; *R.* 735 s., 1089.
—263. *S.* 26, 819, 833 s.; *R.* 743 s.
—264. *S.* 836 s.; *R.* 745 s.
—265. *S.* 26, 838 s., 1214; *R.* 750 s.
—266. *S.* 848; *R.* 760.
—267. *S.* 848; *R.* 761.
—268. *S.* 848; *R.* 762 s., 1090.
—269. *S.* 848; *R.* 766.
—270. *S.* 185, 351, 849 s.; *R.* 745, 768 s.
—271. *S.* 52, 350, 353, 758, 768 s., 777 s., 783, 1055, 2184; *R.* 681 s.
—272. *S.* 586, 738, 757; *R.* 683 s.
—273. *S.* 870 s., 906 s., 1086, 1152; *R.* 802 s.
—274. *S.* 893 s., 906; *R.* 814 s.
—275. *S.* 902, 906; *R.* 795 s.
—276. *S.* 1010, 1166, 1847; *R.* 910 s.
—277. *S.* 791, 1015; *R.* 916 s.
—278. *S.* 1016; *R.* 918 s.
—279. *S.* 1014, 1909; *R.* 921.
—280. *S.* 52, 394 s., 404, 908, 980, 1140 s., 1175; *R.* 938.
—281. *S.* 904, 940 s., 965; *R.* 834 s.
—282. *S.* 101, 941 s., 952; *R.* 865 s.
—283. *S.* 921 s., 948 s.; *R.* 877 s., 1754 s.
—284. *S.* 954; *R.* 881.
—285. *S.* 1038; *R.* 574, 933 s.
—286. *S.* 866, 887; *R.* 291 s.
—287. *S.* 994 s., 1039, 1115; *R.* 884 s.
—288. *S.* 61, 1039, 1044, 1072, 1098 s., 1115, 1141, 1164; *R.* 919, 994 s.
—289. *S.* 989; *R.* 890 s.
—290. *S.* 989; *R.* 894.
—291. *S.* 1107, 1141; *R.* 355, 1003 s.
—292. *S.* 999, 1039; *R.* 824, 902 s.
—293. *S.* 1080, 1112 s., 1136 s., 1141, 1169, 1388, 1670; *R.* 919, 1007 s.
—294. *S.* 900 s., 906, 1069 s.; *R.* 961 s.
—295. *S.* 900, 1006, 1018, 1076 s., 1096; *R.* 969 s.
—296. *S.* 660, 669, 906, 1079 s., 1096, 1168, 1172, 1219, 1227, 1388 s., 2119, 2133; *R.* 975 s.
—297. *S.* 997, 1008, 1093 s.; *R.* 983 s.
—298. *S.* 298, 359, 658, 670, 1118 s., 1241, 1914; *R.* 222, 459 s., 1009 s.
—299. *S.* 1126, 1670; *R.* 1017 s.
—300. *S.* 47, 1097; *R.* 992 s.
—301. *S.* 1124 s., 1360; *R.* 1021 s.
—302. *S.* 908, 1017, 1058, 1124, 1333, 1670, 1680 s.; *R.* 1023 s.
—303. *S.* 1138 s., 1202; *R.* 1026 s.
—304. *S.* 1137, 1327, 1336, 1360, 1370; *R.* 1034.
—305. *S.* 776, 1065 s., 1175; *R.* 958 s.
—306. *S.* 1028, 1042, 1061, 1064, 1175, 1380; *R.* 951 s., 1038.
—307. *S.* 353, 404, 1102, 1143 s.; *R.* 1035 s.
—308. *S.* 1141 s.; *R.* 1040.
—309. *S.* 1044, 1131, 1388, 1670; *R.* 940 s.
—310. *S.* 1017, 1047 s., 1131, 1388, 1670; *R.* 942 s.
—311. *S.* 57, 1401 s., 1416 s., 1435, 1789; *R.* 1245, 1248 s.
—312. *S.* 662, 1419 s.; *R.* 1246, 1266 s.
—313. *S.* 476, 1431; *R.* 1273 s.
—314. *R.* 1280.
—315. *S.* 26, 1396, 1436, 1443, 1515; *R.* 1283 s.
—316. *S.* 1460 s.; *R.* 1307 s., 1410.
—317. *S.* 1452, 1454, 1460, 1464 s.; *R.* 1312 s.
—318. *S.* 1396 s., 1442 s.; *R.* 1291 s.
—319. *S.* 1448; *R.* 1298 s.
—320. *S.* 386, 1442, 1500, 1509 s., 1519, 2135; *R.* 1382 s.
—321. *S.* 1490 s., 1495; *R.* 200 s., 1359 s.
—322. *S.* 1493 s.; *R.* 1389.
—323. *S.* 359, 1435, 1520; *R.* 1390 s., 1304.
—324. *R.* 1342 s.
—325. *S.* 1527; *R.* 1399 s.
—326. *S.* 1472, 1500; *R.* 1322 s.
—327. *S.* 1529, 1532; *R.* 1403 s.
—328. *S.* 1179, 1477, 1929, 1987 s., 1997 s.; *R.* 1326 s., 1338 s., 1952 s., 2020.
—329. *R.* 1409 s.
—330. *S.* 1535; *R.* 1412 s.
—331. *S.* 385, 1530 s., 1538 s., 2135; *R.* 1418 s., 2198.
—332. *S.* 1567, 1587, 1590 s., 1601 s., 1613 s., 1637 s., 1654, 1726; *R.* 1458 s., 1475 s., 1630 s.
—333. *S.* 1661 s.; *R.* 1558 s.
—334. *S.* 26, 525, 529, 1396 s., 1551, 1567 s., 1587, 1663 s., 1672 s., 1683, 1686, 1690, 1710, 1716 s., 2006, 2131, 2140, 2200; *R.* 1565 s.
—335. *S.* 55, 1547, 1700, 1703, 1718; *R.* 1606 s.
—336. *S.* 1724 s.; *R.* 1633 s.
—337. *S.* 1624; *R.* 1504 s.
—338. *S.* 1732 s.; *R.* 1614 s.
—339. *S.* 1723, 1733 s., 1750, 2191; *R.* 1310, 1647 s.
—340. *S.* 1649 s.
—341. *S.* 1179, 1929, 1989 s., 1999 s.; *R.* 1535, 1952 s.
—342. *S.* 1542, 1686, 1693, 1696; *R.* 1592 s.
—343. *R.* 1709 s.
—344. *S.* 1840 s.; *R.* 1764 s.
—345. *S.* 1840; *R.* 1767 s.
—346. *S.* 52, 1811 s., 2009 s.; *R.* 1738 s., 1977 s.
—347. *S.* 26, 1554, 1667, 1681 s., 2009; *R.* 1315, 1576 s.
—348. *S.* 1453, 1758 s., 1772 s., 1780 s., 1788 s.; *R.* 1503, 1678 s., 1706.
—349. *S.* 389, 1465, 1547, 1718, 1796, 1845 s.; *R.* 1776 s.
—350. *S.* 47, 1870, 1875, 1879, 1894 s., 1941, 1981, 2050; *R.* 1817 s.
—351. *S.* 47, 1642, 1681, 1796, 1875, 1921 s., 1938 s.; *R.* 489, 1188, 1867 s., 1930.
—352. *S.* 1875, 1943 s., 1948, 1956 s.; *R.* 1905 s.
—353. *S.* 1924, 1944, 1964 s., 1967 s.; *R.* 1918 s.
—354. *S.* 1871, 1983; *R.* 1938 s.
—355. *R.* 1534.
—356. *S.* 47, 1852 s.; *R.* 1794 s.
—357. *S.* 1736 s., 1745, 1752, 1865; *R.* 1652 s.
—358. *S.* 389, 1738, 1743, 1752, 1796, 2191; *R.* 1665.
—359. *S.* 1745 s., 1586, 1628, 1751 s., 1788; *R.* 1666 s., 2183.
—360. *S.* 1752; *R.* 1676.
—361. *R.* 1897 s.
—362. *S.* 1998 s.; *R.* 1957 s.
—363. *R.* 1629, 1971 s.
—364. *S.* 1927, 1930 s.; *R.* 1889 s.
—365. *S.* 148, 1813 s., 1857 s.; *R.* 1801.
—366. *S.* 1814, 1859 s.; *R.* 1802 s.
—367. *R.* 1807 s.
—368. *S.* 1866, 1869; *R.* 1813 s.
—369. *S.* 74, 1526, 1985, 2017 s., 2026 s., 2049 s., 2065 s., 2095, 2132 s., 2164; *R.* 1833, 1984 s.
—370. *S.* 2141; *R.* 2017 s.
—371. *S.* 1176; *R.* 1985, 2202 s.
—372. *S.* 2016, 2124 s.; *R.* 2132 s., 2153 s.
—373. *S.* 24, 2021, 2089 s., 2117, 2141 s., 2210; *R.* 2155 s.
—374. *S.* 1817 s.; *R.* 1742 s., 2172.
—375. *S.* 24, 2021, 2085 s.; *R.* 1984, 2044 s., 2160.
—376. *S.* 2086; *R.* 1984, 2044 s.
—377. *S.* 24, 577 s.; *R.* 74, 2044 s.
—378. *R.* 2172 s.
—379. *S.* 1752, 1788, 2148, 2153; *R.* 2175 s.
—380. *R.* 2183 s.
—381. *S.* 1389, 2101 s., 2111; *R.* 2102.
—382. *S.* 2098, 2153 s., 2170; *R.* 2182 s.
—383. *S.* 1829 s.; 1837, 2086; *R.* 1750 s., 1839, 2056 s.
—384. *S.* 1835, 2097 s., 2154; *R.* 1760 s., 2056, 2096 s.
—385. *S.* 2021, 2160; *R.* 2055.
—386. *S.* 2131 s., 2138; *R.* 2141 s.
—387. *S.* 2108, 2110 s.; *R.* 2017 s., 2112, 2157 s.
—388. *S.* 2108; *R.* 2017 s., 2113.
—389. *R.* 2096 s., 2114.
—390. *S.* 1827 s.; 2110 s.; *R.* 2115.
—391. *S.* 660, 1389, 2045, 2110; *R.* 2015, 2115, 2157.
—392. *S.* 2118; *R.* 2117.
—393. *S.* 1086 s., 1389, 2110, 2118 s.; *R.* 2117 s.
—394. *S.* 2045, 2110 s., 2116; *R.* 2015; 2117, 2157.
—395. *S.* 2121; *R.* 2120 s.
—396. *S.* 2121 s.; *R.* 2120 s.
—397. *S.* 1176, 1179, 1184, 1389; *R.* 1062 s., 2230.
—398. *S.* 1181, 1341, 1352; *R.* 1065.
—399. *R.* 1066 s.
—400. *S.* 835, 1137, 1185 s., 1190, 1196, 1199, 1205 s., 1210, 1216 s., 1223 s., 1228, 1314, 1680; *R.* 1069 s.
—401. *S.* 52, 1202, 1316, 1327, 1329 s., 1366; *R.* 1144, 1226 s.
—402. *S.* 1327, 1366, 1370; *R.* 1144, 1216 s., 2242.
—403. *S.* 1199 s., 1219, 1226, 1231, 1243, 1247 s., 1316, 1680; *R.* 1114 s.
—404. *S.* 1327, 1387; *R.* 1144, 1168 s.
—405. *S.* 1188 s., 1244, 1251, 1391; *R.* 1130 s.
—406. *S.* 889, 1177, 1184; *R.* 1132 s.
—407. *S.* 57, 66, 1253 s., 1257, 1262, 1269, 1273 s., 1284 s., 1305 s.; 1312 s.; *R.* 1136 s.
—408. *S.* 57, 1818 s., 2167 s.; *R.* 2208 s.
—409. *S.* 1984; *R.* 1941 s.
—410. *S.* 1182, 1190, 1196, 1207; *R.* 1084, 1148 s.
—411. *S.* 1209; *R.* 1153 s.
—412. *S.* 1198; *R.* 1155 s.
—413. *S.* 1198; *R.* 1158 s.
—414. *S.* 1295, 1342 s., 1354; *R.* 1197 s., 2220.
—415. *S.* 1357 s.; *R.* 1210 s.
—416. *S.* 1295, 1349 s., 1356; *R.* 1226 s.
—417. *S.* 1202, 1327, 1329 s., 1334, 1361, 1366 s., 1389, 2107, 2206; *R.* 1177, 1216 s.
—418. *S.* 1369; *R.* 1220.
—419. *S.* 1335 s.; *R.* 1178 s.
—420. *S.* 1124, 1194, 1207 s., 1337; *R.* 1154, 1184 s.
—421. *S.* 1124, 1190, 1194, 1207 s., 1337 s.; *R.* 1154, 1190 s.
—422. *S.* 1239; *R.* 1163 s.
—423. *S.* 1321 s.; *R.* 1164.
—424. *S.* 1202, 1323 s., 1327, 1344, 1360, 1389; *R.* 1165 s.
—425. *S.* 1202, 1322, 1324 s., *R.* 1168 s.
—426. *S.* 1239; *R.* 1172 s.
—427. *S.* 1221 s.; *R.* 1173 s.
—428. *S.* 1380; *R.* 1228 s.
—429; *R.* 1232 s.
—430. *S.* 136, 2208 s.; *R.* 2257.
—431. *S.* 2144; *R.* 2258.
—432. *S.* 908, 1508, 1609, 2210 s., 2242; *R.* 1425, 2259.
—433. *S.* 56 s., 1020, 2219 s., 2227 s.; *R.* 2261 s.
—434. *S.* 2235 s.; *R.* 1425, 2269 s.
—435. *S.* 56 s., 60 s., 1020, 1256, 1289, 1295, 1301, 2152, 2239 s., 2282 s.; *R.* 1233, 2276 s.
—436. *S.* 56 s., 60 s., 1020, 1256, 1289, 1295, 1301, 2152, 2240 s., 2263 s., 2282 s.; *R.* 1233, 2276 s.
—444. *S.* 2009.
—445. *S.* 125.
—446. *S.* 126.
—447. *S.* 126.
—549. *S.* 354.
—550. *S.* 199, 201, 370.
—553. *S.* 791.
—576. *S.* 201.
—631. *S.* 130.
—632. *S.* 139, 585.
—633. *S.* 139 s., 269, 584 s., 744 1562.
—634. *S.* 585.

Loi du 10 juill. 1885.

Art. 1er. *S.* 454 s.
—2. *S.* 472 s., 500, 572.
—3. *S.* 459, 460, 468 s.
—4. *S.* 458, 460 s.
—5. *S.* 95, 103, 124, 463, 489.
—6. *S.* 180, 194, 481 s.
—7. *S.* 512 s., 538.
—8. *S.* 473, 477 s., 490 s., 499.
—0. *S.* 477, 494 s.
—10. *S.* 530.
—11. *S.* 507 s.
—12. *S.* 476, 500.
—13. *S.* 268, 531 s.
—14. *S.* 502 s.
—15. *S.* 502 s.
—16. *S.* 510 s.
—17. *S.* 133 s., 212, 524 s., 533 s.
—18. *S.* 165, 443, 500, 553 s.
—19. *S.* 553 s.
—20. *S.* 500, 558
—21. *S.* 559, 561 s.
—22. *S.* 564.
—23. *S.* 71, 230, 234 s., 563.
—24. *S.* 236 s., 250.
—25. *S.* 242, 245
—26. *S.* 243.
—27. *S.* 248.
—28. *S.* 249.
—29. *S.* 250.
—30. *S.* 251, 253, 262.
—31. *S.* 254 s.
—32. *S.* 257, 260.
—33. *S.* 151, 537 s., 543 s., 551, 1395.
—34. *S.* 267, 368, 397, 530, 668.
—35. *S.* 471, 524, 529, 612.
—36. *S.* 65, 456.
—37. *S.* 515 s., 573.
—38. *S.* 258, 532.
—39. *S.* 251, 282 420, 574, 1423, 1485.

Table chronologique des Lois, Arrêts, etc.

1584

.. mars. Edit. 764 c.

1666

.. oct. Edit. 2 c., 67 c., 68 c., 69 c., 447 c.

1669

... Ord. 651 c.

1673

20 août. Ord. 374 c., 577 c.

1681

.. août. Ord. 9 c., 16 c., 18 c., 22 c., 23 c., 47 c., 49 c., 68 c., 69 c., 76 c., 86 c., 134 c., 136 c., 150 c., 154 c., 160 c., 174 c., 209 c., 212 c., 213 c., 215 c., 269 c., 280 c., 335 c., 339 c., 363 c., 366 c., 386 c., 390 c., 444 c., 447 c., 577 c., 658 c., 662 c., 692 c., 706 c., 707 c., 718 c., 751 c., 793 c., 795 c., 797 c., 828 c., 836 c., 864 c., 908 c., 948 c., 1096 c., 1115 c., 1190 c., 1275 c., 1336 c., 1399 c., 1442 c., 1534 c., 1535 c., 1596 c., 1598 c., 1600 c., 1601 c., 1644 c., 1758 c., 1767 c., 1999 c., 2015 c.

24 oct. Règl. Strasbourg. 171 c., 174 c.

1727

21 oct. Décl. 682 c.

1728

18 déc. Décl. 755 c., 772 c.

1734

19 janv. Arrêt. cons. 755 c., 772 c.

1735

15 juin. Décl. 76 c., 1876 c.

1736

30 août. Arrêt Parlement Paris. 1596 c.

1740

7 août. Arrêt. Parlement Paris. 1596 c.

17 oct. Ord. 631 c.

18 oct. Ord. 577 c.

1742

Ord. 755 c.

1743

1er août. Ord. 784 c., 829 c., 857 c.

1744

20 mai. Arrêt cons. 1013 c.

1745

1er nov. Ord. 605 c., 757 c., 760 c., 762 c., 763 c., 765 c., 766 c., 767 c.

1747

16 mai. Décl. 18 c., 86 c., 374 c., 375 c.

1748

19 août. Sentence amir. Marseille. 662 c.

1755

.. mai. Arrêt parlem. Aix. 958 c.

1759

18 juill. Règl. 755 c., 1602 c.

1770

10 janv. Décl. 399 c.

1778

29 mai. Lett. pat. 1601 c.

.. juin. Edit. 1600

1779

17 août. Décl. 18 c., 2046 c., 2111 c.

1781

6 févr. Décis.

c., 2158 c., 2161 c.
29 déc. Civ. 293 c.

1853

7 janv. Rouen. 313 c.
24 janv. Civ. 860 c.
8 févr. Aix. 992 c.
19 févr. Trib. com. Anvers. 944 c.
23 févr. Conv. 232 c.
14 mars. Bordeaux. 1990 c.
13 avr. Trib. Marseille. 1985 c.
14 avr. Trib. com. Marseille. 630 c.
4 mai. Req. 421 c.
24 mai. Bordeaux. 2036 c.
24 mai. Paris. 2031 c., 2053 c.
28 mai. Trib. com. Anvers. 963 c.
16 juin. Rouen. 288 c., 721 c., 724 c.
25 juin. Crim. 313 c.
4 juill. Décr. 59 c.
1er août. Bordeaux. 296 c., 300 c.
9 août. Bordeaux. 674 c., 2017 c., 2147 c., 2164 c.
19 août. Douai. 1782 c., 1992 c.
17 sept. Trib. Havre. 1981 c.
12 nov. Trib. com. Rouen. 741 c.
18 nov. Aix. 1989 c.
24 nov. Trib. com. Marseille. 1341 c.
2 déc. Trib. com. Marseille. 1840 c.
20 déc. Bordeaux. 1293 c.
28 déc. Rouen. 1981 c.
27 déc. Aix. 1201 c.

1854

4 janv. Req. 1990 c.
9 janv. Civ. 1685 c.
31 janv. Civ. 821 c., 826 c.
29 mars. Req. 312 c., 625 c., 1094 c., 1960 c.
29 mars. Civ. 1067 c.
24 avr. Req. 1992 c.
2 mai. Civ. 927 c.
15 mai. Req. 2147 c., 2165 c., 2166 c.
1er juin. Cons. d'Ét. 678 c.
14 juin. Loi. 24 c., 577 c.
20 juin. Civ. 476 c.
20 juin. Rennes. 1529 c.
29 juin. Trib. com. Marseille. 598 c.
4 juill. Trib. com. Marseille. 1786 c.
11 juill. Trib. com. Marseille. 605 c., 737 c., 766 c.
8 août. Trib. com. Seine. 1694 c.
29 août. Bordeaux. 2251 c., 2258 c.
30 août. Bordeaux. 1918 c., 2044 c.
22 sept. Décr. 655 c., 678 c.
3 oct. Trib. Havre. 2009 c.
7 nov. Req. 305 c.
27 déc. Civ. 760 c., 763 c.

1855

15 janv. Trib. com. Anvers. 1171 c.
18 janv. Bordeaux. 2030 c.
30 janv. Trib. com. Havre. 610 c.
6 févr. Aix. 1201 c.
20 févr. Trib. com. Marseille. 217 c.
5 mars. Aix. 2067 c.
23 mars. Loi. 70 c., 176 c., 180 c., 181 c., 200 c., 369 c.
5 mai. Crim. 504 c.
11 mai. Bordeaux. 1285 c.
14 mai. Trib. com. Havre. 1834 c.
18 mai. Paris. 2164 c., 2165 c.
30 mai. Trib. com. Marseille. 402 c.
8 juin. Conv. 232 c.
16 juin. Circ. 647 c.
19 juin. Trib. Havre. 1080 c.
23 juin. Paris. 1311 c., 1981 c.
29 juill. Aix. 1201 c.
1er août. Bordeaux. 209 c.
7 août. Trib. com. Marseille. 870 c., 872 c.
22 août. Aix. 1201 c.
26 août. Aix. 1005 c.
28 sept. Trib. Marseille. 2033 c.
29 oct. Trib. Marseille. 1080 c.
7 nov. Trib. Marseille. 900 c.
14 déc. Trib. Marseille. 1646 c., 1659 c.
15 déc. Trib. com. Marseille. 390 c.
19 déc. Req. 1110 c.
28 déc. Rouen. 1981 c.

1856

24 janv. Paris. 710 c., 2028 c.
30 janv. Req. 1074 c., 1219 c.
11 févr. Bordeaux. 2182 c., 2185 c.
13 févr. Civ. 2234 c.
18 févr. Req. 896 c.
25 févr. Bordeaux. 2052 c., 2053 c., 2058 c., 2063 c.
11 mars. Trib. com. Marseille. 682 c.
19 mars. Trib. com. Marseille. 386 c.
29 mars. Trib. Marseille. 1567 c.
30 mars. Traité. Paris. 1666 c.
2 avr. Rouen. 1908 c.
4 avr. Trib. Marseille. 1781 c.
15 avr. Décl. 77 c., 1137 c.
16 avr. Décl. 2 c., 75 c., 759 c., 1413 c., 1666 c.
28 avr. Décr. 759 c., 1137 c.
28 avr. Trib. com. Havre. 400 c.
5 mai. Rouen. 2018 c., 2025 c., 2026 c.
5 mai. Trib. com. Marseille. 1781 c.
19 mai. Trib. com. Marseille. 954 c.
24 mai. Trib. com. Anvers. 1029 c.
29 mai. Trib. com. Marseille. 1617 c., 1806 c.
7 juin. Rouen. 1392 c.
2 juill. Req. 401 c., 437 c.
7 juill. Trib. com. Marseille. 1667 c.
17 juill. Loi. 1654 c.
18 juill. Trib. com. Anvers. 1048 c.
19 juill. Aix. 2040 c.
21 juill. Loi. 614 c., 1157 c.
23 juill. Req. 1322 c.
23 juill. Trib. Marseille. 2202 c.
4 août. Bordeaux. 376 c.
5 août. Trib. com. Marseille. 919 c.
11 août. Décr. 765 c.
12 août. Civ. 1561 c.
18 août. Bordeaux. 376 c.
19 août. Bordeaux. 376 c.
22 août. Trib. Marseille. 2064 c.
25 août. Bordeaux. 2029 c.
27 août. Trib. com. Anvers. 924 c.
23 sept. Trib. Marseille. 2182 c., 2185 c.
8 oct. Trib. Marseille. 900 c.
11 oct. Trib. com. Rouen. 741 c.
15 oct. Trib. com. Rouen. 356 c., 1460 c.
27 oct. Trib. com. Havre 868 c.
19 nov. Req. 1818 c., 2275 c., 2286 c.
19 nov. Trib. com. Marseille. 1048 c.
26 nov. Rouen. 346 c.
15 déc. Civ. 969 c.
31 déc. Req. 296 c., 328 c.

1857

7 janv. Req. 2025 c., 2026 c.
21 janv. Aix. 2182 c., 2185 c.
26 janv. Décr. 578 c.
28 janv. Trib. com. Marseille. 1048 c.
2 févr. Civ. 1571 c., 1624 c., 1627 c., 1748 c., 1749 c.
5 févr. Trib. com. Anvers. 1223 c.
5 févr. Trib. Marseille. 1776 c.
13 févr. Trib. Marseille. 895 c.
19 févr. Trib. com. Marseille. 376 c.
10 mars. Aix. 1094 c., 2094 c., 2182 c., 2185 c.
10 mars. Bordeaux. 1066 c., 1067 c.
16 mars. Aix. 386 c., 1567 c.
16 mars. Bordeaux. 2869 c.
17 mars. Trib. com. Marseille. 1212 c., 1296 c.
23 mars. Bordeaux. 97 c., 126 c.
21 avr. Trib. com. Marseille. 1212 c.
4 mai. Aix. 1080 c.
12 mai. Aix. 2264 c., 2271 c., 2274 c.
20 mai. Civ. 353 c., 776 c., 1145 c.
20 mai. Trib. Marseille. 1710 c.
22 mai. Rouen. 361 c., 1056 c.
30 mai. Loi. 1563 c.
8 juin. Aix. 1048 c.
24 juin. Req. 258 c.
1er juill. Trib. Marseille. 895 c.
10 juill. Crim. 1866 c.
24 juill. Aix. 1646 c., 1659 c.
25 juill. Paris. 1963 c.
27 juill. Req. 2029 c., 2030 c.
4 août Civ. 356 c., 741 c., 828 c., 830 c.
14 août. Trib. Marseille. 2033 c.
21 août. Trib. com. Anvers. 1285 c.
21 août. Trib. com. Marseille. 664 c.
24 août. Aix. 1212 c.
9 nov. Trib. Marseille. 1502 c.
16 nov. Bordeaux. 674 c., 2037 c.
19 nov. Paris. 1778 c.
23 nov. Rouen. 1295 c.
24 nov. Caen. 1080 c.
11 déc. Trib. civ. Havre. 757 c.
18 déc. Trib. com. Marseille. 1667 c.
22 déc. Bordeaux. 2019 c., 2024 c., 2025 c., 2103 c.
28 déc. Civ. 1872 c., 1981 c.
23 déc. Aix. 1266 c.
29 déc. Req. 1296 c., 2264 c.

1858

22 janv. Trib. Rouen. 1981 c.
28 janv. Bruxelles. 323 c., 595 c., 596 c.
2 févr. Aix. 2267 c.
16 mars. Civ. 1295 c.
19 mars. Trib. civ. Seine. 97 c., 121 c.
4 mai. Amiens. 56 c., 1256 c., 1293 c.
10 mai. Aix. 234 c.
10 mai. Trib. com. Anvers. 931 c.
12 mai. Civ. 365 c., 390 c., 435 c.
19 mai. Req. 1056 c.
21 mai. Loi. 256 c., 257 c., 260 c., 445 c.
21 mai. Trib. com. Havre. 992 c.
22 mai. Rouen. 1963 c., 2037 c.
28 mai. Loi. 188 c.
2 juin. Trib. com. Nantes. 1102 c., 1141 c.
7 juin. Aix. 1667 c.
28 juin. Bruxelles. 598 c.
5 juill. Rouen. 2019 c., 2024 c., 2025 c., 2027 c., 2055 c., 2066 c., 2071 c., 2072 c.
19 juill. Trib. com. Bordeaux. 584 c.
19 juill. Trib. com. Marseille. 1086 c.
20 juill. Bordeaux. 177 c.
29 juill. Trib. com. Marseille. 352 c.
11 août. Civ. 1908 c.
11 août. Bordeaux. 2154 c.
14 août. Rouen. 744 c., 745 c.
18 août. Civ. 899 c.
21 août. Trib. Marseille. 1453 c.
10 sept. Trib. com Marseille. 1086 c.
23 sept. Trib. com. Anvers. 868 c.
10 nov. Trib. com. Marseille. 1667 c.
11 nov. Trib. com. Marseille. 1127 c.
17 nov. Req. 1313 c., 2266 c., 2277 c.
22 nov. Bordeaux. 277 c.
7 déc. Douai. 1591 c.
20 déc. Aix. 1724 c.
24 déc. Rennes. 432 c.

1859

10 janv. Req. 2017 c., 2055 c.
11 janv. Trib. Bordeaux. 1798 c.
15 janv. Aix. 1818 c.
7 févr. Caen. 674 c., 1953 c., 2037 c., 2048 c., 2049 c.
9 févr. Trib. Nantes. 2263 c.
9 févr. Trib. com. Seine. 1041 c.
11 févr. Aix. 2271 c., 2280 c.
14 févr. Rouen. 204 c.
15 févr. Bordeaux. 804 c.
28 févr. Bordeaux. 1994 c.
28 févr. Trib. Marseille. 1981 c.
3 mars. Rennes. 283 c.
5 mars. Trib. com. Marseille. 899 c.
9 mars. Aix. 2032 c.
10 mars. Aix. 1226 c., 1232 c.
10 mars. Douai. 2037.
12 mars. Bordeaux. 2096 c.
15 mars. Req. 1079 c., 1080 c.
17 mars. Paris. 1176 c., 1874 c.
26 mars. Rouen. 757 c.
29 mars. Civ. 1402 c., 1591 c.
31 mars. Gand. 971 c.
4 avr. Trib. com. Havre. 931 c.
8 avr. Rennes. 2159 c.
8 avr. Rouen. 61 c., 1257 c.
9 avr. Trib. com. Nantes. 1285 c.
18 avr. Trib. com. Havre. 1285 c.
13 mai. Douai. 1253 c.
23 mai. Rennes. 2064 c.
20 juin. Aix. 1981 c.
22 juin. Trib. com. Marseille. 299 c.
23 juin. Trib. com. Marseille. 899 c.
27 juin. Trib. com. Seine. 1774 c.
29 juin. Trib. com. Nantes. 899 c.
4 juill. Req. 264 c.
4 juill. Bordeaux. 625 c., 1094 c., 1960 c.
9 juill. Trib. com. Anvers. 1223 c.
15 juill. Trib. com. Anvers. 937 c.
27 juill. Civ. 744 c., 745 c.
1er août. Req. 2002 c.
8 août. Trib. Marseille. 2064 c.
11 août. Aix. 1080 c., 1086 c., 1114 c., 1115 c., 2119 c.
13 août. Aix. 2222 c., 2224 c., 2283 c.
17 août. Req. 674 c., 1916 c., 1917 c., 2035 c., 2043 c.
17 août. Civ. 956 c., 957 c., 969 c.
21 août. Rouen. 740 c.
30 août. Civ. 299 c., 300 c.
1er oct. Trib. com. Anvers. 944 c.
19 oct. Trib. Marseille 895 c.
20 oct. Trib. Marseille. 1981 c.
31 oct. Trib. Seine. 1963 c.
8 nov. Trib. Marseille. 1894 c.
9 nov. Rouen. 627 c., 628 c.
14 nov. Req. 1342 c., 1343 c.
17 nov. Rouen. 1008 c.
18 nov. Rennes. 663 c.
19 nov. Décr. 59 c.
23 nov. Aix. 2055 c.
25 nov. Aix. 1417 c., 1534 c.
27 nov. Décr. 59 c.
7 déc. Rennes. 1559 c., 1600.
10 déc. Trib. com. Marseille. 1840 c.
16 déc. Trib. com. Marseille. 1229 c.

1860

11 janv. Req. 872 c.
12 janv. Trib. com. Anvers. 944 c.
26 janv. Trib. com. Marseille. 1044 c.
2 févr. Trib com. Anvers. 944 c.
6 févr. Trib. com. Seine. 1897 c.
10 févr. Paris. 1773 c.
20 févr. Trib. Marseille. 2274 c.
16 mars. Rouen. 1488 c.
16 mars. Trib. com. Marseille. 314 c.
20 mars. Req. 2074 c., 2095 c., 2177 c., 2251 c.
26 mars. Req. 592 c.
26 mars. Civ. 1419 c.
28 mars. Rennes. 112 c.
31 mars. Trib. com. Anvers. 876 c.
3 avr. Trib. Marseille. 2198 c.
7 avr. Décr. 299 c., 735 c., 784 c., 816 c., 829 c., 853 c., 857 c.
11 avr. Civ. 1582 c.
27 avr. Rennes. 1185 c., 1201 c., 1226 c., 1229 c., 1230 c., 1232 c., 1242 c., 1281 c., 1282 c.
9 mai. Aix. 406 c.
11 mai. Trib. com. Marseille. 968 c.
12 mai. Aix 630 c.
15 mai. Rouen. 56 c., 1257 c.
16 mai. Trib. com. Marseille. 954 c.
23 mai. Rouen. 1257 c.
7 juin. Aix, 1981 c.
9 juin. Rennes. 403, 723 c., 732 c.
16 juin. Rennes. 290 c., 305 c., 328 c., 666 c.
20 juin. Bordeaux 1168 c.
24 juin. Bordeaux. 1947 c.
25 juin. Bordeaux. 288 c., 722, 730 c.
26 juin. Bordeaux. 1946 c.
4 juill. Bruxelles. 1223 c.
5 juill. Trib. civ. Havre. 278 c.
9 juill. Rennes. 742 c.
10 juill. Trib. com. Marseille. 1098 c.
16 juill. Req. 974 c., 2224 c.
18 juill. Loi. 1166 c., 1960 c.
23 juill. Bruxelles. 1660 c.
27 juill. Rennes. 1185 c., 1201 c., 1226 c., 1230 c., 1232 c., 1242 c.
9 août. Req. 674 c., 1916 c., 2035 c., 2043 c.
22 août. Bordeaux. 168 c., 169 c., 177 c., 385 c.
28 août. Trib. com. Havre. 254 c., 412 c.
6 sept. Trib. com. Marseille. 1361 c.
21 sept. Trib. com. Marseille. 744 c., 745 c.
12 oct. Trib. com. Anvers. 978 c.
30 oct. Trib. com. Marseille. 896 c., 899 c.
14 nov. Trib. com. Marseille. 387 c., 1935 c.
20 nov. Civ. 761 c.
22 nov. Aix. 1282 c.
22 nov. Rennes. 729.
23 nov. Trib. Marseille. 1981 c.
24 nov. Rennes. 1588 c.
27 nov. Req. 1654 c.
27 nov. Trib. com. Marseille. 855 c.
1er déc. Paris. 969 c.
3 déc. Civ. 1696 c., 2214 c., 2217 c.
3 déc. Trib. com. Anvers. 979 c.
6 déc. Rouen. 1974 c.
13 déc. Bordeaux. 1253 c.
14 déc. Aix. 2152 c.
21 déc. Trib. civ. Boulogne. 278 c.

1861

4 janv. Trib. Nantes. 56 c.
15 janv. Paris. 1774 c.
18 janv. Trib. com. Marseille. 717 c., 984 c.
21 janv. Bordeaux. 2182, 2185 c.
22 janv. Aix. 2279 c.
25 janv. Trib. com. Marseille. 335 c., 356 c.
28 janv. Civ. 904 c.
30 janv. Aix. 314 c., 316 c.
5 févr. Trib. com. Marseille. 592 c.
8 févr. Trib. com. Anvers. 876 c.
11 févr. Bordeaux. 1782 c., 1784 c.
12 févr. Req. 1981 c.
13 févr. Caen. 1228 c.
15 févr. Caen. 1986 c.
15 févr. Paris. 596 c., 1285 c., 2272 c.
15 févr. Trib. com. Marseille. 387 c.
18 févr. Req. 1915 c., 1993 c., 2060 c.
19 févr. Trib. Nantes. 1874 c.
25 févr. Trib. Havre. 2127 c.
27 févr. Trib. com. Marseille. 1798 c.
4 mars. Civ. 1981 c., 2265 c.
5 mars. Bordeaux. 391 c., 1813 c., 2009 c.
9 mars. Décr. 619 c.
9 mars. Trib. com. Nantes. 1021 c.
12 mars. Bordeaux. 870 c., 873 c.
19 mars. Trib. Nantes. 1578 c.
21 mars. Trib. Marseille. 1585 c.
5 avr. Rennes. 2055, 2058 c.
29 avr. Trib. com. Marseille. 351 c., 1055 c.
15 mai. Rennes. 605 c.
3 juin. Trib. Anvers. 56 c.
5 juin. Bordeaux. 164 c.
8 juin. Crim. 702 c.
28 juin. Trib. Anvers. 1161 c.
1er juill. Trib. com. Havre. 1236 c., 2182 c.
2 juill. Trib. com. Nantes. 741 c.

2 avr. Civ. 314 c., 1192 c., 1228 c.
10 avr. Trib. com. Havre. 871 c.
30 avr. Paris. 905 c.
30 avr. Trib. com. Havre. 1227 c., 1234 c.
1er mai. Trib. civ. Nantes. 773 c.
13 mai. Trib. com. Havre. 963 c., 973 c.
14 mai. Trib. com. Havre. 624 c., 1188 c., 1196 c., 1229 c., 1232 c.
15 mai. Paris. 476 c.
15 mai. Trib. com. Havre. 918 c., 931 c.
21 mai. Trib. Havre. 1976 c., 1981 c.
23 mai. Trib. Marseille. 1935 c.
29 mai. Civ. 818 c., 2104 c.
5 juin. Conv. 232 c.
7 juin. Rennes. 177 c.
10 juin. Bruxelles. 56 c.
15 juin. Trib. com. Anvers. 918 c., 1036 c.
15 juin. Trib. com. Nantes. 1367 s.
19 juin. Trib. com. Marseille. 1347 c.
20 juin. Trib. com. Marseille. 1346 c.
22 juin. Trib. com. Anvers. 1024 c.
24 juin. Trib. com. Anvers. 1098 c.
24 juin. Trib. com. Seine. 1898.
26 juin. Trib. com. Havre. 1232 c.
26 juin. Trib. civ. Marseille. 757 c., 766 c.
28 juin. Rennes. 1021 c.
4 juill. Trib. com. Marseille. 1127 c.
8 juill. Trib. com. Havre. 1250 c.
10 juill. Civ. 906 c., 907 c.
11 juill. Trib. com. Marseille. 352 c.
23 juill. Civ. 314 c.
24 juill. Trib. com. Marseille. 965 c.
25 juill. Trib. com. Marseille. 965 c.
31 juill. Trib. com. Havre. 899 c., 901 c.
6 août. Trib. com. Anvers. 918 c.
7 août. Trib. com. Marseille. 870, 871 c., 873 c., 874 c.
19 août. Civ. 2263 c., 2265 c., 2266 c.
2 août. Aix. 965 c.
26 août. Aix. 965 c.
27 août. Civ. 1560 c., 1659 c.
5 sept. Trib. com. Marseille. 894 c.
19 sept. Trib. com. Anvers. 1024 c.
24 sept. Trib. com. Havre. 1191 c., 1229 c.
26 oct. Trib. com. Seine. 2251 c.
7 nov. Trib. Marseille. 1972 c.
11 nov. Req. 602 c., 1035 c.
12 nov. Trib. Marseille. 605 c.
20 nov. Trib. com. Havre. 601 c.
22 nov. Trib. com. Marseille. 1178 c.
6 déc. Trib. com. Havre. 1295 c.
14 déc. Trib. Anvers. 56 c., 2269 c.
17 déc. Rouen. 1295 c.
17 déc. Trib. Havre. 2068 c.
20 déc. Trib. Seine. 541 c.
24 déc. Trib. com. Havre. 602 c., 1031 c.
30 déc. Trib. com. Havre. 1367 c.

1879

2 janv. Trib. com. Marseille. 984 c.
2 janv. Trib. com. Nantes. 1304 c.
4 janv. Trib. com. Nantes. 1290 c.
8 janv. Civ. 872 c.
10 janv. Aix. 908 c.
10 janv. Trib. com. Anvers. 931 c.
11 janv. Trib. Nantes. 1799 c.
17 janv. Trib. Anvers. 56 c., 61 c.
20 janv. Aix. 2276 c.
24 janv. Trib. com. Anvers 64 c.
27 janv. Trib. com. Havre. 894 c., 901 c.
30 janv. Bruxelles. 56 c.
3 févr. Trib. com. Havre 708.
7 févr. Trib. civ. Anvers. 780 c.
7 févr. Trib. com. Rouen. 910 c.
18 févr. Trib. com. Marseille. 662 c.
22 févr. Trib. com. Nantes. 894 c.
22 févr. Trib. com. Seine. 1641 c.
25 févr. Aix. 1607.
25 févr. Rennes. 1918 c., 1968 c., 1976 c., 1980 c., 2036 c.
26 févr. Trib. Havre. 2048 c.
28 févr. Trib. com. Anvers. 56 c., 859 c.
3 mars. Trib. com. Anvers. 1178 c.
5 mars. Req. 1298 c.
11 mars. Trib. com. Havre. 1037 c.
15 mars. Trib. com. Anvers. 56 c., 893 c.
19 mars. Trib. com. Marseille. 718 c.
21 mars. Trib. com. Anvers. 908 c., 910 c.
21 mars. Trib. com. Havre. 931 c.
25 mars. Rennes. 458 c., 459 c.
25 mars. Trib. com. Havre. 627 c., 628 c., 717 c., 718 c.
26 mars. Rouen. 908 c.
28 mars. Crim. 253 c.
28 mars. Trib. civ. Anvers. 351 c., 788 c.
2 avr. Req. 2180 c.
3 avr. Bruxelles. 56 c., 60 c.
8 avr. Trib. com. Anvers. 893 c.
16 avr. Trib. com. Havre. 632 c.
22 avr. Trib. com. Havre. 979 c.
28 avr. Trib. com. Anvers. 954 c.
28 avr. Trib. Marseille. 2231 c.
2 mai. Trib. com. Marseille. 1236 c.
9 mai. Trib. com. Rouen. 1021 c.
12 mai. Trib. com. Marseille. 1196 c., 1226 c.
15 mai. Bruxelles. 910 c.
20 mai. Douai. 1451.
24 mai. Trib. com. Nantes. 1139.
27 mai. Req. 1833 c., 1836.
31 mai. Trib. com. Anvers. 910 c.
10 juin. Décr. 614 c.
10 juin. Civ. 299 c., 773 c., 774 c., 804 c., 861 c.
10 juin. Trib. Marseille. 1629 c.
14 juin. Trib. com. Honfleur. 894 c., 1021 c.
16 juin. Trib. Marseille. 2114 c., 2156 c.
18 juin. Rouen. 2165 c.
26 juin. Aix. 1942.
27 juin. Trib. com. Havre. 1046 c.
28 juin. Trib. com. Marseile. 711 c.
30 juin. Req. 1269 c., 1271 c.
4 juill. Trib. com. Anvers. 980 c.
7 juill. Rouen. 2239 c.
8 juill. Trib. com. Havre. 627 c.
14 juill. Trib. com. Anvers. 901 c., 909 c.
14 juill. Trib. com. Havre. 1383 c.
16 juill. Caen. 595 c., 596 c.
16 juill. Trib. com. Marseille. 931 c.
17 juill. Trib. com. Anvers. 980 c.
17 juill. Trib. com. Seine. 1959 c.
18 juill. Paris. 1479 c., 1518 c.
18 juill. Trib. Marseille. 1877 c., 2029 c.
25 juill. Trib. com. Anvers. 910 c.
8 août. Trib. com. Marseille. 928 c., 945 c.
12 août. Aix. 1789.
13 août. Req. 965.
19 août. Civ. 658 c.
20 août. Trib. com. Havre. 1295 c., 2206 c., 2282 c.
27 août. Rouen. 901 c., 910 c.
1er sept. Trib. Havre. 2046 c., 2062 c.
5 sept. Trib. com. Seine. 2049 c.
4 nov. Décr. 702 c.
4 nov. Trib. Havre. 1249 c.
18 nov. Civ. 1577 c., 1583 c., 1858 c.
25 nov. Civ. 205 c., 540 c., 541 c., 545 c., 546 c., 549 c., 550 c.
25 nov. Rennes. 1021 c.
25 nov. Trib. com. Dunkerque. 894 c.
26 nov. Civ. 2134 c.
2 déc. Trib. com. Havre. 1179 c., 1226 c.
3 déc. Aix. 1603 c.
10 déc. Rouen. 1947 c., 2068, 2102 c.
15 déc. Bordeaux. 2054 c., 2056 c.
16 déc. Rouen. 1021 c.
17 déc. Trib. com. Havre. 918 c.
24 déc. Rouen. 744 c., 745 c., 822 c., 830 c., 843 c.
27 déc. Bruxelles. 550 c.
27 déc. Trib. Anvers. 1583 c.
30 déc. Trib. com. Anvers. 893 c.
31 déc. Rouen. 1191 c., 1192.

1880

6 janv. Trib. com. Marseille. 868 c.
8 janv. Aix. 2251
9 janv. Trib. com. Anvers. 893 c., 901 c., 910 c.
12 janv. Civ. 1051 c.
17 janv. Trib. Anvers. 56 c.
20 janv. Trib. com. Marseille. 1290 c.
21 janv. Trib. com. Havre. 781 c.
22 janv. Trib. com. Saint-Nazaire. 1198 c.
26 janv. Rouen. 295 c.
27 janv. Civ. 594 c., 689 c., 1254 c., 2270 c.
27 janv. Trib. com. Marseille. 1209 c.
28 janv. Aix. 931 c.
28 janv. Trib. com. Marseille. 1098 c.
29 janv. Trib. com. Saint-Nazaire. 901 c.
3 févr. Trib. com. Havre. 936 c.
9 févr. Bordeaux. 1232 c.
12 févr. Trib. com. Saint-Nazaire. 901 c.
17 févr. Trib. com. Marseille. 950 c.
18 févr. Trib. com. Anvers. 908 c.
24 févr. Rouen. 1192 c., 1228 c., 1383 c.
25 févr. Trib. Marseille. 1977 c.
26 févr. Trib. com. Marseille. 868 c.
.. mars. Trib. com. Bordeaux. 893 c.
1er mars. Rennes. 896 c.
4 mars. Rennes. 98 c., 269 c.
5 mars. Rouen. 1361.
9 mars. Trib. com. Havre. 1381 c.
18 mars. Trib. com. Anvers. 899 c.
24 mars. Douai. 899 c., 901.
3 avr. Trib. Nantes. 142 c.
7 avr. Civ. 531 c.
7 avr. Trib. Marseille. 1627 c.
15 avr. Aix. 1194 c., 1234 c.
20 avr. Req. 606 c., 865 c.
20 avr. Bordeaux. 1088 c.
20 avr. Rennes. 2263, 2264 c., 2271 c., 2276 c., 2277 c., 2279 c., 2285 c.
20 avr. Trib. com. Anvers 893 c.
26 avr. Rennes. 1079 c., 1080 c.
27 avr. Trib com. Anvers. 880 c., 916 c.
4 mai. Rouen. 56 c., 61 c., 1257 c., 1258 c., 1295 c., 2269 c.
4 mai. Trib. com. Anvers 893 c.
17 mai. Trib. com. Havre. 602 c., 1031 c., 2102 c.
24 mai. Rennes. 901 c.
25 mai. Req. 2177 c.
31 mai. Trib. com. Havre. 898 c.
1er juin. Trib. com Marseille. 1188 c., 1238 c.
7 juin. Bordeaux. 963 c., 973 c.
17 juin. Trib. com. Marseille. 1346 c., 1579 c.
5 juill Trib. Marseille. 1772 c.
6 juill. Rennes. 723 c., 725 c
6 juill. Trib. com. Havre. 931 c.
9 juill. Paris. 1788 c.
13 juill. Trib. com. Dunkerque. 931 c.
15 juill. Loi 584 c.
20 juill. Req. 1269 c., 1882 c.
27 juill. Trib. com. Anvers. 939 c.
2 août. Trib. Marseille. 1954 c.
10 août Req. 1188 c., 1196 c., 1201 c., 1226 c., 1230 c.
10 août. Trib. com. Seine 2107 c.
11 août. Trib. com. Havre. 1005 c.
13 août. Trib. Anvers. 56 c.
16 août. Trib. Anvers. 56 c.
25 août. Trib. com. Havre. 894 c., 931 c.
25 août. Trib. com. Nantes. 602 c., 1031 c., 1032 c.
27 août. Trib. com. Marseille. 856.
20 sept. Trib. com. Havre. 938 c.
29 sept. Trib com. Marseille. 876 c., 918 c., 982 c., 1036 c., 1037 c.
2 oct. Décr. 578 c., 579 c.
9 nov. Trib. com. Marseille. 992 c.
10 nov. Civ. 895 c., 908 c., 2219 c., 2220 c., 2235 c., 2236 c.
15 nov. Trib. com. Marseille. 921 c., 1346 c., 1389 c.
16 nov. Trib. com. Marseille. 1083 c.
22 nov. Rennes. 894 c., 901 c.
24 nov. Trib. com. Havre. 918 c., 1036 c.
14 déc. Civ. 1698 c., 1765 c., 1792 c.
17 déc. Cons. d'Ét. 590 c.
22 déc. Aix. 938 c.
22 déc. Trib. com. Havre. 1007 c.
28 déc. Bordeaux. 950 c.
29 déc. Rouen. 1263, 2264 c., 2266 c., 2278 c., 2286 c.
29 déc. Trib. com. Havre. 931 c.

1881

4 janv. Douai. 1114.
11 janv. Trib. com. Anvers. 923 c.
11 janv. Trib. com. Havre. 939 c.
17 janv. Rouen. 1872 c., 1981 c.
19 janv. Décr. 160 c., 655 c., 678 c.
20 janv. Trib. com. Genève. 541 c.
22 janv. Rouen. 939 c.
23 janv. Rouen 1833 c.
29 janv. Loi. 2 c., 207 c., 572 c., 622 c., 648 c., 778 c., 1015 c., 1444 c., 1678 c., 2139 c.
31 janv. Trib. com. Anvers 56 c., 931 c.
7 févr. Rouen. 741 c., 821 c., 822 c., 826 c., 828 c.
9 févr. Trib. com. Havre. 928 c.
11 févr. Trib. com. Anvers. 1032 c.
14 févr. Trib. com. Havre. 899 c.
21 févr. Rouen. 781 c., 2222 c.
22 févr. Décr. 655 c.
22 févr. Paris. 1898, 1908 c.
22 févr. Trib com. Havre. 1290 c.
9 mars. Civ. 895 c., 908 c.
14 mars Trib. com. Havre. 919 c.
15 mars. Trib. com. Anvers. 908 c.
17 mars. Lyon. 1695 c., 2016 c., 2144 c.
28 mars. Aix. 1228 c., 1368 c.
1er avr. Paris. 1878 c.
4 avr. Rouen. 2102 c.
4 avr. Trib. civ. Marseille. 541, 547 c., 549 c
6 avr. Bordeaux. 2275 c.
6 avr. Trib. Nantes. 1988 c.
7 avr. Rap. 451 c., 465 c.
12 avr. Trib. com. Havre. 928 c.
13 avr. Req. 912 c.
16 avr. Rouen 914 c.
22 avr. Trib. com. Marseille. 1361 c.
4 mai. Trib. com. Havre. 928 c.
7 mai. Trib. com. Nantes. 1253 c.
9 mai. Trib. com. Havre. 602 c., 1031 c.
10 mai. Douai. 731 c.
11 mai. Grenoble. 205 c., 540 c., 541 c., 546 c., 549 c.
18 mai. Trib. com. Rouen. 908 c.
30 mai. Req. 1590 c.
5 juin. Trib. com. Anvers. 1306 c.
20 juin. Pétit. 455 c.
24 juin. Trib. com. Havre. 1178 c., 1188 c., 1194 c., 1234 c.
28 juin. Req. 1267 c., 1311 c.
28 juin. Douai 930 c., 989 c., 1044 c.
4 juill. Rouen. 1693.
6 juill. Civ. 509 c.
7 juill. Rennes. 1021 c.
8 juill. Rouen. 931 c.
11 juill. Rouen. 1862 c.
12 juill. Rennes. 2055 c., 2058 c.
15 juill. Rouen. 628.
18 juill. Aix. 2102 c.
19 juill. Trib. com. Havre. 909 c., 980 c., 1581 c.
26 juill. Req. 1348 c.
26 juill. Rouen. 896 c., 900 c., 929 c., 933 c.
2 août. Trib. com. Havre 981 c.
10 août. Trib. Marseille. 2087 c.
17 août. Décr. 1444 c.
20 août. Trib. civ. Marseille. 541 c.
23 août. Trib. com. Havre. 938 c.
30 août. Trib. com. Havre. 956 c., 964 c.
31 août. Civ. 2054 c., 2062 c.
19 sept. Trib. com. Dunkerque. 1032 c., 1033 c.
28 oct. Trib. com. Rouen. 1953 c.
5 nov. Trib. com. Nantes. 473 c.
12 nov. Trib. civ. Havre. 974 c.
16 nov. Civ. 1190 c., 1191 c., 1251 c.
24 nov. C. cass. Belgique. 806.
29 nov. Req. 502 c., 931 c.
29 nov. Civ. 593 c.
8 déc. Paris. 1953 c., 2049 c.
10 déc. Rap. 234 c., 251 c., 451 c., 532 c., 533 c.
21 déc. Trib. com. Nantes. 1818 c., 1820 c.
26 déc. Alger. 314 c.
31 déc. Trib. com. Marseille. 451 c., 546 c.

1882

3 janv. Alger. 314 c.
1er févr. Civ. 2215 c.
2 févr. Rouen. 1021 c.
7 févr. Trib. Havre. 1974 c.
10 févr. Trib. civ. Marseille. 541 c.
13 févr. Req. 326 c., 327 c., 328 c., 1346 c., 1382 c.
13 févr. Aix. 1298 c.
16 févr. Douai. 1032 c., 1033 c.
16 févr. Paris. 1308 c.
20 févr. Trib. com. Rochefort. 1227 c.
23 févr. Bordeaux. 894 c., 901 c.
28 févr. Conv. 1476 c.
6 mars. Trib. com. Havre. 1199 c.
8 mars. Civ. 914 c.
10 mars. Cons. d'Ét. 59 c.
17 mars. Lyon. 1762 c.
20 mars. Req. 957 c.
28 mars. Civ. 493 c.
29 mars. Civ. 2264 c.
5 avr. Civ. 1276 c.
6 avr. Trib. com. Seine. 1829 c.
21 avr. Décr. 578 c.
25 avr. Rennes. 2228.
26 avr. Rouen. 920 c., 947 c., 952 c.
2 mai. Trib. com. Havre. 1031 c., 1232 c.
3 mai. Trib. Marseille. 1579 c.
8 mai. Trib. com. Dunkerque. 602 c., 1031 c., 1032 c., 1033 c.
9 mai. Trib. com. Marseille. 901 c.
11 mai. Rouen. 940 c.
16 mai. Trib. com. Havre. 938 c.
24 mai. Trib. Havre. 605 c.
27 mai. Trib. com. Anvers. 1302 c.
6 juin. Req. 293 c., 1093 c., 1094 c., 1096 c., 1190 c., 1191 c., 1960 c.
6 juin. Civ. 937 c.
6 juin. Bordeaux. 1588 c., 1589 c.
6 juin. Caen. 1296 c.
10 juin. Rap. 814 c., 841 c., 2131 c.
26 juin. Req. 2263 c., 2265 c., 2271 c.
11 juill. Trib. com. Havre. 1376 c.
11 juill. Trib. com. Marseille. 896 c.
13 juill. Trib. com. Marseille. 1335 c.
20 juill. Trib. com. Marseille. 1199 c., 1207 c.
1er août. Trib. Marseille. 1740 c.
8 août. Req. 930 c., 931 c., 932 c.
14 août. Req. 658 c., 660 c., 664 c.
17 août. Rouen. 602, 1031 c.
22 août. Civ. 225 c., 969 c.
29 août. Rouen. 1630 c.
29 août. Trib. Havre. 1886 c., 1947 c., 2005 c.
17 sept. Décr. 583 c.
28 sept. Trib. com. Seine. 1547 c.

10 oct. Trib. com. Marseille. 718 c.
8 nov. Trib. Havre. 1670 c.
24 nov. Trib. com. Marseille. 1053 c.
27 nov. Rouen. 1934.
4 déc. Trib. com. Marseille. 1254 c.
7 déc. Aix. 1615 c., 1617 c., 1618 c., 1656 c.
8 déc. Bruxelles. 61 c.
13 déc. Trib. com. Nantes. 162 c.
22 déc. Sol. Marseille. 2025 c., 2075 c.
29 déc. Trib. com. Marseille. 590, 591 c.

1883

22 janv. Rap. 814 c., 841 c., 2131 c.
24 janv. Rennes. 2197 c., 2252 c., 2254 c., 2257 c.
13 févr. Trib. com. Marseille. 1223 c.
20 févr. Trib. com. Havre. 1017 c.
22 févr. Trib. com. Marseille. 1198 c.
24 févr. Trib. civ. Boulogne. 250 c.
févr. Civ. 269 c.
27 mars. Rouen. 1189, 1196 c., 1229 c., 1230 c., 1232 c.
16 mars. Rap. 451 c.
21 mars. Rouen. 1191 c., 1229 c., 1953 c.
23 mars. Circ. 623 c.
29 mars. Trib. com. Havre. 1196 c.
3 avr. Civ. 901 c., 903 c.
9 avr. Décr. 59 c.
8 mai. Douai 535 c.
8 mai. Rennes. 1636.
8 mai. Trib. com. Havre. 944 c.
21 mai. Req. 2233 c.
22 mai. Rouen. 1191 c., 1194 c., 1392 c.
28 mai. Trib. com. Anvers. 1306 c.
29 mai. Trib. com. Havre. 1781 c.
4 juin. Trib. civ. Abbeville. 254 c.
5 juin. Civ. 2238 c.
6 juin. Trib. com. Nantes. 1253 c.
14 juin. Trib. com. Seine. 1696 c.
21 juin. C. cass. Belgique. 56 c.
25 juin. Trib. civ. Nice. 221.
6 juill. Trib. Saint-Nazaire. 64 c.
10 juill. Req. 2063 c., 2095 c.
16 juill. Rouen. 1982 c.
17 juill. Trib. Havre. 1180 c.
23 juill. Rouen. 1047 c.
24 juill. Req. 920 c., 949 c., 1834 c.
29 juill. Rouen. 1959 c.
20 août. Trib. civ. Bordeaux. 210 c., 546 c.
21 août. Trib. com. Havre. 1627 c., 1634 c., 1660 c.
22 août. Trib. com. Marseille. 1220 c.
27 août. Civ. 214 c.
28 août. Trib. com. Havre. 1849 c.
29 août. Rouen. 1017 c.
12 sept. Trib. com. Havre. 1354 c.
25 sept. Trib. com. Marseille. 1289 c., 1344 c.
20 oct. Trib. com. Seine. 1161 c.
24 oct. Trib. Havre 2173 c.
30 oct. Circ. 623 c.
10 nov. Rap. 814 c.
13 nov. Trib. com. Marseille. 1181 c., 1341 c.
27 nov. Req. 1921 c., 1975 c.
28 nov. Aix. 220 c., 221 c.
3 déc. Rouen. 930 c.
4 déc. Aix. 925 c.
8 déc. Loi. 584 c.
12 déc. Bruxelles. 1267 c.
12 déc. Trib. Havre. 1575 c.
18 déc. Trib. Nantes. 2237 c.
18 déc. Trib. com. Havre. 1251 c., 1974 c.
19 déc. Req. 56 c., 58 c., 623 c.
26 déc. Trib. Havre. 1627 c.

1884

3 janv. Paris. 56 c., 1256 c., 1257 c., 1273 c.
5 janv. Trib. com. Anvers. 1282 c.
11 janv. Trib. com. Cherbourg. 1021 c.
15 janv. Req. 1588 c., 2004 c.
22 janv. Civ. 314 c., 316 c.
23 janv. Trib. com. Havre. 1290 c.
28 janv. Civ. 1018 c.
29 janv. Trib. com. Dunkerque. 1271 c.
5 févr. Civ. 1604 c.
11 févr. Civ. 502 c., 938 c.
14 févr. Trib. Marseille. 1987 c.
27 févr. Paris. 720.
4 mars. Trib. Havre. 1874 c., 1953 c.
5 mars. Civ. 1064. c.
17 mars. Trib. com. Marseille. 1098 c.
18 mars. Trib. Havre. 2048 c.
21 mars. Trib. Anvers. 56 c.
24 mars. Pau. 177 c.
24 mars. Trib. com. Havre. 963 c., 973 c.
25 mars. Trib. com. Havre. 1269 c.
26 mars. Lyon. 1006 c.
1er avr. Paris. 1776 c.
2 avr. Civ. 1323 c., 1327 c., 1388 c., 1389 c., 1502 c.
4 avr. Trib. com. Anvers. 1257 c.
15 avr. Trib. com. Dunkerque. 1181 c.
17 mai. Trib. Anvers. 546 c.
20 mai. Req. 553 c.
24 mai. Trib. confl. 1294 c.
11 juin. Rennes. 328 c., 1290 c.
13 juin. Trib. civ. Havre. 219, 225 c.
17 juin. Trib. Marseille. 2251 c.
19 juin. Rennes. 269 c., 1678 c.
23 juin. Req. 2250 c.
23 juin. Trib. Marseille. 2239 c.
24 juin. Req. 1251 c., 1338 c.
27 juin. Cons. d'Et. 59 c.
7 juill. Catane. 218 c.
29 juill. Trib. Havre. 2282 c.
30 juill. Rouen. 1059 c.
1er août. Bruxelles. 1306 c.
6 août. Paris. 1804 c.
23 août. Bordeaux. 1828 c.
1er sept. Décr. 702 c., 1259 c., 1266 c., 1267 c., 1286 c.
19 sept. Trib. com. Marseille. 909 c.
18 oct. Trib. com. Anvers. 1295 c.
14 nov. Bruxelles. 1868 c.
17 nov. Rouen. 2256 c.
21 nov. Bruxelles. 1306 c.
21 nov. Cons. d'Et. 1181 c., 1244 c., 2240 c., 2245 c.
6 déc. Trib. com. Nantes. 1802 c.
8 déc. Bruxelles. 56 c., 60 c., 1257 c.
9 déc. Req. 2045 c., 2113 c.
9 déc. Rouen. 963 c.
17 déc. Civ. 957 c., 2239 c., 2244 c., 2253 c., 2287 c.
19 déc. Cons. d'Et. 1264 c.
23 déc. Req. 257 c.
24 déc. Paris. 1739 c., 1838 c.
27 déc. Trib. com. Nantes. 1721 c.
31 déc. Trib. com. Anvers. 1826 c.

1885

22 janv. Paris. 56 c., 1256 c., 1257 c., 1273 c., 1287 c.
3 févr. Paris. 1690 c.
9 févr. Rouen. 931 c., 974.
11 févr. Req. 177 c.
24 févr. Paris. 1696 c., 1767 c., 1790 c.
4 mars. Gênes. 218 c.
5 mars. Trib. com. Marseille. 1191 c.
9 mars. Bordeaux. 1886 c., 1945 c., 1947 c., 2071 c.
16 mars. Req. 1009 c.
16 mars. Civ. 984 c.
15 avr. Décr. 583 c.
15 avr. Civ. 1227 c.
22 avr. Rouen. 982 c.
29 avr. Civ. 1028 c., 1749 c.
29 avr. Trib. Seine. 1591 c.
9 mai. Trib. Nantes. 1917 c.
12 mai. Civ. 956 c., 958 c.
27 mai. Bordeaux. 2016.
6 juin. Trib. com. Anvers. 1300 c.
13 juin. Rap. 451 c.
24 juin. Trib. com. Havre. 1196 c.
10 juill. Loi. 25, 71 c., 95 c., 311 c., 333 c., 1540 c. V. Table des articles.
18 juill. Trib. com. Nantes. 1253 c.
21 juill. Civ. 314 c.
22 juill. Trib. com. Marseille. 1281 c., 1284 c.
22 juill. Circ. 483 c., 485 c., 488 c., 489 c.
25 juill. Rap. 1717 c.
3 août. Aix. 214 c.
3 août. Guadeloupe. 1295 c.
6 août. Bordeaux. 2174.
11 août. Trib. Seine. 541 c.
12 août. Loi. 26, 308 c., 350 c., 770 c., 803 c., 805 c., 806 c., 807 c., 814 c., 830 c., 833 c., 838 c., 839 c., 840 c., 1336 c., 1396 c., 1436 c., 1442 c., 1443 c., 1447 c., 1448 c., 1515 c., 1516 c., 1551 c., 1554 c., 1555 c., 1559 c., 1567 c., 1663 c., 1665 c., 1667 c., 1672 c., 1675 c., 1680 c., 1682 c., 1683 c., 1685 c., 1690 c., 1710 c., 1717 c., 1731 c., 1742 c., 1890 c., 1911 c., 2006 c., 2131 c., 2138 c., 2139 c., 2140 c., 2188 c., 2189 c., 2191 c., 2193 c., 2204 c., 2206 c., 2226 c.
22 sept. Trib. com. Havre. 602 c., 1031 c.
27 sept. Syra. 269 c.
28 oct. Rouen. 905 c.
3 nov. Trib. com. Havre. 602 c.
11 nov. Civ. 225 c.
12 nov. C. cass. Belgique. 314 c.
20 nov. Paris. 1788.
2 déc. Aix. 1267 c.
7 déc. Paris. 1296 c.
16 déc. Req. 633 c.
16 déc. Trib. com. Marseille. 1655 c.
31 déc. Trib. com. Anvers. 592 c.

1886

3 janv. Circ. 2222 c.
4 janv. Civ. 200 c., 305 c., 366 c., 368 c.
12 janv. Loi. 532 c., 1454 c.
14 janv. Trib. com. Havre. 602 c., 1031 c., 1033 c.
22 janv. Trib. com. Anvers. 56 c., 60 c.
8 févr. Trib. com. Havre. 332 c.
18 févr. Rennes. 60 c.
22 févr. Florence. 328 c.
24 févr. Civ. 701 c.
1er mars. Trib. com. Rouen. 979 c.
2 mars. Civ. 2107 c., 2258 c.
9 mars. Rennes. 1832 c., 1917 c.
15 mars. Rouen. 592 c., 938 c.
30 mars. Civ. 1749 c.
31 mars. Civ. 279 c., 535 c.
5 avr. Req. 1269 c.
16 avr. Trib. com. Rouen. 979 c.
3 mai. Aix. 1267 c.
5 mai. Trib. com. Havre. 1237 c.
10 mai. C. suprême Etats-Unis. 332 c.
12 mai. Trib. Seine. 1773 c.
24 mai. Douai. 1227 c.
25 mai. Montpellier. 1201 c., 1227 c.
26 mai. Trib. com. Marseille. 1267 c.
31 mai. Req. 824 c.
2 juin. Rouen. 1264 c., 1308 c.
5 juin. Trib. com. Seine. 56 c.; 1547 c.
18 juin. Décr. 516 c., 573 c.
5 juill. Douai. 2274 c.
5 juill. Circ. 573 c.
6 juill. Rouen. 1979 c.
7 juill. Lyon. 1547 c.
12 juill. Trib. cmp. Allemagne. 332 c.
14 juill. Bruxelles. 56 c., 60 c.
14 juill. Trib. com. Havre. 592 c.
17 juill. Rouen. 1371 c.
22 juill. Rennes. 723, 725 c., 956 c., 958 c., 964 c.
2 août. Trib. Marseille. 1739 c.
18 oct. Req. 784 c.
18 oct. Civ. 700 c.
9 nov. Trib. Seine. 328 c.
15 nov. Aix. 1130 c.
16 nov. Aix. 1181 c.
17 nov. Civ. 314 c., 717 c., 1033 c.
22 nov. Trib. com. Seine. 1547 c.
1er déc. Bordeaux. 596 c., 1269 c.
1er déc. Trib. com. Nantes. 1547 c.
6 déc. Trib. com. Havre. 1786 c.
13 déc. Rouen. 1130 c.
14 déc. Trib. com. Dunkerque. 1267 c.
18 déc. Loi. 484 c.
21 déc. Rouen. 963 c.
22 déc. Trib. Havre. 605 c.
28 déc. Trib. com. Havre. 1281 c.

1887

26 janv. Rouen. 1201 c., 1203 c., 1229 c.
27 janv. Aix. 214 c.
2 févr. Civ. 1006 c.
9 févr. Trib. Havre. 2207 c,
15 févr. Bordeaux. 322 c., 326 c.
19 févr. Trib. com. Bordeaux. 2147 c., 2156 c.
26 févr. Loi. 484 c.
26 févr. Caen. 1766 c.
28 févr. Trib. Havre. 1426 c., 1498 c.
1er mars. Civ. 314 c,
2 mars. Trib. Marseille. 2202 c.
10 mars. Trib. Havre. 2223 c.
16 mars. Bordeaux. 1680 c., 1943 c., 1952 c.
21 mars. Trib. com. Dunkerque. 269 c.
22 mars. Trib. com. Havre. 956 c., 962 c.
29 mars. Aix. 1883.
4 avr. Civ. 1762 c., 1765 c., 1766 c., 1767 c.
27 avr. Civ. 2046 c., 2156 c.
7 mai. Rouen. 955 c., 956 c., 959 c., 966 c.
26 mai. Aix. 214 c.
27 mai. Cons. d'Et. 308 c.
2 juin. Trib. com. Seine. 1253 c.
8 juin. Trib. com. Anvers. 592 c.
15 juin. Trib. com. Anvers. 1269 c., 1270 c.
15 juin. Trib. com. Havre. 1269 c.
21 juin. Trib. com. Havre. 1280 c., 1281 c.
21 juill. Amiens. 279 c.
25 juill. Paris. 541 c.
26 juill. Trib. com. Havre. 314 c.
29 juill. Trib. com. Marseille. 300 c.
30 juill. Bruxelles. 1836 c.
30 juill. Trib. Anvers. 546 c.
1er août. Req. 984 c., 1019 c.
9 août. Bordeaux. 360 c.
12 août. Trib. civ. Annecy. 937.
2 sept. Décr. 308 c., 805 c.
21 sept. Trib. com. Marseille. 723 c., 725 c.
5 nov. Trib. com. Cherbourg. 325, 328 c.
8 nov. Civ. 427 c.
21 nov. Civ. 608 c.
30 nov. Paris. 2211 c., 2214 c.
20 déc. Trib. com. Marseille. 314 c.
21 déc. Bruxelles. 1427.
21 déc. Rennes. 332 c., 1296 c., 1308 c.
23 déc. Trib. com. Marseille. 1288 c.
27 déc. Rouen. 1261 c.

1888

12 janv. Trib. com. Seine. 1833 c.
14 janv. Rouen. 926 c., 930 c.
17 janv. Aix. 292.
30 janv. Trib. com. Marseille. 1267 c.
9 févr. Aix. 1267 c., 2230 c.
13 févr. Trib. com. Marseille. 592 c., 938 c.
20 févr. Pau. 392 c., 412 c.
20 févr. Rennes. 1021, 1060 c.
22 févr. Trib. civ. Marseille. 214.
29 févr. Civ. 1181 c.
29 févr. Rennes. 1296 c.
5 mars. Civ. 1617 c., 2282 c.
13 mars. Trib. Havre. 2247 c.
19 mars. Req. 2236, 2237 c.
19 mars. Civ. 1261 c., 1266 c., 1267 c., 2239 c.
27 mars. Trib. Havre. 2239 c.
11 avr. Loi. 2246 c.
19 avr. Trib. com. Bordeaux. 919 c.
25 avr. Req. 772 c.
7 mai. Rouen. 1455 c., 1486 c.
17 mai. Trib. com. Marseille. 1181 c.
17 mai. Trib. com. Seine. 1868 c.
30 mai. Trib. com. Marseille. 899 c.
8 juin. Trib. com. Seine. 2102 c., 2160 c.
2 juill Bordeaux. 541 c., 542 c.
10 juill. Req. 377 c.
12 juill. Trib. com. Seine. 314 c., 316, 1152 c., 2247 c.
13 juill. Trib. civ. Marseille. 1288.
23 juill. Trib. civ. Seine. 2178 c.
30 juill. Bordeaux. 936 c., 1267, 1269 c., 1270 c.
31 juill. Civ. 314 c., 317 c., 931 c
24 oct. Req. 202 c.
11 déc. Req. 314 c., 315 c.
18 déc. Trib. com. Havre. 656 c.
19 déc. Civ. 538 c.

1889

14 janv. Aix. 2214, 2218 c.
12 févr. Req. 2178 c.
13 févr. Civ. 2247 c.
19 févr. Loi. 188 c.
28 févr. Aix. 1295 c., 1296 c.
28 févr. Trib. com. Marseille. 718 c.
4 mars. Loi. 370 c., 1815 c., 2009 c.
13 mars. Trib. com. Marseille. 1236 c.
27 mars. Civ. 1266 c., 1267 c.
30 mars. Bruxelles. 546 c.
1er avr. Civ. 1261 c., 1267 c.
1er avr. Bordeaux. 546 c.
13 mai. Civ. 2255 c.
27 mai. Civ. 897.
27 juin. Trib. com. Marseille. 901 c.
10 juill. Montpellier. 2274 c.
15 juill. Rouen. 1201.
23 juill. Trib. com. Marseille. 989 c.
8 août. Rouen. 1201.
13 août. Trib. com. Marseille. 938 c.

1890

15 janv. Civ. 2005 c
12 févr. Civ. 935 c

DROIT MUSULMAN. — V. *Organisation de l'Algérie;* — *Rép. eod. v°*, nos 765 et suiv., 1202 et suiv.

DROITS DE MUTATION. — V. *Enregistrement;* — *Rép. eod. v°*, nos 79 et suiv., 2048 et suiv.

DROIT NATUREL ET DES GENS.

Division.

CHAP. 1er. — Notions préliminaires (*Rép.* nos 2 à 6).

1. Le rapprochement du droit naturel et du droit des gens est traditionnel depuis les jurisconsultes romains : « *De jure naturali, gentium et civili* », telle est la rubrique du tit. 2, liv. 1er, aux *Institutes* de Justinien. « *Droit de la nature et des gens* », tel est encore aujourd'hui le titre d'une chaire au Collège de France. Ce rapprochement n'en est pas moins regrettable, car il tend à perpétuer une confusion fâcheuse entre le droit naturel, d'une part, et, d'autre part, le droit des gens, tel qu'on l'entend aujourd'hui. Cette confusion existait réellement dans l'esprit des Romains, pour lesquels le droit des gens n'était que la mise en pratique des principes du droit naturel : « *quod naturalis ratio inter omnes homines constituit, id apud omnes populos perœque custoditur, vocaturque jus gentium, quasi quo omnes gentes utuntur* (*Inst.* liv. 1er, t. 2, § 1er) ». Mais aujourd'hui cette partie du droit n'est plus désignée que sous le nom de *droit naturel*. Quant à l'expression *droit des gens*, elle a, dans la langue juridique moderne, un sens tout différent : *jus inter gentes*, ou, suivant une formule aujourd'hui dominante, *droit international*.

2. Toutefois le domaine du droit des gens, tel que le concevaient les anciens auteurs, ne correspond qu'à une partie du droit international. Le droit international se divise, en effet, en deux branches absolument distinctes : droit international privé, et droit international public. Le premier comprend les questions qui sont de nature à être tranchées par les tribunaux ordinaires; le second comprend celles qui ne peuvent être tranchées que par les gouvernements. Le droit international privé est une science nouvelle qui a pris, par suite de la multiplication des relations internationales et des conflits de lois qui en résultent, une extension considérable : il a fait et fera l'objet d'une étude particulière, sous chacun des articles de cet ouvrage qui fournissent l'exemple de semblables conflits. Le droit international public qui correspond à ce qu'on appelait autrefois le droit des gens fera seul l'objet de notre étude actuelle.

3. Nous nous conformerons à l'exemple du *Répertoire*, en consacrant un chapitre au droit naturel (chap. 3), et un autre au droit des gens ou droit international public (chap. 4), après avoir, dans un chapitre commun (chap. 2), poursuivi l'étude historique de ces deux branches du droit.

CHAP. 2. — Historique (*Rép.* nos 7 à 31).

4. L'histoire du droit naturel, conduite au *Répertoire* jusques et y compris la publication du code civil, se confond par bien des points avec l'histoire de la philosophie du droit. Depuis le commencement du siècle, la philosophie du droit a été l'objet de nombreuses études, dont l'analyse détaillée dépasserait les bornes de ce traité, et qui d'ailleurs ont un caractère infiniment plus théorique que pratique. Nous nous bornerons à rappeler les noms des principales écoles dont les doctrines ont influé sur cette partie des sciences morales : l'école *historique* (de Savigny); école *théologique* (Joseph de Maistre et de Bonald), et l'école *psychologique*, plus conforme que toute autre à nos idées et à nos tendances modernes, et qu'illustrent les noms de Royer-Collard, Maine de Biran, Victor Cousin, Jouffroy, etc. (V. sur ces diverses écoles : Suliotis, *Le droit naturel ou la philosophie du droit*, Paris, 1888). Sur l'état actuel de la science du droit naturel, on consultera avec fruit, outre l'ouvrage précité de M. Suliotis, ceux de MM. Ahrens, *Cours de droit naturel*, 6e éd., Paris, 1868, et Ernest Roguin, *La règle de droit*, Lausanne, 1889. L'enseignement des facultés catholiques ouvertes en vertu de la loi du 27 juill. 1875 (D. P. 75. 4. 137) a donné naissance à quelques traités conçus dans un esprit plus spécialement politique et religieux, ceux de MM. Vareilles-Sommières, *Les principes fondamentaux du droit*, Paris, 1889, et Tancrède Rothe, *Traité de droit naturel théorique et appliqué*, Paris, 1885.

5. C'est surtout le droit des gens, ou (pour parler le langage de la science moderne) le droit international public, qui a été, depuis le commencement du siècle, l'objet d'études approfondies et d'importants progrès. L'existence de ce droit est aujourd'hui reconnu par tous les peuples civilisés, bien qu'on le désigne trop souvent sous cette dénomination restrictive : *droit des gens européen*, ou *droit international de l'Europe*. Ce dernier titre a été notamment adopté par Heffter, pour son célèbre ouvrage qui forme aujourd'hui comme le bréviaire du droit des gens (V. *infrà*, n° 6). Cette dénomination vicieuse n'a qu'une explication historique. Après les tourmentes de la Révolution et de l'ère napoléonienne, les monarchies chrétiennes de l'Europe sentirent le besoin de remettre en vigueur les principes du droit international, ou, comme écrivait le prince de Bénévent le 19 déc. 1814, « cet équilibre politique qui est synonyme avec les principes de conservation des droits de chacun et du repos de tous » : tel fut l'objet de la Sainte-Alliance. Mais cette tentative trop étroite fut éphémère. Le congrès de Paris tenu en 1856 après la guerre de Crimée y porta le dernier coup, en admettant la Turquie dans le concert européen : ce fut une révolution dans la politique internationale, révolution qui a eu son contre-coup dans le style diplomatique, car l'ancienne formule initiale des traités « *Au nom de la Très-Sainte-Trinité* », est, depuis le traité de Berlin du 13 juill. 1878 (D. P. 78. 4. 101), remplacée par celle-ci : « *Au nom du Dieu tout-puissant* ». Il ne faut donc plus parler aujourd'hui de droit des gens *européen*. Le droit des gens se répand désormais par tout le monde : le fameux ouvrage de Bluntschli (V. *infrà*, n° 6) est traduit en chinois, et, pendant la guerre franco-allemande de 1870, l'empereur du Japon a publié une proclamation de neutralité (V. *infrà*, n° 99) pleinement conforme aux principes du droit des gens contemporain.

6. Indépendamment des nombreux congrès tenus au cours de ce siècle, et notamment des congrès d'Aix-la-Chapelle (1815), de Paris (1856), et de Berlin (1878), la doctrine a largement contribué à fonder les bases du droit des gens moderne. Nous citerons brièvement ici les principaux ouvrages qui, de nos jours, font autorité en la matière : Heffter, *Le droit international de l'Europe*, traduit par J. Bergson, 4e éd. française, augmentée et annotée par Geffcken, Berlin-Paris, 1883; Phillimore, *Commentaries upon international law*, Londres, 1873-1874; Wheaton, *Eléments du droit international*, 5e éd., Leipzig, 1874, et *Histoire du progrès du droit des gens en Europe et en Amérique*, 4e éd., Leipzig, 1865 (M. Lawrence a commencé un commentaire des deux ouvrages précédents, Leipzig, 1869); de Martens, *Précis du droit des gens moderne de l'Europe*, 2e éd. publiée et annotée par M. Ch. Vergé, Paris, 1864; Pasquale Fiore, *Diritto publico internazionale*, Milan, 1865, traduit en français par M. Pradier-Fodéré, sous le titre de *Nouveau droit international public suivant les besoins de la civilisation moderne*, Paris, 1868; Funck-Brentano et Albert Sorel, *Précis du droit des gens*, Paris, 1877; Calvo, *Le droit international théorique et pratique, précédé d'un exposé historique des progrès de la science du droit des gens*, Paris, 1880; Bluntschli, *Das moderne volkerrecht der civilisirten status als Rechtsbuch dargestellt*, traduit en français par M. Lardy sous le titre : *Le droit international codifié*, 4e éd., Paris, 1886; Dudley Field, *Outlines of an international code*, New-York, 1872;

traduit en français par M. Albéric Robin, sous ce titre *Projet d'un code international*, Paris, 1881; Louis Renault, *Introduction à l'étude du droit international*, Paris, 1879. Ce dernier ouvrage tient plus que ne promet son titre, car on y trouve, outre une bibliographie raisonnée du droit international, le programme complet d'un cours de droit des gens. — Parmi les publications périodiques, la première place appartient à la *Revue du droit international*, publiée sous les auspices de l'Institut de droit international.

7. Enfin, depuis quelques années, d'assez nombreux ouvrages ont été consacrés à cette partie spéciale du droit international qui tend à la civilisation de la guerre. A l'occasion de la guerre de 1870, il a été publié sur ce sujet de nombreux articles, parmi lesquels nous rappellerons ceux de M. Rolin-Jacquemyns, intitulés : *La guerre actuelle dans ses rapports avec le droit international* et *Essai complémentaire sur la guerre franco-allemande dans ses rapports avec le droit international* (*Revue de droit international*, t. 2, p. 643 et suiv., et t. 3, p. 288 et suiv.), et celui de M. Griolet ayant pour titre : *De l'influence de la dernière guerre sur le progrès du droit des gens*, consacré principalement à la réfutation des doctrines et des appréciations émises par M. Rolin-Jacquemyns dans les articles précités. Nous citerons en outre : Dahn, *Le droit de la guerre exposé succinctement et mis à la portée des masses*, traduction en français par M. Prim, lieutenant dans l'armée belge, 1875; Charles Lucas, *La conférence internationale de Bruxelles sur les lois et coutumes de la guerre*, 3e tirage, Paris, 1874; Achille Morin, *Les lois relatives à la guerre selon le droit des gens modernes, le droit public et le droit criminel des pays civilisés*, Paris, 1872; Guelle, *Précis des lois de la guerre sur terre, commentaire pratique à l'usage des officiers de l'armée active, de la réserve et de la territoriale*, Paris, 1884. — A côté de ces publications, dues à la science privée, il y aurait lieu d'en citer d'autres, d'un caractère plus ou moins officiel et plus spécialement conçues dans un esprit militaire; les principales d'entre elles seront indiquées *infrà*, n° 64.

CHAP. 3. — Droit naturel (*Rép.* nos 32 à 64).

8. Les principes du droit naturel étant de tous les temps comme de tous les pays, nous n'avons rien à ajouter à l'exposé qui en a été fait au *Répertoire*. Il suffira de remarquer que, parmi les droits de l'homme qui ont été l'objet de cet exposé, il en est plusieurs qui, depuis quelques années, ont reçu, dans le droit positif, une consécration plus ou moins complète. C'est ainsi, par exemple, que le principe de la souveraineté du peuple (*Rép.* n° 62) a reçu satisfaction par l'établissement du suffrage universel (Décr. 5 mars 1848, D. P. 48. 4. 41). Dans le domaine politique encore, la liberté de la presse (*Rép.* n° 59) a été consacrée par la loi du 29 juill. 1881 (D. P. 81. 4. 65). Enfin, dans le domaine des droits privés et spécialement des droits de famille (*Rép.* nos 47 à 51), et sans que ce soit le lieu de rechercher si cette réforme a été ou non la reconnaissance d'un principe de droit naturel, nous ne pouvons passer sous silence l'importante révolution apportée dans nos mœurs par le rétablissement du divorce (L. 27 juill. 1884, D. P. 84. 4. 97).

CHAP. 4. — Droit des gens (*Rép.* nos 65 à 202).

9. A l'exemple du *Répertoire*, nous étudierons successivement les droits propres à chaque nation, et les rapports des nations entre elles : ce sera l'objet des deux premières sections. Le surplus du chapitre sera consacré aux faits qui peuvent influer sur ces rapports : la guerre, la neutralité, les traités diplomatiques.

SECT. 1re. — DROITS PROPRES A CHAQUE NATION (*Rép.* nos 66 à 86).

10. Le droit fondamental de chaque Etat est celui qu'Heffter, § 29, p. 70, appelle droit *d'existence territoriale libre et indépendante*, et qui n'est en somme autre chose que le droit de souveraineté. Chaque Etat est maître de son territoire et maître dans son territoire : ce qui revient à la distinction classique du *droit de domaine* et du *droit d'empire* que nous avons rappelée au *Rép.* n° 68.

11. — I. DROIT D'EMPIRE (*Rép.* nos 69 à 71). — *Le droit d'empire* autorise chaque Etat à faire sur son propre territoire ce qui lui convient, à la seule condition de ne pas léser les Etats voisins. C'est ainsi que tout Etat est libre, comme nous l'avons vu au *Rép.* n° 69, de permettre ou de défendre l'accès de son territoire aux étrangers (Heffter, § 62, p. 142), et, quand il les admet, de les soumettre à tel ou tel régime. La situation des étrangers est alors réglée soit par des traités soit par des lois. — Les traités de ce genre, dits *traités d'établissement*, sont assez rares dans notre droit positif (V. à titre d'exemple : le traité franco-suisse du 30 juin 1864, D. P. 64. 4. 128). — Quant aux lois, elles sont naturellement très diverses. Un Etat peut accorder des avantages aux étrangers avec ou sans condition. La loi du 14 juill. 1819, qui ouvre aux étrangers le droit de succession, le fait sans condition aucune. Souvent, au contraire, on exige la réciprocité légale ou diplomatique : par exemple, en matière de brevets d'invention, la loi du 23 juin 1857 (D. P. 57. 4. 97) exigeait (art. 6) la réciprocité diplomatique ; la loi du 26 nov. 1873 (D. P. 74. 4. 21) se contente (art. 9) de la réciprocité légale.

12. En France, la liberté individuelle des étrangers est protégée comme celle des nationaux. Seulement l'étranger est soumis au droit d'expulsion (L. 3 déc. 1849, D. P. 49. 4. 171), droit arbitraire qui peut être exercé par le ministre de l'intérieur, même à l'encontre des étrangers admis à résidence.

13. Ce droit d'expulsion est la négation de ce qu'on appelle communément le *droit d'asile* (*Rép.* n° 70). C'est que, à proprement parler, le droit d'asile n'existe pas, en ce sens qu'il n'est pas exact que l'étranger ait droit à l'asile, car aucun Etat n'est obligé de le recevoir; la vérité, c'est, à l'inverse, que tout Etat a le droit de donner asile aux étrangers, en refusant de les livrer à leur gouvernement : en d'autres termes, le droit international ne reconnaît pas le *droit de recevoir asile*, mais *le droit de donner asile*, ce qui est très différent.

14. Le droit d'asile ainsi compris, c'est-à-dire le droit pour un Etat de donner asile à un étranger, nonobstant toute réclamation du gouvernement de celui-ci, comporte toutefois une exception fondée sur le devoir d'assistance réciproque des Etats, quant à la répression des crimes. Ce devoir se traduit par l'*extradition* des criminels (V. *Rép.* n° 71, et *infrà*, v° *Traité diplomatique*). « Le principe de l'extradition, comme l'a fort bien dit M. Rouher (cité par Geffcken, sur Heffter, § 63, p. 148, note 8), est le principe de la solidarité, de la sûreté réciproque des gouvernements et des peuples contre l'ubiquité du mal. »

15. D'ailleurs, les principes exceptionnels de l'extradition comportent eux-mêmes une exception ; ils ne s'appliquent pas aux *crimes exclusivement politiques*. La remarque en est d'autant plus utile à faire que, précisément, l'origine de l'extradition fut du domaine purement politique (traités entre l'Angleterre et la France en 1303, entre l'Angleterre et la Flandre en 1641, entre l'Angleterre et le Danemark en 1661, entre la Suisse et le grand-duché de Bade en 1820, entre la Suisse et l'Autriche en 1828). Cette immunité des réfugiés polititiques (subordonnée d'ailleurs à la condition qu'ils ne fassent pas du territoire étranger une base de machinations) se fonde sur la double raison que, en cette matière, on n'est jamais certain ni que la répression soit légitime, ni que le juge soit impartial. — Seulement on se heurtera souvent à une difficulte de fait, lorsqu'il s'agira de déterminer si l'on se trouve en présence d'un crime politique ou d'un crime de droit commun, au cas, par exemple, d'un attentat contre la personne d'un souverain. Aussi beaucoup de traités d'extradition, depuis celui qui fut conclu entre la France et la Belgique le 22 sept. 1856 (D. P. 56. 4. 144), contiennent-ils une disposition formelle, d'après laquelle on ne répute pas délit politique l'attentat contre la personne d'un souverain ou contre celle des membres de sa famille, lorsque cet attentat constitue le fait de meurtre, d'assassinat et d'empoisonnement (Comp. Lawrence, *Commentaire sur les éléments du droit international*, t. 4, p. 362 à 540). — Quoi qu'il en soit, en matière politique, il y a véritablement lieu de parler d'un droit d'asile, et ce droit est si absolu que si, par hasard, un Etat se trouvait avoir extradé un étranger réfugié politique, il serait en droit de se le faire réextrader (Heffter, § 63, p. 149, et *addenda*).

16. Pour terminer ce qui concerne le droit d'empire, constatons avec le *Rép.* n° 86 qu'en principe tout Etat a le droit de s'opposer à l'*intervention* d'un Etat voisin dans ses affaires particulières. Toutefois, cette règle comporte des tempéraments qu'il est difficile de ne pas admettre : il se peut, par exemple, que le droit d'indépendance de l'Etat se trouve en conflit avec un droit qui lui soit supérieur, et qui justifie l'intervention. Mais à tout le moins faut-il dire que l'intervention ne doit être qu'une extrême ressource, et doit être restreinte aux cas très limités que nous allons tenter de déterminer.

17. En théorie, il faut regarder comme illégitime toute intervention qui n'a pour but que d'amener ou d'empêcher un changement constitutionnel, ou, à plus forte raison, un changement de dynastie, à moins cependant que l'exécution d'un traité n'y soit intéressé, comme il arriverait pour la Belgique ou pour la Grèce.

18. L'intervention est légitime, au contraire, dans la même hypothèse, quand elle se produit entre Etats fédéraux. Ainsi la confédération suisse ou américaine garantit à chacun des Etats qui la compose la forme républicaine : une intervention est donc possible, et même prévue. Il n'y a pas là violation de la souveraineté, mais renonciation consensuelle de chaque Etat à sa pleine souveraineté. — L'intervention serait encore légitime, si c'était l'Etat lui-même qui la réclamait. Mais, en fait, des interventions de ce genre ne profitent ni à l'assistant, ni à l'assisté : celui-ci conserve la tache de l'immixtion étrangère, et l'assistant se fait haïr. — L'intervention serait légitime enfin si l'Etat auprès duquel elle a lieu menaçait la sécurité de ses voisins.

19. Mais le serait-elle, s'il s'agissait de protéger des droits essentiels de l'humanité? Le système de l'affirmative serait très dangereux. Aussi l'Angleterre qui, plus qu'aucun peuple, a mené la campagne contre l'esclavage a toujours évité d'en venir à l'intervention (Geffcken sur Heffter, § 45, note, 3, p. 111).

20. Une forme plus acceptable de l'intervention est la forme collective : elle présente plus de garanties de désintéressement, et répond, en général, à un plus réel besoin. C'est ainsi que se justifie l'intervention des grandes puissances européennes dans les affaires de l'Empire ottoman, qui intéressent au plus haut point l'équilibre international.

21. Parfois, au lieu d'intervenir, un Etat se contente de manifester son opinion. C'est ce que firent, en 1856, les plénipotentiaires français et anglais, réunis alors au congrès de Paris, au sujet des agissements du gouvernement napolitain. Ces remontrances, qui faillirent amener une rupture avec le Royaume de Naples et furent désapprouvées par la Russie, n'avaient en somme rien d'incorrect.

22. — DROIT DE DOMAINE (*Rép.* n°s 72 à 84). — Le mot *domaine* usuellement employé pour désigner le droit de l'Etat sur son territoire est en somme inexact. Il n'est pas vrai que l'Etat soit propriétaire de tout le territoire; il n'est pas même vrai qu'il en ait le domaine *éminent*. L'Etat est souverain, rien de plus, et cela suffit à justifier ses droits et ses devoirs.

23. C'est au territoire qu'est circonscrite la compétence des autorités locales. L'étendue du territoire est d'ailleurs susceptible de modifications. Ces modifications ne sont plus, comme autrefois, abandonnées à l'arbitraire du prince, qui, étant censé propriétaire du sol, pouvait le donner en dot, l'hypothéquer, le donner en gage. Ainsi sous notre constitution actuelle, aux termes de la loi du 16 juill. 1875 sur les rapports des pouvoirs publics (art. 8, D. P. 75. 4. 114), « nulle cession, nul échange, nulle adjonction de territoire ne peut avoir lieu qu'en vertu d'une loi. » Mais cela est affaire de droit public interne. Au point de vue international, on admet comme mode d'acquisition d'un territoire soit la cession conventionnelle (V. *infrà*, n° 119), soit l'occupation. — Ce dernier mode d'acquérir exige quelques éclaircissements.

24. Pour que l'occupation soit valable, suivant Heffter, § 70, p. 162, il faut d'abord que les biens soient sans maître; il faut ensuite qu'à l'intention d'en acquérir le domaine vienne se joindre le fait de la prise de possession effective. Ces conditions sont de rigueur. La première, que nous avions déjà formulée au *Rép.* n° 67, a été exigée de tout temps (Grotius, t. 2, 9, 1 ; Ortolan, *Du domaine international*, 75 et suiv.). Nul, en effet, n'a le droit d'imposer ses lois à un peuple, même errant ou sauvage. On ne pourra donc acquérir tout ou partie du territoire possédé par ce peuple qu'en vertu d'une cession : c'est là, du reste, une règle plus théorique que pratique. — Quant à la double condition d'*animus* et de *corpus*, elle s'applique à l'occupation internationale, comme à toute prise de possession, et elle a reçu récemment une consécration expresse. L'acte général de la conférence de Berlin, daté du 26 févr. 1885 (D. P. 87. 4. 37) contient (chap. 6) une « déclaration relative aux conditions essentielles à remplir pour que des occupations nouvelles sur les côtes du continent africain soient considérées comme effectives ». Ces conditions sont : d'abord une notification aux puissances cosignataires de la volonté d'occuper, et secondement l'organisation d'une autorité suffisante pour faire respecter l'occupation.

25. L'assiette du domaine étant ainsi déterminée par cession ou par occupation, il importe d'en fixer les limites. C'est ordinairement le rôle des traités internationaux, qui contiennent à ce sujet une indication générale ; une commission spéciale règle ensuite les détails : c'est ce qu'on a vu notamment, à une date récente, dans le traité de paix signé à Tien Tsin entre la France et la Chine le 9 juin 1885 (art. 3, D. P. 86. 4. 80). Lorsque la limite est une chaîne de montagnes, le point précis qui forme frontière est ordinairement la ligne de partage des eaux ; lorsque la limite est un fleuve, la ligne de démarcation est le *thalweg* (Traité de Paris de 1815, art. 2), c'est-à-dire, suivant Littré, la position du filet d'eau qui se meut avec la plus grande vitesse.

26. Le domaine s'étend à tout le territoire compris entre les limites. Il comprend donc, notamment, ainsi qu'on l'a vu au *Rép.* n° 72, les *fleuves* et les *rivières*. Point de difficulté sur ce point en ce qui concerne les fleuves purement nationaux, c'est-à-dire coulant tout entiers sur le territoire du même Etat. Il n'y a pas de raison, en effet, pour admettre une différence entre le territoire fluvial et le territoire continental : sur l'un comme sur l'autre l'Etat peut interdire le passage.

27. Mais au contraire, dans l'hypothèse, signalée au *Rép.* n° 73, d'un *fleuve international*, d'assez nombreuses difficultés se présentent. Chaque Etat est-il maître absolu de la partie du fleuve qui coule sur son territoire? Cette question a un intérêt capital, car, dans le système de l'affirmative, les riverains de l'embouchure peuvent fermer l'accès de la mer aux riverains du cours supérieur. On a longtemps admis ce droit exclusif ; le traité de Munster l'avait consacré pour l'Escaut, ce qui entraînait la ruine d'Anvers au profit des Hollandais. La règle est renversée depuis le traité de Paris du 30 mai 1814 (art. 5) ; le principe dominant depuis lors est celui de la liberté ; et même cette liberté est absolue ; elle n'est pas restreinte aux seuls riverains : le fleuve jouit d'un caractère international au sens le plus large (Comp. Wheaton, *Histoire du progrès du droit des gens*, t. 2, 189).

28. Le régime des fleuves internationaux est surtout intéressant à étudier au sujet du Danube, à cause de la longueur de son cours et du nombre des riverains. Le traité de Paris du 30 mars 1856 (D. P. 56. 4. 49) posa de nouveau, au sujet de ce fleuve, le principe de la libre navigation qui désormais prit place dans le droit public de l'Europe (art. 15). Le côté saillant de réglementation adoptée par le traité de Paris fut l'institution (art. 16) d'une commission européenne, assurément unique en son genre, car elle n'est pas composée exclusivement de riverains : la France, la Grande-Bretagne, la Prusse et la Sardaigne y sont représentées avec l'Autriche, la Russie et la Turquie. Elle doit exécuter des travaux et à cet effet percevoir une redevance, « à la condition expresse que, sous ce rapport comme sous tous les autres, les pavillons de toutes les nations seront traités sur le pied d'une parfaite égalité » (art. 16). L'intérêt que présente cette commission au point de vue du droit des gens, c'est qu'elle constitue, en quelque sorte, un petit Etat : elle ordonne des travaux, les fait exécuter, arrête des règlements, fixe des taxes, statue en appel sur les décisions de ses agents ; elle a des propriétés, des revenus, émet des emprunts ; elle a un pavillon et même une flotte; en somme, elle a un pouvoir à la fois législatif et exécutif, ce qui lève bien des difficultés. Cette commission a été maintenue par le traité de Londres du 13 mars 1871 (D. P. 71. 4. 97). Enfin le traité de Berlin du 13 juill. 1878 (D. P. 78. 4. 101) a expressément confirmé (art. 53) tous les traités, arrangements, actes et décisions, relatifs aux droits, privilèges, prérogatives et obligations de la commission du Danube, et il a été complété sur ce point par le traité de Londres du 10 mars 1883 (D. P. 84. 4. 75).

29. Le principe de la liberté des fleuves internationaux qui, ainsi qu'on vient de le voir (n° 28), avait pris place, en 1856, dans le droit public de l'Europe, a vu récemment son domaine s'élargir. Depuis la conférence de Berlin (Acte général du 26 févr. 1885, art. 13 et 26, D. P. 87. 4. 37; *Journ. off.* du 1er mai 1886), il fait désormais partie du droit public international.

30. Quant à la *mer*, nous avons vu au *Rép.* n° 74 que sa nature répugnait à un droit de propriété quelconque; elle répugne même à un droit de domaine (Heffter, § 74, p. 170), encore qu'elle ait tous ses rivages dans le même Etat, si, par quelque détroit, elle communique avec la mer libre (Heffter, § 76 *a*, p. 176); il n'y a d'exception que pour les mers intérieures. Sur mer, tous ceux qui naviguent sont libres et indépendants; nul n'a aucun droit de contrôle, sauf dans le cas de piraterie présumée. Pour le temps de guerre, il existe des règles spéciales.

31. Les détroits, comme on l'a dit au *Rép.* n° 77, doivent être libres, aussi bien que la mer elle-même (Heffter, § 76, *a*, p. 175). La question s'est posée pratiquement pour le Sund : de temps immémorial, le Danemark percevait une redevance sur les navires et sur les cargaisons qui passaient le détroit; sur une réclamation des Etats-Unis, une conférence eut lieu, et le traité de Copenhague du 14 mars 1857 (D. P. 57. 4. 189) mit fin à cette pratique; toutefois, par condescendance, les redevances ne furent pas supprimées brutalement; elles furent simplement rachetées. Le même régime de liberté a été déclaré applicable au canal de Suez par le traité de Constantinople du 29 oct. 1888 (D. P. 89. 4. 55). — D'ailleurs, quoique les détroits soient libres, ils peuvent être interdits aux navires de guerre. Tel était l'objet de la *convention des détroits* du 13 juill. 1841, relative au Bosphore et aux Dardanelles. Par une disposition analogue, la mer Noire avait été neutralisée par l'art. 11 du traité de Paris du 30 mars 1856 (D. P. 56. 4. 49); mais ce système a disparu par l'effet du traité de Londres du 13 mars 1871 (D. P. 71. 4. 97). Dans le canal de Suez, la libre circulation des navires de guerre est expressément autorisée par le traité précité du 29 oct. 1888 : elle est toutefois soumise à certaines conditions.

32. De la pleine mer, il faut distinguer, comme on l'a fait au *Rép.* n° 75, la *mer territoriale* ou *littorale*, que ce dernier nom définit assez. On comprend sous ce nom toute la zone sur laquelle l'Etat riverain peut, du rivage, exercer sa souveraineté. L'usage, depuis Grotius, est de prendre pour limite de cette zone la portée de canon (V. les autorités citées par Heffter, § 75, note 3, p. 172), et cet usage est dominant même en dehors des nations européennes, et, par exemple, au Japon (Guelle, t. 2, p. 263, note 1). Toutefois ce mode de mesure étant par lui-même variable, la limite est souvent évaluée en chiffres fixes : pendant longtemps on l'a fixée à deux lieues (Heffter, *loc. cit.*); le traité anglo-français du 2 août 1839 (*Rép.* v° *Pêches maritimes*, n° 58, note 1) adopte la mesure de trois milles à compter du niveau de la basse-mer. L'Angleterre et l'Amérique du Nord comptent quatre lieues (*leagues*) (Phillimore, t. 1, p. 274); l'Espagne, six lieues (*millas*). Ce ne sont là que des usages qui n'ont pas force de loi (V. sur cette question : Imbart-Latour, *La mer territoriale au point de vue théorique et pratique*, p. 5 et suiv., 1 vol. Paris, 1889).

33. Quels sont, sur cette zone, les droits de l'Etat riverain? C'est moins un droit de propriété qu'un droit de surveillance et de juridiction. Mais ce droit comprend même la juridiction criminelle (Comp. Calvo, t. 1, § 450 et suiv.; Phillimore, t. 1, p. 278). — A l'inverse, sur la mer territoriale, l'Etat peut exclure tout acte d'autorité d'un autre Etat. Cette règle est d'un grand intérêt en cas de guerre maritime : elle rend impossible tout combat, toute prise dans les eaux du neutre. Les belligérants peuvent relâcher dans les eaux neutres; mais si deux navires ennemis s'y rencontrent, le second ne peut sortir que vingt-quatre heures après le premier. Ces règles sont universellement admises : le Japon les a officiellement adoptées pendant la guerre franco-allemande de 1870 (Guelle, t. 2, p. 263, note 1; Imbart-Latour, *op. cit.*, p. 119 et suiv.).

34. Il faut se garder de confondre les eaux territoriales avec les ports et les rades qui, ainsi qu'on l'a vu au *Rép.* n° 79, sont pleinement du domaine public de l'Etat.

SECT. 2. — DEVOIRS GÉNÉRAUX DES NATIONS LES UNES A L'ÉGARD DES AUTRES (*Rép.* nos 87 à 98).

35. Lorsqu'un litige s'élève entre deux Etats, ceux-ci ont tout intérêt à tenter des solutions amiables : *arbitrage*, ou *médiation*. Ces solutions diffèrent notablement l'une de l'autre. Tandis que l'arbitre dicte sa volonté, le médiateur ne fait que proposer son avis. Aussi arrive-t-il souvent qu'une puissance refuse l'arbitrage d'une autre, et accepte sa médiation : c'est ce qu'on a vu en 1862, quand la France et l'Angleterre intervinrent comme puissances médiatrices entre l'Espagne et le Maroc.

36. La *médiation*, dont nous avons parlé au *Rép.* n° 88, peut être sollicitée ou spontanée. Un Etat, en effet, peut s'offrir à régler une difficulté pendante entre deux Etats voisins : il fera sagement de l'essayer, car actuellement les neutres eux-mêmes ont intérêt au maintien de la paix. Mais si un Etat peut se proposer comme médiateur, il ne doit jamais s'imposer comme tel, et surtout il ne doit point faire de la médiation armée (Comp. *suprà*, nos 16 et suiv., ce que nous avons dit de l'intervention. *Adde :* Heffter, § 88, p. 204; Geffcken, *ibid.*, note 3). Toute puissance doit être libre d'accepter ou de refuser une médiation.

37. On a vu cependant des cas de médiation obligatoire. L'art. 8 du traité de Paris du 30 mars 1856 (D. P. 56. 4. 49) en fournit un exemple : « S'il survenait, entre la Sublime Porte et l'une ou plusieurs des autres puissances signataires, un dissentiment qui menaçât le maintien de leurs relations, la Sublime Porte et chacune de ces puissances, avant de recourir à l'emploi de la force, mettront les autres parties contractantes en demeure de prévenir cette extrémité par leur action médiatrice ».

Lorsque cet article fut signé, les *Sociétés de la paix* anglaises s'empressèrent de s'en emparer pour provoquer une généralisation du système. A la séance du congrès tenue le 14 avr. 1856, le représentant de l'Angleterre proposa cette généralisation. Les plénipotentiaires se contentèrent d'émettre un vœu, et même un vœu purement conditionnel, en signant la déclaration suivante : « MM. les plénipotentiaires n'hésitent pas à exprimer, au nom de leurs gouvernements, le vœu que les Etats entre lesquels s'élèverait un dissentiment sérieux, avant d'en appeler aux armes, eussent recours en tant que les circonstances l'admettraient, aux bons offices d'une puissance amicale ». — C'est à peu près dans les mêmes termes que la reine d'Angleterre, en 1873, manifesta son intention de mettre fin aux différends internationaux par l'arbitrage, « toutes les fois qu'il paraîtrait possible de le faire utilement » (Heffter, § 108, note 3, p. 237). Il y a très loin de là à l'art. 8 du traité de Paris qui constituait une véritable disposition impérative.

38. La médiation prend souvent la forme d'un congrès : le congrès de Berlin ne fut autre chose qu'une médiation entre l'Angleterre et la Russie.

39. L'*arbitrage* dont il a été question au *Rép.* n° 89 peut intervenir entre Etats comme entre particuliers (V. sur l'histoire de l'arbitrage international : Calvo, liv. 17, sect. 3). Le plus souvent, l'arbitre est le chef d'un Etat ami : dans ce cas il délègue généralement ses pouvoirs à une commission (juges spéciaux, conseil privé). Il serait préférable que cette commission fût directement chargée de prononcer la sentence, dont elle porterait alors la responsabilité. — Parfois, c'est une cour de justice qui est constituée arbitre : telle, en 1879, notre cour de cassation dans un différend entre le gouvernement français et celui du Nicaragua (*Revue de droit international*, t. 10, p. 22). — Enfin il se peut qu'on soit en présence d'un véritable tribunal arbitral : c'est ce qui se produisit dans la célèbre affaire de l'*Alabama*, que d'aucuns considèrent comme devant inaugurer une ère nouvelle dans l'histoire des relations internationales, et qui mérite à ce titre un examen particulier.

40. L'*Alabama* était un navire construit en Angleterre, pendant la guerre de Sécession d'Amérique, pour le compte des Confédérés, et qui, pendant deux ans, infligea de graves pertes aux Fédéraux, sans que l'Angleterre y mît d'obstacle; ceux-ci prétendirent que le gouvernement anglais avait manqué à ses devoirs d'Etat neutre. En 1868, après la défaite des Etats du Sud, un traité fut signé à Londres qui nomma une commission mixte de quatre membres, afin de régler les responsabilités; le Sénat américain refusa de ratifier ce traité. En 1871, les négociations furent reprises. Une haute commission de dix membres prépara un traité qui fut signé à Washington le 8 mai 1871. Ce traité déterminait diverses questions qui devaient être résolues par un tribunal arbitral. Le tribunal, réuni à Genève avec un certain apparat, se composait de cinq membres, dont deux nommés par les Etats intéressés, et trois par des puissances neutres: Italie, Suisse et Brésil. La sentence fut rendue le 14 sept. 1872. L'Angleterre était condamnée à payer quinze millions de dollars. On peut remarquer incidemment que les Etats-Unis furent assez embarrassés sur l'emploi à faire de cette somme considérable, attendu que la plus forte part des pertes avait été couverte par des assurances, et que les assureurs étaient exclus de la répartition, comme n'ayant pas subi de pertes sans droit.

41. Il est équitable de reconnaître le succès de cet arbitrage. Mais il ne faut pas oublier que la tâche du tribunal était bien plus aisée qu'elle ne l'est dans la plupart des conflits internationaux : d'abord les difficultés à résoudre étaient, en quelque sorte, d'un ordre purement juridique; ensuite, la mission du tribunal était étroitement déterminée par un compromis très précis; enfin, la sentence ne consistait, en définitive, que dans la fixation d'une somme d'argent. Quoi qu'il en soit, le succès de l'entreprise excita une sorte d'enthousiasme, dont on trouve trace notamment dans le livre du comte Kamarowsky: *Le tribunal international* (traduit en français par de Westman, Paris, 1887). Depuis lors, notamment sous l'impulsion de l'association américaine de la paix et de son secrétaire, M. Miles, plusieurs motions se produisirent dans les différents Etats, afin de généraliser le système de l'arbitrage. La plus utopique fut celle de l'Angleterre, votée en 1873 par la chambre des Communes, sur la proposition de M. Henry Richard; elle demande l'institution d'un tribunal d'arbitrage permanent et général. Or un tel procédé ne peut être d'une application ni permanente, ni générale : d'abord, il reviendrait à supprimer l'indépendance des Etats; ensuite, combien de questions impossibles à régler sous cette forme ! Jamais peut-être on ne retrouvera des conditions aussi favorables que celles qui se rencontraient dans l'affaire de l'*Alabama*. Comme le dit fort bien M. Geffcken sur Heffter, § 108, note 3, p. 236, le jugement arbitral du tribunal de Genève n'a été possible que parce que l'Angleterre consentit d'avance à ce qu'on appliquât *ex post* à sa manière d'agir des règles qui rendaient de primo abord sa condamnation inévitable; mais il n'est guère admissible qu'un Etat soumette à un arbitrage les questions concernant sa puissance et son honneur. Aussi la Chambre des communes elle-même, qui votait la proposition Richard, ne put-elle se défendre d'une « hilarité » constatée au procès-verbal, en présence de la déclaration de la reine « qu'elle ne manquerait pas, comme elle l'avait fait dans le passé, de chercher à étendre l'usage de ce moyen de mettre fin aux différends entre nations, *toutes les fois qu'il paraîtrait possible de le faire utilement* ». — Plus modeste, et, par conséquent, plus pratique, était la motion votée par la Chambre italienne le 24 nov. 1873, qui proposait simplement d'introduire dans les conventions diplomatiques une clause portant que les difficultés sur l'interprétation et l'exécution desdites conventions seraient déférées à des arbitres.

42. L'institution qui se rapproche le plus du tribunal international est le bureau central de l'*Union postale* qui siège à Berne : encore ne donne-t-il son avis que lorsqu'on le lui demande. Des congrès ont lieu entre les différents Etats composant l'Union, mais les décisions n'y sont obligatoires que si elles sont prises à l'unanimité. Ainsi, même dans ce domaine bien restreint, on est encore singulièrement loin du fonctionnement d'un vrai tribunal (Comp. Savenay, *Revue des Deux Mondes*, t. 100, p. 358, t. 101, p. 551).

43. Lorsqu'un litige international n'a pu recevoir de solution amiable, force est d'en venir aux solutions rigoureuses. Le conflit se produit alors, soit sous la forme pacifique de la rétorsion, soit sous la forme violente des représailles, et, comme *ultima ratio*, de la guerre.

44. La *rétorsion* consiste en ce qu'un Etat, sans porter atteinte aux principes du droit des gens et aux traités existants, rétorque pourtant contre son adversaire le procédé qu'il désapprouve, et le traite ainsi, comparativement aux autres, sur un pied d'inégalité (Heffter, § 112, p. 248). Par exemple, la Belgique, qui n'admet point le principe de l'art. 14 de notre code civil quant à la poursuite des étrangers devant les tribunaux nationaux, l'applique cependant aux seuls Français par voie de rétorsion.

45. Les *représailles* (*Rép.* n° 90) sont déjà un moyen violent. Pendant longtemps, l'Etat en laissait l'exercice aux particuliers, soit à tous les nationaux en général, soit seulement aux parties lésées (Heffter, § 110, p. 242). Cette mesure était pratiquée surtout sur mer, au moyen de *lettres de marque et de représailles:* il en fut encore délivré par Louis XVI, en 1778, au profit de négociants de Bordeaux contre la Grande-Bretagne. Aujourd'hui ces sortes de guerres privées ont disparu du droit des gens, et c'est l'Etat lui-même qui se charge des représailles. Les formes les plus usuelles sont celles de l'embargo et du blocus, dont il sera traité *infrà*, v° *Prises maritimes*. L'embargo consiste à arrêter provisoirement les navires trouvés dans les ports ou dans les mers intérieures, afin d'en empêcher la sortie. Le blocus consiste en l'envoi de navires pour empêcher toute communication d'une côte ou d'un port avec le dehors.

46. Quand les représailles ne suffisent pas, l'Etat fait la guerre. La guerre, à raison de son importance, fera l'objet d'une section spéciale (sect. 3).

SECT. 3. — DE LA GUERRE (*Rép.* n°s 99 à 158).

ART. 1er. — *De la guerre continentale.*

47. Lorsqu'un Etat se trouve avoir avec un autre Etat un différend qui n'a pu se régler à l'amiable, s'il ne veut point renoncer à sa prétention, pour imposer sa volonté il fait la guerre.

Nous étudierons successivement, au point de vue du droit international : 1° la définition de la guerre; 2° la déclaration de guerre et ses effets; 3° les opérations de guerre proprement dites; 4° l'occupation des territoires et ses effets.

§ 1er. — Définition de la guerre.

48. Si l'on en croyait la définition proposée par Bluntschli, dans la codification du droit de guerre insérée dans son *Droit des gens*, règle 511, la guerre serait « une contestation juridique entre les Etats en tant que parties belligérantes au sujet du droit public ». Cette proposition a été généralement contestée, notamment par le général de Hartmann (*Militärische Nothwendigkeit und Humanität*); car elle confond la cause et l'essence de la guerre. Il se peut qu'une contestation juridique soit la cause d'une guerre; mais la guerre elle-même n'est à aucun point de vue une contestation juridique, apparaissant, pour prendre une autre expression de Bluntschli (V. règle § 510) sous forme de lutte physique. Elle est la lutte physique même et rien que cela (Geffcken sur Heffter, § 113, note 2, p. 251); c'est uniquement un acte de violence destiné à forcer l'adversaire à se soumettre à notre volonté (général de Clausewitz, *Vom Kriege*, t. 1, p. 105).

49. De ce qui précède il résulte qu'il importe peu que la guerre soit juste ou injuste. Il y a guerre, alors même qu'il n'y aurait pas au fond de la lutte un droit à faire respecter. On a pu juger, d'après l'analyse faite au *Rép.* n° 102 des opinions de Grotius, Burlamaqui, etc., combien étaient oiseuses les discussions engagées sur ce point, en l'absence d'un juge qui puisse, d'une manière infaillible et efficace, prononcer sur la justice d'une guerre. C'est là une question qui peut être du domaine de la morale, mais qui n'est pas du domaine du droit, au moins du droit des gens, et qui ne saurait préoccuper les purs jurisconsultes. Les Romains ne s'y sont pas trompés malgré l'apparence, en instituant le tribunal des Féciaux, chargés de vérifier « *an bellum justum esset* ». Cette mission était de droit interne, et non de droit international; elle ne consistait pas à rechercher si la guerre était, au sens français, *juste*, ce qui n'est point le sens romain du mot *justus;* ce qui les intéressait, c'était le caractère *juridique* de la guerre. En d'autres termes, ils procédaient aux formalités nécessaires pour qu'il y eût juridiquement guerre, et non point simplement état de violences. Au surplus, quand des auteurs modernes se sont appesantis sur ce point, il faut remarquer qu'ils se sont placés bien plutôt au point de vue de la morale qu'à celui du droit. Dans cet ordre d'idées, on peut s'en référer utilement à la formule donnée par le grand Frédéric (*Anti-Machiavel*, chap. 26) : « Toutes les guerres qui n'auront pour but que de repousser les usurpateurs, de maintenir des droits légitimes, de garantir la liberté de l'univers, et d'éviter les violences et les oppressions des ambitieux, sont conformes à la justice » (Comp. Guelle, t. 1, p. 23). Il est d'autant moins utile d'insister sur ces considérations que, en présence d'une guerre juste ou d'une guerre injuste, les droits sont les mêmes.

50. Toute lutte (ayant d'ailleurs une cause juste ou injuste, peu importe) ne constitue pas une guerre, quel que soit de part et d'autre le nombre des adversaires engagés. L'état de guerre ne peut exister qu'entre parties qui sont libres d'avoir recours à la force et ne sont de ce chef responsables envers personne (Heffter, § 114, p. 253). Il ne peut donc y avoir guerre qu'entre personnes souveraines, c'est-à-dire entre Etats.

51. Ainsi, malgré l'expression *guerre civile*, dans le cas d'une lutte intestine, il n'y a pas guerre à proprement parler. Il peut y avoir rébellion, insurrection ; mais le gouvernement légal ne voit dans ses adversaires que des criminels, et non des ennemis, auxquels il applique, suivant la distinction faite au *Rép.* n° 100, les principes de la loi naturelle, mais non les principes du droit des gens. Ulpien (Loi 21, § 1, Dig. *De captivis*) avait déjà fait cette remarque : « *In civilibus dissensionibus, quamvis sæpe per eas respublica lædatur, non tamen in exitium reipublicæ contenditur; qui in alterutras partes discedent, vice hostium non sunt eorum inter quos jura captivitatum aut postliminiorum fuerint* ». Aussi ne pouvons-nous nous associer à la définition de la guerre donnée par Calvo, t. 3, p. 12, et adoptée par M. Guelle, t. 1, p. 21 : « La guerre est cet état anormal d'hostilité qui se substitue aux relations de bonne harmonie de nation à nation, *ou entre concitoyens appartenant à des partis politiques différents*, et qui a pour objet de conquérir par la force des armes ce qu'on n'a pu obtenir par les voies pacifiques et amiables. »

52. A proprement parler, il n'y a pas non plus de guerre, au cas de lutte entre les différentes parties d'une fédération, puisque dans ce cas il existe, au moins nominalement, une autorité centrale qui pourrait imposer sa volonté. Mais la situation est alors tellement semblable à celle d'une guerre véritable qu'on applique ici les principes de la guerre : c'est une nécessité des faits (Guelle, t. 1, p. 21; Heffter, § 114, p. 253). Ainsi, lors de la guerre de Sécession d'Amérique, les Etats-Unis, qui cependant refusaient de voir dans les Etats du Sud autre chose que des insurgés, et reprochaient à la France et à l'Angleterre de les traiter en belligérants, n'avaient pu s'empêcher de reconnaître implicitement en fait l'état de guerre, en notifiant le blocus des ports des Etats ennemis. A vrai dire, dans un cas pareil, on se trouve en présence non plus de deux portions d'Etat, mais de deux Etats indépendants.

53. Résumant ce qui précède, nous pouvons définir la guerre un état d'hostilités et de violences, au moyen duquel une puissance veut contraindre une autre puissance à se soumettre à sa volonté, juste ou injuste.

La guerre ainsi définie est soumise à des règles que le droit des gens a posées, et que nous allons analyser.

§ 2. — De la déclaration de guerre et de ses effets.

54. On a vu au *Rép.* n° 111 qu'avant de se livrer à des actes d'hostilités matérielles, l'Etat qui se prétend lésé déclare à la nation adverse son intention d'employer la force. Il faut un fait officiel qui constate indubitablement l'état de guerre et le rende public (Calvo, t. 3, § 1663; Bluntschli, *règle* 521; Funk Brentano et Sorel, p. 242; Wheaton, t. 1, p. 279), ne fût-ce que pour fixer la date à laquelle commence, pour les nationaux de chaque Etat, et même pour les neutres, l'application du droit nouveau résultant de l'état de guerre. C'est ce qu'on appelle la déclaration de guerre.

55. La déclaration de guerre a comporté longtemps des solennités que le droit moderne ne connaît plus. Les Féciaux de Rome lançaient un javelot dans le territoire ennemi. Au moyen âge, des hérauts d'armes présentaient des *lettres de deffiance*, dont la remise devait précéder de quelque temps, trois jours par exemple, le commencement des hostilités (V. Bulle d'or de 1356), et cette procédure se retrouve encore en 1557 (lettre de défi de Marie-Tudor à Henri II) et même en 1635 (lettre de défi de Louis XIII au roi d'Espagne). Depuis le 18e siècle, ces formalités ont cessé d'être en usage : il n'y a plus aujourd'hui de forme sacramentelle pour le commencement des hostilités.

56. La guerre est toujours précédée de la rupture des relations diplomatiques; cela est même prévu dans certains traités : « S'il survenait un malentendu, une cessation d'amitié ou une rupture entre les deux couronnes, la rupture ne serait censée exister qu'après le rappel ou le départ de leurs agents diplomatiques respectifs » (Traité conclu à Rio-de-Janeiro, entre l'Angleterre et le Portugal, le 19 févr. 1815).

Le simple rappel de l'ambassadeur ne suffit pas, d'ordinaire, à constituer l'état de guerre. Cependant quelques traités font remonter à ce moment les effets de la guerre (de Martens, *Recueil des traités*, Supplém., VII, p. 213; X, p. 870; XI, p. 471, 483 et 613). Mais, en principe, une déclaration de guerre expresse est nécessaire. Fréquemment, elle sera conditionnelle, c'est-à-dire qu'elle résultera d'un *ultimatum*, comportant le plus souvent un bref délai (guerre de l'Autriche et de la Sardaigne en 1859). Parfois la déclaration sera faite expressément au gouvernement ennemi par l'ambassadeur lors de son départ : c'est ainsi que fut déclarée par la France la guerre de 1870 (V. Guelle, t. 1, p. 39, note 2; *Journ. off.* du 21 juill. 1870). D'ailleurs, la déclaration, quelle qu'en soit la forme, doit toujours être publiée : en France, elle l'est au *Journal officiel;* en Angleterre à la *London Gazette*. Elle est, en outre, portée à la connaissance des neutres par une note diplomatique (*Rép.* n° 114).

57. La déclaration de guerre produit de très importants effets, non seulement quant au traitement des personnes et des biens ennemis, mais encore quant au régime des relations diplomatiques des Etats belligérants.

58. — I. EFFETS DE LA DÉCLARATION DE GUERRE QUANT AUX TRAITÉS. — La déclaration de guerre a pour première conséquence de suspendre les relations paisibles existant entre les Etats devenus belligérants. Faut-il donc dire que, par l'effet de la déclaration de guerre, tous les traités qui liaient les deux pays sont *ipso facto* annulés? — Il en est tout d'abord qui, bien évidemment, sont maintenus : ce sont ceux qui précisément ont pour objet une réglementation spéciale au cas de guerre : tels sont, par exemple, les traités internationaux connus sous le nom de convention de Genève (Conv. 22 août 1864, D. P. 65. 4. 118) et de convention de Saint-Pétersbourg (Conv. 11 déc. 1868, D. P. 69. 4. 18), relatifs le premier au traitement des militaires blessés sur le champ de bataille, le second à l'interdiction d'employer certains projectiles en temps de guerre; tels encore les traités relatifs à la neutralité de certains territoires, ceux qui ont pour objet d'octroyer un délai aux sujets de chaque Etat pour mettre en sûreté leurs personnes ou leurs biens, etc. — Inversement, sont nécessairement annulés les traités qui supposent un état de paix, réglant, par exemple, pour le temps de paix les relations des Etats entre eux. — Mais il est une catégorie de traités pour lesquels la question est douteuse : ce sont ceux qui ne règlent que des intérêts particuliers, par exemple, les traités relatifs à la propriété littéraire, les traités de commerce, etc. L'exécution en est, on le comprend, suspendue tant que dure la guerre : c'est la conséquence fâcheuse, mais nécessaire, de la rupture des relations amiables. Mais pourquoi ne renaîtraient-ils point une fois la guerre terminée? Le système de l'annulation définitive ne saurait trouver d'autre base que cette thèse insoutenable que, la guerre mettant en question l'existence même des Etats, les conventions de ces Etats ont dû nécessairement, par le fait même de la guerre, disparaître à jamais (Comp. Wheaton, t. 3, 2. 7-9). Cependant, et malgré une doctrine presque universellement contraire, c'est le système de l'annulation irrévocable qui prévaut dans la pratique moderne. Nous en avons vu un récent exemple dans l'art. 11 du traité de Francfort (Traité du 10 mai 1871, D. P. 71. 4. 27) : « Les traités de commerce avec les différents Etats de l'Allemagne ayant été annulés par la guerre, le gouvernement français et le gouvernement allemand prendront pour base de leurs relations commerciales le régime du traitement réciproque sur le pied de la nation la plus favorisée » (V. sur la question de savoir quel est l'effet sur les traités existants de la déclaration de guerre, et ultérieurement du traité de paix, Heffter, § 181, p. 436; Bluntschli, règle 718; Guelle, t. 2, p. 245).

59. — II. EFFETS DE LA DÉCLARATION DE GUERRE QUANT AUX PERSONNES DES ÉTRANGERS ENNEMIS. — L'ancien usage, constaté par Grotius, liv. 3, chap. 9, autorisait la mainmise sur les nationaux ennemis qui se trouvaient sur le territoire lors de la déclaration de guerre. Le dernier exemple de cette pratique, rigoureuse et peu justifiable, remonte à 1803, quand Napoléon, pour répondre à l'embargo et à la confiscation des navires français dans les ports britanniques, déclara prisonniers de guerre tous les Anglais âgés de dix-huit à soixante ans qui se trouvaient en France (Guelle, t. 1, p. 54; Geffcken sur Heffter, § 121, note 4, p. 267).

60. Cette pratique, que répudiait déjà Wattel, liv. 3, § 63, est remplacée de nos jours par le système tout opposé. On respecte sur le sol national la liberté des sujets ennemis, sauf à les expulser si les circonstances l'ordonnent. Ainsi, en 1870, les sujets allemands (au nombre d'environ 100000, dont 35000 dans Paris) furent d'abord autorisés à continuer leur résidence (*Journ. off.* du 21 juill. 1870). Lorsque le siége de la capitale devint imminent, l'expulsion générale fut décrétée, le 28 août. Cette mesure fut étendue à la province le 16 sept. 1870 (D. P. 70. 4. 111). Les résidents étrangers rappelés pour faire partie de l'armée ennemie ne furent l'objet d'aucune mesure exceptionnelle (Comp. Morin, t. 1, p. 168; Calvo, t. 3, p. 47; Guelle, t. 1, p. 57).

61. — III. EFFETS DE LA DÉCLARATION DE GUERRE SUR LES BIENS DES ÉTRANGERS ENNEMIS. — La confiscation était autrefois admise, sauf pour les créances dues aux particuliers qui demeuraient en suspens pendant la durée de la guerre (Vattel, liv. 3, chap. 20). Elle est aujourd'hui répudiée, et la mesure la plus rigoureuse que connaissent les temps modernes est celle du séquestre (V. traité de Paris du 30 mai 1814, art. 4); encore est-elle réduite aux navires, par voie d'*embargo* (Heffter, § 111, p. 245; Bluntschli, règles 500 et 502; Calvo, t. 2, § 1566-1592; Wheaton, *Éléments du droit international*, t. 1, p. 258; Guelle, t. 1, p. 63).

§ 3. — Des opérations de la guerre.

62. Y a-t-il, en ce qui concerne la conduite des opérations de la guerre, des règles à poser? On l'a généralement nié jusqu'au 18e siècle, bien que parfois des propositions humanitaires aient essayé de se faire jour. Déjà Tite-Live et Polybe avaient parlé des lois et des droits de la guerre : « *Esse enim quædam belli jura, quæ ut facere ita pati sit fas* (Tite-Live); *Οἱ τοῦ πολέμου νόμοι καὶ τὰ τούτου δίκαια* (Polybe) ». De nos jours, de grands progrès ont été réalisés. « Trois siècles de civilisation, écrivait Talleyrand à Napoléon (*Moniteur universel* du 5 déc. 1806), ont donné à l'Europe un droit des gens que, selon l'expression d'un écrivain illustre, la nature humaine ne saurait assez reconnaître. Ce droit est fondé sur le principe que les nations doivent se faire dans la paix le plus de bien, et dans la guerre le moins de mal qu'il est possible. » Ces principes, que nous avons eu l'occasion de développer au *Rép.* n° 116, ont reçu à maintes reprises une consécration internationale. La fin de la guerre est moins de détruire l'ennemi que d'assurer sur lui notre supériorité : c'est ce que proclame, dans les termes les plus élevés, la convention de Saint-Pétersbourg du 11 déc. 1868 (D. P. 69. 4. 18) : « Considérant, dit ce traité, que les progrès de la civilisation doivent avoir pour effet d'atténuer autant que possible les calamités de la guerre; que le seul but légitime que les Etats doivent se proposer durant la guerre est l'affaiblissement des forces militaires de l'ennemi ».

63. Peut-on espérer poser des règles qui aient chance d'être suivies? C'est assurément difficile. Indépendamment des obstacles que la pratique soulève à chaque pas, on se heurte même à des objections théoriques : les uns voudraient laisser les guerres plus atroces afin d'en détourner les nations; d'autres prétendent, à l'inverse, qu'une codification nuirait au progrès. On n'a pas de peine à répondre à ces arguments (V. notamment : Guelle, t. 1, p. 9). Il est, au contraire, très désirable de voir, d'une part, chaque Etat tracer des règles à ses armées, et, d'autre part, les Etats entre eux arrêter des conventions internationales. Des efforts ont été faits dans cette double voie.

64. Dans le sens des instructions particulières formulées par chaque Etat, et indépendamment des codes de justice militaire qui sont généralement très insuffisants à cet égard, on peut citer en première ligne les célèbres *Instructions* américaines, officiellement rédigées lors de la guerre de Sécession par le docteur Lieber, sous l'impulsion personnelle du président Lincoln (V. *suprà*, n° 7). La guerre de 1870 donna un nouvel élan. En 1873, un colonel d'état-major de l'armée néerlandaise, qui devait être ministre de la guerre quelques années plus tard, M. Den Beer Portugael, à la suite d'un premier ouvrage intitulé : *Le droit de la guerre*, publia un *Manuel des lois de la guerre* destiné aux écoles militaires de son pays. On a vu paraître ensuite le *Manuel* russe, qui suivit de près la conférence de Bruxelles de 1874 (V. *infrà*, n° 65); le *Manuel* serbe, publié en 1876; le *Manuel de droit international à l'usage des officiers de l'armée de terre*, rédigé par un diplomate, et publié en 1878 par le ministère de la guerre français; le projet de *Code militaire suisse* (1878-1879). — En ce qui concerne les travaux sur le même sujet dus à la science privée, V. *suprà*, n° 6.

65. Les tentatives internationales ont été juqu'à présent moins heureuses. Elles n'ont guère abouti que sur des points de détail : convention relative au traitement des blessés sur le champ de bataille, signée à Genève le 22 août 1864 (D. P. 65. 4. 118); déclaration à l'effet d'interdire l'usage de certains projectiles en temps de guerre, signée à Saint-Pétersbourg le 11 déc. 1868 (D. P. 69. 4. 18). Après la guerre franco-allemande de 1870-1871, un mouvement important se produisit, notamment en Angleterre. En 1874, le gouvernement russe proposa la réunion d'une conférence sur les lois de la guerre. Cette conférence, qui réunit à Bruxelles (juill.-août 1874) les représentants de treize Etats, n'aboutit qu'à un projet; le gouvernement russe déclara toutefois qu'il mettrait en pratique les dispositions de ce projet, lors de la guerre russo-turque.

66. Il est, d'ailleurs, des règles sur lesquelles on est à peu près d'accord. Tout d'abord, un grand principe, déjà posé par J.-J. Rousseau, *Contrat social*, chap. 4, domine le droit moderne, ainsi que nous l'avons vu au *Rép.* n° 142 : c'est que la guerre est une relation d'Etat à Etat, et non d'individu à individu. « C'est le rapport des choses, et non des personnes, qui constitue la guerre, disait Portalis, *Discours d'inauguration du conseil des prises* (14 flor. an 8); elle est une relation d'Etat à Etat, et non d'individu à individu. Entre deux ou plusieurs nations belligérantes, les particuliers dont les nations se composent ne sont ennemis que par accident; ils ne le sont pas comme hommes; ils ne le sont même pas comme citoyens; ils le sont uniquement comme soldats ». Et Talleyrand écrivait de même (Lettre à Napoléon, 20 nov. 1806, *Moniteur universel* du 5 déc. 1806) : « D'après la maxime que la guerre n'est pas une relation d'homme à homme, mais une relation d'Etat à Etat, dans laquelle les particuliers ne sont ennemis qu'accidentellement, non point comme hommes, non point même comme membres ou sujets de l'Etat, mais uniquement comme ses défenseurs, le droit des gens ne permet pas que le droit de guerre et le droit de conquête qui en dérive s'étendent aux citoyens paisibles et sans armes. » Ce principe supérieur de la guerre moderne a été, sinon strictement respecté, au moins proclamé solennellement par l'Allemagne en 1870 :

« Nous ne faisons pas la guerre aux citoyens paisibles, disait le roi Guillaume dans son ordre à l'armée du 8 août; c'est le devoir, au contraire, de tout soldat jaloux de son honneur de protéger la propriété privée ». Et le 11 août, dans sa proclamation au peuple français, le roi répétait encore : « Je fais la guerre aux soldats, et non aux citoyens français ». — Ainsi donc, en cas de guerre, ce sont les forces organisées qui entrent en lutte ; les guerres privées, principales ou accessoires, doivent disparaître : la lutte en aura un caractère moins acerbe.

67. Il se peut, toutefois, que des particuliers désirent former des corps francs (Bluntschli, règle 570 ; Guelle, t. 1, p. 70). Pour qu'ils aient le droit d'être considérés comme belligérants, et de jouir du bénéfice attaché à la qualité de soldat, il faut, d'une part, qu'ils soient munis de l'autorisation de leur gouvernement (V. Décr. 11 oct. 1870, D. P. 70. 4. 96), et, d'autre part, qu'ils soient revêtus d'un uniforme distinctif (art. 9 du projet de la conférence de Bruxelles), l'uniforme constituant, pour ainsi dire, le côté extérieur, visible, de l'autorisation (Heffter, § 124 *a*, note 2, p. 276). En effet, l'ennemi fait la guerre à un Etat ; il doit pouvoir posséder la certitude que ceux qui sont contre lui représentent cet Etat, et que ce dernier est, par suite, responsable de leurs actes (Grenander, *Sur les conditions nécessaires pour avoir le droit d'être considéré et traité comme soldat*, p. 18). — Toutefois on admet une exception au principe de l'uniforme dans le cas de *levées en masse* par ordre du gouvernement, attendu que dans ce cas aucun doute ne peut naître dans l'esprit de l'ennemi (Comp. sur ce point : Calvo, § 1804). — Il faudrait, *à fortiori*, faire exception au principe de l'uniforme, et même de l'autorisation, dans le cas où la population d'un territoire non occupé prend *spontanément* les armes pour arrêter l'invasion, sans avoir eu le temps de s'organiser (art. 9 du projet de Bruxelles).

68. Mais, en dehors des cas exceptionnels dont nous venons de parler, si des particuliers isolés prennent part à la lutte, ils ne peuvent prétendre au traitement des belligérants. Cela ne veut pas dire qu'ils puissent être mis à mort sans jugement par l'armée ennemie : ils tombent seulement sous le coup de peines qui seront prononcées par les tribunaux militaires. En tout cas, la conduite de tel ou tel particulier ne saurait autoriser l'autorité militaire ennemie à exercer des représailles contre la commune ou la municipalité d'où dépend le coupable ; cette règle, souvent méconnue par les Allemands pendant la guerre de 1870, est proclamée par les auteurs allemands eux-mêmes (Geffcken sur Heffter, § 126, note 7, p. 288).

69. Sur les *instruments de guerre* il existe des accords, même sous forme diplomatique. Le droit moderne prohibe, ainsi que nous l'avons vu au *Rép.* n° 118, les engins qui produiraient des dégâts ou des souffrances inutiles, attendu « que le seul but légitime que les Etats doivent se proposer durant la guerre est l'affaiblissement des forces militaires de l'ennemi ; qu'à cet effet il suffit de mettre hors de combat le plus grand nombre d'hommes possible ; que ce but serait dépassé par l'emploi d'armes qui aggraveraient inutilement la souffrance des hommes mis hors de combat ou rendraient leur mort inévitable ; que l'emploi de pareilles armes serait, dès lors, contraire aux lois de l'humanité ». Ainsi s'exprime la déclaration signée à Saint-Pétersbourg le 11 déc. 1868 entre la France, l'Autriche, la Bavière, la Belgique, le Danemark, la Grande-Bretagne, la Grèce, l'Italie, les Pays-Bas, la Perse, le Portugal, la Prusse et la confédération de l'Allemagne du Nord, la Russie, la Suède et la Norvège, la Suisse, la Turquie et le Wurtemberg (D. P. 69. 4. 18). Aux termes de cette convention, à laquelle étaient invités à accéder tous les Etats non signataires, les parties contractantes se sont engagées à renoncer mutuellement, en cas de guerre entre elles, à l'emploi, par leurs troupes de terre ou de mer, de tout projectile d'un poids inférieur à 400 grammes qui serait ou explosible ou chargé de matières fulminantes ou inflammables. — Les divers ouvrages qui traitent de notre matière contiennent encore l'énumération d'un certain nombre d'engins qui doivent être considérés comme prohibés ; mais ainsi que le fait très bien remarquer le général Hartmann, *op. cit.*, p. 114 : « les boulets à chaîne, les boulets rouges, etc..., qui figurent encore à titre de moyens prohibés dans les plus récents traités de droit international, ont déjà passé depuis longtemps à la chambre de décharge des arsenaux. Les projectiles employés par l'artillerie contemporaine exercent dans les endroits où ils tombent des ravages bien plus grandioses que toute cette mitraille vieillie ; les torpilles balayent le terrain bien plus proprement que n'importe quel moyen de destruction autrefois en usage ».

70. Nous avons encore vu au *Rép.* n° 131 que les lois de la guerre autorisent les *bombardements*, au moins en ce qui concerne les villes défendues, ce qui n'est pas la même chose que les places fortes. Il est seulement d'usage que le bombardement soit précédé d'un avis, bien que M. de Bismarck ait déclaré, après avoir ouvert sans avis le bombardement de Paris, que « la dénonciation préalable d'un bombardement n'est point exigée d'après les principes du droit des gens, ni reconnu comme obligatoire par les usages militaires » (Lettre de M. de Bismarck à M. Kern, ministre de Suisse, le 17 janv. 1871, en réponse à la protestation du corps diplomatique contre le bombardement de Paris ; Calvo, § 1821, t. 2, p. 125). Le feu de l'assiégeant ne doit, en principe, être dirigé que sur les travaux de défense. Lorsqu'une ville est reliée à des travaux de fortification, le bombardement, lorsqu'il est nécessaire pour des motifs d'ordre militaire, doit être dirigé essentiellement sur les ouvrages défensifs, y compris les portes de l'enceinte de la ville, et sur leurs abords ; l'intérieur de la ville et les parties habitées par la population civile doivent, par contre, être ménagées autant que possible (Bluntschli, règle 534 *bis*).

71. L'assiégeant est-il obligé de laisser sortir de la ville les habitants inoffensifs? Quelques auteurs, notamment Heffter, § 126, p. 291, ont soutenu qu'il le devait. Il est plus exact de dire qu'il y a là une simple question d'humanité ; mais, au point de vue des principes, l'assiégeant a le droit absolu d'interdire toute communication entre l'intérieur et l'extérieur, et de tenter d'affamer la place : l'art. 18 des Instructions américaines l'autorise à rejeter dans la ville assiégée les non-combattants qui auraient été expulsés par le gouverneur. Cette interdiction de circuler, et même de communiquer, a été étendue par M. de Bismarck, pendant le siége de Paris, jusqu'aux agents diplomatiques enfermés dans la ville (Geffcken sur Heffter, § 126, note 10 ; Guelle, t. 1, p. 121 ; Morin, t. 1, chap. 8, § 9 ; t. 2, chap. 16, § 5).

72. Suivant une distinction que nous avons faite au *Rép.* n° 118, la *ruse* est permise, la *perfidie* ne l'est pas (Guelle, t. 1, p. 102). Ainsi l'emploi de faux emblèmes, tels que drapeaux, uniformes, etc., immédiatement avant l'action ou pendant l'action, est déloyale (art. 63 des Instructions américaines) ; de même, tout abus du pavillon parlementaire ou du pavillon de la Croix Rouge (art. 114 et 117, *ibid.*). Mais Geffcken (sur Heffter, § 125, p. 280) cite comme ruses permises, non seulement la propagation de fausses nouvelles, mais même l'imitation des sonneries ennemies.

73. Les *espions* sont, comme nous l'avons vu au *Rép.* n° 119, d'un très fréquent usage. On a le droit de s'en défaire à condition de les juger. En fait, ils sont le plus souvent passés par les armes (Calvo, t. 3, § 1839 ; Guelle, t. 1, p. 122).

74. Le sort des *militaires blessés* sur le champ de bataille est réglé diplomatiquement par la convention de Genève (D. P. 65. 4. 118). Née de l'initiative privée, la conférence tenue à Genève, au mois d'août 1864, avait réuni les représentants de douze Etats seulement : France, Bade, Belgique, Danemark, Espagne, Hesse, Italie, Pays-Bas, Portugal, Prusse, Suisse, Wurtemberg. Les adhérents sont aujourd'hui au nombre de trente-deux ou trente-trois. Ce succès est dû en grande partie à la guerre austro-prussienne de 1866. Quelques-uns seulement des belligérants avaient adhéré à la convention : or, chez ceux-là, le sort des blessés fut bien plus doux. D'ailleurs, le principe de la convention paraît accepté par ceux-là même qui n'y ont pas officiellement adhéré : c'est ainsi que les articles additionnels ajoutés en 1868, qui n'étaient pas encore adoptés officiellement, ont été néanmoins respectés en 1870.

75. Le principe essentiel de la convention, c'est la neutralité tant des hôpitaux et ambulances que de leur personnel. Il ne faut pas donner ici au mot *neutralité* un sens plus absolu que celui qu'il comporte ; il ne s'agit nullement d'une neutralité proprement dite, mais d'un état tout à fait conditionnel et restreint : les établissements et leur personnel doivent être protégés et respectés par les belligérants. La neutralité ainsi entendue dure pour les établissements tant qu'il s'y trouve des malades et des blessés, et, pour le personnel, tant qu'il reste des blessés à relever ou à secourir. Elle s'étend, quant aux personnes, non seulement aux médecins proprement dits, mais à tout le personnel nécessaire au fonctionnement du service de santé, intendance, transports militaires, aumôniers, etc., et même aux particuliers qui recueillent ou soignent des blessés. — Malgré cette neutralité, le commandant des troupes ennemies a le droit de prendre, à l'encontre de ceux qui en jouissent, toutes mesures de précaution nécessaires : retarder leur départ, leur fixer un itinéraire déterminé, etc. Le matériel et le personnel protégé par la convention de Genève doit être toujours muni d'un signe distinctif, pavillon ou brassard : l'emblème officiel, représentant les armes inversées de Genève, est la croix rouge sur fond blanc, que les Turcs, pendant leur guerre avec la Russie, avaient, par raison religieuse, remplacée par un croissant rouge (V. dans Guelle, t. 1, p. 144, une étude très complète du régime des ambulances).

76. A côté de la neutralité des ambulances, on peut ranger l'inviolabilité des *parlementaires*. Le parlementaire n'est pas sans rapport avec l'agent diplomatique V. *Rép.* v° *Agent diplomatique*, n°s 55 et 102). Toutefois son inviolabilité, que personne d'ailleurs ne lui conteste (art. 43 du projet de Bruxelles), n'est pas aussi absolue que celle de l'ambassadeur : celui-ci, même convaincu d'un crime, reste à l'abri de toute atteinte ; le parlementaire, au contraire, cesse d'être inviolable, s'il a provoqué ou commis quelque trahison. D'ailleurs, son inviolabilité ne commence que lorsque le commandant ennemi a consenti à le recevoir; il ne peut exiger que le combat cesse dès qu'il montre son drapeau blanc (Guelle, t. 1, p. 229), et, s'il se présente durant l'engagement, l'ennemi n'est pas responsable de ses blessures, même mortelles (art. 113 des Instructions américaines).

77. Le parlementaire a généralement pour mission de conclure une convention entre les belligérants. L'objet de semblables conventions est variable à l'infini. Les plus fréquentes sont la suspension d'armes et l'armistice, que nous avons eu l'occasion d'étudier au *Rép.* n° 146.

78. Il faut se garder de confondre la suspension d'armes et l'armistice. La *suspension d'armes* a un caractère purement militaire ; c'est, en outre, une mesure toute provisoire, répondant à un besoin pressant, mais court (ramasser les blessés, enterrer les morts, conclure un armistice).

79. L'*armistice*, au contraire, a un caractère, non pas militaire, mais diplomatique, et un but généralement définitif : préparer la fin de la guerre. Les chefs d'armée n'ont pas de pouvoirs suffisants pour conclure un armistice, c'est pourquoi l'armistice est généralement précédé d'une suspension d'armes. L'armistice est quelquefois indéfini quant à sa durée ; quelquefois il est à terme. Celui qui fut conclu le 28 janv. 1871 entre la France et l'Allemagne (D. P. 71. 4. 5) était à terme fixe : il devait durer vingt et un jours, de manière que sauf le cas où il serait renouvelé il prît fin le 19 février à midi (art. 1er). Cette durée fut, en effet, successivement prorogée au 24 et au 26 février, puis au 12 mars par une convention (D. P. 71. 4. 6) faisant suite à la conclusion des préliminaires de paix signés à Versailles le 26 févr. 1871 (D. P. 71. 4. 23).

L'armistice fixe une ligne de démarcation : on en trouve un exemple dans la convention précitée du 28 janv. 1871 (art. 1er). De part et d'autre de cette ligne, chacun des belligérants est libre de faire ce qui lui plaît. Toutefois, on considère généralement qu'il est interdit à l'assiégeant de continuer ses travaux d'attaque et à l'assiégé de fortifier ses défenses (Heffter, § 142, p. 330 ; Wheaton, t. 4, 2. 20 ; Comp. Guelle, t. 1, p. 241).

Le ravitaillement est-il autorisé au profit de la place assiégée? Il n'y a pas à ce sujet de règle générale ; mais cela est généralement admis, car, s'il fallait que l'assiégé vécût sur ses provisions pendant toute la durée de l'armistice, sa situation se trouverait pire après qu'avant (Guelle, *ibid.*). En 1871, le ravitaillement de Paris fut autorisé sous de certaines conditions (art. 8 et 9 de la convention précitée).

80. Enfin, parmi les conventions qui peuvent intervenir entre belligérants, il faut citer les *capitulations*, par lesquelles un corps de troupe ou une place assiégée se rend à l'ennemi avec ou sans condition. Les conditions qui peuvent être adoptées dans ce cas sont très variables ; l'une des plus glorieuses est celle qui autorise l'assiégé à se retirer avec les honneurs de la guerre ; nous en avons eu un exemple, le 15 févr. 1871, dans les articles additionnels à l'armistice (D. P. 71. 4. 6) relatifs à la place de Belfort : « La garnison de Belfort sortira de la place avec les honneurs de la guerre, en conservant ses armes, ses équipages et le matériel de guerre appartenant à la troupe, ainsi que les archives militaires (art. 1er) ».

81. Les conventions qui interviennent entre belligérants se distinguent des traités diplomatiques en deux points essentiels : elles n'exigent ni pouvoirs spéciaux chez ceux qui les concluent, ni ratification de la part des gouvernements intéressés.

§ 4. — De l'occupation et de ses effets.

82. Lorsqu'une armée envahit un pays et s'y établit, on dit que le territoire est occupé. L'occupation produit des effets intéressants au point de vue du droit international.

83. Remarquons d'abord que l'occupation, par elle-même, n'est autre chose qu'un fait (Guelle, t. 2, p. 4). Il n'y a pas, en droit, suppression du gouvernement vaincu, qui se trouverait remplacé par le gouvernement victorieux ; il y a seulement, en fait, empêchement pour le gouvernement vaincu de jouir de ses prérogatives, lesquelles sont provisoirement exercées par le vainqueur. L'occupant n'a donc pas le droit de traiter le pays occupé comme pays sujet ; car, ce faisant, il transformerait indûment une distinction de fait en une distinction de droit. Il ne peut donc, tant qu'il n'est qu'à la période d'occupation, exiger des habitants le serment de fidélité, comme prétendit le faire, en 1866, le gouvernement prussien, lors de l'invasion des duchés de l'Elbe (Geffcken sur Heffter, § 131, note 1, p. 300).

84. La première conséquence du principe que nous venons de poser, c'est que la législation du territoire occupé reste en vigueur. L'envahisseur peut seulement, comme exerçant une autorité de fait, faire des règlements, qu'il fera appliquer par ses conseils de guerre, à condition que ceux-ci fonctionnent normalement. Mais, à part ces réglementations exceptionnelles, la population reste soumise à sa législation nationale, appliquée par les juges nationaux, lorsque ceux-ci ne sont pas entravés par l'envahisseur. En 1870, les Allemands ont laissé fonctionner en France les tribunaux français ; mais ils leur ont parfois suscité des difficultés qui équivalaient à une interdiction (Calvo, § 1896). Par exemple, à Nancy, après la révolution du 4 septembre, le Premier Président reçut du commissaire civil allemand l'injonction d'avoir à rendre la justice au nom des Hautes Puissances allemandes ; sur le refus de la cour, l'autorité prussienne interdit l'emploi, proposé par le Premier Président, de la formule : « Au nom du peuple ou du gouvernement français ». La cour, à l'unanimité, prit, le 8 sept. 1870 (D. P. 71. 2. 57), une délibération où elle déclarait qu'en France, à toutes les époques et sous tous les régimes, la justice a été administrée au nom du souverain, quel qu'il fût ; que la captivité de l'empereur et la proclamation de la République rendaient indispensable la modification de la formule exécutoire, et qu'en interdisant celle que l'usage avait consacrée, l'autorité prussienne plaçait les magistrats français dans l'impossibilité légale de juger ; la cour décidait, en conséquence, qu'il y avait lieu pour elle, sans abdiquer ses fonctions, de provisoirement s'abstenir. — Un mois plus tard, en présence d'un obstacle semblable soulevé par le préfet allemand du département de l'Aisne, le tribunal de Laon prit une délibération identique, déclarant, sans se démettre de ses fonctions, en cesser provisoirement l'exercice (15 oct. 1870, D. P. 71. 3. 39). Semblable encore fut la décision du tribunal de Versailles (Guelle, t. 2, p. 20, note 2).

La résolution de la cour de Nancy, et celle du tribunal de Laon s'il s'en était tenu là, étaient absolument légitimes. Mais le tribunal de Laon chercha pour la décision qu'il prenait une seconde base, qui est assurément moins solide : il ajouta, en effet, « que le fait seul de l'installation à Laon d'un haut commissaire civil prussien, chargé de l'administration du département de l'Aisne, devait faire considérer la ville de Laon, non plus seulement comme passagèrement envahie, mais comme occupée; qu'en principe, le pouvoir administratif et le pouvoir judiciaire dans un pays doivent provenir de la même origine et agir en vertu des mêmes lois; que c'est à cette seule condition que peuvent s'établir leurs rapports obligés pour certaines questions ». Il y a là une erreur certaine, et, si l'autorité allemande s'était abstenue de toute critique relative à la formule exécutoire, il est hors de doute que la juridiction du tribunal de Laon, même à côté d'un préfet allemand et dans un territoire occupé, eût été absolument légitime. Nous en avons une preuve implicite dans un arrêt de la chambre criminelle du 12 janv. 1871 (aff. Bellevue, D. P. 71. 1. 73). La solution de cet arrêt, en elle-même, n'a point trait à la question qui nous occupe; mais on voit dans le rapport de M. le conseiller Massé que l'armée prussienne, au moment où fut rendu l'arrêt de la cour d'assises de l'Eure déféré à la cour suprême, occupait Evreux, sans que cette circonstance ait interrompu le cours de la justice; et M. le conseiller rapporteur en prend occasion pour féliciter les magistrats courageusement restés à leur poste.

85. Cela dit sur les caractères de l'occupation, il reste à en étudier les effets, d'une part, quant aux personnes, et d'autre part, quant aux biens compris dans le territoire occupé.

86. Quant aux *personnes*, la règle c'est qu'elles ne doivent pas être traitées en ennemis (Guelle, t. 2, p. 38). Les habitants paisibles ne sauraient être soumis à des traitements violents. Il n'en serait autrement que s'ils commettaient des actes d'hostilité (Heffter, § 126, p. 288). Mais, dans ce cas, le seul droit de l'occupant est de les faire passer devant un conseil de guerre. Il est inique de les exécuter sans jugement, et bien plus encore de rendre leurs compatriotes responsables des faits qu'on leur impute. La dernière guerre nous a fourni à ce sujet de pénibles exemples de représailles, que les auteurs allemands eux-mêmes renoncent à justifier (Geffcken sur Heffter, *loc. cit.*, note 7).

87. Les effets de l'occupation quant aux *biens* (Guelle, t. 2, p. 69) sont plus complexes : ils ont fait l'objet d'une étude très précise et très étendue de M. Rouard de Card : *La guerre continentale et la propriété*.

88. En ce qui touche les *biens de l'Etat*, il faut distinguer les immeubles, les meubles et les droits incorporels.

Les immeubles ne cessent pas, par l'effet de l'occupation, d'appartenir à l'Etat envahi. L'occupant acquiert seulement sur eux une sorte de droit de séquestre.—Toutefois, cette règle comporte deux exceptions, en sens inverse. Sur les immeubles qui servent directement à la défense nationale (forteresses, arsenaux, magasins, etc.), l'occupant a un droit très étendu, qui va jusqu'à la destruction, pourvu que cette destruction soit opérée par les troupes régulières et en vertu d'un ordre supérieur (Rouard de Card, p. 28 à 31). Au contraire, les monuments consacrés à la religion, à la charité, aux lettres, aux sciences, aux arts, doivent, en principe, échapper à toutes les éventualités de la guerre (Rouard de Card, p. 84 et suiv.). — En dehors de ces deux catégories d'immeubles, l'occupant a un droit de possession, et, en quelque sorte d'usufruit, mais rien de plus (Bluntschli, n° 644; Heffter, § 131, p. 301). L'application de ce principe a été fait d'une façon remarquable par la cour de Nancy, le 3 août 1872 (aff. Mohr, D. P. 73. 2. 229), au sujet de l'aliénation consentie par l'autorité allemande de bois de haute futaie dépendant du domaine public français. La cour déclare « qu'à cet égard le droit international, bien plus que le droit civil, pose des règles imposées par la conscience publique, et dont il appartient à la magistrature, en les appliquant sans faiblesse, d'assurer la diffusion et le succès; qu'il ne s'agit point de méconnaître le droit du vainqueur, mais de le maintenir dans les limites que lui assignent les précédents, l'usage, la raison et la justice; *que ce droit, en ce qui touche les immeubles, ne consiste que dans la prise de possession temporaire des domaines de l'Etat ennemi, et dans la perception de leurs fruits et revenus;* qu'en cela tous les auteurs sont d'accord, et que deux des plus récents et des moins suspects, les célèbres professeurs de l'école allemande Bluntschli et Heffter, précisent une doctrine incontestable et incontestée dans leurs ouvrages; qu'il faut donc proclamer *que les fruits et revenus des propriétés domaniales appartiennent seuls au vainqueur, et que, lorsque celui-ci dispose d'autre chose, il dispose de ce qui ne lui appartient pas* ».

89. Les meubles de l'Etat comportent une distinction analogue. L'occupant ne peut légitimement s'emparer que des objets mobiliers ayant trait à la guerre, armes, munitions, vivres, voitures, chevaux, etc. (Rouard de Card, p. 54). L'argent trouvé dans les caisses publiques appartient de même à l'occupant (*Ibid.*, p. 66). Enfin il semble légitime, en présence de la pratique de la guerre moderne, de donner la même solution pour le matériel des chemins de fer *appartenant à l'Etat;* car les chemins de fer, dans la pratique actuelle, constituent un véritable matériel de guerre. Au contraire, le matériel des chemins de fer appartenant à des particuliers ne peut être confisqué : l'occupant a seulement un droit de séquestre (Rouard de Card, p. 56). Même distinction quant aux lignes télégraphiques (*Ibid.*, p. 64).

90. Enfin, sur les *revenus de l'Etat*, l'occupant a une sorte de droit d'usufruit, ainsi que nous l'avons vu dans l'arrêt de la cour de Nancy du 3 août 1872 (V. *suprà*, n° 88). Ainsi l'occupant a droit tout d'abord, comme dit cet arrêt, « aux fruits et revenus des propriétés domaniales ». — Il a droit ensuite à la perception des impôts, sous la condition de se conformer à la législation financière du pays envahi. « L'armée d'occupation, dit le projet de Bruxelles (art. 5) (V. *suprà*, n° 65) ne prélèvera que les impôts, redevances, droits et péages déjà établis au profit de l'Etat,... et autant que possible dans la forme et suivant les usages existants. » Toutefois, comme, à raison de la complication des systèmes financiers, il sera souvent impossible d'encaisser les impôts eux-mêmes, le même article autorise l'armée d'occupation à percevoir « leur équivalent »; c'est dans ce cas qu'il est licite de lever une contribution de guerre. Mais la contribution doit cesser dès que la perception régulière des impôts devient possible. Il y a là une distinction dont nous trouvons un exemple dans l'armistice franco-allemand. La convention du 26 févr. 1871 (D. P. 71. 4. 6) porte dans son art. 3 : « Les troupes allemandes s'abstiendront à l'avenir de prélever des contributions en argent dans les territoires occupés. Par contre, les autorités allemandes continueront à prélever les impôts de l'Etat dans les territoires occupés ». La contre-partie de la perception des impôts ou de contributions équivalentes, c'est l'obligation pour l'occupant de pourvoir aux frais d'administration du pays (Rouard de Card, p. 69). — Quant aux créances de l'Etat envahi, il s'est élevé les controverses les plus vives : nous nous rallierons à l'opinion qui permet seulement à l'occupant de les séquestrer, mais non de les recouvrer pour son compte (Rouard de Card, p. 76; Heffter, § 134, p. 306).

91. En ce qui concerne non plus les biens de l'Etat, mais les *biens des particuliers*, les règles sont différentes, en ce sens que l'occupation ne produit aucun changement dans leur condition. Il en est ainsi, soit qu'il s'agisse d'immeubles (Rouard de Card, p. 112; Heffter, § 133, p. 304), et même d'immeubles faisant partie du domaine privé du souverain (*Ibid.*), soit qu'il s'agisse de meubles (Rouard de Card, p. 119; Heffter, § 135, p. 309). En conséquence, l'appropriation d'objets mobiliers appartenant à un tiers constitue un vol (Crim. rej. 15 déc. 1871, aff. Duhamel, D. P. 72. 1. 273). Et cette règle s'applique même aux biens des combattants (Cons. rev. 1re div. mil. 14 sept. 1871, aff. Borne, D. P. 71. 3. 110), sauf toutefois leurs armes. Bluntschli, règle 659, autorise cependant l'appropriation des objets précieux trouvés sur l'ennemi tué : il paraît difficile de s'associer à cette théorie.

92. Cette théorie relative à la propriété privée nous amène à traiter des *réquisitions*. La réquisition, suivant Calvo, t. 2, p. 188, est la demande faite par l'autorité de mettre à sa disposition des choses, même des personnes. Ce que l'occupant pourrait faire chez lui, il peut à plus forte raison le faire en pays ennemi. Il serait désirable qu'il fournît aux réquisitionnés un dédommagement en argent; mais cela est évidemment impraticable, et il faut seulement exiger que l'officier qui opère la réquisition fournisse un bon, qui servira de base au règlement de l'indemnité (Rouard de Card, p. 156; Heffter, § 131, p. 301, note 4). Toute cette matière sera étudiée en détail *infrà*, v° *Réquisitions.*

93. Il faut faire une distinction capitale entre la réquisition, qui est licite, et la *contribution de guerre*, qui ne l'est pas. La contribution de guerre, consistant en une imposition en argent, fut à l'origine comme une représentation pacifique du pillage ; c'est encore cet aspect qui se révèle dans la définition de Calvo, t. 2, p. 188 : « La contribution consiste dans ce que les habitants d'un pays occupé sont contraints de payer ou de donner pour se garantir du pillage ». Aujourd'hui que le pillage n'est plus admis, il s'ensuit que la contribution de guerre n'est plus permise. Elle n'est plus tolérée que comme amende, ou, ainsi que nous l'avons vu *suprà*, n° 90, pour tenir lieu d'impôts irrécouvrables (Rouard de Card, p. 173).

ART. 2. — *De la guerre maritime.*

94. L'ensemble des règles ci-dessus posées au sujet de de la guerre continentale est applicable à la guerre maritime. Mais une différence essentielle est celle qui a trait au traitement de la propriété privée. Dans la guerre maritime, non seulement on peut s'emparer des navires de guerre et faire leur équipage prisonnier, mais il est encore permis d'infliger ce traitement aux navires de commerce. Un tel système est-il logique, en présence du système inverse adopté dans la guerre continentale ? Assurément non. Cependant on a fait valoir, pour le justifier, des considérations plus ou moins spécieuses. Sur terre, a-t-on dit, le belligérant a le droit incontesté de prendre simplement possession de la propriété publique ennemie, de percevoir à son profit les revenus publics pour s'indemniser des frais de la guerre, droit qui n'a pas d'équivalent sur mer, où, abstraction faite des descentes sur les côtes ennemies, il n'y a pas de conquêtes à faire ; et, d'un autre côté, comme le but de toute guerre est de forcer l'ennemi à céder, on ne peut guère nier qu'il soit aussi légitime de ruiner le commerce de l'ennemi que de tuer ses soldats (V. notamment : Geffcken sur Heffter, § 139, note 2, p. 320).

95. Quoi qu'il en soit, le principe de la liberté de la propriété privée sur mer n'est pas encore entré dans le droit des gens. C'est un Français, Mably, qui en fut le premier champion. Ce droit reçut une première consécration dans le traité conclu en 1785 entre les Etats-Unis et la Prusse (art. 23), qui stipulait la liberté de tous les navires marchands ; mais cette clause fut aussitôt regardée comme une « vraie curiosité diplomatique » (Gentz), et elle disparut lors du renouvellement du traité, le 11 juill. 1799. Elle n'avait assurément qu'un intérêt bien platonique, une guerre maritime étant alors assez peu probable entre la Prusse et les Etats-Unis. Dans la guerre de 1866, l'Autriche et la Prusse respectèrent l'inviolabilité des navires marchands. En 1870, la Prusse manifesta vis-à-vis de la France la même intention, mais elle revint sur ce parti avant même la fin de la guerre. L'Italie (c. mar. art. 211) proclame, au contraire, le principe de l'inviolabilité, mais à charge de réciprocité. A part ces quelques exemples, il est de principe que les navires marchands, en temps de guerre, sont de bonne prise.

96. Il faut seulement que la prise soit validée par un tribunal spécial, dit *tribunal des prises*, qui applique les règles de son pays. La compétence de ce tribunal est assez difficile à justifier, lorsque la prise est neutre. S'il s'agit, au contraire, d'un belligérant, il faut convenir que l'institution d'un tribunal des prises constitue, en somme, un progrès sur la guerre. Le mécanisme de cette juridiction fera l'objet d'une étude détaillée *infrà*, v° *Prises maritimes*.

97. Les prises amènent à parler des *corsaires*, qu'il faut se garder de confondre avec des pirates. Tandis que le pirate est, suivant l'expression de Littré, celui qui court les mers pour piller, sans commission d'aucun gouvernement, le corsaire est, au contraire, spécialement commissionné, afin de faire la guerre maritime (*Rép.* n° 138) ; il reçoit à cet effet des *lettres de marque*, et il est soumis à certaines règles qui sont exposées au *Rép.* v° *Prises maritimes*, n° 29. Sans entrer ici dans des développements qui trouveront place *infrà*, eod. v°, il suffira de rappeler que, par la déclaration du 16 avr. 1856 (D. P. 56. 4. 51) signée, à la suite du traité de Paris, par les représentants de la France, de l'Angleterre, de la Russie, de la Sardaigne, de la Turquie et de l'Autriche, la course est aujourd'hui abolie. Ce n'est pas que cette stipulation ait mis fin à toute difficulté. On le vit bien en 1870, quand l'Allemagne se proposa d'établir une marine franche analogue aux corps francs des armées de terre. Y avait-il là, comme le prétendait l'Allemagne, une simple incorporation de la marine marchande dans la marine régulière, ou, suivant la prétention de la France (soutenue par Calvo, § 2085), un véritable rétablissement de la course ? La question ne fut pas définitivement tranchée ; mais, quoi qu'il en soit, il est permis de dire que la course est aujourd'hui proscrite par toutes les nations, sauf l'Espagne, le Mexique et les États-Unis : ceux-ci en ont souffert, d'ailleurs, plus que personne pendant la guerre de Sécession (V. sur le corsaire l'*Alabama*, *suprà*, n° 40).

SECT. 4. — DE LA NEUTRALITÉ (*Rép.* n°s 159 à 177).

98. La neutralité ne comporte guère qu'une définition négative : c'est la non-participation d'une puissance à une lutte engagée entre deux ou plusieurs autres (Guelle, t. 2, p. 262). Heffter, § 144, p. 334, la définit en termes analogues : la continuation impartiale de l'état pacifique d'une puissance envers chaque partie belligérante.

99. Une nation, pour rester neutre, n'a pas besoin d'en faire la déclaration, soit par voie diplomatique, soit par voie de publication officielle (*Rép.* n° 162 ; Guelle, t. 2, p. 263). Néanmoins de telles déclarations sont généralement usitées (Guelle, *ibid.*). Le Japon en a fourni un exemple remarquable en 1870 (Guelle, t. 2, p. 263, note 1).

100. En principe, toute nation est libre de prendre ou non part à la lutte, de même que les belligérants sont libres de l'englober ou non dans leur différend. Mais ce principe comporte des exceptions ; certaines puissances se trouvent, par suite d'accords internationaux, dans un état de neutralité forcée : c'est le cas de la Belgique, de la Suisse et du Luxembourg (V. sur la neutralité de ces pays en droit, et en fait pendant les guerres modernes : Guelle, t. 2, p. 277 à 293). — Il ne saurait évidemment être question pour ces Etats d'une déclaration de neutralité (Comp. *suprà*, n° 99).

101. La neutralité entraîne pour l'Etat neutre toute une série d'obligations et de droits correspondants.

La première obligation de l'Etat neutre, c'est l'obligation d'*impartialité*, qui prend la forme, soit d'*impartial refus*, soit d'*impartiale concession*. Si le premier système est particulièrement souhaitable, le second ne constitue point une violation des règles de la neutralité (Bluntschli, règle 762) : il a seulement pour effet d'interdire à l'Etat neutre de procurer à l'un des belligérants *à l'exclusion de l'autre* un secours en hommes, en argent ou en matériel.

102. L'interdiction porte d'abord sur les *secours en hommes* (*Rép.* n° 163). L'État neutre ne saurait tolérer sur son territoire des levées ou enrôlements de troupes (Heffter, § 148, p. 347) ; mais il n'est pas tenu de s'opposer aux engagements volontaires que désireraient contracter certains de ses nationaux individuellement (Geffcken sur Heffter, *ibid.*, note 3), ou au transport, sur ses navires marchands, d'individus rappelés par leur gouvernement pour prendre part à la guerre (Comp. Calvo, § 2325).

103. La prestation de *secours en argent* (*Rép.* n° 164), si elle émanait directement du gouvernement neutre au profit de l'un seulement des belligérants constituerait une violation des règles de la neutralité (Bluntschli, règle 768). Mais si ces secours, prenant même la forme d'un emprunt public, procèdent d'initiatives particulières sans intervention de l'État, ils doivent être assimilés aux enrôlements volontaires individuels, et sont, comme ceux-ci, parfaitement licites (Geffcken sur Heffter, § 148, note 5, p. 349).

104. Il est interdit en troisième lieu de fournir à l'un des belligérants du *matériel de guerre* (*Rép.* n° 165) ; en d'autres termes, la *contrebande de guerre* est prohibée. Mais cette règle, comme les précédentes, n'atteint que l'Etat lui-même ; elle ne s'impose pas aux nationaux, sauf (comme on l'a vu au *Rép.* n° 166), le droit pour le belligérant adverse de saisir, s'il le peut, les objets constituant la contrebande de guerre. — Reste à savoir quels objets doivent être compris sous ce titre. C'est là plutôt une question de fait que de droit, car il y a lieu de qualifier contrebande de guerre tout objet matériel constituant un secours et un aide dans la lutte. Cette définition s'applique essentiellement aux armes et aux munitions ; on est d'accord pour l'étendre aux vivres, et, depuis 1870, au charbon de terre, provision essentielle à la guerre maritime (Guelle, t. 2, p. 270).

105. Il est une autre obligation de l'Etat neutre, qui correspond intimement à l'un de ses droits : c'est celle qui a trait à l'inviolabilité du territoire. L'Etat neutre a le droit et le devoir de refuser à chacun des belligérants l'accès de son territoire (*Rép.* n° 173). Mais une distinction s'impose, suivant qu'on se trouve en présence d'un corps constitué ou d'individus. A une armée belligérante l'Etat neutre doit refuser l'accès ; au contraire, les belligérants isolés peuvent être recueillis : tel est le cas d'une armée en déroute qui se réfugie sur un territoire neutre en invoquant les lois de l'humanité ; les soldats composant cette armée seront reçus à titre de réfugiés individuels, et sous la réserve qu'ils se conformeront aux règles de l'*internement*.

106. Ces règles sont les suivantes, d'après le *Manuel de droit international à l'usage des officiers*, publié par notre ministère de la guerre (p. 81 et suiv.). A leur arrivée, les troupes ou les combattants isolés sont désarmés, astreints à une résidence fixe et entourés d'une surveillance destinée à empêcher leur fuite. Généralement, ils sont éloignés de la frontière, et réunis par groupes dans un camp, un fort, une place ou tout autre dépôt. Par mesure de faveur, les officiers peuvent être laissés libres, sur leur parole, de ne pas quitter le pays sans autorisation.

107. La règle qui interdit le passage des belligérants sur le territoire neutre s'applique même aux convois de prisonniers de guerre (Calvo, § 2348) et de blessés, lesquels peuvent être soumis à l'internement (Guelle, t. 2, p. 276).

SECT. 5. — DES TRAITÉS (*Rép.* n°s 178 à 200).

108. Nous ne parlerons dans le présent paragraphe, à l'exemple du *Répertoire*, que des traités mettant fin à l'état de guerre, réservant l'ensemble de la matière pour le mot *Traité international*.

109. Le traité de paix est l'acte international qui met fin à la guerre et rétablit la paix sur de nouvelles bases (Bluntschli, règle 703, note).

110. Le traité de paix est généralement précédé de négociations préliminaires, qui le plus souvent (ainsi que nous l'avons vu *suprà*, n° 79) sont elle-mêmes précédées d'un armistice. C'est ainsi que, lors de la guerre franco-allemande de 1870-1871, à la suite de la convention d'armistice du 28 janv. 1871 (D. P. 71. 4. 5), des préliminaires de paix ont été signés le 26 févr. 1871 (D. P. 71. 4. 23) ; le traité de paix proprement dit ne fut signé, à Francfort, que le 10 mai 1871 (D. P. 71. 4. 25).

111. La constitution de chaque Etat décide à qui appartient le droit de conclure la paix (Bluntschli, règle 705). C'est généralement au pouvoir qui avait le droit de faire la guerre (*Rép.* n° 180). Ainsi, aux termes de notre loi constitionnelle du 16 juill. 1875 (D. P. 75. 4. 114), de même que la guerre ne peut être déclarée par le Président de la République sans l'assentiment des deux Chambres (art. 9), les traités de paix conclus par le Président de la République ne sont définitifs qu'après avoir été votés par les deux Chambres (art. 8). — V. *suprà*, v° *Droit constitutionnel*, n°s 83 et suiv.

112. Il est possible de résumer en termes généraux les principes qui président à la conclusion des traités de paix : — 1° Le traité de paix emporte tout d'abord renonciation par la nation vaincue aux droits que lui contestait le vainqueur. Il doit être respecté, comme on l'a vu au *Rép.* n° 179, quelque lésion qui en résulte, car il ne saurait prétendre au respect de l'égalité, dans un acte purement contractuel (Heffter, § 180, p. 432, note 2) et, par suite, volontaire, qui présente avant tout le caractère d'une transaction (*Rép.* n° 184). — Il n'en serait autrement que si le consentement de l'une des hautes parties contractantes s'était trouvé vicié par des menaces ou des violences (Heffter, § 180, p. 432 ; Guelle, t. 2, p. 243, note 1).

113. — 2° Le traité de paix entraîne cessation absolue des hostilités (*Rép.* n° 185). Les lois de la paix succèdent à celles de la guerre (Heffter, § 180, p. 433). Tout acte d'hostilité, toutes réquisitions doivent cesser immédiatement (Dahn, p. 57).

114. — 3° Les deux parties se tenant, par le traité de paix, réciproquement quittes de tous les dommages causés pendant la guerre (*Rép.* n° 184), il s'ensuit que le traité met fin à toute poursuite et à tout acte de répression contre les sujets de chacun des Etats belligérants à raison de faits de guerre (Guelle, t. 2, p. 244). C'est ce qu'on désigne, assez improprement, sous le nom d'*amnistie*. L'amnistie est toujours sous-entendue dans les traités de paix ; elle est parfois expressément formulée : par exemple, dans le traité de Francfort, du 10 mai 1871 (art. 2 *in fine*) : « Aucun habitant des territoires cédés ne pourra être poursuivi, inquiété ou recherché dans sa personne ou dans ses biens, à raison de ses actes politiques ou militaires pendant la guerre » (D. P. 71. 4. 27).

115. La règle de l'amnistie reçoit une application particulièrement importante en ce qui concerne les prisonniers de guerre, qui doivent être immédiatement libérés. Cette libération peut, suivant les circonstances, être subordonnée à certaines mesures de précaution, comme celles qu'exigea le gouvernement allemand par l'art. 10 du traité de Francfort (D. P. 71. 4. 27) ; mais, à part ces réglementations de détail, la libération est de droit pour tous les prisonniers, même frappés de punitions disciplinaires (Guelle, t. 2, p. 245) ; il n'y aurait exception que pour ceux qui se seraient rendus coupables de crimes de droit commun (Guelle, *ibid.* ; Geffcken sur Heffter, § 180, p. 434, note 8).

116. En dehors de ces règles, qui sont de l'essence des traités de paix, il est des clauses qui, bien que fréquentes, ne présentent cependant qu'un caractère exceptionnel au point de vue du droit. Ce sont celles qui ont trait, par exemple, aux indemnités de guerre, aux garanties d'exécution, aux cessions de territoire.

117. L'*indemnité de guerre*, quoique difficile à justifier en théorie, pourrait au moins s'excuser, si elle n'était que la stricte réparation des frais matériels causés au vainqueur par la guerre. Elle est, au contraire, sans excuse, si elle revêt l'aspect d'une amende imposée au vaincu : « La guerre, dit M. Griolet, *Bulletin de législation comparée*, janv. 1873, p. 17, la guerre est un procès où la décision appartient encore à la force. Mais que ce soit au moins un procès civil, et non un procès criminel ! » Aussi Calvo, § 1971, parlant de l'indemnité de cinq milliards exigée par l'Allemagne à la suite de sa guerre avec la France (Préliminaires de paix du 26 févr. 1871, art. 2, D. P. 71. 4. 25), n'hésite pas à la qualifier d'énormité « devant laquelle il y a lieu de se demander où s'arrêtera cette progression sans cesse croissante de l'avidité des vainqueurs, si l'on ne parvient à y mettre un frein efficace ». Le jurisconsulte et le philosophe remarquent avec peine que cette pratique, si contraire aux principes élémentaires du droit des gens, bien loin de disparaître, entre de plus en plus dans les mœurs internationales. La France a du moins cet honneur d'être toujours restée, à ce point de vue, dans la limite où les indemnités de guerre s'excusent et se justifient ; car si, de 1795 à 1871, on additionne les indemnités stipulées dans les traités de paix par les différentes nations, on constate que le total se réduit pour la France à 875200000 fr., tandis qu'il s'élève pour les autres nations sauf la Prusse à 1135000000 fr. et pour la Prusse seule à 5225500000 fr. (Guelle, t. 2, annexe K, p. 361).

118. Les *garanties d'exécution* (*Rép.* n° 198) prennent le plus souvent la forme d'une occupation provisoire par l'armée ennemie : nous en trouvons encore l'exemple dans les conventions diplomatiques qui ont mis fin à la dernière guerre franco-allemande. Aux termes des préliminaires de paix du 26 févr. 1871 (art. 3, D. P. 71. 4. 25), l'armée allemande continua d'occuper, jusqu'à parfait payement de l'indemnité de guerre, et suivant des zônes successives, nos départements de Seine-et-Oise, Seine-et-Marne, Seine-Inférieure, Somme, Oise, Marne, Ardennes, Haute-Marne, Meuse, Vosges, Meurthe, et la forteresse de Belfort. La même convention (art. 4, *ibid.*) et le traité de paix de Francfort (art. 8, D. P. 71. 4. 27) réglèrent les détails relatifs au *modus vivendi* des troupes d'occupation : toute réquisition leur fut interdite, mais la France se chargea de leur entretien.

119. Enfin on rencontre assez souvent dans les traités de paix des dispositions relatives aux *cessions de territoires ;*

le traité qui a terminé la guerre franco-allemande de 1870 en offre encore un exemple (Préliminaires de paix du 26 févr. 1871, art. 1er, D. P. 71. 4. 24; Traité de paix du 10 mai 1871, art. 1er à 6, D. P. 71. 4. 26-27; articles additionnels du 10 mai 1871, art. 3, D. P. 71. 4. 28). D'après les idées qui dominent en France et dont l'application a été faite par plusieurs gouvernements, la cession ne saurait être légitime que si elle a été sanctionnée par le vote des populations intéressées. Mais le plébiscite des habitants des territoires cédés n'est pas entré jusqu'à présent dans les coutumes du droit des gens; d'après la doctrine qui prévaut encore, au moins à l'étranger, un Etat a le pouvoir de céder une partie de son territoire, et l'Etat cessionnaire se trouve, par le seul fait de la cession, investi de tous les droits du cédant (Comp. Geffcken sur Heffter, § 182, note 2, p. 438; Funck-Brentano et Sorel, p. 320 et suiv. V. aussi Guelle, t. 2, p. 253 et suiv.). — Toutefois, l'usage s'est introduit de ne pas imposer la nationalité nouvelle aux habitants des territoires annexés et de leur réserver la faculté de conserver, au moyen d'une option formelle, leur ancienne nationalité. C'est là une mesure d'un caractère tout différent : tandis que le système du plébiscite tend à faire intervenir le suffrage des intéressés dans la question de cession du territoire, question de droit public, la faculté d'option n'a d'autre objet que de sauvegarder des intérêts d'ordre privé. L'option a un caractère individuel ou, en tous cas, n'étend pas ses effets au delà de la famille de l'optant. Elle est souvent, d'ailleurs, subordonnée à des conditions d'un accomplissement plus ou moins difficile, notamment à l'obligation pour ceux qui veulent garder leur nationalité antérieure, de quitter le territoire annexé. La faculté d'option a été réservée, notamment, lors de l'annexion à la France de la Savoie et du comté de Nice (Traité de Turin du 30 mars 1860, art. 6, D. P. 60. 4. 67), et lors de l'annexion à l'Allemagne de l'Alsace-Lorraine (Traité de Francfort du 10 mai 1871, art. 2, D. P. 71. 4. 26-27). — Les graves difficultés auxquelles donnent souvent lieu les changements de nationalité résultant des cessions de territoires ressortissent moins au droit des gens proprement dit qu'au droit international privé; elles ont été examinées *suprà*, v° *Droits civils*, nos 311 et suiv.

SECT. 6. — DES AGENTS DIPLOMATIQUES (*Rép.* nos 201 et 202).

120. Nous avons vu, *suprà*, nos 78 et 79, que les suspensions d'armes, bien qu'ayant souvent un grand intérêt au point de vue des relations internationales, puisque souvent elles sont le prologue d'un armistice, et, par suite, de la paix, sont valablement conclues par les autorités militaires. Toutes autres conventions, au contraire, même les armistices, sont du ressort exclusif des agents diplomatiques, desquels il a été traité en détail *suprà*, v° *Agent diplomatique*.

Table sommaire

des matières contenues dans le Supplément et le Répertoire.

(Les chiffres précédés de la lettre *S* renvoient au Supplément; les chiffres précédés de la lettre *R* renvoient au Répertoire.)

Table chronologique des Lois, Arrêts, etc.

DROIT DES NEUTRES. — V. *Droit naturel et des gens*, nos 101 et suiv.; *Prises maritimes;* — *Rép.* vis *Droit naturel et des gens*, nos 81, 133 et suiv.; *Prises maritimes*, nos 152 et suiv., 178 et suiv.

DROIT DES PAUVRES. — V. *Théâtre-spectacle;* — *Rép.* eod. v°, nos 113 et suiv.

DROIT PERSONNEL ET DROIT RÉEL. — V. *Action-action judiciaire*, nos 4 et suiv., 10 et suiv.; *Obligations;* — *Rép.* vis *Action-action judiciaire*, nos 75 et suiv., 111 et suiv.; *Biens*, nos 272 et suiv.; *Obligations*, nos 317 et suiv., 918 et suiv., 1077 et suiv.

DROIT POLITIQUE.

Division.

CHAP. 1. — Jouissance et privation des droits politiques en général (n° 1).

SECT. 1. — Historique et législation (n° 3).
SECT. 2. — De la jouissance des droits politiques (n° 4).
SECT. 3. — De la perte des droits politiques (n° 9).
SECT. 4. — Dispositions pénales; Trouble à l'exercice des droits politiques; Vente de suffrages, etc. (n° 12).

CHAP. 2. — Élections législatives (n° 23).

SECT. 1. — Historique et législation (n° 23).
SECT. 2. — Des conditions requises pour être électeur (n° 40).
ART. 1. — De la jouissance des droits civils et politiques (n° 41).
ART. 2. — Des personnes auxquelles la loi refuse spécialement les droits électoraux (n° 45).
ART. 3. — De l'âge requis pour être électeur (n° 80).
ART. 4. — Du cens électoral (n° 83).
ART. 5. — Du domicile politique (n° 84).
SECT. 3. — Des listes électorales et des réclamations dont elles sont l'objet (n° 89).
ART. 1. — De la permanence des listes (n° 91
ART. 2. — De la préparation ou revision des listes; De la publication des arrêtés et de leur notification (n° 96).
ART. 3. — Des réclamations devant la commission municipale (n° 143).
§ 1. — Par qui les réclamations doivent être faites; Procurations (n° 143).
§ 2. — Du délai des réclamations; Quelles réclamations peuvent être présentées dans le délai, et de l'annexion des pièces justificatives (n° 147).
§ 3. — Des réclamations formées par des tiers (n° 151).
§ 4. — Des décisions sur les réclamations (n° 160).
ART. 4. — Du tableau de rectification et de la clôture définitive des listes (n° 171).
ART. 5. — Du recours devant le juge de paix (n° 179).
§ 1. — Quelles personnes peuvent interjeter appel ou intervenir (n° 180).
§ 2. — Des formes et des délais de l'appel (n° 189).
§ 3. — Des jugements rendus par le juge de paix comme juge d'appel (n° 205).
§ 4. — Compétence du juge de paix (n° 234).
§ 5. — De l'autorité de la chose jugée en matière électorale (n° 246).
§ 6. — Des voies de recours contre les décisions du juge de paix (n° 253).
ART. 6. — Du pourvoi en cassation (n° 262).
SECT. 4. — Droits des assemblées législatives relativement aux opérations électorales en général et aux droits des électeurs (n° 308).
SECT. 5. — Des collèges électoraux et de leurs opérations (n° 311).
ART. 1. — Principes généraux de la jurisprudence parlementaire (n° 311).
ART. 2. — De la convocation; Composition et division des collèges (n° 313).
ART. 3. — De la tenue et de la police des collèges (n° 317).
ART. 4. — De la composition du bureau et de sa présence pendant les opérations (n° 322).
§ 1. — De la composition du bureau (n° 322).
§ 2. — De la présence du bureau pendant les opérations (n° 327).

CHAP. 1er. — Jouissance et privation des droits politiques en général (*Rép.* nos 2 à 54).

1. Nous avons dit au *Rép.* n° 14, que la constitution du 14 janv. 1852 ne contenait pas de dispositions générales, de déclarations ou garanties des droits. Les lois constitutionnelles de 1875 n'ont pas reproduit davantage ces déclarations de métaphysique politique qui figuraient en tête de nos anciennes constitutions républicaines. Ainsi que le remarque M. Saint-Girons, *Manuel de droit constitutionnel*, p. 8, elles n'ont pas cherché à tout prévoir et à tout régler. Elles ont laissé dans ce que nous appellerons le droit coutumier constitutionnel les grands principes du droit public et de politique qui sont devenus définitifs et constituent le patrimoine de chaque citoyen, la règle et les limites pratiques de l'activité gouvernementale.

2. Conformément à la méthode suivie au *Rép.* n° 16, nous nous occuperons ici du droit politique le plus important que puissent exercer les citoyens d'un Etat libre, celui d'*élire* et d'*être élu*. Nous avons indiqué *suprà*, v° *Droit constitutionnel*, nos 75 et suiv., les règles applicables à l'élection du président de la République : nous allons exposer celles qui s'appliquent à l'élection des membres du Sénat et de la Chambre des députés. Les conditions spéciales aux élections communales et départementales font l'objet d'une étude particulière (V. *suprà*, v° *Commune*, nos 65 et suiv., et *infrà*, v° *Organisation administrative*).

SECT. 1re. — HISTORIQUE ET LÉGISLATION (*Rép.* nos 17 à 22).

3. On a vu au *Rép.* n° 22 que la loi du 3 déc. 1849, consacrant un principe déjà posé dans l'ordonnance du 4 juin 1814, avait décidé que l'étranger naturalisé ne jouirait de l'éligibilité qu'en vertu d'une loi. Malgré cette disposition formelle, le Corps législatif du second Empire avait déclaré éligible un étranger naturalisé par décret, sans qu'il eût obtenu de lettres de grande naturalisation (Corps législ. 19 nov. 1863, Elect. de M. Welles de Lavalette, D. P. 64. 3. 77, n° 605). Cette solution qui, sous l'empire de la loi de 1849, donnait lieu aux plus graves objections, a été consacrée par l'art. 1er de la loi du 29 juin 1867 (D. P. 67. 4. 70), aux termes duquel l'étranger qui, après l'âge de vingt et un ans accomplis, a, conformément à l'art. 13 c. civ., obtenu l'autorisation d'établir son domicile en France et y a résidé pendant trois années, peut être admis à jouir de *tous les droits de citoyen français*. « Tout Français est électeur et tout électeur est éligible, dit l'exposé des motifs de cette loi ; la nécessité des lettres de grande naturalisation pour l'étranger a disparu ». Cette règle a été appliquée sans discussion par les Assemblées législatives (V. notamment : Corps législ. 2 juill. 1869, aff. Steenackers, D. P. 70. 3. 4, n° 40). — La loi du 26 juin 1889 (D. P. 89. 4. 59) sur la nationalité n'a pas consacré un retour au régime de la loi de 1849. Mais l'art. 3 de cette loi porte que l'étranger naturalisé n'est éligible aux Assemblées législatives que dix ans après le décret de naturalisation, à moins qu'une loi spéciale n'abrège ce délai qui dans ce cas pourra être réduit à une année.

SECT. 2. — DE LA JOUISSANCE DES DROITS POLITIQUES (*Rép.* nos 23 à 28).

4. Pour jouir des droits politiques, ainsi qu'on l'a vu au *Rép.* n° 23, il ne suffit pas d'être Français, il faut être citoyen, et selon l'art. 7 c. civ., la qualité de citoyen appartient à ceux à qui la loi constitutionnelle la confère. La loi constitutionnelle à laquelle se réfère l'art. 7 est celle du 22 frim. an 8, et aucune loi ultérieure n'a donné une définition nouvelle du citoyen. Or, comme cette loi, de même que les constitutions de 1793 et de l'an 3, se sert des mots « tout homme » pour désigner le citoyen, c'est-à-dire celui qui est revêtu des droits politiques, il en résulte que les femmes, qui jouissent des droits civils dans la mesure déterminée par la loi, suivant qu'elles sont célibataires ou mariées, ne tiennent d'aucune disposition constitutionnelle ou légale la jouissance et, par suite, l'exercice des droits politiques (Civ. rej. 16 mars 1885, aff. Barberousse, D. P. 85. 1. 105).

5. Nous avons dit au *Rép.* n° 26 que depuis 1848 toute différence avait cessé d'exister, sous le rapport des droits politiques, entre les colonies et la France continentale. Cette règle reçoit toutefois certaines exceptions. Aux termes du sénatus-consulte du 14 juill. 1865 (D. P. 65. 4. 114), les indigènes musulmans de l'Algérie qui sont Français et jouissent des droits civils ne sont pas citoyens français et ne jouissent des droits politiques qu'autant qu'une loi spéciale les leur a attribués (Civ. cass. 5 mai 1879, aff. Goujon, D. P. 79. 1. 225). Quant aux israélites indigènes de l'Algérie, ils ont été déclarés citoyens français par un décret du 24 oct. 1870 (D. P. 70. 4. 124).

6. Un décret du 29 juill. 1887 (D. P. 87. 4. 80) a établi pour la Tunisie des règles particulières. Il permet d'admettre à la jouissance des droits de citoyens français après l'âge de vingt et un ans accomplis : 1° l'étranger qui justifie de trois années de résidence, soit en Tunisie, soit en France ou en Algérie et en dernier lieu en Tunisie; 2° le sujet tunisien qui, pendant le même temps, aura servi dans les armées françaises de terre ou de mer ou qui aura rempli des fonctions ou emplois civils rétribués par le trésor français (le délai de trois ans peut être réduit à un an dans le cas de services exceptionnels); 3° les sujets tunisiens qui, sans avoir servi dans les armées ou rempli des emplois rétribués par le trésor français, auront rendu à la France des services exceptionnels. Il appartient au président de la

République de statuer par décret sur les demandes de naturalisation.

7. Un autre décret du 29 juill. 1887 (D. P. 87. 4. 81) permet d'admettre dans les mêmes formes à la jouissance des droits de citoyen français les étrangers qui justifient d'une résidence de la même durée en Annam ou au Tonkin, et les indigènes annamites et tonkinois qui ont servi la France dans les mêmes conditions et pendant le même temps.

8. La question de savoir si les indigènes des établissements français de l'Inde qui n'ont point renoncé aux lois, usages et coutumes de leur caste, jouissent cependant de leurs droits politiques et doivent par suite être inscrits sur les listes électorales, a donné lieu à une assez vive controverse. On comprendra tout l'intérêt qui s'attachait à cette question, lorsqu'on saura qu'il s'agissait de refuser ou d'accorder à cinquante mille indigènes de nos possessions indiennes la qualité de citoyen français ou, pour parler plus exactement, la qualité d'électeur. La négative avait paru résulter d'un décret du 21 sept. 1881 (D. P. 83. 4. 2), dont l'art. 1er était ainsi conçu : « Dans les établissements français de l'Inde, les natifs des deux sexes de toutes castes et religions, majeurs de vingt et un ans, pourront renoncer à leur statut personnel dans les formes et conditions ci-après déterminées... Par le fait de cette renonciation, qui sera définitive et irrévocable, ils sont régis, ainsi que leurs femmes et leurs enfants mineurs, par les lois civiles et politiques applicables aux Français dans la colonie ». Toutefois, cette disposition qui semblait priver de leurs droits politiques les Indiens qui n'avaient pas renoncé à leur statut personnel, reçut du Gouvernement, dès l'origine, une interprétation différente; et des instructions du ministre de la marine du 14 oct. 1881 affirmèrent le droit de tous les Indiens en général à figurer sur les listes électorales, qu'ils eussent ou non renoncé aux us et coutumes de leur caste (Note insérée au *Journ. off.* du 4 nov. 1881). La Chambre des députés s'est prononcée implicitement dans le même sens en validant dans sa séance du 11 nov. 1881 l'élection d'un député à laquelle avaient pris part un grand nombre d'électeurs qui n'avaient pas renoncé à leur statut personnel (*Journ. off.* du 12 nov. 1881). Enfin la même interprétation a été consacrée par la jurisprudence de la cour de cassation (Civ. rej. 6 mars 1883, aff. Savery, D. P. 83. 1. 308. V. le rapport de M. le conseiller Greffier, sous Civ. rej. 5 juill. 1882, aff. Rassendren, D. P. 82. 1. 429).

SECT. 3. — DE LA PERTE DES DROITS POLITIQUES (*Rép.* nos 29 à 36).

9. Sur les causes qui font perdre la qualité de Français et, par suite, entraînent la perte des droits politiques, V. *suprà*, v° *Droits civils*, nos 284 et suiv.

10. Conformément à ce qui a été dit au *Rép.* n° 35, la disposition de l'art. 5 de la constitution de l'an 8, d'après laquelle l'exercice des droits de citoyen français était suspendu par l'état d'héritier immédiat, détenteur à titre gratuit de la succession totale ou partielle d'un failli, a été virtuellement abrogée par l'art. 15 du décret organique du 2 févr. 1852 (D. P. 52. 4. 51), qui, en déterminant limitativement les incapacités électorales, déclare incapables les faillis non réhabilités, mais ne fait pas mention des héritiers médiats ou immédiats des faillis (Trib. paix Constantine, 22 févr. 1879, aff. Fawtier, D. P. 79. 1. 407).

11. L'art. 7 du décret du 12 déc. 1851 (D. P. 52. 4. 8) a déclaré privés de leurs droits politiques les transportés en vertu de ce décret. Par application de cette disposition, il a été décidé que les individus condamnés à la transportation par les commissions mixtes devaient être considérés comme privés de leurs droits politiques et, par suite, de l'exercice du droit électoral (Req. 14 avr. 1857, aff. Bellanger, D. P. 58. 1. 205).

SECT. 4. — DISPOSITIONS, TROUBLE À L'EXERCICE DES DROITS POLITIQUES; VENTE DE SUFFRAGES, ETC. (*Rép.* nos 37 à 54).

12. Les dispositions des art. 109 à 113 c. pén. sur les crimes et délits relatifs à l'exercice des droits civiques prévoient et punissent, ainsi qu'on l'a vu au *Rép.* n° 37 : 1° l'empêchement apporté par attroupement, voies de fait ou menaces, à l'exercice des droits civiques; 2° les fraudes commises dans le dépouillement des bulletins de vote ou dans les inscriptions de noms sur ces bulletins; 3° les achats et les ventes de suffrages dans les élections. Ces dispositions ont été remplacées, en ce qui concerne les crimes et délits relatifs à l'élection des députés, par les art. 31 à 52 du décret organique du 2 févr. 1852. — Ces derniers articles ont été expressément déclarés applicables aux élections des conseillers municipaux par l'art. 14, § 6, de la loi du 5 avr. 1884 (V. *suprà*, v° *Commune*, n° 80). La jurisprudence les applique également aux élections des membres des conseils généraux ou d'arrondissement (Crim. rej. 5 nov. 1853, aff. Guadelli, D. P. 53. 5. 187 ; 8 juill. 1881, aff. Guillot, D. P. 81. 1. 491. V. conf. Faustin Hélie, *Théorie du code pénal*, 6e éd., t. 2, n° 525, p. 186. — *Contrà :* Hérold, *Le droit électoral devant la cour de cassation*, p. 299, n° 342). Cette jurisprudence qui se fondait, sous l'empire de la loi du 7 juill. 1852 (D. P. 52. 4. 180), sur ce que cette loi se référait expressément au décret organique de 1852, a été maintenue sous la législation actuelle par le motif que cette législation, sans reproduire formellement la même référence, ne déroge cependant pas sur ce point aux lois antérieures. Les dispositions pénales du décret du 2 févr. 1852 ont été également déclarées applicables aux élections sénatoriales par l'art. 27 de la loi du 2 août 1875 (D. P. 75. 4. 117).

13. Les art. 109 à 113 c. pén. restent encore en vigueur, à l'exclusion des articles du décret organique de 1852, cités *suprà*, n° 12, pour les élections des maires et adjoints. C'est ce qui a été expressément décidé, avant la promulgation de la loi du 5 avr. 1884 (Crim. cass. 8 févr. 1878, aff. Roucayrol, D. P. 80. 5. 149), et cette interprétation doit être maintenue sous l'empire de cette loi. En effet, les dispositions du décret de 1852 supposent des élections faites avec le suffrage universel; on ne saurait les étendre aux élections des maires et adjoints faites par un suffrage restreint quant au nombre des électeurs et quant aux candidats pouvant être nommés, et différant, par conséquent, essentiellement du mode de suffrage prévu par le décret de 1852.

14. Le délit prévu par l'art. 109 c. pén. et consistant à empêcher par attroupement, voies de faits ou menaces, un ou plusieurs citoyens d'exercer leurs droits civiques est puni d'un emprisonnement de six mois au moins et de deux ans au plus et, en outre, de l'interdiction du droit de voter et d'être éligible pendant cinq ans au moins et dix ans au plus. La peine doit être celle du bannissement, aux termes de l'art. 110, lorsque le crime a été commis par suite d'un plan concerté pour être exécuté soit dans toute la France, soit dans un ou plusieurs départements, soit dans un ou plusieurs arrondissements communaux. — Ces pénalités ont été modifiées par les art. 41, 42, 43 et 44 du décret du 2 févr. 1852, qui établissent une gradation. L'art. 41 punit d'un emprisonnement de trois mois à deux ans et d'une amende de 100 fr. à 2000 fr. le fait d'avoir par attroupements, clameurs ou démonstrations menaçantes, troublé les opérations d'un collège électoral et porté atteinte à l'exercice du droit électoral ou à la liberté du vote. L'irruption dans un collège électoral, consommée ou tentée avec violence, en vue d'empêcher un choix, est punie par l'art. 42 d'un emprisonnement d'un an à cinq ans et d'une amende de 1000 fr. à 5000 fr. Cette peine doit être celle de la réclusion, aux termes de l'art. 43, lorsque les coupables sont porteurs d'armes ou que le scrutin a été violé. Enfin, dans le cas où le crime a été commis par suite d'un plan concerté pour être exécuté soit dans toute la République, soit dans un ou plusieurs départements, soit dans un ou plusieurs arrondissements, l'art. 44 substitue la peine des travaux forcés à temps à celle du bannissement édictée par l'art. 110 c. pén.

15. L'art. 111 prononce, ainsi qu'on l'a vu au *Rép.* n° 42, la peine de la dégradation civique contre tout citoyen qui, étant chargé, dans un scrutin, du dépouillement des billets contenant les suffrages des citoyens, sera surpris falsifiant ces billets, ou en soustrayant de la masse, en y ajoutant ou inscrivant sur les billets des votants non lettrés des noms autres que ceux qui lui auraient été déclarés. Les délits prévus dans cet article sont déterminés avec plus de précision par les art. 35 et 36 du décret du 2 févr. 1852, qui les punissent d'un emprisonnement d'un an à cinq ans et d'une amende de 500 à 5000 fr. — Nous avons dit (*Rép.* n° 47) que l'art. 111 n'était applicable qu'autant que le coupable avait été surpris en flagrant délit. Cette condition n'est plus exigée par les articles précités du décret de 1852.

16. Le président d'un bureau électoral se rend coupable du délit d'addition frauduleuse de bulletins, prévu par l'art. 35 de ce décret, lorsqu'il admet sciemment à voter des individus retranchés de la liste électorale par décision du juge de paix, aussi bien que lorsqu'il ajoute des bulletins de vote à ceux qu'ont régulièrement remis les électeurs inscrits (Bastia, 4 août 1871, aff. Piéri, D. P. 71. 2. 214, et sur pourvoi, Crim. rej. 30 déc. 1871, D. P. 71. 1. 368 ; Crim. rej. 24 mai 1884, aff. Giacobbi, D. P. 86. 1. 92; 14 juin 1884, aff. Terramorsi, *ibid.*), ou lorsqu'il reçoit d'un électeur et introduit dans l'urne un bulletin qu'il sait renfermer un ou plusieurs bulletins destinés à être comptés en plus (Toulouse, 7 avr. 1881, aff. Serres, D. P. 82. 2. 150). Le président d'un bureau électoral commet le délit de soustraction de bulletins, réprimé par le même article, lorsqu'il saisit et brûle les bulletins de vote au moment où va commencer le dépouillement du scrutin (Crim. rej. 6 août 1885, aff. Mariani, D. P. 85. 1. 476) ; ou lorsqu'il soustrait un bulletin que lui avait remis un électeur et qu'il en dépose un autre qu'il tenait tout préparé (Crim. cass. 9 mai 1885, aff. Valiccioni et autres, *Bull. crim.*, n° 141, p. 236).

Au contraire, on ne trouve pas les éléments du délit de soustraction frauduleuse de bulletins, prévu et puni par l'article précité, dans le fait de refuser, même de mauvaise foi, d'admettre et de déposer dans l'urne des bulletins présentés par des électeurs, ces derniers fussent-ils munis d'une décision du juge de paix reconnaissant leur droit (Crim. rej. 24 mai et 14 juin 1884, précités) ;... ni dans le refus par le président d'un bureau électoral de recevoir un bulletin de vote présenté par un électeur, en remplacement d'un premier bulletin qui n'avait pas été mis dans l'urne par le motif qu'il portait des marques extérieures (Crim. cass. 2 févr. 1882, aff. Vincensini, D. P. 82. 1. 235) ;... ni dans le fait, par un maire et un secrétaire de mairie, d'avoir intentionnellement retranché de la liste électorale les noms de certains électeurs, et d'avoir ainsi, de mauvaise foi, obtenu le refus par les membres du bureau des votes de ces électeurs (Crim. cass. 18 févr. 1882, aff. Vittini, D. P. 82. 1. 235). De même, les dispositions de l'art. 35 du décret du 2 févr. 1852, supposant un fait matériel de soustraction, d'altération ou d'addition de bulletins, sont inapplicables aux membres d'un bureau électoral qui ont entravé le cours des opérations en quittant simultanément la salle où le vote avait lieu, avant l'heure fixée pour la clôture (Crim. cass. 8 juill. 1881, aff. Giustiniani, D. P. 81. 1. 491).

17. Les pénalités édictées par l'art. 35 du décret du 2 févr. 1852 sont applicables non seulement au président, mais à tous les membres du bureau (Crim. rej. 28 juill. 1882, aff. Bagnoli, D. P. 83. 1. 42). Elles sont applicables, notamment, aux membres d'un bureau électoral qui, dans les limites de leurs fonctions, ont contribué à la réception des bulletins et à leur introduction dans l'urne, et spécialement au secrétaire du bureau qui s'est rendu coupable de l'addition d'un bulletin présenté par un individu qu'il savait n'être pas inscrit sur les listes électorales (Lyon, 26 déc. 1877, aff. Bertrand, D. P. 79. 2. 144, et sur pourvoi, Crim. rej. 22 févr. 1878, D. P. 78. 1. 444). — Il a été décidé, au contraire, qu'elles ne doivent pas être appliquées au secrétaire d'un bureau électoral qui a voté deux fois, alors surtout qu'au moment de voter pour la seconde fois, il a passé la liste électorale à l'un des scrutateurs, ne voulant pas faire lui-même l'émargement de son nom, et que, par suite, il a cessé, en ce moment, d'être secrétaire pour agir comme simple citoyen (Nîmes, 20 août 1863, aff. Cellier, D. P. 64. 2. 147). Mais l'exactitude de cette solution a été contestée ; car, si le secrétaire ne reçoit pas les votes et ne les dépouille pas, il contribue à les compter, puisqu'il les émarge (V. en ce sens : Hérold, *Droit électoral*, n° 350).

18. L'art. 112 c. pén. punissait le délit prévu par l'art. 111 d'un emprisonnement de six mois à deux ans et de l'interdiction de voter et d'être éligible pendant cinq ans au moins et dix ans au plus, lorsque ce délit était commis par tout autre qu'un citoyen chargé dans un scrutin du dépouillement des bulletins. Cette disposition ne se retrouve pas dans le décret du 2 févr. 1852. Mais l'art. 36 de ce décret applique la peine édictée par l'art. 35 à tout individu qui, chargé par un électeur d'écrire son suffrage, aura inscrit sur son bulletin un nom autre que celui qui lui était désigné.

19. Nous avons dit (*Rép.* n° 51) que l'art. 113 c. pén. prévoyait et punissait l'achat et la vente des suffrages. L'art. 38 du décret du 2 févr. 1852 qui remplace cet article atteint quiconque a donné, promis ou reçu des deniers, effets ou valeurs quelconques, sous la condition soit de donner ou de procurer un suffrage, soit de s'abstenir de voter, et celui qui, sous les mêmes conditions, a fait ou accepté l'offre ou la promesse d'emplois publics ou privés. L'art. 113 frappe ceux qui se seront rendus coupables du délit qu'il réprime, de l'interdiction des droits de citoyen et de toute fonction ou emploi public pendant cinq ans au moins et dix ans au plus et, en outre, d'une amende double de la valeur des choses reçues ou promises. L'art. 38 du décret de 1852 punit le délit de corruption électorale qu'il prévoit d'un emprisonnement de trois mois à deux ans et d'une amende de 500 fr. à 5000 fr. Si le coupable est un fonctionnaire public, la peine doit être du double.

20. On a vu (*Rép.* n° 51) que l'art. 113 c. pén. était applicable alors même que le prix de la vente des suffrages n'avait pas été convenu en argent. Le texte de l'art. 38 du décret du 2 févr. 1852 ne peut laisser aucun doute à cet égard, puisqu'il punit ceux qui, sous la condition soit de donner ou de procurer un suffrage, soit de s'abstenir de voter, ont fait ou accepté l'offre ou la promesse d'emplois publics ou privés. La jurisprudence considère comme coupable du délit de corruption prévu par cet article le candidat qui ouvre ou fait ouvrir par ses amis des crédits dans les auberges ou cabarets où sont invités à aller consommer gratuitement tous les électeurs qui veulent voter pour lui (Riom, 21 avr. 1862, aff. B..., D. P. 62. 2. 169); et celui qui souscrit un billet pour une dépense d'utilité communale, bien que ce billet soit rédigé sous la formule d'une promesse pure et simple et sans condition, lorsqu'il résulte de l'ensemble des faits que cet engagement était en réalité, de la part du candidat, subordonné à la condition que les habitants de la commune voteraient pour lui, et que, dans le cas contraire, le billet devrait lui être restitué (Même arrêt). — Mais les promesses et dons faits en vue de déterminer un électeur à s'abstenir de voter ne sont punissables qu'autant que leur auteur s'est adressé directement, par lui-même ou par un intermédiaire, à l'électeur, et non lorsqu'ils ont été faits à un tiers pour qu'ils procurent l'abstention de l'électeur. En conséquence, la promesse d'une somme d'argent faite à une femme, sous la condition de procurer l'abstention de son mari, ne rentre pas dans les prévisions de la loi, alors qu'il n'est pas établi que la femme ait dû servir d'intermédiaire entre son mari et le prévenu (Crim. rej. 9 janv. 1885, aff. Jacobé de Naurois, D. P. 85. 1. 478).

21. Il a été décidé par plusieurs arrêts que l'art. 38 du décret de 1852 réprime la *tentative* de corruption électorale (Motifs, Crim. rej. 7 déc. 1878, aff. Pavin de Lafarge, D. P. 79. 1. 143; Crim. cass. 18 nov. 1882, aff. Ange Filippini, D. P. 83. 1. 137. — V. toutefois en sens contraire, en ce qui concerne les élections municipales : Rouen, 24 juin 1881, aff. Petitpas, D. P. 82. 2. 205). La question a, d'ailleurs, été formellement tranchée dans ce sens, en ce qui concerne les élections sénatoriales, par l'art. 19 de la loi du 2 août 1875 (D. P. 75. 4. 117) que la loi du 30 nov. 1875 (D. P. 76. 4. 4) a déclaré également applicable aux élections législatives. — L'art. 19 de la loi du 2 août 1875 a été complété par celle du 9 déc. 1884 qui a ajouté aux mots « *tentative de corruption* » ceux-ci « *et de contrainte* ». Il avait d'ailleurs été décidé, antérieurement à cette dernière loi, que l'art. 19 comprenait sous la désignation générale de tentative de corruption électorale, non seulement les offres, promesses ou dons faits en vue de déterminer un électeur à voter dans tel ou tel sens, mais aussi la tentative de contrainte exercée sur lui aux mêmes fins par voies de fait, menaces ou tout autre moyen d'intimidation (Nîmes, 30 mars 1878, aff. Marcellin, D. P. 78. 2. 64; Crim. rej. 7 déc. 1878, aff. Pavin de Lafarge, D. P. 79. 1. 143).

22. On a dit au *Rép.* n° 53 que le délit prévu par l'art. 113 c. pén. était, à raison de son caractère politique, de la compétence de la cour d'assises. Aujourd'hui, le délit de corruption électorale est de la compétence du tribunal correctionnel, l'art. 1er du décret du 25 févr. 1852 ayant supprimé pour les délits politiques la compétence de la cour d'assises (V. *suprà*, v° *Délit politique*, nos 1 et 9).

CHAP. 2. — Elections législatives (*Rép.* nos 55 à 1016).

SECT. 1re. — HISTORIQUE ET LÉGISLATION (*Rép.* nos 56 à 93).

23. On a vu au *Rép.* nos 56 à 72 l'histoire des différents systèmes électoraux qui ont été adoptés en France jusqu'à l'établissement du suffrage universel. Depuis 1848, le suffrage universel est resté, sous des formes gouvernementales très diverses, la base de nos institutions politiques.

Les lois constitutionnelles de 1875, ainsi que nous l'avons exposé *suprà*, v° *Droit constitutionnel*, nos 42 et suiv., ont créé deux Assemblées électives, le Sénat et la Chambre des députés. Les membres du Sénat sont choisis par le suffrage restreint, les députés par le suffrage universel. Nous examinerons successivement les règles applicables au mode d'élection de chacune de ces deux Assemblées.

24. Le Sénat se compose de trois cents membres : aux termes de la loi du 24 févr. 1875 (D. P. 75. 4. 36), soixante-quinze de ces membres devaient être à l'origine désignés par l'Assemblée nationale et inamovibles ; en cas de vacances, le Sénat devait procéder lui-même au remplacement des sénateurs inamovibles. Les deux cent vingt-cinq autres sénateurs devaient être élus pour neuf ans par un collège électoral spécial, composé dans chaque département : 1° des députés; 2° des conseillers généraux; 3° des conseillers d'arrondissement; 4° des délégués élus, un par chaque conseil municipal, parmi les électeurs de la commune.

Ce système a été modifié. La loi du 14 août 1884 portant revision de la constitution (D. P. 84. 4. 113, et *suprà*, v° *Droit constitutionnel*, p. 6) a enlevé aux art. 1er à 7 de la loi du 24 févr. 1875 leur caractère constitutionnel, et une loi du 9 déc. 1884 sur les élections sénatoriales (1) est inter-

(1) 9-10 déc. 1884. — *Loi portant modification aux lois organiques sur l'organisation du Sénat et les élections des sénateurs* (D. P. 85. 4. 1).

Art. 1er. Le Sénat se compose de trois cents membres élus par les départements et les colonies.

Les membres actuels, sans distinction entre les sénateurs élus par l'Assemblée nationale ou le Sénat et ceux qui sont élus par les départements et les colonies, conservent leur mandat pendant le temps pour lequel ils ont été nommés.

2. Le département de la Seine élit dix sénateurs.

Le département du Nord élit huit sénateurs.

Les départements des Côtes-du-Nord, Finistère, Gironde, Ille-et-Vilaine, Loire, Loire-Inférieure, Pas-de-Calais, Rhône, Saône-et-Loire, Seine-Inférieure, élisent chacun cinq sénateurs.

L'Aisne, Bouches-du-Rhône, Charente-Inférieure, Dordogne, Haute-Garonne, Isère, Maine-et-Loire, Manche, Morbihan, Puy-de-Dôme, Seine-et-Oise, Somme, élisent chacun quatre sénateurs.

L'Ain, Allier, Ardèche, Ardennes, Aube, Aude, Aveyron, Calvados, Charente, Cher, Corrèze, Corse, Côte-d'Or, Creuse, Doubs, Drôme, Eure, Eure-et-Loir, Gard, Gers, Hérault, Indre, Indre-et-Loire, Jura, Landes, Loir-et-Cher, Haute-Loire, Loiret, Lot, Lot-et-Garonne, Marne, Haute-Marne, Mayenne, Meurthe-et-Moselle, Meuse, Nièvre, Oise, Orne, Basses-Pyrénées, Haute-Saône, Sarthe, Savoie, Haute-Savoie, Seine-et-Marne, Deux-Sèvres, Tarn, Var, Vendée, Vienne, Haute-Vienne, Vosges, Yonne, élisent chacun trois sénateurs.

Les Basses-Alpes, Hautes-Alpes, Alpes-Maritimes, Ariège, Cantal, Lozère, Hautes-Pyrénées, Pyrénées-Orientales, Tarn-et-Garonne, Vaucluse, élisent chacun deux sénateurs.

Le territoire de Belfort, les trois départements de l'Algérie, les quatre colonies de la Martinique, de la Guadeloupe, de la Réunion et des Indes françaises, élisent chacun un sénateur.

3. Dans les départements où le nombre des sénateurs est augmenté par la présente loi, l'augmentation s'effectuera à mesure des vacances qui se produiront parmi les sénateurs inamovibles.

A cet effet, il sera, dans la huitaine de la vacance, procédé en séance publique à un tirage au sort pour déterminer le département qui sera appelé à élire un sénateur.

Cette élection aura lieu dans le délai de trois mois à partir du tirage au sort; toutefois, si la vacance survient dans les six mois qui précèdent le renouvellement triennal, il n'y sera pourvu qu'au moment de ce renouvellement.

Le mandat ainsi conféré expirera en même temps que celui des autres sénateurs appartenant au même département.

4. Nul ne peut être sénateur s'il n'est Français, âgé de quarante ans au moins et s'il ne jouit de ses droits civils et politiques.

Les membres des familles qui ont régné sur la France sont inéligibles au Sénat.

5. Les militaires des armées de terre et de mer ne peuvent être élus sénateurs.

Sont exceptés de cette disposition :

1° Les maréchaux de France et les amiraux;

2° Les officiers généraux maintenus sans limite d'âge dans la première section du cadre de l'état-major général et non pourvus de commandement;

3° Les officiers généraux ou assimilés placés dans la deuxième section du cadre de l'état-major général;

4° Les militaires des armées de terre et de mer qui appartiennent soit à la réserve de l'armée active, soit à l'armée territoriale.

6. Les sénateurs sont élus au scrutin de liste quand il y a lieu, par un collège réuni au chef-lieu du département ou de la colonie et composé :

1° Des députés;

2° Des conseillers généraux

3° Des conseillers d'arrondissement ;

4° Des délégués élus parmi les électeurs de la commune, par chaque conseil municipal : — les conseils composés de dix membres éliront un délégué; — les conseils composés de douze membres éliront deux délégués; — les conseils composés de seize membres éliront trois délégués; — les conseils composés de vingt et un membres éliront six délégués; — les conseils composés de vingt-trois membres éliront neuf délégués; — les conseils composés de vingt-sept membres éliront douze délégués; — les conseils composés de trente membres éliront quinze délégués; — les conseils composés de trente-deux membres éliront dix-huit délégués; — les conseils composés de trente-quatre membres éliront vingt et un délégués; — les conseils composés de trente-six membres et au-dessus éliront vingt-quatre délégués; — le conseil municipal de Paris élira trente délégués.

Dans l'Inde française, les membres des conseils locaux sont substitués aux conseillers d'arrondissement. Le conseil municipal de Pondichéry élira cinq délégués. Le conseil municipal de Karikal élira trois délégués. Toutes les autres communes éliront chacune deux délégués.

Le vote a lieu au chef-lieu de chaque établissement.

7. Les membres du Sénat sont élus pour neuf années.

Le Sénat se renouvelle tous les trois ans, conformément à l'ordre des séries de départements et colonies actuellement existantes.

8. Les art. 2 (§ 1 et 2) 3, 4, 5, 8, 14, 16, 19, 23 de la loi organique du 2 août 1875, sur les élections des sénateurs, sont modifiés ainsi qu'il suit :

« Art. 2 (§ 1er et 2). — Dans chaque conseil municipal, l'élection des délégués se fait sans débat, au scrutin secret, et, le cas échéant, au scrutin de liste, à la majorité absolue des suffrages. Après deux tours de scrutin, la majorité relative suffit, et, en cas d'égalité de suffrages, le plus âgé est élu. — Il est procédé de même et dans la même forme à l'élection des suppléants. — Les conseils qui ont un, deux ou trois délégués à élire nomment un suppléant. — Ceux qui élisent six ou neuf délégués nomment deux suppléants. — Ceux qui élisent douze ou quinze délégués nomment trois suppléants. — Ceux qui élisent dix-huit ou vingt et un délégués nomment quatre suppléants. — Ceux qui élisent vingt-quatre délégués nomment cinq suppléants. — Le conseil municipal de Paris nomme huit suppléants. — Les suppléants remplaceront les délégués, en cas de refus ou d'empêchement, selon l'ordre fixé par le nombre des suffrages obtenus par chacun d'eux. — Art. 3. Dans les communes où les fonctions de conseil municipal sont remplies par une délégation spéciale instituée en vertu de l'art. 44 de la loi du 5 avr. 1884, les délégués et suppléants sénatoriaux seront nommés par l'ancien conseil. — Art. 4. Si les délégués n'ont pas été présents à l'élection, notification leur en est faite dans les vingt-quatre heures par les soins du maire. Ils doivent faire parvenir aux préfets, dans les cinq jours, l'avis de leur acceptation. En cas de refus ou de silence, ils sont remplacés par les suppléants, qui sont alors portés sur la liste comme délégués de la commune. — Art. 5. Le procès-verbal de l'élection des délégués et des suppléants est transmis immédiatement au préfet. Il mentionne l'acceptation ou le refus des délégués et suppléants ainsi que les protestations élevées contre la régularité de l'élection par un ou plusieurs membres du conseil municipal. Une copie de ce procès-verbal est affichée à la porte de la mairie. — Art. 8. Les protestations relatives à l'élection des délégués ou des suppléants sont jugées, sauf recours au conseil d'Etat, par le conseil de préfecture, et, dans les colonies, par le conseil privé. — Les délégués dont l'élection est annulée parce qu'ils ne remplissent pas une des conditions exigées par la loi, ou pour vice de forme, sont remplacés par les suppléants. — En cas d'annulation de l'élection d'un délégué et de celle d'un suppléant, comme en cas de refus ou de décès de l'un et de l'autre, après leur acceptation, il est procédé à de nouvelles élections par le conseil municipal, au jour fixé par un arrêté du préfet. —

venue à la suite de ce vote. Cette dernière loi a supprimé la division des sénateurs en deux catégories, et, tout en conservant aux inamovibles le mandat à vie qui leur avait été conféré, elle a décidé qu'à l'avenir tous les sénateurs seraient élus par les départements et les colonies. Les collèges électoraux ont été maintenus tels qu'ils avaient été antérieurement établis, mais avec cette modification que les conseils municipaux, au lieu d'un délégué unique, auront à nommer des délégués en nombre proportionnel à celui de leurs membres.

Quant aux règles applicables aux élections des sénateurs, elles ont été déterminées par la loi organique du 2 août 1875 (1) dont les dispositions sont encore en vigueur, sauf les modifications qui ont été apportées aux art. 2 (§ 1er et 2),

---

Art. 14. Le premier scrutin est ouvert à huit heures du matin et fermé à midi. Le second est ouvert à deux heures et fermé à cinq heures. Le troisième est ouvert à sept heures et fermé à dix heures. Les résultats des scrutins sont recensés par le bureau et proclamés immédiatement par le président du collège électoral. — Art. 16. Les réunions électorales pour la nomination des sénateurs pourront être tenues depuis le jour de la promulgation du décret de convocation des électeurs jusqu'au jour du vote inclusivement. — La déclaration prescrite par l'art. 2 de la loi du 30 juin 1881 sera faite par deux électeurs au moins. — Les formalités et prescriptions de cet article, ainsi que celles de l'art. 3, seront observées. — Les membres du Parlement élus ou électeurs dans le département, les électeurs sénatoriaux, délégués et suppléants, et les candidats, ou leur mandataire, peuvent seuls assister à ces réunions. — L'autorité municipale veillera à ce que nulle autre personne ne s'y introduise. — Les délégués et suppléants justifieront de leur qualité par un certificat du maire de la commune ; les candidats ou mandataires par un certificat du fonctionnaire qui aura reçu la déclaration dont il est parlé au paragraphe 2. — Art. 19. Toute tentative de corruption ou de contrainte par l'emploi des moyens énoncés dans les art. 177 et suiv. c. pén., pour influencer le vote d'un électeur ou le déterminer à s'abstenir de voter, sera punie d'un emprisonnement de trois mois à deux ans, et d'une amende de 50 fr. à 500 fr., ou de l'une de ces deux peines seulement. — L'art. 463 c. pén. est applicable aux peines édictées par le présent article. — Art. 23. Il est pourvu aux vacances survenant par suite de décès, ou de démission des sénateurs, dans le délai de trois mois; toutefois, si la vacance survient dans les six mois qui précèdent le renouvellement triennal, il n'y est pourvu qu'au moment de ce renouvellement ».

9. Sont abrogés :

1° Les art. 1er à 7 de la loi du 24 févr. 1875 sur l'organisation du Sénat ;

2° Les art. 24 et 25 de la loi du 2 août 1875 sur les élections des sénateurs.

Disposition transitoire.

Dans le cas où une loi spéciale sur les incompatibilités parlementaires ne serait pas votée au moment des prochaines élections sénatoriales, l'art. 8 de la loi du 30 nov. 1875 serait applicable à ces élections.

Tout fonctionnaire atteint par cette disposition, qui comptera vingt ans de services et cinquante ans d'âge à l'époque de l'acceptation de son mandat, pourra faire valoir ses droits à une pension de retraite proportionnelle, qui sera réglée conformément au troisième paragraphe de l'art. 12 de la loi du 9 juin 1853.

(1) 2-13 août 1875. — *Loi organique sur les élections des sénateurs* (D. P. 75. 4. 117).

Art. 1er. Un décret du Président de la République, rendu au moins six semaines à l'avance, fixe le jour où doivent avoir lieu les élections pour le Sénat, et en même temps celui où doivent être choisis les délégués des conseils municipaux. Il doit y avoir un intervalle d'un mois au moins entre le choix des délégués et l'élection des sénateurs.

2. (Les deux premiers alinéas de cet article ont été modifiés par l'art. 8 de la loi du 9 déc. 1884).

Si le maire ne fait pas partie du conseil municipal, il présidera, mais il ne prendra pas part au vote.

Il est procédé, le même jour et dans la même forme, à l'élection d'un suppléant qui remplace le délégué en cas de refus ou d'empêchement.

Le choix des conseils municipaux ne peut porter ni sur un député, ni sur un conseiller général, ni sur un conseiller d'arrondissement.

Il peut porter sur tous les électeurs de la commune, y compris les conseillers municipaux, sans distinction entre eux.

3. (Modifié par l'art. 8 de la loi du 9 déc. 1884).

4. (Modifié par l'art. 8 de la loi du 9 déc. 1884).

5. (Modifié par l'art. 8 de la loi du 9 déc. 1884).

6. Un tableau des résultats de l'élection des délégués et suppléants est dressé dans la huitaine par le préfet. Ce tableau est communiqué à tout requérant ; il peut être copié et publié.

Tout électeur a, de même, la faculté de prendre dans les bureaux de la préfecture communication et copie de la liste, par commune, des conseillers municipaux du département, et, dans les bureaux des sous-préfectures, de la liste, par commune, des conseillers municipaux de l'arrondissement.

7. Tout électeur de la commune peut, dans un délai de trois jours, adresser directement au préfet une protestation contre la régularité de l'élection.

Si le préfet estime que les opérations ont été irrégulières, il a le droit d'en demander l'annulation.

8. (Modifié par l'art. 8 de la loi du 9 déc. 1884).

9. Huit jours au plus tard avant l'élection des sénateurs, le préfet, et, dans les colonies, le directeur de l'intérieur, dresse la liste des électeurs du département par ordre alphabétique. La liste est communiquée à tout requérant, et peut être copiée et publiée. Aucun électeur ne peut avoir plus d'un suffrage.

10. Les députés, les membres du conseil général ou des conseils d'arrondissement qui auraient été proclamés par les commissions de recensement, mais dont les pouvoirs n'auraient pas été vérifiés, sont inscrits sur la liste des électeurs et peuvent prendre part au vote.

11. Dans chacun des trois départements de l'Algérie, le collège électoral se compose : 1° des députés; 2° des membres citoyens français du conseil général; 3° des délégués élus par les membres citoyens français de chaque conseil municipal parmi les électeurs citoyens français de la commune.

12. Le collège électoral est présidé par le président du tribunal civil du chef-lieu du département ou de la colonie. Le président est assisté des deux plus âgés et des deux plus jeunes électeurs présents à l'ouverture de la séance. Le bureau ainsi composé choisit un secrétaire parmi les électeurs.

Si le président est empêché, il est remplacé par le vice-président, et, à son défaut, par le juge le plus ancien.

13. Le bureau répartit les électeurs par ordre alphabétique en sections de vote comprenant au moins cent électeurs. Il nomme les président et scrutateurs de chacune de ces sections. Il statue sur toutes les difficultés et contestations qui peuvent s'élever au cours de l'élection, sans pouvoir toutefois s'écarter des décisions rendues en vertu de l'art. 8 de la présente loi.

14. (Modifié par l'art. 8 de la loi du 9 déc. 1884).

15. Nul n'est élu sénateur à l'un des deux premiers tours de scrutin s'il ne réunit : 1° la majorité absolue des suffrages exprimés; 2° un nombre de voix égal au quart des électeurs inscrits. Au troisième tour de scrutin, la majorité relative suffit, et, en cas d'égalité de suffrages, le plus âgé est élu.

16. (Modifié par l'art. 8 de la loi du 9 déc. 1884).

Le délégué justifiera de sa qualité par un certificat du maire de sa commune, le candidat par un certificat du fonctionnaire qui aura reçu la déclaration mentionnée au paragraphe précédent.

17. Les délégués qui auront pris part à tous les scrutins recevront, sur les fonds de l'Etat, s'ils le requièrent, sur la présentation de leur lettre de convocation visée par le président du collège électoral, une indemnité de déplacement qui leur sera payée sur les mêmes bases et de la même manière que celle accordée aux jurés par les art. 35, 90 et suiv. du décret du 18 juin 1811.

Un règlement d'administration publique déterminera le mode de taxation et de payement de cette indemnité.

18. Tout délégué qui, sans cause légitime, n'aura pas pris part à tous les scrutins, ou, étant empêché, n'aura point averti le suppléant en temps utile, sera condamné à une amende de 50 fr. par le tribunal civil du chef-lieu, sur les réquisitions du ministère public.

La même peine peut être appliquée au délégué suppléant qui, averti par lettre, dépêche télégraphique ou avis à lui personnellement délivré en temps utile, n'aura pas pris part aux opérations électorales.

19. (Modifié par l'art. 8 de la loi du 9 déc. 1884).

20. Il y a incompatibilité entre les fonctions de sénateur et celles :

De conseiller d'Etat et maître des requêtes, préfet et sous-préfet, à l'exception du préfet de la Seine et du préfet de police;

De membre des parquets des cours d'appel et des tribunaux de première instance, à l'exception du procureur général près la cour de Paris;

De trésorier payeur général, de receveur particulier, de fonctionnaire et employé des administrations centrales des ministères.

21. Ne peuvent être élus par le département ou la colonie compris en tout ou en partie dans leur ressort, pendant l'exercice de leurs fonctions et pendant les six mois qui suivent la cessation de leurs fonctions par démission, destitution, changement de résidence ou de toute autre manière :

1° Les premiers présidents, les présidents et les membres des parquets des cours d'appel;

3, 4, 5, 8, 14, 16, 19 et 23 par l'art. 8 de la loi du 9 déc. 1884, et l'abrogation des art. 24 et 25 prononcée par cette même loi.

25. La législation électorale de la Chambre des députés a subi plusieurs modifications depuis 1870. La loi organique du 30 nov. 1875 (D. P. 76. 4. 4), votée à la suite de l'adoption des lois constitutionnelles, portait que les députés seraient nommés pour quatre ans avec renouvellement intégral et au scrutin individuel par les électeurs inscrits : 1° sur les listes dressées en exécution de la loi du 7 juill. 1874 sur l'électorat municipal; 2° sur la liste complémentaire comprenant tous ceux qui résident depuis six mois dans la commune. Depuis la loi municipale du 5 avr. 1884, ainsi qu'on l'a vu *suprà*, v° *Commune*, n° 80, la distinction entre l'électorat municipal et l'électorat politique a cessé d'exister : les conseillers municipaux, les conseillers généraux, les conseillers d'arrondissement et les députés sont nommés par les mêmes électeurs.

26. Le scrutin de liste a été substitué au scrutin d'arrondissement pour l'élection des députés par la loi du 16 juin 1885 (D. P. 85. 4. 68). Mais une loi nouvelle du 13 févr. 1889 (1), a rétabli le scrutin uninominal. Pour expliquer ces changements successifs, le rapporteur de cette dernière loi à la Chambre des députés, après avoir rappelé les discussions retentissantes engagées, à d'autres époques, entre les défenseurs de ces deux modes de votation, a déclaré qu'en cette matière, il convenait de « faire abstraction de toute préférence doctrinale et de s'inspirer uniquement des nécessités de l'heure présente pour trancher une question de procédure politique dans laquelle en réalité aucun principe politique n'était engagé. Il n'est pas, en effet, ajoutait-il, d'autre principe que la souveraineté du suffrage universel; quant à la méthode qui peut servir à l'interroger, c'est une affaire de circonstances, de temps et de milieux ».

27. Une autre loi du 17 juill. 1889 (2), a interdit les candidatures multiples et astreint tout citoyen qui se présente ou est présenté aux élections générales ou partielles à faire connaître, par une déclaration signée et visée par lui et dûment légalisée, dans quelle circonscription il entend être candidat. — La jurisprudence a eu récemment à interpréter, sur divers points, les dispositions de cette loi (V. notamment : Crim. rej. 20 mars 1890, aff. Rigaudy, et aff. Jammes, D. P. 90. 1. 283; 21 mars 1890, aff. Emile Bretas, et aff. Guillier, D. P. 90. 1. 281; 13 juin 1890, aff. Etcheverry, *ibid.* V. aussi Le Poittevin, *Commentaire pratique de la loi du 17 juill.* 1889).

On examinera dans ce chapitre, en suivant l'ordre adopté au *Répertoire*, toutes les questions qui se rattachent à l'élection des députés. Les élections sénatoriales feront l'objet du chapitre suivant.

TABLEAU DE LA LÉGISLATION RELATIVE AUX ÉLECTIONS POLITIQUES.

2-21 févr. 1852. — Décret organique pour l'élection des députés au Corps législatif (D. P. 52. 4. 49).

2-21 févr. 1852. — Décret réglementaire pour l'élection au corps législatif (D. P. 52. 4. 51).

3-21 févr. 1852. — Décret qui fixe le nombre et la composition des circonscriptions électorales (D. P. 52. 4. 52).

2° Les présidents, les vice-présidents, les juges d'instruction et les membres des parquets des tribunaux de première instance;

3° Le préfet de police, les préfets et sous-préfets et les secrétaires généraux des préfectures; les gouverneurs, directeurs de l'intérieur et secrétaires généraux des colonies;

4° Les ingénieurs en chef et d'arrondissement, et les agents voyers en chef et d'arrondissement;

5° Les recteurs et inspecteurs d'académie;

6° Les inspecteurs des écoles primaires;

7° Les archevêques, évêques et vicaires généraux;

8° Les officiers de tous grades de l'armée de terre et de mer;

9° Les intendants divisionnaires et les sous-intendants militaires;

10° Les trésoriers payeurs généraux et les receveurs particuliers des finances;

11° Les directeurs des contributions directes et indirectes, de l'enregistrement et des domaines, et des postes;

12° Les conservateurs et inspecteurs des forêts.

22. Le sénateur élu dans plusieurs départements doit faire connaître son option au président du Sénat dans les dix jours qui suivent la déclaration de la validité de ces élections. A défaut d'option dans ce délai, la question est décidée par la voie du sort et en séance publique.

Il est pourvu à la vacance dans le délai d'un mois et par le même corps électoral.

Il en est de même dans le cas d'invalidation d'une élection.

23. (Modifié par l'art. 8 de la loi du 9 déc. 1884).

24. (Abrogé par l'art. 9 de la loi du 9 déc. 1884).

25. (Abrogé par l'art. 9 de la loi du 9 déc. 1884).

26. Les membres du Sénat reçoivent la même indemnité que ceux de la Chambre des députés.

27. Sont applicables à l'élection du Sénat toutes les dispositions de la loi électorale relatives :

1° Aux cas d'indignité et d'incapacité;

2° Aux délits, poursuites et pénalités;

3° Aux formalités de l'élection, en tout ce qui ne serait pas contraire aux dispositions de la présente loi.

Dispositions transitoires.

28. Pour la première élection des membres du Sénat, la loi qui déterminera l'époque de la séparation de l'Assemblée nationale fixera, sans qu'il soit nécessaire d'observer les délais établis par l'art. 1er, la date à laquelle se réuniront les conseils municipaux pour choisir les délégués, et le jour où il sera procédé à l'élection des sénateurs.

Avant la réunion des conseils municipaux, il sera procédé par l'Assemblée nationale à l'élection des sénateurs dont la nomination lui est attribuée.

29. La disposition de l'art. 21, par laquelle un délai de six mois doit s'écouler entre le jour de la cessation des fonctions et celui de l'élection, ne s'appliquera pas aux fonctionnaires autres que les préfets et les sous-préfets dont les fonctions auront cessé soit avant la promulgation de la présente loi, soit dans les vingt jours qui la suivront.

(1) 13-14 févr. 1889. — *Loi rétablissant le scrutin uninominal pour l'élection des députés* (D. P. 89. 4. 46).

Art. 1er. Les art. 1er, 2 et 3 de la loi du 16 juin 1885 sont abrogés.

2. Les membres de la Chambre des députés sont élus au scrutin individuel. Chaque arrondissement administratif dans les départements et chaque arrondissement municipal à Paris et à Lyon nomment un député.

Les arrondissements dont la population dépasse 100000 habitants nomment un député de plus par 100000 ou fraction de 100000 habitants. Les arrondissements, dans ce cas, sont divisés en circonscriptions, dont le tableau est annexé à la présente loi et ne pourra être modifié que par une loi.

3. Il est attribué un député au territoire de Belfort, six à l'Algérie et dix aux colonies, conformément aux indications du tableau.

4. A partir de la promulgation de la présente loi, jusqu'au renouvellement de la Chambre des députés, il ne sera pas pourvu au remplacement des députés dont les sièges seront vacants.

(2) 17-18 juill. 1889. — *Loi relative aux candidatures multiples* (D. P. 89. 4. 57).

Art. 1er. Nul ne peut être candidat dans plus d'une circonscription.

2. Tout citoyen qui se présente ou est présenté aux élections générales ou partielles doit, par une déclaration signée ou visée par lui, et dûment légalisée, faire connaître dans quelle circonscription il entend être candidat. Cette déclaration est déposée, contre reçu provisoire, à la préfecture du département intéressé, le cinquième jour au plus tard avant le jour de scrutin. Il en sera délivré récépissé définitif dans les vingt-quatre heures.

3. Toute déclaration faite en violation de l'art. 1er de la présente loi est nulle et irrecevable.

Si des déclarations sont déposées par le même citoyen dans plus d'une circonscription, la première en date est seule valable. Si elles portent la même date, toutes sont nulles.

4. Il est interdit de signer ou d'apposer des affiches, d'envoyer ou de distribuer des bulletins, circulaires ou professions de foi dans l'intérêt d'un candidat qui ne s'est pas conformé aux prescriptions de la présente loi.

5. Les bulletins au nom d'un citoyen dont la candidature est posée en violation de la présente loi n'entrent pas en compte dans le résultat du dépouillement. Les affiches, placards, professions de foi, bulletins de vote, apposés ou distribués pour appuyer une candidature dans une circonscription où elle ne peut légalement être produite, seront enlevés ou saisis.

6. Seront punis d'une amende de 10000 fr. le candidat contrevenant aux dispositions de la présente loi, et d'une amende de 1000 à 5000 fr. toute personne qui agira en violation de l'art. 4 de la présente loi.

29 mai-8 juin 1857. — Décret impérial qui fixe le nombre des députés au Corps législatif à élire pour les départements(D.P.57.4.71).
29 mai-8 juin 1857. — Décret impérial qui fixe le nombre et la composition des circonscription électorales (D. P. 57. 4. 71).
17-19 févr. 1858. — Sénatus-consulte qui exige le serment des candidats à la députation (D. P. 58. 4. 12).
29 déc. 1862-19 janv. 1863. — Décret impérial qui fixe le nombre des députés au Corps législatif à élire par les départements (D. P. 63. 4. 5).
29 déc. 1862-19 janv. 1863. — Décret impérial qui fixe le nombre et la composition des circonscriptions électorales (D. P. 63. 4. 6).
13-29 janv. 1866. — Décret impérial qui porte à vingt jours le délai fixé pour les demandes en inscription ou en radiation sur les listes électorales (D. P. 66. 4. 13).
28 déc. 1867-14 janv. 1868. — Décret impérial qui fixe le nombre des députés au Corps législatif à élire par les départements (D. P. 68. 4. 9).
28 déc. 1867-14 janv. 1868. — Décret impérial qui fixe le nombre et la composition des circonscriptions électorales (D. P. 68. 4. 9).
1er-1er mai 1869. — Décret impérial portant que, dans les communes où cela paraîtra utile, les préfets pourront, après avis des maires, prendre un arrêté pour ouvrir le scrutin avant l'heure fixée par l'art. 25 du décret du 2 févr. 1852, pour l'élection au Corps législatif (D. P. 69. 4. 46).
15-17 sept. 1870. — Décret relatif aux élections pour la prochaine Assemblée constituante (D. P. 70. 4. 90).
23-27 sept. 1870. — Décret qui ajourne les élections municipales de Paris et du département de la Seine, ainsi que les élections pour l'Assemblée constituante (D. P. 70. 4. 92).
24 sept.-5 oct. 1870. — Décret qui suspend les élections municipales et l'Assemblée constituante (D. P. 70. 4. 112).
29-30 janv. 1871. — Décret concernant les causes d'inéligibilité électorale (D. P. 71. 4. 4).
29-30 janv. 1871. — Décret portant convocation des collèges électoraux à l'effet d'élire l'Assemblée nationale (D. P. 71. 4. 3).
31 janv.-2 févr. 1871. — Décret retirant le droit d'éligibilité à certaines classes de citoyens (D. P. 71. 4. 20).
31 janv.-2 févr. 1871. — Décret réglementaire sur les élections à l'Assemblée nationale (D. P. 71. 4. 20).
4-5 févr. 1871. — Décret qui annule un décret du 31 janv. 1871, émané de la délégation du Gouvernement à Bordeaux et frappant d'inéligibilité diverses catégories de citoyens éligibles aux termes des décrets du Gouvernement du 29 janv. 1871 (D. P. 71. 4. 7).
10-19 avr. 1871. — Loi qui modifie la loi électorale (D. P. 71. 4. 37).
2-11 mai 1871. — Loi relative à l'éligibilité des préfets et sous-préfets (D. P. 71. 4. 52).
9-10 juin 1871. — Arrêté qui attribue un représentant à la partie du territoire restée française de l'ancien arrondissement de Belfort (Haut-Rhin) (D. P. 71. 4. 98).
19-21 juin 1871. — Loi rendant électeurs et éligibles, sans condition de temps de résidence, les citoyens français qui, conformément à l'art. 2 du traité du 10 mai 1871 avec l'Allemagne, opteront pour la nationalité française (D. P. 71. 4. 100).
18 févr.-4 mars 1873. — Loi relative à la majorité requise pour être élu député à l'Assemblée nationale (D. P. 73. 4. 25).
24-28 févr. 1875. — Loi relative à l'organisation du Sénat (D. P. 75. 4. 36).
13-14 mai 1875. — Loi relative aux élections partielles à l'Assemblée nationale (D. P. 75. 4. 103).
2-13 août 1875. — Loi organique sur les élections des sénateurs (D. P. 75. 4. 117).
30 nov.-31 déc. 1875. — Loi organique sur l'élection des députés (D. P. 76. 4. 4).
24-31 déc. 1875. — Loi qui détermine les circonscriptions électorales dans les arrondissements dont la population excède 100000 habitants (D. P. 76. 4. 8).
26-30 déc. 1875. — Décret portant règlement d'administration publique pour l'exécution de l'art. 17 de la loi du 2 août 1875, sur l'élection des sénateurs (D. P. 76. 4. 75).
4-5 janv. 1876. — Décret portant règlement d'adminstration publique pour l'exécution aux colonies de l'art. 17 de la loi du 2 août 1875 sur les élections sénatoriales (D. P. 76. 4. 91).
8-9 avr. 1879. — Loi qui rétablit la représentation des colonies de la Guyane et du Sénégal à la Chambre des députés (D. P. 79. 4. 42).
28-29 juill. 1881. — Loi qui modifie le tableau des circonscriptions électorales annexé à la loi du 24 déc. 1875 et augmente la représentation de l'Algérie et des colonies (D. P. 82. 4. 62).
8-9 déc. 1884. — Loi suspendant l'élection des sénateurs inamovibles (L. 24 févr. 1875, art. 7) (D. P. 85. 4. 5).
9-10 déc. 1884. — Loi portant modification aux lois organiques sur l'organisation du Sénat et l'élection des sénateurs (D. P. 85. 4. 1).
2-3 avr. 1885. — Loi ayant pour objet de suspendre l'exécution de l'art. 16 de la loi organique du 30 nov. 1875, relative aux élections des députés (D. P. 85. 4. 70).
16-17 juin 1885. — Loi qui modifie la loi électorale (D. P. 85. 4. 68).
22-23 juin 1886. — Loi relative aux membres des familles ayant régné en France (art. 4) (D. P. 86. 4. 57).
26-28 déc. 1887. — Loi concernant les incompatibilités parlementaires (D. P. 88. 4. 2).
24-25 janv. 1889. — Loi qui rend à diverses catégories de condamnés leurs droits de vote et d'éligibilité à l'expiration ou à la remise de leur peine (D. P. 89. 4. 45).
13-14 févr. 1889. — Loi rétablissant le scrutin uninominal pour l'élection des députés (D. P. 89. 4. 46).
4-5 mars 1889. — Loi portant modification à la législation des faillites (art. 21) (D. P. 89. 4. 21).
17-18 juill. 1889. — Loi relative aux candidatures multiples (D. P. 89. 4. 57).

28. Nous avons indiqué au *Rép.* n° 73 les principales dispositions des législations électorales de l'Angleterre, des Etats-Unis et de la Belgique. Ces législations ont subi depuis cette époque de nombreuses et importantes modifications qu'il est intéressant de faire connaître.

29. — I. ÉLECTIONS ANGLAISES. — Les membres de la Chambre des communes sont nommés pour sept ans. Depuis la grande réforme de 1832, les *acts* de 1867 et de 1884 ont élargi dans des proportions considérables la base du suffrage; le nombre des électeurs a été presque doublé par la dernière de ces lois (*representation of the people act* du 6 déc. 1884, *Annuaire de la législation étrangère*, 1885, p. 69); il est aujourd'hui de 5700000, dont 4395000 environ en Angleterre, 564000 en Ecosse et 742000 en Irlande (de Franqueville, *Le gouvernement et le parlement britannique*, t. 2, p. 324). Le droit de suffrage appartient actuellement, tant dans les comtés que dans les bourgs : 1° en vertu du droit d'habitation, à tout individu habitant depuis un an, en qualité de propriétaire, locataire, employé ou agent, soit une maison entière, soit un logement distinct ne formant qu'une partie de maison, quelle que soit d'ailleurs la valeur de l'habitation, pourvu qu'elle soit imposée à la taxe des pauvres et que tous les termes de l'impôt aient été régulièrement acquittés; 2° en vertu du droit d'occupation, à tout individu occupant depuis un an, en qualité de propriétaire ou de locataire, une propriété bâtie ou non bâtie d'un revenu net de 10 livres sterling; 3° en vertu de la *lodger's franchise*, à tout individu qui, comme seul locataire et séparément, a occupé pendant un an un même logement d'un loyer de 250 fr. par an dans une même maison et y a effectivement résidé. Le droit électoral appartient également à tout individu, ne fût-il pas propriétaire, qui occupe un logement distinct en vertu d'une fonction ou d'un emploi, sous la condition qu'il n'y habite pas en commun avec des supérieurs ou des gens de même condition que lui. Les habitants des bourgs, propriétaires de biens ruraux, peuvent être électeurs à la fois à la ville et à la campagne. Les anciennes franchises électorales spéciales aux comtés, aux bourgs et aux universités sont maintenues.

30. Les listes électorales sont dressées, dans chaque paroisse, par les *overseers* (inspecteurs de la loi des pauvres) et vérifiées par des *revising barristers* auxquels il appartient de statuer sur les demandes en inscription ou en radiation, et dont les décisions sur des points de droit sont susceptibles d'appel devant la cour du Banc de la Reine (V. Passez, *Etude sur les résultats de la nouvelle législation en Angleterre*, *Bulletin de la société de législation comparée*, avr. 1887, p. 217).

Le *returning officer*, qui est généralement le sheriff dans les comtés et le maire dans les bourgs, est chargé de fixer la date des élections et le lieu du vote, de dépouiller le scrutin et de proclamer le résultat. L'élection a lieu, depuis 1872, au scrutin secret, lorsque plusieurs candidats sont en présence. Tous les citoyens anglais majeurs jouissant de leurs droits civils et politiques sont éligibles, à l'exception des juges, des ministres protestants de l'Eglise établie d'Angleterre et d'Ecosse, et des pairs d'Angleterre.

31. D'après la *redistribution of seats act* de 1885 (*Annuaire de législation étrangère*, 1885, p. 14, et 1886, p. 44), l'élection a lieu, en général, au scrutin uninominal; cependant, par exception, vingt-deux villes dont la population est trop faible pour être divisée en deux collèges nomment chacune deux députés. Un corps indépendant (*boundary commissioners*) a été chargé de déterminer les circonscriptions en séparant les électeurs ruraux des électeurs urbains, de façon à ce que les intérêts divers soient représentés.

Deux lois du 25 août 1883 et du 14 août 1884 (*Annuaire de législation étrangère*, 1884, p. 59, et 1885, p. 64) ont pris contre la corruption électorale des mesures sévères qui paraissent avoir été efficaces. Lorsque des protestations sont dirigées contre une élection, elles ne sont pas soumises au Parlement qui n'est pas appelé à vérifier les pouvoirs de ses membres; les contestations sont jugées par deux juges de la cour suprême qui transmettent à la Chambre des communes leur décision motivée.

32. — II. Elections aux Etats-Unis. — Chaque Etat a sa constitution et sa législation électorale. Toutefois un amendement à la constitution fédérale, introduit à la suite de la guerre de Sécession, ne permet à aucun Etat de refuser le droit de vote à un citoyen à raison de sa race, de sa couleur ou de sa condition antérieure de servitude.

33. Le Sénat des Etats-Unis est composé de deux membres par Etat; les sénateurs sont nommés dans chaque Etat par la législature; ils sont élus pour six ans, avec renouvellement par tiers tous les deux ans. Tous les citoyens américains âgés de trente ans et résidant depuis neuf ans aux Etats-Unis sont éligibles au Sénat.

34. Les membres de la Chambre des représentants sont élus par chaque Etat, à raison d'un représentant par 130000 habitants. Ils sont nommés par les électeurs qui, dans chaque Etat particulier, nomment la Chambre la plus nombreuse de l'Etat. Les conditions dans lesquelles il doit être procédé à cette élection sont déterminées par les lois particulières des divers Etats. Toutefois, une loi générale votée par le congrès a supprimé toutes les conditions de cens et de couleur et accordé le droit électoral à tout citoyen majeur de vingt et un ans qui réside depuis cinq ans sur le territoire de l'Union. Tous les citoyens américains âgés de vingt-cinq ans et résidant depuis sept ans aux Etats-Unis peuvent être élus membres de la Chambre des représentants.

35. — III. Elections en Belgique. — La Chambre des représentants de Belgique compte cent trente-huit membres, à raison d'un membre pour 40000 habitants; elle est élue directement pour quatre ans et renouvelée tous les deux ans par moitié. Le Sénat se compose d'un nombre de sénateurs égal à la moitié des membres de l'autre Chambre. Les sénateurs sont élus directement par les mêmes électeurs que les représentants pour huit ans, avec renouvellement par moitié tous les quatre ans.

36. Les lois électorales ont été codifiées en 1872, et après avoir été successivement modifiées en 1877, 1878 et 1881, elles ont été coordonnées en 1881. Pour être électeur, il faut être Belge de naissance ou avoir obtenu la grande naturalisation, avoir vingt et un ans accomplis et, aux termes de la constitution, payer une contribution directe de 42 fr. 30 cent. Les cours d'appel statuent sur les contestations relatives à la formation des listes.

37. Pour être éligible à la Chambre des représentants, il faut être Belge de naissance ou avoir obtenu la grande naturalisation, jouir des droits civils et politiques, être âgé de vingt-cinq ans et domicilié en Belgique. Pour être éligible au Sénat, il faut, indépendamment de ces conditions de nationalité, de domicile et de jouissance des droits civils et politiques, être âgé de quarante ans au moins et payer en Belgique une contribution directe, patentes comprises, de 2116 fr.

38. Les élections parlementaires ont lieu au scrutin de liste. Les candidats doivent avoir été proposés, cinq jours au moins avant le scrutin, par cinquante électeurs dans les arrondissements qui élisent plus de quatre membres et par trente électeurs dans les autres. Les candidats désignent des témoins en nombre égal à celui des bureaux de vote; ces témoins sont répartis par le sort entre les différents bureaux. Les bulletins sont imprimés par les soins du bureau principal sur un papier spécial; l'électeur, après avoir reçu son bulletin, se retire dans un compartiment isolé et marque au moyen d'une estampille mise à sa disposition les noms des candidats qu'il veut élire (L. 9 juill. 1877 et 21 mai 1884) (*Annuaire de législation étrangère*, 1885, p. 484).

39. En ce qui concerne les autres pays, V. *suprà*, v° *Droit constitutionnel*, n°s 23 et suiv., et notre *Code annoté des lois politiques et administratives*, v° *Elections*, n°s 48 et suiv.

Sect. 2. — Des conditions requises pour être électeur (*Rép.* n°s 94 à 120).

40. L'électorat a pour base le suffrage universel. En conséquence, tous les citoyens sont électeurs, sauf les incapacités prévues par la loi et résultant de l'âge, de l'état civil des personnes ou des cas d'indignité encourus par des condamnations judiciaires. Les conditions générales de l'électorat, déterminées par l'art. 12 du décret organique du 2 févr. 1852 et implicitement consacrées par l'art. 1er de la loi du 30 nov. 1875, concernent : 1° la nationalité française; 2° l'âge de vingt et un ans; 3° la jouissance des droits civils et politiques. — Ainsi qu'on l'a vu au *Rép.* n° 95, les infirmités physiques n'empêchant pas la manifestation d'une opinion ne suffisent pas dans le silence de la loi pour constituer une incapacité électorale. Ainsi le sourd-muet, bien que ne sachant ni lire, ni écrire, n'est pas privé du droit électoral (Sol. impl., Cons. d'Et. 11 juin 1886, aff. El. de Bacqueville, *Rec. Cons. d'Etat*, p. 523).

Art. 1er. — *De la jouissance des droits civils et politiques* (*Rép.* n°s 98 à 113).

41. La première condition pour jouir des droits politiques comme des droits civils et, par conséquent, pour être électeur, c'est, ainsi qu'on l'a dit au *Rép.* n° 98, la nationalité. Nous avons exposé *suprà*, v° *Droits civils*, n°s 30 et suiv., les conditions auxquelles s'acquiert, se conserve et se perd la nationalité française, conditions qui ont été notablement modifiées par la loi sur la nationalité du 26 juin 1889 (V. *ibid.*, p. 700). Il a été décidé, notamment, par application des dispositions en vigueur antérieurement à cette loi, que l'inscription sur les listes électorales doit être refusée à l'individu né en France d'un père étranger qui ne justifie pas avoir fait, dans l'année de sa majorité, la déclaration prescrite par l'art. 9 c. civ. (Req. 16 avr. 1872, aff. Sangalli, D. P. 72. 1. 392; Civ. rej. 5 août 1883, aff. Engel, D. P. 83. 5. 195), ou qui, ayant servi dans les armées françaises, n'a pas fait ultérieurement cette déclaration conformément à la loi du 22 mars 1849 (Req. 12 avr. 1875) (1). Il a été également jugé, dans le même sens, que l'enfant naturel reconnu par un père étranger suivant, quoique né en France, la condition de ce dernier, n'est pas investi des droits de citoyen français, alors, d'ailleurs, qu'il n'a pas usé du bénéfice soit de l'art. 9 c. civ., soit de la loi du 22 mars 1849 (Req. 22 mai 1865, aff. Piani, D. P. 65. 1. 239). Mais, d'autre part, il a été décidé que l'étranger né en France qui a servi pendant la guerre de 1870-1871 dans la garde nationale mobilisée, même sans avoir pris part à aucune bataille ou à la défense d'aucune place, devient Français par le seul effet de la déclaration qu'il entend fixer son domicile en France, conformément à l'art. 9 c. civ. combiné avec la loi du 22 mars 1849, la garde mobilisée faisant partie, en vertu du décret des 14-26 oct. 1870, de l'armée auxiliaire qui était entièrement assimilée à l'armée régulière; il est, par conséquent, admis à y jouir de ses droits électoraux, sans être tenu de fournir des lettres de naturalisation (Civ. rej. 4 mai 1881, aff. Barbet, D. P. 81. 1. 486).

Ces solutions ne seraient plus applicables sans restriction sous l'empire de la législation nouvelle inaugurée par la loi du 26 juin 1889 (V. *suprà*, v° *Droits civils*, n°s 84 et suiv.).

42. Tout individu né en France étant présumé Français

---

(1) (Lowinski.) — La cour; — Attendu que si Lowinski, né en France d'un étranger, justifie qu'il a servi dans les armées françaises, et que, par conséquent, en vertu de la loi du 22 mars 1849, il aurait pu, même après l'année qui a suivi l'époque de sa majorité, faire la déclaration prescrite par l'art. 9 c. civ., le jugement constate que le demandeur n'a pas fait cette déclaration; — D'où il suit que Lowinski est resté étranger jusqu'à présent, et que c'est à bon droit, dès lors, que la commission municipale et le juge de paix ensuite, sur appel, ont refusé d'ordonner son inscription sur les listes électorales de la commune de Pomerols;

Par ces motifs, rejette, etc.

Du 12 avr. 1875.-Ch. req.-MM. de Raynal, pr.-Guillemard, rap.-Reverchon, av. gén.

jusqu'à preuve contraire, l'inscription sur les listes électorales ne peut être refusée au citoyen qui prouve régulièrement le fait de sa naissance en France, sous prétexte que sa nationalité n'est pas justifiée (Req. 16 mars 1863, aff. Aybram, D. P. 63. 1. 136; 23 mars 1863, aff. David, D. P. 63. 1. 137; 30 mars 1863, aff. Vieillard, *ibid.*; 15 mars 1870, aff. Diot, D. P. 70. 1. 173). Il a été décidé, en sens contraire, par la cour de cassation de Belgique, que la loi n'attache pas au fait de la naissance d'un enfant en Belgique la présomption qu'il est Belge (C. cass. Belgique, 24 juin 1880, aff. Janssens, D. P. 80. 2. 209); qu'en conséquence, l'enfant né en Belgique de père et mère légalement inconnus n'est pas Belge, et que, par suite, il ne doit pas être inscrit sur les listes électorales (Même arrêt). Mais cette dernière opinion est repoussée par le plus grand nombre des auteurs et, en Belgique même, une loi du 15 août 1882 a mis fin à la controverse en tranchant la question dans un sens opposé à la doctrine de la cour de cassation de ce pays (V. *suprà*, v° *Droits civils*, n° 41).

L'individu qui n'établit pas sa naissance sur le sol français ni son origine de parents français et qui, d'ailleurs, n'a pas satisfait à la loi sur le recrutement de l'armée, ne doit pas être inscrit sur les listes électorales (Req. 26 avr. 1875) (1). Mais il en est autrement de celui qui présente à l'appui de sa demande d'inscription l'acte de naissance de son père et le sien propre, et qui établit par le rapprochement de ces actes que, né d'un père originaire de la Savoie et étranger lui-même lors de sa naissance, il est devenu Français de plein droit par suite de la réunion de ce pays à la France (Civ. cass. 26 mars 1877, aff. Gervex, D. P. 77. 1. 202). L'inscription qu'il réclame ne pourrait être refusée par l'unique motif qu'il est né d'un père étranger et qu'il ne rapporte pas la preuve d'une naturalisation régulièrement obtenue (Même arrêt).

43. La qualité de Français, nécessaire à l'exercice des droits électoraux, est régulièrement prouvée par un livret, sauf au contestant à en contredire les énonciations encore que ce livret ait été délivré sur la simple production d'un passeport, le passeport pouvant lui-même être invoqué comme preuve de la nationalité, tant qu'il n'a pas été contredit (Req. 13 juin 1864, aff. Labre, D. P. 64. 1. 239).

44. Lorsqu'un jugement ou un arrêt rendu conformément aux art. 855, 856 et 858 c. proc. civ. a reconnu à un individu la qualité de Français, et que l'inscription de cet individu sur la liste électorale a eu lieu en vertu de cette décision, les tiers ne sont plus admis à contester la nationalité de l'électeur et à demander sa radiation (Civ. rej. 9 mai 1882, aff. Lallement, D. P. 82. 1. 472).

ART. 2. — *Des personnes auxquelles la loi refuse spécialement les droits électoraux* (*Rép.* n°s 114 à 123).

45. Les art. 15 et 16 du décret organique du 2 févr. 1852 attachent à un grand nombre de condamnations correctionnelles, ainsi qu'on l'a vu au *Rép.* n° 114, la perte de plein droit de la faculté de voter. On doit regarder comme abrogées les dispositions rappelées au *Rép.* n°s 114 et 115 de l'art. 3 de la loi du 5 mars 1849 et des art. 8 à 11 de la loi du 31 mai 1850 relatives aux incapacités électorales; ces incapacités sont aujourd'hui exclusivement déterminées par les articles précités du décret de 1852 (Req. 10 mars 1873, aff. Douville, D. P. 73. 1. 253; 17 mars 1873, aff. Deseulle, D. P. 73. 1. 440; Cons. d'Ét. 28 nov. 1873, aff. Elections de Maisons-Alfort, D. P. 74. 3. 68; Crim. rej. 24 sept. 1874, aff. Charron, D. P. 74. 1. 492; Angers, 24 nov. 1874, aff. Rubin, D. P. 75. 2. 16).

46. Le principe de la non-rétroactivité des lois n'est pas applicable aux dispositions qui règlent la capacité politique. Par suite, les incapacités édictées par la loi électorale à raison de certaines condamnations judiciaires s'appliquent aux condamnations antérieures à la loi qui établit ces incapacités comme à celles qui ont été encourues postérieurement, et l'on ne saurait voir dans cette application une aggravation de la peine à laquelle est attachée l'incapacité (Civ. cass. 23 mars 1876, aff. Maigne, D. P. 76. 1. 204; Douai, 6 févr. 1871) (2). Ainsi la suspension des droits électoraux prononcée pour cinq ans par l'art. 16 du décret du 2 févr. 1852 à l'égard de certains condamnés a atteint même les individus frappés de condamnations antérieures au décret (Req. 15 avr. 1868, aff. Ancelet, D. P. 71. 5. 123).

47. L'art. 15, § 3, du décret du 2 févr. 1852 frappe d'incapacité électorale les individus condamnés pour crime à

(1) (Cadet.) — LA COUR; — Sur le premier moyen, tiré de la violation des art. 12 du décret organique du 2 févr. 1852 et 5 de la loi du 7 juill. 1874 : — Attendu que l'individu qui demande à être inscrit soit sur la liste électorale politique, soit sur la liste des électeurs municipaux, doit, aux termes des articles susvisés, prouver qu'il est Français, jouissant de ses droits civils et politiques ; — Que, si l'individu né en France est présumé Français, cette présomption ne peut être invoquée que par celui qui établit sa naissance sur le sol français ; que, d'ailleurs, cette présomption peut être combattue par la preuve contraire ; — Attendu que, dans l'espèce, les documents produits devant le juge de paix ne prouvent pas que Cadet soit né sur le territoire français ; — Que, d'un autre côté, appréciant les pièces produites, notamment celles établissant que Cadet n'a pas satisfait à la loi sur le recrutement de l'armée et les autres circonstances de la cause, le juge de paix déclare que Cadet a toujours été considéré comme fils d'un étranger et n'a jamais exercé les droits attachés à la qualité de Français ; — Qu'en jugeant, dans ces circonstances, que Cadet, n'établissant pas être né sur le sol français, ni être issu de parents français, ne devait pas être inscrit sur les listes électorales de la commune de Saint-Martin-de-Hinx, la décision attaquée n'a violé ni l'art. 12 du décret du 2 févr. 1852, ni l'art. 5 de la loi du 7 juill. 1874, ni aucune autre disposition de loi ;

Sur le deuxième moyen, tiré de la violation de l'art. 22 du décret organique du 2 févr. 1852 : — Attendu qu'aux termes de cet article, le juge de paix ne doit surseoir et renvoyer les parties à se pourvoir devant les juges compétents que lorsque la demande portée devant lui implique la solution préjudicielle d'une question d'état ou de nationalité ; — Que cette question, soulevée devant le juge de paix, peut seulement être considérée comme préjudicielle, lorsque les documents produits ou les textes invoqués font naître un doute sérieux et ne permettent pas au juge de statuer immédiatement sur le point en litige ; — Attendu que, dans l'espèce, il s'agissait uniquement de savoir si Cadet prouvait suffisamment sa qualité de Français ; que le juge de paix, appréciant les documents produits et les circonstances de la cause, a décidé que cette preuve n'était pas rapportée ; — Que Cadet ne demandait pas à produire d'autres documents et n'articulait aucun fait dont il aurait offert la preuve ; — Qu'il n'y avait donc pas lieu d'ordonner un sursis, qui n'était pas même demandé par Cadet ; — Rejette, etc.

Du 26 avr. 1875.-Ch. req.-MM. de Raynal, pr.-Dumon, rap.-Babinet, av. gén.

(2) (Bouton.) — LA COUR ; — Attendu que Bouton, malgré une condamnation antérieure à deux mois d'emprisonnement, ayant été porté d'office sur les listes électorales de la commune de Rang-du-Fliers, a voté en vertu de cette inscription erronée, lors des élections municipales qui ont eu lieu le 7 août 1870, qu'il a ainsi contrevenu aux dispositions de l'art. 32 du décret du 2 févr. 1852 dont les pénalités lui seraient applicables si les exceptions qu'il oppose étaient rejetées ; — Attendu que les mesures politiques plus ou moins sévères qui retirent le droit de vote à telle classe de condamnés n'ont pour but que d'assurer la sincérité et la loyauté du scrutin, en ne conférant la capacité électorale qu'aux citoyens qui ne s'en sont pas rendus indignes par leur conduite antérieure ; — Qu'on ne saurait voir dans ces prescriptions soit une aggravation, soit un effet rétroactif apporté à la peine qui entraîne l'incapacité ;

Attendu que, aux termes de l'art. 50 du décret du 2 févr. 1852, l'action publique est prescrite après trois mois à partir du jour de la proclamation du scrutin ; que cette proclamation ayant eu lieu le 7 août, la citation, origine des poursuites, était donnée tardivement le 19 novembre, la prescription se trouvant acquise depuis le 7 du même mois, à moins qu'elle n'ait été interrompue, ainsi que le déclare le jugement ; — Attendu que le rapport de la gendarmerie du 24 octobre fournissant au ministère public les renseignements qu'il réclamait ne peut être considéré comme un procès-verbal régulier, ni comme un acte de poursuite ou d'instruction ; — Que les gendarmes en se livrant à ces investigations, surtout hors le cas de flagrant délit, n'ont fait qu'obéir aux ordres du procureur de la République, sans aucunement constater des faits qu'il n'était pas de leur compétence de rechercher ; — Que cette pièce est donc inopérante pour l'interruption de la prescription ;

Par ces motifs, dit qu'à tort les premiers juges ont tout à la fois admis l'exception de rétroactivité et rejeté celle résultant de la prescription; déclare l'action intentée contre Bouton couverte par la prescription de trois mois ; confirme dans son dispositif le jugement attaqué, etc.

Du 6 févr. 1871.-C. de Douai, ch. corr.-MM. de Guerne, pr.-Preux, av. gén.-de Beaulieu, av.

l'emprisonnement par application de l'art. 463 c. pén. Mais cet article ne s'applique ni au citoyen condamné pour crime à l'emprisonnement par l'effet de l'admission d'une excuse légale (Req. 30 mars 1863, aff. Subrini, D. P. 63. 1. 135); ni au citoyen condamné à une peine correctionnelle pour délit d'homicide involontaire, sous prétexte qu'il serait de notoriété publique que ce citoyen a été en réalité condamné pour crime de meurtre (Req. 30 mars 1863, aff. de Benedetti, D. P. 63. 1. 135).

Sous l'empire de l'ancien art. 362 c. pén., le faux témoignage était puni de la réclusion et, par suite, l'individu déclaré coupable de ce crime avec circonstances atténuantes était frappé de l'incapacité édictée par l'art. 15, § 3, du décret de 1852. Depuis la loi du 13 mai 1863, le faux témoignage ne constitue plus qu'un délit; l'individu reconnu coupable de ce délit peut être interdit du droit de vote et d'élection pendant cinq ans au moins et dix ans au plus; mais cette interdiction est purement facultative et n'existe qu'autant qu'elle a été prononcée par le jugement (Req. 5 avr. 1869, aff. Christinacci, D. P. 69. 1. 299).

48. L'incapacité spécifiée par l'art. 15, § 4, du décret du 2 févr. 1852 ne concerne plus le délit de vente ou débit de boissons falsifiées contenant des mixtions nuisibles à la santé, depuis que l'art. 318 c. pén. a été abrogé par l'art. 2 de la loi du 5 mai 1855, D. P. 55. 4. 64. (V. *infrà*, v° *Vente de substances falsifiées*). Le paragraphe 4 de l'art. 15 du décret de 1852 a, d'ailleurs, été modifié ainsi qu'il suit par la loi du 24 janv. 1889 (D. P. 89. 4. 45) : « Ceux qui ont été condamnés à trois mois de prison par application de l'art. 423 c. pén. et de l'art. 1er de la loi du 27 mars 1851 ».

49. L'art. 15, § 5, du décret du 2 févr. 1852 interdit l'inscription sur les listes électorales des condamnés pour vol, escroquerie, abus de confiance, soustraction commise par les dépositaires de deniers publics ou attentats aux mœurs prévus par les art. 330 et 334 c. pén., quelle que soit la durée de l'emprisonnement auquel ils ont été condamnés. Cette incapacité est subordonnée à deux conditions, l'une relative à la nature du délit, l'autre relative à la nature de la peine; lorsque ces deux conditions sont réunies, la condamnation entraîne de plein droit l'incapacité électorale, alors même que le tribunal ne l'a pas prononcée (Req. 30 avr. 1870, aff. Mattei, D. P. 70. 1. 171).

Au point de vue de la nature du délit, on doit comprendre sous l'expression de *vol* les délits prévus et punis par les art. 379 et 401 c. pén., spécialement, le délit de *filouterie* qui n'est qu'une variété du vol (Civ. rej. 21 avr. 1887, aff. Gouchet, D. P. 87. 1. 348), et l'*abus de blanc-seing*, qui rentre dans la classe des délits qualifiés d'abus de confiance (V. *suprà*, v° *Abus de confiance*, nos 11 et suiv.; Civ. rej. 28 mars 1889, aff. Hugues, D. P. 89. 1. 215). — L'incapacité électorale qui résulte d'une condamnation à l'emprisonnement prononcée pour l'un des délits énumérés dans l'art. 15, § 5, du décret de 1852 frappe non seulement les auteurs principaux, mais les complices de ces délits (Req. 5 avr. 1869, aff. Pelin, D. P. 69. 1. 328; Civ. cass. 30 avr. 1885, aff. Thomas, D. P. 85. 1. 314). — Elle est attachée à la condamnation, alors même que celle-ci aurait été prononcée pour simple tentative, comme dans le cas d'escroquerie (c. pén. art. 405) (Crim. rej. 25 juin 1881, aff. Colonna, D. P. 82. 1. 483).

50. Cette incapacité est applicable, quelle que soit la juridiction de laquelle émane la condamnation. Ainsi la condamnation à l'emprisonnement pour vol, prononcée contre un militaire par un conseil de guerre, entraîne incapacité pour le condamné d'être inscrit sur une liste électorale (Civ. rej. 7 mars 1882, aff. Seguin, D. P. 83. 5. 187; Civ. cass. 5 mai 1885, aff. Elections de Coromanche, D. P. 85. 5. 174). Mais l'incapacité ne résulterait pas d'une condamnation pour vol prononcée contre un citoyen français par un tribunal étranger (Req. 14 avr. 1868, aff. Blanchard, D. P. 68. 1. 262). — Les jugements de condamnation prononcés par un tribunal sarde produisent depuis l'annexion de la Savoie les mêmes effets que ceux qui ont été rendus par des tribunaux français. En conséquence, l'art. 15 du décret organique du 2 févr. 1852 s'applique à l'individu reconnu coupable de vol avant l'annexion par un tribunal sarde, alors même que, sans prononcer aucune peine, le jugement avait, conformément à la loi de ce pays, ordonné son élargissement, par le motif qu'il était suffisamment puni par la détention soufferte (Civ. cass. 30 avr. 1885, aff. Thomas, D. P. 85. 1. 314).

51. Les dispositions légales qui interdisent dans certains cas l'inscription d'un citoyen sur les listes électorales sont de droit étroit et ne peuvent être étendues d'un cas à un autre par voie d'assimilation ou d'analogie. Ainsi la privation du droit de vote qui frappe les condamnés pour vol et abus de confiance à l'emprisonnement, quelle qu'en soit la durée, ne s'applique ni aux condamnés pour destruction, détournement ou enlèvement d'objets saisis (Bastia, 24 déc. 1871, aff. Geronimi, D. P. 72. 2. 134; Civ. rej. 29 janv. 1879, aff. Tranchessée, D. P. 79. 1. 168), ni aux condamnés pour maraudage (Req. 3 avr. 1866, aff. Persim, D. P. 66. 5. 157). Elle n'atteint pas davantage l'individu condamné à l'emprisonnement par application des art. 192 et suiv. c. for. pour avoir coupé et enlevé des arbres dans une forêt de l'Etat (Cons. d'Et. 29 nov. 1878, aff. Elect. de Thuit-Hébert, D. P. 79. 3. 81); ni celui qui a été condamné à l'amende et à des dommages-intérêts envers une commune pour avoir laissé couper des arbres sans dresser de procès-verbal, dans une forêt appartenant à celle-ci et dont la garde lui était confiée (Cons. d'Et. 2 juill. 1861, aff. Elect. de la Bosse, D. P. 62. 3. 36). — V. *infrà*, v° *Forêts*.

52. D'après une lettre du ministre de la justice du 5 janv. 1878 (*Bull. min. just.*, 1878, p. 3), le délit de fraude au préjudice des restaurateurs ou débitants de boissons spécifié par le paragraphe 4 de l'art. 401 c. pén., n'ayant été prévu que par la loi du 26 juill. 1873 postérieure au décret du 2 févr. 1852, et différant d'ailleurs par ses éléments constitutifs du vol simple, ne saurait tomber sous le coup de l'art. 15, § 5, de ce décret.

53. L'incapacité électorale ne frappe les citoyens condamnés pour l'un des délits spécifiés dans l'art. 15, § 5, du décret de 1852, qu'autant que la peine prononcée a été celle de l'emprisonnement (Hérold, *Droit électoral*, n° 51). Ainsi aucune incapacité n'est attachée à la condamnation à une simple amende prononcée contre un individu condamné pour attentat aux mœurs (Req. 18 mars 1863, aff. Gibert, D. P. 63. 1. 135), et spécialement pour outrage public à la pudeur (Civ. cass. 8 mai 1876, aff. Martelli, D. P. 76. 1. 231), pour vol (Req. 21 avr. 1868, aff. Willemin, D. P. 68. 1. 291; Civ. cass. 30 avr. 1877, aff. Limarola, D. P. 77. 1. 205) ou pour abus de confiance (Req. 16 mars 1875, aff. Bourbon, D. P. 76. 1. 231; Civ. rej. 14 mai 1877, aff. Ricquier, D. P. 77. 1. 205).

54. Mais le mineur de seize ans, condamné, comme coupable d'avoir commis avec discernement un crime d'attentat aux mœurs et un délit d'outrage public à la pudeur, à être enfermé pendant un temps déterminé dans une maison de correction, doit être considéré comme ayant été condamné à l'emprisonnement et, par suite, il perd le droit d'être inscrit sur la liste électorale (Civ. rej. 10 mai 1881, aff. Ibos, D. P. 81. 1. 481. V. conf. Blanche, *Etudes sur le code pénal*, t. 2, nos 322 et suiv.).

55. Le paragraphe 6 de l'art. 15 du décret du 2 févr. 1852 frappait d'incapacité électorale les individus qui, par application de l'art. 8 de la loi du 17 mai 1819 et de l'art. 3 du décret du 11 août 1848, auraient été condamnés pour outrage à la morale publique et religieuse ou aux bonnes mœurs et pour attaque contre le principe de la propriété et les droits de la famille. La loi du 29 juill. 1881 (D. P. 81. 4. 65) a abrogé les dispositions de la loi du 17 mai 1819 et du décret du 11 août 1848 qui punissaient les délits d'outrage à la morale publique et religieuse et d'attaque contre le principe de la propriété et les droits de la famille. Quant à l'outrage aux bonnes mœurs, il est réprimé, suivant les cas, par l'art. 28 de la loi du 29 juill. 1881 qui reproduit, quant à ce délit, l'art. 8 de la loi de 1819, ou par les art. 1er et 2 de la loi du 2 août 1882 qui applique à l'infraction qu'elle prévoit les règles du droit commun en matière de complicité et de poursuites.

On s'est demandé si l'abrogation de la loi du 17 mai 1819, prononcée par la loi du 29 juill. 1881, devait avoir pour effet de faire disparaître l'incapacité prononcée pour le cas de condamnation à raison d'outrage aux bonnes mœurs, dans le paragraphe 6 de l'art. 15 du décret de 1852. La cour de cassation n'a pas hésité à résoudre négativement cette question (Civ. cass. 18 avr. 1888, aff. Valois, D. P. 89. 1. 285). En effet, si la loi de 1819 a été abrogée par la loi de 1881, le délit d'outrage aux bonnes mœurs n'a pas cessé d'exister, et la législation nouvelle n'a fait qu'aggraver les peines attachées à ce délit. On comprendrait difficilement que par cela seul que l'outrage aux bonnes mœurs est réprimé par les lois du 29 juill. 1881 et du 2 août 1882 au lieu de l'être par la loi de 1819, l'incapacité attachée à ce délit par le décret de 1852 eût cessé d'en être la conséquence légale. Les partisans de l'opinion contraire ont invoqué les explications d'ailleurs assez obscures données par le rapporteur de la loi du 2 août 1882 dans la discussion qui a eu lieu à la Chambre des députés. Mais cette opinion isolée, exprimée au cours d'un débat dans une des deux Chambres, à laquelle le Gouvernement n'a donné aucune adhésion et qui n'a point été reproduite devant le Sénat, ne saurait être considérée comme l'expression autorisée de la pensée du législateur (V. les conclusions conformes de M. l'avocat général Desjardins, D. P. 89. 1. 285. — V. en sens contraire : Barbier, *Code expliqué de la presse*, t. 1, n° 396).

56. L'art. 15, § 7, du décret du 2 févr. 1852 ne frappe d'incapacité les individus condamnés pour fraude électorale qu'autant que la condamnation prononcée contre eux est de plus de trois mois d'emprisonnement. En conséquence, un citoyen condamné pour un délit de cette nature à huit jours de prison seulement ne peut, à raison de cette condamnation, être radié de la liste ; et le juge de paix ne saurait ordonner cette radiation par le seul motif que *probablement* le jugement de condamnation avait prononcé, en outre de l'emprisonnement, l'interdiction des droits civiques (Civ. cass. 11 avr. 1881, aff. Astier, D. P. 81. 1. 272).

57. L'art. 15, § 8, du décret de 1852, qui reproduit l'art. 8, § 7, de la loi du 31 mai 1850, exclut de la liste électorale les notaires, greffiers et officiers ministériels destitués en vertu des jugements ou décisions judiciaires. Il en résulte que cette exclusion ne doit pas être la conséquence de toute révocation d'un officier ministériel, mais uniquement de la destitution prononcée en vertu d'une décision judiciaire (Req. 26 mars 1862, aff. Pradelle, et aff. Guyot, D. P. 75. 1. 73, note 1 ; 25 nov. 1874, aff. Chuhaudo, D. P. 75. 1. 73; Civ. cass. 9 mai 1882, aff. Weill, D. P. 83. 1. 40). Elle ne peut, notamment, résulter du décret qui destitue un greffier en vertu du pouvoir de révocation attribué au chef de l'Etat par l'art. 92 de la loi du 27 vent. an 8 (Arrêts précités des 26 mars 1862 et 25 nov. 1874), ni du décret non motivé qui nomme un successeur à un défenseur près un tribunal d'Algérie (Arrêt précité du 9 mai 1882). — Mais elle résulte, ainsi qu'on l'a vu au *Rép.* n° 115-7°, de la destitution prononcée par l'autorité supérieure, après des poursuites criminelles, correctionnelles ou disciplinaires, parce que la destitution qui intervient en de telles circonstances est le complément et le dernier acte des poursuites précédemment exercées (Arrêts précités des 26 mars 1862). Il en est ainsi, notamment, du décret portant révocation d'un huissier, à la suite d'une poursuite disciplinaire provoquée contre cet officier ministériel et d'un jugement prononçant contre lui la peine de la suspension (Arrêts précités des 26 mars 1862 ; Req. 2 avr. 1872, aff. Pavy, D. P. 72. 5. 172 ; 2 avr. 1872, aff. Baudmont, D. P. 72. 1. 365), ou d'un jugement disciplinaire provoquant la destitution (Civ. rej. 19 avr. 1880, aff. Thevenet, D. P. 80. 1. 155). — V. conf. Hérold, *Droit électoral*, n°s 66 et suiv. ; Bavelier, *Dictionnaire de droit électoral*, v° *Incapacité*, n° 7; et les conclusions de M. l'avocat général Reverchon sous l'arrêt précité du 25 nov. 1874.

58. L'incapacité électorale est attachée par l'art. 15, § 9, du décret du 2 févr. 1852 aux condamnations pour vagabondage et pour mendicité. Ces délits n'entraînaient aucune incapacité sous l'empire de la législation antérieure ; mais le principe de non-rétroactivité n'étant point applicable, ainsi qu'on l'a vu *suprà*, n° 46, aux lois réglant la capacité politique, l'art. 15 du décret de 1852 atteint les individus qui, antérieurement à ce décret, ont été l'objet de condamnations de cette nature (Civ. cass. 23 mars 1876, aff. Maigne, D. P. 76. 1. 204). Le décret de 1852 réglant seul aujourd'hui, à l'exclusion de la loi du 15 mars 1849, les incapacités électorales, les condamnés pour mendicité doivent continuer à être exclus de la liste électorale (Angers, 24 nov. 1874, aff. Rubin, D. P. 75. 2. 16).

59. L'art. 15, § 10, du décret du 2 févr. 1852 prive des droits électoraux les individus condamnés à trois mois d'emprisonnement par application des art. 439, 443 à 447 et 452 c. pén. Cette disposition n'est applicable qu'autant que la condamnation à l'emprisonnement a été prononcée pour une durée de trois mois au moins ; par suite, elle n'atteint pas un individu condamné à huit jours de prison seulement pour dévastation de récoltes, d'arbres fruitiers, de greffes, et pour bris de clôture (Cons. d'Et. 27 mai 1881, aff. Elect. de Beaune-la-Rolande, D. P. 83. 5. 187). A plus forte raison, n'est-elle pas applicable à un individu condamné pour bris de clôture à quinze jours de prison, le délit de bris de clôture n'étant pas de ceux que vise la disposition précitée du décret de 1852 (Cons. d'Et. 20 nov. 1885, aff. Elect. de Graihen, *Rec. Cons. d'Etat*, p. 859).

60. L'art. 15, § 11, du décret du 2 févr. 1852, qui reproduisait textuellement l'art. 8, § 10, de la loi du 31 mai 1850, interdisait l'inscription sur les listes électorales des individus déclarés coupables des délits prévus par les art. 410 et 411 c. pén. et par la loi du 21 mai 1836 portant prohibition des loteries. Cette disposition a été abrogée, en ce qui concerne les infractions à la prohibition des loteries par l'art. 22 de la loi du 30 nov. 1875 (D. P. 76. 4. 4), sauf aux tribunaux à prononcer contre les condamnés, conformément à l'art. 42 c. pén. l'interdiction facultative des droits civils, civiques et de famille, parmi lesquels figure le droit électoral, pendant une durée de cinq ans au moins et dix ans au plus. Dans une espèce où des prévenus condamnés par infraction à la loi du 21 mai 1836 sous l'empire du décret de 1852 s'étaient pourvus en cassation et où la loi du 30 nov. 1875 était intervenue avant le jugement de leur pourvoi, la cour de cassation, tout en maintenant la déclaration de culpabilité, a décidé qu'il y avait lieu de renvoyer devant la cour d'appel qui avait statué, afin qu'elle décidât si le droit de vote devait être interdit aux condamnés (Crim. rej. 14 janv. 1876, aff. Delbreil, D. P. 76. 1. 185, et la note).

61. L'art. 15, § 13, du décret du 2 févr. 1852 attachait une incapacité électorale perpétuelle à la condamnation à l'emprisonnement prononcée à raison de certains délits relatifs au recrutement de l'armée prévus et punis par les art. 38, 41, 43 et 45 de la loi du 21 mars 1832. L'abrogation de cette dernière loi n'a pas entraîné l'abrogation de la disposition précitée du décret de 1852. En effet, les dispositions des art. 38, 41 et 45 de la loi de 1832 ont été reproduites dans les art. 60, 63 et 66 de la loi du 27 juill. 1872, qui sont eux-mêmes reproduits dans les art. 69, 70 et 71 de la loi du 15 juill. 1889 (D. P. 89. 4. 73), tant au point de vue de la nature des faits délictueux qu'au point de vue des pénalités. L'incapacité électorale doit donc rester attachée aux condamnations prononcées à raison des délits prévus et punis par ces articles (Sol. impl., Civ. rej. 17 mai 1881, aff. Ayral, D. P. 81. 1. 481). — Mais elle ne saurait être étendue aux condamnations prononcées pour d'autres faits que ceux que réprimaient les articles précités de la loi du 21 mars 1832. Ainsi l'individu condamné pour avoir tenté de se rendre impropre au service militaire, aux termes de l'art. 67 de la loi du 27 juill. 1872 (remplacé aujourd'hui par l'art. 77 de la loi du 15 juill. 1889, D. P. 89. 4. 73), doit être inscrit sur les listes électorales, le paragraphe 13 de l'art. 15 du décret de 1852 ne prononçant l'incapacité que contre ceux qui ont été condamnés pour *s'être rendus* impropres au service militaire (Même arrêt). Par les mêmes motifs, on ne saurait étendre l'application de l'article précité du décret de 1852 aux condamnations prononcées à raison de trois délits nouveaux créés en matière de recrutement par l'art. 60 de la loi du 27 juill. 1872 (remplacé aujourd'hui par l'art. 60 de la loi du 15 juill. 1889.)

Quant à l'art. 43 de la loi de 1832, visé dans le décret de 1852, cet article, qui prévoyait le cas de remplacement militaire, n'a pas trouvé place dans la législation actuelle.

62. La privation du droit de vote était attachée par l'art. 15, § 14, du décret du 2 févr. 1852, aux condamnations à l'emprisonnement prononcées par application de l'art. 1er de la loi du 27 mars 1851 qui punit la falsification des substances ou denrées alimentaires ou médicamenteuses destinées à être vendues, la vente ou mise en vente des substances ou denrées alimentaires ou médicamenteuses que le prévenu sait être falsifiées ou corrompues, enfin la tromperie sur la qualité des choses vendues. La loi du 5 mai 1855, en déclarant applicables aux boissons les dispositions de la loi du 27 mars 1851, a eu pour effet de faire étendre à la vente de boissons falsifiées la répression qui frappait la vente de denrées alimentaires falsifiées, et les condamnations prononcées à raison de cette vente devaient, par suite, entraîner la même incapacité électorale (Req. 16 nov. 1874, aff. Guillouet, D. P. 75. 1. 78). Le rapport de M. Riché au Corps législatif sur la loi de 1855 rappelait, d'ailleurs, expressément que le décret de 1852 dépouillait du droit électoral les individus condamnés en vertu de l'art. 1er de la loi du 27 mars 1851 (D. P. 55. 4. 65).

Mais l'incapacité attachée aux condamnations prononcées en vertu de ce dernier article ne pouvait être appliquée à l'individu condamné pour les délits prévus par l'art. 2 de la même loi et puni de peines plus sévères. En effet, les principes généraux du droit criminel ne permettent pas d'étendre à un délit même plus grave les peines et les incapacités spécialement édictées pour un autre délit (V. *suprà*, n° 48, Loi du 24 janv. 1889).

Ces diverses dispositions ont été modifiées par la loi du 24 janv. 1889 (D. P. 89. 4. 45). Dans le cas où la condamnation est prononcée par l'art. 1er de la loi du 27 mars 1851, cette loi distingue trois hypothèses différentes : si la peine est inférieure à un mois d'emprisonnement, elle conserve aux condamnés les droits de vote et d'éligibilité. Si la peine est supérieure à un mois et inférieure à trois mois, les individus condamnés sont frappés d'incapacité électorale pendant cinq ans à dater de l'expiration de leur peine. Si la peine atteint trois mois de prison, la privation des droits de vote et d'éligibilité sera perpétuelle. La nouvelle loi comble une lacune de la législation, en attachant la privation perpétuelle du droit de vote aux condamnations à l'emprisonnement prononcées en vertu de l'art. 2 de la loi du 27 mars 1851, c'est-à-dire dans le cas où la falsification des substances alimentaires a été faite par des mixtions nuisibles à la santé.

63. Nous avons dit au *Rép.* n° 123, qu'aux termes de l'art. 15, § 16, du décret du 2 févr. 1852, les interdits ne doivent pas être inscrits parmi les électeurs, mais que cette disposition ne doit pas être étendue au delà de ses termes précis, par voie d'analogie. En conséquence, l'inscription sur les listes électorales ne doit pas être refusée sous prétexte d'aliénation mentale à des individus dont l'interdiction judiciaire n'a pas été prononcée (Req. 26 avr. 1870, aff. Ferroni, D. P. 72. 1. 29 ; Civ. cass. 17 avr. 1878, aff. Paoli, D. P. 78. 1. 244 ; 29 avr. 1878, aff. Acquaviva, *ibid.*), alors surtout que leur démence ne serait établie que par une prétendue notoriété et qu'il n'est pas justifié qu'ils aient même jamais été enfermés dans une maison d'aliénés (Req. 21 mars 1864, aff. Versini, D. P. 64. 1. 239). Ceux même qui sont retenus dans un établissement d'aliénés doivent être maintenus sur les listes électorales, si leur interdiction n'a pas été judiciairement prononcée (Civ. cass. 29 mars 1881, aff. Liberati, D. P. 81. 1. 303). Mais, aux termes de l'art. 18 du décret réglementaire du 2 févr. 1852, le droit de prendre part au vote est suspendu pour ceux qui, sans être interdits, sont retenus en vertu de la loi du 30 juin 1838 dans un établissement public d'aliénés (V. Hérold, *Droit électoral*, nos 87, 92 et suiv.).

64. Sous l'empire de l'art. 3, § 8, de la loi du 15 mars 1849 (D. P. 49. 4. 53), les faillis qui avaient obtenu un concordat ou qui avaient été déclarés excusables pouvaient être inscrits sur les listes électorales alors même qu'ils n'avaient pas été réhabilités. Mais cette disposition a été abrogée par l'art. 8, § 2, de la loi du 31 mai 1850 (D. P. 50. 4. 109), reproduit textuellement par l'art. 15, § 17, du décret organique du 2 févr. 1852, qui exige, pour que le failli échappe à la déchéance, qu'il ait été réhabilité. Il a été jugé, en conséquence, que, sous l'empire du décret du 2 févr. 1852, qui règle seul aujourd'hui les incapacités électorales, on doit exclure de la liste électorale tous les faillis non réhabilités, et non pas seulement les faillis non concordataires (Req. 10 mars 1873, aff. Douville, D. P. 73. 1. 253 ; 17 mars 1873, aff. Deseulle, D. P. 73. 1. 440 ; Cons. d'Ét. 28 nov. 1873, aff. El. de Maisons-Alfort, D. P. 74. 3. 68. V. conf. Hérold, *Droit électoral*, p. 88. — V. en sens contraire : Trib. corr. Bordeaux, 11 juin 1871, aff. Bory, D. P. 71. 3. 100). — Cette solution s'applique même au failli qui a obtenu un jugement d'excusabilité (Req. 16 nov. 1874, aff. Monavon, D. P. 75. 1. 78). Toutefois, ainsi qu'on l'a vu au *Rép.* n° 121-2°, l'incapacité attachée à l'état de faillite par la loi électorale n'a pas atteint les citoyens qui, à raison de la date de la cessation de leurs payements, ont pu réclamer le bénéfice du décret du 22 avr. 1848 ; ils n'ont été frappés de cette incapacité qu'autant qu'il a été établi, à l'appui du refus d'inscription ou de la demande de radiation, que le tribunal de commerce avait refusé l'homologation du concordat ou l'avait homologué sans affranchir le concordataire de la qualification de failli ; et ce n'est pas à l'électeur dont la capacité électorale était contestée qu'a dû être imposée l'obligation de produire le jugement d'homologation (Req. 3 juill. 1866, aff. Malecaze, D. P. 66. 5. 156). La loi du 4 mars 1889 (D. P. 89. 4. 9) porte que le débiteur dont les affaires sont ou ont été liquidées judiciairement ne peut être nommé à aucune fonction élective (art. 21) ; mais elle lui maintient l'exercice des droits électoraux. Quant au failli, il reste soumis à toutes les incapacités de la législation antérieure (D. P. 89. 4. 21, note 1.)

65. En ce qui concerne l'incapacité dont était autrefois frappé l'héritier du failli, V. *suprà*, n° 10.

66. L'incapacité électorale, édictée par la loi contre le failli résulte de l'état de faillite, quand cet état est constaté par une juridiction compétente (Civ. cass. 8 juill. 1885, aff. Jaray, D. P. 85. 1. 279). Cette juridiction n'est pas exclusivement la juridiction commerciale, et le juge correctionnel, appelé à connaître d'une poursuite en banqueroute simple, a qualité pour constater que le commerçant poursuivi est en état de faillite, bien que cette faillite n'ait pas été déclarée par le tribunal de commerce. En conséquence, le commerçant condamné correctionnellement aux peines de la banqueroute simple est déchu du droit de figurer sur les listes électorales, nonobstant l'absence, de la part de la juridiction commerciale, de tout jugement déclaratif de faillite (Même arrêt).

67. L'art. 16 du décret organique du 2 févr. 1852 frappe d'une incapacité temporaire les individus condamnés à un emprisonnement de plus d'un mois pour l'un des délits qu'il spécifie. Le premier de ces délits est la rébellion prévue et punie par les art. 207 et suiv. c. pén. On ne saurait assimiler à ce délit celui d'entrave à la liberté du travail ; en conséquence, aucune incapacité ne résulte d'une condamnation à quarante jours d'emprisonnement pour entrave à la liberté du travail (Civ. cass. 15 mai 1877, aff. Martini, D. P. 77. 1. 204. V. conf. Hérold, *Droit électoral*, nos 78 et suiv.).

68. Les condamnations à un emprisonnement de plus d'un mois pour outrages envers les dépositaires de l'autorité et de la force publique, délits réprimés par les art. 222 et suiv. c. pén., entraînent également l'incapacité temporaire édictée par l'art. 16 du décret du 2 févr. 1852. Cet article ayant visé le délit d'outrage dans toute sa généralité, sans prescrire la condition de publicité, on doit y comprendre l'outrage envers des magistrats de l'ordre administratif ou judiciaire par parole, par écrit ou par dessin non rendus publics et tendant à inculper leur honneur ou leur délicatesse, délit prévu par l'art. 222 c. pén. modifié par la loi du 13 mai 1863. Mais on ne saurait faire résulter l'incapacité électorale prévue par l'art. 16 du décret de 1852 : 1° de la condamnation pour injure publique envers les dépositaires ou agents de l'autorité publique (Civ. cass. 6 mai 1878, aff. Scelle, D. P. 78. 1. 246) ; — 2° De la condamnation à un mois de prison, pour dénonciation calomnieuse, alors même que la dénonciation aurait été dirigée contre un dépositaire de la force publique, ce délit ne pouvant être assimilé à l'outrage (Civ. rej. 24 avr. 1877, aff. Giovanelli, D. P. 77. 1. 204) ; — 3° De la condamnation prononcée pour diffamation, même envers un dépositaire de la force publique (Hérold, *Droit électoral*, n° 81) ; — 4° De la condamnation à deux mois de prison pour outrages envers un ministre d'un culte légalement reconnu, les ministres des cultes n'étant pas considérés par la jurisprudence comme des fonctionnaires publics (Civ. rej. 26 mars 1877, aff. Quilichini, D. P. 77. 1. 204).

69. L'incapacité que l'art. 16 du décret de 1852 attachait aux condamnations à plus d'un mois d'emprisonnement pour infraction à la loi sur le colportage avait été implicitement supprimée par l'art. 21 de la loi du 29 juill. 1881, qui a transformé en contraventions de simple police les infractions en matière de colportage. Elle a été rétablie par la loi du 24 janv. 1889 (D. P. 89. 4. 45). — V. *infrà*, v° *Presse-outrage*.

70. Nous avons déjà constaté que les incapacités électorales sont limitativement énumérées dans les art. 15 et 16 du décret organique du 2 févr. 1852 et ne peuvent être étendues par voie d'analogie d'un cas à un autre (V. *suprà*, n°s 51, 67, 68. V. conf. Hérold, *Droit électoral*, n°s 54 et suiv.; Bost, *Code formulaire des élections municipales*, 5e éd., p. 21). Il a été décidé, par application de ce principe, qu'aucune incapacité électorale ne résulte : 1° de la condamnation pour délit de violation de domicile prévu par l'art. 184 c. pén. (Req. 16 mars 1875, aff. Billès, D. P. 75. 1. 301); — 2° De la condamnation à l'emprisonnement prononcée pour délit de pêche fluviale (Civ. rej. 26 mars 1877, aff. Quilichini, D. P. 77. 1. 204. V. conf. Hérold, *Droit électoral*, n° 57); — 3° De la condamnation pour simple délit de coups et blessures ou pour menace verbale de mort, faite avec ordre ou sous conditions (Civ. cass. 29 mai 1878, aff. Thibon, D. P. 78. 1. 246).

71. En principe, les condamnations susceptibles d'entraîner la privation ou la suspension du droit de vote se prouvent, en matière électorale comme en toute autre matière, par un extrait de jugement. Ainsi le tiers électeur qui demande la radiation d'un électeur par le motif qu'il aurait été frappé d'une condamnation correctionnelle, doit produire le jugement ou l'extrait du casier judiciaire qui établit la cause d'incapacité (Civ. rej. 19 avr. 1882, aff. Dalmassy, D. P. 83. 5. 188). La preuve d'une condamnation correctionnelle entraînant l'incapacité électorale ne peut résulter de simples renseignements administratifs, lorsque l'électeur nie que cette condamnation lui soit applicable (Req. 29 mars 1864, aff. Soustre, D. P. 64. 1. 240), ou lorsqu'il en reconnaît l'existence, mais ajoute que, sur appel, elle a été infirmée, l'aveu judiciaire étant indivisible en matière électorale, comme en toute autre matière (Req. 22 mars 1864, aff. Bernard, D. P. 64. 1. 240). A plus forte raison, le juge de paix ne peut-il, pour rejeter une demande d'inscription sur les listes électorales, s'appuyer uniquement sur ce fait qu'il résulterait de la *notoriété publique* que le demandeur aurait été condamné à une peine correctionnelle emportant privation des droits électoraux (Civ. cass. 2 mai 1883, aff. Mattei, D. P. 83. 5. 188).

72. Jusqu'en 1875, pour assurer l'exécution des dispositions législatives édictant des incapacités électorales, on avait recours à des états annuels mentionnant les jugements qui entraînaient suspension ou privation des droits électoraux dressés par les greffiers et transmis aux préfets des départements. Mais l'expérience ayant démontré l'insuffisance de ces états pour éclairer l'Administration sur la capacité des électeurs inscrits qui avaient changé de domicile, le garde des sceaux a décidé, de concert avec le département de l'intérieur, qu'à partir du 1er janv. 1875, des duplicata du bulletin n° 1 seraient transmis aux sous-préfectures des lieux de naissance des condamnés, de manière à créer pour l'avenir un *casier administratif électoral* et permettre à l'administration de se suffire à elle-même, sans frais nouveaux, en cas de revision des listes électorales. Ce duplicata donne lieu, pour les greffiers, à une allocation de 15 centimes à la charge du ministère de la justice (Circ. min. just. 18 déc. 1874, *Rec. min. just.*, t. 3, p. 321).

73. Les jugements déclaratifs de faillite, entraînant aussi l'incapacité électorale, sont consignés au casier administratif. A cet effet, des duplicata du bulletin n° 1 sont transmis aux sous-préfectures des lieux de naissance des commerçants déclarés en faillite et qui, jusqu'à leur réhabilitation, se trouvent privés de leurs droits électoraux; ces bulletins sont rétribués à raison de 15 centimes payés sur les fonds des frais de justice criminelle, tant aux greffiers des tribunaux civils jugeant commercialement qu'aux greffiers des tribunaux de commerce (Circ. min. just. 27 août 1875, *Rec. min. just.*, t. 3, p. 363). Il est recommandé aux préfets de veiller à ce que les bulletins concernant les faillis soient détruits au fur et à mesure que les arrêts de réhabilitation leur ont été notifiés (Circ. min. int. 23 sept. 1875, *Bull. min. int.*, 1875, p. 472).

74. A la fin de chaque trimestre, les préfets doivent transmettre au ministre de l'intérieur un compte rendu d'ensemble sur le service des casiers administratifs électoraux dans leur département (Circ. min. int. 12 juill. 1875, *Bull. min. int.*, 1875, p. 324; 19 mars 1887, *ibid.*, 1887, p. 66).

75. L'incapacité électorale perpétuelle est imprescriptible. Elle n'est pas une peine accessoire, mais une conséquence légale de la condamnation. Attachée au seul fait de cette condamnation, et non à l'exécution de la sentence, elle est encourue, quoique la peine ait été prescrite, et quel que soit le temps écoulé depuis la condamnation (Req. 30 mars 1863, aff. Bousseau, D. P. 63. 1. 135), et elle ne saurait être effacée à raison du long temps pendant lequel l'incapable a indûment exercé le droit électoral (Req. 6 nov. 1872, aff. Souvielle, D. P. 73. 1. 480; Civ. cass. 30 avr. 1885, aff. Thomas, D. P. 85. 1. 314). — Quant à la privation temporaire du droit électoral édictée par l'art. 16 du décret du 2 févr. 1852, elle cesse pour le condamné qui a échappé par la prescription à l'exécution de la condamnation cinq années après l'accomplissement de cette prescription (Req. 16 mai 1865, aff. Colonna d'Istria, et aff. Pellicini, D. P. 65. 1. 238). Et le moyen tiré de la prescription de la peine est un moyen d'ordre public, qui peut être proposé pour la première fois devant la cour de cassation; à la différence du moyen tiré de ce que la peine elle-même a été subie lequel est non recevable devant la cour de cassation, quand il n'a pas été invoqué devant les juges du fond (Mêmes arrêts).

76. Les incapacités électorales attachées à certaines condamnations ne sont pas effacées par la remise totale ou partielle de la peine accordée au condamné (Req. 6 mars 1865, aff. Roncasera, D. P. 65. 1. 238; 6 nov. 1872, aff. Souvielle, D. P. 73. 1. 480). A plus forte raison, ne le sont-elles pas par une commutation de peine (Req. 24 mars 1874, aff. Sampité, D. P. 74. 1. 310).

77. A la différence de la grâce, l'amnistie accordée aux individus frappés de condamnations entraînant l'incapacité électorale a pour effet de relever de cette incapacité les condamnés amnistiés (Req. 12 avr. 1870, aff. Noiret, D. P. 70. 1. 171; 13 avr. 1870, aff. Mattei, *ibid.*). — D'après un arrêt rapporté au *Rép.* n° 115-5°, les amnisties accordées pour *délits de presse* ne devaient pas être étendues aux individus condamnés pour délit d'outrage à la morale religieuse, et, par suite, ces derniers restaient frappés de l'incapacité attachée à cette condamnation. Il a été jugé, au contraire, que l'amnistie du 11 juill. 1880 (D. P. 80. 4. 57) déclarant amnistiés tous les condamnés pour crimes ou délits politiques ou pour crimes ou délits de presse profitait aux condamnés pour outrages à la morale publique et aux bonnes mœurs proférés publiquement, en vertu et par application des art. 1er et 8 de la loi du 17 mai 1819, et que, par conséquent, elle devait faire cesser l'incapacité électorale résultant de ces condamnations (Civ. rej. 5 juin 1883, aff. Tassot, D. P. 83. 1. 388).

Les délits de fraude en matière électorale ayant le caractère de délits politiques étaient compris dans la même amnistie qui, par suite, a eu pour effet de réintégrer dans la jouissance du droit de vote les individus condamnés pour un délit de cette nature (Civ. cass. 11 avr. 1881, aff. Ferrand et Cervetti, D. P. 81. 1. 271).

78. La réhabilitation a pour effet, aux termes de l'art. 634, § 1er c. instr. crim. modifié par l'art. 10 de la loi du 14 août 1885, d'effacer la condamnation et de faire cesser les incapacités qui y sont attachées, notamment les incapacités électorales. Pour être inscrit sur les listes électorales, le condamné doit justifier de sa réhabilitation avant la clôture des listes; pour être éligible, il doit justifier de sa réhabilitation au jour de l'élection (Cons. d'Ét. 6 juin 1866, aff. El. de Briançon, *Rec. Cons. d'État*, p. 610). — On a vu au *Rép.* n° 115-9° que la réhabilitation d'un officier ministériel destitué, après sa condamnation à une peine afflictive et infamante ne le relevait pas de l'incapacité électorale attachée à cette condamnation. Mais cette solution a cessé d'être exacte depuis la promulgation de la loi du 19 mars 1864 (D. P. 64. 4. 32) dont l'art. 1er porte que les officiers ministériels destitués peuvent être relevés des déchéances et incapacités résultant de leur destitution, et dont l'art. 2 rend applicables aux demandes ainsi formées les dispositions du code d'instruction criminelle relatives à la réhabilitation des condamnés à une peine correctionnelle.

79. La naturalisation accordée à un étranger n'efface pas l'incapacité électorale résultant des condamnations pour crime ou délit antérieurement prononcées contre lui par la justice française (Req. 1er déc. 1874, aff. Viviani, D. P. 75. 1. 301).

ART. 3. — *De l'âge requis pour être électeur* (*Rép.* nos 124 à 127).

80. Nous avons dit au *Rép.* n° 124 que depuis 1848 l'âge requis pour l'exercice du droit électoral a été constamment fixé à vingt et un ans. Il en est ainsi, notamment, en ce qui concerne les élections des députés, en vertu de l'art. 12 du décret organique du 2 févr. 1852, dont la prescription à cet égard a été maintenue par les dispositions combinées de l'art. 1er de la loi du 30 nov. 1875, de l'art. 5 de la loi du 7 juill. 1874 et de l'art. 14 de la loi du 5 avr. 1884. Conformément à ce qui a été exposé au *Rép.* n° 125, l'électeur doit avoir vingt et un ans révolus avant le 1er avril qui précède les élections, ou, en d'autres termes, le 31 mars, jour de la clôture définitive de la liste (Circ. min. int. 30 nov. 1884, *Bull. min. int.*, 1884, p. 469).

81. L'âge d'un électeur s'établit, ainsi qu'on l'a vu (*Rép.* n° 126), par la production de son acte de naissance. Toutefois, on peut suppléer à cet acte au moyen soit d'un livret d'ouvrier établi conformément à la loi (Req. 30 mars 1863, aff. David, et aff. Goumy, D. P. 63. 1. 137), soit d'un acte de mariage (Req. 30 mars 1863, aff. Vibert, *ibid.*). Il a même été jugé que la mention dans un passeport de l'âge de celui qui en est porteur est une justification suffisante de l'âge indiqué, bien que le passeport n'indique pas la date même de la naissance (Req. 16 mars 1863, aff. Brives, D. P. 64. 5. 115).

82. La force probante attachée à ces pièces et certificats divers est abandonnée au pouvoir souverain d'appréciation des juges du fond (Hérold, *Droit électoral*, nos 161, 168 et suiv.). Ainsi le juge de paix n'est pas tenu de se contenter, pour constater la majorité d'un individu qui demande son inscription sur la liste électorale, de son acte de naissance, ni de la déclaration des personnes amenées par lui (Req. 23 nov. 1874, aff. Pantalacci, D. P. 75. 1. 75). Le serment n'est pas admis comme mode de justification en matière électorale (Même arrêt).

ART. 4. — *Du cens électoral* (*Rép.* nos 128 à 294).

83. Les questions relatives au cens électoral étudiées au *Rép.* nos 128 et suiv. ont perdu tout intérêt depuis l'établissement du suffrage universel.

ART. 5. — *Du domicile politique* (*Rép.* nos 295 à 420).

84. Le domicile politique établi par le décret du 17 janv. 1806 se rattachait, comme on l'a vu au *Rép.* n° 295, au système censitaire; il ne saurait être, sous le régime du suffrage universel, séparé du domicile réel. Mais, ainsi que nous le verrons, les listes électorales ne comprennent plus seulement aujourd'hui les citoyens qui *résident* depuis six mois au moins dans la commune; l'art. 14 de la loi du 5 avr. 1884 y autorise également l'inscription de tout citoyen qui y a son *domicile réel*, c'est-à-dire son principal établissement. Ce domicile réel est le domicile d'origine, lorsque rien n'établit que l'électeur ait eu l'intention de le changer (Civ. rej. 16 avr. 1885) (1). En matière électorale, de même qu'en droit civil, ces mots sont employés par opposition à ceux de *domicile élu*, et ils n'impliquent pas nécessairement l'existence d'une propriété matérielle (Civ. rej. 16 avr. 1885) (2).

85. La résidence de six mois et le domicile sont deux causes distinctes d'inscription se suffisant chacune à elle-même; par suite, il y a à la fois défaut de motifs et de base légale dans le jugement qui repousse une demande fondée, d'une part, sur une résidence de six mois dans la commune et, d'autre part, sur l'existence d'un domicile réel dans cette commune, en se bornant à s'expliquer sur la résidence pour en nier la durée (Civ. cass. 10 avr. 1888, aff. Roux, D. P. 89. 1. 93). La cour de cassation a également cassé, comme manquant de base légale, un jugement qui avait refusé l'inscription électorale à un instituteur libre qui alléguait avoir fixé son principal établissement dans la commune où il avait régulièrement ouvert une école, et qui avait motivé ce refus sur ce que l'établissement du demandeur dans la commune était précaire et sur ce que, n'étant qu'un salarié et pouvant être congédié, il n'avait pas une situation stable et indépendante, propre à donner le domicile (Civ. cass. 20 juin 1888, aff. Roux, D. P. 89. 1. 93). Dès qu'un citoyen n'a d'autre établissement que celui dont il excipe, cet établissement est pour lui le *principal*, quelque modique qu'il soit, et alors même qu'il ne serait pas assuré pour une période certaine de l'immutabilité. Il est donc fondé à y réclamer l'exercice du droit électoral.

86. Il a été décidé, par application de ces principes, que les domestiques majeurs qui servent chez un maître, ayant le même domicile que ce maître, ne peuvent être éliminés de la liste électorale de la commune où ils résident avec celui-ci, par le seul motif qu'il n'y résident que temporairement et sans explication sur le point de savoir si le maître a ou n'a pas son domicile dans la commune (Civ. cass. 30 avr. 1885, aff. Cazes, et aff. Coux, D. P. 85. 1. 316). Mais les domestiques et les personnes qui travaillent habituellement pour autrui n'ont le même domicile que leur maître qu'autant qu'ils habitent avec lui dans la même maison; en conséquence, le serviteur qui a une habitation distincte dans une autre commune ne peut être inscrit sur la liste électorale de la commune où se trouve le domicile du maître (Civ. cass. 28 mars 1889, aff. Féron, D. P. 89. 1. 336).

87. L'enfant naturel non reconnu, mineur et non émancipé, qui n'a pas de tuteur et qui n'a pas été recueilli dans un hospice, a pour domicile celui de la personne qui est chargée de l'élever et de le nourrir; il peut donc, lorsqu'il est devenu majeur, être inscrit sur la liste électorale de la commune où cette personne est domiciliée. La résidence passagère dans une autre commune, où cet enfant naturel exerce une profession, ne lui fait pas perdre son domicile

(1) (Ponthier C. Grammont.) — LA COUR; — Attendu qu'il résulte des dispositions nouvelles de l'art. 14 de la loi du 5 avr. 1884, que la liste électorale comprend tous les électeurs qui ont leur domicile réel dans la commune, ou y habitent depuis six mois au moins; — Attendu que, dans l'esprit de la loi électorale, le domicile réel, opposé à la résidence, est le domicile d'origine, lorsque rien n'établit que l'électeur ait eu l'intention de le changer; — Attendu que, de cette disposition légale, naît pour l'électeur un droit d'option entre son domicile réel et sa résidence; — Attendu que la sentence attaquée constate, en fait, que les trois électeurs contestés sont nés dans la commune, ou y avaient le domicile de leurs parents qui y résident; qu'ils y ont leur domicile réel, et qu'ils ont manifesté clairement la volonté de rester inscrits sur la liste électorale de Cour, où ils figuraient antérieurement; que de ces constatations elle pouvait déduire que lesdits électeurs avaient le droit d'être inscrits sur la liste de Cour; — Attendu que, si ladite sentence a maintenu ces électeurs par le motif erroné qu'ils étaient sur le rôle des prestations en nature comme membres de la famille dont le chef y était porté, il peut y être suppléé par les motifs ci-dessus énoncés; — Attendu, dès lors, qu'en statuant comme elle l'a fait, la sentence attaquée n'a pas violé l'art. 14 de la loi du 5 avr. 1884, mais au contraire en a fait une juste application; — Rejette, etc.

Du 16 avr. 1885.-Ch. civ.-MM. Larombière, pr.-Rohault de Fleury, rap.-Desjardins, av. gén., c. conf.

(2) (Sécheyron C. Bébin et autres.) — LA COUR; — Attendu que les mots *domicile réel* sont, de même qu'en droit civil, employés en matière électorale dans la loi du 5 avr. 1884, par opposition à ceux de *domicile élu*; qu'ils n'impliquent pas nécessairement l'existence d'une propriété matérielle, et ne sont pas, par conséquent, exclusifs du domicile d'origine, caractérisé par le seul rapport juridique de la personne et du lieu où elle est née; — Attendu qu'il résulte des constatations du jugement attaqué que dix des électeurs dont la radiation est demandée sont nés à Solomiac, et que les deux autres n'ont quitté que temporairement la commune de ce nom, où ils étaient domiciliés; que, d'autre part, la sentence attaquée ajoute que, loin d'avoir exprimé l'intention d'abandonner leur premier domicile, Bebin et autres ont manifesté, au contraire, l'intention de le conserver; — Attendu qu'en concluant de ces circonstances de fait et d'intention, dont l'appréciation rentrait dans le pouvoir souverain du juge, que les défendeurs ont le droit d'être inscrits sur la liste électorale de la commune de Solomiac, le jugement attaqué n'a violé aucune loi; — Rejette, etc.

Du 16 avr. 1885.-Ch. civ.-MM. Larombière, pr.-Guérin, rap.-Desjardins, av. gén., c. conf.

réel, et le juge de paix peut, par une appréciation des faits, maintenir son inscription dans la commune du domicile réel (Civ. rej. 9 mai 1889, aff. Bru, D. P. 89. 1. 424).

88. L'art. 107, qui dispose que l'acceptation de fonctions conférées à vie emportera translation immédiate du fonctionnaire dans le lieu où il doit exercer ses fonctions, n'est point applicable à un professeur de l'enseignement supérieur, particulièrement à un professeur d'une faculté de droit. En conséquence, ce professeur peut réclamer son maintien sur la liste de la commune où il a son domicile d'origine, mais où il n'exerce pas ses fonctions, sans qu'on puisse lui opposer qu'il a un domicile réel dans la commune où il a été appelé en qualité de professeur de droit (Civ. rej. 13 mai 1885, aff. Metay, D. P. 85. 1. 313).

SECT. 3. — DES LISTES ÉLECTORALES ET DES RÉCLAMATIONS DONT ELLES SONT L'OBJET (*Rép.* n°s 421 à 567).

89. Nous avons dit *suprà*, n° 25, que la loi du 5 avr. 1884 a fait cesser la distinction créée depuis 1871 entre l'électorat politique et l'électorat municipal et départemental, et qu'il n'existe plus aujourd'hui qu'une liste électorale unique comprenant : 1° tous les citoyens qui résident depuis six mois dans la commune, et tous ceux qui y ont leur domicile réel; 2° ceux qui y sont inscrits au rôle d'une des quatre contributions directes ou au rôle des prestations en nature, et qui, s'ils ne résident pas dans la commune, ont déclaré vouloir y exercer leurs droits électoraux, ainsi que les membres de la famille des mêmes électeurs compris dans la cote de la prestation en nature, alors même qu'ils n'y sont pas personnellement portés, et les habitants qui, en raison de leur âge ou de leur santé, ont cessé d'être soumis à cet impôt; 3° ceux qui, en vertu de l'art. 2 du traité du 10 mai 1871, ont opté pour la nationalité française et déclaré fixer leur résidence dans la commune, conformément à la loi du 19 juin 1871; 4° ceux qui sont assujettis à une résidence obligatoire dans la commune en qualité soit de ministre des cultes reconnus par l'Etat, soit de fonctionnaires publics. Les questions qui se rattachent à ces diverses conditions de l'électorat seront examinées *infrà*, v° *Organisation administrative*.

90. Sous la loi du 7 juill. 1874, la cour de cassation avait décidé que le même électeur pouvait être inscrit simultanément sur les listes de deux communes, dans l'une pour l'électorat politique et dans l'autre pour l'électorat municipal (Civ. rej. 15 mai 1877, aff. Musnier, D. P. 77. 1. 302). Sous l'empire de la loi de 1884, au contraire, cette division de l'électorat n'est plus possible, puisque le législateur ne reconnaît qu'une seule liste à la fois politique et municipale (Civ. cass. 11 avr. 1889, aff. Roblin, D. P. 89. 1. 336; Greffier, *De la revision annuelle des listes électorales*, 3e éd., p. 9 et suiv.).

ART. 1er. — *De la permanence des listes* (*Rép.* n° 423).

91. On a vu au *Rép.* n° 423 que la permanence des listes est la base de notre système électoral. Ce principe est consacré par l'art. 18 du décret organique du 2 févr. 1852 et trouve sa définition dans l'art. 8 du décret réglementaire du même jour, aux termes duquel la liste électorale, une fois close, reste jusqu'au 31 mars de l'année suivante telle qu'elle a été arrêtée.

92. Cette règle reçoit deux exceptions. La première est relative aux inscriptions ordonnées soit par des arrêts de la cour de cassation, soit par des décisions de juges de paix rendues après la clôture des listes, pourvu toutefois qu'elles soient intervenues sur des réclamations formées dans le délai légal, c'est-à-dire avant le 4 février (Circ. min. int. 30 déc. 1875, D. P. 84. 3. 112, note 2 ; 30 nov. 1884, *Bull. min. int.* 1884, p. 469; 10 juill. 1886, *ibid.*, 1886, p. 189). Les décisions dont il s'agit ne peuvent être que des jugements rendus par le juge de paix comme juge d'appel des décisions de la commission municipale, et ce magistrat ne pourrait sans excès de pouvoir ordonner directement sur simple requête, à toute époque de l'année, des changements sur la liste électorale (Req. 26 juin 1861, aff. El. de Pont-l'Evêque, D. P. 61. 1. 416 ; 26 juin 1861, aff. El. de Savigny, D. P. 62. 1. 135; 10 août 1864, aff. Arrazat, D. P. 64. 5. 115 ; 19 juill. 1865, aff. Maire de Cirey-sur-Blaise, D. P. 66. 5. 158 ; 17 mars 1873, aff. Proc. gén. à la cour de cassation, D. P. 75. 5. 172 ; 6 mars 1876, aff. Long, D. P. 76. 1. 203).

93. La sentence par laquelle le juge de paix ordonne l'inscription sur la liste électorale d'un certain nombre de citoyens ne peut s'appliquer qu'à la liste qui vient d'être dressée et qui doit être arrêtée le 31 mars; par suite, c'est à tort que ces citoyens sont admis à prendre part à des opérations qui ont lieu à une époque antérieure à ce jour (Cons. d'Et. 12 mai 1876, aff. El. de Rogliano, D. P. 76. 5. 187 ; 9 août 1880, aff. El. d'Aumale, D. P. 81. 5. 140).

94. La seconde exception apportée par l'art. 8 du décret réglementaire du 8 févr. 1852 au principe de la permanence des listes concerne la radiation soit des électeurs décédés, soit des électeurs privés des droits civils et politiques par jugement ayant acquis l'autorité de la chose jugée: les radiations doivent être opérées d'office par le maire, même après le 31 mars, sur la représentation soit des actes de décès, soit des jugements et arrêts qui prononcent ou emportent par eux-mêmes la perte des droits politiques (Circ. min. just. 14 mars 1868, *Rec. min. just.*, t. 3, p. 124).

Si le maire ne s'acquitte pas de ce devoir, les électeurs inscrits, le préfet et le sous-préfet ont le droit de réclamer la radiation, en vertu de l'art. 19 du décret organique du 2 févr. 1852. — En cas de contestation, on suit les règles de procédure et de compétence indiquées dans les art. 19 à 24 du même décret. C'est d'abord la commission municipale qui doit être saisie, puis, sur appel, le juge de paix et en dernier ressort la cour de cassation (Circ. 14 mars 1868 précitée; Circ. min. int. 12 juill. 1874, *Bull. min. int.*, 1874, p. 397; 18 nov. 1874, *ibid.*, p. 582).

95. Ainsi que nous l'avons dit au *Rép.* n° 423, il résulte de la permanence des listes qu'une fois porté sur la liste, un citoyen ne peut plus en être éliminé sans une décision motivée qui doit lui être notifiée, afin qu'il puisse réclamer, s'il y a lieu, contre sa radiation, et qu'il n'a à faire aucune démarche personnelle pour la conservation de son droit (Civ. rej. 26 mars 1877, aff. Olmeta, D. P. 77. 1. 387; 21 avr. 1879, aff. Fouquier, D. P. 80. 1. 278; Civ. cass. 19 avr. 1880, aff. Mathieu, D. P. 80. 1. 156; 26 avr. 1880, aff. Quilichini, D. P. 80. 1. 278; 4 mai 1880, aff. Dessendier, *ibid.*; 4 mai 1881, aff. Bourgeois, D. P. 81. 1. 485; 4 avr. 1883, aff. Rolland, D. P. 84. 5. 185; 2 mai 1883, aff. Pietri, D. P. 83. 5. 190; 28 mai 1883, aff. Guéridé, D. P. 83. 1. 389; 20 août 1883, aff. Verdier, D. P. 83. 5. 190; 16 avr. 1885 (1); 27 juill.

---

(1) (Armand de Saint-Jean C. Elect. de Rufisque.) — LA COUR; — Vu l'art. 2 de la loi du 7 juill. 1874 : — Attendu, en fait, que de la décision de la commission municipale de la commune de Rufisque, en date du 9 févr. 1885, et du jugement attaqué, il résulte qu'Armand de Saint-Jean, inscrit au 1er janv. 1885 sur la liste électorale de ladite commune, y a été maintenu par la commission administrative, et que c'est le 9 février que la commission municipale l'a rayé d'office, sans avoir été saisie par qui que ce soit d'une demande de radiation ; — Attendu, en droit, d'une part, que, si la commission administrative peut rayer d'office les noms des individus qu'elle reconnaît avoir été indûment inscrits sur la liste électorale, il en est tout autrement pour la commission municipale, laquelle est investie d'un pouvoir de juridiction, et ne peut que statuer sur les demandes de radiation dont elle est saisie par une personne dûment qualifiée ; — Attendu, d'autre part, que le sieur Armand de Saint-Jean, inscrit comme électeur à Rufisque, devait, en vertu même du principe de la permanence de la liste électorale, y être maintenu sans avoir aucune preuve à faire pour établir devant le juge de paix son droit à l'inscription, aussi longtemps que sa radiation n'avait été ni opérée par la commission administrative, ni prononcée par la commission municipale sur une demande régulièrement portée devant elle ; — Attendu qu'au lieu d'annuler pour excès de pouvoirs la décision par laquelle la commission municipale de Rufisque avait rayé d'office Armand de Saint-Jean de la liste de la commune où il était inscrit et demandait à être maintenu, d'évoquer et de statuer au fond conformément à la loi, le juge de paix de Gorée-Dakar a confirmé ladite décision et lui a fait sortir effet malgré le vice dont elle était entachée ; qu'il a ainsi violé l'article de loi susvisé ; — Sans qu'il soit besoin de statuer sur les autres moyens du pourvoi

Par ces motifs, casse, etc.

Du 16 avr. 1885.-Ch. civ.-MM. Larombière, pr.-Monod, rap.-Desjardins, av. gén., c. conf.

1887, aff. Marius Fontaine, D. P. 87. 1. 472). L'électeur inscrit sur une liste électorale antérieurement à la revision n'est donc point tenu de renouveler sa demande, alors même qu'on soutiendrait que la première n'était pas régulière (Arrêts précités des 2, 28 mai et 20 août 1883) ; et, en cas de radiation d'office, il est fondé à demander le rétablissement de son nom et à réclamer ainsi le maintien d'un état de choses préexistant (Arrêt précité du 19 avr. 1880), alors même qu'en fait il aurait cessé de résider dans la commune sur la liste de laquelle il est inscrit (Même arrêt et arrêts précités des 26 mars 1877 et 4 mai 1881). — L'inscription sur les listes d'une commune d'électeurs qui y figurent depuis plusieurs années ne peut être contestée sous l'unique prétexte qu'ils seraient inscrits en même temps sur les listes électorales d'autres communes (Civ. cass. 6 mai 1878, aff. Ciavaldini, D. P. 78. 1. 324). De même, l'électeur inscrit sur les listes d'une commune pour l'année précédant la revision et qui, sans l'avoir demandé, se trouve inscrit sur une autre liste, n'a point, pour être maintenu sur la première, à justifier de sa radiation ou de sa demande de radiation sur la seconde (Civ. cass. 7 déc. 1880, aff. Rutali, D. P. 81. 1. 78. V. aussi Civ. cass. 13 avr. 1881, aff. Muzard, D. P. 81. 1. 302; 26 avr. 1881, aff. Maumus, *ibid.*).

ART. 2. — *De la préparation ou revision des listes; de la publication des arrêtés et de leur notification* (*Rép.* nos 424 à 451).

96. On a dit au *Rép.* n° 424 que les listes une fois arrêtées étant permanentes, il n'est procédé qu'à une revision annuelle de ces listes. Cette revision (*Rép.* n° 427), a pour objet: 1° d'ajouter aux listes de l'année précédente les noms des citoyens qui, depuis, ont acquis la capacité électorale; 2° d'en retrancher ceux qui l'ont perdue. Les règles et les formes de cette revision sont déterminées par les art. 1er à 8 du décret réglementaire du 2 févr. 1852 et par la loi du 7 juill. 1874.

97. — I. COMMISSION ADMINISTRATIVE. — La revision des listes électorales était confiée au maire seul par l'art. 13 du décret organique du 2 févr. 1852, ainsi que nous l'avons exposé (*Rép.* n° 426). L'art. 1er de la loi du 7 juill. 1874 a donné cette mission à une commission spéciale dont il a déterminé la composition. Cette commission, qui a reçu dans la pratique le nom de *commission administrative*, comprend en première ligne le maire ou, à son défaut, l'adjoint, un délégué de l'Administration désigné par le préfet et un délégué du conseil municipal. Le délégué de l'Administration peut être choisi soit parmi les habitants de la commune, soit parmi les personnes étrangères à la commune ; et rien ne s'oppose à ce que, pour les localités peu importantes, un seul et même délégué soit choisi par l'Administration pour plusieurs communes (Circ. min. int. 30 nov. 1884, *Bull. min. int.* 1884, p. 462). Pour les communes comprises dans le tableau des sections arrêtées par le conseil général, il est institué dans chaque section une commission spéciale composée : 1° du maire ou adjoint ou d'un conseiller municipal dans l'ordre du tableau; 2° d'un délégué de l'Administration désigné par le préfet; 3° d'un délégué choisi par le conseil municipal (Circ. min. int. 30 nov. 1884, *Bull. min. int.*, 1884, p. 463).

A Paris et à Lyon, la liste est dressée dans chaque quartier ou section par une commission composée du maire de l'arrondissement ou d'un adjoint délégué, du conseiller municipal élu dans le quartier ou la section, et d'un électeur désigné par le préfet du département (L. 7 juill. 1874, art. 1er, § 4).

98. Les opérations de revision annuelle de la liste électorale peuvent être annulées, lorsque le tableau de rectification a été préparé et dressé sans le concours des délégués du conseil municipal (Cons. préf. Seine, 4 févr. 1881, aff. Grébaut, D. P. 82. 5. 183). Décidé de même que l'irrégularité de la composition de la commission administrative peut motiver l'annulation des opérations électorales lorsque cette irrégularité a pu avoir une influence sur le résultat des opérations (Cons. d'Et. 2 nov. 1871, aff. El. de Moïta, D. P. 73. 3. 29; 29 déc. 1871, aff. El. de Ciammanace, *ibid.*; 20 févr. 1885, aff. El. de Barbaggio, D. P. 86. 5. 171). Ainsi le fait que le délégué de l'Administration n'a pas été convoqué aux séances de la commission de revision et n'a pu obtenir communication des rectifications opérées en son absence est de nature à porter atteinte à la sincérité du vote et peut entraîner l'annulation des opérations électorales (Cons. d'Et. 18 déc. 1885, aff. El. de Saint-Laurent, D. P. 87. 5. 184).

Il a été décidé, au contraire, qu'on ne saurait se prévaloir, pour demander l'annulation d'une élection, d'une prétendue irrégularité dans la composition de la commission administrative de revision, s'il n'est pas contesté que la liste électorale est restée déposée à la mairie pendant le délai prescrit et qu'aucune réclamation ne s'est produite contre sa régularité (Cons. d'Et. 6 juin 1879, aff. Elect. de Campouriez, *Rec. Cons. d'Etat*, p. 467); ... ni de ce que le maire a procédé seul à la revision des listes électorales par suite de l'absence des délégués si ce fait n'a pas constitué une manœuvre, alors surtout que les requérants pouvaient se pourvoir par les voies de droit, à l'effet de demander l'inscription des électeurs omis (Cons. d'Et. 28 juill. 1882, aff. El. de Visker, *Rec. Cons. d'Etat*, p. 725); ... ni de ce que la liste a été dressée par le maire sans le concours des autres membres de la commission administrative, quand il n'est pas allégué que des individus aient été inscrits à tort ou que des électeurs aient été omis ou radiés irrégulièrement, ni que cette irrégularité ait constitué une manœuvre de nature à porter atteinte à la liberté ou à la sincérité du scrutin (Cons. d'Et. 6 déc. 1878, aff. Elect. de Saint-Jean-de-Vals, *Rec. Cons. d'Etat*, p. 990); ... ni de ce que la revision aurait eu lieu en l'absence du délégué de l'Administration, si celui-ci a eu postérieurement connaissance de cette liste, et s'il a exercé son contrôle sur les rectifications opérées et provoqué devant le juge de paix telle radiation que de droit (Cons. d'Et. 22 juill. 1887, aff. El. de Piétra, D. P. 88. 5. 194).

99. La commission administrative ne constitue pas une juridiction et ses décisions ne sont pas des actes judiciaires (Civ. rej. 26 avr. 1881, aff. Ricard, D. P. 81. 1. 483). Il en résulte qu'elles ne peuvent pas être déférées par voie d'appel au juge de paix (Civ. rej. 7 déc. 1881, aff. Lautier, D. P. 82. 1. 128), ni être attaquées par la voie du pourvoi en cassation (Arrêt précité du 26 avr. 1881).

100. — II. INSCRIPTIONS. — La commission administrative procède par voie d'additions à la liste électorale et par voie de retranchements ou radiations. Ainsi qu'on l'a vu au *Rép.* n° 429, le travail de la revision n'a pas besoin d'être provoqué par une action extérieure ou une demande quelconque, et la commission, comme autrefois le maire, peut et doit inscrire ou retrancher d'office sans qu'il y ait aucune demande. D'après une circulaire du ministre de l'intérieur du 30 nov. 1884 (*Bull. min. int.*, 1884, p. 471), la loi du 5 avr. 1884 n'a pas maintenu la disposition de la loi du 7 juill. 1874 qui établissait une distinction entre les catégories d'électeurs qui devaient être inscrits d'office et celles d'électeurs qui ne pouvaient l'être que sur leur réclamation.

Toutefois, les citoyens qui sont inscrits personnellement aux rôles des contributions ou des prestations sont tenus de déclarer leur intention d'exercer dans la commune, s'ils n'y résident pas, leurs droits électoraux. C'est ce qui résulte des termes formels de l'art. 14, § 3-2°, de la loi du 5 avr. 1884, qui reproduit textuellement une disposition de l'art. 5 de la loi du 7 juill. 1874. A défaut de cette déclaration d'intention, le contribuable ou prestataire ne saurait être inscrit sur la liste électorale d'une commune dans laquelle il ne réside pas (Civ. rej. 8 juin 1880, aff. Ciccoli, D. P. 80. 1. 280). Mais aucune forme spéciale n'est prescrite par la loi pour cette déclaration ; il n'est pas nécessaire qu'elle soit faite par le contribuable ou prestataire en personne, et elle peut avoir lieu par lettre missive adressée au maire (Req. 18 nov. 1874, aff. Nicolaï, D. P. 75. 1. 77; Civ. cass. 28 avr. 1879, aff. Dumas, D. P. 80. 1. 279). Il suffirait même que le contribuable ou prestataire déclarât au maire son intention d'exercer ses droits électoraux dans la commune (Civ. cass. 26 avr. 1880, aff. Rousseau, D. P. 80. 1. 279).

101. La déclaration ne pourrait être faite par un tiers qui n'en aurait pas reçu le mandat formel du requérant, et il appartient au juge du fond de décider si l'existence de ce mandat est suffisamment justifiée en fait. Il a été jugé que cette justification ne résultait pas d'un certificat du secrétaire de la mairie attestant la demande d'inscription dans le délai légal par le prétendu mandataire, alors que la déclaration du requérant qu'il avait donné le mandat était d'une date postérieure à l'expiration de ce délai (Req. 16 nov. 1874, aff. Vacher, D. P. 75. 1. 77).

102. Le contribuable porté au rôle des contributions qui réclame, même pour la première fois, son inscription sur la liste de la commune où il est personnellement imposé n'est pas tenu de déclarer dans sa demande le lieu et la date de sa naissance (Civ. cass. 3 mai 1883, aff. Vincentelli, D. P. 83. 5. 226).

103. La demande personnelle d'inscription n'est imposée qu'au contribuable qui ne réside pas dans la commune; celui qui y a sa résidence peut y être inscrit d'office (Crim. cass. 9 oct. 1874, aff. Laffitte, D. P. 74. 1. 492; Civ. cass. 26 mars 1877, aff. Dobigny, D. P. 77. 1. 386; Civ. rej. 24 mai 1881, aff. Roussillon, et aff. Defaud, D. P. 81. 1. 488).

104. Un fonctionnaire public n'est pas tenu de présenter une demande, directement ou par mandataire, à l'effet d'être inscrit sur la liste de la commune où il est assujetti à une résidence obligatoire à raison de ses fonctions; l'inscription peut avoir lieu d'office (Civ. cass. 26 avr. 1880, aff. Jacquot, D. P. 80. 1. 333).

105. Dans tous les cas où l'inscription peut être opérée d'office, elle peut également être demandée par un tiers électeur, c'est-à-dire, aux termes de l'art. 19 du décret organique du 2 févr. 1852, par un électeur inscrit sur une des listes de la circonscription électorale; le même article attribue au préfet et au sous-préfet le droit de demander l'inscription d'un électeur.

106. La demande d'inscription peut être soit verbale, soit écrite. Il n'est pas nécessaire qu'elle soit directement adressée à la commission; elle peut l'être par lettre au maire de la commune (Civ. rej. 24 avr. 1877, aff. Chrétien, D. P. 77. 1. 271). L'individu qui réclame son inscription n'est pas tenu de justifier, par la production d'un extrait de son casier judiciaire, qu'il jouit de ses droits civils et politiques (Civ. cass. 8 avr. 1884, aff. Ruelle, D. P. 85. 5. 175). Les Alsaciens-Lorrains qui ont opté pour la nationalité française ne sont pas astreints pour obtenir leur inscription sur la liste électorale à une déclaration de *domicile;* l'art. 5, § 5, de la loi du 7 juill. 1874 ne leur impose qu'une déclaration de résidence qui n'est assujettie à aucune forme spéciale et peut être faite valablement par lettre missive (Civ. cass. 30 juill. 1883, aff. Martin, D. P. 83. 5. 189). L'inscription peut être demandée à la commission avant la publication du tableau rectificatif, et la demande ne peut être rejetée sous le prétexte qu'elle aurait été formée avant la période de réclamation fixée par le décret réglementaire du 2 févr. 1852 et l'art. 2 de la loi du 7 juill. 1874 (Civ. cass. 22 mai 1883, aff. Julié, D. P. 85. 5. 176).

107. — III. TRANSLATION DE L'EXERCICE DU DROIT ÉLECTORAL D'UNE COMMUNE DANS UNE AUTRE. — Il était de jurisprudence, dans la loi du 7 juill. 1874, que l'électeur qui voulait transférer l'exercice de son droit électoral d'une commune dans une autre devait justifier de la radiation de son nom sur la liste de la commune où il était primitivement inscrit (Req. 4 avr. 1854, aff. Pincet, D. P. 54. 1. 380; 23 mars 1870, aff. Mayeur, D. P. 70. 1. 176; Crim. rej. 9 oct. 1874, aff. Hovius, D. P. 75. 1. 79; Civ. rej. 9 mai 1877, aff. Dalcy, aff. Begon, et aff. Montlaur, D. P. 77. 1. 271; 14 mai 1877, aff. Fourès, et aff. Rouan, D. P. 77. 1. 205; 28 juin 1877, aff. Arrighi, D. P. 77. 1. 271; 3 avr. 1878, aff. Costantini, et aff. Bianconi, D. P. 78. 5. 217; Civ. cass. 6 mai 1878, aff. Ciavaldini, D. P. 78. 1. 324; Civ. rej. 11 mai 1880, aff. Fernel, D. P. 80. 1. 277);... ou tout au moins justifier qu'il avait régulièrement sollicité la radiation de son inscription sur la première liste (Civ. cass. 27 avr. 1880, aff. Giabicani, et aff. Ceccaldi, D. P. 80. 1. 277; 12 mai 1880, aff. Regetti, D. P. 80. 1. 277; 7 déc. 1880, aff. Rutali, D. P. 81. 1. 78; 13 avr. 1881, aff. de Ricard, D. P. 81. 1. 301; 26 avr. 1881, aff. Maumus, D. P. 81. 1. 301; Civ. rej. 23 mai 1881, aff. Billiard, D. P. 81. 1. 487; 24 mai 1881, aff. Giacomini, et aff. Brunati, *ibid.;* Civ. cass. 2 mai 1883, aff. Piétri, D. P. 83. 1. 388; 7 mai 1883, aff. Battesti, D. P. 83. 5. 190; 28 mai 1883, aff. Planès, *ibid.* V. conf. Hérold, *Droit électoral*, n° 122; Greffier, *De la revision des listes électorales*, n° 100).

108. On s'est demandé si cette obligation était maintenue par la loi du 5 avr. 1884, et l'on s'est appuyé pour le contester sur ce que, d'après cette loi, l'inscription fondée sur le domicile réel ou la résidence peut être faite d'office par l'Administration et que, par conséquent, on ne saurait exiger de l'électeur la production de la preuve de sa radiation sur la liste d'une autre commune où il serait inscrit. Cela est incontestablement vrai lorsque l'inscription est faite d'office; mais toutes les fois qu'un électeur voudra être inscrit sur une liste en vertu d'une disposition de loi qui exige une demande, par exemple, comme contribuable dans une commune autre que celle de sa résidence, il devra, s'il est inscrit dans cette dernière commune, prouver qu'il y a sollicité sa radiation (Civ. rej. 16 avr. 1885, aff. Delavault, D. P. 85. 1. 304). Même, s'il s'agit d'une inscription qui peut avoir lieu d'office, une distinction est nécessaire. Dans le cas où l'électeur inscrit dans une commune où il n'a pas sa résidence a été inscrit d'office par la commission administrative dans la commune de son domicile ou de sa résidence, il n'a pas, pour réclamer le bénéfice de cette inscription, à justifier de sa radiation dans l'autre commune; mais si c'est lui qui, ne voulant plus exercer ses droits électoraux dans la commune où il était inscrit comme contribuable, demande à l'être dans celle de sa résidence, il est tenu de joindre à sa demande la preuve qu'il a sollicité sa radiation de la liste où il ne veut plus figurer (Civ. rej. 23 avr. 1885, aff. Rougier, D. P. 85. 1. 304).

109. — IV. RADIATIONS. — La radiation d'un électeur peut, comme son inscription, être demandée soit par lui, soit par un tiers électeur, soit par le préfet ou le sous-préfet. Elle n'est soumise à aucune formalité (Civ. rej. 9 mai 1877, aff. Dalcy, D. P. 77. 1. 271; 28 juin 1877, aff. Arrighi, *ibid.*). Ainsi une demande de radiation peut être formée par une lettre au maire ou une insertion au registre communal et être justifiée par un simple récépissé du maire (Civ. rej. 6 avr. 1881, aff. Jullian et Roux, D. P. 81. 1. 304). La demande de radiation doit contenir l'énoncé des motifs sur lesquels elle est fondée (Circ. min. int. 30 nov. 1884, *Bull. min. int.*, 1884, p. 466).

110. Comme l'inscription, la radiation d'un électeur peut être opérée d'office par la commission administrative. — D'après une circulaire du ministre de l'intérieur du 1er mai 1862 (D. P. 62. 3. 77), il appartiendrait à l'autorité administrative d'appliquer les conséquences de la perte de nationalité encourue par le Français qui, sans autorisation, a pris du service militaire à l'étranger et de rayer de la liste électorale les Français qui se trouvent dans ces conditions. Mais cette solution a donné lieu à de sérieuses critiques. On a fait observer, en effet, que l'application de l'art. 21 c. civ., qu'elle soit réclamée par des tiers ou par l'Administration, ne peut être faite que par l'autorité judiciaire, et que la radiation ou le refus d'inscription d'un électeur en vertu de cet article doit être fondé sur l'existence d'une décision judiciaire qu'il peut appartenir à l'Administration de provoquer, mais qu'elle ne saurait suppléer par ses propres décisions (V. aussi D. P. 62. 3. 77, notes 2 et 3).

111. L'électeur régulièrement inscrit sur la liste électorale d'une commune, qui a été porté sans son consentement sur la liste d'une autre commune, ne peut être rayé contre son gré de l'une des listes, s'il a également le droit de figurer sur l'une ou sur l'autre (Civ. cass. 17 avr. 1878, aff. Cesare, D. P. 78. 1. 327; 6 mai 1878, aff. Salicetti, *ibid.;* Civ. rej. 4 mai 1881, aff. Cots, D. P. 81. 1. 484; 10 mai 1881, aff. Lodes, *ibid.;* Civ. cass. 19 avr. 1882, aff. Fonbelle, D. P. 83. 5. 190). En pareil cas, l'électeur a le droit de choisir celle des deux listes sur laquelle il veut être inscrit (Arrêts précités des 17 avr. et 6 mai 1878). Il en est autrement si, ayant exercé ses droits électoraux dans l'une des communes, il a manifesté par là son option; dans ce cas, il peut être rayé sur la demande d'un tiers (Arrêt précité du 10 mai 1881). Mais l'électeur qui, bien qu'inscrit sur les listes d'une commune, a obtenu son inscription sur les listes d'une autre commune où il est porté sur le rôle des contributions directes, ne peut être rayé contre son gré de ces dernières listes par ce seul motif que son nom a continué de figurer sur les listes de la commune où il avait été primitivement porté (Civ. cass. 13 avr. 1881, aff. Muzard, D. P. 81. 1. 302; 26 avr. 1881, aff. Maumus, *ibid.*).

112. L'inscription électorale sur les listes d'une commune où l'électeur a eu constamment sa résidence ne peut être rayée par le motif que cet électeur aurait transporté son domicile dans une autre commune, en y créant, par exemple, une société commerciale dont il est le gérant, le changement de domicile d'un électeur n'emportant pas de plein droit sa renonciation à l'habitation de fait qui détermine le lieu de son inscription (Req. 27 avr. 1869, aff. Prat, D. P. 69. 1. 299).

113. Le citoyen qui a été rayé d'office de la liste électorale d'une commune, sans avoir été averti et sans que la décision de la commission lui ait été notifiée, est recevable à réclamer contre les opérations électorales, et on ne peut lui opposer le défaut de la qualité d'électeur; mais il ne peut, à l'appui de sa protestation, prétendre que la radiation de son nom a été pratiquée à tort, le conseil de préfecture étant incompétent pour statuer sur la validité des inscriptions ou radiations ordonnées par les commissions (Cons. d'Et. 4 nov. 1881, aff. El. de Saint-Hilaire-la-Noaille, D. P. 83. 3. 80).

114. — V. RÈGLES SPÉCIALES AUX SECTIONS DE COMMUNE. — Certaines règles spéciales doivent être appliquées à l'établissement et à la révision des listes électorales dans les sections de communes. Dans les communes divisées en sections électorales, conformément aux art. 11 et 12 de la loi du 5 avr. 1884, il doit être dressé une liste distincte par section (Circ. min. int. 30 nov. 1884, *Bull. min. int.* 1884, p. 483). A Paris et à Lyon, une liste spéciale est établie dans chaque quartier ou section, aux termes de l'art. 1er, § 4, de la loi du 7 juill. 1874 (D. P. 74. 4. 76). Indépendamment de ces listes spéciales, une liste générale des électeurs de la commune doit être dressée par ordre alphabétique (L. 7 juill. 1874, art. 1er, § 5). Cette liste est dressée par arrondissement à Paris et à Lyon (même article, § 6).

115. La formation des listes d'électeurs dans chacune des sections d'une commune divisée en plusieurs sections par le conseil général est une opération essentiellement administrative; par suite, l'autorité administrative est seule compétente pour connaître des réclamations formées par un électeur et fondées sur ce que les listes spéciales aux diverses sections n'ont pas été dressées dans les délais légaux; et, dans le cas où ces listes spéciales n'ont pas été dressées, cet électeur ne pourrait, au moyen de demandes individuelles d'inscription présentées au juge de paix, provoquer judiciairement la répartition de la généralité des électeurs de la commune en diverses sections (Civ. rej. 5 juill. 1880, aff. Sansonetti, D. P. 81. 1. 80).

116. En principe, les sections de commune doivent être considérées comme formant, quant aux listes électorales, des communes distinctes. Toutefois, comme les sectionnements ne sont pas permanents et peuvent être modifiés chaque année par le conseil général, tandis qu'aux termes de l'art. 12 de la loi du 5 avr. 1884, les élections partielles faites, au cours de la période quaternale, pour compléter le conseil municipal doivent avoir lieu d'après le même sectionnement qui a servi au renouvellement général du conseil, il peut être nécessaire suivant les cas, de recourir tantôt aux listes établies d'après les sectionnements arrêtés dans la dernière session d'août (renouvellement intégral du conseil par suite de démissions collectives, de dissolution ou d'annulation totale des opérations), tantôt aux listes établies d'après les sectionnements antérieurs (Circ. min. int. 30 nov. 1884, *Bull. min. int.* p. 484). Nous examinerons successivement comment il convient de procéder dans les différentes hypothèses qui peuvent se présenter.

117. Dans le cas où la commune a été pour la première fois sectionnée lors de la deuxième session du conseil général, il ne peut y avoir aucune difficulté. La liste est établie par sections, conformément au dernier vote du conseil général, par les soins des commissions administratives de chaque section; on suit ces listes par sections pour le renouvellement général du conseil municipal. Conformément aux dispositions de l'art. 1er, § 5, ces listes sont, après leur clôture, réunies en une liste unique; c'est cette liste qui sert en cas d'élections partielles du conseil municipal (Circ. 30 nov. 1884 citée *suprà*, n° 116).

118. Lorsque le sectionnement a lieu après la clôture des listes, le maire est chargé de répartir les électeurs entre les sections; mais c'est là une opération purement matérielle, et le maire est tenu, en y procédant, de se conformer à la délimitation fixée par le conseil général. Dans une affaire soumise au conseil d'Etat en 1882, le ministre de l'intérieur avait émis l'avis que le préfet pouvait charger un délégué de reviser la répartition ainsi opérée par le maire; mais la légalité de cette mesure semble contestable en présence des termes de l'art. 85 de la loi du 5 avr. 1884, qui n'autorise le préfet à nommer un délégué pour remplir une des fonctions du maire que lorsque celui-ci, mis en demeure d'accomplir cette fonction, s'y est refusé (D. P. 84. 3. 4, notes 4 et 5). En tous cas, en admettant que le préfet eût, dans cette hypothèse, le droit de désigner un délégué, il a été décidé que les opérations électorales devaient être annulées, lorsque le délégué avait modifié, l'avant-veille des élections seulement, la répartition opérée par le maire, et sans que cette modification eût reçu une publicité suffisante, de telle sorte qu'un certain nombre d'électeurs, ignorant dans quelle section ils devaient voter, avaient pu être privés de l'exercice de leurs droits (Cons. d'Et. 7 juill. 1882, El. de Saint-Drézéry, D. P. 84. 3. 4).

119. Dans le cas où le conseil général a, dans sa dernière session, supprimé le sectionnement qui existait antérieurement dans la commune, il n'y a lieu d'établir qu'une commission et il ne doit être dressé qu'une liste. Toutefois, comme, en cas d'élections partielles, les électeurs des anciennes sections peuvent être appelés à voter séparément, il faut que le maire puisse au besoin diviser la liste unique. Pour lui faciliter cette opération purement matérielle, la commission doit inscrire en regard du nom de chaque électeur, pour les électeurs domiciliés, le domicile en vertu duquel ils étaient portés sur les anciennes listes ou en vertu duquel ils auront demandé à être portés sur la liste nouvelle, et pour les électeurs précédemment inscrits comme contribuables ou qui demandent à être inscrits en cette qualité, la situation de l'immeuble ou établissement en raison duquel ils sont portés au rôle (Circ. 30 nov. 1884, citée *suprà*, n° 116).

120. Enfin, lorsque les sections précédemment formées par le conseil général ont été modifiées, quant à leur nombre ou à leurs limites, dans la dernière session d'août, les listes des sections doivent être établies d'après le dernier sectionnement voté par le conseil général, mais avec les mêmes indications du domicile réel ou électoral en regard du nom de chaque électeur, afin que le maire puisse, en cas d'élections partielles, établir les listes d'émargement d'après les limites des anciennes sections (Circ. 30 nov. 1884, citée *suprà*, n° 116).

121. Les électeurs qui peuvent être inscrits dans plusieurs sections de la même commune ont le droit de choisir celle de ces sections dans laquelle ils désirent être inscrits, pourvu qu'ils fassent leur option dans le délai ouvert pour les réclamations à fin d'inscription (Circ. 30 nov. 1884, citée *suprà*, n° 116). Lorsque le maire est appelé à fractionner une liste définitivement close, il ne peut modifier les indications de domicile réel ou électoral portées sur les listes, même sur la demande des intéressés qui ne sont plus recevables à faire des déclarations d'option (Même circulaire).

122. L'électeur qui veut obtenir une inscription différente de celle qu'il avait à l'origine est obligé de former sa demande d'inscription ou de radiation dans les mêmes formes que les autres citoyens qui changent de domicile électoral (V. *suprà* n° 109).

123. L'électeur qui habite la commune depuis six mois au moins a le droit de se faire inscrire dans la section où se trouve sa résidence au jour où la liste est dressée, quelle que soit la durée de cette dernière résidence (Req. 3 avr. 1866, aff. Sourd, D. P. 66. 5. 154). — Les fonctionnaires et officiers publics, tels que les greffiers et huissiers astreints à résider au siège du tribunal auquel ils sont attachés, ne doivent pas, au cas où la ville chef-lieu est divisée en sections, être nécessairement inscrits sur la liste de la section où est établi le siège de ce tribunal, s'ils résident dans un autre section (Civ. rej. 23 mars 1885, aff. Thuret, D. P. 85. 1. 239). — L'électeur qui était inscrit sur la liste d'une section et qui réclame le maintien de son inscription n'est pas tenu de prouver la continuation de sa résidence dans cette section : c'est à celui qui demande la radiation à faire la preuve contraire (Civ. cass. 14 juin 1880, aff. Lavaysse, D. P. 81. 1. 79).

124. L'électeur résidant dans une section de commune, mais figurant au rôle de la contribution foncière, à raison d'immeubles situés dans une autre section, peut demander à être inscrit sur la liste de cette dernière section (Civ. cass. 13 avr. 1881, aff. Carbonel, D. P. 81. 1. 304 ; 9 mai 1882, aff. Lignon, D.P. 82. 1. 344 ; 20 juin 1882, aff. Tondut, *ibid.*; 5 mai 1887, aff. Allamel, D. P. 87. 1. 347). — Jugé même que le droit de réclamer son inscription dans la section où se trouve l'immeuble à raison duquel il est imposé appartient au citoyen qui n'a ni domicile ni résidence dans la commune, et encore bien que l'arrêt de sectionnement dispose qu'une autre section doit comprendre tous les électeurs domiciliés hors de la commune (Civ. cass. 26 mai 1879, aff. Portes et aff. Le Bars, D. P. 79. 1. 403).

125. Mais, pour obtenir son inscription sur la liste d'une section dans laquelle se trouvent les immeubles à raison desquels il figure au rôle de la contribution foncière, mais où il ne réside pas, l'électeur doit manifester expressément son intention dans les délais fixés pour la revision de la liste, et, en l'absence d'une demande formelle de sa part, il doit être inscrit sur la liste de la section dans laquelle il réside (Civ. rej. 26 mai 1879, aff. Giret, D. P. 79. 1. 403).

126. On a vu *suprà*, n°s 109 et suiv., que lorsqu'un citoyen inscrit sur la liste électorale d'une commune demande à être porté sur celle d'une autre commune, il doit justifier qu'il a sollicité sa radiation dans la première de ces deux localités. Lorsque le changement sollicité par l'électeur consiste à passer d'une section à une autre dans la même commune, il est sans doute nécessaire que sa demande tende à la fois à une inscription dans une section et à une radiation dans l'autre ; mais il n'est pas tenu de faire envoyer deux demandes distinctes, et celle qu'il adresse au maire à l'effet d'être inscrit dans une section implique une demande de radiation dans la section où il était précédemment inscrit (Civ. cass. 9 avr. 1888, aff. Courboulet, et aff. Amiot, D. P. 88. 1. 363).

127. Le maire ne peut, sans le concours de la commission administrative, inscrire sur la liste électorale d'une section des électeurs inscrits au rôle des contributions directes de cette section, mais domiciliés dans une autre ; et lorsque cette inscription a constitué une manœuvre de nature à vicier la sincérité des élections, il y a lieu d'annuler les opérations, alors même que le nombre des électeurs indûment portés d'une liste sur l'autre n'aurait pas suffi à déplacer la majorité (Cons. d'Et. 23 juin 1882, aff. El. de Maureilhan, D. P. 84. 3. 4).

128. Le citoyen qui réside effectivement dans une section n'a le droit d'invoquer sa qualité de contribuable pour être inscrit sur la liste d'une autre section, qu'autant que l'impôt à raison duquel il figure sur les rôles a son assiette dans la section. Ainsi l'impôt des patentes ayant son assiette au lieu où s'exerce l'industrie, l'électeur résidant dans une section autre que celle où il a son établissement industriel peut requérir son inscription sur la liste de la section où se trouve le siège de cet établissement (Civ. cass. 5 mai 1887, aff. Lauchier, D. P. 87. 1. 347). Au contraire, la cote personnelle et mobilière ayant son assiette dans l'habitation et l'impôt des prestations en nature n'ayant son assiette sur aucune partie déterminée du territoire de la commune, l'électeur qui y est assujetti ne peut réclamer l'exercice du droit électoral dans une autre section que celle où se trouve son habitation (Civ. rej. 23 mars 1885, aff. Thuret, D. P. 85. 1. 239 ; Civ. cass. 5 mai 1887, aff. Allamel, D. P. 87. 1. 347). Cette jurisprudence est contraire à celle qu'avait adoptée la cour de cassation antérieurement à la loi du 5 avr. 1884 (Civ. cass. 20 juin 1882, aff. Bastide, D. P. 82. 1. 344 ; 22 mai 1883, aff. Despetis, D. P. 83. 5. 222). Ce changement de jurisprudence ne saurait s'expliquer par le texte de l'art. 14, § 2, de la loi du 5 avr. 1884 qui reproduit à peu près textuellement l'art. 5, § 2, de la loi du 7 juill. 1874 ; mais il se justifie par l'appréciation rationnelle des conditions administratives du sectionnement des communes tel qu'il a été établi par l'art. 11 de la loi du 5 avr. 1884. Cette loi n'autorise, en effet, l'exception à la règle du scrutin de liste en matière d'élections municipales que dans deux cas : 1° lorsque la commune se compose de plusieurs *agglomérations d'habitants* distinctes et séparées ; 2° lorsque la *population agglomérée* d'une commune est supérieure à 10000 habitants. Il semble résulter de l'ensemble de ces dispositions que, dans la pensée du législateur, le fait de l'habitation ou de la résidence peut seul conférer la qualité d'électeur d'une section. Si c'est l'intérêt d'une agglomération d'habitants qui exige que des représentants spéciaux soient attribués à cette agglomération dans le conseil municipal, on ne peut admettre que difficilement les habitants d'une autre section, c'est-à-dire d'une autre agglomération, à concourir à l'élection de ces représentants ; et il ne peut être dérogé à cette règle qu'autant que l'habitant d'une section justifiera d'un intérêt localisé dans l'autre section. Tel est le cas du propriétaire d'un immeuble dans cette dernière section, ou de celui qui y exerce une profession patentée ; mais celui qui acquitte l'impôt de la prestation ou qui paye une cote personnelle et mobilière ne supporte pas une charge afférente à un intérêt localisé dans la section et expliquant la représentation spéciale de l'agglomération sectionnaire au conseil municipal.

129. — VI. TABLEAU RECTIFICATIF. — La commission administrative tient un registre de toutes les décisions par elle prises, relativement aux additions et retranchements opérés à la liste électorale. Elle y mentionne les motifs et les pièces à l'appui. Les additions et retranchements qu'elle apporte à la liste électorale sont, ainsi que nous l'avons vu au *Rép.* n° 432, consignés dans un tableau qu'on nomme *tableau rectificatif* et qui doit être arrêté et signé par la commission et déposé au secrétariat de la mairie au plus tard le 15 janvier. Le fait que des radiations auraient été opérées sur la liste électorale sans que le tableau déposé le 15 janvier au secrétariat de la mairie et le tableau rectificatif dressé le 31 mars en fissent mention, serait de nature à porter atteinte à la sincérité du vote et par suite à entraîner l'annulation des opérations électorales (Cons. d'Et. 18 déc. 1885, aff. El. de Saint-Laurent, D. P. 87. 5. 184).

130. Le maire dresse un procès-verbal de dépôt qu'il transmet au sous-préfet, ainsi qu'on l'a vu au *Rép.* n° 433, avec une copie du tableau rectificatif (Circ. min. int. 30 nov. 1884, *Bull. min. int.*, 1884, p. 466). Le sous-préfet transmet ces deux pièces dans les deux jours au préfet avec ses observations. L'art. 2 du décret réglementaire du 2 févr. 1852 prescrit de *déposer* le tableau rectificatif au secrétariat de la mairie ; mais aucune disposition de loi ne prescrit la publication de ce tableau (Cons. d'Et. 16 juin 1882, aff. El. de Loucrup, *Rec. Cons. d'Etat*, p. 580), et spécialement son affichage (Cons. d'Et. 23 janv. 1885, aff. El. de Buvilly, D. P. 85. 3. 178). Il a même été jugé que, cet affichage n'étant pas autorisé par la loi, un maire outrepasse ses pouvoirs en le faisant ou en le laissant faire (Trib. Corbeil, 3 mai 1888, aff. Colombe, D. P. 89. 3. 40).

131. On a vu au *Rép.* n° 433, que, le jour même du dépôt du tableau rectificatif au secrétariat de la mairie, avis doit en être donné par affiches aux lieux accoutumés pour les publications, de manière à permettre aux intéressés de faire valoir leurs réclamations. Mais aucune disposition légale n'exige cette publication dans chacune des sections des communes sectionnées (Cons. d'Et. 12 nov. 1886, aff. El. de Saint-Valery, *Rec. Cons. d'Etat*, p. 784). — Le défaut de publication du dépôt du tableau rectificatif dans les délais prescrits peut motiver l'annulation par le conseil de préfecture des opérations de la revision annuelle des listes électorales (Cons. préf. Seine, 4 févr. 1881, aff. Grébaut, D. P. 82. 5. 183). Cette irrégularité peut aussi, suivant les circonstances, entraîner la nullité des opérations électorales qui ont suivi (V. les arrêts rapportés au *Rép.* v° *Organisation administrative*, n°s 513 et 515-4°). Indépendamment de ces arrêts, il a été décidé qu'une élection n'est pas sujette à annulation à raison de ce que le tableau rectificatif a été publié seulement au moment du vote, s'il n'est pas allégué qu'aucun électeur ait été empêché de voter ou indûment admis au scrutin ni qu'aucune fraude ou manœuvre ait été commise (Cons. d'Et. 25 nov. 1881, aff. El. de Simorre, *Rec. Cons. d'Etat*, p. 934).

132. L'art. 2 du décret réglementaire du 2 févr. 1852 prescrit de communiquer le tableau rectificatif à tout requérant, et permet de le recopier et de le reproduire par la voie de l'impression (*Rép.* n° 432). Cette disposition a été confirmée par l'art. 2 de la loi du 7 juill. 1874. La communication dont il s'agit doit avoir lieu à la mairie sans déplacement (Circ. min. int. 30 nov. 1884, *Bull. min. int.*, 1884, p. 466). Le refus du maire de faire cette communication pourrait être déféré au conseil d'Etat pour excès de pouvoirs par l'électeur qui aurait éprouvé ce refus. Le défaut de communication pourrait également servir de base à une réclamation contre les élections auxquelles il est ultérieurement procédé. C'est ainsi que le conseil d'Etat a examiné au fond un grief tiré de ce que le droit de prendre copie du tableau rectificatif avait été refusé à deux électeurs et ne l'a rejeté qu'après avoir constaté que, dans les circonstances de la cause, l'irrégularité commise n'avait pas fait obstacle à l'exercice du droit appartenant à tous les électeurs de prendre communication des listes et de réclamer contre les erreurs commises (Cons. d'Et. 12 juin 1885, aff. de Montagnac, D. P. 87. 3. 123, notes 1 et 2).

133. L'électeur qui a été, de la part de la commission administrative, l'objet d'une radiation d'office, doit être averti sans frais par le maire, aux termes de l'art. 4, § 1er, de la loi du 7 juill. 1874. Mais l'omission de cet avis ne suffirait pas pour entraîner l'annulation des opérations électorales dans le cas où il n'aurait pas été le résultat d'une manœuvre et n'aurait pas pu avoir d'influence sur le résultat du scrutin (Cons. d'Et. 29 nov. 1858, aff. El. de Montauban, D. P. 79. 3. 96; 11 févr. 1881, aff. El. de Bugue, D. P. 83. 3. 67).

134. — VII. RECOURS CONTRE LES OPÉRATIONS DE LA COMMISSION ADMINISTRATIVE. — Ainsi que nous l'avons exposé au *Rép.* n° 433, le préfet peut, dans les deux jours de la réception du tableau rectificatif, aux termes de l'art. 4 du décret réglementaire du 2 févr. 1852, déférer au conseil de préfecture les opérations de la commission administrative en cas d'inobservation des formalités prescrites par la loi et des délais réglementaires. Sur la demande du préfet, le conseil de préfecture peut annuler les opérations de la revision annuelle des listes électorales, lorsque les prescriptions légales n'ont pas été observées (Cons. préf. Seine, 4 févr. 1881, aff. Grébaut, D. P. 82. 3. 183). Mais il ne peut se fonder, pour prononcer cette annulation, sur un fait postérieur aux opérations de la revision, et spécialement sur ce que la mairie aurait été fermée pendant une partie de la dernière journée du délai imparti aux électeurs pour former leurs réclamations (Cons. d'Et. 7 août 1883, aff. Chevalier, D. P. 85. 3. 66).

135. En annulant les opérations de la commission administrative, le conseil de préfecture ordonne que les opérations seront refaites dans les formes prescrites par la loi; que le tableau contenant les additions et retranchements sera déposé au secrétariat de la mairie à une date déterminée par le conseil; que, le jour même de ce dépôt, avis en sera donné par affiches aux lieux accoutumés; qu'une copie du tableau, ainsi que le procès-verbal constatant l'accomplissement des formalités légales, sera transmise en même temps au préfet (Arrêté du 4 févr. 1881, cité *suprà*, n° 134). La date ainsi fixée pour le dépôt du tableau fait courir successivement les délais déterminés par la loi pour les autres opérations (Même arrêté). — Mais, lorsqu'il n'a pas été procédé dans une commune à la revision de la liste électorale dans les délais légaux, l'art. 4 du décret du 2 févr. 1852 n'autorise pas le conseil de préfecture à fixer le délai dans lequel cette revision sera faite; c'est au préfet qu'il appartient de prendre les mesures nécessaires pour qu'il y soit immédiatement procédé (Cons. d'Et. 22 mars 1875, aff. El. de Saint-Martin-du-Bon-Fossé, D. P. 75. 3. 109), et pour faire effectuer ensuite le dépôt du tableau rectificatif, les délais accordés aux citoyens pour former leurs réclamations ne devant, d'ailleurs, courir que du jour de la publication de ce tableau (Même arrêt).

136. Antérieurement à l'arrêt du 22 mars 1875 (cité *suprà*, n° 135), la jurisprudence administrative avait étendu l'application de l'art. 4 du décret de 1852 au cas où le tableau rectificatif n'avait pas été dressé. Elle estimait que la plus grande irrégularité qui pût être commise était de ne point faire la révision des listes de l'année précédente; elle était même allée plus loin, et, sur les avis conformes du garde des sceaux et du ministre de l'intérieur, cet article avait été appliqué dans une espèce où la liste définitive, par suite d'une erreur matérielle, ne portait pas les noms d'un grand nombre d'électeurs dont l'inscription n'avait fait l'objet d'aucune difficulté. Le conseil d'Etat a jugé avec raison que les termes de l'art. 4 ne comportent pas une telle extension. Dans le cas prévu par cet article, il y a une question à trancher et un juge doit intervenir; la fixation du délai dans lequel les opérations seront faites à nouveau n'est que la conséquence de l'annulation prononcée par ce juge. Dans le cas, au contraire, où il n'a été procédé à aucune revision, il n'existe pas de question contentieuse, et c'est à l'Administration seule qu'il appartient d'intervenir pour rappeler l'autorité municipale à l'observation de la loi (D. P. 75. 3. 105, note).

137. Il a été implicitement décidé par le conseil d'Etat, le 6 août 1881 (aff. Min. int. D. P. 83. 3. 13), que le conseil de préfecture est compétent pour annuler non seulement les opérations auxquelles il a été procédé pour la formation des tableaux de rectification des listes électorales, mais aussi celles qui ont eu pour objet d'arrêter les listes définitives, après le délai laissé aux parties pour présenter et faire juger leurs réclamations. — Cette question a été controversée et présente d'assez sérieuses difficultés. Le ministre de l'intérieur avait soutenu, dans l'espèce, qu'il n'appartenait pas au conseil de préfecture de porter atteinte à l'autorité des listes définitives. On doit reconnaître, en effet, que la plupart des modifications apportées aux tableaux rectificatifs sont l'œuvre de l'autorité judiciaire, et il peut paraître peu conforme au principe de la séparation des pouvoirs de confier à une juridiction administrative le droit de réduire à néant la valeur des décisions de justice. Le conseil d'Etat ne s'est pas laissé arrêter, toutefois, par la gravité de ces considérations, sans doute à raison des inconvénients qu'il y aurait, dans la pratique, à enlever à l'Administration tout moyen de faire procéder à de nouvelles opérations lorsque la liste définitive n'a pas été régulièrement arrêtée. On peut faire observer, d'ailleurs, que le droit conféré par l'art. 4 au conseil de préfecture se réduit à vérifier si les formalités et délais ont été respectés et qu'il n'aura, par conséquent, jamais à reviser, même indirectement, les décisions prises au fond par l'autorité judiciaire sur la valeur des réclamations.

138. La demande en annulation des opérations préparatoires de la revision des listes électorales constitue une véritable action publique, dont l'art. 4 du décret réglementaire du 2 févr. 1852 a réservé l'exercice au préfet, et aucune disposition de loi n'autorise les électeurs à saisir le conseil de préfecture d'une demande de cette nature (Cons. d'Et. 2 juill. 1880, aff. Quilichini, *Rec. Cons. d'Etat*, p. 630; 27 juill. 1883, aff. Dispaux, D. P. 85. 3. 66).

139. La question de savoir si les décisions rendues par le conseil de préfecture, en vertu de l'art. 4 du décret de 1852, ont un caractère purement administratif ou un caractère contentieux et si, par suite, elles sont ou non susceptibles d'être déférées au conseil d'Etat a été diversement résolue. M. Serrigny conteste à ces décisions le caractère contentieux (*Compétence administrative*, 2e éd., t. 3, n° 1100). Mais l'opinion contraire est soutenue par M. Trolley, *Hiérarchie administrative*, n° 2771, et par M. Cabantous, *Répétitions écrites sur le droit administratif*, 5e éd., n° 718. Et elle a été implicitement consacrée par le conseil d'Etat (V. notamment Cons. d'Et. 21 déc. 1850, aff. Coudray et Picard, D. P. 75. 3. 109, note 1; 22 mars 1875, aff. El. de Saint-Martin-du-Bon-Fossé, D. P. 75. 3. 109, et les arrêts cités *infrà*, n° 141). — Cette solution paraît parfaitement justifiée. En effet, le conseil de préfecture n'est appelé par la loi à faire acte d'administration qu'en qualité de conseil du préfet. En matière d'autorisation de plaider, seulement, il prend des décisions, mais sous réserve d'appel au conseil d'Etat. Ce cas excepté, il statue comme juge du contentieux, et ses décisions sont toujours susceptibles d'être déférées au conseil d'Etat. Il est difficile d'admettre qu'en une matière aussi grave que l'annulation de la liste électorale d'une commune, le législateur ait dérogé à toutes ces règles pour constituer le conseil de préfecture arbitre souverain et sans appel.

Le recours au conseil d'Etat contre ces décisions doit, conformément à la règle générale énoncée au *Rép.* v° *Conseil d'Etat*, n° 183; — *Rép.* eod. v°, n° 342, être formé par le ministre et non par le préfet (V. *infrà*, n° 141).

140. Un électeur est sans qualité pour déférer au conseil d'Etat un arrêté par lequel le conseil de préfecture a refusé d'annuler les opérations de la revision annuelle sur le recours formé par le préfet (Cons. d'Et. 14 mars 1879, aff. El. d'Hennaya, D. P. 79. 3. 80). Il est également non recevable à déférer au conseil d'Etat l'acte par lequel le préfet a refusé de donner suite à la réclamation qu'il lui avait adressée et qui tendait à ce que le préfet demandât au conseil de préfecture l'annulation des opérations préparatoires de la revision (Cons. d'Et. 9 juill. 1886, aff. El. de Vicq, D. P. 87. 3. 123), et à déférer au conseil d'Etat pour excès de pouvoirs ces opérations (Même arrêt). — Il ne suit pas de là que l'électeur soit privé de tout moyen de défense contre les irrégularités commises dans la préparation des listes, et notamment contre le refus du maire de donner communication et de laisser prendre copie des tableaux rectificatifs. Ce refus pourrait servir de base à une réclamation dirigée contre les élections qui auraient eu lieu ultérieurement (Sol. impl., Cons. d'Et. 12 juin 1885, aff. El. de Montagnac, *Rec. Cons. d'Etat*, p. 578). L'électeur pourrait même, sans attendre qu'il ait été procédé à des élections, user de la voie du recours pour excès de pouvoirs, à la condition de diriger ce recours non contre les opérations électorales, mais contre l'acte même qui lui fait grief (Comp. anal. Cons. d'Et. 19 juin 1863, aff. de Sonnier, D. P. 63. 3. 40; 8 juin 1883, aff. Delahaye, D. P. 85. 3. 2).

141. Il appartient au ministre de l'intérieur de déférer au conseil d'Etat un arrêté par lequel le conseil de préfecture, sur la réquisition du préfet, a annulé les opérations de la revision des listes électorales (Cons. d'Et. 6 août 1881, aff. Min. int., D. P. 83. 3. 13). Le même droit a été reconnu par deux arrêts du conseil d'Etat au maire de la commune (Cons. d'Et. 7 août 1883, aff. Chevalier, D. P. 85. 3. 66; 26 déc. 1884, aff. de Matra, D. P. 85. 5. 178). L'arrêt précité du 7 août 1883 reconnaît implicitement qu'un électeur a qualité pour déférer au conseil d'Etat l'arrêté du conseil de préfecture qui a annulé les opérations. En effet, bien que le requérant se fût qualifié maire, il semble difficile d'admettre qu'il ait pu, en cette qualité, venir défendre devant la juridiction supérieure les opérations auxquelles il avait concouru (V. anal. Cons. d'Et. 21 déc. 1850, aff. Coudray, *Rec. Cons. d'Etat*, p. 958). Le ministre de l'intérieur avait d'ailleurs eu soin, pour faire admettre la recevabilité du pourvoi, de rappeler que le maire était électeur et qu'il avait dès lors intérêt à l'annulation de l'arrêté attaqué.

142. Il résulterait du rapprochement des divers arrêts qui viennent d'être cités cette conséquence assez singulière que les électeurs n'auraient pas qualité pour attaquer devant le conseil de préfecture les opérations de la revision (Arrêt du 27 juill. 1883, cité *suprà*, n° 138); qu'ils seraient irrecevables à déférer au conseil d'Etat l'arrêté qui aurait refusé d'annuler ces opérations (Arrêt du 14 mars 1879, cité *suprà*, n° 140); mais qu'ils auraient qualité pour attaquer l'arrêté qui les aurait annulées (Arrêts du 7 août 1883 et du 26 déc. 1884, cités *suprà*, n° 141).

ART. 3. — *Des réclamations devant la commission municipale* (*Rép.* nos 452 à 474).

§ 1er. — Par qui les réclamations doivent être faites; Procurations (*Rép.* nos 453 à 456).

143. Aux termes de l'art. 19 du décret organique du 2 févr. 1852, l'électeur rayé ou omis par la commission administrative ou dont la demande d'inscription n'a pas été admise, a le droit de réclamer devant la commission municipale. Le même article autorise également tout tiers électeur inscrit sur une des listes de la circonscription électorale à réclamer l'inscription ou la radiation d'un individu omis ou indûment inscrit. Ce droit appartient aussi aux préfets et aux sous-préfets.

144. Les réclamations des électeurs et des tiers électeurs ne sont soumises à aucune forme spéciale. Elles peuvent être faites soit par écrit, et notamment par simple lettre, soit verbalement par une déclaration à la mairie, d'après la circulaire ministérielle du 30 nov. 1884 (*Bull. min. int.*, 1884, p. 463). Les demandes en inscription ou en radiation doivent être déposées au secrétariat de la mairie, même dans les communes divisées en sections électorales.

145. Conformément à ce qui a été exposé au *Rép.* n° 453, les citoyens absents ou empêchés peuvent, sous l'empire du décret du 2 févr. 1852 comme sous la législation antérieure, se faire représenter par un mandataire à l'effet de former des réclamations contre les opérations de revision des listes électorales.

146. Ces réclamations doivent être consignées sur un registre ouvert par le maire dans chaque commune ou dans chaque section. Elles sont portées sur ce registre par ordre de date, et doivent indiquer exactement le nom et le domicile du réclamant (Circ. min. 30 nov. 1884, citée *suprà*, n° 116). En cas d'absence ou d'empêchement, l'adjoint remplace le maire sans avoir besoin d'une délégation spéciale; et le certificat qu'il délivre fait preuve à la fois de la remise d'une demande d'inscription par un électeur et du motif pour lequel ce certificat a été dressé par l'adjoint et non par le maire (Civ. cass. 14 juin 1880, aff. Colonna, D. P. 80. 1. 275).

§ 2. — Du délai des réclamations; quelles réclamations peuvent être présentées dans le délai, et de l'annexion des pièces justificatives (*Rép.* nos 457 à 458).

147. Le délai accordé pour élever des réclamations contre les opérations de la commission administrative, fixé à dix jours, ainsi qu'on l'a vu (*Rép.* n° 457), par l'art. 5 du décret réglementaire du 2 févr. 1852, a été porté à vingt jours par l'art. 1er du décret du 13 janv. 1866 (D. P. 66. 4. 13) dont les dispositions ont été reproduites par l'art. 2 de la loi du 7 juill. 1874. Ce délai ayant pour point de départ la publication des listes, c'est-à-dire la publication du dépôt du tableau rectificatif qui ne peut être postérieure au 15 janvier, il en résulte que les réclamations doivent être faites dans la période comprise entre le 15 janvier et le 4 février.

148. La règle suivant laquelle les délais impartis pour l'exercice des actions judiciaires se comptent par jours et non par heures est applicable en matière électorale : par suite, le jour de la publication des listes électorales n'est pas compris dans le délai imparti à tout électeur pour former des demandes en inscription ou en radiation (Req. 11 mai 1858, aff. Simoni, D. P. 58. 1. 205; 31 mai 1865, aff. Cance, D. P. 65. 1. 240). Le délai de vingt jours fixé par les dispositions précitées n'expire donc que le vingtième jour à minuit (Greffier, *De la formation des listes électorales*, 2e éd., n° 153). — Le dernier jour appartenant tout entier à l'électeur, la cour de cassation en a conclu que l'heure ordinaire de la fermeture des bureaux ne doit pas être prise en considération et que ce jour-là les bureaux doivent être ouverts jusqu'à minuit; et elle a décidé que, lorsque les électeurs ont trouvé les bureaux fermés, le défaut d'inscription équivaut à un refus d'inscription qui peut être déféré par voie d'appel au juge de paix (Civ. cass. 7 mai 1883, aff. Dorléac, D. P. 83. 1. 389).

149. Toute demande en inscription ou en radiation formée plus de vingt jours après la publication des listes est tardive et doit être déclarée non recevable (Civ. cass. 17 août 1870, aff. Préfet d'Alger, D. P. 71. 5. 133; 4 mai 1880, aff. Foulquier, D. P. 80. 1. 274. V. conf. Bavelier, *Dictionnaire de droit électoral*, v° *Commission administrative*, n° 17). Et il n'importe que le demandeur qui a laissé expirer le délai fût inscrit sur d'autres listes, par exemple, celles dressées en vue d'un plébiscite (Arrêt précité du 17 août 1870).

150. Le délai de vingt jours, à partir de la publication des listes, s'applique à toutes les inscriptions, et notamment à celle qui peut être réclamée par les citoyens qui ne résidant pas dans la commune sont inscrits au rôle de l'une des contributions directes (Civ. rej. 24 avr. 1877, aff. Chrétien, D. P. 77. 1. 271). Il a été jugé, toutefois, qu'un fonctionnaire public assujetti à la résidence dans une commune a le droit de requérir son inscription sur les listes électorales de cette commune, bien que sa nomination ait eu lieu postérieurement à l'expiration du délai de vingt jours ouvert aux réclamations des électeurs, si elle est antérieure à la clôture définitive des listes (Trib. paix Saint-Calais, 31 mars 1883, aff. Léon Bossu, D. P. 84. 3. 112). Mais cette solution paraît contestable. L'art. 5 de la loi du 7 juill. 1874, qu'invoque le jugement précité, dispose que la liste électorale comprendra les électeurs qui, n'ayant pas atteint lors de la formation des listes les conditions d'âge et de résidence, doivent les remplir avant la clôture définitive. Il résulte de ces dispositions qu'il n'y a pas lieu de refuser l'inscription d'un électeur qui doit atteindre, avant le 31 mars, l'âge de vingt et un ans ou la durée de résidence exigée par la loi, mais non que la réclamation de cet électeur doit être accueillie, lorsqu'elle est formée postérieurement au 4 février.

§ 3. — Des réclamations formées par des tiers (*Rép.* nos 459 à 471).

151. Ainsi que nous l'avons dit *suprà*, n° 143, et qu'on l'a vu au *Rép.* n° 461, tout tiers électeur inscrit sur l'une des listes de la circonscription électorale a qualité pour réclamer l'inscription d'un individu omis à tort ou la radiation d'un individu indûment inscrit, sauf toutefois l'exception indiquée *suprà*, n° 100, en ce qui concerne l'inscription des électeurs dont le droit à l'inscription repose uniquement sur la qualité de contribuable ou de prestataire. Il a été décidé, en conséquence, que le jugement qui repousse une demande d'inscription d'un citoyen formée par un tiers électeur, sans établir que cette demande ne pouvait être faite que par l'électeur lui-même, viole le droit des tiers électeurs consacré par l'art. 19 du décret du 2 févr. 1852 et manque de base légale (Civ. cass. 22 mai 1883, aff. Martin, D. P. 85. 5. 179. Conf. Civ. cass. 12 avr. 1880, aff. Palanque, D. P. 80. 1. 207).

152. Le droit de demander l'inscription ou la radiation d'un citoyen appartient non seulement aux électeurs inscrits sur la liste de la même commune, mais à tout électeur inscrit sur une des listes de la circonscription électorale, c'est-à-dire à tout électeur appelé à participer aux mêmes élections que l'individu dont il s'agit de réclamer l'inscription ou la radiation (Civ. cass. 23 mars 1876, aff. Maigne, D. P. 76. 1. 204). Et il n'est pas nécessaire que le réclamant figure sur la liste même à laquelle s'applique sa réclamation (Req. 13 mars 1865, aff. Charles Jean, D. P. 65. 1. 239; 22 mars 1870, aff. Paoli, D. P. 70. 1. 174; Arrêt précité du 23 mars 1876).

153. Une instruction ministérielle du 18 nov. 1853 porte que le tiers réclamant doit produire un certificat du maire de sa commune constatant sa qualité d'électeur; mais ce certificat pourrait être suppléé par tout autre document ayant un caractère probant suffisant (Hérold, *Droit électoral*, n° 146). — On s'est demandé s'il y avait lieu d'accueillir la réclamation faite par un citoyen non encore inscrit, mais qui demandait sa propre inscription, en même temps qu'il réclamait l'inscription ou la radiation d'autres citoyens. Cette question est résolue affirmativement par M. Hérold, *op. cit.*, n° 147, qui ajoute que la pratique, à Paris, est en ce sens. Mais si sa propre inscription était refusée à ce citoyen, par là même tomberaient les autres réclamations formées par lui.

154. D'après la circulaire du ministre de l'intérieur du 30 nov. 1884 (*Bull. min. int.*, 1884, p. 466), le droit de réclamer l'inscription ou la radiation peut aussi être exercé par les membres de la commission administrative en tant qu'ils agissent comme électeurs, et spécialement par le délégué du préfet.

155. Les réclamations des tiers électeurs ne sont soumises à aucune forme spéciale; il suffit que la preuve de leur existence puisse être rapportée. Il a été décidé qu'une semblable demande était suffisamment établie, en l'absence du retrait du récépissé de cette demande, par la mention qui en avait été faite sur le registre des réclamations tenu à la mairie en conformité de l'art. 19 du décret du 2 févr. 1852 (Req. 6 mars 1865, aff. David, D. P. 65. 1. 239).

156. Le tiers électeur ne peut user du droit de réclamer l'inscription ou la radiation d'un ou plusieurs individus omis ou indûment inscrits qu'à la condition de désigner nominativement les individus dont il demande soit l'inscription, soit la radiation (Req. 16 mars 1863, aff. Portalès, D. P. 63. 1. 140; 18 mars 1863, aff. Durand, *ibid.*; 23 mars 1863, aff. Dréo, *ibid.*). Ainsi la cour de cassation a déclaré non recevable la demande en réintégration sur la liste électorale d'individus désignés sous une dénomination collective et, par exemple, de tous les électeurs rayés avec la mention *déménagés*, ou de tous les militaires non inscrits ayant satisfait à la loi du recrutement dans l'arrondissement et non encore renvoyés dans leurs foyers (Mêmes arrêts).

157. D'après les arrêts des 16, 18 et 23 mars 1863 (cités *suprà*, n° 156), le tiers qui, en cas de radiations opérées par le maire (aujourd'hui la commission municipale), réclame la réintégration sur la liste de citoyens qu'il prétend avoir été indûment omis ou rayés, est tenu, comme le seraient ces citoyens eux-mêmes, de produire la preuve que les électeurs dont il s'agit de faire rétablir l'inscription ont conservé leur capacité électorale. Ainsi le tiers qui réclame l'inscription d'électeurs rayés comme déménagés doit établir que ces électeurs ont conservé leur domicile électoral dans l'arrondissement où ils ont été rayés.

158. Le droit de former une réclamation à fin d'inscription ou de radiation, que l'art. 19 du décret organique du 2 févr. 1852 reconnaît aux tiers électeurs, appartient également au sous-préfet et au préfet, alors même que ces fonctionnaires ne seraient pas inscrits sur la liste électorale. Mais ce droit ne saurait être étendu ni au procureur de la République, ni au maire agissant en sa qualité, soit de son initiative, soit sur avis du parquet (Req. 9 mai 1866, aff. Mariani, D. P. 66. 5. 157).

159. On a vu au *Rép.* n° 468 que, d'après l'art. 19, § 5, du décret organique du 2 févr. 1852, le maire est chargé de donner à l'électeur dont l'inscription est contestée avis des réclamations formées contre cette inscription. La même obligation résulte pour le maire de l'art. 4, § 1er, de la loi du 7 juill. 1874, ainsi que l'a très explicitement déclaré le rapporteur de cette loi (D. P. 74. 4. 77, note, n° 9). Mais cette obligation s'applique uniquement à la contestation élevée par des tiers électeurs, et non à celle qui se produit de la part des membres de la commission municipale (Civ. rej. 15 mai et 27 juin 1877, aff. Musnier, D. P. 77. 1. 302. V. conf. Hérold, *Droit électoral*, n° 180).

§ 4. — Des décisions sur les réclamations (*Rép.* nos 472 à 474).

160. Les réclamations formulées contre le travail préparatoire de revision sont portées devant une commission municipale instituée dans chaque commune, et, si la commune est divisée en sections électorales, dans chaque section. Aux termes de l'art. 2 de la loi du 7 juill. 1874, cette commission est composée des membres de la commission administrative auxquels sont adjoints deux délégués du conseil municipal. Les délégués doivent être pris de préférence dans le conseil: toutefois, cette assemblée peut choisir d'autres personnes en qui elle a confiance, pourvu que ces personnes soient inscrites sur les listes de la commune (Circ. min. int. 30 nov. 1884, *Bull. min. int.*, p. 462).

161. La commission municipale ne peut valablement délibérer que si les cinq membres désignés par la loi pour la composer sont présents (Civ. cass. 2 mai 1883, aff. Giraud, D. P. 83. 5. 191). Par suite, la décision d'une commission municipale est nulle, lorsqu'elle a été rendue par moins de cinq membres, et spécialement si le délégué de l'Administration n'y a pas concouru (Civ. cass. 21 mai 1883, aff. Lafaurie, D. P. 83. 5. 191).

162. Il avait été décidé antérieurement au décret de 1852, ainsi qu'on l'a vu au *Rép.* n° 530, que les questions relatives à la composition de la commission municipale rentraient dans la compétence de l'autorité administrative et ne pouvaient être tranchées par le juge de paix (Req. 27 août 1850, aff. Bonhomme, D. P. 50. 5. 160). Mais il est aujourd'hui constant que la commission, alors même qu'elle est irrégulièrement composée, constitue la juridiction du premier degré en matière électorale; et, par suite, le juge de paix a le droit et le devoir d'apprécier la validité de la composition de la commission municipale qui a rendu la décision attaquée devant lui (Req. 26 mars 1872, aff. Souvielle, D. P. 72. 1. 368; 8 déc. 1873, aff. Blanc, D. P. 74. 1. 485; Cons. d'Et. 4 juin 1875, aff. Coural, D. P. 76. 3. 14; Civ. cass. 23 avr. 1877, aff. Santarelli, D. P. 77. 1. 206; 8 mai 1878, aff. Vannoni, D. P. 78. 1. 247. V. conf. Hérold, *Droit électoral*, n° 176). Le juge de paix ne peut donc rejeter, sans motiver sur ce point sa décision, l'exception tirée par l'appelant de la composition irrégulière de la commission municipale (Arrêt précité du 23 avr. 1877). Et, si l'on présente devant lui un moyen tiré de ce que le maire président de la commission y figurait aussi comme délégué du conseil municipal, il ne peut se dispenser de vérifier le mérite de ce moyen, en se fondant sur ce que ses attributions consistaient seulement à examiner si la commission avait bien ou mal jugé (Arrêt précité du 8 mai 1878).

Du principe qu'il appartient au juge de paix d'apprécier la régularité de la composition de la commission municipale, il suit que la délibération par laquelle une commission nommée en remplacement du conseil municipal suspendu désigne les délégués dont le choix appartient au conseil municipal en vertu de la loi, n'est pas susceptible d'être déférée au conseil d'Etat pour excès de pouvoir (Arrêt précité du 4 juin 1875).

163. La commission municipale constitue une véritable juridiction. Il en résulte qu'elle ne peut statuer que sur une demande formée par les personnes auxquelles la loi donne qualité à cet effet, et qu'elle ne saurait ordonner des radiations ni d'office, ni sur la réclamation d'un de ses membres (Req. 13 avr. 1870, aff. Tascher de la Pagerie, D. P. 70. 1. 175). Il en résulte également que ses décisions, lorsqu'elles n'ont pas été attaquées en temps utile, acquièrent l'autorité de la chose jugée (Req. 25 avr. 1870, aff. Legaye, D. P. 71. 1. 63; 14 avr. 1875, aff. Bourachot, D. P. 76. 1. 35. V. conf. Greffier, *De la formation et de la revision des listes électorales*, n° 125. Comp. *infrà*, n°s 246 et suiv.).

164. Les décisions des commissions municipales sont prises à la majorité des suffrages: elles doivent être motivées; elles sont consignées sur un registre par ordre de date et ne doivent pas être inscrites sur des feuilles volantes (Circ. min. int. 30 nov. 1884, *Bull. min. int.*, 1884, p. 467). Comme toutes les décisions des tribunaux, celles des commissions municipales doivent être écrites et conservées en minute : une décision purement verbale est radicalement nulle (Civ. cass. 16 mai 1881, aff. Roux et Broche, D. P. 81. 1. 487). Le juge de paix auquel une semblable décision est déférée ne peut, à défaut de production de la minute, y suppléer en demandant à l'un des membres de la commission des renseignements sur ce qui s'est passé devant elle : il ne peut donc ni confirmer, ni infirmer cette décision ; il doit l'annuler, et après évocation, statuer sur le fond de la contestation (Même arrêt).

165. Quoique la commission municipale ait le caractère d'une juridiction, il a été jugé que ses membres sont soumis à la responsabilité de droit commun pour les délits qu'ils commettent dans l'exercice de leurs fonctions, et qu'il n'y a pas lieu, pour les actionner en dommages-intérêts, à raison de leurs décisions, de recourir à la procédure de la prise à partie, les art. 505 et 509 c. proc. civ., n'étant pas applicables aux membres d'une commission qui, bien qu'exerçant passagèrement une véritable juridiction, ne saurait jouir des mêmes prérogatives que les magistrats proprement dits (Trib. Montargis, 15 juin 1875, aff. Guyot de Villeneuve, D. P. 77. 1. 375).

166. La loi ne fixe pas le délai dans lequel la commission municipale soit tenue de statuer. L'art. 8 de la loi du 15 mars 1849 prescrivait à la commission de prononcer dans les cinq jours sur la réclamation. Mais cette disposition que n'a pas reproduite le décret de 1852 a cessé d'être en vigueur (Req. 3 avr. 1860 (1). V. conf. Hérold, *Droit électoral*, n° 178). Elle n'était, d'ailleurs, pas édictée à peine de nullité (Req. 16 avr. 1872, aff. Dexant, D. P. 72. 1. 400). — Une instruction ministérielle du 18 nov. 1853 avait, à défaut de la loi, recommandé aux commissions municipales de statuer dans les cinq jours. La circulaire du ministre de l'intérieur du 30 nov. 1884 se borne à leur recommander de s'occuper des réclamations qu'elles ont reçues sans attendre l'expiration du délai imparti pour réclamer, et de statuer avec le plus de célérité possible.

Il est à peine nécessaire d'ajouter que l'on ne saurait considérer comme clandestine et comme constituant une manœuvre l'inscription sur la liste électorale d'électeurs qui le demandent, ordonnée par décision de la commission municipale de revision prise avant l'expiration des délais impartis par la loi (Cons. d'Et. 19 juin 1885, aff. El. de Pietrosella, et aff. El. de Faudoas, *Rec. Cons. d'Etat*, p. 604 et 606).

167. Aux termes de l'art. 4 de la loi du 7 juill. 1874 qui reproduit les prescriptions de la législation antérieure, le maire doit notifier la décision de la commission municipale aux parties intéressées, dans les trois jours à compter de la date de cette décision. Cette notification fait courir le délai d'appel, ainsi que nous l'avons exposé au *Rép.* n° 519. L'intervention d'un agent assermenté, exigée par l'art. 9 de la loi du 15 mars 1849 et l'art. 21 du décret organique du 2 févr. 1852, a cessé d'être obligatoire, mais la notification doit toujours être faite par écrit; et, comme il est utile que la date de cette notification soit fixée d'une manière certaine, les circulaires ministérielles du 12 juill. 1874 (D. P. 74. 4. 81, note 2) et du 30 nov. 1884 (*Bull. min. int.*, p. 467) recommandent aux maires d'employer autant que possible, comme par le passé, un agent assermenté, ou, à défaut, d'exiger un reçu des notifications.

168. La loi n'exige pas que les décisions de la commission municipale soient publiées; mais, pour mettre les tiers à même de faire appel de ces décisions sans attendre la publication de la liste définitive, le ministre de l'intérieur a prescrit aux maires de les résumer dans un tableau qui doit être affiché et publié le 10 février, sauf à être complété, sans retard, par la mention des décisions ultérieures que des circonstances exceptionnelles auraient fait ajourner. Le maire doit certifier par un procès-verbal l'apposition de ces affiches, afin de pouvoir en justifier au besoin (Circ. min. int. 25 janv. 1888, *Bull. min. int.*, p. 15).

169. D'après la même circulaire, les électeurs qui n'ont pas été parties dans l'instance, mais qui ont cependant le droit de former appel, peuvent réclamer copie des décisions intervenues. Ces copies doivent leur être délivrées par l'administration municipale, moyennant le payement d'un droit de 75 centimes par rôle déterminé par l'art. 37 de la loi du 7 mess. an 2 et l'avis du conseil d'Etat du 18 août 1807.

170. On verra plus loin dans quelles conditions doit être formé l'appel des décisions de la commission municipale (V. *infrà*, n°s 179 et suiv.).

ART. 4. — *Du tableau de rectification et de la clôture définitive des listes* (*Rép.* n°s 475 à 484).

171. Ainsi qu'on l'a vu au *Rép.* n° 477, la liste électorale doit être définitivement close le 31 mars de chaque année. Elle est arrêtée par la commission administrative qui apporte aux tableaux rectificatifs publiés le 15 janvier toutes les rectifications régulièrement ordonnées, c'est-à-dire toutes celles qui résultent soit des décisions des juges de paix prescrivant une radiation ou une inscription, soit des arrêts de la cour de cassation annulant un jugement qui aurait prononcé une radiation (Circ. min. int. 30 nov. 1884, *Bull. min. int.*, p. 468. V. *suprà*, n° 116). De plus, la commission retranche les noms des électeurs dont le décès, survenu depuis la formation des tableaux préparatoires, est dûment constaté ou qu'un jugement ayant acquis l'autorité de la chose jugée a privés du droit de vote. Elle dresse le tableau de ces rectifications et arrête définitivement la liste qui est établie par ordre alphabétique (Même circulaire).

172. Plusieurs circulaires ministérielles exigent que les tableaux de rectification et les listes définitives soient revêtus de la signature de tous les membres de la commission administrative : mais l'apposition de ces signatures n'est pas une formalité substantielle dont l'omission puisse motiver l'annulation par le conseil d'Etat des opérations de la revision des listes (Cons. d'Et. 6 août 1881, aff. Ministre de l'intérieur, D. P. 83. 3. 13). Il a été décidé, dans un sens analogue, qu'il n'y a pas lieu d'annuler une élection municipale par le motif que la liste électorale n'est revêtue que de la signature du maire et qu'elle a été dressée sans le concours des membres de la commission administrative, s'il n'est pas allégué que des individus aient à tort été inscrits, omis ou radiés, ni que cette irrégularité ait constitué une manœuvre de nature à porter atteinte à la liberté et à la sincérité du scrutin (Cons. d'Et. 6 déc. 1878, aff. El. de Saint-Jean-de-Vals, *Rec. Cons. d'Etat*, p. 990).

(1) (Caillebotte.) — LA COUR ;... — En ce qui touche le pourvoi dirigé contre la décision du juge de paix : — Sur le premier moyen tiré de ce que cette décision aurait validé celle de la commission municipale, quoique celle-ci eût été rendue plus de cinq jours après la réclamation : — Attendu qu'en admettant que la question fût régie par l'art. 8 de la loi du 18 mars 1849, le délai de cinq jours assigné à la commission municipale pour statuer n'était pas prescrit à peine de nullité ; — Attendu, d'ailleurs, que cet article a été abrogé par les art. 20 et 52 du décret organique du 2 févr. 1852 ;

Par ces motifs, rejette.

Du 3 avr. 1860.-Ch. req.

L'élection ne devrait pas non plus être annulée par le motif que la liste n'a été close ni signée par le maire et le délégué de l'Administration, si elle a été déposée à la mairie pendant le délai légal, et si aucune réclamation ne s'est produite contre sa régularité (Cons. d'Et. 7 août 1875, aff. El. de la Motte-Servolex, *Rec. Cons. d'Etat*, p. 809), ou par le motif que la liste n'a pas été signée par le délégué de l'Administration, si ce fait n'est pas le résultat d'une manœuvre et si ladite liste a été dressée régulièrement (Cons. d'Et. 17 juill. 1885, aff. El. de Saint-Martin-Labouval, *Rec. Cons. d'Etat*, p. 697).

173. Le fait que la clôture de la liste électorale aurait été postérieure au 31 mars peut, dans les circonstances où ce fait se produit, ne pas constituer une irrégularité de nature à entraîner la nullité d'une élection faite sur cette liste (Cons. d'Et. 23 juin 1882, aff. El. de Carcheto, *Rec. Cons. d'Etat*, p. 611 ; 25 janv. 1884, aff. El. de Peyriac-en-Minervois, *ibid.*, p. 85).

174. L'art. 4, § 3, de la loi du 7 juill. 1874 porte que les listes électorales seront réunies en un registre et conservées dans les archives de la commune. Cette disposition qui n'existait pas dans le projet primitif a été introduite dans la loi, afin d'y consacrer officiellement le principe de la permanence des listes. — Il a été décidé qu'une élection ne saurait être annulée par le motif que la liste électorale, au lieu d'être déposée au siège de la mairie, l'aurait été au domicile personnel du maire, si cette irrégularité est justifiée par l'insuffisance du local servant de mairie, et si elle n'a pas constitué une manœuvre destinée à empêcher le contrôle des électeurs (Cons. d'Et. 1er mars 1878, aff. El. de Saint-Pierre-de-Chignac, *Rec. Cons. d'Etat*, p. 249).

175. Le maire doit transmettre immédiatement au préfet, pour être déposée au secrétariat général de la préfecture, une copie du tableau définitif de rectification ; cette prescription de l'art. 7, § 2, du décret réglementaire de 1852 n'a pas cessé d'être en vigueur. Mais le fait que cette copie n'a pas été déposée à la préfecture ne constitue pas une cause de nullité de l'élection, cette irrégularité ne pouvant exercer aucune influence sur le résultat du scrutin (Cons. d'Et. 7 août 1875, aff. El. d'Avignon, *Rec. Cons. d'Etat*, p. 826).

L'obligation imposée par la loi du 19 avr. 1831, ainsi qu'on l'a vu au *Rép.* n° 477, d'afficher les listes revisées n'existe plus aujourd'hui (Cons. d'Et. 1er juin 1853, aff. Luciani, D. P. 54. 3. 2 ; 18 mai 1861, *Rép.* v° *Organisation administrative*, n° 513).

176. Tout électeur, comme nous l'avons dit au *Rép.* n° 476, a le droit de prendre communication de la liste électorale. L'art. 4 de la loi du 7 juill. 1874, qui ne fait, d'ailleurs, que consacrer la jurisprudence antérieure, reconnaît en outre expressément à tout électeur le droit de prendre copie de cette liste.

Il a été décidé, en matière d'élections législatives : 1° que le refus de communication des listes électorales, même après sommation par huissier dans plusieurs communes, n'est pas un moyen de nullité contre l'élection, s'il peut être imputé à l'inexpérience des maires de communes sans importance, et à l'emploi, par le candidat qui se plaint, de personnes inconnues au pays et qui ne conservaient pas toujours envers les autorités locales une attitude convenable, lorsque, d'ailleurs, en déduisant les voix des communes où le fait se serait passé, il resterait encore une forte majorité à l'élu (Corps lég. 16 nov. 1863, El. de M. Le Roux, D. P. 64. 3. 70, n° 435) ; — 2° Qu'on ne doit pas accueillir la protestation d'un candidat non élu qui se plaint d'avoir éprouvé de grandes difficultés à prendre copie des listes électorales, lorsque l'Administration affirme que si, dans un petit nombre de communes, il a éprouvé quelques difficultés pour prendre copie des listes, cela ne tient qu'à la maladresse de son agent (Corps lég. 11 nov. 1863, El. de M. Le Peletier d'Aunay, D. P. 64. 3. 70, n° 434).

177. Il a été décidé dans le même sens, en matière d'élections départementales, que le refus du maire de communiquer la liste électorale à un électeur ne peut entraîner l'annulation des opérations électorales, lorsque ce refus n'a pas constitué une manœuvre et n'a pu exercer aucune influence sur le résultat de ces opérations (Cons. d'Et. 12 et 19 nov. 1875, aff. El. de Tarascon, D. P. 76. 3. 33 et 34), par exemple, lorsque le refus de communication est postérieur à l'élection (Cons. d'Et. 4 févr. 1876, aff. El. de Roubaix, *Rec. Cons. d'Etat*, p. 121 ; 29 mars 1878, aff. El. de Vabre, *ibid.*, p. 349).

Mais il a été jugé, au contraire, que le refus de communication des listes électorales à un candidat est une cause de nullité de l'élection, lorsqu'il a été de nature à entraver la libre distribution des circulaires et des bulletins de ce candidat (Cons. d'Et. 31 juill. 1862, aff. El. de Thorigny-sur-Vire, D. P. 63. 5. 137).

178. L'autorité judiciaire est incompétente pour statuer sur une demande en communication des listes électorales lorsqu'elle ne se rattache pas à une demande d'inscription sur ces listes (Trib. confl. 18 nov. 1850, aff. Bordet, D. P. 51. 3. 3 ; Bastia, 17 mars 1880) (1).

(1) (Quilichini.) — LA COUR ; — Attendu, en fait, que par exploit du 14 févr. 1880, Ferdinand Quilichini et Joseph-Antoine Quilichini ont assigné, en leur qualité d'électeurs de Poggio di Callano, Antoine-Pasquin Quilichini, maire de cette commune, par devant le président du tribunal civil de Sartène, jugeant en état de référé, à l'effet de voir dire et ordonner que ledit maire serait tenu, sous peine de 100 fr par chaque jour de retard, de communiquer : 1° le registre des réclamations faites à partir du 15 janvier jusqu'au 4 février dernier, à l'occasion de la confection et de la revision des listes électorales pour l'année 1880 ; 2° les décisions intervenues sur ces réclamations, ainsi que les pièces à l'appui et, en cas de refus, à l'effet de voir ordonner qu'il serait contraint *manu militari* de laisser prendre connaissance et copie desdits documents ; — Attendu que, le 16 févr. 1880, le juge du référé s'est déclaré incompétent *ratione materiæ*, et a renvoyé les parties à se pourvoir par devant qui de droit ; — Attendu que, par exploit du 20 févr. 1880, Ferdinand et Joseph-Antoine Quilichini ont relevé appel de cette ordonnance, et que devant la cour ils ont simplement renouvelé et soutenu les conclusions prises devant le juge de première instance, réclamant, en outre, communication des listes électorales de 1877 qui devaient servir de base aux revisions à opérer en 1880 ; — Attendu que l'affaire renvoyée d'abord à une audience ultérieure pour entendre les conclusions du ministère public a été ensuite sur la demande du procureur général, remise au 15 mars pour être statué, le cas échéant, sur le mérite du déclinatoire que le préfet de la Corse se proposait de soulever ; — Attendu, en effet, que par mémoire en date du 14 mars, le préfet de la Corse et, par conclusions écrites, le ministère public, ont requis le renvoi de l'affaire par devant l'autorité administrative et la déclaration d'incompétence par l'autorité judiciaire ; — Attendu que les appelants ont argué de nullité le mémoire précité, se fondant sur ce que cet acte de procédure aurait été formalisé le 14, jour de dimanche ; — Attendu que l'art. 63 c. proc. civ., à supposer que la défense d'instrumenter qu'il contient soit établie à peine de nullité, ne se réfère évidemment qu'à des significations ou des notifications d'actes de procédure faites par main d'officier ministériel ; qu'on ne saurait ranger dans cette catégorie un mémoire qui a pu parfaitement être rédigé et signé par le préfet un jour de dimanche, qui n'a point été notifié un jour de fête légale, mais qui a été produit pour la première fois devant la cour, à l'audience du 15 mars ; qu'il y a donc lieu de repousser l'exception soulevée par les appelants ;

Attendu qu'il est de jurisprudence constante que le conflit et le déclinatoire préalable peuvent être utilement soulevés tant qu'il n'a pas été définitivement statué sur le fond ; qu'il échet, dès lors, de rechercher si le mémoire en déclinatoire est fondé ; et, par suite, si l'ordonnance du juge de référé doit être confirmée ; — Attendu que le maire est préposé par la loi pour remplir toutes les opérations administratives qui se rapportent à la revision annuelle de la liste électorale, en procédant dans les délais impartis à la confection des tableaux d'addition ou de retranchement ; — Attendu que tout acte relatif à cette partie de ses fonctions, soit qu'il communique lesdits tableaux ou la liste électorale aux électeurs qui en ont fait la demande, soit qu'il juge à propos, comme en l'espèce, de différer cette communication, rentre évidemment dans le domaine des faits administratifs ; — Attendu que l'appréciation de ces faits, comme l'appréciation de la conduite du maire, appartient exclusivement à l'autorité administrative ; qu'à un point de vue général, l'art. 15 de la loi du 18 juill. 1837 donne au préfet le droit de procéder par lui-même, ou par un délégué, à tout acte prescrit par la loi, que le maire refuserait ou négligerait de faire ; que, plus spécialement en matière électorale, l'art. 4 du décret réglementaire du 2 févr. 1852, combiné avec les dispositions de la loi du 7 juill. 1874, impose au préfet, dans le cas où il estime que les formalités et les délais prescrits par la loi n'ont pas été observés, l'obligation de déférer les opérations du maire au conseil de préfecture qui statue dans les trois jours, et impartit un nouveau délai dans lequel les opérations annulées doivent être recommencées ; —

ART. 5. — *Du recours devant le juge de paix* (*Rép.* nos 485 à 550).

179. L'appel des décisions des commissions municipales doit, aux termes de l'art. 3 de la loi du 7 juill. 1874, être porté devant le juge de paix qui statue conformément aux dispositions de l'art. 22 du décret organique du 2 févr. 1852 et de l'art. 6 du décret réglementaire du même jour (*Rép.* nos 519 et suiv.).

§ 1er. — Quelles personnes peuvent interjeter appel ou intervenir (*Rép.* nos 486 à 490).

180. — I. PARTIES A LA DÉCISION ATTAQUÉE. — Le droit d'interjeter appel des décisions des commissions municipales appartient, conformément au droit commun, à l'électeur qui a été partie à ces décisions. En conséquence, l'appel peut être formé : 1° par l'électeur dont l'inscription a été refusée ; 2° par celui dont la radiation d'office a été maintenue ; 3° par celui dont un tiers électeur a fait prononcer la radiation, alors même que le citoyen dont l'inscription a été refusée ou annulée sur la demande d'un tiers n'était pas intervenu personnellement dans la contestation (Req. 21 avr. 1869, aff. Mas, D. P. 69. 1. 298) ; 4° par l'électeur inscrit d'office ou sur la demande d'un tiers qui, ayant le droit d'être inscrit dans une autre commune ou y figurant déjà, a intérêt à ne point l'être sur la liste où la commission a ordonné son inscription (Civ. rej. 12 avr. 1876, aff. Siméoni, D. P. 76. 1. 204) ; 5° par le tiers électeur dont l'action en inscription ou en radiation a été rejetée par la commission (Civ. rej. 28 avr. 1851, aff. Dauvergne, D. P. 51. 1. 160) ; 6° par le préfet ou le sous-préfet dont la réclamation n'a pas été accueillie par la commission municipale (V. conf. Bavelier, *Dictionnaire de droit électoral*, v° *Juge de paix*, n° 5). Il a été décidé, en conséquence, que l'appel interjeté par le maire, comme délégué du sous-préfet contre une décision de la commission municipale qui avait refusé d'ordonner une radiation demandée par le sous-préfet est régulier et recevable (Civ. rej. 17 avr. 1883, aff. Galettini, D. P. 84. 5. 186).

181. — II. TIERS ÉLECTEURS. — Ainsi qu'on l'a vu au *Rép.* n° 521, ce n'est pas seulement aux personnes qui ont été parties à la décision qu'appartient le droit d'interjeter appel : ce droit est étendu à tout électeur inscrit sur les listes d'une circonscription électorale (Req. 11 mai 1858, aff. Maestracci, D. P. 58. 1. 277 ; 22 mars 1870, aff. Paoli, D. P. 70. 1. 174 ; Civ. rej. 8 mai 1877, aff. Cambiaire, D. P. 77. 1. 389 ; 21 avr. 1879, aff. Eude, D. P. 79. 1. 404 ; Civ. cass. 7 déc. 1880, aff. Rutali, D. P. 81. 1. 78 ; 11 mai 1881, aff. Merlin, D. P. 81. 5. 142 ; 20 juin 1882, aff. Despetis, D. P. 83. 5. 193 ; 28 mars 1889, aff. Pérénon, D. P. 89. 1. 256. V. conf. Greffier, *De la formation et de la revision annuelle des listes électorales*, nos 142 et suiv.). — Tout électeur inscrit sur les listes de la circonscription a également le droit d'intervenir dans l'instance d'appel (Req. cass. 27 juin 1870, aff. Charriaut, D. P. 71. 1. 63 ; Civ. cass. 4 mai 1880, aff. Lemonnier, D. P. 80. 1. 334). Quant au tiers non inscrit sur les listes électorales de la circonscription, il ne peut interjeter appel d'une décision de la commission municipale qui ordonne l'inscription ou la radiation d'un citoyen, alors même que, par une sentence rendue le même jour que le jugement intervenu sur cet appel, le juge de paix aurait ordonné l'inscription de ce tiers sur une des listes de la circonscription (Civ. rej. 9 mai 1877, aff. Beveraggi, D. P. 77. 1. 206).

182. L'électeur inscrit qui attaque devant le juge de paix la décision de la commission municipale doit prouver son inscription sur la liste électorale ; mais il n'est pas tenu de produire, à l'appui de sa demande, un certificat du maire attestant sa qualité d'électeur (Civ. cass. 28 avr. 1880, aff. Peretti, D. P. 80. 1. 334).

183. Dans le cas où la loi exige, pour l'inscription sur les listes électorales, que l'électeur fasse personnellement ou par mandataire une demande à fin d'inscription (V. *suprà*, n° 100), il est certain, ainsi que nous l'avons dit *suprà*, n° 150), que l'action publique à fin d'inscription ne peut s'exercer si l'électeur n'a pas réclamé le droit que lui donnent les paragraphes 2 et 4 de l'art. 5 de la loi du 7 juill. 1874. Mais il suffit que cet électeur ait saisi de sa demande la commission municipale pour qu'un tiers électeur puisse interjeter appel de la décision qui a refusé l'inscription et demander au juge de paix de l'ordonner par voie d'infirmation, encore bien que l'électeur n'ait point lui-même interjeté appel (Civ. rej. 7 déc. 1880, aff. Mattei, D. P. 81. 1. 78. V. conf. Greffier, *De la formation et de la revision annuelle des listes électorales*, nos 174 et suiv.).

184. — III. MEMBRES DE LA COMMISSION MUNICIPALE. — Nul ne pouvant être juge et partie dans sa propre cause, les membres de la commission municipale ne peuvent interjeter appel de la décision de cette commission à laquelle ils ont concouru (Civ. cass. 23 avr. 1860, aff. Coppin, D. P. 60. 1. 168 ; Civ. rej. 7 déc. 1880, aff. Mattei, D. P. 81. 1. 78), et le jugement du juge de paix qui statue sur cet appel est entaché d'une nullité radicale qui pourrait être invoquée pour la première fois devant la cour de cassation, et même prononcée d'offic (Civ. cass. 19 avr. 1882, aff. Proc. gén. près la cour de cassation, D. P. 83. 5. 193). — Les membres de la commission municipale sont également non recevables à intervenir dans l'instance d'appel ; ils ne peuvent y figurer à aucun titre, ni y produire verbalement ou par écrit des conclusions et des motifs justificatifs de la décision à laquelle ils ont concouru (Req. cass. 21 avr. 1869, aff. Mattei, D. P. 69. 1. 300 ; Civ. cass. 4 avr. 1883, aff. Proc. gén. à la cour de cassation, D. P. 84. 5. 186).

185. La cour de cassation a jugé qu'un membre de la commission (dans l'espèce, un adjoint au maire), pouvait, comme intermédiaire, remettre à la commission municipale une demande émanée d'un électeur qui n'avait point été inscrit par la commission administrative, cette simple transmission ne le constituant pas juge et partie (Civ. rej. 20 juin 1881, aff. Ramuzat, D. P. 81. 1. 488). Mais un membre de la commission ne pourrait, comme mandataire d'un électeur inscrit ou radié, faire la déclaration d'appel ni se présenter pour la soutenir, au nom de cet électeur, devant le juge de paix. En effet, la qualité de juge est incompatible avec celle de mandataire *ad litem* dans un procès où un jugement rendu avec sa participation est l'objet d'un appel. Or les membres des commissions municipales ont en réalité le caractère de juges, et il ne peut être permis de faire abstraction de cette qualité primitive et principale, pour les admettre à plaider, comme mandataires, pour ou contre leurs jugements.

Attendu enfin que tout électeur, auquel communication de la liste ou des tableaux rectificatifs a été refusée par le maire, a le droit de saisir soit le conseil de préfecture, soit le conseil d'Etat, et peut obtenir la nullité des opérations électorales dans le cas où il établirait que le refus du maire est fait dans le but de soustraire la liste à l'examen des électeurs et d'empêcher le contrôle des opérations électorales ; — Attendu qu'il ressort de ce qui précède que l'autorité administrative, seule, a qualité pour prendre toutes mesures propres à garantir les droits des électeurs ; — Attendu, d'autre part, qu'on ne saurait comprendre l'intervention de l'autorité judiciaire en pareille matière ; que la loi électorale a eu soin de préciser les cas où cette intervention est nécessaire ; que c'est ainsi qu'elle désigne le juge de paix pour vider l'appel porté devant lui contre les décisions de la commission municipale ; qu'elle déclare que la décision du juge de paix peut être déférée à la cour de cassation, et qu'elle renvoie enfin devant les tribunaux civils toute solution préjudicielle d'une question d'état ; mais qu'en dehors de ces exceptions, le principe général reprend tout son empire et consacre la compétence exclusive de l'autorité administrative ; — Attendu, enfin, que l'on ne peut admettre, en l'espèce, le recours fait devant un juge de référé ; que, s'il pouvait y avoir urgence incontestable autorisant cette mesure en matière ordinaire, on ne s'adressait pas moins à un magistrat, qui, incompétent, comme le tribunal lui-même, pour connaître des actes administratifs ou pour intimer l'ordre à un maire de communiquer des documents électoraux, ne saurait jamais statuer qu'au provisoire, et ne pourrait, en aucun cas, condamner les parties à des dommages-intérêts ; — Par ces motifs ; — Déboute Ferdinand Quilichini et Joseph-Antoine Quilichini de leur appel ; — Rejette l'exception de nullité soulevée par les appelants contre le mémoire en déclinatoire, et, faisant droit audit déclinatoire, confirme l'ordonnance rendue en état de référé, le 16 févr. 1880, par le président du tribunal civil de Sartène ; — Déclare de plus l'autorité judiciaire incompétente et renvoie les parties à se pourvoir devant l'autorité administrative.

Du 17 mars 1880.-C. de Bastia, ch. civ.-MM. Morcrette, 1er pr.-Labroquère, av. gén.-Gaudin, av.

186. Le maire président de la commission municipale ne peut, lorsqu'il a pris part à la décision de cette commission, ainsi qu'on l'a vu au *Rép.* n° 522, figurer comme partie dans l'instance d'appel devant le juge de paix, ni spontanément, ni en répondant à la provocation d'un tiers (Circ. Proc. gén. à la cour de cassation, 23 mars 1865, D. P. 65. 3. 47; Circ. min. int. 30 nov. 1884, *Bull. min. int.*, p. 468); et le jugement où il a été partie, soit comme appelant, soit comme intimé, est nul (Req. cass. 13 avr. 1870, aff. Vallot, D. P. 70. 1. 175; 4 juill. 1870, aff. Carlin, D. P. 70. 5. 128; 12 mars 1872, aff. Huet, D. P. 72. 1. 256; 17 nov. 1874, aff. Geist, D. P. 75. 1. 79; Civ. cass. 28 mars 1876, aff. Peytral, D. P. 76. 1. 204; Civ. rej. 18 déc. 1876, aff. Sisteron, D. P. 77. 1. 178; Civ. cass. 23 avr. 1877, aff. Giabicani, D. P. 77. 1. 267; 24 avr. 1877, aff. d'Abhémar, *ibid.*; 13 avr. 1881, aff. Robert, D. P. 81. 1. 272).

Cette nullité, étant d'ordre public, peut être relevée pour la première fois devant la cour de cassation (Arrêts précités des 4 juill. 1870, 23 et 24 avr. 1877); et elle peut être prononcée d'office par la cour (Arrêts précités des 12 mars 1872, 17 nov. 1874, 28 mars 1876, 23 et 24 avr. 1877). Elle ne saurait être couverte par le silence du demandeur (Arrêt précité du 12 mars 1872). — La simple production par le maire d'une pièce exprimant son opinion personnelle sur les faits de la cause suffirait pour le faire considérer comme s'étant indirectement rendu partie dans l'instance d'appel. Ainsi il ne peut produire dans l'instance d'appel un certificat relatif à un fait qui tend à justifier la décision attaquée et qu'il n'a point qualité pour constater (Civ. cass. 28 avr. 1880, aff. Ornano, D. P. 81. 1. 77), spécialement un certificat attestant que le citoyen dont l'inscription est contestée a quitté la commune depuis plus de deux ans (Même arrêt). En conséquence, le jugement qui maintient la radiation prononcée en se fondant uniquement sur ce certificat est vicié de nullité (Même arrêt).

Mais, ainsi qu'on l'a vu *suprà*, n° 180 *in fine*, le maire peut valablement interjeter appel d'une décision de la commission municipale, comme délégué du sous-préfet qui a été partie devant cette commission.

187. Ce qui vient d'être dit des membres de la commission municipale s'applique spécialement au délégué de l'Administration : lorsqu'il a concouru à la décision, ce délégué est non recevable à en interjeter appel (Circ. min. int. 31 août 1874, D. P. 74. 4. 81, note 1; Civ. rej. 7 déc. 1880, aff. Mattei, D. P. 81. 1. 78). Mais l'Administration recommande à ses délégués d'avertir le préfet ou le sous-préfet toutes les fois qu'un recours leur paraît utile à introduire, afin que ces fonctionnaires puissent user du droit d'appel qui leur appartient (Circ. 31 août 1874 précitée; Circ. min. int. 30 nov. 1884, *Bull. min. int.*, p. 468).

188. Si les membres d'une commission municipale sont non recevables à interjeter appel d'une décision de cette commission à laquelle ils ont concouru, et à figurer dans l'instance d'appel, il n'en est plus de même, comme on l'a dit (*Rép.* n° 522), lorsqu'il n'ont pas pris part à la décision frappée d'appel (Civ. cass. 24 mai 1881, aff. Sabini, D. P. 81. 1. 488; Civ. rej. 9 mai 1882, aff. Viviani, D. P. 83. 5. 193; 13 mai 1885 (1). V. conf. Greffier, *op. cit.*, n°s 153 et suiv.; Hérold, *Droit électoral*, n° 189). A plus forte raison, n'y a-t-il pas nullité du jugement portant que la cause est entre l'appelant et la commission municipale, lorsqu'il n'est pas constaté ni même allégué qu'aucun membre de la commission municipale ait été cité ou ait comparu devant le juge de paix ou lui ait fourni des explications (Civ. rej. 9 mai 1882 précité).

§ 2. — Des formes et des délais de l'appel.

189. — I. FORMES DE L'APPEL. — Nous avons dit au *Rép.* n° 524 que l'appel contre la décision de la commission municipale doit être formé par déclaration au greffe de la justice de paix du canton, et qu'il ne peut résulter d'une simple lettre missive adressée soit au juge de paix du canton (Civ. rej. 8 mai 1877, aff. Nicolle, D. P. 77. 1. 206), soit au greffier (Civ. rej. 12 mai 1880, aff. Giudicelli, D. P. 80. 1. 336; 29 mars 1881, aff. Monin, D. P. 81. 1. 271). Toutefois, s'il était prouvé que la lettre a été déposée au greffe dans le délai légal, elle devrait être considérée comme une déclaration régulière d'appel (Hérold, *Droit électoral*, n° 198).

190. L'appel doit, à peine de nullité, désigner d'une manière suffisante la décision attaquée. En conséquence, l'appel qui ne relate ni les décisions de la commission municipale contre lesquelles il est dirigé, ni leurs dates, ni leurs objets, ni les personnes qu'elles concernent, n'est pas recevable (Civ. rej. 12 avr. 1881, aff. Duclaux-Monteil, D. P. 81. 1. 229. V. conf. Greffier, *op. cit.*, n° 143). Mais l'appel énonce suffisamment la décision contre laquelle il est interjeté quand il déclare, même avec une erreur de date, qu'il s'agit de la radiation ou de l'inscription de tel électeur (Civ. rej. 17 avr. 1883, aff. Galettini, D. P. 84. 5. 186).

191. Aucun texte ne subordonne la recevabilité de l'appel formé contre les décisions rendues en matière électorale par la commission municipale à la production de la décision attaquée (Civ. cass. 8 mai 1878, aff. Gérard Maumus, D. P. 78. 1. 248). Il suffit donc que l'appelant produise un document qui constate d'une manière certaine l'existence et la teneur de cette décision. Ainsi la production d'une décision ordonnant l'inscription d'un certain nombre d'individus sur les listes électorales a pu être remplacée par celle d'un procès-verbal signé du maire de la commune et des membres de la commission et contenant, d'une part, la liste des individus susmentionnés désignés par leurs noms, prénoms et qualités, et, d'autre part, la déclaration que la commission de revision des listes, après avoir examiné leurs réclamations, avait décidé qu'ils seraient inscrits, les uns sur la liste électorale politique, les autres sur les deux listes politique et municipale (Arrêt précité du 8 mai 1878). Mais, à défaut de la production de la minute de la décision, le juge ne peut y suppléer en demandant des renseignements à l'un des membres de la commission, et, si la décision a été purement verbale, il ne peut ni la confirmer, ni l'infirmer; son devoir est de l'annuler, et, après évocation, de statuer sur le fond (Civ. cass. 16 mai 1881, aff. Roux et Broche, D. P. 81. 1. 487. V. *suprà*, n° 164).

192. L'inscription du nom de plusieurs électeurs par voie de rectification à la liste déposée n'ayant pu être effectuée qu'en vertu d'une décision de la commission municipale, le tiers électeur qui demande la réformation de cette décision est recevable à se pourvoir par appel devant le juge de paix, bien que la décision attaquée ne soit pas représentée (Civ. cass. 24 mai 1881, aff. Sabini, D. P. 81. 1. 488).

193. Lorsque le juge de paix est saisi d'un appel spécifié dans son objet, il a le pouvoir d'autoriser et au besoin d'ordonner la délivrance de la copie d'une décision déterminée, si cette mesure lui paraît nécessaire pour la solution d'une contestation électorale (Civ. rej. 12 avr. 1881, aff. Duclaux-Monteil, D. P. 81. 1. 229; 30 juill. 1883, aff. Ornano, D. P. 83. 5. 197). Mais, lorsqu'un appel vague et général lui est déféré, aucune disposition légale ne lui attribue, même au cas de refus de communication de la part d'un maire, la faculté d'ordonner l'apport du registre des décisions de la commission municipale pour donner à un tiers électeur les moyens de régulariser cet appel en le précisant (Mêmes arrêts).

194. Il appartient au juge de paix de prendre ou d'ordonner telle mesure que de droit pour vérifier l'exactitude de la copie de la décision de la commission municipale qui lui est présentée par l'appelant (Civ. cass. 1er mai 1877, aff. Lemaître, D. P. 77. 1. 266). Mais il ne peut, sans avoir recours à aucune mesure préparatoire, déclarer cette copie non avenue, alors même qu'elle ne serait ni certifiée conforme, ni revêtue de signatures, ni empreinte du sceau de la mairie (Même arrêt).

195. Aucun délai n'est prescrit pour la production des pièces justificatives d'une demande en inscription : par

(1) (Dufaux C. Elect. de Chassagnes.) — LA COUR; — Attendu que Belin, délégué du préfet, n'a pas pris part à la décision de la commission municipale qui devait statuer sur ses réclamations; qu'il en a relevé appel en qualité d'électeur inscrit, et que cet appel était recevable; — Attendu, au fond... (Sans intérêt); — Rejette, etc.

Du 13 mai 1885.-Ch. civ.-MM. Barbier, 1er pr.-Génie, rap.-Desjardins, av. gén., c. conf.

suite, si ces pièces n'ont pas été produites devant la commission municipale, elles peuvent l'être en appel devant le juge de paix (Req. 23 nov. 1874, aff. Coullomb, D. P. 75. 1. 75 ; Civ. rej. 24 avr. 1877, aff. Chrétien, D. P. 77. 1. 271 ; Civ. cass. 10 déc. 1877, aff. Jacomet, D. P. 78. 1. 279; 3 avr. 1882, aff. Boitel, D. P. 83. 5. 197 ; 2 mai 1883, aff. Cailhol, *ibid.*). En conséquence, ce magistrat ne doit pas se contenter, pour motiver le rejet d'une semblable demande, d'affirmer qu'elle n'a pas été justifiée devant la commission municipale ; il est tenu d'examiner si elle est suffisamment établie par les pièces dont il se trouve saisi au moment où il rend sa décision (Arrêts précités des 10 déc. 1877, 3 avr. 1882 et 2 mai 1883). Ainsi, il ne peut, sans méconnaître l'effet dévolutif de l'appel, se refuser à tenir compte d'un certificat, sous prétexte qu'il n'aurait pas été produit devant la commission municipale (Civ. cass. 30 avr. 1885) (1), ni d'un acte de naissance qui n'avait pas été produit devant la commission, et en l'absence duquel elle avait repoussé la demande d'inscription par le motif que l'électeur n'avait pu prouver ni son identité, ni le lieu et la date de sa naissance (Arrêt précité du 23 nov. 1874; Civ. cass. 18 avr. 1883, aff. Darzens, D. P. 84. 5. 187).

196. — II. Délai de l'appel. — L'appel des décisions de la commission municipale peut, ainsi que nous l'avons dit *suprà*, nos 180 et 181, être interjeté tant par les électeurs qui ont été parties à la décision attaquée que par des tiers électeurs qui n'y ont pas été parties. Le délai n'est pas le même dans chacune de ces deux hypothèses.

197.— 1° *Appel de l'électeur qui a été partie à la décision.* — Il doit être interjeté dans les cinq jours de la notification; l'appel formé après l'expiration de ce délai est irrecevable (Civ. rej. 29 mars 1881, aff. Monin, D. P. 81. 1. 271). Cet appel tardif est frappé d'une nullité d'ordre public, qui doit être prononcée même d'office par le juge de paix (Req. cass. 5 avr. 1869, aff. Theviot, D. P. 69. 1. 300).

On s'est demandé s'il y a lieu d'appliquer en cette matière les dispositions de l'art. 1033 c. proc. civ. modifié par la loi du 3 mai 1862 et d'augmenter le délai de cinq jours à raison de la distance qui sépare le domicile de l'appelant du lieu où siège le juge d'appel. Un arrêt de la chambre des requêtes du 4 mai 1868 (aff. de Salvandy, D. P. 69. 1. 298) avait décidé que le mode de computation du délai de distance fixé par l'article précité devait être suivi en matière électorale. Mais cette interprétation, combattue par M. Greffier, n° 144, paraît avoir été abandonnée par la cour de cassation, qui a décidé que le dernier paragraphe de l'art. 1033 portant que, si le dernier jour du délai est un jour férié, le délai sera prorogé au lendemain, n'est pas applicable en matière électorale (Civ. cass. 3 mai 1880, aff. Minighetti, D. P. 80. 1. 336).

198. La notification fait seule courir le délai de cinq jours imparti à l'appelant, alors même que cette notification n'aurait pas été faite dans les trois jours de la décision par l'autorité municipale (Civ. cass. 11 juin 1877, aff. Birot, D. P. 77. 5. 185). Nul aveu ne pouvant être fait en justice par le représentant d'une partie sans un pouvoir spécial, on ne saurait attribuer aucune valeur à la reconnaissance devant le juge de paix, par le mandataire d'un électeur, que celui-ci aurait reçu une lettre missive du maire lui notifiant la décision de la commission municipale, par laquelle était rejetée sa demande en inscription sur une liste électorale (Civ. cass. 9 avr. 1888, aff. Payraud, D. P. 88. 1. 319).

199. La notification de la décision de la commission municipale ne fait courir les délais d'appel qu'autant qu'elle a été effective et régulière ; et l'on ne saurait considérer comme une notification valable du refus d'inscription de plusieurs individus sur la liste électorale la lettre qui leur est adressée par le maire la veille du jour où la commission municipale a refusé cette inscription (Civ. cass. 12 juin 1876, aff. Albin, D. P. 76. 1. 380).

Mais l'appel n'en est pas moins valable pour avoir été interjeté avant la notification de la décision attaquée (Req. cass. 4 avr. 1854, aff. Pincet, D. P. 54. 1. 380; 16 nov. 1874, aff. Pintaparis, D. P. 75. 5. 171 ; Civ. cass. 8 août 1876, aff. Vital-Maire, D. P. 76. 1. 380, notes 4 et 5). En conséquence, le juge de paix saisi de cet appel ne peut se refuser à en connaître, sous prétexte qu'à défaut de notification, la décision frappée d'appel serait caduque et qu'ainsi il se trouverait privé de toute compétence pour statuer sur l'appel formé devant lui (Arrêt précité du 4 avr. 1854).

200. A défaut de notification au réclamant de la décision de la commission municipale, son droit d'appel peut être exercé régulièrement sans limitation de délais (Req. 29 juin 1875, aff. Michelin, D. P. 76. 1. 229 ; Civ. cass. 11 juin 1877, aff. Birot, D. P. 77. 5. 185; 4 janv. 1882, aff. Damour, D. P. 82. 1. 360). Ainsi l'appel d'une sentence non notifiée à l'électeur dont la radiation a été prononcée est valablement formé, même après la clôture des listes électorales (Arrêt précité du 4 janv. 1882).

201. — 2° *Appel des électeurs qui n'ont pas été parties devant la commission municipale.* — La décision de cette commission n'ayant pu leur être notifiée, la jurisprudence accorde à ces électeurs le droit d'interjeter appel dans un délai de vingt jours *à compter de la décision attaquée* (Circ. min. int. 31 août 1874, D. P. 74. 4. 81, note 1 ; 30 nov. 1884, *Bull. min. int.*, 1884, p. 468). Ce droit d'interjeter appel étant pour les électeurs, suivant les expressions de M. Hérold, *Droit électoral*, n° 193, le complément et une sorte de prolongation nécessaire de leur droit de demander des inscriptions et des radiations, le délai d'appel qui ne saurait avoir dans ce cas pour point de départ une notification, doit être le même que celui de la réclamation elle-même contre l'inscription ou la radiation ordonnée par la commission ; or ce dernier délai fixé d'abord à dix jours à dater de la publication des listes par l'art. 2 du décret réglementaire du 2 févr. 1852 a été porté à vingt jours à partir de la même époque en vertu de l'art. 1er du décret du 13 janv. 1866, puis de l'art. 2, § 2, de la loi du 7 juill. 1874. Il est donc admis que les tiers électeurs qui font appel d'une décision de la commission municipale doivent faire, à peine de déchéance, leur déclaration dans les vingt jours de la prononciation de cette décision (Req. cass. 15 mars 1870, aff. de Chergé, D. P. 70. 1. 174; 17 mai 1870, aff. Mariotti, D. P. 72. 1. 29; 1er déc. 1874, aff. Sarocchi, D. P. 75. 1. 300; Civ. rej. 12 avr. 1876, aff. Simeoni, D. P. 76. 1. 204; 8 mai 1877, aff. Cambiaire, D. P. 77. 1. 389; Civ. cass. 11 mai 1881, aff. Merlin, D. P. 81. 5. 142; Civ. rej. 7 mars 1882, aff. Chiaramonti, D. P. 82. 1. 448 ; Civ. cass. 28 mars 1889, aff. Pérénon, D. P. 89. 1. 256). Le délai de vingt jours existe pour le préfet comme pour les tiers lorsqu'il n'a pas été partie à la décision (Circ. 31 août 1874 précitée). L'appel devant être formé dans ce délai à peine de déchéance, le juge de paix ne peut pas subordonner la recevabilité de l'appel interjeté après ce délai à la validité d'une notification faite à la partie intéressée (Arrêt précité du 17 mai 1870).

202. L'électeur dont le nom a été omis sur la liste électorale par suite d'une erreur matérielle peut également dans les vingt jours qui suivent le 31 mars, date de la clôture des listes et de leur dépôt au secrétariat de la mairie, demander par voie d'appel devant le juge de paix le rétablissement de son nom sur la liste (Civ. rej. 16 août 1882, aff. de Rorthays, D. P. 83. 1. 120). L'appel formé par lui après l'expiration de ce délai de vingt jours est tardif et non recevable (Même arrêt).

203. Le droit d'appel attribué par la loi aux tiers électeurs est entièrement distinct du droit d'appel qui appartient à l'électeur lui-même. Il en résulte que le rejet comme tardif d'un appel interjeté par l'électeur dont l'inscription est attaquée ne met point obstacle à la recevabilité de l'appel formé contre le même jugement dans les délais

(1) (Laffitte.) — La cour; — Vu l'art. 14, § 3, n° 1, de la loi du 5 avr. 1884 ; — Attendu qu'il résulte des documents produits par le demandeur en cassation et des termes mêmes du jugement attaqué que le juge de paix, au moment où il a statué, avait sous les yeux le certificat du maire de Saint-Arroumex, sur lequel l'appelant appuyait sa demande d'inscription en faveur de Lafourcade ; — Attendu qu'en refusant de tenir compte de cette production, sous prétexte qu'elle n'avait pas été faite devant la commission municipale, le juge de paix a méconnu l'effet dévolutif de l'appel, et l'étendue de ses attributions ; — Par ces motifs, casse, etc.

Du 30 avr. 1885.-Ch. civ.-MM. Larombière, pr.-Guérin, rap.-Desjardins, av. gén., c. conf.

légaux par un tiers électeur, conformément à l'art. 19 du décret du 2 févr. 1852, pourvu que le premier jugement n'ait rien préjugé au fond (Civ. cass. 21 août 1882, aff. Vesperini, D. P. 83. 1. 120).

204. Dans le cas où le maire refuse à un tiers électeur de lui faire connaître les décisions de la commission électorale, ce tiers électeur a, pour se pourvoir en appel contre l'une de ces décisions un délai de vingt jours à partir de la date à laquelle il a pu prendre connaissance de ces décisions (Civ. rej. 19 juin 1883, aff. Olivier, D. P. 83. 5. 194; 30 juill. 1883, aff. Ornano, *ibid.*) et spécialement à partir du jour où les listes ont été rendues publiques (Civ. rej. 12 avr. 1881, aff. Duclaux Monteil, D. P. 81. 1. 229). Mais si le droit du tiers électeur peut s'exercer exceptionnellement après la clôture des listes, lorsque ce droit a été paralysé par le maire qui lui a refusé communication des décisions de la commission, il n'en est plus de même alors que le maire ayant simplement indiqué par un avis que les documents de la mairie ne seraient communiqués qu'à certains jours déterminés, c'est l'électeur qui n'a pas voulu se soumettre à demander les communications dont il avait besoin aux jours et heures fixés par le maire. En conséquence, et dans ces conditions, l'appel de l'électeur formé plus de vingt jours après la décision de la commission électorale est tardif et à ce titre non recevable (Civ. rej. 27 juill. 1887, aff. Gillier, D. P. 88. 1. 341).

§ 3. — Des jugements rendus par le juge de paix comme juge d'appel.

205. — I. DÉLAI DANS LEQUEL LE JUGEMENT DOIT ÊTRE RENDU. — Ainsi qu'on l'a vu au *Rép.* n° 525, le délai de dix jours imparti au juge de paix par l'art. 22 du décret organique du 2 févr. 1852 pour rendre sa décision n'est pas prescrit à peine de nullité (Req. cass. 21 avr. 1869, aff. Matteï, D. P. 69. 1. 300; Req. 8 déc. 1873, aff. Blanc, D. P. 74. 1. 485; Civ. cass. 4 mai 1880, aff. Lemonnier, D. P. 80. 1. 334; 14 juin 1880, aff. Lavaysse, *ibid.;* Civ. rej. 1er mai 1882, aff. Peretti, D. P. 83. 5. 196).

206. — II. AVERTISSEMENT. — L'art. 3 de la loi du 7 juill. 1874 reproduit la disposition de l'art. 22 du décret organique du 2 févr. 1852 aux termes duquel, comme nous l'avons dit (*Rép.* n° 526), le juge de paix doit statuer sans forme de procédure et sur simple avertissement. — La formalité de l'avertissement est substantielle, et le juge de paix ne peut, à peine de nullité, statuer sur l'appel de la décision d'une commission municipale, si les parties n'ont reçu trois jours à l'avance cet avertissement (Req. cass. 26 mars 1866, aff. Venturini, D. P. 66. 5. 153; 15 avr. 1868, aff. Albertini, D. P. 68. 1. 272; 3 juill. 1871, aff. Angeli, D. P. 71. 5. 132; Civ. cass. 29 avr. 1878, aff. Tranchessée, D. P. 78. 1. 323; 29 mai 1878, aff. Franceschi, D. P. 79. 5. 157; 4 mai 1880, aff. Lugagne, D. P. 81. 5. 143; 22 juin 1880, aff. Mandolini, D. P. 81. 1. 31; 20 juin 1882, aff. Despetis, D. P. 83. 5. 194; 16 avr. 1885) (1).

207. La formalité de l'avertissement ne saurait être suppléée par la mise en cause du maire qui ne peut, d'ailleurs, figurer à aucun titre dans l'instance d'appel ouverte contre les décisions de la commission municipale dont il est le président (Req. cass. 15 mai 1872, aff. Alric, D. P. 72. 1. 459). — Mais la nullité résultant soit du défaut d'avertissement, soit de l'irrégularité de l'avertissement, est couverte par la comparution de la partie devant le juge de paix et sa défense au fond (Req. 1er déc. 1874, aff. Viviani, D. P. 75. 1. 301; Civ. rej. 8 août 1877, aff. Béringuier, D. P. 78. 1. 248; Sol. impl., Civ. cass. 19 avr. 1880, aff. Goutelle, D. P. 80. 1. 155; Civ. rej. 10 mai 1881, aff. Cots, D. P. 81. 1. 484; 7 mars 1882, aff. Chiaramonti, D. P. 82. 1. 448; 1er mai 1882, aff. Peretti, D. P. 83. 5. 196. V. conf. Bavelier, *Dictionnaire de droit électoral*, v° *Juge de paix*, n° 14).

208. La cour de cassation avait d'abord décidé que la disposition de l'art. 22 du décret organique du 2 févr. 1852, aux termes de laquelle l'avertissement doit être donné à *toutes les parties intéressées*, ne comprenait dans cette expression que l'électeur dont l'inscription était contestée (Req. 23 mars 1863, aff. Leydet, D. P. 63. 1. 141). Mais elle a abandonné cette interprétation restrictive, peu conforme au texte de l'article précité, et il a été successivement jugé que l'avertissement devait être donné à l'appelant (Req. cass. 15 avr. 1868, aff. Albertini, D. P. 68. 1. 272) et au citoyen qui a poursuivi la radiation devant la commission municipale (Civ. cass. 29 avr. 1878, aff. Tranchessée, D. P. 78. 1. 323; 19 avr. 1880, aff. Maffre, D. P. 80. 1. 155. V. conf. Hérold, *Droit électoral*, n° 200). Il a été également jugé que l'on doit considérer les électeurs qui ont réclamé devant la commission municipale l'inscription d'un citoyen sur la liste électorale, comme parties intéressées à l'appel formé par un tiers contre la décision de la commission qui a fait droit à leur demande, et qu'en conséquence, l'avertissement préalable doit leur être adressé à peine de nullité (Civ. cass. 7 mai 1883, aff. Viel, D. P. 83. 5. 195). Mais le juge de paix, saisi d'un appel formé contre une décision de la commission municipale, n'est pas tenu d'adresser l'avertissement aux membres de cette commission (Civ. rej. 8 avr. 1878, aff. Clément, D. P. 79. 5. 157).

209. Le décret du 2 févr. 1852 n'a pas réglé les formes de la notification de l'avertissement qui doit être donné aux parties intéressées. Il est évident que cette notification est régulièrement faite au domicile élu de la partie. En conséquence, l'avertissement est régulièrement notifié à cette partie au domicile de son père, où elle a déclaré être domiciliée, alors même qu'elle n'y a pas sa résidence habituelle (Civ. rej. 19 avr. 1880, aff. Charassier, D. P. 80. 1. 154).

210. Il ne suffit pas que l'avertissement ait été donné; il faut que l'accomplissement de cette formalité soit légalement constaté; aussi la sentence du juge de paix est-elle nulle si elle ne mentionne ni l'avertissement adressé aux parties intéressées, ni leur comparution, ni l'existence d'un débat devant le juge de paix ou les conclusions qu'elles ont prises (Req. cass. 15 avr. 1868, aff. Albertini, D. P. 68. 1. 272; 21 avr. 1868, aff. Matteï, D. P. 68. 1. 272; 9 avr. 1873, aff. Audibert, D. P. 74. 1. 486; 6 avr. 1875 (2); Civ. cass. 4 avr. 1883, aff. Sirven, D. P. 84. 5. 187. V. conf. Hérold, *Droit électoral*, nos 202 et suiv.).

211. — III. INTERVENTION DES TIERS ÉLECTEURS. — De même que tout électeur inscrit peut interjeter appel des décisions rendues par les commissions municipales, tout électeur inscrit peut intervenir devant le juge de paix sur l'appel de ces décisions (Req. cass. 27 juin 1870, aff. Charriaut, D. P. 71. 1. 63; Civ. rej. 4 mai et 14 juin 1880, aff. Lemonnier, D. P. 80. 1. 334; 14 juin 1880, aff. Lavaysse, *ibid.;* Civ. cass. 20 juin 1882, aff. Despetis, D. P. 83. 5. 194), alors même qu'il n'a pas été partie à la décision rendue par la commission (Arrêts précités des 27 juin 1870 et 20 juin 1882. V. conf. Hérold, *op. cit.*, nos 187 et 189; Greffier, *op. cit.*, n° 142).

212. Lorsqu'un tiers électeur appelant d'une décision de la commission municipale ne se présente pas, le tiers qui se substitue à lui, à supposer que son intervention soit recevable, ne peut étendre l'appel à des décisions concernant des électeurs autres que ceux pour lesquels le tiers électeur avait agi (Civ. rej. 7 mars 1882, aff. Chiaramonti, D. P. 82. 1. 448).

---

(1) (Delcer C. Elect. de Saintes.) — LA COUR; — Vu l'art. 22 du décret organique du 2 févr. 1852; — Attendu qu'aux termes de cette disposition, le juge de paix saisi de l'appel formé contre une décision de la commission municipale est tenu d'avertir, trois jours à l'avance, les parties intéressées; — Attendu qu'il est constant que Delcer avait provoqué la radiation, prononcée par la commission municipale, du nom de Tapernoux sur les listes électorales de la commune de Saintes; qu'il était donc nécessairement partie intéressée au jugement à rendre sur l'appel interjeté par celui-ci; — Attendu que la sentence attaquée ne mentionne aucun avertissement donné à Delcer; qu'il n'est pas établi non plus qu'il ait comparu à l'audience ou fourni des observations écrites; — D'où il suit qu'en statuant sans l'accomplissement préalable d'une formalité substantielle, le jugement attaqué a formellement violé l'article de loi ci-dessus visé; — Casse, etc.

Du 16 avr. 1885.-Ch. civ.-MM. Larombière, pr.-Guérin, rap.-Desjardins, av. gén., c. conf.

(2) (Mauduit du Plessis.) — LA COUR; — Vu l'art. 22 du décret organique du 2 févr. 1852: — Attendu que ledit article prescrit au juge de paix d'avertir les parties intéressées trois jours à l'avance; — Attendu qu'en dispensant le juge de paix d'observer

213. — IV. NÉCESSITÉ D'UNE DÉCISION DE LA COMMISSION MUNICIPALE. — En matière électorale, le juge de paix est essentiellement et exclusivement juge d'appel : il ne peut donc, sans excès de pouvoir, connaître d'une contestation ayant pour objet la radiation d'un électeur ou son rétablissement sur la liste électorale d'une commune, si la réclamation n'a pas été appréciée en premier ressort par la commission municipale (Req. 18 déc. 1871, aff. Cantaloup, D. P. 72. 1. 26 ; 6 mars 1876, aff. Long, D. P. 76. 1. 203 ; Civ. rej. 9 mai 1877, aff. Santarelli et Casale, D. P. 77. 1. 205 ; 11 juin 1877, aff. Roche, D. P. 77. 5. 185 ; Civ. cass. 5 juin 1878, aff. Togneri, D. P. 78. 1. 245 ; Civ. rej. 26 avr. 1881, aff. Ricard, D. P. 81. 1. 483 ; Civ. cass. 4 mai 1881, aff. Orsini, *ibid.* ; Civ. rej. 10 mai 1881, aff. Taddei, *ibid.* V. conf. Hérold, *op. cit.*, n° 194). En conséquence, l'appel formé par un citoyen qui a saisi *de plano* le juge de paix, sans avoir soumis sa réclamation au juge de première instance, est non recevable (Arrêts précités des 9 mai et 11 juin 1877). — Il suit de là également qu'on ne peut déférer par appel au juge de paix ni une décision de la commission administrative chargée de la revision annuelle des listes, cette commission ne constituant pas un degré de juridiction (Civ. rej. 7 déc. 1881, aff. Lautier, D. P. 82. 1. 128), ni une décision rendue par le maire seul, sur une demande en inscription ou en radiation d'un électeur, sans que la commission municipale ait rendu aucune décision (Civ. rej. 1er mai 1882, aff. Peretti, D. P. 83. 5. 196).

214. L'art. 8 du décret réglementaire du 2 févr. 1852, d'après lequel la liste électorale close le 31 mars de chaque année reste jusqu'à l'année suivante telle qu'elle a été arrêtée, *sauf les changements qui auraient été ordonn s par décision du juge de paix*, n'autorise que les changements ordonnés par ce magistrat comme juge d'appel des décisions de la commission municipale, et non ceux qui lui seraient demandés directement soit à la diligence du maire réclamant le maintien sur la liste de certains électeurs qui y ont été inscrits d'office après le 31 mars (Req. cass. 26 juin 1861, aff. El. de Savigny, D. P. 62. 1. 135), soit par des citoyens réclamant eux-mêmes leur inscription (Req. cass. 26 juin 1861, aff. El. de Pont-l'Evêque, D. P. 61. 1. 416). « Ce mode de procéder, s'il pouvait être toléré, disait dans son réquisitoire sur cette affaire le procureur général Dupin, aurait pour effet de rendre les juges de paix, dans chaque canton, maîtres souverains des élections, et aussi de faire disparaître toutes les garanties au moyen desquelles le législateur a voulu assurer leur sincérité » (V. conf. Req. cass. 10 août 1864, aff. Arrazat, D. P. 64. 5. 115 ; 19 juill. 1865, aff. Maire de Cirey-sur-Blaise, D. P. 66. 5. 158 ; 17 mars 1873, aff. Procureur général à la cour de cassation, D. P. 75. 5. 172 ; 5 mai et 16 juin 1873) (1).

---

les formes de procédure, il ne l'affranchit pas de l'obligation de constater l'observation des formalités nécessaires à la validité des jugements, et notamment de celles qui ont pour objet d'établir que les parties ont été appelées à faire valoir leurs moyens de défense ; — Attendu que la décision attaquée ne constate ni la présence ni l'absence de l'appelant à l'audience, et ne fait pas connaître si l'avertissement prescrit lui a été donné ; — Qu'elle viole ainsi les dispositions des art. 3 de la loi du 7 juill. 1874 et 22 du décret du 2 févr. 1852 ; — Casse, etc.

Du 6 avr. 1875.-Ch. req.-MM. de Raynal, pr.-Lepelletier, rap.-Babinet, av. gén.

(1) 1re *Espèce :* — (Procureur général à la cour de cassation. — Aff. Chapuis et Collet.) — RÉQUISITOIRE. — « Le procureur général près la cour de cassation expose qu'il est chargé par M. le garde des sceaux ministre de la justice, de requérir, en vertu de l'art. 80 de la loi du 27 vent an 8, l'annulation, pour excès de pouvoirs, de deux jugements rendus, les 3 et 7 déc. 1872, par le juge de paix de la Calle, département de Constantine. — Ces deux jugements ont admis, sur requête des parties et sans examen préalable de la commission municipale, l'inscription sur la liste électorale des sieurs Collet, propriétaire, Chapuis, tailleur de liège, et Marty, commissaire de police. — Ces deux décisions sont entachées d'excès de pouvoir. — Aux termes de l'art. 3 du décret du 12 oct. 1871, les élections pour la formation des conseils généraux de l'Algérie doivent être faites « au moyen des listes dressées dans chaque commune pour les élections municipales ». Ces listes doivent être dressées, conformément aux dispositions des décrets des 27 déc. 1866 et 16 janv. 1867, maintenus en vigueur en Algérie par l'art. 20 de la loi du 14 avr. 1871. — L'art. 11 du décret du 27 déc. 1866 se réfère lui-même, en ce qui concerne les élections communales de l'Algérie, aux dispositions du tit. 2 du décret organique du 2 févr. 1852, à celles du tit. 1er du décret réglementaire du même jour et à celles du décret du 13 janv. 1866. — Il résulte des dispositions combinées de ces différents décrets que les demandes d'inscription sur les listes électorales doivent être formées dans le délai de vingt jours, à compter de la publication des listes ; que les réclamations sont jugées par une commission composée du maire et de deux membres du conseil municipal, dont les décisions sont soumises en appel au juge de paix (Décret organique de 1852, art. 22). L'art. 8 du décret réglementaire du 2 févr. 1852 ne fait que confirmer l'art. 22 du décret organique du même jour. — Cet article est ainsi conçu : « La liste électorale reste, jusqu'au 31 mars de l'année suivante, telle qu'elle a été arrêtée, sauf, néanmoins, les changements qui y auraient été ordonnés par décision du juge de paix, et sauf aussi la radiation des noms des électeurs décédés ou privés des droits civils et politiques par jugement ayant force de chose jugée ». — Résulte-t-il des termes de cet article que les juges de paix aient le droit, sur simple requête, d'ordonner directement, à toutes les époques de l'année, des changements sur la liste électorale ? — Cette interprétation serait contraire au texte des décrets du 2 févr. 1852, et rendrait inutile la commission municipale, instituée juge du premier degré par l'art. 20 du décret organique. En effet, aux termes de l'art. 13 du décret organique du 2 févr. 1852, la liste électorale est dressée par le maire. L'art. 18 du même décret dispose que les listes électorales sont permanentes et qu'elles sont l'objet d'une revision annuelle. C'est au maire de chaque commune, en conformité de l'art. 1er du décret réglementaire du 2 févr. 1852, qu'il appartient, lors de cette revision, de faire les additions et retranchements sur la liste. Suivant les art. 2 et 5 du même décret, ce dernier modifié par l'art. 1er du décret du 13 janv. 1866, le tableau de cette revision annuelle contenant les additions et retranchements faits par le maire à la liste électorale, est rendu public le 15 janvier, et les demandes en inscription ou radiation doivent être formées dans les vingt jours, à compter de la publication des listes. — Aux termes de l'art. 20 du décret organique, les réclamations sont jugées par une commission composée : à Paris, du maire et de deux adjoints ; partout ailleurs, du maire et de deux membres du conseil municipal, désignés par ce conseil. Suivant l'art. 22, l'appel des décisions de la commission est porté devant le juge de paix du canton ; cet appel est formé par simple déclaration au greffe, et le juge de paix statue dans les dix jours, sans frais ni forme de procédure. — Il résulte bien de l'économie et de la combinaison de tous ces textes, que les changements à la liste électorale, qui, aux termes de l'art. 8 précité du décret réglementaire, peuvent être ordonnés par décision du juge de paix, ne peuvent s'entendre que des changements ordonnés par le juge de paix, sur l'appel, porté devant lui, des décisions prises par la commission instituée par l'art. 20 du décret organique de 1852. — Or, dans l'espèce des deux décisions des 3 et 7 déc. 1872, le juge de paix de la Calle (Algérie) a, tout à la fois, violé la règle des deux degrés de juridiction, et outrepassé ses pouvoirs, en ordonnant directement, sur simple requête des parties, et sur une liste close depuis le 31 mars, des additions de noms, sur lesquelles la commission municipale n'avait pas été appelée à se prononcer. — Ce mode de procéder rendrait les juges de paix, dans chaque canton, maîtres souverains des élections, et ferait disparaître les garanties au moyen desquelles le législateur a voulu assurer leur sincérité. Comme, aux termes de l'art. 19 du décret réglementaire de 1852, tout électeur non inscrit, mais porteur d'une décision du juge de paix, doit être admis à voter, il est clair qu'un juge de paix pourrait créer des électeurs à volonté, et rendre ainsi illusoires les droits que la loi attribue aux maires, relativement à la liste électorale, les dispositions relatives à la clôture et à la permanence des listes, les formalités prescrites pour leur revision annuelle, et les attributions de la commission municipale chargée de prononcer en premier ressort sur les additions et retranchements opérés par les maires. — Ce serait le renversement de tout le système électoral. — Dans ces circonstances et par ces considérations, le procureur général requiert qu'il plaise à la cour annuler pour excès de pouvoir, etc. — *Signé :* RENOUARD. » — Arrêt.

LA COUR ; — Vu le réquisitoire de M. le procureur général près la cour de cassation en date du 8 avril dernier, par lequel ce magistrat requiert qu'il plaise à la cour, chambre des requêtes, annuler pour excès de pouvoir les deux décisions rendues les 3 et 7 déc. 1872 par le juge de paix de la Calle, département de Constantine (Algérie) ; — Attendu que ces deux décisions, rendues à des audiences différentes et entre des parties distinctes, ne sont pas connexes ; qu'il y a lieu, dès lors, de statuer à l'égard de chacune d'elles par un arrêt séparé ; — En ce qui touche la décision rendue le 7 déc. 1872 en faveur des nommés Chapuis Jean, tailleur de liège, et Collet François, propriétaire : — Vu l'art. 80 de la loi du 27 vent. an 8 ; l'art. 3 du décret du 12 oct. 1871 ; les décrets des 27 déc. 1866 et 16 janv. 1867, et l'art. 20 de la loi du 14 avr. 1871 ; les art. 20, 22, 13 et 18 du décret organique du 2 févr. 1852 ; les art. 8, 1er et 2 du décret réglementaire du même jour, et l'art. 1er du décret du 13 janv. 1866 ; — Adoptant les motifs énoncés dans le réquisitoire du procureur général près la cour ; — Casse, etc.

Du 5 mai 1873.-Ch. req.-MM. de Raynal, pr.-d'Oms, rap.-Babinet, av. gén., c. conf.

Du même jour, arrêt identique sur le pourvoi du procureur général à la cour de cassation contre un jugement rendu, le 3 déc. 1872 (aff. Marty) par le même juge de paix. — Mêmes magistrats.

2e *Espèce :* — (Procureur général à la cour de cassation C. X...) — LA COUR ; — Vu l'art. 80 de la loi du 27 vent. an 8 ; les art. 13, 18, 19, 20, 21 et 22 du décret organique sur les élections, en date du 2 févr. 1852 ; les art. 2, 5, 6 et 8 du décret réglementaire du même jour ; — Attendu qu'aux termes de l'art. 18 du décret organique précité, les listes électorales sont permanentes ; qu'elles sont toutefois l'objet d'une revision annuelle destinée à ajouter les citoyens qui auraient acquis dans l'année les conditions d'âge et de capacité déterminées par la loi, et à en retrancher ceux qui dans le même temps auraient cessé de remplir les mêmes conditions ; — Attendu que les réclamations que soulèvent l'inscription des citoyens omis et la radiation de ceux indûment inscrits sont jugées par une commission municipale instituée selon les formes

215. En vertu du même principe, le juge de paix ne peut, sans excès de pouvoir, ordonner la radiation d'un électeur contrairement à une décision de la commission municipale non attaquée devant lui (Civ. cass. 11 avr. 1881, aff. Gignoux, D. P. 81. 1. 303). Il ne lui appartient pas non plus, après avoir ordonné, en appel, la radiation des noms d'électeurs sur les listes électorales d'une commune, d'ordonner d'office que ces noms seront portés sur les listes d'une autre commune, en l'absence de décisions de la commission municipale de cette dernière commune (Req. cass. 1er mai 1866, aff. Battesti, D. P. 66. 5. 154).

216. Il avait également été décidé, sous le régime de la dualité des listes, que le juge de paix, saisi d'un recours formé contre la décision d'une commission municipale qui avait prescrit l'inscription d'un électeur sur la liste électorale politique d'une commune, ne pouvait ordonner la radiation de cet électeur de la liste municipale (Civ. cass. 29 avr. 1879, aff. Albouy, D. P. 79. 1. 405).

217. Mais le juge de paix ne saurait refuser de statuer en appel sur la demande d'inscription d'un citoyen formée par un électeur inscrit et antérieurement présentée à la commission municipale, alors même que le nom de ce citoyen aurait été écrit différemment dans les pièces remises à la commission et au juge de paix, si d'ailleurs l'identité de cette personne n'est pas contestée (Civ. cass. 28 avr. 1880, aff. Campanyo, D. P. 80. 1. 280). On ne peut prétendre, en effet, dans ces circonstances, que la demande n'a pas été soumise à la juridiction du premier degré.

218. D'après une jurisprudence aujourd'hui constante, le refus ou l'omission, par une commission municipale, de statuer sur une demande en inscription ou en radiation des listes électorales équivaut au rejet de cette demande; et, dès lors, le réclamant est recevable à porter sa réclamation par voie d'appel devant le juge de paix (Req. cass. 30 mars 1870, aff. Melon, D. P. 70. 1. 174; 17 nov. 1874, aff. Mondin, D. P. 75. 1. 78; 25 nov. 1874, aff. Bourgoin, *ibid.*; 29 juin 1875, aff. Michelin, D. P. 76. 1. 229; Civ. cass. 6 mai 1879, aff. Acquaviva, D. P. 79. 1. 406; Civ. rej. 30 juin 1880, aff. Innocenzi, D. P. 81. 1. 77; 5 juill. 1880, aff. Coscioli, *ibid.*; Civ. cass. 23 mai 1881, aff. Ornano, D. P. 81. 1. 483; Civ. rej. 9 mai 1882, aff. Viviani, D. P. 83. 5. 192; Trib. paix Saint-Calais, 31 mars 1883, aff. Léon Bossu, D. P. 84. 3. 112; Motifs, Civ. rej. 19 mai 1884 (1); Civ. cass. 21 avr. 1887 et 7 déc. 1887, aff. Boutinaud, D. P. 88. 1. 279. V. conf. Greffier, *op. cit.*, n° 153; Hérold, *op. cit.*, n° 196; Bavelier, *Dictionnaire de droit électoral*, v° *Juge de paix*, n° 17. — V. toutefois en sens contraire : Req. 26 mars 1866, aff. Ortoli, D. P. 75. 1. 78, note 1).

219. Le juge de paix saisi de l'appel contre la décision qui a refusé ou omis de statuer est tenu de juger l'affaire au fond et ne peut se déclarer incompétent (Arrêts des 6 mai 1879 et 23 mai 1881, jugement du 31 mars 1883, cités *suprà*, n° 218).

Il en est ainsi, soit que la commission saisie d'une demande verbalement formée se soit abstenue de statuer (Arrêt du 23 mai 1881, cité *suprà*, n° 218); ... soit que les électeurs n'aient pu déposer leur demande d'inscription dans les bureaux de la mairie, par suite de la fermeture de ces bureaux (Arrêt du 7 mai 1883, cité *suprà*, n° 148);... soit que le maire ait refusé de saisir la commission de la demande qui lui était présentée (Req. 17 juill. 1867, aff. Roost, cité par M. Bavelier, *op. cit.*, v° *Juge de paix*, n° 17; Arrêts des 30 juin et 5 juill. 1880 et 9 mai 1882, cités *suprà*, n° 218); ... soit qu'il ait refusé de fournir une copie de la sentence rendue par la commission ou tout au moins de représenter le registre de la commission;... soit que, malgré les demandes réitérées de l'électeur, il n'ait point donné communication à la partie intéressée du tableau de revision dressé par la commission administrative et qui constate la radiation de l'électeur (Arrêts des 21 avr. 1887 et 7 déc. 1887, cités *suprà*, n° 218). Si donc l'appelant offre de prouver les faits qui ont mis obstacle à l'exercice de son droit de réclamation contre la liste électorale, le juge de paix doit s'expliquer sur la pertinence des faits articulés et donner des motifs à l'appui du refus d'en ordonner la preuve (Mêmes arrêts).

220. — V. Evocation. — Le juge de paix qui annule soit pour vice de forme, soit pour toute autre cause, la décision d'une commission municipale est tenu de statuer par évocation sur le fond du litige; il ne peut se borner à remettre les parties dans l'état où elles étaient avant cette décision (Req. cass. 12 avr. 1870, aff. Laroulle, D. P. 70. 1. 175; Civ. cass. 29 mai 1878, aff. de Bardies, D. P. 78. 1. 325; Civ. rej. 21 avr. 1879, aff. Dumey, D. P. 79. 1. 406; Civ. cass. 21 avr. 1879, aff. Dupleich, D. P. 79. 1. 407; 21 juin 1881, aff. Carrier, D. P. 81. 5. 147. V. conf. Hérold, *op. cit.*, n° 195; Bavelier, *op. cit.*, v° *Juge de paix*, n° 19). — Il en est ainsi, notamment, lorsque la décision est annulée soit pour défaut de motifs (Arrêts précités des 29 mai 1878 et 21 avr. 1879, aff. Dupleich), soit à raison de la composition irrégulière de

---

prescrites par l'art. 20 du décret précité et, en appel, par le juge de paix, selon qu'il est prescrit par l'art. 22 du même décret; — Attendu qu'il résulte de l'ensemble de ces dispositions que le juge de paix, constitué juge d'appel, est sans pouvoir pour statuer sur des demandes soit en inscription, soit en radiation qui seraient portées *de plano* devant lui; — Attendu que si l'art. 8 du décret réglementaire du 2 février, rendu en exécution du décret organique du même jour, dispose que la liste électorale ainsi arrêtée reste jusqu'au 31 mars de l'année suivante, sauf les changements qui y auraient été ordonnés par décision du juge de paix, cette disposition ne peut s'entendre que des changements ordonnés par le juge de paix sur l'appel, porté devant lui, des décisions prises par la commission municipale instituée ainsi qu'il vient d'être dit par l'art. 20 du décret précité; — Attendu, en fait, que le juge de paix du cinquième canton de Lyon a rendu, le 10 mai 1873, sept décisions par lesquelles il déclare que sept électeurs dénommés, non inscrits sur la liste électorale de la présente année, seront admis à voter le lendemain en justifiant de la présente décision; — Attendu que ces sept décisions, rendues le même jour, par le même magistrat, à l'égard d'électeurs placés dans une situation identique, peuvent être considérées comme connexes pour être comprises dans le même arrêt; — Attendu que les électeurs, objet des décisions attaquées, ne figurent pas sur la liste électorale de la présente année; qu'il importe peu qu'ils aient été inscrits sur les listes dressées pour les années précédentes, du moment où il n'apparaît d'aucune réclamation introduite et jugée dans les formes prescrites par le décret organique, pour les faire inscrire sur la liste électorale de la présente année; — Attendu qu'en procédant ainsi le juge de paix a commis un excès de pouvoir; — Casse, etc.

Du 16 juin 1873.-Ch. req.-MM. de Raynal, pr.-d'Oms, rap.-Reverchon, av. gén., c. conf.

(1) (Laporte.) — La cour; — Attendu que le demandeur reconnaît lui-même qu'il est dans l'impossibilité de satisfaire aux prescriptions de l'art. 4, tit. 4, du règlement de 1738, et de produire une copie du jugement contre lequel son pourvoi est dirigé; qu'il déclare même qu'aucun jugement n'a été rendu à son égard par le juge de paix de Pondichéry; mais qu'il prétend qu'on doit tenir comme constituant une décision émanée du juge de paix et emportant rejet de l'appel, le refus par le greffier de recevoir une déclaration d'appel, qu'il aurait voulu faire le 29 févr. 1884, contre une sentence de la commission municipale, qui, elle-même, n'aurait point d'existence réelle, par suite d'une omission de statuer sur la demande formée par Laporte et neuf cent quatre-vingt-trois autres Indiens renonçants à leur statut personnel, à l'effet d'être inscrits sur la liste dite des Européens; qu'il soutient qu'il a, dans cette situation, le droit de se pourvoir devant la cour de cassation pour faire statuer sur sa demande; — Attendu que si, lorsqu'un maire refuse de soumettre à la commission municipale une demande d'inscription ou de radiation, l'électeur peut tenir l'omission de statuer par cette commission comme une décision emportant rejet de la demande, et soumettre au juge de paix, par la voie de l'appel, le jugement de son action, cela tient à ce que ce magistrat est juge au second degré de la contestation, et qu'en cette matière il peut toujours, et au besoin par évocation, statuer sur le litige au vu des pièces produites même pour la première fois devant lui; qu'on ne saurait appliquer les mêmes principes au pourvoi en cassation, alors qu'il n'est intervenu aucun jugement de juge de paix sur un appel que le greffier a refusé de recevoir; qu'en effet, la cour de cassation n'a pas compétence pour prononcer, au fond, sur la demande dont le juge de paix aurait pu connaître, mais pour juger en droit si le jugement attaqué, c'est-à-dire une décision prononcée, est entaché de quelque nullité, ou a violé quelque disposition de la loi; qu'à défaut d'existence, et par suite de possibilité de production du jugement contre lequel le pourvoi est formé, la cour de cassation ne peut ni apprécier le sens et la portée d'actes ou de faits allégués sur le fond par le pourvoi, ni reconnaître les textes de loi qui auraient été violés par ce prétendu jugement; — Déclare non recevable le pourvoi, etc.

Du 19 mai 1884.-Ch. civ.-MM. Cazot, 1er pr.-Greffier, rap.-Desjardins, av. gén.-Sauvel, av.

la commission (Arrêts précités des 21 avr. 1879, aff. Dumey, et 21 juin 1881).

Si la commission municipale a omis de statuer dans le dispositif de sa sentence sur la réclamation d'un électeur qu'elle avait appréciée dans ses motifs, le juge de paix est tenu en appel de réparer cette omission (Req. cass. 25 avr. 1870, aff. Ferricelli, D. P. 72. 1. 29).

221. — VI. FORMES DU JUGEMENT. — Aux termes de l'art. 22 du décret organique du 2 févr. 1852, les jugements rendus en matière électorale sont dispensés des formes de la procédure. Ainsi le juge de paix n'est pas tenu, notamment, de suivre les formalités prescrites par l'art. 40 c. proc. civ. pour l'audition des témoins à l'audience (Req. 30 mai 1870, aff. Fourrat, D. P. 70. 5. 131). — La dispense des formalités, consacrée par l'art. 22 du décret de 1852, ne s'applique pas seulement aux actes de la procédure ; elle s'étend également aux procurations que peuvent donner les parties. Par suite, le mandataire d'une partie devant le juge de paix n'est pas tenu de se munir d'une procuration écrite (Civ. cass. 22 juin 1880, aff. Mandolini, D. P. 81. 1. 31).

222. Mais, ainsi qu'on l'a vu au *Rép.* n° 527, les jugements rendus en matière électorale ne sont pas affranchis des formalités regardées comme substantielles par le droit public (Civ. cass. 3 mai 1880, aff. Bastiani, D. P. 80. 1. 336 ; 21 août 1883, aff. de Pruno, D. P. 84. 1. 416. V. conf. Hérold, *op. cit.*, n°s 202 et suiv. ; Bavelier, *op. cit.*, v° *Juge de paix*, n°s 23 et suiv.). Ainsi la sentence doit, à peine de nullité, être rendue en audience publique et porter avec elle la preuve de l'accomplissement de cette formalité (Req. cass. 26 juin 1861, aff. El. de Pont-l'Evêque, D. P. 61. 1. 416 ; 26 juin 1861, aff. El. de Savigny, D. P. 62. 1. 135 ; 21 mars 1865, aff. Greco, D. P. 65. 1. 240 ; 26 juin 1871, aff. Peretti, D. P. 71. 5. 132 ; Civ. cass. 11 mai 1880, aff. Calvinhac, D. P. 80. 1. 336). La publicité de la décision résulte de la mention que le jugement a été rendu en audience publique (Civ. rej. 27 juill. 1887, aff. Gillier, D. P. 88. 1. 341).

223. L'assistance du greffier doit aussi, comme l'ont décidé plusieurs arrêts rapportés au *Rép.* n° 527, être mentionnée dans le jugement à peine de nullité (Conf. Req. cass. 26 juin 1861, aff. El. de Pont-l'Evêque, D. P. 61. 1. 416 ; 26 juin 1861, aff. El. de Savigny, D. P. 62. 1. 135).

224. Conformément à ce qui a été dit au *Rép.* n° 527, la sentence doit constater également si les parties intéressées étaient présentes ou absentes, et si elles ont été admises à présenter leurs moyens respectifs sous forme de conclusions ou autrement (Req. 6 avr. 1875, *suprà*, n° 210 ; Arrêts des 3 et 11 mai 1880 et 21 août 1883, cités *suprà*, n° 222). La copie du jugement qui donne immédiatement après l'indication des noms des parties les motifs et le dispositif de la sentence rendue par le juge de paix ne contient pas une mention suffisante du litige et des prétentions des parties (Arrêt précité du 21 août 1883). Mais la décision qui contient un exposé des faits de la cause, où se trouvent énoncés les noms et prénoms des parties et les qualités dans lesquelles elles figurent au procès, satisfait aux prescriptions de l'art. 141 c. proc. civ. (Civ. rej. 30 avr. 1877, aff. Feyt, D. P. 77. 1. 207).

225. Les sentences rendues par les juges de paix, en matière électorale, doivent, comme tous autres jugements, être motivées à peine de nullité (Req. cass. 26 juin 1861, aff. El. de Pont-l'Evêque, D. P. 61. 1. 416 ; 23 mars 1863, aff. Perron, D. P. 63. 1. 141 ; 27 avr. 1869, aff. Pain, D. P. 69. 1. 299 ; 30 mars 1870, aff. Risterucci, D. P. 70. 1. 175 ; 26 mars 1872, aff. Souvielle, D. P. 72. 1. 368 ; 7 avr. 1873, aff. Nuna, D. P. 74. 1. 480 ; Civ. cass. 23 avr. 1877, aff. Santarelli, D. P. 77. 1. 206 ; 1er avr. 1878, aff. Battesti, D. P. 78. 1. 247 ; 17 avr. 1878, aff. Hélie, *ibid.* ; 14 juin 1880, aff. Lavaysse, D. P. 81. 1. 79 ; 30 juill. 1883, aff. Tenneroni, D. P. 84. 5. 191). Et l'on ne saurait considérer comme suffisamment motivée la décision qui, sur une demande d'inscription ou de radiation d'électeurs, se borne à dire « qu'il y a lieu de les inscrire ou de les rayer » (Arrêt précité du 30 mars 1870), ni celle dans laquelle, pour rejeter une exception, le juge de paix se borne à se référer à un jugement antérieurement rendu dans une autre affaire et entre d'autres parties (Arrêt précité du 23 avr. 1877).

226. En cette matière comme en toute autre, le juge est tenu de donner des motifs sur chacun des chefs des conclusions qui lui sont soumises (Civ. cass. 1er et 17 avr. 1878, cités *suprà*, n° 225 ; 3 mai 1880, aff. Bousquet, D. P. 81. 1. 30 ; 5 mai 1880, aff. Coscioli, *ibid.* ; 7 mai 1883, aff. Petit et Ayme, D. P. 83. 5. 198). Ainsi, lorsqu'un citoyen a été rayé des listes électorales d'une commune par le double motif qu'il avait cessé de résider dans cette commune et qu'il n'avait pas fait de demande pour y être maintenu au rôle de la contribution foncière, la décision du juge de paix qui rejette sa demande d'inscription par la seule raison qu'il ne réside pas dans la commune, sans s'expliquer sur sa prétention de rester inscrit comme porté depuis plus d'un an au rôle de la contribution foncière, est nulle pour défaut de motifs (Arrêt précité du 7 mai 1883).

227. De même, lorsqu'un tiers électeur fonde la demande de radiation d'un électeur sur ce qu'il réside depuis plusieurs années dans une autre commune et ne remplit aucune des autres conditions établies par la loi pour être inscrit dans la commune où il veut exercer ses droits électoraux, le juge de paix ne peut rejeter la demande de radiation sans exprimer les motifs qui doivent la faire repousser et, en s'appuyant uniquement sur la volonté exprimée par l'électeur d'être inscrit sur les listes de la commune (Civ. cass. 24 avr. 1882, aff. Piétri, D. P. 83. 5. 198). De même encore, lorsque le demandeur en radiation s'appuie sur des faits propres à établir qu'un électeur a perdu le droit électoral, parce qu'il ne réside plus dans la commune, le juge de paix doit s'expliquer sur ces allégations du demandeur ; et son jugement est nul s'il se borne à dire qu'il n'est pas prouvé que cet électeur ait renoncé à exercer ses droits électoraux dans la commune où il a toujours été inscrit (Civ. cass. 29 mars 1881, aff. Nicolaï, D. P. 81. 1. 302) ;... Ou si, sans repousser comme non prouvés les faits allégués, il se borne à dire qu'il n'est pas établi que cet électeur ait quitté la commune depuis plus de deux ans et que l'inscription doit être maintenue (Civ. cass. 29 mars 1881, aff. Liberati, D. P. 81. 1. 303). — Il en est de même : 1° du jugement qui repousse une demande de radiation fondée sur ce que l'électeur inscrit n'avait pas vingt et un ans accomplis, sans déclarer qu'il avait atteint l'âge requis par la loi (Même arrêt) ; — 2° De celui qui rejette la preuve offerte pour établir qu'un citoyen dont l'inscription est réclamée, satisfait à la condition de résidence prescrite par la loi, sans s'expliquer sur les motifs qui rendraient cette preuve inutile et sans intérêt (Civ. cass. 30 juill. 1883, aff. Tenneroni, D. P. 84. 5. 191) ; — 3° De celui qui, sans s'expliquer sur un certificat du percepteur attestant qu'un électeur n'est inscrit ni sur les rôles des contributions directes, ni sur le rôle des prestations, maintient l'inscription de cet électeur en se bornant à alléguer qu'il paie une contribution déterminée (Civ. cass. 2 mai 1883, aff. Navaroli, D. P. 84. 5. 190).

228. Il y a lieu d'annuler également pour défaut de motifs la décision du juge de paix qui rejette des conclusions subsidiaires prises par l'appelant, sans donner aucune explication sur ce point (Civ. cass. 1er avr. 1878, aff. Battesti, D. P. 78. 1. 247 ; 17 avr. 1878, aff. Hélie, *ibid.*).

229. Mais le juge de paix motive suffisamment sa décision lorsque, ayant à examiner un moyen fondé sur l'interprétation d'un jugement, il repousse cette interprétation comme contraire aux termes de ce jugement (Req. 1er déc. 1874, aff. Viviani, D. P. 75. 1. 301) ou quand il déclare que l'électeur dont l'inscription est demandée ne remplit aucune des conditions voulues par la loi (Civ. rej. 8 mai 1877, aff. Pélissier, D. P. 77. 1. 299).

230. En matière électorale, le jugement du juge de paix qui confirme une décision de la commission municipale est considéré comme s'appropriant les motifs de cette décision, et ne peut, dès lors, être annulé pour défaut de motifs (Req. cass. 12 avr. 1870, aff. Ragazzacci, D. P. 70. 1. 172. — V. toutefois en sens contraire : Req. cass. 23 mars 1863, aff. Perron, D. P. 63. 1. 141).

231. — VII. AVIS DES INFIRMATIONS. — D'après l'art. 6 du décret réglementaire du 2 févr. 1852, le juge de paix doit donner avis des infirmations par lui prononcées au préfet et au maire, dans les trois jours de sa décision. Mais aucune disposition de loi ne lui impose l'obligation de dénoncer au demandeur la décision rendue (Civ. cass. 4 mai 1880, aff. Lemonnier, D. P. 80. 1. 334 ; 14 juin 1880, aff. Lavaysse, *ibid.*).

Le fait que cette décision n'a pas été notifiée aux individus dont la radiation a été prononcée ne peut être considéré comme une manœuvre électorale, et n'autorise pas le président du bureau à refuser de se conformer aux prescriptions de ladite décision; par suite, il y a lieu, pour le calcul de la majorité, de retrancher un nombre de noms égal à celui des individus ainsi indûment admis à voter (Cons. d'Et. 11 déc. 1885, aff. El. de Perelli, D. P. 87. 5. 184).

232. — VIII. RÉCUSATION. — Le juge de paix statuant en matière électorale peut être récusé d'après les règles du droit commun. — Il a été décidé qu'un juge de paix, saisi de l'appel d'une décision de la commission municipale de revision, ne saurait être récusé par le motif que, étant avant sa nomination maire de la commune, il avait participé, en cette qualité et comme membre de la commission administrative, à la formation de la liste électorale (Civ. cass. 24 mai 1881, aff. Roussillon, D. P. 81. 1. 484; 20 juin 1881, aff. Defaud, quatre arrêts, *ibid.*). En effet, la commission administrative n'exerce pas un pouvoir contentieux, et ses opérations ne constituent pas des actes de juridiction (V. *suprà*, n° 99). Mais il en serait autrement si le juge de paix avait pris part aux décisions de la commission municipale : dans ce cas, il serait récusable aux termes de l'art. 378-8° c. proc. civ.

La parenté ou l'alliance qui existe entre le juge de paix saisi de l'appel d'une décision de la commission municipale et le président de cette commission n'est pas une cause de récusation (Civ. cass. 26 avr. 1881, aff. Giacomoni, D. P. 81. 1. 271).

233. La récusation n'étant recevable qu'autant qu'elle a été proposée avant tout développement des moyens de la cause, le moyen tiré de ce que le juge de paix qui a rendu une décision en matière électorale serait le beau-frère d'une des parties en cause ne peut être proposé pour la première fois devant la cour de cassation (Civ. rej. 8 juin 1880, aff. Ciccoli, D. P. 80. 1. 280).

§ 4. — Compétence du juge de paix.

234. En principe, il appartient au juge de paix d'apprécier si un citoyen remplit les conditions prescrites pour l'inscription sur la liste électorale (Req. cass. 12 avr. 1870, aff. Noiret, D. P. 70. 1. 171; Civ. rej. 9 mai 1877, aff. Felici, D. P. 77. 1. 300). Il peut, en conséquence, ordonner qu'un individu dont l'inscription a été refusée à raison de l'incapacité résultant d'une condamnation sera inscrit comme électeur, par le motif, même non invoqué devant lui, qu'une amnistie a fait disparaître cette incapacité (Arrêt précité du 12 avr. 1870); il est également compétent pour apprécier la régularité de la composition de la commission municipale (V. *suprà*, n° 162).

235. La question de savoir si un indigène de l'Inde qui a renoncé à son statut personnel doit être inscrit sur la liste électorale qui comprend des Européens et descendants d'Européens, est de la compétence du juge de paix auquel sont déférées les contestations relatives à la formation et à la revision des listes électorales (Civ. cass. 7 nov. 1883, aff. Decondinguy, D. P. 84. 5. 188).

Le juge de paix appelé à juger une demande à fin d'inscription sur la liste électorale, aux établissements français de l'Inde, est également compétent pour décider si le décret du 26 févr. 1884, qui a modifié les décrets des 25 janv. 1879 et 12 mars 1880 relatifs à l'élection des membres du conseil général, des conseils locaux et des conseils municipaux de la colonie, est entaché d'inconstitutionnalité en la forme, et porte au fond atteinte au principe de la non-rétroactivité des lois (Civ. cass. 28 oct. 1885, aff. Ambroise, D. P. 85. 1. 457).

236. — QUESTIONS PRÉJUDICIELLES. — Aux termes de l'art. 22, § 2, du décret organique du 2 févr. 1852, lorsque la demande portée devant le juge de paix implique la solution préjudicielle d'une question d'état, ce magistrat est tenu de renvoyer les parties à se pourvoir devant le juge compétent et de fixer un bref délai dans lequel la partie qui aura élevé la question préjudicielle devra justifier de ses diligences. Il doit également surseoir lorsque le jugement du litige exige la solution préalable d'une question dont la connaissance est réservée à l'autorité administrative (V. *infrà*, nos 243 et 244), ou d'une question subordonnée au résultat de poursuites criminelles ou correctionnelles (V. *infrà*, n° 245).

237. Il appartient au tribunal civil seul de statuer sur les questions d'état. Les questions de ce genre sont souvent, comme on l'a vu au *Rép.* n° 531, celles qui touchent à la nationalité de l'électeur dont l'inscription ou la radiation sont demandées; ce sont également celles qui se rapportent à l'âge et à la jouissance des droits civils et politiques. Mais la question de savoir si un individu doit être rayé de la liste électorale à raison d'une condamnation judiciaire ne constitue pas une question d'état dont l'examen doive être renvoyé au tribunal civil, et il appartient au juge de paix, conformément à ce qui a été exposé au *Rép.* n° 532, de rechercher quels sont au point de vue du droit électoral les effets légaux de cette condamnation (Civ. cass. 31 mars 1879, aff. Vezin, D. P. 79. 1. 204).

238. La jurisprudence exige avant tout, pour qu'il y ait lieu à sursis, que la question d'état soulevée soit susceptible de donner lieu à un débat sérieux (Req. 31 mars 1863, aff. Paumier, D. P. 63. 1. 136; Req. cass. 4 avr. 1865, aff. Riaudel, D. P. 65. 1. 239; Civ. cass. 14 mars 1877, aff. Mercadier, D. P. 77. 1. 203; 15 avr. 1878, aff. Bartholoni, D. P. 78. 1. 245; 19 avr. 1880, aff. Maraux, D. P. 80. 1. 154; 10 mai 1881, aff. Tiberti, D. P. 81. 1. 485; Civ. rej. 5 août 1883, aff. Engel, D. P. 83. 5. 195; 25 oct. 1887, aff. Ourdanabia, D. P. 88. 1. 15). Ainsi que le fait observer M. Hérold, *op. cit.*, n° 15, « cette distinction entre les contestations sérieuses et celles qui ne le sont pas laisse une certaine prise à l'arbitraire, alors que la qualité de contestation sérieuse ne dépend d'aucune circonstance déterminée et ne peut se reconnaître à aucun signe légal. Cependant il y aurait peut-être plus d'inconvénient encore à la repousser. Il faut se borner à recommander au juge, quel qu'il soit, la prudence et l'impartialité » (V. conf. Greffier, *op. cit.*, nos 163 et suiv.).

239. D'après les arrêts cités *suprà*, n° 238, on doit considérer comme donnant lieu à un débat sérieux et autorisant par suite un sursis : 1° la question sur laquelle les documents produits ou les textes de loi invoqués ne permettent pas au juge de statuer immédiatement (Req. 23 juin 1868, aff. Castel, D. P. 78. 1. 245, note 1); — 2° Celle qui exige l'interprétation de textes difficiles à concilier (Arrêt du 10 mai 1881, cité *suprà*, n° 238); — 3° Celle dont l'examen réclame l'appréciation de faits contestés et de questions juridiques controversées (Arrêt du 15 avr. 1878, cité *suprà*, n° 238); — 4° La contestation sur la portée juridique des faits invoqués comme ayant fait acquérir la nationalité française et sur la valeur des documents à l'aide desquels on prétend les établir (Arrêt du 5 août 1883, cité *suprà*, n° 238).

Il a été jugé, notamment, que le juge de paix était tenu de surseoir à sa décision : 1° lorsqu'il s'agissait de savoir si le sujet sarde non originaire de Savoie, mais domicilié en Savoie au moment de l'annexion, était devenu de plein droit Français par cela seul qu'il n'avait pas opté dans l'année pour la nationalité italienne, conformément au traité du 24 mars 1860, ou s'il était resté étranger, par application du décret du 30 juin 1860, faute d'avoir rempli les prescriptions de ce décret (Arrêt précité du 10 mai 1881); — 2° Lorsque celui dont l'inscription était contestée à raison de sa nationalité reconnaissait avoir été admis comme officier dans une armée étrangère et ne produisait aucun document établissant d'une manière précise et certaine que ce fait n'avait pu lui faire perdre la qualité de Français (Arrêt précité du 15 avr. 1878); — 3° Dans le cas où un électeur prétendait qu'un individu né sur un territoire annexé à l'Allemagne avait perdu la qualité de Français et devait être rayé de la liste électorale, s'il ne justifiait pas d'une déclaration d'option pour la nationalité française (Arrêt du 19 avr. 1880, cité *suprà*, n° 238); — 4° Lorsque, d'une part, des renseignements administratifs affirmaient que les électeurs dont on demandait la radiation avaient été retranchés, comme étrangers, des listes de recrutement et du tirage au sort, tandis que, d'autre part, ces mêmes électeurs alléguaient formellement en défense qu'ils étaient nés en France de pères français admis au service militaire ainsi qu'à l'exercice d'emplois publics (Arrêt du 25 oct. 1887, cité *suprà*, n° 238).

240. On doit également considérer comme impliquant la solution préjudicielle d'une question d'état controversable la demande d'inscription sur les listes électorales formée par un individu né en France d'un père étranger et qui avant sa majorité s'était soustrait à la loi du recrutement en invoquant sa qualité d'étranger, mais qui depuis s'était soumis à cette loi (Civ. cass. 26 mars 1879, aff. Driessens, D. P. 79. 1. 203).

241. Le juge de paix doit refuser de surseoir, lorsque l'appel porté devant lui soulève une question d'état qui n'est pas sérieuse (Civ. rej. 8 mai 1878, aff. Castet, D. P. 78. 1. 245; 4 mai 1880, aff. Truchon, D. P. 81. 1. 128; 4 mai 1881, aff. Barbet, D. P. 81. 1. 486; Civ. cass. 17 avr. 1883, aff. Fincstra, D. P. 84. 5. 188). Il en est ainsi, notamment : 1° lorsque l'exception proposée est repoussée par les documents et les textes mêmes qui sont placés sous les yeux du juge (Req. 31 mars 1863, aff. Paumier, D. P. 63. 1. 136; Req. cass. 4 avr. 1865, aff. Riaudel, D. P. 65. 1. 239); — 2° Lorsque cette exception ne repose que sur une simple allégation et n'est appuyée d'aucun document paraissant de nature à la justifier (Civ. rej. 19 mars 1877, aff. Fosty, D. P. 77. 1. 203; 25 avr. 1877, aff. Pierson, *ibid.*; 30 avr. 1877, aff. Costa, et aff. Savery, *ibid.*); — 3° Lorsque l'électeur dont l'inscription est contestée justifie par des pièces probantes de sa qualité de Français (Civ. rej. 24 avr. 1882, aff. Pietri, D. P. 83. 5. 196); — 4° Lorsqu'un jugement ou arrêt rendu conformément aux art. 855, 856 et 858 c. proc. civ. a reconnu à un individu la qualité de Français et que l'inscription de cet individu sur la liste électorale a eu lieu en vertu de cette décision (Civ. rej. 9 mai 1882, aff. Lallement, D. P. 82. 1. 472); — 5° Quand un citoyen qui demande à être inscrit sur la liste électorale produit une pièce authentique établissant qu'il a participé au tirage au sort et qu'il a été exempté du service militaire pour faiblesse de constitution et qu'aucun acte contraire à ces justifications n'autorise à contester la nationalité du demandeur (Arrêt précité du 17 avr. 1883); — 6° Dans le cas où la nationalité du citoyen porté sur la liste électorale étant contestée sous prétexte que son grand-père était Italien, les documents produits établissent que son père était né en France et que ce citoyen n'a pas réclamé la qualité d'étranger (Civ. rej. 4 mai 1880, aff. Truchon, D. P. 81. 1. 128); — 7° Lorsque l'individu qui demande son inscription a été rayé antérieurement comme étranger par un jugement passé en force de chose jugée et n'offre pas de prouver que cette cause d'incapacité ait cessé d'exister (Arrêt précité du 19 mars 1877); — 8° Lorsque le fils d'un père étranger et reconnu tel ne prétend pas qu'il ait, dans l'année de sa majorité, réclamé la qualité de Français ou que son père fût lui-même né en France (Civ. rej. 8 mai 1878, aff. Castet, D. P. 78. 1. 245); — 9° Lorsque l'appelant, déclaré étranger par un jugement antérieur, n'articule aucun fait et ne produit aucune pièce à l'appui de sa prétention d'avoir acquis la qualité de Français (Civ. cass. 5 juin 1878, aff. Togneri, D. P. 78. 1. 245. Civ. rej. 9 mai 1882, précité).

242. Le juge de paix, appelé à statuer sur une demande soulevant une question d'état qui peut donner lieu à un débat sérieux, est tenu de surseoir jusqu'à la solution de cette question préjudicielle par les tribunaux compétents, alors même que le défendeur ferait défaut : on dirait à tort que le défendeur, en ne comparaissant pas, s'est reconnu implicitement l'état qui sert de base à la demande formée contre lui (Req. cass. 6 avr. 1858, aff. Toche, D. P. 58. 1. 131).

243. Les contestations impliquant la solution préalable d'une question d'état ne sont pas, comme on l'a vu *suprà*, n° 236, les seules qui peuvent justifier un sursis. Conformément à ce qui a été exposé au *Rép.* n° 530, l'autorité judiciaire, en matière électorale comme en toute autre matière, ne peut statuer sur un débat qui met en question le sens d'un acte administratif et elle doit surseoir à statuer jusqu'à ce que l'interprétation en ait été donnée par l'autorité compétente (V. Greffier, *op. cit.*, n° 166). Par suite, le juge de paix, saisi de la question de savoir si l'habitation d'un citoyen se trouve dans tel ou tel canton, dans telle ou telle section, doit surseoir à statuer jusqu'à l'interprétation et l'application des décisions relatives à la délimitation des cantons (Civ. cass. 26 mai 1880, aff. Curot, D. P. 81. 1. 32) ou au sectionnement des communes par l'autorité administrative (Civ. cass. 4 mai 1880, aff. Lugagne, D. P. 81. 1. 32). Et il ne peut refuser de surseoir sous le prétexte que le sursis n'est obligatoire que dans le cas où la question préjudicielle soulevée devant lui est une question d'état (Mêmes arrêts).

244. De même, le juge de paix ne peut, sans excès de pouvoir, décider, en cas de silence ou d'obscurité d'un arrêté de sectionnement, que l'habitation dont la situation fait l'objet du litige, est comprise dans une section de la commune (Civ. cass. 23 avr. 1883, aff. Rossi, D. P. 84. 5. 189). Mais il en est autrement si le juge de paix, en dehors de toute discussion sur les limites respectives des deux sections d'une commune, décide qu'un immeuble qui s'étend sur les deux sections fait partie de la première, parce qu'elle y a ses ouvertures principales, ses jours, etc.; c'est là une question de fait qu'il lui appartient de trancher souverainement (Civ. rej. 20 juin 1882, aff. Forestié, D. P. 82. 1. 344).

245. Le juge de paix doit encore surseoir à statuer, lorsque le litige qui lui est soumis implique la solution de questions subordonnées au résultat de poursuites criminelles ou correctionnelles, et notamment, lorsqu'une instruction criminelle a été commencée à l'occasion de la fausseté prétendue de la date d'une décision de la commission municipale que l'intéressé soutient avoir été tardivement frappée d'appel (Civ. cass. 20 déc. 1880, aff. Luciani, D. P. 81. 1. 79).

§ 5. — De l'autorité de la chose jugée en matière électorale.

246. Nous avons dit *suprà*, n° 163, que les décisions rendues en matière électorale soit par la commission municipale, soit par le juge de paix, ont l'autorité de la chose jugée si elles ne sont pas attaquées dans le délai légal (Req. cass. 25 avr. 1870, aff. Legaye, D. P. 71. 1. 63; 14 avr. 1875, aff. Bourachot, D. P. 76. 1. 35; Crim. cass. 30 avr. 1875, aff. Fulachier, D. P. 76. 1. 411; Civ. rej. 24 avr. 1876, aff. Santini, D. P. 76. 1. 231; 29 mai 1878, aff. Podesta, D. P. 78. 1. 324; 18 mai 1881, aff. Gagneux, D. P. 81. 1. 486). En effet, le principe de la chose jugée est général et s'applique en toute matière, lorsque se rencontrent les trois conditions auxquelles l'art. 1351 c. civ. attache cette présomption légale (Arrêts précités des 25 avr. 1870 et 24 avr. 1876). La fixité des droits politiques n'importe pas moins, d'ailleurs, que la fixité des droits civils, et la permanence des listes électorales ne permet pas de remettre en question chaque année les droits politiques des citoyens réglés par des jugements irrévocables. En conséquence, le juge de paix saisi de l'appel formé contre une décision de la commission municipale qui a ordonné l'inscription d'un individu sur les listes électorales, contrairement aux prescriptions d'un jugement antérieur passé en force de chose jugée, doit infirmer la décision attaquée; il ne pourrait, sans méconnaître sa propre compétence, se borner à renvoyer l'appelant devant l'autorité administrative pour obtenir l'exécution du jugement qui a déjà tranché la contestation (Civ. cass. 20 mai 1878, aff. Bory, D. P. 79. 5. 157).

247. La jurisprudence admet que l'action populaire exercée par un tiers électeur a cet effet que la décision rendue avec lui est réputée rendue avec tout intéressé et que, par suite, la chose jugée avec ce tiers électeur est réputée jugée avec tous les autres. C'est une exception à la règle d'après laquelle l'identité des parties est nécessaire pour que l'autorité de la chose jugée soit opposable (Req. 12 avr. 1864, aff. Ruzé, D. P. 76. 1. 35, note 1; Arrêt du 14 avr. 1875, cité *suprà*, n° 246). Ce dernier arrêt contient même, ainsi que le fait remarquer M. Greffier, *op. cit.*, n° 127, cette théorie remarquable, que l'électeur qui défend à l'action du tiers défend non seulement sa cause personnelle, mais celle de tous les électeurs intéressés à son inscription, et qu'il peut opposer à tous ceux qui attaquent cette inscription le jugement rendu à son profit (V. toutefois : Hérold, *op. cit.*, n° 172).

248. Mais la décision d'une commission municipale admettant l'inscription d'un habitant de la commune sur les listes électorales, sans que le demandeur ait eu aucun contradicteur et sans que la commission ait donné aucun motif, ne renferme pas les éléments constitutifs de la chose jugée. Deux éléments manquent, en effet, à cette décision au point de vue de l'autorité de la chose jugée : l'identité des parties et l'identité de cause. En conséquence, cette décision ne met pas obstacle à ce que le juge de paix, lors d'une revision nouvelle, ordonne la radiation de cet électeur pour cause d'incapacité résultant de condamnations prononcées contre lui (Civ. rej. 18 mai 1881, aff. Gagneux, D. P. 81. 1. 486).

249. L'autorité de la chose jugée ne s'attachant qu'au dispositif, et non aux motifs des jugements, la décision d'un juge de paix qui ordonne l'inscription d'un individu sur les listes électorales d'une commune, en se fondant sur le motif que cet individu est devenu Français par suite de la réunion de son pays à la France, ne s'oppose pas à ce que la question de nationalité soit soulevée devant un autre juge de paix saisi d'une demande de radiation du nom de ce même individu sur les listes électorales d'une commune différente (Grenoble, 22 juill. 1880, aff. Viglieno, D. P. 81. 2. 177).

250. M. Hérold, *op. cit.*, n° 172, se refuse à admettre l'effet de la chose jugée quand il s'agit de la condition de résidence, condition de sa nature toute temporaire et variable. La véritable doctrine en cette matière nous paraît avoir été très exactement exposée par M. Greffier, *op. cit.*, n° 128. Suivant ce dernier auteur, lorsque le jugement qui ordonne une inscription s'appuie sur un des faits déterminés par l'art. 5 de la loi du 7 juill. 1874, la résidence, le mariage dans la commune, la qualité de fonctionnaire, l'inscription sur les rôles des contributions, la décision ne conserve l'autorité de la chose jugée que tant que subsiste le fait générateur du droit, et la revision des listes étant obligatoire chaque année, l'autorité de la chose jugée est, en principe, exposée chaque année à être détruite si le fait sur lequel se base la sentence a disparu. De même, quand une demande en radiation a été admise, il peut se faire qu'elle l'ait été à raison d'un fait d'incapacité électorale temporaire ou perpétuelle ou à raison de l'inaccomplissement des conditions d'électorat exigées par la loi. Lorsque le fait d'incapacité vient à disparaître par l'expiration du temps fixé par la loi, si l'incapacité est temporaire, ou par l'effet d'une amnistie ou d'une réhabilitation, la chose jugée perd son autorité le jour où le bénéfice de l'amnistie ou de la fin de l'incapacité temporaire est acquis au condamné.

251. D'après un arrêt, les décisions rendues par la commission municipale qui ont acquis, en devenant définitives, l'autorité de la chose jugée, assurent à l'électeur au profit duquel l'inscription a été ordonnée et opérée le droit de prendre part aux opérations électorales pendant toute l'année qui suit la clôture de la liste (Crim. cass. 30 avr. 1875, aff. Fulachier, D. P. 76. 1. 411). Cet arrêt, tout en reconnaissant l'autorité de la chose jugée aux décisions des commissions municipales, semble en restreindre la portée, puisqu'il déclare que cette décision assure seulement à l'électeur dont l'inscription a été ordonnée le droit de prendre part au vote pendant l'année qui suit la clôture de la liste. Mais il n'est pas certain que l'on doive attribuer cette portée à ce considérant de l'arrêt. Peut-être a-t-il eu simplement pour objet d'énoncer le droit que l'électeur tenait de son inscription, sans que la cour ait eu en vue la question de savoir quelle pourrait être l'autorité du jugement antérieur sur une nouvelle demande d'inscription.

252. La question de savoir si l'autorité de la chose jugée en matière d'électorat peut être invoquée en matière d'éligibilité, à l'égard de l'individu qui a été l'objet de la première décision, a été diversement résolue. — Suivant une première opinion, s'il y a chose jugée en ce sens que l'individu peut exercer ses droits d'électeur, il y a également chose jugée en ce sens qu'il devient éligible. D'une part, en effet, il y a entre les deux instances l'identité de demande qu'exige le texte de l'art. 1351 c. civ., et, d'autre part, si l'on attache l'autorité de la chose jugée, comme l'enseigne M. Griolet, *Autorité de la chose jugée*, p. 102 et suiv., à l'identité de la question soulevée dans le premier procès avec celle qui fait l'objet de la seconde instance, on trouve encore cette condition réalisée dans l'espèce, puisque le droit de l'électeur et celui de l'éligible découlent du même principe, et que l'inscription d'un individu sur la liste des électeurs lui assure tous les droits des éligibles (Nîmes, 27 mars 1876, aff. Fulachier, D. P. 77. 2. 6; 28 mars 1876, aff. Fulachier, D. P. 77. 2. 29).

D'après la jurisprudence du conseil d'Etat, au contraire, l'autorité de la chose jugée ne fait pas obstacle à ce que le juge de l'élection déclare inéligible (notamment au conseil municipal) un candidat dont une décision de la commission municipale avait ordonné l'inscription sur les listes électorales (Cons. d'Et. 12 mai 1882, aff. El. de Boynes, D. P. 83. 3. 68). Cette jurisprudence se fonde sur ce que les questions d'éligibilité et d'inscription sur les listes électorales, confiées à des juridictions d'ordre différent, sont essentiellement distinctes, et que, par suite, une des conditions essentielles pour l'application du principe de l'autorité de la chose jugée fait défaut, lorsque l'on prétend se prévaloir, en faveur d'un candidat inéligible, d'une décision judiciaire le maintenant sur les listes électorales.

§ 6. — Des voies de recours contre les décisions du juge de paix.

253. Le recours par voie de tierce opposition ou de requête civile n'est pas ouvert contre les jugements rendus par le juge de paix en matière électorale (Hérold, *op. cit.*, n° 208; Greffier, *op. cit.*, nos 169 et suiv.; Bavelier, *op. cit.*, v° *Juge de paix*, n° 33). On ne saurait, en effet, ainsi que le remarque M. Greffier, autoriser la tierce opposition sans ouvrir aux tiers une voie facile d'éluder les prescriptions de la loi qui a donné à tout électeur la faculté de former, dans des délais fixés, des demandes d'inscription ou de radiation (V. conf. D. P. 78. 1. 247, note 3). S'il s'agit de tiers qui aient exercé l'action qui leur est ouverte, ils ont le droit de se pourvoir en cassation contre les décisions qui leur font grief et qui reposent sur la violation d'une loi.

254. Quant à la requête civile, les formalités prescrites par le code de procédure civile pour ce recours extraordinaire sont absolument inexécutables en cette matière. Aussi la cour de cassation a-t-elle décidé qu'un jugement rendu en matière électorale ne peut être attaqué par la voie de la requête civile (Civ. cass. 1er avr. 1878, aff. Battesti, D. P. 78. 1. 247; 17 avr. 1878, aff. Hélie, *ibid.* — V. toutefois en sens contraire : Req. 5 avr. 1869, aff. Roche, D. P. 71. 5. 134).

255. La voie de l'opposition simple devant le juge qui a prononcé le jugement par défaut a toujours été reconnue recevable en cette matière. Le décret du 2 févr. 1852 garde, il est vrai, le silence sur cette faculté d'opposition ; mais la cour de cassation, considérant avec raison qu'une pareille faculté intéresse la liberté de la défense, la consacre en matière électorale, comme elle doit être consacrée en toute matière où elle n'a pas été supprimée par une disposition formelle, surtout lorsqu'on se trouve devant une juridiction où l'opposition est admise en principe, telle que celle des juges de paix (Req. cass. 11 mai 1863, aff. Breteau, D. P. 64. 1. 239; 27 juin 1870, aff. Charriaut, D. P. 71. 1. 63; Civ. cass. 5 mai 1879, aff. Paoletti, D. P. 79. 1. 405; 12 févr. 1883, aff. Despétis, D. P. 84. 1. 280. V. conf. Bavelier, *op. cit.*, v° *Juge de paix*, n° 27; Greffier, *op. cit.*, n° 171). M. Hérold estime, toutefois, que la question est délicate (*op. cit.*, n° 205). « On pourrait soutenir, dit-il, que le législateur, en organisant une procédure rapide, en indiquant avec détail dans les art. 19 à 24 du décret du 2 févr. 1852, les modes de réclamation et les voies de recours réservés aux électeurs, en prescrivant des avertissements qui mettent les intéressés à même de comparaître, avait entendu exclure et avait exclu l'opposition ».

256. D'après un arrêt, les jugements rendus par défaut, même par défaut-congé, en matière électorale, sont susceptibles d'opposition, bien que la partie ait comparu et pris des conclusions, mais uniquement pour demander une mesure préparatoire, lorsque, après le jugement rendu sur ces conclusions, elle a déclaré faire défaut au fond, que le juge de paix a donné défaut contre elle et confirmé par défaut la décision de la commission municipale (Civ. cass. 22 mai 1883, aff. Annat, D. P. 83. 1. 387).

257. Il importe de bien préciser dans quel cas le jugement est susceptible d'opposition. Il doit avoir été rendu par défaut, c'est-à-dire que la partie opposante doit avoir été appelée à comparaître par l'avertissement du juge de paix. Si elle n'a pas reçu d'avertissement, elle ne peut être considérée comme défaillante ; le jugement est dans ce cas, comme on l'a vu *suprà*, n° 210, atteint d'un vice radical, et c'est à la cour de cassation qu'il appartient d'en prononcer, de ce chef, l'annulation (Greffier, *op. cit.*, n° 171; Hérold, *op. cit.*, n° 205; Civ. cass. 22 juin 1880, aff. Mandolini, D. P. 81. 1. 31).

258. Le jugement intervenu après que la partie qui ne s'est pas présentée devant le juge de paix a cependant manifesté par certains faits qu'elle avait été avertie de l'appel, est contradictoire. Ainsi, à la différence des matières ordinaires, où les parties doivent être entendues en personne ou par un fondé de pouvoirs, celles-ci peuvent, en matière électorale, se borner à transmettre au juge de paix leurs conclusions et moyens de défense pour lier contradictoirement le débat (Req. 3 mai 1869, aff. Dagé, D. P. 71. 5. 134; Civ. rej. 30 avr. 1877, aff. Feyt, D. P. 77. 1. 207).

Mais si la partie, dûment avertie, n'a ni comparu, ni été représentée, si elle n'a pas fait remettre au juge de paix ses moyens, fins et conclusions, c'est par la voie de l'opposition qu'elle doit agir; si elle formait, dans ces circonstances, un pourvoi en cassation, ce pourvoi serait déclaré prématuré et par conséquent non recevable; et, dans le cas où les délais de l'opposition seraient expirés, toute voie de recours lui serait fermée (Civ. rej. 29 mars 1881, aff. Chartier, D. P. 81. 1. 229).

259. L'opposition à un jugement par défaut en matière électorale doit, conformément au principe général posé par l'art. 20 c. proc. civ., être formée dans les trois jours de la signification de la décision (Civ. rej. 8 juin 1880, aff. Naudin, D. P. 80. 1. 335). En l'absence de la signification, la connaissance que la partie aurait pu avoir indirectement du jugement ne fait pas courir contre elle le délai d'opposition (Même arrêt). — Le délai de l'opposition court de la signification régulière du jugement, et non d'une notification administrative qui n'est autorisée par aucune disposition légale (Civ. cass. 12 févr. 1883, aff. Despétis, D. P. 84. 1. 280). Ainsi la signification faite par le maire d'un jugement rendu par défaut en matière électorale ne fait pas courir le délai de l'opposition, le maire n'ayant pas qualité pour faire cette signification; en conséquence, la voie de l'opposition restant toujours ouverte à la partie, son pourvoi est non recevable (Civ. rej. 4 mai 1880, aff. Cabanon, D. P. 80. 1. 335; 8 juin 1880, aff. Naudin, *ibid.*; 21 déc. 1881, aff. Marcelli, D. P. 82. 1. 256).

260. L'exploit de notification étant nul, en matière électorale comme en toute autre, lorsqu'il ne fait pas mention de la personne à laquelle la copie a été remise, une semblable notification, si la décision a été rendue par défaut, ne fait pas courir le délai de l'opposition, et cette décision demeurant toujours susceptible d'opposition, ne peut être frappée d'un pourvoi en cassation (Req. 13 mai 1863, aff. Goyon, D. P. 64. 5. 117).

261. La voie de l'opposition contre le jugement par défaut n'est ouverte qu'aux personnes qui ont été parties dans l'instance. L'électeur qui n'a pas été partie devant la commission municipale ni appelant devant le juge de paix, est donc sans qualité pour former opposition aux décisions rendues par défaut contre l'une des parties en cause (Req. 27 juin 1870, aff. Charriaut, D. P. 71. 1. 63). Au contraire, l'électeur qui, devant le juge de paix, a reçu l'avertissement prescrit par la loi, fût-il irrégulier, est partie au jugement qui a été rendu par défaut; et, dès lors, si ce jugement, ne lui ayant pas été notifié, est encore susceptible d'opposition, il est non recevable à l'attaquer par la voie du recours en cassation (Civ. rej. 29 mars 1881, aff. Chartier, D. P. 81. 1. 229).

ART. 6. — *Du pourvoi en cassation* (*Rép.* n°s 551 à 567).

262. Aux termes de l'art. 23 du décret organique du 2 févr. 1852, les décisions rendues par les juges de paix en matière électorale peuvent être déférées à la cour de cassation. Ce sont les seules qui soient susceptibles de cette voie de recours. Comme on l'a exposé *suprà*, n° 99, les décisions de la commission administrative chargée de la revision des listes, n'ayant pas le caractère d'actes judiciaires, ne peuvent être attaquées par la voie du recours en cassation (Civ. rej. 26 avr. 1881, aff. Ricard, D. P. 81. 1. 483).

D'autre part, les décisions en dernier ressort pouvant seules être déférées à la cour de cassation, le pourvoi directement formé contre la décision d'une commission municipale qui n'est qu'une juridiction du premier degré est non recevable (Civ. rej. 24 avr. 1877, aff. Henry, D. P. 77. 1. 304; 8 mai 1878, aff. Albertini, D. P. 78. 5. 225; 2 avr. 1879, aff. Retout, D. P. 79. 1. 202).

263. Il faut pour que le pourvoi soit recevable, en matière électorale comme en toute autre, que la décision attaquée soit définitive (Req. 3 mai 1869, aff. Dagé, D. P. 71. 5. 134; Civ. rej. 4 mai et 8 juin 1880, aff. Cabanon, et aff. Naudin, D. P. 80. 1. 335; 21 déc. 1881, aff. Marcelli, D. P. 82. 1. 256; 27 mars, 19 avr. et 20 juin 1882, aff. Pajot et autres, D. P. 83. 5. 199; 9 juill. 1883, aff. Limousin, *ibid.*). Par suite, il y a lieu de déclarer non recevable le pourvoi formé contre une sentence du juge de paix rendue par défaut alors que la voie de l'opposition à ladite sentence est encore ouverte (Mêmes arrêts. V. *suprà*, n° 259).

264. L'art. 23 du décret organique du 2 févr. 1852 attribuait compétence à la chambre des requêtes de la cour de cassation, ainsi qu'on l'a vu au *Rép.* n° 51, pour statuer sur les pourvois formés en matière électorale. Mais cette disposition a été abrogée par l'art. 1er, § 3, de la loi du 30 nov. 1875, qui décide que les pourvois relatifs à la formation et à la revision des listes électorales seront portés directement devant la chambre civile. Cette innovation a été inspirée par un double motif: d'une part, en règle générale, il n'appartient pas à la chambre des requêtes de statuer définitivement sur les affaires soumises à la cour de cassation, et il n'a pas paru utile d'apporter une dérogation à cette règle en matière électorale; d'autre part, le législateur a pensé que la chambre civile, moins surchargée d'affaires que la chambre des requêtes, pouvait juger plus rapidement les pourvois en matière électorale.

265. Toutefois, malgré les termes généraux de l'art. 1er de la loi du 30 nov. 1875, les deux chambres de la cour de cassation conservent, en ce qui concerne les pourvois formés en matière électorale par le procureur général, soit dans l'intérêt de la loi, soit pour excès de pouvoir, les attributions respectives qu'elles tiennent des art. 80 et 88 de la loi du 27 vent. an 8. En conséquence, en cette matière comme en toute autre, la demande en annulation pour excès de pouvoir d'une sentence de juge de paix, formée par le procureur général sur l'ordre du garde des sceaux, doit être portée devant la chambre des requêtes (Sol. impl., Req. cass. 6 mars 1876, aff. Long, D. P. 76. 1. 203); tandis que le pourvoi formé par le procureur général de son chef et dans l'intérêt de la loi doit être porté devant la chambre civile (Sol. impl., Civ. cass. 8 mai 1876, aff. Martelli, D. P. 76. 1. 231. V. conf. Bavelier, *Dictionnaire de droit électoral*, v° *Cassation*, n° 28).

266. — I. QUI PEUT SE POURVOIR EN CASSATION. — En règle générale, pour se pourvoir en cassation, il faut avoir été partie au jugement; et, à la différence de ce qui est admis pour le droit d'appel, la jurisprudence décide que les tiers électeurs qui n'ont pas figuré dans l'instance devant le juge de paix ne sont pas recevables à se pourvoir contre la décision de ce magistrat (Req. 23 mars 1863, aff. Boussard, D. P. 63. 1. 141; 4 mai 1868, aff. Leloutre, D. P. 69. 1. 298; 26 juin 1871, aff. Alquier, D. P. 72. 5. 172; 15 mai 1872, aff. Alric, D. P. 72. 1. 459; 8 juin 1873, aff. Séta, D. P. 74. 1. 487; Civ. rej. 14 févr. 1876, aff. Emanuelli, D. P. 76. 1. 78; 29 mars 1876, aff. Tomasini, D. P. 76. 1. 204; 26 mars 1877 (1); 11, 23 et 24 avr. 7, 8 et 14 mai 1877, aff. Roger et autres, D. P. 77. 1. 299; 29 avr. 1878, aff.

(1) (Marcel, maire de Buisson, et Marius Clément.) — LA COUR; — Joint les pourvois formés par Eugène Boudon, d'une part; par le maire de la commune de Buisson et par Marius Clément, d'autre part, contre le jugement du juge de paix de Vaison (Vaucluse), en date du 24 févr. 1877; — Et statuant sur lesdits pourvois: — En ce qui touche la recevabilité du pourvoi de Boudon: — Attendu qu'il n'appert d'aucune pièce produite que la formalité substantielle de la dénonciation du pourvoi aux défendeurs ait été remplie par Boudon, par rapport aux dix électeurs maintenus, contrairement à sa demande, sur les listes électorales de la commune de Buisson;

En ce qui touche la recevabilité du pourvoi du maire et de Marius Clément: — Attendu que ni l'un ni l'autre n'étaient partie au jugement rendu par le juge de paix; que, par conséquent, ils sont sans qualité pour en demander la cassation; — Déclare les demandeurs non recevables dans leurs pourvois respectifs.

Du 26 mars 1877.-Ch. civ.-MM. Mercier, 1er pr.-Merville, rap.-Bédarrides, 1er av. gén., c. conf.

Bouscaren, D. P. 78. 1. 279; 1er et 2, 8 et 17 avr., 29 mai 1878, aff. Pinelli et autres, D. P. 79. 5. 153-154; Civ. cass. 20 déc. 1880, aff. Vannoni, D. P. 81. 1. 79; Civ. rej. 19, 24, 26 et 30 avr., 1er mai, 16 et 22 août 1882, 19 et 25 juin 1883, aff. Laborie et autres, D. P. 83. 5. 200; 4, 9, 17, 18 et 23 avr., 2, 7, 22 et 28 mai, 11 juin, 20 août, 26 nov. 1883, aff. Frayssinet et autres, D. P. 84. 5. 192).

267. Un tiers qui n'a paru devant le juge de paix que comme mandataire d'une partie figurant dans l'instance et pour conclure au nom de celle-ci, n'a point qualité pour attaquer la décision du juge de paix par la voie du recours en cassation (Civ. rej. 8 avr. 1878, aff. Fabre, D. P. 79. 5. 154; 8 mai 1878, aff. Corteggiani, D. P. 78. 1. 323).

268. Il existe cependant des cas dans lesquels la jurisprudence a reconnu à un électeur qui n'a pas été nominativement partie au jugement le droit de se pourvoir contre ce jugement. Ainsi un électeur peut déférer à la cour de cassation une décision rendue en matière électorale et à laquelle il n'a pas été partie, lorsque cette décision a été rendue en dehors de toutes les formes destinées à mettre les tiers en demeure d'intervenir soit devant la commission municipale, soit devant le juge de paix (Req. cass. 10 août 1864, aff. Arrazat, D. P. 64. 5. 115; 19 juill. 1865, aff. Maire de Cirey-sur-Blaise, D. P. 66. 5. 158). Il en est ainsi, notamment, lorsque le juge de paix a statué sans être saisi par un appel (Civ. cass. 11 avr. 1881, aff. Gignoux, D. P. 81. 1. 303), ou lorsque la partie intéressée n'a pas été légalement informée de l'appel (V. *suprà*, n° 206).

269. Lorsqu'un tiers électeur qui a été partie devant la commission municipale n'a pas interjeté appel et que l'appel a été formé par un autre tiers électeur, le premier peut, à défaut du second, se pourvoir en cassation (Civ. rej. 30 juill. 1883, aff. Moulac, D. P. 83. 5. 201). De même, le tiers électeur qui a provoqué devant la commission municipale la radiation d'un électeur et qui n'a pas été partie dans l'instance d'appel où il aurait dû figurer comme défendeur nécessaire, peut se pourvoir en cassation contre le jugement du juge de paix qui a confirmé la décision de la commission municipale (Civ. rej. 4 avr. 1883, aff. Luzert, D. P. 84. 5. 193).

270. Un électeur peut se pourvoir, même lorsqu'il n'a point été partie devant le juge de paix, si son inscription était demandée par un tiers électeur qui, ayant succombé en appel, ne s'est pas pourvu en cassation (Civ. cass. 22 juin 1880, aff. Mandolini, D. P. 81. 1. 31). Mais le citoyen dont l'inscription a été requise par un électeur inscrit doit être, pour tout ce qui ne concerne pas cette inscription, considéré comme un tiers étranger au jugement, s'il n'a pas été mis en cause devant le juge de paix (Civ. rej. 24 avr. 1877, aff. Sicurani, D. P. 77. 1. 299; 10 déc. 1877, aff. Brun, D. P. 77. 5. 191); il ne pourrait, en conséquence, se pourvoir contre la sentence du juge de paix du chef des inscriptions ou radiations que ce magistrat a ordonnées concernant d'autres citoyens (Arrêt précité du 24 avr. 1877).

271. Le tiers électeur inscrit qui a agi devant le juge de paix, en vertu du droit ouvert par l'art. 19 du décret du 2 févr. 1852 et par l'art. 5 de la loi du 7 juill. 1874, peut se pourvoir en cassation contre le jugement qui n'a pas accueilli sa demande (Civ. rej. 1er mai 1882, aff. de Morati, D. P. 83. 5. 201). On a vu au *Rép.* n° 553-6° que ce droit peut être exercé par le tiers électeur qui a été partie intervenante à la décision du juge de paix autant que par celui qui a été partie principale.

272. Bien que le jugement rendu en matière électorale, et contre lequel un tiers intervenant en appel s'est pourvu en cassation, ne mentionne pas cette intervention, son pourvoi n'en est pas moins recevable si l'intervention est constatée par les conclusions du tiers électeur déposées à l'audience du juge de paix et transmises par ce juge lui-même à la cour de cassation (Civ. cass. 20 juin 1882, aff. Despetis, D. P. 82. 1. 343).

L'intervention d'un tiers à un jugement rendu en matière électorale ne peut pas résulter de ce qu'il a remis au juge de paix, après la prononciation de la sentence, un billet dans lequel il demandait à être mentionné comme partie intervenante dans toutes les décisions relatives aux opérations de la commission municipale chargée de la revision des listes électorales (Civ. rej. 29 avr. 1878, aff. Bouscaren, D. P. 78. 1. 279).

273. Les décisions rendues par le juge de paix en matière électorale ne peuvent être déférées à la cour de cassation par le président de la commission municipale agissant en cette seule qualité (Req. 5 avr. 1869, aff. Maire d'Alzon, D. P. 69. 1. 408; 5 et 17 mars 1873, aff. Commune de Sumène, et aff. Delpux, D. P. 73. 1. 415; 7 avr. 1873, aff. Gausse, D. P. 74. 1. 486; Civ. rej. 20 mars 1876, aff. Maire de Godivelle, D. P. 76. 1. 204; 26 mars et 7 mai 1877, aff. Roy et autres, D. P. 77. 1. 267; 11 avr. 1877 (1); 8 avr. 1879, aff. Bœnsch, D. P. 79. 5. 153; 21 avr. 1879, aff. Dumey, D. P. 79. 1. 406; 7, 22 et 27 mars, 3 avr., 22 août 1882, aff. Bézard et autres, D. P. 83. 5. 199; 25 juin 1883, aff. Thiard, *ibid.*; 4, 9, 18 et 23 avr., 2 mai 1883, aff. Guillaume et autres, D. P. 84. 5. 192. V. conf. Circ. proc. gén. près la cour de cassation (M. Dupin), du 23 mars 1865, D. P. 65. 3. 47). Ainsi le maire qui a présidé la commission municipale ne peut se pourvoir en cassation contre la décision du juge de paix (Civ. rej. 26 mars 1877, aff. Angaud, D. P. 77. 1. 267); ... alors même qu'il s'était refusé à recevoir la réclamation de l'électeur à raison de l'heure tardive de sa présentation, et que, par suite de ce refus, il y a eu omission de statuer de la part de la commission municipale (Même arrêt). De même, le maire qui a présidé la commission municipale ne peut intervenir devant la cour de cassation pour défendre une décision du juge de paix dans une affaire dont il a connu comme juge (Circ. préc. 23 mars 1865).

274. Les membres de la commission municipale ne peuvent pas davantage, ainsi qu'on l'a vu (*Rép.* n° 553-1°), soit en corps, soit individuellement, se pourvoir contre les décisions du juge de paix ordonnant l'inscription ou la radiation d'un électeur (Req. 5 avr. 1869, aff. Bouisson, D. P. 69. 1. 408; 5 et 17 mars 1873, cités *suprà*, n° 273; Civ. rej. 21 et 29 mars, 24 avr. 1876, aff. Sappia et autres, D. P. 76. 1. 204; 26 juin 1876, aff. Commune de Port-Sainte-Foy, D. P. 76. 1. 422; 26 mars et 8 mai 1877, aff. Civet et aff. Stique, D. P. 77. 1. 267; 2 avr. et 29 mai 1878, aff. Dupont et autres, D. P. 79. 5. 153; 8 avr. 1878, aff. Commission municipale de Genlis, D. P. 78. 1. 323; 25 juin 1878, aff. Dillard, D. P. 79. 1. 203; Arrêts des 7 et 22 mars, 3 avr., 22 août 1882, 4, 9, 18 et 23 avr., et 2 mai 1883, cités *suprà*, n° 273).

275. Le maire n'a pas non plus qualité pour faire au greffe de la justice de paix une déclaration de pourvoi au nom d'électeurs dont la radiation a été ordonnée par la décision attaquée, ni pour signer dans leur intérêt une requête en cassation, sans justifier que ces électeurs lui ont donné à cet effet un mandat spécial (Civ. rej. 25 avr. 1877, aff. Rogron, D. P. 77. 1. 267. V. conf. Hérold, *Droit électoral*, n° 187).

276. On a dit au *Rép.* n° 553 que les préfets et sous-préfets qui ont été parties au jugement rendu sur l'appel ont la faculté de se pourvoir en cassation contre ce jugement (Civ. rej. 16 mai 1877, aff. Préfet de l'Hérault, D. P. 77. 1. 388). Mais ils seraient non recevables à se pourvoir contre une décision à laquelle ils n'auraient pas été parties (Req. 14 avr. 1857, aff. Sous-préfet de Provins, rapporté par Bavelier, *op. cit.*, v° *Cassation*, n° 4).

277. En matière électorale, comme en toute autre, le ministère public peut demander l'annulation, dans l'intérêt de la loi, d'un jugement qui est entaché d'une nullité radicale (Civ. cass. 19 avr. 1882, aff. El. de Sauveterre, D. P. 83. 5. 200; Greffier, *op. cit.*, n° 189).

278. — II. Délai du pourvoi. — L'art. 23 du décret du 2 févr. 1852 porte que le pourvoi doit être déclaré dans les

---

(1) (Guiet.) — La cour; — Attendu que les sieurs Roger et Favre n'ont pas été parties dans l'instance d'appel, et sont dès lors sans qualité pour se pourvoir en cassation; — Attendu que le sieur Guiet, maire de Besson, ayant concouru comme membre de la commission municipale à la radiation d'Edmond Magnier de la liste électorale, et ne pouvant être juge et partie, est également sans droit pour exercer un recours contre la décision rendue en appel par le juge de paix; — Déclare le pourvoi non recevable.

Du 11 avr. 1877.-Ch. civ.-MM. Mercier, 1er pr.-Hély d'Oissel, rap.-Charrins, av. gén., c. conf.-Larnac, av.

dix jours de la notification de la décision. Ce recours peut être exercé avant que la notification n'ait eu lieu ; mais lorsqu'elle a été faite, le pourvoi n'est recevable que s'il est formé dans les dix jours suivants (Civ. rej. 6 mai 1878, aff. Ciavaldini, D. P. 78. 1. 324; 1er mai 1882, aff. de Morati, D. P. 83. 5. 202). — Le *dies a quo* n'est pas compris dans ce délai. Mais on y comprend le *dies ad quem* (Req. 11 mars 1863, aff. Bernier, D. P. 64. 1. 240; Civ. rej. 3 mai 1880, aff. Minighetti, D. P. 80. 1. 335). Et il en est ainsi même quand ce jour est férié, « la loi du 2 juin 1862 concernant les délais des pourvois en matière civile (art. 10) ne permettant pas d'étendre aux pourvois électoraux le bénéfice de la prorogation de délai qu'elle accorde, en pareil cas, pour les pourvois en matière ordinaire (Civ. rej. 25 mars 1878, aff. Gaillard, D. P. 78. 1. 323; Arrêt précité du 3 mai 1880).

279. Dans le cas où la notification est impossible, notamment lorsqu'aucun contradicteur ne s'est présenté devant le juge d'appel contre le demandeur en cassation qui réclamait soit son inscription, soit l'inscription ou la radiation d'un tiers, le délai du pourvoi court du jour même de la prononciation de la décision attaquée (Civ. rej. 2 avr. 1879, aff. Retoût, D. P. 79. 1. 202; 20 et 27 avr., 3, 4 et 5 mai, 16 juin 1880, aff. Lefeuvre et autres, D. P. 80. 1. 335; 30 juin 1880, aff. Lussagnet, D. P. 81. 1. 31; 28 mars 1881, aff. Bornet, D. P. 81. 1. 228; 19 et 24 avr., 1er mai 1882, aff. Poutrel et autres, D. P. 83. 5. 202; 9, 17 et 23 avr., 2, 7 et 22 mai, 5, 11 et 19 juin, 20 août 1883, aff. Pépujol et autres, D. P. 84. 5. 194; 23 avr. 1885) (1).

Si le pourvoi émane d'un électeur dont l'inscription était demandée par un tiers, il ne peut être formé que dans le délai où ce tiers lui-même devait le former (Arrêt précité du 30 juin 1880. V. conf. Bavelier, *op. cit.*, v° *Cassation*, n° 9).

280. Dans les établissements français de l'Inde, comme en France, le délai pour la déclaration du pourvoi en cassation en matière électorale court du jour de la prononciation du jugement, lorsque le demandeur n'a pas eu de contradicteur devant le juge de paix et la signification faite par le juge de paix qui n'avait ni droit ni qualité pour la faire est sans aucun effet légal au point de vue de ce délai (Civ. cass. 7 nov. 1883, aff. Lamontagne, D. P. 84. 1. 293).

281. Le tiers électeur qui a été partie devant la commission municipale et qui n'a pas interjeté appel de sa décision peut se pourvoir en cassation contre le jugement du juge de paix rendu sur l'appel d'un autre tiers électeur; mais il doit former son recours dans les dix jours de la prononciation du jugement, l'électeur contesté qui a obtenu gain de cause en appel n'étant pas tenu de lui signifier le jugement (Civ. rej. 30 juill. 1883, aff. Moulac, D. P. 83. 5. 202).

282. — III. FORMES DU POURVOI. — Ainsi que nous l'avons exposé au *Rép.* n° 555, le pourvoi doit, aux termes de l'art. 23 du décret organique du 2 févr. 1852, être formé par simple requête dénoncée au défendeur dans les dix jours qui suivront la déclaration du pourvoi.

Cette déclaration est le plus habituellement faite au greffe de la justice de paix. Elle peut être soit écrite, soit verbale (Req. cass. 7 mars 1864, aff. Georjon et Gamon, D. P. 64. 1. 238. V. conf. Hérold, *Droit électoral*, n° 224). Dans ce dernier cas, le greffier donne un corps à la déclaration en en dressant acte.

283. Si le greffier se refusait à recevoir ou à dresser une déclaration de pourvoi, la partie intéressée devrait lui faire signifier le pourvoi par ministère d'huissier afin d'en constater l'existence. Mais, dans ce cas, la cour de cassation ne serait pas compétente pour condamner le greffier aux frais de l'acte extrajudiciaire rendu nécessaire par suite de son refus (Req. 4 juill. 1870, aff. Carlin, D. P. 71. 1. 64). L'action en indemnité contre le greffier devrait donc être portée devant les tribunaux civils (Sol. impl., même arrêt).

Un garde champêtre serait sans qualité pour recevoir une déclaration de pourvoi, ou constater l'intention des parties de se pourvoir et délivrer un certificat destiné à valoir comme déclaration de pourvoi (Civ. rej. 8 août 1877, aff. Beringuier, D. P. 78. 1. 248).

284. D'après une circulaire du ministre de la justice du 26 avr. 1849 (rapportée au *Rép*, n° 555), le pourvoi en cassation qui n'a pas été formé au greffe de la justice de paix peut l'être par requête directement portée à la cour de cassation, si les parties, bien que dispensées du ministère d'avocat, jugent à propos d'y recourir. La jurisprudence de la cour de cassation admet même la recevabilité des pourvois déposés par les parties elles-mêmes au greffe de cette cour sans le ministère d'un avocat (Civ. cass. 6 mai 1878, aff. Ciavaldini, D. P. 78. 1. 324). Mais lorsque la cour de cassation est directement saisie, il est nécessaire que la requête soit parvenue au greffe de la cour avant l'expiration du délai de dix jours prescrit par le décret de 1852 qui court, suivant les cas, de la notification ou de la prononciation du jugement (Greffier, *op. cit.*, n° 199).

285. Le pourvoi formé en matière électorale contre une décision du juge de paix serait, comme on l'a vu au *Rép.* n° 555, non recevable, si l'on n'y joignait, conformément à la prescription de l'art. 4 du règlement du 28 juin 1738, une copie signifiée ou une expédition en forme de la décision attaquée (Req. 1er déc. 1874, aff. Mazeyrat, D. P. 75. 1. 72; Civ. rej. 15 mars 1876, aff. Terme, D. P. 76. 1. 205; 27 mars et 8 mai 1878, aff. Nicoli et autres, D. P. 78. 1. 279; 4 et 17 avr., 2 et 7 mai, 5 et 11 juin, 20 nov. 1883, aff. Consigny et autres, D. P. 84. 5. 196). L'analyse du jugement faite par le greffier ne saurait tenir lieu de cette copie ou expédition (Arrêt précité du 1er déc. 1874).

286. La disposition du règlement de 1738 qui exige, à peine de non-recevabilité du pourvoi, que le demandeur en cassation fasse connaître, soit dans la requête, soit dans un mémoire ou écrit supplétif, le moyen qu'il entend invoquer et les textes de loi dont il dénonce la violation, est également applicable en matière électorale comme en toute autre (Civ. rej. 26 juin 1876, aff. Bodet, D. P. 76. 1. 421 ; 14 mars, 24 avr., 1er et 9 mai 1877, aff. Gagneux et autres, D. P. 77. 1. 208; 4 et 25 mars, 2, 8, 17 et 29 avr. 1878, aff. Menault, D. P. 78. 1. 279; 27 mars et 19 avr. 1882, aff. Géraud et autres, D. P. 83. 5. 204 ; 4, 9 et 23 avr., 7 mai et 9 juill. 1883, aff. Bertel et autres, D. P. 84. 5. 197). Les pièces adressées à la cour par un tiers qui n'a pas été partie à la décision attaquée ne pourraient suppléer à l'indication des moyens de cassation que le demandeur a négligé de faire connaître (Civ. rej. 9 mai 1877, aff. Rocca, D. P. 77. 1. 208).

287. Les parties ne sont pas admises à produire devant la cour de cassation, à l'appui d'une demande d'inscription ou de radiation sur les listes électorales, des pièces justificatives qui n'ont pas été soumises à l'appréciation des juges du fond (Civ. rej. 23 avr., 7 et 9 mai 1877, aff. Darius et autres, D. P. 77. 1. 267; 29 avr. 1878, aff. Pétricat, D. P. 79. 5. 152; 21 avr. 1879, aff. Fouquier, D. P. 80. 1. 278; 1er mars 1886, aff. El. de Valle d'Orezza, D. P. 86. 1. 284). Les réclamants ne pourraient, notamment, produire des certificats constatant qu'ils sont nés dans la commune, y résident et y payent des contributions, si ces documents n'ont pas été soumis au juge de paix (Civ. rej. 9 mai 1877, aff. Vinciguerra, D. P. 77. 1. 387). Mais il en serait autrement, comme on l'a vu au *Rép.* n° 564-4°, si les pièces ainsi produites pour la première fois se référaient à des moyens d'ordre public que la cour de cassation peut et doit relever d'office.

288. Les pièces et mémoires fournis par les parties doivent,

(1) (Roux C. Elect. de Sommières.) — LA COUR; — Attendu que le demandeur en cassation, qui réclamait l'inscription sur la liste électorale de Sommières des sieurs Chalas Alphonse, Villelongue Firmin, Fournier Charles, Gervais Jules, Salages Jean, Guilleteau Jean et Roque Paul, et la radiation de la même liste du sieur Vidal Emile, n'avait point de contradicteur devant le juge de paix ; que, dans ce cas, le délai de dix jours, qui lui était accordé pour former son pourvoi par l'art. 23 du décret du 2 févr. 1852, a commencé de courir à partir du jour même de la prononciation du jugement; — Attendu que le jugement attaqué a été rendu le 27 février, et que la requête contenant le pourvoi n'a acquis date certaine que le 11 mars, date de sa transmission par le greffier de la justice de paix au greffe de la cour de cassation ; — D'où il suit que le pourvoi est irrecevable comme tardif;

Par ces motifs, déclare le pourvoi irrecevable, etc.

Du 23 avr. 1885.-Ch. civ.-MM. Barbier, 1er pr.-Tappie, rap.-Chévrier, av. gén., c. conf.

aux termes de l'art. 23, § 5, du décret organique du 2 févr. 1852, être transmis sans frais par le greffier de la justice de paix au greffier de la cour de cassation. Les juges de paix doivent veiller à ce que leurs greffiers transmettent exactement toutes les pièces produites, et particulièrement la décision de la commission municipale et la décision intervenue sur l'appel (Circ. min. just. 19 mars 1863, *Rec. min. just.*, t. 3, p. 5). — Lorsque le demandeur a déposé au greffe de la justice de paix l'acte de dénonciation avant l'expiration du délai de dix jours fixé pour la dénonciation du pourvoi, il convient que le greffier transmette immédiatement ces pièces à la cour de cassation. Dans le cas contraire, il doit laisser au demandeur le temps d'accomplir les formalités légales; or la loi accorde à ce dernier dix jours pour la dénonciation, et l'huissier a quatre jours pour l'enregistrement de l'acte de dénonciation.

289. — IV. DÉNONCIATION DU POURVOI. — L'art. 23 du décret organique de 1852 impose au demandeur l'obligation de dénoncer le pourvoi aux défendeurs dans le délai de dix jours. La dénonciation du pourvoi est une formalité substantielle dont l'omission entraîne l'irrecevabilité du pourvoi (Req. 23 avr. 1860, aff. Blanc, D. P. 60. 1. 256; 17 mars 1873, aff. Duverne, D. P. 73. 1. 336; 9 juin 1875 (1); Civ. rej. 28 mars 1876, aff. Bisgambiglia, D. P. 76. 1. 229; 26 mars, 11, 23, 24, 25 et 30 avr., 8, 9, 14 et 28 mai, 4 et 27 juin 1877, aff. Giély et autres, D. P. 77. 1. 269; 10 déc. 1877, aff. Rols, D. P. 77. 5. 189; 26 mars 1877, *suprà*, n° 267; 27 mars, 2, 8 et 17 avr., 8 et 21 mai 1878, aff. Cerati et autres, D. P. 79. 5. 151; 1er févr., 22 et 27 mars, 3, 4, 19 et 24 avr., 1er mai 1882, aff. Dubois et autres, D. P. 83. 5. 202). — Le pourvoi est également irrecevable lorsque la dénonciation n'a eu lieu qu'après l'expiration du délai de dix jours à compter du dépôt du pourvoi (Civ. rej. 12 févr. 1883, aff. Despetis, D. P. 84. 1. 280; 12 mars, 4, 9 et 23 avr., 2, 7, 22 et 28 mai, 5 et 19 juin, 9 juill., 29 août, 26 nov. 1883, aff. Tapie et autres, D. P. 84. 5. 195).

Les règles qui précèdent sont applicables dans les établissements français de l'Inde (Civ. rej. 5 juill. 1882, aff. Rassendren, D. P. 82. 1. 429).

290. Le demandeur en cassation qui n'a pas dénoncé son pourvoi dans le délai légal ne peut échapper à la déchéance résultant du défaut de dénonciation en formant et en dénonçant un second pourvoi, alors même que le jugement attaqué n'a pas été signifié (Civ. rej. 24 juin 1879, aff. Fawtier, D. P. 79. 1. 407; 5 juill. 1882, aff. Rassendren, D. P. 82. 1. 429). En effet, le demandeur a épuisé son droit en formant son pourvoi sans attendre la signification du jugement, et, si le pourvoi ainsi déclaré est nul faute d'accomplissement d'une des formalités légales qu'il ne peut plus remplir, la déchéance est irrévocable.

291. La notification du pourvoi faite au défendeur avant que le pourvoi ait été régulièrement formé est nulle; en conséquence, ce pourvoi, étant réputé n'avoir point été dénoncé au défendeur, n'est pas recevable (Civ. rej. 16 mai 1881, aff. Lemoine, D. P. 81. 1. 487; 6 févr. 1882, aff. Angelini, D. P. 82. 1. 256; Civ. cass. 3 janv. 1888, aff. Pardon, D. P. 88. 1. 81. V. conf. Greffier, *op. cit.*, n° 203 *bis*). Mais le demandeur en cassation pourrait réparer l'irrégularité commise en renouvelant, dans le délai prescrit par la loi, la dénonciation prématurément faite : la nullité de la première dénonciation n'est pas de nature à mettre obstacle à la recevabilité du pourvoi.

292. La dénonciation du pourvoi peut être faite, en toute matière électorale, par un agent administratif assermenté, et notamment par un garde champêtre (Civ. rej. 29 janv. 1884, aff. Piétri, D. P. 85. 1. 83) ou par un commissaire de police (Civ. cass. 8 mars 1881, aff. Bourgeois, D. P. 81. 1. 105). En pareil cas, le ministère d'un huissier n'est pas nécessaire; et il en est ainsi d'après ce dernier arrêt, alors même qu'il s'agit d'un pourvoi formé par le procureur général près une cour d'appel contre un arrêt de cette cour rendu en matière d'élection consulaire (Arrêt précité du 8 mars 1881). Il peut sans doute sembler anormal qu'un pourvoi formé contre un arrêt de la cour d'appel par un magistrat soit dénoncé par un agent administratif; mais il ne faut pas oublier que la procédure soumise aux prescriptions du décret du 2 févr. 1852 doit être faite sans frais, qu'il s'agit en réalité de la validité d'opérations purement administratives, et que, comme l'emploi du ministère des huissiers ne pourrait avoir lieu sans qu'il leur fût alloué un salaire, il y a lieu de croire que le législateur n'a point entendu astreindre le procureur général, qui est, d'ailleurs, en ce cas un administrateur bien plus qu'un magistrat, à recourir à ce ministère. La théorie consacrée par l'arrêt précité du 8 mars 1881 est, suivant M. Greffier, *op. cit.*, n° 204, applicable à plus forte raison en matière d'élections municipales et politiques dans la procédure desquelles aucune forme judiciaire n'est prescrite ni observée (V. conf. Sol. impl., Req. 23 avr. 1860, aff. Blanc, D. P. 60. 1. 256; Motifs, Civ. cass. 14 juin 1880, aff. Lavaysse, D. P. 81. 1. 79).

En pareil cas, l'acte qui constate la dénonciation doit à peine de nullité être signé par l'agent assermenté qui a fait cette dénonciation; il ne suffirait pas que l'acte fût signé par le maire pour le garde champêtre illettré (Civ. rej. 29 janv. 1884, aff. Piétri, D. P. 85. 1. 83).

293. Dans le cas où, à Paris, les parties emploient le ministère d'huissier, les huissiers audienciers près la cour de cassation peuvent seuls faire la dénonciation du pourvoi, en vertu de l'art. 70 de la loi du 27 vent. an 8, qui leur réserve exclusivement le droit d'instrumenter pour les affaires de la cour dans le lieu de sa résidence; la dénonciation faite par tout autre huissier devrait être considérée comme nulle et non avenue (Civ. cass. 14 mars 1877, aff Costa, D. P. 84. 5. 196, note; Civ. rej. 9 avr. 1883, aff. Paillier, D. P. 84. 5. 196).

La dénonciation est nulle, lorsqu'elle a été faite par un huissier qui se trouve au nombre des électeurs dont la radiation a été ordonnée, alors même qu'il ne figurerait pas comme appelant, ni comme intimé ou intervenant à la décision attaquée (Req. 9 juin 1875, *suprà*, n° 289).

294. La dénonciation du pourvoi n'est assujettie à aucune forme spéciale: il suffit que le demandeur fasse connaître au défendeur l'existence du pourvoi (Req. 7 mars 1864, aff. Georjon, D. P. 64. 1. 238; Civ. rej. 29 mai 1878, aff. Podesta, D. P. 78. 1. 324). — La cour de cassation avait d'abord décidé que la dénonciation devait, à peine de nullité, contenir la copie littérale de la requête en pourvoi (Req. 23 avr. 1860, aff. Blanc, D. P. 60. 1. 256). Mais elle a reconnu depuis que le législateur a employé avec intention, dans l'art. 23 du décret du 2 févr. 1852, le mot *dénonciation*, au lieu du mot *notification*, qui se trouve dans les articles précédents et dans l'art. 23 lui-même (Arrêt précité du 7 mars 1864). Cette interprétation est d'autant plus fondée que le recours en cassation pouvant être formé verbalement (V. *suprà*, n° 282), une notification des termes du pourvoi est impossible toutes les fois que le demandeur a fait une simple déclaration au greffe (V. conf. Bavelier, *op. cit.*, v° *Cassation*, n° 20; Hérold, n° 229).

---

(1) (Mariotti.) — LA COUR; — Attendu qu'en matière électorale, l'inexistence ou la nullité de la dénonciation du pourvoi aux défendeurs, prescrite par l'art. 23 du décret du 2 févr. 1852, constitue une violation du droit de défense et, par suite, d'une condition d'ordre public pour la validité du recours; — Attendu que l'huissier qui dénonce le pourvoi doit avoir, pour signifier cet acte, la même idonéité que pour les autres actes de sa fonction; — Qu'aux termes de l'art. 66 c. proc. civ., l'huissier ne peut instrumenter pour ses parents ou ses alliés, sous peine de nullité; — Que l'on doit, à plus forte raison, inférer de cet article la prohibition pour l'huissier d'instrumenter dans son propre intérêt; — Attendu, en fait, que Giammertini, huissier à Piedicorte, par le ministère duquel le pourvoi a été dénoncé, le 30 mars dernier, à la requête de Mariotti, s'il ne figure ni comme appelant, ni comme intimé ou intervenant aux décisions attaquées, est un des électeurs dont la radiation a été ordonnée; qu'il a, par suite, au succès du pourvoi un intérêt personnel; — D'où la conséquence que l'exploit est nul comme manquant des caractères essentiels de l'acte auquel la loi a voulu que foi fût ajoutée jusqu'à inscription de faux, et qu'une nullité de cet ordre, fondée sur le défaut de garantie et de qualité de la part de l'huissier, vicie en son entier l'acte unique dont la validité serait indispensable à la recevabilité du recours, et l'empêche de produire aucun effet vis-à-vis et au profit de qui que ce soit; — Attendu que la nullité de la dénonciation du pourvoi équivaut à l'absence de dénonciation; — Déclare le pourvoi non recevable, etc.

Du 9 juin 1875.-Ch. req.-M. de Raynal, pr.-Cuniac, rap.-Reverchon, av. gén.

295. La dénonciation du pourvoi suffit pour mettre le défendeur en demeure d'y défendre, il n'est pas nécessaire qu'elle contienne assignation devant la chambre civile de la cour de cassation (Civ. cass. 8 mars 1881, aff. Bourgeois, D. P. 81. 1. 105).

296. Pour que la dénonciation du pourvoi soit exigée a peine de nullité (V. *suprà*, n° 289), il faut, dit M. Greffier, *op. cit.*, n° 205, qu'elle soit possible et nécessaire : *possible*, c'est-à-dire que le demandeur en cassation ait eu un contradicteur devant le juge de paix, et *nécessaire*, c'est-à-dire que le pourvoi ait pour objet d'enlever à une partie, par l'annulation du jugement, le bénéfice qu'elle en avait obtenu. Ainsi le pourvoi est non recevable, lorsqu'il n'a pas été dénoncé à l'électeur qui avait réclamé la radiation du demandeur (Civ. rej. 30 avr. et 9 mai 1877, aff. Piglion et autres, D. P. 77. 1. 269) ou à l'électeur dont le demandeur avait réclamé la radiation (Req. cass. 22 mars 1870, aff. Guerrini, D. P. 70. 1. 174; 9 avr. 1873, aff. Seta, D. P. 74. 1. 484; Civ. cass. 12 avr. 1876, aff. Campana, D. P. 76. 1. 229; Civ. rej. 2 et 8 mai 1876, aff. Pietri, *ibid.*; 26 mars, 24 et 30 avr., 9 et 14 mai 1877, aff. Giély et autres, D. P. 77. 1. 269; 10 déc. 1877, aff. Rols, D. P. 77. 5. 189). Il en est ainsi, alors même que l'électeur dont le demandeur a réclamé la radiation n'a été ni appelant, ni intervenant devant le juge de paix, et a, par suite, fait défaut dans l'instance d'appel (Arrêts précités des 9 avr. 1873 et 2 mai 1876; Civ. rej. 23 avr. 1877, aff. Quilichini, D. P. 77. 1. 269). Mais la dénonciation n'est pas nécessaire à l'égard de l'individu dont le demandeur en cassation a réclamé l'inscription (Civ. cass. 12 avr. 1876, aff. Campana, D. P. 76. 1. 229), alors que cet individu n'est pas intervenu devant le juge de paix (Req. 9 avr. 1873, aff. Seta, D. P. 74. 1. 484); ou qu'il est intervenu devant le juge de paix pour conclure également à son inscription (Req. cass. 21 avr. 1873, aff. Morati, D. P. 74. 1. 484). De même, le pourvoi contre un jugement ordonnant, sur la demande d'un tiers, l'inscription d'un individu, n'a pas besoin d'être dénoncé à ce dernier s'il n'a figuré dans aucun acte de la procédure (Req. cass. 21 avr. 1875, aff. Grégoire, D. P. 76. 1. 229).

297. Le pourvoi doit être dénoncé au sous-préfet qui, usant du droit qu'il tient de l'art. 19 du décret du 2 févr. 1852, a interjeté appel de la décision de la commission municipale et a été ainsi partie dans l'instance devant le juge de paix (Civ. rej. 23 avr. 1877, aff. Bruneau, D. P. 77. 1. 269; 24 avr. 1877, aff. Susplugas, *ibid.*; 25 mars 1879, aff. Arnoux, D. P. 79. 1. 202).

298. La dénonciation doit être faite à la partie défenderesse elle-même, et non au mandataire qui la représentait devant le juge de paix, mais qui n'avait pas également reçu mandat de défendre à un pourvoi en cassation (Req. 4 août 1862, aff. Pétronelli, cité par Hérold, *op. cit.*, n° 228; Civ. rej. 28 mai 1877, aff. Sansonetti, D. P. 77. 1. 269; 5 mai 1879, aff. Vial, D. P. 79. 1. 408). Elle ne pourrait être faite à un mandataire des citoyens dont l'inscription sur les listes électorales a donné lieu au litige, si ce mandataire n'avait reçu de ces derniers que le mandat particulier de les représenter devant le juge de paix et non celui de défendre à un pourvoi en cassation. La dénonciation serait également nulle, si elle était faite à l'administrateur d'un hospice dont les défendeurs sont pensionnaires, et non à ces derniers individuellement (Req. 1er avr. 1873, aff. Carette, D. P. 74. 1. 487), ou au supérieur d'une communauté de religieux, dont les membres sont défendeurs au pourvoi (Civ. rej. 8 mai 1877, aff. Prudhomme, D. P. 77. 1. 269).

299. La dénonciation ne serait pas non plus régulièrement faite au maire de la commune pris en qualité de représentant des électeurs (Req. cass. 22 mars 1870, aff. Guerrini, D. P. 70. 1. 174; Civ. rej. 8 avr. 1878, aff. Barraud, D. P. 79. 5. 152). Ainsi la dénonciation serait nulle si elle était faite directement au maire, sans que l'huissier se fût préalablement transporté, conformément à l'art. 68 c. proc. civ., au domicile des défendeurs ou chez leurs voisins (Civ. rej. 30 avr. 1877, aff. Savery, D. P. 77. 1. 269). A plus forte raison en serait-il ainsi si les défendeurs n'avaient pas de domicile connu dans la commune (Civ. cass. 14 juin 1880, aff. Lavaysse, D. P. 81. 1. 79. V. conf. Greffier, *op. cit.*, n° 206; Bavelier, *Dictionnaire de droit électoral*, v° *Cassation*, n° 19).

Si la remise de la copie de l'exploit était faite au maire d'une commune autre que celle du domicile du défendeur, après l'absence constatée de ce dernier et le refus des parents et voisins d'accepter cette copie, la dénonciation serait également nulle par application du principe général contenu dans l'art. 68 c. proc. civ. (Req. 7 août 1873, aff. Ottavi, D. P. 74. 1. 486).

300. — V. MODE DE PROCÉDER DEVANT LA COUR DE CASSATION. — Les règles générales applicables à tous les pourvois en cassation doivent être suivies en matière électorale. En cette matière comme en toute autre, la cassation, ainsi qu'on l'a vu au *Rép.* n° 566, ne peut résulter que de la violation d'une disposition légale; la constatation du fait générateur du droit de l'électeur échappe au contrôle de la cour suprême (Greffier, *op. cit.*, n° 213). Ces principes s'appliquent à tous les points de fait reconnus par le juge de paix et particulièrement au fait de la résidence (Civ. rej. 22 mars 1876, aff. Michelin, D. P. 76. 1. 227; 30 avr. 1877, aff. Feyt, D. P. 77. 1. 207; 17 avr. 1878, aff. Hélie, D. P. 78. 1. 247; Civ. cass. 6 mai 1878, aff. Ciavaldini, D. P. 78. 1. 324; Civ. rej. 24 avr. 1882, aff. Piétri, D. P. 83. 5. 228; Civ. rej. 9 juill. 1883, aff. Luzert, D. P. 84. 5. 205).

Mais la décision du juge de paix sur la résidence ne serait pas souveraine si elle n'était pas la simple constatation d'un fait, mais l'appréciation d'une qualité. Ainsi il ne lui appartient pas de décider souverainement si un fonctionnaire est assujetti à une résidence dans la commune où il exerce sa fonction, ni de déclarer que des émigrations périodiques commandées durant une certaine saison par l'état malsain du pays ont pour effet de réduire la durée de la résidence que peut invoquer, pour son inscription sur la liste électorale, un citoyen justifiant d'une habitation réelle ou habituelle dans la commune (Civ. cass. 27 juin 1877, aff. Rossi, D. P. 77. 1. 300). — Il ne pourrait pas non plus rejeter la preuve offerte par les parties à l'effet d'établir que les citoyens dont l'inscription est réclamée satisfont à la condition de résidence prescrite par la loi, sans s'expliquer sur les motifs qui rendraient cette preuve inutile et sans intérêt (Civ. cass. 30 juill. 1883, aff. Tenneroni, D. P. 84. 5. 191).

301. Les mêmes règles sont applicables dans le cas où un électeur réclame son inscription en qualité de contribuable; il appartient au juge de paix de déclarer souverainement, en l'absence de toute preuve contraire, que le réclamant n'est pas porté sur les rôles des contributions directes ou des prestations en nature. Mais son jugement tomberait sous la censure de la cour de cassation, s'il statuait ainsi malgré la production constatée d'un bordereau de contributions ou d'un certificat du percepteur, attestant que le réclamant figure sur les rôles depuis plus d'un an (Civ. cass. 27 juin 1877, aff. Rossi, D. P. 77. 1. 300. V. conf. Greffier, *op. cit.*, n° 214).

302. Le juge de paix doit aussi se conformer aux dispositions de l'art. 1315 c. civ. pour décider à laquelle des parties incombe le fardeau de la preuve des faits (Greffier, *op. cit.*, n° 215). En conséquence, sa décision encourt la cassation lorsqu'il impose à l'électeur qui était inscrit sur la liste d'une section et qui y réclamait son maintien l'obligation de prouver la continuation de sa résidence dans cette section, alors que c'était au demandeur en radiation à faire la preuve contraire (Civ. cass. 14 juin 1880, aff. Lavaysse, D. P. 81. 1. 79).

303. Un moyen qui n'a pas été invoqué devant le juge de paix, à l'appui d'une demande en inscription en radiation, ne peut être proposé pour la première fois devant la cour de cassation (Civ. rej. 23 avr., 7 et 9 mai 1877, aff. Giudicelli et autres, D. P. 77. 1. 267; 8 mai 1877, aff. Cambiaire, D. P. 77. 1. 389; 4 juin 1877, aff. Souchon, D. P. 77. 1. 272; 25 mars 1878, aff. Larcher, D. P. 79. 5. 152; 14 et 19 avr. 1880, aff. Dutrouilh, D. P. 80. 1. 208; 9 juill., 20 août et 26 nov. 1883, aff. Luzert et autres, D. P. 84. 5. 197). Toutefois, les moyens d'ordre public peuvent être utilement invoqués pour la première fois devant la cour de cassation et peuvent même être relevés d'office par cette cour. Par exemple, le jugement où a été partie, comme intimé, le président de la commission municipale qui a rendu la décision frappée d'appel étant vicié par une nullité d'ordre public, cette nullité peut être relevée pour la première fois devant la cour de cassation (Req. cass. 4 juill. 1870, aff. Carlin, D. P. 70. 5. 128; 12 mars 1872, aff. Huet, D. P. 72. 1. 256; Civ. cass. 23 avr. 1877, aff. Giabicani, D. P. 77. 1. 267).

304. On a vu *suprà*, n° 218, que le juge de paix peut être saisi par la voie de l'appel de la réclamation d'un électeur fondée sur ce que la commission municipale a refusé ou omis de statuer sur sa demande d'inscription ou de radiation. Au contraire, le refus par le greffier de recevoir la déclaration d'appel contre une décision de la commission municipale ne saurait être assimilé à une décision émanée du juge de paix, et ne peut, en conséquence, servir de base à un pourvoi en cassation (Civ. rej. 19 mai 1884, *suprà*, n° 218).

305. — VI. Effets de la cassation. — Lorsqu'une décision rendue par un juge de paix en matière électorale est cassée, l'affaire est renvoyée, conformément à l'art. 87 de la loi du 27 vent. an 8, devant le juge de paix d'un autre canton, qui statue à nouveau, comme en toute matière civile, sur l'appel de la décision de la commission municipale. Les parties peuvent devant ce juge de paix, en vertu de l'effet dévolutif de l'appel, produire toutes les pièces qu'elles jugent utile d'invoquer, lors même qu'elles ne les auraient pas soumises au juge de paix dont la décision a été cassée : mais elles seraient non recevables à formuler une demande nouvelle (Greffier, *op. cit.*, n° 217; Bavelier, *op. cit.*, v° *Cassation*, n° 24).

Une expédition de l'arrêt de cassation est délivrée gratuitement aux parties, soit au greffe même de la cour, soit à celui de la justice de paix où elle est transmise.

306. Lorsque le juge de paix devant lequel l'affaire a été renvoyée rend un jugement qui est attaqué par les mêmes moyens que le premier, il y a lieu, en conformité de l'art. 2 de la loi du 1er avr. 1837, auquel le décret du 2 févr. 1852 n'a apporté aucune dérogation, de soumettre le pourvoi aux chambres réunies de la cour de cassation (Hérold, *op. cit.*, n° 236; Greffier, *op. cit.*, n° 218; Bavelier, *op. cit.*, n° 24).

307. A raison de l'indivisibilité de l'objet de la contestation, la cassation doit produire son effet vis-à-vis de toutes les parties (Civ. cass. 22 juin 1880, aff. Mandolini, D. P. 81. 1. 31).

Sect. 4. — Droits des assemblées législatives relativement aux opérations électorales en général et aux droits des électeurs (*Rép.* nos 568 à 591).

308. On a examiné au *Rép.* n° 568 l'étendue légale des pouvoirs conférés aux assemblées législatives relativement aux opérations électorales, et l'on a dit qu'en principe absolu, une assemblée est toute puissante quand il s'agit des élections destinées à la former ou à la compléter. Cette solution doit être maintenue sous l'empire de l'art. 10 de la loi constitutionnelle du 16 juill. 1875, dont le texte, ainsi que le font observer MM. Poudra et Pierre, *Traité pratique de droit parlementaire*, n° 701, est plus étendu que ceux de l'art. 68 de la loi du 15 mars 1849 et de l'art. 5 du décret organique du 2 févr. 1852. En effet, tandis que, d'après ces dernières dispositions, la Chambre était seule juge de « la validité des opérations électorales », le texte actuellement en vigueur porte que chacune des Chambres est juge « de l'éligibilité de ses membres et de la régularité de leur élection ». Les auteurs que nous venons de citer en tirent cette conséquence que le législateur a attribué « un pouvoir discrétionnaire à chacune des deux Chambres, statuant sur l'éligibilité de ses membres et sur la validité de leur élection » (*op. cit., Suppl.*, n° 701). On verra *infrà*, n° 463, comment la jurisprudence parlementaire a appliqué ce pouvoir discrétionnaire, lorsqu'il s'est agi d'apprécier l'éligibilité d'un candidat, et l'on se bornera ici, comme on l'a fait au *Rép.* nos 569 et suiv., à rechercher quelle est la compétence des assemblées relativement à la forme extérieure et au contenu des listes électorales ainsi qu'à leur force légale.

309. — I. Formalités relatives a la confection des listes (*Rép.* nos 570 à 572). — Cette compétence a été plusieurs fois implicitement reconnue par les Chambres en ce qui concerne les formalités relatives à la confection des listes; mais il est généralement admis que lorsque ces formalités n'ont pas été remplies, l'irrégularité qui en résulte n'affecte la validité de l'élection qu'autant qu'elle est susceptible de porter atteinte à la sincérité du scrutin et d'altérer le résultat du vote (V. *Rép.* nos 570 et suiv.).

310. — II. Examen des droits des personnes omises ou portées sur les listes (*Rép.* nos 573 à 591). — On a dit au *Rép.* n° 573 que la compétence parlementaire relativement à l'examen des droits des personnes omises ou portées sur les listes avait été très controversée, et l'on a exposé *ibid.*, nos 576 et suiv., les solutions diverses qui lui avaient été données par les assemblées législatives. De l'ensemble de ces décisions on peut conclure que, d'une façon générale, les Chambres reconnaissent leur propre compétence en cette matière, en ce sens qu'il leur appartient d'apprécier, ainsi qu'on l'a vu (*Rép.* n° 579), l'influence qu'a pu exercer sur le résultat du scrutin l'inscription ou la radiation illégale d'électeurs sur les listes électorales. C'est ainsi que la Chambre des députés a décidé que la circonstance que des étrangers auraient été inscrits sur les listes électorales n'entraîne pas la nullité d'une élection législative, lorsqu'elle n'a pas eu pour effet de modifier le résultat du scrutin (Ch. dép. 7 déc. 1885, El. de la Guadeloupe, *Journ. off.* du 8, p. 160) et qu'il en est de même du fait qu'un failli inscrit à tort sur la liste a pris part au vote, quand cette irrégularité n'a pas eu pour effet de modifier le résultat du scrutin (Ch. dép. 19 nov. 1885, El. de la Haute-Saône, *Journ. off.* du 20, p. 45). — Cependant d'autres décisions, conformes à celles qui ont été rapportées au *Rép.* n° 583 semblent s'être écartées dans une certaine mesure de cette jurisprudence, en déclarant que le principe de la permanence des listes électorales arrêtées au 31 mars de chaque année ne permet pas d'accuser les personnes portées sur ces listes d'avoir voté sans droit, et que, par suite, une élection législative ne peut être attaquée sous le prétexte que plusieurs électeurs qui y ont pris part étaient indûment inscrits (Corps lég. 19 nov. 1863, El. de M. Curé, D. P. 64. 3. 69, n° 415; 3 juill. 1869, El. de M. Louvet, D. P. 70. 3. 2, n° 19; 10 déc. 1869, El. de M. Monnier de la Sizeranne, *ibid.*; 23 déc. 1869, El. de M. Deseilligny, *ibid.*; Ch. dép. 19 nov. 1877, El. de M. Descamps, D. P. 77. 5. 191) (Comp. sur ce point : Poudra et Pierre, *Droit parlementaire*, n° 603).

On verra *infrà*, v° *Organisation administrative*, qu'en matière d'élections municipales et départementales, la juridiction administrative se reconnaît également le droit de vérifier si les listes ne sont pas entachées d'irrégularités de nature à compromettre la sincérité des opérations électorales.

Sect. 5. — Des collèges électoraux et de leurs opérations (*Rép.* nos 592 à 804).

Art. 1er. — *Principes généraux de la jurisprudence parlementaire* (*Rép.* nos 592 à 595).

311. Ainsi qu'on l'a vu au *Rép.* nos 593 et 594, l'inobservation des formalités prescrites pour les opérations des collèges électoraux n'entraîne la nullité de l'élection, d'après la jurisprudence parlementaire, que lorsque les irrégularités commises ont été de nature à modifier le résultat du scrutin. Ainsi l'élection doit être maintenue, malgré les irrégularités constatées dans plusieurs localités, alors que le résultat ne serait pas modifié par l'attribution au compétiteur du candidat proclamé de tous les votes émis dans ces localités (Corps lég. 25 févr. 1861, El. de M. Dabeaux, D. P. 64. 3. 71, n° 447).

Il en est de même lorsque les irrégularités commises n'ont pu exercer aucune influence sur le résultat général de l'élection soit à raison de leur peu d'importance (Corps lég. 11 nov. 1863, El. de M. d'Havrincourt, D. P. 64. 3. 71, n° 449), soit à raison de la majorité considérable obtenue par les candidats élus (Corps lég. 16 nov. 1863, El. de M. Quesné, D. P. 64. 3. 70, n° 446), spécialement dans la commune d'où émane la protestation (Corps lég. 9 nov. 1863, El. de M. de Belleyme, D. P. 64. 3. 70, n° 445); soit à raison de leur caractère isolé, ces irrégularités ne s'étant produites que dans un petit nombre de communes d'une population restreinte (Corps lég. 25 févr. 1861, El. de M. Dabeaux, D. P. 64. 3. 70 et 71, nos 443 et 448).

Ainsi l'élection ne saurait être invalidée à raison d'une protestation émanée d'une commune peu populeuse et se bornant à alléguer que le bureau aurait été constitué avant que le président eût ouvert la séance; que des bulletins de vote auraient été remis aux électeurs avec leurs cartes; que dans le dépouillement des votes on aurait compris trois bulletins inconstitutionnels; que le dépouillement aurait été opéré par le bureau seul, quoiqu'il y eût plus de trois cents suffrages exprimés. Il en est ainsi surtout alors que, défalcation faite du petit nombre de votants et même des électeurs inscrits fourni par cette commune, il resterait encore à l'élu une très forte majorité sur son concurrent (Corps lég. 10 nov. 1863, El. de M. Faugier, D. P. 64. 3. 71, n° 450).

312. Il y a lieu d'observer ici que le conseil d'Etat, à l'occasion des élections départementales et communales, a été appelé à se prononcer sur la plupart des questions que peut soulever l'inobservation des formalités relatives aux opérations des collèges électoraux. Pour avoir une connaissance complète de la matière, il est nécessaire de rapprocher l'exposé contenu dans les articles suivants de celui de la jurisprudence administrative, qui sera analysé *infrà*, v° *Organisation administrative*.

ART. 2. — *De la convocation; Composition et division des collèges* (*Rép.* n°s 596 à 606).

313. — I. CONVOCATION DES COLLÈGES (*Rép.* n°s 596 à 601). — Les électeurs, ainsi qu'on l'a vu au *Rép.* n° 596, sont convoqués par décret du président de la République pour procéder à l'élection des députés, soit qu'il s'agisse d'élections générales dans le cas de renouvellement ou de dissolution de la Chambre, soit qu'il y ait à pourvoir aux vacances par suite de décès, de démission, ou d'autre cause. — Dans tous ces cas, l'art. 4 du décret organique du 2 févr. 1852 exige qu'un intervalle de vingt jours au moins s'écoule entre la promulgation du décret de convocation et l'ouverture des collèges électoraux.

314. On a exposé au *Rép.* n° 597 que l'art. 8 du décret organique du 2 févr. 1852 avait fixé à six mois le délai dans lequel il devait être pourvu aux vacances résultant d'une cause quelconque. Les délais pour la convocation des électeurs sont aujourd'hui réglés de la manière suivante par l'art. 16 de la loi organique du 30 nov. 1875 : en cas de vacances par décès, démission ou autrement, l'élection devra être faite dans le délai de trois mois, à partir du jour où la vacance se sera produite. En cas d'option, il devra être pourvu à la vacance dans le délai d'un mois. Mais cette disposition est sans objet depuis l'interdiction de candidatures multiples (V. *suprà*, n° 28).

D'après une décision rapportée au *Rép.* n° 597, l'inobservation des délais ainsi fixés n'entraîne pas l'annulation de l'élection lorsqu'on n'allègue pas que l'Administration a cherché par ce retard à exercer une influence sur l'élection. Mais il a été décidé, au contraire, que la disposition qui détermine le délai dans lequel doivent être convoqués les électeurs a un caractère impératif, et que, par suite, l'irrégularité résultant de ce que le collège électoral n'a été convoqué qu'après l'expiration de ce délai rend nulle l'élection, alors même qu'elle aurait été faite assez à temps pour que l'élu pût siéger à l'ouverture de la session. Le rapporteur de l'élection relevait, d'ailleurs, cette circonstance que le retard apporté à la convocation des électeurs avait été intentionnel et avait eu pour objet de permettre à un candidat, préfet démissionnaire, de se présenter aux suffrages des électeurs, ce qu'il n'aurait pu faire plus tôt à raison de l'incapacité relative résultant de ses anciennes fonctions (Corps lég. 25 févr. 1861, El. de M. Dabeaux, D. P. 61. 3. 15).

315. Nous avons dit (*Rép.* n° 601) que le changement du lieu fixé pour la réunion d'un collège électoral pouvait être une cause d'annulation de l'élection, lorsque ce changement était de nature à induire en erreur un assez grand nombre d'électeurs pour que la majorité en fût affectée. Mais le Corps législatif a considéré comme justifié le transfert, avec l'autorisation de l'administration supérieure, du bureau de vote d'un bourg à une assez grande distance, alors que ce jour-là une fête religieuse réunissait tous les électeurs dans l'endroit où le bureau a été transporté (Corps lég. 11 nov. 1863, El. de M. Conseil, D. P. 64. 3. 50, n° 14).

316. — II. DIVISION DES COLLÈGES (*Rép.* n°s 604 à 606). — Conformément à la législation antérieure rapportée au *Rép.* n° 605, l'art. 4 de la loi du 30 nov. 1875 laisse au préfet le droit de diviser les communes en autant de sections et de bureaux de vote que peuvent l'exiger les circonstances locales et le nombre des électeurs (Circ. min. int. 9 sept. 1885, *Bull. min. int.*, 1885 p. 201). — Conformément à ce qui a été exposé au *Rép.* n° 606, un électeur ne peut voter que dans la section dont il fait partie; et le bureau électoral peut et doit s'opposer à l'admission du vote d'un électeur appartenant à la même circonscription, mais à une autre section (Corps. lég. 10 nov. 1863, El. du duc de Rivoli, *Moniteur* du 11, p. 1335).

ART. 3. — *De la tenue et de la police des collèges* (*Rép.* n°s 607 à 613).

317. On a vu au *Rép.* n° 607 qu'aux termes de l'art. 25 du décret réglementaire du 2 févr. 1852, l'ouverture du scrutin devait avoir lieu à huit heures du matin. Cette disposition n'a pas été modifiée par la loi du 30 nov. 1875 ; mais l'art. 4 de cette dernière loi a réduit à un seul jour la durée du scrutin.

Aux termes de l'art. 1er, § 1er, du décret du 1er mai 1869, dans les communes où il paraît utile d'ouvrir le scrutin avant l'heure fixée par l'art. 25 du décret de 1852, les préfets peuvent, après avis des maires, prendre un arrêté pour que le scrutin soit ouvert avant huit heures du matin ; mais, dans tous les cas, le scrutin ne peut s'ouvrir avant cinq heures du matin, et l'heure de la clôture ne peut être modifiée. D'après le paragraphe 3 du même article, l'arrêté du préfet fixant l'heure de l'ouverture du scrutin doit être publié et affiché, dans chaque commune, cinq jours au moins avant la réunion des collèges électoraux. Néanmoins, le défaut de publication dans une commune de l'arrêté préfectoral qui a autorisé l'ouverture du scrutin avant huit heures du matin n'est pas une cause de nullité de ce scrutin, si cette irrégularité paraît avoir été sans influence sur le plus ou moins grand nombre des votants; et, dans tous les cas, elle n'entraînerait pas, à elle seule, l'annulation de l'élection elle-même (Corps lég. 5 juill. 1869, El. de M. Belmontet, D. P. 70. 3. 3, n° 33).

318. Ainsi que nous l'avons dit au *Rép.* n° 608, l'art. 10 du décret réglementaire du 2 févr. 1852 porte que les collèges électoraux ne pourront s'occuper que de l'élection pour laquelle ils sont réunis et leur interdit toute discussion et toute délibération. Mais la durée du scrutin ayant été réduite à un seul jour par la loi du 30 nov. 1875, il n'y aurait plus lieu d'appliquer la disposition de l'art. 10 de l'ordonnance du 11 oct. 1820, d'après laquelle le président du bureau qui ne peut faire cesser une discussion engagée dans l'assemblée électorale, est autorisé à prononcer la levée de la séance et l'ajournement au lendemain. Il aurait, en pareil cas, le droit d'expulser de la salle de vote les électeurs qui refuseraient d'obtempérer à ses injonctions, et il pourrait ainsi assurer le respect de la loi (Comp. *infrà*, n° 319).

319. L'art. 11 du décret réglementaire du 2 févr. 1852 attribue au président du collège électoral ou de la section la police de l'assemblée, conformément à ce qui a été dit au *Rép.* n° 610. Ce pouvoir comporte le droit d'expulser de la salle du scrutin les électeurs qui troublent l'ordre. Il a été décidé, en conséquence, que l'expulsion d'un électeur par le président du bureau ne devait pas entraîner l'annulation de l'élection, lorsque l'électeur avait été expulsé parce qu'il n'appartenait pas à la section dans laquelle il s'était présenté (Corps lég. 9 nov. 1863, El. de M. Berryer, D. P. 64. 3. 66, n° 350); ou lorsque l'expulsion était motivée par des injures proférées par l'électeur expulsé et par des actes de violence auxquels il s'était livré, alors surtout que, le calme rétabli, l'électeur avait pu rentrer dans la salle et y rester (Ch. dép. 19 nov. 1885, El. de la Nièvre, *Journ. off.* du 20, p. 53); ou lorsque l'expulsion était motivée soit, d'après le président, parce que l'électeur expulsé troublait l'ordre, soit, d'après ce dernier lui-même, parce qu'il notait les noms des électeurs au fur et à mesure qu'ils se présentaient, alors, d'ailleurs, que les candidats élus avaient obtenu une majorité considérable (Ch. dép. 27 févr. 1886, El. de l'Ardèche, *Journ. off.* du 28, p. 321).

320. Les électeurs ayant le droit de contrôler et de surveiller les opérations électorales, le président du bureau encourt le blâme de la Chambre lorsqu'il interdit la présence, dans la salle du vote, de deux électeurs désignés par leurs concitoyens pour assister aux opérations sans encombrer cette salle, alors d'ailleurs que cette mesure n'est pas justifiée par l'attude des électeurs ainsi empêchés de stationner (Ch. dép. 13 nov. 1885, El. de l'Hérault, *Journ. off.* du 14, p. 28). Néanmoins, le grief dont il s'agit n'entraîne pas l'annulation de l'élection quand il n'a pas eu sur les opérations électorales de la commune, ni sur celles du département, une influence de nature à en modifier le résultat (Même décision). — De même, l'irrégularité résultant de ce que le maire d'une commune se serait soustrait au contrôle des électeurs pendant la tenue du scrutin et aurait ainsi provoqué l'abstention concertée de trois cents électeurs ne vicie pas l'élection, si le résultat général du scrutin n'en éprouve pas de changement (Ch. dép. 19 nov. 1885, El. de la Haute-Saône, *Journ. off.* du 20, p. 46).

321. L'art. 20 du décret réglementaire du 2 févr. 1852 interdit aux électeurs, comme on l'a vu au *Rép.* n° 611, l'entrée du collège électoral s'ils sont porteurs d'armes quelconques. Aux termes de l'art. 11, § 2, du même décret, nulle force armée ne peut, sans l'autorisation du président du collège ou de la section, être placée dans la salle des séances ni aux abords du lieu où se tient l'assemblée. Mais on ne doit pas regarder comme une cause d'invalidation la présence de deux gendarmes dans la salle électorale d'une commune, si ces militaires de service dans la commune, après être entrés dans la salle, se sont retirés sur l'injonction du président (Corps lég. 20 nov. 1863, El. de M. Eug. Pereire, D. P. 64. 3. 70, n° 438). A plus forte raison, ne peut-on accueillir les réclamations portant sur ce que des gardes champêtres auraient constamment stationné dans la mairie, s'il est constaté par le maire qu'ils n'ont jamais pénétré dans la salle du vote, qu'ils avaient reçu l'ordre de stationner sur la place de l'Hôtel-de-ville, et que leur attitude n'a soulevé aucune plainte (Corps lég. 9 nov. 1863, El. de M. de Lauguier Chartrouse, D. P. 64. 3. 70, n° 439).

ART. 4. — *De la composition du bureau et de sa présence pendant les opérations* (*Rép.* n°s 614 à 635).

§ 1er. — De la composition du bureau (*Rép.* n°s 614 à 630).

322. La composition du bureau de chaque collège ou section électorale est fixée, pour les élections des députés, par l'art. 12 du décret réglementaire du 2 févr. 1852, conformément à ce qui a été exposé au *Rép.* n° 614. Le bureau comprend un président, quatre assesseurs et un secrétaire choisi par eux parmi les électeurs. Aux termes de l'art. 13 du décret précité, la présidence du collège ou de la section appartient aux maires, adjoints et conseillers municipaux de la commune; ces derniers doivent être pris dans l'ordre du tableau (Circ. min. int. 10 juill. 1886, *Bull. min. int.*, 1886, p. 190); à leur défaut, les présidents sont désignés par le maire parmi les électeurs sachant lire et écrire. A Paris, les sections sont présidées, dans chaque arrondissement, par le maire, les adjoints ou les électeurs désignés par eux.

Dans le cas où les électeurs sont divisés en plusieurs bureaux de vote, le décret de 1852 n'a pas déterminé l'ordre dans lequel chaque bureau doit être présidé soit par le maire, soit par un adjoint ou un conseiller municipal. D'après une circulaire ministérielle concernant les élections législatives, le maire choisit le bureau qu'il veut présider : les adjoints et les conseillers municipaux président les autres (Circ. min. int. 9 sept. 1885, *Bull. min. int.*, 1885, p. 202).

323. Les assesseurs doivent, d'après l'art. 14 du décret réglementaire du 2 févr. 1852, être pris, suivant l'ordre du tableau, parmi les conseillers municipaux sachant lire et écrire; à leur défaut, les assesseurs sont les deux plus âgés et les deux plus jeunes électeurs présents sachant lire et écrire. — A Paris, les fonctions d'assesseurs sont remplies dans chaque section par les deux plus âgés et les deux plus jeunes électeurs sachant lire et écrire.

Le refus de la part d'un électeur de siéger comme assesseur dans un bureau électoral, bien qu'il ait été requis à cet effet par le président de ce bureau, ne constitue pas une contravention de simple police (Crim. rej. 7 mai 1887, aff. Lesmel, D. P. 88. 1. 288). En effet, aucune disposition du décret de 1852 n'édicte une pénalité contre les électeurs qui refuseront de siéger au bureau lorsqu'ils y seront appelés en vertu de l'art. 14, et aucune disposition ne donne au président du bureau le droit de requérir un citoyen à l'effet de remplir les fonctions d'assesseur. Il convient, dès lors, de suivre les principes du droit commun en matière de réquisition : or la réquisition émanée du président de bureau ne rentre dans aucun des cas prévus par l'art. 475, § 12, c. pén.

324. Le bureau électoral d'une commune ne peut être critiqué comme irrégulièrement composé, si les huit premiers conseillers municipaux ayant été appelés à le former, quatre ont pris place dans une des sections de la commune et quatre dans une autre (Corps lég. 20 nov. 1863, El. de M. Eug. Pereire, D. P. 64. 3. 72, n° 478).

La Chambre des députés a écarté avec raison une protestation fondée sur ce que le maire, président du bureau, avait refusé d'admettre au bureau un conseiller municipal qui, élu dans une petite section de la commune, réclamait, contrairement à l'art. 49 de la loi du 5 avr. 1884, son inscription sur le tableau à un rang établi d'après le nombre proportionnel des voix qu'il avait obtenues dans sa section, et non pas d'après leur nombre absolu (Ch. dép. 13 nov. 1885, El. de l'Hérault, *Journ. off.* du 14, p. 28).

325. Au point de vue de la validité d'une élection législative, il n'y a pas lieu de s'arrêter à une protestation dénuée de preuves sur une irrégularité qui aurait eu lieu dans la formation des bureaux électoraux (Corps lég. 1er avr. 1852, El. du Tarn, D. P. 64. 3. 66, n° 345; Ch. dép. 12 nov. 1885, El. du Gard, *Journ. off.* du 13, p. 14). Les irrégularités commises dans la composition du bureau électoral d'une commune ou section ne doivent pas entraîner l'annulation des votes, lorsqu'elles n'ont donné lieu à aucune réclamation et qu'elles ont été sans influence sur le résultat de l'élection (Corps lég. 3 et 5 juill. 1869, El. de M. le comte Daru et de M. Desmaroux de Gaulmin, D. P. 70. 3. 4, n° 39; Ch. dép. 12 nov. 1885, El. du Gard, *Journ. off.* du 13, p. 14; 8 déc. 1885, El. du Sénégal, *Journ. off.* du 9, p. 161). — Il a même été décidé qu'une protestation contre la manière dont le maire avait composé le bureau étant plutôt dirigée contre le maire que contre les opérations électorales d'ailleurs régulières, il n'y avait pas lieu de s'y arrêter (Corps lég. 13 nov. 1863, El. de M. le duc de Marmier, D. P. 64. 3. 71, n° 476).

326. La constitution prématurée du bureau dans un petit nombre de communes ne doit pas non plus entraîner l'invalidation d'une élection législative, alors d'ailleurs que le bureau a été composé des membres que la loi appelle à y siéger (Corps lég. 9 nov. 1863, El. de M. Creuzet, D. P. 64. 3. 75, n° 561; 16 nov. 1863, El. de M. Dambry, D. P. 64. 3. 75, n° 562). — Le Corps législatif a également refusé de voir une cause de nullité dans le fait que les assesseurs avaient été désignés avant le jour du scrutin, alors que cette désignation anticipée avait été autorisée par le préfet (Corps lég. 9 nov. 1863, El. de M. Andrieux, D. P. 64. 3. 72, n° 479). Mais cette décision paraît donner lieu à de sérieuses critiques, le préfet n'ayant pas qualité pour donner une autorisation de cette nature.

§ 2. — De la présence du bureau pendant les opérations (*Rép.* n°s 631 à 635).

327. L'art. 15 du décret réglementaire du 2 févr. 1852 exige, comme on l'a vu au *Rép.* n° 631, que trois membres du bureau au moins soient présents pendant tout le cours des opérations. Ainsi que nous l'avons dit au *Rép.* n° 633, le secrétaire doit être compté au nombre des membres du bureau dont la présence est nécessaire pour la régularité des opérations électorales (Corps lég. 10 nov. 1863, El. de M. le duc de Rivoli, D. P. 64. 3. 72, n° 482).

328. Il a été décidé, conformément à plusieurs décisions antérieures rapportées au *Rép.* n° 635, que les opérations ne doivent pas être annulées par le motif que l'absence du maire et de ses assesseurs aurait laissé le bureau incomplet, si cette protestation émane d'une commune comptant très peu de votants, et si le nombre des voix obtenues par l'élu, rapproché de celui des signataires de la protestation, porte à penser qu'une partie de ces derniers ont réclamé contre leur propre vote, et si enfin l'élection de la circonscription entière a eu lieu à une très grande majorité (Corps lég. 10 nov. 1863, El. de M. le général Parchappe, D. P. 64. 3. 72, n° 484). Le Corps législatif a même refusé de tenir compte de la réclamation d'un électeur qui se plaignait de ce que, dans sa commune, le bureau n'aurait été composé que du maire et d'un secrétaire, tandis que les assesseurs, au lieu d'être à leur poste, se seraient occupés d'empêcher les électeurs de voter pour un candidat non officiel (Corps lég. 9 nov. 1863, El. de M. Creuzet, D. P. 64. 3. 72, n° 483).

ART. 5. — *De l'entrée dans les collèges* (*Rép.* n°s 636 à 644).

329. Nous avons dit (*Rép.* n° 638) que l'entrée de la salle de l'élection n'est permise qu'aux électeurs inscrits. Mais, ainsi qu'on l'a vu au *Rép.* n° 643, l'introduction d'étrangers dans la salle où les électeurs étaient réunis ne vicie pas l'élection, lorsqu'il n'en est résulté ni trouble ni influence sur le vote, alors surtout que le bureau a fait sortir ces étrangers dès que leur présence a été signalée (Corps lég. 9 nov. 1863, El. de M. Berryer, D. P. 64. 3. 71, n° 455). Il a été décidé, en ce sens, que la présence de la fille du maire dans la salle du vote ne suffit pas pour invalider les opérations électorales (Corps lég. 9 nov. 1863, El. de M. Creuzet, D. P. 64. 3. 71, n° 452).

330. Conformément à des décisions antérieures rapportées au *Rép.* n° 642, il a été décidé que l'introduction d'un fonctionnaire public ou d'un agent de l'Administration dans la salle du scrutin peut prêter à la critique, sans entraîner nécessairement l'annulation de l'élection : ainsi on ne doit pas considérer comme une cause de nullité la présence d'un commissaire de police dans la salle du vote pendant les opérations électorales, s'il n'est pas établi que les électeurs aient été gênés par là dans l'exercice de leurs droits, et si les membres du bureau électoral ont reconnu à l'unanimité le peu de fondement de la réclamation (Corps lég. 21 nov. 1863, El. de M. Pagézy, D. P. 64. 3. 71, n° 454). Il en est de même du fait que le commandant de la gendarmerie aurait passé une heure dans la salle du vote, si le candidat élu conserve la majorité, alors même qu'on lui retrancherait toutes les voix par lui obtenues dans les communes d'où viennent les protestations (Corps lég. 10 nov. 1863, El. de M. Pamard, D. P. 64. 3. 61, n° 248).

Il est, d'ailleurs, incontestable que la participation légale d'un fonctionnaire aux opérations électorales ne peut donner lieu à aucune attaque contre l'élection. Ainsi aucune irrégularité ne saurait résulter de la présence et du vote du sous-préfet de l'arrondissement et d'un commissaire central de police, si ces fonctionnaires n'ont agi qu'en qualité d'électeurs (Corps lég. 11 nov. 1863, El. de M. Bournat, D. P. 64. 3. 69, n° 406).

ART. 6. — *De l'admission au vote par le bureau* (*Rép.* n°s 645 à 659).

331. Les bureaux électoraux doivent, conformément à la règle rappelée au *Rép.* n° 645, et formulée par les art. 18 et 19 du décret réglementaire du 2 févr. 1852, admettre à voter tout électeur inscrit sur la liste et repousser tout citoyen non inscrit sur cette liste.

332. — I. OBLIGATION D'ADMETTRE LES CITOYENS INSCRITS SUR LA LISTE (*Rép.* n°s 646 à 654). — On n'est pas fondé à se plaindre que le bureau électoral ait reçu les votes d'électeurs non domiciliés dans la circonscription, s'ils ont voté d'après le domicile que leur assigne la liste électorale (Corps lég. 30 mars 1864, El. de M. Carnot, *Moniteur* du 31, p. 413). Il n'appartient pas au bureau de statuer sur les questions de capacité électorale (Circ. min. int. 10 juill. 1886, *Bull. min. int.*, 1886, p. 198); mais il a le droit d'apprécier si l'état physique de l'électeur lui permet de déposer un vote valable et de s'assurer de l'identité des personnes qui se présentent pour voter.

La règle d'après laquelle tout électeur inscrit a le droit de prendre part au vote reçoit exception à l'égard des détenus, des accusés contumaces et des personnes non interdites, mais retenues en vertu de la loi du 30 juin 1838 dans un établissement d'aliénés (Décr. régl. 2 févr. 1852, art. 18, § 2), des militaires en activité de service et non munis de congés réguliers (V. *infrà*, n° 427). Le président du bureau doit donc refuser de recevoir les votes des personnes qui rentrent dans ces diverses catégories (Circ. min. int. 10 avr. 1884, D. P. 84. 4. 35, note 25).

333. Ainsi que nous l'avons dit au *Rép.* n° 650, quelle que soit la cause légale ou physique qui ait déterminé le bureau à refuser le vote d'un électeur inscrit, les opérations n'en sont pas essentiellement affectées, si la majorité reste certaine. Il en est ainsi, comme on l'a vu au *Rép.* n° 653, dans le cas même où des communes entières ont été empêchées de prendre part au scrutin. A plus forte raison, conformément à plusieurs décisions rapportées au *Rép.* n° 654, ne peut-on considérer comme un motif d'invalidation le fait que les électeurs d'une ou plusieurs communes se sont volontairement abstenus, si, à supposer que tous les électeurs de ces communes eussent voté pour d'autres que les candidats élus, ceux-ci se trouveraient encore avoir une grande majorité (Corps lég. 31 mars 1852, El. de M. de Montalembert, D. P. 64. 3. 50, n° 13; 2 juill. 1869, El. de M. Grévy, D. P. 70. 3. 1, n° 3).

334. — II. OBLIGATION DE REFUSER LES PERSONNES NON INSCRITES (*Rép.* n°s 655 à 659). — Le bureau doit refuser de recevoir les votes des citoyens non inscrits sur les listes électorales, sans se constituer juge de leurs droits. Toutefois une élection n'est pas nulle par cela seul que des citoyens non inscrits ont été admis à voter ; mais il y a lieu de retrancher les votes ainsi reçus indûment tant du nombre total des suffrages exprimés que du nombre des voix obtenues par les candidats proclamés (Corps lég. 10 nov. 1863, El. de M. le duc de Rivoli, D. P. 64. 3. 70, n° 424 ; 21 nov. 1863, El. de M. le baron de Bulach, D. P. 64. 3. 70, n° 425). L'élection doit être déclarée valable, ainsi qu'on l'a vu au *Rép.* n° 650, si, en retranchant ce nombre de voix, une majorité considérable reste encore acquise au candidat élu (Corps lég. 20 nov. 1863, El. de M. de Dalmas, D. P. 64. 3. 70, n° 426; Ch. dép. 3 déc. 1885, El. de la Réunion, *Journ. off.* du 4, p. 136). Mais si, par suite de cette suppression, le nombre de voix obtenues par le candidat élu n'atteint plus la majorité absolue, l'élection doit être annulée ; et on doit le décider ainsi, quoique l'élu n'ait pas obtenu la majorité dans toutes les communes où des citoyens ont indûment pris part au vote (Corps lég. 17 nov. 1863, El. de M. Bourcier de Villers, D. P. 64. 3. 70, n° 427).

335. L'irrégularité provenant de ce que plusieurs fonctionnaires ayant changé de résidence et non inscrits sur la liste électorale de leur nouveau domicile ont été admis à voter n'entraîne pas la nullité de l'élection, lorsqu'elle n'a pas eu pour effet de modifier le résultat du scrutin (Ch. dép. 3 déc. 1885, El. de la Réunion, *Journ. off.* du 4, p. 136). De même, la nullité de l'élection ne résulte pas de ce qu'une personne a voté dans une commune, sans être inscrite sur la liste, par suite de la similitude de son nom avec celui d'un électeur, s'il a été reconnu que la bonne foi de chacun avait été entière, et que ce vote illégal ne pouvait influer sur le résultat général de l'élection (Corps lég. 20 nov. 1863, El. de M. Roulleaux-Dugage, D. P. 64. 3. 69, n° 422). Toutefois, l'admission par le bureau, dans une section de commune, de quelques électeurs à déposer leur vote, quoiqu'ils ne figurent pas sur la liste définitive, attendu, selon le procès-verbal, qu'ils sont du pays, bien connus de tout le monde, est une violation de la loi qui doit être signalée, alors même qu'elle n'infirme pas l'élection (Corps lég. 11 nov. 1863, El. de M. Bournat, D. P. 64. 3. 71, n° 464).

336. Nous avons dit (*Rép.* n° 658) que l'art. 19 du décret réglementaire du 2 févr. 1852 autorise un citoyen non inscrit sur les listes à suppléer à cette inscription par la production d'une décision du juge de paix ordonnant l'inscription ou d'un arrêt de la cour de cassation annulant un jugement qui aurait prononcé une radiation. — D'après un arrêt de la cour de cassation, les décisions par défaut des juges de paix ordonnant des radiations, lorsqu'elles sont frappées d'opposition, n'ont pas un caractère définitif, et, dès lors, le président du bureau est sans droit pour refuser le vote des électeurs radiés (Crim. cass. 21 févr. 1884, aff. Gallettini,

D. P. 84. 1. 478). Mais la jurisprudence du conseil d'Etat est fixée en sens contraire (V. *infrà*, vº *Organisation administrative*).

ART. 7. — *Du serment des électeurs* (*Rép.* nºs 660 à 678).

337. Comme on l'a vu au *Rép.* nº 660, le serment des électeurs a été supprimé en 1848 ; il n'a pas été rétabli depuis.

ART. 8. — *Du mode de voter et du secret des votes* (*Rép.* nºs 669 à 687).

338. Les art. 21 et 24 du décret réglementaire du 2 févr. 1852 prescrivent, ainsi qu'on l'a vu au *Rép.* nº 669, pour les élections législatives, de faire successivement l'appel des électeurs par ordre alphabétique et, après l'appel, de procéder au réappel de tous ceux qui n'ont pas voté. Mais ces formalités que mentionne de nouveau la circulaire du ministre de l'intérieur du 9 sept. 1885 (*Bull. min. int.*, 1885, p. 203) ne sont pas exigées à peine de nullité de l'élection. Il a été décidé en ce sens : 1º qu'une élection n'est pas nulle par cela seul qu'un petit nombre d'électeurs se trouvant dans la salle au moment de l'ouverture du scrutin, le président n'a pas cru devoir faire l'appel de tous les électeurs du collège, si, d'ailleurs, le vote a eu lieu d'une manière régulière (Corps lég. 20 nov. 1863, El. de M. Eug. Pereire, D. P. 64. 3. 73, nº 511) ; — 2º Que l'omission de la formalité du réappel des électeurs n'est pas de nature à vicier l'élection si, d'ailleurs, le vote s'est accompli régulièrement (Corps lég. 20 nov. 1863, El. de M. Roulleaux Dugage, D. P. 64. 3. 73, nº 512).

339. L'art. 21 du décret réglementaire du 2 févr. 1852 exige, comme on l'a vu au *Rép.* nº 670, que les électeurs apportent leurs bulletins préparés en dehors de l'assemblée. Il en résulte que les bulletins ne sauraient être distribués dans la salle du vote. — Il a été décidé que l'on ne doit pas regarder comme une cause suffisante d'invalidation la distribution par un garde champêtre de bulletins de vote dans l'intérieur de la salle électorale, si cet agent qui était venu voter est sorti à la première observation qui lui en a été faite (Corps lég. 11 nov. 1863, El. de M. Bournat, D. P. 64. 3. 71, nº 453).

340. En imposant aux électeurs l'obligation d'apporter des bulletins préparés en dehors de l'assemblée, le législateur a interdit le dépôt de bulletins dans la salle du vote. Le Corps législatif a, toutefois, considéré comme une circonstance indifférente, sous le régime de la candidature officielle, le fait que les bulletins de vote du candidat officiel étaient déposés sur le bureau, si ceux du candidat non officiel y étaient également déposés (Corps lég. 9 nov. 1863, El. de M. du Couëdic, D. P. 64. 3. 61, nº 240). Il a même décidé que le dépôt exclusif sur le bureau des bulletins du candidat élu, quoique contraire à la loi qui veut assurer par le secret l'indépendance du vote, n'était pas une cause de nullité (Corps lég. 23 nov. 1863, El. de M. Aimé Gros, D. P. 64. 3. 61, nº 238), surtout si la protestation n'alléguait pas qu'on se fût servi de ces bulletins (Corps lég. 13 nov. 1863, El. de M. d'Arjuzon, D. P. 64. 3. 61, nº 239). Il a également refusé de considérer comme un motif d'annulation de l'élection une circulaire par laquelle un sous-préfet avait recommandé aux maires de son arrondissement d'avoir sur le bureau électoral un certain nombre de bulletins portant le nom d'un des candidats et pas d'autres, et de placer aux abords de la mairie des personnes intelligentes et sûres pour protéger les électeurs bien intentionnés contre l'erreur et le mensonge, alors que, d'une part, cette circulaire n'était que le fait isolé du fonctionnaire qui l'avait écrite et que, de l'autre, elle avait été sans influence sur l'élection (Corps lég. 21 mars 1860, El. de M. de Dalmas, D. P. 64. 3. 61, nº 241).

341. D'après une autre décision, le dépôt des bulletins du candidat officiel sur le bureau, bien que constituant une infraction à l'art. 21 du décret réglementaire du 2 févr. 1852, n'était pas de nature à entraîner l'annulation de l'élection, lorsque le candidat proclamé conservait la majorité, nonobstant la déduction de tous les suffrages obtenus par lui dans les communes où l'irrégularité avait été commise (Corps lég. 10 nov. 1863, El. de M. Pamard, D. P. 64. 3. 61, nº 248 ; 1er juill. 1869, El. de M. Creuzet, D. P. 70. 3. 2, nº 16). Il en était de même du refus du maire d'une commune de mettre sur le bureau des bulletins des candidats non officiels à côté de ceux du candidat de l'Administration (Corps lég. 9 et 17 nov. 1863, El. de MM. Greuzet et Planat, D. P. 64. 3. 61, nºs 246 et 242), surtout si les bulletins du candidat du Gouvernement avaient été retirés à la première observation faite par un électeur (Corps lég. 11 nov. 1863, El. de M. de Beauverger, D. P. 64. 3. 61, nº 243), ou si, en annulant tous les votes de cette commune, la majorité obtenue par l'élu sur son compétiteur n'en devait pas être changée (Corps lég. 10 nov. 1863, El. de M. Flocard de Mépieu, D. P. 64. 3. 61, nº 244), ou enfin si l'élection avait été effectuée à une très grande majorité (Corps lég. 10 nov. 1863, El. de M. Lescuyer d'Attainville, D. P. 64. 3. 61, nº 245).

342. La nullité de l'élection ne saurait résulter davantage : 1º de ce que, sur les deux serrures de la boîte du scrutin, les bulletins de vote du candidat officiel seraient restés affichés et en évidence pendant toute la durée du scrutin, alors d'ailleurs que l'élection a été faite à une grande majorité (Corps lég. 13 nov. 1863, El. de M. le duc d'Albufera, D. P. 64. 3. 74, nº 533) ; 2º ni de ce que, dans une ville, les bulletins du candidat élu auraient été déposés dans une salle attenant et communiquant à la salle électorale, sur une table qui pouvait être aperçue de l'estrade où siégeait le bureau, et que deux de ces bulletins auraient été distribués aux électeurs par l'adjoint du maire (Corps lég. 11 nov. 1863, El. de M. Noubel, D. P. 64. 3. 61, nº 247) ; 3º ni du dépôt, à l'entrée de la salle du vote, de bulletins d'une seule liste, lorsque ce fait n'a pas eu pour résultat de modifier le résultat du scrutin (Ch. dép. 19 nov. 1885, El. de la Haute-Saône, *Journ. off.* du 20, p. 45).

343. Aux termes de l'art. 22 du décret réglementaire du 2 févr. 1852, l'électeur, à l'appel de son nom, remet au président son bulletin fermé. Le vote est rigoureusement personnel, et les bulletins remis par des tiers, au nom d'électeurs absents, sont nuls. D'après la jurisprudence parlementaire, il y a lieu de retrancher au candidat un nombre de suffrages égal à celui des bulletins ainsi remis par des tiers pour des absents (Corps lég. 24 déc. 1869, El. de M. Isaac Pereire, D. P. 70. 3. 3, nº 26). Il en est ainsi, à plus forte raison, lorsqu'un maire vote pour des électeurs sans leur consentement, par exemple, pour des électeurs qui s'abstiennent ; et il importe peu, en pareil cas, qu'il ne soit pas démontré que ces votes aient été émis en faveur du candidat élu (Même décision). On peut admettre, d'ailleurs, pour établir ces irrégularités, les déclarations écrites par lesquelles des électeurs affirment que le maire d'une commune a voté au lieu et place de quatre électeurs absents qu'ils nomment, et que, dans une autre commune, cinq personnes, parmi lesquelles se trouvait une jeune fille, sont venues voter pour leurs parents. Il importe peu que le bulletin de la jeune fille ait été gardé en dehors de l'urne jusqu'au dépouillement du scrutin et alors définitivement écarté (Corps lég. 21 nov. 1863, El. de M. de Bulach, D. P. 64. 3. 71, nº 473).

Il a été décidé, néanmoins, que le fait de l'acceptation par un bureau de votes par procuration, bien que constituant une irrégularité, ne suffit pas pour motiver l'annulation de l'élection, si ce fait n'a pas porté atteinte à la sincérité du scrutin et n'a pu en modifier les résultats (Corps lég. 13 nov. 1863, El. de M. d'Arjuzon, D. P. 64. 3. 73, nº 518 ; Ch. dép. 12 nov. 1885, El. de la Seine, *Journ. off.* du 13, p. 20). Il en est ainsi, notamment, quand l'élection a eu lieu à une forte majorité (Corps lég. 23 nov. 1863, El. de M. Joseph Simon, D. P. 64. 3. 71, nº 472). De même, la nullité de l'élection ne résulterait pas de ce que le maire et l'adjoint d'une commune seraient allés chez un électeur retenu malade dans son lit, lui auraient demandé et auraient reçu de lui sa carte d'électeur et son bulletin de vote, et de ce que le maire aurait ainsi voté pour lui, si ce fait n'avait eu lieu que dans une commune et pour un seul électeur (Corps lég. 13 nov. 1863, El. de M. Chadenet, D. P. 64. 3. 73, nº 519).

344. Les électeurs doivent, pour se conformer au vœu de la loi, se présenter individuellement et voter à l'appel de leur nom. La circonstance que des colons ou métayers avaient été conduits au scrutin par leurs propriétaires, après en avoir reçu des bulletins de vote, a été considérée comme de nature à entraîner l'annulation de l'élection (Ch. dép. 12 déc. 1885, El. des Landes, *Journ. off.* du 13, p. 203). Le Corps législatif a refusé au contraire d'accueillir des protestations fondées sur ce que des brigadiers de l'octroi ou des douanes avaient accompagné leurs subordonnés lorsqu'ils se rendaient au scrutin (Corps lég. 9 nov. 1863, El. de M. Berryer, D. P. 64. 3. 72, n° 496); ou sur ce que des douaniers avaient été conduits à l'élection en sections par leurs chefs, si ce mode avait été suivi pour éviter le retour de désordres qui s'étaient produits à une précédente élection, et si d'ailleurs ces chefs avaient reçu l'ordre de laisser les douaniers voter plusieurs à la fois et de rester à une assez grande distance de la salle pendant le dépôt des votes (Corps lég. 17 nov. 1863, El. de M. de Kervéguen, D. P. 64. 3. 73, n° 514). Il ne résulte non plus aucune irrégularité de ce que des sergents de ville se sont présentés en masse pour voter, si, étant arrivés les premiers, ils ont dû naturellement voter à leur tour de rôle (Corps lég. 30 mars 1864, El. de M. Carnot, D. P. 64. 3. 73, n° 515).

345. L'électeur doit, comme on l'a vu au *Rép.* n° 677, remettre au président du bureau son bulletin fermé. Cette prescription, qui a pour but d'assurer le secret du vote, a été empruntée à la législation antérieure, et les électeurs n'ont pas le droit de renoncer à ce secret soit en votant à bulletin ouvert, soit en faisant connaître pour qui ils ont voté (Corps lég. 9 nov. 1863, El. de M. Marie, D. P. 64. 3. 49, n° 8). Nous avons dit toutefois (*Rép.* n° 684) que, s'il est contraire à la loi de montrer son bulletin ouvert au lieu de le donner plié, cette irrégularité n'entraîne pas nécessairement l'annulation de l'élection. Ainsi il a été décidé qu'il n'y avait pas lieu de tenir compte de protestations alléguant que, dans certaines communes, quelques bulletins avaient été apportés jusqu'auprès de l'urne sans être pliés si, en retranchant les voix obtenues dans ces communes par le candidat élu, celui-ci conservait néanmoins la majorité (Corps lég. 10 nov. 1863, El. de M. Pamard, D. P. 64. 3. 61, n° 248).

346. Le président, après avoir reçu des mains de l'électeur le bulletin fermé, doit, ainsi que nous l'avons dit au *Rép.* n° 678, s'assurer qu'il n'en contient pas d'autre, et le déposer dans l'urne. Puis l'assesseur, qui a déchiré le coin de la carte électorale, la rend à l'électeur, en vue du second tour de scrutin qui peut avoir lieu ultérieurement (Circ. min. int. 9 sept. 1885, *Bull. min. int.*, 1885, p. 203). Mais aucune nullité ne dériverait de ce qu'un des membres du bureau, invité par le maire à voter le premier, aurait rassemblé les bulletins de ses collègues et les aurait introduits ensemble dans l'urne non par l'intervention, mais sous les yeux et avec l'assentiment du maire (Corps lég. 13 nov. 1863, El. de M. Chadenet, D. P. 64. 3. 73, n° 521).

347. Si le président du bureau a le droit et le devoir de s'assurer que le bulletin qui lui est remis n'est pas double, il lui est interdit de le déplier, et à plus forte raison de le lire. Toutefois, il a été décidé que le fait que le président a déplié des bulletins et en a vérifié le contenu n'est pas une cause de nullité de l'élection, lorsqu'il n'a pas eu pour effet de modifier le résultat du scrutin (Ch. dép. 7 déc. 1885, El. de la Guadeloupe, *Journ. off.* du 8, p. 160). Dans un cas où un électeur s'était plaint dans le procès-verbal qu'un bulletin avait été déplié et lu, la déclaration unanime du bureau que le bulletin avait été simplement déplié a déterminé la Chambre à passer outre (Corps lég. 9 nov. 1863, El. de M. Lambrecht, D. P. 64. 3. 73, n° 517).

348. Aux termes de l'art. 21 du décret réglementaire du 2 févr. 1852, dont les dispositions, destinées à assurer la sincérité et le secret du vote, ont été rappelées au *Rép.* n° 686, le papier des bulletins doit être *blanc* et *sans signe extérieur*. En l'absence d'un papier type, on doit considérer le papier comme étant blanc ou de couleur, suivant la quotité de l'impôt qui lui a été appliqué en vertu des dispositions de la loi du 21 juin 1873 (art. 18, D. P. 73. 4. 90) (Ch. dép. 15 nov. 1881, El. de M. de Soland, *Journ. off.* du 16, p. 2023). Les bulletins de vote dont le papier est d'une teinte légèrement grisâtre ne rentrent pas dans la catégorie des bulletins de couleur et, par suite, ne doivent pas être annulés (Ch. dép. 12 nov. 1885, El. de l'Aisne, *Journ. off.* du 13, p. 9). Il a été décidé que le fait qu'un candidat manquant de bulletins en avait commandé dans une imprimerie qui employait un papier de couleur plus foncé que les autres, n'était pas de nature à entraîner l'annulation de l'élection, lorsque le candidat avait fait immédiatement retirer ces derniers bulletins, de manière qu'un petit nombre seulement avait pu être employé (Corps lég. 11 nov. 1863, El. de M. Le Peletier d'Aunay, D. P. 64. 3. 72, n° 493).

349. D'après une circulaire du ministre de l'intérieur du 9 sept. 1885 (*Bull. min. int.*, 1885, p. 203), les bulletins qui ne sont pas sur papier blanc ne doivent pas être acceptés ; tout bulletin de couleur que présenterait un électeur lui est rendu par le président ; mais l'électeur est libre de sortir pour en faire écrire un autre sur papier blanc. Il résulte, au contraire, d'une autre circulaire du 10 juill. 1886 (*Bull. min. int.*, 1886, p. 193), concernant spécialement les élections départementales, que le président ne saurait refuser de recevoir les bulletins qui lui sont remis, par le motif qu'ils ne seraient pas sur papier blanc ou qu'ils porteraient des signes de reconnaissance. Dans tous les cas, il n'y a pas lieu de considérer comme une violation du secret du vote l'observation faite par le maire à un électeur que son bulletin avait une couleur peu blanche (Corps lég. 9 nov. 1863, El. de M. le comte du Couëdic, D. P. 64. 3. 72, n° 492).

350. Quoique les bulletins ne doivent porter aucun signe extérieur de reconnaissance, la constatation sur un certain nombre de bulletins de marques extérieures distinctives ne suffit pas pour entraîner l'annulation de l'élection, lorsque cette élection a eu lieu à une majorité trop considérable pour que le retranchement de ces bulletins puisse en modifier le résultat (Corps lég. 9 et 10 nov. 1863, El. de MM. Berryer, le vicomte Reille et Calley Saint-Paul, D. P. 64. 3. 73, n°s 503, 504 et 505).

351. Le papier des bulletins ne doit pas avoir une transparence qui permette de lire le nom qu'il renferme. Mais l'irrégularité résultant de l'emploi de bulletins transparents ne doit pas entraîner la nullité de l'élection, lorsqu'elle n'a pas eu pour effet de modifier le résultat du scrutin (Ch. dép. 28 mars 1886, El. des Landes, *Journ. off.* du 29, p. 601). En tous cas, on ne saurait admettre comme cause d'annulation de l'élection le fait que les caractères de certains bulletins apparaissaient au verso, alors que ces bulletins n'ont pas été attribués aux candidats intéressés (Ch. dép. 12 nov. 1885, El. de l'Aisne, *Journ. off.* du 13, p. 9).

Le Corps législatif a refusé de prendre en considération des protestations fondées sur la transparence des bulletins : 1° lorsque le papier employé pour les bulletins des autres candidats présentait à peu près le même caractère de transparence (Corps lég. 18 et 20 nov. 1863, El. de MM. de Dalmas, Roy de Loulay et Lasnonier, D. P. 64. 3. 72, n°s 497, 498 et 501); 2° lorsque les bulletins du candidat élu avaient été imprimés dans trois localités différentes, tous sur papier différent, d'une transparence ordinaire, à peu près pareils à ceux des autres candidats (Corps lég. 11 nov. 1863, El. de M. de Beauverger, D. P. 64. 3. 72, n° 499); 3° lorsque l'inconvénient de la transparence disparaissait par le pliage au moment où le bulletin était remis fermé au président (Corps lég. 20 nov. 1863, El. de M. de Dalmas, D. P. 64. 3. 72, n° 497); 4° lorsqu'il n'était pas prouvé qu'un seul des bulletins transparents eût été déposé dans la boîte du scrutin (Corps lég. 20 nov. 1863, El. de M. Lasnonier, D. P. 64. 3. 72, n° 501).

Il n'y a pas lieu de s'arrêter à des protestations qui signalent, comme un abus de pouvoir, l'apposition, par l'ordre du président d'une section, d'un avis prévenant les électeurs qu'il refusera les bulletins transparents (Corps lég. 9 nov. 1863, El. de M. Berryer, D. P. 64. 3. 66, n° 350).

352. On n'a pas considéré comme constituant des signes extérieurs de reconnaissance des lignes parallèles ou perpendiculaires à l'écriture, imprimées profondément sur papier mince, alors que ces lignes se trouvaient tantôt d'un côté, tantôt de l'autre de chaque bulletin, et qu'elles existaient sur des bulletins provenant des autres circonscriptions (Corps lég. 9 nov. 1863, El. de M. Andrieu, D. P. 64. 3. 73, n° 508).

353. Il a été également décidé : qu'une élection ne devait pas être annulée par cela seul 1° que quelques bulletins avaient été produits collés à la carte de l'électeur par un des angles du papier (Corps lég. 28 nov. 1863, El. de

M. Royer, D. P. 64. 3. 73, n° 507) ; — 2° Que, dans une commune, les bulletins du candidat élu avaient été distribués avec les cartes électorales auxquelles elles étaient jointes par un pain à cacheter, si ces billets, une fois pliés, ne présentaient aucun signe apparent, et si, d'ailleurs, en annulant tous ces bulletins, une majorité considérable restait encore à l'élu (Corps lég. 20 nov. 1863, El. de M. Eug. Pereire, D. P. 64. 3. 73, n° 506).

354. Nous avons dit (*Rép.* n° 686) que, d'après la jurisprudence parlementaire, des bulletins écornés ne devaient pas être annulés, s'il n'était pas prouvé qu'ils fussent ainsi altérés dans le but d'affecter la liberté du vote. Mais des bulletins marqués de trous d'épingles aux quatre coins ont été considérés comme portant des signes extérieurs (Corps. lég. 3 juill. 1869, El. de M. Lefébure, Poudra et Pierre, *Traité de droit parlementaire*, n° 600). Il en a été de même de bulletins portant des taches visibles d'huile et de graisse (Ch. dép. 10 févr. 1890, El. de M. Razimbaud, *Journ. off.* du 11).

355. Les signes *extérieurs* uniformes qui marquent les bulletins d'une liste constituent une violation du secret du vote et peuvent, par conséquent, entraîner l'annulation d'une élection, lorsque le nombre de ces bulletins est de nature à exercer une influence sur le résultat de l'élection (Ch. dép. 12 déc. 1885, El. des Landes, *Journ. off.* du 13, p. 203). Mais il n'y a pas lieu de se préoccuper d'une protestation qui signale la présence de quelques bulletins portant les noms des candidats encadrés dans des arabesques typographiques propres à faire reconnaître ces bulletins, alors que les candidats proclamés ont obtenu une majorité considérable (Ch. dép. 27 févr. 1886, El. de l'Ardèche, *Journ. off.* du 28, p. 321).

356. Il n'est pas douteux que la radiation au crayon, faite par l'électeur, du nom d'un candidat sur un bulletin imprimé et son remplacement par un autre nom également écrit au crayon ne sont pas de nature à faire annuler l'élection (Corps lég. 20 nov. 1863, El. de M. Roulleaux Dugage, D. P. 64. 3. 72, n° 490), et que l'on doit attribuer au candidat dont le nom a été ainsi substitué à celui de son compétiteur les bulletins sur lesquels a été opérée cette substitution (Corps. lég. 17 nov. 1863, El. de M. le comte de Chambrun, D. P. 64. 3. 77, n° 589). Il en est ainsi, alors même que la modification a été faite sur un nombre assez considérable de bulletins, lorsque la substitution a eu lieu de manière à faire penser qu'elle exprime bien la pensée véritable de l'électeur et qu'elle ne peut avoir pour résultat que de mieux garantir le secret du vote (Corps lég. 2 févr. 1864, El. de M. le comte Hallez Claparède, D. P. 64. 3. 77, n° 590; 5 juill. et 6 déc. 1869, El. de MM. le comte d'Hésecques et Viellard-Migeon, D. P. 70. 3. 3, n°s 23 et 24).

La jurisprudence parlementaire reconnaît également la validité des *bulletins gommés*, c'est-à-dire de ceux sur lesquels les noms des candidats sont recouverts d'une bande de papier portant d'autres noms (Ch. dép. 19 et 24 nov. 1877, El. de MM. Descamps et Durand, D. P. 77. 5. 191). On a soutenu que cette solution, incontestable quand le papier recouvre complètement les bulletins (Ch. dép. 16 et 19 avr. 1886, El. de Tarn-et-Garonne, *Journ. off.* 17 et 20, p. 838 et 874), ne devrait pas être étendue au cas des bulletins dits *petits gommés*, c'est-à-dire sur lesquels est collée une bande très étroite portant en petits caractères les noms d'autres candidats. Mais cette distinction, proposée par le rapporteur de l'élection précitée, a été implicitement repoussée par la Chambre des députés qui a validé cette élection (V. conf. Ch. dép. 28 nov. 1889, El. de M. Fidèle Simon, *Journ. off.* du 29, p. 198).

357. On n'a jamais contesté, sous le régime du scrutin de liste, le droit qui appartient à tout électeur de dresser lui-même une liste de candidats et d'y grouper, comme il le juge convenable, les noms d'un certain nombre de citoyens qui se présentent aux suffrages. Mais quand un comité ou même un électeur opère une modification sur une liste et distribue des bulletins ainsi modifiés, les candidats peuvent protester contre cette modification, si elle est de nature à tromper les électeurs en les rendant victimes d'une confusion et d'une surprise ; il en est ainsi, notamment, lorsque les bulletins modifiés ressemblent exactement aux bulletins originaires par le papier, la disposition et par tous les signes apparents (Ch. dép. 19 nov. 1885, El. de l'Ain, *Journ. off.* du 20, p. 43).

358. On a considéré comme renfermant des signes extérieurs de reconnaissance, susceptibles de porter atteinte à la liberté et à la sincérité du scrutin, des bulletins relatifs à une élection à la Chambre des députés et comprenant, indépendamment des noms imprimés des candidats d'une liste, un nom supplémentaire variant avec chaque bulletin (Ch. dép. 12 déc. 1885, El. des Landes, *Journ. off.* du 13, p. 203; 11 avr. 1886, El. de la Corse, *Journ. off.* du 12, p. 750).

359. L'art. 23 du décret réglementaire du 2 févr. 1852, rapporté au *Rép.* n° 687, exige que le vote de chaque électeur soit constaté, à mesure qu'il est donné, par la signature ou le parafe d'un membre du bureau, en regard du nom du votant, sur la liste d'émargement (V. Circ. min. int. 9 sept. 1885, *Bull. min. int.* 1885, p. 204). — D'après la jurisprudence parlementaire, les infractions à ces prescriptions ne sont pas une cause d'annulation de l'élection, lorsqu'elles paraissent exemptes de fraude et qu'elles ne sont pas de nature à influer sur le résultat (Corps lég. 3 et 4 déc. 1869, El. de M. le baron Buquet, D. P. 70. 3. 3, n° 30). Un grief tiré de la présence, entre les mains d'électeurs, d'une liste émargée sur laquelle ils suivaient les opérations du bureau a été écarté à raison de ce que ce fait n'était pas de nature à modifier la majorité des suffrages (Corps lég. 9 nov. 1863, El. de M. Berryer, D. P. 64. 3. 66, n° 350). D'un autre côté, une protestation fondée sur ce qu'un maire s'était opposé au pointage des votants en dehors de celui qui était fait au bureau, a été rejeté par le motif que ce pointage supplémentaire était pratiqué de manière à intimider les votants et à gêner les opérations du scrutin (Ch. dép. 19 nov. 1885, El. de la Nièvre, *Journ. off.* du 20, p. 53).

Aux termes de l'art. 5, § 3, de la loi du 30 nov. 1875 qui tranche une question longtemps controversée, (V. *Rép.* v° *Organisation administrative*, n° 512, et D. P. 70. 3. 3, n° 31), les listes d'émargement de chaque section de vote, signées du président et du secrétaire, doivent demeurer déposées pendant la huitaine qui suit l'élection au secrétariat de la mairie et y être communiquées à tout électeur requérant. Il a été jugé que la décision par laquelle un maire refuse cette communication peut être déférée au conseil d'État par la voie du recours pour excès de pouvoirs (Cons. d'Et. 8 juin 1883, aff. Delahaye, D. P. 85. 3. 2 ; 2 mars 1888, aff. Despetis, D. P. 89. 3. 68). — Décidé aussi que le droit d'obtenir la communication des listes d'émargement entraînant nécessairement celui d'en prendre copie, le maire ne peut, sans excès de pouvoir, refuser à un électeur l'exercice de cette faculté (Même arrêt du 2 mars 1888).

ART. 9. — *De la clôture et de la garde des urnes ou boîtes de scrutin* (*Rép.* n°s 688 à 694).

360. Ainsi que nous l'avons dit (*Rép.* n° 688), chaque commune doit avoir une urne ou boîte de scrutin satisfaisant aux prescriptions de l'art. 22 du décret réglementaire du 2 févr. 1852, et construite de manière à ne pas trahir le secret des votes. — Il a été décidé toutefois par le Corps législatif : 1° qu'il n'y avait pas lieu d'annuler une élection par le motif que, dans une commune, les votes avaient été déposés dans une urne qui ne présentait pas de sûreté pour la sincérité du scrutin, si, déduction faite des voix de cette commune, la majorité de l'élu n'était pas détruite (Corps lég. 24 nov. 1863 (et non 1864), El. de M. de Balay, D. P. 64. 3. 74, n° 530) ; 2° qu'il en était de même lorsque, dans une commune où s'étaient portés peu de votants, on avait présenté à un électeur, en guise d'urne électorale, un pot recouvert d'une assiette, si l'élection avait eu lieu à une immense majorité des voix de toute la circonscription (Corps lég. 9 nov. 1863, El. de M. le comte du Couëdic, D. P. 64. 3. 73, n° 527) ; 3° qu'il en était de même encore lorsque, dans une commune, l'urne du scrutin avait été représentée par un double décalitre non fermé, et qu'un gendarme y avait plongé les mains pour en retirer des bulletins, si le retranchement de tous les votes de cette commune ne modifiait pas le résultat général (Corps lég. 23 nov. 1863, El. de M. Joseph Simon, D. P. 64. 3. 74, n° 529). D'après une autre décision, la circonstance que les bulletins des électeurs d'une commune, au lieu d'être déposés dans une boîte, l'ont été dans une soupière, ne doit pas empêcher de tenir compte de ces bulletins, si le procès-verbal constate que les précautions propres à assurer le secret du vote ont été prises (Corps lég. 4 déc. 1869, El. de M. du Miral, D. P. 70. 3. 3, n° 27).

Enfin le Corps législatif a refusé de prendre en considération une protestation de laquelle il résultait que, dans une commune, l'urne du scrutin était un carton fermé par deux bandes de papier croisées et fixées avec de la cire rouge, par le motif que le préfet, averti de ce fait, avait immédiatement donné une urne réunissant toutes les qualités légales, dans laquelle les bulletins avaient été transvasés en présence de tous les membres du bureau, que la bonne foi du maire était constante, et qu'indépendamment des votes de cette commune, le candidat élu avait obtenu l'unanimité des suffrages exprimés dans la circonscription (Corps lég. 9 nov. 1863, El. de M. Jérôme David, D. P. 64. 3. 74, n° 528).

361. Comme on l'a vu au *Rép.* n° 689, il résulte des termes de l'art. 22 du décret réglementaire du 2 févr. 1852 qu'il ne doit y avoir qu'une seule boîte de scrutin par collège électoral ou par section. Néanmoins, l'emploi de deux urnes pour le scrutin ne peut fournir un moyen contre l'élection, si c'est successivement, parce que la première était trop petite, et non pas simultanément, qu'il en a été fait usage, et si d'ailleurs les bulletins des deux candidats y ont été trouvés confondus (Corps lég. 23 nov. 1863, El. de M. Aimé Gros, D. P. 64. 3. 73, n° 523).

362. L'urne doit, conformément à ce qui a été dit au *Rép.* n° 690, être fermée avant le commencement du vote et rester fermée pendant toute la durée du scrutin. Il est d'usage qu'avant de recevoir et d'introduire dans l'urne aucun bulletin, le président la retourne toute ouverte devant les électeurs, afin de prouver qu'on n'y avait mis d'avance aucun bulletin de vote (Circ. min. int. 9 sept. 1885, *Bull. min. int.* 1885, p. 203). Mais, d'après une décision du Corps législatif, on ne saurait alléguer comme un motif d'annulation le refus de montrer l'intérieur de l'urne électorale à d'autres électeurs qu'aux membres du bureau, si l'on n'articule aucun soupçon de fraude (Corps lég. 9 nov. 1863, El. de M. Andrieu, D. P. 64. 3. 73, n° 525).

363. Il a été décidé, conformément à des précédents rappelés au *Rép.* n° 691, qu'il y a infraction à la loi, mais non cause de nullité dans ce fait que le président du bureau, averti qu'un habitant avait voté sans être porté sur la liste, a ouvert l'urne en présence de celui qui avait déposé ce fait et, sur son indication, en a retiré un bulletin (Ch. dép. 28 juill. 1842, El. de M. Mater, D. P. 46. 3. 97; Corps lég. 13 nov. 1863, El. de M. Chadenet, D. P. 64. 3. 69, n° 420).

364. L'art. 22 du décret réglementaire du 2 févr. 1852 exige que l'urne, avant le commencement du vote, soit fermée à deux serrures. Mais l'absence de fermeture ou l'irrégularité dans le mode de fermeture de l'urne n'est pas nécessairement une cause de nullité de l'élection. Ainsi, il n'y a pas lieu non plus de s'arrêter à des protestations portant que la boîte du scrutin n'avait pas d'ouverture sur le couvercle, qu'elle n'était munie que d'une seule clef, que le maire ne la fermait pas après y avoir déposé les bulletins, et que des électeurs déclarent avoir donné à l'un des candidats non élu des voix en plus grand nombre qu'il ne s'en est trouvé au dépouillement du scrutin, si, d'une part, les signatures des protestataires ne sont pas légalisées, et si, d'autre part, à supposer nulle l'élection de la commune où l'irrégularité aurait été commise et qui comptait très peu d'électeurs, l'élu avait obtenu dans la circonscription une immense majorité sur ses concurrents réunis (Corps lég. 9 nov. 1863, El. de M. le baron Sibuet, D. P. 64. 3. 74, n° 532).

365. Aux termes des dispositions qui viennent d'être rappelées, les deux clefs de l'urne doivent rester, l'une entre les mains du président du bureau, l'autre entre les mains de l'assesseur le plus âgé. Le fait que cette dernière clef a été remise au secrétaire constitue un procédé irrégulier, bien que la remise de la clef ait eu lieu en présence et avec l'assentiment de l'assesseur le plus âgé; mais cette circonstance n'est pas de nature à vicier l'élection, lorsqu'en retranchant du nombre total des suffrages donnés aux candidats nommés les voix obtenues par eux dans la commune où le fait s'est produit, il reste encore à ces candidats une majorité suffisante pour être élus (Ch. dép. 13 nov. 1885, El. de la Vienne, *Journ. off.* du 14, p. 26).

366. L'art. 26 du décret réglementaire du 2 févr. 1852, dont les dispositions ont été reproduites au *Rép.* n°s 692 et suiv., et d'après lequel les boîtes du scrutin devaient être scellées et déposées pendant la nuit au secrétariat ou dans la salle de la mairie, a été abrogé par l'art. 4 de la loi du 30 nov. 1875, qui a réduit à un jour la durée du scrutin pour les élections de toute nature. Toutefois, les formalités prescrites par l'art. 26 du décret de 1852 pourraient encore être utilement employées aujourd'hui dans les circonstances extraordinaires où il y aurait interruption momentanée du scrutin, et leur accomplissement permettrait d'écarter le grief tiré de ce que cette interruption aurait porté atteinte à la liberté et à la sincérité du vote.

367. L'interruption momentanée du scrutin et le défaut de surveillance des urnes peuvent, dans certains cas, entraîner l'annulation de l'élection. Cette annulation a été prononcée, notamment, à raison des faits suivants : dans une commune, le président du bureau et les scrutateurs s'étant absentés pendant toute la seconde journée, la salle était restée fermée et n'avait été rouverte qu'à quatre heures du soir, quand le bureau était revenu pour faire le dépouillement; dans une autre commune, le bureau et les scrutateurs avaient abandonné et fermé la salle pendant une heure pour vaquer à leurs affaires privées. Le chiffre de la majorité, peu considérable dans cette élection, a paru pouvoir être affecté par l'absence des suffrages que la fermeture de la salle était présumée avoir empêchés (Corps lég. 21 nov. 1863, El. de M. de Bulach, D. P. 64. 3. 75, n° 566). Il a été décidé, au contraire, que l'élection ne devait pas être annulée, alors que c'était dans une seule commune que l'urne avait été abandonnée par le bureau qui l'avait laissée pendant une heure non scellée et sans gardien, et que l'élection avait eu lieu à une forte majorité (Corps lég. 23 nov. 1863, El. de M. Joseph Simon, D. P. 64. 3. 72, n° 485).

368. La violation du scrutin et l'introduction frauduleuse de bulletins dans l'urne électorale constituent le délit prévu et puni par l'art. 35 du décret organique du 2 févr. 1852, mais n'entraînent pas toujours l'annulation de l'élection. Ainsi le Corps législatif a décidé : 1° que l'introduction frauduleuse d'un grand nombre de bulletins dans le scrutin d'une commune et l'enlèvement et la destruction de l'urne par l'adjoint au maire dans une autre commune ne suffisaient pas pour faire annuler une élection tout entière (Corps lég. 19 févr. 1864, El. de M. Bravay, D. P. 64. 3. 74, n° 542); 2° qu'il n'y avait pas lieu d'annuler une élection par cela seul que, dans une commune, le maire aurait supprimé les opérations déjà consommées par le dépôt des bulletins dans l'urne, si, déduction faite des électeurs de cette commune, la majorité restait acquise au candidat élu (Corps lég. 19 nov. 1863, El. de M. Gavini, D. P. 64. 3. 74, n° 541); 3° que, lorsque le résultat du scrutin d'une commune avait été faussé par une manœuvre frauduleuse consistant en ce que le secrétaire de la mairie avait substitué dans l'urne les bulletins d'un candidat à ceux d'un autre candidat, il n'y avait pas lieu pour cela d'annuler l'élection, si le candidat proclamé conservait la majorité dans la circonscription, mais qu'il convenait alors de compter tous les bulletins trouvés dans l'urne pour former la majorité et de n'attribuer aucun de ces bulletins à l'élu. Il n'y a pas lieu, en pareil cas, comme dans d'autres cas analogues, de retrancher à la fois ces bulletins du nombre des suffrages exprimés et du nombre des suffrages accordés à l'élu (Corps lég. 21 déc. 1869, El. de M. Chagot, D. P. 70. 3. 2, n° 22).

ART. 10. — *Du nombre et de la durée des scrutins* (*Rép.* n°s 695 à 713).

369. On a vu au *Rép.* n° 695 qu'aux termes de l'art. 6 du décret organique du 2 févr. 1852, nul n'est élu au premier tour de scrutin, s'il n'a réuni la majorité des suffrages exprimés et un nombre de suffrages égal au quart des électeurs inscrits ; qu'au deuxième tour la majorité relative suffit, et qu'en cas d'égalité des suffrages le plus âgé des candidats est élu. Ces dispositions ont été reproduites par l'art. 18 de la loi du 30 nov. 1875 et par l'art. 5 de la loi du 16 juin 1885, qui a remplacé ce dernier article.

La circulaire du ministre de l'intérieur du 9 sept. 1885 (*Bull. min. int.*, 1885, p. 209) recommande aux préfets de faire préparer à l'avance, pour les membres de la commission de recensement, un relevé par commune ou au moins par canton du nombre des électeurs inscrits, à l'effet d'établir le minimum de voix nécessaire pour la validité de l'élection.

370. L'illégalité résultant de ce que le nombre des électeurs inscrits aurait été moindre à un second tour de scrutin qu'au premier ne doit pas faire annuler l'élection, si, en ajoutant autant de suffrages qu'il y a eu d'électeurs supprimés aux voix obtenues par le compétiteur du candidat élu, celui-ci conservait encore la majorité (Corps lég. 17 nov. 1863, El. de M. Planat, D. P. 64. 3. 76, n° 579).

371. On a vu au *Rép.* n° 711 que l'art. 25 du décret réglementaire du 2 févr. 1852 exigeait que le scrutin restât ouvert pendant deux jours. Aujourd'hui la durée du scrutin est réduite à un jour en vertu de l'art. 4 de la loi du 30 nov. 1875, qui a consacré à cet égard l'innovation précédemment établie par l'art. 7 de la loi du 29 janv. 1871.

L'ouverture du scrutin doit avoir lieu à huit heures du matin ; mais on ne peut invoquer comme moyen de nullité contre l'élection l'ouverture des opérations avant l'heure réglementaire (Corps lég. 9 nov. 1863, El. de M. Creuzet, D. P. 64. 3. 75, n° 550), cet avancement devant être considéré comme une mesure favorable aux électeurs dans les communes rurales (Corps lég. 11 nov. 1863, El. de M. Conseil, D. P. 64. 3. 76, n° 552). Dans tous les cas, l'ouverture anticipée du scrutin dans une commune ne peut faire annuler une élection si, en attribuant au candidat non élu toutes les voix de cette commune, il n'en devait résulter qu'une faible diminution dans la majorité du candidat nommé (Corps lég. 16 nov. 1863, El. de M. Caruel de Saint-Martin, D. P. 64. 3. 75, n° 560).

On a vu, d'ailleurs *suprà*, n° 317, que l'art. 1er, § 1er, du décret du 1er mai 1869 autorise les préfets à prendre, après avis des maires, des arrêtés permettant d'ouvrir le scrutin avant huit heures du matin dans les communes où cette dérogation sera jugée utile.

372. La clôture du scrutin est fixée à six heures du soir par l'art. 25 du décret réglementaire du 2 févr. 1852 (*Rép.* n° 712). Nous avons dit (*Rép.* n° 713) que la jurisprudence parlementaire est fixée en ce sens que l'élection ne doit être annulée par clôture anticipée du scrutin qu'autant que le résultat du vote a pu en être affecté, mais non dans le cas où l'élection a eu lieu à une forte majorité et où l'irrégularité constatée ne s'est produite que dans un petit nombre de communes. Il a été décidé en ce sens : 1° qu'un scrutin n'est pas nul pour avoir été fermé avant l'heure légale, s'il est constaté qu'il ne l'a été qu'après que tous les électeurs inscrits ont voté (Corps lég. 19 nov. 1863, El. de M. Curé, D. P. 64. 3. 75, n° 564) ; 2° que la protestation d'un électeur d'une commune où il n'y avait qu'un très petit nombre de votants et d'inscrits, dans laquelle il se plaint qu'étant venu pour voter il avait trouvé la porte fermée longtemps avant l'heure fixée par la loi, ne doit pas être prise en considération si, par suite du chiffre très élevé de la majorité obtenue par le candidat élu, cette irrégularité, en la supposant constatée, ne pouvait avoir exercé aucune influence sur l'élection (Corps lég. 10 nov. 1863, El. de M. Lecomte, D. P. 64. 3. 74, n° 469).

373. La clôture anticipée peut, au contraire, être une cause d'invalidation, lorsque le chiffre peu considérable de la majorité peut être affecté par l'absence des suffrages que cette clôture est présumée avoir empêchés. — D'après un système admis par le Corps législatif, lorsque dans plusieurs communes des irrégularités ont été commises relativement à la durée du scrutin, on doit annuler ces scrutins et, par suite, retrancher à chacun des candidats les voix qui leur ont été données dans ces communes, après avoir préalablement retranché ces mêmes suffrages de ceux exprimés dans l'ensemble de la circonscription, de manière à abaisser proportionnellement le chiffre de la majorité absolue ; il n'y a pas lieu de maintenir les scrutins et d'attribuer au candidat non élu toutes les voix des électeurs qui n'ont pas voté, en considérant ceux-ci comme ayant été empêchés de voter en faveur de ce candidat (Corps lég. 21 nov. 1863, aff. El. de M. de Bulach, D. P. 64. 3. 74, n° 547).

Suivant un autre système, qui paraît devoir être préféré, il convient d'ajouter au nombre des suffrages exprimés ceux qui auraient pu l'être dans la commune où l'irrégularité a été commise, si la durée légale du scrutin avait été observée. Cette addition a pour conséquence d'élever le chiffre de la majorité absolue, et l'élection est maintenue si le candidat proclamé atteint néanmoins cette majorité (Ch. dép. 4 avr. 1876, aff. El. de M. Fauré, Poudra et Pierre, *Traité de droit parlementaire*, n° 618).

ART. 11. — *Des diverses opérations composant le dépouillement du scrutin* (*Rép.* nos 714 à 744).

374. — I. QUAND LE DÉPOUILLEMENT DOIT SE FAIRE. — Quoique l'art. 27 du décret réglementaire du 2 févr. 1852 se borne à dire *qu'après la clôture du scrutin* il est procédé au dépouillement de la manière qu'il prescrit, il est constant que le dépouillement doit suivre *immédiatement* la clôture du scrutin, et le bureau ne serait pas autorisé à le remettre au lendemain (Circ. min. int. 9 sept. 1885, *Bull. min. int.*, 1885, p. 205).

375. — II. PAR QUI LE DÉPOUILLEMENT SE FAIT. — Ainsi qu'on l'a vu (*Rép.* n° 716), dans les collèges ou sections qui comptent plus de trois cents votants, le dépouillement ne doit pas être fait par le bureau, mais par des scrutateurs supplémentaires que le bureau doit choisir parmi les électeurs présents sachant lire et écrire (Décr. régl. 2 févr. 1852, art. 27 et 28). Toutefois, si l'infraction à cette prescription constitue une irrégularité, elle est insuffisante pour invalider une élection, alors surtout que cette élection a été faite à une forte majorité (Corps lég. 10 et 16 nov. 1863, El. de M. F. David et Le Roux, D. P. 64. 3. 76, n° 582).

Quoique les scrutateurs doivent être choisis parmi les électeurs, le fait qu'un enfant a été admis quatrième à une table de dépouillement d'une section ne peut être considéré comme un motif d'annulation d'une élection législative, s'il n'a pas porté atteinte à la sincérité du vote et n'a pu en modifier les résultats (Ch. dép. 12 nov. 1885, El. de la Seine, *Journ. off.* du 13, p. 20).

Les scrutateurs doivent, aux termes de l'art. 27, être au moins quatre sur chaque table de dépouillement (Circ. min. int. 10 juill. 1886, *Bull. min. int.*, 1886, p. 193). Toutefois, le fait qu'il n'y avait que deux scrutateurs à l'une des tables d'une section de vote n'est pas de nature à vicier le résultat de l'élection, alors qu'il s'explique par la difficulté de trouver des scrutateurs de bonne volonté et qu'aucun acte de déloyauté n'est reproché aux deux scrutateurs (Ch. dép. 12 nov. 1885, El. de la Seine, *Journ. off.* du 13, p. 19).

376. Si le dépouillement du scrutin n'a pas été fait par le bureau ou par des scrutateurs, il peut être opéré par la commission de recensement général et, à son défaut, par la Chambre des députés elle-même.

377. — III. DU NOMBRE DE BULLETINS TROUVÉS DANS LA BOITE (*Rép.* nos 717 à 724). — Les membres du bureau doivent, avant tout, comme on l'a vu (*Rép.* n° 717), ouvrir l'urne et vérifier le nombre des bulletins qu'elle contient. Dans la pratique, on consigne au procès-verbal le nombre des bulletins trouvés dans l'urne, et l'on y mentionne également le nombre des votants constaté par la feuille d'appel, afin d'établir si le nombre des bulletins est égal, inférieur ou supérieur (Circ. min. int. 9 sept. 1885, *Bull. min. int.*, 1885, p. 205.)

378. Nous avons dit (*Rép.* n° 721) que, d'après une jurisprudence parlementaire constante, des différences de quelques voix entre le nombre des votants et le nombre des bulletins trouvés dans l'urne sont indifférentes, si le candidat élu l'a été à une grande majorité (Corps lég. 7 févr. 1861, El. de M. Millon, 9 et 11 nov. 1863, El. de MM. Berryer, Malézieux et Bournat, D. P. 64. 3. 76, n° 576 ; 2 juill. 1869, El. de M. Bouchetal, *Traité de droit parlementaire*, de Poudra et Pierre, n° 625 ; Ch. dép. 10 avr. 1886, El. de la Guyane, *Journ. off.* du 11, p. 723). Il a été décidé, dans le même sens, que le fait que le nombre des suffrages exprimés a été supérieur à celui des votants ne peut exercer aucune influence sur la validité de l'élection si, d'ailleurs, ces suffrages ont été attribués aux candidats qui les ont obtenus et si le candidat élu l'a été à une majorité excédant de beaucoup celle des votants et le quart des électeurs inscrits

(Corps lég. 9 nov. 1863, El. de M. Christophle, D. P. 64. 3. 76, n° 577).

379. Dans le cas où l'élection n'a pas eu lieu à une forte majorité, on doit retrancher au candidat proclamé un nombre de suffrages égal au nombre des bulletins trouvés en sus des émargements; son élection doit être maintenue, si, après ce retranchement, il conserve encore la majorité (Corps lég. 4, 10 et 21 déc. 1869, El. de MM. du Miral, Kérisouet et Chagot, *Journ. off.* des 5, 11 et 22, p. 1557, 1598 et 1683; Ch. dép. 18 et 29 mars 1876, El. de MM. Dusaussoy et Poujade, *Journ. off.* des 19 et 30, p. 1924 et 2264; 20 mars 1876, El. de M. Malartre, Poudra et Pierre, *Traité de droit parlementaire*, n° 630; 4, 5 et 8 avr. 1876, El. de MM. Fauré, de Bourgoing et Lachambre, *Journ. off.* des 5, 6 et 9, p. 2437, 2464 et 2568; 11 mars 1877, El. de M. Richard, *Journ. off.* du 13, p. 1950; 23 et 26 nov. 1877, El. de MM. Excourbaniès et Gorse, *Journ. off.* des 24 et 27, p. 7714 et 7797; 4 déc. 1877, El. de MM. Reynaud et Boudeville, *Journ. off.* du 5, p. 8080; 14 janv. 1878, El. de MM. Briet, de Rainvilliers et Lamothe, *Journ. off.* du 15, p. 320 et 322; 19 nov. 1881, El. de M. de Kergorlay, *Journ. off.* du 20, p. 2062; 23 nov. 1889, El. de M. Rey, *Journ. off.* du 24, p. 126). « Ce mode de procéder, a fait observer M. Léon Renault dans son rapport sur une des élections précitées (El. de M. Malartre, 20 mars 1876), est le seul qui permette d'arriver à la certitude que l'un des candidats a réellement obtenu la majorité plus un des suffrages exprimés; car rien n'empêche de supposer que ce sont des bulletins doubles dont le dépôt dans l'urne a amené la différence entre le chiffre des suffrages exprimés et celui des bulletins valables, et que tous ces bulletins portaient le nom de celui des candidats qui a réuni le plus grand nombre de voix. Si on ne lui retranchait pas tous sans exception, on serait exposé à déclarer élu un candidat qui en fait n'aurait pas les conditions d'éligibilité prescrites impérativement par la loi. S'attacher à des probabilités dans l'attribution de ces bulletins excédants à tel ou tel candidat, les répartir entre eux, soit par tête, soit en s'attachant à la proportion qui existe entre le chiffre des suffrages qu'ils ont recueillis, c'est s'engager dans une voie arbitraire, c'est s'exposer à accorder les droits que crée l'élection à un candidat qui ne justifie pas qu'une majorité absolue se soit formée sur son nom » (Conf. Poudra et Pierre, *Traité de droit parlementaire*, n° 630). Aussi est-ce par une erreur manifeste qu'une commission de recensement, au lieu de retrancher du nombre des voix obtenues par le candidat proclamé le nombre total des bulletins trouvés dans l'urne électorale en sus des émargements, a cru pouvoir déduire seulement la moitié de ce nombre total (Ch. dép. 20 nov. 1876, El. de M. Peyrusse, Poudra et Pierre, *Traité de droit parlementaire*, n° 624).

380. On a débattu la question de savoir si, dans le cas où des bulletins ont été trouvés dans l'urne en nombre supérieur à celui des émargements, il y a lieu d'opérer le retranchement, non seulement sur le chiffre des voix attribuées au candidat proclamé, mais aussi sur celui des suffrages exprimés, et, par suite, de diminuer la majorité absolue. On a fait observer qu'il peut, en pareil cas, y avoir eu erreur dans les émargements, et non fraude de la part des électeurs, et que, dans le cas d'une erreur de ce genre, on risquerait, en diminuant le chiffre des suffrages exprimés, de priver des électeurs qui ont régulièrement voté de leur droit de concourir à former ce chiffre; mais, d'un autre côté, il peut sembler étrange, ainsi que le font remarquer MM. Poudra et Pierre, n° 627, que des bulletins qui sont nuls pour constituer la majorité du candidat restent valables pour constituer la majorité absolue. — La jurisprudence parlementaire n'a pas résolu cette question. Dans l'élection de M. Bourcier de Villers en 1863, le Corps législatif a déduit à la fois du chiffre des suffrages exprimés et de celui des suffrages attribués au candidat proclamé sept voix trouvées en sus des émargements. Mais cette déduction a été sans intérêt, le candidat ayant déjà perdu la majorité absolue à raison du retranchement de cinq cent onze suffrages provenant d'électeurs indûment inscrits (Corps lég. 17 nov. 1863, Poudra et Pierre, *Traité de droit parlementaire*, n° 628). Dans d'autres élections, où le bureau avait émis l'avis que les bulletins trouvés en sus des émargements devaient être déduits du nombre des suffrages attribués au candidat proclamé sans l'être du chiffre des suffrages exprimés, on ne saurait tirer argument ni de la validation prononcée par le Corps législatif en faveur d'un candidat qui conservait, malgré cette déduction, la majorité absolue (Corps lég. 24 nov. 1863, El. de M. Balay, *Traité de droit parlementaire* de Poudra et Pierre, n° 629), ni d'une invalidation que le bureau avait demandée en invoquant principalement des manœuvres qui auraient vicié le scrutin (Ch. dép. 7 avr. 1876, El. de M. Chesnelong, *ibid.*, n° 631).

381. Une question non moins délicate est celle de savoir si, lorsqu'il s'agit d'une élection faite au second tour de scrutin, où la majorité relative est seule exigée, les bulletins trouvés en excédent doivent être retranchés seulement aux candidats élus, ou à la fois aux candidats élus et à leurs concurrents. Dans une élection, le bureau a proposé au Corps législatif de retrancher au candidat proclamé par la commission de recensement comme ayant eu trois voix de plus que son concurrent, deux bulletins excédant le chiffre des votants et quatre autres provenant d'électeurs indûment inscrits, sans opérer le même retranchement à l'égard de son adversaire. Le Corps législatif a adopté ces conclusions conformes à la jurisprudence administrative (V. *infrà*, v° *Organisation administrative*) et a invalidé l'élection (Corps lég. 11 déc. 1869, El. de M. Gourgaud, *Traité de droit parlementaire* de Poudra et Pierre, n° 634). La Chambre des députés a, au contraire, validé une élection dans laquelle le candidat élu n'avait eu que onze voix de majorité relative et où le nombre des bulletins trouvés dans les urnes était supérieur de vingt et un au chiffre des émargements. Cette solution supposait que les bulletins en excédent avaient été retranché aux deux candidats; mais il y a lieu de remarquer que le bureau, en proposant la validation, avait invoqué des actes de pression administrative qui auraient été commis contre le candidat proclamé, et avait expressément déclaré qu'il ne prétendait pas « fixer quant à présent la jurisprudence » (Ch. dép. 18 mars 1876, El. de M. Bouteille, *Journ. off.* du 19, p. 1027). Il est donc permis de ne pas considérer cette dernière décision comme une décision de principe.

382. — IV. COMMENT LES BULLETINS SONT PRIS ET LUS (*Rép.* n°s 725 à 730). — Nous avons dit (*Rép.* n° 729) qu'aux termes du dernier paragraphe de l'art. 27 du décret réglementaire du 2 févr. 1852, à chaque table, un des scrutateurs lit chaque bulletin à haute voix et le passe à l'un de ses collègues. L'Administration recommande aux scrutateurs de ne pas donner lecture des observations injurieuses qui accompagnent les noms des candidats (Circ. min. int. 9 sept. 1885, *Bull. min. int.*, 1885, p. 207).

383. Le dernier paragraphe de l'art. 27 du décret réglementaire de 1852 prescrit de relever sur des listes spéciales les noms portés sur les bulletins. La circulaire du ministre de l'intérieur du 9 sept. 1885 (citée *suprà* n° 382) a réglé l'exécution de cette disposition. Pendant la lecture des bulletins par l'un des scrutateurs et leur remise à l'un de ses collègues, les deux autres scrutateurs doivent inscrire simultanément sur les feuilles de dépouillement les suffrages obtenus par les divers candidats; les scrutateurs doivent s'avertir mutuellement, lorsqu'ils ont noté dix voix à un même candidat. Quand le dépouillement d'un paquet de bulletins est terminé, un des scrutateurs consigne sur la feuille de dépouillement le nombre de suffrages obtenus par chaque candidat. Cette feuille est signée par les scrutateurs. Ces relevés sont remis au bureau avec les bulletins qui auraient donné lieu à contestation. Lorsque les scrutateurs supplémentaires ne sont pas d'accord sur l'attribution d'un suffrage à tel ou tel candidat, ils doivent s'abstenir d'en tenir compte; dans ce cas, l'un d'eux écrit en regard du nom douteux « *à vérifier* », et parafe, ainsi que ses collègues. L'attribution de ce suffrage n'est faite que par le bureau qui statue, les scrutateurs supplémentaires ayant seulement voix consultative. Si dans le dépouillement il se trouve un bulletin de couleur, les scrutateurs le remettent au bureau qui le joint au procès-verbal, sans l'attribuer aux candidats dont il porte les noms; cette observation s'applique également aux bulletins portant des signes extérieurs; toutefois, s'il y a doute sur l'existence de ces signes, le bureau peut, tout en conservant les bulletins, les attribuer aux candidats, sauf à en faire mention au procès-verbal. Les scrutateurs doivent s'abstenir de porter sur les feuilles de dépouillement aucune mention ayant un caractère injurieux ou diffamatoire.

384. Le Corps législatif a décidé que le fait qu'un grand nombre de bureaux n'ont annexé au procès-verbal aucune feuille de dépouillement des votes n'autorise pas à conclure que les relevés des votes ont été faits dans la plupart des communes en bloc et sans compter (Corps lég. 11 nov. 1863, El. de M. Lepeletier d'Aunay, D. P. 64. 3. 76, n° 575).

385. — V. DE LA SURVEILLANCE DU DÉPOUILLEMENT (*Rép.* n°s 731 et 732). — Le dépouillement du scrutin doit avoir lieu publiquement (Circ. min. int. 9 sept. 1885, *Bull. min. int.*, 1885, p. 205); et l'art. 28, § 1er, du décret réglementaire de 1852 donne au président et aux autres membres du bureau la mission de surveiller ce dépouillement. Indépendamment de la surveillance des membres du bureau, les opérations du dépouillement doivent, comme on l'a vu (*Rép.* n° 731), avoir lieu en la présence et sous la surveillance des électeurs, et, aux termes de l'art. 29, les tables de dépouillement doivent être disposées de telle sorte que les électeurs puissent circuler autour de ces tables. — Les électeurs auxquels ce droit est reconnu sont exclusivement ceux de la commune, et non ceux de la circonscription, et le maire peut défendre à un électeur de la circonscription étranger à la commune de rester dans la salle du scrutin (Corps lég. 19 nov. 1863, El. de M. Curé, D. P. 64. 3. 71, n° 457 ; 5 juill. 1869, El. de M. Emile Ollivier, D. P. 70. 3. 3, n° 36). Il en résulte que la présence d'un individu non électeur de la commune au moment du dépouillement est illégale. Mais cette illégalité ne saurait, à elle seule, entraîner l'annulation de l'élection (Corps lég. 20 déc. 1869, El. de M. Deltheil, D. P. 70. 3. 3, n° 35).

386. Lorsqu'au moment de commencer le dépouillement du scrutin, le président de la section ayant donné l'ordre d'ouvrir les portes au public, la foule s'est précipitée, et que les membres du bureau, sauf le président et le secrétaire, ont été confondus dans cette foule, mais que, l'ordre s'étant rétabli, le dépouillement du scrutin a été fait avec les formalités légales, il n'y a pas lieu de s'arrêter à une protestation prétendant que le dépouillement a été irrégulier, puisque les membres du bureau ont été disséminés dans la salle, n'y ont pas pris part directement, et qu'il serait possible que des scrutateurs eussent substitué des bulletins à ceux qui leur étaient remis par le président, si rien ne justifie cette supposition et si aucune réclamation ne s'est élevée contre la proclamation du résultat de l'élection (Corps lég. 24 nov. 1863, El. de M. Dorian, D. P. 64. 3. 76, n° 571).

387. Il n'y a pas lieu de s'arrêter à la plainte de deux électeurs au sujet de la gêne qu'ils auraient éprouvée en passant, pour s'approcher du bureau électoral, entre un garde champêtre et un agent de police, si le bureau a déclaré que cette mesure a été reconnue nécessaire pour éviter l'encombrement et permettre à tous les électeurs d'arriver successivement au scrutin, si cette mesure d'ordre a été approuvée par tous les électeurs présents, et si le président a refusé d'insérer la protestation au procès-verbal en la déclarant mal fondée (Corps lég. 6 févr. 1862, El. de M. Pamard, D. P. 64. 3. 76, n° 584).

388. — VI. DE L'ANNEXE ET DU BRULEMENT DES BULLETINS (*Rép.* n°s 733 à 741). — Comme on l'a dit au *Rép.* n° 733, l'art. 31 du décret réglementaire du 2 févr. 1852 prescrit l'incinération, en présence des électeurs, de tous les bulletins autres que ceux qui doivent être annexés au procès-verbal. L'art. 16 du même décret ordonne d'annexer au procès-verbal les bulletins contestés; l'art. 30 y ajoute les bulletins blancs, ceux qui ne contiennent pas une désignation suffisante ou dans lesquels les votants se font connaître. Ces dispositions doivent être généralisées : on doit annexer au procès-verbal tous les bulletins annulés, c'est-à-dire les bulletins qui n'entrent pas en compte pour fixer le nombre des suffrages exprimés et la majorité absolue, et même ceux qui entrent en compte pour le calcul de cette majorité, mais qui ne peuvent pas être attribués aux candidats qu'ils désignent (Circ. min. int. 10 avr. 1884, *Bull. min. int.*, 1884, p. 168 ; 10 juill. 1886, *ibid.*, p. 194). Avant l'incinération, le président doit constater publiquement que l'attribution des bulletins ne donne lieu à aucune réclamation (Circ. min. int. 10 juill. 1886, *Bull. min. int.*, *loc. cit.*).

389. Dans une élection au Corps législatif, un sous-préfet avait envoyé dans différentes communes un avis prescrivant d'annexer au procès-verbal les bulletins sur lesquels le nom d'un candidat aurait été substitué au nom d'un autre candidat, soit au crayon ou à l'encre, soit au moyen d'une bande collée sur le bulletin; il avait, en outre, donné aux maires l'ordre de faire afficher cet avis dans les salles de vote. Le rapporteur déclara qu'en envoyant de semblables instructions et surtout en donnant l'ordre de les afficher, l'Administration paraissait avoir outrepassé ses droits, et qu'aux termes de la loi, les bureaux électoraux avaient seuls qualité pour constater la validité des bulletins de vote et pour ordonner l'annexion de ceux qu'ils jugeraient douteux (Corps lég. 5 juill. 1869, El. de M. Millet, D. P. 70. 3. 3, n° 25).

390. Lorsque, par erreur ou autrement, les bulletins déposés dans la boîte ont été brûlés en masse par le bureau avant le dépouillement, il y a lieu de considérer les électeurs de cette commune ou section comme n'ayant pas voté et, par suite, de n'en tenir aucun compte dans la supputation du nombre total des votants de la circonscription (Corps lég. 24 déc. 1869, El. de M. Isaac Pereire, D. P. 70. 3. 3, n° 37). Mais il n'y a pas lieu de tenir compte des protestations alléguant que dans plusieurs communes, le maire avait brûlé les bulletins avant le dépouillement du scrutin, dans la supposition que l'un des candidats avait la grande majorité des voix, si, défalcation faite des votes de ces communes, la majorité reste au candidat élu (Corps lég. 19 nov. 1863, El. de M. Gavini, D. P. 64. 3. 77, n° 596).

391. Le défaut d'annexion des bulletins n'est pas une cause de nullité de l'élection, lorsqu'aucune protestation n'est venue mettre en doute la sincérité des bureaux électoraux qui ont annulé les bulletins non annexés (Ch. dép. 4 juill. 1876, El. de M. le marquis de la Rochejaquelein, *Traité de droit parlementaire* de Poudra et Pierre, n° 651 ; 23 nov. 1889, El. de M. Rey, *Journ. off.* du 24, p. 126). Mais il en est autrement, lorsque le procès-verbal de recensement général constate que de nombreux bulletins annulés n'ont pas été annexés, qu'aucun contrôle n'a, par conséquent, été possible sur les motifs de cette annulation et que cette annulation a pu influer sur le résultat de l'élection, à raison du faible écart qui existe entre les voix attribuées aux candidats en présence (Ch. dép. 16 déc. 1889, El. de M. Méry, *Journ. off.* du 17, p. 430).

392. — VII. RECENSEMENT DES VOTES (*Rép.* n°s 742 à 744). — Nous avons dit (*Rép.* n° 742) que, lorsqu'une commune est divisée en plusieurs sections de vote, le dépouillement se fait et se constate dans chacune. D'après la circulaire ministérielle du 10 juill. 1886 (citée *suprà*, n° 388), les présidents et membres des divers bureaux portent à la première section le procès-verbal de leurs sections respectives, avec les réclamations et annexes, y compris les feuilles d'inscription des votants, et le bureau de la première section fait, en présence des présidents des autres sections, le recensement des votes émis dans la commune.

393. Aux termes de l'art. 34 du décret réglementaire du 2 févr. 1852, le recensement général des votes, pour chaque circonscription électorale, se fait au chef-lieu du département en séance publique. Il est opéré par une commission composée de trois membres du conseil général désignés par le préfet, sauf à Paris où la commission comprend cinq membres désignés par le préfet de la Seine. Le recensement se fait en séance publique, et la date de cette séance doit être fixée à l'avance par le préfet (Circ. min. int. 9 sept. 1885, *Bull. min. int.*, 1885, p. 209). Mais il a été décidé que le préfet n'est pas tenu de faire connaître aux électeurs du département le jour et l'heure où devra se réunir la commission chargée du recensement général des votes (Ch. dép. 14 nov. 1885, El. de la Meuse, *Journ. off.* du 15, p. 35).

La protestation par laquelle un candidat non élu se plaint de ce que l'arrêté du préfet portant que le recensement général des votes aurait lieu à partir de tel jour était conçu dans des termes trop vagues ne saurait être prise en considération, quand le candidat élu a obtenu une grande majorité (Corps lég. 11 nov. 1863, El. de M. le comte Lepeletier d'Aunay, D. P. 64. 3. 77, n° 599). — Lorsque le recensement est terminé, le président doit, aux termes de l'art. 35 du décret du 2 févr. 1852, en faire connaître le résultat et proclamer député celui des candidats qui a obtenu la majorité requise pour être élu (*Rép.* n° 744).

394. Les pouvoirs de la commission de recensement général ont donné lieu à d'assez sérieuses controverses. D'après certaines décisions parlementaires, cette commission ne serait chargée que d'une opération purement matérielle. Elle devrait se borner à vérifier les calculs des bureaux des assemblées électorales, à les totaliser et à proclamer le résultat de l'élection; elle n'aurait pas le pouvoir de juger les difficultés qui s'élèvent à propos des opérations électorales, et notamment de l'attribution des bulletins (Ch. dép. 19 nov. 1877, El. de M. Descamps, D. P. 77. 5. 191; 24 nov. 1877, El. de MM. Durand et Durrieu, *ibid.*).

Mais cette interprétation a été repoussée par un avis du conseil d'Etat portant qu'il appartient à la commission générale de recensement de vérifier et de rectifier, s'il y a lieu, le classement et l'attribution des bulletins annexés aux procès-verbaux des opérations électorales (Av. Cons. d'Et. 8 avr. 1886, D. P. 86. 3. 61).

395. Il est d'ailleurs constant que l'opération du recensement général des votes est une formalité qui n'enchaîne pas la souveraineté de la Chambre. Lorsque la Chambre reconnaît qu'il y a eu erreur dans le recensement des votes, que la majorité était acquise non au candidat proclamé, mais à son concurrent, elle annule l'élection du candidat proclamé et peut ensuite déclarer élu le candidat qui n'avait pas été proclamé, bien qu'en fait il eût obtenu la majorité (Poudra et Pierre, *Traité de droit parlementaire*, n° 654). Ces principes ont été appliqués par la Chambre des députés sous le gouvernement de Juillet (Ch. dép. 25 févr. 1833, El. de M. Harlé, 5 août 1834, El. de M. Dintraus, 6 août 1834, El. de M. Martineau, 23 déc. 1837, El. de M. Nicod, Poudra et Pierre, *op. cit.*, n° 654), et par l'Assemblée nationale de 1848 (Ass. nat. 17 août 1848, El. de M. Abbatucci, *ibid.*). Le Corps législatif avait suivi une jurisprudence contraire (Corps lég. 4 mars 1868, El. de M. d'Estourmel, et 11 déc. 1869, El. de M. Gourgaud). Mais l'Assemblée nationale de 1871 (Ass. nat. 6 mars 1871, El. de l'amiral Jauréguiberry) et les Chambres des députés qui l'ont suivie (Ch. dép. 19 nov. 1877, El. de M. Descamps, et 24 nov. 1877, El. de MM. Durand et Durieu, D. P. 77. 5. 191; 12 déc. 1889, El. de M. Ternisien, *Journ. off.* du 13, p. 380) sont revenues aux traditions des anciennes Assemblées. La proclamation d'un candidat par la commission de recensement n'est que provisoire, ainsi que l'a fait observer, à l'occasion de l'élection précitée de M. Descamps, le rapporteur M. Louis Legrand; « elle n'est que la constatation d'un résultat qui reste contestable près de la Chambre dans tous ses éléments moraux et arithmétiques. Quand cette proclamation a été erronée, on ne voit pas en vertu de quel principe ni de quel texte la Chambre serait liée par elle et ne pourrait procéder que par voie d'annulation de l'élection et non par voie de rectification de calculs ».

396. Il en est autrement, lorsqu'il est constaté qu'un candidat a été élu au premier tour de scrutin, comme ayant obtenu la majorité absolue, alors que cette majorité n'a été réellement acquise à aucun candidat. Dans ce cas, la Chambre ne peut remettre les choses en l'état et ordonner qu'il sera procédé à un second tour. Son droit se borne à annuler l'élection (Corps lég. 13 nov. 1863, El. de M. Pelletan, D. P. 64. 3. 68, n° 394; Ch. dép. 20 mars 1876, El. de M. Malartre, Poudra et Pierre, *Traité de droit parlementaire*, n° 655). La Chambre n'a, en effet, qu'un droit, celui d'examiner si l'élection est valable ou non; elle n'a pas le droit de disposer des opérations ultérieures d'un collège électoral (Observations de M. de Morny, président du Corps législatif, D. P. 64. 3. 68, n° 394).

397. D'après MM. Poudra et Pierre, *Suppl.*, n° 653, les commissions chargées d'opérer le recensement général des votes n'ont, à aucun degré, le droit de se prononcer sur l'éligibilité du candidat qui a obtenu la majorité. Ce droit est réservé à la Chambre seule. Lorsqu'une commission de recensement se trouve en présence d'un candidat dont le nom a réuni le nombre des suffrages prescrit par la loi, mais qui est sous le coup de condamnations emportant privation des droits civils et politiques, son devoir est de le proclamer élu. C'est ainsi que M. Blanqui a été proclamé élu dans la première circonscription de Bordeaux le 20 avr. 1879, bien qu'il fût alors inéligible.

Une commission de recensement du département de la Seine a, au contraire, refusé, le 22 sept. 1889, de faire entrer en compte huit mille trois cent trois suffrages accordés à M. le général Boulanger à raison de l'inéligibilité résultant de la condamnation à la déportation dans une enceinte fortifiée prononcée contre ce candidat, et a proclamé élu le candidat qui avait obtenu après lui le plus grand nombre de suffrages. Le rapporteur de l'élection, M. Lévêque a soutenu que cette manière de procéder était régulière depuis le vote de la loi du 17 juill. 1889, dont l'art. 5 est ainsi conçu: « Les bulletins au nom d'un citoyen dont la candidature est posée en violation de la présente loi n'entrent pas en compte dans le résultat du dépouillement du scrutin ». Suivant le rapporteur, un individu privé de ses droits civils et politiques ne peut être admis à faire la déclaration imposée aux candidats par la loi précitée, et ses bulletins doivent, en conséquence, être considérés comme nuls par la commission de recensement. Ce système, qui a pour grave conséquence d'attribuer au préfet, chargé de recevoir les déclarations, la faculté de refuser celles concernant des candidats qui ne lui paraissent pas éligibles, a cependant été admis par la Chambre des députés qui, dans sa séance du 9 déc. 1889 (*Journ. off.* du 10, p. 344), a validé l'élection de M. Joffrin proclamé député par la commission. — Il est à remarquer que, lors des mêmes élections, il a été procédé différemment par la commission de recensement du Morbihan, qui a proclamé le comte Dillon, laissant ainsi à la Chambre le soin de décider si l'élection devait être annulée à raison de la condamnation encourue par le candidat.

398. La commission départementale constate les opérations de recensement par un procès-verbal dans lequel elle consigne les observations que lui a suggérées l'attribution des bulletins à tel ou tel candidat, ainsi que son avis sur les réclamations déposées dans le cours des opérations. Ce procès-verbal est fait en double; l'un des doubles reste déposé aux archives de la préfecture, l'autre est transmis, avec un des doubles des procès-verbaux des communes, au ministre de l'intérieur pour être déposé à la Chambre des députés (Circ. min. int. 9 sept. 1885, *Bull. min. int.*, 1885, p. 209). Il a été décidé que, bien qu'il soit désirable que les résultats du recensement puissent être communiqués à tout électeur qui en ferait la demande, la loi n'impose pas cependant au préfet l'obligation de communiquer le procès-verbal du recensement général à tout électeur, et que, dans tous les cas, à supposer que le préfet eût encouru un blâme, ce refus ne pourrait constituer un motif d'invalidation (Ch. dép. 14 nov. 1885, El. de la Meuse, *Journ. off.* du 15, p. 35).

ART. 12. — *De la majorité nécessaire pour l'élection, des éléments qui la composent, des bulletins qui doivent ou ne doivent pas être comptés pour la former, de la proclamation du résultat* (*Rép.* n°s 745 à 773).

399. — I. DU CHIFFRE DE LA MAJORITÉ (*Rép.* n°s 746 à 748). — Nous avons indiqué *suprà*, n° 369, quelle est la majorité exigée pour être élu député.

400. — II. DES ÉLÉMENTS QUI COMPOSENT LA MAJORITÉ (*Rép.* n°s 749 à 752). — Ainsi qu'on l'a exposé au *Rép.* n° 749, il faut, pour que la majorité existe, qu'il y ait capacité et identité du nombre d'électeurs fixé par la loi. Nous avons dit *suprà*, n° 334, quelle peut être sur l'élection l'influence de la réception des votes d'individus non inscrits sur les listes électorales. L'identité des votants est généralement constatée par la production des cartes électorales. Toutefois, la notoriété locale peut suffire à constater cette identité; et l'électeur qui a perdu sa carte doit, néanmoins, être admis à voter, lorsque son identité n'est pas douteuse. Il a été décidé que la circonstance que quelques électeurs ont voté avec de fausses cartes n'entraîne pas la nullité de l'élection, quand elle n'a pas eu pour effet de modifier le résultat du scrutin (Ch. dép. 27 janv. 1886, El. du Gard, *Journ. off.* du 28, p. 65).

401. — III. DES BULLETINS QUI DOIVENT OU NE DOIVENT PAS COMPTER DANS LE CALCUL DE LA MAJORITÉ (*Rép.* n°s 753 à 772). — L'art. 30 du décret réglementaire du 2 févr. 1852 porte, ainsi qu'on l'a vu au *Rép.* n° 753, que les bulletins blancs, ceux qui ne contiennent pas une désignation suffisante, ou dans lesquels les votants se font connaître, n'entrent point en compte dans le résultat du dépouillement. Il convient d'ajouter à cette disposition celle de l'art. 5 de la loi du 17 juill. 1889 (V. *suprà*, n° 397), qui interdit également de faire entrer en compte les bulletins au nom d'un citoyen dont la candidature est posée en violation de ladite loi, c'est-à-dire qui n'a pas fait connaître, par une déclaration signée ou visée par lui et dûment légalisée, dans quelle circonscription il entend être candidat. La Chambre des députés a appliqué cette disposition à un candidat privé de ses droits politiques par une condamnation, et qui, malgré son inéligibilité, avait fait signifier au préfet par ministère d'huissier la déclaration de sa candidature (Corps lég. 9 déc. 1889, El. de M. Boulanger, *Journ. off.* du 10, p. 344. V. *suprà*, n° 397).

402. Conformément à ce qui a été exposé au *Rép.* n° 757, la pratique administrative assimile aux bulletins blancs ceux qui ne contiennent pas un suffrage réel ou sérieux, et notamment ceux qui portent des noms évidemment dérisoires. Dans ce cas, les scrutateurs doivent conserver le bulletin pour le remettre au bureau qui statue (Circ. min. int. 9 sept. 1885, *Bull. min. int.*, 1885, p. 207).

Dans une espèce, le Corps législatif a admis qu'une circulaire trouvée dans l'urne ne devait pas être considérée comme un bulletin nul, mais qu'il y avait lieu de la compter comme suffrage donné au candidat dont elle portait le nom (Corps lég. 11 déc. 1867, El. de M. le baron Gourgaud, Poudra et Pierre, *Traité de droit parlementaire*, n° 642).

403. On a vu au *Rép.* n° 764 que, sous l'empire de la loi du 15 mars 1849, les bulletins contenant une désignation ou qualification inconstitutionnelle n'entraient pas en compte. Cette disposition n'ayant pas été reproduite par les lois aujourd'hui en vigueur, nous pensons que les bulletins de cette nature doivent être considérés comme valables tant au point de vue des suffrages exprimés qu'au point de vue du nombre de voix attribuées aux candidats qu'ils désignent. Toutefois, la solution contraire a été adoptée à l'occasion d'une élection législative (Ch. dép. 8 déc. 1877, El. de M. Boudeville, *Journ. off.* du 9, p. 8207. V. conf. Bavelier, *Dictionnaire de droit électoral*, v° *Dépouillement*, n° 32).

404. Les questions relatives à la validité des bulletins injurieux ou diffamatoires (*Rép.* n° 771) ont été controversées et n'ont pas été résolues par la jurisprudence parlementaire. Ainsi qu'on le verra en ce qui concerne les élections départementales et municipales (V. *infrà*, v° *Organisation administrative*), le conseil d'État décide que les buletins renfermant des mentions injurieuses comptent comme suffrages exprimés, à moins que les mentions n'aient été écrites par l'électeur dans l'intention de se faire connaître, et qu'ils doivent même être comptés aux candidats dont ils portent le nom, pourvu toutefois que les mentions injurieuses qu'ils renferment ne soient pas exclusives de la volonté de voter pour ces candidats.

ART. 13. — *Des attributions de bulletins* (*Rép.* n°s 774 à 790).

405. On a vu au *Rép.* n° 777 que l'on ne doit pas compter dans le résultat du dépouillement pour la majorité absolue, ni par conséquent attribuer à aucun candidat les bulletins qui ne contiennent pas une désignation suffisante. D'après la circulaire ministérielle du 9 sept. 1885 (*Bull. min. int.*, 1885, p. 207), la désignation est insuffisante, quand les scrutateurs ne peuvent déterminer quelle est la personne à laquelle doit être attribué le nom écrit sur le bulletin. Mais il n'y a pas lieu de s'arrêter à la réclamation d'une personne qui prétend que le candidat élu n'avait pas le droit de porter le nom de famille sous lequel il s'est présenté aux élections, surtout si son acte de naissance est régulier au point de vue électoral (Corps lég. 9 nov. 1863, El. de M. Kercado, D. P. 64. 3. 77, n° 591).

406. Les doutes qu'a pu produire une erreur commise relativement aux prénoms du député élu ne sauraient empêcher son admission, surtout si ces doutes ont été dissipés par ses explications (Corps lég. 2 déc. 1857, El. de M. Josseau, D. P. 64. 3. 77, n° 592). L'erreur dans le prénom de l'élu doit, d'ailleurs, être considérée comme venant du secrétaire du bureau, si les bulletins ont été imprimés avec le véritable prénom (Corps lég. 10 nov. 1863, El. de M. Bartholoni, D. P. 64. 3. 77, n° 593).

407. Nous avons dit (*Rép.* n° 789) qu'une fausse qualité donnée à un candidat empêche ou n'empêche pas l'attribution des bulletins, suivant les circonstances. Il a été décidé que les bulletins sur lesquels le nom d'un candidat a été substitué à la main au nom imprimé d'un autre candidat doivent être attribués au candidat dont le nom a été ainsi substitué, alors même que les votants, en opérant cette substitution, auraient omis d'effacer les qualifications qui ne pouvaient appartenir qu'au candidat dont le nom avait été modifié (Corps lég. 5 juill. 1868, El. de M. Pons Peyruc, Poudra et Pierre, *Traité de droit parlementaire* n° 646; Ch. dép. 29 mars 1876, El. de M. Poujade, 4 avr. 1876, El. de M. Bartoli, 26 juin 1876, El. de M. Loustalot, *ibid.*, n° 647).

408. La qualification de *général* donnée sur des bulletins à une personne qui a été investie de ce titre par un pouvoir régulier, mais dont les fonctions ont cessé depuis longtemps, n'empêche pas que les votes qui la portent, s'ils ont été donnés de bonne foi, soient attribués à ce candidat, surtout s'ils ne sont pas en nombre suffisant pour changer le résultat définitif du scrutin. Cette circonstance s'est présentée à l'occasion des suffrages attribués à M. Courtais, nommé général de la garde nationale par le gouvernement républicain de 1848 (Corps lég. 9 nov. 1863, El. de M. Fould, D. P. 64. 3. 77, n° 594).

ART. 14. — *Des protestations* (*Rép.* n°s 791 à 793).

409. Ainsi qu'on l'a exposé au *Rép.* n° 791, tous les citoyens ont le droit de protester contre l'élection d'un député, et de signaler soit individuellement, soit collectivement, tous les faits qui leur semblent de nature à vicier les opérations électorales. La loi n'a tracé aucune procédure qui limite ce droit (Poudra et Pierre, *Traité de droit parlementaire*, n° 659). Aucun délai n'est fixé ni pour la rédaction, ni pour l'envoi des protestations. Toutefois, ainsi qu'on l'a fait observer (*Rép.* n° 791), lorsque les protestations sont tardives, elles inspirent moins de confiance (Corps lég. 2 déc. 1857, El. de M. Normand, D. P. 64. 3. 65, n° 332; 21 mars 1860, El. de M. de Dalmas, D. P. 64. 3. 66, n° 338; 6 févr. 1862, El. de M. Pamard, D. P. 64. 3. 56, n° 126). Il a été décidé que le bureau chargé de la vérification d'une élection n'était pas tenu de s'occuper d'une protestation parvenue au ministère de l'intérieur le matin seulement du jour où le rapport était présenté à la Chambre, alors surtout que celle-ci n'en avait pas été saisie par son président (Corps lég. 13 nov. 1863, El. de M. Lanjuinais, D. P. 64. 3. 52, n° 59). Toutefois, dans la même hypothèse, la Chambre a quelquefois prononcé l'ajournement (Ch. dép. 14 mars 1876, El. de M. d'Aulan, *Journ. off.* du 15, p. 1815).

410. Nous avons dit (*Rép.* n° 791) que la question de savoir si la signature d'une protestation adressée à la Chambre contre l'élection d'un député pouvait donner lieu à des poursuites judiciaires en diffamation avait soulevé en 1846 de longs et vifs débats à la Chambre des députés. Cette question a été résolue diversement par la jurisprudence. D'après un jugement du tribunal de Vendôme du 10 oct. 1846 (aff. Renou-Ruet, D. P. 46. 3. 165), confirmé sur l'appel par un arrêt de la cour d'Orléans du 31 mai 1847 (D. P. 47. 2. 161) et un arrêt de la cour de Nimes du 13 janv. 1881 (1), les protesta-

(1) (Millet C. Monier.) — LA COUR; — Attendu que les appelants, après avoir fait prononcer l'incompétence de la juridiction civile, déclinent également la compétence de la juridiction correctionnelle, en excipant : 1° de l'immunité édictée par l'art. 21 de la loi du 17 mai 1819; 2° du défaut de publicité; 3° de leur bonne foi; — Mais attendu, sur le premier point, que l'immunité de l'art. 21 ne saurait être étendue au delà de ses termes; qu'elle ne protège que les membres du Parlement; que cette exception s'explique et se justifie par des considérations d'ordre supérieur, et qu'elle trouve son correctif soit dans le pouvoir disciplinaire qui appartient à la Chambre, soit dans la faculté de répondre que peut invoquer chacun de ses membres; que nulle part la loi n'accorde pareille immunité à l'auteur d'une protestation, lequel se trouverait affranchi du pouvoir disciplinaire d'une Assemblée à laquelle il est étranger; — Attendu d'ailleurs que le député qui produit une pièce qui lui a été régulièrement adressée est présumé de bonne foi, tandis que cette présomption ne saurait protéger l'expéditeur lui-même; que celui-ci reste soumis aux règles du droit commun; que la loi, en consacrant le droit de protestation, n'a pu vouloir en autoriser l'abus; que le pétitionnaire, si la

tions adressées à la Chambre contre l'élection des députés ne sont pas protégées par l'immunité établie par l'art. 21 de la loi du 17 mai 1819 en faveur des discours prononcés dans le sein des Chambres et des rapports et autres pièces imprimées par ordre des Chambres, et les auteurs d'une protestation qui signalent des faits d'intimidation ou de corruption sur la foi d'autrui, sans en avoir vérifié l'exactitude, encourent les peines de la diffamation (V. aussi sol. impl., Bourges, 14 janv. 1879, aff. Champagnac, D. P. 79. 2. 149).

Il a été décidé, en sens contraire, que le Corps législatif doit être considéré comme un tribunal quand il statue sur les questions qui se rattachent à l'élection de ses membres, et que, dès lors, les protestations qui lui sont adressées, pendant qu'il exerce la juridiction électorale, doivent jouir de la même immunité que les écrits produits devant les autres tribunaux (Trib. Colmar, 23 mars 1864, aff. Tachard, cité par Poudra et Pierre, *Traité de droit parlementaire*, n° 662). La même doctrine avait été adoptée par un arrêt de la cour de Nîmes du 23 mars 1877 (1), et M. Labbé, dans des observations sur ce dernier arrêt, rapportées par MM. Poudra et Pierre, *op. cit.*, *Suppl.*, n° 661, enseigne que, la validité d'une élection discutée étant l'objet d'un débat contentieux, les règles de la diffamation ne sont pas applicables aux écrits produits devant l'autorité appelée à trancher un semblable débat.

Dans tous les cas, pour que le délit de diffamation existe en pareil cas, il faut que l'auteur de la protestation ait eu l'intention de rendre publiques les allégations diffamatoires qu'il émettait contre l'élection. L'existence de cette intention a été reconnue dans l'espèce jugée par la cour de Nîmes le 13 janv. 1881. La cour de Bourges, dans l'arrêt précité du 14 janv. 1879, a jugé, au contraire, que les allégations diffamatoires contenues dans une protestation contre une élection législative adressées au président de la Chambre des députés ne présentaient pas le caractère de publicité intentionnelle et délictueuse qui est un des éléments constitutifs de la diffamation, quoique la lecture publique en eût été faite par le rapporteur de l'élection à la tribune, la publi-

---

plainte est sérieuse, doit être en mesure de fournir la preuve des faits allégués; qu'admettre la solution contraire, ce serait livrer les fonctionnaires et les particuliers à tous les dangers de la diffamation et de la calomnie; qu'ils ne pourraient pas même s'adresser à la juridiction civile, ainsi que l'a décidé la cour dans l'affaire actuelle (Arrêt du 10 nov. 1879, D. P. 80. 2. 133), et qu'en leur fermant l'accès de la juridiction correctionnelle, on obligerait les citoyens, injustement accusés des faits les plus graves, à courber la tête devant l'impuissance de la loi; — Attendu que vainement on soutient que la Chambre des députés est, dans l'espèce, un véritable tribunal pouvant réprimer les diffamations dont s'agit; qu'elle peut notamment prononcer les mesures répressives autorisées par l'art. 23 de la loi du 17 mai 1819; — Attendu, en effet, qu'en semblable matière, la Chambre n'exerce que le pouvoir politique de valider ou d'invalider l'élection, sans pouvoir s'immiscer dans des attributions qui appartiennent exclusivement à l'autorité judiciaire; que les rapporteurs manquent rarement de faire cette distinction, et qu'il arrive même souvent que la constatation de faits délictueux n'empêche pas la validation de l'élection, s'il est démontré que ces faits n'ont pas exercé d'influence sérieuse sur le résultat obtenu; qu'une enquête parlementaire ordonnée par la Chambre ne ferait pas obstacle à une enquête judiciaire; que ces deux enquêtes se meuvent dans des sphères différentes; qu'il est si vrai que la Chambre ne remplit pas l'office du juge quant au délit, qu'en pareil cas elle n'autorise ni ne provoque aucune des mesures d'instruction ou d'examen, qui dans nos lois assurent les droits de la prévention et garantissent les privilèges de la défense; qu'il est certain qu'elle serait sans mandat comme sans qualité pour prononcer une peine, condamner à des dommages-intérêts ou ordonner la suppression d'un écrit injurieux ou diffamatoire; — Attendu que vainement encore on prétend qu'admettre la compétence de la juridiction correctionnelle, ce serait compromettre et décourager le droit de protestation, qui est un droit civique, destiné à garantir la sincérité des élections et l'intégrité du suffrage universel; — Attendu, en effet, que le droit ne saurait jamais se confondre avec l'abus, que la répression s'exerce là où commence l'abus, et que le droit est amplement protégé par la faculté donnée aux auteurs de la protestation d'administrer la preuve des faits allégués; que cette preuve pourra, il est vrai, être inadmissible si les faits incriminés ne sont imputés qu'à un simple particulier non revêtu d'un caractère public; qu'une lacune peut exister à cet égard dans la loi, mais ne saurait invalider les principes incontestables de notre législation; que d'ailleurs, même dans cette dernière hypothèse qui sera la plus rare, le droit et la liberté des auteurs de la protestation sont garantis par la faculté qui leur est toujours laissée d'établir leur bonne foi par tous les genres de preuve et de se soustraire ainsi à toute pénalité;

Attendu, sur le second point, qu'il est incontestable, dans l'espèce, que les auteurs de la protestation ont voulu lui donner la publicité des débats de la Chambre et du *Journal officiel;* que le soin qu'ils ont pris de faire légaliser cette protestation, même par sommation d'huissier, démontre surabondamment qu'ils n'entendaient point qu'elle restât secrète entre les mains de la personne qui la recevait et de laquelle ils étaient parfaitement connus; qu'ils ne l'auraient certainement pas envoyée s'ils avaient prévu qu'elle ne serait pas publiée; qu'il importe peu que cette publicité ne soit pas directement et immédiatement leur fait, puisqu'elle a été voulue, prévue et provoquée par eux; qu'il importe peu aussi que l'auteur direct de la publicité soit couvert par une immunité personnelle, puisque le complice d'un délit peut être responsable, alors que l'auteur principal ne l'est pas;

Attendu, sur le troisième point, que la cour n'est pas en mesure, en l'état, de statuer sur la bonne ou mauvaise foi des appelants; que leur bonne foi sera entière s'ils établissent les faits par eux articulés; qu'elle sera, au contraire, difficilement admissible, à raison de la gravité de ces faits, s'ils sont démontrés faux et calomnieux, mais qu'il convient de réserver à cet égard l'appréciation de la cour jusqu'après l'événement de l'enquête qui sera ordonnée; — Attendu, en ce qui touche cette enquête, qu'elle est admissible, puisqu'elle vise des faits reprochés à un fonctionnaire public agissant dans l'exercice de ses fonctions et de nature à porter atteinte à son honneur et à sa considération; qu'elle est pertinente, puisque les faits sont suffisamment précisés quant à leur date, leur nature et leur qualification, par les termes de la protestation reproduits dans l'articulation des appelants; que l'intimé, en qualifiant ces faits de diffamation, en a par là même proclamé la pertinence; — Par ces motifs et ceux des premiers juges non contraires au présent arrêt; — Statuant sur l'action de la partie civile valablement portée devant elle, avant dire droit, autorise les appelants à prouver à l'audience de la cour, chambre des appels correctionnels, les faits articulés dans l'assignation de l'intimé, en date du 7 juill. 1880, savoir : — 1er, 2e, etc.; — Réserve à l'intimé preuve contraire.

Du 13 janv. 1881.-C. de Nîmes, ch. corr.-MM. Auzolle, pr.-Duboin, av. gén.-Penchinat et Balmelle, av.

(1) (Autard et autres *C.* André.) — LA COUR; — Attendu qu'à l'occasion des élections législatives du 20 févr. 1876, dans l'arrondissement d'Avignon, les appelants ont fait parvenir à la Chambre des députés et à la commission d'enquête nommée par elle, des attestations signées d'eux et d'autres personnes, certifiant que les femmes Richard, Espier et le sieur Viais avaient déclaré, en leur présence, certains faits relatifs à cette élection; — Attendu que dans ces attestations, les signataires n'allèguent ni n'imputent de leur chef aucun fait à l'abbé André, mais certifient seulement que les femmes Richard, Espier et le sieur Viais ont dit en leur présence ce qui est relaté dans ces attestations; — Attendu que ces attestations n'étaient fournies par eux qu'au point de vue de la vérification de la validité de l'élection; que dans ces déclarations, ils se sont évidemment proposé pour objectif la critique de cette élection sans que rien dans la cause établisse qu'en agissant ainsi ils aient eu pour but de diffamer le sieur André; — Attendu qu'il résulte de toutes les circonstances et des documents de la cause que les faits recueillis dans ces attestations ont été réellement déclarés par les personnes y indiquées; que ces mêmes personnes ont confirmé le fond de ces déclarations dans une information qui a eu lieu sur une plainte pour fausses nouvelles et menaces de mort déposée par le sieur André; — Attendu que le droit de protestation en matière d'élection serait illusoire, si l'indication des faits qui seraient de nature à vicier une élection ne pouvait se produire sans exposer les protestataires à des poursuites en diffamation; qu'il suffit que ceux-ci soient de bonne foi; que les faits signalés par eux aient un lien direct et certain avec l'élection; qu'enfin ces protestations aient eu en vue l'exercice d'un droit civique et qu'il n'y ait pas eu de leur part intention coupable de diffamer; — Attendu que, dans ces conditions, les appelants n'ont pas à supporter la responsabilité de la publicité qui devait être la conséquence forcée des révélations qu'ils soumettaient au pouvoir législatif, seul compétent pour les apprécier, au point de vue des principes du droit public appliqués à l'élection du 20 févr. 1876; qu'on ne leur reproche pas de les avoir publiées autrement, et qu'ainsi tombe, d'autre part, le fait de propagation relevé par les premiers juges; — Attendu qu'en l'état de ces faits, le délit de diffamation imputé à Autard et consorts n'étant pas établi, il y a lieu de réformer le jugement qui a reconnu le délit constant à leur charge;

Par ces motifs, infirme.

Du 23 mars 1877.-C. de Nîmes, ch. corr.-MM. Guiraud, pr.-Roussellier, av. gén.-Carcassonne et Gautier, av.

cité étant de l'essence des débats parlementaires comme des débats judiciaires.

L'action en diffamation devrait également être rejetée si la bonne foi du prévenu était établie (Motifs, jugement précité du 10 oct. 1846; motifs, arrêt précité du 13 janv. 1881).

411. Dans l'opinion même de ceux qui estiment que les protestations adressées aux Chambres ne pourraient donner lieu à des poursuites en diffamation, les auteurs de ces diffamations peuvent être actionnés devant les tribunaux civils en réparation du dommage qui en est résulté, et celui qui, par malveillance ou par légèreté, use du droit de protestation, contrairement à la vérité, de manière à tromper la religion des députés et à compromettre la réputation d'autrui, est responsable du préjudice qu'il a causé et peut être condamné à des dommages-intérêts (Paris, 13 janv. 1880, aff. Lemaître, D. P. 81. 2. 189). Mais MM. Poudra et Pierre font remarquer (*op. cit., Suppl.*, n° 662) que les dommages-intérêts accordés à raison d'une protestation électorale ont pour cause le préjudice que la personne atteinte par la protestation a pu subir dans son honneur, dans ses affaires, dans son commerce, et que l'auteur de la protestation ne pourrait être condamné à aucune indemnité, au profit d'un député invalidé, par le motif que, la protestation ayant fourni des moyens d'invalidation, aurait causé préjudice au député invalidé. C'est ce qu'a formellement décidé l'arrêt rapporté *suprà*, n° 410, du 13 janv. 1881, en déclarant que la Chambre juge souverainement des motifs de validation ou d'invalidation des élections et qu'il n'appartient pas aux tribunaux ni de les rechercher, ni de se les approprier.

412. Les protestations dirigées contre l'élection des députés doivent, aux termes de l'art. 28-1° du règlement, être adressées au président de la Chambre qui les transmet, par l'intermédiaire de la questure, aux bureaux compétents. Elles ne sont soumises à aucune forme spéciale. Elles sont exemptes du timbre (L. 13 brum. an 7, art. 16-1°, § 10); elles peuvent être manuscrites ou imprimées (Poudra et Pierre, *Traité de droit parlementaire*, n° 659). Mais la Chambre, ainsi que nous l'avons dit au *Rép.* n° 792, ne prend pas en considération les protestations non signées (Corps lég. 6 févr. 1862, El. de M. Pamard, D. P. 64. 3. 65, n° 311; 9 nov. 1863, El. de M. le baron Sibuet, D. P. 64. 3. 65, n° 312; 16 nov. 1863, El. de M. Quesné, D. P. 64. 3. 65, n° 313; Ch. dép. 13 nov. 1885, El. du Jura et de l'Hérault, *Journ. off.* du 14, p. 27 et 28; 29 mars 1886, El. des Landes, *Journ. off.* du 30, p. 601). Il en est de même d'une protestation mentionnant des faits appuyés sur des allégations personnelles, même étayées par de nombreuses indications de témoins, si ces derniers n'ont pas signé (Corps lég. 23 nov. 1863, El. de M. Joseph Simon, D. P. 64. 3. 65, n° 314).

Toutefois, si un bureau n'est pas tenu d'accueillir des dépositions non signées, il peut les examiner pour en apprécier la valeur (Corps lég. 13 nov. 1863, El. de M. Chadenet, D. P. 64. 3. 52, n° 51). Dans tous les cas, un candidat non élu qui a fait distribuer à la Chambre une protestation imprimée ne portant aucune signature des personnes qui allèguent des faits contraires à la validité de l'élection, peut être admis à remettre les pièces signées entre les mains de la commission (Corps lég. 6 févr. 1852, El. de M. Pamard, D. P. 64. 3. 52, n° 63). — Le Corps législatif a décidé qu'il n'y avait pas lieu de tenir compte d'une protestation dont les signatures appartenaient en partie à des individus condamnés judiciairement et en partie à des individus non inscrits sur les listes (Corps lég. 24 nov. 1863, El. de M. Balay, D. P. 64. 3. 65, n° 318).

413. La légalisation des signatures n'est pas indispensable pour que le bureau chargé de vérifier l'élection prenne la protestation en considération (Corps lég. 25 nov. 1863, El. de M. Arman, D. P. 64. 3. 52, n° 50; 16 mars 1865, El. de M. Duguet; Poudra et Pierre, *Traité de droit parlementaire*, n° 659). Mais, dans la pratique, les Chambres tiennent peu de compte des protestations dont les signatures n'ont pas un caractère authentique (Corps lég. 6 févr. 1862, El. de M. Pamard, D. P. 64. 3. 56, n° 126; 11 et 24 nov. 1863, El. de MM. Balay et Roques Salvaza, *ibid.*, p. 65, n°s 318 et 336; 28 nov. 1863, El. de M. Royer, *ibid.*, p. 62, n° 260; 30 mars 1864, El. de M. Stiévenart, *ibid.*, p. 65, n° 319; Ch. dép. 12 nov. 1885, El. du Cantal et du Tarn, *Journ. off.* du 13, p. 10 et 21; 13 nov. 1885, El. du Jura et de l'Hérault, *Journ. off.* du 14, p. 21 et 28; 19 nov. 1885, El. de l'Ain, de la Haute-Saône et de l'Eure, *Journ. off.* du 20, p. 44, 45 et 51; 7 déc. 1885, El. de la Guadeloupe, *Journ. off.* du 8, p. 160; 29 mars 1886, El. des Landes, *Journ. off.* du 30, p. 601; 14 nov. 1889, El. de M. le prince d'Aremberg, *Journ. off.* du 15, p. 15; 15 nov. 1889, El. de MM. Brugnot et Michel, *Journ. off.* du 16, p. 69). Il en est ainsi surtout quand les signatures sont à peu près illisibles (Ch. dép. 12 nov. 1885, El. du Tarn, *Journ. off.* du 13, p. 21; 7 déc. 1885, El. de la Guadeloupe, *Journ. off.* du 8, p. 160).

414. Un maire n'a pas le droit de refuser la légalisation des signatures apposées sur une protestation, lorsque les signataires lui sont connus et qu'ils offrent de signer devant lui (Corps lég. 6 juill. et 3 déc. 1869, El. de MM. de Bouteiller et Buquet, D. P. 70. 3. 2, n° 17). Mais il peut et doit même refuser de légaliser une signature qui n'a pas été apposée en sa présence, et dont il ne saurait contrôler la sincérité (Corps lég. 9 janv. 1864, El. de M. Isaac Pereire, D. P. 64. 3. 65, n° 320).

Du reste, la circonstance que, dans différentes communes, les maires auraient refusé de légaliser les signatures d'électeurs ayant protesté serait insuffisante pour entraîner l'annulation de l'élection (Corps lég. 25 nov. 1863, El. de M. Calvet Rognat, D. P. 64. 3. 65, n° 321).

415. On a résumé au *Rép.* n° 793 les règles généralement suivies par la jurisprudence parlementaire, en ce qui concerne le fond des réclamations dirigées contre l'élection des députés. Ainsi que nous l'avons dit, les Chambres exigent, pour accueillir une protestation, qu'elle indique avec précision les faits constitutifs d'irrégularités ou de manœuvres qui lui servent de base. Elles écartent, en conséquence, les protestations qui n'ont qu'un caractère vague et général (Corps lég. 10 et 28 nov. 1863, El. de MM. Granier de Cassagnac et Royer, D. P. 64. 3. 56 et 65, n°s 127 et 323; Ch. dép. 12 nov. 1885, El. du Tarn, *Journ. off.* du 13, p. 21; 19 nov. 1885, El. d'Ille-et-Vilaine et des Basses-Pyrénées, *Journ. off.* du 20, p. 51; 29 mars 1886, El. des Landes, *Journ. off.* du 30, p. 600; 15 déc. 1886, El. des Hautes-Alpes, *Journ. off.* du 16, p. 2167) et spécialement : 1° celles qui ne portent sur aucun fait particulier (Corps lég. 10 et 13 nov. 1863, El. de MM. Guillaumin et de Marmier, D. P. 64. 3. 65, n°s 324 et 326; Ch. dép. 12 et 28 nov. 1885, El. du Cantal et de la Haute-Garonne, *Journ. off.* des 13 et 29, p. 10 et 114; 28 janv. 1886, El. du Gard, *Journ. off.* du 29, p. 65); 2° celles qui signalent des faits sans date précise (Corps lég. 30 mars 1864, El. de M. Stiévenart, D. P. 64. 3. 65, n° 319); 3° celles qui contiennent des indications si vagues, que les faits ne peuvent être soumis à un contrôle sérieux (Corps lég. 13 nov. 1863, El. de M. Guillaume Petit, D. P. 64. 3. 65, n° 327).

416. Les protestations dirigées contre une élection législative ne sont prises en considération, comme on l'a vu (*Rép.* n° 793), qu'autant qu'elles sont accompagnées de preuves établissant la réalité et l'exactitude des faits allégués (Corps lég. 31 mars 1852, El. de M. Faure, D. P. 64. 3. 66, n° 358; 2 déc. 1857, El. de M. le général Petiet, *ibid.*, n° 340; 10, 11, 16, 17, 18 et 20 nov. 1863, El. de MM. Leroux et autres, D. P. 64. 3. 65 et suiv., n°s 315, 316, 333, 334, 336, 342, 352, 375 et 376; 2 févr. 1864, El. de M. Buffet, *ibid.*, n° 343; 30 mars 1864, El. de M. Stiévenart, *ibid.*, n° 335; Ch. dép. 12 et 19 nov. 1885, El. du Gard, de Vaucluse et d'Ille-et-Vilaine, *Journ. off.* des 13 et 20, p. 14, 21 et 51; 7 déc. 1885, El. de la Guadeloupe, *Journ. off.* du 8, p. 160; 28 janv. 1886, El. du Gard, *Journ. off.* du 29, p. 65; 7 et 15 déc. 1886, El. de l'Aisne et des Hautes-Alpes, *Journ. off.* des 8 et 16, p. 2127 et 2167). Ainsi des protestations ont été écartées : 1° parce que le protestataire énonçait les griefs, non d'après sa connaissance personnelle, mais uniquement d'après les récits des tiers (Corps lég. 21 mars 1860, El. de M. de Dalmas, D. P. 64. 3. 66, n° 338; 11 et 16 nov. 1863, El. de MM. Pouyer-Quertier et Le Roux, *ibid.*, n°s 337 et 339); 2° parce que les faits n'avaient été l'objet d'aucune réclamation de la part de ceux qui auraient eu personnellement à s'en plaindre (Décision précitée du 21 mars 1860); 3° parce que les faits articulés étaient démentis soit par les procès-verbaux des opérations électorales (Corps lég. 13 nov. 1863, El. de M. Chadenet, D. P. 64. 3. 65, n° 330; 2 févr. 1864, El. de M. Hallez Claparède, D. P. 64. 3. 66, n° 347), soit par le candidat élu (Ch. dép., 7 déc. 1885, El. de la Guadeloupe, *Journ. off.* du 8,

p. 160), soit par les électeurs dont le protestataire invoquait le témoignage (Corps lég. 13 nov. 1863, El. de M. Chadenet, D. P. 64. 5. 65, n° 330), soit par une contre-protestation signée par de nombreux électeurs (Ch. dép. 7 déc. 1885, El. du Sénégal, *Journ. off.* du 8, p. 161).

417. Enfin les irrégularités et manœuvres signalées dans les protestations ne sont de nature à entraîner l'annulation d'une élection, ainsi que nous l'avons dit (*Rép.* n° 793-10°), qu'autant qu'elles ont pu influer sur le résultat général du scrutin (Corps lég. 10 et 11 nov. 1863, El. de MM. de Bussierre et autres, D. P. 64. 3. 65 et suiv., n°s 333, 346, 362, 364, 366, 368, 370 et 374 ; 13 nov. 1863, El. de M. le duc de Marmier, D. P. 64. 3. 65, n° 326 ; Ch. dép. 12 nov. 1885, El. de la Charente, du Calvados, du Gard, de la Seine, de la Sarthe, de la Seine-Inférieure et du Tarn, *Journ. off.* du 13, p. 12, 14, 20 et 21 ; 13 nov. 1885, El. de la Vienne, des Vosges et de l'Hérault, *Journ. off.* du 14, p. 26, 27 et 28 ; 14 nov. 1885, El. du Loiret, *Journ. off.* du 15, p. 34 ; 19 nov. 1885, El. de la Haute-Saône et de la Nièvre, *Journ. off.* du 20, p. 45 et 53 ; 21 et 28 nov. 1885, El. du Lot et de la Haute-Garonne, *Journ. off.* des 22 et 29, p. 57 et 114 ; 7 déc. 1885, El. du Sénégal, *Journ. off.* du 8, p. 161 ; 28 janv. 1886, El. du Gard, *Journ. off.* du 29, p. 65). C'est ainsi que des protestations ont été écartées : 1° à cause de leur caractère isolé ou purement local (Corps lég. 7 févr. 1861, El. de M. Millon, D. P. 64. 3. 67, n° 372 ; 9, 10, 11 et 19 nov. 1863, El. de MM. Creuzet et autres, D. P. 64. 3. 66 et 67, n°s 348, 356, 365, 367, 373 et 377 ; Ch. dép. 12 nov. 1885, El. de la Charente et du Tarn, *Journ. off.* du 13, p. 13 et 21 ; 15 déc. 1886, El. des Hautes-Alpes, *Journ. off.* du 16, p. 2167) ; 2° à cause de leur peu de gravité (Corps lég. 11 nov. 1863, El. de M. Girou de Buzareingues, D. P. 64. 3. 66, n° 349 ; Ch. dép. 12 et 21 nov. 1885, El. de l'Aveyron et du Lot, *Journ. off.* des 13 et 22, p. 12 et 57 ; 7 déc. 1885, El. de l'Aisne, *Journ. off.* du 8, p. 2127 ; 27 févr. 1886, El. de l'Ardèche, *Journ. off.* du 28, p. 321) ; 3° à cause du chiffre de la majorité obtenue par le candidat élu (Corps lég. 21 mars 1860, El. de M. de Dalmas, D. P. 64. 3. 66, n° 338 ; 6 févr. 1862, El. de M. Pamard, D. P. 64. 3. 56, n° 126 ; 9, 10, 11, 16 et 17 nov. 1863, El. de MM. de Kervéguen et autres, D. P. 64. 3. 55, 65 et suiv., n°s 124, 125, 336, 353, 354, 356, 369 et 371 ; Ch. dép. 12 nov. 1885, El. de l'Aveyron et du Cantal, *Journ. off.* du 13, p. 11 ; 13 nov. 1885, El. du Jura, *Journ. off.* du 14, p. 27 ; 27 févr. 1886, El. de l'Ardèche, *Journ. off.* du 28, p. 321 ; 1er juin 1886, El. des Deux-Sèvres, *Journ. off.* du 2, p. 987).

418. Une protestation ne peut être accueillie que si les faits qui y sont énoncés ont eu pour but ou au moins pour effet de favoriser le candidat élu. Ainsi il n'y a pas lieu de tenir compte d'une protestation alléguant l'influence exercée par quelques personnes en faveur d'un candidat non élu (Ch. dép. 3 déc. 1885, El. de la Corse, *Journ. off.* du 4, p. 136), ou ne traitant que de faits particuliers à des tiers ou même à des personnes indéterminées (Corps lég. 30 mars 1864, El. de M. Stiévenart, D. P. 64. 3. 66, n° 351).

Mais s'il est nécessaire, pour entraîner l'annulation d'une élection, que les faits allégués par les protestataires aient profité au candidat élu, il n'est pas nécessaire que ce dernier y ait sciemment participé (Corps lég. 3 déc. 1869, El. de M. de Saint-Hermine, D. P. 70. 3. 2, n° 11). Quoique l'opinion contraire ait été plusieurs fois énoncée par les rapporteurs des élections contestées, cette solution est évidemment seule fondée en droit. En effet, les Assemblées ne sont pas appelées à juger les élus et leurs intentions, comme le ferait une juridiction criminelle : elles ne jugent que l'élection contre laquelle une protestation est dirigée, et elles doivent l'annuler par cela seul qu'elle est viciée, sans avoir à rechercher à qui les manœuvres ou les illégalités dénoncées sont imputables.

ART. 15. — *Du procès-verbal* (*Rép.* n°s 794 à 802).

419. Le procès-verbal des opérations électorales de chaque commune doit, aux termes de l'art. 33 du décret réglementaire du 2 févr. 1852, être rédigé en double exemplaire par le secrétaire que le bureau a désigné. Ce procès-verbal doit mentionner les noms des membres du bureau et les heures d'ouverture et de fermeture du scrutin ; il doit constater l'accomplissement de toutes les formalités prescrites par la loi, indiquer le nombre des suffrages obtenus par chacun des candidats et le nombre des bulletins dont le bureau a ordonné l'annexion, enfin mentionner les réclamations et les décisions motivées du bureau (Circ. min. int. 9 sept. 1885, *Bull. min. int.* 1885, p. 208). Il doit être signé par le secrétaire et par les autres membres du bureau (Même circulaire).

420. Il a été décidé qu'il n'y avait pas lieu de prendre en considération la protestation d'un candidat non élu se plaignant qu'une réclamation envoyée par lui par la poste, avant le jour de l'élection, à tous les bureaux électoraux et dénonçant une contravention à venir (la distribution aux électeurs de bulletins sur papier de couleur) n'ait été annexée nulle part au procès-verbal (Corps lég. 11 nov. 1863, El. de M. Lepeletier d'Aunay, D. P. 64. 3. 70, n° 444).

421. Nous avons dit (*Rép.* n° 801) que le procès-verbal des opérations électorales fait foi jusqu'à preuve contraire. La jurisprudence du conseil d'État sur la force probante des procès-verbaux pour les élections départementales et municipales sera exposée *infrà*, v° *Organisation administrative*.

422. En vertu de l'art. 33 du décret réglementaire du 2 févr. 1852, l'un des doubles du procès-verbal reste déposé à la mairie ; le second est transmis au sous-préfet de l'arrondissement qui le fait parvenir au préfet en vue du recensement général. La loi du 5 avr. 1884 (art. 29, § 3) prescrit, en matière d'élections municipales, l'affichage immédiat par les soins du maire d'un extrait du procès-verbal. Mais cette disposition n'est applicable ni aux élections législatives ni aux élections départementales.

423. La commission départementale, comme on l'a vu *suprà*, n°s 393 et suiv., constate par un procès-verbal les opérations du recensement général. L'art. 37 du décret réglementaire du 2 févr. 1852 prescrit de transmettre, aussitôt après la proclamation du résultat des opérations électorales, par les soins du préfet et l'intermédiaire du ministre de l'intérieur, à la Chambre des députés les procès-verbaux et les pièces annexées (*Rép.* n° 802). Quand il s'agit d'élections dans les colonies, les procès-verbaux et les autres pièces sont transmis au président de la Chambre par l'intermédiaire du ministre de la marine et des colonies (Circ. min. mar. 19 août 1885, *Journ. off.* 26 août 1885, p. 4763).

ART. 16. — *Des votes de l'armée de terre et de mer, de l'Algérie et des colonies* (*Rép.* n°s 803 et 804).

424. — I. ARMÉE DE TERRE ET DE MER. — Ainsi qu'on l'a exposé au *Rép.* n° 803, l'exercice du droit de vote avait été étendu en 1848 à tous les militaires des armées de terre et de mer. L'art. 14 du décret organique de 1852 ne permit plus aux militaires de voter pour l'élection des députés que lorsqu'ils se trouveraient au moment de l'élection dans la commune où ils seraient inscrits. Aujourd'hui, en vertu de l'art. 2 de la loi du 30 nov. 1875 qui applique aux élections législatives le principe posé par l'art. 5 de la loi du 27 juill. 1872, les militaires ne sont pas privés de la capacité électorale, puisqu'ils doivent être inscrits sur la liste de la commune où se trouve leur domicile de recrutement, mais l'exercice du droit de vote est suspendu pour eux tant qu'ils sont présents au corps. L'art. 2 de la loi du 30 nov. 1875 a été textuellement reproduit dans l'art. 9 de la loi du 15 juill. 1889 sur le recrutement de l'armée (V. *infrà*, n° 428).

425. Les dispositions visées *suprà*, n° 424, *in fine*, interdisent l'exercice du droit électoral aux militaires ou assimilés de toutes armes en activité qui ne se trouvent pas en congé. On doit entendre par *militaires en activité*, dans l'armée de terre, non seulement ceux qui appartiennent aux corps de troupes, mais encore les officiers généraux, les officiers du corps d'état-major, les fonctionnaires de l'intendance, les officiers de santé, les officiers d'administration, les vétérinaires militaires, les militaires de la gendarmerie, de la garde républicaine, du régiment des sapeurs-pompiers de la Ville de Paris, les officiers de recrutement, de la remonte, les militaires et employés militaires en résidence fixe, les interprètes militaires (Circ. min. guerre et marine, *Bull. min. int.*, 1873, p. 211 ; Circ. min. int. 10 avr. 1884, D. P. 84. 4. 35).

426. En ce qui concerne l'armée de mer, on doit considérer comme étant en activité de service : 1° le corps de la marine, amiraux, vice-amiraux, contre-amiraux, capitaines de vaisseau, capitaines de frégate, lieutenants de vaisseau, enseignes de vaisseau, aspirants ; 2° les mécaniciens de la marine, mécaniciens en chef, mécaniciens principaux ; 3° la gendarmerie maritime, chefs d'escadrons, capitaines, lieutenants, sous-lieutenants ; 4° l'artillerie et l'infanterie de la marine, généraux de division et de brigade, colonels, lieutenants-colonels, chefs d'escadron et de bataillon, majors, capitaines, lieutenants, sous-lieutenants, employés de l'artillerie ; 5° le corps du génie maritime, inspecteurs généraux, directeurs des constructions navales, ingénieurs de 1re et 2e classe, sous-ingénieurs de 1re, 2e et 3e classe, élèves du génie maritime ; 6° le corps des ingénieurs hydrographes, ingénieur hydrographe en chef, ingénieurs de 1re et 2e classe, sous-ingénieurs de 1re, 2e et 3e classe, élèves ingénieurs hydrographes ; 7° le corps du commissariat de la marine, commissaires généraux, commissaires, commissaires adjoints, sous-commissaires, aides-commissaires ; 8° le corps d'inspection des services administratifs, inspecteurs en chef, inspecteurs, inspecteurs adjoints ; 9° le personnel administratif des directions de travaux ; 10° le personnel du service des manutentions, chefs et sous-chefs de manutention ; 11° le corps de santé, inspecteur général, directeurs du service de santé, inspecteurs adjoints, médecins et pharmaciens en chef, médecins et pharmaciens professeurs, médecins et pharmaciens principaux, médecins et pharmaciens de 1re et de 2e classe, aides médecins et aides pharmaciens ; 12° les aumôniers de la marine ; aumôniers en chef, aumôniers supérieurs, aumôniers de 1re et 2e classes ; 13° les équipages de la flotte : maîtres, seconds maîtres, quartiers maîtres, marins ; 14° les sous-officiers, brigadiers, caporaux et soldats des corps de la gendarmerie maritime, de l'artillerie de la marine et de l'infanterie de marine ; 15° le personnel des infirmiers de la marine ; 16° les adjudants et sous-adjudants des chiourmes, ainsi que les gardes-chiourmes (Circ. min. guerre et marine, *Bull. min. int.*, 1873, p. 213).

427. L'interdiction de vote édictée à l'égard des militaires présents à leur corps, à leur poste ou dans l'exercice de leurs fonctions, entraîne pour les présidents des bureaux électoraux le droit de refuser leur vote (Circ. min. int. 10 avr. 1884, *Bull. min. int.* 1884, p. 166 ; 9 sept. 1885, *ibid.*, 1885, p. 205). Les votes des militaires en activité de service et non munis de congés réguliers qui auraient été admis par le bureau devraient être considérés comme des suffrages indûment émis ; mais l'admission de ces votes n'entraînerait la nullité que si elle avait eu pour effet de modifier le résultat du scrutin (Ch. dép. 19 nov. 1885, El. de la Haute-Saône, *Journ. off.* du 20, p. 45).

428. Aux termes de l'art. 2 de la loi du 30 nov. 1875 et de l'art. 9 de la loi du 15 juill. 1889, les militaires et assimilés de tout grade et de toutes armes des armées de terre et de mer qui, au moment de l'élection, se trouvent en résidence libre, en non-activité ou en possession d'un congé régulier, peuvent voter dans la commune sur les listes de laquelle ils sont régulièrement inscrits. Cette disposition s'applique également aux officiers et assimilés qui sont en disponibilité ou dans le cadre de réserve.

Il résulte de cet article que les militaires et assimilés en activité qui se trouvent en *congé régulier* dans la commune où ils ont leur domicile légal et sur les listes de laquelle ils sont inscrits, sont seuls admis à voter dans cette commune. On doit entendre par militaires *en congé régulier* ceux qui sont pourvus d'une autorisation régulière d'absence de plus de trente jours (Circ. min. guerre, 24 févr. 1876, Circ. min. int. 22 sept. et 25 déc. 1877 et 10 avr. 1884, D. P. 84. 4. 35, note 23 ; Circ. min. int. 9 sept. 1885, *Bull. min. int.*, 1885, p. 204). En effet, les autorisations d'absence de cette durée présentent seules les conditions d'un congé, aux termes de l'art. 2 du décret du 27 nov. 1868 ainsi conçu : « Les absences pour cause de santé ou de convenance personnelle dont la durée doit dépasser trente jours ne peuvent être autorisées que sous forme de congé. Les congés (à la différence des simples permissions) sont accordés par le ministre de la guerre » (V. *infrà*, v° *Organisation militaire*). M. le général Billot a fait également observer, dans la discussion au Sénat de la loi du 13 juill. 1889, que l'expression *militaire en congé* signifiait militaire renvoyé dans ses foyers avec une autorisation régulière d'y rester plus d'un mois, attendu que les permissions ne dépassaient pas la durée maximum de trente jours ; et la Chambre des députés a repoussé par les mêmes motifs un amendement de M. de Lanjuinais demandant que le mot *congé* fût suivi de ceux-ci *de trente jours au moins* (D. P. 89. 4. 79, note 3).

429. Les capitaines de vaisseau et les capitaines de frégate qui sont en résidence libre dans leur foyers sont considérés comme étant en congé (Circ. min. guerre et marine, *Bull. min. int.*, 1873, p. 212). Les marins vétérans ne peuvent voter que dans la commune où ils avaient leur domicile avant leur incorporation et alors seulement qu'ils y sont en résidence libre, en non-activité, en congé régulier ou en congé renouvelable (Circ. min. mar. 19 janv. 1875).

430. On doit admettre à voter dans la commune où ils résident et où ils sont inscrits comme électeurs : 1° les officiers généraux du cadre de réserve ; 2° les officiers en disponibilité ou en non-activité ; 3° les jeunes gens du contingent et les engagés volontaires qui se trouvent dans leurs foyers avant d'avoir paru sous les drapeaux ; 4° les militaires en disponibilité dans les conditions déterminées par la loi militaire ; 5° les militaires de la réserve de l'armée active ; 6° ceux de l'armée territoriale. L'exercice du droit de vote est suspendu pour les hommes appartenant à ces deux dernières catégories, pendant la période d'instruction qu'ils accomplissent en qualité de réservistes ou de territoriaux. Mais un officier de l'armée territoriale admis, dans l'intérêt de son instruction militaire, à faire un stage volontaire dans un corps de troupe de l'armée active ne saurait être considéré comme étant en activité de service et présent à ce titre sous les drapeaux. Il conserve pendant la durée de ce stage le droit de prendre part aux votes qui ont lieu dans la commune où il est inscrit comme électeur (Av. Cons. d'Et. 7 févr. 1877, *Bull. min. int.*, 1877, p. 152).

431. D'après une décision du ministre de la guerre du 12 févr. 1884 (*Bull. min. int.*, 1884, *annexe militaire*, p. 18), les hommes de la réserve et ceux de l'armée territoriale ne doivent pas être empêchés par les convocations et manœuvres d'instruction annuelle d'exercer leur droit électoral. Dans le cas d'élections générales, l'exécution de cette décision est assurée par le ministre de la guerre lui-même qui prend soin de fixer les dates des appels de telle sorte que les hommes soient présents dans leurs foyers pendant la période électorale. Dans le cas d'élections partielles, pour que les militaires appelés à prendre part au vote puissent être convoqués soit avant, soit après ces élections, il est recommandé aux préfets de faire connaître au général commandant le corps d'armée de la région et aussi longtemps à l'avance que possible, l'époque et les localités où ces élections doivent avoir lieu (Circ. min. int. 16 mars 1887, *Bull. min. int.*, 1887, p. 81).

432. — II. ALGÉRIE. — Aux termes de l'art. 19 de la loi du 30 nov. 1875 (D. P. 76. 4. 4), chaque département de l'Algérie devait nommer un député. Cet article a été abrogé par l'art. 4 de la loi du 28 juill. 1881 et remplacé d'abord par l'art. 2 de la même loi qui concédait deux députés à chacun des départements de l'Algérie, puis par l'art. 2 de la loi du 16 juin 1885 (D. P. 85. 4. 68), qui attribuait six députés à l'Algérie. La loi du 13 févr. 1889, qui a rétabli le scrutin uninominal, a maintenu ce chiffre de six députés répartis entre les départements de l'Algérie.

433. Les électeurs résidant en Algérie, dans une localité non érigée en commune doivent, d'après l'art. 20 de la loi du 30 nov. 1875, être inscrits sur la liste électorale de la commune la plus proche. Lorsqu'il y a lieu d'établir des sections électorales, soit pour grouper des communes mixtes dans chacune desquelles le nombre des électeurs serait insuffisant, soit pour réunir les électeurs résidant dans des localités non érigées en communes, les arrêtés fixant le siège de ces sections doivent être pris par le gouverneur général, sur le rapport du préfet ou du général commandant la division.

434. — III. COLONIES. — L'art. 21 de la loi du 30 nov. 1875 attribuait un député à chacune des quatre colonies que l'art. 2 de la loi du 24 février précédent (D. P. 75. 4. 36) avait investies du droit de nommer un sénateur. Ces quatre colonies étaient la Martinique, la Guadeloupe, la Réunion et l'Inde française. Les colonies de la Guyane et du Sénégal ont été admises par la loi du 8 avr. 1879 à nommer chacun un député.

Ces dispositions, modifiées par la loi du 28 juill. 1881 (D. P. 82. 4. 62), ont été abrogées et remplacées, pour toutes les colonies, par l'art. 2 de la loi du 16 juin 1885, qui leur a attribué dix députés, dont deux à la Guadeloupe, à la Martinique et à la Réunion, et un à la Cochinchine, à la Guyane française, à l'Inde Française et au Sénégal. Ce chiffre de dix députés a été maintenu par la loi du 13 févr. 1889 et réparti conformément au tableau annexé à cette loi.

SECT. 6. — DES ÉLIGIBLES (*Rép.* nos 805 à 882).

435. L'art. 6 de la loi du 30 nov. 1875 porte que tout électeur est éligible, sans condition de cens, à l'âge de vingt-cinq ans accomplis. Cette disposition ne fait que reproduire les termes de l'art. 26 du décret organique du 2 févr. 1852, rapportés au *Rép.* n° 805, en y ajoutant le mot « accomplis ». — Pour être éligible il n'est pas nécessaire d'avoir l'exercice du droit électoral : il suffit d'en avoir la jouissance. Ainsi un citoyen qui a l'âge légal et qui jouit de ses droits civils et politiques peut être élu député, quoiqu'il ne soit inscrit sur aucune liste électorale (Corps lég. 19 nov. 1863, El. de M. Welles, D. P. 64. 3. 77, n° 605 ; 24 déc. 1869, El. de M. Esquiros, D. P. 70. 3. 4, n° 42).

ART. 1er. — *Des droits civils et politiques* (*Rép.* nos 806 à 822).

436. L'éligibilité, étant subordonnée à la qualité d'électeur, suppose, ainsi qu'on l'a vu au *Rép.* n° 806, la jouissance des droits civils et politiques et, par conséquent, la qualité de Français. Il convient à cet égard de se reporter à ce qui a été dit *suprà*, nos 4 et suiv. et 42 et suiv.

437 Nous avons indiqué *suprà*, n° 3, qu'aux termes de l'art. 3 de la loi du 26 juin 1889, l'étranger naturalisé par un décret n'est éligible aux Assemblées législatives que dix ans après ce décret, mais que ce délai de dix ans peut être réduit à une année par une loi spéciale. La disposition de l'art. 3 de la loi du 26 juin 1889 vise exclusivement ceux qui seront admis au bénéfice de la naturalisation conformément à cette loi ; elle n'enlève pas aux étrangers antérieurement naturalisés le droit à l'éligibilité qu'ils avaient acquis sous la législation précédemment en vigueur (Ch. dép. 15 nov. 1889, El. de M. Mac Adaras, *Journ. off.* du 16, p. 68).

438. La jurisprudence parlementaire a consacré le principe que la nationalité française ne se perd pas par abdication, notamment par la simple déclaration de l'acquisition d'une autre nationalité, si cette acquisition n'est pas établie. Ainsi, de ce qu'un Français appelé à remplir les fonctions de juré a demandé à être rayé de la liste, en se fondant sur ce qu'il était devenu citoyen d'un autre pays, il ne s'ensuit pas qu'il ait perdu la qualité de Français, si, d'une part, sa demande a été rejetée par la cour d'assises devant laquelle elle était produite et si, d'autre part, il a continué postérieurement, dans de nombreuses circonstances, à exercer les droits et à remplir les devoirs d'un Français. En conséquence, la validité de son élection ne peut être contestée de ce chef (Corps lég. 17 déc. 1869, El. de M. Lecesne, D. P. 70. 3. 4, n° 41).

439. On a dit au *Rép.* n° 820 que le service militaire chez une puissance étrangère, sans autorisation expresse du Gouvernement français, n'avait pas été considéré par la Chambre des députés comme ayant entraîné la perte des droits politiques, alors qu'il résultait de faits particuliers que la personne qui avait servi à l'étranger avait toujours entendu conserver sa qualité de Français, avait satisfait, même en son absence, aux lois du recrutement français et avait, depuis son retour en France, exercé divers droits et fonctions politiques. La Chambre des députés a plus récemment invalidé l'élection de M. le prince de Lucinge qui, ayant pris du service à l'étranger après sa majorité, ne produisait pas l'autorisation du Gouvernement français, mais déclarait l'avoir obtenue et appuyait cette déclaration du texte d'une loi étrangère établissant la présomption que cette autorisation avait été accordée (Ch. dép. 29 mai 1876, *Journ. off.* du 30, p. 3687). Mais MM. Poudra et Pierre qui rapportent cette décision (n° 533) font observer que des griefs purement électoraux avaient également été formulés contre cette élection, et que plus tard le même candidat a de nouveau été invalidé, sans que la question de nationalité ait été soulevée (Ch. dép. 25 mai 1878, *Journ. off.* du 26).

440. On a vu (*Rép.* n° 813) que, pour prouver qu'il est Français, l'élu doit, en thèse générale, produire son acte de naissance justifiant qu'il est né en France, ou, s'il n'est pas né en France, les diverses pièces établissant qu'il a acquis les droits civils et politiques français. — Le Corps législatif a considéré que la nationalité de l'élu était suffisamment établie par la production d'un acte de naissance qui constatait qu'il était né d'un père français à l'étranger, et d'un certificat qui attestait qu'il avait servi pendant longtemps dans l'armée française (Corps lég. 11 nov. 1863, El. de M. Campaigno, D. P. 64. 3. 77, n° 603).

441. Ainsi que nous l'avons dit (*Rép.* n° 828), il a été décidé que la preuve de la nationalité pouvait résulter, indépendamment des pièces justificatives, de la notoriété publique (Corps lég. 2 avr. 1852, El. de M. Dauzat Dembarère, D. P. 64. 3. 78, n° 610), et notamment du fait que l'élu avait exercé en France des fonctions publiques pendant un temps plus ou moins long.

D'après une pratique constante, les Assemblées parlementaires n'exigent aucune preuve de nationalité de ceux de leurs membres qui ont précédemment siégé en la même qualité (Ch. dép. 12 nov. 1885, El. du Cantal et de l'Allier, *Journ. off.* du 13, p. 10 et 11 ; 19 nov. 1885, El. de l'Eure, *Journ. off.* du 20, p. 51 ; 23 nov. 1885, El. de la Charente-Inférieure, *Jour. off.* du 24, p. 87 ; 14 et 15 nov. 1889, El. de MM. Giguet et autres, *Journ. off.* des 15 et 16, p. 5 et suiv.).

442. L'inéligibilité d'un candidat ne peut résulter que d'un texte formel de la loi ; elle est le produit d'une situation légale qui ne saurait prêter à aucune discussion (Poudra et Pierre, *Traité de droit parlementaire*, n° 537). Ainsi le fait d'avoir été membre d'un gouvernement insurrectionnel ne constitue pas une cause d'inéligibilité, si ce fait n'a pas été suivi d'une condamnation ou tout au moins de poursuites poussées au point de placer le candidat dans la situation légale d'un accusé contumax (Rapport de M. Baragnon sur l'élection de M. Ranc, Séance de l'Assemblée nationale du 14 juin 1873). De même, on ne saurait invalider, pour cause d'inéligibilité ou d'indignité personnelle, l'élection d'un individu condamné à l'emprisonnement pour port illégal de la Légion d'honneur, le délit pour lequel cette condamnation a été encourue ne figurant pas parmi ceux qu'énumère l'art. 15 du décret organique du 2 févr. 1852 (Corps lég. 28 févr. 1859, El. de M. Migeon, D. P. 64. 3. 78, n° 613).

443. A plus forte raison, une élection ne saurait être annulée pour cause d'indignité morale de l'élu. La question a été soulevée toutefois devant le Corps législatif (Corps lég. 23 déc. 1869, El. de M. Marion, D. P. 70. 3. 4, n° 44) ; et, bien que la négative ait été admise par tous les orateurs qui ont pris part à la discussion, l'élection a été annulée ; mais il y a lieu de remarquer qu'elle était attaquée par d'autres motifs, et que les protestations mêmes qui alléguaient l'indignité morale ajoutaient que le candidat avait trompé les électeurs en leur dissimulant sa situation. Quoique les décisions des Assemblées en cette matière ne soient pas motivées, il est difficile d'admettre que le Corps législatif ait entendu adopter une solution contraire à tous les principes et pleine de périls, plutôt que de se rattacher aux faits spéciaux qui étaient articulés et qui pouvaient suffire à justifier l'annulation.

444. Sur les condamnations judiciaires qui entraînent la perte des droits politiques et, par suite, de l'éligibilité, V. *suprà*, nos 9 et suiv., et 48 et suiv.

ART. 2. — *De l'âge* (*Rép.* nos 823 à 834).

445. L'art. 6 de la loi du 30 nov. 1875 fixe l'âge de l'éligibilité à vingt-cinq ans *accomplis*. Sous cette législation, comme sous la législation antérieure, il faut, pour qu'une élection soit valable, que l'élu ait vingt-cinq ans révolus au jour de l'élection ; il ne suffit pas qu'il ait atteint cet âge au jour de la vérification des pouvoirs (Corps lég. 3 déc. 1857, El. de M. le comte de Cambacérès, D. P. 64. 3. 78, n° 608).

ART. 3. — *Du cens d'éligibilité* (*Rép.* n°s 835 à 871).

446. La constitution de 1848 a supprimé, comme on l'a vu au *Rép.* n° 835, le cens prescrit par la charte pour l'éligibilité. Cette suppression, maintenue implicitement par la loi du 15 mars 1849 et par le décret organique du 2 févr. 1852, a été formellement consacrée par l'art. 6 de la loi du 30 nov. 1875.

ART. 4. — *Du domicile politique* (*Rép.* n°s 872 à 875).

447. Ainsi que nous l'avons dit (*Rép.* n° 872), l'art. 26 du décret organique du 2 févr. 1852, reproduisant l'art. 26 de la constitution de 1848, a déclaré tous les électeurs âgés de vingt-cinq ans éligibles sans condition de domicile.

ART. 5. — *Des fonctions incompatibles avec celles de député* (*Rép.* n°s 876 à 882).

448. L'art. 8 de la loi du 30 nov. 1875 consacrant un principe déjà admis, comme on l'a vu (*Rép.* n° 876), par la législation antérieure, déclare l'exercice de fonctions publiques rétribuées par l'Etat incompatible avec le mandat de député, et dispose, en conséquence, que tout fonctionnaire élu député sera remplacé dans ses fonctions, si, dans les huit jours qui suivront la vérification des pouvoirs, il n'a pas fait connaître qu'il n'accepte pas le mandat de député.

449. L'incompatibilité qui existe entre les fonctions publiques rétribuées et le mandat de député atteint le chef du cabinet d'un ministre (Corps lég. 23 nov. 1863, El. de M. de Jaucourt, D. P. 64. 3. 78, n° 620). Mais elle ne paraît pas devoir être appliquée aux membres du secrétariat général ou du secrétariat particulier du président de la République. Il avait été décidé, sous l'Empire, que l'incompatibilité établie par l'art. 29 du décret organique du 2 févr. 1852 ne frappait pas les employés du cabinet de l'empereur (Corps lég. 21 mars 1860, El. de M. de Dalmas, D. P. 64. 3. 78, n° 615). En 1869, malgré les précédents favorables aux chambellans et autres fonctionnaires ou employés de la liste civile, les députés qui se trouvaient dans cette situation ont cru devoir éviter une nouvelle discussion, en renonçant d'avance à ces fonctions (D. P. 70. 3. 4, n° 45).

450. Il a été décidé qu'il n'y avait pas incompatibilité entre le mandat de député et les fonctions de gouverneur du Crédit foncier (Ch. dép. 11 févr. 1888, El. de M. Christophle, *Journ. off.* du 12, p. 371) ou de sous-gouverneur de cet établissement (Corps lég. 21 nov. 1863, El. de M. de Soubeyran, D. P. 64. 3. 78, n° 619; Corps lég. 8 déc. 1869, même élection, D. P. 70. 3. 4, n° 47; Ch. dép. 10 mars 1876, même élection, *Journ. off.* du 11, p. 1697), le traitement de ces fonctionnaires n'étant pas payé sur les fonds de l'Etat, mais sur ceux du Crédit foncier. Il en était de même, autrefois, du directeur d'un hôtel des monnaies, qui n'était pas un fonctionnaire public salarié, mais un entrepreneur d'industrie qui traitait à forfait et à ses risques et périls avec le Gouvernement (Corps lég. 10 nov. 1863, El. de M. le baron de Bussierre, D. P. 64. 3. 78, n° 617; 6 déc. 1869, même élection, D. P. 70. 3. 4, n° 46). Mais la solution serait différente aujourd'hui à l'égard du directeur des monnaies, par suite de l'application du décret du 10 janv. 1871 et de l'arrêté du 25 juin 1871, relatifs à l'organisation et à l'administration des monnaies (D. P. 71. 4. 152).

451. L'incompatibilité résultant de la qualité de fonctionnaire public rétribué ne saurait être opposée à un ingénieur en chef des ponts et chaussées qui, depuis plusieurs années, n'exerce plus les fonctions d'ingénieur (Corps lég. 9 nov. 1863, El. de M. Boucaumont, D. P. 64. 3. 78, n° 616).

452. La règle que les fonctions publiques rétribuées par l'Etat sont incompatibles avec le mandat de député reçoit exception pour les fonctions de ministre, sous-secrétaire d'Etat, ambassadeur, ministre plénipotentiaire, préfet de la Seine, préfet de police, premier président de la cour de cassation, premier président de la cour des comptes, premier président de la cour d'appel de Paris, procureur général près la cour des comptes, procureur général près la cour de cassation, procureur général près la cour d'appel de Paris, archevêque ou évêque, pasteur, président de consistoire dans les circonscriptions consistoriales dont le chef-lieu compte deux pasteurs et au-dessus, grand rabbin du consistoire central, grand rabbin du consistoire de Paris (L. 30 nov. 1875, art. 8, § 3).

MM. Poudra et Pierre, *Traité de droit parlementaire, Suppl.*, n° 223, font remarquer qu'aucune exception n'étant formulée en faveur du président de la République, ses fonctions demeurent sous l'application des paragraphes 1er et 2 de l'art. 8. En conséquence, le député qui est élevé à cette dignité cesse, par le fait même de son élection, de faire partie de la Chambre, sans qu'il ait besoin de donner sa démission. C'est ce qui a eu lieu, le 30 janv. 1879, pour M. Jules Grévy, député du Jura, et le 3 déc. 1887, pour M. Carnot, député de la Côte-d'Or, lorsqu'ils ont été appelés à la présidence de la République.

453. L'art. 9 de la loi du 30 nov. 1875 excepte des dispositions de l'art. 8 : 1° les professeurs titulaires des chaires qui sont données au concours ou sur la présentation des corps où la vacance s'est produite; 2° les personnes qui ont été chargées d'une mission temporaire. — Toute mission qui a duré plus de six mois cesse d'être temporaire et est régie par l'art. 8. Il semble résulter des termes mêmes, et plus encore, de l'esprit de la loi, que, dans aucun cas, la mission confiée à un député ne saurait durer plus de six mois. Cependant l'usage s'est établi de renouveler par un second décret, pour une seconde période de six mois, la mission dont un député avait été investi : c'est ainsi que M. Albert Grévy, chargé à titre temporaire des fonctions de gouverneur général de l'Algérie par décret du 15 mars 1879 (*Journ. off.* du 16), a été maintenu temporairement dans ces fonctions par un décret du 15 sept. 1879, non inséré au Journal officiel. Il a été procédé de même à l'égard de M. Paul Bert, envoyé en mission temporaire en Annam et au Tonkin comme résident général, par décret du 31 janv. 1886 (*Journ. off.* du 1er févr. 1886), et maintenu par décret du 31 juill. 1886, et à l'égard de M. Constans, nommé à titre temporaire envoyé extraordinaire en Chine par décret du 10 juin 1886 (*Journ. off.* du 25 juin 1886) et maintenu par décrets des 10 déc. 1886 et 10 juin 1887. Depuis cette époque, le Gouvernement paraît avoir renoncé à cette pratique administrative et avoir plus exactement interprété la disposition précitée de l'art. 9 de la loi du 30 nov. 1875, en mettant les députés investis depuis plus de six mois de missions temporaires en demeure d'opter entre leur mandat législatif et leurs fonctions publiques.

454. L'art. 10 de la loi du 30 nov. 1875 règle les conséquences de la cessation des fonctions publiques à raison de l'élection d'un citoyen pourvu de fonctions incompatibles avec le mandat de député. En pareil cas, le fonctionnaire conserve les droits qu'il a acquis à une pension de retraite, et il peut être remis en activité à l'expiration de son mandat. Dans les fonctions où le grade est distinct de l'emploi, le fonctionnaire, par l'acceptation du mandat de député, renonce à l'emploi et ne conserve que le grade.

455. L'incompatibilité du mandat de député avec les fonctions salariées par l'Etat n'est pas la seule qu'ait établie le législateur. L'art. 10 de la loi du 28 juin 1883 sur les services maritimes postaux entre le Havre et New-York et entre la France, les Antilles et le Mexique interdit aux députés de faire partie du conseil d'administration de la compagnie concessionnaire, à raison de la subvention qui lui est accordée par l'Etat.

456. A côté de ces diverses incompatibilités, qui ont pour objet de protéger l'indépendance des législateurs, il en existe d'autres, qui ont pour but d'empêcher que les députés ne soient détournés de l'exercice de leur mandat (Poudra et Pierre, *op. cit.*, n° 226). C'est ainsi que la loi du 21 nov. 1872 (D. P. 72. 4. 132) établit une incompatibilité entre les fonctions de député et celle de juré, et que l'art. 70 de la loi du 10 août 1871 (D. P. 71. 4. 130) déclare les fonctions de membres de la commission permanente élus chaque année par les conseils généraux incompatibles avec le mandat de député.

457. Tout député nommé à une fonction publique cesse d'appartenir à la Chambre par le fait même de son acceptation, aux termes de l'art. 11 de la loi du 30 nov. 1875 qui reproduit le paragraphe 3 de l'art. 29 du décret organique du 2 févr. 1852. La cessation des fonctions se produit alors même que la fonction conférée est compatible avec le mandat de député ; mais, dans ce dernier cas, le nouveau fonctionnaire peut être réélu député. Le député qui n'est chargé que d'une mission temporaire n'est pas assujetti à la réélection (Poudra et Pierre, *Traité de droit parlementaire*, *Suppl.*, n° 224). Les députés nommés ministres ou sous-secrétaires d'Etat ne sont pas soumis à la réélection.

L'art. 5 de la loi du 20 nov. 1883 porte que tout député ou sénateur qui, au cours de son mandat, acceptera les fonctions d'administrateur d'une compagnie de chemins de fer sera, par ce seul fait, considéré comme démissionnaire et soumis à la réélection.

458. De même que la législation antérieure rapportée au *Rép.* n° 878, l'art. 12 de la loi du 30 nov. 1875 a établi une inéligibilité relative à l'égard de certains fonctionnaires civils ou dignitaires ecclésiastiques, auxquels il défend de se présenter à la députation dans les arrondissements ou les colonies compris dans leur ressort. Cette disposition a pour but, ainsi que l'exposait le rapporteur de la loi, de préserver la dignité du candidat, l'indépendance de l'électeur et la sincérité de l'élection (D. P. 76. 4. 5, note, n° 3). Cette inéligibilité subsiste pendant les six mois qui suivent la cessation des fonctions par démission, destitution, changement de résidence ou de toute autre manière. Elle s'applique : 1° aux premiers présidents, présidents et membres des parquets des cours d'appels ; 2° aux présidents, vice-présidents, juges titulaires, juges d'instruction et membres du parquet des tribunaux de première instance ; 3° au préfet de police, aux préfets et aux secrétaires généraux des préfectures, aux gouverneurs, directeur de l'intérieur et secrétaires généraux des colonies, aux ingénieurs en chef et d'arrondissement, aux agents voyers en chef et d'arrondissement ; 4° aux recteurs et inspecteurs d'académie; 5° aux inspecteurs des écoles primaires ; 6° aux archevêques, évêques et vicaires généraux ; 7° aux trésoriers payeurs généraux et aux receveurs particuliers des finances ; 8° aux directeurs des contributions directes et indirectes, de l'enregistrement et des domaines et des postes ; 9° aux conservateurs et inspecteurs des forêts.

Les sous-préfets ne peuvent être élus dans aucun des arrondissements du département où ils exercent leurs fonctions.

ART. 6. — *Des diverses causes d'inéligibilité.*

459. Les conditions d'éligibilité indiquées au *Répertoire* ne sont pas les seules qui soient aujourd'hui exigées, aux termes de l'art. 7 de la loi du 30 nov. 1875. Les militaires ou marins faisant partie des armées actives de terre ou de mer sont inéligibles, quels que soient leurs grades ou leurs fonctions ; et cette inéligibilité s'applique non seulement aux militaires et marins en activité de service, mais encore à ceux qui sont en disponibilité ou en non-activité. Il résulte d'une déclaration faite par le ministre de la guerre, dans la séance de l'Assemblée nationale du 10 nov. 1875, que les maréchaux et amiraux, qui sont en activité permanente jusqu'au jour de leur mort, ne sont pas éligibles à la Chambre des députés. L'article précité déclare, au contraire, éligibles : 1° les officiers placés dans la seconde section de l'état-major général ; 2° ceux qui, maintenus dans la première section comme ayant commandé en chef devant l'ennemi, ont cessé d'être employés activement ; 3° les officiers qui, ayant des droits acquis à la retraite, sont envoyés ou maintenus dans leurs foyers en attendant la liquidation de leur pension ; 4° les citoyens qui font partie soit de la réserve de l'armée active, soit de l'armée territoriale.

460. La loi du 16 juin 1885 (art. 4, D. P. 85. 4. 69) déclare inéligibles les membres des familles qui ont régné sur la France. Cette inéligibilité spéciale a été confirmée par la disposition générale de l'art. 4 de la loi du 22 juin 1886 (D. P. 86. 4. 57), aux termes duquel les membres des familles ayant régné en France ne peuvent exercer aucun mandat électif. — Nous avons dit au *Rép.* n° 765 que les bulletins portant les noms des membres de ces familles doivent compter parmi les suffrages exprimés, et nous avons rapporté une décision de l'Assemblée nationale du 7 juin 1849, portant que ce n'est pas le bureau électoral, mais le juge de l'élection qui seul peut se prononcer sur l'inéligibilité des membres des familles ayant régné sur la France. Ces solutions nous paraîtraient devoir encore être suivies aujourd'hui si la loi du 17 juill. 1889 ne donnait lieu à ce point de vue à d'assez sérieuses difficultés (Comp. *infrà*, n° 461).

461. Ainsi que nous l'avons dit *suprà*, n° 27, la loi du 17 juill. 1889 a interdit les candidatures multiples et astreint tout citoyen qui se présente ou est présenté aux élections générales ou partielles à faire connaître par une déclaration signée et visée par lui et dûment légalisée dans quelle circonscription il entend être candidat. Tout candidat qui ne s'est pas conformé à ces prescriptions est inéligible, et les bulletins qui portent son nom n'entrent pas en compte dans le résultat du dépouillement, aux termes de l'art. 5 de la loi précitée (Comp. *suprà*, n° 397).

Dans la discussion de cette loi au Sénat, M. Buffet a demandé si le préfet serait juge de la validité de la déclaration, et s'il pourrait refuser de la recevoir parce qu'il estimerait que le candidat n'est pas éligible, comme n'étant pas Français ou comme ayant encouru la privation de ses droits civils et politiques. M. Thévenet, garde des sceaux, a répondu que le préfet n'était pas juge des déclarations et qu'au Parlement seul appartenait toujours le droit de vérifier l'élection de ses membres (D. P. 89. 4. 58, note 2). Malgré cette déclaration, le rapporteur de l'élection de M. le général Boulanger a soutenu, dans la séance de la Chambre des députés du 9 déc. 1889, qu'un préfet peut refuser la déclaration d'un candidat « dans les cas notoires d'incapacité ou d'indignité », et notamment dans les cas où l'incapacité ou l'indignité résulte « d'actes publics ou authentiques »; et il semble que la Chambre des députés ait adopté cette interprétation en refusant de faire entrer en compte les bulletins qui portaient le nom de M. Boulanger, bien que ce candidat eût fait signifier sa déclaration au préfet par ministère d'huissier (*Journ. off.* du 10 déc. 1889, p. 344).

462. Un citoyen qui se présente à la députation dans une colonie et qui réside dans la métropole satisfait aux prescriptions de la loi du 17 juill. 1889 en déposant sa déclaration au ministère des colonies et en se faisant délivrer un récépissé par le sous-secrétaire d'Etat (Ch. dép. 12 déc. 1889, El. de M. Ternisien, *Journ. off.* du 13, p. 380). En conséquence, c'est à tort que la commission de recensement refuse de faire entrer en compte les voix qui lui ont été attribuées et proclame son concurrent (Même décision).

SECT. 7. — DE LA VÉRIFICATION DES POUVOIRS, DES DIFFÉRENTES OPÉRATIONS QUI LA COMPOSENT (*Rép.* n°s 883 à 962).

463. Nous avons dit *suprà*, n° 308, qu'aux termes de l'art. 10 de la loi constitutionnelle du 16 juill. 1875, chacune des deux Chambres est juge de l'éligibilité de ses membres et de la régularité de leur élection. D'après MM. Poudra et Pierre (*op. cit.*, *suppl.*, n° 701), ce texte confère aux Assemblées législatives statuant en matière de vérification des pouvoirs des droits illimités. « La Chambre, disent-ils, n'est liée ni par le texte des lois, ni par les décisions du suffrage universel. Elle est souveraine, d'une souveraineté absolue et sans réserve. Lorsqu'elle croit, pour des raisons dont elle n'a pas à rendre compte, qu'un candidat, même frappé de condamnation entraînant la perte de ses droits politiques, est digne de représenter ses concitoyens, elle peut le déclarer. Lorsqu'elle croit qu'une élection dans laquelle sont réunis les éléments mathématiques de la majorité contient des vices qui ne font pas du candidat proclamé le représentant réel et régulier de la majorité, elle peut le déclarer » (*Suppl.*, n° 701).

Cette thèse, dont l'application pourrait entraîner de graves abus, et qui ne nous semble justifiée ni par le texte, ni par l'esprit de la loi, a été soutenue devant la Chambre des députés par M. Clémenceau à l'occasion de l'élection de M. Blanqui qui se trouvait sous le coup de condamnations le rendant inéligible. Mais elle a été énergiquement combattue par M. le garde des sceaux Le Royer, et la Chambre, dans sa séance du 3 juin 1879, a invalidé cette élection. La question s'est posée de nouveau devant la Chambre en 1889 à l'occasion de l'élection de M. le comte Dillon, également frappé de condamnations entraînant la perte des droits politiques. Cette élection a été invalidée comme celle de M. Blanqui, malgré les efforts de M. Cunéo d'Ornano, qui a repris la thèse développée par M. Clémenceau en 1879 (Ch. dép. 26 nov. 1889, *Journ. off.* du 27, p. 182). La doctrine de la souveraineté illimitée de la Chambre des députés, en matière de vérification de pouvoirs, ne nous semble donc pas pouvoir s'appuyer sur les précédents de la jurisprudence parlementaire.

ART. 1er. — *De la formation et du travail des bureaux* (*Rép.* nos 884 à 892).

464. Lorsque des élections générales ont eu lieu, la nouvelle Assemblée, après l'installation de son président provisoire, se divise en bureaux par la voie du sort, et ces bureaux ainsi que nous l'avons exposé au *Rép.* nos 883 à 884, procèdent immédiatement à l'examen des procès-verbaux d'élection ainsi que des pièces qui les accompagnent. Aux termes de l'art. 4 du règlement de la Chambre des députés, ces procès-verbaux sont répartis par ordre alphabétique de départements et autant que possible proportionnellement au nombre total des élections. Les bureaux procèdent sans délai à l'examen de ces procès-verbaux, qui sont d'abord soumis à des commissions de cinq membres au moins, formées dans chaque bureau par la voix du sort.

465. Nous avons dit (*Rép.* n° 885) qu'aucune règle spéciale n'est prescrite pour la manière dont les bureaux doivent être saisis des questions qu'ils ont à examiner. Ces questions, qui résultent d'ordinaire soit des procès-verbaux d'élection, soit des protestations, peuvent également être soulevées par les membres de la Chambre, et spécialement par ceux du bureau chargé de la vérification (Corps lég. 21 nov. 1863, El. de M. Pagézy, D. P. 64. 3. 52, n° 61), ou même par le Gouvernement.

466. Les bureaux peuvent, comme on l'a vu (*Rép.* n° 886), employer pour s'éclairer tous les moyens d'instruction à leur disposition. Nous avons dit qu'ils pourraient, notamment, entendre le candidat élu; toutefois, il n'y aurait pas lieu d'appeler ce candidat, s'il était inéligible et en état de détention (Ch. dép. El. de M. Blanqui, Poudra et Pierre, *Traité de droit parlementaire, Suppl.*, n° 715). Le bureau peut également inviter le candidat non élu à venir s'expliquer devant lui sur les faits signalés dans une protestation (Corps lég. 21 nov. 1863, El. de M. Le Mélorel de la Haichois, D. P. 64. 3. 52, n° 64; Ch. dép. 8 avr. 1876, El. de M. Lebaudy, *Journ. off.* du 9, p. 2557; 19 nov. 1885, El. de l'Indre, *Journ. off.* du 20, p. 45). De même, un candidat non élu, auteur d'une protestation, peut être admis, sur sa demande, à la développer devant une sous-commission du bureau (Corps lég. 16 nov. 1863, El. de M. Caruel de Saint-Martin, D. P. 64. 3. 52, n° 65). Et il en est ainsi, alors même que le rapport est terminé et près d'être présenté (Corps lég. 13 nov. 1863, El. de M. Belliard, D. P. 64. 3. 52, n° 66; 20 nov. 1863, El. de MM. Roulleaux Dugage et Perras, *ibid.*, n° 69). Un jugement de condamnation pour diffamation envers un candidat n'a pas, pour l'Assemblée, force de chose jugée; et le bureau peut, si les propos diffamatoires se reproduisent, entendre ce candidat et apprécier ses explications (Corps lég. 6 févr. 1862, El. de M. Pamard, D. P. 64. 3. 53, n° 67).

Mais le bureau a le droit de clore les débats quand sa conviction est formée. Dès lors, un candidat non élu qui a été entendu longuement devant le bureau ne peut demander de plus à recevoir communication des pièces qui seraient en la possession de celui-ci, sauf à produire ensuite sa justification (Corps lég. 24 nov. 1863, El. de M. de Corberon, D. P. 64. 3. 53, n° 68).

467. Il est loisible au bureau d'appeler devant lui et d'entendre des agents de l'Administration, notamment des préfets (Ch. dép. 8 avr. 1876, El. de M. Lebaudy, *Journ. off.* du 9, p. 2557), des inspecteurs d'académie et des agents voyers (Même décision). Un bureau a entendu contradictoirement un commissaire du gouvernement accompagné d'un préfet, et l'auteur d'une brochure qui prétendait que la liste électorale avait été modifiée après la clôture légale (Corps lég. 13 nov. 1863, El. de l'Eure, D. P. 64. 3. 52, n° 62).

468. Un bureau peut, pour se renseigner sur la moralité d'une élection, demander la communication d'un dossier judiciaire (Corps lég. 28 févr. 1859, El. de M. Migeon, Poudra et Pierre, *op. cit.*, n° 717).

469. Le bureau peut, avant de prendre une décision, attendre la production de pièces qui lui ont été annoncées (Corps lég. 13 nov. 1863, El. de M. le duc de Tarente, D. P. 64. 3. 52, n° 58; Ch. dép. 4 avr. 1876, El. de M. Bartoli, *Journ. off.* du 5, p. 2438). Il peut examiner même des pièces qui ne lui ont été envoyées que la veille du jour du rapport (Décision précitée du 13 nov. 1863).

470. Lorsque la validité d'une élection dépend du nombre des votes ou de l'état d'un certain nombre de bulletins, le bureau peut et même doit refaire les calculs ou examiner les bulletins, afin de constater quel a été le chiffre réel de la majorité (Corps lég. 20 nov. 1863, El. de M. de Dalmas, D. P. 64. 3. 52, n° 52). Il peut également rectifier une erreur matérielle du procès-verbal de l'élection d'une commune, en attribuant un certain nombre de suffrages à un candidat dont le nom n'est pas mentionné dans ce procès-verbal (Ch. dép. 13 nov. 1885, El. du Puy-de-Dôme, *Journ. off.* du 14, p. 29).

471. Il appartient au bureau d'examiner en détail les griefs articulés contre une élection. Toutefois il peut, s'il le juge convenable, borner son examen aux griefs qui sont de nature à entraîner l'annulation de l'élection (Corps lég. 17 nov. 1863, El. de M. Bourcier de Villers, D. P. 64. 3. 52, n° 54; Ch. dép. 5 avr. 1876, El. de M. Achille Adam, *Journ. off.* du 6, p. 2459).

Ainsi que nous l'avons dit (*Rép.* n° 890), le bureau peut, sans s'arrêter particulièrement à aucun motif, proposer l'annulation ou le maintien d'une élection, en appréciant les faits dans leur ensemble (Ch. dép. 23 mars 1876, El. de M. le comte d'Aulan, *Journ. off.* du 24, p. 2062).

Il n'est pas lié par ses propres décisions, et, après s'être prononcé pour la validation de l'élection, il peut, si des faits nouveaux modifient sa conviction, conclure à l'invalidation (Corps lég. 19 févr. 1864, El. de M. Bravay, D. P. 64. 3. 52, n° 55).

472. Nous avons dit (*Rép.* n° 891) que le bureau est chargé d'examiner tout ce que la Chambre a besoin de connaître pour statuer sur la validité d'une élection, mais qu'il ne lui appartient pas de s'occuper de questions de législation ou de politique (V. conf. Corps lég. 17 nov. 1863, El. de M. de Kervéguen, D. P. 64. 3. 52, nos 46 et 47).

ART. 2. — *Du rapport et des fonctions du rapporteur* (*Rép.* nos 893 à 919).

473. Les bureaux choisissent d'ordinaire pour rapporteur d'une élection celui des membres de la sous-commission qui a été spécialement chargé d'étudier le dossier de cette élection et d'en rendre compte au bureau (Poudra et Pierre, *op. cit.*, n° 718). Cependant on procède à la nomination d'un autre rapporteur, lorsque la majorité du bureau est d'un avis différent de celui du rapporteur de la sous-commission (Ch. dép. 5 déc. 1885, El. de la Corse, *Journ. off.* du 6, p. 142; 26 avr. 1888, El. des Hautes-Alpes, *Journ. off.* du 27, p. 1338). Il peut même arriver que le bureau change le rapporteur qu'il a primitivement nommé, lorsque, par suite de la présence ou de l'absence d'un certain nombre de ses membres au moment de la lecture du rapport, la composition se trouve modifiée (Ch. dép. 18 janv. 1878, El. de M. le duc de La Rochefoucauld Bisaccia, Poudra et Pierre, n° 718).

474. Les bureaux doivent, comme on l'a vu au *Rép.* n° 897, examiner et rapporter d'abord les élections *non contestées* (Corps lég. 31 mars 1852, D. P. 64. 3. 51, n° 34; 1er déc. 1857, D. P. 64. 3. 50, n° 19; 8 nov. 1863, D. P. 64. 3. 50, n° 20; Ch. dép. 12 nov. 1885, *Journ. off.* du 13, p. 9; 14 nov. 1889, *Journ. off.* du 15, p. 5). Les rapports de ces élections sont présentés selon le numéro des bureaux et l'ordre alphabétique des départements (Corps lég. 8 et 9 nov. 1863, D. P. 64. 3. 50, nos 20 et 21; Ch. dép. 12 nov. 1885, *Journ. off.* du 13, p. 9; 14 nov. 1889, *Journ. off.* du 15, p. 5).

475. On entend par *élections non contestées*, ainsi que nous l'avons dit (*Rép.* n° 898), non seulement celles contre lesquelles il n'existe aucune réclamation, mais aussi celles qui ont donné lieu à des protestations que le bureau juge sans gravité (Poudra et Pierre, *op. cit.*, n° 714; Ch. dép. 15 nov. 1889, *Journ. off.* du 16, p. 59 et 60), alors surtout que le candidat a obtenu une majorité considérable. Il en est ainsi du moins quand les élections qui, d'après l'appréciation du bureau, ne sont pas sérieusement contestées, ne sont pas l'objet d'une attaque sérieuse en séance publique (Corps lég. 11 nov. 1863, El. de M. Talabot, D. P. 64. 3. 50, n° 26). Tel est le cas d'une élection contre laquelle il n'y a eu de réclamations ni dans le bureau, ni dans la Chambre, alors même qu'il est arrivé des protestations le jour même au ministère de l'intérieur, si l'Assemblée n'en a pas été saisie par l'envoi à son président (Corps lég. 12 nov. 1863, El. de M. Lanjuinais, D. P. 64. 3. 51, n° 27). Du reste, en cas de doute, il appartient toujours à la Chambre de décider si une élection doit être regardée comme contestée et renvoyée à une séance ultérieure, ou s'il convient d'entendre immédiatement le rapport (Corps lég. 11 nov. 1863, El. de M. Le Peletier d'Aunay, D. P. 64. 3. 50, n° 26; 6 juill. 1869, El. de M. de Guilloutet, D. P. 70. 3. 1, n° 4).

476. Une élection est contestée, lorsqu'elle est critiquée par le bureau ou le rapporteur, ou lorsqu'en séance publique, elle est l'objet d'attaques sérieuses de la part d'un député, après que le bureau, en a proposé la validation (Ch. dép. 19 nov. 1885, El. de Tarn-et-Garonne, *Journ. off.* du 20, p. 46; 14 nov. 1889, El. de M. Boissy d'Anglas, *Journ. off.* du 15, p. 19; 15 nov. 1889, El. de M. de la Martinière, *Journ. off.* du 16, p. 66 ; 23 nov. 1889, El. de MM. Peyrusse, Lachize, Dupuytren et de Montalembert, *Journ. off.* du 24, p. 125 et 127).

477. Nous avons dit (*Rép.* n° 899) que le rapport sur une élection ne peut être ajourné que pour des motifs sérieux. Ainsi l'ajournement ne pourrait être prononcé ni à raison de ce que des protestations pourraient survenir (Corps lég. 3 juill. 1869, El. de M. Lefébure, D. P. 70. 3. 1, n° 6); ni à raison de ce qu'un des membres du bureau a communiqué à la dernière heure une dépêche télégraphique par laquelle un des candidats non élus demande l'ajournement de l'élection en annonçant une protestation qui n'est pas arrivée (Ch. dép. 12 nov. 1885, El. d'Alger, *Journ. off.* du 13, p. 23); ni à raison de poursuites judiciaires commencées pour violation du secret des votes dans une commune, si les faits, en les supposant prouvés, ne sont pas de nature à empêcher que la majorité demeure acquise au candidat élu (Corps lég. 7 juill. 1869, El. de M. Cornudet, D. P. 70. 3. 1, n° 8).

478. Mais le rapport peut être ajourné jusqu'à l'arrivée des pièces annoncées à l'appui d'une protestation (Corps lég. 13 nov. 1863, El. du duc de Tarente, D. P. 64. 3. 52, n° 58; Ch. dép. 4 avr. 1876, El. de M. Bartoli, *Journ. off.* du 5, p. 2438); ou juqu'à l'arrivée d'une protestation adressée à l'Administration et non parvenue à la questure, dont un duplicata signé par les réclamants a été envoyé à un député (Corps lég. 7 nov. 1863, El. du Doubs, D. P. 64. 3. 53, n° 75). L'ajournement doit surtout être prononcé quand l'élu le demande lui-même (Corps lég. 10 nov. 1863, El. de M. le marquis de Grammont, D. P. 64. 3. 53, n° 76).

479. Toute élection, ainsi qu'on l'a vu au *Rép.* n° 902, doit être l'objet d'un rapport, quelles que soient les modifications survenues dans l'état du candidat depuis son élection. C'est ce qui a été décidé : 1° à l'égard d'un député nommé à des fonctions incompatibles avec le mandat de député (Corps lég. 9 nov. 1863, El. de M. Vernier, D. P. 64. 3. 53, n° 81); 2° à l'égard d'un député décédé (Corps lég. 1er avr. 1852, El. de M. Parmentier, Poudra et Pierre, *op. cit.*, n° 702; Ch. dép. 1er déc. 1877, El. de M. Mie, *ibid.*; 12 nov. 1885, El. de la Vendée, *Journ. off.* du 13, p. 22).

480. On a indiqué au *Rép.* n° 903 les hésitations de la jurisprudence parlementaire sur la question de savoir si un rapport doit être fait quand l'élu a donné sa démission. Aux termes de l'art. 151, § 2, du règlement de la Chambre des députés, la démission donnée par un député avant la vérification de ses pouvoirs ne dessaisit pas la Chambre des députés du droit de procéder à cette vérification. Par conséquent, disent MM. Poudra et Pierre, *op. cit.*, n° 704, un député dont l'élection n'est pas validée peut déposer sa démission sur le bureau de la Chambre ; mais la Chambre, appliquant l'art. 10 de la loi constitutionnelle du 16 juill. 1875, peut déclarer qu'elle ne l'accepte pas, et la vérification du dossier de l'élection se poursuit (Ch. dép. 19 avr. 1888, El. de la Dordogne, *Journ. off.* du 20, p. 1265. V. conf. Corps lég. 22 déc. 1869, El. de M. Marion, D. P. 70. 3. 1, n° 9).

481. Un rapport sur une élection peut, en principe, être fait verbalement, ainsi qu'on l'a vu au *Rép.* n° 908, et le président de la Chambre a reconnu, lorsque la question a été soulevée en 1886 par un député, que les rapports verbaux étaient autorisés par des précédents (Ch. dép. 27 févr. 1886, El. de l'Ardèche, *Journ. off.* du 28, p. 322). Aujourd'hui les rapports sur les élections sont habituellement présentés par écrit (Poudra et Pierre, *op. cit.*, n° 721). Ils doivent être lus au bureau avant d'être soumis à la Chambre (Corps lég. 17 nov. 1863, D. P. 64. 3. 53, n° 87); quelquefois le rapporteur, avant de lire au bureau son rapport écrit, lui fait un rapport verbal, dans lequel il lui donne connaissance de toutes les pièces soumises à la commission (Ch. dép. 19 nov. 1885, El. de la Nièvre, *Journ. off.* du 20, p. 54).

482. Les rapports sur les élections non contestées sont lus à la tribune ; on n'est pas admis à se plaindre que ces rapports soient lus à voix trop basse ou que la Chambre n'y prête pas une attention assez grande pour qu'on en entende bien la lecture, s'il s'agit d'une séance dans laquelle il a été convenu qu'on ne rapporterait que des élections ne donnant pas lieu à contestation sérieuse (Corps lég. 11 nov. 1863, El. de M. Talabot, D. P. 64. 3. 50, n° 26). En vertu d'une décision de la Chambre des députés du 26 janv. 1878, les rapports sur des élections contestées, au lieu d'être lus à la tribune, sont seulement déposés sur le bureau de l'Assemblée, puis insérés au *Journal officiel*, à la suite du compte rendu *in extenso* de la séance (Poudra et Pierre, *Traité de droit parlementaire*, n° 723). Ces rapports ne sont, en général, ni imprimés, ni distribués à part, comme les rapports qui concernent des projets de loi ; toutefois, la Chambre peut, si elle le juge convenable, ordonner cette impression et cette distribution (Ch. dép. 13 mars 1877, El. de M. Mestreau, *Journ. off.* du 14 ; 17 avr. 1886, El. de Tarn-et-Garonne, *Journ. off.* du 18, p. 820). Aux termes de l'art. 5 du règlement de la Chambre, lorsque le rapport conclut à l'invalidation, la discussion ne peut avoir lieu le jour même du dépôt du rapport.

483. En règle générale, le rapporteur doit, comme on l'a vu au *Rép.* n° 910, après avoir exposé les faits et discuté les questions, proposer une décision à la Chambre. Toutefois, lorsqu'il y a eu dans un bureau partage égal des voix sur la question de validité d'une élection, le bureau nomme un rapporteur qui est simplement chargé d'exposer les raisons respectives des deux opinions (Corps lég. 9 déc. 1869, El. de M. Chaix d'Est Ange, D. P. 70. 3. 1, n° 7). — Le bureau peut aussi nommer deux rapporteurs, s'il le juge convenable (Ass. nat. 2 août 1871, Poudra et Pierre, *op. cit.*, n° 719); mais cette procédure est plus compliquée et paraît moins régulière.

484. Nous avons dit au *Rép.* n° 915 qu'il n'était pas d'usage, dans les circonstances ordinaires, que le rapport énonçât le chiffre de la majorité qui s'est formée dans le bureau pour l'adoption des résolutions proposées. Il arrive cependant assez fréquemment que le rapporteur mentionne ce chiffre, soit lorsque les conclusions du rapport ont été adoptées à l'unanimité (Ch. dép. 28 nov. 1885, El. de la Haute-Garonne, *Journ. off.* du 29, p. 114; 7 déc. 1885, El. de la Guadeloupe et du Sénégal, *Journ. off.* du 8, p. 161; 15 déc. 1886, El. des Hautes-Alpes, *Journ. off.* du 16, p. 2167; 18 nov. 1889, El. de M. de Lévis-Mirepoix, *Journ. off.* du 19, p. 79; 21 nov. 1889, El. de M. Pichon, *Journ. off.* du 22, p. 101; 26 nov. 1889, El. de M. Paulin-Méry, *Journ. off.* du 27, p. 191), soit lorsqu'il paraît utile de faire connaître comment se sont partagées les voix au sein de la commission (Ch. dép. 12 déc. 1885, El. des Landes, *Journ. off.* du 13, p. 203; 21 nov. 1889, El. de M. Delahaye, *Journ. off.* du 22, p. 117; 23 nov. 1889, El. de M. de Montsaulnin, *Journ. off.* du 24, p. 148; 25 nov. 1889, El. de M. Loreau, *Journ. off.* du 26, p. 169; 3 déc. 1889, El. de M. Neyrand, *Journ. off.* du 4, p. 269). Il est, d'ailleurs, loisible au rapporteur d'exposer les discussions dont l'élection a été l'objet au sein du bureau (Ch. dép. 18 mai 1878, El. de M. de Mun, *Journ. off.* du 19, p. 5423).

ART. 3. — *De la vérification des pouvoirs par l'assemblée entière ; Règles générales ; Instruction* (*Rép.* nos 920 à 940).

485. Il est certain, ainsi qu'on l'a vu au *Rép.* n° 920, que la Chambre doit être en nombre pour statuer valablement sur une élection, alors surtout qu'une observation a été formulée à cet égard par un de ses membres (Ch. dép. 3 avr. 1876, El. de M. de Tocqueville, *Journ. off.* du 4, p. 2407; 26 mars 1878, El. de M. Degremont, *Journ. off.* du 27, p. 3512; 11 déc. 1878, El. de M. Morel, *Journ. off.* du 12, p. 7258). Des votes intervenus sans que l'Assemblée fût en nombre ont été annulés (Ch. dép. 7 févr. 1878, El. de M. Puyberneau, *Journ. off.* du 8, p. 1279; 10 juin 1878, El. de M. Even, *Journ. off.* du 11, p. 6534).

486. D'après une jurisprudence parlementaire constante qui a été rapportée au *Rép.* n° 922, les opérations de vérification des pouvoirs ont la priorité sur toutes les autres, et, dans le cas d'élections générales, elles empêchent, jusqu'à la constitution de la Chambre, toute délibération étrangère. Mais il n'est pas nécessaire d'attendre, pour la constitution du bureau définitif, que la vérification des pouvoirs soit terminée; dans la pratique actuelle, après des élections générales, la Chambre procède à sa constitution et à la nomination de son bureau définitif, lorsque toutes les élections non contestées ont été validées et que le nombre total des membres de l'Assemblée dont les pouvoirs ont été vérifiés (445 en 1885 et 448 en 1889) excède notablement le nombre légal de députés nécessaire pour la constitution de la Chambre (Ch. dép. 13 nov. 1885, *Journ. off.* du 14, p. 29; 15 nov. 1889, *Journ. off.* du 16, p. 70).

487. Conformément à ce qui a été exposé au *Rép.* n° 925, l'art. 6, § 1er, du règlement de la Chambre autorise les députés dont les pouvoirs n'ont pas encore été validés à prendre part aux délibérations et aux votes sur la vérification des pouvoirs de leurs collègues (V. conf. Corps lég. 10 juill. 1869, D. P. 70. 3. 1, n° 5). Mais cet article interdit aux députés non vérifiés de voter sur leur admission, soit dans les bureaux, soit en assemblée générale, et de déposer aucune proposition de loi; et il suspend le droit de vote pour tout député dont l'admission a été ajournée par décision de la Chambre (Ch. dép. 8 nov. 1877, *Journ. off.* du 9, p. 7253; 26 nov. 1877, *Journ. off.* du 27, p. 7799. — V. *contrà* : Corps lég. 11 nov. 1863, El. de M. Le Peletier d'Aunay, D. P. 64. 3. 52, n° 43). Néanmoins, le droit de vote des députés élus n'est pas atteint par la décision de la Chambre qui prononce, non pas l'ajournement de l'admission, mais le renvoi de la discussion à une séance déterminée pour attendre l'arrivée de documents annoncés par les candidats non élus (Ch. dép. 13 nov. 1885, El. de l'Indre, *Journ. off.* du 14, p. 26).

488. On a vu au *Rép.* n° 927 que la Chambre peut, pour s'éclairer davantage, accorder, avant le rapport, l'ajournement de l'examen d'une élection; elle peut le faire, notamment, pour permettre au candidat élu de produire des pièces justificatives de son éligibilité (Corps lég. 31 mars 1852, et 3 déc. 1857, El. de MM. de la Guéronnière et autres, D. P. 64. 3. 55, n° 115). Mais, quand un candidat non élu a laissé s'écouler plusieurs mois sans envoyer à l'Assemblée une protestation ou un mémoire à l'appui qu'il lui avait annoncé, il n'y a pas lieu de lui accorder un nouveau délai (Corps lég. 9 nov. 1863, El. de M. le vicomte Reille, D.P. 64.3.66, n° 341).

La Chambre peut également, comme nous l'avons dit au *Rép.* n° 929, ajourner sa décision, après avoir entendu le rapport, notamment quand un candidat élu, dont l'invalidation est demandée, fait connaître qu'il est empêché pour cause de maladie d'assister à la séance (Ch. dép. 5 déc. 1889, El. de M. Ternisien, *Journ. off.* du 6, p. 289; 7 déc. 1889, El. de M. Paulin-Méry, *Journ. off.* du 8, p. 313), ou lorsqu'un député annonce l'arrivée de protestations dont il atteste l'existence et dont il a même des doubles et des copies; et alors que les faits énoncés paraissent de nature à exiger un supplément d'instruction (Corps lég. 2 et 3 juill. 1869, El. de M. Justin Durand, D. P. 70. 3. 1, n° 6). L'ajournement peut encore être ordonné dans le but de permettre au bureau de procéder à un supplément d'instruction (Ch. dép. 13 nov. 1885, El. de l'Indre, *Journ. off.* du 14, p. 26).

489. Si, après le rapport, un membre déclare qu'il entend contester l'élection par un motif dont il indique la nature et la portée, il y a lieu de retirer la discussion de l'ordre du jour et de l'ajourner à une autre séance (Corps lég. 10 nov. 1863, El. de M. de Bussierre, D. P. 64. 3. 51, n° 38; Ch. dép. 9 et 13 mai 1878, El. de MM. David et Soye, *Journ. off.* des 10 et 14, p. 4941 et 5148; 27 avr. 1879, El. de M. Gavini, *Journ. off.* du 28, p. 1503; 11 nov. 1881, El. de MM. Demarçay, Pradon et Boutard, *Journ. off.* du 12, p. 2006, 2007 et 2011; 19 nov. 1885, El. de Tarn-et-Garonne et de Constantine, *Journ. off.* du 20, p. 46, 50; 21 nov. 1885, El. des Côtes-du-Nord, *Journ. off.* du 22, p. 66; 23 nov. 1885, El. de la Charente-Inférieure, *Journ. off.* du 24, p. 87; 3 déc. 1885, El. de la Corse, *Journ. off.* du 4, p. 136; 5 déc. 1885, El. des Alpes-Maritimes, *Journ. off.* du 6, p. 142; 10 déc. 1885, El. de la Lozère et de l'Ardèche, *Journ. off.* du 11, p. 183 et 186; 27 févr. 1886, El. de l'Ardèche, *Journ. off.* du 28, p. 322; 29 mars 1886, El. des Landes, *Journ. off.* du 30, p. 601). Il en est de même, lorsque le rapporteur, après avoir déposé son rapport, demande qu'il soit inséré au *Journal officiel* à la suite du compte rendu *in extenso* de la séance ultérieure, par le motif que l'élection sera contestée (Ch. dép. 23 avr. 1888, El. des Hautes-Alpes, *Journ. off.* du 24, p. 1294).

490. Les élections contestées ne devant être vérifiées qu'après la constitution de l'Assemblée, il y a lieu d'ajourner l'examen d'une élection sur les opérations de laquelle un membre déclare avoir à présenter des observations, alors même que le candidat élu demande qu'il soit entendu immédiatement (Corps lég. 31 mars et 1er avr. 1852, D. P. 64. 3. 51, n° 35). Mais lorsque, dans une séance dont l'ordre du jour porte qu'on discutera les élections contestées et les élections non contestées, un député demande, après la lecture du rapport, que la décision sur la validité de l'élection soit renvoyée au jour où se discuteront les élections contestées, il n'y a pas lieu de procéder comme dans le cas où la Chambre ne devait statuer que sur les élections non contestées. Le président ne doit pas se borner à déclarer qu'il y a ou qu'il n'y a pas ajournement, selon qu'il y a ou qu'il n'y a pas contestation sérieuse : il doit consulter la Chambre sur l'ajournement demandé (Corps lég. 12 nov. 1863, El. de M. Bertrand, D. P. 64. 3. 51, n° 39). — Il n'y a pas contradiction entre la décision par laquelle le président de la Chambre ajourne après le rapport la discussion d'une élection, sur la demande d'un membre qui annonce une protestation, et celle par laquelle il déclare, avec l'assentiment de l'Assemblée, qu'il est du devoir d'un bureau, saisi d'une élection contre laquelle il n'existe entre ses mains aucune protestation, de la rapporter immédiatement (Corps lég. 12 nov. 1863, El. de M. Lanjuinais, D. P. 64. 3. 52, n° 40).

491. La Chambre n'est pas tenue de prononcer l'ajournement pour attendre la solution d'une décision de la cour des comptes (Ch. dép. 17 nov. 1881, El. de M. Bellot, *Journ. off.* du 18, p. 2050), ou d'une poursuite judiciaire (Ch. dép. 20 mars 1876, El. de M. Gatineau, *Journ. off.* du 21, p. 1965; 26 janv. 1878, El. de M. Cadillan, *Journ. off.* du 27, p. 735; 7 févr. 1878, El. de M. de Puyberneau, *Journ. off.* du 8, p. 1279), ni pour permettre à un candidat non élu de faire imprimer et distribuer des pièces récemment déposées par lui et d'être entendu dans le bureau, si le rapporteur affirme que toutes les pièces ont été examinées par le bureau, et que ses membres ont déclaré qu'ils ne croyaient pas qu'il y eût lieu de se mettre en rapport avec ce candidat qui d'ailleurs n'avait pas formellement demandé à être entendu, mais s'était simplement mis à la disposition du bureau (Corps lég. 12 nov. 1863, El. de M. Noubel, D. P. 64. 3. 52, n° 41).

492. Ainsi que nous l'avons dit au *Rép.* nos 930 et 931, la Chambre qui vérifie les pouvoirs de ses membres peut prononcer souverainement soit la validation, soit l'invalidation de leur élection, sans être liée par la proclamation d'un résultat contraire de la part de la commission de recensement (V. *suprà*, n° 395).

493. Les décisions de la Chambre en matière de vérifications de pouvoirs ne sauraient être motivées. « Il n'y a aucune disposition de la loi, a dit M. Buffet dans la séance de l'Assemblée nationale du 31 juill. 1875, qui interdise à une Assemblée souveraine de motiver sa décision, lorsqu'elle valide ou annule l'élection d'un de ses membres. Cependant, cela ne s'est jamais fait, parce que tout le monde sent que si, pour une Assemblée qui juge les pouvoirs de ses membres, cette interdiction de motiver sa décision n'est pas écrite dans la loi, elle est dans les convenances comme dans le bon sens, et qu'il serait extrêmement offensant pour un membre d'une Assemblée qu'on eût validé ses pouvoirs avec des réserves » (Poudra et Pierre, *op. cit.*, n° 742).

494. Mais, comme on l'a vu au *Rép.* n° 932, les droits de la Chambre ne se bornent pas à l'examen de la validité des élections ; elle peut exprimer, par l'organe de ses rapporteurs, un blâme sur tout ce qui est de nature à porter atteinte à la moralité des élections. C'est ainsi que, lors de la vérification des pouvoirs de 1877, les bureaux n'ont proposé de valider les élections des candidats officiels qu'avec blâme de l'affiche blanche et de l'intervention administrative (Poudra et Pierre, *op. cit.*, n° 743). Mais, à l'occasion d'une vérification de pouvoirs, on ne saurait ni faire à la tribune une sorte d'instruction judiciaire (Ass. nat. 27 janv. 1874, Poudra et Pierre, *loc. cit.*), ni mettre en cause l'honorabilité du candidat élu (Ch. dép. 1er mars 1878, *ibid.*).

495. La Chambre peut, ainsi que nous l'avons dit au *Rép.* n° 934, renvoyer le dossier d'une élection au ministre de la justice pour faire ce qu'il appartiendra (Ch. dép. 8 févr. 1890, El. de M. Calvinhac, *Journ. off.* du 9, p. 227), et au ministre de l'intérieur pour assurer la sincérité des élections (Ch. dép. 16 nov. 1876, Poudra et Pierre, *op. cit.*, n° 744), ou même, après avoir validé une élection, ordonner qu'il sera procédé à une enquête judiciaire sur certains faits se rapportant à cette élection (Ch. dép. 31 mai 1880, Poudra et Pierre, *op. cit.*, *Suppl.*, n° 744). En 1885, elle a renvoyé au ministre des cultes tous les dossiers des membres du clergé auxquels on reprochait de s'être mêlés à la lutte électorale (Ch. dép. 14 déc. 1885, El. de la Lozère, *Journ. off.* du 15, p. 227).

La Chambre peut aussi renvoyer au ministre des finances une affiche électorale non signée du candidat et non timbrée, afin que l'administration de l'enregistrement recouvre les droits qui auraient dû être acquittés (Ch. dép. 18 janv. 1878, Poudra et Pierre, *op. cit.*, n° 556). Elle peut également ordonner qu'une pièce adressée au procureur de la République et déposée à tort au dossier de l'élection qui vient d'être validée soit renvoyée au ministre de la justice pour la faire parvenir au destinataire (Ch. dép. 19 nov. 1885, El. de la Nièvre, *Journ. off.* du 20, p. 54).

496. Nous avons dit (*Rép.* n° 935) qu'avant de se prononcer sur une vérification de pouvoirs, la Chambre a le droit et le devoir de s'édifier par tous les moyens. Elle peut, avant tout, demander et recevoir directement les explications des élus eux-mêmes qui, dans la plupart des élections contestées, interviennent pour défendre leur élection. L'Assemblée peut, en outre, autoriser la lecture de toutes les pièces qu'elle juge propres à l'éclairer sur la régularité ou la moralité de l'élection. Mais la Chambre a refusé d'entendre la lecture de pièces confidentielles, dont la copie avait été soustraite aux archives de la chancellerie, et qui étaient ainsi parvenues frauduleusement à la connaissance du public (Ass. nat. 25 juin 1875, Poudra et Pierre, *op. cit.*, n° 729).

Quoique les orateurs qui défendent leur propre élection doivent, en règle générale, jouir de la plus grande liberté, le président de la Chambre a le droit et le devoir d'arrêter un orateur qui aborde des questions tout à fait étrangères à son élection, et attaque notamment les validations, antérieurement prononcées, des élections de ses collègues (Corps lég. 23 nov. 1863, El. de M. Joseph Simon, D. P. 64. 3. 55, n° 110; Ch. dép. 5 nov. 1878, Poudra et Pierre, *loc. cit.*, *Suppl.*, n° 729).

497. Dans la séance de la Chambre des députés du 6 déc. 1878, le président a eu à se prononcer sur la question de savoir dans quelle mesure peuvent être appréciées à la tribune les décisions de l'autorité judiciaire, souvent invoquées dans les débats auxquels donne lieu la vérification des pouvoirs. Le rapporteur ayant dit qu'un jugement rendu dans une affaire de délit électoral avait « révolté la conscience publique », M. le président Grévy l'a arrêté par ces paroles : « l'orateur a certainement eu le droit de donner lecture à la Chambre des décisions judiciaires qu'il a lues ; mais je regrette qu'il n'ait pas tenu compte de l'observation que je lui ai faite, à savoir qu'il n'avait aucune appréciation à porter sur des jugements qui sont passés en force de chose jugée. C'est à la Chambre d'apprécier ces décisions dans sa conscience ; mais l'orateur a outrepassé son droit quand il a qualifié, comme il l'a fait à la tribune, des décisions judiciaires » (Poudra et Pierre, *Traité de droit parlementaire*, *Suppl.*, n° 729).

ART. 4. — *Du vote de l'Assemblée* (*Rép.* nos 941 à 954).

498. Nous avons dit au *Rép.* n° 941 qu'un vote formel de la Chambre n'était pas nécessaire lorsque le rapport concluait à l'admission de l'élu, qu'il ne soulevait aucune difficulté et que les conclusions du rapport ne rencontraient pas d'opposition (V. conf. Corps législ. 31 mars et 25 nov. 1852, 6 mars 1854, 11 et 26 janv. 1855, 10 et 26 mars, 18 et 25 avr. 1856, 25 févr. et 27 mars 1857, D. P. 64. 3. 55, nos 112 et 113). Néanmoins aujourd'hui, dans la pratique, le président met aux voix les conclusions tendant à la validation, même dans les élections non contestées (V. notamment Ch. dép. 14 mai 1878, El. de M. Bernard, *Journ. off.* du 15, p. 5215 ; 12 et 13 nov. 1885, *Journ. off.* des 13 et 14, p. 9 et suiv. ; 27 et suiv.).

499. La Chambre doit, comme on l'a vu au *Rép.* n° 943, rendre une décision particulière sur l'admission de chacun des élus. Cependant dans les premières années du régime de 1852, les élections non contestées de certaines circonscriptions ont été rapportées collectivement et validées en bloc par le Corps législatif (Corps lég. mars 1852, févr. 1853, mars et déc. 1854, D. P. 64. 3. 50 et 54, nos 18, 91 à 93). Mais cette pratique est depuis longtemps abandonnée ; il est aujourd'hui douteux qu'on puisse ouvrir une discussion générale sur l'ensemble des élections d'un même département (Ch. dép. 26 févr. 1878 ; Poudra et Pierre, *op. cit.*, n° 728) ; à plus forte raison ne pourrait-on lier les décisions sur deux élections (Ch. dép. 13 déc. 1877, *ibid.*).

500. Le vote de la Chambre, ainsi que nous l'avons exposé au *Rép.* n° 944, doit, en thèse générale, porter sur la validité ou la nullité de l'élection, et non sur une question de principe ou sur un moyen particulier. Lorsqu'après un rapport dirigé contre son élection, l'élu demande et obtient un délai pour avoir le temps de présenter sa défense, le président n'a rien à mettre aux voix, l'instruction devant se continuer devant le bureau et le rapporteur en apporter le résultat à la Chambre dès qu'il le pourra (Corps lég. 18 nov. 1863, El. de M. Bravay, D. P. 64. 3. 55, n° 108).

501. Conformément à la règle générale énoncée au *Rép.* n° 948, le président de la Chambre la consulte habituellement en mettant aux voix les conclusions du rapport. Ainsi, lorsque le bureau prononce l'admission, ce sont ces conclusions, et non l'annulation demandée dans la discussion par un député, qui doivent être mises aux voix (Ch. dép. 27 mars 1876, El. de M. Haentjens, *Journ. off.* du 28, p. 2192 ; 1er avr. 1876, El. de M. Renard, *Journ. off.* du 2, p. 2353 ; 3 avr. 1876, El. de M. Vitalis, *Journ. off.* du 4, p. 2405 ; 3 avr. 1886, El. des Landes, *Journ. off.* du 4, p. 650).

De même, l'Assemblée est appelée à voter sur les conclusions du bureau tendant à l'annulation, bien qu'un député ait demandé à la tribune le rejet de ces conclusions (Ch. dép. 1er avr. 1876, El. de M. Cardenau, *Journ. off.* du 2, p. 2358 ; 10 avr. 1876, El. de M. Lachambre, *Journ. off.* du 11, p. 2615 ; 1er mars 1886, El. de Cochinchine, *Journ. off.* du 2 mars 1886, p. 358 ; 26 nov. 1889, El. de M. le comte Dillon, *Journ. off.* du 27, p. 179).

502. Mais il a été décidé : 1° que lorsque le bureau conclut à la validation et qu'un député formule et dépose une proposition d'annulation, c'est cette dernière proposition qui a la priorité à titre d'amendement (Ch. dép. 18 mars 1876, *Traité de droit parlementaire*, de Poudra et Pierre, n° 736 ; 21 nov. 1885, El. de Tarn-et-Garonne, *Journ. off.* du 22, p. 63 ; 5 déc. 1885, El. de la Corse, *Journ. off.* du 6, p. 154 ; 14 déc. 1885, El. de la Lozère, *Journ. off.* du 15, p. 226 ; 25 nov. 1889, El. de M. Blachère, *Journ. off.* du 26, p. 161 ; 25 nov. 1889, El. de M. de La Martinière, *Journ. off.* du 26, p. 167 ; 26 nov. 1889, El. de M. Arnault, *Journ. off.* du 27, p. 190 ; 30 nov. 1889, El. de M. Peyrusse, *Journ. off.* du 1er décembre, p. 220 ; 30 nov. 1889, El. de M. Dupuytren, *Journ. off.* du 1er décembre, p. 224 ; 3 déc. 1889, El. de M. Jaluzot, *Journ. off.* du 4, p. 263 ; 3 déc. 1889, El. de M. Fairé, *Journ. off.* du 4, p. 267 ; 5 déc. 1889, El. de M. Thirion-Montauban, *Journ. off.* du 6, p. 289 ; 7 déc. 1889, El. de M. le comte Multedo, *Journ. off.* du 8, p. 309 ; 7 déc. 1889, El. de M. Neyrand, *Journ. off.* du 8, p. 313 ; 9 déc. 1889, El. de M. Joffrin, *Journ. off.* du 10, p. 344 ; 23 déc. 1889, El. de M. le comte Greffulhe, *Journ. off.* du 24, p. 529) ; — 2° Qu'il en est de même de la proposition formulée à titre d'amendement et tendant à proclamer un autre candidat que le candidat déclaré élu par la commission de recensement (Ch. dép. 9 déc. 1889, El. de M. Joffrin, *Journ. off.* du 10, p. 343); — 3° Que si un député demande la validation par voie d'amendement aux conclusions du bureau tendant à l'annulation, il y a lieu de voter d'abord sur la demande de validation (Ch. dép. 20 avr. 1886, El. de Tarn-et-Garonne, *Journ. off.* du 21, p. 874); — 4° Que lorsque les conclusions du bureau tendent à la proclamation d'un autre candidat que celui qui a été déclaré élu par la commission de recensement, l'amendement tendant à l'annulation des opérations électorales a la priorité (Ch. dép. 12 déc. 1889, El. de M. Ternisien, *Journ. off.* du 13, p. 381).

503. Lorsque le bureau a été partagé par moitié et que, par suite, le rapporteur n'a pu faire aucune proposition, il ne peut s'élever aucun question de priorité. Dans ce cas, le président peut mettre aux voix la validation (Corps lég. 9 déc. 1869, *Traité de droit parlementaire*, de Poudra et Pierre, n° 731).

504. La question d'ajournement a, comme nous l'avons dit (*Rép.* n° 952), la priorité sur celle d'admission ou d'annulation des élections et d'audition du rapport (Ch. dép. 14 et 29 mars 1876, El. de MM. le comte d'Aulan et Poujade, *Journ. off.* des 15 et 30, p. 1816 et 2268; 8 avr. 1876, El. de M. Fairé, *Journ. off.* du 9, p. 2568; 20, 22 et 27 nov. 1877, El. de MM. Reille, du Douet et de La Rochejaquelein, *Journ. off.* des 21, 23 et 28, p. 7619, 7689 et 7827; 3, 11 et 14 déc. 1877, El. de MM. Jolibois, Jérôme David et de Kerjégu, *Journ. off.* des 4, 12 et 15, p. 8046, 8302 et 8391; 1er févr. 1878, El. de M. Paul de Cassagnac, *Journ. off.* du 2, p. 961; 16 mai 1878, El. de M. de Douville Maillefeu, *Journ. off.* du 17, p. 5323; 10 juin 1878, El. de M. Vinay, *Journ. off.* du 11, p. 6532; 17 nov. 1881, El. de M. Belot, *Journ. off.* du 18, p. 2050; 19 nov. 1885, El. de Tarn-et-Garonne, *Journ. off.* du 20, p. 46; 23 nov. 1885, El. de la Charente-Inférieure, *Journ. off.* du 24, p. 87; 3 et 10 déc. 1885, El. de la Corse et de la Lozère, *Journ. off.* des 4 et 11, p. 136 et 185).

Lorsqu'il existe plusieurs demandes d'ajournement à des dates différentes, on doit d'abord mettre aux voix celle qui comporte la date la plus éloignée (Ch. dép. 7 févr. 1878, El. de M. de Puyberneau, *Journ. off.* du 8, p. 1280).

505. Conformément aux précédents rapportés au *Rép.* n° 953, on doit mettre aux voix les mesures préparatoires ou préjudicielles avant la décision sur la validation ou l'invalidation (Ch. dép. 2 févr. 1886, El. du territoire de Belfort, *Journ. off.* du 3, p. 116). Il en est ainsi, notamment, de la proposition de renvoi au bureau d'un dossier pour qu'il y soit soumis à un nouvel examen (Ch. dép. 22 janv. 1878, El. de M. Estignard, *Journ. off.* du 23; 17 nov. 1881, El. de M. de Soubeyran, *Journ. off.* du 18, p. 2048).

506. Lorsque, sur un rapport tendant à la validation d'une élection, une demande d'enquête est présentée, cette demande a la priorité (Corps lég. 24 nov. 1863, El. de M. Isaac Pereire, *Moniteur* du 25, p. 1421; 14 déc. 1869, El. de M. Clément Duvernois, *Moniteur* du 15, p. 1623; Ch. dép. 21, 22, 23 et 29 mars 1876, El. de MM. d'Ayguesvives, Martinot, Estignard, d'Aulan et Corentin Guyho, *Journ. off.* des 22, 23, 24 et 30, p. 2000, 2023, 2060, 2063 et 2263; 1er déc. 1877, El. de M. de Bosredon, *Journ. off.* du 2, p. 7973; 13 mai 1878, El. de M. Roissard de Bellet, *Journ. off.* du 14, p. 5164; 5 déc. 1878, El. de MM. Serph et Pain, *Journ. off.* du 6, p. 2168 et 2173; 23 et 28 nov. 1885, El. de Constantine, des Côtes-du-Nord et de la Charente-Inférieure, *Journ. off.* des 24 et 29, p. 83, 85 et 124; 7 déc. 1885, El. des Alpes-Maritimes, *Journ. off.* du 8, p. 171; 1er mars 1886, El. de l'Ardèche, *Journ. off.* du 2, p. 361; 12 avr. 1886, El. de la Corse, *Journ. off.* du 13, p. 754; 25 nov. 1889, El. de M. Blachère, *Journ. off.* du 26, p. 160; 3 déc. 1889, El. de M. Jaluzot, *Journ. off.* du 4, p. 263; 5 déc. 1889, El. de M. Robert Mitchell, *Journ. off.* du 6, p. 285; 23 déc. 1889, El. de M. de Greffulhe, *Journ. off.* du 24, p. 528). Il en est de même lorsque les conclusions du bureau tendent à l'invalidation (Ch. dép. 23 janv. 1890, El. de M. Ménard-Dorian, *Journ. off.* du 24, p. 69).

507. Nous avons indiqué au *Rép.* n° 954 les variations de la jurisprudence parlementaire sur la question de priorité à établir entre les conclusions du bureau à fin d'enquête et une proposition d'annulation émanée d'un ou plusieurs députés. Suivant une opinion, il convient de mettre d'abord aux voix la demande d'enquête, parce qu'elle ne constitue qu'une demande préparatoire ou préjudicielle (Ch. dép. 7 avr. 1876, *Journ. off.* du 8, p. 2529; 2 févr. 1886, El. du territoire de Belfort, *Journ. off.* du 3, p. 116). D'après une autre opinion, la demande d'annulation doit avoir la priorité, comme étant la plus large (Ch. dép. 12 mars 1878, El. de M. le marquis de Lordat, *Journ. off.* du 13, p. 2765; 14 déc. 1889, El. de M. Goussot, *Journ. off.* du 15, p. 402).

508. Suivant une jurisprudence constante, lorsque la Chambre repousse les conclusions du bureau tendant à la validation d'une élection, celle-ci est considérée comme invalidée par le seul fait de ce rejet (Ch. dép. 29 mai 1876, *Traité de droit parlementaire* de Poudra et Pierre, n° 737; 18 janv. 1878, El. de M. le duc de la Rochefoucauld-Bisaccia, *Journ. off.* du 19, p. 459; 23 févr. 1878, El. de M. le comte d'Aulan, *Journ. off.* du 24, p. 1974; 10 et 20 mai 1878, El. de MM. Trubert et de Prunières, *Journ. off.* des 11 et 21, p. 5004 et 5520; 7, 8, 14, 15 et 16 mai 1878, El. de MM. Paul de Cassagnac, Darnaudat, de Bourgoing, de la Rochejaquelein et de Mun, *Journ. off.* des 8, 9, 15, 16 et 17, p. 10284, 10326, 10586, 10630 et 10675). Toutefois, dans ce cas, si des réclamations se produisent, MM. Poudra et Pierre, *op. cit.*, n° 737, estiment que la délibération peut être rouverte et que la Chambre peut être appelée à se prononcer directement sur la question d'invalidation. En 1869, la question a été discutée à l'occasion d'un vote par assis et levé intervenu sans que personne eût demandé la parole pour contester les conclusions du bureau. Sans résoudre explicitement la difficulté, le Corps législatif a préféré considérer son premier vote comme non avenu, à raison du très petit nombre des membres qui y avaient pris part, et les conclusions du bureau mises aux voix une seconde fois ont été adoptées au scrutin (Corps lég. 12 et 13 déc. 1869, El. de M. Girault, D. P. 70. 3. 1-2, n° 10).

509. Le rejet par la Chambre des conclusions du bureau à fin d'invalidation entraîne de plein droit la validation (Ch. dép. 1er mars 1886, El. de la Cochinchine, *Journ. off.* du 2, p. 358). Toutefois, la Chambre des députés a dérogé à cette règle en ordonnant une enquête sur une élection, après le rejet des conclusions du bureau tendant à l'invalidation (Ch. dép. 2 déc. 1889, El. de M. Loreau, *Journ. off.* du 3, p. 238).

510. Si le bureau conclut à la validation et que la Chambre rejette un amendement tendant à l'invalidation, ce rejet a de plein droit pour conséquence la validation (Ch. dép. 18 mars 1876; Poudra et Pierre, *op. cit.*, n° 738). Cependant la Chambre a décidé, dans sa séance du 3 déc. 1889, qu'il y avait lieu de mettre aux voix une proposition d'enquête après le rejet d'un amendement tendant à l'annulation de l'élection (El. de M. Jaluzot, *Journ. off.* du 4, p. 263).

Le rejet d'une demande d'invalidation émanée d'un député entraîne de plein droit la validation, quand il intervient après que l'Assemblée a repoussé des conclusions tendant à une enquête (Ch. dép. 2 févr. 1886, El. du territoire de Belfort, *Journ. off.* du 3, p. 116).

511. Lorsque le rapport du bureau conclut à l'enquête, et qu'un amendement tendant à la validation immédiate a eu la priorité et a été rejeté, il ne s'ensuit pas que l'élection soit annulée; les conclusions du bureau doivent être mises aux voix et, si elles sont adoptées, l'enquête a lieu (Ass. nat. 7 mars 1871, Poudra et Pierre, *op. cit.*, n° 739; Ch. dép. 24 mars 1876, *ibid.*). De même, si aucun amendement n'a été proposé et que les conclusions du bureau tendant à l'enquête soient rejetées, la Chambre doit être consultée sur l'admission (Ch. dép. 27 mars 1876, El. de M. Robert Mitchell, *Journ. off.* du 28, p. 2187).

ART. 5. — *De l'admission des députés vérifiés* (*Rép.* nos 955 à 962).

512. Lorsque la Chambre a prononcé sur la validité des opérations électorales, le président proclame, s'il y a lieu, comme nous l'avons dit au *Rép.* n° 955, l'admission de l'élu. Cependant, bien que l'élection ait été déclarée valide, il n'y a pas lieu de proclamer l'admission : 1° si l'élu est décédé (Corps lég. 31 mars 1852, El. de MM. Parmentier et autres, D. P. 64. 3. 55, n° 116; Ch. dép. 12 nov. 1885, El. de la Vendée, *Journ. off.* du 13, p. 22); 2° s'il a accepté des fonctions incompatibles avec son mandat (Décis. 31 mars

1852 précitée); 3° s'il a donné sa démission, et que la Chambre l'ait acceptée (Même décision ; Ch. dép. 27 avr. 1888, El. de la Dordogne, *Journ. off.* du 28, p. 1358).

513. Bien que l'admission, une fois prononcée, soit, en règle générale, irrévocable, ainsi qu'on l'a vu au *Rép.* n° 960, la Chambre peut annuler une validation précédemment votée, si cette validation n'a été que le résultat d'une erreur matérielle, par exemple, d'une faute de calcul dans la supputation des votes (Ch. dép. 19 nov. 1881, El. de M. de Soubeyran, *Journ. off.* du 20, p. 2053). L'irrévocabilité de l'admission ne s'oppose pas, d'ailleurs, à ce que l'Assemblée appelle l'attention d'un ministre sur les agissements de ses subordonnés (Ch. dép. 21 mars 1876, El. de M. Lasserre, *Journ. off.* du 22, p. 2003).

Sect. 8. — Des enquêtes parlementaires (*Rép.* n°s 963 à 972).

514. Nous avons dit (*Rép.* n° 963) que les Assemblées délibérantes ont le droit de faire procéder, par des commissions prises dans leur sein, à des enquêtes parlementaires sur des faits électoraux. Ce droit n'a jamais été contesté, et les Chambres l'ont exercé, à plusieurs reprises, sous les différents régimes politiques qui se sont succédé.

Il résulte de nombreux précédents que, lorsque la Chambre des députés veut ouvrir une enquête sur une élection déterminée, elle n'est pas tenue de suivre la procédure établie par le règlement pour les projets de loi. L'enquête peut donc être ordonnée, dans ce cas, sans dépôt de proposition écrite, sans renvoi dans les bureaux, soit conformément aux conclusions d'un rapport d'élections, soit sur la demande individuelle d'un membre (Ass. nat. 14 janv. 1875, El. de M. de Bourgoing, Ch. dép. 21 et 25 mars et 20 mai 1876, El. de MM. d'Ayguesvives, Poudra et Pierre, *Traité de droit parlementaire*, n° 751 ; 2 déc. 1889, El. de M. Loreau, *Journ. off.* du 3, p. 238 ; 19 déc. 1889, El. de M. Vacher, *Journ. off.* du 20 ; 23 janv. 1890, El. de M. Ménard-Dorian, *Journ. off.* du 24, p. 69 ; 13 févr. 1890, El. de M. Picot, *Journ. off.* du 14, p. 271).

515. Il n'en est pas de même lorsqu'il s'agit d'investir une commission d'enquête d'un mandat général embrassant un ensemble d'élections ; dans ce cas, la Chambre est obligée de recourir, non à une proposition de loi, mais à une proposition de résolution délibérée sur le rapport d'une commission (Poudra et Pierre, *Traité de droit parlementaire*, n° 752). C'est ainsi qu'a procédé, le 15 nov. 1877, la Chambre des députés, en adoptant un projet de résolution présenté par M. Jules Grévy et plusieurs de ses collègues et portant qu'une commission de trente-trois membres nommée dans les bureaux serait chargée de faire une enquête parlementaire sur les actes qui, depuis le 16 mai, avaient eu pour objet d'exercer sur les élections une pression illégale. Un membre de la Chambre ayant soutenu qu'il serait irrégulier d'ordonner une semblable enquête par simple résolution et sans le concours du Sénat, M. Léon Renault répondit pour défendre le droit de chacune des deux Chambres d'ordonner une enquête par un vote isolé, et, rappelant les précédents créés par l'Assemblée nationale, il ajouta : « L'Assemblée nationale a marqué exactement elle-même la différence qui existait entre les matières qui nécessitaient l'intervention du pouvoir législatif et les simples résolutions tendant à la nomination d'une commission d'enquête. Elle n'a procédé sous forme de loi que lorsqu'à sa résolution s'est trouvée attachée une prescription qui allait devenir opposable à ceux qui avaient contracté avec l'Etat. Si j'insiste sur cette distinction, c'est pour faire remarquer que l'Assemblée nationale, *en tant que Chambre législative*, s'est toujours cru le droit de nommer des commissions d'enquête avec les pouvoirs les plus étendus qu'une commission d'enquête peut avoir ». Conformément à cette interprétation, la Chambre vota la résolution dans les termes mêmes où elle avait été proposée.

516. On a vu au *Rép.* n° 967 que l'on avait en 1842 contesté aux commissions d'enquête le droit de siéger pendant la prorogation des Chambres. Mais ce droit ne saurait être mis en question aujourd'hui. Il est admis, en effet, que les commissions parlementaires peuvent se réunir dans l'intervalle des sessions; ainsi la commission du budget s'est réunie et a délibéré pendant l'ajournement prononcé en 1877 par le président de la République (Poudra et Pierre, *op. cit.*, n° 753, note 1).

517. Les pouvoirs des commissions d'enquête sont assez difficiles à déterminer, en l'absence d'une loi de compétence et de procédure, et les questions délicates qui s'y rattachent ne peuvent être résolues que par une étude attentive des précédents. Nous avons dit (*Rép.* n° 968) qu'il était reconnu en droit et en fait, depuis 1848, qu'une commission d'enquête pouvait déléguer plusieurs de ses membres pour compléter, dans le département où une élection est contestée, l'enquête commencée à Paris. Cette pratique a été, depuis cette époque, constamment suivie dans les différentes enquêtes qui ont eu lieu depuis lors. La commission d'enquête générale sur les élections des 14 et 28 oct. 1877 a chargé neuf sous-commissions du travail préparatoire consistant à examiner les dossiers et à recueillir les renseignements relatifs aux diverses circonscriptions électorales. Ces sous-commissions se sont transportées dans les départements (Poudra et Pierre, *Traité de droit parlementaire*, n° 767).

518. La comparution des fonctionnaires devant la commission ou devant ses délégués a donné lieu à de sérieuses difficultés, déjà soulevées en 1843 dans les débats rapportés au *Rép.* n° 969. Les rapports des fonctionnaires avec les commissaires enquêteurs ont été déterminés par des circulaires des ministres de la justice, de l'intérieur, de l'agriculture et du commerce, publiées au *Journal officiel* des 1er, 4 et 5 janv. 1878. Le Gouvernement reconnaît, dans ces circulaires, que la commission d'enquête peut s'adresser à des fonctionnaires placés sous les ordres des procureurs généraux, leur demander la révélation des faits qu'ils connaissent ou la communication des documents judiciaires qui leur sont confiés ; que les fonctionnaires sont autorisés, d'une manière générale, à se mettre en rapport avec les membres de la commission et à leur fournir, notamment, les moyens matériels d'accomplir leur mission ; que les préfets ne doivent mettre les pièces et documents officiels à la disposition de la commission qu'après avoir pris les instructions du ministre de l'intérieur sur chaque fait particulier qui donnerait lieu à une demande de communication (Poudra et Pierre, *Traité de droit parlementaire*, n° 768). Le garde des sceaux, après avoir déclaré, dans sa circulaire, que la magistrature doit être naturellement disposée à seconder des investigations qui ne peuvent avoir pour but que d'assurer la liberté et la sincérité des opérations électorales, rappelle que « le magistrat appelé en témoignage a, par sa profession même, des devoirs particuliers de discrétion et de réserve dont il ne peut s'affranchir, et qu'avant de répondre, il doit consulter ses supérieurs hiérarchiques ». Il invite les procureurs généraux à « concilier le respect qui est dû aux délégués d'un grand corps politique, accomplissant la mission qu'ils ont reçue, et les prérogatives dont la justice a besoin pour accomplir l'œuvre sociale que la loi confie à ses soins ».

519. La commission nommée en 1875 par l'Assemblée nationale pour faire une enquête sur l'élection de M. de Bourgoing avait demandé au garde des sceaux la communication de certaines pièces qui avaient servi à une instruction judiciaire terminée par une ordonnance de non-lieu. Cette communication fut refusée, au mois de janvier 1875, par M. Tailhand, alors garde des sceaux, par le motif qu'il ne pouvait livrer les éléments d'une instruction faite au seul point de vue judiciaire à une commission qui avait un caractère purement politique, et que la communication demandée lui paraissait contraire au principe de la séparation des pouvoirs. La commission d'enquête, en présence de ce refus, proposa à l'Assemblée le 25 févr. 1875 la résolution suivante : « L'Assemblée nationale invite M. le garde des sceaux à communiquer à la commission d'enquête sur l'élection de la Nièvre les dossiers réclamés par elle ». Mais l'Assemblée n'eut pas à se prononcer sur la question, la communication des pièces ayant été accordée par M. Dufaure, nommé garde des sceaux, en remplacement de M. Tailhand, le 10 mars 1875.

520. La question qui a donné lieu aux plus vives controverses est celle de l'audition des témoins par les commissaires enquêteurs. Dans un rapport fait en 1876 au nom de la commission chargée d'une enquête sur les élections de MM. d'Ayguesvives et Tron, M. Marcel Barthe constate qu'aucune loi spéciale n'a réglé les formalités à observer dans les enquêtes parlementaires, et il estime qu'en l'absence de dispositions exceptionnelles, les commissions investies par une des Chambres du mandat de procéder à une enquête ont le pouvoir de recourir aux formes prescrites par le code de procédure civile, qui est le droit commun en cette matière, et de requérir les magistrats et les dépositaires de la force publique afin d'en assurer l'exécution. « Cependant, ajoute-t-il, il importe qu'en un sujet aussi grave, il n'existe pas l'ombre d'un doute... Il importe donc qu'une loi vienne régler d'une manière précise la procédure à suivre en matière d'enquêtes parlementaires, ainsi que les droits et les pouvoirs des commissions chargées d'y procéder. »

Bien que les règles du code de procédure civile soient généralement applicables aux enquêtes parlementaires, nous avons dit (*Rép.* n° 970) qu'il avait été reconnu que l'art. 261 c. proc. civ. ne devait pas recevoir son application en pareil cas, et que les députés sur l'élection desquels une enquête est ordonnée ne sont pas fondés à invoquer cet article pour être admis à l'audition des témoins cités par la commission (Ch. dép. 16 nov. 1876, El. de M. le comte du Demaine, Poudra et Pierre, *op. cit.*, n° 769).

521. Les commissions et sous-commissions chargées d'enquêtes électorales ont recueilli de nombreuses dépositions et invité les témoins à déposer sous la foi du serment. Lors de l'enquête faite en 1875 sur l'élection de la Nièvre, les dépositions ont été imprimées et distribuées avec les documents recueillis par la commission et le dossier de l'instruction judiciaire suivie contre le comité de l'appel au peuple (Poudra et Pierre, *op. cit.*, n° 764).

522. Un arrêt de la cour de Bordeaux du 26 juill. 1878 décide que les personnes citées devant une commission d'enquête parlementaire n'ont pas juridiquement le caractère de témoins, qu'elles ne jouissent pas, dès lors, de l'immunité qui couvre les témoignages faits en justice, et ne peuvent, lorsque des paroles injurieuses leur sont adressées, invoquer la protection accordée par la loi aux témoins contre les outrages dont ils sont l'objet (1). — Cette décision a été critiquée, notamment par M. Labbé, dans une note qu'il a publiée sur l'arrêt de la cour de Bordeaux. Les Chambres, a-t-on dit, sont investies des pouvoirs les plus étendus pour la vérification des pouvoirs de leurs membres : les commissaires pris dans leur sein, qu'elles chargent de préparer leurs décisions, ont le droit et le devoir de s'éclairer sur les faits soumis à leurs investigations en appelant les citoyens qui en ont connaissance à venir en déposer devant eux sous la foi du serment. Il paraît difficile de refuser à ceux qui répondent à cet appel la qualité de témoins et les immunités qui y sont attachées.

523. Les résolutions qui ont créé des commissions d'enquête n'ont jamais limité la durée de leurs travaux. Lorsque des membres de la Chambre croient avoir à se plaindre d'un retard dans le dépôt du rapport d'une commission, ils peuvent saisir la Chambre d'une réclamation et, s'il y a lieu, provoquer une décision par laquelle l'Assemblée porte à son ordre du jour la vérification des pouvoirs du député dont l'élection est soumise à l'enquête (Ass. nat. 2 juill. 1875, El. de M. de Bourgoing; Poudra et Pierre, *op. cit.*, n° 771) ; mais une interpellation ne peut être adressée à la commission en séance publique (Ch. dép. 24 mars 1876, *ibid.*, n° 772.), le règlement de la Chambre interdisant les interpellations de collègue à collègue.

524. Lorsqu'une commission d'enquête est spéciale à une ou plusieurs élections déterminées, ses conclusions sont mises directement aux voix, et il n'y a plus à tenir compte des conclusions primitives du bureau, alors même que ces dernières seraient contraires à celles de la commission (Ch. dép. 22 juin 1876, El. de M. le comte d'Ayguesvives, Poudra et Pierre, *op. cit.*, n° 773). Mais, dans le cas où l'Assemblée est en présence d'une commission d'enquête générale, comme celle qui a été instituée en 1877, le bureau reste saisi, nonobstant tout ajournement ou renvoi, et ses conclusions ont la priorité sur celles de la commission d'enquête, à défaut d'une décision contraire de la Chambre (Ch. dép. 1er juin 1878, El. de M. Jérôme David, *ibid.*, n° 774).

525. Quand les rapports des commissions d'enquête ne se bornent pas aux faits de l'élection, mais soulèvent des questions de principe, la Chambre ne peut, après avoir statué sur la validité de l'élection, ouvrir un nouveau débat sur les faits considérés en eux-mêmes et d'une manière abstraite. La mission de la commission est en effet terminée, et son rapport ne peut donner lieu à aucune délibération ultérieure (Ch. dép. 13 juill. 1875, El. de M. de Bourgoing, Poudra et Pierre, *op. cit.*, n° 777 ; 13 juill. 1876, El. de M. de Mun, *ibid.*, n° 778).

SECT. 9. — DE L'APPRÉCIATION DES ÉLECTIONS ATTAQUÉES COMME ENTACHÉES DE FRAUDES, VIOLENCES ET INTIMIDATION, CORRUPTION, IMMIXTION DE L'AUTORITÉ, MANŒUVRES FRAUDULEUSES (*Rép.* nos 973 à 1003).

ART. 1er. — *Des fraudes commises dans les opérations électorales, à l'intérieur du collège ou de la section* (*Rép.* nos 974 et 975).

526. Les solutions contenues dans cette section, et exclusivement empruntées à la jurisprudence parlementaire,

(1) (Labadie C. Moreau.) — Jugement du tribunal correctionnel de Blaye du 21 mars 1878, ainsi conçu : — « Attendu que Moreau a fait citer Labadie devant le tribunal, sous l'inculpation d'outrages par paroles tendant à inculper l'honneur et la délicatesse du plaignant, en sa qualité de maire, ou tout au moins de diffamation envers un particulier; que cette poursuite est motivée sur ces faits que, le 13 février dernier, dans une des salles de la sous-préfecture de Blaye, et devant un certain nombre de personnes ayant un caractère public, Labadie aurait traité Moreau, à l'occasion de ses fonctions de maire de Cartelègue, d'agent électoral, d'agent bonapartiste, affirmant que ledit Moreau avait abusé de ses fonctions pour patronner, aux dernières élections du conseil d'arrondissement, les candidats qui lui étaient sympathiques, et compromis ainsi la dignité qui s'attache aux fonctions dont il est investi ; insinuant, entre autres choses, que Moreau, ès qualités, avait fait distribuer des bulletins de vote, démentant dans des termes injurieux l'affirmation contraire dudit Moreau, et ajoutant : « Entre votre affirmation et la mienne, il n'y a pas d'hésitation possible » ; — Attendu que Labadie combat l'action dirigée contre lui par une fin de non-recevoir tirée de l'immunité légale du témoin, et, au fond, par la dénégation des faits avancés par Moreau et le caractère non public de la diffamation qui lui est imputée ; — Sur la fin de non-recevoir : — Attendu que, s'il est de principe que le témoin ne peut être recherché à l'occasion de sa déposition, hors le cas de faux témoignage, cette immunité ne s'applique qu'à la personne qui a juridiquement la qualité de témoin, c'est-à-dire celle qui réunit les conditions, offre les garanties, est soumise aux formalités édictées par la loi, et vient déclarer, sous la foi du serment, devant l'autorité investie du droit de l'exiger et de le recevoir, ce qu'elle sait des faits litigieux ; qu'il s'agit de savoir si Labadie a légalement cette qualité de témoin parce qu'il a fourni des déclarations à la commission d'enquête parlementaire ; — Attendu que la qualité de témoin ne peut être conférée que par l'autorité à qui la loi a donné pouvoir de le faire ; que c'est l'autorité judiciaire seule qui est investie de ce pouvoir ; qu'à la vérité, le droit de vérification dont les Chambres sont investies, en ce qui concerne les élections de leurs membres, implique le droit de s'éclairer, de se renseigner, et, par suite, celui de déléguer à des commissaires d'enquête l'exercice de ce droit ; mais qu'il ne s'ensuit point de là que ces commissions soient revêtues de l'autorité spéciale que la loi donne à la justice seule, qu'elle soit civile, criminelle, militaire ou administrative, de conférer aux personnes dont elle reçoit les déclarations, le caractère légal de témoins ; qu'en l'absence d'une loi précise, régulièrement votée et promulguée, qui accorde ce droit aux commissions d'enquête, on doit le considérer, quels que soient les précédents plus ou moins applicables qu'on puisse invoquer, comme une prérogative exclusivement judiciaire ; qu'au surplus, ce n'est pas seulement à l'occasion de la déposition de Labadie que se sont produits tous les faits incriminés, mais pendant la durée et à l'occasion d'une discussion survenue entre les parties, au moment où, sur la demande de Moreau, les commissaires enquêteurs les avaient mis en présence ; — Attendu qu'il suit de là que Labadie n'a pas la qualité de témoin et qu'il ne peut, dès lors, s'abriter derrière l'immunité légale ; — Au fond..., etc. ; — Par ces motifs ; — Le tribunal rejette l'exception élevée par Labadie et autorise la preuve offerte par Moreau ». — Appel par le sieur Labadie. — Arrêt.

LA COUR ; — Adoptant les motifs des premiers juges ; — Confirme.

Du 26 juill. 1878.-C. de Bordeaux, ch. corr.-MM. de Tholouze, f. f. pr.-Bourgeois, av. gén.-Brun (du barreau de Blaye) et Girard, av.

doivent être combinées avec celles de la jurisprudence administrative en matière d'élections communales et départementales, qui seront exposées *infrà*, v° *Organisation administrative*.

527. Nous avons indiqué *suprà*, n° 368, les questions qui se rattachent aux fraudes commises dans le dépouillement du scrutin.

ART. 2. — *Des violences et intimidation; Défaut de liberté morale* (*Rép.* n°s 976 à 983).

528. Ainsi qu'on l'a vu au *Rép.* n° 976, il n'y a pas lieu de s'arrêter à des allégations de violence et d'intimidation, lorsque les faits allégués ne sont ni précisés ni prouvés. Ainsi on ne doit pas prendre en considération une protestation qui allègue vaguement des faits de pression sans désigner aucun fait précis, aucun lieu, aucune personne (Ch. dép. 28 nov. 1885, El. du Finistère, *Journ. off.* du 29, p. 125); ni celle qui allègue que des menaces auraient été faites à un électeur qui votait pour le candidat de l'opposition, s'il n'est pas dit par qui et dans dans quels termes ces menaces auraient été faites (Corps lég. 17 nov. 1863, El. de M. de Kervéguen, D. P. 64. 3. 65, n° 328); ni celle qui allègue, sans le prouver, qu'une société littéraire aurait été menacée de dissolution avant l'élection (Corps lég. 20 nov. 1863, El. de M. Lasnonier, D. P. 64. 3. 64, n° 307).

529. Nous avons dit (*Rép.* n° 978) que des désordres et violences commis dans la commune ou dans le pays ne deviennent des motifs de nullité des élections que lorsqu'ils ont agi directement sur les électeurs, ou qu'ils ont eu un caractère assez grave pour empêcher ou pour commander le vote. Une élection législative ne peut, en conséquence, être annulée par le motif que des partisans des candidats élus se seraient livrés à des voies de fait isolées, alors que cette allégation est démentie par les prétendus coupables, que les faits semblent sans gravité et sans influence sur le résultat de l'élection, et qu'ils n'ont donné lieu à aucune poursuite judiciaire (Ch. dép. 28 nov. 1885, El. du Finistère, *Journ. off.* du 29, p. 125).

530. Des allégations d'entraves à la liberté, d'actes et de paroles d'intimidation ne peuvent faire annuler une élection, ainsi qu'on l'a vu (*Rép.* n° 979), qu'autant que la liberté des votants a été réellement opprimée; et il n'y a pas lieu de s'arrêter à des protestations signalant des faits de démarches exagérées attribués aux amis des deux candidats, si ces démarches ne touchent en rien à l'attitude et à l'honorabilité de ces candidats (Corps lég. 2 févr. 1864, El. de M. Hallez-Claparède, D. P. 64. 3. 64, n° 291). Mais il a été décidé qu'une élection devait être annulée, lorsqu'il résultait d'un jugement, même rendu par défaut et susceptible d'opposition, que le régisseur d'un candidat aurait menacé des ouvriers de les renvoyer s'ils ne votaient pas pour ce candidat (Ch. dép. 30 janv. 1890, El. de M. Loreau, *Journ. off.* du 31, p. 141).

531. Il faut, d'ailleurs, pour que les faits allégués soient pris en considération, qu'ils aient été de nature à influer sur le résultat du scrutin. Par suite, on ne doit pas tenir compte de ce fait que les employés d'une compagnie industrielle auraient menacé les ouvriers mineurs placés sous leur direction de les renvoyer immédiatement « s'ils ne votaient pas selon leurs ordres », alors que ce grief est reproché aux partisans de la liste qui a échoué et, par conséquent, qu'il n'a pu avoir pour effet de diminuer le nombre de voix obtenu par le candidat élu (Ch. dép. 12 nov. 1885, El. de la Savoie, *Journ. off.* du 13, p. 19). De même, la circonstance que, dans une commune, un percepteur aurait publiquement déclaré, en se disant autorisé par le préfet et le sous-préfet, que si les habitants ne votaient pas pour le candidat du Gouvernement, le chef-lieu administratif de l'arrondissement qu'ils possédaient serait transféré ailleurs, pourrait tout au plus entraîner l'annulation de l'élection de la commune, mais ne pourrait nuire au résultat général de l'élection, si elle a eu lieu à une grande majorité (Corps lég. 23 nov. 1863, El. de M. Joseph Simon, D. P. 64. 3. 60, n° 205). De même encore, une élection ne saurait être annulée à raison des termes violents employés dans une affiche publiée par ses auteurs partisans des candidats élus, des menaces de répression pénale qu'elle contient, et de l'atteinte à la liberté du vote qu'elle a produite, si cette action n'a pas été assez forte pour amener l'écart de suffrages très considérable qui existe entre les deux listes en présence (Ch. dép. 19 nov. 1885, El. de l'Ain, *Journ. off.* du 20, p. 43).

On ne peut considérer comme ayant agi sur le résultat du scrutin des paroles imprudentes, des menaces proférées par les partisans des deux candidats; ces propos sont réputés se neutraliser les uns les autres (Corps lég. 19 nov. 1863, El. de M. Gavini, D. P. 64. 3. 64, n° 292).

532. Nous avons examiné au *Rép.* n° 983 la question de savoir si le mandat impératif a pour effet d'annuler l'élection du candidat qui l'a accepté. La question n'a pas été résolue par l'art. 13 de la loi du 30 nov. 1875, qui s'est borné à déclarer le mandat impératif nul et de nul effet. Mais il ressort de la discussion de cet article, et spécialement des explications de M. Achille Delorme, que la commission de l'Assemblée nationale, en proscrivant le mandat impératif, n'a pas entendu attacher à l'acceptation de ce mandat une sanction aussi grave que celle de l'annulation de l'élection (Séance du 10 nov. 1875, *Journ. off.* du 11, p. 9191).

ART. 3. — *Corruption* (*Rép.* n°s 984 à 986).

533. De même que les faits de violence et d'intimidation, les faits de corruption n'entraînent l'annulation d'une élection qu'autant qu'ils sont précis et concluants (*Rép.* n° 984). Ainsi il n'y a pas lieu de s'arrêter à une protestation dans laquelle sont articulés des faits de cette nature, si ces articulations sont vagues (Ch. dép. 28 nov. 1885, El. du Finistère, *Journ. off.* du 29, p. 125; 15 déc. 1886, El. des Hautes-Alpes, *Journ. off.* du 16, p. 2167); ou si elles manquent de vraisemblance (Ch. dép. 28 janv. 1886, El. du Gard, *Journ. off.* du 29, p. 65); ousi les faits invoqués ne sont appuyés d'aucune déclaration ou d'aucun autre témoignage (Corps lég. 19 nov. 1863, El. de M. Gavini, D. P. 64. 3. 62, n° 255; 23 nov. 1863, El. de M. Aimé Gros, D. P. 64. 3. 64, n° 298; Ch. dép. 21 et 28 nov. 1885, El. du Lot et du Finistère, *Journ. off.* des 22 et 29, p. 57 et 125); ni d'aucune pièce authentique (Corps lég. 16 nov. 1863, El. de M. Le Roux, D. P. 64. 3. 62, n° 254); ni d'aucun document qui puisse tenir lieu de commencement de preuve et autoriser un plus ample informé (Décision du 23 nov. 1863 précitée). Il en est ainsi, alors surtout que les prétendus faits de corruption sont déniés par le candidat auquel on les impute (Décision du 23 nov. 1863 précitée), et qu'ils n'ont pas été établis par le réclamant, entendu en personne par le bureau (Décision du 16 nov. 1863 précitée).

534. Dans certains cas le grief a été écarté, soit par le motif que les faits dénoncés aux tribunaux n'avaient donné lieu à aucune condamnation (Corps lég. 19 nov. 1863, El. de M. Gavini, D. P. 64. 3. 62, n° 255), soit parce que les concurrents avaient eu recours aux mêmes moyens de corruption (Corps lég. 20 nov. 1863, El. de M. de Dalmas, D. P. 64. 3. 64, n° 296).

535. Il est, d'ailleurs, de principe de ne tenir compte des faits de corruption articulés que s'ils ont été de nature à exercer une influence sur les résultats du scrutin (Corps lég. 11 nov. 1863, El. de M. Campaigno, D. P. 64. 3. 80, n° 642; 20 nov. 1863, cité *suprà*, n° 534; Ch. dép. 15 mars 1876, El. de MM. Adrian et Raoul Duval, *Journ. off.* du 16, p. 1839; 20 mars 1876, El. de M. le baron Dufour, *Journ. off.* du 21, p. 1695; 5 avr. 1876, El. de M. Adam, *Journ. off.* du 6, p. 2460; 12 nov. 1885, El. des Hautes-Pyrénées, *Journ. off.* du 13, p. 18; 21 et 23 nov. 1885, El. des Côtes-du-Nord, *Journ. off.* des 22 et 24, p. 65 et 85; 18 nov. 1889, El. de M. de Lévis Mirepoix, *Journ. off.* du 19, p. 80; 28 nov. 1889, El. de M. Le Cour, *Journ. off.* du 29, p. 197; 28 nov. 1889, El. de M. de Lareinty, *Journ. off.* du 29, p. 199).

536. Des distributions d'argent faites dans l'intérêt du candidat élu peuvent entraîner la nullité de l'élection, lorsqu'elles ont été de nature à influer sur le résultat du scrutin. Ainsi une élection législative peut être annulée lorsqu'il résulte d'un grand nombre de protestations que l'élu a répandu dans le département, composé d'une seule circonscription, une quantité considérable de dons en argent ou en nature, et a fait des promesses soit par ses amis pour déterminer sa candidature, soit par lui-même et sur les lieux après que sa candidature a été déclarée (Corps lég. 24 nov. 1863, El. de M. Isaac Pereire, D. P. 64. 3. 64, nº 305). Il en est de même d'une élection dans laquelle un candidat a traité avec un comité qui s'est chargé de lui procurer des suffrages moyennant le payement d'une somme déterminée, et qui a employé cette somme à acheter les votes d'un certain nombre d'électeurs (Ch. dép. 21 janv. 1890, El. de M. Bischoffsheim, *Journ. off.* du 22, p. 62).

Mais les libéralités faites par un candidat, même pendant la période électorale, ne suffisent pas à constituer le fait de corruption, s'il ne s'y est joint un marché avoué ou sous-entendu entre le candidat et les électeurs au profit desquels ont été faites ces libéralités (Ch. dép. 18 avr. 1889, El. de M. le comte de Lévis Mirepoix, *Journ. off.* du 19, p. 80).

537. Le fait que des dons considérables auraient été faits par un candidat à des communes ou des sociétés antérieurement à la période électorale ne suffit pas pour entraîner l'annulation de l'élection, lorsque ces libéralités n'ont pas été spéciales à la circonscription, qu'elles n'ont été que la continuation de ce que faisait depuis longtemps le candidat soit dans le pays, soit en dehors du pays, et qu'il n'est pas allégué, d'ailleurs, que ces largesses se soient renouvelées pendant la période électorale (Ch. dép. 3 déc. 1889, El. de M. Jaluzot, *Journ. off.* du 4, p. 263; 23 déc. 1889, El. de M. le comte Greffulhe, *Journ. off.* du 24, p. 528).

538. Des distributions d'argent, faites à quelques électeurs dans le but de gagner leurs voix par les partisans des candidats non élus ne sont pas susceptibles de vicier l'élection, puisqu'elles n'ont pu avoir d'autre effet que de diminuer la majorité obtenue par les candidats proclamés (Ch. dép. 12 nov. 1885, El. de la Savoie, *Journ. off.* du 13, p. 19).

539. Des distributions gratuites de boissons faites par les soins ou au nom d'un candidat ou de ses partisans peuvent entraîner l'annulation d'une élection, lorsqu'elles ont été de nature à porter atteinte à la sincérité de l'élection (Ch. dép. 5 déc. 1889, El. de M. Thirion-Montauban, *Journ. off.* du 6, p. 289; 10 déc. 1889, El. de M. Léouzon-Leduc, *Journ. off.* du 11, p. 359). Il en est ainsi alors surtout que la majorité acquise au candidat a été peu considérable (Mêmes décisions).

Mais on ne saurait considérer comme des manœuvres suffisantes pour faire annuler une élection le fait qu'on aurait donné à boire aux ouvriers employés à une construction publique ou aux pompiers chargés de garder l'entrée du scrutin (Corps lég. 20 nov. 1863, El. de M. Lasnonier, D. P. 64. 3. 64, nºˢ 306 et 307), et il n'y a pas lieu de s'arrêter davantage à une protestation alléguant que, dans une commune, il y aurait eu affluence dans les cabarets le jour du vote et distributions gratuites de pain et de vin, si le candidat repousse toute participation à ces faits, si les cabaretiers déclarent avoir agi spontanément, et si un seul homme a été vu en état d'ivresse dans la commune pendant les opérations électorales (Corps lég. 20 nov. 1863, El. de M. E. Pereire, D. P. 64. 3. 64, nº 304).

540. L'annulation d'une élection ne saurait résulter de la circonstance qu'un comité électoral a fait appel aux électeurs absents et les a informés qu'il payerait les frais de voyage de ceux qui ne pourraient y subvenir, alors surtout que la protestation ne cite aucun électeur ayant reçu des frais de voyage (Ch. dép. 28 janv. 1886, El. du Gard, *Journ. off.* du 29, p. 65), ni du fait que, quinze jours avant l'élection, le curé de la paroisse d'un candidat aurait annoncé au prône que ce candidat autorisait les habitants de la commune à aller couper du bois et chercher de l'herbe dans ses forêts, mais qu'après les élections, il aurait retiré la permission, si cette permission était accordée chaque année aux pauvres, si le dimanche suivant le curé avait, sur la demande du candidat, expliqué à l'église que les autorisations données par ce candidat restaient ce qu'elles étaient par le passé, enfin si, en déduisant les voix, en petit nombre, des votants de cette commune, il restait encore à l'élu une majorité considérable (Corps lég. 13 nov. 1863, El. de M. le duc de Marmier, D. P. 64. 3. 64, nº 300).

541. Les distributions ou promesses de secours faites par un candidat peuvent entraîner l'annulation de son élection : ainsi l'invalidation doit être prononcée lorsque, quelques jours avant le scrutin, le candidat a donné 6000 fr. pour la reconstruction d'une mairie (Corps lég. 4 mars 1868, El. d'Estourmel, *Moniteur* du 5, p. 332). Mais il n'y a pas lieu de s'arrêter à une protestation alléguant que le candidat a fait des dons personnels aux bureaux de bienfaisance, aux églises, aux presbytères et partout où il s'est présenté, s'il est établi que tous les ans le candidat agissait ainsi, et qu'il n'a rien donné depuis que sa candidature a été posée (Corps lég. 25 nov. 1863, El. de M. Calvet Rogniat, D. P. 64. 3. 64, nº 301. V. *suprà*, nº 537), ni à une protestation fondée sur ce que le candidat proclamé aurait remis des dons d'argent à des directions de poste, s'il résulte des explications de ce candidat qu'il avait eu l'intention d'indemniser les facteurs de deux bureaux du surcroît de travail que leur avait occasionné la distribution de ses circulaires ou bulletins, mais que les gratifications, d'ailleurs fort modiques, déposées par lui dans ce but dans les directions, lui avaient été rendues (Corps lég. 2 févr. 1864, El. de M. Buffet, D. P. 64. 3. 64, nº 302. V. anal. Ch. dép. 3 déc. 1889, El. de M. Fairé, *Journ. off.* du 4, p. 267).

542. L'inauguration solennelle faite peu de jours avant une élection législative et annoncée avec une grande publicité d'un canal à l'établissement duquel le candidat élu avait pris notoirement la part la plus considérable, suffit pour motiver l'invalidation, si à ce moment les conditions imposées pour la constitution de la société, pour l'ouverture ou pour la continuation des travaux n'étaient pas remplies, si la première pierre avait été posée sur un terrain non encore acheté, si le point de départ du canal n'avait pas encore été déterminé et si des membres du conseil d'administration de la compagnie du canal avaient donné leur démission (Corps lég. 18 et 28 nov. 1863 et 19 févr. 1864, El. de M. Bravay, D. P. 64. 3. 64, nº 299).

543. Mais il a été décidé que l'on ne saurait incriminer les démarches officieuses faites par un candidat dans l'intérêt de quelques communes, le candidat ayant, comme le député élu, le droit de mettre au service des intérêts généraux des populations qu'il veut représenter son zèle et son influence (Corps lég. 21 nov. 1862, El. de M. de Soubeyran, D. P. 64. 3. 64, nº 297).

ART. 4. — *Immixtion de l'autorité* (*Rép.* nºˢ 987 à 999).

544. Le gouvernement impérial a, comme nous l'avons dit (*Rép.* nº 987), pratiqué pendant toute sa durée le système des candidatures officielles; il a revendiqué le droit d'avoir des candidats de son choix, de les recommander ouvertement aux électeurs et de les faire appuyer par les préfets et les fonctionnaires de tous les degrés. Le régime des candidatures officielles a pris fin avec le second Empire; et il est implicitement proscrit par les art. 3 et 22 de la loi du 30 nov. 1875 qui interdisent à tout agent de l'autorité publique ou municipale de distribuer des bulletins de vote, professions de foi et circulaires des candidats.

545. Quoique, depuis cette époque, les gouvernements qui se sont succédé aient rarement réclamé d'une manière formelle le droit d'avoir des candidats officiels, ils ont plus d'une fois manifesté leurs préférences pour l'un des candidats en présence et usé de leur influence pour favoriser le succès de ce candidat. Dans certains cas, la jurisprudence parlementaire a trouvé dans le seul fait de cette intervention de l'Administration en faveur d'un candidat un motif d'invalidation (Ch. dép. 1ᵉʳ avr. 1876, El. de M. de Cordenan, *Journ. off.* du 2, p. 2356; 7 avr. 1876, El. de M. Chesnelong, Poudra et Pierre, *op. cit.*, nº 563; 22 juill. 1876, El. de M. Tron, *ibid.*; 11 avr. 1876, El. de M. Veillet, *Journ. off.* du 12, p. 2635); et il a été décidé que l'invalidation devait être prononcée, quel que fût le chiffre de la majorité (Ch. dép. 25 mars 1876, El. de M. Aymé de la Chevrelière, *ibid.*). Mais des décisions plus nombreuses ont écarté ce grief lorsqu'il ne s'appuyait pas sur des faits de pression (Ch. dép. 24 mai 1878, El. de MM. David et Soye, *Journ. off.* du 25, p. 5735; 25 mai 1878, El. de M. Loustalot, *Journ. off.* du 26, p. 5778; 6 déc. 1878, El. de MM. Corentin Guyho et Milcent *Journ. off.* du 7, p. 11544 et 11547; 7 déc. 1878, El. de M. de Rémusat, *Journ. off.* du 8, p. 11612; 7 déc. 1885, El. de la Guadeloupe, *Journ. off.* du 8, p. 160).

Dans des cas où l'élu avait eu le patronage de l'Administration et où les électeurs avaient dû le considérer comme un candidat officiel, mais où il n'était pas prouvé qu'aucune pression ou violence fût intervenue pour déterminer l'élection, la Chambre a validé l'élection en blâmant l'emploi d'affiches blanches et la candidature officielle (Ch. dép. 7 et 11 avr., 13 juill. 1876, Poudra et Pierre, *op. cit.*, n° 564).

546. Il a été reconnu à toutes les époques, ainsi que nous l'avons dit (*Rép.* n° 987), que les actes de l'Administration qui ont eu pour but évident d'empêcher la manifestation de la volonté des électeurs ou d'en altérer l'expression peuvent servir de moyen d'annulation de l'élection. Mais, pour que des allégations de cette nature puissent être accueillies, il faut que les faits articulés soient suffisamment précis (Corps lég. 2 déc. 1857, El. de M. Laugier de Chartrouse, D. P. 64. 3. 65, n° 329; 9 févr. 1861, El. de M. de Monnecove, D. P. 64. 3. 56, n° 132; 12 et 21 nov. 1863, El. de MM. Bertrand et Le Mélorel de la Haichois, D. P. 64. 3. 57, n°s 158 et 159; Ch. dép. 28 janv. 1886, El. du Gard, *Journ. off.* du 29, p. 65). Il faut, en outre, qu'ils soient suffisamment prouvés (Corps lég. 25 nov. 1863, El. de M. Arman, D. P. 64. 3. 57, n° 160). Ainsi il a été décidé qu'il n'y avait pas lieu de tenir compte de protestations fondées sur de prétendues promesses, menaces et autres manœuvres électorales de la part d'un grand nombre de fonctionnaires, alors que ces fonctionnaires poursuivis judiciairement à raison de ces faits avaient été acquittés (Corps lég. 18 nov. 1863, El. de M. Abattucci, D. P. 64. 3. 56, n° 133).

547. Le Corps législatif a également écarté des protestations alléguant qu'un système d'intimidation et de corruption avait été organisé dans plusieurs cantons, par le motif qu'un tel système était inadmissible à cause de son invraisemblance, alors surtout qu'il était démenti par les ordres formels et réitérés de l'Administration insérés dans les journaux et adressés à tous les maires, et qu'il avait d'ailleurs été formellement démenti par un des maires incriminés (Corps lég. 23 nov. 1863, El. de M. Aimé Gros, D. P. 64. 3. 56, n° 135).

548. Des faits de pression et d'intimidation ne peuvent être pris en considération qu'autant qu'ils ont exercé une influence réelle sur le résultat de l'élection (Corps lég. 9 nov. 1863, El. de M. Creuzet, D. P. 64. 3. 58, n° 169). En conséquence, il n'y a pas lieu de s'arrêter à des griefs de cette nature lorsque le candidat proclamé a été élu à une grande majorité (Corps lég. 2 déc. 1857, El. de M. Laugier de Chartrouse, D. P. 64. 3. 58, n° 162; 10, 13 et 18 nov. 1863, El. de MM. Noualhier, de Campaigno et Roy de Loulay, D. P. 64. 3. 58, n°s 163, 164 et 165).

549. Il a été décidé par le Corps législatif qu'un candidat non élu n'est pas admissible à se plaindre d'une pression exercée contre lui si, dans les communes d'où sont venues des protestations contre l'élection, il a obtenu plus de voix que son concurrent (Corps lég. 2 déc. 1857, El. de M. le colonel Normand, D. P. 64. 3. 58, n° 166). Mais cette solution n'est pas à l'abri de la critique. En effet, l'obtention par le réclamant de la majorité des voix dans les communes indiquées comme ayant été soumises à une pression abusive ne rend pas l'allégation de cette pression invraisemblable; car c'est surtout dans les communes qui lui sont favorables que la lutte dirigée contre un candidat devient active et est exposée à dépasser les limites de la légalité; cette circonstance peut bien prouver que l'influence signalée comme abusive n'a pas été toute puissante, mais non qu'elle a été sans effet.

550. Le Corps législatif a également refusé de prendre en considération des protestations alléguant une pression administrative, lorsque l'Administration avait refusé de prendre aucune mesure contre des actes de pression signalés par de nombreux procès-verbaux à l'égard d'adversaires du candidat, et que des contre-protestations alléguaient de la part de ces derniers des faits de pression exercés sur des électeurs rétribués (Corps lég. 23 nov. 1863, El. de M. Jaucourt, D. P. 64. 3. 58, n° 171).

551. La pression administrative peut s'exercer sous des formes multiples. Elle peut résulter de dépêches, circulaires ou affiches, de démarches de toute espèce des fonctionnaires avant et pendant l'élection, d'enlèvement des affiches d'un candidat par les agents de l'autorité, de l'intervention de ces agents dans la distribution des bulletins de vote, ou d'entraves apportées à la distribution de ces bulletins.

552. Quoique les communications politiques adressées aux électeurs par le Gouvernement au moment du vote soient susceptibles d'exercer une grande influence sur l'élection, nous avons dit (*Rép.* n° 987) qu'elles n'entraînent pas toujours la nullité des opérations électorales. Ainsi la Chambre des députés n'a pas considéré comme un acte de pression administrative susceptible de vicier l'élection l'apposition d'affiches blanches émanées de l'Administration, qui ne renfermaient aucune indication au point de vue électoral, qui ne recommandaient aucune candidature et contenaient simplement une réponse d'ordre général à des allégations que le Gouvernement avait jugé à propos de démentir (Ch. dép. 19 nov. 1885, El. de la Nièvre, *Journ. off.* du 20, p. 52; 15 nov. 1889, El. de M. Buvignier, *Journ. off.* du 16, p. 67; 21 nov. 1889, El. de M. Mercier, *Journ. off.* du 22, p. 100).

553. Il en est de même de l'apposition d'une affiche par l'ordre du préfet pour démentir un fait absolument faux publié à la dernière heure par le comité électoral des candidats qui ont échoué, alors surtout que la majorité obtenue par les candidats proclamés est trop considérable pour que l'acte reproché au préfet, accompli au dernier moment, ait pu exercer aucune influence sur les opérations électorales (Ch. dép. 14 nov. 1885, El. du Loiret, *Journ. off.* du 15, p. 34).

554. Il a été décidé, sous le régime des candidatures officielles, que l'élection ne pouvait être viciée par l'envoi de lettres et dépêches du préfet, destinées à démentir des bruits relatifs à l'appui que le clergé aurait eu l'intention de donner au candidat de l'opposition (Corps lég. 11 nov. 1863, El. de M. Noubel, D. P. 64. 3. 59, n° 177).

555. Le Corps législatif a également décidé qu'un candidat non élu ne pouvait se plaindre : 1° des *communiqués* à lui adressés par le préfet à l'occasion de l'élection, s'ils n'étaient que des réponses nécessitées par les attaques du journal de ce candidat (Corps lég. 19 nov. 1863, El. de M. Curé, D. P. 64. 3. 60, n° 212); 2° ni de l'affichage, le jour des élections, par le préfet, d'une lettre par laquelle le procureur général l'informait que des poursuites allaient être dirigées contre le gérant d'un journal qui avait publié deux jours auparavant des attaques violentes contre le Gouvernement, et de l'injonction faite au journal de publier cette lettre, si d'ailleurs le gérant du journal lui-même n'avait pas réclamé contre l'affiche et si le fait de cette affiche n'avait pu avoir d'influence sur le résultat de l'élection (Corps lég. 28 nov. 1863, El. de M. Royer, D. P. 64. 3. 60, n° 221).

556. Des publications émanées des maires et constituant une manœuvre électorale ne peuvent faire annuler une élection, si, en attribuant au candidat opposant toutes les voix des communes où cette manœuvre a eu lieu, la majorité reste encore à l'élu (Corps lég. 28 nov. 1863, El. de M. Royer, D. P. 64. 3. 56, n° 131).

557. L'intervention des fonctionnaires de tout ordre a été diversement appréciée, suivant que le système des candidatures officielles a été admis ou condamné. Le Corps législatif n'a pas considéré comme un acte de pression électorale un voyage du ministre des travaux publics au moment des élections, alors que l'élection attaquée pour ce motif avait eu lieu à une très forte majorité; que le voyage du ministre précédemment sollicité par les intéressés avait été employé à étudier sur les lieux des questions importantes de tracés de chemins de fer vivement controversées dans le pays, que le ministre n'avait fait aucune autre promesse à aucune localité que celle des moyens propres à éclairer l'Administration, qu'enfin la majorité obtenue par le candidat opposant dans un canton visité par le ministre prouvait que son voyage n'avait pas exercé d'influence sur l'élection (Corps lég. 25 nov. 1863, El. de M. Mathieu, D. P. 64. 3. 59, n° 178). Il a également refusé de voir un motif d'invalidation dans le fait que des visites auraient été faites par le sous-préfet aux communes de l'arrondissement (Corps lég. 18 nov. 1863, El. de M. Roy de Loulay, D. P. 64. 3. 56, n° 134), ou par le préfet à un certain nombre de communes (Corps lég. 27 nov. 1863, El. de M. de Quinemont, D. P. 64. 3. 59, n° 179) et dans l'apposition du contre-seing du préfet sur une dépêche contenant l'appréciation d'une candidature

(Corps lég. 20 nov. 1863, El. de M. Lasnonier, D. P. 64. 3. 59, n° 180).

Le Corps législatif n'a pas accueilli davantage une protestation accusant un maire d'avoir cherché à détourner les électeurs de voter pour un candidat, de les avoir menacés soit de leur retirer les secours communaux, soit de leur faire faire des procès-verbaux par son garde, d'avoir cherché à connaître les votes et à enlever les bulletins de celui qu'il combattait; enfin d'avoir dit publiquement qu'il ne fallait pas voter pour lui, parce qu'il n'était pas candidat du Gouvernement et parce que, dans une Chambre antérieure, il avait voté des lois d'usure, par le motif qu'en supposant vraies ces allégations, le résultat définitif de l'élection n'en serait pas modifié et que d'ailleurs le candidat combattu par le maire avait eu dans la commune plus de voix que son compétiteur (Corps lég. 29 avr. 1862, El. de M. Palluel, D. P. 64. 3. 58, n° 167).

558. L'intervention des magistrats, dans l'intérêt d'un candidat, a un caractère particulier de gravité. Lorsqu'un candidat non élu a obtenu du président du tribunal l'autorisation d'assigner à bref délai, c'est-à-dire avant le jour du vote, les auteurs de la lacération de ses affiches dans une commune, pour les faire condamner à des dommages-intérêts, il est hors de doute que le ministère public n'a pas le droit d'arrêter le cours de la procédure en défendant à un huissier de signifier l'assignation avant le jour de l'élection. Néanmoins, d'après une décision du Corps législatif, cet acte, malgré sa gravité, ne doit pas entraîner l'invalidation, lorsqu'il n'a pas eu pour effet de modifier le résultat du scrutin (Corps lég. 12 nov. 1863, El. de M. Noubel, D. P. 64. 3. 58, n° 172).

Le Corps législatif a également décidé qu'il n'y avait pas lieu de s'arrêter à des propos violents tenus publiquement par un juge de paix contre le candidat non élu, lorsque l'autorité administrative y avait été étrangère, et que, dès qu'il en avait eu connaissance, le préfet s'était transporté dans les cantons où les propos avaient été tenus et avaient pu se répandre, y avait réuni les électeurs, leur avait fait l'éloge du candidat injurié et avait déclaré que, s'il le combattait, c'était uniquement pour des motifs politiques (Corps lég. 24 nov. 1863, El. de M. de Corberon, D. P. 64. 3. 60, n° 207).

559. L'art 3, § 3, de la loi du 30 nov. 1875 défend, ainsi que nous l'avons dit *suprà*, n° 544, la distribution des bulletins de vote, des professions de foi et circulaires des candidats par les agents de l'autorité (Circ. min. int. 10 avr. 1884, D. P. 84. 4. 34, note 14 ; 9 sept. 1885, *Bull. min. int.*, 1885, p. 212 ; 10 juill. 1886, *ibid.*, 1886, p. 199). L'infraction à cet article est punie d'une amende de 16 à 300 fr. Mais cette disposition n'interdit que la *distribution* des écrits électoraux qui seule peut donner lieu à actes de pression et d'intimidation ; l'*affichage* de ces écrits, opération purement matérielle, ne tombe pas sous la prohibition de cet article. En conséquence, une circulaire du ministre de l'intérieur du 3 févr. 1876 a autorisé les agents de l'autorité à placarder les affiches des candidats qui recouraient à leur ministère (Poudra et Pierre, *op. cit.*, n° 558).

560. L'interdiction contenue dans l'art. 3 de la loi du 30 nov. 1875 s'étend à tous les agents de l'autorité publique et municipale ; et des circulaires ministérielles ont recommandé aux maires de veiller à ce que les gardes champêtres, agents de police, appariteurs s'abstiennent de distribuer des écrits électoraux de quelque nature que ce soit (Circulaires des 10 avr. 1884, 9 sept. 1885 et 10 juill. 1886, citées *suprà*, n° 559). Mais il est clair que cette défense n'est pas applicable aux facteurs, en tant qu'ils agissent sous les ordres de l'administration dont ils relèvent. Cette solution qui ne peut faire aucun doute ressort de la discussion même de la loi de 1875. « Les facteurs, disait le rapporteur, M. Ricard, ne distribuent pas les bulletins, ils transportent ceux qui sont confiés à leur administration. » Et M. Ernest Picard ajoutait: « Les facteurs qui distribuent des bulletins remplissent précisément leurs fonctions, tandis que les agents de l'autorité qui donnent des bulletins font un acte absolument contraire à leurs fonctions » (D. P. 76. 4. 6, note 2).

Ce qui vient d'être dit s'applique exclusivement aux facteurs agissant dans l'exercice de leurs fonctions; et la Chambre des députés, dans sa séance du 16 nov. 1877, a prononcé le renvoi au ministre des finances d'une protestation contre la conduite d'un facteur des postes qui avait distribué *en dehors de son service* des professions de foi et des bulletins de vote pour le compte d'un candidat (Poudra et Pierre, *op. cit.*, n° 558).

561. La question de savoir si le maire d'une commune doit être considéré comme un agent de l'autorité publique ou municipale et si, par suite, il lui est interdit de distribuer des bulletins de vote dans une élection législative, a été controversée. Elle a été résolue négativement par un jugement du tribunal de Saint-Affrique du 22 mars 1878 (aff. Nouguier, D. P. 78. 3. 79). Mais l'opinion contraire a prévalu, et il est admis que le maire et les adjoints d'une commune qui distribuent des bulletins de vote dans une élection législative commettent le délit prévu par l'art. 3, § 3, et puni par l'art. 22 de la loi du 30 nov. 1875 (Montpellier, 1er avr. 1878, D. P. 78. 5. 204).

562. L'infraction à la prohibition de l'art. 3, § 3, de la loi du 30 nov. 1875, comme la plupart des irrégularités commises dans les opérations électorales, n'entraîne pas nécessairement l'annulation de ces opérations ; et il a été décidé qu'une élection ne devait pas être invalidée à raison de la distribution des bulletins faite dans une commune par le garde champêtre ou par l'appariteur en même temps que la remise des cartes électorales, lorsque cette irrégularité n'avait pas eu pour effet de modifier le résultat du scrutin (Ch. dép. 19 nov. 1885, El. de la Haute-Saône, *Journ. off.* du 20, p. 45 ; 21 nov. 1885, El. du Lot, *Journ. off.* du 22, p. 57).

563. L'art. 17 punit d'une amende de 5 à 15 fr. ceux qui ont enlevé, déchiré, recouvert ou altéré par un procédé quelconque, de manière à les travestir ou à les rendre illisibles, des affiches électorales apposées ailleurs que sur les propriétés de ceux qui ont commis cette lacération ou altération. D'après le même article, la peine est d'une amende de 16 à 100 fr. et d'un emprisonnement de six jours à un mois de prison, ou de l'une de ces deux peines seulement, si le fait a été commis par un fonctionnaire agent de l'autorité publique, à moins que les affiches n'aient été apposées dans les emplacements réservés aux actes de l'autorité. Mais le fait qu'un maire aurait arraché une affiche électorale n'entraîne pas la nullité d'une élection législative, lorsqu'il n'a pas pour effet de modifier le résultat du scrutin (Ch. dép. 19 nov. 1885, El. de la Haute-Saône, *Journ. off.* du 20, p. 45).

564. Il a été décidé, dans le même sens, que l'enlèvement des affiches d'un candidat dans plusieurs communes par l'ordre ou avec l'assentiment des maires ne peut vicier une élection : 1° si les affiches ont été bientôt replacées sans opposition des maires (Corps lég. 11 nov. 1863, El. de M. Noubel, D. P. 64. 3. 60, n° 223); 2° si les affiches du candidat n'ont été enlevées que dans quelques communes (six) au moment où il commençait à poser sa candidature, et si l'autorité supérieure, sur sa plainte, a fait rétablir les affiches (Corps lég. 23 nov. 1863, El. de M. Aimé Gros, D. P. 64. 3. 60, n° 225); 3° s'il est prouvé que l'administration supérieure a pris toutes les mesures pour empêcher la lacération des affiches, que le préfet a fait dans ce but une proclamation libérale et que des instructions avaient été données pour faire respecter les droits de tous les candidats (Corps lég. 18 nov. 1863, El. de M. Roy de Loulay, D. P. 64. 3. 60, n° 224).

565. Suivant d'autres décisions qui ont donné lieu à de sérieuses critiques, on ne doit pas regarder non plus comme un motif d'invalidation : 1° le fait que, dans une commune où les affiches d'un candidat avaient été enlevées par le garde champêtre avec autorisation du maire et alors que le candidat intéressé avait été autorisé à citer à bref délai le maire et le garde champêtre, le procureur impérial aurait défendu à l'huissier chargé de l'assignation de la donner avant un certain jour, si la citation donnée ce jour-là permettait encore de faire venir la cause à l'audience à laquelle elle avait été fixée, de sorte que le retard ne pouvait gêner la liberté des élections, et si, d'ailleurs, les affiches enlevées avaient été replacées avant le commencement de la procédure (Corps lég. 11 nov. 1863, El. de M. Noubel, D. P. 64. 3. 61, n° 226); 2° ni le fait que les affiches d'un candidat auraient été arrachées, si, d'une part, ce ne sont pas ses affiches personnelles, mais celles d'un comité électoral le patronant, et si, d'autre part, la suppression n'a été ordonnée en vertu d'une décision judiciaire, qu'après plusieurs jours, pendant lesquels elles ont été suffisamment connues pour que leur suppression n'ait pu sensiblement modifier l'élection (Corps lég. 13 nov. 1863, El. de M. Belliard, D. P. 64. 3. 61, n° 227); 3° ni la lacération, dans quelques communes, des affiches d'un candidat suivie de la condamnation judiciaire des agents coupables de cet acte (Corps lég. 23 nov. 1863, El. de M. de Jaucourt, D. P. 64. 3. 61, n° 228); 4° ni la lacération dans plusieurs localités d'affiches portant le nom d'un candidat, si le même fait est articulé par son compétiteur (Corps lég. 27 nov. 1863, El. de M. de Quinemont, D. P. 64. 3. 61, n° 230).

566. On doit considérer comme un fait de pression violente la lacération par un commissaire de police, sur l'ordre du président du bureau électoral, d'une affiche placardée à la porte de la salle et portant simplement le nom d'un candidat (Corps lég. 21 nov. 1863, El. de M. le baron de Bulach, D. P. 64. 3. 61, n° 229). Mais il n'y a pas lieu de s'arrêter à une protestation portant que, la veille de l'élection, le commissaire de police d'une commune aurait fait enlever des affiches, si, le dépôt de la circulaire n'ayant été effectué qu'une heure auparavant, le maire et le commissaire de police n'en avaient pas connaissance, et si l'affiche a été rétablie dès qu'ils ont eu avis du dépôt (Corps lég. 20 nov. 1863, El. de M. Eug. Pereire, D. P. 64. 3. 80, n° 644).

567. Nous avons dit au *Rép.* n° 997 que des nominations et des changements ou des révocations de fonctionnaires peuvent vicier une élection, si on peut y voir une manœuvre de nature à influencer l'esprit des populations. Ainsi une élection législative faite au scrutin d'arrondissement a été annulée par le motif qu'après un premier tour de scrutin resté sans résultat, le sous-préfet avait reçu du ministre l'ordre de quitter immédiatement son poste au moment de l'élection et que cette mesure avait été prise dans l'intérêt du candidat officiel (Corps lég. 3 déc. 1863, El. de M. Boittelle, D. P. 64. 3. 59, n° 191). — Mais il a été décidé, au contraire, que l'on ne devait pas considérer comme des motifs suffisants d'invalidation : 1° la démission des maires de trois communes donnée peu de temps avant une élection, si elle avait eu lieu par suite de circonstances étrangères à la politique (Corps lég. 11 nov. 1863, El. de M. Bournat, D. P. 64. 3. 59, n° 183); 2° la révocation de deux maires attribuée à leur nationalité (Corps lég. 20 nov. 1863, El. de M. de Dalmas, *ibid.*, n° 184); 3° la révocation de deux maires, alors qu'il résultait des renseignements recueillis qu'ils avaient été révoqués pour des motifs étrangers aux élections (Corps lég. 27 nov. 1863, El. de M. de Quinemont, *ibid.*, n° 185); 4° la révocation, par l'administration des contributions indirectes, du gérant d'un bureau de tabac, si cette révocation était fondée sur des raisons administratives graves, et si d'ailleurs, dans la commune où elle avait eu lieu, le candidat de l'opposition avait eu beaucoup plus de voix que celui du Gouvernement (Corps lég. 16 nov. 1863, El. de M. de Hérambault, *ibid.*, n° 189).

568. Il n'y a pas lieu, à plus forte raison, de s'arrêter aux griefs tirés : 1° de la révocation de maires étrangers à la circonscription électorale (Corps lég. 16 nov. 1863, El. de M. de Hérambault, D. P. 64. 3. 59, n° 190); 2° de la révocation de maires, adjoints ou fonctionnaires, postérieure à l'élection (Corps lég. 2 déc. 1857, El. de M. Delamare, *ibid.*, n° 186; 20 nov. 1863, El. de M. Lasnonier, *ibid.*, n° 187; 24 nov. 1863, El. de M. de Corberon, *ibid.*, n° 188).

569. Ainsi qu'on l'a vu au *Rép.* n° 998, on ne saurait considérer comme des actes d'intimidation l'interdiction ou la répression d'actes illicites ou dangereux. Ainsi on ne peut trouver une cause d'invalidation dans des arrestations légalement opérées. Telles sont notamment : 1° l'arrestation qui a eu lieu pour une insulte à un gendarme, alors surtout que le juge de paix, ne trouvant pas le fait assez grave pour motiver une incarcération, a voulu faire mettre en liberté le délinquant qui a préféré être conduit devant le ministère public (Corps lég. 21 nov. 1863, El. de M. le baron de Gorsse, D. P. 64. 3. 59, n° 195); 2° l'arrestation d'un distributeur de bulletins arrêté comme colporteur de fausses nouvelles (Corps lég. 2 déc. 1857, El. de M. de Barbantane, *ibid.*, n° 197); 3° l'arrestation, étrangère à la candidature du candidat non élu, d'un individu arrêté sous la prévention de colportage et distribution d'un pamphlet anonyme, interrogé et relâché deux jours après l'élection (Corps lég. 18 nov. 1863, El. de M. Roy de Loulay, *ibid.*, n° 199); 4° l'arrestation, le jour du scrutin, d'un individu pour cause de propagation de bruits calomnieux et pour attaques violentes et injurieuses, alors que cet individu, relâché par le maire pour qu'il pût déposer son vote, avait voulu d'abord être conduit devant le procureur impérial et avait été remis en liberté sous la seule promesse de ne pas renouveler les actes coupables qui avaient motivé son arrestation (Corps lég. 25 nov. 1863, El. de M. Arman, *ibid.*, n° 200).

570. Quant aux arrestations illégales, elles peuvent être ou ne pas être une cause de nullité de l'élection, suivant le degré d'influence qu'elles ont exercé sur le scrutin. La jurisprudence parlementaire n'a pas considéré comme des motifs suffisants d'invalidation : 1° l'arrestation par un gendarme d'un individu, si cet individu a été seulement conduit devant le juge de paix, qui a ordonné immédiatement sa mise en liberté (Corps lég. 21 nov. 1863, El. de M. le baron de Gorsse, D. P. 64. 3. 59, n° 193); 2° ni l'arrestation d'un individu employé par le candidat non élu à relever les listes électorales, alors que cet individu a été promptement relâché, qu'il ne se plaint d'aucun mauvais traitement, que le gendarme qui avait procédé à l'arrestation a été renvoyé de la plainte portée contre lui, et enfin que le fait s'est passé quinze jours avant l'élection (Corps lég. 16 nov. 1863, El. de M. Le Roux, *ibid.*, n° 194); 3° ni le fait isolé de l'arrestation par un agent de police d'un distributeur de bulletins, ce fait ne pouvant pas avoir influé sur le résultat général de l'élection (Corps lég. 2 déc. 1857, El. de M. Laugier de Chartrouse, *ibid.*, n° 198); 4° ni les agissements d'un garde champêtre qui a défendu à quatre électeurs de sortir de chez eux pour voter, alors que cet acte arbitraire a été signalé au moment même de l'élection par un des candidats élus et par conséquent paraît avoir été dirigé contre ces candidats (Ch. dép. 3 déc. 1885, El. de la Réunion, *Journ. off.* du 4, p. 136); 5° ni même l'arrestation, pendant l'élection, d'un citoyen membre du conseil municipal par l'ordre du parquet et sa détention suivie d'une ordonnance de non-lieu, si, au moment où l'arrestation a eu lieu, quatre cents électeurs sur cinq cents avaient déjà voté (Corps lég. 23 nov. 1863, El. de M. Joseph Simon, D. P. 64. 3. 59, n° 202).

ART. 5. — *Des manœuvres frauduleuses* (*Rép.* n°s 1000 à 1003).

571. Ainsi qu'on l'a vu au *Rép.* n° 1000, les manœuvres frauduleuses commises par les citoyens contre un candidat peuvent, comme celles qui émanent de l'Administration, entraîner dans certains cas l'annulation d'une élection. Mais il est souvent difficile de distinguer entre les manœuvres réellement frauduleuses et le mouvement naturel que se donne chaque parti pour préparer le succès de ses candidats.

Les propos diffamatoires ou calomnieux sont au nombre des manœuvres frauduleuses le plus fréquemment employées. Mais, pour qu'ils entraînent l'annulation des opérations électorales, il faut qu'ils aient été de nature à exercer de l'influence sur le résultat du scrutin. Ainsi, il a été décidé qu'une élection législative peut être annulée, à raison de la diffusion à plusieurs milliers d'exemplaires dans un grand nombre de communes la veille et l'avant-veille du scrutin d'un écrit anonyme qui a été lu et commenté par les maires dans les salles de vote et qui depuis a été déclaré calomnieux par les tribunaux, alors surtout que le candidat élu n'a obtenu qu'une très faible majorité (37 voix sur près de 30000) (Corps lég. 21 nov. 1863, El. de M. le baron de Bulach, D. P. 64. 3. 63, n° 282).

572. Il a été également décidé qu'il y avait lieu d'invalider une élection : 1° à raison de la distribution dans la semaine qui a précédé l'élection d'une circulaire alléguant que le père du candidat non élu était sujet autrichien, alors que le candidat élu n'a obtenu que soixante-douze voix de majorité absolue (Ch. dép. 28 nov. 1889, El. de M. du Mesnildot, *Journ. off.* du 29, p. 202); 2° à raison de la distribution d'une circulaire dans laquelle les partisans du candidat élu reprochaient à son compétiteur « de s'être caché dans une cave en 1870 et d'avoir réussi à ne pas servir son pays tout en criant : guerre à outrance » (Ch. dép. 25 janv. 1890, El. de M. Delahaye, *Journ. off.* du 26, p. 96); 3° à raison de l'apposition le matin du scrutin d'une affiche accusant le candidat non élu de faire partie d'une société allemande qui serait en tête de la ligue des sociétés allemandes contre la France (Ch. dép. 5 déc. 1889, El. de M. Revest, *Journ. off.* du 6, p. 292); 4° à raison d'articles de journaux tendant à faire passer le candidat non élu pour un étranger (Ch. dép. 19 déc. 1889, El. de M. Vacher, *Journ. off.* du 20); 5° à raison d'une circulaire distribuée à la dernière heure et alléguant que le candidat non élu, professeur dans un lycée, avait été déplacé par le ministre de l'instruction publique pour s'être occupé trop de politique et pas assez de son cours (Ch. dép. 7 déc. 1889, El. de M. Neyrand, *Journ. off.* du 8, p. 312); 6° à raison d'un document répandu à plusieurs milliers d'exemplaires et dans lequel le candidat non élu, ancien député de l'Alsace au Reichstag, était accusé d'avoir été l'agent salarié de M. de Bismarck (Ch. dép. 17 déc. 1889, El. de M. Laur, *Journ. off.* du 18, p. 446); 7° à raison de placards dans lesquels le candidat non élu était accusé d'avoir pendant la guerre de 1870 donné des poignées de mains aux officiers prussiens et d'avoir publiquement déclaré qu'un salaire de 3 fr. par jour suffisait à un ouvrier et à sa famille (Ch. dép. 18 déc. 1889, El. de M. de Belleval, *Journ. off.* du 19).

573. La jurisprudence parlementaire refuse, au contraire, de considérer comme un motif d'invalidation des propos injurieux ou diffamatoires qui ont été sans influence sur le résultat du scrutin. Ainsi il n'y a pas lieu de tenir compte de protestations alléguant : 1° que des bruits calomnieux ont été répandus, s'il s'agit d'une articulation vague et non appuyée de preuves (Ch. dép. 15 déc. 1886, El. des Hautes-Alpes, *Journ. off.* du 16, p. 2167); 2° que des bruits diffamatoires ont été répandus contre la candidature qui a échoué, si ces propos n'ont pas eu de gravité (Corps lég. 18 nov. 1863, El. de M. Roy de Loulay, D. P. 64. 3. 56, n° 134); 3° que des propos calomnieux ont été dirigés contre le candidat non élu, s'ils ont été sans influence sur le résultat du scrutin eu égard à la majorité obtenue par son concurrent (Corps lég. 9 nov. 1863, El. de M. Berryer, D. P. 64. 3. 66, n° 350); 4° qu'un article de journal a signalé une promesse attribuée au candidat non élu, surtout si le bruit de cette promesse circulait et avait trouvé crédit (Corps lég. 23 nov. 1863, El. de M. Aimé Gros, D. P. 64. 3. 63, n° 286). De même, une élection ne saurait être annulée par le motif qu'une affiche sans signature engageant à voter pour les candidats élus et affirmant que leurs adversaires sont des ennemis de l'ordre, a été apposée dans une commune, alors que cette affiche n'a été signalée dans aucune autre commune et que la majorité obtenue par les élus est trop considérable pour que le fait dont il s'agit puisse avoir exercé une influence sérieuse sur le résultat (Ch. dép. 13 nov. 1885, El. du Jura, *Journ. off.* du 14, p. 27).

574. Il a été décidé que la publication d'écrits diffamatoires ou calomnieux contre un candidat n'est pas une cause d'invalidation, lorsque ce candidat a eu le temps de répondre aux attaques dirigées contre lui (Ass. nat. 27 juin 1875, El. de la Nièvre, *Journ. off.* du 28, p. 4247; Ch. dép. 12 déc. 1887, El. de M. Le Veillé, *Journ. off.* du 13, p. 374). D'après d'autres décisions, il n'y a pas lieu de se préoccuper : 1° d'imputations calomnieuses émanées des partisans des candidats proclamés, lorsque leurs adversaires ont usé d'une polémique électorale encore plus vive (Ch. dép. 19 nov. 1885, El. de la Nièvre, *Journ. off.* du 20, p. 52); 2° d'affiches injurieuses ou diffamatoires du comité qui patronait le candidat élu, lorsque ces excès de polémique n'étant pas le fait exclusif du candidat ou de son comité n'ont pu entraîner un déplacement de voix à son profit (Ch. dép. 21 nov. 1889, El. de M. Pichon, *Journ. off.* du 22, p. 101); 3° de propos ou de bruits allégués sans preuve par l'un ou l'autre des candidats qui se sont disputé l'élection (Corps lég. 20 nov. 1863, El. de M. de Dalmas, D. P. 64. 3. 63, n° 288); 4° de propos diffamatoires répandus contre les candidats non élus, si ceux-ci, dans leur protestation, n'établissent aucune connexité entre les propos dont il se plaignent et l'action personnelle des candidats élus (Ch. dép. 19 nov. 1885, El. de la Haute-Saône, *Journ. off.* du 20, p. 46); 5° de propos calomnieux articulés sur le compte du candidat non élu et poursuivis en justice, si l'autorité départementale y est restée étrangère et s'ils s'expliquent par des circonstances locales (Corps lég. 23 nov. 1863, El. de M. de Jaucourt, D. P. 64. 3. 63, n° 289).

575. Des élections peuvent être annulées à raison de la propagation de fausses nouvelles, quand celles-ci ont été de nature à induire les électeurs en erreur et à modifier le résultat du scrutin. Mais une fausse nouvelle, alors même qu'elle a pu détourner un nombre indéterminé de suffrages et qu'elle a été publiée par l'Administration, ne doit pas nécessairement faire annuler une élection législative, si la publication paraît en avoir été faite de bonne foi, et s'il n'est pas démontré qu'elle ait exercé une influence décisive sur le résultat (Corps lég. 10 juill. 1869, El. de M. Noualhier, D. P. 70. 3. 2, n° 12). Les fausses nouvelles qui ne sont articulées que d'une manière vague et sans preuve à l'appui ne peuvent faire annuler une élection (Ch. dép. 15 déc. 1886, El. des Hautes-Alpes, *Journ. off.* du 16, p. 2167). Il en est de même de fausses nouvelles répandues au sujet d'une expédition militaire (dans l'espèce, la guerre du Tonkin), lorsque les candidats élus ont obtenu une très forte majorité (Ch. dép. 12 nov. 1885, El. des Hautes-Pyrénées, *Journ. off.* du 13, p. 18).

576. Une élection législative doit être annulée à raison du bruit, répandu par un candidat et par ses amis, que son compétiteur était devenu inéligible, s'il résulte du calcul des votes que cette manœuvre a exercé une notable influence sur l'élection (Corps lég. 16 mars 1860, El. de M. de la Ferrière, D. P. 64. 3. 63, n° 281). Il en serait de même du bruit du désistement d'un compétiteur, si ce bruit avait influé sur le résultat du scrutin; mais il a été décidé qu'un semblable bruit, répandu dans deux communes seulement, ne peut être un motif d'invalidation, s'il a été sans influence sur le résultat (Corps lég. 19 nov. 1863, El. de M. Gavini, D. P. 64. 3. 63, n° 284). A plus forte raison doit-il en être de même d'un article de journal dans lequel il est dit qu'un candidat à la députation, qui exerçait la profession de médecin et de professeur d'accouchement, retirait sa candidature sur la demande des sages-femmes de la ville, alors qu'il est évident que cet article, rédigé tout entier sur le ton de la plaisanterie, n'a pu être pris au sérieux par les lecteurs (Ch. dép. 3 déc. 1889, El. de M. Fairé, *Journ. off.* du 4, p. 267).

Il a été décidé également qu'il n'y avait pas lieu de tenir compte de l'allégation du fait qu'au moment de l'ouverture du scrutin, il aurait été donné lecture d'une lettre annonçant le désistement du candidat non élu, alors que cette lettre n'avait pas été produite, qu'on n'en connaissait ni le destinataire, ni l'auteur, et qu'elle émanait d'agents électoraux du candidat non élu (Corps lég. 23 nov. 1863, El. de M. Aimé Gros, D. P. 64. 3. 63, n° 287).

577. Nous avons dit (*Rép.* n° 1002) que l'intervention du clergé dans les luttes électorales avait été souvent critiquée, mais que dans des cas assez nombreux il avait été difficile de séparer l'influence sacerdotale des membres du clergé de leur action purement civique. Cette question a donné lieu à des appréciations différentes, suivant les tendances qui ont dominé à diverses époques de notre histoire politique contemporaine.

578. On ne saurait contester sérieusement aux ministres du culte, ainsi que nous l'avons dit (*Rép.* n° 1002), le droit d'user, comme tous les citoyens, de leur influence en faveur des candidats de leur choix, lorsque cette intervention ne se manifeste que par des actes accomplis en dehors de l'exercice du ministère ecclésiastique. Il a été décidé qu'un ministre du culte n'outrepasse point l'exercice normal de ses droits de citoyen en assistant simplement à une réunion électorale, alors surtout qu'il n'y a pas pris la parole (Ch. dép. 28 nov. 1885, El. du Finistère, *Journ. off.* du 29, p. 125).

579. Mais il en est autrement des actes accomplis dans l'exercice du ministère ecclésiastique. Il résulte de nombreuses décisions que l'intervention des membres du clergé en chaire, soit pour attaquer, soit pour recommander un candidat, peut entraîner l'annulation d'une élection (Ch. dép. 25 nov. 1889, El. de M. de la Martinière, *Journ. off.* du 26, p. 105; 26 nov. 1889, El. de M. Arnault, *Journ. off.* du 27, p. 190; 7 déc. 1889, El. de M. Neyrand, *Journ. off.* du 8, p. 313; 27 janv. 1890, El. de M. Etcheverry, *Journ. off.*

du 28, p. 117 ; 1er févr. 1890, El. de M. Sabouraud, *Journ. off.* du 2, p. 160). D'après plusieurs de ces décisions, il n'est pas nécessaire, pour que l'élection soit viciée par l'intervention du clergé, que les candidats aient été nommément recommandés ou combattus du haut de la chaire ; il suffit que des attaques aient été dirigées contre une certaine catégorie de candidats désignés comme hostiles à la religion, ou que certains actes du Gouvernement et certaines mesures législatives aient été violemment attaquées (V. notamment la décision précitée du 1er févr. 1890, et le débat qui l'a précédée).

580. Des élections ont également été annulées : 1° à raison de la lecture en chaire d'une lettre pastorale dans laquelle un évêque, rappelant à ses diocésains que, dans les élections prochaines, ils auraient à décider du sort de nos institutions et surtout de la religion, demandait que Dieu éclairât leur choix, instituait en vue de ces élections des exercices pieux et accordait des indulgences à ceux qui les suivraient (Ch. dép. 12 déc. 1885, El. des Landes, *Journ. off.* du 13, p. 202); 2° et même à raison de la publication, dans un journal, d'une lettre d'un évêque déclarant que c'était pour tout chrétien un devoir rigoureux de conscience de prendre part au vote et de ne choisir que des représentants qui donneraient des gages à la religion et à l'Église (Ch. dép. 7 déc. 1889, El. de M. le comte Multedo, *Journ. off.* du 8, p. 315).

581. On a soutenu que, lorsque l'intervention ecclésiastique était clairement démontrée sur certains points d'une circonscription électorale, elle devait nécessairement vicier l'élection, alors même que les faits signalés ne seraient pas suffisants pour changer le résultat du scrutin (V. Discours de M. Paul Bert, *Journ. off.* du 22 nov. 1885, p. 63). Mais cette thèse, contraire à un principe général dont nous avons constaté déjà de nombreuses applications, n'a pas été consacrée par la jurisprudence parlementaire. Il a été décidé, au contraire : 1° qu'il n'y a pas lieu de tenir compte de protestations visant les prétendus agissements du clergé pendant la période électorale, lorsque les faits signalés, en petit nombre et de peu d'importance, n'ont pu exercer aucune influence sur l'élection (Corps lég. 2 févr. 1864, El. de M. Hallez-Claparède, D. P. 64. 3. 64, n° 293 ; Ch. dép. 12 nov. 1885, El. de l'Aveyron, *Journ. off.* du 13, p. 11 ; 19 nov. 1885, El. des Basses-Pyrénées, *Journ. off.* du 20, p. 51 ; 21 nov. 1885, El. du Lot, *Journ. off.* du 22, p. 57 ; 5 nov. 1889, El. de M. Blachère, *Journ. off.* du 6, p. 160 ; 30 nov. 1889, El. de M. Peyrusse, *Journ. off.* du 1er décembre, p. 220 ; 8 févr. 1890, El. de M. Féraud, *Journ. off.* du 9) ; 2° que la lecture en chaire d'une lettre pastorale provoquant des prières pour éclairer la conscience des électeurs, leur faire comprendre la responsabilité qu'ils assument en émettant leurs suffrages, et assurer ainsi le triomphe de candidats soucieux et respectueux avant tout des droits de Dieu et de son Église, ne suffit pas pour entraîner l'annulation d'une élection, lorsqu'on ne signale aucun cas où un membre du clergé, soit en s'appuyant sur ce texte, soit spontanément, ait abusé de son autorité spirituelle pour capter les suffrages (Ch. dép. 18 nov. 1889, El. de M. le comte de Lévis Mirepoix, *Journ. off.* du 9, p. 80).

582. Une élection ne doit, dans tous les cas, être annulée qu'autant que les faits d'ingérence du clergé, allégués par les auteurs des protestations, sont précis et nettement établis (Ch. dép. 12 nov. 1885, El. du Cantal, *Journ. off.* du 13, p. 10; 15 déc. 1886, El. des Hautes-Alpes, *Journ. off.* du 16, p. 2167). Et l'on ne saurait s'arrêter à un grief formulé vaguement et sans preuves, alors surtout que l'évêque a publiquement recommandé à son clergé d'observer une neutralité absolue (Ch. dép. 28 nov. 1885, El. du Finistère, *Journ. off.* du 29, p. 125).

SECT. 10. — DES RÉÉLECTIONS, DES OPTIONS ET DES VACANCES (*Rép.* nos 1004 à 1013).

583. Nous avons dit *suprà*, n° 457 : 1° que tout député nommé à une fonction publique cesse d'appartenir à la Chambre par le fait de son acceptation, mais qu'il peut être réélu si la fonction qu'il occupe est compatible avec le mandat de député (L. 30 nov. 1875, art. 11, D. P. 76. 4. 7) ; 2° que les députés nommés ministres ou secrétaires d'État ne sont pas soumis à la réélection (*Ibid.*) ; 3° que tout député qui, dans le cours de son mandat, accepte les fonctions d'administrateur de chemin de fer est soumis à réélection (L. 20 nov. 1883, art. 5, D. P. 84. 4. 19). Il doit être procédé à la réélection du député nommé à une fonction publique ou aux fonctions d'administrateur de chemin de fer dans les trois mois à partir de l'acceptation de ces fonctions (L. 30 nov. 1875, art. 16, D. P. 76. 4. 8).

584. Les questions relatives à l'option d'un député élu dans plusieurs départements, qui ont été examinées au *Rép.* nos 1009 à 1010, ont perdu tout intérêt pratique depuis l'interdiction des candidatures multiples (V. *suprà*, n° 27).

CHAP. 3. — Élections sénatoriales.

SECT. 1re. — DES ÉLECTEURS SÉNATORIAUX.

ART. 1er. — *De la composition du corps électoral.*

585. Aux termes de l'art. 1er de la loi du 9 déc. 1884 (D. P. 85. 4. 1), tous les membres du Sénat procèdent aujourd'hui de l'élection. D'après l'art. 7 de la même loi, ils sont élus pour neuf ans. Le Sénat se renouvelle tous les trois ans, conformément à l'ordre des séries résultant du tirage au sort qui a eu lieu dans la séance du 29 mars 1876 (D. P. 76. 4. 102). L'art. 6 porte que les sénateurs sont élus au scrutin de liste par un collège réuni au chef-lieu du département ou de la colonie et composé : 1° des députés; 2° des conseillers généraux ; 3° des conseillers d'arrondissement ; 4° des délégués élus parmi les électeurs de la commune par chaque conseil municipal. Dans chacun des trois départements de l'Algérie, d'après l'art. 11 de la loi du 2 août 1875, le collège se compose : 1° des députés; 2° des membres citoyens français du conseil général; 3° des délégués élus par les membres citoyens français de chaque conseil municipal parmi les électeurs citoyens français de la commune.

586. Une circulaire ministérielle du 12 nov. 1887 (*Bull. min. int.*, 1887, p. 269) invite les préfets à prendre les mesures nécessaires pour que les conseils généraux et les conseils d'arrondissement se trouvent au complet avant que les membres de ces assemblées soient appelés à exercer leur mandat d'électeurs sénatoriaux.

587. En ce qui concerne les délégués des conseils municipaux, la loi du 9 déc. 1884 a modifié le système établi par la loi du 24 févr. 1875. D'après cette dernière loi, chaque conseil municipal, quelle que fût la population de la commune, ne nommait qu'un délégué. La loi nouvelle, pour donner satisfaction aux vœux des grands centres de population, a établi une corrélation entre le chiffre des membres des corps municipaux et le nombre des délégués chargés d'exercer leur droit électoral, et a ainsi porté le nombre des électeurs sénatoriaux de 43000 environ à 70000 (Exposé des motifs de la loi du 9 déc. 1884, D. P. 85. 4. 4, note). Les conseils municipaux composés de dix membres élisent un délégué; les conseils composés de douze membres, deux délégués; les conseils composés de seize membres, trois délégués; les conseils composés de vingt et un membres, six délégués; les conseils composés de vingt-trois membres, neuf délégués; les conseils composés de vingt-sept membres, douze délégués; les conseils composés de trente membres, quinze délégués; les conseils composés de trente-deux membres, dix-huit délégués; les conseils composés de trente-quatre membres, vingt et un délégués; les conseils composés de trente-six membres et au-dessus, vingt-quatre délégués. Le conseil municipal de Paris élit trente délégués. Les conseils qui ont un, deux ou trois délégués à élire nomment un suppléant; ceux qui élisent six ou neuf délégués nomment deux suppléants; ceux qui élisent douze ou quinze délégués nomment trois suppléants ; ceux qui élisent dix-huit ou vingt et un délégués nomment quatre suppléants; ceux qui élisent vingt-quatre délégués nomment cinq suppléants ; le conseil municipal de Paris nomme huit suppléants (L. 9 déc. 1884, art. 8).

588. La date des élections sénatoriales, soit qu'il s'agisse d'élections générales, soit qu'il s'agisse d'élections partielles, doit, aux termes de l'art. 1er de la loi du 2 août 1875, être fixée par un décret du président de la République rendu au moins six semaines avant l'élection. La convocation générale des conseils municipaux investis du droit de nommer les délégués doit émaner également du président de la République, et il doit y avoir un intervalle d'un mois au moins entre le choix des délégués et l'élection des sénateurs. Quant à l'heure de la réunion des conseils municipaux, il appartient au préfet de la déterminer par un arrêté qui doit être notifié par écrit à tous les membres du conseil municipal par les soins du maire (Circ. min. 14 nov. 1887, *Bull. min. int.*, 1887, p. 270). Cette convocation doit être faite trois jours francs au moins avant le jour de la réunion; elle doit être affichée à la porte de la mairie et mentionnée au registre des délibérations du conseil municipal (Même circulaire). En cas d'urgence, le préfet peut abréger le délai qui doit en règle générale être laissé entre l'arrêté de convocation et la date de la réunion, et l'abréviation de ce délai ne peut entraîner l'annulation de l'élection, alors que tous les membres du conseil se sont rendus à la séance (Cons. d'Et. 31 déc. 1878, aff. El. de Montvalent, D. P. 79. 3. 98). Lorsqu'une cause quelconque empêche un conseil municipal de procéder à la désignation du délégué au jour fixé par décret pour les élections générales, c'est au préfet qu'il appartient de fixer le jour auquel devra se réunir le conseil (Arrêt précité du 31 déc. 1878).

589. Aucun texte de loi n'exigeant que les conseillers élus soient installés avant de pouvoir exercer les droits qu'ils tiennent de l'élection, les conseillers élus, mais non installés, doivent être convoqués à la séance du conseil municipal où il est procédé à l'élection du délégué; toutefois le fait que des conseillers non installés n'auraient pas été convoqués ne suffit pas pour motiver l'annulation de l'élection, dans le cas où, à raison de la majorité obtenue par le candidat élu, leur présence n'aurait pu avoir aucune influence sur le résultat du scrutin (Cons. d'Et. 26 déc. 1878, aff. El. de Souceyrac, D. P. 79. 3. 99). Il en serait autrement, s'il était allégué que l'exclusion illégale d'un certain nombre de membres aurait eu pour effet soit d'intimider les électeurs du même parti, soit de faciliter une fraude dans les opérations électorales.

590. Dans le cas où, par suite d'une erreur, le conseil municipal se trouve composé d'un nombre de membres supérieur à celui qui devait lui être attribué d'après la population de la commune, cette irrégularité ne lui confère pas le droit d'élire, pour les élections sénatoriales, un nombre de délégués supérieur à celui qu'il aurait eu à nommer s'il avait été régulièrement constitué (Cons. d'Et. 30 janv. 1885, aff. El. d'Hérouville, de Seurre et de Pléaux, D. P. 86. 3. 76). Dans ce cas, il y a lieu d'annuler, non l'élection du délégué qui a obtenu le moindre nombre de voix, mais l'ensemble des opérations électorales (Cons. d'Et. 30 janv. 1885, aff. El. d'Hérouville et de Seurre, *ibid.*); à moins que la réclamation n'ait uniquement conclu à l'annulation de l'élection du délégué nommé en trop (Cons. d'Et. 30 janv. 1885, El. de Pléaux, *ibid.*). On a toutefois combattu cette solution en faisant observer que le législateur de 1884 avait pris pour base de la nomination des délégués non le chiffre de la population, mais celui des membres des corps municipaux, et que, dès lors, pour savoir combien un conseil pouvait nommer de délégués, il suffisait de savoir de combien de membres il se composait (Concl. de M. Gomel, commissaire du Gouvernement, *ibid.*).

591. Dans l'Inde française, les membres des conseils locaux sont substitués aux conseillers d'arrondissement. Les communes de l'Inde française élisent deux délégués au moins; le conseil municipal de Karikal en élit trois, et celui de Pondichéry cinq (L. 9 déc. 1884, art. 6, D. P. 85. 4. 3).

ART. 2. — *De l'élection des délégués sénatoriaux et des suppléants.*

592. La loi organique du 2 août 1875 a tracé les règles relatives à l'élection des délégués sénatoriaux et des suppléants et à l'établissement de la liste des électeurs sénatoriaux. La circulaire du ministre de l'intérieur du 14 nov. 1887 (*Bull. min. int.*, 1887, p. 269) donne à cet égard des instructions détaillées, et une autre circulaire ministérielle du 19 décembre de la même année (*ibid.*, p. 312), qui reproduit d'ailleurs des instructions antérieures, renferme l'ensemble des dispositions légales ou réglementaires qui régissent aujourd'hui les opérations du collège sénatorial.

593. D'après la circulaire du 14 nov. 1887 (citée *suprà*, n° 592), le conseil municipal doit être convoqué, alors même que l'élection de tous ses membres ou d'une partie d'entre eux serait attaquée devant le conseil de préfecture; les conseillers dont l'élection aurait été annulée par le conseil de préfecture devraient même être convoqués, s'ils avaient formé appel devant le conseil d'Etat (L. 5 avr. 1884, art. 40, D. P. 84. 4. 39); et la même solution devrait être appliquée dans le cas où ces conseillers se trouveraient dans les délais d'appel, si d'ailleurs ils n'avaient pas acquiescé à l'invalidation prononcée (Même circulaire).

594. En matière d'élection de délégués, comme en toute autre, conformément à l'art. 50 de la loi du 5 avr. 1884, les conseils municipaux délibèrent valablement, lorsque la majorité des membres en exercice assiste à la séance (Circ. min. int. 14 nov. 1887). Mais le conseil d'Etat a décidé, contrairement à l'avis du ministre de l'intérieur et aux conclusions du commissaire du Gouvernement, contrairement aussi à la jurisprudence adoptée pour les délibérations ordinaires des conseils municipaux, mais conformément à la jurisprudence en vigueur pour l'élection des maires et adjoints (V. *suprà*, v° *Commune*, n° 157), qu'il suffit, pour que le délégué puisse être élu à la première réunion du conseil, que la majorité des membres en exercice assiste à l'ouverture de la séance, et qu'il n'est pas nécessaire que la majorité de ces membres prenne part au vote (Cons. d'Et. 31 déc. 1878, aff. El. de Sérignac, D. P. 79. 3. 99).

595. Si au jour fixé par le décret ou l'arrêté de convocation le conseil ne se réunit pas en nombre suffisant pour délibérer, le maire doit, à l'issue même de la séance, faire par écrit une nouvelle convocation pour le surlendemain; si, à cette seconde séance, le nombre des membres présents est encore insuffisant, une troisième convocation doit être faite le jour même pour le surlendemain; à la dernière séance, l'élection peut avoir lieu, quel que soit le nombre des membres présents (Circ. min. int. 14 nov. 1887).

596. Aucune disposition de loi ne prescrit de pourvoir aux vacances existant dans le conseil municipal avant de procéder à l'élection du délégué (Cons. d'Et. 4 avr. 1876, aff. El. de Castelsarrazin, D. P. 76. 3. 74; 3 janv. 1879, aff. El. de Montpouillau, D. P. 79. 3. 100). Le conseil municipal peut donc procéder valablement à l'élection d'un délégué, bien que le nombre de ses membres ne soit pas complet, alors même que ce fait provient de ce qu'il n'a pas été procédé au remplacement des membres dont l'élection a été définitivement annulée dans le délai prescrit par la loi (Arrêt précité du 4 avr. 1876). Cette solution ressort des travaux préparatoires des lois du 2 août 1875 et du 9 déc. 1884. A la suite du vote de l'art. 6, M. Jolibois a rappelé à la Chambre des députés la disposition de l'art. 77 de la loi du 5 avr. 1884 portant que, pour la nomination des maires et préalablement à cette nomination, les conseils municipaux devaient toujours être complétés; et il a demandé que, par les mêmes motifs, cette règle fût appliquée à l'élection des délégués sénatoriaux. M. Waldeck-Rouseau, ministre de l'intérieur, a reconnu qu'en effet aucune prescription de ce genre, ni dans la loi organique originaire du Sénat, ni dans la loi municipale, ne faisait une obligation de compléter les conseils municipaux avant les élections sénatoriales; il a ajouté que, lorsque les délais le permettaient, il était bon de procéder à des élections partielles et que le Gouvernement s'efforcerait de concilier son obligation légale de faire les élections sénatoriales dans un certain délai avec son désir de ne pas priver les populations d'une partie de la représentation à laquelle elles ont droit (D. P. 85. 4. 4, note).

597. Il a été décidé que le refus, par les électeurs d'une section, de prendre part à l'élection du conseil municipal ne fait pas obstacle à ce que les conseillers élus par les autres sections procèdent valablement à la désignation du délégué, alors même que la section qui n'est pas représentée dans le conseil aurait droit à la moitié des sièges (Cons. d'Et. 31 déc. 1878, aff. El. de Courelles, D. P. 79. 3. 100).

598. Pour l'élection des délégués, la présidence du conseil municipal et, par suite, la direction des opérations appartient au maire ou, à son défaut, à l'adjoint qui le remplace. Les fonctions de secrétaire sont remplies par un membre du conseil nommé au scrutin secret, et à la majorité des membres présents, conformément aux art. 51 et 53 de la loi du 5 avr. 1884 (Circ. min. int. 14 nov. 1887, *Bull. min. int.*

1887, p. 272). Néanmoins la circonstance que le secrétaire aurait été nommé au scrutin public ne suffit pas pour entraîner l'annulation de l'élection du délégué, s'il n'est pas même allégué que le procès-verbal ait inexactement rapporté les résultats de la délibération (Cons. d'Et. 31 déc. 1878, aff. El. de Lys, *Rec. Cons. d'Etat*, p. 1136). La séance, comme toutes les réunions du conseil municipal, doit être publique; mais le conseil peut décider, par assis et levé, qu'il se forme en comité secret (Circ. préc. 14 nov. 1887).

599. Aux termes de l'art. 2 de la loi du 2 août 1875, l'élection des délégués doit se faire sans débat et au scrutin secret, et l'élection doit être annulée, lorsque ces prescriptions n'ont pas été observées. Il en est ainsi, notamment, lorsque la candidature a été offerte en séance à un candidat qui a déclaré l'accepter (Cons. d'Et. 31 déc. 1878, aff. El. de Neuffontaines, D. P. 79. 3. 100; 29 janv. 1886, aff. El. de Brucamps, D. P. 87. 3. 62), et lorsqu'en présence du conseil municipal réuni dans la salle du vote et avant de faire procéder au scrutin, le maire de la commune a posé sa candidature en faisant valoir les raisons qui devaient la faire accueillir, qu'il a proposé un scrutin provisoire, et que cette proposition a donné lieu à une discussion (Cons. d'Et. 7 déc. 1877, aff. El. de Quinçay, D. P. 78. 3. 45). Mais le fait que le maire s'est borné à faire connaître les noms des candidats n'entraîne pas l'annulation de l'élection (Cons. d'Et. 26 déc. 1878, aff. El. d'Arengosse, D. P. 79. 3. 100).

600. Les bulletins doivent être remis fermés au président: mais aucune disposition de loi ou de règlement n'oblige les conseillers municipaux à préparer leurs bulletins en dehors de la salle du scrutin (Cons. d'Et. 21 déc. 1878, aff. El. de Cessy-les-Bois, D. P. 79. 3. 101; 31 déc. 1878, aff. El. de Saint-Parize, *ibid.*); et le fait qu'un conseiller illettré a fait écrire son bulletin par un de ses collègues n'est pas une cause d'annulation de l'élection, lorsqu'il n'a pas eu pour effet de porter atteinte à la liberté et à la sincérité des élections (Mêmes arrêts).

601. L'élection, lorsqu'il y a à nommer plus d'un délégué, se fait au scrutin de liste (Circ. 14 nov. 1887 citée *suprà*, n° 592). Les bulletins sont valables, bien qu'ils portent plus ou moins de noms qu'il n'y a de délégués à élire. Les derniers noms inscrits au delà de ce nombre ne comptent pas (Même circulaire).

602. Aux deux premiers tours de scrutin, la majorité absolue est exigée; mais la majorité relative suffit au troisième tour. La majorité absolue se calcule sur le nombre des suffrages *exprimés;* par conséquent, il y a lieu de déduire les bulletins blancs, ceux qui ne contiennent pas de désignation suffisante, et ceux dans lesquels les votants se sont fait connaître (Circ. 14 nov. 1887, citée *suprà*, n° 592). Le troisième tour de scrutin n'est pas un scrutin de ballotage; par suite, le conseil municipal peut valablement élire un candidat qui n'a pas obtenu de suffrages aux deux premiers tours (Cons. d'Et. 26 déc. 1878, aff. El. de Saint-Vincent, D. P. 79. 3. 101). Il ne peut y avoir plus de trois tours de scrutin (Cons. d'Et. 21 déc. 1878, aff. El. d'Aulnay-la-Rivière, *Rec. Cons. d'Etat*, p. 1074). A égalité de voix, la nomination est acquise au plus âgé: la voix du président n'est jamais prépondérante (Circ. préc. 14 nov. 1887).

603. L'heure du scrutin est fixée par arrêté préfectoral. Mais le fait que le scrutin a eu lieu à une heure plus matinale que celle fixée par arrêté n'entraîne pas l'annulation de l'élection, lorsque tous les membres qui ne s'étaient pas fait excuser ont pris part au vote sans réclamation (Cons. d'Et. 26 déc. 1878, aff. El. de Marquefave, D. P. 79. 3. 98). Quant à la durée du scrutin, l'art. 1er de la loi du 30 déc. 1875 avait réservé au décret de convocation le droit de la fixer. En vertu de cette disposition, la durée du scrutin a été fixée à une heure par l'art. 11 du décret du 3 janv. 1876. Cet article ayant été visé dans le décret du 8 oct. 1878 relatif aux élections pour le premier renouvellement du Sénat, est resté applicable à ces élections (Circ. 14 nov. 1887, citée *suprà*, n° 592).

604. Il a été décidé, en conséquence, que, lorsque le conseil municipal n'est pas réuni au complet et que les membres absents ne se sont pas fait excuser, le scrutin doit rester ouvert pendant une heure (Cons. d'Et. 31 déc. 1878, aff. El. de Cérisy-la-Forêt, D. P. 79. 3. 98; 20 janv. 1882, aff. El. de Romainville, D.P.83.5.233-234) et que, par suite, il y a lieu d'annuler l'élection, lorsque le scrutin a été dépouillé trente-cinq minutes après l'heure fixée par l'arrêté de convocation pour le commencement de la séance, malgré l'absence d'un membre qui ne s'était pas excusé et dont le vote aurait pu modifier le résultat du scrutin (Arrêt précité du 20 janv. 1882). Mais, si les membres absents avaient tous averti le maire qu'ils ne pourraient prendre part à l'élection, il peut être procédé immédiatement au dépouillement du scrutin (Cons. d'Et. 26 déc. 1878, cité *suprà*, n° 603).

605. L'heure pendant laquelle le scrutin doit rester ouvert commence à courir à partir du moment indiqué par la lettre de convocation, alors même qu'en fait l'opération aurait commencé plus tard (Cons. d'Et. 27 déc. 1878, aff. El. de Sourdeval-la-Barre, D. P. 79. 3. 98). Mais le maire ne doit pas attendre pour ouvrir le premier scrutin l'arrivée de tous les conseillers. Il doit déclarer la séance ouverte dès que le conseil est en nombre suffisant pour délibérer, et recevoir les votes des conseillers présents aussitôt après la lecture des lois et décrets relatifs à l'élection, le dépouillement étant seul différé jusqu'à l'arrivée des retardataires à l'expiration de l'heure (Circ. 14 nov. 1887, citée *suprà*, n° 592).

606. Aussitôt après l'élection du ou des délégués, le conseil municipal procède à l'élection des suppléants chargés de remplacer les délégués en cas de refus ou d'empêchement. Cette nomination s'accomplit dans la même forme que celle des délégués, et elle ne saurait être retardée jusqu'au moment où se produit le refus ou l'empêchement (Rapport sur la loi du 2 août 1875, D. P. 75. 4. 118, note, n° 10).

607. Les suppléants remplacent les délégués, en cas de refus ou d'empêchement, selon l'ordre fixé par le nombre des suffrages obtenus par chacun d'eux. Mais on doit suivre avant tout l'ordre du scrutin. Si donc un suppléant élu au deuxième ou au troisième tour avait réuni plus de voix que d'autres suppléants nommés au premier tour, ceux-ci devraient néanmoins lui être préférés. De même, les suppléants nommés à la suite d'annulations ne prennent pas le rang du suppléant à la place duquel ils ont été élus, mais viennent à la suite de tous les suppléants, en prenant rang entre eux selon l'ordre des scrutins et, lorsqu'ils ont été élus au même tour suivant le nombre des suffrages (Circ. 14 nov. 1887, citée *suprà*, n° 592). Dans le cas où plusieurs suppléants ont été nommés au même tour de scrutin avec un nombre égal de suffrages, la préférence est accordée au plus âgé (Même circulaire).

608. Lorsque le conseil municipal est remplacé par une délégation spéciale instituée en vertu de l'art. 44 de la loi du 5 avr. 1884, l'art. 8 de la loi du 9 déc. 1884 porte que les délégués et suppléants sénatoriaux seront nommés par l'ancien conseil. Mais si la commune est privée de conseil municipal par suite de l'annulation des opérations électorales, il doit être immédiatement procédé à de nouvelles élections, et la règle qui précède ne doit pas recevoir d'application (Circ. min. int. 11 déc. 1884, *Bull. min. int.*, 1884, p. 510, note 1).

609. Les conditions de capacité et d'incompatibilité sont les mêmes pour les délégués et pour les suppléants. Le choix des conseils municipaux peut, aux termes de l'art. 2 de la loi du 2 août 1875, porter sur tous les électeurs de la commune. Un amendement exigeant que les délégués ou leurs suppléants fussent âgés de vingt-cinq ans au moins a été écarté comme étant en contradiction avec l'art. 4 de la loi du 24 févr. 1875 qui porte que les délégués seront choisis parmi les électeurs de la commune, sans imposer aucune condition d'âge. Tout électeur inscrit dans une commune peut être nommé délégué, et il n'appartient pas au juge de l'élection de rechercher si c'est à tort qu'il a été maintenu sur les listes électorales (Cons. d'Et. 26 déc. 1878, El. d'Arcambal, D. P. 79. 3. 98). Un citoyen qui figure sur la liste d'une commune peut être nommé délégué, alors même qu'il a demandé son inscription dans une autre commune (Cons. d'Et. 30 janv. 1885, aff. El. de la Verrie, *Rec. Cons. d'Etat*, p. 132).

610. Les conseillers municipaux peuvent également être nommés, alors même qu'ils ne sont point inscrits sur la liste électorale; c'est ce qui résulte des explications échangées dans la séance du 2 août 1875, à l'occasion du vote du dernier paragraphe de l'art. 2 de la loi de 1875

(D. P. 75. 4. 120, note 1) (V. conf. Circ. min. int. 14 nov. 1887, citée *suprà*, n° 592).

611. Les conseils municipaux ne peuvent choisir pour délégué ni un député, ni un conseiller général, ni un conseiller d'arrondissement. Cette interdiction est générale; elle s'oppose, par exemple, à ce qu'un député soit nommé délégué même dans un autre département que celui qu'il représente à la Chambre. Le conseil de préfecture de la Dordogne, d'après MM. Poudra et Pierre, *Traité de droit parlementaire*, *Suppl.*, n° 494, a statué dans ce sens en 1880.

612. La loi du 2 août 1875 n'a créé aucune autre incompatibilité; en conséquence, un juge de paix, bien que fonctionnaire, peut valablement être élu délégué (Sénat, 15 févr. 1879, El. de la Nièvre, Poudra et Pierre, *op. cit.*, n° 494 *bis*).

613. Si les délégués élus sont membres du conseil municipal et sont présents au vote, ils doivent faire connaître, séance tenante, leur acceptation ou leur refus, qui est consigné au procès-verbal; et, s'ils refusent, le conseil municipal doit, avant de passer à l'élection des suppléants, procéder à leur remplacement (Circ. 14 nov. 1887, citée *suprà*, n° 592).

614. Si les délégués élus ne sont pas présents à la séance, le maire doit, dans les vingt-quatre heures, leur faire notifier leur nomination, en les informant qu'un délai de cinq jours, à partir de la notification, leur est imparti pour faire parvenir à la préfecture l'avis de leur acceptation. Si, à l'expiration de ce délai, les délégués n'ont pas fait connaître leur acceptation, ils doivent être considérés comme non acceptants; et, dans ce cas, le préfet doit faire notifier aux suppléants leur nomination (Circ. 14 nov. 1887, citée *suprà*, n° 592). Le fait qu'un délégué élu n'aurait pas donné avis de son acceptation dans les cinq jours ne constitue pas un grief contre la validité des opérations électorales et n'a d'autre effet que de le faire remplacer par le suppléant, qui est alors porté sur la liste comme délégué de la commune (Cons. d'Ét. 26 déc. 1878, aff. El. de Tortebesse, D. P. 79. 5. 181). Si les suppléants, mis successivement en demeure, refusent ou laissent passer le délai de cinq jours sans aviser le préfet de leur acceptation, celui-ci prend sans aucun retard un arrêté à l'effet de convoquer le conseil municipal pour la désignation de nouveaux délégués (Circ. préc. 14 nov. 1887).

615. Le procès-verbal de l'élection des délégués et suppléants doit être dressé sur-le-champ; il doit mentionner l'acceptation ou le refus des élus, ainsi que les protestations dirigées contre l'élection. Il est transcrit sur le registre des délibérations du conseil municipal. Un exemplaire signé de tous les membres présents est immédiatement adressé au préfet; une troisième copie doit être affichée à la porte de la mairie (Circ. 14 nov. 1887, citée *suprà*, n° 592). Néanmoins la circonstance que le procès-verbal n'aurait été affiché que plus de quatre jours après l'élection, et que l'affiche n'aurait pas été apposée à la mairie, n'est pas de nature à entraîner la nullité des opérations électorales (Cons. d'Et. 10 mars 1876, aff. El. de Sainte-Marie-en-Chamois, *Rec. Cons. d'Etat*, p. 246).

616. L'élection des délégués et suppléants doit être annulée lorsque le bureau n'a pas annexé au procès-verbal des bulletins qu'il a refusé de compter comme ne contenant pas une désignation suffisante, et qu'il y a doute sur les motifs qui ont déterminé la décision (Cons. d'Et. 26 déc. 1878, aff. El. de Saint-Vincent, D. P. 79. 3. 101).

617. Le préfet doit dresser, dans la huitaine, un tableau de l'élection des délégués et suppléants par ordre de communes. Ce tableau doit être communiqué à tout requérant, ainsi que la liste alphabétique des électeurs sénatoriaux qui doit, aux termes de l'art. 9 de la loi du 2 août 1875, être établie par les soins du préfet huit jours au moins avant l'élection. En outre, aux termes de l'art. 6 de la loi du 2 août 1875, tout électeur, c'est-à-dire, ainsi que l'a déclaré le ministre de l'intérieur dans la séance du 1er déc. 1875, tout individu porté sur une des listes électorales du département, a le droit de prendre, soit dans les bureaux de la préfecture, soit dans les bureaux de la sous-préfecture, communication des listes des conseillers munipaux. Ce droit ne peut être exercé qu'à partir de l'ouverture de la période électorale pour la nomination des sénateurs (Cons. d'Et. 31 mars 1876, aff. Hémon, D. P. 76. 3. 66).

618. Le droit de prendre communication de ces divers documents entraîne celui d'en prendre copie et de les reproduire par la voie de l'impression (Circ. 14 nov. 1887, citée *suprà*, n° 592).

ART. 3. — *Des voies de recours contre l'élection des délégués sénatoriaux.*

619. L'art. 7 de la loi du 2 août 1875 reconnaît à tout électeur de la commune et au préfet le droit d'arguer de nullité l'élection des délégués et suppléants. Ce droit appartient aux membres du conseil municipal, alors même qu'ils ont pris part à l'élection et signé sans protestation le procès-verbal (Sol impl., Cons. d'Ét. 27 déc. 1878, aff. El. de Cocurès, D. P. 79. 3. 101). — La réclamation formée soit par des conseillers municipaux, soit par de simples électeurs, doit, à peine de déchéance, d'après l'article précité, être adressée à la préfecture dans le délai de trois jours à partir de l'élection. Mais la protestation *adressée*, c'est-à-dire envoyée par l'électeur dans ce délai, est recevable alors même qu'elle n'est parvenue à la préfecture qu'après l'expiration dudit délai (Cons. d'Et. 29 janv. 1886, aff. El. de Brucamps, D. P. 87. 3. 62).

620. Les protestations relatives à l'élection des délégués ou des suppléants sont jugées, sauf recours au conseil d'État, par le conseil de préfecture et, dans les colonies, par le conseil privé. Le conseil de préfecture doit se prononcer dans le plus bref délai, afin que le conseil municipal puisse, s'il y a lieu, être mis en demeure de désigner de nouveaux délégués avant le jour de la réunion du collège sénatorial (Circ. 14 nov. 1887, cité *suprà*, n° 592). — Il a été décidé que l'art. 45 de la loi du 5 mai 1855 (aujourd'hui remplacé par l'art. 38 de la loi du 5 avr. 1884) qui limite à un mois, à partir du dépôt de la protestation, le délai pendant lequel il appartient au conseil de préfecture de statuer en matière de réclamations relatives aux élections municipales, est applicable aux réclamations dirigées contre l'élection des délégués sénatoriaux; qu'en conséquence, lorsque, dans le mois du dépôt de la protestation, le conseil de préfecture a rendu un arrêté qui renvoie les parties à faire résoudre par la juridiction civile une question préjudicielle, c'est non plus au conseil de préfecture, mais au conseil d'Etat qu'il appartient de statuer, si le jugement obtenu n'est rapporté qu'après l'expiration du délai d'un mois (Cons. d'Et. 27 déc. 1878, aff. El. de Cocurès, D. P. 79. 3. 101).

621. En matière d'élection de délégués, la partie qui succombe ne peut être condamnée à supporter les frais d'une enquête ordonnée par le conseil de préfecture (Cons. d'Et. 2 juin 1876, aff. El. de Trévignin, D. P. 76. 3. 103).

622. En cette matière comme en toute autre, il y a lieu d'appliquer la règle du droit commun, d'après laquelle un tribunal doit surseoir à statuer toutes les fois que le litige engagé devant lui soulève une question préjudicielle de la compétence d'un autre ordre de juridiction. En conséquence, lorsqu'une protestation contre l'élection d'un délégué soulève une question d'état, le conseil doit renvoyer cette question préjudicielle devant les tribunaux civils (Cons. d'Et. 17 mars 1876, aff. El. d'Ivry-la-Bataille, D. P. 76. 3. 74). Il en est de même des questions relatives à l'âge des candidats (Cons. d'Et. 27 déc. 1878, aff. El. de Cocurès, D. P. 79. 3. 101).

623. Les décisions rendues par les conseils de préfecture sur les réclamations formées contre l'élection des délégués ou des suppléants peuvent être l'objet d'un recours au conseil d'Etat : ce recours est jugé sans frais, sans ministère d'avocat, et dispensé des droits de timbre et d'enregistrement (Rapport sur la loi du 2 août 1875, D. P. 75. 4. 119, note, n° 14). Mais il ne peut être formé par un tiers non muni d'un pouvoir spécial (Cons. d'Et. 12 mai 1876, aff. El. de Bouvillard, *Rec. Cons. d'Etat*, p. 443).

624. Il a été décidé que les dispositions des paragraphes 1er à 6 de l'art. 40 de la loi du 5 avr. 1884, qui régissent les formes et délais des recours formés contre les arrêtés des conseils de préfecture en matière d'élections municipales, sont applicables aux pourvois formés contre les arrêtés rendus en matière d'élections de délégués (Cons. d'Et. 9 janv. 1885, aff. El. de Saint-Bazeille, D. P. 86. 3. 78).

Cette assimilation des élections de délégués aux élections municipales présente d'assez sérieux inconvénients sous l'empire de la loi du 5 avr. 1884. En effet, auparavant, ainsi que l'a fait remarquer M. Morgand, *Revue générale d'administration*, 1885, p. 65, le conseil d'Etat avait pour habitude, en cette matière, de donner aux défendeurs un délai de trois jours pour présenter leurs défenses, ce qui lui permettait de statuer avant le jour fixé pour l'élection des sénateurs. L'art. 40 de la loi de 1884 exige, au contraire, qu'un délai de quinze jours soit laissé, à partir de la notification du pourvoi, et que le recours ne soit transmis par le préfet au ministre et par le ministre au conseil d'Etat qu'après l'expiration de ce délai. Il dépendra donc presque toujours des défendeurs intéressés à ce que l'arrêté attaqué ne soit pas annulé de mettre le conseil d'Etat dans l'impossibilité matérielle de statuer en temps utile. — Dans une circulaire du 11 déc. 1884, le ministre de l'intérieur s'était prononcé dans un sens contraire à la solution consacrée par l'arrêt précité du 9 janv. 1885. En communiquant aux préfets ce dernier arrêt, il leur a fait remarquer que le conseil d'Etat n'avait déclaré applicables aux élections de délégués que les six premiers paragraphes de l'art. 40, à l'exclusion du septième, qui déclare suspensif le pourvoi au conseil d'Etat (D. P. 86. 3. 78, note 5). Cette distinction entre les paragraphes d'un même article peut sembler arbitraire : elle se justifie, toutefois, si l'on se reporte aux dispositions de l'art. 8 de la loi du 9 déc. 1884, aux termes duquel le délégué dont l'élection est annulée est remplacé par le suppléant. Les termes généraux de cette disposition ne permettent pas de supposer que le législateur ait eu exclusivement en vue le cas où l'annulation est devenue définitive par suite du rejet du pourvoi ou de l'expiration du délai d'appel.

625. Lorsque le Sénat a validé les élections des sénateurs d'un département, et qu'aucun des sénateurs élus ne se trouve dans le cas d'option, il n'y a lieu de statuer sur la protestation formée contre l'élection d'un délégué (Cons. d'Et. 7 avr. 1876, aff. El. de Lanteuil, D. P. 76. 3. 74 ; 28 avr., 12 mai, 2 et 16 juin 1876, aff. El. de Courvières, de Gouaux, de Trévignin et d'Aizac, *Rec. Cons. d'Etat*, p. 402, 444, 511 et 574; 9 mars 1877, aff. El. de la Magistère, *ibid.*, p. 263; 24 janv. 1879, aff. El. du Villard, *ibid.*, p. 72; 16 et 30 avr., 14 mai et 30 juill. 1880, aff. El. d'Ouroux, El. de la Grange d'Ars, El. de Bugue et El. de Chardeny, *ibid.*, p. 376, 422, 461 et 703; 20 et 27 janv., 3 et 10 févr., 22 avr. 1882, aff. El. des Grands Chézeau, El. de Soues, El. de Salles, El. de Maisonnais, et El. de Beauvoir, *ibid.*, p. 76, 100, 118, 161 et 373; 21 mars 1883, aff. El. de Sousceyrac, *ibid.*, p. 315; 6, 13 et 27 févr. 1885, aff. El. de Sainte-Bazeille, El. de Saint-Rogatien, El. de Brevilly, et El. de Bernay, *ibid.*, p. 156, 195 et 255; 6, 13 et 27 mars 1885, aff. El. de Cezens, El. de Sainte-Marie-Poggio, et El. de Saint-Aubin, *ibid.*, p. 289, 322 et 383; 26 avr. 1885, aff. El. de Fongalop, *ibid.*, p. 437; 1er, 15 et 22 mai 1885, aff. El. de Murzo, El. de Saint-Sauveur, et El. d'Andelat, *ibid.*, p. 476, 520 et 541; 19 juin 1885, aff. El. de Nanterre, et El. de Saint-Varent, *ibid.*, p. 608 ; 17 et 31 juill. 1885, aff. El. de Vaublanc, et El. d'Urt, *ibid.*, p. 700 et 740; 2 juill. et 26 nov. 1886, aff. El. de Corbeil, et El. de Franqueville, *ibid.*, p. 556 et 835; 17 juin et 18 nov. 1887, aff. El. de Longères, et El. de Saint-Rémy-Mal-Bâti, *ibid.*, p. 492 et 733).

Mais il y a lieu de statuer sur le pourvoi formé contre l'élection d'un délégué sénatorial, bien que le Sénat ait validé les élections des sénateurs nommés dans ce département lorsqu'un d'eux nommé dans plusieurs départements se trouve dans le cas d'option, attendu que si, par suite de l'option, il y avait lieu à procéder dans le département à de nouvelles élections, le même corps électoral devrait être convoqué (Cons. d'Et. 20 janv. 1882, aff. El. de Romainville, D. P. 83. 5. 233).

626. Le Sénat, juge souverain des élections de ses membres, n'est pas tenu à la rigueur d'attendre, pour statuer, que le conseil d'Etat ait prononcé sur les réclamations contre les élections de délégués dont il peut être saisi. Toutefois, il conviendrait, semble-t-il, que cette assemblée ajournât sa décision, surtout lorsque la majorité obtenue pourrait se trouver déplacée par suite de l'annulation du vote des délégués dont la nomination est attaquée (Bavelier, *Dictionnaire de droit électoral*, v° *Sénat*, n° 29). C'est ainsi qu'en 1876 le Sénat a attendu, avant de procéder à la vérification des pouvoirs des sénateurs du département de Tarn-et-Garonne, le résultat du pourvoi dirigé contre la nomination du délégué de Castelsarrazin (D. P. 76. 3. 74, note 4). Mais, plus récemment, il s'est prononcé en sens contraire, à l'occasion des élections du département de l'Eure (Sénat, 12 févr. 1885, El. de l'Eure, *Journ. off.* du 13, p. 127.

627. L'annulation prononcée par le conseil de préfecture n'entraîne pas toujours de nouvelles désignations de la part du conseil municipal. La loi n'exige la convocation du conseil que si l'élection d'un ou plusieurs délégués est annulée en même temps que celle d'un ou plusieurs suppléants. Il est plus nécessaire encore, quoique la loi ne le dise pas expressément, de procéder à de nouvelles élections, lorsque le nombre des délégués dont les pouvoirs sont invalidés est supérieur à celui des suppléants élus, alors même qu'aucune élection des suppléants n'aurait été annulée (Circ. min. int. 14 nov. 1887, *Bull. min. int.*, 1887, p. 276). Mais l'élection du suppléant étant une opération distincte de celle du délégué, l'annulation du délégué n'entraîne pas nécessairement l'annulation de l'élection du suppléant (Cons. d'Et. 7 déc. 1877, aff. El. de Quinçay, D. P. 78. 3. 45; 29 janv. 1886, aff. El. de Brucamps, D. P. 87. 3. 62); et l'annulation de l'élection d'un suppléant qui n'a pas été déférée au conseil de préfecture ne peut être demandée au conseil d'Etat par voie de conséquence de l'annulation de l'élection du délégué (Cons. d'Et. 31 déc. 1878, aff. El. de Neufontaines, D. P. 79. 3. 100).

ART. 4. — *Des listes électorales sénatoriales.*

628. Le préfet doit dresser, huit jours au plus tard avant l'élection des sénateurs, la liste des électeurs sénatoriaux (V. *suprà*, n° 617). Bien que la loi ne l'ait pas expressément prescrit, il convient que cette liste soit affichée à la porte de la préfecture et des sous-préfectures (Rapport de M. Christophle cité par MM. Poudra et Pierre, *Traité de droit parlementaire*, n° 516).

629. Il n'appartient pas au préfet d'omettre sur la liste le nom d'un des électeurs sénatoriaux, par le motif que cet électeur aurait encouru une condamnation ayant pour effet de le priver temporairement de ses droits politiques, si cette condamnation est antérieure à la validation du mandat qui lui a conféré le droit de prendre part aux élections sénatoriales. La question a été soulevée devant le Sénat dans la séance du 10 mars 1876, à l'occasion de l'omission, sur la liste des électeurs sénatoriaux du département de Vaucluse, du nom d'un conseiller général dont les pouvoirs avaient été validés par le conseil général en vertu de la loi du 10 août 1871, bien qu'il eût été frappé d'incapacité électorale à raison d'une condamnation à plus d'un mois d'emprisonnement pour outrages envers un dépositaire de la force publique. Le Sénat n'a pas eu à résoudre cette question, la majorité des sénateurs élus dans le département de Vaucluse ne pouvant être affectée par l'addition ou le retranchement d'une voix ; mais le rapporteur, M. Salmon, a très nettement exprimé une opinion défavorable à la décision du préfet. « Le droit électoral, a-t-il dit, est un précieux accessoire de la qualité de conseiller général, mais ne provient pas d'une fonction propre et dépend de cette seule qualité; tant qu'il est investi de celle-ci, il semble qu'il puisse exercer celle-là » (Poudra et Pierre, *op. cit.*, n° 517).

630. Les députés, conseillers généraux et conseillers d'arrondissement qui ont été proclamés par les commissions de recensement, mais dont les pouvoirs n'ont pas été vérifiés, doivent être inscrits sur la liste des électeurs et peuvent prendre part au vote.

631. Le préfet doit adresser à chacun des électeurs sénatoriaux une lettre de convocation. En vertu d'une décision du ministre des finances du 15 janv. 1876, ces lettres de convocation sont admises à circuler en franchise. Si le préfet apprend que des délégués ne peuvent se rendre au chef-lieu, il doit prévenir d'urgence, et au besoin par la voie télégraphique, les suppléants (Circ. 14 nov. 1887, citée *suprà*, n° 592).

632. Les frais d'impression des cadres pour la formation des listes électorales sont classés au nombre des dépenses obligatoires du département par l'art. 60 de la loi du 10 août 1871. Les frais d'impression des lettres de convocation qui tiennent lieu de cartes électorales peuvent être imputés également sur le budget départemental, mais à titre de dépenses facultatives. Les formules des procès-verbaux d'élection des délégués et des notifications sont à la charge des communes. Enfin les autres dépenses d'impression, telles qu'affiches et insertions au *Recueil des actes administratifs*, incombent au fonds d'abonnement de la préfecture (Circ. 14 nov. 1887, citée *suprà*, n° 592).

633. Aucun électeur ne peut avoir plus d'un suffrage et ne peut voter dans plus d'un collège. Mais tout électeur inscrit sur deux listes a la faculté d'opter et de voter dans l'un ou l'autre des collèges dont il fait, à des titres distincts, légalement partie (Rapport à l'Assemblée nationale, cité par M. Pierre, *Lois constitutionnelles*, p. 112, note 2).

SECT. 2. — DU COLLÈGE ÉLECTORAL SÉNATORIAL.

634. Le collège électoral pour l'élection des sénateurs se réunit au chef-lieu du département. Aux termes de l'art. 12 de la loi du 2 août 1875, il est présidé par le président du tribunal civil du chef-lieu. Si ce dernier est empêché, il doit être remplacé par le vice-président et, à son défaut, par le plus ancien juge du tribunal. Aussitôt après que les électeurs sont entrés dans la salle, le président doit appeler au bureau comme assesseurs les deux plus âgés et les deux plus jeunes électeurs présents à l'ouverture de la séance; si les deux plus âgés ou les deux plus jeunes sont illettrés, ils doivent être remplacés par les électeurs suivants sachant lire et écrire (Circ. min. int. 19 déc. 1887, *Bull. min. int.* 1887, p. 315). Le plus âgé des assesseurs remplace le président en cas d'absence (Même circulaire). Le président et les assesseurs nomment, à la majorité des voix, un des électeurs présents pour remplir les fonctions de secrétaire; le secrétaire n'a que voix consultative.

635. La loi ne détermine pas le local dans lequel doit se réunir le collège électoral sénatorial. Mais la circulaire ministérielle du 19 déc. 1887 recommande de choisir de préférence la préfecture ou le palais de justice. La même circulaire prescrit de déposer sur la table du bureau : 1° le texte de la loi du 9 déc. 1884, portant modification aux lois organiques sur l'organisation du Sénat et sur les élections des sénateurs; 2° le texte de la loi organique du 2 août 1875 sur l'élection des sénateurs, modifiée par la loi précitée du 9 déc. 1884; 3° le règlement d'administration publique du 26 déc. 1875, fixant le mode de payement de l'indemnité de déplacement allouée aux délégués des conseils municipaux, ainsi qu'un exemplaire du tableau des distances; 4° le texte du décret fixant l'époque des élections sénatoriales; 5° le texte des décrets organique et réglementaire du 2 févr. 1852; 6° l'instruction du 19 déc. 1887; 7° le tableau indiquant les résultats de l'élection des délégués et des suppléants, dressé en exécution de l'art. 6 de la loi du 2 août 1875; 8° la liste des électeurs sénatoriaux par ordre alphabétique, dressée en exécution de l'art. 9 de la même loi; 9° les listes d'émargement et les feuilles de pointage destinées aux bureaux des sections, les imprimés nécessaires pour la rédaction du procès-verbal et du bordereau des indemnités mises en payement. Il convient, de plus, d'après la circulaire précitée, d'afficher dans la salle, d'une manière apparente, un avis rappelant les heures d'ouverture et de clôture des scrutins et le nombre des sénateurs à élire.

636. L'art. 13 de la loi du 2 août 1875 charge le bureau de répartir les électeurs par ordre alphabétique en sections de vote comprenant au moins cent électeurs, et de nommer les présidents et scrutateurs de chacune de ces sections. Les scrutateurs doivent être au nombre de quatre pour chaque section; mais il n'est pas nécessaire de nommer des secrétaires, puisque les sections n'ont pas de procès-verbal à rédiger (Circ. 19 déc. 1887, citée *suprà*, n° 634). Chaque section doit être munie d'une boîte de scrutin fermant avec deux serrures. — Une protestation présentée contre une élection sénatoriale, à l'occasion du premier tour de scrutin et fondée sur ce qu'aucun scellé n'avait été apposé sur l'urne électorale, a été rejetée par le motif que les membres du bureau étaient restés sans interruption, au nombre de trois, pour exercer leur surveillance pendant toute la durée et même pendant la suspension des opérations (Sénat, 13 janv. 1888, El. du Loiret, *Journ. off.* du 14, p. 10).

637. Le bureau électoral statue sur toutes les difficultés et contestations qui peuvent s'élever au cours de l'élection, sans pouvoir toutefois s'écarter des décisions rendues, en vertu de l'art. 8 de la loi du 2 août 1875 par les conseils de préfecture ou le conseil d'Etat, relativement à la nomination des délégués des conseils municipaux. Les décisions du bureau sont motivées; toutes les réclamations et décisions sont inscrites au procès-verbal; les pièces ou bulletins s'y rapportant y sont annexés après avoir été parafés par le bureau (Circ. 19 déc. 1887, citée *suprà*, n° 635).

638. Chaque électeur se rend, suivant l'ordre alphabétique de son nom, à la section qui lui est assignée : il doit apporter sa lettre de convocation et son bulletin de vote. Les suppléants votent non d'après l'ordre alphabétique de leur nom, mais d'après celui du délégué qu'ils remplacent (Circ. 19 déc. 1887, citée *suprà*, n° 635).

639. Les bulletins doivent être préparés au dehors et ne peuvent, sous aucun prétexte, être distribués dans l'intérieur de la salle (Circ. 19 déc. 1887, citée *suprà*, n° 635). L'élection ne saurait être annulée à raison de ce qu'un vieillard a été conduit au scrutin par un délégué, alors que ce fait n'a pu avoir aucune influence sur les résultats du vote (Sénat, 13 janv. 1888, El. de Lot-et-Garonne, *Journ. off.* du 14, p. 9).

640. Les listes d'émargement, destinées à constater le vote des électeurs, doivent être établies par cahiers comprenant au moins cent électeurs et reproduire les colonnes 1 et 2 de la liste électorale publiée précédemment. Les seules modifications qu'elles puissent recevoir sont celles qui proviennent du remplacement des délégués, ou des suppléants inscrits sur la liste, par des suppléants qui n'y figuraient pas, mais qui ont droit de vote et ont reçu des lettres de convocation. Le bureau électoral complète ces listes en y inscrivant, en regard des délégués titulaires, les nouveaux suppléants qu'il admet au vote (Circ. min. 14 nov. 1887, *Bull. min. int.*, 1887, p. 279).

641. Les listes d'émargement sont tenues en double par deux assesseurs. Un troisième est chargé de recevoir la lettre de convocation et d'y constater le vote de l'électeur (Circ. min. 14 nov. 1887, citée *suprà*, n° 592). Si un suppléant non inscrit sur la feuille d'émargement se présente pour voter, le bureau de section ne doit pas recevoir son vote sans consulter le bureau du collège qui seul décide la question et fait, s'il y a lieu, inscrire le nom de ce votant dans la troisième colonne de la liste, en regard du nom du délégué empêché (Circ. 19 déc. 1887, citée *suprà*, n° 635).

642. Aux termes de l'art. 8 de la loi du 9 déc. 1884, qui a modifié l'art. 14 de la loi du 2 août 1875, le premier scrutin est ouvert à huit heures du matin et fermé à midi. Le second est ouvert à deux heures et fermé à cinq heures. Le troisième est ouvert à sept heures et fermé à dix heures.

643. La salle de vote est ouverte à huit heures du matin; tous les électeurs présents sont admis. Après le vote général, il est procédé s'il y a lieu à un ou plusieurs réappels. En tout cas, le scrutin reste ouvert jusqu'à midi. Le dépouillement suit immédiatement la clôture du scrutin (Circ. 19 déc. 1887, citée *suprà*, n° 635).

644. Le président du collège, assisté des autres membres du bureau, ouvre une à une les boîtes de scrutin. Les bulletins en sont retirés et le nombre en est vérifié, section par section; les six membres du bureau se partagent ce soin. Le nombre des bulletins trouvés dans chacune des boîtes est consigné au procès-verbal. Il est également fait mention du nombre des votants constaté par les feuilles d'émargement afin d'établir si le nombre des bulletins est égal, inférieur ou supérieur (Circ. 19 déc. 1887, citée *suprà*, n° 635). Le fait que l'urne renfermait quelques bulletins de plus que le nombre des votants constitue une irrégularité sans importance, si les candidats élus ont obtenu une majorité considérable (Sénat, 13 janv. 1888, El. de Meurthe-et-Moselle, El. de la Meuse, *Journ. off.* du 14, p. 10).

645. Après cette constatation, chaque bureau de section dépouille les votes qu'il a reçus; le dépouillement terminé, les feuilles de pointage tenues dans chaque bureau de section par deux assesseurs sont arrêtées et signées par le président et les quatre scrutateurs de la section. Elles sont ensuite remises au bureau du collège avec les bulletins contestés (Circ. 19 déc. 1887, citée *suprà*, n° 635). — Lorsque les membres d'un bureau de section ne sont pas d'accord sur l'attribution d'un suffrage à tel candidat, ou que leur appréciation est contestée par les électeurs présents, ils doivent réserver le bulletin, en le parafant avec l'annotation : *à vérifier ;* et l'attribution de ce bulletin n'est faite que par le bureau du collège, le bureau de section ayant seulement voix consultative (Même circulaire).

646. Il y a lieu d'appliquer aux élections sénatoriales ce qui a été dit précédemment à l'occasion des élections législatives de l'attribution des bulletins de couleur, des bulletins portant des signes extérieurs, de ceux qui ne contiennent pas une désignation suffisante, ou de ceux dans lesquels les votants se sont fait connaître (V. *suprà*, n°s 404 et suiv.).

647. Nul n'est élu sénateur au premier tour de scrutin s'il ne réunit : 1° la majorité absolue des suffrages exprimés ; 2° un nombre de voix égal au quart des électeurs inscrits. Les bulletins blancs, ceux qui ne contiennent pas une désignation suffisante ou dans lesquels les votants se sont fait connaître, n'entrent pas en compte (Circ. 19 déc. 1887, citée *suprà*, n° 635).

648. Si le nombre des candidats réunissant le minimum des voix qui vient d'être indiqué est inférieur au nombre des sénateurs à élire, le président annonce que la séance sera reprise à deux heures pour un second tour de scrutin. Ce second scrutin est fermé à cinq heures. Cette seconde opération s'effectue dans le même ordre et est soumise aux mêmes règles que la première (Circ. 19 déc. 1887, citée *suprà*, n° 635).

649. Si l'élection n'est pas encore complète au second tour, un troisième scrutin est ouvert à sept heures et fermé à dix heures. — Il n'y a pas lieu de s'arrêter à l'irrégularité résultant d'un retard dans l'ouverture du second ou du troisième tour de scrutin, si tous les électeurs qui ont voté au premier tour ont pris part aux scrutins suivants (Sénat, 10 mars 1876, El. d'Indre-et-Loire, Poudra et Pierre, *Traité de droit parlementaire,* n° 617).

650. Le troisième tour de scrutin n'est, pas plus que le second, un scrutin de ballottage : il en résulte qu'au troisième tour comme aux deux premiers, les suffrages des électeurs peuvent se porter même sur des candidats dont le nom n'a pas figuré aux précédentes épreuves (Circ. 19 déc. 1887, citée *suprà*, n° 635). Au troisième tour, la majorité relative suffit, et en cas d'égalité de suffrages, le plus âgé est élu.

651. Le procès-verbal d'élection rédigé conformément à un modèle annexé à la circulaire ministérielle du 19 déc. 1887 établit le nombre définitif des suffrages obtenus par chacun des candidats et mentionne les observations relatives aux votes contestés ainsi que les décisions prises à leur égard. Il est divisé en deux expéditions qui sont signées par les membres du bureau du collège et remises au préfet par le président avec les listes d'émargement, les listes de pointage et la liste électorale. Une de ces expéditions est conservée dans les archives de la préfecture ; l'autre est immédiatement transmise au Sénat avec toutes les pièces annexées par l'intermédiaire du ministre de l'intérieur (Circ. 19 déc. 1887, citée *suprà*, n° 635).

652. Immédiatement après le recensement des votes par le bureau et, par conséquent, avant de lever la séance, le président du collège proclame les résultats du scrutin et déclare élus sénateurs ceux des candidats qui, dans la limite du nombre des sièges vacants, ont obtenu le nombre de voix exigé par la loi. Ce n'est qu'après cette proclamation que le bureau fait brûler, en présence des électeurs, tous les bulletins qui n'ont pas été annexés au procès-verbal (Circ. 19 déc. 1887, citée *suprà*, n° 635).

653. Aux termes de l'art. 8 de la loi du 9 déc. 1884, qui a modifié l'art. 16 de la loi du 2 août 1875, les réunions d'électeurs sénatoriaux peuvent être tenues à partir de la promulgation du décret de convocation jusqu'au jour du vote inclusivement. Il suffit que la déclaration prescrite par l'art. 2 de la loi du 30 juin 1881 (D. P. 81. 4. 101) soit faite par deux électeurs ; elle peut précéder de deux heures seulement la réunion électorale. Les membres du Parlement élus ou électeurs dans le département, les électeurs sénatoriaux délégués et suppléants et les candidats ou leurs mandataires peuvent seuls « assister à ces réunions ». La loi du 9 déc. 1884 reconnaît aux suppléants alors même qu'ils ne sont pas encore désignés pour remplacer un délégué empêché le droit, qui leur avait été précédemment contesté d'assister aux réunions électorales. L'autorité municipale est spécialement chargée d'en interdire l'accès à toute autre personne.

654. Les délégués et les suppléants qui ont pris part à tous les scrutins peuvent, aux termes de l'art. 17 de la loi du 2 août 1875, recevoir s'ils le requièrent une indemnité de déplacement. Les électeurs de droit ne peuvent prétendre à cette indemnité. Un règlement d'administration publique du 26 déc. 1875 (D. P. 76. 4. 75) a déterminé le mode de taxation et de payement de cette indemnité. Il la fixe, comme celle qui est allouée aux jurés en matière criminelle, à 2 fr. 50 cent. par myriamètre parcouru tant en allant qu'en revenant.

655. L'art. 5 du décret du 26 déc. 1875 astreint, à peine de déchéance, les délégués qui désirent obtenir l'indemnité de déplacement à en faire la demande expresse au président du collège électoral avant la clôture de la séance. Pour obvier à certaines difficultés auxquelles cette disposition avait donné lieu dans la pratique, la circulaire du 19 déc. 1887 qui reproduit celle du 20 déc. 1878 renferme les prescriptions suivantes : des affiches apposées dans la salle du vote, à l'ouverture de la séance, doivent inviter les délégués qui ne tiendraient pas à être payés le jour même à laisser entre les mains du président, après le dernier vote et contre récépissé si les délégués en réclament, leurs lettres de convocation sur lesquelles ils auront requis la taxation en y apposant leur signature. Le président remet ces lettres au préfet, le soir ou le lendemain de l'élection, avec un bordereau récapitulatif ; le préfet les fait viser par le trésorier payeur général et les adresse, par l'intermédiaire des maires, aux intéressés, qui les présentent au percepteur de leur commune.

656. Pour les payements à faire le jour même, il y a lieu de procéder de la manière suivante. Au fur et à mesure que les lettres de convocation sont remises au bureau, le président ou les assesseurs délégués par lui s'assurent, à l'aide de visa apposés au bas des lettres et des listes d'émargement, que les requérants ont participé à tous les scrutins. Ils certifient également le décompte préparé par la préfecture au recto de la lettre et inscrivent, en toutes lettres, au verso la somme à payer. Le président du collège signe cet exécutoire et fait apposer le cachet du tribunal à côté de sa signature.—En cas de contestation sur le taux de l'indemnité, la difficulté est tranchée par le président du collège. Le président fait en même temps dresser par un assesseur un premier bordereau des sommes mises en payement le jour même ; ce bordereau est signé par l'assesseur qui l'a dressé, certifié par le président et remis par lui au préfet avec le procès-verbal. Le second bordereau, comprenant les lettres de convocation que les délégués qui ont préféré être payés à domicile ont laissées entre les mains du président, peut n'être remis à la préfecture que le lendemain avec lesdites lettres.

657. Les bureaux de la trésorerie générale doivent rester ouverts pendant toute la durée du scrutin et deux heures au moins après la clôture des opérations, afin que les délégués qui désireraient recevoir leur indemnité le jour même puissent s'y présenter.

658. La loi consacre, à l'égard des délégués et de leurs suppléants, le principe du vote obligatoire. Tout délégué qui, sans cause légitime, n'a pas pris part à tous les scrutins, ou qui, étant empêché, n'a pas averti le suppléant en temps utile, doit, aux termes de l'art. 18 de la loi du 2 août 1875, être condamné à une amende de 50 fr. par le tribunal civil du chef-lieu, sur les réquisitions du ministère public. La même peine peut être appliquée au délégué suppléant qui, averti par lettre, dépêche télégraphique ou avis à lui personnellement délivré en temps utile, n'a pas pris part aux opérations électorales.

Il n'y a pas lieu, en cette matière, à l'admission des circonstances atténuantes.

Sect. 3. — Des conditions d'éligibilité.

659. Les conditions d'éligibilité au Sénat sont déterminées par le paragraphe 1er de l'art. 4 de la loi du 9 déc. 1884. Nul ne peut être sénateur s'il n'est Français, âgé de quarante ans au moins, et s'il ne jouit de ses droits civils et politiques. La justification de la qualité de Français découle de la qualité d'ancien député ou sénateur (Sénat, 8 et 21 avr. 1886, El. de Seine-et-Oise, *Journ. off.* des 9 et 22, p. 589 et 708; 19 oct. 1886, El. du Cantal, *Journ. off.* du 20, p. 1114), ou de celle de conseiller général (Sénat, 19 oct. 1886, El. de la Haute-Garonne, *Journ. off.* du 20, p. 1114). L'âge de quarante ans résulte suffisamment soit de ce que le candidat proclamé a fait partie pendant plusieurs années d'une chambre précédente (Sénat, 9 mars 1876, El. Toupet des Vignes et autres, Poudra et Pierre, *Traité de droit parlementaire*, n° 545; 8 et 21 avr. 1886, El. de Seine-et-Oise, *Journ. off.* des 9 et 22, p. 589 et 708); soit de ce que l'élu exerce des fonctions publiques militaires ou administratives auxquelles on ne peut parvenir avant quarante ans (Sénat, 9 mars 1876, El. général Espivent de la Villeboisnet et autres, Poudra et Pierre, *loc. cit.*), soit de ce qu'il fait partie depuis vingt ans d'un conseil général (Sénat, 19 oct. 1886, El. de la Haute-Garonne, *Journ. off.*, p. 20, p. 1114).

660. Le paragraphe 2 de l'art. 4 de la loi du 9 déc. 1884 déclare inéligibles au Sénat les membres des familles ayant régné sur la France.

661. Les militaires des armées de terre et de mer sont inéligibles, au Sénat comme à la Chambre des députés (V. *suprà*, n° 459). Toutefois, l'art. 5 de la loi du 9 déc. 1884 excepte de l'application de cette règle générale : 1° les maréchaux de France et les amiraux; 2° les officiers généraux maintenus, sans limite d'âge, dans la première section du cadre d'état-major général et non pourvus de commandement; 3° les officiers généraux ou assimilés placés dans la deuxième section du cadre de l'état-major général; 4° les militaires des armées de terre et de mer qui appartiennent soit à la réserve de l'armée active, soit à l'armée territoriale.

662. La loi du 2 août 1875 admettait en règle générale que les fonctionnaires pouvaient faire partie du Sénat. Mais elle contenait, dans son art. 20, une liste de fonctions qu'elle reconnaissait incompatibles avec la qualité de sénateur. Cet article est devenu sans application en vertu de la disposition transitoire de la loi du 9 déc. 1884, qui déclare applicable aux élections sénatoriales l'art. 8 de la loi du 30 nov. 1875 sur les élections législatives, dans le cas où une loi spéciale sur les incompatibilités parlementaires ne serait pas votée avant les élections sénatoriales de 1885. — Cette disposition transitoire n'étant plus applicable aux élections triennales de 1888, la loi du 26 déc. 1887 en a reproduit les termes avec quelques modifications destinées à lui donner une portée plus étendue et a déclaré applicables aux élections sénatoriales les art. 8 et 9 de la loi du 30 nov. 1875 jusqu'au vote d'une loi spéciale sur les incompatibilités parlementaires.

663. L'art. 70 de la loi du 10 août 1871, modifié par la loi du 19 déc. 1876, a créé une incompatibilité entre les fonctions de membre de la commission départementale et le mandat de sénateur aussi bien que celui de député. Mais on ne saurait étendre aux membres du Sénat la disposition de l'art. 3 de la loi du 21 nov. 1872 (D. P. 72. 4. 132), qui a déclaré les fonctions de juré incompatibles avec le mandat de *député*. — Des lois spéciales ont déclaré le mandat de sénateur incompatible avec les fonctions soit de membre du conseil d'administration ou de surveillance de la société concessionnaire des services maritimes postaux entre le Havre et New-York et entre la France, les Antilles et le Mexique (L. 28 juin 1883, art. 10, D. P. 83. 4. 103), soit d'administrateur d'une compagnie de chemins de fer (L. 20 nov. 1883, art. 5, D. P. 84. 4. 19).

664. L'art. 20 de la loi du 2 août 1875 énumère les fonctionnaires qui ne peuvent être élus sénateurs dans les départements ou les colonies compris en tout ou en partie dans leur ressort, pendant l'exercice de leurs fonctions et dans les six mois qui suivent. Ce sont : 1° les premiers présidents, les présidents et les membres des parquets des cours d'appel; 2° les présidents, les vice-présidents, les juges d'instruction et les membres des parquets des tribunaux de première instance; 3° le préfet de police, les préfets et sous-préfets, et les secrétaires généraux des préfectures, les gouverneurs, directeurs de l'intérieur et secrétaires généraux des colonies; 4° les ingénieurs en chef et d'arrondissement, les agents voyers en chef et d'arrondissement; 5° les recteurs et inspecteurs d'académie; 6° les inspecteurs des écoles primaires; 7° les archevêques, évêques et vicaires généraux; 8° les officiers de tout grade de l'armée de terre et de mer; 9° les intendants divisionnaires et les sous-intendants militaires; 10° les trésoriers payeurs généraux et les receveurs particuliers des finances; 11° les directeurs des contributions directes et indirectes, de l'enregistrement et des domaines et des postes; 12° les conservateurs et inspecteurs des forêts.

665. La loi qui interdit pour les élections législatives les candidatures multiples n'est pas applicable aux élections sénatoriales. Le sénateur élu dans plusieurs départements doit, aux termes de l'art. 22 de la loi du 30 nov. 1875, « faire connaître son option au président du Sénat dans les dix jours qui suivent la déclaration de validité de ces élections ». A défaut d'option dans ce délai, la question est décidée par la voie du sort et en séance publique. Dans le cas d'option, comme dans celui d'invalidation, il est pourvu à la vacance dans le délai d'un mois et par le même corps électoral. Il résulte des explications fournies à la séance du 26 juill. 1875 que l'expression *le même corps électoral* n'a en vue que les délégués des conseils municipaux, qui doivent rester les mêmes que pour l'élection précédente. Au contraire, parmi les membres de droit, le collège électoral ne comprend que les députés, conseillers généraux et conseillers d'arrondissement en fonctions lors du renouvellement de l'élection.

666. La loi n'a pas établi de délai pour l'option d'un député élu sénateur; mais il est constant qu'un député élu sénateur n'est pas tenu de se démettre de son mandat de député tant que ses pouvoirs n'ont pas été vérifiés au Sénat, et qu'il peut siéger et parler à la Chambre des députés tant que sa démission n'a pas été donnée. Mais le député élu sénateur, qui siège au Sénat et qui y prend part à un scrutin public, est considéré *ipso facto* comme démissionnaire de son mandat de député. MM. Poudra et Pierre, *loc. cit.*, *Suppl.*, n° 668, citent en ce sens plusieurs précédents : MM. de Bosredon et de Fourtou, députés de la Dordogne, ayant été élus sénateurs dans le même département au mois de mars 1880 et ayant pris part à un vote au Sénat, ont été considérés comme démissionnaires. M. Edouard Millaud, élu sénateur du Rhône le 14 mars 1880, ayant été porté par erreur dans la liste des membres du Sénat qui avaient pris part aux scrutins des 15 et 16 mars, fit insérer à l'*Officiel* une note rectificative, afin de conserver le droit de prendre part, comme rapporteur de la commission des douanes, à une discussion qui devait s'ouvrir quelques jours plus tard à la Chambre des députés.

A l'inverse, un sénateur élu député conserve son mandat tant que son élection n'a pas été validée par la Chambre.

667. L'art. 23 de la loi du 2 août 1875 exigeait que le nombre des sénateurs fût réduit de moitié dans un département pour qu'il fût pourvu, dans le délai de trois mois, aux vacances survenant par suite de décès ou de démission; il portait, en outre, que, lorsque la vacance se produirait dans les douze mois avant le renouvellement triennal, il n'y avait lieu à l'élection qu'au moment de ce renouvellement. Ces dispositions ont été modifiées par l'art. 23 de la loi du 9 déc. 1884. Aujourd'hui, il doit être pourvu aux vacances survenant par suite de décès ou de démission de sénateurs dans le délai de trois mois; toutefois, si la vacance survient dans les six mois qui précèdent le renouvellement triennal, il n'y est pourvu qu'au moment de ce renouvellement.

668. L'art. 3 de la loi du 9 déc. 1884 a réglé le remplacement des sénateurs inamovibles que l'art. 1er de cette loi a supprimés par voie d'extinction. Les sièges supplémentaires auxquels ont droit un certain nombre de départements, par suite de la répartition entre eux des sièges occupés par les sénateurs inamovibles, ne leur sont attribués qu'au fur et à mesure des vacances. Dans la huitaine de la vacance, le Sénat procède, en séance publique, au tirage au sort du département qui sera appelé à élire un sénateur; cette élection a lieu dans le délai de trois mois à partir du tirage au sort. Toutefois, si la vacance survient dans les six mois qui précèdent le renouvellement triennal, il n'y est pourvu qu'au moment de ce renouvellement. — Le mandat ainsi conféré a la même durée que celui des autres sénateurs du département.

Sect. 4. — De la vérification des pouvoirs.

669. Aux termes de l'art. 10 de la loi constitutionnelle du 16 juill. 1875, le Sénat, comme la Chambre des députés, est juge de l'éligibilité de ses membres et de la régularité de leur élection. Ce qui a été dit précédemment de la vérification des pouvoirs des députés est également applicable à la vérification des pouvoirs des sénateurs (V. *suprà*, nos 463 et suiv.).

Table sommaire

des matières contenues dans le Supplément et le Répertoire.

(Les chiffres précédés de la lettre *S* renvoient au Supplément; les chiffres précédés de la lettre *R* renvoient au Répertoire.)

Table chronologique des Lois, Arrêts, etc.

6 févr. Civ. 291 c.
10 févr. Cons. d'Et. 625 c.
18 févr. Crim. 16 c.
7 mars. Civ. 50 c., 201 c., 207 c., 212 c., 273 c., 274 c.
22 mars. Civ. 273 c., 274 c., 289 c.
27 mars. Civ. 263 c., 273 c., 286 c., 289 c.
8 avr. Civ. 195 c., 273 c., 274 c., 289 c.
4 avr. Civ. 289 c
19 avr. Civ. 71 c., 111 c., 184 c., 263 c., 266 c., 277 c., 279 c., 286 c., 289 c.
22 avr. Cons. d'Et. 625 c.
24 avr. Civ. 227 c., 241 c., 266 c., 279 c., 289 c., 300 c.
26 avr. Civ. 266 c.
30 avr. Civ. 266 c.
1er mai. Civ. 205 c., 207 c., 213 c., 266 c., 271 c., 278 c., 279 c., 289 c.
9 mai. Civ. 44 c., 57 c., 124 c., 188 c., 218 c., 219 c., 241 c.
12 mai. Cons. d'Et. 252 c.
16 juin. Cons. d'Et. 130 c.
20 juin. Civ. 124 c., 128 c., 181 c., 206 c., 211 c., 244 c., 263 c., 272 c.
23 juin. Cons. d'Et. 127 c., 173 c.
5 juill. Civ. 8 c., 289 c., 290 c.
7 juill. Cons. d'Et. 118 c.
28 juill. Crim. 17 c.
28 juill. Cons. d'Et. 98 c.
2 août. Loi. 55 c.
16 août. Civ. 202 c., 266 c.
21 août. Civ. 203 c.
22 août. Civ. 266 c., 273 c., 274 c.
18 nov. Crim. 21 c.

1883

12 févr. Civ. 255 c., 259 c., 289 c.
6 mars. Civ. 8 c.
12 mars. Civ. 289 c.
21 mars. Cons. d'Et. 625 c.
31 mars. Trib. paix. Saint Calais. 150 c., 218 c., 219 c.
4 avr. Civ. 95 c., 184 c., 210 c., 266 c., 269 c., 273 c., 274 c., 285 c., 286 c., 289 c.
9 avr. Civ. 266 c., 273 c., 274 c., 279 c., 286 c., 289 c., 293 c.
17 avr. Civ. 180 c., 190 c., 241 c., 266 c., 279 c., 285 c.
18 avr. Civ. 195 c., 206 c., 273 c., 27 c.
23 avr. Civ. 244 c., 266 c., 273 c., 274 c., 279 c., 286 c., 289 c.
2 mai. Civ. 71 c., 95 c., 107 c., 161 c., 195 c., 227 c., 266 c., 273 c., 274 c., 279 c., 285 c., 289 c.
3 mai. Civ. 102 c.
7 mai. Civ. 107 c., 148 c., 208 c., 219 c., 220 c., 266 c., 279 c., 285 c., 286 c., 289 c.
21 mai. Civ. 161 c.
22 mai. Civ. 106 c., 128 c., 151 c., 256 c., 266 c., 279 c., 289 c.
28 mai. Civ. 95 c., 107 c., 266 c., 289 c.
5 juin. Civ. 77 c., 279 c., 285 c., 289 c.
8 juin. Cons. d'Et. 140 c., 359 c.
11 juin. Civ. 266 c., 279 c., 285 c.
19 juin. Civ. 204 c., 266 c., 279 c., 289 c.
25 juin. Civ. 266 c., 273 c.
28 juin. Loi. 455 c., 663 c.
9 juill. Civ. 263 c., 286 c., 289 c., 300 c., 303 c.
27 juill. Cons. d'Et. 138 c., 142 c.
30 juill. Civ. 108 c., 193 c., 204 c., 225 c., 227 c., 269 c., 281 c., 300 c.
5 août. Civ. 41 c., 238 c., 239 c.
7 août. Cons. d'Et. 134 c., 141 c., 142 c.
20 août. Civ. 95 c., 266 c., 279 c., 303 c.
21 août. Civ. 222 c., 224 c.
29 août. Civ. 289 c.
7 nov. Civ. 235 c., 280 c.
20 nov. Loi. 457 c., 583 c., 663 c.
20 nov. Civ. 285 c.
26 nov. Civ. 266 c., 289 c., 303 c.

1884

25 janv. Cons. d'Et. 173 c.
29 janv. Civ. 292 c.
12 févr. Décis. 431 c.
21 févr. Crim. 336 c.
26 févr. Décr. 235 c.
5 avr. Loi. 12 c., 13 c., 25 c., 80 c., 84 c., 89 c., 100 c., 108 c., 114 c., 116 c., 118 c., 128 c., 324 c., 422 c., 593 c., 594 c., 596 c., 598 c., 608 c., 620 c., 624 c.
8 avr. Civ. 106 c.
10 avr. Circ. 332 c., 388 c., 425 c., 427 c., 428 c., 559 c., 560 c.
19 mai. Civ. 218, 304 c.
24 mai. Crim. 16 c.
14 juin. Crim. 16 c.
14 août. Loi. 24 c.
30 nov. Circ. 80 c., 92 c., 97 c., 100 c., 109 c., 114 c., 116 c., 117 c., 119 c., 120 c., 121 c., 130 c., 132 c., 144 c., 146 c., 154 c., 160 c., 164 c., 166 c., 167 c., 171 c., 186 c., 187 c., 201 c.
8 déc. Loi. p. 445.
9 déc. Loi. 21 c., 24, 24 c., 585 c., 587 c., 590 c., 591 c., 596 c., 608 c., 624 c., 635 c., 642 c., 653 c., 659 c., 660 c., 661 c., 662 c., 667 c., 668 c., p. 445.
11 déc. Circ. 608 c., 624 c.
26 déc. Cons. d'Et. 141 c., 142 c.

1885

9 janv. Crim. 20 c.
9 janv. Cons. d'Et. 624 c.
23 janv. Cons. d'Et. 130 c.
30 janv. Cons. d'Et. 590 c., 609 c.
6 févr. Cons. d'Et. 625 c.
12 févr. Sénat. 626 c.
13 févr. Cons. d'Et. 625 c.
20 févr. Cons. d'Et. 98 c.
27 févr. Cons. d'Et. 635 c.
6 mars. Cons. d'Et. 625 c.
13 mars. Cons. d'Et. 625 c.
16 mars. Civ. 4 c.
23 mars. Civ. 123 c., 128 c.
27 mars. Cons. d'Et. 625 c.
2 avr. Loi. p. 445.
16 avr. Civ. 84, 95, 108 c., 206.
23 avr. Civ. 108 c., 279.
26 avr. Cons. d'Et. 625 c.
30 avr. Civ. 49 c., 50 c., 75 c., 86 c., 195.
1er mai. Cons. d'Et. 625 c.
5 mai. Civ. 50 c.
9 mai. Crim. 16 c.
13 mai. Civ. 88 c., 188.
15 mai. Cons. d'Et. 625 c.
22 mai. Cons. d'Et. 625 c.
12 juin. Cons. d'Et. 132 c., 140 c.
16 juin. Loi. 26 c., 369 c., 432 c., 434 c., 460 c., p. 445.
19 juin. Cons. d'Et. 166 c., 625 c.
8 juill. Civ. 66 c.
17 juill. Cons. d'Et. 172 c., 625 c.
31 juill. Cons. d'Et. 625 c.
6 août. Crim. 16 c.
14 août. Loi. 78 c.
19 août. Circ. 423 c.
9 sept. Circ. 316 c., 322 c., 338 c., 346 c., 349 c., 359 c., 362 c., 369 c., 374 c., 377 c., 382 c., 383 c., 385 c., 393 c., 398 c., 402 c., 405 c., 419 c., 427 c., 428 c., 559 c., 560 c.
28 oct. Civ. 235 c.
12 nov. Ch. dép. 323 c., 343 c., 348 c., 351 c., 375 c., 413 c., 415 c., 416 c., 417 c., 441 c., 474 c., 477 c., 479 c., 498 c., 512 c., 531 c., 535 c., 538 c., 575 c., 581 c., 582 c.
13 nov. Ch. dép. 320 c., 324 c., 365 c., 412 c., 413 c., 417 c., 470 c., 486 c., 487 c., 488 c., 498 c., 573 c.
14 nov. Ch. dép. 393 c., 398 c., 417 c., 553 c.
19 nov. Ch. dép. 310 c., 319 c., 320 c., 342 c., 357 c., 359 c., 413 c., 415 c., 416 c., 417 c., 427 c., 441 c., 466 c., 476 c., 481 c., 489 c., 495 c., 504 c., 531 c., 552 c., 562 c., 568 c., 574 c., 581 c.
20 nov. Cons. d'Et. 59 c.
21 nov. Ch. dép. 417 c., 480 c., 502 c., 583 c., 535 c., 562 c., 581 c.
23 nov. Ch. dép. 441 c., 489 c., 504 c., 506 c., 535 c.
28 nov. Ch. dép. 415 c., 417 c., 484 c., 506 c., 528 c., 529 c., 533 c., 578 c., 582 c.
3 déc. Ch. dép. 334 c., 335 c., 418 c., 489 c., 504 c., 570 c.
5 déc. Ch. dép. 473 c., 489 c., 502 c.
7 déc. Ch. dép. 310 c., 347 c., 413 c., 416 c., 417 c., 484 c., 506 c., 545 c.
8 déc. Ch. dép. 325 c.
10 déc. Ch. dép. 489 c., 504 c.
11 déc. Cons. d'Et. 231 c.
12 déc. Ch. dép. 344 c., 355 c., 358 c., 484 c., 580 c.
14 déc. Ch. dép. 495 c., 502 c.
18 déc. Cons. d'Et. 98 c., 129 c.

1886

27 janv. Ch. dép. 400 c.
28 janv. Ch. dép. 415 c., 416 c., 417 c., 533 c., 540 c., 546 c.
29 janv. Cons. d'Et. 599 c., 619 c., 627 c.
31 janv. Décr. 453 c.
2 févr. Ch. dép. 505 c., 507 c., 510 c.
27 févr. Ch. dép. 319 c., 355 c., 417 c., 481 c., 489 c.
1er mars. Civ. 287 c.
1er mars. Ch. dép. 501 c., 506 c., 509 c.
28 mars. Ch. dép. 351 c.
29 mars. Ch. dép. 412 c., 413 c., 415 c. 489 c.
8 avr. Ch. dép. 501 c.
8 avr. Sénat. 659 c.
8 avr. Av. Cons. d'Et. 394 c.
10 avr. Ch. dép. 378 c.
11 avr. Ch. dép. 338 c.
12 avr. Ch. dép. 506 c.
16 avr. Ch. dép. 356 c.
17 avr. Ch. dép. 482 c.
19 avr. Ch. dép. 356 c.
20 avr. Ch. dép. 502 c.
21 avr. Sénat. 659 c.
1er juin. Ch. dép. 417 c.
10 juin. Décr. 453 c.
11 juin. Cons. d'Et. 40 c.
22 juin. Loi. 460 c., p. 445.
2 juill. Cons. d'Et. 625 c.
9 juill. Cons. d'Et. 140 c.
10 juill. Circ. 92 c., 322 c., 332 c., 346 c., 349 c., 375 c., 388 c., 392 c., 559 c., 560 c.
31 juill. Décr. 453 c.
19 oct. Sénat. 659 c.
12 nov. Cons. d'Et. 131 c.
26 nov. Cons. d'Et. 625 c.
7 déc. Ch. dép. 416 c.
10 déc. Décr. 453 c.
15 déc. Ch. dép. 415 c., 416 c., 417 c., 484 c., 533 c., 573 c., 575 c., 582 c.

1887

16 mars. Circ. 431 c.
19 mars. Circ. 74 c.
21 avr. Civ. 49 c., 218 c., 219 c.
5 mai. Civ. 124 c., 128 c.
7 mai. Crim. 323 c.
10 juin. Décr. 453 c.
17 juin. Cons. d'Et. 625 c.
22 juill. Cons. d'Et. 98 c.
27 juill. Civ. 95 c., 204 c., 222 c.
29 juill. Décr. 6 c., 7 c.
25 oct. Civ. 238 c., 239 c.
12 nov. Circ. 586 c.
14 nov. Circ. 588 c., 592 c., 593 c., 594 c., 595 c., 598 c., 601 c., 602 c., 603 c., 605 c., 607 c., 610 c., 613 c., 614 c., 615 c., 618 c., 620 c., 627 c., 631 c., 632 c., 640 c., 641 c.
18 nov. Cons. d'Et. 625 c.
7 déc. Civ. 218 c., 219 c.
12 déc. Ch. dép. 574 c.
19 déc. Circ. 592 c., 634 c., 635 c., 636 c., 637 c., 638 c., 639 c., 641 c., 643 c., 644 c., 645 c., 647 c., 648 c., 650 c., 651 c., 652 c., 655 c.
19 déc. Instr. 635 c.
26 déc. Loi. 662 c., p. 445.

1888

3 janv. Civ. 291 c.
13 janv. Sénat. 636 c., 639 c., 644 c.
25 janv. Circ. 168 c.
11 févr. Ch. dép. 450 c.
2 mars. Cons. d'Et. 359 c.
9 avr. Civ. 126 c., 198 c.
10 avr. Civ. 85 c.
18 avr. Civ. 55 c.
19 avr. Ch. dép. 480 c.
23 avr. Ch. dép. 469 c.
26 avr. Ch. dép. 473 c.
27 avr. Ch. dép. 512 c.
3 mai. Trib. Corbeil. 130 c.
20 juin. Civ. 85 c.

1889

24 janv. Loi. 48 c., 62 c., 69 c., p. 445.
18 févr. Loi. 26, 432 c., 434 c., p. 445.
4 mars. Loi. 64 c., p. 445.
28 mars. Civ. 49 c., 86 c., 181 c., 201 c.
11 avr. Civ. 90 c.
18 avr. Ch. dép. 536 c.
9 mai. Civ. 87 c.
26 juin. Loi. 3 c., 41 c., 437 c.
13 juill. Loi. 428 c.
15 juill. Loi. 61 c., 424 c., 428 c.
17 juill. Loi. 27, 397 c., 401 c., 460 c., 461 c., 462 c., p. 445.
5 nov. Ch. dép. 581 c.
14 nov. Ch. dép. 413 c., 441 c., 474 c., 476 c.
15 nov. Ch. dép. 413 c., 437 c., 441 c., 475 c., 476 c., 486 c., 552 c.
18 nov. Ch. dép. 484 c., 535 c., 581 c.
21 nov. Ch. dép. 484 c., 552 c., 574 c.
23 nov. Ch. dép. 379 c., 391 c., 476 c., 484 c.
25 nov. Ch. dép. 484 c., 502 c., 506 c., 579 c.
26 nov. Ch. dép. 403 c., 484 c., 501 c., 502 c., 579 c.
28 nov. Ch. dép. 356 c., 535 c., 572 c.
30 nov. Ch. dép. 502 c., 581 c.
2 déc. Ch. dép. 509 c., 514 c.
3 déc. Ch. dép. 484 c., 502 c., 506 c., 510 c., 537 c., 541 c., 576 c.
5 déc. Ch. dép. 488 c., 502 c., 506 c., 539 c., 572 c.
7 déc. Ch. dép. 488 c., 502 c., 572 c., 579 c., 580 c.
9 déc. Ch. dép. 397 c., 401 c., 502 c.
10 déc. Ch. dép. 539 c.
12 déc. Ch. dép. 395 c., 462 c., 502 c.
14 déc. Ch. dép. 507 c.
16 déc. Ch. dép. 391 c.
17 déc. Ch. dép. 572 c.
18 déc. Ch. dép. 572 c.
19 déc. Ch. dép. 514 c., 572 c.
23 déc. Ch. dép. 502 c., 506 c., 537 c.

1890

21 janv. Ch. dép. 536 c.
23 janv. Ch. dép. 506 c., 514 c.
25 janv. Ch. dép. 572 c.
27 janv. Ch. dép. 570 c.
30 janv. Ch. dép. 530 c.
1er févr. Ch. dép. 579 c.
8 févr. Ch. dép. 405 c., 581 c.
10 févr. Ch. dép. 354 c.
13 févr. Ch. dép. 514 c.
20 mars. Crim. 27 c.
21 mars. Crim. 27 c.
13 juin. Crim. 27 c.

DROIT DE PRÉEMPTION. — V. *Douanes*, n° 160; *Expropriation pour cause d'utilité publique; Voirie par terre;* — *Rép.* v^is *Douanes,* n°s 241 et suiv.; *Expropriation pour cause d'utilité publique*, n°s 741 et suiv.; *Voirie par terre*, n°s 2169 et suiv., 2198 et suiv.

DROIT DE PRÉFÉRENCE ET DROIT DE SUITE. — V. *Privilèges et hypothèques;* — *Rép.* eod. v°, n°s 1698 et suiv., 1736 et suiv.

DROIT PROPORTIONNEL. — V. *Enregistrement;* — *Rép.* eod. v°, n°s 837 et suiv.

DROIT PUBLIC. — **1**. Le *droit public*, opposé au *droit privé*, a été défini au *Rép.* n°s 1 et 2. Entre le droit public et le droit privé il y a cependant plus d'un point d'affinité, ce qui a fait dire à Rossi que « c'est dans le droit public que se trouvent les têtes de chapitres du droit privé » (*Cours de droit constitutionnel*, t. 1, p. 58). — Considéré au point de vue des personnes auxquelles il s'applique, le droit public se divise en droit public *interne* et droit public *externe*, selon qu'il règle les rapports des habitants de deux Etats différents ou des citoyens d'un même Etat. — Si on le considère en lui-même, il se divise, suivant Rossi, *op.*

cit., en *droit des gens, droit constitutionnel* et *droit administratif*. — Il détermine les personnes civiles publiques, dit M. Boucherié Lefer, *Principes et notions élémentaires de droit public administratif*, chap. 1er, 1862, et a pour objet la constitution de la société politique, l'organisation des pouvoirs publics et la détermination des intérêts généraux.

Division.

§ 1er. — Principaux droits publics (*Rép.* nos 5 à 22).

2. Le droit public proprement dit, a-t-on vu au *Rép.* nº 4, comprend les droits individuels qui, consacrés explicitement ou implicitement par les diverses constitutions qui se sont succédé chez nous depuis 1789, forment, à proprement parler, le *droit public des Français*. Ces droits, énumérés presque tous au *Rép.* nos 5 à 22 (V. aussi Batbie, *Traité de droit public et administratif*, 2e éd., t. 2, nº 13; Ducrocq, *Cours de droit administratif*, 6e éd., 1881, t. 1, nº 731), ont le caractère d'être *absolus*, c'est-à-dire d'appartenir à tous, sans distinction d'âge ni de sexe, et même pour la plupart aux étrangers; aussi nul ne peut-il, sans oppression, être dépouillé de leur jouissance ou de leur exercice (Batbie, t. 2, nº 6). Il ne faut donc pas les confondre avec *les droits politiques*, qui n'appartiennent qu'à certaines personnes spécialement déterminées et sont purement *relatifs* (*Rép.* nº 5). Tous ces droits, énumérés pour la plupart dans les cahiers des Etats généraux de 1789, et qui étaient, disent nos auteurs coutumiers, *gravés ès cœurs des Français*, ont été consacrés législativement, tant par la *déclaration des droits de l'homme et du citoyen* de 1789, que par les nombreuses constitutions qui se sont, depuis lors, succédé en France.

3. — I. Droit de propriété (*Rép.* nº 6). — Fondement de toute civilisation, il a été successivement garanti par tous les actes constitutionnels qui nous ont régi (Batbie, nos 104 et suiv.; Ducrocq, t. 2, nos 804 et suiv. — V. *Propriété*; — *Rép.* eod. vº, nos 144 et suiv.). — Ce n'est que dans les cas spécialement déterminés par la loi qu'il peut être l'objet d'une limitation quelconque. Il en est ainsi : 1º au cas d'expropriation pour cause d'utilité publique (c. civ. art. 545; L. 3 mai 1841) (V. *Expropriation pour cause d'utilité publique*; — *Rép.* eod. vº); — 2º Dans l'obligation pour tout propriétaire de subir certaines servitudes légales d'utilité publique (c. civ. art. 637 et suiv.) (V. *Servitude*; — *Rép.* eod. vº, nos 387 et suiv.); — 3º Dans les restrictions au droit de propriété en matière de dunes, bois et forêts, marais, mines, landes, montagnes (Ducrocq, t. 1, nos 872 et suiv. V. *Dunes; Forêts; Marais; Mines; Terres vaines et vagues*; — *Rép.* vis *Forêts*, nos 605 et suiv., 1674 et suiv., 1965 et suiv., 1976 et suiv.; *Marais*, nos 9 et suiv.; *Mines*, nos 52 et suiv., 226 et suiv.; *Terres vaines et vagues*, nos 1 et suiv.). — Des lois spéciales ont également consacré et réglementé le droit de propriété appliqué aux œuvres de l'esprit, aux arts et aux inventions industrielles, propriété dont le caractère distinctif consiste dans le droit de reproduction et d'exploitation (Ducrocq, t. 1, nos 889 et suiv. V. *Brevet d'invention*, nos 22 et suiv.; *Industrie; Propriété industrielle; Propriété littéraire et artistique*; — *Rép.* vis *Brevet d'invention*, nos 36 et suiv.; *Industrie*, nos 252 et suiv.; *Propriété littéraire et artistique*, nos 72 et suiv.).

4. — II. Égalité devant la loi ou égalité civile (*Rép.* nos 7 à 10). — Il s'agit ici, avons-nous dit au *Rép.* nº 8, de l'*égalité sociale* qui appartient à tous d'une manière absolue, et qu'il ne faut pas confondre avec l'*égalité politique*, encore moins avec l'*égalité des conditions* (Ducrocq, t. 1, nº 742). Ainsi « il ne faudrait pas considérer, dit avec raison M. Batbie, t. 2, nº 26, comme étant contraires à l'égalité les lois qui exigent, pour être électeur ou éligible, des conditions de capacité, de moralité, de domicile ou d'âge; ces dispositions n'emportent aucune exclusion, puisque chacun peut, en remplissant ces conditions, acquérir la pleine aptitude. Il en est de même des dispositions qui instituent des juridictions spéciales pour certaines catégories de justiciables » (c. instr. cr. art. 479 à 503, 510 à 517) (V. à cet égard vº *Droit politique*, nos 1 à 22; — *Rép.* eod. vº, nos 1 à 54).

5. En ce qui concerne l'*égalité des conditions*, elle ne peut exister dans une société civilisée basée sur l'inégalité des fortunes et des intelligences (*Rép.* nº 7). Les titres de noblesse héréditaires qui existent encore, même légalement, s'ils sont contraires à l'égalité des conditions, ne sont nullement contraires au principe de l'égalité devant la loi, la noblesse n'étant plus aujourd'hui investie d'aucun privilège légal et ne tirant ses avantages sociaux que des souvenirs du passé (Batbie, t. 2, nº 28. V. *Noblesse*; — *Rép.* eod. vº).

6. L'application du principe de l'égalité de tous les citoyens français devant la loi se retrouve dans toutes les branches de notre législation. Citons notamment : l'égalité proportionnelle aux facultés imposables des charges de l'impôt, l'égale admissibilité à tous les emplois et dignités, l'institution de la Légion d'honneur et des autres ordres civils et militaires (V. *infrà*, vº *Ordres civils et militaires*), l'établissement des grandes écoles du Gouvernement et des concours publics à l'entrée de nombreuses carrières donnant accès aux fonctions publiques (Ducrocq, t. 1, nº 745). Dans la famille, l'égalité des enfants aux yeux de la loi a été consacrée par la suppression du *droit d'aînesse*, des majorats, des substitutions fidéicommissaires et par les dispositions du titre des successions au code civil (V. *infrà*, vº *Succession*; Ducrocq, *ibid.*), qui établissent entre tous les enfants un droit égal à l'héritage *ab intestat* de leurs auteurs communs, restreignant ainsi beaucoup plus que ne le font la plupart des législations européennes, l'exercice de la *liberté testamentaire* (V. *suprà*, vº *Dispositions entre vifs et testamentaires*, nos 7 et suiv.). — Signalons enfin la loi du 2 août 1868 (D. P. 68. 4. 119) qui a abrogé, comme violant le principe d'égalité devant la loi, l'art. 1781 c. civ. aux termes duquel le maître était cru sur son affirmation pour la quotité des gages, le payement de l'année échue et les acomptes donnés dans l'année courante (V. *Louage d'ouvrage et d'industrie*; — *Rép.* eod. vº, nos 32 et suiv.).

7. — III. Contribution proportionnelle aux charges de l'État (V. *Rép.* nº 10). — V. *suprà*, nº 6.

8. — IV. Liberté individuelle (*Rép.* nº 11). — « Elle consiste, dit M. Batbie, *op. cit.*, nº 56, *dans la sûreté de la personne et dans l'opinion que le citoyen a de sa sûreté*. » Mais elle a dû, avons-nous dit au *Répertoire*, subir, dans l'intérêt même de l'ordre public, certaines restrictions, qui doivent toutefois être rigoureusement déterminées par la loi. Parmi ces restrictions, nous mentionnerons, en nous bornant à renvoyer aux articles du *Supplément* et du *Répertoire* où il en est plus spécialement traité : 1º les mesures prises relativement aux *aliénés* (V. *Aliénés*, nos 45 et suiv., 105; *Liberté individuelle*; — *Rép.* vis *Aliénés*, nos 104 et suiv.; *Liberté individuelle*, nos 16 et 71); 2º l'obligation de se munir d'un *passeport* (V. *Liberté individuelle*; — *Rép.* eod. vº; *Liberté individuelle*, nº 16); 3º les lois et règlements concernant la police sanitaire (V. *Salubrité publique*; — *Rép.* eod. vº, nos 24 et suiv., 65 et suiv.) et la police des mœurs (V. *Liberté individuelle; Prostitution*; — *Rép.* vis *Liberté individuelle*, nº 16; *Prostitution*, nos 16 et suiv.); 4º les mesures relatives aux *mendiants* et aux *vagabonds*, indépendamment des peines prononcées contre eux par les art. 269 et suiv. c. pén. (V. *Vagabondage-mendicité*; — *Rép.* eod. vº, nos 138 et suiv.); 5º les dispositions concernant le droit de séjour des étrangers en France (V. *Droits civils*, nos 130 et suiv.; — *Rép.* eod. vº, nos 178 et suiv.). — Sur tous ces droits, V. Ducrocq, t. 1, nos 733 et suiv.; Batbie, t. 2, nos 60 et suiv.

9. « Le principe de la liberté individuelle, dit M. Ducrocq, t. 1, nos 739 et suiv., produit dans le droit administratif, le droit pénal et le droit civil, de notables conséquences, dont quelques-unes doivent être signalées ». Le savant auteur mentionne entr'autres : 1º l'*inviolabilité du domicile*, droit précieux auquel M. Batbie consacre un chapitre spécial (t. 2, nos 94 et suiv. V. *Instruction criminelle; Liberté individuelle*; — *Rép.* vis *Instruction criminelle*, nos 296 et suiv.; *Liberté individuelle*, nos 51 et suiv. V. aussi les renvois contenus au *Rép.* vº *Violation*); 2º l'*abolition de l'esclavage* sur toute terre française, tant pour les étrangers que pour les nationaux (V. *suprà*, vº *Droit civils*, nos 281, 337 et suiv.); 3° la législation relative aux *congrégations religieuses* et l'absence de toute obligation civile résultant des *vœux monastiques* (V. *Culte*, nos 653 et suiv.; — *Rép.* eod. v°, nos 393 et suiv.); 4° l'interdiction de toute *servitude personnelle* entachée de féodalité et pouvant présenter les caractères des anciennes corvées, du servage ou de la vassalité (c. civ. art. 638 et 1780) (V. *Louage d'ouvrage et d'industrie; Servitude; — Rép.* vis *Louage d'ouvrage et d'industrie*, nos 21 et suiv.; *Servitude*, nos 21 et suiv. V. aussi Ducrocq, t. 1, nos 739 et suiv.).

10. A ces restrictions apportées à la liberté individuelle, M. Batbie ajoute ce qui est relatif : 1° au droit de *port d'armes*, aux armes cachées et secrètes et aux armes de guerre (t. 2, nos 80 et suiv. V. *Armes*, nos 7 et suiv., 19 et suiv.; — *Rép.* eod. v°, nos 7, 27, 48 et suiv.); 2° aux conditions auxquelles est soumis l'exercice du droit de *chasse* (*op. cit.*, nos 86 et suiv. V. *Chasse*, nos 183 et suiv.; — *Rép.* eod. v°, nos 62 et suiv.). Il en est de même du droit de pêche (V. *Pêche fluviale ; — Rép.* eod. v°, nos 48 et suiv., 150 et suiv.).

11. — V. Liberté religieuse (*Rép.* n° 12). — Cette liberté primordiale a été proclamée par toutes les constitutions qui ont successivements régi la France depuis 1789; mais sa mise en pratique a donné et donne encore lieu à de nombreuses revendications, surtout en ce qui concerne l'exercice public du culte catholique. — Sur les questions qui se rattachent aux libertés religieuses des cultes et de la conscience, ainsi qu'à l'exercice public du culte, V. *Culte*, nos 25 et suiv.; — *Rép.* eod. v°, nos 58 et suiv., 148 et suiv. (V. aussi Batbie, t. 2, nos 254 et suiv.; Ducrocq, t. 1, nos 697 et suiv.).

12. — VI. Liberté de la presse (*Rép.* n° 13). — C'est encore un principe de droit public qui, s'il est consacré en théorie par toutes nos constitutions, suscite dans la pratique bien des polémiques et a donné matière à des interprétations fort diverses de la part des pouvoirs publics, suivant l'esprit qui les animait (V. *Presse-outrage; — Rép.* eod. v°, où toutes les questions relatives au régime de la presse sont étudiées en détail). Rappelons seulement que la presse est aujourd'hui régie par la loi du 29 juill. 1881 (D. P. 81. 4. 65), qui a abrogé les lois antérieures et peut être considérée comme le code de la matière (Batbie, nos 129 et suiv. ; Ducrocq, t. 1, nos 764 et suiv.). Un projet modifiant cette loi dans un sens restrictif, principalement en ce qui concerne la diffamation envers les fonctionnaires publics et la compétence, après avoir été voté par le Sénat (*Journ. off.* du 1er mars 1890), vient d'être rejeté par la Chambre des députés (*Journ. off.* du 23 mai 1890).

13. — VII. Liberté d'enseignement (*Rép.* n° 14). — Nous n'ajouterons rien à la définition très claire et très précise, donnée au *Rép.* n° 14, de cette liberté, que l'on s'accorde à ranger au nombre des droits publics, bien qu'elle n'ait pas été reconnue d'une façon explicite par toutes les constitutions postérieures à 1789. Elle a été consacrée pour la première fois, en ce qui concerne l'enseignement primaire par la loi du 28 juin 1833, relativement à l'enseignement secondaire, par celle du 15 mars 1850, enfin, à l'égard de l'enseignement supérieur, par la loi du 12 juill. 1875. Le législateur se réserve, d'ailleurs, en cette matière, un droit de contrôle et de surveillance dont l'étendue est actuellement déterminée, spécialement en ce qui touche l'enseignement primaire, par diverses lois promulguées dans ces dernières années (V. L. 28 mars 1882, D. P. 82. 4. 64; 30 oct. 1886, D. P. 87. 4. 1) (Batbie, t. 2, nos 417 et suiv. — V. au surplus v° *Organisation de l'instruction publique ; — Rép.* eod. v°, où notre législation scolaire est examinée dans tous ses détails).

14. — VIII. Publicité des débats judiciaires (*Rép.* n° 15). — C'est là, avons-nous dit au *Répertoire*, un des principes les mieux établis de notre droit public et dont l'utilité incontestable ne soulève aucune objection sérieuse. Toutefois, il souffre exception, lorsque l'intérêt des bonnes mœurs demande que les débats aient lieu à huis clos (V. *Instruction criminelle; Jugement; — Rép.* vis *Instruction criminelle*, nos 2106 et suiv. ; *Jugement*, nos 807 et suiv. V. aussi Batbie, *op. cit.*, nos 498 et suiv.). — De même, la loi interdit le compte rendu par la presse des procès en diffamation dans lesquels la preuve n'est pas admise. Dans toute affaire civile, le président peut également interdire la reproduction des plaidoiries (V. *Presse-outrage ; — Rép.* eod. v°, nos 304 et suiv. V. aussi Batbie, n° 499).

15. — IX. Droit de ne pouvoir être distrait de ses juges naturels (*Rép.* nos 16 et suiv.). — *Les juges naturels* des citoyens sont, a-t-on vu au *Rép.* n° 17, ceux que la loi leur *assigne*, ceux qu'elle a fixés à l'avance. Ce principe implique, dit M. Batbie, t. 2, n° 495, la condamnation de toutes les juridictions arbitrairement instituées sous le nom de *commissions extraordinaires*, *cours prévôtales*, etc. Mais il ne saurait faire obstacle à ce qu'un délinquant soit jugé par un tribunal régulièrement institué postérieurement à la perpétration du crime ou du délit (*Rép.* n° 18; Batbie, n° 497. V. *Compétence criminelle*, nos 374 et suiv ; — *Rép.* eod. v°, nos 667 et suiv.).

16. A ce principe et à celui qui est énoncé *suprà*, n° 14, on peut rattacher ceux de la *gratuité de la justice* (Batbie, *op. cit.*, n° 494) et de *l'inamovibilité de la magistrature*, qui sont l'un et l'autre édictés dans l'intérêt des justiciables. Le principe de l'inamovibilité de la magistrature, entré dans notre droit public moderne depuis la charte de 1814, a été modifié cependant par la loi du 30 août 1883 (art. 15, D. P. 83. 4. 58) sur la réforme judiciaire (V. *suprà*, v° *Discipline judiciaire*, nos 104 et suiv., et *infrà*, v° *Organisation judiciaire*), dont l'art. 15 permet au garde des sceaux de déplacer les magistrats inamovibles, sur l'avis conforme de la cour de cassation, pour des faits autres que ceux qui pourraient motiver la déchéance.

17. — X. Droit de pétition (*Rép.* n° 20). — Ce droit, a-t-on dit au *Rép.* v° *Pétition*, n° 2, dérive à la fois du droit naturel et de la nécessité des choses. Bien que les lois constitutionnelles de 1875 n'en parlent pas, il constitue, dit M. Batbie, t. 2, n° 487, *un droit public constitutionnel.* « Une loi qui le supprimerait, ajoute-t-il (*ibid.*), pourrait être considérée comme inconstitutionnelle, bien qu'elle ne fût en opposition avec aucun texte de la Constitution ». « C'est, disent MM. Poudra et Pierre, *Traité pratique de droit parlementaire*, n° 1517, un droit naturel qui subsiste et s'exerce tant qu'il n'est pas interdit par un texte formel » (V. en outre vis *Droit constitutionnel*, n° 56 ; — *Rép.* vis *Droit constitutionnel*, n° 52 ; *Droit politique*, nos 11 et suiv.). — Sur les caractères et conditions du droit de pétition, sur les autorités auprès desquelles il s'exerce, V. *Pétition ; — Rép.* eod. v° (V. aussi Batbie, t. 2, nos 487 et suiv.; Ducrocq, t. 1, nos 643 et suiv.).

18. — XI. Liberté du travail et de l'industrie (*Rép.* n° 21). — Cette liberté, consacrée d'abord par l'édit du 5 févr. 1776 qui, sous l'inspiration de Turgot, abolissait les maîtrises et jurandes (V. *Rép.* v° *Industrie et commerce*, nos 10, 11, 21 et suiv.) fait depuis 1789 partie de notre droit public. « Elle se rattache, dit M. Ducrocq, t. 1, n° 787, au principe de la liberté individuelle et à celui de l'égalité devant la loi, et il serait difficile de lui porter atteinte sans violer l'un ou l'autre. » « La liberté du travail et de l'industrie étant un principe d'ordre public, dit M. Batbie, t. 2, n° 462 *bis*, il ne peut pas y être porté atteinte par des conventions : ces conventions seraient nulles, ainsi que les clauses pénales qui auraient été stipulées pour les sanctionner. Il n'y aurait cependant nullité que si l'atteinte avait un caractère de généralité ; car rien ne s'oppose à ce que deux parties fassent valablement des conventions pour s'interdire, à peine de dommages-intérêts, certains actes déterminés .»

19. Mais cette liberté, proclamée en théorie, subit en pratique de nombreuses restrictions fondées soit sur l'intérêt général, soit sur des considérations financières (Ducrocq, t. 1, n° 788). — Ainsi que nous l'avons dit au *Rép.* v° *Industrie et commerce*, n° 175, les restrictions apportées à la liberté du travail et de l'industrie sont de trois sortes : les unes attribuent un droit exclusif à certaines personnes ou à certaines administrations, ce sont de véritables exceptions au principe de la liberté, elles constituent des monopoles (avocats, médecins, notaires, etc.) (V. *suprà*, v° *Avocat ; infrà*, vis *Médecin ; Notaire*, etc.) ; d'autres soumettent certaines industries à la condition d'une déclaration ou autorisation préalable ; d'autres enfin imposent seulement certaines obligations particulières à quelques professions commerciales (V. à cet égard, v° *Industrie et commerce ; — Rép.* eod. v°, nos 173 et suiv.).

D'après M. Ducrocq, t. 1, n° 788, de ces restrictions,

les unes opèrent sur la matière et sur les industries agricole (V. *infrà*, v^is *Forêts, Impôts, indirects*; *Marais*, etc.), extractive (V. *infrà*, v^is *Eaux minérales ; Mines*, etc.), manufacturière (V. *suprà*, v° *Armes*; *infrà*, v^is *Impôts indirects*; *Industrie et commerce; Monnaie; Poudres et salpêtres*; *Timbre*, etc), commerciale et des transports (V. *infrà*, v^is *Postes et télégraphes ; Transport des émigrants*). Les autres ont l'homme lui-même et ses diverses facultés pour objet (*professions libérales*, *offices ministériels*, etc.) (V. Ducrocq, t. 2, n°s 787 et suiv.; Batbie, t. 1, n°s 454 et suiv.).

20. — XII. Du droit de réunion et d'association (*Rép.* n° 22). — Bien que réunis au *Répertoire* sous une même rubrique, ces deux droits sont parfaitement distincts l'un de l'autre. « La *réunion*, dit M. Batbie, t. 2, n° 469, est accidentelle, tandis que *l'association* a un caractère permanent. Se réunir, c'est vouloir s'éclairer et penser ensemble; s'associer, c'est vouloir se concerter, se compter et agir. Aussi les réunions et les associations sont-elles régies par les lois distinctes et soumises à des conditions différentes ».

21. Après de nombreuses vicissitudes législatives, le droit de réunion, tour à tour proclamé ou passé sous silence par les diverses constitutions qui nous ont régi depuis un siècle, est aujourd'hui consacré comme droit public par la loi du 30 juin 1881 (D. P. 81. 4. 101), qui abroge toutes les lois antérieures et reconnaît la liberté absolue des réunions publiques sous la seule condition de la déclaration préalable à l'autorité administrative (art. 2), n'interdisant que les clubs (art. 7), et les sociétés secrètes (art. 12) (V. *Réunions publiques; — Rép.* eod. v°. V. aussi Batbie, t. 2, n°s 469 et suiv.; Ducrocq, t. 1, n°s 764 et suiv.). — Quant aux *attroupements*, ils continuent à être interdits (V. *Attroupement; — Rép.* eod. v°).

22. La *liberté d'association* proclamée par la Constitution de 1848 reste soumise aux mesures restrictives des art. 291 et suiv. c. pén. et de la loi du 10 avr. 1834. — A plusieurs reprises, un certain nombre de projets de loi, rédigés à des points de vue différents, ont été, depuis 1871, présentés aux Chambres pour lui donner chez nous droit de cité (V. *suprà*, v° *Associations illicites* n° 3) ; aucun d'eux n'a encore abouti. En ce qui concerne les associations ou congrégations religieuses, on sait qu'elles sont soumises à une législation spéciale (V. *Culte*, n°s 271 et suiv., 653 et suiv; — *Rép.* eod. v°, n°s 393 et suiv., 661 et suiv.), modifiée par les décrets du 29 mars 1880 (D. P. 80. 4. 23-24) (V. *Culte*, n° 286). — Il y a lieu de mentionner enfin la loi du 13 mars 1884 (D. P. 84. 4. 129) qui, abrogeant la loi du 14-17 juin 1791 (*Rép.* v° *Association illicite*, n° 7) et toutes autres dispositions restrictives de ce genre, a permis la création des *syndicats professionnels* de patrons et d'ouvriers (V. *infrà*, v° *Industrie et commerce*. V. aussi Ducrocq, t. 1, n°s 762 et suiv.), faisant ainsi un nouveau pas vers le régime de la liberté du travail (V. *suprà*, n° 18).

23. — XIII. Secret des lettres. — « Le secret des lettres, dit M. Batbie, t. 2, n° 123, a été consacré souvent comme un principe constitutionnel, et si, dans plusieurs chartes ou constitutions, il n'en est pas question, on doit toujours le considérer comme un principe de droit public, car il constitue un droit mixte, qui tient à la fois de la propriété et de la liberté individuelle ». Sa violation est punie par l'art. 187 c. pén. (V. *Postes et télégraphes ; — Rép* eod. v°, n°s 137 et suiv.). Le secret des lettres est un principe absolu qui ne fléchit que dans les seuls cas où il s'agit de rechercher les traces d'un crime ou d'un délit (c. instr. cr. art. 87 et 88) (V. *Instruction criminelle ; — Rép.* eod. v°, n°s 346 et suiv.).

24. — XIV. Vote de l'impot et des dépenses publiques. — « C'est là, dit M. Batbie, t. 2, p. 454 et 455, un droit politique, un de ceux qui n'appartiennent qu'aux citoyens et en vertu de dispositions formelles sur la constitution des pouvoirs publics. » Cependant, d'après nos constitutions modernes et surtout depuis l'établissement du suffrage universel, ce droit appartient directement ou indirectement à tous les Français par le seul fait de leur qualité de citoyens, à moins qu'ils n'en aient été privés par la loi pénale. Il fait donc à cet égard partie du *droit public des Français* (*Rép.* n° 5). Aussi croyons-nous devoir, à l'exemple de M. Batbie, d'ailleurs, le ranger dans la catégorie des droits publics. — En ce qui concerne le vote de l'impôt par les Chambres législatives et les modes successifs de réglementation de ce vote, V. *suprà*, v° *Droit constitutionnel*, n°s 65 et suiv.; *infrà*, v° *Impôt* (V. aussi Batbie, n°s 509 et suiv.; Ducrocq, t. 1, n°s 566 et suiv.; Comte de Luçay, *Mélanges de finances et d'économie politique et rurale*, 1re part., v° *Finances*).

25. — XV. Responsabilité des agents du Gouvernement. — Il s'agit ici d'un principe proclamé par toutes nos constitutions modernes, mais auquel de nombreuses restrictions avaient été apportées. Ces restrictions ont disparu, en principe, depuis le décret du 19 sept. 1870 (D. P. 70. 4. 91), qui a abrogé l'art. 75 de la Constitution de l'an 8 et permet de traduire directement les fonctionnaires publics devant les tribunaux compétents pour faits relatifs à leurs fonctions (V. *Responsabilité; — Rép.* v^is *Droit constitutionnel*, n°s 53 et 54; *Responsabilité*, n°s 251 et suiv.). Mais la portée de cette réforme est restreinte par l'interprétation qui lui a été donnée par le tribunal des conflits, et d'après laquelle le décret de 1870 n'a autorisé les tribunaux à connaître que des fautes personnelles commises par les fonctionnaires, sans pouvoir apprécier ceux de leurs actes qui ont un caractère administratif (V. *suprà*, v^is *Compétence administrative*, n°s 67 et suiv.; *Conflit*, n°s 45 et suiv.).

26. — XVI. Séparation des pouvoirs. — C'est un principe de droit politique admis chez nous sans conteste depuis 1789, et l'on peut dire que lui aussi fait partie du droit public des Français. Montesquieu voyait dans la séparation des trois pouvoirs *législatif, exécutif et judiciaire*, la garantie de la liberté et M. Batbie, t. 2, n° 541, la considère, après lui, comme le fondement des gouvernements libres (Ducrocq, t. 1, n°s 648 et suiv. V. à cet égard, v° *Séparation des pouvoirs; — Rép.* eod. v°, et les renvois qui y sont indiqués).

§ 2. — Règlement des rapports de famille, détermination de la qualité et de l'état des personnes, etc. (*Rép.* n°s 23 et 24).

27. Ainsi qu'on l'a vu au *Rép.* n° 23, le droit public proprement dit s'occupe encore de certains droits de famille qui sont communs à tous les peuples civilisés et se rapportent, par certains côtés, au droit privé. Tels sont les droits de puissance paternelle et maritale, l'état et la qualité des personnes, etc. V. à cet égard v^is *Adoption, Mariage, Minorité-tutelle, Paternité et filiation*, etc., et *Rép.* eisd. v^is. — Il y a également une distinction à faire, au point de vue du droit public, entre les Français et les étrangers (*Rép.* n° 24). (V. à cet égard, v° *Droits civils*, n°s 30 et suiv., 130 et suiv., et *Rép.* eod. v°, n°s 66 et suiv., 178 et suiv.).

Table sommaire

des matières contenues dans le Supplément et le Répertoire.

(Les chiffres précédés de la lettre *S* renvoient au Supplément; les chiffres précédés de la lettre *R* renvoient au Répertoire.)

Table chronologique des Lois, Arrêts, etc

DROIT DE RÉPONSE. — V. *Presse-outrage-publication;* — *Rép.* eod. v°, n°s 326 et suiv.

DROIT DE RETOUR. — V. *Dispositions entre vifs et testamentaires,* n°s 479 et suiv.; — *Rép.* eod. v°, n°s 1743 et suiv.

DROIT RURAL.

Division.

Art. 1er. — *Historique. — Législation. — Droit comparé* (*Rép.* n°s 2 à 12).

1. Le projet de code rural, préparé sous le premier Empire par M. de Verneilh, repris sous la Restauration, n'avait pas été voté au moment de la publication du *Répertoire* (V. *Rép.* n° 12). En 1854, il fut de nouveau remis en discussion, sur la proposition de M. de Ladoucette, et une commission fut nommée par le Sénat. Les travaux de cette commission aboutirent à la rédaction de trois rapports qui furent présentés successivement à l'empereur Napoléon III. Le premier, lu le 3 avr. 1856, était relatif au régime du sol; le second, voté le 4 juin 1857, concernait le régime des eaux; le troisième, adopté par le Sénat le 7 mai 1858, avait trait à la police rurale. Le projet fut soumis au conseil d'Etat. Un décret impérial du 10 juill. 1868 ordonna l'envoi au Corps législatif du livre premier relatif au régime du sol; les événements politiques de 1870 survinrent avant qu'il eût été voté. A ce moment, le livre consacré au régime des eaux était également prêt.

Le projet de code rural, présenté au Sénat de l'Empire, a été repris en 1876, et a servi de base aux lois votées en 1881, 1884 et en 1889. Il est donc intéressant d'en analyser les principales dispositions.

2. Le titre préliminaire contient quelques dispositions générales s'appliquant aux trois livres. L'art. 1er caractérise le système; il constate que l'on a voulu compléter la législation en vigueur, et non pas la bouleverser; qu'on a tenu surtout à laisser intacte le grande autorité du code civil. Il déclare, en conséquence, que les biens ruraux restent placés sous l'empire des lois qui régissent la propriété. Le code civil, à l'exemple de la loi de 1791, repose tout entier sur les principes de justice et de liberté. Ce sont les bases fondamentales de notre législation; ce sera la base du code rural. — L'art. 2 abroge toutes les coutumes générales ou locales, tous les usages particuliers encore existants qui seraient contraires aux dispositions du nouveau code. On aurait voulu pouvoir faire disparaître tous les usages anciens qui, incertains, équivoques ou surannés, sont bien souvent des sources de procès. Mais, à raison de la diversité des cultures, aussi de la diversité des climats, les habitudes agricoles ne peuvent pas être les mêmes dans toute la France. De là, des questions qui, dans certains cas, doivent être fatalement abandonnées à l'usage; lui seul peut régler, notamment, certaines difficultés relatives aux baux des biens ruraux et à l'époque des congés. On ne pouvait songer à faire ce qui était demandé à la Chambre des députés en 1818, à soumettre les collections d'usages, recueillies dans les départements, à la sanction impériale. L'usage, pris tel qu'il est, ne s'impose pas avec une rigueur absolue. Il admet une certaine élasticité et permet des exceptions toutes les fois que la raison le commande. En lui donnant l'autorité de la loi, on lui en donnerait la rigidité. Souvent elle serait excessive.

3. Le livre 1er est consacré au régime du sol. Il comprend trois titres. Le premier est relatif aux chemins ruraux et aux chemins ou sentiers d'exploitation. Cette matière ne rentre pas dans le cadre de notre travail; elle est étudiée au mot *Voirie*.

Le tit. 2 a trait au parcours et à la vaine pâture. Le Sénat, en 1866, adoptant les conclusions du travail de M. de Verneilh, se prononça pour l'abolition du parcours. Le droit de parcours, porte l'art. 34 du projet, est aboli. La suppression de ce droit ne donne lieu à indemnité que s'il a été acquis à titre onéreux. Le montant de l'indemnité est réglé par le conseil de préfecture. « Les raisons qui avaient fait établir le parcours, est-il dit dans l'exposé du projet, n'existent plus. Aujourd'hui les limites des communes sont bien déterminées; leurs territoires ne sont plus enclavés les uns dans les autres; il n'y a plus d'entraves à la circulation, et le bien féodal a disparu ». —L'abolition de la vaine pâture donna lieu à plus d'une protestation, parmi lesquelles on remarque surtout celle de la commission consultative de Douai, qui a été rapportée en partie au *Rép.* n° 29. Les objections ne touchèrent pas le Sénat, qui se déclara partisan de l'abolition de la vaine pâture. « Cette abolition, est-il dit dans le rapport adressé à l'empereur, enlèverait au pauvre, à celui qui n'est ni propriétaire, ni fermier, la faculté, que lui concède la loi de 1791, de nourrir pendant quelques mois, dans les champs, une vache et six moutons. Mais cette faculté, est-ce un bien pour celui-là même qui l'exerce? Elle ne lui offre qu'une ressource temporaire, insuffisante, elle l'oblige pendant toutes les saisons où la vaine pâture est interdite à entretenir ses quelques têtes de bétail aux dépens d'autrui. Elle l'excite donc au maraudage. Que la vaine pâture cesse, il prendra une terre à ferme... Quant aux propriétaires, il est évident que cette servitude leur est plus nuisible qu'avantageuse. C'est un obstacle à la liberté des assolements, à la suppression des jachères, au développement des prairies artificielles, aux plantations... ». Toutefois, les commissions départementales consultées différaient d'avis ; aussi parut-il sage de ne pas adopter le système absolu d'abolition de la vaine pâture et de se borner à la réglementer. Aux termes de l'art. 35 du projet, comme aux termes de l'art. 3 de la loi du 28 sept. 1791 (sect. 41, t. 1er), le droit de pâture ne peut exister que dans les lieux où il est fondé sur un titre particulier, sur une ancienne loi ou coutume, ou sur un usage local immémorial. Il s'exerce conformément aux règles et usages locaux, sans pouvoir déroger aux dispositions de l'art. 647 c. civ. L'art. 36 porte que dans aucun cas la vaine pâture ne peut s'exercer sur les prairies naturelles ou artificielles : celles-ci seules sont affranchies de la vaine pâture par la loi de 1791. L'art. 36 ajoute que la vaine pâture ne peut avoir lieu sur aucune terre ensemencée qu'après la récolte. L'art. 37 reproduit l'art. 12 de la loi de 1791. L'art. 38 dit que la quantité de bétail proportionnelle à l'étendue du terrain est fixée, dans chaque commune, à tant de têtes par hectare, d'après les règlements et usages locaux (C'est la règle déjà posée par la loi de 1791, art. 12). En cas de difficultés, il y est pourvu par délibération du conseil municipal soumise à l'approbation du préfet. Néanmoins, aux termes de l'art. 39 emprunté aussi à la loi de 1791, tout chef de famille, lors même qu'il n'est ni propriétaire, ni fermier d'aucun des terrains soumis à la vaine pâture, peut mettre sur lesdits terrains six bêtes à laine et une vache avec son veau, sans préjudice des droits plus considérables qui lui seraient assurés par l'usage : c'est la part du pauvre. L'art. 40 reproduit littéralement l'art. 15 de la loi de 1791. L'art. 41 défend d'une façon absolue de céder le droit de vaine pâture. Aux termes de l'art. 42, la vaine pâture ne peut être exercée sur des terrains clos, si le droit n'est pas fondé sur un titre. L'art. 43 donne la faculté de supprimer la vaine pâture, dans tout ou partie d'un département, lorsqu'elle est jugée plus nuisible qu'utile : les conseils municipaux en délibèrent, puis le conseil général; et le Gouvernement rend un décret, le conseil d'État entendu. L'art. 44 reproduit l'art. 8 de la loi de 1791.

Le tit. 3 du liv. 1er contient des dispositions générales sur l'exploitation de la propriété rurale. Il a surtout pour but de faire disparaître ou de relâcher quelques entraves imposées à l'agriculture. L'art. 45 décide que, dans les lieux où le ban de vendange est en usage, il peut être supprimé par le conseil municipal. Si l'usage est maintenu, il est réglé chaque année par un arrêté du maire. — L'art. 46 abroge la loi du 6 mess. an 3, qui prohibe la vente des blés en herbe. L'art. 47 est relatif au louage des ouvriers ruraux et à l'engagement des domestiques (V. *infrà*, v° *Louage*).

Le tit. 4 s'occupe du bail à colonage partiaire ; le tit. 5 du bail emphytéotique ou à long terme (V. *infrà*, v° *Louage*).

Le tit. 6 est consacré aux animaux employés à l'exploitation des propriétés rurales. Il est divisé en deux sections. La première est relative aux bestiaux et chèvres. Lorsque des animaux non gardés ou dont le gardien est inconnu ont causé du dommage, le propriétaire lésé a le droit de les saisir, aux termes de l'art. 12 du tit. 2 de la loi de 1791. L'art. 70 du projet proclame ce droit et organise la saisie : les animaux doivent être conduits sans retard au lieu de dépôt désigné à cet effet par le maire qui, s'il connaît la personne responsable du dommage, aux termes de l'art. 1385 c. civ., lui en donne immédiatement avis. Si les animaux ne sont pas réclamés et si le dommage n'est pas payé dans la huitaine du jour où il a été commis, il est procédé à la vente sur ordonnance du juge de paix, et le prix est employé à la réparation des dégâts. L'art. 70 s'applique à tous les animaux. L'art. 71 permet aux préfets, après avis des conseils généraux et des conseils d'arrondissement, de déterminer par des arrêtés les conditions sous lesquelles les chèvres peuvent être conduites et tenues au pâturage. L'art. 72 déclare les propriétaires de chèvres conduites en commun solidairement responsables des dommages qu'elles causent. La sect. 2 concerne les animaux de basse-cour, pigeons, abeilles et vers à soie. L'art. 73 reproduit la règle posée par la loi de 1791, d'après laquelle le dommage causé par les volailles sur les propriétés d'autrui doit être réparé par leur propriétaire, et reconnaît aussi le droit de tuer les volailles, sur le lieu même, au moment du dégât. Le propriétaire dont les animaux de basse-cour s'échappent, peut les réclamer pendant huit jours à compter du moment où il a connu le lieu de leur retraite. Les art. 75 et 76 sont consacrés aux pigeons. Les préfets après avis des conseils généraux, déterminent chaque année l'époque de l'ouverture et de la clôture des colombiers. Pendant le temps de la clôture, les propriétaires peuvent tuer et s'approprier les pigeons qui sont trouvés sur leurs fonds. En tout autre temps, ils peuvent tuer ceux qui y commettent des dégâts. Les art. 77 et suiv. s'occupent des abeilles. Ils donnent aux préfets le droit de déterminer, après avis des conseils généraux, la distance à observer entre les ruches d'abeilles et les propriétés voisines de la voie publique ; reconnaissent au propriétaire d'un essaim le droit de le réclamer et de le ressaisir tant qu'il n'a point cessé de le suivre ; défendent de saisir les vers à soie pendant leur travail.

Le tit. 7 est relatif aux maladies contagieuses des animaux ; le tit. 8 aux vices rédhibitoires dans les ventes d'animaux domestiques ; le tit. 9 aux animaux nuisibles à l'agriculture. Un titre complémentaire est consacré aux modifications des articles du code civil relatifs aux clôtures, à la mitoyenneté des fossés et des haies, aux plantations, au passage en cas d'enclave et au privilège des engrais sur la récolte.

4. Le liv. 2 tout entier a trait au régime des eaux.

5. Le liv. 3 devait être consacré à la police rurale. Le travail du conseil d'Etat n'était pas terminé quand éclata la guerre de 1870.

6. Dans la séance du 10 mai 1876, une proposition fut présentée à la Chambre des députés par M. de Ladoucette, député de Meurthe-et-Moselle, pour la nomination d'une commission qui serait chargée de procéder à l'étude d'un projet de code rural. Presqu'au même moment, le 16 mai, M. Labiche, sénateur d'Eure-et-Loir, déposait à la tribune du Sénat une proposition ayant le même objet. Le 13 juill. 1876, le Gouvernement soumit au Sénat les parties du code rural que l'on pouvait considérer comme ayant été terminées par l'ancien conseil d'Etat : celles qui concernaient le régime du sol et le régime des eaux, et dont nous venons de faire l'analyse. — Le Sénat a examiné successivement, en les groupant en lois distinctes, les dispositions dont l'ensemble est destiné à former le code rural. Grâce à cette méthode, huit lois ont déjà été promulguées; 1° La loi du 21 juill. 1881 *sur la police sanitaire des animaux* (D. P. 82. 4. 32), qui reproduit en le complétant le tit. 7 du liv. 1er du projet relatif aux maladies contagieuses des animaux (V. *infrà*, v° *Salubrité publique*) ; — 2° La loi du 20 août 1881, relative aux chemins ruraux (D. P. 82. 4. 1) ; — 3° La loi du 20 août 1881, relative aux chemins et sentiers d'exploitation (D. P. 82. 4. 6). Ces deux dernières lois, qui correspondent au tit. 1er du liv. 1er du projet sont étudiées *infrà*, v° *Voirie par terre* ; — 4° La loi du 20 août 1881 portant modification des articles du code civil relatifs à la mitoyenneté des clôtures, aux plantations et aux droits de passage et d'enclave. C'est le titre complémentaire du projet (D. P. 82. 4. 7) (V. *infrà*, v° *Servitudes*) ; — 5° La loi du 2 août 1884 sur les vices rédhibitoires dans les ventes et échanges d'animaux domestiques (D. P. 84. 4. 121). Elle correspond au tit. 8 du projet; ses dispositions sont étudiées *infrà*, v° *Vices rédhibitoires* ; — 6° La loi du 18 juill. 1889 relative au bail à colonage partiaire (tit. 4 du projet) (D. P. 90. 4. 22) (V. *infrà*, v° *Louage à colonage partiaire*). — Ces six lois, relatives au code rural, concernent des matières qui ne rentrent pas dans notre étude; — 7° La loi des 9-10 juill. 1889, concernant le parcours, la vaine pâture, le ban des vendanges, la vente des blés en vert, la durée du louage des domestiques et ouvriers ruraux (tit. 2 et 3 du projet) (1); — 8° La loi du 4 avr. 1889 sur les animaux employés à l'exploitation des propriétés rurales (tit. 6 du projet) (2).

(1) 9-10 juill. 1889. — *Loi sur le code rural* (Tit. 2. — *Parcours, vaine pâture, ban des vendanges, vente des blés en vert.* — Tit. 3. — *Durée du louage des domestiques et ouvriers ruraux*) (D. P. 90. 4. 20).

Art. 1er. Le droit de parcours est aboli. La suppression de ce droit ne donne lieu à indemnité que s'il a été acquis à titre onéreux. Le montant de l'indemnité est réglé par le conseil de préfecture, sauf renvoi, aux tribunaux ordinaires en cas de contestation sur le titre.

2. Est également aboli le droit de vaine pâture, s'il appartient à la généralité des habitants et s'applique en même temps à la généralité du territoire d'une commune ou d'une section de commune.

Toutefois, dans l'année de la promulgation de la présente loi, le maintien du droit de vaine pâture, fondé sur une ancienne loi ou coutume, sur un usage immémorial ou sur un titre, pourra être réclamé au profit d'une commune ou d'une section de commune, soit par délibération du conseil municipal, soit par requête d'un ou plusieurs ayants droit adressée au préfet.

En cas de réclamation particulière, le conseil municipal sera mis en demeure de donner son avis dans les six mois, à défaut de quoi il sera passé outre.

3. La demande de maintien, qu'elle émane d'un conseil municipal ou qu'elle émane d'un ou plusieurs ayants droit, sera soumise au conseil général, dont la délibération sera définitive si elle est conforme à la délibération du conseil municipal. S'il y a divergence, la question sera tranchée par décret rendu en conseil d'État.

Si le droit de vaine pâture a été maintenu, le conseil municipal pourra seul ultérieurement, après enquête *de commodo et incommodo*, en proposer la suppression sur laquelle il sera statué dans les formes ci-dessus indiquées.

4. La vaine pâture s'exercera soit par troupeau séparé, soit au moyen du troupeau en commun, conformément aux usages locaux, sans qu'il puisse être dérogé aux dispositions des art. 647 et 648 c. civ. et aux règles expressément établies par la présente loi.

5. Dans aucun cas et dans aucun temps, la vaine pâture ne peut s'exercer sur les prairies naturelles ou artificielles.

Elle ne peut avoir lieu sur aucune terre ensemencée ou couverte d'une production quelconque faisant l'objet d'une récolte, tant que la récolte n'est pas enlevée.

6. Le droit de vaine pâture, établi comme il est dit en l'art. 2, ne fait jamais obstacle à la faculté que conserve tout propriétaire, soit d'user d'un nouveau mode d'assolement ou de culture, soit de se clore. Tout terrain clos est affranchi de la vaine pâture.

Est réputé clos tout terrain entouré soit par une haie vive, soit par un mur, une palissade, un treillage, une haie sèche d'une hauteur d'un mètre au moins, soit par un fossé d'un mètre vingt centimètres à l'ouverture et de cinquante centimètres de profondeur, soit par des traverses en bois ou des fils métalliques distants entre eux de trente-trois centimètres au plus et s'élevant à un mètre de hauteur, soit par toute autre clôture continue et équivalente faisant obstacle à l'introduction des animaux.

7. L'usage du troupeau en commun n'est pas obligatoire.

Tout ayant droit peut renoncer à cette communauté et faire garder par troupeau séparé le nombre de têtes de bétail qui lui est attribué par la répartition générale.

8. La quantité de bétail proportionnée à l'étendue du terrain de chacun est fixée dans chaque commune ou section de commune entre tous les propriétaires ou fermiers exploitants, domiciliés ou non domiciliés, à tant de têtes par hectare, d'après les règlements et usages locaux. En cas de difficulté, il y est pourvu par délibération du conseil municipal soumise à l'approbation du préfet.

9. Tout chef de famille domicilié dans la commune, alors même qu'il n'est ni propriétaire, ni fermier d'une parcelle quelconque des terrains soumis à la vaine pâture, peut mettre sur lesdits terrains, soit par troupeau séparé, soit dans le troupeau commun, six bêtes à laine et une vache avec son veau, sans préjudice des droits plus étendus qui lui seraient accordés par l'usage local ou le titre.

10. Le droit de vaine pâture doit être exercé directement par les ayants droit et ne peut être cédé à personne.

11. Les conseils municipaux peuvent toujours, conformément aux art. 68 et 69 de la loi du 5 avr. 1884, prendre des arrêtés pour réglementer le droit de vaine pâture, notamment pour en suspendre l'exercice en cas d'épizootie, de dégel ou de pluies torrentielles, pour cantonner les troupeaux de différents propriétaires ou les animaux d'espèces différentes, pour interdire la présence d'animaux dangereux ou malades dans les troupeaux.

12. La vaine pâture établie à titre particulier sur un héritage déterminé s'exerce conformément aux droits acquis. Mais le propriétaire de l'héritage grevé peut toujours l'affranchir, soit moyennant indemnité fixée à dire d'experts, soit par voie de cantonnement.

13. Le ban des vendanges ne pourra être établi ou même maintenu que dans les communes où le conseil municipal l'aura ainsi décidé par délibération soumise au conseil général et approuvée par lui.

S'il est établi ou maintenu, il est réglé chaque année par arrêté du maire.

Les prescriptions de cet arrêté ne sont pas applicables aux vignobles clos de la manière indiquée par l'art. 6.

14. La loi du 6 mess. an 3, relative à la vente des blés en vert est abrogée.

15. La durée du louage des domestiques et des ouvriers ruraux est, sauf preuve d'une convention contraire, réglée suivant l'usage des lieux.

(2) 4-6 avr. 1889. — *Loi sur le code rural* (Tit. 6. — *Des animaux employés à l'exploitation des propriétés rurales*) (D. P. 89. 4. 34).

Sect. 1re. — Des bestiaux et des chèvres.

Art. 1er. Lorsque des animaux non gardés ou dont le gardien est inconnu ont causé du dommage, le propriétaire lésé a le droit de les conduire sans retard au lieu de dépôt désigné par le maire, qui, s'il connaît la personne responsable du dommage, aux termes de l'art. 1385 c. civ., lui en donnera immédiatement avis.

Si les animaux ne sont pas réclamés, et si le dommage n'est pas payé dans la huitaine du jour où il a été commis, il est procédé à la vente sur ordonnance du juge de paix, qui évalue les dommages.

Cette ordonnance sera affichée sur papier libre et sans frais à la porte de la mairie.

Le montant des frais et des dommages sera prélevé sur le produit de la vente.

En ce qui concerne la fixation du dommage, l'ordonnance ne deviendra définitive, à l'égard du propriétaire de l'animal, que s'il n'a pas formé opposition par simple avertissement dans la huitaine de la vente.

Cette opposition sera même recevable après le délai de huitaine, si le juge de paix reconnaît qu'il y a lieu, en raison des circonstances, de relever l'opposant de la rigueur du délai.

2. Les préfets peuvent, après avoir pris l'avis des conseils généraux et des conseils d'arrondissement, déterminer par des arrêtés les conditions sous lesquelles les chèvres peuvent être conduites et tenues au pâturage.

3. Les propriétaires de chèvres conduites en commun sont solidairement responsables des dommages qu'elles causent.

Sect. 2. — Des animaux de basse-cour, pigeons, abeilles et vers à soie.

4. Celui dont les volailles passent sur la propriété voisine et y causent des dommages, est tenu de réparer ces dommages. Celui qui les a soufferts peut même tuer les volailles, mais seulement sur le lieu, au moment du dégât, et sans pouvoir se les approprier.

5. Les volailles et autres animaux de basse-cour qui s'enfuient dans les propriétés voisines ne cessent pas d'appartenir à leur maître quoiqu'il les ait perdus de vue.

Néanmoins, celui-ci ne pourra plus les réclamer un mois après la déclaration qui devra être faite à la mairie par les personnes chez lesquelles ces animaux se seront enfuis.

6. Les préfets, après avis des conseils généraux, déterminent chaque année, pour tout le département, ou séparément pour chaque commune, s'il y a lieu, l'époque de l'ouverture et de la clôture des colombiers.

7. Pendant le temps de la clôture des colombiers, les propriétaires et les fermiers peuvent tuer et s'approprier les pigeons qui seraient trouvés sur leurs fonds, indépendamment des dommages-intérêts et des peines de police encourues par les propriétaires des pigeons.

En tout autre temps, les propriétaires et fermiers peuvent exercer, à l'occasion des pigeons trouvés sur leurs fonds, les droits déterminés par l'art. 4 ci-dessus.

8. Les préfets déterminent, après avis des conseils généraux, la distance à observer entre les ruches d'abeilles et les propriétés voisines ou la voie publique, sauf en tout cas, l'action en dommage s'il y a lieu.

9. Le propriétaire d'un essaim a le droit de le réclamer et de s'en ressaisir tant qu'il n'a point cessé de le suivre; autrement

7. D'après l'art. 5 de la loi du 9 juill. 1889, la vaine pâture ne pouvait, dans aucun cas, s'exercer sur les prairies soit naturelles, soit artificielles. Cette disposition a soulevé de nombreuses réclamations, et une proposition de loi ayant pour but de la modifier et de permettre la vaine pâture sur les prairies naturelles, si le maintien du droit est réclamé par le conseil municipal conformément à l'art. 2, fut soumise à la Chambre des députés dans la séance du 27 févr. 1890. La Chambre a adopté l'article unique de la proposition, ainsi conçu : « Remplacer le premier paragraphe de l'art. 5 de la loi du 9 juill. 1889 (c. rur., tit. 2) par la rédaction suivante : Dans aucun cas et dans aucun temps, la vaine pâture ne peut s'exercer sur les prairies artificielles. » La Chambre a pensé qu'il était nécessaire d'autoriser la vaine pâture dans les prairies naturelles pour donner aux travailleurs pauvres la possibilité de nourrir les quelques têtes de bétail qu'ils élèvent (*Journ off.* du 28 févr. 1890).

Le projet de loi a été renvoyé aux bureaux du Sénat (Séance du 6 mars 1890, *Journ. off.* du 7 mars).

Il a été discuté par cette assemblée en première délibération à la séance du 8 mai (*Journ. off.* du 9 mai) puis en deuxième délibération, à la séance du 22 mai 1890 (*Journ. off.* du 23 mai). La rédaction définitivement adoptée par le Sénat, dans cette dernière séance, modifiait le texte voté par la Chambre des députés. Le Sénat a, en outre, apporté de légères modifications aux art. 2 et 12 de la loi du 9 juill. 1889.

La proposition de loi a dû, en conséquence, être renvoyée à la Chambre des députés qui, dans sa séance du 14 juin l'a votée telle qu'elle avait été remaniée par le Sénat. La nouvelle loi a été promulguée le 22 juin 1890 (1).

8. Plusieurs autres parties du projet de code rural ont été votées par le Sénat et sont actuellement soumises à la Chambre des députés : 1° le projet adopté par le Sénat le 22 févr. 1882 sur le bail emphytéotique (tit. 5 du projet). Il a été déposé, le 15 févr. 1886, par le ministre de l'agriculture sur le bureau de la Chambre; 2° le projet relatif aux animaux nuisibles à l'agriculture, qui a fait l'objet de plusieurs propositions (tit. 9 du projet); 3° le projet concernant le régime des eaux qui a été voté par le Sénat le 23 oct. 1883 (liv. 2 du projet); la Chambre ne l'a pas encore examiné (V. *infrà*, v° *Eaux*); 4° le projet concernant la police rurale.

9. Ce dernier projet, qui forme le liv. 3 du code rural, comprend trois titres. Le premier est relatif à la police rurale concernant les personnes, les animaux et les récoltes; le second a pour objet les divers agents chargés de la surveillance de la police rurale; le troisième traite des délits, des contraventions et des pénalités. Le titre premier a été soumis au Sénat à une première délibération au mois de novembre 1889 (V. *Journ. off.*, séances des 18, 20, 21, 22, 23, 25 nov. 1889); et à une seconde délibération au mois de mars 1890 (V. *Journ. off.*, séances des 6, 7, 10, 11, 13, 14, 17, 18 mars 1890). Le projet du Gouvernement, déposé le 19 déc. 1885 sur le bureau du Sénat par M. Gomot, ministre de l'agriculture, ne comprenait dans ce titre que la police administrative. Un titre spécial était réservé à la police judiciaire. Sur l'avis de la commission, le projet fut renvoyé au conseil d'Etat qui comprit dans le titre premier tout ce qui concerne les personnes, les animaux, les récoltes (V. *Journ. off.* du 29 déc. 1889, Sénat, annexe, p. 242; Rapport fait au nom de la commission par M. Peaudecerf). Le projet n'a pas encore été soumis à l'examen de la Chambre des députés. Mais il importe de faire connaître ses dispositions, telles qu'elles ont été votées par le Sénat à la seconde délibération.

L'art. 1er rappelle les pouvoirs conférés aux maires par la loi municipale du 5 avr. 1884. Il est ainsi conçu : « Les maires sont chargés, sous la surveillance de l'administration supérieure, d'assurer le maintien du bon ordre, de la sécurité et de la salubrité publique, sauf dans les cas où cette attribution appartient aux préfets. Ils sont également chargés de l'exécution des actes de l'autorité supérieure relatifs à la police rurale ».

10. Le chap. 1er est intitulé : *De la sécurité publique.* Il comprend les art. 2 à 17, ainsi conçus : « Art. 2. Les maires veillent à tout ce qui intéresse et garantit la sécurité publique. Ils doivent, par des précautions convenables, prévenir les accidents et les fléaux calamiteux, pourvoir d'urgence à toutes les mesures d'assistance et de secours, et, s'il y a lieu, provoquer l'intervention de l'administration supérieure. — Art. 3. Le maire peut prescrire la réparation ou la démolition des murs, édifices ou bâtiments quelconques longeant la voie ou la place publique, lorsqu'ils menacent ruine et qu'ils pourraient, par leur effondrement, compromettre la sécurité. Il n'est dérogé en rien aux droits des préfets à l'égard des constructions riveraines des routes nationales ou départementales, des chemins vicinaux de grande communication ou d'intérêt commun. — Art. 4. Dans les cas prévus par l'art. 3, l'arrêté prescrivant la réparation ou la démolition du bâtiment menaçant ruine est notifié au propriétaire avec sommation d'avoir à effectuer les travaux dans un délai déterminé, et, s'il conteste le péril, de faire commettre un expert chargé de procéder contradictoirement, et au jour fixé par l'arrêté, à la constatation de l'état du bâtiment et de dresser rapport. Si, au jour fixé, le propriétaire n'a point fait cesser le péril et s'il n'a pas cru devoir désigner un expert, il sera passé outre à la visite par l'expert seul nommé par l'Administration. L'arrêté et les rapports d'experts sont transmis immédiatement au conseil de préfecture. Dans les huit jours qui suivent le dépôt au greffe, le conseil, en cas de désaccord entre les experts, désigne un homme de l'art pour procéder à la même opération. Dans le cas d'une constatation unique, le conseil de préfecture peut ordonner telles vérifications qu'il croit nécessaires. Le conseil de préfecture, après avoir entendu les parties dûment convoquées conformément à la loi statue sur le litige, fixe, s'il y a lieu, le délai pour l'exécu-

---

l'essaim appartient au propriétaire du terrain sur lequel il s'est fixé.

10. Dans le cas où les ruches à miel pourraient être saisies séparément du fonds auquel elles sont attachées, elles ne peuvent être déplacées que pendant les mois de décembre, janvier et février.

11. Les vers à soie ne peuvent être saisis pendant leur travail. Il en est de même des feuilles de mûrier qui leur sont nécessaires.

(1) 22-24 juin 1890. — *Loi ayant pour but de modifier le titre 2 du code rural (Vaine pâture)* (*Journ. off.* du 24 juin).

Article unique. — Les art. 2, 5 et 12 de la loi du 9 juill. 1889 (c. rur. tit. 2, Vaine pâture) sont abrogés et demeurent remplacés par les dispositions suivantes :

« Art. 2. Le droit de vaine pâture, appartenant à la généralité des habitants et s'appliquant en même temps à la généralité du territoire d'une commune ou d'une section de commune, cessera de plein droit un an après la promulgation de la présente loi.

Toutefois, dans l'année de cette promulgation, le maintien du droit de vaine pâture, fondé sur une ancienne loi ou coutume, sur un usage immémorial ou sur un titre, pourra être réclamé au profit d'une commune ou d'une section de commune, soit par délibération du conseil municipal, soit par requête d'un ou plusieurs ayants droit adressée au préfet.

En cas de réclamation particulière, le conseil municipal sera mis en demeure de donner son avis dans les six mois, à défaut de quoi il sera passé outre.

Si la réclamation, de quelque façon qu'elle se soit produite, n'a pas été, dans l'année de la promulgation, l'objet d'une décision, conformément aux dispositions du paragraphe 1er de l'art. 3 de la loi du 9 juill. 1889, la vaine pâture continuera à être exercée jusqu'à ce que cette décision soit intervenue.

Art. 5. Dans aucun cas et dans aucun temps, la vaine pâture ne peut s'exercer sur les prairies artificielles.

Le rétablissement de la vaine pâture sur les prairies naturelles, supprimée de plein droit par la loi du 9 juill. 1889, pourra être réclamé dans les conditions où elle s'exerçait antérieurement à cette loi, et en se conformant aux dispositions édictées par les articles précédents.

Elle ne peut avoir lieu sur aucune terre ensemencée ou couverte d'une production quelconque faisant l'objet d'une récolte, tant que la récolte n'est pas enlevée.

Art. 12. Néanmoins, la vaine pâture fondée sur un titre et établie sur un héritage déterminé, soit au profit d'un ou de plusieurs particuliers, soit au profit de la généralité des habitants d'une commune, est maintenue et continuera à s'exercer conformément aux droits acquis. Mais le propriétaire de l'héritage grevé pourra toujours s'affranchir, soit moyennant une indemnité fixée à dire d'experts, soit par voie de cantonnement ».

tion des travaux ou pour la démolition ; il peut autoriser le maire à y faire procéder d'office et aux frais du propriétaire, si cette exécution n'a point eu lieu à l'époque prescrite. Notification de l'arrêté du conseil est faite au propriétaire par la voie administrative. Recours contre la décision peut être porté devant le conseil d'Etat. — Art. 5. En cas de péril immédiat, le maire, après avertissement adressé au propriétaire, provoque la nomination par le juge de paix d'un homme de l'art qui est chargé d'examiner l'état des bâtiments dans les vingt-quatre heures qui suivent sa nomination. Si le rapport de cet expert constate l'urgence ou le péril grave et imminent, le maire ordonne les mesures provisoires nécessaires pour garantir la sécurité publique. Dans le cas où ces mesures n'auraient point été exécutées dans le délai fixé par la sommation, le maire a le droit de faire exécuter d'office, aux frais du propriétaire, les mesures indispensables. — Art. 6. Lorsqu'à défaut du propriétaire, le maire a dû prescrire l'exécution des travaux, ainsi qu'il a été prévu aux art. 4 et 5, le montant des frais est avancé par la commune; il est recouvré comme en matière de contributions directes. — Art. 7. Dans le cas de danger grave et imminent, comme inondation, rupture de digues, incendie d'une forêt, avalanche, éboulement de terre ou de rochers, ou tout autre accident naturel, le maire prescrit l'exécution des mesures de sûreté exigées par les circonstances. Il informe d'urgence le préfet et lui fait connaître les mesures qu'il a prescrites. — Art. 8. Le maire prescrit que le ramonage des fours, fourneaux et cheminées des maisons, des usines, etc., doit être effectué au moins une fois chaque année. Il ordonne, s'il y a lieu, la réparation ou, en cas de nécessité, la démolition des fours, fourneaux et cheminées dont l'état de délabrement ferait craindre un incendie ou d'autres accidents. Les règles prescrites par les art. 4, 5 et 6 sont applicables en cas de réparation ou de démolition. Art. 9. Le préfet, sur l'avis conforme du conseil général, peut interdire, dans l'étendue du département, l'emploi de certains matériaux pour la construction des bâtiments ou celle des toitures, ou prescrire des précautions qui devront être adoptées pour cette construction. — Art. 10. Le préfet, sur l'avis du conseil général et des chambres consultatives d'agriculture, prescrit les précautions nécessaires pour écarter les dangers d'incendie, et notamment l'interdiction d'allumer des feux dans les champs à moins d'une distance déterminée des bâtiments, vignes, vergers, haies, bois, bruyères, meules de grains, de paille, des dépôts régulièrement autorisés de bois et d'autres matières inflammables appartenant à autrui. Il peut, sur l'avis du maire, lever temporairement l'interdiction afin de permettre ou de faciliter certains travaux. — Art. 11. Les maires peuvent prescrire que les meules de grains, de paille, de fourrages, etc., seront placées à une distance déterminée des habitations et de la voie publique. — Art. 12. Le préfet, après avis du conseil général et des chambres consultatives d'agriculture, détermine les mesures à prendre dans toute exploitation agricole où il est fait usage constant ou momentané d'appareils mécaniques, afin d'éviter les dangers spéciaux pouvant résulter de ces appareils, dangers d'incendie, ou dangers concernant les personnes. — Art. 13. Le maire peut prescrire aux propriétaires, usufruitiers, usagers, fermiers ou à tous autres possesseurs ou exploitants, d'entourer les puits et excavations présentant un danger pour la sécurité publique d'une clôture suffisante — Art. 14. Les animaux dangereux doivent être tenus enfermés, attachés ou enchaînés, et de manière qu'ils ne puissent causer aucun accident, soit aux personnes, soit aux animaux domestiques. — Art. 15. Lorsque des animaux errants sans gardien, ou dont le gardien refuse de se faire connaître, sont trouvés pacageant sur des terrains appartenant à autrui, sur les accotements ou dépendances des routes, canaux, chemins, ou sur des terrains communaux, le propriétaire lésé ou son représentant a le droit de les conduire ou de les faire conduire immédiatement au lieu de dépôt désigné par l'autorité municipale. Le maire, s'il connaît le propriétaire responsable du dommage, lui en donne avis. Dans le cas contraire, il est procédé à la vente de ces animaux conformément aux dispositions de l'art. 1er, tit. 6, liv. 1er, c. rur. Si les animaux errants qui causent le dommage sont des volailles, des oiseaux de basse-cour, de quelque espèce que ce soit, ou des pigeons, le propriétaire, fermier ou métayer du champ envahi pourra les tuer, mais seulement sur le lieu, au moment où ils auront causé le dégât et sans pouvoir se les approprier. Si, après un délai de vingt-quatre heures, celui auquel appartiennent les volailles tuées ne les a pas enlevées, le propriétaire, fermier ou métayer du champ envahi est tenu de les enfouir sur place. — Art. 16. Les maires prennent toutes les mesures propres à empêcher la divagation des chiens; ils peuvent prescrire que les chiens seront tenus en laisse ou muselés. Ils prescrivent que les chiens errants et tous ceux qui seraient trouvés sur la voie publique ou dans les champs, non munis d'un collier portant le nom et le domicile de leur maître, seront conduits à la fourrière et abattus après un délai de quarante-huit heures, s'ils n'ont point été réclamés et si le propriétaire reste inconnu. Le délai est porté à six jours pour les chiens avec collier ou portant la marque de leur maître. Les propriétaires, fermiers ou métayers ont le droit de saisir ou de faire saisir par le garde champêtre, ou tout autre agent de la force publique, les chiens que leurs propriétaires laissent divaguer dans les bois, les vignes ou les récoltes. Les chiens saisis sont conduits au lieu de dépôt désigné par l'autorité communale, et si, dans les délais ci-dessus fixés les chiens n'ont point été réclamés, et si le dommage et les autres frais ne sont point payés, ils peuvent être abattus sur l'ordre du maire. — Art. 17. Les maires prescrivent aux propriétaires de ruches toutes les mesures qui peuvent assurer la sécurité des personnes, des animaux t aussi celles que réclame la préservation des récoltes et des fruits. A défaut de l'arrêté préfectoral prévu par l'art. 8, liv. 1er, tit. 4, c. rur., les maires prescrivent à quelle distance des habitations, des routes, des voies publiques, les ruchers découverts doivent être établis. Toutefois, ne sont assujetties à aucune prescription de distance les ruches isolées des propriétés voisines ou des chemins publics par un mur ou par une palissade en planches jointes élevés à hauteur de clôture ».

11. Le chap. 2 est intitulé *De la salubrité publique*. Aux termes de l'art. 18, les maires sont chargés de veiller à tout ce qui intéresse la salubrité publique. Ils assurent l'exécution des dispositions légales et réglementaires qui ont pour but de prévenir les maladies épidémiques, contagieuses ou épizootiques. Ils doivent donner avis d'urgence au préfet de tout cas d'épidémie, de tout cas d'épizootie qui leur serait signalé dans le territoire de la commune. Ils peuvent prendre les mesures provisoires qu'ils jugent utiles pour arrêter la propagation du mal.

1° La première section (art. 19 à 26) est consacrée à la *police sanitaire*. — Ces articles sont ainsi conçus : Art. 19. En cas d'insalubrité constatée par le conseil d'hygiène et de salubrité de l'arrondissement, le maire ordonne la suppression des fosses à purin non étanches et puisards d'absorption. Sur l'avis du même conseil, le maire peut interdire les dépôts de vidange ou de gadoue qui seraient de nature à compromettre la salubrité publique. Il détermine les mesures à prendre pour empêcher l'écoulement sur la voie publique des liquides provenant des dépôts de fumiers et des étables. Les décisions des maires peuvent toujours être l'objet d'un recours au préfet. — Art. 20. Il est interdit de laisser écouler, de répandre ou de jeter soit sur les places et voies publiques, soit dans les fontaines, dans les mares et abreuvoirs, soit sur les lieux de marché ou de rassemblement d'hommes ou d'animaux, des substances capables de nuire à la salubrité publique. — Art. 21. Les maires surveillent, au point de vue de la salubrité, l'état des ruisseaux, rivières, étangs, mares ou amas d'eau. Les questions relatives à la police des eaux restent réglées par les dispositions des tit. 2 et 5 du liv. 2 c. rur. sur le régime des eaux. — Art. 22. Le maire doit ordonner les mesures nécessaires pour assurer l'assainissement, et, s'il y a lieu, après avis du conseil municipal, la suppression des mares communales placées dans l'intérieur des villages ou dans le voisinage des habitations, toutes les fois que ces mares compromettent la salubrité publique. A défaut du maire, le préfet peut, sur l'avis du conseil d'hygiène, et après enquête *de commodo et incommodo*, décider la suppression immédiate de ces mares, ou prescrire aux frais de la commune les travaux reconnus utiles. La dépense est comprise parmi les dépenses obligatoires prévues à l'art. 136 de la loi du 5 avr. 1884. — Art. 23. Le maire prescrit aux propriétaires des mares ou fossés à eau stagnante, établis dans le voisinage des habitations, d'avoir soit à les supprimer, soit à exécuter les travaux ou à prendre les mesures nécessaires pour faire cesser toutes causes d'insalubrité. En cas de refus ou de négligence, le maire dénonce à l'administration préfectorale l'état d'insalubrité constaté. Le préfet, après avis du conseil d'hygiène et du service hydraulique, peut ordonner la suppression de la mare dangereuse ou prescrire que les travaux reconnus nécessaires seront exécutés d'office aux frais du propriétaire, après mise en demeure préalable. Le montant de la dépense est recouvré comme en matière de contributions directes sur un rôle rendu exécutoire par le préfet. — Art. 24. Le préfet peut interdire la vidange des étangs et autres amas d'eau non courante, dans le cas et dans les lieux où cette opération serait de nature à compromettre la salubrité publique. — La commission n'accordait au préfet le droit d'interdire la vidange des étangs que pendant les mois d'août et de septembre. Sur la proposition de M. Le Breton, cette faculté lui a été donnée pendant toute l'année (*Journ. off.* séance du 21 nov. 1889, p. 1086). — Art. 25. Il est interdit de faire rouir du chanvre, ou du lin, ou toutes autres plantes textiles dans les abreuvoirs et les lavoirs publics. Le préfet peut réglementer ou même interdire le rouissage des plantes textiles dans les eaux courantes et dans les étangs. Cette interdiction n'est prononcée qu'après avis du conseil d'hygiène et de salubrité. Les routoirs agricoles, c'est-à-dire ceux exclusivement destinés à l'usage des cultivateurs, ne sont point, comme les routoirs industriels, assujettis aux prescriptions des décrets des 15 oct. 1810 et 31 déc. 1866 relatifs aux établissements insalubres. Toutefois, le préfet peut ordonner, sur la demande du conseil municipal ou des propriétaires voisins, la suppression de tout routoir établi à proximité des habitations et dont l'insalubrité serait constatée. Le maire peut désigner, par un arrêté, les lieux où les routoirs publics seront établis, ainsi que la distance à observer dans le choix des emplacements destinés au séchage des plantes textiles après le rouissage. — Art. 26. Le président de la République peut, après enquête et par décret rendu en la forme des règlements d'administration publique, interdire les cultures qui pourraient être nuisibles à l'hygiène et à la salubrité publiques ou ne les autoriser que dans des conditions déterminées. — Art. 27. La chair des animaux morts d'une maladie, quelle qu'elle soit, ne peut être vendue et livrée à la consommation. — Tout propriétaire d'un animal mort de maladie non contagieuse est tenu soit de le faire transporter dans les vingt-quatre heures à un atelier d'équarrissage régulièrement autorisé, soit, dans le même délai, de le détruire par un procédé chimique ou par combustion, soit de le faire enfouir dans une fosse située autant que possible à 100 mètres des habitations, et de telle sorte que le cadavre soit recouvert d'une couche de terre ayant au moins un mètre d'épaisseur. Il est défendu de jeter les bêtes mortes dans les bois, dans les rivières, dans les mares ou à la voirie, et de les enterrer dans les étables, ou dans les cours attenant à une habitation, ou à proximité des puits, des fontaines et abreuvoirs publics. — Art. 28. Le maire fait livrer à un atelier d'équarrissage régulièrement autorisé, ou enfouir, ou détruire par un procédé chimique ou par combustion le corps de tout animal trouvé mort sur le territoire de la commune et dont le propriétaire, après un délai de douze heures, reste inconnu.

2° La sect. 2, qui traite de *la police sanitaire des animaux*, de leur importation et exportation (art. 29 à 64) ne fait que reproduire, sauf quelques légères modifications, la loi sur la police sanitaire des animaux du 21 juill. 1881 (V. D. P. 82. 4. 32). Différentes maladies contagieuses ont été ajoutées, notamment : le charbon emphysémateux ou symptomatique et la tuberculose, dans l'espèce bovine; la fièvre charbonneuse ou sang de rate, dans les espèces chevaline, bovine, ovine et caprine; le rouget, la pneumo-entérite infectieuse, dans l'espèce porcine (art. 29). — Aux termes de la loi de police sanitaire de 1881, le maire doit, dès qu'il est prévenu que l'animal est atteint d'une maladie contagieuse, faire procéder à sa visite par le vétérinaire chargé de ce service. Celui-ci doit dresser un rapport. La loi n'oblige pas le vétérinaire à communiquer son rapport au maire. Le Sénat a pensé qu'il était utile que le maire de la localité où se produit la maladie infectieuse connaisse le rapport, et, par suite, les mesures ordonnées ou proposées. En conséquence, l'art. 31 du projet prescrit au vétérinaire d'en donner communication au maire. Il est alloué une indemnité aux propriétaires des animaux abattus pour cause de peste bovine et de péripneumonie contagieuse (art. 46).

La loi de 1881 prescrit l'enfouissement des cadavres des animaux morts de maladies contagieuses. La loi nouvelle complète ces dispositions. Aux termes de l'art. 42, la chair des animaux morts de maladies quelles qu'elles soient, ou abattus comme atteints de la peste bovine, de la morve ou farcin, de la tuberculose, de maladies charbonneuses, du rouget, de la rage et de la pneumo-entérite infectieuse, ne peut être livrée à la consommation. Les cadavres des animaux morts ou abattus comme atteints de ces maladies devront, dans les vingt-quatre heures, être détruits par un procédé chimique ou par combustion, ou enfouis à une profondeur d'au moins un mètre et préalablement recouverts de chaux vive. Ceux des animaux morts de la peste bovine ou du charbon, ou ayant été abattus comme atteints de l'une de ces maladies, ne peuvent être enfouis qu'avec la peau tailladée.

Les conditions dans lesquelles devront être exécutés le transport, la destruction ou l'enfouissement des cadavres sont déterminées par le règlement d'administration publique prévu à l'art. 33. Lorsque l'emploi des débris d'un animal abattu comme ayant été en contact avec des animaux atteints de la peste bovine ou de péripneumonie contagieuse a été, conformément à l'art. 43 ou à l'art. 44, autorisé pour la consommation ou un usage industriel, le propriétaire est tenu de déclarer le produit de la vente de ces débris. Ce produit appartient au propriétaire ; s'il est supérieur à la portion de la valeur laissée à sa charge, l'indemnité due par l'Etat est réduite à l'excédent (art. 48). — En cas d'épizooties, et, à défaut des propriétaires, le maire désigne un enclos dans lequel devront être portés et enfouis à un mètre de profondeur au moins, et recouverts d'une couche de chaux vive, les cadavres des animaux contaminés (art. 53). — Il est défendu de faire paître aucun animal sur le terrain d'enfouissement affecté aux cadavres des animaux morts de maladie contagieuse ou de livrer à la consommation les fourrages qui pourraient y être récoltés (art. 54). — Il arrive fréquemment dans les communes rurales, a dit M. Peaudecerf dans son rapport (*Journ. off.* du 29 nov. 1889, Sénat, annexe, n° 165, p. 242), que des nomades, des saltimbanques, ou même des propriétaires étrangers à la localité, abandonnent, notamment, les jours de foire, de marché, de fêtes locales, sur le territoire de la commune, des cadavres d'animaux. Personne, en pareil cas, ne consent à se charger de l'enfouissement ; les municipalités elles-mêmes, quand elles sont peu soucieuses de leurs devoirs, négligent de faire transporter et enfouir le cadavre, qui, abandonné sur la route, dans un chemin, dans un fossé, ou dans un champ, où il est la proie des chiens errants, des oiseaux carnivores, des mouches, etc., devient une cause d'infection et de dangers très graves. Les dispositions proposées imposent aux municipalités l'obligation de pourvoir à l'enfouissement des cadavres abandonnés; en même temps, elles permettent de recouvrer, quand il sera possible, le montant des frais avancés par la commune. Dans les cas d'épizooties qui envahiraient une commune, causeraient la mort, ou obligeraient à l'abatage d'un nombre assez considérable de bestiaux, le maire peut désigner un enclos spécial ou seraient portés et enfouis les cadavres, afin de permettre toutes les précautions indispensables, d'exercer une surveillance plus complète, et d'éviter dans l'avenir de sérieux dangers et pour la population et pour les troupeaux. Les maladies infectieuses ont pu quelquefois se transmettre, même après plusieurs années, par les annelés, lombrics ou vers de terre et autres, qui sortent de terre et se répandent sur le sol, et aussi par les végétaux qui ont germé et crû sur le lieu d'enfouissement. L'interdiction formulée par l'art. 54 a pour but de prévenir les dangers qui peuvent résulter du pacage sur le sol infecté, ou de la consommation, même après fanage et dessiccation des herbes et des plantes qui y poussent avec vigueur.

12. Le chap. 3 traite *de la protection des animaux utiles et de la destruction des animaux nuisibles.*

1° La sect. 1re, consacrée à la *protection des animaux domestiques*, renferme les dispositions suivantes : « Art. 65. Il est interdit d'exercer publiquement et abusivement des mauvais traitements envers les animaux domestiques. — Art. 66. Tout entrepreneur de transport par terre ou par eau doit pourvoir, toutes les douze heures au moins, à l'abreuvement et à l'alimentation des animaux confiés à sa garde. Si les animaux transportés sont accompagnés d'un gardien, l'entrepreneur est tenu de fournir gratuitement les seaux, auges et autres ustensiles pour permettre l'alimentation, et l'eau nécessaire. Les transports par chemin de fer restent, d'ailleurs, soumis aux règlements arrêtés par le ministre des travaux publics, après avis du ministre de l'agriculture, les compagnies entendues. Ces règlements déterminent les obligations des compagnies et la rémunération qui peut leur être due. — Art. 67. Indépendamment des mesures locales prises par les maires, le préfet prescrit, pour l'ensemble des communes du département, les précautions à prendre pour la conduite et le transport à l'abattoir ou pour l'abatage des animaux. — Art. 68. Les maires veillent à ce qu'aussitôt après chaque tenue de foire ou de marché, le sol des halles, des marchés, des champs de foire, celui des hangars et étables, des parcs de comptage, la plate-forme des ponts à bascule et tous autres emplacements où les bestiaux ont stationné, ainsi que les lisses, les boucles d'attachement et toutes parties en élévation qu'ils ont pu souiller, soient nettoyés et désinfectés. — Art. 69. Les marchés, halles, stations d'embarquement ou de débarquement, les auberges, écuries, vacheries, bergeries, chenils et tous lieux ouverts au public, gratuitement ou non, pour la vente, l'hébergement ou le stationnement des animaux domestiques sont soumis à l'inspection du vétérinaire sanitaire. A cet effet, tous propriétaires, locataires ou exploitants, ainsi que tous régisseurs ou gardiens, sont tenus de laisser pénétrer le vétérinaire délégué, en vue d'y faire telles constatations qu'il juge nécessaires. Si la visite a lieu, après le coucher du soleil, le vétérinaire délégué devra être accompagné du maire ou du représentant de la police locale. Un arrêté du ministre des travaux publics, après entente avec le ministre de l'agriculture, fixera les conditions dans lesquelles devra s'effectuer dans les gares la surveillance du service sanitaire. — Art. 70. Le vétérinaire sanitaire, au cas où il trouve les locaux insalubres pour les animaux domestiques, indique les mesures à prendre ; en cas d'inexécution, il adresse au maire et au préfet un rapport dans lequel il fait connaître les mesures de désinfection et de nettoyage qu'il a recommandées et qu'il juge utiles pour y remédier. Le préfet peut ordonner, aux frais de qui de droit, et dans un délai qu'il détermine, l'exécution de ces mesures. En cas d'urgence, le maire doit prescrire des mesures provisoires. — Art. 71. Lorsqu'un champ de foire ou un autre emplacement communal destiné à l'exposition en vente des bestiaux aura été reconnu insalubre, le vétérinaire délégué adresse son rapport au maire et au préfet, et le maire prescrit l'exécution des mesures de nettoyage et de désinfection indiquées. A défaut du maire, le préfet peut, après mise en demeure, conformément à l'art. 99 de la loi municipale ordonner l'interdiction des champs de foire ou prescrire, aux frais de la commune, les mesures indispensables à faire cesser les causes d'insalubrité pour les animaux domestiques. Le préfet invite le conseil municipal à voter la dépense nécessitée par l'exécution de ces mesures; il peut, s'il y a lieu, inscrire d'office au budget communal un crédit d'égale somme. — Art. 72. A dater du jour où l'arrêté du préfet ou du maire est signifié à la partie intéressée jusqu'à celui où les mesures prescrites sont exécutées, l'usage des locaux dont l'insalubrité a été constatée est interdit ».

2° La sect. 2 traite de la *protection des oiseaux et du gibier.* — La destruction, par quelque moyen que ce soit, la mise en vente, l'achat, le transport et le colportage des oiseaux reconnus utiles à l'agriculture, de leurs nids, de leurs œufs et de leurs couvées sont interdits. Un décret en forme de règlement d'administration publique détermine, par région, la liste de ces oiseaux. Il est interdit de prendre ou de détruire, de colporter ou de mettre en vente les œufs ou les couvées de tous oiseaux, ainsi que les portées et petits de tous animaux qui n'auront pas été déclarés nuisibles par arrêté préfectoral. Le propriétaire, fermier ou métayer, a le droit de recueillir, pour les faire couver, les œufs mis à découvert par l'enlèvement des récoltes. Le transport des oiseaux, de leurs nids ou couvées, et celui du gibier vivant peut être autorisé, pour le repeuplement ou dans un but scientifique, par le ministre de l'intérieur, et moyennant les conditions par lui prescrites (art. 73).

3° La sect. 3, consacrée à la *destruction des fauves et animaux nuisibles*, comprend les art. 74 à 86 qui disposent en ces termes : « Art. 74. Sont réputés dangereux, nuisibles ou malfaisants, les loups, les sangliers, les renards, les blaireaux et les cerfs. Le préfet, après avis du conseil général, peut, par arrêté, ajouter à cette nomenclature tous fauves et autres bêtes reconnus nuisibles. — Art. 75. Le préfet peut ordonner en tout temps, dans les propriétés particulières et dans les bois de l'État, des communes et des établissements publics, des chasses ou battues générales ou particulières, contre les loups, les sangliers, les renards, les blaireaux et les cerfs, et contre tous fauves ou autres bêtes nuisibles ajoutés par l'arrêté préfectoral. Les chasses et battues ne doivent être ordonnées qu'après mise en demeure notifiée aux propriétaires, aux fermiers ou aux locataires de chasse, d'avoir à faire procéder eux-mêmes à la destruction des animaux nuisibles dans un délai qui ne peut être inférieur à quinze jours à partir de la date de la notification. En ce qui concerne les loups, les battues pourront être ordonnées aussitôt après avis aux propriétaires et aux maires des communes intéressées. Les chasses et battues ne peuvent avoir lieu dans les propriétés qui ne sont pas dépouillées de leurs récoltes, ou qui sont entourées de clôtures pour empêcher les animaux nuisibles d'en sortir. — Art. 76. Les chasses ou battues ordonnées par le préfet sont réglées de concert avec le chef de service de l'administration forestière dans le département. L'arrêté préfectoral est publié trois jours au moins à l'avance, dans les communes où les chasses doivent avoir lieu; il est signifié au commandant de gendarmerie de la circonscription, qui prend les dispositions nécessaires pour le maintien de l'ordre et la répression des délits de chasse qui pourraient être commis par les chasseurs ou les traqueurs. Les battues sont dirigées et surveillées par les agents forestiers désignés par le chef du service forestier du département. Le gibier tué dans la battue appartient au propriétaire ou à ses ayants droit. — Art. 77. Lorsque le préfet a décidé que les habitants pourraient être requis pour une chasse ou battue générale ou particulière, le maire dans chacune des communes sur le territoire desquelles la battue doit être opérée désigne ceux des habitants qui seront autorisés à y prendre part. — Art. 78. Les particuliers qui ont des équipages de chasse ou d'autres moyens pour faire utilement les battues ou chasses contre les animaux nuisibles ou malfaisants peuvent être autorisés par les préfets à prendre part à ces opérations. — Art. 79. Les maires prennent, de concert avec les propriétaires, les fermiers ou les détenteurs du droit de chasse dans les buissons, bois et forêts, toutes les mesures nécessaires à la destruction des animaux nuisibles désignés dans l'arrêté du préfet pris en vertu des lois et règlements sur la police de la chasse. Ils sont chargés également de faire, pendant le temps de neige, à défaut des détenteurs du droit de chasse, à ce dûment invités, détourner les loups et les sangliers réunis sur le territoire; de requérir, à l'effet de les détruire, les habitants avec armes et chiens propres à la chasse de ces animaux nuisibles. Ils préviennent la gendarmerie du jour choisi pour la battue. Les maires surveillent et assurent l'exécution des mesures qu'ils ont ordonnées en vue de ces battues locales; ils en dressent procès-verbal qu'ils transmettent aussitôt au préfet. — Art. 80. En tout temps, dans le cas de dommages causés par des lapins aux propriétés d'autrui, les préfets mettent en demeure les propriétaires des bois ou garennes d'avoir, dans un délai qui ne peut être inférieur à quinze jours, à faire procéder à la destruction de ces animaux nuisibles. En cas de refus ou d'inexécution, les préfets ordonnent qu'il sera procédé par tous moyens à leur destruction, soit sous la surveillance des agents forestiers, soit sous celle du maire ou de tout autre agent désigné par le préfet et aux frais du propriétaire. Les frais seront recouvrés comme en matière de contributions directes, sur un rôle rendu exécutoire par le préfet. — Art. 81. Les propriétaires et fermiers, les locataires de chasse peuvent en tout temps détruire, sur leurs terres, les fauves et les animaux déclarés dangereux, nuisibles ou malfaisants par le présent titre, et aussi tous autres qui seraient classés comme tels par l'arrêté préfectoral. Le préfet, après avis du conseil général, prend des arrêtés : 1° pour déterminer les conditions de l'exercice de ce droit ; 2° pour réglementer les procédés de destruction, notamment le mode d'emploi des pièges et en temps de neige des matières toxiques. Toutefois, il est interdit de faire usage de matières toxiques sans autorisation préalable du maire de la commune où elles doivent être employées. — Art. 82. La vente, l'achat, le transport et le colportage des sangliers et cerfs peuvent être effectués pendant la période qui suit la fermeture de la chasse jusqu'à l'ouverture, sous la condition que chaque envoi sera accompagné d'un certificat du maire de la commune sur le territoire de laquelle ces gibiers ont été tués dans une battue autorisée. La vente, l'achat, le transport et le colportage de lapins de garenne peuvent avoir lieu en tout temps dans les départements où cette mesure aura été autorisée par arrêté du préfet après avis du conseil général. » — Les art. 83 à 86 ne sont que la reproduction de la loi du 4 août 1882 (D. P. 82. 4. 122) relative à la destruction des loups. Le Sénat, cependant, a supprimé la disposition qui obligeait de payer la prime au plus tard le quinzième jour qui suit la constatation de l'abatage du loup.

13. Le chap. 4 traite *de la police rurale concernant les récoltes*. — Les art. 87 à 97 qui composent ce chapitre sont ainsi conçus : « Art. 87 : Les maires sont chargés de la police rurale concernant les récoltes. Ils assurent l'exécution des prescriptions relatives à la destruction des animaux, des insectes et des végétaux nuisibles à l'agriculture. Ils font constater par les gardes champêtres et par tout autre agent sous leurs ordres les délits et les contraventions aux lois et aux règlements ayant pour but la protection des récoltes. — Art. 88. Il est défendu de supprimer, de déplacer les bornes, les pieds-corniers ou autres arbres plantés ou reconnus pour établir les limites entre les héritages ; de recombler les fossés séparatifs, de dégrader les clôtures et les haies limitant la propriété d'autrui. Il est interdit, sur la propriété d'autrui, de couper des branches dans les haies vives, d'enlever les bois secs des haies, de couper, de mutiler, de détériorer ou d'écorcer les arbres plantés dans les champs, dans les vignes, dans les bois ou le long des routes et des chemins, de détruire les greffes des arbres fruitiers. Il est interdit de dégrader les chemins, de déclore les héritages et de passer à travers les récoltes de quelque nature qu'elles soient. Les art. 90 à 93 reproduisent les prescriptions de la loi du 24 déc. 1888 relatives à la destruction des insectes, des plantes et des cryptogames nuisibles (V. *infrà*, n° 14). Le projet voté par le Sénat impose aux départements à l'égard des propriétés départementales, qui n'avaient point été comprises par suite d'une erreur matérielle dans le texte de l'art. 2 de loi de 1888, les obligations que prescrit cet article (V. *infrà*, n° 143). — Le projet du Gouvernement obligeait les riverains à faire l'échardonnage sur la partie des chemins bordant leurs fonds. Le Sénat n'a pas admis cette disposition, estimant qu'elle était inapplicable et injuste ; que, si la dépense était mise à la charge des services des routes, elle serait peu en rapport avec les avantages que la culture retirerait de l'opération (V. Rapport de M. Peaudecerf, *Journ. off.* du 30 déc. 1889, Sénat, annexe n° 166, p. 250). — Lorsque l'échenillage ou la destruction des insectes nuisibles et la destruction des cryptogames et végétaux nuisibles doivent être opérés sur les biens appartenant à l'Etat, aux départements ou aux communes, et ne l'ont pas été dans les délais imposés, il y est procédé d'office aux frais de qui il appartient, par les ordres du préfet (art. 94). — L'entrée en France des végétaux, fleurs, feuilles, terres, composts et objets quelconques susceptibles de servir à l'introduction d'animaux, de larves, de plantes ou de cryptogames reconnus dangereux peut être interdite par décret. L'interdiction peut être étendue à la détention et au transport de ces animaux, larves, plantes ou cryptogames. Les dispositions des lois et règlements spéciaux concernant la destruction du phylloxera et celle du doryphora restent d'ailleurs maintenues (art. 95). — Des arrêtés du ministre de l'agriculture règlent les conditions sous lesquelles peuvent entrer et circuler en France les végétaux, fleurs, feuilles, terres, composts et objets soupçonnés dangereux, et provenant des pays étrangers ou des parties du territoire français déjà envahies et auxquelles ne s'appliquent pas les décrets d'interdiction (art. 96).

14. Diverses lois concernant le droit rural ont encore été votées depuis la publication du *Répertoire* :

Le décret-loi du 9 janv. 1852 sur l'exercice de la pêche côtière. Ce décret-loi, avec les décrets des 4 juill. 1853, 17 juill. 1857, 19 nov. 1859, 9 févr. 1868 et 19 févr. 1884 qui l'ont suivi, a réglé la récolte des herbes marines (V. *infrà*, v° *Pêche maritime*).

La loi des 22-26 juin 1854, qui *abolit la servitude de parcours et le droit de vaine pâture en Corse* (D. P. 54. 4. 123). — Le rapport fait au nom de la commission par M. le comte de Sainte-Hermine, député, constate que le parcours n'est en Corse que l'irruption des troupeaux et des bestiaux de qui que ce soit sur toutes les communes voisines, sans distinction de limites ; que c'est l'invasion, le passage qui s'opère deux fois par an à travers les terroirs de toutes les communes, lors des migrations des troupeaux de la montagne à la plaine et de la plaine à la montagne, suivant les saisons. — Quant à la vaine pâture, en Corse, c'est la prétention, malheureusement mise en pratique, par tout individu à qui il plaît d'avoir un troupeau, sans être propriétaire de la moindre parcelle de terrain, de l'envoyer sur les terres de tous les cultivateurs, sans aucune précaution prise, même pour ménager les arbres. On conçoit combien cette dévastation permanente doit causer de dommages à la propriété et être nuisible à tous les genres de culture. Aussi ce mode de pâturage est considéré comme un véritable fléau par tous les propriétaires et cultivateurs. On trouvera *infrà*, n°s 68 et suiv., les explications que cette loi comporte.

La loi du 25 mai 1864 (D. P. 64. 4. 53), dont l'art. 2 abroge les art. 19 et 20 du tit. 11 de la loi des 28 sept.-6 oct. 1791, et déclare applicables aux propriétaires et fermiers ainsi qu'aux moissonneurs, domestiques et ouvriers de la campagne les nouveaux art. 414, 415 et 416 c. pén. relatifs aux coalitions (V. *infrà*, v° *Industrie et commerce*). L'art. 416 c. pén. a été abrogé par la loi des 21-22 mars 1884 (D. P. 84. 4. 129) relative à la création des syndicats professionnels. — La loi du 24 déc. 1888 concernant la destruction des insectes, des cryptogames et autres végétaux nuisibles à l'agriculture (1).

(1) 24-25 déc. 1888. — *Loi concernant la destruction des insectes, des cryptogames et autres végétaux nuisibles à l'agriculture* (D. P. 89. 4. 32).

Art. 1er. Les préfets prescrivent les mesures nécessaires pour arrêter ou prévenir les dommages causés à l'agriculture par des insectes, cryptogames ou autres végétaux nuisibles, lorsque ces dommages se produisent dans un ou plusieurs départements, ou seulement dans une ou plusieurs communes, et prennent ou peuvent prendre un caractère envahissant ou calamiteux.

L'arrêté ne sera pris par le préfet qu'après l'avis du conseil général du département, à moins qu'il ne s'agisse de mesures urgentes et temporaires.

Il déterminera l'époque à laquelle il devra être procédé à l'exécution des mesures, les localités dans lesquelles elles seront applicables ainsi que les modes spéciaux à employer.

Il n'est exécutoire, dans tous les cas, qu'après l'approbation du ministre de l'agriculture qui prend sur les procédés à appliquer l'avis d'une commission technique instituée par décret.

2. Les propriétaires, les fermiers, les colons ou métayers, ainsi que les usufruitiers et les usagers, sont tenus d'exécuter sur les immeubles qu'ils possèdent et cultivent, ou dont ils ont la jouissance et l'usage, les mesures prescrites par l'arrêté préfectoral. Toutefois, dans les bois et forêts, ces mesures ne sont applicables qu'à une lisière de trente mètres.

Ils doivent ouvrir leurs terrains pour permettre la vérification ou la destruction, à la réquisition des agents.

L'Etat, les communes et les établissements publics et privés sont astreints aux mêmes obligations sur les propriétés leur appartenant.

3. En cas d'inexécution dans les délais fixés, procès-verbal est dressé par le maire, l'adjoint, l'officier de gendarmerie, le commissaire de police, le garde forestier ou le garde champêtre, et le contrevenant est cité devant le juge de paix.

TABLEAU DE LA LÉGISLATION SUR LE DROIT RURAL.

9 janv.-1er févr. 1852. — Décret sur l'exercice de la pêche côtière (D. P. 52. 4. 41).

22-26 juin 1854. — Loi portant abolition de la servitude de parcours et du droit de vaine pâture dans le département de la Corse (D. P. 54. 4. 123).

25-27 mai 1864. — Loi qui modifie les art. 414, 415 et 416 c. pén. (coalitions) (art. 2, D. P. 64. 4. 53).

21-24 juill. 1881. — Loi sur la police sanitaire des animaux D. P. 82. 4. 32).

20-26 août 1881. — Loi ayant pour objet le titre complémentaire du liv. 1er c. rur., portant modification des articles du code civil relatifs à la mitoyenneté des clôtures, aux plantations et aux droits de passage en cas d'enclave (D. P. 82. 4. 7).

20-26 août 1881. — Loi relative au code rural (chemins et sentiers d'exploitation) (D. P. 82. 4. 6).

20-26 août 1881. — Loi relative au code rural (chemins ruraux) (D. P. 82. 4. 1).

2-6 août 1884. — Loi sur le code rural (vices rédhibitoires dans les ventes et échanges d'animaux domestiques) (D. P. 84. 4. 121).

24-25 déc. 1888. — Loi concernant la destruction des insectes, des cryptogames et autres végétaux nuisibles à l'agriculture (D. P. 89. 4. 32, et *suprà*, p. 535).

4-6 avr. 1889. — Loi sur le code rural (Tit. 6. — Des animaux employés à l'exploitation des propriétés rurales) (D. P. 89. 4. 34, et *suprà*, p. 530).

9-10 juill. 1889. — Loi sur le code rural (Tit. 2. — Parcours, vaine pâture, ban de vendanges, vente des blés en vert. — Tit. 3. Durée du louage des domestiques et ouvriers ruraux) (D. P. 90. 4. 20, et *suprà*, p. 530).

18-19 juill. 1889. — Loi sur le code rural (Tit. 4. — Bail à colonat partiaire) (D. P. 90. 4. 22).

22-24 juin 1890. — Loi ayant pour but de modifier le tit. 2 du code rural (Vaine pâture) (*Journ. off.* du 24, et *suprà*, p. 531).

15. Le droit rural se lie à presque toutes les parties de la législation. Aussi les matières diverses qui rentrent dans le cadre de notre étude se trouvent-elles traitées, pour la plupart, dans les commentaires généraux de droit civil, de droit administratif et de droit criminel. Il convient de mentionner : André et Marin, *Loi municipale du 5 avr. 1884*, p. 179 et 254; Aubry et Rau, *Cours de droit civil français*, 4e éd., t. 2, p. 176 et suiv., t. 3, p. 81, et t. 4, p. 769; Béquet, *Répertoire de droit administratif*, v° *Bêtes*; Blanche, *Etudes pratiques sur le code pénal*, t. 6, p. 373 et suiv., 641 et suiv., et t. 7, p. 284 et suiv., 597 et suiv.; Block, *Dictionnaire de l'Administration française*, vis *Abeilles*, *Animaux*, *Mer*, *Organisation communale*, *Pêche maritime*, *Police*; Bourguignon, *Droit rural*, p. 303; de Champagny, *Traité de la police municipale*; Chauveau et Faustin Hélie, *Théorie du code pénal*, 6e éd., t. 1, nos 383 et suiv., t. 5, n° 1925, t. 6, n° 2637; Clément et Lépinois, *Le code rural belge interprété*; De Croos, *Le code rural*, 2e éd.; Curasson, *Des droits d'usage*, t. 1, p. 350; Demante, *Cours analytique de droit civil*, t. 2, nos 502 et suiv.; Demolombe, *Traité des servitudes*, t. 1, p. 319 et suiv., et t. 2, p. 429; *De la distinction des biens*, t. 1, p. 154; Ducrocq, *Cours de droit administratif*, 6e éd., t. 2, n° 977; Duranton, *Cours de droit français*, t. 5, n° 263; Faustin Hélie, *Traité de l'instruction criminelle*, 2e éd., t. 2, nos 1084 et suiv., et t. 6, nos 2521 et suiv.; Garraud, *Traité théorique et pratique du droit pénal français*, t. 2, p. 105; P. Gauwain, *Législation rurale*, 1890; Gavini de Campile, *Des servitudes*, t. 1, nos 278 et suiv.; Henrion de Pansey, *Des biens communaux*, p. 401 et suiv., *Du pouvoir municipal*, p. 98; Ferd. Jacques, *De la récidive en matière rurale*, *Revue pratique de droit français*, t. 50, p. 1 et suiv.; et *De la police rurale*, *Revue pratique de droit français*, t. 54, p. 35 et suiv., 300 et suiv; Lepasquier, *De la vaine pâture*, p. 379 et suiv.; Le Sellyer, *Traité de la compétence et de l'organisation des tribunaux chargés de la répression*, t. 1, nos 9 et 622; Sourdat, *Traité de la responsabilité*, 4e éd., t. 2, nos 777 et suiv., 1367 et suiv., 1414 et suiv.; Toullier, *Le droit civil français*, t. 3, n° 161; Vaudoré, *Les lois rurales*, t. 2, n° 733; Wodon, *Traité de la possession*, t. 2, n° 550.

16. — II. Droit comparé. — Il est peu de pays qui aient un code rural. Les anciens usages, des lois diverses non réunies, règlent, en général, dans les autres nations, les matières qui touchent à l'agriculture et qu'embrasse notre loi des 28 sept.-6 oct. 1791.

17. — 1° *Allemagne*. — Une ordonnance a été rendue, le 16 août 1878, dans le royaume de Wurtemberg pour la protection des oiseaux utiles.

La loi la plus importante concernant le droit rural qui ait été promulguée dans ces dernières années est la loi du 1er avr. 1880 sur la police rurale et forestière, pour la Prusse. Elle est composée de trois titres. Le premier contient des dispositions générales. Il traite, notamment, des circonstances aggravantes, de la récidive, de la tentative, et des peines. Parmi les faits qui sont punis d'amende ou d'emprisonnement, nous citerons : l'abandon sans surveillance du bétail dans des terrains non clos; le pâturage dans des champs labourés ou des prairies ; le fait de couper ou d'arracher le gazon ou toute autre herbe fourragère croissant sur les chemins ; de faire tremper du cuir dans un cours d'eau ; de laisser ouvertes des barrières destinées à fermer un chemin ou l'entrée d'une propriété close ; enfin, les délits forestiers. — Le tit. 2 est consacré à la procédure. Les tribunaux d'échevins sont compétents pour connaître des infractions à la loi de 1880. — Le tit. 3 est intitulé « gardes champêtres et forestiers » ; il règle l'institution de ces fonctionnaires. — Le tit. 4 s'occupe de la réparation des dommages et de l'exécution. En cas de délit de pâturage, la partie lésée peut, à son choix, demander la réparation effective du dommage qui lui a été causé ou l'allocation d'une indemnité. La loi fixe l'indemnité en tenant compte du nombre et de l'espèce des animaux qui ont causé le dégât et de la nature des terrains. Elle permet la saisie des bestiaux dans certaines conditions et en règle la procédure. — Le tit. 5 contient des dispositions transitoires (*Annuaire de la législation étrangère*, 1881, p. 97 et suiv.).

Le code pénal allemand du 31 mai 1870, modifié par la loi du 26 févr. 1876, dont nous avons analysé les dispositions relatives aux contraventions (V. *suprà*, v° *Contraventions*, n° 4), punit d'un amende de 150 marks ou des arrêts : ceux qui contreviennent aux bans de vendange, aux règlements sur l'échenillage ; ceux qui dénichent des œufs ou des couvées d'oiseaux de chasse ou d'oiseaux chanteurs ; celui qui, en bêchant ou labourant, usurpe une portion du terrain d'autrui ; le domestique qui, chargé par son maître de donner aux bestiaux une quantité de fourrages déterminée, prend une plus grande quantité pour la leur donner (art. 369 et 370).

18. — 2° *Angleterre*. — Il est intéressant de citer : 1° l'*act* du 5 août 1873, destiné à régler l'emploi des enfants dans l'agriculture. En principe, aucun enfant ne peut être employé par une autre personne que le père sur sa propre exploitation ; 2° Le *Cattle Diseases act*, loi votée en 1878, relative aux mesures de police destinées à empêcher la propagation des maladies contagieuses du bétail ; 3° L'*act* du 7 sept. 1880 destiné à assurer plus efficacement la possession des possesseurs de terres contre les dégâts causés à leurs moissons par les lièvres et les lapins ; 4° Les *acts* de 1883, de 1885 et de 1886 (Labourers Ireland), édictant des mesures

---

La citation sera donnée par lettre recommandée ou par le garde champêtre.

Les parties pourront comparaître volontairement et sur un simple avertissement du juge de paix.

Les délais fixés par l'art. 146 c. instr. crim. seront observés.

Le juge de paix pourra ordonner l'exécution provisoire de son jugement, nonobstant opposition ou appel sur minute et avant l'enregistrement.

4. A défaut d'exécution dans le délai imparti par le jugement, il est procédé à l'exécution d'office, aux frais des contrevenants, par les soins du maire ou du commissaire de police.

Le recouvrement des dépenses ainsi faites est opéré par le percepteur, en vertu de mandatements exécutoires, délivrés par les préfets, et conformément aux règles suivies en matière de contributions directes.

5. Les contraventions aux dispositions des art. 1er et 2 de la présente loi sont punies d'une amende de 6 à 15 fr.

L'amende est doublée et la peine d'emprisonnement pendant cinq jours au plus peut même être prononcée, en cas de récidive, contre les contrevenants.

6. L'art. 463 c. pén. est applicable aux pénalités prononcées par la présente loi.

7. La loi du 26 vent. an 4 est abrogée. Sont maintenues toutes les dispositions des lois et règlements concernant la destruction du phylloxera et celle du doryphora.

8. La présente loi est applicable aux départements de l'Algérie.

pour améliorer la condition des ouvriers agricoles en Irlande (*Annuaire de la législation étrangère*, 1887, p. 22).

Certains auteurs enseignent que le propriétaire d'une ruche d'abeilles a le droit de poursuivre l'essaim même sur le sol d'autrui, tant qu'il est à même de le faire et qu'il ne perd pas l'essaim de vue (Bracton, liv. 2, c. 1, § 14, Inst. 2, 1). D'autres soutiennent, au contraire, que le propriétaire du fonds où l'essaim se pose en devient immédiatement propriétaire *ratione soli;* ils s'appuient, d'une part, sur le st. 43, Ed. III, C. 24, et, d'autre part, sur la Charte des forêts, st. 9, Henr. III, C. 13, qui autorise tout homme libre à s'approprier le miel qu'il trouve dans ses propres bois. Blackstone, éd. fr. 111, 339, paraît trouver cette raison décisive (Lehr, *Eléments de droit civil anglais*, p. 426).

19. — 3° *Autriche-Hongrie.* — La loi XVIII de 1876 pour la Hongrie s'occupe du règlement des relations entre les domestiques et leurs maîtres, ainsi que des ouvriers et journaliers de la campagne. — La cinquième section de cette loi est consacrée aux ouvriers agricoles. Les faucheurs, batteurs, et généralement tous les ouvriers qui veulent entreprendre des travaux agricoles en concluant un contrat, mais non en qualité de domestiques, doivent, s'ils sont habitants de la localité où se fait le travail, être munis d'une carte délivrée par l'autorité ou d'un certificat de la commune. En cas de contestation, l'ouvrier n'a pas le droit de refuser de commencer le travail, ni de le suspendre de sa propre autorité. Faute de stipulation contraire dans le contrat, les personnes engagées pour exécuter un travail en commun sont indivisément responsables pour les dommages et intérêts, amendes, frais et remboursements légalement encourus par elles. L'engagement, faute de stipulation contraire expresse, est considéré comme fait à la journée, et, en conséquence, chacune des deux parties peut y renoncer à la fin de chaque jour. La journée de travail va du lever au coucher du soleil; pendant ce temps, l'ouvrier a droit, le matin à une demi-heure, à midi à une heure, et en outre, dans les après-midi d'été, à une demi-heure de repos.

Le code hongrois des contraventions, du 28 mai 1878, punit les contraventions contre les propriétés et certains délits ruraux (V. *suprà*, v° *Contraventions*, n° 11).

20. — 4° *Belgique.* — La Belgique a été dotée d'un code rural par la loi du 7 oct. 1886. Depuis longtemps, on songeait à reviser la loi des 26 sept.-6 oct. 1791. Un premier projet fut déposé en 1869, puis soumis à l'examen des sociétés agricoles et du conseil supérieur d'agriculture. En 1886, il fut remis à l'ordre du jour et voté. La loi nouvelle, dit M. Victor Brants, *Notices et notes, Annuaire de la législation étrangère*, 1887, p. 505, « malgré son titre officiel de code rural, n'en a pas la réalité. Ce n'est que le décret de 1791 rajeuni, additionné de quelques lois spéciales; le tout mis au pas des besoins nouveaux de l'agriculture. Ce n'est nullement le code de droit rural dans le sens d'une coordination générale de toute la législation rurale. On a jugé que c'était là œuvre de jurisconsulte et non de législateur, et on a laissé à des lois spéciales, la plupart récentes, le soin de régler une foule de points fort intéressants pour l'agriculture : la pêche (L. 19 janv. 1883), la chasse (L. 28 févr. 1882), les cours d'eau non navigables ni flottables (L. 7 mai 1877), la voirie vicinale (L. 1841, 1863, 1866, 1885) et même la police sanitaire (L. 30 déc. 1882), les vices rédhibitoires (L. 25 août 1885), le crédit agricole (L. 15 avr. 1884, etc.). » — Le titre premier de la loi est intitulé *Du régime rural.* Il s'occupe : 1° du droit de fouille pour l'extraction des matériaux nécessaires à l'entretien des routes; 2° des cultures, des récoltes et des abeilles ; de ce qui concerne le glanage, le ratelage (il n'est plus question du grappillage qui a été considéré comme tombé en désuétude), l'échenillage, les battues, etc. Aux termes de l'art. 14, le propriétaire d'un essaim a le droit de s'en ressaisir, tant qu'il n'a pas cessé de le suivre ou de le réclamer. Autrement l'essaim appartient à celui qui en est le premier occupant, et à défaut du premier occupant, à celui qui a la propriété ou la jouissance du terrain sur lequel il s'est fixé; 3° des irrigations et des dessèchements; 4° du parcours et de la vaine pâture. Le droit de vaine pâture dans la commune est maintenu dans les lieux où il est fondé sur un titre ou autorisé par un usage local immémorial (art. 24). Entre particuliers tout droit de vaine pâture fondé sur un titre est rachetable moyennant indemnité préalable (art. 25). Dans les communes où l'universalité des prairies, comme dans celles où une partie seulement des prairies est, en vertu d'un titre, ouverte à tous les habitants après la récolte de la première herbe, les propriétaires pourront s'affranchir du droit de parcours et de vaine pâture moyennant une juste et préalable indemnité (art. 27). Le droit de parcours et le droit simple de vaine pâture ne pourront, même s'ils sont fondés sur un titre, empêcher les propriétaires de clôturer leurs héritages; et, aussi longtemps que ces héritages seront clos, ils ne pourront être assujettis à la vaine pâture ni au parcours. Le droit dont jouit tout propriétaire de clore ses héritages pourra s'exercer, même par rapport aux prairies, dans les lieux où, sans titre et seulement en vertu d'un usage immémorial, elles sont ouvertes à tous les habitants, soit immédiatement après la récolte de la première herbe, soit dans tout autre temps déterminé. La clôture affranchira, de même, du droit de vaine pâture entre particuliers, si ce droit n'est fondé sur un titre (art. 28); 5° des clôtures des héritages; des distances des plantations; 6° des délimitations et des abornements. — Le tit. 2 est consacré à la police rurale (V. Clément et Lépinois, *Le code rural belge du 7 oct. 1886 interprété*).

21. — 5° *Brésil.* — Une loi du 15 mars 1879 règle le contrat de louage des services agricoles. Elle se compose de sept chapitres. Le premier contient des dispositions générales ; le second est relatif au louage de services en général; le troisième, au louage de services proprement dit; le quatrième, au colonage partiaire ; le cinquième, au bail à cheptel; le sixième, aux pénalités; le septième, à la procédure et à la compétence. La loi, en ce qui concerne le louage de services agricoles, a tout réglé en détail. Elle s'est appliquée à entourer le contrat et son exécution de toutes les garanties désirables, tant pour le locateur que pour le locataire; elle repousse d'une manière particulière, voire même par la nullité de plein droit, toutes les stipulations qui avaient été autrefois la cause et souvent le prétexte de conflits fâcheux entre les propriétaires et les ouvriers dans les centres agricoles. L'authenticité de l'acte, l'enregistrement du contrat, l'affirmation ou certificat, le registre de compte-courant, l'énumération des motifs de résolution ou de congé et plusieurs autres mesures favorables qui ont été adoptées, témoignent du grand intérêt porté par le législateur brésilien à la classe des locateurs de services et surtout aux locateurs étrangers (*Annuaire de législation étrangère*, 1880, p. 919 ; *notice, traduction et notes* par le baron d'Ourem).

22. — 6° *Espagne.* — Un projet de code rural a été présenté en 1876 par le député Dauvila. Il n'a pas encore été voté.

Le code pénal espagnol revisé en 1870 (V. *suprà*, v° *Contraventions*, n° 9) prévoit et punit les délits ruraux, et notamment les dommages causés dans les champs, les contraventions aux bans de vendange et autres, etc.

23. — 7° *Grèce.* — La loi du 30 avr. 1884 a prohibé la vaine pâture dans les districts vinicoles ainsi que dans ceux où l'on cultive les raisins secs.

24. — 8° *Italie.* — La loi du 2 avr. 1882 a aboli le droit de vaine pâture en usage dans certaines communes des provinces de Vicence, Bellune et Udine. — Les propriétaires affranchis doivent payer, dans la forme des impôts directs, une redevance annuelle à la commune. Cette redevance peut être rachetée. La loi du 7 mai 1885 a appliqué les dispositions de la loi précitée aux provinces de Trévise et de Venise et à certaines communes de la province de Turin.

25. — 9° *Grand-duché de Luxembourg.* — Un projet de loi a été présenté en 1879 concernant la police rurale et forestière.

26. — 10° *Norwège.* — La loi du 14 mai 1886 règle la responsabilité du propriétaire dont le chien cause des dommages aux bestiaux d'autrui.

27. — 11° *Pays-Bas.* — La loi du 22 mai 1873 a aboli deux lois d'origine française : celle du 26 vent. an 4 qui ordonne l'échenillage des arbres et l'art. 471, n° 8, c. pén. La matière a été considérée comme plus propre à être réglée par des ordonnances locales. On a aussi estimé qu'il y avait impossibilité de prescrire des mesures générales pour la destruction d'insectes nuisibles, chaque espèce exigeant des mesures spéciales en rapport avec la nature de l'insecte. — La loi du 25 mai 1880 (*Staats blade*), n° 89) a pour but la protection des animaux utiles à l'agriculture et aux forêts. — Le code pénal des Pays-Bas du 3 mars 1881 (V. *suprà*, v° *Contraventions*, n° 13) punit les contraventions relatives à la police rurale, notamment : le fait de faire courir des oiseaux de basse-cour sur un terrain cultivé ; de marcher, de mai jusqu'à octobre, dans les prairies, etc.

28. — 12° *Russie.* — Un règlement du 3 juin 1886 concerne le louage des ouvriers pour travaux agricoles. Ce règlement très complet indique les personnes qui peuvent conclure des contrats de louage, les formes de ces contrats, les devoirs des maîtres et des ouvriers ; il traite aussi de l'exécution des contrats, de la responsabilité des maîtres et ouvriers, des peines encourues par les maîtres et les ouvriers qui désobéissent aux prescriptions du règlement (V. *Annuaire de la législation étrangère*, 1887, p. 648 et suiv., *notice et traduction* par le Comte Jean Kapnist).

29. — 13° *Suisse.* — Une loi importante relative aux territoires ruraux, applicable au canton d'Argovie, a été promulguée le 24 déc. 1875. « Cette loi, dit M. Paisant, *Notice, analyse et traduction*, *Annuaire de législation étrangère*, 1877, p. 552), offre ce caractère particulier qu'elle subordonne des droits civils importants aux nécessités, à ses yeux supérieures, des progrès de l'agriculture. Elle présente un grand intérêt par la hardiesse avec laquelle elle dispose, au profit des améliorations agricoles, de droits plus étroitement respectés par d'autres législations : ceux qui dérivent de la propriété et de ses divers démembrements. Elle ne pouvait être proposée que dans un pays comme le canton d'Argovie où l'agriculture tient le principal rang dans les préoccupations du pays, qui semble avoir en vue surtout d'en réaliser tous les perfectionnements. Combattre le morcellement, détruire les servitudes, favoriser les travaux de dessèchement ou d'irrigation, rendre l'accès de toutes les parcelles commode, tels sont les principaux objets de ses dispositions. Le chapitre premier est consacré aux généralités. Le chapitre second est relatif à l'organisation et aux fonctions des autorités du territoire rural qui ont la haute main sur l'organisation du territoire. Le chapitre troisième traite de l'amélioration du morcellement ; le chapitre quatrième des chemins ruraux ; le chapitre cinquième des droits de *tournière ;* le chapitre sixième, des limites ; le chapitre septième, des conduites d'eau, desséchements et irrigations ; le chapitre huitième, des plantations d'arbres, de vignes ou de houblons. Le chapitre neuvième s'occupe de l'apiculture. Aux termes de l'art. 104, le propriétaire d'abeilles a le droit de saisir les essaims qui lui appartiennent partout où ils se trouvent, mais il est responsable du dommage qu'il cause aux propriétés d'autrui en exerçant son droit. Ce droit, porte l'art. 105, cesse, s'il n'est pas exercé dans le délai d'un jour et passe au propriétaire du terrain sur lequel l'essaim s'est fixé. Le chapitre dixième concerne la police rurale qui appartient au conseil de la commune. Chaque territoire est soumis à la surveillance d'un ou de plusieurs gardes champêtres. Toutes les infractions aux prescriptions de la loi, quand elles ne sont pas connexes à d'autres délits dans la compétence d'un autre juge criminel, ou d'après cette loi même ressortissant à la commission rurale, sont punies comme contraventions de police (art. 112).

ART. 2. — *Principes généraux sur les propriétés rurales. — Liberté. — Égalité des charges. — Privilèges du cultivateur* (*Rép.* n°s 13 à 26).

30. V. *Rép.* n°s 13 et suiv.

ART. 3. — *Des usages ruraux* (*Rép.* n°s 26 à 112).

31. V. *Rép.* n°s 26 et suiv.

§ 1er. — Du parcours et de la vaine pâture. — Caractères; Différence avec la grasse et vive pâture ; Preuve ; Exercice (*Rép.* n°s 27 à 60).

32. — I. DU DROIT DE PARCOURS. — SON ABOLITION. — On a exposé au *Rép.* n°s 38 et suiv. que la réciprocité était l'essence du droit de parcours maintenu par la loi de 1791 ; l'une des communes pouvait dénoncer le droit réciproque de parcours, quand, dans l'autre, des héritages étaient clos, soit par le fait de la commune, soit par le fait des propriétaires intéressés (L. 6 oct. 1791, art. 17). Se clore est un droit; mais, en exerçant ce droit, on dérogeait à la tolérance tacite qui avait introduit le parcours ; il était donc juste que l'autre commune eût le droit de s'en affranchir, de demander la résolution du contrat. Une action judiciaire n'était pas nécessaire ; il suffisait que la commune lésée manifestât sa volonté de renoncer au parcours. La renonciation devait se faire, dans les trente ans. Le droit naissant de l'inexécution d'une convention n'est pas un droit de pure faculté, c'est une action ordinaire, soumise à la prescription (Laurent, *op. cit.*, t. 7, n°s 443 et suiv. V. aussi *Rép.* v° *Servitudes*, n° 936 ; Montpellier, 3 mai 1855, aff. Commune de Ginestas, D. P. 56. 2. 127). — Jugé qu'en cas de droit de parcours réciproque de commune à commune, celle de ces communes dont le droit de parcours se trouvait restreint par des clôtures pouvait exercer la faculté de renonciation au parcours réciproque, encore que les restrictions dont elle se plaignait fussent le résultat d'usurpations commises individuellement par quelques-uns des habitants de l'autre commune (Civ. cass. 3 août 1853, aff. Commune de Châtillon-sur-Ain, D. P. 53. 1. 289). — Décidé encore : 1° que la clôture par le propriétaire d'un héritage dépendant d'une commune qui exerçait un droit de parcours réciproque ouvrait à la commune voisine le droit de demander la suppression totale du parcours établi et exercé antérieurement entre les deux communes ; que vainement la commune défenderesse aurait allégué que le fait de clôture lui était étranger (Dijon, 21 nov. 1861, aff. Commune de Trugny, D. P. 62. 2. 193) ; — 2° Que les règles et usages qui, dans certaines localités, et notamment dans les États sardes, donnaient aux propriétaires de fonds soumis à la vaine pâture réciproque la faculté de s'affranchir de cette charge par une simple renonciation à sa réciprocité, étaient restées en vigueur (Req. 28 avr. 1873, aff. Commune de Rotherens, D. P. 74. 1. 174).

33. Le fait par l'une des communes entre lesquelles il existait un droit de parcours de partager ses terres vaines et vagues entre ses habitants en entraînait l'extinction. Cette commune cessait de pouvoir exercer la dépaissance sur le territoire de la commune voisine, encore que celle-ci n'eût pas déclaré renoncer à la faculté réciproque de parcours, cette renonciation n'étant exigée par l'art. 17 de la loi du 28 sept. 1791 que pour le cas de restriction, et non pour celui de suppression totale du parcours (Montpellier, 3 mai 1855, aff. Commune de Ginestas, D. P. 56. 2. 127), c'était une autre conséquence de la réciprocité. Il a été jugé que le vain parcours établi autrefois de paroisse à paroisse, et fondé sur la réciprocité, ne constituait pas une servitude, mais une simple faculté coutumière, une jouissance promiscue ne pouvant donner lieu à une possession utile ; que cette faculté de vain parcours a été abolie définitivement et sans réserve, en Franche-Comté, par un édit de 1768 ; et que, par suite, le propriétaire qui se trouvait au droit d'une commune, autrefois soumise à ladite faculté réciproque dudit parcours, était fondé à s'opposer à ce qu'elle fût exercée sur les terrains acquis de cette commune, alors même qu'il n'avait pas usé du droit de se clore (Besançon, 2 déc. 1868, aff. Sauvain et Levaillant de Beauvent, D. P. 69. 2. 63). Dans l'espèce, la commune demanderesse prétendait faire considérer comme constitutive d'une possession équivalant à titre la faculté de parcours qu'elle avait exercée depuis, comme avant la suppression prononcée par l'édit de 1768. Mais la simple possession qui avait cessé d'avoir pour fondement la coutume était inefficace, quelle qu'en eût été la durée, pour soustraire le parcours à l'abolition générale prononcée par la loi de 1791. Cette possession, en effet, constituait un fait illégal, un abus impuissant à fonder un droit.

La faculté de supprimer en entier le parcours, lorsque la commune voisine en avait restreint l'étendue, se prescrivait par trente ans à partir du jour de l'établissement des clôtures (*Rép.* n° 42). — Jugé que la faculté de renonciation au droit réciproque de parcours, établie par l'art. 17, sect. 4, tit. 1er de la loi du 28 sept. 1791, au profit de la commune dont le droit avait été restreint par des clôtures, était soumise à la prescription de trente ans, laquelle courait à partir du jour où s'était manifestée la restriction qui donnait ouverture à l'exercice de cette faculté (Besançon, 28 janv. 1848, aff. Commune de Châtillon-sur-Ain, D. P. 53. 1. 289).

34. La loi du 9 juill. 1898 a aboli le droit de parcours. L'art. 1er de cette loi est ainsi conçu : « Le droit de parcours est aboli. La suppression de ce droit ne donne lieu à indemnité que s'il a été acquis à titre onéreux. Le montant de l'indemnité est réglé par le conseil de préfecture, sauf renvoi aux tribunaux ordinaires en cas de contestation sur le titre ». Nous avons dit *suprà*, n° 3, que le Sénat en 1866 s'était déjà prononcé pour l'abolition du parcours. « L'usage du parcours, dit le rapport de M. Boreau-Lajanadie (*Journ. off.* 1888, Ch. dép., annexe, n° 2608), déjà suranné il y a cent ans, tombé en désuétude dans le plus grand nombre de nos départements, n'a plus de raison d'être nulle part. »

35. — II. De la vaine pature. — Le Sénat en 1866 n'avait pas osé, en présence des réclamations des commissions départementales, supprimer le droit de vaine pâture ; il s'était borné à le réglementer. La nouvelle loi l'abolit en principe ; mais, désireuse de sauvegarder tous les intérêts dans une matière où l'ordre public n'a rien à voir et où l'uniformité ne s'impose pas, elle laisse aux communes qui tiendraient au maintien de ce vieil usage, la faculté de le conserver. Pour profiter de cette exception, le conseil municipal devra prendre une délibération dans l'année qui suivra la promulgation de la loi. Dans tous les cas, le conseil général sera saisi, et, si les deux décisions ne sont pas conformes, un décret rendu en conseil d'Etat tranchera la question. Le conseil municipal pourra ultérieurement demander le retour au droit commun, c'est-à-dire, la suppression du droit de vaine pâture ; mais il faudra alors une enquête, pour que la généralité des habitants soit mise en demeure de manifester son avis. — Telles sont, en résumé, les dispositions de l'art. 2 de la loi du 9 juill. 1889, dont la rédaction a été récemment modifiée par une loi du 22 juin 1890, et de l'art. 3 de la même loi (V. *suprà*, n° 7).

36. La loi du 9 juill. 1889 reproduit les dispositions de la loi de 1791 dans ses art. 4, 7, 8 et 9. L'art. 5 affranchissait de la servitude de vaine pâture non plus seulement les prairies artificielles, mais aussi les prairies naturelles. « C'est là une conséquence, disait le rapport, des progrès de l'agriculture. La prairie naturelle, en effet, avec les amendements, les fumures, les drainages, les irrigations, les défoncements qui en accroissent et en maintiennent la fécondité, porte, autant que toute autre terre cultivée, l'empreinte du travail de l'homme. Les résultats de ce travail seraient déplorablement compromis, si, après la première, même après la seconde récolte, les prairies étaient livrées sans précaution à la morsure et au piétinement des bestiaux. La prairie, telle qu'elle est aujourd'hui cultivée, est en état de production permanente, ne laissant, par conséquent, aucune vacance pour la vaine pâture. — On a vu *suprà*, n° 7, que la loi du 22 juin 1890 a, au contraire, autorisé la vaine pâture, dans les conditions précisées par la loi de 1889, sur les prairies naturelles et modifié en conséquence l'art. 5 précité. Les arguments qui ont été présentés en faveur du rétablissement du droit de vaine pâture sur les prairies naturelles, et qui ont prévalu auprès du législateur, sont les suivants : dans un grand nombre de départements, le sol est morcelé d'une façon considérable. Il est le plus souvent impossible aux propriétaires et fermiers qui veulent faire pâturer leurs parcelles d'arriver à ces parcelles sans en traverser d'autres dont les propriétaires voudront faire récolter la seconde herbe : de là, procès ou nécessité absolue de créer des chemins, ce qui est difficile et coûteux. Les prés dans lesquels on fait une seconde coupe de foin donnent avant peu d'années une herbe dont la qualité est très inférieure. Le pâturage constitue un moyen appréciable d'engrais et de fumure par le passage continuel et le stationnement du bétail sur place. Enfin, et c'est la principale considération invoquée, le maintien du droit donne satisfaction à beaucoup de petits cultivateurs qui ne possèdent pas de terres suffisantes pour nourrir les quelques vaches ou moutons qui constituent tout leur avoir. Leur ôter le droit de conduire ce bétail sur les prairies, c'était leur enlever leur seul moyen d'existence et compromettre le développement de l'élevage (V. *Journ. off.* Sénat, Séance du 22 mai 1890).

L'art. 6 consacre pour tout propriétaire la faculté soit d'user d'un nouveau mode d'assolement ou de culture, soit de se clore, et déclare tout terrain clos affranchi de la vaine pâture. Le même article énumère les divers modes de clôture réputés suffisants. La commission du Sénat n'avait pas reproduit dans son projet un paragraphe, que contenait le projet du Gouvernement, et qui indiquait à quelle distance de la ligne séparative des héritages voisins les fossés devaient être creusés et les haies vives plantées. Elle avait estimé que cette disposition n'était pas à sa place ; et qu'en ce qui concerne les fossés elle avait, d'ailleurs, le tort de substituer à la distance de trente-trois centimètres exigée par la plupart des anciens usages, celle de vingt-cinq centimètres que la nature et les accidents du sol peuvent rendre trop souvent insuffisante.

L'art. 11, qui consacre au profit des conseils municipaux le droit, que leur reconnaît déjà la jurisprudence, de restreindre, de suspendre l'exercice de la vaine pâture, en raison des lieux, des saisons, des circonstances climatériques ou accidentelles, n'existait pas dans le projet du Gouvernement. L'adoption en fut proposée pour la première fois par la commission de 1882 dont M. Casimir Perier était rapporteur (*Journ. off.* 1882, Ch. dép. annexe, n° 1147, p. 2629).

La vaine pâture établie à titre particulier sur un héritage déterminé s'exerce conformément aux droits acquis. Mais le propriétaire de l'héritage grevé a toujours la faculté de l'affranchir, moyennant indemnité ou par voie de cantonnement. L'art. 12 corrige sur ce point ce qu'il pouvait y avoir d'obscur ou d'incomplet dans l'art. 8 de la loi de 1791. — De même que l'art. 2, l'art. 12 a été légèrement modifié, dans la forme, par la loi du 22 juin 1890.

La loi ne s'occupe ni des droits d'usage dans les forêts, ni de la jouissance des terrains appartenant aux communes, dont elles peuvent tirer tel parti qui leur convient, ni des droits qui, sous la dénomination de droits de pâturage, de pacage, de fanage, sont en réalité des droits d'usage ou d'usufruit.

37. La loi du 9 juill. 1889 permettant aux conseils municipaux, sous l'approbation du conseil général, de maintenir le droit de vaine pâture, il importe encore d'étudier ses caractères et les conditions dans lesquelles il peut s'exercer.

38. — 1° *Caractères juridiques de la vaine pâture.* — On a émis au *Rép.* n° 30 l'opinion que le parcours et la vaine pâture ne constituent pas des servitudes dans le sens légal du mot. M. Laurent, *Principes de droit civil*, t. 7, n° 443, combat cette doctrine. « Il est certain, dit cet auteur, que le vain pâturage apporte une restriction au droit de propriété ; il y a donc des héritages assujettis ; dans l'intérêt de qui ? Au profit des héritages dont les propriétaires ont le droit de faire paître leurs bestiaux : voilà bien des héritages dominants. Partant, il y a servitude. Qu'importe qu'elle soit réciproque ? La réciprocité n'empêche pas qu'il y ait un droit en même temps qu'une charge. On dit qu'il y a là plutôt une communauté de pâturage. Cette expression nous paraît tout à fait inexacte. La cour de cassation l'a cependant reproduite en disant que la vaine pâture et le parcours sont une société et communauté tacites de pâturage ; mais l'arrêt ajoute qu'ils modifient le droit absolu de propriété (Crim. cass. 16 déc. 1841, *Rép.* n° 30). Cette restriction vient, non pas de ce que les habitants de la commune sont copropriétaires, ils ne le sont évidemment pas ; elle implique, au contraire, une simple servitude. Ceci n'est pas une dispute de mots : il existe des différences notables entre la servitude et la copropriété » (V. aussi Beautemps-Beaupré, *Revue pratique de droit français*, 1862, t. 14, p. 353 et suiv.). — Servitude ou communauté de pâturage, la vaine pature est soumise à des règles spéciales, et le législateur a pris soin d'indiquer et ses conditions d'existence et ses effets juridiques (*Rép.* nos 30 et suiv.).

39. Dans les provinces de droit écrit, le vain pâturage n'était généralement admis que par l'effet d'une simple tolérance, conforme à la règle de droit naturel qui veut que chacun laisse faire aux autres ce qui leur est avantageux et ne lui est pas nuisible. Dans les pays de droit coutumier, quelques coutumes donnaient le même caractère à la vaine pâture, tandis que d'autres l'érigeaient en une véritable servitude légale. On a examiné au *Rép.* n° 33 la question, purement théorique d'ailleurs, de savoir si le droit de vaine pâture a été aboli comme servitude légale (V. aussi *Rép.* v° *Servitudes*, n° 935). Ce qui n'est pas douteux, c'est que la vaine pâture, à la condition qu'elle soit fondée sur un titre ou autorisée par la loi ou par un usage local immémorial, était maintenue, avant la loi de 1889, aussi bien dans les pays où elle était reconnue comme servitude légale, que dans ceux où elle n'existait qu'à titre de faculté ou de tolérance. Les termes de l'art. 3 de la loi de 1791 étaient généraux et ne permettaient pas de distinction. D'ailleurs, la loi de 1791 s'est si peu préoccupée de la question de savoir si la vaine pâture était ou non exercée comme servitude légale, qu'elle ne l'a sanctionnée qu'en lui enlevant précisément l'effet qui séparait la servitude légale de vaine pâture du vain pâturage simplement toléré. Les propriétaires soumis à la servitude légale ne pouvaient s'y soustraire par la clôture de leurs héritages, tandis que la faculté de se clore restait intacte dans les pays où la vaine pâture reposait uniquement sur la tolérance. Or l'art. 13 de la loi de 1791 dispose que les droits de parcours et de vaine pâture ne peuvent, en aucun cas, empêcher les propriétaires de clore leurs héritages. La loi nouvelle (art. 6) reproduit cette disposition. — Conformément à cette doctrine, il a été jugé que l'art. 3, tit. 1er, sect. 4, de la loi des 28 sept.-6 oct. 1791, qui maintient le droit de vaine pâture dans les lieux où il était fondé sur un titre particulier ou autorisé par une loi ou par un usage local immémorial, peut être invoqué même à l'égard de la vaine pâture qui n'existait autrefois qu'à titre de faculté ou de simple tolérance; qu'en conséquence, les propriétaires de fonds ruraux soumis à cette vaine pâture ne peuvent s'en affranchir qu'en faisant clore leurs héritages (Req. 11 juill. 1866, aff. Saric, D. P. 67. 1. 432). Jugé encore que le droit de vaine pâture, maintenu d'une façon générale par le code rural de 1791 partout où il était autorisé par un usage local immémorial, n'a pas été restreint aux seules localités où la coutume admettait l'établissement des servitudes par la possession. Peu importe que les terrains prétendus soumis à la vaine pâture fussent en état de clôture lors de la promulgation de ce code, l'enlèvement de la clôture ayant fait revivre le droit des habitants. Quelque difficile que puisse être désormais la preuve d'une possession immémoriale antérieure à 1791, ce n'est pas une raison pour repousser ce mode de preuve, la loi n'en ayant pas précisé les conditions (Bordeaux, 24 mai 1864) (1).

40. — 2° *Etablissement du droit de vaine pature; étendue du droit.* — Le droit de vaine pâture, aux termes de l'art. 3, sect. 4, de la loi de 1791, ne pouvait exister que dans les lieux où il était fondé sur un titre particulier, ou autorisé par la loi ou par un usage local immémorial; il ne peut être maintenu, d'après l'art. 2 de la loi de 1889, sur la demande des conseils municipaux, que dans les communes où il existe déjà dans ces conditions, c'est-à-dire « fondé sur une ancienne loi ou coutume, sur un usage immémorial ou sur un titre ». — Il a été jugé que le droit de vaine pâture ne peut exister que dans les lieux où il est fondé sur un titre particulier ou autorisé par un usage local immémorial; qu'il ne peut donc être réclamé en dehors de ces cas, sur un héritage non clos ou clos incomplètement (Req. 11 févr. 1874, aff. Commune de Bantanges, D. P. 74. 1. 284). — Jugé, d'autre part, que le titre qui énonce que les prés et marais sur lesquels une vaine pâture s'exerçait anciennement étaient clos, énonce par là d'une manière suffisante qu'il s'agit, non d'une vaine pâture à titre de servitude coutumière, mais d'une servitude conventionnelle, dont le propriétaire du fonds servant ne peut aujourd'hui s'affranchir par la clôture de son héritage (Req. 23 mai 1855) (2). Décidé encore que le propriétaire d'un pré situé en Bourgogne, en pays de droit écrit, est fondé à soutenir que la vaine pâture coutumière ne saurait s'y exercer, lorsque les titres anciens, la configuration des lieux, notamment les traces d'une très ancienne clôture, établissent que ce pré a toujours porté regain ou revivre, c'est-à-dire que le propriétaire a toujours été en possession de récolter la seconde herbe, alors surtout que la commune n'excipe d'aucun titre particulier et ne prouve pas que le droit était autorisé sur le pré par un usage local immémorial (Dijon, 28 mars 1873, aff. Commune de Bantanges, et sur pourvoi, Req. 11 févr. 1874, D. P. 74. 1. 284). — Au reste, un fonds ne peut être soustrait à la vaine pâture par l'effet unique de traces encore subsistantes de sa très ancienne clôture; l'immunité n'est, en effet, accordée qu'aux héritages exactement fermés; et, lorsqu'un héritage autrefois clos cesse de l'être, il devient soumis au droit (V. *infrà*, n° 86). Dans l'espèce sur laquelle a statué l'arrêt précité, la constatation de ces traces servait seulement à confirmer l'existence, déjà révélée par divers documents, d'un usage local exceptant de la vaine pâture les prés situés en prairie portant regain ou revivre; elle pouvait démontrer que le propriétaire s'était mis en possession de récolter la seconde herbe.

41. On a exposé au *Rép.* n° 43 que les actes pouvant être considérés comme des titres dans le sens de la loi sont les titres primordiaux, les jugements anciens et (bien que la jurisprudence ait varié sur ce point) les transactions entre communes. — Il a été décidé que l'usage immé-

(1) (Clerfeuille, Gabaud et autres *C.* Clerfeuille et autres.) — LA COUR; — Attendu que l'art. 3, sect. 4, tit. 1er, de la loi du 28 sept.-6 oct. 1791 n'a pas restreint aux seules localités où la coutume admettait l'établissement des servitudes par la possession, le droit de vaine pâture qu'il fait résulter de l'usage local immémorial, comme simple faculté dont l'usage peut toujours être interdit au moyen de la clôture, ainsi que l'a fait, à l'égard de la servitude réciproque de parcours de commune à commune, l'art. 2 de la même loi, qui n'admet la possession que lorsqu'elle est autorisée par les lois et coutumes; que ses dispositions sont au contraire générales, absolues et constituent un droit applicable à toutes les localités, par quelques lois et coutumes qu'elles fussent précédemment régies, et qui sont formellement abolies par l'art. 7; qu'il importe donc peu que la coutume de l'Angoumois, qui régissait la commune de Saint-Ciers, canton de Mausle, n'admît pas de servitude sans titre; que la prairie la Grande-Courrière, située dans cette commune, sur le bord de la Bonnieuse, et dont les appelants possèdent une partie, n'en sera pas moins soumise à la vaine pâture, telle qu'elle est réglée par la sect. 4 de la loi précitée, si les intimés justifient qu'elle y était assujettie, comme les autres prairies naturelles de la même commune, par un usage local immémorial avant 1791; — Attendu que, pour se soustraire à cette servitude réciproque, les appelants prétendent vainement que cette prairie était en état de clôture à l'époque de la promulgation de la loi, et que par cette raison elle n'a pu être atteinte, par ses dispositions; qu'il résulte, au contraire, des titres par eux produits que, vers cette époque, elle était ouverte des deux côtés, comme elle l'est encore aujourd'hui, et qu'au surplus, si la clôture dont elle aurait été pourvue l'avait alors affranchie de la vaine pâture, l'enlèvement de cette clôture aurait fait revivre ce droit au profit des autres habitants, sauf la faculté que conservent toujours les propriétaires de s'en affranchir de nouveau, quand cela leur conviendra, en rétablissant la clôture, puisque la servitude ne résulte pas d'un titre particulier; — Attendu que la loi n'a pas précisé les conditions que doit réunir la preuve d'une possession immémoriale; que, s'il devient de plus en plus difficile de justifier une possession de cette nature avant 1791, ce n'est pas une raison pour en refuser la preuve offerte; qu'elle doit toujours être admise, sauf aux juges à apprécier les témoignages et les autres éléments qui seront produits, et à reconnaître s'ils présentent les caractères constitutifs d'une possession immémoriale; — Par ces motifs, confirme.

Du 24 mai 1864.-C. de Bordeaux, 2e ch.-MM Gellibert, pr.-Dulamon, av. gén.

(2) (Héraut.) — LA COUR; — Attendu que le droit de vaine pâture revendiqué au procès, bien que devant s'exercer sur des plaines ou marais, n'est pas un droit de copropriété ou de communauté, mais bien un droit de servitude; que la différence que les demandeurs prétendent établir entre les art. 7 et 11, tit. 1er, sect. 4, de la loi des 28 sept.-6 oct. 1791 n'existe pas; que toutes les natures de propriétés, quant à la clôture, sont régies par les mêmes principes; et qu'ainsi l'arrêt attaqué a dû, comme il l'a fait, se référer aux principes posés par le même code pour l'appréciation légale du titre; — Attendu que le titre résultant du jugement d'adjudication de 1782 et les autres titres dont l'existence est constatée par l'arrêt attaqué énoncent formellement que les prés et marais sur lesquels la vaine pâture s'exerçait anciennement étaient clos; qu'en déclarant, dans cet état de choses, que la vaine pâture exercée par la commune était un droit de servitude, auquel la clôture ne mettait pas obstacle, et non une simple tolérance coutumière, l'arrêt attaqué a appliqué sainement à des faits constants les règles incontestables du droit; — Par ces motifs, rejette, etc.

Du 23 mai 1855.-Ch. req.-MM. Jaubert, pr.-Silvestre de Chanteloup, rap.-Sevin, av. gén.

morial qui, dans les localités où il existe, peut, aux termes de la loi du 28 sept. 1791, servir de base au profit des habitants de la commune à l'exercice de la vaine pâture, est régulièrement établi à l'aide de jugements ou arrêts, même étrangers à ceux contre lesquels cet usage est invoqué (Req. 7 mars 1854, aff. Chiris, D. P. 54. 1. 195. V. aussi Nancy, 24 juill. 1869, aff. Thiry, D. P. 69. 2. 234). — Jugé encore qu'une sentence, rendue contradictoirement par le seigneur souverain du Béarn sur un procès relatif à la dépaissance revendiquée par une commune sur les terres d'une autre commune, ne saurait être considérée comme une loi particulière abrogée, de même que toutes les lois et coutumes générales, par la loi de 1791; qu'elle constitue une décision judiciaire et, par conséquent, un titre pouvant servir de fondement à une servitude, et faisant obstacle à la clôture (Req. 28 juill. 1875, aff. de Guiraïlh, D. P. 76. 1. 364). — Mais il a été décidé qu'une commune ne saurait invoquer comme un titre la déclaration générale des droits et biens communaux faite, sous l'ancien régime, par les syndics et habitants, devant un commissaire du roi, député pour la réformation du domaine dans le ressort du Parlement, une semblable affirmation du droit de la commune par ces représentants, en dehors de toute contradiction, ne pouvant lui créer un titre contre les tiers (Pau, 31 mai 1886, aff. Casalongue, D. P. 87. 2. 229).

42. Un titre récognitif du droit de vaine pâture doit-il réunir les conditions de l'art. 1337 c. civ. ou seulement celles prescrites par l'art. 695, relatif à l'établissement des servitudes? M. Laurent, *Principes de droit civil français*, t. 8, n° 152 *bis*, estime que le droit de vaine pâture, alors même qu'il s'exerce sur les prairies après la récolte de la première herbe, ne constitue pas généralement un droit de copropriété, mais une servitude ; que l'art. 1337 c. civ. est une disposition exceptionnelle qui ne concerne que la preuve des droits de créance, que, dès lors, c'est l'art. 695 c. civ. qui doit être appliqué (V. conf. Clément et Lépinois, *Le code rural belge interprété*, n° 258). — Jugé que le droit de vaine pâture revendiqué par les habitants d'une commune sur des prés et marais après l'enlèvement de la première herbe constitue non un droit de propriété, mais une simple servitude dont l'établissement peut être prouvé par un titre récognitif remplissant les conditions de l'art. 695 c. civ., sans qu'il soit nécessaire que ce titre remplisse aussi les conditions de l'art. 1337 du même code (Req. 23 mai 1855, cité *suprà*, n° 40).

43. On a indiqué au *Rép.* n°s 54 et suiv. la condition nécessaire pour qu'une terre soit considérée comme constituée en état de vaine pâture. — Les terrains sur lesquels la vaine pâture ne peut s'exercer sont, indépendamment des terres non closes et des propriétés énumérées dans l'art. 479, § 10, les terres ensemencées ou couvertes d'une production quelconque faisant l'objet d'une récolte, tant que la récolte n'est pas enlevée et les prairies artificielles (à la différence des prairies naturelles) (L. 28 sept. 1791, sect. 4, art. 9 et 10; 9 juill. 1889, art. 5, modifié par la loi du 22 juin 1890, V. *suprà*, n° 7, et v° *Commune*, n° 540). — On a émis au *Répertoire* l'opinion que, lors même qu'il y a un titre qui concède, en général, le droit de vaine pâture, ce droit ne peut être exercé, en aucun temps, même après la fauchaison, sur les prairies artificielles. Jugé : 1° qu'une prairie artificielle dans laquelle une troisième récolte reste à faire n'est pas soumise à la vaine pâture, lors même qu'elle serait destinée au labour (Crim. cass. 7 janv. 1859, aff. Lefebvre, D. P. 60. 5. 405); — 2° Que le droit de vaine pâture ne peut être exercé en aucun temps et dans aucun cas, dans les prairies artificielles, et notamment dans une pièce de trèfle à tête bon à faucher, alors même que l'usage local ne comporterait aucune exception ni réserve, cet usage ayant été abrogé en ce point par le code rural des 28 sept.-30 oct. 1791 (Crim. cass. 24 avr. 1873, aff. Fafet, D. P. 73. 1. 317). La loi nouvelle ne laisse plus aucun doute à cet égard. *Dans aucun cas et dans aucun temps*, dit l'art. 5, la vaine pâture ne peut s'exercer sur les prairies artificielles ou naturelles.

44. Le droit de vaine pâture établi par titres sur les terres et prés d'un propriétaire ne peut, dans le silence des titres, être étendu aux bois de ce même propriétaire (Lyon, 4 mai 1866, aff. Lardin, D. P. 66. 2. 106). D'ailleurs le droit de vaine pâture proprement dite n'existe pas dans les bois ; il ne peut y être établi qu'un droit de vive pâture par titres.

45. Le droit de vaine pâture ne donne à l'habitant que la faculté de conduire des bestiaux sur le terrain qui y est soumis, mais non celle de couper et d'emporter l'herbe venue naturellement sur ce terrain (Crim. cass. 27 avr. 1860, aff. Warnet, D. P. 60. 5. 405).

46. L'attribution au profit de quelques habitants de la commune, en raison de leur isolement ou de leur éloignement du centre, du droit exclusif de jouir à titre de vaine pâture de certaines parties du territoire, à charge par eux de renoncer à la vaine pâture sur les autres et même sur leurs propres fonds, n'est pas prohibée par la loi. Cette attribution s'appelle *cantonnement* (V. *Rép.* v° *Servitudes*, n° 944). — Il a été jugé que, s'il est fondé sur un usage immémorial, un tel droit est *irrévocable*, comme s'il reposait sur un titre ou sur une loi, sans préjudice toutefois des réserves que la loi a faites, et notamment du droit de clôture (Nancy, 9 févr. 1849, aff. Grosselin, D. P. 51. 2. 17). On a critiqué cette décision *suprà*, v° *Commune*, n° 537. Le caractère définitif et irrévocable attribué au cantonnement fondé sur un usage immémorial est contraire à la nature même du droit de vaine pâture, qui repose sur la réciprocité entre les ayants droit. Tandis que les droits des habitants de la commune pourront se trouver frappés de diminution (par suite soit des fonds enlevés à la vaine pâture par la clôture, soit de l'accroissement des habitations de la commune), au contraire, les habitants cantonnés, à l'abri d'une grande partie de ces éventualités et soustraits à l'empire des règlements annuels du conseil municipal, conserveront un droit intact, malgré les changements survenus dans leur propriété. Ceux-ci, en effet, ayant toujours le droit de clore leurs fonds situés hors du cantonnement, pourront les enlever à la vaine pâture au détriment des autres habitants de la commune, sans avoir à craindre une diminution soit dans les terrains cantonnés, soit dans le nombre des bestiaux qu'ils peuvent envoyer au pâturage (V. la note sur l'arrêt précité du 9 févr. 1849, *ibid.*). — Il a été décidé, d'ailleurs : 1° que le terrain exclu du pâturage commun par un cantonnement régulier, dont l'effet légal est de substituer des droits privatifs à une jouissance indivise, est réputé terrain d'autrui et protégé par l'art. 479, n° 10 ; d'où la nécessité pour le juge d'examiner l'existence du cantonnement constitutif de la contravention (Crim. cass. 2 déc. 1864) (1) ; — 2° Que les cantonnements qui, d'après l'usage

(1) (Ouin et autres.) — La cour ; — Attendu, en fait, que les susnommés étaient poursuivis pour avoir conduit à la vaine pâture un troupeau de moutons sur un terrain appartenant à autrui, situé en dehors du cantonnement assigné aux exploitants ; — Que par jugement du 29 déc. 1863, le tribunal de simple police du canton de Nouvion, considérant le fait comme établi et se fondant sur ce que, depuis un temps immémorial, la vaine pâture était exercée dans la commune au moyen du cantonnement a condamné Ouin à 15 fr. d'amende et Fleutre et Devismes comme civilement responsables du fait de leur berger ;

Attendu que sur l'appel des prévenus, le tribunal correctionnel d'Abbeville, sans examiner la réalité du cantonnement admis par le juge de police, et après avoir déclaré qu'il n'était pas nécessaire de rechercher si la preuve de ce cantonnement était suffisamment faite parce qu'en aucun cas l'art. 479, n° 10, c. pén. ne pouvait recevoir son application dans l'espèce, a infirmé le jugement du tribunal de simple police et déchargé les appelants des condamnations contre eux prononcées ;

Attendu, en droit, qu'un terrain exclu du pâturage commun par un cantonnement régulièrement établi est réputé terrain d'autrui, dans le sens de l'art. 479, n° 10, c. pén., le cantonnement ayant pour effet légal de substituer des droits privatifs à une jouissance commune et indivise ; — Qu'il suit de là que le tribunal d'Abbeville ne pouvait, écartant comme inutile la question de savoir si le cantonnement admis par le premier juge existait réellement, déclarer qu'en aucun cas le fait de pacage incriminé ne pouvait constituer la contravention réprimée par l'art. 479, n° 10, c. pén., et par ce motif, renvoyer les prévenus de la poursuite ; — Qu'en statuant ainsi, ledit jugement a faussement interprété et, par suite, violé l'art. 479, n° 10, c. pén. ; — Par ces motifs, etc.

Du 2 déc. 1864.-Ch. crim.-MM. de Perceval, rap.-Charrins, av. gén.

immémorial ou les règlements, ont établi des droits privatifs au profit d'une section de commune, l'emportent sur le droit de jouissance commune et indivise attribué par la loi de 1791 à tous les propriétaires de la commune; que, par suite, les propriétaires des terrains qui ont fait l'objet d'un cantonnement n'ont pas le droit de faire paître leurs bestiaux sur les autres parties du territoire de la commune sujettes à la vaine pâture (Crim. rej. 6 mai 1865) (1).

47. Les art. 13, sect. 4, tit. 1er, de la loi de 1791 et 68 de la loi du 5 avr. 1884 donnant aux conseils municipaux, sous l'approbation des préfets en conseil de préfecture, le pouvoir de régler l'exercice du droit de vaine pâture, dans l'intérêt de l'agriculture, leur conféraient virtuellement et implicitement celui de cantonner certaines espèces d'animaux sur des parties déterminées du territoire de la commune (Crim. cass. 7 nov. 1885, *suprà*, v° *Commune*, n° 547). L'art. 11 de la loi du 9 juill. 1889 leur reconnaît expressément le droit de cantonner les troupeaux de différents propriétaires ou les animaux d'espèces différentes.

48. Le droit de pâturage appartient à tout propriétaire ou fermier qui a une exploitation dans la commune sujette à la vaine pâture, même quand il n'y est pas domicilié (L. 28 sept. 1791, art. 13 et 15; 9 juill. 1889, art. 8). Il peut être exercé non seulement au profit des bestiaux dépendant de l'exploitation qu'il a dans la commune, mais aussi des bestiaux dépendant d'une autre exploitation possédée par lui dans une commune voisine et de ceux sur lesquels il trafique comme marchand de bestiaux, sauf la limitation que l'autorité municipale peut imposer par un règlement, en déterminant le nombre de bêtes que chacun peut envoyer au pâturage eu égard à la quantité de terres qu'il exploite (Crim. rej. 13 avr. 1855, aff. Porthault, D. P. 55. 1. 271; Crim. cass. 15 mars 1862, aff. Garnier, D. P. 64. 1. 243. V. aussi *Rép.* v° *Servitudes*, n° 947). — Jugé que le droit à la vaine pâture dont se trouve investi, dans une commune, tout individu qui y exploite des terres comme propriétaire ou comme fermier, n'a pour limites que celles résultant des règlements municipaux, et ne peut, notamment, être proportionné à l'étendue des terres exploitées que si ce mode d'exercice se trouve établi par un règlement municipal; qu'en l'absence d'un tel règlement, la faculté, pour chaque propriétaire ou fermier, d'envoyer ses bestiaux au pâturage, est identique en faveur de tous les ayants droit, quelle que soit l'importance respective de leurs exploitations; que, par suite, des dommages-intérêts ne peuvent être prononcés au profit de l'un des propriétaires contre un autre propriétaire qui n'a fait qu'user de cette faculté, sous prétexte qu'il enverrait à la vaine pâture un nombre d'animaux hors de proportion avec l'étendue des terres par lui exploitées (Req. 11 mai 1869, aff. Brayé, D. P. 69. 1. 421).

49. L'art. 9 de la loi du 9 juill. 1889, reproduisant une disposition de l'art. 14 de la loi de 1791, donne à tout chef de famille domicilié dans la commune, alors même qu'il n'est ni propriétaire, ni fermier d'une parcelle quelconque des terrains soumis à la vaine pâture, le droit de mettre sur lesdits terrains, soit par troupeau séparé, soit dans le troupeau commun, six bêtes à laine et une vache avec son veau, sans préjudice des droits plus étendus qui lui seraient accordés par l'usage local ou le titre.

50. Même avant la loi de 1889, il était admis que le droit reconnu à chaque propriétaire ou fermier de faire conduire à la vaine pâture un certain nombre de bestiaux en proportion du nombre d'hectares de son habitation, ne peut être cédé à un tiers en dehors de l'exploitation des terres appartenant au cédant, l'exercice du droit étant indivisible et inséparable de l'exploitation effective des terres (V. *suprà*, v° *Commune*, n° 546; Leudière, *Revue pratique de droit français*, 1865, t. 19, p. 66; C. cass. Belgique, 18 janv. 1869, aff. Pierson, *Pasicrisie belge*, 1869. 1. 345). L'art. 10 de la nouvelle loi dit expressément que le droit de vaine pâture doit être exercé directement par les ayants droit et ne peut être cédé à personne.

51. Il a été jugé que, dans les pays où le droit de vaine pâture a été maintenu par le code rural de 1791, comme étant fondé sur un usage immémorial, il y a lieu de déclarer soumis à ce droit même les terrains qui n'ont été en état de déclôture que postérieurement à la publication de ce code et par suite de l'ouverture de chemins ordonnée pour cause d'utilité publique; qu'en effet, dès que la clôture a cessé d'exister, les terrains rentrent sous l'empire du droit commun et se trouvent soumis à l'exercice de ce droit, sans qu'il soit besoin d'un titre particulier (Crim. cass. 4 nov. 1859, aff. Renaut, D. P. 60. 5. 406).

52. — 3° *Mode d'exercice de la vaine pâture; Règlements; Pouvoirs des conseils municipaux et des maires.* — Ces questions sont traitées *suprà*, v° *Commune*, nos 535 et suiv. (V. aussi *Rép.* v° *Servitudes*, nos 951 et suiv.). La loi du 9 juill. 1889 n'apporte aucune modification aux pouvoirs des maires et des conseils municipaux. L'art. 8 porte qu'en cas de difficulté sur la quantité de bétail que peuvent, d'après les usages locaux et les règlements, envoyer les propriétaires et fermiers exploitants, il y est pourvu par délibération du conseil municipal soumise à l'approbation du préfet (V. *Commune*, n° 541). Aux termes de l'art. 10, les conseils municipaux peuvent toujours, conformément aux art. 68 et 69 de la loi du 5 avr. 1884, prendre des arrêtés pour réglementer le droit de vaine pâture, notamment pour en suspendre l'exercice en cas d'épizootie, de dégel ou de pluies torrentielles, pour cantonner les troupeaux de différents propriétaires ou les animaux d'espèces différentes, pour interdire la présence d'animaux dangereux ou malades dans les troupeaux (V. *suprà*, v° *Commune*, n° 537).

La vaine pâture s'exercera, aux termes de l'art. 4, soit par troupeau séparé, soit au moyen du troupeau en commun, conformément aux usages locaux, sans qu'il puisse être dérogé aux dispositions des art. 647 et 648 c. civ. et aux règles expressément établies par la loi. — L'usage du troupeau en commun n'est pas obligatoire. Tout ayant droit peut renoncer à cette communauté et faire garder par troupeau séparé le nombre de têtes de bétail qui lui est attribué par la répartition générale (art. 7). Cet article reproduit la disposition de l'art. 12 de la loi de 1791. La jurisprudence, on le verra *infrà*, n° 89, décide que, si l'on peut faire garder son bétail par troupeau séparé, il est interdit aux propriétaires de réunir leurs bestiaux en un troupeau collectif distinct du troupeau commun.

53. — 4° *Pâturage des secondes herbes.* — On a exposé au *Rép.* nos 56 et suiv. qu'en principe le droit de conduire des bestiaux dans un pré après l'enlèvement de la première herbe ne constituait en lui-même qu'un droit de vaine pâture proprement dite. Il constitue une véritable servitude soumise à l'application des règles du code civil, et qui, par suite, ne peut être supprimée par la clôture, lorsqu'il y a titre l'établissant, lorsque l'héritage est en état de clôture, ou lorsque la nature de la possession de la commune est telle qu'elle révèle forcément un droit de pâturage, une véritable servitude. Quelquefois même l'usage de la seconde herbe constitue un droit de copropriété. Il en est ainsi lorsqu'il y a titre établissant ce droit, ou lorsqu'il a été acquis par prescription, à la suite d'une possession à titre de propriétaire. Telle serait une possession consistant, non seulement à faire consommer l'herbe sur place par les bestiaux des habitants, mais aussi à exploiter les secondes herbes et à les affermer par adjudication publique aux enchères, au profit de la commune (*Rép.* n° 57).

(1) (Ouin et autres.) — LA COUR; — Attendu que si l'art. 15, sect. 4, tit. 1er, de la loi des 28 sept.-6 oct. 1791 donne aux propriétaires ou fermiers exploitant des terres sur les communes sujettes au parcours ou à la vaine pâture, et dans lesquelles ils ne seraient pas domiciliés, le droit d'y faire paître une quantité de têtes de bétail proportionnée à l'étendue de leur exploitation et s'il peut être permis d'étendre cette disposition au cas où il s'agit, non plus du parcours de commune à commune, mais du vain pâturage de section à section, dans une commune divisée en sections distinctes, il est impossible d'exciper de ce droit lorsque l'usage immémorial ou les règlements arrêtés dans cette commune l'ont en même temps divisée en cantonnements; qu'un terrain exclu du pâturage commun par un cantonnement régulièrement établi est réputé terrain d'autrui, le cantonnement ayant pour effet légal de substituer des droits privatifs à une jouissance commune et indivise; — Par ces motifs;... — Rejette.

Du 6 mai 1865.-Ch. crim.-MM. Nouguier, rap.-Charrins, av. gén.

54. Il peut y avoir droit simple de vaine pâture, même lorsque les habitants ont le droit de vendre la seconde herbe. Tout dépend des circonstances. « Il faut, dit M. Laurent, pour déterminer la nature d'un droit, examiner ce qu'il est dans son essence. Si les habitants d'une commune ont le droit de pâturage dans tous les prés d'une commune après la première herbe, ce droit est une vaine pâture, alors même que de fait la commune vendrait les secondes herbes au lieu de les laisser pâturer; la vente des herbes n'est dans ce cas qu'un mode d'exercer le droit; celui qui a le droit de consommer les herbes a par cela même le droit de les vendre, du moins si tel est l'usage, car c'est la possession qui détermine le mode d'exercer les servitudes. Dans cette supposition, le pâturage restera vaine pâture et, par suite, les propriétaires auront le droit de se clore, à moins qu'ils n'aient un titre qui leur donne droit aux secondes herbes. Il constituerait, au contraire, un droit de copropriété, s'il s'exerçait sur un héritage particulier, avec droit de vendre la seconde herbe » (*Principes de droit civil*, t. 7, n° 450. Conf. *Rép.* v° *Servitudes*, n° 58; Aubry et Rau, *Cours de droit civil français*, t. 3, § 251, p. 81). — Jugé: 1° que le droit aux secondes herbes ne constitue qu'une simple servitude de pacage, en l'absence d'une convention qui l'assimile, par l'extension qu'elle lui donne, à un droit de propriété; qu'en conséquence, ce droit n'est pas susceptible d'être éteint par la prescription décennale établie par l'art. 2265 c. civ. (Req. 14 nov. 1853, aff. de Fontette, D. P. 53. 1. 328. V. aussi C. cass. Belgique, 1er mai 1840, *Pasicrisie belge*, 1840. 1. 378; Bruxelles, 25 janv. 1845, *ibid.*, 1848. 2. 60; 18 mai 1868, arrêt cité par Clément et Lépinois, *op. cit.*, n° 270); — 2° Que le droit de pacage des secondes herbes sur des prairies *closes*, où les bestiaux sont introduits au moyen d'ouvertures annuellement pratiquées à la clôture n'a pas le caractère de la vaine pâture, mais d'une servitude; que, dès lors, les dispositions de la loi de 1791 ne lui sont pas applicables (Req. 27 avr. 1859, aff. Yvrad, D. P. 59. 1. 436. V. aussi Aubry et Rau, *op. cit.*, t. 2, § 191, p. 178; *Rép.* n° 57 et v° *Servitudes*, n° 945).

D'après la loi du 9 juill. 1889, qui décide qu'en aucun cas et aucun temps, la vaine pâture ne peut s'exercer sur les prairies artificielles, le droit de pacage des secondes herbes sur ces prairies ne pourrait exister que s'il constituait une servitude ou un droit de copropriété.

55. — 5° *Droits des propriétaires soumis à la vaine pâture; Extinction du droit de vaine pâture.* — Comme on l'a établi au *Rép.* n° 58, le propriétaire dont les prairies sont soumises à la vaine pâture ou au parcours pouvait, sous l'empire de la loi de 1791, changer la nature de son terrain. Il pouvait clore son pré; à plus forte raison, pouvait-il en modifier la nature. Toutefois, la jurisprudence tendait à reconnaître qu'après un certain temps, le terrain devait être rétabli en nature de pré, afin de ne pas préjudicier aux droits de la commune (Req. 4 déc. 1848, aff. *L'Indre Basse*, D. P. 50. 5. 459; *Rép.* v° *Servitudes*, n° 943). Cette solution, qui nous paraît d'ailleurs peu juridique, ne serait plus applicable aujourd'hui: l'art. 6 de la loi de 1889 porte, en effet, que le droit de vaine pâture ne fait jamais obstacle à la faculté que conserve tout propriétaire d'user d'un nouveau mode d'assolement. Aucun texte ne l'oblige à rendre son terrain, après un certain temps, sujet à la vaine pâture.

56. L'amodiation par la commune de friches communales soumises depuis un temps immémorial à la vaine pâture ne constitue qu'un simple acte de gestion des biens communaux et n'a pas pour effet, à elle seule, de mettre obstacle à l'exercice des droits préexistants, dont les habitants sont en possession, et, par exemple, de priver les habitants du droit d'envoyer leurs bestiaux sur ces friches, tant qu'elles sont en état de friches (Crim. rej. 25 mars 1859, aff. Egely, D. P. 60. 5. 407; 28 juin 1861, aff. Forgeot, D. P. 61. 5. 521).

57. Les communes n'ont pas le droit d'aliéner ou d'affermer en faveur d'un particulier le droit de vaine pâture sur les fonds et chemins communaux, même pour la portion qui excéderait les besoins des habitants (Paris, 9 août 1860, aff. Dramard, D. P. 61. 2. 55). La cour de Paris a estimé que le droit de vaine pâture est une servitude d'un genre spécial qui, considérée comme droit de jouissance commune et résultant du consentement tacite de tous les intéressés, est à la fois active et passive, pour et contre chacun des propriétaires et exploitants de ces fonds; que cette servitude doit être limitée à l'usage personnel que chacun d'eux en peut faire, d'après la proportion déterminée par le conseil municipal, et que nul des coparticipants ne peut aliéner sa part de jouissance par voie de vente ou de location; que la commune, considérée comme personne privée, n'a pas plus de droit qu'aucun de ses habitants quant à la vaine pâture des fonds qui lui appartiennent et qui sont soumis aux mêmes servitudes générales que ceux des particuliers; qu'il en est de même de ses chemins qui, après la récolte des herbes dont la loi attribue la propriété aux communes, doivent, cette récolte faite, rentrer sous le régime de la vaine pâture, sauf les restrictions qu'il appartient au maire d'y apporter dans l'intérêt de la circulation; qu'au point de vue administratif la commune ne saurait davantage, sans méconnaître la nature du droit de vaine pâture et sans le détourner de son objet, disposer en faveur d'un ou de plusieurs de ses habitants, à titre gratuit ou onéreux, de la portion de vaine pâture de son territoire excédant les besoins de sa population; qu'en effet, la portion des habitants, exploitants ou chefs de famille, qui s'abstiennent de ce droit, doit accroître à ceux qui en usent, et que, d'autre part, à défaut par ces derniers de se prévaloir de cette double abstention, elle doit profiter au principe de la liberté des héritages.

58. L'usager ne peut introduire des bestiaux dans le fonds asservi, à un moment où le pâturage serait préjudiciable à la propriété. Tel serait le cas où il voudrait mener les troupeaux dans les prés immédiatement après une inondation, à cause des dommages causés par le piétinement des animaux. Le propriétaire des prés pourrait intenter, devant le juge de paix, une action en réparation du préjudice qui lui est causé (Civ. cass. 18 févr. 1845, arrêt cité par Clément et Lépinois, *op. cit.*, n° 276).

59. La servitude de vaine pâture n'est pas un droit individuel; c'est un droit social entre les habitants. En conséquence, elle ne peut être revendiquée ou défendue par les habitants individuellement, mais par la commune représentée par le conseil municipal et le maire. Toutefois, l'art. 123 de la loi du 5 avr. 1884 permettant à tout contribuable d'exercer, après autorisation du conseil de préfecture, les actions que la commune se refuse à exercer, un habitant pourrait agir en justice dans ces conditions, pour faire reconnaître un droit de vaine pâture (V. *suprà*, v° *Commune*, n° 826 et suiv.). — Lorsque l'existence de la vaine pâture n'est pas contestée, les habitants ont un droit personnel à son exercice. Ils peuvent donc intenter, en leur nom personnel, les actions intéressant la jouissance de la servitude et se prévaloir des droits qui leur appartiennent aussi bien devant la justice répressive que devant la juridiction civile. Ainsi un particulier, poursuivi devant un tribunal de police du chef de pâturage illicite, peut invoquer le droit de vaine pâture (V. Crim. cass. 27 sept. 1855, aff. Verdoux, D. P. 55. 5. 373). — Il a été jugé que, si le maire d'une commune a seul droit et capacité, comme représentant l'universalité des habitants, pour soutenir une contestation relative à la propriété d'un chemin public, il en est autrement de la contestation qui n'a trait qu'à des faits d'usage et de jouissance d'un chemin public dont la propriété n'est pas mise en question; en ce cas, chacun des habitants a droit et qualité pour agir (Montpellier, 10 juill. 1866, aff. Cros, D. P. 67. 1. 503-504. V. aussi Clément et Lépinois, *op. cit.*, n° 307).

60. Déjà, sous l'empire de la loi de 1791, les propriétaires pouvaient s'affranchir de la servitude de vaine pâture, comme de celle de parcours, lorsqu'elles étaient fondées sur une possession autorisée par les lois et les coutumes, en faisant clore leurs héritages (L. 28 sept.-6 oct. 1791, art. 4, sect. 4). La question était discutée, lorsque la servitude était établie par un titre (V. *infrà*, n° 79 et suiv.).

L'art. 6 de la loi de 1889 reconnaît à tout propriétaire le droit de se clore et dispose que tout terrain clos est affranchi de la vaine pâture. Cette disposition est générale (V. *infrà*, n° 84).

61. La jurisprudence a décidé que l'art. 3, sect. 4, tit. 1er, de la loi de 1791 n'a point abrogé les anciens usages qui n'avaient rien de contraire aux réserves de ladite loi créées toutes dans le but d'atténuer les inconvénients de la vaine pâture; qu'ainsi sont encore en vigueur les règles et usages qui, dans certaines localités, donnaient aux propriétaires de fonds soumis à la vaine pâture réciproque la faculté de s'affranchir de cette charge par une simple renonciation à la réciprocité; — que spécialement, le propriétaire de prés marais situés dans une commune ayant fait partie des États sardes peut invoquer une règle de l'ancienne jurisprudence de ces États consacrant ce mode d'affranchissement, bien que la loi de 1791 n'indique que la clôture comme moyen de soustraire un fonds à la servitude de vaine pâture (Req. 28 avr. 1873, aff. Commune de Rotherens, D. P. 74. 1. 174). — Cette décision, ainsi que l'a fait remarquer M. Rau, conseiller rapporteur dans cette affaire, ne viole nullement les dispositions du code rural de 1791. On objecte que le législateur de 1791 aurait, en abolissant tous les usages contraires, établi une règle uniforme d'après laquelle la clôture serait, à l'avenir, pour les propriétaires de terres et de prés situés dans une commune où la vaine pâture existe depuis un temps immémorial, le seul moyen d'en affranchir leurs héritages. Cette thèse est contraire au texte et à l'esprit de la loi de 1791. D'après l'art. 3, sect. 4, du tit. 1er de cette loi, qui forme le siège de la matière : « le droit de vaine pâture dans une paroisse ne pourra exister que dans les lieux où il est fondé sur un titre particulier, ou autorisé par la loi, ou par un usage local immémorial, et à la charge que la vaine pâture n'y sera *exercée que conformement aux règles et usages locaux*, qui ne contrarieront point les réserves portées aux articles suivants de la présente section ». Il résulte de la dernière partie de cet article que la faculté qui, dans certaines localités, appartenait à chaque propriétaire d'affranchir ses fonds de la vaine pâture, au moyen de la simple renonciation à toute réciprocité, a été maintenue et conservée par la loi nouvelle. La solution est, d'ailleurs, parfaitement conforme à l'esprit du code rural de 1791 qui a eu pour but de restreindre autant que possible l'exercice de la vaine pâture, et même d'arriver peu à peu à la suppression de cette charge, aussi nuisible aux intérêts de la propriété qu'à ceux de l'agriculture. La loi de 1791 déclare, à la vérité, dans les art. 5, 7 et 11 de la sect. 4 du tit. 1er, que la clôture affranchira désormais de la vaine pâture réciproque ou non, dans les pays mêmes où ce droit existait comme servitude légale ; mais il serait illogique d'en conclure que la loi ait entendu faire de la clôture le seul mode d'affranchissement de la vaine pâture, et surtout ait voulu supprimer la faculté qui était laissée à tout propriétaire, dans certains pays, de libérer ses fonds de cette charge en renonçant, de son côté, à tout droit de pacage sur les fonds des autres. — La loi de 1889 n'a pas innové à ce sujet et la théorie admise par la cour de cassation conserve toute sa force.

62. Lorsqu'une commune vient à être divisée, la vaine pâture pourra-t-elle s'exercer comme précédemment sur les fonds détachés ? MM. Clément et Lépinois, n° 313, font observer avec raison « que ce droit ne serait plus la vaine pâture, mais le parcours. Certes, disent-ils, la première subsistera dans chacune des parties détachées, mais elle sera supprimée de l'une à l'autre, car la servitude de parcours étant discontinue ne s'établit point par la destination du père de famille. Les caractères de la vaine pâture, d'ailleurs, s'opposent à ce qu'elle continue de subsister d'un territoire détaché à l'autre ; elle constitue une jouissance promiscue, à la charge d'une complète réciprocité : dérivant de l'association des propriétaires compris dans un même territoire et constituant entre eux une tolérance réciproque, il est naturel et logique d'en conclure qu'elle suit le sort de cette association et qu'elle s'étend ou se restreint suivant les extensions ou les restrictions du territoire. » — Jugé en ce sens que les habitants d'une commune dont la circonscription primitive a été restreinte par suite d'une mesure prise par l'autorité compétente n'ont pas conservé la jouissance de la vaine pâture coutumière sur les fonds détachés de leur territoire et réunis par l'effet de cette mesure au territoire d'une autre commune ; et cela encore que, pendant plus de trente ans depuis que la mesure est intervenue, ils aient continué d'exercer sur ce fonds la vaine pâture comme par le passé (Trib. Clermont (Oise), 26 janv. 1870) (1). — Cette solution s'impose encore plus depuis la

(1) (Commune de Crèvecœur *C.* Commune de Rotangy.) — LE TRIBUNAL ; — Attendu que la vaine pâture que la commune de Crèvecœur entend exercer sur les fonds qui auraient été, suivant elle, détachés de son territoire pour être réunis à celui de Rotangy, consiste, non dans un droit de pacage expressément consenti aux habitants de Crèvecœur par les anciens propriétaires de ces fonds, mais dans la vaine pâture coutumière ; — Attendu que cette vaine pâture, tirant son origine de l'association tacite où se trouvent naturellement les habitants d'un même territoire, ne saurait être confondue avec un droit d'usage ou de servitude réelle ; qu'elle constitue une jouissance promiscue plutôt qu'un droit, une simple tolérance dont peut profiter tout propriétaire associé, à la charge d'une complète réciprocité et sauf les règlements de police sur la manière d'en user; que tel est si bien le caractère de la vaine pâture coutumière que chacun des propriétaires du territoire a toujours, au moyen de la clôture de ses fonds, la faculté de se retirer de l'association, mettant ainsi fin tout à la fois à la tolérance dont il usait envers ses communistes et à celle que lui accordaient ceux-ci ; que s'il s'agissait là, au contraire, d'un véritable droit de la nature de l'usage ou de la servitude réelle, le propriétaire assujetti serait impuissant à y soustraire ses fonds au moyen de clôture ; — Attendu qu'étant ainsi constaté que la vaine pâture dérive de l'association des propriétaires compris dans un même territoire et constitue entre eux une tolérance réciproque, il est naturel et logique d'en conclure qu'elle suit le sort de cette association ; que, spécialement, elle s'étend ou se restreint suivant les extensions ou les restrictions de territoire que l'autorité compétente fait subir à l'association ; — Qu'on ne saurait, en effet, admettre, lorsque des fonds ont été administrativement retranchés du territoire de l'association, pour être annexés à une autre circonscription, que ces fonds soient encore et perpétuellement assujettis à la dépaissance exercée comme par le passé, alors que leur retranchement de l'association territoriale ne permettrait plus à leurs propriétaires d'exercer la jouissance réciproque sur les fonds qui restent compris dans le périmètre de la commune ; qu'à défaut de cette réciprocité, cause première de la vaine pâture et qui, dès lors, est de son essence, la jouissance des anciens communistes cesse donc forcément sur les fonds distraits de leur circonscription territoriale ; — Attendu qu'au surplus, ce résultat se trouve confirmé par l'art. 18, sect. 4, de la loi des 28 sept.-6 oct. 1791, où il est dit, que si, par la nouvelle division du royaume, une section de paroisse se trouve réunie à une autre paroisse soumise à des usages différents des siens, la plus petite partie dans la réunion suivra la loi de la plus grande; d'où suit qu'en tous cas, la section réunie a cessé d'être obligée par la loi de la paroisse dont elle ne fait plus partie et, par conséquent, d'être astreinte à la dépaissance au profit de celle-ci ; — Que, dans l'espèce, cette disposition est applicable aux fonds détachés de Crèvecœur et réunis à Rotangy, qui, dans cette réunion, forment évidemment la moindre portion de cette dernière commune ; que, dès lors, étant soumis, quant à la vaine pâture, à la loi de cette commune, ils ne sauraient encore être assujettis à la loi de la paroisse dont ils ont été distraits ; — Attendu que, vainement, pour repousser cette conséquence, la commune de Crèvecœur prétend invoquer « l'instruction de l'Assemblée nationale, sur la contribution foncière », placée à la suite du décret des 23 nov.-1er déc. 1790, où il est dit que les limites nouvelles données aux communautés d'habitants ne préjudicieront pas aux droits de pâturage, parcours, usage et autres, « qui appartiennent à chaque communauté et dont elles jouiront comme par le passé » ; que cette énonciation peut bien être invoquée relativement aux pâturages, pacages, etc., qui, dérivant de concessions expresses aux communautés, leur appartiennent à titre de droits d'usage ou de servitude réelle, mais n'est point applicable à la vaine pâture coutumière qui, comme il vient d'être dit, a simplement le caractère de jouissance promiscue et de tolérance réciproque et se trouve subordonnée dans son exercice ainsi que cela résulte de l'art. 18 précité, à la loi de l'association territoriale, toujours susceptible de modification ; que quelles que soient les différentes sortes de dépaissance mentionnées dans l'instruction de 1790, cette instruction qui avait pour unique objet l'assiette de l'impôt foncier n'a pu avoir pour effet de changer la nature légale et le caractère de ces dépaissances desquelles elle parle *transeundo*, et de les déclarer maintenues toutes indistinctement ; qu'en tous cas, l'art. 18 précité de la loi de 1791, qui a réglé la situation, étant postérieur à l'instruction de 1790, celle-ci ne saurait, en ce qui touche la vaine pâture, avoir force obligatoire ; — Attendu, enfin, en ce qui concerne les faits articulés par la commune de Crèvecœur, desquels subsidiairement elle offre la preuve, que la vaine pâture en question ne constituant pas, au profit de Crèvecœur, une servitude apparente et continue, la jouissance que les habitants de cette commune en auraient eue depuis plus de trente ans ne saurait produire les effets de la possession civile ; — Par ces motifs, sans s'arrêter ni avoir égard aux faits articulés, lesquels sont déclarés non pertinents ni admissibles, rejette la demande de la commune de Crèvecœur

loi de 1889 qui a aboli le parcours. Le système contraire avait été adopté par la cour de Douai le 9 avr. 1829 (1).

Sous l'empire de la loi de 1791, lorsque deux communes ou deux sections de communes soumises au parcours étaient réunies, le droit subsistait à titre de vaine pâture (*Rép.* n° 38). Le fait ne peut plus se présenter aujourd'hui, puisque le parcours est supprimé.

63. Lorsqu'une section de commune où le droit de vaine pâture n'existait pas est réunie à une commune où cette servitude existait et a été maintenue, la vaine pâture s'étend au territoire tout entier. La loi de 1791 (art. 18, sect. 4, tit. 1er), décidait que si quelques sections de paroisse se trouvaient réunies à des paroisses soumises à des usages différents des leurs relativement au parcours ou à la vaine pâture, la plus petite dans la réunion suivrait la loi de la plus grande. La loi de 1889 ne contient aucune disposition contraire, et il est juste que la section qui est absorbée dans la commune, qui tombe sous l'autorité du même conseil municipal, soit soumise aux mêmes charges et jouisse des mêmes droits (V. André et Marin, *La loi municipale du* 5 *avr.* 1884, p. 62). Si le droit de vaine pâture existe dans la section, mais non dans la commune à laquelle elle est réunie, le droit est éteint (*Rép.* n° 38).

64. Aux termes de l'art. 8 de la loi de 1791, entre particuliers tout droit de vaine pâture fondé sur un titre était rachetable. L'art. 12 de la loi de 1889 reproduit cette disposition : « La vaine pâture établie à titre particulier sur un héritage déterminé s'exerce conformément aux droits acquis. Mais le propriétaire de l'héritage grevé peut toujours l'affranchir, soit moyennant indemnité fixée à dire d'experts, soit par voie de cantonnement ». — Le propriétaire qui a racheté le droit de vaine pâture dont son fonds était grevé en vertu de titres, n'en reste pas moins soumis au droit de vaine pâture coutumière, la faculté de rachat n'étant pas admise vis-à-vis d'une commune. Il ne peut s'affranchir de cette dernière charge que par la clôture de son héritage (Metz, 26 juin 1861, aff. Commune de Bistroff, D. P. 62. 2. 147). Pour ce qui concerne l'exercice et les conditions du rachat, V. *Rép.* v° *Usage-usage forestier*, nos 312 et suiv.; Clément et Lépinois, *op. cit.*, nos 327 et suiv.

65. Le cantonnement consiste dans l'abandon fait à l'usager d'une partie du fonds servant en toute propriété, en vue de conserver le reste libre de la servitude; c'est une sorte de rachat en nature. Le cantonnement est un des modes d'extinction de la pâture. Toutes les questions relatives à son exercice sont traitées au *Rép.* v° *Usage-usage forestier*, nos 523 et suiv., 585 et suiv. ; et *infrà*, eod. v°. (V. aussi *Commune*, nos 1025 et suiv. ;— *Rép.* eod. v°, nos 1973 et suiv. ; Clément et Lépinois, *op. cit.*, n° 335).

66. — III. DROIT DE COMMUNER. — Le droit de communer, ou de pacage des bestiaux, l'hiver, sur les pailles et foins des terres au profit desquelles il existait, autrefois en vigueur dans l'ancienne province de Bretagne, avait le caractère d'une servitude due à la terre. L'art. 10 de la loi des 28-29 août 1792 a converti ce droit en pleine propriété. On a étudié au *Rép.* v° *Servitudes*, n° 950, les conséquences de cette transformation.

67. — IV. TAXES DE PATURAGE. — V. *suprà*, v° *Commune*, nos 347 et suiv.; — *Rép.* eod. v°, nos 469 et suiv., et v° *Servitudes*, n° 959.

68. — V. DU PARCOURS ET DE LA VAINE PATURE EN CORSE. — Le parcours et la vaine pâture ont été supprimés dans l'île de Corse par la loi du 22 juin 1854 (V. *suprà*, n° 10). « La servitude de parcours, dit l'art. 1er de cette loi, maintenue provisoirement par l'art. 2 de la sect. 4 du tit. 1er de la loi des 28 sept.-6 oct. 1791 est abolie dans le département de la Corse. — La suppression du parcours ne donne lieu à une indemnité que si le droit a été acquis à titre onéreux. L'indemnité ne peut avoir pour base que le profit que la commune créancière retire de l'exercice actuel de son droit. Le montant de l'indemnité est réglé par le conseil de préfecture. » Quoique la suppression du parcours en Corse eût été prononcée par un édit du roi du mois de juillet 1771, on estima que la loi qui allait pour ainsi dire sanctionner de nouveau cette abolition, dans le but d'assurer le respect de la propriété, devait en même temps donner l'exemple de ce respect, en stipulant une indemnité lorsque le droit aurait été acquis à titre onéreux; mais la loi, moins radicale que l'édit de 1771, établit cependant que l'indemnité ne pourra avoir pour base que le profit que la commune créancière retire de l'exercice actuel de son droit. Cette dernière disposition était nécessitée par les changements nombreux qu'ont apportés et qu'apportent chaque jour dans l'exercice du droit de parcours les restrictions qui sont les conséquences de la loi des 28 sept.-6 oct. 1791, et les progrès de l'agriculture. De nombreuses parties de sol ont, en effet, été enlevées au parcours par suite de cultures nouvelles, de clôtures, de plantations; il n'était pas possible que la loi accordât une indemnité pour des droits qui peuvent bien avoir été stipulés dans des titres anciens, mais qui, dans l'état actuel des choses, ne s'exercent plus, ne peuvent plus jamais s'exercer, et seraient même, dans certains cas, impossibles à constater aujourd'hui.

69. « Le droit de vaine pâture, dit l'art. 2 de la loi de 1854, maintenu par l'art. 3 de la sect. 4, tit. 2, de la loi des 28 sept.-6 oct. 1791, cessera de plein droit, dans le département de la Corse, un an après la promulgation de la présente loi ». Le droit de vaine pâture aboli par l'art. 2 est seulement et exclusivement le droit que les propriétaires d'une même commune exercent réciproquement, sans titres particuliers, les uns sur les autres. Il ne pouvait donc donner lieu, comme le parcours, à une indemnité. — En ce qui concerne les droits conventionnels qui peuvent exister, la loi ne change rien à l'ancienne législation; elle rappelle même, au contraire, à leur égard, dans l'art. 6, les dispositions de l'art. 8 de la loi de 1791, qui déclare que les droits de vaine pâture fondés sur un titre sont rachetables à dire d'experts.

Le délai fixé par l'article précédent peut être prorogé, dit l'art. 3, pour une ou plusieurs communes du département, par arrêté du préfet rendu en conseil de préfecture, soit d'office, soit sur la demande des conseils municipaux. Cette prorogation de délai ne peut être prononcée que pour une durée de trois ans; mais elle peut être renouvelée par un arrêté rendu dans les mêmes formes. Indépendamment des restrictions apportées par la loi des 28 sept.-6 oct. 1791 à l'exercice de la vaine pâture, l'arrêté de prorogation peut imposer telle autre réserve ou restriction qui serait exigée par l'intérêt public. Dans plusieurs communes de la Corse, le sol, rebelle à la main de l'homme, ne répond à aucune culture et ne peut être utilisé que par le pâturage. Il était utile de permettre de proroger à leur égard l'époque fixée par la loi pour l'abolition de la vaine pâture.

70. La loi du 22 juin 1854 n'atteint pas le pacage exercé par les habitants d'une commune sur les biens communaux (Crim. cass. 5 janv. 1856, aff. Massoni, D. P. 56. 1. 107. V. aussi *Rép.* v° *Servitudes*, n° 941).

71. La jurisprudence a eu à faire l'application de la loi de 1854 et à l'interpréter. Ses décisions se réfèrent principalement aux contraventions rurales commises en Corse ; elles seront analysées, *infrà*, n° 180.

---

contre la commune de Rotangy ; dit, en conséquence, que la première de ces communes n'a sur les fonds actuellement dépendants de la seconde aucun droit de vaine pâture, etc.

Du 26 janv. 1870.-Trib. de Clermont (Oise).-MM. Bourguignat, pr.-Soret de Boisbrunet, proc. imp.

(1) (Commune de Festubert *C.* Commune de Cuinchy-lez-la-Bassée.) — LA COUR ; — Attendu que l'instruction annexée à la loi des 23 nov.-1er déc. 1790, pour lui servir d'interprétation et en assurer l'exécution, émané de l'Assemblée constituante et a reçu la sanction royale; que, dès lors, ses dispositions ont évidemment force de loi; — Attendu que le droit de pâturage comprend la vaine pâture; qu'ainsi la loi, en maintenant ce droit pour les communes dont la délimitation aurait subi des changements, a nécessairement embrassé la vaine pâture dans sa disposition ; — Attendu que cette disposition n'a point été abrogée par l'art. 18 de la loi du 6 oct. 1791, lequel n'a enlevé ni concédé aucun droit aux communes, et dont le véritable objet est de régler l'exercice de droits déjà existants; — Attendu qu'une multitude de décrets et d'ordonnances ont été rendus postérieurement à la loi du 6 oct. 1791, en conformité du principe consacré par ladite instruction ; — Confirme, etc.

Du 9 avr. 1829.-C. de Douai.-MM. Lenglet, pr.-Lambert, av. gén.

72. — VI. DROIT DE PATURAGE. — Indépendamment des droits de parcours et de vaine pâture dont la réciprocité est un caractère essentiel, il peut exister un autre droit, celui d'envoyer ses troupeaux au pâturage sur le terrain d'autrui (*Rép.* n° 38). Ce droit de pâturage n'admet pas de réciprocité. C'est une servitude ordinaire, dont l'étendue est fixée par le titre qui l'a constituée. Le propriétaire du fonds assujetti ne peut s'affranchir par la clôture du droit de pâturage fondé sur un titre (Pau, 31 mai 1886, aff. Casalongue, D. P. 87. 2. 229). S'il veut fermer son héritage, il doit veiller à ce que la clôture n'ait pas pour résultat de diminuer et d'entraver la servitude (Demolombe, *Traité des servitudes*, t. 1, n° 293; Aubry et Rau, t. 2, § 191, p. 178; Laurent, t. 7, n° 241, et t. 8, n° 273). Tout ce qui a trait à la servitude de pâturage est examiné *infrà*, v° *Servitudes*, et *Rép.* eod. v°, n° 1197.

73. — VII. DE LA GRASSE ET VIVE PATURE. — On a donné au *Rép.* n° 50 la définition de la grasse et vive pâture. C'est celle qui a lieu sur les terres produisant des fruits, garnies de leurs récoltes naturelles. « La vive pâture ou grasse pâture, disent MM. Clément et Lépinois, n°s 252 et 279, consiste dans le droit de faire consommer par les bestiaux des fruits susceptibles d'être récoltés, conservés ou vendus. Ce n'est pas dans l'abondance ou dans la qualité de la nourriture fournie par le pacage, que la qualification de « vive et grasse pâture » prend sa source, mais dans ce fait que la destination des héritages est de servir au pâturage et qu'ainsi le pacage constitue le produit, sinon exclusif, du moins principal du terrain. Les landes, les marais et les bruyères s'ils ne produisent pas une récolte fauchable, se couvrent tous les ans d'herbages que chaque propriétaire fait pâturer en toute saison. Ces terrains sont donc chargés d'une véritable production ».

74. Le droit au pâturage de cette nature pouvait, sous l'ancien droit, être acquis par la possession immémoriale et sans titre, d'après certaines coutumes ; acquis dans ces conditions, il a pu se perpétuer sous la législation actuelle avec le caractère de copropriété qu'il avait autrefois. — En principe, sous l'empire du code civil, le droit de vive et grasse pâture ne prenant naissance qu'avec le caractère d'une servitude discontinue ne peut s'acquérir par prescription, mais seulement par la convention. Il n'en serait autrement que si ce droit pouvait être considéré, d'après les circonstances, comme ayant été exercé non à titre de servitude, mais dans des conditions qui dénotaient une prétention manifeste à la copropriété du fonds; si, par exemple, la commune absorbait tous les produits des terrains et acquittait une partie des contributions. L'exercice d'une telle pâture, impliquant une possession du fonds lui-même à titre de copropriété, serait opérant pour la prescription (V. *Rép.* n° 51). « Bien que le droit de pâturage exercé sur le terrain d'autrui, disent MM. Aubry et Rau, (t. 3, § 251, p. 81) soit une servitude discontinue et ne puisse à ce titre s'acquérir par prescription, le droit de vive et grasse pâture, ainsi que celui de recueillir les secondes herbes, peuvent cependant selon les circonstances, être considérés comme ayant été exercés à titre de propriété, et, par suite, comme susceptibles de s'acquérir par prescription ». — Conformément à ces principes, il a été jugé : qu'un droit de vive pâture est, à la différence du droit de vaine pâture, susceptible de s'acquérir par prescription et, par suite, peut être l'objet d'une action possessoire (Req. 6 janv. 1852, aff. de Bazonnière, D. P. 52. 1. 18) ; — Que la loi des 28 sept.-6 oct. 1791 n'a pas aboli le droit de vive et grasse pâture exercé par les habitants d'une commune sur le territoire d'une autre commune ; et que, dans les pays de droit écrit, le droit de vive et grasse pâture pouvait, à la différence de celui de vaine pâture, s'acquérir par prescription et s'établir, indépendamment de la preuve testimoniale, par les énonciations des titres (Pau, 14 avr. 1886, aff. Communes de Labassère, Astugue et Neuilh, D. P. 87. 2. 36). — Mais il a été décidé, d'autre part, que lorsque, dans une instance relative à la revendication par une commune d'un droit de pâturage sur la pelouse du château d'un particulier (le château de Chantilly, dans l'espèce), le juge du fond constate que la commune ne fait pas la preuve d'une possession antérieure au code civil, il devient inutile de rechercher si, sous l'ancienne législation coutumière du lieu, la longue possession sans titre aurait pu servir de base au droit réclamé; que la jouissance du pâturage, commencée par la commune sous l'empire du code civil, alors même qu'elle serait celle d'une grasse et vive pâture, ne constitue autre chose que l'exercice d'une servitude discontinue, si le juge du fond constate en fait que cette jouissance n'a pas eu le caractère d'une copropriété, et n'a consisté qu'en un simple usage sur l'héritage d'autrui; que la possession trentenaire d'une telle jouissance, dans le droit actuel, et sans titre, ne saurait conduire à l'acquisition par prescription du droit de pâturage (Req. 1er mai 1888, aff. Commune de Gouvieux, D. P. 88. 1. 219).

75. La grasse pâture emporte le droit de pâturage pendant toute l'année avec la consommation de tous les fruits. — Jugé, par application de cette règle, que le droit de faire pacager les bestiaux *en tout temps* sur des communaux constitue une servitude de vive et grasse pâture et non une vaine pâture ; que, en conséquence, lorsqu'une pareille servitude existe réciproquement entre deux communes, l'une d'elles ne peut s'en affranchir en renonçant à son droit de pacage sur l'autre commune; qu'ici ne s'applique pas l'art. 17, tit. 1er, sect. 4, de la loi de 1791 (Pau, 5 juin 1878) (1). Au contraire, on ne saurait considérer comme un droit de grasse pâture le droit revendiqué par une commune pour ses habitants de faire pacager leurs bestiaux sur le fonds d'un particulier pendant toute l'année, *sauf au moment où la fougère, étant haute, devra être coupée*. Ce n'est là qu'un droit de *vaine pâture entre particuliers*, dont le propriétaire du fonds assujetti peut s'affranchir par la clôture, s'il n'est pas fondé sur un titre (Pau, 31 mai 1886, aff. Casalongue, D. P. 87. 2. 229).

76. Plusieurs auteurs admettent qu'on peut mettre fin à un droit de pâture vive par la délivrance d'un cantonnement cédé en toute propriété aux usagers, qui n'auront plus aucun droit sur le surplus du terrain. Cette faculté, maintenue au profit du propriétaire du fonds grevé par la loi du 19 sept. 1790, a été étendue à l'usager lui-même par la loi du 28 août 1792, art. 5 (V. *Usage-Usage forestier*; — *Rép.* eod. v°, n°s 481 et suiv. ; Proud'hon, *Traité du domaine*, n° 895 ; Curasson sur Proud'hon, *Traité des droits d'usage*, t. 2, n° 645).

77. Les droits de vive pâture ne peuvent être supprimés par la clôture. C'est ce qui résulte implicitement de l'arrêt du 31 mai 1886 (cité *suprà*, n° 75). Il faut leur appliquer les règles des art. 701 et 702 c. civ. (V. Clément et Lépinois, *op. cit.*, n° 337). — Sont-ils rachetables? On s'est prononcé pour l'affirmative au *Rép.* v° *Usage*, n° 587. V. en sens contraire Clément et Lépinois, n° 337).

78. La loi du 9 juill. 1889 ne contient aucune disposition relative à la vive et grasse pâture. Ce droit continue donc d'exister dans les conditions qui viennent d'être indiquées.

§ 2. — Du droit de se clore (*Rép.* n°s 61 à 70).

79. Les propriétaires, sous l'empire de la loi de 1791, pouvaient, en faisant clore leurs héritages, s'affranchir du

(1) (Commune d'Ogen C. Commune d'Herrère.) — LA COUR ; — Attendu que la sentence arbitrale du 15 avr. 1878 concède aux deux communes le droit de faire pacager et giter leurs bestiaux de toute sorte sur les territoires l'une de l'autre, en tous temps et saisons de nuit comme de jour; — Que selon la jurisprudence et la doctrine, c'est là une pâture vive et grasse qui ne saurait être confondue avec la vaine pâture dont s'occupe la loi de 1791; — Qu'à la différence du parcours et de la vaine pâture qui généralement ne s'exerçait qu'après la récolte, les droits de Herrère sur Ogen et réciproquement sont des droits permanents, comme il le faut, d'ailleurs, pour utiliser dans les landes du Berger des herbages impossibles à faucher, sans autre réserve que le droit pour chaque commune d'affecter à certaines époques de l'année certains pacages de son territoire à ses bêtes de labour, réserves notées dans tous les pâturages bien réglés, le gros bétail ne pouvant guère pacager après les brebis; — Que ce n'est pas en vertu de la loi de 1791, qui n'est pas applicable, mais tout au plus, par voie de cantonnement qu'il serait possible à Ogen de s'affranchir des droits dont s'agit par analogie des art. 63 et 112 c. for., etc.

Du 5 juin 1878.-C. de Pau, ch. civ.-MM. d'Aleman, pr.-Lespinasse, 1er av. gén.

parcours et de la vaine pâture, lorsque ces servitudes étaient fondées sur une possession autorisée par les lois et les coutumes (Loi de 1791, art. 4, sect. 4). On a dit au *Rép.* n°s 65 et suiv. qu'ils perdaient, au contraire, la faculté de se clore lorsque la servitude était établie par un titre. Voici sur quels motifs s'appuyait cette doctrine. L'art. 691 c. civ. qui dispose que l'on ne peut attaquer les servitudes discontinues, déjà acquises par la possession, dans les pays où, avant le code, elles pouvaient s'acquérir de cette manière, n'est pas applicable à la vaine pâture, matière toute spéciale qui a été réglée par la loi de 1791, à laquelle le code civil n'a pas entendu déroger. Or cette loi qui, supprimant la vaine pâture en tant que servitude légale, l'a laissé subsister comme servitude conventionnelle, a voulu fonder, à proprement parler, la liberté des héritages; elle a consacré sans doute le droit de vaine pâture dans les lieux où il avait pour base soit un titre particulier, soit un usage immémorial; mais elle a donné aux propriétaires le droit de soustraire leurs fonds à la vaine pâture en les faisant clore, lors même que cette servitude serait exercée de temps immémorial; ce n'est que dans le cas où la servitude est fondée sur un titre que le propriétaire du fonds ne peut exercer le droit de clôture. — La jurisprudence a confirmé cette doctrine. Outre les décisions rapportées au *Rép.* n°s 66 et suiv., il a été jugé qu'à défaut de titre, le propriétaire d'un héritage soumis à la vaine pâture jouit du droit de le clore et de le soustraire ainsi à la vaine pâture (Civ. cass. 27 avr. 1846, aff. Faure, D. P. 46. 1. 142; Nancy, 9 févr. 1849, aff. Grosselin, D. P. 51. 2. 17; Req. 1er mars 1865, aff. Loup, D. P. 65. 1. 421; 11 juill. 1866, aff. Saric, D. P. 67. 1. 432); — Que la loi des 28 sept.-6 oct. 1791 n'a aboli que les droits de pâture ou de dépaissance établis par les lois et coutumes, et a maintenu, au contraire, les droits de cette nature, lorsqu'ils étaient fondés sur des titres; et, dans ce dernier cas, il y a obstacle à la clôture (Req. 28 juill. 1875, aff. de Guiraill, D. P. 76. 1. 364); — Qu'aux termes de la loi des 28 sept.-6 oct. 1791, c'est seulement dans le cas où la servitude de vaine pâture est fondée sur un titre que le propriétaire du fonds qui y est assujetti ne peut exercer le droit de clôture; que l'art. 691 c. civ. qui ne permet pas d'attaquer les servitudes discontinues déjà acquises par la possession, dans les pays où elles pouvaient s'acquérir de cette manière, n'a point dérogé à cette loi spéciale; — Qu'en conséquence, il est sans intérêt, au point de vue du droit de clôture, de rechercher si, sous une coutume (dans l'espèce, la coutume de Bourgogne), le droit de vaine pâture constituait un droit de servitude pouvant être acquis par la possession immémoriale (Req. 8 août 1882, aff. Commune de Nod, D. P. 83. 1. 356. V. aussi Pau, 31 mai 1886, aff. Casalongue, D. P. 87. 2. 229).

La thèse opposée professée par Merlin et qui a fait l'objet d'un examen approfondi au *Répertoire*, n° 65, avait été soutenue, depuis, par plusieurs auteurs. « L'art. 5, dit M. Laurent, porte qu'*en aucun cas*, les droits de parcours et de vaine pâture ne pourront empêcher les propriétaires de se clore. Le texte décide la question. Vainement objecte-t-on que cela est contraire à tout principe: les titres, dit-on, sont des conventions, et les contrats font la loi des parties contractantes, loi dont elles ne peuvent pas se dégager. Nous renvoyons l'objection au législateur; quand il a parlé, l'interprète n'a qu'une chose à faire, c'est d'obéir à la loi, sauf à rechercher les motifs qui l'ont fait porter. Et il n'est pas difficile de justifier la loi de 1891. Qu'est-ce que les *titres* dont parle le code rural? Sont-ce de véritables contrats intervenus entre les habitants d'une ou de plusieurs communes, par lesquels ils grèvent leurs fonds d'une servitude? Nous doutons fort qu'il existe un contrat pareil. Ce n'est pas par voie de convention expresse que le parcours et la vaine pâture ont été établis; ils se sont établis, ils se sont introduits par l'usage, et les titres ne font que constater ce que l'usage a créé. Ajoutons qu'il s'agit de servitudes réciproques, fondées sur un terrain commun; chaque habitant étant tout ensemble débiteur et créancier, ce qu'il gagne comme débiteur quand il se clôt, il le perd comme créancier; il n'y a donc pas d'atteinte portée à un contrat, il y a une meilleure entente des intérêts communs » (*op. cit.*, t. 7, n° 445). « Les termes *en aucun cas*, disent MM. Aubry et Rau, t. 2, § 191, p. 176, note 19, dont le sens se détermine par les dispositions des articles qui précèdent, expriment évidemment cette idée que la vaine pâture communale ne peut faire obstacle à la faculté de se clore, de quelque manière que ce droit se trouve établi. » « Le titre, dans la pensée des auteurs de la loi de 1791, dit M. Demolombe, ne change en aucune façon le caractère du droit lui-même, dont l'exercice, lors même qu'il serait soumis à une redevance, a toujours dû, d'après l'intention présumée des parties, demeurer subordonné à la condition que les héritages ne seront pas mis en état de clôture (*Traité des servitudes*, t. 1, n° 288. V. aussi Demante, t. 2, n° 502 *bis*; Curasson, *Des droits d'usage*, t. 1, p. 350. — V. en sens contraire: Toullier, t. 3, n° 161; Duranton, t. 5, n° 265; Lepasquier, *De la vaine pâture*, p. 379 et suiv.).

Sous l'empire de la nouvelle loi de 1889, aucun doute ne peut subsister. L'art. 6 porte « que le droit de vaine pâture établi *comme il est dit en l'art.* 2 ne fait *jamais* obstacle à la faculté que conserve tout propriétaire de se clore ». Quel est ce droit de vaine pâture, dont on peut toujours s'affranchir par la clôture? C'est, dit l'art. 2, celui qui est fondé sur une ancienne loi ou coutume, sur un usage immémorial ou sur un *titre*. Il n'y a donc plus de distinction à faire. Que la servitude soit établie sur une possession autorisée par une loi ou une coutume ou sur un titre, tout propriétaire peut s'en affranchir en faisant clore son héritage.

Il est facile d'expliquer cette disposition, contraire à la théorie adoptée par la jurisprudence. Quelles qu'aient été leurs origines anciennes, les droits de vaine pâture, aux termes de la loi de 1889, ne sont plus maintenus que sur la demande des habitants et sur l'avis du conseil municipal et du conseil général (art. 2 et 3). Ils ont donc une base nouvelle, identique, qui remplace le titre ou l'usage: la décision prise par ces assemblées ou, en cas de divergence, par décret rendu en conseil d'Etat. Ils doivent donc être désormais soumis à la même règle.

80. Les propriétaires ne peuvent s'affranchir des servitudes par la clôture, dans le cas prévu autrefois par l'art. 7 de la loi de 1791, et aujourd'hui par l'art. 12 de la loi de 1889, c'est-à-dire lorsque le droit de vaine pâture existe *entre particuliers* et est fondé sur un titre. Il s'agit, dans cette hypothèse, d'une servitude essentiellement conventionnelle établie souvent à titre onéreux: il est juste qu'on respecte le contrat intervenu. Toutefois, comme ces conventions ont eu lieu dans des temps reculés où l'agriculture était dans l'enfance, le législateur permet de racheter ces droits onéreux (Laurent, *op. cit.*, t. 7, p. 504). — M. Gavini de Campile donne à l'art. 7 de la loi de 1791 une interprétation différente: « Le droit de vaine pâture, d'après cet auteur, lorsqu'il existe entre particuliers, ne peut être que conventionnel; on ne saurait supposer que la loi ou les usages locaux aient établi une telle servitude au profit d'une seule personne, ou même à l'avantage réciproque de deux personnes; or, l'article 7 lui-même déclare que la clôture affranchira aussi de la vaine pâture entre particuliers; donc, à moins de rendre cette disposition tout à fait illusoire, il faut l'appliquer au droit de vaine pâture fondé sur un titre, puisque le titre est, dans ce cas, le seul mode d'établissement de ce droit. La réserve de l'art. 7, *si ce droit n'est pas fondé sur un titre*, s'applique au cas où il s'agit d'un titre contenant renonciation expresse de la part du propriétaire du fonds grevé à la faculté de se clore, ou établissant un droit de copropriété, ou enfin constituant une servitude de pâturage grasse et vive » (*Des servitudes*, t. 1, n°s 178 et suiv.). Cette solution nous semble contraire au texte, qui parle de « titre » en général, sans viser spécialement les actes dont parle M. Gavini (Demolombe, *op. cit.*, t. 1, n° 290; Aubry et Rau, t. 2, § 191, p. 176, note 19).

81. L'exception admise par l'art. 12 doit, comme on l'a vu au *Rép.* n° 67, recevoir son application, lorsque la servitude de pâturage, fondée sur un titre, est établie sur un héritage particulier au profit d'une commune. La servitude est, dans ce cas aussi, conventionnelle; ce n'est plus la vaine pâture définie par le code rural (V. conf. Demante, *op. cit.*, t. 2, n°s 502 et suiv.; Demolombe, *op. cit.*, t. 1, n° 288. Conf. Henrion de Pansey, *Biens communaux*, p. 401). M. Laurent estime également que, si un pâturage s'exerce non sur la généralité des prés d'une commune, mais seulement sur certains prés déterminés, le propritaire, s'il y a titre, perd la faculté de se clore, le droit exercé constituant, non la vaine pâture, mais une servitude conventionnelle de pacage (*Principes de droit civil français*, t. 7, n° 512; Liège, 23 mars 1848, aff. N..., *Pasicrisie belge*, 1848. 2. 176; C. cass. Belgique, 26 déc. 1851, aff. de Tornaco, *ibid.*, 1852. 1. 257).

82. Les auteurs qui interprétaient l'art. 4 de la loi de 1791, en ce sens qu'il était loisible aux propriétaires de se clore, lors même que les droits de parcours et de vaine pâture étaient fondés sur un titre, estimaient que l'art. 11 de la loi de 1791 apportait une seconde exception à la règle. Cet article qui donnait aux propriétaires « le droit de clore leurs prairies dans les paroisses où, *sans titre de propriété et seulement par l'usage*, elles deviennent communes à tous les habitants, soit immédiatement après la récolte de la première herbe, soit dans tout autre temps déterminé » ne s'appliquerait pas au droit *simple* de vaine pâture, auquel est consacré l'art. 5, mais à un droit autre, plus étendu. « L'art. 11, dit M. Laurent, suppose que les prairies deviennent communes à tous les habitants après la récolte de la première herbe. Ce n'est plus là un droit simple de pâturage; en effet, la vaine pâture suppose des terrains où il n'y a ni semences, ni fruits : il ne s'exerce que lorsque la récolte est faite; or, les prairies donnent deux récoltes, même dans nos climats; de là, la distinction des deux herbes, la première qu'on appelle foin et la seconde à laquelle, dans le langage vulgaire, on donne le nom de regain. Donc dans son application aux prairies, la *vaine pâture* suppose que la récolte des *deux herbes* est faite; alors il y a un droit simple de vaine pâture. Que si les habitants d'une commune ont le droit de pâturage dans les prairies après la première herbe, comme le dit l'art. 11, alors leur droit est bien plus considérable, car ils ont le droit à la seconde récolte, celle du regain, laquelle est parfois plus avantageuse que la première, lorsque la belle saison a été sèche, tandis que l'arrière-été et le commencement de l'automne ont été pluvieux. Maintenant on comprendra la différence que la loi met, pour le droit de se clore, entre le cas de l'art. 11 et le cas de l'art. 5. Lorsqu'il s'agit d'un droit simple de vaine pâture, le pâturage s'exerce après que toutes les récoltes sont faites, le propriétaire n'a presqu'aucun intérêt à s'y opposer, et c'est ce défaut d'intérêt qui a introduit l'usage de la vaine pâture; alors même qu'il y a un titre, il ne fait que constater l'usage et le défaut d'intérêt de s'y opposer. On conçoit donc que le législateur permette aux propriétaires de s'affranchir de ce vain pâturage en fermant leurs héritages par une clôture. Il n'enlève pas un droit acquis, il ne viole pas la propriété, alors même qu'il y aurait un titre... La position du propriétaire qui livre ses prairies au vain pâturage après la récolte de la première herbe est tout autre. Il a encore une récolte à faire; il y renonce en faveur des habitants de la commune. C'est l'abdication d'un droit aux fruits, l'abdication d'un droit de propriété. Cette renonciation peut-elle se présumer? Non, car on n'est pas présumé renoncer à son droit. Si le propriétaire y renonce, ce sera à titre onéreux; il y a donc là une véritable convention qui donne un droit aux habitants sur une partie des fruits. C'est ce qu'on appelle un *titre de propriété*. Ce titre, le législateur le doit respecter; il le respecte. Mais si les habitants n'ont pas de titre, s'ils n'invoquent qu'un ancien usage, le législateur permet au propriétaire de s'en affranchir et de se clore; pourquoi? Parce que cet usage n'est que l'effet de la tolérance et la tolérance ne donne aucun droit. C'est un acte de bienveillance, de générosité, qui se renouvelle ou ne se renouvelle pas, selon que le propriétaire le veut. Dès qu'il veut se clore, il en a le droit » (*op. cit.*, t. 7, n°s 448 et suiv. Conf. Aubry et Rau, t. 2, p. 178, § 191, note 23; *Rép.* n° 65).

La solution est fort simple sous l'empire de la loi de 1889. Si les habitants ont, à titre de servitude conventionnelle ou de copropriété, un droit au regain, les propriétaires des prairies soumises à ce droit ne peuvent s'en affranchir par la clôture. Ce n'est pas la vaine pâture. Ainsi le droit de pacage sur les secondes herbes des prairies closes, où les bestiaux sont introduits au moyen d'ouvertures actuellement pratiquées à la clôture, n'a pas le caractère de la vaine pâture, et, par suite, met obstacle au droit de clôture (*Rép.* n° 37). Jugé que le droit de faire paître les secondes herbes dans un pré clos et fermé où les bestiaux, conduits par un pâtre commun, sont introduits à l'aide d'ouvertures ou trouées pratiquées à la clôture avec le concours du propriétaire lui-même, constitue non un droit de vaine pâture, mais une véritable servitude à laquelle ce propriétaire ne peut, dès lors, se soustraire par l'établissement d'une clôture permanente (Req. 27 avr. 1859, aff. Yvrad, D. P. 59. 1. 436). — Dans les autres hypothèses, lorsque le droit n'existe pas à titre de servitude ou de copropriété, la question ne saurait plus se poser, puisque la vaine pâture ne peut s'exercer, dans aucun temps, sur les prairies naturelles ou artificielles (Loi de 1889, art. 5).

83. On a dit au *Rép.* n°s 68 et suiv. que le titre qui, d'après la jurisprudence sous la loi de 1791, mettait obstacle au droit de clôture, était l'acte instrumentaire constatant l'établissement du droit de servitude, titre primordial ou ancien jugement équivalant au titre constitutif; que si le titre représenté ne fournissait d'autre preuve que celle d'une longue possession de vain pâturage, il était sans effet aux yeux du juge. M. Laurent approuve cette doctrine. « Au premier abord, dit-il, la loi, telle que la cour de cassation l'interprète, paraît en opposition avec les principes généraux du droit. En effet, sur quoi la prescription est-elle basée? Elle suppose qu'il y a eu une convention dont la preuve ne peut être administrée; dans ce cas, elle implique l'existence d'un titre. Ou elle suppose le consentement de celui contre qui l'on prescrit, ce qui aboutit à une convention tacite; donc encore un titre; et ce titre est même plus significatif que ne le serait un acte, un écrit, car il suppose un consentement qui s'est perpétué pendant de longues années. Pourquoi donc le législateur ne tient-il compte que des titres (dans la loi, art. 2 et 11, où le mot *titre* se trouve opposé au mot *possession*), et pourquoi permet-il aux propriétaires de s'affranchir de la vaine pâture, quand elle est établie par la possession, c'est-à-dire avec leur consentement tacite? C'est que, dans l'espèce, la possession n'a pas le caractère exclusif qui lui appartient d'habitude. Quand pour la première fois un propriétaire a permis le pâturage sur ses prairies dépouillées de leur récolte, il l'a fait par tolérance ou indifférence; les habitants n'ont donc entendu conquérir aucun droit. Si cet état de choses se prolonge et se perpétue, le législateur maintient à la vérité la vaine pâture fondée sur cette longue possession, mais il ne la met pas sur la même ligne que la servitude acquise par titre, parce qu'il suppose toujours un élément de tolérance et par suite de précarité dans la possession. Il y a encore une autre considération : l'art. 11 se sert des termes *titre de propriété*. Qui dit propriétaire dit droit particulier et exclusif portant sur un objet déterminé; le plus souvent le titre ne concerne que certaines prairies, ce qui constitue une servitude de pacage; tandis que la possession s'étend sur toutes les prairies d'une commune, ce qui est la véritable vaine pâture » (*op. cit.*, t. 7, n° 452). Aujourd'hui lors même qu'il est fondé sur un titre, le droit de vaine pâture, on l'a dit *suprà*, n° 76, ne fait pas obstacle à la clôture.

84. L'art. 6 de la loi de 1791 indiquait dans quels cas un héritage était réputé clos. Tous les auteurs étaient d'accord pour reconnaître que l'art. 6 n'était pas conçu dans des termes restrictifs; que, dès lors, pour qu'un fonds fût affranchi de la vaine pâture, il suffisait qu'il fût fermé par une clôture apportant un obstacle sérieux à l'introduction du bétail, alors même que cette clôture ne rentrerait pas exactement dans les conditions indiquées par l'article (V. les auteurs et les arrêts cités *suprà*, v° *Commune*, n° 539. V. aussi Laurent, *op. cit.*, t. 7, n°s 455 et suiv.). — Il a été jugé que des prairies qui ne sont longées d'un côté que par un ruisseau facile à franchir à l'époque du pâturage ne sont pas réputées closes (Liège, 25 févr. 1875) (1).

(1) (Renault C. Commune de Fallais.) — LA COUR; — Attendu qu'en l'absence d'un titre constitutif ou récognitif du droit de grasse et vive pâture qu'elle réclame, la commune intimée doit établir que les prés sur lesquels elle prétend avoir acquis un droit de pâturage par une possession *animo domini* de quarante années, avant la promulgation du titre des servitudes, étaient clos de toutes parts à l'époque de sa possession;

Attendu qu'il ressort des enquêtes auxquelles il a été procédé

L'art. 6 de la loi de 1889 porte : « Est réputé clos tout terrain entouré, soit par une haie vive, par un mur, une palissade, un treillage, une haie sèche d'une hauteur d'un mètre au moins, soit par un fossé d'un mètre vingt-cinq centimètres à l'ouverture et de cinquante centimètres de profondeur, soit par des traverses en bois ou des fils métalliques distants entre eux de trente-trois centimètres au plus et s'élevant à un mètre de hauteur, *soit par toute autre clôture continue et équivalente faisant obstacle à l'introduction des animaux* ». Ce dernier membre de phrase indique que l'énumération des clôtures n'est pas limitative. — Une simple bordure d'arbres fruitiers ou autres soustrairait-elle le terrain à la vaine pâture? MM. Clément et Lépinois le soutiennent, si la bordure forme une clôture défensive. Il en serait autrement si les arbres étaient assez espacés pour permettre le passage des troupeaux (*op. cit.*, n° 275).

85. Le propriétaire qui se clôt perd son droit à la vaine pâture en proportion du terrain qu'il y soustrait (Loi de 1791, art. 16, tit. 1er, sect. 4 ; c. civ. art. 648) (V. *Rép.* v° *Servitudes*, n° 384 ; Demolombe, *Traité des servitudes*, t. 1, n° 288).

86. Ce n'est que pendant le temps où l'héritage est clos qu'il est affranchi de la vaine pâture. Dès qu'il cesse de l'être, la servitude peut être exercée, à moins qu'un changement de culture ne l'ait exclu de la catégorie des champs soumis à la vaine pâture (Clément et Lépinois, *op. cit.*, n° 321 ; Henrion de Pansey, *Biens communaux*, p. 401 ; Demolombe, *op. cit.*, t. 1, n° 288). — Jugé qu'alors même qu'un terrain ait été exempté de la vaine pâture, parce qu'il était clos au moment de la promulgation de la loi de 1791, ce terrain est soumis à l'exercice de la servitude si l'état de clôture vient à cesser (Crim. cass. 4 nov. 1859, aff. Renaut, D. P. 60. 5. 406).

87. Le propriétaire qui a fait clore son pré pour le soustraire à la vaine pâture use de son droit en y faisant paître telle quantité de bétail qu'il juge convenable, et il ne peut pour ce fait être déclaré en contravention, alors même qu'un règlement local prescrirait aux habitants du pays de mettre au troupeau commun, sur le terrain où la vaine pâture s'exerce, un certain nombre de têtes de bétail et de les y laisser jour et nuit pour l'engrais des terrains parcourus (Crim. cass. 17 déc. 1864, aff. Plan, D. P. 66. 5. 485).

88. Le Sénat avait ajouté à l'art. 6 de la loi du 9 juill. 1889 un paragraphe ainsi conçu : « Quand la clôture entre deux héritages est établie par l'un des propriétaires, si elle consiste en un fossé, le fossé doit être creusé à 0 m. 25 cent. au moins de la ligne séparative ; si elle consiste en une haie vive, la haie vive doit être plantée à 0 m. 60 cent. de ladite ligne à laquelle on peut juxtaposer toute espèce de clôture ». Il avait estimé que la prescription relative à l'établissement des fossés n'apportait aucune modification à ce qui existe, mais qu'elle assurait pour l'avenir l'uniformité ; qu'elle faisait cesser l'observation des distances variables avec chacune des localités dans une même contrée, souvent dans un arrondissement, et que des usages anciens ont conservées jusqu'ici sans aucun motif vraiment sérieux. Il eût peut-être été utile d'inscrire dans le code rural une distance légale, fixe et régulière, désormais la même dans toute la France. La Chambre des députés a pensé, au contraire, que de pareilles dispositions sortaient du cadre de cette loi spéciale, en ce qui concerne la distance à observer dans la plantation des haies vives. Le paragraphe a été retranché.

§ 3. — Des troupeaux, bergers et gens de service (*Rép.* nos 71 à 99).

89. — I. TROUPEAUX ET GARDE SÉPARÉE. — La jurisprudence a confirmé l'opinion, soutenue au *Rép.* n° 73, d'après laquelle, dans les communes de vaine pâture soumises à l'usage du troupeau en commun, il est interdit à des propriétaires ayant droit au pâturage de réunir leurs bestiaux en un troupeau collectif distinct du troupeau commun. Cette interdiction existe même en l'absence de tout arrêté municipal, et alors que le maire, s'en rapportant aux anciens usages, n'a pas usé du droit de nommer un berger communal (Crim. cass. 28 nov. 1879, aff. Bossu, D. P. 80. 1. 89). La loi de 1889 ne contient aucune disposition contraire à cette doctrine. — Le berger qui conduit à la vaine pâture un troupeau collectif, distinct du troupeau commun formé par des propriétaires ayant droit de prendre part au pâturage, com-

---

en exécution du jugement interlocutoire du 16 juin 1870 que depuis un temps immémorial les habitants du Fallais faisaient paître leurs bestiaux dans les prés dits Badrez de Fallais ; que ceux-ci sont limités au nord par le chemin dit large voie, au midi par le Méhaigue, à l'ouest par des propriétés appartenant à Grégoire, Dormaël et autres et les Badrez de Vieux-Waleffes, à l'est par des prés et terres appartenant à Marchand ; qu'un fossé les séparait du chemin dit Large Voie et des marais Hénault, une rigole des propriétés de Grégoire et Dormaël, et enfin le ruisseau de Vieux-Waleffes des Badrez du même nom ;

Attendu qu'il règne la plus grande incertitude sur la dimension des fossés et rigoles dont il vient d'être fait mention et qu'il est loin d'être démontré que dans toute leur étendue ils étaient d'une largeur telle qu'ils fissent obstacle à l'introduction du bétail ; que l'établissement de haies par Grégoire et Dormaël indique qu'ils ne jugeaient pas la rigole qui séparait leur propriété des Badrez de Fallais comme formant sous ce rapport un obstacle suffisant ; — Qu'il est constaté, d'autre part, que, dans la période comprise entre l'enlèvement de la première herbe et le printemps, des blatiers traversaient les Badrez de Fallais, et que les vaches s'y introduisaient par d'autres endroits que par l'ouverture pratiquée par le propriétaire pour la récolte du foin ; que ces faits qui remontent au commencement de ce siècle et ont, par conséquent, l'importance de tous les autres faits dont les témoins ont une connaissance personnelle, prouvent tout au moins que la clôture n'était pas continue, ou n'était pas de nature à empêcher par elle-même l'introduction des bestiaux ; — Que, du reste, dût-on admettre que les fossés et rigoles constituaient une clôture suffisante, le long de la large voie et des propriétés Grégoire, Dormaël et Boxus, il est certain que cette clôture cessait entre les prés en question et les Badrez de Vieux-Waleffes, ouverts de toutes parts et sur lesquels il existait au profit des habitants de Fallais un droit de vaine pâture ; que là, il n'existait pour toute clôture qu'un ruisseau facile à franchir, et qui, en réalité, était constamment traversé par les bestiaux à l'époque du pâturage ; qu'il est donc incontestable que, tout au moins à cet endroit, il n'existait pas de clôture et qu'on doit, en conséquence, considérer comme prés ouverts les Badrez de Fallais ;

Attendu que la circonstance, relevée dans les enquêtes que chaque année le propriétaire comblait le fossé du côté le plus rapproché du village pour la récolte et le transport du foin, que les habitants se servaient ensuite de ce passage pour l'introduction du bétail et que ce fossé était rempli en mars et en avril, n'a aucune importance et ne caractérise nullement le droit de vive et grasse pâture ; qu'il ne résulte nullement de là que les prés dont il s'agit étaient clos de toutes parts, mais seulement que le propriétaire se créait un passage le plus commode possible à l'endroit qui lui paraissait le plus convenable pour opérer la rentrée de sa récolte et que les habitants en profitaient tout naturellement ; qu'il n'existe là aucun acte impliquant de leur part contradiction aux droits du propriétaire ;

Attendu que les règlements de 1717 et 1731 n'ont pas pour but l'établissement d'une clôture complète et continue autour des Badrez de Fallais, et n'impliquent aucune reconnaissance d'un droit en faveur des habitants de la part du seigneur de Gossée ; que dans tous les cas et en supposant que les prescriptions qu'ils contiennent aient pour but de protéger les Badrez contre les incursions des bestiaux à l'époque de la pousse des foins, l'exercice de la vaine pâture dans le chef de la commune suffit pour expliquer et en justifier les dispositions ;

Attendu que vainement encore l'intimée invoque les actes de partage des auteurs des appelants dans lesquels les Badrez de Fallais sont qualifiés de *banal*, puisque, dans les mêmes actes, on désigne de la même façon des prés qui de l'aveu de tous ne sont assurément assujettis qu'à la vaine pâture et que du reste dans l'ancien droit on entendait par servitude de banalité celle de pâturage à jour fixe dans des terrains ouverts ;

Attendu enfin que la conduite de Duval, receveur des domaines à Hannut à l'époque de l'émigration et dans les circonstances rappelées dans le jugement, ne prouve pas sa reconnaissance du droit des habitants ; que, d'ailleurs, l'inaction de ce fonctionnaire a pu être motivée aussi bien parce que le pâturage avait lieu à jour fixe que parce qu'il s'exerçait dans des lieux clos, ce qui enlève à ce fait tout caractère de pertinence ; — Qu'il suit de ce qui précède que la possession de la commune constitue un simple droit de vaine pâture, dont les appelants pouvaient s'affranchir par la clôture de leur pré ;

Par ces motifs, ouï M. Bougard, premier avocat général, en ses conclusions conformes, réforme le jugement dont est appel ; déclare la commune intimée non recevable et mal fondée dans son action ; la condamne aux dépens des deux instances.

Du 25 févr. 1875.-C. de Liège, 1re ch.-M. de Monge, 1er pr.-Dupont, Warnaut du barreau de Huy) et Clochereux, av.

met la contravention de garde à vue sans droit sur le terrain d'autrui, prévu et puni par l'art. 479, § 10, c. pén. (Arrêt précité du 28 nov. 1879). Les propriétés sur lesquelles le berger mène son troupeau dans ces conditions sont, en effet, devenues, au point de vue du pâturage, le terrain d'autrui, pour lui et ses commettants, du moment où ils se sont placés en dehors des conditions légales de l'exercice du droit de vaine pâture. — Si le maire était intervenu pour désigner le pâtre commun et interdire en même temps la formation d'un troupeau collectif distinct, le berger qui conduirait ce dernier troupeau tomberait sous le coup de l'art. 471, § 15, c. pén., relatif aux infractions aux règlements municipaux.

90. Tout ce qui concerne la garde par troupeau séparé ou par un pâtre commun, la quantité de bétail qui peut être envoyée au troupeau commun, les attributions des maires et des conseils municipaux en ces matières, a été étudié au *Rép.* n°s 76 et suiv., et v° *Commune*, n°s 815 et suiv., et *suprà*, eod. v°, n°s 335 et suiv. V. aussi Clément et Lépinois, *op. cit.*, n°s 288 et suiv.

91. — II. Patre; Berger. — Le conseil municipal peut prescrire la nomination d'un ou plusieurs bergers communs qui doivent être choisis par le maire, et imposer, pour le payement de ce pâtre, une taxe à ceux qui usent de la vaine pâture et qui n'ont pas de berger particulier (V. *Rép.* n° 97, et *suprà*, v° *Commune*, n° 544). Jugé : que la taxe établie pour le payement du salaire du pâtre communal peut être imposée par le conseil municipal aux seuls habitants qui ont des bestiaux dans les pâturages communaux et en proportion du nombre de leurs bestiaux (Cons. d'Et. 4 mars 1858, aff. Forin, D. P. 59. 3. 9; Rolland de Villargues, *Dictionnaire du notariat*, v° *Parcours*, n° 61); — Que le droit de réglementer la profession de chevrier, au point de vue de la police rurale et municipale, ne peut appartenir qu'au maire; que l'arrêté du sous-préfet à cet égard est illégal et dépourvu de sanction (Req. 6 juill. 1866, aff. Khalifa-ben-Embare, D. P. 66. 5.37).

92. Le pâtre commun, régulièrement nommé par le maire, est responsable pénalement des bestiaux dont il a la garde. La commune est responsable des réparations civiles qui peuvent être prononcées contre lui, à l'exclusion des propriétaires des animaux trouvés en délit; ceux-ci sont forcés de faire conduire leurs bestiaux par le pâtre commun qu'ils n'ont pas choisi ; ils ne sauraient donc être recherchés à raison des fautes qu'il commet. Il en est autrement en matière de délits forestiers commis par le pâtre d'une commune usagère (Sourdat, *Traité général de la responsabilité*, 4e éd., t. 2, n°s 1367 et suiv., 1414 et suiv.). — Mais le propriétaire de bestiaux trouvés en délit ne peut être exonéré de la responsabilité civile de la contravention relevée à la charge du gardien, sous prétexte que ce gardien serait un pâtre communal chargé de la garde des bestiaux du troupeau commun, si rien n'établit que celui-ci ait été nommé par le maire en qualité de pâtre communal, ni que sa nomination ait été approuvée par le conseil municipal (Crim. cass. 5 janv. 1861, aff. Primer-Camusiaux, D. P. 72. 5. 135).

93. Le pâtre d'un troupeau particulier est pénalement responsable des bestiaux dont il a la garde ; son maître est responsable des réparations civiles prononcées contre lui. Jugé que la contravention d'abandon de volailles, qui ont causé du dommage à la propriété d'autrui, doit, lorsque ces volailles avaient été placées sous la surveillance d'un gardien, être déclarée à la charge de celui-ci et non du propriétaire qui, en pareil cas, ne peut être condamné que comme civilement responsable de la négligence de son préposé (Crim. cass. 10 mai 1872, aff. Bouillon, D. P. 72. 1. 83. V. Sourdat, *op. cit.*, t. 2, n° 783 ; *Rép.* v° *Responsabilité*, n°s 731 et suiv., et *infrà*, n°s 190 et suiv.).

94. — III. Louage des domestiques et des ouvriers ruraux. — Aux termes de l'art. 15 de la loi du 9 juill. 1889, la durée du louage des domestiques et des ouvriers ruraux est, sauf preuve d'une convention contraire, réglée suivant l'usage des lieux (V. *infrà*, v° *Louage d'ouvrage et d'industrie*).

§ 4. — Des bans de vendange, etc. — Du glanage, grappillage, etc. (*Rép.* n°s 100 à 112).

95. — I. Bans de vendange (*Rép.* n° 100). — La loi du 28 sept. 1791 reconnaissait expressément au maire le droit de publier sans consulter le conseil municipal des bans de vendange dans les pays où ils sont en usage (*Rép.* v° *Commune*, n° 773). La loi du 9 juill. 1889 a modifié cette législation. Aux termes de l'art. 13, le ban des vendanges ne peut être établi ou même maintenu que dans les communes où le conseil municipal l'aura ainsi décidé par délibération soumise au conseil général et approuvée par lui. S'il est établi ou maintenu, il est réglé chaque année par arrêté du maire. Les prescriptions de cet arrêté ne sont pas applicables aux vignobles clos de la manière indiquée par l'art. 6. La commission du Sénat et celle de la Chambre des députés ont reconnu que presque partout le ban des vendanges gêne les vignerons et ne compense par aucun avantage sérieux les embarras qu'il apporte à la liberté de fixer le moment opportun de la cueillette du raisin (Rapport de M. Malens, *Journ. off.* 1878, Sénat, annexe n° 88). Cependant elles ont proposé de laisser à l'autorité locale la faculté de conserver ou même d'établir un usage que certaines circonstances particulières peuvent passagèrement justifier. — La loi ne parle pas des bans de moissons et de fauchaisons, qui sont permis, mais si peu en usage que le législateur ne croit pas devoir s'en occuper.

96. Les questions relatives aux bans de vendange ou autres sont examinées v^{is} *Commune*, n°s 528 et suiv. ; *Contraventions*, n°s 148 et suiv. ; — *Rép.* v^{is} *Commune*, n°s 773 et suiv. ; *Contraventions*, n°s 246 et suiv.

97. — II. Glanage; Ratelage et grappillage (*Rép.* n°s 100 à 109). — La nature juridique du glanage est assez difficile à définir. Un jugement du tribunal civil de Saint-Quentin a comparé le droit de glanage aux droits d'affouage et aux droits d'usage sur des prairies ou des marais ; il en a conclu qu'il peut donner lieu à l'action possessoire (Trib. Saint-Quentin, 31 mai 1882, aff. Commune de Croix-Fonsommes, D. P. 85. 1. 113). Cette assimilation ne nous paraît pas exacte. Les droits d'affouage et autres analogues, quel qu'en soit l'objet, ont ce caractère commun qu'ils impliquent tous à des degrés divers, la faculté de percevoir une portion quelconque des produits du fonds qui en est grevé, et participent ainsi plus ou moins à la nature de l'usufruit ou de l'usage proprement dit. Le glanage n'a pas la même portée ; il n'enlève au propriétaire aucune fraction utile de sa jouissance, puisqu'il ne s'exerce qu'après l'achèvement de la moisson ; il ne porte que sur un excédent d'une valeur insignifiante, et qui serait demeuré sans emploi. Le glanage ne peut être une servitude foncière puisqu'il ne profite pas à des héritages, mais seulement aux personnes admises à l'exercer. Il ne saurait être non plus considéré comme une servitude personnelle. Il n'en a pas les caractères. Ce n'est qu'une sorte de tolérance, reconnue sans doute par la loi, mais d'un caractère essentiellement précaire, puisque la jouissance des propriétaires n'en est affectée dans aucune mesure. Dès lors, le glanage ne peut être l'objet d'une quasi-possession susceptible de produire des effets juridiques, et il ne saurait faire l'objet d'une action possessoire (V. en sens contraire : Wodon, *Traité de la possession et des actions possessoires*, t. 2, n° 550).

98. Le jugement du 31 mai 1882 (cité *suprà*, n° 97), a décidé aussi que l'action possessoire peut être exercée par une section de commune à l'effet d'exclure du glanage, dans les limites de sa circonscription, les habitants des autres parties de la commune. — L'exercice du glanage peut évidemment être fractionné sur le territoire d'une commune, de manière qu'une section ait le droit d'en exclure tous autres que ses propres habitants. Mais la justification d'un pareil droit serait assez difficile à fournir, si l'on admet notre système sur la nature juridique du glanage. Il faudrait, en effet, que la section pût se prévaloir d'un fait juridique constituant une cause légale d'acquisition à son profit, c'est-à-dire soit d'un titre, soit de la prescription. Or, l'existence d'un titre ne se conçoit guère en pareille matière; et d'autre part, une possession exclusive, fût-elle immémoriale, serait inefficace.

99. Les conditions auxquelles est soumis l'exercice des droits de glanage, de râtelage et de grappillage sont étudiées v^{is} *Commune*, n° 554 ; *Contraventions*, n°s 111 et suiv. ; — *Rép.* v^{is} *Commune*, n° 833 ; *Contraventions*, n°s 195 et suiv.

100. Sur le chaumage et la cherpille, V. *Rép.* n°s 110 et suiv.

§ 5. — De la vente des blés en herbe.

101. La loi du 6 mess. an 3 prohibait, sous peine de confiscation des grains et des fruits vendus, toutes les ventes de grains en vert et pendants par racines. — Cette loi a été abrogée par celle du 9 juill. 1889 (art. 14). La loi de messidor avait pour but de prémunir contre un trop facile entraînement les cultivateurs besoigneux, tentés de vendre leur récolte à vil prix pour réaliser un gain immédiat. — Cette protection à outrance, qui n'avait jamais pu se maintenir, même sous l'ancien régime, était trop contraire à nos mœurs modernes pour produire des effets utiles. En proclamant l'abrogation de la loi, on n'a fait qu'en consacrer la désuétude.

ART. 4. — *Des animaux* (*Rép.* n°s 113 à 156).

1er. — Des abeilles et vers à soie. — Saisie (*Rép.* n°s 117 à 130)

102. — I. ABEILLES (*Rép.* n°s 117 à 128). — Le fait de détruire par manœuvres frauduleuses un essaim d'abeilles appartenant à autrui constitue un fait punissable et que réprime l'art. 479, § 1er, c. pén. Il ne peut tomber, en effet, ni sous l'application des paragraphes 2, 3 et 4 de l'art. 479 qui supposent des dommages causés par des moyens limitativement déterminés, ni sous l'application de l'art. 454 c. pén. qui punit ceux qui tuent sans nécessité les animaux *domestiques*. Les abeilles, ce point a été établi au *Rép.* n° 123, et la cour de cassation l'a proclamé, ne sont pas des animaux domestiques (V. *suprà*, v° *Dommage-destruction-dégradation*, n° 153). Ce sont des animaux sauvages, ou tout au moins d'une nature mixte. Leur destruction ne saurait donc constituer le délit prévu par l'art. 454, quelque coupables que soient les manœuvres frauduleuses employées; mais elle trouve sa répression dans l'art. 479, § 1er, qui punit les atteintes volontaires aux propriétés mobilières d'autrui. — Conformément à cette doctrine, il a été jugé : 1° que le fait de verser de l'eau bouillante sur les ruches et de causer ainsi la mort des abeilles constitue la contravention de dommage aux propriétés mobilières d'autrui, punie par l'art. 479, § 1er, c. pén., et non pas le délit de destruction d'un animal domestique, prévu par l'art. 454 c. pén.; que lorsque des essaims indivis entre le propriétaire du fonds où ils sont placés et un tiers ont été détruits par ce moyen, l'art. 479, § 1er, c. pén. est applicable à la destruction de la partie des essaims appartenant à ce tiers, à l'égard duquel les ruches n'étaient pas immeubles par destination (Toulouse, 3 et 30 mars 1876, aff. Taillefer, D. P. 76. 2. 145-146); — 2° Que le fait de détruire des essaims d'abeilles placés dans des troncs d'arbres sur une propriété non close constitue, non le délit de soustraction frauduleuse, mais la contravention de dommage causé volontairement aux propriétés mobilières d'autrui, prévue et punie par l'art. 479, n° 1, c. pén; que le fait de prendre le miel dans les mêmes conditions, alors que, d'après l'usage local, ce fait n'est considéré que comme une sorte de prise de possession ou de droit de premier occupant, ne peut être, à défaut d'intention frauduleuse, qualifié de vol, et donne seulement lieu à des réparations civiles (Orléans, 25 janv. 1887) (1).

103. On a vu au *Rép.* n° 126 que le vol d'une ruche est puni par la loi du 25 brum. an 8, toujours en vigueur, d'un emprisonnement de trois mois à une année pour un vol de jour, et de six mois à deux ans pour un vol de nuit. L'art. 388 c. pén. ne s'y applique pas. — La peine du vol de ruches ne peut être mitigée par l'admission des circonstances atténuantes (Bouniceau-Gesmon, *Revue pratique*, 1869, t. 27, p. 417 et suiv.; Béquet, *Répertoire de droit administratif*, v° *Bêtes*, n°s 532 et suiv. V. *Rép.* v° *Vol*, n°s 388 et suiv.).

104. Lorsque les abeilles et leurs ruches ont été placées dans le fonds par le propriétaire, elles sont immobilisées ainsi par destination et ne peuvent être saisies que par voie de saisie immobilière, et vendues qu'avec le fonds lui-même. Si les abeilles et les ruches ont été placées sur le fonds par un autre que le propriétaire, et spécialement par le fermier, elles ont le caractère de meubles; mais, dans ce cas, l'art. 3 de la loi de 1791 n'en permettait la saisie que dans les cas exceptionnels prévus par l'art. 2; c'est-à-dire au profit de la personne qui avait fourni les ruches, ou pour l'acquittement de la créance du propriétaire envers son fermier; en tous cas, elle défendait de déplacer les ruches à une autre époque que dans les mois de décembre, janvier et février. La loi du 4 avr. 1889 (art. 10) dispose en ces termes : « Dans le cas où les ruches à miel pourraient être saisies séparément du fonds auquel elles sont attachées, elles ne peuvent être déplacées que pendant les mois de décembre, janvier et février ». Les restrictions apportées au droit de saisie par l'art. 2 de la loi de 1791 ne sont pas reproduites dans la loi nouvelle.

105. On a dit au *Rép.* n°s 121 et suiv. que le propriétaire d'un essaim a le droit de le réclamer et de s'en ressaisir tant qu'il n'a pas cessé de le suivre; qu'autrement, l'essaim appartient au propriétaire du terrain sur lequel il s'est fixé, si toutefois, il n'y a pas été attiré par fraude. La loi du 4 avr. 1889 (art. 9) pose nettement ce principe. Si le terrain où s'est refugié l'essaim n'est pas clos, le poursuivant peut y entrer, sauf à indemniser le propriétaire du dommage qu'il peut causer. Si le terrain est clos, et que le propriétaire en refuse l'entrée, le poursuivant pourra le citer à bref délai devant le juge de paix pour le faire condamner à livrer l'accès de son fonds, ou bien à remettre l'essaim ou à en payer la valeur. Il a été jugé que celui qui refuse au propriétaire d'un essaim d'abeilles l'accès de son terrain, même clos de murs, où l'essaim poursuivi s'est refugié, est responsable du préjudice causé par ce refus au propriétaire dépossédé et encourt l'application de l'art. 1382 c. civ. (Req. 24 janv. 1877, aff. Saintin, D. P. 77. 1. 164).

106. Le propriétaire doit-il poursuivre l'essaim en personne? MM. Clément et Lépinois, *op. cit.*, n° 135, estiment avec raison qu'il serait exorbitant de priver le propriétaire du bénéfice du droit de suite, quand il ne peut l'exercer lui-même soit pour cause d'absence, soit pour tout autre motif. Il suffit donc que l'essaim soit poursuivi en son nom pour que le droit du propriétaire reste entier. — La poursuite interrompue par une circonstance indépendante de la volonté du propriétaire, telle que l'arrivée de la nuit, ne met pas obstacle à ce qu'il se ressaisisse de l'essaim fugitif, s'il reprend la poursuite aussitôt qu'elle redevient possible.

107. Si l'essaim s'est refugié dans une ruche vide, le poursuivant pourra rentrer en possession de l'essaim en renversant la ruche, car le propriétaire de celle-ci n'a encore acquis aucun droit aux abeilles. Si la ruche est habitée, le poursuivant se trouve dans l'impossibilité de rentrer en

(1) (Bigot.) — LA COUR; — En ce qui touche la prévention de tentative de soustraction frauduleuse d'abeilles : — Attendu qu'il est constant et reconnu par les prévenus qu'ils ont tenté, le 12 déc. 1886, de s'emparer du miel de deux essaims d'abeilles, placés dans des troncs d'arbres existant sur la propriété non close des sieurs Boulay et Lebrun, et qu'ils ont détruit, à l'aide d'une mèche soufrée les abeilles de l'arbre appartenant au sieur Lebrun; que rien n'établit qu'ils aient eu l'intention de s'emparer des abeilles; que les circonstances de la cause sont mêmes exclusives de cette intention; que le fait d'avoir détruit ces abeilles constitue, non le délit de soustraction frauduleuse, mais une contravention prévue et punie par l'art. 479 c. pén.;

Sur la prévention de tentative de soustraction frauduleuse de miel appartenant à autrui : — Considérant qu'il résulte de l'instruction et des débats que les prévenus ont annoncé à diverses personnes qu'ils avaient trouvé des nids d'abeilles et qu'ils allaient s'emparer de leur miel; que le fait de prendre le miel que l'on découvre dans les troncs d'arbres de propriétés non closes n'est envisagé dans leur canton que comme une sorte de prise de possession ou de droit du premier occupant, et que, s'il peut donner lieu à des réparations civiles, il n'est pas considéré comme une soustraction; que les premiers juges ont fait résulter l'intention frauduleuse des prévenus de ce qu'ils avaient opéré la nuit, et de leur fuite au moment où ils avaient été découverts par les propriétaires des arbres; mais qu'il y a lieu de considérer que, quelle que pût être l'intention des frères Bigot, ils ne pouvaient s'attaquer à un essaim d'abeilles, qu'au moment où il était endormi ou engourdi, afin d'éviter tout danger; que, si les prévenus ont pris la fuite, ils ne l'ont fait qu'au moment où les propriétaires de l'arbre et leurs amis ont tiré des coups de fusil dans leur direction, et qu'ils ont agi sous l'influence d'un sentiment de crainte bien suffisante pour expliquer leur fuite en dehors de toute intention frauduleuse; que cette intention constitutive du délit de vol n'est nullement établie; — Par ces motifs; — Infirme, etc.

Du 25 janv. 1887.-C. d'Orléans.-M. Dubec, pr.

possession de ses abeilles qui se sont mêlées à celles de la ruche. On ne saurait lui appliquer par analogie l'art. 573, n° 2, c. civ. qui voit une propriété commune dans un mélange de matières ne pouvant plus être séparées commodément. La seule faculté accordée au propriétaire des abeilles est celle de les poursuivre et de s'en ressaisir. Quand la reprise est devenue impossible, il n'a plus sur elles aucun droit (Clément et Lépinois, *op. cit.*, n° 145).

108. L'essaim qui n'est pas poursuivi n'appartient au propriétaire du terrain que s'il s'est *fixé* sur ce terrain, soit dans une ruche, soit dans le creux d'un arbre, soit dans l'excavation d'un mur; jusque-là, il appartient au premier occupant (*Rép.* n°s 122 et suiv.).

109. L'appropriation des abeilles par la mise en ruche est-elle un cas d'occupation, un cas d'accession? L'essaim qui se fixe sur un héritage appartient-il à l'usufruitier? (V. sur ces points *Rép.* v^is *Droit rural*, n° 123; *Usufruit*, n° 365).

110. Le voisinage d'une ruche présente incontestablement pour la sécurité publique un certain inconvénient. Les abeilles peuvent, lorsqu'elles sont irritées, causer aux animaux domestiques et aux hommes de graves accidents. Aussi la jurisprudence a-t-elle toujours déclaré responsables des dommages causés les propriétaires de ruches. Les questions de responsabilité et de réparation des dommages qui s'élèvent à l'occasion des abeilles ne donnent jamais lieu, d'ailleurs, qu'à l'application du droit commun. Il n'existe pas de dispositions de lois particulières réglant cette responsabilité. Les lois de 1791, de 1837 et de 1884 ont reconnu seulement aux maires chargés de la police rurale le droit de prendre des arrêtés, notamment dans le but d'éviter les inconvénients qui résultent du voisinage des abeilles. La loi du 4 avr. 1889 (V. *suprà*, n° 6) a conféré aussi des pouvoirs aux préfets à cet égard. — Jugé: 1° que l'accident causé par des abeilles rendues furieuses par l'opération de la cueillette du miel, et consistant en ce que des chevaux piqués par elles se sont emportés et ont jeté une personne en dehors de la voiture qu'ils traînaient, engage la responsabilité du maître de ces abeilles, aux termes de l'art. 1385, alors qu'en outre il a à se reprocher d'avoir imprudemment placé ses ruches dans le voisinage de la voie publique et d'avoir procédé à la cueillette du miel sans faire avertir les passants du danger qui les menaçait; et que, dans le cas où le maître des abeilles se trouve être le domestique d'un propriétaire cultivateur, celui-ci est avec raison associé à la responsabilité de son serviteur, pour avoir toléré un mode de placement des ruches et de cueillette du miel qui offrait des dangers pour les passants (Limoges, 5 déc. 1860, aff. Legrand, D. P. 67. 5. 368); — 2° Que le propriétaire d'un rucher est responsable de l'accident causé par les abeilles qu'il élève, s'il apparaît qu'avec plus de circonspection et de vigilance de sa part, le préjudice occasionné aurait pu être prévenu. Tel est le cas où le propriétaire a donné à son rucher des proportions considérables (cent quarante ruches, toutes peuplées) et l'a établi, non au centre de sa propriété et de manière à l'isoler autant que possible des propriétés contiguës, mais à une faible distance d'un fonds voisin, où l'incursion des abeilles provenant de ses ruches a causé la perte d'un cheval irrité par les piqûres de ces animaux (Trib. Bordeaux, 6 juin 1869, aff. Daussy, D. P. 70. 3. 37); — 3° Que le propriétaire de ruches situées à moins de cent mètres de l'héritage d'autrui peut, si les abeilles y causent du dégât, être condamné à les enlever, en outre des dommages-intérêts (Paris, 29 mars 1879) (1). Dans l'espèce sur laquelle a statué cet arrêt, il résultait des constatations de l'expertise que les abeilles avaient presque entièrement détruits des raisins et diverses sortes de fruits. M. Laurent approuve cette doctrine. « On a prétendu, dit cet auteur, que l'art. 1385 c. civ. n'est pas applicable aux abeilles, parce que les abeilles ne peuvent être considérées comme une propriété privée. L'art. 524 répond à cette objection: il place les ruches à miel parmi les immeubles par destination. Il est vrai que les abeilles peuvent reprendre leur liberté naturelle, et, dans ce cas, il va sans dire que personne n'est responsable du dommage qu'elles causent; mais, tant qu'elles reviennent à leurs ruches, elles sont une propriété privée et, par conséquent, l'art. 1385 est appli-

(1) (Vaudin et Richard C. Bardout.) — Les sieurs Vaudin et Hilaire Richard, propriétaires, prétendant que leurs voisins, les sieurs Gustave Bardout et Bardout-Millerat, avaient installé tout près de leurs habitations, jardins et vergers, une grande quantité de ruches d'abeilles qui étaient ainsi un danger permanent pour les personnes et les récoltes, intentèrent devant le tribunal d'Auxerre une demande à l'effet d'ordonner l'enlèvement des ruches et d'obtenir réparation du préjudice causé. Par jugement du 6 févr. 1878, le tribunal rejeta la demande tendant à l'enlèvement des ruches, et les demandeurs firent appel. — Arrêt.

La cour; — Considérant que Gustave Bardout a établi trente-deux ruches à miel contenant environ huit cent mille abeilles dans une petite pièce de vigne de quelques ares qui lui appartient, mais à la distance seulement de 17 mètres du jardin et de 30 mètres de la maison de l'appelant Vaudin; — Considérant que les experts nommés par le tribunal ont constaté que ces abeilles envahissent le jardin dudit appelant, qu'en 1876 elles y ont presque entièrement détruit les raisins et diverses sortes de fruits; que, au temps de la maturité, elles couvrent en si grand nombre ces fruits qu'il devient impossible de les récolter sans s'exposer à des piqûres plus ou moins dangereuses; — Considérant qu'ils constatent également que leur voisinage incommode et souvent dangereux oblige Vaudin et sa famille à des précautions minutieuses pour éviter les inconvénients sérieux auxquels leurs personnes peuvent être exposées; — Considérant qu'en telle circonstance, il y a grave abus et cause permanente de préjudice; que, par suite, Vaudin est en partie atteint dans la libre jouissance de sa propriété; que le nombre des ruches à miel de Gustave Bardout excède manifestement la limite de la tolérance entre voisins; — Considérant que la faveur due à une utile industrie agricole ne peut en autoriser les abus; — Considérant que Gustave Bardout est tenu, aux termes des art. 1383 et 1385 c. civ., non seulement de réparer le préjudice qu'il a occasionné, mais aussi d'en faire cesser la cause; — Considérant que, pour apprécier l'importance des dommages-intérêts, les premiers juges, se fondant sur certaines données de la science, ont cru pouvoir décider que le principal dommage ne devait pas être attribué aux abeilles de l'intimé; — Mais, considérant qu'au contraire des nombreux documents fournis devant la cour il ressort en preuve que si, d'ordinaire, les abeilles ne peuvent entamer les fruits entièrement sains, elles se jettent avidement sur tous ceux dont la pellicule est ouverte, soit par la piqûre d'un autre insecte, soit à raison d'un excès de maturité, et qu'elles ravagent ainsi les vergers aux alentours de leurs ruches; — Considérant que de plus les experts, au moment de leur visite, ont constaté que les abeilles des intimés recouvraient les haies, les arbres, même les pierres et les bords d'une petite fontaine; qu'elles avaient envahi tout le jardin de Vaudin; qu'elles mangeaient et avaient déjà détruit les framboises, les fraises et les raisins d'une treille; qu'ils ont estimé la perte subie à 627 fr.; — Considérant qu'en tenant compte, autant que possible, de la part de préjudice qu'il convient d'attribuer aux autres insectes dont Gustave Bardout n'a pas à répondre, on ne peut réduire l'évaluation à moins de 200 fr.; — En ce qui touche le dommage dont Hilaire Richard aurait souffert: — Considérant que Bardout, gendre Millerat, second intimé au procès, a établi onze ruches sur son terrain, aussi de quelques ares, à 34 mètres seulement du jardin potager et fruitier d'Hilaire Richard; qu'il est constaté par les experts que ce voisinage trop rapproché occasionne audit Richard un préjudice permanent dont la cour, par les motifs ci-dessus donnés en ce qui concerne Gustave Bardout, évalue l'importance à la somme de 40 fr., à allouer comme dommages-intérêts, et dont l'intimé Bardout, gendre Millerat, doit pareillement faire cesser les causes; — Considérant qu'il résulte des documents produits, tant par les appelants que par les intimés, que la distance de 100 mètres est celle le plus ordinairement observée, si l'on veut, autant que faire se peut, parer au dommage causé à la propriété d'autrui par le fait des abeilles appartenant aux voisins et limitrophes; — Sur les réserves dont il est demandé acte par les appelants: — Considérant qu'il n'y a pas lieu à ces réserves, aucun dommage nouveau n'étant articulé devant la cour; — Par ces motifs; — Met les appellations et ce dont est appel à néant, en ce que les premiers juges, en n'allouant aux appelants qu'une indemnité insuffisante, les ont, d'ailleurs, déclarés déboutés du chef de leurs conclusions tendant à l'enlèvement des ruchers appartenant aux intimés; — Et faisant droit par décision nouvelle; au principal; — Condamne Gustave Bardout à payer à Vaudin une somme de 200 fr. à titre d'indemnité; — Condamne Bardout, gendre Millerat, à payer à Hilaire Richard une somme de 40 fr. pour les mêmes causes et motifs; — Ordonne que, dans les trois jours de la signification du présent arrêt, et ce, à peine de 5 fr. par jour pour indemnité de retard, et pour chacun d'eux, pendant un mois, après quel temps il sera fait droit, Gustave Bardout et Bardout, gendre Millerat, enlèveront les ruches à miel, placées sur leurs terrains à moins de 100 mètres de la limite extérieure des héritages des appelants, etc.

Du 29 mars 1879.-C. de Paris, 3e ch.-MM. Alexandre, pr.-Remacle (du barreau d'Auxerre) et Renoult, av.

cable (*op. cit.*, t. 20, n° 633. V. aussi Sourdat, *op. cit.*, t. 2, n° 1441 ; Bouniceau-Gesmon, *Revue pratique de droit français*, 1869, t. 27, p. 417 et suiv.). — Mais, bien entendu, le propriétaire d'un rucher n'est responsable que s'il est établi que le dommage a été causé en tout ou en partie par ses abeilles. Jugé, notamment, que, lorsqu'une raffinerie est entourée d'un certain nombre de ruchers, bien qu'il résulte des documents de la cause que des milliers d'abeilles attirées par le sucre pénètrent dans cette usine, causent des dégâts et blessent les ouvriers, les apiculteurs mis en cause ne sauraient être déclarés responsables de ce trouble et de ce dommage, s'il n'est pas établi qu'ils aient été causés, en tout ou en partie, par les abeilles appartenant à ces apiculteurs (Trib. Seine, 7 mars 1888) (1).

D'après un jugement du tribunal d'Agen, du 2 mars 1872, les abeilles ne pourraient causer aucun dommage aux fruits, et dès lors, il ne saurait être question d'une action en dommages-intérêts à raison d'un pareil dommage (V. Montels, *Revue pratique*, 1872, t. 33, p. 293, qui rapporte et commente cette décision. — V. en sens contraire : Paris, 29 mars 1879, précité).

111. Les maires sont investis du droit de prendre les mesures qui paraissent nécessaires pour empêcher les inconvénients pouvant résulter de l'établissement de ruches d'abeilles à proximité des routes ou des habitations. C'est là une des attributions de la police rurale que la loi de 1791 leur a confiées et qu'a maintenues la loi du 5 avr. 1884 (V. *suprà*, v° *Commune*, n°s 461 et 526 ; Cons. d'Et. 30 mars 1867, aff. Carbillers, aff. Grillou, et aff. Leneveu, D. P. 68. 3. 1). — Le préfet de police, à Paris, a également le pouvoir d'édicter, relativement à l'élevage des abeilles, toutes les mesures qui lui semblent commandées par l'intérêt de la sécurité publique ; mais il ne pourrait, sans violer le principe de la liberté de l'industrie, soumettre l'exercice de cette industrie à la nécessité d'une autorisation préalable émanant du pouvoir discrétionnaire de l'administration. Le pouvoir de réglementation ne saurait comporter le pouvoir d'interdiction, ou ce qui est aussi grave, le pouvoir de créer un véritable monopole en soumettant l'industrie au système des autorisations préalables (Cons. d'Et. 13 mars 1885, aff. Vignet, D. P. 86. 3. 115).

112. Le conseil d'Etat, dans un des arrêts du 30 mars 1867 cités *suprà*, n° 108 (aff. Leneveu), avait avec raison décidé que les règlements de ce genre étaient des mesures de police rurale que les maires avaient seuls droit de prendre à l'exclusion des préfets. Cette solution ne serait plus applicable, dans les termes absolus où elle a été donnée, sous l'empire de l'art. 99 de la loi du 5 avr. 1884 et de l'art. 8 de la loi du 4 avr. 1889. L'article 99 de la loi de 1884, en effet, reconnaît aux préfets le pouvoir de prendre, dans les cas où il n'y a pas été pourvu par les autorités municipales, toutes les mesures relatives au maintien de la sûreté et de la tranquillité publiques. Or l'établissement des ruches d'abeilles intéresse évidemment la sécurité des habitants (V. *suprà*, v° *Commune*, n°s 455 et suiv. ; André et Marin, *Loi municipale du 5 avr. 1884*, p. 193 et suiv.). — D'un autre côté, l'art. 8 de la loi du 4 avr. 1889 confère aux préfets le pouvoir de déterminer, après avis des conseils généraux, la distance à observer entre les ruches d'abeilles et les propriétés voisines ou la voie publique, sauf, en tous cas, l'action en dommage s'il y a lieu.

113. — II. VERS A SOIE (*Rép.* n°s 129 et 130). — Les vers à soie, aux termes de l'art. 4, sect. 3, tit. 1er, de la loi de 1791, étaient de même insaisissables (*de même*, c'est-à-dire comme les abeilles dont parle l'art. 3, pendant leur travail), ainsi que la feuille de mûrier qui leur est nécessaire pendant leur éducation. Les art. 592 et 1041 c. proc. civ., comme on l'a établi au *Rép.* n° 130, n'ont pas abrogé cette disposition. MM. Carré et Chauveau partagent cette opinion. « Lorsque les vers à soie sont élevés par un individu qui n'a pas de propriété et qui achète des feuilles ou par le fermier, disent ces auteurs, il est de l'intérêt commun du créancier et du débiteur que les vers à soie ne soient pas troublés dans leur travail dont le résultat augmentera les biens de l'un et le gage de l'autre. Lorsqu'ils font partie d'une exploitation rurale, nous les considérons alors comme des immeubles par destination, comme servant à mettre en œuvre un produit de l'agriculture » (*Lois de la procédure civile*, t. 4, quest. 2035 *bis*, p. 716). Beaucoup d'auteurs refusent d'admettre que les vers à soie attachés à une exploitation rurale soient immeubles par destination (V. Rousseau et Laisney, *Dictionnaire de procédure civile*, v° *Saisie-exécution*, t. 7, n° 45 ; Aubry et Rau, t. 2, § 164, p. 15 ; Demolombe, *Distinction des biens*, t. 1, n° 278 ; Laurent, t. 5, n° 449). Si l'on admet que les vers à soie sont toujours meubles, il en résultera qu'ils ne seront pas saisis immobilièrement avec le fonds. Mais la loi de 1791 n'en recevait pas moins son application. La saisie-exécution ne pouvait avoir lieu que dans les cas prévus par l'art. 2, et jamais pendant le travail des vers à soie. « Les vers à soie et les feuilles de mûrier sont meubles, dit M. Garsonnet, mais ils ne peuvent être compris dans une saisie-exécution. La disposition du décret de 1791 qui les concerne est encore en vigueur et n'a pas été abrogée par l'art. 1041 c. proc. civ., en vertu de la règle *generalia non derogant specialibus* ; on ne fait pas de difficulté d'appliquer cette règle aux équipements militaires, et de dire qu'ils sont insaisissables d'une manière absolue et pour quelque créance que ce soit, en vertu du décret des 8-10 juill. 1791 et malgré les art. 592-5° et 593 ; il doit en être de même pour les objets dont il s'agit, et le décret des 28 sept.-6 oct. 1791 doit prévaloir contre le silence de l'art. 592 » (*Traité de procédure*, t. 3, p. 550, note 35. Conf. *Rép.* v° *Saisie-exécution*, n° 181 ; Bioche, *Dictionnaire de procédure civile*, v° *Saisie-exécution*, n° 51). — L'art. 11 de la loi du 4 avr. 1889 porte que les vers à soie ne peuvent être saisis pendant leur travail, non plus que les feuilles de mûrier qui

(1) (Société de la *Raffinerie parisienne* C. Champagne, Lefebvre et Longo.) — LE TRIBUNAL ; — Attendu que la société *la Raffinerie parisienne*, propriétaire d'une usine à Saint-Ouen, demande, contre trois apiculteurs, Champagne, Lefebvre et Longo, l'enlèvement de leurs ruches sous une astreinte de 200 fr. par jour : et des dommages-intérêts, soit 20000 fr. à Champagne, 15000 fr. à Lefebvre, 15000 fr. à Longo ; — Attendu qu'il est constant que les trois défendeurs, domiciliés à Coye (Oise), sont propriétaires de nombreuses ruches d'abeilles qu'ils transportent, dans la saison des fleurs, en maintes localités des départements de l'Oise, de Seine-et-Marne, de Seine-et-Oise et à Saint-Ouen ; qu'à Saint-Ouen l'usine de la Raffinerie est envahie, pendant ladite saison, par une quantité d'abeilles ; — Qu'il résulte du rapport de l'expert Rehan et des documents du procès que, attirées par le sucre, les abeilles pénètrent par milliers, dans l'usine, par les fenêtres, les portes, les cheminées et toutes les ouvertures de moindre dimension ; — Qu'elles butinent dans les sirops, les mélasses, en consomment une grande quantité, y meurent souvent, en sorte que les pains où se trouvent leurs corps doivent être refondus ; — Qu'elles piquent et blessent les ouvriers qui travaillent demi-nus ; — Attendu que le trouble et le dommage constatés sont réels ; qu'ils sont peut-être causés par le voisinage trop rapproché des ruches, ce qui pourrait laisser supposer une idée de spéculation de la part des apiculteurs ; — Attendu que si, en principe, les abeilles sont sauvages et *res nullius*, il n'en est pas ainsi dans l'espèce, où domestiquées, elles sont transportées pour un temps, pour être ensuite rapportées au domicile des apiculteurs, lors de la cueillette du miel ; — Attendu qu'en ces conditions, aux termes des art. 1383 et 1385 c. civ., les propriétaires desdites abeilles seraient tenus de réparer le dommage causé par ces animaux pendant le temps qu'ils s'en servent, pourvu que la faute ou la responsabilité desdits propriétaires fût clairement démontrée ; — Mais attendu que d'autres apiculteurs sont établis dans la même contrée dès avant la fondation de l'usine ; que même, l'un des défendeurs au moins, Longo, est dans ce cas ; que les ruches placées à Saint-Ouen sont à proximité de la plaine de Gennevilliers, qui produit des prairies artificielles, trèfles, sainfoins, luzernes, arbres fruitiers, et joint des côtes boisées ; que tous ces végétaux, très recherchés pour la nourriture des abeilles, ont pu y attirer les apiculteurs indépendamment de la raffinerie ; — Attendu que les essais faits pour reconnaître la provenance des abeilles trouvées à l'usine, à l'aide d'une poudre colorante, n'ont pas réussi à cause de la distance à traverser par les abeilles, qu'en effet, toutes les ruches sont, d'après les constats, à plus de cent mètres de la raffinerie ; — Attendu qu'ainsi la preuve à rapporter par la société demanderesse contre les défendeurs n'est pas fournie ; que l'expertise n'a pu l'établir ; — Que la société demanderesse n'a fait aucune articulation permettant de compléter la preuve qui lui incombe ; — Qu'ainsi le trouble et le dommage constatés ne peuvent être sûrement imputés aux défendeurs ; — Par ces motifs ; — Déclare la *Raffinerie parisienne* mal fondée...

Du 7 mars 1888.-Trib. civ. Seine, 3e ch.-MM. Maugis, f.f. pr.-Flandin, subst.

leur sont nécessaires. Une saisie opérée dans ces conditions serait pour le débiteur une perte sans aucun profit pour le créancier. La nouvelle loi ne reproduit pas la disposition de l'art. 2 de la loi de 1791, qui n'autorisait la saisie, en dehors du temps du travail, que dans deux cas exceptionnels (V. *suprà*, n° 97).

114. Les vers à soie, de même que tous les animaux qui vivent, s'élèvent, sont nourris et se reproduisent sous le toit de l'homme et par ses soins, doivent être considérés comme des animaux domestiques dans le sens des art. 454 et suiv. c. pén. Par suite, le fait d'avoir tué méchamment des vers à soie appartenant à un voisin constitue un délit, et non la simple contravention de dommage volontaire aux choses mobilières d'autrui (V. *suprà*, v^{is} *Contraventions*, n° 255; *Dommage-Destruction-Dégradation*, n° 153 ; Crim. cass. 14 mars 1861, aff. Marianne Lichère, D. P. 61. 1. 184, et sur renvoi, Montpellier, 6 mai 1861, D. P. 61. 2. 216. V. aussi Chauveau et Faustin Hélie, *op. cit.*, 6° éd., t. 6, n° 2637).

§ 2. — Des pigeons; Lapins; Animaux de basse-cour. — Dégâts; Saisie; Mise en fourrière (*Rép.* n°s 131 à 156).

115. — I. PIGEONS (*Rép.* n°s 131 à 141). — Le décret du 4 août 1789, corroboré par la loi de 1791, décidait, comme on l'a expliqué au *Rép.* n° 133, que les pigeons étaient regardés comme gibier, et que tout propriétaire pouvait les tuer sur son terrain, dans la période de temps fixée par les arrêtés, pendant laquelle, à cause des récoltes, ils doivent être enfermés. Ces arrêtés émanaient des maires et pouvaient aussi, suivant quelques auteurs, être pris par les préfets (V. *suprà*, v^{is} *Chasse*, n° 796; *Commune*, n°s 456 et suiv.). — Les pigeons étant déclarés gibier pendant le temps où ils devaient être renfermés, celui qui les trouvait sur son terrain et les tuait pouvait les enlever et se les approprier. Cette proposition formulée au *Rép.* n° 141 était admise par la plupart des auteurs (V. *suprà*, v° *Chasse*, n° 798). En dehors du temps où les règlements exigeaient qu'ils fussent tenus renfermés, les pigeons de colombier pouvaient encore être tués, mais seulement s'ils commettaient des dégâts, sur le lieu et au moment des dégâts (Loi de 1791, art. 12, tit. 2) (V. *suprà*, v° *Chasse*, n° 804). Mais alors, n'étant plus réputés gibier, ils ne pouvaient pas être enlevés au préjudice de leur maître, auquel ils n'avaient pas cessé d'appartenir (*Rép.* n° 137).

La loi du 4 avr. 1889 a consacré ces principes. Aux termes de l'art. 7, « pendant le temps de la clôture des colombiers, les propriétaires et fermiers peuvent tuer et s'approprier les pigeons qui seraient trouvés sur leurs fonds, indépendamment des dommages-intérêts et des peines de police encourus par les propriétaires des pigeons. En tout autre temps, les propriétaires et fermiers peuvent exercer, à l'occasion des pigeons trouvés sur leurs fonds, les droits déterminés par l'art. 4, c'est-à-dire les tuer, s'ils causent du dommage, sur le lieu, au moment du dégât, et sans pouvoir se les approprier ».

116. L'enlèvement abusif, dans ce dernier cas, serait avec raison déclaré constitutif de vol si les circonstances de fait révélaient une intention de fraude, et, par exemple, si les pigeons avaient été cachés sous ses vêtements par celui qui venait de les tirer sur un terrain à lui appartenant (Crim. rej. 9 janv. 1868, aff. Lamolinerie, D. P. 68. 1. 359). « Le propriétaire, dit M. Sourdat, *op. cit.*, t. 2, n° 1421, qui, en dehors du temps où les pigeons doivent être tenus enfermés en vertu des arrêtés, ou en l'absence d'arrêtés, tue des pigeons au moment où ils commettent des dégâts, doit les laisser sur place à la disposition de celui à qui ils appartiennent. S'en emparer constituerait un vol. Le droit de défense est épuisé par la destruction de l'animal » (V. aussi Faustin Hélie, *Théorie du code pénal*, 6° éd., t. 5, n° 1925).

« Il en serait de même, ajoute M. Sourdat, au cas où les pigeons étant classés par arrêté du préfet parmi les animaux nuisibles, le propriétaire d'une terre les y tuerait en dehors de l'époque fixée par la loi de 1789, et sans qu'ils commissent un dégât actuel. Dans ce cas, il n'y aurait sans doute pas de délit de chasse, ni contravention punissable, la loi autorisant la destruction en tout temps des animaux compris dans l'arrêté préfectoral. Mais elle n'assimile pas ces animaux au gibier comme la loi de 1789, et dès lors, le droit se borne à tuer les pigeons en les laissant à la disposition de leur maître ». Cette opinion est contraire à celle émise *suprà*, v° *Chasse*, n°s 142 et 802.

117. L'art. 6 de la loi du 4 avr. 1889 investit les préfets, après avis des conseils généraux, du droit de déterminer chaque année, pour tout le département, ou séparément pour chaque commune, s'il y a lieu, l'époque de l'ouverture et de la clôture des colombiers. —Les maires n'ont plus ce pouvoir, qui leur avait été attribué par le décret du 4 août 1789.

118. Lorsque le préfet a classé, dans son arrêté, les pigeons parmi les animaux nuisibles, ainsi qu'on lui en reconnaît le droit généralement (V. *suprà*, v° *Chasse*, n° 801), les pigeons peuvent être tués, en tout temps, sans permis et indépendamment de tout dommage. Lorsqu'ils ne commettent pas de dégât, leur destruction doit avoir lieu conformément aux conditions prescrites par l'arrêté préfectoral. En cas de *dommage actuel*, elle peut, suivant nous, s'opérer en dehors de ces conditions. Le propriétaire ou fermier ne fait alors qu'user d'un droit qu'il tient de la loi, droit qu'il peut exercer, lors même que les pigeons n'ont pas été classés parmi les animaux nuisibles, en tout temps et sans permis. Il ne serait pas suffisamment protégé s'il était tenu, lorsque le dégât se commet et qu'il y a urgence à le faire cesser, d'employer tel engin de destruction prescrit par l'arrêté, et qu'il n'a peut-être pas sous la main. Quand il n'existe pas d'arrêté préfectoral classant les pigeons au nombre des animaux nuisibles, le propriétaire ou fermier a le droit de les tuer au moment du dégât, en tout temps et par tous les moyens, car la loi du 4 avr. 1889 (art. 4 et 7) n'en interdit aucun. Son droit ne saurait évidemment être moindre, lorsque les pigeons ont été déclarés animaux nuisibles ; ce serait illogique (V. *suprà*, v° *Chasse*, n°s 731 et suiv., 804 et suiv.; Sourdat, *op. cit.*, 4° éd., t. 2, n° 1422; Faustin Hélie, *op. cit.*, 4° éd., t. 5, p. 67, n° 1738 ; Demolombe, *op. cit.*, *Distinction des biens*, t. 2, n° 180 ; Laurent, *op. cit.*, t. 8, n° 440; Aubry et Rau, t. 2, § 201, p. 235).

D'ailleurs, tout ce qui concerne l'exercice du droit de destruction des pigeons, les conditions auxquelles cet exercice est assujetti, a été étudié *suprà*, v° *Chasse*, n°s 795 et suiv.

119. Qu'il y ait un arrêté prescrivant la fermeture des colombiers ou qu'il n'y en ait pas, et alors même que les propriétaires usent de la faculté qu'ils ont de tuer les pigeons, ils peuvent demander des dommages-intérêts, si ces animaux ont causé des dégâts sur leur propriété. Les art. 4 et 7 de la loi de 1889 leur attribuent ce droit. Sous l'ancienne législation, il leur était généralement reconnu. Le décret de 1789 ne disait pas que le droit de tuer les pigeons était le seul dédommagement que la loi donnait à la partie lésée; il n'y avait donc aucune raison de déroger au droit commun (*Rép.* n° 140; Laurent, *op. cit.*, t. 20, n° 632). M. Sourdat professait aussi cette opinion: « Il en est du propriétaire de colombiers, dit cet auteur, comme de celui d'une garenne où les lapins se multiplient de manière à nuire aux voisins. Ceux-ci peuvent assurément tuer ces lapins sur leur terrain comme gibier, ce qui ne les empêche pas de poursuivre la réparation des dégâts causés contre le propriétaire. Le droit de tuer les volailles sur le terrain, au moment du dégât, n'exclut pas également l'action en indemnité (*op. cit.*, t. 2, p. 588, n° 1423 ; Faustin Hélie, *op. cit.*, 6° éd., t. 5, n° 1925. — V. en sens contraire : Henrion de Pansey, *Pouvoir municipal*, p. 98).

120. Les pigeons vivant *in laxitate naturali* sont immeubles par destination (c. civ. art. 524). S'ils étaient renfermés dans une mue ou dans une volière, ils devraient, au contraire, être considérés comme meubles (Demolombe, *op. cit.*, t. 1, n° 275). — Bien que les pigeons soient immeubles, le propriétaire en perd la propriété s'ils viennent à changer d'habitation sans qu'il y ait eu fraude de la part de celui dans le colombier duquel ils se sont réfugiés (c. civ. art. 564) (*Rép.* n° 136). Ces deux dispositions des art. 524 et 564 c. civ. sont étudiées v° *Propriété*; — *Rép.* eod. v°, n° 615 (V. aussi Demolombe, *op. cit.*, t. 1, n° 150 ; Laurent, *op. cit.*, t. 6, n° 310).

121. — II. LAPINS DE GARENNE (*Rép.* n°s 142 à 150). — On a dit au *Rép.* n°s 144 et suiv. que les lapins de garenne sont immeubles par destination et appartiennent au propriétaire du fonds; que, cependant, s'ils passent dans une autre garenne, sans y avoir été attirés par fraude et artifice, ils deviennent la propriété du maître de cette garenne (c. civ. art. 524 et 564). Ces articles ne sont applicables qu'aux lapins de garenne, c'est-à-dire à ceux qui habitent dans un bois destiné à recevoir, élever ou nourrir des lapins, où il a été fait des ouvrages destinés à les abriter; dont le propriétaire enfin, qui les y a placés primitivement, ou qui du moins a contribué à leur multiplication, est la cause originaire des dégâts qu'ils commettent. Ce propriétaire est responsable des dommages causés par les lapins sur les terres voisines, aux termes de l'art. 1385 c. civ. Il ne peut échapper à cette responsabilité qu'en changeant la forme des lieux, en supprimant les ouvrages qui abritent et retiennent les lapins. — Il n'en est pas de même du propriétaire d'un bois qui n'est destiné dans aucune de ses parties à servir de réserve pour des lapins, où ces animaux se sont rassemblés naturellement, sans qu'il ait rien fait pour les y attirer. Ce propriétaire n'est responsable des dégâts qu'ils peuvent commettre que s'il s'il y a eu de sa part faute, négligence ou imprudence, dans les termes des art. 1382 et 1383 c. civ., si, par exemple, il a favorisé leur multiplication, ou s'il a négligé de prendre des moyens efficaces pour leur destruction (Sourdat, *op. cit.*, t. 2, p. 589). Les questions intéressantes des dégâts causés par les lapins et des cas de responsabilité et de non-responsabilité des propriétaires sont examinées en détail *suprà*, v° *Chasse*, n°s 1358 et suiv.; — *Rép.* v° *Responsabilité*, n°s 735 et suiv.

122. Tout ce qui concerne la destruction des lapins, le transport, la vente de ces animaux est étudié *suprà*, v° *Chasse*, n°s 89, 102, 723, 760, 766, 772, 781, 823 et 839; — *Rép.* eod. v°, n°s 16, 196 et 213.

123. — III. ANIMAUX DE BASSE-COUR OU VOLAILLES (*Rép.* n° 151). — Les animaux de basse-cour sont la poule, la dinde, l'oie, le cygne, le canard, la pintade et le paon. — Ces animaux, s'ils s'écartent de la ferme, ne cessent pas d'appartenir au maître. L'art. 564 c. civ. n'est applicable qu'aux animaux qui vivent sur le fonds *in libertate naturali*, et non aux animaux domestiques. « Les volailles et autres animaux de basse-cour qui s'enfuient dans les propriétés voisines, dit l'art. 5 de la loi du 4 avr. 1889, ne cessent pas d'appartenir à leur maître, quoiqu'il les ait perdus de vue. Néanmoins celui-ci ne pourra plus les réclamer un mois après la déclaration, qui devra être faite à la mairie par les personnes chez lesquelles ces animaux se sont enfuis ». — Le second paragraphe de l'art. 5 dans le projet de code rural élaboré sous le second Empire était ainsi conçu : « Le propriétaire peut les réclamer (les volailles qui ont fui chez le voisin), mais seulement pendant huit jours à partir de celui où il a connu le lieu de leur retraite ». Sur les observations de M. de Gavardie, lors de la première délibération du Sénat (*Journ. off.* du 28 févr. 1882), on substitua au délai de huit jours qui parut trop court le délai d'un mois. On déclara, en outre, que le mois courrait du jour de la déclaration à la mairie. Il semble résulter de cette disposition qu'à défaut de déclaration de la part de la personne chez laquelle les volailles se sont enfuies, le propriétaire aura trois ans pour les réclamer en vertu de l'art. 2279 c. civ.

124. La capture des volailles de basse-cour ne constitue pas un acte de chasse, mais un vol, ces animaux ne pouvant être assimilés au gibier (Comp. *suprà*, v° *Chasse*, n° 794).

125. La destruction des animaux de basse-cour ou les blessures qui leur sont faites peuvent, suivant les cas, donner lieu soit à des peines correctionnelles, soit à des peines de simple police. L'art. 454 c. pén. punit d'un emprisonnement de six jours au moins et de six mois au plus, quiconque, sans nécessité, tue un animal domestique dans un lieu dont celui à qui cet animal appartient est propriétaire, locataire, colon ou fermier. L'art. 479, § 1er, c. pén. réprime le fait de tuer ou de blesser volontairement les volailles d'autrui, chez soi ou dans un lieu dont le maître des volailles n'est ni propriétaire, ni fermier (V. *suprà*, v° *Contraventions*, n°s 233 et 237). Les paragraphes 2, 3 et 4 de l'art. 479 et l'art. 480, § 1er, c. pén., frappent ceux qui auront occasionné involontairement la mort ou la blessure des animaux domestiques (V. *suprà*, v° *Contraventions*, n°s 239 et suiv.). Ceux qui ont occasionné cette mort ou fait ces blessures peuvent, en outre, être condamnés à des dommages-intérêts. Jugé qu'il y a lieu de condamner à des dommages-intérêts le chasseur qui a tué des oiseaux rares, produit du croisement de faisans avec des poules, lesquels constituent des oiseaux de basse-cour (Trib. la Flèche, 13 sept. 1875, cité *suprà*, v° *Chasse*, n° 794).

126. Les volailles causent souvent de grands dégâts aux récoltes qui se trouvent à proximité des fermes. « La difficulté d'empêcher leurs ravages, dit M. Sourdat, *op. cit.*, t. 2, n° 1416, celle de les saisir ou de reconnaître à qui elles appartiennent, ont porté le législateur à autoriser le propriétaire du terrain qu'elles dévastent à les tuer sur place ». Si ce sont des volailles qui causent le dommage, portait l'art. 12, tit. 2 de la loi de 1791, le propriétaire, le détenteur ou le fermier qui l'éprouvera, pourra les tuer, mais seulement sur les lieux, au moment du dégât. — La loi du 4 avr. 1889 a reproduit cette disposition : « Celui dont les volailles passent sur la propriété voisine et y causent des dommages, porte l'art. 4, est tenu de réparer ces dommages. Celui qui les a soufferts peut même tuer les volailles, mais seulement sur le lieu, au moment du dégât, et sans pouvoir se les approprier ». — La commission de la Chambre des députés, nommée en 1882, avait proposé de substituer aux mots « propriété voisine », les mots « propriété d'autrui », estimant que c'était de cette dernière qualification que résulte surtout le fait délictueux qui crée l'obligation de réparer les dommages. Il n'a pas paru que cette modification fût nécessaire; c'est toujours, en effet, dans le voisinage que les fugitifs sont rencontrés, et il est bien clair qu'il n'y aura pas de question à régler s'ils n'ont pas fait incursion chez autrui. La commission avait été aussi d'avis d'ajouter à l'article le paragraphe suivant : « La personne qui a tué les volailles d'autrui, au moment du dégât, devra dans les vingt-quatre heures les faire remettre à la mairie, en déclarant le nom du propriétaire, si elle le connaît. Au cas où elles ne seraient pas réclamées, il en sera disposé au profit des hôpitaux ou des pauvres de la commune » (*Journ. off.* 1883, Docum. parlem., p. 223, annexe, n° 1663).

127. On a examiné *suprà*, v° *Contraventions*, n° 254, la question de savoir si la disposition qui permet de tuer les volailles sur les lieux au moment du dégât est applicable à l'intérieur des villes, et on l'a résolue affirmativement. La jurisprudence a adopté l'opinion contraire. Jugé : que la disposition de l'art. 12 qui donne à tout propriétaire, locataire ou fermier, le droit de tuer les volailles qui causent du dommage à ses propriétés est exclusivement applicable aux propriétés rurales (Crim. cass. 28 juill. 1855, aff. Germaine, D. P. 55. 1. 361); — Qu'un domaine sis à la campagne et dépendant d'un village étant une exploitation rurale protégée par la loi de 1791 sur la police rurale, le propriétaire a le droit de tuer, sur le lieu et au moment du dégât, les volailles qui causent du dommage à sa propriété (Req. 11 avr. 1877, aff. Boulanger, D. P. 77. 1. 343. V. aussi Crim. cass. 16 janv. 1875, aff. Pimont, D. P. 75. 1. 448). — Cette solution n'est admise qu'avec certaines restrictions par M. Sourdat. « La faculté exceptionnelle de l'art. 12, dit cet auteur, *op. cit.*, t. 2, n° 1417, a été introduite dans l'intérêt de l'agriculture; elle a pour objet de protéger les exploitations rurales. Toutefois, nous pensons que la nécessité pourrait, dans certains cas, justifier cette mesure extrême. Que le dégât soit commis dans un champ ou dans un jardin de ville, il y a évidemment même raison. » La question n'a pas été tranchée par la loi du 4 avr. 1889.

128. Plusieurs conditions sont exigées pour qu'il puisse légitimement être fait usage de ce droit de destruction. Il faut : 1° qu'il y ait un dommage actuel et effectif à faire cesser. La seule présence des volailles sur le terrain d'autrui, bien qu'il en résulte un péril possible ou imminent, ne saurait justifier leur destruction (Crim. rej. 7 mai 1868, aff. Godard, D. P. 69. 1. 72; Crim. cass. 16 janv. 1875, aff. Pimont, D. P. 75. 1. 448. V. aussi *suprà*, v° *Contraventions*, n° 250); — 2° Que les volailles soient tuées sur le lieu où elles commettent le dégât; — 3° Qu'elles soient laissées à l'abandon. Le paragraphe 2 de l'art. 12 de la loi de 1791 qui permettait de tuer les volailles sur le lieu au moment du dégât se rattachait au premier, où il était question des bestiaux laissés à l'abandon. « Il paraît donc, dit M. Sourdat, que la faculté de se faire justice à soi-même, n'existe également que pour les volailles dont le maître n'est pas présent au moment du délit. Les mêmes raisons de prudence veulent qu'il en soit ainsi dans les deux cas » (*op. cit.*, t. 2, n° 1416). La même théorie doit, croyons-nous, être admise sous l'empire de la loi de 1889. L'art. 4 prévoit, en effet, le cas où les volailles *passent* sur la propriété voisine, ce qui exclut le fait de conduite.

129. Celui qui a tué des volailles dans les conditions prévues par l'art. 4 de la loi de 1889 ne peut pas se les approprier. Cet article le défend expressément (Conf. *Rép.* n° 141). S'il le fait, il commet un vol (V. *suprà*, v° *Chasse*, n° 101). M. Sourdat estime que le propriétaire doit, pour éviter toute responsabilité, avertir, s'il le connaît, le maître des animaux tués, afin qu'il en puisse tirer parti (*op. cit.*, t. 2, n° 1416; Vaudoré, *Lois rurales*, t. 2, n° 733. V. aussi *suprà*, v° *Chasse*, n° 101).

130. Le propriétaire lésé qui a usé de la faculté que la loi lui donne de tuer les volailles qui commettent des dégâts sur son fonds a le droit de demander au maître de ces animaux des dommages-intérêts (L. 4 avr. 1889, art. 4). La permission de tuer les volailles est substituée à la saisie, chose impraticable à leur égard. Elle a pour but de faire cesser le dommage qui se commet; mais elle ne serait pas une réparation de celui qui a été d'abord éprouvé (V. *Rép.* p. 205, note; Sourdat, *op. cit.*, n° 1419; Crim. cass. 7 nov. 1873, aff. Delaplesse, D. P. 74. 1. 96).

131. L'abandon de volailles sur le terrain d'autrui constitue le délit rural prévu par l'art. 12 de la loi de 1791 et puni des peines prononcées par l'art. 2 de la loi du 23 therm. an 4. Nous nous en sommes occupés *suprà*, v° *Contraventions*, n° 277.

132. La conduite des volailles dans les récoltes d'autrui constitue, suivant la nature du terrain sur lequel a lieu le fait incriminé, le délit de garde à vue, ou la contravention prévue par l'art. 479, § 10 (V. *suprà*, v° *Contraventions*, n°s 271 et suiv.). — Jugé que le fait d'avoir laissé à l'abandon des volailles qui ont causé du dommage sur le terrain d'autrui serait à tort considéré comme échappant à toute sanction pénale, soit sous prétexte que la loi des 28 sept.-6 oct. 1791 donne, dans ce cas, au propriétaire du terrain endommagé le droit de les tuer sur le lieu et au moment du dégât, soit à raison de ce que cette loi n'aurait édicté aucune peine; une telle infraction est passible, aux termes de l'art. 2 de la loi du 23 therm. an 4, d'une amende ne pouvant être moindre de la valeur de trois journées de travail, ou d'un emprisonnement qui ne peut être inférieur à trois jours (Crim. cass. 16 août 1866, aff. Duquesne-Beauve, D. P. 66. 1. 463).

Sur la question de savoir si le propriétaire peut tuer au moyen du poison les volailles qui causent des dégâts, V. *Dommage-destruction*, n°s 148 et suiv.; — *Rép.* eod. v°, n°s 272 et suiv.

133. L'autorité municipale a le droit de prendre à l'égard des animaux de basse-cour les mesures qu'exigent la propreté, la salubrité et la commodité dans les rues et places publiques, et, par exemple, d'interdire la divagation des oies, des canards (V. *Commune*, n° 808; *Contraventions*, n° 195; — *Rép.* v° *Commune*, n° 1332).

134. — IV. Dégats causés par les animaux; Saisie et mise en fourrière (*Rép.* n°s 152 à 156). — Il est traité des dégâts que les animaux peuvent commettre et des garanties auxquelles ces dégâts peuvent donner lieu v^is *Contraventions*, n°s 141 et suiv., 271 et suiv., *Responsabilité*; — *Rép.* v^is *Contraventions*, n°s 236 et suiv., 494 et suiv.; *Responsabilité*, n°s 714 et suiv. (V. aussi *suprà*, n°s 110 et suiv., et *infrà*, n°s 202 et suiv.).

135. La loi de 1791 contenait des dispositions spéciales en ce qui concerne les *chèvres*. « Dans les pays de parcours et de vaine pâture où les chèvres ne sont pas rassemblées et conduites en troupeau commun, disait l'art. 18 du tit. 2, celui qui a des animaux de cette espèce ne peut les mener aux champs qu'attachés, sous peine d'une amende de la valeur d'une journée de travail par tête d'animal. — En quelque circonstance que ce soit, lorsqu'elles ont fait du dommage aux arbres fruitiers ou autres, haies, vignes, jardins, l'amende est double, sans préjudice du dédommagement dû au propriétaire. » L'article n'exigeait pas que les chèvres fussent tenues en laisse sur le parcours depuis l'étable jusqu'au champ (V. Clément et Lépinois, *op. cit.*, n° 807).

Dans les lieux qui n'étaient sujets ni au parcours, ni à la vaine pâture, pour toute chèvre qui était trouvée sur l'héritage d'autrui, contre le gré du propriétaire de l'héritage, il était payé une amende de la valeur d'une journée de travail par le propriétaire de la chèvre (V. *suprà*, v° *Contraventions*, n° 279). La contravention n'existait pas, si le maître des chèvres avait la permission soit du propriétaire, soit du fermier. Ce dernier, ayant le droit de faire pâturer les terrains loués, avait évidemment la faculté de céder ce droit à un tiers. Si les chèvres broutaient les haies ou les arbres, le consentement du locataire était sans influence sur la prévention, car le fermier ne pouvait accorder l'autorisation de causer des dégradations aux lieux loués (Clément et Lépinois, *op. cit.*, n° 812).

136. La loi du 4 avr. 1889 ne reproduit pas la défense faite par l'art. 18 de la loi de 1791. Mais elle accorde aux préfets le droit de déterminer, après avis des conseils généraux et des conseils d'arrondissement, les conditions sous lesquelles les chèvres pourront être conduites et tenues au pâturage (art. 2). Elle déclare, en outre, les propriétaires de chèvres conduites en commun solidairement responsables des dommages qu'elles causent (art. 3). Ils rechercheront entre eux le véritable coupable. — Dans la séance du 7 mars 1889, à la Chambre des députés, M. de La Batie avait proposé un amendement tendant à appliquer aux moutons les dispositions de l'art. 3. Cet amendement n'a pas été adopté. Mais, sur les observations de M. de La Batie qu'on pourrait interpréter l'art. 3 en ce sens, que les propriétaires des animaux autres que les chèvres ne seraient jamais soumis à raison des dommages causés à la solidarité, même lorsque cette solidarité existerait d'après le droit commun, M. Thellier de Poncheville, rapporteur, et M. Faye, ministre de l'agriculture, ont nettement déclaré que l'art. 3 dont l'utilité ne leur paraissait pas bien démontrée, car le droit commun suffisait pour établir la solidarité entre les propriétaires, n'avait pas cette portée; qu'on ne saurait raisonner par l'argument *a contrario*; que les propriétaires d'animaux autres que les chèvres, qui les feraient conduire en commun, n'échapperaient nullement à la solidarité, si la solidarité pouvait, d'après le droit commun, leur être appliquée. « Si l'art. 3 n'existait pas, a dit M. Faye (*Journ. off.* du 8 mars 1889), certainement je ne l'aurais pas inventé, parce que je considère que les règles du droit commun pouvaient suffire, non seulement en ce qui concerne les moutons, mais encore en ce qui concerne les chèvres. Seulement, pour se rendre compte de la pensée qui a pu déterminer la commission à introduire dans le projet une disposition spéciale, il me paraît utile de ne pas isoler l'art. 3 du projet de l'article qui précède. Vous trouvez, en effet, dans l'art. 2, que les chèvres, quant aux pâturages auxquels elles sont conduites, sont soumises à des conditions spéciales qui sont déterminées par des arrêtés préfectoraux. On a pensé, en effet, que les chèvres, que tout le monde connaît comme des animaux absolument capricieux, peu faciles à garder, susceptibles d'envahir très facilement le champ voisin dans lequel le droit de dépaissance ne peut pas être valablement exercé, que ces animaux, dis-je, doivent faire l'objet d'une réglementation spéciale et plus sévère, précisément parce que les chèvres ne pourraient être conduites au pâturage qu'autant que les conseils généraux et les conseils d'arrondissement auraient émis un avis qui aurait déterminé le préfet à prendre un arrêté les concernant. Aussi lorsqu'on est arrivé à se demander quel pouvait être l'intérêt, pour les propriétaires de chèvres, de conduire leurs animaux au pacage, et quand on s'est demandé quelles pouvaient être les conséquences des dommages exercés par ces animaux, la commission a pensé — je crois, pour ma part, que c'était inutile, — qu'il fallait que les propriétaires dont les animaux sont conduits en commun au pacage fussent tenus solidairement des dommages-intérêts que ces bêtes auraient occasionnés. Quel inconvénient y a-t-il à maintenir cette disposition? L'honorable M. de La Batie prétend qu'il y a là une dérogation au droit commun. C'est une erreur ! L'art. 1385 c. civ., qui s'applique non seulement aux chèvres, aux moutons, mais même à toutes espèces d'animaux qui causent un dommage dans les propriétés des voisins, ouvre un recours suffisant aux propriétaires lésés contre le propriétaire des animaux qui ont commis les dommages. Je crois qu'aucun principe n'est engagé par la disposition de l'art. 3.

137. L'art. 12 tit. 2 de la loi de 1791 portait : « Les dégâts que les bestiaux de toute espèce laissés à l'abandon feront sur les propriétés d'autrui, soit dans l'enceinte des habitations, soit dans un enclos rural, soit dans les champs ouverts, seront payés par les personnes qui ont la jouissance des bestiaux ; si elles sont insolvables, ces dégâts seront payés par ceux qui en ont la propriété ». C'était une espèce particulière de responsabilité civile établie contre le nu propriétaire ou le locataire des bestiaux. La loi du 4 avr. 1889 n'a pas reproduit cette disposition. L'art. 1er indique même qu'il faut suivre en cette matière les règles posées par l'art. 1385 c. civ.

138. La loi du 4 avr. 1889 accorde le droit de saisie et de mise en fourrière aux propriétaires sur les terres desquels des bestiaux sont laissés à l'abandon. La loi de 1791 le leur attribuait également (*Rép.* n° 153). — Aux termes de l'art. 1er de la nouvelle loi, « lorsque les animaux non gardés ou dont le gardien est inconnu ont causé du dommage, le propriétaire lésé a le droit de les conduire sans retard au lieu de dépôt désigné par le maire, qui, s'il connaît la personne responsable du dommage aux termes de l'art. 1385 c. civ., lui en donnera immédiatement avis ». La loi ne prescrit rien relativement à la forme de cet avis ; à cet égard, elle laisse la plus entière latitude. Dans beaucoup de cas, une simple lettre sera suffisante ; c'est le mode déjà adopté par nos lois pour les avertissements à comparaître devant le juge de paix. Il est d'autant plus légitime de s'en contenter, dans le cas prévu par l'art. 1er, que le propriétaire est tenu de veiller sur ses animaux, de les suivre s'ils s'échappent, et de les faire rechercher s'ils s'égarent. A la rigueur, on ne lui devrait aucun avis.

139. Si les animaux ne sont pas réclamés, et si le dommage n'est pas payé dans la huitaine du jour où il a été commis, il est procédé à la vente sur ordonnance du juge de paix qui évalue les dommages ; cette ordonnance est affichée sur papier libre et sans frais à la porte de la mairie. Le montant des frais et des dommages est prélevé sur le produit de la vente. En ce qui concerne la fixation du dommage, l'ordonnance ne devient définitive, à l'égard du propriétaire de l'animal, que s'il n'a pas formé opposition par simple avertissement dans la huitaine de la vente. Cette opposition est même recevable après le délai de huitaine, si le juge de paix reconnaît qu'il y a lieu, en raison des circonstances, de relever l'opposant de la rigueur du délai (L. 4 avr. 1889, art. 1er ; c. for. art. 167 et suiv.) (V. *Rép.* n° 155). La loi, on le voit, n'autorise la mise en fourrière que pour les animaux laissés à l'abandon. Si le maître ou gardien est présent, les voies de fait ne sont plus permises ; on doit recourir à l'action en justice, soit devant les tribunaux de police, s'il y a eu procès-verbal dressé par les gardes champêtres, soit devant le juge de paix comme juge civil (Sourdat, *op. cit.*, t. 2, n° 1413 ; Curasson, *Compétence des juges de paix*, t. 1, n° 391). On a émis au *Rép.* n° 153 cette opinion que la saisie peut être effectuée, lorsque le gardien est un enfant : on considère les animaux comme *non gardés*.

Le propriétaire qui n'use pas de ce droit rigoureux de saisie, lorsqu'il est dans les conditions voulues pour l'exercer, peut naturellement, lui aussi, réclamer des dommages-intérêts à raison des dégâts que les bestiaux ont causés (Laurent, *op. cit.*, t. 20, n° 631 ; Aubry et Rau, *op. cit.*, t. 4, § 448, p. 769, note 1).

140. L'exposé des motifs de la loi de 1889 fait remarquer que la loi de 1791 s'appliquait aux *bestiaux*, tandis que la loi nouvelle se sert à dessein de l'expression d'*animaux*, ce qui est fort différent ; elle permet donc de saisir aussi le cheval échappé ; et l'exposé ajoute : « Les fermiers ont trop souvent de grands chiens mal nourris, qui dévastent les récoltes, dévorent les animaux de basse-cour et détruisent le gibier ;... la loi nouvelle autorise à les saisir... Il est vrai que la vente de ces mauvais chiens suffirait rarement à la réparation du dommage. Toutefois, la mainmise sur l'animal amènera le plus souvent son maître à se présenter. Aussi le terme *bestiaux*, employé dans l'intitulé de la première section, peut-il donner lieu à une critique de forme : « Pourquoi, dit M. Thellier de Poncheville, dans son rapport à la Chambre des députés, a-t-on conservé la rubrique primitive, dont la portée paraît plus restreinte ? Il y a là évidemment un défaut de concordance. Nous ne pensons pas cependant que cette petite irrégularité soit assez grave pour nous obliger à amender le texte qui nous est proposé. Il n'y a pas de doute possible sur l'intention du législateur. Indépendamment des explications fournies dans l'exposé des motifs de 1876, le texte de l'article, c'est-à-dire le véritable texte législatif, est assez clair pour écarter toute confusion ».

ART. 5. — *Destruction des insectes, des cryptogames et autres végétaux nuisibles à l'agriculture.*

141. La loi des 24-25 déc. 1888 (*suprà*, n° 10) règle la destruction des insectes, des cryptogames et autres végétaux nuisibles à l'agriculture. Ses dispositions sont reproduites, sauf de très légères modifications, dans le tit. 1er du liv. 3 c. rur., *de la police rurale*, qui a fait l'objet de deux délibérations au Sénat (V. *suprà*, n° 7).

La question de la destruction des insectes nuisibles à l'agriculture fut examinée et débattue en 1877 et 1878, à l'occasion de la proposition de loi que MM. de la Sicotière, Grivart et le comte de Bouillé avaient soumis au Sénat relativement à la destruction des insectes nuisibles et à la conservation des oiseaux utiles à l'agriculture (V. D. P. 89. 4. 32). La production agricole en France, année moyenne, dans son ensemble, représente une valeur de 5 milliards environ. On admet généralement que les dommages annuels causés par les insectes atteignent le dizième, le cinquième, parfois même le quart des récoltes, soit au minimum 300 millions. Dans cette évaluation ne sont pas compris les 300 millions du phylloxera. C'est donc un impôt total de plus de 600 millions, de près d'un milliard, suivant quelques économistes, c'est-à-dire deux ou trois fois plus lourd que l'impôt foncier, y compris les centimes additionnels, que les insectes nuisibles prélèvent, chaque année, sur nos récoltes ! Et cet impôt va toujours croissant ! « Comment en serait-il autrement, a dit M. de la Sicotière dans son rapport au Sénat? (*Journ. off.* des 12 janv. et suiv., annexe, n° 198). La liste serait trop longue de ces petits animaux, en apparence si faibles, si forts en réalité par leur nombre et par leur effrayante puissance de reproduction, qui vivent aux dépens de nos végétaux les plus précieux, de ceux qui fournissent à l'homme sa nourriture, sa boisson, ses bois de construction ou de chauffage. Ils les attaquent dans leurs feuilles, leurs fleurs, leurs fruits, leurs germes, leurs tiges et jusque dans leurs racines ; ils se multiplient à mesure que les cultures s'étendent et se perfectionnent ; une espèce ne semble momentanément disparaître que pour être remplacée par d'autres plus acharnées encore à l'œuvre de la destruction. Ils se développent avec une rapidité prodigieuse. D'immenses et subites migrations, dont les lois sont encore inexpliquées, jettent de temps en temps des légions innombrables de ces insectes loin des lieux d'où ils sont originaires, et livrent à leurs ravages les contrées qui se flattaient d'y échapper. Les froids les plus rigoureux, contrairement à l'opinion la plus générale, respectent leurs œufs et détruisent toute végétation autour d'eux sans parvenir à les détruire. La submersion n'a pas davantage d'action sur certaines espèces. » Aux ravages faits par les insectes il faut ajouter les dégâts causés chaque année à nos récoltes de toute nature par les végétaux nuisibles (cryptogames ou phanérogames), — l'oïdium, le mildew, le rot noir des vignes *black rot*). Le chiffre de ces dégâts est difficile à préciser, mais il est incontestablement fort élevé. De nombreuses lois ont été rendues en vue de la destruction du phylloxera et du doryphora. Elles seront étudiées *infrà*, v° *Organisation économique et agricole* (V. notamment : L. 15 juill. 1878, D. P. 79. 4. 1 ; 6 janv. 1879, D. P. 79. 4. 30 ; 2 août 1879, D. P. 79. 4. 87 ; 21 mars 1883, D. P. 83. 4. 73 ; 28 juill. 1886, D. P. 87. 4. 40 ; 1er déc. 1887, D. P. 88. 4. 1 ; 15 déc. 1888, D. P. 89. 4. 44). — La destruction des insectes nuisibles à l'agriculture avait été, elle aussi, l'objet de nombreuses mesures ou plutôt de nombreuses tentatives législatives, d'ailleurs insuffisantes et demeurées stériles (V. *Rép.* n° 10, p. 204 ; et *Rép.* v° *Contraventions*, n° 174). Aucune mesure législative n'avait, au contraire, été prise contre la propagation des végétaux nuisibles. La loi du 24 déc. 1888 a pour but d'arrêter et même de prévenir, dans la mesure du possible, les dommages que les insectes et les végétaux parasites causent à l'agriculture; en conséquence, d'en rendre la destruction obligatoire, et même d'armer, au besoin, l'Administration d'un pouvoir suffisant pour les faire détruire elle-même aux frais des habitants. Il était nécessaire, les invasions de certaines espèces se produisant parfois avec une rapidité et une intensité terribles, que l'Administration agît elle-même avec instantanéité, avec énergie; qu'elle pût arrêter le fléau avant qu'il eût acquis des développements assez grands pour rendre le remède inutile ou insuffisant.

142. Aux termes de l'art. 1er de la loi du 24 déc. 1888: « les préfets prescrivent les mesures nécessaires pour arrêter ou prévenir les dommages causés à l'agriculture par les insectes, les cryptogames ou autres végétaux nuisibles, lorsque ces dommages se produisent dans un ou plusieurs départements, ou seulement dans une ou plusieurs communes, et prennent ou peuvent prendre un caractère envahissant ou calamiteux. L'arrêté ne sera pris par le préfet qu'après l'avis du conseil général du département, à moins qu'il ne s'agisse de mesures urgentes et temporaires. Il déterminera l'époque à laquelle il devra être procédé à l'exécution des mesures, les localités dans lesquelles elles seront applicables, ainsi que les modes spéciaux à employer. Il n'est exécutoire, dans tous les cas, qu'après l'approbation du ministre de l'agriculture qui prend sur les procédés à appliquer l'avis d'une commission technique instituée par décret. Les larves sont comprises dans la dénomination des insectes » (V. *Journ. off.* Sénat, séance du 25 nov. 1889, p. 1121).

143. L'art. 2 est ainsi conçu: « Les propriétaires, les fermiers, les colons ou métayers, ainsi que les usufruitiers et les usagers, sont tenus d'exécuter sur les immeubles qu'ils possèdent et cultivent, ou dont ils ont la jouissance et l'usage, les mesures prescrites par l'arrêté préfectoral. Toutefois, dans les bois et forêts, ces mesures ne sont applicables qu'à une lisière de trente mètres. — Ils doivent ouvrir leurs terrains pour permettre la vérification ou la destruction, à la réquisition des agents. L'Etat, les communes et les établissements publics et privés sont astreints aux mêmes obligations sur les propriétés leur appartenant ».

La loi de ventôse an 4 (*Rép.* v° *Contraventions*, n° 174, note) sur l'échenillage ne faisait point de distinction suivant la nature des immeubles, et semblait, par conséquent, placer les bois sous le coup des mêmes prescriptions que les autres héritages; mais la jurisprudence rurale s'était fixée en ce sens que les bouquets de bois isolés, d'une étendue inférieure à deux hectares, devaient être seuls soumis à l'échenillage (V. *Rép.* v° *Contraventions*, n° 178). L'inobservation de la loi, en ce qui concerne les arbres isolés, rendait cette mesure à peu près illusoire. La loi nouvelle, conformément au projet élaboré par le Gouvernement en 1878 (art. 2), soumet expressément au régime du droit commun les bois publics et privés; mais elle circonscrit cette application dans des limites raisonnables et pratiques. Elle fixe à trente mètres, à partir de la lisière, la zone soumise à l'échenillage. Cette disposition, tout en sauvegardant suffisamment les intérêts de l'agriculture, ménage dans une juste mesure ceux du propriétaire. Exiger l'échenillage ou le hannetonnage dans toute la profondeur d'une forêt de plusieurs centaines ou de plusieurs milliers d'hectares était impossible. Les dépenses eussent été onéreuses, hors de toute proportion avec le résultat qu'on pouvait en attendre, parfois supérieures au revenu de la forêt elle-même. Il est aussi d'observation que certains insectes, le hanneton notamment, et même les chenilles, ne s'enfoncent guère dans l'intérieur des bois. — L'exécution des mesures de destruction peut, d'ailleurs, à raison de la hauteur des arbres ou de toute autre cause, présenter des difficultés insurmontables, même dans la zone déterminée par la loi. Les conseils généraux, les préfets, les ministres consultés en seront juges, puisque les arrêtés n'émaneront que de leur libre initiative ou seront nécessairement soumis à leur contrôle.

144. Le second alinéa de l'art. 2 a été ajouté au projet par la commission du Sénat. « Nous avons admis, dit M. de la Sicotière dans son rapport (*Journ. off.* des 2-3 janv. 1888, Doc. parlem., p. 521, annexe n° 136), que les terrains clos devraient être ouverts aux constatations des agents, sans distinction entre ceux qui étaient attenants à une habitation et entourés d'une clôture continue et les autres. Il ne s'agit point ici d'attenter à l'inviolabilité du domicile proprement dit d'un citoyen, mais de constater l'état d'arbres ou de végétaux existant sur sa propriété. L'immunité accordée à des parcs, à des bois qui peuvent, sans cesser d'être clos, s'étendre à une distance de plusieurs kilomètres de ce domicile et servir de retraite à des légions de parasites qui s'en échapperaient pour infester toute une contrée, rendrait l'application de la loi particulièrement difficile dans tous les terrains adjacents, en même temps qu'elle susciterait des jalousies et des récriminations incessantes. Déjà l'art. 471, § 8, c. pén. (*Rép.* v° *Contraventions*, n° 177), et les lois qui protègent les vignes d'Algérie contre l'invasion du phylloxera ont admis des dispositions analogues à celles que vous propose votre commission, et même plus rigoureuses (L. 21 mars 1883, art. 3, D. P. 83. 4. 73). Seulement, il est bien entendu que les constatations ne devront être faites dans les terrains dont il s'agit qu'avec beaucoup de réserve et de ménagements, lorsque, par exemple, des plaintes sérieuses ou des signes extérieurs indiqueront aux agents l'existence dans le terrain clos d'un foyer pouvant devenir « calamiteux », et qu'ils devront respecter autant que possible les intérêts et même les convenances des propriétaires. »

145. Le conseil d'Etat proposait d'ajouter à l'art. 2 les dispositions suivantes: « Lorsque l'échenillage ou la destruction des insectes nuisibles et la destruction des cryptogames et végétaux nuisibles devront être opérés sur les biens appartenant à l'Etat, aux départements ou aux communes, et ne l'auront pas été dans les délais imposés, il y sera procédé d'office, aux frais de qui il appartiendra, par les ordres du préfet. En tout cas, la destruction des chardons nuisibles par l'opération dite échardonnage pourra être faite sans autorisation par les riverains, sur la partie des routes, chemins et rives des eaux bordant les fonds qu'ils possèdent ou qu'ils exploitent ». — La commission du Sénat n'a pas jugé nécessaire d'inscrire ces dispositions dans le texte de la loi; elles lui ont paru être la conséquence même des principes qui viennent d'être établis.

146. L'art. 3 du projet du Gouvernement, s'inspirant des dispositions de la loi de l'an 4 sur l'échenillage, statuait: qu'en cas d'inexécution dans les délais fixés des mesures ordonnées par l'arrêté préfectoral, il y serait procédé d'office, aux frais des contrevenants, par les soins du maire ou du commissaire de police, sans préjudice des poursuites qui pourraient être exercées, comme il était dit à l'art. 4. « C'était armer l'Administration et la police d'un droit qui nous a paru exorbitant, dit M. de la Sicotière dans son rapport. Elles constataient la contravention, et sur cette simple constatation, sans une nouvelle mise en demeure au contrevenant, arrière de lui, à son insu même, car le texte n'indiquait pas que le procès-verbal eût dû lui être notifié ni qu'un délai quelconque eût dû lui être accordé pour se mettre en règle, ou qu'il eût dû être averti du jour où l'on pénétrerait sur sa propriété pour s'y livrer à ses frais à des travaux plus ou moins coûteux, il leur était loisible d'agir et de mettre en campagne leurs brigades d'ouvriers. La justice n'avait à intervenir que pour prononcer des peines à raison de faits qu'elle n'avait pu vérifier, puisque toute trace en avait disparu par suite des travaux opérés par les soins de l'Administration ou de la police. Il pouvait même arriver qu'elle trouvât qu'il n'y avait pas contravention suffisamment caractérisée, la présence inévitable, même sur les propriétés les mieux soignées, de quelques pieds épars de chardon, de quelques hannetons ou de quelques bourses de chenilles ne suffisant pas à ses yeux pour faire tomber le propriétaire ou le fermier sous l'application de la loi, et il serait arrivé alors qu'elle les aurait acquittés à raison des mêmes faits qui leur auraient valu de la part de l'Administration une exécution véritable, des inquisitions, des mainmises sur leurs récoltes ou leurs arbres, des frais surtout beaucoup plus considérables qu'une simple amende de police. On s'exposait à des contradictions choquantes. Ce n'est pas tout: il y avait à redouter les tracasseries, les abus d'autorité, les rivalités d'influence, les querelles de voisinage, les entraînements, en un mot, auxquels les agents administratifs cèdent quelquefois, et de plus que ces entraînements, les défiances, les inimitiés auxquelles les expose l'exercice, même correct, de leurs fonctions. Dans leur propre intérêt, dans celui de leur autorité, il est bon qu'ils soient couverts vis-à-vis de leurs administrés par l'intervention de la justice placée en dehors et au-dessus des petites passions locales. Ces considérations ont d'autant plus de poids qu'il s'agit ici de contraventions d'un ordre particulier, en ce sens qu'elles résultent, non pas d'un fait isolé et précis, mais d'un ensemble de faits minuscules dont l'appréciation a toujours quelque chose d'élastique et de relatif. Votre commission, bien convaincue de la nécessité de l'intervention de la justice pour donner aux procès-verbaux de contravention la force exécutoire, a hésité sur la forme dans laquelle cette intervention devrait se manifester. Le désir d'aller promptement au but, c'est-à-dire à la répression d'un fléau qui peut se répandre avec une extrême rapidité et d'économiser les frais autant que possible, nous faisait incliner vers un simple visa ou *pareatis* au pied du procès-verbal donné par le juge de paix, qui aurait pu, dans les cas douteux, appeler devant lui la partie récalcitrante, entendre ses explications, lui faire quelques remontrances, lui accorder même certains délais pour s'exécuter. Mais nous avons dû reculer devant ce concours tout à fait insolite de l'autorité administrative et de l'autorité judiciaire. Nous avons donc admis que les contraventions prévues par notre loi seraient, comme les autres contraventions, jugées par le juge de paix, et que ce serait, par conséquent, en vertu d'une décision judiciaire, et non pas d'un simple procès-verbal, que les travaux nécessaires pour arrêter le fléau pourraient être exécutés sur les terrains envahis. Seulement, à raison du nombre possible des contraventions, de leur peu d'importance en beaucoup de cas, de la nécessité de marcher rapidement et en évitant les frais, nous avons pensé que la citation pourrait être faite par lettre recommandée, comme en Allemagne, ou par le garde champêtre ; que les parties pourraient comparaître volontairement et sur un simple avertissement du juge de paix ; que l'art. 146 c. instr. cr. qui fixe des délais pour la comparution, mais qui permet aussi de les abréger dans certains cas, serait observé ; que l'exécution provisoire pourrait être ordonnée, nonobstant appel ou opposition, même sur minute, même avant l'enregistrement du jugement. Sur la demande du Gouvernement, nous avons ajouté à la nomenclature des fonctionnaires chargés de verbaliser contre les contrevenants les officiers de gendarmerie et les gardes forestiers. Leur assimilation à ces fonctionnaires, comme agents de la police judiciaire, résulte des art. 9, 16 et 48 c. instr. cr. ».

Les art. 3 et 4 sont ainsi conçus : « Art. 3. En cas d'inexécution dans les délais fixés, procès-verbal est dressé par le maire, l'adjoint, l'officier de gendarmerie, le commissaire de police, le garde forestier ou le garde champêtre, et le contrevenant est cité devant le juge de paix. La citation sera donnée par lettre recommandée ou par le garde champêtre. Les parties pourront comparaître volontairement et sur un simple avertissement du juge de paix. Les délais fixés par l'art. 146 c. instr. cr. seront observés. Le juge de paix pourra ordonner l'exécution provisoire de son jugement, nonobstant opposition ou appel, sur minute et avant l'enregistrement. — Art. 4. A défaut d'exécution dans le délai imparti par le jugement, il est procédé à l'exécution d'office, aux frais des contrevenants par les soins du maire ou du commissaire de police. Le recouvrement des dépenses ainsi faites est opéré par le percepteur, en vertu de mandatements exécutoires, délivrés par les préfets, et conformément aux règles suivies en matière de contributions directes ».

147. L'art. 5 porte : « Les contraventions aux dispositions des art. 1er et 2 de la loi sont punies d'une amende de 6 à 15 fr. L'amende est doublée, et la peine d'emprisonnement pendant cinq jours au plus peut même être prononcée, en cas de récidive, contre les contrevenants ». — Cet article emprunté textuellement au projet du Gouvernement est applicable au refus par le propriétaire ou l'exploitant d'ouvrir ses terrains clos aux investigations de l'autorité; sa désobéissance à la loi commune ne peut le placer dans une situation plus favorable que ceux qui s'y sont soumis. — Il doit être entendu, d'ailleurs, que la peine ainsi encourue sera indépendante de celle que lui pourraient valoir les contraventions dûment constatées sur ses terrains et de l'action en responsabilité que pourraient lui intenter ses voisins (Rapport de M. de la Sicotière, du 11 mars 1887, *Journ. off.* des 2 et 3 janv. 1888, Doc. parlem., p. 521, annexe n° 136).

148. La loi du 24 déc. 1888 (art. 7) abroge la loi du 26 vent. an 4 relative à l'échenillage, dont nous avons étudié les dispositions v° *Contraventions*, nos 115 et suiv. ; — *Rép.* eod. v°, nos 174 et suiv. C'est précisément contre les chenilles, un des fléaux les plus redoutables dont souffre l'agriculture, qu'est en partie dirigée la nouvelle loi. La loi de ventôse était pratiquement inapplicable et était restée à l'état de lettre morte. La divergence entre ses dispositions et celles de la présente loi eût créé un antagonisme et des contradictions qu'il fallait éviter. La loi de 1888 maintient, au contraire, les dispositions relatives au phylloxera et au doryphora (art. 7). Ces dispositions offrent non seulement un caractère législatif spécial dans leur application sur le sol français, mais elles ont pour objet de prévenir l'importation des plants et des produits qui pourraient propager le fléau ; la loi nouvelle ne devait pas en gêner l'exécution.

149. L'art. 463 c. pén. est applicable aux pénalités prononcées par la loi du 24 déc. 1888 (art. 6).

150. La loi du 24 déc. 1888 s'applique aux départements de l'Algérie (art. 8).

151. L'art. 18 du projet de 1878 établissait des primes annuelles en faveur des « instituteurs qui auraient utilisé leurs loisirs à enseigner l'insectologie à leurs élèves, à s'occuper de la destruction des insectes nuisibles et de la conservation des oiseaux insectivores » et appelait « les élèves signalés comme d'utiles auxiliaires à participer aux primes ». Lors de la première délibération au Sénat, cet article fut rejeté par le motif, notamment, qu'il était inutile, des primes étant déjà allouées, dans la pratique, aux instituteurs pour récompenser l'enseignement que l'on voulait encourager.

ART. 6. — *De la police rurale administrative et judiciaire* (*Rép.* nos 157 à 174).

152. — I. POLICE ADMINISTRATIVE (*Rép.* nos 158 à 167). — Les attributions de l'autorité municipale, relatives à la police rurale, lui ont été dévolues par l'art. 9, tit. 2, de la loi des 28 sept.-6 oct. 1790, qui n'a pas été abrogé par la loi du 5 avr. 1884 (V. *suprà*, v° *Commune*, nos 511 et suiv.). Ces attributions sont, d'ailleurs, expressément conférées au maire par l'art. 91 de la nouvelle loi. — Les règlements municipaux relatifs au droit rural sont de deux sortes : les uns concernant la police rurale proprement dite et les bans de fauchaison, de vendange, etc. ; les autres se référant aux jouissances communes et concernant le parcours et la vaine pâture, les droits de glanage, râtelage, grappillage et chaumage, les droits de pacage, panage, affouage, ramée, etc.

153. — II. POLICE RURALE PROPREMENT DITE. — Les maires ont le droit de prendre, dans les communes rurales comme dans les villes, et sous la surveillance de l'autorité supérieure, des arrêtés ayant pour objet de pourvoir à la sécurité des personnes et des biens (L. 5 avr. 1884, art. 91 et 97). On a exposé ce principe et ses conséquences, *suprà*, v° *Commune*, nos 525 et 580 et suiv. (V. aussi Ferd. Jacques, *De la police rurale*, *Revue pratique de droit français*, 1883, t. 54). Les règlements municipaux de police rurale ont encore pour objet certaines mesures de police spéciales aux campagnes. Telles sont les mesures relatives :

154. — 1° *Aux incendies.* — Les maires peuvent prendre des arrêtés pour rappeler aux citoyens des campagnes : les lois qui leur défendent d'allumer du feu dans les champs, plus près que cinquante toises des maisons, bois, meules de grains, de paille, etc. (Loi de 1791, tit. 2, art. 10) (V. *Commune*, nos 791 et suiv. ; — *Rép.* eod. v°, n° 766 ; et *infrà*, n° 177) ; l'obligation de ramoner et d'entretenir les fours et cheminées. — L'art. 9, tit. 2, de la loi de 1791 impose aux maires, on l'a dit au *Rép.* n° 158, l'obligation de faire, dans les campagnes au moins une fois par an, la visite des fours et cheminées de tous bâtiments éloignés de moins de cent toises d'autres habitations. Les propriétaires intéressés doivent en être avertis huit jours d'avance. Après la visite, les maires ordonnent les réparations nécessaires ou la démolition des fours et cheminées en mauvais état (V. *Contraventions*, n° 45; — *Rép.* eod. v°, n°s 72 et suiv.; Clément et Lépinois, *op. cit.*, n°s 527 et suiv.).

155. — 2° Aux *inondations* (V. *Commune*, n°s 781 et suiv.; — *Rép.* eod. v°, n° 669).

156. — 3° *A la chasse.* — Les maires doivent prendre des mesures pour la destruction des animaux nuisibles désignés par le préfet et des loups et sangliers (Loi de 1791, art. 20, tit. 1er, sect. 4). Les pouvoirs des maires en cette matière ont été modifiés par la loi du 5 avr. 1884 (art. 90, § 9). Ils sont indiqués, ainsi que leurs autres attributions en matière de chasse, v° *Chasse*, n°s 708 et suiv., 1637 et suiv.; *Commune*, n°s 210 et suiv., 527; — *Rép.* v° *Chasse*, n°s 193 et suiv.; *Commune*, n° 768.

157. — 4° *A la divagation des animaux.* — Les maires sont investis du droit d'empêcher, dans l'intérêt de la salubrité et de la propreté de la voie publique, la divagation de certains animaux nuisibles, tels que les porcs, oies et canards (Loi de 1884, art. 97) (V. *Commune*, n°s 526 et 802; *Contraventions*, n°s 192 et suiv.; — *Rép.* v° *Commune*, n° 766; *Contraventions*, n°s 1316 et suiv.). — Jugé que l'arrêté qui prescrit d'enfermer et de garder les oies, dindons, canards et autres espèces de volailles qui sont dans l'habitude de s'écarter des habitations, est légal et obligatoire, en tant qu'il a pour objet de pourvoir à la propreté, la salubrité et la commodité du passage dans les rues et places publiques (Crim. cass. 18 févr. 1858, aff. Bocquillon, D. P. 58. 5. 16. V. aussi Crim. cass. 13 juin 1856, aff. Stoyer, D. P. 56. 1. 400; 20 nov. 1858, aff. Thourot, D. P. 58. 5. 16).

Il appartient aussi aux maires de prendre des mesures pour empêcher les inconvénients auxquels peut donner lieu l'établissement de ruches d'abeilles à proximité des routes ou des habitations (Cons. d'Et. 30 mars 1867, aff. Carbillers et Grillou, D. P. 68. 3. 1. V. *suprà*, n°s 95 et suiv.).

158. — 5° *A l'enfouissement des animaux morts, aux épizooties.* — L'art. 13 du tit. 2 de la loi de 1791 ordonne que les *bestiaux* morts soient enfouis dans la journée, à quatre pieds de profondeur, par le propriétaire et dans son terrain, ou voiturés à l'endroit désigné par la municipalité, pour y être également enfouis, sous peine par le délinquant de payer une amende de la valeur d'une journée de travail et les frais de transport et d'enfouissement. — Les maires peuvent déterminer les conditions d'enfouissement des *animaux de toute espèce* morts de maladie ou autrement (Crim. cass. 17 mars 1865, aff. Faure, D. P. 65. 1. 448). L'art. 13 ne s'applique pas aux bestiaux qui sont propres à un usage après leur mort, qui, par exemple, peuvent être livrés sans inconvénient à la consommation (V. *Rép.* v° *Commune*, n°s 978 et suiv.; Clément et Lépinois, *op. cit.*, n°s 880 et suiv.). Le maire a aussi le droit de prescrire toutes les mesures nécessaires pour que l'équarrissage des animaux ne cause aucune exhalaison nuisible.

La loi du 3 août 1882, relative à la destruction des loups et le décret des 28-29 nov. 1882 portant règlement d'administration publique pour l'exécution de ladite loi ont conféré aux maires de nouvelles attributions en ce qui concerne le dépouillement et l'enfouissement des loups qui sont détruits sur le territoire de la commune. Elles sont énumérées *suprà*, v° *Chasse*, p. 492, note 1, et n°s 1661 et suiv.

Les devoirs de l'autorité municipale en ce qui concerne les épizooties ont été définis par la loi du 21 juill. 1881 (D. P. 82. 4. 32). Nous avons indiqué ses dispositions *suprà*, v° *Commune*, n° 801 (V. aussi *infrà*, v° *Salubrité publique*).

159. — 6° *A la destruction des animaux et des insectes nuisibles aux récoltes* (Loi de 1791, art. 20, tit. 1er, sect. 4). — Les maires étaient tenus, aux termes de la loi du 26 vent. an 4 sur l'échenillage, de surveiller l'exécution des dispositions de cette loi, notamment de la publier et de visiter tous les terrains garnis d'arbustes, haies ou buissons pour s'assurer que l'échenillage avait été fait exactement (V. *Contraventions*, n° 106; — *Rép.* eod. v°, n°s 174 et suiv. V. aussi *Commune*, n° 526; — *Rép.* eod. v°, n° 767). — Dans les cultures négligées, les chardons se propagent avec une très grande rapidité; cette propagation se produit souvent de manière à envahir les terres des voisins; des préfets, avant la loi de 1888 ont cru qu'il y avait lieu pour l'autorité administrative d'intervenir comme en matière d'échenillage (V. arrêté préf. Vosges, 3 avr. 1866, rapporté dans le *Journal des communes*, 1866, p. 138). Mais l'échenillage constituait une exception au principe de la liberté de la culture et de la propriété territoriale. En réglant lui-même, sauf dans quelques détails, ce qui concerne la destruction des chenilles, le législateur avait implicitement et suffisamment exprimé son intention de se réserver le droit d'établir les exceptions de même nature. — Aussi a-t-il été jugé que la destruction des chardons ne peut faire, dans un règlement, l'objet d'une injonction adressée aux propriétaires sous la menace d'une sanction pénale; une telle mesure serait dépourvue de légalité, comme violant le principe de la liberté de la propriété territoriale. Et, à supposer qu'elle pût se justifier au point de vue de la sécurité des campagnes, le droit de l'édicter n'appartiendrait pas au préfet, qui n'a pouvoir de prendre des arrêtés de police que dans les matières qui intéressent la sûreté générale (Crim. rej. 27 janv. 1866, aff. Alliot, D. P. 66. 1. 367. V. *suprà*, v° *Commune*, n° 461).

La loi du 24 déc. 1888, on l'a vu *suprà*, n° 138, a aboli la loi du 26 vent. an 4, et a donné aux préfets le droit de prescrire les mesures nécessaires pour arrêter ou prévenir les dommages causés par les insectes, cryptogames ou autres végétaux nuisibles. Les maires, comme officiers de police judiciaire, dressent procès-verbal contre les personnes qui n'exécutent pas, dans les délais, les mesures ordonnées.

160. — 7° *A la multiplication des chevaux et des bestiaux de race étrangère qui sont utiles à l'amélioration de nos espèces* (Loi de 1791, art. 20, sect. 4, tit. 1er). — Les maires doivent employer dans ce but les moyens de protection et d'encouragement qui sont en leur pouvoir.

161. — 8° *Aux récoltes que le cultivateur est hors d'état de faire serrer par suite d'absence, de maladie*, etc. (Loi de 1791, art. 1er, sect. 5).

162. — 9° *Aux bans de vendange, de fauchaison, de moisson et de ramée.* — Les pouvoirs des maires en ces matières sont indiqués *suprà*, n°s 88 et suiv., et v° *Commune*, n°s 528 et suiv.; *Contraventions*, n°s 148 et suiv.; — *Rép.* v° *Commune*, n°s 773 et suiv.; *Contraventions*, n°s 246 et suiv.

163. — III. Règlements municipaux relatifs a la police des jouissances communes. — Les conseils municipaux ont le pouvoir de régler, dans chaque commune où le droit de vaine pâture est maintenu, l'exercice de ce droit, et d'ordonner les mesures propres à en prévenir ou en à réprimer l'abus, ainsi que toute entreprise tendant à détériorer les pâturages (L. 9 juill. 1889, art. 8 et 11) (V. *suprà*, n°s 29 et suiv.). Les délibérations des conseils municipaux prises en matière de vaine pâture sont soumises à l'approbation du préfet en conseil de préfecture. Elles ne deviennent exécutoires et ne peuvent recevoir de sanction pénale que lorsqu'elles ont obtenu cette approbation (L. 5 avr. 1884, art. 68-6°, D. P. 84. 4. 46; Circ. min. int. 15 mai 1884, *Bull. min. int.*, 1884, p. 244. V. aussi *suprà*, v° *Commune*, n°s 273 et 535 et suiv.; André et Marin, *La loi municipale du 5 avr. 1884*, p. 146 et suiv.). — Nous avons énuméré *suprà*, n°s 29 et suiv., v° *Commune*, n°s 541 et suiv.; — *Rép.* eod. v°, n°s 793 et suiv., les objets sur lesquels peuvent porter les règlements faits en cette matière par les conseils municipaux. Il appartient, notamment, à ces assemblées de fixer, à défaut de titres ou d'usages, le nombre de bestiaux que chaque habitant peut conduire au parcours ou à la vaine pâture (Loi de 1889, art. 8); de distribuer les diverses espèces sur les différentes parties du territoire; de fixer l'époque à partir de laquelle ces droits pourront s'exercer; de prescrire la nomination d'un ou de plusieurs bergers communs, etc. (Loi de 1889, art. 11) (V. *suprà*, n° 91); enfin de proposer la suppression du droit de vaine pâture (Loi de 1889, art. 3).

164. Les maires ont, de leur côté, des pouvoirs propres en matière de vaine pâture. Ainsi, il entre dans leurs attributions de prendre des arrêtés: pour porter à la connaissance des habitants les décisions prises par les conseils municipaux; pour assurer l'exécution de ces délibérations et des anciens règlements émanés de l'autorité compétente restés en vigueur; pour empêcher que le droit de vaine pâture s'exerce autrement que ne le prescrivent les lois. Ils peuvent aussi compléter, au point de vue de la police municipale, les délibérations des conseils municipaux et prescrire des mesures dans l'intérêt de la sécurité du passage et de la conservation des chemins, par exemple, interdire la vaine pâture sur les chemins vicinaux (*Rép.* n° 158. V. *suprà*, n°s 28 et suiv., et v° *Commune*, n°s 535 et suiv.; — *Rép.* eod. v°, n°s 794 et suiv.).

165. — *Glanage, râtelage et grappillage.* — Les maires, agissant comme chargés de la police rurale, ont le pouvoir de faire des règlements pour l'exercice des droits de glanage, de râtelage et de grappillage (*Rép.* n°s 101 et suiv., et *suprà*, n° 85. V. aussi *Commune*, n° 554; *Contraventions*, n°s 111 et suiv.; — *Rép.* v¹s *Commune*, n° 833; *Contraventions*, n°s 195 et suiv.).

166. — IV. POLICE JUDICIAIRE (*Rép.* n°s 168 à 173). — On a dit au *Rép.* n° 168 que les gardes champêtres, la gendarmerie, les commissaires de police et les maires ou adjoints doivent rechercher et constater par des procès-verbaux les délits ruraux (c. instr. cr. art. 11) (V. *Gardes champêtres; Instruction criminelle;* — *Rép.* v° *Instruction criminelle*, n°s 290 et suiv.).

167. La poursuite appartient au ministère public ou à la partie lésée. Le ministère public a qualité pour poursuivre d'office toute infraction en matière rurale, soit qu'il s'agisse d'un fait soumis encore aujourd'hui aux dispositions du code rural, soit qu'il s'agisse d'un fait régi par le code pénal (*Rép.* n°s 169 et 170). Jugé que la contravention résultant du fait d'avoir mené paître ses bestiaux sur des terres d'autrui non encore dépouillées de leurs récoltes, peut être poursuivie par le ministère public d'office, alors même que le propriétaire lésé aurait déclaré renoncer à porter plainte. Et l'existence de la contravention n'est pas subordonnée à la preuve qu'un dommage a été causé dans lesdites terres par les bestiaux (Crim. cass. 26 nov. 1858, aff. Arbaud, D. P. 61. 5. 145). — A l'égard des délits ruraux punis d'une amende proportionnée à la valeur du dédommagement, et qui sont, dès lors, selon le chiffre de cette amende, de la compétence du juge de police ou du tribunal correctionnel, le ministère public, dans le silence de la partie lésée, n'a pas qualité pour évaluer lui-même le dommage et régler ainsi arbitrairement la compétence, ou pour requérir le juge de police de procéder préalablement à l'évaluation dont dépendra ultérieurement la fixation de l'amende (*Rép.* n°s 170 et 222. V. aussi *Compétence criminelle*, n° 247; — *Rép.* eod. v°, n° 398; Faustin Hélie, *Traité de l'instruction criminelle*, t. 6, n° 2522). Ainsi qu'on le verra, *infrà*, n° 212, c'est le tribunal correctionnel qui doit être saisi.

168. Le droit de vaine pâture constituant une société et une communauté tacite de pâturage, chacun des associés peut poursuivre individuellement la réparation du préjudice qu'il prétend éprouver par suite de l'abus attribué à l'un des habitants, et notamment par l'envoi à la vaine pâture d'un nombre de moutons supérieur à celui auquel il avait droit (Crim. rej. 23 août 1867) (1).

169. Les explications relatives à l'action de la partie lésée contre le délinquant et contre les personnes civilement responsables sont données *infrà*, n°s 206 et suiv. (V. aussi *Contraventions*, n° 277; *Compétence criminelle*, n° 247; *Instruction criminelle; Responsabilité;* — *Rép.* v¹s *Compétence criminelle*, n° 398; *Instruction criminelle*, n°s 71 et suiv.; *Responsabilité*, n°s 492 et suiv., 713 et suiv.; Sourdat, t. 2, n°s 797 et suiv., 1407 et suiv.).

170. — V. GARDES CHAMPÊTRES DES COMMUNES ET DES PARTICULIERS (*Rép.* n° 174). — Tout ce qui concerne ces agents est étudié v° *Gardes champêtres;* — *Rép.* eod. v°.

ART. 7. — *Des délits ruraux et des contraventions* (*Rép.* n°s 175 à 206).

§ 1er. — Des délits ruraux (*Rép.* n°s 176 à 190).

171. — I. DESTRUCTION, BLESSURES DES ANIMAUX; MAUVAIS TRAITEMENTS (*Rép.* n° 177). — Cette matière est étudiée *suprà*, v¹s *Contraventions*, n°s 232 et suiv.; *Dommage-destruction*, n°s 147 et suiv.

172. — II. TROUPEAUX ATTEINTS DE MALADIES CONTAGIEUSES (*Rép.* n° 178). — V. *infrà*, v° *Salubrité publique*.

173. — III. EMPOISONNEMENT DES CHEVAUX ET BESTIAUX, DES POISSONS D'ÉTANGS, VIVIERS OU RÉSERVOIRS (*Rép.* n° 179). — V. *Dommage-destruction*, n°s 148 et suiv.; — *Rép.* eod. v°, n°s 271 et suiv.

174. — IV. COMBLEMENT DE FOSSÉS ET DESTRUCTION DE CLOTURES, HAIES VIVES OU SÈCHES; DÉPLACEMENT OU SUPPRESSION DE BORNES (*Rép.* n° 180). — Tout ce qui a trait à ce délit est examiné v° *Dommage-destruction*, n° 169; — *Rép.* eod. v°, n°s 297 et suiv.

175. — V. DESTRUCTION, MUTILATION, COUPE OU ÉCORCEMENT D'ARBRES (*Rép.* n° 181). — Les développements que comporte l'étude du délit de destruction, mutilation, coupe ou écorcement d'arbres, sont donnés v° *Dommage-destruction-dégradation*, n°s 131 et suiv.; — *Rép.* eod. v°, n°s 234 et suiv. (V. aussi, *Voirie par terre*; — *Rép.* eod. v°, n°s 186 et suiv.). — Nous ajouterons seulement que si, d'après la doctrine émise au *Rép.* v° *Dommage-destruction*, n° 244, et rappelée *suprà*, eod. v°, n° 133, les art. 445 et 446 s'appliquent aux arbres plantés dans les propriétés *urbaines*, il a été jugé que l'art. 14 de la loi du 28 sept.-6 oct. 1791 n'a pour objet que la police des campagnes et, par suite, n'est pas applicable au cas de mutilation d'arbres plantés sur une place publique à l'intérieur d'un bourg (Crim. rej. 3 janv. 1879, aff. Boudrot, D. P. 79. 1. 378).

176. — VI. DESTRUCTION DE GREFFES (*Rép.* n° 182). — V. *Dommage-destruction*, n° 139; — *Rép.* eod. v°, n°s 241 et suiv.

177. — VII. COUPE DE BRANCHES, DE HAIES VIVES, ET ENLÈVEMENT DES BOIS SECS DES HAIES, APPARTENANT A AUTRUI (*Rép.* n° 183). — Cette matière est traitée v° *Dommage-destruction*, n°s 170 et suiv.; — *Rép.* eod. v°, n°s 301 et suiv.

178. — VIII. BLÉ COUPÉ EN VERT (*Rép.* n° 184). — Ce délit est examiné *suprà*, v° *Dommage-destruction*, n° 142. — On a émis au *Rép.* n° 184 l'opinion que l'art. 28, tit. 2, de la loi de 1791 n'est applicable que dans les cas où la coupe porte seulement sur de petites parties de grains en vert. En pareil cas, la peine est une amende égale à la valeur du dédommagement dû au propriétaire lésé; une condamnation à trois jours d'emprisonnement peut être également prononcée, en vertu de l'art. 2 de la loi du 23 therm. an 4. — Lorsque la coupe a pour objet la totalité ou une portion considérable de la récolte, on applique l'art. 450 c. pén.

179. — IX. INONDATION DES CHEMINS ET PROPRIÉTÉS D'AUTRUI (*Rép.* n° 185). — V. *Dommage-destruction*, n°s 187 et suiv.; — *Rép.* eod. v°, n°s 324 et suiv.

180. — X. RUPTURE ET DESTRUCTION D'INSTRUMENTS D'AGRICULTURE, DE PARCS DE BESTIAUX, DE CABANES DE GARDIENS (*Rép.* n° 186). — V. *Dommage-destruction*, n°s 145 et suiv.; — *Rép.* eod. v°, n°s 265 et suiv.

181. — XI. DÉVASTATION DE PLANTS ET RÉCOLTES SUR PIED (*Rép.* n° 187). — Cette matière est traitée v° *Dommage-destruction*, n°s 129 et suiv.; — *Rép.* eod. v°, n°s 235 et suiv.

182. — XII. VOL DE PIGEONS (c. pén. art. 401) (*Rép.* n° 188). — V. *suprà*, n°s 109 et suiv. (V. aussi *Vol;* — *Rép.* eod. v°).

(1) (Lebugle.) — LA COUR; — Sur le premier moyen pris de la fausse application de l'art. 1382 c. nap., et des art. 2, 3 et 16 c. instr. cr., et de la violation des art. 13, 14 et 18, sect. 4, tit. 1er de la loi de 1791, et de l'art. 19, n° 8, de la loi du 18 juill. 1837, en ce que le jugement attaqué a déclaré recevable l'action en dommages-intérêts exercée par Lécuyer en son propre nom et *ut singulus* contre Lebugle: — Attendu que le droit de vaine pâture constitue entre les habitants des communes où il a lieu, et pour l'usage de leurs bestiaux, une société et une communauté tacite de pâturage; que chacun des associés a droit aux bénéfices de l'association dans des proportions déterminées par délibération du conseil municipal, aux termes de l'art. 13, sect. 4, tit. 1er de la loi de 1791 et de l'art. 19 de la loi de 1837; d'où il suit que si l'un des associés se plaint qu'un de ses coassociés a porté préjudice à son droit en exerçant abusivement le sien propre, cet associé plaignant a une action personnelle qui lui appartient au même titre qu'à tout autre qui prétendrait avoir, pour le même fait, subi un préjudice; que le premier moyen, qui consiste à refuser à Lécuyer, considéré individuellement, l'action tendant à l'indemnité, n'est donc pas fondé;... — Rejette.

Du 23 août 1867.-Ch. crim.-MM. Barbier, rap.-Bédarrides, av. gén.

183. — XIII. VOL, DANS LES CHAMPS, D'ANIMAUX ET D'INSTRUMENTS ARATOIRES (c. pén. art. 338) (*Rép.* n° 188). — V. *Vol;* — *Rép.* eod. v°, n°s 388 et suiv.

184. — XIV. VOL DE RÉCOLTES (c. pén. art. 388) (*Rép.* n° 188). — V. *Contraventions,* n° 241; *Vol;* — *Rép.* v° *Vol,* n°s 389 et suiv.

185. — XV. VOL DE RUCHES D'ABEILLES (*Rép.* n° 188). — V. *suprà,* n° 96, et *Rép.* n° 126.

186. — XVI. GARDE A VUE (*Rép.* n° 189). — Ce délit est étudié v° *Contraventions,* n°s 287 et suiv.; — *Rép.* eod. v°, n°s 494 et suiv.

187. — XVII. COALITION ENTRE LES GENS DE TRAVAIL AGRICOLE ET ENTRE LES CHEFS D'EXPLOITATION RURALE (*Rép.* n° 190). — Ces délits étaient prévus par les art. 19 et 20 du tit. 2 de la loi de 1791. La peine, lorsque la coalition était destinée à faire baisser ou à fixer à vil prix la journée des ouvriers ou les gages des domestiques, était une amende du quart de la contribution mobilière des délinquants et, s'il y avait lieu, la détention de police municipale. Les moissonneurs, domestiques et ouvriers de la campagne qui se liguaient entre eux pour faire hausser et déterminer le prix des gages ou des salaires étaient punis d'une amende qui ne pouvait excéder la valeur de douze journées de travail et, en outre, de la détention municipale. — Comme nous l'avons dit *suprà,* n° 10, ces articles ont été abrogés par la loi du 25 mai 1864 qui a déclaré applicables aux propriétaires et fermiers, ainsi qu'aux moissonneurs, domestiques et ouvriers de la campagne, les nouveaux art. 414, 415, 416 c. pén., lesquels édictent des peines très sévères contre les coalitions (V. *Industrie et commerce;* — *Rép.* eod. v°, n°s 383 et suiv.; Blanche, *op. cit.,* t. 6, n°s 324 et suiv.). On a vu également *suprà,* n° 14, que l'art. 416 c. pén. a été abrogé par la loi du 21 mars 1884, relative à la création des syndicats professionnels.

188. — XVIII. INONDATION DE L'HÉRITAGE D'AUTRUI ET TRANSMISSION VOLONTAIRE ET NUISIBLE DES EAUX (Loi de 1791, art. 15). — V. *Dommage-destruction,* n°s 187 et suiv.; — *Rép.* eod. v°, n°s 327 et suiv.

189. — XIX. DOMMAGES CAUSÉS AUX CHEMINS OU AUX PROPRIÉTÉS VOISINES PAR LA TROP GRANDE ÉLÉVATION DU DÉVERSOIR DES MOULINS OU USINES OU AUTREMENT. — La disposition de l'art. 16 de la loi de 1791 qui punissait cette infraction a été abrogée par l'art. 457 c. pén. (V. *Dommage-destruction,* n°s 188 et suiv.; — *Rép.* eod. v°, n°s 326 et suiv.).

190. — XX. CONDUITE AU PATURAGE D'UN TROUPEAU ATTEINT DE MALADIE CONTAGIEUSE SUR LES TERRES DE LA VAINE PATURE AUTRES QUE CELLES QUI LUI ONT ÉTÉ DÉSIGNÉES POUR LUI SEUL OU SUR DES TERRES NON SUJETTES A LA VAINE PATURE (Loi de 1791, art. 23, tit. 2). — Le troupeau peut être saisi par les gardes champêtres, et même par toute personne; il est ensuite mené au lieu du dépôt indiqué par le maire. La peine applicable est une amende de la valeur de trois journées de travail (L. 23 therm. an 4, art. 2). Le maître pourra, en outre, suivant la gravité des circonstances, être responsable du dommage que son troupeau aura occasionné. La disposition de l'art. 23, tit. 2, de la loi de 1791 n'a pas été abrogée par la loi du 21 juill. 1881 sur la police sanitaire des animaux; elle s'applique à des hypothèses différentes de celles prévues par ladite loi (V. *infrà,* v° *Salubrité publique*).

191. — XXI. PATURAGE DES BESTIAUX REVENANT DES FOIRES OU MENÉS D'UN LIEU A UN AUTRE, SUR LES TERRES DES PARTICULIERS OU SUR LES COMMUNAUX (Loi de 1791, art. 25). — V. *suprà,* v° *Contraventions,* n°s 287 et suiv.).

192. — XXII. ENTRÉE DANS LES CHAMPS ENSEMENCÉS (Loi de 1791, art. 27). — Cette disposition est abrogée par l'art. 475-9° et 10° c. pén. (V. *Contraventions,* n° 152; — *Rép.* eod. v°, n° 363).

193. — XXIII. PASSAGE SUR LE TERRAIN D'AUTRUI AVEC BRIS DE CLOTURE. — V. *Contraventions,* n°s 133 et suiv.; *Dommage-destruction,* n°s 169 et suiv.; — *Rép.* v^is *Contraventions,* n°s 216 et suiv.; *Dommage-destruction,* n°s 297 et suiv.

§ 2. — Des contraventions rurales (*Rép.* n°s 191 à 206).

194. — I. BANS DE VENDANGES ET AUTRES (*Rép.* n° 191). — V. *suprà,* n°s 88 et suiv. et v^is *Commune,* n°s 528 et suiv.; *Contraventions,* n°s 160 et suiv.; — *Rép.* v^is *Commune,* n°s 259 et suiv.; *Contraventions,* n°s 246 et suiv.

195. — II. FERMETURE DES COLOMBIERS (*Rép.* n° 192). — Les arrêtés pris par les préfets (L. 4 avr. 1889, art. 6, D. P. 89. 4. 34), à l'effet de fixer les époques de l'année où les pigeons doivent être renfermés sont sanctionnés par l'art. 471, § 15, c. pén. (V. *Rép.* n° 133, et *suprà,* n°s 109 et suiv.).

196. — III. GLANAGE ET GRAPPILLAGE (*Rép.* n° 193). — V. *Contraventions,* n°s 111 et suiv.; — *Rép.* eod. v°, n°s 195 et suiv.

197. — IV. CONTRAVENTIONS AUX DISPOSITIONS DE LA LOI DU 24 DÉC. 1888, RELATIVES A LA DESTRUCTION DES INSECTES DES CRYPTOGAMES ET AUTRES VÉGÉTAUX NUISIBLES A L'AGRICULTURE. — V. *suprà,* n°s 144 et suiv.

198. — V. CONTRAVENTIONS RELATIVES AU PARCOURS ET A LA VAINE PATURE. — CONTRAVENTIONS COMMISES EN CORSE DEPUIS LA LOI DU 22 JUIN 1854. — Les infractions aux dispositions de loi relatives à la vaine pâture sont exclusivement régies par la loi du 28 sept. 1791 (Crim. rej. 13 avr. 1855, aff. Porthault, D. P. 55. 1. 271).

Ces infractions se trouvant placées dans un ordre antérieur à l'art. 3, tit. 2, de la loi de 1791 relatif aux peines qui frappent les délits ruraux sont dépourvues de sanction pénale, à moins que l'exercice de la vaine pâture n'ait été réglé par l'autorité compétente (l'inobservation des règlements faits par le conseil municipal, des arrêtés du maire, ou des anciens règlements restés en vigueur, entraîne alors l'application de l'art. 471, § 15, c. pén.); ou que la loi méconnue prononce une peine spéciale à cet égard (*Rép.* n°s 48 et 212. V. aussi v° *Commune,* n°s 491 et suiv., 535 et suiv.; — *Rép.* v^is *Commune,* n°s 705 et suiv.; *Servitudes,* n°s 953 et suiv.). — Jugé que lorsqu'un règlement fait par le conseil municipal porte que, pour les chevaux et les bêtes à cornes, la vaine pâture aura lieu tant sur les terres que sur les prés, et pour les bêtes à laine seulement sur les terres, il y a contravention passible des peines de l'art. 471, n° 15, c. pén. dans le fait de mener paître des moutons dans les prés (Crim. rej. 25 févr. 1876, aff. Vignol, D. P. 76. 1. 459).

199. Le fait d'exercer la vaine pâture dans un pays où cet usage n'est pas établi n'est pas puni en lui-même (Loi de 1791, art. 3, sect. 4). Mais il peut, suivant les circonstances dans lesquelles il s'est produit, constituer, en même temps qu'une infraction, non réprimée, à l'art. 3, un délit rural ou une contravention de police. Ainsi il a été jugé que le fait d'avoir fait pâturer des moutons sur des prés situés dans le territoire d'une commune où la vaine pâture était prohibée d'une manière absolue par des arrêts de parlement, au moment de la publication de la loi du 28 sept. 1791, constitue une contravention aux art. 3 et 13, sect. 4, tit. 1er, et art. 22, tit. 2, de cette loi;... alors surtout que ce fait de vaine pâture a été exercé moins de deux jours après l'enlèvement de la récolte (Crim. rej. 15 oct. 1851, aff. Créquey, D. P. 52. 5. 553). Cette dernière circonstance donnait lieu, dans l'espèce, à l'application d'un texte spécial: l'art. 21, tit. 2, de la loi de 1791, qui punit le fait, par les pâtres et bergers, de mener leurs troupeaux dans les champs moissonnés moins de deux jours après la récolte (V. *Contraventions,* n°s 128 et suiv.; — *Rép.* eod. v°, n°s 195 et suiv.). — Jugé aussi que le fait de celui qui conduit des animaux sur des prés non soumis à la vaine pâture constitue la contravention de conduite de bestiaux sur le terrain d'autrui, prévue et punie par l'art. 479, n° 10, c. pén. (Dijon, 28 mars 1873, *suprà,* n° 36).

200. En ce qui concerne les contraventions commises en Corse depuis la loi du 22 juin 1854, il a été jugé: 1° que cette loi, portant abolition, dans le département de la Corse, du parcours et du droit de vaine pâture, ne met pas obstacle à ce que les habitants d'une commune de ce département fassent pacager leurs bestiaux sur les biens communaux, s'ils y ont été autorisés par une délibération du conseil municipal approuvée par le préfet, à la charge de payer une redevance annuelle par chaque tête de bétail, un tel fait de pacage ne devant pas être confondu avec la vaine pâture telle qu'elle est prohibée par la loi de 1854; ... Peu importe que les habitants auxquels ce fait de pacage est imputé n'aient pas payé la dernière année de la redevance, ce retard ne pouvant donner lieu qu'à une action civile de la part de la commune, et non constituer une contravention (Crim. cass. 5 janv. 1856, aff. Massoni, D. P. 56.

1. 107); — 2° Qu'il n'y a pas de contravention à la loi du 22 juin 1854, prohibitive du parcours et de la vaine pâture en Corse, de la part de l'individu qui a laissé ses bestiaux paître à l'abandon dans des terrains en culture ou ensemencés : ce fait constitue simplement la contravention d'abandon des animaux, prévue et punie par les art. 2 et 12, tit. 2, de la loi du 28 sept. 1791 (Crim. rej. 31 janv. 1856, aff. Colona, D. P. 56. 5. 20) ; — 3° Que l'individu prévenu d'avoir laissé paître des bestiaux à l'abandon sur le terrain d'autrui, en Corse, a pu être déclaré non coupable d'avoir contrevenu à la loi du 22 juin 1854, prohibitive du parcours et de la vaine pâture dans ce pays, sur le motif qu'il résulte des faits articulés par lui et non contredits par le procès-verbal, que ces bestiaux, placés en pâture sur sa propriété, ont passé sur celle d'autrui à son insu et sans sa participation : le juge de police a pu ne voir dans ce fait que la contravention d'abandon d'animaux punie par les art. 1er et 12 de la loi du 28 sept. 1791 (Crim. rej. 13 févr. 1857, aff. Casanova, D. P. 57. 1. 178) ; — 4° Que le berger dont le troupeau a été trouvé, en Corse, en dehors des terrains soumis à la vaine pâture ne peut être considéré comme ayant contrevenu soit aux règlements sur la vaine pâture en Corse, soit aux prescriptions de l'art. 479, n° 10, c. pén., qui punit ceux qui mèneraient leurs bestiaux sur le terrain d'autrui, s'il est constaté qu'il n'est coupable que d'une simple négligence ; c'est le cas d'appliquer, suivant la nature du terrain dans lequel il a laissé entrer le troupeau, l'art. 471, n° 14, ou l'art. 475, n° 10, du même code (Crim. cass. 23 juin 1864, aff. Braccini, D. P. 69. 5. 402) ; — 5° Que le propriétaire dont le bétail a été trouvé à l'abandon sur le terrain d'autrui ne peut, en Corse, être excusé à raison d'un usage qui ferait tolérer la vaine pâture en hiver, un tel motif ne pouvant, depuis la suppression de la vaine pâture en Corse, être admis que dans les communes où le droit de vaine pâture a été prorogé par arrêté du préfet (Crim. cass. 28 juin 1861, aff. Scaglia, D. P. 66. 1. 129) ; — 6° Que le fait d'avoir laissé à l'abandon des bestiaux qui ont pénétré dans un enclos, à l'insu de leur propriétaire, ne tombe pas sous l'application de l'art. 479, n° 10, c. pén., mais sous celle de l'art. 12, tit. 2, c. rur. de 1791 ; qu'il ne constitue pas non plus, en Corse, une contravention aux dispositions des art. 2 et 5 de la loi du 22 juin 1854, prohibitive de la vaine pâture, car cette contravention suppose que le bétail a été conduit volontairement sur les terres; qu'en conséquence, c'est par un mois, et non par un an, que se prescrit l'action en répression de ce fait (Crim. rej. 20 mars 1874, aff. Orsini, D. P. 75. 1. 400. V. aussi Crim. rej. 31 janv. 1856, aff. Istria, D. P. 56. 5. 20, arrêts cités *suprà*, v° *Contraventions*, n° 293).

201. — VI. PASSAGE DE L'HOMME A PIED, A CHEVAL OU EN VOITURE SUR LE TERRAIN D'AUTRUI ENSEMENCÉ OU CHARGÉ DE GRAINS (*Rép.* n° 195). — V. *Contraventions*, nos 133 et suiv.; — *Rép.* eod. v°, nos 216 et suiv.

202. — VII. INTRODUCTION ET ABANDON DE BESTIAUX, LEUR PASSAGE SUR LE TERRAIN D'AUTRUI (*Rép.* n° 196). — Les art. 471, n° 14, 475, n° 10, c. pén., et 479, § 10, dont nous avons étudié les dispositions v° *Contraventions*, nos 152 et suiv., 287 et suiv.; — *Rép.* eod. v°, nos 236 et suiv., prévoient le fait de passage d'animaux conduits par leur propriétaire ou gardien. L'abandon de bestiaux qui se sont introduits à l'insu et sans la participation du gardien dans la propriété d'autrui constitue le délit rural prévu par l'art. 12, tit. 2, de la loi de 1791. Jugé : 1° que le propriétaire dont les bestiaux laissés à l'abandon ont causé des dégâts à la propriété d'autrui, est simplement coupable du délit rural, prescriptible par un mois, que prévoit l'art. 12, toujours en vigueur, du code rural de 1791, et dont la répression est déterminée par l'art. 2 de la loi du 23 therm. an 4 ; qu'on prétendrait à tort faire rentrer cet acte de négligence dans les prévisions de l'art. 471, n° 14, c. pén. et de l'art. 475, n° 10, lesquels répriment la contravention, prescriptible par un an, commise par celui qui, volontairement, a fait ou laissé passer ses bestiaux sur un terrain appartenant à autrui, dont la récolte n'est pas encore enlevée, ou qui se trouve ensemencé (Crim. cass. 10 sept. 1857, aff. Champs, D. P. 57. 1. 449) ; — 2° Que le fait de dépaissance d'animaux laissés à l'abandon dans les propriétés d'autrui, qu'il s'agisse de l'enceinte d'une habitation, d'un enclos rural ou de champs ouverts, tombe sous l'application des art. 3, 4 et 12, tit. 2, c. rur. de 1791, et non des art. 471, n° 14, et 475, n° 10, c. pén., qui prévoient le fait de passage d'animaux conduits par leur propriétaire ou gardien sur le terrain d'autrui (Crim. rej. 28 avr. 1865, aff. Bernardini, et aff. Bancelli, D. P. 65. 1. 194 ; 17 août 1867, aff. Vico, *Bull. crim.*, n° 197. V. aussi Crim. rej. 26 août 1852, aff. Lefer, D. P. 52. 5. 194 ; 13 févr. 1857, aff. Casanova, D. P. 57. 1. 178 ; Crim. cass. 13 avr. 1866, aff. Laurenti, D. P. 70.5. 108 ; 7 nov. 1885, aff. Fourtine, D. P. 86. 1. 426. V. aussi les arrêts cités *suprà*, v° *Contraventions*, nos 287 et suiv.).

203. Trois conditions sont nécessaires pour que l'infraction prévue par l'art. 12 de la loi de 1791 existe. Il faut : 1° que des bestiaux aient été abandonnés. — Le mot « bestiaux » doit être pris dans le sens le plus large. Il comprend non seulement les bestiaux proprement dits, mais encore les chevaux, les ânes, les porcs, les volailles et les chèvres (V. *Contraventions*, n° 292 ; — *Rép.* eod. v°, n° 504 ; Crim. rej. 9 janv. 1879, aff. Caporassi, D. P. 81. 5. 116); — 2° Que les bestiaux abandonnés se soient *introduits* sur le terrain d'autrui par suite de la négligence, du défaut de surveillance de leur propriétaire ou gardien (V. *Contraventions*, nos 293 et suiv. ; — *Rép.* eod. v°, nos 494 et suiv.). Jugé que l'art. 12 de la loi de 1791 s'applique : au fait de bœufs laissés à l'abandon, qui ont été trouvés dans un enclos ou dans un terrain où ils avaient pénétré à l'insu de leur propriétaire (Crim. rej. 20 mars 1874, aff. Orsini et Pizzini, D. P. 75. 1. 400; 4 juin 1875, aff. N... D. P. 78. 5. 186); et il en est ainsi même en Corse, où le fait serait à tort considéré comme une infraction à la loi du 22 juin 1854 qui a aboli la vaine pâture (Crim. rej. 9 janv. 1879 précité); — Au fait d'avoir laissé à l'abandon des bêtes de trait qui, s'étant introduites sur la propriété d'autrui, y ont été trouvées pacageant (Crim. cass. 29 janv. 1870, aff. Marchesi, D. P. 70. 1. 320) ; — Aux dégâts causés par une jument ou un mulet paissant à l'abandon dans un pâturage (Crim. cass. 2 juin 1865, aff. Maestracci, D. P. 65. 1. 325); — Aux dommages causés par des chevaux paissant en liberté (Crim. cass. 10 sept. 1857, aff. Champs, D. P. 57. 1. 449; 16 avr. 1864, aff. Filippi, D. P. 65. 1. 325); — Au fait d'une bande de porcs trouvés paissant à l'abandon dans un enclos (Crim. cass. 29 déc. 1864, aff. Sansonetti, D. P. 65. 1. 325 ; Crim. rej. 9 janv. 1879 précité); — Aux dégâts causés par une truie et une bande de pourceaux (Crim. cass. 28 juin 1861, aff. Peraldi, D. P. 66. 5. 130); — Au fait de laisser des volailles à l'abandon sur le terrain d'autrui (Crim. cass. 16 août 1866, aff. Duquesne-Beauve, D. P. 66. 1. 463; 10 mai 1872, aff. Bouillon, D. P. 72. 1. 83; 7 nov. 1873, aff. Mariani, D. P. 74. 1. 96); — 3° Que le fait d'abandon ait lieu sur le terrain *d'autrui* (V. *Contraventions*, n° 297; — *Rép.* eod. v°, n° 501). — La nature du terrain ne doit pas être prise en considération pour savoir s'il y a lieu d'appliquer l'art. 12; le délit existe dès que les animaux ont été trouvés, soit dans l'enceinte des habitations, soit dans un enclos rural, soit dans les champs ouverts. La circonstance que le champ dans lequel les animaux ont été trouvés à l'abandon était clos de murs ne fait pas nécessairement présumer qu'ils ont dû y être introduits par leur gardien, si le procès-verbal n'établit pas que la clôture dudit champ est telle que ces animaux n'aient pu y pénétrer d'eux-mêmes (Crim. rej. 28 avr. 1865, aff. Bernardini, D. P. 65. 1. 194-195).

204. L'existence d'un dommage causé par les bestiaux abandonnés n'est pas une condition essentielle de l'infraction prévue par l'art. 12 (V. *Contraventions*, n° 299; — *Rép.* eod. v°, n° 243; Blanche, *op. cit.*, t. 7, n° 488).

205. L'art. 12 n'appliquant pas une peine spéciale à l'infraction qu'il prévoit, cette infraction doit être punie conformément aux prescriptions de l'art. 2 de la loi du 23 therm. an 4, c'est-à-dire d'une amende de la valeur de trois journées de travail ou d'un emprisonnement de trois jours. — Il a été jugé : 1° que le propriétaire dont le bétail a été trouvé sur le terrain d'autrui, doit, si le fait a eu lieu à son insu et a causé du dégât, être puni d'une amende égale au moins à la valeur de trois journées de travail, en vertu des dispositions combinées des art. 3 et 12, tit. 2, c. rur. de 1791, et 2 de la loi du 23 therm. an 4 ; c'est à tort que, pour réduire l'amende à 1 fr., le juge de police appliquerait, en pareil cas, l'art. 471, n° 14, c. pén., qui prévoit un fait tout différent (Crim. cass. 16 avr. 1864, aff. Philippi, et aff. Orsati, D. P. 65. 1. 325; 29 déc. 1864, aff. Sansonetti, D. P. 65. 1. 325; 2 juin 1865, aff. Maestracci, D. P. 65. 1. 325); — 2° Que lorsque le dégât a été causé par des volailles, le fait du propriétaire d'avoir laissé ces volailles à l'abandon serait à tort considéré comme échappant à toute sanction pénale, soit sous prétexte que la loi du 28 sept. 1791 donne, dans ce cas, au propriétaire du terrain endommagé le droit de les tuer sur le lieu et au moment du dégât, soit à raison de ce que cette loi n'aurait édicté aucune peine; une telle infraction est passible, aux termes de l'art. 2 de la loi du 23 therm. an 4, d'une amende ne pouvant être moindre de la valeur de trois journées de travail ou d'un emprisonnement qui ne peut être inférieur à trois jours (Crim. rej. 16 août 1866, aff. Duquesne-Beauve, D. P. 66. 1. 463); — 3° Que la contravention d'abandon de bestiaux sur le terrain d'autrui, étant punie d'une amende égale au moins à la valeur de trois journées de travail, est insuffisamment réprimée par l'application d'une amende de 2 fr., alors surtout qu'elle est en concours avec deux contraventions de passage avec bestiaux sur le terrain d'autrui, qui doivent être punies chacune d'une amende distincte (Crim. cass. 13 avr. 1866, aff. Limonetti, D. P. 72. 5. 135; 25 févr. 1876, aff. Bousquet, D. P. 78. 1. 45); — 4° Que les circonstances atténuantes étant inadmissibles relativement à la répression de cette contravention, l'amende ne peut être inférieure à la valeur de trois journées de travail (Crim. cass. 10 mai 1872, aff. Bouillon, D. P. 72. 1. 83. V. aussi les arrêts cités v° *Contraventions*, n° 294). — Le juge de police, en dehors de toute récidive, ne peut prononcer contre l'auteur de l'abandon d'animaux sur le terrain d'autrui une amende supérieure à la valeur de trois journées. En cas de récidive, dans l'espace d'une année, l'amende doit être portée au double. Il en est de même si le délit a été commis avant le lever ou après le coucher du soleil. L'amende est triplée, si l'une et l'autre de ces circonstances aggravantes se trouvent réunies (Crim. cass. 3 mai 1877, aff. Rouquet, D. P. 77. 1. 407; 2 janv. 1880, cité *suprà*, v° *Contraventions*, n° 294. V. aussi *infrà*, n°s 234 et suiv.).

206. Le droit, pour le propriétaire qui a éprouvé des dommages, de saisir les bestiaux et de tuer les volailles (V. *suprà*, n°s 123 et suiv.) constitue non une répression pénale, mais une réparation civile indépendante de la peine.

207. En ce qui concerne les moyens de justification et les excuses, V. *Contraventions*, n° 299. — Jugé que le fait d'avoir laissé un cheval à l'abandon sur des pièces de terre chargées de récoltes et appartenant à autrui, délit rural qui tombe sous l'application de la loi du 6 oct. 1791, modifiée par l'art. 2 de la loi du 23 therm. an 4, ne saurait être excusé par le motif qu'on ne pouvait imputer au prévenu aucun fait personnel de négligence ou d'imprudence; pour être acquitté, il doit établir la force majeure (Crim. cass. 10 sept. 1857, aff. Champs, D. P. 57. 1. 449).

208. — VIII. Mort ou blessures causées aux animaux d'autrui par négligence ou maladresse (*Rép.* n° 197). — V. *Contraventions*, n°s 256 et suiv.; — *Rép.* eod. v°, n°s 428 à 452 (V. aussi *Dommage-destruction*, n°s 159 et suiv.; — *Rép.* eod. v°, n°s 270 et suiv.).

209. — IX. Mauvais traitements envers les animaux domestiques (L. 2 juill. 1850) (*Rép.* n° 198). — V. *Dommage-destruction*, n°s 162 et suiv.; — *Rép.* eod. v°, n° 291.

210. — X. Divagation des animaux malfaisants (*Rép.* n° 199). — V. *Contraventions*, n°s 205 et suiv.; — *Rép.* eod. v°, n°s 323 et suiv.

211. — XI. Enlèvement des engrais dans les champs (*Rép.* n° 200). — L'art. 33, tit. 2, de la loi de 1791 qui prévoit cette contravention est, en fait, sans objet, comme on l'a démontré au *Rép.* n° 200. L'enlèvement de fumier ou de marne ne pouvant se concevoir sans l'intention de s'approprier ces engrais ou d'en tirer un avantage quelconque tombe, dans tous les cas, sous le coup de l'art. 401 c. pén.

212. — XII. Abandon dans les champs de coutres de charrues ou instruments dont il peut être fait abus (*Rép.* n° 202). — Cette contravention a été étudiée v° *Contraventions*, n°s 111 et suiv.; — *Rép.* eod. v°, n°s 168 et suiv.

213. — XIII. Feux allumés dans les champs (Loi de 1791, art. 10, tit. 2) (*Rép.* n° 203). — V. *Dommage-destruction*, n°s 79 et suiv.; *Forêts*; — *Rép.* v[is] *Dommage-destruction*, n°s 132 et suiv.; *Forêts*, n°s 755 et suiv. — S'il est résulté un incendie de l'allumage des feux à la distance prohibée, le fait est puni par l'art. 458 c. pén. — La disposition de l'art. 10 de la loi de 1791 ne concerne que des feux temporaires ou passagers brûlant à découvert; elle ne s'applique pas aux feux alimentés d'une manière permanente et notamment aux briqueteries (C. cass. Belgique, 28 févr. 1883) (1).

214. — XIV. Récolte des varechs (*Rép.* n° 204) — Le

---

(1) (Romedenne.) — Du 12 janv. 1883, jugement du tribunal de Liège ainsi conçu : — « Attendu que si l'art. 10, tit. 2, de la loi rurale de 1791 paraît absolu, on ne peut cependant lui donner une application générale, sans méconnaître la portée spéciale de la loi dont il fait partie; que cette loi doit être interprétée en ayant égard à la matière qu'elle traite; qu'en vue de régler la police rurale, on comprend qu'elle ait pu interdire le feu temporaire et passager, allumé dans les champs et compromettant la sécurité publique; mais que l'on ne s'expliquerait pas que cette interdiction s'étendît à des feux auxquels le législateur ne pouvait attacher la présomption d'imprudence, qui est le fond de cette contravention; — Attendu que, si l'on consulte la législation antérieure, on voit que cette interprétation restrictive était donnée à l'ordonnance de 1669, dont procède la disposition de l'art. 10, tit. 2, de la loi de 1791; en effet, l'art. 32, tit. 27, de l'ordonnance édictait contre un fait analogue la punition corporelle, et la déclaration du roi du 13 nov. 1714, qui a déterminé cette peine, ne vise spécialement que les « pâtres »; — Attendu que le feu est l'agent industriel le plus important; qu'en appelant une briqueterie « du feu », on commet un véritable abus d'expression, car une briqueterie ne se compose pas exclusivement de feu; les matières qui la composent n'ont pas été assemblées dans le but de produire du feu; le feu y est introduit comme agent de transformation; — Attendu que, si l'on se place au point de vue juridique, cet abus d'expression est d'autant plus sensible, qu'en la matière du droit, les choses ont généralement une classification et une appellation propres; qu'en droit, une briqueterie n'est pas du feu, mais un établissement industriel, à l'égal, par exemple, d'un haut fourneau; que la législation qui la régit est, non pas la législation rurale, mais la législation industrielle, constituée d'abord par le décret des 2-17 mars 1791, qui établit en principe la liberté des industries, à charge de se conformer aux règlements qui sont ou pourront être faits; — Attendu qu'il résulte de ce décret que la police des établissements industriels est une police spéciale, établie par des règlements abandonnés à l'initiative du Gouvernement, afin que celui-ci puisse facilement les mettre en rapport avec les développements et les progrès de l'industrie; que ces règlements ont pour but, non pas de proscrire ou d'entraver les établissements industriels, mais, au contraire, de les favoriser en leur assurant des garanties de stabilité, tout en protégeant l'intérêt public et la propriété privée contre les dangers et les dommages que peut entraîner leur exploitation; — Attendu que l'arrêté royal du 29 janv. 1863, remplaçant les règlements antérieurs, a déterminé quels sont les établissements réputés dangereux, insalubres ou incommodes, les seuls qui puissent être soumis à la réglementation; qu'au nombre de ceux-ci, et dans la deuxième classe, il a compris les briqueteries pour une saison; qu'il a indiqué les formalités à suivre pour être autorisé à exercer ainsi l'industrie de briquetier; que ces formalités ont été observées, et que le prévenu a été régulièrement autorisé par le collège des bourgmestre et échevins de la commune de Jambes; — Attendu que ce collège, usant du pouvoir à lui délégué par la loi, a souverainement imposé au prévenu les conditions qu'il a jugées nécessaires pour parer au danger ou à l'incommodité de son industrie; qu'il n'est pas articulé que les prescriptions de l'autorité administrative n'auraient pas été observées; — Attendu que, dans ces circonstances, on ne peut appliquer au prévenu l'art. 10, tit. 2, de la loi rurale de 1791, lequel, par la généralité et l'étendue de ses termes, rendrait pour ainsi dire impossible dans les campagnes l'exercice de la briqueterie et d'autres industries dont le feu est le principal agent, et conduirait à faire considérer comme une lettre morte pour une multitude de citoyens le principe de la liberté des industries, proclamé par le décret des 2-17 mars 1791; — Par ces motifs; — Acquitte, etc. »

Pourvoi en cassation par le procureur du roi, pour violation de l'art. 10, tit. 2, c. rur. des 28 sept.-6 oct. 1791, et de l'art. 161 c. instr. cr., en ce que le jugement déclare l'art. 10 prémentionné, contrairement tant à son texte général qu'à son esprit, inapplicable au fait reconnu constant à charge du sieur Clément Romedenne, d'avoir allumé le feu à une briqueterie autorisée par le collège des bourgmestre et échevins de la commune de Jambes, alors que ladite briqueterie était établie dans un champ à moins de cinquante toises des maisons. — Arrêt.

La cour; — Sur le moyen unique de cassation : — Considérant

décret-loi du 9 janv. 1852 sur l'exercice de la pêche côtière a abrogé les lois et règlements anciens encore en vigueur lors de la publication du *Répertoire* (V. *Rép.* n° 204), relatifs à la récolte du varech, sart, goémon et autres herbes marines. Il décide (art. 3, n° 6) que des décrets réglementeront les dispositions spéciales propres à assurer la conservation du poisson et des coquillages, et notamment celles relatives à la récolte des herbes marines (D. P. 52. 4. 41). Plusieurs décrets ont, en effet, été rendus à ce sujet, les 4 juill. 1853 (D. P. 53. 4. 170), 17 juill. 1857 (D. P. 57. 4. 179), 19 nov. 1859 (D. P. 59. 4. 122), 8 févr. 1868 (D. P. 68. 4. 29), 19 févr. 1884 (D. P. 84. 4. 84). En voici les principales dispositions. — Tout habitant d'une commune riveraine de la mer a le droit de participer à la récolte des goémons de rive, sous les conditions indiquées ci-après, ainsi que le droit de vendre son goémon à des forains et de le transporter où bon lui semble. Les individus qui possèdent des terres dans les communes riveraines et qui n'y habitent pas peuvent aussi y récolter du goémon, mais sous la condition de l'employer dans la circonscription de ces communes et, par conséquent, il ne leur est pas permis d'en vendre à des forains. — Les goémons attenant au sol dans l'intérieur des pêcheries appartiennent aux habitants des communes riveraines ; ces derniers peuvent les couper aux jours fixés. Mais les goémons poussant dans l'intérieur des parcs et dépôts à coquillages appartiennent aux détenteurs de ces établissements. — Les ayants droit au goémon de rive peuvent être autorisés à faire deux coupes chaque année. Le maire fixe les époques et les jours des coupes; il doit en donner avis au commissaire du quartier de l'inscription maritime et faire connaître, par des affiches apposées dix jours au moins à l'avance, le jour de l'ouverture de la récolte. Il est chargé de régler les mesures de police nécessaires par un arrêté qui est soumis à l'approbation du préfet. — Les coupes ne peuvent avoir lieu que pendant le jour. Il est permis d'arracher ou de couper les goémons avec des couteaux ou des faucilles. Il est défendu de récolter à aucune époque : 1° les herbes marines qui croissent le long des quais ou des ouvrages en maçonnerie construits en mer ou sur le rivage; 2° celles qui croissent sur les digues ou berges des fleuves, rivières ou canaux. — Les ayants droit ne peuvent se faire aider par des ouvriers étrangers à la commune. — Les marins pêcheurs ne peuvent prendre part qu'aux coupes pratiquées sur le littoral des communes où ils sont domiciliés. — La récolte des goémons de rive n'est qu'une jouissance de fruits du domaine public. — Les goémons poussant en mer peuvent se récolter pendant toute l'année, mais seulement au moyen de bateaux pourvus de rôles d'équipage. De même, lorsqu'ils sont disposés en dromes, ces dromes ne peuvent être remorquées que par des bateaux pourvus de rôles d'équipage. Par exception, lorsque les goémons sont destinés aux besoins particuliers des cultivateurs, ces derniers et leurs valets de ferme peuvent accidentellement s'adjoindre aux équipages réguliers, sans que toutefois leur nombre excède deux individus par tonneau, non compris les hommes de bord. — Il est permis à toute personne de recueillir en tout temps les goémons venant épaves à la côte. Mais ceux que la mer dépose dans l'intérieur des pêcheries, parcs et dépôts de coquillages, appartiennent aux détenteurs de ces établissements. La récolte des goémons épaves doit s'opérer avec des fourches ou perches armées d'un seul croc; l'usage de la drague est interdit. Les conseils municipaux règlent la distribution des goémons de rive et les conditions qui peuvent être imposées aux parties prenantes, comme pour les biens communaux. — L'enlèvement, le transport et l'emploi des sels ou soudes de varech sont soumis à certaines conditions relativement à l'impôt sur le sel. — L'art. 7 du décret-loi du 9 janv. 1852 punit d'une amende de 25 à 125 fr. ou d'un emprisonnement de trois à vingt jours celui qui contrevient aux dispositions spéciales édictées par les règlements pour assurer la conservation du poisson et du coquillage (Block, *Dictionnaire de l'administration française*, 2e éd., v° *Mer*, nos 2 et suiv.; Ducrocq, *Cours de droit administratif*, 6e éd., t. 2, n° 977).

Par application des diverses dispositions que l'on vient de résumer, il a été jugé : 1° que la récolte du goémon de rive ne peut être faite que par les habitants de la commune dans la circonscription territoriale de laquelle il se trouve, ou par les possesseurs de terre dans cette commune, quoique non habitants, et ces ayants droits ne sauraient se faire aider dans cette récolte par des ouvriers étrangers à la commune; qu'en conséquence, de tels ouvriers, en participant à cette récolte, se rendent coupables de la contravention punie par l'art. 9 du décret du 9 janv. 1852 (Crim. cass. 28 août 1857, aff. Laisné, D. P. 57. 1. 414. V. aussi Crim. cass. 6 juill. 1866, aff. Guérin, D. P. 66. 1. 455); — 2° Que, lorsqu'un décret érigeant en commune distincte un hameau qui formait antérieurement une section d'une autre commune, a disposé que les habitants de ces deux communes participeraient concurremment à la récolte du goémon attenant au rivage de chacune d'elles, le maire de l'une de ces communes qui fixe l'époque de la coupe du goémon sur sa commune ne peut, sans excès de pouvoir, autoriser cette coupe exclusivement au profit des habitants de ladite commune à l'exclusion de ceux de la commune voisine; et que ces derniers ne commettent aucune contravention en participant à cette récolte en même temps que les habitants de l'autre commune (Crim. rej. 29 oct. 1886, aff. Habitants de la commune de Riautec, D. P. 87. 1. 237); — 3° Que les instruments avec lesquels l'art. 107, § 3, du décret du 4 juill. 1853 veut que la récolte des goémons soit opérée, doivent être considérés comme instruments prohibés lorsqu'ils ont été employés à cette récolte pendant la nuit, contrairement à la disposition de l'art. 58 du même décret, qui n'autorise la récolte des goémons que pendant le jour (Crim. cass. 10 avr. 1856, aff. Dupont, D. P. 56. 5. 329); — 4° Que la

que, pour savoir ce que l'art. 10 du tit. 2 du décret des 28 sept.-6 oct. 1791 entend par la défense d'allumer du feu dans les champs plus près de cinquante toises des maisons, bois, bruyères, vergers, haies, meules de grains, de paille ou de foin, il importe de comparer cet article aux autres dispositions où la loi se sert également de l'expression *allumer du feu;* — Considérant que cette expression se retrouve dans l'art. 167 c. for. du 19 déc. 1854 ; qu'il est manifeste que cet article, en défendant de porter ou d'allumer du feu dans l'intérieur des bois et des forêts et à la distance de cent mètres, est tout à fait étranger aux briqueteries; qu'en effet, celles-ci sont l'objet de l'art. 111 c. for.; qu'aux termes de cet article, il ne pourra être établi, à l'avenir, sans autorisation du roi, aucun four à chaux ou à plâtre, soit temporaire, soit permanent, aucune briqueterie et tuilerie dans l'intérieur et à moins de deux cent cinquante mètres des bois et forêts soumis au régime forestier, à peine d'une amende de 20 à 300 fr., et de démolition de ces établissements; — Considérant qu'il résulte de la combinaison des articles précités du code forestier avec l'arrêté du 29 janv. 1863, concernant la police des établissements dangereux ou insalubres, qu'à la condition de prescrire les mesures de précaution nécessaires, le collège des bourgmestre et échevins ou la députation permanente du conseil provincial, suivant qu'il s'agit d'une briqueterie pour une saison ou pour plusieurs, peut permettre de l'établir à proximité et même dans l'intérieur d'un bois non soumis au régime forestier; — Considérant que, les termes étant les mêmes, l'art. 10, tit. 2, c. rur. ne peut, pas plus que l'art. 167 c. for., s'appliquer aux briqueteries; que la disposition du code rural leur est d'autant moins applicable qu'elle étend la défense d'allumer du feu au voisinage des meules de grains, de paille ou de foin, dont l'emplacement n'a rien de permanent; qu'il faut en conclure que cette défense ne concerne que les feux, ordinairement passagers, qui brûlent à découvert, et qui, par là, présentent beaucoup de danger; — Considérant, d'ailleurs, que l'art. 10, tit. 2, c. rur., et l'art. 167 c. for. ont pour origine commune les dispositions de l'ordonnance du 13 août 1669 sur le fait des eaux et forêts, et qu'il résulte du rapprochement de l'art. 18 du tit. 3 et des art. 12, 19, 21, 22 et 23 du tit. 27 de cette ordonnance, de la déclaration du roi du 13 nov. 1714, enregistrée à Paris en parlement, le 6 févr. 1715, et de l'arrêt du conseil du 9 août 1723, que la défense de porter ou d'allumer du feu dans les forêts, landes et bruyères s'adressait principalement aux pâtres, et n'était d'aucune application aux fours qui pouvaient s'y établir avec la permission du roi; — Considérant, enfin, que l'art. 519 c. pén. de 1867, qui, comme l'art. 458 c. pén. de 1810, punit l'incendie causé par imprudence ou par défaut de précaution, démontre aussi, en les distinguant les uns des autres, que jamais le législateur n'a compris les fours parmi les feux allumés dans les champs; — Considérant qu'il suit de ce qui précède que le jugement attaqué, en refusant d'appliquer, dans l'espèce, l'art. 10, tit. 2, c. rur., n'a point contrevenu à la loi;

Par ces motifs, rejette, etc.

Du 28 févr. 1883.-C. cass. Belgique, ch. réun.-MM. de Longé, pr.-De Paepe, rap.-Faider, proc. gén., c. conf.

commune sur le territoire de laquelle des coupes de varech ont été pratiquées en délit a qualité pour intervenir aux poursuites comme partie civile (Caen, 15 nov. 1858, aff. Néel, D. P. 59. 2. 164); — 5° Que l'incinération du varech ou goémon pour la fabrication de la soude naturelle ne tombe sous l'application des règlements sur les manufactures insalubres, que lorsqu'elle est pratiquée en grand dans des établissements permanents, et non lorsqu'elle est effectuée, suivant l'usage des habitants des communes riveraines de l'Océan, dans des fourneaux mobiles ou cavités creusées sur le rivage pour le besoin du moment. Mais, à défaut d'application des règlements sur les manufactures insalubres, l'opération reste soumise aux prescriptions toujours en vigueur des art. 5, tit. 3, de la déclaration du 30 mai 1731 et 6 de la déclaration du 30 oct. 1772, lesquels font aux habitants desdites communes très expresses inhibitions et défenses d'allumer leurs fourneaux dans les temps où les vents venant de la mer porteraient des fumées vers les terres (Crim. cass. 13 juin 1863, aff. Michel Léon, D. P. 63. 1. 322); — 6° Qu'il n'y a pas lieu d'interdire, pendant l'époque de la floraison, l'exploitation d'un établissement pour l'incinération des varechs (Cons. d'Et. 3 déc. 1875, aff. Mazé-Launay, D. P. 76. 3. 46); — 7° Que dans le cas où des individus poursuivis pour avoir récolté du varech sur une portion de rivage considérée comme dépendance du territoire d'une commune voisine opposent que cette portion fait partie du territoire de leur propre commune, la nécessité de déterminer les limites séparatives élève, en l'absence de documents décisifs, une question préjudicielle qui doit être vidée contradictoirement entre les deux communes par l'autorité administrative (Caen, 15 nov. 1858, aff. Néel, D. P. 59. 2. 164); — 8° Que les dispositions du décret-loi du 9 janv. 1852 (D. P. 52. 4. 41), complétées par les art. 105, 106, 107 et 109 du règlement du 4 juill. 1853, sur la coupe et la récolte des herbes marines, tout en abrogeant les anciens règlements sur la matière, ont maintenu le principe de l'attribution exclusive du goémon de rive aux habitants de la commune dans la circonscription territoriale de laquelle il est récolté et aux possesseurs de terre dans cette commune, quoique non habitants; que, par suite, l'ancienne prohibition aux ayants droit de se faire aider dans cette récolte par des ouvriers étrangers à la commune est restée en vigueur; qu'un ouvrier étranger à la commune et n'y possédant aucune propriété, qui travaille pour le compte d'un propriétaire de cette commune, est, dès lors, passible des peines correctionnelles édictées par le décret du 9 janv. 1852, et que le tribunal de police est incompétent pour statuer sur cette infraction (Crim. cass. 30 mars 1882, aff. K'nonant, D. P. 82. 1. 437); — 9° Que l'arrêté municipal, aux termes duquel les propriétaires forains ne peuvent exercer leur droit à la récolte des goémons de rive qu'à la condition de n'employer que des habitants de la commune n'a pour objet que de prohiber l'emploi d'auxiliaires étrangers, et non d'interdire aux propriétaires forains de procéder eux-mêmes à la récolte (Crim. rej. 14 juin 1884, aff. Chaigne, D. P. 85. 1. 271).

Un décret du 19 févr. 1884 (D. P. 84. 4. 84) a réglé la récolte de nuit des goémons épaves. Aux termes de ce décret, les maires des communes riveraines sont autorisés à interdire la récolte de nuit des goémons épaves, quand cette interdiction sera réclamée par les conseils municipaux, sauf approbation de la mesure par les préfets des départements et par les préfets maritimes.

215. — XV. DÉGRADATION DES CHEMINS RURAUX, USURPATION SUR LEUR LONGUEUR (c. pén. art. 479, § 11); ENLÈVEMENT DES GAZONS, DES TERRES OU PIERRES DES CHEMINS PUBLICS (c. pén. art. 479, § 12) (*Rép.* n° 205). — Ces deux contraventions ont été examinées v° *Contraventions*, n°s 301 et suiv. ; — *Rép.* cod. v°, n°s 506 et suiv.

216. — XVI. MARAUDAGE (*Rép.* n° 206). — L'art. 475, § 15, c. pén. punit ceux qui dérobent, sans aucune des circonstances prévues par l'art. 388, des récoltes ou autres productions utiles de la terre qui, avant d'être soustraites, n'étaient pas encore détachées du sol (V. *Contraventions*, n°s 241 et suiv. ; — *Rép.* cod. v°, n°s 403 et suiv.). Cette disposition est étrangère à l'enlèvement de bois, commis à dos d'homme dans les plantations d'arbres autres que les bois taillis et futaies, enlèvement qui demeure soumis à l'application de l'art. 36, tit. 2, de la loi de 1791, et au vol de bois exécuté à l'aide de bête de somme ou de charrette, dans les plantations d'arbres autres que les bois taillis et futaies, qui reste sous le coup des pénalités de l'art. 37 de la même loi. — Il a été jugé que le fait de couper des branches d'arbres et de se les approprier ne constitue pas simplement le maraudage ordinaire, puni comme contravention de police, lequel ne concerne que l'enlèvement de récoltes ou autres produits utiles de la terre assimilables aux récoltes; qu'un tel fait, quand il a été commis dans les plantations d'arbres autres que les bois taillis et futaies, tombe sous l'application de l'art. 36, toujours en vigueur, du tit. 2 c. rur. de 1791, qui le punit d'un emprisonnement correctionnel et d'une amende indéterminée, comme maraudage spécial ou vol de bois ; qu'il n'en est ainsi, toutefois, que lorsqu'il porte atteinte à une propriété rurale; qu'accompli au détriment d'une plantation d'arbres située à l'intérieur d'une ville, le fait devrait, à défaut de disposition qui le prévoie spécialement, être réprimé comme vol ordinaire, par application de l'art. 401 c. pén. (Crim. cass. 1er mars 1872, aff. Girard, D. P. 72. 1. 149 ; Blanche, *Etudes sur le code pénal*, t. 6, n° 411). Cette dernière solution, comme on l'a vu *suprà*, n° 175, a été admise également, en ce qui concerne le délit de mutilation d'arbres, par un arrêt du 3 janv. 1879 (aff. Boudrot, D. P. 79. 1. 377).

217. L'enlèvement que prévoient et punissent les art. 36 et 37 de la loi de 1791 doit avoir lieu avec l'intention de s'approprier le bois. Le maraudage est un vol d'une nature particulière et ne peut résulter que d'une soustraction commise dans une intention frauduleuse (V. *suprà*, v^{is} *Contraventions*, n° 245 ; *Dommage-destruction*, n° 135). — Jugé que le fait de couper des branches d'un arbre fruitier auxquelles pendent quelques fruits en cours de formation ne constitue pas la contravention de maraudage, lorsqu'il résulte des circonstances de fait constatées que les prévenus n'avaient eu l'intention ni de s'approprier la chose d'autrui, ni de porter un préjudice quelconque au propriétaire des arbres (Crim. rej. 3 janv. 1879, aff. Boudrot, D. P. 79. 1. 377).

Pour les mêmes motifs, la jurisprudence a admis que les rapports de parenté qui font obstacle à la répression du vol, s'opposent également, dans le cas prévu par l'art. 380 c. pén., à la répression pénale du maraudage (*Bulletin des décisions des juges de paix*, 1861, p. 337) ; et que, si le coupable est un mineur ayant agi sans discernement, son acquittement doit être prononcé par application de l'art. 66 c. pén. (Trib. simple pol. Quissac, 26 juin 1861, *ibid.*, p. 438).

218. — XVII. DÉFAUT D'ENFOUISSEMENT DES BESTIAUX MORTS DANS LES CONDITIONS PRÉVUES PAR L'ART 13 DE LA LOI DE 1791. — Le délinquant est condamné à une amende de la valeur de trois journées de travail et aux frais de transport et d'enfouissement. Le gardien des bestiaux serait responsable si l'animal qu'il gardait venait à mourir loin de la demeure du propriétaire. — Quand un animal égaré meurt au loin et que le propriétaire n'en est pas averti, celui-ci n'encourt aucune pénalité; c'est le maire de la commune où l'animal a péri qui doit pourvoir à l'inhumation (Clément et Lépinois, *op. cit.*, n° 887).

ART. 8. — *Des peines. — De la responsabilité civile* (*Rép.* n°s 207 à 214).

219. — I. PEINES. — On a indiqué au *Rép.* n°s 209 et suiv. que la loi du 23 therm. an 4 avait élevé à la valeur de trois journées de travail ou de trois jours d'emprisonnement le minimum des peines portées par les lois de 1791 et du 3 brum. an 4 pour les délits ruraux, et qu'elle s'étendait à toutes les peines prononcées par la loi de 1791. — Il a été décidé que, la loi du 23 therm. an 4 ayant élevé à la valeur de trois journées de travail le minimum de l'amende en matière de délits ruraux, le jugement qui, pour un délit de ce genre, se borne à prononcer, en faisant application du texte du code rural de 1791 qui prévoit l'infraction, une amende équivalant à une journée de travail seulement, est entaché de nullité (Crim. cass. 10 août 1861, aff. Allemand, D. P. 61. 5. 145. V. dans le même sens : Crim. cass. 28 juin 1861, aff. Peraldi, D. P. 66. 5. 130 ; 13 avr. 1866, aff. Limonetti,

D. P. 72. 5. 135; 25 févr. 1876, aff. Bousquet, D. P. 78. 1. 45; 3 mai 1877, aff. Rouquet, D. P. 77. 1. 407; 7 nov. 1885, aff. Fourtine, D. P. 86. 1. 426).

220. La loi du 28 sept. 1791 (tit. 2, art. 4) dispose ainsi qu'il suit : « Toutes les amendes qui n'excèderont pas la somme de trois journées de travail seront doubles en cas de récidive dans l'espace d'une année, ou si le délit a été commis avant le lever ou après le coucher du soleil; elles seront triples, quand les deux circonstances précédentes se trouveront réunies ». Aux termes de l'art. 608 du code du 3 brum. an 4, « pour qu'il y ait lieu à une augmentation de peine pour cause de récidive, il faut qu'il y ait eu un premier jugement rendu contre le prévenu pour pareil délit dans les douze mois précédents et dans le ressort du même tribunal de police ». Cette disposition qui exige la réunion de conditions spéciales pour qu'il y ait récidive est toujours en vigueur (Crim. cass. 2 janv. 1880, *suprà*, v° *Contraventions*, n° 294. V. en sens contraire : Ferd. Jacques, *De la récidive d'après la loi rurale, Revue pratique de droit français*, 1881, t. 50, p. 14 et suiv.).

221. Les infractions rurales dont la peine excède trois journées de travail sont-elles frappées par la récidive? L'art. 4, tit. 2, de la loi de 1791 paraît bien conduire à la négative. Cependant on admet que ces infractions sont saisies par la loi correctionnelle des 19-22 juill. 1791 (art. 27) qui porte qu'en cas de récidive *toutes les amendes* seront doublées. « La combinaison de cet article avec l'art. 31 qui, pour la répression d'un certain nombre de méfaits, s'en rapporte à la loi rurale alors en cours d'élaboration, impose, dit un auteur, cette solution qui trouverait au besoin sa confirmation dans l'art. 607 du code de brumaire, lequel ordonne qu'en cas de récidive les peines suivent la proportion réglée par les lois des 19 juill. et 28 sept. 1791 » (Ferd. Jacques, *op. cit.*, 1881, t. 50, p. 6). La jurisprudence fait aussi l'application de l'art. 27 de la loi dès 19-22 juill. 1791 (Arrêt du 2 janv. 1880, cité *suprà*, n° 220). — En tous cas, et si, aux termes de cet art. 27, toutes les amendes, même celles qui excèdent trois journées de travail, doivent être doublées en cas de récidive, l'augmentation de la peine, en raison de la circonstance que le délit a été commis avant le lever ou après le coucher du soleil, et l'élévation au triple de l'amende quand cette circonstance se trouve jointe à la récidive, doivent être restreintes aux infractions que prévoit l'art. 4 de la loi du 28 sept. 1791, c'est-à-dire à celles dont la peine n'excède pas trois journées de travail. Si l'on décidait autrement, cet art. 4 serait inutile et sans portée.

222. L'art. 483 c. pén. qui a trait à la récidive en matière de contraventions ne concerne que les contraventions énumérées dans le code pénal et nullement les contraventions prévues par des lois spéciales, notamment les contraventions rurales. Le texte est formel à cet égard. L'art. 58 c. pén., au contraire, ne contient aucune restriction, et il y a lieu de se demander s'il s'applique aux délits ruraux qui sont de la compétence du tribunal correctionnel; en d'autres termes, lorsqu'un individu, antérieurement condamné pour un délit de droit commun à plus d'une année d'emprisonnement, commet un délit rural, par exemple, un vol dans les bois taillis des particuliers (L. 28 sept. 1791, art. 37, tit. 2), infraction punie d'une amende et de l'emprisonnement, le tribunal peut-il élever l'entière répression au maximum et même doubler la peine de l'emprisonnement en vertu de l'art. 58? La jurisprudence proclame la généralité de l'art. 58 et son application aux lois spéciales, lorsque ces lois n'en ont pas autrement ordonné, ou n'ont pas implicitement dérogé aux prescriptions de droit commun par des dispositions contenant une réglementation nouvelle de la récidive (Crim. cass. 4 janv. 1861, aff. Dufay, D. P. 61. 1. 185; 24 sept. 1868, aff. Lépine, D. P. 69. 1. 438; Crim. rej. 20 janv. 1882, aff. Burot, D. P. 82. 1. 93). Or les dispositions des lois de 1791 et de brumaire an 4 relatives à la récidive ne nous paraissent pas s'opposer à l'application aux délits ruraux des dispositions de l'art. 58 c. pén. Les unes et les autres ne se heurtent pas, ne sont pas inconciliables. L'individu qui a commis un délit rural tombera sous le coup de l'art. 58 c. pén., s'il a déjà été condamné correctionnellement pour un délit quelconque à un emprisonnement de plus d'une année. Le tribunal pourra lui infliger le maximum de la peine indiquée par la disposition de la loi de 1791, qui lui est applicable, et même élever au double l'amende et l'emprisonnement. Si l'individu n'a pas subi de condamnation correctionnelle à plus d'une année, mais a été condamné déjà dans l'année, pour pareil délit rural, dans le ressort du même tribunal de police, il est en état de récidive dans les termes des lois de 1791 et de brumaire an 4; le tribunal devra doubler l'amende, mais la peine de l'emprisonnement ne sera pas doublée. Il peut y avoir, en effet, deux sortes de récidive pour le même délit, la récidive générale réglée par l'art. 58, et une récidive spéciale résultant de la loi particulière, existant dans des conditions différentes de celle de l'art. 58, exigeant, par exemple, l'accomplissement du second délit dans un délai déterminé (V. Garraud, *op. cit.*, t. 2, p. 323, note 29; Ferd. Jacques, *op. cit.*, p. 11 et suiv.).

223. Les circonstances atténuantes ne sont pas applicables aux infractions rurales. La loi de 1791 est, en effet, antérieure à la promulgation du code pénal, et aucune loi postérieure n'a rendu applicables à ces infractions les prescriptions de l'art. 463 c. pén. (*Rép.* n° 207; Garraud, *op. cit.*, t. 2, p. 240). — Jugé que les circonstances atténuantes sont inadmissibles relativement à la répression de la contravention résultant d'un fait d'abandon de volailles qui ont causé du dommage à autrui (Crim. cass. 10 mai 1872, aff. Bouillon, D. P. 72. 1. 83). La loi de 1791 n'admet d'autres excuses que les excuses légales (*Rép.* n° 207. V. aussi *Contraventions*, n°s 18 et suiv. et 299).

224. L'art. 365 c. instr. cr., qui prohibe le cumul des peines, est inapplicable aux délits réprimés par le code rural de 1791 (V. *Contraventions*, n° 29). Il a été jugé : 1° que la présence des poules d'un fermier sur deux champs contigus appartenant à deux propriétaires différents, bien qu'elle ait été simultanée et constatée au même coup d'œil, n'en constitue pas moins une double contravention, donnant lieu à la prononciation de deux peines (Crim. cass. 20 mai 1854, aff. Moutarde, D. P. 54. 5. 26); — 2° Que lorsque le fait d'abandon s'est reproduit plusieurs jours de suite, il y a lieu d'appliquer autant d'amendes distinctes (Crim. cass. 16 avr. 1864, aff. Filippi, D. P. 65. 1. 325; 13 avr. 1866, aff. Limonetti, D. P. 72. 5. 135).

225. L'art. 3, tit. 2, de la loi de 1791 et la loi du 23 therm. an 4 ne concernent pas les infractions aux dispositions du titre 1er de la loi de 1791 sur les biens et usages ruraux; ces dispositions, en effet, sont dépourvues de sanction pénale, à moins qu'elles n'aient donné lieu à des règlements municipaux dont l'inobservation entraîne alors la peine de l'art. 471, n° 15 (V. *suprà*, n° 196; *Rép.* n°s 48 et 212).

226. L'art. 5, tit. 2, de la loi de 1791, relatif à la contrainte par corps, a été abrogé par la loi du 22 juill. 1867 (V. *suprà*, v*is* *Contrainte par corps*, n° 8; *Contraventions*, n° 36).

227. — II. Responsabilité civile. — La partie lésée peut agir contre le délinquant au principal et contre la partie civilement responsable, ou bien directement contre celle-ci (*Rép.* n° 172. V. en ce qui concerne l'exercice des droits de la partie lésée, v° *Compétence criminelle*, n° 247; — *Rép.* eod. v°, n° 398).

228. Aux termes de l'art. 7, tit. 2, de la loi de 1791 « les maris, pères, mères, tuteurs, maîtres, entrepreneurs de toute espèce seront civilement responsables des délits commis par leurs femmes et enfants, pupilles, mineurs n'ayant pas plus de vingt ans et non mariés, domestiques, ouvriers, voituriers et autres subordonnés. L'estimation du dommage sera toujours faite par le juge de paix ou ses assesseurs, ou par des experts par eux nommés ». — Cet article est toujours en vigueur.

229. En matière de délits ruraux, on applique le principe de droit commun, que la responsabilité du fait d'autrui ne s'étend qu'aux réparations purement civiles et non pas aux peines proprement dites, comme l'emprisonnement et les amendes. Ainsi lorsque des animaux ont été placés sous la surveillance d'un gardien, si une contravention est commise, c'est le gardien seul qui peut être condamné à l'amende ou à la prison; le propriétaire ne peut être poursuivi que comme civilement responsable, à moins que ce ne soit sur son ordre formel que le fait qui constitue la contravention a eu lieu (Sourdat, *Traité général de la responsabilité*, t. 2, n°s 777 et suiv., 783 et suiv., 915 et suiv., 1411 et suiv.). « L'inculpé, dit M. Blanche, *op. cit.*, t. 7, n° 220, est celui qui fait ou laisse passer les bestiaux; c'est contre lui que la réparation pénale doit être poursuivie. Le maître ou commettant ne peut être cité et condamné que comme civilement responsable » (V. aussi : Chauveau et Faustin Hélie, *op. cit.*, 6e éd., t. 1, nos 383 et suiv.; Blanche, *op. cit.*, t. 1, nos 277 et suiv.; *Rép.* v° *Peines*, nos 766 et suiv.). — Il a été jugé que la responsabilité civile d'un délit de pâturage ne comprend que les dommages-intérêts et les frais et ne s'étend pas aux amendes (Crim. cass. 24 mars 1855, aff. Agren, D. P. 55. 1. 220 ; 25 mars 1881, aff. Chiappini, D. P. 81. 1 391); qu'en conséquence, est nul le jugement qui déclare un individu civilement responsable des condamnations prononcées à raison d'un délit contre son enfant mineur (Arrêt précité du 24 mars 1855); que, de même, la contravention d'abandon de volailles qui ont causé du dommage à la propriété d'autrui, doit, lorsque ces volailles avaient été placées sous la surveillance d'un gardien, être déclarée à la charge de celui-ci et non du propriétaire, qui, en pareil cas, ne peut être condamné que comme civilement responsable de la négligence de son préposé (Crim. cass. 10 mai 1872, aff. Bouillon, D. P. 72. 1. 83. Conf. Crim. cass. 15 juill. 1859, aff. Caillon, D. P. 59. 1. 427). — Décidé, aussi : 1° qu'un père ne peut être passible de l'amende encourue par son fils, pour avoir cueilli des fruits appartenant à autrui (Crim. cass. 25 mars 1881, aff. Chiappini, D. P. 81. 1. 391); — 2° Que lorsque des animaux ont été donnés à cheptel, le propriétaire, n'en ayant plus ni la garde, ni la charge, ne peut, au cas où ces animaux ont été trouvés à l'abandon, être déclaré responsable de ce fait... soit pénalement, soit civilement, et que cette responsabilité retombe exclusivement sur le preneur (Crim. rej. 14 févr. 1862, aff. Dussard, D. P. 66. 1. 366; 11 mars 1865, aff. Vecchioni, D. P. 66. 1. 366).

230. La responsabilité civile du mari, à raison des infractions à la police rurale commises par sa femme, est une dérogation aux principes généraux. « Lorsqu'il s'agit d'un délit rural, dit M. Sourdat, *op. cit.*, t. 2, n° 853, la femme agit presque toujours comme préposée de son mari, avec son consentement et sa participation, ou du moins ce n'est pas à son insu. L'intérêt de l'agriculture et la nécessité de prévenir des délits qui sont plus difficiles à constater dans l'isolement de la campagne motivent encore cette dérogation au droit commun. Au reste, la disposition exceptionnelle de l'art. 7 de la loi de 1791 ne s'applique directement qu'aux délits ruraux prévus par cette même loi. On en conclut que les délits de ce genre, punis par le code pénal qui ne reproduit pas la disposition de l'art. 7, ne donnent pas lieu à la responsabilité civile du mari. Ainsi la cour de cassation a jugé (Crim. rej. 14 nov. 1840, *Rép.* v° *Contrat de mariage*, n° 990) que l'art. 21 de la loi de 1791, qui punissait le délit de glanage, ayant été abrogé par l'art. 471, n° 10, c. pén., cette contravention ne donne pas lieu à la présomption de responsabilité civile à l'égard des maris (V. aussi Chauveau et Faustin Hélie, *op. cit.*, 6e éd., t. 1, n° 392).

231. Lorsqu'un conseil municipal a pris fait et cause pour ceux des habitants qui ont exercé la vaine pâture sur un héritage, si le fait de ceux-ci constitue une contravention et qu'il en soit résulté un dommage, c'est à la commune qu'en incombe la responsabilité civile (Dijon, 28 mars 1873, *suprà*, n° 40).

232. Le juge de simple police ne peut pas condamner le prévenu à des dommages-intérêts envers le plaignant, lorsqu'il déclare éteinte par prescription l'action publique pour dommage causé aux champs, les tribunaux de répression n'étant compétents pour statuer sur l'action civile en réparation du dommage causé par une contravention qu'accessoirement à l'action publique (c. instr. cr. art. 1er, 2 et 3); ni, pour le même motif, lorsqu'il déclare que le fait dénoncé n'est atteint par aucune disposition pénale (Crim. cass. 7 nov. 1873, aff. Mariani, et aff. Delaplesse, D. P. 74. 1. 96).

233. Lorsque l'amende est indéterminée et que sa fixation dépend de l'évaluation du dommage (ce qui a lieu dans les cas prévus par les art. 15, 24, 28, 34, 36, tit. 2, de la loi de 1791), on a exposé au *Rép.* nos 218 et suiv. que c'est le tribunal correctionnel qui doit être saisi; et que le juge de paix n'a pas le droit, au lieu de se déclarer incompétent, de nommer, avant de statuer, des experts pour évaluer le dommage ou d'ordonner que le ministère public ou le prévenu fasse la preuve de l'étendue du dommage. Mais le plaignant pourrait fixer la compétence du juge de simple police en ne réclamant par sa citation ou par ses conclusions ultérieures qu'une indemnité n'excédant pas 15 fr. La jurisprudence a consacré ces solutions. Ses décisions sont rapportées et commentées v° *Compétence criminelle*, nos 203 et suiv.; 246 et suiv. (V. aussi *Rép.* eod. v°, nos 398 et suiv. ; Crim. cass. 3 mars 1866, aff. Saux, D. P. 67. 5. 221 ; 3 mars 1866, aff. Courtois Warin, D. P. 72. 5. 136; Faustin Hélie, *Traité de l'instruction criminelle*, t. 6, 2e éd., n° 2521 ; Le Sellyer, *Traité de la compétence et de l'organisation des tribunaux chargés de la répression*, t. 1, n° 9. Conf. Ferd. Jacques, *De la police rurale*, *Revue pratique de droit français*, 1883, t. 54, p. 322 et suiv.).

Art. 9. — *De la compétence administrative et judiciaire en matière rurale. — Prescription* (*Rép.* nos 215 à 223).

234. — I. Compétence (*Rép.* nos 215 à 222). — Tout ce qui concerne la compétence administrative en matière rurale est examiné vis *Commune*, nos 524 et suiv. ; *Dommage-destruction*, nos 128 et suiv. ; *Eaux*, nos 382 et suiv. ; *Organisation administrative* ; — *Rép.* vis *Commune*, nos 763 et suiv., *Dommage-destruction*, nos 234 et suiv. ; *Eaux*, nos 427 et suiv. ; *Organisation administrative*, nos 218 et suiv.; *Voirie par terre*, nos 1423 et suiv.

235. La compétence civile et judiciaire est traitée v° *Compétence civile des juges de paix*. Il a été jugé que l'autorité judiciaire est compétente pour connaître de l'action intentée par le maire contre un ancien pâtre commun à l'effet de faire décider que celui-ci devait délaisser la maison appartenant à la communauté et affectée à la jouissance du pâtre commun, alors que le litige porte sur la question de savoir si, d'après le contrat de louage intervenu entre le défendeur et les habitants, le bail qui était la conséquence de ce contrat avait pris fin, ou s'il avait été continué par tacite reconduction;... et alors, d'ailleurs, qu'il n'est produit aucun arrêté du maire nommant ou révoquant ledit défendeur; sauf à l'autorité judiciaire à surseoir à statuer si la solution du litige exige l'examen préalable par l'autorité administrative de quelque question préjudicielle de sa compétence (Trib. confl. 16 déc. 1882, aff. Feltin, D. P. 84. 3. 57-58).

236. Les règles de la compétence en ce qui concerne les contraventions et les délits ruraux sont exposées v° *Compétence criminelle*, nos 89 et suiv. Les tribunaux de police, ce principe a été établi au *Rép.* nos 217 et suiv., sont compétents pour juger les infractions punies d'une amende n'excédant pas 15 fr. et d'un emprisonnement de cinq jours au plus, lors même que le prévenu est en état de récidive (c. instr. cr. art. 137) (V. aussi *Rép.* v° *Peine*, nos 339 et suiv.). Ils sont incompétents pour statuer sur les délits ruraux dont la peine peut excéder 15 fr. d'amende et cinq jours de prison. La compétence doit se déterminer d'après le maximum de la peine qui a pu être infligée, et non d'après celle que le juge a prononcée. — Décidé, conformément à ces principes, que le fait d'avoir laissé paître à l'abandon pendant la nuit des chevaux dans un terrain ensemencé et appartenant à autrui est de la compétence du tribunal de simple police, alors même que, par suite de l'état de récidive de l'inculpé et de la circonstance que le fait aurait eu lieu pendant la nuit, l'amende devrait être portée au triple, cette amende, d'après la valeur de la journée de travail dans la commune où le fait a eu lieu, ne pouvant excéder le taux des amendes de simple police, et l'emprisonnement ne pouvant, d'ailleurs, en aucun cas, dépasser trois jours (Crim. cass. 2 janv. 1880, rapporté *suprà*, v° *Contraventions*, n° 294. Conf. Ferd. Jacques, *op. cit.*, t. 50, 1881, p. 1 et suiv.). Jugé, d'autre part, que l'inculpation de faire pâturer un troupeau dans un pré chargé de récoltes constitue le délit de garde à vue de bestiaux dans une terre chargée de récoltes, prévu par l'art. 26, tit. 2, de la loi des 28 sept.-6 oct. 1791; que la peine portée par cet article étant une amende égale à la somme du dédommagement et suivant les circonstances une détention d'une année, le délit est du ressort de la juridiction correctionnelle (Crim. rej. 16 févr. 1850, aff. Guillon, D. P. 50. 5. 132); — Que le fait d'avoir gardé du bétail à vue dans les récoltes d'autrui (dans un pâturage communal, par exemple), puni par l'art. 26 de la loi de 1791, est un délit de la compétence du tribunal correctionnel; que par suite, c'est à tort que le juge de simple police, retenant la connaissance d'un tel fait, acquitte le prévenu pour insuffisance des constatations du procès-verbal, et à tort également que, faisant dépendre la compétence de l'importance du dommage causé, le juge de police estimerait ne pouvoir se dessaisir qu'après fixation de l'indemnité due à la partie lésée (Crim. cass. 17 nov. 1865, aff. Couvert, D. P. 72. 5. 136; 3 mars 1866, aff. Pierrard, D. P. 72. 5. 136).

237. La valeur de la journée de travail est fixée, dans chaque département, par le conseil général sur la proposition du préfet, mais dans les limites de 0 fr. 50 cent. à 1 fr. 50 cent. (L. 21 avr. 1832, art. 10). Cette disposition, suivant des auteurs, ne s'applique pas en matière pénale. Les peines, disent-ils, ne sauraient varier au gré des caprices locaux. La journée de travail ne peut équivaloir qu'à 1 fr., somme qui avait été adoptée par la loi des 15-16 janv. 1790 pour le cens électoral et qui doit représenter l'unité pénale de simple police (Ferd. Jacques, *De la police rurale*, *Revue pratique de droit français*, année 1883, t. 54, p. 308 et suiv.).

238. — II. PRESCRIPTION (*Rép.* n° 223). — La contravention qui tombe sous l'application des dispositions du code rural de 1791 est soumise à la prescription d'un mois (Loi de 1791, tit. 1er, sect. 7, art. 8), et non à la prescription d'un an relative aux contraventions de simple police (*Rép.* n° 223). Cette courte prescription doit être appliquée d'office, même en instance de cassation (Crim. cass. 29 janv. 1870, aff. Marchesi, D. P. 70. 1. 320). — Jugé que l'action en répression du fait d'avoir laissé à l'abandon des bestiaux qui ont pénétré et pacagé dans un terrain à l'insu du propriétaire se prescrit par le délai d'un mois (Crim. rej. 25 juill. 1884, aff. Agostini, D. P. 84. 5. 146. V. aussi Crim. rej. 28 avr. 1865, aff. Bernardini, D. P. 65. 1. 194; 20 mars 1874, aff. Orsini et Pezzini, D. P. 75. 1. 400; 4 juin 1875, aff. N..., D. P. 78. 5. 186).

239. Les poursuites qui, aux termes de l'art. 8, sect. 7, tit. 1, de la loi du 6 oct. 1791, sont interruptives de la prescription mensuelle des délits ruraux, doivent s'entendre de tous les actes faits en justice par les personnes que la loi autorise, et dont le but est de parvenir à constater un délit et à en faire punir l'auteur. Ainsi, l'on doit reconnaître ce caractère : soit à la plainte de la partie lésée, contenant la déclaration qu'elle se porte partie civile ; soit aux procès-verbaux dressés par les maires et gardes champêtres, sur la réquisition du ministère public ou spontanément. Mais ne doit pas être considérée comme un acte interruptif de la prescription dont il s'agit, la plainte dans laquelle la partie lésée exprime seulement l'intention, non suivie de réalisation, de se porter partie civile, et laisse au ministère public l'initiative de l'action (Crim. cass. 29 mars 1856, aff. Gentil, D. P. 56. 1. 269, et sur renvoi, Nancy, 19 mai 1856) (1).

240. Lorsque la prescription d'un mois édictée en matière de délit rural a été interrompue, par exemple, par un procès-verbal du commissaire de police, est-ce la même prescription d'un mois qui reprend son cours à partir de l'acte interruptif ou celle de trois ans prononcée par le code d'instruction criminelle (art. 638)? La question est discutée. Il a été jugé que les délits spéciaux soumis à des prescriptions particulières ne se prescrivent plus que par trois ans, une fois que ces prescriptions ont été interrompues par des actes d'instruction ou de poursuites exercées en temps utile (Crim. cass. 4 oct. 1851, aff. Rubagli, D. P. 52. 5. 195 ; Crim. rej. 16 juin 1865, aff. Labroquère, D. P. 65. 1. 243; Crim. cass. 17 mars 1866, aff. Jourdan, D. P. 66. 1. 509). L'opinion contraire a été adoptée par un arrêt (Crim. rej. 28 juill. 1870, aff. Carthery, D. P. 71. 1. 184. V. aussi *Prescription criminelle*; — *Rép.* eod. v°, n° 165 ; Faustin Hélie, *Traité de l'instruction criminelle*, t. 2, 2e éd., n° 1084 ; Le Sellyer, *op. cit.*, n° 622). « Si l'acte interruptif des prescriptions particulières, dit M. Garraud, a quelquefois pour effet, en matière civile, de prolonger le temps de la prescription, c'est qu'il emporte novation et modifie le titre même du droit de celui contre qui courait la prescription. Mais on ne comprendrait pas qu'un acte de poursuite ou d'instruction puisse avoir pour résultat, en matière pénale, de changer le caractère de la prescription primitive et de lui substituer la prescription ordinaire, puisqu'il ne modifie pas le caractère propre de l'infraction qui, seul, a motivé une abréviation de délai » (*Traité théorique et pratique du droit pénal français*, t. 2, n° 65-3°, p. 105, note 32. — V. aussi Albert Desjardins, *Revue critique*, 1884, p. 82).

241. Toutes les questions relatives à la prescription, aux actes interruptifs, etc., sont traitées v° *Prescription criminelle*; — *Rép.* eod. v°.

---

(1) (Gentil C. Navel.) — LA COUR ; — Attendu qu'aux termes de l'art. 8, sect. 7, tit. 1er, de la loi des 28 sept.-6 oct. 1791, la poursuite des délits ruraux doit être faite au plus tard dans le délai d'un mois, faute de quoi il n'y a plus lieu à poursuivre; que plus d'un mois s'est écoulé depuis le 9 avr. 1855, jour de l'inondation dont se plaint Gentil, jusqu'au 14 mai suivant, date de l'assignation donnée par la partie civile devant le tribunal correctionnel de Briey; — Mais attendu, en droit, que l'art. 8 précité de la loi de 1791 ne déroge pas aux règles du droit commun sur les causes qui interrompent la prescription; qu'aux termes des art. 637 et 638 c. instr. cr. qui renferment à cet égard la règle générale, la prescription est interrompue s'il a été fait, dans le délai fixé pour l'exercice de l'action publique, des actes d'instruction ou de poursuite non suivis de jugement; — Attendu qu'en appliquant cette règle à la poursuite des délits ruraux, on ne viole pas les dispositions de l'art. 643 c. instr. cr. puisqu'on respecte la prescription d'un mois édictée par l'art. 8 de la loi spéciale de 1791, et qu'on n'y substitue pas la prescription de trois ans; — Attendu que si, par acte de poursuite, il ne faut entendre que ceux qui mettent l'action publique en mouvement, en saisissant la juridiction d'instruction ou la juridiction de répression, il en est autrement des actes d'instruction ; qu'on doit considérer comme actes d'instruction, dans l'acception générale de ce mot, et comme tels susceptibles d'interrompre la prescription, tous les actes émanés de magistrats ou de fonctionnaires publics compétents et qui ont pour objet de recueillir ou rassembler les preuves d'un délit et d'en faire punir les auteurs ; — Attendu que les procès-verbaux dressés, pour le fait d'un délit, par des officiers ayant caractère à cet effet, peuvent, suivant les circonstances, n'être que des actes de constatation de ce même délit, ou constituer de véritables actes d'instruction, interruptifs de la prescription ; qu'ils sont de simples constatations si les fonctionnaires qui les dressent agissent spontanément, sans y avoir été provoqués ; qu'ils forment, au contraire, des actes d'instruction lorsque les personnes qui les dressent en ont été requises par l'officier du ministère public chargé de la poursuite ; qu'en recueillant, avant d'intenter définitivement son action, les indices et les éléments d'un délit pour mieux en connaître le caractère et les auteurs ou empêcher le dépérissement des preuves, le magistrat recourt à des voies et moyens non interdits par la loi...; — Attendu qu'aux termes des art. 11 et 16 du même code, 1er et 6 de la sect. 7, tit. 1er, de la loi de 1791, le maire a caractère pour constater les délits ruraux, soit spontanément, soit sur les réquisitions du ministère public, et pour compléter au même titre ses premières constatations; — Attendu, en fait, que par procès-verbal régulier en date du 23 avril, le maire et le brigadier de gendarmerie de Briey, en vertu des réquisitions du procureur impérial, ont procédé conjointement aux constatations requises; qu'ils ont agi ainsi pour les constatations d'un délit rural en leurs qualités respectives et dans la sphère de leurs attributions; que le maire de Mercy-le-Bas a complété le procès-verbal du 9 avril qu'il avait rédigé accompagné alors du garde champêtre; que le procès-verbal du 23 avril est donc légal et rentre, par sa nature et son objet dans la classe des actes interruptifs de prescription; — Attendu qu'il ne s'est pas écoulé un mois entre le fait du 9 avril constaté par procès-verbal du même jour, et le second procès-verbal du 23 du même mois, ni entre ce dernier procès-verbal et la citation du 14 mai ; que l'action de Gentil n'était donc pas éteinte quand elle a été exercée par exploit d'assignation régulier; — Par ces motifs, etc.

Du 19 mai 1856.-C. de Nancy.-MM. Masson, pr.-Olivier, av. gén.

Table sommaire

des matières contenues dans le Supplément et le Répertoire.

(Les chiffres précédés de la lettre *S* renvoient au Supplément; les chiffres précédés de la lettre *R* renvoient au Répertoire.)

Table chronologique des Lois, Arrêts, etc.

DROITS SANITAIRES. — V. *Salubrité publique*; — *Rép.* eod. v°, n°s 134 et suiv.

DROITS DE STATIONNEMENT. — V. *Commune*, n°s 360 et suiv.; — *Rép.* eod. v°, n° 505.

DROITS SUCCESSIFS. — V. *Succession*; *Vente*; — *Rép.* v^is^ *Succession*, n°s 546 et suiv.; *Vente*, n°s 1914 et suiv.

DROITS DE TRANSCRIPTION. — V. *Enregistre-*

ment; Transcription hypothécaire ; — *Rép.* v^is *Enregistrement*, n°s 5963 et suiv.; *Transcription hypothécaire*, n°s 668 et suiv.

DROITS DE TRANSMISSION. — V. *Enregistrement;* — *Rép.* eod. v°, n°s 840, 1058 et suiv.

DROITS DE VOIRIE. — V. *Voirie par terre;* — *Rép.* eod. v°, n°s 2134 et suiv.

DUCROIRE. — V. *suprà*, v° *Commissionnaire*, n°s 25 et suiv.; — *Rép.* n°s 68 et suiv.

DUEL.

Division.

Art. 1er. — *Historique* (*Rép.* n°s 3 à 50).

1. Nous n'ajouterons rien aux détails si complets, donnés au *Répertoire*, sur le duel aux différentes époques de notre histoire. Ainsi que nous l'avons vu, le duel qui était puni sous l'ancien régime de peines très sévères n'est plus, dans notre droit moderne, l'objet d'aucune disposition pénale spéciale. Aussi est-il pendant longtemps resté à peu près impuni, et ce n'est qu'en étendant, par une analogie assez contestable d'ailleurs, au point de vue juridique, au cas de duel les articles du code pénal relatifs soit à l'homicide, soit aux coups et blessures volontaires (*Rép.* n°s 107 et suiv.), que la jurisprudence de la cour de cassation a essayé d'atteindre les duellistes en leur appliquant les peines du droit commun. — L'opinion publique n'a pas suivi la cour suprême dans ses tendances répressives et, à défaut d'une loi spéciale sur la matière, le jury a presque constamment refusé d'assimiler le duel loyalement pratiqué au meurtre ou à l'assassinat.

2. Cette loi spéciale, depuis si longtemps réclamée par les moralistes et les jurisconsultes, a été à diverses reprises proposée sans succès à nos Assemblées législatives. L'arrêt de cassation du 22 juin 1837, rendu sur les conclusions de M. le procureur général Dupin (*Rép.* n°s 107 et suiv.), avait, il est vrai, pendant un certain temps, arrêté la fureur des duellistes, et le nombre des duels meurtriers avait diminué dans une notable proportion (V. *Moniteur universel* du 27 avr. 1845, p. 1115). Néanmoins, dans les années qui précédèrent et dans celles qui suivirent la révolution de 1848, il y eut, sous l'influence des passions politiques, une recrudescence dans les duels, et quelques-uns d'entre eux eurent une issue fatale. Des rencontres fréquentes eurent lieu entre des membres des Assemblées constituante de 1848 et législative de 1849 et, chaque fois que le parquet réclamait pour un combat dans lequel l'un des adversaires avait succombé une autorisation de poursuites contre le coupable survivant, sa demande était repoussée sous prétexte que, dans l'état actuel de notre législation, le duel ne constitue ni crime, ni délit. C'est ce qui résulte d'une résolution de l'Assemblée nationale du 20 mars 1849 (D. P. 49. 3. 39) refusant d'autoriser les poursuites réclamées par le procureur général près la cour d'appel de Nîmes contre les représentants Bourbousson et Reynaud-Lagardette qui s'étaient battus en duel. — En 1851, même refus de la part de l'Assemblée législative pour les poursuites demandées contre le représentant Chavoix qui avait tué son adversaire en duel, et le rapporteur, M. Victor Lefranc, rappelait à cette occasion qu'il en avait toujours été ainsi (V. le résumé de cette affaire dans le *Journ. off.* du 8 janv. 1873).

3. Emus de cette situation, plusieurs représentants déposèrent des propositions de loi relatives à la répression du duel. En 1849, un premier projet fut présenté par MM. Gavini et Failly sur le duel entre représentants, un deuxième par M. Remilly et un troisième par M. Bouzique ; en 1850, un autre projet fut présenté par MM. Cunin-Gridaine, de Laboulie, Talon et Arène (V. à cet égard : A. Morin, *Répertoire de droit criminel*, t. 2, v° *Duel*, p. 796 et 797). Ces diverses propositions, qui firent l'objet d'un rapport (Séance du 16 janv. 1850, *Moniteur universel* du 16 janv. 1850, p. 167 et 228) et d'une discussion en séance publique (*Moniteur universel* des 21 et 22 juin 1850, p. 2130 et 2138), furent prises en considération par l'Assemblée législative et renvoyées toutes à une même commission parlementaire dont le rapporteur était M. Valette, professeur à la faculté de droit de Paris. — Le rapport de l'éminent jurisconsulte examine successivement si la répression du duel est conforme à la justice, si elle est opportune, et conclut par la présentation d'un projet de loi qui fait du duel un délit *sui generis*, relevant de la police correctionnelle. La provocation en duel et les faits y ayant donné lieu sont punis de six jours à trois mois de prison et de 16 à 500 fr. d'amende (art. 2) ; il en est de même de l'imputation, faite publiquement et d'une façon injurieuse à quelqu'un, d'avoir refusé un duel ou de ne pas l'avoir proposé (art. 3). Le seul fait de s'être battu en duel est puni de quinze jours à un an de prison et de 50 à 400 fr. d'amende; la peine varie d'un mois à trois ans de prison et de 1000 à 3000 fr. d'amende au cas de blessures ; elle est d'un à cinq ans de prison et de 500 fr. à 5000 fr. d'amende au cas de mort d'un des combattants (art. 4). Ceux qui auront excité au duel seront punis comme complices (art. 5). Les témoins sont punis comme les duellistes eux-mêmes; ils peuvent, toutefois, être absous, lorsque le duel n'a entraîné ni homicide, ni blessures, s'ils se sont employés à empêcher le combat ou à en atténuer les effets (art. 6). Au cas de blessures ou d'homicide, le coupable pourra être, à l'expiration de sa peine, interdit de tout ou partie des droits mentionnés en l'art. 42 c. pén. pendant cinq ans au plus (art. 7). Au cas d'homicide, le coupable pourra être condamné à s'éloigner pendant un certain temps, dans un rayon donné, du lieu du domicile de sa victime (art. 8). Enfin l'art. 463 c. pén. est déclaré applicable à tous les faits de duel (art. 9). — Les événements politiques de la fin de 1851 arrêtèrent le dépôt du rapport et la discussion du projet de loi (V. ce rapport et le projet de loi dans la *Revue critique de législation et de jurisprudence*, 1857, t. 11, p. 414 et suiv., et t. 12, 1858, p. 27 et suiv.).

4. La question sommeilla pendant toute la durée du second Empire, du moins au point de vue législatif, car il y eut, conformément à la jurisprudence de 1837, certaines poursuites pour duel devant la cour d'assises (V. *infrà*, n°s 43 et suiv.). — En 1873, une autorisation de poursuites fut demandée à l'Assemblée nationale par le procureur général près la cour d'appel d'Angers contre M. Carré-Kérisouët, député des Côtes-du-Nord, qui avait servi de témoin dans un duel où l'un des combattants avait trouvé la mort. Ce duel n'avait, d'ailleurs, aucun caractère politique, et le rapporteur, M. Claude, député de Meurthe-et-Moselle, après avoir rappelé les précédents en cette matière, concluait, d'accord avec l'inculpé lui-même, à l'autorisation pure et simple des poursuites, demandant à l'Assemblée nationale de ne pas s'occuper de la question de droit qui, disait-il en substance, n'était pas de sa compétence. L'autorisation fut accordée par deux cent quatre-vingt-onze voix contre deux cent trente-trois (*Journ. off.* du 8 janv. 1873).

5. Le 2 févr. 1877, M. Hérold, sénateur de la Seine, déposa sur le bureau du Sénat une proposition de la loi relative à la répression du duel qui s'est inspirée en plusieurs points de celle de M. Valette. Aux termes de cette proposition, le duel est un délit (art. 1er). Le seul fait de s'être battu en duel est puni d'un mois à un an de prison et de 100 à 1000 fr. d'amende. Au cas de blessures, celui qui les a causées est puni de trois mois à trois ans de prison et de 200 à 2000 fr. d'amende. Au cas de mort, la peine peut aller jusqu'à cinq ans de prison et 10000 fr. d'amende (art. 2). La simple provocation en duel ou l'outrage contenant une provocation est puni de six jours à trois mois de prison et de 100 à 1000 fr. d'amende. Il en est de même de l'imputation faite publiquement de n'avoir pas proposé ou d'avoir refusé un duel, ainsi que de l'outrage ou de l'injure adressé à quelqu'un pour les mêmes causes (art. 3). Ceux qui excitent au duel d'une façon quelconque sont punis comme complices (art. 4). Les témoins sont également punissables, à moins qu'ils ne se soient employés pour empêcher le duel ou en atténuer les effets (art. 5). Ceux qui auront été condamnés pour fait de duel seront privés de leurs droits électoraux pendant cinq ans et pourront, en outre, être interdits des droits mentionnés en l'art. 42 c. pén. (art. 6). Au cas d'homicide, le coupable pourra être condamné à s'éloigner pendant un certain temps du lieu où sa victime aura succombé (art. 7). L'art. 463 est toujours applicable aux faits de duel, sauf en cas de récidive (art. 8) (*Annales du Sénat et de la Chambre des députés*, session ordinaire de 1877, t. 1, du 9 janv. au 17 févr. 1877, p. 182). — Cette proposition a fait l'objet d'un rapport très détaillé de M. Griffe, déposé sur le bureau du Sénat dans la séance du 1er févr. 1883. Le rapport concluait à l'adoption du projet de M. Hérold réduisant seulement la durée des peines d'emprisonnement et le taux des amendes prononcées. La seule modification importante consistait dans la suppression de la disposition contenue dans l'art. 7 du projet Hérold et dans son remplacement par une disposition interdisant aux journaux de publier les comptes rendus et les procès-verbaux relatifs aux duels provoqués ou consommés (*Annales du Sénat et de la Chambre des députés, nouvelle série*, Docum. parlem., session ordinaire de 1883, t. 8, du 9 janv. au 2 août 1883, p. 28). Ce rapport fut discuté dans la séance du 10 mars 1883 et la proposition de loi rejetée après un débat assez sommaire (*Annales du Sénat*, Débats parlementaires, session ordinaire de 1883, t. 1, du 9 janv. au 19 mars 1883, p. 313).

6. Dans la séance du 16 juill. 1888, Mgr. Freppel, évêque d'Angers, député du Finistère, déposa sur le bureau de la Chambre des députés une proposition de loi relative à la répression des duels. L'exposé des motifs, après avoir constaté que chez tous les peuples civilisés le duel est l'objet d'une législation spéciale, reconnaît que, depuis nombre d'années, la jurisprudence inaugurée en 1837 par la cour de cassation et conforme, selon l'auteur, à la pensée du législateur de 1810, a fléchi devant la fréquence des duels. « Sauf le cas de perfidie ou de déloyauté, ajoute-t-il, les parquets ne mettent plus l'action publique en mouvement; plus de poursuites contre les duellistes, ni devant le jury, ni devant la police correctionnelle; plus de demandes d'application aux témoins des lois sur la complicité; la justice sommeille, le Gouvernement laisse faire quand ses membres ne sont pas les premiers à donner l'exemple de la violation des lois. De là ces duels, devenus plus nombreux de jour en jour et engagés sous les prétextes les moins sérieux, au risque de plonger des familles entières dans le deuil. — Il n'est que temps de demander à une loi nouvelle la répression efficace d'une coutume déraisonnable qui n'est pas autre chose qu'un reste de barbarie, un recul vers des mœurs grossières, un appel à la violence individuelle, un trouble apporté dans l'ordre social, une injure faite au bon sens, à la morale et à la conscience publique, un défi jeté à la civilisation chrétienne » (Chambre des députés, n° 2962, 4e législ., session de 1888, annexe au procès-verbal de la séance du 16 juill. 1888). — Cette proposition fut prise en considération par la Chambre des députés dans sa séance du 22 novembre suivant, à la suite d'un rapport de la commission d'initiative parlementaire, mais elle n'a point, par suite du renouvellement de la Chambre en 1889, été discutée en séance publique. Elle constitue en quelques articles un code complet du duel, institue comme moyen préventif une sorte de jury d'honneur et, tout en assurant une répression efficace, se distingue des propositions précédentes par un côté plus pratique ; elle est muette sur la question des circonstances atténuantes. En voici le texte : « Art. 1er. La provocation en duel et l'acceptation de la provocation constituent un délit et sont punies d'un emprisonnement de deux mois à six mois. — Art. 2. La même peine sera applicable à ceux qui auront accepté d'assister au duel en qualité de témoins. — Art. 3. Celui qui excite directement un tiers à se battre en duel, ou qui, parce que le tiers ne provoque pas une autre personne en duel ou n'accepte pas une provocation, lui fait des reproches en public, le menace de mépris ou l'expose à la raillerie, sera puni d'un emprisonnement de six jours à un mois et d'une amende de 16 fr. à 200 fr. — Art. 4. Le duel, même s'il n'est résulté de la rencontre ni mort, ni blessures, sera puni d'un emprisonnement de six mois. — Art. 5. Celui qui aura blessé son adversaire en duel sera puni d'un emprisonnement de deux à trois ans, selon la gravité des blessures, sans préjudice des dommages-intérêts qui pourront être accordés au blessé, à ses ascendants ou à ses descendants. — Art. 6. Celui qui aura tué son adversaire en duel sera puni de la détention pour une durée de six à douze ans, sans préjudice des dommages-intérêts qui pourront être accordés à la veuve, aux descendants ou ascendants de la victime. — Art. 7. Celui qui, usant de déloyauté et de perfidie, aura tué ou blessé son adversaire en duel, sera passible des peines de droit commun portées contre le meurtre, les blessures et coups volontaires aux sect. 1re et 2 du tit. 2 c. pén. — Art. 8. Dans tous les cas qui précèdent, les règles concernant la complicité seront appliquées aux témoins du duel, conformément aux art. 59 et suiv. c. pén. — Art. 9. Les offenses, injures ou atteintes à l'honneur, donnant lieu ou prétexte à une provocation en duel, pourront être soumises par les parties à l'arbitrage. Les arbitres seront au nombre de cinq, deux au choix de chaque partie, présidés par un cinquième, au choix des quatre premiers. Le jugement arbitral sera définitif et sans appel. Il devra être reproduit par tous les organes de la presse qui auront mentionné les actes soumis à l'arbitrage. Le refus d'insertion sera puni d'une amende de 500 à 1000 fr. — Art. 10. Tout compte rendu d'un duel par la voie de la presse sera puni d'un emprisonnement de six jours à trois mois et d'une amende de 16 fr. à 500 fr. ».

Enfin, dans la séance du 3 déc. 1889, M. Cluseret, député, a déposé à son tour une proposition de loi relative à la répression du duel, proposition qui reproduit, d'ailleurs, *textuellement* celle de Mgr Freppel, et ne s'en distingue que par la suppression de l'art. 9 relatif à l'arbitrage et l'exposé des motifs, qui est différent (Ch. dép., n° 134, 5e législ., session extraord. 1889, annexe au procès-verbal de la séance du 3 déc. 1889). — Cette proposition a fait l'objet d'un rapport sommaire de M. Rabier, député, déposé sur le bureau de la Chambre dans la séance du 27 févr. 1890, rapport concluant à la prise en non-considération et au maintien du *statu quo* en ce qui concerne la législation sur le duel (Ch. dép. n° 390, 5e législ., session de 1890, annexe au procès-verbal de la séance du 27 févr. 1890).

7. En dehors du Parlement, depuis plusieurs années, la question du duel a préoccupé de nouveau l'opinion publique; des voix nombreuses se sont élevées de tous les points de la France pour réclamer, au nom de la justice et de l'humanité, que le duel fût l'objet d'une répression spéciale et efficace. Même dans l'armée où les règlements militaires vont souvent jusqu'à imposer le duel aux soldats, certains publicistes voudraient voir revivre, avec les tempéraments applicables aux mœurs actuelles, des institutions analogues soit à l'ancien tribunal des maréchaux de France (*Rép.* n° 44), soit aux tribunaux d'honneur en usage dans l'armée allemande, et qui ont pour but, en sauvegardant l'honneur militaire, d'arrêter autant que possible, dans le principe, les querelles entre militaires ou, tout au moins, d'en atténuer les dangereux effets (du Verger Saint-Thomas, *op. cit.*, p. 135 et suiv. V. *infrà*, n° 10). — M. Péret, procureur général près la cour d'appel de Poitiers, (*De la réforme du code pénal*, 1889, p. 48 et 49), estime que le duel doit être spécialement réprimé comme contraire à l'ordre public. « Mais nous nous refusons à admettre, dit-il, que la seule provocation et les conventions arrêtées avant d'aller sur le terrain puissent constituer des faits punissables, si le combat ne s'ensuit pas. Cela serait d'ailleurs incompatible avec les règles de la tentative et contraire au principe que la seule volonté de commettre un délit ne suffit pas pour entraîner la culpabilité ». Le duel ne doit donc, suivant l'auteur, être puni que s'il a été réellement consommé, et M. Péret propose de compléter l'art. 311 c. pén. actuel par une disposition additionnelle ainsi conçue : « Le duel est prohibé. Ceux qui auront contrevenu à cette prohibition seront punis, s'il y a eu mort, d'un emprisonnement de deux à cinq ans; s'il y a eu mutilation ou privation d'un membre ou infirmité permanente, d'un emprisonnement de six mois à deux ans; s'il n'y a eu que des blessures, d'un emprisonnement de six jours à six mois. Il sera de plus prononcé contre les coupables une amende de 300 à 2000 fr. Les témoins du duel seront considérés comme complices, et punis du minimum de la peine ».

8. Aux ouvrages qui ont traité du duel et sont déjà cités au *Rép. passim,* nous ajouterons : Beccaria, *Des délits et des peines*, 2e éd., 1823, chap. 29, *Des duels;* Benoît-Champy, *Essai sur la complicité*, 1861, 3e part., chap. 2, p. 98 et suiv.; Théodore-Auguste Mendez, *Le Duel depuis les temps les plus reculés jusqu'à nos jours*, 2e éd., Paris, 1854; Genaudet, *Etude historique et législation sur le duel*, in-8°, Paris, 1854; Emile Worms, *Les attentats à l'honneur*, in-8°, Paris, 1890; A. Grisier, *Les armes et le duel*, 3e éd., Paris, 1864, in-8°; G. Fazy, *Le Duel*, in-8° Genève, 1871; Decous de Lapeyrière, ancien procureur général, *De la législation et de la jurisprudence en ce qui concerne le duel*, brochure in-8°, Paris, 1877; Comte du Verger Saint-Thomas, *Nouveau code du duel, histoire, législation, droit contemporain*, nouv. éd. in-8°, Paris, 1887; Prince Georges Bibesco, *Politique, religion, duel*, in-8°, Paris, Plon, 1888. Enfin parmi les ouvrages généraux du droit pénal, nous mentionnerons : Chauveau et Faustin Hélie, *Théorie du code pénal*, 6e éd., 1887, t. 3, nos 1246 à 1281; Garraud, *Précis de droit criminel*; 3e éd., 1888, n° 148, p. 178-180; Boitard, *Leçons de droit criminel*, 13e éd. 1890, n° 337, p. 355 et suiv.; Blanche, *Etudes sur le code pénal*, t. 4, 1868, nos 472 et suiv. et 566; Bertauld, *Cours de droit pénal*, 4e éd., 1873, p. 516 et suiv.; Rauter, *Droit criminel français*, 1836, t. 2, n° 444; Morin, *Répertoire du droit criminel*, t. 1, v° *Duel*, p. 789 et suiv.

ART. 2. — *Législations étrangères* (*Rép.* nos 51 à 92).

9. Chez tous les peuples civilisés, avons-nous dit, le duel est l'objet de dispositions législatives spéciales; partout on a compris qu'il ne pouvait être assimilé soit à l'homicide volontaire ou involontaire, soit aux coups et blessures volontaires. Un examen rapide des législations étrangères sur cette question nous montrera que la France est le seul pays où l'on ait persisté jusqu'à présent à faire rentrer le duel dans le droit commun des crimes et délits contre les personnes, ce qui a pour résultat, avons-nous dit *suprà*, n° 1, de lui assurer une impunité à peu près complète. Non seulement le duel en lui-même est réprimé, mais presque partout la simple provocation en duel, l'acceptation du défi, l'excitation publique au duel par des propos injurieux, le fait de décrier, diffamer ou injurier publiquement quelqu'un pour avoir refusé un duel sont punis, lors même qu'aucune rencontre ne s'en serait suivie. Le contraire n'est qu'à l'état d'exception. Les témoins du duel sont également punis, sous certaines distinctions, dans la plupart des pays où le duel est réprimé. Quant aux peines du duel en lui-même, elles varient, suivant l'issue du combat. Enfin le duel qui ne s'est pas accompli loyalement est puni des peines du droit commun en matière de coups et blessures, de meurtre ou d'assassinat, selon les cas; les témoins sont considérés comme complices.

10. — I. ALLEMAGNE. — Le nouveau code pénal de 1871, revisé en 1876 (*Annuaire de législation étrangère*, 1872, p. 80 et suiv., et 1877, p. 135 et suiv.), et applicable à tout l'Empire allemand, contient sur le duel des dispositions nouvelles (L. 26 févr. 1876, art. 201 à 211), qui ont remplacé celles qui figurent au *Rép.* nos 75 à 82. Ainsi ceux qui se chargent de la provocation ou la transmettent à la partie adverse (*Kartellträger*) sont punis de la détention pendant six mois au plus (art. 203). Cette peine est applicable au porteur du cartel, alors même que les parties auraient spontanément renoncé au duel avant de commencer le combat (Trib. emp. d'Allemagne, 3e ch. crim. 26 mars 1881, aff. de Hanstein, *Journal de droit international privé*, t. 9, 1882, p. 341). — La durée de la détention peut aller jusqu'à deux ans au cas où le duel doit être à mort (art. 202). Toutefois, aucune des peines ci-dessus n'est encourue si les parties ont volontairement renoncé au duel (art. 204). — Le duel en lui-même est puni de trois mois à cinq ans de détention dans une enceinte fortifiée (art. 205); cette peine ne peut être moindre de deux ans au cas de mort de l'un des adversaires (art. 206). Au cas d'un duel sans *seconds*, c'est-à-dire sans témoins, la peine peut être augmentée de moitié, sans pouvoir *excéder quinze ans* (art. 208). Les *seconds* et les autres personnes assistant au duel ne sont pas punissables; il en est de même des porteurs du cartel qui ont cherché à l'empêcher (art. 209).

Quant au duel entre militaires ou officiers, il n'est pas, en principe, défendu par les lois militaires, mais il est soumis à des mesures préventives. Ainsi que nous l'avons vu au *Rép.* nos 77 et suiv., ces mesures consistent dans l'institution des *cours* ou *tribunaux d'honneur* dont les attributions sont aujourd'hui régies par l'ordonnance du 2 mai 1874, qui a abrogé celle du 20 juill. 1843 dont elle reproduit d'ailleurs les principales dispositions déjà étudiées au *Rép.* n° 77. Cette nouvelle ordonnance réglemente tout ce qui a rapport à l'*organisation* de la justice d'honneur des officiers de l'armée. Elle règle la compétence et la juridiction des tribunaux d'honneur, leur composition suivant le rang des officiers, les attributions du *conseil d'honneur* attaché à chaque tribunal et qui instruit les affaires destinées à lui être soumises, la procédure devant les tribunaux d'honneur. Les tribunaux d'honneur des officiers ont pour but de sauvegarder l'honneur du corps d'officiers et de chacun de ses membres en particulier. Ils ont donc pour devoir d'examiner la conduite de tout officier qui ne serait point conforme au droit sentiment de l'honneur et à sa position, et de proposer telles mesures disciplinaires qu'ils jugent utiles, au besoin l'exclusion de l'armée. Par contre, ils doivent aussi justifier les officiers attaqués dans leur honneur par des soupçons non fondés, en tant qu'il n'existe pas pour cela d'autres voies légales.

Tout officier qui a avec un camarade une querelle d'honneur doit la soumettre au conseil d'honneur de son corps, qui essaie de réconcilier les parties. En cas d'insuccès, l'affaire est portée au tribunal d'honneur, qui règle les conditions du duel eu égard à la gravité du fait, et délègue un de ses membres pour assister au combat. — L'ordonnance de 1874 ne prescrit ni ne défend le duel, qui rentre dans le droit commun; elle ne s'en occupe qu'au point de vue du fait, pour examiner si tout s'est passé, soit à l'origine de l'affaire, soit dans la suite, conformément à l'honneur. C'est à ce point de vue que le tribunal d'honneur doit examiner la question qui lui est soumise. Mais la seconde partie de l'ordonnance de 1874 va plus loin et reconnaît au conseil d'honneur, et au tribunal d'honneur après lui, le droit de s'ingérer dans le motif même de la querelle, d'arranger l'affaire d'office, au besoin, malgré les parties, et d'obliger le coupable à faire des excuses, même publiques, à son adversaire. — Il ne s'agit ici que du duel entre officiers du même grade ou bien entre supérieurs ou inférieurs pour faits étrangers au service. L'art. 112 c. pén. militaire allemand du 1er oct. 1878 punit d'un an de détention au moins la provocation en duel entre officiers de différents grades pour faits relatifs au service. La peine est de trois ans, si le duel a eu lieu, et l'exclusion de l'armée est prononcée (V. du Verger Saint-Thomas, *op. cit.*, p. 83 et suiv.).

11. — II. ANGLETERRE. — Nous n'avons rien à ajouter à cet égard à ce qui a été dit au *Rép.* nos 52 à 56, aucune innovation législative ne s'étant produite dans ce pays depuis sa publication.

12. — III. AUTRICHE. — Outre ce que nous avons vu au *Rép.* n° 74, la législation autrichienne s'occupe des duels entre militaires, et ses dispositions à cet égard sont contenues dans le code militaire de 1855 (*Militar Strafgesetz*, 4e part., chap. 14). La simple provocation ou acceptation d'un duel entre militaires est un délit punissable de trois mois d'arrêts, même quand le duel n'aurait pas eu lieu, par suite de circonstances indépendantes de la volonté des coupables (art. 437 et 438). En cas de duel sans blessure, la peine est de six mois à un an de prison (art. 438), elle peut aller jusqu'à cinq ans en cas de blessure, et à vingt ans en cas de mort (art. 439 et 440). Ceux qui auront poussé au duel sont punis comme les duellistes eux-mêmes (art. 442); les *parrains* ou *seconds* sont punis de six mois à cinq ans de prison suivant le résultat du duel (art. 443), à moins qu'ils n'aient fait tous leurs efforts pour l'empêcher (art. 444). Enfin sont également punissables le commandant supérieur de la localité qui n'a pas fait tout ce qui dépendait de lui pour empêcher le duel, et le juge militaire qui n'a pas poursuivi les coupables (art. 447). Au cas de défi entre militaires de grades inégaux, il y a insubordination et punition d'un an à cinq ans de prison (art. 155, 2e part., chap. 2). — Malheureusement ces dispositions sont peu appliquées en pratique. — En 1871, on institua des *tribunaux d'honneur* auxquels on soumit quelquefois des questions de duel, non pour s'occuper de la répression des coupables, mais pour étudier les circonstances de la provocation, juger de l'honorabilité des personnes avec lesquelles un officier aurait à se battre, et prononcer un verdict de blâme pouvant parfois faire exclure de l'armée celui qui, ayant reçu une offense, aurait refusé de se battre, Ces tribunaux ont donc une compétence modératrice, mais jamais répressive ni même préventive (du Verger Saint-Thomas, p. 65 et suiv.).

13. — IV. Belgique. — Ainsi qu'on l'a vu au *Rép.* nos 66 à 72, le duel est réprimé par la loi du 8 janv. 1841, qui a pris place, avec certaines modifications, dans le nouveau code pénal belge de 1867, sous les art. 423 à 433. Les peines portées contre le duel par la loi de 1841 ont été adoucies dans une large mesure par le code de 1867 qui espérait ainsi, d'accord avec l'opinion publique, assurer une répression plus efficace. A raison de la grande affinité qui existe entre les législations belge et française, nous croyons devoir reproduire ici avec quelques détails sommaires les modifications du code pénal de 1867, en ce qui concerne le duel, renvoyant pour le surplus aux articles et au commentaire de la loi de 1841 donnés au *Rép.* nos 68 et suiv.

L'art. 423, qui remplace l'art. 1er de l'ancienne loi relativement à la provocation en duel, abaisse d'un mois à quinze jours le minimum de la peine d'emprisonnement. — Celui qui, par une injure publique, donne lieu à la provocation, dit l'art. 425 (ancien art. 3 de la même loi), est puni d'un emprisonnement dont le maximum est réduit d'un an à six mois. — Quant au combat lui-même, le code pénal distingue, comme la loi de 1841, diverses hypothèses (*Rép.* n° 69). Celui qui dans un duel aura fait usage de ses armes contre son adversaire, sans qu'il soit résulté du combat ni homicide, ni blessure, sera puni d'un emprisonnement d'un à six mois et d'une amende de 200 à 1000 fr. (art. 426) (ancien art. 4 de la loi de 1841). Par le seul fait qu'il y a eu blessure, la peine est, aux termes de l'art. 427 (ancien art. 6 de la loi de 1841), de deux mois à un an de prison et l'amende de 300 à 1500 fr. Si les blessures ont entraîné une maladie ou une incapacité de travail temporaire, quelle qu'en soit d'ailleurs la durée, le coupable est puni, dit l'art. 428 (ancien art. 5, § 2, de la loi de 1841), de trois mois à deux ans de prison et d'une amende de 500 fr. à 2000 fr. — S'il est résulté des blessures soit une maladie paraissant incurable, soit une incapacité permanente de travail, soit la perte absolue d'un organe ou une mutilation grave, l'emprisonnement sera de six mois à trois ans et l'amende de 1000 à 3000 fr. (art. 429). C'est là une innovation du code pénal, la loi de 1841 ne distinguant pas entre le plus ou moins de gravité des blessures et ne se préoccupant que de la durée de l'incapacité de travail. Si l'un des duellistes a trouvé la mort dans le combat, l'art. 430 reproduisant l'art. 5, § 1er, de l'ancienne loi élève de six mois à un an le minimum de la peine d'emprisonnement et de 1000 à 2000 fr. le minimum de l'amende. — L'art. 431 c. pén. statuant d'une manière plus générale que l'ancien art. 7 de la loi de 1841 (*Rép.* n° 71) frappe ceux qui auront *excité au duel d'une manière quelconque*, alors même que cette excitation n'aurait été suivie d'aucun effet. La peine est, dans ce dernier cas, d'un mois à un an de prison et de 100 à 1000 fr. d'amende. — Comme dans la loi de 1841, les témoins (art. 432) ne sont punissables que si le duel a été suivi de mort ou de blessures. L'art. 8 de cette loi ajoutait, *s'ils ne sont pas complices*, cas auquel ils étaient punis comme les auteurs même du délit. Le mot *complices* ne pouvait évidemment s'entendre que d'un duel déloyal auquel les témoins auraient prêté les mains ou d'un duel qu'ils auraient plutôt fait naître que cherché à écarter ; car le seul fait de la présence des témoins à un duel loyal ne saurait les faire considérer comme complices, la loi punissant cette présence de peines spéciales. Le code pénal a supprimé la phrase relative à la complicité des témoins ; il est donc à croire que, dans les deux hypothèses que nous venons de citer, les témoins ne sont passibles d'aucune aggravation de peine, sauf aux juges à appliquer le maximum, s'il y a lieu (*Rép.* n° 70). — Telles sont les principales dispositions du code pénal de 1867 sur le duel, dispositions applicables, par les tribunaux ordinaires, à tous les citoyens belges indistinctement, civils ou militaires. Aussi a-t-il été jugé que des gendarmes qui s'étaient battus en duel étaient de ce chef justiciables des tribunaux correctionnels et non des conseils de guerre (Bruxelles, 20 avr. 1850, aff. Fauconnier et Dufour, *Pasicrisie belge*, 1850. 2. 136). — De même, en 1865, M. le baron Chazal, ministre de la guerre, s'étant, à la suite d'une discussion parlementaire, battu en duel avec M. Delaet, membre de la Chambre des représentants, fut, en sa qualité de membre du Gouvernement, renvoyé devant la cour de cassation ainsi que son adversaire pour infraction à la loi du 8 janv. 1841. Tous deux furent condamnés : le ministre à deux mois de prison et 200 fr. d'amende, le député à trois mois de la même peine et 300 fr. d'amende (C. cass. Belgique, 12 juill. 1865, aff. Chazal-Delaet, *Pasicrisie belge*, 1865. 1. 258). — La loi de 1841 doit être appliquée à la lettre ; aussi un arrêt de la cour de Bruxelles du 29 déc. 1864 (aff. Martin, *Pasicrisie belge*, 1865. 2. 348) avait-il refusé aux tribunaux la faculté de substituer, en matière de duel, l'amende à l'emprisonnement. — Ajoutons enfin que les dispositions qui régissent le duel sont, comme toutes les autres lois pénales, applicables aux étrangers (L. 7 juill. 1865, art. 1er) (V. à cet égard : Ad. Prins, *De la répression pénale à laquelle sont exposés les étrangers qui viennent se battre en duel en Belgique*, *Journal de droit international privé*, t. 14, 1887, p. 535). — Inversement, les Belges qui vont se battre en duel à l'étranger peuvent tomber sous le coup des lois belges. C'est ainsi que la cour de Bruxelles a déclaré applicable aux témoins d'un duel l'art. 7 de la loi belge du 17 avr. 1878 qui dispose que tout Belge qui, hors du territoire du royaume, se sera rendu coupable d'un délit contre un Belge, pourra être poursuivi en Belgique (Bruxelles, 14 juill. 1889, aff. Belval et autres, *Pasicrisie belge*, 1889. 2. 405).

14. — V. Danemark. — Aux termes de l'art. 208 c. pén. de 1866, le fait seul de se battre en duel est puni de l'emprisonnement simple. Au cas de mort ou de blessures graves, l'emprisonnement sera de trois mois au moins ; il pourra être de cinq ans dans une prison d'Etat, s'il a été convenu entre les deux adversaires que le combat continuerait jusqu'à la mort de l'un d'eux. L'art. 209 ne punit les témoins que dans deux cas : 1° lorsqu'ayant su qu'il s'agissait d'un duel à mort, ils ne s'y sont pas opposés ; 2° lorsqu'ils ont volontairement manqué aux devoirs que leur imposaient les règles du duel ou les conventions intervenus entre les parties.

15. — VI. Espagne (*Rép.* n° 91). — Le code pénal de 1870, modifié par la loi du 17 juill. 1876, fait du duel un délit et contient à son égard un chapitre spécial (art. 439 à 447), qui débute par une mesure préventive d'un caractère tout particulier. Dès que l'autorité apprend qu'un duel doit avoir lieu, elle doit faire procéder à l'arrestation tant de l'auteur de la provocation que de celui qui a accepté le défi, et ne les mettre l'un et l'autre en liberté qu'après en avoir obtenu un engagement d'honneur de renoncer à leur dessein. Si, malgré cette promesse, une nouvelle provocation vient à se produire, le provocateur sera puni de la relégation à l'intérieur et déclaré incapable d'exercer pendant un certain temps toute charge publique ; celui qui aura accepté le duel dans les mêmes circonstances sera puni du bannissement (art. 439). — Celui qui a tué en duel son adversaire est puni de la *prison majeure* (peine criminelle variant de six à douze ans). Au cas de simples blessures, la peine va depuis un mois d'arrêts jusqu'à six ans d'emprisonnement correctionnel, suivant leur gravité (art. 440). L'art. 441 s'occupe des circonstances atténuantes et abaisse la peine, en cas d'homicide, jusqu'à l'internement et, en cas de blessures, jusqu'au bannissement ou à une simple amende, suivant leur gravité, lorsque le provoqué s'est battu : 1° sans que son adversaire lui ait justifié des motifs du duel ; 2° après avoir refusé toute explication ou satisfaction suffisante ; 3° sans avoir obtenu réparation suffisante. — Les circonstances aggravantes sont prévues par l'art. 442 et concernent spécialement le provocateur : 1° lorsqu'il s'est battu en refusant à son adversaire de lui indiquer les motifs du duel, alors que celui-ci demandait à les connaître ; 2° lorsqu'il a refusé les explications ou la réparation convenables qui lui était offerte par son adversaire ; 3° lorsqu'ayant offensé son adversaire, il refuse toute explication ou réparation suffisante. Les peines de l'art. 440 sont alors augmentées (ces deux art. 441 et 442 paraissent devoir être, en pratique, d'une application assez rare). — Aux termes de l'art. 445, les témoins d'un duel suivi de mort ou de blessures seront réputés coauteurs du délit avec préméditation, s'ils ont réglé les conditions du combat d'une façon déloyale ; ils seront traités comme complices, s'ils ont arrêté les conditions d'un duel à mort, ou s'ils connaissaient la supériorité de l'un des adversaires dans le maniement des armes choisies. Enfin ils sont punis des arrêts majeurs et d'une amende de 250 à 2500 *pesetas* (la *peseta* vaut 1 fr. 04 cent.), s'ils ne se sont pas efforcés d'assurer une réconciliation ou de rendre la rencontre aussi peu dangereuse que possible. — Si le duel a eu lieu sans témoins et qu'aucune blessure n'en soit résultée, les combattants seront punis d'un emprisonnement correctionnel ; s'il y a eu mort ou blessures, les peines seront celles du droit commun, car il y a alors présomption de déloyauté dans les conditions du combat (art. 446). — Enfin l'art. 447 punit des peines de droit commun et de l'interdiction absolue temporaire de toutes fonctions et charges publiques ceux qui provoquent en duel dans un intérêt pécuniaire (chantage) ou dans un but immoral, et les combattants qui n'observent pas, lors de la rencontre, les conditions fixées par les témoins.

16. — VII. Hollande. — Le nouveau code pénal de 1881, qui a remplacé le code français de 1810, fait du duel (art. 152 à 157) un délit spécial ; il a ainsi abrogé la loi présentée aux Chambres hollandaises en 1842 et dont l'analyse a été donnée au *Rép.* n° 73. Tout en maintenant le principe de la répression du duel, le code pénal adoucit les pénalités de la législation antérieure. — Le seul fait de s'être battu en duel, lors même qu'aucune blessure ne s'en serait suivie, est puni de six mois de prison. Cette peine varie avec la gravité des blessures et peut, en cas de duel à mort, être élevée jusqu'à douze ans de prison (art. 154). La tentative du duel, d'après le même article, n'est pas punissable : il y a là une dérogation à l'art. 45 c. pén. de 1881 qui punit les tentatives d'infractions pénales. — Au cas de duel déloyal ou de duel sans témoins, celui qui tue ou blesse son adversaire est puni des peines du meurtre, de l'homicide ou des sévices, selon les circonstances (art. 155). Les médecins qui assistent au duel et les témoins ne sont pas punissables. Toutefois, ces derniers encourent un emprisonnement pouvant s'élever jusqu'à trois ans au cas où, par leur faute, le duel ne se serait point passé loyalement, ou lorsqu'ils ont contribué à exciter les combattants, sans préjudice des peines relatives au meurtre, à l'homicide ou aux sévices, s'il y a lieu (art. 156). Une législation analogue, calquée sur la loi belge de 1867, est en vigueur dans le grand-duché de *Luxembourg*, depuis la promulgation du code pénal de 1879 (art. 423 à 433).

17. — VIII. Hongrie. — Le duel est prévu et réprimé par le code pénal des crimes et délits du 28 mai 1878, qui s'est inspiré des dispositions du code pénal allemand. Sont punis de six mois de prison d'Etat les témoins ou seconds et ceux qui empêchent l'accommodement des adversaires (art. 294). — La simple rencontre non suivie de blessures est punie d'un an de prison d'Etat au plus (art. 296), mais aucune peine n'est prononcée, si, sur le terrain, les combattants ont renoncé spontanément au duel. — Au cas de blessures, le duel est puni de deux à trois ans de prison, suivant leur gravité ; s'il y a mort, la peine est de cinq ans (art. 298). — Les seconds qui se sont efforcés d'empêcher le duel ne sont punissables qu'au cas de duel déloyal (art. 300).

18. — IX. Italie (*Rép.* n°s 84 à 90). — Dans le nouveau code pénal italien en vigueur dans tout le royaume à partir du 1er janv. 1890, le duel fait l'objet des art. 237 à 245 (liv. 2, tit. 4, chap. 9). — Non seulement la provocation est punissable en elle-même, mais la peine est plus forte si le motif de la provocation est injuste (art. 237). Le simple usage des armes sans blessures est puni de la détention pendant deux mois ; cette durée peut aller jusqu'à quatre mois, si la cause du duel est injuste (art. 238). Au cas de mort, la peine est de six mois à cinq ans. Au cas de blessures graves, de la nature de celles prévues par l'art. 309 de notre code pénal, la peine est de un à deux ans de détention. Dans les autres cas, la peine est de quatre mois au plus, mais elle doit toujours être élevée si le coupable sait que la cause du duel est injuste (art. 239). Les peines édictées par les articles précédents sont abaissées dans une notable proportion au cas où le coupable a été provoqué par des insultes ou des outrages (art. 240). Les porteurs du défi sont punis de 500 fr. d'amende au plus ; mais ils n'encourent aucune peine, s'ils ont réussi à empêcher le combat (art. 241). Les *parrains* ou *seconds*, c'est-à-dire les témoins, sont punis d'une amende de 100 à 1000 livres, si le duel s'est terminé sans blessures, et de la détention pendant dix-huit mois au plus dans les autres cas, à moins qu'ils n'aient fait tous leurs efforts pour réconcilier les parties, ou n'aient réussi à rendre le combat moins dangereux (art. 241). L'art. 244 punit d'un mois à un an de détention celui qui offense publiquement une personne ou la décrie publiquement pour avoir refusé un duel ou la pousse au duel par des menaces ou des excitations. Si la provocation ou l'excitation a lieu dans un but de chantage, on applique au coupable les peines de l'escroquerie (art. 245). — L'art. 242 prévoit les cas (assez rares en pratique probablement) où les deux combattants sont étrangers au fait qui a motivé le duel et se battent à la place de ceux qui y sont directement intéressés. Les peines prononcées par les art. 238 et 239 sont alors augmentées de moitié, à moins que le combattant ne soit ou un proche parent de la personne directement intéressée, ou l'un des parrains ou seconds qui a pris la place d'un adversaire absent. — En ce qui concerne l'armée, le code militaire italien ne mentionne pas le duel qui, entre militaires, est considéré comme un délit de droit commun. Toutefois, le règlement de discipline de 1872 contient à son égard certaines dispositions relatives à l'insubordination, qui résulte de la provocation en duel ou de son acceptation entre inférieurs et supérieurs (§ 27 et 28) ou au cas où le duel peut être refusé pour des raisons de service (§ 29 et 30). L'autorité militaire ne se préoccupe des duels dans l'armée qu'au cas de mort ou de blessure grave et qu'au cas où il y a scandale ou déloyauté ; l'affaire est alors déférée à un conseil de discipline (V. du Verger Saint-Thomas, *op. cit.*, p. 72 et suiv.)

19. — X. Norvège. — Le code pénal de 1842, revisé en 1874, prononce contre les duellistes la peine des travaux forcés qui, d'après la législation norvégienne, comporte, suivant les cas, divers degrés d'aggravation. Elle est encourue tant au cas de mort de l'un des adversaires que dans le cas où les combattants sont convenus de se battre à mort, quelle que soit l'issue de la rencontre (art. 15, chap. 14). Il en est de même si les blessures reçues en duel ont occasionné la perte d'un membre ou d'un organe essentiel ou une maladie grave ou des infirmités, etc. (art. 19, chap. 15). Mais aucune peine n'est encourue, lorsqu'il n'y a eu que des contusions ou blessures légères. — Aucune peine n'est prononcée contre les témoins.

20. — XI. Portugal (*Rép.* n° 92). — Le nouveau code pénal du 16 sept. 1886 applique les peines de la provocation en duel (amende et prison) à ceux qui ont publiquement discrédité ou injurié quelqu'un qui a refusé un duel (art. 382). Un emprisonnement d'un mois à un an et une amende correspondante sont prononcés contre quiconque excite au duel par quelque injure ou autrement (art. 383). Le simple fait de se battre en duel est punissable (art. 384). Au cas de mort, la peine est d'un à deux ans de prison et du maximum de l'amende, et peut même être élevée au double avec emprisonnement correctionnel. Elle est de six mois à deux ans et d'une amende correspondante, si les blessures ont occasionné une infirmité permanente ou une incapacité de travail de vingt jours ; de trois à douze mois et d'une amende correspondante, lorsqu'il n'y a eu que des blessures légères (art. 385). — Les témoins sont punis de six mois de prison et d'une amende dans les cas où, d'après les principes généraux du droit, ils devraient être punis comme auteurs ou complices du délit (art. 386). Enfin les peines susénoncées seront toujours appliquées au cas de mort ou de blessures, lorsque le duel aura eu lieu sans témoins ou aura été déloyal, ou contre toute personne qui, par intérêt pécuniaire, aura provoqué ou excité à un duel ou en a été la cause volontaire (art.

387). — D'ailleurs, ainsi que nous l'avons dit au *Répertoire*, le duel a de tout temps été fort rare en Portugal, même parmi la noblesse.

21. — XII. Russie. — Aux termes du code pénal de 1866, la provocation (art. 1497) non suivie d'une rencontre peut rester impunie si elle a été motivée par une offense grave faite au provocateur lui-même ou à quelqu'un de ses proches parents (art. 1499). L'excitation au duel d'une manière quelconque, lorsqu'une rencontre s'en est suivie (art. 1500 et 1512), la transmission de la provocation (art. 1501) sont également punissables. Le duel en lui-même est puni d'une arrestation de trois à sept jours, s'il n'en est résulté aucune blessure (art. 1502). Mais s'il y a eu des blessures, la peine est d'un emprisonnement ou de la détention dans une enceinte fortifiée jusqu'à quatre ans, suivant leur gravité (art. 1503 et 1505). Elle peut être élevée jusqu'à six et huit ans en cas de mort (même art.), et même être de dix ans ou de la déportation en Sibérie, lorsque les deux adversaires étaient convenus de se battre à mort (art. 1504). Les témoins qui ont souscrit à une pareille condition sont punis de la détention pendant une durée de deux à quatre mois (même article). En tout état de cause, les témoins sont punissables de la détention dans une enceinte fortifiée, non seulement lorsqu'ils ont excité au duel (art. 1508), mais encore lorsqu'ils n'ont pas employé tous les moyens de persuasion nécessaires pour prévenir le combat (art. 1507).

L'art. 1511 du code de 1866 est ainsi conçu : « Quiconque se sera trouvé fortuitement présent à un duel, n'aura pas profité de cette occasion pour tâcher de persuader les combattants de se réconcilier, sera puni, si le duel a pour suite la mort ou des blessures graves, d'une des peines contenues dans l'art. 1521, pour n'avoir pas prêté secours à un homme se trouvant en péril ». Cette disposition bizarre paraît d'une application pratique très difficile et doit être rapprochée de celle non moins singulière de l'art. 361 du code de police préventive qui donne aux témoins du duel le droit de l'interdire au nom de la loi et qui, s'ils supposent que les combattants ne voudront pas leur obéir, leur enjoint, pour leur propre justification, de dénoncer le fait soit à leurs supérieurs hiérarchiques, soit à la police locale. C'est là une prescription à peu près inexécutable et plutôt propre à détourner les gens d'accepter d'être témoins d'un duel.

Enfin l'art. 397 du même code punit le fonctionnaire qui aura provoqué en duel son supérieur hiérarchique de la réclusion ou de la détention, suivant les circonstances de la provocation.

Toutes les dispositions qui précèdent sont applicables aux duels civils. En ce qui concerne l'armée, le code pénal militaire de 1875 ne mentionne explicitement que le cas de provocation en duel émanant d'un inférieur vis-à-vis de son supérieur pour affaire relative au service militaire. L'art. 99 le déclare alors passible d'être exclu de service avec perte de son grade ou d'être détenu dans une forteresse de seize mois à quatre ans, ou d'être cassé de son grade et remis simple soldat. Les mêmes peines sont applicables au supérieur qui accepte la provocation. Au cas de duel, les peines applicables sont celles du code pénal. — Une loi de 1867 sur les tribunaux militaires leur a déféré toutes les questions de duels entre militaires ; mais leurs sentences qui, sauf le cas où la discipline est en jeu, doivent toujours se baser sur les dispositions du code pénal, sont généralement soumises à la sanction de l'Empereur qui se réserve de commuer les peines prononcées suivant les circonstances. — Enfin des tribunaux d'honneur sont également institués dans les corps de troupes avec les mêmes attributions que dans les autres armées ; mais ils n'ont pas le droit d'autoriser le duel entre militaires (Du Verger Saint-Thomas, *op. cit.*, p. 107 et suiv.).

Dans le Grand-Duché de *Finlande* qui malgré son annexion à la Russie, a conservé sa législation propre, le nouveau code pénal du 19 déc. 1889 (chap. 23) punit le duel de peines variant de six mois à douze ans de prison, suivant l'issue plus ou moins grave de la rencontre. Le duel déloyal est puni des peines de l'assassinat, du meurtre ou des voies de fait. Le porteur de la provocation est puni de six mois de prison, mais seulement si le duel s'en est suivi. Les seconds, les témoins et les médecins ne sont passibles d'aucune peine.

22. — XIII. Suède (*Rép.* n° 83). — La législation du code pénal de 1864 sur le duel (chap. 14) est d'une excessive sévérité. Tout duel suivi de mort est puni de six à dix ans de travaux forcés ; si les parties sont convenues d'un duel à mort et que l'une d'elles ait succombé, la peine peut s'élever jusqu'aux travaux forcés à perpétuité ; au cas de blessures graves, elle est de deux à six ans de travaux forcés ; enfin si le duel n'a entraîné que des blessures légères ou même s'il n'en est résulté aucune, la peine est de six mois à deux ans de prison (art. 38). Quiconque prête d'une façon quelconque son concours à la réalisation du duel ou sert de témoin dans un duel est puni d'emprisonnement.

23. — XIV. Suisse. — Les législations de presque tous les cantons suisses considèrent le duel comme un délit *sui generis*, réprimé par des dispositions spéciales. Aussi le gouvernement suisse n'accorde-t-il pas, au cas de duel suivi de mort, l'extradition du coupable réfugié sur son territoire, lors même qu'elle lui serait demandée par un gouvernement dont les lois punissent le duel. C'est ce qui résulte d'un jugement du tribunal fédéral du 27 août 1883 (aff. Lennig, *Journal de droit international privé*, t. 10, 1883, p. 533), refusant une extradition pour cause de duel qui lui était demandée par la Bavière en vertu du traité d'extradition conclu le 21 janv. 1874 entre la Suisse et l'Empire allemand. — Le projet de code pénal militaire de la confédération suisse, présenté en 1884 à la commission du conseil des Etats, contient sur le duel une disposition ainsi conçue : « Art. 30. — Lorsque le meurtre ou la lésion corporelle est le résultat d'un *duel régulier*, la peine sera celle de l'emprisonnement. Si le duel n'a occasionné aucune lésion, il sera puni disciplinairement. Si la lésion est sans gravité, la peine pourra aussi n'être que disciplinaire ».

24. — 1° *Argovie*. — « Quand deux personnes, dit l'art. 131 du code pénal de 1857, à cause d'un outrage, adhèrent d'un consentement réciproque à un combat régulier avec des armes dangereuses pour la vie, ils se rendent coupables du délit de duel ». La simple provocation ne constitue donc pas un délit ; il faut accord des deux volontés ; en outre, le duel doit avoir lieu *à cause d'un outrage*. — Le duel, non suivi d'homicide ni de blessure dangereuse pour la vie, est puni des peines de police. — En cas de mort et de blessures graves, le code argovien distingue si le duel a été accompagné de circonstances aggravantes, et si l'auteur de l'homicide ou des blessures a demandé le combat sans raisons suffisantes ou a refusé sans motifs suffisants la réconciliation offerte. — Ceux qui ont assisté à un duel en qualité de seconds, témoins ou médecins sont exempts de toute peine. Cependant, lorsqu'un second, par violation intentionnelle des règles reçues ou convenues, a causé la mort ou une blessure grave, il est puni comme coupable de ces délits (Georges Fazy, *op. cit.*, p. 122).

25. — 2° *Bâle-Ville*. — Le code pénal du 1er août 1846 punit les deux combattants de peines correctionnelles ; mais cette disposition n'a trait qu'à la peine et non à la juridiction, le canton de Bâle-Ville n'ayant de jury ni au criminel, ni au correctionnel. — Lorsqu'il ne résulte du duel que de simples blessures, la peine varie suivant leur degré de gravité. — Si le duel a occasionné la mort, la peine est de trois à douze ans d'emprisonnement ; elle est encore aggravée, s'il résulte des circonstances l'intention de tuer. Les seconds sont punis correctionnellement, sauf s'ils ont eu connaissance, dans le cas précédent, de l'intention de tuer : ils sont alors considérés comme complices. Ces dispositions sont applicables, lors même que les deux combattants et leurs seconds se seraient rendus hors du pays pour se battre. — Enfin le dernier article semble prévoir le cas où un Bâlois se bat en duel avec le citoyen d'un pays où le duel n'est pas puni. La rédaction de cet article nous paraît assez vicieuse : « Celui, dit-il, qui se bat en duel avec quelqu'un qui, au temps de la convention et du combat, n'est pas assujetti aux lois pénales bâloises, ne sera puni en tout cas que correctionnellement » (Georges Fazy, *op. cit.*, p. 121).

26. — 3° *Berne*. — Le code pénal de 1866 recherche d'abord si l'on s'est battu sans violer à dessein les règles usitées ou convenues du duel. Celui qui les viole intentionnellement ou se bat sans témoins est considéré comme coupable d'assassinat et de blessures volontaires, et les témoins, s'il y en a, comme ses complices. — En cas de blessures, si elles n'ont pas occasionné d'incapacité absolue de travailler ou de maladie incurable, ou d'incapacité de travail personnel pendant plus de vingt jours, le délinquant ne poura être poursuivi et puni que sur la plainte de la partie lésée. Le simple fait du duel ne constitue donc pas un délit par lui-même, pas plus que la provocation; le duel n'est puni que s'il a été suivi d'homicide et de blessures, et encore, dans ce dernier cas, est-ce seulement sur la plainte de la partie lésée si les blessures sont légères. — La peine est aggravée si les blessures sont plus sérieuses; la plainte de la partie lésée n'est plus alors nécessaire à la poursuite. En cas de mort, la peine est encore plus sévère. — Les témoins et les médecins qui auront assisté à un duel, de même que les porteurs de cartel, sont exempts de toute peine. Cependant le témoin qui aura violé à dessein les règles usitées ou convenues pour le duel est puni suivant la gravité des conséquences (Georges Fazy, *op. cit.* p. 120).

27. — 4° *Fribourg.* — La simple provocation en duel n'est punie que si elle est faite avec armes meurtrières; la peine peut même être plus sévère, si l'intention de donner la mort résulte, soit de la provocation en elle-même, soit du genre de combat choisi par les parties (code pénal de 1873, art. 376). Le simple fait de transmettre une provocation en duel est punissable de quinze à quarante jours de prison (art. 377). Ce que le législateur fribourgeois entend surtout réprimer, c'est le désordre social qui résulte du fait même du duel; aussi ne prononce-t-il aucune peine, lorsque les parties se sont spontanément réconciliées avant le combat (art. 378). — Si le duel a eu lieu, les peines varient avec le résultat de la lutte et, en cas de mort, de blessure grave, elles vont jusqu'au bannissement de six à dix ans et à une amende de 2000 fr. (art. 379). Le maximum de dix ans est même toujours prononcé en cas de mort dans un duel qui ne devait cesser qu'avec la vie de l'un des combattants, et l'amende est alors de 2500 fr. (art. 380). — Les médecins qui assistent au combat ne sont pas punissables; il en est de même des porteurs du cartel qui ont fait de sérieux efforts pour empêcher le duel. Mais les témoins et les seconds sont punis d'un emprisonnement de deux mois au moins (art. 381). — Enfin l'art. 382 prévoit les duels proposés et acceptés dans le canton, lors même que le duel aurait eu lieu hors du territoire cantonal.

28. — 5° *Genève.* — Le duel n'est pas mentionné dans le code pénal du 21 oct. 1874; on peut donc se demander si le législateur a voulu le laisser impuni ou s'il a entendu, au contraire, le laisser, comme en France (V. *infrà*, n°s 40 et suiv.), sous l'application incertaine et difficile des dispositions sur l'homicide ordinaire et sur les coups et blessures volontaires (*Annuaire de législation étrangère*, 1876, p. 752).

29. — 6° *Tessin.* — Le code pénal de 1873 ne contient pas de dispositions particulières sur le duel, qui est puni des peines du droit commun. C'est du moins ce qui paraît résulter de l'art. 322 placé au titre *des crimes et délits contre la vie et la santé des personnes* et qui est ainsi conçu: « La loi ne reconnaît aucune excuse de la part des auteurs ou complices soit d'un homicide, soit d'une blessure, commis ou tentés à l'aide d'un duel ».

30. — 7° *Valais.* — Aux termes de l'art. 237 du code pénal de 1858, est coupable de duel l'individu qui défie quelqu'un en lui proposant de se battre avec des armes de nature à donner la mort, ou qui, après le défi, se présente sur le lieu du combat. Au cas de mort en duel, le coupable est puni de dix ans de prison au plus (art. 238). Au cas de simples blessures, la durée de l'emprisonnement varie avec leur degré de gravité (art. 239). Le duel qui s'est terminé sans blessures est également punissable (art. 241). La provocation et l'acceptation de la provocation sont punies de l'amende et de la privation des droits politiques pendant dix ans au plus (art. 240). Aucune peine n'est prononcée contre ceux qui, après s'être provoqués en duel, se seront désistés volontairement (art. 241). Les peines du bannissement et de la réclusion peuvent toujours, suivant les cas, être substituées à celle de l'emprisonnement (art. 243). Une disposition spéciale recommande aux juges d'avoir égard aux torts que peuvent avoir eus les délinquants au moment de la querelle (art. 241). Enfin tout duel proposé ou accepté dans le canton du Valais est punissable, lors même qu'il aurait eu lieu hors de son territoire (art. 244).

31. — 8° *Vaud.* — Sous la rubrique: *des lésions corporelles*, le code pénal de 1867 (tit. 5) traite successivement des voies de fait en général, des batteries et du duel. Les *batteries* se distinguent du duel tant par la gravité des blessures que par les circonstances de fait et l'intention criminelle, bien qu'elles puissent quelquefois entraîner la mort. Les peines du duel et des batteries sont les mêmes, sauf au juge à avoir égard aux torts de chaque combattant (art. 247). — Les témoins ne sont punissables que s'ils ont empêché la réconciliation, excité, envenimé la querelle ou cherché à aggraver les conditions du combat.

32. — 9° *Zurich.* — Si le mode de combat choisi doit nécessairement entraîner la mort ou des blessures graves, ou si l'on a violé intentionnellement les règles usuelles du duel, et qu'il soit résulté de cette violation la mort ou une blessure grave, les auteurs ou participants sont punis d'après les dispositions sur la mort ou les blessures (code pénal de 1870). — Les porteurs de cartel, les seconds, témoins et juges du combat, sont punis; seuls, les médecins sont exempts de toute peine. — Lorsque les coupables se sont trouvés sur le terrain, et que le duel a été empêché par un obstacle extérieur, le provocateur et le provoqué sont punis; s'ils se réconcilient, ils sont exempts de toute peine. — Sont punis ceux qui excitent au duel ou à sa continuation, empêchent la réconciliation, fournissent le lieu ou les armes pour le combat ou prêtent ultérieurement un secours quelconque. — Enfin le code zurichois, ayant probablement en vue les corps d'étudiants, cause de troubles fréquents, interdit les associations qui encouragent le duel et punit ceux qui en font partie (Georges Fazy, *op. cit.*, p. 123).

33. — XV. États-Unis. — Le duel est très sévèrement réprimé dans presque tous les Etats de l'Union américaine. En voici quelques exemples.

Sont incapables de remplir une fonction publique quelconque civile ou militaire ceux qui, dans quelque Etat de l'Union que ce soit, ont accepté ou porté en connaissance de cause une proposition de duel avec armes meurtrières, ou participé à un duel d'une manière quelconque (Statuts de l'Alabama, tit. 5, chap. 1, art. 1, § 149; Constitution de la Californie du 7 mai 1879, art. 20, sect. 2, *Annuaire de législation étrangère*, 1880, p. 887; Constitution de la Géorgie du 5 déc. 1877, tit. 2, sect. 4, *ibid.*, 1878, p. 768; Statuts revisés de l'Illinois, c. pén. § 67; Code pénal de New-York de 1882, chap. 7, § 234; Code de la Virginie de 1873, p. 173 et 174). — Dans certains Etats, tout fonctionnaire public doit même, en entrant en fonctions, jurer qu'il n'a jamais pris part à un duel, soit directement, soit indirectement (Statuts de l'Alabama, art. 2, § 155; Code du Tennessee de 1884, § 940).

Le seul fait de se battre en duel est puni de peines variant depuis un an de prison (Code pénal de Californie de 1872, § 13 227; Code de la Virginie) jusqu'à cinq ans (Statuts revisés de l'Illinois, Code pénal, § 65) et dix ans de la même peine (Code pénal de New-York de 1882, chap. 7, § 234; Code du Tennessee de 1884, § 5556). Ceux qui ont aidé ou participé au duel d'une manière quelconque sont punis de peines analogues. Les statuts de l'Alabama (§ 4105) permettent au jury de prononcer à son gré contre les duellistes deux années d'emprisonnement dans un pénitencier ou deux ans de travaux forcés. — Au cas de mort de l'un des combattants, la peine est tantôt de sept ans de prison (Code pénal de la Californie de 1872, § 13 225), tantôt la peine du meurtre (Statuts de l'Alabama, § 4297; Code de la Virginie de 1873), tantôt la peine de mort elle-même (Statuts revisés de la Louisiane, 1876, sect. 801). Ceux qui ont participé au duel d'une manière quelconque sont réputés complices. — Dans la *Californie*, tout magistrat qui, sachant qu'un duel doit avoir lieu, n'use pas de son autorité pour procéder à l'arrestation des coupables et empêcher le combat est puni d'une amende de *mille dollars* au plus (Code pénal de 1872, § 13220). — Une disposition analogue à celle des art. 439 et suiv. du code pénal espagnol de 1876 (V. *suprà*, n° 14) sur les mesures préventives que doit prendre le magistrat informé qu'un duel doit avoir lieu, existe aussi dans le code de la *Virginie*, p. 1192. — L'excitation au duel d'une façon quelconque, le port d'un cartel en connaissance de cause sont également punissables dans presque tous les Etats de l'Union américaine. Le code pénal de New-York de 1882 va jusqu'à punir de sept ans de prison le chirurgien qui assiste au combat en cette seule qualité (§ 235).

34. — XVI. Mexique. — Les dispositions du code pénal de 1872 sur le duel s'inspirent à la fois des législations belge et espagnole. — La provocation est punie de l'*admonestation ;* la simple convention de se battre est punie de la réprimande et d'une amende. Les adversaires doivent, en outre, promettre de renoncer à toute idée de combat; sinon, ils encourent la peine de la relégation (*Confinamiento*) pendant trois à six mois et une amende de 300 à 600 piastres. — Le duel a-t-il lieu, le degré de gravité de la peine varie, selon qu'il s'agit ou non du provocateur, qu'il y a eu ou non blessures, mort d'homme, convention de se battre jusqu'à la mort de l'un des adversaires. — La grande supériorité d'un des combattants sur l'autre constitue une circonstance aggravante, relativement à l'application de la peine. — Enfin tout duel accompli à l'étranger est punissable, si la provocation a été faite ou acceptée sur le territoire mexicain.

35. — XVII. Amérique centrale. — Le duel est puni dans tous les Etats qui composent cette partie du nouveau monde, et l'on retrouve partout les dispositions du code pénal espagnol de 1876 (V. *suprà*, n° 14. V. code pénal de *Honduras* de 1866 (art. 343 et suiv.); code pénal de *Guatémala* de 1877 (art. 274 et suiv.); code pénal de *Costa Rica* du 27 avr. 1880 (art. 427 et suiv.); code pénal de *Salvador* de 1880 (art. 381 et suiv.). — Toutefois, le code pénal de *Haïti* de 1883 ne contient aucun article relatif au duel.

36. — XVIII. Amérique du Sud. — 1° *Confédération Argentine.* — Le code pénal du 22 nov. 1886 applicable à toute la confédération punit le duel et s'inspire, comme les codes précédents, dans presque toutes ses dispositions, de la législation espagnole de 1876 (V. *suprà*, n° 14; *Annuaire de législation étrangère,* 1887, p. 970).

37. — 2° *Chili.* — Il en est de même au *Chili*, où le duel est prévu et puni par les art. 404 à 409 du code pénal de 1874.

38. — 3° *Pérou.* — Le code pénal du 1er mars 1863 punit celui qui provoque en duel un fonctionnaire à cause de ses fonctions. Le législateur péruvien a vu un cas d'excuse dans le fait de se battre pour défendre l'honneur d'une épouse ou d'une mère (art. 263). — Nous retrouvons ici pour le surplus les principes de la loi espagnole sur tout ce qui concerne le duel (art. 257 et suiv.).

39. — XIX. Japon. — Le code pénal de 1881 laisse le duel impuni ; mais un projet de réforme dû à l'initiative de M. Boissonade, professeur à la Faculté de droit de Paris et doyen de la Faculté de droit du Japon, contient à cet égard plusieurs dispositions intéressantes empruntées principalement aux codes belge, allemand et italien. La simple provocation en duel est punie, à moins que le provocateur n'ait retiré *gratuitement* sa provocation, auquel cas il sera exempt de toute peine. Si, au contraire, il avait reçu pour cela une somme d'argent, il serait, en outre, puni des peines de l'*extorsion.* — L'offense, l'injure, l'outrage faits dans le but d'amener une provocation en duel sont punis des peines de la provocation. — La peine de la récidive est appliquée à tout duelliste condamné dans l'année pour le même délit. — Le projet énumère les circonstances pouvant donner lieu à un duel déloyal (armes prohibées, conditions inégales, absence de témoins, distance trop rapprochée au cas de duel au pistolet, etc.). — Les témoins ne sont punissables qu'au cas de duel déloyal ou lorsqu'ils n'ont pas fait cesser un combat que l'un des adversaires était hors d'état de continuer. Les médecins ou chirurgiens qui ont assisté au duel, en ces qualités seulement, sont exempts de toute peine. — Enfin le projet se termine par une disposition qui le déclare applicable aux injures, provocations ou combats en duel entre militaires et non militaires.

Art. 3. — *Du duel dans notre droit actuel* (*Rép.* nos 93 à 127).

40. Nous avons vu au *Rép.* nos 107 et suiv. que, depuis l'arrêt de la cour de cassation du 22 juin 1837 rendu sur les conclusions de M. le procureur général Dupin, une jurisprudence à peu près constante fait du duel, à défaut d'une législation spéciale, un crime ou un délit de droit commun, suivant les circonstances. Cependant, tout en considérant le duel comme un fait immoral en lui-même et préjudiciable à la société, nous n'avons pas cru pouvoir approuver une doctrine qui, malgré ses intentions louables, nous paraissait en contradiction non seulement avec les précédents législatifs de 1791 et 1792, mais aussi et principalement avec les travaux préparatoires, le texte et l'esprit du code pénal de 1810 et de 1832 (*Rép.* nos 116 et suiv.). Que l'on cherche à prévenir le duel par des mesures d'ordre public, rien de mieux. C'est ainsi qu'on a émis au *Rép.* v° *Commune,* n° 1053, l'avis que les maires doivent prendre toutes les mesures qu'ils jugent propres à empêcher les duels. — Mais c'est, croyons-nous, tout ce qu'il est malheureusement possible de faire dans l'état actuel de notre législation. — Cette opinon est d'ailleurs celle de presque tous les auteurs qui se sont occupés de la question et qui, tout en flétrissant le duel en lui-même comme contraire à la loi divine et à la morale sociale (Chauveau et Faustin Hélie, *op. cit.*, n° 1262), ne croient pas pouvoir trouver dans nos lois pénales actuelles les éléments d'une répression quelconque. Aussi refusent-ils de se rallier à la jurisprudence de la cour de cassation qui, disent-ils, a, dans la circonstance, créé la loi, au lieu de se borner à l'interpréter (V. en ce sens : A. Morin, *op. cit.*, v° *Duel*, p. 801 ; Chauveau et Faustin Hélie, *op. cit.*, t. 3, nos 1260 et 1275 ; Boitard, *op. cit.*, n° 337, p. 357 ; Garraud, *op. cit.*, n° 148, p. 180). — Cependant M. Blanche, *op. cit.*, n° 472 *in fine*, n'hésite pas à approuver l'interprétation de la cour suprême dont les « arrêts, dit-il, consacrent la vérité. Ils donnent à l'art. 295 c. pén. son exacte signification, en refusant de la limiter par une exception que son texte ne comporte pas ». Notons enfin l'opinion de M. Rauter, *op. cit.*, n° 444, qui, dans son ouvrage antérieur à l'arrêt de cassation du 22 juin 1837, est d'avis que l'homicide commis en duel rentre dans les prescriptions du code pénal relatives à l'homicide en général.

41. Nous traiterons successivement dans cinq paragraphes distincts : 1° de l'homicide commis en duel; 2° des blessures faites ou reçues en duel; 3° du duel n'ayant entraîné ni mort, ni blessures ; 4° de la provocation en duel; 5° des témoins du duel et de la complicité. Au reste, nous ne nous occupons ici que du duel qui a eu lieu en présence de témoins, *à armes égales* et dans des conditions de parfaite loyauté. Un duel accompli en dehors de ces circonstances rentrerait, sans aucun doute, dans la catégorie des crimes et délits de droit commun contre les personnes, prévus et punis par le code pénal. Ainsi, dit très bien M. Faustin Hélie, *op. cit.*, n° 1246, « il ne s'agit point ici des actes de déloyauté et de perfidie qui peuvent se produire sous les apparences du duel. Si l'un des combattants s'est jeté sur son adversaire à l'improviste et quand il ne se défendait pas, si les conditions du combat ont été violées, si les garanties n'ont pas été réciproques et les chances égales, il n'y a plus de lutte, il n'y a plus de duel; la convention n'est qu'un guet-apens, le combat qu'un assassinat, et la loi qui punit le meurtre et les blessures peut, à juste titre, lui être appliquée ».

42. Nous avons parlé d'armes et de chances égales dans le combat entre les deux adversaires. A ce propos, on a soutenu, non seulement en théorie, dans des ouvrages techniques, mais même devant les tribunaux, qu'en matière de duel l'offensé avait un droit absolu au choix des armes. C'est là une thèse qui, suivant nous, ne saurait avoir aucune valeur juridique. Quelle que soit l'opinion que l'on adopte sur la criminalité du duel en lui-même au point de vue pénal, il n'en constitue pas moins, de l'avis de tous les auteurs, un acte illicite et contraire à la loi morale. On ne saurait donc consacrer le droit, pour ceux qui s'en rendent coupables, d'en régler juridiquement les conditions. — En fait, il se peut que souvent l'offensé soit un duelliste de profession qui se sera fait provoquer sous un prétexte plus ou moins sérieux. S'il a en face de lui un adversaire inhabile au maniement des armes, qui n'a accepté le duel que pour obéir à la puissance du préjugé, faudra-t-il dire que ce soi-disant offensé aura le libre choix d'une arme dont il connaît tous les secrets? « N'y aurait-il pas là, dit un éminent magistrat, un odieux guet-apens, dans lequel le plus faible serait livré à la merci du plus fort ?... Nous le demandons, le courage étant égal des deux parts, que sera un duel établi dans de pareilles conditions? L'issue n'en saurait être un moment douteuse; il n'y a plus de péril que pour un seul des combattants. Et les règles traditionnelles du duel veulent, au contraire, que le péril soit égal, ou à peu près égal, pour tous les deux » (V. Flandin, *Du duel, et, en particulier de cette question : si l'offensé a un droit absolu au choix des armes. Revue critique*, 1863, t. 22, p. 168 et suiv.). — Le droit pour l'offensé au choix des armes ne saurait donc être absolu; c'est là une question de fait qui sera souverainement appréciée par les tribunaux, lorsqu'ils auront à se prononcer sur la loyauté du duel en lui-même.

§ 1er. — De l'homicide commis en duel (*Rép.* nos 107 à 119).

43. Comme on l'a dit au *Rép.* n° 117, cet homicide ne saurait rentrer dans la catégorie ordinaire des attentats contre la vie humaine. Il ne saurait constituer un *homicide par imprudence;* car, ainsi que le remarquent MM. Chauveau et Faustin Hélie, *op. cit.*, n° 1263, il est évident que la volonté de tuer, produite avec certaines circonstances qui en modifient la criminalité, concourt ici avec le fait matériel (V. à cet égard : C. cass. sarde, 22 mai 1852, cité *infrà*, n° 49).

44. L'homicide commis en duel n'est pas davantage *excusable* aux termes de l'art. 321 c. pén. En effet, disent encore MM. Chauveau et Faustin Hélie, *op. cit.*, t. 3, n° 1263, « la provocation (qui pourrait donner ici naissance à l'excuse) n'est dans notre code une excuse de l'homicide qu'autant qu'elle se produit par des coups et des violences graves, et que l'homicide s'est commis sur-le-champ et dans la première chaleur du ressentiment de cette attaque. Or, rarement l'attentat du duel est provoqué par des coups ou des violences graves, et, dans aucun cas, le combat ne repousse immédiatement l'injure; la convention qui le précède place un intervalle entre la provocation et l'homicide. L'action ne s'accomplit donc pas dans le premier mouvement de la passion; l'influence de l'injure sera refroidie et la réflexion a pu du moins la dompter. La loi n'admet plus d'excuse ». C'est ce qu'a jugé la cour de cassation de Belgique, avant la réforme du code pénal de 1867, sous l'empire des art. 65 du code pénal de 1810 et 5 de la loi du 8 janv. 1841 (V. *suprà*, n° 13), en déclarant irrecevable, dans une accusation de meurtre, l'allégation d'*excuse* fondée sur ce que l'homicide avait été commis en duel. La cour d'assises a donc pu à bon droit refuser de poser la *question d'excuse* basée sur le duel, sans même vouloir examiner si les faits d'excuse allégués caractérisaient le duel (C. cass. Belgique, 16 janv. 1860) (1).

En admettant même l'assimilation du duel à un fait d'excuse, ce fait ne saurait être apprécié par les chambres du conseil et d'accusation (Ch. réun. cass. 25 mars 1845, aff. Servient, D. P. 45. 1. 135). La connaissance en appartiendrait exclusivement à la cour d'assises, seule compétente pour connaître de l'affaire et des circonstances constitutives de la culpabilité de l'accusé. Les chambres du conseil et d'accusation sont également incompétentes pour déclarer si le duel constitue une circonstance atténuante (Même arrêt). C'est là une question qui doit être légalement abandonnée à la souveraine appréciation du jury.

45. Enfin il paraît impossible de voir dans l'homicide commis en duel le cas de *légitime défense* dont parle l'art. 328 c. pén. (*Rép.* n° 117), ainsi que l'ont décidé certains arrêts rapportés au *Rép.* nos 109 et suiv. « L'homicide, disent encore MM. Chauveau et Faustin Hélie, *op. cit.*, t. 3, n° 1263, ne peut être dépouillé de sa criminalité que par un péril imprévu et qui le rend nécessaire; il faut que la défense ait suivi sur-le-champ l'attaque; il faut surtout que cette attaque n'ait pu être repoussée d'une autre manière. Si l'une de ces conditions n'est pas constatée, la défense cesse d'être nécessaire, et, par conséquent, légitime; et l'homicide ou les blessures commis sous le voile de cette défense échappent à cette exception légale. » — « Le danger couru et que le duelliste cherche à repousser, dit M. Emile Worms, *op. cit.*, chap. 4, p. 89, fait partie de ses prévisions, comme rentrant dans le programme à la confection duquel il a librement concouru. Et encore bien moins le duel est-il l'acte de gens qui se font justice à eux-mêmes, attendu qu'on n'arme pas ceux qu'on veut abattre ou dont on veut tirer vengeance, et attendu que la riposte a autant de chances que l'acte du prétendu justicier d'être victorieuse ». — C'est ce que décide, d'ailleurs, avec grande raison la cour de cassation dans plusieurs de ses arrêts, soit antérieurs, soit postérieurs à la publication du *Répertoire*, en disant que le duel, loin d'être commandé par la nécessité actuelle d'une légitime défense de soi-même, n'est que le résultat d'un concert coupable; car il peut facilement être évité, et il est contraire à la morale publique, à la sûreté des personnes et à l'ordre qui doit régner dans la société (Ch. réun. cass. 25 mars 1845, aff. Servient, D. P. 45. 1. 135; 21 juill. 1849, aff. Boluix, et aff. Gent, D. P. 49. 1. 181; Crim. cass. 12 avr. 1850, aff. Vallein, D. P. 50. 5. 148; 19 avr. 1850, aff. Authoine, *ibid.*; 11 juill. 1850, aff. Chabrol, *ibid.*; 20 déc. 1850, aff. Crouzat, et aff. Grandet, *ibid.*).

46. L'homicide commis en duel ne peut jamais, avons-nous dit (*Rép.* n° 117), constituer un *meurtre*. « En effet, disent MM. Chauveau et Faustin Hélie, *op. cit.*, t. 3, n° 1264, le meurtre suppose l'absence d'un dessein antérieur ; il se commet dans l'emportement subit d'une passion violente, sous l'inspiration instantanée d'un sentiment pervers ; il s'exécute avant que la réflexion l'ait médité, et au moment même où la pensée l'a conçu. Or l'homicide commis en duel suppose nécessairement la préméditation. Qu'est-ce donc que

(1) (Polspoël.) — Jean Polspoël, traduit pour assassinat ou subsidiairement pour meurtre volontaire devant la cour d'assises du Brabant, fut condamné pour meurtre aux travaux forcés à perpétuité. Il proposa à l'audience un cas d'excuse fondé sur ce qu'il avait tué sa victime en duel, et que la loi de 1841, en faisant du duel un délit spécial, s'est contentée d'abaisser la peine prononcée jusqu'alors par le code pénal au cas d'homicide. — Mais la cour d'assises refusa de poser la question d'excuse: — « Attendu, a-t-elle dit, que le fait sur lequel l'accusé demande à faire interroger le jury ne constitue pas l'excuse légale du crime de meurtre ; qu'il n'a d'autre objet que de modifier le caractère du fait principal de l'accusation ; et attendu que cette modification ne résulte pas des débats, la cour déclare que la question ne sera pas posée ». — Polspoël se pourvut en cassation pour violation des art. 339 et 408 c. instr. crim. et 65 c. pén., et fausse application de l'art. 5 de la loi du 8 janv. 1841. — Le ministère public conclut au rejet du pourvoi. — Arrêt.

La cour ; — Sur le moyen unique de cassation tiré de la violation des art. 339 et 408 c. instr. cr., de la fausse application de l'art. 65 c. pén. et de la violation de l'art. 5 de la loi du 8 janv. 1841 : — Attendu qu'avant la loi du 8 janv. 1841, la jurisprudence était divisée sur la question de savoir si l'homicide et les blessures punis par le code pénal comprennent l'homicide commis ou les blessures faites dans un duel; — Mais qu'il résulte clairement du rapport de la section centrale de la Chambre des représentants que la loi du 8 janv. 1841 n'a pas eu pour but d'atténuer les peines comminées par le code pénal contre ceux qui se sont rendus coupables d'homicide volontaire ou de coups et blessures volontaires; que le législateur a érigé en délit spécial *sui generis* le duel ainsi que l'homicide et les blessures dans un duel, et qu'en considérant le code pénal comme inapplicable à ces faits spéciaux il a puni le duel lui-même de peines plus ou moins graves pour l'un comme pour l'autre des combattants suivant la gravité des résultats du duel ; — Que loin que le législateur ait considéré l'homicide commis dans un duel comme un homicide volontaire, excusable, le ministre de la justice, dans la séance de la Chambre des représentants du 7 mars 1840, n'a pas hésité à présenter la prévention d'homicide ou de blessures faites dans un duel comme étant une prévention essentiellement distincte de celle d'assassinat, de meurtre ou de coups et blessures faits ou portés volontairement ; — Qu'il en résulte que dans l'espèce, si, comme le demandeur le soutenait devant la cour d'assises, l'homicide dont il était accusé était reconnu avoir eu lieu dans un duel, le jury aurait dû répondre négativement à la question si l'accusé était coupable d'avoir commis volontairement un homicide sur la personne de Pierre Adriaens; sauf à reprendre ultérieurement le cas échéant de nouvelles poursuites du chef du duel lui-même ou l'homicide commis dans un duel, et qu'ainsi en refusant de poser au jury la question de savoir si ledit homicide avait été commis dans un duel au couteau, la cour d'assises n'a violé aucune des dispositions invoquées à l'appui du pourvoi; — Attendu, au surplus, que toutes les formalités substantielles ou prescrites à peine de nullité ont été observées et qu'au fait déclaré constant il a été fait une juste application de la loi;

Par ces motifs, rejette le pourvoi, condamne le demandeur aux dépens.

Du 16 janv. 1860.-C. cass. de Belgique, 2e ch.-MM. le comte de Sauvage, pr.-de Cuyper, rap.-Faider, 1er av. gén., c. conf.-Olin, av.

le duel en effet? Un combat régulier entre deux personnes, avec armes meurtrières, et précédé d'une convention qui en règle le mode, le lieu et le temps ; il est donc de l'essence du duel d'être la suite, le résultat d'une convention; détruisez cette convention, et le combat cesse d'être un duel pour prendre le caractère d'une rixe. Or cette convention préalable n'est-elle pas le caractère le plus certain de la préméditation? La préméditation est donc substantielle à l'acte du duel, elle coexiste avec lui, elle en forme une circonstance inhérente ». — On pourrait cependant, croyons-nous, assimiler à un meurtre proprement dit le duel qui suivrait presqu'immédiatement la provocation, sans donner, pour ainsi dire, aux combattants le temps de la réflexion. On peut dire alors qu'il n'y a pas préméditation, mais c'est là un cas très rare (Chauveau et Faustin Hélie, *op. cit.*, n° 1268).

47. Reste l'*assassinat*. A cet égard, nous ne pouvons que renvoyer aux développements donnés au *Rép.* n° 117, pour démontrer que le duel ne saurait être assimilé à l'assassinat (Chauveau et Faustin Hélie, *op. cit.*, n°s 1265 et suiv.). « La victime de l'assassin, dit M. Emile Worms, chap. 4, *Le duel*, p. 72, est assaillie déloyalement, traîtreusement, sans s'y attendre et sans pouvoir aviser, par un misérable dont les instincts qu'il vient de révéler font peser d'ailleurs une menace semblable sur tous les autres membres de la société et appellent, dès lors, sur sa tête réprouvée le châtiment suprême. Au contraire, dans le duel, point de surprise ; la rencontre est voulue, concertée par les parties ; ses conditions sont débattues par avance ; ses chances sont égalisées autant que possible, il ne peut y être question d'agresseur et de personne attaquée ; s'il y a un péril couru, il est accepté volontairement, en même temps que couru par les deux combattants, chez lesquels il se trouve, en outre, atténué, grâce à la simultanéité et à la réciprocité de l'attaque et de la défense ».

C'est ce que reconnaissait d'ailleurs la cour de cassation elle-même antérieurement à son célèbre arrêt du 22 juin 1837 rapporté au *Rép.* n° 107, lorsqu'elle décidait que « l'homicide commis dans un duel ne pouvait être assimilé au meurtre commis avec préméditation; que ce que le code qualifie assassinat, en effet, suppose une agression préméditée, non concertée auparavant avec celui sur lequel elle a été exercée, accompagnée du dessein de donner la mort, et dans laquelle, s'il y a eu résistance, la défense n'est née que de l'attaque; que, dans le duel, au contraire, il y a eu toujours convention antérieure, intention commune, réciprocité et simultanéité d'attaque et de défense » (Chauveau et Faustin Hélie, t. 3, n° 1266). — C'est ce qu'a déclaré également la cour de Nancy par son arrêt du 27 févr. 1839, (rapporté au *Rép.* n° 109), arrêt cassé d'ailleurs par la cour suprême le 11 décembre suivant (*Rép. ibid.*), et dans lequel elle s'exprime ainsi : « Considérant que, si la qualification de meurtre ne peut appartenir à l'homicide commis dans un duel, celle d'assassinat ne lui convient pas davantage; que le caractère propre de l'assassinat n'a jamais été sujet à la controverse ni dans l'ancien ni dans le nouveau droit ; que ce crime comporte avec lui, suivant le langage des anciens jurisconsultes, l'idée d'un avantage, d'un dol, d'une surprise ou d'une trahison ; qu'il consiste essentiellement dans une agression préméditée contre un tiers, mais non concertée d'avance avec lui, et lors de laquelle, s'il y a eu résistance, la défense a été précédée et provoquée par l'attaque ; qu'à cette doctrine professée pendant un grand nombre d'années par la cour de cassation elle-même, on n'a jamais pu rien opposer, si ce n'est l'objection prise de ce que les termes de l'art. 296 c. pén. sont absolus et ne comportent aucune exception ; mais que, si cette objection a été détruite en ce qui concerne l'art. 295 (relatif au meurtre), elle l'est aussi, et par les mêmes raisons, quant à l'art. 296, puisque, pour l'un comme pour l'autre, elle aurait les mêmes conséquences ».

48. L'homicide commis (ou les blessures faites) en duel ne sauraient perdre leur caractère de criminalité à raison de l'accord mutuel des combattants, disent les arrêts des 21 juill. 1849 et 12 avr. 1850, cités *suprà*, n° 45 (V. dans le même sens : Crim. cass. 19 avr. 1850, 11 juill. 1850, 20 déc. 1850, cités au *Rép.* n° 114). — Il résulte de la jurisprudence actuelle de la cour de cassation : 1° que le duelliste dont l'arme a donné la mort à l'autre doit être poursuivi pour homicide commis avec préméditation ; 2° que les duellistes qui, sans y avoir réussi, ont eu *l'intention de se donner la mort*, doivent être poursuivis pour tentative du même fait ; 3° que les deux combattants, s'ils survivent tous les deux, doivent être compris dans la même poursuite (Garraud, *Précis de droit criminel*, 3e éd., 1888, n° 148, p. 180, note 1). — La cour suprême a jusqu'ici persisté dans cette manière de voir, malgré les nombreux acquittements qui sont intervenus devant les cours d'assises saisies de la poursuite.

C'est ainsi qu'outre les arrêts cités au *Répertoire*, il a été jugé à plusieurs reprises, et cela, malgré la résolution de l'Assemblée nationale du 20 mars 1849 (citée *suprà*, n° 2), que les blessures ou l'homicide commis en duel tombent sous l'application des dispositions de la loi pénale relatives aux blessures et à l'homicide volontaires (Crim. cass. 6 juill. 1849, aff. Vimont, D. P. 49. 5. 130; Ch. réun. cass. 21 juill. 1849, deux arrêts cités *suprà*, n° 45; Crim. cass. 14 juin 1849, aff. Jourdan et Deig, cité en note sous les arrêts précédents ; 12 avr. 1850, cité *suprà*, n° 45; 20 sept. 1853, aff. Blet, D. P. 53. 5. 180; Ch. réun. cass. 18 févr. 1854, même affaire, D. P. 54. 5. 276). — Et il en est ainsi, lors même que le duel n'aurait été accompagné d'aucune circonstance de déloyauté (Arrêt précité du 20 sept. 1853).

Une affaire récente a permis à la cour de cassation d'affirmer de nouveau sa jurisprudence. A la suite d'un duel suivi de mort, une poursuite intentée devant la cour d'assises des Bouches-du-Rhône, tant contre l'auteur principal que contre les témoins, s'est terminée le 14 déc. 1889, par un arrêt qui, tout en acquittant les témoins, a condamné l'auteur de l'homicide commis en duel à deux ans de prison et 1000 fr. de dommages-intérêts envers la veuve de la victime. — Le pourvoi formé contre cet arrêt a été rejeté par ce triple motif que les questions de savoir : 1° si l'accusé a volontairement porté des coups et fait des blessures ; 2° si ces coups et blessures volontaires ont occasionné la mort ; 3° s'ils ont été portés avec l'intention de la donner, réunissent tous les éléments du crime d'homicide volontaire, et reproduisent toute la substance d'une accusation se référant à ce crime. La cour ajoute même que, la circonstance que les coups ont été portés et les blessures faites dans un duel ne constituant ni un élément du crime, ni une circonstance de nature à en modifier la gravité, il n'y a lieu de la mentionner dans les questions posées au jury (Crim. rej. 23 janv. 1890, aff. Belz, dit de Villos, D. P. 90. 1. 332).

49. Les peines de l'homicide volontaire devraient-elles être appliquées au cas où l'auteur de l'homicide se serait constamment tenu sur la défensive, et où son adversaire n'aurait été tué que par une imprudence qu'on devrait exclusivement lui imputer? L'élément intentionnel fait ici manifestement défaut, et il semble que, par exception à la règle posée par la jurisprudence, on ne se trouverait plus en présence que d'un homicide involontaire. — Décidé, toutefois, que, dans les Etats sardes dont la législation punissait le duel, les peines particulièrement édictées contre l'homicide commis en duel étaient applicables toutes les fois que l'un des combattants avait été tué, lors même que ce malheur ne serait imputable qu'à sa propre imprudence, en ce que, dans une attaque maladroitement dirigée, il se serait enferré lui-même contre l'épée de son adversaire, tandis que celui-ci aurait avec intention conservé durant le combat une attitude exclusivement défensive (C. cass. sarde, 22 mai 1852, aff. Dessaix, D. P. 53. 1. 181). Cette doctrine avait paru très rigoureuse à plusieurs jurisconsultes, et une consultation émanée de M. de Ventavon aîné, ancien bâtonnier de l'ordre des avocats de Grenoble, avait soutenu, contrairement à l'arrêt précité, que l'aggravation de peine prononcée par la loi sarde contre le duelliste en cas d'homicide commis sur son adversaire était inapplicable dans le cas où la mort de l'un des combattants ne provenait pas d'un fait actif du survivant.

50. La cour de cassation ne punit pas seulement le fait même d'avoir donné la mort en duel; elle incrimine encore, quelle que soit la personnalité de l'accusé, toutes les circonstances du duel qui lui paraissent révéler chez celui-ci une intention homicide. C'est ainsi qu'il a été jugé que lorsque l'un des duellistes se trouve être un militaire, il y a lieu de le traduire comme son adversaire devant la cour d'assises, même pour les faits postérieurs au duel, mais s'y rattachant, qui lui seraient particulièrement reprochés, tel que celui d'avoir continué seul le combat, malgré le signal de cessation donné par les témoins (Ch. réun. cass. 18 févr. 1854, aff. Blet, D. P. 54. 5. 276).

51. — Dommages-intérêts. — Quelles que soient les critiques soulevées par la jurisprudence de la cour suprême en matière de duel, il est un point sur lequel ses adversaires et ses partisans sont pleinement d'accord, c'est que le duel, fait illicite et immoral en lui-même, constitue un quasi-délit qui peut, surtout lorsqu'il a une issue funeste, donner lieu à des réparations civiles en vertu du principe général de l'art. 1382 c. civ. Le droit à des dommages-intérêts ne paraît même pas pouvoir être sérieusement contesté. Dans le remarquable rapport qu'il avait préparé en 1851 (V. *suprà*, n° 3) sur le projet d'une loi répressive du duel, M. Valette disait à propos de cette question : « Il faut bien le reconnaître, si personne ne réclame une loi qui mette franchement le duel en dehors du code pénal, c'est que chacun démêle, par raison ou par instinct, en dépit des préjugés et des arguments, que le fait dont il s'agit *ne peut être innocenté*. Cet aveu tacite, échappé à la conscience universelle, se révèle encore de plusieurs autres manières à un observateur attentif. Ainsi, par exemple, tout le monde trouve fort naturel que l'auteur de l'homicide commis en duel soit condamné à des dommages-intérêts, au profit de la veuve ou des parents de l'homicidé. Et pourtant où voir, en ce cas, le principe d'une action en dommages-intérêts, si ce n'est dans l'existence d'un *acte illicite, d'une faute*, qui est *imputable à son auteur?* » (*Revue critique*, t. 11, p. 424). — Au temps même où la cour de cassation persistait à déclarer le duel non passible de l'application du code pénal (avant l'arrêt du 22 juin 1837, cité *suprà*, n° 40), elle admettait, ainsi que le fait encore remarquer M. Valette, que l'auteur d'un homicide commis ou de blessures faites en duel doit répondre civilement du préjudice par lui causé. La négation de la criminalité n'exclut jamais la faute (V. *Rép.* n° 105 et les arrêts qui y sont rapportés).

52. En ce qui concerne les demandes de dommages-intérêts formées au cas de duel, on ne doit pas perdre de vue que les circonstances de l'affaire exercent une influence décisive sur la question de savoir si l'auteur du fait poursuivi a eu ou non quelque faute à s'imputer (*Rép.* v° *Responsabilité*, n° 102). C'est ainsi qu'il avait été jugé que l'individu (un militaire, dans l'espèce) qui a tué en duel son adversaire, peut, même en cas d'acquittement (par le conseil de guerre), et bien qu'il n'ait pas été le provocateur, être condamné à des dommages-intérêts envers la veuve et les enfants de la victime. Toutefois, il y a lieu de tenir compte, dans la fixation du chiffre de ces dommages-intérêts, des circonstances qui peuvent atténuer ses torts (Trib. Marseille, 3 juin 1829, aff. d'Héran, D. P. 54. 5. 274. V. dans le même sens les arrêts cités au *Rép.* v° *Chose jugée*, n° 567-5°).

53. Plus récemment, il a été décidé également que l'homicide commis en duel, dans le cas même où la déclaration négative du jury l'a dépouillé de tout caractère délictueux, n'en constitue pas moins un acte illicite engageant vis-à-vis de la famille de la victime la responsabilité de celui à la faute de qui il est imputable (C. d'ass. Seine-et-Oise, 25 nov. 1862, aff. de Caderousse-Grammont, D. P. 64. 1. 99-100). — Le pourvoi formé contre cet arrêt fut rejeté par la chambre criminelle qui, adoptant les motifs des juges du fond et étendant le principe de responsabilité contenu dans l'art. 1382, décida d'une manière générale que celui qui a causé par sa faute la mort d'un individu peut être actionné en dommages-intérêts par tous ceux qui subsistaient de ses secours, sans qu'ils aient à justifier qu'ils les recevaient en vertu d'un droit alimentaire reconnu par la loi (Crim. rej. 20 févr. 1863, D. P. 64. 1. 99). Ainsi la mère que la mort de son fils tué en duel prive non seulement de secours donnés directement à elle-même, mais aussi d'un concours qu'elle recevait pour l'entretien d'enfants majeurs tombés à sa charge par l'effet d'infirmités ou d'un état d'aliénation mentale, est recevable et fondée à demander, en son nom seul, la réparation de ce double préjudice à l'auteur de cet homicide (Même arrêt).

54. Il a été jugé, dans le même ordre d'idées, que le duel constitue un acte illicite de nature à engendrer, du chef de celui des combattants qui a tué son adversaire, la responsabilité civile de l'art. 1382 c. civ. (Liège, 24 oct. 1888, aff. veuve Thuillier *C.* Lejeune et autres, *Pasicrisie belge*, 1889. 2. 51). L'acceptation du duel par la victime ne rend pas sa veuve et sa fille non recevables à réclamer des dommages-intérêts, tant contre le duelliste survivant que contre celui des témoins du duel qui, par son attitude pendant les pourparlers qui ont précédé le combat, a rendu toute tentative de réconciliation impossible. Toutefois le consentement au duel, de la part de la victime, constitue une faute de nature à diminuer la responsabilité de son adversaire et du témoin (Même arrêt). En rejetant le pourvoi formé contre cet arrêt, la cour de cassation de Belgique s'est bornée à poser en principe que le témoin qui assiste à un duel suivi de mort commet un délit qui peut donner ouverture à la réparation civile, l'attitude plus ou moins conciliante ne pouvant être invoquée que comme un élément moral de fait destiné à atténuer ou à aggraver sa responsabilité (C. cass. Belgique, 17 déc. 1888, *infrà*, n° 75).

55. Vainement, au cas de déclaration de non-culpabilité soit par le jury, soit par le conseil de guerre (ce sont les cas les plus ordinaires), le duelliste survivant prétendrait-il, pour se soustraire à toute responsabilité, que l'acquittement prononcé par la cour d'assises a l'autorité d'une justification complète, dont le bénéfice peut être opposé même à la demande de dommages-intérêts formée par la famille de l'homicidé. Cette exception de chose jugée, que nous avons déjà réfutée par avance (V. *suprà*, n°s 51 et 52), est aujourd'hui repoussée, d'une manière générale, par la jurisprudence de la cour de cassation et par la doctrine. Ainsi que nous l'avons dit *suprà*, v° *Chose jugée*, n°s 455 et suiv., le principe aujourd'hui incontesté est que la déclaration de *non-culpabilité* ne fait pas obstacle à ce que la *matérialité* des faits soit constatée par le juge civil; elle s'oppose seulement à ce que le juge civil affirme la criminalité des faits dont l'accusé a été déclaré non coupable (V. *Chose jugée*, n° 469; — *Rép.* eod. v°, n°s 556 et suiv. V. également v° *Instruction criminelle;* — *Rép.* eod. v°, n°s 3763 et suiv.).

§ 2. — Des blessures faites ou reçues en duel (*Rép.* n°s 120 à 124).

56. Les duels n'ont pas toujours une issue fatale (*Rép.* n° 120); ils ne coûtent pas toujours la vie à l'un des combattants et se terminent souvent par de simples blessures. Dans ce cas, leur auteur doit-il être considéré comme coupable de blessures volontaires avec les distinctions admises par les art. 309, 310 et 311 c. pén., ou comme coupable de tentative d'assassinat ? Nous avons examiné au *Rép.* n°s 120 et suiv. l'intérêt de la question et montré, en nous appuyant sur de nombreux arrêts, qu'elle se résout, dans la plupart des cas, en une question de fait et d'intention soumise à l'appréciation souveraine des tribunaux (*Rép.* n° 122). — Les blessures ont-elles été faites dans un duel à mort, lors même qu'aucun des deux adversaires n'aurait succombé, ou ont-elles été faites avec des armes essentiellement meurtrières, comme avec des pistolets chargés à balles et tirés à une distance très rapprochée, la jurisprudence considère alors un pareil duel comme une tentative d'assassinat (V. les arrêts cités au *Rép.* n° 120. V. en ce sens : Blanche, *op. cit.*, n° 473). Dans les autres cas, soit que le duel ait eu lieu seulement au *premier sang*, suivant l'expression consacrée (*Rép.* n° 123), ou jusqu'à la mise hors de combat de l'un des adversaires, soit que les blessures aient été faites avec des armes dont l'emploi n'indiquait pas une intention homicide, on appliquera seulement les art. 309 et suiv. c. pén., suivant la gravité des blessures (V. en ce sens : Blanche, *op. cit.*, n° 475. Comp. Ch. réun. cass. 11 déc. 1839, *Rép.* n° 110). Le duel, d'après la jurisprudence de la cour de cassation, constitue donc, au cas de blessures, tantôt un *crime*, tantôt un *délit* (Garraud, *op. cit.*, n° 148, p. 180, note 1. V. aussi Trib. corr. de la Seine, 10 mai 1872, *infrà*, n° 63).

57. La jurisprudence française, approuvée par M. Blanche (V. *suprà*, n° 40) est, combattue par MM. Chauveau et Faustin Hélie à l'aide d'arguments analogues à ceux que nous avons reproduits à propos de l'homicide (V. *suprà*, n°s 43 et suiv.). Les savants auteurs font ressortir (n° 1269) les conséquences à la fois bizarres et illogiques des arrêts de la cour suprême, qui considèrent l'auteur de la blessure et le blessé lui-même tantôt comme complices l'un de l'autre, tantôt comme coauteurs, à raison du fait qui a produit cette blessure. « La cour de cassation, ajoutent-ils, paraît supposer que si le duel n'a eu pour résultat qu'une blessure, le fait, puisant sa qualification dans ce résultat matériel, rentrera dans les termes des art. 309 et suiv., et constituera ainsi, soit un délit, soit un crime suivant la gravité de la blessure (V. *suprà*, n° 56). Mais cette proposition repose évidemment sur une erreur ; car, si l'auteur de la blessure n'était puni qu'à raison et suivant l'importance de ce fait matériel, son adversaire, ainsi que le déclare l'arrêt du 22 déc. 1837 (V. *Rép.* n° 109), n'ayant fait aucune blessure, ne pourrait être poursuivi que comme coupable d'une tentative d'assassinat, puisqu'il s'est servi de ses armes avec la volonté préméditée de tuer. De là, cette choquante anomalie d'une incrimination différente pour deux coupables du même fait, et d'une répression plus grave pour celui de ces deux agents qui, déjà victime du combat, a déployé une adresse moins grande et dès lors une moins grande perversité... La jurisprudence fait donc ici une complète abstraction de l'intention de l'agent, et il en résulte cette anomalie singulière que celui qui tire un coup de pistolet sur son adversaire sans le blesser est considéré comme auteur d'une tentative d'assassinat et que si, en tirant ce même coup de pistolet, il a fait une blessure, par conséquent, s'il a apporté dans son action plus de sang-froid et d'attention, il n'est plus considéré que comme l'auteur d'un simple délit. Et, comme la gravité de la peine de ce délit dépend de la durée de l'incapacité de travail occasionnée par la blessure, on arrive encore à cette autre anomalie, que, si le blessé est en cause comme coauteur du délit, c'est la durée de sa maladie qui sert de mesure à la peine qui lui est infligée » (Chauveau et Faustin Hélie, *op. cit.*, n° 1270).

58. Ajoutons enfin qu'au point de vue de la *criminalité* du fait en lui-même, ce qui a été dit de l'homicide commis en duel (V. *suprà*, nos 43 et suiv.) s'applique incontestablement aux blessures faites ou reçues dans les mêmes circonstances. Il ne saurait donc être question ici d'*excuses*, de *légitime défense* ou de *blessures par imprudence*. Les blessures résultant d'un duel sont toujours des blessures *volontaires*.

59. Quant à la circonstance de la *volonté* qui a dirigé l'auteur d'une blessure, la cour de cassation a décidé qu'elle est suffisamment exprimée par l'arrêt qui, après avoir rappelé qu'une blessure *volontairement* faite constitue un délit aux termes de la loi, constate que celle qui a donné lieu aux poursuites a été faite dans un duel (au sabre) et avec préméditation (Crim. rej. 11 janv. 1856, aff. Richard de Lavergne, D. P. 56. 5. 490).

60. Cette assimilation entre l'homicide et les blessures doit encore s'appliquer aux dommages-intérêts (V. *suprà*, nos 51 et suiv.), tant au cas où un seul des adversaires a été blessé qu'au cas où tous les deux auraient reçu des blessures de gravité différente, sauf aux juges à apprécier ici l'importance du préjudice causé et les circonstances de l'affaire.

§ 3. — Du duel n'ayant entraîné ni mort, ni blessures.

61. Dans cette hypothèse qui heureusement se présente assez souvent, principalement dans les duels au pistolet où les adversaires échangent chacun une balle sans résultat, que faut-il décider en présence du silence de la loi française ? La question ne fait pas de doute, avons-nous vu, dans les pays qui ont une législation spéciale sur le duel (V. *suprà*, nos 8 et suiv.) et où le simple fait d'une rencontre à main armée est punissable, quelle qu'en soit l'issue. C'est ce qu'a jugé la cour de Bruxelles dans un arrêt récent, en décidant que l'art. 426 c. pén. de 1867 est général et prononce des peines contre celui qui dans un duel a fait usage de ses armes, sans distinguer si le coupable a ou n'a pas été blessé (Bruxelles, 5 août 1885, aff. Van Bellinghen et Hensch, *Pasicrisie belge*, 1885. 2. 349).

En France, avons-nous vu *suprà*, n° 40, aux termes de la jurisprudence de la cour de cassation inaugurée en 1837, le simple fait de se battre en duel avec intention de se donner la mort constitue une tentative de meurtre ou d'assassinat, suivant que le duel a suivi après quelques délais ou immédiatement les injures et la provocation (Chauveau et Faustin Hélie, *op. cit.*, n° 1268). « Les combattants qui auront eu l'intention de se donner la mort, dit M. Blanche, *op. cit.*, n° 473, ne seront pas moins coupables pour ne s'être fait qu'une blessure ou ne s'être pas atteints. Dans ce cas même, comme les deux combattants survivront, ils devront être tous deux l'objet de poursuites criminelles. »

62. Ce que la cour de cassation incrimine principalement, dans la jurisprudence inaugurée par l'arrêt du 22 juin 1837, c'est la convention du duel en elle-même (Chauveau et Fautin Hélie, n° 1266) : « Attendu, dit cet arrêt, que c'est une maxime inviolable de notre droit public, que nul ne peut se faire justice à soi-même ; que la justice est la dette de la société tout entière, et que toute justice émane du Roi (art. 48 de la charte) au nom duquel cette dette est payée ; que c'est une maxime non moins sacrée de notre droit public, que toute convention contraire aux bonnes mœurs et à l'ordre public est nulle de plein droit (c. civ. art. 6 et 1133) ; que ce qui est nul ne saurait produire d'effet, ni, à plus forte raison, paralyser le cours de la justice, suspendre l'action de la vindicte publique et suppléer au silence de la loi pour excuser une action qualifiée crime par elle et condamnée par la morale et le droit naturel ; — Attendu qu'une convention par laquelle deux hommes prétendent transformer, de leur autorité privée, un crime qualifié en action indifférente ou licite, se remettre d'avance les peines portées par la loi contre ce crime, s'attribuer le droit de disposer mutuellement de leur vie, et usurper ainsi doublement les droits de la société, rentre évidemment dans la classe des conventions contraires aux bonnes mœurs et à l'ordre public » (*Rép.* n° 107, p. 289).

D'après cette jurisprudence, la convention de duel suivie d'exécution est toujours punissable, quelle qu'en ait été l'issue. Ainsi le duel dans lequel il est certain que les adversaires n'ont pas eu l'intention de se donner la mort doit toujours être poursuivi, alors même qu'il n'en est résulté aucune blessure, car il est bien évident qu'en allant sur le terrain, les parties ont voulu se faire justice elles-mêmes.

63. La même solution ressort également de deux jugements rendus par le tribunal correctionnel de la Seine le 10 mai 1872, rapportés ci-après, et il est à remarquer que ces décisions ont cru trouver dans les dispositions du nouvel art. 311 c. pén. (modifié par la loi du 13 mai 1863), la base de la répression qui atteint le duel non suivi de mort ou de blessures. Cette théorie ressort surtout très nettement des débats qui ont précédé les jugements dont il s'agit. « Nous ne considérons, a dit l'organe du ministère public dans ses conclusions, ni les alternatives, ni le résultat du duel, et nous prétendons que les actes, quels qu'ils soient, qui constituent l'attaque ou la défense dans un combat singulier, tombent sous le coup de l'incrimination nouvelle de la loi (de 1863)... L'intention du législateur de sortir de l'incrimination trop étroite de l'ancien art. 311 qui ne réprimait que les blessures et les coups, pour frapper, d'une manière générale, toutes les autres actions contre les personnes qui ont, pour emprunter son langage, un caractère de gravité punissable (Comp. Metz, 18 nov. 1863, aff. Gatelet, D. P. 64. 2. 101)... Il faut, ajoutait l'honorable magistrat, pour considérer les actes du duel sous leur véritable aspect, faire abstraction de tout un ordre d'objections qui se présentent involontairement à l'esprit pour en dénaturer le caractère. Ce sont celles qui sont tirées des conditions particulières au duel lui-même, à savoir, la nécessité apparente de la légitime défense et le concert préalable en vertu duquel les parties se rendent sur le terrain pour se porter volontairement et réciproquement des coups et se faire des blessures. — Attaquer son adversaire, continue l'organe du ministère public, frapper son épée de la sienne, c'est se livrer à des actes qui ne sont pas seulement de simples manifestations qui menacent la sûreté ou la vie de celui qui en est l'objet, mais des actions qui, bien qu'indirectement, atteignent la personne physique en la violentant ». La défense, tout en s'inclinant devant la jurisprudence de la cour de cassation, protestait contre la poursuite intentée aux blessés eux-même. « En dehors de l'homicide, disait-elle, et en dehors des coups et blessures, il n'y a plus ni crime ni délit, la base matérielle échappe pour atteindre celui qui a été blessé, mais qui n'a blessé personne. » Il n'y a de sa part ni *complicité du délit*, puisqu'il a cherché à éviter la blessure, ni *tentative*, la tentative de coups et blessures ne constituant pas un délit (c. pén. art. 3). « Le nouvel art. 311 ne saurait, ajoutait l'un des défenseurs, avoir la portée que prétend lui donner le ministère public. Lors de la réforme de 1863, le législateur, en ajoutant à cet article les mots : *toutes autres violences ou voies de fait*, avait seulement pour but de punir correctionnellement des actes punis jusqu'alors des peines de simple police, d'élever au rang des délits certaines contraventions de violences légères prévues par la loi du 3 brum. an 4 » (D. P. 63. 4. 82 et suiv.). — Ces arguments n'ont pas convaincu le tribunal qui a adopté les conclusions du ministère public et rendu le même jour deux jugements de condamnation qui n'ont, d'ailleurs, pas été frappés d'appel (Trib. corr. Seine, 10 mai 1872) (1). — Ce système est celui de la jurisprudence belge, qui interprète l'art. 427 du code pénal de 1867 (V. *suprà*, n° 13) en ce sens que les peines prononcées par cet article atteignent celui qui, dans un duel, a fait usage de ses armes, alors même qu'il n'est résulté du combat ni homicide, ni blessures (Bruxelles, 5 août 1885, aff. Van Bellinghen, et aff. Heusch, *Pasicrisie belge*, 1885. 2. 349).

64. Cependant les partisans de la doctrine de la cour suprême ne vont pas aussi loin, et ils repoussent une conséquence qui serait, suivant eux, manifestement contraire aux principes fondamentaux de notre droit pénal. « Si les combattants n'ont pas l'intention de se donner la mort, dit M. Blanche, *op. cit.*, n° 476, et si le duel n'a pas été suivi de blessures, aucun de ceux qui y ont pris part ne peuvent être, selon moi, poursuivis. Je ne vois alors, dans le duel, qu'une tentative de blessure indéterminée, de l'une de ces blessures que l'art. 311 classe parmi les délits. Aucune disposition spéciale de la loi ne considère cette tentative comme délit ; donc, aux termes de l'art. 3 du code, il n'est pas permis de lui donner ce caractère » (Comp. Garraud, *op. cit.*, n° 148, p. 180, note 1-5°). — Nous ne pouvons que nous ranger à cette opinion, qui corrobore, d'ailleurs, celle que nous avons exprimée au *Rép.*, n° 116 et suiv. et *suprà*, n° 57, relativement à la théorie soutenue par la cour suprême depuis 1837 en matière de duel. — Ajoutons enfin que les duels non suivis de mort ni de blessures n'ont en fait presque jamais été poursuivis par le ministère public.

65. Quoi qu'il en soit, si l'un des duellistes est revêtu d'une fonction publique, s'il s'agit, par exemple, d'un magistrat, il peut encourir une peine disciplinaire comme ayant commis une faute grave et compromis la dignité de son caractère, alors même qu'il n'est résulté du duel ni mort, ni blessures (Ch. réun. cass. 16 juin 1882, aff. Teisseire, D. P. 83. 1. 355. V. à cet égard ce qui a été dit *suprà*, v° *Discipline judiciaire*, n° 107, où cet arrêt est cité).

§ 4. — De la provocation en duel (*Rép.* n°s 124 et 125).

66. Il ne s'agit ici que de la provocation directe, c'est-à-dire de celle qui émane de l'un des combattants. Celle qui émanerait d'un tiers ne serait, à proprement parler, qu'une excitation; nous en traiterons *infrà*, n°s 74 et suiv., à propos de la complicité. — La provocation ainsi entendue est tout acte quelconque tendant, dans la pensée de son auteur, à amener un duel et de nature à conduire à un semblable résultat (Gand, 21 avr. 1885) (2).

(1) (Sauton, Rogat et autres *C.* Min. publ.). — Le 5 mars 1872, une rencontre à l'épée motivée par une polémique de journal eut lieu entre M. Albert Rogat, connu aussi sous le pseudonyme littéraire de Covielle, rédacteur du journal *le Pays*, et M. Georges Sauton, rédacteur du journal *le Corsaire*. Les témoins du duel étaient pour M. Rogat, MM. Cavalier et Paul de Cassagnac, et pour M. Sauton, MM. Bergeret et Bouvier. Dans ce combat où M. Sauton était le provocateur, M. Rogat reçut deux blessures légères qui le forcèrent à garder le lit pendant trois jours. — Le 24 mars suivant, une deuxième rencontre eut lieu entre M. Rogat et M. Richardet, rédacteur en chef du *Corsaire*, à la suite d'une note publiée par ce journal; la provocation émanait cette fois de M. Rogat. Les témoins furent MM. Durosey et Feuillant pour M. Rogat, MM. Camille Cremer et Jacquot pour M. Richardet. Ce dernier fut blessé à la poitrine d'un coup d'épée. — A raison de ces deux duels, les combattants et les témoins furent renvoyés en police correctionnelle sous la prévention de coups et blessures volontaires. — Jugement.

Le tribunal; — Attendu qu'il résulte de l'instruction et des débats qu'à la suite d'une polémique engagée dans les journaux *le Corsaire* et *le Pays*, Sauton a provoqué Rogat, rédacteur de ce dernier journal; — Que le 5 mars 1872, dans le département de la Seine, a eu lieu un duel à l'épée au cours duquel Sauton a légèrement blessé son adversaire; — Qu'il s'est ainsi rendu coupable du délit de blessure volontaire avec préméditation, puni par l'art. 311 c. pén.; — Attendu qu'en ajoutant aux délits de coups et blessures énoncés originairement audit article les autres violences ou voies de fait, la loi du 13 mai 1863 a eu pour but de réprimer, non les violences ou voies de fait légères prévues par le code de brumaire an 4, mais les actes volontaires empreints d'un caractère de gravité punissable qui, sans atteindre mortellement la personne contre laquelle ils sont dirigés, le contraignent à se mettre en état de défense; — Que les termes de *voies de fait* se distinguent ainsi de ceux de « *violences* », ces derniers étant relatifs aux agressions d'où résulte un contact immédiat et réel pour la personne physique de celui qui en est l'objet; — Que l'art. 311 c. pén., modifié par la loi susdatée, s'applique donc à l'acte consistant à diriger contre un adversaire une arme qui menace sa sûreté, indépendamment de l'intention homicide qui, réunie aux circonstances, pourrait constituer une tentative de meurtre et d'assassinat ; — Qu'il résulte des circonstances de la cause que Rogat a agi avec préméditation; — Attendu que Bouvier et Bergeret, témoins de Sauton, Granier de Cassagnac et Cavalier, témoins de Rogat, ont ensemble arrêté les conditions du duel et donné leur concours aux actes constitutifs des délits établis à la charge de Sauton et Rogat; — Qu'ils ont ainsi aidé et assisté avec connaissance les auteurs desdits délits, dans les faits qui les ont préparés, facilités et consommés; — Faisant application aux susnommés, chacun en ce qui le concerne, des art. 59, 60 et 311 c. pén.; — Condamne Sauton à quinze jours de prison, Rogat à huit jours, Bouvier, Bergeret, Granier de Cassagnac et Cavalier, chacun et solidairement à 100 fr. d'amende.

Du 10 mai 1872.-Trib. corr. de la Seine, 8e ch.-MM. Glandaz, pr.-Tanon, subst., c. conf.-Pinard et Malapert, av.

Du même jour.-Jugement identique (Aff. Rogat, Richard, Feuillant et Durosey *C.* Min. publ.). — Mêmes magistrats et avocats.

(2) (Min. publ. et Van Waeyenbergh *C.* Van Beckhoven Rice et Bogaerts.) — Appel d'un jugement du tribunal correctionnel de Termonde, du 12 févr. 1885. — Arrêt.

La cour; — Sur la prévention de provocation en duel : — Attendu que si, comme le dit le premier juge, on ne peut voir le délit de provocation en duel dans la démarche faite par le deuxième et le troisième prévenus au domicile de la partie civile, il n'en saurait être de même de l'envoi du pli transmis à cette dernière à Soerabaya et communiqué par elle au procureur du roi à Bruxelles;

Attendu, en effet, qu'il résulte clairement des travaux préparatoires du code pénal belge que le législateur a, par la disposition de l'art. 423 de ce code, entendu réprimer tout acte quelconque tendant, dans la pensée de son auteur, à provoquer un duel et de nature à conduire à semblable résultat ;

Attendu que tel n'est point le caractère de la démarche susvisée, puisque l'absence de la partie civile a empêché les deuxième et troisième prévenus de se mettre en rapport avec elle et qu'ils n'ont fait connaître l'objet de leur visite ni à la dame veuve Schoonjans, ni à la fille de celle-ci, que seules ils avaient rencontrées au domicile de cette partie ; — Attendu qu'il en est tout autrement de l'envoi du procès-verbal qu'à la suite de cette démarche lesdits prévenus avaient dressé et remis au prévenu Van Beckhoven ;

Attendu que la signification de cet acte ne saurait être douteuse surtout en présence de l'inscription faite par Van Beckhoven, en marge de ce procès-verbal, et conçue comme suit : « Vous pouvez maintenant ajouter une lâcheté de plus aux autres, ou bien prouver, où et quand vous voudrez, qu'il vous reste encore quelques gouttes de sang dans les veines » ; — Attendu qu'il importe peu, dans l'espèce, que la partie civile n'ait point ouvert la lettre dont s'agit, puisqu'elle l'a acceptée et en connaissait parfaitement la teneur ;

Attendu que l'espèce de publicité donnée par le premier prévenu au procès-verbal en question, et notamment la communication de cet écrit à la maison Kramer et comp., à Soerabaya, à laquelle la partie civile était attachée, rendaient l'ouverture de cette lettre complètement inutile et ne pouvaient laisser subsister un doute dans l'esprit du destinataire relativement à la nature de cet envoi ;

Attendu, du reste, que si la partie civile a, sans l'ouvrir, annexé la susdite lettre à sa correspondance du 20 mars 1884 avec la dame Dubois-Paris, avec prière de la transmettre au parquet à Bruxelles, c'est précisément parce qu'elle était suffisamment édifiée sur le contenu de ce pli, ainsi que le démontre surabondamment le passage suivant de cette correspondance : « J'ai reçu de lui (Van Beckhoven) une lettre contenant, dit-il à Kramer, le procès-verbal dressé par ses témoins » ; — Attendu que

67. Nous avons vu au *Rép.* n° 125 que la question s'était élevée de savoir si, en présence des art. 1er et 2 de la loi du 17 mai 1819 sur la presse, celui qui, par l'un des moyens énumérés dans ces articles, a provoqué quelqu'un à un duel dans lequel il a été lui-même blessé pouvait être poursuivi. Elle a été résolue négativement par la jurisprudence (Crim. rej. 15 oct. 1844, *Rép.* n° 125), et il a été décidé que, en pareil cas, la provocation ne constitue qu'un délit d'injures ou de menaces que le ministère public n'a pas qualité pour poursuivre d'office (Même arrêt).

68. Les art. 1er et 2 de la loi, aujourd'hui abrogée de 1819, ont été remplacés par l'art. 23 de la loi du 29 juill. 1881 sur la presse (D. P. 81. 4. 73) qui est ainsi conçu : « Seront punis comme complices d'une action qualifiée crime ou délit ceux qui, soit par des discours, cris ou menaces proférés dans des lieux ou réunions publics, soit par des écrits, des imprimés vendus ou distribués, mis en vente ou exposés dans des lieux ou réunions publics, soit par des placards ou affiches exposés aux regards du public, auront directement provoqué l'auteur ou les auteurs à commettre ladite action, si la provocation a été suivie d'effet. Cette disposition sera également applicable, lorsque la provocation n'aura été suivie que d'une tentative de crime prévue par l'art. 2 c. pén. ». La question peut donc encore se poser et doit, croyons-nous, être résolue de même que sous l'empire de la loi de 1819; car il y a même raison de décider. Cette solution est d'ailleurs conforme à l'opinion que nous avons soutenue au *Rép.* nos 116 et suiv. relativement à la non-criminalité du duel. Le duel ne constituant, suivant nous, dans l'état actuel de notre législation pénale ni crime, ni délit, la provocation y relative ne saurait être punissable. Cependant, comme elle constitue une incitation à commettre un acte illicite et préjudiciable à autrui, elle pourrait, au cas où le duel s'en serait suivi et aurait eu une issue funeste, devenir un quasi-délit qui donnerait alors lieu à des dommages-intérêts en vertu de l'art. 1382 (V. *infrà*, v° *Presse-outrage*).

69. Toutefois la cour de cassation considérant depuis 1837 le duel en lui-même tantôt comme un crime, tantôt comme un délit, suivant les circonstances (V. *suprà*, n° 56), la solution donnée par l'arrêt du 15 oct. 1844 (cité *suprà*, n° 67), nous paraît en contradiction avec cette jurisprudence depuis longtemps établie. Si, en effet, comme le dit la cour suprême, le simple fait de se battre en duel est prévu et puni par le code pénal, la provocation à commettre ce crime ou ce délit doit tomber sous le coup de l'art. 23 de la loi du 29 juill. 1881, qui traite le provocateur comme un complice. — Sur la complicité par provocation et les caractères mêmes que doit revêtir la provocation pour être punissable, V. *suprà*, v° *Complice-complicité*, nos 100 et suiv., et *infrà*, v° *Presse-outrage*.

70. La provocation en duel, dans l'opinion qui fait rentrer le duel dans la classe des faits punissables, constituant un crime ou un délit prévu par la loi du 29 juill. 1881, doit, aux termes de l'art. 45 de la même loi, être déférée à la cour d'assises. Il en résulte cette anomalie que, dans les duels où il y a eu provocation directe de la part de l'un des combattants, la provocation devrait toujours être déférée à la cour d'assises devant laquelle il entraînerait son adversaire, alors même que le duel se serait terminé sans blessures ou par des blessures légères. Cependant, nous avons vu *suprà*, nos 61 et suiv., qu'en fait le ministère public se contentait de poursuivre correctionnellement en vertu de l'art. 311 c. pén.

71. Cette anomalie est évitée dans les législations qui font du duel un délit *sui generis* (V. *suprà*, nos 8 et suiv.). — Ainsi, aux termes de la jurisprudence belge, la provocation en duel et le duel qui s'en est suivi constituent deux délits distincts et concurrents dont les peines doivent être cumulées (Bruxelles, 12 avr. 1881 (1); 14 juill. 1889, aff. Belval et autres, *Pasicrisie belge*, 1889. 2. 405). De même, en cas de poursuite pour coups volontaires et provocation en duel, il y a lieu de cumuler les peines prononcées par la loi contre ces deux délits (Bruxelles, 4 sept. 1857, aff. Duflef, *Pasicrisie belge*, 1859. 2. 147).

72. Au point de vue de la compétence, le délit de provocation en duel commis par la voie de la presse ne constitue pas, d'après la jurisprudence belge, un délit de presse. Les tribunaux correctionnels sont donc exclusivements compétents pour en connaître (Bruxelles, 1er mai 1854, aff. C..., *Pasicrisie belge*, 1855. 2. 179; 4 juin 1870, aff. Lebrun, *ibid.*, 1870. 2. 265). — Si cependant la provocation était connexe à un délit de presse, tel que propos diffamatoires pour duel refusé, etc., alors la cause entière devrait être renvoyée devant la cour d'assises, qui deviendrait seule compétente (C. cass. Belgique, 17 juin 1867, aff. Capron, *Pasicrisie belge*, 1868, 1. 465.) Il en est ainsi spécialement des injures, coups, provocations, duel et blessures en duel (Même arrêt, et sur renvoi, Gand, 11 janv. 1868, *Pasicrisie belge*, 1869. 2. 43).

73. Ainsi que nous l'avons dit au *Rép.* n° 124, en matière de duel, c'est l'auteur de l'offense qui est considéré comme le véritable provocateur, alors même que ce ne serait pas lui qui aurait envoyé le cartel. — Sur la question du choix des armes dans ce cas, V. ce qui a été dit *suprà*, n° 42.

---

la partie civile a donc été réellement touchée par la provocation lui adressée par le premier prévenu et qu'ainsi se rencontrent, quant à lui, tous les éléments exigés par la loi pour constituer l'infraction prévue et punie par l'art. 423 c. pén. ; ... — Par ces motifs, reçoit les appels tant du prévenu et de la partie civile que du ministère public, et y statuant, toutes fins contraires écartées, met le jugement dont est appel à néant, quant à la condamnation aux frais ; — Emendant, condamne Van Beckhoven, du chef de provocation au duel, à un emprisonnement de quinze jours et à une amende de 100 fr. ; condamne du même chef, comme coadjuteurs, les prévenus Rice et Bogaerts chacun à une amende de 200 fr. ; — Confirme le jugement dont appel pour le surplus de la prévention, ainsi que pour la demande civile ;...

Du 21 avr. 1885.-C. de Gand, ch. corr.-MM. de Meren, 1er pr.-Albert Simon, Ad. du Bois, Montigny et Périer, av.

(1) (Englebert, Orianne et de Lannoy C. Min. publ.). — LA COUR ; — Attendu que les faits reconnus constants à charge des prévenus sont demeurés établis, mais que c'est à tort que le premier juge : 1° n'a pas reconnu en faveur d'Orianne des circonstances atténuantes résultant de ses bons antécédants et lui a appliqué la peine d'emprisonnement jusqu'à concurrence de deux mois, ce qui dépasse les limites d'une juste répression; 2° n'a pas prononcé contre Englebert deux peines à raison des deux délits dont il s'est rendu coupable; — Attendu que la provocation est par elle-même un délit distinct, qui est consommé par le propos, l'écrit ou l'acte quelconque tendant à amener l'adversaire à se battre; — Qu'on ne peut donc dire qu'il se constitue du même fait que le combat, ni par conséquent appliquer aux deux délits l'art. 65 c. pén., lequel exige, pour que la peine la plus forte soit seule prononcée à raison de plusieurs infractions, que celles-ci résultent d'un fait unique susceptible de plusieurs qualifications pénales;

Attendu qu'à la vérité l'exposé des motifs du projet de code pénal dit que, dans le système de ce projet, les peines de la provocation et du duel ne seront pas cumulées, la provocation n'étant punissable que quand le combat a été empêché par des circonstances indépendantes de la volonté des adversaires ; mais que cette assimilation de la provocation à une tentative, punissable seulement à défaut du délit consommé, formellement repoussée lors de la discussion de la loi de 1841 sur le duel, dont les principes ont passé dans le code nouveau, n'a pas été inscrite dans le texte même de ce code;

Attendu qu'en l'absence d'une disposition expresse, rien n'autorise le juge à déroger à la règle générale de l'art. 60 c. pén.;

Attendu que, pour le surplus, le jugement dont appel a fait une juste application de la loi pénale;

Par ces motifs, met à néant l'appel de de Lannoy, et celui du ministère public à l'égard de ce prévenu; statuant sur celui du ministère public vis-à-vis des autres prévenus ainsi que sur l'appel d'Orianne, met à néant le jugement *à quo* : — 1° En ce qu'il n'a prononcé contre Englebert qu'une seule peine à raison des deux délits à sa charge; — 2° En ce qu'il a condamné Orianne à deux mois d'emprisonnement ; — Emendant quant à ce et faisant application des articles visés et insérés au jugement, et, notamment de l'art. 85 c. pén., au profit d'Orianne, condamne Eglebert : — 1° Du chef de provocation en duel à une amende de 100 fr.; — 2° Du chef d'avoir, dans un duel, fait usage de ses armes, à une amende de 100 fr. ; — Dit qu'à défaut de payement dans le délai légal, chacune de ces amendes pourra être remplacée par un emprisonnement d'un mois ; condamne Orianne du chef repris au jugement à un emprisonnement d'un mois ; — Confirme ledit jugement pour le surplus.

Du 12 avr. 1881.-C. de Bruxelles, 5e ch.-MM. Hippolyte Casier, pr.-Scailquin, Louis Leclercq, Joris et de Becker, av.

§ 5. — Des témoins et de la complicité (*Rép.* nos 125 et 126).

74. Une dernière conséquence à déduire de la jurisprudence de la cour suprême qui fait du duel tantôt un crime, tantôt un délit, c'est que les complices d'un crime ou d'un délit étant, aux termes de l'art. 59 c. pén., punis de la même peine que les auteurs de ce crime ou de ce délit, il y a lieu, dit M. Blanche, *op. cit.*, n° 474, de poursuivre les individus qui se sont rendus complices de l'homicide commis ou tenté dans un duel, ainsi que des blessures qui y ont été reçues. Sur les faits mêmes qui, d'après l'art. 60 c. pén., constituent la complicité, V. *suprà*, v° *Complice-complicité*, nos 96 et suiv.

75. Au premier rang des complices du duel nous trouvons les *témoins;* car ils rentrent bien dans la catégorie de ceux qui, dit la loi, donnent des instructions pour commettre le crime ou délit de duel, aident ou assistent avec connaissance de cause les auteurs de l'action coupable dans les faits qui l'ont préparée ou facilitée ou dans ceux qui l'ont consommée (*Rép.* n° 126). Aussi la cour de cassation n'a-t-elle pas hésité, depuis 1837, à considérer les témoins du duel comme des complices et à les comprendre dans les poursuites exercées contre les auteurs principaux. « L'homicide et les blessures commis en duel, disent en substance les arrêts de la cour suprême, peuvent être imputés non seulement aux combattants, comme auteurs principaux, mais aussi aux témoins du duel, comme complices, s'il existe de la part de ceux-ci des actes qui présentent les caractères de la complicité légale, tels qu'ils sont définis par l'art. 60 c. pén. (Blanche, n° 474). « Cette décision, disent MM. Chauveau et Faustin Hélie, *op. cit.*, t. 3, n° 1271, est parfaitement logique : si le duel est un crime, les témoins y participent nécessairement, en donnant des instructions pour le commettre, en fournissant les armes, en assistant les auteurs de l'action dans les faits qui l'ont préparée ou consommée » (V. à cet égard les arrêts cités au *Rép.* nos 109 et 126 et rapportés par MM. Blanche, n° 274, et Morin, *Répertoire du droit criminel*, t. 1, v° *Duel*, n° 28). — Outre ces arrêts, il a été jugé, dans le même sens, que les témoins d'un duel qui ont fixé l'heure du combat, apporté et chargé les armes, mesuré la distance et donné le signal du feu, ne peuvent être déclarés non complices de ce duel, par cela seul qu'ils ont fait des efforts pour amener la réconciliation des adversaires (Crim. cass. 2 sept. 1847, aff. Bocher, D. P. 47. 4. 179. V. également les jugements du tribunal correctionnel de la Seine du 10 mai 1872, rapportés *suprà*, n° 63, qui appliquent aux témoins du duel les peines de la complicité). — Cette jurisprudence, avons-nous dit, est rigoureusement logique. En effet, s'il est vrai que le duel rentre sous l'application de la loi pénale, le moyen préventif le plus efficace est d'éloigner la coopération des témoins. Sans témoins, il n'y a pas de duel possible; il n'y a que guet-apens ou assassinat, et le prestige du point d'honneur disparaît. Si des témoins croient devoir donner leur assistance à un duel, il faut qu'ils sachent que leur responsabilité est sérieusement engagée, et qu'une appréciation favorable des juges du fait, déguisée sous la formule de style que les témoins ont fait leurs efforts pour empêcher ou pour neutraliser le combat, est destinée à subir l'épreuve de l'appréciation de la cour suprême, qui vérifiera si les faits constatés ne forment réellement aucun des éléments constitutifs de la complicité atteinte par la loi pénale.

Dans les pays qui ont une législation spéciale sur le duel, les témoins sont presque toujours punissables (V. *suprà*, nos 8 et suiv.). — En Belgique (V. *suprà*, n° 12), il a été jugé que l'art. 432 du code pénal de 1867, en cas de blessure, édicte des peines contre tous les témoins du duel aussi bien contre les témoins du blessé que contre ceux de l'autre combattant (Bruxelles, 5 août 1885, cité *suprà*, nos 61 et 63). Décidé, d'une manière générale, que la loi a établi, à l'égard des témoins du duel, « une complicité particulière qui les fait regarder comme ayant participé au délit » (C. cass. Belgique, 17 déc. 1888 (1). Comp. Liège, 24 oct. 1888, aff. veuve Thuillier, *Pasicrisie belge*, 1889. 2. 51). — En ce qui concerne la provocation en duel dont nous avons parlé *suprà*, nos 66 et suiv., sont réputés coauteurs du délit de provocation les témoins qui, par la rédaction de leur procès-verbal conçu en termes flétrissants, ont coopéré directement à l'exécution de ce délit (Gand, 21 avr. 1885, *suprà*, n° 66).

76. Aux termes de la jurisprudence française, les témoins du duel sont donc, lorsqu'il constitue un crime, réputés complices d'un meurtre ou d'un assassinat. Une pareille conséquence démontre mieux que toute autre, dirons-nous avec MM. Chauveau et Faustin Hélie, t. 3, n° 1271, la lacune de la loi et l'erreur de ceux qui, à défaut de dispositions législatives spéciales, veulent faire rentrer le duel dans le droit commun. « Quelle est la mission, ajoutent ces mêmes auteurs, quel est le but de l'assistance des témoins? C'est de réconcilier les parties, et, s'ils ne peuvent y parvenir, c'est de régler les conditions du combat, pour en atténuer les périls; c'est de l'arrêter, s'il s'écarte des limites tracées; c'est d'en surveiller l'exécution. Ils sont les juges du camp et les modérateurs de la lutte; ils conservent au duel son caractère propre et l'empêchent de se convertir en assassinat; leur présence est une garantie de sa loyauté, une sauvegarde pour l'ordre social lui-même, qu'elle préserve d'un trouble plus grave... L'action des témoins est immorale comme le duel lui-même; mais, comme le duel aussi, elle forme un fait différent de l'assassinat et de sa complicité. Leur participation morale même est douteuse; car leur présence matérielle n'est point une preuve de leur adhésion; ils assistent à un combat que souvent ils ont voulu empêcher, auquel ils se sont ouvertement opposés. Leur assistance échappe donc aux règles ordinaires de la complicité, elle reçoit de la pensée qui l'accompagne un caractère distinct; elle peut constituer un délit spécial, elle ne peut être considérée comme un acte de complicité d'un crime commun ». — « Notre jurisprudence française en matière de duel, dit de son côté M. Bertauld, *Cours de code pénal*, 4e éd., p. 518, aboutit à ce résultat peut-être singulier que les témoins de celui qui succombe sont réputés avoir voulu la mort, que bien évidemment dans la réalité tous leurs vœux repoussaient. Ils sont, en effet, poursuivis et exposés à être condamnés comme complices de l'auteur de cette mort, à moins qu'on ne dise qu'ils sont complices d'une tentative de meurtre sur le combattant qui survit et n'a reçu aucune blessure ».

77. Aussi la cour suprême, subissant malgré elle l'influence des circonstances, a-t-elle cru devoir atténuer quelque peu sa jurisprudence primitive. Outre les arrêts cités au *Rép.* n° 126, il a été jugé que le fait d'assister comme témoin à un duel dans lequel l'un des adversaires a succombé, a pu être déclaré ne pas constituer un délit, s'il résulte de l'appréciation des circonstances, laquelle rentre dans les attributions de la cour suprême, que les témoins, après avoir épuisé tous les moyens de conciliation, ne se sont rendus sur le terrain que pour éloigner toutes les chances probables du malheur qui est arrivé (Ch. réun. rej. 22 août 1848, aff.

(1) (De Heusch.) — LA COUR; — Sur le premier moyen pris de la violation ou fausse application des art. 191, 359, 366 c. instr. cr. et 1382 c. civ. : — Attendu que tout délit qui cause du dommage donne ouverture à une réparation civile; — Attendu que le demandeur a été condamné pour avoir assisté comme témoin à un duel suivi de mort, délit prévu par l'art. 432 c. pén.;

Attendu que c'est bien en prenant sa base dans ce fait délictueux que l'arrêt accorde des dommages-intérêts à charge du demandeur; — Attendu que si l'arrêt mentionne son attitude dans les pourparlers qui ont précédé le duel, et s'il signale cette attitude comme *une faute* dont le demandeur doit réparation, l'arrêt a évidemment entendu n'invoquer cette circonstance que comme un élément moral de fait qui aggrave sa responsabilité; d'où il suit que ce moyen manque de base;

Sur le second moyen, pris de la violation des art. 432 c. pén. et 1382 c. civ. : — Attendu que le code pénal a établi à l'égard des témoins d'un duel, selon l'expression de M. Lelièvre, dans son rapport à la Chambre des représentants, une *complicité particulière* qui les fait regarder *comme ayant participé au délit;* que de cette participation résulte leur part respective de responsabilité directe dans les conséquences de ce délit; que, par suite, en admettant cette responsabilité, l'arrêt n'a point contrevenu aux articles invoqués; — Attendu que toutes formalités, soit substantielles, soit prescrites à peine de nullité, ont été observées, et que la peine prononcée est celle de la loi;

Par ces motifs, rejette...

Du 17 déc. 1888.-C. cass. de Belgique, 2e ch.-MM. le chevalier Hynderick, pr.-Corbisier de Méaultsart, rap.-Mélot, 1er av. gén., c. conf.-Georges Janson, av.

Bocher, D. P. 48. 1. 164). « La cour, disait à cet égard M. le procureur général Dupin dans ses conclusions sur cette affaire, la cour a condamné d'une manière absolue l'action du duel dans la personne des duellistes, acteurs et auteurs principaux du crime. Mais elle n'a pas repoussé la distinction que parfois les arrêts ont faite à l'égard des témoins. Cette distinction consiste à ne les considérer comme de véritables complices du duel que lorsqu'ils en ont aidé et assisté les auteurs *avec une intention criminelle*, et, au contraire, à les excuser, à les absoudre, quand il résulterait de l'examen des faits qu'ils auraient employé leurs efforts pour *concilier* les combattants, empêcher le duel, *en conjurer les funestes résultats* ; en un mot, lorsqu'ils auraient manifesté par leurs actes des intentions qui ne permettraient pas de les confondre avec les coupables ». — « Ainsi, d'après le dernier état de la jurisprudence, le témoin qui participe à l'exécution du duel est complice ; si le tribunal constate chez les temoins l'intention d'arrêter le duel, intention prouvée par les faits, le témoin ne peut être considéré comme complice. Toutefois, il ne suffira pas d'une intention première, démentie ensuite, fût-ce même par les précautions les plus humaines que prendraient les témoins » (Benoit-Champy, *Essai sur la complicité*, p. 109).

78. La jurisprudence belge va plus loin et, malgré les dispositions du code pénal de 1867 sur le duel (V. *suprà*, n° 13), elle décide que celui qui se borne à assister au combat à la demande des témoins choisis par les parties, pour en régler les conditions, à défaut de conciliation, et veiller à leur exécution, et dont l'intervention n'a été requise que pour servir d'arbitre entre eux en cas de doute ou de contestation sur la loyauté des coups portés, n'est pas témoin ni, par conséquent, complice du duel, dans le sens de l'art. 432 (Cour militaire de Belgique, 4 mars 1886, aff. Michiels, *Pasicrisie belge*, 1886. 2. 257).

79. D'après la définition même de la complicité et la jurisprudence de la cour de cassation, il est aisé de voir que les témoins ne sont pas les seuls complices du duel (Benoît-Champy, *op. cit.*, p. 108). On doit donc tout d'abord comprendre dans cette catégorie ceux qui ont provoqué à commettre le crime ou le délit de duel. C'est la *provocation indirecte* ou *excitation*, qui est distincte de la *provocation directe*, c'est-à-dire celle qui émane de l'un des adversaires, ainsi que nous l'avons vu *suprà*, n° 66. *L'excitation* émane toujours d'un tiers ; elle consistera le plus souvent dans le fait de colporter par la presse ou la parole des bruits attentatoires à l'honneur de l'un des adversaires, en les attribuant à une autre personne, de pousser autrui à proposer ou à accepter un cartel, de le décrier et dénigrer publiquement en le traitant de lâche ou d'homme sans honneur, s'il s'y refuse, de mettre à porter le cartel un empressement coupable qui enlève toutes chances de réconciliation, etc. Il est évident qu'une pareille conduite est au moins aussi coupable que celle de témoins qui se contentent d'assister à une rencontre qu'ils ont souvent essayé d'éviter, et rentre bien dans la définition de la complicité telle qu'elle est donnée par l'art. 60 c. pén. L'excitation au duel est, d'ailleurs, avons-nous vu (V. *suprà*, n°s 9 et suiv.), punie par la plupart des législations étrangères qui se sont occupées de la matière (Comp. Gand, 6 mai 1867, aff. Capron, *Pasicrisie belge*, 1867. 2. 216 ; C. cass. Belgique, 17 juin 1867, même affaire, *ibid.*, 1868. 1. 465 ; Gand, 11 janv. 1868, aff. Van Daële et Capron, *ibid.*, 1869. 2. 43).

80. Outre l'excitation au duel telle que nous venons de la définir, il faut encore, aux termes de l'art. 60 c. pén., regarder comme complices du duel et punir comme tels « ceux qui, par dons, promesses, menaces, abus d'autorité ou de pouvoir, machinations ou artifices coupables, auront provoqué au duel, ceux qui ont donné des instructions pour l'accomplir, ceux qui ont procuré sciemment les armes ou instruments du duel » (A. Beaulieu, *De la complicité en droit romain et en droit français*, 3e part., chap. 3, p. 206). « Pour être logique et faire l'application exacte de la loi, dirons-nous avec le même auteur (*op. cit.*, p. 207), la pratique devrait poursuivre et punir aussi bien que les témoins, et le maître d'armes qui, en vue du combat a donné ses avis à l'une des parties, et le marchand ou l'ami qui a sciemment fourni les armes, et le complaisant qui a ouvert son enclos aux duellistes, et le cocher qui sciemment a conduit les parties et leurs témoins sur le lieu du combat,... et la personne qui, par une exhortation énergique, a décidé l'une des parties hésitante encore, et le chef qui a donné à son subordonné l'ordre de se battre... On recule le plus souvent devant toutes ces conséquences ; il n'en est que plus intéressant de les signaler. Cette lacune dans l'application de la loi vient, d'ailleurs, encore à l'appui de la réflexion que nous sommes ici sur un terrain exceptionnel, en présence d'une difficulté toujours mal résolue, parce qu'elle est actuellement insoluble. »

81. Ainsi que nous l'avons dit au *Rép.* n°s 116 et suiv. et *suprà*, n°s 40 et suiv., nous ne saurions, tout en rendant pleine justice aux mobiles qui l'ont inspiré, approuver au point de vue juridique la jurisprudence inaugurée en 1837 par la cour de cassation. Nous n'entendons point cependant nous constituer en aucune façon (*Rép.* n° 127) les défenseurs du duel qui est en lui-même un fait punissable. « Il méconnaît la morale et la religion qui conseillent le pardon des injures, qui refusent à l'homme le droit de disposer de sa vie, qui lui défendent surtout d'attenter à celle des autres » (A. Morin, *op. cit.*, n° 29). — « La société peut et doit punir le duel, disent très-bien MM. Chauveau et Faustin Hélie, t. 3, n° 1276. Sa constitution est incompatible avec le droit qu'aurait chacun de ses membres de se faire justice à soi-même ; car sa fin est de remplacer la justice individuelle par la justice sociale, la vengeance privée par la punition publique de l'injure. Les duels ne peuvent être permis, car la sûreté et la vie des hommes ne peuvent être abandonnées aux caprices d'un faux point d'honneur, car l'appel aux armes et l'effusion du sang au sein d'une société civilisée constituent une offense à la paix publique qui doit trouver sa répression dans la loi. »

82. Il paraît difficile, pour ne pas dire impossible, avons-nous dit (V. *suprà*, n°s 46 et suiv.), d'assimiler en morale et en droit le duel loyal à un meurtre ou à un assassinat, ou même à de simples coups et blessures volontaires (V. *suprà*, n°s 56 et suiv.), suivant les circonstances. Si les efforts de la jurisprudence ont pendant un certain temps diminué le nombre des duels (V. *suprà*, n° 2), ils n'ont plus aujourd'hui aucune influence sérieuse, et nous avons constaté qu'en fait le duel n'est aujourd'hui poursuivi que très rarement par les magistrats du ministère public (V. *suprà*, n° 5). Les duels sont aujourd'hui de plus en plus fréquents, et il n'est pas rare de voir les hommes les plus en vue donner publiquement sous ce rapport l'exemple de la violation de cette loi morale qui interdit à tout citoyen de se faire justice à lui-même.

83. C'est là un mal social indéniable auquel une loi spéciale sur le duel peut seule apporter quelque remède. Depuis un certain temps plusieurs propositions relatives à la répression du duel ont été présentées aux Chambres (V. *suprà*, n°s 4 et suiv.) ; espérons qu'elles finiront par aboutir et mettre ainsi la France au niveau des autres pays civilisés qui tous, avons-nous vu *suprà*, n°s 8 et suiv., contiennent sur la répression du duel des dispositions législatives spéciales.

Nous avons déjà indiqué au *Rép.* n° 127 quels caractères cette loi spéciale devrait, selon nous, réunir pour être efficace. « Le point capital et la plus grave difficulté, ajouterons-nous en terminant avec MM. Chauveau et Faustin Hélie, *op. cit.*, t. 3, n° 1277, est la répression des offenses qui sont la cause du duel. Il est une foule d'injures légères, presque imperceptibles aux yeux des tiers, mais qui lancent un aiguillon acéré et laissent une plaie vive ; il est une foule d'actes que la loi n'a pas prévus, qui sont pour la plupart indéfinissables, et qui froissent la réputation et blessent les mœurs... La législation, jusqu'à présent, n'a puni que les injures apparentes et grossières, espèces de voies de fait qui trouvent leur preuve dans le scandale qu'elles causent : elle n'a point entrepris de punir ces injures rapides et fugitives qui atteignent sans bruit, et dont les traces, quoique plus profondes, ne s'aperçoivent pas. C'est cette insouciance de la loi, son impuissance peut-être, pour la répression des injures, qui est la source la plus vive du duel... La première tâche du législateur doit donc être de définir et de saisir autant qu'il le peut les multiples injures dont l'impunité est la source première du duel. Cette incrimination n'aurait d'autre effet que d'enlever à cette lutte son prétexte et son excuse, qu'elle serait encore fort utile. »

Table sommaire

des matières contenues dans le Supplément et le Répertoire.

(Les chiffres précédés de la lettre *S* renvoient au Supplément; les chiffres précédés de la lettre *R* renvoient au Répertoire.)

Table chronologique des Lois, Arrêts, etc

DUNES. — 1. On appelle *dunes* des masses de sables, de graviers, et même de galets, qui se forment sur les rivages de la mer par suite du mouvement des eaux. Insensiblement desséchés par l'action de l'air et du soleil et soulevés par les vents, ces sables sont chassés vers les terres, où ils s'amassent en monticules de hauteur variable, suivant les régions. Les intervalles entre ces monticules, sortes de petits vallons plus ou moins profonds, toujours menacés d'être comblés, prennent le nom de *lettes*, *lèdes* ou *leytes*. Ces masses de sables changent continuellement de place, s'éloignent chaque année de la mer, parfois avec une vitesse de vingt-cinq mètres par an, envahissent les terrains cultivés qu'elles stérilisent, et recouvrent même des lieux habités, sans qu'il soit possible d'arrêter leur marche (Exposé des motifs de l'arrêté du 13 mess. an 9, *Recueil des annales forestières*, t. 1, n° 120; Macarel, *Cours de droit administratif*, 3e éd., t. 3, p. 56; Bouniceau-Gesmon, *Les dunes du golfe de Gascogne*, *Revue pratique*, t. 29, p. 113 et suiv.; Gaudry, *Traité du domaine*, t. 3, n° 101; *Rép.* v° *Organisation maritime*, n° 855). Les dunes, improductives par elles-mêmes, sont, en outre, un danger pour les populations du littoral, incessamment menacées dans leurs propriétés, et même dans leur vie (Puton, *Législation forestière*, p. 71). Elles offrent encore de graves inconvénients, tant par les encombrements successifs qu'elles forment dans les ports maritimes et à l'embouchure des rivières aboutissant à la mer, encombrements auxquels l'art ne peut souvent opposer que de vains efforts, que par les obstacles qu'elles apportent à l'écoulement naturel des eaux qui se déversent à la mer et qui, en créant des marais et des lagunes, rendent le pays fort malsain (Exposé des motifs de l'arrêté du 13 mess. an 9, *Recueil des annales forestières*, t. 1, nos 120 et suiv. — Macarel, *loc. cit.*). « Les dunes, dit M. Tarbé de Vauxclair, *Dictionnaire des travaux publics*, sont généralement stériles, même pendant plusieurs siècles. Elles ne sont pas seulement improductives dans leur emplacement primitif, mais elles peuvent encore porter et répandre la stérilité dans les plaines et vallées fertiles où elles sont poussées par les vents avec une effrayante rapidité. On peut citer des villages entiers dont les maisons ont été envahies et enfouies en peu de temps » (V. Blanche, *Dictionnaire général d'administration*, v° *Dunes*, p. 948. Conf. Bouniceau-Gesmon, *op. cit.*, p. 117 et suiv.).

2. L'étendue des dunes sur les côtes de France est considérable; on en trouve, notamment, dans les départements du Gard, de l'Hérault et de l'Aude sur les côtes de la Méditerranée; des Landes, de la Gironde, de la Charente-Inférieure, de la Vendée, de la Loire-Inférieure et du Finistère, sur les rivages de l'Océan, et enfin du Pas-de-Calais, sur les côtes de la Manche. Les dunes se prolongent même jusque dans la mer du Nord, sur les côtes de Belgique et de Hollande, et nous verrons que la jurisprudence belge a eu plusieurs fois à s'occuper des questions qui leur sont relatives (V. *infrà*, n° 18). — En France, ce sont les départements des Landes, de la Gironde et du Pas-de-Calais qui renferment la plus grande quantité de dunes; aussi le législateur a-t-il cru devoir, outre les lois d'intérêt général, prendre pour ces pays des mesures spéciales que nous étudierons plus loin (V. *infrà*, n°s 42 et suiv.). « L'étendue des dunes dans le seul département de la Gironde, dit M. Macarel, *op. cit.*, p. 64, est de 67000 hectares et, dans le département des Landes, de 49000 hectares : ensemble 116000 hectares. »

3. Sur cette question des dunes, V. outre les auteurs cités *suprà*, n° 1 : Foucart, *Eléments de droit public et administratif*, 4e éd., t. 3, n° 1385; Ducrocq, *Cours de droit administratif*, 6e éd., 1881, t. 2, n° 887; G. Dufour, *Traité général de droit administratif appliqué*, 3e éd., t. 4, n°s 425 et suiv.; Block, *Dictionnaire de l'administration française*, 2e éd., v° *Dunes*, p. 826; A. Puton, *Code de la législation forestière*, v° *Dunes*, Paris, 1 vol. 1883. — Consulter également, au point de vue technique, l'article de M. Goursaud, inspecteur des forêts : *Les dunes et les landes de Gascogne* (*Revue des eaux et forêts*, *Annales forestières*, 1880, p. 5, 49, 97, 145 et 193).

Division.

ART. 1er. — *Historique et tableau de la législation relative aux dunes.*

4. Bien qu'il n'y ait rien de précis à cet égard, les dunes étaient considérées dans notre ancien droit comme appartenant à l'Etat (V. *infrà*, n°s 13 et suiv.), et non aux seigneurs. C'est ainsi que nous voyons le *captal* (baron ou seigneur) de Buch, dans le Bordelais sur les bords du golfe de Gascogne, solliciter du roi Louis XVI en 1779 et 1782 la concession des dunes situées sur ses terres de la Teste, Gujan et Cazeaux (Bouniceau-Gesmon, *op. cit.*, p. 346 et 347). Par arrêt du conseil de 23 mars 1779, « le roi, ayant égard à la requête, *par grâce et sans tirer à conséquence*, a fait et fait concession des dunes... pour en jouir à titre *d'accensement* et de propriété incommutable, à la charge de les planter en pins ou autres arbres en quantité suffisante pour les contenir et arrêter leurs progrès, — faire lever à ses frais un plan figuratif, — dresser procès-verbal d'arpentage desdites dunes et de payer au domaine, du jour du présent arrêt, un cens annuel et perpétuel de deux livres de blé froment par chaque arpent qu'elles se trouveront contenir, — ordonne Sa Majesté que le suppliant, avant de se mettre en possession desdites dunes, fera enregistrer le présent arrêt ».

5. Les dunes furent d'abord soumises à des règlements de police particuliers aux lieux sur lesquels il y avait à statuer; les règlements généraux n'intervinrent que plus tard. Le plus ancien de ces règlements que nous connaissions est un arrêt du conseil du Roi du 3 mars 1744, ordonnant à des particuliers qui avaient endommagé les dunes de l'île d'Oléron de les regarnir de plantes croissant dans les sables et appelées *durances*. Cette plantation devait avoir pour effet d'empêcher les masses de sable de se déplacer. Le même arrêt du conseil interdisait en même temps de défricher dorénavant les dunes et d'arracher les plantes qui y croissent, à peine d'une amende de 500 livres. Les défenses contenues dans cet arrêt furent renouvelées, non seulement par un arrêt conforme du conseil du 21 oct. 1754, mais, en outre, plusieurs fois par les intendants de La Rochelle en 1754 et 1777 ; elles furent même étendues aux dunes de l'île de Ré (*Rép.* v° *Organisation maritime*, n° 856).

6. En 1786, Brémontier, ingénieur au corps royal des ponts et chaussées, étudia la nature des dunes tant au point de vue de leur fixation qu'au point de vue du parti à tirer de ces terrains jusqu'alors à la fois dangereux et improductifs (V. *suprà*, n° 1). Les premiers essais de fixation auxquels il se livra remontent à 1787. Se fondant sur le principe que les sables sont susceptibles de devenir fertiles et d'être arrêtés dans leur marche par des plantations de pins maritimes, de genêts et d'autres plantes aréneuses, protégées par certaines précautions, Brémontier fit des semis en 1788, 1792 et 1793, sur une étendue de 4890 mètres de longueur, dans les dunes de Bordeaux entre la *petite forêt d'Arcachon* et le *bassin de Pilat* (Exposé des motifs de l'arrêté du 13 mess. an 9, *Recueil des annales forestières*, t. 1, n° 120). La réussite de ces essais ne laissa aucun doute sur l'efficacité des moyens proposés, et l'Institut national y donna sa pleine adhésion, ainsi qu'il résulte d'un rapport de la classe des sciences et arts du 16 flor. an 8.

7. En présence de ces résultats, le Gouvernement intervint, et le 13 mess. an 9 (2 juill. 1801) les consuls prirent un arrêté instituant une commission chargée d'étudier les mesures à prendre pour la fixation et la plantation en bois des *dunes des côtes de Gascogne*. Cet arrêté confiait au préfet la surveillance des travaux à exécuter, et nommait, en outre, un inspecteur spécial et un garde forestier (*Rép.* v° *Organisation maritime*, n° 857). Il fut suivi d'un autre, en date du 3e jour complémentaire an 9 (20 sept. 1801), aux termes duquel l'administration des forêts fut appelée à concourir aux travaux de plantations et d'ensemencement des dunes de Gascogne. Malgré la modicité des ressources affectées à l'entreprise par l'arrêté du 13 mess. an 9, les travaux de plantation ne s'en poursuivirent pas moins avec activité, et le Gouvernement encouragé par les succès obtenus, étendit par décret du 12 juill. 1808 au département des Landes les mesures adoptées pour le département de la Gironde.

8. Une circulaire du directeur général des ponts et chaussées du 18 oct. 1808 invitait les préfets des départements maritimes à s'occuper de nouveaux essais à faire (Circ. adm. ponts et chaussées, 18 oct. 1808, *Bull. min. int.*, 2e éd., t. 2, p. 100), et l'exécution de ses prescriptions donna d'heureux résultats. Peu de temps après parut le décret du 14 déc. 1810 qui, rendu en conseil d'Etat et statuant d'une manière générale, constitue un véritable règlement d'administration publique et régit encore aujourd'hui la matière des dunes (Macarel, *op. cit.*, p. 60. V. *infrà*, n°s 21 et suiv.). Des règlements particuliers avaient, vers la même époque, pourvu sur d'autres parties du littoral qui, depuis 1814, ont cessé d'appartenir à la France, à la conservation des dunes. Un décret du 16 déc. 1811 (*Rép.* v° *Domaine de l'Etat*, p. 95), relatif à la police des polders situés aux embouchures de la Lys, de l'Escault et du Rhin, défendait à tout particulier de fouiller dans les dunes sans l'autorisation du préfet et du directeur du polder, d'y couper ni arracher aucune herbe ou broussaille, d'y faire pacager sans autorisation, etc., à peine d'une amende que le décret fixait (*Rép.* v° *Organisation maritime*, n° 857).

9. En 1817, intervint, à la date du 5 février, une ordonnance royale relative à la fixation et à l'ensemencement des dunes dans les départements de la Gironde et des Landes, et dont l'art. 9 a abrogé les arrêtés des 2 juill. 1801 (13 mess. an 9) et 20 sept. 1801 (3e jour compl. an 9). Le 31 janv. 1839, une nouvelle ordonnance fut rendue en ce qui concerne l'*aménagement* et l'*exploitation des pins maritimes* dont les dunes de *Gascogne* ont été peuplées aux frais de l'Etat (V. *infrà*, n°s 42 et suiv.). Enfin une loi du 19 juin 1857 (D. P. 57. 4. 89) relative à l'assainissement et à la mise en culture des landes de Gascogne constitue une nouvelle et dernière application du décret de 1810 pour combattre l'invasion des dunes. — Quant aux dunes du Pas-de-Calais, elles sont régies par l'ordonnance du 15 juill. 1818 (V. *infrà*, nos 47 et suiv.).

10. Lors de la discussion de la loi du 28 juill. 1860 (D. P. 60. 4. 127) sur le reboisement des montagnes, plusieurs députés avaient proposé d'étendre à l'ensemencement des dunes mobiles les effets de cette loi, qui faisait aux propriétaires de terrains dénudés sur les montagnes une situation bien plus favorable que celle dans laquelle le décret de 1810 plaçait les propriétaires de dunes. Mais les commissaires du Gouvernement, tout en reconnaissant l'analogie qui existait entre la position des propriétaires de terrains situés dans les montagnes et celle des propriétaires de dunes, ainsi que le bien fondé des réclamations de ces derniers, demandèrent qu'on n'insistât pas sur ce point; ils firent espérer qu'une loi spéciale, conséquence de celle sur le reboisement des montagnes, viendrait donner satisfaction aux propriétaires des dunes. Et la commission du Corps législatif, bien que disposée à prendre en considération l'amendement dont il s'agit, crut devoir se rendre à ces observations (Rapport de M. Chevandier de Valdrôme, D. P. 60. 4. 129, note, no 15).

11. Un décret du 29 avr. 1862 (D. P. 62. 4. 41) a placé dans les attributions du ministère des finances et confié à l'*administration des forêts* les travaux de fixation, d'entretien, de conservation et d'exploitation des dunes sur le littoral maritime, travaux qui étaient auparavant confiés à l'*administration des ponts et chaussées* (Circ. adm. forest. 12 mai 1866, Nouv. série, no 14). Mais ces travaux ont cessé ultérieurement de faire partie des attributions du ministre des finances, par suite du rattachement de l'administration forestière au *ministère de l'agriculture et du commerce* (Décr. 15 déc. 1877, D. P. 78. 4. 2), puis au *ministère de l'agriculture* (Décr. 14 nov. 1881, D. P. 82. 4. 98). — Tout ce qui regarde les dunes se trouve donc aujourd'hui placé sous la direction de l'administration des forêts.

TABLEAU CHRONOLOGIQUE DES LOIS, DÉCRETS ET ORDONNANCES RELATIFS AUX DUNES.

13 mess. an 9 (2 juill. 1801). — Arrêté relatif à la plantation en bois des dunes des côtes de la Gascogne (*Rép.* vo *Forêts*, p. 49).

3e jour complémentaire an 9 (20 sept. 1801). — Arrêté des consuls qui appelle l'administration des forêts à concourir aux travaux de plantation et d'ensemencement des dunes de Gascogne (R. F. t. 1, no 121).

12 juill. 1808. — Décret impérial qui applique au département des Landes les mesures adoptées pour la fixation et l'ensemencement des dunes dans le département de la Gironde (R. F. t. 1, no 122).

14 déc. 1810-27 nov. 1847. — Décret impérial relatif à la plantation des dunes (D. P. 47. 3. 198).

16 déc. 1811. — Décret impérial contenant règlement de police des polders dans les départements de l'Escaut, des Bouches-de-l'Escaut, de la Lys, des Deux-Nèthes, des Bouches-du-Rhin et de la Roër (art. 19 à 21) (*Rép.* vo *Domaine de l'Etat*, p. 95).

5 févr. 1817. — Ordonnance relative à la fixation et à l'ensemencement des dunes dans les départements de la Gironde et des Landes (*Moniteur universel* du 15 juill. 1817, p. 774, col. 2).

15 juill. 1818-8 mai 1819. — Ordonnance contenant règlement sur les digues et dunes dans le département du Pas-de-Calais (*Rép.* vo *Wattringues et Moëres*, p. 1356).

31 janv.-4 mai 1839. — Ordonnance concernant l'aménagement et l'exploitation des pins maritimes dont les dunes de Gascogne ont été peuplées aux frais de l'Etat.

13 oct.-27 nov. 1847. — Ordonnance du roi qui autorise le ministre des travaux publics à occuper les dunes situées dans les communes de Lacanau et du Porge (Gironde), pour en effectuer l'ensemencement et la fixation (D. P. 47. 3. 198).

11 oct. 1854. — Décret impérial allouant un crédit annuel de 400000 fr. à l'ensemble des dunes de la Gascogne (*Rép.* vo *Travaux publics*, no 63).

19-25 juin 1857. — Loi relative à l'assainissement et à la mise en culture des landes de Gascogne (D. P. 57. 4. 89).

28 avr.-7 mai 1858. — Décret impérial portant règlement d'administration publique pour l'exécution de la loi du 19 juin 1857, relative à l'assainissement et à la mise en culture des landes de Gascogne (D. P. 58. 4. 31).

1er mai 1861. — Décret impérial qui ordonne la promulgation en Algérie du décret du 14 déc. 1810 sur l'ensemencement, la plantation et la culture des dunes (*Rép.* vo *Organisation de l'Algérie*, p. 806).

29 avr.-16 mai 1862. — Décret impérial qui place dans les attributions du ministre des finances les travaux de fixation, d'entretien, de conservation et d'exploitation des dunes sur le littoral maritime (art. 2, D. P. 62. 4. 41).

21 juill. 1862. — Décret impérial qui ordonne la promulgation en Algérie du décret du 29 avr. 1862, réglant les attributions de l'administration des ponts et chaussées et de celle des forêts, en matière de culture des dunes, et qui confie au gouverneur les attributions dévolues par les art. 1er et 2 de ce décret au ministre de l'agriculture, du commerce et des travaux publics (*Rép.* vo *Organisation de l'Algérie*, p. 807).

15-21 déc. 1877. — Décret qui distrait la direction générale des forêts du ministère des finances et la rattache au ministère de l'agriculture et du commerce (D. P. 78. 4. 2).

ART. 2. — *Caractère et propriété des dunes.*

12. La question du caractère et de la propriété des dunes, question qui intéresse si vivement les populations des communes maritimes, est des plus controversées et a donné lieu à des solutions contradictoires que nous allons exposer rapidement. On ne compte pas moins de cinq systèmes différents à cet égard tant en doctrine qu'en jurisprudence.

13. Dans un premier système, les dunes sont considérées comme des *lais* et *relais* de la mer et font, à ce titre, partie du domaine de l'Etat (V. *Rép.* vo *Domaine public*, nos 12 et 41). Il n'y a pas de *lais* ou d'*alluvions* sans un accroissement du fonds riverain; or la dune, en s'avançant d'une manière continue et empiétant sur la mer, constitue un accroissement évident (Bouniceau-Gesmon, *op. cit.*, p. 120). Telle est, d'ailleurs, l'opinion de Proudhon : « Outre les terres d'alluvions marécageuses, dit-il, qui se forment au bord de la mer... les *lais* et *relais* maritimes embrassent aussi ce qu'on appelle les *dunes*». Ce système a été consacré par plusieurs arrêts de la cour de Bordeaux qui a eu, à diverses reprises, à se prononcer sur cette question à propos des dunes de Gascogne. « Attendu, dit-elle, que, dans la pratique la plus constante de notre ancienne jurisprudence, la haute justice comprenait la propriété des vacants, mais qu'il s'agit dans la cause de dunes qui ont toujours été considérées comme *lais* et *relais* de la mer » (Bordeaux, 9 févr. 1846, cité par Bouniceau-Gesmon, *op. cit.*, p. 121). — Décidé également que les dunes offrent des caractères tout particuliers qui les distinguent des terres vaines et vagues et les font plutôt participer des *lais* et *relais* de la mer, outre qu'elles ne semblent pas susceptibles d'occupation suivie (Bordeaux, 31 août 1848, aff. de Ruat de Buch C. Préfet de la Gironde, *Journal des arrêts de la cour de Bordeaux*, 1848, p. 476 et suiv.) : « Attendu, dit cet arrêt, que les dunes offrent des caractères tout particuliers qui les distinguent des terres vaines et vagues en général; qu'elles sont formées de sables vomis par l'Océan que le vent agglomère et pousse devant lui; que, sous ce rapport, elles participent à quelques égards des *lais* de la mer; que, d'un autre côté, avant qu'elles n'eussent commencé à s'arrêter sous la main de Brémontier et à la suite des longs travaux exécutés par l'Etat, elles n'avaient point d'assiette et de formes constantes, mais s'avançaient progressivement, couvrant, dans leur marche irrégulière, les champs cultivés et jusqu'à des villages entiers; en sorte qu'elles ne semblaient pas susceptibles d'occupation suivie; et qu'en tous cas, elles auraient appartenu, non au seigneur féodal ou haut justicier, mais aux divers particuliers dont elles auraient respectivement envahi les héritages ». — Enfin un arrêt de la même cour ne voit plus seulement dans les dunes des alluvions de la mer analogues aux lais, mais, considérant le terrain sur lequel elles sont assises, il y reconnaît des *lais* et *relais* dessus comme dessous : « Attendu, dit cet arrêt, que les dunes qui se forment sur les rivages de la mer ne sont autre chose que des *lais* et *relais* appartenant au domaine public; qu'il est difficile de préciser l'endroit où le flot s'est arrêté et où les dunes cessent d'être des *lais* ou *relais*, mais que plusieurs de celles, objet de la demande, paraissent avoir ce caractère » (Bordeaux, 3 août 1864, aff. Poisson-Douillard, cité par Bouniceau-Gesmon, *op. cit.*, p. 121).

14. Dans un second système, on a pensé, dit M. Bouniceau-Gesmon, *op. cit.*, p. 121, que les dunes « pourraient bien faire partie des rivages de la mer, rivages alors un peu bien larges sans doute; mais enfin avec une mer qui avance toujours, le rivage doit bien s'étendre et gagner avec elle sur les terres ». A ce titre, elles rentreraient dans le domaine public. — Sur la question de savoir jusqu'où s'étendent les rivages de la mer, V. *Domaine public*, nos 11 et suiv.; — *Rép.* eod. v°, nos 28 et suiv.

15. Un troisième système considère les dunes comme rentrant dans les termes de la loi du 28 août 1792 (art. 9). D'après cet article, dont les dispositions ont été confirmées par l'art. 1er, sect. 4, de la loi du 10 juin 1793, les terres vaines et vagues, ou gastes, landes, biens hermes ou vacants, garrigues, dont les communautés ne pourraient pas justifier avoir été anciennement en possession, sont censés leur appartenir et leur seront adjugés par les tribunaux, si elles forment leur action dans le délai de cinq ans, une revendication dans ce délai n'étant même pas exigée, si, à cette époque, les communes avaient la possession des dunes. En l'absence d'une abrogation expresse, il semble, en effet, qu'il y ait lieu, au moins dans certains cas, d'appliquer encore aujourd'hui les textes précités aux communes et de leur attribuer la propriété des dunes, à la condition par elles de prouver qu'elles ont satisfait aux exigences de la loi de 1792. — Jugé en ce sens que les communes sont fondées à revendiquer la propriété des dunes situées sur leur territoire, à la condition d'établir qu'elles les ont réclamées dans le délai fixé par l'art. 9 de la loi du 28 août 1792 ou qu'elles en avaient la possession antérieurement à cette loi (Bordeaux, 25 juill. 1870, aff. Commune du Porge, D. P. 72. 2. 102), alors même que l'Etat aurait manifesté, dans quelques actes administratifs, la prétention d'être considéré comme propriétaire de ces dunes (Même arrêt). Cette décision, qui n'était qu'interlocutoire et admettait la commune du Porge à faire preuve de sa possession antérieure à la loi de 1792, fut confirmée par un arrêt de la cour de Bordeaux du 6 mai 1872 (D. P. 74. 1. 369) qui, statuant au fond, réforma le jugement du tribunal civil de cette ville du 25 juin 1869, et déclara la commune du Porge propriétaire des dunes, tant en vertu des lois des 28 août 1792 et 10 juin 1793, comme en ayant eu la possession légale et de droit, à titre de propriétaire, soit à l'époque de ces lois, soit dans les cinq ans qui en ont suivi la promulgation, que par l'effet de la prescription, comme ayant eu, depuis plus de trente ans, une possession utile pour prescrire. La cour de cassation rejeta le pourvoi formé contre ces deux arrêts et décida que: la commune qui a été autorisée à prouver que, possédant de fait et *animo domini*, depuis un temps très reculé, sans discontinuation, des dunes et leytes situées sur son territoire, elle remplit à leur égard la condition à laquelle était subordonnée l'attribution faite aux communes par les lois des 28 août 1792 et 10 juin 1793 des biens communaux, et, même qu'elle en aurait prescrit la propriété, est en droit d'exciper de la prescription acquisitive contre une demande en revendication de l'Etat (Civ. rej. 30 juin 1873, aff. Commune du Porge, D. P. 74. 1. 369). Et l'arrêt qui constate en fait que la possession de la commune a été accompagnée de toutes les conditions requises pour fonder la prescription, et n'a pas été entachée de précarité, comme l'objectait l'Etat, celui-ci n'ayant pas prouvé qu'avant 1789 la commune ait été simple usagère des dunes et leytes, et qui décide sur ce fondement que la commune est propriétaire par l'effet de la prescription trentenaire, ne fait que se livrer à une appréciation de fait qui ne saurait constituer la violation d'aucune loi (Même arrêt. Comp. Req. 30 juin 1874, aff. Mazaud, D. P. 74. 1. 477; 26 avr. 1876, aff. Commune d'Ourdon, D. P. 76. 1. 379; 23 mai 1876, aff. Fellonneau, *ibid.*).

16. Les dunes, suivant une quatrième opinion, doivent être regardées comme des *biens abandonnés, vacants et sans maître*, et appartiennent, par suite, à l'Etat. Elles ne doivent pas être confondues avec les *terres vaines et vagues* attribuées aux communes par les lois révolutionnaires des 28 août 1792 et 10 juin 1793, sous la seule condition d'intenter une action ou d'exercer des actes de possession dans un délai de cinq années. La dune sera ce que l'a faite la nature exceptionnelle de sa cause et de ses effets; sa définition juridique est la même que sa définition physiologique, elle est un *bien vacant et sans maître*, et le rang qu'elle a dans les lois révolutionnaires est inscrit dans la loi de 1790, d'où il est passé, avec les mêmes termes, dans les art. 539, 713 et 714 c. civ. (Bouniceau-Gesmon, *op. cit.*, p. 124 et suiv. et p. 347). Cette opinion a été consacrée par un jugement du tribunal civil de Bordeaux du 25 juin 1869 (aff. Commune du Porge, D. P. 74. 1. 369).

17. Enfin, suivant M. Gaudry, *Traité du domaine*, t. 1, n° 101, il y a lieu de faire une distinction. Si les dunes sont formées sur le domaine de la mer et au-dedans de ses rivages, elles constituent de véritables lais et relais de la mer, qui font partie du domaine public et que l'Etat peut concéder à qui il veut aux termes de l'art. 41 de la loi du 16 sept. 1807 relative au dessèchement des marais (V. *infrà*, v° *Marais*). « Mais presque toujours, ajoute M. Gaudry, *loc. cit.*, les dunes sont des amas de sables jetés par les vents sur des terrains privés; l'Etat n'y a donc aucun droit de propriété domaniale. Quelquefois aussi ces amas de sables se forment sur des dépendances du domaine de l'Etat ou des communes ». Dans ce cas, elles appartiennent à l'Etat, aux communes ou aux particuliers, suivant que les terrains sur lesquels elles se trouvent sont des dépendances du domaine de l'Etat, du domaine des communes ou des propriétés privées. C'est ce dernier système que paraît consacrer le décret du 14 déc. 1810 (D. P. 47. 3. 198), dont les art. 2 et 5 parlent des dunes qui appartiennent au domaine, aux communes ou de celles qui sont la propriété des particuliers. Le décret du 16 déc. 1811 (V. *suprà*, n° 11), applicable aux départements du Nord qui faisaient alors partie du territoire français, suppose également, dans son art. 4, que les dunes des côtes de la mer du Nord peuvent appartenir à des particuliers.

18. Cette dernière opinion est celle de la jurisprudence belge qui est unanime à reconnaître que les dunes maritimes n'appartiennent pas au domaine public de l'Etat et peuvent être l'objet d'une propriété privée. Jugé en ce sens: 1° que les dunes maritimes ne sont ni partie du rivage ni lais ou relais de la mer, ni, à aucun titre, une portion du territoire non susceptible de propriété privée, et peuvent être acquises par prescription contre l'Etat qui les a précédemment possédées comme biens vacants (Trib. civ. Bruges, 9 déc. 1878, aff. Van Caloen et consorts *C.* l'Etat belge et la veuve Serweytens, *Belgique judiciaire*, du 6 mars 1879, p. 290); — 2° Que les dunes ne font pas partie du domaine public de l'Etat, ni des rivages de la mer, n'étant pas couvertes périodiquement par les eaux, et qu'elles ne sont pas des lais et relais de la mer (Trib. civ. Furnes, 3 nov. 1883, aff. l'Etat belge *C.* Crombez, *Pasicrisie belge*, 1884. 3. 24); — 3° Que les dunes de la côte flamande, à raison même du mode de leur formation, ne sont qu'un accessoire des fonds sur lesquels elles se transportent et appartiennent aux propriétaires de ces fonds, les terrains envahis ne changeant pas de maître et n'entrant pas dans le domaine public, alors même que les dunes touchent à la mer; que les lais et relais de la mer ne sont pas une dépendance du domaine public, et que, par suite, les dunes qui se forment sur les lais et relais de la mer sont des dépendances de l'Etat et, comme telles, aliénables et prescriptibles (Gand, 9 août 1882, aff. l'Etat belge *C.* Van Caloen, de Gourcq et consorts, *Pasicrisie belge*, 1882, 2. 405, et sur pourvoi, C. cass. Belgique, 29 mai 1885, *ibid.*, 1885. 1. 176; Gand, 18 juin 1884 (1); — 4° Que

(1) (Etat belge *C.* B. Crombez et consorts.) — La cour; — Attendu que l'action intentée par l'Etat belge à l'intimé Benjamin Crombez, et à laquelle a été jointe l'action en garantie de ce dernier contre les autres intimés, provoque exclusivement la solution de la question de savoir si Benjamin Crombez, tant par lui-même que par ses auteurs, a pu prescrire la propriété des dunes de Lombartzyde, que l'Etat veut faire borner du côté où elles tiennent au bien dudit intimé, connu sous le nom de *Grand Hem*, n'étant pas contesté, d'ailleurs (si cette prescription a pu légalement avoir lieu), que les dunes qui s'étendent entre ce bien et la mer ont été acquises, le 5 oct. 1839, par les auteurs de Benjamin Crombez suivant acte d'achat passé devant Me Claerhoudt, notaire à Bruges, dûment enregistré; qu'elles ont ensuite fait partie du lot de cet intimé, suivant acte de partage reçu par Me Simon, notaire à Tournai, le 2 juin 1862, également enregistré, et qu'enfin ledit Benjamin Crombez, tant par lui que par ses auteurs, a eu, au vu et au su de l'Etat, depuis un temps immémorial et, en tous cas, depuis plus de trente ans avant la présente action, la possession continue et non interrompue, paisible, publique, non équivoque et à titre de propriétaire, desdites dunes;

les dunes sont susceptibles d'être acquises par prescription, et qu'elles ne font point partie du domaine public de l'Etat ni comme rivage de la mer, ni comme lais et relais, ni comme bien servant à une destination publique (Trib. civ. Bruges, 4 avr. 1887, aff. l'Etat belge *C.* de Merckx et autres, *Pasicrisie belge*, 1887. 3. 145).

19. Quoi qu'il en soit, la solution qui précède ne saurait s'appliquer aux dunes de Gascogne, si l'on admet que le décret de 1810 ne s'applique pas à ces dunes (V. *infrà*, n° 43), et si l'on en conclut avec M. Bouniceau-Gesmon, p. 360 et suiv., que ces dunes doivent être considérées comme appartenant toujours à l'Etat.

20. Ajoutons que les prétentions élevées par des communes ou des particuliers à la propriété des dunes ou de lettes ensemencées ou boisées aux frais de l'Etat, ne peuvent être reconnues fondées que lorsqu'elles reposent, soit sur des titres d'acquisition, soit sur une possession réunissant les conditions exigées par la loi pour fonder la prescription (Décis. min. fin. et min. trav. publ., 6 févr.-13 mai 1856, *Bulletin des annales forestières*, t. 7, p. 471). C'est d'ailleurs l'application du droit commun en matière de preuves.

ART. 3. — *Plantation des dunes.*

21. Les dunes, dit M. Gaudry, *op. cit.*, n° 101, « ont dû être l'objet d'une attention spéciale du législateur : d'une part, pour empêcher que ces sables souvent mouvants ne soient emportés sur les terres et ne les frappent de stérilité, en second lieu, parce qu'elles sont elles-mêmes improductives, et qu'il importe de les rendre utiles par l'industrie ou par l'agriculture, et enfin, pour les consolider sur les bords de la mer et empêcher qu'elles ne soient déplacées par les flots ». Nous avons énuméré (V. *suprà*, n°s 5 et suiv.) les mesures prises par l'Etat tant avant que depuis la Révolution pour la fixation et la plantation des dunes, et parmi ces mesures nous avons mentionné le décret du 14 déc. 1810 qui, avons-nous dit *suprà*, n° 8, est comme la loi organique de la matière. Bien que ce décret rendu, le conseil d'Etat entendu, présente tous les caractères d'un règlement d'administration publique, sa légalité avait été contestée par le motif qu'il n'avait pas été inséré au *Bulletin des lois* (Macarel, *op. cit.*, p. 60) ; mais elle n'en avait pas moins été reconnue par la jurisprudence (Crim. cass. 7 mai 1835, *Rép.* v° *Question préjudicielle-sursis*, n° 97-2°) : « Attendu, dit cet arrêt, que si le décret de 1810 paraît n'avoir pas été promulgué dans les formes ordinaires..., il résulte des faits de la cause que ce décret rendu par mesure de haute administration, et dans les vues d'intérêt public, a été généralement connu et exécuté par tous les intéressés à la plantation des dunes » (Conf. Ch. réun. cass. 1er juill. 1836, *Rép.* v° *Question préjudicielle-sursis*, n° 154-1°). La question n'offre plus d'ailleurs aujourd'hui qu'un intérêt historique, le décret de 1810 ayant été inséré le 27 nov. 1847 au *Bulletin des lois* (D. P. 47. 3. 198). — Sur la question de savoir si ce décret est ou non applicable aux dunes de Gascogne, V. *infrà*, n°s 43 et suiv.

22. Le décret de 1810 s'applique aussi bien aux dunes qui appartiennent à l'Etat qu'à celles qui peuvent être la propriété des communes ou des particuliers. C'est ce qui paraît résulter de l'art. 1er qui dit en termes généraux que, dans les départements maritimes, il sera pris des mesures pour l'ensemencement, la plantation et la culture des végétaux reconnus les plus favorables à la fixation des dunes. La distinction entre les divers propriétaires auxquels les dunes peuvent appartenir est faite dans l'art. 2, qui ordonne que les préfets de tous les départements dans lesquels se trouvent des dunes feront dresser, chacun dans leurs départements respectifs, par les ingénieurs des ponts et chaussées, un plan des dunes qui sont susceptibles d'être fixées par des plantations appropriées à leur nature ; *ils feront distinguer, sur ce plan, les dunes qui appartiennent au domaine, celles qui appartiennent aux communes, celles enfin qui sont la propriété des particuliers.* Le plan général des dunes a été

Attendu que l'Etat appelant soutient que ces dunes sont une dépendance du domaine public proprement dit ; qu'elles sont notamment une dépendance du rivage de la mer, que l'art. 538 c. civ. considère comme non susceptible de propriété privée ; que leur relief protège le littoral contre le flot de la mer ; que, partant, elles ne sont ni aliénables, ni prescriptibles ;

Attendu que les rivages de la mer sont « tout ce que la mer couvre et découvre pendant les nouvelles et pleines lunes jusqu'où le plus grand flot de mars se peut étendre » (Ord. mar. 1681, liv. 4, tit. 7, art. 1er) ; mais qu'on ne comprend pas sous cette dénomination les terres accidentellement couvertes par les vagues, par l'effet d'un débordement extraordinaire ;

Attendu que les dunes de Lombartzyde, comme toutes celles de la côte flamande, ont été formées de sable apporté sur le rivage par les marées et rejeté ensuite au delà par les vents, lequel sable, en s'accumulant insensiblement, a constitué ces monticules essentiellement mobiles, variant d'étendue comme de hauteur et au pied desquelles vient expirer la vague ; — Que par suite, les dunes dont il s'agit ne peuvent être envisagées comme une dépendance des rivages de la mer ;

Attendu qu'elles ont un caractère *sui generis* et qu'à raison même du mode de leur formation, elles ne sont qu'un accessoire des fonds sur lesquels elles se transportent ;

Attendu que lors même qu'elles se sont constituées sur les lais et relais de la mer, ainsi que cela paraît avoir eu lieu à Lombartzyde, elles ne sont pas devenues des dépendances du domaine public ;

Attendu, en effet, que, bien que les lais et relais de la mer soient compris dans l'énumération de l'art. 538 précité, ils ne sont ni inaliénables, ni imprescriptibles ;

Attendu que les art. 537 à 543 sont groupés dans le code sous la rubrique : « Des biens dans leurs rapports avec ceux qui les possèdent », et que le législateur s'y est bien plus préoccupé de cette classification que de distinguer le domaine public proprement dit du domaine privé de l'Etat ;

Attendu que les lais et relais de la mer sont une partie du rivage que les flots cessent de couvrir et de découvrir habituellement et que, par suite, l'intérêt général n'exige plus de tenir hors du commerce ; que la loi du 16 sept. 1807 (art. 41) a autorisé le gouvernement à les concéder, c'est-à-dire à les vendre autrement qu'en adjudication publique, à l'effet d'en faciliter l'acquisition par les détenteurs des propriétés contiguës ; qu'aussi la doctrine, d'accord avec la jurisprudence, ne considère pas les lais et relais de la mer comme choses publiques (Laurent, t. 7, n°s 42 et suiv. ; Garnier, *Régime des eaux*, t. 1, n° 39 ; Troplong, *De la prescription*, n° 152 ; Aubry et Rau, t. 2, p. 43 ; Demolombe, t. 9, n° 258 *bis* ; Marcadé sur l'art. 2227 c. civ. ; Curasson, *Traité de la compétence des juges de paix*, t. 2, n° 616 ; *Rép.* v° *Domaine public*, n° 346) ;

Attendu que, s'il est vrai que l'art. 538 c. civ. n'a pas fait une énumération limitative et qu'il considère d'une façon générale comme dépendances du domaine public « toutes les portions du territoire qui ne sont pas susceptibles d'une propriété privée », il faut, tout au moins, qu'une disposition légale ait directement ou implicitement reconnu l'affectation à une destination publique de la chose que l'on prétend avoir ce caractère :

Attendu qu'en ce qui concerne les dunes de mer, pareille disposition n'existe pas ; que, bien au contraire, le décret du 14 déc. 1810 (non inséré au *Journal officiel*) et celui du 16 déc. 1811, les seuls qui contiennent des dispositions concernant les dunes de mer, témoignent que, dans la pensée de leurs auteurs, les terrains envahis continuent d'appartenir, avec leur accessoire de sable, à ceux qui les avaient détenus jusqu'alors ; que, seulement, il a été pris des mesures pour prévenir autant que possible que ces monticules ne se déplacent encore en s'étendant plus avant sur le continent, et pour faire qu'au besoin ils puissent servir de défense pour les côtes, mais que la nécessité pour tout riverain d'observer ces prescriptions tutélaires constitue la seule restriction apportée à l'exercice de son droit de propriété ;

Attendu enfin que le gouvernement français, auteur de ces décrets, n'a lui-même envisagé les dunes de la côte flamande que comme faisant partie du domaine privé de l'Etat, puisque, au temps où notre pays faisait partie de l'Empire, ce gouvernement a, en maints endroits de cette côte, aliéné jusqu'à la mer les dunes qui lui appartenaient ; qu'il en a été notamment ainsi des dunes d'Adinkerke et de Coxyde, de la partie occidentale des dunes d'Oost-Dunkerke, de la partie orientale des dunes de Westende et des dunes de Middelkerke (V. *Documents parlementaires* concernant la loi belge du 28 juill. 1871, session 1870-1871, p. 403, n° 159) ;

Attendu qu'il résulte de toutes ces considérations que la propriété des dunes de Lombartzyde dont il s'agit dans l'espèce était susceptible d'être acquise par prescription ;

Par ces motifs et ceux du premier juge, avocat général Goddyn en son avis conforme, déclare l'appel non fondé ; en conséquence, confirme le jugement *à quo* et condamne l'Etat belge aux dépens.

Du 18 juin 1884.-C. de Gand, 2e ch.-MM. de Meren, pr.-Goddyn, 1er av. gén., c. conf.-de Busscher, Ad. du Bois et d'Elhoungne, av.

dressé, en exécution de cet article, par le service des ponts et chaussées (Circ. adm. ponts et chaussées, 11 févr. 1811, *Bull. off. min. int.*, 2e éd., t. 2, p. 243). Mais un décret du 29 avr. 1862 (V. *suprà*, n° 11) ayant placé dans les attributions du ministère des finances et confié à l'*administration des forêts* les travaux de fixation, d'entretien, de conservation et d'exploitation des dunes sur le littoral maritime (Circ. adm. for. 12 mai 1866, nouv. série, n° 14), il s'ensuit que le directeur des forêts est aujourd'hui substitué au directeur général des ponts et chaussées pour tout ce qui regarde les dunes.

23. Chaque préfet, dit l'art. 3 du décret de 1810, rédigera ou fera rédiger, à l'appui de ces plans, un mémoire sur la manière la plus avantageuse de procéder, suivant les localités, à l'ensemencement et à la plantation des dunes ; il joindra à ce rapport un projet de règlement, lequel contiendra les mesures d'administration publique les plus appropriées à son département, et qui pourront être utilement employées pour arriver au but désiré. — Cet article n'est que le résumé d'une circulaire ministérielle du 18 oct. 1808, émanée de la direction générale des ponts et chaussées (*Bull. off. min. int.*, 2e éd., t. 2, p. 100). Dans cette circulaire, il était, entre autres prescriptions recommandé aux préfets : de demander à l'ingénieur en chef des ponts et chaussées de leur département une carte, sinon de la totalité des dunes de ce département, du moins des parties sur lesquelles il serait le plus utile de commencer les travaux, de rechercher, avec le concours d'agriculteurs instruits, l'espèce qui réussirait le mieux d'après la nature du sol et le climat; de faire dresser par l'ingénieur en chef, d'après ces premiers éléments, un état estimatif des travaux à opérer destiné à être transmis au directeur général des ponts et chaussées, et de joindre à cet état un projet d'arrêté préfectoral prescrivant toutes les mesures réglementaires de police nécessaires pour assurer la conservation des semis et plantations, soit pour en interdire soigneusement l'accès aux troupeaux de gros ou de menu bétail, soit pour les défendre contre les malveillants, soit enfin pour en régler les coupes de manière qu'elles fussent constamment subordonnées à l'autorisation du préfet, et que, dans aucun temps, elles ne pussent porter préjudice aux plantations, dans le cas même où elles appartiendraient à des particuliers. Ces plantations consistaient en diverses espèces d'arbrisseaux ou herbes vivaces et aréneuses propres aux localités, telles qu'oyats ou roseaux des sables, tamarics, genêts, chiendents ou toutes autres plantes qui, croissant très vite sur les terrains sablonneux et poussant en peu de temps une grande quantité de racines et de petits rameaux, recouvrent le sol, affaiblissent l'action des vents et fixent les sables (Circ. préc. 18 oct. 1808; Exposé des motifs, *Recueil des annales forestières*, t. 1, n° 123).

24. Aux termes de l'art. 4 du décret, les plans, mémoires et projets de règlements, levés et rédigés en exécution des articles précédents, doivent être envoyés par les préfets au ministre de l'intérieur, lequel pourra, sur le rapport du directeur général des ponts et chaussées (aujourd'hui des forêts), ordonner la plantation, *si les dunes ne renferment aucune propriété privée*, et, dans le cas contraire, en fera son rapport, pour être statué en conseil d'Etat, dans la forme adoptée pour les règlements d'administration publique. *Dans le cas où les dunes renferment des propriétés privées*, comme l'Administration aura à y exercer une jouissance provisoire et momentanée, les propositions qu'elle croira devoir faire pour la plantation devront être accompagnées, indépendamment des devis et détails estimatifs du travail à faire, d'un rapport motivé du directeur des domaines et de l'enregistrement sur les avantages que peut promettre la plantation projetée et sur l'aperçu des produits comparés avec la dépense de premier établissement (Circ. adm. ponts et chaussées, 11 févr. 1811, *Bull. off. min. int.*, 2e éd., t. 2, p. 243).

25. Les articles qui précèdent sont communs à toutes les dunes; l'art. 5 du décret de 1810 s'applique spécialement à celles qui sont la propriété des particuliers ou des communes ; les plans, dit-il, devront alors être publiés et affichés dans les formes prescrites par la loi du 8 mars 1810, remplacée aujourd'hui par la loi organique du 3 mai 1841 sur l'expropriation (V. *infrà*, v° *Expropriation pour cause d'utilité publique*). Mais il se pourrait, ajoute l'art. 5, que particuliers ou communes se trouvassent hors d'état d'exécuter les travaux commandés ou s'y refusassent ; l'administration publique pourrait alors être autorisée à pourvoir à la plantation à ses frais. En ce qui concerne la propriété des dunes en elles-mêmes, V. ce que nous en avons dit *suprà*, nos 12 et suiv.

26. Quant aux travaux faits par l'Administration, il a été décidé que l'entreprise de travaux ayant pour objet la fixation et l'ensemencement de dunes domaniales, lorsqu'elle est effectuée pour le compte et aux frais de l'Etat, sous la surveillance de l'administration des forêts, doit être considérée comme une entreprise de travaux publics dans le sens de l'art. 4 de la loi du 28 pluv. an 8 (Cons. préf. Gironde, 4 mai 1867, aff. Cayrel, *Répertoire de législation et de jurisprudence forestière*, t. 3, n° 560, p. 358); en conséquence, c'est au conseil de préfecture qu'il appartient de statuer sur les difficultés qui peuvent s'élever entre l'Administration et les entrepreneurs, concernant le sens et l'exécution de leurs marchés (Même décision). Et il ne peut être dérogé à cette règle de compétence par une clause du cahier des charges de l'entreprise (*Ibid.*).

Art. 4. — *Jouissance des dunes et soumission au régime forestier.*

27. — I. Jouissance des dunes. — Aux termes de l'art. 5 du décret de 1810, lorsque, par suite de l'impuissance ou du refus des propriétaires, l'Administration prend à sa charge les travaux de plantation et d'ensemencement des dunes, elle en conserve la jouissance et recueille les fruits des coupes qui peuvent y être faites jusqu'à l'entier recouvrement des dépenses qu'elle a été dans le cas de faire et des intérêts, après quoi, les propriétaires reprennent la jouissance de leurs dunes. L'Etat a donc la jouissance des dunes; mais cette jouissance « qui a fertilisé les dunes des particuliers (ou des communes), dit M. Macarel, *op. cit.*, t. 3, p. 63, n'est pas éternelle. Les fruits recueillis par lui sont comptés, additionnés; et, lorsque leur masse équivaut au montant des dépenses et des intérêts, la jouissance de l'Etat cesse; pour lui, tout est consommé; le but d'utilité générale que se proposait l'Administration est atteint, les dunes sont fixées, fertilisées, la richesse générale s'est accrue; que désormais le propriétaire en profite ! » L'Etat ne se réserve ni le payement de la plus-value du sol, ni le partage des produits à recueillir ultérieurement (Macarel, *loc. cit.*).

28. Une seule condition est imposée aux propriétaires auxquels sont rendues les dunes plantées, c'est d'*entretenir convenablement les plantations ;* c'est là sans doute une restriction à leur jouissance future, mais cette restriction était nécessaire pour empêcher des abus qui pourraient ramener les terrains fixés à leur ancien état de mobilité et de stérilité (Macarel, *loc. cit.*). — « Ces dernières dispositions, dit M. Gaudry, *op. cit.*, n° 101, p. 197, peuvent-elles encore s'appliquer aujourd'hui? Le décret du 14 déc. 1810, qui statue sur le sort des propriétés particulières, n'a-t-il pas été révoqué par les lois qui assurent la propriété privée contre toute occupation autre que celle résultant d'une expropriation moyennant juste et préalable indemnité? » M. Gaudry répond négativement et, suivant nous, avec raison. « Le décret du 14 déc. 1810 dit-il, est purement réglementaire; il ne contient ni pénalités pour lesquelles il se borne à renvoyer au code pénal, ni dispositions sur la propriété foncière, car la propriété des dunes n'est pas enlevée aux possesseurs, elle leur est même expressément conservée. Il n'a jamais été défendu au pouvoir exécutif de statuer par voie réglementaire sur des propriétés privées qui sont un danger pour la chose publique. Or les dunes sont dans ce cas : ces immenses amas de sable se répandent au loin sur les propriétés voisines. L'autorité administrative a donc pu prendre des mesures pour empêcher ces désastres, qui ne sont pas moins préjudiciables aux individus qu'à l'industrie, la navigation et l'agriculture. » Ainsi nous pensons que le décret du 14 déc. 1810 doit encore recevoir son application, sans que le Gouvernement soit obligé d'exproprier les dunes qu'il voudrait ainsi fixer » (V. aussi Macarel, *loc. cit.*).

29. — II. Soumission au régime forestier. — L'une des conséquences de l'intervention de l'Etat dans la plantation des dunes appartenant à des communes ou à des particuliers, aux termes de l'art. 5 du décret de 1810, c'est de soumettre ces dunes au *régime forestier*. Décidé en ce sens que les dunes plantées en bois par l'État par suite du refus ou de l'impuissance des propriétaires d'effectuer les plantations prescrites par l'art. 5 du décret du 14 déc. 1810 deviennent, à raison du droit de jouissance qui appartient à l'État, jusqu'à l'entier recouvrement des dépenses avancées par lui, soumises pendant la durée de cette jouissance au régime forestier (Crim. rej. 2 août 1867, aff. Simard de Pitray, D. P. 68. 1. 45), et que l'administration forestière est recevable à poursuivre les délits qui portent atteinte à cette jouissance, notamment le fait du propriétaire des dunes d'avoir causé du dommage aux plantations en y introduisant des animaux (Même arrêt).

C'est en vertu de ce principe, dont nous examinerons les conséquences, *infrà*, nos 33 et suiv. (V. *infrà*, v° *Forêts*), que l'art. 6 du décret de 1810 décide qu'à l'avenir aucune coupe de plants d'oyats, roseaux de sable, épines maritimes, pins, sapins, mélèzes et autres plantes aréneuses conservatrices des dunes, ne pourra être faite que d'après une autorisation spéciale du directeur général des ponts et chaussées (aujourd'hui des forêts), et sur l'avis des préfets. — Décidé, en ce sens, que le fait d'avoir coupé ou ébranché des arbres sans autorisation dans les dunes plantées aux frais et par les soins du Gouvernement, constituant un délit dans le cas même où le sol ferait partie d'une propriété privée, le prévenu poursuivi à raison de ce fait ne peut se faire un moyen préjudiciel de ce qu'il serait propriétaire du terrain où a été commis le fait de la prévention (Crim. cass. 7 mai 1835, cité *suprà*, n° 21). — Toutefois, il a été jugé que les travaux d'ensemencement exécutés par l'État ne peuvent autoriser l'action en complainte des propriétaires des dunes ensemencées, parce qu'ils ne confèrent à l'État sur ces terrains aucun droit de propriété ou de possession (Req. 29 mai 1845, aff. Commune de Sainte-Eulalie, D. P. 45. 1. 367).

30. Des arrêtés administratifs prohibent, suivant les cas, le *défrichement* des dunes (V. *infrà*, v° *Forêts*). Jugé, à cet égard, que le fait d'avoir fiché en terre des brins de sarment de vigne dans les dunes, sans culture préalable ni postérieure, uniquement pour essayer d'empêcher par un peu de pelouse et de végétation l'éboulement du sable, a pu être considéré comme constituant le défrichement de ces dunes, prohibé par les arrêtés, sans qu'il y ait dans cette décision une violation de la loi (Crim. rej. 8 juill. 1837, *Rép.* v° *Propriété*, n° 157). L'exercice du droit de propriété, quant aux dunes, dit la cour de Gand, est susceptible d'être limité dans la mesure que commande l'intérêt public, à l'effet d'empêcher qu'elles ne s'étendent plus avant sur le continent, et pour les faire au besoin servir à la défense des côtes (Gand, 9 août 1882 et 18 juin 1884 cités *suprà*, n° 18).

31. Cette restriction au droit de propriété est, d'ailleurs, consacrée formellement par l'art. 220 c. for. modifié par la loi du 18 juin 1859 (D. P. 59. 4. 112) (V. *infrà*, v° *Forêts*), aux termes duquel « l'opposition au défrichement ne peut être formée que pour les bois dont la conservation est nécessaire : —... 4° A la protection des dunes et des côtes contre les érosions de la mer et l'envahissement des sables » ;... — « La nécessité de cette disposition est évidente, dit l'exposé des motifs de la loi de 1859 (D. P. 59. 4. 102, note, n° 47). L'utilité des forêts, dans ce double but, ressort trop clairement de ce qu'opèrent à cet égard les plantations de pins maritimes, dans les parties de notre littoral qui jusque là avaient été la proie de la mer ».

32. Comme compensation aux obligations qu'entraîne pour les propriétaires de dunes la soumission au régime forestier, le nouvel art. 226 c. for. modifié par la loi du 18 juin 1859 porte : « Les semis et plantations de bois sur le sommet et le penchant des montagnes, *sur les dunes*, dans les landes, seront exempts de tout impôt pendant trente ans ». — « L'ancien art. 225 c. for. (devenu le nouvel art. 226), dit l'exposé des motifs de la loi de 1859 (D. P. 59. 4. 105, note, n° 54), exemptait d'impôt pendant vingt ans les semis et plantations de bois sur le sommet et le penchant des montagnes *et sur les dunes*. La commission de 1857, conformément à la proposition du Gouvernement, en 1846, faite sur le rapport du directeur général des forêts, avait porté à cinquante ans le terme de cette exemption d'impôt. Le Gouvernement vous propose trente ans : nous trouvons cette réduction raisonnable, et en proportion avec le temps nécessaire pour que le bois soit en plein et suffisant rapport ». — Toutefois, la loi du 18 juin 1859 ne saurait avoir d'effet rétroactif et n'est applicable qu'aux semis et plantations effectués depuis sa promulgation (Cons. d'Et. 24 juill. 1861, aff. Alibert, *Rec. Cons. d'Etat*, p. 636). — Mais le propriétaire qui a fait ces semis et plantations dans les dunes a droit à l'exemption d'impôt, alors même qu'il n'aurait pas encore rempli les formalités prescrites par l'art. 117 de la loi du 3 frim. an 7, c'est-à-dire bien qu'il n'ait pas fait, préalablement aux travaux de semis et plantations, une déclaration des terrains à améliorer (Même arrêt. Conf. Cons. d'Et. 27 août 1839, *Rép.* v° *Forêts*, n° 1982 ; 5 août 1854, aff. Merland, D. P. 55. 3. 36).

Art. 5. — *Surveillance et police des dunes.*

33. La soumission des dunes au régime forestier a pour conséquence d'attribuer à l'administration des forêts tout ce qui concerne la surveillance et la police des dunes.

34. — I. Surveillance des dunes. — Il pourra, dit l'art. 7 du décret du 14 déc. 1810, être établi des gardes pour la conservation des plantations existant actuellement sur les dunes, ou qui y seront faites à l'avenir ; leur nomination, leur nombre, leurs fonctions, leur traitement, leur uniforme seront réglés d'après le mode usité pour les gardes des bois communaux (V. c. for. art. 94 et suiv., et *infrà*, v° *Forêts*). — Mais cette disposition a été modifiée depuis que le service des dunes a été placé complètement dans les attributions de l'administration forestière (Décr. 29 avr. 1862, V. *suprà*, n° 11) ; les gardes des dunes doivent être assimilés plutôt aux gardes domaniaux qu'aux gardes communaux (Circ. adm. for. 12 mai 1866, Nouv. série, n° 14). — Des indemnités spéciales sont allouées aux agents et préposés des dunes (Décis. min. fin. 18 déc. 1865, Puton, *Code de la législation forestière*, v° *Dunes*, p. 378 ; Circ. adm. for. 24 août 1868, Nouv. série, n° 104, p. 70 ; 20 janv. 1880, Nouv. série, n° 260, t. 9, n° 21). Aux termes d'un arrêté du ministre de l'agriculture du 20 avr. 1883 (art. 14, *ibid.*, t. 10, n° 155), une indemnité annuelle de 300 fr. pourra être allouée aux brigadiers du service des dunes obligés de se pourvoir d'un cheval (c. for. art. 160 et suiv., 188 et suiv.) (V. en outre *infrà*, v° *Forêts*).

35. Les agents des forêts ne sont pas les seuls à qui soit confiée la surveillance des dunes. Aux termes du décret organique sur la gendarmerie du 1er mars 1854 (art. 314, D. P. 54. 4. 54), les *gendarmes* sont également chargés de surveiller l'exécution des règlements sur la police des plantations pour la fixation des dunes. On peut en dire autant, croyons-nous, des gardes champêtres en ce qui concerne la surveillance des dunes communales, lorsque ces dunes ne se trouvent pas dans les conditions prévues par l'art. 5 du décret de 1810. — De même, si le particulier propriétaire des dunes a lui-même opéré la plantation et, par suite, a conservé la jouissance de ces dunes, il peut avoir intérêt à commissionner un garde particulier pour les surveiller et empêcher ou constater les infractions qui porteraient atteinte à sa jouissance (V. en outre à ce sujet *infrà*, v° *Forêts*. V. c. for. art. 160 et suiv., 188 et suiv.).

36. — II. Police des dunes. — Nous entendons par là tout ce qui se rapporte aux infractions commises sur les dunes, à leur constatation et à leur poursuite. Aux termes de l'art. 7 *in fine* du décret de 1810, les délits commis dans les dunes seront poursuivis devant les tribunaux, et punis conformément aux dispositions du code pénal. Mais depuis le décret du 29 avr. 1862 (V. *suprà*, n° 11), qui a confié à l'administration des forêts tout ce qui concerne les dunes, les délits forestiers commis sur les dunes plantées en bois par l'État sont punis par le code forestier (art. 159 à 208) (V. *infrà*, v° *Forêts*). C'est ce qu'a décidé la jurisprudence. Il a été jugé en ce sens : 1° que les plantations exécutées par le Gouvernement sur les dunes étant soumises au régime forestier et leur exploitation étant assujettie à des formes particulières, que le sol appartienne à l'État ou qu'il fasse partie d'une propriété communale ou particulière, les infractions aux règles spéciales d'exploitation constituent dans tous les cas des délits forestiers, sans que la qualité de propriétaire du sol puisse enlever aux faits incriminés ce caractère de délits (Crim. cass. 7 mai 1835, cité *suprà*, n° 21) ; — 2° Qu'au cas d'infractions commises dans les dunes, la loi pénale qu'il y a lieu d'appliquer en pareil cas, est, non pas l'art. 471 c. pén., à supposer d'ailleurs que le décret de 1810 ait véritablement entendu renvoyer au code pénal, mais bien le code forestier dont l'art. 218 abroge les dispositions antérieurement édictées à l'égard des propriétés soumises au régime forestier (Crim. rej. 2 août 1867, cité *suprà*, n° 29); — 3° Que le fait de couper ou ébrancher des arbres, sans autorisation, dans les dunes plantées aux frais et par les soins du Gouvernement, constitue le délit forestier de coupe ou enlèvement de bois réprimé par les art. 192 et 194 c. for., alors même que le fait est l'œuvre du propriétaire du sol (Crim. cass. 7 mai 1835, cité *suprà*, n° 21; Sol. impl., Ch. réun. cass. 1er juill. 1836, cité *suprà*, n° 21); — 4° Qu'il y a lieu d'appliquer l'art. 199 c. for., et non l'art. 471, n° 14, c. pén., au propriétaire dont les bestiaux ont été introduits sans autorisation par son pâtre sur une dune à lui appartenant (Crim. rej. 2 août 1867, cité *suprà*, n° 29). — De même, dans les cas où les dunes viendraient à être défrichées sans autorisation, le délinquant serait passible des peines prévues par l'art. 221 c. for. (V. *infrà*, v° *Forêts*).

37. Il a été jugé, d'autre part, que l'arrêté préfectoral qui défend le pacage et l'abatis d'arbres sur les dunes proprement dites n'est pas applicable aux terrains que le juge du fait reconnaît être des terrains solides, essentiellement différents des dunes auxquelles ils sont adjacents, et qui constituent des landes (Crim. rej. 8 juill. 1837, aff. Dubost, *Rép.* v° *Terres vaines et vagues*, n° 4). En conséquence, si une circulaire du sous-préfet étend à 200 toises au delà des dunes la prohibition contenue dans le décret du 14 déc. 1810 et dans un arrêté préfectoral, cette mesure, d'ailleurs non prescrite dans la forme des actes administratifs, excède les attributions de ce fonctionnaire et ne peut être sanctionnée par les tribunaux (Même arrêt).

38. Les agents forestiers ayant, comme on l'a dit *suprà*, n° 34, la surveillance des dunes tant de l'Etat que de celles auxquelles s'applique l'art. 5 du décret de 1810, ont qualité pour constater et poursuivre toutes les infractions qui s'y commettent (c. for. art. 159) (V. *infrà*, v° *Forêts*). Les procès-verbaux dressés à cet effet doivent indiquer l'état et la nature des dunes et des côtes, leur degré de résistance à l'action des eaux de la mer, la direction et la force des vents qui transportent les sables (Circ. adm. for. 4 déc. 1866, § 35, *Bulletin des annales forestières*, nouv. série, n° 43).

39. Les mêmes droits de constatation et de poursuite appartiennent aussi au ministère public en vertu du droit général qui lui appartient d'exercer l'action publique (V. *infrà*, v° *Ministère public*). On peut en dire autant de tous les autres officiers de police judiciaire dont parle l'art. 10 c. instr. cr. (V. *infrà*, v° *Instruction criminelle*), lorsqu'ils sont dans l'exercice de leurs fonctions et constatent un délit commis dans les dunes. — La même observation doit s'appliquer, suivant nous, aux préposés des douanes, lorsqu'ils se trouvent en tournée dans les dunes à l'effet de poursuivre la répression de la contrebande sur les côtes, quoique l'art. 10 c. instr. cr. ne les mentionne pas parmi les officiers de police judiciaire. — En ce qui concerne les simples gendarmes, le décret de 1854 leur donne à cet égard une compétence égale à celle des agents forestiers (V. *suprà*, n° 35).

40. Le *particulier propriétaire* de dunes reboisées peut toujours mettre en mouvement l'action publique à raison des délits qui portent atteinte à son droit de propriété. Mais il ne peut poursuivre la répression des délits qui portent atteinte à la jouissance des dunes, qu'autant que, le reboisement ayant été effectué par lui, il a conservé la jouissance de ces terrains.

41. Quant à la compétence relative aux infractions commises sur les dunes, elle est régie par les principes ordinaires en matière forestière.

Art. 6. — *Des dunes de Gascogne et du Pas-de-Calais.*

§ 1er. — Des dunes de Gascogne.

42. Ainsi que nous l'avons vu *suprà*, n° 2, l'étendue des dunes dans les départements de la Gironde et des Landes est considérable; aussi ont-elles été l'objet d'une législation spéciale dont on a indiqué *suprà*, n° 9, les points principaux.

43. Le décret du 14 déc. 1810 qui, avons-nous dit, forme, en ce qui concerne les dunes, la loi organique de la matière, paraît ne pas devoir s'appliquer aux dunes de Gascogne qui, lors de son apparition, étaient déjà régies pas des dispositions spéciales. Cela résulte de l'art. 1er dudit décret qui prescrivait des mesures analogues à celles qui avaient déjà été prises et exécutées relativement aux dunes de Gascogne par les arrêtés des 2 juill. et 20 sept. 1801 et le décret du 12 juill. 1808 (V. *suprà*, nos 7 suiv.), et du texte même de l'art. 8 du décret de 1810 qui est ainsi conçu : « N'entendons en rien innover, par le présent décret, à ce qui se pratique pour les plantations qui s'exécutent sur les dunes du département des Landes et du département de la Gironde ». — En fait, le décret de 1810 n'a été étendu aux dunes de Gascogne qu'en 1835 (Bouniceau-Gesmon, *op. cit.*, p. 361). A cette époque, la cour de cassation l'a appliqué aux dunes de Gascogne, conjointement avec l'arrêté du 13 mess. an 9 (2 juill. 1801), sans d'ailleurs donner aucun motif à l'appui de cette application (Crim. cass. 7 mai 1835, cité *suprà*, n° 21; Ch. réun. cass. 1er juill. 1836, cité *suprà*, n° 21; Crim. rej. 2 août 1867, cité *suprà*, n° 29).

44. L'ordonnance du 5 févr. 1817 (V. *suprà*, n° 9) forme, en ce qui concerne les dunes de Gascogne, comme le code organique de la matière, bien qu'elle n'ait jamais été publiée dans le *Bulletin des lois*. Elle a été seulement mentionnée au *Moniteur universel* du 15 juill. 1817 (p. 774, colonne 2) dans un article qui annonçait la reprise des travaux de plantation des dunes du golfe de Gascogne. Aussi cette ordonnance a-t-elle pour ainsi dire passé inaperçue et, même depuis 1817, la jurisprudence a-t-elle continué à appliquer aux dunes de Gascogne l'arrêté du 13 mess. an 9 (2 juill. 1801), comme s'il était toujours en vigueur (V. les arrêts cités *suprà*, n° 43). Cependant l'art. 9 de ladite ordonnance est bien formel : « Les arrêtés des 2 juill. et 20 sept. 1801, dit-il, sont abrogés, ainsi que toutes autres dispositions contraires à la présente ordonnance ». Les dispositions de cette ordonnance n'ont rien en elles-mêmes qui mérite d'être particulièrement signalé; elles confient le service des dunes de Gascogne à l'administration des ponts et chaussées. Il y a lieu seulement de remarquer que les art. 4, 5 et 6, qui règlent les rapports des ponts et chaussées et des forêts en ce qui concerne la plantation et la surveillance des dunes de Gascogne, sont aujourd'hui sans application, par suite de la substitution de l'administration des forêts à celle des ponts et chaussées (Décr. 29 avr. 1862, V. *suprà*, n° 11). L'art. 8 de l'ordonnance dit qu'« un règlement du directeur général des ponts et chaussées, approuvé par le ministre secrétaire d'Etat de l'intérieur, déterminera la marche des travaux, leur portée et leur surveillance ». Il a été satisfait aux prescriptions de cet article par un règlement approuvé par le ministre de l'intérieur le 7 oct. 1817. — L'ordonnance du 31 janv. 1839 (V. *suprà*, n° 11) qui complète celle de 1817 en ce qui concerne l'aménagement et l'exploitation des pins maritimes des dunes de Gascogne ne semble offrir aucun intérêt juridique.

45. Bien que le décret du 14 déc. 1810 ne paraisse pas, avons-nous dit *suprà*, n° 43, s'appliquer aux dunes de Gascogne dans les cas spécialement prévus par les ordonnances de 1817 et 1839, comme il traite des dunes en général, nous croyons qu'il peut néanmoins servir à combler les lacunes desdites ordonnances et à réglementer les hypothèses auxquelles celles-ci ont omis de se référer.

46. La loi du 19 juin 1857 (D. P. 57. 4. 89) relative à l'assainissement et à la mise en culture des landes de Gascogne constitue, avons-nous dit (V. *suprà*, n° 9), une nouvelle et dernière application du décret du 14 déc. 1810, qui a protégé le territoire contre l'invasion des *dunes*. Elle n'a imposé au Trésor que des charges modérées et temporaires, et a évité la vente totale ou partielle de nombreux communaux improductifs et insalubres (Exposé des motifs, n° 6, D. P. 57. 4. 90). — Cette loi s'occupe spécialement des *landes* qui, dit l'exposé des motifs (*Ibid.*, note 3), sont situées en arrière des dunes, aujourd'hui à peu près fixées sur tout le littoral, et des étangs dont les eaux, par suite de cette fixation, s'écoulent difficilement vers la mer. Il suffira de la mentionner ici, ainsi que le décret du 28 avr. 1858 (D. P. 58. 4. 31) rendu pour assurer son exécution.

§ 2. — Dunes du Pas-de-Calais

47. Le département du Pas-de-Calais offre aussi une certaine étendue de dunes (V. *suprà*, n° 2) ; elles sont régies par l'ordonnance du 15 juill. 1818 qui s'applique tant aux dunes qu'aux digues qui protègent les côtes contre la mer.

48. Les dunes du Pas-de-Calais n'ont jamais, comme celles de l'Océan, relevé de l'administration des ponts et chaussées. L'ordonnance de 1818 (art. 1er) les divise en deux classes : celles qui sont antérieures à 1558, époque de l'expulsion définitive des Anglais, celles qui sont postérieures à cette date. L'intérêt de cette distinction était dans la composition des commissions syndicales chargées de l'administration des dunes et dans leur mode d'entretien. — Les premières (Ord. 1818, art. 7 à 28) sont surveillées, administrées et entretenues par une commission syndicale de sept membres nommés par le préfet du département (art. 7) qui, outre les détails de l'administration proprement dite (art. 11), est chargée de dresser les projets de travaux d'entretien et de plantation et de les faire exécuter (art. 14 et suiv.) sous le contrôle de l'administration supérieure (art. 20). Les art. 21 et suiv. prévoient le cas où la commission aurait à faire exécuter des travaux extraordinaires et s'occupent alors de leur mode d'exécution et du payement de ces travaux. Les art. 25 à 28 traitent de tout ce qui concerne la comptabilité des travaux d'entretien. — Les dunes de deuxième classe, dit l'art. 29 de l'ordonnance, sont entretenues, réparées et reconstruites par les propriétaires des salines pour lesquelles elles ont été créées. Les propriétaires de ces salines forment une société particulière, et chaque saline a à sa tête un administrateur nommé pour trois ans par les intéressés et rééligible (art. 31). Le syndicat formé des administrateurs de toutes les salines au moyen de commissaires choisis par lui administre les dunes et fait tous les travaux d'entretien et les réparations nécessaires (art. 32 et suiv.). Il statue en dernier ressort sur les difficultés, le tout sous le contrôle supérieur de l'administration préfectorale.

Ces dispositions sont, croyons-nous, devenues aujourd'hui sans application depuis le décret du 29 avr. 1862 (V. *suprà*, n° 11) qui remet toutes les dunes de France entre les mains de l'administration forestière. En tous cas, les commissions syndicales dont nous venons de parler ne sauraient plus fonctionner que sous sa surveillance.

49. Le titre 8 et dernier de ladite ordonnance traite de la police des digues et dunes (art. 37 à 46) ; il renferme les dispositions suivantes en ce qui concerne spécialement les dunes du Pas-de-Calais : « Art. 40. Aucune fouille ne pourra être faite dans les dunes de mer, et ce jusqu'à la distance de cent toises de la baisse de haute mer. — Les fouilles et enlèvements de sable seront punis d'une amende de 3 fr. à 15 fr. (c. for. art. 114). (V. *infrà*, v° *Forêts*). — Art. 41. Il est défendu, *sauf aux propriétaires ou leurs ayants droit*, de couper ou arracher aucune herbe, plante, broussaille, sur les digues et dunes, sous peine d'une amende de 3 fr. à 15 fr., outre les frais de réparation ». C'est là une disposition plus libérale que celle du décret de 1810 qui restreint considérablement le droit de propriété et dont l'art. 6, notamment, avons-nous vu *suprà*, n° 29, interdit dans les dunes toute espèce de coupe non autorisée par l'Administration, qu'il s'agisse des propriétaires ou de tous autres. — « Art. 42. Nul ne pourra faire paître des bestiaux dans les dunes sans l'autorisation de la commission syndicale. Il est interdit aux propriétaires d'y entretenir des lapins. » — « Art. 43. Les contrevenants seront punis d'une amende de 3 fr. par cheval, 2 fr. par vache, 1 fr. par génisse et veau, 50 cent. par mouton ; les lapins seront détruits par les gardes cantonniers (V. *suprà*, v° *Droit rural*, n°s 121 et suiv.)... Art. 46. Les délits prévus par le présent règlement seront constatés par les gardes cantonniers, les gardes champêtres, ainsi que les officiers de police judiciaire. — Celui qui aura constaté un délit aura droit à la moitié de l'amende ». A cette énumération, il faut ajouter les agents forestiers qui ont de droit la police et la surveillance des dunes (Décr. 29 avr. 1862), les préposés des douanes, les gendarmes et les gardes particuliers dans les conditions que nous avons indiquées *suprà*, n°s 38 et suiv. — Les contraventitons, ajoute l'art. 46, seront portées devant les tribunaux ordinaires. — Elles seront réprimées conformément aux dispositions du code forestier, ainsi que nous l'avons vu *suprà*, n°s 36 et suiv.

Table sommaire des matières contenues dans le Supplément.

Table chronologique des Lois, Arrêts, etc.

1744. 3 mars. Arrêt. cons. 5 c.
1754. 21 oct. Arrêt cons. 5 c.
1779. 28 mars. Arrêt cons. 4 c.
1792. 28 août. Loi. 15 c., 16 c.
1793. 10 juin. Loi. 15 c., 16 c.
An 7. 3 frim. Loi. 82 c.
An 8. 28 pluv. Loi. 26 c.
—16 flor. Rap. 6 c.
An 9. 13. mess. Arrêté. 1 c., 6 c., 7 c., 9 c., 43 c., 44 c., p. 591.
— 3ᵉ jour compl. Arrêté. 7 c., 9 c., 43 c., 44 c., p. 591.
1807. 16 sept. Loi. 17 c.
1808. 12 juill. Décr. 7 c., 43 c., p. 591.
—18 oct. Circ. 8 c., 23 c.
1810. 8 mars. Loi. 25 c.
—14 déc. Décr, 8 c., 9 c., 10 c., 17 c., 19 c., 21 c., 22 c., 23 c., 24 c., 25 c., 27 c., 28 c., 29 c., 34 c., 35 c., 36 c., 37 c., 38 c., 43 c., 45 c., 46 c., 49 c., p. 591.
1811. 11 févr. Circ. 22 c., 24 c.
—16 déc. Décr. 8 c., 17 c., p. 591.
1817. 5 févr. Ord. 9 c., 44 c., 45 c., p. 591.
—7 oct. Règl. 44 c.
1818. 15 juill. Ord. 9 c., 47 c., 48 c., p. 591.
1835. 7 mai. Crim. 21 c., 29 c., 36 c., 43 c.
1836. 1ᵉʳ juill. Ch. réun. 21 c., 36 c., 43 c.
1837. 8 juill. Crim. 30 c., 37 c.
1839. 31 janv. Ord. 9 c., 44 c., 45 c., p. 591.
—27 août. Cons. d'Et. 32 c.
1841. 3 mai. Loi. 25 c.
1845. 29 mai. Req. 29 c.
1846. 9 févr. Bordeaux. 13 c.
1847. 13 oct. Ord. p. 591.
1848. 31 août. Bordeaux. 13 c.
1854. 1ᵉʳ mars. Décr. 35 c., 39 c.
—5 août. Cons. d'Et. 32 c.
—11 oct. Décr. p. 591.
1856. 6 févr. Décis. 19 c.
1857. 19 juin. Loi. 9 c., 46 c., p. 591.
1858. 28 avr. Décr. 46 c., p. 591.
1859. 18 juin. Loi. 31 c., 32 c.
1860. 28 juill. Loi. 10 c.
1861. 1ᵉʳ mai. Décr. p. 591.
—24 juill. Cons. d'Et. 32 c.
1862. 29 avr. Décr. 11 c., 22 c., 34 c., 36 c., 44 c., 48 c., 49 c., p. 591.
—21 juill. Décr. p. 591.
1864. 3 août. Bordeaux. 13 c.
1865. 18 déc. Décis. 34 c.
1866. 12 mai. Circ. 11 c., 22 c., 34 c.
—4 déc. Circ. 38 c.
1867. 4 mai. Cons. préf. Gironde. 26 c.
—2 août. Crim. 29 c., 36 c., 43 c.
1868. 24 août. Circ. 34 c.
1869. 25 juin. Trib. Bordeaux. 15 c., 16 c.
1870. 25 juill Bordeaux. 15 c.
1872. 6 mai. Bordeaux. 15 c.
1873. 30 juin. Civ. 15 c.
1874. 30 juin. Req. 15 c.
1876. 26 avr. Req. 15 c.
—23 mai. Req. 15 c.
1877. 15 déc. Décr. 11 c., p. 591.
1878. 9 déc. Trib. Bruges. 18 c.
1880. 20 janv. Circ. 34 c.
1881. 14 nov. Décr. 11 c.
1882. 9 août. Gand. 18 c., 30 c.
1883. 20 avr. Arrêté. 34 c.
—3 nov. Trib. Furnes. 18 c.
1884. 18 juin. Gand. 18, 30 c.
1885. 29 mai. C. cass. Belgique. 18 c.
1887. 4 avr. Trib. Bruges. 18 c.

DYNAMITE. — V. *infrà*, v^is *Manufactures et ateliers dangereux, insalubres ou incommodes; Organisation des colonies; Patente; Pêche fluviale; Voirie par chemins de fer.*

EAUX.

Division.

CHAP. 1ᵉʳ. — Historique et législation; Droit comparé (*Rép.* nºˢ 1 à 33).

SECT. 1ʳᵉ. — HISTORIQUE ET LÉGISLATION (*Rép.* nºˢ 4 à 22).

1. Depuis la publication du *Répertoire* un grand nombre d'actes législatifs et de décrets concernant les eaux intérieures ont été promulgués. Nous les indiquons dans leur ordre chronologique au Tableau de la législation (V. *infrà*, nº 8).

2. Le projet de code rural préparé sous le premier Empire par M. de Verneuilh, repris sous la Restauration, remis en discussion en 1854, avait un titre consacré au régime des eaux. Ce titre fut présenté le 4 juin 1857 par le Sénat à l'empereur. Les événements de 1870 survinrent avant qu'il ne fût voté. Mais il avait été examiné par le conseil d'Etat et était prêt à être discuté. On a dit *suprà*, vº *Droit rural*, nº 6, que le projet de code rural a été repris en 1876. Le livre relatif au régime des eaux fut soumis au Sénat par le Gouvernement le 13 juill. 1876 (V. l'exposé des motifs, *Journ. off.* des 31 oct., 1ᵉʳ et 3 nov. 1876, annexe nº 106, p. 7839). Il ne vint pas immédiatement en discussion. Le Gouvernement, désireux de compléter le programme des travaux publics par l'aménagement et l'utilisation des eaux au point de vue agricole et industriel, élargit le cadre du projet et y apporta des additions et modifications destinées à faciliter l'exécution d'entreprises reconnues utiles à l'intérêt général.

Un projet de loi spécial sur le régime des eaux fut présenté au Sénat le 24 janv. 1880 (V. l'exposé des motifs, *Journ. off.* du 14 févr. 1880, p. 1704, annexe, nº 17). « Le Gouvernement, dit M. Cuvinot dans son rapport du 22 déc. 1882 (*Journ. off.*, janv. 1883, p. 182, annexe, nº 202), en demandant au Sénat de discuter et de voter ce projet de loi, s'est proposé un double but. Il a voulu tout d'abord condenser en une loi unique l'ensemble des dispositions législatives qui règlent la propriété et l'usage des eaux ou qui déterminent les droits et les obligations des particuliers et de l'Etat dans toutes les questions concernant l'écoulement des eaux, leur aménagement, leur endiguement et leur purification.. Le Gouvernement a pensé, en outre, qu'après avoir fait une aussi large part aux travaux de chemins de fer, de voies navigables et de ports maritimes en vue de faciliter les échanges et de diminuer le prix des transports, il convenait de préparer la réalisation d'autres travaux, non moins intéressants, qui ont pour objet de développer la production même du pays, et, en particulier, la production agricole... » Les quatre premiers titres du projet de loi ont été l'objet au Sénat d'une première délibération les 22, 25, 26, 27 janv.; 8, 15, 16 et 17 févr. 1883. Un rapport supplémentaire a été fait par M. Cuvinot, le 8 mai 1883 (*Journ. off.*, juin 1883, annexe, n° 172, p. 177). La seconde délibération a eu lieu les 21 juill., 1er et 2 août 1883. Les quatre premiers titres ont été votés par le Sénat, le 25 octobre suivant. Ils ont été présentés à la Chambre des députés le 2 févr. 1886 (*Journ. off.* du 1er août 1886, annexe n° 390, p. 965). M. Maunoury a déposé son rapport le 24 mars 1883 (*Journ. off.* du 4 juin 1888, annexe, n° 2578, p. 456). Le projet n'a pas encore été à la Chambre l'objet d'une discussion. Suivant toutes probabilités, il sera prochainement soumis à ses délibérations et adopté au moins dans ses grandes lignes. Il est donc utile d'en indiquer l'économie et les traits les plus saillants.

Le projet de loi présenté au Sénat par le Gouvernement le 24 janv. 1880 comprend sept titres distincts, savoir : « Tit. 1er. Eaux pluviales et sources. — Tit. 2. Cours d'eau non navigables ni flottables. — Tit. 3. Des rivières flottables à bûches perdues. — Tit. 4. Des fleuves et rivières navigables ou flottables. — Tit. 5. Travaux de défense contre les fleuves, cours d'eau navigables ou non navigables et contre la mer. — Tit. 6. Eaux utiles. — Tit. 7. Eaux nuisibles ». La commission du Sénat a fait rentrer sous le titre général « Eaux nuisibles » les articles relatifs aux travaux de défense contre les fleuves et la mer, et réduit, par suite, à six les titres du projet de loi. — Le tit. 5 « Eaux utiles », et le tit. 6 « Eaux nuisibles » n'ont pas été encore discutés par le Sénat. Le tit. 5 a pour objet la codification des dispositions concernant l'utilisation des eaux et leur aménagement. Il contient des mesures destinées à faciliter les irrigations individuelles et la formation d'associations syndicales; trace les règles applicables aux travaux à faire pour l'alimentation en eau des communes, et détermine les droits et obligations des communes à l'égard des usagers antérieurs des eaux et des autres intéressés. — Le tit. 6 règle l'application des endiguements et défenses des rives, contient des prescriptions nouvelles pour les mesures préventives contre les inondations, s'occupe du dessèchement des étangs et des marais, de l'assainissement des terrains humides, de la purification des cours d'eau, de l'assainissement des villes et de l'emploi des eaux d'égout.

Les quatre premiers titres, votés par le Sénat, ont plus spécialement pour objet les dispositions législatives qui règlent la propriété et l'usage des eaux et qui déterminent les droits et les obligations des particuliers et de l'Etat dans toutes les questions concernant l'écoulement des eaux. Nous indiquons sommairement les modifications qu'ils apportent à la législation actuelle.

3. Le tit. 1er du projet traite des *eaux pluviales et des sources;* en voici les principales dispositions: — « Art. 1er. Les art. 641, 642 et 643 c. civ. sont remplacés par les dispositions suivantes : « Art. 641. Tout propriétaire a le droit d'user et de disposer des eaux pluviales qui tombent sur son fonds. Si l'usage de ces eaux ou la direction qui leur est donnée aggrave la servitude naturelle d'écoulement établie par l'art. 640, une indemnité est due au propriétaire du fonds inférieur. — La même disposition est applicable aux eaux de source nées sur un fonds. Lorque, par des sondages ou des travaux souterrains, un propriétaire fait surgir des eaux dans son fonds, les propriétaires des fonds inférieurs doivent les recevoir ; mais ils ont droit à une indemnité en cas de dommages résultant de leur écoulement. Les maisons, cours, jardins, parcs et enclos attenant aux habitations ne peuvent être assujettis à aucune aggravation de la servitude d'écoulement dans les cas prévus par les paragraphes précédents. Les contestations auxquelles peuvent donner lieu l'établissement et l'exercice des servitudes prévues par ces paragraphes, et le règlement, s'il y a lieu, des indemnités dues aux propriétaires des fonds inférieurs sont portés, en premier ressort, devant le juge de paix du canton, qui, en prononçant, doit concilier les intérêts de l'agriculture et de l'industrie avec le respect dû à la propriété. — S'il y a lieu à expertise, il peut n'être nommé qu'un seul expert. — Art. 642. Celui qui a une source dans son fonds peut toujours user des eaux à sa volonté dans les limites et pour les besoins de son héritage, mais il ne peut en détourner le cours au préjudice des usagers inférieurs. Le propriétaire d'une source ne peut plus en user au préjudice des propriétaires des fonds inférieurs qui depuis plus de trente ans ont fait et terminé, sur le fonds où jaillit la source, des ouvrages apparents et permanents destinés à utiliser les eaux ou à en faciliter le passage dans leur propriété. — Il ne peut pas non plus en user de manière à enlever aux habitants d'une commune, village ou hameau l'eau qui leur est nécessaire ; mais, si les habitants n'en ont pas acquis ou prescrit l'usage, le propriétaire peut réclamer une indemnité, laquelle est réglée par experts. — Art. 643. Si, dès la sortie du fonds où elles surgissent, les eaux de source forment un cours d'eau offrant le caractère d'eaux publiques et courantes, le propriétaire ne peut les détourner de leur cours naturel au préjudice des usagers inférieurs. Ces dispositions ont donné lieu au Sénat à des discussions intéressantes (V. aussi le rapport au Sénat de M. Cuvinot, *Journ. off.*, janv. 1883, annexe n° 202, p. 105 et suiv.). Elles ne rentrent pas dans le cadre de notre étude, mais seront examinées *infrà*, v° *Servitudes.*

4. Dans le tit. 2 du projet, il est question *des cours d'eau non navigables ni flottables;* nous y trouvons les dispositions suivantes : « Chap. 1er. — *Des droits des riverains.* — Art. 2. Les riverains n'ont le droit d'user de l'eau courante qui borde ou qui traverse leurs héritages que dans les limites déterminées par la loi. Ils sont tenus de se conformer, dans l'exercice de ce droit, aux dispositions des règlements et des autorisations émanées de l'Administration». — Les limites, dont parle le premier paragraphe, sont celles qui sont fixées par l'art. 644 c. civ. dont les dispositions aussi bien que celles de l'art. 645 restent toujours en vigueur. Ce point a été nettement indiqué lors de la seconde délibération au Sénat (*Journ. off.* Débats parlem. Sénat, 24 juin 1883, p. 748). Il a été aussi indiqué que l'Administration elle-même doit exercer les pouvoirs qui lui sont conférés par la loi des 28 sept.-6 oct. 1791 et les autres lois qui régissent la matière, comme elle l'a fait jusqu'à présent. — Les règlements dont parle le second paragraphe sont les règlements généraux rendus par l'Administration en vue de l'utilité publique, soit pour préserver les habitants de l'insalubrité, les propriétés des dommages et des inondations, soit pour opérer la meilleure répartition des eaux entre les différents ayants droit. — Le mot « autorisations » vise les permissions individuelles qui sont données pour l'établissement d'une prise d'eau soit aux usiniers, soit aux irrigants qui les sollicitent, non pas à titre de concession, mais, parce qu'ayant comme riverains le droit de se servir des eaux, ils demandent à l'Administration de régler les conditions dans lesquelles le droit auquel ils prétendent peut s'exercer. Il a été dit au Sénat qu'on entendait maintenir les distinctions établies par la jurisprudence du tribunal des conflits et de la cour de cassation entre les prescriptions réglementaires et les simples permissions; que, notamment, les tribunaux, lorsque, par une autorisation particulière, il aurait été porté atteinte au droit des tiers, par exemple, à un établissement existant antérieurement, conserveraient le droit d'ordonner la destruction des travaux que le permissionnaire a faits à ses risques et périls. L'Administration à qui l'autorisation a été demandée n'a eu à se préoccuper que d'une chose, l'intérêt de la salubrité et de l'écoulement des eaux. Elle a indiqué les conditions à remplir, les ouvrages à faire, mais elle n'a pas eu à examiner si la permission qu'elle a donnée porte atteinte à des établissements déjà existants. Toutes les permissions personnelles de l'Administration, en cette matière comme en toute autre, sont données sous la réserve du droit des tiers. Les tribunaux, au contraire, ne peuvent ordonner la démolition des ouvrages prescrits par l'Administration dans un règlement général, inspiré par la pensée et les nécessités de l'intérêt public (*Journ. off.*, Débats parlem., Sénat, 24 juin 1883, p. 749 et suiv.).

Aux termes de l'art. 3, le lit des cours d'eau non navigables ni flottables appartient aux propriétaires des deux rives. Si les deux rives appartiennent à des propriétaires différents, chacun d'eux a la propriété de la moitié du lit, suivant une ligne que l'on suppose tracée au milieu du cours d'eau, sauf titre ou prescription contraire. — Chaque riverain a le droit de prendre, dans la partie du lit qui lui appartient, tous les produits naturels et d'en extraire de la vase, du sable et des pierres, à la condition de ne pas modifier le régime des eaux et d'en exécuter le curage, conformément aux règles établies par le chap. 3 du présent titre. — Sont et demeurent réservés les droits acquis par les riverains ou autres intéressés sur les parties des cours d'eau qui servent de voie d'exploitation pour la desserte de leurs fonds. — Cette disposition est une innovation, car, depuis 1846, la jurisprudence considère que les cours d'eau non navigables ni flottables rentrent dans les choses communes à tous: l'art. 3 attribue la propriété du *lit* aux riverains, les eaux elles-mêmes restant chose commune à tous (art. 2). — MM. Léon Clément et Pouyer-Quertier, au Sénat, ont vivement combattu cette doctrine (*Journ. off.*, 1883, Déb. parlem., p. 755 et suiv., 2e délib.). Après avoir fait remarquer qu'elle avait été proposée dans le projet de loi du code rural de 1810, mais qu'elle avait dû être abandonnée en présence des critiques nombreuses et décisives élevées par les cours d'appel, ils ont fait ressortir les inconvénients du projet. Ces inconvénients sont les suivants : 1° le principe absolu de la propriété du lit au profit des riverains sera, dans certaines circonstances, une gêne pour l'Administration. En cas de travaux à faire, si elle veut reposer un pont, un chemin de fer, sur le lit d'un cours d'eau, les riverains lui demanderont une indemnité d'expropriation. — 2° Lorsqu'une rivière sera déclarée navigable, l'Administration devra payer une indemnité pour la propriété du lit, en sus de l'indemnité pour la pêche et le chemin de halage; — 3° Les riverains devront être imposés pour le sol des rivières qui bordent ou traversent leurs fonds (L. 3 frim. an 7, art. 104). Ils pourront tirer profit du lit, en certains cas, et notamment réclamer une redevance aux propriétaires de mines situées au-dessous du cours d'eau ; — 4° La disposition proposée créera des difficultés de voisinage entre les riverains, relativement à la propriété du lit, au bornage; si un riverain veut faire une plantation, une construction avec vues sur la rivière, il ne le pourra qu'à la condition de planter ou de construire à plus de deux mètres du milieu de l'eau, parce que c'est là que commencera la propriété de l'autre riverain, et qu'on ne peut avoir des arbres ou des vues qu'à deux mètres du voisin. — S'il veut établir un barrage qui dépasse la moitié de la rivière, lors même qu'il n'aurait pas d'appui sur la rive opposée, il devra s'entendre avec le voisin et lui payer une indemnité ; — 5° La jurisprudence a reconnu que le public a sur les rivières le droit d'exercer des facultés naturelles, d'y puiser de l'eau, d'y abreuver des bestiaux et d'y circuler en bateau. Le riverain aurait le droit de s'opposer au passage en bateau sur les rivières non navigables. M. Pouyer-Quertier a insisté sur cette conséquence du projet. « Sur les rives des cours d'eau, a dit l'honorable sénateur, vous rencontrez des propriétés d'une grande étendue et un grand nombre de parcelles de faible importance qui n'ont de communication avec les routes, avec les ponts, que par les rivières. C'est par cette voie qu'on enlève les récoltes, qu'on transporte les foins ; c'est au moyen de petits batelets qu'on apporte les bestiaux dans les prairies qui n'ont pas d'accès direct sur les routes, parce qu'elles sont entourées par les vastes propriétés. Par votre projet de loi, vous donnez au propriétaire non seulement la propriété de l'eau de la rivière, mais celle du lit du cours d'eau, de sorte que le petit héritage du petit cultivateur, du paysan, va se trouver enfermé dans de vastes prairies en amont et en aval. Il ne pourra, par conséquent, entrer chez lui ou en sortir qu'en passant sur le terrain de son puissant et riche voisin. » — M. Cuvinot, rapporteur, a donné l'explication des derniers mots du paragraphe 2 de l'art. 3, « sauf titre ou possession contraire ». « Lorsqu'un cours d'eau, a-t-il dit, borde deux propriétés, il peut très bien arriver que, par suite d'arrangements entre eux, les propriétaires riverains décident, par exemple, que le cours d'eau sera établi exclusivement sur la propriété de l'un d'eux. C'est là une convention comme une autre et qui n'a rien de contraire au droit et aux lois générales, et je ne comprends pas que l'on puisse critiquer un article de loi qui prévoit la possibilité d'un contrat de cette nature. C'est là la seule signification des mots « sauf titre ou prescription contraire ». Quand il n'y aura pas titre, convention ou prescription, l'axe du cours d'eau formera la limite naturelle des deux propriétés. » — Le paragraphe additionnel réservant certains droits acquis par les riverains ou intéressés et qui a été voté sans discussion, donne à certains points de vue satisfaction aux critiques soulevées contre le système nouveau (*Journ. off.*, Déb. parlem. Sénat, séance du 18 juill. 1883, p. 899). — Lorsque le lit d'un cours d'eau est abandonné, soit naturellement, soit par suite de travaux légalement exécutés, chaque riverain en reprend la libre disposition suivant les limites déterminées par l'article précédent (art. 4). — Lorsqu'un cours d'eau non navigable et non flottable abandonne naturellement son lit, les propriétaires des fonds sur lesquels le lit nouveau s'établit sont tenus de souffrir le passage des eaux sans indemnité ; mais ils peuvent, dans l'année qui suit le changement de lit, prendre les mesures nécessaires pour rétablir l'ancien cours des eaux. Les propriétaires riverains du lit abandonné jouissent de la même faculté et peuvent, dans l'année, poursuivre l'exécution des travaux nécessaires au rétablissement du cours primitif (art. 5). — Lorsque, par suite de travaux légalement ordonnés, il y a lieu d'élargir le lit ou d'en ouvrir un nouveau, les propriétaires des terrains occupés ont droit à une indemnité à titre de servitude de passage. — Pour la fixation de cette indemnité, il sera tenu compte de la situation respective de chacun des riverains par rapport à l'axe du nouveau lit, la limite des héritages demeurant fixée conformément aux dispositions du paragraphe 2 de l'art. 3 ci-dessus, à moins de stipulations contraires. — Les bâtiments, cours et jardins attenant aux habitations sont exempts de la servitude de passage. — Les contestations auxquelles peuvent donner lieu l'application du paragraphe 2 du présent article et le règlement des indemnités sont jugées en premier ressort par le juge de paix du canton. S'il y a lieu à expertise, il peut, dans tous les cas, n'être nommé qu'un seul expert (art. 6). — L'art. 6 contient deux innovations importantes. Aux termes d'une jurisprudence constante, toutes les fois que, sous prétexte d'un curage, en même temps qu'un curage, l'autorité administrative prescrit l'élargissement d'un cours d'eau et empiète sur l'un ou l'autre riverain, on doit procéder par voie d'expropriation. Le projet de loi décide, au contraire, que, lorsqu'il ne s'agit pas de terrains bâtis ou attenant aux habitations, on procédera par voie de servitude. Le propriétaire à qui un terrain sera pris, pour élargir le lit d'un cours d'eau ou en ouvrir un nouveau, aura droit à une indemnité à titre de servitude de passage. Cette indemnité sera fixée par le juge de paix. Il ne sera pas nécessaire de recourir à l'expropriation. — Cette solution est la conséquence logique du principe nouveau posé dans l'art. 3 que la propriété du lit des cours d'eau non navigables ni flottables appartient aux riverains. Dès qu'il n'y a pas translation de propriété, il n'y a pas expropriation, mais seulement dommage. On concevrait difficilement, d'ailleurs, que la surface occupée par un cours d'eau appartînt pour une part aux riverains, et pour l'autre à l'État ou au syndicat qui aurait poursuivi l'exécution des travaux (*Journ. off.*, Déb. parlem. 18 juill. 1883, Discours du rapporteur, p. 901). — Sur la proposition de M. Bérenger, la commission du Sénat a attribué au juge de paix du canton la connaissance des contestations auxquelles peut donner lieu la fixation de l'indemnité due aux propriétaires, par suite de l'élargissement ou de l'ouverture d'un lit. La compétence en ces matières appartient actuellement aux conseils de préfecture. M. Roger-Marvaise a combattu cette innovation qui « sape dans ses principes les plus essentiels, dans ses principes fondamentaux, la juridiction des tribunaux administratifs ». Elle a été admise, par ce motif que la juridiction commode, voisine, familière, du juge de paix présente de sérieux avantages pour les propriétaires qui ne seraient plus obligés d'aller au chef-lieu de département devant le conseil de préfecture, « cause de déplacement déjà pénible et plus coûteuse, et en appel devant le conseil d'État, pour obtenir une indemnité souvent assez faible, eu égard au peu d'importance des impenses » (*Journ. off.* Déb. parlem. Sénat, 18 juill. 1883, p. 903). — La propriété des alluvions, relais, atterrissements, îles et îlots qui se forment dans les cours d'eau non navigables et non flottables est et demeure régie par les dispositions des art. 556, 557, 559, 561 et 562 c. civ. (art. 7).

Le chap. 2 du tit. 2 traite de la *police et de la conservation des eaux :* « Art. 8. L'autorité administrative est chargée de la conservation et de la police des cours d'eau non navigables et non flottables. — Art. 9. Des décrets rendus après enquête dans la forme des règlements d'administration publique fixent, s'il y a lieu, le régime général de ces cours d'eau, de manière à concilier les intérêts de l'agriculture et de l'industrie avec le respect dû à la propriété et aux droits et usages antérieurement établis. — Art. 10. Le propriétaire riverain d'un cours d'eau non navigable et non flottable ne peut exécuter des travaux au-dessus de ce cours d'eau ou le joignant, qu'à la condition de ne pas préjudicier à l'écoulement et de ne causer aucun dommage aux propriétés voisines. « Les travaux, dit le rapporteur, ne sont pas soumis à l'autorisation préalable; les riverains les exécuteront donc à leurs risques et périls. Toutefois, à raison des inconvénients qui résulteraient pour les riverains eux-mêmes du défaut de renseignements en cette matière, il est désirable que des arrêtés réglementaires, rendus par les préfets sous l'autorité du ministre des travaux publics, fixent pour chaque cours d'eau les conditions générales auxquelles devront satisfaire les ouvrages établis au-dessus du cours d'eau ou sur ses bords. L'intervention administrative n'apporte, d'ailleurs, aucun obstacle aux actions que les propriétaires des fonds voisins jugeraient convenable d'intenter devant les tribunaux civils, en vue d'obtenir la réparation du préjudice qui leur serait causé » (*Journ. off.*, janv. 1883, Sénat, annexe, n° 202, p. 1113). — « Art. 11. Aucun barrage, aucun ouvrage destiné à l'établissement d'une prise d'eau, d'un moulin ou d'une usine ne peut être entrepris dans un cours d'eau non navigable et non flottable sans l'autorisation de l'Administration. — Art. 12. Les préfets statuent après enquête sur les demandes ayant pour objet : 1° l'établissement d'ouvrages intéressant le régime ou le mode d'écoulement des eaux ; 2° la régularisation de l'existence des usines et ouvrages établis sans permission et n'ayant pas de titre légal ; 3° la révocation ou la modification des permissions précédemment accordées. La forme de l'instruction qui doit précéder les arrêtés des préfets est déterminée par un règlement d'administration publique. D'après le décret du 25 mars 1852 (art. 4, D. P. 52. 4. 90), la garantie de publicité et de discussion offerte aux particuliers reposait uniquement sur les règlements ou instructions ministérielles auxquelles les préfets devaient se conformer. Le projet de loi rend l'enquête obligatoire, et le règlement ministériel fait place à un règlement d'administration publique. Le Sénat, sur la proposition de M. Emile Lenoël, a supprimé un paragraphe qui soumettait à l'autorisation administrative les prises d'eau pour l'irrigation. Il a fait remarquer avec raison que ce paragraphe était directement contraire au texte de l'art. 644 c. civ. et au droit qu'il établit au profit des riverains (*Journ. off.*, Déb. parlem. Sénat, séance du 25 janv. 1883, p. 39). — Art. 13. S'il y a réclamation des parties intéressées contre l'arrêté du préfet, il est statué par un décret rendu sur l'avis du conseil d'Etat, sans préjudice du recours contentieux en cas d'excès de pouvoir. — Art. 14. Les permissions peuvent être révoquées ou modifiées sans indemnité, soit dans l'intérêt de la salubrité publique, soit pour prévenir ou faire cesser les inondations, soit enfin dans le cas de la réglementation générale prévue par l'art. 9. Dans tous les autres cas, elles ne peuvent être révoquées ou modifiées que moyennant indemnité. — « Cette règle, dit le rapport, ne comporte aucune exception ; et si des travaux d'intérêt public, par exemple, ont pour résultat de porter atteinte à la jouissance qui dérive d'une autorisation régulière, l'Etat est tenu d'indemniser l'usager. Il en est ainsi, à plus forte raison, lorsque le dommage est occasionné par des concessionnaires de travaux (*Journ. off.*, janv. 1883, Sénat, annexe, n° 202, p. 114). — Art. 15. Les propriétaires ou fermiers de moulins et usines, même autorisés, ou ayant une existence légale, sont garants des dommages causés aux chemins et aux propriétés. — Art. 16. Les maires peuvent, sous l'autorité des préfets, prendre toutes les mesures nécessaires pour la police des cours d'eau. Ils doivent obtenir une délégation spéciale, l'autorité municipale n'ayant compétence pour intervenir que si un danger imminent ou si des raisons de sécurité ou de salubrité publique commandent des dispositions immédiates (*Journ. off.*, janv. 1883, annexe, n° 202, p. 114). — Art. 17. Dans tous les cas, les droits des tiers sont et demeurent réservés. »

Dans le chap. 3 du même titre, il est traité *du curage, des élargissements et redressements :* « Art. 18. Le curage comprend tous les travaux nécessaires pour établir un cours d'eau dans sa largeur et sa profondeur naturelles, sans préjudice de ce qui est réglé à l'égard des alluvions par les art. 556 et 557 c. civ. — Art. 19. Il est pourvu au curage des cours d'eau non navigables et non flottables et à l'entretien des ouvrages qui s'y rattachent, de la manière prescrite par les anciens règlements ou d'après les usages locaux. — Les préfets sont chargés, sous l'autorité du ministre compétent, de prendre les dispositions nécessaires pour l'exécution de ces règlements ou usages. — Art. 20. A défaut d'anciens règlements ou usages locaux, ou si l'application des règlements et l'exécution du mode de curage consacré par l'usage présentent des difficultés, ou bien encore si les changements survenus exigent des dispositions nouvelles, il est procédé en conformité de la loi du 21 juin 1865 sur les associations syndicales. — Art. 21. Dans le cas où les tentatives faites en vue d'arriver à la constitution d'une association syndicale libre ou autorisée n'aboutiraient pas, il est statué par un décret délibéré en conseil d'Etat ; chaque décret est précédé d'une enquête et d'une instruction dont les formes sont déterminées par un règlement d'administration publique. — Art. 22. Le décret règle le mode d'exécution des travaux, détermine la zone dans laquelle les propriétaires intéressés, riverains ou non riverains et usiniers, peuvent être appelés à y contribuer, et arrête, s'il y a lieu, les bases générales de la répartition de la dépense d'après le degré d'intérêt de chacun à l'exécution des travaux. — Art. 23. Dans tous les cas, les rôles de répartition des sommes nécessaires au payement des travaux de curage ou d'entretien des ouvrages sont dressés sous la surveillance du préfet et rendus exécutoires par lui. — Le recouvrement est fait dans les mêmes formes et avec les mêmes garanties qu'en matière de contributions directes. Le privilège ainsi créé prendra rang immédiatement après celui du Trésor public. — Art. 24. Toutes les contestations relatives à l'exécution des travaux, à la répartition de la dépense et aux demandes en réduction ou décharge formées par les imposés sont portées devant le conseil de préfecture, sauf recours au conseil d'Etat. — Art. 25. Les travaux d'élargissement, de régularisation et de redressement des cours d'eau non navigables et non flottables, qui seront jugés nécessaires pour compléter les travaux de curage, sont assimilés à ces derniers, et leur exécution est poursuivie en vertu des articles précédents. — Art. 26. S'il s'agit de terrains exceptés de la servitude de passage, et si, à défaut d'accord, il est nécessaire de recourir à l'expropriation, il est procédé à cette expropriation et au règlement des indemnités conformément aux dispositions combinées de la loi du 3 mai 1841 et des paragraphes 2 et suiv. de l'art. 16 de la loi du 21 mai 1836. — Art. 27. Pendant la durée des travaux, les propriétaires sont tenus de laisser passer sur leurs terrains les fonctionnaires et agents chargés de la surveillance ainsi que les entrepreneurs et ouvriers. Ce droit devra s'exercer autant que possible en suivant la rive du cours d'eau. — Art. 28. Si les travaux de curage, d'élargissement, de régularisation et de redressement intéressent la salubrité publique, le décret ou l'arrêté qui les ordonne peut, après avis du conseil général et des conseils municipaux intéressés, mettre une partie de la dépense à la charge des communes dont le territoire est assaini. Dans ce cas, le décret ou l'arrêté détermine quelles sont les communes intéressées et fixe la part que chacune d'elles doit supporter dans la dépense. — Art. 29. La loi du 14 flor. an 11 est abrogée. — Le projet de loi, contrairement à la solution qui avait prévalu dans la jurisprudence, assimile au curage les travaux d'élargissement et de rectification, qui doivent concourir au même but. « Cette disposition nouvelle, a dit M. Cuvinot, facilitera notablement certaines opérations d'une incontestable utilité et qui jusqu'ici ne pouvaient être entreprises en dehors de l'intervention de syndicats. Les intéressés reculaient le plus souvent devant les formalités à remplir, et les travaux d'assainissement les mieux conçus demeuraient incomplets et inefficaces » (*Journ. off.*, janv. 1883, Sénat, annexe, n° 202, p. 104). — D'après la loi du 14 flor. an 11, les préfets ont à choisir entre deux modes de procéder : ils doivent appliquer les anciens règlements ou usages locaux et, dans le cas de difficultés d'application de ces règlements ou usages, provoquer un règlement d'administration publique. Le décret de 1852 (tabl. D-5°) indique une troisième procédure, celle de l'organisation d'associations syndicales ; mais c'est une simple indication qui n'a rien d'obligatoire. Le projet de loi veut qu'avant toute mesure coercitive, on fasse appel à la bonne volonté des intéressés et à l'esprit d'association et que le préfet essaie de constituer une association syndicale, libre ou autorisée.

5. *Les rivières flottables à bûches perdues* font l'objet du tit. 3 du projet : « Art. 30. Les rivières et cours d'eau flottables à bûches perdues sont soumis aux dispositions contenues dans le titre précédent et aux dispositions spéciales suivantes. — Art. 31. Le flottage à bûches perdues ne peut être établi sur les cours d'eau où il n'existe pas actuellement que par un décret rendu après enquête et avis des conseils généraux des départements traversés par ces cours d'eau. Ce décret sera inséré au *Bulletin des lois*. Le décret détermine les servitudes nécessaires pour l'exercice du flottage et règle les obligations respectives des propriétaires riverains, des usiniers et des flotteurs. — Art. 32. L'indemnité due à raison de ces servitudes est fixée en premier ressort par le juge de paix du canton. Il est tenu compte, dans le règlement de cette indemnité, des avantages qui peuvent résulter de l'établissement du flottage. — Art. 33. Sont maintenus, tant qu'ils n'auront pas été revisés, conformément aux dispositions des art. 31 et 32 ci-dessus, tous les règlements spéciaux relatifs aux rivières et cours d'eau sur lesquels se pratique le flottage à bûches perdues ».

6. Enfin le tit. 4 du projet parle des *fleuves ou rivières navigables ou flottables* ; nous allons l'analyser brièvement : « Chap. 1er. — *Des droits du domaine et des riverains.* — Art. 34. Les fleuves ou rivières navigables ou flottables avec bateaux, trains ou radeaux, font partie du domaine public depuis le point où ils commencent à être navigables ou flottables jusqu'à leur embouchure. Font également partie du domaine public : 1° les bras, même non navigables et non flottables, lorsqu'ils prennent naissance au-dessous du point où les fleuves et rivières commencent à être navigables ou flottables; 2° les noues et boires qui tirent leurs eaux des mêmes fleuves et rivières. — Art. 35. Les dérivations ou prises d'eau artificielles établies dans des propriétés particulières ne font pas partie du domaine public, à moins qu'elles n'aient été pratiquées par l'Etat dans l'intérêt de la navigation ou du flottage. Ces dérivations sont régies par les dispositions des actes qui les ont autorisées. — Art. 36. Des arrêtés préfectoraux rendus après enquête, sous l'approbation du ministre des travaux publics, fixeront les limites des fleuves et rivières navigables ou flottables, ces limites étant déterminées par la hauteur des eaux coulant à pleins bords, avant de déborder. Les arrêtés de délimitation pourront être l'objet d'un recours contentieux. Ils seront toujours pris sous la réserve des droits de propriété ». — Le projet de loi, dans le but d'enlever aux arrêtés de délimitation tout caractère arbitraire, les fait précéder d'une enquête préalable. Il les soumet, en outre, au contrôle du ministre des travaux publics, afin d'arriver à des règles précises, à des prescriptions uniformes. Le projet consacre la jurisprudence qui détermine les limites des rivières navigables par les lignes que tracent sur les terres riveraines les plus hautes eaux, sans débordement. Il a été indiqué, lors de la discussion, que ces mots « sous la réserve des droits de propriété », comprennent non seulement le droit de propriété, mais encore tous les droits réels qui sont attachés à la propriété (*Journ. off.*, Déb. parlem. Sénat, séance du 26 janv. 1883). — « Art. 37. L'art. 563 c. civ. est abrogé et remplacé par les dispositions suivantes : « Art. 563. Si un fleuve ou une rivière navigable ou flottable se forme un nouveau cours en abandonnant son ancien lit, les propriétaires riverains peuvent acquérir la propriété de cet ancien lit, chacun en droit soi, jusqu'à une ligne qu'on suppose tracée au milieu de la rivière. Le prix de l'ancien lit est fixé par des experts nommés par le président du tribunal de la situation des lieux, à la requête du préfet du département. A défaut par les propriétaires riverains de déclarer, dans les trois mois de la notification qui leur sera faite par le préfet, l'intention de faire l'acquisition aux prix fixés par les experts, il est procédé à l'aliénation de l'ancien lit selon les règles qui président aux aliénations du domaine de l'Etat. Le prix provenant de la vente est distribué aux propriétaires des fonds occupés par le nouveau cours à titre d'indemnité, dans la proportion de la valeur du terrain enlevé à chacun d'eux. — Art. 38. Lorsqu'à la suite de travaux légalement exécutés, des portions de l'ancien lit cesseront de faire partie du domaine public, les propriétaires riverains pourront exercer le droit de préemption, conformément à l'art. 37 qui précède. — Art. 39. La propriété des alluvions, relais, atterrissements, îles et îlots qui se forment naturellement dans les fleuves et rivières faisant partie du domaine public, est et demeure réglée par les dispositions des art. 556, 557, 560 et 562 c. civ. ».

Dans le chap. 2 du même titre, il est question des *concessions et autorisations* : « Art. 40. Aucun travail ne peut être exécuté et aucune prise d'eau ne peut être pratiquée dans les fleuves et rivières navigables ou flottables sans autorisation de l'Administration. — Art. 41. Les préfets statuent, après enquête et sur l'avis des ingénieurs, sauf recours au ministre, sur les demandes ayant pour objet de faire des prises d'eau au moyen des machines, lorsqu'il est constaté qu'eu égard au volume des cours d'eau elles n'auront pas pour effet d'en altérer le régime. — Art. 42. Ils statuent également, sur l'avis des ingénieurs, sauf recours au ministre, sur les demandes en autorisation d'établissements temporaires sur les cours d'eau navigables et flottables, alors même que ces établissements auraient pour effet de modifier le régime ou le niveau des eaux. — Ils fixent dans ce cas la durée de l'autorisation, qui ne devra jamais dépasser deux ans. — Art. 43. Toutes autres autorisations ne peuvent être accordées que par décrets rendus après enquête, sur l'avis du conseil d'Etat. — Art. 44. Les concessionnaires sont assujettis à payer une redevance à l'Etat, d'après les bases qui seront fixées par un règlement d'administration publique. — Art. 45. Les prises d'eau et autres établissements créés sur les cours d'eau navigables ou flottables, même avec autorisation, peuvent toujours être modifiés ou supprimés. Une indemnité n'est due que lorsque les prises d'eau ou établissements dont la modification ou la suppression est ordonnée ont une existence légale. Toutefois, aucune suppression ou modification ne pourra être prononcée que suivant les formes et avec les garanties établies par les articles précédents.

Le chap. 3 du tit. 2 du projet traite des *servitudes* : « Art. 46. Les propriétaires riverains des fleuves et des rivières navigables ou flottables sont tenus, dans l'intérêt du service de la navigation et partout où il existe un chemin de halage, de laisser le long des bords desdits fleuves et rivières ainsi que sur les îles où il en est besoin, un espace libre de 7 m. 80 de largeur. Ils ne peuvent planter d'arbres ni se clore par haies ou autrement qu'à une distance de 9 m. 75 du côté où les bateaux se tirent, et de 3 m. 25 sur le bord où il n'existe pas de chemin de halage. — Art. 47. Lorsque l'intérêt du service de la navigation le permettra, les distances fixées par l'article précédent seront réduites par un arrêté ministériel. — Art. 48. Les propriétaires riverains qui veulent faire des constructions, plantations ou clôtures le long des fleuves ou rivières navigables ou flottables peuvent, au préalable, demander à l'Administration de reconnaître la limite de la servitude. Si, dans les trois mois à compter de la demande, l'Administration n'a pas fixé la limite, les constructions, plantations ou clôtures faites par les riverains ne peuvent plus être supprimées que moyennant indemnité ». « Cette disposition est nouvelle; établie dans l'intérêt des riverains, dit M. Cuvinot, elle porte en elle-même sa justification » (*Journ. off.*, janv. 1883, Sénat, annexe, nº 202). — « Art. 49. Lorsqu'une rivière est rendue navigable ou flottable et que ce fait a été déclaré par un décret, les propriétaires riverains sont soumis aux servitudes établies par l'art. 46; mais il leur est dû une indemnité proportionnée au dommage qu'ils éprouvent, en tenant compte des avantages que l'établissement de la navigation ou du flottage peut leur procurer. Les propriétaires riverains d'une rivière navigable auront également droit à indemnité lorsque, pour les besoins de la navigation, la servitude de halage sera établie sur une rive où cette servitude n'existait pas. » « Les droits de l'Etat en matière de halage sont parfois excessifs, a dit M. le rapporteur au Sénat (*Journ. off.*, janv. 1883, annexe, nº 202, p. 104), et nous avons pensé qu'il convenait d'en atténuer la rigueur. Partout où le chemin de halage existe, nous proposons l'application intégrale des anciens règlements; sur les points, au contraire, où la servitude de halage n'existe pas et où l'Administration jugerait utile de l'établir, nous admettons que les riverains auront droit à indemnité. Cette disposition rendra aux propriétaires riverains une sécurité qui leur faisait singulièrement défaut et sera accueillie par tous avec une grande faveur. » — « Le paragraphe 2 de l'article, dit plus loin M. Cuvinot, p. 122, apporte en faveur des riverains une modification assez importante aux dispositions des anciennes ordonnances. Il est de jurisprudence indiscutable que l'Administration a le droit de reporter le chemin de halage d'une rive sur l'autre, et même de l'établir sur les deux rives, étant bien entendu, d'ailleurs, qu'une mesure semblable ne peut être prescrite que dans l'intérêt de la navigation. Quoi qu'il en soit, les riverains sur la propriété desquels le halage n'est pas établi se trouvent dans une situation toujours précaire. Il a paru à la majorité de votre commission que la loi devait leur offrir une sécurité complète. » — « Art. 50. Les contestations relatives à l'indemnité due aux propriétaires, à raison de l'établissement de la servitude de halage, sont jugées en premier ressort par le juge de paix du canton. S'il y a expertise, il peut n'être nommé qu'un seul expert. — Art. 51. Dans le cas où l'Administration juge que la servitude de halage est insuffisante et veut établir le long du fleuve ou de la rivière un chemin dans les conditions constantes de viabilité, elle doit, à défaut du consentement exprès des riverains, acquérir le terrain nécessaire à l'établissement du chemin, en se conformant aux lois sur l'expropriation pour cause d'utilité publique. — Art. 52. Il est interdit d'extraire, sans autorisation spéciale, des terres, sables et autres matières, à une distance moindre de 11 m. 70 de la limite des fleuves et rivières navigables ou flottables. — Art. 53. Le curage des cours d'eau navigables ou flottables et de leurs dépendances, faisant partie du domaine public, est à la charge de l'Etat; néanmoins, un règlement d'administration publique peut, les parties intéressées entendues, appeler à contribuer au curage les communes, les usiniers, les concessionnaires des prises d'eau et les propriétaires voisins qui, par l'usage exceptionnel et spécial qu'ils font des eaux, rendent les frais du curage plus considérables. »

7. La commission de la Chambre a accepté dans son ensemble le projet de loi adopté par le Sénat. Elle a proposé seulement un certain nombre de modifications que nous résumons rapidement. — La commission de la Chambre, dans l'art. 3, attribue la propriété de la chute d'eau déterminée par le niveau moyen d'entrée sur le fonds et le niveau moyen de sortie à celui dont l'héritage est traversé par un cours d'eau non navigable ni flottable. Lorsque le cours d'eau sépare plusieurs héritages, la chute appartient par indivis aux propriétaires riverains. Si ceux-ci ne s'entendent pas sur l'usage commun ou le partage de cette chute, elle est vendue sur licitation. Plusieurs articles règlent la procédure à suivre. « La commission, a dit M. Maunoury, rapporteur (*Journ. off.* du 4 juin 1888, annexe, nº 2578, p. 456), a pensé qu'il était utile de dire à qui appartenaient les chutes d'eau non actuellement utilisées. La doctrine admet que ces chutes appartiennent à celui dont le cours d'eau traverse la propriété. En fait, cependant, l'Administration s'est souvent crue autorisée à en disposer sous le prétexte de ne pas laisser perdre une force utilisable. Sans doute, en matière de chute d'eau, et généralement quand il s'agit de l'usage de l'eau courante, l'Administration a le droit d'intervenir pour empêcher tout emploi de ces eaux, toute entreprise sur le cours d'eau qui serait de nature à causer un dommage général ou à compromettre l'hygiène ou la sécurité publique. Mais nous ne saurions admettre qu'elle ait le droit de disposer arbitrairement, au profit de ce qui lui plaît, de biens qui sont susceptibles de propriété privée. » — Le Sénat (Chap. 2, *Police et conservation des eaux*) a soumis à l'autorisation préalable de l'Administration l'établissement de barrages, d'ouvrages, de moulins ou usines sur les cours d'eau non navigables. La commission de la Chambre, par application du principe que la réglementation d'un cours d'eau par l'Administration ne peut avoir d'autre but que d'empêcher que cet usage nuise à la salubrité publique ou à un intérêt général, supprime la nécessité de cette autorisation. Le riverain est seulement obligé à faire au préfet, un mois avant le commencement des travaux, la déclaration de nouvel œuvre, afin de le mettre à même de prendre les arrêtés nécessaires pour assurer l'écoulement des eaux ou empêcher tout danger d'inondation ou tout dommage public ou particulier. Les arrêtés des préfets pris après une instruction peuvent être modifiés par eux dans un intérêt général ou rapportés sans qu'il y ait lieu à indemnité (art. 14 à 20 du projet soumis à la Chambre). — La commission n'attribue au domaine public que les noues et boires qui tirent leurs eaux au moyen d'un chenal établissant une communication permanente. — L'art. 51 du projet voté par le Sénat porte que si l'Administration, jugeant la servitude de halage insuffisante, établit le long de la rivière un chemin, elle doit acquérir le terrain nécessaire. La commission de la Chambre a pensé qu'il était bon de dire que le chemin ainsi créé devait être un chemin public et ne pourrait pas être affecté exclusivement au service du halage. Seulement le préfet aura le droit de régler par un arrêté les conditions dans lesquelles la circulation doit s'y exercer pour ne pas entraver le service (art. 52 du projet). — Une disposition nouvelle (art. 53) détermine les droits des riverains des chemins de halage. Ils peuvent se servir du chemin sur la partie dont le fonds leur appartient, à charge de réparer les dommages causés au chemin par cet usage. Les riverains dont les fonds sont enclavés peuvent réclamer un passage, sur le parcours qui leur est nécessaire sur le chemin de halage, pour l'exploitation de leur héritage, dans les termes de l'art. 682 c. civ.

8. La loi des 21-26 juill. 1856 (D. P. 56. 4. 120) règle la licitation des étangs situés dans le département de l'Ain. — La loi du 11 sept. 1792, qui permet aux autorités locales d'ordonner la destruction des étangs dangereux ou insalubres était, en fait, inapplicable aux étangs de la Dombes. Lorsqu'un étang appartient à un seul propriétaire ou lorsque, appartenant à plusieurs au même titre, ils en recueillent tous les produits en commun, le desséchement ne dépouille aucun d'eux; il remplace pour tous un produit par un autre. Mais lorsque les éléments constitutifs de cette propriété sont de nature si diverse et même si opposée, quand la jouissance de l'un est la négation de la jouissance de l'autre, comme pour les étangs de la Dombes, le desséchement enrichit l'un au préjudice de l'autre. Ainsi le desséchement aurait dépouillé l'*évolagiste* (celui qui est propriétaire de la superficie en eau et de l'empoissonnement) au profit des propriétaires de l'*assec* (droit de propriété du sol); il aurait enlevé sans indemnité le *naizage* (droit de faire rouir son chanvre et son lin) et le *brouillage* (droit de faire manger les herbes aquatiques) aux ayants droit, au profit du *champéage* (droit de faire paître le bétail sur le fonds dans le temps de l'assec). On voit par là quelle perturbation aurait été apportée dans tous les intérêts par le desséchement. Et pourtant le desséchement de ces étangs qui occasionnent des fièvres pernicieuses s'imposait. La loi des 21-26 juill. 1856 a eu pour but de remédier à cet état de choses. Elle organise la licitation forcée et donne à l'Administration le pouvoir de provoquer la licitation d'un étang, au lieu d'en ordonner le desséchement sans aucun ménagement. Le droit de propriété ne souffre pas une aussi grande atteinte; c'est plutôt une restriction qu'une extension du droit de l'Administration. C'est au préfet qu'il appartient de reconnaître par arrêté l'utilité publique de la mesure. La procédure à suivre, le mode de distribution du prix entre les ayants droit, les obligations imposées à l'adjudicataire sont clairement indiqués dans les tit. 1er,

2 et 3 de la loi et dans le décret des 28 oct.-19 nov. 1857, portant règlement d'administration publique pour son exécution (D. P. 57. 4. 200).

TABLEAU DES LOIS, DÉCRETS, ETC., SUR LES EAUX.

21 janv.-1er févr. 1852. — Décret relatif au rachat des droits attribués à la compagnie du canal du Rhône au Rhin (D. P. 52. 4. 42).

21 janv.-1er févr. 1852. — Décret relatif au rachat des droits attribués à la compagnie du canal de Bourgogne (D. P. 52. 4. 42).

21 janv.-1er févr. 1852. — Décret relatif au rachat des droits attribués à la compagnie des Quatre-Canaux (D. P. 52. 4. 42).

21 févr.-12 mars 1852. — Rapport et décret sur la fixation des limites de l'inscription maritime dans les fleuves et rivières affluant à la mer, et sur le domaine public maritime (D. P. 52. 4. 67).

13-24 mai 1852. — Décret qui institue une commission pour fixer le prix du rachat des actions de jouissance de la compagnie du canal du Rhône au Rhin (D. P. 52. 4. 140).

13-24 mai 1852. — Décret qui institue une commission pour fixer le prix du rachat des actions de jouissance de la compagnie du canal de Bourgogne (D. P. 52. 4. 140).

13-24 mai 1852. — Décret qui institue une commission pour fixer le prix du rachat des actions de jouissance de la compagnie des Quatre-Canaux (D. P. 52. 4. 140).

8-15 juill. 1852. — Loi sur le chemin de fer de Bordeaux à Cette et le canal latéral de la Garonne (D. P. 52. 4. 184).

9-14 juill. 1852. — Loi relative au canal d'irrigation de Carpentras (D. P. 52. 4. 182).

24 août-6 sept. 1852. — Décret qui approuve la convention passée, le 24 août 1852, pour la concession du chemin de fer de Bordeaux à Cette, et du canal latéral à la Garonne, ainsi que des chemins de fer de Bordeaux à Bayonne et de Narbonne à Perpignan (D. P. 52. 4. 197).

3-7 mai 1853. — Loi relative au rachat des droits attribués à la compagnie du canal du Rhône au Rhin (D. P. 53. 4. 74).

3-7 mai 1853. — Loi relative au rachat des droits attribués à la compagnie du canal de Bourgogne (D. P. 53. 4. 74).

3-7 mai 1853. — Loi relative au rachat des droits attribués à la compagnie des Quatre-Canaux (D. P. 53. 4. 74).

22 mars-4 avr. 1856. — Décret impérial portant concession d'un canal de navigation à ouvrir entre Seclin et la Deule, département du Nord (D. P. 56. 4. 45).

21-28 juill. 1856. — Loi sur la licitation des étangs situés dans le département de l'Ain (D. P. 56. 4. 120).

5-13 août 1857. — Décret impérial relatif à la concession du prolongement, dans le département de Vaucluse, du canal de Pierrelatte (Drôme) (D. P. 57. 4. 167).

7 août 1857. — Circulaire du ministre de l'agriculture concernant la revision des anciens règlements d'usine ou de prises d'eau sur les cours d'eau non navigables ni flottables (D. P. 58. 3. 31).

28 oct.-19 nov. 1857. — Décret impérial portant règlement d'administration publique pour l'exécution de la loi du 21 juill. 1856 sur la licitation des étangs dans le département de l'Ain (D. P. 57. 4. 200).

16-25 janv. 1858. — Décret impérial relatif aux actions des canaux d'Orléans et de Loing qui ont fait ou qui feront retour par l'extinction des dotations auxquelles elles étaient affectées (D. P. 58. 4. 11).

21 juin 1858-23 juill. 1859. — Décret impérial qui approuve la convention passée, le 29 mai 1858, entre le ministre de l'agriculture, du commerce et des travaux publics, et la compagnie des chemins de fer du Midi et du canal latéral à la Garonne, pour l'affermage du canal du Midi (D. P. 59. 4. 74).

20-23 mai 1860. — Loi relative à l'exécution d'un canal dit des *Houillères de la Sarre*, d'un embranchement du canal du Rhône au Rhin sur la ville de Colmar, et de l'embranchement destiné à relier l'établissement des salines et la ville de Dieuze au canal des Houillères de la Sarre (D. P. 60. 4. 49).

28 juill.-6 août 1860. — Loi relative au rachat, pour cause d'utilité publique, de l'écluse d'Irvuy sur l'Escaut (D. P. 60. 4. 125).

28 juill.-6 août 1860. — Loi relative au rachat, pour cause d'utilité publique, du canal de Roanne à Digoin (D. P. 60. 4. 125).

1er-6 août 1860. — Loi relative au rachat, pour cause d'utilité publique, du canal d'Arles à Bouc (D. P. 60. 4. 125).

1er-6 août 1860. — Loi relative au rachat, pour cause d'utilité publique, des canaux d'Orléans et du Loing (D. P. 60. 4. 125).

1er-6 août 1860. — Loi relative au rachat, pour cause d'utilité publique, des canaux de la Somme et de Manicamp, du canal des Ardennes, de la navigation de l'Oise et du canal latéral à l'Oise (D. P. 60. 4. 125).

1er-6 août 1860. — Loi relative au rachat, pour cause d'utilité publique, du canal de la Sensée (D. P. 60. 4. 125).

1er-6 août 1860. — Loi relative au rachat, pour cause d'utilité publique, du canal d'Aire à la Bassée (D. P. 60. 4. 125).

1er-6 août 1860. — Loi relative au rachat, pour cause d'utilité publique, du canal de Briare (D. P. 60. 4. 125).

31 oct.-20 nov. 1860. — Décret impérial qui ouvre sur l'exercice 1860 un crédit extraordinaire de 300000 fr. pour dépenses relatives au rachat de diverses concessions de canaux (D. P. 60. 4. 157).

23 janv.-20 févr. 1861. — Décret impérial qui place sous séquestre le canal d'irrigation de Pierrelatte (D. P. 61. 4. 35).

6-25 avr. 1861. — Décret impérial qui autorise l'exécution : 1° d'un canal dit des *Houillères de la Sarre*; 2° d'un embranchement du canal du Rhône au Rhin sur la ville de Colmar (D. P. 61. 4. 49).

17 avr.-29 mai 1861. — Décret impérial qui fait concession à la compagnie houillère de Vicoigne d'un canal de navigation à ouvrir entre Nœux et le canal d'Aire à la Bassée (D. P. 61. 4. 63).

30 avr.-16 mai 1862. — Décret impérial portant concession à la compagnie houillère de Courrières d'un canal de navigation à ouvrir entre le canal de la Haute-Deule et le chemin de Harnes à Hénin-Liétard (Pas-de-Calais) (D. P. 62. 4. 41).

25 mars-15 avr. 1863. — Décret impérial relatif au recouvrement des fermages de la pêche et de la chasse sur les cours d'eau, des produits de la récolte des francs-bords et des redevances pour prises d'eau et permissions d'usine (D. P. 63. 4. 17).

20 mai-2 juin 1863. — Loi relative au rachat du canal d'Arles à Bouc (D. P. 63. 4. 116).

20 mai-2 juin 1863. — Loi relative au rachat des canaux de la Somme et de Manicamp, du canal des Ardennes, de l'Oise canalisée et du canal latéral à l'Oise (D. P. 63. 4. 116).

20 mai-2 juin 1863. — Loi relative au rachat de l'écluse d'Irvuy sur l'Escaut (D. P. 63. 4. 116).

20 mai-2 juin 1863. — Loi relative au rachat du canal de la Sensée (D. P. 63. 4. 116).

20 mai-2 juin 1863. — Loi relative au rachat du canal d'Aire à la Bassée (D. P. 63. 4. 116).

20 mai-2 juin 1863. — Loi relative au rachat du canal de Roanne à Digoin (D. P. 63. 4. 116).

20 mai-2 juin 1863. — Loi relative au rachat du canal de Briare (D. P. 63. 4. 116).

20 mai-2 juin 1863. — Loi relative au rachat des canaux d'Orléans et du Loing (D. P. 63. 4. 116).

12-18 mars 1864. — Décret impérial qui dissout la Société des canaux d'Orléans et du Loing, et nomme le grand chancelier de la Légion d'honneur, liquidateur de ladite société (D. P. 64. 4. 26).

15-20 avr. 1865. — Loi qui autorise l'acceptation de l'offre faite par les maîtres de forges et industriels des départements de la Haute-Marne, de la Meuse et du Nord, d'avancer à l'Etat une somme de 1600000 fr., destinés aux travaux du canal de Vitry à Saint-Dizier (D. P. 65. 4. 21).

3 mai-20 juin 1865. — Décret impérial portant que la Bar cessera d'être classée parmi les rivières navigables et flottables (D. P. 65. 4. 60).

3 mai-20 juin 1865. — Décret impérial portant concession à M. François d'un canal de navigation à ouvrir entre Machecoul et Saint-Même (Loire-Inférieure) (D. P. 65. 4. 61).

2-28 déc. 1865. — Décret impérial portant que la partie de la Rille comprise entre Pont-Audemer et Montfort cessera d'être classée parmi les rivières navigables et flottables (D. P. 66. 4. 10).

25 août-21 sept. 1866. — Décret impérial qui approuve la convention passée, le 21 août 1866, pour la concession d'un canal d'irrigation à dériver de la Siagne et du Loup et à diriger vers la ville de Cannes (Alpes-Maritimes) (D. P. 66. 4. 143).

20 févr.-5 avr. 1867. — Décret impérial qui approuve la convention passée, le 20 févr. 1867, pour la concession du canal du Lagoin (Basses-Pyrénées) (D. P. 67. 4. 40).

19 juin-1er juill. 1867. — Décret impérial qui déclare flottables en trains : 1° la Leyre, depuis son embouchure dans le bassin d'Arcachon (Gironde) jusqu'au moulin de Rotgé (Landes) ; 2° la Leyre de Sore, depuis son embouchure dans la Leyre jusqu'au moulin de Bethade (D. P. 67. 4. 62).

14-29 août 1867. — Décret impérial portant que la partie de l'Eure comprise entre la naissance du bras de l'Epervier, à Louviers, et Saint-Georges, cessera d'être classée parmi les rivières navigables et flottables (D. P. 67. 4. 131).

2-21 sept. 1868. — Décret impérial portant que les dispositions de l'ordonnance royale du 10 juill. 1835 sont modifiées en ce qui concerne la partie de l'Ardèche comprise entre le pont d'Aubenas et le pont d'Arc, qui cessera d'être classée parmi les rivières flottables en trains (D. P. 69. 4. 2).

24 oct.-18 nov. 1868. — Décret impérial portant que la partie de la rivière d'Aure comprise entre Trévières et les portes de flot d'Isigny cessera d'être classée parmi les rivières navigables et flottables (D. P. 69. 4. 7).

28 avr.-7 juin 1869. — Décret impérial qui déclare le courant du Vieux-Boucau navigable par bateau depuis l'étang de Souston jusqu'à la mer D. P. 69. 4. 88).

15 mai-4 juin 1869. — Décret impérial qui déclare le Moron navigable par bateaux entre son embouchure dans la Dordogne et le pont du Moron (D. P. 69. 4. 88).

14 juin-4 août 1870. — Décret impérial qui approuve la convention passée, le 14 juin 1870, pour la concession du canal d'irrigation de la Siagnole (Var) (D. P. 70. 4. 63).

1er-10 août 1872. — Loi relative à la canalisation de la Moselle entre Toul et Pont-Saint-Vincent (D. P. 72. 4. 129).

21-27 mai 1874. — Loi relative à la déclaration d'utilité publique et à la concession d'un canal d'irrigation dérivé de la rivière de la Bourne, dans le département de la Drôme (D. P. 75 4. 52).

22 avr.-22 juin 1876. — Décret qui déclare d'utilité publique le rachat par la ville de Paris des canaux de l'Ourcq et de Saint-Denis (D. P. 76. 4. 111).

6-8 avr. 1878. — Loi relative à l'amélioration de la Seine entre Paris et Rouen (D. P. 78. 4. 50).

13-15 mai 1878. — Loi relative à l'amélioration du Rhône entre Lyon et la mer (D. P. 78. 4. 62).

13-15 juin 1878. — Loi relative à l'amélioration du canal de Bourgogne, de la rivière d'Yonne, entre Auxerre et Montereau, et de la Seine entre Montereau et Paris (D. P. 78. 4. 80).

13 févr.-15 mars 1879. — Décret portant que la portion du Rhône sur laquelle a été établie la gare d'eau de la Voulte cessera d'être classée parmi les rivières navigables et flottables (D. P. 79. 4. 32).

3-4 avr. 1879. — Loi qui déclare d'utilité publique l'exécution des travaux nécessaires pour le prolongement du canal à ouvrir entre la Marne et le Saône, de Donjeux à Pontailler (D. P. 79. 4. 56).

3-4 avr. 1879. — Loi qui déclare d'utilité publique les travaux à faire pour l'amélioration de la Seine entre Marcilly et Montereau (D. P. 79. 4. 56).

7-8 avr. 1879. — Loi qui déclare d'utilité publique l'exécution d'un canal de jonction de l'Aisne à l'Oise (D. P. 79. 4. 56).

8-9 avr. 1879. — Loi qui déclare d'utilité publique les travaux d'établissement d'un canal de Montbéliard à Conflandey, destiné à relier le canal du Rhône au Rhin à la Saône (D. P. 79. 4. 57).

8-9 avr. 1879. — Loi relative au rachat de la concession de la Scarpe inférieure (D. P. 79. 4. 58).

31 juill.-1er août 1879. — Loi concernant l'achèvement du canal de l'Est (D. P. 80. 4. 4).

5-6 août 1879. — Loi relative au classement et à l'amélioration des voies navigables (D. P. 80. 4. 10).

20-21 déc. 1879. — Loi qui déclare d'utilité publique les travaux à faire pour l'établissement d'un canal dérivé du Rhône en vue de l'irrigation de territoires dans les départements de l'Isère, de la Drôme, de Vaucluse, du Gard et de l'Hérault (D. P. 80. 4. 78).

18-19 juill. 1881. — Loi relative au rachat des canaux de Beaucaire et de la Radelle (D. P. 82. 4. 60).

8-11 juill. 1882. — Loi qui déclare d'utilité publique les travaux à faire pour la construction d'un canal de jonction de l'Escaut à la Meuse (D. P. 82. 4. 121).

7-10 août 1882. — Loi relative à l'achèvement du canal d'irrigation du Forez (D. P. 83. 4. 48).

16-17 août 1886. — Loi ayant pour objet le rachat du canal de Givors (*Bull.*, no 17169).

9. Les règles relatives aux cours d'eau en *Algérie* et dans les *colonies* sont exposées vis *Organisation de l'Algérie; Organisation des colonies*; — *Rép.* vis *Organisation de l'Algérie*, nos 902 et suiv.; *Organisation des colonies*, nos 304 et suiv.

10. Les traités généraux de droit administratif exposent les principes qui gouvernent les eaux (V. notamment : Batbie, *Précis de cours de droit public et administratif*, 5e éd., 1885, t. 5, nos 413 et suiv.; Maurice Block, *Dictionnaire de l'administration française*, 2e éd., vis *Cours d'eau navigables et flottables; Cours d'eau non navigables ni flottables; Irrigations; Usines*; Ducrocq, *Cours de droit administratif*, 6e éd., t. 2, nos 963 et suiv.; Dufour, *Traité général de droit administratif appliqué*, 3e éd., t. 4, nos 385 et suiv.; Laferrière, *Traité de la juridiction administrative et des recours contentieux*, t. 2, p. 600 et suiv. Plusieurs ouvrages ou articles spéciaux concernant les cours d'eau ont paru depuis la publication du *Répertoire*; nous citerons notamment : Boulé, *Des cours d'eau non navigables ni flottables;* Chauveau, *Essai sur le régime des eaux navigables et non navigables;* Denizot, *De la législation et de la compétence en matière de cours d'eau;* Durnerin, *Des cours d'eau non navigables ni flottables, spécialement au point de vue des irrigations;* Hardouin, *Aperçu du régime des eaux non navigables;* de Hédouville, *Essai sur le régime des eaux dans ses rapports avec l'agriculture;* Lescuyer, *Curage des cours d'eau non navigables, France judiciaire*, sept. 1885; Nadault de Buffon, *Des usines et autres établissements sur les cours d'eau;* G. de Passy, *Etude sur le service hydraulique et sur les mesures administratives concernant les cours d'eau;* Plocque, *Législation des eaux et de la navigation*, t. 2, 3 et 4; *Des cours d'eau navigables et flottables;* Regnard, *De l'usage des cours d'eau non navigables ni flottables suivant l'ancien et le nouveau droit;* Van der Straten-Ponchoy, *Coup d'œil sur la propriété privée des rivières et ruisseaux non navigables et non flottables;* Wodon, *Le droit des eaux et des cours d'eau.* — V. aussi les *Annales du régime des eaux*, revue publiée par H. de Lalande.

SECT. 2. — DROIT COMPARÉ (*Rép.* nos 23 à 31).

11. Les eaux ont été l'objet, dans presque tous les pays d'Europe de réglementations importantes. On a compris la nécessité d'assurer l'entretien des fleuves et des rivières, de fixer les droits des usiniers et des riverains, de préciser les pouvoirs de police de l'Administration. Quelques-unes des lois étrangères, dont nous allons étudier l'économie, constituent de véritables codes de la matière. Il en est de fort complètes et qui contiennent des dispositions particulièrement neuves et intéressantes.

12. — I. ANGLETERRE. — On a indiqué au *Rép.* nos 23 et suiv. quelle était la législation anglaise en ce qui concerne les cours d'eau et combien ses principes sont différents des nôtres. — Une loi du 27 mai 1879 (Public health (*Scotland*) art. 1867, amendment act) permet aux autorités locales d'Ecosse de changer les limites des districts établis pour les desséchements et les distributions d'eau et de réunir en un seul plusieurs de ces districts. Si un cours d'eau n'est pas occupé, dit M. Blackstone, *Comm.* ed. fr. III, 343, 354, toute personne peut y établir un moulin, etc., retenir l'eau; mais il ne serait pas licite de porter préjudice à un moulin déjà établi par un voisin ou aux installations faites par lui pour l'irrigation de ses prés; car, en occupant le premier, ledit voisin « a acquis une propriété sur le courant ». « Aujourd'hui, ajoute M. Lehr, *Eléments de droit civil anglais*, p. 424, qui cite cette opinion, il paraît reconnu que ceux qui possèdent des terres sur le bord d'une rivière ont un droit sur le cours d'eau dans sa direction naturelle, à moins que d'autres n'aient acquis antérieurement le droit d'en détourner une partie pour leur usage. Et s'il y a vingt ans que l'on fait usage de cette dérivation ou jouissance particulière, il en résulte un droit ou, suivant l'expression de lord Ellenborough, une présomption absolue d'un droit de dérivation accordé à la partie par concession ou par acte du parlement. »

13. — II. ALLEMAGNE (*Rép.* nos 26 et 27). — En *Prusse*, les fleuves et rivières navigables appartiennent à l'Etat en tant que productifs de revenu, et sont du domaine public en tant que voies de communication. Les rives appartiennent au riverain, mais il n'y peut faire aucuns travaux ni ponts etc., sans une autorisation. Les cours d'eau non navigables appartiennent aux riverains. Si l'Etat rend navigable une rivière, elle entre dans le domaine public; mais les riverains ont droit à une indemnité, si un dommage leur a été causé par ce fait. La loi du 28 févr. 1843 règle tout ce qui concerne l'emploi des cours d'eau privés pour l'irrigation des usines (*Rép.* no 30; Block, *Dictionnaire de l'administration française*, vo *Cours d'eau*, p. 711). — Plusieurs lois importantes ont paru depuis la publication du *Répertoire* : 1o la loi du 13 déc. 1872 sur l'organisation des cercles dans les provinces de Prusse, Brandebourg, Poméranie, Posen, Silésie et Saxe. Le comité du cercle, aux termes de l'art. 135, a un droit de décision définitive ou provisoire pour les affaires concernant : la fixation de la hauteur de l'eau aux barrages, conformément aux art. 1er à 7 de la loi du 15 nov. 1811 sur les hautes eaux; la décharge des eaux, conformément aux art. 11 et suiv. de la même loi; le curage et l'entretien des fossés, des dérivations et des cours d'eau privés (*Annuaire de législation étrangère*, 1873, p. 323); — 2o La loi du 30 mai 1874 sur la pêche (*Ibid.*, 1875, p. 158); — 3o La loi du 1er avr. 1879 sur la formation en *Prusse* d'associations pour l'usage des eaux (*Ibid.*, 1880, p. 155); — 4o La loi du 20 août 1883 sur les pouvoirs de l'administration des eaux à l'égard des riverains des fleuves qui font partie du domaine public (*Ibid.*, 1884, p. 173).

La loi du 1er avr. 1879 reconnaît deux sortes d'associations : les associations libres et les associations publiques. Les associations publiques sont fondées par décision administrative, placées sous la surveillance de l'Administration, considérées comme personnes morales; les associés sont tenus de contribuer aux charges de l'association jusqu'à due concurrence. Les associations libres se forment par contrat sans la coopération de l'Etat, et sont aussi considérées comme personnes morales. — La loi se divise en cinq chapitres. Le premier renferme des dispositions générales. Il indique que des associations peuvent être formées pour l'usage ou l'entretien des cours d'eau; pour le desséchement ou l'irrigation des fonds et pour la protection des rives; pour l'établissement, l'usage ou l'entretien de conduites d'eau ou de bassins; pour le rétablissement et l'amélioration des voies fluviales et autres établissements servant à la navigation. La loi ne s'applique pas aux digues ni aux entreprises de desséchement qui dépendent des associations pour la construction de digues. — Le chap. 2 est consacré aux associations libres. Il règle les clauses que doivent contenir les statuts, celles relatives, notamment, aux obligations des associés et à la dissolution de la société. — Le chap. 3 traite des associations publiques. Il renferme des prescriptions générales pour toutes sortes d'associations publiques, fondées pour cause d'utilité publique ou communale, et des prescriptions particulières pour les associations formées en vue du desséchement ou de l'irrigation des fonds dans l'intérêt de l'agriculture. Il précise les cas dans lesquels peut être obligatoire l'entrée dans une association qui est sur le point d'être formée pour le desséchement ou l'irrigation des fonds. Le chap. 4 contient des dispositions pénales. — Le chap. 5 abolit les dispositions contraires à la nouvelle loi et fixe au 1er oct. 1879 son entrée en vigueur. « En résumé, dit M. Lenepveu Boussaroque de La Font, qui a traduit et annoté cette loi, la loi du 1er avr. 1879, comme la loi française du 21 juin 1865, fait appel à l'initiative des particuliers; elle les invite à se constituer en associations. Elle réserve à l'Administration le droit de constituer et de surveiller les sociétés qui présentent un caractère d'intérêt public. Elle va plus loin ; dans certains cas, elle admet des voies de coercition. Lorsqu'il s'agit d'entreprises de desséchement ou d'irrigation sur des fonds dans un but agricole, des propriétaires peuvent être contraints d'entrer dans l'association. Le législateur n'a pas voulu que des travaux qui peuvent être efficaces soient entravés par quelques résistances isolées. »

La loi du 20 août 1883 a réglé les pouvoirs de l'administration des eaux à l'égard des riverains des fleuves qui font partie du domaine public en *Prusse*. Cette loi régit les cours d'eau publics à partir du point où ils deviennent navigables. Elle a pour but de faciliter à l'Administration les travaux nécessaires pour régulariser le cours des fleuves et pour procéder au curage. A cet effet, elle oblige les riverains à fournir, moyennant indemnité, les emplacements requis pour les travaux et les dépôts de matériaux ou des produits du curage, à livrer les accès nécessaires et à laisser faire les emprunts de terre. Les réquisitions de l'Administration ne doivent, en principe, avoir lieu qu'après que les observations du riverain ont été entendues ; elles sont en certains cas susceptibles de recours. Les atterrissements qui résultent des travaux faits par l'Etat sont la propriété des riverains, mais l'Administration peut en retenir la possession tant qu'elle le juge nécessaire. Le riverain n'a le droit d'entrer en jouissance qu'à la condition de verser une indemnité qui ne doit pas excéder les frais faits par l'Etat et qui, en cas de contestation, est fixée par un tribunal arbitral. — Tout mode d'user qui compromettrait les ouvrages attenant à l'atterrissement peut toujours lui être interdit. L'Administration est encore autorisée à supprimer, moyennant indemnité, les alluvions, bancs de sable, rochers, îles, saillies de la rive. L'indemnité, comme celle due pour dépôt de matériaux, voies d'accès, emprunts de terre, est fixée par le conseil du cercle ou l'autorité correspondante, suivant les provinces. La plantation des atterrissements artificiels ou naturels, des îles, bancs de sable, saillies de la rive et tous travaux confortatifs de ces terrains, ainsi que leur suppression totale ou partielle, sont subordonnées à l'autorisation administrative. Les agents du service des eaux peuvent, en tout temps, circuler sur les propriétés riveraines, sauf indemnité le cas échéant. Tous dommages causés aux riverains par les travaux effectués dans le lit du fleuve leur donnent droit à une indemnité. La loi nouvelle a aussi unifié et fortifié les pouvoirs de l'administration des eaux ; elle a dû pour cela toucher au droit de propriété des riverains, mais le Gouvernement et les Chambres ont jugé que, vu l'urgence, il était impossible d'attendre jusqu'à la confection du code civil de l'Empire ; seulement on s'est astreint à réduire le plus possible les modifications ainsi apportées au droit privé.

14. Une loi du 28 mai 1852, applicable à la *Bavière*, déclare les cours d'eau navigables et flottables *res publicæ*. La police appartient à l'Etat. Les rives sont la propriété des riverains. Ceux-ci, toutefois, doivent donner le terrain nécessaire au chemin de halage contre indemnité s'il y a lieu. Les riverains ne peuvent faire aucuns travaux, personne ne peut prendre du sable, établir sur l'eau des bancs, des moulins, etc., sans autorisation.

15. La loi du 11 mai 1877 a modifié la législation relative aux eaux en *Alsace-Lorraine;* ses dispositions s'ajoutent aux lois françaises en vigueur du 10 juin 1854 sur le drainage, du 29 avr. 1845 sur les irrigations et du 21 juin 1865 sur les associations syndicales. Elle a pour but de faciliter l'organisation des associations et l'exécution des travaux qui peuvent être entrepris dans l'intérêt de l'agriculture (*Annuaire de législation étrangère*, 1878, p. 195).

16. Une loi du 25 août 1876 réglemente l'usage et l'entretien des cours d'eau dans le *grand duché de Bade*. Cette loi importante se divise en trois titres : le premier est relatif à l'usage des eaux ; le second à l'entretien des cours d'eau ; le troisième pose des règles de compétence. — Les cours d'eau navigables et flottables (du domaine public) sont sous la surveillance et la direction des autorités publiques administratives et techniques. On peut les utiliser dans un intérêt privé sans l'autorisation de l'Administration. Les entreprises de transport par ces cours d'eau doivent être autorisées par le ministre du commerce. — Quiconque utilise les cours d'eau publics dans un intérêt privé sans concession préalable ou viole les conditions de la concession, est passible d'une amende pouvant s'élever à 150 marks ou d'emprisonnement. — Toute personne peut se servir des cours d'eau qui ne sont pas du domaine public pour laver le linge, se baigner, abreuver ou laver le bétail, et pour tous les usages domestiques ou agricoles, à la condition de ne créer aucun ouvrage artificiel et de respecter les droits de propriété. Des règlements de police peuvent intervenir à ce sujet. — Le droit de jouissance reconnu aux riverains par l'art. 644 du *Landrecht* (code) comprend le droit d'enlever la glace et d'extraire le sable et autres matériaux qui peuvent se trouver dans le lit du cours d'eau. — Lorsque les rives opposées appartiennent à deux propriétaires distincts, chacun d'eux a droit à la moitié de l'eau et à la moitié du lit, sauf à obtenir, s'il y a lieu, un règlement différent. — Tout riverain qui veut créer un barrage pour utiliser les eaux à son profit peut contraindre le propriétaire de la rive opposée à lui céder le droit d'appuyer le barrage à son terrain. Sont exceptés de cette servitude les maisons, cours, jardins et usines, dans le cas où la retenue d'eau leur serait préjudiciable. Le propriétaire du fonds grevé de la servitude peut ou réclamer une indemnité préalable, ou demander à partager la jouissance du barrage, sauf à contribuer à sa construction et à son entretien. — On peut acquérir la copropriété d'un barrage existant, en indemnisant le constructeur et en s'engageant à supporter une partie des frais d'entretien. — On peut, en vue de pratiquer des travaux d'irrigation ou de desséchement, exproprier un tiers, supprimer des droits réels existant à son profit, grever son fonds de servitudes ; mais cette atteinte au droit de propriété ne peut être autorisée que s'il doit en résulter un avantage considérable pour l'agriculture et moyennant une juste et préalable indemnité. Cette disposition n'est, d'ailleurs, pas applicable aux maisons, cours et jardins, ainsi qu'aux établissements ayant pour objet l'utilisation des eaux, lorsqu'il doit en résulter un préjudice pour le possesseur. — La demande est portée devant le conseil des ministres (*staats* *ministerium*). La procédure est réglée par une ordonnance. — Lorsqu'il doit y avoir un avantage considérable pour une personne à disposer temporairement des eaux déjà utilisées par un appareil d'irrigation ou par un établissement hydraulique, cette personne peut demander qu'un règlement fixe pour chacun des intéressés le temps pendant lequel il pourra se servir des eaux. — Si les riverains d'un cours d'eau négligent de l'utiliser, les propriétaires de fonds situés à portée de ce cours d'eau peuvent en réclamer la jouissance dans un intérêt agricole ou industriel et à la condition d'indemniser les riverains. — Indépendamment de l'autorisation préalable exigée par la loi organique de l'industrie (Loi du 21 juin 1869, rendue pour la confédération de l'Allemagne du Nord), il faut une autorisation spéciale de l'administration : 1° pour appliquer un cours d'eau à une industrie susceptible d'altérer la nature de l'eau ; 2° pour créer ou transformer un appareil d'irrigation ou de dessèchement, lorsque l'opération doit avoir pour résultat d'entraver, d'accélérer ou de détourner le cours d'eau. — En cas de danger ou de préjudice grave causé aux intérêts publics, le conseil de district (*Bezirksrath*) peut suspendre la jouissance d'un cours d'eau, moyennant une indemnité versée entre les mains de la personne dépossédée par la commune ou par le propriétaire qui a sollicité la décision administrative. L'administration locale ou de district est autorisée, dans certaines limites, à prendre des arrêtés de police pour régler l'usage des eaux. — Les communes sont obligées de faire procéder, de temps à autre, au curage des cours d'eau, d'entretenir leurs berges, et de faire exécuter tous les travaux nécessaires pour préserver leur territoire des inondations et pour empêcher la formation de marécages. Cette obligation ne peut servir de fondement à une action des particuliers contre la commune. Les communes voisines qui profitent des travaux doivent contribuer aux dépenses d'exécution. — Le propriétaire d'un barrage est tenu de supporter l'augmentation de dépense qui résulte, pour la commune, des travaux de curage et d'entretien nécessités par ce barrage. — Les propriétaires d'ouvrages ayant pour objet d'utiliser les eaux ou de les détourner doivent les maintenir en état, de manière à ne causer aucun dommage aux propriétés voisines, et à ne pas compromettre la sécurité publique. Même obligation est imposée aux propriétaires de routes et chemins de fer pour tous les ouvrages construits dans le cours d'eau ou à proximité du cours d'eau. — Sont à la charge de l'Etat les dépenses d'entretien des grands cours d'eau, ainsi que la confection des travaux destinés à empêcher la dégradation des rives et à prévenir les inondations. Les communes intéressées contribuent pour partie à ces dépenses. — Les riverains ne doivent déposer ni laisser déposer sur les rives aucun objet de nature à gêner le cours naturel de l'eau. Il est permis de pénétrer sur leur terrain pour le curage et l'enlèvement des matériaux en provenant, comme aussi il est loisible de déposer momentanément ces matériaux sur les rives. — Les riverains sont tenus de souffrir le passage des ouvriers et le dépôt des matériaux, lorsqu'il s'agit de travaux de réparation ou d'entretien à exécuter dans le cours d'eau. Ils n'ont droit à une indemnité que si le dommage qui leur est causé n'est pas compensé par les avantages résultant de l'exécution des travaux. — Les fonds riverains peuvent être expropriés ou grevés de servitudes pour l'exécution des travaux hydrauliques de sûreté ou d'amélioration. — Les personnes privées de la jouissance d'un cours d'eau, par suite de l'exécution des travaux, ont une action en indemnité contre les entrepreneurs ou les tiers qui, par leur faute, ont rendu les travaux nécessaires ou en ont prolongé la durée. — Les dispositions de détail tendant à assurer la régularité des curages et l'entretien des cours d'eau sont prises par voie d'ordonnance ou de simple règlement de police, s'il s'agit de rivières non navigables ni flottables (*Annuaire de législation étrangère*, 1877, p. 320 et suiv.).

La loi du 25 août 1876 a été complétée par une loi du 12 mai 1882. L'art. 59 de la loi de 1876 autorisait la formation de syndicats agricoles pour l'irrigation ou le dessèchement des propriétés. La loi de 1882 autorise la création de syndicats dans l'intérêt de l'industrie, en vue notamment de régler la jouissance et d'assurer l'entretien des ouvrages communs sur les cours d'eau (*Annuaire de législation étrangère*, 1883, p. 406).

17. Une loi du 30 juill. 1887 concerne les ruisseaux et les cours d'eau non permanents dans le *Grand-duché de Hesse*. Les cours d'eau non navigables ni flottables, ainsi que les eaux disposées artificiellement pour un usage général, sont déclarés eaux publiques, appartiennent à l'usage commun et sont sous la surveillance de l'Etat. On peut utiliser les eaux des ruisseaux, à condition de ne pas nuire aux autres ayants droit. Toute personne peut se servir des eaux pour laver le linge, se baigner, aller en barque, prendre de la glace, si cela ne nécessite pas d'installation spéciale et ne nuit pas aux ayants droit. On ne peut prendre de sable ou d'autres matériaux que conformément aux règlements de police. Les droits d'appropriation exclusifs de tout usage public ne peuvent être acquis qu'en vertu d'une autorisation de l'Etat ou d'une possession immémoriale établie par l'existence de travaux pendant la durée de la prescription. — Sont propriétés privées : l'eau des étangs, citernes, puits, sources, l'eau des canaux et des conduites privées. L'eau de source peut être expropriée par une commune à qui elle est nécessaire (*Annuaire de législation étrangère*, 1888, p. 361).

Une autre loi du 14 juin 1887 règle dans le même duché la construction des digues dans les régions du Rhin, du Neckar et de la Lahn. — Toutes les constructions qui sont de nature à influer sur l'écoulement des eaux doivent être autorisées. Les digues insubmersibles sont construites aux frais des communes, avec une subvention de l'Etat. L'entretien et la réparation des digues sont à la charge de l'Etat. — Il est interdit de planter des arbres sur les digues. — Le lit des fleuves navigables et flottables appartient à l'Etat. Le chemin de halage est une servitude due sans indemnité par les riverains. Il n'y a d'exception que s'il s'agit d'un fleuve qui n'était autrefois ni navigable, ni flottable, ou si des constructions spéciales ont été nécessitées pour son installation (*Annuaire de législation étrangère*, 1888, p. 359).

18. — III. AUTRICHE-HONGRIE. — En *Autriche*, les fleuves et rivières navigables font partie du domaine public. Les rivières non navigables et les parties non navigables des fleuves sont également *res publicæ*, si elles n'ont pas été attribuées par la loi à une personne déterminée ou si elles n'ont pas été acquises par une des voies admises par le code civil. Les sources et les petits cours d'eau appartiennent aux riverains. Un cours d'eau privé peut être exproprié pour être rendu navigable (Loi autrichienne du 30 mai 1869 ; Loi du 28 août 1870, spéciale à l'archiduché).

19. En *Hongrie*, avant la loi XXIII sur le droit des eaux du 23 juin 1885, la législation sur les eaux se composait : 1° de la loi X de 1840, sur les eaux et les canaux ; 2° de la loi XXXIX de 1871, sur les associations pour la régularisation des cours d'eaux ; 3° de la loi XL de 1871, sur la police des digues ; 4° de la loi XI de 1874, sur la procédure à suivre pour la dérivation des eaux sans issue ; 5° de la loi XXXIV de 1879, modifiant la loi XXXIX de 1871 ; 6° de la loi XXVIII de 1884, réglant à nouveau la compétence des diverses autorités administratives en matière d'ouvrages sur les eaux. La loi du 23 juin 1885 abroge tous ces textes et les remplace par un texte unique en 196 articles, qui est un code de la matière. « En général, dit M. Dareste, qui a annoté et traduit cette loi (*Annuaire de législation étrangère*, 1886, p. 256 et suiv.), la loi de 1885 se tient avant tout aux principes du droit hongrois, beaucoup plutôt qu'à ceux des législations étrangères. On remarquera qu'elle ne fait aucune distinction fondamentale entre les grandes et les petites rivières. L'art. 4 dispose que la rive et le lit des cours d'eau sont la propriété des riverains, et cette règle s'applique au Danube aussi bien qu'à un ruisseau. Par contre, si le domaine public ne s'attribue pas la propriété des grands cours d'eau, l'administration a sur les eaux courantes des droits très étendus, et qui vont même beaucoup plus loin que dans notre droit français, car ils s'appliquent sans distinction à toute espèce de cours d'eau ; il n'est fait exception que pour les sources ou, en général, les eaux qui naissent sur une propriété qui appartiennent au propriétaire jusqu'à leur sortie du fonds. Il suit de là que l'usage des eaux est entièrement laissé à la discrétion de l'Administration. Tout se fait par autorisation et après enquête administrative ». Le chapitre préliminaire contient des dispositions générales. Aux termes de l'art. 4, la rive et le lit des eaux sont la propriété du riverain et forment une partie inséparable de la propriété riveraine. Entre riverains opposés, la ligne médiane du lit forme la limite des propriétés. Le propriétaire du lit et de la rive ne peut exercer son droit de propriété qu'à la condition de ne pas mettre obstacle à l'usage des eaux et sous l'observation des règlements de police (art. 6). — Le chap. 1er est intitulé : *De l'usage des eaux*. La première partie est consacrée aux eaux dont la disposition est libre. Celui sur le fonds duquel naît une source ou une fontaine où est tombée une masse d'eau, a la libre disposition, sauf les droits acquis aux tiers, de l'eau qui en provient et de son écoulement, jusqu'à ce que cette eau sorte des limites de son fonds (art. 10). Lorsqu'un besoin d'eau permanent se fait sentir, l'autorité peut restreindre ce droit de libre disposition et permettre aux intéressés l'usage de l'eau pour la boisson, l'abreuvement et les usages domestiques, à charge d'une indemnité qui est fixée par l'autorité administrative (art. 12 et 16). Les art. 14 à 17 contiennent des dispositions relatives aux puits, aux sources et aux eaux minérales. — La seconde partie du chap. 1er traite des eaux qui sont à la disposition de l'Administration. L'usage des eaux qui ne rentrent pas dans les termes de l'art. 10 est réglé par l'Administration (art. 18). La navigation est permise à toute personne, sous l'observation des règlements de police (art. 19). L'acquisition et l'exercice du droit de flottage sont réglés par la loi XXXI de 1879, qui est le code des eaux et forêts (art. 20). Toute personne peut, sans autorisation, établir un bac sur son terrain et pour son usage exclusif, à condition de ne pas empêcher la navigation et le flottage; puiser de l'eau pour ses besoins domestiques, laver, nager, se baigner, couper de la glace, dans les lieux indiqués à cet effet (art. 21 et 25). Pour l'usage de l'eau pour tout autre but ou au moyen de machines ou appareils artificiels, l'autorisation de l'autorité est nécessaire (art. 25). A l'exception des établissements industriels qui exigent un usage des eaux ininterrompu, comme par exemple les forges, l'usage pour l'irrigation de l'eau servant à une entreprise industrielle peut être autorisé sans indemnité sous certaines conditions déterminées par l'art. 30. Les autorisations d'usage des eaux ne peuvent être accordées que pour un temps déterminé et ne peuvent durer plus de cinquante ans (art. 33). Les prises d'eau dans les cours d'eau ne peuvent avoir lieu qu'au moyen des ouvrages établis par l'Administration (art. 38). L'unité de mesure pour évaluer la quantité d'eau est le *module*. Le module est la masse d'eau qui s'écoule régulièrement à raison de cent litres par seconde; il se divise en dixièmes, centièmes et millièmes (art. 39). — Le chap. 2 traite des *ouvrages sur les eaux*. L'entretien en bon état du lit et des rives est à la charge du propriétaire du lit ou de la rive. Tous ceux qui tirent profit de cet entretien, y compris l'Etat et les communes, sont tenus de contribuer aux frais proportionnellement à leur intérêt (art. 40). Le propriétaire de la rive peut, sans autorisation, pourvoir à la défense et à la sûreté de la rive par un revêtement, ainsi qu'au curage. Si ces ouvrages sont nuisibles, il est tenu de les modifier à ses frais (art. 41). Tous ouvrages servant à l'usage ou à la régularisation des eaux, qui empêchent ou détournent le cours naturel de l'eau, tous ouvrages établis sur le terrain d'autrui ou touchant à l'intérêt d'autrui doivent être autorisés (art. 42). L'Etat peut, à toute époque, procéder à la régularisation, au curage du lit et à la défense des rives des cours d'eau formant la frontière de l'Etat, ainsi que des cours d'eau navigables et flottables (art. 45). Les art. 46 et suiv. s'occupent de l'endiguement des cours d'eau. — Le chap. 3 est consacré aux : *Servitudes d'eaux*. Le propriétaire des rives et du lit est tenu de permettre, sans indemnité, que les ouvrages destinés à la conduite, la régularisation et l'usage de l'eau autorisés par l'Administration, ou établis par l'Etat, soient établis ou construits dans le lit et appuyés aux rives (art. 65). Le propriétaire de la rive est tenu : 1° le long des cours d'eau navigables et flottables, de laisser, pour le halage, à l'usage des hommes et des animaux le chemin de halage de la largeur fixée par les règlements; 2° de permettre d'attacher les bateaux et radeaux aux endroits fixés; 3° de permettre le libre accès, sur le terrain contigu à la rive, à ceux qui ont le droit de flottage, lorsque cela est indispensable; 4° de permettre l'accès à l'eau dans un intérêt de police des eaux. En cas de péril, les bateaux et radeaux peuvent être partout attachés, déchargés et tirés à sec; mais, en ce cas, le propriétaire de la rive peut réclamer le remboursement des dommages causés (art. 66). Lorsqu'il y a lieu de déplacer les chemins de halage ou d'en établir de nouveaux, le propriétaire du terrain à prendre à cet effet a droit à indemnité du chef de la servitude (art. 67). — Le chap. 4 a trait aux *Associations d'eaux*. « Les associations, dit M. Dareste, *loc. cit.*, qui existent déjà sur une très grande étendue du territoire hongrois, jouent un rôle essentiel dans la défense du pays contre les eaux. Si l'Etat peut, à toute époque, procéder d'office à la régularisation, à l'endiguement et au curage des cours d'eau navigables et flottables, ce sont en principe les associations qui sont chargées de ce soin. Une subvention de l'Etat leur est assurée pour les travaux d'endiguement ». — Le chap. 5 contient des dispositions de police. — Le chap. 6 est intitulé : *Autorités et procédure*. La compétence est entièrement administrative, aussi bien pour le contentieux que pour la procédure administrative proprement dite. — Les chap. 7, 8 et 9 contiennent des dispositions pénales, des dispositions transitoires et finales.

20. — IV. BELGIQUE. — Les cours d'eau navigables et flottables font partie du domaine public. Les cours d'eau non navigables ni flottables n'appartiennent à personne, d'après la jurisprudence (Laurent, *Principes du droit civil français*, t. 6, nos 10 et suiv.). C'est l'application des lois françaises restées en vigueur dans ce pays. Les règles de notre droit civil s'appliquent également pour ce qui concerne les sources, les eaux pluviales, les étangs, les droits des riverains des rivières navigables et non navigables, et les servitudes d'aqueduc, d'appui, et d'écoulement. — « Les rivières navigables n'étant pas susceptibles d'appropriation, dit M. Laurent, t. 7, n° 225, p. 309, les concessions que l'Administration fait aux riverains ne peuvent pas transmettre à ceux-ci un droit de propriété sur les eaux; toute concession reste surbordonnée à l'intérêt général dont le Gouvernement est gardien. De là suit que les concessions faites aux riverains sont toujours révocables; et, si elles sont révoquées, l'Etat ne doit aucune indemnité aux riverains, car il ne leur enlève aucun droit. La cour de cassation de Belgique a déduit de là cette conséquence que les riverains n'ont pas d'action possessoire contre l'Etat. En effet, les actions possessoires ne peuvent être formées que par ceux qui possèdent à titre non précaire, et la possession des riverains d'un cours d'eau navigable est précaire en ce sens que la concession en vertu de laquelle ils jouissent des eaux peut toujours leur être retirée. Une autre conséquence du même principe est que les riverains ne peuvent se plaindre d'être troublés dans leur possession, lorsque le Gouvernement fait des travaux dans les fleuves navigables, dans un but d'utilité générale; c'est son droit et son devoir, et on ne peut lui objecter qu'en causant un préjudice aux riverains, il lèse leurs droits, car ils n'ont pas de droits à opposer à l'Etat de qui ils tiennent leur jouissance précaire. — Le Gouvernement a le droit et le devoir d'améliorer les cours des rivières navigables dans un but d'utilité générale. En établissant un barrage, il supprime ou diminue le bienfait de l'irrigation naturelle que les eaux procuraient aux fonds riverains; il leur cause par là un dommage; est-il tenu de le réparer? La cour de Bruxelles avait résolu la question en faveur des riverains de l'Escaut; mais cette décision a été cassée par la cour de cassation (C. cass. Belgique, 7 nov. 1856, aff. veuve Rose Boucher, *Pasicrisie belge*, 1857. 1. 94).

21. Sur le pouvoir réglementaire de l'autorité administrative en ce qui concerne les cours d'eau non navigables, M. Laurent, t. 7, nos 314 et suiv., p. 374, s'exprime ainsi : « Les lois du 20 août 1790, du 6 oct. 1791 et du 14 flor. an 11 donnent à l'Administration le droit de faire des règlements sur les cours d'eau non navigables, aussi bien que sur les rivières navigables. La seule difficulté est de préciser les limites de ce pouvoir réglementaire. Les lois sont tellement vagues qu'il est impossible à l'interprète de dire où s'arrête l'intervention de l'autorité administrative. La cour de cassation en France a décidé qu'il appartient à l'Administration de régler tout ce qui concerne la police des eaux et l'ordre public (*Rép.* n° 457). « En Belgique, la question se complique, notre constitution reconnaissant aux tribunaux un pouvoir plus étendu que celui dont ils jouissent en France. Aux termes de l'art. 107, « les cours et tribunaux n'appliqueront les arrêtés et règlements généraux, provinciaux et locaux, qu'autant qu'ils seront conformes aux lois ». Les tribunaux ont le droit et le devoir d'examiner si le règlement dont on demande l'application a été porté par l'autorité compétente dans la limite de ses attributions, et s'il est conforme aux lois... — La loi de 1790 établit un principe général qui est hors de toute contestation, c'est que l'Administration n'intervient que dans un but d'*utilité générale*. Si un débat s'élève entre les riverains sur l'usage des eaux, ces contestations sont de la compétence des tribunaux, parce qu'elles touchent à des intérêts purement privés. Rien de plus simple que ce principe : il résulte de la séparation et de la mission des deux pouvoirs qui sont appelés à exécuter et à appliquer les lois : le pouvoir exécutif et le pouvoir judiciaire. Les tribunaux n'agissent que lorsqu'ils sont saisis d'une demande, et il n'y a pas de demande sans intérêt; ce sont donc essentiellement des intérêts privés sur lesquels les tribunaux statuent en décidant les contestations auxquelles ils donnent lieu. Tandis que le pouvoir réglementaire de l'Administration a pour objet des intérêts généraux, quand les conseils provinciaux interviennent, c'est pour régler des *intérêts provinciaux*, comme le dit notre constitution, donc des intérêts qui concernent une généralité de citoyens, ou, comme le dit plus énergiquement encore le législateur de 1790, l'*utilité générale*.—Si le principe est simple, il n'en est pas de même de l'application ; elle touche à des intérêts particuliers; les riverains sont en cause lorsque l'Administration exécute ses règlements, et ils sont en cause quand les tribunaux appliquent les lois ou les règlements qui tiennent lieu de loi. Quelle est donc la ligne de démarcation des deux pouvoirs, et comment savoir si c'est l'Administration qui doit intervenir ou si ce sont les magistrats? Il faut s'en tenir au principe que l'autorité provinciale administre et règle des intérêts généraux, alors même qu'elle prend une mesure qui touche à des intérêts individuels. Dès que ces intérêts sont en conflit, il ne s'agit plus d'*intérêts*, mais de *droits;* la contestation doit être portée devant les tribunaux qui ont mission de maintenir les droits et les obligations. »

22. La législation applicable aux petits cours d'eau se composait autrefois de nombreux textes, notamment de l'arrêté royal du 28 août 1820 rendant applicables, moyennant certaines modifications, aux moulins et usines mis en mouvement par des cours d'eau non navigables ni flottables, les lois et règlements en vigueur concernant les grandes rivières ; l'arrêté royal du 10 sept. 1830 sur la surveillance des cours d'eau non navigables ; la loi de 1836 (art. 90, § 12) sur l'entretien de ces cours d'eau. Aucune unité n'existait dans cet ensemble de dispositions. Une loi du 7 mai 1877 est venue réglementer la police des cours d'eau non navigables ni flottables. « Cette loi, dit M. Plocque, *Notice et notes, Annuaire de législation étrangère*, 1878, p. 501, n'est qu'une loi de police et qui ne touche nullement au fond du droit, elle entend réglementer sans innover. Sa portée véritable est bien indiquée par un des incidents qui en ont marqué la discussion générale. Un représentant, M. Woest, proposait un amendement qui tranchait en faveur des riverains la controverse sur la propriété des petites rivières (en Belgique, l'Administration prétend à un pouvoir absolu sur les petits cours d'eau). Cet amendement fut repoussé par la question préalable sur la proposition de M. Tesch, qui fit valoir qu'il viendrait plus utilement en question lorsqu'il s'agirait, non plus d'une loi spéciale de police, mais d'une loi générale sur le régime des petits cours d'eau. On ne saurait mieux résumer cette loi, même restreinte dans ces limites, qu'en disant qu'elle a confié aux autorités provinciales d'une manière à peu près absolue, la réglementation des petits cours d'eau ; il est peut être à craindre qu'elle n'ait dépassé le but en permettant à ces autorités de sacrifier les intérêts privés à ce qu'elle croiront être l'intérêt général ».

Le chap. 1er est consacré à la *reconnaissance, à la régularisation et au classement des cours d'eau* (art. 1er à 14). Le chap. 2 traite des *travaux ordinaires de curage, d'entretien et de réparation* (art. 15 à 18). — Les travaux de curage annuel, d'entretien et de réparation à faire aux cours d'eau non navigables ni flottables et à leurs dépendances seront exécutés avec le concours des riverains, s'il y a lieu, par les soins des administrations communales, sous la conduite des commissaires voyers ou d'autres agents spéciaux nommés par l'autorité provinciale. — La députation permanente, après avoir entendu les administrations communales et les agents ci-dessus désignés, fixe pour chaque localité les époques auxquelles ces travaux devront être commencés et terminés. — Les frais occasionnés par les travaux de curage, d'entretien et de réparation, sont répartis entre les propriétaires riverains et les usiniers ou autres usagers. — La part contributive de chacun d'eux est fixée par le conseil communal, eu égard au degré de leur intérêt respectif et en tenant compte de la détérioration qu'ils ont occasionnée, sauf recours à la députation permanente, dans le délai d'un mois à dater de la notification de la décision. — Les cotisations ainsi établies ne peuvent être mises en recouvrement qu'après que les rôles ont été rendus exécutoires par la députation permanente. Elles sont recouvrées conformément aux règles établies pour la perception de l'impôt au profit de l'Etat. — Les obligations spéciales imposées soit par l'usage, soit par des titres ou des conventions, sont maintenues et seront exécutées, sous la même direction que les autres travaux de curage, d'entretien et de réparation. — Les ponts, digues et autres ouvrages privés sont entretenus et réparés par ceux à qui ils appartiennent; à défaut d'entretien, la députation peut en ordonner la réparation à leurs frais.

Le chap. 3 est consacré aux *travaux extraordinaires d'amélioration* (art. 19 à 22). — Les communes ou les particuliers qui veulent exécuter des travaux extraordinaires ou d'amélioration aux cours d'eau et à leurs dépendances doivent y être autorisés par la députation et en supportent toute la dépense. Néanmoins, si les travaux à exécuter par une commune en intéressent d'autres, ou si les travaux à exécuter par un particulier intéressent la commune du lieu de situation ou d'autres, la députation permanente peut, les conseils communaux préalablement entendus, mettre à la charge desdites communes une partie de la dépense proportionnée au degré d'intérêt qu'elles ont respectivement à l'exécution des travaux. — Les travaux extraordinaires ou d'amélioration peuvent être ordonnés d'office par le roi ou par la députation permanente, les conseils communaux préalablement entendus. — La moitié des dépenses au moins est supportée par l'Etat ou par la province. — Le surplus est à la charge de la commune du lieu de situation. Néanmoins, si les travaux intéressent d'autres communes, le roi ou la députation permanente peut mettre à leur charge une part de cette dépense proportionnée au degré de l'intérêt qu'elles ont respectivement à l'achèvement desdits travaux. — Chaque commune peut toujours, sous l'approbation de la députation permanente, répartir la dépense qui lui incombe entre tous les propriétaires intéressés, proportionnellement au degré de leur intérêt. — Toutefois, s'il s'agit de travaux exécutés par les particuliers, il sera tenu compte à ceux-ci de la part qu'ils ont à supporter dans l'ensemble des dépenses. — Les travaux extraordinaires ou d'amélioration seront exécutés d'après les mêmes règles que les travaux ordinaires d'entretien, de curage et d'amélioration. — Toutefois, le roi ou la députation permanente peut se réserver la direction ou la surveillance des travaux ordonnés d'office. — Le chap. 4 est relatif à la *Police* (art. 23 à 32). — La sect. 1re concerne les usines et autres ouvrages. — Aucun moulin, usine, pont, écluse, barrage, batardeau, et généralement aucun ouvrage permanent ou temporaire, de nature à influencer sur le régime des eaux, ne peut être établi, supprimé ou modifié sans une autorisation préalable de la députation permanente. — La députation permanente fera établir aux usines et aux barrages les clous de jauge qu'elle jugera nécessaires. — Les usiniers et autres usagers seront tenus d'obtempérer, pour l'ouverture ou la fermeture des écluses, vannes et vantaux, aux réquisitions de la députation permanente. — Ils sont également tenus, en cas d'urgence, ou lorsque les eaux dépassent la hauteur du clou de jauge, d'obéir aux injonctions de l'administration communale ou des agents chargés de constater ou de dénoncer les contraventions. — Les usiniers et autres usagers sont responsables de tous dommages que les eaux auraient causés aux chemins publics ou aux propriétés particulières par la trop grande élévation du déversoir ou autrement, alors même que les eaux n'auraient pas dépassé la hauteur du clou de jauge. — Pour faire cesser ces dommages, ou pour en prévenir le retour, la députation permanente pourra prescrire l'exécution des ouvrages nécessaires et même réduire la hauteur du clou de jauge. — La sect. 2 traite des *Contraventions, poursuites* et *peines*. — Le chap. 5 contient des *Dispositions générales* (art. 33 à 39).

23. Le chap. 3 du code rural belge du 7 oct. 1886 (*Annuaire de législation étrangère*, 1887, p. 505) est consacré aux irrigations et aux dessèchements. Il organise et réglemente les servitudes d'aqueduc, d'écoulement ou d'égouttement d'appui (V. *infrà*, v° *Servitudes*). Le code rural belge n'a pas modifié la loi du 7 mai 1877 (Clément et Duvernois, *Le code rural belge interprété*, n° 243).

24. Une loi du 7 juill. 1887 autorise le Gouvernement à se charger de l'administration de la rivière de la Senne dans la partie reprise par l'Etat. Cette loi renferme des dispositions administratives importantes. Ainsi elle donne au Gouvernement le droit, lorsque l'intérêt du service lui paraîtra l'exiger, de faire supprimer, moyennant indemnité, les arbres et plantations, les bâtisses, constructions ou dépôts qui existent dans la zône déterminée par la loi (*Annuaire de législation étrangère*, 1888, p. 551).

25. — V. DANEMARK. — La loi du 28 mai 1880 sur le détournement et l'usage des eaux embrasse tout ce qui touche au régime des eaux, et contient une codification complète de la matière. Elle s'applique à tous les cours d'eau naturels ou artificiels, pourvu qu'il y ait plusieurs intéressés. Les cours d'eau se divisent en publics et privés, suivant qu'ils sont ou non sous la surveillance de l'Administration. Les cours d'eau publics se divisent à leur tour en principaux et petits. Les premiers sont sous l'autorité de l'*amtsraad* (conseil général), les autres sous celle du *sogneraad* ou *byraad* (conseil municipal.) — Le tit. 1er est intitulé *Détournement des eaux*. Le chap. 1er traite des cours d'eau publics. Il appartient aux autorités administratives de les désigner et classer ou de les déclasser après enquête. Lorsqu'il y a désaccord entre les intéressés, la question est portée devant des commissions (*la landvœsenskommission* pour les cours d'eau principaux avec recours à l'*overlandvœsenskommission* (commission supérieure), et pour les petits, les *vandsynsmœnd*, avec recours à la *landvœsenskommission*), qui remplissent à peu près le rôle de notre conseil de préfecture et de notre conseil d'Etat. — Il doit être fait un règlement pour tous les cours d'eau placés sous la surveillance de l'Administration. Ce règlement doit contenir des prescriptions détaillées sur le régime des eaux, la direction, la largeur, la profondeur, la chute du cours d'eau, les berges, les ponts, le niveau, les usines, les barrages, l'entretien, la répartition des charges, le mode d'exécution des travaux, les époques du curage, la surveillance administrative. Les règlements sont faits par l'*amsraad* pour les cours d'eau principaux, par le *byraad* ou *sogneraad* pour les petits. Les cas de conflit sont décidés par le ministre de l'intérieur. C'est aussi ce ministre qui est chargé de faire les règlements pour les parties navigables et flottables. La loi pose en principe que quiconque éprouve un préjudice par suite des travaux entrepris ou des modifications au régime des eaux qui en résultent, a droit à une indemnité pour toute la perte subie, et que cette indemnité doit être supportée par ceux qui tirent avantage des travaux (art. 19). L'obligation du curage appartient aux propriétaires. — Tout intéressé a le droit de provoquer une modification au règlement existant ou la confection d'un règlement nouveau et de requérir à cet effet la convocation des commissions, en donnant caution de payer les frais s'ils doivent rester à sa charge. — Il ne peut être établi sur un cours d'eau public aucun moulin, fabrique ou usine, ni construit aucun ouvrage qui soit de nature à mettre obstacle au libre écoulement des eaux, si ce n'est du consentement de tous les intéressés ou après instruction devant les commissions. Les questions de droit qui peuvent s'élever à cette occasion sont portées devant les tribunaux civils. — Lorsque l'existence d'un moulin ou d'une usine paraît nuisible à l'intérêt général, la suppression et la modification peut en être demandée par l'autorité communale ou même par tout intéressé. L'affaire est soumise à la *landwaesenskommission*. L'usinier a toujours le droit, lorsqu'une simple modification est réclamée, de requérir l'expropriation totale de son usine, ou même de son fonds, s'ils sont inséparables. La commission répartit la contribution entre les propriétaires. L'indemnité est fixée par experts (art. 34 à 42) — Le chap. 2 est consacré aux cours d'eau privés. Tout ce qui concerne ces cours d'eau est de la compétence des *vandsynsmœnd* (commission de trois membres, nommée par les municipalités). Les règlements, amiables ou non, doivent s'expliquer sur un certain nombre de points énumérés par la loi. — Les rectifications seules ne peuvent être imposées, mais seulement proposées par les *vandsynsmœnd*. La fixation du niveau est réservée à la *landvœsenskommission*. — Le chap. 3 s'occupe des lacs (*soer*). On leur applique les règles prescrites pour les cours d'eau publics. Toutefois, pour abaisser le niveau d'un lac ou étang, lorsque l'opération n'exige qu'un approfondissement ou dragage, il est nécessaire que tous les intéressés soient d'accord, ou tout au moins que les deux tiers, en nombre et en surface, aient donné leur adhésion à l'opération. Les conditions du dessèchement sont réglées par le *landvœsenskommission*. Si le dessèchement doit s'opérer au moyen de l'agrandissement d'un cours d'eau déjà existant, on applique les règles édictées pour les cours d'eau publics par les art. 27 et 34-52. — Le chap. 4 est relatif à l'ouverture de nouveaux canaux de dérivation. — Le tit. 2 traite de l'usage des eaux et notamment des irrigations (*Annuaire de législation étrangère*, 1881, p. 534 et suiv.).

26. — VI. ESPAGNE. — Les cours d'eau navigables appartiennent au domaine public. Les cours d'eau non navigables appartiennent au domaine *privé* ou au *domaine communal* (*Rép.* n° 28). Une loi sur le régime des eaux (*Ley sobre las aguas*) a été promulguée le 13 juin 1879. Elle est divisée en quatre titres. — Le tit. 1er traite de le propriété des eaux de terre, eaux pluviales, eaux minérales, eaux courantes, mares, étangs. Les riverains ont le droit d'user des eaux courantes de la manière prescrite par les lois et règlements. Les mares, les étangs appartiennent au propriétaire du sol où ils se trouvent, ainsi que les eaux minérales. Toutefois le Gouvernement peut prononcer l'expropriation de ces dernières. — Le tit. 2 s'occupe du lit des rivières, des rives, des alluvions, des ouvrages de défense et du dessèchement des marais. Les riverains ont un droit de propriété sur le lit des rivières; mais ils ne peuvent construire des ouvrages qui feraient varier le cours naturel des eaux au préjudice d'un tiers. Les riverains ont le droit de se défendre contre les eaux au moyen de plantations, de palissades, à charge d'en donner avis à l'autorité locale, qui conserve le droit de suspendre les travaux quand ils pourraient nuire à la navigation, faire détourner les eaux de leur cours naturel ou produire des inondations. Si des ouvrages importants sont nécessaires, le ministre *de Fomento* pourra, sur la demande des intéressés, obliger à y contribuer les propriétaires qui en profitent. — Le tit. 3 est relatif aux servitudes en matière d'eaux : servitudes d'écoulement sur les fonds inférieurs, d'aqueduc, d'appui, d'abreuvoir et de puisage. La servitude de halage est établie sur les fonds qui bordent les rivières navigables ou flottables. La largeur du chemin doit être d'un mètre pour les piétons, et de deux mètres pour les chevaux. On ne peut y établir ni plantations, ni murs, ni fossés, ni ouvrages quelconques pouvant gêner l'exercice de la servitude; le propriétaire du fonds peut seulement faire son profit des herbes et arbustes qui croîtraient naturellement; les branches des arbres faisant obstacle à la navigation et pouvant gêner le halage sont coupées à la hauteur convenable. Les fonds riverains doivent, en outre, subir l'amarrage des barques, comme aussi le dépôt nécessaire des marchandises en cas d'avarie ou de naufrage. — Le chap. 4 traite de l'usage commun des eaux publiques, du droit de baigner et d'abreuver les bestiaux, du droit de pêche. Le Gouvernement détermine par décret les cours d'eau qui, en tout ou partie, doivent être considérés comme navigables ou flottables. Il faut une autorisation particulière pour avoir droit à l'usage des eaux publiques dans un intérêt particulier. Toute concession est considérée comme faite sans préjudice du droit des tiers. Les concessions sont distribuées dans l'ordre suivant : 1° approvisionnement des populations; 2° approvisionnement des chemins de fer; 3° irrigations; 4° canaux de navigation; 5° moulins et autres fabriques, étangs pour viviers. Lorsque la quantité d'eau dont jouit une commune n'atteint pas cinquante litres par habitant, dont vingt litres d'eau potable, il pourra lui être concédé pour compléter cette quantité une partie de celle qui est destinée à d'autres usages. L'expropriation forcée des eaux appartenant à des particuliers pourra même être décrétée pour approvisionner une commune, lorsque le ministre aura reconnu qu'il n'y a pas d'eaux publiques applicables à cet objet. L'autorisation nécessaire à une compagnie pour entreprendre la construction d'un cours d'eau et le rendre navigable est accordée par une loi. La durée des concessions de cette nature ne peut excéder quatre-vingt-dix-neuf ans. — Sur les cours d'eau qui ne sont ni navigables, ni flottables, les propriétaires riverains peuvent établir des bacs, avec la permission de l'alcade, ou des ponts de bois avec la permission du gouverneur de la province. S'il s'agit de rivières navigables ou flottables, il faut la permission du ministre. Les gouverneurs de province peuvent concéder des prises d'eaux publiques pour former des lacs ou étangs destinés à l'établissement des viviers ou réservoirs pour les poissons. Des associations peuvent être formées pour l'utilisation en commun des eaux publiques (Emile Roux, *Annuaire de législation étrangère*, 1880, p. 450 et suiv.).

Une loi du 7 mai 1880 régit les eaux de mer (*Ibid.*, 1881, p. 338).

27. — VII. Italie. — Tous les cours d'eau font partie du domaine public. L'art. 427 c. civ. italien porte en effet : « *I fiumi e torrenti fanno parte del domanio publico* ».

Parmi les lois et décrets promulgués depuis la publication du *Répertoire*, il importe de citer : la loi du 20 mars 1865 qui règle tout ce qui est relatif à la navigation sur les cours d'eau, à la police de ces voies, à l'emploi des eaux aux travaux : tout emploi des eaux ou du lit du fleuve pouvant gêner la viabilité est soumis à l'autorisation de l'Administration; la loi du 25 mai 1873 qui s'occupe des sociétés pour l'irrigation, et détermine les conditions qui leur sont imposées (*Annuaire de législation étrangère*, 1874, p. 297); la loi du 25 déc. 1883 sur les syndicats d'irrigation (*Ibid.*, 1884, p. 428); la loi du 10 août 1884, qui réglemente la dérivation des eaux dépendant du domaine public (*Ibid.*, 1885, p. 390); le décret du 9 nov. 1885, approuvant le règlement fait pour l'exécution de cette loi (*Ibid.*, 1886, p. 287); le décret du 15 mars 1885, qui établit un concours et des récompenses pour les travaux de colmatage dans les montagnes et de régularisation du régime des eaux sur les pentes cultivables non boisées (*Ibid.*, 1886, p. 286); la loi du 28 févr. 1886, modifiant celle du 25 déc. 1883 sur les syndicats d'irrigation, et le décret du même jour contenant le règlement d'administration publique rendu pour son exécution (*Ibid.*, 1887, p. 394); la loi du 2 févr. 1888, relative aux syndicats pour la dérivation et l'usage des eaux dans un but industriel (*Ibid.*, 1889, p. 514).

28. — VIII. Finlande. — Une loi du 23 mars 1868 sur les eaux et conduites d'eau a pour objet de réglementer les droits et obligations entre les propriétaires de terres contiguës. Elle établit aussi, par l'application du principe d'expropriation, le droit de l'État dans les questions d'emploi des eaux sur lesquelles les particuliers ont des droits de propriété ou de disposition (*Annuaire de législation étrangère*, 1880, p. 476).

29. — IX. Grand-Duché de Luxembourg. — La loi du 23 juin 1880 règle le curage, l'entretien et l'amélioration des cours d'eau. — Le chap. 1er est relatif à la reconnaissance, au classement et à la régularisation des cours d'eau. — Le chap. 2 concerne les travaux de curage et d'entretien ordinaires. Les travaux de curage annuel et de réparation à faire aux cours d'eau non navigables ni flottables et à leurs dépendances sont exécutés avec le concours des riverains, s'il y a lieu, par les soins des administrations communales; en cas d'urgence, le Gouvernement peut les faire exécuter d'office. Les frais sont répartis entre les intéressés par le conseil communal, sauf recours au Gouvernement. Les ponts, digues et autres ouvrages privés sont entretenus et réparés par ceux auxquels ils appartiennent; à défaut d'entretien, le Gouvernement peut en ordonner la réparation aux frais des propriétaires. — Le chap. 3 s'occupe des travaux extraordinaires et d'amélioration. Les communes et les particuliers peuvent exécuter à leurs frais tous les travaux d'amélioration qui leur paraissent utiles, à la condition d'obtenir préalablement l'autorisation du Gouvernement. Ces travaux peuvent être ordonnés d'office par le Gouvernement, les conseils communaux préalablement entendus; l'Etat supporte, en ce cas, la moitié au moins de la dépense, et met l'autre à la charge des communes. — Le chap. 4 est consacré aux contraventions, poursuites et peines. — Le chap. 5 contient des dispositions générales (*Annuaire de législation étrangère*, 1881, p. 403).

30. — X. Suède et Norwège. — Une loi du 20 juin 1879 règle le drainage et les travaux d'écoulement des eaux en Suède. « La législation sur les eaux, dit M. Dareste qui a traduit et annoté cette loi (*Annuaire de législation étrangère*, 1880, p. 664), a une importance toute spéciale en Suède, à raison de la quantité innombrable de lacs, d'étangs, de marais, d'eaux courantes ou stagnantes, dont le pays est couvert. Aussi cette législation s'est-elle formée de bonne heure; mais elle était éparse, dans un grand nombre de dispositions, souvent sans lien entre elles, et, depuis plus de vingt ans, il était question de les coordonner dans une loi générale qui refondrait toute la matière. Deux projets de loi avaient été élaborés en ce sens en 1865 et en 1870. Ils comprenaient à la fois ce que leurs auteurs appelaient la partie *lucrative* et la partie *défensive*, c'est-à-dire les règles relatives au droit d'user des eaux, considérées comme une source de profit, et les principes concernant les mesures à prendre pour s'en garantir, quand elles sont nuisibles. Ces projets n'avaient pu aboutir, et pour faciliter la tâche, le législateur de 1879 a laissé de côté toute la première partie pour ne traiter que des drainages et dessèchements.

Sur ce point, la législation existante se composait du chap. 6 du *byggninga balken* (tit. 4 du code de 1734), et de deux lois, des 20 juin 1824 et 20 nov. 1841. Ces deux lois, qui s'appliquaient plus particulièrement aux dessèchements, avaient déjà posé la plupart des principes sur lesquels se fonde la loi nouvelle, notamment l'obligation, pour tous les intéressés, de contribuer aux travaux dans la mesure de leur intérêt, avec droit de délaissement. — La loi de 1879 généralise ces principes, en assimilant d'une façon à peu près complète tous les travaux qui ont pour but de protéger les fonds contre les eaux nuisibles, et notamment en étendant aux simples drainages les règles déjà admises pour les dessèchements des terrains inondés. On peut ramener à trois les principes généraux sur lesquels repose toute l'économie de la loi : 1° droit de se servir des travaux déjà exécutés, à la condition de contribuer aux frais ; 2° droit d'exécuter des travaux sur le terrain d'autrui moyennant une indemnité; 3° droit d'exiger de tout intéressé la contribution aux travaux d'intérêt commun, dans la mesure du profit qu'il en retire, sauf le droit du propriétaire intéressé de se libérer en délaissant une partie de terrain représentative de la plus-value donnée à son fonds... — Les deux premiers chapitres de la loi contiennent les règles générales. — Le troisième donne aux propriétaires le droit d'exproprier ou de modifier les usines dont la situation sur un cours d'eau met obstacle aux travaux projetés. Ce droit extraordinaire, conféré à des particuliers à raison de l'intérêt général qu'ils représentent, ne s'arrête que devant les grands établissements industriels, que le législateur n'a pas voulu laisser sacrifier à une entreprise agricole. Il a aussi pour tempérament l'obligation de payer aux usiniers, en outre de la valeur intégrale de leur usine, une moitié en sus, représentant tous les préjudices indirects et toutes les privations de bénéfice qui ne peuvent pas entrer dans le calcul de la valeur réelle. — Enfin les deux derniers chapitres traitent de la procédure » (*Annuaire de législation étrangère*, 1880, p. 669).

La loi du 20 juin 1879 laissait de côté tout ce qui avait trait au droit d'user des eaux pour en tirer profit d'une manière quelconque. Cinq lois, promulguées le 30 déc. 1880, ont eu pour but de combler en partie cette lacune. La législation antérieure sur le droit à l'usage des eaux était contenue dans le chap. 17 (art. 4) et dans le chap. 20 du *byggninga balken* du code de 1734. La plupart de leurs dispositions sont abrogées par les lois nouvelles. — La première loi est relative au *droit du propriétaire sur les eaux qui se trouvent sur son fonds*. Elle édicte des prescriptions pour l'établissement des moulins ou usines, des barrages. Le riverain qui se propose de construire un barrage doit offrir à l'autre de le faire à frais communs. En cas de refus, les tribunaux peuvent l'autoriser à appuyer son barrage sur la rive opposée, en payant la valeur du terrain pris et en indemnisant pour le dommage. Si, plus tard, le riverain opposé veut construire lui-même une usine et y faire servir le barrage, il doit en faire la déclaration au moins deux ans à l'avance et payer une indemnité. Aucun ouvrage ne peut être construit dans un cours d'eau de manière à nuire, par le reflux des eaux ou autrement, à un propriétaire ou usinier supérieur ou inférieur. Les cours d'eau ouverts à la navigation générale ou au flottage ne peuvent être obstrués par un barrage, ou tout autre ouvrage de nature à empêcher la circulation. Il appartient aux tribunaux de reconnaître l'existence d'une artère royale (chenal de navigation) ou la qualité d'un cours d'eau navigable, et d'en déterminer la situation et la largeur. Le propriétaire qui a intérêt au curage a le droit d'y procéder même sur la propriété d'autrui, en avertissant à l'avance. — La seconde loi du 30 déc. 1880 concerne *les cours d'eau ouverts au flottage public*. Les cours d'eau peuvent être déclarés flottables par arrêté du préfet, qui prend toutes dispositions pour assurer le flottage; au cas où des expropriations sont nécessaires, elles sont prononcées par le Gouvernement. La loi établit le principe à suivre pour le règlement des indemnités. — La troisième loi est relative *aux cours d'eau ouverts à la navigation publique*. Elle autorise les préfets à déclarer les cours d'eau navigables ou flottables, et à prendre les dispositions nécessaires pour assurer la navigation. — La quatrième loi, *additionnelle à la loi du 14 avr. 1866 sur l'expropriation pour cause d'utilité publique*, autorise le Gouvernement à entreprendre des travaux d'utilité publique pour amener les eaux dans une localité, dériver les eaux d'un fleuve ou d'un lac, pourvoir à la navigation ou au flottage. — Enfin la cinquième loi du 30 déc. 1880 réglemente la *responsabilité en cas de non-ouverture des vannes* (*Annuaire de législation étrangère*, 1881, p. 552 et suiv.). — Une instruction sur l'administration des routes et des eaux a été promulguée le 17 nov. 1882 (*Ibid.*, 1883, p. 826).

31. En *Norwège*, la loi du 1er juill. 1887 sur l'usage des cours d'eau traite de la propriété des eaux, de l'usage des eaux pour l'industrie, de la canalisation des cours d'eau et du desséchement des marais, de l'usage des eaux pour les besoins domestiques, de la navigation et du flottage. Elle contient soixante-seize articles (*Annuaire de législation étrangère*, 1888, p. 711).

32. — XI. SUISSE. — La loi fédérale du 22 juin 1877 (*Annuaire de législation étrangère*, 1878, p. 611) a réglé la police des eaux dans les régions élevées. « Cette loi, dit M. Raphaël Gonse (*Ibid.*, 1880, p. 606), est avant tout une loi de travaux publics; elle a pour but d'assurer la défense du sol contre les débordements et les érosions. Afin d'obtenir ce résultat, elle règle et définit les devoirs et les pouvoirs des cantons; elle organise la surveillance de la confédération et prévoit les ressources qui seront affectées aux travaux ». Le règlement d'exécution de cette loi a été publié le 8 mars 1879 (*Ibid.*, 1880, p. 606).

La législation du canton de *Berne* ne diffère pas sensiblement de celle qui est en vigueur en France. Les cours d'eau navigables et flottables sont une dépendance du domaine public; les cours d'eau non navigables appartiennent aux riverains, mais leur régime est sous la surveillance de l'autorité. La loi du 3 avr. 1857 et le décret du 19 oct. 1859 règlent cette matière dans le canton de Berne. Les riverains doivent permettre le passage sur leurs terres aux hommes et chevaux de halage, mais à la charge d'indemnité pour tout dommage. On ne peut construire aucune œuvre, aucun pont, ni établir un bac sans autorisation (Block, *Dictionnaire d'administration française*, v° *Cours d'eau navigables*, p. 711).

La loi du 17 janv. 1879 sur les eaux réglemente toute la matière dans le canton de *Schaffouse*. Les lacs et les fleuves font partie du domaine public, les étangs et les canaux sont du domaine privé, les cours d'eau autres que les fleuves peuvent être du domaine public ou du domaine privé. — L'établissement d'ouvrages dans les eaux du domaine public doit être autorisé; les travaux de cette nature sont soumis à la surveillance du canton, s'ils sont exécutés dans des eaux courantes, alors même que ces eaux constitueraient une propriété privée. — L'usage des eaux du domaine public appartient à tout le monde; cependant le flottage et les services réguliers de navigation doivent être autorisés. La pêche est réglementée par une loi fédérale; elle est affermée par circonscription. — Les travaux de régularisation à faire dans le Rhin et la Bertach sont ordonnés par le conseil d'Etat et exécutés aux frais du canton et des communes intéressées; les travaux à faire dans les autres cours d'eau doivent être faits par les communes intéressées avec une subvention du canton (*Annuaire de législation étrangère*, 1880, p. 645).

Dans le canton d'*Argovie*, le chap. 7 de la loi du 24 déc. 1875, relative aux territoires ruraux, est consacré aux conduites d'eaux, aux desséchements et aux irrigations (*Annuaire de législation étrangère*, 1876, p. 563).

La police des eaux courantes dépendant du domaine public est régie dans le canton de *Vaud* par une loi du 3 déc. 1881. — La surveillance générale des eaux courantes s'exerce par le département des travaux publics; si les mesures à prendre ne dépassent pas les ressources locales, les frais sont couverts par les communes intéressées; dans le cas contraire, l'Etat peut venir en aide à l'entreprise par des subsides, mais la participation de l'Etat ne peut dépasser 40 pour 100 des dépenses; une commission classe les terrains intéressés et fixe la part à payer par les propriétaires. Quant à l'entretien des ouvrages exécutés, il demeure à la charge des communes et des propriétaires. Le flottage des bois à bûches est absolument interdit dans les cours d'eau sur lesquels ont été construits des travaux de barrage ou d'endiguement subventionnés par la confédération, l'Etat ou les communes, et le conseil d'Etat a été invité à supprimer graduellement le flottage dans tous les torrents où il est encore pratiqué (G. Favey, *Annuaire précité*, 1882, p. 628).

Le code civil du canton de *Glaris*, 1869-1874 (2e part., *Des droits réels*) s'occupe des conduites d'eau, de l'écoulement des eaux, de l'obligation d'endiguer, des droits d'eau. — Les sources qui jaillissent sur un fonds et les ruisseaux qui le traversent sont considérés, tant que l'eau se trouve sur ce fonds, comme en dépendant. — Lorsque les rives d'une rivière ou d'un ruisseau appartiennent à des propriétaires différents, chaque riverain a le droit d'utiliser pour l'industrie la force motrice jusqu'à concurrence de moitié, sauf les droits acquis à d'autres. — Le propriétaire riverain supérieur a le droit de s'opposer à ce que, par la construction d'ouvrages en aval, l'eau soit refoulée et sa propriété menacée. — Le propriétaire riverain inférieur a, de même, le droit de s'opposer à ce que les propriétaires supérieurs détournent, retiennent ou salissent l'eau au détriment de ses droits d'irrigation ou au risque d'endommager son fonds (E. Lehr, *Code civil du canton de Glaris annoté*; *Annuaire de législation étrangère*, 1875, p. 501).

Le 27 nov. 1883 a été promulgué dans le canton d'*Appenzell* un règlement d'exécution de la loi fédérale sur la police des eaux dans les Hautes-Alpes (*Ibid.*, 1884, p. 593). — La loi du 24 avr. 1887 modifie le chap. 3 (des droits d'eau) de la loi du 24 oct. 1860 sur les immeubles. « Les rivières et ruisseaux sont choses publiques, porte l'art. 7, et sont soumis à la surveillance de l'autorité. Leurs rives demeurent, en principe, la propriété des riverains, qui doivent, par suite, les entretenir. » Tout nouvel établissement hydraulique doit être autorisé par le conseil d'Etat (art. 12) (*Ibid.*, 1888, p. 657).

Un arrêté du conseil d'Etat du canton du *Valais*, en date du 23 mai 1883, assure l'exécution de la loi fédérale du 22 juin 1877 sur la police des eaux dans les régions élevées. Nul ne peut élever des constructions dans le lit ou sur les bords de ces cours d'eau sans l'autorisation du Gouvernement, et il faut également un permis spécial pour y flotter des bois; le tout sous peine d'amende (*Ibid.*, 1884, p. 647).

La loi du 21 juin 1883, faite pour l'exécution de la loi fédérale du 22 juin 1877, règle la police des eaux dans le canton de *Zug*. La police de toutes les eaux du canton appartient à l'Etat, sous réserve de la haute surveillance de la Confédération. — Les rivières, torrents et eaux des montagnes qui offrent une menace de danger général doivent être l'objet de travaux de garantie. Ces travaux consistent surtout dans la plantation et le boisement des berges. L'exécution des travaux incombe avant tout aux riverains. Si les travaux sont faits dans l'intérêt public d'une commune, elle peut être obligée à contribuer à la dépense. L'Etat doit, de son côté, y subvenir au moins pour la même somme. Les eaux qui ont été l'objet des travaux de défense et endiguement ne peuvent être utilisées dans un but industriel qu'avec l'autorisation du conseil de gouvernement (*Ibid.*, 1884, p. 661).

Dans le canton de *Soleure* un arrêté du 10 juill. 1884, sur la police des eaux publiques, rivières, ruisseaux, étangs et sources, indique à quelles conditions sont assujettis les industriels riverains et propriétaires de fabriques pour l'usage et la décharge des eaux (*Ibid.*, 1885, p. 586).

Enfin, dans le canton de *Fribourg*, une loi du 28 févr. 1885 sur la police des eaux dans les régions élevées soumet à l'autorisation du conseil d'Etat tous ouvrages et constructions quelconques, tels que ponts, passerelles, barrages, digues, éperons, enrochements, murs de soutènement, aqueducs, etc., ainsi que la destruction, l'exhaussement ou l'abaissement de travaux existants pouvant modifier l'état naturel des berges et du lit du cours d'eau du domaine public. — La même loi règle également le dépôt de matériaux sur les berges ou dans le lit desdits cours d'eau et le flottage des bois. Les dispositions en sont corroborées par des amendes de 10 à 500 fr. suivant la nature et la gravité des contraventions (Lehr, *Annuaire de législation étrangère*, 1886, p. 456).

CHAP. 2. — Des eaux navigables et flottables
(*Rép.* n°s 34 à 155).

SECT. 1re. — DES RIVIÈRES NAVIGABLES
(*Rép.* n°s 35 à 57).

33. Les rivières navigables, comme on l'a dit au *Rép.* n°s 35 et suiv., sont celles qui portent des bateaux, des trains ou radeaux, soit de leurs fonds, soit à l'aide d'ouvrages d'art. La navigabilité n'est donc autre chose que l'aptitude physique et matérielle des cours d'eau à la navigation, que cette aptitude soit naturelle ou artificielle.

On a indiqué au *Rép.* n°s 38 et suiv. quelles conditions doit présenter une rivière pour qu'elle puisse acquérir le caractère de navigabilité. « Il faut, dit M. Demolombe, *Cours de code civil*, t. 9, n° 457 *bis*, que cette rivière puisse, d'amont en aval, servir de moyen de transport et faire l'office de grand chemin ». — Il a été jugé que la circulation sur un cours d'eau de quelques batelets utilisés par les riverains pour le transport des engrais et de leurs récoltes ne constitue pas une navigation régulière et ne rend pas, par elle seule, le cours d'eau navigable (Cons. d'Et. 1er déc. 1853, aff. Haine et consorts, *Rec. Cons. d'Etat*, p. 972. V. aussi Paris, 2 août 1862, aff. Paulmier, D. P. 63. 2. 122). « De même, dit M. Plocque, t. 1, p. 12, une rivière ne serait pas réputée navigable par ce fait seul qu'on pourrait la traverser pour se rendre d'un bord à l'autre ou que les particuliers y auraient établi un bac. C'est ce que nous trouvons consacré par un arrêté du préfet de la Corrèze, en date du 21 juill. 1821. La navigation doit, en outre, avoir lieu d'une manière continue. Donc on ne peut assimiler aux rivières navigables le cours d'eau dont le lit serait périodiquement desséché pendant les chaleurs de l'été. — D'autre part, dès que ces deux conditions sont remplies, peu importerait que, pour un motif ou pour un autre, la navigation ne fût pas, en effet, établie sur la rivière. Cette circonstance ne saurait préjudicier aux droits imprescriptibles du domaine. Même décision au cas où la navigation n'aurait été que momentanément suspendue à la suite d'événements extraordinaires » (V. *Voirie par eau*; — *Rép.* eod. v°, n°s 52 et suiv.).

34. Les rivières navigables et flottables n'appartiennent au domaine public qu'à partir de l'endroit où commence la navigabilité ou la flottabilité (*Rép.* n° 52; *Adde :* Liège, 16 janv. 1862, aff. N..., *Belgique judiciaire*, t. 21, p. 280). Lorsqu'une rivière est déclarée navigable depuis un point quelconque, toute sa partie inférieure rentre dans la propriété de l'Etat. Toutefois, si la navigation était impossible à certains endroits au-dessous du point où la rivière commence à porter bateaux, M. Plocque estime qu'on ne pourrait considérer ces parties de la rivière comme étant réellement navigables (Plocque, t. 2, n° 6, p. 15. Conf. *Rép.* n° 40; Laurent, *Principes de droit civil français*, t. 6, n° 10, p. 19).

35. On a indiqué au *Rép.* n° 52 que les bras des rivières navigables, quoiqu'ils n'aient pas toujours ce caractère, font partie du domaine public. La jurisprudence a confirmé cette doctrine. Il a été décidé que les bras dépendant des rivières navigables ou flottables sont soumis pour la police des eaux aux mêmes règles que ces rivières, alors même qu'ils ne sont eux-mêmes ni navigables, ni flottables (Cons. d'Et. 30 nov. 1877, aff. Dufaur, D. P. 78. 3. 30). Jugé encore qu'un bras secondaire, mettant en communication deux rivières navigables, est soumis au même régime que les rivières dont il est la dépendance, alors même qu'il n'est pas navigable; que, par suite, il fait partie du domaine public, et qu'il appartient au préfet d'en déterminer les limites sous la réserve des droits des tiers (Cons. d'Et. 6 mars 1885, aff. Boy, D. P. 86. 3. 113).

La même règle est applicable aux canaux faits de main d'homme pour détourner une portion de l'eau sur un point et la rendre plus bas à son cours. Ils forment une dépendance de la rivière et doivent être soumis au même régime qu'elle (Dufour, *Traité général de droit administratif appliqué*, 3e éd., t. 4, p. 440, n° 439; Req. 27 mai 1856, aff. Gardin, D. P. 56. 1. 247).

36. Les courants qui se séparent de la rivière pour ne plus s'y réunir cessent, dès leur point de séparation, de faire partie de la grande rivière, et en restent indépendants. Dès leur point de départ, ils ont une existence propre et séparée, et cessent définitivement de faire partie du fleuve navigable, sans être par eux-mêmes habiles à la navigabilité. Il n'y a donc plus de raison de les comprendre dans le domaine public. On objecte que, si ces courants ne sont pas considérés comme navigables, il est à craindre que toute navigation ne devienne impossible sur le cours d'eau proprement dit : les riverains ayant le droit de se servir de l'eau pour l'irrigation de leurs propriétés, pour le roulement des usines, seront bien souvent tentés d'abuser de leurs droits; le volume de l'eau de la rivière pourra être singulièrement diminué par l'effet de leurs entreprises. « Il est facile de répondre, dit M. Plocque, t. 2, n° 7, p. 18 « qu'au cas où ces empêchements viendraient à se produire, l'autorité administrative pourrait intervenir et imposer d'office aux riverains un règlement d'eau. Si les prises d'eau, ajoute-t-il, étaient préjudiciables au corps principal du fleuve, ce seul résultat leur conférerait le caractère de contraventions commises sur une rivière navigable et autoriserait l'usage des armes attribuées à l'Administration pour assurer leur conservation » (V. aussi Proudhon, *Domaine public*, n° 760; Dufour, 3e éd., t. 4, p. 440, n° 440).

37. Les bras non navigables des rivières canalisées ne font pas partie du domaine public. Si les bras non navigables des rivières navigables sont assimilés à ces rivières, c'est à cause des variations fréquentes qui s'opèrent dans le lit naturel des rivières. Rien n'assure que la navigation qui s'effectue aujourd'hui dans le bras de droite ne sera pas obligée de se reporter d'un moment à l'autre dans le bras de gauche et d'abandonner son ancienne direction, si le *thalweg* du fleuve vient à subir un changement analogue. Il est donc nécessaire que l'Administration les conserve tous sous sa surveillance (Nadault de Buffon, *Traité des usines*, t. 1, p. 252). Ce fait ne peut se produire lorsqu'il s'agit d'une rivière canalisée (Cons. d'Et. 4 août 1866, aff. Boutillié, *Rec. Cons. d'Etat*, p. 950; Plocque, t. 2, p. 17, n° 7).

38. Aux termes de l'art. 1er de la loi de 1829 sur la pêche fluviale, la pêche est exercée au profit de l'Etat dans les noues, boires et fossés qui tirent leurs eaux d'une rivière navigable, et dans lesquels on peut pénétrer en bateau librement et sans aucun artifice accidentel, non seulement pendant les moyennes eaux, mais même en tout temps (*Rép.* n° 53). « Les travaux préparatoires, dit M. Plocque, t. 2, p. 19, nous montrent de la manière la plus claire quelle a été l'intention du législateur. On ne peut dire *a priori*, en se fondant sur l'art. 1er de la loi de 1829, que les noues, boires et fossés qui portent naturellement bateaux en tout temps, font seuls partie du domaine public. Dans le rapport qui a précédé l'ordonnance du 10 juill. 1835, le ministre des finances rappelait encore qu'en 1829 on n'avait pas cherché à fixer les droits plus ou moins étendus du domaine public, mais que l'on s'était uniquement préoccupé de la question que soulevait l'exercice du droit de pêche. Suivant nous, la question doit se résoudre d'une manière extrêmement simple. D'abord, supposons un fossé navigable sur toute son étendue, nous n'éprouverons aucun doute pour l'attribuer au domaine. Mais le plus souvent un fossé n'est navigable que sur une certaine étendue; une jurisprudence que nous approuvons sans réserve décide que le fossé sera réputé dépendre du domaine de l'Etat, même dans les parties où il est impossible de circuler en bateau. Supposons au contraire un fossé non navigable. De deux choses l'une: ou ce fossé va plus loin déverser ses eaux dans la rivière; alors nous l'assimilerons tout naturellement à un bras non navigable de la rivière, et nous l'attribuerons au domaine public; ou ce fossé va se perdre dans les terres, il rentre alors dans la catégorie des courants qui se séparent de la rive pour ne plus s'y réunir. Si l'on admet avec nous que ces courants sont absolument distincts de la rivière, dès le moment de leur séparation, on appliquera les règles qui régissent les cours d'eau non navigables ni flottables » (V. Dufour, t. 4, p. 441, n° 440).

39. Les affluents, qui se jettent dans une rivière navigable, n'appartiennent au domaine public que s'ils sont eux-mêmes navigables. Ils ne font pas partie du fleuve; comme les bras, ils en sont tout à fait détachés; ils ne font que s'unir à lui au terme de leur cours (*Rép.* n°s 295 et 306.; Plocque, t. 2, p. 20, n° 9).

40. Il est de l'intérêt de l'Administration et des riverains que les cours d'eau considérés comme navigables soient déterminés à l'avance. La déclaration de navigabilité, quelle que soit la longueur du cours d'eau, peut résulter d'un décret rendu dans la forme d'un règlement d'administration publique (Plocque, t. 2, p. 22, n° 10; Ducrocq, *op. cit.*, t. 2, p. 102, n° 935). L'art. 3 de la loi sur la pêche fluviale du 15 avr. 1829 dispose que les fleuves et rivières sur lesquelles la pêche sera exercée au profit de l'État, c'est-à-dire ceux qui sont navigables ou flottables, seront déterminés par des ordonnances royales. Une ordonnance du 10 juill. 1836, rendue en exécution de la loi de 1829, a donné une nomenclature de ces cours d'eau augmentée depuis par d'autres ordonnances ou décrets. — Cette nomenclature n'est pas limitative, et la question reste entière pour les cours d'eau qui n'y figurent pas, et doit être résolue en fait, dans chaque espèce, par la constatation de l'aptitude physique du cours d'eau constitutive de la navigabilité. On a démontré, en effet, au *Rép.* n°s 51 et suiv. que la navigabilité n'est pas subordonnée, quant à ses conséquences légales, à une constatation officielle sous forme de déclaration. Des riverains dépossédés du droit de pêche, des riverains privés de leurs établissements par suite d'une déclaration de navigabilité, réclament une indemnité en soutenant qu'antérieurement la rivière n'était pas navigable : l'État peut faire repousser leurs prétentions en établissant qu'en fait, et bien qu'elle n'ait pas été reconnue telle par décret, la rivière était navigable. — Jugé que le conseil de préfecture, saisi d'un procès-verbal de contravention dressé contre un particulier, est compétent pour constater la navigabilité de la rivière au lieu où la contravention a été commise (Cons. d'Ét. 14 avr. 1853, cité *Rép.* v° *Voirie par eau*, n° 56). — Le pouvoir qui appartient à l'autorité administrative de reconnaître la navigabilité actuelle d'un cours d'eau ne compète pas à l'autorité judiciaire. Elle ne peut statuer sur cette question, qui est une question d'administration, d'intérêt public, alors même que la déclaration de navigabilité devrait intervenir à l'occasion d'un procès pendant entre particuliers, et dans lequel l'Administration serait absolument désintéressée. Il a été jugé que lorsque, dans une instance au possessoire pendante entre deux particuliers, l'Administration intervient pour soutenir que l'action porte sur un bras d'une rivière navigable, et que ce bras, contrairement aux assertions du demandeur, n'aurait point cessé de faire partie de la rivière elle-même, cette prétention soulève une question préjudicielle dont l'autorité judiciaire doit alors renvoyer la connaissance à l'autorité administrative avant le jugement du fond (Cons. d'Et. 2 mai 1866, aff. Hodouin, D. P. 67. 3. 14. V. sur ce point v^{is} *Compétence administrative*, n°s 230 et suiv.; *Domaine public*, n°s 42 et suiv.; — *Rép.* v^{is} *Compétence administrative*, n°s 146 et suiv.; *Domaine public*, n°s 79 et suiv.; *Voirie par eau*, n° 56; Serrigny, *Traité de l'organisation et de la compétence*, 2e éd., t. 2, n° 291).

41. La même solution doit être admise lorsqu'il s'agit de reconnaître, non plus si une rivière doit être réputée navigable, mais si elle avait autrefois ce caractère (*Rép.* n° 49). « Aucun texte de loi, dit M. Plocque, t. 2, p. 27, n° 11, ne fait de distinction entre la navigabilité présente et la navigabilité dans le passé. A quelque époque et à quelque occasion que se présente la question de navigabilité, elle ne peut jamais être résolue que comme question d'affectation d'un cours d'eau à l'usage public, soit actuel, soit antérieur. Les titres, principes et règles du droit civil sont absolument étrangers à son examen, puisqu'elle ne comporte qu'une appréciation d'actes et de faits du ressort exclusif de l'autorité administrative. Le droit à une indemnité n'existe que si le cours d'eau n'a point fait partie du domaine public à titre de rivière navigable. Or, l'Administration seule a le droit de déterminer, conformément aux lois, ce qui fait partie de la propriété publique». — Il a été jugé qu'il appartient à l'autorité administrative de décider si une rivière, comprise dans le tableau des rivières navigables et flottables dressé en exécution de l'art. 3 de la loi du 15 avr. 1829, était déjà navigable antérieurement, notamment lorsque cette question préjudicielle est soulevée sur la demande en indemnité que les propriétaires riverains ont formée contre l'Etat à raison de la privation du droit de pêche qu'ils prétendaient posséder avant la loi précitée (Cons. d'Ét. 17 août 1864, aff. Commune de Saugnac, D. P. 65. 3. 35).

42. En fait, il arrive souvent que l'Administration, en permettant à un particulier de rendre navigable à ses frais telle ou telle partie d'un cours d'eau, déclare que néanmoins le cours d'eau ne sera pas considéré comme navigable. Dans un assez grand nombre de décrets et d'ordonnances, on trouve la disposition suivante : « l'autorisation d'effectuer des travaux sur la rivière n'aura pas pour effet de la faire classer au nombre des rivières navigables ou flottables ». M. Plocque, t. 2, p. 10 et suiv., n° 4, estime que, dans cette situation, les riverains jouiront, comme par le passé, du droit de pêche; que leurs héritages ne seront pas grevés des servitudes qui pèsent sur les propriétés joignant un cours d'eau navigable; qu'ils continueront à être tenus du curage et de l'entretien de la rivière; mais, suivant lui, ils ne pourront plus invoquer l'art. 644 et dériver les eaux pour l'irrigation de leurs propriétés. Ce serait permettre aux riverains d'interrompre la navigation et de rendre inutiles les travaux accomplis. A ce point de vue, ils se trouveront dans la même situation que les riverains d'un cours d'eau navigable. Ils ne pourront faire de prise d'eau que dans les termes de l'arrêté du 19 vent. an 11 et de la circulaire du 23 oct. 1851. Seulement ils pourront réclamer une indemnité pour le dommage qui leur aura été causé par l'établissement de la navigation. Il a été jugé qu'un préfet ne peut, sans excès de pouvoirs, prescrire des mesures qui ne sont applicables qu'aux rivières navigables, et notamment la démolition d'un mur pour laisser le passage libre le long de la berge, la suppression de travaux défensifs, quand il s'agit d'un cours d'eau sur lequel un particulier a été autorisé à exécuter des travaux, alors que l'ordonnance donnant cette autorisation porte : « L'autorisation d'effectuer les travaux sur la rivière n'aura pas pour effet de la faire classer au rang des rivières navigables » (Cons. d'Et. 10 juill. 1862, aff. Molard, *Rec. Cons. d'Etat*, p. 567).

43. Aux termes de l'art. 3, § 3, de la loi de 1829, dans le cas où des cours d'eau sont rendus ou déclarés navigables ou flottables, les propriétaires privés du droit de pêche sont indemnisés au préalable dans les formes prescrites par les lois sur l'expropriation et compensation faite des avantages qu'ils peuvent retirer de la disposition prescrite par le Gouvernement. — Les propriétaires ont également droit à une indemnité pour l'établissement de la servitude de halage. Cette indemnité est réglée par les tribunaux administratifs en exécution du décret du 22 janv. 1808. — Est-il dû une indemnité pour la suppression des autres droits, tel que celui d'irrigation? La négative a été admise au *Rép.* n°s 198 et suiv. « Il ne pourrait y avoir difficulté, dit M. Dufour, *op. cit.*, t. 4, p. 458, n° 449, qu'autant que la navigabilité serait le résultat de travaux exécutés à cet effet; car, si elle provenait d'une cause naturelle, il y aurait conquête du domaine public sur la propriété privée, et les droits des propriétaires riverains se trouveraient anéantis, non point par le fait de l'Administration, mais par la disposition fortuite des circonstances qui les avaient fait naître. On pourrait même peut-être, dans le cas d'une navigabilité purement artificielle, être tenté de soutenir que le Gouvernement, en rendant navigable une rivière qui ne l'était point, ne fait qu'user du droit qui lui appartient de diriger, le plus possible, les eaux du territoire vers un but d'utilité générale ; mais ce droit ne comporte pas la conséquence qu'on y voudrait rattacher ; le pouvoir conféré à l'Administration n'a d'autre effet que de subordonner les droits privés à l'intérêt public, sans les détruire. C'est sur ce fondement que l'on indemnise les maîtres d'usines dont les établissements ont été régulièrement autorisés ; et il y a évidemment même raison de décider à l'égard des propriétaires riverains, puisque leur titre procède des dispositions mêmes de la loi : indemnité leur est due pour tous les droits qui se trouveraient utilisés à leur profit au moment de l'exécution des travaux. Si les besoins de la navigation exigent l'expropriation d'une partie de la rive ou d'une île située dans la rivière, on procède suivant la loi du 3 mai 1841 » (*Rép.* n°54, et v° *Voirie par eau*, n°s 103 et suiv. ; Block, *Dictionnaire de l'administration française*, v° *Cours d'eau navigables et flottables*, n°s 12 et suiv., 58 ; Plocque, *op. cit.*, t. 2, p. 147, n° 62).

44. On a soutenu au *Rép.* n° 42 que le lit naturel d'un fleuve s'étend jusqu'au point couvert par ses eaux quand il coule à pleins bords sans débordement ni inondation. Cette doctrine est admise par la plupart des auteurs et consacrée par la jurisprudence. « Le fleuve, dit M. Laurent, se jette dans la mer. A l'approche de son embouchure, les flots de la mer remontent régulièrement le cours de l'eau et en élèvent, par conséquent, le niveau. Il faut tenir compte de cette élévation pour fixer les limites du fleuve et partant du domaine public. Dès que le fleuve a des limites fixes, le domaine privé ne peut commencer qu'au delà de ces limites; peu importe que les eaux doivent leur élévation au reflux de la mer ou à la pluie : c'est la fixité du niveau qui détermine les bornes du fleuve, et non la cause qui lui donne ce niveau » (*Principes de droit civil français*, t. 6, n° 8, p. 17. V. dans le même sens : Plocque, *op. cit.*, t. 2, p. 31 et suiv., n° 13 ; Block, *op. cit.*, v° *Cours d'eau navigables et flottables*, n°s 24 et suiv.). Ainsi il a été jugé que le lit naturel d'un fleuve se compose des terrains que les eaux couvrent lorsque, coulant à pleins bords, il est dans toute la grandeur de son cours, et que ses eaux ne pourraient s'élever davantage sans déborder (Toulouse, 22 juin 1860, aff. de Beaufort, D. P. 60. 2. 128). Décidé encore : 1° que le lit des rivières navigables comprend tout le terrain que couvrent les eaux de ces rivières parvenues, dans les habitudes de leurs cours et sans débordement, à leur plus haut point d'élévation, quelle que soit la cause de cette élévation, et alors même que, s'agissant d'une rivière qui aboutit à la mer, elle serait le résultat du reflux périodiquement occasionné par les marées ordinaires; que, par suite, le riverain qui s'est mis en possession d'un terrain qui, à la suite de travaux de l'État, a cessé d'être ainsi périodiquement envahi par les eaux, ne peut invoquer une possession utile à prescrire qu'à compter de ces travaux, le terrain par lui possédé étant antérieurement une dépendance du domaine public, inaliénable et imprescriptible (Req. 8 déc. 1863, aff. Petit, D. P. 64. 1. 114) ; — 2° Que le préfet et le ministre des travaux publics excèdent leurs pouvoirs, lorsqu'ils fixent les limites d'un bras d'un cours d'eau navigable (dans l'espèce, un bras de la Loire) à un niveau supérieur à celui que les plus hautes eaux navigables de ce bras peuvent atteindre sans déborder (Cons. d'Ét. 13 déc. 1866) (1) ; — 3° Que les arbres qui ont été plantés ou qui ont crû dans la partie des berges d'un fleuve, alternativement mise à nu ou recouverte par les eaux avant tout débordement, doivent être considérés comme incorporés au lit de ce fleuve et comme appartenant par suite au domaine public ; que dès lors, le fait de riverains d'avoir coupé ou élagué de ces arbres constitue, s'il est établi qu'il était de nature à occasionner des détériorations, une contravention de voirie aux termes de la loi du 29 flor. an 10 (Cons. d'Ét. 17 août 1866, aff. Murillon, D. P. 67. 3. 25) ; — 4° Que les terrains qui n'ont jamais été recouverts ou atteints par la ligne des eaux coulant à pleins bords, mais non débordées, et qui ont fait pendant de longues années et sans réclamation de personne l'objet de nombreuses transactions ne font pas partie du lit d'un fleuve, ni par conséquent du domaine public (Paris, 7 avr. 1868, aff. Labry, D. P. 68. 2. 115-116). — Dans le même sens, il a été décidé : 1° qu'une parcelle de terrain qui n'a été couverte que temporairement par les eaux d'une rivière ne devient pas partie intégrante de son lit, et ne cesse pas d'appartenir au propriétaire riverain, dont le droit reprend toute son énergie à la retraite des eaux ; qu'il importe peu que ce terrain ait été compris dans l'alignement de la rivière fait par arrêté préfectoral, si cet arrêté a formellement déclaré que les questions de propriété demeuraient réservées ; qu'en conséquence, le propriétaire de la parcelle dont il s'agit a le droit, en cette qualité, d'acquérir par alluvion les relais de la rivière qui viendraient s'y incorporer successivement et imperceptiblement (Req. 10 févr. 1869, aff. Pouff, D. P. 70. 1. 148) ; — 2° Qu'un terrain situé au milieu du lit d'un fleuve qui a été constamment qualifié d'île dans tous les documents administratifs, et que le service des ponts et chaussées proposait de remettre à l'administration des domaines, ne fait pas partie du lit du fleuve; que, par suite, le fait d'y avoir coupé du bois ne constitue pas une contravention de grande voirie (Cons. d'Ét. 23 mars 1870, aff. Guers, D. P. 71. 3. 26) ; — 3° Que les terrains submersibles par les plus hautes eaux non débordées sont compris dans le lit d'une rivière (Pau, 1er mars 1876, *suprà*, v° *Compétence administrative*, n° 222) ; — 4° Que l'arrêté préfectoral qui fixe la limite du lit d'une rivière navigable au-devant d'une propriété à un niveau supérieur à celui des plus hautes eaux navigables avant tout débordement, et la décision du ministre des travaux publics qui confirme cet arrêté doivent être annulés pour excès de pouvoirs (Cons. d'Ét. 23 avr. 1875, aff. Bélamy, *Rec. Cons. d'Etat*, p. 376) ; — 5° Qu'au contraire, il n'y a pas excès de pouvoir dans l'arrêté préfectoral fixant la limite du lit d'une rivière navigable à une hauteur qui n'est pas supérieure à celle du niveau des plus hautes eaux de la rivière coulant à pleins bords sans débordement (Cons. d'Et. 16 juin 1876 (2). V. aussi dans le même sens : Cons. d'Et. 28 mai 1886, aff. de la Rombelle, D. P. 87. 5. 175). — 6° Que le lit d'un fleuve s'étend jusqu'au point couvert par

(1) (Coicaud.) — NAPOLÉON, etc. ; — Vu la loi du 22 déc. 1789, sect. 3, art. 2, celle du 22 nov.-1er déc. 1790, et la loi des 7-14 oct. 1790 ; — Considérant qu'il résulte de l'instruction que la ligne de délimitation déterminée par l'arrêté préfectoral du 15 déc. 1863 à 4 mètres 35 cent. au-dessus de l'étiage au point où le bras de la Loire, appelé le canal de *la Madeleine* touche la propriété des requérants, est à un niveau supérieur à celui que les plus hautes eaux navigables de ce bras de la Loire peuvent atteindre sans déborder ; que, dès lors, les requérants sont fondés à soutenir que le préfet de la Loire-Inférieure et notre ministre des travaux publics n'ont pu, sans excéder leurs pouvoirs, fixer les limites du fleuve au point litigieux à la ligne désignée par l'arrêté précité : — Art. 1er. L'arrêté du préfet de la Loire-Inférieure du 15 déc. 1863 et la décision de notre ministre des travaux publics du 31 juill. 1865 qui a maintenu cet arrêté sont annulés.

Du 13 déc. 1866.-Cons. d'Et.-MM. Perret, rap.-de Belbeuf, concl.-Royer, av.

(2) (Beauchot et autres.) — NAPOLÉON, etc. ; — ...En ce qui touche le pourvoi des sieurs Beauchot et consorts, et de la commune de Bonny, pour excès de pouvoirs, contre l'arrêté du préfet du Loiret du 13 mars 1872 : — Considérant que par son arrêté du 13 mars 1872, le préfet du Loiret a fixé les limites de la Loire au lieu dit *le Rio des Butteaux-de-Bonny*, entre l'île des Butteaux de Bonny et les propriétés des requérants d'après une ligne horizontale, à la hauteur de 2 mètres 50 cent. au-dessus de l'étiage ; qu'il résulte de la vérification ordonnée par le conseil d'Etat que tous les terrains compris dans cette délimitation sont couverts par les eaux de la Loire coulant à pleins bords sans débordement ; qu'il suit de là que l'arrêté a été pris dans la limite des pouvoirs qui lui appartenaient en vertu des lois ci-dessus visées des 2 déc. 1789 et 22 nov.-1er déc. 1790, et que les requérants ne sont pas fondés à en demander l'annulation ;... — Art. 1er. Les sieurs Durand et consorts seront déchargés des amendes auxquelles ils ont été condamnés par l'arrêté du conseil de préfecture du 14 août 1872, lequel est réformé, en ce qu'il a de contraire à la présente disposition. — Art. 2. Le surplus de la requête des sieurs Durand et consorts, et le recours pour excès de pouvoirs des sieurs Beauchot et consorts, et de la commune de Bonny contre l'arrêté du préfet du Loiret du 13 mars 1872 sont rejetés.

Du 16 juin 1876.-Cons. d'Et.-MM. Mathéus, rap.-David, concl.-Jozon, av.

ses eaux quand il coule à pleins bords sans débordement ni inondation et que, dans la partie de son cours soumise au flux et au reflux, il comprend tout le terrain normalement et périodiquement submergé par les plus hautes marées ordinaires, à l'exception des grandes marées d'équinoxe (Rennes, 16 déc. 1879, aff. Letourneux, D. P. 81. 2. 191. V. aussi en ce sens: Cons. d'Et. 3 mars 1882, aff. Amiot, D. P. 83. 3. 69); — 7° Que le riverain d'un fleuve navigable qui fait des coupes de bois au droit de sa propriété ne commet aucune contravention de grande voirie, s'il n'est pas prouvé que le terrain sur lequel ces coupes ont été faites est recouvert par les eaux coulant à pleins bords avant tout débordement (Cons. d'Et. 19 nov. 1886, aff. Mercier, D. P. 88. 3. 16. V. dans le même sens : Cons. d'Et. 23 mai 1884, aff. Verdier, D. P. 86. 3. 13; 4 déc. 1885, même affaire, *Rec. Cons. d'Etat*, p. 936).

45. On a exposé au *Rép.* n° 44 que l'autorité administrative a le droit exclusif de déterminer les limites des rivières navigables et flottables, soit dans le présent (limites actuelles), soit même dans le passé (limites anciennes). — Jugé qu'il appartient à l'autorité administrative non seulement de délimiter les rivières navigables ou flottables dans leur état actuel, mais aussi de reconnaître l'état ancien de ces cours d'eau; que, dès lors, est légal l'arrêté du préfet qui, reconnaissant que certaines parcelles de terrain étaient comprises dans les limites d'une rivière navigable, décide qu'elles font partie du lit de cette rivière (Cons. d'Et. 22 nov. 1866, aff. Lecourtois, D. P. 72. 5. 157).

46. Il peut arriver qu'en fixant des limites inexactes entre le domaine public et les propriétés privées qui lui confinent, les actes comprennent dans le lit des fleuves des terrains susceptibles de propriété privée et qu'ils en enlèvent la disposition aux riverains. Pendant longtemps le conseil d'Etat a considéré les actes de délimitation du domaine public comme des actes de pure administration, ne pouvant donner ouverture à un recours contentieux; il réservait seulement aux propriétaires qui se trouveraient dépossédés une action en indemnité devant l'autorité judiciaire. En résumé, l'autorité administrative avait le droit de tracer, en vue des nécessités ou des intérêts du service public de la navigation, les limites administratives; mais il appartenait à l'autorité judiciaire de rechercher les limites naturelles, et, lorsqu'elle reconnaissait que le terrain litigieux se trouvait entre les deux tracés, de fixer l'indemnité de dépossession due au propriétaire. Ainsi il avait été jugé : 1° qu'en cas de délimitation administrative d'un fleuve ou d'une rivière navigable dans l'intérêt de la navigation, c'est aux tribunaux civils qu'il appartient de rechercher les limites naturelles de ce cours d'eau, de les comparer avec celles fixées par l'Administration à l'effet de déterminer, d'une part, l'étendue des terrains privés qui, situés en dehors des limites naturelles, ont été incorporés au domaine public par suite de l'arrêté, et d'autre part, l'indemnité due à raison de cette incorporation (Req. 20 mai 1862, aff. Parrachon, D.P.63.1.230); — 2° Que le pouvoir qui appartient à l'autorité administrative de reconnaître l'étendue et les limites d'un cours d'eau navigable et flottable laisse subsister la compétence des tribunaux civils relativement aux actions formées par les particuliers qui se prétendent propriétaires des terrains incorporés au domaine par l'opération de délimitation, à l'effet d'obtenir, non le délaissement, mais une indemnité (Paris, 7 avr. 1868, aff. Labry et Morel, D. P. 68. 2. 115). Toutefois, deux arrêts avaient considéré comme entachés d'excès de pouvoir les arrêtés par lesquels l'Administration déclare incorporer au domaine public, par voie de délimitation de ce domaine, des îlots ou terrains situés dans le lit ou sur les bords d'un cours d'eau navigable, et dont la propriété donne lieu, à l'époque même de la publication de ces actes, à un litige devant l'autorité judiciaire entre l'Etat et les particuliers qui se prétendent propriétaires ou possesseurs de ces immeubles (Cons. d'Et. 23 mai 1861, aff. Coquard, D. P. 62. 3. 11; 6 août 1861, aff. Revel, *ibid.*). — Ces dernières décisions prouvent que le conseil d'Etat sentait de plus en plus les inconvénients du pouvoir à peu près illimité que sa jurisprudence antérieure avait attribué à l'Administration en matière de délimitation du domaine public; elles démontrent qu'il apercevait la nécessité d'opposer une digue aux abus de ce pouvoir, qui, ainsi qu'on le voit par les espèces précitées, ne s'arrêtait même pas devant une instance judiciaire déjà engagée; ils prouvent enfin que ce conseil, après avoir longtemps dénié tout recours contentieux contre les actes de cette nature, l'admettait et l'appliquait, non seulement quant à la forme, mais même quant au fond, en ce sens du moins qu'il se reconnaissait le droit d'apprécier, non pas si la délimitation avait été bien ou mal faite, mais si l'acte auquel l'Administration donnait la qualification de délimitation du domaine public n'avait réellement que ce but et ce caractère. On remarquera que, dans ces deux affaires, les arrêtés intervenus paraissaient n'avoir d'autre objet que de fixer les limites actuelles, puisqu'ils réservaient la question de propriété ou d'indemnité.

On a exposé *suprà*, v° *Compétence administrative*, n°s 218 et suiv., que le conseil d'Etat, modifiant sa jurisprudence, avait admis que, lorsque l'Administration usait du pouvoir dont elle est investie pour arriver à une expropriation déguisée, elle commettait un excès de pouvoir donnant ouverture à un recours contentieux. Il résultait implicitement de cette théorie que la délimitation opérée et non réformée par l'autorité compétente ne pouvait être remise en question devant les tribunaux civils, même dans le but d'arriver à une simple condamnation pécuniaire qui reposant sur la déclaration d'un droit préexistant de propriété contredit par l'acte de délimitation serait inconciliable avec cet acte (V. *ibid.*, n° 221). La cour de cassation refusa d'accepter cette doctrine (V. *ibid.*, n° 222). On a indiqué *ibid.*, n°s 223 et suiv., les principes qu'a posés le tribunal des conflits, saisi de la question, et les tempéraments que sa décision apporte au système consacré par la cour de cassation (Trib. confl. 11 janv. 1873, aff. de Pâris-Labrosse, D. P. 73. 3. 65; 1er mars 1873, aff. Guillié, *ibid.*). Conformément à la théorie nouvelle, il a été jugé que l'autorité administrative a le droit exclusif de fixer les limites d'un fleuve au point de vue et dans l'intérêt du service public, et que les tribunaux ne peuvent ni empêcher l'exécution effective de cette délimitation, ni ordonner la réintégration du propriétaire dépossédé; mais qu'il appartient à l'autorité judiciaire d'assigner au domaine public d'autres limites que celles fixées par l'Administration, pourvu qu'il n'en tire pas des conséquences incompatibles avec l'exécution de la délimitation administrative; que, par suite, lorsqu'un propriétaire soutient que les terrains par lui revendiqués dépassent le niveau des plus hautes eaux, les tribunaux civils peuvent ordonner d'office la vérification du point litigieux, et charger les agents de l'Administration de procéder à cette expertise contradictoirement avec le propriétaire, sous réserve du droit de contrôler et de reviser les résultats de cette opération (Req. 5 avr. 1876, aff. Bonnigal, D. P. 78. 1. 11). « Le tribunal des conflits, a dit M. Guillemard, conseiller rapporteur, dans les observations qu'il a présentées au sujet de cette affaire, a substitué à la compétence exclusive de l'autorité administrative la compétence simultanée des deux autorités administrative et judiciaire, pour la délimitation du domaine public. Il a maintenu à l'Administration le droit exclusif de fixer les limites du domaine public; il a imposé à l'autorité judiciaire l'obligation de respecter la délimitation ainsi faite, en ce sens qu'elle ne doit ni empêcher l'exécution effective de cette délimitation, ni ordonner la réintégration du propriétaire dépossédé par le résultat de l'opération administrative. Mais il a reconnu que l'autorité judiciaire, juge des questions de propriété, peut assigner d'autres limites au domaine public que celles qui ont été admises par l'administration, pourvu qu'elle n'en tire que des conséquences compatibles avec l'exécution de l'opération administrative ». — Jugé encore : 1° qu'il appartient à l'autorité administrative de déterminer dans un intérêt général les limites des fleuves et rivières navigables; que, par suite, les terrains compris entre les deux lignes de délimitation se trouvent irrévocablement incorporés au domaine public, et que les riverains, dans le cas où ils se trouvent lésés par cette délimitation, ne peuvent obtenir des tribunaux civils qu'une indemnité, l'autorité judiciaire n'ayant pas le droit de leur accorder le délaissement de tout ou partie desdits terrains (Grenoble, 23 déc. 1879, aff. Grange, D. P. 80. 2. 84); — 2° Qu'un riverain d'un cours d'eau navigable ne peut se prévaloir de ce que des alluvions se seraient formées au-devant de sa propriété et lui appartiendraient par droit d'accession, pour demander l'annulation pour excès de pouvoir, soit d'une décision par laquelle le ministre des travaux publics s'est refusé à faire procéder à la rectification d'une délimitation antérieure aux alluvions prétendues et qui avait fixé les limites du fleuve conformément à l'état de choses alors existant; soit d'un décret qui s'est borné à constater les limites d'un port établi sur des remblais exécutés en rivière par les soins de l'Administration au-devant de la propriété du réclamant, sauf à celui-ci à faire valoir ses droits devant l'autorité judiciaire, s'il prétend que l'Administration a incorporé une partie de sa propriété dans l'ouvrage public par elle exécuté (Cons. d'Et. 11 mars 1887, aff. Astier, D. P. 88. 3. 74). — Mais il a été décidé : 1° que l'arrêté par lequel un préfet a compris dans le domaine public des atterrissements qui s'élèvent au-dessus du niveau du lit d'un fleuve est entaché d'excès de pouvoir (Cons. d'Et. 30 mai 1873, aff. Pascal, D. P. 74. 3. 55); — 2° Que le pouvoir de délimitation des cours d'eau navigables qui appartient à l'Administration ne consiste que dans le droit de reconnaître les limites naturelles du fleuve, en déterminant jusqu'où s'étendent les plus hautes eaux navigables avant tout débordement; qu'en conséquence, le préfet commet un excès de pouvoir en comprenant dans les limites d'une rivière navigable des terrains qui, avant l'exécution de travaux ayant changé l'état naturel des lieux, n'étaient pas recouverts par les eaux coulant à pleins bords sans débordement..., ou en adoptant, pour déterminer le lit du fleuve, une ligne qui suit les contours des terrains à délimiter, à des altitudes variant selon la hauteur des berges et des terrains auxquels elles font suite (Cons. d'Et. 3 mars 1882, aff. Amiot, D. P. 83. 3. 69 ; 28 avr. 1882, aff. Fouché, *ibid.*).

47. Aucune formalité administrative ne doit nécessairement précéder l'arrêté de délimitation du lit des rivières; aucune mesure d'instruction n'est prescrite à peine de nullité. C'est ainsi que les tiers intéressés ne pourraient critiquer l'arrêté préfectoral, comme entaché d'excès de pouvoir, sous prétexte qu'il n'aurait pas été précédé d'une enquête *de commodo et incommodo* (Plocque, t. 2, p. 37, n° 15). — Jugé que l'arrêté par lequel le préfet constate, en réservant les droits des tiers, les limites actuelles d'un fleuve ou d'une rivière navigable, n'est pas nul pour n'avoir pas été précédé d'une enquête, encore bien qu'il ne serait intervenu qu'après une rectification et un exhaussement du chemin de halage effectués, par les soins de l'Administration, en dehors des formes prescrites pour les expropriations pour cause d'utilité publique; sauf aux riverains qui se prétendent dépossédés de parcelles non comprises antérieurement dans le lit du fleuve à faire valoir devant l'autorité compétente les droits qu'ils prétendent avoir, et à demander, à raison de cette dépossession, telles indemnités qu'ils croiraient leur être dues (Cons. d'Et. 8 mars 1866, aff. Jallain, D. P. 67. 3. 28).

S'il y a contestation sur le point de savoir si le préfet a ou non compris dans les limites du cours d'eau des terrains que ne couvraient pas les eaux coulant à pleins bords sans débordement, le conseil d'Etat peut ordonner les mesures nécessaires pour vérifier les faits. Il peut, notamment, charger de cette vérification l'inspecteur général des ponts et chaussées de la circonscription (Cons. d'Et. 27 juin 1884, aff. de la Rombelle, D. P. 87. 5. 175), ou confier la visite des lieux à une commission prise dans son sein (Cons. d'Et. 22 juill. 1881, aff. Duval, *Rec. Cons. d'Etat*, p. 737. V. aussi Cons. d'Et. 23 mai 1884, aff. Clavé, D. P. 86. 3. 13).

48. La délimitation d'un cours d'eau doit-elle être considérée comme un acte administratif qui, en cette qualité, ne peut, à aucun titre, rentrer dans les attributions de l'autorité contentieuse? Cette question est examinée au *Rép.* v° *Voirie par eau*, n°s 72 et 373.

Sect. 2. — Des rivières flottables en trains ou a buches perdues (*Rép.* n°s 58 à 70).

49. Les rivières flottables par trains ou radeaux font partie du domaine public et sont assimilées aux rivières navigables (*Rép.* n°s 58 et suiv.). Peu importe que la rivière soit flottable naturellement, ou qu'elle ne le soit devenue qu'à la suite de travaux d'art. — Toutefois, il a été jugé que la rivière d'Iton, qui est flottable en trains, ne fait pas partie du domaine public (Cons. d'Et. 13 juin 1860, aff. Bouillant-Dupont, *Rec. Cons. d'Etat*, p. 457). La rivière d'Iton a été rendue flottable à la suite de travaux faits par le duc de Bouillon. Mais l'autorisation accordée à ce propriétaire (Arrêt du conseil du 20 mai 1749) d'effectuer ces travaux ne lui avait été donnée que dans son intérêt privé et pour faire flotter les bois provenant de ses forêts. De plus, l'arrêt du conseil d'Etat de 1860 constate que le droit de pratiquer le flottage sur l'Iton n'est exercé que par les ayants cause du duc de Bouillon. On ne pouvait donc considérer cette rivière comme faisant partie du domaine public (V. Plocque, *op. cit.*, t. 2, p. 438, n° 192).

Les règles qui ont été exposées relativement au lit des rivières navigables, aux bras et affluents des fleuves qui sont au-dessus ou au-dessous du point où la navigabilité commence, s'appliquent aux rivières flottables en trains.

50. On a indiqué au *Rép.* n° 61 que les rivières simplement flottables à bûches perdues, à la différence des rivières flottables par trains ou radeaux, ne forment pas une dépendance du domaine public. Cette règle s'applique même aux rivières servant exclusivement à l'approvisionnement de Paris, qui sont soumises à des règles spéciales. — L'art. 4 de l'arrêté du 13 niv. an 5 déclare ces rivières *propriété nationale;* mais la jurisprudence n'a jamais considéré cet arrêté réglementaire qui n'a, d'ailleurs, pas été inséré au *Bulletin des lois* comme ayant force de loi (Plocque, *op. cit.*, t. 2, p. 444, n° 195, et t. 3, p. 48, n° 239). Ces rivières ne font donc pas partie de la grande voirie. — Il a été jugé que ce n'est point à la juridiction administrative, mais à l'autorité judiciaire qu'il appartient de statuer sur les poursuites intentées pour contravention aux dispositions de l'édit de décembre 1672, concernant les cours d'eau qui servent au flottage à bûches perdues des bois destinés à l'approvisionnement de Paris. Ces cours d'eau, en effet, ne font point partie de la grande voirie et, par suite, ne rentrent point dans la catégorie de ceux auxquels s'applique la loi du 29 flor. an 10 (Cons. d'Et. 13 déc. 1866, aff. Courot-Bigé, D. P. 67. 3. 82. V. *Rép.* v^is *Bois et charbons*, p. 273 ; *Voirie par eau*, n° 47).

51. Les propriétés voisines des cours d'eau qui servent au flottage des bois sont grevées de plusieurs servitudes. Les marchands ont le droit, pour faciliter la provision des bois à la ville de Paris, de faire tirer et sortir des forêts, passer les charrettes sur les terres et chemins jusqu'aux ports flottables, en dédommageant les propriétaires desdites terres, sans que, pour raison desdits dommages, les propriétaires puissent faire saisir lesdits bois, chevaux et charrettes (Ord. 1672, art. 4, chap. 17 ; Ord. pol. 8 juill. 1785) (Rousseau, *Dictionnaire de l'approvisionnement*, p. 130; Plocque, t. 2, p. 450, n° 198). Les actions relatives au payement des dommages-intérêts, qui étaient autrefois portées devant le bureau de l'hôtel de ville de Paris, sont aujourd'hui portées devant les tribunaux civils. — Les voituriers chargés du transport des bois depuis le lieu des coupes jusqu'au port à destination de Paris ont droit de faire pâturer leurs chevaux sur les landes, bruyères, friches et prés fauchés. En cas de dommage, ils doivent une indemnité et peuvent être poursuivis s'ils commettent des délits, sans néanmoins que, sous prétexte desdites indemnités, les propriétaires puissent faire saisir les chevaux, bœufs et voitures (Arrêt du Parlement de Paris du 23 août 1753 ; Ordonnance du bureau de la ville de Paris du 17 oct. 1771 ; Lettres patentes de 1787) (Rousseau, *op. cit.*, p. 370). — Les étangs de flottage sont des amas d'eau retenus au moyen d'écluses ou de chaussées et qui, à certaines époques, sont lâchés de manière à produire une crue qui facilite le flottage des bois. Les marchands de bois, dans le cas où les propriétaires des étangs se refuseraient à le faire, sont autorisés à mettre en état les étangs et les écluses aux frais des propriétaires (Ord. 1672, chap. 17, art. 8 ; Arrêt du Parlement de Paris du 30 déc. 1785). — Les riverains des cours d'eau flottables en trains sont soumis à la servitude de halage ; les riverains des cours d'eau flottables à bûches perdues sont tenus de livrer un marchepied de quatre pieds pour le passage des ouvriers (*Rép.* n°s 61 et 125). Les uns et les autres doivent supporter sur leurs héritages le dépôt des bois destinés à être mis à flot ou à être réunis en trains de bois (Sentence de la ville de Paris du 16 déc. 1622; Ord. 1672). Tout travail, toute clôture, toute plantation sont interdits sur ces héritages (V. sur ces différents points: v° *Bois et charbons*, n° 54; — *Rép.* eod. v°, n°s 150 et suiv.).

52. On a émis au *Rép.* n°s 62 et suiv. l'opinion que la faculté de flotter à bûches perdues existe de plein droit sur toutes les rivières où il y a possibilité de l'exercer; qu'il n'est pas nécessaire que les cours d'eau aient été déclarés ou reconnus par l'autorité publique asservis à ce genre de flottabilité. M. Plocque partage cette opinion : « Lorsqu'en fait, dit cet auteur (t. 2, p. 446, n° 196), un cours d'eau est navigable, les propriétés riveraines sont, indépendamment de toute déclaration administrative, grevées de servitudes onéreuses, notamment en ce qui touche l'établissement du chemin de halage; qu'y a-t-il, dès lors, d'extraordinaire à ce qu'indépendamment de toute déclaration administrative, les cours d'eau qui en fait sont flottables à bûches perdues se trouvent grevés de la servitude de marchepied...? La loi du 25 août 1792 a proclamé ce grand principe, que tout citoyen est libre de tenir sur les rivières et canaux des bacs, coches et voitures d'eau; tout le monde a le droit de se servir du courant de l'eau comme moyen de transport; or le flottage à bûches perdues est un voiturage par eau, et certainement le plus simple que l'on puisse imaginer ».

53. Le flottage par trains de bois est soumis aux mêmes prescriptions que la navigation proprement dite (Règlement annexé à la circulaire du 21 juin 1855). — Diverses obligations sont, en outre, imposées aux marchands de bois soit par l'ordonnance de 1672, soit par des ordonnances postérieures ou des arrêtés des préfets (*Rép.* n° 64. V. aussi *Bois et charbons*, n° 54; — *Rép.* eod. v°, n° 151). Le garage des trains a fait, notamment, l'objet de nombreux règlements de police. Les contraventions aux règlements sur le flottage des bois destinés à assurer la sécurité de la navigation tombent sous le coup de l'art. 471 c. pén., et sont de la compétence des tribunaux de simple police. Les infractions aux règlements destinés à assurer la conservation du lit de la rivière et des ouvrages d'art sont justiciables de la juridiction administrative; mais, en l'absence d'un texte prononçant une peine, cette juridiction ne peut condamner le délinquant qu'à la réparation des dommages et aux frais (Plocque, t. 2, p. 485, n° 215).

54. Sur les indemnités dues par suite du chômage des usines, à l'occasion du flottage, V. *Bois et charbons*, n° 54; — *Rép.* eod. v°, n° 151.

55. Les flotteurs doivent des dommages-intérêts aux riverains en cas d'inondation causée par l'encombrement des bois contre un barrage, de la rupture des vannes et des écluses. — M. Plocque, t. 2, p. 490, n° 217, approuve le système de Proud'hon combattu au *Rép.* n° 65, d'après lequel les marchands de bois ne doivent aucune indemnité à raison des dommages causés par le choc des bois. C'est, à notre avis, créer une exception, qu'aucun texte ne porte, au principe général posé par l'art. 1382 c. civ. — Les actions en dommages-intérêts sont intentées contre les propriétaires des bois, ou contre les syndics des compagnies de commerce, si les dégâts ont été causés par un flot de communauté. Elles sont portées devant l'autorité judiciaire (Plocque, t. 2, p. 492, n° 218).

SECT. 3. — DES CONSTRUCTIONS ET RÉPARATIONS DÉFENDUES OU AUTORISÉES. — TRAVAUX DÉFENSIFS. — FORME DE LA DEMANDE D'AUTORISATION (*Rép.* n°s 71 à 91).

56. Les riverains, on l'a exposé au *Rép.* n°s 71 et suiv., ne peuvent établir sur les rivières navigables ou flottables, aucun barrage, aucune digue avancée, sous quelque dénomination que ce soit, sans une expresse autorisation de l'Administration. Ils ne peuvent davantage, sans autorisation, faire des plantations ou constructions sur les rives, détourner l'eau ou en affaiblir le cours par tranchées, fossés ou canaux.

Depuis les décrets des 25 mars 1852 et 10 avr. 1861, les préfets peuvent autoriser directement, sur l'avis ou la proposition des ingénieurs, et en se conformant aux circulaires ou instructions ministérielles : 1° les prises d'eau établies sur les rivières navigables au moyen de machines, et qui, eu égard au volume de la rivière, n'auraient pas pour effet d'en altérer sensiblement le régime; 2° les établissements temporaires établis sur lesdites rivières, alors même qu'ils auraient pour effet de modifier le régime ou le niveau des eaux; l'arrêté préfectoral fixe dans ce cas la durée de la permission. — Une circulaire spéciale, en date du 27 juill. 1852, trace aux préfets la ligne de conduite qu'ils doivent suivre en pareille matière. Les établissements qui se trouvent en dehors des deux catégories indiquées par le décret de 1852, c'est-à-dire les établissements permanents qui peuvent influer sur le régime ou le niveau des eaux, doivent être autorisés par décret. En pratique, les décrets portant règlement d'eau ont été faits très fréquemment dans la forme des règlements d'administration publique (V. les conclusions du commissaire du Gouvernement dans une affaire jugée le 18 mars 1868, aff. Rival, D. P. 69. 3. 38); mais cette forme n'est pas obligatoire. Le Gouvernement, on l'a dit *suprà*, v° *Conseil d'Etat*, n° 47, et *Rép.* v° *Organisation administrative*, n° 181, n'est tenu, à peine de nullité de la décision à intervenir, de consulter l'assemblée générale du conseil d'Etat que dans les cas où cette formalité est prescrite par les lois ou règlements en vigueur (Cons. d'Ét. 30 juill. 1880, aff. Brousse, D. P. 81. 3. 73).

57. Les autorisations données sont essentiellement révocables et peuvent être supprimées ou modifiées par l'autorité qui les a accordées, sans que le concessionnaire puisse réclamer une indemnité (*Rép.* n° 73).

Le particulier qui, avant que l'autorisation qu'il a sollicitée lui ait été accordée, commence les travaux, est passible des peines portées par la loi. Il n'en serait pas affranchi par l'autorisation survenue ultérieurement (*Rép.* v° *Voirie par eau*, n° 214). — L'autorisation une fois accordée subsiste jusqu'au jour où elle est retirée; peu importe qu'il n'en ait pas été fait un usage immédiat par le bénéficiaire (Plocque, t. 4, p. 298, n° 551).

58. La prohibition de construire dans le lit ou sur la rive d'un cours d'eau navigable, qui résulte de l'ordonnance de 1669 (tit. 27, art. 42), des arrêts du conseil du 8 mars 1746 et du 24 juin 1777, et qui est répétée dans la loi du 29 flor. an 10, s'applique à toute construction, quelle qu'en soit la nature ou la durée. Ainsi les riverains d'un cours d'eau ne peuvent, sans une autorisation de l'Administration, établir en avant de leurs héritages des débarcadères ou des lavoirs, ces ouvrages ne consisteraient-ils qu'en quelques planches jointes; des escaliers en pierre. — Il a été jugé que le fait d'avoir construit sans autorisation administrative un escalier en pierre sur la berge d'un bras de rivière navigable constitue une contravention à l'arrêt du conseil du 24 juin 1777, alors même que cet escalier ne ferait pas saillie sur la berge (Cons. d'Ét. 12 mai 1868) (1).

59. Des travaux défensifs contre l'irruption des eaux peuvent-ils être faits sans autorisation? Cette question a été examinée au *Rép.* n°s 84 et suiv. — Il faut faire une distinction. Si les travaux sont effectués sur la rivière, sur le domaine public ou ses dépendances, ils doivent avoir été autorisés par l'Administration. La prohibition contenue dans l'ordonnance de 1669 est générale et ne distingue

(1) (Manivet.) — NAPOLÉON, etc.; — Vu l'arrêt du conseil du 24 juin 1777, art. 1er; — Vu les lois des 28 pluv. an 8 et du 29 flor. an 10; — Vu l'ordonnance du 10 juill. 1835 sur la pêche fluviale et le tableau qui y est annexé; — Vu la loi du 23 mars 1842; — Considérant qu'aux termes de l'art. 1er de l'arrêt du conseil du 24 juin 1777 ci-dessus visé, il est fait défense à toutes personnes de faire aucuns moulins, pertuis, ni autres constructions ou autres empêchements quelconques, sur ou au long des rivières et canaux navigables, à peine de 1000 livres d'amende et de démolition desdits ouvrages; — Considérant que la rivière de Marne est comprise sur tout son cours dans le département de la Seine, au tableau des rivières navigables par bateaux, annexé à l'ordonnance du roi du 10 juill. 1835, et qu'aucun acte postérieur n'a opéré le déclassement du bras de cette rivière, dit bras *Gravelle*; — Considérant qu'il résulte du procès-verbal ci-dessus visé que le sieur Manivet a fait construire un escalier en pierre sur la berge de la rive droite du bras de Gravelle; que si l'escalier, comme le soutient le sieur Manivet, ne fait aucune saillie sur la berge, le

pas. Cependant, en cas d'extrême urgence constatée, le riverain qui, pour défendre sa propriété, construit une digue sans permission ne commet aucune contravention; l'acte nécessaire de préservation est la mise en action du droit naturel. Le riverain, au contraire, n'a pas besoin d'une autorisation préalable, si les travaux de défense sont effectués sur son terrain. Mais si ces travaux forment obstacle au libre cours des eaux, s'ils ont pour effet de causer des détériorations à la rive opposée, l'Administration a le pouvoir d'en ordonner la suppression ; et le fait constitue une contravention de grande voirie. — Cette dernière solution n'a pas été d'abord adoptée par le conseil d'Etat qui jugeait sans doute dangereux de permettre aux riverains de construire sans contrôle sur leur propre terrain des digues qui pourraient amener soit un reflux des eaux sur d'autres propriétés, soit une modification dans le régime de la rivière. Ainsi il a été jugé que l'établissement d'un barrage dans l'ancien lit d'une rivière navigable, par le particulier qui a été autorisé à ouvrir un nouveau lit à ce cours d'eau, constituait indépendamment de tout dommage une contravention de grande voirie (Cons. d'Et. 22 févr. 1850, aff. Sicard-Duval, *Rec. Cons. d'Etat*, p. 181). Certains tempéraments, ainsi que le fait remarquer M. Plocque, *op. cit.*, t. 4, p. 22, n° 419, avaient, du reste, été apportés à la rigueur de cette doctrine qui posait en principe que toute construction d'une digue non autorisée constituait une entreprise illicite sur le lit d'une rivière navigable et, partant, une contravention de grande voirie. Ainsi : 1° aux termes mêmes de l'arrêt précité du 22 févr. 1850, le juge appelé à statuer sur la contravention n'était point tenu d'ordonner la destruction des ouvrages, lorsqu'il n'était point établi qu'ils fussent nuisibles; on se bornait à infliger une peine au constructeur qui n'avait point attendu l'autorisation de l'Administration ; 2° d'après le même arrêt, on ne pouvait imposer au constructeur d'une digue l'obligation de la rectifier ou d'établir certains ouvrages accessoires ; 3° on admettait une exception pour les travaux absolument urgents et nécessités par une circonstance extraordinaire (*Rép.* n° 78). Le conseil d'Etat avait déclaré, dans l'arrêt du 22 févr. 1850, que l'établissement d'un barrage non autorisé, par un riverain sur son propre terrain, constituait par lui-même une contravention de grande voirie. Il ne persista pas dans cette théorie et décida le 1er févr. 1855 (aff. Lephay, D. P. 55. 3. 69), que si la construction d'une digue est soumise à la nécessité d'une autorisation préalable, même dans le cas où elle est entreprise sur un terrain dont le riverain est en possession; cette obligation n'étant sanctionnée par aucune peine, le constructeur qui ne l'a pas remplie ne peut être condamné qu'à la démolition des travaux. — La question se présenta de nouveau en 1857; le commissaire du Gouvernement Baroche, dit M. Plocque, t. 4, n° 419, p. 23, proposa une solution beaucoup plus sage. D'après lui, la construction d'une digue était un acte de défense légitime; interdire à un propriétaire de faire les travaux qu'il juge nécessaires, c'était en réalité l'exproprier sans indemnité. Est-ce à dire pour cela que l'Administration sera désarmée? Non, elle n'a qu'à recourir aux textes du droit commun qui lui permettront de poursuivre le propriétaire. La loi du 29 flor. an 10 qualifie de contravention de grande voirie toute espèce de détériorations commises sur les fleuves, rivières navigables, leurs chemins de halage, fossés, francs-bords et ouvrages d'art. L'arrêt du 24 juin 1777 punit également la construction de toute digue formant obstacle au libre cours des eaux ; cette prohibition est encore rappelée dans l'arrêté de ventôse an 6. Il n'y a donc point d'inconvénient à laisser toute liberté aux propriétaires, sauf à réprimer plus tard les abus de cette liberté. » Le conseil d'État décida que la construction d'une digue faite par un particulier sur sa propriété, dans le but de la protéger contre les eaux d'une rivière, ne peut être considérée comme constituant une contravention de grande voirie, sous le prétexte qu'elle a eu pour effet de rejeter les eaux sur une route impériale et de dégrader cette route, s'il n'est pas établi que cette digue ait été la cause directe du dommage (Cons. d'Et. 8 janv. 1857, aff. Péraldi, D. P. 57. 3. 61). Dans l'espèce, le dommage éprouvé par la route était le résultat d'une force majeure. L'arrêt indique que si la construction de la digue avait été la cause directe des dommages, il y aurait eu contravention de grande voirie. — Suivant M. Plocque, *ibid.*, p. 22 et suiv., n° 419, « il y a là une réponse suffisante aux objections jadis formulées par le ministère des travaux publics, à savoir que des ouvrages particuliers exécutés sans règle ni mesure au bord des rivières, pourraient avoir une influence telle sur le régime des eaux qu'ils devinssent offensifs à la rive opposée, et même aux établissements formés le long de la même rivière. » « Le système adopté par la jurisprudence peut donc se résumer ainsi : si un particulier construit une digue sur son propre héritage dans le but de se protéger contre l'invasion des eaux, il n'y a contravention de grande voirie que si cette digue constitue un empêchement à la navigation ou au libre cours des eaux ; ici on rentre dans les termes de l'arrêt de 1777. Si, au contraire, la digue est construite sur ou au long d'une rivière navigable, c'est-à-dire sur le domaine public ou sur le chemin de halage, le constructeur peut être poursuivi, lors même que l'ouvrage ne cause aucune gêne ou détérioration (V. Cons. d'Et. 12 janv. 1850, aff. Vauchel, *Rec. Cons. d'Etat*, p. 60; 22 févr. 1850, aff. Dartigue, *ibid.*, p. 185). Dans tous les cas, en présence d'un danger imminent, le riverain peut se protéger par des travaux défensifs. L'Administration aurait seulement le droit de prescrire la suppression de ces travaux, s'ils constituaient un danger pour les propriétés voisines, ou étaient incompatibles avec le système général adopté pour la défense des rives (Plocque, *op. cit.*, t. 4, p. 300 et suiv., n° 552).

« En principe, dit M. Dufour, t. 4, p. 584, n° 543, l'obligation imposée à chacun d'obtenir l'autorisation préalable de l'Administration pour travaux à exécuter sur ou au long des fleuves et rivières navigables ne cesse pas même en présence des dangers que les eaux peuvent faire courir aux héritages. On a craint de laisser l'intérêt public à la merci d'entreprises conçues sans règle ni mesure, en vue seulement de l'intérêt particulier. Ce n'est que dans le cas d'urgence que le maître de l'héritage menacé ou atteint est en droit de se considérer comme autorisé à devancer l'autorisation. Et, à cet égard, il importe de le prémunir contre toute illusion. Le conseil d'État ne se prête guère à entrer lui-même dans l'appréciation de l'urgence; ce n'est qu'autant que le fait de l'urgence est reconnu par l'Administration, ou tout au moins, qu'il en trouve la constatation dans les pièces émanées de ses agents, que le conseil d'Etat le tient pour certain. »

60. La prohibition s'applique aux portions non navigables des cours d'eau navigables, qui leur sont assimilées (*Rép.* v° *Voirie par eau*, n° 233). Ainsi le fait de construire un bâtiment le long d'un bras non navigable d'une rivière, sans autorisation, constitue une contravention de grande voirie, alors même que cette construction ne porte en rien atteinte au régime de la rivière ou à la liberté de la navigation. « L'intérêt de la conservation du domaine public a prévalu, dit M. Plocque, *op. cit.*, t. 4, n° 555, p. 307; on a voulu le défendre contre toute possibilité d'usurpation ; on a songé, notamment, qu'il serait souvent difficile, à moins de recourir

fait de sa construction sans autorisation administrative n'en constitue pas moins une contravention à l'art. 1er de l'arrêt du conseil du 24 juin 1777 ci-dessus rappelé; et que la permission qui aurait été accordée au sieur Manivet de régulariser la berge du bras de Gravelle au droit de sa propriété, n'impliquait pas l'autorisation de faire des constructions sur ladite berge; que dans ces circonstances, le sieur Manivet n'est pas fondé à soutenir que c'est à tort que le conseil de préfecture de la Seine l'a condamné à l'amende et à la démolition dudit escalier ; — Considérant que si, aux termes de la loi du 23 mars 1842, il n'appartenait pas au conseil de préfecture de réduire l'amende encourue par le sieur Manivet au-dessous du vingtième de l'amende de 1000 livres prononcée par l'arrêt du conseil du 24 juin 1777, il nous appartient, en notre conseil d'Etat, de prononcer cette réduction; et que dans les circonstances de l'affaire, il y a lieu de réduire à 25 fr. l'amende encourue par le requérant : — Art. 1er. La requête du sieur Manivet est rejetée. — Art. 2. L'arrêté du conseil de préfecture de la Seine, du 18 déc. 1866, est annulé. — Art. 3. Le sieur Manivet est condamné à une amende de 25 fr. et à la démolition de l'escalier indûment construit.

Du 12 mai 1868.-Cons. d'Et.-MM. Cornudet, rap.-Bayard, concl.

à des expertises dispendieuses, d'établir si oui ou non telle construction établie le long d'un bras non navigable avait une influence sur le débit des eaux dans le bras navigable de la rivière. » — Jugé : 1° que les bras dépendant des rivières navigables ou flottables sont soumis, pour la police des eaux, aux mêmes règles que ces rivières elles-mêmes, encore bien qu'ils ne soient eux-mêmes ni navigables, ni flottables ;—2° Que les pêcheries dites *pêcheries-barros* constituent des ouvrages qui ne peuvent être établis sans autorisation dans les bras soumis au régime des rivières navigables, et que ces pêcheries, une fois autorisées, ne peuvent être déplacées sans une nouvelle autorisation, le déplacement d'un ouvrage en faisant, en réalité, un ouvrage nouveau, pouvant exercer sur l'écoulement des eaux ou sur la navigabilité une action différente de celle de l'ancien (Cons. d'Ét. 30 nov. 1877, aff. Dufaur, D. P. 78. 3. 30. V. aussi Req. 27 mai 1856, aff. Gardin, D. P. 56. 1. 248).

61. Il y a eu divergence dans la jurisprudence en ce qui concerne les noues et boires. On a cité au *Rép.* v° *Voirie par eau*, n° 224, un arrêt (Cons. d'Ét. 23 juill. 1841) aux termes duquel la construction d'un barrage dans une boire de la Loire ne constitue pas une contravention de grande voirie; alors, du moins, qu'il n'en résulte pas d'obstacle pour la navigation dans le lit principal.

62. La prohibition concerne les canaux de navigation qui font partie du domaine public. On doit appliquer aux contrevenants l'art. 1er de l'arrêt du 24 juin 1777, qui vise les entreprises exécutées sur ou au long des rivières et canaux navigables (*Rép.* v° *Voirie par eau*, nos 204 et 215).

63. La personne qui veut établir une construction sur ou au long d'un canal de navigation ayant fait l'objet d'une concession doit se munir de la double autorisation de l'Administration et du concessionnaire du canal. Si elle n'a obtenu que l'autorisation de l'Administration, cette autorisation n'ayant pu intervenir que sous la réserve des droits des tiers, le concessionnaire peut demander la démolition des travaux et même, s'il a qualité pour exercer l'action pénale, poursuivre le propriétaire de la construction comme coupable d'une contravention de grande voirie. — Il a été jugé, en ce sens, que le fait d'établir une construction non autorisée par la compagnie concessionnaire (la compagnie du canal du Midi), sur un terrain dépendant du canal, constitue une contravention de grande voirie, alors même que le particulier avait été autorisé administrativement à effectuer cette construction, le préfet ayant considéré à tort le terrain sur lequel elle avait été élevée comme un chemin vicinal (Cons. d'Ét. 25 janv. 1866) (1). — Décidé encore que l'autorisation donnée par le préfet d'ouvrir une tranchée dans le sol d'une route passant sur un pont dépendant d'un canal ne fait pas obstacle à ce que la compagnie concessionnaire poursuive la suppression des ouvrages établis sur ce pont; qu'il en est ainsi, alors même que ces ouvrages ont été établis par une commune dans un intérêt public (Cons. d'Ét. 18 mai 1870, aff. Ville de Carcassonne, D. P. 71. 3. 88).

Lorsque les travaux sont exécutés avec la seule autorisation du concessionnaire, l'Administration qui, lors même qu'il s'agit d'une concession perpétuelle, a toujours le devoir d'assurer l'existence du canal et la sûreté des communications qu'il offre au public, a le droit de poursuivre le contrevenant (Plocque, t. 4, p. 306, n° 554).

Le concessionnaire d'un canal navigable ne peut prendre l'initiative de la poursuite des contraventions commises sur ce canal qu'autant que l'Administration lui en a expressément concédé le droit. Ce droit a été notamment délégué aux compagnies des canaux d'Orléans, du Loing et de Briare. La jurisprudence constante du conseil d'Etat reconnaît le même droit à la compagnie propriétaire du canal du Midi en vertu des actes qui la régissent, et notamment de l'art. 193 du décret du 12 août 1867 (Cons. d'Ét. 18 mai 1870 précité).

64. La prohibition de construire s'applique-t-elle aux canaux de dérivation qui tirent leurs eaux des rivières navigables? La jurisprudence admet l'affirmative, qu'il s'agisse : d'un canal destiné à remédier à l'insuffisance des eaux de la rivière, cas auquel il remplace cette rivière elle-même ; d'un canal destiné à desservir une localité voisine de la rivière, cas auquel il constitue un cours d'eau navigable ayant son existence propre ; ou d'un canal creusé pour les besoins d'une industrie privée (V. *Rép.* v° *Voirie par eau*, nos 225 et suiv. ; Cons. d'Ét. 16 mars 1870) (2). Contrairement à cette jurisprudence, M. Plocque n'admet pas que le fait de construire sur ou au long d'un canal creusé dans un intérêt privé, sur des terrains appartenant à des particuliers, constitue une contravention de grande voirie, sauf dans l'hypothèse où l'existence de cette construction intéresserait le régime général de la rivière. « L'usinier, dit cet auteur, t. 4, p. 310 et suiv., n° 556, est libre de disposer de ses bâtiments comme il l'entend ; il a toute liberté sous la seule condition de ne pas absorber une quantité d'eau supérieure à celle qui lui a été concédée ; cette condition remplie, qu'importe à l'Administration, absolument désintéressée sur ce point, que le bief, propriété privée, soit ou non bordé de constructions? »

65. Le fait d'exécuter des travaux sans autorisation sur la partie de la rivière qui n'est pas encore navigable ne constitue pas une contravention. La jurisprudence est nettement fixée sur ce point. Il a été jugé qu'un barrage établi sur une rivière ne constitue aucune des contraventions prévues par l'art. 6 de l'arrêt du conseil du 23 juill. 1783,

(1) (Canal latéral à la Garonne *C.* François.) — NAPOLÉON, etc. ; — ... Vu 2° la requête... pour la compagnie concessionnaire du chemin de fer du Midi et fermière du canal latéral à la Garonne, ... tendant à ce qu'il nous plaise annuler un arrêté du 30 déc. 1862, par lequel le conseil de préfecture de l'Aude a renvoyé le sieur François des fins d'un procès-verbal contre lui dressé pour avoir établi, sans y avoir été autorisé par ladite compagnie, une construction en planches sur la partie des francs-bords du canal du Midi, qui aurait été à tort classée par les arrêtés du préfet comme prolongement du chemin vicinal d'intérêt commun n° 49, de Carcassonne à Ville-Gailhgailheux ; — Ce faisant, *condamner* ledit sieur Pierre François à 100 fr. d'amende et à 50 fr. de dommages et intérêts; ordonner la suppression de ladite construction et le rétablissement des biens dans leur état primitif ; dire que le décret à intervenir sera imprimé et affiché aux frais du contrevenant, et le condamner aux dépens et aux frais du procès-verbal ; — En ce qui touche l'arrêté du conseil de préfecture : — Considérant que le procès-verbal ci-dessus visé constate que le sieur Pierre François, sans y être autorisé par la compagnie, a fait établir une construction sur un terrain formant une dépendance du canal du Midi; que ce fait constituait une contravention de grande voirie, dont la compagnie était recevable à poursuivre et fondée à demander la répression ; que, dès lors, c'est à tort que par l'arrêté attaqué le conseil de préfecture a renvoyé le sieur Pierre François des fins du procès-verbal ci-dessus visé :...

Art. 1er... — Art. 2. Est également annulé l'arrêté du conseil de préfecture de l'Aude du 30 déc. 1862. — Art. 3. Le sieur Pierre François est condamné à 1 fr. d'amende, à la démolition des constructions par lui élevées, et aux frais du procès-verbal ci-dessus visé. — Art. 4. Le surplus des conclusions est rejeté.

Du 25 janv. 1866.-Cons. d'Ét.-MM. Cottin, rap.-L'Hôpital, concl.-Clément, av.

(2) (Delord.) — NAPOLÉON, etc. ; — Vu le procès-verbal de contravention de grande voirie, dressé le 6 mars 1867 par le sieur Estuigoy, conducteur des ponts et chaussées à Condom, constatant que le sieur Delord, propriétaire du moulin Barlet, a établi une balustrade sur le mur de soutènement qui relie le moulin Barlet aux perrés extérieurs de la digue gauche de la dérivation de la Baise, et a, en outre, placé contre ledit mur un escalier de six marches; — Vu l'ordonnance d'août 1669, l'arrêt du conseil du 24 juin 1777; — Vu la loi du 29 flor. an 10; — Considérant qu'aux termes du procès-verbal ci-dessus visé, le sieur Delord était poursuivi pour avoir établi une balustrade et un escalier de six marches sur le mur de soutènement qui relie son moulin de Barlet aux perrés extérieurs de la digue gauche de la dérivation navigable de la Baise; — Considérant qu'il est établi par l'instruction que le mur dont il s'agit fait partie des travaux de la dérivation exécutée par l'Etat; qu'ainsi le sieur Delord ne pouvait établir sans l'autorisation de l'Administration les ouvrages indiqués au procès-verbal de contravention; que la circonstance que ledit sieur Delord aurait été propriétaire du terrain, sur lequel ce mur a été construit, ne pouvait faire obstacle à ce que le conseil de préfecture réprimât la contravention qui lui était déférée, sauf au sieur Delord à réclamer, s'il s'y croit fondé, devant l'autorité compétente, une indemnité de l'État, à raison des terrains qui lui auraient été pris par l'Administration pour la construction du mur dont il s'agit; — Que, dès lors, le sieur Delord n'est pas fondé à demander l'annulation de l'arrêté du conseil de préfecture ci-dessus visé : — Art. 1er. La requête est rejetée.

Du 16 mars 1870.-Cons. d'Ét.-MM. Didier, rap.-Perret, concl.-Gigot, av.

s'il est situé en amont du point où la rivière cesse d'être navigable et flottable (Cons. d'Et. 11 janv. 1851, aff. veuve Roux-Laborie, *Rec. Cons. d'Etat*, p. 33. V. dans le même sens: Cons. d'Et. 11 mai 1854, aff. Leguilliers et Cottenest, *Rec. Cons. d'Etat*, p. 427; 10 mai 1860, aff. Musellec, *ibid.*, p. 404). M. Plocque, t. 4, p. 313, n° 557, estime cependant que, si les travaux sont préjudiciables au régime de la rivière, là ou elle est navigable, le contrevenant peut être traduit devant le conseil de préfecture, qui, s'il ne peut le condamner à l'amende, ordonnera la suppression des travaux; et ce, en vertu de l'arrêté du 19 vent. an 6 qui prohibe sans distinction tout obstacle quelconque au libre cours des eaux.

66. L'arrêt du 24 juin 1777 interdit tout établissement *sur ou au long des rivières navigables*. On a dit (*Rép.* v° *Voirie par eau*, n° 221) que la jurisprudence décide que « de ces expressions il résulte que les constructions qui sont à une certaine distance du bord ne sont pas défendues ». — Il a été jugé: 1° que l'arrêt du conseil du 24 juin 1777, portant interdiction d'élever des constructions ou autres empêchements quelconques sur ou au long des rivières et canaux navigables prohibe uniquement les constructions qui anticipent sur les eaux mêmes des rivières ou canaux ou peuvent entraver la navigation; par exemple, qu'il n'y a pas contravention à cet arrêt du conseil, de la part du riverain d'un canal qui, autorisé par arrêté préfectoral à construire un mur de quai le long de sa propriété, a élevé un bâtiment au lieu d'un simple mur de quai, mais en observant l'alignement donné pour ce mur, et sans anticiper sur le lit du canal ni apporter obstacle à la navigation; — 2° Qu'une construction élevée sur la rive d'un canal et faisant obstacle à l'établissement d'un chemin de halage ne doit pas être considérée comme formant un empêchement à la navigation dans le sens de l'arrêt du conseil du 24 juin 1777; — 3° Qu'un acte du Gouvernement (tel que le décret du 15 janv. 1813 sur la police de navigation du canal de la Deule) qui interdit, conformément à des lois antérieures, à tout particulier de faire des plantations à une certaine distance des bords intérieurs des digues et rives d'un canal, ainsi que d'élever des constructions dans la même distance, doit être considéré comme ne contenant que des dispositions de police prises en exécution des lois existantes, et comme n'ayant ni pour but ni pour effet de créer des servitudes de halage et de contre-halage au préjudice des riverains de ce canal (Cons. d'Et. 6 juin 1856, aff. Canal de la Deule, D. P. 57. 3. 7); — 4° Que les anciens règlements de voirie, notamment les arrêts du conseil des 24 juin 1777 et 23 juill. 1783, qui défendent de faire sans autorisation des constructions dans le lit ou sur les bords des rivières navigables, ne sont point applicables aux travaux exécutés par un propriétaire sur un terrain lui appartenant à l'intérieur d'une île située dans une rivière de cette nature (Cons. d'Et. 13 déc. 1860, aff. Marchand, D. P. 61. 3. 11). M. Plocque, *op. cit.*, t. 4, p. 316, n° 558, pense, au contraire, que l'arrêt de 1777 vise tout établissement qui a pour résultat de détourner l'eau, en quelque lieu qu'il soit situé dans le voisinage des rivières.

67. En principe, et sauf les cas exceptionnels d'urgence, l'autorisation est exigée même dans le cas où il s'agirait de simples réparations à des ouvrages déjà autorisés (*Rép.* n° 78, et v° *Voirie par eau*, n° 209).

68. L'ordonnance d'août 1669 prohibe les plantations d'arbres effectuées par les riverains, dans le lit ou sur les bords des rivières navigables ou flottables. — Jugé que le fait par un riverain d'un fleuve d'avoir, sur un atterrissement couvert par les plus hautes eaux avant tout débordement, fait des plantations et coupé des arbres plantés par l'Administration avec le concours des riverains pour améliorer le cours du fleuve, constitue une contravention de grande voirie (Cons. d'Et. 5 févr. 1875, aff. Saintemarie, *Rec. Cons. d'Etat*, p. 117).

69. Comme on l'a vu au *Rép.* v° *Voirie par eau*, n° 230, les prohibitions portées par l'ordonnance de 1669 et l'arrêt de 1777 sont reproduites dans presque tous les règlements spéciaux, notamment dans l'arrêt du conseil du 17 juill. 1772 portant règlement pour la navigation de la Garonne et dans l'arrêt du conseil du 23 juill. 1783 relatif à la police de la navigation sur la Loire et les rivières y affluentes. — Il a été jugé qu'aux termes des art. 10, 11, 12, 13 et 14 du tit. 2 de l'arrêt du conseil du 23 juill. 1783, il ne peut être fait aucune plantation qu'après autorisation sur les îles, îlots, chantiers, grèves, plages, accolins et autres places qui dépendent du lit et des bords de la Loire; que ces textes sont applicables à un terrain renfermé entre les bords de la Loire et les digues du canal de Briare, et susceptible d'être submergé par les crues ordinaires du fleuve (Cons. d'Et. 7 janv. 1869, aff. Chavigny, *Rec. Cons. d'Etat*, p. 35-36). La jurisprudence applique aux contrevenants l'art. 4 de l'arrêt du 24 juin 1777 qui punit d'une amende de 500 fr. la plantation de pieux dans le lit des rivières. On a dit au *Rép.* v° *Voirie par eau*, n° 218, que l'amende à appliquer doit plutôt être celle de 1000 fr., portée par l'art. 1er de l'arrêt (V. ce sens: Plocque, *op. cit.*, t. 4, p. 302, n° 552).

70. Il importe peu que les constructions soient établies par un particulier dans son intérêt privé, ou par une personne morale telle qu'une compagnie de chemin de fer, une association syndicale autorisée. « Toutes les présomptions, dit M. Plocque, *op. cit.*, t. 4, p. 302, n° 552, sont que cette personne morale a agi dans un intérêt général et non dans un intérêt privé; cependant les termes de la loi sont si absolus qu'il est difficile de ne pas voir dans ce fait une contravention. Il faut avant tout maintenir cette règle d'ordre public, que, sans l'autorisation de l'autorité administrative chargée de la police et de l'entretien des rivières, nul ne peut y faire aucune construction quel qu'en soit le but ou la destination. » Il a été jugé qu'une commune avait été condamnée à bon droit pour contravention, en vertu des art. 42 et 43 de l'ordonnance de 1669 et de l'arrêt du conseil de 1777, à raison de ce qu'elle avait sans autorisation établi sur la rive d'un cours d'eau navigable un perré en pierres sèches, bien que la construction fît partie intégrante d'un chemin vicinal qu'elle servait à protéger contre les grandes marées (Cons. d'Et. 23 nov. 1865) (1).

71. Toutes les fois qu'une construction non autorisée a été établie sur ou au long d'une rivière navigable ou flottable, le conseil de préfecture appelé à statuer sur la contravention doit ordonner la suppression de ladite construction. Il excéderait ses pouvoirs s'il ne prescrivait cette démolition et si, au lieu de la prescrire, il enjoignait au propriétaire d'apporter des modifications aux travaux effec-

(1) (Commune d'Hennebon.) — NAPOLÉON, etc.; — Vu la requête... pour la commune d'Hennebon... tendant à ce qu'il nous plaise annuler un arrêté du 4 nov. 1864, par lequel, le conseil de préfecture du Morbihan, statuant sur un procès-verbal de grande voirie dressé contre l'administration municipale de ladite commune, pour avoir fait construire sur la rive droite du Blavet des perrés en pierres sèches d'une longueur de 46 mètres, a condamné la commune à une amende de 16 fr. et à la démolition des ouvrages indûment exécutés par elle; — Ce faisant la décharger des condamnations prononcées contre elle, par le motif que, la construction dont il s'agit, faisant partie intégrante d'un chemin vicinal qu'elle sert à protéger contre les grandes marées, ne constituerait pas une contravention aux lois et règlements sur la grande voirie; et subsidiairement, dispenser au moins la commune de démolir l'ouvrage en question, — par le motif que, situé à 50 mètres du lit normal du Blavet, il ne constituerait ni un empiètement sur le domaine public, ni un empêchement au libre cours des eaux;... — Vu les observations du ministre des travaux publics, par lesquelles, tout en estimant qu'à raison de l'innocuité des travaux, la commune d'Hennebon pourra être autorisée à les maintenir si elle en fait la demande régulière, conclut au maintien de l'arrêté, par le motif que le perré en pierres construit par ladite commune se trouverait établi, sur une longueur de 46 mètres, sur le lit même du Blavet; par le motif, en outre, que pour ordonner la démolition d'ouvrages indûment construits sur et au long des cours d'eau navigables et flottables il n'est pas nécessaire que ces ouvrages constituent un obstacle à l'écoulement des eaux; ... — Vu l'ordonnance royale d'août 1669 et l'arrêt du conseil du 24 juin 1777; — Vu les lois des 20 août-22 nov. 1790 et 6 oct. 1791; — Vu l'arrêté du directoire exécutif du 29 vent. an 6; la loi du 29 flor. an 10 et celle du 23 mars 1842;

Considérant qu'aux termes des art. 42 et 43 de l'ordonnance d'août 1869 et de l'art. 1er de l'arrêt du conseil du 24 juin 1877, il est défendu à toute personne de faire sans autorisation des bâtardeaux, amas de pierres ou autres constructions sur ou au long des rivières navigables et flottables; qu'il résulte de l'instruction, et notamment du procès-verbal ci-dessus visé du 13 mai 1864, que la commune d'Hennebon a, sans autorisation, établi sur la rive droite du Blavet un perré en pierres sèches d'une longueur

tués. — Ces principes sont certains (*Rép.* n°s 79 et suiv., et v° *Voirie par eau*, n° 394; Cons. d'Ét. 11 févr. 1876, aff. Ministre des travaux publics *C.* Mozeret, *Rec. Cons. d'Etat*, p. 157). La règle souffre une exception lorsque les travaux, non autorisés à l'époque où ils ont été effectués, l'ont été postérieurement. Le contrevenant doit être condamné à l'amende; mais la démolition ne peut être ordonnée. Ce chef de condamnation serait purement vexatoire, le propriétaire étant en droit de rétablir le lendemain ce qui aurait été démoli la veille. La jurisprudence est en ce sens (Plocque, *op. cit.*, t. 4, p. 319).

La suppression doit être ordonnée, lors même que la contravention est prescrite. Aucun droit n'a pu être acquis au contrevenant à l'égard du domaine public, et il ne peut dépendre de lui de porter atteinte au régime de la rivière sous prétexte de l'ancienneté de sa construction (Plocque, *op. cit.*, t. 4, p. 320, n° 560; Crim. cass. 18 oct. 1846, aff. Taillade, D. P. 46. 4. 520.)

72. L'administration active est libre, après la condamnation, d'autoriser le maintien de l'établissement, tel qu'il a été construit ou sous certaines modifications. C'est à elle, en effet, qu'est confiée l'exécution de la condamnation. Le conseil d'État, on l'a indiqué au *Rép.* n° 82, se considère comme investi du même pouvoir et n'ordonne pas la destruction des travaux qui ne préjudicient point à l'intérêt public (V. *Rép.* v° *Voirie par eau*, n° 389; Plocque, t. 4, n° 562, p. 323; Cons. d'Ét. 25 juin 1868, aff. Millet, *Rec. Cons. d'Etat*, p. 756).

73. L'arrêt de 1777 prohibe les dépôts de pierres, de terre, d'immondices etc., dans le lit des rivières navigables ou sur leurs bords. Ses dispositions ont été examinées au *Rép.* v° *Voirie par eau*, n°s 242 et suiv.

Le même arrêt (art. 3) enjoint aux riverains, mariniers ou autres, de faire enlever les pierres, bois, débris de bateaux ou autres empêchements étant de leur fait ou à leur charge (*Rép.* v° *Voirie par eau*, n°s 263 et suiv.). — Il reconnaît à l'Administration le droit de faire procéder d'office, aux frais des contrevenants, au relèvement des débris des bateaux naufragés, lorsque les contrevenants se refusent à le faire eux-mêmes. — Il a été jugé que le fait, de la part de l'acquéreur d'un navire coulé à fond dans un port et formant obstacle à la navigation, de n'avoir pas obtempéré à la mise en demeure émanée du capitaine de ce port, de retirer ce navire de l'endroit où il a été coulé, constitue une contravention aux lois et règlements sur la police de la grande voirie; qu'en conséquence, c'est avec raison que le conseil de préfecture a condamné le contrevenant : à payer les frais des procès-verbaux; à faire disparaître l'obstacle à la navigation; faute de quoi, il y serait procédé à ses frais par l'Administration (Cons. d'Ét. 11 mai 1870, aff. Lévy, *Rec. Cons. d'Etat*, p. 557. V. dans le même sens : Cons. d'Ét. 15 juin 1870, aff. Grenet, *Rec. Cons. d'Etat*, p. 782; 15 janv. 1875, aff. Breck, D. P. 75. 3. 97. V. aussi Plocque, t. 4, p. 330, n° 565). Mais l'échouage d'un bateau ne constitue pas une contravention de grande voirie si le capitaine s'est immédiatement mis à la disposition de l'Administration et si celle-ci a procédé elle-même au relèvement du bateau sans avoir mis le capitaine ou les armateurs en demeure d'y procéder; que, par voie de conséquence, ceux-ci ne peuvent être condamnés aux frais auxquels a donné lieu cette opération (Cons. d'Ét. 30 juin 1876, aff. Gaudet, D. P. 76. 3. 103). — Décidé également que le riverain d'un fleuve auquel un procès-verbal se borne à imputer d'avoir, par suite des irrigations pratiquées sur sa propriété, entraîné l'éboulement d'un chemin de halage dans le fleuve, ne peut être considéré comme ayant contrevenu à l'art. 4 de l'arrêt du 24 juin 1777; qu'en l'absence de toute mise en demeure de relever les terres éboulées, ce particulier ne saurait non plus encourir l'application de l'art. 3 du même arrêt (Cons. d'Et. 24 mai 1878, aff. Aguiré, D. P. 78. 3. 90).

74. Les extractions de matériaux, pierres, sables sont interdites le long des rivières navigables ou flottables (V. *Rép.* v° *Voirie par eau*, n°s 259 et suiv.). — Il est aussi défendu aux riverains : d'abattre ou de dégrader les plantations créées ou entretenues par l'Administration dans le but de maintenir la fixité du lit de la rivière (V. *Rép.* v° *Voirie par eau*, n° 275); de faire rouir du lin dans le lit des rivières navigables (V. *Rép.* v° *Voirie par eau*, n° 256); de détourner l'eau de ces rivières et d'en altérer le cours par tranchées, fossés et canaux (V. *Rép.* v° *Voirie par eau*, n° 252).

75. Les questions relatives au jugement des contraventions, à la compétence, aux poursuites, aux questions préjudicielles, aux peines et à la prescription sont étudiées *infrà*, n°s 474 et suiv., et v° *Voirie par eau*; — *Rép.* eod. v°, n°s 329 et suiv. (V. aussi Plocque, *op. cit.*, t. 4, p. 359 et suiv., n°s 581 et suiv.).

76. Pour ce qui touche la rivière de Bièvre qui se jette dans la Seine et qui est régie par des règlements spéciaux, V. *Rép.* v° *Voirie par terre*, n° 290.

77. — Formes de la demande d'autorisation. — V. *Rép.* n° 91.

Sect. 4. — Des endiguements et travaux d'art (*Rép.* n°s 92 à 106).

78. On a dit au *Rép.* n° 104 que les digues artificielles d'une rivière navigable font partie du domaine public. Elles sont établies dans un intérêt général et ont le même caractère que la rivière. — Jugé aussi que les digues construites pour le service du halage sur la dérivation artificielle d'une rivière forment une dépendance nécessaire du canal, et, que, dès lors, le préfet ne commet aucun excès de pouvoir en déclarant qu'elles font partie du domaine public, alors même qu'un riverain prétend en avoir acquis la propriété (Cons. d'Et. 2 mai 1879, aff. Digeon, D. P. 79. 3. 91).

79. Le principe, d'après lequel les digues artificielles font partie du domaine public, ne concerne pas les digues naturelles, c'est-à-dire celles qui n'ont point été établies de main d'homme. « L'Etat, en effet, dit M. Plocque, t. 4, p. 15, n° 416, n'est propriétaire que du lit même de la rivière, mais non point des terrains qui se trouvent au delà de ce lit, quelle que soit leur configuration, quel que puisse être leur rôle et quand bien même ils serviraient à contenir les eaux; ils ne lui appartiennent qu'autant qu'il justifie d'un titre de droit commun, c'est-à-dire qu'autant qu'il les a acquis ou bien qu'il les a possédés pendant le temps nécessaire pour arriver à la prescription ».

80. On a exposé au *Rép.* n° 93 par qui doit être supportée la dépense des travaux d'endiguement entrepris par l'Etat, aux termes de la loi du 16 sept. 1807. Cette loi donne à l'Administration le droit de constituer les intéressés en syndicats forcés et de les contraindre à exécuter les travaux nécessaires pour protéger les rives. La loi du 21 juin 1865 (D. P. 65. 4. 77) sur les associations syndicales est applicable aux travaux d'endiguement. Mais la même loi (art. 26) réserve formellement à l'Administration, à défaut d'associations syndicales formées suivant ses prescriptions, le droit de créer des syndicats forcés, conformément aux lois du 16 sept. 1807 et du 14 flor. an 11. Toutefois, elle décide que les contestations qui, d'après la loi de 1807, devaient être jugées par une commission spéciale, seront jugées par le conseil de préfecture; qu'en ce qui concerne la perception des taxes, l'expropriation et l'établissement des servitudes, il sera procédé conformément aux art. 15, 18 et 19 (V. *suprà*, v° *Associations syndicales*, n°s 204 et suiv.).

81. Tout ce qui concerne les travaux d'endiguement, les associations syndicales ayant pour objet l'exécution et l'entretien de ces travaux, la répartition des dépenses auxquelles ils donnent lieu, etc... a été étudié principalement au *Rép.* v° *Travaux publics*, n°s 954 et suiv. On y reviendra *infrà*, eod. v°.

82. Une loi du 28 mai 1858 a eu pour objet l'exécution des travaux destinés à mettre les villes à l'abri des inonda-

de 46 mètres; qu'ainsi elle a contrevenu aux dispositions de l'ordonnance et de l'arrêt du conseil précités; et que c'est avec raison que le conseil de préfecture du Morbihan l'a condamnée à l'amende et à la démolition des travaux par elle indûment exécutés, sauf à la commune d'Hennebon à se retirer devant notre ministre des travaux publics, à l'effet de se faire autoriser, s'il y a lieu, à maintenir lesdites constructions :

Art. 1er. La requête de la commune d'Hennebon est rejetée.

Du 23 nov. 1865.-Cons. d'Et.-MM. Braun, rap.-L'Hôpital, concl.-Châtaignier, av.

tions (D. P. 58. 4. 63). — Cette loi contient deux séries de dispositions. La première est consacrée aux travaux destinés à mettre les villes (dans le cours de la discussion, il a été indiqué que le mot « villes » désignait tout centre de population) à l'abri des inondations. L'Administration est autorisée à ordonner, par décrets rendus dans la forme des règlements d'administration publique, des travaux de construction, d'entretien ou de réparation dont le payement sera imposé par voie de répartition. — Les décrets déterminent, pour chaque entreprise, la répartition des dépenses entre l'État, les départements, les communes et les propriétaires intéressés. Chaque décret est précédé d'une enquête dans laquelle les intéressés sont appelés à présenter leurs observations sur le projet de répartition des dépenses. La répartition entre les propriétaires intéressés de la part de la dépense mise à leur charge est faite conformément aux dispositions de la loi du 16 sept. 1807, sauf bien entendu les modifications apportées à cette loi par celle du 21 juin 1865, notamment en ce qui concerne la substitution des conseils de préfecture aux commissions précédemment instituées. Un décret du 15 août 1858 portant règlement d'administration publique, rendu pour l'exécution de cette loi, a fixé les formalités à observer au cours des enquêtes (D. P. 58. 4. 150). Une circulaire, en date du 1er septembre suivant, a appelé l'attention des préfets sur la nécessité de suivre très exactement les prescriptions qu'il renferme. La part de dépense mise à la charge des communes et des départements est inscrite au budget communal ou départemental. — Les taxes mises à la charge des particuliers sont recouvrées au moyen de rôles rendus exécutoires par le préfet. — La loi n'indique pas quels sont les modes de recours possibles contre les décrets de répartition. M. Chauveau Adolphe, *Journal du droit administratif*, t. 6. p. 361, estime que les départements, les communes et les propriétaires intéressés ont le droit de se pourvoir contre le décret par le recours contentieux, la répartition étant une des opérations les plus importantes devant aboutir à un payement d'impôt. M. Plocque, t. 4, p. 50, n° 430, combat cette opinion. Il n'admet pas que les subventions mises à la charge des départements, des communes et des propriétaires, aient le caractère d'impôts. Ce ne sont que des indemnités de plus-value que doivent supporter ceux dont les intérêts se trouvent sauvegardés, grâce aux travaux entrepris. Il ajoute que les règlements d'administration publique ne sont point susceptibles de recours par la voie contentieuse. — Pour les réclamations qui portent sur le point de savoir si la répartition s'est faite équitablement entre les divers propriétaires intéressés, on applique la loi du 21 juin 1865. La loi de 1858 contient, en outre, des dispositions relatives à l'établissement des digues dans certaines vallées plus particulièrement menacées.

83. L'art. 6 interdit de construire sans déclaration préalable aucune digue sur les portions submersibles des vallées de diverses rivières (V. *Rép.* v° *Voirie par eau*, n°s 232 et 235). Cet article n'interdit pas de construire des digues sans autorisation, mais seulement sans déclaration préalable, ce qui est très différent. M. de Franqueville, commissaire du Gouvernement, a très bien expliqué cette différence dans la discussion de la loi : « Il s'agit, a-t-il dit, d'une simple déclaration à faire par le propriétaire, et non d'une autorisation à obtenir. Lorsqu'une déclaration de cette nature parviendra au préfet, les ingénieurs l'examineront dans le délai qui aura été fixé par le règlement d'administration publique à intervenir. Dans le même délai, le préfet déclarera s'opposer aux travaux, ou il prescrira des modifications, ou il n'adressera aucune observation au propriétaire. S'il n'y a pas de réponse, les travaux pourront commencer aussitôt après l'expiration du délai. En cas d'opposition, etc. ». — C'est, en effet, ce qu'établissent les art. 16, 17 et 18 du règlement d'administration publique, auquel M. de Franqueville faisait allusion, et qui porte la date du 15 août 1858 (D. P. 58. 4. 150). En d'autres termes, le silence de l'Administration sur la déclaration, pendant le délai fixé, comporte pour le propriétaire le droit de passer outre à l'exécution de ses travaux ; il n'en serait pas de même, on le sait, s'il s'agissait d'une autorisation.

84. Aux termes de l'art. 5 de la loi du 28 mai 1858, la répartition entre les propriétaires intéressés de la part de dépense mise à leur charge doit être faite conformément aux dispositions de la loi de 1807. — Il a été jugé que lorsque, du décret autorisant l'exécution de travaux destinés à protéger une ville contre les inondations, il résulte qu'il appartient à une commission spéciale instituée conformément aux dispositions des tit. 2 et 10 de la loi du 16 sept. 1807 de prononcer sur toutes les réclamations relatives soit à la détermination du périmètre comprenant les diverses propriétés intéressées aux travaux de défense, soit au classement et à l'estimation de ces propriétés, c'est avec raison que le conseil de préfecture se déclare incompétent à l'effet de connaître desdites réclamations (Cons. d'Ét. 23 juill. 1868) (1).

85. La loi de 1858 ne donne pas la définition du mot *digue*. « Il faut l'entendre, dit M. Plocque, t. 4, p. 54, n° 433, dans le sens le plus général, c'est-à-dire faire rentrer dans les termes de la loi tout ouvrage établi dans le but de défendre une propriété contre les incursions des eaux » (Conf. Cons. d'Ét. 13 juin 1860, *Rép.* v° *Voirie par eau*, n° 234). Le même auteur enseigne que l'art. 6 ne peut s'appliquer à des réparations à faire à des digues existantes. Il s'agit d'une servitude légale qui doit être restreinte dans les termes stricts de la loi. L'Administration aura la ressource de prescrire, si la réparation est dangereuse, la suppression de la digue en vertu de l'art. 7 ; mais elle devra payer une indemnité aux riverains (t. 4, p. 55, n° 433).

86. On a indiqué au *Rép.* v° *Voirie par eau*, n°s 232 et suiv., quels sont les endroits où des digues ne peuvent être élevées sans déclaration préalable et ce que la loi désigne sous cette expression générale de « parties submersibles. »

87. Aux termes de l'art. 7 de la loi du 28 mai 1858, « toute digue établie dans les vallées désignées à l'art. 6 et qui sera reconnue faire obstacle à l'écoulement des eaux ou restreindre d'une manière nuisible le champ des inondations, pourra être déplacée, modifiée ou supprimée par ordre de l'Administration, sauf le payement, s'il y a lieu, d'une indemnité de dommage qui sera réglée conformément aux dispositions du tit. 11 de la loi du 16 sept. 1807 ». Il appartient au ministre de décider si tel ouvrage est nuisible et fait obstacle à l'écoulement des eaux. Sa décision peut, suivant plusieurs auteurs, être l'objet d'un recours devant le conseil d'État. « Toute décision ministérielle, dit M. Chauveau, *Journal du droit administratif*, t. 6, p. 364, est susceptible de recours quand elle touche un droit, et le propriétaire

(1) (Glapin.) — NAPOLÉON, etc. ; — Vu la loi du 16 sept. 1807, tit. 2 et 10, notamment les art. 11, 12, 42, 43, 45 et 46 ; — Considérant que de l'art. 5 de la loi ci-dessus visée du 28 mai 1858 et de notre décret du 8 juill. 1862 il résulte qu'il appartenait à une commission spéciale, instituée conformément aux dispositions des tit. 2 et 10 de la loi du 16 sept. 1807, de prononcer sur toutes les réclamations relatives, soit à la détermination du périmètre comprenant les diverses propriétés intéressées aux travaux de défense de la ville de Nevers contre les inondations, soit au classement et à l'estimation de ces propriétés ; que, dès lors, c'est avec raison que le conseil de préfecture de la Nièvre s'est déclaré incompétent à l'effet de connaître de la réclamation du sieur Glapin ;

Mais considérant que le sieur Glapin s'est pourvu devant nous, dans les délais du règlement, contre la décision par laquelle la commission spéciale formée pour l'examen des contestations auxquelles donnerait lieu l'exécution desdits travaux de défense a rejeté sa réclamation ; que, dès lors, il y a lieu d'examiner si son pourvoi est bien fondé ;

Sans qu'il soit besoin de statuer sur les autres moyens présentés par le sieur Glapin : — Considérant que l'art. 45 de la loi du 16 sept. 1807 dispose que tout ce qui concerne l'organisation de la commission spéciale sera déterminé par un règlement d'administration publique ;

Considérant qu'il est établi par l'instruction et que notre ministre reconnaît qu'il n'a point été pourvu par un règlement d'administration publique à l'organisation de la commission spéciale ; qu'il est seulement intervenu un décret pour la nomination des membres de cette commission ;

Considérant, dès lors, que le sieur Glapin est fondé à demander l'annulation de la décision du 5 févr. 1864, par laquelle la commission spéciale formée par notre décret précité du 18 mars 1863 a statué sur sa demande :

Art. 1er. La décision ci-dessus visée de la commission spéciale, du 5 févr. 1864 est annulée. — Art. 2. Le surplus des conclusions du sieur Glapin est rejeté.

Du 23 juill. 1868.-Cons. d'Et.-MM. Brincart, rap.-de Belbeuf, concl.-Bozérian, av.

dont la digue protectrice doit être détruite est évidemment lésé dans sa propriété, puisqu'on lui accorde une indemnité. Objectera-t-on que le conseil d'Etat pourrait apprécier difficilement la nécessité ou l'inutilité d'une destruction de digue? Cette objection me paraîtrait sans valeur; car, chaque jour, le conseil d'Etat, en matière de travaux publics, apprécie des questions de fait beaucoup plus délicates et annule, notamment, des arrêtés préfectoraux relatifs à la suppression d'usines hydrauliques » (V. en ce sens: Plocque, t. 4, p. 59, n° 436.) — Les conseils de préfecture sont compétents pour fixer le quantum de l'indemnité due aux propriétaires: « Il n'y a pas lieu, en effet, dit M. Plocque, t. 4, p. 60, n° 436, d'assimiler cette hypothèse à celle d'une expropriation pour cause d'utilité publique; on ne trouvera pas, dans l'espèce, cette mainmise de l'Administration sur une propriété privée, qui est le signe caractéristique de l'expropriation; il y a simplement assujettissement de cette propriété à une servitude d'utilité publique. » L'indemnité doit être supportée par ceux à la charge de qui sont mises les dépenses que nécessitent les travaux destinés à mettre les villes à l'abri des inondations (Duvergier, *Lois annotées*, 1858, p. 192). En cas de refus du propriétaire de supprimer la digue, l'Administration peut-elle après une mise en demeure faire opérer elle-même les travaux? M. Plocque estime que le texte de l'art. 7 n'autorise pas ce mode de procéder; que l'Administration devra agir judiciairement contre le propriétaire de la digue (t. 4, p. 61, n° 436).

88. La loi de 1858, ne faisant aucune distinction, est applicable aux cours d'eau non navigables comme aux cours d'eau navigables.

SECT. 5. — DU CURAGE DES RIVIÈRES NAVIGABLES ET FLOTTABLES (*Rép.* n°s 107 à 116).

89. Le curage des rivières navigables et des rivières flottables est, comme on l'a dit au *Rép.* n°s 107 et suiv., à la charge de l'Etat. Ce principe incontestable a été de nouveau proclamé par la doctrine et la jurisprudence (Ducrocq, 6e éd., t. 2, n° 565; Dufour, t. 4, n° 991; *Rép.* v° *Voirie par eau*, n° 146; Cons. d'Et. 13 ou 14 août 1867, aff. Seillière et comp., D. P. 69. 3. 65). — On a également indiqué *ibid.* qu'exceptionnellement les communes ou les particuliers peuvent être appelés à participer à la dépense occasionnée par le curage si leurs établissements ont contribué à rendre cette opération nécessaire ou s'ils sont intéressés au curage. « L'établissement des barrages, digues, déversoirs, dit M. Plocque, t. 4, p. 5, n° 411, contribue pour beaucoup à l'amoncellement des sables et des vases; il semble donc de toute équité que les usiniers contribuent aux dépenses du curage, en proportion de la part qu'ils ont eue à la création de l'obstacle apporté à la libre circulation des eaux. En d'autres termes, comme le disait en 1851 M. le ministre des travaux publics, on ne peut mettre à la charge exclusive de l'Etat que les travaux de curage exclusivement nécessités par le service de l'Etat. L'Administration agit sagement en fixant, au moment de la concession d'une usine, la proportion de la dépense qui sera supportée par l'usinier; rien de plus fréquent que cette clause, bien qu'elle ne soit point libellée dans le formulaire annexé à la circulaire du 27 nov. 1851. Ce point peut également être réglé par une convention amiable intervenue postérieurement à la concession. »

90. Les particuliers ne peuvent être astreints au curage des cours d'eau navigables. Décidé qu'il y a excès de pouvoirs de la part du préfet qui a enjoint à une société de procéder au curage d'une partie d'une rivière navigable dont le lit était encombré de scories provenant des dépôts faits par cette compagnie; que le droit du préfet se bornait à mettre en demeure la société d'enlever les scories et, en cas de refus à la déférer au conseil de préfecture pour contravention de grande voirie (Cons. d'Et. 13 ou 14 août 1867, cité *suprà*, n° 89). — A défaut de convention, lorsque l'Administration veut imposer à des particuliers l'obligation de contribuer aux frais de curage, un règlement d'administration publique doit intervenir, conformément à l'art. 34 de la loi du 16 sept. 1807. Ce règlement fixe le principe et la proportion de la contribution (*Rép.* n° 109, et v° *Voirie par eau*, n° 147). Jugé qu'à défaut d'un règlement d'administration publique fixant la part contributive des propriétaires riverains au curage d'une rivière navigable, l'Etat qui a exécuté le dragage est non recevable à exercer de ce chef aucune action contre les riverains du fleuve (Liège, 26 juin 1872, *Pasicrisie belge*, 1873. 2. 27. V. aussi en ce sens: Plocque, t. 4, p. 6, n° 411).

91. Le conseil d'Etat a décidé que, si une contribution peut être imposée aux riverains conformément à l'art. 34 de la loi du 16 sept. 1807 par un décret en la forme des règlements d'administration publique, cette contribution ne peut jamais aller jusqu'à comprendre la totalité de la dépense (Cons. d'Et. 12 avr. 1860, aff. Scellier-Durozelle, D. P. 60. 3. 44. V. dans le même sens: Cons. d'Et. 5 juill. 1851, aff. Gérard, D. P. 51. 3. 65; *Rép.* v° *Voirie par eau*, n° 148). — Cette doctrine ne nous paraît pas à l'abri de toute critique. Si l'art. 34 de la loi de 1807 prévoit seulement le *concours* des riverains, il n'interdit pas de transformer ce concours en une obligation exclusive. L'Etat pourra, d'ailleurs, si l'on tient absolument à ce qu'il participe à la dépense, réduire sa contribution à une proportion insignifiante et nominale. L'équité, au surplus, veut que le curage soit tout entier aux frais des riverains, lorsqu'il est rendu nécessaire uniquement par leur fait (V. *Rép.* n°s 109 et suiv. Conf. Plocque, t. 4, p. 7, n° 411).

92. On a enseigné au *Rép.* n° 114 que les riverains, lorsque l'Administration néglige d'entretenir la rivière, ne peuvent procéder que par voie de pétition et n'ont pas d'action pour contraindre l'Etat à faire procéder au curage. M. Dufour, t. 4, n° 566, estime que de ce que l'Administration est seule juge des exigences de l'intérêt public, on ne peut arriver à conclure qu'aucune réparation n'est due pour atteinte causée au droit des particuliers en vertu de l'intérêt général. « L'Etat, dit cet auteur, est responsable des dommages causés par l'exécution des travaux publics; pourquoi ne serait-il pas au même titre responsable des dommages causés par leur inexécution? Il faudra donc décider: 1° que les particuliers ont une action judiciaire à l'effet d'obtenir des dommages-intérêts de l'Etat par suite du défaut de curage ou d'entretien d'une rivière navigable; 2° que cette action doit partager, notamment quant à la compétence, le sort des actions relatives aux dommages provenant de travaux exécutés par les ordres et sous la surveillance du Gouvernement, et que, dès lors, c'est au conseil de préfecture qu'il appartient d'en connaître. » La responsabilité de l'Etat ne saurait, à notre avis, être engagée que dans le cas où le défaut de curage aura causé un dommage direct aux riverains (V. aussi Plocque, t. 4, p. 10, n° 413).

93. Les riverains ne sont pas tenus de supporter le dépôt des vases provenant du curage (*Rép.* v° *Voirie par eau*, n° 149).

94. Lorsque la mauvaise exécution des travaux de curage a causé un préjudice à des particuliers, ils ont le droit de réclamer à l'Etat des dommages-intérêts. Il faut qu'ils établissent une faute imputable aux agents de l'Administration. Ils doivent supporter les inconvénients qui résultent naturellement du curage, et notamment l'interruption momentanée de la navigation. Les conseils de préfecture sont compétents pour statuer sur ces actions en dommages-intérêts, en vertu de la loi du 16 sept. 1807. — Le travail de curage peut avoir pour conséquence l'incorporation au domaine public de partie d'une propriété privée; en effet, l'action des bateaux dragueurs a souvent pour effet de créer dans la rivière un chenal nouveau; le cours de l'eau se déplace, laisse d'un côté certains terrains à découvert et va de l'autre couvrir, lorsqu'il coule à pleins bords, des terrains qu'il n'avait pas atteints jusque-là. En pareil cas, le propriétaire a droit à une indemnité en argent: l'art. 563 c. civ. n'est pas applicable, quand l'événement qu'il prévoit est la conséquence de travaux entrepris dans la rivière. Cette indemnité doit être fixée par l'autorité judiciaire (Cons. d'Et. 22 mai 1869, aff. Pelignac, D. P. 70. 3. 90. V. aussi Trib. confl. 1er mars 1873, aff. Guillié, D. P. 73. 3. 70; Plocque, t. 4, p. 14, n° 415).

95. Les rivières simplement flottables à bûches perdues ne faisant pas partie du domaine public (V. *suprà*, n° 50), le curage de ces rivières est aux frais des riverains (*Rép.* n° 116). — M. Plocque cependant, t. 4, p. 3, n° 409, est d'un avis contraire. « De ce que ces cours d'eau, dit-il, ne sont point soumis au régime de la grande voirie, on ne saurait conclure qu'ils ne fassent point partie du domaine public; le curage doit être à la charge de l'Etat ». Il y a là une erreur évidente. Dans son t. 2, p. 443, n° 194, en effet, le même auteur admet comme « incontestable que les cours d'eau flottables à bûches perdues ne doivent pas être rangés parmi les choses qui font partie du domaine public. »

SECT. 6. — DES CHEMINS DE HALAGE OU MARCHEPIED (*Rép.* n°s 117 à 155).

96. Le chemin de halage, on a établi ce point au *Rép.* n°s 119 et suiv., ne constitue pas une propriété au profit de l'Etat, mais une servitude légale imposée aux riverains sur leur propriété dans un intérêt d'ordre public. De ce principe découlent les conséquences suivantes : 1° les propriétaires riverains ont le droit d'exiger que ceux qui usent du chemin de halage ne fassent rien qui aggrave la condition du fonds servant. — L'Administration ne saurait donc prendre possession du chemin et y faire des travaux qui changent la nature et le caractère du sol (*Rép.* v° *Voirie par eau*, n° 117). — L'Administration peut répandre sur le chemin du sable, du gravier, mais elle ne pourrait le faire empierrer et remblayer de manière à le rendre praticable aux voitures (V. *Rép.* v° *Voirie par eau*, n° 118). Les bateliers ou autres ne peuvent faire de dépôts de pierres ou matériaux sur le chemin de halage (V. en ce qui concerne ces dépôts: *Rép.* v° *Voirie par eau*, n°s 247 et suiv.); ni amarrer des câbles aux arbres, sauf en cas de nécessité absolue et à charge d'une indemnité, si les faits se prolongeaient de manière à causer quelque dommage (Laurent, *Principes de droit civil français*, t. 7, n° 462; *Rép.* n° 143); — 2° La fréquentation du chemin de halage est interdite à tous autres qu'aux navigateurs et aux pêcheurs, fermiers ou porteurs de licences (L. 15 avr. 1829, art. 35); — 3° Les riverains ont seuls le droit de jouir du chemin de halage, de récolter les herbes qui y croissent, de profiter de l'abatage des arbres qu'ils y ont plantés (*Rép.* n° 140; Cons. d'Et. 6 juill. 1856, aff. Mettiez, *Rec. Cons. d'Etat*, p. 403); — 4° Les propriétaires riverains n'ont à supporter ni les frais d'établissement du chemin, ni les frais d'entretien, à moins que la dégradation ne provienne de leur fait ou qu'il résulte une plus-value pour leurs terres de l'établissement du chemin de halage (*Rép.* n° 140). Ce principe a été consacré par la jurisprudence (Cons. d'Et. 23 mars 1854, aff. Cornudet, D. P. 54. 3. 41. V. aussi *Rép.* v° *Voirie par eau*, n° 116; Plocque, t. 2, n° 66, p. 157).

97. La servitude de halage est une servitude légale; elle a un caractère tel qu'il est impossible de s'y soustraire par des dispenses, qu'elles soient postérieures ou antérieures à l'ordonnance de 1669 (*Rép.* v° *Voirie par eau*, n° 87; Cons. d'Et. 23 mars 1854, cité *suprà*, n° 96).

98. On a précisé au *Rép.* n°s 140 et suiv. les obligations des riverains. Ils sont tenus notamment de laisser le chemin de halage entièrement libre et ne peuvent, sous peine de commettre une contravention, établir des haies, barrières, fossés, constructions, planter des arbres à une distance moindre de trente pieds au bord de l'eau (Cons. d'Et. 14 avr. 1853, aff. Cousin-Jolly, D. P. 54. 3. 85; 12 févr. 1863, aff. Audebert, D. P. 63. 3. 78). Il a été jugé que le propriétaire riverain qui a établi un chantier sur son terrain ne peut fermer avec des barrières le chemin de halage, pendant la nuit, même dans la partie qui traverse son chantier (Lyon, 30 juin 1865, aff. Salmon, D. P. 67. 5. 374).

99. L'art. 11 de l'arrêt de 1777 défend de dégrader les ouvrages construits pour la sûreté et la facilité du halage. Les préfets qui sont chargés de la police de la navigation peuvent, en outre, prendre des arrêtés pour assurer la liberté des chemins de halage (*Rép.* n°s 144 et suiv., et v° *Voirie par eau*, n°s 279 et suiv., 296 et suiv.). — Il a été jugé: 1° que le particulier qui fait circuler un bœuf sur la banquette de halage d'un canal navigable, commet la contravention de grande voirie prévue par les art. 3 et 11 de l'arrêt du conseil du 24 juin 1777, et de la compétence exclusive du conseil de préfecture (Cons. d'Et. 2 août 1851, aff. Lafon, D. P. 52. 3. 8); — 2° Que le fait de labourer le chemin de halage constitue une contravention de grande voirie (Cons. d'Et. 17 janv. 1867, *infrà*, n° 121); — 3° Qu'il en est de même du fait: d'avoir laissé paître des bestiaux sur ce chemin (Cons. d'Et. 18 févr. 1854, aff. Lebel, D. P. 54. 3. 44);... D'avoir laissé des moutons brouter des osiers plantés par l'Administration dans des perrés en pierres sèches pour défendre le talus intérieur d'un chemin de halage (Cons. d'Et. 2 juin 1869, aff. Carré, *Rec. Cons. d'Etat*, p. 566); ... De circuler avec des voitures attelées sur la digue de halage d'une rivière canalisée, alors même que le contrevenant prétend avoir agi en vertu d'un droit qui lui appartient, aux termes d'un acte de vente intervenu entre lui et le concessionnaire, sauf à lui à réclamer une indemnité audit concessionnaire (Cons. d'Et. 4 avr. 1884, aff. Denicelle-Dinant, D. P. 85. 3. 99); ... De conduire une voiture sur un chemin de halage, alors même qu'il n'en est résulté aucune dégradation (Cons. d'Et. 2 mai 1879, aff. Cuitot-Cheminon, D. P. 79. 3. 91. Conf. *Rép.* v° *Voirie par eau*, n°s 278 et suiv.). Mais le fait d'avoir conduit sur le chemin de halage des chevaux employés à la traction des bateaux, sans que cette circulation ait été autorisée, ne constitue pas une contravention à l'arrêt du 24 juin 1777, le pouvoir de police de l'Administration sur une voie publique ne pouvant aller jusqu'à défendre l'usage de cette voie pour le service auquel elle est destinée (Cons. d'Et. 23 mai 1879, aff. Bocquet, D. P. 79. 3. 91). — Il a été jugé aussi qu'un entrepreneur de travaux publics autorisé à extraire du ballast dans le lit d'un fleuve, qui dépasse les limites indiquées pour ses extractions et dégrade ainsi le chemin de halage, commet une contravention aux dispositions de l'ordonnance d'août 1669 et de l'arrêt du conseil du 24 juin 1777, et que, par suite, c'est à bon droit que le conseil de préfecture le condamne à l'amende et à la réparation du dommage, l'autorisation accordée à un entrepreneur de travaux publics d'occuper des dépendances du domaine public n'enlevant pas le caractère de contravention aux faits excédant les limites de l'autorisation (Cons. d'Et. 28 janv. 1887, aff. Jonon, D. P. 88. 3. 540).

100. On a émis au *Rép.* n° 145 l'opinion que le propriétaire riverain, qui a le tréfonds du chemin de halage, a le droit de passage sur ce chemin et peut y circuler librement, à la condition de le laisser libre quand la rive est pratiquée. — Cette solution n'est pas admise par la jurisprudence. Il a été jugé que les règlements pris par les préfets pour la conservation des chemins de halage peuvent étendre l'interdiction d'y faire passer des voitures même aux propriétaires des fonds riverains n'ayant d'issue que sur ces chemins, alors surtout qu'ils réservent en faveur de ceux-ci la faculté d'obtenir sous certaines conditions des autorisations dérogatoires; que la contravention à cette défense constitue une contravention de grande voirie prévue par l'arrêt du conseil du 24 juin 1777 (Cons. d'Et. 9 juill. 1859, aff. Velleret, D. P. 60. 3. 36).

101. Le chemin de halage, en raison de l'intérêt public qu'il sert, est assimilé aux grandes routes, sous le rapport de sa police et de sa conservation; mais il reste une propriété privée, et les autres dispositions qui concernent la voirie ne lui sont pas applicables. C'est ainsi que les propriétaires riverains, s'ils n'ont pas été soumis à cette obligation par un décret spécial, tel que celui du 29 mai 1808 concernant la rivière de Sèvre, ne sont pas tenus de demander l'alignement pour faire des constructions, plantations ou clôtures le long du chemin de halage. La limite de la servitude varie suivant les déplacements de la rive, et il est naturel que, de son côté, l'Administration hésite à donner des alignements qui légalement n'auraient aucune fixité (*Rép.* v° *Voirie par terre*, n° 1967). — La circulaire ministérielle du 27 mai 1861 trace les règles à suivre en cette matière: « Les chemins de halage et de contre-halage ne peuvent être assimilés aux voies de communication de la grande voirie; les règlements sur les alignements de la grande voirie ne leur sont donc pas applicables. Or, comme les règlements spéciaux de la voirie fluviale ne mentionnent nulle part l'obligation de demander alignement pour les clôtures ou les plantations, il s'ensuit que l'Administration n'a pas autorité pour contraindre les riverains à le demander. L'Administration est allée plus loin; elle a toujours répondu, lorsque la question a été posée, qu'il était préférable de ne pas donner d'alignement de cette nature, alors même que la demande en serait faite, attendu qu'il pourrait arriver que des clôtures ou des plantations qu'elle aurait autorisées dussent être enlevées, si l'état des berges venait à changer. La servitude du halage et du contre-halage est due, en effet, dans tout état des eaux; la zone de terrain frappée de cette servitude recule donc ou avance selon que des corrosions minent la berge ou que des alluvions l'étendent. Le propriétaire riverain est libre de se clore de quelque manière qu'il l'entend; il agit à ses risques et périls, et pourvu que la largeur voulue par les règlements pour les chemins de halage ou de contre-halage soit respectée, l'Administration n'a pas à intervenir; si, à quelque époque que ce soit, cette largeur n'existe plus, il y a contravention et la répression doit alors en être poursuivie devant l'autorité compétente. — Pour le même motif, comme on l'a dit au *Rép.* v° *Voirie par eau*, n° 111, les riverains peuvent abattre les arbres plantés sur le chemin de halage sans autorisation de l'Administration (Cons. d'Et. 14 juin 1851, aff. Dupont, D. P. 52. 3. 3; Dufour, *op. cit.*, t. 4, n°s 467 et suiv.).

102. On a indiqué au *Rép.* n° 120 que la largeur du chemin de halage est fixée par l'ordonnance de 1669 à vingt-quatre pieds; cet espace doit être laissé entièrement libre. De plus, les riverains ne peuvent planter des arbres ou même des haies qu'à une distance de six pieds du bord intérieur de ce chemin. La longueur du chemin de contre-halage est fixée à dix pieds.

103. La servitude de halage a été imposée dans l'intérêt de la navigation (*Rép.* n° 119). Le chemin est dû sur toutes les rivières navigables et leurs dépendances, sur les bras navigables, sur les rivières flottables en trains ou en radeaux (*Rép.* v° *Voirie par eau*, n°s 82 et suiv.). — Il a été jugé que, lorsqu'une gare d'eau est une dépendance d'une rivière navigable, le chemin de halage doit être réservé sur ses bords, en vertu des dispositions de l'arrêt du conseil du 24 juin 1777 (Cons. d'Et. 13 déc. 1866, aff. Brun, *Rec. Cons. d'Etat*, p. 1148).

La servitude de halage ne s'applique pas, au contraire : 1° aux rivières non navigables ni flottables. — Décidé, en ce sens, que les propriétés riveraines des rivières navigables et flottables sont seules assujetties par les lois en vigueur à la servitude de marchepied, et que c'est illégalement qu'un règlement administratif soumettrait à une servitude de ce genre les propriétés riveraines d'un cours d'eau non navigable ni flottable (Cons. d'Et. 15 déc. 1853, aff. Biennais, D. P. 54. 3. 25. V. aussi Cons. d'Et. 8 août 1865, aff. Raffugeau, D. P. 67. 5. 148; 14 févr. 1873, *infrà*, n° 107; 2 déc. 1881, aff. Guichard, D. P. 83. 3. 24); — 2° Aux bras non navigables des rivières navigables (*Rép.* n° 126; Dufour, t. 4, n° 461; Plocque, t. 2, n° 60, p. 143). Jugé que, lorsqu'un bras d'une rivière navigable a cessé d'être affecté à la navigation, le riverain n'est pas tenu de laisser un chemin de halage sur la rive (Cons. d'Et. 10 janv. 1867, aff. Pelletier, *Rec. Cons. d'Etat*, p. 56); — 3° Aux canaux creusés de main d'homme. Un arrêt du conseil d'Etat du 6 mars 1856 (aff. Canal du Lez, D. P. 56. 3. 54) a déclaré assujettis aux servitudes de halage les riverains des canaux navigables. Mais, depuis, la jurisprudence s'est nettement prononcée en sens contraire : les dispositions de l'ordonnance de 1669 et du décret de 1808 ne s'appliquent qu'aux fleuves et rivières navigables; on ne saurait les étendre aux canaux creusés de main d'homme; il faut un texte formel pour porter atteinte à la liberté des héritages, pour les grever d'une servitude. Il a été décidé que les dispositions de l'ordonnance du mois d'août 1669 et du décret du 22 janv. 1808 qui établissent les servitudes de halage et de contre-halage ne s'appliquent qu'aux fleuves et rivières navigables; qu'en conséquence, les riverains d'un canal de navigation creusé de main d'homme ne sont pas assujettis à ces servitudes (Cons. d'Et. 6 juin 1856, aff. Canal de la Deule, D. P. 57. 3. 7). On a essayé de concilier cette décision avec celle du 6 mars précédent, en faisant observer que le premier arrêt concernait une rivière canalisée, et non un canal creusé de main d'homme. Cependant l'arrêt est conçu en termes absolus qui ne se prêtent pas facilement à la distinction proposée. — Jugé encore que l'art. 650 c. civ. relatif aux chemins de halage n'est pas applicable aux canaux creusés par la main de l'homme (Req. 19 janv. 1875, aff. Masson-Sabatier, D. P. 75. 1. 256); — Que la servitude de halage ne s'applique qu'aux fleuves et rivières navigables; que, par suite, dans le cas où les terrains voisins d'un canal de navigation construit de main d'homme n'ont pas été compris dans les dépendances de ce canal et sont restés à l'état de propriétés privées, les propriétaires n'ont pas à subir cette servitude (Cons. d'Et. 18 mars 1881, aff. Colombier, D. P. 82. 3. 79-80. V. aussi Cons. d'Et. 23 avr. 1880, aff. Comp. des chantiers et ateliers de l'Océan, D. P. 81. 3. 28; Dufour, t. 4, n° 477; Plocque, t. 2, p. 185, n° 74). La solution n'est pas la même, à notre avis, en ce qui concerne les rivières canalisées. L'ordonnance s'applique aux rivières navigables, et elle ne fait aucune distinction entre les rivières naturellement navigables et celles qui ne le sont que par suite de travaux exécutés de main d'homme. Les riverains des unes et des autres doivent donc être soumis à la servitude de halage (V. *Rép.* v° *Voirie par eau*, n° 82). Il a été jugé que le fait de circuler, sans autorisation de l'Administration, avec des voitures attelées, sur la digue de halage d'une rivière canalisée, constitue une contravention de grande voirie (Cons. d'Et. 4 avr. 1884, aff. Denicelle-Dinant, D. P. 85. 3. 99).

104. A l'égard des fleuves ou rivières sur lesquels la navigation se fait au moyen du vent et du flux et reflux, la jurisprudence a décidé que le droit rigoureux de l'Administration est d'exiger que les chemins et contre-chemins de halage soient praticables à toutes les époques de marée où la navigation est possible. M. Plocque, t. 2, p. 143, n° 60, combat cette solution qui, ainsi qu'on l'a fait remarquer au *Rép.* v° *Voirie par eau*, n° 84, est contraire à l'avis du conseil d'Etat du 8 mess. an 13.

105. On a émis au *Rép.* n° 137 l'opinion que les propriétaires d'îles ne sont pas assujettis à fournir un chemin de halage, mais sont soumis seulement au marchepied de contre-halage. — La jurisprudence admet, au contraire, que la servitude de halage existe de plein droit sur les rivages des îles (V. Cons. d'Et. 10 janv. 1867, cité *suprà*, n° 103). M. Plocque, t. 2, n° 61, p. 145, approuve cette doctrine. « Ce qui nous fortifie dans cette opinion, dit cet auteur, c'est la discussion qui eut lieu lorsque fut présenté au conseil d'Etat l'art. 560 c. civ., attribuant au domaine la propriété des îles dans les rivières navigables. M. Regnauld de Saint-Jean d'Angély s'appuyait pour justifier le projet sur la nécessité d'assurer l'entretien et la conservation du chemin de halage le long des îles. Or il serait étrange que les législateurs aient entendu à la fois grever les îles de la servitude de halage, lorsqu'elles feraient partie du domaine de l'Etat, et en même temps les en dispenser, lorsqu'elles constitueraient une propriété privée... Bien souvent une île située du côté du chemin de halage n'est séparée de la rive proprement dite que par un courant d'eau non navigable; dans ce cas, pour ne pas interrompre la navigation, il est absolument nécessaire que le halage soit reporté de la rive principale du cours d'eau sur la rive de l'île. Les mariniers y auront accès, soit au moyen du gué formé par l'abaissement des eaux, soit même au moyen de ponts et de passerelles établis dans ce but. »

106. La servitude de halage grève les terrains aboutissant à une rivière du jour où la navigation y est possible, alors même que l'Etat ou ses représentants n'ont fait aucun travail pour faciliter l'exercice du chemin de halage (*Rép.* v° *Voirie par eau*, n° 85). Elle continue à grever les héritages riverains, quand bien même l'Administration aurait paru renoncer à son droit, en laissant, pendant de longues années, les propriétaires riverains s'affranchir de cette servitude. Jugé que si l'Administration n'a pas établi simultanément sur la rivière de l'Isle, navigable dès 1765, le régime de la navigation, et si c'est seulement en 1864 qu'elle a exigé l'établissement du chemin de halage sur la propriété des sieurs L... et consorts, ceux-ci ne sauraient se prévaloir de cette circonstance pour soutenir qu'ils ne peuvent être obligés à fournir ce chemin qu'à charge d'une indemnité (Cons. d'Et. 17 avr. 1869) (1).

(1) (Lachaud.) — NAPOLÉON, etc; — Vu l'ordonnance du 10 juill. 1835; — Vu l'ordonnance d'août 1669, tit. 28, art. 7, et le décret du 22 janv. 1808, art. 1er et 3; — Considérant qu'aux termes de l'art. 1er du décret du 22 janv. 1808, les dispositions de l'art. 7, tit. 28, de l'ordonnance d'août 1669, relatives à la servitude de halage, sont applicables à toutes les rivières de l'Empire, soit que

107. Dès que la navigation est possible, le riverain est tenu de livrer le chemin de halage, quand même la rivière ne serait pas de celles qui sont comprises au tableau annexé à l'ordonnance de 1835. En sens inverse, la servitude de halage disparaît de plein droit lorsque la rivière cesse d'être affectée à la navigation. Il a été jugé que les propriétés riveraines d'une rivière autrefois classée comme navigable cessent d'être soumises à la servitude de halage lorsqu'en fait, par suite de l'établissement d'un canal, cette rivière a cessé d'être affectée à la navigation, sans qu'il soit nécessaire qu'un acte administratif ait prononcé expressément cette désaffectation (Cons. d'Et. 2 déc. 1881, aff. Guichard, D. P. 83. 3. 24. V. aussi Cons. d'Et. 10 janv. 1867, cité *suprà*, n° 103; *Rép.* v° *Voirie par eau*, n° 113). — Il est sans difficulté que la navigabilité est une question de fait, et que ce caractère peut être reconnu à un cours d'eau, alors même qu'il ne lui a été attribué expressément par aucun acte de l'autorité administrative. Pareillement, le conseil de préfecture saisi d'un procès-verbal de contravention est compétent pour vérifier si un cours d'eau, autrefois navigable, a cessé, en fait, d'être livré à la navigation. Le seul point délicat est celui de savoir si, dans le cas où un acte administratif a soumis les propriétés riveraines aux servitudes de halage ou de marchepied, un changement dans l'état des lieux suffit pour les affranchir de ces servitudes sans intervention de l'Administration. Dans l'espèce sur laquelle a statué l'arrêt précité du 2 déc. 1881, le conseil général des ponts et chaussées, dont le ministre des travaux publics s'était approprié l'avis, s'était prononcé pour la négative. Le conseil d'État, en statuant dans le sens contraire, n'a fait que maintenir sa jurisprudence. Dans une affaire antérieure présentant avec celle-ci la plus grande analogie, un procès-verbal avait été dressé contre un particulier pour avoir intercepté un chemin de halage le long d'une rivière figurant comme navigable et flottable dans l'ordonnance du 10 juill. 1835. Le particulier fut relaxé des fins de ce procès-verbal par le motif que, depuis une époque ancienne, la rivière avait cessé d'être affectée à la navigation qui devait avoir lieu à l'avenir sur un canal latéral dont la construction était commencée (Cons. d'Et. 14 févr. 1873) (1). Cette solution est la conséquence logique du principe que les servitudes de halage et de marchepied supposent nécessairement le fait de la navigabilité du cours d'eau.

108. L'Administration a le droit, par mesure de police, de faire couper les branches qui gêneraient la circulation sur le terrain formant le marchepied. — Il a été jugé que l'autorité judiciaire est seule compétente pour décider si les plantations établies à moins de deux mètres des bords d'un cours d'eau flottable à bûches perdues sont soumises à la servitude d'élagage établie par l'art. 672 c. civ., que, dès lors, est illégal l'arrêté par lequel le préfet prescrit aux riverains l'exécution des dispositions de cet article (Cons. d'Et. 12 févr. 1863, aff. Audebert, D. P. 63. 3. 78. Conf. *Rép.* n° 127).

109. Le chemin de halage est imposé aux propriétés riveraines à titre de servitude légale; les riverains n'ont donc rien à réclamer pour son établissement. Par exception, une indemnité est due, aux termes du décret du 22 janv. 1808, aux riverains des fleuves ou rivières qui ne sont devenus navigables qu'à partir du 22 janv. 1808 et cela soit que cette navigabilité provienne d'événements imprévus, mais naturels, soit qu'elle soit le résultat de travaux d'art. Telle est, du moins, l'opinion adoptée au *Rép.* n° 150 (V. aussi *Rép.* v° *Voirie par eau*, n°s 103 et suiv.; Dufour, t. 4, n°s 470 et suiv.). M. Plocque restreint, au contraire, l'application de l'art. 3 du décret de 1808 qui pose le principe de cette indemnité, au cas où la rivière a été rendue navigable au moyen d'ouvrages d'art. « Seul, dit cet auteur, t. 2, p. 147, n° 62), l'établissement de la navigation artificielle soumet les riverains à des charges que ni la situation des lieux, ni la loi ne leur imposaient; ce n'est qu'alors que le principe d'un dédommagement nous paraît justifié. » Il a été jugé que l'indemnité accordée par l'art. 3 du décret du 22 janv. 1808, à raison de la servitude de halage, aux riverains des fleuves ou rivières où la navigation n'existait pas alors et où elle s'établirait ultérieurement, ne saurait être réclamée par le riverain d'une portion de rivière qui, antérieurement à 1808, servait au transport de bateaux chargés de bois de chauffage, de tourbes, de légumes et autres denrées alimentaires destinées à l'approvisionnement d'une grande ville, une telle rivière devant être considérée comme ayant été, dès cette époque, soumise à la navigation dans le sens de la disposition précitée (Cons. d'Et. 19 juin 1856, aff. Boeyldieu, D. P. 57. 3. 7). Jugé encore que la suppression, pour l'établissement d'un chemin de halage, de constructions situées le long d'une rivière dont la navigabilité a été déclarée antérieurement au décret du 22 janv. 1808, ne donne lieu à aucune indemnité, quelle que soit l'époque à laquelle remonte leur édification, le droit à une indemnité n'étant accordé par le décret que pour les propriétés qui ultérieurement auraient à souffrir d'une déclaration de navigabilité (Cons. d'Et. 9 févr. 1854, aff. Ansart-Raux, D. P. 56. 3. 13. V. aussi Cons. d'Et. 26 janv. 1860, aff. Mosselmann, *Rec. Cons. d'Etat*, p. 69).

110. C'est à l'autorité administrative qu'il appartient de régler l'indemnité due en raison de l'établissement d'un chemin de halage (*Rép.* n° 152; Dufour, t. 4, n° 475; Block, *op. cit.*, v° *Cours d'eau navigable*, p. 703). On a dit au *Rép.* v° *Voirie par eau*, n° 108, que le payement de l'indemnité ne doit pas nécessairement être préalable à la dépossession. Ce principe a été confirmé par un arrêt du conseil d'Etat du 19 mars 1868) (2).

---

la navigation y fût établie à l'époque où a été rendue l'ordonnance, soit que le Gouvernement se soit déterminé depuis à les rendre navigables, et que, d'après l'art. 3 du même décret, il n'est dû aux riverains aucune indemnité, pour le cas où l'Administration réclame l'établissement d'un chemin de halage le long d'une rivière qui était navigable, antérieurement audit décret;

Considérant qu'il résulte des pièces qui sont jointes au dossier qu'antérieurement au 22 janv. 1808, la rivière d'Isle était navigable depuis son confluent avec la Dordogne jusqu'au port de Périgueux; que si l'Administration n'a pas rétabli simultanément sur toute cette partie du fleuve le régime de la navigation, et si c'est seulement en 1854 qu'elle a exigé l'établissement du chemin de halage sur la propriété des sieurs Lachaud et consorts, ceux-ci ne sauraient se prévaloir de cette circonstance pour soutenir qu'ils ne peuvent être obligés à fournir ce chemin que moyennant une indemnité; que, dès lors, notre ministre des travaux publics est fondé à nous demander l'annulation de l'arrêté par lequel le conseil de préfecture a reconnu les droits des sieurs Lachaud et consorts à une indemnité, et a prescrit une expertise à l'effet d'en évaluer le montant :

Art. 1er. Est annulé l'arrêté en date du 12 nov. 1867, par lequel le conseil de préfecture du département de la Dordogne a reconnu les droits des sieurs Lachaud, Pradier, Bardy-Delisle et Feschaud à une indemnité, à raison de l'établissement de la servitude de halage sur les terrains sis en aval du Port de Périgueux, et a prescrit une expertise à l'effet d'apprécier la quotité de l'indemnité.

Du 17 avr. 1869.-Cons. d'Et.-MM. Mathéus, rap.-de Belbeuf, concl.

(1) (Dame Chargère.) — LE CONSEIL D'ÉTAT; — Vu l'ordonnance d'août 1609, tit. 28, art. 7, et celle du 10 juill. 1835; — Considérant que dans ses observations le ministre des travaux pubblics reconnaît que depuis une époque ancienne, la rivière de l'Arrous a cessé d'être affectée à la navigation, qui aura lieu dans l'avenir sur un canal latéral, dont la construction est commencée; que, dans ces circonstances, la propriété de la dame Chargère n'était pas soumise à la servitude du halage, et que, dès lors, c'est à tort que le conseil de préfecture de Saône-et-Loire a décidé que la plantation faite par la requérante constituait une contravention de grande voirie :

Art. 1er. L'arrêté du conseil de préfecture de Saône-et-Loire du 5 mai 1871 est annulé; ...

Du 14 févr. 1873.-Cons. d'Et.-MM. Tambour, rap.-Perret, concl.-Michaux-Bellaire, av.

(2) (Coullon.) — NAPOLÉON, etc.; — Vu l'édit du mois d'août 1669 et l'arrêt du conseil du 24 juin 1777; — Vu le décret des 19-22 juill. 1791; — Vu la loi du 29 flor. an 10, relative aux contraventions en matière de grande voirie; — Vu le décret du 22 janv. 1808; — Vu l'ordonnance du 10 juill. 1835 et le tableau y annexé; — Vu la loi du 23 mars 1842 et celle du 21 juin 1865; — Considérant qu'il résulte de l'instruction que le bras droit de la Marne, formé par l'île de Fanac, est navigable, et que c'est sur la rive occupée par le sieur Coullon que se fait le halage; que, dès lors, aux termes de l'édit du mois d'août 1669, le sieur Coullon est tenu de laisser le long des bords un chemin de 24 pieds, sans pouvoir planter arbres ni tenir clôture plus près que 30 pieds du côté que les bateaux se tirent; — Que l'arrêté du préfet de la Seine du 7 avr. 1834, dont se prévaut le

111. Sur la question de savoir s'il y a lieu d'agir suivant les formes de la loi du 3 mai 1841, lorsqu'il est nécessaire, pour l'établissement du chemin, de démolir des maisons d'habitation, V. *Rép.* n° 152.

112. La demande en indemnité formée par un riverain ne saurait être écartée sous prétexte que la rivière aurait été classée par un acte administratif antérieurement au 22 janv. 1808, s'il était constant en fait que les travaux qui l'ont rendue navigable n'ont été achevés que postérieurement à cette époque. C'est ce qui a été reconnu en 1869 par M. le ministre des travaux publics (Plocque, t. 2, p. 147, n° 62).

113. Si l'Administration juge nécessaire de reporter le chemin de halage d'une rive sur l'autre ou de l'établir concurremment sur les deux rives, les propriétaires qui antérieurement n'étaient assujettis qu'à la servitude du marchepied ont-ils droit à une indemnité? On a soutenu l'affirmative au *Rép.* n° 129. La jurisprudence a admis la solution opposée (V. *Rép.* v° *Voirie par eau*, n° 106; Cons. d'Et. 13 avr. 1853, aff. Houdé, D. P. 53. 3. 53). M. Dufour, t. 4, n° 470, soutient la même doctrine. « La servitude de halage, dit cet auteur, dérive de la destination que la nature a assignée aux rivières navigables; c'est par cette raison qu'elle a lieu sans indemnité. Le titre ou la condition de la servitude, sous ce point de vue, est absolument le même, lorsque les besoins de la navigation exigent qu'elle se déplace et passe d'une rive à l'autre, ou qu'elle s'exerce concurremment sur les deux rives; et, dès lors, on ne voit pas pourquoi les riverains auraient droit à une indemnité pour une servitude qui n'avait jusque-là frappé que sur la rive opposée » (V. en ce sens : Plocque, t. 2, p. 150, n° 63).

114. Le chemin de halage suit toutes les variations de la rivière. Si elle vient à emporter le terrain sur lequel ce chemin était établi, les propriétaires doivent en fournir un nouveau sur les terres que leur restent; et ils n'ont droit, de ce chef, à aucune indemnité. — Jugé qu'en cas de déplacement du chemin de halage sur une propriété riveraine par suite d'érosion, le propriétaire n'a pas droit à une indemnité pour les arbres lui appartenant dont l'abatage a dû être effectué, alors même que leur plantation serait antérieure à l'époque où a été établie la servitude de halage, à moins toutefois que les érosions n'aient eu pour cause l'établissement d'un barrage autorisé qui aurait dirigé la force du courant du côté de sa propriété (Cons. d'Et. 4 févr. 1858, aff. Boudousquié, D. P. 58. 3. 66). « En effet, comme le dit M. Dufour, t. 4, n° 481, la servitude de halage n'enlève point au riverain la propriété du sol qu'elle frappe; d'un autre côté, elle n'est point inhérente à une portion déterminée de l'héritage, elle dérive du voisinage du fleuve et le suit dans les variations de son cours; c'est au riverain à contenir les eaux, et, s'il succombe dans la lutte, la servitude retombe sur la nouvelle rive au même titre et avec les mêmes effets que sur l'espace emporté. » (V. aussi dans le même sens : Plocque, t. 2, p. 152, n° 64). Les frais du nouveau chemin sont évidemment supportés par l'Administration; les frais d'établissement des chemins de halage ne sont jamais à la charge des riverains.

115. On a émis au *Rép.* n° 127 l'opinion que sur les bords des rivières qui ne sont flottables qu'à bûches perdues, il est formellement interdit aux riverains d'établir des plantations sur le chemin de quatre pieds qu'ils sont tenus de laisser pour le passage des ouvriers préposés par les marchands de bois. Un arrêt de la cour de Paris, confirmant un jugement du tribunal civil d'Avallon, a adopté une doctrine moins absolue. D'après cet arrêt, « l'art. 7, chap. 17, de l'ordonnance de 1672, qui enjoint aux propriétaires riverains des ruisseaux flottables à bûches perdues de laisser des deux côtés desdits ruisseaux un chemin de quatre pieds pour le passage des ouvriers flotteurs, ne fait point obstacle d'une manière absolue à la conservation des arbres excrus sur ledit chemin; mais cette disposition autorise les marchands de bois à exiger l'enlèvement desdits arbres, en tant qu'ils intercepteraient le passage des ouvriers flotteurs et nuiraient à l'exercice du flottage (Paris, 30 avr. 1870, aff. Chopard, D. P. 73. 1. 5). Il est intéressant de rappeler les motifs du jugement du tribunal civil d'Avallon, motifs que la cour de Paris s'est appropriés. « Considérant, porte le jugement, que l'ordonnance de 1672, rappelant en cela l'ordonnance de 1669, dispose, dans son art. 3, chap. 1er, qu'il sera laissé par les propriétaires des héritages aboutissant aux rivières navigables un chemin de halage d'une largeur déterminée, et qui doit rester libre de tous arbres, clôtures et haies; — Que, dans son art. 7, chap. 17, rapporté plus haut et spécial au flottage à bûches perdues, cette ordonnance n'édicte pas la même défense de planter ou d'établir des clôtures, et qu'elle se contente de prescrire un chemin de quatre pieds pour le passage des ouvriers; — Que, dans son art. 8, elle admet même qu'il puisse, dans certaines circonstances, se trouver des obstacles au passage des ouvriers, puisqu'en autorisant les marchands à faire passer le flot par les étangs et fossés des gentilshommes, elle prescrit à ces derniers d'ouvrir leurs basses-cours et parcs aux ouvriers préposés par les marchands; — Qu'il est certain qu'une semblable situation ne serait pas tolérée le long des rivières navigables; et que, par suite, il faut reconnaître que, dans la pensée du législateur, les prescriptions applicables aux riverains des rivières navigables ne doivent pas s'étendre aux riverains des cours d'eau qui ne sont flottables qu'à bûches perdues; — Considérant que la raison de cette différence, et cela se conçoit, réside dans la différence même des exigences de la navigation d'un côté, et du flottage à bûches perdues de l'autre; — Que le remorquage des bateaux, comme l'indique l'art. 3, chap. 1er de l'ordonnance, s'opérait et s'opère encore souvent par le trait des chevaux, malgré l'invention de la vapeur; que l'appareil de cordages qu'il nécessite et le passage sur le chemin de halage des chevaux qui les traînent, ne pourraient souffrir sur le chemin la présence d'aucun arbre ou obstacle quelconque; — Mais qu'il n'en est pas de même du flottage à bûches perdues; qu'il est opéré par le cours d'eau lui-même, et seulement surveillé et aidé par des ouvriers circulant sur la rive, armés de crocs à l'aide desquels ils repoussent les bûches dans le courant et cherchent à prévenir les arrêts ou embûches du flot; — Qu'il se comprend aisément qu'un certain nombre d'arbres existant sur la rive ne sont pas un obstacle à l'accomplissement de la mission des ouvriers, pourvu, bien entendu, que ces arbres ne soient pas ni en tel nombre, ni tellement rapprochés les uns des autres, qu'ils doivent entraver le passage des ouvriers à l'accès de la rive... »

L'argument tiré de l'art. 8, chap. 17, de l'ordonnance de 1672 ne nous satisfait point. Cet article porte: « Pourront aussi les marchands de bois les faire passer par les étangs et fossés appartenant aux gentilshommes et autres, lesquels seront tenus à cet effet de faire faire ouverture de leurs basses-cours et parcs aux ouvriers préposés par lesdits propriétaires, s'il y échet ». « D'après cette disposition, dit en substance le tribunal, l'ordonnance admet qu'il peut, en certaines circonstances, se trouver des obstacles au passage des ouvriers et à l'écoulement du flot, puisqu'elle autorise les marchands de bois à emprunter au besoin les étangs et fossés des propriétaires, et enjoint à ceux-ci d'ouvrir leurs parcs et basses-cours aux ouvriers flotteurs. Une telle situa-

sieur Coullon, et qui d'ailleurs n'a pas été approuvé par l'autorité supérieure, n'a pas eu pour objet d'établir une nouvelle navigation dans le bras dont il s'agit; que, du reste, le sieur Coullon n'en serait pas moins tenu de laisser le passage pour le chemin, sauf le règlement de l'indemnité prévue par l'art. 3 du décret du 22 janv. 1808, et relativement à laquelle il n'a formé aucune demande;

Considérant que, par un arrêté du 14 nov. 1864, le préfet de la Seine a déterminé l'alignement à suivre par le sieur Coullon pour l'établissement d'une clôture, et a, conformément aux dispositions de l'édit ci-dessus visé d'août 1669, indiqué ledit alignement à 9 mètres 75 centimètres de la crète de la berge de la rivière; qu'il est constaté par le procès-verbal ci-dessus visé que la clôture en treillage établie au droit de la propriété du sieur Coullon n'est distante vers l'amont que de 8 mètres 80 centimètres de la crète de la berge; que ce fait constitue une contravention aux lois et règlements ci-dessus visés, et que, dès lors, c'est avec raison que le conseil de préfecture a condamné le sieur Coullon à 50 fr. d'amende et aux dépens, ainsi qu'à la démolition de sa clôture;

Art. 1er. La requête du sieur Coullon est rejetée.

Du 19 mars 1868.-Cons. d'Et.-MM. Cavrois, rap.-Aucoc, concl.

tion ne serait pas tolérée sur les rivières navigables. Il faut donc reconnaître, pour ce motif, que les prescriptions relatives aux riverains de ces cours d'eau ne doivent pas être étendues aux riverains des cours d'eau qui ne sont flottables qu'à bûches perdues. » Ce raisonnement ne nous paraît pas juste. Les obstacles prévus par la disposition précitée ne sont, à notre avis, que des obstacles naturels, tels que ceux qui peuvent provenir du peu de profondeur de l'eau, des sinuosités trop fréquentes du ruisseau, de l'étroitesse du lit, de l'escarpement des rives, etc. Or des obstacles résultant de causes analogues peuvent aussi se rencontrer et se rencontrent effectivement sur les rivières navigables, et même sur les fleuves dont quelques-uns présentent, comme on sait, à certaines époques, de grandes difficultés de navigation. Quant aux obstacles établis par la main de l'homme, ils ne seraient pas plus tolérés sur les ruisseaux flottables à bûches perdues que sur les rivières navigables. On en voit la preuve, notamment, dans l'art. 1er, chap. 1er, de l'ordonnance de 1672, qui défend « à toutes personnes de détourner l'eau des ruisseaux et des rivières navigables et flottables affluentes dans la Seine, ou d'en affaiblir ou altérer le cours par tranchées, fossés, canaux ou autrement ». A ce point de vue donc, l'opposition signalée par le tribunal nous paraît manquer d'exactitude.

On ne saurait méconnaître l'importance de l'argument tiré de la comparaison entre l'art. 7, chap. 7, de l'ordonnance de 1672 et les dispositions qui règlent la servitude de halage et celle de contre-halage ou marchepied sur les rivières navigables. A cet égard l'ordonnance de 1669 sur les eaux et forêts portait, tit. 28, art. 7 : « Les propriétaires des héritages aboutissant aux rivières navigables laisseront le long des bords vingt-quatre pieds au moins de place en largeur pour chemin royal et trait de chevaux, sans qu'ils puissent planter arbres ni tenir clôture ou haie plus près que trente pieds du côté que les bateaux se tirent, et dix pieds de l'autre, à peine de 500 livres d'amende, confiscation des arbres, et d'être les contrevenants contraints à réparer et remettre les chemins en l'état à leurs frais ». Et l'art. 3, chap. 1er de l'ordonnance de 1672 a reproduit partiellement la même disposition dans les termes suivants : «Seront, tous propriétaires d'héritages aboutissant aux rivières navigables, tenus de laisser le long des bords vingt-quatre pieds pour le trait des chevaux, sans pouvoir planter arbres, ni tirer clôtures ou haies plus près du bord que trente pieds; et, en cas de contravention, seront les fossés comblés, les arbres arrachés et les murs démolis aux frais des contrevenants ». Tandis que, pour le halage et le contre-halage, le législateur, après avoir fixé la largeur des chemins affectés à cette double destination, édicte expressément la défense de rien planter sur une étendue déterminée, en ce qui touche les cours d'eau flottables seulement à bûches perdues, il se contente, au contraire, de fixer la largeur du sentier réservé pour le passage des flotteurs, sans formuler aucune défense relativement aux plantations. La disposition qui régit cette matière est en effet l'art. 7, chap. 9 de l'ordonnance de 1672, concernant l'approvisionnement de Paris, lequel est ainsi conçu : « Afin que le flottage desdits bois puisse être plus commodément fait, seront tenus les propriétaires des héritages étant des deux côtés desdits ruisseaux, de laisser un chemin de quatre pieds pour le passage des ouvriers préposés par les marchands pour pousser aval l'eau lesdits bois ». Il n'est pas question de défense de planter. L'opposition existe. Le tribunal en conclut que les plantations qui sont absolument interdites sur les bords des rivières navigables grevées de la double servitude de halage et de marchepied demeurent permises, au moins dans une certaine mesure, sur les bords des cours d'eau flottables à bois perdu. Cette considération a d'autant plus de force que la différence signalée entre les textes de la loi correspond à la différence essentielle qui distingue la navigation du simple flottage : la navigation s'opérant par le trait des chevaux, et au moyen d'un appareil de cordages dont le fonctionnement ne permet de laisser sur la rive aucun arbre ou obstacle quelconque; le flottage à bûches perdues s'effectuant par la seule impulsion du courant, et avec l'aide d'ouvriers dont le travail n'est aucunement gêné par la présence d'un certain nombre d'arbres. — Un autre motif milite en faveur de la doctrine du tribunal d'Avallon. Si l'on admet le système opposé, les marchands de bois seront en droit de faire arracher, sans qu'ils puissent jamais se reproduire, tous les arbres excrus sur les bords de tous les cours d'eau flottables à bûches perdues ; une telle exigence, en même temps qu'elle imposerait aux propriétés riveraines une charge fort onéreuse, serait contraire à l'intérêt général, et dépasserait les mesures de l'intérêt légitime des marchands de bois, à qui il suffit évidemment que les arbres soient élagués ou enlevés de façon à assurer l'exercice commode de leur industrie; à ces divers points de vue, la servitude ne pourrait être admise qu'autant qu'elle serait établie par un texte formel dont les termes ne laisseraient place à aucun doute, car le doute s'interprète en faveur de la liberté des héritages. Or, non seulement ce texte n'existe pas, mais de plus, le rapprochement des dispositions des anciennes ordonnances semble indiquer nettement l'intention de ne point étendre aux riverains des cours d'eau flottables à bûches perdues la défense faite aux riverains des cours d'eau navigables.

Plusieurs objections ont été faites à la théorie que nous soutenons. L'art. 7, a-t-on dit, prescrit aux riverains de laisser un chemin de quatre pieds. Or, le mot *chemin* signifie par lui-même une surface entièrement libre, dégagée de toute plantation, et il n'était, dès lors, pas nécessaire que l'ordonnance formulât expressément une condition qui résulte nécessairement des termes par elle employés. Cette raison ne nous semble pas concluante. Les mots dont se sert le législateur ne doivent pas être interprétés isolément, mais bien dans leur relation avec la disposition à laquelle ils appartiennent, *secundum subjectam materiam.* Or l'ordonnance de 1672 a pris soin d'exprimer pourquoi elle astreignait les propriétaires à laisser sur les bords des ruisseaux flottables un chemin de quatre pieds : c'est, dit-elle, « afin que le flottage des bois puisse être plus commodément fait; » c'est « pour le passage des ouvriers préposés par les marchands pour pousser aval l'eau lesdits bois ». Tout ce que les marchands peuvent donc exiger, c'est que les plantations ne soient pas tellement épaisses, les arbres tellement rapprochés, qu'il en résulte un obstacle pour le passage des ouvriers, une gêne pour l'écoulement des eaux. — Dans l'espèce jugée par le tribunal d'Avallon et la cour de Paris, on a soutenu que le chemin de quatre pieds, laissé pour le passage des ouvriers flotteurs, doit être assimilé, sinon peut-être au chemin de halage des rivières navigables, du moins au chemin de contre-halage ou marchepied; qu'il est désigné sous ce nom dans le langage des auteurs et par le législateur lui-même (L. 15 avr. 1829, art. 25); qu'il en a, en effet, tous les caractères, et que, dès lors, il doit, comme le marchepied, rester absolument libre de toute plantation. L'objection ne nous semble pas fondée. Le marchepied des rivières navigables est, aussi bien que le chemin de halage, affecté à l'usage de la navigation; il sert ordinairement aux mariniers, lorsqu'ils sont obligés de mettre pied à terre pour procéder à certaines manœuvres; il peut aussi remplacer, dans des cas extraordinaires, le chemin de halage, et être employé pour le trait des chevaux. Cela suffit pour qu'on ne doive point l'assimiler au sentier des ouvriers flotteurs dont la destination est tout autre, et dont il diffère aussi, d'ailleurs, sous le rapport de la largeur et surtout de l'entretien.

116. Dans la discussion qui précède, on a négligé un élément important dont il faut maintenant tenir compte : c'est un arrêté du Directoire exécutif, en date du 13 niv. an 5, concernant la navigation et les chemins de halage sur les rivières d'Yonne, Seine et autres affluents, qui dispose en ces termes : « Art. 2. Sont tous propriétaires d'héritages aboutissant aux rivières navigables, tenus de laisser le long des bords vingt-quatre pieds pour le trait de chevaux, sans pouvoir planter d'arbres, tirer clôtures, ni ouvrir fossés plus près que de trente pieds. En cas de contravention, seront les fossés comblés, les arbres arrachés et les murs démolis aux frais des contrevenants, sans préjudice des réparations et dommages qu'ils peuvent avoir occasionnés par leurs entreprises. — Art. 3. Seront également tenus tous propriétaires d'héritages aboutissant aux rivières et ruisseaux flottables à bûches perdues de laisser, le long des bords, quatre pieds pour le passage des employés à la conduite des flots, sous les peines portées par l'art. 2. » — Voilà, peut-on dire, le texte formel et précis qui consacre la prétention du syndicat : c'est l'art. 3 de l'arrêté de l'an 5. La combinaison des deux articles, établie par le mot *également* qui unit leurs dispositions, et surtout par le membre de phrase final au moyen duquel l'art. 3 se réfère à l'art. 2, ne permet aucune incertitude, et démontre jusqu'à l'évidence que l'interdiction de laisser des arbres sur pied s'applique au sentier laissé pour le passage des ouvriers flotteurs avec la même rigueur qu'au chemin réservé pour le halage. Cette argumentation paraît, en effet, avoir déterminé les auteurs et la jurisprudence administrative à se prononcer plus ou moins explicitement dans le sens de l'interdiction absolue (V. Garnier, *Des chemins*, n° 23; Daviel, *Des cours d'eau*, t. 1, p. 97; *Rép.* n° 127; Cons. d'Ét. 30 juin 1846, aff. de Chézelles, D. P. 46. 3. 161). Quant à l'arrêté consulaire du 25 vend. an 9, relatif à la police de la rivière de Bièvre qu'on invoque habituellement dans le même sens, et dont l'art. 2 ordonne, en effet, l'enlèvement des arbres qui se trouveraient plantés dans la distance de un mètre quatre décimètres de la berge, il est étranger à la matière, parce qu'il a été pris en exécution, non de l'ordonnance de 1672, mais de l'arrêt du conseil du 26 févr. 1732 concernant la conservation des eaux de la Bièvre, et que d'ailleurs ce cours d'eau ne sert pas au flottage des bois. — Mais, s'il est vrai que la rédaction de l'art. 3 justifie cette solution, s'ensuit-il qu'elle doive être suivie? Nous y trouvons une bien grave difficulté. L'art. 7, chap. 17, de l'ordonnance de 1672, qui enjoint aux propriétaires riverains de laisser un chemin de quatre pieds pour l'exercice du flottage, constitue une véritable loi; car c'est à la loi seule qu'il appartient de grever d'une servitude, ou plus généralement de frapper d'une charge quelconque la propriété des particuliers. Une loi proprement dite aurait donc été nécessaire, soit pour modifier, soit même seulement pour interpréter cette disposition de l'ordonnance (*Rép.* v° *Lois*, n° 458, 466 et 525). Or, si l'on se reporte à la constitution du 5 fruct. an 3, sous l'empire de laquelle l'arrêté de l'an 5 a été rendu, on voit que le pouvoir législatif appartenait au conseil des Cinq-Cents et au conseil des Anciens (art. 44); que le Directoire ne participait pas à l'exercice de ce pouvoir, à tel point qu'il pouvait proposer seulement des mesures et non des projets rédigés en articles de lois (art. 163); et que ses attributions en cette matière se bornaient à sceller et à promulguer les lois proposées et votées par le conseil des Cinq-Cents et approuvées par le conseil des Anciens (art. 76, 79, 95, 104 et 128). — Ainsi il est bien certain que l'arrêté de l'an 5 n'avait pas le pouvoir de modifier la disposition précitée de l'ordonnance. Mais, en fait, l'a-t-il modifiée ou s'y est-il conformé? On ne saurait douter qu'il l'ait modifiée, puisque l'ordonnance se bornait à imposer aux riverains une servitude de passage, et que l'arrêté ajoute à cette servitude celle de ne planter aucun arbre, laquelle, ainsi que nous l'avons démontré, n'était pas contenue dans la première. En tout cas, et plus certainement encore, l'arrêté aurait interprété l'ordonnance; car il formule une interdiction qui n'était point écrite dans celle-ci, et qu'on ne pouvait, par suite, en faire résulter qu'à l'aide de raisonnements tout au moins sujets à contestation. Il convient donc, à tous les points de vue, d'écarter du débat le texte de l'arrêté de l'an 5, comme illégal et non obligatoire, pour s'en tenir aux seules dispositions de l'ordonnance de 1672; et l'on vient d'établir que ces dispositions permettent aux propriétaires riverains de conserver des plantations sur le terrain affecté au passage des ouvriers flotteurs, sous la condition que ces plantations n'interceptent pas le passage et ne nuisent pas à l'exercice du flottage.

La cour de Paris, après avoir admis la doctrine du tribunal d'Avallon, avait rejeté des conclusions subsidiaires du syndic des marchands de bois demandant une enquête à l'effet d'établir que les plantations existant sur le chemin nuisaient en fait au travail des ouvriers flotteurs. Elle fondait sa décision sur ce motif que la preuve faite de l'obstacle que l'existence des plantations pourrait apporter aux travaux des ouvriers flotteurs, était sans force en l'absence de tous titres imposant aux riverains l'obligation de ne point planter les bords de la Cure; que lesdits faits n'étaient donc pas pertinents et ne pouvaient être admis en preuve. C'était, en réalité, nier la servitude établie au profit du flottage des bois. La cour de cassation a cassé, sur ce point, l'arrêt de la cour de Paris en se fondant sur ce qu'il avait « méconnu le droit résultant, pour les marchands de bois de l'art. 7 de l'ordonnance de 1672, d'exiger l'enlèvement des plantations qui feraient obstacle au passage des ouvriers flotteurs et à l'accomplissement des actes pour lesquels l'établissement du chemin a été prescrit » (Civ. cass. 17 déc. 1872, aff. Chopard, D. P. 73. 1. 5). La cour de Dijon, saisie de l'affaire par suite du renvoi, a décidé que l'art. 7, chap. 17, de l'ordonnance de décembre 1672, s'il impose aux propriétaires riverains des cours d'eau flottables à bûches perdues, dans un intérêt public, l'obligation de laisser un chemin de quatre pieds pour le passage des ouvriers flotteurs, n'enlève pas à ces propriétaires le droit de planter des arbres sur le marchepied et sur les berges; mais que, si ces arbres gênent le passage des ouvriers flotteurs et empêchent les manœuvres nécessaires pour rejeter les bois dans le courant, s'ils rendent, par suite, plus difficile et plus incommode l'usage de la servitude, les propriétaires peuvent être condamnés à les enlever ou à les élaguer et à réparer le dommage subi par les flotteurs (Dijon, 8 juill. 1874) (1).

117. Les marchands de bois n'ont qu'une servitude de

(1) (Gally C. Chopard.) — LA COUR; — Sur la première et la deuxième question : — Considérant que l'art. 7, tit. 17, de l'ordonnance de décembre 1672 impose dans un intérêt public, aux propriétaires riverains des cours d'eau flottables à bûches perdues, l'obligation de laisser un chemin de quatre pieds de largeur pour le passage des ouvriers préposés par les marchands de bois pour pousser à l'aval de l'eau les bois flottés; — Que Gally, syndic de la compagnie des marchands de bois flottés sur la rivière de Cure, prétend qu'au-devant des propriétés des mariés Chopard, situées sur la commune de Sermizelles et bordant la rivière de Cure, il existe tant sur le marchepied que sur les berges de nombreuses plantations d'arbres et arbustes qui gênent le passage des ouvriers flotteurs, empêchent les manœuvres nécessaires pour rejeter les bois dans le courant en entravant l'écoulement de ces bois; — Qu'il demande que les mariés Chopard soient condamnés à enlever ces plantations et à des dommages-intérêts pour le préjudice causé, et sollicite subsidiairement une expertise à l'effet de constater l'existence de ces plantations; de déterminer quels sont les arbres et arbustes qui doivent être enlevés et d'évaluer les dommages-intérêts auxquels il a droit; — Considérant que les plantations, dont Gally demande à prouver l'existence, peuvent, ainsi qu'il l'allègue, former un obstacle au passage et aux manœuvres des ouvriers et au libre écoulement des bois flottés, et rendre par suite plus difficile et plus incommode l'usage de la servitude dont la propriété des époux Chopard est grevée par la disposition précitée de l'ordonnance de 1672; — Que c'est à tort que les premiers juges ont déclaré la demande de Gally mal fondée et en ont renvoyé les mariés Chopard sous le mérite des offres verbalement faites par leur avoué à l'audience, d'enlever ou élaguer les arbres qui nuiraient à l'exercice du flottage; — Que cette offre, même en admettant qu'elle ait été régulièrement faite, n'était nullement désintéressante, puisqu'elle laissait les mariés Chopard seuls juges du point de savoir quels arbres devaient être enlevés ou élagués; — Qu'il y a donc lieu, avant de statuer au fond, d'ordonner l'expertise demandée par l'appelant; — Sur la troisième question : — Que le propriétaire du fonds débiteur de la servitude ne peut rien faire qui tende à en diminuer l'usage ou à le rendre plus incommode; — Qu'on ne saurait, sans méconnaître cette prescription de la loi, consacrer au profit des mariés Chopard le droit, par eux réclamé dans leurs conclusions subsidiaires, de planter et de conserver les plantations existantes sous la seule condition que ces plantations ne créent pas pour l'exercice du flottage une impossibilité ou une série de difficultés équivalant à une impossibilité; — Par ces motifs, statuant en exécution de l'arrêt de la cour de cassation du 17 déc. 1872, ordonne que, par un ou trois experts, il sera procédé à une expertise à l'effet de constater, au besoin à l'aide d'indicateurs : 1° Si le marchepied et les berges de la rivière n'ont pas été et ne sont pas encore obstrués vis à vis des propriétés des intimés par des plantations qui ont nui et nuisent au passage et au travail des ouvriers flotteurs et entravent l'écoulement des bois; — 2° Si la totalité de ces plantations est nuisible ou si au contraire il n'en existe qu'une partie qui porte préjudice; — 3° Quels sont les arbres et arbustes qui doivent rester et ceux qui doivent être enlevés et arrachés; — 4° Quels sont enfin les dommages-intérêts qui doivent être alloués pour réparation du préjudice causé.

Du 8 juill. 1874.-C. de Dijon, aud. sol.-MM. Neveu-Lemaire, 1er pr.-Poux-Franklin, av. gén.-Roignot et Oscar Falateuf (du barreau de Paris), av.

passage sur les propriétés riveraines des cours d'eau flottables à bûches perdues. Ils ne sauraient notamment y planter des pieux destinés à empêcher les bois flottés de sortir du lit de la rivière. C'est ce qui a été décidé dans l'affaire analysée *suprà*, nos 115 et 116 : « Attendu, dit l'arrêt de la cour de cassation du 17 déc. 1872, que l'ordonnance de 1672 n'a imposé aux propriétaires d'héritages riverains des rivières et ruisseaux flottables à bûches perdues d'autre obligation que celle de laisser un chemin de quatre pieds pour le passage des ouvriers préposés par les marchands pour, suivant les termes mêmes de l'art. 7 de l'ordonnance, pousser aval de l'eau les bois flottés ; — Qu'au moyen de cette servitude créée dans un but d'utilité publique, les marchands de bois peuvent faire surveiller la direction des flots de bois et exécuter les actes déterminés par l'art. 7 comme nécessaires à l'exercice du droit qui leur est concédé ; — Que la plantation sur les propriétés riveraines du cours d'eau de pieux destinés, ainsi qu'il est dit dans les conclusions du demandeur, à empêcher les bois flottés de sortir du lit de la rivière, et de faire irruption sur ces propriétés, constitue une aggravation non autorisée par la loi de la servitude dont les héritages riverains sont grevés pour l'exercice du flottage » (Civ. cass. 17 déc. 1872, cité *suprà*, n° 116). Il eût été peut-être plus exact de dire que la plantation de pieux ou la création de berges artificielles constitue non pas une aggravation de la servitude de passage, mais bien l'établissement d'une servitude nouvelle et différente, surtout si cette plantation a été faite non sur le chemin réservé pour le passage des ouvriers flotteurs, mais au delà du chemin et dans l'intérieur même des fonds riverains. Ce serait, d'ailleurs, un motif de plus d'en proclamer le caractère illégal. On ne saurait acquérir par la prescription la servitude consistant dans le droit de planter des pieux sur les fonds riverains, cette servitude ayant les caractères d'une servitude discontinue (Paris, 30 avr. 1870, cité *suprà*, n° 115).

118. On a indiqué au *Rép.* n° 155 quels sont les pouvoirs des préfets en la matière qui nous occupe. Leurs décisions peuvent être déférées au ministre, mais ne sont pas susceptibles d'un recours au conseil d'Etat par la voie contentieuse, si ce n'est pour excès de pouvoir (V. *Rép.* v° *Voirie par eau*, nos 88, 96 et suiv.). — Il a été jugé que le conseil de préfecture est incompétent pour connaître des réclamations contre des arrêtés préfectoraux d'autorisation ou de retrait d'autorisation concernant les servitudes de halage ou de marchepied auxquelles sont assujettis les fonds riverains d'une rivière navigable ou flottable (Cons. préf. Gironde, 12 nov. 1886, aff. Bouyer, *Recueil de Bordeaux*, 1887, p. 14). Les préfets peuvent aussi relever les riverains de l'interdiction de bâtir à une distance de moins de trente pieds du rivage. Ils ont également le droit de réduire la largeur des chemins de halage ou de marchepied. Mais, comme on l'a enseigné au *Rép.* n° 128, ils ne sauraient supprimer entièrement ni les chemins de halage, ni les marchepieds (V. en ce sens : Plocque, t. 2, p. 155, n° 65).

119. Les réductions ne sont jamais accordées par l'Administration qu'à titre de simple tolérance; et les autorisations peuvent être retirées, s'il devient nécessaire de rendre au chemin sa largeur réglementaire (*Rép.* n° 128; Dufour, t. 4, n° 480).

Il a été jugé qu'un préfet n'excède pas ses pouvoirs en ordonnant qu'un particulier, autorisé précédemment à construire un pont tournant en bois sur le chemin de halage d'un canal, sera tenu de le démolir ou de le reconstruire dans des conditions donnant toute sécurité au passage des chevaux pour le halage (Cons. d'Et. 5 févr. 1867) (1).

120. Les infractions aux dispositions de l'ordonnance de 1669 relatives à la servitude de halage sont punies, on l'a dit au *Rép.* v° *Voirie par eau*, nos 124 et suiv., d'une amende et de la suppression des travaux indûment faits.

121. L'ordonnance de 1669 (art. 7, tit. 28) édicte une amende de 500 fr. contre tout propriétaire qui n'aura point fourni un chemin de halage ayant la largeur réglementaire ou qui y aura soit planté des arbres, soit établi des clôtures ou haies. Ainsi que le fait remarquer M. Plocque, t. 4, p. 343, n° 571, c'est le seul texte qui établisse une pénalité bien nettement définie ; mais ses termes sont fort étroits; il n'est applicable qu'aux propriétaires, et les contraventions qu'il prévoit ne se sont tentées que bien rarement, tant leur constatation est facile. La jurisprudence a voulu combler cette lacune. Deux arrêts, du 17 janv. 1838 (aff. Peccot, *Rec. Cons. d'Etat*, p. 86) et du 17 janv. 1867 (2), ont appliqué au fait de labourer le chemin de halage les dispositions de l'arrêt du 24 juin 1777 (art. 3), qui prononce une amende de 500 fr. contre ceux qui empiètent sur le domaine public proprement dit. La première de ces décisions s'appuie sur cette considération que les chemins de halage ont été qualifiés chemins royaux par l'ordonnance de 1669 et en induit que les textes réglementant les routes nationales s'appliquent aux chemins de halage. — Cette doctrine, qui repose sur un abus de mots, ne saurait être admise. Mais, suivant l'opinion généralement reçue aujourd'hui et qui se réfère à l'art. 11 de l'arrêt de 1777, il y a lieu de prononcer l'amende, non seulement quand il y a eu dégradation effective du chemin, mais encore lorsqu'il y a eu fait pouvant entraîner éventuellement une dégradation. Jugé qu'il y a lieu d'annuler l'arrêté du conseil de préfecture qui s'est déclaré incompétent pour statuer sur le procès-verbal dressé contre deux individus inculpés d'avoir fait circuler une voiture chargée sur le chemin de halage d'un canal, en basant sa décision sur ce qu'aucune dégradation n'ayant été causée aux ouvrages dudit canal, il n'y avait point lieu à l'application des peines édictées par l'art. 2 de l'arrêt du 24 juin 1777 et que, par suite, le fait incriminé ne constituait qu'une contravention au règlement préfectoral sur la police du canal, de la compétence des tribunaux de simple police; que le fait de circuler avec une voiture sur un chemin de halage d'un canal, contrairement aux prescriptions d'un arrêté préfectoral pris pour l'exécution de l'arrêt de 1777, constitue une contravention de grande voirie, alors même que les ouvrages du canal n'ont subi aucune dégradation (Cons. d'Et. 7 févr. 1873, aff. Deboulet, *Rec. Cons. d'Etat*, p. 142). M. Plocque critique cette doctrine « qui permet, dit-il, d'atteindre effectivement jusqu'à ceux qui auront laissé paître des bestiaux sur le chemin de halage ou qui y auront circulé soit à cheval, soit en voiture. Le conseil d'Etat a considéré qu'il fallait avant tout une sanction à des infractions qui se reproduisent à chaque instant. Nous croyons devoir revenir sur l'approbation que nous avions précédemment donnée à cette opinion; une pénalité ne se peut créer par voie d'analogie. Or l'arrêt de 1777 parle de destruction, de dégradation et non point de fait susceptible d'amener une destruction ou dégradation. Qu'en résultera-t-il? C'est que la décision intervenue sur le procès-verbal ne pourra que condamner le contreve-

(1) (Lecreux.) — NAPOLÉON, etc.; — Vu la loi du 14 août 1822, art. 11, et l'art. 3 du cahier des charges pour le canal d'Aire à la Bassée, annexé à ladite loi; — Vu les lois du 1er août 1860 et 20 mai 1863, relatives au rachat pour cause d'utilité publique du canal d'Aire à la Bassée; — Vu les lois des 22 déc. 1789-10 janv. 1790 et du 28 pluv. an 8; — Considérant qu'aux termes des lois des 22 déc. 1789, 10 janv. 1790 et du 28 pluv. an 8, il appartient au préfet de prendre les mesures qui sont nécessaires pour la sûreté des communications publiques et de la navigation;

Considérant que le pont tournant en bois que le sieur Lecreux a été autorisé à construire est établi sur le chemin de halage du canal d'Aire à la Bassée; que, dans ces circonstances, le préfet du Nord n'a pas excédé ses pouvoirs en ordonnant, par son arrêté du 14 mars 1866, que le requérant serait tenu dans le délai d'un mois à partir de l'approbation des plans par l'autorité préfectorale de reconstruire ledit pont dans les conditions donnant toute sécurité ou passage des chevaux pour le halage, ou de le démolir en rendant audit chemin son profit normal, faute de quoi il y serait pourvu d'office et à ses frais:

Art. 1er. La requête du sieur Lecreux est rejetée.

Du 5 févr. 1867.-Cons. d'Et.-MM. Brincart, rap.-de Belbeuf, concl.-Dareste, av.

(2) (Orban.) — NAPOLÉON, etc.; — Vu l'ordonnance des eaux et forêts d'août 1669, l'arrêt du conseil du 24 juin 1777, la loi des 19-22 juill. 1791; — Vu la loi du 29 flor. an 10 et celle du 23 mars 1842; — Considérant qu'aux termes de l'arrêt du conseil du 24 juin 1777, il est enjoint à tous propriétaires riverains de livrer 24 pieds de largeur pour le halage des bateaux et traits de chevaux, le long des bords de la rivière de Marne et autres fleuves et rivières navigables à peine de 500 fr. d'amende; — Considérant qu'il résulte des procès-verbaux ci-dessus visés que les sieurs Orban-Lemaire, Lasnier et Liance ont labouré le chemin de halage, situé le long de la rivière de Marne au droit de leurs héritages;

nant aux frais du procès-verbal ou, s'il y a lieu, à la réparation du dommage qui aura été causé. Rien n'empêchera, d'ailleurs, l'Administration, s'il y a eu infraction à un arrêté préfectoral, de considérer le fait comme une simple contravention tombant sous le coup de l'art. 471, § 15, c. pén., et dont ne pourrait connaître le conseil de préfecture. »

122. Il a été décidé : 1° qu'aux termes de l'art. 7, tit. 28, de l'ordonnance de 1669, les propriétaires des héritages aboutissant aux rivières navigables sont tenus de laisser libre le long des bords un espace de vingt-quatre pieds sans pouvoir faire de plantations et construire de clôtures à moins de trente pieds du bord où les bateaux se tirent et de dix pieds du côté opposé ; que la servitude ne disparait pas par suite de l'établissement d'un quai au-devant d'un héritage riverain, lorsque ce quai, décrété et exécuté en partie, n'a pas été terminé et que les travaux suspendus n'ont pas encore atteint la partie de la berge au-devant d'un terrain que son propriétaire a clos sans laisser libre l'espace de dix pieds pour le marchepied (Cons. d'Et. 16 juill. 1875, aff. Planacassagne, *Rec. Cons. d'Etat*, p. 684) ; — 2° Qu'il y a lieu d'annuler l'arrêté du conseil de préfecture qui a refusé d'ordonner la démolition d'un hangar formant saillie sur un chemin de halage sous prétexte que les travaux exécutés n'ont rien de confortatif (Cons. d'Et. 11 févr. 1876) (1). V. dans le même sens : Cons. d'Et. 26 juill. 1854, aff. Ronee, *Rec. Cons. d'Etat*, p. 721 ; 19 mars 1868, *suprà*, n° 110; 19 juill. 1872, aff. Juige, *ibid.*, p. 447). — Mais, d'autre part, il a été décidé qu'une palissade peut être établie et que des arbres peuvent être plantés sur une propriété à la distance de plus de 3 mètres 25 cent. réservée pour le contre-halage, à partir du mur de soutènement extérieur d'une plate-forme placée au-dessus du niveau des plus hautes eaux d'une rivière navigable (la Saône, dans l'espèce), coulant sans débordement (Cons. d'Et. 17 juin 1881, aff. Canard, *Rec. Cons. d'Etat*, p. 631).

CHAP. 3. — Des canaux (*Rép.* n°s 156 à 207).

SECT. 1re. — DES CANAUX DE NAVIGATION PROPREMENT DITS. — DES CANAUX PRIVÉS (*Rép.* n°s 157 à 197).

123. On a dit au *Rép.* n°s 18 et 158 que l'œuvre de la canalisation artificielle en France a été presque complétée pendant les dix-huit années de paix qui ont signalé le règne de Louis-Philippe. En 1853, on a ouvert le canal de la Marne au Rhin ; en 1855, le canal latéral de la Garonne ; en 1859, le canal de l'Aisne à la Marne. En 1860, on comptait 4700 kilomètres de canaux en exploitation. Depuis cette époque, l'activité que le Gouvernement avait su imprimer aux travaux de canalisation ne s'est point ralentie. Même dans les années qui ont suivi les désastres de 1870-1871, ces questions n'ont cessé de préoccuper les pouvoirs publics. On en trouve la preuve, notamment, dans les rapports sur la situation des voies navigables du bassin de la Seine, présentés à l'Assemblée nationale par M. Krantz au nom de la commission d'enquête des chemins de fer. Nous ne saurions mieux faire que de reproduire les dernières lignes de ce remarquable travail : « Ecrasée sous les énormes charges de la dernière guerre, la France pourra-t-elle bientôt reprendre ces travaux de navigation qui l'ont honorée et enrichie dans le passé ? Nul ne le sait et l'avenir est bien obscur. Mais alors même que notre pays devrait encore pour quelque temps suspendre l'achèvement de cette œuvre déjà tant de fois interrompue, la commission pense qu'il est sag de définir la situation de nos voies navigables, d'indiquer ce qui manque à nos réseaux et d'arrêter d'une main ferme le programme des travaux à exécuter » (Plocque, t. 2, n° 68). L'Etat n'a pas tardé, en effet, à reprendre ces grands travaux, dont l'entreprise et l'exécution font honneur à un pays, mais qui constituent souvent pour ses finances une lourde charge. Il y a été autorisé par la loi des 5-6 août 1879 relative au classement et à l'amélioration des voies navigables (D. P. 80. 4 10), qui prescrit de procéder, dans la forme déterminée par les lois et règlements, aux études et à l'instruction des projets concernant la construction ou la transformation des voies navigables. « La raison d'être des canaux, a dit M. Sarrien, dans son rapport à la Chambre des députés (*Journ. off.* du 21 juill. 1859, annexe n° 1558), est dans leur aptitude à transporter à bon marché, et leur développement est d'autant plus nécessaire que les chemins de fer, malgré leur puissance, ne peuvent suffire au mouvement commercial de notre époque, si on en juge par l'exemple de la région du Nord, où les canaux et les chemins de fer se partagent à peu près également le trafic. La batellerie a donc encore d'immenses services à rendre, et si on calcule les bénéfices résultant pour le pays de l'économie de transports de 2 ou 2 centimes 1/2 par tonne et par kilomètre sur l'immense tonnage fourni par les marchandises qui empruntent la voie des canaux, on peut conclure hardiment que les sommes considérables employées à la construction et à l'amélioration des canaux ne seront point dépensées sans profit pour la fortune nationale. » — De nombreuses lois relatives à l'établissement ou à l'amélioration de canaux ont été promulguées depuis 1871. Citons notamment : la loi du 1er août 1872 relative à la canalisation de la Moselle entre Toul et Pont-Saint-Vincent (D. P. 72. 4. 129) ; la loi du 21 mai 1874 relative à la déclaration d'utilité publique et à la concession d'un canal d'irrigation dérivé de la rivière de la Bourne (Drôme) (D. P. 75. 4. 52) ; la loi du 13 juin 1878, relative à l'amélioration du canal de Bourgogne, de la rivière d'Yonne entre Auxerre et Montereau, et de la Seine entre Montereau et Paris (D. P. 78. 4. 80) ; la loi du 7 avr. 1879, déclarant d'utilité publique l'exécution d'un canal de jonction de l'Aisne à l'Oise (D. P. 79. 4. 56) ; la loi du 8 juill 1882 déclarant d'utilité publique les travaux à faire pour construction d'un canal de jonction de l'Escaut à la Meuse (D. P. 82. 4. 121) (V. *infrà*, v° *Navigation*). La loi du 5 août 1879, relative au classement et à l'amélioration des voies navigables (D. P. 80. 4. 10) et dont les dispositions seront étudiées *infrà*, v° *Voirie par eau*, prescrit le rachat, au fur et à mesure que les ressources du budget et les circonstances le permettront, des canaux ou rivières navigables actuellement concédés qui sont classés par l'art. 3 comme lignes principales (art. 5). La loi du 8 avr. 1879 est relative au rachat de la concession de la Scarpe inférieure (D. P. 79.

---

qu'ainsi ils n'ont pas livré les 24 pieds qui, aux termes de l'arrêt du conseil ci-dessus rappelé, doivent être réservés pour le halage des bateaux et traits de chevaux et qu'en conséquence, le conseil de préfecture devait reconnaître la contravention et appliquer l'amende encourue;

Considérant, toutefois, qu'à raison des circonstances de l'affaire, il y a lieu de modérer l'amende encourue :

Art. 1er. Les arrêtés ci-dessus visés du conseil de préfecture de la Marne, du 16 janv. 1866, sont annulés. — Art. 2. Les sieurs Orban-Lemaire, Lasnier et Liance sont condamnés à 16 fr. d'amende.

Du 17 janv. 1867.-Cons. d'Et.-MM. Flourens, rap.-de Belbeuf, concl.

(1) (Min. trav. publ. C. Mozeret.) — LE CONSEIL D'ETAT; — Vu l'ordonnance de 1669, art. 7, tit. 28; l'arrêt du conseil du 24 juin 1777, art. 2; la loi du 23 juin 1842; — Considérant qu'aux termes de l'ordonnance de 1669 et de l'art. 2 de l'arrêt du conseil du 24 juin 1777, tous propriétaires riverains sont tenus de livrer (24 pieds de largeur) 7 mètres 80 cent. le long des bords des fleuves et autres rivières navigables, ainsi que sur les îles où il en serait besoin sans pouvoir planter arbres ni haies, tirer fossés et clôtures plus près que (30 pieds) 9 mètres 75 cent., et que les bâtiments, arbres, haies, clôtures ou fossés compris dans la largeur prescrite pour les chemins de halage devront être abattus, démolis ou enlevés et les fossés comblés par les propriétaires à peine par lesdits riverains de demeurer garants et responsables des événements et retards, de 500 livres d'amende et d'être contraints à leurs dépens auxdites démolitions; — Considérant qu'il résulte de l'instruction que le hangar que le sieur Mazeret a fait construire sans autorisation dans sa propriété forme saillie sur le chemin de halage de la Seille canalisée; — Qu'ainsi le sieur Mozeret devait être condamné à la démolition de ladite construction et à l'amende par lui encourue; que le conseil de préfecture de Saône-et-Loire en n'ordonnant pas la démolition et en ne condamnant pas le sieur Mozeret à l'amende par le motif que les travaux par lui faits dans sa propriété n'avaient rien de confortatif, a violé les lois et règlements susvisés... — (Arrêté annulé dans l'intérêt de la loi).

Du 11 févr. 1876.-Cons. d'Et.-MM. de la Martinière, rap.-Braun, concl.

4. 58). La loi du 18 juill. 1881 concerne le rachat des canaux de Beaucaire et de la Radelle (D. P. 82. 4. 60).

124. Sous l'empire du sénatus-consulte du 25 déc. 1852, les travaux de canalisation, comme tous les travaux d'utilité publique, étaient ordonnés ou autorisés par des décrets impériaux rendus en la forme prescrite par les règlements d'administration publique. La loi du 27 juill. 1870 (D. P. 70. 4. 63) décide que tous les grands travaux publics, parmi lesquels figurent les canaux, doivent être autorisés par une loi rendue après enquête administrative. Un décret, rendu en la forme des règlements d'administration publique et également précédé d'une enquête, suffit pour autoriser l'exécution des canaux de moins de vingt kilomètres de longueur. En aucun cas, les travaux dont la dépense doit être supportée en tout ou partie par le Trésor ne peuvent être mis à exécution qu'en vertu de la loi qui crée les voies ou moyens ou d'un crédit préalablement inscrit à l'un des chapitres du budget. — L'expropriation des terrains nécessaires à la construction du canal est poursuivie dans la forme prescrite par la loi du 3 mai 1841 (*Rép.* n°s 175 et suiv. et 194).

125. On a étudié au *Rép.* n°s 161 et suiv. la question de la propriété des canaux de navigation. Les canaux qui ont été entrepris par l'Etat font partie du domaine public. Ce point n'est pas douteux. « Affectés comme les routes de terre et les fleuves et rivières navigables ou flottables, dit M. Ducrocq, t. 2, n° 943, à la circulation et au transport des personnes et des choses, constituant comme eux des voies de communication, participant des mêmes caractères légaux, ces canaux font partie du domaine public national. » — Les canaux peuvent aussi faire partie du domaine communal. Ce principe qui résultait déjà de la jurisprudence pratique de l'Administration et de celle du conseil d'Etat (V. Cons. d'Et. 30 avr. 1868, aff. Guillemet, *Rec. Cons. d'Etat*, p. 507), a été formellement proclamé par un arrêt du conseil d'Etat du 21 juill. 1870 (aff. Ville de Châlons-sur-Marne, D. P. 72. 3. 20). « Considérant, porte l'arrêt, que la ville de Châlons soutenait, devant le préfet du département de la Marne, que le canal dit *Canal Louis XII* avait été établi, à ses frais, sur des terrains lui appartenant, et dans l'intérêt exclusif de ses habitants; que, dès lors, elle en était et n'avait pas cessé d'en être propriétaire; — Que le préfet, se fondant sur ce que le canal dont s'agit était navigable, et sur ce que, dans tous les cas, il avait été affecté à la navigation de 1824 à 1842, a décidé que la portion de ce canal, comprise entre la Marne et le canal latéral, faisait partie du domaine public, à titre de propriété de l'Etat, et qu'il en a déterminé les limites par son arrêté en date du 6 févr. 1866, et en vertu des pouvoirs conférés à l'Administration par la loi du 22 déc. 1789 et par l'instruction législative des 12-20 août 1790; — Considérant qu'aucune disposition législative n'a compris les canaux navigables au nombre des biens qui font nécessairement partie du domaine national, et ne fait pas obstacle à ce qu'ils fassent partie du domaine communal, alors même qu'ils auraient été, dès leur origine, ou seraient postérieurement devenus navigables; qu'il suit de là que, en présence de la revendication de la propriété du canal, faite par la ville de Châlons, le préfet devait surseoir à statuer sur la délimitation du canal jusqu'à ce que les droits prétendus par la ville sur ce canal aient été examinés par l'autorité compétente. » M. Ducrocq, t. 2, n° 1400, tout en reconnaissant l'exactitude de cette décision, en critique les motifs en ce qu'elle n'a pas déclaré formellement que le canal en question formait une dépendance du domaine public communal et non du domaine privé de la commune. « Il est juridiquement manifeste, dit-il, qu'un canal communal ne saurait avoir une nature légale différente d'un canal national, surtout lorsque l'un et l'autre sont navigables; ils présentent au même titre les caractères distincts de la domanialité publique. »

126. Les canaux de navigation, lorsque la concession dont ils sont l'objet n'est que temporaire, font partie du domaine public, comme s'ils étaient exploités par l'Etat. « On peut dire, fait remarquer M. Plocque, t. 2, p. 198, n° 79, que les concessionnaires ne sont, quant à la construction du canal, que les entrepreneurs d'un travail public, et quant à son exploitation, que les entrepreneurs d'un service public. » C'est ce que le conseil d'Etat a reconnu par plusieurs arrêts (V. Cons. d'Et. 22 mars 1851, aff. Comp. concessionnaire des canaux de Beaucaire à Aigues-Mortes, *Rec. Cons. d'Etat*, p. 204; aff. Comp. du canal du Rhône au Rhin, *ibid.*, p. 207).

127. On a étudié au *Rép.* n°s 161 et suiv. la question de savoir si les canaux de navigation constituent une propriété privée entre les mains des particuliers ou des compagnies qui en ont obtenu la concession perpétuelle. La jurisprudence s'est définitivement fixée en ce sens que les canaux navigables concédés à perpétuité sont une dépendance du domaine public sous le rapport de la navigation, mais, sous tous les autres rapports, constituent une propriété privée sur laquelle les concessionnaires peuvent accorder tous les droits compatibles avec leur destination, propriété produisant des fruits et pouvant être grevée de servitudes soit par aliénation volontaire, soit par prescription, à la condition, toutefois, que ces servitudes soient compatibles avec l'affectation du canal au service public de la navigation. — Jugé : 1° que la compagnie, propriétaire d'un canal navigable, ne peut être obligée, par décision du ministre des travaux publics, à souffrir l'établissement sur ce canal d'un pont autorisé dans un intérêt purement privé, pour l'utilité, par exemple, d'une entreprise d'éclairage au gaz (Cons. d'Et. 30 déc. 1858, aff. Canal de Givors, D. P. 59. 3. 75); — 2° Qu'un canal construit par un particulier ou une compagnie, en vertu d'une concession de l'Etat, quoiqu'il soit, sous le rapport de la navigation, une dépendance du domaine public soumise au droit de surveillance et de police de l'Etat, peut constituer dans les mains du concessionnaire une propriété privée que celui-ci a le droit de grever de servitudes compatibles avec la destination publique du canal; qu'ainsi le propriétaire d'un tel canal a le pouvoir de concéder à une autre compagnie la faculté d'établir sur ce canal un embranchement révocable pour le cas où il deviendrait nuisible à la navigation (Req. 7 nov. 1865, aff. Chemin de fer du Midi, D. P. 66. 1. 254). — Il a été décidé, d'ailleurs : 1° que la règle d'après laquelle les eaux d'un canal de navigation forment une dépendance du domaine public et sont inaliénables comme telles, ne s'applique pas à des eaux de source interceptées lors de la création du canal, et qui ont été expressément réservées à cette époque pour l'irrigation des prairies qu'elles avaient antérieurement arrosées; que les juges du fait peuvent, pour déterminer le volume de la prise d'eau destinée à l'irrigation et réservée lors de la construction du canal, se fonder sur un acte postérieur à l'établissement de ce canal, et par lequel la compagnie concessionnaire avait reconnu les droits du propriétaire du fonds irrigué (Req. 25 avr. 1876, aff. Damour, D. P. 76. 1. 496); — 2° Que les contestations relatives à la validité des servitudes que le propriétaire d'un canal de navigation construit en vertu d'une concession de l'Etat, a constituées sur ce canal au profit de particuliers, sont de la compétence des tribunaux civils, et non de celle de l'autorité administrative, lorsqu'elles s'élèvent en dehors de toute intervention de l'Etat au nom du domaine public (Req. 7 nov. 1865, précité). « Les compagnies concessionnaires, dit M. Plocque, t. 2, n° 79, p. 202, peuvent conférer à des particuliers tous les droits que bon leur semble, mais à une condition, c'est que les droits, ainsi concédés, ne portent aucune atteinte à la libre circulation. Un canal, quoique formant une propriété privée, est grevé de la servitude perpétuelle de rester en cet état et de livrer passage à tous ceux qui le réclament; le Gouvernement reste investi d'un pouvoir de surveillance générale; il doit veiller, dans l'intérêt public, à la conservation et à l'amélioration des canaux; il doit exiger que les compagnies exécutent strictement les conditions qu'il lui a imposées; mais là se bornera son pouvoir. Ainsi, par exemple, les concessionnaires restent maîtres d'autoriser un particulier à creuser une voûte sous le canal dès qu'il est certain que la navigation ne sera point compromise, ou bien à établir un embranchement qui relierait leurs propriétés au canal, à condition que le tirant d'eau réglementaire n'en soit pas diminué. »

128. Lorsque les canaux sont exécutés par voie de concession, les concessionnaires sont soumis à des obligations qui sont déterminées par le cahier des charges (*Rép.* n° 168, et v° *Voirie par eau*, n° 169). Si, par l'acte de concession, des particuliers ont reçu le droit de pratiquer certaines prises d'eau, le volume de ces prises d'eau ne peut être ultérieurement augmenté, soit par l'effet de la prescription, soit par l'effet d'un contrat. Le volume de pareilles prises d'eaux doit être déterminé d'après les actes constitutifs de la concession, et ne peut se trouver modifié au détriment du domaine public (*Rép.* n° 168).

129. Le curage des canaux de navigation doit être opéré par l'Etat, qui est propriétaire de ces canaux. Quant aux canaux concédés, il va de soi que leur curage est à la charge exclusive des concessionnaires, même en l'absence de toute clause insérée dans l'acte de concession. Si les concessionnaires du canal n'accomplissent pas régulièrement l'obligation qui leur est imposée, l'Etat a le droit de les mettre en demeure, et si cette mise en demeure reste sans effet, de faire procéder d'office au curage du canal, sauf à leur en faire supporter les frais. « Le refus persistant et obstiné des concessionnaires pourrait même, le cas échéant, dit M. Plocque, t. 4, p. 11, n° 414, amener la mise sous séquestre du canal, s'il était constant que c'est là le seul moyen d'y assurer le service de la navigation. L'Administration a-t-elle une autre voie pour contraindre le concessionnaire à exécuter ces travaux, et le défaut de curage du canal ne constituerait-il pas une contravention de grande voirie justiciable des conseils de préfecture ? Ce serait certes le moyen le plus commode de rappeler à chaque instant le concessionnaire au respect de la convention intervenue entre lui et l'Etat. Le ministère des travaux publics l'avait bien compris et, pendant un certain temps, il a énergiquement soutenu l'affirmative. Il faisait valoir que l'impossibilité de poursuites de ce genre laisserait l'Administration absolument désarmée contre le mauvais vouloir de certaines compagnies dont l'intérêt ne suffisait pas pour obvier à ces négligences de chaque jour, qui exposent la navigation à des obstacles et à des inconvénients toujours renaissants. Le texte invoqué par lui était l'arrêt du 24 juin 1777 dont l'art. 3 enjoint à toutes personnes de faire enlever les empêchements étant de leur fait ou à leur charge dans le lit des cours d'eau navigables. Il n'y avait pas, suivant lui, à distinguer entre un obstacle créé par le concessionnaire et un obstacle naturel qu'il n'aurait pas fait disparaître ; si la création d'atterrissements dans le lit d'un canal n'est pas son fait, en ce sens qu'il n'y jette pas volontairement ce qui peut encombrer le lit, hypothèse impossible à supposer, il n'en est pas moins vrai, disait-on, que le défaut d'enlèvement de cet atterrissement, en présence de l'obligation contractée par lui de maintenir dans le lit d'un canal une profondeur déterminée, est son propre fait, et, comme il en résulte une entrave à la navigation, il en résulte en même temps une contravention de grande voirie susceptible d'être relevée contre lui. Le raisonnement était bien subtil et exagérait la portée de l'arrêt de 1777 ; aussi comprend-on que le conseil d'Etat ne l'ait point accepté. Il n'y a dans le fait incriminé que la violation d'un cahier de charges. Or, une abstention d'exécuter les clauses d'un cahier de charges ne saurait constituer une contravention de grande voirie. » — Il a été jugé que le fait par la compagnie concessionnaire de ne pas enlever des atterrissements qui se sont graduellement formés dans le lit d'un canal, et par suite desquels le canal n'a plus présenté la profondeur déterminée par le cahier des charges de la concession, ne constitue pas une contravention de grande voirie ; qu'il en résulte une simple infraction aux obligations imposées au concessionnaire, que l'Administration a seulement le droit de prendre des mesures pour assurer l'exécution des clauses du cahier des charges et d'actionner la compagnie concessionnaire à raison de l'inexécution desdites clauses (Cons. d'Et. 25 janv. 1851) (1).

130. Les règles relatives à la servitude de halage ne sont pas applicables aux canaux de navigation (V. *Rép.* v° *Voirie par eau*, n° 157). — Il a été jugé qu'un chemin de service ne peut être établi le long d'un canal fait de main d'homme, avec le caractère de dépendance de ce canal, si ce n'est sur des terrains acquis des riverains ; et que, dès lors, en l'absence de toute acquisition de ce genre, le préfet ne peut, sans excès de pouvoir, comprendre dans les limites du domaine public le terrain nécessaire à l'assiette de ce chemin (Cons. d'Et. 23 avr. 1880, aff. Compagnie des chantiers et ateliers de l'Océan et autres, D. P. 81. 3. 28). Cette décision s'appliquerait, d'ailleurs, même aux rivières navigables ; en effet, les chemins de halage établis sur les bords de ces rivières ne sont pas présumés faire partie du domaine public ; ce sont des portions des propriétés riveraines grevées d'une servitude d'utilité publique ; le préfet ne pourrait pas les comprendre dans le domaine public, par un arrêté de délimitation, si des titres particuliers n'avaient pas fait passer lesdits chemins dans les dépendances de la rivière. Si l'établissement d'un chemin pour le service d'un canal est reconnu nécessaire, l'Administration peut sans doute l'établir, mais après avoir acquis les terrains riverains, soit à l'amiable, soit, le cas échéant, par la voie de l'expropriation pour cause d'utilité publique (*Rép.* n° 168 ; Cons. d'Et. 2 mai 1879, aff. Digeon, D. P. 79. 3. 91).

131. Les digues des canaux de navigation sont présumées appartenir aux propriétaires de ces canaux, c'est-à-dire, suivant les cas, soit à l'Etat, soit aux concessionnaires à perpétuité (V. *Rép.* v° *Voirie par eau*, n° 156). « Ces digues, comme le fait remarquer M. Plocque, t. 4, p. 15, n° 416, ont été nécessairement élevées par les constructeurs du canal, dans le but soit de maintenir les eaux à l'étiage exigé par la navigation, soit de les empêcher de se répandre sur les propriétés voisines. C'est bien là un ouvrage dépendant du canal et s'incorporant à lui. Il faut cependant réserver le cas de stipulations intervenues entre le propriétaire du canal et les riverains et aux termes desquelles ces derniers, lors de la construction du canal, se seraient réservé la propriété de la digue ; ces réserves n'ont rien d'illicite : dès que le terrain dont il s'agit est consacré *in perpetuum* à supporter la digue, rien n'empêche que sa propriété soit distincte de celle du canal ; l'établissement de la servitude qui le grève donne satisfaction suffisante à l'intérêt public. »

132. Les francs-bords des canaux, les pépinières qui existent le long des canaux et qui sont destinées à renouveler les arbres des francs-bords font aussi partie du canal lui-même et sont soumis aux mêmes règlements (V. *Rép.* v° *Voirie par eau*, n°s 154 et 156). Quant aux terrains qui recouvrent le souterrain d'un canal et aux *chambres d'emprunt*, V. *Rép.* v° *Voirie par eau*, n°s 160 et 162. — Les rigoles d'alimentation des canaux font partie du canal lui-même ; en effet, elles n'ont pu être établies que sur des terrains acquis soit par l'Etat, soit par des concessionnaires (Cons. d'Et. 23 févr. 1870 (2) ; Plocque, t. 2, p. 178, n° 71). Quant

---

(1) (Roussille.) — LE CONSEIL D'ETAT ; — Vu l'ordonnance royale du 16 sept. 1825, ensemble le cahier des charges annexé à ladite ordonnance ; — Vu l'ordonnance d'août 1669, tit. 27, et l'arrêt du conseil du 24 juin 1777 ; — Vu la loi du 29 flor. an 10 ; — Considérant que le fait imputé à la compagnie concessionnaire du canal de la Deule et de la rivière canalisée de la Lys consisterait à avoir causé l'échouement de divers bateaux en n'enlevant pas des atterrissements qui se seraient graduellement formés dans le lit dudit canal et de ladite rivière, et par suite desquels ces voies navigables n'auraient plus présenté la profondeur déterminée par le cahier des charges de la concession ; — Considérant que ce fait ne rentrerait pas dans la catégorie des contraventions de grande voirie, prévues et réprimées, soit par l'art. 42 du tit. 27 de l'ordonnance d'août 1669, soit par l'art. 3 de l'arrêt du conseil du 24 juin 1777, soit par les autres lois et règlements de la matière ; qu'il n'en résulterait qu'une infraction aux obligations imposées à la compagnie par les actes constitutifs de la concession ; qu'ainsi c'est à tort que le conseil de préfecture du Nord a condamné le sieur Roussille à une amende de 200 fr., pour chacun des faits à lui imputés par les procès-verbaux susvisés des 8 août et 5 sept. 1846 ; que la présente décision ne saurait d'ailleurs faire obstacle, soit aux mesures qui pourraient être prises, le cas échéant, par l'Administration pour assurer l'exécution des clauses du cahier des charges précité, soit aux actions qui pourraient être intentées contre la compagnie concessionnaire par les voies de droit, à raison de l'inexécution desdites clauses :

Art. 1er. L'arrêté ci-dessus visé du conseil de préfecture du Nord, en date du 20 janv. 1847, est annulé ; — Le sieur Roussille est déchargé des condamnations prononcées contre lui par ledit arrêté.

Du 25 janv. 1851.-Cons. d'Et.-MM. Reverson, rap.-Cornudet, concl.-Fabre, av.

(2) (Marrot père et fils.) — NAPOLÉON, etc. ; — Vu l'ordonnance des eaux et forêts d'août 1869, les arrêts du conseil du 27 févr. 1765 et du 24 juin 1777 ; — Vu les lois des 22 déc. 1789, 8 janv. 1790, des 22 nov.-1er déc. 1790, des 19-22 juill. 1791, du 28 pluv. an 8, du 29 flor. an 10 et du 23 mars 1842 ; — Considérant qu'il résulte de l'instruction que les faits reprochés aux sieurs Marrot, père et fils, usiniers à Bernès, et à raison desquels ils ont été

aux ponts qui traversent le canal, les cahiers des charges, imposant au propriétaire du canal l'obligation de les entretenir et de les reconstruire, lui reconnaissent *ipso facto* la propriété de ces ouvrages, et il a, par suite, le droit de s'opposer à ce qu'aucun travail de nature à en compromettre la solidité y soit exécuté sans son consentement (Cons. d'Et. 18 mai 1870, aff. Ville de Carcassonne, D. P. 71. 3. 88).

133. La récolte des herbes et autres produits des francs-bords constitue pour le concessionnaire des canaux un revenu important. L'amodiation de ces produits sur les canaux appartenant à l'Etat a fait l'objet de prescriptions spéciales (*Rép.* v° *Voirie par eau*, n° 165; Circ. min. trav. publ. 15 juin 1864; Plocque, t. 2, p. 177, n° 70).

134. C'est aux préfets qu'il appartient, aux termes des lois des 22 déc. 1789, 12-20 août 1790, et de l'arrêté du 19 vent. an 6, de procéder à la délimitation des canaux. Jugé, notamment, qu'il rentre dans leurs pouvoirs de déterminer la consistance d'un canal de navigation et de déclarer si les îlots situés entre ce canal et une rivière non navigable, et touchant à une écluse, forment une dépendance de cette écluse, et sont, par suite, compris dans les limites du canal (Cons. d'Et. 5 mai 1864, aff. Commune d'Hautmont, *Rec. Cons. d'Etat*, p. 431). Les arrêtés du préfet doivent se conformer strictement aux titres qui déterminent la largeur du canal et les droits soit de l'Etat, soit des concessionnaires sur les dépendances de ce canal. Si des terrains constituant une propriété privée ont été sans cause compris dans le périmètre du canal, le seul mode de procéder sera le recours au conseil d'Etat, qui annulera l'arrêté comme entaché d'excès de pouvoir. — La question de savoir si tel ou tel terrain fait partie d'un canal peut également se présenter comme question préjudicielle, et, en pareil cas, la juridiction devant laquelle l'instance est pendante, peut être tenue de surseoir jusqu'à ce qu'elle ait été résolue par l'autorité compétente. Le renvoi aura lieu devant l'autorité administrative, s'il s'agit de fixer la portée des actes administratifs, tels qu'arrêts du conseil, ordonnances, lois, décrets, d'où est résulté l'établissement du canal. Mais la solution de la question préjudicielle pourra aussi être de la compétence des tribunaux civils; c'est ce qui a été reconnu, notamment, dans une espèce où un particulier avait actionné le concessionnaire d'un canal en payement d'une indemnité à raison des dégradations causées par les eaux aux levées de ce canal, dont il se prétendait propriétaire en vertu de titres privés. Il a été décidé que le conseil de préfecture, saisi de la réclamation, devait surseoir à statuer jusqu'à ce que les tribunaux civils se fussent prononcés sur le droit de propriété invoqué par le demandeur (Cons. d'Et. 19 juill. 1855) (1). De même, suivant un autre arrêt, l'autorité judiciaire serait compétente s'il s'agissait de faire reconnaître les droits qu'un riverain aurait eus à une servitude de passage sur le terrain litigieux avant qu'il eût été affecté au service du canal, ou qui lui auraient été réservés lorsque ledit terrain a été acquis en vue de cette affectation (Cons. d'Et. 1er juin 1861, aff. Ratier, D. P. 61. 3. 59. V. aussi Plocque, t. 2, n° 72, p. 180).

135. Le canal du Midi formant à l'origine, aux termes de l'édit et des lettres patentes de 1666, une propriété privée, puis réuni au domaine de l'Etat par l'effet des lois révolutionnaires, et enfin restitué aux anciens propriétaires ou à leurs ayants droit en vertu de la loi du 5 déc. 1814, a cessé, depuis cette restitution, d'être soumis aux dispositions réglementaires qui l'ont régi durant sa réunion au domaine de l'Etat, à l'exception de celles relatives à la police de la navigation; et, par suite, celles de ces dispositions qui subordonnaient à l'approbation du souverain tous changements même utiles apportés au canal, sont abrogées (Req. 7 nov. 1865, aff. Chemin de fer du Midi, D. P. 66. 1. 254). — Jugé que le canal du Midi ne forme pas une dépendance du domaine public, mais constitue, entre les mains des représentants des concessionnaires originaires, une propriété privée simplement soumise, dans l'intérêt de la navigation, aux droits de police et de surveillance de l'Etat; qu'en conséquence, les riverains de ce canal peuvent, par voie de concession ou par prescription, acquérir sur les terrains qui en dépendent des servitudes compatibles avec la destination publique du canal, et, par exemple, des servitudes de vue et d'accès; ou avoir sur le même terrain, et, par exemple, sur un chemin existant entre leurs propriétés et le canal, un droit de copropriété (Req. 11 nov. 1867, aff. Duc, D. P. 68. 1. 426).

L'Etat a été reconnu propriétaire, par des décisions passées en force de chose jugée, des canaux d'embranchement du canal du Midi; il s'ensuit que c'est lui seul qui doit en supporter les dépenses, comme il a seul le droit d'en percevoir les produits. — Il a été jugé que l'Etat n'est pas fondé à prétendre que les propriétaires du canal principal doivent contribuer aux dépenses des canaux d'embranchement pour une part proportionnelle à ce que peuvent valoir ces canaux eu égard à la valeur totale du canal du Midi et de ses dépendances, et à demander une ventilation pour déterminer cette quote part; et cela, nonobstant le décret du 10 mars 1810 qui, sans distinguer entre le canal principal et les canaux accessoires, et constituant le tout en une propriété indivisible (art. 5), a partagé cette propriété en actions (art. 1er) et en a fait l'objet d'une société en commandite, et aussi nonobstant la loi du 5 déc. 1814 sur la restitution aux émigrés de leurs biens non vendus, laquelle n'a restitué (art. 10) aux héritiers Riquet de Caraman, en représentation de leurs anciens droits, que des actions où la valeur du

---

poursuivis devant le conseil de préfecture du département de Lot-et-Garonne, ont été commis sur une dérivation du ruisseau de Boqueyron opérée par la compagnie du canal latéral à la Garonne et exécutée tout entière sur les terrains acquis par elle; — Que ce travail de dérivation avait pour but et a eu pour effet de faire du Boqueyron, dans cette partie de son cours, un réservoir destiné à recevoir une portion des eaux excédentes du canal; que dans ces conditions, la dérivation du ruisseau le Boqueyron sur laquelle ont été commis les actes reprochés aux sieurs Marrot, doit être considérée comme dépendante du canal latéral de la Garonne;

Considérant qu'il suit de là que, aux termes de la loi du 29 flor. an 10, le conseil de préfecture du département de Lot-et-Garonne était compétent pour apprécier si les faits reprochés aux sieurs Marrot constituaient une contravention de grande voirie; que, dès lors, c'est à tort que ce conseil a refusé de statuer sur le procès-verbal de contravention dressé le 29 oct. 1867 contre les sieurs Marrot par le garde-canal Jean Bosc :

Art. 1er. L'arrêté ci-dessus visé du conseil de préfecture du département de Lot-et-Garonne, en date du 29 déc. 1868, est annulé. — Art. 2. Les sieurs Marrot père et fils sont renvoyés devant le même conseil de préfecture pour y être statué au fond, sur les faits qui leur sont reprochés et à raison desquels ils ont été poursuivis, par suite du procès-verbal de contravention de grande voirie dressé contre eux, le 29 oct. 1867, par le sieur Jean Bosc, garde-canal.

Du 23 févr. 1870.-Cons. d'Et.-MM. Saisset-Schneider, rap.-de Belbeuf, concl.

(1) (Le Bourdais C. Compagnie du canal de Buzay.) — NAPOLÉON, etc.; — Vu les lois des 28 pluv. an 8, 14 flor. an 11 et 16 sept. 1807; — Sur la demande d'indemnité de la dame Le Bourdais : — Considérant que la dame Le Bourdais réclame une indemnité, soit à raison des dégradations souffertes par les levées du canal de Buzay le long du pré des Grandes-Vallées, qu'elle possède sur la rive droite de ce canal, soit à raison des corrosions que ledit pré aurait éprouvées;

En ce qui touche les levées du canal : — Considérant que la société du canal de Buzay soutient qu'elle est propriétaire du canal et des levées qui en forment une dépendance; que la dame Le Bourdais prétend, au contraire, que si ce canal, qui sert à l'entretien du dessèchement des étangs et marais de Buzay, et à la navigation, est placé sous la garde et sous la surveillance de l'Administration, les levées dont il s'agit lui appartiennent en vertu de titres privés, et que, par conséquent, elle a droit à une indemnité à raison des dégradations que leur ont fait éprouver les eaux du canal; que, dans ces circonstances, il y avait lieu par le conseil de préfecture de surseoir à prononcer sur cette indemnité jusqu'à ce qu'il eût été statué ce qu'il appartiendrait, par l'autorité compétente, sur les droits de propriété qu'elle prétend avoir dans lesdites levées:...

Art. 1er. La dame Bourdais et la société du canal de Buzay sont renvoyées devant le conseil de préfecture de la Loire-Inférieure pour être statué ce qu'il appartiendra : 1° sur l'indemnité réclamée par ladite dame à raison du dommage causé par les eaux aux levées du canal de Buzay, après que l'autorité compétente aura prononcé sur les droits de propriété qu'elle réclame dans lesdites levées... »

Du 19 juill. 1855.-Cons. d'Et.-MM. Gaslonde, rap.-de Lavenay, concl.-Bosviel et de Verdière, av.

canal principal et celle des canaux d'embranchement se trouvait ainsi confondue (Civ. rej. 19 janv. 1853, aff. Préfet de la Haute-Garonne, D. P. 53. 1. 78). — Décidé aussi qu'aux termes de l'art. 3 de l'arrêté du 24 avr. 1739, les contre-canaux ou rigoles parallèles au canal du Midi et servant à conduire les eaux à un aqueduc, doivent être creusés et entretenus pour moitié par les propriétaires du canal, et pour l'autre moitié par les communautés dans le territoire desquelles ils sont situés; que l'art. 198 du décret du 12 août 1807 (V. *Rép.* v° *Voirie par eau*, p. 737), aux termes duquel « dans les cas où soit les communes, soit les particuliers, ne pourvoiraient pas aux travaux aux époques indiquées par l'administration du canal, les préfets ordonneront que ces travaux seront exécutés par cette administration, qui en sera remboursée par des états arrêtés par les préfets et ordonnancés par eux », n'a pas modifié les obligations respectives des parties; qu'en conséquence, sans qu'il y ait à examiner si les prescriptions dudit article sont restées en vigueur depuis que la loi du 5 déc. 1814 a rendu aux anciens propriétaires l'administration du canal, il y a lieu de décider que l'administration du canal n'est pas tenue, sous peine d'engager sa responsabilité à l'égard des communes, de prendre l'initiative de la proposition des projets ou de l'exécution et que, si un dommage a été causé aux propriétaires riverains par un défaut de curage, imputable à la fois à cette administration et à une commune, l'indemnité à payer doit être répartie entre ladite administration et la commune (Cons. d'Et. 7 févr. 1879, aff. Comp. du canal du Midi, D. P. 80. 5. 395. V. *infrà*, v° *Emigrés*).

136. L'Administration, en vertu de son pouvoir de surveillance qui lui permet de réglementer le service de navigation sur tous les canaux, peut fixer le maximum du tirant d'eau qu'ils auront dans toutes leurs parties et la largeur du chemin de halage; enjoindre aux concessionnaires de procéder aux réparations nécessaires; déterminer les époques auxquelles a lieu le chômage des canaux (Plocque, t. 2, p. 203, n° 80; *Rép.* v° *Voirie par eau*, n° 168); exiger la suppression de travaux et entreprises qu'elle jugerait nuisibles à l'usage public auquel ils sont affectés (Req. 7 nov. 1865, aff. Chemin de fer du Midi, D. P. 66. 1. 254. V. *infrà*, v° *Emigrés*).

137. La police des canaux est exercée par les agents des ponts et chaussées et ceux du service de la navigation. Les compagnies concessionnaires sont de plus autorisées par leurs cahiers des charges à commissionner des gardes particuliers qui prêtent serment devant les tribunaux de première instance; les contraventions à la police des canaux peuvent être également constatées par les agents de l'une et de l'autre catégorie (Plocque, t. 2, p. 204, n° 80).

138. Les usiniers possédant un établissement que l'Administration ne peut supprimer sans indemnité, ont droit à des dommages-intérêts si les concessionnaires, pour alimenter le canal, détournent le cours de la rivière ou y font des prises d'eau qui diminuent la force motrice de l'usine (V. *Rép.* v° *Travaux publics*, n°s 827 et suiv.). A quelle autorité devront s'adresser les usiniers? « Suivant nous, dit M. Plocque, t. 2, p. 184, n° 73, il y a lieu de distinguer. Si le dommage allégué par l'usinier provient directement du fait de l'administration et est la conséquence naturelle des travaux prescrits par l'acte de concession, le litige devra être porté devant le conseil de préfecture; si, au contraire, le dommage allégué par l'usinier provient du fait des concessionnaires du canal, le litige devra être porté devant les tribunaux civils; c'est ce qui arrivera toutes les fois qu'on alléguera contre eux un abus de jouissance dont ils seraient seuls responsables. La compétence judiciaire est de droit toutes les fois qu'il s'agit d'entreprises sur la propriété privée commises sans l'ordre de l'Administration par ceux qui sont chargés de l'exécution des travaux publics en qualité d'entrepreneurs ou à tout autre titre. En pareil cas, elle constitue pour les particuliers une garantie que ni la loi des 16-24 août 1790, ni celle du 28 pluv. an 8 n'ont supprimée ou même simplement restreinte » (Conf. Block, v° *Canaux*, n° 15).

139. On a dit au *Rép.* n° 192 que les riverains ont droit à une indemnité pour les infiltrations et inondations qui viendraient à se produire après l'ouverture du canal. L'Etat ou les concessionnaires exciperaient vainement de ce que les riverains auraient été, lors de l'expropriation, indemnisés à l'avance des inconvénients qui résulteraient pour eux de la proximité de ce canal; ce sont là des événements que les parties n'ont pas prévus à cette époque et dont le jury n'a pas dû se préoccuper en fixant l'indemnité d'expropriation. Les conseils de préfecture, puisque les travaux de construction et d'entretien des canaux sont considérés comme de véritables travaux publics, sont compétents pour statuer sur ces demandes d'indemnité (V. *Rép.* v^is *Travaux publics*, n°s 1138 et suiv.; *Voirie par eau*, n°s 173 et suiv.; Block, v° *Canaux*, n° 16).

140. Aucune prise d'eau ne peut avoir lieu sur les canaux de navigation sans une autorisation expresse de l'Administration (V. *infrà*, n°s 271 et suiv.).

141. Tout ce qui concerne les droits de navigation sur les canaux est étudié au *Rép.* v° *Voirie par eau*, n°s 505 et suiv.

142. Sur le rachat des canaux, V. *Rép.* v° *Voirie par eau*, n°s 39 et suiv.

143. Pour les règles spéciales aux canaux d'Orléans et du Loing, V. *Rép.* n°s 187 et 194, et v° *Voirie par eau*, n°s 176 et suiv.

144. — CANAUX PRIVÉS. — Dans l'ancien droit, on suivait déjà, pour les canaux et les étangs creusés de main d'homme sur des propriétés privées, les règles qui sont admises sans contestation par la doctrine et la jurisprudence modernes (V. Poquet de Livonnière, *Traité des fiefs*, liv. 6, chap. 7 et 8, § 5). Il est de principe que de pareils canaux appartiennent privativement à ceux qui les ont fait établir sur leurs fonds (*Rép.* n° 167, et v° *Propriété*, n° 121). Cette solution est admise, non seulement dans le cas où ces canaux ne reçoivent que les eaux d'une rivière non navigable ni flottable, mais encore lorsqu'ils sont alimentés par un fleuve, lorsqu'ils sont eux-mêmes navigables (Req. 7 nov. 1865, aff. Chemin de fer du Midi, D. P. 66. 1. 254). « Il ne faut pas confondre, dit M. Daviel, *op. cit.*, t. 1, p. 42 et 236, avec les bras qui, se rejoignant ensuite au corps principal du fleuve, contribuent à sa navigabilité, les simples dérivations faites dans l'intérêt de quelques propriétés riveraines, ces canaux particuliers seraient-ils navigables. Il faut surtout considérer les circonstances de l'origine, de la destination et de l'entretien de ces canaux pour reconnaître s'ils constituent des propriétés particulières ou des dépendances du domaine public. »

145. Toutefois, les canaux privés, alimentés par un fleuve, sont soumis au droit de surveillance et de police de l'Etat. Le régime des eaux d'un canal privé dépendant d'une rivière navigable peut, en effet, intéresser le régime de cette rivière elle-même. Les droits de l'Administration sur la rivière doivent donc s'étendre au canal, malgré son caractère de propriété privée. L'autorité judiciaire peut constater ce caractère, sans méconnaître la force des actes administratifs concernant le régime des eaux ainsi placées par elle dans le domaine privé, puisque de tels actes n'impliquent pas que les eaux qui en sont l'objet appartiennent au domaine public.

Jugé: 1° qu'un canal privé peut être soumis, pour la police des eaux, au régime des rivières navigables et flottables, alors, notamment, qu'il forme une dépendance d'une rivière de cette nature; que la déclaration, par l'autorité judiciaire, qu'un canal est dans le domaine privé d'une commune n'implique pas contradiction avec les décisions de l'autorité administrative portant soumission de ce canal au régime des rivières navigables et flottables, et, dès lors, n'empiète pas sur les attributions de l'Administration (Req. 27 mai 1856, aff. Gardin, D. P. 56. 1. 247); — 2° Qu'un canal non navigable ni flottable, creusé de main d'homme sur un terrain appartenant à une commune et dans l'intérêt de cette commune, présente tous les caractères d'une propriété privée; que, par suite, la commune, propriétaire de ce canal, a le droit d'y établir des moulins, des usines ou des bateaux-lavoirs, et peut concéder ce droit à des particuliers, surtout si la concession n'est faite qu'à la condition qu'elle cessera d'exister dès que l'utilité publique en exigera la suppression (Même arrêt); — 3° Que les canaux navigables n'appartiennent pas nécessairement à l'Etat; qu'ils peuvent être la propriété des communes ou des particuliers qui les ont construits (Cons. d'Et. 21 juill. 1870, aff. Ville de Châlons-sur-Marne, D. P. 72. 3. 20); — 4° Que la règle de l'ancien droit d'après laquelle la propriété des petites rivières était attribuée au seigneur hautjusticier ne s'appliquait qu'aux cours d'eau naturels, et non aux canaux creusés de main d'homme sur une propriété privée; que, par suite, l'administion forestière ne peut repousser l'action en revendication d'un tel canal en se fondant sur ce que le duché de Valois, qui dépendait de l'apanage des ducs d'Orléans et fait actuellement partie du domaine privé de l'Etat, avait la haute justice sur la seigneurie dans laquelle ledit canal a été creusé; et qu'elle ne peut se prévaloir de ce que le canal litigieux servait au flottage à bûches perdues de bois provenant de forêts appartenant à l'Etat ou aux apanagistes, cet usage s'expliquant suffisamment par l'existence d'une servitude de flottage, généralisée, d'ailleurs, et étendue à tous les cours d'eau pouvant servir à l'approvisionnement de Paris par l'ordonnance du 23 déc. 1672; qu'alors même que les apanagistes auraient fait exécuter dans le canal des travaux de creusement et de nettoiement, cette circonstance n'établirait pas en leur faveur une présomption de propriété, de tels travaux étant à la charge de celui qui a droit à la servitude de flottage; que le défaut de payement des redevances et indemnités dues à raison de l'usage d'un canal privé pour le flottage, ne constitue pas un acte de contradiction suffisant pour intervertir le titre de la possession de l'Etat, détenteur précaire de ce canal; qu'il en est de même des travaux d'approfondissement ou de réparation effectués par l'Etat dans ledit canal, des autorisations qu'il a pu donner pour le flottage, pour des passerelles ou des prises d'eau, de l'établissement de gardes pour la surveillance; enfin de la poursuite devant le tribunal correctionnel pour délit de pêche dirigée contre le propriétaire du canal, si les représentants de l'Etat, mis en demeure de justifier du droit en vertu duquel ils poursuivaient, se sont désistés sans avoir essayé d'établir la propriété de l'Etat; que la possession de l'Etat doit être considérée comme équivoque, lorsque le propriétaire du canal a établi, sans demander l'autorisation administrative, des ouvrages, tels qu'une vanne et une passerelle, exercé le droit de pêche et récolté les herbes des francs-bords; qu'il importerait peu que ce propriétaire eût sollicité une autorisation pour le creusement du canal ou l'établissement de tuyaux, si ces demandes s'expliquent par la nécessité de respecter les mesures que l'Administration a le droit de prendre pour le maintien de la servitude de flottage (Amiens, 4 (ou 5) août 1875, aff. de Lubersac, D. P. 77. 2. 188). — Relativement aux droits de l'Administration sur les canaux dont il s'agit, il a été jugé : 1° que les préfets ont le pouvoir de défendre à un particulier de mettre en chômage un canal navigable dont il est propriétaire (Crim. cass. 8 mars 1872, aff. Grave, D. P. 72. 1. 160); — 2° Mais que si un préfet a le droit d'ordonner, dans l'intérêt du libre écoulement des eaux, le curage même d'un canal creusé de main d'homme qui constitue une propriété privée et reçoit exclusivement des eaux vendues par conventions privées à ses propriétaires, il ne peut, sans excéder ses pouvoirs, prescrire à l'égard de ce canal des mesures qui auraient pour résultat de porter atteinte au droit de propriété de ces derniers; que, par exemple, il ne peut décider qu'il sera établi, par les propriétaires de ce canal, des revêtements en perrés maçonnés, que le plafond sera maçonné dans une certaine partie, et que, faute par les propriétaires de se conformer à ces prescriptions, la vanne servant à l'introduction des eaux dans le canal sera fermée (Cons. d'Et. 24 janv. 1856, aff. Canal de la Durançole, D. P. 57. 3. 16); — 3° Que l'autorité administrative est incompétente pour autoriser, dans un intérêt purement privé, le maintien d'un barrage mobile établi sur un canal artificiel; que le propriétaire du canal a seul le pouvoir d'autoriser l'établissement d'un tel barrage (Agen, 26 juill. 1865, aff. Calmejane, D. P. 65. 2. 190). — Enfin, en ce qui concerne les droits des riverains sur les eaux des canaux privés, il a été décidé : 1° qu'un riverain n'est pas fondé à invoquer les dispositions de l'art. 644 c. civ., lorsqu'il ne s'agit pas d'une eau qui coule près de son fonds naturellement, qu'il veuille capter pour l'irrigation et qu'il puisse rendre sans nuire à son voisin; que l'art. 644 c. civ. n'est applicable qu'aux cours d'eau naturels et ne peut être étendu aux canaux artificiels (Paris, 8 mars 1887, aff. Jacquin, D. P. 88. 2. 247. V. aussi Req. 5 mai 1868, aff. Ponsot, D. P. 68. 1. 336); — 2° Que les riverains d'un canal privé n'ont pas sur les eaux de ce canal les droits de servitude établis par l'art. 644 c. civ. au profit des riverains d'un cours d'eau naturel (Toulouse, 28 févr. 1877, aff. Bastié, D. P. 77. 2. 62). Il est, toutefois, admis que les riverains d'un canal privé sont autorisés à se servir des eaux pour leurs besoins journaliers, alors, d'ailleurs, que cet usage ne cause aucun préjudice au propriétaire de ce canal (Civ. cass. 1er juill. 1872, aff. Béraud-Reynaud, D. P. 72. 1. 297).

146. Sur la question de savoir si un particulier a le droit d'établir sur sa propriété, sans autorisation du Gouvernement, un canal où le public est admis sans péage, V. *Rép.* n° 166.

SECT. 2. — DES RIVIÈRES CANALISÉES (*Rép.* nos 198 à 200).

147. On a étudié au *Rép.* nos 198 et suiv. la question de savoir si les riverains d'une rivière qui est rendue navigable à l'aide de travaux d'art ont droit à une indemnité non seulement pour le terrain qui leur est pris pour agrandir le lit du cours d'eau, mais pour l'eau dont ils ne peuvent plus jouir, les forces motrices dont ils ne peuvent plus disposer, la servitude de halage qui leur est imposée (V. aussi *suprà*, nos 112 et suiv.).

148. Sur la propriété des digues d'une rivière canalisée, V. *Rép.* n° 200, et v° *Voirie par eau*, n° 156.

149. Une rivière canalisée peut appartenir à un particulier, notamment, en vertu de lettres patentes, ou être l'objet d'une concession à un particulier ou à une compagnie. — Le conseil d'État a déclaré recevable le recours formé par un particulier, propriétaire d'une rivière canalisée (dans l'espèce, le canal de Lez), contre une décision du ministre des travaux publics qui avait réduit l'étendue du chemin de halage et du marchepied le long du canal, alors que ce pourvoi était fondé sur ce que le ministre avait violé les droits que ce particulier prétendait avoir en sa qualité de propriétaire. Toutefois, aux termes du même arrêt, si la servitude de halage et de marchepied dont le propriétaire de la rivière canalisée réclame l'exercice le long du canal dans les endroits où il n'est pas propriétaire des francs-bords est établie, non en vertu de titres spéciaux, mais en vertu de l'art. 7 du tit. 18 de l'ordonnance du mois d'août 1669, l'Administration a pu restreindre la largeur du chemin de halage, en vertu de l'art. 4 du décret de 1808 qui a modifié l'ordonnance et s'applique à tous les cours d'eau navigables; que, toutefois, le ministre ne pouvait, en usant du pouvoir qui lui est attribué, faire obstacle à l'exercice des droits appartenant au propriétaire de la rivière canalisée (Cons. d'Et. 10 juill. 1862) (1).

150. Il a été jugé que c'est à l'autorité administrative

(1) (De Graves.) — NAPOLÉON, etc.; — Vu le décret du 22 janv. 1808, art. 4; — Vu la loi des 7-14 nov. 1790; — Sur la fin de non-recevoir opposée au pourvoi par notre ministre de l'agriculture, du commerce et des travaux publics, et tirée de ce que la décision par laquelle il a réduit l'étendue du chemin de halage et du marchepied est un acte d'administration qui n'est pas de nature à être attaqué par la voie contentieuse : — Considérant que le sieur de Graves est propriétaire du Lez et qu'il fonde son pourvoi sur ce que notre ministre aurait violé les droits qu'il prétend avoir en cette qualité et par suite aurait excédé ses pouvoirs en réduisant l'étendue du chemin de halage et du marchepied le long du canal au-dessous des limites fixées pour toutes les rivières navigables par l'ordonnance du roi du mois d'août 1669, et spécialement pour la rivière canalisée le Lez par une ordonnance du grand-maître des eaux et forêts au département de Toulouse, en date du 21 mai 1678, et par une ordonnance de l'intendant de Languedoc, en date du 17 août 1750; que, dès lors, le pourvoi du sieur de Graves est recevable;

En ce qui touche la décision de notre ministre de l'agriculture, du commerce et des travaux publics : — Considérant que la servitude de halage et de marchepied dont le sieur de Graves réclame l'exercice le long du canal du Lez dans les endroits où il n'est pas propriétaire des francs-bords est établie, non en vertu de titres spéciaux, mais en vertu de l'art. 7 du tit. 18 de l'ordonnance du roi du mois d'août 1669 qui régit toutes les rivières navigables, et que l'ordonnance du grand-maître des eaux et forêts au département de Toulouse, en date du 21 mai 1678, et celle de l'intendant de la province de Languedoc en date du 17 août 1750, invoquées

qu'il appartient de connaître de l'action intentée par le propriétaire ou par le concessionnaire d'une rivière canalisée contre une commune, à l'effet de faire condamner cette commune à enlever les matériaux tombés dans ladite rivière par suite de l'écroulement d'un pont dépendant d'un chemin vicinal (Cons. d'Et. 31 mars 1864, aff. de Grave, D. P. 65. 3. 18). La difficulté, dans l'espèce, tenait surtout à cette circonstance spéciale et exceptionnelle que le demandeur n'était pas seulement concessionnaire, mais propriétaire (ainsi que l'arrêt lui-même le reconnaît) de la rivière canalisée du Lez; sous ce rapport, on pouvait dire qu'il appartenait à l'autorité judiciaire de connaître de l'action par lui intentée en réparation des dommages causés à sa propriété, ces dommages provenant, non de l'exécution d'un travail public communal, mais d'un délit ou quasi-délit qu'il imputait à la commune. Toutefois, la compétence de la juridiction administrative se justifiait ici à un double point de vue: elle reposait soit sur la disposition de l'art. 4 de la loi du 28 pluv. an 8, qui attribue au conseil de préfecture la connaissance des difficultés en matière de grande voirie, soit sur l'autre disposition du même article, qui concerne les torts et dommages résultant de l'exécution de travaux publics; ce dernier texte, en effet, n'embrasse pas seulement les dommages causés par l'exécution proprement dite, mais aussi ceux qui proviennent du défaut d'entretien des travaux exécutés (*Rép.* v° *Travaux publics*, n°s 1196 et 1197. V. aussi Cons. d'Et. 20 déc. 1863, aff. Channier, D. P. 64. 3. 89. V. encore *Rép.* v° *Voirie par eau*, n°s 263 et suiv.).

Il a été jugé que la canalisation de la partie inférieure d'une rivière et la concession perpétuelle faite à un particulier ou à une compagnie du canal de navigation ainsi créé n'enlèvent pas à la portion de la rivière modifiée par les travaux son caractère originaire et naturel; que le canal demeure donc assujetti à la charge de recevoir les eaux de toutes sortes, même ménagères ou industrielles, qui y affluent par la pente des terrains; que, spécialement, le concessionnaire du canal du Lez n'a pu contester à un usinier le droit d'y déverser les eaux de son établissement par un conduit en poterie établi sous un fossé, alors qu'il était constaté que ce fossé formait une voie naturelle et nécessaire d'écoulement pour les fonds supérieurs, que toutes les eaux des habitations voisines arrivaient au Lez, enfin que les eaux de l'usine n'étaient point de nature à corrompre celles du canal (Req. 4 juin 1872, aff. de Grave, D. P. 74. 1. 160). La question soumise à la cour de cassation était de savoir si la canalisation d'une rivière et la concession perpétuelle du canal ainsi créé peuvent avoir pour effet d'assimiler la rivière canalisée à une propriété ordinaire, et de lui rendre applicable l'art. 640 c. civ. sur l'écoulement des eaux. La cour s'est prononcée pour la négative et sa décision semble parfaitement justifiée. En admettant, en effet, que le souverain ait le pouvoir, en concédant un canal, d'enlever à la rivière qui le constituera sa destination de chose commune à tous, et de priver les riverains du droit d'y déverser toutes les matières qui ne sont pas de nature à corrompre les eaux (V. Caen, 20 déc. 1855, aff. Lejoly-Senoville, D. P. 56. 2. 294), au moins serait-il nécessaire, pour qu'une pareille désaffectation fût admise, qu'elle fût formellement exprimée dans l'acte de concession. Or, dans l'espèce, aucune clause de cette nature n'avait pu être invoquée.

151. Le préfet de la Seine a le droit d'ordonner, dans le lit ou sur le bord du canal de l'Ourcq, dont la partie canalisée de la rivière d'Ourcq doit être considérée comme formant une partie intégrante, les travaux destinés à assurer l'alimentation de la ville de Paris, et, spécialement, les travaux destinés à empêcher le déversement d'eaux corrompues provenant des égouts d'une ville voisine; et cela, encore bien que ces travaux devraient être exécutés en dehors du département de la Seine (Décr. 4 sept. 1807, art. 1er et 2) (Cons. d'Et. 4 août 1864, aff. Tabard, D. P. 67. 5. 146). — Quant au jugement des contraventions commises sur le canal de l'Ourcq, V. *Rép.* v° *Voirie par eau*, n° 345.

SECT. 3. — DES CANAUX D'ARROSEMENT OU D'IRRIGATION (*Rép.* n°s 201 à 207).

152. Les canaux d'irrigation ne font pas partie du domaine public, alors même qu'ils sont dérivés d'une rivière navigable. En effet, ils ne répondent pas à un besoin commun. « Le nombre des intéressés à leur confection ou à leur entretien, dit M. Dufour, t. 4, n° 444, est plus ou moins grand et les mesures prises pour régler l'usage auquel ils sont affectés sont plus ou moins générales; mais on n'est jamais autorisé à les considérer comme assujettis à un usage public. » — Il a été jugé que la règle d'après laquelle les eaux d'un canal de navigation forment une dépendance du domaine public, et sont inaliénables comme telles, ne s'applique pas à des eaux de source interceptées lors de la création du canal, et qui ont été expressément réservées à cette époque pour l'irrigation des prairies qu'elles avaient antérieurement arrosées (Req. 25 avr. 1876, aff. Préfet de la Loire, D. P. 76. 1. 496).

153. On a indiqué au *Rép.* n°s 201 et suiv. à qui appartient le pouvoir d'autoriser la construction des canaux d'irrigation. « Les canaux d'irrigation dit M. Block, *Dictionnaire général d'administration française*, v° *Irrigations*, p. 1158, sont alimentés au moyen de prises pratiquées dans les cours d'eau navigables ou non. Rien ne s'oppose, en effet, à ce que l'Administration concède, dans les conditions indiquées ci-dessus, l'eau des cours d'eau du domaine public, aussi bien à une entreprise collective d'irrigation qu'à un particulier. Quant aux cours d'eau non navigables, il est admis que son pouvoir de police va jusqu'à lui permettre d'autoriser le détournement d'une partie du volume de la rivière

---

par le requérant, n'ont fait qu'appliquer à la rivière du Lez canalisée les dispositions de l'ordonnance du roi précitée;

Considérant que l'art. 4 du décret du 22 janv. 1808, qui dispose que l'Administration pourra, lorsque le service n'en souffrira pas, restreindre la largeur du chemin de halage, a modifié l'ordonnance du mois d'août 1669 et s'applique à tous les cours d'eau navigables le long desquels le chemin de halage est établi en vertu de cette ordonnance; — Que, dès lors, le sieur de Graves n'est pas fondé à soutenir que l'Administration devait maintenir au chemin de halage et au marchepied, le long du canal du Lez, dans les endroits où ils existent, à titre de servitude, la largeur fixée par l'ordonnance du roi du mois d'août 1669, et par les ordonnances précitées du grand-maître des eaux et forêts au département de Toulouse et de l'intendance de la province de Languedoc; — Considérant, toutefois, que notre ministre ne pouvait, en usant du pouvoir qui lui est attribué par le décret précité du 22 janv. 1808, faire obstacle à l'exercice des droits qui appartiennent au sieur de Graves sur le canal du Lez;

Considérant que notre ministre a décidé: 1° que sur les points où le halage n'existe qu'à titre de servitude, la largeur du chemin de halage serait réduite à 4 mètres, et celle du marchepied à 1 mètre 50 cent.; — 2° que le chemin de halage et le marchepied s'arrêteraient à l'extrémité nord du port Juvénal; 3° que le marchepied sur la rive gauche serait interrompu au droit des îles formées par les dérivations dans lesquelles sont placées les écluses;

Considérant qu'il résulte de l'instruction que la réduction de la largeur du chemin de halage et du marchepied, prononcée par la décision attaquée, n'aura pas pour effet d'entraver la navigation sur le canal; — Qu'il résulte également de l'instruction que la navigation ne remonte pas actuellement au delà de l'extrémité nord du port Juvénal; qu'il suit de là qu'en prenant sur ces deux points la décision attaquée, notre ministre n'a pas excédé la limite de ses pouvoirs; que, d'ailleurs, dans le cas où les besoins de la navigation sur le canal du Lez viendraient à l'exiger, il appartiendrait à notre ministre de modifier sa décision;

Considérant, sur le troisième point, que, d'après l'ordonnance précitée du mois d'août 1669, le marchepied doit correspondre au chemin de halage dans les parties des rivières où s'exerce la navigation; — Qu'il résulte de l'instruction que, au droit des îles formées par les dérivations dans lesquelles sont placées les écluses, la navigation se pratique non seulement dans les écluses, mais, en outre, dans l'espace compris entre les îles et la rive gauche qui sert de gare de stationnement et d'évitement pour les barques et les radeaux; que, dès lors, en décidant que le marchepied sur la rive gauche serait interrompu au droit des îles, notre ministre a excédé la limite de ses pouvoirs;

Art. 1er. La décision de notre ministre des travaux publics du 9 juill. 1859 est annulée dans celle de ses dispositions qui porte que le marchepied sera interrompu au droit des îles formées par les dérivations dans lesquelles sont placées les écluses. — Le surplus des conclusions du sieur de Graves est rejeté.

Du 10 juill. 1862.-Cons. d'Et.-MM. Aucoc, rap.-Chamblain, concl.-Aubin, av.

de son cours naturel. Elle peut donc permettre qu'un canal d'irrigation s'embranche sur la rivière. Mais, dans ce cas, il est de jurisprudence que, alors même que la prise et la conduite d'eau pourraient être établies sans expropriation, la dérivation doit être déclarée d'utilité publique (Décr. 27 mai 1872, Etablissement d'Amélie-les-Bains ; 18 mars 1874, autorisant une dérivation du Rançon au profit de l'établissement du Creuzot). Et cela n'est que juste, la nouvelle œuvre pouvant porter atteinte à des droits légitimement acquis. Si la déclaration d'utilité publique ne s'applique qu'à la dérivation, un décret délibéré en conseil d'Etat suffit pour la prononcer. S'il est également nécessaire de déclarer d'utilité publique la construction du canal, il faut à cet effet une loi ou un décret, suivant que le canal a plus ou moins de 20 kilomètres » (L. 3 mai 1841 ; 27 juill. 1870). — Il a été jugé que, s'il appartient au pouvoir exécutif, sous toutes réserves des droits des tiers, d'autoriser une commune à dériver pour ses arrosages, au moyen d'un canal, les eaux d'une rivière flottable et de déclarer l'utilité publique de ce travail, il ne peut légalement prescrire que cette dérivation empruntera un canal dont une association d'arrosants a exclusivement joui et dont elle soutient être propriétaire, sans le consentement des arrosants; que, dès lors, il y a lieu d'annuler le décret qui, sans l'assentiment de la société, a ordonné l'élargissement et le prolongement du canal pour l'arrosage du territoire d'une ville, attribué à ladite ville 1200 litres d'eau par seconde, en laissant à l'association 300 litres seulement, et soumis cette association à l'obligation de contribuer aux dépenses d'élargissement et d'entretien du tronc commun (Cons. d'Et. 8 févr. 1864) (1).

154. L'Etat peut ouvrir et a quelquefois ouvert à ses frais des canaux d'irrigation pour fertiliser des contrées tout entières. Le plus souvent, le Gouvernement fait des canaux d'irrigation l'objet de concessions. Lors même qu'ils sont concédés à perpétuité et doivent devenir la propriété exclusive du concessionnaire et de ses représentants à un titre quelconque, sans retour à l'Etat et sans caractère de domanialité, ils n'en ont pas moins, sauf de très rares exceptions, le caractère de travaux d'intérêt public et il est presqu'impossible, quelque peu considérables et peu étendus qu'ils soient, qu'ils n'aient pas été exécutés après une déclaration formelle d'utilité publique qui leur assure légalement et sans contradiction possible le caractère juridique de travaux publics (*Rép.* n°s 201 et suiv.). L'établissement de la canalisation, de la prise et de l'alimentation, des déversoirs, des branchements, la répartition des eaux, les travaux de rétablissement, les communications générales constituent donc des travaux publics. Et si le fonctionnement de cette œuvre ainsi constituée donne lieu à des difficultés, cause des dommages, c'est devant les tribunaux administratifs que les réclamations devront être portées (V. *Rép.* v° *Travaux publics*, n° 1146). — Il a été jugé que les travaux des canaux d'irrigation régulièrement concédés constituent des travaux publics dans le sens de l'art. 4 de la loi du 28 pluv. an 8 ; qu'en conséquence, il appartient à la juridiction administrative de connaître des actions en indemnité intentées par les particuliers qui se plaignent des dommages que leur aurait causés la mauvaise ou tardive exécution de ces travaux (Cons. d'Et. 5 déc. 1860, aff. Roussel, D. P. 62. 3. 67. V. aussi Civ. cass. 26 mai 1880, aff. Syndicat de Loriol, D. P. 80. 1. 227 ; Req. 19 janv. 1885, aff. de l'Estang-Parade, D. P. 85. 1. 97).

155. Aux termes de la loi du 21 juin 1865 (D. P. 65. 4. 77), les sociétés qui se constituent en vue des irrigations ne peuvent se former tout d'abord qu'à titre d'associations libres par le consentement unanime des intéressés. Mais, dit M. Block, *op. cit.*, v° *Irrigations*, n°s 27 et suiv., ces associations ne reçoivent, pour l'accomplissement de leur mission, aucune aide de l'autorité publique à laquelle elles sont étrangères. Il faut donc, pour qu'elles puissent établir un canal, qu'elles aient acquis à l'amiable les terrains nécessaires à l'établissement de la prise d'eau et du canal ou, du moins, le droit d'y établir leurs ouvrages. Encore, dans le cas où la prise est pratiquée sur un cours d'eau non navigable et si, d'ailleurs, l'emploi des eaux est réglementé, le canal ne recevrait-il qu'un volume d'eau proportionné à l'importance des seules parcelles riveraines comprises dans l'association. Restant libres, les associations syndicales d'irrigation sont donc à peu près réduites à l'impuissance. Mais l'art. 8 de la loi leur permet, si leurs statuts ne s'y opposent pas, et que la majorité déterminée par l'art. 12 le demande, d'obtenir leur transformation, par arrêté préfectoral, en associations autorisées, et elles jouissent alors de nombreux avantages (V. *suprà*, v° *Associations syndicales*, n°s 52 et suiv.). — Les associations libres d'arrosage ont tout intérêt à recevoir l'investiture administrative. Mais, même pourvues des privilèges qui en résultent, elles ne peuvent se livrer qu'à des opérations d'une importance forcément limitée (V. Cons. d'Et. 6 juin 1879, aff. de Vilar, D. P. 79. 3. 90).

156. Les entreprises d'irrigations qui doivent dépasser les limites d'une œuvre locale, ne peuvent être et ne sont réalisées que par des compagnies se chargeant d'exécuter le canal au lieu et place de l'Etat, avec les moyens d'action appartenant à celui-ci, et auquel est accordé en échange, en outre de subventions, le droit d'exploiter le canal à leur profit pendant un certain nombre d'années. En vertu de la loi de finances du 23 juin 1857 (D. P. 57. 4. 91), les redevances dues à la compagnie pour prix de l'eau vendue par elle sont recouvrables comme des contributions publiques. Ces concessions sont accordées par décrets délibérés en conseil d'Etat auxquels sont annexés une convention et un cahier de charges déterminant les droits et obligations de la compagnie. — Il existe, particulièrement dans le Midi, de nombreux canaux d'irrigation créés dans ces conditions. Parmi les plus récemment concédés on peut citer le canal de Pierrelatte (Drôme) (Décr. 5 août 1857, D. P. 57. 4. 167); celui de Saint-Martory (Haute-Garonne) (Décr. 10 mai 1866); celui de la Bourne (Drôme) (L. 21 mai 1874, D. P. 75. 4. 52) (Block, *op. cit.*, v° *Irrigations*, n°s 29 et suiv.).

157. Il a été jugé que les eaux d'un fleuve non navigable ni flottable, ainsi que celles des canaux qui en sont l'accessoire et des ramifications d'un réseau d'irrigations établies à l'aide de ces canaux, rentrent dans la catégorie des choses dites *res nullius* qui n'appartiennent à personne, mais dont l'usage est réservé à tous, et qui, à ce titre, ne sont pas susceptibles d'une appropriation privée; que, par suite, le lit des fossés servant à cette irrigation est susceptible de droits privés, et que si les riverains ont pu en acquérir la mitoyenneté, il n'en est pas de même de l'eau qui les remplit et ne sort du fleuve que pour être rendue au fleuve ; et les conventions passées entre les parties ne sauraient, en ce qui concerne cette eau, prévaloir contre la destination de l'autorité publique, qui a distribué l'eau dans ces canaux et branchements en vue de l'intérêt général et de l'intérêt des fonds

(1) (Association du canal Harmand.) — Napoléon, etc.; — Vu le décret du 22 juill. 1806, art. 11; — Vu les lois des 12-20 août 1790, 28 sept.-6 oct. 1791 et 14 flor. an 11; — Considérant que les propriétaires de la commune de Ribiers sont, sous le nom d'association du canal Harmand, en jouissance, pour les arrosages, d'un canal de dérivation des eaux de la rivière flottable du Buech, dont ils se disent propriétaires ; — Considérant que notre décret en date du 19 janv. 1859, tout en maintenant ladite association entre les arrosants de la commune de Ribiers, ordonne l'élargissement et le prolongement du canal Harmand pour l'arrosage du territoire de la ville de Sisteron, attribue à ladite ville 1200 litres d'eau par seconde, en laissant à la société des arrosants de Ribiers 300 litres seulement, et soumet cette société à l'obligation de contribuer aux dépenses d'élargissement et d'entretien du tronc commun ;

Considérant qu'il résulte de l'instruction que ces dispositions ont été insérées dans le décret attaqué en dehors de tout consentement de la part de la société du canal Harmand ;

Considérant que s'il nous appartenait, sous toutes réserves des droits des tiers, d'autoriser la commune de Sisteron à dériver, au moyen d'un canal, les eaux de la rivière de Buech, et de déclarer l'utilité publique de ce travail, notre décret n'a pu légalement prescrire que cette dérivation emprunterait, sans l'assentiment des arrosants de Ribiers, le canal Harmand dont ils ont exclusivement joui jusqu'à ce jour et dont ils soutiennent être propriétaires ; que, dès lors, ce décret doit être rapporté dans ses dispositions qui concernent la société du canal Harmand ;

Art. 1er. Notre décret ci-dessus visé, en date du 19 janv. 1859, est rapporté dans ses dispositions relatives à la société du canal Harmand...

Du 8 févr. 1864.-Cons. d'Et.-MM. Pascalis, rap.-Faré, concl.-Mathieu-Bodet, av.

que bordent ces eaux (Paris, 8 mars 1887, aff. Jacquin, D. P. 88. 2. 247).

158. Le préfet a le droit de réglementer la répartition générale des eaux des canaux d'arrosage et d'irrigation dérivés des cours d'eau. — Il a été jugé : 1° que l'arrêté préfectoral, légalement pris dans le but de réglementer la répartition générale des eaux d'un canal d'arrosage, a pour effet de mettre fin à tout droit antérieur de propriété ou d'usage qui aurait pu être prétendu sur lesdites eaux par les riverains, et que, dès lors, l'allégation d'un droit de cette nature, de la part d'un riverain poursuivi en simple police pour infraction audit arrêté, ne peut constituer une exception préjudicielle susceptible de justifier un sursis au jugement de la contravention (Crim. cass. 21 févr. 1879, aff. Giry, D. P. 79. 1. 377); — 2° Qu'est légal l'arrêté du préfet qui se borne, en vertu des pouvoirs qui lui appartiennent d'assurer le bon et libre écoulement des eaux, à prescrire les mesures nécessaires pour assurer l'application des anciens usages établis entre usiniers et arrosants (Cons. d'Et. 2 févr. 1883, aff. Latil, D. P. 84. 3. 94).

159. Le recouvrement des taxes d'arrosage autorisées par le Gouvernement au profit des concessionnaires de canaux d'irrigation a lieu dans les mêmes formes que celui des contributions directes (L. 23 juin 1857, art. 25, et tabl. D, § 2, annexé, D. P. 57. 4. 91). Le conseil de préfecture, compétent pour statuer sur les demandes en décharge, est par là même compétent pour statuer sur la validité des souscriptions à raison desquelles les rôles ont été dressés (Cons. d'Et. 24 juin 1881, aff. Comp. nationale des canaux agricoles, D. P. 83. 3. 2. V. aussi Cons. d'Et. 20 déc. 1872, aff. Constantin, *Rec. Cons. d'Etat*, p. 733). — Il a été jugé : que les taxes d'arrosage autorisées par le Gouvernement, lorsqu'elles sont perçues au profit de concessionnaires de canaux d'irrigation, sont recouvrées dans les formes prescrites par les art. 3 et 4 de la loi du 14 flor. an 11, comme dans le cas où lesdites taxes sont perçues au profit d'associations de propriétaires intéressés; que, par suite, le conseil de préfecture se déclare à tort incompétent pour connaître d'une demande en réduction fondée sur l'insuffisance des eaux fournies par le concessionnaire, en invoquant une disposition du cahier des charges portant que l'insuffisance temporaire des eaux peut donner lieu à une remise proportionnelle de la redevance, une telle disposition ne pouvant avoir pour effet de priver les souscripteurs du recours contentieux qui leur appartient (Cons. d'Et. 5 janv. 1883, aff. Astie, D. P. 84. 5. 176). — Les pourvois sont instruits sans frais (V. *suprà*, v° *Associations syndicales*, n° 197).

160. Il n'est pas contestable que les propriétaires qui se sont engagés à payer une taxe pour obtenir l'eau nécessaire à l'arrosement de leurs terres peuvent obtenir, soit directetement l'annulation de leurs engagements, soit la décharge des taxes auxquelles ils sont imposés, lorsque les conditions en vue desquelles ils ont donné leur signature ne sont pas remplies; la solution est la même, soit que les intéressés aient constitué une association syndicale, soit que le canal ait été concédé par le Gouvernement (V. *suprà*, v° *Associations syndicales*, n° 100; Cons. d'Et. 19 déc. 1884, aff. de Bernis, D. P. 86. 3. 55; 26 déc. 1884, aff. Romestin, *ibid.*). Mais ce principe doit se combiner avec une autre règle, à savoir que toute inobservation d'une condition insérée dans un contrat n'entraîne pas nécessairement la résiliation de ce contrat et qu'il appartient au juge d'apprécier s'il s'agit d'une condition essentielle devant entraîner cette conséquence ou d'une condition accessoire dont la violation peut, le cas échéant, donner lieu à des dommages-intérêts. Il a été jugé que les particuliers qui se sont engagés à payer une taxe au concessionnaire d'un canal d'irrigation, pour l'arrosage de leurs propriétés, ne sont pas fondés à soutenir, pour obtenir décharge de ces taxes, que les changements apportés au cahier des charges sur le vu duquel ils ont souscrit, les ont dégagés de leurs obligations, alors que ces changements consistent dans la prolongation, pour une année, du délai fixé pour l'achèvement des travaux, et dans la suppression d'une clause mettant les frais d'enregistrement à la charge du concessionnaire (Cons. d'Et. 8 janv. 1886, aff. Tassy, D. P. 87. 3. 67). Le fait que le travail devait être terminé un an plus tard qu'on ne l'avait d'abord espéré n'aurait pas empêché l'adhésion des souscripteurs qui comptaient sur une plus-value considérable et permanente de leurs propriétés. Quant à l'obligation qui leur incomberait de payer les frais d'enregistrement, elle n'était pas de nature à entraîner la résiliation du contrat; mais la question de savoir si les propriétaires pourraient demander, à titre de dommages-intérêts, le remboursement des droits serait fort délicate si l'autorité compétente interprétait le cahier des charges auquel ils avaient adhéré en ce sens que ces droits ne pouvaient leur être imposés en aucune hypothèse. — Décidé aussi que, dans le cas où le concessionnaire a rempli à l'égard des arrosants les obligations que lui imposait son cahier des charges, un arrosant ne peut se prévaloir, pour demander décharge de la taxe dont il est passible, de ce que le concessionnaire n'aurait pas exécuté certains travaux qui avaient fait l'objet d'une convention particulière et de ce que, par suite de l'inexécution de cette convention, il n'avait pu utiliser les eaux (Cons. d'Et. 30 juill. 1886, aff. Scalibert, D. P. 87. 3. 127). L'inexécution de conventions privées conclues en dehors des statuts ou cahiers de charges sanctionnés par l'autorité administrative, ne peut évidemment avoir pour effet la décharge ou la réduction de taxes régulièrement imposées. Le contribuable peut d'autant moins prétendre établir une compensation entre la taxe et les dommages-intérêts qui lui seraient dus, ou soutenir qu'il y a un compte à régler entre lui et l'association ou le concessionnaire, que l'autorité administrative, compétente pour connaître des réclamations contre les taxes, est incompétente pour connaître des conventions privées intervenues entre les parties (V. notamment : Req. 19 janv. 1885, aff. de l'Estang-Parade, D. P. 85. 1. 97, et la note).

161. La jurisprudence du conseil d'Etat est fixée en ce sens que le payement des taxes d'arrosage constitue une charge de la propriété et doit, par suite, être exigé, non du souscripteur primitif, mais du propriétaire au moment où elle devient exigible. Les lois les plus récentes portant concession de canaux d'arrosage renferment des dispositions formelles destinées à prévenir toute contestation sur ce point. Ainsi la loi du 13 juill. 1882 (*Bull.*, n° 12073), déclarant l'utilité publique d'un canal d'irrigation dérivé de l'Hérault, contient une disposition (art. 9) ainsi conçue : « Les engagements des propriétaires pour l'usage de l'eau et les obligations qui en dérivent sont inhérents à l'immeuble et le suivent, en quelques mains qu'il passe ». L'art. 9 de la loi du 7 août 1882 (D. P. 83. 4. 48) sur l'achèvement du canal d'irrigation du Forez renferme la même disposition (V. *suprà*, v° *Associations syndicales*, n° 96). Il a été jugé que, dans le cas où le particulier porté sur le rôle soutient qu'il n'est pas propriétaire de la parcelle imposée, le conseil de préfecture doit surseoir à statuer jusqu'à ce que la question de propriété ait été tranchée par l'autorité compétente, ou jusqu'à ce que le concessionnaire ait mis en cause ceux au nom desquels doit être opérée la mutation de cote (Cons. d'Et. 8 janv. 1886, aff. Deyme, D. P. 87. 3. 67). Le conseil d'Etat avait déjà admis, par assimilation avec la contribution foncière, que la procédure de la mutation de cote pouvait être employée en matière de taxe d'arrosage (Cons. d'Et. 19 déc. 1879, aff. Dassac, D. P. 80. 3. 64).

162. Les biens dotaux peuvent être compris, aux mêmes conditions que les autres propriétés, dans les syndicats de défense organisés en vertu de la loi du 16 sept. 1807 (Cons. d'Et. 29 juill. 1881, aff. Guillot de Suduirault, D. P. 83. 3. 10). Cette solution est sans difficulté, les syndicats de cette nature étant constitués sans le consentement des intéressés, et les taxes ayant le caractère de véritables contributions (V. *ibid.* les observations et la note sur l'arrêt précité). Il a été jugé qu'un souscripteur ne peut se fonder, pour refuser de payer la taxe, sur ce que le bien à raison duquel il a contracté son engagement serait un bien dotal appartenant à sa femme (Cons. d'Et. 8 janv. 1886, aff. Honnorat, D. P. 87. 3. 67). — Lorsqu'il s'agit d'une association syndicale librement consentie par les intéressés pour l'irrigation de leurs propriétés, l'art. 4 de la loi du 21 juin 1865 (D. P. 65. 4. 77) porte que l'adhésion du mari est valablement donnée après autorisation du tribunal de la situation des biens, accordée sur simple requête en la chambre du conseil, le ministère public entendu. Cette disposition concilie heureusement la simplicité des formes nécessaires pour que les propriétaires puissent profiter du bienfait de l'association avec la protection des intérêts des incapables. Ces intérêts n'exigent-ils pas exactement la même protection, lorsqu'il s'agit de souscriptions consenties envers le concessionnaire d'un canal d'irrigation? Il serait difficile de le contester, en présence de la jurisprudence qui fait produire à ces souscriptions, à l'égard des immeubles engagés, des effets absolument semblables à ceux d'une constitution de servitude. Dans l'affaire soumise au conseil d'Etat, c'était le mari qui déniait la validité de sa propre souscription, et, vis-à-vis de lui, le conseil d'Etat a pu très légitimement estimer que la souscription faite pour augmenter les produits de l'immeuble dotal constituait un acte d'administration. D'ailleurs, il ne faut pas perdre de vue que le mari ne peut demander la révocation de l'aliénation du bien dotal qu'à la charge de payer des dommages-intérêts (c. civ. art. 1560); mais si, après la dissolution du mariage, la femme ou ses ayants droit soutenaient que le mari n'a pu diminuer la valeur de l'immeuble dotal en le grevant volontairement d'une charge perpétuelle, la solution de la question pourrait donner lieu à de graves difficultés.

163. Il a été jugé que le concessionnaire d'un canal d'arrosage peut mettre en recouvrement, dans les formes usitées pour les taxes des arrosages des taxes afférentes aux eaux fournies pour la submersion des vignes; que, par suite, les réclamations contre les taxes ainsi mises en recouvrement doivent être présentées au conseil de préfecture dans le délai de trois mois, à partir de la publication des rôles (Cons. d'Et. 16 juill. 1886, aff. Rique-Sauvant, D. P. 87. 3. 127). La compagnie requérante aurait été fondée à soutenir qu'elle pouvait régler par des conventions purement privées les conditions auxquelles elle fournirait l'eau nécessaire à la submersion des vignes, si cette opération avait différé essentiellement des irrigations qu'elle était tenue d'effectuer d'après les tarifs approuvés par l'Administration; mais, en fait, cette prétention était inexacte. La submersion consistant à couvrir le sol d'une certaine quantité d'eau, à l'effet de rendre la culture plus productive, est une véritable irrigation, et, bien que les conditions dans lesquelles s'accomplit l'opération diffèrent notablement des irrigations qui étaient pratiquées à l'époque de l'acte de concession, elle rentre dans la catégorie de celles auxquelles cet acte est applicable. La fin de non-recevoir qui a été opposée au pourvoi n'a pas permis au conseil d'Etat de tirer de cette solution la plus importante des conséquences qu'elle comporte, c'est-à-dire l'obligation pour la compagnie de faire approuver par l'autorité compétente des tarifs spéciaux auxquels la submersion des vignes peut donner lieu; mais la compagnie paraît avoir reconnu elle-même cette obligation en soumettant à l'administration supérieure un projet tendant à régler définitivement ces tarifs; et le ministre des travaux publics, dans ses observations sur le pourvoi, avait déclaré que, s'il avait été présenté en temps utile, il aurait dû être accueilli, aucune taxe ne pouvant être mise en recouvrement en dehors des tarifs préalablement approuvés.

164. Le conseil d'Etat a jugé que la question de savoir si l'acquéreur d'un immeuble pour partie duquel le vendeur avait souscrit à une association syndicale d'arrosage, se trouve lié par cette souscription, bien qu'à une époque où elle ne lui était pas encore connue, il ait lui-même souscrit seulement pour une contenance moindre, est de la compétence de l'autorité judiciaire et non de l'autorité administrative;... alors du moins que l'Administration n'est intervenue ni pour provoquer l'association dont il s'agit, ni pour en déterminer le périmètre, mais uniquement pour l'autoriser et en régler l'organisation et les attributions (Cons. d'Et. 17 avr. 1856, aff. Nouvène, D. P. 56. 3. 68. V. *Rép.* n° 205).

165. La juridiction administrative n'est pas compétente pour connaître des anticipations commises sur les dépendances d'un canal d'irrigation, aucune disposition législative n'ayant rendu applicables aux canaux de cette nature les règles relatives à la protection des cours d'eau dépendant de la grande voirie. Ce principe a été consacré par un arrêt du conseil d'Etat du 28 mai 1880 (aff. Yvert, D. P. 81. 3. 23). Dans l'instruction de l'affaire, une controverse s'était élevée sur le point de savoir si, d'après les termes des actes qui avaient concédé pour quatre-vingt-dix-neuf ans le canal d'irrigation du Pouzin, avec retour à l'Etat à l'expiration de la concession, ce canal devait être considéré comme faisant dès à présent partie du domaine public. Il est à remarquer que le conseil d'Etat a jugé inutile de se prononcer, la solution lui ayant paru avec raison sans intérêt par rapport à la question de compétence dont il était saisi; aucune disposition n'a, en effet, attribué compétence au conseil de préfecture pour connaître de tout empiétement sur le domaine public. Il était également inutile d'examiner si les travaux du canal avaient le caractère de travaux publics; l'affirmative qui n'était pas douteuse était, en effet, sans influence sur la question, aucune loi n'attribuant à la juridiction répressive du conseil de préfecture le droit de statuer sur les atteintes à la conservation des ouvrages publics. Ainsi la juridiction civile est seule compétente pour connaître des anticipations sur les chemins ruraux (Crim. cass. 7 avr. 1866, aff. Trotier, D. P. 68. 1. 287), bien que les travaux exécutés sur ces chemins puissent avoir le caractère de travaux publics (Req. 6 janv. 1873, aff. Royer, D. P. 74. 1. 97; Cons. d'Et. 20 févr. 1874, aff. Dubuisson, D. P. 74. 3. 17). La juridiction répressive des conseils de préfecture est, en effet, limitée aux contraventions de grande voirie ou aux infractions assimilées à ces contraventions. Ainsi que le fait remarquer M. Aucoc, *Conférences sur l'Administration et le droit administratif*, 2e éd., t. 1, n° 313, ce n'est pas la loi du 28 pluv. an 8 qui a créé cette juridiction; si cette loi avait chargé les conseils de préfecture de statuer sur les difficultés qui s'élèveraient en matière de grande voirie, cette disposition ne lui donnait aucun pouvoir répressif. C'est la loi du 29 flor. an 10 qui, par ses art. 1er et 4, a soumis à la juridiction des conseils de préfecture « les contraventions de grande voirie, telles qu'anticipations, dépôts de fumiers ou autres objets et toutes espèces de détériorations commises sur les grandes routes, sur les arbres qui les bordent, sur les fossés, ouvrages d'art et matériaux destinés à leur entretien, sur les canaux, fleuves et rivières navigables, leurs chemins de halage, francs-bords, fossés et ouvrages d'art ». Dans son pourvoi, le ministre des travaux publics insistait sur ce que l'énumération ci-dessus n'était pas limitative, les faits spécifiés n'étant donnés qu'à titre d'exemples. Cela est vrai; mais ce qui est limitatif, c'est l'indication précise qu'il s'agit de contraventions de grande voirie; or, sauf une exception spéciale aux rues de Paris, la grande voirie n'a jamais compris que les voies par terre ou par eau ouvertes par l'Etat ou par ses concessionnaires à la circulation publique. Aussi les nombreuses extensions qu'a reçues successivement la juridiction des conseils de préfecture lui ont-elles toujours été attribuées par le pouvoir législatif ou par des décrets ayant force de loi ou rendus en vertu d'une délégation législative. Malgré l'utilité incontestable des canaux d'irrigation, il est impossible de faire rentrer les contraventions auxquelles ils donnent lieu dans aucune des catégories dont la loi a prononcé l'assimilation aux contraventions de grande voirie.

166. Les questions relatives aux droits des propriétaires des canaux d'irrigation et des canaux de dessèchement ont été examinées au *Rép.* nos 205 et suiv.

CHAP. 4. — Des cours d'eau non navigables ni flottables; Propriété; Usage des eaux; Curage (*Rép.* nos 208 à 243).

167. On a exposé au *Rép.* nos 208 à 217 les quatre systèmes qu'a fait naître la question de la propriété des cours d'eau non navigables ni flottables. La jurisprudence, par des arrêts nombreux, a consacré l'opinion qui considère ces cours d'eau comme *res nullius*. Elle les classe, en d'autres termes, parmi les choses qui n'appartiennent à personne et dont l'usage est commun à tous, sauf réglementation de cet usage par les lois de police dans les termes de l'art. 714 c. civ. (V. notamment, outre les arrêts cités ou rapportés au *Rép.* nos 213 et 214 : Civ. cass. 23 nov. 1858, aff. Spenlé, D. P. 59. 1. 18; Metz, 27 mars 1860, aff. Goutant, D. P. 60. 2. 160; Civ. cass. 8 mars 1865, aff. Frichot, D. P. 65. 1. 130; Metz, 11 août 1868, aff. Billotte, D. P. 69. 2. 53; Req. 19 févr. 1872, aff. Delpuech d'Espinassous, D. P. 73. 1. 85; Cons. d'Et. 11 juill. 1879, aff. Emmery, D. P. 80. 3. 17; Trib. Cosne, 31 août 1881, aff. Métairie, D. P. 83. 3. 55; Paris, 8 mars 1887, aff. Jacquin, D. P. 88. 2. 247; Pau,

28 mars 1887, aff. Pichon, D. P. 89. 5. 189; Req. 20 févr. 1888, aff. Russe, D. P. 88. 1. 262. — V. en sens contraire Trib. Saint-Etienne, 22 févr. 1866, aff. Neyrand, D. P. 69. 1. 441). La plupart des auteurs récents se prononcent pour le système adopté par la jurisprudence : « Le code civil, dit M. Ducrocq, *op. cit.*, t. 2, n° 1012, loin d'attribuer aux riverains la propriété des petites rivières, leur confère spécialement et nominativement tous les droits privatifs qu'il a voulu leur accorder sur ces cours d'eau; tel est l'objet des art. 556, 557, 561, 644, qui, utiles pour doter les riverains de certains droits sur une *res nullius*, seraient inutiles pour les leur donner sur une chose leur appartenant; la loi du 15 avr. 1829 (art. 2), en leur attribuant le droit de pêche dans les mêmes cours d'eau, a procédé comme le code. L'art. 563 c. civ. condamne surtout le prétendu droit de propriété des riverains sur les petites rivières, en accordant, à titre d'indemnité, lorsque la rivière s'est formé un nouveau cours, le lit abandonné aux propriétaires des terrains nouvellement occupés; on fait observer avec raison que, si le lit abandonné était la propriété de l'ancien riverain, ce serait indemniser le nouveau riverain avec le bien d'autrui; mais, de plus, et ceci ne nous paraît pas avoir été suffisamment remarqué, il résulterait de l'art. 563, non seulement que l'ex-riverain serait spolié de la propriété de l'ancien lit, mais que le nouveau riverain, au contraire, en aurait deux à la fois ; l'ancien et le nouveau lit, l'un à titre d'indemnité en vertu de l'art. 563, et l'autre en vertu de la doctrine que nous combattons avec la jurisprudence, et dont ce texte démontre doublement l'erreur. Enfin les petites rivières, contrairement à une assertion inexacte, produite dans la discussion de la loi de 1829 et renouvelée depuis, ne sont pas imposables à la contribution foncière (L. 23 nov.-1er déc. 1791; 3 frim. an 7, art. 103; Instr. min. fin. 1811, relative au cadastre, p. 128, n° 399), ce qui justifie, dans la législation administrative comme dans la législation civile, leur caractère de *res nullius*. » (V. dans le même sens : Demolombe, *Distinction des biens*, t. 2, nos 128 et suiv.; Dufour, t. 4, n° 598; Block, v° *Cours d'eau non navigables ni flottables*, p. 712).

168. D'autres jurisconsultes refusent de se ranger à l'opinion consacrée par la jurisprudence et persistent à attribuer aux riverains la propriété des eaux non navigables ni flottables. De ce nombre est M. Laurent. « Les dispositions du code civil, dit cet auteur, sont le vrai siège de la matière. Il y a un point qui est décisif, c'est celui de la propriété du lit. Nous avons pris acte de l'aveu que le lit desséché appartient aux riverains, mais ce n'est là qu'un point de doctrine ; reconnu aujourd'hui, il peut être rejeté demain. Il faut une base plus solide : nous la trouvons dans les textes du code. L'art. 560 dit que les îles qui se forment dans le lit des rivières navigables appartiennent à l'Etat; et l'art. 561 porte que celles qui se forment dans les rivières non navigables appartiennent aux riverains. A quel titre la loi attribue-t-elle les îles soit à l'Etat, soit aux riverains? La section où se trouvent les art. 560 et 561 nous le dit. Elle traite du droit d'accession relativement aux choses immobilières. C'est donc par droit d'accession que l'Etat et les riverains deviennent propriétaires des îles. A quoi accèdent-elles? Evidemment au lit. L'Etat n'a pas d'autre droit : d'ailleurs, l'île ne peut être que l'accessoire du lit, puisque c'est dans le lit qu'elle se forme, elle en est une partie, elle ne fait qu'un avec le lit; donc si l'Etat et les riverains acquièrent par accession les îles qui se forment dans les rivières, c'est qu'ils sont propriétaires du lit » (Laurent, *Principes de droit civil français*, 3e éd., t. 6, n° 18. V. en ce sens : Troplong, *De la prescription*, t. 1, n° 145; Demante, *Cours analytique*, t. 2, n° 374 *bis*; Batbie, *Traité de droit public et administratif*, 2e éd., t. 5, nos 416 et suiv.) — Il ne nous paraît pas établi que les auteurs du code en attribuant la propriété des îles des rivières non navigables aux riverains se soient décidés d'après les règles du droit d'accession. C'est, ainsi que l'a dit Tronchet, parce que les îles ou îlots dans les cours d'eau non navigables *sont des objets de peu d'importance qu'on les laisse aux riverains;* c'est aussi par une raison d'équité, puisqu'il arrive souvent que l'île rétrécissant le lit de la rivière, le cours d'eau s'élargit ensuite latéralement aux dépens des fonds riverains. « Attendu, porte un arrêt de la cour de Metz, que dans les art. 556, 557 et 561 on voit bien que les alluvions, les îles, les atterrissements qui se forment dans les petites rivières sont attribués aux riverains dans les proportions déterminées par ces articles ; que, toutefois, ces dispositions ne justifient point le droit général des riverains au sol qui demeure couvert d'eau, parce que, dans les cas qu'elles prévoient, il y a propriété nouvelle qui se découvre, un bien qui est créé par le caprice de l'eau, et comme cette richesse immobilière nouvellement apparue n'appartient à personne, il faut bien la donner à quelqu'un; mais les termes de la loi montrent qu'on ne la livre pas au riverain en sa qualité de propriétaire antérieur du sol devenu susceptible de culture, et qu'au contraire on lui livre ce sol à titre nouveau, en vertu d'un sage principe d'équité et de réciprocité, qui abandonne certains bénéfices à celui qui a supporté les charges, et permet quelquefois au riverain de tirer profit d'un voisinage qui lui a été souvent dommageable et funeste » (Metz, 27 mars 1860, aff. Goutant, D. P. 60. 2. 160; Demolombe, *op. cit.*, t. 10, n° 143).

169. Une question des plus délicates et très controversée est celle de savoir si les ruisseaux se trouvent compris parmi les rivières non navigables ni flottables, et si la question de propriété doit se résoudre, en ce qui les concerne, d'après les règles propres à ces rivières. Plusieurs cours d'appel ont admis la négative. « Attendu, dit un arrêt de la cour d'Agen, qu'il ne s'agit pas, dans la cause, de savoir à qui appartient le lit des rivières non navigables ni flottables, question des plus ardues et des plus controversées; qu'il s'agit seulement de décider si le lit de l'ancien cours d'eau, appelé de la Masse, ayant le caractère d'un simple ruisseau, en portant la dénomination dans le pays, et classé comme tel par l'autorité administrative, appartient aux riverains; qu'il est reconnu par tous les auteurs que les simples ruisseaux sont l'apanage des propriétaires des héritages sur lesquels ils se trouvent; qu'ils ont toujours été distingués des rivières, même non navigables ni flottables; que le droit romain ne confondait pas les ruisseaux, *rivos*, avec les fleuves, *flumina;* que nos anciens auteurs n'ont pas manqué aussi d'en faire la distinction; qu'on lit dans Loysel, *Instit. cout.*, liv. 11, tit. 11, règle 6 : « Les petites rivières et chemins sont aux seigneurs des terres et les ruisseaux aux particuliers tenanciers; » — que Boutaric, Inst., liv. 11, tit. 1er, et Duparc-Poullain, tit. 11, p. 398, ne sont pas moins explicites; — que telle est encore l'opinion de Merlin, *Questions de droit*, t. 11, v° *Cours d'eau;* qu'il suit de là que les simples ruisseaux ne sont pas des choses communes et qu'ils appartiennent, au contraire, aux riverains, entre lesquels la question de propriété doit être décidée, d'après les règles ordinaires du droit privé, par les titres, par la possession, etc. ; — Attendu, comme l'enseigne très bien M. Demolombe, *Distinction des biens*, etc., t. 2, n° 142, que si quelquefois, dans son acception générale, le mot *rivière* comprend même les ruisseaux (V. la loi du 14 flor. an 11 sur le curage des rivières non navigables et la loi du 15 avr. 1829 sur la pêche fluviale), il est certain que, dans son acception spéciale, le mot *rivière* ne comprend pas, au contraire, les simples ruisseaux et que tel est le sens particulier que les rédacteurs du code Napoléon ont attaché à cette expression dans les art. 556 et suiv., où ils opposent constamment les rivières navigables et flottables aux rivières non navigables ni flottables; qu'il paraît évident que ces termes *rivières non navigables, non flottables*, reçoivent de ce rapprochement même et de cette antithèse une signification spéciale exclusive des simples ruisseaux; qu'il n'y a pas un seul texte de loi qui place les ruisseaux dans le domaine public, et que la liberté de l'appropriation étant de droit commun, c'est avec raison que le tribunal a déclaré que le lit du ruisseau de la Masse, d'ailleurs depuis longtemps abandonné, et dont le sieur Amouroux, propriétaire riverain, a toujours payé l'impôt, appartient exclusivement à ce dernier; — Par ces motifs, etc. » (Agen, 4 mars 1856, aff. Amouroux, D. P. 56. 2. 63). La cour de Bordeaux a aussi jugé que les simples ruisseaux se distinguent des rivières non navigables ni flottables, et que si la question de savoir à qui appartiennent ces rivières est sujette à controverse, cette difficulté ne s'étend pas aux ruisseaux; qu'il est certain que ceux-ci ne sont pas une dépendance du domaine public et qu'ils appartiennent aux riverains; que, dès lors, le propriétaire riverain qui couvre de constructions la partie du ruisseau bordant sa propriété ne peut ouvrir des vues droites sur la partie de ce même ruisseau dépendant de la propriété voisine, sans observer la distance prescrite par l'art. 678 c. civ. (Bordeaux, 7 août 1862, aff. Sérès, D. P. 62. 2. 191) : « Attendu, porte l'arrêt, que la solution du procès dépend de la question de savoir si le cours d'eau de la Devèze, qui traverse Bordeaux, doit être considéré comme un de ceux auxquels est applicable l'art. 538 c. nap., portant que les fleuves et rivières navigables ou flottables sont considérés comme dépendance du domaine public; — Attendu, en droit, qu'il s'est élevé des difficultés sur le point de savoir si les rivières non navigables et non flottables sont la propriété des riverains ou celle de l'Etat; mais que, indépendamment de ces cours d'eau, il en existe d'autres qui, à raison de leur complète insuffisance pour la navigation et le flottage, ne sont désignés que sous la dénomination de ruisseaux; — Attendu que, sous l'ancienne législation, on voit des auteurs dont la parole fait autorité : Loysel, Boutaric, Duparc-Poulain, faire nettement cette distinction lorsqu'il s'agissait de savoir à qui des seigneurs ou des tenanciers appartenaient les cours d'eau, et attribuer les ruisseaux aux tenanciers; — Que Merlin établissait dans un réquisitoire la même doctrine : « Les rivières navigables et les rivières non navigables, disait-il, ont cela de commun qu'elles sont, les unes et les autres, consacrées à l'utilité générale, et qu'elles sont, en droit, assimilées dans tous les points, les premières aux grands chemins, les secondes aux chemins publics ou vicinaux; les simples ruisseaux n'ont qu'une utilité bornée aux particuliers sur le terrain desquels ils coulent »; — Attendu que, dans son acception grammaticale, le ruisseau a toujours été également distingué de la rivière : le ruisseau, d'après Noël et Chapsal, est « un courant d'eau trop faible pour former une rivière » : — Attendu que les auteurs du code Napoléon, qui avaient une profonde connaissance du droit ancien, ne peuvent être supposés avoir voulu effacer une distinction fondée sur la nature même des choses et sur d'imposantes autorités; — Qu'ainsi il faut tenir pour certain que les ruisseaux ne peuvent, ni grammaticalement ni juridiquement, être compris dans les cours d'eau que l'art. 538 attribue au domaine public; que, sauf preuve contraire, ils appartiennent aux riverains; etc. » M. Demolombe a prêté à cette opinion l'appui de son autorité : « En fait, dit cet auteur, la distinction des petites rivières et des ruisseaux n'est pas aussi difficile qu'on le prétend. Loysel formulait ainsi sa huitième règle (liv. 2, tit. 2) : Les grosses rivières ont, pour le moins, quatorze pieds de largeur, les petites, sept, et les ruisseaux, trois et demi. Mais la vérité est, qu'il n'y a sur ce point, rien d'absolu. *Flumen a rivi magnitudine discernendum est aut existimatione incolentium*, dit la loi 1, § 1er, au Digeste *de fluminibus*. Tels sont, en effet, les éléments de cette distinction : l'état des lieux, l'opinion générale, la possession d'état, comme dit Proudhon, de telle sorte que le droit n'a qu'à recueillir les résultats de la topographie (*Du domaine public*, t. 4, n° 1417). Rappelons aussi cette circonstance, que le rapporteur de la Convention nationale signalait que les ruisseaux, à la différence des rivières, n'ont pas la force de mettre en mouvement une usine. Et maintenant, en droit, c'est à tort, suivant nous, que l'on a prétendu que nos lois ne reconnaissaient que deux classes de cours d'eau, et qu'elles confondaient toujours dans les mêmes dispositions les rivières non navigables ni flottables et les simples ruisseaux. Nous croyons, pour notre part, que le mot *rivière* n'a pas toujours dans les différentes lois où il est employé un sens unique et absolu, et qu'il présente, au contraire, suivant les cas, une signification tantôt générale, tantôt spéciale. Dans son acception générale, il arrive quelquefois que le mot *rivière* comprend même les ruisseaux; et tel nous paraît être le sens dans lequel il est employé par la loi du 14 flor. an 11, sur le curage des rivières non navigables, et par la loi du 15 avr. 1829 sur la pêche fluviale (Comp. art. 2, 23 et 24). Mais, dans son acception spéciale, le mot « rivière » ne comprend pas, au contraire, les simples ruisseaux; et telle nous paraît être uniquement l'acception que les rédacteurs du code Napoléon ont attachée à ce mot dans les articles de notre titre 556 à 563, où ils opposent constamment les rivières navigables et non flottables; il nous paraît évident que ces expressions *rivières non navigables, non flottables*, reçoivent de ce rapprochement même et de cette antithèse une signification spéciale, exclusive des simples ruisseaux » (Demolombe, *Distinction des biens*, t. 2, nos 142 et suiv. V. aussi en ce sens : Laferrière, *Cours de droit public et administratif*, 4e éd., t. 2, p. 104; Ducrocq, t. 2, n° 980; Block, *op. cit.*, p. 713).

170. La distinction entre les rivières non navigables et flottables et les ruisseaux, admise par les cours d'Agen et de Bordeaux et par les auteurs que nous venons de citer, ne nous paraît pas fondée. On peut se demander si elle est entrée, à aucune époque de l'histoire de notre droit, dans la pensée du législateur. Sous l'empire des anciennes coutumes, les seigneurs hauts justiciers étaient propriétaires des ruisseaux comme des rivières non navigables ni flottables, en l'absence de titres particuliers, et avaient le droit de les vendre en tout ou en partie (V. *Rép.* v° *Propriété féodale*, n° 485; Pau, 24 févr. 1834, *ibid.*; Civ. rej. 17 juill. 1866, aff. Grimardias, D. P. 66. 1. 391). La plupart des commentateurs assimilaient expressément ou tacitement aux rivières les simples ruisseaux (V. Guyot, *Traité des fiefs*, t. 6, chap. *Des rivières*, n° 4; Chopin, *De domanio*, tit. 15, n° 3; Le Bret, *Traité de la souveraineté*, liv. 2, chap. 15; Loyseau, *Des seigneuries*, chap. 12, n° 120; Coquille, sur l'art. 1er, tit. 16, *De la coutume du Nivernais*; Dubost, *Jurisprudence du conseil sur les francs fiefs*, t. 2, p. 431; Salvaing, *De l'usage des fiefs*, liv. 1er, chap. 37 et 60; ainsi que deux arrêts du Parlement de Toulouse, l'un de 1595, rapporté par Larocheflavin, *Des droits seigneuriaux*, chap. 17, art. 1er, l'autre du 23 févr. 1724, rapporté par Frumental, v° *Droits du seigneur*). Quelques auteurs enseignaient, il est vrai, que les ruisseaux appartenaient aux particuliers tenanciers, tandis que les petites rivières appartenaient aux seigneurs des terres (V. Loysel, *Instit. coutum.*, liv. 2, tit. 2, règle 6; Boutaric, *Instit.*, liv. 2, tit. 1er, § 2); mais Guyot, *op. et loc. cit.*, dit que cette distinction était tombée en désuétude. L'abolition de la féodalité fit disparaître tous les droits que les seigneurs tenaient du droit féodal; le nouveau législateur créa deux classes de cours d'eau : les fleuves et rivières navigables et flottables, d'une part, et tous les autres cours d'eau, d'autre part. Il n'apparaît point qu'il ait établi une troisième classe, comprenant uniquement les ruisseaux; les ruisseaux continuèrent donc de figurer dans la catégorie des cours d'eau non navigables ni flottables, comme sous le régime antérieur, avec cette différence que les riverains avaient autrefois sur ces cours d'eau, quels qu'ils fussent, un droit de propriété, tandis qu'ils ne jouissent aujourd'hui que des droits spécifiés d'une manière limitative, tels que le droit de se servir de l'eau à son passage sur leurs fonds (c. civ. art. 644), le droit de pêche (L. 15 avr. 1829), le droit de tirer du sable, du gravier, des herbes, etc. (L. 14 flor. an 11). Le propriétaire de la source qui jaillit dans son héritage a, il est vrai, la propriété des eaux provenant de cette source et de leur lit, mais seulement jusqu'à la limite de son domaine (V. *Rép.* v° *Servitude*, nos 112 et suiv.; Req. 29 avr. 1873, aff. Commune de Choye, D. P. 73. 1. 281, et la note). — D'autre part, la jurisprudence reconnaît avec raison pour les ruisseaux *artificiels*, creusés de main d'homme, tels que canaux de dérivation, prises d'eau, fossés, etc., une présomption de propriété au profit du propriétaire du terrain qu'ils traversent ou de l'usine au fonctionnement de laquelle ils servent (V. *Rép.* n° 167, et v° *Propriété*, n° 121; Caen, 3 juill. 1833, rapporté par Daviel, *Des cours d'eau*, n° 836; Req. 3 déc. 1866, aff. Perrault, D. P. 67. 1. 126; 18 mai 1874, aff. Bouthors, D. P. 76. 1. 77, et les notes; Aubry et Rau, *Cours de droit civil français*, 4e éd., t. 2, § 168, texte et note 13. — Comp. Amiens, 4 (ou 5) août 1875, aff. de Lubersac, D. P. 77. 2. 188, et la note). Cette présomption s'explique par l'origine et le but de ces ruisseaux artificiels; mais elle se comprendrait moins en ce qui touche les ruisseaux *naturels*, qu'aucun caractère d'utilité ou de provenance spéciale ne distingue des autres cours d'eau non navigables ni flottables; elle conduirait à s'attacher au degré de non-navigabilité des cours d'eau, à leur largeur et au volume de leur débit, comme l'ont fait les arrêts de cours d'appel qui ont attribué au riverain la propriété de ces ruisseaux. Une distinction qui repose sur des bases aussi arbitraires n'a qu'une médiocre valeur juridique (Foucart, *Droit administratif*, t. 3, n° 1400 *in fine*; Championnière, *De la pro-*

priété des eaux courantes, nos 428 et suiv.; Daviel, *op. cit.*, t. 2, n° 536. — Comp. Montpellier, 12 janv. 1870, aff. Fonsès, D. P. 71. 2. 70). Telle est l'opinion d'un grand nombre d'auteurs. « La distinction entre les petits ruisseaux et les rivières non navigables, dit M. Laurent, *op. cit.*, t. 6, n° 22, est tout à fait arbitraire. Il est vrai qu'on la faisait dans l'ancien droit, mais il n'y en a plus aucune trace dans la législation moderne. Il faut dire plus : l'art. 644 la repousse formellement; il donne les mêmes droits aux riverains de tous les cours d'eau qui ne sont pas déclarés dépendance du domaine public, c'est-à-dire de toutes les rivières non navigables ni flottables. Distinguer entre les rivières, suivant qu'elles sont plus ou moins grandes, c'est créer une troisième classe de cours d'eau, ce qui s'appelle à la lettre : faire la loi. Vainement fait-on appel à l'ancien droit : faut-il rappeler aux interprètes du code que l'ancien droit est abrogé? Nos lois ne parlent que de rivières ou de cours d'eau; s'il y a à distinguer entre les grandes rivières et les petites, comment saura-t-on si telle loi parle d'une petite rivière et telle autre d'une grande. Tantôt le mot *rivière* comprendra les ruisseaux, tantôt il les exclura : en vertu de quel principe? Parce que tel est le bon plaisir de l'interprète. Bannissons l'arbitraire du droit, sinon il n'y a plus de droit » (V. dans le même sens : Aubry et Rau, *op. cit.*, § 168, t. 2, p. 37, note 10; Batbie, *op. cit.*, t. 5, n° 414).

171. Cette doctrine a été consacrée par plusieurs décisions de jurisprudence, notamment par un arrêt de la cour de Metz du 11 août 1868 (aff. Billotte, D. P. 69. 2. 54) et un arrêt du conseil d'Etat du 11 juill. 1879 (aff. Emmery, D. P. 80. 3. 17). Le tribunal civil de Cosne a également décidé que le lit et les eaux d'un cours d'eau non navigable ni flottable rentrent dans la classe des choses qui n'appartiennent à personne, dont l'usage est commun à tous et dont la jouissance est réglée par les lois de police, et qu'il n'y a point lieu de distinguer, à cet égard, entre les rivières non navigables ni flottables et les simples ruisseaux; qu'en conséquence, un ruisseau n'étant point susceptible d'appropriation privée, ne saurait être l'objet d'une action possessoire tendant à la maintenue en possession de la moitié du cours d'eau (Trib. Cosne, 31 août 1881, aff. Métairie, D. P. 85. 3. 55). « Considérant, porte la décision du juge de paix du canton de Prémery confirmée, en appel, par le tribunal civil de Cosne, que les cours d'eau non navigables ni flottables n'appartiennent pas aux riverains ; — Qu'ils rentrent dans la classe des choses qui, d'après l'art. 714 c. civ., n'appartiennent à personne, dont l'usage est commun à tous et dont la jouissance est réglée par les lois de police ; — Qu'à la vérité certains auteurs et quelques cours d'appel font, entre les cours d'eau non navigables ni flottables une distinction qui aurait pour but et pour effet de soustraire quelques-uns de ces cours d'eau au principe plus haut exposé ; qu'ils distinguent, à cet effet, les rivières non navigables ni flottables et les simples ruisseaux ; qu'en ce qui touche les rivières, on reconnaît que leurs lits et leurs eaux sont *res nullius*, mais que les simples ruisseaux sont susceptibles d'appropriation privée ; — Que cette distinction n'est admissible ni en fait, ni en droit ; — Qu'en droit, cette distinction n'a pas de base sérieuse ; qu'on n'en découvre pas le principe ; qu'on ne trouve dans la loi ni un texte, ni un mot qui autorise une semblable distinction ; que l'art. 644, qui n'accorde aux riverains qu'un droit de puisage sur les eaux, ne fait pas de distinction entre les eaux des rivières et les eaux des simples ruisseaux, et que là où la loi ne distingue pas, personne ne doit distinguer ; qu'en fait, l'application d'une pareille distinction ne pourrait se faire que d'une manière très arbitraire ; — Que la cour suprême, interprète le plus autorisé de la loi, n'a pas, dans aucune des espèces qui lui ont été soumises, établi une pareille distinction ; qu'elle n'ignorait assurément pas les controverses élevées sur ce point, et qu'en admettant qu'elle se soit gardée de se prononcer sur une question qui ne lui était pas soumise, ses arrêts auraient été motivés d'une toute autre façon ; — — Qu'en effet, dans toutes les espèces à elle soumises depuis 1846, la cour de cassation commence par établir et poser le principe qu'elle va appliquer aux espèces ; que les expressions employées par la cour embrassent dans leur généralité, sans exception, tous les cours d'eau, et sont, par suite, exclusives de toute distinction : « Attendu, porte l'arrêt du 10 juin 1846 (aff. Parmentier, D. P. 46. 1. 177), que les cours d'eau non navigables ni flottables, n'appartenant point aux riverains, rentrent dans la classe des choses qui n'appartiennent à personne » ; — Qu'il est évident que si, dans l'esprit de la cour, une distinction était possible, elle n'aurait pas employé une expression aussi générale que celle de *cours d'eau ;* — Que, s'agissant dans les espèces soumises à son appréciation, de rivières non navigables ni flottables, elle aurait assurément employé l'expression de *rivières* et non celle de *cours d'eau* qui embrasse les rivières, ruisseaux, etc. ; — Qu'il y a donc lieu de rejeter une distinction que repoussent à la fois le texte de la loi, son esprit et la jurisprudence de la cour de cassation ; — Qu'il suit de là que les eaux et le lit des cours d'eau étant *res nullius* et non susceptibles d'appropriation privée, le cours d'eau ligitieux ne peut être l'objet d'une action possessoire... »

172. Les conséquences du principe que les cours d'eau non navigables ni flottables sont *res nullius*, sont les suivantes : 1° le droit d'utiliser les eaux ne peut être l'objet d'une cession, d'une vente proprement dite de la part d'un riverain au profit d'un autre riverain (*Rép.* n° 215) ; — 2° Le riverain n'a pas droit à une indemnité pour le lit de la rivière, lorsque son terrain traversé par le cours d'eau est exproprié pour cause d'utilité publique ou lorsque la rivière est déclarée navigable ou flottable (Ducrocq, *op. cit.*, t. 2, n° 1013 ; Demolombe, *op. cit.*, t. 2, n° 145; Metz, 27 mars 1860, aff. Goutant, D. P. 60. 2. 160) ; — 3° Les riverains d'un cours d'eau non navigable ni flottable ont le droit de circuler en bateau sur ce cours d'eau, même dans les parties traversant l'héritage de l'un d'eux, sans que celui-ci puisse s'y opposer au moyen, par exemple, de l'établissement de chaînes mettant obstacle à cette circulation : il n'y a lieu d'appliquer ici ni l'art. 647 c. civ. sur le droit de clôture, ni l'art. 644 du même code relatif au droit de jouissance du riverain qui est à la fois propriétaire des deux rives du cours d'eau. La cour de Paris a jugé le contraire dans un arrêt du 2 août 1862. « Aux termes de l'art. 647 c. nap., dit cet arrêt, tout propriétaire peut clore son héritage ; cette faculté est absolue ; il n'y est pas fait exception pour le cas où la propriété est traversée par un cours d'eau non navigable ni flottable ; en conséquence, lorsqu'une eau courante autre que les rivières navigables ou flottables passe à travers un héritage clos et habité, le propriétaire a le droit d'empêcher que des tiers puissent pénétrer chez lui en passant sur ce cours d'eau, soit en bateau, soit de toute autre manière, et d'établir à cet effet à chaque extrémité de son domaine une clôture propre à faire obstacle au passage. Sans doute, l'autorité administrative peut exiger que cette fermeture soit établie de façon à n'apporter aucune entrave au libre écoulement des eaux et au règlement de leur niveau, mais le droit de se clore, en se conformant à cette condition, appartient incontestablement au propriétaire des deux rives. — S'il n'est pas vrai de dire que l'eau courante qui traverse les héritages appartienne privativement aux riverains, et qu'ils en puissent disposer comme de leur chose, il est indubitable qu'ils en ont l'usage dans toute l'étendue de son parcours à travers leur domaine, et que ce droit d'usage est exclusif de l'exercice du même droit de la part de tiers ; — Par suite, ils sont autorisés à s'opposer à ce que ces tiers puissent s'introduire chez eux en passant sur le cours d'eau, alors surtout que leur propriété est close dans toutes ses autres parties et qu'il en dépend une habitation » (Paris, 2 août 1862, aff. Frichot, D. P. 63. 2. 122). — Le pourvoi formé contre cette décision, après avoir rappelé quel est, d'après la jurisprudence, le caractère juridique des cours d'eau non navigables et avoir établi que les riverains ne possèdent sur ces rivières d'autres droits que ceux qui leur ont été spécialement attribués par la loi, faisait remarquer que la navigation en bateau, soit qu'on la considère au point de vue de l'utilité, soit qu'on l'envisage seulement au point de vue de l'agrément qu'elle peut procurer, est un usage légitime des cours d'eau, et que cet usage ne saurait être interdit, lorsqu'il ne rencontre aucun obstacle ni dans l'exercice d'un droit exclusivement réservé à autrui ni dans aucune prohibition réglementaire. — De ce que le propriétaire d'un héritage a, aux termes de l'art. 647, la faculté de clore cet héritage, il ne s'ensuit pas qu'il ait celle de clore en même temps ce qui ne lui appartient pas. Il ne peut donc pas plus comprendre dans ses clôtures le lit de la rivière, qui est au nombre des choses communes, qu'il n'y pourrait embrasser une propriété privée appartenant à autrui. — La décision attaquée, ajoutait le demandeur en cassation, a son principe dans la doctrine adoptée par la cour de Paris sur les droits d'usage appartenant aux riverains, droits qui seraient absolus et sans limites. Rien n'est moins exact qu'une pareille théorie. Les auteurs qui ont réclamé pour les riverains la propriété des petites rivières n'ont jamais entendu faire considérer ces sortes de biens comme suscepbles d'une propriété ordinaire; c'est uniquement leur usage, leur jouissance exclusive qu'ils ont voulu attribuer aux riverains. Or, cet usage et cette jouissance ne sauraient être plus efficacement, plus énergiquement garantis que par un système de clôture qui, dans les limites de chaque propriété, interdirait aux tiers l'accès du cours d'eau. De cette façon les droits les plus précieux, le droit à la pente notamment, seraient assurés aux seuls riverains, et l'opération du draguage, qui nécessite l'emploi des barques, serait rendue impossible. — La doctrine de la cour d'appel est contraire au principe fondamental de la loi et de la jurisprudence, d'après lequel les cours d'eau et leur lit sont choses communes dans tout leur parcours, et elle est aussi contraire à cet autre principe, qui en est le corollaire, à savoir qu'au lieu d'avoir la jouissance exclusive des petites rivières dans tout leur parcours à travers leurs fonds, les propriétaires riverains ne possèdent sur leurs eaux d'autres droits exclusifs que ceux qui, pour employer les termes de la cour de cassation dans l'arrêt du 10 juin 1846 (aff. Parmentier, D. P. 46. 1. 177), ont été spécifiés et limitativement déterminés par la loi. La cour de cassation a cassé l'arrêt de la cour de Paris (Civ. cass. 8 mars 1865, aff. Frichot, D. P. 65. 1. 130). Elle s'est fondée sur ce qu'aucun texte de loi n'accordant aux riverains le droit exclusif de circuler en bateau sur la rivière qui traverse leurs propriétés, ce droit appartient à tout le monde et n'a de limites que dans les dispositions prohibitives des lois et des règlements de police (Ducrocq, t. 2, n° 1012; Demolombe, *op. cit.*, t. 2, n° 147; Dufour, t. 4, n° 601. — V. en sens contraire : Laurent, *op. cit.*, t. 6, n° 24); — 4° Le lit des petites rivières ne doit pas être compris dans l'arpentage des fonds qu'elles traversent, et les petites rivières qui, dans la pratique, ne sont pas effectivement imposées ne sont, en droit, pas imposables (L. 3 frim. an 7, art. 103 et 104) (Demolombe, t. 2, n° 150; Perrin, *Code de la contiguïté*, n° 917; Ducrocq, t. 2, n° 1013); — 5° Il n'y a pas lieu de prononcer l'expropriation contre les riverains et de les indemniser, lorsque le sol qui forme le lit des cours d'eau non navigables ni flottables est employé pour des travaux publics, et, par exemple, pour la construction d'un chemin de fer (Req. 6 mai 1861, aff. Goutant, D. P. 61. 1. 273). La solution est la même, comme on l'a démontré au *Rép.* n° 198, lorsqu'on canalise la rivière. Les riverains ont seulement droit à une indemnité pour la privation du droit de pêche, en vertu de la disposition spéciale de la loi du 15 avr. 1829 (Conf. Demolombe, t. 2, n° 146; Laurent, *op. cit.*, t. 6, n° 26); — 6° La pente du cours d'eau n'appartient pas aux riverains; dès lors, si la force motrice qu'elle procure aux riverains est supprimée par suite de travaux pratiqués par l'Administration, il n'y a pas lieu à expropriation pour cause d'utilité publique; l'indemnité qui est due au propriétaire dont l'usine a une existence légale est réglée par le conseil de préfecture (*Rép.* n° 353; Ducrocq, *op. cit.*, t. 2, n° 1013. V. Metz, 11 août 1868, aff. Billotte, D. P. 69. 2. 53; Req. 25 janv. 1869, aff. Duvivier, D. P. 70. 1. 74); — 7° Les actions relatives aux cours d'eau non navigables ni flottables ne sont pas soumises aux règles concernant l'exercice des actions intéressant le domaine public; elles ne peuvent, notamment, être dirigées contre le préfet. — Il a été jugé que les cours d'eau non navigables ni flottables étant *res nullius*, l'action en revendication ou en abornement d'un cours d'eau de cette nature ne peut être dirigée contre le préfet comme représentant le domaine public de l'Etat; elle doit être formée uniquement contre le particulier qui prétend avoir un droit de propriété ou de possession sur ce cours d'eau (Metz, 11 août 1868, précité); — 8° Les cours d'eau non navigables ni flottables n'étant pas susceptibles d'appropriation privée, on ne peut acquérir par prescription le droit de conserver des constructions faites dans leur lit (Req. 19 févr. 1872, aff. Delpuech d'Espinassous, D. P. 73. 1. 85; Cons. d'Et. 11 juill. 1879, aff. Emmery, D. P. 80. 3. 17).

173. Il a été jugé que les cours d'eau non navigables ni flottables rentrent dans la classe des choses qui n'appartiennent à personne, et dont l'usage commun à tous est réglé par les lois de police; que, par suite, le riverain dans le terrain duquel a été construit un canal de dérivation alimenté par un cours d'eau non navigable ni flottable, n'est pas devenu, par cela seul, propriétaire d'un volume d'eau correspondant à la profondeur du lit et à la hauteur des bords de son canal, et que, dès lors, les eaux qu'il a ainsi dérivées, par lui ou par ses auteurs, peuvent être diminuées pour la mise en mouvement d'une usine construite, avec l'autorisation de l'Administration, en amont du même cours d'eau... alors, d'ailleurs, que, de son côté, il ne les avait point utilisées pour le service d'une usine antérieurement autorisée (Civ. cass. 23 nov. 1858, aff. Spenlé, D. P. 59. 1. 18). En effet, s'il est incontestable que les eaux amenées sur le terrain de l'un des riverains, à l'aide d'un canal de dérivation, lui appartiennent exclusivement, il n'est pas moins certain que la jouissance du cours d'eau alimentaire reste commune à tous les riverains de ce cours d'eau, et demeure, dès lors, soumise à tous les règlements d'eau, ou à toutes les concessions de force motrice que l'administration a le droit de faire à l'égard des cours d'eau non navigables ni flottables. Le riverain, propriétaire du canal de dérivation, n'est donc pas fondé à se plaindre de la diminution que l'Administration, dans l'exercice de ses attributions, a fait subir au niveau de son canal, à moins qu'il n'en soit résulté une atteinte à une concession de force motrice qui lui aurait été régulièrement consentie à lui-même (hypothèse réservée dans l'arrêt précité), ou à moins que le riverain n'ait acquis par la prescription un droit à la jouissance exclusive soit d'une portion déterminée, soit de la totalité du cours d'eau.

174. La règle d'après laquelle les cours d'eau non navigables ne sont pas susceptibles d'appropriation s'applique dans le cas même où leur lit a été détourné de son emplacement naturel et jeté, par exemple, dans un fossé (Cons. d'Et. 11 juill. 1879, aff. Emmery, D. P. 80. 3. 17. V. aussi Paris, 20 févr. 1875, aff. Alips, D. P. 77. 2. 151; Cons. d'Et. 24 nov. 1876, aff. Villedary, D. P. 77. 3. 35).

175. Dans le cas où un nouveau lit a été creusé de main d'homme pour recevoir un cours d'eau même non navigable, la question de savoir quelles sont les dépendances nécessaires de ce cours d'eau artificiel doit se résoudre, d'après les mêmes principes qu'en ce qui concerne les canaux proprement dits; or, la propriété du lit d'un canal entraîne ou, du moins, fait présumer celle des rives et francs-bords (V. *Rép.* v° *Propriété*, n° 123, et *suprà*, n° 132). — Il a été jugé qu'une bande de terrain très étroite (dans l'espèce, de 50 centimètres) ménagée lors de la dérivation d'un cours d'eau non navigable pour donner à la berge du nouveau lit une consistance suffisante, constitue une dépendance de ce lit; que, par suite, une compagnie de chemin de fer qui a exécuté, dans ces conditions, la dérivation d'un cours d'eau, ne peut être considérée comme propriétaire de la bande de terrain ainsi ménagée et ne peut être, à raison de ladite bande, assujettie aux obligations incombant aux riverains pour le curage des cours d'eau (Cons. d'Et. 8 déc. 1882, aff. Chemins de fer de l'Ouest, D. P. 84. 3. 62; 16 mars 1889, aff. Chemin de fer du Midi, *Rec. Cons. d'Etat*, p. 379).

176. Le principe d'après lequel les cours d'eau non navigables ni flottables sont, par leur nature, considérés comme *res nullius*, cède, au profit des riverains, devant des titres spéciaux de propriété antérieurs au code civil. Sous la législation ancienne, des droits de propriété privée pouvaient être établis par titres sur le lit et les berges des cours d'eau non navigables ni flottables. Or, si les lois intermédiaires et le code civil ont changé le sort des rivières non navigables ni flottables qui étaient censées, précédemment, la propriété des seigneurs haut justiciers, ils n'ont fait que convertir sous ce rapport la propriété féodale en propriété publique et n'ont pu avoir pour effet de détruire les droits de propriété privée qui ont pris naissance sous l'ancienne législation. — Conformément à cette doctrine, il a été jugé que le riverain dont les auteurs ont, avant le code civil, acquis, en vertu de titres, la propriété du lit et d'un cours d'eau non navigable ni flottable, a droit, même sous la législation actuelle, à une indemnité d'expropriation, au cas où l'Administration s'est emparée de ce cours d'eau et de son lit pour l'exécution de travaux d'utilité publique, par exemple, de travaux d'endiguement contre les inondations (Civ. rej. 17 juill. 1866, aff. Grimardias, D. P. 66. 1. 391. V. aussi Req. 6 nov. 1866, *suprà*, v° *Bornage*, n° 8; Amiens, 4 (ou 5) août 1875, aff. de Lubersac, D. P. 77. 2. 188; Laurent, t. 7, n° 222; Aubry et Rau, *op. cit.*, § 246, t. 3, p. 54, note 39; Ducrocq, t. 2, n° 1012; Block, *op. cit.*, p. 712).

177. — I. USAGE DES EAUX NON NAVIGABLES NI FLOTTABLES (*Rép.* n° 218 à 225). — Les droits qui appartiennent à toutes personnes, même non riveraines, sur les cours d'eau non navigables ni flottables, sont, d'après les termes mêmes de l'art. 714, les droits d'usage les plus étendus et les plus absolus, ceux qui appartiennent à chacun sur toute chose commune, et ces droits ne peuvent trouver de limites que dans ceux privativement accordés aux riverains ou dans les dispositions prohibitives des lois ou des règlements de police. Les riverains ne peuvent réclamer d'une manière exclusive, sur les petites rivières, d'autres droits que ceux qui leur ont été spécialement attribués par la loi. Ils ne possèdent que des droits d'usage spécifiés et limités, et c'est, en quelque sorte, un par un, et par des dispositions isolées et distinctes, que le législateur a accordé aux riverains divers droits exclusifs, le droit d'alluvion (art. 556 et 557), le droit aux îles (art. 561), le droit de se servir des eaux à leur passage pour l'irrigation de leurs propriétés (art. 644). Ils ne peuvent réclamer que les facultés qui ont fait l'objet de cette concession, et tout ce qui ne leur a pas été concédé est demeuré sous l'empire de la règle qui gouverne les choses communes. — La jurisprudence tend à augmenter le droit des riverains, en raison des charges qu'ils ont à supporter; elle leur attribue tous les droits non incompatibles avec les exigences de l'intérêt général, et notamment le droit exclusif d'extraire du lit de la rivière des sables et graviers (*Rép.* n° 217). M. Laurent estime que la théorie qui considère les rivières non navigables comme *res nullius* devrait avoir pour conséquence de permettre à tout le monde d'extraire de ces cours d'eau des limons et graviers, sans droit de préférence pour les riverains (*op. cit.*, t. 6, n° 21). M. Demolombe soutient, au contraire, que les riverains, bien que n'étant pas propriétaires du lit du cours d'eau, qu'il considère, avec la cour de cassation, comme *res nullius*, doivent avoir seuls le droit de faire des extractions de cette nature. (*Distinction des biens*, t. 2, n° 152). Cette doctrine repose sur les motifs suivants. Aux termes des art. 556, 557, 561, 644 et 645 c. civ., les riverains ont droit aux alluvions, relais, îlots, et à l'usage des eaux des rivières dont il s'agit. En vertu de la loi du 15 avr. 1829 (art. 2), le droit de pêche leur est conféré. Enfin la loi des 14-24 flor. an 11 charge les mêmes riverains du curage et de l'entretien de ces cours d'eau. La circulaire du ministre de l'intérieur du 10 déc. 1837 ajoute même à cet égard : «... Chaque propriétaire doit contribuer aux frais du curage dans la proportion de son intérêt... C'est aux propriétaires eux-mêmes qu'il appartient de procéder au curage, en se conformant aux règlements et aux usages; mais les maires ont le droit de faire faire d'office les travaux nécessaires, si les propriétaires les négligent ou s'y refusent... L'Administration a le droit de déterminer les lieux où seront portés les déblais... Les riverains sont tenus d'en souffrir le jet et le dépôt momentanément sur leurs berges... Chaque riverain a, d'ailleurs, le droit d'utiliser les produits du curage ». Que deviendraient soit les obligations, soit les prérogatives qui viennent d'être rappelées, si le premier venu pouvait venir extraire des matériaux du lit de la rivière? Le système, l'économie des cours d'eau en recevraient une grave atteinte; la pêche serait peut-être compromise; les frais d'entretien pourraient être aggravés; l'espérance d'obtenir des relais ou alluvions s'évanouirait; l'usage continu et régulier des eaux serait moins bien assuré. Il y a donc un lien intime et nécessaire entre les droits accordés par la loi aux riverains et la faculté d'extraire du lit des cours d'eau les sables et graviers. Cela paraît suffisant pour faire admettre que la faculté dont il s'agit ne doit appartenir qu'à ceux dont les avantages essentiels seraient lésés s'il en était autrement. Ce n'est là, en un mot, qu'un droit accessoire qui doit suivre le sort du droit principal accordé aux riverains; sinon sur le cours d'eau considéré comme propriété, tout au moins sur les usages et profits qu'il peut procurer, et qui ne sont qu'une juste compensation de ses inconvénients éventuels. — Il a été jugé que si les rivières non navigables ni flottables rentrent dans la classe des choses qui n'appartiennent à personne et dont l'usage est commun à tous, cet usage a pour limite les droits spécialement accordés par la loi aux riverains; que du moment où les dispositions de la loi mettent le curage et l'entretien desdits cours d'eau à la charge des riverains, autorisent ceux-ci à y pêcher, et leur confèrent des titres sur la formation des alluvions, relais et îlots, on doit en induire que ces riverains ont seuls le droit d'extraire du lit de la rivière des sables et graviers, et qu'il est interdit aux non-riverains de faire de telles extractions (Req. 20 févr. 1888, aff. Husse, D. P. 88. 1. 262. V. aussi Trib. Grasse, 8 avr. 1876, aff. Rostan, D. P. 77. 2. 175). — Mais il a été décidé avec raison que le riverain d'un cours d'eau non navigable ni flottable ne peut changer la direction des eaux; ce droit n'appartient, d'après l'art. 644 c. civ., qu'à celui dont le fonds est traversé par le cours d'eau; qu'il lui est également interdit de faire aucun acte de nature à nuire aux propriétés voisines (Aix, 12 août 1876, aff. Rostan, D. P. 77. 2. 175).

178. Que les ruisseaux soient considérés comme étant la propriété des riverains ou comme constituant une *res nullius*, il semble qu'en tout cas les riverains peuvent y déverser les eaux pluviales qui tombent sur leurs fonds, et ce, non seulement en leur laissant suivre la pente naturelle du sol, mais encore après les avoir recueillies dans des rigoles, ou après avoir exécuté des travaux qui ont eu pour résultat de diminuer la puissance d'absorption du sol. En agissant ainsi, en effet, ils n'excèdent pas les droits d'usage que reconnaissent aux riverains les auteurs qui considèrent les ruisseaux comme *res nullius*, ni à plus forte raison les droits que leur attribuent ceux qui les considèrent comme propriétaires de ces ruisseaux. Mais, dans le système qui regarde le ruisseau comme une propriété privée, le propriétaire de l'héritage dans lequel il est situé peut évidemment le combler, si telle est sa volonté, pourvu que son fonds ne soit pas grevé de servitude d'écoulement d'eau, et que par ses travaux il ne fasse pas refluer sur le voisin l'eau qui découle naturellement de son fonds. Au contraire, dans le système qui considère le ruisseau comme *res nullius*, il n'a évidemment pas le droit d'en combler le lit, ni d'établir des barrages qui aient pour résultat d'empêcher le fonds supérieur d'y déverser ses eaux; car, en comblant ou en barrant le ruisseau, il disposerait en maître d'une chose ne lui appartenant pas.

179. Les cours d'eau non navigables ni flottables sont dans les colonies françaises une dépendance du domaine public (V. *Organisation des colonies*; — *Rép.* eod. v°, n°s 304 et suiv.).

180. — II. CURAGE DES RIVIÈRES NON NAVIGABLES NI FLOTTABLES (*Rép.* n°s 226 à 243, et v° *Travaux publics*, n°s 149 et suiv.). — 1° *De l'autorité compétente pour ordonner le curage et de l'instruction suivie en cette matière.* — Les décrets de 1852 et de 1861 sur la décentralisation administrative ont apporté diverses modifications aux pouvoirs des préfets en matière de curage des rivières navigables et flottables. Elles ont été très nettement indiquées par le commissaire du Gouvernement, M. de Belbeuf, dans une affaire Corbière et autres, soumise au Conseil d'État en 1866. « Avant le décret de 1852, a dit M. de Belbeuf, les questions relatives au curage des cours d'eau non navigables ni flottables étaient réglées par plusieurs dispositions législatives, notamment par la loi en forme d'instruction des 12-20 août 1790 et par la loi du 14 flor. an 11. Le chap. 6, § 3, de la loi en forme d'instruction des 12-20 août 1790 charge les administrations départementales de rechercher et d'indiquer les moyens de procurer le libre cours des eaux, d'empêcher que les prairies ne soient submergées par la trop grande élévation des écluses, des moulins, et par les autres ouvrages d'art établis sur les rivières; de diriger enfin, autant qu'il sera possible, toutes les eaux de leur territoire vers un but d'utilité générale, d'après les principes de l'irrigation.

— D'un autre côté, la loi du 14 flor. an 11 dispose ainsi qu'il suit: « Art. 1er. Il sera pourvu au curage des canaux et rivières non navigables, et à l'entretien des digues et ouvrages d'art qui y correspondent, de la manière prescrite par les anciens règlements, ou d'après les usages locaux. — Art. 2. Lorsque l'application des règlements ou l'exécution du mode consacré par l'usage éprouvera des difficultés, ou lorsque des changements survenus exigeront des dispositions nouvelles, il y sera pourvu par le Gouvernement dans un règlement d'administration publique rendu sur la proposition du préfet du département, de manière que la quotité de la contribution de chaque imposé soit toujours relative au degré d'intérêt qu'il aura aux travaux qui devront s'effectuer». — D'après ces dispositions, voici comment étaient organisés, antérieurement à 1852, les pouvoirs des autorités administratives en ce qui concerne le curage des cours d'eau non navigables ni flottables. S'agissait-il d'un cours d'eau pour le curage duquel il n'existait ni usage local ni ancien règlement? Le préfet pouvait prescrire le curage de ce cours d'eau dans l'intérêt de la salubrité et de la sécurité publique, c'est-à-dire en vue de prévenir les inondations ou de pourvoir aux besoins sanitaires de la localité: c'est l'application de la loi des 12-20 août 1790. S'agissait-il, au contraire, d'un cours d'eau pour lequel il existait soit des usages locaux, soit d'anciens règlements? Le préfet avait le droit de pourvoir au curage de ce cours d'eau de la manière prescrite par ces règlements ou ces usages : c'est l'application de l'art. 1er de la loi du 14 flor. an 11. Mais, dans l'un comme dans l'autre cas, qu'il fût question d'un curage à opérer en vertu de la loi de 1790 ou d'un curage rentrant dans les conditions de la loi de l'an 11, le préfet ne pouvait statuer que par un arrêté spécial quant à l'objet, déterminé quant au temps, jamais par un arrêté général et permanent: en un mot, la compétence du préfet était restreinte aux nécessités du moment, aux besoins d'un curage accidentel et temporaire. — Que s'il fallait, au contraire, soit établir un règlement général et persistant pour le curage d'un cours d'eau qui ne possédait ni usages locaux ni anciens règlements, soit lorsqu'il s'élevait des doutes ou des difficultés sur l'application des règlements ou l'exécution du mode consacré par l'usage, soit enfin lorsque des changements survenus exigeaient des dispositions nouvelles, ou, ce qui revient au même, des modifications à introduire dans les anciens règlements, des innovations à apporter dans les usages locaux; dans tous ces cas, il était nécessaire de recourir à un règlement d'administration publique : c'est l'application de l'art. 2 de la loi du 14 flor. an 11. — Maintenant, en quoi les décrets du 25 mars 1852 et du 13 avr. 1861 ont-ils étendu, en matière de curage, les pouvoirs du préfet? L'art. 4 du décret du 25 mars 1852 dispose que « les préfets statueront, également sans l'autorisation du ministre des travaux publics, mais sur l'avis ou la proposition des ingénieurs en chef, et conformément aux règlements ou instructions ministérielles, sur tous les objets mentionnés dans le tableau D ci-annexé ». Or le no 5 du tableau D annexé au décret du 25 mars 1852 et le no 6 du tableau D annexé au décret du 13 avr. 1861 sont conçus en ces termes: « Dispositions pour assurer le curage et le bon entretien des cours d'eau non navigables ni flottables de la manière prescrite par les anciens règlements ou d'après les usages locaux. Réunion, s'il y a lieu, des propriétaires intéressés en associations syndicales ». — Il résulte de ces textes que les pouvoirs des préfets n'ont reçu d'extension que, sur un seul point, du moins en ce qui touche les opérations du curage proprement dit : lorsqu'il existe d'anciens règlements, les préfets peuvent désormais prendre des dispositions générales pour l'application de ces règlements, mais bien entendu en se conformant à leurs prescriptions, tandis qu'autrefois ils n'auraient pu statuer que pour des cas spéciaux, accidentels, et par une mesure annuelle ou temporaire; les préfets ont également le pouvoir de faire des règlements pour l'exécution des usages locaux, toujours en se conformant à ces usages. — Mais s'il s'agit, en l'absence de tout ancien règlement ou d'usage local, de prendre des mesures constituant un règlement général et permanent; s'il est nécessaire de modifier les anciens règlements ou les usages; si enfin l'application des règlements ou l'exécution du mode consacré par l'usage éprouvent des difficultés, aujourd'hui comme avant 1852, nous restons sous l'empire de l'art. 2 de la loi du 14 flor. an 11; c'est au chef de l'Etat seul, en son conseil d'Etat, qu'il appartient de statuer; en un mot, il faut avoir recours à la forme, solennelle et protectrice de tous les intérêts, du règlement d'administration publique. »

Le conseil d'Etat adopta les conclusions du commissaire du Gouvernement et décida qu'aux termes des décrets de décentralisation des 25 mars 1852 et 13 avr. 1861, les préfets peuvent bien aujourd'hui prendre des dispositions générales pour l'application des anciens règlements et faire des règlements pour l'exécution des usages locaux en matière de curage des cours d'eau non navigables; mais que ces mêmes décrets n'autorisent point ces fonctionnaires à prendre de telles dispositions ou à faire de tels règlements en l'absence de tout règlement ancien ou de tout usage local; que ce pouvoir continue à appartenir exclusivement au Gouvernement, statuant dans la forme des règlements d'administration publique (Cons. d'Et. 12 avr. 1866, aff. Corbière, D. P. 67. 3. 81). — La solution contraire avait été jusqu'à cette époque admise dans la pratique administrative. Il avait même été jugé par le conseil d'Etat, mais avant le décret du 13 avr. 1861 qui a retranché du tableau A du décret de 1852 le no 51 donnant aux préfets le droit de statuer à l'égard des cours d'eau non navigables, en tout ce qui concerne leur élargissement et leur curage, que « lorsque l'application des anciens règlements ou des usages locaux, en matière de curage des cours d'eau non navigables, donne lieu à des difficultés, les préfets peuvent, en vertu du décret de décentralisation du 25 mars 1852, y pourvoir par de simples arrêtés: le décret précité déroge, sur ce point, à l'art. 2 de la loi du 14 flor. an 11, qui exigeait que ces dispositions fussent prises par des règlements d'administration publique (Cons. d'Et. 7 juin 1859, aff. Roussel, D. P. 61. 3. 33, et la note; *Rép.* vo *Travaux publics*, no 1096). — Depuis lors, la doctrine adoptée par l'arrêt du 12 avr. 1866, et qui nous paraît donner l'interprétation exacte des décrets de 1852 et de 1861, a été consacrée par de nombreuses décisions. Il a été jugé qu'aux termes de la loi du 14 flor. au 11, il doit être pourvu au curage des cours d'eau non navigables de la manière prescrite par les anciens règlements ou par les usages locaux, et que lorsque l'application des règlements ou usages donne lieu à des difficultés, ou lorsque les changements survenus exigent des dispositions nouvelles, il doit y être pourvu par un règlement d'administration publique; qu'à ce cas ne s'appliquent pas les pouvoirs nouveaux conférés aux préfets par les décrets des 25 mars 1852 et 13 avr. 1861; que, par suite, lorsque les frais de curage et d'entretien d'un cours d'eau non navigable doivent, d'après les usages locaux, être supportés par les propriétaires riverains, le préfet excède ses pouvoirs en prenant un arrêté qui augmente les obligations imposées auxdits propriétaires par ces usages, ou qui fait contribuer à ces frais des propriétaires non riverains (Cons. d'Et. 14 août 1867, aff. Rame, D. P. 69. 3. 64). Jugé encore qu'en l'absence de règlement ancien ou d'usage local les mesures relatives au curage des cours d'eau non navigables ayant un caractère permanent ne peuvent être prises par les préfets, mais seulement par le chef du Gouvernement dans la forme des règlements d'administration publique (Cons. d'Et. 15 mai 1869 (1). V. aussi en ce sens :

(1) (Greset et autres.) — Napoléon, etc.; — Vu la loi des 22 déc. 1789-8 janv. 1790, l'instruction législative des 12-20 août 1790; la loi des 7-14 oct. 1790, celle des 28 sept.-6 oct. 1791 et celle du 14 flor. an 11; vu le décret du 25 mars 1852; — Considérant que, aux termes de la loi des 12-20 août 1790 et de l'art. 1er de la loi du 14 flor. an 11, en l'absence d'ancien règlement ou d'usage local, il appartient au préfet de pourvoir annuellement au curage des cours d'eau non navigables ni flottables; que, d'après le décret du 25 mars 1852, le préfet peut prendre des dispositions générales pour l'exécution des anciens règlements et faire des règlements pour l'exécution des usages locaux; mais, qu'en l'absence de règlement ancien ou d'usage local, les mesures ayant un caractère permanent ne peuvent, en vertu de l'art. 2 de la loi du 14 flor. an 11, être prises que par nous et dans la forme des règlements d'administration publique; — Considérant qu'il résulte de l'instruction, d'une part, qu'il n'existe ni règlement ancien, ni usage local concernant le curage de la rivière de la Vœuvre; d'autre part, que l'arrêté du préfet n'a pas seulement pour objet de pourvoir au curage de la Vœuvre dans l'année où il a été rendu, mais qu'il a le caractère d'un règlement perma-

Cons. d'Et. 27 mai 1868, aff. Rouyer, *Rec. Cons. d'Etat*, p. 581; 31 juill. 1874, aff. Lepoissonnier, D. P. 75. 3. 54; Lescuyer, *Du curage des cours d'eau non navigables ni flottables*, *France judiciaire*, 9e année, n° 11, p. 349). — « En résumé, dit M. Ducrocq, t. 2, n° 992, aux termes de la loi des 12-20 août 1790 et de l'art. 1er de la loi du 14 flor. an 11, en l'absence d'ancien règlement ou d'usage local, il appartient au préfet de pourvoir annuellement par des arrêtés spéciaux au curage des cours d'eau non navigables ni flottables. D'après les décrets des 25 mars 1852 et 13 avr. 1861 (tabl. D, n° 6), le préfet peut prendre des dispositions générales pour l'application des anciens règlements et faire des règlements pour l'exécution des usages locaux. En l'absence de tout ancien règlement ou usage local, les mesures constituant un règlement permanent ne peuvent, en vertu de l'art. 2 de la loi du 14 floréal, être prises que par le chef de l'Etat et dans la forme des règlements d'administration publique; l'arrêté préfectoral qui les prescrit doit être annulé pour excès de pouvoir ». — Ajoutons que, même dans le cas de simple modification des anciens règlements, le préfet n'est pas compétent. L'art. 2 de la loi de floréal est toujours en vigueur; il n'a été annulé par aucun texte de loi (Cons. d'Et. 29 févr. 1860) (1).

181. Toute personne intéressée, un riverain, un maire au nom de sa commune, un conseil municipal au nom des habitants, le service des ponts et chaussées, peuvent solliciter du préfet un arrêté réglementaire; le préfet lui-même peut en prendre l'initiative. — Aux termes du décret du 8 mai 1861, la question est soumise aux ingénieurs des ponts et chaussées qui présentent un rapport suivi d'un projet d'arrêté; le préfet doit alors faire procéder à une enquête, si cette formalité est exigée par les anciens règlements ou les usages locaux. En l'absence de dispositions spéciales dans les anciens règlements ou les usages locaux, aucune disposition de loi ne force le préfet à recourir à l'enquête. Il a été jugé que, lorsqu'un préfet s'est borné à ordonner un curage conformément à l'usage local, un propriétaire imposé pour frais de ce curage ne peut soutenir que l'arrêté préfectoral est irrégulier, parce qu'il n'a pas été précédé d'une enquête et de l'avis des conseils municipaux, conformément aux prescriptions du décret de 1852 et de l'instruction ministérielle pour l'exécution de ce décret (Cons. d'Et. 9 déc. 1864) (2). Mais il est toujours préférable de recourir à ces formalités, qui ont le double avantage d'appeler l'attention des intéressés sur une mesure dont l'exécution les concerne spécialement, et de fixer le préfet d'une manière plus complète sur sa compétence. Dans ce dernier cas, il faudra suivre la même marche que celle qui est tracée pour les règlements d'eau par les instructions ministérielles des 23 oct. 1851 et 26 déc. 1884.

Un arrêté du préfet annonce qu'un arrêté réglementaire est demandé et met la question de principe à l'enquête. L'enquête a lieu dans la commune ou les communes intéressées pendant le temps fixé par l'arrêté qui l'ordonne;

---

nent, et qu'il prescrit l'élargissement, l'ébergement et le redressement de la Vœuvre; que de telles mesures ne pouvaient être prescrites que par un décret rendu dans la forme des règlements d'administration publique; — Que de ce qui précède il résulte que les requérants sont fondés à soutenir que c'est à tort que le ministre des travaux publics n'a pas annulé l'arrêt attaqué, et qu'il y a lieu par nous de prononcer l'annulation de cet arrêté;

Art. 1er... — Art. 2. L'arrêté du préfet d'Ille-et-Vilaine, du 28 juin 1860, est annulé.

Du 15 mai 1869.-Cons. d'Et.-MM. du Fay, rap.-de Belbeuf, concl.

(1) (Courtois.) — NAPOLÉON, etc.; — Vu l'arrêt du conseil royal des finances et commerce de Lorraine, du 2 juill. 1763, et l'arrêt du conseil d'Etat, du 10 déc. 1772, qui mettent à la charge des propriétaires riverains le curage de la Petite-Seille et de ses affluents;..... — Vu la loi du 14 flor. an 11 et le décret du 25 mars 1852; — Considérant qu'aux termes de la loi du 14 flor. an 11, il doit être pourvu au curage des rivières non navigables ni flottables de la manière prescrite par les anciens règlements ou d'après les usages locaux, et que lorsque l'application des règlements ou l'exécution du mode consacré par l'usage éprouve des difficultés, ou lorsque des changements survenus exigent des dispositions nouvelles, il doit y être pourvu par un règlement d'administration publique; que ces dispositions de ladite loi n'ont pas été abrogées par notre décret du 25 mars 1852; — Considérant qu'il résulte de l'instruction que d'après les anciens règlements susvisés et d'après les usages locaux, les frais de curage de la rivière la Petite-Seille doivent être supportés par les propriétaires riverains; qu'aucun règlement d'administration publique n'a modifié ces règlements et usages locaux; que, dès lors, c'est à tort que les sieurs Bizet et Courtois ont été assujettis, comme propriétaires du moulin de Cany, au payement des frais du curage des canaux de dérivation et bras de décharge de la Petite-Seille desquels ils ne sont pas riverains:

Art. 1er. L'arrêté du conseil de préfecture de la Meurthe, en date du 25 juill. 1858, est annulé...

Du 29 févr. 1860.-Cons. d'Et.-MM. Aubernon, rap.-E. Baroche, concl.

(2) (Bourbon.) — NAPOLÉON, etc.; — Vu les lois de 12-20 août 1790, du 14 flor. an 11, du 3 mai 1841 et le décret du 25 mars 1852; — Sur le moyen tiré de ce qu'il n'y a pas eu d'enquête dans la commune de Pézenas que la requérante habite, et dont le Dépré borne le territoire sur une partie de son cours : — Considérant qu'aucune disposition législative ne prescrit l'enquête dans le cas d'un simple curage exécuté dans les conditions de la loi du 14 flor. an 11; que, d'ailleurs, les requérants, seuls riverains dans la commune de Pézenas, ont comparu aux enquêtes qui ont eu lieu dans la commune d'Aumes;

Sur le moyen tiré de ce que le ruisseau le Dépré ne serait pas un cours d'eau, mais un simple fossé d'écoulement : — Considérant qu'il résulte de l'instruction que le ruisseau le Dépré, bien qu'il soit à sec pendant une partie de l'année, comme presque tous ceux du département de l'Hérault; ne constitue pas moins, par la longueur de son parcours, son débit en temps de crue et l'étendue considérable de son bassin, un cours d'eau au curage duquel il appartient à l'Administration de pourvoir par application de la loi du 14 flor. an 11;

Sur le moyen tiré de ce que, pour mettre le curage à la charge des riverains chacun au droit de soi, le préfet s'est fondé sur un usage suivi dans tout le département et non sur un usage spécial au ruisseau le Dépré: — Considérant qu'il résulte de l'instruction que l'arrêté attaqué n'a été pris qu'après la reconnaissance des anciens usages par une commission centrale nommée à cet effet, et qu'il a été constaté par une délibération de ladite commission, en date du 26 nov. 1858, qu'un usage toujours suivi dans le département de l'Hérault met le curage des cours d'eau non navigables ni flottables à la charge des propriétaires riverains, chacun au droit de soi; que, d'ailleurs, les requérants ne produisent aucun document de nature à infirmer le travail de cette commission;

Sur le moyen tiré de ce que les travaux prescrits constitueraient un élargissement et de ce que le préfet ne pouvait ordonner cette mesure qu'après qu'il aurait été procédé à une expropriation pour cause d'utilité publique:

Considérant que le préfet ne pouvait ordonner qu'un simple curage à vieux fond et à vieux bords; qu'aux termes des art. 1er et 2 précités de l'arrêté attaqué, il n'a, en effet, ordonné qu'un curage à vieux fond et à vieux bords, et que la disposition qui fixe à 2 m. 50 cent. la largeur en plafond ne doit recevoir son exécution qu'autant qu'il résultera du travail de la commission nommée par le préfet que cette largeur n'excède pas la largeur ancienne;

Considérant, d'ailleurs, que si l'exécution des limites anciennes était dépassée, l'arrêté attaqué ne fait pas obstacle à ce que les requérants portent devant l'autorité compétente leurs recours pour les atteintes portées à leur propriété;

Mais considérant, en ce qui touche l'interdiction faite aux propriétaires riverains de planter à une distance moindre de 0 m. 50 c. des berges et l'obligation à eux imposée de demander un alignement au maire pour les plantations qu'ils pourraient faire, que si, aux termes des lois ci-dessus visées, il appartient à l'Administration d'assurer le libre écoulement des eaux et de pourvoir à l'exécution, à l'entretien et à la surveillance des travaux de curage des cours d'eau non navigables ni flottables, il ne lui appartient pas d'interdire ou de régler, en dehors des limites desdits cours d'eau, l'exercice du droit de planter; que, dès lors, le préfet a commis un excès de pouvoirs en interdisant, par l'arrêté du 10 juin 1862, aux propriétaires riverains de planter à une distance moindre de 0 m. 50 cent. des berges, et en leur imposant l'obligation de demander un alignement pour les plantations qu'ils pourraient faire:

Art. 1er. Sont annulées, pour excès de pouvoir, les dispositions de l'arrêté ci-dessus visé du préfet du département de l'Hérault, qui interdisent aux riverains de planter à une distance moindre de 0 m. 50 cent. des berges et qui leur imposent l'obligation de demander un alignement pour les plantations qu'ils pourraient faire; — Art. 2. Le surplus des conclusions de la dame veuve Bourbon et de son fils est rejeté.

Du 9 déc. 1864.-Cons. d'Et.-MM. Paixhans, rap.-l'Hôpital, concl.

pendant toute la durée de l'enquête, un registre destiné à recevoir les observations de toute personne intéressée aux travaux est ouvert à la mairie. — L'enquête terminée, le dossier est transmis au préfet par les soins du maire. — C'est à la suite de cette première enquête que les ingénieurs présentent un projet d'arrêté. — Ce projet est soumis à une nouvelle enquête en tous points semblable à la première. Arrêtés préfectoraux et enquête sont précédés et suivis de toutes les formalités de publication nécessaires pour que les parties intéressées puissent présenter leurs observations. — Après quoi le préfet transforme en arrêté réglementaire le projet soumis à l'enquête et proposé par les ingénieurs, ordonne son affichage et sa proclamation (Circ. min. 13 déc. 1878).

182. L'arrêté du préfet, qui ordonne le curage d'un cours d'eau en vertu de la loi de 1790, indique l'époque à laquelle tous les travaux de curage devront être terminés et avertit les propriétaires que ce délai passé, les travaux seront exécutés d'office et à leurs frais après vérification de l'état des lieux. — A l'expiration du délai fixé par l'arrêté, les maires, ou le plus souvent l'agent surveillant des travaux, constatent si les travaux ont été exécutés conformément aux prescriptions de l'arrêté, si des propriétaires riverains ne les ont pas achevés ou s'ils ont négligé de les faire ; le tout est consigné dans un procès-verbal. Sur un nouveau rapport des ingénieurs, le préfet peut prendre un arrêté ayant pour but de faire exécuter d'office le curage aux frais des riverains ; mais cet arrêté ne pourra recevoir exécution qu'après une mise en demeure régulièrement faite aux intéressés d'avoir à procéder aux travaux du curage, à moins que les anciens règlements ou usages locaux ne dispensent de la mise en demeure préalable. — Ces travaux exécutés d'office sur une simple série de prix ou sur des plans très complets, suivant leur importance, sont confiés à des entrepreneurs après adjudication, c'est-à-dire qu'ils sont annoncés, et que toute personne qui désire les entreprendre est invitée à déposer une soumission entre les mains des ingénieurs. La soumission qui paraît la plus avantageuse est approuvée par le préfet. Dès que l'entrepreneur a terminé les travaux, l'agent surveillant en fait la réception et dresse le compte de l'entreprise. Le procès-verbal est transmis au préfet qui l'approuve (Lescuyer, *op. cit.*, p. 345 et suiv.).

183. Il a été jugé que, dans le cas où un arrêté préfectoral, prescrivant le curage d'un cours d'eau non navigable, dispose que les riverains devront exécuter les travaux dans le délai de cinq jours après que les travaux seront ouverts, faute de quoi, il y sera procédé d'office à leurs frais, et que ledit arrêté devra être publié dans la commune dix jours au moins avant l'ouverture des travaux, un riverain ne peut se prévaloir, pour refuser le remboursement des frais des travaux ainsi exécutés d'office, de ce que le délai entre la publication de l'arrêté et l'exécution des travaux n'aurait pas été observé, alors que le procès-verbal constatant qu'il n'a effectué qu'incomplètement les travaux à sa charge n'a été dressé que plus de quinze jours après cette publication, et plus de dix jours après la mise en demeure individuelle d'avoir à commencer les travaux (Cons. d'Et. 9 mai 1884, aff. de Calonne, D. P. 85. 5. 165).

184. Comme on l'a vu *suprà*, n° 180, s'il s'agit, en l'absence de tout règlement, de prendre des mesures constituant un règlement général et permanent, s'il est nécessaire de modifier les anciens règlements ou usages locaux, si enfin l'application des règlements ou l'exécution du mode consacré par l'usage éprouve des difficultés, il y est pourvu, par le Gouvernement, dans un règlement d'administration publique rendu sur la proposition du préfet (L. 14 flor. an 11, art. 2). — Les personnes intéressées, les ingénieurs des ponts et chaussées, peuvent exposer au préfet les difficultés que présente l'exécution des anciens règlements. Ils peuvent, de même, demander des dispositions nouvelles devenues nécessaires par les changements qui ont pu survenir. Le préfet peut aussi prendre l'initiative de ces mesures. La demande introductive de l'affaire, que ce soit une simple lettre adressée au préfet, une requête sur papier timbré, une délibération du conseil municipal, une pétition signée par les propriétaires intéressés ou une simple lettre du préfet aux ingénieurs ou de ceux-ci au préfet, est soumise à une étude. Cette première étude, portant sur la question de principe, est mise à l'enquête par arrêté préfectoral ; l'enquête a lieu à la mairie de la commune ou des communes intéressées après les publications nécessaires ; elle dure vingt jours. Pendant ce temps, il est ouvert un registre d'enquête sur lequel sont consignées toutes les observations présentées par les intéressés. Le maire certifie l'observation de ces formalités. Les pièces sont transmises au préfet qui soumet à nouveau le dossier aux ingénieurs ; ceux-ci doivent alors visiter les lieux et instruire l'affaire au point de vue de l'exécution des travaux. Ce nouveau travail est soumis par un arrêté préfectoral à une nouvelle enquête en tout semblable à la première, sauf réduction du délai à quinze jours. Comme on le voit, cette seconde enquête porte exclusivement sur les dispositions du projet. Après quoi, le préfet donne son avis motivé et transmet le dossier au ministre des travaux publics, qui demande l'avis du conseil d'Etat et provoque le décret autorisant ou refusant soit les modifications proposées aux anciens règlements ou usages locaux, soit un règlement de curage (Lescuyer, *op. cit.*, p. 349 et suiv.).

185. Ainsi que le fait observer M. Lescuyer, *op. cit.*, p. 351, le décret une fois rendu, le préfet redevient compétent en matière de curage, pour ainsi dire, comme s'il existait un ancien règlement ; et cependant les dispositions de la loi de 1865 sur les associations syndicales ont fait introduire dans le décret la nomination d'une commission ; les tentatives faites pour aboutir à l'organisation d'un syndicat n'ayant pu aboutir et le curage étant nécessaire, l'Administration le fait faire d'office, mais, par cette disposition, elle agit pour ainsi dire sous l'inspiration des propriétaires intéressés. Cette commission sera composée de propriétaires intéressés choisis par le préfet, le maire des communes intéressées en fera partie de droit. Elle sera chargée, sous la surveillance du préfet, de concourir aux mesures propres à assurer la bonne exécution des travaux ainsi que la répartition équitable des dépenses.

186. Les dispositions des décrets rendus dans la forme des règlements d'administration publique sont assimilées aux dispositions législatives. Il en résulte qu'on ne peut s'adresser à un pouvoir supérieur pour en faire contrôler le mérite. Il est permis seulement d'en appeler par la voie gracieuse au chef de l'Etat mieux informé. La seule garantie accordée aux citoyens est le recours qui peut être exercé pour défaut des formalités exigées par la loi, par exemple, défaut d'avis du conseil d'Etat, absence d'enquête (Lescuyer, *op. cit.*, p. 348 et suiv.).

187. — 2° *Pouvoirs de l'Administration en matière de curage et de délimitation des cours d'eau non navigables.* — Chargée par la loi du 14 flor. an 11 de pourvoir, par le curage, à l'écoulement des eaux des rivières non navigables ni flottables, l'Administration a le droit de déterminer les limites et l'emplacement du lit de ces cours d'eau. Le conseil d'Etat en avait déduit cette conséquence que l'autorité judiciaire ne pouvait examiner si les parcelles comprises dans les limites ainsi fixées avaient fait partie de la propriété des riverains. Il a été jugé, en effet : 1° qu'il n'appartient qu'à l'autorité administrative de reconnaître, en cas de contestation, s'il y a eu un véritable empiètement par suite du curage, que c'est là une question préjudicielle dont la solution doit lui être renvoyée (Cons. d'Et. 16 févr. 1853, aff. Dumas de Laroque, D. P. 55. 3. 42); — 2° Qu'il appartient à l'autorité administrative de reconnaître si le curage a été exécuté conformément à l'arrêté préfectoral qui l'a ordonné, ou si, contrairement aux prescriptions dudit arrêté, ce curage a été pratiqué avec empiètement sur les propriétés riveraines (Cons. d'Et. 22 mai 1869, aff. Selignac, D. P. 70. 3. 91); — 3° Que c'est à l'Administration qu'il appartient de statuer sur la demande d'un propriétaire riverain d'un cours d'eau non navigable à l'effet de faire reconnaître, à l'occasion du curage ordonné par le préfet, les limites du cours d'eau le long de sa propriété (Comm. f. f. Cons. d'Et. 21 oct. 1871, aff. Allendy, D. P. 72. 3. 83). — Mais cette jurisprudence, analogue à celle qui avait prévalu devant la juridiction administrative en ce qui concerne les cours d'eau navigables et le rivage de la mer, a subi, par une conséquence forcée, les modifications résultant des décisions du tribunal des conflits, en date des 11 janv. 1873 (aff. de Pâris-Labrosse, D. P. 73. 3. 65), et

1er mars 1873, aff. Guillié, D. P. 73. 3. 70) (V. *Compétence administrative*, nos 218 et suiv.; — *Rép.* v° *Travaux publics*, n° 1079). — La nouvelle jurisprudence du tribunal des conflits reconnaît à l'autorité judiciaire, lorsqu'elle est saisie d'une demande en indemnité formée par un particulier qui prétend qu'on a empiété sur sa propriété, le pouvoir de reconnaître le droit de propriété invoqué devant elle et de déterminer les limites naturelles du cours d'eau (V. *infrà*, nos 507 et suiv.).

188. L'Administration peut non seulement ordonner l'enlèvement des vases, des déblais qui obstruent le fond de la rivière, mais encore prescrire les travaux nécessaires pour ramener le lit à sa largeur naturelle et, dans le cas où un changement de lit s'est produit, ordonner le curage de l'ancien lit. — Jugé : 1° que le préfet, en ordonnant le rétablissement du lit primitif d'un ruisseau comblé depuis plusieurs années sur divers points de son parcours dans toute son étendue, au moyen d'un curage à vieux fonds et à vieux bords, n'a fait qu'user des pouvoirs qu'il tient de la loi du 14 flor. an 11 (Cons. d'Et. 11 févr. 1876, aff. de Nédonchel, *Rec. Cons. d'Etat*, p. 147); — 2° Que le préfet agit dans les limites de ses pouvoirs en ordonnant le curage de l'ancien lit d'un ruisseau qui, malgré la création d'un nouveau lit, a continué à servir à l'écoulement des eaux et a conservé son caractère de cours d'eau (Cons. d'Et. 30 juin 1876 (1). V. dans le même sens: Cons. d'Et. 19 janv. 1877, aff. Michaux, D. P. 77. 3. 39; 3 août 1877, aff. Haut-Cœur, *Rec. Cons. d'Etat*, p. 796; Ducrocq, t. 2, n° 992).

189. Il importe de remarquer que l'Administration doit, en prenant ces différentes mesures, respecter les droits de propriété des riverains, et qu'elle ne peut ordonner l'élargissement ou le redressement d'un cours d'eau, sous prétexte de curage, sans recourir aux formalités prévues par la loi du 3 mai 1841 sur l'expropriation pour cause d'utilité publique. Cette solution a été confirmée expressément par la loi du 21 juin 1865 sur les associations syndicales, qui a corrigé en même temps les inconvénients à raison desquels elle a été combattue. L'obligation de remplir toutes les formalités prescrites par la loi du 3 mai 1841 était un obstacle à l'exécution de travaux présentant un véritable intérêt pour la salubrité et pour le libre écoulement des eaux, tout en n'imposant à la propriété privée que des sacrifices le plus souvent insignifiants. La loi nouvelle maintient cette règle que l'expropriation des parcelles nécessaires pour le redressement ou la régularisation des cours d'eau ne peut avoir lieu qu'en vertu d'un décret rendu en conseil d'État, portant déclaration d'utilité publique, que les travaux soient entrepris par une association syndicale ou qu'ils soient effectués par ordre de l'Administration; mais elle porte qu'il sera procédé à cette expropriation dans les formes indiquées à l'art. 36 de la loi du 21 mai 1836 (V. les notes relatives aux art. 1er, § 2, 18 et 36 de la loi du 21 juin 1865, D. P. 65. 4. 77 et suiv.; Ducrocq, t. 2, n° 992; Chauveau, *Journal de droit administratif*, t. 7, p. 534; Christophle, *Traité des travaux publics*, t. 2, n° 522; Lescuyer, *op. cit.*, p. 339). — Il a été jugé: 1° que les préfets n'ont, aux termes du décret du 25 mars 1852, le droit d'ordonner l'élargissement des cours d'eau que dans le cas où cette mesure n'entraîne pas l'expropriation des propriétés riveraines; que, par suite, lorsqu'un riverain refuse de faire cession des parcelles de son terrain qui seraient nécessaires pour l'accomplissement de la mesure, le préfet ne peut faire procéder d'office sur ces parcelles à l'exécution des travaux d'élargissement; c'est le cas de recourir à la voie de l'expropriation pour cause d'utilité publique; mais qu'en ce qui concerne les parcelles de terrain qui auraient été acquises par empiètement sur l'ancienne largeur du cours d'eau, le préfet peut faire procéder d'office, sur le refus du riverain, aux travaux de curage à fond vif et à vieilles rives, nécessaires pour les restituer au lit du cours d'eau (Cons. d'Et. 15 mars 1855, aff. Amiot-Robillard, D. P. 55. 3. 52); — 2° Que, lorsqu'il n'est pas établi que les limites anciennes du lit d'un cours d'eau aient été diminuées par le fait des riverains, le préfet ne peut régulièrement ordonner, à l'occasion du curage de ce cours d'eau, que sa largeur sera portée à tant de mètres sur les points où elle est moindre, sans qu'au préalable les riverains aient été expropriés, conformément à la loi du 3 mai 1841, des parcelles dont l'abandon est nécessaire à l'exécution de cet élargissement (Cons. d'Et. 30 nov. 1862, aff. de Villeneuve-Bargemont, D. P. 65. 5. 130); — 3° Que, lorsque les travaux prescrits par un arrêté préfectoral sur un cours d'eau non navigable constituent, non un simple curage à vieux bords, mais un élargissement qui doit entraîner l'enlèvement d'une partie de la propriété riveraine, cet arrêté est entaché d'excès de pouvoirs, un tel travail ne pouvant être opéré que conformément à la loi du 3 mai 1841 (Cons. d'Et. 9 févr. 1865, aff. d'Andigné de Resteau, D. P. 65. 3. 66. V. dans le même sens : Cons. d'Et. 6 mars 1869, aff. Mauduit de Fay, *Rec. Cons. d'Etat*, p. 208); — 4° Qu'il y a lieu de décharger les riverains des taxes auxquelles ils ont été imposés pour leur part contributive dans les dépenses d'élargissement effectuées irrégulièrement (Cons. d'Et. 28 juin 1870, aff. Ménétrier et consorts, D. P. 71. 3. 86). Dans l'espèce, les requérants se bornaient à demander décharge de leur taxe. Dans d'autres affaires analogues, le conseil d'Etat a reconnu qu'il y avait lieu, non seulement d'accorder décharge, mais encore d'allouer une indemnité pour les dommages résultant de travaux exécutés indûment et dont les conséquences ne pouvaient incomber aux riverains (V. Cons. d'Et. 15 mai 1869, aff. Corbière, D. P. 70. 3. 82). — Jugé encore que, s'il appartient au préfet d'organiser en association syndicale les propriétaires intéressés au curage d'un cours d'eau non navigable, il excède ses pouvoirs, en autorisant le syndicat à exécuter des travaux autres que ceux de curage et de simple entretien, et notamment l'endiguement, le redressement et l'élargissement du cours d'eau, et à faire contribuer les propriétaires riverains à la dépense, alors que ceux-ci n'ont pas préalablement consenti à la supporter (Comm. f. f. Cons. d'Et. 9 févr. 1872, aff. Cosnard-Desclosets, D. P. 72. 3. 66. V. également: Cons. d'Et. 8 mars 1866, aff. Simonnet, *Rec. Cons. d'Etat*, p. 224). — Décidé aussi que l'autorité administrative ne peut incorporer au lit de la rivière sans remplir les formalités prescrites par la loi du 3 mai 1841 les terrains dont l'occupation lui semblerait nécessaire pour le libre écoulement des eaux (Trib. confl. 13 mai 1876, aff. Ancel, D. P. 77. 3. 41). — Jugé, au contraire, que le préfet n'excède pas ses pouvoirs, lorsqu'il se borne à ordonner un simple curage à vieux fonds et à vieux bords, et que la largeur en plafond n'est fixée par son arrêté que sous la condition qu'elle sera reconnue ne pas excéder la largeur ancienne (Cons. d'Et. 9 déc. 1864, *suprà*, n° 181). Mais il n'appartient pas au préfet, à l'occasion des travaux de curage, d'interdire aux propriétaires riverains de planter à moins d'une certaine distance des berges, ni de leur imposer l'obligation de demander un alignement pour les plantations qu'ils pourraient faire (Même arrêt).

190. Lorsque l'encombrement du lit du cours d'eau provient d'un accident de force majeure, d'un cas fortuit, les riverains ne peuvent que s'adresser à l'Administration et solliciter son intervention. Si l'interruption des eaux est imputable à un des riverains, si, par exemple, des travaux pratiqués par lui sur la rive ont amené des éboulements,

(1) (Raynaud.) — LE CONSEIL D'ETAT ;... — Considérant qu'il résulte de l'instruction que, malgré la création d'un nouveau lit, l'ancien lit du ruisseau de Goncelin a continué à servir à l'écoulement des eaux et a conservé son caractère de cours d'eau; qu'en ordonnant, après enquête, le repurgement de l'ancien lit, conformément aux usages locaux, par les propriétaires riverains, le préfet de l'Isère a agi dans la limite des pouvoirs qui lui sont attribués par la loi du 14 flor. an 11 pour le curage des cours d'eau non navigables; que, dès lors, le sieur Raynaud n'est pas fondé à prétendre qu'il n'est pas tenu de contribuer aux dépenses du curage qui a été exécuté d'office par l'Administration, sur le refus du requérant d'y procéder lui-même; — Mais considérant que le requérant contestait devant le conseil de préfecture le montant des dépenses qui ont été mises à sa charge, et que c'est avec raison que, dans l'état de l'instruction, le conseil de préfecture a ordonné qu'il serait procédé à une vérification par experts : ...

Art. 1er. La requête du sieur Raynaud et le recours incident du ministre des travaux publics sont rejetés.

Du 30 juin 1876.-Cons. d'Et.-MM. d'Aillières, rap.-Laferrière, concl.

tout intéressé a droit, en vertu de l'art. 1382 c. civ., de l'actionner devant les tribunaux pour qu'il soit procédé au curage (*Rép.* nos 235 et suiv.; Dufour, t. 5, n° 110).

191. — 3° *De l'opération du curage.* — L'opération du curage peut être exécutée de trois manières : curage par l'action individuelle des intéressés ; curage par l'Administration aux frais des intéressés par voie de contribution personnelle; curage par l'action des intéressés réunis en association syndicale. Le décret de 1852 (tabl. D, § 6), contrairement au projet de loi voté par le Sénat en 1883, laisse aux préfets la faculté d'adopter ou de laisser de côté cette troisième procédure (V. *suprà*, n° 4).

192. En règle générale, l'Administration ne peut faire procéder d'office aux travaux de curage sans avoir mis les riverains en demeure de les exécuter eux-mêmes. Par exception, la mise en demeure n'est pas nécessaire lorsqu'un règlement ou un usage local dispense l'Administration de remplir cette formalité (*Rép.* v° *Travaux publics*, n° 1091 ; Cons. d'Et. 6 mars 1869, aff. Jacquemet, D. P. 86. 3. 90, note 1. V. aussi Cons. d'Et. 7 août 1874, aff. Labarthe, D. P. 75. 3. 76). — Décidé, spécialement, qu'en cas d'exécution par un propriétaire du curage d'un cours d'eau au-devant de sa propriété pour obéir aux injonctions d'un arrêté préfectoral, l'Administration ne peut, si elle estime, contrairement aux allégations de ce propriétaire, que le curage n'a pas été poussé jusqu'aux vieux bords, le faire exécuter à nouveau aux frais de celui-ci, qu'après l'avoir mis en demeure de justifier de ses prétentions à la propriété des terrains dont elle soutient être en droit d'ordonner l'enlèvement (Cons. d'Et. 7 janv. 1864, aff. Javelot, D. P. 66. 5. 148). — Il a été jugé, d'ailleurs, que, dans le cas où un ancien règlement prescrit aux riverains d'un cours d'eau non navigable d'exécuter chaque année le curage à une époque déterminée et de le terminer dans un certain délai, faute de quoi il y sera procédé d'office à leurs frais, l'Administration n'est pas tenue de les mettre chaque année en demeure d'exécuter cette obligation ; et, si les travaux ne sont pas exécutés avant l'expiration du délai imparti, elle peut les faire exécuter d'office, sans qu'il soit nécessaire que l'arrêté ordonnant cette mesure soit porté à la connaissance des intéressés par voie de publication (Cons. d'Et. 13 févr. 1885, aff. Lebreton, et aff. Pignat, D. P. 86. 3. 90). Cette solution n'est pas en contradiction avec la règle suivant laquelle aucun acte administratif ne peut être mis à exécution à l'encontre d'un particulier sans avoir été publié ou notifié. Un premier arrêté préfectoral, rappelant les prescriptions de l'ancien règlement, avait été publié régulièrement. Le second arrêté, ordonnant le curage d'office après l'expiration du délai pendant lequel les riverains auraient pu procéder eux-mêmes à cette opération, ne constituait à leur égard ni une injonction, ni un acte d'autorité; c'était une simple instruction donnée par le préfet à ses subordonnés à l'effet d'assurer l'exécution des travaux dont le soin incombait désormais à l'Administration; la publication n'en était donc pas exigée. — Aux termes du même arrêt, l'Administration peut prescrire l'achèvement d'office des travaux non terminés à l'expiration du délai réglementaire, bien que les riverains aient commencé à les effectuer dans ce délai. Il résulte des termes mêmes de l'arrêt que les riverains sont recevables à soutenir, par la voie contentieuse, que les travaux exécutés par eux étaient suffisants pour satisfaire aux exigences du règlement.

193. Il n'est pas nécessaire que la mise en demeure soit individuelle; elle résulte suffisamment de la publication de l'arrêté par voie d'affiches. — Jugé que, dans le cas où l'arrêté préfectoral prescrivant au riverain d'un cours d'eau non navigable d'en opérer le curage dans un délai déterminé, a été affiché et publié, et où un propriétaire s'est refusé à exécuter le curage, l'Administration peut régulièrement faire procéder d'office à cette opération et réclamer ensuite à ce propriétaire le remboursement de la dépense (Cons. d'Et. 11 févr. 1887, aff. Beau, D. P. 88. 3. 67). — Toutefois, pour que cette mise en demeure collective soit efficace, il semble nécessaire que les termes de l'arrêté soient assez précis pour qu'un intéressé ne puisse avoir de doute sur la volonté de l'Administration de l'atteindre personnellement. On peut se demander si l'on doit considérer cette condition comme remplie lorsque, comme dans l'espèce précitée, une instruction complète, et notamment une enquête, ont été reconnues nécessaires pour déterminer quels sont les cours d'eau auxquels s'applique l'arrêté préfectoral.

194. Il a été jugé que le propriétaire dont le terrain est riverain d'un cours d'eau est tenu, dans l'intérêt des riverains inférieurs, lorsqu'il procède à un curage particulier le long de sa propriété, d'opérer d'amont en aval, alors d'ailleurs que ce mode, exigé par la nature des choses, est indiqué dans un titre ancien réglant le curage des cours d'eau ; que l'infraction faite à cette règle par un curage d'aval en amont, dans l'intention condamnable d'aggraver, pour le riverain inférieur (un blanchisseur, par exemple), les inconvénients du curage, tombe sous l'art. 15, tit. 2, de la loi des 28 sept.-6 oct. 1791, qui permet de frapper de dommages-intérêts et d'une amende d'un chiffre au plus égal, le fait de transmettre volontairement les eaux d'une manière nuisible (Crim. rej. 11 mars 1854, aff. Vavasseur, D. P. 54. 1. 200).

195. Lorsque le curage est fait par l'Administration aux frais des intéressés, on a dit au *Rép.* n° 228, qu'il doit être pourvu à la dépense de la manière prescrite par les anciens règlements ou d'après les usages locaux ; qu'en l'absence d'anciens règlements et d'usages locaux, la quotité de la contribution de chaque imposé doit être toujours relative au degré d'intérêt qu'il a aux travaux (L. 14 flor. an 11, art. 2). Cette doctrine a été maintes fois consacrée par la jurisprudence. Il a été jugé notamment en ce sens, outre les arrêts du conseil d'Etat des 12 juill. 1855 et 7 juin 1859, cités au *Rép.* v° *Travaux publics*, nos 1063 et 1096 : 1° que la contribution des riverains aux frais de curage doit toujours être déterminée par leur degré d'intérêt aux travaux à effectuer ; que, par suite, ces frais ne peuvent pas être mis en totalité à la charge d'un usinier dans l'étendue du remous produit par la retenue du barrage de son usine, sans tenir compte de l'intérêt que les autres propriétaires riverains peuvent avoir à l'exécution des travaux (Cons. d'Et. 7 juin 1859 et 5 déc. 1860, aff. Roussel, D. P. 61. 3. 33) ; — 2° Que le propriétaire non riverain d'un cours d'eau et n'y ayant aucun accès ne peut être compris parmi les personnes passibles d'une taxe pour participation aux frais du curage de ce cours d'eau, s'il n'y est astreint par un ancien règlement ou usage local, ou encore par un règlement d'administration publique ayant dérogé aux anciens règlements ou usages locaux, le cours d'eau n'étant pas sujet à déborder, ce propriétaire n'a aucun intérêt au curage (Cons. d'Et. 29 déc. 1859, aff. Mouchet, D. P. 62. 5. 121) ; — 3° Que, dans le cas où l'Administration juge à propos de prendre des dispositions nouvelles pour le curage d'une rivière non navigable, ces dispositions doivent être conçues de manière que la contribution de chaque imposé soit toujours en rapport avec le degré d'intérêt qu'il aura dans les travaux à exécuter ; que, par suite, il y a excès de pouvoirs dans l'arrêté par lequel ce préfet impose, d'une manière générale, à un usinier l'obligation de curer, dans toute l'étendue du remous de son usine, la rivière non navigable qui lui fournit sa force motrice, sans qu'il ait été établi préalablement qu'aucun autre riverain n'a intérêt à l'exécution des travaux, et bien qu'il soit allégué par l'usinier que, d'après l'usage ancien, il ne faisait ce curage que sur une étendue moindre (Cons. d'Et. 24 févr. 1865, aff. Damay, D. P. 68. 5. 156. V. aussi Cons. d'Et. 13 juill. 1883, aff. Vasse, D. P. 85. 3. 35) ; — 4° Que le préfet ne peut faire une répartition des frais du curage d'un cours d'eau non navigable contraire aux anciens règlements ou usages locaux, en se basant sur une convention privée intervenue entre les intéressés relativement à cette répartition, alors surtout que le sens et la validité de la convention sont contestés; que cette convention ne peut être appréciée que par les tribunaux ordinaires, et que le conseil de préfecture, sans en tenir compte, doit décharger de la taxe les réclamants (Cons. d'Et. 19 mars 1868) (1) ; — 5° Qu'en l'absence d'ancien règlement ou

(1) — (Germain.) — NAPOLÉON, etc. ; — Sur la question de savoir si les demandes présentées par le sieur Lemoine-Roger devant le conseil de préfecture étaient recevables :... — En ce qui concerne les frais du curage effectué en 1862 :... — *Au fond :* — Considérant

d'usage local, il n'appartient pas au préfet de mettre les frais du curage d'un cours d'eau à la charge des riverains, à l'exclusion des usiniers (Cons. d'Et. 24 nov. 1876, aff. Villedary, D. P. 77. 3. 35; Ducrocq, *op. cit.*, t. 2, n° 994); — 6° Qu'un propriétaire qui a supprimé une usine lui appartenant sur un cours d'eau non navigable et les ouvrages destinés à utiliser la force motrice, ne peut plus être tenu de contribuer aux dépenses de curage en qualité d'usinier (Cons. d'Et. 23 juill. 1886, aff. Nau, D. P. 88. 3. 6). La taxe doit, au contraire, être maintenue, lorsque le propriétaire, en cessant d'exploiter son usine, en conserve tous les ouvrages, de telle sorte que la force motrice reste à sa disposition. — Mais il a été jugé qu'un propriétaire qui a conservé à sa disposition une force motrice utilisable ne peut se prévaloir de ce qu'actuellement il n'utilise pas cette force pour obtenir décharge de la taxe à laquelle il a été imposé pour sa part contributive dans les dépenses d'entretien et d'amélioration du cours d'eau mises, par un règlement local, à la charge des usiniers proportionnellement à la force motrice de chaque usine (Cons. d'Et. 25 avr. 1879, aff. Maurel, D. P. 79. 3. 91. V. aussi Cons. d'Et. 28 juin 1878, aff. Le Rat de Magnitot, D. P. 78. 3. 91).

196. La loi du 14 flor. an 11 a fait de la charge du curage une obligation corrélative aux avantages *directs* que procure la contiguïté du cours d'eau par les facilités qui en résultent pour l'agriculture ou l'industrie. Les seules personnes qui sont appelées à jouir de ces avantages sont les riverains et les usiniers établis sur le cours d'eau. On ne saurait notamment imposer les propriétaires non riverains, s'ils n'ont qu'un intérêt *indirect* plus ou moins appréciable au curage, et, par exemple, parce que cette opération doit assainir la localité où ils habitent. Conformément à cette règle, il a été jugé: 1° qu'une commune, qui possède des propriétés riveraines d'un cours d'eau non navigable, peut et doit être assujettie de ce chef à supporter sa part des frais du curage de ce cours d'eau; mais qu'elle ne peut être frappée d'une autre cotisation à raison de l'avantage qu'elle retirerait de ce curage dans l'intérêt de la salubrité publique, alors surtout que les usages locaux n'imposent cette charge qu'aux propriétaires riverains (Cons. d'Et. 5 mars 1863, aff. Syndicat de l'Yvrette, D. P. 63. 3. 17); — 2° Que, lorsqu'il n'existe pas d'anciens usages mettant les frais de curage d'un cours d'eau à la charge exclusive des riverains, l'Administration est en droit d'imposer les usiniers proportionnellement à leur degré d'intérêt dans les travaux de curage (Cons. d'Et. 24 nov. 1882, aff. Boyenval, D. P. 84. 3. 44. V. aussi Cons. d'Et. 29 déc. 1859, cité *suprà*, n° 195).

197. Le propriétaire auquel on veut imposer l'obligation de contribuer au curage peut, pour échapper à cette obligation, contester sa qualité de riverain; une pareille contestation soulèverait une question préjudicielle de propriété, dont la connaissance échapperait au conseil de préfecture (Cons. d'Et. 19 janv. 1877, aff. Michaux, D. P. 77. 3. 39). On ne saurait attribuer le même effet au moyen tiré de ce que le contribuable n'aurait pas la mitoyenneté du cours d'eau: un tel moyen serait non recevable et ne saurait donner lieu à une question préjudicielle, puisque les cours d'eau non navigables, d'après la doctrine qui a prévalu, ne sont pas susceptibles d'appropriation privée (Cons. d'Et. 11 juill. 1879, aff. Emmery, D. P. 80. 3. 17).

198. Il a été jugé que, dans le calcul de la taxe imposée à un riverain pour sa part contributive dans les frais de curage d'un cours d'eau non navigable, il y a lieu de tenir compte des travaux supplémentaires exigés par les dégradations et entraves résultant de son fait, lors de l'exécution des travaux le long de sa propriété (Cons. d'Et. 1er déc. 1882, aff. Reynaud, D. P. 84. 5. 174). Jugé aussi que, lorsqu'un des associés a refusé d'exécuter, dans les conditions régulièrement prescrites, les ouvrages de curage qui lui étaient imposés pour sa part dans les travaux, il est tenu de rembourser tant le prix desdits ouvrages effectués en régie que les frais accessoires auxquels a donné lieu sa résistance (Cons. d'Et. 14 mai 1870, aff. Gromand, D. P. 71. 3. 107).

199. On entend par *anciens règlements* ou *usages locaux*: les arrêtés du conseil; les arrêts de règlement des parlements ou maîtrises, les ordonnances des assemblées d'Etat ou des intendants, les dispositions des coutumes locales, les décrets et même les arrêtés préfectoraux antérieurs à la promulgation de la loi du 14 flor. an 11 (*Rép.* n° 243; Lescuyer, *op. cit.*, p. 343; Dufour, t. 5, n° 89). Il a été jugé: 1° qu'un arrêté préfectoral peut, pour mettre le curage à la charge des riverains chacun au droit soi, se fonder sur un usage suivi dans tout le département et non spécial au ruisseau dont le curage est ordonné, lorsque cet usage a été reconnu par une commission nommée à cet effet, et qu'on ne produit aucun document de nature à infirmer le travail de cette commission (Cons. d'Et. 9 déc. 1864, *suprà*, n° 181); — 2° Que, lorsqu'il résulte de l'instruction, et notamment des ordonnances du maître particulier des eaux et forêts du bailliage, concernant le curage d'un cours d'eau non navigable, que l'usage est de faire supporter les frais de curage par les propriétaires riverains proportionnellement aux longueurs de leurs rives, le préfet doit se conformer à cet usage (Cons. d'Et. 1er mars 1866, aff. Berger, *Rec. Cons. d'Etat*, p. 197); — 3° Que le curage des cours d'eau non navigables doit se faire de la manière prescrite par les anciens règlements ou d'après les usages locaux, quand il n'y a pas été dérogé par un règlement d'administration publique; mais que l'arrêté préfectoral antérieur à la loi du 14 flor. an 11, qui a pourvu d'une façon générale au curage des cours d'eau du département ne peut être considéré comme ayant abrogé les anciens règlements spéciaux à une rivière (Cons. d'Et. 31 juill. 1874, aff. Lepoissonnier, D. P. 75. 3. 54). Dans l'espèce, l'arrêté du préfet mettait le curage des rivières du département à la charge des propriétaires de moulins et des riverains. Le conseil d'Etat, interprétant cet arrêté, a décidé qu'il n'avait pour but ni pour effet de modifier les anciens usages qui imposaient aux seuls propriétaires des moulins et usines le curage de l'un des cours d'eau du département. En basant sa décision uniquement en fait sur la portée de l'arrêté, sur son but, et non en droit, sur les effets juridiques de ces actes administratifs, le conseil d'Etat a reconnu implicitement que les arrêtés préfectoraux antérieurs à la loi du 14 flor. an 11 ont la force des règlements anciens et peuvent, en certains cas,

---

que notre décret du 25 mars 1852 n'a conféré aux préfets le droit de prendre les mesures nécessaires pour assurer le curage des cours d'eau non navigables ni flottables qu'autant que ces mesures sont conformes aux anciens règlements ou usages locaux; que, d'ailleurs, l'ordonnance royale ci-dessus visée du 16 nov. 1834, en autorisant le maintien de l'usine qui appartient actuellement aux sieurs Germain, porte que les frais de curage de la dérivation sur laquelle elle est située et du lit principal du Noireau jusqu'au pont Erembourg seront supportés par les intéressés dans les proportions fixées par le préfet qui devra se conformer aux règles suivies dans le département; — Considérant qu'il résulte de l'instruction et notamment de l'art. 14 de l'arrêté préfectoral du 8 germ. an 10 et de l'art. 3 de l'arrêté du 26 juill. 1851 ci-dessus visés que les anciens usages en vigueur dans le département du Calvados mettaient le curage des rivières à la charge des propriétaires des moulins ou usines dans les chaussées ou écluses et des riverains le long de leurs propriétés; que conformément à cet usage, les sieurs Germain et leurs auteurs ont été mis en demeure de curer le bief de leurs usines par des arrêtés en date des 6 nov. 1839, 30 sept. 1841 et 20 janv. 1853, sans que jamais jusqu'en 1858, le sieur Lemoine, dont l'usine est située en amont du pont Erembourg et qui n'est pas riverain du cours d'eau en aval de ce pont, ait été appelé à contribuer à la dépense; que le préfet ne pouvait se prévaloir d'un engagement qui aurait été contracté par le sieur Lemoine dans l'acte ci-dessus visé du 10 sept. 1835, et dont le sens et la validité sont contestés pour décider qu'à l'avenir le tiers des frais de curage dudit bief serait à la charge du sieur Lemoine-Roger; qu'ainsi le conseil de préfecture devait, en se fondant sur ce motif, accorder décharge au sieur Lemoine-Roger des sommes auxquelles il avait été imposé pour sa part contributive dans lesdits frais; mais qu'il ne lui appartenait pas d'apprécier l'acte du 10 sept. 1835, dont les tribunaux seuls étaient compétents pour déterminer le sens et la valeur; qu'ainsi c'est à tort qu'il a déclaré que ledit acte n'avait aucun caractère obligatoire.

Art. 1er. L'arrêté du conseil de préfecture du département du Calvados, en date du 24 nov. 1865, est réformé en tant qu'il a apprécié la valeur de l'acte du 10 sept. 1835. — Art. 2. Le surplus des conclusions des sieurs Germain et les conclusions du sieur Lemoine-Roger à fin de dépens sont rejetés.

Du 19 mars 1868.-Cons. d'Et.-MM. de Baulny, rap.-Aucoc, concl.-Hamot, av.

abroger les règlements antérieurs ou les usages. L'arrêt du 31 juill. 1874 ne fait donc que confirmer la doctrine consacrée par la décision du 1er juill. 1840 (*Rép.* n° 243). — Jugé encore que, lorsqu'aux termes d'un ancien règlement du 29 vent. an 9, les propriétaires ou fermiers de moulins sont tenus d'effectuer le curage, sur une étendue déterminée (400 mètres en amont et 200 mètres en aval de leurs moulins), que les dispositions de ce règlement n'ont été modifiées par aucun règlement d'administration publique et qu'il n'est pas justifié d'un ancien usage antérieur à la loi du 14 flor. an 11, ces usiniers ne peuvent être astreints au curage en dehors des limites fixées par l'ancien règlement (Cons. d'Et. 5 avr. 1878) (1) ; — Qu'il doit être pourvu au curage des cours d'eau non navigables de la manière prescrite par les anciens règlements et qu'il ne peut être pris de dispositions nouvelles que par un règlement d'administration publique, de simples arrêtés préfectoraux ne pouvant modifier les anciens usages (Cons. d'Et. 16 mai 1884 (2). V. dans le même sens : Cons. d'Et. 22 déc. 1882, aff. d'Herbigny, *Rec. Cons. d'Etat*, p. 1069. Comp. *suprà*, n° 180).

200. Si les riverains contestent l'existence de l'usage invoqué par l'Administration, ils doivent se pourvoir devant le conseil de préfecture à qui il appartient de vérifier si l'usage existe réellement (V. *Rép.* v° *Voirie par terre*, n° 1631 ; Cons. d'Et. 8 août 1865, aff. Delalain, D. P. 66. 3. 28). — Il a été jugé que, dans le cas où un arrêté préfectoral, conforme à une délibération du conseil général, a reconnu l'existence dans le département d'un ancien usage relatif au curage des cours d'eau non navigables, c'est au particulier qui demande décharge de la taxe à laquelle il a été imposé à démontrer que cet ancien usage n'existait pas, en ce qui concernait le cours d'eau dont il est riverain (Cons. d'Et. 5 déc. 1879, aff. Montier, D. P. 80. 3. 67). En raison des garanties d'instruction complète et impartiale que présente un arrêté pris après délibération du conseil général, le conseil d'Etat a décidé qu'il y a, sinon en droit strict, du moins en fait, la présomption que l'usage ainsi constaté existe réellement. Il n'a pas voulu qu'une simple dénégation suffît pour obliger l'Administration à recommencer l'étude de la question devant la juridiction contentieuse. Il en serait autrement si le riverain apportait des preuves sérieuses à l'appui de sa prétention. — Le conseil de préfecture est aussi compétent, en vertu de la loi du 4 flor. an 11, pour statuer sur une réclamation de propriétaires qui soutiennent que les taxes à eux imposées en exécution des arrêtés préfectoraux ont été établies contrairement aux anciens règlements ou usages locaux (Cons. d'Et. 17 août 1866) (3).

201. Les anciens règlements ou les usages locaux cessent d'être applicables dès qu'ils ont été abrogés et remplacés par un usage contraire ou un nouveau règlement (*Rép.* n° 232). — Jugé que, lorsqu'un décret rendu dans la forme des règlements d'administration publique a modifié les anciens usages relatifs au curage d'un cours d'eau non navigable, il ne peut plus être procédé à la répartition des dépenses conformément à ces anciens usages, alors même que les mesures nécessaires pour la mise à exécution du nouveau règlement n'ont jamais été prises par l'Administration (Cons. d'Et. 8 juill. 1881, aff. Commune de Breuil-le-Vert et de Breuil-le-Sec et consorts, D. P. 82. 3. 118). L'abrogation des anciens usages est un fait irrévocable et dont les effets légaux ne peuvent évidemment être suspendus ou annulés par la négligence de l'administration locale à mettre en vigueur le règlement nouveau.

202. Dans une localité où les dépenses du curage d'un cours d'eau sont mises par un arrêté préfectoral à la charge des propriétaires des terrains riverains ou non riverains et des usines intéressés à l'opération, « sauf tous droits ou servitudes contraires », aucune contribution ne peut être imposée à celui qui n'est que fermier de l'un de ces terrains ou de l'une de ces usines, à moins qu'il n'existe un usage local autorisant cette imposition (Cons. d'Et. 12 mars 1863, aff. Cellard, D. P. 65. 3. 93). La taxe de curage comme l'impôt foncier, est, avant tout, une charge de la propriété, car elle se rapporte à un avantage attaché au fonds lui-même; le fermier peut tout au plus être tenu d'en faire l'avance.

203. La loi du 14 flor. an 11 laissait au préfet le droit de réunir les intéressés, même sans leur consentement, en association syndicale forcée, afin d'assurer le curage des cours d'eau non navigables. La loi de 1865 organise deux sortes d'association syndicales : les associations libres et les associations autorisées. Les travaux de curage sont compris au nombre des travaux qui peuvent, sur la demande d'une majorité fixée par l'art. 12 de la loi, devenir l'objet d'une association autorisée (L. 21 juin 1865, art. 1er, § 2 et 9). De plus, l'art. 26 permet à l'Administration, à défaut de forma-

(1) (Veuve Rouzé.) — LE CONSEIL D'ETAT; — Vu la loi du 14 flor. an 11; — Vu l'arrêté du préfet de l'Oise, du 9 therm. an 11, relatif au curage des canaux et rivières non navigables, ledit arrêté visant un précédent arrêté du préfet de l'Oise, du 29 vent. an 9; — Considérant que, aux termes de l'art. 1er de la loi du 14 flor. an 11, il doit être pourvu au curage des canaux et cours d'eau non navigables de la manière prescrite par les anciens règlements ou d'après les usages locaux, et qu'il ne peut être pris de dispositions nouvelles, aux termes de l'art. 2 de la même loi, que par un règlement d'administration publique; — Considérant qu'il résulte de l'instruction que, aux termes d'un ancien règlement du 29 vent. an 9, dont les dispositions sont reproduites dans l'arrêté du préfet de l'Oise du 9 therm. an 11, le curage des cours d'eau non navigables du département de l'Oise était à la charge des propriétaires ou fermiers de moulins sur une étendue de 400 mètres en amont et 200 mètres en aval de leurs moulins; que ces dispositions n'ont été modifiées par aucun règlement d'administration publique, et qu'il n'est pas établi qu'il ait existé, spécialement pour la rivière de la Divette, un ancien usage antérieur à la loi du 14 flor. an 11, d'après lequel les frais de curage auraient été à la charge exclusive des usiniers; que, dès lors, le sieur Rouzé était fondé à soutenir, nonobstant l'arrêté du préfet du 28 mars 1873, qu'il n'était astreint au curage que sur une étendue de 400 mètres en amont et 200 mètres en aval de son moulin; qu'il est reconnu par l'Administration qu'il a effectué le curage dans ces limites; que, dans ces circonstances, il y a lieu d'accorder à la dame Rouzé décharge de la taxe de 362 fr. 67 cent... (Arrêté annulé).

Du 5 avr. 1878.-Cons. d'Et.-MM. Le Vavasseur de Précourt, rap.-Laferrière, concl.-Valabrègue, av.

(2) (Defourdrinoy et autres.) — LE CONSEIL D'ETAT;... — Vu la loi du 14 flor. an 11; — Considérant qu'aux termes de l'art. 1er de la loi du 14 flor. an 11, il doit être pourvu au curage des canaux et cours d'eau non navigables de la manière prescrite par les anciens règlements et qu'il ne peut être pris de dispositions nouvelles aux termes de l'art. 2 de la même loi, que par un règlement d'administration publique; Considérant qu'il résulte de l'instruction qu'aux termes du règlement du 27 fruct. an 10, antérieur à la loi du 14 flor. an 11, et maintenu par elle, le curage des cours d'eau non navigables du département de la Somme était à la charge des propriétaires de moulins ou usines sur une étendue de 100 mètres au-dessus du point où se fait sentir le refoulement qu'ils occasionnent et, pour les autres parties, devait être supporté par les propriétaires riverains; que ces dispositions n'ont été modifiées par aucun règlement d'administration publique; que, dès lors, les sieurs Defourdrinoy et consorts ne sont pas fondés à soutenir que les frais du curage du Saint-Landon le long de leur propriété devaient être mis à la charge du propriétaire du moulin au-dessus de leurs fonds... (Rejet).

Du 16 mai 1884.-Cons. d'Et.-MM. Tardif, rap.-Marguerie, concl.

(3) (Riverains du Petit-Odon.) — NAPOLÉON, etc.; — Vu la loi du 14 flor. an 11; — Vu le décret du 25 mars 1852; — Sur le moyen tiré de ce que les taxes auxquelles les requérants ont été imposés, en exécution des arrêtés précités, auraient été établies contrairement aux anciens règlements et usages locaux, et ne seraient pas proportionnées au degré d'intérêt qu'ils ont dans les travaux de curage et d'entretien du Petit-Odon : — Considérant qu'aux termes de la loi du 14 flor. an 11, c'est aux conseils de préfecture qu'il appartient de statuer sur les demandes en décharge desdites taxes; que, dès lors, c'est à tort que par son arrêté du 7 févr. 1862, le conseil de préfecture du département du Calvados s'est déclaré incompétent pour statuer sur les demandes en décharge qui lui ont été présentées par les requérants; et que les arrêtés précités du préfet ne font pas obstacle à ce que ce conseil examine la question de savoir si les taxes qui leur ont été imposées ont été établies conformément aux dispositions de la loi du 14 flor. an 11 :

Art. 1er. L'arrêté du conseil de préfecture du Calvados est annulé. — Art. 2. Le surplus des conclusions des requêtes des sieurs Donnet et consorts, de Bonnechose et consorts, Lecornu et consorts, est rejeté.

Du 17 août 1866.-Cons. d'Et.-MM. Aubernon, rap.-L'Hopital, concl.-Choppin, av.

tion d'associations libres ou autorisées, de créer, sinon des associations syndicales, du moins des syndicats forcés, pour l'exécution des travaux d'endiguement, de curage et de desséchement de marais. La loi nouvelle, dit la circulaire ministérielle du 12 août 1865 (D. P. 65. 4. 86-88, note 30), a eu pour but et aura, on peut l'espérer, pour effet d'encourager l'initiative individuelle des propriétaires, de provoquer l'esprit d'association et de faciliter ainsi l'exécution des travaux d'amélioration agricole; mais elle n'a pas entendu enlever au Gouvernement les pouvoirs dont il est investi par la législation actuelle, à l'effet d'assurer, après que l'utilité en a été régulièrement constatée, l'exécution par les propriétaires intéressés de travaux qui, à raison de leur nature spéciale, touchent directement à la sécurité ou à la salubrité publique. Tels sont ceux concernant le curage, le dessèchement des marais, et qui, par ce motif, sont soumis à des règles particulières. Le Gouvernement peut donc prescrire d'office l'exécution de travaux d'endiguement ou de curage, et prononcer la concession d'un desséchement de marais, en se conformant aux dispositions des lois de 1807 et de l'an 11; mais l'exercice de ce droit exige toujours, sauf pour les curages opérés conformément aux anciens règlements ou aux usages locaux, l'intervention d'un décret délibéré en conseil d'Etat, et ce n'est qu'en présence d'un intérêt public incontestable que l'Administration se déterminera à imposer à des propriétaires l'exécution de travaux dont ils auraient refusé de reconnaître l'utilité » (V. Block, *op. cit.* v° *Syndicats;* Ducrocq, *op. cit.*, t. 2, n°s 995 et suiv.; *suprà*, v° *Associations syndicales*). — Il a été jugé que, lorsqu'une association syndicale a été autorisée par le préfet, conformément à l'art. 12 de la loi du 21 juin 1865, les membres de la minorité ne peuvent se prévaloir de leur défaut d'adhésion pour se soustraire aux charges de l'association (Cons. d'Et. 14 mai 1870, aff. Gromand, D. P. 71. 3. 107). Cette solution ne pouvait faire difficulté, puisque, dès que l'association a été consentie par la majorité et régulièrement autorisée, les propriétaires intéressés en font légalement partie; ils peuvent seulement, aux termes de l'art. 13 de la loi de 1865, déférer l'arrêté qui autorise l'association au ministre des travaux publics; et il est statué sur le recours par un décret rendu en conseil d'Etat.

204. On a dit au *Rép.* n° 235 que les riverains doivent souffrir soit le passage des ouvriers préposés au curage, soit le dépôt momentané des terres provenant du curage. « Tout riverain, dit M. Lescuyer, *op. cit.*, p. 340, doit supporter le jet des produits du curage sur sa berge, de même qu'il doit un libre passage aux ouvriers chargés de ce travail. C'est là une servitude résultant de la situation des lieux, comme l'obligation du curage, c'est-à-dire l'obligation d'assurer le libre cours des eaux, est une conséquence de la servitude naturelle consacrée par l'art. 640 c. civ. » Il a été jugé qu'une association syndicale n'était pas obligée de prendre les produits du curage à sa charge, les propriétaires riverains devant les recevoir sur leur berge (Cons. d'Et. 27 juin 1867 (1). V. aussi Cons. d'Et. 26 févr. 1867, aff. Vern, *Rec. Cons. d'Etat*, p. 213). — Là se bornent les charges que les riverains sont appelés à supporter. Ainsi l'Administration, notamment, ne saurait leur imposer une servitude de passage pour faciliter la surveillance du garde-rivière et l'interdiction de planter ou de bâtir (Cons. d'Et. 15 déc. 1853, aff. Biennais, D. P. 54. 3. 25).

205. Les vases et déblais appartiennent, en principe, au propriétaire riverain, à qui incombe l'obligation du curage. « Mais, dit M. Dufour, t. 5, n° 109, dans le cas où cette obligation est mise à la charge des usiniers, à raison de l'influence du barrage sur l'encombrement du cours d'eau, il faut leur attribuer la propriété des vases, soit parce qu'ils sont censés avoir produit les matières qui proviennent du curage, soit parce que les propriétaires riverains ne peuvent pas être admis à revendiquer les avantages d'une situation dont ils repoussent les inconvénients » (V. aussi Demolombe, *Distinction des biens*, t. 2, n° 152). — Il a été jugé que la loi du 14 flor. an 11, en mettant à la charge des riverains le curage et l'entretien des cours d'eau, leur attribue virtuellement le produit de ce curage et leur a conféré le droit exclusif d'en extraire le limon, les sables et les graviers (Req. 20 févr. 1888, aff. Husse, D. P. 88. 1. 262).

Si les produits ne peuvent être utilisés par les propriétaires riverains, ou si leur séjour sur les berges peut nuire à la salubrité publique, ce qui arriverait quand le cours d'eau traverse une ville, l'acte qui prescrit le curage peut contenir une disposition par laquelle les produits du curage devront être transportés dans un endroit choisi par l'Administration ou vendus pour arriver en déduction des dépenses (*Rép.* n° 234).

206. Les dépenses occasionnées par un curage comprennent : 1° les travaux de curage proprément dits (cette dépense n'existe que quand les riverains n'ont pas voulu exécuter eux-mêmes les travaux); — 2° Le traitement des gardes-rivières ou autres employés chargés de la surveillance des travaux (V. *Rép.* v° *Travaux publics*, n° 1093); — 3° Les honoraires des rédacteurs des plans et des projets de curage (*Rép.* v° *Travaux publics*, n° 1093). En cas de contestation, le chiffre est réglé par le conseil de préfecture contradictoirement avec le préfet ou le syndicat, suivant que c'est sur l'ordre de l'un ou de l'autre que le travail s'est fait.

207. — 4° *Recouvrement des taxes de curage ; Contestations.* — Quand il a été fait masse des dépenses à la suite du décompte des travaux et que ce décompte a été approuvé par l'autorité compétente, il y a lieu de dresser le rôle et d'assigner à chaque propriétaire la somme qu'il aura à payer. Le rôle une fois dressé, par les ingénieurs le plus souvent, est rendu exécutoire par le préfet (L. 14 flor. an 11, art. 3).

208. Les taxes imposées aux riverains pour le curage des cours d'eau non navigables sont assimilées pour le recouvrement aux contributions directes (L. 14 flor. an 11, art. 3). La jurisprudence leur fait l'application des mêmes règles (*Rép.* v° *Travaux publics*, n° 1092, et *suprà*, v° *Associations syndicales*, n°s 177 et suiv.). — Il a été jugé aussi : 1° que lorsque le rôle pour la répartition des frais de curage dressé par le maire et rendu exécutoire par le préfet n'a pas été publié dans la commune, le propriétaire qui veut formuler une réclamation contre ce rôle peut le faire dans les trois mois du jour où la notification lui en a été faite soit par l'Administration, soit par un tiers qui prétend avoir payé en son acquit sa part dans les frais de curage (Cons. d'Et. 19 mars 1868, *suprà*, n° 195); — 2° Qu'une demande en décharge ou réduction peut être formée par lettre adressée au préfet (Cons. d'Et. 7 avr. 1876, aff. Charaux, *Rec. Cons. d'Etat*, p. 359).

L'administration des contributions directes est étrangère à l'assiette et au recouvrement des taxes syndicales (V. *suprà*, v° *Associations syndicales*, n°s 146 et suiv.). Décidé que, les taxes de curage étant recouvrées dans les mêmes formes que les contributions directes, le conseil de préfecture est tenu, à peine de nullité, de faire procéder à une expertise, lorsque le réclamant la demande, et cette expertise doit porter sur les difficultés relatives aux travaux, sur l'existence des anciens usages et sur l'intérêt des riverains aux

(1) (Commission syndicale de l'Osme.) — NAPOLÉON, etc.; — Considérant que le sieur Robert reconnaît qu'en l'absence d'une commission syndicale, il serait tenu de curer la rivière au droit de sa propriété, et de recevoir sur son terrain les déblais qui pourraient en provenir, sans distinction entre les vases et les graviers; qu'il s'agit, dès lors, de rechercher si, comme le soutien le sieur Robert, le syndicat a entendu prendre à sa charge l'enlèvement de ces déblais; que l'art. 16 de l'arrêté réglementaire du syndicat de la rivière de l'Osme dispose que les vases, déblais et matières quelconques provenant du curage opéré dans la moitié de la largeur du lit, seront jetés sur la rive du même côté, et que les riverains seront tenus d'enlever ces matières dès qu'elles auront acquis une consistance suffisante; qu'en présence de cette disposition, le sieur Robert n'était pas fondé à réclamer une indemnité à raison du dépôt fait sur son terrain des déblais de la rivière de l'Osme, pour la portion afférente à sa propriété, et que c'est à tort que, par l'arrêté attaqué, le conseil de préfecture a ordonné qu'il serait procédé à une expertise pour évaluer le montant de cette indemnité :

Art. 1er. L'arrêté du conseil de préfecture de la Charente sus-visé est annulé. — Art. 2. La requête du sieur Robert est rejetée. — Art. 3. Le sieur Robert est condamné aux dépens.

Du 27 juin 1867.-Cons. d'Et.-MM. de Rambuteau, rap.-de Belbeuf, concl.-Guyot et Maulde, av.

travaux, lorsque le contribuable l'a réclamée sur ces différents points (Cons. d'Et. 30 nov. 1883, aff. Courot, D. P. 85. 3. 51). Mais le conseil de préfecture n'est pas obligé d'ordonner une contre-vérification dans le cas où il estime qu'une expertise lui fournit les éléments nécessaires pour statuer sur la réclamation (Cons. d'Et. 25 juin 1880, aff. de Saint-Ours, D. P. 81. 3. 60). — Il a été décidé : 1° que les taxes de curage étant recouvrées comme en matière de contributions directes, dans le cas où le rôle n'a pas été publié, le délai du recours part de l'avertissement d'acquitter la taxe reçu par le contribuable ; et la déchéance est encourue, lorsque le conseil de préfecture n'a été saisi qu'après l'expiration du délai ainsi calculé, bien qu'avant cette date, le requérant ait saisi l'autorité judiciaire d'une opposition au commandement qu'il avait reçu et que ce commandement ait été annulé (Cons. d'Et. 16 mars 1883, aff. Gobert, D. P. 85. 5. 165) ; — 2° Que les taxes imposées aux riverains pour le curage des cours d'eau non navigables étant assimilées pour le recouvrement aux contributions directes, aux termes des art. 3 de la loi du 14 flor. an 11, 15 et 26 de la loi du 21 juin 1865, les rapports des agents de l'Administration proposant le rejet de demandes en décharge desdites taxes doivent être déposés à la sous-préfecture et les réclamants doivent être invités à en prendre communication, conformément aux prescriptions de l'art. 29 de la loi du 21 avr. 1832; l'inobservation de ces formalités entraîne l'annulation de l'arrêté du conseil de préfecture intervenu sur la réclamation (Cons. d'Et. 24 juill. 1885, aff. Brian, D. P. 86. 5. 158).

209. Les rôles pour la répartition de la dépense du curage et de la conservation des eaux de la Bièvre doivent être, à peine de nullité, établis par trois commissaires désignés par le préfet du département de la Seine, par le préfet de police et par le préfet du département de Seine-et-Oise, et ce, en vertu de l'arrêt du conseil du roi du 26 févr. 1732 et de l'arrêté des consuls du 25 vend. an 9 (Cons. d'Et. 3 août 1877, aff. Grandjean, D. P. 77. 5. 167 ; 21 mai 1880) (1).

210. Les conseils de préfecture sont compétents pour connaître des contestations relatives au recouvrement des taxes de curage, aux réclamations des individus imposés, et à la confection des travaux (L. 14 flor. an 11, art. 4, *Rép.* n° 229). Appelés à statuer sur une demande en décharge ou en réduction, ils ont à examiner si la taxe a été établie contrairement aux anciens règlements et usages locaux ou si elle n'est pas proportionnée au degré de l'intérêt du réclamant aux travaux de curage. Si les réclamations ont pour objet l'exécution des travaux, ils ne peuvent annuler ou modifier la décision qui a ordonné le curage; leurs pouvoirs se bornent à l'appréciation de la légalité de la décision et à un refus de sanction s'ils admettent les réclamations qui leur sont présentées. — « Ainsi supposons, dit M. Lescuyer, *op. cit.*, n° 44, que le cours d'eau à curer ne soit qu'un simple fossé auquel les dispositions de la loi de floréal ne puissent pas s'appliquer ou bien encore que le curage constitue seulement une mesure d'assainissement prise dans l'intérêt de plusieurs communes; dans ces deux cas, le conseil ne pourra pas annuler ou modifier l'arrêté préfectoral indûment pris en vertu de la loi de floréal; il se bornera à apprécier son illégalité en accordant décharge de leurs taxes aux réclamants. » Nous examinerons au chap. 9 consacré à l'étude des *Attributions et compétence de l'autorité administrative* quelle est l'étendue des pouvoirs des conseils de préfecture en cette matière (V. *infrà*, nos 449 et suiv.).

211. Un propriétaire qui a obtenu l'annulation, pour excès de pouvoirs, d'un arrêté préfectoral ordonnant l'exécution de certains travaux de curage, est fondé à demander le remboursement avec intérêts des sommes qu'il a été contraint de payer pour ces travaux; l'Administration est, en outre, tenue de l'indemniser des dommages qu'elle a pu lui causer par cette exécution, et ce, encore bien qu'elle prétende qu'elle ne peut être déclarée responsable des erreurs commises par ses agents dans l'exercice de leurs pouvoirs de police. Le droit à indemnité existe, en effet, dès que les dommages ont été causés par des travaux qui ont le caractère de travaux publics (L. 28 pluv. an 8, art. 4) (Cons. d'Et. 15 mai 1869, aff. Corbière, D. P. 70. 3. 82). — Jugé que, lorsque le montant d'une taxe de curage a été versé dans la caisse du département qui avait fait l'avance des fonds, et que décharge est accordée au contribuable, c'est au département que celui-ci doit s'adresser pour obtenir remboursement (Cons. d'Et. 13 déc. 1872, aff. Département d'Ille-et-Vilaine, D. P. 73. 3. 44).

Dans cette décision, comme dans celle du 15 mai 1869 précitée, le conseil d'Etat a trouvé la solution du litige dans des actes formels émanés du département; aussi a-t-il pu se dispenser de trancher la question de savoir qui doit, en principe, supporter la dépense de travaux exécutés sur les rivières, en comptant sur des taxes dont le recouvrement n'a pu avoir lieu. S'il y a syndicat constitué, la caisse de l'association qui a ordonné les travaux devra évidemment y pourvoir; de même, si, en l'absence de tout syndicat, il est reconnu que les travaux étaient de ceux que la loi du 14 flor. an 11 met à la charge des riverains, le montant de la taxe dont un des contribuables s'est fait décharger doit être réparti entre les véritables intéressés. Mais la question est plus délicate lorsque l'Administration a fait exécuter, comme dans l'espèce jugée par l'arrêt du 13 déc. 1872, sous prétexte de curage, des travaux qui ne sont pas à la charge des riverains. Aucune disposition de loi n'autorise à mettre aux frais, soit de la commune, soit du département, des ouvrages d'élargissement ou de redressement qui constituent de véritables travaux d'utilité publique, sans que le conseil municipal ou le conseil général ait été appelé à les voter et à ouvrir un crédit pour pourvoir aux dépenses. D'un autre côté, l'erreur de droit commise par un préfet dans une matière où la législation et la jurisprudence présentent de sérieuses difficultés, et alors que le but qu'il poursuivait était incontestablement utile, ne peut être considérée comme une de ces fautes lourdes ouvrant contre le fonctionnaire une action personnelle en responsabilité. La dépense nous paraît donc devoir retomber, en définitive, sur l'État, dont l'agent a ordonné le travail, l'Etat étant chargé des services publics que la loi n'attribue à aucune des personnes civiles consti-

---

(1) (Grandjean.) — LE CONSEIL D'ETAT ;... — Vu les lois et règlements relatifs à la rivière de Bièvre, notamment : la déclaration du Roi du 28 sept. 1728, les arrêts du conseil du Roi des 26 févr. 1732 et 5 déc. 1741, l'ordonnance du grand-maître des eaux et forêts du 1er mars 1754, confirmée par arrêt du conseil du 18 mai 1756, l'arrêt des consuls du 25 vend. an 9 ; — Vu le décret du 10 oct. 1859 ; — Vu la loi du 14 flor. an 11 ; — Vu les lois des 21 avr. 1832 et 4 août 1844 ;... — Au fond : — Sans qu'il soit besoin d'examiner les autres moyens ; — Considérant que, d'après les anciens règlements concernant la rivière, et notamment d'après l'arrêt du conseil du Roi du 26 févr. 1732, les rôles des taxes à établir sur les riverains devaient être dressés par trois syndics élus parmi les intéressés et choisis parmi eux, chacun dans l'un des trois corps des teinturiers, des tanneurs et des mégissiers ; que l'arrêté des consuls, rendu en conseil d'Etat le 25 vend. an 9, actuellement en vigueur, a substitué aux trois syndics élus par les intéressés trois commissaires choisis parmi eux et nommés, l'un par le préfet de la Seine, le second par le préfet de police, le troisième par le préfet de Seine-et-Oise ; qu'il résulte des art. 3 et 4 combinés dudit règlement que les commissaires ainsi nommés doivent dresser les rôles à établir, tant pour les dépenses de curage que pour les autres dépenses de conservation des eaux ; que les modifications apportées par le décret du 10 oct. 1859 aux attributions respectives du préfet de la Seine et du préfet de police n'ont pu avoir pour effet de porter atteinte aux garanties accordées aux riverains par l'acte réglementaire de l'an 9, et de confier à deux commissaires, au lieu de trois, la répartition des taxes ; — Considérant qu'il résulte de ce qui précède que le sieur Grandjean est fondé à soutenir que les rôles établis pour les dépenses de curage de la rivière de Bièvre en 1873, dans Paris, n'ayant été dressés que par deux commissaires choisis parmi les intéressés, n'ont pas été établis suivant les formes prescrites par les règlements en vigueur, et que, par suite, décharge doit lui être accordée de la taxe à laquelle il a été imposé pour lesdits rôles, sauf à l'Administration, si elle s'y croit fondée, à mettre de nouveau ladite taxe à la charge du sieur Grandjean au moyen de rôles régulièrement dressés :

Art. 1er. Le montant de la taxe perçue pour le curage de la Bièvre, hors Paris, exercice 1869, sera restitué au sieur Grandjean. — Art. 2... (Arrêté annulé. Décharge de la taxe, pour l'exercice 1873, sur les rôles dressés pour le curage de la rivière de Bièvre dans Paris).

Du 21 mai 1880.-Cons. d'Et.-MM. Krantz, rap.-Le Vavasseur de Précourt, concl.

tuées au-dessous de lui, et trouvant, d'ailleurs, dans son budget un chapitre destiné aux études et subventions pour travaux d'irrigation, de dessèchement, de curage et de drainage. Cette solution résulte implicitement de la disposition du décret du 15 mai 1869 qui, malgré l'opposition du ministre des travaux publics, dont les termes sont rapportés en note de l'arrêt, a mis au compte du Trésor les indemnités dues au sieur Corbière à raison des dommages causés à sa propriété (Conf. Lescuyer, *op. cit.*, p. 348).

212. Les rôles des contributions directes étant annuels, les contribuables peuvent, sans porter atteinte à l'autorité de la chose jugée, présenter à l'appui d'une demande en décharge et réduction de la taxe d'une année, les mêmes arguments qui ont été repoussés à l'occasion de la taxe d'une année précédente; il n'y a pas, dans ces demandes successives, identité d'objet. — Cette règle est applicable aux taxes assimilées pour le recouvrement aux contributions directes; mais elle ne peut être étendue au cas où il s'agit du recouvrement d'une même somme ayant pour objet l'acquittement d'une même dépense; la circonstance que le montant de cette somme a été porté sur deux rôles successifs ne peut faire obstacle à ce qu'il soit décidé qu'il y a identité d'objet dans les deux affaires. Jugé qu'un usinier qui a obtenu une réduction de sa part dans les frais de curage ne peut plus être imposé, en la même qualité, pour une portion quelconque de la somme dont il a été dégrevé, et qu'il ne peut être compris qu'en qualité de riverain sur le nouveau rôle dressé pour le recouvrement de ladite somme (Cons. d'Et. 16 juin 1876 (1). V. aussi Cons. d'Et. 1er déc. 1882, aff. Reynaud, D. P. 84. 5. 112). — Jugé aussi qu'un usinier auquel un arrêté de conseil de préfecture ayant acquis l'autorité de la chose jugée a accordé décharge de frais de curage par le motif que les anciens usages ne permettaient pas de mettre ces frais à sa charge, ne peut être imposé sur un nouveau rôle pour le payement des mêmes frais, bien que, postérieurement à l'arrêté du conseil de préfecture, une décision du conseil d'Etat ait accordé aux propriétaires riverains décharge desdits frais par le motif que les travaux intéressaient exclusivement l'usinier; qu'il suit de là que la décision du conseil d'Etat qui a accordé la décharge aux riverains ne porte pas préjudice à l'usinier, et que, dès lors, il n'y a pas lieu de statuer sur la tierce opposition formée par l'usinier contre cette décision (Cons. d'Et. 28 nov. 1884, aff. Martin du Gard, D. P. 86. 3. 59). Cette solution entraîne ce résultat assez singulier que l'Administration ne pourra recouvrer le montant des dépenses avancées par elle, ni sur l'usinier, ni sur les riverains, les uns et les autres étant protégés par des décisions de justice consacrant des solutions opposées, mais ayant acquis, l'une et l'autre, l'autorité de la chose jugée; elle devra supporter ces frais, comme dans le cas où des dépenses effectuées sur des cours d'eau par ses ordres seront reconnues avoir été irrégulièrement entreprises (V. *suprà*, n° 211).

213. Pour ce qui concerne les frais d'expertise et les contributions imposées pour l'acquittement des frais qui résultent des procès perdus par les communes, V. *suprà*, v° *Associations syndicales*, n°s 143 et 198.

214. Les jugements rendus par le conseil de préfecture sont susceptibles d'appel devant le conseil d'Etat. Le pourvoi est introduit comme en matière de contributions directes (V. *suprà*, v° *Associations syndicales*, n° 193). Il a été jugé que l'usinier qui n'a demandé ni la réduction de la taxe à laquelle il a été assujetti, ni l'expertise, n'est pas fondé à poser directement devant le conseil d'Etat des conclusions subsidiaires tendant au renvoi devant le conseil de préfecture pour qu'il soit procédé à une expertise (Cons. d'Et. 20 janv. 1882, aff. Maurel, *Rec. Cons. d'Etat*, p. 64).

215. « Les travaux de curage, dit M. Lescuyer, *op. cit.*, n°s 23 et suiv., sont assimilés à des travaux publics. Comme tout travail public, ils peuvent causer des dommages, et, par là même, faire naître pour le propriétaire lésé un droit à une indemnité. — Si des parcelles de terrain ont été prises par les ouvriers pour être réunies au lit du cours d'eau, il y a lieu à une indemnité de dépossession en vertu de la loi du 3 mai 1841; seulement, dans ce cas, comme il s'agit d'une question de propriété, c'est le tribunal civil qui sera compétent. Ces empiétements ne pourraient donner le droit aux riverains d'attaquer l'arrêté préfectoral pour excès de pouvoirs que dans le cas où ils résulteraient des plans et devis. Toutes les autres demandes d'indemnité pour dommage causé par un travail public sont de la compétence du conseil de préfecture. Ainsi c'est à lui qu'il appartient de connaître de la réclamation d'un usinier qui se plaint du chômage de son usine pendant les travaux de curage; d'un propriétaire qui se prétend lésé parce que les ouvriers, en effectuant les travaux, ont détruit un gué dont il se servait; d'un propriétaire sur le terrain duquel on aurait déposé provisoirement des pierres, bois ou autres matériaux nécessaires pour les travaux. »

Il a été jugé que l'autorité judiciaire est seule compétente pour fixer l'indemnité due aux riverains sur le terrain desquels l'Administration a empiété en procédant par voie d'élargissement au curage d'un cours d'eau ou d'une rivière, à la différence du cas où l'indemnité est demandée pour dommage occasionné par les travaux d'un curage ordinaire, c'est-à-dire, d'un curage à vieux bords (Cons. d'Et. 16 févr. 1853, aff. Dumas de Laroque, D. P. 55. 3. 42). — Mais il a été décidé : 1° que, lorsqu'un préfet s'est borné à ordonner le curage d'un cours d'eau non navigable, conformément au projet dressé par les ingénieurs des ponts et chaussées, et qu'il est établi par l'instruction que les travaux compris dans ce projet ne constituaient pas un élargissement et un approfondissement de ce cours d'eau, si, dans l'exécution desdits travaux, les prescriptions du devis n'ont pas été suivies et si des dommages ont été causés aux propriétés riveraines, cela ne change pas le caractère de l'arrêté préfectoral et ne donne pas aux propriétaires le droit d'en demander l'annulation pour excès de pouvoir; que les propriétaires peuvent seulement, s'ils s'y croient fondés, réclamer une indemnité devant l'autorité compétente (Cons. d'Et,

(1) (Loquin et autres C. Syndicat de l'Izeure.) — Le conseil d'État;... — Considérant que, par sa décision du 8 nov. 1872, le conseil d'Etat a : 1° accordé au sieur Michelot une réduction de 254 fr. 42 cent. sur le montant de la taxe à laquelle il a été imposé pour sa part contributive, en qualité d'usinier dans la dépense du curage de la rivière de la Varaude, effectué en 1868; 2° condamné le syndicat à supporter la moitié des frais de l'expertise à laquelle il a été procédé sur la réclamation du sieur Michelot; que la demande portée devant le conseil de préfecture par le sieur Michelot avait pour objet d'obtenir la décharge de la somme de 124 fr. 06 cent. à laquelle il a été imposé pour sa part contributive dans les sommes ainsi mises ou laissées à la charge du syndicat par la décision ci-dessus rappelée; — Considérant, en ce qui touche la somme de 254 fr. 42 cent. montant de la réduction accordée au sieur Michelot, par la décision du 8 nov. 1872, que le conseil d'Etat par ladite décision a fixé à la somme de 192 fr. 53 cent. la part contributive du sieur Michelot, en qualité d'usinier, dans les dépenses du curage de 1868 et a entendu que le surplus de la dépense serait supporté par les autres intéressés; que la somme de 254 fr. 42 cent. réimposée au rôle de 1873 avait pour objet de pourvoir au payement de cette dépense; que dès lors le sieur Michelot est fondé à prétendre qu'il n'est pas tenu d'y contribuer en tant qu'usinier; qu'il ne peut en être tenu que comme propriétaire de terrains riverains du cours d'eau; — Mais considérant, en ce qui touche la portion des frais d'expertise mise par la décision du conseil d'Etat à la charge du syndicat, que si aux termes de l'art. 58 de la loi du 18 juill. 1837, les parties qui obtiennent condamnation contre une commune ne sont point passibles des charges et contributions imposées pour l'acquittement des frais qui résulteraient du fait du procès, aucune disposition de loi n'a étendu le bénéfice de cet article aux particuliers qui ont soutenu un procès contre une association syndicale; que, dès lors, les frais dont s'agit doivent, comme toutes les dépenses de l'association syndicale, être répartis entre tous les membres, sans exception, qui le composent; qu'ainsi c'est à tort que le conseil de préfecture a accordé décharge de la somme imposée de ce chef au sieur Michelot :

Art. 1er. L'arrêté ci-dessus visé du conseil de préfecture de la Côte-d'Or est réformé en tant qu'il a réduit à la somme de 30 fr. 71 cent. la cotisation à laquelle le sieur Michelot a été imposé sur le rôle émis par le syndicat d'Izeure pour l'année 1873. — Art. 2. Il est accordé au sieur Michelot décharge de la somme pour laquelle il a été compris audit rôle, pour sa part contributive, en tant qu'usinier, dans la somme de 254 fr. 42 cent. réimposée en exécution de la décision du conseil d'Etat du 8 nov. 1872; — Art. 3. Le surplus des conclusions du syndicat d'Izeure est rejeté.

Du 16 juin 1876.-Cons. d'Et.-MM. d'Aillières, rap.-Braun, concl.

26 mai 1866) (1); — 2° Que, lorsqu'un arrêté préfectoral, loin d'ordonner la rectification d'un ruisseau, s'est borné à en ordonner le curage suivant ses anciennes limites, le tribunal civil est compétent au cas où un riverain prétend qu'il y a eu anticipation sur son terrain, pour déterminer les limites naturelles du cours d'eau et fixer l'indemnité de dépossession et de dommages accessoires, et n'a pas à surseoir jusqu'à ce qu'il ait été vérifié par l'autorité administrative si le curage a été exécuté conformément à l'arrêté préfectoral et si les dimensions naturelles des cours d'eau ont été conservées (Cons. d'Ét. 3 août 1877, aff. Remery, D. P. 78. 3. 12); — 3° Que, dans le cas où un propriétaire prétend qu'une commune, en faisant exécuter le curage d'un ruisseau, a indûment réuni diverses parcelles de sa propriété au lit de ce ruisseau, il appartient à l'autorité judiciaire de régler l'indemnité qui serait due de ce chef à ce propriétaire (Cons. d'Ét. 22 mai 1869, aff. Selignac, D. P. 70. 3. 90); — 4° Que l'autorité judiciaire est compétente pour reconnaître les droits de propriété invoqués devant elle et pour régler, s'il y a lieu, les indemnités de dépossession (Trib. confl. 13 mai 1876, aff. Ancel, D. P. 77. 3. 41); — 5° Que, dans le cas où il est reconnu qu'il n'y a pas eu terrain pris pour l'élargissement du ruisseau, il appartient à l'autorité administrative de connaître des dommages causés (Même arrêt).

216. — 5° *Des cours d'eau auxquels s'applique la loi du 14 flor. an 11.* — On a dit au *Rép.* n°s 241 et suiv. que la loi du 14 flor. an 11 est exclusivement applicable au curage des canaux et rivières non navigables, qu'elle est étrangère au curage des fossés d'assainissement, de clôture ou de défense ou autres fossés creusés de main d'homme pour la vidange des eaux. L'Administration n'a pas à assurer ici le libre écoulement des eaux dans un intérêt général; l'entretien des fossés concerne les propriétaires, et le débat se règle entre eux. L'Administration ne peut prescrire les mesures nécessaires pour empêcher la navigation des eaux dans les fossés de desséchement ou d'assainissement qu'en vertu des pouvoirs généraux qui lui ont été conférés dans l'intérêt de la salubrité publique (Ducrocq, t. 2, n° 992). — La jurisprudence s'est ralliée à cette doctrine dont elle s'était écartée dans de précédents arrêts (V. *Rép.* n° 243). Ainsi il a été jugé : 1° que la loi du 14 flor. an 11 n'a eu pour objet que de pourvoir au curage des canaux et rivières non navigables; qu'elle n'est pas applicable aux fossés d'assainissement, de clôture ou de défense, ou autres fossés creusés de main d'homme pour la vidange des eaux d'une propriété privée; que, dès lors, l'arrêté par lequel un préfet a soumis ces fossés à l'application de la loi précitée est entaché d'excès de pouvoir; que le conseil de préfecture doit, sans tenir compte de cet arrêté, statuer sur la demande en décharge formée par le propriétaire intéressé (Cons. d'Ét. 18 avr. 1860, aff. Mathurin-Benoist, D. P. 63. 3. 19; 19 févr. 1863, aff. Hubert, D. P. 63. 3. 19); — 2° Qu'un canal de dérivation ne peut être l'objet d'un curage obligatoire, à moins que les usages ou des règlements locaux ne l'y soumettent (Cons. d'Ét. 20 août 1864, aff. Bisson, *Rec. Cons. d'Etat*, p. 814); — 3° Qu'un fossé servant d'écoulement à une fontaine située dans une propriété privée, qui n'est pas en communication avec un cours d'eau et n'en reçoit les eaux que dans les crues extraordinaires, ne peut être considéré comme un cours d'eau naturel et permanent; que le préfet ne peut, dès lors, en ordonner le curage (Cons. d'Ét. 8 févr. 1864, aff. Martinet, *Rec. Cons. d'Etat*, p. 102); — 4° Qu'un fossé servant d'égout à une ville n'est pas un cours d'eau permanent au curage duquel il appartient à l'Administration de pourvoir (Cons. d'Ét. 22 févr. 1866, aff. Ville d'Estaires, *Rec. Cons. d'Etat*, p. 123); — 5° Qu'un fossé qui sert uniquement à l'écoulement dans une rivière des eaux pluviales provenant des terres riveraines ne constitue pas un cours d'eau auquel il soit possible d'appliquer les dispositions de la loi du 14 flor. an 11; que, par suite, l'arrêté préfectoral et la décision ministérielle qui ont prescrit des travaux de curage dans ce fossé sont entachés d'excès de pouvoir; que si les riverains y ont accumulé des matières pouvant produire des émanations insalubres ou s'ils y ont élevé des constructions nuisibles, il appartient à l'autorité municipale d'y pourvoir (Cons. d'Ét. 13 août 1867, aff. Quillet, D. P. 68. 3. 41. V. aussi Cons. d'Ét. 28 juill. 1869, aff. Boucher, *Rec. Cons. d'Etat*, p. 713); — 6° Qu'un fossé servant à l'écoulement des eaux stagnantes des terrains riverains ne constitue pas un cours d'eau auquel il soit possible d'appliquer les dispositions de la loi du 14 flor. an 11; que l'arrêté municipal, approuvé par le préfet, ordonnant le curage d'un fossé de cette nature, ne peut être considéré comme pris en vertu soit de l'art. 27 de la loi du 16 sept. 1807 sur le desséchement des marais, soit des art. 35 et 36 de la même loi sur les travaux de salubrité; d'où il résulte que le maire, en ordonnant le curage de ces fossés, n'a pu entendre agir qu'en vertu des pouvoirs qu'il tient de la loi des 16-24 août 1790 dans l'intérêt de la salubrité publique; que, par suite, la somme réclamée aux propriétaires qui ont refusé d'exécuter eux-mêmes le curage pour le remboursement des travaux exécutés d'office, ne saurait être considérée comme une taxe assimilée pour le recouvrement aux contributions directes, et que le conseil de préfecture est incompétent pour connaître des réclamations de ces propriétaires (Cons. d'Ét. 5 janv. 1883, aff. Thélolan, D. P. 84. 3. 71). — Jugé au contraire : 1° qu'un ruisseau, bien qu'il soit à sec pendant une partie de l'année, peut constituer, par la longueur de son parcours, son débit en temps de crue et l'étendue considérable de son bassin, non un simple fossé d'écoulement, mais un cours d'eau auquel s'applique la loi de floréal an 11 (Cons. d'Ét. 9 déc. 1864, *suprà*, n° 181); — 2° Qu'il appartient à l'Administration d'ordonner le curage d'un étang alimenté en partie par une source extérieure, cet étang constituant une retenue sur une eau courante (Cons. d'Ét. 7 août 1874, aff. Labarthe, D. P. 75. 3. 76). Mais la loi du 14 flor. an 11 est inapplicable, lorsqu'il s'agit d'une source naissant dans la propriété (Cons. d'Ét. 23 déc. 1858, aff. Cornet d'Yseux, D. P. 60. 3. 25; 1er mars 1860, aff. Bonnard-Fonvillars, *ibid.*; 14 mars 1861, aff. Duleau, D. P. 61. 3. 28; 24 juin 1868, aff. de Rosambo, D. P. 69. 3. 88); — 3° Que l'Administration peut prescrire le curage d'un canal de dérivation servant à l'écoulement des eaux d'un ruisseau dont l'ancien lit a cessé de servir, bien qu'à l'origine, ce canal ait été creusé de main d'homme, ledit canal constituant un cours d'eau non navigable ni flottable (Cons. d'Ét. 24 nov. 1876, aff. Villedary, D. P. 77. 3. 35); — 4° Que le curage de fossés qui font partie d'un ensemble de fossés d'assainissement se rattachant les uns aux autres pour conduire à une rivière les eaux provenant des infiltrations du bief d'un moulin rentre dans les opérations prescrites par la loi du 14 flor. an 11; que le préfet avait agi en l'ordonnant dans la limite des pouvoirs qui lui sont conférés pour assurer le libre écoulement des eaux (Cons. d'Ét. 3 août 1877, aff. Leblanc, *Rec. Cons. d'Etat*, p. 797); — 5° Que le ruisseau de Sucy (Seine-et-Marne), en raison de la longueur et de la direction de son parcours, doit être considéré, non comme un fossé d'assainissement, mais comme un cours d'eau naturel au curage duquel il appartient à l'Administration de pourvoir (Cons. d'Ét. 12 juill. 1882, aff. Montier, *Rec. Cons. d'Etat*, p. 675). — Décidé enfin que les riverains sont tenus de procéder au curage des simples fossés de desséchement, lorsque les anciens règlements leur imposent cette charge (Cons. d'Ét. 13 févr. 1885, aff. Lebreton, et aff. Pignat, D. P. 86. 3. 90). Cette décision n'est pas à l'abri de toute critique. La loi du 14 flor. an 11 ne concernant que

(1) (De Maussion). — NAPOLÉON, etc.; — Vu les lois des 12-20 août 1790 et du 14 flor. an 11; — Vu la loi du 3 mai 1841; — Vu le décret du 25 mars 1852; — Considérant que par son arrêté du 26 août 1861, le préfet de Seine-et-Marne s'est borné à ordonner le curage de l'Aubetin conformément au projet dressé par les ingénieurs des ponts et chaussées, et qu'il est établi par l'instruction que les travaux compris dans ce projet ne constituaient pas un élargissement et un approfondissement de ce cours d'eau; qu'alors même que, dans l'exécution desdits travaux, les prescriptions du devis n'auraient pas été suivies, et que des dommages auraient été causés aux propriétés riveraines, ces faits à raison desquels les propriétaires pourraient, s'ils s'y croyaient fondés, réclamer une indemnité devant l'autorité compétente, ne sauraient changer le caractère de l'arrêté préfectoral précité, et donner aux requérants le droit de demander l'annulation pour excès de pouvoir de cet arrêté ainsi que de la décision ministérielle qui l'a confirmé.

Art. 1er. La requête des sieurs de Maussion est rejetée.

Du 26 mai 1866.-Cons. d'Ét.-MM. David, rap.-L'Hopital, concl.-Mathieu-Bodet, av.

le curage des cours d'eau non navigables proprement dits, n'a eu pour objet de maintenir les anciens usages qu'en ce qui concerne ces cours d'eau. Il est permis, par suite, de se demander, si les anciens usages assimilant les fossés d'écoulement à des cours d'eau peuvent avoir actuellement pour effet d'étendre l'application de la loi précitée à des cas autres que ceux qui sont régis par ladite loi.

217. — III. RÈGLEMENTS CONCERNANT LES COURS D'EAU NON NAVIGABLES NI FLOTTABLES; RÉPARTITION DES EAUX; POLICE. — Ces questions sont traitées *infrà*, nos 409 et suiv.

CHAP. 5. — Des étangs et lacs (*Rép.* nos 244 à 275).

218. On a dit au *Rép.* nos 246 et suiv. que la construction d'un étang n'est assujettie à l'autorisation préalable de l'Administration que dans deux cas : 1° si la chaussée de l'étang longe un chemin public; 2° si, pour alimenter l'étang, le propriétaire utilise un ruisseau traversant ou longeant sa propriété et dont les eaux se trouvent pour cette cause diminuées dans leur volume ou modifiées dans leur cours habituel. « Les étangs naturels, dit M. Block, *op. cit.*, v° *Étangs*, n° 2, échappent à des règles fixes et restent soumis aux lois d'intérêt général et de salubrité publique. Les étangs artificiels sont soumis à un régime particulier. Il importe de distinguer s'ils ont été formés à l'aide d'infiltrations ou de sources situées dans le fonds même de celui qui construit l'étang, ou bien au moyen d'un barrage établi sur un ruisseau. Ceux qui appartiennent à la première de ces classes sont régis par les principes généraux du code civil en matière de servitude (c. civ. tit. 4, chap. 1er). Ceux qu'on doit ranger dans la seconde catégorie relèvent des lois appliquées en matière de cours d'eau non navigables ni flottables, et les formalités à suivre pour leur création sont identiques à celles qui doivent être observées en pareil cas pour les usines. Ces deux établissements ont, en effet, un résultat commun : la modification du régime des eaux par l'élévation d'un barrage; la loi leur impose donc les mêmes règles de police et les mêmes conditions d'existence. Il est à remarquer que, dans certains cas, les étangs formés à l'aide d'infiltrations ou de sources sont également soumis à l'action du pouvoir réglementaire » (L. 12 août 1790, chap. 6).

219. Les pouvoirs de l'Administration en ce qui concerne les étangs et notamment la suppression des étangs insalubres sont exposés *infrà*, nos 409 et suiv.

220. Le propriétaire, porte l'art. 558 c. civ., conserve toujours le terrain que l'eau couvre quand elle est à la hauteur de la décharge de l'étang, encore que le volume de l'eau vienne à diminuer. Il établit ainsi en faveur du propriétaire de l'étang une présomption légale de propriété (*Rép.* nos 257 et suiv.). La limite de la décharge est, non au seuil du déversoir, mais au point extrême d'élévation des eaux au moment de la crue ordinaire de la saison d'hiver. « Il y a quelque doute, dit M. Laurent, t. 7, n° 243, si l'on s'en tient au premier alinéa de l'art. 558; il paraît s'attacher exclusivement à la hauteur de la décharge, donc au seuil du réservoir. Mais il y a un second alinéa qui explique le premier : il y est dit que le propriétaire de l'étang n'acquiert aucun droit sur les terres riveraines que son eau vient à couvrir dans des crues extraordinaires. Donc la présomption est que les terres couvertes par les crues ordinaires appartiennent au propriétaire de l'étang. Qu'est-ce que la loi entend par *crues ordinaires* et *crues extraordinaires*? La question est de savoir quel est le caractère des crues d'hiver; elles sont périodiques; elles ont donc un mouvement régulier et normal, ce qui exclut toute idée de crues accidentelles, extraordinaires, car celles-ci n'ont ni fixité ni régularité. Puisque les crues d'hiver reviennent chaque année, il est plus que probable que les terrains qu'elles couvrent appartiennent au propriétaire de l'étang; en effet, il n'a pas le droit d'inonder chaque hiver les propriétés voisines, les riverains ne le souffriraient pas. Quand, au contraire, les crues sont accidentelles, elles sont par cela même imprévues; le propriétaire de l'étang ne peut pas être obligé d'acquérir tous les terrains que les eaux pourront couvrir dans les crues extraordinaires, puisqu'il est impossible de les prévoir et impossible d'en assigner les limites. De là suit que la présomption de propriété existe pour les crues ordinaires de l'hiver. Il faut donc non s'attacher à la limite matérielle des déversoirs, mais tenir compte des crues ordinaires de l'hiver. C'est le seul moyen de concilier le second alinéa avec le premier ». Un arrêt de la chambre des requêtes du 27 févr. 1860 (1), a décidé que l'on doit considérer comme des crues extraordinaires, dans le sens de la disposition finale de l'art. 558 c. civ., toutes les crues qui dépassent la hauteur du déversoir, alors même qu'elles se renouvelleraient périodiquement. La doctrine opposée et qui semble plus conforme à l'esprit de la loi a été admise par un arrêt postérieur du 13 mars 1867, qui a décidé que l'art. 558 c. civ. a entendu placer ce qu'il appelle la hauteur de la décharge, non pas au seuil du déversoir de l'étang, mais au point extrême d'élévation de ces eaux au moment des crues ordinaires de la saison d'hiver; qu'en conséquence, la possession depuis plus d'un an et jour des terres couvertes par les eaux arrivées à ce degré d'élévation peut servir, de base à une action possessoire (Civ. rej. 13 mars 1867, aff. Trémant, D. P. 67. 1. 270).

221. Pour que la présomption légale de l'art. 558 c. civ. reçoive son application, il faut qu'il y ait un déversoir fixe qui marque d'une façon invariable la hauteur normale des eaux, et opère par lui-même, sans l'intervention de la main de l'homme. Jugé que l'art. 558 c. civ. ne s'applique qu'aux étangs dont les eaux sont contenues dans des limites fixes et invariables, au moyen d'un déversoir marquant d'une manière immuable la hauteur de la décharge, et opérant sans l'intervention de l'homme; qu'en conséquence, cette disposition est à tort invoquée par le propriétaire d'un étang qui n'a pas de déversoir fixe, opérant par lui-même et marquant d'une manière invariable la hauteur de la décharge, mais un système de clapets mobiles permettant au propriétaire d'élever ou d'abaisser les eaux à volonté (Req. 10 mars 1868, aff. Coué, D. P. 68. 1. 309; 25 mai 1868, aff. Marchand, D. P. 68. 1. 488). — Lorsque le déversoir n'opère pas par lui-même, il n'y a plus aucune probabilité sur laquelle le législateur puisse asseoir une présomption; il n'y a plus aucune garantie pour les voisins. Or, dès qu'il n'y a plus de présomption légale, on rentre dans le droit commun en matière de preuve (Laurent, t. 7, n° 242).

Jugé aussi que la présomption de propriété établie par l'art. 558 c. civ. ne peut être invoquée par le propriétaire d'un étang soumis à des travaux de dessèchement ayant pour but et pour résultat d'en diminuer successivement la superficie; que, par suite, la ligne divisoire de cet étang et des propriétés riveraines est valablement fixée, en l'absence de titres, suivant la possession respective des parties, sans que les juges aient à rechercher la hauteur des eaux à l'état normal, le régime exceptionnel d'un tel étang ne permettant pas de la déterminer (Req. 25 mai 1868, précité). Dès que l'étang va chaque jour en diminuant, pour disparaître à la fin, la présomption de fixité n'a plus de raison d'être.

222. On a exposé au *Rép.* nos 257 et suiv. les conséquences du principe posé par l'art. 558 c. civ., et l'on a indiqué, notamment, que les riverains ne peuvent invoquer la prescription fondée sur une possession trentenaire (V. en ce sens : Demolombe, *Distinction des biens*, t. 2, n° 31). M. Laurent, t. 7, n° 245, estime que, si des titres établissaient que le propriétaire de l'étang n'est pas propriétaire des terrains que les eaux couvrent dans les crues ordinaires de la saison d'hiver, la présomption de l'art. 558 c. civ. à laquelle n'est pas applicable l'art. 1351 du même code céderait devant la certitude.

223. Le terrain que l'eau couvre quand elle est à la hauteur de la décharge deviendrait prescriptible si l'étang changeait

(1) (De Laboëssière C. Robert.) — LA COUR; — Attendu que l'art. 558 établit une présomption légale d'après laquelle le propriétaire d'un étang ne peut prétendre en cette qualité qu'à la propriété des terrains qui sont couverts par les eaux, quand elles vont à la hauteur de la décharge; — Que l'on doit entendre par les crues extraordinaires dont parle ledit article celles par l'effet desquelles les eaux de l'étang dépassent la hauteur du déversoir, et que c'est dans ce sens que l'art. 558 a été appliqué à la cause;

Par ces motifs, rejette, etc.

Du 27 févr. 1860.-Ch. req.-MM. Nicias Gaillard, pr.-Hardouin, rap.-Blanche, av. gén.-Mathieu-Bodet, av.

de destination (Demolombe, *op. cit.*, t. 2, n° 32). Lorsqu'il n'existe pas de déversoir, et par suite, plus de présomption légale en faveur du propriétaire de l'étang, celui-ci peut invoquer la prescription trentenaire et réclamer les terres des riverains que ses eaux couvrent depuis plus de trente ans. C'était aux voisins à agir pour réprimer ces empiétements ; leur silence et la possession suffisent pour fonder la prescription (*Rép.* n° 253 ; Laurent, *op. cit.*, t. 7, n° 246).

224. Il a été jugé que le droit de propriété qui appartient au propriétaire d'un étang sur le terrain que l'eau couvre quand elle est à la hauteur de la décharge, s'applique de lui-même, en cas de déplacement naturel des eaux de cet étang, aux parcelles de terrain que celles-ci viennent à recouvrir, et qu'il n'est pas nécessaire que le temps de la prescription se soit accompli depuis le déplacement ; que, par suite, les anciens propriétaires de ces parcelles, qui ont à s'imputer de n'avoir pas élevé d'ouvrages défensifs, prétendraient à tort avoir conservé le droit de faire acte de propriété sur celles-ci, dans les intervalles de temps pendant lesquels elles sont laissées à découvert par les eaux, et qu'ils ne pourraient, par exemple, en extraire du minerai (Pau, 31 janv. 1858, aff. Dubern, D. P. 58. 2. 204). — Cette décision fait résulter du seul fait d'un déplacement naturel des eaux l'acquisition par le propriétaire de l'étang d'un droit de propriété sur les parcelles de terrain nouvellement recouvertes. Dans une espèce semblable soumise à la chambre des requêtes, un droit de propriété était également revendiqué comme conséquence d'un déplacement des eaux ; mais il s'agissait d'un état de choses remontant à plus de trente ans, et on avait seulement élevé la question de savoir s'il n'est pas nécessaire, pour que la prescription puisse être invoquée, qu'au fait du déplacement vienne se joindre celui d'un séjour continu des eaux, pendant les trente ans, sur les terrains nouvellement envahis. L'arrêt intervenu s'était prononcé pour la négative (*Rép.* n° 254). Bien que cet arrêt ne puisse rigoureusement être cité comme précédent, il suppose cependant qu'une prescription est ici nécessaire ; et il faut, ce semble, le décider ainsi. En effet, les riverains d'un étang ne sont pas tenus de faire la dépense de travaux défensifs souvent très coûteux, avant qu'un envahissement en ait démontré la nécessité. Ce n'est donc pas l'envahissement lui-même qui peut leur faire perdre leur droit de propriété sur les parcelles comprises dans le nouveau lit, mais leur négligence à protéger ces parcelles contre les eaux par des travaux suffisants, lorsqu'elle a duré pendant le temps fixé pour la prescription. Ces raisons conduisent à douter du bien fondé de la solution admise par l'arrêt du 31 janv. 1858 (Comp. Demolombe, *Distinction des biens*, t. 2, n° 43).

225. La servitude naturelle consacrée par l'art. 640 c. civ. n'est pas applicable aux propriétaires inférieurs des étangs. Cette doctrine, exposée au *Rép.* n° 261, est admise par tous les auteurs (V. notamment Laurent, t. 7, n° 248; Demolombe, *Des servitudes*, t. 1, n°s 27 et 28).

226. L'opinion émise au *Rép.* n° 262, que l'art. 175 de la coutume d'Orléans « obligeant le propriétaire inférieur à vider ses eaux pour faciliter la pêche de l'étang supérieur, lorsque les deux étangs sont si voisins que l'eau de l'un touche la chaussée de l'autre » est toujours en vigueur, est combattue par M. Laurent. « Le mot *règlements locaux*, dans l'art. 645, dit cet auteur (*op. cit.*, t. 7, n° 248), désigne les règlements émanés de l'Administration, par opposition aux règlements judiciaires dont il est question dans cette disposition. Est-ce qu'un article de nos anciennes coutumes est un règlement administratif? L'art. 645, d'un autre côté, ne s'applique qu'aux eaux courantes. Est-ce que les étangs sont des eaux courantes? Quant à l'art. 651, il pose en principe qu'il y a des servitudes dites légales ; et peut-il y avoir des servitudes légales sans loi? Nos anciennes coutumes sont-elles des lois, alors qu'elles ont été abrogées complètement par la loi du 30 vent. an 12 ? »

227. Le propriétaire inférieur ne peut rien faire qui fasse refluer les eaux vers l'étang supérieur (*Rép.* n° 261). Dans le pays des Dombes, un ancien usage, qui autorisait le propriétaire de l'étang inférieur à faire refluer les eaux sur l'étang supérieur, n'était pas autre chose que la consécration entre les deux propriétaires d'un accord tacite suivant lequel le droit ainsi établi constituait en réalité une servitude conventionnelle (V. Lyon, 6 févr. 1873, cité *infrà*, n° 237).

228. L'art. 644 c. civ., qui accorde aux riverains d'une eau courante un droit de prise d'eau pour l'irrigation de leurs terres, ne s'applique pas aux étangs. On a exposé ce principe au *Rép.* n° 251 et combattu l'opinion de Proudhon, suivant laquelle les riverains peuvent pratiquer des rigoles sur les étangs alimentés par des eaux de source qui se reproduisent naturellement et continuellement, et, dans tous les cas, les autorise, quand il y a d'abondantes crues d'eau, à s'emparer du superflu. Les auteurs ont adopté la solution qui a été donnée au *Répertoire* (V. Laurent, t. 7, n° 249 ; Demolombe, *Servitudes*, t. 1, n° 122; Aubry et Rau, *op. cit.*, t. 3, § 246, p. 46, et note 2).

229. Lorsque l'étang est formé avec des eaux provenant d'une rivière qui traverse l'héritage où il est établi, le propriétaire n'en peut retenir les eaux ; il doit les rendre à la sortie de son fonds à leur cours ordinaire (*Rép.* n°s 251 et 263; Aubry et Rau, t. 3, p. 47, § 246). « Il en est de même, dit M. Laurent, t. 7, n° 250, si l'étang est formé en partie d'eaux appartenant au maître du fonds, et en partie d'eaux qui proviennent de ruisseaux supérieurs. » — Contrairement à cette opinion, il a été jugé que les étangs appartiennent aux propriétaires des fonds dans lesquels ils se trouvent, alors même qu'à leurs eaux se mêleraient celles de ruisseaux supérieurs ; que, par suite, ces étangs ne sont pas soumis au profit des riverains au droit de jouissance établi par l'art. 644 c. civ. (Civ. cass. 19 avr. 1865, aff. Nollet, D. P. 65. 1. 168). Loin que l'étang prenne le caractère des eaux courantes qui s'y mêlent, ce sont, au contraire, les eaux courantes qui s'identifient à celles de l'étang et deviennent, comme elles, une propriété privée. Il n'en serait autrement que si les eaux courantes entraient dans la formation de l'étang pour une proportion telle qu'en réalité il n'existerait pas d'étang et que les eaux seraient ainsi de véritables eaux courantes retenues par le maître du fonds qu'elles traverseraient.

230. Le propriétaire du fonds inférieur n'est pas tenu de faire disparaître les obstacles qui, s'y étant formés naturellement et sans sa participation, rendent impossible l'écoulement sur cet immeuble des eaux provenant du fonds supérieur. — Il a été jugé que le propriétaire d'un étang ne peut être contraint d'enlever à ses frais les herbes et vases dont l'accumulation empêche cet étang de recevoir les eaux qui s'y écoulaient d'un pré voisin ; qu'il est seulement tenu de laisser au propriétaire du fonds supérieur la faculté de pénétrer sur son propre fonds à l'effet d'exécuter les travaux nécessaires pour rétablir les lieux dans leur état primitif (Civ. rej. 9 juill. 1883, aff. Vivant, D. P. 84. 1. 277. V. *Rép.* v° *Servitudes*, n° 97 ; Demolombe, *Servitudes*, t. 1, n° 33 ; *Rép.* n° 235).

231. Lorsqu'un arrêté préfectoral prescrit aux riverains d'un cours d'eau non navigable d'en faire le curage annuel à vif fond et à vieux bords, et aux propriétaires des affluents de les curer deux fois par an, le propriétaire d'un étang traversé par le cours d'eau ne peut, à défaut de disposition spéciale du règlement, se considérer comme affranchi de toute obligation de curage ; mais le curage dont il est tenu, loin de comprendre la totalité de l'étang, ainsi que cela devrait avoir lieu si l'étang ne pouvait être considéré que comme affluent du cours d'eau, se réduit à l'entretien, dans le parcours de la pièce d'eau, d'un chenal ou passage conforme aux prescriptions réglementaires (Crim. rej. 15 avr. 1864, aff. Leblond, D. P. 64. 5. 109).

232. Le propriétaire du fonds dans lequel l'étang a été creusé peut, quand les eaux lui appartiennent, les laisser couler et mettre l'étang à sec. Les riverains, alors même que de fait ils useraient des eaux de l'étang, n'y ont aucun droit. Pour que le maître de l'étang perdît son pouvoir d'en disposer, il faudrait que les propriétaires inférieurs eussent acquis un droit contraire par titre ou par prescription (Civ. cass. 8 févr. 1858, aff. Hubin, D. P. 58. 1. 68; Req. 21 juin 1859, aff. de Courthille, D. P. 59. 1. 341 ; Laurent, t. 7, n° 250). Les propriétaires riverains peuvent, en effet, acquérir un droit de prise d'eau sur l'étang soit par convention, soit par prescription. Le droit du propriétaire sur ses eaux peut être modifié, limité par des servitudes comme toute propriété (Laurent, t. 7, n° 252; Req. 27 févr. 1854, aff. Durand, D. P. 54. 1. 127).

233. Il a été jugé que, lorsqu'un étang appartenant par

indivis à deux propriétaires est soumis à une servitude d'arrosage sur des terres voisines au profit de l'un des copropriétaires, celui-ci peut changer les conditions d'établissement de cette servitude et utiliser les eaux auxquelles il a droit pour les besoins industriels d'une usine, s'il est constaté que ce changement n'altère point leur régime et qu'il ne cause aucun préjudice à l'autre propriétaire de l'étang (V. Civ. rej. 10 févr. 1886, aff. Boirivaut, D. P. 86. 1. 445). L'art. 702 c. civ., en effet, ne prohibe les changements apportés à une servitude que dans le cas où ces changements aggravent la condition du fonds servant (*Rép.* v° *Servitudes*, n°s 1164 et 1197; Aubry et Rau, t. 3, § 253, p. 93).

234. On a examiné au *Rép.* n°s 253 et suiv. la question de savoir si le propriétaire de l'étang est responsable du dommage qui résulte des inondations, et l'on a émis l'opinion que le propriétaire qui a pris toutes les mesures que la prudence exigeait, en établissant son barrage, et fait régler la hauteur du déversoir, n'est pas responsable de l'inondation si le dégât n'est pas imputable au défaut d'entretien ou de réparations, mais provient ou d'une pluie torrentielle, ou de l'élévation subite de l'eau d'une rivière. Cette solution est adoptée par la plupart des auteurs (Laurent, t. 7, n° 253). — M. Demolombe, *Distinction des biens*, t. 2, n° 42, partage aussi l'opinion émise au *Rép.* n° 254, que le propriétaire est responsable, lorsque l'inondation n'a eu lieu que lentement, progressivement. « Lorsque c'est par suite de crues ordinaires et périodiques, dit cet auteur, que le fonds riverain de l'étang est submergé, nous accordons au propriétaire de ce fonds une action contre le propriétaire de l'étang, afin d'être indemnisé du dommage passé, et d'être préservé de tout dommage à venir par le changement de la hauteur du déversoir ou par tout autre travail qui serait nécessaire à cet effet. Nul ne conteste cette proposition, lorsque c'est par suite de l'établissement même de l'étang et de la détermination primitive de la hauteur de la décharge, que les eaux s'avancent tout d'abord sur les fonds riverains (art. 1382). Eh bien ! il nous paraît évident que le principe est le même, lorsque c'est postérieurement à l'établissement de l'étang que les travaux primitifs deviennent insuffisants pour contenir les eaux. Supposez, par exemple, que les flots des eaux poussés par les vents vers un fonds y occasionnent successivement des excavations et des éboulements, de telle sorte que la surface de l'étang s'agrandisse par l'érosion des bords, en même temps que le lit se remplit du produit de ces érosions et de ces éboulements. Comment prétendre alors que ce dommage n'est pas imputable au propriétaire de l'étang? On objecte que les propriétaires des fonds riverains ont à s'imputer le préjudice qu'ils éprouvent, et que c'est à eux de faire les travaux de défense nécessaires pour leurs propriétés! Nous ne saurions admettre une telle objection. Il nous paraît certain que c'est au contraire le propriétaire de l'étang qui doit faire les ouvrages nécessaires pour ne pas endommager les fonds riverains; et il ne suffit pas, bien entendu, que les travaux primitifs aient été faits de manière à les garantir, s'ils sont devenus insuffisants, comme cela arrive presque toujours après un certain nombre d'années, par des causes résultant de l'existence même de l'étang. »

235. Les bords de l'étang sont réputés faire partie de l'étang, dont ils sont l'accessoire indispensable; d'où la conséquence que la possession constante de l'étang implique de plein droit la possession de sa chaussée qui est nécessaire pour en retenir les eaux (*Rép.* n° 266). Mais il ne s'ensuit pas que cette chaussée ne puisse être, de la part d'un tiers, l'objet d'une possession distincte et suffisante pour prescrire. Il a été jugé que le sol même d'un étang devient prescriptible, lorsqu'il a cessé d'être en nature d'étang depuis un temps suffisant pour engendrer la prescription (Civ. cass. 29 déc. 1845, aff. Wolff, D. P. 46. 1. 40). Il semble qu'il en doive être de même en ce qui concerne la faculté de prescrire isolément les chaussées d'un étang. Du reste, on pourrait invoquer en ce sens la jurisprudence qui s'est formée sur une question analogue, la prescriptibilité des francs-bords d'un canal : il est reconnu que ces francs-bords doivent être considérés comme une dépendance nécessaire du canal lui-même; mais il n'y a là qu'une simple présomption qui peut fléchir devant une preuve contraire, et la propriété des francs-bords peut être isolément prescrite contre le propriétaire du canal (V. Nancy, 19 mars 1870, aff. Henry, D. P. 70. 2. 193; Req. 10 mars 1873, aff. Saint-Supéry, D. P. 75. 1. 109). Il a été jugé que l'acquisition par prescription des chaussées, rechaussées, talus et autres accessoires d'un étang n'est interdite par aucune disposition de la loi et que le propriétaire de l'étang qui pourrait, par contrat direct, faire cession à un tiers de la propriété de ces accessoires, dénierait vainement à ce tiers la faculté de les acquérir par la longue possession, sous le prétexte qu'ils sont indispensables au service dudit étang (Req. 14 mars 1881, aff. Galland, D. P. 82. 1. 85).

236. Il a été jugé que, lorsqu'un étang dont un particulier est propriétaire a une existence immémoriale et que des travaux entrepris en vertu d'un décret pour le curage et le redressement d'un cours d'eau ont eu pour résultat d'amener dans cet étang une masse d'eau plus considérable et de rendre nécessaire d'apporter dans l'intérêt de la salubrité et de la sûreté publiques de notables modifications aux ouvrages servant à l'écoulement des eaux, le préfet ne peut mettre exclusivement à la charge du propriétaire de l'étang la dépense des nouveaux travaux, ni lui imposer des obligations à titre de conditions de la conservation de son étang considéré comme retenue sur un cours d'eau, qui modifient le caractère de sa propriété; que le propriétaire ne saurait être tenu de pourvoir à la dépense que dans la proportion de son intérêt, conformément à la loi du 16 sept. 1807 (Cons. d'Et. 28 mars 1866, aff. Jévardat-Fombelle, D. P. 67. 5. 150).

237. — ÉTANGS DE LA BRESSE ET DES DOMBES; LOI DU 21 JUILL. 1856 SUR LA LICITATION DES ÉTANGS DANS LE DÉPARTEMENT DE L'AIN. — Nous avons indiqué *suprà*, n° 8, que cette loi a eu pour objet d'organiser la licitation forcée des étangs du département de l'Ain (Etangs de la Bresse et des Dombes). Aux termes de l'art. 8 de la loi, le cahier des charges doit porter que la propriété est transférée à l'adjudicataire libre de tous droits d'usage et de toutes servitudes autres que celles dérivant de la situation des lieux ou établies par la loi, et sauf les droits d'abreuvage et de lavoir qui seraient réservés par l'arrêté du préfet sur les cours d'eau rendus à leur cours naturel. — Il a été jugé que le droit de faire refluer les eaux des étangs inférieurs sur le terrain des étangs supérieurs desséchés ne constitue ni une servitude dérivant de la situation des lieux, ni une servitude établie par la loi, ni un droit particulier établi par un ancien usage du pays des Dombes demeuré en vigueur; que, par suite, si, dans la licitation d'un étang de l'Ain opérée conformément à la loi du 21 juill. 1856, le cahier des charges a stipulé que la propriété serait transférée à l'adjudicataire libre de tous droits d'usage et de servitude, et si toutes les formalités de publicité ont été remplies pour mettre les tiers en demeure d'exercer leurs droits sur le prix, l'étang une fois desséché est affranchi de la servitude en vertu de laquelle le propriétaire de l'étang inférieur pouvait en faire refluer les eaux sur le premier (Lyon, 6 févr. 1873, aff. Marion, D. P. 73. 2. 5).

238. L'art. 17 de la loi de 1856 permet la surenchère du dixième dans les vingt jours de la notification faite, conformément à l'art. 2183 c. civ., par l'acquéreur aux créanciers inscrits. — Il a été jugé qu'en cas de surenchère dans les termes de l'art. 17 de la loi du 21 juill. 1856, la résolution de l'adjudication ne confère pas d'action en garantie à l'adjudicataire contre les colicitants; que cet adjudicataire a seulement droit à une indemnité égale au montant de la plus-value que les améliorations par lui faites ont donnée à l'immeuble (Req. 23 juin 1869, aff. Fortoul, D. P. 71. 1. 330). D'après l'exposé des motifs de la loi de 1856 (D. P. 56. 4. 123), les dispositions des art. 2185 c. civ., 708, 709, et 832 c. proc. civ., et notamment les règles ordinaires sur les droits de l'adjudicataire évincé relativement à un recours contre les vendeurs, la quotité de l'indemnité due pour les impenses faites à l'immeuble, sont applicables en matière de licitation des étangs de l'Ain.

239. D'après les anciens usages non rédigés de la Bresse, la création d'un étang donnait droit aux eaux qui, par l'assiette des lieux, découlaient vers lui sans qu'il fût nécessaire que ce droit fût fondé en titre, et les propriétaires voisins ne pouvaient plus, une fois l'étang créé, exécuter, même sur leur propre terrain, aucun travail susceptible de détourner ces eaux de la pente naturelle ou artificielle qui les conduisait vers ledit étang. Il a été jugé que ce droit subsiste, sous le régime du code civil, en faveur des anciens étangs de la Bresse, à moins que les propriétaires supérieurs n'aient prescrit à son encontre (Req. 18 févr. 1884, aff. Finaz, D. P. 84. 1. 187). Il a été jugé que les droits de *champéage* et de *brouillage* sont de véritables droits d'usage spécialement établis sur les étangs de la Bresse; que le droit de *naisage*, si sa nature particulière permet, dans certains cas, de l'assimiler aux simples servitudes régies par le droit commun, peut, dans d'autres circonstances, constituer un de ces droits mixtes dus à l'usager à raison de la commune qu'il habite et rentrant dans la classe des servitudes d'usage réelles aux termes de l'ancien droit; qu'il en est de même du droit d'*abreuvage;* que tous ces droits d'usage ne sont pas rachetables en argent, mais qu'ils sont susceptibles de cantonnement quand ils ont été établis au profit d'une communauté d'habitants (Dijon, 25 juill. 1866) (1).

240. L'art. 457 c. pén. punit d'une amende qui ne pourra excéder le quart des restitutions et des dommages-intérêts ni être au-dessous de 50 fr. les propriétaires ou fermiers ou toute personne jouissant d'étangs qui, par l'élévation du déversoir de leurs eaux au-dessus de la hauteur déterminée par l'autorité compétente, auront inondé les chemins ou les propriétés d'autrui. S'il en résulte quelques dégradations, la peine sera, outre l'amende, un emprisonnement de six jours à un mois (V. *Rép.* n° 247, et *suprà*, v° *Dommage-destruction*, n°s 187 et suiv.).

CHAP. 6. — Des sources et eaux pluviales (*Rép.* n° 276).

241. Ces matières sont traitées *Rép.* v° *Servitude*, n°s 111 et suiv.; 315 et suiv.; *infrà*, eod. v°.

CHAP. 7. — Des aqueducs et des fontaines publiques (*Rép.* n°s 277 à 283).

242. On entend par aqueduc un canal fait de main d'homme qui reçoit l'eau et la dirige au lieu de sa destination. Le mot *aqueduc* signifie aussi *conduite d'eau*, droit de faire passer l'eau à travers le fonds d'autrui. — On a dit au *Rép.* n° 279 que les eaux affectées dans leur ensemble à des usages publics, tels que le nettoiement et l'arrosage des rues d'une ville, l'alimentation des fontaines de cette ville, font partie du domaine public municipal, comme les canaux et aqueducs qui les conduisent. A ce titre de dépendances du domaine public, ces eaux et canaux sont inaliénables et imprescriptibles. Les eaux étant inaliénables, il en résulte qu'elles ne peuvent être concédées qu'à titre précaire et révocable. Quelles que puissent être les stipulations de l'acte, les concessions que les villes sont autorisées à faire, moyennant redevances, dans leur service public de distribution d'eau, sont essentiellement révocables par les villes qui peuvent toujours, soit y mettre fin sans indemnité, soit en élever le prix, sauf aux concessionnaires à se retirer, s'ils n'acceptent pas les nouvelles conditions. Il n'y a pas à rechercher quelle a été l'intention des contractants. Cette intention ne saurait avoir pour effet de détruire le caractère d'inaliénabilité, car la volonté des parties ne peut prévaloir contre une loi d'ordre public. — Il importe peu même que la concession faite par la commune à un ou plusieurs habitants ait précédé l'acquisition des eaux et leur affectation à un usage public par cette commune. La concession ne peut produire son effet que le jour où les eaux ont été acquises, où elles sont devenues une partie du domaine public municipal. Or, à l'instant même de cette acquisition, en vue de laquelle la concession a été faite, les eaux se trouvent frappées d'inaliénabilité. Ces principes admis par les auteurs (V. notamment : Ducrocq, *op. cit.*, t. 2, n° 1394 *bis;* Laurent, t. 6, n° 66), sont consacrés par une jurisprudence constante. Ainsi il a été jugé : 1° que la concession

(1) (Section de Frettechise C. Nicot.) — Le 24 févr. 1866, jugement du tribunal civil de Louhans ainsi conçu : — « Attendu que, d'après l'art. 8 de la loi des 28 sept.-6 oct. 1791, entre particuliers, tout droit de vaine pâture fondé sur un titre, même dans les bois, est rachetable à dire d'experts ; — Attendu que le droit concédé par l'acte de 1616 aux habitants de Frettechise, d'envoyer leur bétail dans l'étang des Fatys en temps d'assec (en champéage), est évidemment un droit de vaine pâture, rentrant dans les dispositions de la loi de 1791, et qu'il peut, par conséquent, être racheté ; — Attendu que le droit de champéage en eau, qu'on appelle *brouillage*, a le même caractère que le pâturage en assec ; qu'il est qualifié par les anciens jurisconsultes de vaine pâture et est également rachetable ; — Mais attendu, en ce qui touche le droit de naiser les chanvres dans ledit étang, qu'on appelle *naisage*, qu'entièrement distinct des deux premiers, il constitue une véritable servitude discontinue et non apparente régie par les art. 691 et suiv. c. civ. ; qu'il n'est, par conséquent, ni rachetable, ni susceptible d'être éteint par voie de cantonnement, aux termes des art. 8 de la loi des 28 sept.-6 oct. 1791 et 5 du décret du 28 août 1792, etc. » — Appel par le maire de la Chappelle-Thècle. — Appel incident par les consorts Nicot, sur le chef du jugement relatif au naisage. — Arrêt.

LA COUR ; — Sur l'appel principal : — Considérant qu'une transaction du 16 avr. 1616 ayant constitué, au profit des habitants du hameau de Frettechise, des droits de brouillage, champéage, abreuvage et naisage sur l'étang des Fatys, dont les consorts Nicot sont propriétaires, ceux-ci demandent à s'en affranchir par la voie du rachat ou du cantonnement; — En ce qui touche le rachat : — Que les droits de brouillage, ou pâturage en eau, et de champéage, ou pâturage en assec après le fruit levé, et en tout temps sur les bords de l'étang, sont, en effet, de véritables droits d'usage spécialement établis sur les étangs de la Bresse ; — Qu'ils ont le caractère de ces droits mixtes qui associant l'usage aux fruits et, sous certains rapports, au fonds lui-même, participent à la fois de la servitude et de la copropriété, et que, fondés en titre et assimilés à la vaine pâture par les termes même de la transaction, ils sont nécessairement soumis aux dispositions de l'art. 8 de la loi des 28 sept.-6 oct. 1791 ; — Mais qu'aux termes de ce même article, le rachat en argent ne peut avoir lieu qu'entre particuliers et que le propriétaire ne peut dégrever le fonds que par voie du cantonnement, conformément au décret du 20 sept. 1790 ; — Que c'est donc à tort que les premiers juges ont déclaré ces droits rachetables en argent ; — En ce qui touche le cantonnement: — Considérant qu'en reconnaissant au propriétaire la faculté de demander le cantonnement contre les usagers de bois, prés, marais et terrains vains et vagues, le décret de 1790, art. 8, a eu pour but, non de restreindre, mais de conserver l'exercice d'un droit que le décret postérieur du 28 août 1792 a étendu à l'usager lui-même ; — Que, si les étangs ne sont point textuellement compris dans cette énumération, les dispositions n'en sont pas moins générales et applicables à tous les droits d'usage, quelle que soit la nature des terrains sur lesquels ils sont constitués ; — Que le principe de la division des héritages est un principe qu'on ne peut méconnaître et qui domine notre législation ; — Que les droits dont il s'agit sont, par conséquent, susceptibles de cantonnement ;

Sur l'appel incident, et en ce qui touche le droit de *naisage* : — Considérant que le droit qui appartient aux habitants de la section de Frettechise de faire rouir leur chanvre dans l'étang des Fatys ne leur a été concédé par la transaction de 1616 que moyennant redevance, et au même titre que les autres droits d'usage, dont il réunit tous les caractères légaux ; — Que, si sa nature particulière permet, dans certains cas, de l'assimiler aux simples servitudes régies par le droit commun, il est évident que, dans l'espèce, c'est un de ces droits mixtes dus à l'usager à raison de la commune qu'il habite, et rentrant dans la classe des servitudes d'usage réelles aux termes de l'ancien droit ; — Que le titre même qui l'établit indique surabondamment que ce droit de naisage a été concédé en même temps et de la même manière que les autres, comme attribut de la copropriété de l'étang, et constituant un ensemble de droits participant de la même nature, provenant de la même origine, et soumis aux mêmes règles ; — Que c'est donc à tort que les premiers juges ont décidé qu'entièrement distinct des deux premiers, il constituait une servitude discontinue et non apparente, régie par l'art. 691 c. nap., et non susceptible d'extinction par la voie du rachat ou du cantonnement ; — Qu'il y a lieu de déclarer, au contraire, que, faute par le propriétaire grevé de pouvoir exercer l'action en rachat contre une communauté, l'action en cantonnement lui est ouverte ; — Qu'il en est de même du droit d'*abreuvage*, sur lequel les premiers juges ont omis de statuer, soient qu'il l'aient considéré comme accessoire et inhérent au droit de brouillage, soit qu'on le considère comme un droit principal né de la même convention ;

Par ces motifs, émendant, dit que les droits de brouillage, champéage, abreuvage et naisage, établis par le titre de 1616 au profit de la section de Frettechise, sont susceptibles de cantonnement, et que les consorts Nicot pourront s'en libérer par cette voie, etc.

Du 25 juill. 1866.-C. de Dijon, 1re ch.-MM. Neveu-Lemaire, 1er pr.-Maîtrejean, av. gén.-Roignot et Lombart, av.

faite par l'Etat à un particulier, pour un établissement de bains, d'eaux dépendant du domaine public, n'emporte pas au profit du concessionnaire, comme accessoire définitif de son établissement, l'usage gratuit de ces eaux; qu'en conséquence, la ville à l'alimentation de laquelle les eaux dont il s'agit sont affectées, avec attribution de leurs produits à son budget, peut imposer des redevances annuelles au concessionnaire de ces eaux, comme à tout autre particulier; que le concessionnaire ainsi privé du bénéfice de la jouissance gratuite des eaux alimentant son établissement de bains n'a pas de recours en garantie contre l'Etat, vendeur de cet établissement, lorsqu'il s'est engagé, par l'acte de concession, à supporter toutes les charges qui pourraient à l'avenir grever l'établissement de bains concédé (Civ. rej. 28 mai 1866, aff. Ali-ben-Hamoud, D. P. 66. 1. 302); — 2° Que les eaux affectées dans leur ensemble à des usages publics, tels que le nettoiement et l'arrosage des rues d'une ville et l'alimentation des fontaines de cette ville, sont des dépendances du domaine public et, par conséquent, inaliénables et imprescriptibles; que, dès lors, toutes les concessions qui ont pu être faites de ces eaux sont essentiellement précaires et révocables, et que la ville peut ne les maintenir qu'en les soumettant à des conditions plus onéreuses pour les concessionnaires, sauf à ces derniers la faculté d'accepter ou de refuser en renonçant à la concession (Aix, 13 juin 1865, aff. Flamenq, D. P. 66. 2. 167); — 3° Que les eaux jaillissant de la source d'un particulier, qui, après avoir alimenté un abreuvoir communal, s'écoulent dans un lit qu'elles se sont formé sur l'une des rues de la commune, et y sont affectées à des services d'intérêt général, font partie du domaine public de la commune, et sont, dès lors, inaliénables et imprescriptibles; qu'en conséquence, elles ne peuvent faire l'objet que de concessions temporaires et révocables (Dijon, 23 janv. 1867, aff. Commune de Decize, D. P. 67. 2. 216).

Un arrêt de la cour de Lyon du 14 janv. 1881 a décidé que les eaux des fontaines publiques sont imprescriptibles et inaliénables, comme faisant partie du domaine public municipal, et il ne peut être consenti à leur égard que des concessions précaires et révocables, mais que la concession, par une commune, à titre définitif, du superflu des eaux, avant l'acquisition de la source qui devait les fournir et leur affectation à l'usage public sont licites et obligatoires; et que la révocation de cette concession ne peut avoir lieu sans que la commune ait fait la preuve que les eaux ainsi aliénées sont devenues nécessaires à l'alimentation des habitants (Lyon, 14 janv. 1881, aff. Allier, D. P. 82. 2. 182). Au mois de mars 1858, l'Administration municipale d'Ambierle avait accepté du sieur Allier une souscription aux termes de laquelle celui-ci s'engageait à verser une somme de 500 fr. pour l'acquisition d'une source devant servir aux besoins des habitants, à la condition qu'il lui serait amené dans sa cour un filet d'eau de cinq millimètres de diamètre, à jet continu. La cour de Lyon a jugé que cette convention, conclue avant que les eaux eussent reçu leur affectation à un usage public, ne pouvait être assimilée à une concession de partie du domaine public. Elle a appuyé sa décision sur ces motifs que, si les eaux de fontaines publiques sont imprescriptibles comme faisant partie du domaine public municipal, et si les concessions faites aux particuliers sur ces eaux sont de leur nature précaires et révocables, ces principes ne sauraient s'appliquer aux contrats régulièrement formés par les communes pour l'établissement de leurs fontaines et aux conditions diverses qui y sont stipulées; que les conventions ainsi faites pour la répartition des eaux avant leur acquisition et leur affectation à l'usage public sont licites et obligatoires, et que les communes qui en ont profité pour la constitution du domaine public ne sauraient s'affranchir à leur gré de l'exécution de ces conventions, au moyen d'une simple déclaration de retrait de concession, et sans avoir fait la preuve que les eaux ainsi aliénées sont devenues nécessaires à l'alimentation des habitants; que de telles concessions, qui coexistent dans leur origine avec l'affectation des eaux à l'usage public, ne sauraient être atteintes par le caractère d'imprescriptibilité et d'inaliénabilité qui résulte ultérieurement de cette affectation. — Cette théorie n'était pas exacte. La convention avait le caractère d'une véritable concession. Seulement, la redevance, au lieu d'être annuelle, était fixée à la somme de 500 fr. Cette concession avait été faite en vue de l'acquisition de la source, ce point n'est pas douteux. Elle ne pouvait donc, comme les autres concessions antérieures à l'acquisition des eaux, être faite qu'à titre précaire et révocable, les eaux entières de la source se trouvant frappées d'inaliénabilité et d'imprescriptibilité du jour où elles avaient été acquises. Le sieur Allier avait seulement une action en dommages-intérêts contre la commune, qui ne remplissait pas ses engagements. Aussi l'arrêt de la cour de Lyon a-t-il été cassé par la cour de cassation qui a décidé que les eaux destinées à l'alimentation des habitants d'une commune font partie du domaine public municipal et qu'étant, dès lors, inaliénables, elles ne peuvent être concédées qu'à titre précaire et révocable; qu'il en est ainsi, quels que soient les termes de la concession, et alors même qu'elle serait antérieure à l'acquisition des eaux par la commune, si la concession a été faite en vue de cette acquisition; qu'en conséquence, l'exercice du droit de révocation par la commune ne saurait être subordonné à l'obligation de prouver que les eaux sont nécessaires à ses besoins (Civ. cass. 24 janv. 1883, aff. Allier, D. P. 84. 1. 107; Riom, 5 mai 1884, même affaire, D. P. 84. 5. 175). La précarité de la concession résulte du caractère même des eaux, et, par suite, on ne pouvait astreindre la commune à prouver que la révocation de la concession était justifiée par les nécessités de l'alimentation publique. Son droit existait indépendamment de son intérêt (V. Ducrocq, *op. cit.*, t. 2, n° 1394 *bis*).

243. Il a été jugé que la convention portant qu'un particulier qui confère à une commune une servitude d'aqueduc sur son terrain, pour la conduite, dans une fontaine ou dans un lavoir public, d'eaux de sources communales, aura l'usage d'une partie des eaux durant leur parcours dans sa propriété, ne porte pas atteinte au principe de l'inaliénabilité du domaine public municipal, et, dès lors, est valable (Civ. rej. 20 févr. 1867, aff. Commune de Givry, D. P. 67. 1. 266). La cour de cassation a estimé qu'il ne s'agissait pas là d'une concession d'eaux communales, mais de mesures régulièrement prises de concert entre une commune et un particulier pour faire arriver les eaux à leur destination publique.

Décidé que, lorsqu'une ville dûment autorisée a concédé, moyennant une rente annuelle, une prise d'eau sur le canal d'un moulin faisant partie de son domaine privé, cette concession n'a pas un caractère précaire, alors même que le concessionnaire a renoncé, dans l'acte de concession, à toute indemnité, à raison des dispositions que l'autorité jugerait convenable de prendre dans l'intérêt du commerce ou de l'industrie (Req. 24 févr. 1874, aff. Mathon, D. P. 74. 1. 468). Le canal du moulin faisant partie du domaine privé de la commune, une prise d'eau à titre de *droit* pouvait être établie sur cette propriété aliénable et prescriptible.

244. La jurisprudence reconnaît le caractère domanial, avec les conséquences qui en découlent, aussi bien aux eaux superflues et surabondantes qui excèdent les besoins de la commune qu'aux eaux nécessaires à la satisfaction de ces besoins. C'est la doctrine qui a été soutenue au *Rép.* n° 280. Les besoins d'une cité, sous le rapport des eaux, sont variables; ils dépendent d'événements qui ne peuvent être, à l'avance, prévus et appréciés. L'eau surabondante au moment de la concession peut devenir nécessaire quelques jours après. La circonstance essentiellement variable, qu'au jour du traité l'eau excédait les besoins des habitants de la commune, ne peut avoir pour effet de changer sa destination publique et de modifier les conséquences légales qui en découlent. L'intérêt public imprime à cette eau, qui peut devenir ultérieurement indispensable, un caractère d'inaliénabilité et d'imprescriptibilité. Une seule exception est faite à cette règle pour les concessions d'eaux surabondantes consenties, dans l'ancien Comtat Venaissin, sous l'empire des lois romaines. Ces lois proclamaient inaliénables et imprescriptibles les eaux destinées aux fontaines publiques, mais permettaient aux consuls de faire des concessions qui ne seraient révocables que dans le cas où les besoins publics de la ville l'exigeraient. Un arrêt de la chambre des requêtes du 9 janv. 1860 (aff. Commune de Rognes, D. P. 62. 1. 125), et un arrêt de la cour de Nîmes, du 18 déc. 1868 (aff. Silvestre, D. P. 72. 1. 178) ont admis que ces principes n'étaient pas applicables seulement au Comtat Venaissin, mais étaient ceux de notre législation.

Leurs décisions sont restées isolées. — Conformément à la doctrine que nous enseignons, il a été jugé : 1° qu'une fontaine publique se compose des eaux entières de la source ; que la partie de ces eaux qui s'en échappe, après avoir satisfait aux besoins des habitants, est imprescriptible tant qu'elle reste dans le domaine public de la commune ; qu'en effet, la possession de cette partie des eaux d'une fontaine publique est toujours précaire, même lorsqu'elle est exercée au moyen d'ouvrages apparents établis à la sortie de la fontaine et que cette fontaine est située dans un pâturage susceptible de prescription (Trib. Puy, 19 juill. 1866, aff. Rabaste, D. P. 66. 3. 61) ; — 2° Que les eaux qui alimentent les fontaines publiques d'une ville font partie du domaine public municipal et sont, dès lors, inaliénables et imprescriptibles sans distinction entre celles indispensables à la satisfaction des besoins communaux et les eaux superflues et surabondantes; qu'en conséquence, les concessions faites sur ces eaux sont essentiellement précaires et soumises, notamment quant au chiffre des redevances imposées aux concessionnaires, à toutes les modifications que la commune croira devoir y apporter, sauf aux concessionnaires à renoncer à leurs concessions (Req. 4 juin 1866, aff. Flamenq, D. P. 67. 1. 34) ; — 3° Que, par suite encore, la possession des eaux dont il s'agit ne peut servir de base à la prescription, encore qu'elle ait été exercée au moyen d'ouvrages apparents exécutés sur le terrain communal où jaillissent les eaux qui en sont l'objet (Req. 15 nov. 1869, aff. Viard, D. P. 70. 1. 275); — 4° Que les égouts des fontaines publiques destinées à l'usage et aux besoins des habitants d'une commune ont, comme les fontaines elles-mêmes, le caractère de dépendances du domaine public communal ; qu'ils sont dès lors imprescriptibles, et que l'autorité communale conserve toujours le droit de les affecter à un service public et de faire cesser la détention du possesseur ; qu'il importe peu que les égouts puissent être considérés comme superflus ou surabondants relativement aux habitants, la surabondance n'étant qu'une circonstance accidentelle qui peut varier d'un jour à l'autre et ne saurait avoir pour effet de modifier la nature de ces égouts (Grenoble, 30 nov. 1867, aff. Faure-Comte D. P. 68. 2. 130). Jugé encore que les eaux qui alimentent une fontaine publique d'une commune font partie du domaine public municipal, et sont, par suite, essentiellement révocables et imprescriptibles; qu'il n'y a pas lieu de distinguer entre celles nécessaires aux besoins des habitants et celles qui excèdent ces besoins (Colmar, 28 mars 1869, aff. Coquerille, D. P. 71. 2. 111 ; Req. 15 nov. 1869, précité ; Nîmes, 4 avr. 1870 (1) ; Lyon, 3 mars 1877, aff. du Plessis, D. P. 78. 2. 251. V. aussi Civ. cass. 24 janv. 1883, cité *suprà*, n° 242).

245. Relativement aux concessions faites dans l'ancien Comtat Venaissin sous l'empire des lois romaines, qui sont soumises, nous l'avons indiqué *suprà*, n° 244, à des règles spéciales, il a été jugé : 1° que, bien que, sous l'empire de la loi romaine et des constitutions impériales qui régissaient autrefois la ville de Carpentras, les eaux destinées aux fontaines publiques fussent inaliénables et imprescriptibles, il n'était point interdit aux consuls de faire des concessions qui ne seraient révocables que dans le cas où les besoins publics de la ville l'exigeraient ; qu'en conséquence, le maire de la ville ne peut, à moins de prouver cette nécessité, ni révoquer la concession, ni augmenter le montant de la redevance primitivement convenue (Nîmes, 18 nov. 1868, aff. Lambert, D. P. 70. 2. 15) ; — 2° Que les lois romaines permettaient de faire à des particuliers, sur les eaux surabondantes des fontaines publiques, des concessions révocables seulement dans le cas où les besoins publics de cette ville en exigeraient le retrait; qu'en conséquence, une concession faite sous cette condition dans l'ancien Comtat Venaissin doit être maintenue, lorsqu'il est constant que les eaux des fontaines publiques excèdent les besoins de la ville et que celle-ci en demande le retrait dans le seul but d'élever le chiffre de la rente payée par le concessionnaire (Civ. rej. 15 mai 1872, aff. Ville de Carpentras, D. P. 72. 1. 178). — Jugé encore que la condition de révocabilité à laquelle les concessions faites dans l'ancien Comtat Venaissin étaient subordonnées, pour le cas où l'eau concédée deviendrait nécessaire aux habitants, ne rendait ni précaire, ni équivoque la possession fondée sur ce titre ; qu'en conséquence, l'ayant cause actuel du particulier qui avait obtenu une pareille concession est recevable à exercer l'action possessoire pour se faire maintenir dans la possession annale de son droit (Civ. cass. 15 mars 1881, aff. Commune de Vaison, D. P. 81. 1. 355).

246. Les règles générales que nous avons exposées *suprà*, n°s 242 et suiv., s'appliquent à la Ville de Paris, comme à toute autre commune, la législation n'ayant apporté, en ce qui la concerne, aucune dérogation à ces règles. Sous l'ancien régime, des concessions d'eau perpétuelles avaient été accordées à des particuliers; mais le conseil d'Etat a formellement reconnu que ces concessions pouvaient être annulées sans indemnité, si elles avaient été gratuites, avec remboursement de la finance touchée par la Ville, si elles avaient été consenties à titre onéreux. — Il a été jugé que les eaux de la Ville de Paris appartiennent au domaine public et que les concessions qui en ont pu être faites sont essentiellement révocables ; qu'à plusieurs reprises, notamment par l'édit de 1392, par les lettres patentes de 1608 et 1635, par l'édit de 1624 et par l'arrêt du conseil de 1666, l'autorité souveraine a prononcé la révocation de toutes les concessions qui avaient pu être faites et a interdit d'en faire de nouvelles ; que les concessions dont les eaux de Paris ont pu être l'objet nonobstant ces édits, lettres patentes et arrêt, n'ont jamais constitué entre les mains du concessionnaire au profit duquel elles avaient été nommément consenties, qu'un titre renouvelable et dont la confirmation devait être demandée et obtenue toutes les fois que l'immeuble au service duquel les eaux étaient affectées changeait de propriétaire ; qu'ainsi elles ont toujours eu un caractère précaire (Cons. d'Et. 1er déc. 1859 (2). Conf. Cons. d'Et. 5 janv. 1850, aff. Delalain, *Rec. Cons. d'Etat*, p. 11). Certains actes de l'administration de

(1) (De Castille C. Commune d'Argilliers.) — La cour ; — Attendu que le baron de Castille prétend qu'il est propriétaire de la fontaine litigieuse, soit parce qu'elle prend naissance dans un fonds lui appartenant, soit parce qu'il en est en possession exclusive à titre de propriétaire, et qu'il en aurait prescrit la propriété; — Attendu, sur le premier moyen, que, dans une délibération du 19 fruct. an 12, l'auteur du baron de Castille a reconnu que ladite fontaine était la propriété de la commune, prenait naissance dans un terrain communal, et que ses eaux avaient une destination publique; — Attendu que cette reconnaissance, opposable au baron de Castille, est confirmée par les énonciations des cadastres tant anciens que modernes ; — Qu'à aucune époque, la destination publique des eaux de ladite fontaine n'a été changée, et que, encore aujourd'hui, elles sont indispensables aux besoins des habitants d'Argilliers; — Sur le deuxième moyen : — Attendu que les eaux qui alimentent une fontaine publique d'une commune font partie du domaine public municipal et sont, par suite, imprescriptibles ; — Qu'il n'y a même pas lieu de distinguer entre celles qui sont nécessaires aux besoins des habitants et celles qui excèdent ces mêmes besoins ; — Que cette circonstance, essentiellement variable, ne peut avoir pour effet de changer leur destination publique et de modifier les conséquences légales qui en découlent ; — Que ce caractère public des eaux de la fontaine litigieuse n'ayant jamais cessé, ainsi que leur destination, la possession invoquée par le baron de Castille a été entachée de précarité, et, par suite, a été inefficace pour fonder la prescription ; — Confirme le jugement rendu par le tribunal civil d'Uzès, etc.

Du 4 avr. 1870.-C. de Nîmes, 1re ch.-MM. Gouazé, 1er pr.-Bataille, av. gén.-Balmelle et Rédarès, av.

(2) (Camus.) — Napoléon, etc.; — Vu l'édit du 9 oct. 1392, les lettres-patentes du 14 mai 1554, l'arrêt du conseil du 23 juill. 1594, les lettres patentes du 19 déc. 1608, celles du 26 mai 1635, l'édit du 21 juin 1624, l'arrêt du conseil du 26 nov. 1666 et le décret du 4 sept. 1807 ; — Considérant que le demi-pouce d'eau dont jouissait la maison située rue Barbette, n°s 2 et 4, et pour la suppression duquel le sieur Camus réclame une indemnité, provient de la concession faite, le 4 juin 1655, au surintendant Fouquet alors propriétaire d'un hôtel sis rue du Temple; que, par acte du bureau de la ville, en date du 16 juin 1710, le sieur Fouquet a été autorisé à transférer ce demi-pouce d'eau de son hôtel de la rue du Temple à un autre hôtel dont il était également propriétaire rue Barbette; que la concession faite originairement au surintendant Fouquet et ensuite au sieur Pajot a été successivement confirmée au profit de chacun de leurs ayant cause, lorsque les immeubles de la rue du Temple et de la rue Barbette ont changé de propriétaire ; — Considérant que la Ville

la Ville de Paris pourraient cependant faire croire que des dérogations au principe de la précarité et de la révocabilité des concessions ont été admises. Un règlement du préfet de la Seine du 1er août 1846 sur les distributions d'eau par voie d'abonnement déclare, en effet, que « les eaux inaliénables et imprescriptibles sont principalement consacrées aux fontaines publiques, aux bornes-fontaines et aux fontaines monumentales, pour l'alimentation de la Ville, son assainissement et sa décoration; mais, qu'après avoir satisfait à ces services, l'Administration peut disposer de l'excédent des eaux pour des abonnements particuliers, temporaires et à prix d'argent » (Le Berquier, *Administration de la ville de Paris*, 4e éd., n° 111). Depuis, une délibération de la commission municipale du 12 janv. 1855 a divisé le service des eaux en service public et en service privé. — Ces dérogations aux principes généraux, qui n'auraient pas été reconnues valables par les tribunaux, puisqu'elles étaient contraires à la loi, sont, d'ailleurs, plus apparentes que réelles. Au fond, et notamment dans des actes ultérieurs, la Ville a formellement proclamé ses droits sur les eaux. Dans le traité du 11 juill. 1860 avec la Compagnie générale chargée de l'adduction et du placement des eaux, il est stipulé que la Ville reste maîtresse absolue de ses eaux et ne met à la disposition de la Compagnie que la quantité d'eau qu'elle juge suffisante pour les besoins du service privé. Le dernier règlement sur les abonnements aux eaux, celui du 25 juill. 1880 (art. 30), s'exprime dans les termes les plus nets : « Les eaux de la Ville de Paris étant des eaux publiques, inaliénables et imprescriptibles, et ne pouvant faire l'objet d'un commerce, ne sont concédées aux habitants qu'à la condition de n'en disposer que pour leur usage personnel ou celui de leurs locataires... » (V. Block et de Pontich, *Administration de la ville de Paris*, tit. 7, chap. 30). La solution, nous le répétons, ne saurait être douteuse, aucun texte de loi n'ayant créé une exception en ce qui concerne les eaux de la Ville de Paris (V. Paris, 5 févr. 1886, aff. Guillot, D. P. 87. 2. 46; Ducrocq, t. 2, n° 1391 *bis*).

247. La cour de Douai a jugé que les fontaines d'une commune ne jouissent du privilège d'imprescriptibilité, comme faisant partie du domaine public, qu'autant qu'elles servent à l'usage de tous, que le public en a la jouissance, qu'il en tire une utilité actuelle et de chaque instant; qu'en conséquence, on ne doit donc pas considérer comme faisant partie du domaine public de la commune la nue propriété d'une fontaine construite dans une place forte pour le service de l'administration militaire, alors que la possession et la jouissance des eaux de cette fontaine n'ont jamais été concédées aux habitants de la commune; que le droit à cette nue propriété, attribué à la commune, rentre dans le domaine municipal ordinaire, et, par suite, est prescriptible soit par trente ans, soit par dix ou vingt ans, selon les cas, les communes étant soumises, sauf pour les objets composant leur domaine public, aux mêmes prescriptions que les particuliers (Douai, 8 janv. 1868, aff. commune de Bapaume, D. P. 68. 2. 129). — Cette décision ne nous paraît pas juste. Ce qui donne aux fontaines des communes le caractère de domanialité et partant d'imprescriptibilité, c'est moins l'affectation présente des eaux qui en découlent aux besoins actuels des habitants de la commune, qu'une affectation éventuelle à leurs besoins futurs. C'est ainsi, nous l'avons établi, que les eaux surabondantes, que les égouts et versures des fontaines d'une commune sont, comme les fontaines elles-mêmes, considérées comme faisant partie du domaine public de la commune, alors même qu'elles ne seraient point actuellement nécessaires aux habitants de la commune. Dans l'espèce sur laquelle est intervenu l'arrêt de Douai, la fontaine avait été cédée à la ville en 1811, en exécution d'un décret impérial du 23 avr. 1810, sous la restriction « qu'elle ne pourrait en disposer pour une destination civile, sans l'autorisation spéciale de l'empereur, et même apporter quelques changements dans sa destination militaire, ou y faire quelques distributions et constructions neuves, qu'avec l'approbation du ministre de la guerre, qui devait faire faire des inspections de ces établissements et bâtiments tous les six mois au moins, et même plus fréquemment ». Le droit de la ville de Bapaume était réduit provisoirement à la nue propriété de la fontaine; mais la jouissance pouvait, d'un jour à l'autre, s'y joindre soit en vertu d'une autorisation de l'empereur, soit par suite du départ de la garnison. Cette considération suffisait, croyons-nous, pour faire entrer la nue propriété de la fontaine dans le domaine public municipal, et par conséquent, la rendre inaliénable et imprescriptible.

248. Les concessionnaires, bien qu'ayant un droit précaire et révocable, disposent des eaux comme ils l'entendent, à moins que des conditions mises à la concession ne restreignent cette faculté. L'Administration municipale peut, notamment, exiger que les eaux concédées ne servent qu'à certains usages déterminés, par exemple, aux seuls usages domestiques. Mais il a été jugé qu'il n'y a pas infraction à la défense de se servir pour autre chose que pour les usages domestiques des eaux reçues en vertu d'un abonnement, dans le fait de les employer à des arrosages de salubrité, soit à l'intérieur de l'habitation, soit au-devant de celle-ci sur la voie publique, surtout si ces arrosages sont exigés par un règlement de police (Crim. rej. 6 févr. 1873, aff. Bassy, D. P. 73. 1. 166). En effet, la ville, en accordant aux abonnés la faculté de se servir des eaux dans la limite de leurs besoins, ne pouvait ignorer que parmi ces besoins se trouvait celui d'avoir de l'eau pour effectuer les arrosages prescrits dans un intérêt de salubrité.

L'administration municipale peut aussi stipuler que les eaux ne seront l'objet d'aucune cession ou spéculation. L'art. 11 du règlement du 30 nov. 1860, sur les abonnements aux eaux de Paris, qui a été remplacé par le règlement du 25 juill. 1880, portait : « Il est formellement interdit à tout abonné de laisser embrancher sur sa conduite, soit à l'intérieur, soit à l'extérieur, aucune prise d'eau au profit d'un tiers. Il lui est

de Paris ne conteste pas que cette concession a été consentie à titre onéreux et qu'elle offre de rembourser au requérant, d'une part, la finance versée en 1655, et d'autre part la valeur estimée à 3000 fr. des tuyaux établis par les anciens concessionnaires et à leurs frais sous la voie publique pour la conduite des eaux dans leur propriété; que le sieur Camus soutient, au contraire, qu'il a droit d'obtenir une indemnité réglée d'après la valeur actuelle de la concession dont il est privé, et conclut à ce qu'avant faire droit, il soit procédé à une expertise à l'effet d'apprécier cette valeur et celle des tuyaux de conduite;

Considérant que les eaux de la Ville de Paris appartiennent au domaine public et que les concessions qui en ont pu être faites sont essentiellement révocables; qu'à plusieurs reprises, notamment par l'édit de 1392, par les lettres patentes de 1608 et 1635, par l'édit de 1624 et par l'arrêt du conseil de 1666, l'autorité souveraine a prononcé la révocation de toutes les concessions antérieures et a interdit d'en faire de nouvelles; que les concessions qui ont pu être faites des eaux de Paris nonobstant ces édits, lettres patentes et arrêt, n'ont jamais constitué entre les mains du concessionnaire au profit duquel elles avaient été nommément consenties, qu'un titre renouvelable et dont la confirmation devait être demandée et obtenue toutes les fois que l'immeuble au service duquel les eaux étaient affectées changeait de propriétaire; qu'ainsi elles ont toujours eu un caractère précaire; qu'il suit de là que si, lorsque l'Administration, usant de son droit, supprime une concession consentie à titre onéreux, la Ville doit restituer la finance qu'elle a touchée, elle ne peut être tenue de payer une indemnité réglée d'après la valeur actuelle de la concession supprimée;

En ce qui touche les tuyaux de conduite : — Considérant que, par sa lettre du 13 janv. 1857, le préfet du département de la Seine a reconnu que ces tuyaux sont la propriété du requérant et qu'il a offert, au nom de la Ville de Paris, de lui en payer le prix évalué à 3000 fr. par les ingénieurs; que le sieur Camus conteste cette évaluation; que, dans ces circonstances, il y a lieu de procéder à une expertise contradictoire, à l'effet d'évaluer la somme à payer par la Ville au sieur Camus, comme prix desdits tuyaux, pour être ultérieurement statué par nous ce qu'il appartiendra :

Art. 1er. Il sera procédé contradictoirement à une expertise, à l'effet d'apprécier la valeur actuelle des tuyaux de conduite dont la ville de Paris reconnaît devoir le prix au sieur Camus. Les experts seront désignés, l'un par le sieur Camus, l'autre par la Ville de Paris. Le tiers expert, s'il en est besoin, sera le sieur Labrouste, membre du conseil des bâtiments civils. Le rapport des experts et celui du tiers expert, s'il y a lieu, seront transmis au secrétariat de la section du contentieux de notre conseil d'État pour être ultérieurement statué par nous ce qu'il appartiendra. — Art. 2. Le surplus des conclusions du sieur Camus et de la Ville de Paris est rejeté...

Du 1er déc. 1859.-Cons. d'Ét.-MM. L'Hopital, rap.-de Lavenay, concl.-Duboy et Jagerschmidt, av.

également interdit de disposer gratuitement ou à prix d'argent ou à quelque titre que ce soit, en faveur d'un tiers, de la totalité ou d'une partie des eaux qui lui sont fournies, ni même du trop-plein de son réservoir ». Appelée à interpréter cette clause, la cour de cassation a décidé que si l'art. 11 du règlement du 30 nov. 1860 sur les abonnements aux eaux de la Ville de Paris interdit toute disposition des eaux faite soit gratuitement, soit à prix d'argent, soit à quelque titre que ce soit, en faveur d'un tiers, les locataires de l'abonné ne doivent pas être considérés comme des tiers dans le sens de cet article ; que le mandat donné par le propriétaire à un entrepreneur d'établir dans l'intérieur de son immeuble des appareils de distribution des eaux et de s'entendre ensuite avec ses locataires pour le recouvrement de cette dépense et des frais d'abonnement ne constitue pas la spéculation sur la revente des eaux de la Ville de Paris défendue par l'art. 11 précité (Civ. rej. 25 juin 1884, aff. Jouanne, D. P. 84. 1. 441). La disposition de l'art. 11 avait pour objet d'éviter tout détournement de l'eau concédée à un abonné, toute spéculation sur cette eau ; mais, les locataires en vue desquels l'abonnement était contracté par le propriétaire d'un immeuble ne pouvaient être considérés comme des tiers dans le sens de cet article ; c'étaient des ayants droit du propriétaire. Ce dernier ayant le droit de disposer de l'eau au profit de ses locataires pouvait faire par l'entremise d'un mandataire ce qu'il pouvait faire par lui-même ; ce mandataire, chargé d'exécuter les travaux et de remplir les formalités nécessaires pour l'adduction des eaux, ne devait pas non plus être considéré comme un tiers. La décision de la cour de cassation, fondée sur l'interprétation du règlement de 1860, paraît donc entièrement justifiée. — La solution ne devait pas être la même sous l'empire du nouveau règlement du 25 juill. 1880. L'art. 30 de ce règlement, après avoir rappelé l'inaliénabilité des eaux de la ville de Paris, ajoute : « Il est donc interdit à l'abonné de disposer ni gratuitement, ni à prix d'argent, ni à quelque titre que ce soit, en faveur de tout autre particulier ou intermédiaire, de la totalité ou d'une partie des eaux qui lui sont fournies ». La substitution des mots « tout autre particulier ou intermédiaire » au mot « tiers » a eu pour effet d'interdire toute intervention entre le propriétaire et ses locataires qui entraînerait pour ceux-ci une augmentation du prix des eaux. Le propriétaire conserve le droit de charger un mandataire de toutes les formalités nécessaires pour l'adduction des eaux dans les différentes parties de son immeuble ; mais ce mandataire ne peut réclamer un prix supérieur au montant des dépenses effectuées et de l'abonnement. Cette interprétation a été adoptée par la cour de Paris, qui a jugé que les eaux de la Ville de Paris sont inaliénables et imprescriptibles, et ne sont concédées aux habitants qu'à la condition d'en disposer pour leur seul usage personnel *ou celui de leurs locataires ;* qu'il est interdit aux abonnés par l'art. 30 du règlement du 25 juill. 1880, ainsi que par les stipulations insérées dans leurs polices, de disposer ni gratuitement, ni à prix d'argent, ni à quelque titre que ce soit, en faveur de tout particulier ou intermédiaire, de la totalité ou d'une partie des eaux qui leur sont fournies ; que le contrat par lequel un propriétaire autorise une société pour une période de vingt ans, moyennant certains avantages qui lui sont conférés, à établir des appareils dans sa maison et à traiter avec les locataires pour l'installation et la fourniture des eaux dans les lieux loués, contrevient aux dispositions réglementaires précitées, un tel contrat n'ayant pas pour effet de constituer ladite société mandataire soit du propriétaire soit des locataires, mais de la rendre cessionnaire pour un temps déterminé de l'eau concédée au propriétaire par la Compagnie générale des eaux fermière de la Ville de Paris ; que le retrait de la concession par la Compagnie générale des eaux, à raison de cette contravention imputable aux deux parties contractantes, rend impossible l'exécution du contrat et en autorise la résiliation sans dommages-intérêts (Paris, 5 févr. 1886, aff. Guillot, D. P. 87. 2. 46).

249. Chacun est absolument libre de s'approvisionner d'eau auprès de qui il veut. C'est un principe incontestable ; l'Administration municipale n'a aucun monopole à cet égard. Si donc l'eau peut parvenir librement du vendeur à l'acheteur, ce qui arrive lorsque le vendeur, propriétaire d'une source, est limitrophe de l'acheteur, les parties n'ont rien à lui demander. Si, au contraire, on est obligé, pour faire parvenir l'eau à destination, de recourir à des conduites sous les voies municipales, il est bien certain que, dans ce cas, on ne peut se passer de son autorisation. Et si elle a cédé antérieurement par un contrat à une compagnie un privilège exclusif de canalisation d'eau, cette compagnie peut légitimement s'y opposer, non seulement auprès de l'administration communale, mais encore devant les tribunaux. — Il a été jugé qu'une commune qui concède à une compagnie le service de l'eau aux habitants et l'établissement à cet effet d'une canalisation sous les voies municipales, peut s'engager à ne souscrire à aucune convention de même nature avec d'autres personnes ; mais qu'il ne résulte pas de cet engagement que la commune ait conféré à la compagnie un monopole de vente et de distribution d'eau aux particuliers, qui ne lui appartient pas à elle-même ; qu'en conséquence, si une compagnie rivale obtient de l'administration supérieure l'autorisation d'établir sous le sol d'une route départementale traversant la commune une conduite d'eau avec des branchements aboutissant aux propriétés riveraines, cette seconde compagnie est en droit, à l'aide de cette canalisation qui n'emprunte pas les voies publiques dépendant de la voirie municipale, de distribuer et de livrer de l'eau aux propriétaires riverains ; et que les tribunaux ne sauraient alors soit ordonner l'enlèvement des branchements établis sous la route, soit condamner la seconde compagnie à des dommages-intérêts envers la première comme ayant porté atteinte à son droit de distribution d'eau (Req. 25 juill. 1882, aff. Compagnie des eaux de Maisons-sur-Seine, D. P. 83. 1. 106). Assurément l'autorité municipale a un certain droit de police dans la traversée de la commune sur les voies publiques placées hors du domaine public de la commune et notamment sur les routes départementales ; mais c'est uniquement de l'autorité préfectorale que dépend tout travail à effectuer dans le sol d'une pareille voie. Dès lors que cette autorité consentait à la pose des tuyaux aboutissant aux propriétés limitrophes de cette route, on ne voit pas en vertu de quel principe une compagnie qui n'avait traité, pour la distribution des eaux aux habitants, qu'avec la commune, aurait pu obtenir que les tribunaux fissent détruire ces tuyaux ou condamnassent à des dommages-intérêts ceux qui les avaient posés avec l'assentiment de l'administration départementale. La compagnie concessionnaire ne pouvait non plus faire condamner la commune à aucune réparation pécuniaire, car celle-ci n'avait pas pris et n'avait pu prendre l'engagement de forcer les habitants à n'acheter d'eau qu'à cette compagnie, pas plus que celui d'empêcher l'autorité préfectorale de disposer librement du sous-sol d'une route non dépendante de la voirie municipale.

Aux termes d'un autre arrêt, lorsqu'un particulier auquel une prise d'eau a été concédée sur un aqueduc souterrain appartenant à autrui, a établi cette prise d'eau sans aucune opposition, et que le contrat a reçu ainsi sa pleine et entière exécution, le cédant a le droit d'exiger le payement de la redevance stipulée comme contre-valeur des livraisons faites et reçues, sans que le cessionnaire puisse invoquer, pour s'y soustraire, les protestations d'un tiers (dans l'espèce, l'administration de la guerre) soulevées par des travaux exécutés sur le territoire de ce tiers et non autorisés par la convention (Req. 15 juin 1885, aff. Lacombe-St-Michel, D. P. 86. 1. 198). La concession d'eau, dans les conditions où elle était intervenue, avait tous les caractères d'un contrat de louage ; la compagnie concessionnaire n'avait donc le droit de suspendre le payement de son prix que dans les cas prévus par les art. 1726 et 1727 c. civ., c'est-à-dire qu'autant qu'elle aurait été troublée dans sa jouissance par l'action en justice d'un tiers prétendant avoir droit à la propriété de la source ou par une voie de fait que ce tiers aurait exercée ; or, d'une part, le tiers (c'est-à-dire l'administration militaire, dans l'espèce), s'était borné à déclarer qu'il se considérait comme propriétaire de la source, sans dresser procès-verbal, — ce qui aurait pu être réputé un trouble de droit (V. Aubry et Rau, *Cours de droit civil français*, t. 2, § 187, p. 158), — et sans intenter d'action en revendication ; d'autre part, ce même tiers n'avait troublé la compagnie par aucune voie de fait rendant impossible la jouissance promise, car il n'avait fait que lui retirer l'autorisation de pratiquer des travaux sur des terrains lui appartenant à lui-même et non compris dans le traité de concession des eaux, et la sommer de supprimer ces travaux; en effet, le traité ne donnait pas à la compagnie concessionnaire le droit d'aller pratiquer des travaux sur les terrains militaires appartenant à ce tiers, et les injonctions de démolir les travaux exécutés ne l'empêchaient point de dériver le volume d'eau dont elle avait la jouissance, en perçant l'aqueduc soit dans ses propres terrains, soit dans la propriété de son cédant.

250. Les compagnies des eaux, chargées de rechercher et de conclure les abonnements aux conditions déterminées par les tarifs et les règlements sur les polices d'abonnement, sont obligées de fournir l'eau à toute personne qui offre de se soumettre aux dispositions du règlement et de payer le prix fixé. Leur refus serait illégal; les eaux ont, en effet, une destination spéciale d'utilité publique et tous les habitants y ont droit, lorsqu'ils les demandent dans les conditions déterminées par les règlements administratifs. Décider autrement ce serait reconnaître aux compagnies le droit de favoriser tel immeuble au préjudice de l'immeuble voisin, tel chef d'industrie au préjudice de son concurrent, ce qui est inadmissible. C'est avec raison qu'il a été jugé que la compagnie chargée par la ville de Paris de distribuer les eaux mises à sa disposition pour le service des particuliers ne peut refuser un abonnement à un propriétaire qui demande à le souscrire dans les conditions prévues par les règlements administratifs (Civ. rej. 25 juin 1884, aff. Jouanne, D. P. 84. 1. 441).

251. On examinera *infrà*, v° *Enregistrement*, la question de savoir de quels droits sont passibles les traités passés par les compagnies concessionnaires de la fourniture des eaux avec les particuliers et les établissements publics.

252. Il a été jugé que, pour que la diminution dans le volume des eaux servant à l'alimentation d'une ville, par suite d'une dérivation régulièrement autorisée sur un cours d'eau navigable, donne ouverture à un droit ou indemnité en faveur de cette ville, il ne suffit pas qu'elle fasse usage de ces eaux depuis une époque antérieure à 1566; il faut qu'elle ait opéré avant cette époque sur ce cours d'eau des ouvrages ou travaux pouvant être compris parmi les établissements dans la propriété, possession et jouissance desquels l'édit de 1683 confirme les propriétaires qui rapportent des titres de propriété authentiques faits avec les rois (Cons. d'Ét. 9 août 1870, aff. Bayard de la Vingtrie, D. P. 72. 3. 53. V. *infrà*, n°s 329 et suiv.).

253. La ville aux besoins de laquelle les eaux d'un canal concédé par l'État à une compagnie ont été affectées dans une certaine mesure par l'ordonnance de concession et le cahier des charges, peut, quoique ce canal ne soit pas sa propriété et dépende du domaine public général, en soumettre l'usage à des redevances, si c'est au profit de cette ville considérée *ut universa*, et non pas en faveur de ses habitants *ut singuli*, qu'a eu lieu l'affectation dont il s'agit (Req. 17 avr. 1866, aff. Motte, D. P. 66. 1. 350).

254. Un lavoir public n'est pas une fontaine; dès lors, le fait d'avoir, en débouchant le trou de sortie des eaux d'un lavoir public, empêché divers habitants d'exercer leurs droits sur cette propriété communale, ne constitue pas une contravention à la défense, faite par un règlement local, « d'intercepter ni détourner les eaux des sources, cours d'eau et fontaines publics, et d'interdire ou gêner l'accès de ces mêmes sources et fontaines, par quelque moyen que ce soit » (Crim. rej. 7 août 1862, aff. Thiercelin, D. P. 63. 5. 132).

255. Les eaux de source sont susceptibles de constituer des propriétés privées. L'Administration ne peut s'emparer ou autoriser une ville à s'emparer de tout ou partie du volume d'une source appartenant à un particulier, sans employer la voie de l'expropriation. — Il a été jugé que le décret qui autorise une ville à dériver un certain volume d'eau d'une source privée, pour l'approvisionnement de ses fontaines publiques, a pour effet, lorsque cette destination a été réalisée, de déposséder définitivement d'une quantité d'eau correspondante le propriétaire de la source, et de convertir ses droits de propriété en un droit à une indemnité; qu'en se déclarant compétents pour statuer sur la fixation de l'indemnité due au propriétaire de la source, les juges civils décident par là même qu'il n'y a plus à recourir aux formalités tracées par la loi du 3 mai 1841 sur l'expropriation pour cause d'utilité publique (Req. 10 juin 1884, aff. Faure, D. P. 85. 1. 165; 18 août 1884, aff. Marty, *ibid.*). — Décidé que le propriétaire dépossédé de ses droits sur les eaux concédées à une ville est, ainsi que ses créanciers, sans qualité pour se prévaloir des abus de jouissance imputables à cette ville; spécialement, pour se plaindre de ce qu'elle aurait enfreint les conditions de la possession qui lui a été attribuée en concédant à son tour à des tiers certaines quantités d'eau dérivées de ses fontaines publiques, alors que, d'après la concession, les eaux concédées devaient être uniquement affectées à l'alimentation de ces fontaines (Arrêts précités des 10 juin et 18 août 1884). — L'indemnité due par la ville au propriétaire définitivement dépossédé n'a point les caractères d'une restitution, mais ceux de dommages-intérêts dus dans les termes de l'art. 1149 c. civ., et ne saurait, par suite, donner lieu à l'application des art. 548, 549 et 550, relatifs à la restitution des fruits par le possesseur de mauvaise foi (Mêmes arrêts).

CHAP. 8. — Des usines et moulins (*Rép.* n°s 284 à 426).

256. Ce chapitre n'est consacré qu'aux usines et aux moulins qui empruntent leur force motrice à l'eau courante. Les usines insalubres, les moulins à vent font l'objet d'un traité spécial (V. *infrà*, v° *Manufactures et ateliers dangereux, etc.*).

SECT. 1re. — DE LA LANGUE DES USINES (*Rép.* n°s 294 à 333).

257. V. *Rép.* n°s 294 et suiv.

SECT. 2. — DES USINES DANS LEURS RAPPORTS AVEC LES CONCESSIONS FÉODALES (*Rép.* n° 334).

258. V. *Rép.* n° 334.

SECT. 3. — DE L'AUTORISATION NÉCESSAIRE POUR ÉLEVER DES USINES OU OPÉRER DES PRISES D'EAU. — CONDITIONS. — FORMES (*Rép.* n°s 335 à 354).

259. — I. RIVIÈRES NAVIGABLES ET FLOTTABLES (*Rép.* n°s 335 à 344). — On a dit au *Rép.* n°s 335 et suiv. et *suprà*, n°s 56 et suiv., qu'aucune dérivation des eaux ne peut être opérée sur les bords des rivières navigables et flottables sans une autorisation préalable de l'autorité compétente. Cette prohibition s'applique : aux prises d'eau ou saignées pour l'irrigation des terres (Arrêté du Directoire du 19 vent. an 6), comme aux prises d'eau dans l'intérêt des usines (Ord. 1669, art. 44, tit. 27; Arrêt du conseil du 24 juin 1777, art. 4; Arrêté 19 vent. an 6, art. 9). Le principe régit toutes les rivières navigables, les bras non navigables de ces rivières, les cours d'eau assimilés aux rivières navigables (V. *suprà*, n°s 56 et suiv.), tels que les canaux de navigation, les cours d'eau flottables en trains (Arrêté du 19 vent. an 6, art. 10; V. *Rép.* v° *Voirie par eau*, n°s 223 et suiv.). Il régit aussi les cours d'eau flottables à bûches perdues situés dans le bassin d'approvisionnement de Paris (Arrêté du Directoire du 13 niv. an 5, art. 4); mais il n'est pas applicable à la partie non navigable des rivières navigables (V. *Rép.* v° *Voirie par eau*, n° 228; *suprà*, n°s 49 et suiv.; Plocque, *op. cit.*, t. 3, n° 239).

260. Les établissements situés dans le département de la Seine sont soumis à une réglementation générale sans préjudice des prescriptions particulières qui leur sont imposées par leurs actes d'autorisation. L'arrêté ministériel du 2 mars 1809 fixe les conditions auxquelles ils sont assujettis. Ils ne peuvent être vendus, loués, remplacés ou changés de destination sans une autorisation du préfet de la Seine (Décr. 10 oct. 1859, D. P. 59. 4. 82). Le préfet de la Seine doit, antérieurement à toute décision, prendre l'avis du préfet de police qui a un droit de surveillance générale lorsqu'il s'agit d'*autoriser* un établissement (Décr. 10 oct. 1859, art. 3. Il n'est pas tenu de prendre cet avis, soit pour prononcer la suppression d'un établissement, soit pour restreindre la jouissance des propriétaires (Cons.

d'Et. 27 juill. 1870, aff. Crétée, D. P. 72. 3. 22). — Le préfet de la Seine est investi d'un pouvoir de police sur tous les établissements situés dans le département de la Seine; il lui appartient de supprimer ceux qui gênent le service de la navigation, d'ordonner qu'ils ne pourront être l'objet d'aucune réparation de nature à en prolonger la durée (Cons. d'Et. 27 juill. 1870) (1). — Le décret de 1859 n'est pas applicable dans les communes de Saint-Cloud, Meudon et Sèvres qui dépendent du département de Seine-et-Oise. Dans ces communes, l'autorité du préfet de police subsiste pleine et entière dans les termes des arrêtés de l'an 8 et de l'an 9; aucun pouvoir n'a été conféré au préfet de Seine-et-Oise relativement aux établissements en rivière (Plocque, t. 3, n° 224).

261. La situation des bateaux à lessive à Paris est réglée par l'ordonnance de police du 19 flor. an 13; celle des bateaux servant d'établissement de bains, par l'ordonnance de police du 25 oct. 1840, et celle du 25 nov. 1885 (Comp. Cons. d'Et. 25 mars 1887, aff. Syndicat professionnel des propriétaires des bains de Paris et du département de la Seine, D. P. 88. 3. 57).

262. L'art. 644 c. civ. n'est pas applicable aux rivières navigables, ni aux cours d'eau assimilés qui font partie du domaine public, ni aux cours d'eau artificiels. Le riverain doit toujours demander une autorisation, même quand il s'agit d'une prise d'eau pour l'irrigation, et lors même que cette prise d'eau ne compromettrait en rien les intérêts de la navigation. « L'art. 644, dit M. Plocque, t. 3, n° 238, a voulu prévenir les abus qui ne manqueraient pas de se produire si le droit de détourner les eaux était reconnu en principe au profit des riverains; il y aurait inconvénient grave à laisser l'Administration désarmée en présence d'entreprises dont la fréquence entraînerait les résultats les plus déplorables » (V. aussi Nadault de Buffon, *Des usines et autres établissements sur les cours d'eau*, t. 1, p. 158).

263. Mais le propriétaire riverain d'un cours d'eau navigable ou flottable, lorsqu'il a obtenu de l'Administration l'autorisation d'ouvrir une prise d'eau, peut revendiquer le bénéfice de la loi du 29 avr. 1845 et de la loi du 11 juill. 1847 (V. *Rép.* v° *Servitudes*, n°s 267 et suiv.).

264. L'ordonnance de 1669 et l'arrêt de 1777 (art. 4) défendent de pratiquer aucune saignée à une distance moindre de six toises des bords d'une rivière navigable. Un propriétaire creusant un puits ou une tranchée au delà de cette distance de six toises et qui arrive en fait à détourner indirectement partie des eaux souterraines qui dépendent du régime de la rivière doit-il être considéré comme ayant contrevenu aux dispositions de l'ordonnance de 1666 et de l'arrêt de 1777? Dans l'intérêt de la négative, dit M. Plocque, t. 3, n° 249, on peut s'appuyer sur la jurisprudence qui permet au voisin d'une source de détourner, par des fouilles opérées sur son propre terrain, les eaux souterraines qui alimentent cette source; c'est là, disent les arrêts, une faculté inhérente au droit de propriété et que l'on peut exercer à condition d'agir suivant un intérêt sérieux, et non pas dans la seule intention de nuire au voisin (V. Req. 4 déc. 1860, aff. Boignes, D. P. 61. 1. 149). Cette doctrine favorable aux besoins de l'industrie a reçu la consécration de l'autorité administrative dans une dépêche administrative adressée le 9 mai 1866 à M. le préfet de la Meurthe par M. de Franqueville, directeur général des chemins de fer. » M. Plocque, *op. cit.*, t. 3, n° 249, critique cette théorie. « L'arrêt de 1777, dit cet auteur, porte interdiction « d'affaiblir ou de changer le cours des rivières par aucune tranchée ou autrement ». Voilà qui est bien clair; tout fait qui aurait pour résultat de diminuer les eaux de la rivière est absolument prohibé, sous quelque forme et dans quelque circonstance qu'il se produise; ce n'est que par une mesure préventive aussi énergique que l'on arrivera à sauvegarder les besoins de la navigation. Toute prise d'eau indirecte se trouve donc à la discrétion de l'Administration qui est maîtresse, soit de la supprimer, soit de la soumettre à telles conditions qu'elle jugera convenable. »

265. Sur la question de savoir si l'autorisation est exigée même dans le cas où il s'agit de simples réparations à des ouvrages déjà autorisés, V. *suprà*, n° 67; *Rép.* n° 338, et v° *Voirie par eau*, n° 209.

266. — 1° *Prises d'eau sur les rivières navigables. — Autorisation; Formalités.* — On a exposé *suprà*, n°s 56 et suiv., quelles sont les autorités compétentes pour donner les autorisations de prises d'eau sur les rivières navigables. Une circulaire ministérielle du 23 oct. 1851, contenant instruction pour le règlement des usines sur les cours d'eau, indique les formalités à remplir pour obtenir la concession d'une prise d'eau sur une rivière navigable. La demande doit être adressée en double expédition, dont une sur papier timbré au préfet du département dans lequel les travaux doivent être effectués. — La rivière d'Ourcq et le canal qui en forme le prolongement se trouvent placés dans une situation particulière. Le préfet de la Seine est chargé de l'administration générale des travaux, même pour les parties du canal de dérivation situées en dehors du département de la Seine (Décr. 4 sept. 1807). C'est à lui seul qu'appartient le droit de réglementation des usines établies sur le bord de la rivière d'Ourcq et du canal, dans les départements de Seine-et-Oise, Seine-et-Marne et Aisne. Pour assurer le service des eaux nécessaires à la Ville de Paris, on a voulu concentrer entre ses mains l'étude de toutes les questions intéressant le régime de ce canal. Jugé que le préfet de la Seine a le droit d'ordonner dans le lit ou sur le bord du canal de l'Ourcq, même hors du département de la Seine, les travaux destinés à assurer l'alimentation de la Ville de Paris (Cons. d'Et. 4 août 1864, aff. Tabard, D. P. 67. 5. 146. V. aussi Cons. d'Et. 6 janv. 1865, aff. Préfet de la Seine, *Rec. Cons. d'Etat*, p. 10).

La circulaire de 1851 indique le détail des énonciations que doit contenir la demande. Le préfet prend un arrêté pour ordonner une enquête préparatoire. L'inobservation des formalités prescrites pour cette enquête entraînerait la nullité de toute la procédure suivie (Cons. d'Et. 28 nov. 1861, aff. Maréchal, D. P. 62. 3. 10). L'enquête préparatoire terminée, le dossier est transmis à l'ingénieur en chef qui le renvoie à l'ingénieur ordinaire chargé du service dans l'arrondissement. Celui-ci, après avoir annoncé son arrivée aux maires des communes intéressées, au pétitionnaire, aux présidents des syndicats, aux mariniers les plus expérimentés, procède à la visite des lieux. Il dresse procès-verbal de ses constatations. Lecture dudit procès-verbal est donnée aux parties intéressées qui sont invitées à le signer et à y insérer leurs observations. A la suite de cette visite, l'ingénieur dresse les plans et nivellements nécessaires à l'instruction définitive de l'affaire. Il y joint un rapport détaillé. Les pièces sont adressées à l'ingénieur en chef qui les transmet au préfet avec son avis. Une nouvelle enquête est ouverte. Son résultat est communiqué aux ingénieurs pour qu'ils donnent leur avis. S'il leur

(1) (Tugault.) — NAPOLÉON, etc.; — Vu l'ordonnance de 1669, art. 41, 42 et 43; l'ordonnance de 1672, art. 4; l'arrêt du conseil du 24 juin 1777; la loi des 22 déc. 1789-6 janv. 1790; l'instruction législative des 12-20 août 1790; l'arrêté du Directoire du 19 vent. an 6; — Vu l'arrêté des consuls, du 12 mess. an 8, qui détermine les fonctions du préfet de police; — Vu le décret du 10 oct. 1859, relatif aux attributions du préfet du département de la Seine et du préfet de police; — Vu la loi des 7-14 oct. 1790;... — Considérant qu'aux termes de la loi des 22 déc. 1789-6 janv. 1790 et de l'instruction législative des 12-20 août 1790 et de l'arrêté du Directoire du 19 vent. an 6, les préfets sont chargés de veiller à la conservation et à l'entretien des rivières navigables et de prendre les mesures de police propres à assurer le libre écoulement des eaux et le service de la navigation; — Que les arrêtés, en date du 17 juill. 1867, par lesquels le préfet du département de la Seine a ordonné la suppression de deux bateaux-lavoirs appartenant aux requérants, ne constituent que des mesures de police prises dans l'intérêt de la navigation et dans la limite des pouvoirs que lui confèrent les dispositions précitées; — Que, d'ailleurs, ils ne font pas obstacle à ce que les requérants fassent valoir devant l'autorité compétente, s'ils s'y croient fondés, les droits qu'ils prétendraient avoir à une indemnité, à raison de l'origine de leurs établissements; — Que, dans ces conditions, les requérants ne sont pas recevables à nous déférer pour excès de pouvoirs en vertu de la loi des 7-14 oct. 1790, les arrêtés du préfet du département de la Seine et les décisions de notre ministre des travaux publics, qui ont confirmé ces arrêtés... (Rejet).

Du 27 juill. 1870.-Cons. d'Et.-MM. Sazerac de Forge, rap.-Perret, concl.-Mazeau, av.

semble nécessaire d'apporter à leurs conclusions précédentes quelque changement qui soit de nature à provoquer de nouvelles oppositions, il convient que l'affaire soit soumise à une enquête supplémentaire de quinze jours. Le préfet examine le dossier, il notifie sa décision au pétitionnaire. S'il s'agit d'un établissement permanent qui peut influer sur le régime des eaux, il transmet les pièces au ministre des travaux publics. Celui-ci prépare le projet de décret qui, avant d'être présenté à la signature du chef de l'Etat, est soumis à l'examen du conseil d'Etat (section des travaux publics). M. Batbie, t. 5, n° 429, observe justement que les affaires de cette nature ne figurent pas parmi celles qui doivent être de plein droit portées à l'assemblée générale du conseil d'Etat, mais qu'à raison de leur importance, elles lui sont souvent renvoyées soit par le président de la section, soit par le chef de l'Etat (Plocque, *op. cit.*, t. 3, n° 256). Il a été jugé qu'aucune disposition de loi n'exige que les décrets portant règlement d'eau sur les rivières navigables soient rendus dans la forme des règlements d'administration publique (Cons. d'Et. 4 mai 1883, aff. de Luynes de Chevreuse, D. P. 84. 3. 124).

267. Les enquêtes qui doivent précéder les concessions de prises d'eau constituent des formalités essentielles. — Il a été jugé qu'aux termes des lois et règlements, tous les propriétaires intéressés doivent être mis à même de présenter leurs observations sur les demandes formées à l'effet d'établir des barrages ou des prises d'eau dans les rivières navigables ou dans les bras et dérivations de ces rivières; qu'en conséquence, lorsqu'il s'agit de construire un barrage sur un cours d'eau de cette nature, formant la limite de deux communes, et lorsque les propriétaires des deux rives se trouvent ainsi intéressés à l'établissement de cet ouvrage, il y a lieu, à peine de nullité, de procéder à une enquête dans chacune de ces communes, et non pas seulement dans le commune du côté de laquelle doit s'exercer la prise d'eau (Cons. d'Et. 28 nov. 1861, aff. Maréchal, D. P. 62. 3. 10. V. aussi Cons. d'Et. 15 juin 1864, aff. Gaunard, D. P. 65. 3. 19; 1er mars 1889, aff. Faucheux, D. P. 90. 3. 55).

268. Lorsque les enquêtes prescrites ont eu lieu, l'Administration peut modifier sur un point secondaire le projet, sans être tenue de faire procéder à une nouvelle enquête. — Il a été jugé que, lorsqu'il a été procédé à une enquête sur l'établissement d'un barrage dans une rivière navigable, l'Administration peut ensuite, sans nouvelle enquête, modifier l'emplacement assigné au barrage dans le plan primitif (Cons. d'Et. 6 janv. 1865, aff. Joanne-Rousseray, D. P. 65. 3. 49. V. aussi en ce sens : Cons. d'Et. 6 mai 1853, aff. Couleaux, D. P. 55. 3. 26). Nonobstant les termes un peu absolus de l'arrêt du 6 janv. 1865, nous croyons que la solution pourrait dépendre des circonstances, et que, par exemple, si l'Administration ne se bornait pas à modifier sur un point spécial et secondaire le projet soumis à l'enquête, si elle y substituait un projet nouveau, ou même si elle en transportait l'emplacement sur un territoire dont les habitants n'auraient pas été avertis de prendre part à l'enquête, il serait indispensable de procéder à une nouvelle enquête, et que, à défaut de l'accomplissement de cette formalité, l'acte qui aurait ordonné l'exécution du travail serait entaché d'une irrégularité substantielle équivalant, d'après la jurisprudence actuelle du conseil d'Etat, à un excès de pouvoir. Ainsi il a été décidé que le préfet est tenu de faire procéder à une enquête dans toutes les communes intéressées avant de prendre un arrêté ayant pour objet de reviser le règlement d'un barrage servant à l'irrigation de prairies situées sur le territoire de plusieurs communes (Cons. d'Et. 1er mars 1889, aff. Syndicat de la Viette, D. P. 89. 3. 55. V. la note sur cet arrêt, *ibid.*). — Jugé, d'ailleurs, qu'il est satisfait aux prescriptions de l'arrêté du 19 vent. an 6 et de la circulaire du 19 therm. an 6, lorsque des enquêtes ont précédé un règlement d'eau, alors même qu'un laps de plusieurs années s'est écoulé entre lesdites enquêtes et le règlement (Cons. d'Et. 4 mai 1883, aff. de Luynes de Chevreuse, D. P. 84. 3. 124-125). La jurisprudence n'admet pas que l'intervalle entre une décision administrative et l'enquête préalable soit une cause de nullité de la décision, lorsqu'il est constant en fait qu'il s'agit bien de l'instruction de la même affaire sur laquelle il a été statué (Cons. d'Et. 23 mars 1880, aff. de Longevialle, D. P. 80. 3. 108).

269. Dans l'étendue du rayon-frontière, les demandes de concession d'eaux doivent être soumises à l'examen de la commission mixte des travaux publics, lorsque ces concessions sont susceptibles d'avoir de l'influence sur les inondations défensives. Les préfets doivent prendre l'avis du directeur des douanes (L. 30 avr. 1806, art. 75; Décr. 16 août 1853, D. P. 53. 4. 227). Les créations d'usines dans le rayon des places fortes, d'établissements ayant à la fois le caractère d'usines hydrauliques et d'établissements incommodes ou insalubres, d'usines exploitées simultanément à l'aide d'un moteur hydraulique et d'une machine à vapeur, d'usines métallurgiques employant la force de l'eau comme moteur, de scieries mues par une chute d'eau, sont soumises à des formalités spéciales (V. Décr. 15 oct. 1810; Circ. 30 janv. 1822; 23 oct. 1851; Décr. 16 août 1853; 25 janv. 1865; L. 9 mai 1866) (V. aussi sur tous ces points : Plocque, t. 3, n° 257).

270. On a indiqué au *Rép.* n° 339 que l'Administration est entièrement libre dans son action sur les eaux. — Il a été jugé que le propriétaire qui a sollicité du ministre des travaux publics une modification au règlement d'eau de son usine n'est pas recevable, en cas de refus, à se pourvoir devant le conseil d'Etat,... alors même que la modification demandée aurait pour objet de lui restituer un avantage dont il aurait joui antérieurement au règlement (Cons. d'Et. 24 mai 1854, aff. Hallez, D. P. 55. 3. 12).

271. — 2° *Prises d'eau sur les canaux de navigation. — Autorisation; Formalités.* — La question de savoir de qui doit émaner l'autorisation d'établir une prise d'eau dans un canal de navigation est controversée. Les préfets peuvent-ils statuer définitivement, en vertu du décret du 25 mars 1852, lorsqu'il s'agit d'établissements temporaires ou d'établissements permanents qui ne doivent pas influer sur le régime des eaux? Le conseil d'Etat a adopté la négative dans un avis du 6 oct. 1859, transmis aux préfets par une instruction ministérielle du 26 janv. 1860. Cet avis est ainsi conçu : « Considérant que le mode d'établissement et le régime hydraulique des canaux ne permettent pas de les assimiler aux cours d'eau navigables et flottables dont parle le paragraphe 1er du tableau D et pour lesquels seulement le droit de prononcer sur les autorisations de prises d'eau est attribué aux préfets; — Considérant que cette attribution pourrait avoir des inconvénients graves si elle s'étendait aux canaux dont les moyens d'alimentation sont en général si difficiles et si dispendieux; — Considérant que si, sur l'avis de la section de l'agriculture, du commerce et des travaux publics, l'Administration a reconnu la compétence des préfets, lorsqu'il s'agit d'autoriser des débarcadères, avec ou sans péage sur les canaux, bien que le paragraphe 7 du tableau D ne fasse mention que des fleuves et rivières navigables ou flottables, c'est à cause du principe qui place sous le même régime les dépendances de la grande voirie en ce qui touche les mesures de police; que, si l'on peut ranger parmi ces dernières les autorisations de débarcadères dont s'occupe le paragraphe 7, il convient d'assigner une portée plus grande à des autorisations de prises d'eau qui, s'échelonnant de département en département, sur tout le parcours du canal, sans système et sans utilité de vues, pourraient avoir pour résultat d'atterrir ou de compromettre l'utilité de ces voies de transport; — Est d'avis que les autorisations de prises d'eau dans les canaux de l'Etat ne rentrent point dans le cercle de celles qui ont été attribuées aux préfets par le paragraphe 1er du tableau D, annexé au décret du 25 mars 1852. » — D'autre part, un arrêt du conseil d'Etat a admis la solution contraire et posé en principe que les préfets peuvent autoriser des prises d'eau le long des canaux de navigation (Cons. d'Et. 18 févr. 1863) (1).

(1) (Motte-Bossut et autres.) — NAPOLÉON, etc.; — Vu la loi des 12-20 août 1790 et l'arrêté du directoire exécutif du 19 vent. an 6; — Vu les lois des 28 pluv. an 8 et 18 juill. 1837; — Vu le décret du 25 mars 1852; — Considérant, d'une part, qu'aux termes de la loi des 12-20 août 1790, de l'arrêté du directoire exécutif du 19 ventôse an 6 et du décret du 25 mars 1852, il appartient aux préfets des départements chargés d'assurer le service de la navigation, d'autoriser les prises d'eau à effectuer dans les rivières et

— La doctrine adoptée en 1859, est, suivant M. Plocque, t. 3, n° 263, préférable à celle de l'arrêt de 1863 : « Il faut, dit-il, empêcher à tout prix que l'eau des canaux soit inconsidérément détournée dans un intérêt privé; les difficultés de leur alimentation l'exigent impérieusement. Il n'est au surplus question dans le décret du 25 mars 1852 que des rivières proprement dites; or, dans tous les textes antérieurs, nous voyons qu'on a soigneusement distingué les rivières proprement dites et les canaux de navigation; c'est ainsi que l'arrêté du 19 vent. an 6 contenait à l'égard de ces derniers une disposition particulière dans son art. 10. On est donc naturellement amené à penser que, si le législateur avait entendu que le décret de 1852 serait applicable aux canaux de navigation comme aux rivières proprement dites, il s'en serait formellement expliqué; son silence est, suivant nous, intentionnel et les considérants de l'avis de 1859 établissent d'une manière irréfutable le bien fondé des considérations auxquelles il a dû se rattacher. »

272. Les formalités à remplir sont celles indiquées par la circulaire du 23 oct. 1851 (V. *suprà*, n°s 266 et suiv.).

273. Les concessionnaires, même à perpétuité, des canaux de navigation ne peuvent autoriser des prises d'eau sur ces canaux. Ils sont tenus, comme on l'a dit *suprà*, n° 138, de ne tolérer aucun acte inconciliable avec la destination du canal; or la concession d'une prise d'eau est l'acte le plus contraire aux intérêts de la navigation. « La limite des droits de l'Administration et de ceux des concessionnaires, dit M. Plocque, t. 3, n° 264, est facile à saisir : il faut que l'Administration autorise la concession; mais, en même temps, elle ne peut imposer au concessionnaire l'obligation de subir les prises d'eau qu'elle aurait autorisées en dehors de lui, à moins bien entendu d'une clause formelle insérée dans l'acte de concession du canal. En d'autres termes, l'usinier doit obtenir à la fois l'agrément de l'Administration et celui des concessionnaires du canal. Notons, toutefois, que le canal du Midi se trouve, à ce point de vue, soumis à une législation exceptionnelle (V. *suprà*, n° 135). Quant aux stipulations pécuniaires à intervenir entre les usiniers et le concessionnaire du canal, elles n'ont pas besoin d'être soumises à l'approbation administrative; le Trésor n'a rien à prétendre sur les perceptions qui seront faites à ce propos et n'a, dès lors, aucun intérêt à ce que le taux de la redevance soit fixé contradictoirement avec ses agents (V. Cons. d'Et. 13 juin 1860) (1). En sens inverse, le recouvrement de la redevance sera fait par les concessionnaires comme ils l'entendront et non plus par les agents de l'Administration. Nous exceptons toujours l'hypothèse où l'Etat se serait réservé dans l'acte de concession une part quelconque des produits accessoires du canal. »

274. — 3° *Prises d'eau sur les rivières flottables : — Autorisation; Formalités.* — Les concessions de prises d'eau sur les rivières flottables en trains sont soumises aux mêmes autorisations et aux mêmes formalités que les concessions sur les rivières navigables. — Les cours d'eau flottables à bûches perdues ne faisant pas partie du domaine public sont traités comme les autres cours d'eau non domaniaux. En conséquence, les prises d'eau pour l'irrigation peuvent avoir lieu sans autorisation en vertu de l'art. 644 c. civ. S'il y a abus, l'Administration pourra réglementer le cours d'eau et limiter ainsi la jouissance des riverains. Quant aux prises d'eau pour les usines, elles doivent être autorisées par le préfet (Décr. 25 mars 1852, n° D, tabl. I). — Aucune prise d'eau ne peut avoir lieu sans autorisation dans les cours d'eau flottables à bûches perdues situés dans le bassin d'approvisionnement de Paris (Arrêté 13 niv. an 5, *Rép.* p. 321).

275. — 4° *Conditions imposées aux concessionnaires.* — On a exposé au *Rép.* n°s 340 et suiv. que l'Administration peut, dans l'intérêt général, imposer aux concessionnaires les conditions qui lui paraissent utiles, notamment stipuler qu'il ne pourra être prétendu aucune indemnité à raison des dispositions que le Gouvernement jugerait à propos de prendre pour l'avantage de la navigation, même dans le cas de démolition de l'usine (V. Ducrocq, *op. cit.*, t. 2, n° 1003, et *infrà*, n°s 329 et suiv.). — Tout concessionnaire est tenu d'exécuter les travaux prescrits pour faire marcher son usine dans le délai qui lui a été imparti par le décret ou l'arrêté d'autorisation, sous peine de déchéance (*Rép.* n° 341; Cons. d'Et. 18 nov. 1852) (2). Si l'acte de concession ne fixe pas de délai, l'Administration apprécie quel

---

canaux navigables ou flottables; d'autre part, qu'il leur appartient également, aux termes de la loi du 18 juill. 1837, d'approuver et de rendre exécutoires les délibérations des conseils municipaux relatives aux tarifs et règlements de perception de tous les revenus communaux;

Considérant que, par son arrêté, en date du 20 janv. 1861, le préfet du département du Nord s'est borné à approuver la délibération par laquelle le conseil municipal de Roubaix, en maintenant les prises d'eau existant sur le canal de cette ville, a réglé le tarif des redevances auxquelles ces prises d'eau seraient assujetties; que, dès lors, le préfet, en prenant ledit arrêté, n'a pas excédé la limite de ses pouvoirs;

Considérant, d'ailleurs, que cet arrêté ne fait pas obstacle à ce que les requérants se pourvoient, s'ils s'y croient fondés, devant l'autorité compétente pour y faire valoir les droits qu'ils prétendent avoir de contester les articles du tarif dont l'application leur serait faite; — Que, dans ces circonstances, le recours des sieurs Motte-Bossut et consorts doit être rejeté;

Art. 1er. La requête des sieurs Motte-Bossut et autres est rejetée. — Art. 2. Les sieurs Motte-Bossut et autres sont condamnés aux dépens.

Du 18 févr. 1863.-Cons. d'Et.-MM. de Sandrans, rap.-Robert, concl.-Choppin et Clément, av.

(1) (Bouillant-Dupont.) — Napoléon, etc.; — Vu l'arrêt du conseil du roi, du 27 mai 1749, qui permet au duc de Bouillon de faire flotter les bois à lui appartenant et provenant des forêts du comté d'Evreux sur les rivières de Conches, d'Iton et d'Eure et de faire à cet effet à ses frais et dépens les ouvrages nécessaires; — Vu la loi des 7-14 oct. 1790; — Vu la loi des 22 déc. 1789, 8 janv. 1790 et la loi en forme d'instruction des 12-20 août 1790; — Vu la loi des finances du 16 juill. 1840, art. 8; la loi du 14 juill. 1856, tableau D, et les lois annuelles de finances subséquentes; — Vu les art. 538 et 644 c. nap.; — Vu la loi du 15 avr. 1829 sur la pêche fluviale et l'ordonnance royale du 10 juill. 1835; — Vu le décret du 11 sept. 1857 qui règle le régime de la rivière d'Iton, de ses dérivés et affluents; — Considérant que les dispositions des lois de finances du 16 juill. 1840 et du 14 juill. 1856 qui autorisent la perception au profit de l'Etat de redevances pour permission d'usines et de prises d'eau temporaires, toujours révocables sans indemnité sur les canaux et rivières navigables et flottables ne s'appliquent qu'aux cours d'eau dépendant du domaine public sur lesquels est établi le service public de la navigation ou celui du flottage; — Considérant que la rivière d'Iton n'était pas naturellement flottable; qu'elle ne l'est devenue qu'à la suite des travaux faits par le duc de Bouillon, en vertu de l'autorisation qui lui a été donnée par l'arrêt du conseil du 20 mai 1749; que cette autorisation n'avait été demandée par le duc de Bouillon et ne lui a été accordée que dans son intérêt privé et pour faire flotter les bois provenant des forêts du comté d'Evreux qui lui appartenaient; que si, dans le même arrêt, le roi se réserve de statuer sur le tarif des droits à établir, au profit du duc de Bouillon, sur les bois appartenant à d'autres qu'à lui et qui voudraient les faire flotter sur les rivières de Conches et d'Iton, cette réserve n'a jamais été mise à exécution; qu'aujourd'hui encore le droit de pratiquer le flottage sur l'Iton n'est exercé que par les ayants cause du duc de Bouillon, qui l'ont cédé à un entrepreneur;

Considérant que la rivière d'Iton n'est pas portée sur le tableau des rivières navigables et flottables annexé à l'ordonnance du 10 juill. 1835, et dressé en exécution de la loi du 15 avr. 1829 sur la pêche fluviale; que le droit de pêche est exercé par les riverains; que les riverains supportent les frais de curage et de faucardement de cette rivière, par application de la loi du 14 flor. an 11, relative aux cours d'eau non navigables ni flottables;

Considérant que notre ministre des travaux publics et notre ministre des finances reconnaissent que l'Iton n'est pas un cours d'eau dépendant du domaine public; que, dans ces circonstances, le sieur Bouillant-Dupont ne pouvait être assujetti à payer une redevance annuelle au profit de l'Etat à raison de l'autorisation qui lui a été accordée de modifier les ouvrages extérieurs de son usine :

Art. 1er. Est rapporté l'art. 4 de notre décret du 8 juill. 1858, qui impose au sieur Bouillant-Dupont l'obligation de payer une redevance annuelle au profit de l'Etat.

Du 13 juin 1860.-Cons. d'Et.-MM. Aucoc, rap.-Leviez, concl.-Avisse, av.

(2) (Magnier). — Le conseil d'Etat; — En ce qui touche la décision ministérielle du 24 nov. 1849 : — Considérant que la pente des cours d'eau n'étant pas susceptible de propriété privée, la concession de l'emploi de cette pente n'est faite par l'Administration qu'à la condition d'user de la faculté concédée, et qu'il appartient au ministre des travaux publics d'apprécier, sauf recours au conseil d'Etat, si, à raison des circonstances, le con-

était le délai nécessaire pour que les travaux fussent terminés; et, s'il y a lieu, elle peut retirer l'autorisation. Il est indispensable que l'Administration sache si le volume d'eau dont elle autorise la dérivation sera utilisé, ou s'il restera sans emploi par suite de l'inaction du permissionnaire (Plocque, t. 3, n° 281).

276. La circulaire de 1851 rappelle l'obligation, pour l'ingénieur ordinaire, de se transporter sur les lieux pour vérifier si les travaux ont été exécutés conformément aux dispositions prescrites (*Rép.* n° 341). Lorsque les travaux exécutés sont conformes aux dispositions de l'acte d'autorisation, l'ingénieur se borne à en proposer la réception et transmet le procès-verbal de récolement en triple expédition à l'ingénieur en chef qui le soumet, avec son avis, à l'approbation du préfet. Dans l'hypothèse contraire, le permissionnaire doit être immédiatement mis en demeure de se conformer à la décision intervenue. Si les travaux ne se rapportent pas aux dispositions prescrites, mais s'ils n'en diffèrent que d'une manière insignifiante, et s'il paraît inutile de prescrire la stricte exécution du décret ou de l'arrêté préfectoral, l'ingénieur est autorisé cependant à en proposer la réception définitive; mais, avant de dresser les trois expéditions, il convient que cette proposition soit soumise à l'approbation du ministre des travaux publics avec l'avis du préfet. Si les travaux diffèrent notablement des dispositions prescrites, les ingénieurs proposent au préfet de mettre le permissionnaire en demeure de s'y conformer dans un délai déterminé. Au cas où le préfet approuverait ces dispositions, il prendra un arrêté de mise en demeure sans qu'il soit besoin d'en référer à l'Administration supérieure, et, à l'expiration du délai, il pourra ordonner la mise en chômage de l'usine ou de la prise d'eau et même la destruction des ouvrages dommageables. Au cas où il ne serait point de l'avis des ingénieurs, il devrait se borner à transmettre leurs propositions au ministre des travaux publics, en y joignant son avis particulier (Circ. 23 oct. 1851). — Une circulaire du 27 juill. 1852 a mis ces prescriptions d'accord avec la législation inaugurée par le décret de décentralisation.

277. On indiquera *infrà*, n° 306 et suiv., en traitant du mode d'exploitation des usines, les conditions techniques imposées aux concessionnaires. Même lorsque l'usine a une existence légale, l'Admininistration peut imposer à l'usinier l'obligation de supporter les dépenses nécessaires pour assurer l'écoulement des eaux et prévenir les inondations, par exemple, l'obligation d'exécuter certaines manœuvres de vannes (Cons. d'Ét. 14 nov. 1879, aff. de la Vigne, D. P. 80. 3. 18), ou d'établir des repères (Cons. d'Ét. 3 août 1877, aff. Brescon, D. P. 78. 3. 9). — Mais elle ne peut l'obliger à contribuer à des dépenses étrangères à la police des eaux, et qui n'ont pour cause que les besoins de la navigation. Il a été jugé que l'usinier ne peut être astreint, par voie de règlement de son usine, à exécuter et à payer des dépenses qui sont l'accessoire et la conséquence des travaux entrepris par l'Administration dans l'intérêt de la navigation (Cons. d'Ét. 20 janv. 1882, aff. Bellanger, D. P. 83. 3. 47).

278. L'État, aux termes des lois de finances des 16 juill. 1840 (art. 8) et 14 juill. 1856, a le droit d'imposer aux concessionnaires qui obtiennent l'autorisation d'établir des ouvrages sur les canaux et les rivières navigables et les rivières flottables une redevance qui est à la fois une recette pour lui et la constatation de son droit sur l'eau concédée. Aux termes de la circulaire du 23 oct. 1851, la quotité de la redevance devra être établie en prenant pour base, dans chaque localité, la valeur de la force motrice. Les propositions sont faites par les ingénieurs et communiquées pour avis au directeur des domaines. En 1854 et 1856, les ministres des finances et des travaux publics ont nommé une commission chargée de déterminer les bases de la redevance pour le cas où la prise d'eau ne servirait ni comme force motrice, ni pour les besoins de l'irrigation. « Cette commission, dit M. Cotelle, *op. cit.*, t. 4, n° 926, a distingué deux cas en faisant les propositions suivantes : 1° la concession sera-t-elle accordée en vue, soit de l'alimentation, soit des besoins domestiques? Sa redevance ne doit avoir pour objet que de constater le droit de l'Administration ; à cet effet, le droit fixe de 1 fr. suffira, quel que soit le volume d'eau concédé ; 2° la concession aura-t-elle pour effet l'alimentation de la chaudière d'une machine à vapeur ou de tout autre établissement industriel n'utilisant pas la chute des eaux puisées ou dérivées? La redevance annuelle pourra se composer d'un droit fixe qui sera arbitré dans chaque cas, sans pouvoir être inférieur à 1 fr., et d'un droit proportionnel de 0 fr. 10 cent. par mètre cube d'eau qui pourra être pris chaque jour, toute fraction étant comptée pour un mètre cube. Mais le prix d'occupation d'un terrain dépendant du domaine ne pourrait pas être confondu avec la redevance pour la prise d'eau. Le conseil général des ponts et chaussées a adopté ces bases (Avis du 3 août 1857). L'art. 8 du formulaire annexé à la circulaire de 1851 indique comment doit être rédigée la clause imposant redevance : Le permissionnaire sera tenu de payer une redevance annuelle de... à la caisse du receveur des domaines et contributions indirectes. Le chiffre de cette redevance sera révisé tous les trente ans, le premier terme sera exigible à l'époque fixée par l'article... pour la réception des travaux ». Une note explicative spécifiait que la redevance devait être payée à la caisse du receveur des domaines quand l'usine était mise en mouvement par un cours d'eau sur lequel n'était perçu aucun péage, et, dans le cas contraire, à la caisse du receveur des contributions indirectes.

Des modifications importantes ont été depuis introduites en cette matière : 1° en ce qui touche les agents de l'Administration chargés de percevoir les redevances. — Décret du 25 mars 1863 (D. P. 63. 4. 17) : « A partir du 1er juill. 1863, les fermages de la pêche et de la chasse sur les cours d'eau, les produits de la récolte des francs-bords et les redevances pour prises d'eau et permissions d'usine seront recouvrés par l'Administration des contributions indirectes dans les fleuves et rivières navigables et flottables comme dans les canaux et rivières canalisées » ; 2° en ce qui touche la fixation des époques auxquelles doit avoir lieu le payement des redevances (Circ. min. agr. et trav. publ. 24 juin 1856). Les règlements doivent déterminer d'une manière précise les époques auxquelles le payement est exigible (Plocque, t. 3, n° 273 et suiv.).

279. Les lois de 1840 et de 1856 ne s'appliquent pas aux usines antérieures à l'année 1566 ni à celles qui ont été vendues nationalement. Existant en vertu de droits acquis, elles n'ont rien à payer. Le conseil d'État n'admet même pas qu'une redevance puisse être réclamée aux usines simplement réglées avant la loi du 16 juill. 1840. Toutefois, lorsqu'un de ces établissements obtient l'autorisation d'augmenter sa force motrice, il rentre, en ce qui touche ce supplément de force, dans le droit commun et devient alors, dans cette mesure, passible d'une redevance (Délibération du conseil d'État du 27 déc. 1856, citée par Plocque, t. 3, n° 274; Block, v° *Usines*, n° 39 ; Ducrocq, t. 2, n° 1002). — Mais il a été jugé que le fait que des travaux effectués dans l'intérêt de la navigation procurent à une usine une force motrice supérieure à celle à laquelle elle a droit, n'a pas pour effet d'autoriser l'Administration à imposer une redevance à l'usinier (Cons. d'Ét. 20 janv. 1882, aff. Bellanger, D. P. 83. 3. 47). Les dispositions de loi qui ont un objet fiscal ne peuvent être étendues par analogie. Le conseil d'État s'est inspiré de ce principe en refusant par l'arrêt précité d'assimiler à un permissionnaire qui obtient, dans des condi-

cessionnaire ne doit pas être considéré comme déchu de l'autorisation dont il n'a pas usé ;

Considérant qu'il résulte de l'instruction que le sieur Magnier, autorisé, par ordonnance du 8 mai 1822, à établir une usine sur la rivière du Hamel, n'a, pendant plus de vingt-cinq ans, témoigné par aucun commencement d'exécution, l'intention de faire usage de l'autorisation qu'il avait obtenue, et que cette intention ne s'est même manifestée par aucune opposition de sa part dans le cours de l'instruction régulière et contradictoire qui a précédé l'ordonnance réglementaire de l'usine du sieur Louis; que, dans ces circonstances, le ministre des travaux publics a pu, sans excéder ses pouvoirs, déclarer le sieur Magnier déchu du bénéfice de l'ordonnance précitée du 8 mai 1822, et ordonner d'instruire à nouveau sa demande à l'effet de procéder, s'il y avait lieu, à une nouvelle autorisation en sa faveur :

Art. 1er. La requête du sieur Magnier est rejetée. — Art. 2... Du 18 nov. 1852.-Cons. d'Ét.-MM. Pascalis, rap.-du Martroy, concl.-Hardouin et Fabre, av.

tions librement stipulées et acceptées, le droit d'user des dépendances du domaine public, l'usinier qui ne demande aucune faveur et ne tire qu'éventuellement et indirectement un certain avantage de travaux exécutés sans sa participation et dans un intérêt auquel il est étranger.

280. Les dépenses nécessitées par l'instruction de la demande en concession de prises d'eau doivent être supportées par la partie qui a formé ladite demande. L'état des frais et dépenses est dressé et certifié par les ingénieurs (V. Circ. min. int. 6 août 1857; Instr. rég. 26 nov. 1866). Le recouvrement en est opéré comme en matière de contributions directes. Les réclamations contre l'exécutoire délivré par le préfet sont déférées au conseil de préfecture (L. 28 pluv. an 8, art. 4; Décr. 21 mai 1854). — A côté des frais et dépenses faits dans son intérêt personnel, un usinier peut être appelé à supporter des frais et dépenses faits exclusivement dans l'intérêt d'un tiers. Ainsi il a été jugé que, lorsqu'une ordonnance portant règlement d'une usine impose au propriétaire l'obligation d'exécuter certains travaux pour éviter l'inondation des propriétés voisines, et notamment de relever les berges de la rivière, un arrêté préfectoral peut mettre à sa charge les frais de construction afférents à ces travaux (Cons. d'Ét. 1er mai 1862) (1).—Mais, en sens inverse, comme le fait remarquer M. Plocque, t. 3, no 276, des tiers peuvent être appelés à contribuer aux frais nécessités par l'instruction de la demande; il en est ainsi, lorsque ces tiers ont un intérêt commun avec le demandeur en concession : comme ils retireront un avantage de la décision intervenue, il est juste de mettre à leur charge une part proportionnelle des dépenses faites pour arriver à ladite décision. Il a été jugé qu'un préfet ne peut, sans excès de pouvoir, mettre à la charge exclusive d'un usinier la reconstruction d'un barrage qui a été établi, non seulement pour le service de son usine, mais encore pour maintenir dans la rivière une quantité d'eau suffisante pour les besoins d'une ville et pour satisfaire aux besoins de la navigation et qui, de plus, fait partie des ouvrages d'art compris dans le système général des fortifications d'une place (Cons. d'Et. 3 août 1866) (2). — D'après l'art. 34 de la loi du 16 sept. 1807, la répartition des frais et dépenses sera faite entre les divers intéressés par un règlement d'administration publique.

281. En vertu du décret du 10 mai 1854 (art. 2, § 4, D. P. 54. 4. 88), les ingénieurs et les agents des ponts et chaussées ont droit à l'allocation de frais de voyage et de séjour à la charge des intéressés, mais sans honoraires ni vacations. Les mandats exécutoires, délivrés par les préfets, sont recouvrés par les percepteurs. Les contestations sont jugées par les conseils de préfecture (Décr. 27 mars 1854; Instr. gén. compt. 20 juin 1859; Plocque, t. 3, nos 279 et suiv.).

282. — II. RIVIÈRES NON NAVIGABLES NI FLOTTABLES (*Rép.* nos 345 à 353). — L'exercice du droit conféré par l'art. 644 c. civ. n'est pas subordonné à une autorisation préalable; les riverains ne sont pas tenus de s'adresser au préfet, lorsqu'ils se bornent à faire une coupure dans la berge pour introduire l'eau du ruisseau dans leurs propriétés. S'il y a des plaintes de la part des voisins, si des abus se commettent, l'Administration a le pouvoir d'intervenir et d'assurer la répartition des eaux. — En ce qui concerne les usines, les moulins, les barrages, et même les ouvrages construits dans le but de faciliter l'irrigation, la jurisprudence, comme on l'a dit au *Rép.* no 345, soumet leur établissement à la nécessité d'une autorisation préalable. Cette solution a été contestée. Le droit qui résulte de l'art. 644 c. civ. est conféré directement par la loi, sans qu'elle l'ait soumis à la nécessité d'une autorisation administrative; or, aux termes de l'art. 697, celui auquel est due une servitude a le droit de faire tous les ouvrages nécessaires pour en user et pour la conserver. « Cette argumentation, dit M. Demolombe, *Servitudes*, t. 1, no 171, est serrée sans doute; mais il faut prendre garde pourtant de nous laisser conduire en ce sujet à des solutions trop absolues. C'est ainsi d'abord qu'il nous paraît incontestable : 1° que l'Administration pourrait ordonner la suppression de ces sortes de barrages déjà établis, si elle les croyait nuisibles, comme aussi des autres constructions, telles que lavoirs, ponts, etc. que les riverains font très souvent sur les cours d'eau ; — 2° Qu'elle pourrait même préventivement décider que, sur tel cours d'eau déterminé, ou sur telle partie de ce cours d'eau, en raison des circonstances locales, aucun barrage ou autre travail semblable ne pourra être établi sans autorisation. On ne saurait lui dénier ce double droit, sans méconnaître essentiellement son pouvoir supérieur et réglementaire. Il n'y a donc de difficulté que pour le cas où il n'existe aucun règlement administratif, qui interdise, pour tel cours d'eau déterminé, de faire des ouvrages sans autorisation. La jurisprudence administrative décide néanmoins que, même dans ce cas, aucun barrage ne peut être établi sans une autorisation préalable. La vérité est pourtant qu'aucune loi précise ne soumettait les riverains à la nécessité de cette autorisation préalable dans l'exercice des droits d'usage privés que les lois leur confèrent. Mais on peut aujourd'hui considérer que cette jurisprudence a été législativement consacrée par le décret sur la décentralisation qui décide (art. 3) que les préfets statueront également, sans l'autorisation du ministre des travaux publics, mais sur l'avis ou la proposition des ingénieurs en chef, et conformément aux instructions ministérielles, sur tous les objets mentionnés dans le tableau D annexé à ce décret (V. *infrà*, no 284). « Nous ne croyons pas, dit M. Dufour, t. 5, no 18, que l'on puisse dénier à l'autorité administrative le pouvoir d'ordonner, avant tout examen, la suppression de toute prise d'eau effectuée sans autorisation. A plus forte raison,

---

(1) (Verdellet.) — NAPOLÉON, etc.; — Vu les lois des 14 flor. an 11 et 28 pluv. an 8; — Vu les ordonnances des 27 nov. 1822 et 13 janv. 1842; — Considérant qu'aux termes de l'art. 1er de l'ordonnance du 27 nov. 1822, qui a réglé l'usine dite l'ancienne manufacture de Bièvre, le sieur Dolfus-Goutard, propriétaire de cette usine et auteur du sieur Verdellet, a été autorisé à relever de 0 m. 22 cent. le niveau de sa retenue; qu'aux termes de l'art. 5 de la même ordonnance, il a été astreint à donner aux berges de la rivière une largeur d'un mètre en couronnement et à les tenir en bon état dans toute l'étendue du remous de son usine; que la disposition insérée à l'art. 5 était la condition et la conséquence de l'autorisation accordée par l'art. 1er et constituait une mesure de police qu'il appartenait à l'Administration de prendre dans l'intérêt des propriétés riveraines et destinée à les préserver des inondations qu'aurait pu causer le relèvement du plan d'eau;

Considérant que par l'arrêté attaqué, le préfet du département de Seine-et-Oise s'est borné à prescrire au requérant l'exécution des obligations que lui imposait l'art. 5 de l'ordonnance du 27 nov. 1822; qu'ainsi il n'a pas excédé ses pouvoirs; que, dès lors, la réclamation du sieur Verdellet n'est pas fondée et doit être rejetée :

Art. 1er. La requête du sieur Verdellet est rejetée.

Du 1er mai 1862.-Cons. d'Et.-MM. Faré, rap.-Robert, concl.-Mathieu, Bodet, av.

(2) (Schotsmans.) — NAPOLÉON, etc; — Vu les lois des 12-20 août 1790 et 6 oct. 1791; — Vu la loi des 7-14 oct. 1790; — Considérant qu'il résulte de l'instruction et que, d'ailleurs, il n'est pas contesté par notre ministre des travaux publics que le barrage dit de la Fourche n'a pas été établi dans l'intérêt exclusif de l'usine de Gournay; que, d'une part, le barrage situé à deux kilomètres en amont de cette usine, au point de partage des eaux de la Lys, est nécessaire pour maintenir dans le bras droit de cette rivière, qui traverse la ville d'Aire, une quantité d'eau suffisante pour les besoins des habitants et pour la navigation, et que, d'autre part, il fait partie des ouvrages d'art compris dans le système général des fortifications de la place et, comme tel, a été jusqu'ici entretenu par les soins de l'administration de la guerre; que si le déversoir fixe, actuellement existant, pouvait être une cause d'inondation, il appartenait au préfet, en vertu des lois ci-dessus visées de prescrire les mesures nécessaires pour faire cesser ce danger; mais qu'il ne pouvait, sans excès de pouvoir, mettre à la charge d'un seul des intéressés les frais de construction du vannage mobile à établir et de la manœuvre des vannes;

Art. 1er. Sont annulées pour excès de pouvoir : 1° les dispositions de l'arrêté ci-dessus visé du 26 avr. 1861, par lesquelles le préfet du Pas-de-Calais, en ordonnant la construction d'un vannage mobile, en remplacement du déversoir fixe existant au lieu dit la Fourche, a mis exclusivement à la charge du propriétaire du moulin de Gournay les frais de ce travail et la manœuvre des vannes; — 2° La décision de notre ministre des travaux publics, du 1er juill. 1864, en tant qu'elle a confirmé les dispositions précitées.

Du 3 août 1866.-Cons. d'Et.-MM. de Baulny, rap.-de Belbeuf, concl.-Tambour, av.

nous paraît-il incontestable que le préfet est toujours maître d'imposer, par arrêté réglementaire, l'obligation aux riverains de se munir d'une autorisation préalable pour l'exercice de la faculté consacrée par l'art. 644 c. civ. Nous n'irons pas cependant jusqu'à dire que, même en l'absence de tout règlement prohibitif et spécial, le fait de prise d'eau, du moment qu'il n'a pas été autorisé, doit être puni des peines de police. La sanction pénale n'est attachée par l'art. 471 c. pén. qu'aux dispositions expressément formulées par l'autorité administrative ». En l'absence d'un arrêté, le fait d'avoir fait une rigole ou élevé un barrage ne saurait, en effet, constituer une contravention punissable. L'ouvrage pourrait seulement être supprimé. — Jugé qu'il appartient au pouvoir administratif d'autoriser ou de prescrire les travaux propres à utiliser le cours des rivières non navigables pour les besoins généraux de l'irrigation (Req. 11 mai 1868, aff. de Béarn, D. P. 68. 1. 468. Conf. Duranton, *Cours de droit français*, t. 5, p. 201; Aubry et Rau, t. 3, § 246, p. 50, note 20; Laurent, t. 7, n° 283 *bis*).

283. Aux établissements autorisés par acte administratif sont assimilés ceux qui ont été établis avant 1789. Les seigneurs, sous le régime féodal, avaient le pouvoir d'autoriser l'affectation des eaux au roulement des usines; en effet, ils étaient considérés comme dépositaires de l'autorité publique dans l'étendue de leurs fiefs et réputés, dans la plupart des provinces, propriétaires des cours d'eau non navigables ni flottables dont ils avaient la police (*Rép.* n° 348). Cette doctrine, qui n'est pas contestable, a été souvent confirmée par la jurisprudence. Il a été jugé, notamment, que les usines situées sur des cours d'eau non navigables ont une existence régulière, par cela seul que leur établissement remonte à une époque antérieure à 1789, et qu'il s'est effectué alors du consentement, même simplement tacite, des anciens seigneurs (Cons. d'Et. 1er févr. 1855, aff. Compagnie du canal de la Sambre à l'Oise, et aff. Compagnie du canal de Saint-Quentin, D. P. 55. 3. 65).

Le fait seul de l'établissement de l'usine ou du moulin avant 1789 suffit pour lui donner une existence légale. Le propriétaire n'a aucun titre à produire; aucune présomption de fraude n'existe contre lui ni contre ses auteurs (L. 16 sept. 1807 relative au dessèchement des marais, art. 48) (V. Cons. d'Et. 20 mai 1881, aff. Chalot, D. P. 82. 3. 101). Jugé en ce sens qu'une usine établie avant 1790 sur une rivière actuellement navigable doit être considérée comme ayant une existence légale si, à l'époque de sa création, la rivière n'était pas encore navigable; que, dans le cas où l'usinier justifie en fait que son usine existait avant 1790, il n'est pas nécessaire, pour que l'existence légale de ladite usine soit reconnue, qu'il produise les titres en vertu desquels elle avait été établie (Cons. d'Et. 15 juin 1883, aff. Detlandre, D. P. 85. 3. 21). — On verra, d'ailleurs, *infrà*, nos 317 et suiv., que l'Administration a le droit d'imposer aux usines de création antérieure à 1789, les modifications qui lui semblent imposées par les exigences de l'utilité publique.

284. Les autorisations et concessions nécessaires pour établir des usines et des prises d'eau sur les rivières non navigables ni flottables sont données par les préfets, depuis le décret de décentralisation du 25 mars 1852. L'art. 4 de ce décret porte, en effet: « Les préfets statueront sans l'autorisation du ministre des travaux publics, mais sur l'avis ou la proposition des ingénieurs en chef et conformément aux règlements ou instructions ministérielles, sur :... (Tableau D) ; 3° autorisation sur les cours d'eau non navigables ni flottables de tout établissement tel que moulin, usine, barrage, prise d'eau d'irrigation, patouillet, bocard, lavoir à mines; 4° régularisation de l'existence des établissements, lorsqu'ils ne sont pas encore pourvus d'autorisation régulière, ou modification des règlements déjà existants » (V. Batbie, *op. cit.*, t. 5, n° 428).

285. Les formalités à remplir pour obtenir l'autorisation de former un établissement sur un cours d'eau non navigable ni flottable sont les mêmes que celles qui sont prescrites pour les usines à créer sur les rivières navigables (V. *suprà*, nos 272 et suiv.). — Il a été jugé que l'autorisation d'établir un barrage intéressant plusieurs communes, sur un cours d'eau non navigable ni flottable, ne peut être accordée à un usinier sans qu'il ait été procédé préalablement à une enquête dans les communes intéressées; que cette enquête doit avoir lieu, alors même qu'une demande en règlement d'eau de l'usine, formée en même temps que la demande en autorisation du barrage, a été soumise à une instruction; mais que si le ministre, sur les réclamations faites par les *riverains*, a fait procéder à l'enquête et, après les observations produites, a ordonné le maintien du barrage, lesdits riverains ne sont pas fondés à se prévaloir de l'irrégularité résultant du défaut d'enquête (Comm. f. f. Cons. d'Et. 19 juill. 1871) (1).

286. Nous examinons *infrà*, nos 329 et suiv., la validité de la clause, insérée dans les ordonnances d'autorisation, qui interdit au concessionnaire de réclamer une indemnité à raison des dispositions que le Gouvernement jugerait devoir faire sur les cours d'eau, et notamment de la privation temporaire ou définitive de la prise d'eau.

287. Il a été jugé que le droit qui appartient à l'Administration de percevoir, au profit du Trésor, des redevances sur les permissions, toujours révocables sans indemnité, qu'elle accorde pour les usines ou pour les prises d'eau sur les cours d'eau navigables ou flottables, ne s'applique pas aux cours d'eau non navigables (Cons. d'Et. 13 juin 1860, aff. de Clermont-Tonnerre, D. P. 60. 3. 75). — Cette solution ne peut faire difficulté en présence du texte des lois de finances des 16 juill. 1840 et 14 juill. 1856, qui ne parlent que des cours d'eau navigables ou flottables. On pourrait croire que, puisque l'Administration a le droit d'accorder ou de ne pas accorder la permission, elle est libre de la subordonner à telles conditions que bon lui semble. Mais la jurisprudence du Conseil d'Etat a condamné cette prétention, soit en matière de cours d'eau, soit en matière de voirie, etc.; elle reconnaît bien à l'Administration le droit d'imposer au demandeur les conditions ou charges qu'exige ou justifie l'intérêt spécial en vue duquel elle est appelée à intervenir : elle ne lui reconnaît pas celui d'en imposer en dehors de cet intérêt. C'est un point qui depuis longtemps, ne fait plus difficulté (V. notamment: Ducrocq, t. 2, nos 1002 et suiv.).

288. Dans les colonies, les cours d'eau non navigables ni flottables étant une dépendance du domaine public (V. *suprà*, n° 179), l'art. 644 c. civ. n'est pas applicable aux conces-

(1) (Neveu et autres C. Delavie et autres.) — LE CHEF DU POUVOIR EXÉCUTIF, etc. ; — Vu la loi des 22 déc. 1789-1er janv. 1790, section 3, art. 1er-6°; l'instruction législative des 12-20 août 1790 ; la loi des 28 sept.-6 oct. 1791, tit. 2, art. 16; l'arrêté du Gouvernement du 19 vent. an 6, notamment l'art. 9; les instructions ministérielles du 19 therm. an 6, du 16 nov. 1834 et du 25 oct. 1851 ; — Vu le décret du 25 mars 1852, art. 4 ; — Sur le moyen tiré de ce que le préfet, avant d'autoriser l'établissement du barrage, n'a fait procéder à aucune enquête dans la commune de Criteuil-la-Madeleine : — Considérant que la demande en autorisation du barrage intéressait toutes les communes sur le territoire desquelles le régime hydraulique de la rivière le Né pouvait se trouver modifié par l'établissement de cet ouvrage, et notamment la commune de Criteuil-la-Madeleine ; que, dès lors, cette demande ne pouvait être considérée comme accessoire à la demande en règlement d'eau de l'usine dite de Coussac, formée par la commune de Saint-Palais-du-Né ; et que l'instruction faite sur cette dernière demande ne pouvait permettre au préfet d'autoriser le barrage sans avoir fait procéder à une enquête spéciale, conformément aux lois et règlements ci-dessus visés; qu'ainsi les requérants étaient fondés à déférer l'arrêté d'autorisation au ministre des travaux publics ; — Mais considérant qu'au vu de leur réclamation, le ministre a ordonné qu'il fût procédé à l'enquête omise par le préfet, et que c'est après les observations produites à cette enquête qu'a été rendue la décision qui a maintenu le barrage dont l'établissement avait été autorisé par le préfet ; que, dans ces circonstances, les requérants ne sont pas fondés à demander l'annulation de cette décision par un motif tiré de ce que l'autorisation du barrage n'aurait pas été précédée d'une enquête ;

Sur le moyen tiré de ce que le barrage produirait des effets nuisibles aux propriétés des requérants : — Considérant que si le barrage, tel qu'il a été autorisé, cause des dommages aux requérants, c'est devant l'autorité judiciaire que doivent être portées les demandes en réparation desdits dommages :

Art. 1er. La requête des sieurs Neveu et autres est rejetée.

Du 19 juill. 1871.-Comm. f. f. Cons. d'Et.-MM. Sanial du Fay, rap.-Laferrière, concl.-Housset et Guyot, av.

sions de prises d'eau dans ces rivières. Comme on l'a vu au *Rép.* v° *Organisation des colonies*, n° 304, il appartient au conseil privé de statuer sur les demandes concernant les concessions de prises d'eau. Il a été jugé qu'il appartient au conseil privé d'une colonie de prononcer, comme conseil du contentieux administratif, sur les demandes concernant les concessions de prises d'eau dans les rivières de la colonie, de régler tout ce qui est relatif à la manière de jouir des eaux concédées, notamment, d'autoriser les concessionnaires à amener les eaux qui leur sont concédées dans un canal de dérivation et dans un bassin de distribution appartenant à des tiers, et à établir, à partir de ce bassin et sur les propriétés de ces derniers, un canal pour la conduite desdites eaux, à la charge par eux de payer à ces tiers les indemnités qui peuvent leur être dues et qui sont réglées, en cas de contestation, par l'autorité judiciaire (Cons. d'Et. 9 avr. 1863) (1).

SECT. 4. — DES BIEFS ET DES CANAUX ALIMENTAIRES DES USINES ET DES MOULINS (*Rép.* nos 355 à 365).

289. On a examiné au *Rép.* nos 355 et suiv. et v° *Propriété*, n° 122, la question de la propriété des biefs et indiqué les incertitudes de la jurisprudence à cet égard. Aucun doute ne peut s'élever lorsque l'usinier est propriétaire des terrains qui séparent son établissement du point de la rive où a lieu la prise d'eau. Il est incontestablement propriétaire du bief; pas de difficulté non plus, si la situation réciproque de l'usinier et des propriétaires est réglée par un titre.

La solution est plus délicate, lorsqu'il n'y a pas de titre et que l'usinier n'est pas propriétaire des terrains que traverse le bief. Le canal artificiel créé pour l'alimentation de l'usine doit-il être présumé appartenir à l'usinier ou aux riverains? L'usinier en jouit-il à titre de propriété ou à titre de simple servitude? MM. Duranton, *Cours de droit français*, t. 5, n° 240, et Demolombe, *Servitudes*, t. 1, nos 129 et suiv., enseignent qu'une présomption légale de propriété existe en faveur des riverains; c'est à l'usinier à prouver qu'il est propriétaire du bief et qu'il n'en jouit pas seulement à titre de servitude sur le fonds d'autrui. Cette opinion s'appuie sur les art. 552 et 553 c. civ. Aux termes de l'art. 552, la propriété du sol entraîne la propriété du dessus comme celle du dessous. Le propriétaire du terrain sur lequel a été creusé un canal est incontestablement demeuré propriétaire du tréfonds, même dans la partie où passe le canal; propriétaire du tréfonds, il doit être également propriétaire de ce qui se trouve au-dessus, c'est-à-dire du lit du canal. L'art. 553 porte que tous les ouvrages faits sur un terrain sont présumés faits par le propriétaire de ce terrain et lui appartiennent en conséquence; le propriétaire originaire avait un intérêt évident à faire lui-même et à ses

(1) (Commune de Sainte-Suzanne.) — NAPOLÉON, etc.; — ... En ce qui touche la demande des héritiers de la dame Sicre de Fontbrune et des sieurs Manès et Périchon de Beauplan; l'opposition à ladite demande formée par la commune de Sainte-Suzanne et par les sieurs Robert, Léopold Nas de Tourris et autres propriétaires susnommés; les conclusions subsidiaires de la commune tendant à obtenir pour elle-même la jouissance des eaux qui peuvent être concédées dans la rivière de Sainte-Suzanne, et les conclusions subsidiaires des sieurs Robert, Léopold Nas de Tourris et autres propriétaires opposants tendant à faire supprimer à leur profit la clause de l'acte du 16 oct. 1806 qui dispose que le volume d'eau concédé par ledit acte ne pourra, dans aucun temps, excéder le tiers du débit de la rivière: — Considérant que, dans les colonies, les rivières non navigables ni flottables sont une dépendance du domaine public; que, dès lors, les dispositions de l'art. 644 c. nap. ne sont pas applicables aux concessions de prises d'eau dans ces rivières, et que c'est à tort que la commune de Sainte-Suzanne prétend avoir droit à l'usage des eaux de la rivière du même nom, qui traverse son territoire par préférence à la commune de Sainte-Marie et aux habitants de cette dernière commune dont le territoire n'est ni traversé, ni bordé par ladite rivière; que, d'ailleurs, en demandant soit pour elle-même, soit pour ses habitants, la jouissance des eaux qui pourraient être l'objet d'une nouvelle concession dans cette rivière, la commune de Sainte-Suzanne ne fournit aucune indication précise sur l'emploi qu'elle se propose de faire desdites eaux;

Considérant qu'il résulte de l'instruction que le débit de la rivière de Sainte-Suzanne en amont de la prise d'eau des sieurs Robert, Léopold Nas de Tourris et autres propriétaires opposants est de 90 litres environ par seconde dans la saison des basses eaux, et que c'est seulement lorsqu'il survient des sécheresses extraordinaires que le débit de la rivière peut devenir très inférieur à cette quantité; que l'acte ci-dessus visé en date du 16 oct. 1806 limite au tiers du débit de ladite rivière le volume d'eau concédé aux auteurs des sieurs Robert, Léopold Nas de Tourris et autres propriétaires susnommés, et que ces derniers n'établissent pas que ce volume d'eau ainsi limité ne suffit plus aujourd'hui à leurs exploitations agricoles et industrielles; qu'il résulte également de l'instruction que l'excédent de l'eau concédé en 1806 peut être appliqué en partie aux besoins de l'agriculture et de l'industrie sans danger pour la salubrité publique et sans préjudice pour l'alimentation des habitants de Sainte-Suzanne; que, dès lors, il est possible et juste de concéder à la dame Sicre de Fontbrune et aux sieurs Manès et Perrichon de Beauplan pour les besoins des établissements qu'ils possèdent dans la commune de Sainte-Marie, aux charges et conditions qu'ils offrent d'accomplir, une quantité d'eau de 2 lit. 67 cent. par seconde à prendre dans la rivière Sainte-Suzanne au point où existe la prise d'eau des sieurs Robert et consorts, après que ceux-ci auront prélevé la quantité à laquelle ils ont droit en vertu de l'acte précité du 16 oct. 1806;

En ce qui touche le chef des conclusions de la dame Sicre de Fontbrune et des sieurs Manès et Périchon de Beauplan, tendant à obtenir l'autorisation d'introduire les eaux qui leur seraient concédées dans le canal de dérivation et dans le principal bassin de distribution des ayants droit à la concession de 1806 et d'établir, en outre, à partir de ce bassin et sur les propriétés de ces derniers un canal pour la conduite des eaux:

Sur la compétence: — Considérant que, d'après l'art. 160 de l'ordonnance du 21 août 1825, le conseil privé de l'île de la Réunion connaît comme conseil du contentieux administratif des demandes concernant les concessions de prises d'eau dans les rivières de la colonie et qu'il lui appartient, en prononçant sur lesdites demandes, de régler tout ce qui est relatif à la manière de jouir des eaux concédées et aux servitudes et placements des travaux nécessaires pour la conduite de ces eaux; que, dès lors, le conseil privé de la colonie constitué en conseil du contentieux administratif était compétent pour statuer sur ce chef des conclusions qui a pu être reproduit devant nous en notre conseil d'Etat, sur le recours formé contre les décisions du conseil privé par les sieurs Robert et autres ayant droit à la concession du 16 oct. 1806;

Au fond: — Considérant que les établissements agricoles et industriels de la dame Sicre de Fontbrune et des sieurs Manès et Périchon de Beauplan sont séparés de la rivière de Sainte-Suzanne par les propriétés des sieurs Robert et autres ayant droit à la concession de 1806; mais que la dame Sicre de Fontbrune et consorts peuvent amener dans leurs établissements les eaux qui leur sont concédées, en empruntant le canal de dérivation et le principal bassin de distribution existant sur les propriétés des sieurs Robert et consorts, et en établissant, en outre, sur lesdites propriétés à partir de ce bassin, un canal pour la conduite des mêmes eaux; que, dans ces circonstances, l'autorisation demandée à cet effet par la dame Sicre de Fontbrune et consorts doit leur être accordée à la charge de payer aux sieurs Robert et consorts les indemnités qui peuvent leur être dues et qui seront réglées, en cas de contestation, par l'autorité judiciaire:

Art. 1er. Les décisions du conseil privé de l'île de la Réunion constitué en conseil du contentieux administratif, en date des 24 août 1859 et 23 août 1860, sont annulées pour vice de forme. — Art. 2. Il est fait concession à la dame Sicre de Fontbrune et aux sieurs Manès et Périchon de Beauplan d'une quantité d'eau de douze pouces fontainiers, soit 2 lit. 67 cent. par seconde, à prendre dans la rivière Sainte-Suzanne au point où existe le canal de dérivation des sieurs Robert, Nas de Tourris et autres ayant droit à la concession du 16 oct. 1806, après que ceux-ci auront prélevé la quantité d'eau qui leur appartient en vertu de ladite concession. — La présente concession est faite à la charge par la dame Sicre de Fontbrune et par le sieur Périchon de Beauplan de construire à leurs frais, sur la place de l'église de Sainte-Marie, une fontaine publique alimentée par les eaux à eux concédées et débitant un pouce d'eau, soit 44 centilitres d'eau par seconde, et à la charge par le sieur Manès d'établir également à ses frais et dans les mêmes conditions une fontaine publique sur le chemin appelé chemin Manès, au point où ledit chemin joint la voie qui sépare lesdites propriétés du sieur Manès de celles de la dame Sicre de Fontbrune. — Art. 3. La dame Sicre de Fontbrune et les sieurs Manès et Périchon de Beauplan sont autorisés à emprunter pour le passage des eaux qui leurs sont concédées le canal de dérivation, et le principal bassin de distribution appartenant aux sieurs Robert et autres ayants droit à la concession du 16 oct. 1806 et à établir, en outre, à partir de ce bassin, et sur les propriétés de ces derniers, un canal pour la conduite desdites eaux à la charge de payer les indemnités qui peuvent leur être dues...

Du 9 avr. 1863.-Cons. d'Et.-MM. Gasionde, rap.-Robert, concl.-Dareste, Hérold, Delaborde et Morin, av.

frais sur son terrain les travaux nécessités par l'établissement du canal d'amenée, pour pouvoir plus tard exercer sur le canal les droits qui appartiennent à tout riverain d'un cours d'eau non navigable; donc la disposition de cet art. 553 s'applique au cas actuel. — Un autre système qui a été adopté par la jurisprudence et qui était unanimement professé dans notre ancien droit (V. *Rép.* n° 356) soutient que la présomption de propriété existe en faveur de l'usinier. Le canal creusé de main d'homme pour l'alimentation d'une usine se trouve matériellement uni et incorporé à cette usine par les travaux qui s'y rattachent; il ne peut plus en quelque sorte être distingué d'elle. Cela est surtout évident lorsque, comme d'ordinaire, le canal qui forme dans toute sa longueur un tout indivisible traverse l'usine elle-même. Aux termes de l'art. 523 c. civ., « les tuyaux servant à la conduite des eaux dans une maison sont immeubles et font partie du fonds auquel ils sont attachés ». Or qu'est-ce que le canal d'amenée, sinon un tuyau servant à conduire les eaux du point où elles sont détournées jusqu'à celui où elles doivent être utilisées? (V. en ce sens : Proudhon, *Domaine public*, t. 3, nos 1082 et suiv.; Favard de Langlade, v° *Servitudes*, sect. 2, § 1er, n° 10; Aubry et Rau, t. 2, § 192, p. 181, note 5). — Il a été jugé : 1° que le propriétaire d'un moulin est légalement présumé propriétaire du canal fait de main d'homme qui y conduit les eaux destinées à le mettre en mouvement (Req. 13 févr. 1854, aff. Gadrillot, D. P. 54. 1. 55; 24 déc. 1860, aff. Aveillé, D. P. 61. 1. 411; Civ. cass. 10 juill. 1861, aff. Dumonteil, D. P. 61. 1. 321; Req. 3 déc. 1866, aff. Perrault, D. P. 67. 1. 126); — 2° Que lorsqu'un canal fait mouvoir plusieurs usines, un arrêt peut décider que l'usinier d'aval a, vis-à-vis de l'usinier d'amont, un droit de copropriété à la partie supérieure du canal ainsi qu'à la chaussée dérivatrice dudit canal, en se fondant, d'une part, sur la présomption en vertu de laquelle les maîtres des usines sont réputés, jusqu'à preuve contraire, propriétaires des barrages et biefs alimentaires de leurs moulins, et, d'autre part, sur des lettres missives échangées entre les auteurs des parties intéressées qui établissent l'existence du droit de copropriété (Civ. rej. 26 mars 1878, aff. Bessière-Ramejan, D. P. 79. 1. 351). — Au reste, il a été décidé que si, en vertu des art. 546 et 551 c. civ., le propriétaire d'un moulin est présumé propriétaire du canal artificiel alimentant son usine, cette présomption ne peut être opposée au propriétaire riverain qui tient ses titres du même auteur que l'usinier (Req. 3 avr. 1872, aff. Riboulet, D. P. 73. 1. 131).

290. La présomption de propriété reconnue au profit de l'usinier peut-elle être combattue par la preuve contraire? A l'origine les tribunaux, s'inspirant de la jurisprudence des parlements, appliquaient dans toute sa rigueur la présomption de propriété. La cour de cassation n'a pas consacré cette théorie. Son système qui est aujourd'hui suivi par toutes les cours d'appel est très exactement résumé en ces termes par M. Plocque, t. 3, n° 288 : 1° le canal d'amenée, à défaut de titre, est présumé appartenir à l'usinier. En effet, aux termes de l'art. 546 c. civ., « la propriété d'une chose soit mobilière, soit immobilière, donne droit sur ce qu'elle produit et sur ce qui s'y unit accessoirement, soit naturellement, soit artificiellement ». Si le canal n'est pas partie intégrante de l'usine, il en est tout au moins l'accessoire établi d'une manière artificielle; donc, la propriété de l'usine entraîne, dans ces termes, la propriété du canal; — 2° Cette présomption reconnue en faveur de l'usinier n'est qu'une simple présomption contre laquelle la preuve contraire est admise conformément aux règles ordinaires. Les juges du fait ont tout pouvoir pour apprécier la situation réciproque des parties et en tirer telles ou telles inductions; ils n'ont plus besoin d'un titre émané de l'usinier; ils peuvent former leur conviction d'après les constatations matérielles recueillies au cours du procès, d'après l'état des lieux, d'après les énonciations des titres anciens, d'après les circonstances dans lesquelles a eu lieu la construction du canal, etc. Ils peuvent même accepter comme base cette circonstance que l'usinier ne s'est jamais opposé aux entreprises des riverains sur son canal d'amenée, et a, par là même, reconnu le droit de propriété que revendiquent ces derniers; — 3° La propriété du canal d'amenée, n'étant pas inséparable de la propriété de l'usine, peut être prescrite par les riverains; ceux-ci peuvent posséder utilement le canal et, au cas de trouble dans leur possession, agir par voie de complainte ou de réintégrande. Il faut seulement ne point perdre de vue que cette possession doit se manifester par des actes non équivoques qui excluent toute présomption de propriété au profit de l'usinier. Ainsi, alors même que le riverain exercerait certains droits sur le canal, par exemple, le droit de pêche, le droit de prise d'eau, il n'en serait point légalement possesseur, alors que l'usinier manifesterait par un acte quelconque sa volonté de rester et demeurer maître du canal, par exemple, en interdisant aux riverains d'y circuler en bateau, en coupant à son profit les herbes qui y croissent, en le faisant curer à ses frais, en continuant à payer la contribution foncière, etc. La possession du riverain, ainsi restreinte, ne pourrait aboutir qu'à une seule chose, lui faire acquérir par la prescription le droit spécial dont il a joui, mais non pas lui faire acquérir la pleine propriété du canal : « *Tantum præscriptum quantum possessum* ». Encore faudrait-il voir si une possession ainsi circonscrite ne pourrait pas être considérée comme une simple tolérance de la part de l'usinier, ne pouvant servir de base à une possession utile pour prescrire. — Il a été jugé : 1° que la présomption d'après laquelle le propriétaire d'un moulin est réputé propriétaire du canal artificiel dont les eaux servent au roulement de son usine, cède à la preuve contraire résultant, notamment, du titre et de l'état des lieux (Civ. rej. 18 août 1863, aff. Pons, D. P. 63. 1. 359); — 2° Que la présomption d'après laquelle le maître d'une usine est réputé propriétaire du canal artificiel de dérivation des eaux qui l'alimentent ne constitue qu'une présomption simple qui peut être combattue par la preuve contraire; que, par suite, ce canal peut être déclaré commun à tous les propriétaires d'établissements industriels créés sur ses bords, sans que le maître de l'usine ait le droit d'en réclamer la propriété exclusive, lorsqu'il est constaté que tous ces propriétaires sont dans la même position à l'égard du canal dont il s'agit et en utilisent les eaux au même titre; qu'une telle déclaration n'implique pas d'ailleurs la reconnaissance, au préjudice du maître de l'usine, d'une servitude non établie conformément à la loi, le droit qui y est constaté étant le même pour lui et tous les autres coïntéressés (Req. 9 juin 1868, aff. Desbenoit, D. P. 69. 1. 195). — D'autres arrêts ont consacré indirectement la même solution en déclarant dans leurs motifs que le propriétaire d'un moulin établi sur un canal de dérivation creusé de main d'homme est présumé, *jusqu'à preuve contraire*, propriétaire du canal lui-même (Req. 4 févr. 1873, aff. Astier, D. P. 74. 1. 122); — Que le propriétaire d'un ancien moulin doit, *en l'absence de titres* contraires, être déclaré propriétaire du lit du *ru* ayant servi à l'alimentation de ce moulin, s'il est déclaré que ce ru n'est point un cours d'eau naturel, mais un canal creusé de main d'homme pour capter les eaux de différentes sources et les amener à un réservoir (Req. 18 mai 1874, aff. Bouthors, D. P. 76. 1. 77).

291. La présomption de propriété qui a son origine dans la supposition que les canaux ont été faits de main d'homme ne s'applique ni à un cours d'eau naturel dont la direction aurait été détournée dans l'intérêt commun des riverains et de l'usine, ni à un canal établi par les anciens seigneurs dans l'intérêt général de la contrée (*Rép.* v° *Servitudes*, n° 243).

292. Dans un autre système, on soutient qu'aucune présomption n'existe en faveur de l'une ou de l'autre des parties en cause; que, dès lors, si la propriété d'un canal d'amenée se trouve contestée, la question litigieuse ne sort pas de la classe des litiges ordinaires où la preuve dépend uniquement des titres, des circonstances de la cause ou de la possession. Le fardeau de cette preuve incombera naturellement au demandeur au procès; c'est à lui à démontrer, comme il le pourra, qu'il est propriétaire du canal, sans qu'aucun préjugé puisse être tiré de sa qualité d'usinier ou de riverain (Plocque, t. 3, p. 170; Batbie, *op. cit.*, t. 5, n° 371).

293. Lorsque le canal d'amenée emprunte, sur la totalité ou sur une partie de son trajet, le lit d'un cours d'eau, bien que des travaux aient été faits pour en élargir et rectifier le cours, pour en modifier les pentes et la direction, ce cours d'eau n'en subsiste pas moins avec son ancien caractère; les travaux entrepris par l'usinier sont insuffisants pour lui en conférer la propriété et supprimer les droits antérieurs des riverains : ces derniers continueront à jouir comme par le passé, sans avoir à se préoccuper de ce fait que le cours d'eau sert de canal d'amenée à un établissement (Plocque, t. 3, p. 161). La règle à suivre nous paraît être celle-ci : dès qu'il est établi que le changement de lit a eu lieu dans un intérêt général, il n'est plus possible de placer le cours d'eau dans le domaine particulier d'un seul des intéressés. Le cours d'eau est toujours un cours d'eau naturel, et il continue, à ce titre, à être soumis, au profit des riverains, à l'art. 644 c. civ. Cet article peut, en effet, être invoqué par les riverains de cours d'eau même nécessaires à l'alimentation des usines, alors qu'ils n'ont pas le caractère de canaux proprement dits. Au contraire, si les travaux ont été faits, non pas dans l'intérêt commun des riverains et de l'usinier, mais au profit exclusif de l'usine, il est juste d'assimiler le cours d'eau qui en a été l'objet à un canal ordinaire fait de main d'homme et d'en attribuer la propriété au maître de l'usine, pour l'utilité de laquelle il a reçu une direction nouvelle. — Il a été jugé que la règle d'après laquelle le bief d'un moulin est, comme dépendance nécessaire, réputé appartenir au propriétaire de ce moulin, ne s'applique qu'aux canaux faits de main d'homme pour l'usage exclusif de l'usine ; qu'elle est inapplicable à un cours d'eau d'une étendue considérable (deux kilomètres), formé de la réunion de divers ruisseaux, dont la direction naturelle a été modifiée par des travaux très anciens et qui, avant d'arriver à l'usine qui prétend se l'approprier exclusivement, sert à des usages publics ou à l'utilité particulière des propriétaires dont il traverse les héritages. Ce cours d'eau peut être considéré comme une eau courante dans le sens de l'art. 644 c. civ.; en conséquence, le propriétaire d'un moulin qu'il fait tourner ne peut, comme les autres ayants droit, qu'user des eaux à leur passage, à la condition de les rendre, après en avoir fait usage, aux propriétaires inférieurs (Civ. rej. 26 avr. 1854, aff. Cabart, D. P. 54. 1. 139). Dans l'espèce, le canal, quoique fait de main d'homme, ne pouvait avoir le caractère d'un vrai *bief*. Son origine, son étendue, sa publicité prouvaient assez qu'il n'avait pas reçu cette affectation restreinte et exclusive. Peut-être aussi y avait-il à considérer les lieux où le procès était né; on peut voir à cet égard, dans M. Daviel, *op. cit.*, n° 836, des détails intéressants sur le droit particulier à l'ancienne province de Normandie. — Décidé encore : 1° que le canal ou bief conduisant l'eau à un moulin ne peut, bien que formé de main d'homme, être réputé appartenir au propriétaire de ce moulin, lorsqu'il ne fait que remplacer l'ancien lit d'une rivière détournée de son cours naturel ; qu'en pareil cas, ce canal constitue une eau courante dans le sens de l'art. 644 c. civ. ; qu'en conséquence, le propriétaire du moulin ne peut s'opposer d'une manière absolue à ce que les riverains se servent des eaux de ce canal pour l'irrigation de leurs propriétés ; il n'a que le droit de demander un règlement d'eau conformément à la disposition de l'art. 645 c. civ. (Orléans, 13 déc. 1855, aff. Tiffenau, D. P. 56. 2. 253); — 2° Que la règle d'après laquelle le propriétaire d'un moulin est légalement présumé propriétaire du canal fait de main d'homme qui y conduit les eaux destinées à le mettre en mouvement, est inapplicable au cas où le cours d'eau se dirigeant sur le moulin est, non pas un canal proprement dit, destiné à l'usage exclusif de l'usine, mais un cours d'eau naturel détourné de son ancien lit dans l'intérêt commun des riverains et de l'usine; qu'en conséquence, la possession plus qu'annale de ce cours d'eau par les riverains peut, si elle est troublée par le propriétaire du moulin, servir de base à une action possessoire (Req. 13 févr. 1854, aff. Gadrillot, D. P. 54. 1. 55); — 3° Que la présomption d'après laquelle les canaux d'amenée d'une usine sont réputés la propriété du maître de cette usine s'applique exclusivement aux canaux artificiels destinés à dériver partiellement les eaux d'une rivière non navigable à l'effet de les amener à l'usine dont elles constituent la force motrice ; qu'elle ne doit pas être étendue au canal, même artificiel, construit pour rectifier la direction de la rivière sur une partie de son parcours, et devenu ainsi le lit nouveau de cette rivière; qu'en conséquence, les riverains du cours d'eau primitif conservent leurs droits d'usage sur le cours d'eau rectifié, s'ils en sont restés les riverains, sans qu'ils puissent en être privés par l'affectation de ce cours d'eau à la mise en mouvement d'une usine (Req. 3 déc. 1866, aff. Perrault, D. P. 67. 1. 126); — 4° Que la propriété du bief d'un moulin établi sur le lit d'un ruisseau agrandi par des travaux de déblai et de maçonnerie ne s'étend pas à la partie du ruisseau située en amont de ce bief, où se produit seulement un remous causé par la retenue des eaux et où il n'existe aucun travail d'art qui puisse la faire considérer comme une dépendance du moulin; qu'en conséquence, les riverains de cette partie du ruisseau peuvent y exercer le droit de pêche consacré par l'art. 2 de la loi du 15 avr. 1829, sauf à eux à subir la servitude de remous produite par les eaux du moulin, lorsque l'existence en est légalement établie, notamment, par l'effet de la prescription (Metz, 11 août 1868, aff. Billotte, D. P. 69. 2. 53, et sur pourvoi, Req. 26 mai 1869, D. P. 69. 1. 320); — 5° Qu'un canal destiné à recevoir le trop plein du bief d'un moulin, et dont les eaux, manœuvrées à l'aide de vannes par les riverains, servent à l'irrigation de leurs héritages, peut être considéré comme étant la propriété de ces riverains et non celle du propriétaire du moulin, ce n'est là qu'un simple canal d'irrigation, auquel il n'y a pas lieu d'appliquer la présomption de propriété établie en faveur des propriétaires de moulins à l'égard des canaux d'amenée et de fuite; que, par suite, chaque riverain est propriétaire de la portion des francs-bords de ce canal qui longe sa propriété et peut l'enclore par un mur (Req. 8 nov. 1869, aff. Barbe, D. P. 70. 1. 163). Dans l'espèce, le propriétaire du moulin revendiquait une simple rigole où se jetait le trop plein des eaux de son bief et qui servait à l'irrigation des héritages riverains. Cette dernière circonstance eût été, seule, insuffisante pour soustraire à la présomption de propriété établie en faveur du maître du moulin un canal de fuite qui serait reconnu véritable accessoire ou dépendance de ce moulin; mais elle a permis de déterminer les caractères des eaux ainsi affectées à l'utilité commune des riverains et de les faire considérer comme ayant une existence distincte de celle de l'usine ou, en d'autres termes, comme étant la propriété commune de ces riverains, sauf à ceux-ci à n'en faire usage que dans le temps où le fonctionnement de l'usine n'aurait pas à en souffrir (V. aussi Req. 5 mai 1857, aff. Chalaron, D. P. 57. 1. 297; Toulouse, 16 déc. 1869, aff. Charly D. P. 70. 2. 84); — 6° Que le bief d'un moulin n'est réputé appartenir comme dépendance nécessaire au propriétaire de ce moulin qu'autant qu'il s'agit d'un canal fait de main d'homme pour l'usage exclusif de l'usine; que cette présomption est inapplicable à un cours d'eau naturel dont la direction a été détournée pour le faire entrer dans une ville et qui, sur un point de son parcours, est utilisé comme force motrice (Grenoble, 27 juin 1870, aff. Poulet, D. P. 70. 2. 207); — 7° Que le canal d'amenée d'un moulin créé artificiellement, mais seulement pour rectifier la direction d'une rivière dont il absorbe toute l'eau, se confond avec la rivière elle-même; qu'il en est surtout ainsi, lorsque l'usinier n'établit pas que ce redressement ait été exécuté dans l'intérêt exclusif de son usine; que, par suite, les riverains du canal peuvent user de l'eau, pourvu qu'ils se bornent alors à prendre le trop-plein non utilisé par l'usine; que l'usinier est sans intérêt et sans qualité pour soutenir que l'eau ainsi détournée par les riverains, ne pouvant être restituée à son cours ordinaire, il n'y a pas lieu de leur laisser la faculté accordée par l'art. 644 c. civ. (Paris, 20 févr. 1875, aff. Alips, D. P. 77. 2. 151. V. dans le même sens: Req. 22 févr. 1870, aff. Belton, D. P. 70. 1. 335); — 8° Que le canal d'amenée d'une usine n'est présumé appartenir au propriétaire de cette usine qu'autant qu'il a été creusé de main d'homme; qu'en conséquence, dans le cas où le canal d'amenée d'une usine vendue nationalement fait partie du lit d'une rivière navigable et où l'acte de vente et le procès-verbal d'estimation ne mentionnent pas ce canal parmi les objets vendus, ledit canal doit être considéré comme n'ayant pas cessé d'appartenir au domaine public (Cons. d'Et. 6 août 1881, aff. Piette, D. P. 83. 3. 11). — Mais si la présomption peut n'être pas applicable au canal construit pour rectifier le lit d'une rivière sur une partie de son cours et donner ainsi une direction nouvelle à la totalité de ses eaux, elle doit, au contraire, être maintenue, lorsque le canal artificiel n'opère dans son parcours, quelque étendu qu'il soit, qu'une dérivation partielle des eaux, pratiquée dans l'intérêt spécial des usines en vue desquelles il a été creusé (Civ. rej. 17 déc. 1867, aff. Laperche, D. P. 67. 1. 484).

294. Lorsque le propriétaire du moulin est reconnu propriétaire du canal qu'il alimente, les riverains ne peuvent exercer sur le canal les droits conférés aux riverains des eaux courantes par l'art. 644 c. civ. : ils n'ont que les droits que leur a concédés le propriétaire du moulin ou qu'ils ont acquis par prescription (V. *suprà*, n° 290). — Jugé : 1° que les riverains d'un canal qui est une dépendance d'un moulin ne peuvent pas exercer sur ce canal les droits conférés par l'art. 644 c. civ. aux riverains des eaux courantes, mais seulement ceux qui leur ont été concédés par le propriétaire du moulin (Civ. rej. 17 déc. 1867, cité *suprà*, n° 293; Req. 5 mai 1868, aff. Ponsot, D. P. 68. 1. 336); — 2° Que les riverains d'un canal appartenant au maître de l'usine pour laquelle il a été créé n'ont pas sur ce canal les droits de servitude établis par l'art. 644 c. civ. au profit des riverains d'un cours d'eau naturel ; qu'il en est ainsi, alors même qu'il s'agirait, d'une part, d'un canal originairement creusé par une communauté d'habitants, en vertu d'une concession émanée de l'autorité souveraine, pour la création d'un moulin depuis aliéné à un particulier avec ce canal, et, d'autre part, de droits d'arrosage réclamés par des riverains inférieurs au moulin, mais au préjudice d'une autre usine en aval, à laquelle la même autorité a concédé le droit de prolonger le canal jusqu'à sa propriété ; qu'un tel canal ne peut être grevé de servitudes de prise d'eau qu'en vertu de titres ou de la prescription, et que si le droit accordé par titres aux riverains d'y pratiquer des prises d'eau se trouve restreint, dans ces titres, à des jours déterminés, cette limitation de temps a pu, par une appréciation souveraine de la convention, être déclarée applicable non seulement aux riverains en amont, mais aussi aux riverains en aval du moulin dans l'intérêt duquel le canal a été créé, et être invoquée dès lors contre ces derniers par le maître de l'usine inférieure régulièrement établie sur le prolongement du même canal ; que les riverains du canal alimentaire d'un moulin, investis par titres du droit de se servir des eaux de ce canal à des jours déterminés ne peuvent faire résulter la prescription du droit à l'usage illimité des mêmes eaux, d'ouvrages au moyen desquels ils ont toujours usé des eaux dont il s'agit conformément à leurs titres, encore qu'ils invoquent la prescription, non contre le propriétaire du moulin qui a été partie à ces titres, mais contre le maître d'un autre moulin construit sur le prolongement du canal : ici s'applique la maxime *tantùm præscriptum quantum possessum* (Req. 25 mars 1868, aff. Aillan, D. P. 68. 1. 493). Jugé qu'un droit de prise d'eau dans un canal artificiel conduisant à un moulin les eaux destinées à le mettre en mouvement peut être acquis par prescription, au moyen d'un barrage apparent construit sur ce canal par l'un des riverains, afin de faciliter la chute et le cours de l'eau dans sa propriété (Req. 27 févr. 1854, aff. Durand, D. P. 54. 1. 127); — Qu'un tiers peut acquérir sur des eaux courantes captées par des travaux faits de main d'homme un droit de servitude pour l'usage de son immeuble (Civ. rej. 25 nov. 1884, aff. Labet, D. P. 85. 1. 318).

295. Les riverains, à plus forte raison, ne peuvent se servir des eaux pour le roulement d'une usine. L'Administration est même sans droit pour autoriser une prise d'eau ou le maintien d'un barrage sur un canal d'amenée appartenant à un usinier (Agen, 26 juill. 1865, aff. Calmejane, D. P. 65. 2. 190). Ils ne peuvent davantage parcourir le canal d'amenée en bateau, y pêcher, y couper les herbes. Mais il a été jugé que les riverains sont autorisés à se servir des eaux pour leurs besoins journaliers, alors d'ailleurs que cet usage ne cause aucun préjudice au propriétaire du canal (Civ. cass. 1er juin 1872, aff. Béraud-Reynaud, D. P. 72. 1. 297). M. Plocque, t. 3, p. 178, critique cette solution qui est, dit-il, tout à fait contraire au principe fondamental qu'aucun droit ne saurait exister sur une propriété privée qu'à condition d'avoir été consenti par le propriétaire ou établi par la loi (Conf. *Rép.* v° *Servitudes*, n° 241; Pardessus, *Traité des servitudes*, t. 1, n° 212; Demolombe, *Servitudes*, t. 1, n° 128; Nadault de Buffon, *op. cit.*, t. 2, p. 533; Laurent, *op. cit.*, t. 7, p. 319).

296. L'usinier propriétaire du bief peut, sauf le droit de police de l'Administration, employer les eaux pour un usage tout autre que celui de son usine, et spécialement pour les irrigations ; il peut vendre aux tiers la libre disposition des eaux et leur permettre ainsi de bénéficier des dispositions de la loi du 29 avr. 1845 (Demolombe, *op. cit.*, t. 1, n° 151 ; Duranton, *op. cit.*, t. 5, n° 240). Mais l'usinier, propriétaire du canal d'amenée, n'est pas propriétaire d'un volume d'eau correspondant à celui que contient le canal, et il n'est pas fondé à empêcher un usinier dont l'établissement est situé sur la rivière à exécuter des travaux, lors même que ces travaux ont pour résultat de diminuer dans son bief le volume d'eau auquel il prétend avoir droit (Civ. cass. 23 nov. 1858, aff. Spenlé, D. P. 59. 1. 18). Si les eaux amenées sur le terrain de l'un des riverains à l'aide d'un canal de dérivation lui appartiennent exclusivement, la jouissance du cours d'eau alimentaire reste commune à tous les riverains de ce cours d'eau. L'usinier ne serait fondé à se plaindre que s'il était résulté de la diminution du volume d'eau une atteinte à une concession de force motrice qui lui aurait été régulièrement consentie à lui-même.

297. On étudiera *infrà*, nos 409 et suiv., les pouvoirs de l'Administration en ce qui concerne la jouissance de l'usinier sur les eaux d'un canal d'amenée.

Lorsque l'usinier ne jouit du canal d'amenée qu'à titre de copropriétaire, il a les mêmes droits que les autres communistes ; la répartition des eaux entre eux a lieu conformément aux règles ordinaires. Si le bief appartient aux riverains et si l'usinier n'en jouit qu'à titre de servitude, il ne peut demander qu'une chose, à savoir que l'eau nécessaire aux besoins de son établissement lui soit journellement fournie par les propriétaires du canal ; il devra se borner à empêcher sur ce canal toute entreprise qui aurait pour résultat de diminuer le volume d'eau réglementaire ou la puissance de la chute ; les riverains sont libres de disposer du surplus des eaux à leur gré (Plocque, t. 3, n° 292 ; Demolombe, *op. cit.*, t. 1, n° 128).

298. Les auteurs sont divisés sur la question de savoir s'il existe également une présomption de propriété *juris tantum* en faveur de l'usinier sur le canal de fuite du moulin. Les mêmes systèmes que nous avons exposés en traitant la question de propriété des canaux d'amenée (V. *suprà*, n° 289), se sont reproduits pour les canaux de fuite (V. Duranton, *op. cit.*, t. 1, n° 240 ; Cotelle, *Droit administratif*, t. 1, p. 230 ; Demolombe, *op. cit.*, t. 1, n° 130 ; Plocque, *op. cit.*, t. 3, n° 294). On a même soutenu que le canal de fuite se confond avec le canal d'amenée ; que ce canal, sans lequel il n'y aurait ni chute, ni moulin, est une des parties intégrantes de l'usine ; que les deux canaux constituent les parties indivisibles, inséparables l'une de l'autre, d'un tout homogène soumis à la même loi ; que, dès lors, la propriété de la partie supérieure de dérivation étant reconnue au profit du maître du moulin, entraînait à son profit la propriété de la partie inférieure. M. Plocque, t. 3, n° 293, critique avec raison cette opinion. « Nous ne croyons pas, dit cet auteur, que la jouissance de l'usinier doive nécessairement s'exercer sur le canal de fuite au même titre que sur le canal d'amenée ; l'usinier peut parfaitement jouir de l'un à titre de servitude et de l'autre à titre de propriété ; de même, ce qui a été jugé vis-à-vis de l'un n'aura pas nécessairement force de chose jugée vis-à-vis de l'autre. En réalité, cette indivisibilité prétendue n'a aucun fondement légal et se trouve la plupart du temps contraire à la nature même des choses. » Si le canal de fuite est aussi nécessaire au fonctionnement de l'usine que le canal d'amenée, il ne s'ensuit pas, en effet, qu'il ne puisse, par suite de conventions ou par l'effet de la prescription, être soumis à un régime différent. — Quant à la jurisprudence, elle admet que la présomption de propriété s'applique au canal de fuite. Il a été jugé, notamment, que le propriétaire d'un moulin est, à défaut de titres contraires, légalement présumé propriétaire, non seulement du canal construit de main d'homme qui amène à ce moulin les eaux destinées à l'alimenter, mais encore du canal de fuite, même servant à l'irrigation d'héritages riverains (Req. 5 mai 1857, aff. Chalgaron, D. P. 57. 1. 297 ; Toulouse, 16 déc. 1869, aff. Charly, D. P. 70. 2. 84) ; que seulement, la qualification de canal de fuite n'appartenant pas nécessairement au lit qui reçoit les eaux à la sortie du moulin, à quelque distance qu'il se prolonge, les juges du fait ont à déterminer dans quelle mesure et par rapport à quels héritages ce lit conserve le caractère qu'il tient de sa principale destination et de son utilité primitive (Arrêt précité du 5 mai 1857. V. aussi dans le même sens : Req. 24 déc. 1860, aff. Aveillé, D. P. 61. 1. 41). — Mais il a été décidé que la preuve contraire peut être invoquée à l'égard du canal de fuite, alors même qu'il serait reconnu que le maître du moulin est propriétaire du canal d'amenée : il n'y a pas d'indivisibilité entre les deux parties du canal (Civ. rej. 18 août 1863, aff. Pons, D. P. 63. 1. 359).

299. Les eaux qui entrent dans un canal de dérivation pratiqué dans un cours d'eau non navigable ni flottable conservent, en traversant ce canal, leur caractère d'eaux courantes, et restent soumises à la disposition de l'art. 644 c. civ. qui porte que celui dont une eau courante traverse l'héritage doit, après en avoir usé dans l'intervalle, la rendre à la sortie de son fonds à son cours ordinaire. Mais cette obligation ne peut être invoquée que par les riverains du cours d'eau lui-même, et non par ceux qui, sans la dérivation, n'auraient pu jouir de ces eaux. Le maître du canal ne saurait être contraint de continuer à faire cette dérivation à leur profit en l'absence de droits contraires acquis par titre ou par prescription. A plus forte raison, ne peut-il être forcé de leur transmettre les eaux qu'il a dérivées ; vis-à-vis d'eux, il en est plein propriétaire. Son pouvoir de disposition est absolu. Pour qu'il en fût autrement, il faudrait que les canaux, par l'ancienneté de leur existence, fussent devenus de véritables cours d'eau tombant sous l'empire de l'art. 644 c. civ. — Il a été jugé que l'Administration ne peut obliger un usinier propriétaire du canal de fuite à transmettre l'eau aux propriétaires des fonds inférieurs qui ne sont riverains que des eaux de dérivation et non du cours d'eau, de manière à ce qu'ils puissent s'en servir pour l'irrigation de leurs terres ou le roulement d'une usine (Req. 24 déc. 1860, cité *suprà*, n° 298). — Mais l'usinier est tenu de rendre les eaux à la rivière d'où il les a détournées. Ainsi il a été décidé que le riverain qui utilise, pour la mise en mouvement de son usine, les eaux d'un canal dépendant du domaine public (dans l'espèce, d'un canal par lequel sont dérivées les eaux d'une rivière), est tenu de les restituer au point de jonction du canal de fuite de son usine et du canal public ; qu'il ne peut invoquer aucun droit sur ce canal public, ni s'opposer à ce qu'un autre riverain, n'ayant avec lui aucun lien juridique permettant d'interdire à ce riverain l'exercice d'une industrie similaire, établisse en aval, sur le même canal, une usine autorisée par l'Administration ; qu'il objecterait vainement pour justifier son opposition qu'il est propriétaire du canal d'amenée et du canal de fuite de son usine (Req. 17 janv. 1887, aff. Fivel, D. P. 87. 1. 467. Conf. Plocque, t. 3, n° 294).

300. Les francs-bords d'un canal d'amenée ou de fuite servent au propriétaire du moulin pour la surveillance, l'entretien et le curage du canal. La propriété du canal n'entraîne pas nécessairement celle des francs-bords. Ils sont présumés appartenir au propriétaire du canal ; mais cette présomption cède non seulement devant des titres, mais encore devant telle ou telle circonstance de fait suffisamment précise ou caractéristique (Aubry et Rau, t. 2, § 192, p. 182. Conf. Laurent, t. 6, n° 190). — Jugé : que le propriétaire d'un moulin est présumé propriétaire du canal qui alimente ce moulin et de ses francs-bords, à moins de titre ou de prescription contraire (Trib. Avignon, 16 déc. 1850, aff. de Villèle, D. P. 54. 2. 209) ; — Que le propriétaire d'un moulin alimenté par un canal artificiel est de droit présumé propriétaire de ce canal et de ses francs-bords ; mais que les riverains de ce canal peuvent prescrire par une possession utile la propriété des francs-bords ; qu'ils peuvent également acquérir par prescription le droit de prendre les eaux dans ce canal pour l'irrigation de leurs fonds, si la servitude de prise d'eau est caractérisée par des ouvrages permanents, tels que vannes, rigoles et fossés, pratiqués dans les francs-bords (Poitiers, 7 juill. 1862, aff. Perrot, D. P. 63. 2. 187) ; — Que le propriétaire d'un moulin qui est alimenté par un bief ou canal fait de main d'homme, s'il justifie d'une prescription acquise par une jouissance non interrompue pendant plus de trente ans, a le droit de faire sur les francs-bords qui appartiennent aux riverains les réparations nécessaires pour fermer les brèches par lesquelles s'échappe l'eau et avec elle une partie de la force motrice destinée à faire marcher le moulin ; que c'est là une servitude apparente et continue ; que les propriétaires des francs-bords peuvent être appelés en garantie par le propriétaire du moulin, si sa résistance mal fondée à l'exécution des réparations a causé un préjudice au fermier du moulin (Dijon, 27 nov. 1868) (1) ; — Que le propriétaire d'un moulin doit être reconnu propriétaire des francs-bords d'un canal, si le riverain qui prétend s'en faire attribuer la propriété ne peut invoquer à l'appui de sa prétention ni titres, ni possession exclusive, ni présomptions sérieuses (Req. 18 mai 1874, aff. Bouthors, D. P. 76. 1. 77) ; — Que le propriétaire d'un moulin alimenté par un cours d'eau artificiel est de droit présumé propriétaire non seulement de ce canal, mais aussi de ses francs-bords ; que cette présomption, toutefois, n'est pas *juris et de jure*, et peut être combattue par des preuves ou présomptions contraires, notamment par la preuve d'une possession utile à l'aide de laquelle les riverains du canal auraient prescrit la propriété des francs-bords ; que cette présomption peut être combattue par tous les moyens légaux ; que, spécialement, elle tombe : 1° quand l'une des berges du sous-bief de l'usine a été incorporée à l'un des domaines riverains par la destination du père de famille, au moyen d'une série d'ouvrages apparents ; 2° quand les titres réciproques des parties et postérieurs à cette annexion consacrent, par la teneur de leurs clauses, l'adjonction physique réalisée antérieurement ; 3° quand les parties ont couvert, pendant un long espace de temps, par leur libre consentement, par des faits et par des actes, la réunion de la berge litigieuse à

(1) (Guillemot C. Jacotot et Echemann.) — LA COUR ; — Considérant qu'il est établi que depuis plus d'un siècle, les levées qui contiennent le cours de la Bouzaise forment, au droit du fonds de Guillemot, un bief ou canal fait de main d'homme, qui amène l'eau sous les roues du Moulin-Neuf ou moulin Fleuchot, et retient ainsi la quantité nécessaire au jeu de l'usine de Jacotot ; — Que vainement Guillemot se retranche derrière son droit absolu de propriétaire des rives ou francs-bords pour s'opposer à la réparation des brèches par lesquelles s'échappe l'eau, et avec elle une partie de la force motrice destinée à faire marcher le moulin ; — Que loin de contester à l'appelant la propriété ou la possession des bords de la Bouzaise, l'intimé soutient seulement que le fonds de Guillemot est grevé d'une servitude apparente et continue au profit de son usine ; — Qu'à défaut de titre contradictoire, il justifie d'une prescription acquise par une jouissance non interrompue pendant plus de trente ans, à partir du moment où les ouvrages extérieurs ont été effectués sur le terrain de l'appelant, dans le but de diriger la chute et le cours de l'eau ; — Qu'en offrant de faire à ses frais toutes les réparations nécessaires pour fermer les brèches qui lui portent un préjudice aussi grave, sans utilité réelle pour Guillemot et même à son détriment, Jacotot ne fait qu'user du droit que lui confère l'art. 697 c. nap. ; — Qu'il y a donc lieu de déclarer son action légitime à cet égard ;

Sur la demande en dommages-intérêts formée par Echemann contre Jacotot : — Qu'il est constant au procès que les levées de la Bouzaise sont coupées sur plusieurs points ; que, sur la rive gauche notamment, qui s'élève en talus sur le fonds de Guillemot, il existe huit brèches en contre-bas du déversoir, dont l'une a plus de deux mètres de largeur sur une profondeur de 60 centimètres ; — Qu'il est évident qu'en s'écoulant par une pareille ouverture et ne rentrant dans le lit de la rivière qu'en aval du Moulin-Neuf, l'eau ne suffit plus au roulement normal de l'usine ; — Qu'aux termes de droit et par la nature même du contrat, le bailleur est tenu de faire jouir paisiblement le preneur et de faire à la chose louée toutes les réparations utiles à l'usage auquel elle est affectée ; — Que Jacotot reconnaît d'ailleurs le bien fondé de la demande et ne conteste que le chiffre de l'indemnité ; — Que, sous ce rapport, et en présence des stipulations du bail et des constatations matérielles établissant le préjudice souffert par le fermier, la cour a les éléments suffisants pour évaluer le dommage ;

Sur la demande en garantie de Jacotot contre Guillemot : — Que, Jacotot a toujours offert d'exécuter à ses frais les travaux nécessaires à l'exploitation de l'usine, et que c'est par le refus prolongé de Guillemot qu'il n'a pu remplir les obligations que lui imposait la loi ; — Que c'est donc au propriétaire riverain, par la faute duquel est arrivé le préjudice, à garantir le bailleur des condamnations qui seront prononcées contre lui ; ...

Par ces motifs, etc.

Du 27 nov. 1868.-C. de Dijon.-MM. Neveu-Lemaire, 1er pr.-Gouget, Ally et Guiot (de Beaune), av.

l'un des héritages riverains (Besançon, 18 nov. 1867, aff. Lebrun, D. P. 67. 2. 241; Nancy, 19 févr. 1869, aff. Estienne, D. P. 72. 1. 30; Toulouse, 16 déc. 1869, aff. Charly, D. P. 70. 2. 84; Nancy, 19 mars 1870, aff. Henry, D. P. 70. 2. 193; Dijon, 17 déc. 1873, aff. Colas, D. P. 74. 2. 179); — Que la présomption qui attribue au propriétaire d'une usine la propriété du canal artificiel constituant sa force motrice et celle des francs-bords de ce canal peut être considérée comme n'étant pas détruite, notamment quant aux francs-bords, en faveur de l'un des riverains par la preuve de coupes d'herbes et de branches d'arbres que ce dernier y aurait faites pendant plus de trente ans, sans qu'une telle décision soit soumise au contrôle de la cour de cassation, sauf au juge à autoriser le riverain à continuer ces coupes, quoiqu'il s'agisse d'une servitude discontinue non susceptible d'être acquise par prescription, si, dans ses conclusions, le propriétaire de l'usine a déclaré ne pas s'y opposer (Req. 6 avr. 1869, aff. de Montailleur, D. P. 69. 1. 515).

301. L'usinier, lors même que les riverains ont été reconnus propriétaires des francs-bords du canal d'amenée, a le droit d'y faire ou d'y surveiller les travaux nécessaires pour empêcher la déperdition et la filtration des eaux, et de s'opposer à toute entreprise qui lui serait préjudiciable, notamment aux fouilles et extractions de matériaux. On lui reconnaît, par suite, un droit de passage sur les francs-bords, et les riverains ne peuvent y élever des constructions qui soient de nature à faire obstacle à la circulation (Aubry et Rau, t. 2, § 192, p. 183. — *Contrà:* Plocque, t. 3, n° 298; Laurent, t. 6, n° 191). Ces derniers auteurs enseignent qu'en l'absence d'un texte précis, il n'est pas permis d'imposer aux riverains cette servitude.

302. La jurisprudence reconnait, au profit de l'usinier, la servitude dite *droit de jet de pelle* ou droit de déposer, pendant le temps strictement nécessaire, sur les francs-bords les terres et autres déblais provenant du curage du canal. — L'usinier doit pourvoir à leur enlèvement dans le plus court délai possible; il commettrait un véritable abus, s'il prolongeait sans motif sérieux son occupation de la propriété d'autrui. Le dépôt donne lieu à une action en indemnité de la part des riverains contre l'usinier. — Jugé : 1° que la possession, à titre de propriété ou de servitude, d'un canal creusé pour le service d'une usine implique, en faveur du propriétaire de l'usine, le droit d'opérer le curage du canal et d'en déposer les produits sur les berges; que l'exercice de ce droit, étant un accessoire et une dépendance nécessaire de la possession du canal, constitue une possession fondée en titre, dont les faits, lorsqu'ils se sont répétés pendant plus d'une année, ne peuvent être considérés comme un trouble à la possession des propriétaires des berges, et que ceux-ci ne sont pas, dès lors, recevables à demander au possessoire l'enlèvement des produits du curage, sous prétexte que les faits de dépôt allégués n'étant que des actes d'exercice d'une servitude discontinue, non susceptibles de fonder une action possessoire, pouvaient toujours être réprimés par la même voie (Civ. cass. 21 mai 1860, aff. Guyon, D. P. 60. 1. 226); — 2° Que le fait, par le propriétaire d'un moulin dont le bief n'est pas séparé même par des francs-bords d'un terrain appartenant à autrui, de déposer sur ce terrain les déblais provenant du curage dudit bief, peut, quoiqu'en principe un tel dépôt soit permis, sauf indemnité, être considéré comme un trouble de nature à servir de base à une action possessoire, lorsque du séjour prolongé des déblais ainsi déposés il est résulté pour le maître du terrain où ils ont séjourné, une privation de jouissance excédant les limites de la servitude qui lui est imposée (Civ. rej. 10 avr. 1865, aff. Falret, D. P. 66. 1. 118); — 3° Que le propriétaire d'une usine et du cours d'eau qui lui sert d'alimentation a, pour opérer le curage de ce canal, le droit de jet de pelle sur l'un et l'autre bord, quoiqu'appartenant à des tiers; mais que lorsque, sans dommage pour le fonctionnement de l'usine et sans injustice dans la répartition de la charge entre les riverains, on peut procéder au curage du canal en jetant son produit d'un seul côté, le propriétaire du côté opposé est affranchi de cette servitude (Bordeaux, 15 mars 1871, aff. Rousseau, D. P. 72. 2. 62. V. aussi Colmar, 23 févr. 1853, aff. Feltin, D. P. 53. 2. 174; Aubry et Rau, t. 2, § 192, p. 183). — M. Plocque soutient que la servitude dont il s'agit n'est sanctionnée par aucun texte, et il ne reconnaît pas aux usiniers le droit de jet de pelle (t. 3, n° 298. V. aussi en ce sens : Laurent, t. 6, n° 191).

SECT. 5. — DU MODE D'EXPLOITATION DES USINES. — USAGE DES EAUX (*Rép.* n°s 366 à 391).

303. On a indiqué au *Rép.* n°s 379 et suiv. en même temps que les obligations de surveillance incombant à l'Administration les obligations imposées aux concessionnaires. — La première condition est de ne pas dépasser le niveau légal de la retenue fixé par le règlement de l'usine. La fixation de ce niveau, aux termes de la circulaire de 1851, doit être faite de manière à ne porter aucune atteinte aux droits de l'usine supérieure et à ne causer aucun dommage aux propriétés riveraines (V. de Passy, *Etudes sur le service hydraulique*, p. 19). Pour constater si le niveau légal de la retenue n'est pas dépassé, on place près de l'usine un repère (*Rép.* n° 326). Il a été jugé que, même lorsque l'usine a une existence légale, l'Administration peut imposer à l'usinier l'obligation d'établir un repère (Cons. d'Ét. 3 août 1877, aff. Brescon, D. P. 78. 3. 9). Ce repère, définitif et invariable, doit toujours rester accessible soit aux fonctionnaires publics, soit aux particuliers qui ont intérêt à vérifier la hauteur des eaux (Circ. 23 oct. 1851). — La jurisprudence, jusqu'en 1864, avait considéré qu'en raison de la clause qui accorde un droit de passage sur la propriété de l'usinier, celui-ci n'avait pas le droit de clore son héritage, de manière à empêcher l'accès des intéressés. Il avait été jugé que l'arrêté préfectoral portant qu'il sera placé près de l'une des usines établies sur un canal un repère destiné à en indiquer le niveau d'une manière invariable, et qui restera toujours accessible « soit aux fonctionnaires, soit aux particuliers intéressés à vérifier la hauteur des eaux », peut être invoqué, dans l'intérêt des usines situées en aval, même par les locataires de ces usines, lesquels ont, dès lors, le droit de réclamer en justice, pour accéder au repère, un passage sur la propriété du maître de l'usine, chargé de l'établir (Req. 21 avr. 1863, aff. Renouard, D. P. 64. 1. 288). Les usiniers réclamèrent, alléguant que, si l'Administration pouvait prendre les mesures nécessaires dans l'intérêt de la navigation et de la police des eaux, elle ne pouvait cependant pas aller jusqu'à porter atteinte à un droit de propriété, surtout au profit de tiers qui n'agissaient que dans leur intérêt privé. Malgré la résistance des ingénieurs et du ministre des travaux publics, le conseil d'État reconnut le bien fondé des observations des usiniers, déclara entaché d'excès de pouvoir l'arrêté par lequel un préfet, en autorisant le maintien d'un vannage sur un cours d'eau non navigable, ne se borne pas à réserver aux agents de l'Administration le droit d'accéder aux ouvrages régulateurs, pour vérifier la hauteur de la retenue des eaux, mais prescrit à l'usinier de disposer ces ouvrages de telle sorte que les intéressés puissent y accéder librement de jour et de nuit par un sentier toujours ouvert (Cons. d'Ét. 25 févr. 1864, aff. Arson, D. P. 65. 3. 20). — Jugé encore qu'est entaché d'excès de pouvoir l'arrêté préfectoral portant règlement d'un barrage sur un cours d'eau non navigable qui ne se borne pas à réserver aux agents de l'Administration le droit d'accéder au repère définitif dont elle prescrit l'établissement, mais qui stipule le même droit au profit de tous particuliers intéressés à vérifier la hauteur des eaux retenues par le permissionnaire (Cons. d'Ét. 18 déc. 1869) (1). — Il appartient aux ingénieurs de

(1) (De Colbert.) — NAPOLÉON, etc.; — Vu la loi des 22 déc. 1789-8 janv. 1790 (sect. 3, art. 2), celle des 11-20 août 1790 (chap. 6), et celle des 28 sept.-6 oct. 1791 (tit. 11, art. 16); — Vu l'arrêté du 19 vent. an 6 et les décrets du 25 mars 1852 et du 13 avr. 1861; — Vu les instructions ministérielles du 19 therm. an 6, du 19 nov. 1834 et du 23 oct. 1851; — Vu la loi des 7-14 oct. 1790; — Vu le décret du 2 nov. 1864 (art. 7); — En ce qui touche spécialement la disposition de l'art. 4 de l'arrêté attaqué, qui enjoint au requérant de poser près du barrage, en un point qui sera déterminé par l'ingénieur, un repère définitif qui devra rester toujours accessible soit aux agents de l'Administration, soit aux particuliers intéressés à vérifier la hauteur des eaux : — Considérant que le pouvoir qui appartient à l'Administration de régler, dans un but de police et d'utilité générale, les retenues d'eau

faire placer le repère de façon qu'il soit parfaitement visible pour les tiers intéressés, sans qu'il soit besoin d'entrer dans la propriété du permissionnaire (de Passy, *op. cit.*, p. 19).

304. Le débouché des vannes de décharge (V. *Rép.* nos 333 et 380) doit être calculé de telle sorte que la rivière coulant à pleins bords, étant prête à déborder, toutes les eaux s'écoulent comme si l'usine n'existait pas. Dans ce calcul, on ne tient pas compte du débouché des vannes motrices dont le propriétaire de l'usine doit toujours rester libre de disposer dans le seul intérêt de son industrie, mais on a égard à la lame d'eau qui pourra alors s'écouler par le déversoir de superficie (Circ. 23 oct. 1851). — Il a été jugé que l'obligation de manœuvrer les vannes de décharge de manière à empêcher les eaux de dépasser le niveau légal peut être imposée au propriétaire d'une usine, même ayant antérieurement l'existence légale, sans que ce propriétaire puisse réclamer d'indemnité à raison de la charge qui lui est imposée (Cons. d'Et. 14 nov. 1879, aff. de Lavigne, D. P. 80. 3. 18; Batbie, *op. cit.*, t. 5, n° 440, note 1). — Le droit pour l'Administration de fixer le niveau des retenues des usines, sauf indemnité dans le cas où la fixation de ce niveau priverait l'usinier d'une partie de la force motrice à laquelle il a un droit acquis, entraîne nécessairement le droit d'imposer à l'usinier les mesures nécessaires pour que ce niveau ne soit pas dépassé (*Rép.* n° 379).

305. Quant aux vannes motrices, il faut distinguer. Si l'usine est située sur un cours d'eau navigable, l'acte d'autorisation peut fixer la dimension des vannes motrices, et même n'autoriser leur ouverture qu'à telles ou telles époques, à tels ou tels moments de la journée. Si l'usine est située sur un cours d'eau non navigable, hors les cas de partages d'eau dans lesquels l'Administration peut être appelée à déterminer la situation respective des divers intéressés, les dimensions des vannes motrices doivent être laissées à l'entière disposition du permissionnaire; il n'y a pas lieu non plus d'imposer l'établissement de vannes de prises d'eau en tête des dérivations, ni de fixer la largeur et la pente des canaux de dérivation toutes les fois qu'il n'est pas reconnu nécessaire, dans l'intérêt des propriétés riveraines ou par suite de quelque disposition locale, de régler l'introduction des eaux dans ces canaux (Circ. 23 oct. 1851).

306. La circulaire de 1851 laisse toute latitude aux usiniers en ce qui concerne la dimension des canaux de décharge. Ces canaux doivent seulement être disposés de manière à embrasser à leur origine les ouvrages auxquels ils font suite et à écouler facilement toutes les eaux que ces canaux peuvent débiter. Il appartient aux ingénieurs de régler les travaux accessoires, tels que rétablissement de gués, ponceaux ou aqueducs.

307. Les ingénieurs doivent éviter d'empiéter sur les attributions des autorités locales, et surtout de proposer l'adoption de clauses qui n'auraient aucune raison d'être au point de vue de l'utilité générale ou aucun trait au régime des cours d'eau. L'Administration, en les sanctionnant, commettrait un véritable excès de pouvoir. Le conseil d'Etat, nous le disons, *infrà*, nos 384 et suiv., annule les arrêtés dont les prescriptions ne sont édictées que par des considérations d'ordre privé et n'ont pas pour effet de donner satisfaction à des intérêts généraux; tels sont les arrêtés qui mettent à la charge des usiniers des travaux destinés moins à prévenir les dommages que le maintien de la retenue à son niveau actuel pourrait causer aux propriétés voisines, qu'à procurer sur les deux rives du bief le dessèchement de terrains marécageux; qui prescrivent de substituer à un barrage fixe un barrage mobile, lorsqu'il est constant que cette substitution n'est ordonnée que pour satisfaire aux réclamations d'un usinier supérieur. — Il a été jugé que, lorsqu'un usinier demande au préfet l'autorisation de maintenir à son ancienne hauteur le niveau de sa retenue, le préfet peut prescrire l'établissement de buses sous le bief de la retenue et de fossés de décharge nécessaires à l'écoulement des eaux provenant de ces buses, si ces travaux ont pour but de prévenir les inconvénients pouvant résulter, pour les terrains situés sur l'une des rives du bief, du maintien de la retenue à son niveau actuel; mais qu'il excède ses pouvoirs si les travaux qu'il met à la charge de l'usinier ont surtout pour but de procurer, sur les deux rives du bief, le dessèchement d'une étendue considérable de terrains d'une nature marécageuse (Cons. d'Et. 24 févr. 1865, aff. Damay, D. P. 68. 5. 156. V. aussi Cons. d'Et. 4 août 1866, aff. Bruderlein, *Rec. Cons. d'Etat*, p. 936. V. Plocque, t. 3, n° 270; Block, *op. cit.*, v° *Usines*, nos 15 et suiv.).

308. L'Administration n'a pas à s'occuper de ce qui touche à l'utilisation par l'usinier de la force motrice dont il dispose, les questions de cet ordre ne pouvant en rien affecter l'intérêt général. L'usinier, une fois la chute d'eau concédée, est libre d'en disposer comme il l'entend. Les ingénieurs n'ont, en aucun cas, à la régler pas plus que les dispositions du coursier et du moteur hydraulique (Circ. 23 oct. 1851). — L'usinier est aussi absolument libre de donner à son établissement telle destination qu'il juge convenable, et de changer cette destination, s'il ne doit résulter de ce changement aucune modification en ce qui touche les ouvrages soumis à la surveillance administrative (Block, *op. cit.*, v° *Usines*, n° 19; Dufour, *op. cit.*, t. 4, p. 381).

Il peut, sans autorisation, modifier la disposition et le mécanisme de son usine, lorsque cette modification n'est pas de nature à avoir une influence sur le régime des eaux; et, par exemple, ajouter à son établissement primitif une filature de treize cents broches, l'existence de cette filature n'ayant modifié en rien l'ancien état de choses tel qu'il résultait de l'acte d'autorisation (V. Cons. d'Et. 29 nov. 1851) (1). « En principe, a dit M. Reverchon, commissaire du Gouvernement, à l'occasion de cette affaire, et sauf les dispositions spéciales qui concernent certains établissements insalubres, l'Administration, lorsqu'elle accorde une per-

---

établies sur les cours d'eau non navigables ni flottables implique pour ses agents celui de vérifier si les mesures prescrites reçoivent leur exécution; — Mais que la disposition dont il s'agit ne se borne pas à réserver aux agents de l'Administration le droit d'accéder au repère définitif dont elle prescrit l'établissement; qu'elle stipule le même droit au profit de tous particuliers qui peuvent être intéressés à vérifier la hauteur des eaux retenues par le permissionnaire; — Que cette dernière clause, en tant qu'elle peut avoir pour effet de grever la propriété du requérant d'une servitude de passage au profit de ces particuliers, excède les limites des pouvoirs conférés à l'Administration par les lois et décrets ci-dessus visés: — Art. 1er. Est annulée pour excès de pouvoir la disposition de l'art. 4 de l'arrêté prescrivant l'établissement d'un repère définitif, en tant que cette disposition aura pour effet de grever la propriété du requérant d'une servitude de passage au profit des particuliers, etc.

Du 18 déc. 1869.-Cons. d'Et.-MM. David, rap.-de Belbeuf, concl.-Bosviel, av.

(1) (Rouyer.) — LE CONSEIL; ... — Vu les lois des 12-20 août 1790, 28 sept.-6 oct. 1791, l'arrêté du 29 vent. an 6, l'instruction ministérielle du 19 therm. an 6, la loi du 16 sept. 1807; — Vu l'art. 1153 c. civ.; — Considérant que le pourvoi du sieur Rouyer et le recours du ministre des travaux publics tendent l'un et l'autre à l'annulation d'un même arrêté du conseil de préfecture de la Meuse; qu'il y a lieu, dès lors, de les joindre pour y statuer par une seule et même décision;

En ce qui touche le chiffre de l'indemnité: — Considérant que l'usine du sieur Rouyer, située sur une dérivation de l'Ornain qui n'est ni navigable, ni flottable, a été construite en 1434, en vertu d'un acte de concession du duc de Barr et de Lorraine; qu'elle a eu, par suite, dès l'origine de son établissement, et avait encore en 1790 une existence légale qui ouvre au sieur Rouyer un droit à indemnité à raison de chômages occasionnés par les prises d'eau faites dans la rivière d'Ornain, en 1846, 1847 et 1848, pour l'alimentation du canal de la Marne au Rhin;

Considérant, néanmoins, que le sieur Rouyer n'est pas fondé à demander que l'indemnité soit réglée sur la consistance totale de son usine au moment des chômages, attendu que des changements ont été opérés dans les ouvrages extérieurs de cette usine en vertu d'une ordonnance d'autorisation du 26 janv. 1844, qui a soumis l'usinier à ne prétendre aucune indemnité en cas de privation des avantages concédés;

Considérant que ladite indemnité doit être uniquement calculée d'après le préjudice que le sieur Rouyer aurait à souffrir si, lors des prises d'eau effectuées, l'usine eût encore été, quant à ses ouvrages extérieurs, dans les conditions hydrauliques, où elle se trouvait en 1790;

Considérant qu'il résulte de l'instruction que les diverses modifications opérées dans le régime intérieur de l'usine antérieurement à l'ordonnance du 26 janv. 1844 n'avaient rien changé à ces conditions; que, dès lors, c'est à tort que le conseil de préfecture de la Meuse n'a pas réglé l'indemnité sur le tort fait à

mission sur un cours d'eau, ne réglemente que le régime et l'usage des eaux; elle ne réglemente pas l'industrie. Le principe contraire ne serait pas seulement erroné en droit dans l'état de notre législation; il reposerait, en outre, sur une doctrine non moins erronée, non moins funeste en économie politique et en administration. En d'autres termes, une fois que le régime hydraulique d'une usine est fixé, l'usinier demeure maître et libre chez lui; il a le droit de tirer tel parti qu'il juge utile de la force qui lui a été concédée et dont l'usage extérieur a été réglé; il peut appliquer cette force dans l'intérieur de son usine à tel objet, à tel emploi que bon lui semble; l'Administration n'a rien à y voir, parce qu'en principe elle n'y a aucun intérêt au point de vue des idées générales qui servent de base, de règles et de limites à son action. La liberté relative sans doute, mais réelle et large pourtant, qui est essentielle à l'industrie, serait incompatible avec un autre système, avec le régime de l'intervention administrative dans la vie intérieure des usines; ce régime dégénérerait fatalement en tracasseries dommageables à l'industrie et à l'Administration elle-même; car il ne faut jamais oublier que l'un des sûrs moyens de compromettre même les attributions légitimes et nécessaires d'un pouvoir, d'une autorité quelconque, c'est de vouloir les exagérer. » — Jugé aussi qu'il n'est pas besoin de l'autorisation de l'Administration pour modifier l'aménagement intérieur d'un moulin en vue de son appropriation à une autre industrie, lorsque les changements à opérer doivent laisser subsister dans le même état le coursier et la roue motrice (Cons. d'Et. 27 août 1857, aff. Marchand, D. P. 58. 3. 65).

309. L'Administration doit également s'abstenir de réglementer la transmission des eaux en aval, cette transmission ne pouvant, sauf lorsque les intérêts de la salubrité, de l'alimentation des communes, de l'agriculture et de l'industrie sont en jeu, donner lieu qu'à des contestations d'ordre privé (V. Cons. d'Et. 24 nov. 1859, aff. Mongenot, *Rec. Cons. d'Etat*, p. 671; 25 avr. 1867) (1). « L'Administration peut, néanmoins, dit M. Plocque, *op. cit.*, t. 3, n° 271, en vertu de son droit de réglementation, s'opposer à tous les abus qui lui seraient signalés dans la construction de l'usine; elle aura fréquemment à intervenir, lorsque la manière dont la chute est disposée semble constituer un danger pour les propriétés voisines et les menace d'inondations, lorsque la transmission des eaux s'opère d'une manière nuisible, ou lorsque les résidus provenant de l'usine sont déversés dans le canal de décharge et ultérieurement dans le courant de la rivière; généralement, elle prescrit dans ce cas l'établissement d'une grille ou râtelier formant claire-voie » (V. Cons. d'Et. 3 août 1866, aff. Schotsmans, *Rec. Cons. d'Etat*, p. 931).

310. La longueur du déversoir doit être, en général, égale à la largeur des cours d'eau aux abords de l'usine, dans les parties où le lit a conservé son état normal (*Rép.* n°s 311 et 381). « Sur les cours d'eau ordinaires, dont le volume entier peut être utilisé par l'usine, dit M. Plocque, *op. cit.*, t. 3, n° 269, la crête du déversoir doit être dérasée sur toute son étendue suivant le plan de pente de l'eau retenue au niveau légal, à l'époque des eaux moyennes, l'usine marchant régulièrement et le bief étant convenablement curé. Sur les rivières dont les eaux ne sont pas utilisées en totalité par l'usine, le déversoir qui a souvent une grande étendue peut être disposé de manière à servir à l'écoulement de la rivière même pendant les eaux ordinaires, et, par conséquent, être dérasé au-dessous de la hauteur de la retenue, sauf toutefois une partie du couronnement qui devra être réglée à cette hauteur, afin que la hauteur des eaux devant le déversoir permette d'apprécier si le niveau légal est observé. »

311. L'Administration doit veiller à ce que les usines ne marchent pas par éclusées (V. *Rép.* n°s 384 et 387). — Lorsque la marche par éclusées cause des dommages aux propriétés voisines, lorsque l'agglomération des eaux dégrade les héritages situés le long des canaux alimentaires de l'usine, il y a là, au premier chef, transmission des eaux d'une manière nuisible, et l'usinier encourt l'application de l'art. 15 de la loi de 1791 (V. *infrà*, n° 313). Si la marche par éclusées ne cause de tort à personne, l'usinier ne saurait être poursuivi: aucune loi, en effet, n'interdit absolument de faire marcher les usines par éclusées. Il a été jugé: que le riverain supérieur peut élever artificiellement le niveau du déversoir de son usine et faire des éclusées pendant les basses eaux, si ces travaux ne sont pas nuisibles aux autres riverains et si l'usine chôme pendant les heures réservées par un règlement général pour l'arrosage de leurs propriétés (Nîmes, 4 juill. 1871, aff. Livache du Plan, D. P. 72. 1. 404); — Qu'il n'est pas interdit à l'usinier de faire marcher les eaux par éclusées, pourvu qu'il ménage dans une juste mesure le droit des riverains inférieurs (Req. 19 janv. 1874, aff. Abadie-Vergé, D. P. 74. 1. 118).

M. Bourguignat, *Traité de droit rural*, t. 1, p. 473, n'admet pas qu'il y ait délit lorsque l'usinier a prescrit vis-à-vis des autres propriétaires le droit de marcher par éclusées ou lorsqu'il y a été autorisé par l'Administration. « Nous n'avons rien à objecter, dit avec raison M. Plocque, *op. cit.*, t. 3, n° 304, en ce qui touche la première partie de cette proposition: les propriétaires lésés ne peuvent, à aucun titre, se plaindre d'un état de choses qu'ils ont rendu définitif, par leur absence de contradiction; mais, sur le second point, nous ne croyons point que l'autorité administrative puisse à elle seule mettre l'usinier à couvert de toute poursuite; il faudrait de plus que sa bonne foi fût constante. Nous admettons très bien qu'une condamnation intervienne, lorsqu'il aura su qu'en usant de l'autorisation administrative, il transmettait les eaux d'une manière nuisible; il a agi en parfaite connaissance de cause et savait qu'il se plaçait sous le coup de la loi de 1791 ».

312. L'exploitation des usines doit avoir lieu conformément aux lois et règlements sur la police fluviale et la navigation. Les infractions à ces lois et règlements tombent sous le coup, soit d'anciens arrêts du conseil ou d'édits et ordonnances, soit de l'art. 471, § 15, c. pén. (V. *infrà*, n°s 514 et suiv.).

313. Certains abus de jouissance imputables à l'usinier et qui ont pour résultat des dommages ou dégradations causées à la propriété d'autrui, tombent sous l'application de la loi pénale. L'inondation des propriétés voisines ou des chemins par suite de trop grande élévation du déversoir d'une usine, d'un moulin ou d'un étang, est punie par l'art. 457 c. pén (V. *suprà*, v° *Dommage-destruction*, n°s 187 et suiv.). — La transmission nuisible des eaux d'un fonds

---

l'usinier eu égard à l'état de l'usine avant ladite ordonnance; Considérant qu'en adoptant cette base, les experts ont équitablement évalué au chiffre de 25822 fr. 24 cent. l'indemnité due par l'Etat au sieur Rouyer :...

Art. 1er. L'indemnité due par l'Etat au sieur Rouyer est et demeure fixée au chiffre de 25822 fr. 24 cent. avec intérêts à partir du 12 nov. 1848...

Du 29 nov. 1851.-Cons. d'Et.-MM. Pascalis, rap.-Reverchon, concl.-Frignet, av.

(1) (Albertin.) — NAPOLÉON, etc.; — Vu la loi du 16 sept. 1807; — Considérant que si les actes que le sieur Albertin a produits devant le conseil de préfecture du département de l'Isère à l'appui de la demande d'indemnité pour dommages qu'il dirigeait contre la compagnie du chemin de fer de Paris à Lyon et à la Méditerranée ne fournissent pas à eux seuls la preuve de l'existence légale de l'usine à laquelle auraient été causés les dommages dont il se plaignait, les actes étaient suffisants, néanmoins, pour justifier la demande d'expertise que ledit Albertin avait formée par les conclusions subsidiaires; que, dans ces circonstances, c'est à tort que le conseil de préfecture a rejeté la demande d'indemnité du sieur Albertin, avant de faire procéder à une expertise sur la question de l'existence légale de l'usine dont il s'agit:

Art. 1er. L'arrêté du conseil de préfecture du département de l'Isère ci-dessus visé est annulé. — Art. 2. Le sieur Albertin, propriétaire du moulin du Gaz, et la dame Pinet, en sa qualité de locataire, sont renvoyés devant le même conseil de préfecture pour y être statué sur la demande d'indemnité par eux formée, après qu'il aura été procédé à une expertise contradictoire dans les formes prescrites par l'art. 56 de la loi du 16 sept. 1807, à l'effet de rechercher si l'usine du sieur Albertin remonte à une époque antérieure à 1790, et, dans le cas où il en serait ainsi, de reconnaître la réalité et l'importance des dommages que les requérants prétendent avoir éprouvés et d'évaluer les indemnités auxquelles ils peuvent avoir droit.

Du 25 avr. 1867.-Cons. d'Et.-MM. de Sandran, rap.-Bayard, concl.-Christophle et Choppin, av.

sur un autre fonds, sous quelque forme qu'elle se produise, est réprimée par l'art. 15 de la loi des 28 sept.-6 oct. 1791. L'usinier est atteint, lors même que la hauteur légale de son réservoir n'a pas été fixée par l'autorité administrative (V. *infrà*, nos 514 et suiv.).

314. Lorsque l'abus de jouissance ne tombe pas sous l'application de la loi pénale, la partie lésée peut réclamer des dommages-intérêts à l'usinier en vertu de l'art. 1382 c. civ. Tels sont les cas : où l'usinier lève sans nécessité des vannes de décharge de manière à diminuer la force motrice nécessaire au jeu des établissements supérieurs; où ces vannes de décharge sont insuffisantes; où il existe des malfaçons dans la construction du déversoir, etc. (Plocque, *op. cit.*, t. 3, n° 306. V. aussi *infrà*, nos 488 et suiv.).

Si l'usinier s'est conformé aux prescriptions de l'autorité administrative, et si néanmoins l'existence de son usine est une cause de préjudice pour les tiers, ceux-ci peuvent-ils réclamer une indemnité; et devant quels juges leur action doit-elle être portée? Cette question est traitée *infrà*, nos 376 et suiv.

SECT. 6. — DES CHANGEMENTS ET MODIFICATIONS OPÉRÉS AUX USINES AUTORISÉES (*Rép.* nos 392 à 396).

315. L'instruction du 19 therm. an 6, comme on l'a expliqué au *Rép.* n° 392, oblige l'usinier à obtenir une nouvelle autorisation de l'Administration, lorsqu'il veut apporter une modification importante dans le régime de son établissement, qu'il soit situé sur un cours d'eau navigable ou sur une rivière non navigable. Lorsqu'il s'agit d'une innovation peu considérable et dont les conséquences seront à peine sensibles, l'usinier peut agir librement. Si l'usine est de celles qui, aux termes du décret de décentralisation, peut être autorisée par le préfet, l'autorisation préfectorale sera suffisante pour toutes les modifications à y établir; d'autre part, alors même qu'il sera nécessaire d'obtenir un décret autorisant ces modifications, l'Administration se réserve le droit de dispenser l'usinier des formalités prescrites pour l'instruction des demandes originaires (V. Circ. 23 oct. 1851). « Lorsque l'Administration, dit M. Plocque, *op. cit.*, t. 3, p. 267, autorise l'usinier à exécuter les modifications qu'il sollicite, elle est absolument maîtresse de lui imposer telles ou telles conditions : elle peut, en raison de l'avantage qu'elle lui confère, lui imposer certains travaux parfois fort dispendieux; c'est ainsi que l'usinier ne saurait attaquer l'acte qui lui permet de se servir d'une quantité d'eau plus considérable, mais qui, en même temps, l'oblige soit à changer le lieu de sa prise d'eau, soit à en modifier les ouvrages régulateurs : sa concession primitive a disparu en présence de cet acte nouveau et ne saurait désormais faire titre pour lui. L'exercice de ce droit est fort délicat pour l'Administration, lorsqu'elle se trouve en présence d'un usinier ayant titre légal. Voici, par exemple, un usinier à qui un acte de vente nationale ou une possession antérieure à 1566 assure la jouissance de tel volume d'eau et qui, pour une raison quelconque, demande à pouvoir modifier le mode de sa prise d'eau : un décret l'autorise à effectuer cette modification; mais en même temps, et sous prétexte de réglementation, ce décret réduit le volume auquel il a droit. Il y a là un véritable excès de pouvoir; l'Administration ne peut toucher aux droits de l'usinier que si ce dernier y consent; au cas où elle se trouverait en désaccord avec lui sur les termes dans lesquels devrait être conçu le nouvel acte d'autorisation, elle se bornera à répondre par un refus à la demande qui lui est présentée, mais elle ne pourra, en accueillant cette demande, contraindre l'usinier à subir une modification quelconque à son titre antérieur. »

316. La distinction entre les travaux qui constituent des innovations importantes et les travaux qui constituent les modifications pouvant être effectuées sans autorisation est souvent difficile à établir. Aussi les usiniers agissent-ils sagement en s'adressant soit à la préfecture, soit à l'Administration des ponts et chaussées, avant l'exécution des travaux pour savoir s'ils constituent ou non une innovation importante (Dufour, t. 4, n° 515). Le changement de place d'un établissement est, cela n'est pas douteux, une modification pour laquelle une autorisation est nécessaire. Cette entreprise, si elle n'est pas autorisée, constitue une contravention de grande voirie, et la suppression de l'établissement sera nécessairement ordonnée par l'autorité administrative. L'usinier ne saurait davantage changer la nature de son établissement et transformer, par exemple, un moulin sur bateau en une usine fixe; augmenter le volume d'eau dont il a le droit de disposer. L'Administration peut ordonner la suppression de ces travaux avant qu'ils soient achevés (Plocque, t. 3, n° 328; Cons. d'Et. 24 déc. 1880, aff. Besnard, D. P. 82. 3. 36).

317. Pour les réparations qu'il est nécessaire de pratiquer aux ouvrages de l'usine, M. Plocque estime avec raison qu'elles doivent être autorisées si le régime de la rivière peut se trouver modifié par suite des travaux entrepris (t. 3, n° 329. V. aussi *Rép.* n° 393). Des travaux en apparence inoffensifs peuvent entraîner les conséquences les plus graves, nécessiter dans les rivières des manœuvres d'eau. — Jugé que si les propriétaires d'usines situées sur des rivières navigables peuvent, même sans autorisation, faire des travaux de réparation auxdites usines, ils ne peuvent faire, sans autorisation préalable, les manœuvres d'eau nécessaires pour l'exécution desdites réparations; que le fait d'avoir effectué ces manœuvres sans autorisation constitue une contravention à l'art. 4 de l'arrêt du 24 juin 1777 (Trib. confl. 28 mai 1851, aff. Vérelst, D. P. 51. 3. 51).

318. Certaines rivières se trouvent, en vertu de règlements locaux, soumises à un régime exceptionnel; il est interdit aux usiniers de faire procéder à n'importe quelle réparation sans s'être pourvus d'une autorisation préalable. C'est ce qui a lieu pour certaines parties de la Garonne, de la Seine, de la Marne (Plocque, t. 3, n° 330).

319. On a examiné au *Rép.* n° 393 la question de savoir si une autorisation est nécessaire lorsqu'il s'agit de reconstruire une usine détruite, par exemple, par un incendie, et que l'établissement reconstruit n'est que la reproduction exacte de l'ancien. Contrairement à l'opinion que nous avions adoptée et que partage M. Plocque, *op. cit.*, t. 3, n° 331, il a été jugé qu'un usinier ne peut construire un nouveau moulin en remplacement de celui qui existait primitivement sans se munir de l'autorisation de l'Administration à laquelle il appartient d'examiner si l'intérêt du service peut permettre cette reconstruction (Cons. d'Et. 1er févr. 1851) (1). — Jugé, de même, qu'un décret qui a autorisé un moulin à bateau sur une rivière navigable et qui ne contient aucune clause relative au cas de reconstruction, ne peut être considéré comme ayant conféré implicitement au proprié-

(1) (Veuve Baron et Sédillier.) — LE CONSEIL ;... — Vu l'art. 4 de la loi du 28 pluv. an 8, l'art. 48 de la loi du 16 sept. 1807, les lois des 20 août 1790 et 6 oct. 1791, et l'arrêté du Directoire exécutif du 19 vent. an 6; — En ce qui touche la chute d'eau du moulin de Bellayer : — Considérant que des termes de l'acte d'adjudication nationale du 26 flor. an 7 il résulte qu'au nombre des objets compris dans la vente faite au sieur Moulard se trouvait, pour l'acquéreur, la faculté de construire sur l'emplacement de l'ancien moulin abattu, un moulin, ou toute autre usine ayant besoin du cours d'eau ; que cette faculté impliquait nécessairement le droit à l'usage de la chute telle qu'elle était déterminée par le coursier de l'ancien moulin et par le barrage sur lequel ce moulin était placé; qu'ainsi ladite chute ayant été vendue, c'est avec raison que le conseil de préfecture a décidé que sa suppression donnait ouverture, en faveur des requérants, à un droit à indemnité;

En ce qui touche l'usine mue par cette chute : — Considérant que la faculté accordée à l'acquéreur de construire une nouvelle usine sur l'emplacement vendu ne le dispensait pas de l'obligation de se pourvoir de l'autorisation administrative nécessaire, aux termes des lois de la matière, pour déterminer, sous le rapport hydraulique, les conditions du règlement de cette usine, et lui conférer une existence légale, et que, faute par les requérants ou leur auteur de s'être pourvus de cette autorisation, la mise en chômage permanent de leur usine, par suite de la suppression de sa chute, ne peut donner lieu à indemnité :

Art. 1er. Les conclusions du ministre des travaux publics et celles du ministre des finances, ensemble celles de la dame veuve Baron et du sieur Sédillier contenant pourvoi incident et demande à fins de dépens, sont rejetées.

Du 1er févr. 1851.-Cons. d'Et.-MM. de Jouvencel, rap.-Vuitry, concl.-Fabre, av.

taire le droit de reconstruire son usine emportée par une crue de la rivière ; qu'en conséquence, la reconstruction de cette usine sans autorisation est une contravention de grande voirie (Cons. d'Et. 19 déc. 1855, aff. Puzin, *Rec. Cons. d'Etat*, p. 754).

320. S'il s'agit de remettre en mouvement une usine abandonnée, l'usinier peut, sans qu'il y ait lieu de tenir compte de la durée du chômage, reprendre son travail sans avoir besoin d'une nouvelle autorisation administrative. Il en serait autrement s'il s'était produit dans les ouvrages hydrauliques, par suite de la cessation du travail, des changements pouvant affecter le régime de la rivière ; ou si l'Administration avait imposé à l'usinier, comme condition essentielle de la concession, l'obligation de maintenir constamment l'usine en activité, sous peine de déchéance, ou n'avait pas commencé les travaux dans le délai qui lui était imparti (Nadault de Buffon, *op. cit.*, t. 1, p. 404 ; Plocque, t. 3, n° 332).

321. M. Plocque, t. 3, n° 333, estime que l'autorisation administrative n'est pas nécessaire, lorsqu'il s'agit de consacrer à une industrie nouvelle une usine qui jusque-là a reçu une autre destination. L'Administration n'a pas le droit de s'immiscer dans la gestion de l'usine, tant que le permissionnaire se conforme à son titre et n'excède point les limites de la concession. Tel est aussi l'avis de M. Dufour, t. 4, n° 517. « L'exigence d'une permission, dit cet auteur, ne saurait se concilier avec la liberté du commerce » (V. *Rép.* n° 394).

322. Lorsque l'usinier veut apporter une modification aux ouvrages extérieurs de son usine, perfectionner, par exemple, les vannes motrices, les coursiers, les roues hydrauliques, ajouter de nouvelles roues, aucune autorisation n'est nécessaire, si la modification ne doit avoir aucune influence sur le régime du cours de l'eau. Le conseil d'Etat avait adopté d'abord une théorie opposée et exigeait, dans tous les cas, l'autorisation lorsqu'il s'agissait de modifications extérieures (V. Cons. d'Et. 22 nov. 1851, aff. Société du canal de la Sambre, *Rec. Cons. d'Etat*, p. 692 ; 29 nov. 1851, *suprà*, n° 308 ; 5 juill. 1855, aff. Beaufrère, D. P. 56. 3. 13 ; 29 janv. 1857, aff. Flusin, *Rec. Cons. d'Etat*, p. 82). M. Nadault de Buffon, *op. cit.*, t. 2, p. 497, s'est élevé contre l'esprit de ces arrêts ; il demandait que les propriétaires d'usines fussent libres d'effectuer dans le mécanisme de leurs établissements les changements réclamés par les progrès de l'industrie ; à l'appui, il citait ce fait que les seuls perfectionnements introduits depuis 1830 dans la construction des roues hydrauliques avaient permis de tirer des chutes d'eau constantes une force motrice quintuple de celle qu'on en tirait autrefois ; partant de là, il établissait quel tort on ferait à la richesse publique, si l'on continuait à poser en principe que l'ancien état des ouvrages hydrauliques des usines doit toujours être conservé, sous peine de contravention. Indépendamment de ces considérations, on pouvait se demander si, en droit, l'Administration n'excédait pas ses pouvoirs en exigeant des usiniers une semblable autorisation. Le ministère des travaux publics ne faisait point de difficultés pour reconnaître que cette exigence ne pouvait s'appuyer sur aucun texte (V. Plocque, *op. cit.*, t. 3, n° 334). M. le commissaire du Gouvernement Aucoc, dans des affaires soumises en 1866 au conseil d'Etat, s'est exprimé ainsi : « Une autorisation est-elle nécessaire pour toutes les modifications quelconques apportées aux ouvrages extérieurs des usines ? Y a-t-il une disposition de loi ou de règlement actuellement en vigueur qui le prescrive ? Nous n'en connaissons pas. Les dispositions si fréquemment citées des lois des 12-20 août 1790 et des 28 sept.-6 oct. 1791 ont chargé l'Administration de veiller au libre cours des eaux, de diriger les eaux vers un but d'utilité générale d'après les principes de l'irrigation et de fixer la hauteur des barrages des usines à niveau, de manière que la retenue des eaux ne nuise pas aux propriétés riveraines en les inondant. Il suit de là que nul ne peut établir ou modifier, sans l'autorisation de l'Administration, un ouvrage qui aurait une action sur le cours des eaux, qui en arrêterait le cours, qui en détournerait une certaine partie. Ainsi un barrage, une prise d'eau ne peuvent être établis sans autorisation ; mais quand une fois le barrage est autorisé, pourquoi l'Administration aurait-elle à autoriser les ouvrages qui doivent utiliser la chute d'eau que procure le barrage ? L'Administration n'a pas à fixer la dimension ou la disposition des roues et du coursier, pas plus qu'elle n'a à décider que l'usine sera un moulin à farine ou une filature. Dans l'un comme dans l'autre cas, il ne s'agit plus de créer une chute d'eau, il ne s'agit que de l'utiliser. L'usinier doit être libre de faire ce qu'il juge le plus avantageux, parce que sa décision ne peut en rien nuire à l'intérêt public confié aux soins de l'Administration. » Conformément à ces conclusions, deux arrêts du 28 juill. 1866 rompirent avec les anciennes traditions et donnèrent gain de cause aux usiniers, en déclarant qu'aucune disposition de loi ou de règlement n oblige les usiniers à se pourvoir d'une autorisation pour mieux utiliser leur force motrice au moyen d'additions et de perfectionnements apportés aux vannes motrices, aux coursiers et aux roues hydrauliques, alors qu'il n'a rien été changé aux ouvrages régulateurs de la retenue ni au régime des eaux de la rivière (Cons. d'Et. 28 juill. 1866, aff. Ulrich, et aff. Schifferstein, D. P. 68. 3. 27).

323. Dans les actes de ventes nationales relatifs aux moulins à blé, on trouve fréquemment cette clause que l'usinier est tenu de maintenir son établissement dans tel état sans pouvoir y apporter aucune modification, ni changer le genre d'industrie qui y est exercé. Le conseil d'Etat décide que cette clause doit être respectée ; qu'il faut avant tout maintenir le principe de l'inviolabilité des ventes nationales. Il a été jugé qu'une clause d'un acte de vente nationale portant que l'acquéreur d'un étang et de moulins sera tenu de laisser subsister l'étang et les moulins tels qu'ils sont, est valable, et doit encore aujourd'hui être respectée (Cons. d'Et. 24 déc. 1863) (1). — Si une clause de cette nature se trouve dans un acte administratif, est-elle obligatoire ? La question est délicate. M. Plocque, t. 3, n° 335, propose une distinction. « Ces clauses, dit-il, seront obligatoires toutes les fois qu'elles auront été dictées par des nécessités d'intérêt public, de quelque nature qu'elles soient. L'Administration, en les insérant, n'aura fait qu'user des pouvoirs à elle conférés par la loi des 12-20 août 1790. Elle pourra, dès lors, tenir la main à ce que l'usinier ne fasse dans les lieux aucune innovation, et, en cas de contravention, l'obliger soit à les rétablir dans leur ancien état, soit à les rendre à leur destination réglementaire. Elle pourra même le poursuivre non plus devant les tribunaux administratifs, puisqu'il ne s'agit plus d'atteinte portée à la libre circulation des eaux, mais devant le juge de simple police et en invoquant l'art. 471, § 15, c. pén. Si, d'autre part, cet usinier estime qu'à raison de circonstances postérieures à l'acte dont s'agit,

(1) (Hesse.) — NAPOLÉON, etc. ; — Vu le procès-verbal de l'adjudication passée par-devant le directoire du district de Cérilly, le 19 vent. an 2, et portant que l'étang et les moulins sont vendus au sieur Jaquesson, moyennant le prix de 24000 livres... à la charge de laisser subsister l'étang et les moulins tels qu'ils sont, étant d'une nécessité indispensable pour faire les farines de la commune de Burges et celles environnantes ; — Vu un extrait du jugement du tribunal civil de l'arrondissement de Moulins en date du 14 déc. 1861 rendu dans l'instance engagée par la commune de Bourbon-l'Archambault contre le sieur Hesse à l'effet de faire décider qu'il sera tenu de rétablir l'étang desséché dans son état primitif, et par lequel le tribunal sursoit à statuer sur les questions de validité ou d'interprétation de l'acte de vente nationale ci-dessus visé jusqu'à ce qu'il ait été prononcé sur ces questions par l'autorité compétente ; — Vu la loi du 28 pluv. an 8 ; — Vu la constitution du 22 frim. an 8 et la charte de 1814 ; — Considérant que la clause dont le sieur Hesse conteste la validité est insérée dans le procès-verbal de l'adjudication de l'étang des moulins en date du 19 vent. an 2 ; qu'elle a été acceptée par l'adjudicataire et que, en conséquence, le sieur Hesse est tenu à l'exécuter comme toutes les autres clauses de la vente ; — Que, si le sieur Hesse se croit fondé à soutenir que cette clause, stipulée dans l'intérêt de l'alimentation publique, n'a plus d'objet parce que, depuis l'époque de la vente, il a été donné satisfaction d'une autre manière aux besoins en vue desquels elle avait été insérée dans le procès-verbal d'adjudication, il peut s'adresser à l'autorité administrative compétente, pour obtenir d'être délié de ses obligations, mais que cette appréciation ne peut être faite par la voie contentieuse :

Art. 1er. La requête du sieur Hesse est rejetée. — Art. 2...

Du 24 déc. 1863.-Cons. d'Et.-MM. Aucoc, rap.-L'Hopital, concl.-Dufour et Bellaigue, av.

cette clause n'a plus de raison d'être, il devra s'adresser à l'autorité administrative qui examinera si, oui ou non, il y a lieu de l'effacer ; mais, tant qu'une décision nouvelle ne sera pas intervenue, il s'exposerait à des poursuites en ne se conformant pas rigoureusement à son titre. Dans le cas contraire, c'est-à-dire toutes les fois que l'Administration ne justifiera pas d'un motif d'intérêt public, elle aura commis un véritable excès de pouvoir en astreignant l'usinier à n'exercer que telle ou telle industrie; la clause n'aurait point dû figurer dans l'acte ; elle sera réputée non écrite et l'on ne pourra s'en faire une arme contre l'usinier qui refuserait de s'y soumettre. »

SECT. 7. — DU CHOMAGE DES USINES ET MOULINS (*Rép.* nos 397 à 401).

324. On a dit au *Rép.* nos 397 et suiv. que l'indemnité que peut devoir l'Etat à raison du chômage occasionné aux usines par les travaux publics qu'il entreprend n'est pas réglée par la loi comme celle due pour le chômage des usines à l'occasion du flottage, mais qu'elle est fixée, suivant le droit commun, par l'art. 1149 c. civ. et dans les formes prescrites par la loi du 16 sept. 1807.

325. Nous examinons à la section suivante à quelle autorité il appartient de prescrire le chômage des usines, et dans quels cas une indemnité est due à l'usinier.

SECT. 8. — DES INDEMNITÉS RÉCLAMÉES POUR CHOMAGE ET SUPPRESSION D'USINES OU AUTRES ÉTABLISSEMENTS SUR LES COURS D'EAU NAVIGABLES OU NON (*Rép.* nos 402 à 413).

326. — I. EAUX NAVIGABLES. — Les autorisations et concessions pour établir des usines peuvent, dans l'intérêt de la navigation, être supprimées ou modifiées par l'autorité qui les a accordées. Cette doctrine, qui est la conséquence du principe de l'inaliénabilité du domaine public, proclamée par l'édit de Moulins de février 1566 et consacrée par l'arrêt du conseil du 26 juin 1777, les lois des 12-20 août 1790, 28 sept.-6 oct. 1791 et l'arrêté du 19 vent. an 6, a été formulée au *Rép.* nos 402 et suiv. La suppression totale ou partielle d'une usine est prononcée tantôt par décret, tantôt par le préfet suivant les distinctions établies pour les autorisations par le décret du 25 mars 1852. Elle ne peut avoir lieu qu'après l'accomplissement des formalités prescrites par l'arrêt du 19 vent. an 6 et l'instruction du 19 therm. an 6, et notamment qu'après enquête préalable, sauf les cas exceptionnels d'urgence (Circ. 23 oct. 1851 ; Plocque, *op. cit.*, t. 3, no 355; Cons. d'Et. 15 juin 1864, aff. Gaunard, D. P. 65. 3. 19 ; 27 juill. 1883, aff. Syndicat du canal de Briançon, D. P. 85. 3. 35.

Même dans l'hypothèse où un décret est nécessaire pour la suppression de l'usine, le préfet peut prendre toutes les mesures nécessaires pour assurer le service de la navigation, lors même qu'elles auraient pour résultat de diminuer, par exemple, la force motrice dont jouissent les moulins, sauf aux intéressés à faire valoir devant l'autorité compétente les droits qu'ils prétendent avoir à une indemnité en réparation des dommages que ces mesures leur causent. Jugé que les règlements d'eau sur les rivières navigables sont assujettis à la formalité des enquêtes et ne peuvent être pris que par décrets rendus en conseil d'Etat, mais que de simples mesures de police pour le service de la navigation peuvent être prises par arrêté préfectoral (Cons. d'Et. 6 déc. 1860) (1).

327. En principe, les usiniers n'ont droit à raison de la suppression totale ou partielle de leurs établissements, du chômage ou de la perte de force motrice résultant de travaux exécutés par l'Etat pour assurer le libre cours des eaux et le service de la navigation, à aucun dédommagement, à aucune indemnité. Telle est la règle générale. « Le défaut de droit à une indemnité, dit M. Ducrocq, t. 2, no 1003, a pour motif juridique l'inaliénabilité et l'imprescriptibilité du domaine public, sur les dépendances duquel un établissement quelconque ne peut exister qu'à titre de tolérance ». « La précarité, dit de son côté M. Dufour, *op. cit.*, t. 4, no 523, est inhérente aux droits conférés par les actes d'autorisation ; elle forme leur caractère distinctif, à ce point que les particuliers qui les ont acquis et qui les possèdent n'ont pu méconnaître cette condition. Or n'est-il pas de l'essence de toute condition réservée dans un contrat, d'exclure, en l'absence de clause contraire, toute demande en dommages-intérêts fondée sur sa réalisation ? » (V. aussi Plocque, t. 3, no 353). — Jugé que l'Administration, aux termes de la loi des 12-20 août 1790 et de la loi du 16 sept. 1807, a le droit dans une vue de salubrité publique et dans l'intérêt de la conservation des travaux de dessèchement, de prescrire la suppression d'une prise d'eau, autorisée ou non, sur une rivière navigable, sans que la jouissance des possesseurs, quelque longue qu'elle soit, puisse faire obstacle à cette suppression (Cons. d'Et. 7 déc. 1854) (2).

(1) (Sourdeaux.) — NAPOLÉON, etc.; — Vu la loi du 12-20 août 1790, celle des 28 sept.-6 oct. 1791, l'arrêté du Gouvernement du 19 vent. an 6 et le décret du 25 mars 1852; — Considérant qu'il résulte des lois et arrêtés ci-dessus visés que l'Administration a le droit et le devoir de prescrire, sur les rivières navigables et flottables, les mesures qu'elle juge nécessaires pour assurer le libre écoulement des eaux et le service de la navigation; que, d'ailleurs, l'art. 2 de l'arrêté préfectoral du 2 nov. 1832 ci-dessus visé par lequel a été autorisé l'établissement du barrage de Créteil, réserve expressément à l'Administration le droit de réglementer la police de la rivière de Marne;... — Considérant que les arrêtés attaqués ont été pris en exécution des dispositions législatives ci-dessus visées et conformément aux réserves exprimées dans l'arrêté préfectoral précité, et qu'ils se bornent à prescrire de simples mesures de police pour le service de la navigation dans la rivière de Marne; que, dès lors, ces arrêtés ne constituent pas des règlements d'eau assujettis à la formalité des enquêtes et qui ne pourraient être pris que par décrets impériaux rendus en notre conseil d'Etat;

Considérant, d'ailleurs, que les arrêtés attaqués ne font pas obstacle, dans le cas où les mesures prescrites par le préfet porteraient atteinte aux conventions intervenues entre l'Etat et les propriétaires desdites usines, à ce que les requérants fassent valoir, devant l'autorité compétente, s'ils s'y croient fondés, les droits qu'ils pourraient prétendre à une indemnité en réparation des dommages que ces mesures auraient causés à leur usine :

Art. 1er. La requête des sieurs Sourdeaux, Delafosse, Berson, Ricois et Tomas est rejetée.

Du 6 déc. 1860.-Cons. d'Et.-MM. de Belbeuf, rap.-L'Hopital, concl.-Devaux, av.

(2) (de Matha et consorts.) — NAPOLÉON, etc.; — Vu les lois des 22 déc. 1789-janv. 1790 (sect. 3, art. 2), des 12-20 août 1790 (chap. 6), des 28 sept.-6 oct. 1791 (tit. 1er, sect. 1re, art. 4); — Vu l'arrêté du Directoire exécutif du 19 vent. an 6; — Vu l'art. 27 de la loi du 16 sept. 1807; — Sur l'excès de pouvoir : — Considérant qu'aux termes de la loi des 12-20 août 1790 (chap. 6) et de la loi du 16 sept. 1807, les administrations départementales sont chargées de diriger toutes les eaux du territoire vers un but d'utilité publique et de pourvoir à la conservation des travaux de dessèchement; que l'art. 10 de l'arrêté du Directoire du 29 vent. an 6 leur enjoint particulièrement de veiller à ce que nul ne fasse aux rivières et canaux navigables et flottables des prises d'eau ou saignées, sans y avoir été autorisé par l'administration centrale du département; que les eaux des fleuves et rivières navigables faisant partie du domaine public et n'étant pas, dès lors, susceptibles de possession privée, il suit de là que la jouissance d'une prise d'eau sur un fleuve navigable ne peut, quelque longue qu'elle soit, tenir lieu de l'autorisation administrative, et que cette autorisation peut elle-même être révoquée, si l'intérêt public l'exige; que les propriétaires des marais appelés les *Padouens* et *de Pichon* ne produisent, à l'appui de leur demande en maintien de la prise d'eau par eux pratiquée sur la Garonne par le canal appelé *Jalle de la Lande*, aucune autorisation ni concession accordée à eux où à leurs auteurs; qu'ainsi l'interdiction pour l'avenir de toute prise d'eau par le canal de la Lande, prononcée d'ailleurs dans une vue de salubrité publique et dans l'intérêt de la conservation des travaux des dessèchements voisins, est un acte accompli par le préfet dans la limite des pouvoirs qui lui sont conférés par les lois précitées ;...

Sur les moyens présentés au fond contre l'arrêté attaqué : — Considérant que les arrêtés pris par les préfets en pareille matière, dans la limite de leurs pouvoirs et dans les formes prescrites par les lois et règlements, ne sont pas susceptibles de nous être déférés par la voie contentieuse :

Art. 1er. La requête des sieurs de Matha et autres est rejetée, sauf à eux à se pourvoir, s'ils s'y croient fondés, devant l'autorité compétente, pour faire valoir les droits qu'ils soutiendraient résulter à leur profit d'actes privés à l'égard de la communauté des marais de Blanquefort.

Du 7 déc. 1854.-Cons. d'Et.-MM. Leviez, rap.-du Martroy, concl.-Avisse, av.

328. Le principe qui vient d'être rappelé souffre quelques exceptions.

329. — *Première exception.* — La première, mentionnée au *Rép.* n° 403, est relative aux usines que vise l'édit d'avril 1683, c'est-à-dire à celles dont les détenteurs ont des titres de propriété authentiques en bonne forme, antérieurs à l'année 1566, ou qui justifient d'une possession commencée sans vice, avant ladite année 1566, et continuée sans trouble. L'arrêt du conseil du 24 juin 1777, qui ordonnait indistinctement la démolition de tous les moulins et autres établissements qui nuiraient au libre cours des eaux et à la navigation, réservait une indemnité à ces détenteurs. Ceux-ci avaient été confirmés également dans la propriété ou la possession de leurs moulins. Si cette propriété ou cette possession leur était enlevée, dans un intérêt général, ce n'était que justice qu'on leur payât une indemnité. Les lois postérieures à la révolution de 1789 n'ont pas contesté ce droit. Il est donc certain, et la jurisprudence ainsi que la doctrine l'ont constamment proclamé, que les usiniers dont s'occupe l'édit de 1683 doivent être indemnisés en cas de suppression réelle de l'usine, ou, lorsque par suite de travaux exécutés par l'Etat pour assurer le libre cours des eaux et le service de la navigation, leur établissement vient à perdre tout ou partie de sa force motrice (V. L. 22 nov.-1er déc. 1790; Arrêté 19 vent. an 6; L. 16 sept. 1807) (Dufour, t. 4, nos 523 et suiv.; Ducrocq, t. 2, n° 1003). — Il a été jugé : 1° que les concessions d'usines sur des fleuves et rivières navigables, faites avant l'édit de février 1566, qui a frappé d'inaliénabilité le domaine de l'Etat, n'ont pas été atteintes par cet édit, sauf le droit qu'a conservé l'Etat de prescrire et de faire exécuter, mais à charge d'indemnité, tous travaux nécessaires à l'intérêt de la navigation (Civ. cass. 21 mai 1855, aff. Dumont, D. P. 55. 1. 310) ; — 2° Que, lorsqu'une usine a une existence légale antérieure à 1566, l'Administration peut prendre, sans recourir à l'expropriation, des mesures qui la privent de tout ou partie des avantages auxquels elle a droit, mais à la charge d'une indemnité à régler par le conseil de préfecture (Cons. d'Et. 23 janv. 1874, aff. de Lavigne, D. P. 75. 3. 13. V. aussi Cons. d'Et. 15 févr. 1866, aff. Fresneau, D. P. 67. 3. 2).

330. La même règle est applicable aux propriétaires d'usines situées dans les pays réunis à la France depuis l'année 1566 et qui justifient d'un titre ou d'une possession antérieure au jour où la rivière qui alimente leurs établissements aura été déclarée inaliénable comme faisant partie du domaine public (V. L. 14 vent. an 7, art. 2) (*Rép.* v° *Domaines engagés*, nos 15 et suiv.; Plocque, t. 3, nos 359 et suiv.). — Il a été jugé que l'inaliénabilité du domaine public établie par l'édit de 1566 est devenue applicable aux provinces qui ne faisaient pas alors partie de la France, à partir du jour où elles y ont été réunies, et notamment à la Franche-Comté, à partir de 1678 (Cons. d'Et. 19 juin 1885, aff. De Buyer, D. P. 87. 3. 10); mais que, lorsque les titres antérieurs à cette date établissent uniquement l'existence de moulins mis en mouvement par la chute d'un barrage construit sur une rivière navigable, le successeur des propriétaires de ce barrage n'a droit qu'à la force nécessaire à ces anciens moulins, et non à toute la force motrice que pouvait produire l'existence de cet ouvrage; que, par suite, il n'est pas fondé à demander une indemnité à raison de la perte de force motrice éprouvée par une forge autorisée postérieurement à 1678 (Même arrêt). — Jugé encore que l'édit de février 1566 est devenu applicable à l'Artois par le fait de la réunion de cette province à la France; qu'en conséquence, lorsqu'un moulin a été construit postérieurement à cette réunion, une délibération des Etats d'Artois n'a pu lui conférer l'existence légale; que le dommage causé à ce moulin par suite des mesures prescrites par le préfet dans l'intérêt de la navigation ne peut donner ouverture à un droit à indemnité en faveur de l'usinier (Cons. d'Et. 10 déc. 1886, aff. Labitte, D. P. 88. 3. 31).

331. L'usinier ne peut demander une indemnité que s'il prouve qu'antérieurement à 1566 ses auteurs étaient en possession de la prise d'eau, ou avaient obtenu la concession d'un droit d'arche ou de moulin, cette concession constituant un titre légal, quelle que soit l'époque à laquelle il en ait été usé. Jugé qu'un moulin établi seulement en 1624 a une existence légale, lorsqu'il résulte de l'instruction et des documents produits qu'avant 1566 (dans l'espèce, en 1478) les auteurs du propriétaire du moulin étaient en possession en vertu d'une concession de l'autorité souveraine de l'arche du pont sur laquelle il a été construit et du courant d'eau passant sous cette arche (Cons. d'Et. 9 avr. 1863)(1). — Décidé, d'autre part, que, pour que la diminution dans le volume des eaux servant à l'alimentation d'une ville, par suite d'une dérivation régulièrement autorisée sur un cours d'eau navigable, donne ouverture à un droit à indemnité en faveur de cette ville, il ne suffit pas qu'elle fasse usage de ces eaux depuis une époque antérieure à 1566, il faut qu'elle ait fait, avant cette époque, des ouvrages ou travaux sur ce cours d'eau (Cons. d'Et. 9 août 1870, aff. Bayard de la Vingtrie, D. P. 72. 3. 53). Cette solution est la conséquence rigoureuse, mais logique, des ordonnances de 1566 et de 1683. Si, avant 1566, la ville avait exécuté sur la rivière des travaux et ouvrages qui pussent rentrer dans la catégorie des établissements dont s'occupe l'ordonnance de 1683, la diminution dans le volume des eaux amenées par ces ouvrages eût donné ouverture à un droit à indemnité. Cela n'est pas douteux. Mais, dans l'espèce, la ville ne justifiait pas avoir eu d'établissement sur la rivière avant 1566; elle alléguait seulement qu'elle existait antérieurement à cette époque. Cette circonstance ne lui donnait aucun droit sur les eaux. Elle n'est pas de celles que relève l'ordonnance de 1683.

332. Un moulin existant légalement avant 1566, mais reconstruit depuis cette époque, ne peut être supprimé sans indemnité. Mais cette indemnité, on le verra, *infrà*, nos 344 et suiv., ne peut être calculée qu'à raison de la prise d'eau telle qu'elle était déterminée par les actes de concession ou possédée avant 1566 (Plocque, *op. cit.*, t. 3, nos 360 et suiv.).

333. C'est à l'usinier à rapporter les titres antérieurs à 1566 ou à justifier de la possession de ses auteurs, et à l'Etat à produire les documents qui sont de nature à infirmer la valeur des titres invoqués. Le conseil d'Etat paraît même disposé à établir une sorte de présomption en faveur des usiniers et applique l'adage *in antiquis enuntiativa probant* (Plocque, t. 3, n° 361; Cons. d'Et. 10 juill. 1871, aff. Rollot-Pithois, *Rec. Cons. d'Etat*, p. 72). Il a été jugé : 1° que la mention « Autorisé le... », inscrite sur une délibération par laquelle le double conseil d'une ville du Comtat Venaissin donnait aux consuls le pouvoir de faire des concessions d'eau, a pu être considérée comme faisant présumer jusqu'à preuve contraire que la délibération dont il s'agit avait été revêtue de la signature du souverain exigée par la législation qui régissait alors le Comtat (Req. 21 août 1877, aff. Baudouin, D. P. 78. 1. 424); — 2° Que l'existence légale d'une usine peut être établie au moyen de renseignements sur le contenu des pièces versées au dossier et qui ont été détruites par un événement de force majeure (l'incendie de l'hôtel de ville) (Cons. d'Et. 30 mai 1884, aff. Lequesne, D. P. 85. 3. 116. V. aussi Cons. d'Et. 4 août 1876, aff. Michon, D. P. 77. 3. 106; 4 févr. 1881, aff. Dazet, D. P. 82. 3. 65).

334. — *Deuxième exception.* — La seconde exception au principe que la suppression des usines établies sur les

(1) (Couturier.) — NAPOLÉON, etc.; — Sur le recours de notre ministre de l'agriculture, du commerce et des travaux publics : — Considérant que, si le moulin du sieur Couturier n'a été établi qu'en 1694, il résulte de l'instruction et notamment de la quittance authentique susvisée, en date du 3 nov. 1567, que, dès l'année 1478, les auteurs du sieur Couturier étaient, aux termes d'une concession de l'autorité souveraine, en possession de la troisième arche du pont de Vernon, sur laquelle a été construit ledit moulin, ainsi que du cours de l'eau passant sous cette arche; — Que, dans ces circonstances, c'est avec raison que l'arrêté attaqué a décidé que le moulin du sieur Couturier avait une existence légale, et que, par suite des travaux exécutés par l'Administration dans le lit de la Seine, une indemnité était due par l'Etat audit sieur Couturier :

Art. 1er. Le recours de notre ministre des travaux publics est rejeté.

Du 9 avr. 1863.-Cons. d'Et.-MM. Pascalis, rap.-Robert, concl.-Clément et Hérold, av.

cours d'eau navigables a lieu sans indemnité concerne les usines situées sur des rivières non navigables qui sont rendues artificiellement navigables. L'Administration ne peut, par son propre fait, mettre à néant les droits antérieurs des usiniers. La solution est la même, dit M. Plocque, t. 3, n° 356, lorsque la rivière est devenue naturellement navigable. L'usinier a un titre légal, et il a droit à une indemnité tout aussi bien que le riverain qui subit l'établissement de la servitude de halage (Conf. Dufour, t. 4, n° 449).

335. Les chutes d'eau concédées à titre onéreux sur les canaux de navigation, lors de la création de ces canaux, constituent de véritables propriétés et ne peuvent être supprimées sans indemnité. Le volume d'eau qu'ils emploient n'a, en quelque sorte, jamais fait partie du domaine public; il a donc pu faire l'objet d'une vente réelle et incommutable. Bien différente est la situation des usiniers dont les concessions sont postérieures à la mise en activité du canal; ils n'ont pas de titre légal et rentrent sous l'empire de la loi commune (Plocque, t. 3, n° 357).

336. — *Troisième exception.* — Une autre exception au principe de non-indemnité concerne les usines vendues comme biens nationaux en vertu des lois révolutionnaires (*Rép.* n° 403). Si la vente a porté sur un établissement existant antérieurement à 1566, l'adjudicataire se trouve mis au lieu et place des propriétaires dépossédés; il a acheté une usine qui avait un droit acquis à une indemnité en cas de suppression ou de chômage. Le plus souvent, d'ailleurs, l'acte de vente contient cette clause que « les biens sont vendus tels qu'en ont joui et dû jouir les précédents fermiers et ceux dont ils proviennent ». Cette clause, si elle n'est pas insérée expressément dans l'acte, doit, dans tous les cas, être sous-entendue; c'est une de ces suites naturelles et équitables du contrat, dont parle l'art. 1157 c. civ. Il faut, pour que l'acquéreur n'ait droit à aucune indemnité, que l'Etat ait formellement stipulé dans l'acte de vente qu'il n'aurait aucune réclamation à faire en cas de suppression ou de chômage. — Jugé qu'un moulin sur un cours d'eau navigable, possédé par une famille seigneuriale à partir d'une époque antérieure à l'édit de février 1566, et qui a fait en 1792 l'objet d'une vente nationale dépourvue de réserve, a une existence légale; et que, dès lors, la suppression, pour l'utilité d'un travail public, de la force motrice dont ce moulin disposait, ne peut être effectuée sans une indemnité (Cons. d'Et. 7 mars 1861, aff. Ser, D. P. 65. 5. 131. V. aussi Cons. d'Et. 16 nov. 1850, aff. Actionnaires des moulins de Moissac, *Rec. Cons. d'Etat*, p. 823; Dufour, t. 4, n° 523). L'arrêt du 7 mars 1861 applique la règle aux concessions qui présentent un caractère féodal. Les lois abolitives de la féodalité n'ont pu, en effet, enlever aux usines les droits que leur assurait le fait de leur existence régulière à une époque où le domaine public n'était pas inaliénable (Plocque, t. 4, n° 365).

337. Lorsque l'usine qui a fait l'objet de la vente nationale était soumise au droit commun et pouvait être supprimée sans indemnité, la question est plus délicate. La jurisprudence a d'abord établi une distinction bien nette. L'indemnité était due si l'Etat s'était engagé à livrer à l'adjudicataire une usine avec affectation d'une force motrice déterminée; il lui garantissait ainsi la jouissance des eaux. Il n'était point d'ailleurs indispensable que la vente de la chute d'eau fût expressément indiquée; elle pouvait résulter implicitement des clauses de l'acte. Si, au contraire, le contrat de vente ne faisait mention d'aucune force motrice déterminée, s'il n'en résultait pas que l'Etat avait cédé une chute d'eau, l'Etat était réputé n'avoir vendu l'établissement que dans l'état où il se trouvait, lors de son incorporation au domaine national. Les acquéreurs, mis purement et simplement au lieu et place des anciens concessionnaires, n'avaient que les droits qu'ils avaient eux-mêmes. Aucune indemnité ne leur était due en cas de suppression ou de chômage (Dufour, t. 4, n° 523; Plocque, t. 3, n° 366). — Le conseil d'Etat a, depuis lors, modifié sa doctrine, et proclamé cette théorie nouvelle que le seul fait de la vente nationale suffit pour donner titre légal à un établissement qui, avant sa confiscation, n'existait que précairement et à titre de simple tolérance. Il a voulu respecter le principe de l'inviolabilité des ventes nationales, principe auquel on semblait déroger en restreignant leur portée. Pourrait-on admettre qu'un individu se rendant adjudicataire d'une usine en pleine activité eût consenti à laisser en dehors du contrat la chute d'eau, c'est-à-dire ce qui constitue précisément l'usine hydraulique? La présomption était donc toute en sa faveur, et c'était en quelque sorte dépouiller les ayants droit que de ne point suppléer dans le contrat une clause qui avait dû nécessairement être dans l'intention des parties contractantes. N'y avait-il pas quelque chose de bizarre à assimiler ainsi coûte que coûte l'acquéreur d'une usine à l'acquéreur d'un simple bâtiment? — Jugé que, lorsqu'un moulin situé sur une rivière navigable a été vendu nationalement, son existence doit être considérée comme légale; que l'usinier en cas de chômage par suite de l'exécution par l'administration de travaux pour la construction d'un pont a droit à une indemnité (Cons. d'Et. 27 juill. 1859 (1). V. dans le même sens : Cons. d'Et. 6 janv. 1853, aff. Leblanc-Daveau, D. P. 53. 3. 41). Jugé encore que, lorsqu'une usine située sur une rivière navigable a été vendue nationalement, l'Etat qui a vendu doit être considéré comme ayant par cela même concédé la force motrice qui était utilisée dans cette usine; qu'en conséquence, en cas de chômage par suite de l'exécution de travaux publics, elle a droit à indemnité (Cons. d'Et. 30 juill. 1862, aff. Vital, *Rec. Cons. d'Etat*, p. 608). M. Plocque, *op. cit.*, t. 3, n° 367, combat cette théorie : « Il y a quelque chose d'exorbitant, dit cet auteur, à sous-entendre dans un contrat et à en faire résulter par voie d'induction la vente d'une portion du domaine public ».

338. — *Quatrième exception.* — Les usines ayant fait, postérieurement à 1566, l'objet de *contrats d'engagement*, c'est-à-dire ayant été vendues par le roi avec stipulation que le bien vendu serait rachetable à perpétuité, sont assimilées aux usines vendues nationalement (L. 14 vent. an 7; 12 mars 1820, art. 9).

339. — *Cinquième exception.* — L'édit de 1683 confirmait dans tous leurs droits sur les rivières navigables les églises et monastères qui justifieraient que ces droits leur avaient été conférés à titre de fondation ou donation. Les tiers qui, antérieurement aux lois de 1790 et de la constitution civile du clergé, ont acquis un moulin d'une église ou d'un monastère, ont un titre légal; et leur établissement constituant entre leurs mains une propriété privée ne peut être supprimé sans indemnité (Plocque, *op. cit.*, t. 3, n° 364).

340. En dehors des cas exceptionnels qui viennent d'être énumérés, aucune indemnité n'est due aux usiniers, dont les établissements sont supprimés ou mis en chômage. Si la concession a été faite à titre onéreux et comme condition d'engagements pris par le concessionnaire, celui-ci pourra, dans certains cas, réclamer des dommages-intérêts, non pour le retrait d'une concession essentiellement révocable, mais pour l'inexécution du contrat conclu avec lui (V. Cons. d'Et. 27 juill. 1870, aff. Crétée, D. P. 72. 3. 22; *Rép.* v[is] *Travaux publics*, n° 827; *Voirie par eau*, n° 134).

341. Il importe de remarquer que les principes qui

(1) (Ducos.) — NAPOLÉON, etc.; — Vu l'édit de février 1566, l'ordonnance de 1669 et la loi du 16 sept. 1807; — En ce qui touche le droit à une indemnité : — Considérant qu'il résulte de l'instruction que le chômage qui donne lieu à la demande en indemnité formée par le sieur Ducos est le résultat des travaux exécutés par l'Administration pour la construction d'un pont sur la Garonne; — Considérant que le moulin exploité par le sieur Ducos a été vendu suivant procès-verbal d'adjudication nationale, en date du 7 prair. an 3; que, dès lors, son existence doit être considérée comme légale, et que, par suite, c'est à tort que le conseil de préfecture a décidé qu'il ne pouvait être dû aucune indemnité au requérant à raison du chômage de son moulin; En ce qui touche la quotité de l'indemnité : — Considérant que l'état de l'instruction ne permet pas d'apprécier le préjudice que le sieur Ducos a pu souffrir par suite du chômage de son moulin et de déterminer l'indemnité qui peut lui être due, d'après la consistance de son usine, à l'époque de la vente nationale en l'an 3 :

Art. 1er. L'arrêté du conseil de préfecture de la Haute-Garonne, du 7 sept. 1858, est annulé. — Art. 2. Le sieur Ducos est renvoyé devant le même conseil de préfecture pour faire statuer au fond sur sa demande en indemnité.

Du 27 juill. 1859.-Cons. d'Et.-MM. Bertrand, rap.-de Lavenay, concl.-Maulde, av.

viennent d'être exposés n'ont trait qu'aux actes destinés à assurer le service de la navigation. Les conséquences de travaux publics projetés et exécutés dans tout autre but se règlent, à l'égard des usines, par les mêmes dispositions que pour les autres biens du domaine privé (V. Dufour, t. 4, n° 525; *Rép.* v° *Travaux publics*, n° 823). Il a été jugé : 1° que le grand égout collecteur de la Ville de Paris n'est pas un ouvrage établi dans l'intérêt de la navigation, mais un travail public exécuté pour le compte de la Ville de Paris; qu'en conséquence, ladite ville est responsable des dommages que peut éprouver le concessionnaire d'une prise d'eau dans la Seine, qui a été obligé par l'Administration à déplacer cette prise d'eau à la suite de la création de l'égout dont il s'agit, alors que l'arrêté de concession ne lui imposait l'obligation d'en souffrir sans indemnité la suppression, que dans le cas où cette suppression serait motivée par l'intérêt de la navigation (Cons. d'Etat. 13 août 1868, aff. Greyveldinger, D. P. 70. 3. 9); — 2° Qu'une commune est tenue d'indemniser le riverain d'une rivière navigable du dommage que lui ont causé les travaux exécutés par elle en le privant des droits dont il jouissait sur cette rivière, tant en sa qualité de riverain qu'en vertu d'une vente nationale, sans qu'il y ait à examiner si ces droits étaient de ceux dont l'Etat aurait pu le priver sans indemnité, dans l'intérêt de la navigation et des services publics (Cons. d'Et. 5 févr. 1886, aff. Huron-Durocher, D. P. 87. 3. 70). Mais il a été jugé que, lorsqu'une prise d'eau a été pratiquée dans un cours d'eau navigable pour l'exécution d'un travail fait en vue des besoins de la navigation et de l'alimentation d'une ville et déclaré d'utilité publique, il ne peut être accordé d'indemnité à raison de la perte de force motrice éprouvée par une usine qu'autant qu'il a été préalablement reconnu que l'établissement de cette usine est légal, c'est-à-dire que l'existence de ladite usine remonte à une époque antérieure à 1566, ou que la force motrice a fait l'objet d'une vente nationale (Cons. d'Et. 8 déc. 1876, aff. Pommier, D. P. 79. 5. 422).

342. Les mesures commandées par des exigences de police, notamment pour éviter les inondations, ne peuvent donner lieu à indemnité, même au profit des usiniers dont l'établissement a une existence légale. Ce n'est pas l'Etat qui en profite, ce sont les héritages voisins (Dufour, t. 4, n° 524; Jousselin, *Servitudes d'utilité publique*, t. 1, tit. 2, chap. 1er, sect. 3, n° 36; Daviel, *op. cit.*, t. 2, p. 105).

343. Il a été jugé que la construction, sur les cours d'eau navigables, d'ouvrages nécessaires au service public ne peut donner lieu à indemnité, au profit des riverains, qu'autant que ces travaux ont pour effet de porter atteinte à un droit de propriété, de servitude ou d'usage; que le dommage causé à un riverain par la suppression de la faculté d'amarrer ou de faire stationner des bateaux sur un fleuve ne rentre point dans cette catégorie (Cons. d'Et. 6 janv. 1865, aff. Joanne-Rousseray, D. P. 65. 3. 49).

344. L'Etat doit-il, lors de la suppression ou de la diminution d'une chute d'eau, de la catégorie de celles qui ne peuvent être supprimées sans indemnité, des dommages-intérêts à raison de la plus-value que les modifications opérées par l'usinier dans le mécanisme de son établissement ont apportée à cet établissement? Il faut distinguer plusieurs hypothèses. — Un usinier dépossédé par les lois révolutionnaires n'utilisait pas, en fait, la force motrice que pouvaient produire les tournants de l'usine. Si l'acquéreur a, depuis, fait produire à l'usine toute la somme de travail dont elle était susceptible, il a droit à une indemnité calculée, non pas d'après la force motrice utilisée lors de la vente, mais d'après la force totale qui pouvait être utilisée à cette époque et qui s'est trouvée réalisée au jour de la suppression. L'Etat, en vendant le moulin, tel qu'il se comportait et avec ses ouvrages régulateurs, a, par cela même, concédé à l'adjudicataire toute la force motrice qui *pouvait être produite*, et non pas seulement celle qui avait été en fait utilisée antérieurement (Plocque, t. 3, n° 368; Cons. d'Et. 8 mai 1869) (1).

345. Lorsqu'il y a eu changement dans la disposition et le mécanisme des ouvrages moteurs de l'usine, l'indemnité doit comprendre la plus-value que ce changement a donnée à l'usine. L'usinier a le droit d'améliorer son établissement, d'en tirer tout le parti possible, pourvu qu'il ne porte pas atteinte au régime de la rivière et n'augmente pas frauduleusement la force de sa prise d'eau (V. *suprà*, nos 308 et suiv.). L'Administration l'encourage à effectuer ces modifications; il est juste qu'elle en tienne compte. Il a été jugé : 1° que lorsqu'une usine a une existence légale, s'il n'a rien été changé aux ouvrages régulateurs de la retenue de l'usine, ni au régime des eaux de la rivière, mais que, sans accroître la force motrice dont il pouvait légalement disposer, le propriétaire l'a mieux utilisée au moyen d'additions et de perfectionnements apportés aux vannes motrices, aux coursiers et aux roues hydrauliques, on doit, dans le règlement de l'indemnité, considérer les vannes motrices, les coursiers et les roues hydrauliques comme existant légalement dans l'état où ils se trouvent au moment du chômage pour travaux publics; qu'il en est ainsi, alors même que, pour mieux utiliser la force motrice, le propriétaire a, sans autorisation, augmenté le nombre des tournants (Cons. d'Et. 28 juill. 1866, aff. Ulrich, D. P. 68. 3. 27, et les conclusions de M. Aucoc, *ibid.* V. dans le même sens : Cons. d'Et. 28 juill. 1866, aff. Schifferstein, D. P. 68. 3. 28; 16 mars 1870, aff. Schuster, *Rec. Cons. d'Etat*, p. 295); — 2° Qu'il doit être tenu compte, dans le calcul de l'indemnité due à un usinier, des travaux extérieurs qui n'ont eu pour effet qu'une meilleure utilisation de la force motrice (Cons. d'Et. 19 juin 1874, aff. Gatellier, D. P. 75. 3. 64); — 3° Que pour l'appréciation du dommage causé à une usine existant avant 1566 sur un cours d'eau navigable, il y a lieu de tenir compte des changements apportés tant à l'outillage qu'aux ouvrages de prise d'eau, lorsque ces changements n'ont eu pour résultat que de mieux utiliser la force motrice appartenant à l'usine, et non d'augmenter cette force aux dépens du domaine public (Cons. d'Et. 20 mai 1881, aff. Baudoin, D. P. 82. 5. 403).

346. La règle ne saurait s'appliquer aux modifications qui ont eu pour effet d'obtenir un accroissement de force

(1) (Pierron.) — NAPOLÉON, etc.; — Vu l'ordonnance d'août 1669 et l'édit d'avril 1683; — Vu l'art. 2 de la loi des 22 nov.-1er déc. 1790, l'art. 4 de la sect. 1re du tit. 1er de la loi des 28 sept.-6 oct. 1791, et l'arrêté du directoire exécutif du 19 vent. an 6; — Vu la loi du 28 pluv. an 8 et celle du 16 sept. 1807; — Considérant qu'il résulte de l'instruction que l'Etat ayant vendu, en l'an 2, le moulin de la Forge ou du Sarrixin aux auteurs du sieur Pierron, ce moulin a une existence légale; que, dès lors, ledit sieur Pierron a le droit de réclamer une indemnité à raison des chômages occasionnés à ce moulin par suite des prises d'eau faites dans la Sarre pour les besoins de la navigation;

Considérant que le ministre des travaux publics ne conteste pas que, depuis le moment où le moulin a été vendu en l'an 2 jusqu'au 14 mai 1862, date du décret qui a modifié le régime de ce moulin, aucun changement n'avait été apporté aux ouvrages régulateurs dudit moulin; qu'il se borne à soutenir : d'une part, qu'en l'an 2, l'Etat a concédé aux auteurs du sieur Pierron non pas toute la force motrice qui pouvait être produite à l'aide des ouvrages régulateurs du moulin, mais seulement la partie de cette force motrice qui était alors utilisée; et, d'autre part, qu'en l'absence de toute indication précise sur la force motrice qui était réellement utilisée en l'an 2, il y a lieu de ne tenir compte que de la force motrice nécessaire pour faire mouvoir un tournant, dans l'évaluation tant de la force motrice dont le sieur Pierron pouvait disposer que de l'indemnité à laquelle cet usinier peut avoir droit;

Considérant que l'Etat, en vendant, en l'an 2, le moulin dont il s'agit, tel qu'il se comportait et avec tous ses ouvrages régulateurs, a par cela même concédé aux auteurs du sieur Pierron toute la force motrice qui pouvait être produite à l'aide des ouvrages régulateurs tels qu'ils existaient au moment de la vente; que, dès lors, le sieur Pierron est fondé à soutenir que, pour le calcul de l'indemnité réclamée par lui, il doit être tenu compte de toute la portée de la force motrice concédée en l'an 2 qui était réellement utilisée au moment où se sont produits les chômages dont il se plaint, et à demander, en conséquence, que les experts tiennent compte, dans leur évaluation de cette indemnité, de toute la force motrice qu'il utilisait pour faire marcher les trois tournants :

Art. 1er. Les experts chargés, en vertu de l'arrêté ci-dessus visé du conseil de préfecture, de procéder à l'évaluation de l'indemnité réclamée par le sieur Pierron, tiendront compte, pour faire cette évaluation, de toute la force motrice que ledit sieur Pierron utilisait, en 1861, pour faire mouvoir les trois tournants de son moulin (Arrêté réformé en ce qu'il a de contraire).

Du 8 mai 1869.-Cons. d'Et.-MM. Perret, rap.-Bayard, concl.-Mimerel, av.

motrice aux dépens du domaine public. Elle ne concerne pas non plus les perfectionnements qui *pouvaient* être réalisés, mais qui ne l'ont pas été. C'est une faculté que l'usinier a de modifier sa roue, son coursier, ce n'est pas un droit acquis. En supprimant son établissement, l'Etat lui enlève à ce point de vue une espérance, et non un bien réalisé. — Il a été jugé : 1° que l'usinier n'est pas fondé à demander que l'indemnité soit calculée d'après l'accroissement de force motrice qu'il aurait pu obtenir au moyen d'améliorations à introduire dans son usine (Cons. d'Et. 28 juill. 1866, aff. Ulrich, et aff. Grosjean, D. P. 68. 3. 27); — 2° Que lorsque tout ou partie de la force motrice d'une usine est enlevé à un propriétaire par l'exécution d'un travail public, l'indemnité doit être calculée d'après le préjudice qu'il éprouve par la privation de la force dont il faisait usage, sans tenir compte de l'accroissement de force qu'il aurait pu obtenir ultérieurement en modifiant le mécanisme de son usine (Cons. d'Et. 27 avr. 1877, aff. Baudry, D. P. 79. 5. 422); — 3° Que l'indemnité doit être calculée sur la force motrice dont l'usinier fait actuellement usage, sans tenir compte du meilleur rendement qu'il aurait pu obtenir par une transformation du moteur (Cons. d'Et. 30 mai 1884, aff. Lequesne, D. P. 85. 3. 116).

347. Il a été jugé que, dans le cas où les titres qui constatent l'existence légale d'une usine établie avant 1566 sur un cours d'eau navigable ne contiennent aucune indication permettant de déterminer l'étendue des droits des usiniers à cette époque, et où l'Administration n'allègue aucun fait d'où l'on puisse inférer que les ouvrages régulateurs ont été modifiés postérieurement en vue d'obtenir un accroissement de force motrice aux dépens du domaine public, il y a lieu, pour calculer l'indemnité due à l'usinier à raison de dommages causés par des prises d'eau, de tenir compte de la force motrice qu'il utilisait au moment où ont commencé ces prises d'eau (Cons. d'Et. 20 mai 1881, aff. Chalot, D. P. 82. 3. 101. V. aussi dans le même sens : Cons. d'Et. 30 mai 1884, cité *suprà*, n° 346). — Un arrêt antérieur du 13 août 1861 (aff. de Bouard, *Rec. Cons. d'Etat*, p. 747) avait décidé qu'il appartenait à l'usinier de justifier que son moulin avait, avant 1566, le volume d'eau dont il était en possession au moment de l'exécution des travaux. Cette jurisprudence a été modifiée par les décisions précitées. Le particulier qui fait la preuve que son usine existait antérieurement à 1566 satisfait au vœu de l'art. 48 de la loi du 16 sept. 1807; aucune présomption de fraude n'existe contre lui ni contre ses auteurs. Lorsque le titre n'indique pas la force motrice aliénée, c'est à l'Administration à faire la preuve que l'état de choses a été indûment modifié. Imposer à l'usinier la charge de démontrer qu'aucun changement n'a été apporté depuis trois siècles aux ouvrages régulateurs, ce serait lui demander une preuve négative presque impossible à fournir, et dépouiller, par une voie détournée, les droits privés d'une garantie que la loi a entendu leur conférer.

348. Lorsqu'un usinier a obtenu de l'Administration l'autorisation d'augmenter le volume de sa prise d'eau, il n'y a pas lieu de tenir compte, dans le règlement de l'indemnité, de l'augmentation de jouissance que l'autorisation a procurée. La nouvelle concession est entièrement distincte de l'ancienne; elle n'existe qu'à titre précaire et est toujours révocable (Plocque, *op. cit.*, t. 3, n° 369).

349. Aux termes d'un arrêt du conseil d'Etat, lorsque les titres antérieurs à l'édit qui a proclamé l'inaliénabilité du domaine public établissent uniquement l'existence de moulins mis en mouvement par la chute d'un barrage construit sur une rivière navigable, le successeur des propriétaires de ce barrage n'a droit qu'à la force nécessaire à ces anciens moulins, et non à toute la force motrice que pouvait produire l'existence de cet ouvrage, et, par suite, il n'est pas fondé à demander une indemnité à raison de la perte de la force motrice éprouvée par une forge autorisée postérieurement à l'édit (Cons. d'Et. 19 juin 1885, aff. de Buyer, D. P. 87. 3. 10). Dans l'espèce, le requérant avait soutenu qu'étant propriétaire du barrage qui permet d'utiliser toute la force motrice fournie par la rivière, il avait par là même le droit de disposer de cette force non seulement pour le service des moulins existant antérieurement à 1566, mais aussi pour celui d'une forge établie postérieurement à cette date. L'autorisation donnée à ses auteurs d'établir cette forge n'aurait pas eu le caractère d'une concession précaire d'une partie des eaux dépendant du domaine public; ce n'était que l'autorisation de police nécessaire pour régler l'usage qu'ils entendaient faire d'une force motrice leur appartenant. Dans ce système, la situation du requérant aurait été celle d'un usinier, tirant de l'amélioration des ouvrages intérieurs et même extérieurs de son établissement un meilleur parti de la force motrice et dont l'indemnité, le cas échéant, doit être calculée sur l'usage qu'il tire actuellement de cette force, et non sur celui qu'en faisaient ses auteurs au moment de la concession. On invoquait également l'arrêt du conseil d'Etat du 9 avr. 1863 (*suprà*, n° 331) par lequel il a été décidé que, lorsqu'un particulier était propriétaire, avant 1566, de l'arche d'un pont et du cours d'eau passant sous ce pont, le moulin construit sur cet arche postérieurement à cette époque doit être considéré comme ayant une existence légale. La décision ci-dessus n'est pas contraire à cette jurisprudence. Dans l'espèce jugée en 1863, l'usinier avait été reconnu propriétaire de l'eau passant sous l'arche du pont; il y avait donc là une propriété dont la consistance était déterminée, et qui n'avait pu disparaître par suite d'une modification dans l'usage qui en était fait. Ici, au contraire, le droit dont l'existence légale était reconnue, était celui d'avoir un barrage sur la Saône, mais sans aucune concession d'une force motrice déterminée; il y avait lieu à appliquer, non la jurisprudence qui veut qu'il soit tenu compte de la meilleure utilisation de la force concédée, mais celle qui exige qu'il soit tenu compte, uniquement pour le calcul de l'indemnité, de la force motrice utilisée en 1566, à l'exclusion de celle que les barrages et prises d'eau auraient permis d'utiliser, mais dont en fait il n'était pas fait emploi à ladite date (V. Cons. d'Et. 30 mai 1884, aff. Lequesne, D. P. 85. 3. 116).

350. Les règlements d'eau imposés à des usines ayant antérieurement une existence légale ne peuvent restreindre les droits préexistants des usiniers; mais, les actes accordant des autorisations nouvelles aux propriétaires d'établissements situés sur les cours d'eau navigables et flottables peuvent contenir une clause de non-indemnité en cas de privation des avantages accordés, par suite de mesures prises par l'Administration, de quelque nature que soit l'intérêt public qui ait motivé ces mesures (*Rép.* n° 342). — Il a été jugé : 1° qu'une clause du décret portant règlement de l'usine, par laquelle il est stipulé qu'au cas où, dans l'intérêt de la navigation, de l'agriculture, du commerce ou de la salubrité publique, l'Administration prendrait des dispositions qui priveraient l'usinier de tout ou partie des avantages à lui concédés, il n'aurait droit à aucune indemnité, ne s'applique pas au cas où l'usinier serait privé des droits qui lui appartenaient antérieurement; mais uniquement au cas où il serait privé d'avantages résultant pour lui du décret; qu'entendue ainsi cette clause a pu être imposée sans excéder la limite des pouvoirs qui appartiennent à l'Administration sur les cours d'eau navigables (Cons. d'Et. 15 févr. 1866, aff. Fresneau, D. P. 67. 3. 2); — 2° Qu'un règlement d'eau ne peut obliger le propriétaire d'une usine existant légalement à subir sans indemnité les chômages qui seraient exigés par la navigation ou par les travaux exécutés par l'Administration, en dehors des cas où les anciens règlements mettent les frais de ces travaux à la charge de ladite usine; mais que la clause d'un règlement stipulant que le propriétaire d'une usine située sur une rivière navigable n'aura pas droit à indemnité en cas de travaux exécutés dans l'intérêt de la navigation, de l'agriculture, du commerce ou de la salubrité, n'est pas entachée d'excès de pouvoir, lorsqu'elle s'applique non au cas de privation, par suite des travaux, d'avantages dont l'usinier jouissait légalement avant ce règlement, mais au cas de privation des avantages résultant dudit règlement (Cons. d'Et. 20 janv. 1882, aff. Bellanger, D. P. 83. 3. 47).

351. Il a été jugé que le propriétaire d'une usine, qu'un décret approbatif d'une convention intervenue entre lui et l'Etat relativement à un droit d'eau a autorisé à supprimer une prise d'eau pratiquée en amont de son usine, s'est trouvé par là même définitivement investi du droit de jouir de la force motrice que représentait cette prise d'eau; encore bien que l'autorisation dont il s'agit ne lui ait été accordée qu'à la charge de se conformer aux lois et règlements sur la police des eaux; et que, par suite, il y a lieu, pour le règlement de l'indemnité due pour chômage, de tenir compte de l'augmentation de force motrice résultant de la suppression de la prise d'eau (Cons. d'Et. 5 juill. 1855, aff. Beaufrère, D. P. 56. 5. 168).

352. Lorsqu'un usinier demande l'autorisation de faire dans son usine des travaux sans influence sur le régime de la rivière et qu'il aurait pu effectuer sans autorisation, l'Administration subordonne parfois son consentement à l'acceptation par lui d'une clause de non-indemnité. Cette clause est nulle. En autorisant les modifications, l'Administration n'intervient que pour exercer un droit de surveillance. Elle commet un abus de pouvoir en subordonnant l'exercice de ce droit à la renonciation de l'usinier à son titre légal. — Décidé en ce sens : 1° que l'autorisation accordée à un usinier de modifier les roues et les coursiers de son usine, à l'effet, non d'accroître la force motrice de la prise d'eau dont il est en possession, mais seulement de mieux utiliser cette force, ne constitue pas une concession d'une prise d'eau nouvelle; que, par suite, la clause de l'ordonnance réglementaire de l'usine, aux termes de laquelle les prises d'eau nouvelles accordées à l'usinier pourront lui être retirées sans indemnité, ne s'applique pas aux modifications dont il s'agit (Cons. d'Et. 5 juill. 1855, aff. Beaufrère, D. P. 56. 3. 13); — 2° Qu'il n'est pas besoin de l'autorisation de l'Administration pour modifier l'aménagement intérieur d'un moulin, en vue de son appropriation à une autre industrie, lorsque les changements à opérer doivent laisser subsister dans le même état le coursier et la roue motrice; et que, dès lors, en cas de suppression de la force motrice, on ne peut refuser de tenir compte dans le règlement de l'indemnité de l'accroissement de valeur résultant de ces changements, à moins qu'il ne soit établi qu'ils aient été faits pour arriver à l'obtention de plus forts dommages-intérêts (Cons. d'Et. 27 août 1857, aff. Marchand, aff. Bodinier, et aff. Journeil, D. P. 58. 3. 65). — Il a été jugé aussi : 1° que les dispositions d'un décret portant que l'usinier n'aura aucune réclamation à faire dans le cas où l'entretien des ouvrages appartenant à l'Etat et la manœuvre des vannes dépendant de ces ouvrages ne seraient pas faits de manière à maintenir les eaux au niveau légal, ne font pas obstacle à ce que l'usinier, dans le cas où il éprouverait un dommage par le fait de l'Administration, porte sa réclamation devant l'autorité compétente (Cons. d'Et. 15 févr. 1866, cité *suprà*, n° 350); — 2° Qu'une disposition d'un décret constatant que l'Administration a le droit d'exiger en tout temps la quantité d'eau nécessaire pour le service public de la navigation ne doit pas être entendue comme déniant à l'usinier le droit à indemnité qui pourrait lui appartenir dans le cas où, pour les besoins de ce service, il serait privé d'une partie de la force motrice dont il a le droit de disposer (Arrêt précité du 15 févr. 1866); — 3° Que la clause d'un décret portant que l'usinier sera tenu de se conformer à tous les règlements existants ou à intervenir sur le mode de distribution et de partage des eaux ne fait pas obstacle à ce que, dans le cas où il serait privé, pour un motif d'utilité générale, de la quantité d'eau à laquelle il a droit, il réclame l'indemnité qui lui serait due (Même arrêt).

353. L'usinier ne peut réclamer une indemnité que si le dommage a été réellement causé par les travaux que l'Administration a entrepris dans l'intérêt de la navigation (V. *Rép.* v° *Voirie par eau*, n° 139). Si les travaux qui ont amené la suppression où le chômage de l'usine ont été entrepris, sur la propre demande de l'usinier et dans l'intérêt de son établissement, il n'a pas d'action. — Jugé qu'il n'est pas dû d'indemnité pour le chômage résultant : 1° de la reconstruction, pour cause de vétusté, d'une digue-déversoir servant à la fois au flottage et à la conservation de la force motrice (Cons. d'Et. 14 janv. 1858, aff. Delaune, D. P. 58. 3. 53); — 2° De l'exécution de travaux dans une rivière dans le double intérêt de la navigation et de l'usine, tandis qu'il y a lieu à indemnité, au contraire, pour ceux des travaux qui intéressaient exclusivement la navigation (Cons. d'Et. 2 juin 1869) (1); — 3° De réparations indispensables exécutées à des voûtes dépendant de fortifications et servant en même temps à donner passage aux eaux alimentant une usine (Cons. d'Et. 25 juin 1868, aff. Audouin-Lebrun, *Rec. Cons. d'Etat*, p. 747); — 4° De la mise à sec d'une section de rivière dont l'usinier a profité pour exécuter des réparations à ses ouvrages (Cons. d'Et. 13 juill. 1866, aff. Launoy, *Rec. Cons. d'Etat*, p. 830). — Jugé encore que les mesures prises par l'Administration à l'effet de relever des bateaux qui ont sombré dans une rivière navigable par une cause à laquelle elle est étrangère, ne peuvent donner lieu à une action en indemnité contre l'Etat de la part des propriétaires des usines auxquelles un chômage momentané a été imposé pour l'exécution de ces mesures (Cons. d'Et. 24 janv. 1861, aff. Douliez, D. P. 61. 3. 31). Dans l'espèce, il n'y avait ni une faute de l'Administration dans le sens de l'art. 1382 c. civ., ni un dommage résultant de l'exécution d'un travail public ordonné dans des vues d'utilité publique et d'intérêt général; il s'agissait d'un accident causé par un tiers à qui, d'une part, l'Administration aurait pu demander la réparation de cet accident, et à qui, d'autre part, l'usinier lésé par les mesures à prendre pour cette réparation pouvait s'adresser pour se faire indemniser du préjudice qu'il en éprouvait lui-même. En relevant les bateaux, l'Administration ne faisait qu'user des pouvoirs de police qui lui sont conférés par la loi. — Jugé aussi que le chômage d'une usine occasionné par des travaux de curage ne donne pas lieu à indemnité lorsque les travaux ont été exécutés sur la demande de l'usinier, dans l'intérêt de la conservation de la force motrice, aussi bien que pour prévenir les inondations (Cons. d'Et. 16 juill. 1880, aff. Lecomte, D. P. 81. 3. 76).

354. Si plusieurs personnes ont un droit sur l'usine dont la force motrice a été supprimée, l'indemnité se fractionnera en autant de portions distinctes qu'il y a de parties intéressées (Plocque, t. 3, n° 372).

355. La question de savoir si le propriétaire d'une usine louée à un tiers a droit à une indemnité, alors qu'il n'y a eu que simple chômage de l'usine, est une question de fait. Tel cas peut se produire où le propriétaire sera non moins lésé que le locataire. Ainsi l'exposition prolongée du mécanisme hydraulique hors de l'eau et sa mise en contact avec l'air et la chaleur du jour peuvent avoir hâté le dépérissement de ce mécanisme. D'autre part, le chômage d'une usine occasionne plus ou moins la déperdition de la clientèle

(1) (Moulins de Moissac.) — Napoléon, etc.; — Vu l'édit de février 1566; — Vu la loi du 16 sept. 1807, notamment l'art. 48; — Considérant que le recours du ministre de l'agriculture, du commerce et des travaux publics, contre l'arrêté par lequel le conseil de préfecture a ordonné une expertise à l'effet d'apprécier le montant de l'indemnité qui pourrait être due aux actionnaires et fermiers des moulins de Moissac, pour le chômage de leurs moulins, prescrit par l'Administration, pendant l'exécution de certains travaux, est fondé sur ce qu'aucune indemnité ne saurait être réclamée par les propriétaires ou fermiers de moulins ou usines situés sur des cours d'eau navigables ou flottables, pour chômage ou ralentissement dans la marche desdits moulins ou usines, résultant de travaux faits dans l'intérêt de la navigation;

Considérant que, si les usiniers sont tenus de supporter, sans indemnité, les chômages résultant des travaux ayant tout à la fois pour objet l'intérêt de la navigation et pour but de conserver la force motrice de leurs usines, ils sont fondés à réclamer une indemnité pour les travaux qui sont faits dans l'intérêt exclusif de la navigation; que les experts, nommés en exécution de l'arrêté ci-dessus visé du conseil de préfecture, devront déterminer : 1° si les travaux à l'occasion desquels le préfet de Tarn-et-Garonne a prescrit le chômage des moulins de Moissac, dont l'existence légale est reconnue, intéressaient exclusivement la navigation; — 2° S'il n'aurait pas été procédé simultanément à des travaux destinés à conserver la force motrice des moulins, et à des travaux faits dans l'intérêt exclusif de la navigation, et si l'exécution de ces derniers travaux n'aurait pas occasionné une prolongation du chômage ou du ralentissement de la marche desdits moulins; qu'il suit de là que le ministre de l'agriculture, du commerce et des travaux publics n'est pas fondé à nous demander l'annulation de l'arrêté attaqué, sauf à lui à faire valoir, lors de l'expertise, tels moyens que de droit, à l'effet d'établir que les travaux exécutés ne rentraient pas dans la catégorie de ceux pour lesquels une indemnité serait due aux requérants conformément aux distinctions qui précèdent :

Art. 1er. Le recours du ministre de l'agriculture, du commerce et des travaux publics est rejeté. — Art. 2...

Du 2 juin 1869.-Cons. d'Et.-MM. Langlois, rap.-Bard, concl.-Labordère, av.

qui y est attachée. Il y a là évidemment pour le propriétaire, alors même qu'il a loué sa chose, des pertes qui finissent par tomber à sa charge et qui sont des causes légitimes d'indemnité (Bourguignat, *op. cit.*, t. 1, n° 392).

356. L'indemnité a sa cause, en principe, dans un simple dommage, et, à la différence de l'indemnité d'expropriation qui représente l'immeuble exproprié, elle constitue, dès lors, une créance purement mobilière affectée à la masse chirographaire du propriétaire lésé. — Il a été jugé que l'indemnité allouée au propriétaire d'une usine à raison de la suppression de la force motrice de cette usine, par suite de travaux publics exécutés sur le cours d'eau où elle est établie, n'est point une indemnité d'expropriation, mais constitue une indemnité purement mobilière, non soumise, dès lors, aux hypothèques qui grevaient l'usine, et à distribuer, par voie de contribution, entre les créanciers chirographaires (Req. 25 janv. 1869, aff. Duvivier, D. P. 70. 1. 74). — Cette théorie s'applique et aux cours d'eau navigables, et aux cours d'eau non navigables. Ceux-ci sont *res nullius*, la pente n'en appartient à personne, et, dès lors, si la force motrice qu'elle procure aux riverains est supprimée par suite de travaux pratiqués par l'Administration, il n'y a pas lieu à expropriation pour cause d'utilité publique.

357. D'après quelles bases doit-on fixer l'indemnité due à un usinier pour suppression et chômage occasionnés par le fait de l'Administration? S'il y a eu simple chômage, les principaux éléments d'appréciation dont les juges doivent tenir compte sont: la recette approximative, le revenu probable dont l'usinier a été privé, la perte d'achalandage, le dépérissement du mécanisme. Si l'usine est supprimée, les éléments de l'indemnité sont: la valeur vénale de la chute estimée par force de chevaux, la moins-value que subissent les constructions et le terrain, la dépréciation subie par le matériel de l'exploitation, par les matières premières en magasin, etc. (Bourguignat, *op. cit.*, t. 1, n° 394; Cons. d'Et. 5 juill. 1855, aff. Beaufrère, D. P. 56. 3. 13). — Il a été jugé : 1° que lorsque tout ou partie de la force motrice d'une usine lui est enlevée par suite de l'exécution de travaux entrepris par l'Administration sur le cours d'eau navigable, le propriétaire de l'usine a droit à une indemnité à raison de la diminution de force motrice et du chômage de l'usine qui n'a pu être louée pendant un certain temps; mais que l'Etat ne saurait être tenu à remplacer la force hydraulique dont l'usine a été privée par une force de vapeur équivalente (Cons. d'Et. 24 juin 1868) (1); — 2° Que l'usinier qui n'a pu, sans compromettre ses droits, réparer le dommage causé à son établissement avant constatation contradictoire de l'état des lieux, a droit à une indemnité de chômage pour la période antérieure à cette constatation et pour le temps nécessaire pour exécuter ensuite les travaux de réparation ; mais qu'une fois l'état des lieux constaté, s'il s'est abstenu de prendre aucune mesure pour faire cesser le dommage, il n'a droit à aucune indemnité pour la prolongation de chômage qui en est résulté (Cons d'Et. 22 juin 1883, aff. Barutaut, D. P. 85. 3. 19. V. dans le même sens : Cons. d'Et. 13 juin 1873, aff. Barnier, D. P. 74. 3. 22).

358. En principe, il faut que le dommage soit actuel pour qu'une indemnité soit accordée. Il a été jugé que le conseil de préfecture ne peut allouer à un usinier une indemnité en prévision d'une éventualité dont il est impossible d'apprécier les conséquences pour le cas où elle viendrait à se réaliser (Cons. d'Et. 6 mars 1874) (2).

---

(1) (Schotsmans.) — NAPOLÉON, etc.; — Vu les lois des 28 pluv. an 8 et 16 sept. 1807 ; — Sur les chefs de demande tendant à ce que l'Etat soit condamné à payer au requérant : 1° une indemnité de 74020 fr., pour frais d'acquisition et d'installation d'une machine à vapeur destinée à remplacer la force motrice disparue ; 2° une indemnité de 5000 fr. pour l'installation d'un moteur hydraulique destiné à utiliser la chute d'eau restante : — Considérant que, lorsque tout ou partie de la force motrice d'une usine lui est enlevée par suite de l'exécution d'un travail public, le propriétaire de cette usine doit être indemnisé du préjudice qu'il éprouve par suite de la privation de la force motrice dont il faisait usage; mais que l'Etat ne saurait être tenu de remplacer la force hydraulique dont l'usine a été privée par une force de vapeur équivalente; que, dès lors, le requérant n'est pas fondé à demander que l'Etat soit condamné à lui payer les frais d'acquisition et d'installation d'une machine à vapeur d'une force égale à la force hydraulique disparue ; — Considérant qu'il résulte de l'instruction que les travaux exécutés par l'Etat pour l'amélioration de la navigation de la Lys ont eu pour résultat de réduire à 1 mètre la chute d'eau qui met en mouvement le moulin de Gournay et qui était précédemment de 1 mètre 31 cent. ; que cette réduction a causé au sieur Schotsmans un dommage dont il sera fait une juste appréciation en fixant à 25000 fr. l'indemnité due audit sieur Schotsmans tant à raison de la diminution de la force motrice dont il jouissait qu'à raison des travaux qu'il devra exécuter pour pouvoir utiliser la chute d'eau subsistante;

Sur le chef de demande tendant à obtenir une indemnité de 7720 fr. à raison du chômage de l'usine depuis le 15 janv. 1866 : — Considérant qu'il est établi par l'instruction que, par suite des travaux exécutés sur la Lys, le moulin de Gournay a cessé d'être loué depuis le 15 janv. 1866 et est resté en chômage depuis cette époque; que l'Etat doit donc tenir compte au sieur Schotsmans du préjudice qui lui a été ou lui sera causé par ce chômage, depuis le 15 janv. 1866, jour où le moulin a cessé d'être loué, jusqu'au 15 oct. 1868, jour où il sera remis en état de marcher ; que l'Etat devra payer de ce chef au sieur Schotsmans une indemnité de 7493 fr. 75 cent., calculée à raison de 2725 fr. par an;

Sur les intérêts : — Considérant que de ce qui précède il résulte qu'en outre de l'indemnité principale de 25000 fr. allouée au sieur Schotsmans, l'Etat tiendra compte à ce propriétaire du préjudice qui lui a été ou lui sera causé par le chômage de son moulin depuis le commencement des travaux jusqu'au moment où le moulin sera remis en état de marcher; que, dans ces conditions, les intérêts demandés par le requérant feraient double emploi avec l'indemnité de chômage qui lui est accordée par le présent décret; que, dès lors, il n'y a pas lieu d'allouer d'intérêts :

Art. 1er. L'Etat est condamné à payer au sieur Schotsmans : 1° une somme de 25000 fr. à raison du dommage causé à son moulin de Gournay par l'exécution des travaux d'amélioration de la navigation de la Lys; 2° une somme de 7493 fr. 75 cent. à raison du chômage occasionné à ce moulin par lesdits travaux depuis le 15 janv. 1866 jusqu'au 15 oct. 1868.

Du 24 juin 1868.-Cons. d'Et.-MM. Sazerac de Forge, rap.-de Belbeuf, concl.

(2) (Ville de Lille *C.* Roure.) — LE CONSEIL D'ETAT ; — Vu les lois des 28 pluv. an 8 et 6 sept. 1807; — Considérant qu'il résulte de toutes les pièces de l'instruction et notamment du rapport d'expertise que les travaux exécutés par la ville de Lille pour l'amélioration des canaux intérieurs qui traversent son territoire n'avaient à la date de l'arrêté attaqué causé aucune perte de force motrice aux moulins de Saint-Pierre dont le sieur Roure est propriétaire ; que cet usinier ne justifie pas que les modifications qui ont pu être apportées au système d'alimentation des canaux d'amenée aient, dans aucune circonstance, troublé la régularité de la marche desdits moulins; que le conseil de préfecture, après avoir reconnu que le sieur Roure n'avait éprouvé aucun dommage, lui a alloué une indemnité de 49 fr. 40 cent. par jour, qui devrait lui être payée dans le cas seulement où la vanne du Cirque serait fermée avant que la ville fût régulièrement autorisée à prendre en haute Deule une quantité d'eau suffisante pour compenser la diminution du débit de la moyenne Deule; qu'il a ainsi alloué une indemnité en prévision d'une éventualité dont il était impossible d'apprécier les conséquences pour le cas où elle viendrait à se réaliser; que, d'ailleurs, il résulte de l'instruction à laquelle il a été procédé sur le pourvoi que l'administration municipale a été autorisée postérieurement à l'arrêté attaqué à maintenir les prises d'eau qui existaient en haute Deule; que, dans ces circonstances, il y a lieu d'annuler, de ce chef, l'arrêté attaqué, sauf au sieur Roure à se pourvoir ultérieurement devant l'autorité compétente, s'il se croit fondé à soutenir qu'il éprouve un dommage actuel, soit par suite de l'exécution de travaux publics entrepris par la ville, soit par suite de l'inobservation des conventions particulières intervenues entre lui et ladite ville;

Sur le recours incident du sieur Roure, tendant à obtenir une indemnité à raison de l'insalubrité résultant pour son usine de la construction de l'égout collecteur et du déversement dans les canaux d'amenée des eaux ménagères et industrielles de Warzemmes et d'Esquermes: — Considérant que le conseil de préfecture a reconnu que l'infection des eaux n'était pas actuellement plus considérable qu'avant l'exécution des travaux effectués dans les canaux d'amont; que, dans l'instruction à laquelle il a été procédé sur le pourvoi, il a été établi qu'anciennement les eaux avaient un écoulement insuffisant et que les canaux étaient remplis de vase; que les travaux exécutés par la ville, dans l'intérêt de la salubrité publique, ont jeté dans les canaux des eaux plus abondantes et ont permis de pratiquer des chasses qui entraînent les matières qui les encombrent; qu'il suit de là que, dans l'état de choses tel qu'il existait au moment où a statué le conseil de préfecture, le sieur Roure n'avait aucune indemnité à réclamer de ce chef;

359. Certaines usines ont à supporter des chômages fréquents. Ce fait se produit, notamment, sur les cours d'eau qui alimentent des canaux. En principe, les indemnités se payent par chômages, à mesure qu'ils se produisent. Mais la jurisprudence décide que, lorsque les dommages se prolongent et menacent d'avoir à l'avenir une durée assez indéterminée pour causer une diminution de valeur dans la propriété, l'usinier a droit à une indemnité de dépréciation égale à la perte qu'il éprouverait s'il voulait aliéner son bien, et qu'il peut réclamer en une seule fois cette indemnité (V. *Rép.* v° *Travaux publics*, n° 809; Dufour, t. 4, p. 565). Les concessionnaires de canaux peuvent, de leur côté, dans ces mêmes hypothèses, contraindre les propriétaires d'usines à recevoir une indemnité, une fois payée, s'il est possible de déterminer le montant total de la dépréciation causée aux usines par la prise d'eau. — Il a été décidé : 1° qu'au cas où l'usinier viendrait à se plaindre de chômages de nature à se renouveler périodiquement, on peut les assimiler à un dommage permanent, et que rien n'empêche le conseil de préfecture, si la demande lui en est régulièrement faite par les parties, de fixer en bloc et en une seule fois l'indemnité due pour tous les chômages à venir (Cons. d'Et. 21 juin 1855, aff. Roussille, D. P. 56. 3. 25) ; — 2° Que l'indemnité due à un usinier pour perte de force motrice est avec raison fixée en capital, lorsque le régime des prises d'eau est définitivement réglé (Cons. d'Et. 30 mai 1884, aff. Lequesne, D. P. 85. 3. 116. V. aussi Cons. d'Et. 23 mars 1880, aff. Vandal, D. P. 81. 3. 4).

360. Les art. 56 et 57 de la loi du 16 sept. 1807, modifiés par les art. 13 et suiv. de la loi du 22 juill. 1889 (D. P. 90. 4. 1), sont applicables aux demandes en indemnité formées à raison de la suppression ou du chômage d'une usine. En conséquence, le conseil de préfecture doit faire procéder à une expertise dans les formes prescrites par ces articles, lorsque les faits allégués sont de nature à motiver l'allocation d'une indemnité. Dans le cas où des articulations mêmes du réclamant il résulte que le dommage prétendu n'est pas de nature à donner lieu à une indemnité, le conseil de préfecture peut rejeter sa demande, sans ordonner une expertise préalable. Il en est ainsi, notamment, lorsque l'action en indemnité dirigée contre l'Etat est fondée sur la perte de force motrice résultant de l'exécution par des tiers de travaux que l'Administration s'est bornée à autoriser. Jugé, au contraire, que le conseil de préfecture ne peut se dispenser d'ordonner une demande en expertise sur la demande en indemnité formée à l'occasion de la perte de force motrice résultant de l'exécution d'un travail public, sous prétexte qu'à l'époque où ces travaux ont eu lieu, l'usine n'était pas louée (Cons. d'Et. 6 août 1881, aff. Piette, D. P. 83. 3. 11). Le droit à indemnité existe en effet; la question à examiner est une question de fait : celle de savoir si un dommage a été causé et quelle en est l'étendue (V. aussi Cons. d'Et. 16 janv. 1880, aff. Tambon, D. P. 80. 3. 85; 13 févr. 1885, aff. Lebreton, D. P. 86. 3. 90. V. *Travaux publics; — Rép.* eod. v°, n°s 878 et suiv.; Plocque, t. 3, n° 379; Block, v° *Usines*, n° 30; Aucoc, *op. cit.*, t. 2, 3° éd., n°s 753 et suiv.).

361. L'indemnité due par l'Etat à un usinier peut être compensée jusqu'à due concurrence avec la plus-value acquise par son établissement par suite des travaux. La jurisprudence décide que la plus-value, pour être opposée en compensation, doit être certaine, immédiate et spéciale (V. *Travaux publics; — Rép.* eod. v°, n° 947; Cons. d'Et. 14 nov. 1879, aff. Labbé, D. P. 80. 3. 33, et la note). — Jugé que l'avantage résultant pour un moulin de ce que l'ouverture d'un canal parallèle à la rivière, en diminuant la navigation sur cette rivière, a rendu moins onéreuse pour l'usinier l'obligation qui lui incombait, d'après un ancien édit, d'ouvrir une porte marinière aux bateaux et de subir les chômages résultant de cette manœuvre, ne constitue pas une plus-value immédiate et spéciale de nature à être admise en compensation du dommage direct résultant des prises d'eau (Cons. d'Et. 20 mai 1881, aff. Chalot, D. P. 82. 3. 101. V. aussi Cons. d'Et. 10 janv. 1867, aff. Canal de la Sambre à l'Oise, *Rec. Cons. d'Etat*, p. 34).

362. En principe, les intérêts de l'indemnité ne sont dus qu'à partir du jour de la demande (c. civ. art. 1153) (Cons. d'Et. 16 mars 1870, aff. Flachier, *Rec. Cons. d'Etat*, p. 297). — Toutefois, il a été jugé que lorsque, par suite de travaux d'utilité publique, une usine ayant une existence légale a été privée de la totalité de sa force motrice, une indemnite est due au propriétaire à raison de la perte des revenus de l'usine; que si, dans la fixation de l'indemnité qui lui est allouée, il ne lui a pas été tenu compte de cette perte de revenus, il a droit, à partir du jour où a eu lieu le dommage, aux intérêts de l'indemnité, ces intérêts représentant la jouissance d'une chose productive de revenus (Cons. d'Et. 9 avr. 1863, aff. Deshayes, *Rec. Cons. d'Etat*, p. 333. V. dans le même sens : Cons. d'Et. 27 août 1857, aff. de Nicolaï, *Rec. Cons. d'Etat*, p. 691; 11 janv. 1862, aff. Canal de Vigueirat, *ibid.*, p. 22; Cons. préf. Eure, 19 août 1864, aff. Couturier, D. P. 70. 1. 74; Cons. d'Et. 17 avr. 1869, aff. Monnin, *Rec. Cons. d'Etat*, p. 383. V. aussi *Rép.* v° *Travaux publics*, n°s 864 et suiv.). Mais il a été décidé que, lorsque l'Etat paye à un usinier une indemnité pour le chômage de son moulin qui n'a pu être loué par suite des travaux exécutés sur le cours d'eau, il ne lui doit pas les intérêts de l'indemnité à laquelle il a droit pour suppression de force motrice (Cons. d'Et. 24 juin 1868, *suprà*, n° 357). Les intérêts feraient, en pareil cas, double emploi avec l'indemnité de chômage.

363. Sur la question de savoir par qui doivent être supportés les frais de la procédure suivie à la requête de l'usinier, V. *Frais et dépens; — Rép.* eod. v°, n°s 1193 et suiv.

364. L'action en indemnité à raison de la suppression est éteinte par la prescription, trente ans après l'exécution du travail public. Toutefois, lorsque l'Etat est lui-même en cause, l'action se prescrit par cinq ans (L. 29 janv. 1831, art. 9) (Comp. Cons. d'Et. 28 mai 1880, aff. Delrieu, D. P. 80. 3. 116). — L'action en indemnité à raison des chômages ne court pas du jour où ont été exécutées les prises d'eau, lorsque ces chômages ne sont pas la conséquence directe de l'établissement de ces prises et que, dépendant des quantités d'eau qui se trouvent en rivière, ils sont intermittents et variables; la prescription ne court pour chaque fait dommageable que du jour où il s'est produit (Cons. d'Et. 18 janv. 1884, aff. Gillot, D. P. 85. 3. 86; 4 avr. 1884, aff. Brian, *ibid.* V. aussi Cons. d'Et. 14 déc. 1877, aff. Chemin de fer P.-L.-M., D. P. 78. 3. 62). — Jugé : 1° que la prescription est opposable à un usinier qui demande une indemnité pour le dommage causé à son usine par une prise d'eau pratiquée depuis plus de trente ans et qui n'a subi, depuis cette époque, aucune modification qui en ait accru le débit (Cons. d'Et. 18 févr. 1876) (1) ; — 2° Que lorsque, dans une instance

---

En ce qui concerne les frais d'expertise : — Considérant que de tout ce qui précède il résulte qu'il y a lieu de mettre ces frais à la charge du sieur Roure :

Art. 1er. Sont annulées les dispositions de l'arrêté ci-dessus visé du 4 févr. 1870, par lesquelles le conseil de préfecture du Nord a alloué une indemnité éventuelle au sieur Roure pour perte de force motrice et a mis les frais d'expertise à la charge de la ville de Lille. — Ces frais seront supportés par le sieur Roure... (Recours incident rejeté).

Du 6 mars 1874.-Cons. d'Et.-MM. de Baulny, rap.-David, concl.-de Valroger et Dareste, av.

(1) (Héritiers Bergeret.) — Le conseil d'Etat ;... — Considérant que les héritiers Bergeret demandent, d'une part, une indemnité à raison du dommage résultant de la prise d'eau de Larrey, et, d'autre part, une augmentation de l'indemnité qui leur a été allouée à raison du dommage résultant de la prise d'eau de Sainte-Marie;

En ce qui concerne la prise d'eau de Larrey : — Considérant que pour rejeter la réclamation des héritiers Bergeret, le conseil de préfecture s'est fondé sur ce que la prise d'eau de Larrey avait été construite antérieurement à 1808 et n'avait subi depuis cette époque aucune modification qui en eût accru le débit, de telle sorte que la demande d'indemnité, formée seulement en 1860, devait être écartée par la prescription; — Considérant que les requérants ne contestent pas la date de l'ouverture de la prise d'eau, et se bornent à soutenir que le barrage au moyen duquel elle fonctionne actuellement date d'une époque plus récente, que d'ailleurs ils ne précisent pas; qu'ils n'apportent aucune preuve à l'appui de cette allégation, et qu'il résulte, au contraire, de l'insen indemnité pour chômage, l'Etat oppose à l'usinier la prescription acquise par trente ans écoulés depuis l'établissement de la prise d'eau, et que l'usinier répond que la prescription n'a pu courir que du jour où le dommage s'est produit à la suite de travaux d'étanchement exécutés par l'Etat dans la cuvette du canal, qui auparavant restituait à la rivière, par filtrations, la plus grande partie de l'eau enlevée pour l'alimentation de ce canal, le conseil de préfecture est tenu, en vertu de l'art. 56 de la loi du 16 sept. 1807, de faire procéder à une expertise (Cons. d'Et. 7 août 1874, aff. Caillet, *Rec. Cons. d'Etat*, p. 819).

365. L'autorisation donnée par l'Etat à une ville ou à un particulier d'exécuter à ses risques et périls un travail pouvant modifier le régime des eaux ne constitue pas un acte de gestion, mais un acte de police. Si le travail cause à un usinier un dommage de nature à ouvrir droit à une indemnité, c'est contre l'auteur du travail que l'action doit être dirigée. La responsabilité pécuniaire de l'Etat ne se trouve pas engagée. — Il a été jugé : 1° que lorsque des travaux entrepris par une ville pour rectifier le lit d'une rivière navigable ont été autorisés par l'Administration dans le seul intérêt de cette ville, par exemple, pour la conservation de la prise d'eau de ses fontaines, un propriétaire ne peut, à raison de ces travaux, former une action en indemnité contre l'Etat (Cons. d'Et. 30 avr. 1867, aff. Sarrand, *Rec. Cons. d'Etat*, p. 410) ; — 2° Que l'Etat n'est pas responsable de la perte de force motrice résultant de prises d'eau que l'Administration s'est bornée à autoriser sous la réserve des droits des tiers (Cons. d'Et. 30 mai 1884, aff. Lequesne, D. P. 85. 3. 116. V. aussi Cons. d'Et. 13 août 1868, aff. Greyveldinger, D. P. 70. 3. 9). — Mais jugé qu'une ville n'est pas tenue d'indemniser un usinier établi sur un cours d'eau de la perte de force motrice résultant de ce que ladite ville a détourné un affluent de ce cours d'eau, qu'elle avait acquis à titre onéreux, et dont elle avait, en qualité de propriétaire, la libre disposition alors que l'autorité judiciaire n'a pas reconnu que l'usinier avait des droits sur les eaux de cet affluent (Arrêt précité du 30 mai 1884. V. aussi Cons. d'Et. 30 juill. 1880, aff. Greyveldinger, D. P. 81. 3. 78 ; 6 août 1881, aff. Piette, D. P. 83. 3. 11).

366. Les propriétaires de moulins dont la concession est antérieure à 1669 peuvent être déclarés propriétaires de la chaussée qui est une dépendance nécessaire du moulin ; l'ordonnance de 1669 et l'édit de 1683, en déclarant tous les fleuves et rivières navigables ou flottables propriétés domaniales, ont, en effet, maintenu les particuliers dans les droits de pêche, moulins, bacs et autres usages qu'ils pouvaient avoir par titres ou possession (V. *Rép.* n° 92). — Mais il a été jugé que le propriétaire d'un moulin d'ancienne concession et de la chaussée en dépendant, établis l'un et l'autre sur un fleuve navigable et flottable, ne peut puiser dans son droit de propriété, en dehors de tout préjudice éprouvé, la faculté d'exiger que les concessionnaires de prises d'eau autorisées gratuitement par l'Etat en amont de son usine, lui payent le prix de la force motrice dont ils profitent par suite de l'élévation des eaux due à sa chaussée (Req. 26 avr. 1881, aff. Société du moulin de Bazacle, D. P. 82. 1. 157). Dans l'espèce sur laquelle a statué cet arrêt, on soutenait que la force motrice résultant du niveau d'une rivière constituait un fruit industriel de la chaussée qui surélève les eaux, et que le bénéfice de ce fruit industriel était acquis au propriétaire du barrage. Mais cette prétention n'était pas fondée. D'une part, les eaux surélevées dépendaient du domaine public comme étant celles d'un fleuve navigable; et, d'autre part, si la chaussée, quoique construite sur le lit du fleuve avec le moulin y attenant, avait été reconnue comme étant la propriété d'un particulier, c'était uniquement en raison de son ancienne origine, et de son caractère d'accessoire indispensable de l'usine. Le droit de propriété laissé à un particulier sur une chaussée placée dans les conditions indiquées est loin d'être absolu; s'il a été maintenu, par une dérogation au principe de l'inaliénabilité du domaine public, c'est dans l'unique but d'assurer le fonctionnement d'un établissement industriel considéré comme utile. Le but poursuivi délimite de lui-même l'étendue de la propriété *sui generis* reconnue. Le seul fruit auquel puisse légitimement prétendre le détenteur d'une telle propriété, c'est la force motrice nécessaire à son usine, et rien que celle-là. Son droit sur les eaux surélevées qui, en principe, ne sont pas à lui, doit se borner à ses besoins industriels personnels, les seuls qui aient été pris en considération pour maintenir dans le domaine de la propriété privée le barrage établi sur le fleuve public.

367. L'Administration a le droit de prescrire les mesures et d'exécuter tous les travaux qu'elle juge propres à assurer le cours des eaux et le service de la navigation, et notamment d'ordonner, pour cet objet, le chômage des usines établies sur un cours d'eau. Mais ce que l'Administration a le droit de faire dans l'intérêt général, un particulier n'est pas fondé à l'exiger dans son intérêt privé ; il faudrait qu'il y fût autorisé par une disposition de loi ; or une telle disposition n'existe pas. — Jugé en ce sens que le riverain d'un cours d'eau navigable ou flottable est sans qualité et sans droit pour contraindre les propriétaires d'usines situées en aval à mettre leurs usines en chômage à l'effet de faciliter l'exécution de travaux défensifs et confortatifs qu'il a été autorisé à faire exécuter, dans son intérêt privé, le long de sa propriété (Metz, 29 août 1866, aff. Duval-Rousseau, D. P. 66. 2. 212).

368. — II. EAUX NON NAVIGABLES (*Rép.* n°s 408 à 413). — Sur les cours d'eau non navigables ni flottables, l'Administration peut, dans l'intérêt de la police et de la répartition des eaux ou pour l'exécution de travaux d'utilité publique, ordonner la suppression totale ou partielle de la force motrice des usines. Si la suppression ou le chômage ont lieu à raison de travaux publics, une indemnité est due aux propriétaires dont les établissements ont une *existence légale*. La légalité résulte pour une usine située sur un cours d'eau non navigable soit de ce que son origine est antérieure à 1790, soit de ce qu'elle a été l'objet d'une vente nationale, soit de ce qu'elle est pourvue d'une autorisation régulière. L'usine qui ne se trouve dans aucune de ces conditions, si elle subit un dommage dans un intérêt public, ne peut, quelle que soit la nature de cet intérêt, prétendre à aucune indemnité. — Jugé : 1° qu'antérieurement aux lois abolitives du régime féodal et à la loi des 12-20 août 1790, les usines pouvaient être établies sur les cours d'eau non navigables ni flottables avec la permission expresse ou tacite des anciens seigneurs ; que l'existence incontestée d'une usine antérieurement à 1789 constitue pour l'usine un titre légal d'établissement (Cons. d'Et. 10 févr. 1859, aff. Blanchard, *Rec. Cons. d'Etat*, p. 117. V. dans le même sens : Cons. d'Et. 22 avr. 1865, aff. Chemin de fer P.-L.-M., *Rec. Cons. d'Etat*, p. 455 ; 28 juill. 1868, aff. Ulrich, D. P. 68. 3. 26) ; — 2° Que l'usinier dont l'auteur a acheté le moulin à l'Etat en 1791 est recevable à réclamer la réparation du préjudice qui lui est causé par suite du chômage pour les besoins de la navigation (Cons. d'Et. 2 août 1860, aff. Sentis, *Rec. Cons. d'Etat*, p. 578). — 3° Que l'existence légale d'un moulin est justifiée par la production d'un arrêt du parlement de Navarre portant concession (Cons. d'Et. 7 août 1874, aff. Acot, *Rec. Cons. d'Etat*, p. 820). — Décidé, au contraire, que la diminution, par suite de l'exécution d'un travail public, de la force motrice qu'une usine établie postérieurement à 1790 emprunte à une rivière non navigable, ne donne pas ouverture à un

---

truction et de la situation des lieux que le barrage a dû nécessairement être construit en même temps que la prise d'eau dont il devait assurer le fonctionnement, et qui a été mise en service au plus tard en 1812, date à laquelle la section du canal de Bourgogne qu'elle était destinée à alimenter a été ouverte à la navigation; que, si la crête du barrage a été exhaussée en 1852, il résulte de l'instruction que cette opération, faite en vue de faciliter le jaugeage de la prise d'eau, n'a eu pour effet, ni d'augmenter le volume d'eau détourné de la rivière, ni de modifier la hauteur de la chute du moulin Bernard; qu'ainsi l'état de choses résultant de l'établissement de la prise d'eau de Larrey n'a subi dans les trente ans qui ont précédé la demande aucune aggravation qui ait pu ouvrir en faveur des requérants un droit à indemnité:... — Art. 1er. La requête des héritiers Bergeret est rejetée.

Du 18 févr. 1876.-Cons. d'Et.-MM. Mayniel, rap.-David, concl.-Brugnon, av.

droit à indemnité en faveur de l'usinier, alors qu'aucun acte émané de l'autorité compétente n'a autorisé cet emprunt; il en est ainsi, alors même que l'usinier allègue que son moulin, établi sur une rigole destinée à conduire des eaux d'irrigation, ne peut exercer aucune influence sur le régime des eaux de la rivière (Cons. d'Et. 11 nov. 1881, aff. Folacci, D. P. 83. 3. 21).

369. La loi du 16 sept. 1807 (art. 48), en statuant qu'il sera d'abord examiné si l'établissement d'une usine est légal, n'exige pas pour preuve de cette légalité la production d'un titre administratif qui ait autorisé la construction de l'usine. Il a été jugé : 1° que cette preuve peut, à défaut d'actes écrits, résulter des circonstances, notamment de ce seul fait que l'usine a été construite antérieurement aux lois abolitives de la féodalité ou à la loi des 16-20 août 1790 (Cons. d'Et. 1er févr. 1855, aff. Pruvost, deux arrêts, D. P. 55. 3. 65; 13 juin 1860, aff. Société du canal de la Sambre à l'Oise, *Rec. Cons. d'Etat*, p. 453); — 2° Que lorsque les actes produits ne fournissent pas à eux seuls la preuve de l'existence légale de l'usine, ils peuvent néanmoins être suffisants pour autoriser le propriétaire à demander qu'il soit procédé à une expertise sur la question d'existence légale (Cons. d'Et. 25 avr. 1867, *suprà*, n° 309. — Il a été jugé qu'une ou plusieurs décisions passées en force de chose jugée, qui ont repoussé les précédentes demandes d'un usinier en indemnité de chômage comme étant non recevables, par le motif qu'il ne fournissait pas la preuve de l'existence légale de son usine, ne peuvent être opposées à l'usinier ou à ses ayants cause lorsqu'ils viennent ultérieurement former des demandes à raison de prises d'eau autres que celles qui avaient causé les premiers chômages; que la demande d'indemnité et l'obligation de prouver l'existence légale de l'usine sont connexes et inséparables; que la preuve de la légalité ne peut pas plus être repoussée par la chose jugée que la demande principale elle-même (Cons. d'Et. 12 févr. 1863, aff. Canal de la Sambre à l'Oise, *Rec. Cons. d'Etat*, p. 111).

370. Si l'usine est atteinte par des mesures prises dans un but de police et d'utilité générale, eût-elle une existence légale, son propriétaire n'a droit à aucune indemnité. Une nouvelle répartition des eaux peut devenir nécessaire à ce point de vue. Si l'Administration, pour remplir le rôle de protection et de surveillance qui lui est confié, est obligée de modifier les concessions qu'elle a précédemment consenties, il est juste qu'elle puisse le faire sans payer aucune indemnité (Block, *op. cit.*, v° *Usines*, nos 27 et suiv.; Dufour, t. 5, n° 78; Ducrocq, *op. cit.*, t. 2, n° 1003; Motifs, Cons. d'Et. 16 août 1862, aff. Robo, *Rec. Cons. d'Etat*, p. 658).

371. La suppression des usines, sauf les cas d'urgence, ne peut avoir lieu, comme on le verra *infrà*, nos 409 et suiv., qu'après l'enquête préalable exigée par l'arrêté du 19 vent. an 6 et l'instruction du 19 therm. an 6.

372. Les permissions d'usines ou de prises d'eau accordées sur les cours d'eau non navigables peuvent contenir expressément la réserve que le bénéficiaire n'aura droit à aucune indemnité en cas de privation totale ou partielle de la prise d'eau, par suite de mesures nouvelles prises pour la police et la répartition des eaux. Cette clause, d'ailleurs inutile (V. *suprà*, n° 370), est certainement valable. Mais une question plus délicate est celle de savoir si l'Administration peut stipuler une clause de non-indemnité au profit de l'Etat dans le cas où, pour l'exécution de travaux quelconques d'utilité publique, il viendrait à troubler la jouissance des riverains des cours d'eau non navigables auxquels il a accordé des permissions d'usines. — Une première opinion, se fondant sur ce que les lois des 12-20 août 1790 (chap. 6) et du 6 oct. 1791 (tit. 6, art. 2) qui chargent l'Administration de pourvoir au libre cours des eaux et d'empêcher la submersion des propriétés riveraines par la trop grande élévation des écluses des moulins, s'expriment en termes généraux et ne soumettent pas les cours d'eau non navigables à un régime spécial, reconnaît au Gouvernement le droit, pour les permissions concernant les cours d'eau non navigables comme pour celles concernant les cours d'eau navigables ou flottables, de subordonner son autorisation, qu'il pourrait refuser, aux conditions qu'il lui paraît convenable de prescrire. Sans doute, le Gouvernement ne pourra stipuler la clause de non-indemnité à l'égard d'une usine déjà ancienne, ayant une existence légale antérieure à 1789; mais son droit est entier à l'égard de celles qui se fondent avec son autorisation. — Le système contraire distingue complètement les permissions d'usines et de prises d'eau concédées sur des cours d'aux navigables ou flottables, de celles qui sont accordées sur des cours d'eau non navigables. Comme les cours d'eau navigables et flottables dépendent du domaine public et que le domaine public est inaliénable, l'Administration peut se réserver le droit de retirer sans indemnité, en tout ou en partie, les permissions par elle accordées sur ces cours d'eau; à défaut de réserve expresse, son droit résulterait encore de la nature des choses. Mais, relativement aux cours d'eau non navigables, le droit de l'Administration a un tout autre caractère. C'est simplement un droit de police et de réglementation; les riverains, à supposer qu'ils n'aient aucun droit de propriété sur le lit lui-même du cours d'eau non navigable, ont, du moins, sur ces eaux un droit d'usage pour l'exercice duquel ils excluent tous ceux qui ne sont pas riverains. L'intervention de l'Administration a pour objet d'empêcher que ceux des riverains qui veulent user de leur droit le fassent de manière à nuire aux autres riverains; c'est pour cela que le propriétaire qui veut se servir des eaux pour une irrigation ou pour l'établissement d'une usine, est obligé de demander une permission dans laquelle l'Administration, sauvegardant les droits des autres intéressés, lui fixe les limites qu'il ne devra pas dépasser. Que l'Administration se réserve de revenir sans indemnité sur cette fixation dans le cas où une nouvelle répartition des eaux serait nécessaire pour permettre aux autres riverains d'user, dans une juste mesure, d'un droit qui leur appartient au même titre, cela, dit-on, rentre naturellement dans le rôle de protection et de surveillance qui lui est confié. Mais qu'elle stipule une clause de non-indemnité au profit de l'Etat dans le cas où, pour l'exécution de travaux quelconques d'utilité publique, il viendrait troubler la jouissance des riverains du cours d'eau, c'est méconnaître la nature des attributions qu'elle exerce en cette matière. L'Administration, dans les permissions dont il s'agit ici, pas plus que dans les permissions relatives aux établissements insalubres, aux constructions soumises à un alignement, etc., ne concède rien au nom de l'Etat et ne peut rien stipuler pour un intérêt autre que celui des propriétaires riverains qui ont droit à l'usage des mêmes eaux.

373. La pratique de l'Administration a quelque temps oscillé entre ces deux systèmes. La clause de non-indemnité, autorisée par un arrêté du Directoire du 19 vent. an 6, pour les permissions concernant les cours d'eau navigables et flottables, ainsi que pour les canaux d'irrigation et de dessèchement, fut étendue par une instruction ministérielle de la même année aux permissions intéressant les cours d'eau non navigables. La question ne fut pas résolue lors de la discussion de la loi du 16 sept. 1807, dont l'art. 48 prescrit, dans le cas de suppression d'usines, d'examiner d'abord « si le titre d'établissement ne soumet pas les propriétaires à voir démolir leurs établissements sans indemnité, si l'utilité publique le requiert ». — Toutefois, le Gouvernement crut voir dans les termes généraux de cet art. 48 la consécration de la doctrine par lui suivie, et prescrivit, en conséquence, d'insérer la clause de non-indemnité dans toutes les permissions d'usines et de prises d'eau accordées sur des cours d'eau non navigables (Décis. min. 21 août 1810; 11 mai 1817; Av. Cons. d'Et. 11 nov. 1817; Lett. dir. gén. ponts et chaussées, 11 mai 1829). — A partir de l'année 1829, sous l'influence sans doute des résistances très vives que la pratique de l'Administration avait rencontrées, l'usage d'insérer la clause de non-indemnité dans les permissions concernant les cours d'eau non navigables, cessa pour quelque temps; ce nouvel état de choses fut constaté et approuvé par la plupart des auteurs (Cormenin, *Droit administratif*, 5e éd., t. 1. p. 508; Tarbé de Vauxclair, *Dictionnaire des travaux publics*, v° *Moulins et usines*, p. 331; Jullien, *Annales des ponts et chaussées*, année 1837; Dufour, *Droit administratif*, t. 2, n° 78). — Mais, en 1841, la question fut portée par le ministre devant le conseil d'Etat, et le 21 juillet de la même année, ce conseil exprima une opinion favorable à l'insertion de la clause. Ce retour à l'ancienne pratique de l'Administration donna lieu, dans la Chambre des pairs, à un débat plein d'intérêt et d'élévation, dans lequel les deux systèmes opposés furent défendus avec une égale vigueur par M. le comte d'Argout et par M. Teste, alors ministre des travaux publics, tant au point de vue du droit qu'au point de vue des intérêts, très fortement engagés, du trésor public et de la propriété privée (V. le compte rendu de cette discussion dans le *Moniteur* du 10 juin 1842). Les décisions rendues par le conseil d'Etat depuis le retour de l'Administration à l'usage d'insérer dans les permissions la clause de non-indemnité, semblaient indiquer la formation définitive d'une jurisprudence conforme à la doctrine de l'avis du 21 juill. 1841, jurisprudence à laquelle les tribunaux ordinaires ne se montraient pas défavorables (V. *Rép.* n°s 408 et suiv.); cela explique comment M. Dufour, dans la 2e édition de son *Traité de droit administratif*, t. 4, n° 525, a pu dire « qu'en droit, ce n'était plus une question pour le conseil d'Etat ». Cependant il faut reconnaître que la légalité de la clause de non-indemnité n'avait pas cessé de faire difficulté dans la doctrine pour le cas dont on s'occupe ici (V. dans un sens contraire à l'avis du 21 juill. 1841, notamment: Daviel, *Traité des cours d'eau*, 3e éd., t. 2, n° 680; Garnier, *Régime des eaux*, n° 193).

374. Un arrêt du conseil d'Etat du 13 juin 1860 est venu consacrer le système opposé qui, depuis lors, n'a pas été abandonné. Il décide que les permissions d'usines ou de prises d'eau accordées sur des cours d'eau non navigables ne peuvent contenir la réserve que le bénéficiaire n'aura droit à aucune indemnité en cas de privation totale ou partielle de la prise d'eau par suite de l'exécution d'un travail quelconque d'utilité publique, la clause de non-indemnité ne pouvant être exprimée qu'en vue d'une privation résultant de nouvelles mesures pour la police et la répartition des eaux (Cons. d'Et. 13 juin 1860, aff. de Clermont-Tonnerre, D. P. 60. 3. 75). « La clause de non-indemnité, dit M. Christophle dans ses observations sur cet arrêt (*Revue pratique*, 1860, p. 369), cesse d'être une menace et une cause de dépréciation permanente pour les établissements situés sur les cours d'eau non navigables, et c'est là, on ne saurait le méconnaître, un avantage inappréciable. » — En raison de cette nouvelle jurisprudence, le ministre des travaux publics a invité les préfets, par une circulaire du 20 avr. 1865, à modifier, dans les règlements d'usines, les termes de la clause de non-indemnité, substitués ainsi qu'il suit à ceux admis par la circulaire antérieure du 23 oct. 1851 : « Le permissionnaire ou son fermier ne pourront prétendre à aucune indemnité ni dédommagement quelconque, si, à quelque époque que ce soit, l'Administration reconnaît nécessaire de prendre *dans l'intérêt de la police et de la répartition des eaux*, des mesures qui les privent d'une manière temporaire ou définitive de tout ou partie des avantages de la présente autorisation, tous droits antérieurs réservés » (Ducrocq, t. 2, n° 1003). — Plusieurs arrêts ont confirmé la doctrine adoptée par la décision du 13 juin 1860. Il a été jugé : 1° que les permissions d'usines ou de prises d'eau sur des rivières non navigables ne peuvent contenir la réserve que le bénéficiaire n'aura droit à aucune indemnité en cas de privation totale ou partielle de la prise d'eau par suite de l'exécution d'un travail quelconque d'utilité publique; que cette clause ne peut être exprimée qu'en vue d'une privation résultant de nouvelles mesures pour la police et la répartition des eaux (Cons. d'Et. 20 juin 1865, aff. Lesquilbet, D. P. 66. 3. 25); — 2° Que, bien que les actes contenant la clause générale de non-indemnité n'aient pas été attaqués de ce chef lorsqu'ils ont été rendus, ce défaut de réclamation ne rend pas non recevable la demande en indemnité de l'usinier qui vient à souffrir ultérieurement un dommage par suite de l'exécution de travaux publics (Même arrêt). De ce que l'usinier aurait eu le droit d'attaquer immédiatement l'acte contenant la clause de non-indemnité, il ne s'ensuivait pas qu'il eût été dans l'obligation de l'attaquer, et que, faute de l'avoir fait, il eût acquiescé à cette clause. — Jugé encore : 1° que la clause de l'acte autorisant le maintien d'une usine sur un cours d'eau non navigable ni flottable, par laquelle l'administration stipule que le permissionnaire n'aura droit à aucune indemnité dans le cas où il perdrait le bénéfice de tout ou partie de sa permission par l'effet de nouvelles mesures, n'est valable qu'en tant qu'elle prévoit le cas de trouble dû à des mesures prises dans l'intérêt de la police des cours d'eau; qu'elle ne l'est pas en tant qu'elle dénie au permissionnaire le droit à une indemnité pour le cas où la jouissance des eaux lui serait retirée par suite de mesures que l'Administration jugerait à propos de prendre dans l'intérêt de la navigation, du commerce et de l'industrie (Cons. d'Et. 21 juin 1866, aff. Oudéa, D. P. 67. 5. 152); — 2° Que la clause de l'acte autorisant l'établissement d'une usine sur un cours d'eau non navigable ni flottable, par laquelle l'Administration stipule que le permissionnaire n'aura droit à aucune indemnité dans le cas où l'usine serait mise en chômage pour la réparation d'un pont situé à proximité, n'est pas valable et ne fait pas obstacle à ce que l'usinier obtienne la réparation du préjudice causé par le chômage, dans le cas, tout au moins, où la force motrice n'est pas produite par les ouvrages mêmes du pont (Cons. d'Et. 19 déc. 1879, aff. Germain, D. P. 80. 3. 36). La jurisprudence du conseil d'Etat, étant fondée sur ce que l'Etat ne peut user de son pouvoir de police pour ménager ses finances ou celles des autres administrations publiques, doit s'appliquer tout aussi bien dans le cas où il s'agit d'une cause de dommage spécialement prévue que dans celui où il s'agit d'une disposition conçue en termes généraux. Au reste, dans l'arrêt précité, le conseil d'Etat a eu soin de constater qu'en fait, contrairement à l'affirmation de l'Administration, la force motrice de l'usine n'était pas produite par l'ouvrage public dont la reconstruction avait rendu le chômage nécessaire. Si l'hypothèse contraire s'était réalisée, la solution aurait sans doute été différente. — Décidé aussi qu'une clause de non-indemnité insérée dans une ordonnance ayant réglé l'usine depuis que la rivière est devenue navigable ne fait pas obstacle à ce que l'usinier réclame une indemnité dans le cas où un travail d'utilité publique le prive des droits qui lui appartenaient légalement avant cette même époque (Cons. d'Et. 15 juin 1883, aff. Deflandre, D. P. 85. 3. 21). Dans l'espèce, l'usine existait avant 1789, et la rivière sur laquelle elle était située n'était pas alors navigable. Le propriétaire avait donc droit à une indemnité en cas de suppression totale ou partielle de son établissement; et ce droit ne pouvait être atteint par la clause de non-indemnité insérée après la déclaration de navigabilité de la rivière.

Il a été jugé que, dans la métropole, la clause par laquelle l'Administration, en autorisant un particulier à maintenir en activité une usine située sur un cours d'eau non navigable, a disposé qu'aucune indemnité ne serait donnée dans le cas où la jouissance des eaux lui serait retirée par suite de travaux de voirie, doit être considérée comme non avenue et ne fait pas obstacle à ce que l'usinier réclame une indemnité à raison des dommages résultant de travaux de voirie exécutés par la commune (Cons. d'Et. 25 janv. 1884, aff. Lacaze, D. P. 85. 3. 78). Cette solution ne serait pas légale en Algérie où les cours d'eau non navigables font partie du domaine public; et où, par suite, l'Administration peut se réserver le droit de retirer, sans indemnité, les autorisations qu'elle a accordées. Jugé qu'en Algérie les cours d'eau non navigables faisant partie du domaine public, l'Administration, en autorisant un propriétaire à faire usage des eaux d'une source, peut valablement stipuler que le concessionnaire n'aura droit à aucune indemnité, s'il est ultérieurement privé de ces eaux dans un intérêt public; et cette clause de non-indemnité est opposable audit concessionnaire dans le cas où l'autorisation de dériver les eaux a été accordée à une ville pour son usage et pour celui de plusieurs autres communes (Arrêt précité du 25 janv. 1884. V. en ce sens : Cons. d'Et. 4 juill. 1873, aff. Zamit et Grech, D. P. 74. 3. 44; 25 févr. 1881, aff. Ismaël-Ben-Meghouach, D. P. 82. 3. 85; 8 août 1882, aff. de Tourdonnet, D. P. 84. 3. 33; Civ. cass. 15 juin 1881, aff. Niocel, D. P. 81. 1. 463).

375. Les règles concernant la fixation de l'indemnité qui ont été exposées à propos des rivières navigables, *suprà*, n°s 344 et suiv., s'appliquent aux cours d'eau non navigables.

SECT 9. — DES DROITS DES TIERS OPPOSANTS (*Rép.* n°s 414 à 426).

376. Les établissements en rivière, usines, moulins, etc., ne peuvent être autorisés, on l'a dit au *Rép.* n° 414, que sous la réserve du droit des tiers. Cette clause est insérée dans tous les actes qui accordent des concessions; mais peu importerait, d'ailleurs, qu'elle ne s'y trouvât pas; la réserve est de droit et résulte de la nature même des autorisations de police. La jurisprudence est nettement fixée à cet égard. — Jugé que l'autorité judiciaire peut ordonner, sur la plainte des parties dont les droits sont lésés, la modification ou la destruction de travaux que l'Administration a autorisés dans un simple intérêt privé, en vertu de ses attributions de police, sur des cours d'eau non navigables ni flottables, qu'elle ait ou non réservé expressément les droits des tiers, cette réserve étant de droit (Req. 10 avr. 1883, aff. Théus, D. P. 84. 1. 322. V. dans le même sens : Cons. d'Et. 18 nov. 1869, aff. Roquelaure, D. P. 71. 3. 83 ; 18 juill. 1884, aff. Delanoue, D. P. 86. 3. 18; Req. 18 oct. 1886, aff. Hamard, D. P. 87. 1. 173).

377. Lorsque l'usine n'est que projetée, les tiers, pendant la période d'instruction, peuvent former opposition dans la forme qui leur convient, et notamment par déclaration sur le procès-verbal des opérations des ingénieurs (*Rép.* n° 415). La circulaire de 1851 recommande aux ingénieurs de ne pas s'arrêter aux oppositions qui leur paraissent ne pas avoir de fondement et n'avoir été mises en avant que pour entraver la réalisation des projets du demandeur. Elle leur enjoint aussi de ne tenir aucun compte des oppositions fondées sur des titres ou conventions privées. « Cela nous semble excessif, dit M. Plocque, t. 3, n° 255. Il y a quelque chose de singulier dans cette affirmation que l'Administration peut, malgré ces titres et conventions, prescrire toute mesure que réclame l'intérêt public. Qu'en résultera-t-il? C'est que les autorisations administratives n'étant accordées que sous la réserve des droits des tiers, et les tribunaux ayant d'autre part tout pouvoir pour annuler les concessions faites au mépris de semblables droits, les mesures dont parle la circulaire ne pourront être mises à exécution; on aura beau dire qu'elles sont intervenues dans un intérêt public, les tribunaux ne se laisseront point abuser par cet artifice de langage et ne sauront considérer comme travail d'intérêt public l'établissement d'une usine qui ne doit profiter qu'aux intérêts privés du constructeur. Mieux eût valu arrêter l'instruction à ses débuts que d'obliger les parties lésées à engager une procédure dont l'issue ne saurait être douteuse». — Si l'Administration estime que les allégations des tiers sont sérieuses et qu'il est plus sage de ne pas passer outre, elle surseoit pour laisser aux parties le temps d'obtenir la détermination préalable de leurs droits respectifs (Dufour, t. 4, n°s 503 et suiv.; Batbie, *op. cit.*, t. 5, n°s 430 et suiv.).

378. Si les réclamations formulées n'ont pas été écoutées par l'Administration et si la concession a été accordée, quels sont les droits des opposants? Des distinctions sont nécessaires. Lorsque la réclamation est fondée sur la violation d'un droit de propriété, d'usufruit, de servitude, d'usage des eaux, sur l'existence d'une convention intervenue entre eux et le nouveau permissionnaire, les opposants doivent s'adresser aux tribunaux civils (V. *infrà*, n°s 488 et suiv.). — Pourraient-ils aussi attaquer l'arrêté du préfet devant le conseil d'Etat pour cause d'excès de pouvoir? M. Aucoc considère la voie du recours pour excès de pouvoir contre les arrêtés préfectoraux comme fermée aux parties, lorsqu'elles ont la ressource d'une action devant l'autorité judiciaire. (V. les conclusions de M. Aucoc, commissaire du Gouvernement, dans l'affaire Couder, D. P. 68. 3. 65). M. Godoffre, *Journal du droit administratif*, 1871, p. 317 et 318, estime également qu'il n'y a pas lieu à option entre les deux actions : « Les autorisations d'usine et de barrage accordées dans un intérêt privé comportent, dit-il, deux ordres de réclamations : les unes de la part du concessionnaire lui-même qui se plaint qu'on l'a assujetti à des conditions étrangères aux attributions de police conférées à l'Administration; les autres émanées des tiers qui se prétendent lésés par les autorisations accordées. Ces dernières sont, de leur nature, de la compétence des autorités judiciaires, tandis que les premières appartiennent à la compétence administrative. Le permissionnaire se pourvoit du préfet au ministre et du ministre au conseil d'Etat, ou bien *de plano* au conseil d'Etat, pour excès de pouvoir. Les tiers, au contraire, doivent s'adresser aux tribunaux » (V. aussi sur le même sujet les conclusions de M. de Belbeuf dans l'affaire Mazet, D. P. 70. 3. 45. Conf. Plocque, t. 3, n° 259). — Jugé : 1° que les tiers sont non recevables à attaquer au contentieux devant le conseil d'Etat, comme leur faisant préjudice, les arrêtés préfectoraux portant autorisation d'établir des usines sur les cours d'eau non navigables ni flottables; mais que ces arrêtés étant pris sans préjudice des droits privés des tiers, ils ne font pas obstacle à ce que ceux-ci fassent reconnaître leurs droits par les tribunaux compétents (Cons. d'Et. 26 juill. 1855, aff. d'Illiers, D. P. 56. 3. 13); — 2° Que le propriétaire d'un moulin n'est pas recevable à attaquer pour excès de pouvoirs l'arrêté par lequel le préfet, usant de ses pouvoirs de police sur les cours d'eau non navigables, a réglementé une usine en aval, tous droits des tiers expressément réservés; que cet arrêté ne fait pas obstacle à ce que l'usinier supérieur fasse valoir ses droits devant l'autorité compétente (Cons. d'Et. 13 févr. 1880, aff. Templier, *Rec. Cons. d'Etat*, p. 180); — 3° Que l'arrêté par lequel le préfet se borne à autoriser un usinier à établir un ouvrage en rivière, sous la réserve des droits des tiers, ne fait pas obstacle à ce que ceux-ci fassent valoir devant l'autorité compétente les droits qu'ils peuvent avoir à s'opposer à la construction dudit ouvrage; et que, par suite, cet arrêté n'est pas susceptible d'être déféré au conseil d'Etat pour excès de pouvoir, comme ayant entendu statuer sur les droits respectifs des riverains (Cons. d'Et. 18 juill. 1884, aff. Delanoue, D. P. 86. 3. 18. V. dans le même sens : Cons. d'Et. 30 mai 1884, aff. Dufour, D. P. 85. 3. 106).

Mais il nous paraît certain qu'avant de s'adresser à l'autorité judiciaire et d'intenter un procès, l'opposant a le droit de demander au ministre, par la voie administrative, la réformation de l'arrêté pris par le préfet. L'acte administratif qui interviendra laissera entière la question de droit; et le tiers, s'il ne lui est pas donné satisfaction, pourra la porter devant le tribunal civil (V. en ce sens : Plocque, t. 3, n° 259). — Jugé que les décisions par lesquelles l'autorité administrative a rejeté la demande formée par la partie lésée en annulation de l'arrêté préfectoral portant autorisation de travaux par un riverain sur un cours d'eau non navigable ne font pas obstacle à ce que le juge civil ordonne ultérieurement la suppression de ces mêmes travaux, alors que ces décisions, après avoir rappelé que l'arrêté d'autorisation réservait les droits des tiers, renvoient expressément le plaignant à faire valoir devant l'autorité judiciaire les droits qu'il peut prétendre contre le riverain à raison des conventions intervenues entre eux (Req. 16 avr. 1873, aff. Lassalle, D. P. 73. 1. 376). Même indépendamment de toutes réserves, les décisions du ministre et du conseil d'Etat qui avaient rejeté la demande en annulation de l'arrêté d'autorisation, n'auraient pas pu faire obstacle à l'action ultérieure en suppression des travaux. Il n'y avait point, en effet, identité dans la cause des deux demandes, puisque la première était fondée sur l'excès de pouvoirs qu'aurait commis le préfet en autorisant des travaux d'intérêt purement privé, tandis que la seconde reposait sur l'engagement pris par le permissionnaire envers le tiers.

379. Si les opposants allèguent que le décret ou l'arrêté portant autorisation d'établir l'usine, n'a pas été précédé de toutes les formalités prescrites par les lois et règlements, que l'enquête, par exemple, n'a pas eu lieu dans toutes les communes intéressées, et que, par suite, ils n'ont pas été mis à même de présenter leurs observations sur le projet, ils peuvent attaquer la décision devant le conseil d'Etat par la voie du recours pour excès de pouvoir. C'est ce qui résulte, notamment, d'un arrêt aux termes duquel les décrets portant autorisation d'établir des usines sur les cours d'eau sont des actes purement administratifs, qui ne peuvent être attaqués par la voie contentieuse qu'autant qu'ils n'auraient pas été précédés de toutes les formalités prescrites par les lois et règlements (Cons. d'Et. 26 juin 1856, aff. de Bérard, D. P. 57. 5. 125).

380. Lorsque l'opposition est fondée sur toute autre cause que la violation d'un droit ou d'une convention ou l'inobservation des formalités prescrites, le tiers lésé n'a qu'une ressource; s'il s'agit d'une demande sur laquelle le préfet a qualité pour statuer définitivement, il peut déférer sa décision au ministre des travaux publics (Décr. 25 mars 1852, art. 6). « Le recours contre les décisions préfectorales, porte la circulaire du 27 juill. 1852, peut s'exercer au moyen de requêtes adressées au ministre des travaux publics, soit directement, soit par l'intermédiaire du préfet. Dans le premier cas, sur la communication qui lui est donnée de la réclamation, le préfet doit transmettre au ministre toutes les pièces de l'instruction, en y joignant les avis des ingénieurs et ses observations personnelles sur les réclamations des intéressés. Lorsque le recours aura été adressé au préfet pour être transmis par lui à l'administration supérieure, le préfet doit le communiquer immédiatement aux ingénieurs, et adresser ensuite au ministre le dossier complet avec son avis particulier. Dans l'un et l'autre cas, dès que le préfet a été saisi d'une requête adressée au ministre contre un arrêté préfectoral, il doit surseoir à l'exécution de cet arrêté, à moins que quelque circonstance spéciale ou quelque motif d'urgence n'en exige l'exécution immédiate ». Si l'autorisation a été accordée par un décret, le tiers n'a d'autre ressource que le recours par la voie gracieuse (Plocque, t. 3, n° 261).

381. Lorsque l'autorité administrative agit par voie de disposition générale, les règlements qu'elle fait pour la répartition des eaux entre l'industrie et l'agriculture, en vue de fixer le régime des usines, peuvent faire l'objet d'un recours pour excès de pouvoir si les mesures prescrites ont été prises, non dans un intérêt collectif et public, mais dans un intérêt privé (V. *infrà*, nos 452 et suiv.).

382. On a exposé au *Rép.* nos 419 et suiv. que l'Administration, en autorisant une nouvelle usine, a le pouvoir de disposer de la pente des cours d'eaux, quels que soient les droits antérieurs des tiers. — Il a été jugé, conformément à cette doctrine: 1° que la suppression totale de la force motrice d'une usine, établie même sur un cours d'eau non navigable ni flottable, constitue non une expropriation, mais un simple dommage de la compétence exclusive de l'autorité administrative (Cons. d'Et. 13 août 1851, aff. Rouxel, D. P. 52. 3. 2); — 2° Que la pente des cours d'eau n'est pas susceptible de propriété privée; que, par suite, le propriétaire dont les terres sont traversées par un cours d'eau non navigable n'est pas fondé à demander, à titre de droit absolu, que la retenue d'une usine située en aval soit abaissée de manière à ce qu'aucun remous ne se fasse sentir le long de sa propriété (Cons. d'Et 18 avr. 1866, aff. de Colmont, D. P. 69. 3. 63. V. aussi Cons. d'Et. 28 mai 1852, aff. Ramière, D. P. 52. 3. 41).

CHAP. 9. — Attributions et compétence de l'autorité administrative en matière d'eau. — Pouvoir réglementaire. — Recours (*Rép.* nos 427 à 538).

383. On a exposé au *Rép.* nos 428 et suiv. que tous les cours d'eau sont assujettis au droit de police de l'Administration. «Le droit de police de l'Administration, dit M. Ducrocq, t. 2, nos 985 et suiv., se manifeste de deux manières; et d'abord, par des mesures individuelles faisant l'objet d'actes administratifs proprement dits.... Ces actes qui, pour la plupart, sont relatifs à des concessions de prises d'eau, soit pour établissements hydrauliques, soit pour l'irrigation, ou à des modifications à y apporter, ont un caractère discrétionnaire, qui n'ouvre à l'auteur de la demande, froissé dans son intérêt, mais non lésé dans son droit, que le recours par la voie gracieuse. Les tiers, au contraire, qui, dans leurs droits acquis, souffriraient d'une autorisation accordée, pourraient porter devant les tribunaux judiciaires, non une demande en révocation de l'acte administratif, mais une demande en dommages-intérêts contre celui qui s'en prévaudrait. L'acte administratif, considéré à ce point de vue, n'est en effet qu'un simple *je n'empêche* de la part de l'Administration, et le plus souvent l'acte d'autorisation porte qu'elle n'est accordée que sous la réserve des droits des tiers. Le droit de police de l'Administration se manifeste aussi par des mesures générales et collectives; cette seconde sorte d'arrêtés, par lesquels l'Administration fixe le régime des cours d'eau, mérite particulièrement le nom de *règlement d'eau*, employé comme désignation générale. Les préfets seuls ont le droit de les prendre; ceux qui émaneraient des maires seraient entachés d'illégalité. En qualité de règlement de police, les règlements d'eau sont garantis par la sanction pénale de l'art. 471, § 15, c. pén. Ils peuvent contenir deux sortes de dispositions, les unes ayant pour but de satisfaire aux exigences de l'intérêt public, les autres qui règlent les rapports des usiniers ou des concessionnaires de prises d'eau entre eux. »

384. Les mesures de police que prend l'autorité sont des actes d'administration pure et ne peuvent être attaquées devant le conseil d'Etat par la voie contentieuse. De nombreuses décisions ont confirmé ce principe exposé au *Rép.* n° 439. — Il a été jugé que le préfet ne fait qu'un simple acte de police, lorsque, en exécution d'anciens règlements royaux ou en vertu des pouvoirs généraux qui lui sont attribués en cette matière, il prescrit à des usiniers, dans l'intérêt de la navigation ou de la sécurité publique, soit des modifications aux ouvrages de leur usine, soit des réparations à des digues qui leur sont contiguës, soit le rétablissement provisoire de barrages qu'ils se seraient crus en droit de supprimer; que, par suite, ceux-ci ne peuvent attaquer devant le conseil d'Etat, par la voie contentieuse, ni l'arrêté qui leur prescrit de faire ces travaux, contînt-il la menace d'une exécution à leurs frais en cas de refus;... ni l'approbation donnée à cet arrêté par le ministre; sauf à eux à faire décider par l'autorité compétente, l'arrêté ne pouvant y faire obstacle, qu'ils n'ont pas à supporter les frais des travaux prescrits, ou même qu'il leur est dû une indemnité pour les modifications que ces travaux feraient subir à leur propriété (Cons. d'Et. 30 mars 1853, aff. de Bréval, D. P. 55. 3. 34; 2 août 1854, aff. Delettre, et aff. Bottier, *ibid.*). — Ce qui fait l'erreur de beaucoup de particuliers, c'est qu'ils se croient définitivement atteints dans leurs droits par les arrêtés qui prescrivent des mesures de la nature de celles dont s'occupent les arrêtés précités; mais il faut remarquer que ce n'est qu'en tant qu'il prescrit une mesure d'utilité publique que l'arrêté est déclaré inattaquable, et que le conseil d'Etat réserve, pour le cas où l'exécution de la mesure léserait des particuliers dans leurs droits, la faculté pour ceux-ci de réclamer une indemnité devant l'autorité compétente. En cette matière, l'indemnité n'est pas préalable. — Jugé encore : 1° que la décision du ministre qui annule un arrêté préfectoral portant surélévation de la hauteur d'eau attribuée à une usine par une ordonnance royale est un acte purement administratif qui ne peut être attaqué par la voie contentieuse, sauf aux intéressés à se pourvoir, si bon leur semble, devant l'autorité compétente pour faire statuer sur leurs droits privés (Cons. d'Et. 4 avr. 1856, aff. Fournet, D. P. 56. 3. 61); — 2° Que l'acte par lequel un préfet ordonne la suppression d'un établissement en rivière qui fait obstacle à la navigation est un acte de police non susceptible d'être attaqué par la voie contentieuse, mais qui laisse entiers les droits des intéressés dans le cas où, d'après l'origine de l'établissement, cette suppression pourrait donner lieu à indemnité (Cons. d'Et. 27 juill. 1870, aff. Crétée, D. P. 72. 3. 22).

385. Les mesures de police concernant les cours d'eau émanent soit du chef de l'Etat, soit des préfets dont les attributions ont été considérablement étendues par les décrets de décentralisation de 1852 et de 1861. Les ministres n'ont aucun pouvoir réglementaire; mais, en fait, ils se sont attribué d'une manière détournée une autorité réelle. Ainsi, par exemple, pour prévenir les inconvénients qui résultent de la divergence des arrêtés préfectoraux, il arrive souvent qu'une circulaire soit adressée collectivement aux préfets avec un modèle d'arrêté-type auquel ils doivent se conformer; telle est la circulaire du 21 juin 1855 relative à la police de la navigation. — A l'origine, les cours d'eau étaient tous placés sous l'autorité du ministre de l'intérieur.

L'ordonnance du 1er avr. 1831, qui a créé le ministère des travaux publics, avait placé dans les attributions de ce ministre les cours d'eau navigables (*Rép.* n° 434). Le décret du 8 mai 1861 (D. P. 61. 4. 71) a retiré au ministre de l'intérieur, pour le donner au ministre des travaux publics, tout ce qui concerne la police, le curage et l'amélioration des cours d'eau non navigables ni flottables. Jugé que les cours d'eau, navigables ou non, sont placés sous l'autorité du ministre des travaux publics; qu'il en est ainsi, notamment, pour la rivière d'Ourcq; que, par suite, le ministre de l'intérieur n'a pas qualité pour déférer au conseil d'Etat un arrêté du conseil de préfecture renvoyant un particulier des fins d'un procès-verbal dressé contre lui pour avoir commis une contravention sur cette rivière (Cons. d'Et. 2 déc. 1881, aff. Pétré, D. P. 83. 3. 24). Un décret du 4 sept. 1807 réglant l'administration des eaux servant à l'alimentation de la Ville de Paris, y compris celles de l'Ourcq, avait placé cette administration sous l'autorité du ministre de l'intérieur (art. 2); mais toutes les eaux étaient alors dans les attributions de ce ministre, et l'article précité n'avait pas pour objet de créer, pour les eaux servant à l'alimentation de Paris, une compétence spéciale. Les attributions du ministre de l'intérieur ont donc été transmises au ministre des travaux publics pour les eaux dont il s'agit, en même temps que pour tous les autres cours d'eau du territoire.

386. Les arrêtés préfectoraux peuvent être l'objet d'un recours devant le ministre qui a le droit de les annuler ou de les réformer (Décr. 25 mars 1852, art. 6; 13 avr. 1861, art. 7). — Il a été jugé que le ministre saisi par une partie, conformément au décret du 25 mars 1852 sur la décentralisation, du recours contre un arrêté préfectoral rendu en vertu de ce décret, n'est point tenu, avant de statuer, de mettre les autres parties intéressées au maintien de cet arrêté en demeure de produire leurs moyens de défense; mais que ces parties conservent la faculté de présenter leurs réclamations au ministre, à l'effet d'obtenir une nouvelle décision (Cons. d'Et. 4 avr. 1856, aff. Fournet, D. P. 56. 3. 61).

387. On a exposé au *Rép.* n° 438 que le ministre est sans droit pour modifier les conséquences d'un décret. — Décidé que le préfet et le ministre, lorsqu'ils estiment qu'il y a lieu, dans l'intérêt de la navigation, de réduire l'espace dans lequel l'ordonnance de concession d'une gare a prohibé le stationnement des bateaux en vue d'assurer le libre accès de ladite gare, ne peuvent ordonner cette réduction que par une mesure prise d'urgence et à titre provisoire, mais non par des dispositions définitives prises à titre de modification même de l'ordonnance (Cons. d'Et. 2 août 1854, aff. Compagnie de la gare de Vaise, D. P. 55. 3. 39).

388. Les règles concernant l'interprétation et l'application des actes administratifs ont été exposées au *Rép.* v° *Compétence administrative*, n°s 297 et suiv.; — *Rép.* eod. v°, n°s 226 et suiv. — Il a été jugé : 1° que les arrêtés préfectoraux pris pour régler le régime des moulins et usines ne peuvent, en cas de difficulté sur la portée de leurs dispositions, être interprétés que par le préfet, sauf le recours des parties devant qui de droit, et non par le conseil de préfecture (Cons. d'Et. 18 mai 1854, aff. Follet, D. P. 54. 3. 77); — 2° Que la question de savoir si, dans l'administration des travaux du canal et de la rivière canalisée de l'Ourcq, le préfet de la Seine agit comme représentant des intérêts particuliers de la Ville de Paris, propriétaire du canal, ou comme représentant de l'autorité administrative, ne peut, en cas de contestation, être résolue que par le chef du gouvernement en conseil d'Etat, seul compétent pour interpréter les règlements qui concernent le canal de l'Ourcq; qu'il en est de même de la question de savoir à quel point cessent, dans la rivière de l'Ourcq, les pouvoirs accordés au préfet de la Seine dans l'intérêt du canal de dérivation (Cons. d'Et. 27 mai 1862, aff. Tabard, D. P. 62. 3. 76); — 3° Que lorsque des contestations s'élèvent sur le sens d'un arrêté préfectoral autorisant le riverain d'un cours d'eau non navigable à établir des plantations dans le lit de ce cours d'eau au-devant de sa propriété et lui indiquant l'alignement à suivre, ce n'est ni au tribunal civil, ni au conseil de préfecture qu'il appartient de donner l'interprétation de cet arrêté, si cette interprétation est nécessaire : qu'elle doit être faite par le préfet, sauf recours au ministre des travaux publics, et ensuite, s'il y a lieu, au conseil d'Etat (Cons. d'Et. 6 juill. 1865, aff. Ménard, D. P. 66. 3. 7); — 4° Qu'un décret qui, en accordant diverses concessions de prises d'eau sur un fleuve, porte que la chaussée facilitant ces prises ou celles à concéder ultérieurement, sera entretenue à frais communs, au moyen d'une contribution proportionnelle réglée par le ministre de l'intérieur, constitue un acte administratif dont le sens n'est ni obscur, ni ambigu; que le juge ne fait, en conséquence, que l'appliquer, en dehors de toute nécessité d'interprétation, quand il décide que ce décret, par cela même qu'il se réfère exclusivement à la contribution aux dépenses d'entretien du barrage, ne peut servir de base à la demande que le propriétaire de cet ouvrage forme contre les concessionnaires des prises d'eau, pour avoir payement du prix de la force motrice utilisée par eux, et résultant de la surélévation que sa chaussée produit dans le niveau du fleuve (Req. 26 avr. 1881, aff. Société du moulin de Bazacle, D. P. 82. 1. 157).

SECT. 1re. — ATTRIBUTIONS ET COMPÉTENCE DU CHEF DE L'ÉTAT ET DES AGENTS DE L'AUTORITÉ ADMINISTRATIVE SUR LES COURS D'EAU (*Rép.* n°s 430 à 482).

389. L'art. 4 du décret du 25 mars 1852 confère au préfet le droit de statuer sur l'avis et la proposition des ingénieurs en chef, mais sans l'autorisation du ministre des travaux publics, en se conformant aux règlements et aux instructions ministérielles, sur certaines questions concernant les cours d'eau. L'art. 2 du décret de 1861 a étendu la nomenclature du tableau D, dont voici la composition nouvelle : Tableau D : 1° autorisation sur les cours d'eau navigables ou flottables des prises d'eau faites au moyen de machines, et qui, eu égard au volume du cours d'eau, n'auraient pas pour effet d'en altérer sensiblement le régime; 2° autorisation des établissements temporaires sur lesdits cours d'eau, alors même qu'ils auraient pour effet de modifier le régime ou le niveau des eaux; fixation de la durée de la permission; 3° autorisation sur les cours d'eau non navigables ni flottables de tout établissement nouveau tel que moulin, usine, barrage, prise d'eau d'irrigation, patouillet, bocard, lavoir à mines; 4° régularisation de l'existence desdits établissements, lorsqu'ils ne sont pas encore pourvus d'autorisation régulière, ou modification des règlements déjà existants; 5° établissement de prises d'eau pour fontaines publiques, dans les cours d'eau non navigables ni flottables, sous la réserve des droits des tiers; 6° dispositions pour assurer le curage et le bon entretien des cours d'eau non navigables ni flottables de la manière prescrite par les anciens règlements ou d'après les usages locaux; réunion, s'il y a lieu, des propriétaires intéressés en associations syndicales; 7° répartition, entre l'industrie et l'agriculture, des eaux des cours d'eau non navigables ni flottables, de la manière prescrite par les anciens règlements ou les usages locaux; 8° constitution en associations syndicales des propriétaires intéressés à l'exécution et à l'entretien des travaux d'endiguement contre la mer, les fleuves, rivières et torrents navigables ou non navigables, de canaux d'arrosage ou de canaux de desséchement, lorsque ces propriétaires sont d'accord pour l'exécution desdits travaux et la répartition des dépenses; 9° autorisation et établissement des débarcadères sur les bords des fleuves et rivières pour le service de la navigation; fixation des tarifs et des conditions d'exploitation de ces débarcadères, etc.

ART. 1er. — *Cours d'eau navigables et flottables; Canaux; Etangs* (*Rép.* n°s 430 à 455).

390. — I. DE LA DÉCLARATION DE NAVIGABILITÉ DES RIVIÈRES. — V. *suprà*, n°s 40 et suiv.

391. — II. DE LA DÉLIMITATION DES COURS D'EAU NAVIGABLES. — V. *suprà*, n°s 45 et suiv.

392. — III. DES CONSTRUCTIONS, BARRAGES, DIGUES, ETC., SUR LES RIVIÈRES NAVIGABLES OU FLOTTABLES; DES TRAVAUX DÉFENSIFS. — V. *suprà*, n°s 56 et suiv.

393. — IV. DU CURAGE DES RIVIÈRES NAVIGABLES ET FLOTTABLES. — V. *suprà*, n°s 89 et suiv.

394. — V. DES PRISES D'EAU POUR L'IRRIGATION ET DANS L'INTÉRÊT DES USINES; DES RÈGLEMENTS D'OFFICE. — Nous avons indiqué *suprà*, n°s 259 et suiv., quelles étaient les autorités compétentes, aux termes des décrets de décentralisation de 1852 et de 1861 : pour autoriser les prises d'eau dans l'intérêt des irrigations et dans l'intérêt des usines sur les rivières navigables et flottables et sur les canaux de navigation; pour ordonner la suppression totale ou partielle de ces prises d'eau, et autoriser les modifications à apporter au régime des établissements autorisés. Il a été jugé : 1° qu'il n'appartient pas au préfet de régler les prises d'eau permanentes sur les cours d'eau navigables ou simplement flottables en trains; qu'ainsi ce fonctionnaire ne peut, sans excéder ses pouvoirs, ni modifier l'autorisation que d'anciennes lettres patentes ont donnée au propriétaire d'un canal de dériver pour l'arrosement de sa propriété les eaux d'une rivière de cette nature...; ni autoriser la dérivation des eaux nécessaires pour le service des usines établies sur ce canal (Cons. d'Et. 8 mars 1866, aff. Trône, D. P. 68. 3. 37. V. aussi Cons. d'Et. 24 juin 1868, aff. Pradier-Faurot, *Rec. Cons. d'Etat*, p. 739); — 2° Qu'il y a lieu d'annuler pour excès de pouvoirs les arrêtés préfectoraux approuvés par décision ministérielle qui prescrivent une modification permanente et définitive du régime des eaux d'une rivière navigable, tel qu'il est établi par un décret antérieur, aucune disposition de loi n'autorisant les préfets à régler le régime hydraulique des usines situées sur les cours d'eau navigables (Cons. d'Et. 6 juin 1872) (1). — Mais il a été jugé que l'arrêté préfectoral qui défend à l'exploitant d'une usine de faire usage des eaux de la rivière sur laquelle cette usine est établie, toutes les fois que les eaux baisseront au-dessous d'un niveau déterminé dans les eaux d'un canal navigable qu'elles alimentent, loin de constituer un règlement d'eau permanent qui eût dû faire l'objet d'un décret rendu en conseil d'Etat, ne renferme qu'une mesure de police pour le service de la navigation, que le préfet a pu valablement édicter sous l'autorité du ministre des travaux publics,... alors surtout qu'elle est conforme aux dispositions d'un décret réglementant l'usage des moulins et usines sur cette ligne navigable; que l'exploitant de l'usine est sans intérêt comme sans droit à attaquer cette mesure devant la juridiction contentieuse, lorsque l'arrêté préfectoral lui a réservé le droit de réclamer, s'il s'y croit fondé, une indemnité devant l'autorité compétente (Cons. d'Et. 11 mars 1862, aff. Pouzot, D. P. 63. 3. 77).

395. L'Administration, en vertu du pouvoir absolu qui lui appartient de prendre sur les rivières navigables ou flottables toutes les mesures propres à assurer le libre écoulement des eaux et la navigation, a le droit d'imposer, même aux usines ayant une existence légale, les prescriptions de toute nature qu'elle juge nécessaires à cet effet. L'usinier, nous l'avons dit *suprà*, n°s 329 et suiv., ne peut s'opposer à l'exécution des travaux ordonnés; mais, s'ils ont pour résultat de diminuer d'une manière définitive le volume de sa prise d'eau ou s'ils lui causent quelque dommage, il peut intenter une action en indemnité à raison des atteintes portées à sa jouissance. — Jugé : 1° que l'existence légale d'une usine ne fait pas obstacle à ce que l'Administration prescrive par un nouveau règlement les mesures nécessaires pour assurer, dans un intérêt général, le libre écoulement des eaux et prévenir le retour des inondations; qu'il en est ainsi, alors même que la nécessité de prescrire ces mesures nouvelles provient de modifications apportées à l'état des lieux par des travaux d'utilité publique, sauf en ce cas à l'usinier à porter devant la juridiction compétente ses réclamations à raison du préjudice qui lui serait ainsi causé (Cons. d'Et. 9 févr. 1883, aff. Heid, D. P. 84. 3. 100. V. aussi Cons. d'Et. 27 juill. 1870, aff. Cretée, D. P. 72. 3. 22); — 2° Que le préfet, en vertu des pouvoirs généraux qui lui sont attribués relativement à la police des cours d'eau navigables et flottables, a le droit d'exiger des propriétaires qui jouissent d'une prise d'eau, la représentation de leurs titres, à l'effet de vérifier s'ils ont une valeur légale et si le droit est exercé conformément à leurs dispositions; qu'il peut, s'il estime qu'il y a abus de la part du concessionnaire, prescrire, même au cas où il n'a pu examiner le titre par suite d'un refus de le produire, de réduire la prise d'eau à une limite qu'il détermine; sauf aux propriétaires qui se croient lésés à se pourvoir simplement devant l'autorité compétente pour obtenir la reconnaissance de l'étendue des droits qui leur ont été conférés, et non pas à attaquer au contentieux la mesure administrative prise à leur égard par le préfet (Cons. d'Et. 20 juill. 1854, aff. Rampal, D. P. 55. 3. 17); — 3° Que ne font pas obstacle à ce que le propriétaire d'une usine existant légalement sur un cours d'eau navigable porte une demande d'indemnité devant le conseil de préfecture, et, par suite, ne sont pas susceptibles d'être déférées au conseil d'Etat pour excès de pouvoir les dispositions d'un règlement d'eau... fixant la force motrice de son usine dans l'intérêt de la navigation;... ou déclarant, par voie de référence aux anciens règlements locaux, que l'Administration pourra ordonner le chômage toutes les fois que l'intérêt de la navigation et des travaux l'exigera, dispositions n'ayant pas pour objet de conférer à l'Administration plus de droits que ne lui en reconnaissent ces anciens règlements;... ou ordonnant la fermeture ou l'ouverture des vannes selon ce qui sera nécessaire pour maintenir l'eau au niveau légal;... ou portant que l'usinier devra se conformer à tous les règlements sur la police, le mode de distribution et le partage des eaux (Cons. d'Et. 4 mai 1883, aff. de Luynes de Chevreuse, D. P. 84. 3. 124). — Les dispositions insérées dans les règlements des usines ne peuvent être déférées au conseil d'Etat, alors même qu'elles réduisent la consistance légale desdites usines, ou leur imposent des servitudes onéreuses, que dans le seul cas où ces dispositions sont conçues dans des termes tels qu'elles puissent être opposées aux usiniers, comme faisant obstacle à ce qu'une indemnité leur soit allouée (V. aussi Cons. d'Et. 20 janv. 1882, aff. Bellanger, D. P. 83. 3. 47; 3 août 1865, aff. Erard, *Rec. Cons. d'Etat*, p. 738). Décidé encore que l'obligation de manœuvrer les vannes de décharge de manière à empêcher les eaux de dépasser le niveau légal peut être imposée au propriétaire d'une usine, même ayant antérieurement l'existence légale, sans qu'il puisse réclamer d'indemnité à raison de la charge qui lui est ainsi imposée (Cons. d'Et. 14 nov. 1879, aff. de Lavigne, D. P. 80. 3. 18). Le droit pour l'Administration de fixer le niveau des retenues des usines, sauf indemnité dans le cas où la fixation de ce niveau priverait l'usinier d'une partie de

---

(1) (Roche et autres.) — LE CONSEIL D'ETAT; — Vu l'édit de décembre 1672, art. 5, et l'arrêt du conseil du roi, du 24 juin 1777; — Vu la loi du 22 déc. 1789; l'instruction législative des 12-20 août 1790; les lois des 28 sept.-6 oct. 1791, des 7-14 oct. 1790; — Vu le décret du 25 mars 1852; — En ce qui touche les *arrêtés préfectoraux* et la décision ministérielle attaqués : — Considérant qu'en enjoignant aux meuniers du Pont-du-Marché, à Meaux, de régler le mouvement des ouvrages régulateurs de leurs usines de telle sorte que le plan d'eau, dans le bief supérieur, ne descende jamais au-dessous d'un point situé à 0 m., 60 cent. en contre-bas du niveau légal de la retenue, tel qu'il a été fixé par le décret ci-dessus visé du 16 avr. 1859, le préfet de Seine-et-Marne et le ministre des travaux publics ont prescrit une modification permanente et définitive du régime de la Marne établi par le décret précité, et changé les conditions hydrauliques auxquelles avait été soumise l'exploitation des moulins des requérants;

Considérant que ces moulins sont situés sur la rivière de Marne dans la partie de son cours où elle est navigable et flottable; — Qu'aucune disposition de loi n'autorise les préfets à régler le régime hydraulique des usines situées sur les cours d'eau navigables; — Que, par suite, il y a lieu d'annuler pour excès de pouvoirs les décisions attaquées;

En ce qui touche la demande en interprétation des expressions : « deux pieds d'eau en rivière » de l'art. 8 du décret du 16 avr. 1859 : — Considérant que, pour demander cette interprétation, les requérants se fondent, soit sur ce que les arrêtés du préfet auraient été pris en violation du sens et de la portée réelle de la disposition dont s'agit, soit sur l'existence d'une demande en indemnité pour chômage et diminution de force motrice par eux introduite devant le conseil de préfecture de Seine-et-Marne ensuite de laquelle il pourrait être nécessaire de prononcer ladite interprétation;

Mais considérant, d'une part, que par le présent décret il est décidé que les arrêtés attaqués doivent être annulés pour excès de pouvoirs; qu'ainsi il est fait droit, sur ce point, aux conclusions des sieurs Roche et consorts, qui, dès lors, sont sans intérêt à invoquer ce nouveau moyen;

Considérant, d'autre part, et en admettant que l'instance engagée devant le conseil de préfecture soulève la question d'interprétation par eux indiquée, que les sieurs Roche et autres ne justifient, en l'état, d'aucune décision de l'autorité compétente ensuite de laquelle il y ait à prononcer sur ladite interprétation :

Art. 1er. Sont annulés les arrêtés ci-dessus visés du préfet de Seine-et-Marne et la décision du ministre des travaux publics confirmant lesdits arrêtés. — Art. 2. Il n'y a lieu de statuer sur la demande en interprétation des termes de l'art. 8 du décret ci-dessus visé du 16 avr. 1859.

Du 6 juin 1872.-Cons. d'Et.-MM. Burin des Roziers, rap.-David, concl.-Brugnon, av.

la force motrice à laquelle il a un droit acquis, entraîne nécessairement le droit d'imposer à l'usinier les mesures nécessaires pour que ce niveau ne soit pas dépassé (*Rép.* n° 370); aussi la clause mettant à sa charge la manœuvre des vannes de décharge est-elle de style dans tous les règlements. Le droit à indemnité ne s'ouvrira pour l'usinier que le jour où il sera privé d'une partie de sa force motrice. — Mais il a été jugé que l'Administration, en réglant le régime d'une usine ayant une existence légale, établie sur une rivière navigable, sans en augmenter la consistance, ne peut imposer à l'usinier de nouvelles charges, par exemple, la construction d'une échelle à poissons (Cons. d'Et. 8 août 1884, aff. Dufaur, D. P. 86. 3. 24). L'art. 3 de la loi du 31 mai 1865 sur la pêche (D. P. 65. 4. 38-41) reconnaît que l'établissement d'échelles à poissons dans les barrages à poissons peut donner lieu à une indemnité qui doit être réglée par le conseil de préfecture. D'après les déclarations de l'exposé des motifs, les barrages autorisés à l'avenir ne devront être concédés qu'à la condition qu'ils renfermeront des passages établis conformément aux prescriptions de l'Administration, et, dans ce cas, il n'y aura pas lieu à indemnité. Le modèle, rédigé par le ministre des travaux publics, pour mettre les règlements d'usines en harmonie avec la jurisprudence actuelle du conseil d'Etat (V. D. P. 82. 3. 107, note 2) et transmis aux agents de son administration par une circulaire du 18 juin 1878, contient une clause imposant aux usiniers l'obligation d'établir des échelles à poissons. Mais cette clause est au nombre de celles qui doivent être insérées dans les règlements conférant des avantages nouveaux aux usiniers, et non dans ceux qui se bornent à déterminer, dans l'intérêt du libre écoulement des eaux, le mode de jouissance de droits préexistants. Dans l'affaire précitée, le conseil général des ponts et chaussées et le ministre étaient d'accord pour reconnaître que, dans ce dernier cas, une pareille charge ne peut être imposée aux usiniers (V. anal. Cons. d'Et. 20 janv. 1882 précité).

396. Il a été jugé que, lorsqu'une usine a été établie antérieurement à 1566 sur une rivière navigable, l'usinier a le droit, sans y être autorisé par l'Administration, de continuer à faire usage de la quantité d'eau qui était utilisée à cette époque; que, par suite, alors même qu'il est obligé de s'adresser plus tard à l'Administration pour obtenir diverses modifications à ses ouvrages, elle excède ses pouvoirs si elle lui confère l'autorisation, dont il n'a d'ailleurs pas besoin, de conserver son usine (Cons. d'Et. 15 févr. 1866, aff. Fresneau, D. P. 67. 3. 2). Le sieur Fresneau qui possédait des usines sur la Vilaine, fondées en titres antérieurement à l'année 1566, avait demandé l'autorisation de changer le mode d'établissement de sa prise d'eau, sans augmentation de force motrice. Le décret qui lui octroyait la permission sollicitée portait en même temps qu'il était autorisé à maintenir ses usines. C'est en raison de cette autorisation que l'Administration n'avait pas à donner, puisque l'usine avait une existence légale, que Fresneau s'adressa au conseil d'Etat qui accueillit sa requête. En réalité, la disposition attaquée ne portait pas un préjudice immédiat et caractérisé au réclamant; elle aurait pu être considérée comme surabondante plutôt que comme illégale, et l'interprétation qu'elle aurait reçue en ce sens lui aurait enlevé la portée que le sieur Fresneau redoutait pour l'avenir. En préférant annuler expressément cette disposition, le conseil d'Etat avait voulu, sans doute, donner là une preuve du soin qu'il apporte à faire respecter, en cette matière, les droits privés. Mais des arrêts plus récents ont décidé : 1° qu'il n'y a pas lieu d'annuler pour excès de pouvoir la disposition d'un arrêté par laquelle un préfet autorise le maintien d'une usine en activité, lorsque l'Administration, sur le pourvoi du propriétaire, déclare que cette disposition n'a pas pour effet de contester que l'usine eût antérieurement une existence légale (Cons. d'Et. 23 mars 1870, aff. Chalret Durieu, D. P. 71. 3. 29); — 2° Que, bien qu'une usine existant avant 1789 soit dispensée de toute autorisation, il n'y a pas lieu d'annuler, comme entachée d'excès de pouvoir, la disposition d'un règlement déclarant autoriser le propriétaire à maintenir son usine en activité, alors que le ministre reconnaît que cette disposition n'a pas eu pour but et ne peut avoir pour effet de contester l'existence légale antérieure de l'usine (Cons. d'Et. 3 juin 1881, aff. Pissevin, D. P. 82. 3. 107). — Il était à désirer que l'Administration, pour les usines ayant une existence légale, renonçât à insérer dans les règlements la clause de style déclarant que le maintien de l'usine en activité est autorisé. Une circulaire ministérielle du 15 juin 1878 a prescrit un mode de rédaction spéciale pour les usines de cette catégorie; non seulement la mention de l'autorisation disparaît, mais plusieurs autres modifications sont indiquées; ainsi : 1° le mot *permissionnaire* est remplacé par le nom de l'usinier; 2° la clause par laquelle l'Administration se réserve, en cas d'infractions au règlement, de prononcer la déchéance du permissionnaire ou de mettre son usine en chômage n'y figure plus; 3° est également supprimée la clause qui réserve à l'Administration, dans certaines hypothèses, le droit de supprimer tout ou partie de la force motrice. Dans les observations qu'il a fournies à l'occasion de l'espèce jugée en 1881, le ministre des travaux publics, après avoir fait remarquer qu'il avait prescrit au préfet de modifier sur ces trois points le règlement de l'usine du requérant qui avait été fait d'après l'ancienne rédaction, déclarait que c'était par une simple omission qu'il n'avait pas prescrit de supprimer l'article relatif à l'autorisation. Dans ces circonstances, le conseil d'Etat, en reproduisant la solution adoptée en 1870, s'est conformé à la tradition constante, d'après laquelle il s'abstient de prononcer l'annulation des actes administratifs à lui déférés pour excès de pouvoir, toutes les fois qu'il est possible de donner à ces actes une interprétation de nature à leur ôter tout caractère offensif pour les droits du requérant.

397. L'Administration a aussi le droit de revenir sur les autorisations par elle accordées et d'en modifier la teneur. « Elle apprécie comme elle l'entend, dit M. Plocque, t. 3, n° 299, les conséquences que l'établissement de l'usine a pu avoir sur le régime de la rivière et impose aux usiniers toutes les mesures qu'elle juge nécessaires. Seule, elle possède ce droit de réglementer d'office les usines existantes, et les tribunaux ne sauraient à aucun point de vue se substituer à elle; l'autorité judiciaire ne peut connaître que la répression des délits énumérés dans la loi du 6 oct. 1791 (art. 15 et 16, tit. 3) et dans l'art. 457 c. pén.; mais elle serait incompétente pour ordonner sur une poursuite directe du ministère public que l'usinier jouira désormais, de telle ou telle manière, des eaux à lui concédées. — L'Administration se trouvera appelée à prescrire d'office une modification à l'état de choses existant dans deux hypothèses principales : 1° l'exécution des travaux publics exige que le régime de certains établissements hydrauliques soit fixé sur de nouvelles bases : c'est ce qui arrive toutes les fois qu'un barrage éclusé est construit sur une rivière ou que des travaux d'endiguement y sont entrepris; 2° la revision des règlements antérieurs est nécessitée par l'intérêt soit de la navigation, soit de la sécurité publique. Ainsi l'Administration peut, à raison de la sécheresse excessive et de la diminution du volume d'eau de la rivière, restreindre le droit du permissionnaire et prolonger la durée du chômage normal de l'établissement ou, par crainte des inondations, obliger l'usinier à abaisser son point d'eau toutes les fois que son bief ne sera point suffisamment entretenu et qu'il y aura lieu de redouter des infiltrations sur les héritages voisins. » La circulaire du 23 oct. 1851 indique aux préfets et aux agents des ponts et chaussées la ligne de conduite qu'ils devront suivre à ce sujet : « Bien que l'Administration, y est-il dit, ne veuille pas s'interdire d'une manière absolue la faculté de revenir sur les autorisations accordées aux usiniers, il importe de ne modifier qu'avec une grande réserve les actes émanés du pouvoir exécutif après une instruction régulière et contradictoire. Sans doute, toutes les fois qu'un dommage public ou privé lui est signalé, l'Administration doit intervenir; mais il convient qu'elle s'abstienne, lorsque son intervention n'est pas réclamée et surtout lorsqu'il s'agit d'établissements anciens qui ne donnent lieu à aucune plainte. On ne devra faire exception que pour les usines qui sont situées sur la même tête d'eau ou qui ont des ouvrages régulateurs communs et qu'il est indispensable de régler simultanément, lorsque l'Administration est saisie de plusieurs questions relatives à l'une d'elles. Les règlements d'office qu'il paraîtrait indispensable de prescrire seront d'ailleurs soumis aux mêmes règles que les affaires dont l'Administration est saisie par l'initiative des particuliers ».

Le projet de règlement annexé à la circulaire de 1851 indique dans un article spécial quels sont les pouvoirs de l'Administration pour le cas où le permissionnaire ne se conformerait pas aux prescriptions du nouveau règlement. Faute par lui de se conformer, dans le délai fixé, aux dispositions prescrites, l'Administration se réserve, suivant les circonstances, de prononcer sa déchéance ou de mettre son usine en chômage, dans tous les cas, elle prendra les mesures nécessaires pour faire disparaître, aux frais des permissionnaires, tout dommage provenant de son fait, sans préjudice de l'application, s'il y a lieu, des dispositions pénales relatives aux contraventions en matière de grande voirie.

398. Les règlements ultérieurs sont pris par les mêmes autorités que les concessions, tantôt par décret, tantôt par arrêté préfectoral, suivant la distinction établie par les décrets de décentralisation. Les règles concernant les voies de recours contre ces règlements sont les mêmes qu'en ce qui concerne les décrets ou les arrêtés ayant réglementé l'usine lors de la concession originaire. — Jugé : 1° que lorsque le propriétaire d'une usine située sur une rivière flottable en trains et vendue nationalement forme une demande à l'effet d'être autorisé à remplacer ses tournants par des turbines, il doit être statué sur cette demande par décret (Cons. d'Et. 3 août 1865, aff. Erard, *Rec. Cons. d'Etat*, p. 738. V. aussi Cons. d'Et. 6 juin 1872, *suprà*, n° 394) ; — 2° Que le propriétaire qui a sollicité du ministre des travaux publics une modification au règlement d'eau de son usine n'est pas recevable, en cas de refus, à se pourvoir devant le conseil d'Etat ;... alors même que la modification demandée aurait pour objet de lui restituer un avantage dont il aurait joui antérieurement au règlement (Cons. d'Et. 24 mai 1854, aff. Hallez, D. P. 55. 3. 12).

Lorsque, par suite d'un recours formé devant lui contre un arrêté du préfet, le ministre des travaux publics a été appelé à statuer sur une demande en concession, toute proposition tendant à obtenir la revision de cette concession doit être adressée au ministre lui-même (Circ. 27 juill. 1852). M. Plocque estime que les préfets ne sauraient reviser des décrets ayant autorisé antérieurement à 1852 des prises d'eau sur une rivière navigable, alors qu'elles sont temporaires ou qu'elles n'ont pas pour effet de modifier le régime de la rivière. La doctrine contraire serait, d'après lui, peu conciliable avec la solution donnée par la circulaire de 1852 ; de plus, elle serait en contradiction avec la règle : « *Nihil tam naturale est quam eodem modo quidquid dissolvi quo colligatum est* » (t. 3, n° 304).

399. Les préfets, au cas où ils ont qualité pour reviser les anciens règlements, sont obligés, néanmoins, de prendre l'avis de l'Administration supérieure (Circ. 7 août 1857, D. P. 58. 3. 31). « D'accord avec le conseil général des ponts et chaussées, a dit le ministre des travaux publics, j'ai reconnu que les règlements d'eau qui touchent en général des intérêts nombreux et complexes ne doivent intervenir qu'après un examen complet, et qu'une fois rendus, ils ne doivent être modifiés qu'avec une extrême réserve. Quand ces actes ressortissaient exclusivement au chef du pouvoir exécutif, ces principes dirigeaient l'administration supérieure ; elle s'interdisait à elle-même le droit de faire ouvrir des enquêtes tendant à remettre en question les règlements existants. Dès lors, elle doit tenir à ce qu'on ne s'écarte pas des mêmes principes, aujourd'hui que le décret de décentralisation vous a transporté les pouvoirs qui avant ce décret appartenaient exclusivement au chef du Gouvernement en conseil d'Etat. En conséquence, et pour prévenir la mobilité qui, en s'introduisant dans les arrêtés réglementaires, pourrait en affaiblir l'autorité et inquiéter ces intérêts auxquels se rattachent ces actes importants, il convient qu'aucune demande en revision ne soit soumise aux enquêtes avant que l'administration supérieure, sur l'avis préalable des ingénieurs, ait été d'abord consultée. Le décret de décentralisation, en remettant le droit de faire des règlements à l'autorité préfectorale placée plus près des divers intéressés, ne fait que donner une importance nouvelle aux prescriptions de la circulaire du 23 oct. 1851. — Ces observations s'appliquent à plus forte raison aux cours d'eau du domaine public proprement dit, sur lesquels les règlements continuent à émaner de Sa Majesté en son conseil d'Etat ; elles me paraissent d'ailleurs suffire pour lever les incertitudes que pourraient faire naître les termes de la circulaire du 27 juill. 1852, qui doit se combiner avec les dispositions précitées de la circulaire du 23 oct. 1851. » Cette instruction a pour but de restreindre les pouvoirs de l'autorité administrative. En conséquence, dit Plocque, *op. cit.*, t. 3, n° 301, il y aurait lieu, suivant la jurisprudence du conseil d'Etat, à recours contentieux si le préfet avait réglementé d'office une usine sans prendre auparavant l'avis de l'administration supérieure (V. en sens contraire : Cons. d'Et. 19 mars 1868, cité *infrà*, n° 417).

400. Il a été jugé que le préfet peut ordonner la suppression d'un établissement situé sur une rivière navigable qui fait obstacle à la navigation ; qu'au lieu d'ordonner la suppression immédiate, il peut se borner à interdire les réparations confortatives et à prescrire, pour assurer l'efficacité de cette interdiction, qu'aucune autre réparation ne pourra être faite sans son autorisation (Cons. d'Et. 27 juill. 1870, aff. Cretée, D. P. 72. 3. 22). — Lorsque la suppression aurait pu être ordonnée sans indemnité, ce tempérament est évidemment un avantage pour le propriétaire ; dans le cas contraire, il semble difficile d'admettre que le préfet puisse le soumettre malgré lui à des prescriptions analogues à la législation si dure qui frappe les édifices sujets à reculement ; à notre avis, le propriétaire serait en droit d'opter pour la suppression de son établissement et la liquidation immédiate de son indemnité.

401. On verra *infrà*, n°s 412 et suiv. ; que sur les cours d'eau non navigables, l'Administration n'a qu'un pouvoir de police limité aux mesures nécessaires dans l'intérêt de la salubrité ou dans celui du libre écoulement et de la meilleure répartition des eaux, et la jurisprudence se montre de plus en plus rigoureuse dans l'application de cette règle ; elle considère comme entachés d'excès de pouvoir, non seulement les règlements destinés à trancher des questions d'intérêt privé, mais aussi ceux qui prescrivent des mesures d'utilité publique, lorsque ces mesures ne se rattachent pas à l'objet pour lequel l'Administration a été investie de pouvoirs de police par la législation spéciale de la matière. Il en est tout autrement en ce qui concerne les cours d'eau navigables ou flottables : l'Administration jouit à l'égard de ces cours d'eau d'un pouvoir beaucoup plus étendu, et le recours pour excès de pouvoir n'est guère susceptible d'être accueilli que dans deux circonstances : 1° si les formalités prescrites par les lois et règlements n'ont pas été observées ; 2° si l'acte attaqué porte atteinte aux droits résultant pour l'usine d'une existence antérieure à 1566 ou d'une vente nationale (V. Cons. d'Et. 15 févr. 1866, aff. Fresneau, D. P. 67. 3. 2 ; *Rép.* n° 430, et v° *Travaux publics*, n° 127). — Il a été jugé : qu'un décret portant règlement d'une usine sur un cours d'eau navigable n'est pas susceptible d'être annulé pour excès de pouvoir, lorsque le recours est fondé sur ce que ce règlement n'aurait pas pour objet le libre écoulement des eaux ou l'intérêt de la navigation (Cons. d'Et. 23 janv. 1874, aff. de Lavigne, D. P. 75. 3. 13).

402. On a dit au *Rép.* n° 449 qu'en cas d'inobservation des prescriptions insérées au règlement d'une usine, dans l'intérêt de l'écoulement des eaux, l'Administration peut mettre l'usine en chômage; mais que le préfet commettrait un excès de pouvoir s'il ordonnait un chômage à titre de pénalité. Il a été jugé : que la clause par laquelle le préfet se réserve de mettre l'usine en chômage en cas d'inexécution des conditions du règlement relatives au régime des eaux n'est pas entachée d'excès de pouvoir (Comm. f. f. Cons. d'Et. 14 août 1871, aff. Couillaud, D. P. 72. 3. 49. V. dans le même sens : Cons. d'Et. 3 déc. 1864, aff. Lemoine, *Rec. Cons. d'Etat*, p. 955 ; 19 mars 1868, cité *infrà*, n° 417 ; 23 janv. 1874, cité *suprà*, n° 401) ; — Que le préfet peut prescrire la mise en chômage d'un barrage jusqu'à l'exécution des conditions auxquelles le maintien de cet ouvrage a été autorisé (Cons. d'Et. 3 août 1877, aff. Brescon, D. P. 78. 3. 9).

403. Il appartient à l'Administration de prendre toutes les mesures de police qu'exige l'intérêt de la circulation et de la sécurité publique. — Il a été jugé : 1° que l'arrêté préfectoral qui, dans un intérêt de sécurité publique, prescrit les mesures nécessaires pour prévenir les inondations dont une ville est menacée par le voisinage d'un cours d'eau, échappe au contrôle des tribunaux civils ; que, par suite, l'autorité judiciaire commet un excès de pouvoir, lorsqu'elle déclare cette ville passible de dommages-intérêts envers les particuliers auxquels l'exécution d'un tel arrêté a causé un préjudice en faisant refluer sur leurs propriétés les eaux détournées du territoire menacé d'inondation ; qu'en tous cas, le dommage qui a pu résulter de l'exécution de cet arrêté doit être considéré comme provenant de travaux publics, et ne peut, sous cet autre rapport, être apprécié que par l'autorité administrative, et non par l'autorité judiciaire (Civ. cass. 30 août 1865, aff. Olivier, D. P. 65. 1. 354. V. *Rép.* v^is *Compétence administrative*, n° 61 ; *Travaux publics*, n°s 1138 et suiv.) ; — 2° Que le préfet n'excède pas la limite des pouvoirs qui lui appartiennent pour la police des cours d'eaux navigables en déterminant, dans l'intérêt de la circulation et de la sécurité publique, les débarcadères et l'itinéraire des bateaux à vapeur qui font un service régulier (Cons. d'Et. 9 mars 1870, aff. Compagnie des Hirondelles, D. P. 71. 3. 28).

404. — VI. DES POUVOIRS DE L'ADMINISTRATION EN CE QUI CONCERNE LES CHEMINS DE HALAGE. — Cette question est traitée *suprà*, n°s 96 et suiv.

405. — VII. DES CANAUX DE NAVIGATION ; DES RIVIÈRES CANALISÉES. — Nous avons exposé *suprà*, n°s 123 et suiv., les pouvoirs de l'Administration en cette matière.

406. — VIII. DES ÉTANGS. — Les étangs formés au moyen de barrages établis sur un ruisseau sont, nous l'avons dit *suprà*, n°s 218 et suiv., soumis aux mêmes règles de police que les cours d'eau navigables. — Il a été jugé : 1° qu'il appartient à l'Administration de régler le niveau et d'ordonner le curage d'un étang alimenté en partie par une source extérieure et qui constitue ainsi une retenue sur une eau courante (Cons. d'Et. 7 août 1874, aff. Labarthe, D. P. 75. 3. 76) ; — 2° Que lorsqu'un préfet est amené à prendre des mesures en vue de faciliter, dans un intérêt de sûreté et de salubrité publique, l'écoulement des eaux qu'un étang reçoit en plus grande abondance par suite de travaux faits au lit d'un ruisseau qui s'y déverse, il ne peut : ni faire un règlement qui modifie le caractère de la propriété de l'individu auquel l'étang appartient; ni mettre la dépense des travaux prescrits à la charge de celui-ci, sauf à l'obliger à pourvoir à cette dépense dans la proportion de l'intérêt qu'il pourrait avoir aux travaux en sa qualité de propriétaire de l'étang (Cons. d'Et. 28 mars 1866, aff. Jevardat-Fombelle, D. P. 67. 5. 150). — Décidé aussi que, s'il appartient à l'autorité administrative en vertu des pouvoirs que lui attribuent les lois des 12-20 août 1790 et 28 sept.-6 oct. 1791, de prendre les mesures nécessaires pour le libre écoulement des eaux, la décision par laquelle le ministre des travaux publics refuse de prescrire, sur la demande de propriétaires d'étangs, pour l'écoulement des eaux de ces étangs, des mesures qui ne lui semblent pas commandées par l'intérêt général, ne peut être déférée au conseil d'Etat par application des lois des 7 oct. 1790 et 24 mai 1872 (Cons. d'Et. 30 mai 1879, aff. Bellot, D. P. 79. 3. 92).

407. Les préfets sont autorisés à ordonner la suppression des étangs insalubres, quels qu'ils soient, aux termes de la loi des 11-19 sept. 1792 (*Rép.* v° *Marais*, n° 4), toujours en vigueur. Cette suppression a lieu sans indemnité (*Rép.* n° 250). — Il a été jugé que la loi des 11-19 sept. 1792, qui autorisait les conseils généraux des départements à provoquer la destruction des étangs sujets à inondation ou pouvant occasionner des maladies épidémiques ou épizootiques, est encore en vigueur; et que le pouvoir conféré par cette loi aux conseils existant alors sous la dénomination de conseils généraux de départements est passé aux préfets (Cons. d'Et. 15 avr. 1857, aff. Etangs du Forez, D. P. 58. 3. 2). Quant à la suppression d'un ensemble d'étangs par mesure de salubrité d'un intérêt général, il n'appartient qu'au Gouvernement de la prescrire, aux termes de la loi du 16 sept. 1807, lorsque cette mesure doit nécessiter de grands travaux d'écoulement des eaux et a pour objet l'assainissement d'un territoire d'une certaine étendue. L'arrêté préfectoral qui, embrassant dans ses dispositions le territoire d'un grand nombre de communes, ordonne, par mesure générale et dans le but d'assurer l'assainissement de ce territoire, la suppression de tous les étangs se trouvant à sec, sans tenir compte de la situation particulière de ces étangs, est entaché d'excès de pouvoirs : il n'appartient qu'au gouvernement d'ordonner une telle mesure (Cons. d'Et. 15 avr. 1857, précité.

La suppression d'un étang ne peut être ordonnée que suivant les formes tracées par la loi du 11 sept. 1792. Décidé : 1° que la disposition de la loi du 11 sept. 1792, suivant laquelle la suppression des étangs ne peut être prononcée qu'après avis et procès-verbaux des gens de l'art, est prescrite à peine de nullité; et qu'il ne peut être suppléé à ces formalités par l'avis d'une commission d'enquête instituée par le préfet pour la réglementation des étangs et l'assainissement du territoire auxquels s'applique son arrêté, alors que cette commission n'a pas été chargée de désigner par une appréciation spéciale les étangs à supprimer (Cons. d'Et. 16 déc. 1858, aff. de Martainville, D. P. 59. 3. 52) ; — 2° Que le préfet ne peut ordonner la suppression d'étangs pour cause d'insalubrité, sans que le conseil municipal de la commune sur le territoire de laquelle se trouvent lesdits étangs ait émis un avis favorable à cette mesure (Cons. d'Et. 8 août 1882, aff. Bacquetot, D. P. 84. 3. 5). Mais il a été jugé que le préfet a le pouvoir d'ordonner la suppression d'un étang qui occasionne des fièvres dans plusieurs communes, lorsque les conseils municipaux en ont fait la demande, et après avis des ingénieurs, du conseil d'hygiène, du conseil d'arrondissement et du conseil général; que le propriétaire de l'étang ne peut, en ce cas, réclamer aucune indemnité, lors même que la destruction de l'étang entraînerait celle d'une usine que ses eaux alimentaient (Cons. d'Et. 31 déc. 1869)(1); — Jugé encore que, dans le cas où le conseil municipal de la commune où est situé l'étang a donné un avis favorable à la suppression, l'avis défavorable

(1) (Germain.) — Le préfet du Jura avait, par arrêté en date du 29 févr. 1868, après l'accomplissement des formalités légales, prononcé la suppression de l'étang de Froideville, appartenant aux sieurs Germain et autres. — Pourvoi contre cet arrêté par les sieurs Germain, soutenant que le préfet avait appliqué à tort, à l'étang dont s'agit les dispositions de la loi des 11-19 sept. 1792, relative aux étangs marécageux, cette loi étant abrogée; qu'en tous cas le préfet aurait dû tenir compte des dispositions de la loi du 16 sept. 1807 et procéder à leur égard par voie de dépossession et leur réserver le droit à une indemnité. — Le ministre des travaux publics a conclu au rejet du pourvoi par ce double motif : que, d'une part, la loi de 1792 était toujours en vigueur ; et que, de l'autre, la loi du 16 sept. 1807 ne s'appliquait pas à la destruction des étangs.

M. le commissaire du Gouvernement de Belbeuf a présenté les observations suivantes : « C'est un droit et un devoir pour l'autorité administrative de pourvoir aux intérêts de la sûreté et de la salubrité publique. A cet égard, le fondement des pouvoirs généraux de police, conférés aux préfets, se trouve dans la loi des 22 déc. 1789-6 janv. 1790, dans la loi en forme d'instruction des 12-20 août 1790, et enfin, dans la loi des 28 sept.-6 oct. 1791. Mais, en ce qui concerne les étangs marécageux et insalubres, une loi spéciale a, vers la même époque, investi l'Administration de nouveaux pouvoirs. En même temps, cette loi accordait aux propriétaires intéressés de sérieuses garanties en subordonnant à l'observation de formalités substantielles le droit de prescrire la suppression des étangs nuisibles à la santé publique. C'est la loi des 11-19 sept. 1792. — C'est par application de cette loi que le préfet du département du Jura, après l'accomplissement des formalités légales, a, par un arrêté, en date du 29 févr. 1868, prononcé la suppression de l'étang marécageux de Froideville. Cet étang, d'une superficie de plus de vingt deux hectares, alimentait une usine appartenant, comme l'étang lui-même, aux héritiers Germain ; mais la destruction en était commandée par la plus absolue nécessité. Depuis longtemps il avait été constaté que cet amas d'eau occasionnait des fièvres d'une nature telle que, dans les communes de Froideville et de Vincent-Machefin, il en résultait une diminution dans la moyenne de la vie humaine. Aussi, les conseils municipaux de ces deux communes, dès 1856 et 1857, avaient énergiquement demandé la suppression d'un pareil foyer d'infection. — Un triple excès de pouvoir est reproché à l'arrêté attaqué : — On excipe d'abord d'une prétendue abrogation de la loi de 1792, et voici comment, à cet égard, les requérants s'efforcent de justifier leur prétention : La loi dont il s'agit, disent-ils, prononce, sous la garantie de certaines formalités d'instruction, la suppression des étangs qui seraient reconnus insalubres. Mais, dix-huit mois après, c'est-à-dire à la date du 14 frim. an 2, est intervenue une loi par laquelle la Convention nationale décrète que, à peine de confiscation au profit des habitants non propriétaires, tous les étangs et lacs de la République seraient,

d'un autre conseil municipal ne fait pas obstacle à ce que cette suppression soit prononcée (Cons. d'Et. 28 mai 1886, aff. Hospices de Montbrison, D. P. 87. 3. 105). — Enfin il a été décidé que le conseil d'Etat, saisi d'un recours pour excès de pouvoir contre un arrêté par lequel le préfet a ordonné la suppression d'un étang, en vertu de la loi des 11-19 sept. 1792, a compétence pour vérifier s'il s'agit effectivement d'un étang insalubre dans le sens de la loi précitée (Cons. d'Et. 28 mai 1886 précité. V. aussi dans le même sens l'arrêt précité du 31 déc. 1869). Mais lorsque le

dans le délai de deux mois, vidés et mis à sec par l'enlèvement des bondes et coupures des chaussées; qu'ils ne pourraient plus être remis en étang, et qu'ils seraient ensemencés en grains de mars ou plantés en légumes propres à la subsistance de l'homme. Le 13 mess. an 3, une nouvelle loi rapportait la loi du 14 frim. de l'an 2. Or, ajoutent les requérants, la loi des 11-19 sept. 1792 a été remplacée par la loi, bien plus radicale que la première, du 14 frim. an 2; elle n'a été remise en vigueur ni par la loi du 13 mess. an 3, ni par aucun acte législatif postérieur; donc la loi de 1792 a cessé d'exister et n'est plus aujourd'hui applicable. — A cette argumentation la réponse ne nous paraît pas difficile. — La loi des 11-19 sept. 1792 est une loi de police sanitaire; la loi de l'an 2, édictée aux plus mauvais jours de la révolution, est une loi toute de circonstance, prise sous le coup des appréhensions que causait la disette. La première a un caractère permanent, à raison des nécessités permanentes auxquelles elle avait en vue de pourvoir; la seconde a un caractère essentiellement temporaire et transitoire. Il est incontestable que, tant que la France est restée sous le régime de la destruction de tous les étangs, qu'ils fussent ou ne fussent pas insalubres, l'exécution de la loi de 1792, avec les sages précautions et les garanties qu'elle édicte, s'est trouvée virtuellement suspendue; mais, il n'est pas moins certain que, la loi de 1792 n'ayant pas été explicitement abrogée, une fois la loi de violence de frimaire an 2 disparue par suite d'une abrogation postérieure, cette loi de 1792 est redevenue applicable toutes les fois que l'on se trouvait en présence des inconvénients auxquels elle avait en vue d'obvier. — La question a d'ailleurs été tranchée non seulement par votre jurisprudence, mais par le législateur lui-même : par votre jurisprudence, ainsi que cela résulte de plusieurs décisions, notamment d'un arrêt rendu au contentieux le 16 déc. 1858 (aff. Martainville, D. P. 59. 3. 52); par le législateur, qui, dans l'art. 3 de la loi du 21 juill. 1856, sur la licitation des étangs situés dans le département de l'Ain, s'exprime en ces termes : « Lorsqu'en exécution de la loi du 11 sept. 1792, le dessèchement d'un étang appartenant à plusieurs propriétaires est ordonné, etc. » Cette référence suffirait à elle seule, si cela était nécessaire, pour rendre à la loi de 1792 sa force et sa vigueur primitives. — On soutient, en second lieu, que le préfet était incompétent, attendu que le droit d'ordonner la suppression des étangs insalubres n'appartiendrait qu'à l'empereur, par décret délibéré en conseil d'Etat. Quel est, sur ce point, le raisonnement des requérants? La loi de 1792, en supposant qu'elle soit encore applicable, doit tout au moins se combiner avec la loi du 16 sept. 1807 relative au dessèchement des marais. Or, d'une part, la loi de 1792 donne pouvoir pour ordonner la suppression des étangs, non aux directoires de département, aujourd'hui remplacés par les préfets, mais aux conseils généraux de département; d'autre part, aux termes de l'art. 24 de la loi du 16 sept. 1807, à défaut de consentement amiable de la part des propriétaires, les dessèchements de marais ne peuvent être prescrits que par un décret rendu dans la forme des règlements d'administration publique. — Il nous suffira de faire remarquer que la loi de 1792, sur la destruction des étangs insalubres, n'a rien de commun avec la loi de 1807, sur le dessèchement des marais. L'erreur des requérants paraît provenir de la confusion qu'ils établissent entre les étangs et les marais. Les étangs sont des retenues d'eau établies de main d'homme; les marais des amas d'eau produits par la dépression accidentelle du sol; les premiers dérivent du fait de l'homme, les seconds sont l'œuvre de la nature. De là, en sens inverse l'une de l'autre, une double conséquence. La retenue d'eau vient-elle à constituer un état fâcheux pour la santé publique? C'est un usage abusif du droit de propriété, et alors l'administration, gardienne des droits et des intérêts de tous, a pour mission de porter remède à ce danger, en ordonnant la suppression de travaux d'art, dont les conséquences sont si regrettables. Au contraire, un intérêt public quelconque exige-il le dessèchement d'un amas d'eau naturel? En ce cas, l'autorité supérieure se trouve en présence du détenteur légitime d'une propriété qu'il n'a pas faite, qu'il a reçue par héritage, ou qu'il a acquise telle qu'elle se possède et comporte, et alors le législateur, en vertu de ce principe de droit public que l'intérêt privé doit s'effacer devant l'intérêt général, permet au Gouvernement de contraindre le propriétaire, moyennant le payement d'une indemnité, à délaisser son terrain; seulement le respect dû au droit de propriété exige la forme solennelle et protectrice des règlements d'administration publique. — L'application de la loi du 16 septembre une fois écartée, le préfet était-il compétent? Votre jurisprudence a déjà répondu dans le sens de l'affirmative. Nous avons vu que, d'après la loi des 11-19 sept. 1792, « les conseils généraux de département étaient autorisés à ordonner la destruction des étangs insalubres ». D'un autre côté, la loi en forme d'instruction des 12-20 août 1790 dit formellement que « les fonctions des directoires sont d'exécuter tout ce qui a été prescrit par les conseils ». Ceci posé, sous l'empire de la législation actuelle, notamment aux termes de la loi du 28 pluv. an 8, si la délibération appartient aux conseils généraux, l'action, dans l'administration départementale, est réservée aux préfets, qui ont hérité des attributions conférées aux directoires de département par la législation antérieure. Il suit de là que le préfet du département du Jura, en ordonnant, conformément à l'avis du conseil général, la destruction de l'étang marécageux de Froideville, n'a fait qu'user des pouvoirs qui lui sont attribués par la loi.

Sur le point de savoir si les demandeurs avaient droit à une indemnité, M. le commissaire du Gouvernement s'est exprimé ainsi : — « Le préfet aurait, dit-on, excédé ses pouvoirs en ne réservant pas le droit à indemnité des requérants, à raison de la suppression de l'étang et par suite de l'usine que les eaux de cet étang alimentent. Toute l'argumentation du pourvoi se résume à invoquer les règles de notre droit constitutionnel sur l'expropriation pour cause d'utilité publique. — Nous croyons, messieurs, que les principes de notre droit public, notamment la garantie de la juste et préalable indemnité, sont complètement désintéressés dans l'affaire actuelle, et que même il n'est dû aucune indemnité au propriétaire atteint par l'acte de l'Administration. — L'arrêté du préfet, ainsi que nous l'avons déjà indiqué, n'est qu'une mesure prise par l'Administration en vertu de ses pouvoirs de police; il s'agit uniquement de restreindre un usage excessif de la propriété, en empêchant les détenteurs de l'étang litigieux d'infecter les populations voisines. En thèse générale, vous l'avez maintes fois reconnu, l'application d'une mesure de police ne saurait servir de fondement à un droit à l'indemnité. Dans le cas particulier, en vain on invoque les dispositions de l'art. 544 c. nap.; l'argument se retourne contre la prétention des requérants. Oui, la propriété est le droit de jouir et de disposer des chose de la manière la plus absolue, mais à la condition qu'on n'en fasse pas un usage prohibé par les lois et par les règlements. Or, la loi de 1792 est une loi de police qui interdit le maintien abusif des étangs insalubres. — En vain encore, on excipe de l'existence ancienne de l'étang de Froideville et de l'usine à laquelle ses eaux servent de force motrice. Une simple tolérance ne saurait engendrer un droit; on n'acquiert point par prescription la faculté exorbitante d'infecter une contrée tout entière. C'est ainsi que, même pour les établissements classés anciennement existants, l'art. 12 du décret du 15 oct. 1810 arme l'autorité supérieure d'un droit de suppression, et cette mesure, comme dans la loi de 1792, est édictée sans qu'il soit fait réserve, en faveur des propriétaires ou exploitants des ateliers supprimés, d'un droit quelconque à indemnité soit préalable, soit subséquente. — Enfin, au point de vue du droit prétendu à indemnité, l'intention du législateur ne saurait être douteuse. Le rapporteur du comité d'agriculture, qui demandait la destruction des étangs marécageux et nuisibles, ajoutait : « Vous penserez sans doute, messieurs, que si l'intérêt public et l'humanité sollicitent cette mesure d'administration publique, il est juste aussi qu'en détruisant des étangs plus ou moins productifs, des usines ou moulins toujours précieux aux propriétaires, on accorde une indemnité proportionnée à la perte ». En conséquence, le projet présenté à l'Assemblée législative contenait un art. 2 ainsi conçu : « Les communes qui auront demandé et obtenu la destruction de quelques étangs, supporteront les frais qu'elle pourra occasionner, ainsi que les indemnités qu'il y aura lieu d'accorder pour la destruction d'usines et moulins. Ces frais et indemnités seront déterminés par les directoires de département, ainsi que toutes les contestations qui y seront relatives ». Le *Moniteur* ajoute : « L'art. 1er seul a été décrété. » Le rejet de l'art. 2 vient à l'appui de cette thèse, qu'il n'est pas dû d'indemnité, alors même que la destruction d'un étang entraîne la suppression d'une usine. C'était au propriétaire qui a fondé ces établissements, à les créer dans des conditions telles qu'ils fussent inoffensifs; c'était à lui à respecter les intérêts de la salubrité publique. — Arrêt.

NAPOLÉON, etc.; — Vu la loi du 22 déc. 1789, tit. 3, art. 2, n° 9; la loi en forme d'instruction des 12-20 août 1790 et celle du 28 pluv. an 8; — Vu la loi des 11-19 sept. 1792 relative au dessèchement des étangs marécageux; — Vu le décret des 14-16 frim. an 2 relatif au dessèchement des étangs, et le décret du 13 mess. au 3 qui a rapporté le décret du 14 frim. an 2; — Vu la loi du 21 juill. 1856 sur la licitation des étangs du département de l'Ain; — Vu la loi du 16 sept. 1807; — Vu la loi des 7-14 oct. 1790; — Considérant que, aux termes du décret des 11-19 sept. 1792, lorsque les étangs, d'après les avis et procès-verbaux des gens de

caractère insalubre de l'étang duquel résulte la compétence du préfet est constaté, l'opportunité de la suppression ordonnée par celui-ci échappe absolument au contrôle du juge de l'excès de pouvoir.

408. — IV. ATTRIBUTIONS ET COMPÉTENCE DES MAIRES. — V. *Rép.* nos 452 et suiv.

ART. 2. — *Cours d'eau non navigables ni flottables* (*Rép.* nos 456 à 482).

409. — I. DÉLIMITATION DES COURS D'EAU NON NAVIGABLES. — Les cours d'eau non navigables ni flottables ne faisant pas partie du domaine public, les droits de l'Administration, en ce qui les concerne, se réduisent à des pouvoirs de police : assurer l'écoulement et la bonne répartition des eaux. Toutes les questions d'intérêt privé restent de la compétence judiciaire, et doivent se débattre en dehors de toute intervention des représentants de l'Etat. Il résulte de ce principe que l'Administration n'a le droit de rechercher les limites actuelles de ces cours d'eau que pour empêcher les empiétements qui pourraient nuire à l'écoulement des eaux (*Rép.* n° 561). — Il a été jugé : 1° qu'il n'appartient à l'Administration de reconnaître la largeur des cours d'eau non navigables ni flottables, que pour assurer le libre écoulement des eaux ; que, par suite, c'est avec raison que le ministre des travaux publics, sur un renvoi ordonné par l'autorité judiciaire à l'effet de faire délimiter le lit d'une rivière non navigable, en vue d'une contestation privée, a décidé qu'il n'y avait lieu de faire cette délimitation (Cons. d'Et. 28 févr. 1873, aff. Commune de Bussang, D. P. 74. 3. 47; Cons. d'Et. 14 avr. 1853, aff. Amyot-Robillard, D. P. 54. 3. 9; Comm. f. f. Cons. d'Et. 21 oct. 1871, aff. Allendy, D. P. 72. 3. 83) ; — 2° Que l'autorité administrative n'a qualité pour déterminer la largeur d'un cours d'eau non navigable ni flottable que lorsqu'il s'agit d'assurer dans l'intérêt général le libre écoulement des eaux ; qu'il n'appartient qu'aux tribunaux civils de fixer les limites de ces cours d'eau en vue de terminer une contestation privée (Aix, 12 août 1876, aff. Rostan, D. P. 77. 2. 175-176).

410. Si l'Administration, en délimitant un cours d'eau non navigable ni flottable, vient à porter atteinte aux droits des riverains, quels recours peuvent être exercés par ces derniers? Quels moyens ont-ils de faire respecter leurs propriétés? Le conseil d'Etat a d'abord décidé que la seule voie ouverte aux propriétaires dont les terrains avaient été indûment compris dans le lit d'une rivière non navigable ni flottable par un arrêté de délimitation ou de curage, était le recours pour excès de pouvoirs, l'autorité judiciaire n'ayant pas le droit d'examiner si les terrains litigieux faisaient partie des immeubles riverains (Comm. f. f. Cons. d'Et. 21 oct. 1871, aff. Allendy, D. P. 72. 3. 83). — Mais les modifications introduites dans la jurisprudence, relativement aux pouvoirs de l'Administration sur la délimitation des rivières navigables et flottables, par les arrêtés du tribunal des conflits des 11 janv. 1873 (aff. de Pâris-Labrosse, D. P. 73. 3. 65), et 1er mars 1873 (aff. Guillié, D. P. 73. 3. 70) (V. *suprà*, nos 46 et 187), ont entraîné des solutions nouvelles. Il est aujourd'hui reconnu que, si les propriétaires ont le droit de former un recours pour excès de pouvoir devant le conseil d'Etat, afin d'obtenir l'annulation de l'arrêté qui lèse leurs droits, l'autorité judiciaire peut reconnaître leur droit de propriété et ordonner la suspension des travaux entrepris sur le terrain litigieux (V. *suprà*, n° 197). Il a été jugé, en effet : 1° que le droit qui appartient à l'autorité administrative d'ordonner le curage des rivières non navigables ni flottables ou le redressement de leur lit ne l'autorise pas à se constituer juge des droits de propriété et à incorporer au lit de la rivière, sans remplir les formalités prescrites par la loi du 3 mai 1841, les terrains dont l'occupation lui semblerait nécessaire pour le libre écoulement des eaux; que, par suite, l'autorité judiciaire est compétente pour connaître de l'action intentée par le riverain, non, sans doute, pour faire rectifier ou annuler l'arrêté du curage, mais à fin de se faire déclarer propriétaire des terrains dont l'occupation est nécessaire pour l'exécution dudit arrêté, et de faire régler une indemnité de dépossession, dans le cas où l'Administration croirait devoir maintenir son arrêté, en remplissant les formalités prescrites par la loi du 3 mai 1841 ; que l'autorité judiciaire est également compétente pour ordonner la suspension des travaux entrepris sur les terrains en litige (Trib. confl. 13 mai 1876, aff. Ancel, D. P. 77. 3. 41; 27 mai 1876, aff. Commune de Sandouville, *ibid.*; Cons. d'Et. 19 janv. 1877, aff. Périer, *ibid.*); — 2° Que, de même, l'autorité judiciaire, compétente pour statuer sur la demande formée par un riverain à l'effet d'obtenir une indemnité à raison des anticipations qui auraient été commises sur sa propriété lors du curage d'un ruisseau effectué en exécution d'un arrêté préfectoral et des dommages accessoires qui lui auraient été causés, est également compétente pour reconnaître le droit de propriété du riverain et déterminer les limites naturelles du cours d'eau; qu'en conséquence, lorsque le préfet s'est borné à ordonner le curage suivant les anciennes limites, le tribunal n'a pas à renvoyer le riverain devant l'autorité administrative pour faire vérifier préjudiciellement si le curage a été exécuté conformément à l'arrêté préfectoral et si les dimensions naturelles du cours d'eau ont été conservées; mais la juridiction administrative serait compétente pour statuer sur les dommages qui auraient pu être la conséquence du curage, s'il était reconnu qu'il n'y a pas eu anticipation (Cons. d'Et. 3 août 1877, aff. Remery, D. P. 78. 3. 12). — Dans la décision précitée du 13 mai 1876, le tribunal des conflits déclare que les arrêtés de délimitation ne sont pris que sous la réserve des droits des tiers, réserve générale et absolue qui s'étend aux droits fondés sur une possession constante ou sur des titres privés comme à ceux qui dérivent de la disposition de la loi. Les juges du possessoire et du pétitoire peuvent donc, sans empiéter sur les pouvoirs de l'autorité administrative, sans avoir même à apprécier les arrêtés de délimitation, assurer le respect des droits réservés par ces actes et prendre les mesures nécessaires pour leur conservation. — La cour de cassation a appliqué les principes consacrés par la dernière jurisprudence du tribunal des conflits et du conseil d'Etat. Elle a décidé, en effet, que l'autorité administrative est seule compétente pour prescrire le curage des rivières non navigables ni flot-

l'art, pourront occasionner, par la stagnation de leurs eaux, des maladies épidémiques et épizootiques, les conseils généraux des départements sont autorisés à en ordonner la destruction, sur la demande formelle des conseils généraux des communes et d'après les avis des administrations du district; — Que, d'autre part, aux termes des lois ci-dessus visées des 22 déc. 1789 et 12-20 août 1790, c'était aux directoires qu'il appartenait d'exécuter tout ce qui avait été prescrit par les conseils généraux, et que, sous l'empire de la législation actuelle, et notamment de la loi du 28 pluv. an 8, l'action, dans l'administration départementale, est réservée aux préfets, qui ont remplacé les directoires de département; qu'ainsi, pour l'exécution du décret des 11-19 sept. 1792, c'est aux préfets qu'il appartient d'ordonner la destruction des étangs marécageux; — Considérant qu'il résulte de l'instruction et qu'il n'est pas contesté que l'étang de Froideville, appartenant aux requérants, occasionne des fièvres dans les communes de Froideville et de Vincent-Marchefin; qu'il est également établi que les conseils municipaux desdites communes en ont formellement demandé la suppression, et que les ingénieurs, le conseil d'hygiène et de salubrité de l'arrondissement de Dôle, le conseil d'arrondissement et le conseil général ont émis l'avis que cette suppression devait être ordonnée; — Que de ce qui précède, il résulte que le préfet du département du Jura, en ordonnant, par son arrêté du 29 févr. 1868, et après l'accomplissement des formalités prescrites, la suppression de l'étang de Froideville, n'a pas excédé la limite de ses pouvoirs;

Sur le moyen tiré de ce que, en admettant qu'il appartînt au préfet d'ordonner la suppression de l'étang, il ne pouvait le faire, en présence de l'opposition des propriétaires, et à raison de l'existence d'une usine alimentée par les eaux de l'étang, qu'en appliquant les dispositions des art. 24 et 48 de la loi du 16 sept. 1807; en allouant, en tout cas, une indemnité, ou tout au moins, en réservant les droits des propriétaires de l'étang à une indemnité; — Considérant que la loi du 16 sept. 1807 s'applique au dessèchement des marais et non à la destruction des étangs marécageux, et que le décret des 11-19 sept. 1792 ne contient aucune disposition qui accorde une indemnité aux propriétaires d'étangs dont la suppression a été ordonnée pour cause d'insalubrité en vertu dudit décret :

Art. 1er. La requête des sieurs Germain est rejetée.

Du 31 déc. 1869.-Cons. d'Et.-MM. Braun, rap.-de Belbeuf, concl.-Potot, av.

tables, et qu'il est interdit à l'autorité judiciaire de mettre obstacle aux arrêtés de curage, en ordonnant soit la suppression des travaux exécutés par l'Administration, soit le délaissement des terrains par elle incorporés au lit de la rivière; mais que les tribunaux civils ont seuls le droit de statuer sur les questions de propriété ou de possession annale soulevées par les riverains qui prétendent qu'une partie de leur immeuble leur a été enlevée par le curage; qu'ainsi, le juge de paix est compétent pour connaître de la demande en maintenue de possession annale formée par le propriétaire d'un pré que les agents de l'Administration ont occupé afin d'y creuser un nouveau lit au ruisseau traversant cette propriété, sous le prétexte d'exécuter un arrêté préfectoral ordonnant le curage de ce cours d'eau et pour défendre à l'Administration de troubler à l'avenir ce propriétaire;... alors que le demandeur n'a conclu ni au délaissement du terrain litigieux ni à la suppression des travaux exécutés sur son pré par l'Administration et s'est borné à formuler des réserves expresses de se pourvoir ultérieurement devant la juridiction compétente pour obtenir, soit le rétablissement des lieux dans leur état primitif, soit tels dommages-intérêts que de droit (Civ. rej. 23 mars 1880, aff. Michaux, D. P. 80. 1. 251).

411. — II. POUVOIRS DE POLICE DE L'ADMINISTRATION ; RÈGLEMENTS D'EAU ; RÉPARTITION DES EAUX ENTRE L'AGRICULTURE ET L'INDUSTRIE. — La loi du 22 déc. 1789 (sect. 3, § 2, n° 6) avait mis la conservation des rivières au nombre des attributions des administrations départementales. Les droits et les devoirs de ces administrations, en ce qui concerne le régime des eaux, furent précisés par la loi en forme d'instruction du 20 août 1790, qui porte sous son chap. 6 : « Elles doivent aussi rechercher et indiquer le moyen de procurer le libre cours des eaux; d'empêcher que les prairies ne soient submergées par la trop grande élévation des écluses, des moulins et des autres ouvrages d'art établis sur les rivière; de diriger enfin, autant qu'il sera possible, toutes les eaux de leur territoire dans un but d'utilité générale, d'après les principes de l'irrigation ». La loi du 6 oct. 1791, dans l'art. 16 de son tit. 2, ajouta cette prescription impérative : « Les propriétaires seront forcés de tenir les eaux à une hauteur qui ne nuise à personne, et qui sera fixée par le directoire du département ». Antérieurement aux décrets des 25 mars 1852 et 13 avr. 1861, les pouvoirs des préfets étaient donc restreints aux mesures de police. S'il s'agissait de reconnaître des droits ou de créer des obligations, ce pouvoir d'autorisation appartenait exclusivement au chef de l'Etat. Il existe de nombreuses décisions du conseil d'Etat, soit au contentieux, soit émanées, sous la forme d'avis, de l'assemblée générale du conseil, portant qu'il n'appartenait qu'au chef de l'Etat d'autoriser l'établissement de nouvelles usines, de modifier les anciennes ou de faire des règlements d'eau (*Rép.* n°s 457 et suiv.). Il y a plus : toutes les fois que l'Administration, intervenant en vue d'opérer la répartition des eaux, soit entre les riverains et les usiniers, soit entre les riverains, pour l'irrigation de leurs propriétés, et les habitants, pour la satisfaction de leurs besoins personnels, avait à prendre une mesure générale pour tout l'ensemble d'un cours d'eau, lorsqu'elle statuait par voie de disposition permanente et réglementaire, l'usage s'était introduit de procéder dans la forme prescrite pour les règlements d'administration publique.

Les pouvoirs de police conférés antérieurement aux préfets ont été maintenus par les décrets de 1852 et de 1861 et, s'il y a eu un changement, c'est plutôt dans le sens de l'extension de ces mêmes pouvoirs. Quant au pouvoir d'autorisation, réservé jusqu'alors à l'autorité supérieure, il a été dans un certain nombre de cas attribué à l'autorité préfectorale. Désormais, aux termes des art. 3, 4 et 5 du tableau D annexé au décret du 13 avr. 1861, modificatif des tableaux A et D annexés au décret du 25 mars 1852, les préfets ont le droit : 1° d'autoriser sur les cours d'eau non navigables ni flottables tout établissement nouveau, tel que moulin, usine, barrage, prise d'eau d'irrigation, patouillet, bocard, lavoir à mines ; 2° de régler l'existence desdits établissements, lorsqu'ils ne sont pas encore pourvus d'autorisation régulière, ou de modifier les règlements déjà existants ; 3° d'autoriser l'établissement de prises d'eau non navigables ni flottables, sous la réserve des droits des tiers. — Mais en ce qui touche les règlements pris pour l'ensemble d'un cours d'eau, par voie de disposition générale et réglementaire, en d'autres termes, lorsqu'il s'agit de procéder, soit à la répartition des eaux entre l'industrie et l'agriculture, soit entre les riverains, pour l'irrigation de leurs propriétés, et les habitants, pour leurs besoins personnels, l'autorité supérieure s'est-elle dessaisie de ses pouvoirs au profit de l'administration locale, ou bien, au contraire, a-t-elle conservé ses droits antérieurs ? La solution de cette question se trouve dans le n° 7 du tableau D, ainsi conçu : « Répartition entre l'industrie et l'agriculture des eaux des cours d'eau non navigables ni flottables, de la manière prescrite par les anciens règlements ou les usages locaux. » Cet article établit une distinction. S'il existe d'anciens règlements ou des usages locaux, le préfet pourra désormais procéder, par mesure générale, à la répartition des eaux, mais à la condition de se conformer aux anciens règlements ou aux usages locaux. Au cas contraire, c'est-à-dire s'il n'existe aucun règlement ou usage local, ou s'il s'agit de modifier les anciens règlements ou les usages locaux, c'est au chef de l'Etat seul qu'il appartient de statuer.

412. Les lois des 12-20 août 1790 et 28 sept.-6 oct. 1791, l'arrêté du gouvernement du 19 vent. an 6, et les décrets du 25 mars 1852 et du 13 avr. 1861 ont conféré à l'autorité administrative des droits de police et de surveillance sur les cours d'eau non navigables ni flottables ; mais, au point de vue de la compétence, les arrêtés pris en cette matière par l'autorité administrative produisent des effets différents, selon qu'elle agit, dans un intérêt collectif, par voie de disposition générale ou réglementaire, ou qu'elle se borne, en accordant à un particulier l'autorisation d'établir une usine ou de pratiquer une prise d'eau d'irrigation, à s'assurer que les entreprises du riverain, permissionnées dans un intérêt privé, ne sont pas de nature à nuire à l'intérêt général. Au premier cas, c'est-à-dire lorsque l'Administration agit dans un intérêt collectif, par voie de disposition réglementaire, lorsqu'elle procède, en vertu des pouvoirs qui lui appartiennent, à la répartition des eaux entre l'industrie et l'agriculture, ou qu'elle prend des mesures de police en vue de prévenir les dangers des inondations, elle ne s'inspire que de l'utilité générale ; chargée par le législateur du développement de la richesse nationale, dont l'intelligente répartition des eaux constitue l'un des principaux éléments, elle est investie d'un véritable pouvoir de disposition; ou bien, gardienne des droits et des intérêts de tous, elle exerce une mission toute de protection et de prévoyance. Il suit de là que les règlements généraux pris en pareille matière sont obligatoires pour tous les citoyens, et que, s'ils peuvent, en certains cas, faire l'objet d'un recours pour excès de pouvoir devant l'autorité placée au sommet de la hiérarchie administrative, du moins ils doivent être respectés par l'autorité judiciaire. Les tribunaux ne sauraient, sans franchir les limites de leurs attributions, sans porter atteinte au principe de la séparation des pouvoirs, ni soumettre à leur examen et à leur contrôle les dispositions générales et réglementaires, ni les critiquer, ni surtout refuser de tenir compte de leurs prescriptions. Au second cas, c'est-à-dire lorsque l'Administration, en vertu de ses pouvoirs de police, accorde une autorisation, ou, pour mieux dire, règle les conditions dans lesquelles un propriétaire riverain pourra faire usage des eaux dont l'art. 644 c. civ. lui réserve la jouissance, les arrêtés d'autorisation présentent un caractère tout différent. Les propriétaires, dont le domaine est traversé par une eau courante, ont un droit qui leur est garanti par la loi à la jouissance de l'eau lors de son passage, droit dont ils ne peuvent en être arbitrairement dépouillés. Seulement l'Administration, en vertu de son pouvoir de police, intervient en vue d'empêcher que le propriétaire riverain, dans l'exercice de son droit, ne porte atteinte à l'intérêt général ; elle a le devoir, notamment, de s'assurer que ni la santé publique par la stagnation des eaux, ni les propriétés voisines par des inondations, n'auront à souffrir de l'entreprise projetée. De là, pour l'Administration, le droit, en autorisant soit un barrage, soit une prise d'eau d'irrigation, de régler la hauteur, la dimension et les autres conditions de ces ouvrages. Mais, on ne saurait trop le répéter, l'Administration ne dispose pas de la jouissance des eaux qui ne lui appartiennent pas ; elle se borne à régler l'usage du droit, en délivrant au propriétaire intéressé une simple permission de police, une sorte de laissez-passer. Voilà pourquoi les arrêtés de l'espèce portent généralement la mention qu'ils sont pris sous la réserve du droit des tiers. Mais cette mention, fût-elle absente, il n'en resterait pas moins que ces arrêtés ne peuvent faire obstacle à ce que les propriétaires riverains, aux établissements desquels viendraient à nuire de nouvelles autorisations, fassent valoir devant l'autorité judiciaire, seule compétente pour statuer sur les contestations d'intérêt privé, les droits qu'ils pourraient avoir acquis soit par titre, soit par prescription, à la jouissance exclusive des eaux (Observations de M. de Belbeuf, commissaire du Gouvernement, D. P. 71. 3. 83).

413. — 1° *Pouvoirs de police de l'administration.* — Les pouvoirs de police de l'Administration ont un double objet : la répartition et l'écoulement des eaux. Dans le premier cas, ils ne peuvent s'exercer que dans un intérêt général ; toutes les fois qu'il s'agit simplement d'un conflit d'intérêts entre riverains et usiniers, l'Administration doit s'abstenir d'intervenir, sous peine d'excès de pouvoirs ; l'autorité judiciaire est seule compétente. L'art. 645 c. civ. a confié aux tribunaux civils le pouvoir de statuer sur les contestations d'intérêt privé que soulève la jouissance des eaux. La loi ayant fait la part de l'autorité administrative et de l'autorité judiciaire, le préfet sort des limites de ses pouvoirs quand il tranche une question qui est du ressort des tribunaux civils (Cons. d'Et. 26 août 1867, aff. Bardot, D. P. 69. 3. 63). Pour l'écoulement des eaux, la règle est différente : l'intérêt public exige que les terrains voisins des cours d'eau ne soient pas inondés ou transformés en marécages. Aussi le conseil d'Etat, lorsqu'il est saisi de la question en vertu de la loi des 7-14 oct. 1790, n'a qu'un point à examiner : l'acte attaqué a-t-il réellement pour but d'assurer l'écoulement des eaux ? Dans le cas de la négative, si, par exemple, l'arrêté n'a pour but que de trancher un litige entre voisins, il peut annuler ; dans le cas de l'affirmative, le pourvoi doit être rejeté, sans qu'il y ait à examiner si les mesures prescrites étaient prises dans l'intérêt général ou dans l'intérêt de quelques riverains ou même d'un seul riverain, menacés d'inondation, ni si elles étaient bien entendues ou opportunes. — Conformément à ces principes, il a été jugé : 1° que si le règlement des cours d'eau est réservé à l'autorité administrative, quand les conséquences de ce règlement sont de nature à affecter l'intérêt collectif des riverains, les contestations qui s'élèvent entre particuliers, à l'occasion du mode de jouissance de ces cours d'eau et des entreprises qui peuvent y être faites, sont de la compétence exclusive des tribunaux ; que, spécialement, la demande formée par l'un des riverains, contre un coriverain, en suppression d'un barrage à l'aide duquel ce dernier détournerait les eaux dans sa propriété au préjudice du demandeur, est compétemment portée devant les tribunaux civils (Req. 16 avr. 1856, aff. Laval, D. P. 56. 1. 359) ; — 2° Que les préfets n'ont le droit de modifier la largeur et le régime des cours d'eau non navigables ni flottables qu'à l'effet d'assurer le libre écoulement des eaux dans un but de police et d'utilité générale, et non dans tout autre objet (comme celui, par exemple, de régulariser et d'agrandir une promenade qu'une commune se propose d'établir sur la rive du bief d'une usine) ;... surtout s'il y a opposition de la part d'individus prétendant avoir droit à l'usage ou à la propriété des eaux (Cons. d'Et. 18 août 1856, aff. Chenantais, D. P. 57. 3. 19) ; — 3° Que si, dans l'intérêt général, l'Administration a reçu le droit d'assurer le libre cours et de veiller à la police des eaux, les contestations entre particuliers auxquelles peut donner lieu l'usage des eaux dans un intérêt privé restent dans la compétence générale des tribunaux civils (Riom, 6 mai 1859, aff. Vaury, D. P. 60. 5. 132) ; — 4° Que lorsque des riverains d'un cours d'eau non navigable sont en instance devant l'autorité judiciaire pour faire régler, conformément aux art. 644 et 645 c. civ., leurs prétentions respectives à l'usage des eaux pour l'irrigation, le préfet excède ses pouvoirs en intervenant dans ce débat par un règlement que l'intérêt public ne commande pas (Cons. d'Et. 18 avr. 1866, aff. de Colmont, D. P. 69. 3. 63) ; — 5° Que le droit de réglementation attribué à l'Administration par les lois en matière de cours d'eau non navigables ne peut s'exercer qu'autant qu'un intérêt public ou collectif en réclame et en justifie l'application ; que, dès lors, est entaché d'excès de pouvoir l'arrêté préfectoral intervenu sur la plainte de propriétaires riverains qui prétendent que le propriétaire supérieur leur porte préjudice par la manière dont il rejette dans le lit de la rivière les eaux qu'il a employées à leur passage dans sa propriété, en vertu de l'art. 644 c. civ. : il n'y a là qu'un débat d'intérêt privé sur lequel il n'appartient qu'à l'autorité judiciaire de statuer, et il importe peu que celle-ci, déjà saisie à l'origine du litige, ait cru alors devoir se déclarer incompétente (Cons. d'Et. 19 juin 1863, aff. de Conegliano, D. P. 65. 3. 19) ; — 6° Qu'il y a lieu d'annuler un arrêté préfectoral mettant en demeure le propriétaire d'un moulin de réparer une passerelle établie sur le canal d'amenée de l'usine pour servir de passage à certains habitants et prescrivant, sur le refus du propriétaire, la mise en chômage de l'usine ; que les pouvoirs qui sont confiés aux préfets par les lois des 22 déc. 1789-8 janv. 1790 et 12-20 août 1790 ne peuvent être exercés que dans un but de police et d'intérêt public pour procurer le libre cours des eaux (Cons. d'Et. 18 févr. 1876)(1) ; — 7° Que le préfet excède la limite de ses pouvoirs, lorsqu'il fait un règlement pour le partage des eaux destinées à l'irrigation, non pour une raison d'utilité générale, mais pour trancher une contestation d'intérêt privé existant entre les usagers (Cons. d'Et. 9 juin 1876, aff. Syndicat du canal de Nivolas, D. P. 76. 3. 96) ; — 8° Que l'autorité judiciaire est seule compétente pour connaître des contestations entre les propriétaires riverains des cours d'eau non navigables ni flottables au sujet de leurs droits respectifs à la jouissance de ces eaux (Req. 18 oct. 1886, aff. Hamard, D. P. 87. 1. 173. V. encore dans ce sens : Cons. d'Et. 18 nov. 1869, aff. Roquelaure, D. P. 71. 3. 83 ; Req. 23 juill. 1879, aff. Lecouturier, D. P. 80. 1. 127 ; 10 avr. 1883, aff. Commune de Muy, D. P. 84. 1. 322). Mais on doit considérer comme pris dans un intérêt général et, par suite, comme valable, le décret qui réglemente un cours d'eau non navigable, alors que ce décret s'applique à une rivière et à son affluent dans toute l'étendue de leur parcours, et qu'il a pour objet la répartition des eaux entre plus de cinq cents hectares de prairies et treize usines (Cons. d'Et. 26 déc. 1879, aff. Minarie, D. P. 80. 3. 50).

414. L'autorité judiciaire est compétente pour ordonner la modification ou la destruction des travaux que l'Administration a autorisés dans un simple intérêt privé (V. *infrà*, nos 511 et suiv.).

---

(1) (Dame d'Anselme de Puisaye.) — LE CONSEIL D'ÉTAT ; — Considérant que par l'art. 5 de son arrêté du 27 janv. 1851, le préfet des Hautes-Pyrénées s'est borné à donner acte dans l'intérêt des habitants de la commune de Saruiguet, de l'offre faite par le sieur de Montlezun-Pardiac, auteur de la requérante, de construire à ses frais une passerelle en bois sur le canal d'amenée de son usine ; mais qu'il s'est refusé à mettre à la charge de ce propriétaire l'obligation d'entretenir ladite passerelle, en se fondant sur ce qu'elle ne devait servir qu'au passage des particuliers qui ont des extractions de gravier à faire sur la rive droite de l'Adour, et que, dès lors, l'Administration ne pourrait, sans aller au delà de son mandat, subordonner l'autorisation sollicitée à une condition de cette nature ; que si, par un arrêté subséquent du 9 juin 1855, l'entretien de la passerelle dont il s'agit a été mis à la charge du sieur Bazillac-Campels, successeur du sieur Montlezun, en même temps que sa reconstruction, cette disposition a été prise en dehors des pouvoirs confiés à l'Administration par les lois ci-dessus visées des 22 déc. 1789-8 janv. 1790 et 12-20 août de la même année, dans un but de police et d'intérêt public, pour procurer le libre cours des eaux, empêcher la submersion des prairies et diriger les eaux vers un but d'utilité générale ; que, dès lors, la dame d'Anselme de Puisaye est fondée à soutenir que le préfet des Hautes-Pyrénées, en la mettant en demeure de réparer la passerelle établie sur le canal d'amenée de son usine et, sur son refus d'exécuter cette réparation, en faisant procéder à la mise en chômage de ladite usine, et le ministre des travaux publics, en maintenant ses prescriptions, ont excédé la limite de leurs pouvoirs :

Art. 1er. Est annulée, pour excès de pouvoirs, la décision du ministre des travaux publics du 2 sept. 1874, ensemble les arrêtés préfectoraux maintenus par ladite décision. Le surplus des conclusions de la requête est rejeté...

Du 18 févr. 1876.-Cons. d'Et.-MM. Flourens, rap.-David, concl.-Duboy, av.

415. La jurisprudence du conseil d'Etat, relativement aux pouvoirs de police de l'Administration pour la répartition des eaux, ne s'applique que dans le cas où le préfet vient à changer les conditions respectives de deux établissements hydrauliques déjà existants et légalement existants. Ainsi, lorsque l'Administration, sur la demande d'un usinier ou d'un propriétaire de prairies, modifie les ouvrages d'une usine supérieure ou inférieure ou d'une autre prise d'eau d'irrigation, celui dont la situation a été troublée pour satisfaire les intérêts de son voisin, a un droit de recours devant le conseil d'Etat, et si le conseil voit dans le visa de l'arrêté du préfet et dans les motifs de cette décision la preuve que le préfet a entendu trancher une question d'intérêt privé, il annule l'arrêté du préfet comme entaché d'excès de pouvoirs. Mais ce serait faire un singulier abus de la jurisprudence que de prétendre que l'arrêté par lequel un préfet autorise un riverain à établir un barrage pour une usine, une prise d'eau d'irrigation ou un lavoir, est entaché d'excès de pouvoirs uniquement parce qu'il est pris dans un intérêt privé et sur la demande de la partie intéressée, au lieu d'être pris dans l'intérêt public. Si la jurisprudence du conseil d'Etat avait une semblable portée, elle aurait ce résultat étrange, que désormais il serait interdit à l'Administration d'accorder une nouvelle autorisation de prise d'eau ou de barrage sur les cours d'eau, en vue des usines ou des irrigations. En effet, ce n'est jamais que sur la demande d'un particulier que l'Administration accorde ces autorisations; elle ne peut l'accorder d'office ou sur la demande des voisins de la partie intéressée. En donnant les autorisations qui lui sont demandées, lorsqu'il est compétent pour cela, le préfet agit dans la limite du pouvoir qui lui est accordé par la législation : la loi des 12-20 août 1790 donne à l'Administration le droit et lui impose le devoir de régler la hauteur des eaux et d'en diriger le cours vers un but d'utilité générale ; par conséquent, nul ne peut établir un barrage sans son autorisation. On ne peut pas évidemment dire, dans un cas pareil, que l'Administration usurpe le pouvoir attribué à l'autorité judiciaire par l'art. 645 c. civ. (Conclusions de M. Aucoc, commissaire du Gouvernement, sur Cons. d'Et. 15 févr. 1866, aff. Bouderon, D. P. 66. 3. 73).

416. Relativement aux pouvoirs de l'Administration en ce qui touche le libre écoulement des eaux, il a été jugé : 1° qu'un propriétaire d'usine ne peut obtenir par la voie contentieuse la suppression d'une condition qui lui a été imposée par l'autorité préfectorale réglant son usine, non dans l'intérêt d'un particulier, mais en vue de préserver de l'inondation l'ensemble des propriétés de la vallée et d'assurer la libre circulation sur un chemin public (Cons. d'Et. 12 févr. 1857 (1). V. dans le même sens : Cons. d'Et. 12 févr. 1857, aff. Lavalesquerie, *Rec. Cons. d'Etat*, p. 136); — 2° Qu'un arrêté préfectoral par lequel a été réglé un barrage, et qui a eu pour objet de prévenir les inondations sur les propriétés riveraines de la retenue ne peut être attaqué pour excès de pouvoirs, comme ayant été pris, non dans un but de police et d'utilité générale, mais dans un intérêt privé (Cons. d'Et. 10 sept. 1864, aff. de Lafferrière, *Rec. Cons. d'Etat*, p. 880). — Il a été jugé encore : 1° que les actes par lesquels l'Administration règle les conditions à imposer à une usine pour empêcher l'inondation des terrains riverains de la retenue ne sont pas susceptibles d'être attaqués par la voie contentieuse (Comm. f. f. Cons. d'Et. 14 août 1871, aff. Couillaud, D. P. 72. 3. 49); — 2° Que le préfet n'excède pas la limite des pouvoirs qui lui appartiennent sur la police des cours d'eau non navigables en prescrivant les mesures nécessaires pour qu'un barrage établi par un propriétaire ne produise pas l'inondation des terrains appartenant à un propriétaire voisin (Cons. d'Et. 19 févr. 1886, aff. Verdavaine, D. P. 87. 3. 79). En effet, comme on l'a dit *suprà*, n° 413, l'intérêt public exige que les terrains voisins d'un cours d'eau, fussent-ils la propriété d'un seul particulier, ne soient pas inondés; — 3° Que le préfet agit dans l'intérêt public lorsqu'il prescrit à un propriétaire de substituer un barrage mobile à un barrage fixe considéré comme une cause permanente d'insalubrité et, en cas de crue, comme un danger d'inondation; que l'arrêté pris à cet effet n'est pas entaché d'excès de pouvoirs (Cons. d'Et. 12 févr. 1886) (2). — Décidé, au contraire, que l'arrêté qui ordonne l'abaissement de la retenue d'un moulin et l'établissement d'une vanne supplémentaire de décharge est entaché d'excès de pouvoirs, lorsque le régime antérieur du moulin ne présentait aucun inconvénient pour la salubrité publique et pour le libre écoulement des eaux (Cons. d'Et. 23 mars 1870, aff. Chalret-Durieu, D. P. 71. 3. 29). De la rédaction de cet arrêt il ne faudrait pas conclure que le conseil d'Etat est compétent pour apprécier si, en fait, les mesures prescrites dans un règlement d'usine sont nécessaires pour assurer le libre écoulement des eaux. C'est à l'Administration, chargée de pourvoir à cet intérêt d'ordre public, qu'il appartient de déterminer, sous sa responsabilité, quels sont les ouvrages dont l'établissement ou la suppression doit être ordonnée à l'usinier. En cas de réclamation de la part des intéressés, c'est le ministre des travaux publics qui décide, après avis des hommes compétents, si, au point de vue technique, les prescriptions du préfet sont utiles et bien combinées. C'est à un point de vue différent que se place le conseil d'Etat; il vérifie si l'Administration n'a pas usé de ses pouvoirs de police dans un intérêt autre que celui du libre écoulement des eaux. — Il a été jugé, en effet, que la question de savoir si les modifications prescrites aux ouvrages existants sont nécessaires pour assurer l'écoulement des eaux n'est pas susceptible d'être déférée au conseil d'Etat (Cons. d'Et. 3 juin 1881, aff. Pissevin, D. P. 82. 3. 107).

417. Il est de jurisprudence constante que le préfet, chargé d'assurer, dans un intérêt général, le libre écoulement des eaux, peut prescrire toutes les mesures nécessaires à cet effet, et notamment, la destruction de tous les ouvrages qui pourraient causer l'inondation des propriétés voisines, sans avoir à examiner la valeur des titres privés en vertu desquels ces ouvrages ont été établis (*Rép.* n° 475). Jugé : 1° qu'il appartient au préfet d'ordonner la démolition d'un barrage sur une rivière non navigable, nuisible au libre écoulement des eaux, alors même que l'auteur de cet ouvrage se prétend propriétaire du terrain où il l'avait établi (Cons. d'Et. 9 août 1880, aff. Bernis, D. P. 81. 3. 91); —

(1) (Pivent.) — Napoléon, etc.; — Vu l'arrêté du 3 janv. 1854, par lequel le préfet du Calvados a réglé, sur la demande du sieur Pivent, le régime des eaux du moulin, dit de Rouesnel; — Vu les lois des 12-20 août 1790 et 6 oct. 1791, et l'arrêté du Gouvernement du 19 vent. an 6; — Vu le décret du 25 mars 1852; — Considérant qu'il résulte de l'instruction que c'est sur la demande du sieur Pivent qu'il a été procédé par l'Administration au règlement de l'ancien moulin de Rouesnel, et que l'obligation d'établir un déversoir de superficie lui a été imposée, non dans l'intérêt particulier du sieur Paulmier, mais en vue de préserver de l'inondation l'ensemble des propriétés de la vallée de la Laize et d'assurer la liberté de la circulation sur un chemin public; qu'ainsi l'Administration a agi dans la limite des pouvoirs qui lui appartiennent, en vertu des lois susvisées:

Art. 1er. La requête du sieur Pivent est rejetée. — Art. 2...

Du 12 févr. 1857.-Cons. d'Et.-MM. Aubernon, rap.-de Forcade, concl.-Reverchon et Mathieu-Bodet, av.

(2) (Drouin et consorts C. Commune d'Igney.) — Le conseil d'État; — Vu les lois du 22 déc. 1789, l'instruction législative des 12-20 avr. 1790, la loi des 28 sept.-6 oct. 1791, et le décret du 25 mars 1852; — Considérant qu'aux termes de la loi du 22 déc. 1789, de l'instruction législative des 12-20 août 1790 et de la loi des 28 sept.-6 oct. 1791, l'Administration a le droit de régler dans un but d'utilité générale et pour assurer le libre écoulement des eaux, le régime des barrages, écluses et autres ouvrages d'art établis sur les rivières; — Considérant qu'il résulte de l'instruction que le barrage construit par l'auteur des requérants sur la rivière d'Igney, dans laquelle se déversent les eaux vannes des maisons riveraines, constitue par sa disposition une cause permanente d'insalubrité, et en temps de crue, un danger d'inondation; que, dans ces circonstances, l'arrêté attaqué, en fixant le mode d'établissement de vannes mobiles de décharge, a eu seulement pour objet, sans porter atteinte au droit que les sieurs Drouin prétendraient avoir soit sur le barrage même, soit sur le terrain qui aurait été incorporé au ruisseau, à la suite des travaux de redressement exécutés en 1877 par la commune, de prévenir les incommodités et les inondations dont se plaignent le conseil municipal et les habitants d'Igney; qu'ainsi, il a été pris dans l'intérêt général de l'écoulement des eaux et de la salubrité dans les limites des pouvoirs attribués à l'Administration par les lois ci-dessus visées... (Rejet).

Du 12 févr. 1886.-Cons. d'Et.-MM. Flourens, rap.-Chante-Grellet, concl.-Panhard et Devin, av.

2° Que le préfet peut, en vertu du droit qui lui appartient d'assurer le libre écoulement des eaux, prescrire la démolition d'une construction avançant sur le lit du cours d'eau et destinée, par exemple, à servir de culée à une passerelle (Cons. d'Ét. 8 août 1865, aff. Raffugeau, D. P. 67. 5. 148); — 3° Que l'arrêté préfectoral prescrivant, dans le but d'assurer le libre écoulement des eaux, l'ouverture d'un pertuis, l'établissement de digues et la manœuvre des vannes, ne peut être attaqué par l'un des riverains par le motif que ces mesures porteraient atteinte à un droit de servitude qui l'autoriserait à déverser les eaux sur des terrains voisins; mais qu'un préfet excède la limite de ses pouvoirs, lorsqu'il fixe la hauteur d'un barrage qui fait l'objet de difficultés entre un usinier et un riverain, cette décision étant prise non dans un intérêt public et pour prévenir les inondations, mais pour mettre fin à une contestation privée (Cons. d'Ét. 19 mars 1868) (1); — 4° Que les préfets peuvent, pour prévenir les inondations, défendre aux riverains des ruisseaux d'y faire des dépôts de matières quelconques susceptibles d'en rétrécir le lit et d'en obstruer le cours, et que ces riverains ne peuvent, même sous prétexte de protéger leur propriété, se dispenser d'obéir à cette défense, les travaux à entreprendre dans ce but de protection ne pouvant, lorsqu'ils empiètent sur la largeur du cours d'eau, être régulièrement effectués qu'avec l'autorisation de l'Administration (Crim. cass. 14 juill. 1860, aff. Lazare Chaudron, D. P. 61. 5. 172); — 5° Que, lorsqu'un travail entrepris par un usinier sur un cours d'eau non navigable a pour résultat de modifier l'importance et la consistance des ouvrages autorisés, le préfet ne fait qu'user des pouvoirs de police qui lui appartiennent en ordonnant la suppression de ce travail dans le but d'assurer le libre écoulement des eaux et de prévenir les atterrissements (Cons. d'Ét. 24 déc. 1880, aff. Besnard-Beaupré, D. P. 82. 3. 36); — 6° Que l'autorité administrative, chargée par les lois des 12-20 août 1790 et 28 sept.-6 oct. 1791, de la police et de la surveillance des eaux, a le pouvoir d'ordonner la suppression de tous les barrages existants sur un cours d'eau, de défendre d'en établir à l'avenir et de fixer les conditions de ceux qu'elle autorise; que ce pouvoir peut s'exercer par voie de prescription générale ou d'arrêté individuel; que, même lorsque l'autorité administrative agit par voie d'arrêté individuel, l'arrêté ainsi pris, s'il est fondé sur l'intérêt général d'un territoire déterminé, constitue un règlement local qui a toute l'autorité et tous les effets d'un règlement général, et qui est, dès lors, garanti par une sanction pénale, comme toutes les mesures d'ordre public; qu'encore qu'une instruction soit ouverte pour la revision de cet arrêté, il doit être exécuté tant qu'il n'a été ni réformé, ni rapporté (Crim. rej. 21 juill. 1882, aff. Ripert, D. P. 83. 1. 322); — 7° Que le préfet n'excède pas les limites de ses pouvoirs de police sur les cours d'eau, en ordonnant, pour assurer l'écoulement des eaux, l'enlèvement d'un ouvrage établi dans le lit d'un torrent, alors même que l'établissement de cet ouvrage avait été régulièrement autorisé (Cons. d'Ét. 27 juill. 1883, aff. Syndicat du canal de Briançon, D. P. 85. 3. 35). — Mais il a été jugé que les arrêtés par lesquels un préfet met un usinier en demeure de supprimer un ouvrage établi sur un cours d'eau dans des conditions autres que celles qui avaient été autorisées, et décide que, faute par l'usinier d'obéir à cette injonction dans un délai déterminé, l'usine sera mise en chômage par application d'une disposition de l'ordonnance réglementaire qui autorise cette mesure, constituent des actes susceptibles d'être déférés au conseil d'État pour excès de pouvoir (Cons. d'Ét. 24 déc. 1880 précité). Dans l'espèce sur laquelle a été rendu cet arrêt, il ne s'agissait pas, en effet, d'apprécier l'opportunité ou la nécessité de la suppression, mais de décider si les ouvrages entrepris par l'usinier étaient ou non conformes à l'ordonnance d'autorisation et si l'usinier avait ou n'avait pas encouru la mise en chômage. Le propriétaire n'avait pas de moyen pour empêcher l'exécution d'office dont il était menacé, et il avait, dès lors, intérêt à faire annuler les arrêtés. D'autre part, la jurisprudence admet qu'un particulier, lésé par un arrêté administratif, peut en poursuivre l'annulation pour excès de pouvoir, alors qu'il ne pourrait faire juger la question de légalité par une juridiction administrative ou judiciaire, qu'en faisant exercer contre lui une action répressive pour contravention à cet arrêté (V. *suprà*, v° *Compétence administrative*, n°s 150 et 151).

418. On a exposé *suprà*, n° 412, que les règlements généraux pris dans un intérêt collectif doivent être respectés par l'autorité judiciaire. — Il a été jugé qu'il appartient souverainement à l'autorité administrative de régler, dans l'intérêt général, la police des cours d'eau non navigables ni flottables, sauf aux tiers, dont les droits seraient lésés à se pourvoir devant la juridiction administrative; qu'en conséquence, les tribunaux sont incompétents pour ordonner la modification de travaux pratiqués pour l'exécution d'arrêtés administratifs portant règlement d'eau entre plusieurs usiniers (Agen, 24 juill. 1865, aff. Firmin-Martin, D. P. 65. 2. 189). Mais si ces travaux ont pour effet de léser l'un

(1) (Champy.) — Napoléon, etc.; — Vu les lois des 12-20 août 1790, 28 sept.-6 oct. 1791; — Vu l'arrêté du Gouvernement en date du 19 vent. an 6; — Vu l'instruction du 19 therm. au 6; — Vu notre décret du 25 mars 1852; — Vu la loi des 7-14 oct. 1790; — En ce qui touche l'excès de pouvoirs qui résulterait de ce que les art. 2 à 6 de l'arrêté relatif au barrage d'amont auraient prescrit l'ouverture d'un pertuis, l'établissement de digues et la manœuvre des vannes dans l'intérêt privé des propriétaires riverains et en violation d'un droit de servitude : — Considérant qu'il résulte de l'instruction que l'arrêté attaqué en prescrivant l'ouverture d'un pertuis, l'établissement de digues et la manœuvre des vannes, a eu pour objet de prévenir les inondations sur les propriétées riveraines et sur la route impériale n° 15, inondations dont s'étaient plaints, à plusieurs reprises, le maire et les habitants de la commune de Broque, qu'ainsi ledit arrêté a été pris dans l'intérêt général de l'écoulement des eaux et de la salubrité, et dans les limites des pouvoirs qui sont attribués à l'Administration par les lois ci-dessus visées; — Considérant que la servitude que les sieurs Champy prétendent avoir acquise par prescription sur les terrains voisins, qui seraient tenus de subir le déversement des eaux, ne saurait faire obstacle à ce que l'Administration réglât le régime des eaux dans un intérêt général et de la salubrité publique;

En ce qui touche l'excès de pouvoirs qui résulterait de ce que les art. 2, 3, 6 et 11 de l'arrêté relatif au barrage d'amont et l'art. 6 de l'arrêté relatif au barrage d'aval auraient obligé les permissionnaires à exécuter à leurs frais les travaux et manœuvres prescrits, et auraient réservé, en cas de négligence, à l'Administration le droit de faire exécuter d'office, et aux frais des permissionnaires, ces manœuvres et de prononcer, suivant les circonstances, la déchéance des permissionnaires ou la mise en chômage de la prise d'eau : — Considérant que les travaux prescrits dans l'intérêt général de l'écoulement des eaux et de la salubrité publique, qui ont été mis à la charge des permissionnaires, n'excèdent pas les travaux qui pouvaient être imposés aux propriétaires du barrage, et qu'en se réservant le droit de prendre, suivant les circonstances, les mesures nécessaires pour obliger les permissionnaires à se conformer aux prescriptions de l'arrêté, le préfet du département des Vosges n'a pas excédé la limite des pouvoirs qui lui sont conférés par les lois ci-dessus visées;

En ce qui touche l'excès de pouvoirs qui résulterait de ce que l'art. 1er de l'arrêté relatif au barrage d'amont et l'art. 1er de l'arrêté relatif au barrage d'aval auraient fixé, dans l'intérêt privé du sieur de Regel et de la dame Scheidecker, les retenues des deux barrages à des niveaux plus élevés que ceux qui auraient été prescrits par les ordonnances du 1er août 1831 et du 29 sept. 1834, conformément à la possession immémoriale et aux conventions intervenues entre les parties : — Considérant que les sieurs Champy soutenaient qu'ils avaient droit, en vertu des conventions intervenues lors de la concession faite par leur auteur à l'auteur du sieur de Regel et de la dame Scheidecker du canal d'amenée qui conduit les eaux à leur usine, de maintenir le niveau des deux barrages à une hauteur inférieure à celle qui a été fixée par les arrêtés; que le sieur de Regel et la dame Scheidecker soutenaient, au contraire, que, sur ce point, les conventions étaient muettes; que déjà une contestation relative à la hauteur du barrage d'aval avait donné lieu à un procès porté devant le tribunal de Saint-Dié et la cour de Nancy; que, dans ces circonstances, le préfet du département des Vosges, en fixant la hauteur desdits barrages, n'a pas agi dans un intérêt public et pour prévenir les inondations, mais a statué sur une contestation privée; que, dès lors, il a excédé la limite de ses pouvoirs;...

Art. 1er... Art. 2. Les arrêtés du préfet du département des Vosges, en date du 20 nov. 1865, relatifs aux barrages d'amont et d'aval situés sur la rivière de la Bruche, sont réformés dans les dispositions de l'art. 1er qui ont fixé la hauteur des retenues des deux barrages, etc.

Du 19 mars 1868.-Cons. d'Ét.-MM. Thureau-Dangin, rap.-Aucoc, concl.-Labordère et Gigot, av.

des usiniers au profit de l'autre, s'il en résulte notamment une répartition inégale des eaux entre des usiniers, auxquels d'ailleurs les arrêtés administratifs eux-mêmes ont reconnu un droit égal, ce préjudice peut donner lieu à une action en dommages-intérêts qui doit être portée devant les tribunaux, seuls compétents pour régler les droits respectifs des riverains à l'usage des eaux courantes; que cette action ne peut être déclarée non recevable par le motif que le demandeur, ayant provoqué les arrêtés administratifs de concert avec les autres usiniers, figure parmi les concessionnaires de ces arrêtés et a, d'ailleurs, participé à l'exécution des travaux; qu'il ne résulte de là aucune renonciation à l'indemnité qui lui serait due dans le cas où le régime des eaux organisé par l'autorité administrative viendrait à léser ses droits (Même arrêt).

419. Le conseil d'État décide qu'en règle générale l'enquête préalable exigée par l'arrêté du 19 vent. an 6 et par l'instruction du 19 thermidor de la même année (*Rép.* p. 322 et n° 91) est une formalité essentielle, dont l'omission entraîne l'annulation des actes administratifs ordonnant la suppression des ouvrages établis sur des cours d'eau, soit que ces ouvrages aient été régulièrement autorisés, soit même qu'ils n'aient qu'une existence de fait. Par exception, l'enquête n'est pas nécessaire s'il y a urgence à supprimer les ouvrages. Prévenir les inondations et les débordements imminents est, en effet, pour l'Administration un devoir dont l'exercice ne peut être subordonné à l'accomplissement de longues formalités. Jugé : 1° qu'un préfet excède ses pouvoirs en ordonnant la suppression d'un barrage établi, même sans autorisation, sur un cours d'eau non navigable, s'il a prescrit cette suppression sans avoir fait procéder à une enquête préalable sur la demande formée par le propriétaire à l'effet d'obtenir le maintien de ce barrage, et sans que l'urgence de la mesure dans l'intérêt public ait été constatée (Cons. d'Et. 15 juin 1864, aff. Gaunard, D. P. 65. 3. 19); — 2° Que le préfet peut ordonner l'enlèvement d'un ouvrage antérieurement autorisé, sans être tenu de recourir aux mesures d'instruction prescrites par l'arrêté du 19 vent. an 6 et la circulaire du 19 thermidor de la même année, alors qu'il y a urgence à faire disparaître cet ouvrage pour prévenir un débordement imminent (Cons. d'Et. 27 juill. 1883, aff. Syndicat du canal de Briançon, D. P. 85. 3. 35).

420. L'Administration ne peut supprimer le droit d'arrosage, cela est certain; mais elle a le pouvoir souverain d'en réglementer l'exercice dans l'intérêt général (Demolombe, *Traité des servitudes*, t. 1, n° 173; *Rép.* n° 581-3°). Si elle se trompe dans cette réglementation, c'est au riverain à se pourvoir devant l'autorité compétente et à provoquer la revision de l'arrêté qu'il prétend indûment pris, tout en le respectant jusqu'à ce qu'il ait été régulièrement réformé.

Décidé : 1° que les préfets ont le droit de régler par des arrêtés particuliers, même sous le rapport de l'irrigation, les cours d'eau non navigables ni flottables, qui sont communs à divers propriétaires riverains et ne forment pas la propriété exclusive d'un seul; qu'en vertu de ce droit, ils peuvent fixer les jours et heures auxquels il pourrait être fait usage des eaux par les riverains pour l'irrigation de leurs propriétés; qu'il n'a pas été dérogé à ce principe en ce qui concerne la réglementation des eaux du canal d'Alaric (Crim. cass. 3 déc. 1868, aff. Calahoure, D. P. 68. 5. 157. V. dans le même sens : Crim. rej. 7 déc. 1861, aff. Couso, D. P. 62. 5. 122); — 2° Que ce n'est pas porter atteinte au droit d'arrosage consacré par l'art. 644 c. civ. que de le réglementer (Crim. rej. 21 juill. 1882, aff. Ripert, D. P. 83. 1. 322); — 3° Que l'autorité administrative a pu légalement faire un règlement entre les ayants droit à l'usage des eaux d'un canal ayant un caractère d'utilité publique, lorsque, dans un intérêt général d'ordre et de police, elle s'est bornée à régler l'exercice des droits de ces arrosants et qu'elle n'a eu pour but que d'assurer d'une manière normale cet exercice en ayant égard à ces droits divers (Req. 28 févr. 1883, aff. Moutte, D. P. 83. 1. 209). — Mais il a été jugé : 1° que, si les préfets ont le droit de régler, dans un but d'utilité générale et de police, le régime des barrages établis sur les rivières non navigables ni flottables, il ne leur appartient, dans aucun cas, de statuer sur des contestations privées; que les dispositions d'arrêtés préfectoraux qui fixent la hauteur et déterminent les appareils régulateurs de la retenue d'eau de barrages pour l'irrigation, appartenant à des propriétaires de prairies, prises dans un but de police et d'intérêt général, sont valables, mais que les dispositions par lesquelles le préfet prescrit que des irrigations n'auront lieu que quarante-huit heures par semaine, n'étant fondées sur aucun motif d'utilité générale et n'ayant pour but que de faire droit aux réclamations d'usiniers, qui se prétendaient lésés par la répartition faite anciennement des eaux de la rivière, doivent être annulées pour excès de pouvoirs (Cons. d'Et. 19 juill. 1860, aff. Danzel, D. P. 60. 3. 53. V. aussi Cons. d'Et. 29 janv. 1863, aff. Couverchel, *Rec. Cons. d'Etat*, p. 76); — 2° Que l'arrêté du préfet réglant une prise d'eau appartenant à des propriétaires riverains pour l'irrigation de leurs propriétés doit être annulé pour excès de pouvoirs, lorsqu'il n'a pas été pris en vue de l'utilité générale, mais n'a eu pour but que de statuer sur des intérêts privés (Cons. d'Et. 7 août 1863, aff. Goguel, *Rec. Cons. d'Etat*, p. 652).

421. La règle que l'on vient d'exposer s'applique-t-elle au cas où le préfet règle l'irrigation sur des bases autres que celles des anciens usages? Peut-il, par exemple, en l'absence d'anciens usages, ou contrairement aux usages anciens, limiter, dans un arrêté d'autorisation individuelle, la période et la durée des arrosages, alors que cette restriction est commandée soit par l'intérêt de la salubrité publique, soit par l'intérêt de l'alimentation en eau d'une contrée? — Le ministre de l'agriculture a longtemps refusé de l'admettre. Il estimait que, si un tel pouvoir était reconnu aux préfets, ils pourraient, en limitant, d'après des vues d'ensemble, la durée du fonctionnement de chacune des prises d'eau échelonnées le long d'une rivière, rendre inutile un règlement d'administration publique et priver ainsi les particuliers des garanties que leur assure l'intervention du conseil d'Etat. En conséquence, toutes les fois que communication était donnée par un préfet d'un arrêté réglant l'irrigation sur des bases autres que celles des anciens usages, l'annulation en était prononcée d'office. Mais cette jurisprudence a été désapprouvée par un avis de principe de la section des travaux publics du 7 juin 1876 (D. P. 86. 3. 73, note 1). — Conformément à cet avis, il a été jugé que le préfet n'excède pas la limite des pouvoirs qui lui appartiennent en vertu des lois des 12-20 août 1790 et 28 sept.-6 oct. 1791, lorsqu'il fixe, en vue d'assurer l'alimentation en eau de toute une vallée, l'époque et la durée pendant lesquelles le riverain d'un cours d'eau pourra utiliser un barrage pour l'irrigation de ses terres (Cons. d'Et. 9 janv. 1885, aff. Bouffard, D. P. 86. 3. 73). Cet arrêt ne contredit nullement le principe qu'il n'appartient pas au préfet en vertu du décret de 1861 de procéder à la répartition des eaux contrairement aux anciens usages (V. *suprà*, n° 411); il considère seulement que la limitation du temps pendant lequel un barrage pourra être utilisé pour l'irrigation ne constitue pas une répartition des eaux dans le sens du décret de 1861. La nuance entre les deux hypothèses est assez délicate, mais la distinction ne manque pas de base juridique; d'ailleurs, la solution que consacre l'arrêt précité est conforme à un ancien arrêt de la cour de cassation qui, même avant l'extension donnée aux attributions des préfets par le décret du 25 mars 1852 et par celui du 13 avr. 1861, avait reconnu la légalité d'un arrêté préfectoral analogue à celui qui a donné lieu à la décision du 9 janv. 1885 (*Rép.* n° 475). Depuis que le pouvoir d'autoriser les établissements permanents de toute nature sur les cours d'eau a été transféré au préfet, il semble difficile de contester à ce fonctionnaire le droit de subordonner l'autorisation accordée à la condition que l'impétrant n'en fera pas un usage abusif, de manière à compromettre les intérêts publics de tout ordre, ou de se réserver, comme il l'avait fait dans l'affaire Bouffard, le droit de limiter l'usage des barrages, si des réclamations viennent à se produire. Le ministre de l'agriculture avait, il est vrai, fait remarquer que le préfet, en prenant des arrêtés individuels, limitant l'usage de toutes les prises existant sur un cours d'eau, pourrait opérer ainsi indirectement une véritable répartition des eaux entre les intéressés et empiéter ainsi sur les attributions réservées au chef de l'Etat. Si un pareil fait venait à se produire, il constituerait un détournement de pouvoirs manifeste qui pourrait être réprimé, non seulement par le ministre, supérieur hiérarchique du préfet, mais encore par le conseil d'Etat, sur le recours pour excès de pouvoir formé par les intéressés.

422. L'Administration ne peut user des pouvoirs de police qui lui appartiennent sur les cours d'eau non navigables, même dans un intérêt d'ordre général, lorsque cet intérêt est étranger au libre écoulement des eaux. Il a été jugé : 1° que l'Administration n'avait pas le droit d'ordonner l'enlèvement de barrières et autres ouvrages établis par un particulier dans un ravin pour affirmer les droits privés qu'il prétendait lui appartenir, alors qu'il était constant que ces ouvrages ne formaient pas obstacle à l'écoulement des eaux (Cons. d'Et. 26 nov. 1863) (1); — 2° Que la mission conférée aux préfets de réglementer la police des cours d'eau non navigables ne les autorise pas à prescrire l'établissement d'un marchepied sur les propriétés riveraines de ces cours d'eau; que, dès lors, est entachée d'excès de pouvoir la disposition d'un arrêté préfectoral qui, en réglant le régime des eaux d'une rivière non navigable, a ordonné la création d'un marchepied de cette nature (Cons. d'Et. 19 mai 1865, aff. Daire, D. P. 66. 3. 32); — 3° Que le préfet n'a pas le pouvoir de fixer la largeur d'un cours d'eau non navigable ni flottable, de prescrire de laisser des trottoirs de chaque côté du lit (la servitude du marchepied n'étant pas applicable aux bords des cours d'eau de cette nature), et d'interdire aux riverains de bâtir sans avoir demandé la permission et obtenu un alignement (Cons. d'Et. 8 août 1865, aff. Raffugeau, D. P. 67. 5. 148); — 4° Que le préfet ne peut, sans excès de pouvoirs, prescrire l'enlèvement de bornes reliées par une barre de fer et établies par le propriétaire sur les deux rives d'un cours d'eau non navigable, à l'effet d'empêcher les bateaux de s'introduire dans sa propriété (Cons. d'Et. 8 août 1884, aff. d'Hunolstein, D. P. 86. 3. 22); — 5° Que le préfet ne peut, sans excès de pouvoirs, interdire d'établir des plantations à une distance déterminée du bord d'un cours d'eau non navigable (dans l'espèce d'un canal d'irrigation); qu'il en est de même en Algérie (Cons. d'Et. 27 mars 1885, aff. Gaubert, D. P. 86. 3. 134).

423. L'Administration est seule juge des circonstances dans lesquelles il peut y avoir lieu pour elle de prendre des mesures de police et de faire des règlements d'eau. La décision du préfet peut être déférée au ministre des travaux publics, mais elle ne saurait être soumise au conseil d'Etat par la voie du recours pour excès de pouvoir. — Il a été jugé : 1° qu'un particulier ne peut déférer au conseil d'Etat le refus fait par l'Administration de modifier le règlement d'eau de son usine (Cons. d'Et. 24 mai 1854, aff. Hallez, D. P. 55. 3. 12); — 2° Que l'Administration est seule juge des circonstances dans lesquelles il peut y avoir lieu, pour elle, de faire usage du droit qui lui a été conféré de régler, dans un but de police et d'utilité générale, les usines établies sur les cours d'eau non navigables; que, par suite, l'arrêté du préfet refusant de donner suite à une demande ayant pour objet de faire procéder au règlement d'une usine, n'est susceptible que du recours devant le ministre des travaux publics, mais non d'un recours contentieux devant le conseil d'Etat (Cons. d'Et. 22 mars 1866, aff. Laffargue, D. P. 67. 5. 153); — 3° Que le refus par le préfet de donner suite à une demande ayant pour objet de faire prescrire des mesures qu'un particulier estime nécessaires pour assurer l'écoulement des eaux ne constitue pas un acte susceptible d'être déféré au conseil d'Etat par la voie du recours pour excès de pouvoirs (Cons. d'Et. 30 mai 1879, aff. Bellot, D. P. 79. 3. 92. V. dans le même sens : Cons. d'Et. 27 juill. 1877, aff. Véron, *Rec. Cons. d'Etat*, p. 746).

424. — 2° *Etablissements sur les cours d'eau non navigables ni flottables; Moulins; Usines; Barrages; Prises d'irrigation; Règlement de ces établissements.* — Les préfets, en vertu des décrets de décentralisation, ont le droit d'autoriser sur les cours d'eau non navigables ni flottables tout établissement nouveau, tel que moulin, usine, barrage, prise d'eau pour l'irrigation, où les fontaines publiques, patouillet, bocard, lavoir à mines, de régler l'existence desdits établissements, lorsqu'ils ne sont pas encore pourvus d'autorisation régulière, ou de modifier les règlements déjà existants (V. *suprà*, n° 411). — Avant 1852, le conseil d'Etat n'admettait le recours contentieux contre les règlements d'usines ou d'autres ouvrages sur les cours d'eau non navigables qu'autant qu'ils étaient attaqués pour cause d'inobservation des formalités dont ils doivent être précédés (*Rép.* n° 457); il réservait seulement aux tiers, le cas échéant, l'action en dommages-intérêts qui pouvait leur appartenir en vertu de titres privés ou d'une possession que le règlement intervenu était de nature à troubler. Depuis 1852, le conseil d'Etat admet le recours, non seulement pour le motif ci-dessus indiqué, mais aussi pour cause d'excès de pouvoirs, lorsqu'il lui apparaît que les mesures prescrites par le règlement ont été prises, non dans un intérêt collectif et public, mais dans un intérêt privé. Cela ne veut pas dire qu'il n'ait pas été reconnu en principe, à toutes les époques, que les pouvoirs conférés à l'Administration en cette matière doivent être exercés en vue de l'intérêt général; mais il est facile de comprendre que l'Administration, lorsque ses actes étaient attaqués, ne manquait jamais de déclarer qu'elle avait agi pour donner satisfaction à un intérêt collectif; et le conseil d'Etat ne s'attribuait pas le droit de contrôler ses assertions. Depuis 1852, au contraire, il a usé de ce droit, et c'est ainsi qu'il a été plusieurs fois conduit à annuler, comme étant entachés d'excès de pouvoirs, comme ayant statué dans un intérêt privé, des règlements que l'Administration prétendait avoir été inspirés par un intérêt général. — Cette jurisprudence, outre qu'elle est plus conforme aux principes fondamentaux de la compétence du conseil d'Etat, trouve aussi son explication et sa justification dans l'innovation considérable qu'a introduite, en cette matière, le décret du 25 mars 1852 sur la décentralisation administrative. Avant 1852, les règlements d'eau étaient soumis à l'examen de la section de navigation du conseil général des ponts et chaussées et de la section des travaux publics du conseil d'Etat; l'ordonnance ou le décret qui intervenait après une semblable instruction présentait évidemment des garanties spéciales de maturité et d'impartialité. Aujourd'hui les préfets statuent définitivement sur ces règlements (tableau D, n°s 3 et 4, du décret précité), et, quoiqu'ils ne statuent qu'après enquête et sur le rapport des ingénieurs, l'intérêt privé peut quelquefois surprendre leur religion, sous l'apparence d'un intérêt collectif, avec plus de facilité que lorsqu'il fallait s'adresser aux deux hauts conseils dont l'intervention couronnait alors le travail des autorités locales.

425. Aux termes de l'art. 644 c. civ., celui dont une eau courante traverse l'héritage peut en user dans l'intervalle qu'elle y parcourt. Rien ne s'oppose donc à ce qu'il s'en serve pour faire tourner une roue d'usine. « Ce n'est pas, on le voit, de l'autorité administrative que les possesseurs des usines situées sur les cours d'eau non navigables, tiennent leur jouissance, dit M. Block, v° *Usines*, p. 1781; cette autorité n'en a pas moins sur eux, en vertu des lois qui l'ont chargée de la police des cours d'eau non navigables,

---

(1) (Haiguerelle.) — NAPOLÉON, etc.; — Vu la loi en forme d'instruction des 12-20 août 1790; la loi des 28 sept.-6 oct. 1791, et l'arrêté du Gouvernement du 19 vent. an 6; — Vu le décret du 7 fruct. an 12, et nos décrets, en date des 10 et 27 mai 1854; — Considérant que, si les mesures prises par le maire de la commune de Fontaine-l'Etalon sont motivées sur ce que, aux termes des lois ci-dessus visées, il appartenait à l'Administration de prévenir les inondations qui auraient pu résulter des entreprises du sieur Haiguerelle, notre ministre des travaux publics reconnaît que les barrières, pieux et plantations établis par le requérant dans le ravin dont il se prétend propriétaire, n'étaient pas de nature à former obstacle au libre écoulement des eaux; que l'arrêté du préfet rendu sur la réclamation du requérant contre les arrêtés du maire ci-dessus visés n'a pas eu pour objet d'assurer, dans un but de police et d'utilité générale, le libre cours des eaux, mais qu'il a été pris dans l'intérêt privé de la commune et, en vue de la maintenir en possession d'un droit de passage, dont elle soutenait avoir toujours eu la jouissance; que, dans ces circonstances, le maire de la commune de Fontaine-l'Etalon, en prescrivant l'enlèvement desdits pieux, barrières et plantations, et le préfet du Pas-de-Calais en approuvant les arrêtés du maire ont excédé les limites de leurs pouvoirs :...

Art. 1er. L'arrêté du préfet du Pas-de-Calais en date du 20 sept. 1862, ensemble les arrêtés du maire de la commune de Fontaine-l'Etalon, des 16 févr. et 5 avr. 1857, approuvés par ledit arrêté, sont annulés pour excès de pouvoirs. — Art. 2...

Du 26 nov. 1863.-Cons. d'Et.-MM. de Belbeuf, rap.-L'Hôpital, concl.

des pouvoirs si étendus que l'exercice de leur droit est entièrement subordonné à sa volonté. Il résulte, en effet, de ces lois et de l'application qu'en fait la jurisprudence, que l'Administration peut s'opposer à la création de ces usines; qu'elle peut ordonner leur suppression, ou soumettre leur existence ou leur maintien aux conditions réglementaires qu'elle croit devoir leur imposer, conditions qu'elle inscrit, soit dans les règlements généraux de police applicables à un ou plusieurs cours d'eau, soit dans les actes particuliers dont, en principe, chaque établissement doit être pourvu et qui portent le nom de permission d'usine. Ces pouvoirs s'étendent aussi bien aux usines créées sous le régime féodal qu'à celles qui l'ont été depuis la Révolution; aussi bien aux usines déjà réglementées et dont les permissions peuvent être modifiées ou rapportées, qu'à celles qui ne le sont pas encore; enfin, dans l'exercice de ses pouvoirs, l'Administration n'est pas obligée de tenir compte des anciennes jouissances, des conventions et des titres privés. Les usines dont il est question ici relèvent naturellement ainsi de l'autorité judiciaire, en ce qui touche les contestations qui peuvent s'élever entre elles et les autres usagers de la rivière; l'art. 645 c. civ. et la loi du 25 mai 1838 sur les justices de paix le disent, d'ailleurs, expressément. Les textes qui régissent la matière n'ont qu'imparfaitement précisé la nature et le domaine de chacune des deux compétences, et il en est résulté dans la pratique de nombreuses difficultés. Présentement, la jurisprudence définit ainsi le caractère, la portée et les limites de l'intervention administrative en cette matière : *la protection des intérêts généraux qui pourraient souffrir de l'établissement de l'usine, si la police des eaux n'existait pas*, intérêts devant lesquels celui de l'usine doit s'incliner, *voilà l'unique objet et la seule raison d'être de cette intervention*. Les dispositions des règlements d'usines qui ont pour but d'assurer la protection d'intérêts généraux sont donc seules légales, alors même, d'ailleurs, qu'elles auraient été provoquées par des particuliers ou tourneraient, en fait, au profit de particuliers. Celles, au contraire, qui ne sont dictées que par des considérations d'ordre privé, qui ne sauraient avoir pour effet que de donner satisfaction à des intérêts généraux, constituent, de la part de l'Administration, un empiétement sur le domaine de l'autorité judiciaire; elles sont entachées d'excès de pouvoir ».

Conformément à ces principes, il a été jugé : 1° que si les propriétaires séparés d'un cours d'eau non navigable par un chemin public n'ont pas droit à l'usage des eaux comme le riverain direct (*Rép.* n° 223, et v° *Servitudes*, n° 201), une prise d'eau au moyen de conduits souterrains a pu leur être concédée par l'autorité administrative, en vertu de la mission qui lui appartient de régler le régime des eaux dans un but d'utilité générale; sauf aux riverains directs à faire valoir leurs droits devant l'autorité judiciaire dans le cas où ils se croiraient fondés à prétendre que la concession leur porte préjudice (Cons. d'Et. 1er sept. 1858, aff. Catel, D. P. 59. 3. 41). Le ministre des travaux publics consulté sur le pourvoi disait dans cette affaire : « L'art. 644 c. nap. n'a pas créé pour les riverains un privilège exclusif de tout droit quelconque afférent à d'autres propriétaires. Cet article a un caractère purement attributif; il n'est point exclusif des droits que peuvent posséder des propriétaires non riverains à l'usage des mêmes eaux, pourvu que ces droits ne portent point atteinte à ceux précédemment acquis. C'est ainsi que la faculté de puiser de l'eau pour les besoins domestiques ou pour abreuver des bestiaux, admise de tout temps comme étant de droit naturel, n'a jamais été contestée par les riverains, et que l'Administration a souvent autorisé des prises ou conduites souterraines destinées à procurer aux localités qui en étaient dépourvues les eaux nécessaires pour les assainir et pour les besoins de leurs habitants. L'exclusion ne pourrait être admise que si les riverains étaient propriétaires des petits cours d'eau; mais la jurisprudence a depuis longtemps consacré le principe contraire »; — 2° Que le droit de propriété qu'un usinier prétend avoir sur le canal d'amenée de son moulin n'entraîne pas à son profit la propriété des eaux qui y sont dérivées d'une rivière, et ne saurait, par suite, priver l'Administration du droit d'user à l'égard dudit moulin des pouvoirs qui lui ont été conférés par les lois des 12-20 août 1790 et 6 oct. 1791, et par l'arrêté du Gouvernement du 19 vent. an 6, à l'effet de régler le régime de ce moulin dans un but d'utilité générale (Cons. d'Et. 16 déc. 1881, aff. Bernard de la Vernette Saint-Maurice, D. P. 83. 5. 180. V. dans le même sens : Cons. d'Et. 13 janv. 1865) (1); — 3° Que l'arrêté par lequel un préfet prescrit à un propriétaire d'abaisser le niveau d'une retenue existant sur un cours d'eau non navigable, pendant le temps nécessaire à l'exécution des travaux de réparation d'un lavoir communal, doit être considéré comme étant pris dans un but d'intérêt général, et, par suite, comme n'excédant pas les pouvoirs conférés à l'Administration par les lois des 12-20 août 1790 et 28 sept.-6 oct. 1791 (Cons. d'Et. 8 août 1882, aff. d'Hunolstein, D. P. 84. 3. 14). — Cette dernière décision a été rendue contrairement à l'avis du ministre des travaux publics, qui avait conclu à l'annulation de l'arrêté attaqué par le motif que la réparation d'un lavoir communal ne constituait pas un intérêt public de nature à autoriser le préfet à imposer à un propriétaire l'abaissement du niveau d'une retenue. Cette opinion était conforme à la jurisprudence relative aux clauses dites de non-indemnité insérées dans les règlements des usines situées sur des cours d'eau non navigables ni flottables. Il est actuellement admis sans contestation, nous l'avons exposé *suprà*, nos 324 et suiv., que l'Administration peut stipuler que l'usinier n'aura pas d'indemnité à réclamer s'il subit un chômage ou s'il est privé de tout ou partie de sa force motrice par suite de mesures prises pour la police ou la conservation des eaux; mais qu'elle ne peut imposer une semblable réserve pour le cas d'exécution d'un travail public. Cette jurisprudence est fondée sur ce que les droits de police appartenant à l'Administration et dont l'usage ne peut léser aucun droit acquis, ont pour unique objet « de rechercher et d'indiquer les moyens de procurer le libre cours des eaux, d'empêcher que les prairies ne soient submergées par la trop grande élévation des écluses, des moulins et par les ouvrages d'art établis sur les rivières, de diriger enfin, autant qu'il sera possible, toutes les eaux du territoire vers un but d'utilité générale, d'après les principes de l'irrigation » (L. 12-20 août 1790, chap. 6). Le conseil d'Etat, en repoussant le système soutenu par le ministre, a, sans doute, voulu décider que l'Administration, à qui appartient le droit de régler la hauteur du niveau d'eau, peut prescrire les mouvements d'eau nécessaires à la satisfaction d'un intérêt d'ordre général, caractère

(1) (Spenlé.) — NAPOLÉON, etc.; — Vu les lois des 12-20 août 1790 et des 28 sept.-6 oct. 1791; l'arrêté du Gouvernement du 19 vent. an 6; les décrets des 25 mars 1852 et 13 avr. 1861; — Considérant qu'il est établi par l'instruction et notamment par les avis des ingénieurs et du conseil général des ponts et chaussées, que loin de porter préjudice aux droits concédés aux sieurs Spenlé et consorts par l'ordonnance royale du 29 mai 1844 et par l'arrêté préfectoral du 31 juill. 1857 ci-dessus visé, les dispositions des arrêtés attaqués leur assurent une quantité de trois cent vingt litres d'eau par seconde, suffisante pour faire marcher l'usine qu'ils possèdent sur le canal de Leymel, non seulement telle qu'elle avait été autorisée, en 1844, mais encore en y comprenant les additions faites depuis cette époque sans autorisation, ainsi que la scierie à placages du sieur Spenlé telle qu'elle a été autorisée en 1857;

Considérant que le droit de copropriété reconnu par les tribunaux civils au sieur Spenlé et à la dame Immer, conjointement avec les sieurs Harmann, sur le canal du Leymel n'entraîne pas à leur profit la propriété des eaux qui y sont dérivées de la rivière du Fecht, et ne fait pas obstacle à ce que l'Administration prescrive les mesures nécessaires pour régler la vanne de décharge qui existe de temps immémorial au point X du plan, et pour faire retourner dans la rivière les eaux dont il n'est pas fait emploi; — Que de ce qui précède il suit qu'en prenant les arrêtés attaqués le préfet n'a pas porté atteinte aux droits résultant pour les sieurs Spenlé et consorts, soit des décisions judiciaires qui les ont reconnus copropriétaires avec les sieurs Hartmann du canal du Leymel, soit des actes administratifs par lesquels ils ont été autorisés à établir leurs usines, et qu'il a agi dans la limite des pouvoirs qui lui sont conférés par les lois ci-dessus visées à l'effet de diriger toutes les eaux du territoire vers un but d'utilité générale:

Art. 1er. Les requêtes du sieur Spenlé et du sieur et de la dame Immer sont rejetées. — Art. 2...

Du 13 janv. 1865.-Cons. d'Et.-MM. Aubernon, rap.-L'Hopital, concl.-Dareste et Clément, av.

qui appartient à l'exécution de tout travail d'utilité publique; mais nous pensons que ce serait prêter à la décision une portée qu'elle ne comporte pas, que de l'interpréter comme constituant un changement complet de jurisprudence et d'en tirer la conséquence que les chômages ou autres dommages résultant des mouvements d'eau ainsi prescrits ne peuvent ouvrir un droit à indemnité. — Jugé encore que le préfet n'excède pas les limites de ses pouvoirs de police en déclarant que les emplacements actuels du déversoir et des vannes de décharge ne sont maintenus qu'à titre de tolérance, d'une manière précaire et révocable, une telle clause n'ayant pas pour objet d'attribuer à l'Administration le droit d'imposer à l'usinier des conditions autres que celles qui seraient justifiées par l'intérêt de la police et de la répartition des eaux (Cons. d'Ét. 13 juill. 1883, aff. Vasse, D. P. 85. 3. 35). L'arrêté du préfet contenait cette disposition, que les emplacements et dispositions actuelles du déversoir et des vannes de décharge n'étaient maintenus qu'à titre de tolérance, d'une manière précaire et révocable. L'interprétation donnée par le conseil d'Etat à cette disposition d'après laquelle la précarité et la révocabilité du maintien des ouvrages de l'usine sont restreintes au cas où l'Administration aurait à exiger le déplacement de ces ouvrages dans l'intérêt de ses pouvoirs de police, ôte à ladite disposition tout ce qu'elle paraissait avoir d'excessif et de contraire aux droits acquis de l'usinier (V. pour analogie : Cons. d'Ét. 3 juin 1881, aff. Pissevin, D. P. 82. 3. 107). — Il a été également décidé qu'on ne peut attaquer comme entachée d'excès de pouvoir la disposition par laquelle le préfet se borne à stipuler que les riverains à l'égard desquels il statue seront tenus de se conformer aux règlements intervenus ou à intervenir sur la police et le mode de distribution et de partage des eaux (Cons. d'Ét. 19 juill. 1860, aff. Danzel, D. P. 60. 3. 53).

Décidé, d'autre part : 1° que les arrêtés pris par les préfets pour régler le régime des moulins et usines ne peuvent contenir que des dispositions d'un intérêt général; et qu'il y a empiétement sur les attributions de l'autorité judiciaire, lorsqu'une disposition d'un arrêté de ce genre a été prise dans le but unique de faire cesser une contestation particulière concernant, par exemple, le droit à l'usage des eaux rendues à la rivière par le canal de fuite d'un moulin;... alors surtout qu'il existe un jugement fixant sur ce point les droits des parties (Cons. d'Ét. 4 mai 1854, aff. Appay, D. P. 55. 3. 11); — 2° Que si les préfets ont le droit de régler, dans un but de police et d'utilité générale ou de salubrité publique, le régime des usines établies sur les cours d'eau non navigables, ils ne peuvent user de ce droit dans un intérêt purement privé; que, dès lors, sont entachés d'excès de pouvoir, soit l'arrêté préfectoral qui n'a ordonné l'abaissement du niveau de la retenue d'une usine que dans l'intérêt exclusif d'un usinier voisin; soit l'arrêté qui a restreint le droit d'irrigation de certains particuliers pour faire droit à la réclamation d'autres propriétaires se prétendant lésés par la répartition antérieurement faite des eaux entre les usines et les prairies; qu'il appartient au conseil d'Etat, statuant au contentieux, d'apprécier si les arrêtés de cette nature ont ou n'ont pas été pris dans un intérêt privé (Cons. d'Ét. 24 mai 1860, aff. Gauthier-Hardy, D. P. 60. 3. 53; 19 juill. 1860, aff. Danzel, *ibid.*); — 3° Que c'est seulement dans un but d'utilité générale et pour cause de salubrité publique que les préfets ont le droit de prendre, nonobstant les titres privés invoqués par les particuliers et indépendamment des actions en dommages-intérêts qui pourraient être intentées, les mesures propres à empêcher les inondations qui pourraient résulter de la trop grande élévation des écluses des moulins et des autres ouvrages d'art établis sur les cours d'eau; qu'en conséquence, l'arrêté préfectoral prescrivant de telles mesures doit être annulé pour excès de pouvoir, s'il ne résulte pas de l'instruction qu'il ait eu pour cause un intérêt public (Cons. d'Ét. 24 janv. 1856, aff. Canal de la Durançole, D. P. 57. 3. 16); — 4° Que le préfet excède la limite de ses pouvoirs lorsqu'il prescrit à un usinier de reconstruire et d'élargir une passerelle construite dans les conditions autorisées par le règlement de son usine, alors que cette prescription a pour but d'assurer l'exercice d'une servitude de passage qu'une commune prétend avoir sur cette passerelle (Cons. d'Ét. 5 juill. 1878, aff. Barrier, D. P. 78. 3. 95); —... Ou quand il prescrit à un usinier de fermer les vannes de son bief pendant certaines heures, non pas dans le but de donner satisfaction à l'intérêt général, mais à l'effet de trancher une difficulté existant entre cet usinier et des propriétaires riverains sur l'exécution d'une convention en vertu de laquelle ces propriétaires se servaient des ouvrages de l'usine pour faciliter l'irrigation de leurs terres (Cons. d'Ét. 18 janv. 1878, aff. Villon, D. P. 78. 3. 67).

426. Il a été jugé que l'usinier qui prétend qu'un règlement d'eau a été fait, non dans un but d'utilité générale, mais dans l'intérêt exclusif de propriétaires voisins qui étaient tenus, en vertu de titres privés, de supporter les eaux d'inondation ou d'infiltration, peut s'adresser à l'autorité judiciaire pour faire prononcer sur l'existence de cette servitude, et se retirer ensuite devant l'Administration pour demander la revision du règlement (Comm. f. f. Cons. d'Ét. 14 août 1871, aff. Gouillaud, D. P. 72. 3. 49). — Lorsqu'un particulier crée une usine, il est juste qu'il ne puisse, dans l'intérêt de son industrie, aggraver la situation d'aucun des riverains de la retenue qu'il établit; mais lorsque l'usinier a pris ses mesures pour que l'élévation du niveau ne porte préjudice qu'à des terres dont il est lui-même propriétaire ou qu'il a désintéressé les autres riverains, l'équité serait blessée si un individu, après avoir acheté à bas prix une des parcelles ainsi grevées de servitude, obtenait de l'Administration d'être affranchi de cette charge. La loi qui défend d'inonder l'héritage de son voisin n'est pas faite pour ce cas. L'arrêt du 14 août 1871 reconnaît que l'usinier, après avoir fait juger par l'autorité judiciaire que les riverains de sa retenue sont tenus, en vertu de contrats privés, de supporter le niveau de la retenue tel qu'il existait avant le règlement, pourra se retirer devant l'Administration et demander la revision de ce règlement. Mais l'Administration a un pouvoir discrétionnaire pour apprécier s'il y a lieu à revision, et son refus ne pourrait donner ouverture à un recours par la voie contentieuse. Les tribunaux considéreraient-ils comme recevable l'action formée à l'effet de faire reconnaître un droit d'usage ou de servitude dont l'exercice aurait été supprimé par un règlement administratif dont la validité ne serait pas atteinte par la décision à intervenir? Les intéressés agiraient-ils sagement en engageant un procès dont le gain resterait sans effet, s'il convenait à l'Administration de n'en tenir aucun compte? Ces objections n'ont pu échapper au conseil d'Etat, qui a toutefois indiqué aux parties ce mode de procéder, non seulement ici, mais dans plusieurs autres affaires (V. notamment : Cons. d'Ét. 15 mai 1869, aff. Rebière, *Rec. Cons. d'Etat*, p. 476); il a pensé sans doute que si des tribunaux, saisis de la question à la suite d'un décret rendu au contentieux, reconnaissaient qu'un règlement avait privé soit les riverains, soit les usagers, de droits acquis antérieurement, l'Administration serait moralement obligée de réformer ce règlement. Il serait plus régulier que le particulier qui se croirait lésé adressât une demande en revision à l'Administration, qui apprécierait si, en admettant ses prétentions comme fondées, il y aurait lieu à modifier le règlement, et qui, dans le cas de l'affirmative, renverrait les parties devant l'autorité judiciaire. Le renvoi devant l'autorité judiciaire serait inutile si les infiltrations étaient préjudiciables pour la santé publique; il va de soi qu'aucune convention privée ne pourrait faire obstacle à une mesure prescrite dans un intérêt de salubrité.

427. On a exposé au *Rép.* nos 457 et 465 que ni les titres anciens, ni les ventes nationales, ni l'ancienneté des établissements, ni la possession même immémoriale ne peuvent mettre obstacle à l'action de l'Administration, lorsque les mesures qu'elle prend ont pour base l'intérêt général et l'utilité publique.— Il a été jugé : 1° que le droit de régler, dans un but d'utilité générale et pour assurer le libre écoulement des eaux, le régime des vannes établies sur les cours d'eau non navigables, appartient à l'Administration, alors même qu'il s'agit d'usines existant avant 1789 et ayant, par suite, l'existence légale (Cons. d'Ét. 3 juin 1881, aff. Pissevin, D. P. 82. 3. 107); — 2° Qu'il appartient à l'Administration de fixer la hauteur de la retenue et le mode d'établissement des vannes d'une usine ayant l'existence légale, lorsque ces mesures ont pour objet de prévenir des inondations (Même arrêt. V. dans le même sens : Cons. d'Et. 14 nov. 1879, aff. Min. trav. publ., D. P. 80. 3. 18); — 3° Que l'existence légale d'une usine avant 1789 ne fait pas obstacle à l'exercice des pouvoirs appartenant à l'Administration en vertu des lois des 12-20 août 1790 et 6 oct. 1791 (Cons. d'Et. 16 déc. 1881, aff. Bernard de la Vernette Saint-Maurice, D. P. 83. 5. 180); — 4° Que l'existence légale d'une usine ne fait pas obstacle à ce que l'Administration prescrive par un nouveau règlement les mesures nécessaires pour assurer, dans un intérêt général, le libre écoulement des eaux et prévenir le retour des inondations ; qu'il en est ainsi alors même que la nécessité de prescrire ces mesures nouvelles provient de modifications apportées à l'état des lieux par des travaux d'utilité publique, sauf, en ce cas, à l'usinier à porter devant la juridiction compétente ses réclamations à raison du préjudice qui lui serait ainsi causé (Cons. d'Et. 9 févr. 1883, aff. Heid, D. P. 84. 3. 100); — 5° Que le préfet n'excède pas les limites de ses pouvoirs de police sur les cours d'eau en ordonnant, pour assurer l'écoulement des eaux, l'enlèvement d'un ouvrage établi dans le lit d'un torrent, alors même que l'établissement de cet ouvrage avait été régulièrement autorisé ; ou en prescrivant au propriétaire d'une usine, même ayant une existence légale, d'abaisser le niveau de ses retenues pour faire cesser les dommages causés aux propriétés voisines (Cons. d'Et. 13 juill. 1883, aff. Vasse, D. P. 85. 3. 35 ; 27 juill. 1883, aff. Syndicat du canal de Briançon, *ibid.*).

428. Nous avons dit *suprà*, n°s 413 et suiv., que l'Administration peut imposer à l'usinier l'obligation de supporter les dépenses nécessaires pour assurer l'écoulement des eaux et prévenir les inondations, mais qu'elle ne peut mettre à sa charge des dépenses d'utilité publique qui ne sont pas rendues nécessaires par le fait de l'existence de ladite usine. — Il a été jugé que le préfet ne peut prescrire à un usinier de contribuer à des travaux d'assainissement destinés non à prévenir les inconvénients résultant de l'exercice du moulin, mais à amener le desséchement de terrains d'une nature marécageuse (Cons. d'Et. 13 juill. 1883, aff. Vasse, D. P. 85. 3. 35. V. aussi Cons. d'Et. 5 juill. 1878, aff. Barrier, D. P. 78. 3. 95 ; 20 janv. 1882, aff. Bellanger, D. P. 83. 3. 47).

429. Quant aux autorisations d'établissements nouveaux, moulins, usines, prises d'eau, elles ne sont données que sous la réserve des droits des tiers, et elles ne font pas obstacle, ainsi qu'on l'a exposé *suprà*, n°s 376 et suiv., à ce que ceux-ci, lésés par les travaux autorisés, demandent aux tribunaux civils la réparation du dommage subi. — Il a été jugé : 1° que les arrêtés préfectoraux portant autorisation d'établir des usines sur des cours d'eau non navigables ni flottables sont pris sans préjudice des droits privés des tiers, et ne font pas obstacle à ce que ceux-ci fassent reconnaître leurs droits par les tribunaux compétents (Cons. d'Et. 26 juill. 1855, aff. D'Illiers, D. P. 56. 3. 13) ; — 2° Que l'arrêté par lequel un préfet autorise et règle l'établissement d'un barrage destiné à élever le niveau des eaux dans un lavoir qu'un propriétaire a établi, pour le lavage de ses laines, sur la rive d'un cours d'eau non navigable ni flottable, n'excède pas les pouvoirs conférés à l'autorité administrative sur les cours d'eau de cette nature ; il ne fait pas d'ailleurs obstacle, alors surtout qu'il réserve expressément les droits des tiers, à ce que les riverains qui prétendent souffrir un préjudice par l'effet de la construction de ce barrage présentent leur réclamation devant l'autorité compétente (Cons. d'Et. 15 févr. 1866, aff. Bouderon, D. P. 66. 3. 73) ; — 3° Que le propriétaire d'un moulin en amont n'est pas recevable à attaquer pour excès de pouvoirs l'arrêté par lequel le préfet a réglementé une usine en aval, tous droits des tiers expressément réservés (Cons. d'Et. 13 févr. 1880, aff. Templier, *Rec. Cons. d'Etat*, p. 180); — 4° Que l'arrêté par lequel le préfet se borne à autoriser un usinier à établir un ouvrage sur une rivière, sous la réserve des droits des tiers, ne fait pas obstacle à ce que ceux-ci fassent valoir devant l'autorité compétente les droits qu'ils peuvent avoir à s'opposer à la construction dudit ouvrage ; que, par suite, cet arrêté n'est pas susceptible d'être déféré au conseil d'Etat, pour excès de pouvoirs, comme ayant entendu statuer sur les droits respectifs des riverains (Cons. d'Et. 18 juill. 1884, aff. Delanoue, D. P. 86. 3. 18) ; — 5° Que des autorisations administratives d'établir des barrages ne sont accordées que sous la réserve expresse ou tacite des droits des tiers auxquels elles ne peuvent, dès lors, être opposées, et que, par suite, elles ne mettent pas obstacle à ce que ces derniers, lésés par les travaux ainsi autorisés, demandent aux tribunaux civils la réparation du dommage subi et la prescription des mesures nécessaires pour l'empêcher à l'avenir (Req. 18 oct. 1886, aff. Hamard, D. P. 87. 1. 173).

430. Il a été jugé que, lorsqu'un barrage est situé sur un cours d'eau servant de limite à deux départements, l'un des préfets peut faire un règlement destiné à garantir les intérêts des propriétés situées dans son département, après s'être concerté avec le préfet du département voisin (Cons. d'Et. 3 août 1877, aff. Brescon, D. P. 78. 3. 9). Les préfets ne peuvent prendre d'arrêtés que dans les limites de leur compétence territoriale (*Rép.* v° *Organisation administrative*, n° 350 ; Crim. cass. 26 févr. 1858, aff. Danel, D. P. 58. 5. 310). L'art. 3 du décret du 26 févr.-4 mars 1790 (*Rép.* p. 320) porte que, lorsqu'une rivière est indiquée comme limite entre deux départements ou districts, il est entendu que les deux départements ou les deux districts ne sont bornés que par le milieu du lit de la rivière, et que les deux directoires doivent concourir à l'administration de la rivière. Cet article est toujours en vigueur, sauf cette modification que les préfets ont remplacé les directoires, et il doit toujours être observé. « L'un et l'autre département, dit M. Garnier, *Régime des eaux*, t. 2, p. 522, peuvent avoir des intérêts distincts ; ce qui est utile à l'un peut nuire à l'autre, et si l'élévation des eaux peut amener la fertilité sur une rive, elle peut provoquer des inondations et des ravages sur la rive opposée. Les deux préfets ont les mêmes pouvoirs, sont à la fois et également compétents, et sont chargés de veiller aux intérêts de leurs administrés ; ils doivent donc être appelés l'un et l'autre à donner une décision ». Ces principes avaient été rappelés, dans un rapport rédigé à propos de l'affaire Brescon par le directeur du contentieux au ministère des travaux publics, rapport favorable au pourvoi. Si le ministre, et, après lui, le conseil d'Etat ont refusé d'admettre cette solution, ce n'est pas qu'ils aient refusé d'adhérer à une doctrine incontestable en droit ; c'est parce qu'ils ont vu, dans les faits de la cause, la preuve de l'entente existant entre les deux préfets. Il serait à souhaiter qu'en pareil cas, le règlement portât en lui-même la preuve de cette entente, ce qui n'existait pas ici ; on éviterait ainsi des réclamations fondées en apparence. Ajoutons que, dans le cas où les deux préfets ne parviendraient pas à s'entendre, le ministre de l'intérieur pourrait seul mettre fin à ce désaccord, soit en donnant des instructions communes à ses deux subordonnés, soit en signant lui-même le règlement (V. *Rép.* n°s 451 et 481).

431. — 3° *Répartition des eaux entre l'agriculture et l'industrie.* — Nous avons indiqué *suprà*, n°s 411 et suiv., que le préfet ne peut opérer la répartition entre l'agriculture et l'industrie des eaux des cours d'eau non navigables ni flottables qu'autant qu'il existe d'anciens règlements ou usages locaux et qu'il se conforme à ces règlements ou usages. Ce principe a été consacré par de nombreux arrêts (Cons. d'Et. 18 mars 1868, aff. Rival, D. P. 69. 3. 38; 26 août 1867, aff. Bardot, D. P. 69. 3. 63. V. dans le même sens : Cons. d'Et. 19 mars 1868, aff. Germain, *Rec. Cons. d'Et.*, p. 322; 24 juin 1870, aff. Bonvié, D. P. 71. 3. 82; 26 janv. 1877, aff. Fritsch, D. P. 77. 3. 44; Cons. d'Et. 26 déc. 1879, aff. Minarie, D. P. 80. 3. 50). Jugé spécialement qu'un préfet excède ses pouvoirs, lorsqu'il fait, contrairement aux usages locaux, une nouvelle répartition des eaux d'un ruisseau entre trois hameaux pour l'irrigation des prairies, l'abreuvage des bestiaux et les besoins domestiques (Arrêt précité du 18 mars 1868) ; — Que s'il appartient à l'Administration de diriger, autant que possible, toutes les eaux vers un but d'utilité générale, d'après les principes de l'irrigation, les préfets ne sont compétents pour effectuer cette répartition qu'autant qu'elle est faite de la manière prescrite par les anciens règlements ou les usages locaux ; que, par suite, lorsqu'il n'existe aucun règlement ou usage local en ce qui touche la répartition des eaux entre deux communes, le préfet ne peut, sans excéder sa compétence, fixer le nombre d'heures auxquelles chacune de ces deux communes aura droit par semaine (Cons. d'Et. 5 févr. 1886, aff. Ramonahax, D. P. 87. 5. 176). Il s'agissait, dans l'espèce, d'un canal qui conduit en Espagne des eaux destinées à alimenter la ville de Puycerda. Le traité, dit *des limites*, promulgué le 25 janv. 1869 (D. P. 69. 4. 21-26), avait fixé les heures pendant lesquelles les eaux sont attribuées soit à cette ville, soit aux communes françaises; mais ce traité international ne réglait pas les répartitions entre les communes françaises qui restaient soumises, par suite, aux règles générales posées par la législation. — Il a, d'ailleurs, été décidé qu'on ne peut considérer comme un ancien règlement celui qui n'a été approuvé que par le préfet à une époque où c'était à l'administration supérieure qu'il appartenait d'approuver définitivement les règlements pour les cours d'eau (Cons. d'Et. 26 août 1867 précité).

432. Dans le cas où il n'existe ni règlements, ni usages locaux, la répartition des eaux entre l'agriculture et l'industrie doit être faite par un décret. Ce décret ne doit être rendu que dans l'intérêt général, et il serait entaché d'excès de pouvoir s'il avait pour objet de favoriser des intérêts privés. Il a été jugé : 1° qu'un règlement a pour objet un intérêt général et non des intérêts privés et, dès lors, est pris dans l'exercice des pouvoirs appartenant à l'Administration, lorsqu'il a pour objet le régime de nombreuses usines et l'irrigation d'une étendue considérable de terrains (dans l'espèce, treize usines et cinq cents hectares de prairies) (Cons. d'Et. 26 déc. 1879, cité *suprà*, n° 431); — 2° Qu'un décret qui détermine le régime de plusieurs usines et canaux ainsi que les conditions d'irrigation de plusieurs centaines d'hectares a pour objet la répartition des eaux dans un intérêt général et peut, par suite, opérer cette répartition contrairement aux anciens usages (Cons. d'Et. 10 nov. 1882, aff. Delcasso, D. P. 84. 3. 19). Les anciens usages que le décret avait modifiés remontaient à des actes de beaucoup antérieurs à la réunion du Roussillon à la France et avaient été consacrés par des décisions de l'autorité judiciaire. La décision intervenue est donc un exemple remarquable de l'exercice du droit appartenant à l'administration supérieure de modifier les anciens règlements dans l'intérêt général, c'est-à-dire dans l'intérêt collectif d'un nombre considérable de particuliers ayant droit à l'usage des eaux.

433. Dans le cas où il appartient au préfet de statuer, le chef de l'Etat commet-il un excès de pouvoir en faisant luimême le règlement d'eau? La négative ne nous semble pas douteuse. Les pouvoirs conférés aux préfets par les décrets du 25 mars 1852 et du 13 avr. 1861, ou par toute autre disposition analogue n'ont aucun rapport avec les pouvoirs de juridiction, et on ne saurait, dès lors, appliquer en cette matière la règle qui interdit de porter *omisso medio* devant le juge supérieur un litige qui n'a pas été soumis au juge du premier degré. Lorsque le préfet a reçu le droit de faire un acte d'administration, c'est en vertu d'une délégation de l'autorité supérieure; cela est si vrai que le ministre peut non seulement annuler l'acte du préfet, mais donner à ce fonctionnaire telles instructions qui lui sembleront utiles pour lui prescrire d'agir dans un sens déterminé. Cette délégation n'a qu'un but : faciliter et abréger l'expédition des affaires. Si donc le chef de l'Etat croit devoir retenir l'examen d'une affaire, soit à cause de l'importance des intérêts engagés, soit pour assurer à une question difficile une instruction plus approfondie, il ne lèse aucun droit acquis. Personne ne nous paraîtrait avoir qualité pour se plaindre de ce que la solution aurait été accompagnée de garanties plus complètes que celles qu'exigent les règlements.

434. L'Administration, en imposant dans un règlement l'établissement des ouvrages nécessaires dans l'intérêt de la police des eaux, peut stipuler que ces ouvrages seront à la charge des intéressés (Cons. d'Et. 3 août 1877, aff. Brescon, D. P. 78. 3. 9; 14 nov. 1879, aff. Héritiers de Lavigne, D. P. 80. 3. 18). Il est également sans difficulté qu'un règlement non attaqué qui a déterminé quelles seraient les obligations respectives des intéressés, quant aux dépenses à effectuer, fait la loi des parties (Req. 26 avr. 1881, aff. Société du moulin de Bazacle, D. P. 82. 1. 157). Suit-il de là que l'Administration a sur ce point un pouvoir absolument discrétionnaire et qu'elle pourrait répartir les frais sans tenir compte ni des titres privés, ni des droits acquis, ni du degré d'intérêt des usagers? Une telle solution serait contraire non seulement à l'équité, mais encore au principe fondamental en matière de taxes destinées à l'établissement ou à l'entretien d'ouvrages d'intérêt commun. Il a été jugé que l'Administration ayant le droit de prescrire les ouvrages nécessaires pour assurer la répartition des eaux, peut déterminer par les soins et aux frais de quels usagers ces ouvrages devront être établis, manœuvrés et entretenus, pourvu que cette prescription ne viole aucune disposition de loi ou de règlement (Cons. d'Et. 10 nov. 1882, aff. Delcasso, D. P. 84. 3. 19).

435. Il a été décidé qu'il appartient au préfet de prescrire les mesures nécessaires pour assurer la répartition des eaux d'une rivière entre les usiniers et les arrosants, conformément aux anciens usages; que le préfet peut même constituer en associations syndicales les usiniers et les arrosants à l'effet de surveiller les irrigations, sans que les intéressés puissent se prévaloir de ce qu'ils n'auraient pas adhéré expressément à la constitution du syndicat, à l'effet de contester la légalité de ses actes; que le syndicat ainsi constitué peut ordonner l'établissement aux frais des usagers de martellières destinées à prévenir la déperdition des eaux et à assurer la régularité des arrosages, et émettre des rôles pour le recouvrement des frais auxquels a donné lieu l'établissement d'office de celles des martellières que les intéressés n'ont pas construites eux-mêmes (Cons. d'Et. 2 févr. 1883, aff. Latil, D. P. 84. 3. 94). Le décret du 25 mars 1852 (tabl. D, n° 6, D. P. 52. 4. 92) n'autorisait le préfet à réunir en association syndicale les propriétaires intéressés à l'exécution et à l'entretien des canaux d'arrosage que dans le cas où ces propriétaires étaient d'accord pour l'exécution des travaux et pour la répartition des dépenses. Il résulte également des art. 1er et 9 de la loi du 21 juin 1865 (D. P. 65. 4. 77-88) que les associations syndicales pour l'irrigation ne sont pas de celles que le préfet peut autoriser, sans l'accord unanime des intéressés. Jusqu'ici, la jurisprudence du conseil d'Etat était constante pour déclarer entachés d'excès de pouvoir les arrêtés préfectoraux constituant des associations d'arrosage, sans l'adhésion de tous les intéressés (Cons. d'Et. 2 mai 1866, aff. Rigaud, D. P. 67. 5. 151 ; 13 juin 1867, aff. de Salvador, D. P. 68. 3. 83 ; 2 mai 1873, aff. de Salvador, D. P. 74. 3. 3 ; 6 juin 1879, aff. de Vilar, D. P. 79. 3. 90). Le conseil d'Etat, sans dénier en principe la doctrine qu'il avait toujours appliquée, a cru devoir y apporter un tempérament qui en restreint singulièrement la portée. Il a admis que le pouvoir qui appartient au préfet d'assurer la répartition des eaux conformément aux règlements anciens ou aux usages comprend celui de prendre toutes les mesures nécessaires à cette fin, même celui de constituer les intéressés en association syndicale, sous cette seule condition que les attributions du syndicat seraient rigoureusement limitées à l'objet indiqué ci-dessus. Cette solution semble difficile à concilier, non seulement avec les arrêts précités, mais encore avec un arrêt plus récent par lequel le conseil d'Etat a nettement distingué, en ce qui concerne les cours d'eau en Algérie dépendant du domaine public et sur lesquels il n'existe pas d'anciens usages, entre le droit de prendre des mesures provisoires appartenant au préfet et le droit de constituer des associations syndicales réservé au pouvoir central (Cons. d'Et. 8 août 1882, aff. Mohamed-ben-Saad, D. P. 84. 3. 33). D'après l'arrêt précité du 2 févr. 1883, les syndicats ainsi constitués ont, pour assurer le service dont ils sont chargés, des attributions absolument analogues à celles des syndicats d'arrosage établis dans les cas expressément prévus par la loi du 21 juin 1865 ; ils peuvent émettre des rôles et en poursuivre le recouvrement dans les formes usitées pour le recouvrement des contributions directes. Des doutes sérieux peuvent s'élever sur le point de savoir si le préfet peut ainsi, en dehors de toute disposition législative, déléguer les pouvoirs de l'autorité administrative à un corps composé de membres choisis parmi les contribuables, mais sans mandat exprès ou tacite de ceux-ci. Ce procédé présente, en outre, pour les droits des usagers, de sérieux inconvénients. Les usagers comprennent, en effet, à la fois, des usiniers et des arrosants dont les intérêts sont non seulement distincts, mais opposés; si les mesures à prendre pour la répartition des eaux étaient prescrites par l'Administration, il y aurait de très sérieuses garanties d'impartialité pour la conciliation de ces intérêts; cette garantie n'existe plus lorsque le préfet remet d'office et sans entente préalable avec les intéressés l'exercice de ses pouvoirs à un syndicat où la majorité peut, suivant les circonstances, appartenir, soit aux usiniers, soit aux arrosants.

436. On a dit au *Rép.* nos 473 et 478 que les préfets, lorsqu'ils n'ont pas pouvoir de statuer définitivement, peuvent prendre des mesures provisoires nécessaires pour la police des eaux; il importe, en effet, de ne pas abandonner à la discrétion des riverains, jusqu'à ce que le chef de l'Etat ait pu statuer, les eaux dont l'usage abusif serait une véritable calamité publique. — Jugé qu'il appartient au préfet, alors même que le désaccord des usagers ne lui permet pas de les constituer en associations syndicales, de prescrire des mesures provisoires pour limiter les quantités d'eau dont les arrosants peuvent disposer (Cons. d'Et. 8 août 1882, aff. Mohamed-ben-Saad, D. P. 84. 3. 33).

437. — 4° *Règlements d'eau, leurs effets; Revision des anciens règlements.* — Les règlements d'eau émanent tantôt du chef de l'Etat, tantôt des préfets (V. *suprà*, nos 411 et suiv.). — Il a été jugé : qu'un règlement d'eau arrêté par l'autorité départementale, sous forme d'autorisation d'une délibération communale, a le caractère d'un règlement administratif, dans le sens des lois qui confèrent à l'autorité départementale le pouvoir de statuer, par voie de règlement, sur l'usage des eaux courantes, et, par suite, est valable et obligatoire (Civ. rej. 29 nov. 1859, aff. d'Autheman, D. P. 59. 1. 489); — Que le règlement administratif arrêté par les intéressés et seulement approuvé par ordonnance royale, qui a pour but de sauvegarder des intérêts généraux et publics attachés à la jouissance des eaux qu'un canal privé d'irrigation emprunte à une rivière, échappe au contrôle de l'autorité judiciaire (Civ. cass. 2 mars 1868, aff. Syndicat de la Nogarède, D. P. 68. 1. 153).

438. Les dispositions nouvelles des règlements relatifs aux eaux se substituent de plein droit à tous les modes de jouissance qui avaient pu appartenir jusque-là aux riverains en vertu de titres ou de prescription, et les arrêtés doivent être exécutés aussi longtemps qu'ils n'ont pas été régulièrement réformés ou rapportés. L'Administration est à l'abri de la prescription, les riverains ne pouvant prescrire contre les règlements de police d'un cours d'eau. — Il a été jugé : 1° que le droit qu'un riverain a acquis, à l'encontre d'un moulin seulement, de disposer des eaux pour l'arrosage de sa propriété, ne porte aucune atteinte au droit de tous les autres riverains de jouir des eaux dans les proportions fixées par un règlement général (Nîmes, 4 juill. 1871, aff. Livache du Plan, D. P. 72. 1. 404); — 2° Que l'arrêté du préfet qui règle l'usage des eaux d'un cours d'eau non navigable ni flottable, en vertu des pouvoirs conférés à l'Administration par les lois des 12-20 août 1790 et 28 sept.-6 oct. 1791, devient la loi des riverains à partir de sa publication, et que le mode de jouissance qu'il détermine se substitue de plein droit à tous ceux existant jusqu'à cette époque, en vertu de titres ou de toute autre cause; — 3° Que, par suite, le riverain au préjudice duquel un coriverain a contrevenu à un tel arrêté peut poursuivre la réparation du dommage résultant pour lui de cette contravention, sans que le contrevenant soit fondé à exciper des droits qu'il tiendrait soit d'une ancienne possession, soit même de la destination du père de famille, ces droits ayant été effacés par le règlement nouveau légalement émané de l'Administration; que le contrevenant ne peut davantage invoquer une possession plus que trentenaire qui serait postérieure à l'arrêté du préfet, les riverains ne pouvant prescrire contre les règlements sur la police d'un cours d'eau (Req. 3 août 1863, aff. Salles, D. P. 64. 1. 43. V. aussi *infrà*, n° 529).

439. Il n'est pas douteux que l'Administration, lorsqu'elle règle l'usage des eaux d'un cours d'eau non navigable ni flottable, n'est pas tenue de respecter les conventions qui peuvent avoir été faites entre les riverains, ou les possessions dont ils jouissent, si anciennes qu'elles soient. Mais ces conventions ou ces possessions ne sont-elles pas du moins obligatoires, tant que le règlement n'est pas intervenu? N'y a-t-il pas, dans les rapports respectifs des riverains, quand des conventions particulières ont eu lieu, ou lorsqu'une certaine jouissance plus que trentenaire des eaux s'est accomplie sans acte interruptif, un règlement exprès ou tacite qui devra être maintenu sous la seule réserve des droits de l'Administration ? M. Dufour, *Droit administratif*, t. 4, n° 462, se prononce pour la négative, par la raison que tout ouvrage exécuté sans autorisation, même sur un cours d'eau non navigable ni flottable, « constituerait une contravention non susceptible de servir de base à une possession légale ». Cette doctrine ne serait exacte que si la convention ou la possession s'appliquait à des eaux dont l'usage aurait été l'objet d'un règlement administratif; et encore ce point est-il controversé. Lorsqu'il n'existe aucun règlement de l'Administration, le droit de jouissance que l'art. 644 c. civ. accorde, en principe, aux riverains sur les cours d'eau non navigables ni flottables, est susceptible, quant à son mode d'exercice, de tous les modes d'acquisition établis par la loi. La jurisprudence et la doctrine sont très bien fixées à cet égard. Il a été jugé que le propriétaire d'une usine qui, afin de l'alimenter, a établi sur un cours d'eau non navigable, même sans l'autorisation de l'Administration, des travaux consistant, par exemple, dans la construction de réservoirs de retenue, pour se procurer un certain mode de jouissance des eaux, peut invoquer la prescription contre ses coriverains, afin d'obtenir à leur égard le maintien de la jouissance résultant de ces travaux; que l'Administration exerçant sur les eaux son pouvoir réglementaire est seule à l'abri de la prescription; que la prescription court, dans ce cas, à partir de l'établissement définitif des travaux qui constituent le fait générateur du préjudice dont se plaignent les coriverains et non pas seulement à partir des époques successives où les dommages articulés se sont réalisés (Req. 26 juill. 1864, aff. Duparc, D. P. 65. 1. 70. V. note sur Req. 17 févr. 1858, aff. Saint-Ouen, D. P. 58. 1. 297; *Rép.* v° *Servitudes*, n° 1128). Jugé qu'une partie n'est pas recevable à prouver qu'elle a prescrit le droit à un usage des eaux contraire à un règlement administratif (Civ. cass. 2 mars 1868, aff. Syndicat de la Nogarède, D. P. 68. 1. 153. V. en ce sens : Proudhon, *Domaine public*, nos 1137, 1425 et 1509; Duranton, t. 5, n° 224; Troplong, *Prescription*, n° 138; Massé et Vergé sur Zachariæ, t. 2, § 39, n° 11; *Rép.* v° *Servitudes*, n° 1128. — *Contrà*: Daviel, *Cours d'eau*, n° 544; Demolombe, *Servitudes*, t. 2, n° 183; Dubreuil, *Législation des eaux*, t. 3, n° 128). Jugé encore : que lorsqu'un décret délibéré en conseil d'Etat a réglementé, en vue d'une distribution plus profitable à l'intérêt général, l'usage des eaux courantes d'une rivière, de ses affluents et de ses dérivés, les prescriptions qu'il édicte et celles prises par le préfet en vertu d'une délégation énoncée audit décret, se substituent de plein droit à tous les modes de jouissance qui ont pu appartenir jusque là aux riverains, soit en vertu de l'art. 644 c. civ., soit en vertu de titres ou de prescription; que, par suite, le riverain poursuivi pour contraventions aux dispositions du décret ou du règlement complémentaire pris par le préfet, par exemple, pour avoir irrigué ses prairies à des heures autres que celles fixées, ne peut utilement opposer comme exception sa qualité de propriétaire ou d'agissant aux droits du propriétaire du cours d'eau ou canal dont il a irrégulièrement employé les eaux (Crim. cass. 16 févr. 1872, aff. Syndicat de l'Iton, D. P. 72. 1. 384); — Que nul ne peut acquérir par prescription le droit de conserver des constructions faites dans le lit d'une rivière (Req. 19 févr. 1872, aff. Delpuech, D. P. 73. 1. 85. V. aussi les arrêts cités *infrà*, n° 530).

440. Aux termes du décret du 25 mars 1852, les préfets sont compétents pour modifier les anciens règlements. Jugé que le pouvoir attribué aux préfets par l'art. 4 du décret du 25 mars 1852 sur la décentralisation administrative, d'accorder les autorisations nécessaires en matière d'usine et de prise d'eau, renferme implicitement celui de modifier ou interpréter pour ce même objet les règlements pris sous la législation antérieure, bien qu'émanés du chef de l'Etat (Cons. d'Et. 26 juill. 1855, aff. d'Illiers, D. P. 56. 3. 13). C'est, en effet, une règle constante que, lorsqu'une attribution est transportée d'un fonctionnaire à un autre, les actes faits, avant la loi nouvelle, par le fonctionnaire dépossédé de l'attribution conservent leur force obligatoire; mais ils doivent, en quelque sorte, être considérés comme ayant le même caractère que s'ils émanaient de l'autorité nouvellement investie, laquelle, dès lors, peut les rapporter et modifier comme s'ils étaient son œuvre propre (V. *infrà*, v° *Règlements administratifs et de police*). — Une circulaire ministérielle du 7 août 1857 recommande aux préfets de ne soumettre à l'enquête aucune demande de revision avant que l'Administration supérieure ait d'abord été consultée (Circ. min. agric. 7 août 1857, D. P. 58. 3. 31). On comprend qu'il pouvait être utile de ne laisser toucher aux anciens règlements qu'après avoir mis l'autorité centrale à même d'expliquer la pensée qui a présidé à leur rédaction. Mais l'établissement de cette formalité nouvelle, qui restitue indirectement à l'Administration le droit de décision, puisqu'il sera bien difficile aux préfets de ne pas se croire liés par un avis émané d'une autorité supérieure, n'est-elle pas, sous certains rapports, contraire à l'esprit du décret du 25 mars 1852? Le conseil d'État estime, d'ailleurs, que ces circulaires ne constituent qu'une instruction adressée par l'Administration à ses agents, dont l'inobservation ne peut donner droit aux parties de faire annuler les arrêtés pris sans avis préalable de l'autorité supérieure. — Jugé en ce sens qu'un arrêté préfectoral qui revise d'anciens règlements concernant des barrages établis sur un cours d'eau non navigable ni flottable, ne saurait être annulé comme entaché d'excès de pouvoirs, par le motif qu'il n'a pas été précédé, comme le prescrivaient des circulaires ministérielles, de l'avis de l'autorité supérieure (Cons. d'Ét. 19 mars 1868, *suprà*, n° 417).

441. — 5° *Quelles eaux sont soumises au pouvoir réglementaire de l'Administration.* — L'intervention du pouvoir réglementaire sur les cours d'eau non navigables ni flottables ne dérive pas, nous l'avons dit *suprà*, n°s 411 et suiv., d'un principe unique. Tantôt il a pour objet de maintenir et répartir, dans des vues d'intérêt général, les ressources que la nature a mises en commun entre tous les riverains; tantôt il intervient pour prévenir les inondations, la stagnation des eaux, pour veiller à ce qu'elles ne soient pas infectées au détriment de la salubrité publique. — Sous le premier de ces rapports, il est manifeste que l'Administration ne peut imposer au propriétaire d'une source le régime d'un règlement de police. Il s'agit là d'une propriété privée et non pas d'une propriété commune. Le possesseur de la source peut donc en utiliser les eaux à son gré, sans être tenu à l'observation des règlements faits pour l'irrigation ou pour l'aménagement des usines. Cette théorie, soutenue par M. Daviel, *Traité des cours d'eau*, 3° éd., t. 3, n° 794, et consacrée par la jurisprudence, a été vivement combattue par l'Administration. Dans ses observations sur l'affaire Cornet d'Yseux (D. P. 60. 3. 25), M. le ministre des travaux publics disait : « L'art. 641 c. civ., aux termes duquel celui qui a une source dans son fonds peut en user à sa volonté, sauf le droit que le propriétaire du fonds inférieur pourrait avoir acquis par titre ou par prescription, n'interdit pas à l'Administration le droit et le devoir de veiller à la police des eaux. Dans d'autres cas déjà, l'Administration a dû intervenir, soit pour assurer le libre écoulement d'un ruisseau prenant sa naissance et sa circulation sur des terrains appartenant à un même propriétaire, soit pour régler des usines situées sur des cours d'eau dont les deux rives, jusqu'à la source principale, étaient la propriété de l'usinier... En rapprochant les art. 640, 641 et 642 de l'art. 1er du tit. 2 de la loi des 28 sept.-6 oct. 1791, aux termes duquel personne ne peut inonder l'héritage de son voisin ni lui transmettre volontairement les eaux d'une manière nuisible, ainsi que de la loi des 12-20 août 1790, et de l'arrêté du directoire du 19 vent. an 6, on est porté à conclure que l'Administration est en droit de prescrire les dispositions propres à garantir les usines et les propriétés inférieures contre une transmission des eaux qui leur est nuisible, et qu'elle peut fixer la prise d'eau de manière que le volume des sources ne puisse être diminué ni changé de cours sous le poids d'une retenue trop élevée. Telle est la règle que l'Administration a toujours suivie et qui lui paraît indispensable pour exercer efficacement le droit de police qui lui est dévolu sur les cours d'eau ». Dans l'intérêt des propriétaires, on a fait remarquer que, dans le cas de l'art. 641, le droit du propriétaire de la source ne comporte que les deux exceptions établies par les art. 642 et 643; que, dès lors, accorder à l'Administration la faculté de forcer le propriétaire de la source à ne pas user de l'eau au détriment de l'usinier inférieur, alors même que celui-ci n'a ni titre ni prescription, c'est ouvrir au profit de cet usinier une troisième action, c'est créer au détriment du propriétaire de la source une troisième restriction à son droit, c'est appeler l'Administration à intervenir dans le règlement des intérêts purement privés de deux propriétaires ou usiniers. Or, de même que l'Administration ne pourrait protéger les propriétaires ou usiniers inférieurs au mépris d'un titre formel qu'invoquerait l'usinier supérieur, de même elle ne peut pas les protéger au mépris du titre que la loi elle-même assure à ce dernier, lorsqu'il est en même temps propriétaire de la source. L'Administration invoque les termes généraux des lois des 12-20 août 1790 et 28 sept.-6 oct. 1791. Mais c'est dans un but d'utilité publique et collective que ces lois ont conféré à l'Administration les pouvoirs dont ils excipent; ce n'est point pour lui attribuer le règlement d'intérêts ou de droits privés. L'art. 641 c. nap. est d'ailleurs postérieur aux lois dont il s'agit; elles devraient donc, dans tous les cas, se concilier avec sa disposition. — Il a été jugé que les eaux provenant d'une source qui prend naissance dans une propriété ne constituent pas, dans cette propriété, un cours d'eau soumis au pouvoir réglementaire de l'Administration; que sont entachés d'excès de pouvoirs, soit l'arrêté par lequel un préfet règle la hauteur et le régime d'une vanne d'irrigation établie dans le fonds où se trouve une source par son propriétaire (Cons. d'Ét. 23 déc. 1858, aff. Cornet d'Yseux, D. P. 60. 3. 25); soit l'arrêté par lequel il ordonne la suppression du grillage d'un réservoir à poissons construit par ce même propriétaire (Cons. d'Ét. 1er mars 1860, aff. Bonnard-Fonvillars, D. P. 60. 3. 25); sauf aux tribunaux à statuer sur les débats privés qui peuvent s'élever à cet égard entre le propriétaire de la source et tous autres intéressés (Mêmes décisions). — Décidé encore qu'est entaché d'excès de pouvoirs l'arrêté par lequel l'Administration ordonne la démolition d'un barrage qu'un propriétaire a construit sur sa propriété à l'effet d'élever le niveau de la source qui prend naissance dans cette propriété; peu importe que des ordonnances et règlements particuliers aient soumis à un régime spécial la rivière navigable que la source dont il s'agit contribue à former, et les affluents de cette rivière, ces ordonnances et règlements ne pouvant recevoir leur application à la source elle-même (Cons. d'Ét. 14 mars 1861, aff. Duleau, D. P. 61. 3. 28); — Que les eaux provenant d'une source qui prend naissance dans une propriété ne constituent pas, dans cette propriété, un cours d'eau soumis au pouvoir réglementaire de l'Administration; que, dès lors, le préfet ne peut, sans excéder ses pouvoirs, régler l'aménagement de ces eaux, spécialement en fixant la hauteur et le régime d'une vanne établie pour l'irrigation d'un clos faisant partie de ladite propriété (Cons. d'Ét. 24 juin 1868, aff. de Rosambo, D. P. 69. 3. 88).

442. Ces solutions ne s'appliquent pas aux mesures réglementaires qui ont pour objet de prévenir les inondations ou de pourvoir à la salubrité publique. Toutes les propriétés y sont soumises sans distinction, et le propriétaire d'une source ne pourrait en gonfler indéfiniment les eaux dans son bassin, au risque d'inonder les héritages voisins ou les chemins publics, de même qu'il ne pourrait en corrompre les eaux, au risque de répandre des exhalaisons insalubres ou d'infecter le cours des eaux qui en découlent (Demolombe, *Servitudes*, n° 70; Daviel, *op. cit.*, t. 3, n° 794). — Il a été jugé qu'il appartient à l'Administration de prescrire la suppression de barrages établis sur un cours d'eau non navigable, lorsqu'elle juge cette mesure nécessaire pour prévenir les inondations; alors même que le propriétaire des ouvrages prétend que le bras sur lequel ils sont établis a été creusé de main d'homme, les pouvoirs de police de l'Administration s'étendant aux canaux privés qui sont dérivés d'un cours d'eau non navigable (Cons. d'Ét. 30 mai 1884, aff. Paignon, D. P. 85. 3. 106; 9 août 1880, aff. Bernis, D. P. 81. 3. 91).

443. — 6° *Curage; Elargissement et redressement des cours d'eau non navigables.* — Nous avons indiqué *suprà*, n°s 187 et suiv., les pouvoirs de l'Administration relativement au curage des rivières non navigables ni flottables. Il appartient au conseil de préfecture, en vertu des dispositions de l'art. 4 de la loi du 14 flor. an 11, de statuer sur les contestations auxquelles peuvent donner lieu les frais de curage réclamés aux propriétaires, soit que ces derniers aient, sur l'ordre de l'Administration, exécuté le curage à leurs frais, et qu'ils demandent la restitution des sommes par eux avancées, soit que l'Administration ait, sur leur refus d'effectuer les travaux de curage, procédé d'office à l'exécution des travaux, et qu'elle poursuive contre les propriétaires le remboursement de la dépense qu'elle soutient être à leur charge. Les riverains ne peuvent donc, le recours parallèle et direct existant (V. *suprà*, v° *Conseil d'Etat*, n° 138), déférer au conseil d'Etat par la voie du recours pour excès de pouvoirs les arrêtés des préfets mettant à leur charge les frais de curage (Cons. d'Et. 25 avr. 1868, aff. Gobert, D. P. 69. 3. 65). — Il a été aussi jugé : 1° que le riverain d'un cours d'eau n'est pas recevable à attaquer directement devant le conseil d'Etat pour excès de pouvoir l'arrêté préfectoral constitutif d'une association syndicale en matière de curage d'un cours d'eau et l'arrêté approuvant la répartition des taxes; mais que ces arrêtés ne font pas obstacle à ce que le riverain saisisse de sa demande en décharge le conseil de préfecture compétent pour statuer sur les contestations relatives au recouvrement des rôles et pour examiner la légalité des taxes imposées (Cons. d'Et. 26 nov. 1880 (1). V. dans le même sens : Cons. d'Et. 31 mars 1882, aff. Verdellet, *Rec. Cons. d'Etat*, p. 307); — 2° Que l'arrêté par lequel le préfet prescrit qu'un cours d'eau non navigable sera curé par un propriétaire ou, en cas de refus, d'office aux frais de ce propriétaire, ne fait pas obstacle à ce que celui-ci porte devant le conseil de préfecture les contestations auxquelles le curage pourra donner lieu; et que, par suite, cet arrêté n'est pas susceptible d'être déféré au conseil d'Etat (Cons. d'Et. 16 mai 1884, aff. Perrin-des-Isles, D. P. 86. 3. 6). On soutenait, dans cette espèce, que la jurisprudence qui déclare non recevables les recours pour excès de pouvoir contre les arrêtés préfectoraux mettant les frais du curage à la charge des riverains ne pouvait être appliquée, alors que le préfet ne s'était pas borné à répartir les frais de curage entre les intéressés, mais avait ordonné que les travaux seraient exécutés d'office, les intéressés ne pouvant être obligés, pour faire juger leur réclamation, de s'exposer à cette exécution qui pouvait, le cas échéant, rendre beaucoup plus onéreux les frais dont le remboursement leur serait demandé. On invoquait, en ce sens, des décisions par lesquelles le conseil d'Etat a annulé des arrêtés préfectoraux prescrivant des travaux de cette nature (Cons. d'Et. 12 avr. 1866, aff. Corbière, D. P. 67. 3. 81; 13 août 1867, aff. Quillet, D. P. 68. 3. 41). Le conseil d'Etat a écarté cette distinction; les arrêts des 12 avr. 1866 et 13 août 1867 portaient sur la question de savoir si le préfet avait compétence pour régler le curage de certains cours d'eau; la question avait donc une portée plus étendue qu'une simple répartition de frais, et, par suite, l'argument tiré de ces deux arrêts n'était pas décisif. D'autre part, à la date à laquelle ils sont intervenus, la jurisprudence n'était pas encore fixée sur le point de savoir si le recours pour excès de pouvoirs doit être déclaré non recevable toutes les fois que les intéressés peuvent faire trancher la question litigieuse par un tribunal judiciaire ou administratif, sans s'exposer à une poursuite devant le juge de répression. La jurisprudence est actuellement formée en ce sens (V. notamment : Cons. d'Et. 16 janv. 1880, aff. Lefebvre, et les conclusions du commissaire du Gouvernement où est résumée la jurisprudence, D. P. 80. 3. 86. V. aussi Cons. d'Et. 30 mai 1884, aff. de Florans, D. P. 85. 3. 125).

444. Le préfet seul apprécie si le curage est utile ou inutile. Sa décision ne saurait être attaquée pour excès de pouvoirs; elle échappe, dans tous les cas, au contrôle du conseil d'Etat. Il a été jugé qu'il n'y a pas d'excès de pouvoirs; dans l'arrêté par lequel un préfet ordonne le curage d'un cours d'eau non navigable, conformément aux anciens règlements et aux usages locaux; et ce, alors même que cette mesure paraîtrait avoir été provoquée par un usinier qui souffrait de l'ensablement causé par le défaut de curage; qu'une telle mesure n'est que l'exercice des pouvoirs confiés à l'Administration pour assurer le libre écoulement des eaux; qu'elle ne fait, d'ailleurs, pas obstacle à ce que les intéressés portent devant le conseil de préfecture leurs réclamations contre la répartition des frais de curage (Cons. d'Et. 19 nov. 1868, aff. Méplain, D. P. 69. 3. 86).

445. Le préfet relève, en cette matière de curage des cours d'eau non navigables, du ministre des travaux publics (Décr. 8 mai 1861, D. P. 61. 4. 71; 29 avr. 1862, D. P. 62. 4. 41) (Ducrocq, t. 2, n° 292).

446. C'est au préfet seul qu'il appartient de prescrire le curage des cours d'eau non navigables, dans les conditions prévues par la loi de floréal an 11. Le maire n'a pas le pouvoir propre de prendre cette mesure. Il ne saurait le faire qu'en vertu d'une délégation du préfet. Toutefois, en vertu de ses pouvoirs de police, et dans un intérêt de salubrité et de sécurité, et si, par exemple, des matières accumulées dans un ruisseau donnent naissance à des émanations insalubres, il peut prendre un arrêté en vue d'en ordonner le curage. La désobéissance à cet arrêté constitue une contravention de la compétence du tribunal de simple police (V. *infrà*, n° 448).

447. On a exposé *suprà*, n°s 198 et suiv., que les arrêtés prescrivant le curage doivent respecter les limites naturelles du cours d'eau; qu'ils ne peuvent, sous peine d'excès de pouvoir, ordonner, au lieu d'un curage à vieux fonds et à vifs bords, l'élargissement ou le redressement d'un cours d'eau. « Les travaux de cette nature, dit M. Block, *op. cit.*, v° *Syndicats*, n° 19, ne doivent être entrepris qu'avec une extrême réserve et lorsqu'ils sont nécessaires pour former le complément d'un curage efficace. Dans ce cas, ils doivent être autorisés par un décret rendu en conseil d'Etat après les formalités d'enquête ». Il a été jugé : 1° que les travaux d'endiguement, d'élargissement et de redressement des rivières non navigables ne rentrent pas dans les opérations de curage prévues par la loi du 14 flor. an 11 et le décret du 25 mars 1852; que les dépenses causées par ces travaux ne peuvent être mises par le préfet à la charge des intéressés que lorsque ces travaux ont été autorisés par un règlement d'administration publique, ou lorsqu'il y a eu accord préalable des intéressés (Cons. d'Et. 30 mai 1868 (2). V. dans le

(1) (Mainemare.) — LE CONSEIL D'ETAT ;... — Vu la loi des 12-20 août 1790, la loi du 14 flor. an 11; — Vu le décret du 25 mars 1852 et celui du 13 avr. 1861; — Vu le décret du 2 nov. 1864; — Vu les lois des 7-14 oct. 1790 et du 24 mai 1872, art. 9; — Sans qu'il soit besoin d'examiner la fin de non-recevoir opposée au pourvoi et tirée de ce que le sieur Mainemare n'aurait pas attaqué les arrêtés du 6 mai 1865 et du 24 avr. 1875 dans le délai fixé par l'art. 11 du décret au 22 juill. 1806; — Considérant qu'aux termes de l'arrêté ci-dessus visé du 6 mai 1865, le préfet de la Seine-Inférieure a constitué en association syndicale les propriétaires intéressés aux travaux de curage de la rivière d'Andelle et de ses affluents; que les dépenses de curage et de faucardement doivent être mises à la charge des intéressés; qu'en exécution dudit arrêté, le préfet de la Seine-Inférieure a, par un arrêté du 24 avr. 1875, approuvé les états de réparation des dépenses de curage de la rivière d'Andelle et de ses affluents présentés par le syndicat le 18 mars 1874; — Considérant qu'en vertu de la loi du 14 flor. an 11 le conseil de préfecture est compétent pour statuer sur toutes les contestations relatives au recouvrement des rôles et pour examiner la légalité de l'imposition établie en vertu des arrêtés du 6 mai 1865 et du 24 avr. 1875; que lesdits arrêtés ne font pas obstacle à ce que le sieur Mainemare, s'il s'y croit fondé, forme devant le conseil de préfecture une demande en décharge des taxes auxquelles il a été imposé; que, dès lors, il n'est pas recevable à se pourvoir directement pour excès de pouvoirs devant le conseil d'Etat contre les arrêtés précités (Rejet).

Du 26 nov. 1880.-Cons. d'Et.-MM. de Rouville, rap.-Le Vavasseur de Précourt, concl.-Jozon, av.

(2) (Renaud.) — NAPOLÉON, etc.; — Vu l'arrêté du préfet des Deux-Sèvres, du 29 nov. 1852, qui a constitué en association syndicale les propriétaires intéressés aux travaux de curage, faucardement, élargissement et rectification partielle de la rivière du Mignon et de ses affluents en amont de la route impériale, n° 11; — Vu la loi des 12-20 août 1790; celle des 28 sept.-6 oct. 1791; celle du 14 flor. an 11, du 16 nov. 1807, et le décret du 25 mars 1852; — Considérant qu'aux termes de l'arrêté ci-dessus visé du 29 nov. 1852, le préfet des Deux-Sèvres a constitué en association syndicale les propriétaires intéressés aux travaux de curage, de redressement et de rectification de la rivière du Mignon et de ses affluents; — Considérant que les travaux qui

même sens : Cons. d'Et. 8 mars 1866, aff. Simonnet, *Rec. Cons. d'Etat*, p. 224); — 2° Qu'antérieurement à la loi du 21 juin 1865, les lois qui autorisaient les préfets à faire procéder au curage des cours d'eau non navigables aux frais des intéressés ne leur conféraient pas le pouvoir de faire endiguer, élargir et redresser le lit de ces cours d'eau aux frais desdits intéressés sans leur consentement ; qu'en conséquence, il y a lieu de décharger les riverains des taxes auxquelles ils ont été imposés pour leur part contributive dans les travaux de cette nature (Comm. f. f. Cons. d'Et. 9 févr. 1872, aff. Cosnard-Desclosets, D. P. 72. 3. 66). On a indiqué *suprà*, n°s 207 et suiv., que la loi du 21 juin 1865 a compris au nombre des travaux qui peuvent faire l'objet d'associations syndicales autorisées l'approfondissement, le redressement et la régularisation des canaux et des cours d'eau non navigables. Après le décret ordonnant l'élargissement et l'approfondissement de la rivière, une association syndicale autorisée peut être formée dans les conditions prévues par les art. 9 et suiv. de la loi de 1865, si la majorité exigée par l'art. 12 a donné son adhésion. Les dépenses sont supportées par tous les intéressés, y compris ceux qui n'ont pas donné leur adhésion. L'art. 15 de la loi dispose que les taxes ou cotisations sont recouvrées sur des rôles dressés par les syndics, approuvés et, s'il y a lieu, rendus exécutoires par le préfet, et que le recouvrement est fait comme en matière de contributions indirectes (V. Cons. d'Et. 14 mai 1870, aff. Gromand, D. P. 71. 3. 107 ; *suprà*, v° *Associations syndicales*, n°s 146 et suiv.).

448. — III. POUVOIRS DES MAIRES. — Les pouvoirs de police sur les cours d'eau non navigables ni flottables appartiennent aux préfets. Les maires ne peuvent intervenir que pour prévenir ou réparer les désastres des inondations ou pourvoir à la salubrité ou à la sûreté publiques (L. 24 août 1790, tit. 2, art. 13) (*Rép.* n°s 452 et suiv.). « Le régime des eaux, dit M. Dufour, t. 5, n° 82, n'est pas du domaine du maire ; ce n'est que dans les points qui touchent à la police municipale qu'il comporte sa surveillance et son action. Tous les arrêtés municipaux pris en dehors de cet objet seraient entachés d'excès de pouvoir et, partant, d'illégalité. » — Il a été jugé : 1° que le préfet peut prescrire, pour l'assainissement, le curage et le libre écoulement des eaux d'une rivière (même non navigable ou flottable), non seulement les mesures de police à exécuter dans toutes les localités du département traversées par la rivière, mais encore celles qui ne doivent être exécutées que dans l'une de ces localités, lorsqu'un besoin (de curage) s'y est tout à coup révélé, de telles mesures étant nécessairement prises dans un intérêt d'ordre général ; on prétendrait à tort que, pour ce dernier cas, le règlement ne peut émaner que de l'autorité locale (Crim. cass. 24 nov. 1854, aff. Maunoury, D. P. 55. 1. 46) ; — 2° Que le préfet, étant compétent pour prescrire et régler le curage d'un cours d'eau qui traverse plusieurs communes, n'empiète pas sur les pouvoirs de l'autorité locale en défendant de faire des déversements insalubres dans une dérivation de ce cours d'eau, arrosant le territoire de l'une de ces communes (Crim. rej. 1er août 1862, aff. Renard-Robert, D. P. 63. 1. 153-155) ; — 3° Qu'en vertu des lois des 12-20 août 1790, 28 sept.-6 oct. 1791 et de l'arrêté du 19 vent. an 6, c'est au préfet qu'il appartient de prendre les mesures de police applicables aux cours d'eau non navigables ; que, dès lors, un maire, en ordonnant la démolition d'un bâtiment construit sur un cours d'eau non navigable, commet un excès de pouvoir (Cons. d'Et. 7 déc. 1877, aff. Bassecourt, D. P. 78. 5. 208).

449. Mais les maires sont incompétents, notamment, pour prescrire le curage des rivières non navigables ni flottables. — Il a été, il est vrai, jugé que l'arrêté du maire prescrivant aux riverains d'un cours d'eau non navigable de le curer, dans un délai fixé chaque année, chacun de leur côté et vis-à-vis de leurs propriétés, est pris dans un intérêt de sécurité et de salubrité, et, à ce titre, est obligatoire, sous la sanction édictée par l'art. 471, n° 15, tant qu'il n'a pas été réformé par l'autorité administrative (Crim. cass. 23 mars 1865, aff. Boitel, D. P. 65. 1. 398). Mais cet arrêt est resté isolé. La jurisprudence s'est nettement établie en ce sens que le maire ne peut ni prescrire l'exécution des travaux de salubrité de la nature de ceux qui sont prévus par l'art. 35 de la loi du 16 sept. 1807, ni prendre un règlement permanent pour déterminer l'époque, le mode des curages et la répartition des frais, à moins, pour ce dernier cas, d'une délégation du préfet. Il ne peut qu'enjoindre aux propriétaires de faire cesser les causes d'insalubrité existant dans leurs propriétés, en leur laissant le choix des moyens. — Jugé que l'autorité municipale peut bien, dans un intérêt de salubrité publique, prescrire au propriétaire de pourvoir à la suppression des mares d'eau qui se sont formées sur leurs terrains et d'empêcher qu'il s'en forme de nouvelles ; mais qu'elle excède ses pouvoirs en déterminant la nature et l'importance des travaux à effectuer pour atteindre ce but (Crim. cass. 16 mars 1867, aff. Fabre, D. P. 67. 1. 415) ; — Que c'est au préfet qu'il appartient d'assurer le curage des cours d'eau non navigables, et, par suite, de mettre les intéressés en demeure de l'exécuter ; qu'en conséquence, un arrêté pris par le maire dans l'exercice de ses pouvoirs de police ne peut suppléer à une mise en demeure émanée du préfet, et que l'inexécution des mesures prescrites par cet arrêté peut donner lieu à une poursuite devant le tribunal de simple police, mais non au recouvrement d'une taxe par application de la loi du 14 flor. an 11 (Cons. d'Et. 7 août 1874, aff. Labarthe, D.P. 75. 3. 76. V. Cons. d'Et. 12 avr. 1860, aff. Tavernier, D. P. 68. 5. 36 ; Crim. cass. 17 mai 1862 et Cons. d'Et. 24 avr. 1865, cités *infrà*, n° 450 ; Crim. rej. 23 juill. 1864, aff. Ricordeau, D. P. 65. 1. 326 ; Cons. d'Et. 5 mai 1865, aff. de Montailleur, D.P. 68. 3. 17 ; 5 déc. 1873, aff. Lièvre, D. P. 74. 3. 67. V. aussi *suprà*, v° *Commune*, n°s 580 et suiv.).

450. Les préfets peuvent déléguer aux maires le droit qui leur appartient de réglementer la police et le curage des cours d'eau non navigables ni flottables. — Jugé : 1° que l'arrêté municipal qui, en vertu d'une délégation du préfet, enjoint, pour cause de salubrité publique, aux propriétaires riverains d'un cours d'eau situé sur le territoire de la commune, de curer immédiatement ce cours d'eau, chacun en droit de soi, est légal et obligatoire ; que, dès lors, les contraventions à cet arrêté sont passibles des peines portées par l'art. 471, § 15, c. pén., et rentrent dans les attributions du juge de police. On objecterait vainement que l'art. 4 de la loi du 14 flor. an 11 attribue aux conseils de préfecture la connaissance des contestations relatives à la confection des travaux en matière de curage sur les cours d'eau non navigables : cette loi, qui établit la compétence administrative en vue des mesures de curage pratiquées aux frais, non point seulement des riverains, mais de tous les propriétaires de la contrée intéressés à l'opération, ne met pas obstacle à ce que, dans le cas d'urgence, l'autorité administrative prescrive aux riverains, par des arrêtés trouvant leur sanction dans l'art. 471, § 15, c. pén., de faire opérer eux-mêmes ce curage ; sauf à ces riverains à se pourvoir devant l'autorité supérieure contre ces arrêtés (Crim. cass. 23 janv. 1858, aff. Genin, D.P. 58. 1. 144) ; — 2° Que les maires ne peuvent qu'en vertu d'une délégation du préfet, auquel appartient le droit de réglementer la police des eaux, prescrire le curage des cours d'eau, même non navigables ni flottables, qui traversent leur commune, sauf le cas où des événements calamiteux exigent des mesures de police immédiates et temporaires (Crim. cass. 17 mai 1862, aff. Ortoli, D. P. 64. 5. 108) ; — 3° Que le curage de rigoles d'assainissement qui, se rattachant les unes aux autres, ont été éta-

---

ont pour l'objet l'endiguement, le redressement et l'élargissement des rivières non navigables, ne rentrent pas dans les opérations de curage prévues par la loi du 14 flor. an 11 et le décret du 25 mars 1852 ; que les dépenses causées par ces travaux ne peuvent être mises à la charge des intéressés que lorsque les travaux ont été autorisés par un règlement d'administration publique, ou lorsqu'il y a eu accord préalable des intéressés ; qu'il résulte de l'instruction que les travaux dont s'agit dans l'espèce n'ont été ni autorisés dans les formes prescrites, ni consentis par le sieur Renaud ; que, dans ces circonstances, le requérant est fondé à prétendre que les parcelles pour lesquelles il a réclamé ont été à tort comprises dans le périmètre des terrains imposables, et à demander la décharge des taxes auxquelles il a été imposé, à raison desdites parcelles, sur les rôles du syndicat du Haut-Mignon : — Art. 1er. L'arrêté du conseil de préfecture des Deux-Sèvres du 12 juin 1867 est annulé.

Du 30 mai 1868.-Cons. d'Et.-MM. Burin des Roziers, rap. Bayard, concl.

blies en vue de conduire à un cours d'eau voisin les infiltrations provenant d'un fleuve, rentre dans les opérations prescrites par la loi du 14 flor. an 11 ; mais que le préfet étant seul compétent pour prescrire ce curage, il en résulte que, lorsque la mise en demeure a été adressée aux riverains par un arrêté du maire qui n'aurait pas reçu l'approbation du préfet, les frais du curage effectué sur le refus d'un riverain ne peuvent pas légalement être mis à sa charge (Cons. d'Et. 24 avr. 1865, aff. Chauveau, D.P. 67. 5. 149) ; — 4° Que le maire qui, sur l'invitation du préfet, fait procéder au curage d'une rivière non navigable, agit comme agent de l'Administration, et non comme représentant de la commune ; que, par suite, les frais des travaux de curage, ainsi exécutés d'office, n'ont pas le caractère d'une dépense communale, bien que la commune en ait fait l'avance ; et que celle-ci est, dès lors, sans qualité pour déférer au conseil d'Etat l'arrêté du conseil de préfecture qui a accordé à un riverain décharge des taxes qui lui avaient été imposées pour sa part dans la dépense (Cons. d'Et. 27 avr. 1877, aff. Commune d'Ambarès, D. P. 77. 3. 71. V. aussi Cons. d'Et. 15 mai 1869, aff. Corbière, D. P. 70. 3. 82; 6 févr. 1874, aff. de Peyraud, *Rec. Cons. d'Etat*, p. 134) ; — 5° Que, dans le cas où le maire, en faisant procéder d'office au curage d'un cours d'eau non navigable, agit comme agent de l'Administration en exécution d'un arrêté pris par le préfet dans un intérêt général, la commune est sans qualité pour poursuivre contre le riverain devant le conseil de préfecture et, en appel, devant le conseil d'Etat, le recouvrement de la taxe représentant la dépense des travaux (Cons. d'Et. 11 juin 1886, aff. Commune de Vensat, D. P. 87. 3. 118).

Lorsque le maire, agissant dans un intérêt de salubrité publique, ordonne certaines mesures destinées à empêcher la stagnation des eaux, le remboursement des taxes ne peut être poursuivi dans les formes usitées pour les contributions directes, comme lorsqu'il s'agit d'une taxe de curage recouvrée en vertu de la loi du 14 flor. an 11 (Cons. d'Et. 5 janv. 1883, aff. Thélolan, D. P. 84. 3. 71), et la contravention ne peut être déférée au conseil de préfecture. Le tribunal de police peut seul statuer sur la contravention et condamner le contrevenant à supporter les dépenses qui ont été les conséquences de son refus d'obtempérer aux injonctions de l'arrêté municipal.

451. Les maires, nous l'avons dit *suprà*, n° 448, ont le droit de prendre les mesures relatives à la salubrité ou à la sûreté publiques, qui touchent à la police municipale. Il a été jugé que l'arrêté par lequel le maire interdit de laver du linge dans un cours d'eau depuis son entrée dans le territoire de la commune jusqu'au lavoir public, ne peut être attaqué que devant le ministre, et n'est pas de nature à être déféré au conseil d'Etat par la voie contentieuse (Cons. d'Et. 8 avr. 1858, aff. Délus, D. P. 58. 3. 76) ; — Que le maire est compétent pour prescrire, dans le but d'assurer la commodité et la sûreté du passage, le rétablissement, par un manufacturier sur sa propriété, du cours naturel des eaux sortant de l'établissement (une tannerie), de manière à faire cesser tout reflux de ces eaux sur un chemin public voisin (Crim. cass. 7 août 1862, aff. Lacroix, D. P. 63. 5. 133).

SECT. 2. — COMPÉTENCE ADMINISTRATIVE ET PÉNALE DES CONSEILS DE PRÉFECTURE EN MATIÈRE DE COURS D'EAU NAVIGABLES ET NON NAVIGABLES (*Rép.* n°s 483 à 538).

ART. 1er. — *Compétence administrative des conseils de préfecture* (*Rép.* n°s 484 à 514).

452. — I. RIVIÈRES NAVIGABLES ET FLOTTABLES (*Rép.* n°s 484 à 507). — 1° *Endiguements.* — L'art. 16 de la loi du 21 juin 1865 sur les associations syndicales attribue aux conseils de préfecture le jugement des contestations relatives à la fixation du périmètre des terrains intéressés à une opération d'endiguement, au classement des propriétés en raison de leur intérêt aux travaux, à la répartition des taxes. D'après la loi du 16 sept. 1807, le jugement de ces contestations appartenait à une commission spéciale nommée par décret (V. *suprà*, v° *Compétence administrative*, n°s 395 et 432 ; Ducrocq, *op. cit.*, t. I, n° 421).

453. Les travaux d'endiguement, lorsqu'ils sont exécutés d'ensemble et suivant un plan général, amènent presque toujours de graves modifications dans le régime de la rivière. D'une part, certains terrains sont abandonnés par les eaux; d'autre part, des propriétés privées se trouvent occupées par elles d'une manière définitive. « On pourrait, dit M. Plocque, t. 4, n° 424, être tenté d'assimiler cette hypothèse à celle où des terrains qui naturellement ne font point partie d'un fleuve y ont été incorporés par suite d'un arrêté de délimitation, ce qui permettrait au particulier lésé de demander à être remis en possession de son terrain, sauf à l'Administration à procéder ultérieurement contre lui dans les termes de la loi du 3 mai 1841. Ce raisonnement ne saurait être accepté; ce n'est plus, en effet, par suite d'une simple fixation, d'un abus de pouvoir, si l'on veut, que les terrains dont il s'agit sont compris dans les limites de la rivière ; on se trouve en présence d'un fait matériel, c'est qu'ils sont réellement couverts par l'eau, alors que la rivière coule à pleins bords. Ils font partie de son lit, quel que soit l'événement qui ait amené leur submersion, et il est impossible qu'ils redeviennent jamais propriété privée. Le droit des propriétaires s'est, suivant la formule ordinaire, converti en un droit à une indemnité privée. Reste, comme toujours, à examiner la question de compétence; elle ne laisse pas ici que de présenter certains embarras. Comment qualifier juridiquement le fait dont se plaint le propriétaire dépossédé? En 1850, M. le ministre des travaux publics soutenait qu'il ne pouvait y avoir là qu'un simple dommage permanent, et non point une expropriation partielle. Sans doute, disait-il, le terrain enlevé aux propriétaires riverains par les corrosions d'un fleuve ou d'une rivière s'incorpore au lit de ce fleuve ou de cette rivière, et devient une dépendance du domaine public; mais le législateur n'a jamais entendu que la dépossession soufferte ainsi par le riverain fût une expropriation. Une semblable dépossession, conséquence de l'action naturelle des eaux, n'entrait certainement pas dans les prévisions des législateurs du code civil, lorsqu'ils disposaient que nul ne peut être contraint de céder sa propriété, si ce n'est pour cause d'utilité publique et moyennant une juste et préalable indemnité. Le danger des corrosions est attaché à la qualité même des riverains, il est compensé par le bénéfice des alluvions. Les corrosions ne peuvent donc, en aucune manière, constituer une expropriation. Que si ces corrosions, au lieu d'être le résultat du jeu naturel des eaux, sont déterminées par une direction nouvelle imprimée aux courants par des travaux exécutés dans le lit de la rivière, elles peuvent engager la responsabilité de l'Etat; mais la cause qui les détermine n'en change pas la nature, c'est toujours un dommage que souffre le riverain, et non une expropriation qu'il subit : or, c'est à l'autorité administrative qu'il appartient de statuer sur les questions de dommages de toute nature. » Le tribunal des conflits s'était à deux reprises prononcé en ce sens, sur les conclusions de MM. Rouland et Cornudet, les 23 déc. 1850 (aff. Merrier, D. P. 51. 3. 37), et 2 juill. 1851 (aff. Fizes, D. P. 51. 3. 70). Mais ce système, si habilement présenté qu'il fût, n'en était pas moins absolument contraire à la nature des faits ; le domaine avait, par suite des travaux exécutés, acquis une portion de la propriété privée; le propriétaire ne subissait pas un dommage permanent, il était dépouillé d'une partie de son terrain, il y avait eu sur ce terrain mainmise de l'Administration. Les deux cas que l'on avait cherché à confondre semblaient au contraire bien distincts : dans l'un, le domaine avait acquis quelque chose en vertu de la loi commune et des règles qui déterminent l'exercice du droit de propriété; dans l'autre, c'était en dehors de ces règles et en quelque sorte par suite d'un véritable abus, qu'il était entré en possession de la chose d'autrui. Aussi cette jurisprudence n'a-t-elle pas persisté. Dans une décision du 1er mars 1873, le tribunal des conflits a déclaré que c'est à l'autorité judiciaire qu'il appartient de statuer, lorsqu'il s'agit d'une demande en indemnité pour dépossession d'un terrain qu'une surélévation des eaux d'une rivière causée par l'exécution de travaux publics aurait fait entrer dans le lit de la rivière (Trib. confl. 1er mars 1873, aff. Guillié, D. P. 73. 3. 70).

Est-ce devant le tribunal civil ou devant le jury d'expropriation que doit agir le propriétaire dépouillé? La chambre des requêtes s'est prononcée dans le premier sens le 30 mars 1840 (*Rép.* n° 200), par ce motif qu'il s'agissait de régler une indemnité de dépossession relative à un terrain déjà occupé, et non point une indemnité devant précéder une expropriation à faire pour cause d'utilité publique. « Cet argument développé en 1850 par M. Rouland, devant le tribunal des conflits, dit M. Plocque, t. 4, p. 37, n° 424, ne nous paraît pas admissible; en effet, si on voulait le généraliser, il mènerait à dire qu'au cas où il y a, non plus dépossession par force majeure, mais consentement du propriétaire à l'occupation de son terrain, le jury ne serait plus compétent pour statuer, puisqu'il ne s'agirait plus que de fixer le prix d'une cession antérieure à l'acte d'occupation; ce qui serait non seulement contraire au texte, mais encore à l'esprit de la loi du 3 mai 1841. Hâtons-nous d'ajouter que cet arrêt paraît surtout avoir été motivé par une question de procédure, le demandeur en cassation ayant dès l'origine accepté la compétence du tribunal de Valenciennes et de la cour de Douai, sans faire valoir devant elle le moyen tiré de l'inobservation de la loi de 1833. — Essayera-t-on de rappeler, à titre d'analogie, qu'au cas où un terrain a été incorporé par un arrêté ou un décret au domaine public, maritime ou fluvial, la question d'indemnité doit être résolue par le tribunal civil, et non par le jury d'expropriation? Ici encore, nous croyons que cette assimilation serait inexacte : en droit, un arrêté qui délimite soit les rivages de la mer, soit le lit d'un fleuve, ne peut rien incorporer au domaine public; il est censé reconnaître le véritable état de choses, tel qu'il existe et se comporte. Il y a bien lieu de réparer le préjudice causé aux riverains ; mais l'on remarquera que les arrêts d'où résulte la jurisprudence actuelle ont bien soin de ne point qualifier d'indemnité d'expropriation l'indemnité qui leur est due. Ici, au contraire, il n'y a plus de fiction, mais un fait matériel et brutal : l'Etat a, en réalité acquis une portion de terrain; il y a eu, de sa part, cette mainmise sur la propriété privée qui caractérise l'expropriation. Il va de soi que les formalités préliminaires de l'expropriation ne devront point être remplies dans l'espèce : la dépossession étant complète antérieurement à la demande d'indemnité, il y aura lieu de procéder conformément à l'art. 14 de la loi du 3 mai 1841. »

454. L'Administration a le pouvoir d'ordonner la rupture d'une digue, lorsqu'elle est nécessitée par des circonstances exceptionnelles, telles qu'une crue considérable. Le danger une fois disparu, les intéressés ont le droit de s'adresser à l'autorité administrative pour obtenir le rétablissement de la digue. Si la digue a été rompue par le fait d'un particulier, les intéressés doivent se pourvoir devant l'autorité judiciaire pour en demander le rétablissement et, dans ce cas, les agents de l'Administration ont le droit de poursuivre devant le conseil de préfecture les auteurs de cette rupture, s'ils ont agi sans autorisation. Lorsque la rupture a été pratiquée par une compagnie de chemin de fer, si l'Administration l'a prescrite, on doit s'adresser à l'autorité administrative. Si la compagnie a fait procéder à cette rupture sans être couverte par un ordre de l'Administration, on a soutenu que l'acte reproché à la compagnie se rattachait à l'entreprise de travaux publics dont elle était chargée; qu'il s'agissait ici non seulement de l'entretien d'un travail public, mais encore de sa conservation. Cette prétention, comme le fait remarquer M. Plocque, t. 4, p. 40, n° 426, était contraire à la jurisprudence du conseil d'État, qui n'a jamais considéré comme travaux publics que ceux imposés aux compagnies par l'Administration et qui restreignait à ce seul cas la compétence administrative. Le tribunal des conflits a adopté un système mixte : il a reconnu la compétence administrative, non seulement lorsqu'il s'agit de travaux imposés, mais encore de travaux simplement autorisés. Il a décidé que, lorsqu'un concessionnaire exécute un travail non prévu par l'acte de concession et non autorisé par un acte ultérieur de l'Administration, ce travail ne constitue pas un travail public; que, dès lors, les actions en indemnité auxquelles il donne lieu ne sont pas de la compétence administrative (Trib. confl. 1er mars 1873, aff. Deyrolles, D. P. 73. 3. 71). Toutes ces questions de compétence sont exposées v° *Travaux publics*; — *Rép.* eod. v°, n°s 1024 et suiv.

455. Nous avons dit *suprà*, n°s 82 et suiv., que la loi du 28 mai 1858 (D. P. 58. 4. 63) relative à l'exécution des travaux destinés à mettre les villes à l'abri des inondations attribue aux conseils de préfecture le soin d'opérer la répartition entre les propriétaires intéressés de la dépense mise à leur charge.

456. — 2° *Curage.* — Lorsqu'un règlement d'administration publique a mis à la charge des riverains une partie des dépenses du curage d'une rivière navigable, le conseil de préfecture est compétent pour statuer sur les demandes en décharge desdites taxes. — Il a été jugé que, dans le cas où un décret en la forme des règlements d'administration publique a entièrement affranchi l'Etat de toute contribution à la dépense dont il s'agit, ce décret ne peut servir de base légale aux taxes mises à la charge des riverains; que ceux-ci sont fondés à réclamer la décharge desdites taxes (Cons. d'Et. 12 avr. 1860, aff. Scellier-Durozelle, D. P. 60. 3. 44). Les propriétaires lésés par les décrets ne sont donc pas obligés de les déférer au conseil d'Etat comme entachés d'excès de pouvoir et de s'y soumettre tant qu'ils n'ont pas été rapportés. On pouvait dire que bien ou mal rendu, le décret était légal et exécutoire tant qu'il n'avait pas été réformé par le pouvoir compétent; on pouvait ajouter qu'à supposer qu'il eût excédé les termes de l'art. 34 de la loi du 16 sept. 1807, le conseil de préfecture n'en avait pas moins dû, en l'état, le respecter et l'appliquer, et que le conseil d'Etat lui-même ne pouvait pas l'annuler indirectement, alors qu'il était saisi, non d'un recours dirigé contre ce décret, mais seulement d'un recours contre la décision du conseil de préfecture. Le conseil d'Etat ne s'est pas arrêté à ces objections. Il a sans doute pensé qu'il serait trop rigoureux de forcer tous les riverains à attaquer préalablement le décret rendu en exécution de l'art. 34 de la loi de 1807. L'intérêt à critiquer un acte de cette nature peut, en effet, ne se révéler qu'au moment où les taxes, à l'assiette desquelles cet acte sert de base, sont mises en recouvrement; or, à ce moment, le délai pour attaquer le décret serait, en général, depuis longtemps expiré.

457. — 3° *Prises d'eau; Usines.* — Le recouvrement des frais de l'instruction des demandes en concession de prises d'eau est opéré comme en matière de contributions directes.

Les mandats exécutoires délivrés par le préfet pour frais et honoraires dus aux ingénieurs à l'occasion des règlements d'eau sont recouvrés par les percepteurs des contributions directes (Décr. 27 mai 1854, D. P. 54. 4. 96; Instr. gén. compt. 20 juin 1859, *Rép.* v° *Trésor public*, n°s 804 et suiv.). Les conseils de préfecture sont donc compétents pour statuer sur les recours formés contre ces exécutoires, soit que la réclamation porte sur le chiffre des honoraires, soit qu'elle porte sur l'illégalité de la taxe. Dans les deux cas, il s'agit d'un acte administratif, que les tribunaux ne sauraient être appelés à réformer (Plocque, t. 3, n° 280). Il a été jugé que c'est au conseil de préfecture qu'il appartient de statuer sur les réclamations formées contre la fixation des honoraires dus aux ingénieurs d'après les états rendus exécutoires par le préfet (Comm. f. f. Cons. d'Et. 14 août 1871, aff. Couillaud, D. P. 72. 3. 49).

458. Le conseil d'Etat revenant sur son ancienne jurisprudence (V. Cons. d'Et. 14 avr. 1853, aff. Pivent, *Rec. Cons. d'Etat*, p. 474; 1er sept. 1858) (1), a décidé, par un arrêt du

(1) (Deconquans.) — Napoléon, etc.; — Vu la loi du 21 mai 1836; — En ce qui touche les arrêtés du préfet du Cantal, des 26 mai et 28 août 1855 et 22 févr. 1856 :... — ... En ce qui touche l'arrêté du conseil de préfecture du 30 nov. 1855 : — Considérant que le préfet du Cantal a saisi le conseil de préfecture de la réclamation portée devant lui par les requérants contre les arrêtés préfectoraux précités des 26 mai et 28 août 1855; — Considérant que la question soumise au conseil de préfecture était celle de savoir si les sieurs Deconquans et consorts, en leur qualité de propriétaires d'usines alimentées par le canal qui traverse le chemin vicinal de grande communication n° 17, étaient, à raison de l'ancien état des lieux, tenus envers les communes intéressées à ce chemin de supporter les frais de construction du pont du Beyt;

Considérant qu'aucune disposition législative n'attribue aux conseils de préfecture le droit de prononcer sur les contestations de cette nature qui s'élèvent entre les communes et les particuliers; que, dès lors, le conseil de préfecture a excédé les limites de sa compétence en statuant sur la réclamation des sieurs Deconquans et consorts :

Art. 1er. L'arrêté du conseil de préfecture du Cantal, du 30 nov. 1855, est annulé...

Du 1er sept. 1858.-Cons. d'Et.-MM. Pascalis, rap.-de Lavenay, concl.-Dufour, av.

14 janv. 1869 (1), que le conseil de préfecture est compétent pour connaître des contestations élevées contre un décret répartissant entre l'Etat et le propriétaire d'un moulin les dépenses d'entretien d'un barrage, et contre un arrêté préfectoral mettant l'usinier en demeure de faire les réparations nécessaires, ces contestations devant être considérées comme des difficultés s'élevant en matière de grande voirie; qu'il doit surseoir à statuer, s'il y a lieu d'examiner des conventions intervenues entre les parties, l'examen de cette question préjudicielle étant réservée aux tribunaux (Plocque, t. 3, n° 277).

459. Nous avons dit *suprà*, nos 329 et suiv., dans quels cas des indemnités peuvent être dues pour suppression d'usines ou chômage. Pour déterminer par quelle autorité l'indemnité doit être accordée, deux hypothèses sont à examiner.

460. — PREMIÈRE HYPOTHÈSE. — L'Administration a laissé intacts les bâtiments de l'usine ; elle s'est bornée à supprimer en tout ou en partie la prise d'eau qui constituait sa force motrice. Si la suppression n'est que momentanée, si elle ne constitue qu'un simple chômage, le conseil de préfecture est compétent pour fixer l'indemnité (*Rép.* n° 491). Si la suppression est totale, si le dommage dont se plaint l'usinier doit avoir un caractère définitif, le conseil d'Etat, jusqu'en 1850, appliquait la loi du 8 mars 1810 sur les expropriations pour cause d'utilité publique (V. *Rép.* v° *Expropriation pour cause d'utilité publique*, n° 11). Le ministre des travaux publics combattit ce système et le tribunal des conflits lui donna gain de cause, décidant par un arrêt en date du 28 nov. 1850 que le conseil de préfecture est seul compétent, qu'il s'agisse d'une suppression partielle ou d'une suppression totale de l'usine ; l'usinier n'est pas exproprié, puisqu'il n'est pas propriétaire des eaux, la pente des eaux n'étant pas susceptible d'appropriation privée ; il subit un simple préjudice (Trib. confl. 28 nov. 1850, aff. Héritiers Ser, *Rec. Cons. d'Etat*, p. 873). Un arrêt du conseil d'Etat du 27 août 1857 (cité au *Rép.* v° *Voirie par eau*, n° 141) adopta pleinement cette doctrine qui, depuis lors, n'a pas cessé d'être suivie par la jurisprudence (V. *Travaux publics* ; — *Rép.* eod. v°, nos 1175 et suiv.). Il a été jugé notamment : 1° que, même lorsqu'une usine a une existence légale antérieure à 1566, l'Administration peut prendre, sans recourir à l'expropriation, des mesures qui la privent de tout ou partie des avantages auxquels elle a droit, mais à la charge d'une indemnité à régler par le conseil de préfecture (Cons. d'Et. 23 janv. 1874, aff. de Lavigne, D. P. 75. 3. 13) ; — 2° Que le conseil de préfecture est compétent pour connaître d'une demande en indemnité formée par un usinier à raison de la suppression, en exécution d'un règlement imposé à son usine, de pêcheries établies sur un cours d'eau navigable, et ayant une existence légale (Cons. d'Et. 14 nov. 1879, aff. de Lavigne, D. P. 80. 3. 18) ; — 3° Que le préfet peut, sans excès de pouvoir, rejeter la demande d'un usinier tendant à obtenir le nouveau règlement d'un moulin existant avant 1566 et vendu nationalement, mais dont une partie des ouvrages avait été emportée par les eaux, en se fondant sur ce que des travaux de canalisation déclarés d'utilité publique doivent entraîner la suppression complète du barrage, sauf à l'usinier à faire valoir, devant le conseil de préfecture, ses droits à une indemnité à raison des dommages résultant pour lui de la suppression de la force motrice de son moulin (Cons. d'Et. 22 nov. 1878, aff. Bonnet, D. P. 79. 5. 144) ; — 4° Que, dans le cas où un règlement d'eau, fait dans l'intérêt de la navigation, prive une usine ayant une existence légale d'une partie de sa force motrice, le propriétaire doit se pourvoir, non devant le conseil d'État par la voie du recours pour excès de pouvoir, à l'effet d'obtenir l'annulation des dispositions qui lui font grief, mais devant le conseil de préfecture, à l'effet d'obtenir une indemnité (Cons. d'Et. 20 janv. 1882, aff. Bellanger, D. P. 83. 3. 47 ; Ducrocq, *op. cit.*, t. 2, n° 1013 *bis*). M. Plocque, dont l'opinion, d'ailleurs, ne nous paraît pas fondée combat cette théorie. « Nous ne pouvons pour notre part, dit cet auteur (t. 3, p. 373, n° 374), nous rallier à cette doctrine ; nous croyons que le tribunal des conflits et le conseil d'Etat ne se sont point suffisamment rendu compte de la situation faite à l'usinier par la diminution ou la suppression de sa prise d'eau. Peut-on dire que cet usinier n'éprouve qu'un dommage permanent ? Evidemment non. Ce qui caractérise le dommage permanent, c'est l'absence de toute mainmise de l'Administration sur la propriété privée ; c'est au contraire cette mainmise qui est le signe caractéristique de l'expropriation. Il y aura dommage permanent, par exemple, lorsqu'il faudra modifier la disposition intérieure de l'usine, lorsque la manutention des eaux exigera un personnel plus considérable, lorsque la pente du canal aura été modifiée, lorsque le fonctionnement des vannes sera gêné, etc. Ici, pas de mainmise de la part de l'Administration sur la chose même : donc, compétence du conseil de préfecture. Mais peut-on nier qu'il y ait mainmise de la part de l'Administration, lorsqu'elle s'empare soit directement, soit indirectement de tout ou partie de la force qui faisait mouvoir l'usine et partant, qu'il y ait eu expropriation ? On répond bien que le droit de l'usinier ne saurait constituer un droit de propriété, parce que la pente des rivières est hors du commerce. Rien de plus juste, si l'on se place sous l'empire du droit commun ; mais, est-ce que, dans notre matière, nous ne nous trouvons pas précisément en dehors de ce droit commun ? Est-ce que l'axiome posé en 1863 par M. le ministre des travaux publics ne cesse pas d'être applicable, au cas où l'usine existe à titre légal ? En résumé, nous maintenons ce que nous avons répété si souvent, à savoir que la force motrice d'une usine ayant titre légal constitue une véritable propriété, et que le propriétaire de cette usine doit, toutes les fois que l'Administration porte atteinte à sa jouissance, être protégé par les dispositions de la loi du 3 mai 1841. »

461. Il a été jugé que le conseil de préfecture ne peut, dans le règlement de l'indemnité due à un usinier pour perte de force motrice, charger le réclamant d'exécuter des travaux (dans l'espèce, des travaux de curage sur une dépendance du domaine public) moyennant le payement d'une somme qui lui est allouée à cet effet (Cons. d'Et. 2 févr. 1883, aff. Couture, D. P. 84. 3. 93). En effet, le conseil de préfecture ne pourrait ordonner l'exécution, la suppression ou la modification de travaux sur les dépendances du domaine public sans empiéter sur les attributions de l'Administration (V. Cons. d'Et. 16 juill. 1880, aff. Syndicat des marais Vernier, D. P. 82. 3. 10, et la note) ; à plus forte

(1) (Leblanc.) — NAPOLÉON, etc. ; — Vu l'ordonnance de 1672, et l'ordonnance du 16 avr. 1831 relative aux rivières de Cure d'Yonne et d'Armançon ; — Vu la loi du 28 pluv. an 8 (art. 4) et la loi du 16 sept. 1807 (art. 34) ; — Sur la compétence : — Considérant que sur la demande formée par le sieur Leblanc-Davau à l'effet d'obtenir le remboursement par l'Etat des dépenses qu'il avait été contraint de faire au déversoir du moulin de Rigny-sur-Cure, le conseil de préfecture du département de l'Yonne s'est déclaré incompétent, par le motif que la demande du sieur Leblanc-Davau constituait un recours pour excès de pouvoirs contre notre décret du 23 févr. 1861 et l'arrêté préfectoral du 11 août 1863 ;

Considérant que ledit décret qui a réparti, par application de l'art. 34 de la loi du 16 sept. 1807, entre l'Etat et le propriétaire du moulin de Rigny, les dépenses d'entretien du barrage établi sur la rivière de Cure en amont de ce moulin et l'arrêté par lequel le préfet de l'Yonne, en exécution de l'art. 2 dudit décret, a mis en demeure le sieur Leblanc-Davau, d'avoir à exécuter au déversoir du moulin de Rigny les réparations reconnues nécessaires, étaient des actes faits par l'Administration en vertu des pouvoirs de police qui lui appartiennent sur les cours d'eau navigables et flottables et qui ne faisaient pas obstacle à ce que le sieur Leblanc-Davau se pourvût devant le conseil de préfecture pour faire décider que l'art. 34 de la loi du 16 sept. 1807 n'était pas applicable à son moulin, en raison de son origine nationale ; qu'aux termes de l'art. 4 de la loi du 28 pluv. an 8, le conseil de préfecture est compétent soit pour statuer sur les difficultés qui s'élèvent en matière de grande voirie, soit pour interpréter les actes de vente nationale ; qu'ainsi, en refusant de statuer sur la demande du sieur Leblanc-Davau, le conseil de préfecture du département de l'Yonne a méconnu ses pouvoirs ;

Mais considérant que l'affaire est en état, et que, dès lors, il y a lieu de statuer immédiatement au fond ;

Au fond, etc.

Art. 1er. L'arrêté du conseil de préfecture du département de l'Yonne, en date du 23 avr. 1867, est annulé. — Art. 2. La requête du sieur Leblanc-Davau est rejetée.

Du 14 janv. 1869.-Cons. d'Et.-MM. Sazerac de Forges, rap.-de Belbeuf, concl.-Aubin, av.

raison, ne peut-il autoriser un particulier à exécuter sur le domaine public des opérations auxquelles celui-ci ne pourrait procéder sans commettre une contravention, à moins d'être muni d'une autorisation de l'autorité compétente.

Décidé aussi que le conseil de préfecture est incompétent pour statuer sur une demande en indemnité formée par un usinier à raison de la disposition du règlement de son usine portant qu'il supportera, dans les frais d'entretien des ouvrages servant à la fois à son usine et à la navigation et dans les chômages auxquels donneront lieu les travaux à exécuter à ces ouvrages, une part à déterminer ultérieurement par un règlement d'administration publique (Cons. d'Et. 14 nov. 1879, aff. de Lavigne, D. P. 80. 3. 18). L'art. 34 de la loi du 16 sept. 1807 dispose expressément que, dans le cas où des levées, barrages, pertuis, écluses, intéressent en même temps la navigation et des moulins ou usines, il sera fait des règlements d'administration publique qui fixeront la part contributive du Gouvernement et des propriétaires. Le conseil de préfecture serait compétent pour connaître des difficultés auxquelles pourrait donner lieu le recouvrement des taxes réclamées en vertu du règlement intervenu; mais il ne saurait fixer une indemnité qui, d'après la loi, doit être établie par un règlement d'administration publique.

462. — DEUXIÈME HYPOTHÈSE. — L'Administration, en même temps qu'elle supprime la prise d'eau, s'empare de tout ou partie des bâtiments de l'usine. — On se trouve ici en présence d'un dommage permanent et d'une expropriation. Le conseil d'Etat décide que l'usinier doit agir par deux procédures distinctes, l'une devant le conseil de préfecture pour l'indemnité due à raison de la suppression de la prise d'eau, l'autre devant le jury pour l'expropriation des bâtiments. — Jugé que, dans le cas où la suppression d'un barrage établi dans le lit d'une rivière navigable a eu pour effet d'amener la suppression de la force motrice et des bâtiments d'une usine, l'autorité administrative ne doit prononcer sur l'indemnité qu'en ce qui concerne la force motrice, le jury d'expropriation étant seul compétent pour fixer la part de cette indemnité afférente aux bâtiments et au matériel (Cons. d'Et. 27 août 1857, aff. Marchand, D. P. 58. 3. 65. V. aussi Cons. d'Et. 29 mars 1851, aff. Chevalier et Truchon, *Rec. Cons. d'Etat*, p. 233). Dans l'affaire jugée en 1857, M. de Forcade la Roquette, commissaire du Gouvernement, avait soutenu que le jury d'expropriation était compétent pour apprécier l'indemnité due pour la suppression de la force motrice, qui devait être considérée comme une question accessoire à l'expropriation. « Il n'est pas douteux, disait-il, que le jury doit être saisi au moins d'une partie de la question d'indemnité. Il y a expropriation d'un bâtiment, du bâtiment même de l'usine, de tout l'établissement immobilier qui constitue l'usine. Or, en règle générale, lorsque le jury est saisi, il ne prononce pas seulement sur l'indemnité principale causée par l'expropriation, il prononce aussi sur les indemnités accessoires qui peuvent être dues pour dommage temporaire ou permanent causé aux parties d'immeubles non expropriées. Il prononce sur les indemnités dues aux locataires ou fermiers qui n'ont aucuns droits immobiliers. Pourquoi le jury qui fixe l'indemnité due pour l'expropriation du bâtiment de l'usine ne prononcerait-il pas en même temps sur l'indemnité due pour le dommage causé par la suppression de la force motrice? Saisi de la question principale d'expropriation, le jury attire tout à lui. On dira que l'autorité administrative qui a concédé la force motrice est mieux placée que le jury pour apprécier l'indemnité due à raison d'une suppression d'une force motrice. Cette objection est beaucoup plus spécieuse que fondée. Pendant plusieurs années, la jurisprudence du conseil d'Etat renvoyait au jury la connaissance des indemnités pour suppression de force motrice. Nous n'avons pas entendu dire que le jury manquait de lumière pour apprécier ces questions d'indemnité; elles se résolvent, en général, par la fixation du revenu et sa capitalisation. La question d'indemnité nous paraît, dans l'espèce, indivisible de sa nature : comment soumettre à deux juridictions différentes une question d'indemnité dont les éléments sont étroitement liés ensemble? Tous ces éléments contribuent à former le revenu net qui est la vrai base d'indemnité. Une usine est un tout : lorsqu'elle est supprimée en totalité, il y a une indemnité à payer pour le tout. Mais diviser les éléments de l'indemnité et les soumettre à deux juridictions, c'est se placer dans une situation qui est en contradiction avec la nature des choses; c'est, après avoir abattu la maison, charger un tribunal d'apprécier l'indemnité due pour la charpente et un autre l'indemnité due pour la maçonnerie. » — Il a été jugé que la suppression pour cause d'utilité publique d'une force motrice d'usines empruntée aux eaux surabondantes d'un cours d'eau du domaine public, mais *devenue propriété privée* par l'effet d'une concession perpétuelle, constitue une véritable expropriation donnant lieu à une indemnité à régler par le jury, et non un simple dommage de la compétence du conseil de préfecture; qu'en tous cas, si les usines sont en même temps expropriées, le jury, compétent pour régler l'indemnité relative à ces usines, l'est aussi pour déterminer celle afférente à la force motrice qui, dans les termes de la concession, ont formé, avec les usines elles-mêmes, un tout indivisible (Civ. rej. 2 août 1865, aff. Préfet de la Seine, D. P. 65. 1. 257). — La circonstance qu'il s'agissait d'une force motrice concédée, à titre privé, à un particulier paraît avoir été décisive au procès. On ne saurait donc invoquer cette solution à l'appui du système soutenu par M. de Forcade, et qu'approuve M. Plocque, système qui permet seul, dit cet auteur, t. 3, p. 377, n° 375, d'éviter des lenteurs indéfinies et a l'avantage de ne pas présenter ce singulier spectacle d'un plaideur obligé, à raison d'un fait unique, d'aller frapper à la porte de deux juridictions.

463. La jurisprudence applique les mêmes règles de compétence aux indemnités dues aux locataires des usines. Les locataires doivent s'adresser au conseil de préfecture, s'il s'agit de dommages permanents; au jury, s'il s'agit d'expropriation (Cons. d'Et. 19 janv. 1850, aff. Nouvelle, D. P. 51. 3. 7; Plocque, t. 3, p. 378, n° 376. V. *Expropriation publique*; — *Rép.* eod. v°).

464. Le conseil d'Etat, on l'a exposé au *Rép.* v° *Voirie par eau*, n° 142, décide qu'il appartient à l'autorité administrative de juger les contestations relatives à la légalité du titre dont se prévaut l'usinier, de trancher, en un mot, la question préalable de savoir si l'usine a une existence légale. Aucun doute ne peut s'élever, lorsque le titre consiste dans un acte de vente nationale, puisque la loi de pluviôse an 8 confie au conseil de préfecture le contentieux des domaines nationaux. Dans les autres hypothèses, il s'agit de savoir si un acte administratif a ou non conféré un droit à un usinier; il y a donc nécessité d'interpréter un acte administratif et partant compétence de l'Administration (V. *Rép.* v° *Travaux publics*, n° 831; Dufour, t. 4, n°s 523 et suiv.; t. 5, n°s 74 et suiv.). — Jugé qu'aux termes de l'arrêté du 19 vent. an 6 et de la loi du 16 sept. 1807, il appartient aux conseils de préfecture de prononcer sur l'existence légale des usines établies sur les cours d'eau navigables et flottables; qu'un conseil de préfecture, saisi d'une demande en indemnité pour dommage causé à une usine par des travaux publics, ne peut se déclarer incompétent pour apprécier les titres produits par le réclamant dans le but d'établir la légalité de l'existence de son usine, en se fondant sur ce que le ministre des travaux publics s'est déjà prononcé sur la question et l'a résolue dans un sens contraire aux prétentions du réclamant (Cons. d'Et. 1er mars 1860, aff. Bataille, *Rec. Cons. d'Etat*, p. 188. V. aussi Cons. d'Et. 17 juill. 1862, aff. Pierson, *Rec. Cons. d'Etat*, p. 578; 25 avr. 1867, aff. Albertin, *ibid.*, p. 403; 7 août 1874, aff. Acot, *ibid.*, p. 820; 30 mai 1884, aff. Lequesne, D. P. 85. 3. 116). — La doctrine du conseil d'Etat a été combattue par plusieurs auteurs, qui estiment que, du moment où il est reconnu que des concessions de moulins ou autres droits faites antérieurement à 1566 pouvaient constituer une véritable propriété, il s'ensuit nécessairement que l'autorité judiciaire est seule compétente pour connaître des contestations élevées sur cette propriété (Bourguignat, *op. cit.*, t. 1, n° 391; Plocque, t. 3, p. 380, n° 377. V. en ce sens : Civ. cass. 21 mai 1855, aff. Dumont, D. P. 55. 1. 310, cité au *Rép.* v° *Travaux publics*, n° 831. Conf. Dijon, 11 août 1865, aff. Chemin de fer P.-L.-M., D. P. 65. 2. 217).

465. — 4° *Canaux de navigation.* — On a exposé au *Rép.* n°s 502 et suiv. quels sont les pouvoirs de l'autorité administrative relativement aux contestations qui concernent les canaux de navigation. — Il a été jugé : 1° qu'en cas de difficultés sur l'étendue des francs-bords des canaux navigables, c'est à l'autorité administrative qu'il appartient de la déterminer, sauf à ceux qui se prétendent propriétaires du terrain à réclamer devant les tribunaux civils l'indemnité à laquelle ils peuvent avoir droit (Cons. d'Et. 11 mai 1850, aff. Lauque, *Rec. Cons. d'Etat*, p. 446); — 2° Que c'est à l'autorité administrative qu'il appartient, soit de reconnaître les limites du domaine public, soit d'apprécier les actes administratifs qui ont constitué ce domaine; que, par suite, c'est à bon droit que dans un litige engagé, d'une part, entre un propriétaire riverain d'un canal creusé pour amener dans un port de commerce les eaux d'une rivière, qui soutient que sa propriété s'étend jusqu'au canal lui-même et qu'il a pu se clore sans laisser aucun intervalle entre cette propriété et le canal, et, d'autre part, l'Etat qui prétend être propriétaire, à titre de dépendance de ce canal, d'un terrain de 4 mètres de large, elle revendique le droit de statuer préalablement sur les questions de cette nature, et spécialement sur la portée des actes administratifs qui ont constitué le canal (Cons. d'Et. 2 août 1860, aff. Mazeline et comp., D. P. 61. 3. 58).

466. Si un propriétaire riverain prétend qu'en vertu de titres privés, il a des droits de propriété ou de servitude sur le canal, cette question préjudicielle doit être portée devant le tribunal civil. — Jugé que le conseil de préfecture n'est pas compétent pour statuer sur la question de savoir si une portion des levées d'un canal servant en même temps à l'entretien d'un desséchement et à la navigation appartient à la société propriétaire de ce canal ou à un riverain, dont la prétention est que ces levées lui appartiennent en vertu de titres privés; qu'il doit surseoir jusqu'à ce qu'il ait été statué par l'autorité compétente sur les droits de propriété (Cons. d'Et. 19 juill. 1855, aff. Le Bourdais, *Rec. Cons. d'Etat*, p. 550. V. dans le même sens : Cons. d'Et. 20 mai 1881, aff. de Sommariva, D. P. 82. 3. 108; 21 juill. 1870, aff. Ville de Châlons-sur-Marne, D. P. 72. 3. 20).

467. — 5° *Dommages résultant de travaux publics exécutés sur les cours d'eau.* — Les questions qui concernent les dommages résultant de travaux publics sont traitées au *Rép.* v° *Travaux publics*; — *Rép.* eod. v°, n°s 1138 et suiv. C'est le conseil de préfecture, comme on le sait, qui est compétent en pareille matière pour statuer sur les indemnités réclamées pour dommages résultant de travaux publics. Il a été jugé qu'il appartient au conseil de préfecture de statuer sur les indemnités réclamées pour les dommages causés à des usiniers par le détournement, au profit d'une ville, des eaux d'une source qui alimentait leurs usines; mais qu'il ne peut apprécier ni les droits que la ville prétend dériver pour elle de l'expropriation qu'elle a obtenue, ni ceux que cette même ville et les propriétaires riverains prétendent respectivement puiser dans les art. 641 et 642 c. nap., ni la valeur et les effets des réserves que lesdits propriétaires auraient faites devant le jury d'expropriation; que, par suite, il doit, dans le cas où de telles questions se présentent sur la demande en indemnité dont il est saisi, surseoir à statuer sur cette demande jusqu'à ce qu'elles aient été résolues par l'autorité judiciaire, seule compétente à cet effet (Cons. d'Et. 9 févr. 1865, aff. Boigues-Rambourg, D. P. 65. 3. 82). — Lorsque des propriétaires d'usines et de prairies situées le long d'un ruisseau se plaignent du dommage à eux causé par la commune qui, devenue propriétaire de la source de ce ruisseau, en détourne partiellement ou temporairement les eaux pour l'exécution d'un travail public, il appartient à la juridiction administrative de statuer sur l'indemnité qui pourrait être due à raison de ce dommage (V. *Rép.* v° *Travaux publics*, n°s 1175 et suiv.). Mais il a été jugé que, si la demande en indemnité a été portée devant l'autorité judiciaire, et si celle-ci a décidé que les réclamants avaient encouru la déchéance prononcée par l'art. 21 de la loi du 3 mai 1841, ils ne sont plus recevables à porter leur prétention devant la juridiction administrative (Cons. d'Et. 15 avr. 1868, aff. Vilarel, D. P. 69. 3. 42). — Il a été jugé que le conseil de préfecture, compétent pour connaître d'une demande d'indemnité formée par un particulier contre une commune qui a dérivé, en vertu d'une autorisation administrative, les eaux dont ce particulier avait antérieurement la jouissance, est incompétent pour lui reconnaître le droit de prélever, pour son usage, une partie desdites eaux (Cons. d'Et. 25 janv. 1884, aff. Lacaze, D. P. 85. 3. 78).

Le conseil de préfecture ne peut s'immiscer dans le domaine de l'administration active, soit en s'opposant à l'exécution des mesures qu'elle a prises dans l'exercice de ses attributions en matière de police ou de travaux publics, soit en lui imposant des conditions qui pourraient rendre ces mesures moins dommageables pour les intérêts privés (V. Cons. d'Et. 16 juill. 1880, aff. Syndicat des marais Vernier, D. P. 82. 3. 10; 2 févr. 1883, aff. Borel, D. P. 84. 3. 91).

468. — II. Eaux non navigables ni flottables (*Rép.* n°s 508 à 514). — Les conseils de préfecture, on l'a dit au *Rép.* n°s 228 et suiv. et 508 et suiv., sont compétents, en vertu de la loi du 14 flor. an 11, pour connaître de toutes les contestations relatives soit au recouvrement des taxes de curage, soit aux réclamations des individus imposés, soit à la confection des travaux, et pour statuer notamment, malgré l'existence d'arrêtés préfectoraux, sur toute demande en décharge desdites taxes fondée sur ce qu'elles auraient été établies contrairement aux anciens règlements et usages locaux, et ne seraient pas proportionnées au degré de l'intérêt des réclamants aux travaux de curage et d'entretien des cours d'eau (V. Ducrocq, t. 2, n° 994). — Il a été jugé : 1° que le conseil de préfecture est seul compétent, à l'exclusion du tribunal de police, pour connaître des contestations relatives à l'exécution d'un arrêté municipal portant règlement, en exécution d'un arrêté préfectoral, du mode de curage d'un cours d'eau non navigable (Crim. cass. 18 juill. 1857, aff. Talon, D. P. 57. 1. 368); — 2° Que c'est aux conseils de préfecture qu'il appartient de prononcer sur les demandes en décharge ou réduction des taxes de curage des cours d'eau non navigables; que, par suite, lorsque certains riverains d'un cours d'eau de cette nature se croient fondés à soutenir que le préfet a eu tort de mettre à leur charge la totalité des frais de curage de ce cours d'eau, ils doivent former une demande en décharge ou réduction devant le conseil de préfecture, et ils ne sont pas recevables à attaquer devant le conseil d'État, pour cause d'excès de pouvoir, l'arrêté du préfet (Cons. d'Et. 25 avr. 1868, aff. Gobert, D. P. 69. 3. 65. V. comp. *suprà*, n° 443); — 3° Que le conseil de préfecture est compétent pour statuer sur la demande formée par un propriétaire riverain d'un cours d'eau non navigable en décharge d'une taxe de curage, et motivée sur ce que les travaux exécutés dans la commune n'avaient pas pour objet d'obtenir le curage prévu par la loi du 14 flor. an 11, mais constituaient une mesure générale d'assainissement ordonnée dans l'intérêt de plusieurs communes (Cons. d'Et. 18 avr. 1860, aff. Flandin, *Rec. Cons. d'Etat*, p. 326); — 4° Que le conseil de préfecture peut, à l'occasion des demandes en décharge ou en réduction des taxes de curage, décider si les travaux auxquels ces taxes ont pour objet de pourvoir, sont de nature à être mis à la charge des propriétaires intéressés en vertu de la loi de floréal an 11 et du décret constitutif de l'association (Cons. d'Et. 28 mai 1868, aff. Duval, D. P. 68. 3. 73); — 5° Que le conseil de préfecture compétent, en vertu de la loi du 14 flor. an 11, pour statuer sur toutes les contestations relatives aux rôles de répartition des frais de curage et aux réclamations des imposés, méconnait ses pouvoirs en refusant d'examiner si les bases de répartition établies par une ordonnance royale sont conformes à la loi et notamment si les taxes sont proportionnées à l'intérêt des riverains (Cons. d'Et. 4 août 1876, aff. Lhotte, *Rec. Cons. d'Etat*, p. 770); — 6° Que la réclamation d'un riverain contre la taxe de curage à laquelle il a été imposé, ne peut être formée au premier degré devant le conseil d'Etat, mais seulement devant le conseil de préfecture, le conseil d'Etat n'étant compétent que pour statuer en appel comme juridiction du second degré (Cons. d'Et. 5 août 1854, aff. Limosin, D. P. 55. 3. 39). — Mais il a été jugé : 1° qu'un membre d'une association syndicale n'est pas recevable à soutenir devant le conseil de préfecture, pour obtenir décharge ou réduction d'une taxe régulièrement émise, que la taxe imposée pour les travaux de curage est exagérée par rapport auxdits travaux (Cons. d'Et. 16 juin 1882, aff. Ferlat, D. P. 83. 3. 120); — 2° Que des travaux de curage exécutés par une commune, en exécution d'une convention de droit privé par laquelle un particulier avait consenti à se désister d'une instance judiciaire, n'ont pas le caractère de travaux publics; que, par suite, le conseil de préfecture est incompétent pour connaître de la question de savoir si les travaux effectués satisfont aux obligations contractées par la commune (Cons. d'Et. 1er juin 1883, aff. Loiselot, D. P. 85. 3. 6. V. aussi Cons. d'Et. 13 mai 1881, aff. Arrérat, *Rec. Cons. d'Etat*, p. 489); — 3° Que le conseil de préfecture n'est pas compétent pour statuer sur une demande en nullité d'un arrêté préfectoral ordonnant le curage d'un cours d'eau, formée avant la confection des travaux, et fondée, par exemple, sur ce que cet arrêté a compris dans ladite opération des fossés que les propriétaires soutiennent avoir le caractère de simples rigoles d'écoulement, non susceptibles d'être soumises au curage, par application de la loi du 14 flor. an 11 (Cons. d'Et. 12 févr. 1857, aff. Gabillot, D. P. 57. 3. 81). — Les mots « la confection des travaux » employés par la loi, a dit M. le ministre des travaux publics dans ses observations sur cette affaire, signifient évidemment que le conseil de préfecture est compétent pour prononcer sur des réclamations portant sur le point de savoir si les travaux de curage ont été ou n'ont pas été bien faits, s'ils ont été exécutés ou non, conformément aux projets et autres questions de cette nature; mais, c'est donner aux termes de la loi un sens qu'ils n'ont jamais eu que d'en conclure que le conseil de préfecture est également compétent pour statuer sur les réclamations formées, comme dans l'espèce, avant que les travaux soient effectués, avant que les rôles soient dressés, et portant exclusivement sur le point de savoir si l'arrêté préfectoral a pu valablement comprendre dans l'opération du curage des fossés que les réclamants prétendent ne pas faire partie du cours d'eau à curer et n'être que de simples rigoles placées en dehors des pouvoirs de police confiés à l'Administration. Il n'y a en effet, dans cette question, rien qui soit relatif à la confection des travaux. La mesure prise par le préfet, dans de telles circonstances, ne me paraît donc pouvoir, dans aucun cas, être déférée au conseil de préfecture. Elle ne serait susceptible d'être attaquée que par la voie hiérarchique devant le ministre que la matière concerne, ou devant le conseil d'Etat, pour incompétence ou excès de pouvoirs. »

469. Le conseil de préfecture, saisi d'une demande en décharge d'une taxe de curage, est compétent pour décider si le cours d'eau, dont le réclamant est riverain, fait partie de celui dont l'autorité administrative a ordonné le curage. Il n'y a pas là une question préjudicielle échappant à son appréciation (V. *Question préjudicielle*; — *Rép.* eod. v°, n° 142; Cons. d'Et. 11 févr. 1887, aff. Beau, D. P. 88. 3. 67). Mais il a été jugé avec raison qu'il n'appartient pas au conseil de préfecture de statuer sur les conclusions d'un particulier tendant à faire décider qu'un cours d'eau dont l'Administration a ordonné le curage ne traverse pas sa propriété (Cons. d'Et. 19 janv. 1877, aff. Michaux, D. P. 77. 3. 39). Le conseil de préfecture n'est compétent que si la réclamation est relative aux taxes de curage et à la confection des travaux (V. en ce sens : Cons. d'Et. 3 juin 1858) (1).

470. Il a été jugé que, lorsqu'un règlement met le curage d'un fossé de dessèchement à la charge des riverains, ceux-ci sont tenus de l'effectuer, alors même qu'ils prétendent ne pas être propriétaires du fossé, et que, dès lors, il n'y a pas lieu, pour le juge de la réclamation formée contre la taxe, de renvoyer les parties devant l'autorité judiciaire, pour faire trancher préalablement cette question de propriété (Cons. d'Et. 13 févr. 1885, aff. Pignat, D. P. 86. 3. 90). Dans l'espèce, une ordonnance de l'intendant de la généralité de Caen en date du 5 déc. 1757 imposait l'obligation de faire procéder au curage des rivières et fossés des marais du Contentin aux propriétaires des fonds bordant les rivières, canaux et fossés, en leur seule qualité de riverains, chacun étant tenu de curer lesdits cours d'eau par moitié en droit soi, de façon qu'il ne restât aucune partie intermédiaire ; le requérant ne contestait pas sa qualité de riverain des cours d'eau dont il s'agit ; c'est donc avec raison que le conseil de préfecture avait maintenu la taxe sans que d'ailleurs sa décision préjugeât en rien les droits de propriété qui pouvaient appartenir aux riverains (V. anal. : Cons. d'Et. 11 juill. 1879, aff. Emmery, D. P. 80. 3. 17). Mais, dans le cas où, suivant la règle ordinaire, la loi du 14 flor. an 11 n'est pas applicable aux fossés, un riverain est recevable à soutenir que le prétendu cours d'eau pour le curage duquel il est imposé est un simple fossé appartenant à son voisin.

471. Les riverains ne sont pas recevables à soutenir devant le conseil de préfecture que le prix réclamé à raison des travaux de curage exécutés d'office par l'Administration est exagéré eu égard aux travaux réellement exécutés ; à discuter les conditions du marché passé par l'Administration avec des entrepreneurs. Ils soulèvent là, ou une question de concussion dont l'autorité judiciaire doit connaître, ou une question d'appréciation des conditions auxquelles l'Administration a traité avec un entrepreneur, question qu'aucune juridiction ne saurait apprécier. Il a été jugé que le riverain d'un cours d'eau navigable n'est recevable à contester devant le conseil de préfecture, à l'appui d'une demande en réduction de la taxe à laquelle il a été imposé pour sa part contributive dans les frais de curage, ni les conditions d'un marché que l'Administration a passé pour l'exécution d'office des travaux qu'il n'avait pas voulu exécuter lui-même, ni l'évaluation desdits travaux (Cons. d'Et. 12 mai 1882, aff. Aubineau, D. P. 83. 3. 104. V. dans le même sens : Cons. d'Et. 15 déc. 1876, aff. Le Conte, D. P. 77. 3. 23; 16 juin 1882, aff. Ferlat, D. P. 83. 3. 104). — Jugé encore que les riverains ne sont pas recevables à discuter, à l'appui d'une réclamation contre la taxe à laquelle ils ont été imposés, les conditions dans lesquelles l'Administration a fait exécuter les travaux d'office (Cons. d'Et. 13 févr. 1885, aff. Lebreton, D. P. 86. 3. 90). — Décidé aussi que, dans le cas où il n'existe pas d'anciens usages relativement aux frais de curage d'un cours d'eau non navigable, et où, en fait, la taxe imposée à un usinier n'est pas supérieure au degré d'intérêt que présente pour lui l'exécution des travaux, il y a lieu de rejeter la demande en décharge de cet usinier, sans qu'il y ait à examiner si les actes administratifs qui avaient fixé les bases de la répartition émanaient d'une autorité compétente (Cons. d'Et. 24 nov. 1882, aff. Boyenval, D. P. 84. 3. 44).

472. Pour ce qui concerne les taxes d'arrosage, V. *suprà*, nos 159 et suiv.

473. Le conseil de préfecture, compétent pour statuer sur une demande en réduction de taxe de curage dont est passible le riverain d'un cours d'eau non navigable, ne peut décider la question de savoir si une indemnité est due à ce riverain à raison de la dépossession de terrain qu'il prétend avoir subie. Il doit le renvoyer pour faire valoir ses droits à une indemnité devant l'autorité compétente (Cons. d'Et. 26 févr. 1867, aff. Vern, *Rec. Cons. d'Etat*, p. 213).

Art. 2. — *Compétence des conseils de préfecture quant aux contraventions sur les grands cours d'eau, les chemins de halage et les canaux* (*Rép.* nos 525 à 538).

474. — I. Eaux navigables et flottables (*Rép.* nos 525 à 529). — Le conseil de préfecture est compétent, ainsi qu'on l'a indiqué v° *Voirie par eau*, nos 329 et suiv., pour juger les contraventions commises sur les cours d'eau qui

(1) (Mocker.) — Napoléon; — Vu la loi du 22 déc. 1789 et celle des 12-20 août 1790; — Vu la loi du 16 fruct. an 3; — Vu la loi du 14 flor. an 11; — Vu la loi du 3 mai 1841; — Vu les ordonnances des 1er juin 1828 et 12 mars 1831; — Considérant que l'action intentée par le sieur Mocker tend à obtenir une indemnité à raison de terrains qui lui auraient été pris pour le redressement de la rivière de Veyle; que c'est pour établir ses droits à l'indemnité qu'il a introduit devant le tribunal de Bourg une demande à l'effet de se faire reconnaître propriétaire des terrains dont il s'agit; que pour repousser l'action du sieur Mocker, l'Administration soutient qu'aucuns terrains ne lui ont été pris; qu'elle s'est bornée à opérer le curage de la rivière de Veyle, en rétablissant l'ancien lit et en faisant disparaître les obstacles qui ont été apportés par le fait du sieur Mocker ou de ses auteurs à l'écoulement des eaux;

Considérant qu'il résulte des rapports et plans ci-dessus visés que ce n'est pas seulement un travail de curage qui a été ordonné par l'arrêté préfectoral du 28 févr. 1856; que les travaux exécutés ont eu en réalité pour résultat de redresser le cours actuel de la rivière de Veyle en ramenant les eaux dans le lit qu'elles avaient cessé d'occuper depuis une époque déjà ancienne; que, dans l'état actuel du litige, il s'agit uniquement de statuer sur la pro-

dépendent de la grande voirie, c'est-à-dire sur les cours d'eau navigables et leurs dépendances et accessoires, ouvrages d'art, quais, ports et gares d'eau, etc. (*Rép.* nos 515 et suiv.; Cons. d'Et. 27 nov. 1874, aff. Dayol, D. P. 75. 3. 76). La question de savoir quels sont les actes qui constituent des contraventions de grande voirie est parfois assez délicate. Il a été jugé que le fait d'avoir coupé des herbes sur le talus d'une digue établie par l'Administration dans l'intérêt de la navigation et faisant partie du domaine public, constitue une contravention de grande voirie (Cons. d'Et. 13 avr. 1883, aff. Fleury, D. P.84.3.72). — Mais il a été décidé, d'autre part : 1° que le fait d'avoir coupé de l'herbe sur un terrain audessous d'une digue et sur un autre terrain où l'Administration se propose d'établir un ouvrage d'utilité publique ne constitue pas une contravention de grande voirie, alors qu'il n'existe actuellement sur ces terrains aucun ouvrage dépendant du domaine public, et qu'ils ne sont pas recouverts par les eaux du fleuve coulant à pleins bords (Même arrêt) ; — 2° Que les terrains situés auprès de la Loire et au delà d'une digue non susceptible d'être surmontée par les crues ordinaires du fleuve ne peuvent pas être considérés comme *chantiers* de la Loire ; que, par suite, le refus d'enlever une plantation existant sur un terrain ainsi situé ne constitue pas une contravention de grande voirie (Cons. d'Et. 26 déc. 1879, aff. de Rozières, D. P. 80. 3. 99. V. aussi Cons. d'Et. 10 mai 1878, aff. Béhic, D. P. 78. 3. 90 ; *infrà*, v° *Voirie par eau*) ; — 3° Qu'un égoût qui débouche dans une rivière navigable ne peut être considéré comme une dépendance de cette rivière et que, dès lors, le fait d'y avoir versé des tonneaux de vidange ne constitue pas une contravention de la compétence du conseil de préfecture (Cons. d'Et. 21 janv. 1881, aff. Oriol, D. P. 82. 3. 45). Les affluents d'un cours d'eau navigable ne sont soumis au régime de la grande voirie qu'autant qu'ils sont eux-mêmes navigables (*Rép.* v° *Voirie par eau*, n° 336). A plus forte raison un égout construit de main d'homme et affecté exclusivement à l'utilité des populations riveraines n'est-il pas soumis à ce régime (V. sur le caractère des égouts débouchant dans les fleuves : Cons. d'Et. 13 août 1868, aff. Greyveldinger, D. P. 70. 3. 9).

475. On a exposé au *Rép.* n° 515 que l'art. 1er de la loi du 29 flor. an 10 n'est qu'énonciatif; qu'il s'étend à toutes les contraventions prévues par les ordonnances de 1669 et de 1672, par l'arrêt du 24 juin 1777 et l'arrêté du Directoire du 19 vent. an 6. « Doit être qualifiée de contravention de grande voirie, dit M. Plocque, t. 4, p. 366, n° 585, toute infraction aux règlements ayant pour but d'assurer la conservation du lit de la rivière, de ses rives et ouvrages d'art, ou de faire disparaître les obstacles de nature à entraver le service de la navigation » (V. *Rép.* v° *Voirie par eau*, n° 347). On a aussi indiqué dans quels cas les infractions à des arrêtés préfectoraux, portant règlement sur la navigation, constituent des contraventions de grande voirie de la compétence des conseils de préfecture (*Rép.* v° *Voirie par eau*, nos 299 et 350). — Il a été jugé : 1° que lorsqu'il y a contravention à un arrêté préfectoral rendu pour assurer le service de la navigation, mais qu'en même temps le fait tombe sous l'application d'un arrêt du conseil antérieur à 1789, l'infraction a le caractère de contravention de grande voirie, et par suite, le conseil de préfecture est compétent en vertu de la loi du 29 flor. an 10 (Cons. d'Et. 13 sept. 1864, aff. Breton, *Rec. Cons. d'Etat*, p. 935. V. dans le même sens : Cons. d'Et. 13 sept. 1864, aff. Marcel, *Rec. Cons. d'Etat*, p. 934; 13 sept. 1864, aff. Lemoine, *ibid.*, p. 933); — 2° Que le fait d'abaisser des vannes de décharge contrairement aux dispositions d'un arrêté préfectoral pris pour assurer l'exécution de l'arrêt du conseil du 24 juin 1777 et prescrivant que l'éclusier seul a le droit de manœuvrer les ventelles et portes d'écluses, constitue une contravention de grande voirie (Cons. d'Et. 14 déc. 1877, aff. Rousset, *Rec. Cons. d'Etat*, p. 1002); — 3° Que le fait par des usiniers d'abaisser les eaux dans les biefs de leurs usines au-dessous de l'étiage, contrairement aux prescriptions d'un arrêté préfectoral pris pour assurer le service de la navigation d'un canal, constitue une contravention de grande voirie; qu'il en est ainsi même lorsque l'existence de l'usine est antérieure à l'établissement du canal; que les riverains ont seulement la faculté de faire valoir devant l'autorité compétente les droits qu'ils peuvent avoir à une indemnité (Cons. d'Et. 2 août 1860) (1) ; — 4° Que le fait de couper ou d'élaguer des arbres sur les parties des berges qui sont alternativement mises à nu ou couvertes par les eaux avant tout déboulement constitue une contravention de grande voirie; mais qu'aucune amende n'ayant été prononcée par les anciens règlements contre cette infraction, la juridiction administrative ne peut la réprimer que par une condamnation à la réparation du dommage causé et aux frais du procès-verbal, condamnation qui se trouve nécessairement limitée à ces frais, lorsque l'instruction n'établit pas la quotité du dommage (Cons. d'Et. 17 août 1866, aff. Murillon, D. P. 67. 3. 25) ; — 5° Que le fait d'avoir provoqué, en abaissant des vannes, des mouvements d'eau de nature à gêner la navigation constitue une contravention de grande voirie (Cons. d'Et. 24 avr. 1874, aff. Le Toullec, D. P.75.3.23); — 6° Qu'il en est de même de la contravention à un arrêté par lequel le préfet, pour assurer l'exécution de l'arrêt du conseil du roi du 24 juin 1777, interdit à tout autre qu'à l'éclusier la manœuvre des vannes (Même arrêt) ; — 7° Que le préfet a le pouvoir de défendre à un particulier de mettre en chômage un canal navigable dont il est propriétaire; que l'infraction à l'arrêté édictant cette défense rentre, comme contravention de grande voirie, dans la compétence des conseils de préfecture (Crim. cass. 8 mars 1872, aff. Grave, D. P. 72. 1. 160). — Mais il a été décidé que l'obligation imposée à un usinier, comme condition d'une autorisation administrative, de curer le contre-fossé d'un canal navigable au droit de son usine ne s'applique pas aux terres tombées de la rive ; que, dès lors, le fait par cet usinier de ne pas enlever ces terres ne saurait constituer

---

priété des terrains qui formaient anciennement le lit de la rivière, et qui auraient été abandonnés par les eaux ; que cette question est de la compétence de l'autorité judiciaire :

Art. 1er. L'arrêté de conflit ci-dessus visé est annulé.

Du 3 juin 1858.-Cons. d'Et.-MM. du Martroy, rap.-de Lavenay, concl.-Fabre, av.

(1) (Préfet de la Seine-Inférieure.) — NAPOLÉON, etc. ; — Vu la loi du 22 déc. 1789, celles des 16-24 août 1720 et du 16 fruct. an 3 ; — Vu les ordonnances des 1er juin 1828 et 12 mars 1831 ;

Considérant que, par la demande soumise au tribunal civil de l'arrondissement du Havre, les sieurs Mazeline et comp. ont prétendu que leur propriété située au sud du canal Vauban s'étendait jusqu'au canal lui-même; qu'ils avaient pu la clore sans laisser aucun intervalle entre elle et le canal, et qu'il leur était dû une indemnité à raison du préjudice résultant de la destruction de leurs clôtures par l'Administration ; que l'Etat, au contraire, a soutenu qu'il était propriétaire, à titre de dépendance du canal, d'un terrain de quatre mètres de large à partir de l'arête supérieure de la berge, et que les sieurs Mazeline et comp. n'avaient pas le droit d'intercepter la circulation sur ce terrain, en le rendant inaccessible par des clôtures ; que pour prononcer sur ce litige, il est nécessaire de déterminer la consistance du canal et de ses dépendances, et de reconnaître la limite qui les sépare de la propriété des sieurs Mazeline et comp. ;

Considérant que le canal Vauban a été créé pour amener dans le port du Havre les eaux de la rivière la Lézarde et pour obvier, par l'action de ces eaux, aux amoncellements de sable et autres matières qui se formaient dans ce port, et qu'à ce titre il fait partie du domaine public ; qu'aux termes des lois ci-dessus visées, il ne peut appartenir qu'à l'autorité administrative soit d'apprécier les actes administratifs qui ont constitué le canal Vauban et en ont fixé les dimensions, soit de rechercher et constater les limites du domaine public ; que, dès lors, c'est avec raison que, par l'arrêté de conflit, le préfet de la Seine-Inférieure a revendiqué pour cette autorité la connaissance de ces questions :

Art. 1er. L'arrêté de conflit ci-dessus visé est confirmé, en tant qu'il revendique pour l'autorité administrative le droit de déterminer la consistance du canal Vauban et de ses dépendances, et de reconnaître la limite qui les sépare de la propriété des sieurs Mazeline et comp. — Art. 2. Sont considérés comme non avenus, en ce qu'ils ont de contraire à la disposition qui précède, l'exploit introductif d'instance du 16 sept. 1859, les conclusions subséquentes par lesquelles les sieurs Mazeline et comp. repoussent devant le tribunal du Havre le déclinatoire du préfet et l'acte d'appel du 1er mai 1860.

Du 2 août 1860.-Cons. d'Et.-MM. Bauchart, rap.-L'Hopital, concl.-Hérold, av.

une contravention de grande voirie (Cons. d'Et. 13 mai 1887, aff. Chemins de fer du Nord-Est, D. P. 88. 3. 91). L'Administration, en autorisant un particulier à déverser dans une dépendance d'un canal navigable les eaux provenant de son usine, peut lui imposer l'obligation d'enlever les dépôts ayant pour cause ces déversements; mais il est évident que, dans l'intention commune des parties, cette obligation ne peut s'étendre à la réparation d'accidents auxquels le fonctionnement de l'usine est absolument étranger. Jugé encore que le fait d'avoir exécuté sans autorisation préalable des réparations confortatives à un bateau-lavoir sur la Seine ne constitue point par lui-même une atteinte portée à la liberté de la navigation et une infraction aux dispositions de l'ordonnance du mois d'août 1669 et de l'arrêt du conseil du 24 juin 1777; ni une contravention à l'édit de décembre 1607 et à l'arrêt du conseil du 27 févr. 1765, qui ne sont applicables qu'aux constructions ou réparations ayant lieu le long des grandes routes; que, par suite, le conseil de préfecture est incompétent pour statuer sur les poursuites exercées à raison d'un pareil fait (Cons. d'Et. 18 mars 1881, aff. Tugault, D. P. 82. 5. 429).

476. L'art. 3 de l'arrêt du conseil du 24 juin 1777 ordonne à tous riverains, mariniers ou autres, de faire enlever les pierres, bois, pieux, débris de bateaux et autres empêchements étant de leur fait ou à leur charge. Cette disposition ne s'applique qu'aux empêchements provenant du fait de l'homme, et non à ceux qui proviennent d'événements naturels. — Il a été jugé que le fait, par le fermier d'un lot des francs-bords d'une rivière navigable, de n'avoir pas coupé les osiers aux époques fixées par le cahier des charges ne constitue pas la contravention de grande voirie, prévue par l'art. 3 de l'arrêt du conseil du 24 juin 1777; et que, dès lors, ce fait ne peut donner lieu à aucune condamnation (Cons. d'Et. 16 déc. 1881, aff. Bonnote, D. P. 83. 3. 37). — L'obligation pour l'entrepreneur d'enlever des osiers accrus naturellement ne se rattache pas à une prescription des règlements de police dont cet entrepreneur se serait engagé à assurer l'exécution; il y a là un simple marché; or, il est de principe que l'infraction à des contrats passés avec l'Administration, ou même à des arrêtés pris en vue de la gestion des intérêts administratifs, ne constitue pas une contravention de la compétence des juges de répression (Crim. rej. 6 févr. 1873, aff. Bassy, D. P. 73. 1. 166; Cons. d'Et. 20 déc. 1878, aff. Ville de Béziers, D. P. 79. 3. 36; 23 mai 1879, aff. Bocquet, D. P. 79. 3. 91).

477. L'art. 4 de l'arrêt du conseil du 24 juin 1777, interdisant aux riverains de jeter dans les cours d'eau aucune matière pouvant les encombrer, s'applique exclusivement aux rivières et canaux navigables. Les rivières ne sont, d'ailleurs, soumises au régime des cours d'eau navigables qu'à partir de l'endroit où la navigation commence; les contraventions commises au-dessus du point où la rivière commence ne sont donc pas du ressort des conseils de préfecture (*Rép.* v° *Voirie par eau*, n° 337). — Il a été jugé que le fait d'avoir déversé des eaux boueuses dans une rivière, à un point où elle n'est ni navigable, ni flottable, ne constitue pas une contravention de grande voirie de la compétence du conseil de préfecture, alors même que ce déversement a eu lieu dans des conditions prohibées par un arrêté préfectoral (Cons. d'Et. 28 nov. 1879, aff. Simon, D. P. 80. 3. 35). L'Administration soutenait qu'on devait considérer comme contravention de grande voirie, tombant sous l'application des art. 3 et 4 de l'arrêt de 1777, le fait de provoquer un atterrissement dans une rivière navigable, alors même que les matières auraient été déversées dans le cours d'eau en amont du point où commençait la navigabilité. Ce système n'était pas susceptible d'être accueilli. Le caractère d'une contravention se détermine par le lieu où se produit l'acte imputable au contrevenant, et non par le lieu où l'on suppose qu'un dommage a pu se produire. Comment reconnaître si les matières terreuses mélangées aux eaux déversées dans une rivière ont été portées jusque dans la partie navigable de cette rivière et y ont produit un encombrement, peut-être à une grande distance en aval? La compétence ne peut dépendre de pareilles constatations, toujours plus ou moins hypothétiques. — M. Plocque, toutefois, t. 4, p. 367, n° 585, estime que, si l'infraction relevée a eu une influence quelconque sur le régime de la rivière là où elle est navigable, elle a le caractère d'une contravention de grande voirie. « Le ministre des travaux publics, dit cet auteur, a toujours soutenu cette théorie qui nous semble parfaitement logique, et de plus en concordance complète avec le texte de l'arrêt de 1777. Quand l'art. 4 de cet arrêt réprime le fait d'embarrasser le lit des rivières, d'en affaiblir ou d'en changer le cours; quand l'art. 11 interdit toute dégradation, destruction et enlèvement des digues et autres ouvrages d'art, ils ne font aucune distinction : le fait visé dans ces dispositions constitue une contravention de grande voirie, par cela seul qu'il s'est produit, sans qu'il y ait à rechercher où et de quelle manière il s'est produit. Cette solution devrait être, suivant nous, appliquée au cas où un particulier aurait détourné ou affaibli les eaux de la rivière, en creusant un puits sur son propre terrain. »

478. L'art. 4 de l'arrêt de 1777 suppose un fait personnel et volontaire dont l'exécution suffit par elle-même pour constituer la contravention; cet article ne peut donc s'appliquer lorsque l'encombrement du lit de la rivière n'est qu'une conséquence indirecte et imprévue d'un acte légitime. Dans ce cas, il peut y avoir contravention à l'art. 3 du même arrêt, mais seulement lorsque le particulier responsable du préjudice dont il est l'auteur involontaire se refuse à le réparer (V. *Rép.* v° *Voirie par eau*, n° 242). Il a été jugé : 1° que le fait, de la part d'un acquéreur de navire coulé à fond dans un port y formant écueil et obstacle à la navigation, de n'avoir pas obtempéré à la mise en demeure du capitaine du port de retirer ce navire de l'endroit où il a été coulé, constitue une contravention aux lois et règlements sur la police de la grande voirie et des ports maritimes de commerce (Cons. d'Et. 11 mai 1870 (1). V. dans le même sens : Cons. d'Et. 15 juin 1870, aff. Grenet, *Rec. Cons. d'Etat*, p. 782). — Mais l'échouement d'un bateau ne constitue pas une contravention de grande voirie, lorsque l'accident n'est pas imputable au fait du conducteur, et que celui-ci a obtempéré aux ordres qui lui ont été donnés de

(1) (Lévy.) — Napoléon, etc.; — Vu l'ordonnance d'août 1781 (liv. 4); la loi des 19-22 juill. 1791; la loi du 29 flor. an 10; le décret du 16 déc. 1811; celui du 10 avr. 1812, et celui du 15 juill. 1854 sur les officiers et maîtres de port; — Vu l'arrêté de l'intendant civil de l'Algérie du 12 sept. 1832, portant règlement de la police des ports maritimes, notamment l'art. 31, qui ordonne à tous propriétaires, capitaines ou patrons des bâtiments coulés à fond dans les ports, de les relever dans le délai de huit jours, sous peine de saisie au profit des agents qui seront chargés par la direction des ports de les relever, et de 100 fr. d'amende; — Considérant qu'il résulte des procès-verbaux ci-dessus visés que le navire *Symmetry*, coulé à fond le 2 févr. 1868 dans le port d'Oran, y formait écueil et obstacle à la navigation et que le sieur Lévy, acquéreur de ce navire, n'a pas obtempéré à la mise en demeure qui avait été adressée le 2 mai 1868 par le capitaine du port au capitaine du *Symmetry* de le retirer de l'endroit où il avait été coulé, dans un délai de huitaine à partir du 6 mai 1868; — Que ces faits constituaient une contravention aux lois et règlements sur la police de la grande voirie et des ports maritimes de commerce; — Que d'après la loi du 29 flor. an 10, le décret du 10 avr. 1812 et l'arrêté du Gouvernement, en date du 9 déc. 1842, il appartenait au conseil de préfecture, chargé de prononcer sur la contravention constatée par les procès-verbaux ci-dessus visés, d'ordonner ce que de droit pour faire cesser ce dommage; — Que, dès lors, c'est avec raison qu'après avoir reconnu l'existence de la contravention, le conseil de préfecture a condamné le sieur Lévy à payer les frais des procès-verbaux, à faire disparaître l'obstacle à la navigation, formé par le navire *Symmetry*, et a décidé que, faute par lui de relever ce navire dans les quinze jours de la notification de cette condamnation, il y serait procédé par l'Administration; — que le sieur Lévy n'est pas fondé à prétendre qu'en vertu de l'art. 31 ci-dessus rappelé de l'arrêté, en date du 12 sept. 1852, portant règlement pour les ports d'Algérie, il n'est pas tenu d'opérer le relèvement; que ce soin incombe à l'Administration qui, pour couvrir les frais de l'opération, ne peut que laisser le navire coulé et faire procéder à sa vente; — Que cette disposition, qui a pour but de donner à l'Administration un gage pour assurer la réparation du dommage, n'a pu dispenser les contrevenants de parfaire la dépense, au cas où le prix de la vente du navire serait insuffisant pour pourvoir à la réparation du dommage... (Rejet.)

Du 11 mai 1870.-Cons. d'Et.-MM. de la Goupillière, rap.-Bayard, concl.-Costa, av.

faire disparaître immédiatement les débris échoués (Cons. d'Et. 30 janv. 1874, aff. Bichet, D. P. 75. 3. 16. V. dans le même sens: Cons. d'Et. 30 janv. 1874, aff. Chariot, D. P. 75. 3. 63; 15 janv. 1875, aff. Berck, D. P. 75. 3. 97); — 2° Que le refus par une compagnie de chemin de fer d'obtempérer à l'injonction d'enlever du lit d'un contre-fossé d'un canal navigable les terres d'éboulement provenant des remblais de la voie ferrée constitue une contravention de grande voirie (Cons. d'Et. 13 mai 1887, aff. Comp. du chemin de fer du Nord-Est, D. P. 88. 3. 91). — Jugé aussi que l'art. 4 de l'arrêt du conseil du 24 juin 1777 qui défend, sous peine de contravention, de jeter dans les rivières navigables rien qui puisse en embarrasser le lit, n'est pas applicable au cas où un éboulement de la rive a été causé par des irrigations qu'un riverain a pratiquées dans sa propriété; que l'art. 3 du même arrêt, qui enjoint aux particuliers « d'enlever les empêchements étant de leur fait ou à leur charge dans le lit des rivières », ne peut être appliqué, alors qu'aucune mise en demeure d'opérer l'enlèvement n'a été faite par l'Administration (Cons. d'Et. 24 mai 1878, aff. Aguiré, D. P. 78. 3. 90. V. aussi Cons. d'Et. 30 juin 1876, aff. Gaudet, D. P. 76. 3. 103).

479. Les rivières flottables en trains font partie de la grande voirie (V. *suprà*, nos 49 et suiv.). — Jugé : 1° que l'établissement non autorisé d'un barrage dans le lit d'un cours d'eau flottable constitue une contravention que le conseil de préfecture est compétent pour réprimer et qu'il peut faire cesser en ordonnant la démolition des ouvrages, encore bien que le contrevenant se prétendrait propriétaire du terrain sur lequel il a construit, cette circonstance ne pouvant constituer une exception de nature à faire disparaître l'infraction (Cons. d'Et. 6 mars 1856, aff. Grand, D. P. 58. 3. 43); — 2° Qu'un cours d'eau compris dans le tableau des rivières flottables par trains et où le flottage n'a pas cessé d'être praticable ne change pas de caractère par suite de ce fait que, depuis l'ouverture d'un canal, le flottage a cessé d'être pratiqué; et que, nonobstant cette circonstance, il reste soumis à la servitude de halage; que, dès lors, le fait d'avoir planté des arbres à la distance prohibée par l'art. 7 de l'ordonnance du 12 août 1669 constitue une contravention de grande voirie (Cons. d'Et. 16 mars 1883, aff. Naquard, D. P. 84. 3. 117).

480. Les rivières flottables à bûches perdues, nous l'avons exposé *suprà*, nos 50 et suiv., ne font pas partie de la grande voirie. Jugé, en conséquence, que ce n'est point à l'autorité administrative, mais à l'autorité judiciaire qu'il appartient de statuer sur les poursuites intentées pour contravention aux dispositions de l'édit de décembre 1672 concernant les cours d'eau qui servent au flottage à bûches perdues des bois destinés à l'approvisionnement de Paris; que ces cours d'eau ne font point partie de la grande voirie, et, par suite, ne rentrent point dans la catégorie de ceux auxquels s'applique la loi du 29 flor. an 10 (Cons. d'Et. 13 déc. 1866, aff. Courot-Bigé, D. P. 67. 3. 82).

481. On a dit au *Rép.* v° *Voirie par eau*, n° 334, que la police des rivières navigables s'étend aux bras non navigables dérivés de ces rivières; que le conseil de préfecture est, dès lors, compétent pour connaître des contraventions commises sur ces bras, alors que la contravention intéresse la dérivation des eaux de la rivière, leur décharge ou leur hauteur (V. aussi *Rép.* n° 520; Cons. d'Et. 25 juin 1868) (1).

482. Les questions de compétence du conseil de préfecture en matière de contraventions aux lois concernant les rivages de la mer sont examinées vis *Domaine public*, nos 36 et suiv.; *Voirie par eau*; — *Rép.* v° *Domaine public*, nos 43 et suiv.

483. — II. CONTRAVENTIONS RELATIVES AUX ANTICIPATIONS ET DÉTÉRIORATIONS DES CHEMINS DE HALAGE (*Rép.* nos 530 à 532). — Les conseils de préfecture sont compétents, en vertu de la loi du 29 flor. an 10, pour réprimer les détériorations et anticipations sur les chemins de halage. — Jugé que le préfet a qualité pour adresser aux propriétaires riverains des cours d'eau affectés au flottage des bois destinés à l'approvisionnement de Paris, une mise en demeure de laisser sur les bords le chemin prescrit par l'ordonnance de décembre 1672, et d'enlever les obstacles qui s'opposent au passage des préposés au flottage; mais qu'il n'appartient qu'à l'autorité investie de la mission de réprimer les infractions aux dispositions de l'ordonnance, c'est-à-dire aux conseils de préfecture, de prescrire la suppression des obstacles laissés par les propriétaires, tels que haies, arbres, fossés ou constructions (Cons. d'Et. 12 févr. 1863, aff. Audebert, D. P. 63. 3. 78. V. *infrà*, v° *Voirie par eau;* — *Rép.* eod. v°, nos 123 et suiv.)

484. — III. CONTRAVENTIONS COMMISES SUR LES CANAUX DE NAVIGATION, TALUS ET FRANCS-BORDS (*Rép.* nos 533 à 538). — On a enseigné au *Rép.* nos 533 et suiv. (V. aussi *Rép.* v° *Voirie par eau*, nos 204 et 340 et suiv.) que les contraventions commises sur le lit, sur les eaux, sur les francs-bords et autres dépendances des canaux de navigation sont poursuivies et réprimées comme contraventions de grande voirie. — Il a été jugé : 1° que les contraventions aux dispositions d'un arrêté du préfet fixant le niveau des eaux dans un canal navigable qui traverse une vallée où ont été exécutés des travaux de desséchement échappent à la compétence du tribunal de simple police pour rentrer dans celle du conseil de préfecture, soit que cette fixation ait été faite dans l'intérêt de la navigation et de la conservation des berges du canal, soit qu'elle l'ait été en vue de la conservation des travaux de desséchement (Crim. cass. 13 juin 1873, aff. Delmer, D. P. 73. 1. 398. V. dans le même sens : Crim. cass. 8 mars 1872, aff. Grave, D. P. 72. 1. 160); — 2° Qu'une vanne placée par un agent de l'Administration dans l'intérêt du service de la navigation et en exécution des dispositions d'ordonnances de police à la tête du chenal de prise d'eau d'une usine alimentée par les eaux d'un canal de navigation (le canal Saint-Martin), constitue un ouvrage que le locataire de la chute d'eau de cette usine ne peut détruire ou dégrader sans commettre une contravention de grande voirie tombant sous l'application des art. 4; 11 et 24 de l'arrêt du conseil du 24 juin 1777 (Cons. d'Et. 6 mars 1869 (2); 24 juin 1887, aff. Min. trav. publ., D. P. 88. 3. 89). Mais il a été décidé que la juridiction administrative n'est pas compétente pour connaître des anticipations commises sur les dépendances

(1) (Millet.) — NAPOLÉON, etc.; — Vu l'art. 2 de la loi du 22 déc. 1789, le chap. 6 de l'instruction législative du 12-20 août 1790, la loi du 29 flor. an 10 et l'art. 538 c. nap.; — Considérant que la rivière de Marne est comprise, sur tout son cours dans le département de la Seine, au tableau des rivières navigables par bateaux annexé à l'ordonnance royale du 10 juin 1835 ; qu'aucun acte postérieur n'a opéré le déclassement du bras de cette rivière dit *bras de Gravelle*, et qu'en conséquence, ce bras est soumis, en ce qui concerne les mesures à prendre pour assurer le libre cours des eaux, à l'autorité du préfet de la Seine, comme la rivière elle-même ; qu'il appartient aux préfets, en vertu des lois ci-dessus visées, d'interdire les plantations sur les berges des rivières navigables, d'ordonner l'enlèvement de celles qui auraient été faites sans autorisation, et, en cas de refus d'obéir à ces injonctions, de déférer les contrevenants aux conseils de préfecture, par application de la loi du 29 flor. an 10 ; que, dès lors, les sieurs Millet et consorts ne sont pas fondés à nous demander d'annuler, pour excès de pouvoirs, l'arrêté du préfet de la Seine et la décision de notre ministre des travaux publics qui ont décidé que, s'ils voulaient conserver les plantations qu'ils avaient faites sans autorisation sur les berges du bras de Gravelle, ils étaient tenus de les recéper annuellement à leurs frais:

Art. 1er. La requête des sieurs Millet et consorts est rejetée.

Du 25 juin 1868.-Cons. d'Et.-MM. de Chazelles, rap.-Bayard, concl.-Fournier, av.

(2) (Guillemet.) — Vu la requête... pour le sieur Guillemet fils locataire de la chute d'eau des troisièmes et sixièmes écluses du canal Saint-Martin,... tendant à ce qu'il nous plaise annuler un arrêté du 3 nov. 1866, par lequel le conseil de préfecture de la Seine l'a condamné à 50 fr. d'amende pour contravention de grande voirie sur le canal Saint-Martin ; — Ce faisant et attendu que le fait d'avoir détruit la vanne d'arrêt qu'un agent du service de la navigation avait placée en tête du chenal de prise d'eau de l'usine du requérant, en violation des droits qui résultaient pour ce dernier du bail qu'il avait passé entre lui et la compagnie concessionnaire du canal Saint-Martin, et d'ailleurs, sans y être autorisé par aucune disposition réglementaire, ne saurait constituer une contravention aux règlements de la grande voirie, — relever le requérant de la condamnation prononcée contre lui ; — Vu les observations du ministre des travaux publics tendant

d'un canal d'irrigation, aucune disposition législative n'ayant rendu applicables aux canaux de cette nature les règles relatives à la protection des cours d'eau dépendant de la grande voirie (Cons. d'Et. 28 mai 1880, aff. Yvert, D. P. 81. 3. 23).

485. — IV. EAUX DE LA BIÈVRE. — L'arrêt du conseil du 26 févr. 1732, toujours en vigueur, a réglementé d'une manière générale la police des eaux de la Bièvre qui, à raison de sa situation spéciale, a été de tout temps distinguée des autres rivières non navigables ni flottables. Son régime a été définitivement fixé par l'arrêté du 25 vend. an 9 (*Rép.* p. 325). L'autorité préfectorale a, quant à la police, des pouvoirs à peu près analogues à ceux que l'arrêté de ventôse an 6 lui a conférés relativement aux rivières navigables. On a induit de ces dispositions exceptionnelles que cette rivière doit être considérée comme dépendant de la grande voirie, en ce sens que toutes les contraventions qui lui sont applicables doivent être réprimées administrativement. Il a été jugé que le fait de la part d'un riverain de la Bièvre d'avoir consolidé un mur en saillie sur la limite légale de la berge, alors que l'autorisation de conserver ce mur avait été soumise à la condition expresse de ne faire aucun travail confortatif, constitue une contravention de grande voirie de la compétence du conseil de préfecture (Comm. f. f. Cons. d'Et. 19 juill. 1871 (1); Plocque, *op. cit.*, t. 4, p. 363, n° 583).

Une ordonnance du 20 juill. 1840 a déclaré d'utilité publique les travaux à exécuter pour l'assainissement de la Bièvre dans l'intérieur de Paris. Il a été jugé : que cette ordonnance n'a ni modifié, ni étendu les obligations imposées aux riverains par les art. 26 et 42 de l'arrêt du conseil du 26 févr. 1732, relatifs, le premier à l'alignement des constructions, et le second à la largeur des berges; qu'en conséquence, et spécialement, le conseil de préfecture ne peut ordonner la suppression des supports et roues d'engrenage d'une machine à laver la laine établie par un riverain sans autorisation, mais en dehors des limites de la berge, telles qu'elles ont été fixées par l'arrêt du conseil précité, encore que ces supports et roues empiéteraient sur la largeur assignée à cette même berge par les plans approuvés par l'ordonnance de 1840 (Cons. d'Et. 5 juill. 1855, aff. Lemarinier, D. P. 56. 3. 18) ; — Que l'ordonnance de 1840 n'a pas eu pour effet d'aggraver les servitudes imposées aux riverains par les art. 26 et 42 de l'arrêt du conseil du 26 févr. 1732 (Cons. d'Et. 7 mai 1875, aff. Baudoux, D. P. 76. 3. 11). — L'arrêt du 19 juill. 1871 précité avait jugé qu'il y avait lieu de combiner les prescriptions de l'arrêt de 1732 avec l'ordonnance du 20 juill. 1840, et que les riverains étaient tenus de se conformer à l'alignement résultant de celle-ci. C'est avec raison, suivant nous, que le conseil d'Etat est revenu à sa première jurisprudence (V. Cons. d'Et. 22 déc. 1853, cité au *Rép.* v° *Voirie par eau*, n° 290). La servitude imposée aux riverains de ne pas construire sur leur terrain est une mesure trop exceptionnelle pour qu'elle puisse être établie ou approuvée autrement que par une disposition expresse qui n'existe pas dans l'ordonnance du 20 juill. 1840. — Jugé encore : que, d'après l'art. 42 de l'ar-

---

au rejet du pourvoi, par le motif que, quels que fussent les droits résultant pour le sieur Guillemet du bail passé entre lui et la compagnie du canal Saint-Martin, la vanne d'arrêt et sa clôture établies au-devant de sa prise d'eau, dans l'intérêt du service de la navigation constituaient des barrages que cet usinier ne pouvait détruire, sans commettre une contravention aux règlements de la grande voirie ; — Vu le procès-verbal de contravention dressé par le sieur Masson, piqueur du service municipal des travaux publics, attaché à l'entretien du canal Saint-Martin ; *duquel il résulte* que le sieur Guillemet fils a fait briser, ledit jour, par un de ses ouvriers, le cadenas fermant la vanne d'arrêt, qui venait d'être placée en tête du chenal de prise d'eau nécessaire à la navigation ; qu'il a fait relever la base de fermeture et arracher la vanne ; — Vu le rapport du préfet de la Seine, représentant la Ville de Paris, actuellement aux droits de l'ancienne compagnie concessionnaire du canal Saint-Martin ;... — Vu l'ordonnance d'août 1669 et l'arrêt du conseil du 24 juin 1777 ; — Vu les lois des 19-22 juill. 1791 ; 29 flor. an 10 ; 23 mai 1842 ; — Vu les ordonnances de police, en date du 25 oct. 1840, et 10 mai 1865, relatives à la navigation et à la police sur le canal Saint-Martin ; — Considérant qu'aux termes des ordonnances de police, du 25 oct. 1840 et du 10 mai 1865, rendues en exécution des arrêtés du Gouvernement les 19 vent. an 6 et 12 mess. an 8, l'enfoncement au-dessous du plan de flottaison des bateaux circulant sur le canal Saint-Martin peut atteindre 1m 90 ; — Qu'ainsi les nécessités de la navigation sur ce canal exigent une profondeur d'eau d'au moins 1m 90 ;

Considérant qu'il résulte du procès-verbal dressé par le sieur Masson, piqueur du service municipal attaché à l'entretien du canal Saint-Martin, que, le 26 mai 1866, le plan d'eau du deuxième bief de ce canal était à la cote de 1m 32, et que, pour le relever à la hauteur nécessaire au service de la navigation, le sieur Masson a invité le sieur Guillemet, locataire de la chute d'eau des cinquième et sixième écluses, à fermer momentanément le chenal de sa prise d'eau ; — Que, sur le refus de l'usinier, l'agent de l'Administration a procédé lui-même à cette opération en plaçant à la tête du chenal existant dans le mur de bordure du canal une vanne d'arrêt fermée par un cadenas ; — Qu'il n'est pas contesté que le sieur Guillemet a enlevé cette vanne après en avoir brisé la fermeture;

Considérant que ladite vanne, placée par un agent de l'Administration dans l'intérêt du service de la navigation, et en exécution des dispositions des ordonnances de police précitées, constituait un ouvrage que le sieur Guillemet ne pouvait détruire ou dégrader, sans commettre une contravention de grande voirie tombant sous l'application des art. 4, 11 et 24 de l'arrêt du conseil du 24 juin 1777 ; — Et que, pour dénier à l'acte qu'il a commis le caractère de contravention, ledit sieur Guillemet n'est pas recevable à soutenir que la fermeture de sa prise d'eau, dans l'intérêt de la navigation, était une atteinte portée au droit qu'il prétend avoir, en vertu de son bail, de jouir des eaux du canal à partir de la cote de 1m 50 :

Art. 1er. La requête du sieur Guillemet est rejetée.

Du 6 mars 1869.-Cons. d'Et.-MM. de Sandrans, rap.-de Belbeuf, concl.-Guyot, av.

(1) (Landéville.) — LE PRÉSIDENT DU CONSEIL, chef du pouvoir exécutif ;... — Vu l'arrêt du conseil, du 26 févr. 1732, portant règlement général pour la police et la conservation des eaux de la rivière de la Bièvre ; — Vu l'arrêté du 25 vend. an 9 et la loi du 14 flor. an 11 ; — Vu l'ordonnance royale en date du 20 juill. 1840, qui déclare d'utilité publique les travaux à exécuter, dans l'intérieur de Paris, pour l'assainissement des eaux de la Bièvre ; — Vu l'ordonnance royale du 13 janv. 1842, art. 13 ; — Vu l'arrêt du conseil du 27 févr. 1765 qui fait défense à tous particuliers propriétaires ou autres de construire ou reconstruire aucun édifice pour échoppes ou choses saillantes, le long des grandes routes, sans en avoir obtenu les alignements et permissions, à peine de démolition desdits ouvrages et de 300 livres d'amende; — Vu l'art. 29, art. 1er, de la loi 19-22 juill. 1791 ; — Vu la loi du 28 pluv. an 8 ; — Vu la loi du 29 flor. an 10, relative aux contraventions en matière de grande voirie ; — Vu la loi du 23 mars 1842, et celle du 21 juin 1865 ; — Vu l'art. 2 du décret du 2 nov. 1864 ; — Considérant que l'art. 26 de l'arrêt du conseil du 28 févr. 1732, portant règlement général pour la police et la conservation des eaux de la Bièvre, défend aux propriétaires riverains d'élever ou réparer aucun mur ou bâtiment le long de ce cours d'eau sans avoir pris l'alignement de la berge; que l'art. 42 du même arrêt fixe à quatre pieds de plate-forme sur les 6 pieds au moins d'empâtement la largeur des berges de ladite rivière; que l'ordonnance royale du 20 juill. 1840 qui a déclaré d'utilité publique les travaux à exécuter pour l'assainissement des eaux de la Bièvre dans l'intérieur de Paris et qui approuve les plans ayant servi de base à l'enquête préparatoire à laquelle il a été procédé en vertu de l'ordonnance réglementaire du 18 févr. 1834, fixe à 1m 50 pour la berge droite de la rigole des Gobelins la largeur de la zône où les constructions sont interdites ;

Considérant que le mur de la propriété du sieur Landéville longeant la Bièvre est en saillie sur la limite de la berge droite, qu'elle résulte de la largeur attribuée à celle-ci par ledit arrêt et ladite ordonnance; que par arrêté en date du 28 juill. 1868, le préfet de la Seine a autorisé le sieur Landéville à conserver le mur dont s'agit, à le surélever et à s'en servir pour appuyer des constructions nouvelles, mais à la condition expresse de n'y faire aucun travail de consolidation;

Considérant qu'il résulte de l'instruction que le mur dont il s'agit a été démoli entièrement depuis la base jusqu'au premier étage et reconstruit sur un fonds solide; qu'une allège de baie de fenêtre a été remplacée par un mur plein de maçonnerie de pierre de taille, que les chaînes formant le milieu des travaux ont seules été conservées et que les tableaux des baies ont été entièrement refaits à neuf;

Considérant que les travaux exécutés ont le caractère de travaux confortatifs et que, dès lors, c'est avec raison que le conseil de préfecture du département de la Seine a condamné le sieur Landéville à 16 fr. d'amende ainsi qu'à reculer le mur de sa propriété longeant la rive droite de la Bièvre à 1m 50 du bord de la cuvette de la rivière canalisée :

Art. 1er. La requête du sieur Landéville est rejetée.

Du 19 juill. 1871.-Comm. f. f. Cons. d'Et.-MM. Vergniaud, rap.-Laferrière, concl.-Bosviel, av.

rêt de 1732, les propriétaires ne peuvent construire sur la plate-forme qui doit former la berge de la Bièvre et dont la largeur est de quatre pieds (Arrêt précité du 7 mai 1875); — Que les propriétaires riverains de la Bièvre ne sont pas tenus de prendre l'alignement de la berge pour construire un mur ne joignant pas immédiatement la limite de la berge (Arrêt précité du 7 mai 1875); — Que la rivière de Bièvre étant soumise par les anciens règlements au régime de la grande voirie, il appartient au conseil de préfecture de statuer sur les contraventions à ces règlements (Cons. d'Et. 9 avr. 1886, aff. Charlot, D. P. 87. 3. 94. V. aussi Cons. d'Et. 16 déc. 1881, aff. Bercioux, *Rec. Cons. d'Etat*, p. 1020).

486. — V. EAUX SERVANT A L'ALIMENTATION DE LA VILLE DE PARIS. — Ces eaux dépendent du domaine public. Doivent elles être assimilées aux rivières navigables et font-elles partie de la grande voirie? La question est controversée (V. *Ville de Paris*; — *Rép.* eod. v°; Cons. d'Et. 1er déc. 1859, aff. Camus, *Rec. Cons. d'Etat*, p. 689; Plocque, t. 4, p. 365, n° 584).

CHAP. 10. — Compétence des tribunaux civils en matière de cours d'eau (*Rép.* n°s 539 à 574).

SECT. 1re. — COMPÉTENCE DES JUGES DE PAIX (*Rép.* n°s 539 à 547).

487. Les règles relatives à la compétence des juges de paix en matière de cours d'eau navigables ou non sont étudiées *suprà*, v^is *Action possessoire*, n°s 98 et suiv.; *Compétence civile des tribunaux de paix*, n°s 95 et suiv.; — *Rép.* v^is *Action possessoire*, n°s 368 et suiv.; *Compétence civile des tribunaux de paix*, n°s 255 et suiv.

SECT. 2. — COMPÉTENCE DES TRIBUNAUX A L'ÉGARD DES COURS D'EAU NAVIGABLES OU NON NAVIGABLES (*Rép.* n°s 548 à 574).

ART. 1er. — *Cours d'eau navigables et flottables* (*Rép.* n°s 548 à 554).

488. — I. APPRÉCIATION OU INTERPRÉTATION D'ACTES ADMINISTRATIFS (*Rép.* n° 549). — Lorsque le sens d'un acte émané de l'autorité administrative est contesté devant l'autorité judiciaire, celle-ci doit surseoir à statuer jusqu'à ce que l'interprétation en ait été donnée par l'autorité de laquelle émane cet acte. Mais l'autorité judiciaire, lorsque la contestation n'est pas sérieuse, lorsque le sens de l'acte ne présente en réalité aucune ambiguïté, n'est pas obligée de surseoir à statuer et peut faire l'application de l'acte. Ces principes dont l'application présente certaines difficultés sont exposés *suprà*, v° *Compétence administrative*, n°s 297 et suiv.; — *Rép.* eod. v°, n°s 226 et suiv. — Il a été jugé : 1° que lorsqu'une ordonnance a autorisé l'établissement d'une usine sur un cours d'eau navigable, à la condition que le maître de cette usine construirait en même temps une écluse sur ce cours d'eau pour ne pas nuire à la navigation, le riverain qui se prétend lésé par l'inexécution de la condition ainsi mise à l'autorisation de l'usine peut, dans son intérêt privé, en poursuivre l'exécution devant les tribunaux, alors, d'ailleurs, qu'il ne s'élève aucune difficulté sur l'interprétation de l'ordonnance (Req. 13 août 1855, aff. Papin, D. P. 55. 1. 423); — 2° Qu'il n'y a pas lieu de renvoyer préalablement à l'Administration l'interprétation des dispositions d'un arrêté préfectoral portant règlement d'un canal navigable, si ces dispositions sont claires, précises et sans ambiguïté (Cons. d'Et. 30 mai 1861, aff. Labbé-Gaudineau, D. P. 62. 3. 36); — 3° Que les tribunaux ne peuvent interpréter les règlements administratifs sur l'usage des eaux, lorsqu'ils présentent de l'obscurité et de l'ambiguïté; ils doivent appliquer ces actes et en assurer directement l'exécution, lorsque les dispositions qu'ils contiennent sont claires et précises, et que les contestations élevées par une partie sur leur sens et leur portée sont entièrement dépourvues de justification (Req. 26 juill. 1881) (1).

489. Les tribunaux, lorsque l'acte administratif présente de l'obscurité ou de l'ambiguïté, doivent déclarer leur incompétence d'office, puisque c'est une incompétence *ratione materiæ*, d'ordre public; ils doivent la déclarer, alors même que les deux parties s'opposeraient au renvoi; le moyen peut être produit pour la première fois devant la cour de cassation; il peut être présenté par celui qui a saisi les tribunaux civils ou a plaidé contre le sursis (V. *suprà*, v° *Compétence administrative*, n° 322).

490. — II. QUESTIONS DE PROPRIÉTÉ ET DE SERVITUDE (*Rép.* n° 550). — Les pouvoirs de l'autorité judiciaire, relativement aux questions de propriété que soulève la délimitation des cours d'eau navigables, ont été exposés *suprà*, n° 44, et v° *Compétence administrative*, n°s 218 et suiv. (V. aussi Schlemmer, *Annales des ponts et chaussées*, 1874). Sa compétence relativement aux questions de propriété des îles et îlots qui se forment dans le lit des fleuves, des alluvions et atterrissements, est étudiée v° *Propriété*; — *Rép.* eod. v°, n°s 532 et 559. — Il a été décidé à cet égard : 1° que le jugement qui ordonne une expertise pour vérifier le point de savoir si des actes de possession et, par exemple, la coupe de saules et osiers, ont eu lieu de la part du riverain sur sa propriété ou sur le talus de la rivière, au delà des limites de cette propriété, n'implique pas la mission de fixer les limites de la rivière et, dès lors, ne renferme pas un empiétement sur les attributions de l'autorité administrative (Req. 3 août 1852, aff. Lefranc, D. P. 54. 5. 151); — 2° Que l'autorité judiciaire est seule compétente pour statuer sur une contestation entre un particulier et l'État relativement à la propriété d'un terrain émergé du lit d'un fleuve, alors qu'il n'est pas contesté que ce terrain ne fait plus partie du domaine public, et qu'il s'agit uniquement d'appliquer en cette matière les art. 556 et 560 c. civ. et les règles de la prescription civile (Comm. f. f. Cons. d'Et. 14 déc. 1870, aff. Préfet de l'Isère, D. P. 72. 3. 48. V. aussi Civ. rej. 28 juill. 1869, aff. Barrien, D. P. 69. 1. 489; Rennes, 16 déc. 1879, aff. Letourneux, D. P. 81. 2. 191).

491. On a exposé au *Rép.* n°s 548 et suiv. que les difficultés concernant les droits de servitude concédés sur une rivière ou sur un canal sont de la compétence des tribunaux civils. — Il a été jugé : 1° que les contestations relatives à la validité des servitudes, que le propriétaire d'un canal de navigation construit en vertu d'une concession de l'Etat a constituées sur ce canal au profit de particuliers, sont de la compétence des tribunaux civils, et non de celle

---

(1) (Bernigaud C. Consorts Vaffier.) — LA COUR; — Sur le moyen unique du pourvoi, fondé sur la violation du principe de la séparation des pouvoirs, en ce que l'arrêt attaqué a refusé de renvoyer à l'autorité administrative l'interprétation de l'ordonnance, du 30 avr. 1845, alors qu'il y avait entre les parties contestation sur le sens et la portée des dispositions de cette ordonnance, et par suite nécessité de l'interpréter : — Attendu que, s'il est de principe que les règlements administratifs sur l'usage des eaux ne peuvent être interprétés par les tribunaux de l'ordre judiciaire, lorsqu'ils présentent de l'ambiguïté ou de l'obscurité, et s'il ne suffit pas, pour retenir la connaissance de ces difficultés, que les tribunaux affirment que les règlements ne présentent aucune incertitude, lorsque leur sens est réellement douteux et sérieusement contesté, il est certain, d'un autre côté, que les tribunaux doivent appliquer ces actes et en assurer directement l'exécution, lorsque les dispositions qu'ils contiennent sont claires et précises, et que les contestations élevées par une partie sur leur sens et leur portée sont entièrement dépourvues de justification; — Attendu que les dispositions de l'ordonnance du 30 avr. 1845, réglant le régime du moulin de Branges, sont si claires que les consorts Vaffier se sont bornés à réclamer l'exécution de ses prescriptions, sauf explications, modifications ou réserves; que leur sens et leur portée n'ont jamais été discutés ni contestés dans les conclusions prises par les parties, à l'occasion des nombreuses décisions interlocutoires intervenues pendant l'instruction de l'affaire, qui ont précisé les questions qu'elle soulevait, et préparé leur solution; que ce n'est qu'en appel, et subsidiairement, que le renvoi à l'autorité administrative a été demandé, à raison d'une difficulté prévue par un article spécial de l'ordonnance, dont le texte était clair et suffisant, à ce point qu'il est passé littéralement dans l'arrêt attaqué; que, dans ces circonstances, en rejetant la demande en renvoi sur le motif qu'il n'y avait pas lieu à interprétation, cet arrêt n'a point violé les règles sur la séparation des pouvoirs administratif et judiciaire;

Par ces motifs, rejette, etc.

Du 26 juill. 1881.-Ch. req.-MM. Bédarrides, pr.-Féraud-Giraud, rap.-Petiton, av. gén., c. conf.-Mazeau, av.

de l'autorité administrative, lorsqu'elles s'élèvent en dehors de toute intervention de l'État au nom du domaine public (Req. 7 nov. 1865, aff. Chemins de fer du Midi, D. P. 66. 1. 254); — 2° Qu'un usinier peut recourir devant les tribunaux civils, lorsque le règlement d'office intervenu à son préjudice le prive d'une faculté qu'il tenait d'un titre de droit commun, et notamment d'une servitude en vertu de laquelle les riverains étaient tenus de supporter les inconvénients résultant d'un niveau supérieur à celui qui avait été autorisé par le règlement d'office (Comm. f. f. Cons. d'Et. 14 août 1871, aff. Couillaud, D. P. 72. 3. 49).

492. La question de propriété des canaux a été traitée *suprà*, nos 125 et suiv., 153 et suiv. — Il a été jugé que la déclaration, par l'autorité judiciaire, qu'un canal est dans le domaine privé d'une commune n'implique pas contradiction avec les décisions de l'autorité administrative portant soumission de ce canal au régime des rivières navigables et flottables, et, dès lors, n'empiète pas sur les attributions de l'Administration (Req. 27 mai 1856, aff. Ville de Caen, D. P. 56. 1. 247). — Jugé encore: 1° qu'un canal, bien qu'il soit affecté à perpétuité au service public de la navigation, peut constituer une propriété privée entre les mains du concessionnaire, s'il a été concédé à ce titre par le Gouvernement; que, dès lors, ce n'est pas au conseil de préfecture, mais au jury d'expropriation, qu'il appartient de régler l'indemnité due à raison de celles des dépendances de ce canal, dont la dépossession vient à être consommée ultérieurement pour l'exécution d'autres travaux publics (Cons. d'Et. 10 avr. 1860, aff. Canal du Midi, D. P. 60. 3. 54); — 2° Que l'autorité judiciaire est seule compétente pour statuer sur une contestation relative à la détermination des droits des parties sur la propriété ou la jouissance des eaux d'un canal privé;... alors même qu'un arrêté municipal aurait prescrit l'établissement d'un barrage sur ce cours d'eau, si d'ailleurs cet arrêté, ne se rattachant à aucune des hypothèses qui peuvent justifier exceptionnellement l'intervention de l'autorité municipale en pareille matière, n'a aucun caractère administratif (Req. 10 janv. 1881, aff. Ville de Marseille, D. P. 82. 1. 206).

493. Il a été jugé que l'autorité judiciaire est seule compétente pour décider si les plantations établies à moins de deux mètres des bords d'un cours d'eau flottable à bûches perdues, sont soumises à la servitude d'élagage établie par l'art. 672 c. civ.; que, dès lors, est illégal l'arrêté par lequel le préfet prescrit aux riverains l'exécution des dispositions de cet article (Cons. d'Et. 12 févr. 1863, aff. Audebert, D. P. 63. 3. 78). L'Administration, du moment où elle entend seulement faire observer au profit de l'Etat les dispositions de l'art. 672 c. civ., ne peut qu'actionner les riverains devant les tribunaux ordinaires pour faire maintenir l'exécution de la servitude (V. *Rép.* v° *Voirie par terre*, n° 1370).

494. — III. Appréciation des titres des parties et de la destination du père de famille. — Conformément aux règles exposées au *Rép.* n° 551, il a été jugé: 1° que la ville qui fait des concessions sur les eaux dépendant du domaine public municipal agit, non pas comme pouvoir administratif proprement dit exerçant une part de la puissance publique, mais comme disposant d'une portion de son domaine; que, par suite, cette concession constitue une convention purement civile, dont l'interprétation est de la compétence exclusive de l'autorité judiciaire (Req. 4 juin 1866, aff. Flamenq, D. P. 67. 1. 34); — 2° Qu'il appartient à l'autorité judiciaire d'apprécier les titres et les faits de possession en vertu desquels un particulier se prétend propriétaire d'un cours d'eau artificiel; qu'en conséquence, l'Administration doit surseoir au règlement du partage des eaux entre les intéressés jusqu'à ce que cette question de propriété ait été résolue (Cons. d'Et. 24 juin 1870, aff. Bonvié, D. P. 71. 3. 82); — 3° Que l'autorité judiciaire est seule compétente pour statuer sur la demande d'un riverain tendant à obtenir, avec des dommages-intérêts, la reconnaissance, en vertu de titres intervenus entre les auteurs des parties, du droit de reconstruire sur son terrain d'anciens moulins et de prendre dans un canal, par préférence à une autre usine, le volume d'eau nécessaire à leur mise en jeu; qu'il en est ainsi, alors même qu'un décret, postérieur à l'introduction de l'instance, a réglementé la jouissance des eaux dudit canal entre les riverains, sauf aux juges à ne prescrire ni autoriser aucun acte de nature à porter atteinte à l'œuvre de l'Administration (Civ. cass. 13 févr. 1872, aff. Courouleau, D. P. 73. 1. 23).

495. — IV. Questions de dommages-intérêts entre riverains et au regard de l'Administration (*Rép.* nos 552 à 554). — Les tribunaux civils sont compétents pour connaître des actions en dommages-intérêts formées contre les concessionnaires de canaux, lorsque ces actions n'ont pas pour base l'exécution même des travaux de concession et ne nécessitent pas l'interprétation d'actes administratifs. Si le dommage dont la réparation est poursuivie a pour cause l'exécution même des travaux de concession du canal, l'action en indemnité est de la compétence des tribunaux administratifs, par application de la jurisprudence qui réserve à l'autorité administrative le droit d'apprécier le préjudice que l'exécution de travaux publics peut causer aux particuliers (V. Civ. cass. 29 mars 1852, aff. Pommier, D. P. 52. 1. 90, et la note).

L'inobservation des conditions de la concession peut de même donner lieu à des difficultés ressortissant de la juridiction administrative, si la contestation rend nécessaire l'interprétation des clauses du cahier des charges de cette concession. Il est, en effet, de règle que les tribunaux civils, toutes les fois que la décision qui leur est demandée dépend de l'interprétation d'un acte administratif, doivent surseoir à statuer jusqu'à ce que le sens de cet acte ait été fixé par l'autorité administrative (V. *suprà*, n° 488; Civ. cass. 27 févr. 1855, aff. d'Uzès, D. P. 55. 1. 295). — Il a été jugé que les tribunaux civils sont compétents pour connaître des actions en dommages-intérêts formées contre le concessionnaire d'un canal, par des propriétaires de bateaux naviguant sur ce canal, pour obstacle apporté à la navigation par l'inaccomplissement des conditions essentielles imposées à ce concessionnaire par le cahier des charges de la concession, et notamment par l'inobservation du niveau d'eau (Req. 30 avr. 1856, aff. Dubedat, D. P. 56. 1. 461). Dans l'espèce, il ne s'agissait ni de l'exécution de travaux publics, ni d'interprétation de l'acte administratif de concession (V. *suprà*, n° 412) — L'action en dommages-intérêts avait uniquement sa base dans la négligence de la compagnie concessionnaire à entretenir le niveau d'eau que le cahier des charges lui imposait, pour l'utilité du service de la navigation. Une rupture de la berge avait mis à sec ce canal, et les bateaux qui naviguaient s'étaient trouvés tout à coup dans l'impossibilité de continuer leur route: il y avait là, de la part de la compagnie concessionnaire, une simple faute commise dans l'exploitation du canal, et dont l'appréciation appartenait aux tribunaux civils, en vertu des règles du droit commun (V. comme application du même principe: Req. 13 août 1855, aff. Papin, D. P. 55. 1. 423, et la note). — Jugé encore: 1° que les tribunaux civils sont compétents, à l'exclusion de l'autorité administrative, pour connaître de l'action en dommages-intérêts formée à raison du dommage causé à des propriétés particulières par de fausses manœuvres d'agents de la compagnie concessionnaire d'un canal (le canal du Midi), non dans les travaux de construction de ce canal, mais dans son exploitation; et il n'importe que la compagnie concessionnaire excipe d'ordres de l'Administration pour justifier ces manœuvres, alors que les conclusions respectives des parties ne soulèvent aucune question d'interprétation de règlements ou d'arrêtés administratifs (Civ. rej. 17 nov. 1858, aff. Crispon, D. P. 58. 1. 469) (V. aussi Crim. rej. 23 févr. 1856, aff. Mortal, D. P. 56. 1.351); — 2° Qu'il n'appartient pas à l'autorité administrative, mais à l'autorité judiciaire, de connaître de l'action en dommages-intérêts intentée par les propriétaires riverains d'un canal navigable contre le concessionnaire de ce canal, à raison de dommages que leur a fait éprouver une inondation causée par la négligence qu'aurait mise ce concessionnaire à exécuter, dans la manœuvre des barrages, les prescriptions d'un arrêté préfectoral portant règlement dudit canal (Cons. d'Et. 30 mai 1861, aff. Labbé-Gaudineau, D. P. 62. 3. 36); — 3° Que les tribunaux civils sont compétents pour connaître de l'action en dommages-intérêts formée contre le concessionnaire des eaux surabondantes d'un canal par les riverains du cours d'eau qui alimente ce canal, afin de réparation du préjudice que la diminution d'eau résultant des abus de jouissance du concessionnaire cause à ces riverains; mais qu'ils ne peuvent ordonner les travaux nécessaires pour la réparation du préjudice causé; que, toutefois, l'arrêt qui charge des experts de faire connaître ces travaux ne peut être attaqué pour incompétence, une pareille décision ne liant pas le juge, et l'excès de pouvoir qu'il renferme n'étant de nature à servir de base à un pourvoi en cassation que contre l'arrêt définitif, si le même excès de pouvoir était de nouveau commis dans cet arrêt (Req. 29 juin 1859, aff. Darblay, D. P. 59. 1. 391).

496. Quant aux demandes en dommages-intérêts formées par les riverains pour dommages qu'ils éprouvent par suite de mesures autorisées par l'Administration, des distinctions sont nécessaires.

497. — 1° Lorsqu'un usinier commet un abus de jouissance qui ne tombe pas sous l'application de la loi pénale, ou n'exécute pas les conditions à lui imposées par l'acte administratif qui autorise son établissement, la partie lésée peut s'appuyer sur l'art. 1382 c. civ. et réclamer des dommages-intérêts; les tribunaux civils sont compétents. «Vainement, dit M. Plocque, t. 3, p. 218, n° 306, soutiendra-t-on qu'en décidant si un usinier a ou n'a pas satisfait aux clauses du décret ou de l'arrêté qui autorisait son établissement, l'autorité judiciaire excéderait la limite de ses pouvoirs; il ne s'agit, en effet, ni d'interpréter ni de modifier l'acte administratif qui est intervenu vis-à-vis de l'usinier; il s'agit uniquement d'en assurer l'exécution. Il est bien vrai que la plupart du temps les mesures ordonnées par le tribunal pour prévenir le retour des causes qui ont motivé le débat à lui soumis auront pour résultat de modifier la situation actuelle de la rivière et pourront même avoir une influence considérable sur son régime; mais ce ne sera là qu'une conséquence tout à fait accessoire de la décision intervenue et qui devra rester sans influence sur la détermination du juge compétent ». — Jugé: 1° que lorsqu'une ordonnance a autorisé l'établissement d'une usine sur un cours d'eau navigable, à la condition que le maître de cette usine construirait en même temps une écluse sur ce cours d'eau, pour ne pas nuire à la navigation, le riverain qui se prétend lésé par l'inexécution de la condition ainsi mise à l'autorisation de l'usine, peut, dans son intérêt privé, en poursuivre l'exécution devant les tribunaux, alors, d'ailleurs, qu'il ne s'élève à propos de cette condition aucune question d'interprétation, et obtenir, à défaut d'exécution, une condamnation à des dommages-intérêts (Req. 13 août 1855, aff. Papin, D. P. 55. 1. 423); — 2° Que l'autorité judiciaire est seule compétente pour statuer sur les contestations privées qui s'élèvent à raison de l'inexécution des règlements d'eau faits par l'autorité administrative; que, par suite, c'est avec raison que le conseil de préfecture déclare ne pouvoir connaître de l'action intentée par un usinier contre les riverains du cours d'eau qui alimente son usine, en suppression de travaux élevés dans le cours d'eau contrairement à des règlements, et en payement de dommages-intérêts pour le préjudice éprouvé; sauf le droit de l'Administration de pourvoir, dans un intérêt public, à l'exécution de ces règlements (Cons. d'Et. 1er sept. 1858, aff. Magnin, D. P. 59. 3. 59. V. aussi Req. 26 juill. 1854, aff. Currie-Seimbre, D. P. 55. 1. 338; Poitiers, 26 déc. 1855, aff. Guérin, D. P. 56. 5. 164). — L'autorité judiciaire serait encore compétente s'il s'agissait: d'un usinier qui lèverait sans nécessité ses vannes de décharge, de manière à diminuer la force motrice nécessaire au jeu des établissements supérieurs; d'un usinier dont le déversoir serait mal construit, les vannes de décharge insuffisantes, et dont l'établissement causerait, par suite, des dommages aux héritages voisins (Plocque, t. 3, p. 218, n° 306).

498. — 2° Si l'usinier s'est absolument conformé aux prescriptions de l'autorité administrative, et si néanmoins l'existence de son usine est une cause de préjudice pour les tiers, les parties lésées conservent-elles le droit d'agir contre lui devant les tribunaux civils? Il faut distinguer deux hypothèses:

Première hypothèse. — Les travaux dont on se plaint ont été prescrits par l'Administration, non point dans l'intérêt privé de l'usinier, mais dans un intérêt général et collectif. La demande en réparation du dommage ne peut alors être portée que devant l'autorité administrative; les tribunaux civils sont incompétents pour en connaître. — Jugé que les arrêtés préfectoraux qui, dans un intérêt de sécurité publique, prescrivent les mesures nécessaires pour prévenir les inondations dont une ville est menacée par le voisinage d'un cours d'eau, échappent au contrôle des tribunaux civils; que, par suite, l'autorité judiciaire commet un excès de pouvoirs, lorsqu'elle déclare cette ville passible de dommages-intérêts envers les particuliers auxquels l'exécution de tels arrêtés a causé un préjudice, en faisant refluer les eaux sur leurs propriétés; que l'indemnité qui peut être due aux usiniers auxquels ces travaux, qui doivent être considérés comme travaux publics, portent préjudice, doit être demandée aux conseils de préfecture (Civ. cass. 30 août 1865, aff. Ville d'Alais, D. P. 65. 1. 354).

499. Ces principes sont-ils applicables aux demandes en dommages-intérêts formées à l'occasion des prises d'eau qui sont pratiquées pour l'alimentation des gares de chemins de fer? (V. *Travaux publics*; — *Rép.* eod. v°, n°s 1146 et suiv.). Lorsque les travaux auxquels donne lieu la construction des chemins de fer ont été exécutés directement par l'Etat et par ses agents pour le compte des compagnies, la compétence administrative n'est pas douteuse (V. Cons. d'Et. 14 déc. 1865 (1); (Plocque, t. 3, p. 224, n° 309). Si les travaux ont été exécutés par les compagnies elles-mêmes, après qu'elles ont été mises par l'Etat en possession de la voie ferrée, la question est plus délicate. Dans un premier système, adopté par la cour de cassation, les tribunaux civils sont compétents pour connaître des actions en indemnité formées par des particuliers contre une compagnie de chemin de fer, à raison de prises d'eau pratiquées par cette compagnie dans l'intérêt de l'exploitation du chemin, au préjudice d'usines, ce préjudice, dont la cause est étrangère aux travaux d'établissement du chemin, ne pouvant être considéré comme un dommage résultant de l'exécution de travaux publics (Civ. rej. 10 août 1864, aff. Arcillon, D. P. 64. 1. 483; Req. 10 déc. 1866, aff. Bautruche, D. P. 67. 1. 496). « On part de cette idée, dit M. Plocque, t. 3, p. 224, n° 309, que toutes les fois que les compagnies de chemins de fer agissent, non comme représentants de l'Etat et chargées d'un service d'intérêt public, mais comme simples entrepreneurs de transports, elles ne sauraient revendiquer le bénéfice de la juridiction administrative. Or, dit-on, il ne faut réputer publics que les travaux dont l'exécution est, à titre de condition de l'entreprise, imposée par les devis et cahiers des charges; ceux-là seuls entraînent, quant à leurs suites contentieuses, la compétence des conseils de préfecture.

(1) (Chemins de fer de Paris à Lyon.) — NAPOLÉON, etc.; — Vu les lois des 28 pluv. an 8 et 16 sept. 1807; les ordonnances royales des 1er juin 1828 et 12 mars 1831; — Vu le décret du 25 janv. 1852; — Considérant que la demande des sieurs Jourdain, Pollet et Avize tendait à obtenir une indemnité à raison du préjudice que leur aurait fait éprouver l'établissement dans la rivière la Bourzaize, en amont de leurs usines, d'ouvrages destinés à dériver de cette rivière une certaine quantité d'eau pour les besoins de la gare de Beaune;

Considérant que les ouvrages dont se plaignent les requérants ont été entrepris par l'Administration au nom de l'Etat pour amener dans les réservoirs de cette gare l'eau nécessaire à l'alimentation des machines; qu'ainsi ils ont le caractère de travaux publics;

Considérant que, lorsqu'il est nécessaire, pour l'exécution d'un travail public, de modifier le régime des moulins et usines, c'est aux conseils de préfecture que d'après les lois ci-dessus visées des 28 pluv. an 8, art. 4, et 16 sept. 1807, art. 48, il appartient de rechercher si l'établissement desdits moulins et usines est légal, et de statuer sur l'indemnité qui peut être due aux propriétaires; que dès lors, c'est avec raison que le préfet du département de la Côte-d'Or a revendiqué pour l'autorité administrative la connaissance de cette demande:

Art. 1er. L'arrêté de conflit pris le 23 août 1865 par le préfet du département de la Côte-d'Or est confirmé. — Sont considérés comme non avenus, en ce qu'ils ont de contraire au présent décret l'exploit introductif d'instance, l'acte d'appel, les conclusions des parties, le jugement rendu par le tribunal civil de l'arrondissement de Beaune le 19 mai 1865, et l'arrêt de la cour impériale de Dijon en date du 11 août suivant.

Du 14 déc. 1865.-Cons. d'Et.-MM. Gaslonde, rap.-Faré, concl.-Choppin, av.

Il n'en est plus de même pour tous les autres travaux, dussent-ils être annexés à la voie ferrée; il est possible qu'ils soient utiles à l'exploitation de cette voie, qu'ils soient même indispensables pour qu'on puisse en tirer profit; mais ils ne sont pas constitutifs de la confection du chemin de fer, puisqu'ils ne sont pas de ceux qui ont été imposés par le cahier des charges; ils sont donc l'œuvre de l'entrepreneur de transports dont ils favorisent l'intérêt industriel, ils ne sont point celle d'un entrepreneur de travaux publics». — Le conseil d'État, par un arrêt du 28 janv. 1864 (aff. Meslin, D. P. 64. 3. 25), a décidé qu'une demande en indemnité formée par des propriétaires d'usines contre une compagnie de chemin de fer, et motivée sur ce que les usines éprouvaient une diminution de force motrice par suite de l'abaissement de niveau de la rivière, abaissement qui résultait de ce que la compagnie avait établi dans la gare un puits où elle effectuait des prises d'eau, devait être portée devant les tribunaux civils; la compagnie n'ayant pas agi comme entrepreneur de travaux publics, mais ayant fait acte de propriétaire et usé de sa propriété dans les conditions et selon les règles du droit commun. — « Si la compagnie avait établi une véritable prise d'eau au bord de la rivière, a dit M. Robert, commissaire du Gouvernement, dans ses conclusions sur cette affaire, si elle avait construit un barrage, des vannes, un ouvrage qui affecterait le cours d'eau par des signes apparents et qui se rattacherait au système général des dépendances de la voie, on pourrait y apercevoir le caractère d'un travail public; mais il ne s'agit que d'un puits ordinaire destiné à remplir le réservoir d'eau affecté au service des locomotives. Il est certain que l'eau est indispensable pour l'approvisionnement du chemin de fer; mais, d'un autre côté, il n'est pas douteux que les travaux et ouvrages faits par une compagnie pour se procurer un approvisionnement quelconque destiné à la marche des trains n'entraînent pas nécessairement avec eux la compétence administrative. Appartiendrait-il au conseil de préfecture de juger les contestations auxquelles donnerait lieu l'extraction des tourbes qu'une compagnie emploierait à faire chauffer ses machines? Creuser un puits dans un pré, c'est faire acte de propriétaire: se procurer l'eau ou tout autre approvisionnement utile ou même indispensable à la marche des trains, c'est pour une compagnie faire acte d'exploitant, non d'entrepreneur. » Le conseil d'Etat a déclaré la compétence judiciaire, parce qu'il s'agissait, dans l'espèce, d'un puits creusé dans un pré dont la compagnie était propriétaire. — En 1866, la question se présenta de nouveau, dégagée de cette circonstance, devant le conseil d'État qui, rejetant la théorie de la cour de cassation, a posé en principe que lorsque des travaux de dérivation des eaux d'une rivière ont été autorisés par l'Administration et entrepris par une compagnie de chemin de fer pour amener dans le réservoir d'une gare les eaux nécessaires à l'alimentation des machines, la demande en dommages-intérêts formée par les usiniers doit être portée devant le conseil de préfecture, les ouvrages exécutés formant une dépendance de la gare, et les travaux ayant, par suite, le caractère de travaux publics (Cons. d'Et. 15 déc. 1866, aff. Larnaudès, D. P. 67. 3. 84). M. Aucoc, commissaire du Gouvernement, avait parfaitement mis en lumière les vices de la jurisprudence opposée: il faisait remarquer que la prise d'eau n'avait pu être établie qu'en vertu d'une autorisation du préfet et, de suite, il s'attaquait à l'argument mis en avant par la cour de cassation. « Ces travaux, dit-on, n'étant pas prévus, n'étaient pas imposés à la compagnie par son cahier des charges: ils sont autorisés et non prescrits; ils n'ont donc pas le caractère de travaux publics, pas plus que les travaux qu'effectuerait la compagnie pour l'extraction de la houille destinée à l'approvisionnement de ses machines. Nous admettons bien que, en principe, il y a une distinction très marquée entre les travaux exécutés ou prescrits par l'Administration et les travaux exécutés par les particuliers en vertu d'une simple autorisation de l'Administration, mais nous croyons que, dans l'espèce, l'on n'a pas tenu compte d'une circonstance qui est capitale: c'est que les travaux de la conduite d'eau, du réservoir et du château d'eau, s'ils n'ont pas été prescrits par le cahier des charges, se trouvent en vertu d'une disposition de ce cahier des charges, incorporés aux ouvrages du chemin de fer dont ils forment une dépendance essentielle, et qu'ils devront faire retour à l'Etat à l'expiration de la concession. Ils ont donc nécessairement le même caractère que les travaux construits en exécution du cahier des charges. » « Nous dirons pour résumer cette discussion, dit M. Plocque, t. 3, p. 227, n° 309, que les deux circonstances que, d'une part, les travaux sont motivés par les besoins de l'exploitation et que, de l'autre, ils n'ont pas été prescrits ni même prévus par le cahier des charges de la compagnie, ne suffisent pas par elles-mêmes pour motiver la compétence judiciaire: il faut, de plus, que ces travaux ne soient point de nature à s'incorporer à la voie ferrée et ne constituent point un véritable complément des travaux de construction ».

500. — *Deuxième hypothèse.* — Lorsque le dommage dont se plaint la partie lésée résulte de travaux autorisés dans l'intérêt de l'usinier, les tribunaux ordinaires sont seuls compétents pour statuer sur la demande (V. *suprà*, n° 412). Les droits des tiers sont toujours réservés dans les actes qui autorisent les prises d'eau, alors même qu'ils ne contiennent pas une clause spéciale à cet égard; or ce droit des tiers, tenant à la propriété, ne peut être débattu que devant les tribunaux, quand il ne se rattache pas à un ensemble d'intérêts généraux (Plocque, *op. cit.*, t. 3, p. 227 et suiv., n° 310). — Jugé que les tribunaux civils sont seuls compétents pour connaître du préjudice que le riverain d'un cours d'eau a causé à un corriverain par l'effet de ses actes de jouissance sur ce cours d'eau, lorsqu'ils ont eu lieu en vertu, non d'un règlement d'eau dressé dans un intérêt général par l'autorité administrative et obligatoire pour tous les riverains, mais d'une permission particulière obtenue de l'Administration sous la réserve des droits des tiers (Req. 13 nov. 1867, aff. Ecoutin, D. P. 68. 1. 214).

501. L'usinier établi sur une rivière navigable qui se plaint du tort que lui cause une concession nouvelle est tenu de prouver l'existence régulière de son établissement. Son action ne serait pas recevable, si son usine n'était pas autorisée, quelle que fût d'ailleurs la durée de sa possession. L'existence d'un établissement non autorisé constitue une contravention aux règlements sur la grande voirie, et le fait que cette contravention aurait duré pendant plus de trente ans ne saurait la transformer d'un acte délictueux en un acte légal. Il n'y avait pas de jouissance privée régulière, donc il ne saurait y avoir d'indemnité pour privation de cette jouissance (Plocque, t. 3, p. 230, n° 311). Mais l'usinier n'est pas obligé de justifier d'un titre légal, s'il se borne à demander des dommages-intérêts à un particulier. Il jouissait régulièrement de la prise d'eau qui lui avait été concédée; aucune autre jouissance privée ne saurait se substituer à la sienne, sans indemnité. Le titre légal ne peut, en effet, être exigé de l'usinier lésé ou dépossédé que dans ses rapports avec l'Administration et lorsque l'indemnité réclamée pour diminution ou suppression de force doit être supportée par l'Etat (Cons. préf. Haute-Garonne, 24 nov. 1864, cité par Chauveau Adolphe, *Journal de droit administratif*, t. 13, p. 42).

502. Le propriétaire d'une usine autorisée peut être condamné à des dommages-intérêts au profit des tiers, lors même qu'il n'a commis aucune faute, et que, dans la construction de son établissement, il a pris toutes les précautions voulues, s'est strictement conformé aux prescriptions administratives, et ne s'est rendu coupable d'aucun fait d'imprudence. Sa responsabilité résulte du seul fait de l'existence de l'usine. Il devait, avant de solliciter l'autorisation administrative, s'assurer que son établissement tel qu'il le projetait, ne pourrait avoir aucune influence sur le régime des établissements antérieurs; à ce point de vue, il a manqué de prévoyance et s'est lui-même placé sous le coup de l'art. 1382 c. civ. Le droit de disposer des eaux que lui a concédé l'Administration n'est point un droit absolu; il n'existe que sous certaines réserves, et à condition de ne pas nuire à autrui (Batbie, t. 5, n° 369; Plocque, t. 3, n° 313, p. 233). — Jugé que les tribunaux civils sont compétents pour statuer sur l'action formée par le concessionnaire du droit de navigation sur un canal, contre un particulier qui a été autorisé par le préfet à pratiquer, pour les besoins de son industrie privée, une prise d'eau dans ce canal, à ses risques et périls, et sous réserve expresse des droits des tiers, ladite action tendant à obtenir la réparation du préjudice qui aurait été causé à la navigation par l'exercice de la prise d'eau (Poitiers, 3 mai 1880, aff. Foureau, D. P. 80. 2. 231).

503. Il a été jugé que le concessionnaire d'une prise d'eau peut être condamné à des dommages-intérêts, à raison d'actes accomplis par lui contrairement à l'obligation qui lui était imposée de ne pas nuire aux propriétés environnantes par les travaux d'établissement ou d'entretien de la prise d'eau et qu'aucune mise en demeure n'est nécessaire pour le rendre responsable du préjudice qui lui est imputé (Civ. cass. 2 mars 1875) (1).

504. Les tribunaux peuvent non seulement allouer des dommages-intérêts, mais encore ordonner la suppression des travaux autorisés dans un intérêt privé, lorsque ces mesures leur semblent nécessaires pour assurer le respect de droits antérieurement acquis. Cette solution, comme on le verra *infrà*, n° 511, a été définitivement admise par la jurisprudence. Les arrêts n'ont statué que relativement à des prises d'eau autorisées sur des rivières non navigables. Mais les mêmes raisons de décider existent à l'égard des rivières navigables. Ces cours d'eau ne sont, entre les mains de l'Administration, qu'un dépôt dont elle ne doit user que dans l'intérêt public. Elle ne peut déposséder un usinier qu'autant que les besoins de la navigation, de l'agriculture et de la salubrité l'exigent; elle n'a pas le droit de supprimer un établissement existant, uniquement pour transférer à un usinier nouveau la jouissance des eaux utilisées par un usinier antérieur. Les autorisations nouvelles qu'elle accorde dans un intérêt privé sont données sous la réserve du droit des tiers (V. Req. 14 mars 1870, aff. Lambert, D. P. 70. 1. 330). L'autorité judiciaire, en ordonnant la suppression des travaux ainsi autorisés, ne commet aucun empiètement sur le pouvoir administratif. L'Administration n'a statué que conditionnellement et pour le cas où l'acte émané d'elle ne viendrait pas se heurter contre le droit des tiers; en décidant que cette condition ne s'est point réalisée, les tribunaux n'annulent pas un acte administratif; ils ne font qu'en appliquer la lettre et l'esprit (Bourguignat, *op. cit.*, t. 1, p. 401).

505. L'autorité judiciaire, nous le disons *infrà*, n°s 510 et suiv., peut mettre obstacle à ce qu'un concessionnaire jouisse d'une concession d'eau qu'il a obtenue de l'Administration, au cas où cette concession porte atteinte aux droits d'un autre concessionnaire, c'est-à-dire empêche ce dernier de jouir de la propre autorisation qui lui avait été antérieurement accordée. Il en serait ainsi, par exemple, si la faculté accordée à un second concessionnaire de puiser une certaine quantité d'eau ne permettait plus au premier concessionnaire d'exercer son propre droit de puisage sur la quantité qui lui avait été personnellement et primitivement assignée. Dans ce cas d'atteinte à des droits antérieurement concédés, mais dans ce cas seulement, il est permis aux tribunaux d'arrêter les effets de la seconde concession, nonobstant les actes administratifs qui la consacrent. Si, au contraire, les deux concessionnaires trouvent à exercer, chacun en entier, le droit respectif qui leur a été octroyé, et qu'il ne s'agisse que d'une question de rivalité de vente entre eux, on ne voit pas comment les tribunaux pourraient intervenir. C'est auprès de l'Administration seule que les parties pourraient se pourvoir, afin de savoir s'il est dans ses intentions de maintenir concurremment les deux concessions rivales qui peuvent, en fait, et étant donné le caractère restreint de la clientèle, arriver à se nuire l'une à l'autre. — Il a été jugé que les décisions administratives qui ont déterminé la quantité d'eau qu'une compagnie peut puiser dans un fleuve en vertu d'une ancienne concession ne mettent aucun obstacle à ce que les tribunaux, nonobstant l'opposition d'un tiers, reconnaissent un droit de puisage plus étendu à cette compagnie, si celle-ci justifie avoir obtenu de l'administration compétente une concession nouvelle en outre de la première; qu'en conséquence, l'arrêt qui tient compte de la concession nouvelle ne porte atteinte, ni à l'autorité de la chose jugée par les décisions administratives afférentes à la concession ancienne, ni au principe de la séparation des pouvoirs; que les tribunaux refusent à juste titre de paralyser entre les mains d'une compagnie une concession d'eau qu'elle a obtenue de l'Administration, quand le tiers, lui-même concessionnaire, qui actionne cette compagnie, n'invoque que le préjudice pouvant résulter pour lui de la concurrence dans la distribution et la vente de l'eau, et n'allègue aucune atteinte portée à des droits régulièrement acquis; que le moyen pris de l'aggravation prétendue d'une servitude de conduite d'eau à travers un fonds manque en fait, quand aucune modification n'a été apportée dans ce fonds aux travaux de la canalisation primitive (Req. 25 juill. 1882, aff. Compagnie des eaux de Maisons-sur-Seine, D. P. 83. 1. 106).

506. — V. QUESTIONS DE NAVIGABILITÉ; USAGE DES EAUX; APPLICATION DES ACTES; CONFLITS D'INTÉRÊT PRIVÉ (V. *Rép.* n°s 554 et 555). — Les contestations de pur intérêt privé qui s'élèvent entre les riverains d'un cours d'eau sont de la compétence des tribunaux ordinaires. Cette règle a été fréquemment consacrée tant par la cour de cassation que par le conseil d'Etat, et elle est conforme à la doctrine des auteurs. — Jugé : 1° que l'autorité judiciaire est compétente pour connaître de l'action formée par le riverain d'un cours d'eau, à fin de destruction, avec dommages-intérêts, de travaux élevés à son préjudice sur ce cours d'eau par un coriverain, une telle action soulevant une contestation de pur intérêt privé (Req. 26 juill. 1854, aff. Currie-Seimbre, D. P. 55. 1. 338); — 2° Que lorsqu'une ordonnance a autorisé l'établissement d'une usine sur un cours d'eau navigable, à la condition que le maître de cette usine construirait en même temps une écluse sur ce cours d'eau, pour ne pas nuire à la navigation, le riverain qui se prétend lésé par l'inexécution de la condition ainsi mise à l'autorisation de l'usine, peut, dans son intérêt privé, en poursuivre l'exécution devant les tribunaux, alors, d'ailleurs, qu'il ne s'élève à propos de cette condition aucune question d'interprétation, et obtenir, à défaut d'exécution, une condamnation à des dommages-intérêts (Req. 13 août

---

(1) (Courtebourne C. l'Etat.) — LA COUR; — Sur le moyen unique du pourvoi, tiré de la violation des art. 1145 et 1382 c. civ. et de la fausse application de l'art. 1146 du même code en ce que l'arrêt attaqué a exigé une mise en demeure pour faire courir les dommages-intérêts résultant d'un fait qui constituait une infraction à une obligation de ne pas faire et même un quasi-délit : — En ce qui touche le chef de l'arrêt attaqué concernant les dommages-intérêts demandés à raison du préjudice souffert depuis le 2 août 1870 : — Attendu que la cour d'Angers se fonde, pour repousser les conclusions des demandeurs, sur ce que c'est par leur fait et par suite de leur opposition aux offres du génie militaire, que les travaux nécessaires pour remédier à l'état de choses dont ils se plaignaient n'ont pas été exécutés; — Qu'en décidant ainsi l'arrêt attaqué n'a pu violer aucun des articles ci-dessus visés; — Rejette sur ce chef le pourvoi; — Mais, en ce qui touche le chef du même arrêt, relatif aux dommages-intérêts réclamés pour préjudice éprouvé antérieurement au 2 août 1870 : — Vu les art. 1145 et 1146 c. civ.; — Attendu qu'il ressort de ces articles que le simple retard apporté par le débiteur à l'exécution d'une obligation de faire ne le rend, en général, passible de dommages-intérêts, que lorsqu'il a été mis en demeure, mais que sa responsabilité est immédiatement engagée par tout fait offensif accompli par lui en contradiction de l'obligation qu'il a contractée; que l'obligation de faire une chose emporte, en effet, virtuellement l'obligation de ne pas faire la chose contraire; — D'où il suit que le débiteur qui a fait un acte en opposition avec celui qu'il a promis commet une infraction de même nature que celle commise par le débiteur qui contrevient à une obligation directe de ne pas faire; — Attendu qu'il appartient à la cour de cassation d'apprécier le caractère légal et les conséquences juridiques des conventions et des faits dont l'existence est constatée par l'arrêt attaqué; — Que des conventions et des faits il résulte que les dommages-intérêts réclamés par les demandeurs avaient pour cause, non pas un retard apporté par les défendeurs à l'exécution d'une obligation de faire, mais bien des actes accomplis par eux contrairement à un engagement formel, une infraction à l'obligation qui leur était imposée de ne pas nuire aux propriétés environnantes par les travaux d'établissement ou d'entretien de la prise d'eau dont ils étaient concessionnaires; qu'aucune mise en demeure n'était, par conséquent, nécessaire pour les rendre responsables du préjudice qui leur était imputé; — Qu'en décidant le contraire, l'arrêt attaqué (Angers, 9 juin 1873) a faussement appliqué l'art. 1146 et expressément violé l'art. 1145 c. civ. ci-dessus visé;

Par ces motifs, casse, etc.

Du 2 mars 1875.-Ch. civ.-MM. Devienne, 1er pr.-Goujet, rap.-Charrins, av. gén., c. conf.-Bosviel et Nivard, av.

1855, aff. Papin, D. P. 55. 1. 423). — Jugé aussi que les tribunaux civils sont compétents pour statuer sur la demande que le riverain d'un cours d'eau navigable ou flottable, autorisé à faire exécuter des travaux destinés à protéger sa propriété contre l'action des eaux, dirige contre les propriétaires d'usines établies en aval, à l'effet d'obtenir de ceux-ci la mise en chômage de leurs usines et, par suite, l'abaissement du niveau de la rivière (Metz, 29 août 1866, aff. Duval-Rousseau, D. P. 66. 2. 212).

ART. 2. — *Cours d'eau non navigables ni flottables* (*Rép.* nos 556 à 574).

507. — I. PREMIÈRE PROPOSITION (*Rép.* nos 557 à 560). — On a exposé au *Rép.* nos 557 et suiv. les conséquences du principe que les tribunaux ne peuvent s'immiscer dans les actes administratifs concernant les cours d'eau non navigables ni flottables, qu'il ne leur est permis ni de les modifier, ni de les annuler ; et l'on a indiqué, notamment, que les règlements faits par l'autorité administrative sont obligatoires pour les tribunaux; que ceux-ci peuvent seulement en ordonner l'exécution, quand leur interprétation ne présente pas de difficultés. — Par application de ce principe, il a été jugé depuis la publication du *Répertoire* : 1° Que lorsqu'un arrêté du préfet dispose qu'un repère placé près de l'une des usines établies sur un canal « restera toujours accessible » aux particuliers intéressés à le surveiller, les tribunaux civils sont compétents pour statuer sur la question de savoir où sera pris, à travers le fonds sur lequel le repère est établi, le passage nécessaire à l'exercice de ce droit de surveillance, l'arrêté étant complètement muet quant à l'assiette de ce passage, et les juges civils n'ayant pas besoin, dès lors, d'en faire l'interprétation pour l'appliquer (Req. 21 avr. 1863, aff. Renouard, D. P. 64. 1. 288 ; — 2° Que lorsque, sur la demande d'un propriétaire d'usine en suppression d'une autre usine située en aval de la sienne et non autorisée par l'Administration, l'autorité judiciaire a ordonné une expertise à l'effet de vérifier l'influence de l'usine d'aval sur la marche de celle d'amont, se réservant d'ordonner la suppression ou la modification de la première au cas où elle nuirait à la seconde, cette décision ne portant atteinte à aucun acte administratif et ne faisant pas obstacle à l'exercice du droit de police de l'autorité administrative, il n'y a pas lieu, par le préfet, d'élever le conflit d'attribution (Cons. d'Et. 24 juill. 1856, aff. Robo, D. P. 57. 3. 17) ; — 3° Que l'autorité judiciaire est seule compétente pour statuer sur les contestations privées qui s'élèvent à raison de l'inexécution des règlements d'eau faits par l'autorité administrative; que, par suite, c'est avec raison que le conseil de préfecture déclare ne pouvoir connaître de l'action intentée par un usinier contre les propriétaires du cours d'eau qui alimente son usine, en suppression de travaux élevés dans le cours d'eau contrairement à des règlements, et en payement de dommages-intérêts pour le préjudice éprouvé,... sauf le droit de l'Administration de pourvoir, dans un intérêt public, à l'exécution de ces règlements (Cons. d'Et. 1er sept. 1858, aff. Magnin, D. P. 59. 3. 59); — 4° Que l'autorité judiciaire, saisie d'une action en destruction d'ouvrages établis par le propriétaire d'une usine, sur un cours d'eau dont ces ouvrages auraient pour effet de modifier le régime, doit, lorsqu'une demande en réglementation de ce cours d'eau est en même temps soumise à l'Administration, surseoir à statuer jusqu'au règlement à intervenir et jusqu'à la solution administrative des difficultés se rattachant à la police des eaux et de l'interprétation de l'acte de concession en vertu duquel auraient été faits les ouvrages qui forment l'objet de l'instance engagée devant elle ; que les juges ont en ce cas la faculté de surseoir à prononcer jusqu'au même règlement, sur les questions de propriété et de servitudes également engagées dans l'instance, quoique la décision n'en soit pas subordonnée à ce règlement, si le sursis a été ordonné sans rien préjuger sur le sort du litige, et pour éviter aux parties des voies d'instruction onéreuses que pourraient remplacer les vérifications de l'Administration (Req. 26 nov. 1862, aff. Galtier, D. P. 64. 1. 224) ; — 5° Que lorsqu'un décret délibéré en conseil d'Etat a réglementé, en vue d'une distribution plus profitable à l'intérêt général, l'usage des eaux courantes d'une rivière, de ses affluents et de ses dérivés, les prescriptions qu'il édicte et celles prises par le préfet en vertu d'une délégation énoncée audit décret, se substituent de plein droit à tous les modes de jouissance qui ont pu appartenir jusque-là aux riverains, soit en vertu de l'art. 644 c. civ., soit en vertu de titres ou de prescription ; que, par suite, le riverain poursuivi pour contravention aux dispositions du décret ou du règlement complémentaire pris par le préfet, et, par exemple, pour avoir irrigué ses prairies à des heures autres que celles fixées, ne peut utilement opposer comme exception sa qualité de propriétaire ou d'agissant aux droits du propriétaire du cours d'eau ou canal dont il a irrégulièrement employé les eaux (Crim. cass. 16 févr. 1872, aff. Syndicat de l'Iton, D. P. 72. 1. 384. V. aussi Crim. cass. 1er juill. 1859, aff. Bernardi, D. P. 59. 5. 137) ; — 6° Que l'autorité judiciaire est compétente pour faire exécuter, dans les limites de son droit et uniquement en vue d'un intérêt privé, une décision administrative; que, spécialement, elle peut ordonner certaines mesures relatives au curage d'un canal d'amenée et aux vannes établies en vertu d'un arrêté préfectoral, alors que ces mesures ne portent aucune atteinte à des dispositions réglementaires touchant la police des eaux et qu'elles ont pour unique objet de garantir les droits d'un riverain (Req. 19 janv. 1875, aff. Laugier, D. P. 75. 1. 377). — Mais il a été décidé que l'autorité judiciaire, bien que seule compétente pour statuer sur les questions de propriété qui s'agitent entre riverains relativement à l'usage des eaux, est tenue de respecter les règlements locaux et particuliers concernant cet usage, et spécialement les arrêtés administratifs qui, antérieurement au litige et dans un intérêt public, ont réglé le régime du cours d'eau et déterminé la forme et la dimension des ouvrages dont ils autorisaient la construction (Civ. cass. 2 août 1876, aff. Bottier, D. P. 77. 1. 351. V. dans le même sens : Req. 11 mai 1868, aff. de Béarn, D. P. 68. 1. 468). Jugé aussi qu'une cour d'appel excède ses pouvoirs et statue hors des limites de sa compétence, lorsqu'à l'occasion de difficultés survenues relativement aux dispositions d'un décret autorisant un usinier à tendre les eaux d'une rivière non navigable à 30 centimètres en contre-haut de son barrage, elle recherche le but et la portée de ces dispositions, et tire de cet examen, constituant une véritable interprétation, la conclusion que l'usinier ne peut, sans s'exposer à une action en dommages-intérêts de la part des riverains, se servir d'une hausse mobile pour tendre les eaux en contre-haut de son barrage (Civ. cass. 5 juill. 1881, aff. Viellard-Migeon, D. P. 81. 1. 462).

508. — DEUXIÈME PROPOSITION : *Propriété, Servitude* (*Rép.* nos 561 et 562). — Toutes les contestations dans lesquelles s'élèvent des questions de propriété et de servitude sont du ressort des tribunaux, pourvu que ces contestations soient étrangères à l'intérêt public (*Rép.* nos 561 et suiv.). Il a été jugé : 1° que c'est à l'autorité judiciaire qu'il appartient de statuer sur les contestations qui s'élèvent entre une ville, propriétaire d'un terrain situé le long d'un cours d'eau non navigable ni flottable, et un particulier également riverain de ce cours d'eau, au sujet de la propriété d'une voûte construite au-dessus du ruisseau dont il s'agit, ces contestations ne mettant pas en question les droits de police qui sont attribués à l'Administration en cette matière ; peu importerait que le litige pût soulever la question de savoir si le lit des cours d'eau non navigables est susceptible de propriété privée, car cette question est même purement judiciaire (Cons. d'Et. 8 avr. 1865, aff. Charlus, D. P. 66. 3. 6. V. aussi Civ. cass. 15 févr. 1860, aff. Millardet, D. P. 60. 1. 347) ; — 2° Que le fait par le propriétaire d'un moulin dont le bief n'est point séparé, même par les francs-bords, du terrain d'autrui, de déposer sur ce terrain des déblais provenant du curage de son bief, peut, quoiqu'en principe un tel dépôt soit permis, sauf indemnité, être considéré comme un trouble de nature à servir de base à une action possessoire, lorsque du séjour prolongé des déblais ainsi déposés, est résulté, pour le maître du terrain où ils ont séjourné, une privation de jouissance excédant les limites de la servitude qui lui est imposée; que l'action en répression du trouble ainsi causé par suite d'une opération de curage prescrite par l'autorité administrative, dans un intérêt général, soulève un débat purement privé n'ayant trait qu'au respect dû à la possession du maître du terrain et à la cessation du trouble, par suite, complètement étranger au régime des eaux du moulin et de la compétence des tribunaux civils (Civ. rej. 10 avr. 1865, aff. Falret, D. P. 66. 1. 117). Mais la juridiction administrative est compétente pour statuer sur les dommages qui sont la conséquence du curage, s'il était reconnu qu'il n'y a pas eu anticipation, ces dommages résultant de travaux publics (Cons. d'Et. 16 févr. 1853, aff. Burgade, D. P. 53. 3. 42; 3 août 1877, aff. Remery, D. P. 78. 3. 12. V. aussi Trib. confl. 13 mai 1876, aff. Ancel, D. P. 77. 3. 41). — Jugé aussi que l'autorité judiciaire est compétente pour statuer sur une contestation relative au maintien de la hauteur d'un barrage, alors surtout qu'une décision ministérielle, intervenue sur le recours dirigé contre un arrêté préfectoral qui avait fixé le niveau légal de la retenue d'eau, a renvoyé les parties à se pourvoir devant les tribunaux ordinaires, à l'effet d'établir les droits de servitude pouvant résulter à leur profit tant de la destination du père de famille que de la prescription (Orléans, 12 mai 1883, aff. de Chauvigny, D. P. 85. 2. 119).

509. — TROISIÈME PROPOSITION : *Entreprises sur les cours d'eau; Conventions ou concessions* (*Rép.* nos 563 et 564). — Sont de la compétence des tribunaux civils, ainsi qu'on l'a exposé au *Rép.* nos 563 et suiv., toutes les contestations qui s'élèvent entre riverains et usiniers, ou entre riverains ou usiniers et des tiers, à l'occasion d'entreprises sur les cours d'eau non navigables ni flottables, sur l'application, l'étendue et l'interprétation des conventions particulières qui existent entre eux, lors même que ces conventions dérogeraient à d'anciens usages et règlements, pourvu, toutefois, que ces entreprises ou conventions ne se rattachent qu'à l'intérêt privé des contractants. — Par application de ces principes, il a été jugé : 1° que c'est aux tribunaux ordinaires qu'il appartient de statuer entre les riverains d'un cours d'eau, et dans leur intérêt privé et exclusif, sur l'exécution de conventions même dérogatoires à l'ordonnance portant règlement de ce cours d'eau, et, par exemple, sur une contestation née de la transaction par laquelle un riverain a autorisé un autre riverain à élever la hauteur de la chute d'eau de son usine au-dessus du niveau fixé par l'ordonnance de concession de cette usine (Req. 16 avr. 1850, aff. Périer-Prévost, D. P. 50. 1. 152); — 2° Qu'il appartient à l'autorité judiciaire de connaître des contestations qui s'élèvent entre les propriétaires riverains des cours d'eau non navigables ni flottables au sujet des droits qu'ils prétendent avoir et des entreprises qu'ils peuvent commettre sur ces cours d'eau; qu'il lui appartient, par suite, d'apprécier également les actes et titres privés qui peuvent être produits au cours de ces contestations; qu'en conséquence, c'est à tort que le préfet revendique pour l'autorité administrative la connaissance d'une action par laquelle le demandeur se plaint de ce que le défendeur aurait indûment supprimé un ancien bras d'une rivière non navigable, et conclut à ce qu'il soit condamné à rétablir les lieux dans leur ancien état; et ce, alors même que ce dernier exciperait d'un acte de vente à lui passé par la commune avec l'autorisation de l'Administration (Cons. d'Et. 16 juin 1866, aff. Rabier, D. P. 68. 3. 43); — 3° Que les concessions faites par une ville sur les eaux dépendant du domaine public municipal constituent des conventions purement civiles, dont l'interprétation rentre dans la compétence exclusive de l'autorité judiciaire (Civ. rej. 15 mai 1872, aff. Ville de Carpentras, D. P. 72. 1. 178); — 4° Que l'autorité judiciaire est seule compétente pour statuer sur la demande d'un riverain tendant à obtenir, avec des dommages-intérêts, la reconnaissance, en vertu de titres intervenus entre les auteurs des parties, du droit de reconstruire sur son terrain d'anciens moulins et de prendre dans un canal, par préférence à une autre usine, le volume d'eau nécessaire à leur mise en jeu (Civ. cass. 13 févr. 1872, aff. Courouleau, D. P. 73. 1. 23); — 5° Qu'il appartient au chef du Gouvernement en conseil d'Etat de déterminer le sens et la portée d'actes de concession d'un canal; mais que, cette interprétation étant donnée, l'autorité judiciaire est compétente pour statuer sur les contestations auxquelles donne lieu l'exécution des obligations réciproques des concessionnaires et des usagers, et notamment pour décider si les travaux nécessaires pour alimenter la prise d'eau du canal doivent être exécutés par la compagnie propriétaire du canal (Cons. d'Et. 23 juill. 1868) (1); — 6° Que les tribunaux de

(1) (Compagnie du canal de Crillon.) — M. le commissaire du Gouvernement de Belbeuf s'est exprimé ainsi : « La prise d'eau, destinée à alimenter le canal de Crillon, a-t-il dit, est pratiquée sur la Durance, en aval de l'ancienne Chartreuse de Bompas : le conseil sait que, dans son cours torrentiel et capricieux, la Durance porte ses eaux tantôt d'un côté, tantôt d'un autre, à travers un vaste lit de 500 mètres de largeur; aujourd'hui le courant se rapprochera de la rive droite, demain de la rive gauche, dans deux jours on le trouvera au milieu de la rivière, pour revenir bientôt à son point de départ. — Or, dans le courant de 1860, à la saison de l'étiage, les eaux s'éloignent de la rive droite, l'alimentation du canal est en souffrance : le préfet autorise le syndicat à faire exécuter des travaux en rivière pour ramener à la prise le volume d'eau nécessaire aux irrigations, ajoutant que le montant de la dépense serait avancé par le syndicat au moyen d'un rôle de répartition et serait mis définitivement soit à sa charge, soit à celle de la compagnie, suivant le sort de l'instance qui allait être engagée. — Qui, de la compagnie ou du syndicat, doit supporter la dépense de 5000 fr. effectuée pour l'exécution des canaux d'appel autorisés par l'arrêté préfectoral du 3 août 1860? — En d'autres termes, la compagnie concessionnaire du canal est-elle tenue de faire exécuter en rivière les travaux nécessaires pour conduire, le cas échéant, à la prise du canal le volume d'eau nécessaire aux irrigations? — Ainsi se pose la question, que le conseil de préfecture a tranchée au profit du syndicat des usagers du canal de Crillon, contre la compagnie propriétaire de cet ouvrage. Mais malgré notre vif désir de terminer, dans l'intérêt de toutes les parties, une affaire déjà bien ancienne, malgré notre tendance à laisser la connaissance de l'ensemble de la contestation à la juridiction saisie dès l'origine, à la juridiction administrative, il ne nous paraît pas possible de ne pas faire entre ces deux autorités le départ de leurs attributions respectives : le jugement du fond de l'affaire, il est du ressort de l'autorité judiciaire; mais s'il est nécessaire de déterminer le sens et la portée des actes de concession émanés de l'autorité souveraine dans l'exercice de son pouvoir administratif, il n'appartient qu'à l'Empereur seul, en son conseil d'Etat, de donner cette interprétation. — Nous disons d'abord que l'autorité judiciaire est seule compétente pour prononcer sur le fond de la contestation. — Où serait, en effet, la base de la compétence administrative? Où trouver la disposition législative qui aurait dépouillé le juge du droit commun au profit du juge d'exception? — Vainement nous avons cherché à rattacher la difficulté actuelle à l'un des cas prévus par l'art. 4 de la loi du 28 pluv. an 8. Il ne s'agit pas, soit d'une difficulté entre un entrepreneur de travaux publics et l'Administration, concernant le sens et l'exécution des clauses de son marché : car le syndicat, bien qu'il soit nommé par l'Administration, n'est pas l'Administration, il ne représente que les usagers; soit de la réclamation des particuliers à raison des torts et dommages causés par une entreprise de travaux publics. Il n'est pas question, soit du règlement d'une indemnité, due à raison de terrains pris ou fouillés pour l'exécution d'un travail public, soit d'une difficulté en matière de grande voirie, soit du contentieux des domaines nationaux. Rien de tout cela dans l'espèce : c'est uniquement l'appréciation des droits et des obligations réciproques entre les propriétaires d'un canal d'arrosage et les propriétaires de terrains, qui, les uns en vertu de titres privés, les autres à raison de la situation de leurs immeubles, font usage des eaux pour l'irrigation de leurs terres. — Est-ce la loi du 16 sept. 1807? Mais cette loi ne contient aucune disposition applicable à la matière qui nous occupe. — Est-ce la loi du 14 flor. an 11? Mais la juridiction administrative n'a reçu, en vertu de l'art. 4 de cette loi, d'attribution qu'en ce qui concerne les contestations relatives au recouvrement des rôles, aux réclamations des individus imposés et à la confection des travaux, en tant que ces travaux ont été exécutés par l'Administration ou par les soins du syndicat et que le recouvrement en est poursuivi au moyen de rôles de répartition. — Peut-on soutenir, au moins, que l'autorité administrative, quand elle a fait concession du canal au duc de Crillon, a stipulé au profit de tous les arrosants présents et futurs, qu'elle représente l'ensemble des usagers et qu'à elle seule il appartient d'établir, de modifier et de régler les rapports existants ou à créer entre les propriétaires et les usagers du canal? Mais, d'un côté, une pareille dérogation aux principes généraux de la compétence ne peut se suppléer, elle doit être expressément écrite quelque part; d'un autre côté, parmi les arrosants, il en est qui, en vertu de titres de droit privé, irriguent leurs propriétés gratuitement ou à prix réduit; enfin le décret du 9 juin 1860, malgré la proposition des ingénieurs et la demande du ministre des travaux publics, s'est attaché à ne pas augmenter les obligations imposées aux propriétaires du canal par les titres de leur concession. — Nous tenons donc, avec votre jurisprudence, avec la pratique usitée notamment dans les départements du Midi, lorsqu'il s'élève une difficulté entre les riverains et les grandes associations d'irrigation ou de dessèchement, nous tenons que, dans les circonstances de l'affaire, à rai

l'ordre judiciaire sont compétents d'une manière générale pour connaître des difficultés qui s'élèvent entre les concessionnaires de l'Etat et les tiers, à l'occasion des traités d'intérêt privé qui interviennent à raison de l'exploitation industrielle d'une concession, qu'elle qu'en soit la nature; que, spécialement, ils sont compétents pour connaître de l'inexécution d'un accord intervenu entre le concessionnaire d'un canal d'irrigation et un propriétaire arrosant, qui est privé par le fait du concessionnaire du fonctionnement de la prise d'eau convenue entre les parties, et pour contraindre le concessionnaire à l'exécution des obligations qu'il a prises vis-à-vis de l'arrosant (Req. 19 janv. 1885, aff. Compagnie française d'irrigation, D. P. 85. 1. 97).

510. — QUATRIÈME PROPOSITION : *Cas où il n'existe ni titre, ni convention; Entreprises sur les cours d'eau* (*Rép.* nos 565 à 571). — L'autorité judiciaire est également compétente, ainsi qu'on l'a établi au *Rép.* nos 565 et suiv., pour connaître des contestations qui s'élèvent entre les propriétaires riverains des cours d'eau non navigables et non flottables, au sujet des droits qu'ils prétendent exercer et des entreprises qu'ils peuvent commettre sur ces cours d'eau sans qu'aucun titre ou aucune convention soit invoquée dans la cause (c. civ. art. 644 et 645; L. 15 avr. 1829; 25 mai 1838). — La jurisprudence a eu à faire de nouvelles applications de cette règle. — Ainsi il a été jugé : 1° que la prise totale des eaux d'un cours d'eau non navigable par le propriétaire supérieur, pour l'irrigation de sa propriété, même sans intention de nuire au propriétaire inférieur, constitue un abus qu'il appartient aux tribunaux de faire cesser en réglant l'usage des eaux entre les parties (Dijon, 1er déc. 1865) (1); — 2° Qu'il appartient à l'autorité judiciaire de statuer sur les contestations élevées entre deux communes

---

son de la qualité des parties, l'autorité judiciaire est seule compétente pour prononcer sur la contestation. — Mais il y a un préalable administratif, la décision de l'autorité judiciaire étant nécessairement subordonnée à l'interprétation des actes de concession. Or, le conseil de préfecture, en déterminant le sens et la portée de ces actes, a excédé les limites de sa compétence, puisqu'il n'appartient qu'à l'autorité souveraine, de laquelle ils émanent, de procéder à l'interprétation réclamée. D'autre part, le conseil de préfecture, en condamnant la compagnie à rembourser le prix des travaux exécutés en 1860, a également empiété sur les attributions de l'autorité judiciaire. A ce double point de vue, l'arrêté attaqué doit être annulé pour incompétence. — Arrêt.

NAPOLÉON, etc. ; — Vu l'arrêt du conseil d'Etat, en date du 16 sept. 1769, qui ordonne, sur la requête du duc de Crillon, que l'arrêt du conseil en date du 1er févr. 1763, qui avait autorisé le feu duc de Crillon, son père, à dériver les eaux de la Durance au-dessous de la chartreuse de Bompas, pour l'arrosage de ses propriétés, et que l'arrêt du conseil en date du 11 nov. 1766, qui avait autorisé un certain nombre d'habitants d'Avignon et du Comtat-Venaissin à dériver du canal la quantité d'eau nécessaire pour l'arrosage de leurs terres, aux offres qu'ils faisaient d'indemniser le duc de Crillon, seraient exécutés au profit du suppliant et de celui de ses enfants qu'il jugerait à propos de choisir; — Vu la délibération, en date du 7 août 1769, par laquelle le conseil de ville d'Avignon cède au marquis de Crillon le droit appartenant à la ville, d'après un chirographe du pape Benoît XIV en date du 23 sept. 1754, d'exproprier les terrains nécessaires pour l'établissement d'un canal d'irrigation destiné à desservir le territoire d'Avignon, aux clauses et conditions énoncées dans ladite délibération; ensemble les mémoires adressés au conseil de ville par le marquis de Crillon et annexés à ladite délibération; — Vu les lettres patentes, en date du 1er oct. 1769, par lesquelles le roi Louis XV, statuant sur une requête par laquelle le duc de Crillon exposait que c'était par erreur que son fils, marquis de Crillon, et le conseil de ville d'Avignon s'étaient crus en droit de prendre respectivement les engagements stipulés dans la délibération ci-dessus visée, autorise l'exposant à acquérir dans le territoire de la ville d'Avignon, les terrains nécessaires tant pour la dérivation des eaux de la Durance, que généralement pour la construction, solidité et direction de la conduite d'eau, à la charge de se conformer aux clauses et conditions de la délibération ci-dessus visée; — Vu les lettres patentes, en date du 23 oct. 1774, par lesquelles le roi Louis XVI confirme les arrêts ci-dessus visés et, y ajoutant, permet au duc de Crillon de dériver des eaux de la Durance au-dessous de la chartreuse de Bompas et de faire à cet effet au lit de ladite rivière les différentes ouvertures qui seront nécessaires pour conduire les eaux dans le territoire d'Avignon, et ordonne que ledit sieur de Crillon, ses hoirs, successeurs et ayants cause jouiront en pleine propriété de ladite permission; — Vu les ordonnances royales, en date des 5 avr. 1827 et 28 nov. 1837, portant règlement du canal Crillon ; — Vu notre décret, en date du 9 juin 1860, portant règlement dudit canal et constituant, parmi les usagers, une association syndicale; — Vu les lois des 18 pluv. an 8, 14 flor. an 11 et 16 sept. 1807; — Vu la loi des 16-24 août 1790;

Sur la question de compétence : — Considérant que les conclusions présentées au conseil de préfecture par le syndicat des usagers du canal Crillon et sur lesquelles il a statué par l'arrêté attaqué tendaient à faire décider : 1° que la compagnie, actuellement aux droits du duc de Crillon, était tenue, d'après les actes de concession ci-dessus visés, d'exécuter, même dans le lit de la Durance, les travaux nécessaires pour alimenter la prise d'eau de son canal; 2° que les travaux exécutés en 1860 étaient au nombre de ceux qui devaient ainsi être à sa charge ; — Mais considérant que, pour prononcer sur ces questions il était nécessaire d'interpréter les actes de concession qui sont émanés de la puissance souveraine dans l'exercice de son autorité administrative, et dont il n'appartient qu'à nous en notre conseil de déterminer le sens et la portée; et qu'après que cette interprétation aura été donnée, il n'appartiendra qu'à l'autorité judiciaire de prononcer sur les contestations auxquelles pourra donner lieu, entre les concessionnaires et les usagers, l'exécution de leurs obligations réciproques; — Qu'ainsi l'arrêté attaqué doit être annulé pour incompétence; — Sur l'interprétation des actes de concession : — Considérant que les lettres patentes du 1er oct. 1769, après avoir confirmé, en faveur du duc de Crillon, le droit précédemment accordé à son père, par les lettres patentes de 1763 et de 1766, de pratiquer une dérivation des eaux de la Durance, ont autorisé ledit duc à acquérir, sur le territoire de la ville d'Avignon, tout le terrain qui serait nécessaire tant pour la dérivation des eaux de la Durance que généralement pour tous les ouvrages de construction de la conduite d'eau, mais sous la condition expresse qu'il se conformerait aux clauses et charges portées dans la délibération du conseil de ville du 7 août précédent; — Que, d'après cette délibération ci-dessus visée et les documents qui y sont annexés, les eaux du canal devaient appartenir sans gêne et sans intermittence aux arrosants, qui pouvaient s'en servir à leur volonté; sans que le concessionnaire pût refuser la permission d'arroser à ceux qui se présenteraient pour avoir cette faculté en payant quarante sous par éminée; — Que l'engagement de fournir de l'eau à tous ceux qui en demandent comprend évidemment l'obligation non seulement de tenir le canal ouvert, mais aussi de prendre les mesures qu'exigent la disposition naturelle des lieux et le régime habituel de la Durance pour entretenir dans ledit canal la quantité d'eau qui serait jugée nécessaire pour les besoins des terrains que les usagers ont déclaré vouloir arroser, et dans les limites du volume que le concessionnaire est autorisé par l'Administration à dériver de la rivière :

Art. 1er. L'arrêté du conseil de préfecture du département de Vaucluse, en date du 16 févr. 1866, est annulé pour incompétence. — Art. 2. Il est déclaré que les lettres patentes du 1er oct. 1769 ont imposé au duc de Crillon et à ses successeurs l'obligation de prendre les mesures nécessaires, d'après la disposition naturelle des lieux et d'après le régime habituel de la Durance, pour entretenir dans le canal la quantité d'eau qui serait jugée nécessaire pour les besoins des terrains que les usagers ont déclaré vouloir arroser, et dans les limites du volume que le concessionnaire est autorisé par l'Administration à dériver de la rivière.

Du 23 juill. 1868.-Cons. d'Et.-MM. de Baulny, rap.-de Belbeuf, concl.-Hallays-Dabot et Larnac, av.

(1) (Neyraud C. Moncorgé.) — LA COUR ; — Considérant, en fait, que, propriétaires d'un moulin et de fonds situés au-dessous de la prairie d'Essiat appartenant aux consorts Neyraud, les époux Moncorgé soutiennent que ceux-ci jouissent d'une manière abusive du ruisseau de la Baleine qui traverse cette prairie, et qu'au moyen de barrages par eux établis, il y a quelques années, ils absorbent complètement les eaux au préjudice de l'usine et des fonds inférieurs, contrairement aux dispositions de l'art. 644 c. nap. ; — Que les consorts Neyraud soutiennent, au contraire, qu'investis d'un droit antérieur et principal comme propriétaires supérieurs, ils peuvent se servir des eaux pour l'irrigation de leur propriété sans autre limite que les besoins mêmes de cette irrigation, sauf à rendre le superflu au cours de la Baleine, si superflu il y a ; — Qu'en présence des prétentions respectives des parties, il convient de savoir s'il y a lieu entre elles à règlement d'eau; — Considérant, en droit, que si, aux termes de l'art. 641 c. nap., celui qui a une source dans son fonds peut en user à volonté, parce qu'il a sur elle un véritable droit de propriété, il en est autrement de ceux dont l'héritage borde une eau courante ou est traversé par elle; — Qu'ils n'ont sur cette eau, qui n'appartient à personne, et dont l'usage est commun à tous, qu'un simple droit de jouissance dont le mode est réglé par la loi (art. 644 et 714 même code) ; — Que l'un ne peut se servir de l'eau qu'à son passage, et que si l'autre peut la détourner dans l'étendue de son domaine comme possesseur des deux rives, c'est

au sujet de la jouissance d'eaux que l'une de ces communes prétend provenir d'une source dont elle est propriétaire, alors que l'autre réclame une partie de ces eaux en vertu d'anciens usages et de l'art. 643 c. civ.; que, par suite, est entaché d'excès de pouvoir l'arrêté préfectoral qui, en présence de ces contestations, a opéré entre lesdites communes le partage des eaux dont il s'agit (Cons. d'Ét. 3 août 1866, aff. Commune de Dorres, D. P. 67. 3. 81); — 3° Que l'autorité judiciaire est seule compétente pour statuer sur la contestation élevée, d'une part, entre la commune qui, en vertu de simples arrêtés préfectoraux, a opéré des travaux de dérivation des eaux d'une rivière dans un cours d'eau non navigable ni flottable et imposé une redevance pour les prises d'eau concédées à des particuliers, et, d'autre part, le propriétaire qui invoque son droit à l'usage de ce cours d'eau traversant son héritage pour refuser le payement de ladite taxe réclamée dans la même forme que les recettes municipales (Civ. cass. 6 mai 1874, aff. Béghin, D. P. 74. 1. 377-378. V. aussi Req. 10 janv. 1881, aff. Cayol, D. P. 82. 1. 206); — 4° Que s'il n'appartient qu'à l'autorité administrative de connaître des difficultés qui naissent à l'occasion des travaux prescrits dans l'intérêt public sur les cours d'eau non navigables ni flottables, l'autorité judiciaire est, au contraire, seule compétente pour statuer sur les litiges auxquels donnent lieu les travaux simplement autorisés sur la demande de particuliers dans un intérêt privé et sous réserve des droits des tiers (Req. 14 mars 1870, aff. Lambert, D. P. 70. 1. 330); — 5° Que l'autorité judiciaire est compétente pour reconnaître le droit d'un usinier, à l'encontre d'un autre usinier, à l'usage d'une pente d'eau déterminée (Trib. confl. 26 déc. 1874, aff. Turcat, D. P. 75. 3. 82). — Décidé encore qu'il appartient à l'autorité judiciaire d'ordonner certaines mesures relatives au curage d'un canal d'amenée et aux vannes établies en vertu d'un arrêté préfectoral, alors que ces mesures ne portent aucune atteinte à des dispositions réglementaires touchant la police des eaux et qu'elles ont pour objet unique de garantir les droits d'un riverain (Req. 19 janv. 1875, aff. Laugier, D. P. 75. 1. 377). Il s'agissait, dans l'espèce, de l'exécution d'un acte administratif, des mesures à prendre pour assurer cette exécution; mais le litige ne concernait que les intérêts purement privés des riverains d'un cours d'eau non navigable ni flottable: l'autorité judiciaire était donc compétente, même pour prescrire des mesures autres que celles qui résultaient de l'arrêté d'autorisation, à plus forte raison, pour ordonner l'exécution des mesures que cet arrêté avait lui-même imposées au permissionnaire.

511. — CINQUIÈME PROPOSITION : *Dommages-intérêts ; Suppression ou modification des travaux* (*Rép.* nos 572 à 574). — Nous avons expliqué *suprà*, nos 412 et suiv., que les arrêtés portant autorisation d'établir une prise d'eau d'irrigation ou une usine sur les cours d'eau non navigables ni flottables ne font pas obstacle à ce que les propriétaires riverains aux établissements desquels nuisent ces autorisations fassent valoir devant l'autorité judiciaire, seule compétente pour statuer sur les contestations d'intérêt privé, les droits qu'ils pourraient avoir acquis soit par titre, soit par prescription, à la jouissance des eaux et pour demander la réparation du préjudice qu'a pu leur causer l'exécution des travaux autorisés par les préfets (*Rép.* nos 572 et suiv.). La jurisprudence, depuis un certain nombre d'années, reconnaît même à l'autorité judiciaire le droit de prescrire la modification et la suppression des travaux autorisés par les préfets dans le cas où ces mesures lui semblent nécessaires pour assurer le respect de droits antérieurement acquis (*Rép.* nos 572 et suiv.). Plusieurs auteurs estimaient que les tribunaux civils étaient compétents pour ordonner la suppression des travaux autorisés par l'Administration, mais seulement lorsque la partie lésée justifiait qu'elle agissait en vertu d'un titre de droit commun, c'est-à-dire d'un titre existant en sa faveur en dehors de toute permission administrative; lorsqu'elle soutenait, par exemple, qu'elle avait sur les eaux un droit de jouissance exclusif à l'égard des autres riverains; que le concessionnaire n'était point le propriétaire des terrains sur lesquels devait s'élever l'usine; que ces terrains étaient grevés d'une servitude *non ædificandi;* que par une convention formelle l'usinier s'était engagé à ne pas établir de prise d'eau à tel endroit. C'était l'application pure et simple de cette règle que les questions de droit commun ressortissent exclusivement aux tribunaux civils. Que si le particulier lésé n'avait d'autre titre qu'une concession administrative antérieure, il ne pouvait demander qu'à l'autorité administrative la suppression des travaux autorisés qui lui portaient préjudice (V. notamment: Bourguignat, *op. cit.*, t. 1, p. 401. V. aussi dans ce sens: C. cass. Belgique, 11 juill. 1865, aff. Brunin-Roger, *Pasicrisie belge*, 1865. 1. 263). — La jurisprudence n'a pas admis cette distinction. Que la partie lésée jouisse en vertu du droit commun ou d'une concession administrative, les tribunaux ordinaires sont compétents pour ordonner la suppression des ouvrages autorisés dans un intérêt privé et en vue d'une possession individuelle; ce sont des questions qui n'intéressent que les particuliers entre eux et qui ne tiennent pas à l'ordre public; au contraire, l'Administration seule peut ordonner la suppression d'un ouvrage autorisé dans l'intérêt général.

Dans une affaire soumise à la cour de cassation et jugée par elle le 16 avr. 1873 (aff. Lassalle, D. P. 73. 1. 376), M. Nachet, conseiller rapporteur, a clairement indiqué les motifs qui ont dicté cette solution et fait modifier la jurisprudence antérieure. « Pendant une certaine période, a-t-il dit, la cour a tenu pour principe que l'autorité judiciaire, devant laquelle on réclamait contre l'établissement dans un intérêt privé d'un barrage construit en suite d'un arrêté préfectoral pris en vertu du pouvoir de police conféré par les lois du 22 déc. 1789 (sect. 3, art. 5, n° 6), et des 6-7 sept. 1790, mais au mépris d'un droit consacré par la loi ou par la convention, avait incontestablement compétence pour reconnaître et faire respecter ce droit, en condamnant l'auteur du barrage à des dommages-intérêts; mais que les tribunaux ne sauraient aller au delà, et prescrire soit la suppression, soit la modification du barrage, sans franchir les limites de leur compétence et attenter aux lois qui leur interdisent non seulement d'entraver l'exécution des actes de l'Administration, mais de les interpréter et de les contrôler. « Ne s'agit-il, disait M. Duplan, dans le rapport qui a précédé l'arrêt du 26 janv. 1841 (*Rép.* n° 430), que de dommages occasionnés par des travaux que l'Administration a autorisés, le pouvoir judiciaire est compétent. Mais s'agit-il de la modification des travaux, comme ce serait toucher à un acte administratif, l'Administration est seule compétente. » — L'arrêt qui consacre cette limitation des pouvoirs judiciaires est conforme à de précédents arrêts des 14 févr. 1833 et 2 juill. 1839 (*Rép.* nos 549-2° et 563-10°); et plusieurs autres ont consacré depuis cette jurisprudence (V. notamment: Req. 27 nov. 1844, aff. Gilbert, D. P. 45. 1. 215). De son côté, le conseil d'Etat avait admis la restriction consacrée par les arrêts de la cour et décidé que, si les tribunaux sont compétents pour accorder des dommages-intérêts aux parties lésées par des travaux autorisés, ils sont sans pou-

toujours à charge par lui de la rendre à la sortie de ses fonds, à son cours naturel; — Que telle est la condition imposée à l'exercice de cette faculté; — Qu'une telle condition repousse toute idée de privilège, et n'a jamais pu créer un droit absolu, une appropriation exclusive et complète de la chose dont chacun doit avoir la jouissance commune et successive, et destinée par la nature elle-même à l'utilité générale; — Qu'aux yeux du législateur la prise totale des eaux par le propriétaire supérieur, même sans intention de nuire au propriétaire inférieur, suffit pour constituer l'abus, et que les termes mêmes de la discussion au conseil d'Etat ne laissent aucun doute à cet égard; — Que si, dans certains pays de coutumes, plusieurs arrêts avaient reconnu cette faculté exorbitante au propriétaire supérieur, c'est précisément pour répudier cette doctrine, contraire au droit romain et à la jurisprudence presqu'universellement acceptée, et non moins funeste aux progrès de l'agriculture et de l'industrie, que l'art. 645 a été décrété et laissé aux tribunaux le soin de déterminer le droit de chacun par des règlements aussi variables dans leur mode et leur durée que les lieux, les temps et les circonstances; — Que cette interprétation, conforme au texte et à l'esprit de la loi, est la seule qui puisse concilier des intérêts rivaux et parallèles, et les respecter dans une juste mesure; — Que c'est donc à bon droit que les premiers juges ont ordonné un règlement entre les parties...; — Confirme.

Du 1er déc. 1865.-C. de Dijon, ch. civ.-MM. Neveu-Lemaire, 1er pr.-Simonnet, subst. proc. gén.-Lombard et Gouget, av.

voir pour ordonner la suppression de ces travaux (V. notamment : Ord. confl. 18 juill. 1838, et arrêts des 11 févr. et 6 mai 1829, 2 mars 1832, *Rép.* n° 552-4°, 421 et 422-5°). Cette jurisprudence ne distinguait pas encore les règlements dictés par l'intérêt général et les simples permissions que le respect de la police des cours d'eau impose l'obligation aux particuliers d'obtenir de l'Administration avant d'établir aucun ouvrage sur ces cours d'eau. Il suffisait qu'un travail fût permis par l'Administration pour que ce travail échappât au contrôle de l'autorité judiciaire. Celle-ci ne pouvait que prononcer des dommages-intérêts pour réparation du préjudice éprouvé. — « La jurisprudence nouvelle, a dit de son côté M. l'avocat général Reverchon dans l'affaire jugée le 16 avr. 1873, s'applique, en ce qui touche les travaux privés que l'Administration autorise, non seulement au droit d'allouer des dommages-intérêts, mais encore au droit d'ordonner la modification ou la destruction des ouvrages qui porteraient atteinte à des droits. Il n'en sera pas de même, on le sait, des travaux publics : lorsque l'Administration, par erreur ou autrement, fait exécuter un travail public sur un terrain qu'elle n'a pas régulièrement exproprié ou acquis à l'amiable, les tribunaux peuvent bien ordonner la discontinuation provisoire de ce travail, ils ne peuvent pas en ordonner la destruction (Cons. d'Ét. 30 déc. 1858, aff. de Novillars, D. P. 59. 3. 50; 11 avr. 1863, aff. Isnard, D. P. 63. 3. 39; 9 mars 1870, aff. Ville de Sens, D. P. 70. 3. 73). On a objecté que l'Administration qui concède un travail public ne l'ordonne pas, qu'elle se borne à l'autoriser, et que cependant les tribunaux ne peuvent pas plus prescrire la destruction d'un travail public concédé que d'un travail public ordonné ou exécuté par l'Administration; d'où l'on conclut qu'il n'y a aucune différence à faire entre l'un et l'autre. Mais cet argument s'arrête à la surface des choses ; il ne pénètre pas le sens, d'ailleurs complexe, du mot *concession*. Lorsque l'Administration, empêchée par des raisons financières, économiques ou autres, de pourvoir immédiatement, par elle-même, à un travail public, le concède à un particulier ou à une compagnie, elle ne délivre pas une simple permission de police ; elle remplit, sous une autre forme, le devoir légal qui lui incombe d'assurer l'exécution des travaux de ce genre : elle se substitue un représentant pour l'accomplissement de ce devoir, et elle ne se borne pas à lui accorder l'autorisation d'effectuer le travail concédé, elle lui en impose l'obligation formelle sous diverses sanctions, qui peuvent aller jusqu'à la déchéance de la concession. C'est si bien elle-même qui agit alors par l'intermédiaire de son concessionnaire, que celui-ci est armé du droit d'expropriation pour cause d'utilité publique, du droit de faire des fouilles et de prendre des matériaux dans les propriétés soumises à cette servitude, en un mot, des droits que les lois et règlements confèrent à l'Administration pour l'exécution des travaux publics. Il n'y a rien de semblable quant aux simples autorisations de police. Le permissionnaire agit pour son compte, non pour celui de l'Administration; aussi est-il pleinement libre d'user ou de ne pas user de la permission, et, s'il n'en use pas, l'Administration n'a ni intérêt ni qualité pour le contraindre à en user; aussi n'est-il pas non plus investi du droit d'expropriation. La distinction entre les travaux privés et les travaux publics, soit exécutés directement, soit concédés, subsiste donc tout entière. L'Administration, lorsqu'elle permet ceux-là, ne fait que constater que l'intérêt public n'aura point à en souffrir, et elle réserve virtuellement, même sans le dire, tous les droits des tiers, y compris, par conséquent, celui de demander aux tribunaux la suppression de ces travaux, s'ils portent, en effet, atteinte à un droit. »

512. Conformément à cette doctrine, il a été jugé : 1° que l'action exercée par le propriétaire d'une usine contre les constructeurs d'un pont élevé avec la permission de l'autorité administrative sur le cours d'eau qui lui fournit sa force motrice, à l'effet d'obtenir la cessation et la réparation du trouble qu'il prétend être apporté à son usage des eaux ne peut, comme relative à un intérêt purement privé, être jugée par l'autorité administrative ; alors qu'il est question non de contredire la permission administrative en vertu de laquelle il a été procédé à la construction du pont, mais simplement de faire apporter à cette construction les changements nécessités par les besoins de l'usine (Cons. d'Et. 12 janv. 1854, aff. Fournier, D. P. 54. 3. 26); — 2° Que l'autorité judiciaire est compétente pour connaître de l'action formée par le riverain d'un cours d'eau, à fin de destruction, avec dommages-intérêts, de travaux élevés à son préjudice sur ce cours d'eau, par un coriverain, et, par exemple, de travaux d'exhaussement d'une digue, une telle action n'impliquant pas la nécessité d'un règlement d'eau dans l'intérêt général, mais soulevant une contestation de pur intérêt privé (Req. 26 juill. 1854, aff. Currié-Seimbre, D. P. 55. 1. 338) ; — 3° Que l'autorisation donnée par l'Etat d'établir une usine et un barrage sur un canal, n'étant accordée qu'au point de vue des droits de police et de surveillance de l'administration supérieure, sans préjudice du droit des tiers, ne met pas obstacle à ce que les tribunaux ordonnent la destruction des travaux faits en vertu de cette autorisation, en maintenant un riverain en possession de la partie de la rive où ont été exécutés ces travaux (Civ. rej. 1er août 1855, aff. Chabert, D. P. 55. 1. 370) ; — 4° Que la demande formée par un usinier à fin de destruction avec dommages-intérêts de travaux exécutés par un autre usinier et ayant pour effet de faire refluer les eaux d'un cours d'eau non navigable ni flottable vers l'usine du demandeur, est, comme relative à un intérêt purement privé, de la compétence de l'autorité judiciaire (Poitiers, 26 déc. 1855, aff. Guérin, D. P. 56. 5. 164) ; — 5° Que le juge de paix est compétent pour statuer sur une action possessoire à fin de réintégration du demandeur dans la jouissance des eaux d'un cours d'eau non navigable ni flottable, même lorsque cette action tend à la destruction de travaux autorisés par l'Administration, si l'arrêté a été rendu sur la demande et dans l'intérêt privé du défendeur (Civ. cass. 22 janv. 1868, aff. Crapon, D. P. 68. 1. 197. V. dans le même sens : Civ. cass. 18 avr. 1866, aff. Bonnardon, D. P. 66. 1. 249) ; — 6° Que l'autorité judiciaire est seule compétente pour connaître de l'action en suppression d'un barrage construit par un riverain dans un cours d'eau non navigable, et qui porte atteinte aux droits d'autres riverains, alors même que son établissement a été autorisé par le préfet, si d'ailleurs il ne l'a été que sur la demande et dans l'intérêt unique du constructeur, et sous la réserve des droits des tiers (Cons d'Et. 18 nov. 1869, aff. Roquelaure, D. P. 71. 3. 83) ; — 7° Que s'il n'appartient qu'à l'autorité administrative de connaître des difficultés qui naissent à l'occasion des travaux prescrits dans l'intérêt public sur les cours d'eau non navigables ni flottables, l'autorité judiciaire est, au contraire, seule compétente pour prononcer sur les litiges auxquels donnent lieu les travaux simplement autorisés sur la demande des particuliers, dans un intérêt privé, et sous réserve des droits des tiers ; que par suite, la suppression des travaux de cette dernière sorte peut être ordonnée par les tribunaux pour faire droit aux réclamations des parties lésées (Req. 14 mars 1870, aff. Lambert D. P. 70. 1. 330. V. aussi Cons. d'Et. 7 mai 1871, aff. Charreau, D. P. 72. 3. 43) ; — 8° Que l'autorité judiciaire est compétente pour reconnaître le droit d'un usinier, à l'encontre d'un autre usinier, à l'usage d'une pente d'eau déterminée et pour ordonner la suppression des ouvrages qui avaient pour effet de le priver de cet usage, quand même l'établissement desdits ouvrages avait été autorisé par le préfet, s'il ne l'a été que dans l'intérêt privé du concessionnaire et sous la réserve des droits des tiers (Trib. confl. 26 déc. 1874, aff. Turcat, D. P. 75. 3. 82) ; — 9° Que les tribunaux peuvent ordonner, sur la plainte de la partie intéressée, la modification ou la destruction des travaux purement privés que l'Administration a autorisés, en vertu de ses attributions sur la police des cours d'eau non navigables ni flottables ; une telle décision n'a rien de contraire au principe de la séparation des pouvoirs (Req. 26 juin 1876, aff. Burgaud, D. P. 77. 1. 227) ; — 10° Que l'autorité judiciaire est compétente pour ordonner, sur la plainte des parties dont les droits sont lésés, la modification ou la destruction de travaux que l'Administration a autorisés dans un simple intérêt privé, en vertu de ses attributions sur la police des cours d'eau non navigables ni flottables ; qu'ainsi, un tribunal peut prescrire la démolition de travaux de surélévation d'un barrage autorisés dans l'intérêt privé d'un usinier, lorsque ces travaux empêchent un autre usinier d'utiliser complètement la chute d'eau dont il disposait avant leur exécution et portent ainsi atteinte à son droit de propriété (Req. 23 juill. 1879, aff. Lecouturier, D. P. 80. 1. 127. V. aussi Req. 16 avr. 1873, cité *suprà*, n° 511 ; 10 avr. 1883, aff. Commune de Muy, D. P. 84. 1. 322). — Jugé encore : 1° que l'autorité judiciaire est compétente pour ordonner, sur la plainte des parties dont les droits sont lésés, la suppression de travaux autorisés par l'Administration dans un cours d'eau non navigable ni flottable, en vertu de ses pouvoirs sur la police de ces cours d'eau, et sous la réserve des droits des tiers (Req. 6 juill. 1880, aff. Leconte Brizard, D. P. 80. 1. 445) ; — 2° Que les ouvrages effectués par une commune à l'effet de capter des eaux destinées à l'usage commun de ses habitants, n'ont pas le caractère de travaux publics, s'ils n'ont pas été régulièrement autorisés ; que, par suite, la juridiction civile est compétente pour ordonner la suppression de ces ouvrages dans l'intérêt d'un particulier reconnu légitime possesseur desdites eaux (Civ. cass. 15 mars 1881, aff. Commune de Vaison, D. P. 81. 1. 355). — Mais il a été décidé que l'autorité judiciaire ne peut ordonner la suppression d'un barrage qu'une commune a été autorisée à établir pour alimenter des lavoirs publics et faire disparaître une cause permanente d'insalubrité d'une partie de son territoire ; que, dans ce cas, le particulier qui se prétend privé d'une partie du volume d'eau auquel il a droit ne peut que demander une indemnité devant le conseil de préfecture (Cons. d'Et. 7 mai 1871 précité).

513. Lorsque l'autorité judiciaire a condamné un usinier à modifier des ouvrages en rivière, parce qu'ils portaient atteinte aux droits d'un autre usinier, il n'appartient pas à l'autorité administrative de faire rétablir ces ouvrages dans leur état ancien ; aucun ouvrage en rivière, pour une exploitation industrielle ou autre, ne peut exister qu'à la double condition de ne nuire ni aux intérêts généraux de la police des eaux, placés sous la sauvegarde de l'autorité administrative, ni aux droits privés, placés sous la protection de l'autorité judiciaire ; d'où cette conséquence que chacune de ces autorités doit s'incliner devant les interdictions émanées de l'autre, mais n'a pas à se préoccuper des autorisations accordées à un point de vue différent de celui auquel elle doit se placer (Cons. d'Et. 4 févr. 1876, aff. Turcat, D. P. 76. 3. 71).

CHAP. 11. — De la répression des contraventions, des délits et des crimes en matière de cours d'eau (*Rép.* nos 575 à 586).

514. — I. DES CONTRAVENTIONS SUR LES COURS D'EAU. — 1° *Constatations; Poursuites; Peines; Questions préjudicielles.* — On a énuméré au *Rép.* n° 576, et vis *Voirie par eau*, n° 363 ; *Voirie par terre*, n° 313, les agents qui ont qualité pour constater les contraventions sur les eaux. « Le terme général d'*agents de la navigation* dont s'est servie la loi de floréal an 10, dit M. Plocque, t. 4, p. 369, n° 586, laisse la plus large latitude à l'Administration. Ainsi, elle peut faire constater les contraventions aux règlements sur la voirie fluviale par les gardes et éclusiers attachés au service de la navigation intérieure, qui, par la nature de leurs fonctions, ne peuvent être assimilés à des gardes ou à des éclusiers ; il résulte *a contrario* de l'art. 24, § 2, du décret du 17 août 1853 (D. P. 53. 4. 224), que ce sont bien là des agents de la navigation dans le sens que donnait à cette expression la loi de floréal. Les éclusiers, pontiers et autres agents des ports maritimes de commerce, peuvent également, aux termes des art. 19 et 28 du même décret, être chargés de la surveillance de certains ouvrages dépendant de la voirie fluviale, ce qui arrive quelquefois dans le cas où une rivière navigable ne cesse de faire partie de la voirie fluviale qu'au point même où elle aboutit aux bassins d'un port ; ils ont évidemment qualité pour agir dans l'étendue de rivière confiée à leur surveillance. — Les gardes-pêche, quoique dépendant de l'administration des ponts et chaussées, se trouvent cependant placés dans une situation toute particulière, l'Administration ne leur ayant jamais reconnu le droit de constater les contraventions en matière de voirie fluviale. La question de leur capacité pouvait donner lieu à certains doutes ; car ce ne sont point là, le bon sens l'indique, des agents attachés au service de la navigation, sauf, toutefois, le cas où ces gardes-pêche ne sont autres que des cantonniers-chefs des ponts et chaussées, comme il arrive dans nombre d'endroits. « Les gardes-pêche, porte la circulaire de M. le ministre de l'agriculture, en date du 3 nov. 1865, ne sont pas compris dans la nomenclature des agents désignés par la loi et, en conséquence, dans l'état de la législation, ils ne seraient pas aptes à verbaliser en matière de grande voirie. On s'est demandé s'il n'y aurait pas utilité à leur conférer cette attribution, surtout en ce qui concerne les cours d'eau. Mais, après examen attentif de la question, l'Administration a pensé que ces gardes sont généralement chargés de circonscriptions assez étendues pour occuper exclusivement tout leur temps; qu'il serait à craindre que s'ils étaient autorisés à joindre à leur service principal un service accessoire, ils ne puissent s'occuper de celui-ci qu'au détriment de l'autre, et que pour quelques agents, cette mesure ne devînt une excuse plus ou moins fondée de leur négligence. Il a été décidé, en conséquence, que les attributions des gardes-pêche spéciaux ne seraient pas étendues, quant à présent, à la constatation des délits de grande voirie sur les cours d'eau. » — « En ce qui concerne les gardes-ports établis sur les voies navigables ou flottables du bassin de la Seine par le décret du 21 août 1852, on pourrait se demander, dit M. Plocque, t. 4, n° 586, s'ils ont, en principe, qualité pour constater les contraventions de voirie fluviale, l'art. 2 du décret semblant ne leur reconnaître ce droit que pour les contraventions commises dans l'étendue des ports dont ils ont la surveillance. « Les gardes-ports, dit cet article, recherchent et constatent, au moyen de procès-verbaux, les délits et contraventions commis sur les ports. » Nous n'en persistons pas moins dans l'opinion que nous avons déjà émise t. 4, n° 180 ; les gardes-ports, le bon sens seul l'indique, sont au premier chef des agents du service de la navigation ; le décret de 1852 n'a point eu pour effet de leur enlever cette qualité; s'il traite plus spécialement de leurs attributions dans l'étendue des ports, il n'a point voulu leur retirer tout pouvoir pour constater les contraventions commises sur les autres points de la rivière, pouvoir qui antérieurement leur était reconnu sans contestation. » — Quant aux agents nommés par les concessionnaires ou les particuliers, ils ne sont aptes à dresser des procès-verbaux que s'ils ont été commissionnés par l'Administration (V. *Rép.* v° *Voirie par eau*, n° 364).

515. L'art. 2 de la loi du 29 flor. an 10 oblige les fonctionnaires qui ne sont pas assermentés à prêter serment devant le préfet (*Rép.* n° 576). La loi du 23 mars 1842 relative à la police de la grande voirie (*Rép.* v° *Voirie par terre*, p. 209) n'a rien dit au sujet de la prestation de serment des cantonniers chefs. On en a conclu qu'elle peut avoir lieu conformément à la loi de floréal an 10, ou suivant tout autre mode consacré par les lois sur la grande voirie. Ainsi les maires, déjà investis par la loi du 13 août 1791 du droit de recevoir le serment des officiers préposés à la police des ports, pourraient également recevoir celui des cantonniers-chefs et autres agents inférieurs qui n'ont pas prêté serment en justice. L'administration admet, en conséquence, que le préfet peut déléguer le sous-préfet ou le maire pour recevoir le serment des cantonniers-chefs ; il est d'ailleurs bien entendu que, dans le cas où il s'agit de confier aux cantonniers-chefs la mission de dresser des procès-verbaux sur lesquels l'autorité judiciaire est appelée à statuer, ces agents doivent prêter serment devant les tribunaux ordinaires (Circ. min. 18 nov. 1864). La circulaire fixe à la somme de 3 fr. les droits d'enregistrement de la prestation des agents commissionnés pour la répression des délits de grande voirie (L. 22 frim. an 7, art. 68 ; Décis. min. fin. 2 août 1808). — Lorsqu'un agent est commissionné par l'Administration pour la surveillance d'un canton de rivière s'étendant sur deux ou plusieurs départements, il suffit qu'un seul serment soit prêté par cet agent. Jugé que, d'après les dispositions de l'art. 2 de la loi du 29 flor. an 10, les fonctionnaires et agents chargés de constater les contraventions de grande voirie doivent prêter serment en justice ou devant le préfet ; qu'aucune disposition législative n'oblige ces fonctionnaires et agents à faire cette prestation dans chacun des ressorts de justice ou dans tous les départements qui sont compris dans la circonscription où ils sont appelés à exercer leurs fonctions... » (Cons. d'Et. 11 févr. 1857, aff. Fichaux, *Rec. Cons. d'Etat*, p. 132). Dans l'espèce, comme le fait remarquer M. Plocque, t. 4, p. 374, n° 588, le serment avait été prêté par le garde-rivière devant l'autorité judiciaire du lieu de sa résidence; lorsqu'il s'agit d'agents assermentés, non plus en justice, mais devant l'autorité administrative, le serment pourrait être indifféremment prêté par eux devant tel ou tel des préfets dans les départements desquels ils sont appelés à verbaliser. En ce qui touche les gardes particuliers habilités par une commission spéciale à constater les contraventions en matière de grande voirie, le même auteur, t. 4, p. 375, n° 588, estime avec raison qu'ils doivent, à cette occasion, prêter un nouveau serment, quand même ils auraient été antérieurement assermentés; à leur caractère ancien vient se joindre désormais le caractère de fonctionnaires publics, et ils ne sauraient agir en cette qualité avant d'avoir satisfait au vœu de la loi.

516. Tout ce qui concerne les procès-verbaux est étudié v^is *Procès-verbal; Voirie par eau; — Rép.* v^is *Procès-verbal*, n°s 9 et suiv., 192 et suiv., 745 et suiv.; *Voirie par eau*, n° 365 (V. aussi Plocque, t. 4, p. 376 et suiv., n° 589; Aucoc, *Conférences sur le droit administratif*, t. 3, n°s 1133 et suiv.).

517. D'après la loi du 29 flor. an 10 (art. 3), le sous-préfet auquel est adressé le procès-verbal constatant la contravention peut ordonner par provision et sauf recours au préfet les mesures nécessaires pour faire cesser le dommage. On a exposé au *Rép.* v^is *Voirie par eau*, n° 367; *Voirie par terre*, n°s 314 et suiv., la portée de cette disposition et indiqué que, d'après l'opinion générale, le droit qu'elle confère au sous-préfet ne peut s'exercer qu'en cas d'urgence. « Le conseil d'Etat, dit M. Plocque, t. 4, p. 379, n° 590, a toujours refusé à l'Administration le droit d'ordonner arbitrairement la réparation de ce qu'elle qualifie de contravention, sans qu'il soit intervenu une décision judiciaire constatant qu'il y a réellement eu contravention. Ce serait supprimer la juridiction des conseils de préfecture devant lesquels aucune question n'arriverait entière, et qui forcément se trouveraient dans la plupart des cas réduits à sanctionner des arrêtés soi-disant provisionnels. » — Il a été jugé : 1° qu'il appartient aux conseils de préfecture de prononcer sur les contraventions de grande voirie; qu'en conséquence, est entaché d'excès de pouvoirs l'arrêté du préfet qui ne se borne pas à mettre en demeure les riverains d'un cours d'eau d'abattre les plantations qui croissent sur les rives, faute de quoi il serait procédé contre eux dans les formes prévues par la loi du 29 flor. an 10, mais qui décide que, faute par les propriétaires d'exécuter ses prescriptions, il sera procédé d'office à l'abatage des arbres; qu'il n'appartient pas au préfet de prendre cette mesure, alors que la contravention n'a pas été constatée par la juridiction compétente (Cons. d'Et. 2 juill. 1875, aff. Fouques de Wagnonville, D. P. 76. 3. 39); — 2° Que le ministre des travaux publics a qualité pour prescrire les mesures propres à assurer le libre cours des eaux; mais qu'il ne peut, sans commettre un excès de pouvoirs, ordonner des mesures répressives, alors que la juridiction compétente n'a pas reconnu la contravention, et notamment, au lieu de se borner à mettre un riverain en demeure d'enlever des plantations faites sur les îles situées sur les bords de la Loire, décider qu'à défaut de ce faire, il sera procédé d'office à l'abatage des arbres, alors que le conseil de préfecture n'a pas encore constaté la contravention (Cons. d'Et. 16 mars 1877, aff. de Rozières, D. P. 77. 3. 68).

518. Le conseil de préfecture applique les peines fixées par la loi et ordonne la suppression des ouvrages incriminés ainsi que le rétablissement des lieux dans leur état normal. Cette suppression est de droit, et le conseil ne saurait se dispenser de l'ordonner, alors même que, pour une raison ou une autre, il n'y aurait lieu soit à prononcer une peine contre le contrevenant, soit à recouvrer contre lui l'amende prononcée (*Rép.* v° *Voirie par eau*, n° 387). — Lorsqu'il intervient un décret d'amnistie portant remise de toutes les amendes encourues en matière de grande voirie ou pouvant l'être, à raison de procès-verbaux antérieurement dressés, le contrevenant n'en est pas moins tenu, ainsi que le fait remarquer M. Plocque, t. 4, p. 401, de réparer le préjudice causé et de procéder à la suppression de ces ouvrages; dans le second cas, les poursuites peuvent être continuées ou même commencées de manière à ce que le conseil ordonne, soit cette réparation, soit cette suppression. C'est ce qui aura lieu également au cas où la prescription serait acquise au contrevenant. Il a été jugé : 1° que la démolition de travaux effectués sans autorisation sur une rivière navigable peut être ordonnée par le conseil de préfecture, lors même que la prescription de l'amende est acquise (Cons. d'Et. 22 févr. 1850, aff. Sicard-Duval, *Rec. Cons. d'Etat*, p. 181); — 2° Que dans le cas où, à raison de la prescription acquise, aucune amende ne peut plus être prononcée contre l'auteur d'un dépôt effectué sans autorisation sur un terrain dépendant du domaine public, celui-ci n'en doit pas moins être condamné à faire disparaître ce dépôt et à supporter les frais du procès-verbal (Cons. d'Et. 19 janv. 1883, aff. Thirel, D. P. 84. 3. 72. V. dans le même sens : Crim. cass. 16 déc. 1858, aff. Lebaudy, D. P. 59. 1. 44; Cons. d'Et. 26 mai 1864, aff. Ville d'Amiens, *Rec. Cons. d'Etat*, p. 516; 11 févr. 1881, aff. Arlot, *ibid.*, p. 201). Par suite du même principe, bien que la peine soit éteinte par le décès du contrevenant, la réparation du dommage causé et la suppression des ouvrages pourront être poursuivies contre ses héritiers, ayants cause ou tous autres représentants (V. Cons. d'Et. 18 août 1857, aff. Marsaud, *Rec. Cons. d'Etat*, p. 676).

519. L'action publique appartient à l'Administration seule. Les particuliers ne peuvent assigner les contrevenants devant le conseil de préfecture (V. *Rép.* v° *Voirie par eau*, p. 369). M. Plocque, t. 4, p. 389, n° 591, estime cependant qu'ils peuvent, si les poursuites sont déjà intentées par l'Administration, se joindre à elle. Cette intervention, suivant lui, leur permettra d'obtenir une décision de principe les recevant intervenants, constatant leur situation, le préjudice dont ils souffrent, ce qui leur évitera un nouveau débat devant le tribunal civil chargé de fixer le quantum de l'indemnité qui peut leur être due (Plocque, t. 4, p. 380, n° 591).

520. Lorsque les actes de concession ne délèguent pas formellement aux concessionnaires des canaux de navigation le droit d'agir directement contre les contrevenants, les concessionnaires ne peuvent que transmettre les procès-verbaux à qui de droit, sans pouvoir saisir même la juridiction administrative. Le conseil d'Etat estime qu'il serait anormal de remettre l'action publique entre les mains de simples particuliers (V. *Rép.* v° *Voirie par eau*, n° 369; Plocque, t. 4, p. 381 et suiv., n° 591). — Il a été jugé que le concessionnaire d'un canal navigable n'a pas qualité pour poursuivre devant le conseil de préfecture la répression des contraventions commises sur ce canal ou ses dépendances, lorsque son acte de concession ne lui en donne pas le droit (Cons. d'Et. 24 janv. 1861, aff. Dupont, et aff. Michaux, *Rec. Cons. d'Etat*, p. 60. V. dans le même sens : Cons. d'Et. 25 juin 1857, aff. Coste, *Rec. Cons. d'Etat*, p. 523; 6 mars 1856, aff. Canal du Lez, D. P. 56. 3. 54; 30 déc. 1858, aff. Canal de Givors, D. P. 59. 3. 75; 4 août 1864, aff. Chemin de fer de l'Ouest, *Rec. Cons. d'Etat*, p. 735; 11 mai 1872, aff. Dudouet, *ibid.*, p. 297; 7 août 1874, aff. Duluat et comp., *ibid.*, p. 850). Jugé : 1° que la compagnie propriétaire du canal du Midi a qualité pour poursuivre la répression des contraventions de grande voirie commises sur le canal et sur ses dépendances (Cons. d'Et. 18 mai 1870, aff. Ville de Carcassonne, D. P. 71. 3. 88); — 2° Que le concessionnaire d'un canal d'irrigation n'a pas qualité pour déférer au conseil d'Etat un arrêté par lequel le conseil de préfecture a statué sur un procès-verbal de contravention de grande voirie, dressé à l'occasion d'une anticipation sur les dépendances du canal, et s'est déclaré, avec raison, d'ailleurs, incompétent (Cons. d'Et. 28 mai 1880, aff. Yvert, D. P. 81. 3. 23).

521. On a exposé au *Rép.* v° *Voirie par eau*, n° 372, les règles concernant les questions préjudicielles qui s'élèvent devant les conseils de préfecture en matière de voirie fluviale. La jurisprudence et la doctrine reconnaissent que si le contrevenant soutient qu'à l'endroit où a eu lieu le fait incriminé, la rivière n'était pas navigable, le conseil de préfecture saisi a le pouvoir de statuer sur cette question de navigabilité, qui est une question de fait (V. *suprà*, n° 38; Plocque, t. 4, p. 388, n° 595). Il a été jugé qu'il appartient au conseil de préfecture, saisi d'un procès-verbal de contravention aux règlements sur la navigation, de vérifier si la rivière où la contravention aurait été commise est soumise aux règlements des rivières navigables (Cons. d'Et. 28 mai 1880, aff. Pascal, D. P. 81. 3. 49).

522. La même solution est admise, lorsque le contrevenant soutient que le fait incriminé a eu lieu en dehors des limites de la rivière, qui n'ont point été déterminées administrativement. Le conseil de préfecture, saisi d'un procès-verbal de contravention, est compétent pour constater que le terrain où le fait a été commis fait partie du domaine public, alors même qu'il n'existe pas d'arrêté de délimitation. C'est l'application du principe que l'arrêté préfectoral n'a pour effet que de déclarer et de reconnaître les limites du domaine public; ce n'est ni un acte attributif, ni un titre constitutif de propriété; c'est la simple constatation d'un état de choses dans des circonstances déterminées (*Rép.* v° *Voirie par eau*, n° 373). En l'absence de tout arrêté de délimitation, si les contrevenants soulèvent devant le conseil de préfecture des questions de propriété, soutenant, par exemple, que le terrain où a eu lieu la contravention est un terrain d'alluvion et non un atterrissement ou un lit abandonné qui leur a été attribué par la loi à titre d'indemnité, ou une île qu'ils ont acquise par prescription, le conseil de préfecture doit surseoir à statuer jusqu'à ce que les tribunaux de l'ordre judiciaire aient tranché ces questions de propriété. Il n'en est ainsi toutefois que dans le cas où du jugement de ces questions dépend l'existence de la contravention (*Rép.* v° *Voirie par eau*, n° 375 ; Plocque, t. 4, p. 391 et suiv., n° 597). — Il a été jugé : 1° que le conseil de préfecture appelé à statuer sur un procès-verbal qui reproche à un riverain d'une rivière navigable d'avoir coupé des arbres sur un banc de gravier dépendant du lit de cette rivière est compétent, alors même qu'il n'existe pas d'acte de délimitation, pour constater si le banc de gravier litigieux fait effectivement partie du lit de la rivière; qu'on soutiendrait à tort que l'exception de propriété élevée par le prévenu rend nécessaire la fixation préalable, par l'autorité compétente, des limites de la rivière à l'endroit où est situé le banc de gravier (Cons. d'Et. 27 févr. 1862, aff. Miquel, D. P. 63. 3. 41); — 2° Que les terrains habituellement couverts par le plus grand flot d'hiver sont une dépendance de la mer ; que le fait d'y avoir planté des pieux et de les avoir défrichés constitue, indépendamment de tout arrêté de délimitation du préfet, une contravention de grande voirie; que, dès lors, c'est avec raison que le conseil de préfecture a refusé de s'arrêter devant l'exception de propriété soulevée par le contrevenant (Cons. d'Et. 27 mars 1874, aff. Barlabé, *Rec. Cons. d'Etat*, p. 308. V. aussi Cons. d'Et. 11 déc. 1874, aff. Beauchot, *Rec. Cons. d'Etat*, p. 988); — 3° Que lorsqu'un riverain, poursuivi pour avoir commis une contravention de grande voirie, en empiétant sur le rivage de la mer, soutient que le terrain est sa propriété, il appartient au conseil de préfecture, en l'absence d'acte administratif ayant opéré la délimitation de vérifier si, en fait, le terrain litigieux fait partie du rivage de la mer dans le sens de l'art. 1er du tit. 7 du liv. 4 de l'ordonnance d'août 1681 (Trib. confl. 13 mai 1876, aff. Ancel, D. P. 77. 3. 41); — 4° Qu'il appartient au conseil de préfecture, en l'absence de tout acte administratif ayant opéré la délimitation du lit d'un fleuve, de vérifier si un riverain, contre lequel a été dressé un procès-verbal de contravention de grande voirie a, en fait, construit sur un terrain dépendant du lit du fleuve, et si la construction qu'il a élevée constitue une contravention aux règlements sur le halage (Cons. d'Et. 27 juill. 1877, aff. Véron, D. P. 78. 3. 11); — 5° Que le fait d'effectuer des dépôts de matériaux et d'exécuter des travaux de remblai sans autorisation sur un terrain compris, par arrêté préfectoral, dans les limites d'un fleuve, constitue une contravention de grande voirie; que c'est avec raison que le conseil de préfecture refuse de s'arrêter devant l'exception de propriété soulevée par le contrevenant (Cons. d'Et. 10 mai 1878, aff. Vincent, *Rec. Cons. d'Etat*, p. 448. V. aussi dans le même sens : Cons. d'Et. 10 juill. 1880, aff. Domy, *Rec. Cons. d'Etat*, p. 660) ; — 6° Qu'il appartient au conseil de préfecture, saisi d'un procès-verbal de contravention aux règlements sur la navigation, de vérifier si la rivière où la contravention aurait été commise est soumise aux règlements des rivières navigables; que, dans le cas de l'affirmative, ces règlements sont applicables nonobstant tout titre privé et que, dès lors, c'est à tort que le conseil de préfecture surseoit à statuer jusqu'à ce que l'autorité judiciaire ait prononcé sur le droit de propriété dont se prévaut le contrevenant (Cons. d'Et. 28 mai 1880, aff. Pascal, D. P. 81. 3. 49); — 7° Que le dépôt effectué sans autorisation sur un terrain qui, d'après les constatations faites devant le conseil de préfecture, est habituellement recouvert par les plus hautes eaux navigables d'une rivière coulant à pleins bords sans débordement, constitue une contravention de grande voirie sur laquelle le conseil de préfecture doit statuer sans sursis, alors même que l'auteur du dépôt allègue être propriétaire de ce terrain (Cons. d'Et. 19 janv. 1883, aff. Thirel, D. P. 84. 3. 72); — 8° Qu'il en est de même du fait d'avoir coupé des herbes sur le talus d'une digue établie par l'Administration dans l'intérêt de la navigation et faisant partie du domaine public, même dans le cas où l'auteur de ce fait a soulevé une exception de propriété (Cons. d'Et. 13 avr. 1883, aff. Fleury, *ibid.*) ; — 9° Que le fait, par un riverain, d'avoir effectué des plantations sur un terrain susceptible d'être recouvert par les plus hautes eaux d'un fleuve coulant à pleins bords avant tout débordement constitue une contravention de grande voirie, alors même qu'il n'a été pris aucun arrêté de délimitation du lit du fleuve au droit du terrain dont s'agit (Cons. d'Et. 20 janv. 1888) (1). — Mais il a été décidé que lorsqu'un particulier, poursuivi pour avoir coupé des gazons, sans autorisation de l'Administration, sur le talus intérieur d'un chemin de halage, établi aux frais de l'Etat dans le lit d'une rivière navigable, soutient qu'il est propriétaire des terrains sur lesquels ont été coupés les gazons, aux termes d'un acte de vente nationale, le conseil de préfecture doit surseoir au jugement de la contravention et examiner si le terrain dont il s'agit a été, en effet, compris dans la vente (Cons. d'Et. 15 avr. 1869 (2); 15 avr. 1869, aff. Lambert, *Rec. Cons. d'Etat*, p. 371).

523. La même théorie s'applique-t-elle aux contraventions commises sur un canal ? Un procès-verbal est dressé contre un particulier pour avoir empiété sur les dépendances d'un canal qui n'a pas été délimité et pour avoir fait des coupes d'arbres sur le flanc des berges. Le contrevenant soutient que ces dépendances n'ont pas été acquises lors de l'établissement du canal et qu'elles sont sa propriété. Le conseil de préfecture doit-il surseoir à statuer jusqu'à ce que le tribunal ait tranché cette question ? L'affirmative ne nous paraît pas douteuse. Lorsqu'il s'agit de vérifier si un terrain ne faisant pas partie des ouvrages d'un canal creusé de main d'homme qui, à raison de leur caractère et de leur affectation, appartiennent nécessairement au domaine public, est compris dans les dépendances de ce canal, la solution

(1) (Bouly.) — LE CONSEIL D'ETAT; ... — Vu l'ordonnance d'août 1669, tit. 27, art. 42; — Vu l'arrêt du conseil du 24 juin 1777, art. 11; — Vu la loi des 19-22 juill. 1791, art. 29; — Vu la loi du 29 flor. an 10; — Vu la loi du 23 mars 1842; — Considérant qu'il résulte de l'instruction que les plantations d'arbres qui ont donné lieu au procès-verbal ont été faites sur un terrain susceptible d'être recouvert par les plus hautes eaux de la Seine coulant à pleins bords et avant tout débordement, et, par suite compris dans le domaine public; qu'en outre, lesdites plantations sont de nature à faire obstacle à la servitude de contre-halage; qu'ainsi le fait relevé à la charge de Bouly constitue une contravention à la fois aux dispositions de l'ordonnance d'août 1669 (tit. 27, art. 42), et à celles de l'arrêt du 24 juin 1777 (art. 11); que s'il n'a été pris aucun arrêté de délimitation du lit du fleuve au droit du terrain dont s'agit, cette circonstance ne s'opposait pas à ce qu'un procès-verbal de contravention fût dressé contre Bouly, l'arrêté de délimitation ne pouvant avoir d'autre effet que de reconnaître et de déclarer les limites du domaine public; que, dans ces conditions, c'est à bon droit que le conseil de préfecture a condamné le requérant à l'amende, à l'enlèvement des arbres par lui plantés sur les dépendances du domaine public et aux frais du procès-verbal : — Art. 1er. La requête du sieur Bouly est rejetée.

Du 20 janv. 1888.-Cons. d'Et.-MM. Berger, pr.-Arrivière, rap.-Carteron, av.

(2) (Lambert.) — NAPOLÉON, etc. ; — Vu les lois du 22 déc. 1789, sect. 3, art. 2, et des 22 nov.-1er déc. 1790 ; — Vu la loi des 7-14 oct. 1790, et l'art. 4 de la loi du 28 pluv. an 8 ; — Considérant qu'à l'occasion des poursuites dirigées contre lui, pour avoir coupé, sans autorisation de l'Administration, des gazons situés sur le talus intérieur du chemin de halage de la rivière d'Yonne, établis aux frais de l'Etat dans le lit même de la rivière, le sieur Lambert a soutenu qu'en vertu d'un acte de vente nationale du 5 juill. 1793, il était propriétaire du terrain sur lequel les herbes ont été coupées ; que, par un décret, en date de ce jour, il a été décidé : 1° qu'en présence de cette prétention du

dépend non de l'examen des lieux, mais de l'application des actes qui ont fait passer dans le domaine public des terrains qui, par leur nature, étaient susceptibles de propriété privée. Quand ces actes sont de ceux que l'autorité judiciaire est seule compétente pour interpréter, le principe de la séparation des pouvoirs interdit au conseil de préfecture d'en connaître, alors même qu'il est saisi par un procès-verbal de contravention. — Jugé : 1° qu'un terrain joignant la digue d'un canal de navigation ne fait partie des dépendances de ce canal qu'autant qu'il a été acquis par l'Etat pour la construction de ce canal ; que, par suite, dans le cas où un particulier poursuivi pour avoir commis une contravention de grande voirie sur ce terrain soutient que ledit terrain n'a pas été compris dans l'acte d'acquisition, le conseil de préfecture doit surseoir à statuer jusqu'à ce que l'autorité compétente ait déterminé le sens, la portée et les effets dudit acte (Cons. d'Et. 20 mai 1881, aff. de Sommariva, D. P. 82. 3. 108) ; — 2° Que lorsqu'un terrain sur lequel a eu lieu le fait poursuivi comme contravention de grande voirie (la construction d'un bâtiment, dans l'espèce), et dont le prévenu se prétend propriétaire, ne peut être considéré comme affecté au service de contre-halage d'une rivière canalisée, qu'autant qu'il ferait partie d'une propriété acquise par l'Etat pour l'établissement du chemin de contre-halage, le conseil de préfecture doit surseoir à statuer jusqu'à ce que la question de propriété ait été jugée par l'autorité compétente (Cons. d'Et. 5 févr. 1867, aff. Delord, *Rec. Cons. d'Etat*, p. 147 ; Plocque, t. 4, p. 394, n° 598). — Mais il a été décidé que, lorsqu'un particulier, poursuivi pour avoir construit un aqueduc en béton sur un contre-canal dépendant du canal du Midi, prétend qu'il n'a fait qu'exercer un droit de passage précédemment reconnu dans un acte de bornage et concédé aux riverains à titre d'indemnité, le conseil de préfecture, s'il peut réserver l'appréciation par l'autorité compétente de toute question de servitude relative au droit de passage, ne doit pas surseoir à statuer jusqu'à ce que cette prétention, fondée sur les art. 696 et 697 c. civ., ait été appréciée par l'autorité judiciaire, le fait poursuivi constituant une contravention de grande voirie aux termes de l'arrêt du 24 juin 1777 et du décret du 12 août 1807, et sa répression n'étant pas subordonnée à la question de savoir si le contrevenant avait ou non un droit de passage (Cons. d'Et. 19 juill. 1872, aff. Jutge, *Rec. Cons. d'Etat*, p. 447). L'art. 11 de l'arrêt de 1777 défend de dégrader ou de détruire les ouvrages construits pour la sûreté et la facilité de la navigation sur le long des canaux navigables. La servitude de passage, lors même qu'elle eût été reconnue au profit du contrevenant, ne lui permet pas de construire un aqueduc sur le contre-canal. Le conseil de préfecture n'avait donc pas à surseoir à statuer sur une question qui ne pouvait avoir aucune influence sur l'existence de la contravention.

524. Lorsque le terrain où a été commise la contravention a été rangé dans le domaine public fluvial par un arrêté de délimitation, en vertu des principes posés par les décisions du tribunal des conflits des 11 janv. et 1er mars 1873 (V. *suprà*, n° 46, et v° *Compétence administrative*, nos 218 et suiv.), le contrevenant ne peut pas demander à porter devant les tribunaux civils la question préjudicielle de propriété. — Mais l'exception de propriété peut être utilement soulevée toutes les fois que le contrevenant est en instance pour faire annuler l'acte qui, suivant lui, a compris à tort dans les dépendances du domaine public le terrain où a été commise la prétendue contravention. « La nécessité d'un sursis est évidente, l'existence de l'acte sur lequel repose la poursuite étant actuellement en jeu. Le conseil de préfecture agira donc sagement en attendant pour statuer que le conseil d'Etat ait décidé si oui ou non il y a excès de pouvoir (Conf. Plocque, t. 4, n° 556). Si le riverain accepte sa dépossession et se borne à réclamer une indemnité, une condamnation peut intervenir contre lui, puisqu'il a renoncé par le fait à son droit de propriété et que, pour être définitive, cette renonciation n'a pas besoin qu'il y ait eu payement d'une indemnité préalable.

525. — 2° *Contraventions commises sur les rivières navigables et flottables et sur les canaux de navigation* (*Rép.* n° 577). — V. sur ces contraventions, qui sont de la compétence des conseils de préfecture, *suprà*, nos 474 et suiv. Tous les cours d'eau faisant partie du domaine public en Algérie, les contraventions dont l'art. 1er de la loi du 29 flor. an 10 attribue, en France, la répression au conseil de préfecture, à la condition qu'elles soient commises sur des cours d'eau navigables, sont, dans cette colonie, de la compétence de cette juridiction, sans qu'il y ait à distinguer si le cours d'eau est ou non navigable. — Il a été jugé que l'énumération des contraventions de grande voirie contenue dans l'art. 1er de la loi du 29 flor. an 10 ne limitant pas les cas auxquels s'applique la compétence du conseil de préfecture, cette compétence s'étend, en Algérie, au cas de détournement des eaux d'une rivière non navigable dans des conditions non autorisées par l'Administration (Cons. d'Et. 8 août 1882, aff. Mohamed-Ben-Saad, D. P. 84. 3. 33).

526. Certains faits délictueux présentent un double caractère et constituent en même temps une contravention de grande et de petite voirie ; par exemple, la dégradation d'une digue construite dans l'intérêt de la navigation, mais utilisée également pour le passage d'un chemin vicinal. Il y a lieu à une double poursuite devant le conseil de préfecture et devant le tribunal de simple police. En matière de contraventions de grande voirie, la règle prohibitive du cumul des peines n'est pas applicable et le contrevenant encourt autant d'amendes qu'il y a d'infractions distinctes dans un même fait (Plocque, t. 4, p. 402, n° 602 ; *Rép.* n° 586, et v° *Voirie par eau*, nos 384 et suiv.).

527. — 3° *Contraventions sur les cours d'eau non navigables ni flottables* (*Rép.* nos 578 à 582). — Le jugement des contraventions aux règlements légalement faits par l'autorité administrative ou municipale concernant les cours d'eau non navigables ni flottables appartient, on l'a exposé au *Rép.* n° 578, aux juges de simple police. Les conseils de préfecture sont incompétents pour en connaître : cette règle a été fréquemment consacrée par la jurisprudence. Jugé : 1° que l'arrêté du maire prescrivant aux riverains d'un cours d'eau non navigable de le curer, dans un délai fixé chaque année, chacun de leur côté et vis-à-vis de leurs propriétés, est pris dans un intérêt de sécurité et de salubrité, et, à ce titre, est obligatoire, sous la sanction édictée par l'art. 471, n° 15, tant qu'il n'a pas été réformé par l'autorité administrative ; que, par suite, la désobéissance à cet arrêté constitue une contravention de la compétence du tribunal de simple police et non du conseil de préfecture, lequel n'est appelé à connaître, en matière de curage de canaux et rivières non navigables, que des contestations relatives au recouvrement des rôles, aux réclamations des individus imposés et à la confection des travaux (Crim. cass. 23 mars 1865, aff. Boitel, D. P. 65. 1. 398. Conf. Crim. cass. 23 janv. 1858, aff. Génin, D. P. 58. 1. 144 ; et *suprà*, n° 450) ; — 2° Que le refus d'obtempérer à un arrêté pris par le maire, en vertu de ses pouvoirs de police, à l'effet d'enjoindre à un particulier de curer immédiatement un ruisseau, ne constitue pas une contravention de la compétence du conseil de préfecture (Cons. d'Et. 17 juill. 1885, aff. Simon, D. P. 87. 3. 4) ; — 3° Que la juridiction administrative n'est pas compétente pour connaître des anticipations commises sur les dépendances d'un canal d'irrigation, aucune disposition législative n'ayant rendu applicables aux canaux de cette nature les règles relatives à la protection des cours d'eau dépendant de la grande voirie (Cons. d'Et. 28 mai 1880, aff. Yvert, D. P. 81. 3. 23).

---

sieur Lambert, le conseil de préfecture, avait dû surseoir au jugement de la contravention ; 2° qu'il appartient à ce même conseil, aux termes de l'art. 4 de la loi du 28 pluv. an 8, d'examiner si le terrain dont il s'agit a été compris dans la vente dont se prévaut le sieur Lambert ; — Qu'au cas où la prétention du sieur Lambert serait reconnue fondée, la déclaration faite par le préfet que le terrain litigieux fait partie du lit du fleuve ne saurait préjudicier à ses droits ; que, d'ailleurs, il appartiendrait à ce conseil de préfecture, comme juge de la contravention, de rechercher si le terrain fait réellement partie du lit du fleuve ; que, dans ces circonstances, le sieur Lambert et la dame Pourre, née Lambert, ne sont pas recevables à nous demander, en vertu de la loi des 7-14 oct. 1790, l'annulation de l'arrêté du préfet pour excès de pouvoirs : (Rejet).

Du 15 avr. 1869.-Cons. d'Et.-MM. Saisset-Schneider, rap.-Bayard, concl.

528. Par application de la règle qui attribue compétence en cette matière au juge de police, il a été jugé : 1° que l'arrêté préfectoral qui défend aux usiniers établis sur un cours d'eau de faire aucun écoulement d'eau pendant le temps réservé par un précédent arrêté pour l'irrigation des prairies riveraines de ce cours d'eau, lorsque les eaux ne sont pas au-dessus du niveau fixé par le repère de leurs usines, est légal et obligatoire ; qu'en conséquence, l'infraction à cet arrêté est passible de peines de simple police et donne lieu à des dommages-intérêts envers le propriétaire riverain auquel elle a causé un préjudice (Crim. rej. 18 juin 1853, aff. Vittecocq, D. P. 53. 5. 182) ; — 2° Que lorsqu'après avoir, par un premier arrêté, défendu aux usiniers de placer des batardeaux sur les déversoirs pour faire élever les eaux à une hauteur supérieure à celle fixée par le règlement de l'usine, le préfet, par un second arrêté, a fixé la hauteur qui serait tolérée à défaut de titre réglementaire, le juge de police ne peut se fonder, pour s'abstenir de réprimer la contravention résultant du placement de batardeaux sur les déversoirs, sur ce que le règlement de l'usine auquel se réfère le premier arrêté ne serait pas représenté (Crim. cass. 29 mars 1860, aff. Faget, D. P. 61. 5. 175) ; — 3° Que le fait par le riverain d'un cours d'eau de n'avoir pas, tout en conservant le barrage par lui établi, exécuté dans le délai prescrit les travaux à la confection desquels un règlement, réglant entre les riverains la jouissance des eaux, avait subordonné l'autorisation de maintenir les barrages, constitue une contravention passible des peines prononcées par l'art. 471, n° 15 ; que vainement le juge de police induirait de ce que la conservation du barrage est facultative, qu'il en est de même de l'exécution des travaux prescrits par le règlement pour le cas où le riverain userait de cette faculté (Crim. cass. 26 avr. 1860, aff. Rouch, D. P. 63. 5. 133) ; — 4° Que le règlement municipal qui, dans le but de maintenir l'affectation à l'abreuvage des bestiaux dans la commune d'une partie déterminée de la rivière traversant celle-ci, interdit de laver en amont de ce point les hardes, linges, lainages et autres objets, est légal comme pris dans un intérêt de salubrité et comme édictant une mesure propre à prévenir les épizooties ; que, dès lors, l'infraction à ce règlement constitue une contravention passible des peines portées par l'art. 471, n° 15, c. pén. (Crim. cass. 8 déc. 1865, aff. Desguy, D. P. 69. 5. 138) ; — 5° Que le règlement pris pour assurer le libre cours des eaux d'un cours d'eau non navigable, soit par le préfet disposant pour tout le département, soit par le maire disposant, par délégation du préfet, seulement pour le territoire de sa commune, est obligatoire pour tous les riverains, et que la justification d'un droit de prise d'eau ne couvrirait pas la contravention commise par ceux-ci (Crim. cass. 6 déc. 1867, aff. Nageotte, D. P. 72. 5. 160) ; — 6° Que lorsqu'un règlement d'irrigation interdit tout changement aux dispositions qu'il a ordonnées, il y a contravention dans le fait d'un propriétaire de dériver vers une parcelle irrigable par les eaux d'un canal désigné, les eaux d'un autre canal, encore bien que ce propriétaire n'en userait que pendant les heures qui lui sont réservées (Crim. rej. 22 févr. 1868, aff. Lucet, D. P. 68. 1. 368) ; — 7° Que le fait d'avoir abandonné des bateaux dans le bas d'une écluse et le long des portes de cette écluse constitue une contravention à l'art. 8 de l'arrêt de 1777 ; qu'aucune amende n'ayant été prévue par cet art. 8, les contrevenants ne peuvent être punis que des peines édictées par l'art. 471, § 15, c. pén., le fait constituant une contravention à un arrêté préfectoral ; qu'il n'appartient pas au conseil de préfecture de faire l'application de l'art. 471, § 15, c. pén. (Cons. d'Et. 20 juill. 1883, aff. Benex, D. P. 85. 3. 44. V. aussi Cons. d'Et. 6 juill. 1877, aff. Pécher, D. P. 78. 3. 4-5 ; 22 févr. 1878, aff. Rousset, *Rec. Cons. d'Etat*, p. 231 ; 13 janv. 1882, aff. Chemins de fer d'Orléans, *ibid.*, p. 51 ; 10 févr. 1882, aff. Min. trav. publ., *ibid.*, p. 136). Il est à remarquer qu'en cas de refus du propriétaire d'obtempérer à l'arrêté municipal, la jurisprudence la plus récente refuse au conseil de préfecture compétence non seulement pour connaître du procès-verbal, mais aussi pour connaître de l'opposition de l'intéressé au recouvrement de la somme dépensée d'office par la commune pour effectuer, à son défaut, les travaux prescrits (V. Cons. d'Et. 5 janv. 1883, aff. Thélolan, D. P. 84. 3. 71).

Mais il a été décidé : 1° que le fait d'avoir, en débouchant le trou de sortie des eaux d'un lavoir public, empêché divers habitants d'exercer leurs droits sur cette propriété communale, ne constitue pas une contravention à la défense faite par un règlement local « d'intercepter ni détourner les eaux des sources, cours d'eau et fontaines publics, et d'interdire ou gêner l'accès de ces mêmes sources et fontaines, par quelque moyen que ce soit » (Crim. rej. 7 août 1862, aff. Thiercelin, D. P. 63. 5. 132) ; — 2° Qu'il n'y a pas infraction à l'arrêté qui défend de jeter des immondices et de déverser des eaux sales dans un cours d'eau traversant la localité dans le fait d'avoir laissé couler sur la voie publique des eaux sales qui ne sont arrivées audit cours d'eau qu'en traversant les égouts municipaux destinés à les recevoir (Crim. rej. 21 juill. 1870, aff. Roustan, D. P. 72. 5. 156).

529. Tous les cours d'eau sont soumis au pouvoir réglementaire de l'Administration qui exerce en cette matière un droit de surintendance et de police, afin de garantir soit les intérêts généraux de la salubrité et de la sécurité publique, soit les intérêts de l'agriculture et de l'industrie, soit même les intérêts privés des riverains, et ceux-ci ne peuvent invoquer à l'encontre du pouvoir de l'Administration aucun droit supérieur (V. sur cette règle et les applications qui en ont été faites par la jurisprudence, *suprà*, n°s 437 et suiv.).

530. De ce que le riverain qui a contrevenu à un règlement administratif ne peut échapper aux poursuites en se prévalant des droits privés qu'il prétendrait avoir acquis sur les eaux faisant l'objet de ce règlement, il résulte que le juge de police doit statuer directement sur l'exception tirée de ce que l'arrêté auquel il a été contrevenu ne serait pas obligatoire comme violant des droits acquis, et qu'il ne doit pas surseoir à sa décision jusqu'à ce qu'il ait été statué par la juridiction compétente sur l'existence de ces droits. — Jugé en ce sens : 1° que lorsqu'un règlement administratif pris dans un intérêt général a réglé la jouissance d'un cours d'eau, le riverain qui prétend s'être assuré des droits sur ce cours d'eau à l'égard d'un tiers, ne peut pour ce motif se dispenser d'obéir au règlement ; que, dès lors, en cas de contravention, le tribunal devant lequel ce riverain est poursuivi, accorde à tort un sursis pour la vérification du fait de possession des eaux allégué par le prévenu, ce fait n'étant pas de nature à justifier la résistance au règlement (Crim. cass. 1er juill. 1859, aff. Bernardi, D. P. 59. 5. 137) ; — 2° Que l'arrêté préfectoral légalement pris dans le but de réglementer la répartition générale des eaux d'un canal d'arrosage a pour effet de mettre fin à tout droit antérieur de propriété ou d'usage qui aurait pu être prétendu sur lesdites eaux par les riverains ; et que, dès lors, l'allégation d'un droit de cette nature, de la part d'un riverain poursuivi en simple police, pour infraction audit arrêté, ne peut constituer une exception préjudicielle susceptible de justifier un sursis au jugement de la contravention (Crim. cass. 21 févr. 1879, aff. Giry, D. P. 79. 1. 377). — Mais lorsque le juge de simple police, devant lequel a été portée une poursuite pour contravention à un règlement d'arrosage, a renvoyé le contrevenant devant les tribunaux compétents pour faire déterminer la nature et l'étendue de ses droits, et que ce jugement a été exécuté, on ne peut déférer à la cour de cassation la régularité de ce renvoi, à l'occasion du pourvoi contre l'arrêt qui a statué sur l'instance civile (Req. 28 févr. 1883, aff. Moutte et de Salvador, D. P. 83. 1. 209). D'autre part, l'arrêt qui, sur le renvoi ainsi prononcé, statue au civil, peut déterminer la portée des droits des arrosants et rechercher si leur maintien se concilie avec le règlement de police dont ils sont l'objet, sans empiéter sur les attributions du juge de police, qui doit apprécier si ce fait qu'on lui a déféré constitue ou non une contravention (Même arrêt).

531. — 4° *Responsabilité*. — Le propriétaire a la police de sa propriété et, par conséquent, le pouvoir et le devoir d'empêcher les faits prohibés par les règlements de police. Aussi la jurisprudence le déclare-t-elle pénalement responsable des infractions commises par ses préposés. — Il a été jugé : 1° que le propriétaire d'un fonds sur lequel a été commise une contravention à un règlement relatif à un cours d'eau non navigable ne saurait échapper aux peines que comporte cette contravention, par le motif qu'il n'habitait pas les lieux au moment où elle a été commise, et qu'il avait chargé un tiers d'exécuter pour lui ce règlement sans préjudice de la condamnation à prononcer également, s'il y a lieu, contre l'auteur même de l'acte prohibé (Crim. cass. 5 juin 1856, aff. Plumey, D. P. 56. 1. 286); — 2° Que la responsabilité pénale de la contravention à un arrêté préfectoral qui réglemente l'usage d'un cours d'eau entre les riverains incombe personnellement au propriétaire sur l'héritage duquel cette contravention a été commise, encore qu'elle soit l'œuvre de son préposé ou baigneur, qui s'en est reconnu l'auteur, alors, d'ailleurs, que l'arrêté préfectoral ne fait aucune mention des préposés des riverains; en pareil cas, toute infraction est nécessairement personnelle à ceux-ci (Crim. cass. 3 avr. 1857, aff. de Maistre, D. P. 57. 1. 229); — 3° Que les propriétaires qu'intéresse un règlement d'irrigation sont pénalement responsables, alors que les prescriptions impératives de ce règlement leur sont adressées directement, même des infractions auxdites prescriptions, qui sont le fait exclusif de leurs préposés (Crim. rej. 22 févr. 1868, aff. Lucet, D. P. 68. 1. 368. V. sur cette question : *Rép.* v° *Responsabilité*, n°s 602 et suiv.).

532. Un particulier autorisé à établir un ouvrage en rivière pour le service d'un établissement industriel n'est pas responsable d'une contravention de grande voirie, relative à cet ouvrage, commise postérieurement à l'époque où il a cessé d'être propriétaire dudit établissement (Cons. d'Et. 11 févr. 1887, aff. Brunel, D. P. 88. 3. 61). Cette solution ne serait pas exacte si l'autorisation d'occuper une partie du domaine public fluvial n'était pas donnée pour permettre à la propriété riveraine d'user des avantages que procure la situation même des lieux, la proximité du cours d'eau, mais constituait une permission donnée à la personne même de celui qui l'avait sollicitée. Pour savoir si une autorisation a le caractère personnel ou réel, il faut rechercher quel a été son objet, et dans quel but et pour quel usage elle a été réclamée. Dans l'affaire jugée par le conseil d'Etat le 11 févr. 1887, l'autorisation accordée par le préfet avait pour objet l'établissement d'une estacade soutenant un chemin de service destiné à relier au fleuve l'établissement industriel; elle avait été sollicitée dans le but de créer une installation immobilière à titre de dépendance de cet établissement; le caractère réel de l'autorisation apparaît ici de la façon la plus nette et la plus incontestable. L'autorisation dont s'agit doit être assimilée à une autorisation de prise d'eau. Pour les autorisations de prise d'eau, le caractère réel de ces autorisations ne paraît pas discutable. Aucun doute n'est possible lorsqu'il s'agit des autorisations sur les cours d'eau non navigables, puisque c'est la seule qualité du riverain qui donne le droit d'obtenir l'autorisation. Le caractère de l'autorisation est le même, lorsqu'il s'agit de concession sur les eaux du domaine public. A l'appui de cette opinion, on peut indiquer les termes mêmes de l'art. 48 de la loi du 16 sept. 1807 : « Il sera d'abord examiné si l'établissement des moulins et usines est légal ou si le titre d'établissement ne soumet pas les propriétaires à voir démolir leurs établissements sans indemnité, si l'utilité publique le requiert ». C'est donc à l'établissement que le titre est destiné, et ce sont les propriétaires successifs qui ont les bénéfices et les charges du titre. Dans les arrêtés préfectoraux relatifs à l'autorisation de l'usinier, il ne se trouvait aucune clause l'empêchant de céder l'estacade et obligeant le concessionnaire à se munir d'une nouvelle autorisation. « Il serait bien dangereux, a dit M. Marguerie, commissaire du Gouvernement, pour les industriels qui utilisent le voisinage des cours d'eau, de les soumettre à ces demandes successives d'autorisation; car, s'ils étaient tenus de les adresser, il faudrait reconnaître à l'Administration le droit de les refuser, même quand l'intérêt public n'exigerait pas la suppression des installations préexistantes, et le conseil d'Etat sait que si les retraits d'autorisation peuvent donner lieu au recours pour excès de pouvoirs, il n'en est pas de même des refus d'autorisation, pour lesquels l'Administration, sauf des cas exceptionnels, a un pouvoir discrétionnaire (Cons. d'Et. 6 mars 1885, aff. Bonhomme, D. P. 86. 3. 113). Il n'est pas douteux pour nous que l'acquéreur du sieur Brunel (l'usinier) avait le bénéfice et les charges des arrêtés préfectoraux délivrés au sieur Brunel. Nous croyons donc que, si un procès-verbal avait été dressé contre cet acquéreur, le conseil n'aurait pas hésité à prononcer contre lui une condamnation. L'Administration avait-elle le droit de laisser cet acquéreur en dehors de la poursuite, et de dresser procès-verbal uniquement contre le sieur Brunel? Nous ne le pensons pas. Pour être recherché à raison d'une contravention, il faut pouvoir être réputé soit l'auteur, soit le coauteur de l'acte délictueux. On peut être réputé l'auteur ou le coauteur de l'acte, lorsqu'on l'a commis soi-même ou que l'on a donné des ordres à celui qui l'a commis, ou bien encore lorsque l'acte a été commis par une personne dont on est responsable au point de vue civil, d'après les principes posés dans l'art. 1384 c. civ. Mais, dans l'espèce, le fait délictueux est l'acte de démolition, il n'a été commis ni par le sieur Brunel, ni par l'un de ses préposés, il n'a pas été commis par des ouvriers agissant d'après ses ordres. S'il a été ordonné par l'ayant cause à titre particulier de celui-ci, il n'y avait entre l'acquéreur de l'usine et le sieur Brunel aucun des liens de dépendance prévus par l'art. 1384. En outre, celui-ci n'avait aucun moyen de s'opposer à la destruction de l'ouvrage qu'il avait vendu en même temps que son usine (V. anal. Cons. d'Et. 19 mai 1876, aff. Goacolon, D. P. 76. 3. 88). — Ajoutons qu'il existe une certaine différence entre le cas où il s'agit d'un ouvrage permanent et celui où il s'agit d'un dépôt temporaire. Dans la première hypothèse, l'autorisation constituant, pour ainsi dire, un droit réel, les bénéfices et les charges de cette autorisation suivent de plein droit les mutations de propriété. Dans la seconde hypothèse, la responsabilité encourue en cas d'autorisation excédée n'incombe pas toujours au propriétaire; elle peut, dans certains cas, incomber, non au propriétaire au moment du procès-verbal, mais à celui qui a la disposition de la chose déposée ou qui, à raison des circonstances de l'affaire, aurait dû prendre les précautions nécessaires pour assurer l'exécution des conditions de l'autorisation qui lui avait été accordée.

533. On a dit au *Rép.* n° 582, que les excuses, notamment celles fondées sur la bonne foi des contrevenants, sur l'absence de préjudice, ne peuvent être admises en matière de contraventions. — Il a été jugé : 1° que le fait, par le riverain d'un cours d'eau de n'avoir pas supprimé, conformément à un règlement prescrivant le curage, un barrage qu'il avait élevé avant la mise en vigueur du règlement, ne peut être excusé sous prétexte que, eu égard à l'époque à laquelle a été construit le barrage, la construction serait couverte par la prescription. En pareil cas, c'est seulement, en effet, la résistance aux injonctions du règlement qui constitue une contravention; et cette résistance doit être réprimée sans égard à la bonne foi du prévenu (Crim. cass. 13 nov. 1858, aff. Lamache, D. P. 59. 1. 42. V. *Contraventions*, n° 18; — *Rép.* eod. v°, n° 351); — 2° Qu'un contrevenant ne peut invoquer comme excuse l'autorisation de passer avec une voiture sur la digue d'un canal, qui lui aurait été donnée par le préfet d'un département voisin, ce préfet étant incompétent pour la donner (Cons. d'Et. 26 juin 1880, aff. Théry-Lepreux, *Rec. Cons. d'Etat*, p. 612); — 3° Que le fait de déverser dans un canal de navigation des résidus industriels (dans l'espèce, des vinasses non purifiées et non décantées) qui ont eu pour effet de causer un envasement de nature à en embarrasser et altérer le lit constitue une contravention à l'art. 4 de l'arrêt du conseil du 24 juin 1777, et la circonstance que les déversements n'ont pas été considérables n'autorise pas le conseil de préfecture à renvoyer le contrevenant des fins du procès-verbal (Cons. d'Et. 18 mars 1887, aff. Schotsmans, D. P. 88. 5. 539). — Jugé, d'ailleurs, qu'il appartient au conseil de préfecture d'apprécier les faits invoqués par le prévenu à titre de moyens de défense, et notamment de rechercher si le mauvais état d'un canal a été la cause de l'échouement d'un bateau (Cons. d'Et. 9 août 1880, aff. Chauveau, *Rec. Cons. d'Etat*, p. 792).

534. — 5° *Contraventions à la loi du* 28 *mai* 1858 (D. P. 58. 4. 63) *relative à l'exécution de travaux destinés à mettre les villes à l'abri des inondations.* — Les infractions aux dispositions de cette loi sont poursuivies et punies comme contraventions en matière de grande voirie (V. *suprà*, n° 82; *Rép.* v° *Voirie par eau*, n°s 232 et 235).

535. — II. DES DÉLITS ET DES CRIMES SUR LES COURS D'EAU (*Rép.* n°s 583 à 586). — En ce qui concerne les crimes, il suffira de rappeler que l'art. 437 c. pén. punit de la réclusion et d'une amende quiconque aura volontairement détruit ou renversé des *ponts* ou *digues* qu'il savait appartenir à autrui. — Mais il y a lieu de revenir sur les délits prévus par la loi du 28 sept. 1791 et l'art. 457 c. p., et consistant dans la transmission nuisible des eaux d'un fonds sur un autre fonds, ou dans l'inondation des propriétés voisines par suite de la trop grande élévation du déversoir des usines (V. *Dommage-destruction*, nos 187 et suiv.; — *Rép.* eod. v°, nos 324 et suiv.).

536. L'art. 15 de la loi de 1791 comprend tout fait quelconque de négligence, d'imprudence, d'inobservation des règlements qui a pour conséquence une transmission nuisible des eaux. Il s'applique notamment au cas où une usine marchant par éclusées cause un dommage aux propriétés voisines; à moins que l'usinier n'ait prescrit le droit de marcher par éclusées vis-à-vis des autres propriétaires (V. *Rép.* nos 384 et suiv.; *suprà*, nos 311 et suiv.; Req. 19 janv. 1874, aff. Abadie-Vergé, D. P. 74. 1. 118). L'autorisation administrative de marcher par éclusées mettrait-elle à elle seule l'usinier à couvert de toute poursuite? M. Bourguignat, *op. cit.*, t. 1, p. 473, l'admet. Tel n'est pas l'avis de M. Plocque, t. 3, p. 213, n° 304. « Il faudrait de plus, dit cet auteur, que la bonne foi de l'usinier fût constante; nous admettons très bien qu'une condamnation intervienne, lorsqu'il aura su qu'en usant de l'autorisation administrative, il transmettrait les eaux d'une manière nuisible; il a agi en parfaite connaissance de cause et savait qu'il se plaçait sous le coup de la loi de 1791 » (V. *Rép.* nos 583 et suiv.).

537. Le premier élément des délits prévus par l'art. 457 c. pén. et la loi de 1791 doit être une faute imputable à l'usinier. Lorsque la transmission des eaux ou l'inondation provient d'un cas de force majeure, ni l'art. 457, ni l'art. 15 de la loi de 1791 ne sont applicables. L'excuse de la force majeure n'existe, d'ailleurs, pas lorsque le prévenu n'a pas fait tout ce qui était en lui pour en prévenir les effets, et lorsque, par plus de vigilance et de précaution, il eût pu éviter le cas fortuit dont il cherche à se prévaloir (V. *suprà*, v° *Dommage-destruction*, n° 191). — Il a été jugé que les usiniers sont responsables du dommage que les eaux causent aux propriétés riveraines par leur inondation, à moins qu'ils n'aient pu ni prévenir, ni empêcher le dommage; et la crue ou la hausse inopinée des eaux ne peut les affranchir de leur responsabilité (Crim. cass. 17 févr. 1888, aff. Marais, D. P. 88. 1. 141). — Sur la question de savoir si l'intention coupable est un élément essentiel du délit prévu par l'art. 457, V. *suprà*, v° *Dommage-destruction*, n° 193.

538. Décidé que la prescription d'un mois, établie à l'égard de la poursuite des délits ruraux, et notamment des délits d'inondation, par la loi des 28 sept.-6 oct. 1791 (art. 8, sect. 7, tit. 1er), n'est point applicable à l'action en indemnité formée par un particulier contre le concessionnaire d'un canal d'irrigation à raison des dommages qu'aurait causés au demandeur l'inondation de ses propriétés, alors que la demande est fondée sur l'inexécution de travaux prescrits par l'acte de concession (Cons. d'Et. 5 déc. 1860, aff. Société du canal de Crillon, D. P. 62. 3. 67. V. *suprà*, v° *Droit rural*, nos 238 et suiv.).

539. Si, par suite d'une inondation, un chemin vient à être dégradé, le fait constitue, non pas le délit prévu par l'art. 457 c. pén., mais une contravention de grande ou de petite voirie, suivant la classe à laquelle appartient le chemin. — Si le chemin n'a pas subi de dégradations, mais a été simplement obstrué, M. Plocque estime que l'on sera forcé de se référer à l'art. 457 c. pén. ou à la loi de 1791 (t. 3, p. 215, n° 305).

540. Lorsque l'inondation est causée par suite d'un fait imputable au propriétaire d'une usine métallurgique, la peine doit être fixée, non pas suivant les art. 73, 77, 93 et 96 de la loi du 21 avr. 1810 sur les mines, mais suivant l'art. 15 de la loi de 1791. Le fait constitue, en effet, une infraction, non pas aux obligations particulières imposées aux propriétaires des mines, mais aux règles contenues dans les dispositions du code pénal et du code rural. — Il a été jugé que l'art. 96 de la loi du 21 avr. 1810 sur les mines, en édictant, pour la répression des contraventions commises par les propriétaires de fourneaux à fondre les substances métalliques, une amende de 100 à 500 fr. et un emprisonnement correctionnel, n'a entendu appliquer cette sanction qu'aux prescriptions spéciales édictées par la même loi pour la police des mines et nullement aux prescriptions de police des lois de droit commun, que ces propriétaires de fourneaux viendraient à ne pas observer; que, par suite, le fait d'un propriétaire de forges dont l'établissement est situé sur un cours d'eau d'avoir, par le placement de hausses mobiles sur les vannes de fond dans le bief de cette forge, produit une élévation des eaux nuisibles à la marche d'une usine établie en amont, tombe sous l'application non pas de l'art. 96 précité, mais suivant les cas, des dispositions générales de l'art. 15 de la loi des 28 sept.-6 oct. 1791, relative à la police rurale, ou de l'art. 457 c. pén. (Crim. cass. 16 févr. 1867, aff. Bonnamy, D. P. 68. 1. 143).

Table sommaire

des matières contenues dans le Supplément et le Répertoire.

(Les chiffres précédés de la lettre *S* renvoient au Supplément; les chiffres précédés de la lettre *R* renvoient au Répertoire.)

Table chronologique des Lois, Arrêts, etc.

1813

15 janv. Décr. 66 c.

1814

5 déc. Loi. 135 c.

1817

11 mai. Décis. 373 c.
11 nov. Av. Cons. d'Et. 373 c.

1820

12 mars. Loi 338 c.

1821

21 juill. Arrêté. 33 c.

1822

30 janv. Circ. 269 c.

1829

11 févr. Cons. d'Et. 511 c.
15 avr. Loi. 38 c., 40 c., 41 c., 43 c., 96 c., 115 c., 167 c., 169 c., 170 c., 172 c., 177 c., 293 c., 510 c.
6 mai. Cons. d'Et. 511 c.
11 mai. Lett. 373 c.

1831

29 janv. Loi. 364 c.
1er avr. Ord. 385 c.

1832

2 mars. Cons. d'Et. 511 c.
21 avr. Loi. 208 c.

1833

14 févr. Req. 511. c.
8 juill. Caen. 170 c.
7 juill. Loi. 453 c.

1834

24 févr. Pau. 170 c.

1835

10 juill. Ord. 38 c., 107 c.

1836

21 mai. Loi. 4 c., 189 c.
10 juill. Ord. 40 c.

1837

10 déc. Circ. 177 c.

1838

25 mai. Loi. 425 c., 510 c.
18 juill. Ord. confl. 511 c.

1839

2 juill. Civ. rej. 511 c.

1840

30 mars. Req. 452 c.
1er juill. Cons. d'Et. 199 c.
16 juill. Loi. 278 c., 279 c., 287 c.
20 juill. Ord. 485 c.
25 oct. Ord. 261 c.

1841

26 janv. Civ. rej. 511 c.
3 mai. Loi. 4 c., 43 c., 111 c., 124 c., 153 c., 189 c., 215 c., 255 c., 410 c., 453 c., 460 c., 467 c.
21 juill. Av. Cons. d'Et. 373 c.
23 juill. Cons. d'Et. 61 c.

1842

23 mars. Loi. 515 c.

1844

27 nov. Req. 511 c.

1845

20 avr. Loi. 263 c., 296 c.
29 déc. Civ. 235 c.

1846

10 juin. Civ. 171 c., 172 c.
30 juin. Cons. d'Et. 116 c.
1er août. Règl. 246 c.
18 oct. Crim. 71 c.

1847

11 juill. Loi. 263 c.

1850

5 janv. Cons. d'Et. 246 c.
12 janv. Cons. d'Et. 59 c.
19 janv. Cons. d'Et. 463 c.
22 févr. Cons. d'Et. 59 c., 518 c.
16 avr. Req. 509 c.
11 mai. Cons. d'Et. 465 c.
16 nov. Cons. d'Et. 336 c.
28 nov. Trib. confl. 460 c.
16 déc. Trib. Avignon. 300 c.
23 déc. Trib. confl. 453 c.

1851

11 janv. Cons. d'Et. 65 c.
25 janv. Cons. d'Et. 129.
1er févr. Cons. d'Et. 319.
22 mars. Cons. d'Et. 126 c.
29 mars. Cons. d'Et. 462 c.
28 mai. Trib. confl. 317 c.
14 juin. Cons. d'Et. 101 c.
2 juill. Trib. confl. 453 c.
5 juill. Cons. d'Et. 91 c.
2 août. Cons. d'Et. 99 c.
13 août. Cons. d'Et. 382 c.
23 oct. Circ. 42 c., 181 c., 266 c., 269 c., 272 c., 276 c., 278 c., 303 c., 304 c., 305 c., 306 c., 308 c., 315 c., 326 c., 374 c., 377 c., 397 c., 399 c.
22 nov. Cons. d'Et. 322 c.
29 nov. Cons. d'Et. 308, 322 c.

1852

21 janv. Décr. p. 604.
21 févr. Rap. p. 604.
21 févr. Décr. p. 604.
25 mars. Décr. 4 c., 56 c., 180 c., 181 c., 189 c., 191 c., 271 c., 274 c., 284 c., 326 c., 380 c., 385 c., 386 c., 389 c., 394 c., 411 c., 412 c., 421 c., 424 c., 433 c., 435 c., 440 c., 447 c.
29 mars. Civ. 495 c.
13 mai. Décr. p. 604.
28 mai. Cons. d'Et. 382 c.
8 juill. Loi. p. 604.
9 juill. Loi. p. 604.
27 juill. Circ. 56 c., 276 c., 380 c., 398 c., 399 c.
3 août. Req. 490 c.
21 août. Décr. 514 c.
24 août. Décr. p. 604.
18 nov. Cons. d'Et. 275.
25 déc. Sén.-Cons. 124 c.

1853

6 janv. Cons. d'Et. 337 c.
19 janv. Civ. 185 c.
16 févr. Cons. d'Et. 187 c., 215 c., 508 c.
23 févr. Colmar. 302 c.
30 mars. Cons. d'Et. 384 c.
13 avr. Cons. d'Et. 113 c.
14 avr. Cons. d'Et. 40 c., 98 c., 409 c., 438 c.
3 mai. Loi. p. 604.
6 mai. Cons. d'Et. 268 c.
18 juin. Crim. 528 c.
16 août. Décr. 269 c.
17 août. Décr. 514 c.
1er déc. Cons. d'Et. 33 c.
15 déc. Cons. d'Et. 103 c., 204 c.
22 déc. Cons. d'Et. 485 c.

1854

12 janv. Cons. d'Et. 512 c.
9 févr. Cons. d'Et. 109 c.
13 févr. Req. 289 c., 293 c.
18 févr. Cons. d'Et. 99 c.
27 févr. Req. 232 c., 294 c.
11 mars. Crim. 194 c.
23 mars. Cons. d'Et. 96 c., 97 c.
27 mars. Décr. 281 c.
26 avr. Civ. 293 c.
4 mai. Cons. d'Et. 425 c.
10 mai. Décr. 281 c.
11 mai. Cons. d'Et. 65 c.
18 mai. Cons. d'Et. 388 c.
21 mai. Décr. 280 c.
24 mai. Cons. d'Et. 270 c., 398 c., 423 c.
27 mai. Décr. 457 c.
20 juill. Cons. d'Et. 395 c.
26 juill. Req. 497 c., 506 c., 512 c.
26 juill. Cons. d'Et. 122 c.
2 août. Cons. d'Et. 384 c., 387 c.
5 août. Cons. d'Et. 468 c.
24 nov. Crim. 448 c.
7 déc. Cons. d'Et. 327.

1855

12 janv. Délib. 246 c.
1er févr. Cons. d'Et. 59 c., 369 c., 283 c.
27 févr. Civ. 495 c.
15 mars. Cons. d'Et. 189 c.
21 mai. Civ. 329 c., 464 c.
21 juin. Cons. d'Et. 359 c.
21 juin. Circ. 53 c., 385 c.
5 juill. Cons. d'Et. 322 c., 351 c., 352 c., 357 c., 485 c.
12 juill. Cons. d'Et. 195 c.
19 juill. Cons. d'Et. 134, 466 c.
26 juill. Cons. d'Et. 378 c., 429 c., 440 c.
1er août. Civ. 512 c.
13 août. Req. 488 c., 495 c., 497 c., 506 c.
13 déc. Orléans. 293 c.
19 déc. Cons. d'Et. 319 c.
20 déc. Caen. 150 c.
26 déc. Poitiers. 497 c., 512 c.

1856

24 janv. Cons. d'Et. 145 c., 425 c.
23 févr. Crim. 495 c.
4 mars. Agen. 169 c.
6 mars. Cons. d'Et. 103 c., 479 c., 520 c.
22 mars. Décr. p. 604.
4 avr. Cons. d'Et. 354 c., 386 c.
16 avr. Req. 413 c.
17 avr. Cons. d'Et. 164 c.
30 avr. Req. 495 c.
27 mai. Req. 35 c., 60 c., 145 c., 492 c.
5 juin. Crim. 531 c.
6 juin. Cons. d'Et. 66 c., 103 c.
19 juin. Cons. d'Et. 109 c.
24 juin. Circ. 278 c.
26 juin. Cons. d'Et. 379 c.
6 juill. Cons. d'Et. 96 c.
14 juill. Loi. 278 c., 279 c., 287 c.
21 juill. Loi. 8 c., 287 c., 238 c., p. 604.
24 juill. Cons. d'Et. 507 c.
18 août. Cons. d'Et. 413 c.
7 nov. C. cass. Belgique. 20 c.
27 déc. Délib. Cons. d'Et. 279 c.

1857

8 janv. Cons. d'Et. 59 c.
29 janv. Cons. d'Et. 322 c.
11 févr. Cons. d'Et. 515 c.
12 févr. Cons. d'Et. 416, 416 c., 468 c.
3 avr. Crim. 531 c.
15 avr. Cons. d'Et. 407 c.
5 mai. Req. 293 c., 298 c.
23 juin. Loi. 156 c., 159 c.
25 juin. Cons. d'Et. 520 c.
18 juill. Crim. 468 c.
3 août. Av. Cons. gén. ponts et chaussées. 278 c.
5 août. Décr. 156 c., p. 604.
6 août. Circ. 280 c.
7 août. Circ. 399 c., 440 c., p. 604.
18 août. Cons. d'Et. 518 c.
27 août. Cons. d'Et. 308 c., 352 c., 362 c., 460 c., 462 c.
28 oct. Décr. 8 c., p. 604.

1858

14 janv. Cons. d'Et. 353 c.
16 janv. Décr. p. 604.
23 janv. Crim. 450 c., 527 c.
31 janv. Pau. 224 c.
4 févr. Cons. d'Et. 114 c.
8 févr. Civ. 232 c.
17 févr. Req. 439 c.
26 févr. Crim. 430 c.
8 avr. Cons. d'Et. 451 c.
28 mai. Loi. 82 c., 84 c., 85 c., 87 c., 88 c., 455 c., 534 c.
3 juin. Cons. d'Et. 469.
21 juin. Décr. p. 604.
15 août. Décr. 82 c., 83 c.
1er sept. Cons. d'Et. 425 c., 458 c., 497 c., 507 c.
1er sept. Circ. 82 c.
13 nov. Crim. 533 c.
17 nov. Civ. 495 c.
23 nov. Civ. 167 c., 173 c., 296 c.
16 déc. Crim. 518 c.
16 déc. Cons. d'Et. 407 c.
23 déc. Cons. d'Et. 216 c., 441 c.
30 déc. Cons. d'Et. 127 c., 511 c., 520 c.

1859

10 févr. Cons. d'Et. 368 c.
6 mai. Riom. 413 c.
7 juin. Cons. d'Et. 180 c., 195 c.
20 juin. Instr. 281 c., 457 c.
21 juin. Req. 232 c.
29 juin. Req. 495 c.
1er juill. Crim. 507 c., 530 c.
9 juill. Cons. d'Et. 100 c.
27 juill. Cons. d'Et. 337.
6 oct. Av. Cons. d'Et. 271 c.
10 oct. Décr. 260 c.
24 nov. Cons. d'Et. 309 c.
29 nov. Civ. 437 c.
1er déc. Cons. d'Et. 246, 486 c.
29 déc. Cons. d'E.. 195 c., 196 c.

1860

9 janv. Req. 244 c.
26 janv. Cons. d'Et. 109 c.
26 janv. Instr. 271 c.
15 févr. Civ. 508 c.
27 févr. Req. 220.
29 févr. Cons. d'Et. 180.
1er mars. Cons. d'Et. 216 c., 441 c., 464 c.
27 mars. Metz. 167 c., 168 c., 172 c.
29 mars. Crim. 526 c.
10 avr. Cons. d'Et. 492 c.
12 avr. Cons. d'Et. 91 c., 449 c., 456 c.
18 avr. Cons. d'Et. 216 c., 468 c.
26 avr. Crim. 528 c.
10 mai. Cons. d'Et. 65 c.
20 mai. Loi. p. 604.
21 mai. Civ. 302 c.
24 mai. Cons. d'Et. 425 c.
13 juin. Cons. d'Et. 49 c., 85 c., 273, 287 c., 369 c., 374 c.
22 juin. Toulouse. 44 c.
11 juill. Traité. 246 c.
14 juill. Cons. d'Et. 417 c.
19 juill. Cons. d'Et. 420 c., 425 c.
28 juill. Loi. p. 604.
1er août. Loi. p. 604.
2 août. Cons. d'Et. 368 c., 465 c., 475.
31 oct. Décr. p. 604.
30 nov. Règl. 248 c.
4 déc. Req. 264 c.
5 déc. Cons. d'Et 154 c., 195 c., 538 c.
6 déc. Cons. d'Et. 326.
18 déc. Cons. d'Et. 66 c.
24 déc. Req. 289 c., 298 c., 299 c.

1861

23 janv. Décr. p. 604.
24 janv. Cons. d'Et. 353 c., 520 c.
7 mars. Cons. d'Et. 330 c.
14 mars. Cons. d Et. 216 c., 414 c.
6 avr. Décr. p. 604.
10 avr. Décr. 56 c.
13 avr. Décr. 180 c., 181 c., 385 c., 386 c., 389 c., 394 c., 411 c., 412 c., 421 c., 433 c.
17 avr. Décr. p. 604.
6 mai. Req. 172 c. c.
8 mai. Décr. 181 c., 385 c., 445 c.
23 mai. Cons. d'Et. 40 c.
27 mai. Circ. 101 c.
30 mai. Cons. d'Et. 488 c., 495 c.
1er juin. Cons. d'Et. 134 c.
10 juill. Civ. 289 c.
6 août. Cons. d'Et. 46 c.
13 août. Cons. d'Et. 347 c.
28 nov. Cons. d'Et. 266 c., 267 c.
7 déc. Crim. 420 c.

1862

11 janv. Cons. d'Et. 362 c.
16 janv. Liège. 34 c.
27 févr. Cons. d'Et. 522 c.
11 mars. Cons. d'Et. 394 c.
29 avr. Décr. 445 c.
30 avr. Décr. p. 604.
1er mai. Cons. d'Et. 280.
17 mai. Crim. 449 c., 450 c.
20 mai. Req. 46 c.
27 mai. Cons. d'Et. 388 c.
7 juill. Poitiers. 300 c.
10 juill. Cons. d'Et. 42 c., 149.
17 juill. Cons. d'Et. 464 c.
30 juill. Cons. d'Et. 337 c.
1er août. Crim. 448 c.
2 août. Paris. 33 c., 172 c.
7 août. Crim. 254 c., 451 c., 528 c.
7 août. Bordeaux. 169 c.
16 août. Cons. d'Et. 370 c.
26 nov. Req. 507 c.
30 nov. Cons. d'Et. 189 c.

1863

29 janv. Cons. d'Et. 420 c.
12 févr. Cons. d'Et. 98 c., 108 c., 369 c., 483 c., 493 c.
18 févr. Cons. d'Et. 271.
19 févr. Cons. d'Et. 216 c.
5 mars. Cons. d'Et. 196 c.
12 mars. Cons. d'Et. 202 c.
25 mars. Décr. 278 c., p. 604.
9 avr. Cons. d'Et. 288, 331, 349 c., 362 c.
11 avr. Cons. d'Et. 511 c.
21 avr. Req. 303 c., 507 c.
20 mai. Loi. p. 604.
19 juin. Cons. d'Et. 413 c.
3 août. Req. 438 c.
7 août. Cons. d'Et. 420 c.
18 août. Civ. 290 c., 298 c.
26 nov. Cons. d'Et. 422.
8 déc. Req. 44 c.
20 déc. Cons. d'Et. 150 c.
24 déc. Cons. d'Et. 323.

1864

7 janv. Cons. d'Et. 192 c.
28 janv. Cons. d'Et. 499 c.
8 févr. Cons. d'Et. 153, 216 c.
25 févr. Cons. d'Et. 303 c.
12 mars. Décr. p. 604.
31 mars. Cons. d'Et. 150 c.
15 avr. Crim. 231 c.
5 mai. Cons. d'Et. 134 c.
26 mai. Cons. d'Et. 518 c.
15 juin. Cons. d'Et. 267 c., 326 c., 419 c.
15 juin. Circ. 133 c.
28 juill. Crim. 449 c.
26 juill. Req. 439 c.
4 août. Cons. d'Et. 151 c., 266 c., 520 c.
10 août. Civ. 499 c.
17 août. Cons. d'Et. 41 c.
19 août. Cons. préf. Eure. 362 c.
20 août. Cons. d'Et. 216 c.
10 sept. Cons. d'Et. 416 c.
13 sept. Cons. d'Et. 475 c.
18 nov. Circ. 515 c.
24 nov. Cons. préf. Haute-Garonne. 501 c.
3 déc. Cons. d'Et. 402 c.
9 déc. Cons. d'Et. 181, 189 c., 199 c., 216 c.

1865

6 janv. Cons. d'Et. 266 c., 268 c., 343 c.
13 janv. Cons. d'Et. 425.
25 janv. Décr. 269 c.
9 févr. Cons. d'Et. 189 c., 467 c.
24 févr. Cons. d'Et. 195 c., 307 c.
8 mars. Civ. 167 c., 172 c.
23 mars. Crim. 449 c., 527 c.
8 avr. Cons. d'Et. 508 c.
10 avr. Civ. 302 c., 508 c.
15 avr. Loi. p. 604.
19 avr. Civ. 229 c.
20 avr. Circ. 374 c.
22 avr. Cons. d'Et. 368 c.
24 avr. Cons. d'Et. 449 c., 450 c.

EAU-DE-VIE. — V. *Impôts indirects*; — *Rép.* eod. v°, n°s 282 et suiv.

EAUX MÉNAGÈRES. — V. *Servitude; Voirie par terre;* — *Rép.* v^is^ *Servitude*, n° 79; *Voirie par terre*, n°s 1074, 1334, 1862, 1866.

EAUX MINÉRALES ET THERMALES.

Division.

§ 1. — **Historique. — Législation** (n° 1).

§ 2. — **Caractère d'utilité publique attaché aux établissements d'eaux minérales et thermales. — Loi du 14 juill. 1856; Servitudes imposées par cette loi. — Périmètre de protection. — Caractères des travaux exécutés dans l'intérêt des établissements thermaux** (n° 13).

§ 3. — **Conditions exigées pour l'exploitation des eaux minérales et thermales** (n° 50).

§ 4. — **Des dépôts, fabrication et vente des eaux minérales naturelles ou artificielles. — Pharmaciens; Tarifs** (n° 63).

§ 5. — **Administration des sources minérales appartenant à l'Etat, aux départements, aux communes et aux établissements charitables. — Indigents** (n° 76).

§ 6. — **De la compétence** (n° 87).

§ 1er. — Historique. — Législation (*Rép.* n°s 2 à 9).

1. On a dit au *Rép.* n° 11 qu'en 1837 le Gouvernement présenta à la Chambre des députés un projet de loi qui avait pour objet de faciliter le meilleur aménagement des sources minérales, de consacrer les droits de l'État sur ces eaux, et de protéger les établissements thermaux contre les agressions de l'intérêt privé. Successivement modifié dans quelques-unes de ses dispositions, et élargi dans son cadre, ce projet, après avoir subi diverses délibérations pendant dix années consécutives, n'était pas encore devenu une loi lorsque survint la révolution de 1848. — Peu de jours après les événements de Février, le 8 mars, le gouvernement provisoire, ayant principalement en vue les conséquences que menaçaient d'avoir les persévérants efforts dirigés par quelques habitants de Vichy sur la nappe d'eau minérale qui alimente l'établissement de cette ville, rendit un décret qui fixait autour de chaque source d'eau minérale autorisée un périmètre de 1 kilomètre de rayon, dans lequel étaient interdits des travaux spécialement dénommés. Les dispositions du décret du 8 mars 1848 (*Rép.* n° 9) laissaient à désirer sous un double rapport : excessives d'un côté, elle étaient insuffisantes à d'autres égards. Elles étaient excessives, en ce qu'elles instituaient la servitude dont il s'agit au profit de toutes les sources autorisées, ce qui comprenait un grand nombre d'établissements de peu d'importance, pour lesquels une pareille faveur, une pareille dérogation au droit commun ne se justifiait pas ; elles l'étaient encore en ce que le rayon de 1 kilomètre est, le plus souvent, bien au delà de ce qui serait nécessaire. Elles étaient insuffisantes, pour un très petit nombre de cas, il est vrai, en ce que le périmètre de 1 kilomètre de rayon, quelque étendu qu'il soit, ne donnait pas toujours la sécurité désirable et aussi en ce qu'il pouvait se rencontrer des cas où la catégorie des travaux dénommés dans le décret, à l'égard desquels l'autorisation préalable était requise, aurait besoin d'être étendue. A Vichy, par exemple, un périmètre de 1 kilomètre de rayon paraissait être notablement moindre qu'il ne le fallait pour assurer toute la protection nécessaire ; dans la même localité, on avait tout lieu de penser que le régime des sources minérales pouvait être affecté sérieusement par des travaux autres que les sondages et les excavations souterraines. Un nouveau projet de loi fut présenté sous l'Empire, ayant pour objet « de rectifier en ce qu'il avait d'excessif et de compléter en ce qu'il avait d'insuffisant le décret du 8 mars 1848. Il reprenait, en outre, diverses dispositions qui avaient été proposées antérieurement ou qui ressortaient des délibérations étendues auxquelles s'étaient livrées la Chambre des députés et la Chambre des pairs sur la matière » (Exposé des motifs, D. P. 56. 4. 85). Il est devenu la loi des 14-22 juill. 1856 sur la conservation et l'aménagement des sources d'eaux minérales (1).

(1) 14-22 juill. 1856. — *Loi sur la conservation et l'aménagement des sources d'eaux minérales* (D. P. 56. 4. 85).

TIT. 1er. — *De la déclaration d'intérêt public des sources; des servitudes et des droits qui en résultent.*

Art. 1er. Les sources d'eaux minérales peuvent être déclarées d'intérêt public, après enquête, par un conseil impérial délibéré en conseil d'Etat.

2. Un périmètre de protection peut être assigné, par un décret rendu dans les formes établies en l'article précédent, à une source déclarée d'intérêt public.

Ce périmètre peut être modifié si de nouvelles circonstances en font reconnaître la nécessité.

2. Les art. 1er et 2 contiennent, dans leur connexité, le principe de la loi : d'une part (art. 1er), la faculté, pour le Gouvernement, de déclarer d'intérêt public certaines sources d'eaux minérales; d'autre part (art. 2), la faculté d'assigner à ces sources, déclarées d'intérêt public, un périmètre de protection, assignation qui ne suivra pourtant pas toujours cette déclaration. Les mesures de protection spéciale créées par la loi ne concernent que les établissements d'eaux minérales qui se recommandent d'une manière toute particulière par l'étendue des services qu'ils sont en état de rendre, et qui, pour ce motif, ont été déclarés d'intérêt public après enquête. Pour les sources d'eaux minérales, pour celles surtout d'un grand intérêt public, il peut y avoir de sérieux dommages à craindre, soit au point de vue de la quantité de leurs eaux, soit au point de vue de leur qualité, de sondages exécutés à proximité. Il est donc utile de donner à un certain nombre au moins de ces sources un périmètre de protection. Donner à une source d'eau minérale déclarée d'intérêt public un périmètre de protection, c'est déclarer que, dans un certain rayon, les propriétaires des terrains voisins de celui qui dépend de la source ne pourront faire dans leur propriété aucun travail de nature à porter atteinte à cette source, aucun *sondage*, pour dire le mot propre, qui puisse en détourner, en diminuer ou en altérer les eaux. C'est-à-dire en réalité, et pour la presque totalité des cas, qu'ils ne pourront pas faire la recherche des eaux minérales situées sous leur propre terrain. Un amendement de M. David tendait à assimiler les sources minérales aux mines et au sel, et à donner une redevance de dépossession aux propriétaires des terrains compris dans le périmètre de protection. Il ne fut pas adopté par une double considération : 1° le fait de l'incertitude de gisement et de puissance des

---

3. Aucun sondage, aucun travail souterrain ne peuvent être pratiqués dans le périmètre de protection d'une source minérale déclarée d'intérêt public, sans autorisation préalable.

A l'égard des fouilles, tranchées, pour extraction de matériaux ou pour un autre objet, fondation de maisons, caves, ou autres travaux à ciel ouvert, le décret qui fixe le périmètre de protection peut exceptionnellement imposer aux propriétaires l'obligation de faire, au moins un mois à l'avance une déclaration au préfet, qui en délivre récépissé.

4. Les travaux énoncés dans l'article précédent et entrepris, soit en vertu d'une autorisation régulière, soit après une déclaration préalable, peuvent, sur la demande du propriétaire de la source, être interdits par le préfet, si leur résultat constaté est d'altérer ou de diminuer la source. Le propriétaire du terrain est préalablement entendu.

L'arrêté du préfet est exécutoire par provision, sauf recours au conseil de préfecture et au conseil d'Etat par la voie contentieuse.

5. Lorsque, à raison de sondages ou de travaux souterrains entrepris en dehors du périmètre, et jugés de nature à altérer ou diminuer une source minérale déclarée d'intérêt public, l'extension d'un périmètre parait nécessaire, le préfet peut, sur la demande du propriétaire de la source, ordonner provisoirement la suspension des travaux.

Les travaux peuvent être repris, si, dans le délai de six mois, il n'a pas été statué sur l'extension du périmètre.

6. Les dispositions de l'article précédent s'appliquent à une source minérale déclarée d'intérêt public, à laquelle aucun périmètre n'a été assigné.

7. Dans l'intérieur du périmètre de protection, le propriétaire d'une source déclarée d'intérêt public a le droit de faire, dans le terrain d'autrui, à l'exception des maisons d'habitation et des cours attenantes, tous les travaux de captage et d'aménagement nécessaires pour la conservation, la conduite et la distribution de cette source lorsque ces travaux ont été autorisés par un arrêté du ministre de l'agriculture, du commerce et des travaux publics.

Le propriétaire du terrain est entendu dans l'instruction.

8. Le propriétaire d'une source d'eau minérale déclarée d'intérêt public peut exécuter, sur son terrain, tous les travaux de captage et d'aménagement nécessaires pour la conservation, la conduite et la distribution de cette source, un mois après la communication faite de ses projets au préfet.

En cas d'opposition par le préfet, le propriétaire ne peut commencer ou continuer les travaux qu'après autorisation du ministre de l'agriculture, du commerce et des travaux publics.

A défaut de décision dans le délai de trois mois le propriétaire peut exécuter les travaux.

9. L'occupation d'un terrain compris dans le périmètre de protection pour l'exécution des travaux prévus par l'art. 7 ne peut avoir lieu qu'en vertu d'un arrêté du préfet qui en fixe la durée.

Lorsque l'occupation d'un terrain compris dans le périmètre prive le propriétaire de la jouissance du revenu au delà du temps d'une année, ou lorsqu'après les travaux le terrain n'est plus propre à l'usage auquel il était employé, le propriétaire dudit terrain peut exiger du propriétaire de la source l'acquisition du terrain occupé ou dénaturé. Dans ce cas, l'indemnité est réglée suivant les formes prescrites par la loi du 3 mai 1841. Dans aucun cas, l'expropriation ne peut être provoquée par le propriétaire de la source.

10. Les dommages dus par suite de suspension, interdiction ou destruction de travaux dans les cas prévus aux art. 4, 5 et 6, ainsi que ceux dus à raison de travaux exécutés en vertu des art. 7 et 9, sont à la charge du propriétaire de la source. L'indemnité est réglée à l'amiable ou par les tribunaux.

Dans les cas prévus par les art. 4, 5 et 6, l'indemnité due par le propriétaire de la source ne peut excéder le montant des pertes matérielles qu'a éprouvées le propriétaire du terrain, et le prix des travaux devenus inutiles, augmenté de la somme nécessaire pour le rétablissement des lieux dans leur état primitif.

11. Les décisions concernant l'exécution ou la destruction des travaux sur le terrain d'autrui ne peuvent être exécutées qu'après le dépôt d'un cautionnement dont l'importance est fixée par le tribunal, et qui sert de garantie au payement de l'indemnité dans les cas énumérés en l'article précédent.

L'Etat, pour les sources dont il est propriétaire, est dispensé du cautionnement.

12. Si une source d'eau minérale, déclarée d'intérêt public, est exploitée d'une manière qui en compromette la conservation, ou si l'exploitation ne satisfait pas aux besoins de la santé publique, un décret impérial, délibéré en conseil d'Etat, peut autoriser l'expropriation de la source et de ses dépendances nécessaires à l'exploitation, dans les formes réglées par la loi du 3 mai 1841.

Tit. 2. — *Dispositions pénales.*

13. L'exécution, sans autorisation, ou sans déclaration préalable, dans le périmètre de protection, de l'un des travaux mentionnés dans l'art. 3, la reprise des travaux interdits ou suspendus administrativement, en vertu des art. 4, 5 et 6, est punie d'une amende de 50 fr. à 500 fr.

14. Les infractions aux règlements d'administration publique prévus au dernier paragraphe de l'art. 19 de la présente loi sont punies d'une amende de 16 fr. à 100 fr.

15. Les infractions prévues par la présente loi sont constatées, concurremment, par les officiers de police judiciaire, les ingénieurs des mines et les agents sous leurs ordres ayant droit de verbaliser.

16. Les procès-verbaux dressés en vertu des art. 13 et 14 sont visés pour timbre et enregistrés en débet.

Les procès-verbaux dressés par des gardes-mines ou agents de surveillance assermentés doivent, à peine de nullité, être affirmés dans les trois jours devant le juge de paix ou le maire, soit du lieu du délit, soit de la résidence de l'agent.

Lesdits procès-verbaux font foi jusqu'à preuve contraire.

17. L'art. 463 c. pén. est applicable aux condamnations prononcées en vertu de la présente loi.

Tit. 3. — *Dispositions générales et transitoires.*

18. La somme nécessaire pour couvrir les frais d'inspection médicale et de surveillance des établissements d'eaux minérales autorisés est perçue sur l'ensemble de ces établissements.

Le montant en est déterminé tous les ans par la loi de finances.

La répartition en est faite entre les établissements, au prorata de leurs revenus.

Le recouvrement a lieu, comme en matière de contributions directes, sur les propriétaires, régisseurs ou fermiers des établissements.

19. Des règlements d'administration publique déterminent :

Les formes et les conditions de la déclaration d'intérêt public, de la fixation du périmètre de protection, de l'autorisation mentionnée à l'art. 3, et de la constatation mentionnée à l'art. 4;

L'organisation de l'inspection médicale et de la surveillance des sources et des établissements d'eaux minérales naturelles; les bases et le mode de la répartition énoncée en l'art. 18;

Les conditions générales d'ordre, de police et de salubrité auxquelles tous les établissements d'eaux minérales naturelles doivent satisfaire.

20. L'art. 9 de l'arrêté consulaire du 6 niv. an 11 est abrogé.

Sont également abrogées toutes dispositions des lois, décrets, ordonnances et règlements antérieurs, qui seraient contraires aux dispositions de la présente loi.

21. Le décret du 8 mars 1848 continuera d'avoir son effet jusqu'au 1er janv. 1857, pour tous les établissements qui n'auraient pas été déclarés d'intérêt public avant cette époque.

sources, de leur étendue et de leur valeur, de la relation, du parcours, du mouvement des nappes, des veines ou filons liquides dont elles sont comme le tuyau d'échappement; 2° le fait de leur peu de rapport. « Pour faire l'assimilation des sources d'eaux minérales aux mines, a dit le rapporteur (D. P. 56. 4. 85) et en déduire, en fait de sources thermales, une redevance de dépossession au profit des propriétaires des terrains compris dans le périmètre de protection, il faudrait faire, si l'on peut dire ainsi, une concession du tréfonds des eaux minérales, comme cela a lieu, par exemple, pour le tréfonds des mines de houille. Or sur quelles données s'établirait cette concession ? Sur des données, nous l'avons dit, jusqu'à présent à peu près nulles. Pourrait-on calculer, même approximativement, la puissance des sources minérales afférentes ou non à la source primitive qui pourraient être découvertes dans les terrains du périmètre ? Pourrait-on en supputer la valeur ? Enfin, pourrait-on prévoir la dépréciation qui pourrait résulter, soit pour les sources anciennes, soit pour les sources nouvellement découvertes, de sondages qui viendraient à être exécutés en dehors du périmètre? — On le voit donc, il ne semble pas y avoir d'indemnité ou de redevance possible pour une dépossession d'une valeur impossible à calculer, et qui, par conséquent, ne saurait être suivie d'aucun acte de concession. »

Le deuxième paragraphe de l'art. 2 porte que le périmètre peut être modifié (c'est-à-dire augmenté ou restreint), si de nouvelles circonstances en font sentir la nécessité. Cette opération doit être prescrite par décret, délibéré en conseil d'Etat, après enquête. Il importe de remarquer que la fixation d'un périmètre est facultative. Il existe telle source à l'égard de laquelle l'utilité d'un périmètre d'une étendue appréciable en dehors de l'enceinte même de l'établissement n'est rien moins que démontrée. Il en existe d'autres où, faute d'une étude suffisante des lieux et des circonstances propres à la source, la détermination du périmètre serait impossible au moment même où l'utilité de la source serait reconnue. Par ce motif, la loi a séparé la fixation du périmètre de la déclaration d'utilité publique, et en a fait deux actes distincts. Le plus souvent, la déclaration d'utilité publique entraînera la fixation d'un périmètre; mais il n'est pas indispensable et, dans certains cas, il sera impossible que les deux mesures soient absolument contemporaines.

Le premier paragraphe de l'art. 3 détermine les servitudes imposées aux propriétés situées dans le périmètre de protection. Aucun sondage, aucun travail souterrain pouvant avoir pour résultat l'altération ou la diminution d'une source déclarée d'utilité publique, ne peut se faire sans autorisation préalable. Le projet portait que la même autorisation pourrait exceptionnellement être déclarée nécessaire pour les travaux à ciel ouvert. Cette disposition a été rejetée. On a voulu que ces travaux pussent avoir lieu sans autorisation; on a admis seulement que, par une exception formellement exprimée dans le décret de fixation du périmètre, les travaux mentionnés dans ce paragraphe ne pussent être commencés qu'après déclaration préalable adressée au préfet, au moins un mois à l'avance. Si les travaux entrepris, soit en vertu d'une autorisation régulière, soit après une déclaration préalable, ont eu, contre toute prévision, pour résultat l'altération ou la diminution des sources, ils doivent pouvoir être provisoirement interdits ou suspendus par le préfet, sauf, bien entendu, le recours des propriétaires des terrains où ont lieu les travaux devant la juridiction compétente. Cette juridiction est le conseil de préfecture et le conseil d'Etat. Le propriétaire du terrain est préalablement entendu. L'arrêté du préfet est exécutoire par provision (art. 4).

L'art. 5 est corrélatif au deuxième paragraphe de l'art. 2, qui dispose que, dans certains cas, le périmètre pourra être modifié, c'est-à-dire, pour le plus grand nombre des cas, agrandi. Lorsque, à raison de sondages ou de travaux souterrains (la disposition ne s'applique qu'à ces sortes de travaux, Rapport de M. Lélut, n° 46, D. P. 56. 4. 85) entrepris en dehors du périmètre et jugés de nature à altérer ou diminuer une source minérale déclarée d'intérêt public, l'extension d'un périmètre paraît nécessaire, le préfet peut, sur la demande du propriétaire de la source, ordonner provisoirement la suspension des travaux. Les travaux peuvent être repris, si, dans le délai de six mois, il n'a pas été statué sur l'extension du périmètre.

L'art. 6 qui dit que les dispositions de l'art. 5 s'appliquent à une source minérale déclarée d'intérêt public, mais à laquelle aucun périmètre n'a encore été assigné, n'est en quelque sorte que l'art. 5 pris à un autre point de vue, et l'un et l'autre découlent nécessairement du second paragraphe de l'art. 2 sur l'extension facultative du périmètre primitif.

3. Avec l'art. 7 commence un autre ordre d'idées, celui des servitudes et dommages imposés à la propriété particulière pour la conservation des sources déclarées d'intérêt public et des indemnités corrélatives à ces dommages.

« La loi de 1856, dit M. Nadault de Buffon, *Traité des eaux de source et des eaux thermales*, p. 394, constitue deux sortes de servitudes : les premières se rapportent à la propriété même de la source, les secondes grèvent les propriétés voisines dans l'intérêt de la source et pour sa conservation. Mais si la loi amoindrit entre les mains du propriétaire les droits absolus qu'il tire de l'art. 641, elle ajoute en sa faveur à la servitude de libre écoulement de l'art. 640 une servitude nouvelle, la *servitude de protection*. Son intervention a pour but de règlementer dans l'intérêt public, même dans l'intérêt du propriétaire de la source, son *jus utendi* et d'en surveiller l'usage, elle lui retire entièrement son *jus abutendi*. » — L'art. 7, porte que, « dans l'intérieur du périmètre de protection, le propriétaire d'une source a le droit de faire dans le terrain d'autrui, à l'exception des maisons d'habitation et des cours attenantes, tous les travaux de captage et d'aménagement nécessaires pour la conservation, la conduite et la distribution de cette source, lorsque ces travaux ont été autorisés par un arrêté du ministre de l'agriculture, du commerce et des travaux publics ». Les travaux visés par le texte sont de purs et simples travaux de captage et d'aménagement ayant pour objet, non point de rechercher et de prendre dans les terrains compris dans le périmètre toutes les eaux minérales qui pourraient se rencontrer dans leurs profondeurs, mais seulement celles de ces eaux qui font partie de la source déclarée d'intérêt public. Les maisons d'habitation et les cours attenantes ne sont pas passibles d'une occupation provisoire ou temporaire par le propriétaire de la source. En ce qui concerne ces propriétés, aucun travail quelconque ne peut avoir lieu que moyennant une expropriation préalable. — L'occupation du terrain ne peut avoir lieu qu'en vertu d'un arrêté du préfet qui en fixe la durée. Si cette occupation prive le propriétaire de la jouissance du revenu du terrain au delà d'une année, ou si après les travaux, le terrain n'est plus propre à l'usage auquel il était employé, le propriétaire dudit terrain peut exiger du propriétaire de la source l'acquisition du terrain occupé ou dénaturé. L'indemnité, dans ce cas, est réglée suivant les formes prescrites par la loi du 3 mai 1841. — Dans aucun cas, l'expropriation ne peut être provoquée par le propriétaire de la source (art. 9). Cette dernière disposition est essentiellement conservatrice du droit de propriété. — L'art. 10 règle les indemnités dues aux propriétaires des terrains compris dans le périmètre, par suite de la suspension ou de l'interdiction de travaux énoncée dans les art. 4, 5 et 6, ou à raison des travaux exécutés en vertu des art. 7 et 9. Ces indemnités qui sont à la charge du propriétaire de la source sont réglées à l'amiable ou par les tribunaux. Le deuxième paragraphe de cet art. 10 prescrit une limite à la fixation de cette indemnité dans les cas prévus par les art. 4, 5 et 6. Elle ne peut excéder le montant des pertes matérielles éprouvées et le prix des travaux devenus inutiles, augmenté de la somme nécessaire pour le rétablissement des lieux dans leur état primitif. — La commission avait ajouté à l'art. 10 une disposition qui décidait que les dommages causés aux sources par suite de travaux régulièrement entrepris étaient à la charge du propriétaire des sources. Cette disposition fut supprimée par le conseil d'Etat. « Dans l'intérêt des sources, a dit le rapporteur, c'est-à-dire dans l'intérêt de la santé publique, il faut, que ces dommages soient réparés et qu'ils le soient promptement. Or ils ne doivent pas l'être par les propriétaires des terrains, qui n'en sont point responsables, puisque leurs travaux n'ont été entrepris qu'après autorisation ou déclaration préalable et sur des appréciations qui ne sont pas de leur fait. Le conseil d'Etat n'a point admis ce paragraphe additionnel. Nous sommes convaincus qu'il ne l'a cru qu'inutile, et peut-être a-t-il eu raison. Le droit commun, en effet, pas plus que le sens commun, ne permettrait, dans le cas dont il s'agit, de faire peser la réparation du dommage occasionné aux sources sur d'autres que sur leurs propriétaires. » — Les décisions concernant l'exécution ou la construction des travaux sur le terrain d'autrui, ne peuvent avoir leur effet qu'autant que le propriétaire de la source a préalablement déposé un cautionnement, dont le montant est fixé par les tribunaux et qui sert de garantie au payement de l'indemnité. L'Etat, pour les sources dont il est propriétaire, est dispensé du cautionnement.

La déclaration d'utilité publique, en même temps qu'elle confère au propriétaire de la source certaines facultés par rapport aux propriétés voisines, doit entraîner aussi pour lui-même certains assujettissements. Si la source est d'utilité publique, il faut qu'elle soit convenablement exploitée ; il faut qu'elle rende, autant que possible, des services qui soient proportionnés à l'importance qu'on lui a attribuée. En conséquence, si le propriétaire l'exploite d'une manière qui ne satisfasse pas aux besoins de la santé publique, ou si, par une gestion malhabile, il en compromet la conservation, il est de droit qu'il puisse être exproprié, et que la faculté d'expropriation s'étende aux dépendances nécessaires à l'exploitation. C'est ce qu'établit l'art. 12, qui maintient, dans ce cas aussi, les formes salutaires prescrites par la loi du 3 mai 1841. — Pour prévenir des dérangements dont on a vu quelques exemples, une autre sujétion est imposée aux propriétaires de sources minérales déclarées d'utilité publique. Ils sont tenus de déposer à la préfecture les plans des travaux de captage ou autres, relatifs à la conservation ou à l'aménagement de leur source, qu'ils se proposent d'exécuter, et, dans le délai d'un mois, le préfet fait connaître s'il y fait opposition. En cas d'opposition, le propriétaire ne peut commencer ou continuer les travaux qu'après autorisation du ministre de l'agriculture, du commerce et de l'industrie. Toutefois si, après cette opposition et dans le délai de trois mois, l'administration supérieure n'a pas statué, le propriétaire recouvre sa liberté et peut procéder à l'exécution des travaux qu'il avait projetés (art. 8).

4. Les art. 13 à 17 renferment des dispositions pénales destinées à servir de sanction aux prescriptions de la loi. Ces pénalités ont un caractère de grande modération. Elles ne consistent qu'en amendes.

5. L'art. 18 pose le principe d'une position nouvelle et meilleure faite aux médecins inspecteurs des établissements thermaux, non seulement pour eux, ce qui est convenable et juste, mais, ce qui importe davantage, pour la bonne gestion des sources d'eaux minérales et, par conséquent, pour les intérêts de la santé publique. Ce sont toujours les établissements autorisés qui subviennent aux frais de la surveillance administrative, mais les agents sont rétribués par les mains de l'Etat. Ce n'est plus une contribution spéciale de chaque établissement qui est affectée à couvrir les frais de la surveillance dont il est l'objet; une taxe spéciale, dont le montant total est déterminé tous les ans par la loi de finances, est acquittée par l'ensemble des établissements d'eau minérale autorisés. Le produit de cette taxe forme une sorte de masse, que le ministre de l'agriculture, du commerce et des travaux publics distribue de la manière la plus convenable entre les établissements. La part contributive de chaque établissement est en proportion de son revenu. Les formes suivant lesquelles ce revenu est déterminé font l'objet d'un règlement spécial d'administration publique. Ces dispositions de l'art. 18 s'appliquent non seulement à la catégorie des établissements d'eaux minérales qui ont été déclarés d'utilité publique, mais à tous les établissements autorisés, c'est-à-dire, à toutes les sources d'eaux minérales légalement exploitées. « Elles diffèrent en réalité fort peu, a dit le rapporteur, de la règle et de la pratique actuelles. La contribution imposée pour frais d'inspection aux propriétaires des sources thermales autorisées existe depuis longtemps et repose sur des lois et ordonnances : l'art. 10 de la loi du 6 niv. an 11, l'art. 15 de la loi de finances du 17 août 1822, l'art. 3 de celle du 10 mai 1823, enfin l'art. 7 de l'ordonnance du 18 juin 1823, qui porte que le chiffre du traitement des médecins inspecteurs des eaux sera fixé par les préfets, les propriétaires des établissements thermaux entendus, et confirmé par le ministre de l'intérieur. De plus, ces établissements, ainsi imposés par le Gouvernement, le sont, en réalité, au prorata de leurs revenus, puisqu'ils se divisent, à cet égard et suivant leur importance, en plusieurs catégories, primitivement établies par l'art. 10 de l'arrêté du directoire du 3 flor. an 8 : une catégorie supérieure, dont les établissements payent chacun 1000 fr. par an pour frais d'inspection ; une catégorie qui ne paye que 600 fr.; une dernière catégorie qui n'en paye que 500 ou 400, dans quelques cas même 100 ou 200 fr. Restent donc ces deux dispositions de l'art. 18, à notre avis, supérieures à ce qui existe maintenant, que ce sera le Gouvernement, et non plus les inspecteurs, qui percevra les diverses parties de ce petit impôt, et qu'il fera de cela un ensemble, un total dont le montant sera déterminé tous les ans par la loi de finances. Dans cette dernière disposition est la garantie de l'équité qui doit présider à la répartition dont nous venons de parler, et dont, aux termes du paragraphe 2 de l'article suivant, les bases et le mode seront déterminés par un règlement d'administration publique. »

L'art. 19 renvoie à des règlements d'administration publique, ici d'une extrême importance, véritable code de la matière, qui se substituent à l'ordonnance du 18 juin 1823, non seulement pour l'exécution et le détail de tout ce qui concerne le service d'inspection médicale et de surveillance des établissements thermaux, mais encore, et avant tout, pour le règlement des formes et des conditions de la déclaration d'intérêt public, de la fixation du périmètre, de l'autorisation mentionnée en l'art. 3. — L'art. 20 reproduit l'art. 10 du projet de loi présenté en 1847 à la Chambre des pairs. Cet article abroge, et avec raison, l'art. 9 de l'arrêté consulaire du 6 niv. an 11, et rend ainsi à la juridiction ordinaire ce qui, en vertu de cet article, était attribué mal à propos à la justice administrative : le jugement des contestations sur la propriété des sources entre l'Etat et les communes. Le même article abroge d'une façon générale toutes les dispositions des lois, décrets, ordonnances et règlements antérieurs qui seraient contraires aux dispositions de la nouvelle loi. Au nombre de ces dispositions, se trouve le décret du 8 mars 1848 (D. P. 48. 4. 45), qui avait fixé invariablement autour de toutes les sources minérales autorisées un périmètre d'un kilomètre de rayon, disposition, nous l'avons déjà dit, dont la fixité était ou insuffisante, ou inutile, ou nuisible (V. art. 21).

6. A la date des 8-20 sept. 1856 fut promulgué le décret portant règlement sur la conservation et l'aménagement des sources d'eaux minérales. Ce décret est divisé en trois titres. Le premier indique les formalités qui doivent précéder la déclaration d'intérêt public d'une source. Le second est relatif à l'instruction des demandes en fixation d'un périmètre de protection. Le troisième concerne les demandes en autorisation des travaux dans l'intérieur du périmètre de protection et la constatation des faits d'altération ou de diminution des sources (1).

(1) 8-20 sept. 1856. — *Décret impérial portant règlement sur la conservation et l'aménagement des sources d'eaux minérales* (D. P. 56. 4. 137).

Tit. 1er. — *De la déclaration d'intérêt public.*

Art. 1er. La demande tendant à faire déclarer d'intérêt public une source d'eau minérale est adressée au préfet du département.

Cette demande est faite en deux expéditions dont une sur papier timbré.

Elle énonce les nom, prénoms et domicile du demandeur.

2. La demande fait connaître l'importance du débit journalier de la source, avec les variations qu'elle est sujette à éprouver suivant les saisons, la composition et les propriétés spéciales des eaux, la consistance de l'établissement d'eaux minérales qu'elle alimente, et le nombre des malades que cet établissement a reçus dans les trois années précédentes.

A cette demande est joint un plan, en triple expédition, à l'échelle de dix millimètres par mètre, représentant l'établissement d'eaux minérales et faisant connaître la disposition des réservoirs,

7. Le décret des 8-20 sept. 1856 ne s'était pas occupé du règlement de l'inspection médicale et de la surveillance des sources et des établissements, ni des bases et du mode de la répartition des frais de l'inspection médicale et de la surveillance, ni des conditions générales d'ordre, de police et de salubrité auxquelles tous les établissements doivent satisfaire (L. 14 juill. 1856, art. 18 et 19). Le décret des 28 janv.-13 févr. 1860 a comblé cette lacune (1). Il se divise en quatre titres.

Le premier traite de l'inspection médicale et de la surveil-

---

des salles de bains, des douches, et de tous appareils et constructions servant à l'aménagement et à l'administration des eaux.

Le demandeur y ajoute tous les renseignements propres à faire apprécier les services que l'établissement rend à la santé publique.

3. Le préfet fait enregistrer la demande sur un registre particulier, et ordonne les publications et affiches dans les dix jours.

4. Par les soins du préfet, la demande est publiée et affichée dans la commune où est situé l'établissement d'eaux minérales et dans les chefs-lieux d'arrondissement du département ; elle est insérée dans l'un des journaux de chacun des arrondissements où se font les publications et affiches : le tout aux frais du demandeur.

La durée des affiches est d'un mois, à dater du jour de leur apposition dans chaque localité.

Dans chaque localité, la publication a lieu devant la porte de la maison commune et des églises paroissiales et consistoriales, à l'issue de l'office, un jour de dimanche, et au moins une fois pendant la durée des affiches.

5. Un registre destiné à recevoir les observations et déclarations du public est ouvert, pendant le même délai, à la mairie de la commune où est situé l'établissement, ainsi que dans les chefs-lieux d'arrondissement du département.

6. A l'expiration du délai ci-dessus fixé et dans le mois qui suivra, une commission, composée, sous la présidence du préfet, de deux membres du conseil général, de l'ingénieur des mines et du médecin inspecteur, se réunit à la préfecture pour donner son avis sur le résultat de l'enquête et sur la demande en déclaration d'intérêt public.

Préalablement à la délibération de la commission, le préfet fait vérifier par l'ingénieur des mines le débit journalier de la source ; il fait procéder de même à l'analyse des eaux.

Les frais nécessités par ces opérations sont à la charge du demandeur.

Le préfet transmet, sans délai, au ministre de l'agriculture, du commerce et des travaux publics, la délibération de cette commission, et en même temps toutes les pièces de l'enquête.

7. Le comité consultatif d'hygiène publique et le conseil général des mines sont appelés à donner leur avis, et il est définitivement statué sur la demande en déclaration d'intérêt public par un décret délibéré en conseil d'Etat.

8. Le décret portant déclaration d'intérêt public est publié et affiché, aux frais du demandeur, dans la commune où est situé l'établissement d'eaux minérales et dans les chefs-lieux de canton de l'arrondissement.

9. Lorsque différentes sources sont exploitées dans un même établissement, la demande en déclaration d'intérêt public peut en embrasser la totalité ou plusieurs, et l'instruction se fait d'une manière simultanée pour toutes les sources comprises dans la demande.

Toutefois, les renseignements indiqués dans le paragraphe 1er de l'art. 2 doivent être distincts pour chaque source, de même que les vérifications et opérations mentionnées dans le paragraphe 2 de l'art. 6.

TIT. 2. — *De la fixation du périmètre de protection.*

10. La demande en fixation d'un périmètre de protection autour d'une source déclarée d'intérêt public est formée et instruite d'après les règles tracées au titre précédent, sauf les modifications qui suivent.

11. La demande est accompagnée : 1° d'un mémoire justificatif; 2° d'un plan à l'échelle d'un millimètre par mètre représentant les terrains à comprendre dans le périmètre et sur lequel sont indiqués l'allure présumée de la source et son point d'émergence.

La demande est publiée et affichée, et des registres d'enquête sont ouverts dans chacune des communes sur le territoire desquels s'étend le périmètre demandé.

12. La demande en fixation du périmètre de protection peut être produite en même temps que la demande en déclaration d'intérêt public, et il peut être statué sur l'une et l'autre demande au vu d'une seule et même instruction.

13. Les demandes en modification de périmètre sont formées et instruites comme les demandes en première fixation, et il est statué dans les mêmes formes.

TIT. 3. — *De l'autorisation des travaux dans l'intérieur du périmètre de protection et de la constatation des faits d'altération ou de diminution des sources.*

14. La demande en autorisation préalable prévue par le paragraphe 1er de l'art. 3 de la loi du 14 juill. 1856, pour les sondages et les travaux souterrains à exécuter dans le périmètre de protection, est adressée au préfet du département.

La demande est faite sur papier timbré ; elle énonce les noms, prénoms et domicile du demandeur; elle est accompagnée d'un plan indiquant les dispositions des ouvrages projetés et d'un mémoire explicatif des conditions dans lesquelles ils doivent s'exécuter.

15. Le préfet prend l'avis de l'ingénieur des mines et du médecin inspecteur ; il entend le propriétaire de la source ou l'exploitant, si le propriétaire n'exploite pas lui-même ; il donne son avis et le transmet, avec les pièces, au ministère de l'agriculture, du commerce et des travaux publics.

Le ministre statue, sur l'avis du conseil général des mines.

16. Lorsque, dans les cas prévus par le paragraphe 1er de l'art. 4 de la loi du 14 juill. 1856, le propriétaire d'une source minérale demande au préfet d'interdire des travaux entrepris dans l'intérieur du périmètre de protection, le préfet commet immédiatement l'ingénieur des mines pour constater si, en effet, lesdits travaux ont pour résultat d'altérer ou de diminuer la source.

17. L'ingénieur se transporte sur les lieux ; il procède, en présence des parties intéressées, ou elles dûment appelées, aux opérations de jaugeage et à toutes autres qu'il juge utiles pour établir l'influence des travaux qui ont donné lieu à la réclamation sur le régime de la source, son débit et la composition de ses eaux.

Il dresse un procès-verbal détaillé qu'il signe conjointement avec toutes les parties comparantes ; il transmet ce procès-verbal, avec son avis, au préfet du département, qui statue ainsi qu'il est dit au paragraphe 2 de l'art. 4 de la loi du 14 juill. 1856.

Chacune des parties intéressées peut requérir l'insertion de ses observations au procès-verbal.

18. Il est procédé conformément aux dispositions de l'article précédent dans le cas où le propriétaire d'une source minérale déclarée d'intérêt public demande au préfet d'ordonner provisoirement, en vertu de l'art. 5 de la loi du 14 juill. 1856, la suspension de sondages et de travaux souterrains entrepris en dehors du périmètre de protection et qu'il signale comme étant de nature à altérer ou diminuer la source.

(1) 28 janv.-13 févr. 1860. — *Décret impérial concernant la conservation et l'aménagement des sources d'eaux minérales* (D. P. 60. 4. 13).

TIT. 1er. — *Dispositions concernant l'inspection médicale et la surveillance des sources et des établissements d'eaux minérales naturelles.*

Art. 1er. Un médecin inspecteur est attaché à toute localité comprenant un ou plusieurs établissements d'eaux minérales naturelles dont l'exploitation est reconnue comme devant donner lieu à une surveillance spéciale, sous la réserve mentionnée en l'art. 5 ci-après.

Une même inspection peut comprendre plusieurs localités dans sa circonscription, lorsque le service le comporte.

2. Dans le cas où les nécessités du service l'exigent, un ou plusieurs médecins peuvent être adjoints au médecin inspecteur, sous le titre d'inspecteurs adjoints, à l'effet de remplacer le titulaire en cas d'absence, de maladie ou de tout autre empêchement.

3. Le ministre de l'agriculture, du commerce et des travaux publics nomme et révoque les médecins inspecteurs et les médecins inspecteurs adjoints.

4. Les inspections médicales sont divisées en trois classes, suivant le revenu de l'ensemble des établissements qui sont compris dans la localité ou la circonscription. La première classe se compose des inspections où l'ensemble des établissements donne un revenu de 10000 fr. ; la seconde, des inspections où ce revenu est de 5000 à 10000 fr. ; la troisième, des inspections où ce même revenu est de 1500 à 5000 fr.

5. Au-dessous d'un revenu de 1500 fr., il n'y a pas d'inspecteur spécialement attaché à la localité, et l'inspection médicale consiste dans des visites faites par des inspecteurs envoyés en tournée par le ministre de l'agriculture, du commerce et des travaux publics, lorsqu'il le juge convenable.

6. Le tableau de classement des inspections médicales est arrêté par le ministre. Il est revisé tous les cinq ans, sans préjudice du classement des établissements nouveaux qui seraient ouverts dans l'intervalle.

La base du classement est la moyenne des revenus des cinq dernières années, calculés comme il est dit à l'art. 28 ci-après.

7. Les traitements affectés aux médecins inspecteurs sont réglés ainsi qu'il suit :

lance des sources et des établissements d'eaux minérales naturelles ; il ne fait que reproduire, en les améliorant toutefois sur quelques points, les dispositions de l'ordonnance du 18 juin 1823. — En vertu de cette ordonnance, un médecin inspecteur doit être attaché aux établissements d'eaux minérales dont l'exploitation a été régulièrement autorisée ; néanmoins, un même inspecteur peut être chargé de la surveillance dans plusieurs établissements lorsque le service le permet. — Le décret consacre le principe de l'inspection dans les termes de l'ordonnance de 1823 ; mais il dispose

Dans les inspections de 1re classe, 1000 fr. ; de 2e classe, 800 fr., de 3e classe, 600 fr.

8. Les inspecteurs adjoints ne reçoivent pas de traitement, sauf le cas où ils auraient remplacé le médecin inspecteur pendant une partie notable de la saison, et, dans ce cas, il leur est alloué une indemnité prise sur le traitement de l'inspecteur et fixée par le ministre de l'agriculture, du commerce et des travaux publics.

9. Pendant la saison des eaux, le médecin inspecteur exerce la surveillance sur toutes les parties de l'établissement affectées à l'administration des eaux et au traitement des malades, ainsi que sur l'exécution des dispositions qui s'y rapportent.

Les dispositions du paragraphe précédent ne peuvent être entendues de manière à restreindre la liberté qu'ont les malades de suivre la prescription de leurs propres médecins, ou d'être accompagnés par lui s'ils le demandent, sans préjudice du libre usage des eaux réservé par l'art. 15.

10. Les inspecteurs ne peuvent rien exiger des malades dont ils ne dirigent pas le traitement, ou auxquels ils ne donnent pas de soins particuliers.

11. Ils soignent gratuitement les indigents admis à faire usage des eaux minérales, à moins que ces malades ne soient placés dans des maisons hospitalières où il serait pourvu à leur traitement par les autorités locales.

12. Les médecins inspecteurs ou inspecteurs adjoints ne peuvent être intéressés dans aucun des établissements qu'ils sont chargés d'inspecter.

13. Lorsque les besoins du service l'exigent, l'Administration fait visiter par les ingénieurs des mines les établissements thermaux de leur circonscription.

Les frais des visites spéciales faites par les ingénieurs des mines, en dehors de leurs tournées régulières, sont imputés sur la somme annuelle fournie par les établissements d'eaux minérales, conformément à l'art. 18 de la loi du 14 juill. 1856.

14. Le médecin inspecteur et l'ingénieur des mines informent le préfet des contraventions et des infractions aux règlements sur les eaux minérales qui viennent à leur connaissance. Ils proposent, chacun en ce qui le concerne, les mesures dont la nécessité leur est démontrée.

Tit. 2. — *Des conditions générales d'ordre, de police et de salubrité auxquelles les établissements d'eaux minérales naturelles doivent satisfaire.*

15. L'usage des eaux n'est subordonné à aucune permission ni à aucune ordonnance de médecin.

16. Dans tous les cas où les besoins du service l'exigent, des règlements arrêtés par le préfet, les propriétaires, régisseurs ou fermiers préalablement entendus, déterminent les mesures qui ont pour objet : — La salubrité des cabinets, bains, douches, piscines, et, en général, de tous les locaux affectés à l'administration des eaux ; — Le libre usage des eaux ; — L'exclusion de toute préférence dans les heures, pour les bains et douches ; — L'égalité des prix, sauf les réductions qui peuvent être accordées aux indigents ; — La protection particulière due aux malades ; — Les mesures d'ordre et de police à observer par le public, soit à l'intérieur, soit aux abords ; — La séparation des sexes.

17. Ces règlements restent affichés dans l'intérieur de l'établissement, et sont obligatoires pour les personnes qui le fréquentent, aussi bien que pour les propriétaires, régisseurs ou fermiers, et pour les employés du service.

Les inspecteurs ont le droit de requérir, sauf recours au préfet, le renvoi des employés qui refuseraient de se conformer aux règlements.

18. Un mois avant l'ouverture de chaque saison, les propriétaires, régisseurs ou fermiers des établissements d'eaux minérales envoient aux préfets le tarif détaillé des prix correspondant aux modes divers suivant lesquels les eaux sont administrées, et des accessoires qui en dépendent.

Il ne peut y être apporté aucun changement pendant la saison.

Sous aucun prétexte, il n'est exigé ni perçu aucun prix supérieur au tarif, ni aucune somme en dehors du tarif pour l'emploi des eaux.

19. Le tarif prévu à l'article précédent est constamment affiché à la porte principale et dans l'intérieur de l'établissement.

20. A l'issue de la saison des eaux, le propriétaire, régisseur ou fermier de chaque établissement d'eaux minérales remet au médecin inspecteur, et, à son défaut, au préfet, un état portant le nombre des personnes qui ont fréquenté l'établissement. Cet état est envoyé, avec les observations du médecin inspecteur, au ministre de l'agriculture, du commerce et des travaux publics.

21. Les propriétaires, régisseurs ou fermiers sont tenus de donner le libre accès des établissements et des sources à tous les fonctionnaires délégués par le ministre ; ils leur fournissent les renseignements nécessaires à l'accomplissement de la mission qui leur est confiée.

Tit. 3. — *Des bases et du mode de répartition des frais de l'inspection médicale et de la surveillance des établissements d'eaux minérales naturelles.*

22. Tous les ans il est inscrit au budget du ministère de l'agriculture, du commerce et des travaux publics une somme égale au montant total des traitements des inspecteurs attachés aux différentes localités d'eaux minérales ; il y est ajouté une somme qui n'excède pas dix pour cent de ce montant, afin de couvrir les frais généraux d'inspection et de surveillance.

Une somme égale est inscrite au budget des recettes.

23. La répartition entre les établissements de la somme portée au budget et le recouvrement ont lieu suivant les bases et conformément au mode qui sont indiqués dans les articles ci-après.

24. A la fin de chaque année, les propriétaires, régisseurs ou fermiers des établissements d'eaux minérales naturelles adressent au préfet les états des produits et des dépenses de leurs établissements pendant l'année.

25. L'état des produits comprend les revenus afférents aux bains, douches, piscines, buvettes, et à tout autre mode quelconque d'administration des eaux, ainsi qu'à la vente des eaux en bouteilles, cruchons ou tonneaux.

26. L'état des dépenses comprend :

Les frais encourus pour la réparation des appareils et constructions servant à l'aménagement des sources, la distribution et l'administration des eaux, le salaire des employés, l'entretien des bâtiments et de leurs abords, ainsi que celui du matériel, le montant des contributions dues à l'État, au département ou à la commune, et généralement tous les frais courants d'exploitation.

27. Ne sont pas admises en compte les dépenses extraordinaires et notamment les sommes dépensées pour grosses réparations, constructions nouvelles, travaux de recherche ou de captage, acquisitions de terrain, ainsi que les indemnités que ces constructions et travaux de recherche ou de captage ont pu comporter.

28. Le revenu qui sert de base à la répartition de la somme totale à payer par les établissements d'eaux minérales est l'excédent des produits sur les dépenses ordinaires, tels que les uns et les autres sont prévus aux art. 25 et 26.

29. Les états de produits et de dépenses sont communiqués par le préfet à une commission présidée par lui ou par son délégué, et qui est composée d'un membre du conseil général ou du conseil d'arrondissement, du directeur des contributions directes, de l'ingénieur des mines et du médecin inspecteur de l'établissement.

Dans le cas où les propriétaires, régisseurs ou fermiers n'auraient pas adressé, le 31 janvier, au préfet, conformément à l'art. 24 ci-dessus, les états des produits et des dépenses de leurs établissements, la commission procède d'office à leur égard.

30. L'avis de cette commission est, avec les pièces à l'appui, soumis à l'examen d'une commission centrale nommée par le ministre, et composée de cinq membres choisis dans le conseil d'Etat, la cour des comptes, le conseil général des mines, le comité consultatif d'hygiène publique et l'administration des finances, et, en outre, du nombre d'auditeurs au conseil d'Etat qui sera reconnu nécessaire.

Les auditeurs remplissent les fonctions de secrétaires et de rapporteurs ; ils ont voix délibérative dans les affaires qu'ils sont chargés de rapporter.

31. Sur le rapport de la commission instituée en vertu de l'article précédent, un arrêté du ministre détermine le revenu des divers établissements, et répartit entre eux, au prorata dudit revenu, le montant total des frais de l'inspection médicale et de la surveillance, tels qu'ils sont indiqués à l'art. 22 ci-dessus.

32. L'arrêté du ministre est notifié par voie administrative au propriétaire, fermier ou régisseur de chaque établissement ; il est transmis au ministre des finances, qui est chargé de poursuivre le recouvrement des sommes pour lesquelles chacun desdits établissements est imputé.

33. L'arrêté du ministre peut être déféré au conseil d'Etat par la voie contentieuse.

Tit. 4. — *Dispositions générales et transitoires.*

34. Les dispositions de l'ordonnance royale du 18 juin 1823 qui ne sont pas contraires à celles du présent règlement continuent de recevoir leur pleine et entière exécution.

qu'à l'avenir il n'y aura qu'un médecin inspecteur par localité, quel que soit le nombre des établissements que cette localité renferme, et il admet que la même inspection pourra comprendre plusieurs localités dans sa circonscription lorsque le service le comportera. Il est stipulé, en outre, que les établissements dont le revenu sera de moins de 1500 fr. n'auront pas d'inspecteur spécial, et qu'ils seront seulement soumis à des visites faites, à divers intervalles, par des inspecteurs que le ministre déléguera à cet effet (art. 5). — Les inspections médicales sont divisées en trois classes, d'après le revenu de l'ensemble des établissements compris dans la même circonscription (art. 4). La première classe se compose des inspections où l'ensemble des établissements donne un revenu de 10000 fr.; la seconde, des inspections où ce revenu est de 5000 à 10000 fr.; la troisième, des inspections où ce même revenu est de 1500 à 2000 fr. L'art. 6 traite de l'établissement et de la revision du tableau de classement; l'art. 7, du traitement des médecins-inspecteurs. Aux termes de l'art. 8, les inspecteurs-adjoints n'ont pas de traitement, mais peuvent, dans certains cas, recevoir une indemnité.

L'art. 3 du décret, conforme encore sur ce point à l'ordonnance de 1823, donne au ministre dans les attributions duquel sont placées les eaux minérales, le droit de nommer et de révoquer les médecins inspecteurs : ce droit appartenait aux préfets depuis le décret de décentralisation du 25 mars 1852, mais l'application du décret sur ce point avait fait naître d'assez graves inconvénients. La nomination des médecins inspecteurs ne se faisant plus qu'en dehors de toute vue d'ensemble, il devenait impossible à l'Administration d'attacher à un établissement donné l'inspecteur qui, par ses antécédents, eût pu le mieux lui convenir, et en même temps de récompenser un inspecteur qui aurait rendu d'utiles services dans un établissement peu important, en le faisant passer à une résidence meilleure. Il a paru, par ces motifs, que le retour à l'ancien état de choses était fondé en raison. En vertu de l'art. 3 de l'ordonnance de 1823, l'Administration était autorisée, sur tous les points où elle le jugeait nécessaire, à nommer des inspecteurs adjoints, à l'effet de remplacer les inspecteurs titulaires en cas d'absence, de maladie ou de tout autre empêchement. Le décret maintient cette faculté; mais, tandis qu'antérieurement le règlement était appliqué en ce sens que la présence des titulaires, même lorsqu'ils ne pouvaient satisfaire à toutes les obligations du service, ne permettait pas d'en confier une partie aux adjoints, il est, au contraire, formellement entendu qu'à l'avenir l'impossibilité par le titulaire de pourvoir à toutes les nécessités de l'inspection sera considérée comme un motif d'empêchement, que le service pourra, dans ce cas, être réparti entre l'inspecteur et l'inspecteur adjoint; et le règlement stipule, pour ce même cas, l'allocation à l'adjoint d'une indemnité prise sur le traitement de l'inspecteur. — Les art. 9, 10, 11 du tit. 1er définissent les obligations à remplir par les médecins inspecteurs. L'art. 12 édicte une disposition nouvelle, mais qui, pour n'être pas écrite, n'en était pas moins moralement obligatoire: elle porte que les médecins inspecteurs ou inspecteurs-adjoints ne peuvent être intéressés dans aucun des établissements qu'ils sont chargés d'inspecter. — L'art. 13 consacre également une mesure appliquée déjà, et d'ailleurs écrite dans la loi de 1856, qui consiste à confier aux ingénieurs des mines des départements la surveillance des sources qui alimentent les établissements thermaux. A raison de leurs études spéciales, ces ingénieurs sont, plus que tous autres, à même d'étudier et de déterminer les rapports qui existent entre les sources et les terrains d'où elles sortent, de veiller par là même à leur conservation et à leur bon aménagement: le règlement d'administration publique du 8 sept. 1856 leur confie, d'ailleurs, pour ce qui touche les sources d'intérêt public, des attributions qu'ils ne peuvent bien remplir qu'en visitant de temps à autre les établissements placés dans leur circonscription.

Le tit. 2, qui règle les conditions d'ordre, de police et de salubrité auxquelles les établissements d'eaux minérales naturelles devront satisfaire, se borne pour ainsi dire à reproduire, sauf quelques changements de rédaction destinés à les rendre plus précises, les dispositions déjà en vigueur. Il contient une clause nouvelle: c'est celle de l'art. 15, d'après laquelle l'usage des eaux n'est subordonné à aucune ordonnance de médecin. Si l'on considère que les eaux minérales sont, jusqu'à un certain point, de véritables remèdes, dont l'emploi intempestif peut avoir dans certains cas de regrettables conséquences, on sera porté à se demander pourquoi l'usage en serait plus libre que celui des remèdes qui en général ne sont délivrés que sur une ordonnance de médecin. Mais il a paru, d'un autre côté, qu'il ne serait véritablement pas possible d'astreindre à la production d'une ordonnance médicale toutes les personnes qui se présentent à un établissement thermal pour y prendre les eaux. Combien de touristes qui, chaque année, s'arrêtent quelques jours seulement dans une localité où il y a des eaux minérales, et qui, pendant leur séjour, prennent quelques bains ou boivent quelques verres d'eau sans qu'il puisse en résulter pour leur santé aucun inconvénient! Convenait-il de leur imposer l'obligation d'une ordonnance de médecin?

Le tit. 3 a pour but de fixer la base et le mode de répartition des frais de l'inspection médicale et de la surveillance. La loi de 1856 a décidé que les traitements des médecins et les frais de surveillance seraient payés par le trésor. A cet effet, un crédit égal aux dépenses probables de l'année sera inscrit par prévision au budget de l'Etat, et une somme égale sera inscrite au budget des recettes (art. 22). Pour permettre la répartition des frais entre les établissements au prorata de leurs ressources, les propriétaires, régisseurs ou fermiers des établissements fournissent chaque année l'état de leurs produits et de leurs dépenses (art. 24). Les art. 25 à 28 déterminent quels sont les produits, quels sont les frais dont ils devront tenir compte pour être à même d'en déduire le revenu de chaque établissement. — L'examen et le contrôle de ces états de produits et de dépenses sont confiés en première instance à des commissions locales, présidées par le préfet et composées d'un membre du conseil général ou du conseil d'arrondissement, du directeur des contributions directes, de l'ingénieur des mines et du médecin inspecteur; puis, comme il s'agit en définitive d'une répartition proportionnelle entre tous les établissements français, le travail de revision au second degré est fait par les soins d'une commission centrale que le ministre institue, et dont les membres sont pris dans le conseil d'Etat, la cour des comptes, le conseil général des mines, le comité consultatif d'hygiène publique et l'administration des finances; un certain nombre d'auditeurs au conseil d'Etat sont attachés à cette commission, en raison des besoins du service. Sur le rapport de la commission, le ministre détermine par un arrêté le revenu des divers établissements et répartit entre eux au prorata dudit revenu le montant total des frais de l'inspection et de la surveillance; mais, dans le cas où les propriétaires, régisseurs ou fermiers se croiraient lésés par la décision du ministre, ils ne seraient pas tenus de s'y soumettre; un recours leur est ouvert devant le conseil d'Etat jugeant au contentieux. C'est au ministre qu'il appartient de recouvrer les sommes pour lesquelles chaque établissement est imposé.

Le tit. 4 énonce des dispositions générales et transitoires. Les prescriptions de l'ordonnance du 18 juin 1823 qui ne sont pas contraires aux dispositions contenues dans le décret restent en vigueur.

8. L'art. 18 de la loi du 14 juill. 1856 a été modifié par la loi des 12-13 févr. 1883, présentée à la Chambre des députés le 4 mars 1882, et au Sénat le 27 juin de la même année (*Journ. off.* des 27 juin 1882, 23 et 31 janv. 1883). L'Administration avait rencontré les difficultés les plus sérieuses dans l'application de cet art. 18 et des art. 22 à 33 du décret du 28 janv. 1860. Il fallait, pour pouvoir déterminer la part contributive de chaque établissement dans le total général

35. Le classement prévu par l'art. 4 aura lieu, pour la première fois, conformément au revenu des établissements compris dans chaque inspection, tel qu'il aura été établi pour l'année 1860, et ce classement continuera d'être en vigueur jusqu'au 31 déc. 1865.

36. Notre ministre secrétaire d'Etat au département de l'agriculture, du commerce et des travaux publics, et notre ministre secrétaire d'Etat au département des finances, sont chargés, chacun en ce qui le concerne, de l'exécution du présent décret.

des frais d'inspection à inscrire annuellement au budget, connaître le revenu de chacun d'eux et contrôler les chiffres produits par des propriétaires évidemment désireux de diminuer le chiffre de leurs recettes, afin de rendre moins élevé celui de leur contribution. Malgré les ingénieuses prescriptions du règlement d'administration publique de 1860 et les minutieuses précautions prises par ses auteurs pour assurer le contrôle, au premier et au second degré, des déclarations faites par les propriétaires, il n'a jamais été possible de fixer le montant des sommes à payer par les établissements soumis aux prescriptions de la loi; aussi le traitement des médecins inspecteurs n'a-t-il, à aucune époque, figuré au budget des recettes. Les médecins inspecteurs n'ont donc jamais été payés par l'Etat. « L'inexécution de la loi, a dit M. Alliot, rapporteur de la loi nouvelle à la Chambre des députés (*Journ. off.* du 23 juin, annexe n° 948, p. 1621), a produit les conséquences les plus regrettables. Dans certains établissements, les médecins inspecteurs ont été directement payés par les propriétaires, contrairement aux prescriptions de la loi. Dans quelques-uns, par suite de connivence et de traités qu'on ne saurait approuver et qui auraient mérité les sévérités de l'administration supérieure, le chiffre des traitements a été élevé au-dessus du maximum fixé par la loi; dans d'autres, au contraire, il a été réduit au-dessous du minimum; dans plusieurs cas enfin, il a été complètement supprimé par les propriétaires ou fermiers d'établissements qui, affranchis de toute surveillance et de tout contrôle, avaient pris l'habitude de mettre leur intérêt ou leur caprice au-dessus des prescriptions d'une loi dépourvue de sanction. Des considérations plus puissantes encore ont déterminé la commission à vous proposer l'adoption du projet de loi. M. le ministre du commerce nous a fait connaître que le Gouvernement est exposé aux réclamations d'un certain nombre de médecins inspecteurs frappés de révocation; ces anciens fonctionnaires, se fondant sur les termes formels de l'art. 18, réclament le payement de leur traitement, qui depuis plusieurs années leur est dû par l'Etat et qui n'a jamais été acquitté ni par le Trésor ni par les propriétaires d'établissements thermaux. Le conseil d'Etat, saisi de la requête de l'un de ces médecins révoqués, a admis, par décision du 13 janv. 1882 (aff. Privat, D. P. 83. 3. 45), qu'aux termes de l'art. 18 de la loi du 14 juill. 1856, l'Etat seul est constitué débiteur des traitements des médecins inspecteurs, puisque cet art. 18 ne crée pas un droit d'option au profit du créancier du traitement entre deux débiteurs, le propriétaire ou fermier de l'établissement, d'une part, et l'Etat, de l'autre, mais qu'il impose exclusivement à ce dernier la charge de servir le traitement. Cette jurisprudence a pour conséquence de mettre à la charge du Trésor public, c'est-à-dire des contribuables, le payement d'une somme importante qui aurait dû être payée par les propriétaires d'établissements thermaux et dont la répartition par l'Etat est désormais impossible par suite de l'inefficacité reconnue des dispositions du décret du 28 janv. 1860. L'Etat est donc aujourd'hui tenu de payer, sinon la totalité de l'arriéré des traitements, du moins une partie de cet arriéré pour laquelle il ne peut opposer aux réclamants ni la prescription de cinq ans, ni la déchéance résultant du retard apporté à la réclamation. ». — Aux termes de l'art. 1er de la loi du 12 févr. 1883 (1), l'emploi de médecin inspecteur ne donne droit à aucune rétribution soit de la part de l'Etat, soit de la part des propriétaires des établissements d'eaux minérales. L'art. 18 de la loi du 14 juill. 1856 et les art. 22 à 33 du décret du 28 janv. 1860 sont abrogés. Ainsi que l'a fait remarquer M. Parent, rapporteur au Sénat (*Journ. off.* du 10 janv. 1883, annexe n° 209, p. 49), si l'abrogation de l'art. 18 de la loi du 14 juill. 1856 appartenait au Parlement, l'abrogation des dispositions du décret impérial du 28 janv. 1860 semblait rentrer dans les attributions du pouvoir exécutif, de qui il émane. Mais la commission n'a pas cru devoir faire de distinction à cet égard, de crainte de retarder l'adoption du projet. Cette loi intéressait, en effet, à un degré important les finances de l'Etat; elle était justifiée par les difficultés et même les impossibilités de percevoir les frais d'inspection. A ce titre, il y avait urgence de pourvoir. — La commission de la Chambre des députés et celle du Sénat auraient désiré qu'au lieu de se renfermer dans les dispositions spéciales du projet, le Gouvernement eût saisi le Parlement d'un projet complet de réorganisation du service des eaux minérales, surtout en ce qui touche l'inspectorat, dont la transformation et même la suppression ont été vivement réclamées par une partie du corps médical. L'étude des réformes à introduire dans ce service avait été entreprise par l'Assemblée nationale : « En effet, dit M. Parent dans son rapport au Sénat, et sans avoir à nous prononcer sur les réformes à opérer, il nous sera bien permis de relever ce fait singulier que, malgré la transformation qu'elle a subie depuis un certain temps et le développement qu'elle a pris et qui en a fait un des plus puissants éléments de la richesse nationale, la propriété des eaux minérales et le régime auquel elle est soumise sont régis exclusivement par des ordonnances ou des décrets du pouvoir exécutif; il n'y a dans ces matières pas d'autre loi spéciale que celle du 14 juill. 1856, assurément fort utile, mais généralement considérée comme insuffisante dans l'état des besoins actuels de cette grande industrie. Le Gouvernement ayant pris, devant la commission de la Chambre des députés, « l'engagement de poursuivre cette étude et de proposer une revision complète de la loi du 14 juill. 1856 », il ne nous restait qu'à prendre acte de cet engagement et à émettre le vœu qu'il soit réalisé le plus promptement possible; il est impossible de ne pas mettre à bref délai un terme à la situation qui va être faite à l'inspectorat par la nouvelle loi ».

9. Le décret des 11-15 avr. 1888 a modifié l'art. 6, § 2, du décret du 8 sept. 1856. Cet article enjoignait au préfet de faire procéder à l'analyse des eaux par l'ingénieur des mines. Le décret de 1888 lui prescrit cette analyse, mais sans lui imposer l'obligation de la confier à une personne déterminée (2).

10. Plusieurs lois spéciales à divers établissements d'eaux minérales ont été promulguées depuis la publication du *Répertoire* :

La loi des 10-18 juin 1853 (D. P. 53. 4. 136) a autorisé la concession de l'exploitation des sources et de l'établissement thermal de Vichy. L'établissement thermal de Vichy a besoin, pour son service ordinaire, d'une quantité d'eau douce assez considérable; aussi le cahier des charges annexé à la loi de 1853 avait-il imposé à la compagnie fermière l'obligation d'établir une prise d'eau dans l'Allier, afin de pouvoir amener facilement une quantité suffisante d'eau de cette rivière dans les réservoirs de l'établissement. L'exécution de cette clause du cahier des charges ayant rendu inutile la conservation de la fontaine d'eau douce du quartier des bains, les fermiers concessionnaires crurent pouvoir la supprimer, d'autant plus qu'elle gênait l'exécution de quelques améliorations et qu'elle entretenait l'humidité aux abords de l'établissement. Cette mesure donna lieu à des protestations de la part de la municipalité de Vichy, qui demanda le rétablissement de la fontaine qu'elle considérait comme propriété communale. La difficulté prenait naissance dans une jouissance en commun, depuis longues années, par l'Etat et la ville de Vichy, des eaux douces de diverses fontaines. Une loi des 26-31 mai 1860 (D. P. 60. 4. 62) a mis fin à cette communauté et fait disparaître toute

(1) 12-13 févr. 1883. — *Loi qui modifie l'art. 18 de la loi du 14 juill. 1856 sur les établissements d'eaux minérales naturelles* (D. P. 83. 4. 40).

Art. 1er. L'emploi de médecin inspecteur des établissements d'eaux minérales naturelles ne donne droit à aucune rétribution, soit de la part de l'Etat, soit de la part des propriétaires de ces établissements.

2. Sont abrogées toutes les dispositions législatives contraires à la présente loi, et notamment l'art. 18, tit. 3, de la loi du 14 juill. 1856 et les art. 22 à 33 inclusivement du décret du 28 janv. 1860, rendu pour l'exécution de ladite loi.

(2) 11-15 avr. 1888. — *Décret qui modifie l'art. 6 du décret du 8 sept. 1856 sur la conservation et l'aménagement des sources d'eaux minérales* (D. P. 88. 4. 45).

Art. 1er. L'art. 6, § 2, du décret du 8 sept. 1856 sur la conservation et l'aménagement des sources d'eaux minérales est remplacé par les dispositions ci-après :

« Art. 6 (§ 2). Préalablement à la délibération de la commission, le préfet fait procéder à l'analyse des eaux; il fait, en outre, vérifier par l'ingénieur des mines le débit journalier de la source ».

2. Le ministre du commerce et de l'industrie est chargé, etc.

contestation pour l'avenir, en approuvant une convention passée entre le préfet de l'Allier et le maire de Vichy au sujet d'une nouvelle répartition des eaux douces de cette ville (V. *ibid.* les termes de cette convention).

Le 29 avr. 1863 est intervenue entre le ministre de l'agriculture et la compagnie fermière de l'établissement thermal de Vichy une convention ayant pour objet la construction d'un casino, de serres, du bain de l'hôpital, de nouvelles salles ou galeries contenant des cabinets de bains, et l'abandon par l'Etat de terrains à la société. La convention, par dérogation à l'art. 3 du cahier des charges annexé à la loi du 10 juin 1853, décide qu'il y aura des bains et douches de trois classes. Elle augmente, en outre, la durée du bail fixé à trente-trois ans par le cahier des charges de 1853, de dix-huit années. Cette convention a été approuvée provisoirement par un décret des 23 mai-15 juin 1863 (D. P. 63. 4. 121), et définitivement par la loi des 7-24 mai 1864 (D. P. 64. 4. 52).

La loi des 17-24 juin 1868 a autorisé la concession de l'exploitation de l'établissement thermal civil de Bourbonne-les-Bains. Un cahier des charges annexé à la loi a fixé les conditions de l'exploitation (D. P. 68. 4. 81 et D. P. 69. 4. 4).

La loi des 6-12 juin 1857 a autorisé la concession de l'exploitation des sources et de l'établissement thermal de Plombières (D. P. 57. 4. 80). L'art. 7 du cahier des charges annexé à la loi fixant les prix pour les bains, douches, le service des porteurs, le linge, etc., a été modifié par les lois des 10-13 juill. 1867 (D. P. 67. 4. 74), des 18-22 juill. 1873 (D. P. 73. 4. 80), des 27 juill.-4 août 1881 (D. P. 82. 4. 38).

La loi du 30 janv. 1884 (art. 18) décide que certains établissements thermaux appartenant à l'Etat devront, à l'avenir, être affermés par voie de concurrence et de publicité (D. P. 84. 4. 94). L'établissement thermal d'Aix-les-Bains a été excepté de cette mesure par la loi des 16-24 août 1884 (D. P. 85. 4. 7).

La loi des 12-16 juill. 1873 (D. P. 73. 4. 78) a réglé l'envoi et le traitement, aux frais de l'Etat, dans les établissements d'eaux minérales, des anciens militaires et marins blessés ou infirmes.

11. Le service des eaux minérales ressortissait du ministère de l'agriculture, du commerce et des travaux publics jusqu'en 1869. A cette époque, on créa un ministère de l'agriculture et du commerce (Décr. 17 juill. 1869, D. P. 69. 4. 59) dans les attributions duquel fut placé tout ce qui regardait l'administration et la surveillance des eaux minérales et thermales au point de vue général. Toutefois, un décret du 14 août 1869 (D. P. 69. 4. 96) décida qu'au point de vue technique les ingénieurs des mines resteraient chargés, sous la direction du ministère des travaux publics, de la police et de la surveillance des établissements thermaux, en ce qui concerne la recherche, le captage et l'aménagement des sources d'eaux thermales. Le ministère de l'agriculture et du commerce a lui-même été divisé en deux ministères par le décret du 14 nov. 1881 (D. P. 82. 4. 98), qui a créé un ministère spécial de l'agriculture, et laissé implicitement dans les attributions du nouveau ministère du commerce (aujourd'hui ministère du commerce et de l'industrie, Décr. 7 janv. 1886, D. P. 86. 4. 79) tout ce qui regarde les eaux minérales. Toutefois, aucun décret n'étant venu modifier celui du 14 août 1869, les ingénieurs des mines restent toujours sous la direction du ministre des travaux publics, en ce qui concerne la surveillance technique des établissements thermaux.

TABLEAU DE LA LÉGISLATION RELATIVE AUX EAUX MINÉRALES.

10-18 juin 1853. — Loi qui autorise la concession de l'exploitation des sources et de l'établissement thermal de Vichy (D. P. 53. 4. 136).

5 nov.-3 déc. 1853. — Décret impérial qui autorise la concession à l'Etat de la propriété de l'établissement thermal de Luxeuil (D. P. 54. 4. 11).

14-22 juill. 1856. — Loi sur la conservation et l'aménagement des sources d'eaux minérales (D. P. 56. 4. 85).

8-20 sept. 1856. — Décret impérial portant règlement sur la conservation et l'aménagement des sources d'eaux minérales (D. P. 56. 4. 137).

6-12 juin 1857. — Loi qui autorise la concession de l'exploitation des sources et de l'établissement thermal de Plombières (D. P. 57. 4. 80).

4 juill.-12 sept. 1857. — Décret impérial portant que les sources d'eaux minérales appartenant à l'Etat, et situées sur le territoire de la commune de Plombières (Vosges), sont déclarées d'intérêt public (D. P. 57. 4. 181).

24 juill.-10 sept. 1857. — Décret impérial portant autorisation de la société anonyme formée sous la dénomination de compagnie pour l'exploitation des sources et établissements thermaux de Plombières (D. P. 57. 4. 179).

16-24 juin 1859. — Loi qui ouvre un crédit, sur l'exercice 1859, pour les travaux de captage et d'aménagement des sources d'eaux minérales de Plombières (D. P. 59. 4. 55).

28 janv.-13 févr. 1860. — Décret impérial portant règlement d'administration publique sur les établissements d'eaux minérales naturelles (D. P. 60. 4. 13).

26-31 mai 1860. — Loi qui approuve une convention conclue entre le préfet de l'Allier et le maire de la ville de Vichy, au sujet d'une nouvelle répartition des eaux douces de Vichy (D. P. 60. 4. 62).

23 mai-15 juin 1863. — Décret impérial qui approuve une convention passée, le 29 avr. 1863, entre le ministre de l'agriculture, du commerce et des travaux publics, et la compagnie fermière de l'établissement thermal de Vichy (D. P. 63. 4. 121).

7-24 mai 1864. — Loi qui ratifie une convention passée entre le ministre de l'agriculture, du commerce et des travaux publics, et la compagnie fermière de l'établissement thermal de Vichy (D. P. 64. 4. 52).

7 mai-7 juin 1864. — Décret impérial qui approuve la convention passée, le 29 avr. 1864, entre le ministre de l'agriculture, du commerce et des travaux publics et la compagnie fermière de l'établissement thermal de Vichy (D. P. 64. 4. 76).

10-13 juill. 1867. — Loi qui modifie l'art. 7 du cahier des charges annexé à la loi du 6 juin 1857, portant concession des sources et de l'établissement thermal de Plombières (D. P. 67. 4. 74).

17-24 juin 1868. — Loi qui autorise la concession de l'exploitation de l'établissement civil de Bourbonne-les-Bains (Haute-Marne) (D. P. 68. 4. 81 et 69. 4. 4).

14 août-15 sept. 1869. — Décret impérial portant que le service des mines reste chargé, sous la direction du ministre des travaux publics, de la police et de la surveillance des travaux thermaux, en ce qui concerne la recherche, le captage et l'aménagement des sources d'eaux minérales (D. P. 69. 4. 96).

12-16 juill. 1873. — Loi relative à l'envoi et au traitement aux frais de l'Etat, dans les établissements d'eaux minérales, des anciens militaires et marins blessés ou infirmes (D. P. 73. 4. 78).

18-22 juill. 1873. — Loi qui modifie les tarifs perçus par la Compagnie fermière des thermes de Plombières (D. P. 73. 4. 80).

27 juill.-4 août 1881. — Loi qui fixe les tarifs à percevoir par la compagnie fermière des thermes de Plombières et autorise la garantie par l'Etat d'un emprunt de 1400000 fr. à contracter par la même compagnie (D. P. 82. 4. 38).

12-13 févr. 1883. — Loi qui modifie l'art. 18 de la loi du 14 juill. 1856, sur les établissements d'eaux minérales naturelles (D. P. 83. 4. 40).

30-30 janv. 1884. — Loi qui fixe le budget général des dépenses et des recettes de l'exercice 1884 (art. 18, D. P. 84. 4. 94).

16-24 août 1884. — Loi qui excepte l'établissement thermal d'Aix-les-Bains (Savoie) de la mesure édictée par l'art. 18 de la loi du 30 janv. 1884 (D. P. 85. 4. 7).

27-28 déc. 1884. — Loi qui approuve l'adjudication des établissements thermaux de Bourbonne-les-Bains et de Néris (D. P. 85. 4. 79).

2-5 mars 1885. — Décret portant extension du périmètre de protection des sources d'eau minérale du Pavillon, des Bains et du Quai, à Contrexéville (D. P. 85. 4. 80).

14-15 avr. 1888. — Décret qui modifie l'art. 6 du décret du 8 sept. 1856 sur la conservation et l'aménagement des sources d'eaux minérales (D. P. 88. 4. 45).

12. Les principaux ouvrages publiés sur les eaux minérales sont les suivants : Fliche, *Régime légal des eaux de source et des eaux thermales*; de Lavigne, *La législation des eaux minérales en France*; Nadault de Buffon, *Traité des eaux de source et des eaux thermales*; *Considérations sur le régime légal des eaux de sources naturelles et artificielles*; Sabadel, *La législation sur les eaux minérales*. On peut consulter aussi Gubler, *Rapport général à M. le ministre de l'agriculture et du commerce sur le service médical des eaux minérales de la France* (1870-1871).

§ 2. — Caractère d'utilité publique attaché aux établissements d'eaux minérales et thermales. — Loi du 14 juill. 1856; Servitudes imposées par cette loi. — Périmètre de protection. — Caractère des travaux exécutés dans l'intérêt des établissements thermaux (*Rép.* nos 10 à 14).

13. On a exposé au *Rép.* nos 10 et suiv. que, sous l'empire de l'ordonnance de 1823, la jurisprudence décidait que la propriété du sol emportant celle du dessus et du dessous, tout propriétaire voisin d'un établissement thermal avait le droit de faire sur son fonds tels forages, recherches, fouilles ou travaux qu'il jugeait convenable, alors que la conséquence en serait d'amoindrir, d'altérer ou de tarir la source, quand même ces fouilles seraient pratiquées dans le dessein avoué de nuire à l'établissement et de s'emparer de la source. Cet état de choses produisait les plus déplorables résultats. De nombreuses sources, notamment à Cauterets, à Vichy, disparurent ou furent en grande partie taries à la suite de fouilles pratiquées par des propriétaires voisins. En 1837, en 1846 et en 1847, des projets de loi destinés à faire cesser ces entreprises, qui mettaient en péril l'existence des sources minérales, furent présentés par le Gouvernement, mais repoussés par les Chambres. Le projet de 1847 proposait un périmètre que déterminerait l'ordonnance déclarant l'utilité publique, et dans l'enceinte duquel le préfet pourrait interdire toutes entreprises de nature à occasionner le tarissement, le détournement ou l'altération de la source. En même temps, des travaux pouvaient être autorisés dans l'intérêt de la source sur le terrain d'autrui, mais à la charge de la réparation du dommage et d'une indemnité réglée à l'amiable ou par les tribunaux. Enfin les contraventions à l'ordonnance, la mauvaise exploitation de la source entraînaient comme répression pénale une amende qui pouvait s'élever jusqu'à 1000 fr. et un emprisonnement dont le maximum était de deux mois. — Ce projet, dont plusieurs dispositions ont passé dans la loi de 1856, était encore à l'étude, lorsqu'éclata la révolution de Février 1848. A cette époque, des propriétaires voisins de nos grands établissements thermaux, mettant à profit le relâchement de la surveillance administrative, tentèrent de nouvelles entreprises, et l'établissement thermal de Vichy fut encore en péril. C'est dans ces circonstances que fut rendu d'urgence le décret des 8-10 mars 1848 (D. P. 48. 4. 45) stipulant : — « Qu'aucun sondage, aucun travail souterrain ne pourront être pratiqués sans l'autorisation préalable du préfet du département dans un périmètre de 1000 mètres au moins de rayon autour des sources d'eaux minérales dont l'exploitation aura été régulièrement autorisée. Cette autorisation ne sera délivrée que sur l'avis de l'ingénieur des mines du département et du médecin inspecteur de l'établissement thermal » (Nadault de Buffon, *Traité des eaux de source et des eaux thermales*, p. 425).

14. « Le décret du 8 mars 1848, dit M. Nadault de Buffon, *op. cit.*, p. 428, faisait d'un seul coup et de la manière la plus lourde pour la propriété, ce que pendant une période de plus de dix années, de 1837 à 1847, le Gouvernement avait vainement demandé aux Chambres, en atténuant le principe protecteur de la prohibition des fouilles par tous les tempéraments de nature à le faire accueillir. Malgré son caractère absolu et autoritaire, le décret de 1848 obtint l'approbation générale. On oublia l'atteinte portée à la propriété, et dont s'étaient préoccupés outre mesure les législateurs de 1837 à 1847, pour ne plus voir que le péril qu'il conjurait et l'intérêt public qu'il sauvegardait. A compter de ce jour une nouvelle servitude légale, une restriction gênante au droit de propriété fut inscrite dans nos codes ; et tandis que les lois, lettres-patentes, ordonnances et arrêtés antérieurs à 1823, tandis que la loi de 1823 elle-même, ne s'occupaient des sources thermales qu'au point de vue de leur administration, le décret de 1848, et après lui la loi du 14 juill. 1856, qui est venue à la fois le restreindre et l'étendre, n'ont pas hésité à frapper de servitude les fonds voisins des établissements thermaux. »

La jurisprudence a appliqué maintes fois le décret de 1848, dont on avait contesté un instant la légalité. Ainsi il a été jugé que l'interdiction, prononcée par le décret du 8 mars 1848, de pratiquer tout sondage et tout travail souterrain dans un périmètre de 1000 mètres au moins de sources minérales régulièrement autorisées, a le caractère d'une servitude d'utilité publique imposée aux propriétés privées, et est, par suite, à l'abri de toute prescription ; qu'en conséquence, l'autorité préfectorale a toujours le droit d'ordonner la destruction des travaux exécutés en contravention à cette interdiction, et c'est à tort qu'on prétendrait qu'une telle contravention est prescriptible par une année, comme les contraventions de police (Crim. cass. 29 août 1856, aff. Dargut, D. P. 56. 1. 415).

15. Nous avons dit *suprà*, n° 1, que les dispositions du décret de 1848 étaient excessives sous certains rapports, insuffisantes sous d'autres, et que la loi de 1856 a eu pour but de les rectifier et de les compléter. Le caractère d'utilité publique des sources et des établissements d'eaux minérales fut de nouveau proclamé dans la discussion qui eut lieu aux Chambres. « Votre commission s'est demandé, a dit le rapporteur de la loi (*Moniteur* du 24 mai 1856, p. 565), quel est le degré de cette utilité publique, de quel terme on doit se servir pour la caractériser et ne pas attacher à la déclaration qui en serait faite toutes les conséquences sans exception qu'on est dans l'habitude et en droit d'attribuer à la déclaration dite d'utilité publique. Quelque réelle et considérable, en effet, que se soit montrée à nos yeux l'utilité des sources d'eaux minérales ou au moins d'un grand nombre d'entre elles, nous n'avons pas cru qu'il fût possible de la mettre absolument sur la même ligne que ces diverses sortes d'utilité publique en vue desquelles a été faite la loi d'expropriation du 3 mai 1841. En elle-même et dans ces conséquences, l'utilité publique des sources minérales s'est pour nous réduite à un grand, à un sérieux intérêt public qui doit être sérieusement protégé, mais qui ne doit que le moins possible empiéter sur les droits et le libre usage de la propriété privée. »

16. — I. Déclaration d'intérêt public ; ses effets. — Aux termes de l'art. 1er de la loi de 1856, les sources d'eaux minérales peuvent être déclarées d'intérêt public, après enquête, par un décret délibéré en conseil d'État. — Le décret des 8-20 sept. 1856, tit. 1er (art. 1er à 9), indique les formalités à remplir ; comme on l'a vu *suprà*, n° 9, l'art. 6, § 2, de ce décret a été modifié par le décret du 11 avr. 1888.

Il a été jugé que, lorsque toutes les formalités prescrites par le décret du 8 sept. 1856 ont été remplies, le décret qui a déclaré d'intérêt public des sources d'eaux minérales ne saurait être attaqué pour excès de pouvoir (Cons. d'Et. 14 janv. 1876) (1). — Décidé, au contraire, que le décret rejetant une demande tendant à ce qu'une source d'eaux minérales appartenant à un particulier soit déclarée d'utilité publique et munie d'un périmètre de protection doit être annulé pour excès de pouvoir, lorsque l'avis de la commission d'enquête n'a pas été précédé d'une vérification par l'ingénieur du débit journalier de la source (Cons. d'Et. 13 nov. 1885, aff. Larbaud, D. P. 87. 3. 35). Lorsqu'un particulier sollicite de l'Administration une pure faveur, le refus de cette faveur, quels que soient les motifs qui l'aient déterminé et les con-

(1) (Millet). — Le conseil d'État ; ... — Vu la requête du sieur Millet... tendant à ce qu'il plaise au conseil annuler comme entaché d'excès de pouvoirs un décret du président de la République du 17 mai 1874, qui a déclaré d'intérêt public deux sources minérales dépendant de l'établissement thermal de Vichy, dites nouvelles sources des Célestins, n° 2, aménagées en 1870, et la source des anciens Célestins, n° 2, découverte en 1870, et qui a, en outre, établi un périmètre de protection autour du groupe des sources de Vichy, ce faisant, attendu que les formalités prescrites par le décret du 8 sept. 1856 pour la déclaration d'intérêt public et la fixation d'un périmètre de protection n'auraient pas été observées ; qu'aucune des trois expéditions des plans exigés par l'art. 2 de ce décret n'a été déposée à la mairie de Vichy ; que le délai d'un mois prescrit par les art. 4 et 5 du même décret pour la durée de l'enquête n'avait pas été observé ; qu'il n'aurait été procédé à aucun jaugeage ni analyse des sources ; que la source du fond de la grotte serait mal captée et que celle des anciens Célestins n'existerait plus et ne pouvait, dès lors, être entourée d'un périmètre de protection ;... — Vu la loi des 7-14 oct. 1790 et la loi du 24 mai 1872 ; — Vu la loi du 14 juill. 1856 et le décret du 8 septembre suivant ; — Considérant qu'il résulte de l'instruction que toutes les formalités prescrites par le décret du 8 sept. 1856 pour la déclaration d'intérêt public des sources minérales dépendant de l'établissement thermal de Vichy et la fixation d'un périmètre de protection autour de ces sources ont été régulièrement observées ; que notamment et conformément à l'art. 4 du décret précité, la demande a été publiée et affichée pendant un mois ; que le préfet a fait vérifier le débit journalier des sources et fait procéder à l'analyse des eaux ; que, dès lors, le sieur Millet n'est pas fondé à demander, par application des lois ci-dessus visées des 7-14 oct. 1790 et du 24 mai 1872, l'annulation du décret qu'il attaque (Rejet).

Du 14 janv. 1876.-Cons. d'Et.-MM. Fould, rap.-Laferrière, concl.-Costa, av.

ditions dans lesquelles ce refus a eu lieu, ne peut léser aucun droit acquis ; mais dans le cas où, à raison de la nature et de l'importance des intérêts engagés, la loi, tout en laissant au Gouvernement un pouvoir discrétionnaire pour rejeter la demande qui lui est adressée, a prescrit que la décision devait être rendue dans les conditions déterminées, et après l'accomplissement de certaines formalités, l'exécution complète de ces prescriptions constitue, pour les intéressés, un droit d'autant plus absolu qu'elle est leur seule garantie contre les abus que l'Administration pourrait faire du pouvoir discrétionnaire à elle conféré. C'est pourquoi le conseil d'Etat a refusé d'admettre que l'irrégularité résultant de l'inobservation d'une des formalités prescrites par l'art. 6 du décret du 8 sept. 1856 puisse être considérée comme sans influence à raison de ce que, d'après les éléments de l'instruction, cette formalité aurait été frustratoire (V. anal. : Cons. d'Et. 23 mars 1877, aff. Mérigot, D. P. 78. 3. 317; 6 déc. 1878, aff. Larbaud, D. P. 79. 3. 33).

17. La déclaration d'intérêt public d'une source produit les effets suivants : 1° elle donne au Gouvernement la faculté d'assigner à la source, déclarée d'intérêt public, un périmètre de protection ; 2° elle permet, si la source est exploitée d'une manière qui en compromette la conservation ou si l'exploitation ne satisfait pas aux besoins de la santé publique, d'en faire prononcer l'expropriation par un décret délibéré en conseil d'Etat.

18. — II. DU PÉRIMÈTRE DE PROTECTION. — Aux termes de l'art. 2 de la loi du 14 juill. 1856, un périmètre de protection peut être assigné, par un décret rendu en conseil d'Etat, à une source déclarée d'intérêt public. Ce périmètre peut être modifié si de nouvelles circonstances en font reconnaître la nécessité. — Le périmètre de protection, dans l'enceinte duquel aucun travail de nature à porter atteinte à la source ne peut être effectué sans autorisation, n'est plus fixé d'une manière invariable, comme sous l'empire du décret du 8 mars 1848 (D. P. 48. 4. 45). Il varie suivant les circonstances et la nature du sol. Il peut être restreint ou étendu. Nous avons fait remarquer *suprà*, n° 2, que la fixation d'un périmètre est facultative, et n'est pas une conséquence nécessaire de la déclaration d'intérêt public. — Le décret des 8-20 sept. 1856 a déterminé les formes à suivre pour la fixation du périmètre (art. 10 à 13). La demande en fixation d'un périmètre de protection autour d'une source déclarée d'intérêt public est formée et instruite d'après les règles tracées pour la déclaration d'intérêt public, sauf les modifications suivantes; elle est accompagnée : 1° d'un mémoire justificatif; 2° d'un plan à l'échelle d'un millimètre par mètre représentant les terrains à comprendre dans le périmètre et sur lequel sont indiqués l'allure présumée de la source et son point d'émergence. Elle est publiée et affichée, et des registres d'enquête sont ouverts dans chacune des communes sur le territoire desquelles s'étend le périmètre demandé. La demande en fixation du périmètre de protection peut être produite en même temps que la demande en déclaration d'intérêt public, et il peut être statué sur l'une et l'autre demandes au vu d'une seule et même instruction. Les demandes en modification de périmètre sont formées et instruites comme les demandes en première fixation, et il est statué dans les mêmes formes.

19. L'établissement d'un périmètre a pour conséquence d'imposer aux propriétaires qui s'y trouvent compris une double contrainte : 1° celle de ne pouvoir entreprendre certains ouvrages sans une autorisation de l'Administration; 2° celle de subir sur leur fonds certains travaux utiles aux sources d'eaux minérales.

20. Aux termes de l'art. 3 de la loi de 1856, aucun sondage, aucun travail souterrain ne peuvent être pratiqués dans le périmètre de protection d'une source minérale déclarée d'intérêt public sans autorisation préalable (V. *suprà*, n° 2). Cette autorisation est donnée par le ministre de l'agriculture, du commerce et des travaux publics (aujourd'hui par le ministre du commerce et de l'industrie, V. *suprà*, n° 11), après l'accomplissement des formalités prescrites par le décret du 8 sept. 1856 (art. 14 et 15). La demande en autorisation préalable prévue pas le paragraphe 1er de l'art. 3 de la loi 14 juill. 1856, pour les sondages et les travaux souterrains à exécuter dans le périmètre de protection, est adressée au préfet du département. Elle est faite sur papier timbré et énonce les nom, prénoms et domicile du demandeur ; elle est accompagnée d'un plan indiquant les dispositions des ouvrages projetés et d'un mémoire explicatif des conditions dans lesquelles ils doivent s'exécuter. Le préfet prend l'avis de l'ingénieur des mines et du médecin inspecteur ; il entend le propriétaire de la source ou l'exploitant, si le propriétaire n'exploite pas lui-même ; il donne son avis et le transmet, avec les pièces, au ministère de l'agriculture, du commerce et des travaux publics. Le ministre statue, sur l'avis du conseil général des mines.

Les fouilles, tranchées pour extraction de matériaux ou pour tout autre objet, fondations de maisons, caves, ou autres travaux à ciel ouvert, peuvent, si le décret fixant le périmètre ne contient aucune réserve à ce sujet, être exécutés librement par les propriétaires. — Le décret peut exceptionnellement leur imposer l'obligation de faire, au moins un mois à l'avance, une déclaration au préfet qui en délivre récépissé (art. 4, § 2) (V. *suprà*, n° 2).

21. Il a été jugé que les dispositions de la loi du 14 juill. 1856 qui défendent, sous peine d'amende, d'exécuter des sondages, fouilles et autres travaux sans autorisation ou déclaration préalable, dans le périmètre de protection d'une source d'eau minérale déclarée d'utilité publique, s'appliquent non seulement aux travaux commencés après la publication du décret de fixation de ce périmètre, mais encore à ceux qui ne seraient que la continuation ou la reprise de travaux entrepris à une époque antérieure (Crim. rej. 10 févr. 1876, aff. Millet, D. P. 77. 1. 189). Cette solution, rigoureuse au point de vue de la propriété, est conforme aux principes de la loi du 14 juill. 1856, qui considère la conservation des sources minérales comme étant d'intérêt public, à ce point que l'interruption de toutes fouilles dans le voisinage de ces sources peut être ordonnée (V. *infrà*, nos 22 et suiv.), nonobstant toute autorisation ou même en dehors du périmètre. Il est vrai qu'en ce cas certaines formalités protectrices des droits privés sont imposées à l'Administration ; mais l'établissement du périmètre, qui ne peut avoir lieu que dans des formes solennelles et après enquête, crée la présomption que toute fouille est dangereuse, et équivaut aux garanties résultant des constatations ordonnées par les art. 16 et 17 du décret du 8 sept. 1856. Il y a lieu de remarquer aussi qu'aux termes de l'art. 2 le périmètre de protection peut être modifié « si de nouvelles circonstances en font reconnaître la nécessité ». Or cette modification, quand elle intervient dans le sens de l'augmentation, ne peut atteindre complètement son but que si elle met obstacle à la continuation des travaux qui, à l'origine, avaient été commencés en dehors du périmètre et ont cependant paru susceptibles d'entraîner quelques inconvénients (V. dans le même sens : Cons. d'Et. 15 déc. 1876, aff. Dubois, D. P. 77. 3. 21-22; Crim. cass. 12 mars 1880, aff. Dubois, D. P. 80. 1. 282).

22. Les travaux entrepris soit en vertu d'une autorisation régulière (art. 3, § 1er), soit après une déclaration préalable (art. 3, § 2), peuvent, sur la demande du propriétaire de la source, être interdits par le préfet, si le résultat constaté est d'altérer ou diminuer la source (V. *suprà*, n° 2). Les formalités qui doivent précéder la décision sont indiquées par les art. 16 et 17 du décret du 8 sept. 1856. Le préfet, sur la demande du propriétaire de la source minérale, commet immédiatement l'ingénieur des mines pour constater si, en effet, lesdits travaux ont pour résultat d'altérer ou de diminuer la source. L'ingénieur se transporte sur les lieux ; il procède, en présence des parties intéressées, ou elles dûment appelées, aux opérations de jaugeage et à toutes autres qu'il juge utiles pour établir l'influence des travaux qui ont donné lieu à la réclamation, sur le régime de la source, son débit et la composition de ses eaux. Il adresse un procès-verbal détaillé qu'il signe conjointement avec toutes les parties comparantes ; il transmet ce procès-verbal, avec son avis, au préfet du département, qui statue ainsi qu'il est dit au paragraphe 2 de l'art. 4 de la loi du 14 juill. 1856. — Chacune des parties intéressées peut requérir l'insertion de ses observations au procès-verbal.

Il a été jugé que, lorsqu'il s'agit de travaux non encore autorisés, à exécuter dans le périmètre de protection, on doit suivre les formalités prescrites par les art. 14 et 15 du décret du 8 sept. 1856 ; que les formalités prévues par les art. 16 et 17 du même décret ne s'appliquent qu'aux travaux déjà autorisés dont le propriétaire de la source demande l'interdiction (Cons. d'Et. 15 déc. 1876, cité *suprà*, n° 21). La loi de 1856 distingue, en effet, les sondages et les travaux souterrains à pratiquer dans le périmètre de protection d'une source minérale déclarée d'intérêt public (art. 3) et ceux qui auraient été déjà entrepris dans ce périmètre en vertu d'une autorisation régulière (art. 4). Pour faire cesser ces derniers, il faut que leur résultat constaté soit d'altérer ou de diminuer la source, et cette constatation exige une enquête dont la forme est réglée par le décret du 8 sept. 1856 (art. 16 et 17). Il en est tout autrement des travaux qui n'ont encore été l'objet d'aucune autorisation. Ils sont régis par les art. 14 et 15 du même décret. Lorsque le préfet a reçu la demande de ceux qui veulent les entreprendre, il prend l'avis de l'ingénieur des mines, du médecin inspecteur, et transmet les pièces au ministre qui statue, sur l'avis du conseil général des mines. Ici donc, plus d'enquête matérielle, plus de constatation du tort fait à la source protégée, par la simple raison que le travail n'étant point commencé, n'a pu encore être préjudiciable. L'Administration supérieure a toute latitude pour sa décision ; il suffit qu'elle aperçoive un péril dans la demande pour la repousser ; elle n'est point assujettie à faire la preuve de ce péril.

23. Il a été jugé que l'arrêté par lequel le préfet désigne un ingénieur pour vérifier si les travaux exécutés dans le voisinage d'une source d'eaux minérales ont eu pour effet d'altérer cette source, est une mesure d'instruction qui ne porte aucune atteinte au droit du propriétaire, et n'est pas susceptible d'être déférée au conseil d'Etat (Cons. d'Et. 17 nov. 1876, aff. Larbaud, D. P. 77. 3. 11). En effet, les instructions données par un administrateur à un fonctionnaire placé sous ses ordres, même lorsqu'elles sont notifiées au particulier intéressé, ne peuvent donner à ce fonctionnaire des pouvoirs plus étendus que ceux que la loi lui attribue ou permet de lui conférer. — Jugé encore que l'art. 4 de la loi du 14 juill. 1856 n'a ouvert un recours devant le conseil de préfecture par la voie contentieuse que contre les arrêtés de préfets prononçant l'interdiction des travaux mentionnés dans ledit article et dans l'article précédent ; qu'en conséquence, l'arrêté par lequel le préfet a ordonné que des expériences auront lieu, par les soins de l'ingénieur ordinaire des mines commis à cet effet, pour constater si les travaux exécutés par un propriétaire dans le voisinage d'une source d'eau minérale ont eu pour effet d'altérer ou de diminuer cette source, arrêté qui se borne à prescrire une mesure d'instruction et ne porte aucune atteinte aux droits du propriétaire, n'est pas de nature à faire l'objet d'un recours par la voie contentieuse en vertu de l'art. 4 précité, sauf au propriétaire, au cas où le préfet croirait pouvoir ultérieurement prononcer l'interdiction des travaux, à exercer tel recours et faire valoir tous droits et moyens qu'il croira lui appartenir (Cons. d'Et. 6 déc. 1878, aff. Larbaud, D. P. 79. 5. 145.

24. Lorsqu'à raison de sondages ou de travaux souterrains entrepris en dehors du périmètre et jugés de nature à altérer ou diminuer une source minérale déclarée d'intérêt public, l'extension d'un périmètre paraît nécessaire, le préfet peut, sur la demande du propriétaire de la source, ordonner provisoirement la suspension des travaux (L. 14 juill. 1856, art. 5). Sa décision doit être précédée des formalités prescrites par les art. 16 et 17 du décret du 8 sept. 1856 (V. *suprà*, n° 22). Il a été jugé qu'est entaché d'excès de pouvoir l'arrêté par lequel le préfet interdit provisoirement des sondages ou travaux souterrains, en dehors du périmètre de protection d'une source d'eau minérale, sans l'accomplissement des formalités prescrites par les articles précités du décret du 8 sept. 1856 (Cons. d'Et. 7 août 1874, aff. Larbaud, D. P. 75. 3. 75. V. dans le même sens : Cons. d'Et. 3 juill. 1874, aff. Millet, *Rec. Cons. d'Etat*, p. 628). L'art. 19 de la loi du 14 juill. 1856 ne mentionne pas l'art. 5 au nombre de ceux dont il délègue à un règlement d'administration publique le soin de déterminer les conditions d'exécution ; mais il appartient au pouvoir exécutif, même en dehors d'une délégation de la loi, de soumettre à des formalités déterminées l'exercice des droits appartenant à l'Administration, et l'inobservation de ces formalités, lorsqu'elles ont été édictées pour garantir les droits et intérêts privés, constitue un excès de pouvoir.

25. Le préfet a également le droit, lorsqu'aucun périmètre n'a été assigné à une source minérale déclarée d'intérêt public, d'ordonner provisoirement la suspension des travaux souterrains qui sont de nature à altérer ou à diminuer la source, après l'accomplissement des formalités prescrites par les art. 16 et 17 du décret de 1856 (L. 14 juill. 1856, art. 6). — Il a été jugé : qu'une lettre d'un préfet contenant notification d'un décret qui fixe le périmètre de protection d'une source d'eaux minérales, et informant le propriétaire que, par suite, l'arrêté préfectoral qui suspendait provisoirement les travaux par lui entrepris est devenu définitif, n'a d'autre objet que de pourvoir à l'exécution du décret et, dès lors, ne constitue pas une décision susceptible d'un recours devant le conseil d'Etat (Cons. d'Et. 12 mars 1875, aff. Dubois, *Rec. Cons. d'Etat*, p. 252).

26. Le propriétaire d'une source d'eaux minérales déclarée d'intérêt public peut exécuter sur son terrain tous les travaux de captage et d'aménagement nécessaires pour la conservation, la conduite et la distribution de cette source, un mois après la communication faite de ses projets au préfet. En cas d'opposition de la part du préfet, il ne peut commencer ou continuer les travaux qu'après autorisation du ministre de l'agriculture, du commerce et des travaux publics. A défaut de décision dans le délai de trois mois, le propriétaire peut exécuter les travaux (L. 14 juill. 1856, art. 8) (V. *suprà*, n° 3, *in fine*).

27. Un autre droit, beaucoup plus étendu, est attribué au propriétaire de la source. Il peut, dans l'intérieur du périmètre de protection, faire *dans le terrain d'autrui* tous les travaux de captage et d'aménagement nécessaires pour la conservation, la conduite et la distribution de cette source, lorsque ces travaux ont été autorisés par un arrêté du ministre de l'agriculture, du commerce et des travaux publics. Le propriétaire du terrain est entendu dans l'instruction (L. 14 juill. 1856, art. 7). Nous avons dit *suprà*, n° 3, que les seuls travaux que puisse faire le propriétaire d'une source sur le terrain d'autrui, sont les travaux de captage et d'aménagement, ayant exclusivement pour objet de rechercher les eaux qui font partie de la source déclarée d'intérêt public.

L'art. 7 fait une réserve pour les maisons d'habitation et les cours y attenantes (V. *suprà*, n° 3). « Cette réserve, dit M. Nadault de Buffon, *op. cit.*, p. 446, ne se trouvait dans aucun projet antérieur. Loin de là, le rapporteur de 1846 à la Chambre des Pairs faisait ressortir que les fonds voisins seraient tenus de tolérer les travaux nécessaires *même sous les maisons d'habitation*. M. Pelet avait proposé, il est vrai, par analogie de la loi du 21 avr. 1810 sur les mines, d'excepter les maisons, cours, jardins, parcs et enclos attenants aux habitations, mais son amendement était passé inaperçu au milieu de la discussion générale. Sa judicieuse observation devait néanmoins porter ses fruits. La loi de 1856 l'a accueillie, en la restreignant aux maisons d'habitation et aux cours attenantes. Autrement, si on y eût compris les *enclos* et *jardins*, même les parcs, il est évident que l'exception eût effacé la règle. » « A l'égard des maisons d'habitation et des cours attenantes, disait l'exposé des motifs de la loi, cette servitude aurait de graves inconvénients, si elle n'était tempérée dans une forte proportion et si, par exemple, ces propriétés étaient passibles d'une occupation provisoire ou temporaire par le propriétaire de la source. En ce qui concerne ces propriétés, aucun travail quelconque ne pourra avoir lieu que moyennant une expropriation préalable. »

28. Comme on l'a vu *suprà*, n° 3, l'occupation d'un terrain compris dans le périmètre de protection pour l'exécution des travaux de captage et d'aménagement ne peut avoir lieu qu'en vertu d'un arrêté du préfet qui en fixe la durée (Art. 9, § 1er).

29. — III. Des indemnités. — En principe, la servitude résultant de l'établissement du périmètre de protection ne donne lieu par elle-même à aucune indemnité. L'art. 10 de la loi de 1856, en effet, vise les art. 4, 5 et 6, mais elle garde le silence au sujet de l'art. 3. Cette solution, déjà adoptée par le décret de 1848, non admise par les projets de 1837 et de

1846, s'explique. L'interdiction de pratiquer des sondages où travaux souterrains, sans autorisation, dans le périmètre de protection a le caractère d'une servitude d'utilité publique. Or il est généralement admis que l'établissement d'une servitude d'utilité publique ne donne lieu à indemnité ni contre l'Etat, ni contre les particuliers, à moins d'une disposition légale formelle, disposition qui ne se trouve ni dans le décret de 1848, ni dans la loi de 1856 sur les sources d'eaux minérales (*Rép.* v° *Servitudes*, n° 398; Proudhon, *Domaine public*, t. 1, n°s 332 et 871; Demolombe, *Des servitudes*, t. 1, n° 304). « S'il n'est pas accordé d'indemnité au propriétaire dont le terrain est situé dans le périmètre de protection, disait M. Desmaroux de Gaulmin (*Moniteur* du 24 mai 1856), c'est qu'il n'est pas fait de concession d'eau dans ce périmètre; on se borne à établir la source privilégiée, puis on interdit les sondages qui pourraient nuire à cette source. C'est une simple servitude qui est imposée aux propriétaires voisins; elle n'ôte pas le droit de propriété du sous-sol minéral, elle ne fait que limiter l'exercice de ce droit en interdisant le droit de sondage sans l'autorisation de l'Administration. Il y a une grande différence entre supprimer un droit et en restreindre l'exercice. Ici le droit du propriétaire subsiste quant aux sondages; seulement, il n'en peut être fait usage sans l'autorisation de l'Administration. » — Le rapporteur de la commission au Corps législatif s'est exprimé en ces termes sur le même point : « Les amendements et modifications apportés au projet de loi ont été le résultat de cette idée générale, bien arrêtée dans l'esprit de tous les membres de la commission, qu'il n'y avait lieu à aucune redevance à accorder aux propriétaires des terrains compris dans le périmètre pour une dépossession sans bases et la plupart du temps sans objet; que, à défaut de redevance impossible ou insignifiante, il y en a une très réelle allouée ou, si l'on veut, occasionnée par les établissements thermaux aux propriétés les plus voisines, celles qui, par conséquent, seront nécessairement comprises dans le périmètre. Cette redevance est la plus-value que donne à ces propriétés le voisinage immédiat des établissements ». — « Pour légitimer cette disposition, dit de son côté M. Nadault de Buffon, *op. cit.*, p. 438, on a justement fait observer que les art. 649 et 650 c. nap. reconnaissent des servitudes légales ayant pour objet l'utilité publique soumises à des lois et règlements particuliers, et que la loi de 1856 confirmative du décret de 1848 n'a fait qu'ajouter une servitude nouvelle aux servitudes déjà existantes. C'est ainsi que l'on trouve dans le code Napoléon la servitude de passage en cas d'enclave. Les servitudes des zones frontières, les servitudes militaires consistant en un périmètre dans l'enceinte duquel il est défendu d'établir des constructions, celles qui frappent les propriétés voisines des rivières navigables ou flottables ou des chemins de fer, les alignements entraînant défense de bâtir, même de réparer certains édifices sans l'autorisation administrative sont autant de servitudes qui, si on en excepte celle de passage, ne donnent lieu à aucune indemnité. Il en sera de même par des raisons analogues pour la loi de 1856. En effet, il ne s'agit pas d'une expropriation. Le propriétaire voisin d'un établissement thermal ne se voit pas privé de l'usage de son fonds; le droit d'y pratiquer des fouilles ne lui est même pas retiré d'une manière absolue, seulement il ne peut plus l'exercer qu'avec l'autorisation administrative. L'indemnité, si elle eût été même reconnue en principe et accordée *de plano* par le fait seul de l'existence de la servitude, aurait eu pour objet un dommage qui pourra ne jamais se réaliser soit que le propriétaire ne se trouve pas dans l'intention ou la nécessité de fouiller ses fonds, soit que l'Administration ne juge pas nécessaire de le lui interdire, parce que ces travaux ne lui paraissent pas menaçants. Quelle base donner alors à l'indemnité? Mais du jour où le dommage existe, il sera aussitôt réparé soit au moyen de l'indemnité, soit par l'expropriation ».

Il a été jugé que le propriétaire dont l'immeuble se trouve compris dans le périmètre de protection assigné par un décret à une source d'eau minérale déclarée d'intérêt public, n'a droit à aucune indemnité à raison des servitudes résultant de la création de ce périmètre; que, spécialement, une société houillère à laquelle la propriété de la mine a été cédée, sous réserve par le cédant de tous ses droits sur les sources d'eaux minérales se trouvant à la surface du sol, ne subit aucune éviction et ne peut réclamer de dommages-intérêts, lorsque le cédant sollicite et obtient un décret déclarant les sources d'utilité publique et leur assignant un périmètre de protection; qu'elle n'a droit à aucune indemnité, alors même que la cession a été faite à une époque antérieure aux lois qui ont permis la création de servitudes destinées à protéger les eaux minérales et sous la condition que la clause relative aux sources « ne pourrait faire aucun obstacle à l'exploitation de la houille se trouvant à côté et au-dessous », si le cédant s'est expressément réservé le droit d'exiger l'application « des dispositions législatives existantes ou à intervenir sur la matière » (Montpellier, 9 janv. 1877, aff. de Seraincourt, D. P. 78. 2. 222).

30. Le droit à indemnité, que ne crée pas le fait même de l'assujettissement à la servitude, naît dès qu'un préjudice a été causé au fonds d'autrui. « La loi, a dit le rapporteur de la commission, est en quelque sorte purement défensive et conservatrice des sources déclarées d'intérêt public. Aussi, dans tous les cas où, pour cette conservation et cette défense, elle autorise à toucher en réalité à la propriété particulière, elle devait lui accorder toutes les indemnités auxquelles alors elle a droit ». « Toutes les fois que la servitude établie sur le fonds voisin restera à l'état latent, ont dit M. Heurtier et Villefroy, il n'y aura pas lieu à indemnité; mais, s'il y a dépossession, à l'instant même le droit s'ouvrira » (*Moniteur* du 24 mai 1856). Le propriétaire de la source doit une indemnité dans les cas suivants : 1° lorsque, sur sa demande, les travaux entrepris sur leurs fonds par les propriétaires compris dans le périmètre, en vertu d'une autorisation régulière, s'il s'agit de travaux souterrains, après une déclaration, s'il s'agit de travaux à ciel ouvert, sont interdits (L. 14 juill. 1856, art. 4 et 10); 2° lorsque des travaux souterrains entrepris en dehors du périmètre ou dans les terrains voisins, si aucun périmètre n'a été fixé, sont suspendus (L. 14 juill. 1856, art. 5, 6 et 10); 3° lorsque le propriétaire de la source a effectué des travaux de captage et d'aménagement dans l'intérieur du périmètre de protection (L. 14 juill. 1856, art. 7 et 10). L'indemnité est réglée à l'amiable ou par les tribunaux (L. 14 juill. 1856, art. 10).

31. On a vu *suprà*, n° 3, que l'art. 10 de la loi du 14 juill. 1856 limite le montant de l'indemnité due par le propriétaire de la source, à raison de l'interdiction de travaux entrepris.

32. Lorsque l'occupation d'un terrain compris dans le périmètre de protection prive le propriétaire de la jouissance du revenu, au delà du temps d'une année, ou lorsqu'après les travaux le terrain n'est plus propre à l'usage auquel il était employé, le propriétaire dudit terrain peut exiger du propriétaire de la source l'acquisition du terrain occupé ou dénaturé. Dans ce cas, l'indemnité est réglée suivant les formes prescrites par la loi du 3 mai 1841. Dans aucun cas, l'expropriation ne peut être provoquée par le propriétaire de la source (L. 14 juill. 1856, art. 9). — « Dans les projets antérieurs, dit M. Nadault de Buffon, *op. cit.*, p. 445, la faculté de requérir l'expropriation appartenait au propriétaire de la source thermale. C'est le propriétaire voisin, celui qui a subi le dommage à l'exclusion de celui qui l'a causé auquel revient aujourd'hui le droit de refuser l'indemnité et de choisir l'expropriation. La loi de 1856 *a retourné*, suivant l'expression heureuse de M. Desmaroux de Gaulmin, le droit d'invoquer la loi de 1841, qu'elle retire au détenteur de la source pour le conférer aux propriétaires d'héritages situés dans le périmètre de protection lesquels peuvent exiger leur propre expropriation. » Cette règle s'applique aussi bien à l'Etat et aux communes qu'aux simples particuliers. L'Etat ne peut donc exproprier, pour cause d'utilité publique, les terrains avoisinant les sources qui lui appartiennent.

33. En ce qui concerne le cautionnement qui doit être déposé pour que les décisions concernant l'exécution ou la destruction des travaux sur le terrain d'autrui puissent avoir effet (L. 14 juill. 1856, art. 11), V. *suprà*, n° 3.

34. — IV. Expropriation pour cause de mauvaise exploitation. — Si une source minérale déclarée d'intérêt public est exploitée d'une manière qui en compromette la conservation, ou si l'exploitation ne satisfait pas aux besoins de la santé publique, un décret délibéré en conseil d'Etat peut autoriser l'expropriation de la source et de ses dépendances nécessaires à l'exploitation, dans les formes réglées par la loi du 3 mai 1841 (L. 14 juill. 1856, art. 12). — La faculté d'expropriation ne peut être appliquée au cas où il s'agit simplement d'embellir un établissement, elle est restreinte à ce qui est strictement nécessaire pour la conservation et l'aménagement des eaux (Exposé des motifs de la loi de 1856). « En présence du privilège accordé aux propriétaires de sources thermales, disait M. Lélut au Corps législatif, il faut des garanties contre la possibilité d'une mauvaise gestion. Leurs obligations, en ce qui concerne les besoins de la santé publique, sont déterminées par une ordonnance du 23 juin 1818, dans laquelle sont énumérées les conditions de l'exploitation des eaux ; si le propriétaire ne les aménage pas convenablement, s'il n'a pas le nombre nécessaire de baignoires et de piscines, il tombera sous l'application de l'art. 12 » (V. *suprà*, n° 3).

35. — V. INFRACTIONS A LA LOI DE 1856 ; PEINES. — L'exécution sans autorisation ou sans déclaration préalable, dans le périmètre de protection, de l'un des travaux mentionnés dans l'art. 3, la reprise des travaux interdits ou suspendus administrativement en vertu des art. 4, 5 et 6, sont punies d'une amende de 50 à 500 fr. (L. 14 juill. 1856, art. 13). — Il a été jugé qu'il appartient à l'autorité judiciaire de statuer sur les contraventions à l'art. 3 de la loi du 14 juill. 1856, relatives à la conservation et à l'aménagement des sources d'eaux minérales ; qu'en conséquence, lorsqu'un particulier entreprend, dans l'intérieur du périmètre de protection, des travaux qui paraissent rentrer dans la catégorie de ceux qui sont interdits par l'article précité, le préfet ne peut en interdire la continuation sans que l'autorité compétente ait statué sur la contravention (Cons. d'Et. 14 janv. 1876, aff. Millet, D. P. 76. 3. 67). Dans le cas, au contraire, où les travaux entrepris dans le périmètre de protection ont été autorisés ou déclarés, et dans celui où ils ont eu lieu en dehors de ce périmètre, ils ne constituent pas une contravention, quelque danger qu'ils présentent ; aussi la loi a-t-elle autorisé l'Administration à en ordonner provisoirement la suspension, tout en entourant l'exercice de ce pouvoir des formalités et garanties nécessaires à la sauvegarde des droits de la propriété.

36. Il a été jugé que l'infraction est légalement caractérisée par le fait seul que les travaux entrepris dans le périmètre ont été exécutés sans autorisation ; et qu'il n'appartient pas au juge correctionnel de constater leur innocuité relativement à la source d'utilité publique, et de fonder sur ce motif l'acquittement du prévenu (Crim. cass. 12 mars 1880, aff. Dubois, D. P. 80. 1. 282). Le texte très précis des art. 3 et 13 de la loi du 14 juill. 1856 ne peut, en effet, laisser aucun doute sur la nature de l'infraction. Cette infraction est constituée en droit quand les travaux sont exécutés sans autorisation préalable. Le législateur a voulu par là prévenir le préjudice éventuel, et non pas seulement punir le préjudice réalisé. Il ressort, en outre, de l'ensemble de la loi et aussi des art. 14, 16 et 18 du décret d'application du 8 sept. 1856 (V. *suprà*, n° 6), que c'est à l'autorité administrative seule, en cette matière, qu'il appartient de constater, pour les autorisations à accorder ou à retirer, le caractère nuisible ou non des travaux dont il s'agit. Le juge de répression se trouve, dès lors, sans titre pour procéder à cette constatation, comme d'ailleurs sans intérêt, puisque l'innocuité du travail doit rester sans influence sur le sort de la prévention.

37. Les infractions aux règlements d'administration publique rendus, en conformité de l'art. 19 de la loi de 1856, pour l'application de ladite loi, sont punies d'une amende de 16 à 100 fr. (L. 14 juill. 1856, art. 14).

38. L'art. 463 c. pén. est applicable aux condamnations prononcées en vertu de la loi de 1856 (art. 17).

39. Les infractions à la loi de 1856 et aux règlements sont constatées concurremment par les officiers de police judiciaire, les ingénieurs des mines et les agents sous leurs ordres ayant droit de verbaliser. Les procès-verbaux sont visés pour timbre et enregistrés en débet.

Les procès-verbaux dressés par des gardes-mines ou des agents de surveillance assermentés doivent, à peine de nullité, être affirmés dans les trois jours devant le juge de paix ou le maire, soit du lieu du délit, soit de la résidence de l'agent. Ils font foi jusqu'à preuve contraire (L. 14 juill. 1856, art. 16).

40. — VI. SERVITUDES SPÉCIALES ÉTABLIES EN FAVEUR DE CERTAINS ÉTABLISSEMENTS THERMAUX. — Indépendamment de la servitude générale établie par la loi du 14 juill. 1856 qui frappe les fonds voisins des sources thermales, il existe quelques règlements particuliers rendus à diverses époques dans le but de protéger certaines sources. « Antérieurement à la loi du 3 mai 1841, sur l'expropriation pour cause d'utilité publique, dit M. Nadault de Buffon, *op. cit.*, p. 469 et suiv., le Gouvernement s'était plus d'une fois attribué le pouvoir soit de s'emparer moyennant indemnité des sources thermales ou des terrains et bâtiments nécessaires à leur exploitation, soit de grever de servitude les fonds voisins. Ces actes de l'autorité paraissent même être intervenus sans enquête préalable. C'est ainsi que, longtemps avant qu'il fût question du périmètre de protection, trois arrêts du conseil en date des 29 janv., 14 déc. 1715, et 11 (ou 31) mars 1783, rendus sur évocation d'un procès pendant devant le parlement de Toulouse, ont garanti par une zone défensive les bains de Balaruc contre le danger des fouilles. Ces arrêts, qui posaient plus d'un siècle avant la loi de 1856 le principe qu'elle a rendu général, sont intéressants à connaître dans leurs dispositions essentielles.

« Sur la requête présentée au conseil, dit l'arrêt du 29 janv. 1715, et contenant que les bains de Balaruc, situés dans le diocèse de Montpellier, sont si utiles au public pour la guérison de plusieurs sortes de maladies, et leur réputation si étendue qu'on y vient de toutes parts, et qu'on envoie ses eaux à Paris et en d'autres pays encore plus éloignés pour ceux qui ne les peuvent pas venir prendre à la source ; que, pour procurer au public toutes les commodités qu'il pouvait souhaiter, soit pour ceux qui se baignent ou pour ceux qui prennent lesdites eaux, les propriétaires de ces bains ont fait de grandes dépenses, et ils ont fait faire un bain particulier où les pauvres se baignent sans qu'il leur en coûte aucun frais ; que néanmoins le nommé Mauron, par envie contre lesdits propriétaires desdits bains, a entrepris de les faire perdre sous prétexte de vouloir faire un puits dans son propre fonds, ce qui donne lieu à un procès qui est pendant au parlement de Toulouse ; mais d'autant que le public est encore plus intéressé à la conservation desdits bains que ceux qui en sont les propriétaires, et que si la maxime ordinaire qu'un particulier peut creuser dans son propre fonds avait lieu en cette occasion, lesdits bains seraient perdus ; fait défense audit Mauron et à tous autres de faire des creux, des fossés, ni aucun autre ouvrage qui puisse détourner ou rompre le cours des eaux des bains de Balaruc, à peine de tous dépens, dommages et intérêts. »

L'arrêt du 14 déc. 1715 détermine un périmètre de protection et reconnaît à Mauron son droit à une indemnité. « Fait deffenses tant à Mauron qu'à tous autres de faire aucun puits, fossés, creux ni excavations ou fondations de maisons ni autres ouvrages qui puissent préjudicier aux eaux des bains tant dans le champ dudit Mauron que dans la petite montagne appelée la *Puech d'Aix* d'où dérivent les sources desdites eaux, ni aux environs, dans l'espace qui est limité d'un côté par le grand chemin et de l'autre côté par une ligne tirée du pied de la montagne à l'église parallèlement au chemin ; ordonne qu'il sera planté des signaux pour marquer ledit espace, sauf audit Mauron de se pourvoir aux Etats de ladite province pour lui être accordé quelque indemnité, s'il y a lieu, ou d'agir, pour raison de ce, contre les propriétaires desdits bains. »

L'arrêt du 11 (ou 31) mars 1783 avait pour objet d'étendre l'application des arrêts des 29 janv. et 14 déc. 1715 à toutes autres personnes qu'au sieur Mauron et d'en faire ainsi une mesure générale. Enfin un décret du 7 oct. 1807 est venu définitivement leur reconnaître ce caractère en les déclarant toujours en vigueur. »

41. M. Nadault de Buffon, *ibid.*, cite un arrêt analogue rendu pour les sources de Barèges le 6 mai 1732, qui prescrit la démolition d'office de toutes constructions nuisibles ou gênantes pour l'établissement thermal et : « fait très expresses inhibitions et défenses à tous particuliers de construire à l'avenir aucunes sortes d'édifices et bâtiments dans ledit hameau sans permission et sans l'alignement qui leur en sera donné, auquel ils seront obligés de se conformer à peine de démolir et de 200 livres d'amende. Fait pareillement Sa Majesté très expresses inhibitions et défenses à toutes sortes de personnes, de quelque qualité et condition qu'elles soient, possédant et cultivant des terres ou prés au-dessus du hameau et du grand chemin allant à Bagnères, de mettre ou faire mettre l'eau des torrents dans les prés pour les arroser, à peine de 500 livres d'amende, comme aussi de couper ou dégrader, en quelque manière et sous quelque prétexte que ce soit, les arbres et bois qui sont au-dessus de la muraille en pierres sèches qui couvre ledit hameau et le met à l'abri des ravines, à peine de punition corporelle. » Cet arrêt du conseil a pareillement été déclaré exécutoire par un décret du 30 prair. an 12 qui, rappelant ses prescriptions, défend toutes constructions nouvelles sur le territoire de la commune sans l'autorisation du préfet des Hautes-Pyrénées, interdit aux propriétaires de fonds situés au-dessus de Barèges de mettre l'eau des torrents dans les prés, afin d'éviter leur mélange avec les eaux chaudes, défend de couper certains arbres ou bois utiles pour retenir les terres et empêcher les coulées ou ravins qui ont souvent endommagé les bains et hameau de Barèges. — Le préfet des Hautes-Pyrénées propose au Gouvernement toutes les mesures utiles pour assurer la conservation de l'établissement thermal. Les contraventions à l'arrêt du 6 mai 1732 combiné avec le décret du 30 prair. an 12 sont assimilées aux contraventions de grande voirie, constatées par les agents de l'Administration et poursuivies devant le conseil de préfecture avec recours au conseil d'Etat (V. Nadault de Buffon, *loc. cit.*).

42. Enfin, deux décrets semblables, également cités par M. Nadault de Buffon, *ibid.*, sont intervenus dans l'intérêt du Mont-Dore, aux dates des 13 mars 1810 et 18 mai 1813. Ils établissent certaines servitudes sur les fonds voisins des sources et autorisent l'expropriation des collines qui les dominent, afin d'empêcher le mélange des eaux provenant de la fonte des neiges avec les sources thermales.

43. « On s'attendait, dit M. Nadault de Buffon, *op. cit.*, p. 474, à ce qu'une exception si utile, admise longtemps avant 1856 en faveur de quelques établissements thermaux, serait érigée en principe par la loi de 1841 sur l'expropriation. Il n'en fut rien, et pourtant, dès cette époque, l'intérêt à sauvegarder paraissait si grave que, malgré l'absence d'une loi, certains auteurs crurent pouvoir généraliser ces prescriptions spéciales à certaines sources et à certains lieux. Aujourd'hui que ces mesures exceptionnelles sont devenues de droit commun, les arrêtés sur les sources de Balaruc, de Barèges et du Mont-Dore n'ont plus le même intérêt. Toutefois, comme ils n'ont pas été abrogés, ils restent en vigueur pour les prescriptions relatives à chacun d'eux et valent à leur égard comme règlement d'administration publique. » Il a été jugé que le décret du 7 oct. 1807, relatif aux eaux minérales de Balaruc, qui défend de faire aucuns puits, fossés, creux, excavations ou fondation de maisons, ni aucuns autres ouvrages quelconques sans l'autorisation du préfet de l'Hérault dans l'étendue du périmètre fixé par l'art. 2 dudit décret, ne contient aucune disposition contraire aux prescriptions de la loi du 14 juill. 1856 ; qu'il suit de là que l'abrogation prononcée par l'art. 20 de ladite loi ne lui est point applicable et qu'il n'a pas cessé d'être en vigueur (Cons. d'Et. 30 mars 1867) (1).

44. — VII. DES TRAVAUX EXÉCUTÉS DANS L'INTÉRÊT DES ÉTABLISSEMENTS THERMAUX. — Les travaux exécutés par l'Etat pour l'exploitation des sources d'eaux thermales qui lui appartiennent sont des travaux d'utilité publique. Le législateur a toujours vu, en effet, dans la gestion des établissements de sources minérales qui font partie du domaine de l'Etat, non pas une exploitation en vue d'obtenir des revenus, mais un véritable service public, le service de la santé publique. « La preuve, a dit M. Aucoc, commissaire du Gouvernement, dans des conclusions au sujet d'une affaire Lafond-Pasquier (D. P. 67. 3. 10), c'est que les contestations qui s'élèveraient entre l'Etat et les fermiers de ces établissements à l'occasion des clauses des baux doivent, d'après l'arrêté du Gouvernement du 3 flor. an 8, être jugées par le conseil de préfecture, et vous n'avez pas oublié que cette disposition a été confirmée et appliquée par les cahiers des charges annexés aux lois des 10 juin 1853 et 6 juin 1857, qui ont autorisé la concession de l'exploitation des sources de Vichy et de Plombières (V. *suprà*, n° 10). Or, pour les contestations relatives aux baux des biens que l'Etat possède comme propriétaire, c'est au contraire l'autorité judiciaire qui est seule compétente ; vous l'avez maintes fois reconnu. Mais il y a mieux, la loi du 14 juill. 1856, nous fournit un argument qui nous paraît sans réplique. L'art. 12 de cette loi dispose que, si une source minérale déclarée d'intérêt public, mais appartenant à d'autres qu'à l'Etat, est exploitée d'une manière qui en compromette la conservation, ou si l'exploitation ne satisfait pas les besoins de la santé publique, un décret impérial délibéré en conseil d'Etat peut autoriser l'expropriation de la source et de ses dépendances nécessaires à l'exploitation, dans les formes prescrites par la loi du 3 mai 1841. N'est-ce pas la preuve évidente qu'il y a là utilité publique, service public ? Il s'ensuit, par conséquent, que les travaux faits par l'Etat pour l'exploitation des sources d'eaux thermales ne sont pas des travaux faits par un propriétaire pour tirer des revenus de sa propriété, que ce sont des travaux publics » (V. aussi Ducrocq, *Cours de droit administratif*, 6e éd., t. 1, nos 315 et suiv.). — Il a été jugé que les travaux entrepris par l'Administration pour la reconstruction d'un établissement thermal qui lui appartient, sont des travaux publics ; que, par suite, le conseil de préfecture est compétent, sauf recours au conseil d'Etat, pour statuer sur les réclamations des particuliers qui se plaignent de dommages causés par l'exécution de ces travaux (Cons. d'Et. 8 mars 1866, aff. Lafond-Pasquier, D. P. 67. 3. 10. V. dans le même sens : Cons. d'Et. 19 déc. 1868, *infrà*, n° 49).

45. La théorie consacrée par l'arrêt du 8 mars 1866 (V. *suprà*, n° 44) s'applique aussi aux établissements d'eaux minérales appartenant aux départements, aux communes ou aux hospices, puisque les travaux départementaux et communaux ont également le caractère de travaux publics, dans le sens attaché à ces mots par l'art. 4 de la loi du 28 pluv. an 8 (*Rép.* v° *Travaux publics*, nos 1264 et suiv. ; Ducrocq, *op. cit.*, t. 1, nos 315 et suiv.). Il a été jugé que les travaux de construction d'un établissement thermal appartenant à un hospice ont le caractère de travaux publics, et que, par

---

(1) (Lassalvy.) — NAPOLÉON, etc ;... — Vu le décret impérial du 7 oct. 1807 et le procès-verbal de bornage dressé en conformité de l'art. 2 dudit décret le 7 mars 1808 ; — Vu l'avis du conseil d'Etat du 25 prair. an 13 ; — Vu les lois des 28 pluv. an 8 et 29 flor. an 10 ; — Vu la loi du 14 juill. 1856 ; — Considérant que les pourvois des sieurs Lassalvy Salis et de la dame veuve David soulèvent une seule et même question, et qu'il y a lieu de statuer par un seul et même décret ; — Considérant que le décret impérial du 7 oct. 1807, relatif aux eaux minérales de Balaruc, ne contient aucune disposition contraire aux prescriptions de la loi du 14 juill. 1856 sur la conservation et l'aménagement des sources d'eaux minérales ; qu'il suit de là que l'abrogation prononcée par l'art. 20 de la susdite loi ne lui est point applicable, et que ledit décret n'a point cessé d'être en vigueur ; — Considérant que s'il est vrai que le décret ci-dessus visé n'a point été inséré au *Bulletin des lois*, un avis du conseil d'Etat, du 25 prair. an 13, approuvé par l'empereur et inséré au bulletin des lois, établit que pour rendre les décrets impériaux obligatoires, l'accomplissement de cette formalité n'est point nécessaire, et qu'il suffit qu'il en soit donné une connaissance réelle aux personnes intéressées, soit par publication, soit par tout autre acte ayant le même effet ; — Considérant qu'en vertu de l'art. 1er du décret ci-dessus visé, il est expressément défendu de faire aucuns puits, fosses, creux, excavations ou fondations de maisons, ni aucuns autres ouvrages quelconques sans l'autorisation du préfet de l'Hérault dans l'étendue du périmètre fixé par l'art. 2 dudit décret ; — Considérant qu'il est constaté par un procès-verbal de bornage, du 7 mars 1808, que, conformément à l'art. 3 dudit décret, ce périmètre a été publiquement déterminé au moyen de douze bornes plantées par l'ingénieur des ponts et chaussées, en présence du maire de la commune de Balaruc et du propriétaire de l'établissement thermal ; qu'il suit de là que les requérants ne sont point fondés à soutenir que le décret ci-dessus visé du 7 oct. 1807 n'ayant point été inséré au *Bulletin des lois* n'est pas obligatoire ; — Considérant qu'il résulte des procès-verbaux dressés le 20 oct. 1864 par le commissaire de police cantonal que les sieurs Lassalvy et consorts ont pratiqué des fouilles sur des terrains situés dans les limites du périmètre ci-dessus déterminé ; que, dans ces circonstances, c'est avec raison que le conseil de préfecture de l'Hérault les a condamnés à la suppression des ouvrages entrepris et au rétablissement des lieux dans leur état ancien :

Art. 1er. Les requêtes des sieurs Lassalvy et de la dame David sont rejetées.

Du 30 mars 1867.-Cons. d'Et.-MM. Brincard, rap.-Aucoc, concl.

suite, c'est au conseil de préfecture qu'il appartient de connaître d'une demande en résolution avec clause pénale formée contre l'entrepreneur pour n'avoir pas terminé lesdits travaux dans le délai convenu (Cons. d'Et. 14 juill. 1876, aff. Hospice de Bourbon-Lancy, D. P. 79. 5. 419). — Cependant il a été jugé par le tribunal des conflits, dans le cas où une source minérale appartenant à une commune n'a pas été déclarée d'intérêt public, que les travaux faits, non dans un intérêt public communal, mais pour en rendre l'exploitation plus lucrative, n'ont pas le caractère de travaux publics, que, par suite, lorsque ces travaux portent atteinte aux droits qu'un particulier, qui a acquis antérieurement de la commune une autre source minérale, tient de son titre d'acquisition, l'autorité judiciaire est compétente pour ordonner le rétablissement des lieux dans leur état primitif (Trib. confl. 25 nov. 1882, aff. Cazeaux, D. P. 84. 3. 50). L'arrêt, on le voit, apporte à la règle des restrictions qui en modifient considérablement la portée ; il exige, pour que les travaux exécutés par une commune en vue de l'exploitation d'une source soient considérés comme des travaux publics, que la source ait été déclarée d'intérêt public par application de l'art. 1er de la loi du 14 juill. 1856. Cette solution peut inspirer quelques doutes ; la déclaration prévue à l'article précité a pour but principal de rendre applicables les dispositions destinées, ainsi que l'indique l'intitulé même de la loi, à assurer la conservation et l'aménagement des sources. L'expression même d'*intérêt public* marque bien la volonté du législateur de ne pas assimiler cette déclaration à la déclaration d'*utilité publique* en matière d'expropriation. Des sources importantes et très fréquentées peuvent ne pas être déclarées d'intérêt public, si, à raison de leur situation, elles ne sont exposées à aucun péril de la part des propriétaires voisins. On peut se demander s'il est parfaitement juridique de tirer de cette circonstance la conclusion que l'exploitation n'a lieu, de la part de la commune, que dans l'intérêt des finances municipales.

46. Lorsque les travaux doivent être exécutés, non sur des terrains appartenant à l'Etat ou à la commune qui les entreprend, mais sur des terrains voisins appartenant à autrui, on applique les art. 9 et 10 de la loi de 1856. Les contestations auxquelles ils peuvent donner lieu sont réglées par les tribunaux.

47. Il est hors de doute que la juridiction administrative n'est pas compétente pour connaître des contestations qui s'élèvent à propos de travaux exécutés pour l'exploitation des établissements thermaux appartenant à des particuliers. Ces travaux, lors même que les établissements auraient été déclarés d'intérêt public, conformément à l'art. 1er de la loi de 1856, ne peuvent être considérés comme travaux publics dans le sens de l'art. 4 de la loi du 28 pluv. an 8. La déclaration d'intérêt public ne saurait produire d'autres effets que ceux qui lui ont été expressément attribués par la loi de 1856 ; or cette loi ne confère aucun caractère exceptionnel aux travaux entrepris.

48. C'est un principe constant que l'art. 4 de la loi du 28 pluv. an 8, portant que le conseil de préfecture prononce sur les difficultés qui peuvent s'élever entre les entrepreneurs des travaux publics et l'Administration concernant le sens et l'exécution des clauses de leurs marchés, n'est pas applicable aux contestations élevées entre les entrepreneurs et leurs sous-traitants (V. *Rép.* v° *Travaux publics*, nos 1248 et suiv.). Cette règle a été appliquée aux concessionnaires de sources appartenant à l'Etat. Décidé, notamment, que les contestations élevées entre la société anonyme concessionnaire des sources de Plombières et les adjudicataires des travaux de construction de l'établissement thermal, au sujet de l'exécution et du payement de ces travaux, ne sont pas de la compétence de la juridiction administrative ; qu'il n'importe que l'action des adjudicataires, formée à l'occasion de l'exécution de projets et plans modificatifs émanés de l'Administration, puisse donner lieu à un recours de la société concessionnaire contre l'Etat, ce recours étant seul de la compétence de l'autorité administrative (Civ. cass. 22 août 1864, aff. Denis, D. P. 64. 1. 435. V. aussi Dufour, *Droit administratif*, t. 7, nos 268 et suiv. ; Christophle, *Traité des travaux publics*, t. 2, nos 439 et suiv.).

49. Il a été jugé que le propriétaire d'une source est en droit de réclamer une indemnité à l'Etat qui a exécuté des travaux sur des terrains lui appartenant pour capter et canaliser des eaux minérales, lorsque ces travaux ont eu pour effet de diminuer considérablement, de manière à le rendre presque nul, le débit de sa source (Cons. d'Et. 19 déc. 1868) (1). Le conseil d'Etat n'a pas cru devoir appliquer ici la règle que tout propriétaire est libre de pratiquer des fouilles dans son terrain, sans encourir aucune responsabilité à raison de la destruction ou de la diminution de sources, causée par ces fouilles (c. civ. art. 552). Il a considéré sans doute que cette règle n'était pas applicable, alors qu'il s'agissait de travaux importants, dont l'exécution dépassait l'exercice normal de la propriété. C'est en ce sens, d'ailleurs, que la jurisprudence s'est fixée, après hésitation, pour toute espèce de travaux publics, et notamment en ce qui concerne les tarissements résultant de l'ouverture d'un tunnel (V. Cons. d'Et. 11 mai 1883, aff. Chamboredon, D. P. 84. 3. 121, et *infrà*, v° *Travaux publics*).

§ 3. — Conditions exigées pour l'exploitation des eaux minérales et thermales (*Rép.* nos 15 à 23).

50. — I. Autorisation préalable ; Inspection médicale ; Surveillance des établissements. — On a dit au *Rép.* nos 15 et suiv. que l'ordonnance du 18 juin 1823 (art. 1er) soumet tout établissement d'eaux minérales appartenant à l'Etat, aux communes ou à des particuliers : 1° à une autorisation préalable délivrée par le ministre sur l'avis des autorités locales et après analyse de l'eau ; 2° à l'inspection des hommes de l'art. Les dispositions de l'ordonnance de 1823 concernant l'autorisation sont toujours en vigueur. Quelques-unes de celles relatives à l'inspection ont été modifiées ou complétées par la loi de 1856 (art. 10) par le décret du 28 janv. 1860 et la loi du 12 févr. 1883.

51. La décision du ministre relativement à l'autorisation ou au refus d'exploiter doit être dictée par l'intérêt de la santé et de la salubrité publiques. L'arrêté pris en vue d'un autre intérêt renferme un détournement de pouvoir, qui doit en entraîner l'annulation, d'après la jurisprudence qui assimile les détournements de pouvoirs aux excès de pouvoirs (V. *suprà*, v° *Conseil d'Etat*, nos 120 et suiv.). — Jugé : 1° que l'autorisation concédée à un particulier d'exploiter une source d'eau minérale qu'il possède dans le voisinage d'une source semblable (celle de Vichy) exploitée par l'Etat, ne peut contenir la restriction que ce particulier ne pourra faire figurer d'une manière quelconque le nom de cette dernière source, sur ses prospectus et affiches, à côté du nom de la source qui est sa propriété (Cons. d'Et. 29 août 1865, aff. Larbaud, D. P. 67. 3. 154). Le ministre disait, pour justifier son arrêté, que les eaux de Saint-Yorre, dont l'exploitation avait été autorisée, ne se présentaient pas dans les mêmes conditions que celles de Vichy, dont les sources se trouvent à une distance de 8 kilomètres des premières, et que c'était faire usage des droits de police conférés à l'Administration en cette matière, que de prohiber des indications propres à tromper le public sur les propriétés thérapeutiques des eaux mises en exploitation. — Le réclamant répondait que les prescriptions attaquées avaient en réalité pour objet de garantir l'État des inconvénients de la concurrence et de le dispenser d'un recours à l'autorité judiciaire pour revendiquer à son profit la propriété de tel nom

(1) (Dangé.) — Napoléon, etc. ; — Vu la loi du 28 pluv. an 8, art. 4, et celle du 16 sept. 1807 ; — Vu la loi du 14 juill. 1856 ; — Considérant qu'il résulte de l'instruction, et notamment qu'il résulte de l'instruction, et notamment du rapport de l'ingénieur en chef des ponts et chaussées, du 4 sept. 1868, que les travaux exécutés par l'Etat, à l'aide de la mine, pour capter et canaliser des sources destinées à l'établissement thermal de Plombières, ont eu pour effet de diminuer le débit d'une source dont le sieur Dangé est propriétaire, dans une proportion équivalant à la perte complète de ladite source ; qu'il suit de là que c'est avec raison que le conseil de préfecture des Vosges a alloué une indemnité audit sieur Dangé ; et qu'il est établi que, en fixant cette indemnité à 1100 fr., ledit conseil a fait une juste appréciation tant du préjudice causé que de la somme destinée à le réparer :

Art. 1er. Le recours de notre ministre des travaux publics est rejeté.

Du 19 déc. 1868.-Cons. d'Et.-MM. Braun, rap.-de Belbeuf, concl.-Tambour, av.

ou de telle marque ; qu'en cela elles dépassaient les pouvoirs du ministre (V. dans le même sens : Crim. rej. 12 mars 1858, aff. Gleyses, D. P. 58. 1. 337) ; — 2° Que les règlements qui ont soumis à une autorisation préalable l'exploitation et la mise en vente des eaux des sources minérales, n'ont conféré à l'Administration le pouvoir d'apprécier les demandes qui lui sont proposées à cet effet qu'au point de vue de la santé publique ; le ministre ne peut donc, sans excès de pouvoir, refuser l'autorisation dans le seul but de protéger une source voisine appartenant à l'Etat (Cons. d'Et. 6 déc. 1878, aff. Larbaud, D. P. 79. 3. 33 ; 16 juill. 1886, aff. Dubois, D. P. 87. 3. 125).

Mais il a été jugé que l'erreur commise par l'Administration qui, dans un but de protection d'une source d'eau minérale déclarée d'utilité publique et appartenant à l'Etat, a pris des mesures autres que celles que la loi du 14 juill. 1856 l'autorisait à prendre (dans l'espèce, l'interdiction d'exploiter et de mettre en vente l'eau minérale de la source Prunelle, à Vichy), et qui, par suite, ont été annulées pour excès de pouvoir par le conseil d'Etat, ne peut avoir pour effet d'engager la responsabilité pécuniaire de l'Etat (Cons. d'Et. 23 juin 1882, aff. Larbaud, D. P. 84. 3. 2). En règle générale, les mesures de police n'engagent la responsabilité de l'Administration que dans les cas où, par suite d'un détournement de pouvoir, elles ont été prises dans l'intérêt pécuniaire de l'Administration. Le sieur Larbaud soutenait que c'était dans un intérêt purement fiscal, dans l'intérêt des sources de Vichy appartenant à l'Etat, que le ministre avait interdit la vente des eaux de la source Prunelle. Il est certain que cette mesure avait été prise pour protéger une source de l'Etat. Mais le conseil d'Etat a estimé que protéger, même par une mesure irrégulière, une source déclarée d'intérêt public, ce n'est pas user d'un pouvoir de police dans un intérêt privé et fiscal ; que si les décisions de l'Administration n'avaient pas été prises, comme elles auraient dû l'être, en vue de la santé et de la salubrité, elles paraissaient avoir été rendues non dans l'intérêt financier de l'Etat, pour mettre ses sources à l'abri de toute concurrence, mais en vue de la protection matérielle de sources déclarées d'intérêt public ; que, dès lors, la responsabilité pécuniaire de l'Etat ne pouvait être engagée (V. dans le même sens : Cons. d'Et. 9 févr. 1883) (1).

52. Les dispositions des art. 2 à 8 du décret du 28 janv. 1860, sur l'organisation du service de l'inspection dans les établissements d'eaux minérales, ont été analysées *suprà*, n° 7. On a vu qu'aux termes de l'art. 5 de ce décret, au-dessous d'un revenu de 1500 fr., il n'y a pas d'inspecteur spécialement attaché à la localité, et l'inspection médicale consiste dans les visites faites par des inspecteurs envoyés en tournée par le ministre, lorsqu'il le juge convenable. — Cette disposition a été critiquée. « Les établissements naissants, a-t-on dit, les sources nouvellement découvertes et exploitées, dès lors peu connues, pourront être longtemps avant d'atteindre même à un produit net de 1500 fr. ; les priver de l'inspection médicale, leur enlever l'attache officielle destinée à les faire connaître et à attirer la confiance leur sera plus nuisible qu'utile. Le propriétaire pourra toujours, il est vrai, attacher à son établissement un ou plusieurs médecins relevant de lui seul ; mais le public n'y trouvera plus les mêmes garanties que de la part d'un médecin choisi par l'Administration et, dès lors, indépendant, — Si le décret de 1860 a fait sagement de ne pas imposer, en principe, l'inspection médicale à des établissements thermaux auxquels un produit minime pourrait ne pas permettre d'en supporter les charges, il aurait peut-être pu stipuler qu'un médecin-inspecteur sera accordé aux établissements d'un produit inférieur à 1500 fr., chaque fois qu'il en sera fait la demande avec soumission de fournir la somme nécessaire pour payer le médecin. De cette sorte, l'inconvénient eût pu être évité sans charge nouvelle pour les établissements thermaux qui ne voudraient ou ne pourraient la supporter » (V. Durand-Fardel, *Observations sur le nouveau décret impérial du 28 janv.* 1860 ; Nadault de Buffon, *op. cit.*, p. 456). — Il a été jugé que le ministre de l'agriculture, en nommant un médecin-inspecteur, alors qu'il n'a pas été régulièrement établi suivant les formes prescrites par le décret du 28 janv. 1860, que le revenu net des établissements de la localité dépasse 1500 fr., contrevient aux dispositions de l'art. 5 de ce décret et, dès lors, excède la limite de ses pouvoirs (Cons. d'Et. 7 juin 1866, aff. Verdier, *Rec. Cons. d'Etat*, p. 628).

53. Aux termes de l'art. 18 de la loi de 1856, la somme nécessaire pour couvrir les frais d'inspection médicale et de surveillance des établissements d'eaux minérales autorisés était perçue sur l'ensemble de ces établissements. Le montant en était déterminé, tous les ans, par la loi de finances. La répartition en était faite entre les établissements au prorata de leurs revenus. Le recouvrement avait lieu, comme en matière de contributions directes, sur les propriétaires régisseurs ou fermiers des établissements. Le tit. 3 du décret du 28 janv. 1860, rendu pour l'exécution de ladite loi, fixait les bases et le mode de répartition des frais de l'inspection médicale et de la surveillance des établissements d'eaux minérales naturelles (V. *suprà*, n° 7). — Il a été jugé que le traitement des inspecteurs des eaux minérales appartenant à l'Etat est à la charge de l'Etat, la loi du 14 juill. 1856 et le décret du 28 janv. 1860 n'ayant fait aucune distinction entre les établissements appartenant à l'Etat et ceux appartenant aux communes ou aux particuliers (Cons. d'Et. 13 avr. 1883, aff. Bonnet de Malherbe, *Rec. Cons. d'Etat*, p. 335).

D'après la loi du 14 juill. 1856 et le règlement d'administration publique du 28 janv. 1860, le Gouvernement payait les traitements des inspecteurs ; mais, d'autre part, il percevait sur l'ensemble des établissements d'eaux minérales une taxe dont le montant devait pourvoir à la dépense. Par suite de la mauvaise volonté ou de la négligence de ces établissements, qui ne fournissaient pas les éléments nécessaires pour que leurs revenus pussent être appréciés, la répartition ne put s'opérer ; diverses circulaires ministérielles prescrivirent alors aux préfets, pour assurer le service, de continuer, à titre provisoire, les errements suivis avant la loi de 1856, c'est-à-dire de payer les inspecteurs sur les fonds recouvrés par l'Etat ou de laisser le payement à la charge des établissements, suivant le mode déterminé dans chaque localité par des règlements spéciaux antérieurs à 1856. Ce procédé était évidemment irrégulier : en matière fiscale plus qu'en toute autre, il est impossible d'appliquer une législation abrogée, sous prétexte que la législation nouvelle rencontre des difficultés d'application (V. Cons. d'Et. 8 juill. 1881, aff. Communes de Breuil-le-Vert et de Breuil-le-Sec, D. P. 82. 3. 118). Aussi le conseil d'Etat, sur le recours d'exploitants auxquels des taxes étaient réclamées d'après les règles établies par d'anciens arrêtés préfectoraux, décida-t-il que ces taxes avaient été mises illégalement en recouvrement (Cons. d'Et. 7 juin 1866, *suprà*, n° 52). Malgré cette décision, les inspecteurs continuèrent, dans plusieurs endroits, à recevoir directement leurs traitements des mains des propriétaires, et même, lorsque des difficultés s'élevèrent, ils crurent quelquefois devoir les assigner devant les tribunaux

(1) (Millet.) — Le conseil d'État ; — Sur les conclusions prises contre l'Etat représenté par le ministre du commerce : — Considérant que les époux Millet soutiennent à l'appui de leur demande en dommages-intérêts que l'Administration a entravé par des mesures irrégulières des travaux de captage d'une source d'eau minérale située dans leur propriété à Vichy ; — Considérant que, si le préfet de l'Allier, par ses arrêtés des 21 nov. 1873 et du 16 juill. 1874, a pris, dans un but de protection d'une source d'eau minérale déclarée d'intérêt public, des mesures autres que celles que la loi du 14 juill. 1856 a autorisé l'Administration à prendre dans le même but, et si lesdits arrêtés ont été, pour ce motif, annulés pour excès de pouvoirs par les décisions ci-dessus visées du conseil d'Etat statuant au contentieux des 3 juill. 1874 et 14 janv. 1876, il ne résulte pas de l'instruction que les erreurs commises par l'Administration dans l'accomplissement des formalités prévues par la loi du 14 juill. 1856 et les mesures qui en ont été la suite aient constitué à l'égard des époux Millet des actes de nature à engager la responsabilité pécuniaire de l'Administration envers eux ; — Considérant, d'ailleurs, que si les époux Millet se croyaient fondés à réclamer une indemnité par application de l'art. 10 de la loi du 14 juill. 1856, cette demande ne rentre pas dans celles dont il appartient au conseil d'Etat de connaître ; qu'il y a lieu, dans ces circonstances, de rejeter la requête des époux Millet... (Rejet).

Du 9 févr. 1883.-Cons. d'Et.-MM. de Rouville, rap.-Le Vasseur de Précourt, concl.-Costa, av.

civils ; mais la jurisprudence de ces tribunaux fut conforme à celle qui résultait implicitement de la décision précitée du conseil d'Etat. Un arrêt de la cour de Riom en date du 12 mars 1866 (1) déclara que ce n'était pas contre les propriétaires que l'action en payement devait être formée. — Le conseil d'Etat, par un arrêt en date du 13 janv. 1882 (aff. Privat, D. P. 83. 3. 45), posa en principe que, sous le régime de la loi du 14 juill. 1856, le traitement des médecins-inspecteurs des eaux minérales est à la charge de l'Etat ; et que l'inspecteur était fondé à réclamer le montant de ce traitement, bien que, par suite des difficultés qu'a présentées l'application de la loi du 14 juill. 1856, l'Etat n'eût pas mis en recouvrement les sommes qui devaient être perçues pour faire face aux dépenses de cette nature sur l'ensemble des établissements d'eaux minérales. Le médecin-inspecteur, avant de former devant le conseil d'Etat l'action qui a donné lieu à cette décision, s'était d'abord adressé au propriétaire de l'établissement ; un jugement du tribunal de la Seine, en date du 22 juill. 1879 (*Gazette des tribunaux* du 3 sept. 1879), lui avait donné gain de cause ; suivant ce jugement, la législation de 1856 et de 1860 étant restée lettre morte et l'Etat n'ayant pas pris à sa charge les traitements dont il s'était seulement réservé la répartition, les inspecteurs n'auraient pas perdu le droit d'agir contre les propriétaires qui seraient restés leurs véritables débiteurs ; mais ce jugement fut réformé en appel par arrêt de la cour de Paris en date du 23 nov. 1880 (aff. Cère C. Privat, MM. Descoustures, pr.-Harel, subst.-Léon et Belin, av.). Le conseil d'Etat ayant accueilli la demande formée contre l'Etat à la suite de cet arrêt, la jurisprudence put être considérée comme définitivement établie. Pour combattre la solution qui a ainsi prévalu, le ministre du commerce avait reproduit la théorie admise par le tribunal de la Seine : selon lui, le rôle de l'Etat se bornait à centraliser les taxes dues par les établissements et à en effectuer la répartition ; les fonds généraux du Trésor ne pouvaient, dans aucun cas, être obligés de contribuer aux frais d'inspection. Cette prétention aurait présenté un caractère au moins spécieux, si la loi avait laissé subsister l'ancien état de choses, d'après lequel chaque établissement devait payer les frais d'inspection auxquels il donnait lieu; elle était évidemment mal fondée, alors que la loi avait supprimé toute corrélation entre la taxe, qui doit être calculée sur le revenu de l'établissement, et les frais d'inspection, qui sont déterminés d'après la classe à laquelle appartient l'inspecteur. Si le Trésor ne prenait pas les mesures nécessaires pour faire rentrer les taxes dont il s'était réservé le recouvrement, cette circonstance ne pouvait ni priver l'inspecteur du droit au traitement que lui avait garanti l'Administration en le nommant, ni exposer les propriétaires à des débours autres que le payement de la taxe fixée conformément aux lois et règlements.

54. Pour mettre un terme à ces difficultés, la loi du 12 févr. 1883 (V. *suprà*, n° 8), a décidé que l'emploi de médecin inspecteur des établissements d'eaux minérales naturelles ne donnerait droit à aucune rétribution soit de la part de l'Etat, soit de la part des propriétaires de ces établissements. L'art. 18 de la loi de 1856, les art. 22 à 33 du décret du 28 janv.

---

(1) (Brosson C. Aguilhon.) — La cour ; — Sur le déclinatoire *ratione materiæ*, opposé par l'appelant à la demande de l'intimé : — Attendu que le régime des eaux thermales a toujours été, à juste titre, considéré en France comme un des plus importants objets de la sollicitude administrative, et qu'une inspection périodique ou permanente a toujours été aussi tenue pour une des conditions essentielles de ce régime ; — Attendu, d'autre part, que les hommes de l'art chargés de cette inspection devaient être nécessairement revêtus d'une délégation de la puissance publique, qui assurât leur propre autorité ; qu'en effet, l'arrêté du Gouvernement du 29 flor. an 7 attribuait leur nomination au directoire exécutif ; que l'ordonnance royale du 7 juillet 1823, régulatrice de cette matière avant la législation actuelle, remettait cette nomination au ministre de l'intérieur, et que le décret du 28 janv. 1860 l'a confiée au ministre de l'agriculture, du commerce et des travaux publics ; — Attendu que ce caractère officiel des médecins-inspecteurs imprimait, par la nature des choses, celui de *traitement* ou d'*appointement* à la rétribution de leurs soins ; que telles sont, en effet, les expressions employées par l'arrêté dictatorial du 3 flor. an 8 (art. 10), l'ordonnance précitée de 1823 (art. 7), le décret de 1860 (art. 7) et les lois de finances ; que, par suite, la fixation de ces traitements a toujours appartenu à l'administration publique, comme on le voit dans les règlements visés ci-dessus ; — Attendu, toutefois, que ces rémunérations ont été mises à la charge des établissements inspectés, et proportionnées à leurs produits ; mais que cette mesure, qui exonérait le trésor public en plaçant la charge là où était le service rendu, n'a pas changé la nature de ces rémunérations ; que, du reste, les plus impérieux motifs de prudence et de dignité ne permettaient pas de faire payer directement les traitements aux mains des inspecteurs, par les propriétaires des eaux minérales soumises à l'inspection ; — Attendu, en effet, que depuis nombre d'années, les lois de finances ont classé parmi les perceptions spécialement autorisées par elles celles des rétributions imposées en vertu des arrêtés du Gouvernement du 3 flor. an 8 et du 6 niv. an 11, sur les établissements d'eaux minérales naturelles, pour le traitement des médecins chargés par le Gouvernement de les inspecter ; que l'ordonnance de 1823 rappelle même les lois de finances des 17 août 1822 et 10 mai 1823 ; qu'en 1829, la même autorisation législative fut étendue à ce qui regarde l'inspection des *eaux minérales artificielles*, et que les deux objets furent compris dans une même énonciation ; que des lois de finances subséquentes, notamment celles de 1832 et 1841, ont assimilé le recouvrement de ces rétributions à celui des contributions directes ; que, plus tard, les taxes de ce genre ont été et sont aujourd'hui classées parmi les perceptions au profit du département, des communes, des établissements publics, etc. ; que cette énonciation ne peut être restreinte aux établissements d'eaux minérales non privés, comme le prouvent la généralité des termes rapportés ci-dessus et les précédents résumés plus haut ; — Attendu, d'ailleurs, que la pratique financière était en ce sens, même avant le régime nouveau créé par la loi de 1856 et le décret de 1860 ; que le recouvrement des rétributions était effectué par les recouvreurs municipaux sur le rôle desquels elles étaient portées, et que le produit en était remis aux médecins inspecteurs sur mandat du préfet de police à Paris, et des maires dans les départements ; que tout contact fâcheux était ainsi prévenu entre l'inspecteur et l'inspecté, et que, s'il se produisait des faits contraires, c'était par un relâchement des règles établies ; — Attendu, en effet, que la circulaire ministérielle du 5 mars 1829 énonce formellement ces mêmes règles comme devant être suivies ; que les traités spéciaux sur cette matière les indiquent aussi comme existantes ; qu'elles ressortent également de tous ou presque tous les documents administratifs, soit généraux, soit particuliers, produits dans la cause, notamment des circulaires ministérielles des 29 janv. 1840, 2 déc. 1862, 17 août 1863, et préfectorales des 7 sept. 1860, 15 juill. 1861, 16 sept. 1862, 4 mai 1864, toutes pièces officielles desquelles il résulte uniformément que, jusqu'à la mise à exécution de la loi de 1856, l'administration aurait à suivre les règlements et le mode observés jusque là, en pourvoyant provisoirement, par voie d'autorité, à ce que les traitements des médecins leur fussent payés au moyen d'un recouvrement intermédiaire sur les propriétés d'eaux minérales ; que Brosson justifie même de l'application de ce procédé administratif à son établissement d'Hauterive, par des arrêtés du préfet de l'Allier, en 1845, et par l'émission d'un rôle d'imposition spéciale ; — Attendu, par suite, que la loi du 14 juill. 1856 et le décret du 28 janv. 1860 n'ont point innové à cet égard, mais ont eu seulement pour objet d'imprimer plus de régularité à cette branche de l'administration en la transportant des préfets au Gouvernement lui-même, et de faire cesser ainsi les inconvénients signalés par le rapport ministériel à l'Empereur, sur le décret précité de 1860 « d'un payement direct, dans un grand nombre de cas, des traitements aux ayants droit par les propriétaires ou fermiers ; » qu'il suit de cette énonciation même que le payement direct était un abus dès avant la réglementation nouvelle ; que, du reste, l'intimé lui-même s'est plusieurs fois adressé à l'Administration pour se faire payer ce qu'il réclamait de l'appelant, et que c'est en dernier lieu seulement qu'il a introduit une action judiciaire ; — Attendu, en résumé, que la rétribution imposée aux propriétaires d'établissements d'eaux minérales naturelles ou artificielles a toujours eu, en principe, et dans la saine pratique, le caractère d'un impôt direct recouvrable par la voie de rôles administratifs ; qu'il n'y a jamais eu entre le régime abrogé par l'art. 20 de la loi du 14 juill. 1856, et la mise en activité de cette loi, un interrègne rendant le droit commun applicable ; que, du reste et au besoin, l'art. 18 de la loi de 1856 pourrait être appliqué, cette loi étant exécutoire depuis sa promulgation ; que, par suite, ce n'est point aux tribunaux ordinaires qu'il peut appartenir d'assurer, dans l'espèce, l'exécution de l'arrêté du préfet du Puy-de-Dôme, en date du 17 mai 1864, qui alloue au docteur Aguilhon une somme de 2500 fr. de traitement à la charge de Brosson ; que décider autrement ce serait entreprendre sur les fonctions administratives, et qu'ainsi le déclinatoire proposé doit être accueilli ; — Par ces motifs, etc.

Du 12 mars 1866.-C. de Riom, ch. corr.-MM. Ancelot, pr.-Caresme, 1er av. gén.-Nony et Goutay fils, av.

1860 et toutes les autres dispositions législatives relatives au traitement des inspecteurs, sont abrogés.

« Les émoluments alloués aux inspecteurs, porte l'exposé des motifs (*Journ. off.*, Doc. parlem. Ch. des dép. mars 1882, p. 490), ne sauraient être considérés comme de véritables traitements, et les inspecteurs trouvent dans la notoriété que leur donne ce titre, et dans la clientèle qu'il leur attire, une rémunération suffisante des services qu'ils rendent à l'Administration et qui se réduisent à quelques rapports, et aux soins donnés par eux aux indigents, soins que les médecins libres accordent eux-mêmes, sans compter, aux indigents qui s'adressent à eux. Enfin quelques médecins inspecteurs reçoivent directement des propriétaires des établissements thermaux la rémunération à laquelle ils peuvent avoir droit, ce qui est contraire aux dispositions de la loi et n'est pas sans inconvénient au point de vue de l'indépendance que doivent conserver ces fonctionnaires. Pour le plus grand nombre, au contraire, les inspecteurs ne sont point payés et ne réclament pas contre cette situation, dont ils connaissent l'origine. Le recrutement de l'inspectorat n'en souffre aucunement, et tous les emplois qui deviennent vacants sont l'objet de nombreuses sollicitations ; mais la situation n'en est pas moins anormale, et il importe de la mettre en harmonie légale avec la réalité des faits. »

55. Pendant la saison des eaux, le médecin inspecteur exerce la surveillance sur toutes les parties de l'établissement affectées à l'administration des eaux et au traitement des malades ainsi que sur l'exécution des dispositions qui s'y rapportent. — Les malades, d'ailleurs, sont libres de suivre la prescription de leur propre médecin ou d'être accompagnés par lui, s'ils le demandent. — Les inspecteurs ne peuvent rien exiger des malades dont ils ne dirigent pas le traitement ou auxquels ils ne donnent pas de soins particuliers. Ils soignent gratuitement les indigents admis à faire usage des eaux minérales, à moins que ces malades ne soient placés dans des maisons hospitalières, où il serait pourvu à leur traitement par les autorités locales (Décr. 28 janv. 1860, art. 8, 10 et 11). — Ces prescriptions du décret ne sont que la reproduction presque textuelle des dispositions de l'ordonnance de 1823 (*Rép.* n° 19). Les médecins inspecteurs ou inspecteurs adjoints ne peuvent être intéressés dans aucun des établissements qu'ils sont chargés d'inspecter (Décr. 28 janv. 1860, art. 12).

56. Aux termes de l'art. 13, § 1er, du décret de 1860, lorsque les besoins du service l'exigent, l'Administration fait visiter par les ingénieurs des mines les établissements thermaux de leur circonscription. Le second paragraphe de l'art. 13 porte que les frais des visites spéciales faites par les ingénieurs des mines en dehors de leurs tournées régulières sont imputés sur la somme annuelle fournie par les établissements d'eaux minérales, conformément à l'art. 18 de la loi du 14 juill. 1856. Nous avons dit *suprà*, n° 54, que cet article 18 a été abrogé par la loi du 12 févr. 1883. — Une circulaire du ministre de l'agriculture du 15 oct. 1855 (D. P. 56. 3. 42) a précisé les attributions des ingénieurs des mines relativement aux établissements thermaux. Elle décide qu'à l'avenir toutes les mesures relatives à la recherche, à la conservation et à l'aménagement des sources minérales rentreront dans les attributions du service ordinaire des ingénieurs des mines, sans toutefois qu'il soit préjudicié par là aux attributions naturelles des médecins inspecteurs, lesquels resteront chargés, comme auparavant, de la distribution et de l'emploi des eaux une fois amenées dans les réservoirs généraux qui devront les recevoir. — L'action des ingénieurs des mines s'arrête à ces réservoirs, et, dans les cas où il y aurait à rédiger des projets de construction d'un établissement thermal, ce n'est qu'en leur qualité d'hommes compétents dans l'art des constructions qu'ils pourraient en être chargés. Les ingénieurs ou les agents sous leurs ordres sont tenus de visiter, au moins une fois par an, les sources minérales existant dans les départements de leur circonscription, et plus spécialement celles qui sont autorisées. En outre, lorsque, sur les sources appartenant à l'Etat, aux départements, aux communes ou établissements publics, des travaux de captage, de recherche ou d'aménagement sont exécutés, les ingénieurs surveillent cette exécution et rendent immédiatement compte à l'administration locale ou à l'administration supérieure, suivant les cas, des faits qui paraissent devoir attirer son attention.

57. Le médecin inspecteur et l'ingénieur des mines informent le préfet des contraventions et des infractions aux règlements sur les eaux minérales, qui viennent à leur connaissance. Ils proposent, chacun en ce qui le concerne, les mesures dont la nécessité leur est démontrée (Décr. 28 janv. 1860, art. 14).

58. — II. DES CONDITIONS GÉNÉRALES D'ORDRE, DE POLICE ET DE SALUBRITÉ AUXQUELLES LES ÉTABLISSEMENTS D'EAUX MINÉRALES NATURELLES DOIVENT SATISFAIRE. — L'usage des eaux n'est subordonné à aucune permission, ni à aucune ordonnance de médecin (Décr. 28 janv. 1860, art. 15). Le législateur a reculé devant les difficultés et les embarras qu'auraient suscité « une précaution que toute personne raisonnable ne manquera pas de prendre elle-même avant de faire usage de certaines eaux minérales dont l'emploi peut ne pas être inoffensif » (V. Rapport du ministre de l'agriculture, etc., n° 12, D. P. 60. 4. 14). Malgré cet article, dit M. Nadault de Buffon, *op. cit.*, p. 157, les médecins inspecteurs se sont attribué, sans se l'être jamais vu contester, le droit de demander aux malades venus pour faire usage d'eaux qui pourraient leur être nuisibles de justifier d'une ordonnance de médecin. — Il a été jugé que l'arrêté préfectoral qui défend aux propriétaires d'établissements d'eaux minérales d'inscrire sur les registres de ces établissements des malades non pourvus d'une autorisation à eux délivrée par le médecin inspecteur, soit après examen, soit sur le vu d'une ordonnance d'un autre médecin, est légal et obligatoire ; et que la contravention à cet arrêté ne saurait être excusée sous le prétexte que le médecin inspecteur aurait rejeté les ordonnances délivrées aux malades par un autre médecin ; ce n'est pas là une excuse légale (Crim. cass. 9 janv. 1858, aff. Brocard, D. P. 58. 1. 143. V. aussi Civ. cass. 28 janv. 1861, aff. Mathéron, D. P. 61. 1. 121, cité *infrà*, nos 59 et 90.)

59. Dans tous les cas où les besoins du service l'exigent, les préfets, après avoir entendu les propriétaires, régisseurs ou fermiers, ont le droit de faire des règlements déterminant les mesures qui ont pour objet : la salubrité des cabinets, bains, douches, piscines, et, en général, de tous les locaux affectés à l'administration des eaux ; le libre usage des eaux ; l'exclusion de toute préférence dans les heures pour les bains et douches ; l'égalité des prix, sauf les réductions qui peuvent être accordées aux indigents ; la protection particulière due aux malades ; les mesures d'ordre et de police à observer par le public, soit à l'intérieur, soit aux abords ; la séparation des sexes. Ces règlements restent affichés dans l'intérieur de l'établissement, et sont obligatoires pour les personnes qui le fréquentent, aussi bien que pour les propriétaires, régisseurs ou fermiers, et pour les employés du service. Les inspecteurs ont le droit de requérir, sauf recours au préfet, le renvoi des employés qui refuseraient de se conformer aux règles (Décr. 28 janv. 1860, art. 16 et 17). — Il a été jugé : 1° que l'arrêté préfectoral qui défend la distribution, dans l'intérieur d'un établissement d'eaux thermales, de tous prospectus, cartes, adresses ou affiches, est légal et obligatoire ; et qu'en l'absence de toute distinction, cet arrêté s'applique aux propriétaires, fermiers ou gens attachés au service de l'établissement, aussi bien qu'aux personnes qui y sont étrangères (Crim. cass. 26 sept. 1856, aff. Arloing, D. P. 56. 1. 421) ; — 2° Qu'un préfet a le droit de décider, par un règlement, qu'il ne sera fait usage des eaux thermales que sur la présentation de prescriptions médicales entourées de certaines garanties (Civ. cass. 28 janv. 1861, aff. Mathéron, D. P. 61. 1. 121. V. *suprà*, n° 7). Mais il a été décidé que la disposition d'un arrêté qui prescrit au propriétaire d'un établissement d'eaux thermales l'obligation de faire transporter, par des chaises et des porteurs à lui, de son lit à la baignoire et de la baignoire à son lit, tout malade, même logé dans le village, qui le demanderait, n'est pas réputé avoir entendu interdire au malade de se servir d'autres porteurs, s'il le jugeait convenable ; que, par suite, le fait du propriétaire de l'établissement d'avoir refusé un malade par le motif qu'il était amené par des porteurs étrangers constitue une contravention à la disposition du même règlement qui l'oblige à admettre tous les malades qui se présenteront (Crim. rej. 18 janv. 1866, aff. Fayard, D. P. 66. 5. 151).

60. Aux termes de l'art. 11 de l'ordonnance de 1823, on l'a dit au *Rép.* n° 22, les propriétaires sont libres de fixer pour les eaux de leurs sources le prix qui leur convient. L'Administration ne peut modifier les tarifs proposés. Son approbation n'a pour objet que de les rendre exécutoires. Un mois avant l'ouverture de chaque saison, les propriétaires, régisseurs ou fermiers des établissements d'eaux minérales envoient aux préfets le tarif détaillé des prix correspondant aux modes divers suivant lesquels les eaux sont administrées et des accessoires qui en dépendent. Il ne peut y être apporté aucun changement pendant la saison. Sous aucun prétexte, il n'est exigé ni perçu aucun prix supérieur au tarif, ni aucune somme en dehors du tarif, pour l'emploi des eaux. Le tarif est constamment affiché à la porte principale et dans l'intérieur de l'établissement (Décr. 28 janv. 1860, art. 18 et 19). — Sous l'empire de l'ordonnance de 1823, le conseil d'État a décidé que le propriétaire d'un établissement thermal peut abaisser, pour certaines catégories de baigneurs, le prix des bains au-dessous du tarif déterminé par le préfet, alors même que cette réduction de prix aurait pour unique objet de servir la propre spéculation de ce propriétaire (Cons. d'Et. 16 juill. 1846, aff. Massia, D. P. 47. 3. 49).

« On a critiqué, dit M. Nadault de Buffon, *op. cit.*, p. 460, la liberté donnée par l'ordonnance de 1823 et le décret de 1860 aux propriétaires pour la fixation du prix des eaux. On a fait observer que c'était ouvrir la porte à des préférences et à des abus, permettre aux établissements thermaux de se faire, au moyen d'un abaissement momentané de leurs tarifs et au grand détriment du public, une concurrence déloyale. On a prétendu qu'il sera toujours facile au détenteur de la source de fixer un tarif très élevé uniquement pour se ménager le moyen de livrer les eaux au-dessous du maximum à des prix arbitraires, suivant son caprice ou suivant les personnes. Il est incontestable que l'Administration aurait pu en 1823 et 1860, comme elle l'avait fait en 1802, se réserver le droit de déterminer, d'accord avec le propriétaire, un prix invariable, au lieu de se contenter de donner sa sanction à un tarif maximum arrêté par lui seul. Les sources minérales dont l'Administration autorise et surveille l'exploitation ne sont pas une propriété ordinaire; d'ailleurs, la loi leur confère des privilèges si considérables qu'elle a bien le droit de leur imposer ses conditions chaque fois que l'intérêt public est en cause. Mais ici le public aura pour défendre ses intérêts les inspirations bien entendues de l'intérêt privé. La source sera d'autant plus productive, l'établissement thermal d'autant plus prospère que les prix seront moins élevés; c'est là une vérité économique que le propriétaire de la source ne saurait méconnaître. D'ailleurs, il sera retenu par la crainte de la concurrence; car il y a fort peu d'établissements près desquels on ne rencontre, souvent à une très petite distance, une ou plusieurs sources d'une vertu égale; et, chaque fois qu'un établissement sera devenu, par le luxe de son aménagement ou la classe de ses visiteurs, dispendieux pour les bourses moyennes, on verra généralement s'ouvrir dans des conditions plus modestes des bains nouveaux. Je citerai Pougues à quelques lieues de Vichy, et, dans le seul groupe des Vosges, Luxeuil près de Plombières, Vittel à la porte de Contrexeville. Il ne faut pas non plus perdre de vue que, si les sources thermales sont une propriété chargée de certaines obligations, protégée par certaines garanties, soumise à la surveillance administrative, elles n'en restent pas moins, en dehors de ces restrictions, libres entre les mains de leur propriétaire qui a le droit de les aliéner, d'en disposer par acte entre vifs ou par testament, et que toutes les fois que l'intérêt public ne sera pas directement en jeu, il faudra lui laisser la libre disposition de sa chose. C'est surtout en ces matières que le système de la liberté dont les excès seront prévenus par la crainte de la concurrence, est préférable au système de la protection. »

61. A l'issue de la saison des eaux, le propriétaire, régisseur ou fermier de chaque établissement d'eaux minérales remet au médecin inspecteur, et, à son défaut, au préfet, un état portant le nombre des personnes qui ont fréquenté l'établissement. Cet état est envoyé, avec les observations du médecin-inspecteur au ministre de l'agriculture, du commerce et des travaux publics. Les propriétaires, régisseurs ou fermiers sont tenus de donner le libre accès des établissements et des sources à tous les fonctionnaires délégués par le ministre; ils leur fournissent les renseignements nécessaires à l'accomplissement de la mission qui leur est confiée (Décr. 28 janv. 1860, art. 20 et 21).

62. Les arrêtés pris par les préfets en vertu de l'art. 16 ont la valeur d'un règlement de police, et leur observation est sanctionnée par l'art. 471, § 15, c. pén. (V. Crim. cass. 26 sept. 1856, aff. Arloing, D. P. 56. 1. 421; 9 janv. 1858, aff. Brocard, D. P. 58. 1. 143; Crim. rej. 18 janv. 1866, aff. Fayard, D. P. 66. 1. 150. V. aussi Crim. rej. 7 févr. 1862, aff. Larbaud, D. P. 62. 1. 252).

§ 4. — Des dépôts, fabrication et vente des eaux minérales naturelles ou artificielles. — Pharmaciens; Tarifs (*Rép.* n°s 24 à 29).

63. — I. DÉPÔTS ET VENTE DES EAUX MINÉRALES NATURELLES. — On a exposé au *Rép.* n°s 24 et suiv. les règles édictées par l'ordonnance de 1823, relativement : à l'expédition hors de la commune où elles sont puisées, des eaux minérales naturelles; aux dépôts et à la vente de ces eaux. Les infractions aux prescriptions de l'ordonnance de 1823 sont passibles des peines édictées par l'art. 471, § 15, c. pén. L'ordonnance du 18 juin 1823 vise, en effet, les anciens règlements relatifs à la police des eaux minérales, et s'appuie sur le tit. 11 de la loi des 16-24 août 1790. — Cette ordonnance a pour but, comme l'indique son préambule, de prendre des précautions et d'exiger des garanties dans l'intérêt de la santé publique à l'égard des entreprises qui fabriquent ou débitent des eaux minérales naturelles ou artificielles, l'expérience ayant montré la nécessité de soumettre ces eaux à des règles particulières de police. Or le chef du pouvoir exécutif, investi du droit de prendre d'une manière générale pour toute la France, dans l'intérêt de la santé publique, toutes les mesures que les lois de 1790 et 1791 autorisaient les corps municipaux à prescrire, a pu légalement, dans un règlement de police, coordonner et reproduire ce qui, dans les anciens règlements, avait trait à la police des eaux minérales. Une ordonnance rendue dans ces conditions rentre, par sa nature, dans la catégorie des règlements administratifs, dont l'inobservation est passible des peines de simple police édictées par l'art. 471, § 15, c. pén. — Il a été jugé, en ce sens, qu'est légale et obligatoire l'ordonnance du 18 juin 1823, qui exige des précautions et des garanties dans l'intérêt de la santé publique à l'égard des entreprises qui débitent ou fabriquent des eaux minérales naturelles ou artificielles; que les infractions à cette ordonnance sont passibles des peines de simple police édictées par l'art. 471, § 15, c. pén. (Crim. rej. 22 juill. 1875, aff. Larbaud, D. P. 76. 1. 190).

64. L'art. 471, § 15, c. pén. n'est, toutefois, applicable qu'à défaut de toute disposition spéciale réprimant l'infraction. Un arrêt du conseil du 5 mai 1781 punit de 1000 livres d'amende quiconque aura, sans permission, fait venir des eaux minérales pour en faire le commerce. Cet arrêt n'a pas été abrogé par la législation subséquente. Au contraire, la loi du 17 avr. 1791 a disposé que les lois, statuts et règlements existant au 2 mars précédent, relatifs à la pharmacie, continueraient d'être exécutés sous les peines portées par lesdites lois et règlements, jusqu'à ce qu'il eût été statué définitivement à leur égard; et l'arrêté du Directoire exécutif du 29 flor. an 7, dans son préambule et dans son art. 8, *in fine*, déclare la loi du 17 avr. 1791 applicable aux eaux minérales, et rappelle à l'exécution de l'arrêt du 5 mai 1781. D'un autre côté, l'ordonnance du 7 juill. 1823 n'a pas eu pour but de diminuer les garanties déjà établies et maintenues dans un intérêt public pour la protection de la santé des citoyens; mais elle a proclamé formellement, dans son préambule, le maintien de l'arrêt du 5 mai 1781 et reproduit, dans son art. 1er, vis-à-vis des particuliers, la prohibition de l'art. 20 dudit arrêt, dont elle n'a pas eu l'intention et dont elle n'avait pas le droit de modifier les dispositions pénales. — Conformément à cette doctrine, il a été jugé que l'ouverture d'un dépôt et la vente d'eaux minérales naturelles sans autorisation préalable constituent une infraction à l'art. 20 de l'arrêt du conseil du 5 mai 1781 et à l'art. 1er de l'ordonnance du 7 juill. 1823, et que cette infraction est punissable d'une amende de 1000 livres, conformément aux dispositions de l'art. 20 précité (Amiens, 16 févr. 1884, aff. Grisot, D. P. 84. 2. 230).

65. Les préfets, d'ailleurs, ont le droit, pour assurer l'exécution de l'ordonnance de 1823, de prendre des arrêtés, et ces arrêtés ont pour sanction l'art. 471, § 15, c. pén. — Il a été jugé que l'arrêté pris par le préfet pour réglementer le débit et l'expédition des eaux fournies par une source minérale naturelle dont l'exploitation a été autorisée par le ministre, rentre, comme ayant pour objet d'assurer l'exécution des prohibitions de l'ordonnance du 18 juin 1823 sur la vente des eaux minérales au public, parmi les règlements de police dont l'observation est sanctionnée par l'art. 471, § 15, c. pén.; qu'il a ce caractère même à l'égard du concessionnaire de l'exploitation, qui ne peut, dès lors, sans contravention, livrer des eaux prises à des sources autres que celles comprises dans l'autorisation; peu importe que ce concessionnaire soit un pharmacien, cette qualité ne lui faisant une situation particulière que pour le débit d'eaux minérales effectué dans son officine, mais non pour le débit des eaux puisées directement à une source minérale (Crim. rej. 7 févr. 1862, aff. Larbaud, D. P. 62. 1. 252). Jugé, de même, que les mesures de police relatives au débit des eaux minérales et à l'exploitation des établissements d'eaux minérales s'appliquent, à défaut de toute distinction dans l'arrêté aux concessionnaires ou propriétaires comme à tous autres (V. Crim. rej. 26 sept. 1856, aff. Arloing, D. P. 56. 1. 421).

66. Il a été décidé que la loi du 14 juill. 1856, qui autorise, dans certains cas, le préfet à prononcer la suspension des travaux de fouilles entrepris dans le voisinage des sources d'eau minérale déclarées d'utilité publique, ne contient aucune disposition qui autorise le préfet à interdire la vente des eaux provenant de ces fouilles, sauf à l'Administration, au cas où la vente de ces eaux constituerait une contravention à une disposition de l'ordonnance du 18 juin 1823, à poursuivre la répression de cette contravention devant les tribunaux compétents (Cons. d'Et. 5 févr. 1875, aff. Larbaud, D. P. 75. 3. 119). Par un arrêté en date du 6 déc. 1873, le préfet de l'Allier avait ordonné la suspension des travaux de fouilles entrepris par le sieur Larbaud, pharmacien à Vichy, dans le voisinage des sources d'eau minérale appartenant à l'Etat. Par un nouvel arrêté en date du 25 mai 1874, il lui interdit de livrer au public, soit gratuitement, soit à prix d'argent, l'eau minérale provenant des fouilles. A défaut de toute disposition spéciale, le préfet ne pouvait se substituer au juge de répression, en interdisant la vente des eaux provenant des fouilles du sieur Larbaud, alors surtout que celui-ci invoquait sa qualité de pharmacien pour soutenir qu'il n'était pas tenu de se munir d'une autorisation. L'interdiction était entachée d'excès de pouvoir, le droit d'interdire une fouille accordé au préfet pour assurer la conservation des sources reconnues d'utilité publique, n'ayant nullement pour conséquence légale le droit d'interdire, par mesure administrative, de disposer des eaux provenant de ces sources.

67. Les arrêtés des préfets doivent être pris dans l'intérêt de la police des eaux minérales. Le conseil d'Etat n'a pas qualité pour apprécier les décisions rendues dans ces conditions; lors donc qu'il est constant qu'une mesure a été réellement prise dans l'intérêt de la police des eaux par l'autorité compétente, il doit déclarer non recevable le recours formé contre cette mesure. Mais il lui appartient de rechercher si, sous prétexte de police, l'Administration n'a pas poursuivi un objet étranger aux prévisions de l'arrêté du 29 flor. an 7 et de l'ordonnance du 18 juin 1823. C'est ainsi qu'il a annulé des décisions ministérielles dont le but réel était de défendre la compagnie fermière des eaux de Vichy contre la concurrence des propriétaires voisins (V. Cons. d'Et. 29 août 1865, aff. Larbaud, D. P. 67. 5. 154; 6 déc. 1878, aff. Larbaud, D. P. 79. 3. 33, cités *suprà*, n° 51).

La compagnie fermière serait également recevable et fondée à demander l'annulation des actes qui, dans les mêmes conditions, tendraient à s'immiscer dans l'exécution des conventions intervenues entre elle et l'Etat. Les difficultés relatives à cette exécution devraient être portées devant l'autorité judiciaire. Mais il a été jugé qu'un préfet, en ordonnant aux propriétaires d'une source minérale de substituer les mots « Vichy. — Source Larbaud et Mercier » aux mots « Vichy. — Eaux naturelles » inscrits sur les capsules des bouteilles vendues au public, agit dans l'exercice des attributions de police qui lui ont été conférées, dans une pensée d'intérêt public, pour éviter de confondre les sources qui ont chacune leurs propriétés particulières; que, dès lors, l'arrêté qu'il a pris à cet effet ne peut être annulé pour excès de pouvoirs par le conseil d'Etat (Cons. d'Et. 26 déc. 1862) (1). — Jugé encore que les décisions par lesquelles le ministre du commerce organise le contrôle de l'Etat sur des produits des sources minérales ou supprime le contrôle précédemment organisé, et les arrêtés pris par le préfet pour assurer l'exécution de ces décisions, constituent des mesures prises dans un intérêt de police, en vertu des pouvoirs que l'Administration tient de l'arrêté consulaire du 29 flor. an 7 et de l'ordonnance du 18 juin 1823 sur la police des eaux minérales, et que, dès lors, la compagnie qui exploite la source n'est pas recevable à déférer ces actes au conseil d'Etat, par application des lois des 7-14 oct. 1790 et 24 mai 1872 (art. 9)...; sauf à réclamer devant l'autorité compétente le remboursement de la valeur des timbres-contrôle qui lui avaient été fournis par l'Etat, moyennant finance, et qu'elle a dû restituer par suite de la suppression du contrôle (Cons. d'Et. 5 déc. 1879, aff. Compagnie fermière de l'établissement thermal de Vichy, D. P. 80. 3. 43).

68. On a dit au *Rép.* n° 26 que l'ordonnance de police du 21 nov. 1823 réglait la vente des eaux minérales à Paris et dans le département de la Seine. — Il a été jugé que tout fabricant d'eau minérale artificielle est tenu, à Paris, aux termes de l'ordonnance du 21 nov. 1823 (art. 4), de mettre son nom sur chaque bouteille sortant de son établissement (Trib. com. Seine, 3 févr. 1887, aff. N..., *Revue de droit industriel*, 1887, p. 360).

69. Les pharmaciens sont exemptés de l'obligation de se pourvoir d'une autorisation pour la vente des eaux minérales naturelles et artificielles; mais c'est à la condition que le débit des eaux, ainsi que le porte l'art. 1er de l'ordonnance de 1823, ait lieu dans les pharmacies (*Rép.* n° 28). — Il a été jugé que le pharmacien qui exploite et livre au public des eaux prises extérieurement et puisées aux sources mêmes est soumis aux prescriptions des arrêtés réglementant l'expédition des eaux minérales, l'ordonnance de 1823 n'établissant une exception qu'en faveur du débit effectué dans l'officine des pharmaciens (Crim. rej. 7 févr. 1862, aff. Larbaud, D. P. 62. 1. 252).

70. La règle édictée par l'ordonnance de 1823 en faveur des pharmaciens ne s'applique qu'aux eaux provenant de sources dont l'exploitation a été autorisée. La prohibition d'exploiter une source, de vendre les eaux en provenant

---

(1) (Larbaud.) — NAPOLÉON, etc.; — Vu l'arrêté de notre ministre du commerce en date du 20 janv. 1860, qui accorde aux sieurs Larbaud, Mercier et comp. l'autorisation d'exploiter une source d'eaux minérales naturelles à Vichy; — Vu l'ordonnance du 18 juin 1823, portant règlement sur la police des eaux minérales; la loi du 14 juill. 1856, sur la conservation et l'aménagement des sources d'eaux minérales, et notre décret du 22 janv. 1860, portant règlement d'administration publique sur les établissements d'eaux minérales naturelles; — Vu l'arrêté du Directoire exécutif du 29 flor. an 7, notamment l'art. 12 ainsi conçu: « L'officier de santé, attaché à l'établissement d'eaux minérales, veillera à ce que l'on appose, sur les bouteilles remplies, à la source, l'empreinte d'un cachet, dans l'exergue duquel sera inscrit le nom de la source; ce cachet lui sera remis par l'administration centrale du département; » — Vu la loi des 16-24 août 1790, tit. 11; — Vu l'art. 471, § 15, c. pén.; — Considérant que le préfet de l'Allier, en ordonnant aux sieurs Larbaud, Mercier et comp. par son arrêté en date du 4 févr. 1852, de substituer sur les capsules des bouteilles d'eaux minérales, par eux délivrées au public, les mots « Vichy. — Source Larbaud et Mercier » aux mots « Vichy. — Eau naturelle » a entendu agir dans l'exercice des attributions de police, qui ont été conférées à l'Administration sur les sources d'eaux minérales par les dispositions des lois et règlements ci-dessus visés; que, si les sieurs Larbaud, Mercier et comp. prétendent qu'ils ne sont pas tenus d'obtempérer à l'injonction contenue dans cet arrêté, parce que cette injonction excéderait les limites légales des attributions de police de l'Administration, ce n'est pas à nous, en notre conseil d'Etat, par la voie contentieuse, qu'il appartient de prononcer sur cette question:

Art. 1er. La requête des sieurs Larbaud, Mercier et comp. est rejetée...

Du 26 déc. 1862.-Cons. d'Et.-MM. de Guigné, rap.-Robert, concl.-Labordère, av.

avant qu'elle soit approuvée par le Gouvernement, est absolue et s'applique aux pharmaciens, comme à tous autres particuliers. — L'art. 18 de l'arrêt du conseil du 5 mai 1781, reproduit par l'art. 17 de l'arrêté du Directoire du 29 flor. an 7, portait : « Tout propriétaire qui découvrira dans son terrain une source d'eau minérale sera tenu d'instruire le Gouvernement pour qu'il en fasse faire l'examen ; et, d'après le rapport des commissaires nommés à cet effet, la distribution en sera permise ou prohibée suivant le jugement qui en aura été porté ». L'eau, ainsi jugée et approuvée, le propriétaire ne pouvait la vendre qu'à la source, aux termes de l'art. 19 de l'arrêt du conseil, et, d'après l'art. 20 dudit arrêt, aucun apothicaire, aucun particulier, à moins qu'il ne fût muni d'une permission expresse, ne pouvait la faire venir pour en faire le commerce. L'ordonnance du 18 juin 1823, en maintenant cette nécessité du jugement et de l'approbation de l'eau minérale nouvellement découverte, dispose dans son art. 1er que : « Toute entreprise ayant pour effet de livrer ou d'administrer au public les eaux minérales naturelles ou artificielles demeure soumise à une autorisation spéciale et à l'inspection des hommes de l'art. Sont seuls exceptés de ces conditions, les débits desdites eaux qui ont lieu dans les pharmacies ». — *Desdites eaux*, c'est-à-dire des eaux minérales antérieurement autorisées. — Il a été jugé, conformément à cette doctrine : 1° que la faculté réservée aux pharmaciens de fabriquer et de débiter une eau minérale artificielle sans autorisation n'implique pas à leur égard la dispense de se conformer aux formules du *Codex*... ; ni surtout la reconnaissance du droit de débiter une eau minérale non approuvée ; qu'en conséquence, est passible des peines de l'art. 471-15° c. pén., le pharmacien qui débite, sans l'avoir fait approuver par le Gouvernement, l'eau minérale d'une source qu'au moyen de travaux il a fait jaillir dans un fonds lui appartenant (Crim. rej. 22 juill. 1875, aff. Larbaud, D. P. 76. 1. 190) ; — 2° Que le rapport favorable d'une commission déléguée par l'Académie de médecine pour faire l'examen d'une eau minérale naturelle ne suffit pas pour permettre aux pharmaciens d'effectuer le débit de cette eau dans leurs officines ; qu'il faut une approbation expresse du Gouvernement (Crim. rej. 30 juin 1876, aff. Larbaud, D. P. 77. 1. 92).

71. — II. Fabrication et vente des eaux minérales artificielles. — Les règles concernant la fabrication et la vente des eaux minérales artificielles ont été exposées au *Rép.* nos 24 et 28 (V. aussi *suprà*, n° 68).

72. — III. Inspection des dépôts d'eaux minérales naturelles et artificielles ; Taxe. — L'ordonnance du 18 juin 1823, après avoir soumis à l'inspection, par son art. 1er, toute entreprise ayant pour effet de livrer ou administrer au public des eaux minérales naturelles ou artificielles, dispose dans son art. 18 que, là où il n'aura pas été nommé d'inspecteur, les établissements seront soumis aux visites ordonnées par les art. 29, 30 et 31 de la loi du 21 germ. an 11, c'est-à-dire aux visites que les jurys de médecine doivent faire dans les officines et magasins des pharmaciens et droguistes (*Rép.* p. 504, et v° *Médecine*, p. 566). Le décret du 23 mars 1859 (D. P. 59. 4. 25) a attribué aux conseils d'hygiène et de salubrité l'inspection des officines des pharmaciens et des magasins des droguistes ; bien que ce décret ne mentionne pas les fabriques et dépôts d'eaux minérales, l'Administration a admis comme certain que toutes les attributions des jurys médicaux étaient transférées aux conseils d'hygiène. Les médecins inspecteurs des dépôts reçoivent un traitement auquel il est pourvu par une taxe imposée aux dépositaires d'eaux. — La loi du 12 févr. 1883, qui a supprimé la rétribution que les médecins inspecteurs recevaient en qualité d'inspecteurs des *établissements d'eaux minérales*, a laissé subsister les frais d'inspection des dépôts.

73. L'art. 2 de la loi de finances du 21 avr. 1832 porte que le Gouvernement est autorisé, pour subvenir au traitement des médecins inspecteurs, à imposer sur les fabriques et dépôts d'eaux minérales une contribution ne pouvant excéder 250 fr. pour les fabriques et 150 fr. pour les simples dépôts (*Rép.* n° 17). L'art. 30 de la loi du 25 juin 1841 reproduit textuellement cette disposition. Le recouvrement des rétributions doit être poursuivi comme celui des contributions directes (L. 24 avr. 1833, art. 2). Le taux de la taxe doit être arrêté par le Gouvernement, dans les limites du maximum fixé par l'art. 30 de la loi du 25 juin 1841. Dans le ressort de la préfecture de police, pour citer un exemple, des arrêtés préfectoraux, approuvés par le ministre du commerce, ont divisé les dépôts et fabriques d'eaux minérales en trois classes, ayant chacune un tarif spécial. — La légalité de la taxe ainsi établie n'a soulevé aucune difficulté (Cons. d'Et. 5 mars 1870, aff. Lacombe, D. P. 71. 3. 11). Mais, là où aucun acte n'a fixé le montant de l'imposition, le rôle mis en recouvrement manque absolument de base légale. Il a été jugé que la taxe imposée aux dépositaires d'eaux minérales ne peut être mise en recouvrement dans les localités où le taux n'en a pas été arrêté par le Gouvernement, dans les limites du maximum fixé par l'art. 30 de la loi du 25 juin 1841 (Cons. d'Et. 18 janv. 1884, aff. Peychaud, D. P. 85. 3. 76).

74. Dans les localités où il n'y a pas de médecin inspecteur, et où les dépôts sont visités par les conseils d'hygiène, la taxe ne peut être exigée. Cette taxe, en effet, a pour seule et unique affectation, aux termes des lois de 1832 et de 1841, le traitement *des médecins* chargés de la surveillance. — Conformément à cette doctrine, il a été jugé que la taxe imposée aux dépositaires d'eaux minérales, ayant pour unique objet de pourvoir au traitement des médecins inspecteurs, ne peut être exigée dans les localités où aucun médecin inspecteur n'a été désigné (Cons. d'Et. 18 janv. 1884, cité *suprà*, n° 73).

75. La taxe n'a pas le caractère d'un impôt proprement dit ; elle ne peut donc être exigée qu'autant que le service d'intérêt public qu'elle est destinée à rétribuer a été effectué, et elle n'est pas due si la visite n'a pas eu lieu régulièrement. — Il a été jugé que la taxe à laquelle les dépositaires d'eaux minérales sont imposés pour frais de la visite qui doit être faite annuellement dans leurs établissements, n'est due qu'autant que la visite a effectivement eu lieu dans le courant de l'année ; que, notamment, le propriétaire qui n'a pas été visité en 1886 est fondé à demander décharge du droit de visite qui lui a été réclamé pour ladite année (Cons. d'Et. 28 mars 1888, aff. Godefroy, D. P. 89. 3. 57). Mais les rétributions destinées aux frais d'inspection des eaux minérales sont dues pour les dépôts autorisés par l'Administration, quelle qu'en soit l'importance, et alors même qu'ils ne seraient que des succursales d'un dépôt principal établi dans la même ville (Cons. d'Et. 5 mars 1870, aff. Lacombe, D. P. 71. 3. 11).

Il a été décidé que les demandes en décharge ou réduction des contributions destinées aux frais d'inspection des eaux minérales doivent être instruites dans les mêmes formes qu'en matière de contributions directes (Cons. d'Et. 5 mars 1870, aff. Lacombe, D. P. 71. 3. 11). Aucune disposition de loi ou de règlement n'a déterminé la procédure à suivre en cette matière devant le conseil de préfecture. Mais le conseil d'Etat a jugé avec raison que, l'Administration étant armée, pour obtenir le payement de ces rétributions, des mêmes moyens d'action sur les débiteurs que s'il s'agissait d'une contribution directe (L. 24 avr. 1833, art. 2), par une corrélation nécessaire, ceux-ci devaient avoir, pour leur défense, les mêmes garanties et les mêmes facultés.

§ 5. — Administration des sources minérales appartenant à l'Etat, aux départements, aux communes et aux établissements charitables. — Indigents (*Rép.* nos 30 à 35).

76. — I. Mode d'exploitation des établissements. — Les établissements appartenant à l'Etat, on l'a indiqué au *Rép.* nos 30 et suiv., sont mis en ferme ou administrés en régie. Les sources de Vichy ont été affermées pour trente-trois années consécutives (L. 10 juin 1853, D. P. 53. 4. 136). Un décret en date du 7 mai 1864 (D. P. 64. 4. 76) a prolongé la durée du bail de dix-huit ans, à charge par la compagnie concessionnaire d'exécuter certains travaux et d'apporter diverses améliorations dans la distribution des bains.

77. La loi du 6 juin 1857 (D. P. 57. 4. 80) a autorisé la concession de l'exploitation des sources de Plombières. L'art. 7 du cahier des charges, fixant les prix pour les bains, douches, et autres modes d'administration, a été modifié par la loi du 10 juill. 1867 (D. P. 67. 4. 74). La loi des 27 juill.-4 août 1881, abrogeant la loi des 18-22 juill. 1873 (D. P. 73. 4. 80), fixe les tarifs à percevoir par la compagnie fermière (D. P. 82. 4. 38).

78. La loi du 17 juin 1868 autorise la concession de

l'exploitation de l'établissement civil de Bourbonne-les-Bains (Haute-Marne) (D. P. 68. 4. 81).

79. La loi de finances du 30 janv. 1884 (art. 18) décide que les établissements d'Aix-les-Bains, Bourbon-l'Archambault, Bourbonne-les-Bains, Luxeuil et Néris seront affermés par voie de concurrence et de publicité (D. P. 84. 4. 92). La loi du 16 août 1884 a excepté de cette mesure l'établissement d'Aix-les-Bains (D. P. 85. 4. 7). La loi du 27 déc. 1884 approuve l'adjudication des établissements de Bourbonne-les-Bains (Haute-Marne) et de Néris (Allier) (D. P. 85. 4. 79).

80. Il a été jugé que le ministre des travaux publics, en concédant à une société l'exploitation d'une source et d'un établissement thermal, ne garantit pas et ne peut garantir la société concessionnaire contre les inconvénients pouvant résulter pour elle des autorisations qui seraient ultérieurement accordées par l'Administration conformément aux lois et règlements sur la police des eaux minérales; que spécialement la société concessionnaire n'est pas fondée à réclamer contre l'autorisation donnée à un tiers d'avoir un puits en dehors du périmètre de protection fixé par le décret du 8 mars 1848 et par la loi du 14 juill. 1856 (Cons. d'Et. 27 févr. 1862) (1). L'Etat, comme tout propriétaire, doit assurer à son fermier la libre jouissance de l'immeuble; mais il ne saurait être gêné dans l'exercice de ses droits et de ses obligations à l'égard des tiers; et il ne peut être responsable des inconvénients que peuvent avoir pour ses concessionnaires ses décisions et ses actes administratifs.

81. On a dit au *Rép.* n° 30 que ni les membres des administrations chargées de la surveillance des eaux minérales, ni les propriétaires d'eaux minérales dans le lieu où se trouvent les sources appartenant à l'Etat, ne peuvent s'en rendre adjudicataires. — Il a été jugé que l'art. 4 de l'arrêté du 3 flor. an 8, portant qu'aucun propriétaire d'eaux minérales dans le lieu où se trouvent des eaux minérales appartenant à l'Etat ne pourra se rendre adjudicataire des eaux de l'Etat, est encore en vigueur; que cet article a pour but d'interdire à l'adjudicataire de sources appartenant à l'Etat l'exploitation simultanée de ces sources et d'autres sources dont cet adjudicataire serait propriétaire, que cette interdiction s'applique à l'exploitation de sources que l'adjudicataire a acquises, postérieurement à l'adjudication (Cons. d'Et. 6 mai 1881, aff. Compagnie de Vichy, D. P. 82. 3. 105). On soutenait, dans cette affaire, que la disposition de l'art. 4 de l'arrêté des consuls du 3 flor. an 8 relative aux propriétaires d'eaux minérales dans le lieu où se trouvent des sources de l'Etat, avait été abrogée implicitement par l'ordonnance du 18 juin 1823. L'art. 23 de cette ordonnance reproduit la disposition contenue dans l'art. 4 précité relative à l'interdiction, pour les membres des administrations, propriétaires ou surveillants et pour les inspecteurs de se rendre adjudicataires des fermes d'eau minérale; mais il ne mentionne pas les propriétaires de sources voisines. Bien que cet argument fût spécieux, c'est avec raison que le conseil d'Etat ne s'y est pas arrêté: l'abrogation implicite d'une disposition de loi ou de règlement ne peut être admise que dans le cas où une disposition ultérieure est en contradiction avec celle qu'on prétend abrogée (V. *Rép.* v° *Lois*, n°s 530 et suiv.). Le conseil d'Etat, dans l'arrêt précité, décide que l'interdiction s'applique à l'exploitation de sources que l'adjudicataire acquiert postérieurement à l'adjudication; en un mot, que le fermier de l'Etat ne peut exploiter d'autre source que celle dont il a la concession. On objectait à cette solution que les interdictions sont de droit étroit, et que l'art. 4 précité pouvait être considéré comme traçant une règle à suivre lors de l'adjudication, pour garantir que cette opération se ferait dans des conditions de liberté et de sincérité suffisantes; mais le conseil d'Etat, en statuant en sens contraire, n'a pas dépassé les limites du droit qui appartient au juge de rechercher l'intention du législateur, lorsque le texte à appliquer est susceptible de plusieurs interprétations.

82. Tout ce qui concerne la mise en régie des établissements thermaux appartenant à l'Etat et la gestion des sources et établissements appartenant à des départements, des communes ou des institutions charitables, est exposé au *Rép.* n°s 31 et suiv.

83. — II. Réparations; Constructions et autres travaux. — V. *Rép.* n° 34.

84. — III. Traitements aux frais de l'Etat. — Aux termes du règlement de l'établissement thermal de Vichy, les ecclésiastiques et les instituteurs primaires sont admis à jouir du bénéfice des bains gratuits aux eaux thermales de Vichy, du 15 mai au 15 juin et du 16 août au 15 octobre de chaque année (V. Circ. min. com. 24 févr. 1847, D. P. 47. 3. 126).

85. La loi du 12 juill. 1873 règle l'envoi et le traitement aux frais de l'Etat des anciens militaires et marins blessés ou infirmes dans les établissements d'eaux minérales (V. *suprà*, n° 10).

86. — IV. Indigents des communes. — V. *Rép.* n° 35.

§ 6. — De la compétence (*Rép.* n°s 36 et 37).

87. On a exposé au *Rép.* n° 36 qu'aux termes de l'arrêté du 6 niv. an 11 (art. 9), les questions de propriété qui s'élevaient entre les communes et l'Etat sur la propriété des sources minérales étaient jugées par le conseil de préfecture. — Cette disposition exceptionnelle, que plusieurs jurisconsultes avaient critiquée (V. notamment: Proud'hon, *Traité du domaine public*, 2e éd., t. 4, n° 1410), a été abrogée par la loi du 14 juill. 1856 (art. 20) qui a rendu aux tribunaux civils la connaissance de ces contestations.

88. L'arrêté du 3 flor. an 8 (art. 2), dispose « qu'à défaut de payement du prix de bail ou de l'exécution des clauses y contenues, le bail pourra être *résilié* par le conseil de préfecture ». On a fait remarquer, au *Rép.* n° 37, que cette disposition exceptionnelle, qui confère à la juridiction administrative la connaissance non pas de toutes les difficultés qui peuvent s'élever au sujet des baux, mais seulement des questions relatives à la *résiliation*, ne s'applique qu'aux établissements appartenant à l'Etat. La jurisprudence a confirmé ce principe. — Il a été jugé qu'il n'appartient point au conseil de préfecture, mais à l'autorité judiciaire, de connaître des contestations qui s'élèvent entre les communes propriétaires d'eaux minérales et les fermiers de ces eaux; qu'à cet égard, l'art. 2 de l'arrêté du Gouvernement du 3 flor. an 8, qui a attribué compétence aux conseils de préfecture pour prononcer la résiliation des baux des eaux minérales appartenant à l'Etat, ne s'applique point aux communes et ne leur a point été appliqué par l'art. 11 de l'arrêté du 6 niv. an 11 (Cons. d'Et. 20 juin 1861, aff. Morel, D. P. 61. 3. 43). Les dispositions légales qui établissent la juridiction administrative pour les actions intentées par ou contre l'Etat, ne s'appliquent pas de plein droit aux com-

(1) (Eaux thermales de Vichy.) — Napoléon, etc.; — Vu la loi du 10 juin 1853 et le cahier des charges annexé; — Vu notre décret rendu au contentieux, le 13 déc. 1855, et qui décide que les terrains dans lesquels les sieurs Larbaud et comp. ont fait pratiquer des travaux de sondage étant éloignés de plus de 1000 mètres des sources minérales de Vichy et situés, dès lors, en dehors du périmètre de protection fixé par le décret du 8 mars 1848, le préfet du département de l'Allier a excédé ses pouvoirs en interdisant la continuation desdits travaux; — Vu le décret du 8 mars 1848; — Vu la loi du 14 juill. 1856;... — Au fond: — Considérant que notre ministre des travaux publics en concédant aux sieurs Lebobe, Callou et comp., en exécution de la loi du 10 juin 1853, l'exploitation des sources et de l'établissement thermal de Vichy, n'a pas garanti et ne pouvait garantir la société concessionnaire contre les inconvénients qui pouvaient résulter pour elle des autorisations qui seraient accordées conformément aux lois et règlements sur la police des eaux minérales; qu'il résulte, d'ailleurs, de notre décret ci-dessus visé, rendu au contentieux, le 13 déc. 1855, que les travaux de sondage entrepris en 1853, par les sieurs Larbaud et comp., à plus de 1000 mètres des sources de Vichy, étaient ouverts en dehors du périmètre de protection fixé par le décret du 8 mars 1848, pour les sources d'intérêt public, et par conséquent dans les conditions déterminées par la législation alors existante sur les sources d'eaux minérales; — Qu'ainsi la société des eaux thermales de Vichy n'est pas fondée à réclamer contre l'autorisation accordée le 23 janv. 1860, aux sieurs Larbaud et comp., et que, dès lors, sa demande doit être rejetée;

Art. 1er. L'arrêté du conseil de préfecture de l'Allier, du 29 sept. 1860, est annulé. — Art. 2. Le surplus des conclusions des sieurs Arthur Callou et Vallée, gérants de la société des eaux thermales de Vichy, est rejetée.

Du 27 févr. 1862.-Cons. d'Et.-MM. Faré, rap.-L'Hopital, concl.-Delaborde, av.

munes; il faut qu'une loi spéciale en ait prononcé l'assimilation. C'est ainsi, pour ne citer qu'un seul exemple, que les contestations qui s'élèvent sur les marchés de fournitures passés par les communes, appartiennent à la compétence judiciaire, tandis que le contentieux de ces mêmes marchés passés par l'Etat est attribué à la juridiction administrative (V. *Marchés de fournitures*; — *Rép. eod.* v°, n° 157).

89. Il a été décidé que le conseil de préfecture peut déclarer que l'art. 4 de l'arrêté du 3 flor. an 8 qui défend aux propriétaires d'eaux minérales dans le lieu où se trouvent des sources appartenant à l'Etat de s'en rendre adjudicataires est applicable, en vertu du cahier des charges, à une compagnie concessionnaire d'une source appartenant à l'Etat (dans l'espèce, la compagnie des eaux de Vichy); mais qu'il ne lui appartient pas de condamner la compagnie à cesser immédiatement l'exploitation de la source dont elle s'est rendue acquéreur (Cons. d'Et. 6 mai 1881, aff. Compagnie de Vichy, D. P. 82. 3. 105). L'infraction constatée aux clauses du cahier des charges par le fait de l'exploitation d'une propriété privée permettait à l'Administration de poursuivre la résiliation du bail devant le conseil de préfecture. Si l'Administration, se plaçant à un autre point de vue, considérait que l'exploitation d'une source privée par l'exploitant des sources de l'Etat constitue une contravention, non aux clauses du cahier des charges, mais aux règlements sur les eaux minérales, elle pourrait évidemment en poursuivre l'interdiction; mais, dans ce cas, aucune disposition de loi ne l'autoriserait à saisir le conseil de préfecture du procès-verbal de contravention.

Il résulte du sens naturel de l'art. 2 de l'arrêté du 3 flor. an 8 que cette disposition ne doit s'appliquer qu'aux contestations élevées entre l'Etat propriétaire des eaux et le fermier sur l'exécution des clauses du bail, mais nullement aux difficultés survenues entre ces fermiers et de simples particuliers. — Jugé qu'il n'appartient pas au conseil de préfecture, mais à l'autorité judiciaire, de connaître des contestations qui s'élèvent, sur le prix de vente des eaux thermales, entre les particuliers et les fermiers de ces eaux (Req. 14 juin 1870, aff. Lemonnier, D. P. 71. 1. 344). Peu importe, à cet égard, que le tarif, convenu dans le bail passé entre le maire de la commune propriétaire des eaux et le fermier, n'ait pas été adressé au préfet avant l'ouverture de la saison (Même arrêt). L'envoi du tarif des eaux au préfet avant l'ouverture de la saison est, en effet, une mesure de police et d'administration, qui ne saurait avoir aucune influence sur le règlement et le jugement des contestations pécuniaires élevées entre les particuliers et le fermier des eaux, alors surtout que la perception est conforme au tarif et, par conséquent, légale (V. *suprà*, n° 60).

90. Aux termes d'un arrêt, le tribunal civil, saisi d'une action tendant à faire reconnaître aux habitants d'une commune le droit d'user gratuitement des eaux d'un établissement thermal, sans conditions, tant en santé qu'en maladie, en vertu de la réserve qui leur en aurait été faite dans un acte passé entre la commune et le propriétaire de cet établissement, ne peut, sans excès de pouvoir, déclarer l'existence d'un tel droit, s'il est inconciliable avec les conditions d'admission déterminées par un règlement administratif sur l'usage des eaux thermales qui en sont l'objet (Civ. cass. 28 janv. 1861, aff. Mathéron, D. P. 61. 1. 121). Cette décision est une application de la règle générale d'après laquelle les tribunaux civils ne peuvent, sans excéder leurs pouvoirs, méconnaître les règlements administratifs invoqués devant eux, ni refuser d'en ordonner l'exécution, à moins qu'il ne soit nécessaire d'en renvoyer l'interprétation à l'autorité administrative (V. *suprà*, v° *Compétence administrative*, n°s 313 et suiv.).

91. On a indiqué *suprà*, v° *Acte de commerce*, n° 124, que le propriétaire qui exploite les eaux minérales jaillissant de son terrain ne fait pas acte de commerce.

92. Quant à la compétence, en ce qui concerne les travaux exécutés dans l'intérêt des établissements thermaux, V. *suprà*, n°s 44 et suiv.

Table sommaire

des matières contenues dans le Supplément et le Répertoire.

(Les chiffres précédés de la lettre *S* renvoient au Supplément; les chiffres précédés de la lettre *R* renvoient au Répertoire.)

Table chronologique des Lois, Arrêts, etc.

EAUX PLUVIALES. — V. *Propriété; Servitude;* — *Rép.* v[is] *Propriété,* n°s 127 et suiv.; *Servitude,* n°s 336 et suiv.

ÉCHANGE.

Division.

§ 1er. — Historique et législation; Droit comparé (*Rép.* n°s 2 à 5).

1. Ce sont toujours les dispositions du code civil qui forment le fond de la législation en matière d'échange. Il y a lieu toutefois dans l'application de tenir compte des dispositions de la loi du 23 mars 1855 sur la transcription en matière hypothécaire, qui a modifié les principes du code civil sur les effets au regard des tiers des actes entre vifs translatifs de propriété immobilière (V. D. P. 55. 4. 27, et *Rép.* v° *Transcription hypothécaire,* n°s 134 et suiv.).—Depuis la publication au *Répertoire* du traité de l'échange, plusieurs actes législatifs ou réglementaires ont, en outre, établi quelques règles spéciales concernant diverses espèces d'échange. Nous citerons : la loi du 2 août 1884 sur les vices rédhibitoires dans les ventes et échanges d'animaux domestiques (D. P. 84. 4. 121), qui a modifié les principes de la loi du 20 mai 1838, notamment en ce qui concerne les échanges d'animaux dont la valeur ne dépasse pas 100 fr. et a rétabli, sous certaines restrictions, l'action en réduction de prix autorisée par l'art. 1644 c. civ.; la loi du 3 nov. 1884, concernant les droits fiscaux à percevoir sur les échanges d'immeubles ruraux (D. P. 85. 4. 17), qui impose pour les échanges appelés à bénéficier du tarif réduit conformément aux dispositions de la loi, l'insertion dans les contrats de certaines mentions destinées à faciliter le contrôle de l'Administration; le décret du 25 juill. 1860 sur l'aliénation des terres domaniales en Algérie, qui détermine pour ces terres les conditions de forme des échanges (D. P. 60. 4. 132).

2. Parmi les législations étrangères les plus récentes, qui renferment des dispositions sur l'échange, nous devons mentionner : le code civil roumain de 1864 (art. 1405 à 1409); le code civil italien de 1865 (art. 1549 à 1555); le code civil du Bas-Canada de 1866 (art. 1596 à 1599); le code civil portugais de 1867 (art. 1592 à 1594); le code fédéral suisse des obligations de 1881 (art. 272 et 273); le code civil espagnol de 1888 (art. 1538 à 1541). Les dispositions de ces diverses législations, pour la matière de l'échange, s'inspirent en général des mêmes principes que le code civil français.

3. La matière de l'échange a été traitée, depuis la publication du *Répertoire,* d'une part, dans les ouvrages généraux sur l'ensemble du droit civil (V. notamment : Aubry et Rau, *Cours de droit civil français,* 4e éd., t. 4, § 360; Demante et Colmet de Santerre, *Cours analytique de code civil,* t. 7, 1873, n°s 149 à 154 *bis;* Marcadé, *Explication du code civil,* 7e éd., 1875, t. 6, p. 421 à 432; Laurent, *Principes de droit civil français,* t. 24, 1877, n°s 611 à 627); d'autre part, dans des monographies telles que celles de MM. Anatole Bérard des Glajeux, *Des échanges,* 1856; Cavalié, *De l'échange,* 1864; Lemercier, *De l'échange en droit romain et en droit français,* 1879.

Enfin, et tout récemment, M. Guillouard, le savant continuateur de Demolombe, a fait paraître son traité de l'échange (*Traités de la vente et de l'échange,* t. 2, 1890).

§ 2. — Nature et forme de l'échange; en quoi il diffère de la vente (*Rép.* n°s 6 à 16).

4. Nous avons au *Répertoire* défini l'échange, avec l'art. 1702 c. civ. « un contrat par lequel les parties se donnent respectivement une chose pour une autre ».

Le mot *donner* s'entendant ici d'un transfert de propriété, la définition du code ne peut s'appliquer exactement qu'aux échanges portant sur les corps certains et déterminés : dans ce cas, en effet, le transfert de propriété résultant du simple consentement, il est vrai de dire que l'échange est un contrat par lequel les parties se donnent respectivement une chose pour une autre. Si, au contraire, les valeurs échangées ne sont pas des corps certains, mais des choses *in genere,* des quantités, par exemple, pour lesquelles le transfert de propriété est subordonné à une individualisation ultérieure, le contrat d'échange n'a pour effet que de rendre chaque coéchangiste créancier de l'autre. Il n'est pas exact, dans ce cas, de parler d'une translation immédiate de propriété. Aussi est-on généralement d'accord pour corriger la définition du code civil et définir l'échange un contrat par lequel les parties *se donnent ou se promettent* respectivement une chose pour une autre. Telle est la définition de MM. Demante et Colmet de Santerre, t. 7, n° 150 *bis* (V. dans le même sens : Aubry et Rau, t. 4, p. 459; Laurent, t. 24, n° 611; Guillouard, t. 2, n° 914).

D'après Marcadé, au contraire (t. 6, p. 422), la définition du code serait seule exacte, l'obligation *dandi* ne pouvant aujourd'hui se concevoir dans l'échange, puisque le simple consentement réalise l'échange. Cette seconde opinion nous paraît procéder d'une analyse incomplète des effets du contrat d'échange.

L'avant-projet de revision du code civil belge élaboré par M. Laurent admet la correction proposée à la définition du code civil français : « Art. 1742. L'échange est un contrat par lequel les parties s'obligent de donner respectivement une chose pour une autre ».

5. Bien que l'échange ait le plus souvent pour objet un transfert réciproque de propriété entre les coéchangistes, les démembrements du droit de propriété peuvent cependant former la matière d'un échange. Ainsi on peut échanger une nue propriété contre un usufruit (Nîmes, 9 déc. 1879, aff. Guigou, D. P. 81. 1. 415).

MM. Aubry et Rau refusent de considérer comme un échange dans le sens propre du mot « la convention par laquelle les parties se promettraient l'usage d'une chose contre l'usage d'une autre chose ou des services en retour d'autres services » (t. 4, p. 459. V. aussi Guillouard, t. 2, n° 919). En tous cas, de semblables conventions doivent être assimilées à l'échange et en suivent les règles.

6. Nous avons posé en principe (*Rép.* n° 8) que, si une chose a été cédée à la fois contre une autre chose et contre une somme d'argent, il y a vente jusqu'à concurrence de cette somme ou soulte. Ce principe est appliqué par la loi fiscale qui frappe du droit de vente immobilière (5 fr. 50 pour 100) les soultes ou retours de lots dans les échanges d'immeubles (L. 22 frim. an 7, art. 69, § 5, n° 3; 28 avr. 1816, art. 52) (V. *Rép.* v° *Enregistrement*, n° 3213).

Nous ajoutions toutefois, nous plaçant au point de vue du droit civil, que l'indivisibilité de l'acte, au moins dans l'intention des parties, forcera presque toujours le juge à se prononcer d'après le caractère dominant du contrat. — Selon Laurent, t. 24, n° 617, pour déterminer ce caractère dominant, il n'y aurait à tenir compte que de l'importance respective de l'objet donné par l'échangiste et de la soulte payée par lui pour parfaire la valeur de l'objet reçu, abstraction faite de l'intention des parties. Si la chose donnée par l'un des coéchangistes a une valeur supérieure à celle de la soulte qu'il paye en outre à son coéchangiste, il y a échange pour le tout, la soulte formant l'accessoire seulement ; dans le cas contraire, il y a vente pour le tout, la soulte constituant la prestation principale. Selon Marcadé, au contraire (t. 6, p. 424), le caractère prédominant du contrat se déterminerait d'après l'intention des parties manifestée tant par la teneur de l'acte que par l'ensemble des circonstances de la cause, l'importance de la soulte n'étant qu'un des éléments de la solution. MM. Aubry et Rau paraissent se prononcer dans le même sens (t. 4, p. 462).

On a cité au *Répertoire*, dans le sens de la première opinion, un arrêt de la cour de cassation du 19 niv. an 13. Mais la cour de cassation semble avoir, depuis lors, abandonné sa première jurisprudence (V. Civ. rej. 9 août 1870, aff. Reydellet, D. P. 71. 1. 156).

La cour de cassation de Belgique a eu également à statuer sur la question. Elle a refusé de considérer comme un échange un contrat présenté comme tel par les parties, mais dans lequel, par suite de l'excédant de valeur de la soulte promise, il y avait une disproportion absolue entre les deux prestations de l'un des coéchangistes (C. cass. Belgique, 8 août 1850) (1).

Il appartient d'ailleurs à la cour de cassation de décider, d'après les constatations des juges du fait, si l'acte présente les caractères juridiques de la vente ou de l'échange.

M. Guillouard, t. 2, n° 918, se prononce, en principe, dans le même sens que Laurent. Il faut, d'après lui, s'attacher à l'importance respective de l'objet aliéné par l'échangiste et de la soulte payée par lui. La qualification donnée à l'acte par les parties ne serait déterminante que dans l'hypothèse, fort rare, où la soulte et l'objet auraient la même valeur.

Aux termes de l'art. 1554 c. civ. italien, reproduisant en substance la disposition de l'art. 1712 du code sarde, s'il a été convenu que l'un des permutants « serait chargé de payer une soulte en argent qui surpasse la valeur de l'immeuble donné par lui en échange, ce contrat est considéré comme une vente... ».

D'après l'art. 1545 c. civ. portugais, si la contre-valeur de l'objet consiste pour partie en une somme d'argent et pour partie en une autre chose, il y a vente, quand la prestation en argent dépasse la valeur de la chose ; il y a échange, quand la somme d'argent est inférieure à la valeur de la chose. Quand les deux prestations sont d'égale valeur, on présume qu'il y a contrat de vente.

7. Nous avons dit au *Rép.* n° 11 qu'il ne fallait pas confondre l'échange avec la vente suivie d'une dation en payement. Ainsi lorsque les parties, après avoir fixé le prix d'un immeuble à 450000 fr., conviennent que ce prix sera payé tant en espèces jusqu'à concurrence de 225000 fr. que moyennant l'attribution d'un certain nombre d'actions d'une société, il a été jugé qu'il y a vente pour le tout, et non pas contrat mixte d'échange et de vente (Req. 26 févr. 1883, aff. Mérat-Burgeat, D. P. 83. 1. 453).

8. Aux termes de l'art. 1703 c. civ., « l'échange s'opère par le seul consentement ».

Ce principe doit aujourd'hui se combiner avec les règles de la loi du 23 mars 1855 sur la transcription en matière hypothécaire, applicable à l'échange d'immeubles comme à tous autres actes entre vifs translatifs de propriété immobilière à titre onéreux. Le contrat d'échange, lorsqu'il porte sur des immeubles, est soumis à la formalité de la transcription (Aubry et Rau, t. 2, § 1er, p. 292 ; Guillouard, t. 2, n° 915 ; *Rép.* v° *Transcription hypothécaire*, n° 134). Jusqu'à la transcription, l'échange, bien que produisant tous ses effets entre les parties par le seul consentement, n'est pas opposable aux tiers qui ont acquis, même postérieurement à

---

(1) (Enreg. *C.* prince de Ligne.) — LA COUR ; — Sur le moyen unique de cassation, fondé sur la fausse application de l'art. 1702 c. civ. et des art. 15, n° 4, et 69, § 5, n° 3, de la loi du 22 frim. an 7, sur la violation de l'art. 1582 c. civ. et des art. 15, n° 6, et 69, § 7, n° 1, de la loi du 22 frim. an 7, en ce que le jugement attaqué a tenu pour contrat d'échange certain acte passé entre le défendeur et les époux Demelin-Zoude, tandis que cet acte présente les caractères constitutifs du contrat de vente : — Attendu que l'acte prérappelé passé à Siraux, devant les notaires Hubert et Barlemont, le 22 déc. 1846, porte en substance « que les époux Demelin-Zoude cèdent et abandonnent à titre d'échange au prince de Ligne, un domaine d'une contenance de 101 hectares et d'un revenu de 11500 fr. ; qu'en contre-échange le prince de Ligne cède et abandonne aux époux Demelin-Zoude une prairie de la contenance de 1 hectare 44 ares 10 cent. ; que cet échange est fait moyennant une soulte et retour de 228000 fr. de la part du prince de Ligne » ;

Attendu que le jugement attaqué en décidant que cet acte constitue le contrat d'échange, n'a pas prononcé sur une pure question de fait, mais a apprécié les conventions des parties dans leur rapport avec la loi ; qu'il appartient donc à la cour de cassation d'examiner si le contrat dont il s'agit présente les éléments constitutifs de l'échange ou de la vente ;

Attendu que ce n'est point d'après la qualification que les parties jugent convenable de donner à un acte, mais d'après la nature même des conventions qui y sont énoncées, que l'on doit déterminer son véritable caractère ; que, d'autre part, les contrats prennent leur substance et leur dénomination de ce qui y domine et en fait l'objet principal ;

Attendu que si l'on applique ces principes à l'acte passé entre le défendeur et les époux Demelin-Zoude, l'on doit reconnaître que cet acte présente, en réalité, et dans ce qui fait l'objet principal de la convention, tout ce qui caractérise le contrat de vente, c'est-à-dire d'une part l'obligation de livrer une chose, d'autre part, l'obligation de la payer ; — Attendu que l'échange intervenu dans le même acte à concurrence de la valeur d'à peu près un hectare et demi, et ainsi dans une proportion très-minime, est une convention purement accessoire qui ne peut altérer la nature de la convention principale ; — Attendu que le contrat dont il s'agit étant un contrat de vente, le droit d'enregistrement doit être perçu d'après les bases établies par la loi du 22 frim. an 7, en matière de vente ;

Attendu qu'il résulte de ce qui précède que le jugement attaqué, en décidant que le contrat passé entre le défendeur et les époux Demelin-Zoude, le 22 déc. 1846, est un acte d'échange, a méconnu le caractère légal de ce contrat et a contrevenu expresséement à l'art. 1582 c. civ. et aux art. 15, n° 6, et 69, § 7, n° 1, de la loi du 22 frim. an 7 ;

Par ces motifs, casse...

Du 8 août 1850.-C. cass. de Belgique, 1re ch.-MM. de Gerlache, 1er pr.-Lefebvre, rap.-Leclercq, proc. gén., c. conf.-Maubach et Dolez, av.

l'échange, du chef d'un des coéchangistes des droits sur l'immeuble par lui transmis à son coéchangiste.

Lorsque les immeubles échangés sont situés dans deux arrondissements différents, la transcription doit être opérée dans chacun des arrondissements (Aubry et Rau, t. 2, p. 293. V. aussi *Rép.* v° *Transcription hypothécaire*, n° 134).

9. Bien que l'échange soit un contrat consensuel, les parties sont toutefois maîtresses d'en subordonner la perfection à la rédaction d'un écrit. Le transport de propriété est alors ajourné. Chaque coéchangiste n'a qu'une action personnelle contre son coéchangiste pour l'obliger à passer l'acte.

Cette action personnelle est d'ailleurs, aussi bien que les actions dérivant du contrat d'échange lui-même, soumise aux règles générales sur la preuve. Dans cet ordre d'idées, il a été jugé, notamment, que, lorsqu'un échange a pour objet des immeubles d'une valeur indéterminée, l'un des échangistes ne peut contraindre son coéchangiste à passer acte authentique de l'échange intervenu entre eux qu'autant qu'il prouve l'existence de l'engagement soit par écrit, soit à l'aide d'un commencement de preuve par écrit justifiant l'emploi de la preuve par présomption. La prise de possession et l'exploitation *animo domini* par les coéchangistes des biens échangés ne sauraient suffire à établir l'existence du contrat (Civ. cass. 29 déc. 1863, aff. Préau, D. P. 64. 1. 42).

10. L'échange, contrat synallagmatique, ne doit pas être confondu avec la promesse unilatérale d'échange. La promesse unilatérale conserve son caractère, lors même qu'elle a été acceptée par celui au profit de qui elle a été faite. Après l'acceptation, le promettant ne peut plus, par sa seule volonté, se dégager de sa promesse; mais le bénéficiaire de la promesse, qui est désormais investi du droit d'en exiger l'accomplissement, n'est pas lui-même engagé, tant qu'il n'a pas donné son consentement à la réalisation de l'échange (V. Poitiers, 21 déc. 1885, aff. Commune de Mirebeau, D. P. 87. 2. 43).

11. L'échange n'est, en principe, assujetti à aucune forme spéciale.

Toutefois, en ce qui concerne les immeubles ruraux, la loi du 3 nov. 1884 (D. P. 85. 4. 17) impose dans son art. 2 aux échangistes qui veulent bénéficier de la réduction du tarif des droits d'enregistrement et de transcription dans les conditions prévues par l'art. 1er l'insertion dans le contrat d'échange de diverses mentions destinées à faciliter le contrôle de l'Administration. Aux termes de l'art. 2 : « le contrat d'échange renfermera l'indication de la contenance, du numéro de la section, du lieu dit, de la classe, de la nature et du revenu du cadastre de chacun des immeubles échangés ». Le même article dispose qu'un « extrait de la matrice cadastrale desdits biens, qui sera délivré gratuitement soit par le maire, soit par le directeur des contributions directes, sera déposé au bureau lors de l'enregistrement ». L'observation de ces formalités est importante, puisqu'aux termes d'une instruction de l'administration de l'enregistrement, n° 2703, du 4 nov. 1884, « le bénéfice de la loi n'est accordé qu'aux actes renfermant les énonciations prescrites par l'art. 2 et pour lesquels l'extrait matriciel est déposé au bureau au moment de l'enregistrement. Il n'est pas permis de suppléer à ces formalités au moyen d'une déclaration ou d'un dépôt postérieur. Les droits ordinaires demeureraient acquis au Trésor ».

Ajoutons que l'art. 1690 c. civ. est applicable aux échanges de créances, aussi bien qu'aux ventes de créances (Guillouard, t. 2, n° 923).

12. En ce qui concerne les conditions de forme des échanges de biens du domaine de l'Etat, on a mentionné (*Rép.* n° 15) l'ordonnance du 12 déc. 1827. C'est dans cette ordonnance qu'il faut encore aujourd'hui chercher les règles fondamentales de la matière.

On a également indiqué au *Rép.* v° *Domaine de l'Etat*, n° 185, que l'autorisation législative était nécessaire pour les échanges d'immeubles dépendant du domaine de l'Etat (L. 22 nov.-1er déc. 1790, art. 8). Ce principe est toujours en vigueur. Il a une portée générale; il n'y a pas à distinguer, comme pour les ventes d'immeubles domaniaux, suivant que la valeur estimative de l'immeuble est ou non supérieure à un million (L. 1er juin 1864, D. P. 64. 4. 75). La règle de l'autorisation législative s'applique aujourd'hui, sous réserve d'ailleurs, s'il y a lieu, des principes sur l'inaliénabilité du domaine public, aux échanges d'immeubles compris autrefois parmi les biens de la liste civile et qu'un décret du 6 sept. 1870 a déclaré faire « retour au domaine de l'Etat ». Sous le second Empire, l'échange en devait être autorisé par sénatus-consulte (V. Perriquet, *Contrats de l'Etat*, nos 17, 23 et 26).

En Algérie, les biens du domaine de l'Etat peuvent être échangés sans l'intervention du pouvoir législatif. Un décret du 25 juill. 1860 (D. P. 60. 4. 132) sur l'aliénation des terres domaniales en Algérie a réglé (art. 21) les formes de l'échange des terres domaniales comprises dans les périmètres de colonisation. En ce qui concerne la rédaction même de l'acte, l'art. 21 dispose que le contrat d'échange, en même temps qu'il détermine, s'il y a lieu, la soulte à payer, « contient la désignation de la nature, de la consistance et de la situation des immeubles, avec énonciation des charges et servitudes dont ils peuvent être grevés; il relate les titres de propriété, les actes qui constatent la libération des prix, enfin les procès-verbaux d'estimation qui doivent y demeurer annexés » (V. *Rép.* v° *Organisation de l'Algérie*, n° 1071).

Dans la législation métropolitaine même, le principe de l'autorisation législative reçoit une exception en ce qui concerne les portions de terrains dépendant d'anciennes routes (*Rép.* v° *Voirie par terre*, n° 98).

Les échanges de meubles appartenant à l'Etat ne sont, en principe, assujettis à aucune forme (L. 2 niv. an 4).

13. En ce qui concerne les échanges des biens des départements, V. L. 10 août 1871 (art. 46, D. P. 71. 4. 102), et v° *Organisation administrative*, et ceux des biens des communes, V. L. 5 avr. 1884 (art. 68 et 90, D. P. 84. 4. 25), et v° *Commune*, nos 1211 et suiv.; — *Rép.* eod. v°, nos 94, 134, 325, 2364 et 2463 et suiv. (V. aussi Morgand, *Commentaire de la loi du 5 avr. 1884*, t. 1, p. 350 et suiv., t. 2, p. 1 et suiv.).

14. Pour les échanges des biens des fabriques, V. Décr. 30 déc. 1809 (art. 62, *Rép.* v° *Commune*, nos 211, 273 et suiv. et 702); L. 5 avr. 1884 (art. 70), et v° *Cultes*, nos 579 et suiv.; — *Rép.* eod. v°, n° 605.

§ 3. — Choses qui peuvent être l'objet d'un échange (*Rép.* nos 17 à 23).

15. On a fait observer (*Rép.* n° 19) que l'échange de la chose d'autrui, comme la vente de la chose d'autrui, est nul, aux termes des art. 1704, 1767 et 1599 c. civ.; spécialement qu'en cas de copropriété d'un immeuble, l'échange de l'immeuble commun consenti par un seul des copropriétaires est frappé de nullité. Il convient, toutefois, de remarquer que l'un des copropriétaires peut, en consentant l'échange, se porter fort pour ses copropriétaires. Dans ce cas, le contrat est valable, sauf à se résoudre en dommages-intérêts, si le porte-fort ne peut obtenir le consentement de ses copropriétaires (V. Req. 18 janv. 1881, aff. Jouteux, D. P. 81. 1. 361. V. aussi le rapport de M. le conseiller Voisin, *ibid.*).

Au cas d'échange de la chose d'autrui, la nullité peut être couverte par la ratification du véritable propriétaire. D'après un arrêt de la cour de cassation du 16 janv. 1810, cité au *Rép.* n° 19, la ratification ne saurait utilement intervenir après que la demande en nullité a été formée, lors même qu'il n'aurait pas encore été statué définitivement sur cette demande. Nous avons indiqué que MM. Troplong et Duvergier n'approuvaient pas cette solution rigoureuse. Mais la cour de cassation paraît devoir persister dans sa jurisprudence. Elle a décidé, en effet, en matière de vente, que « pour valider la vente de la chose d'autrui la ratification consentie par le véritable propriétaire doit... précéder la plainte en nullité » (Req. 30 déc. 1872, aff. Langlois, D. P. 73. 1. 437). Sa solution serait sans doute la même s'il s'agissait d'échange.

16. C'est une question controversée entre les auteurs que celle de savoir si les immeubles appartenant à des mineurs peuvent faire l'objet d'un contrat d'échange. La difficulté vient de ce que certaines des formalités protectrices des intérêts des mineurs, imposées par la loi pour le cas de vente, sont inapplicables au cas d'échange. L'art. 459 c. civ. dispose que « la vente se fera publiquement... aux enchères... ». La formalité de la mise aux enchères est nécessairement inapplicable au cas d'échange. Mais est-ce une raison suffisante pour prohiber l'échange de biens de mineurs? Laurent l'a pensé, t. 5, n° 90, p. 104. MM. Aubry et Rau, t. 1, § 113, texte et note 18, p. 450, enseignent, au contraire, que « le tuteur est autorisé à le consentir sous les seules conditions indiquées aux art. 457 et 458, la nature des choses s'opposant, dans ce cas, à l'application de l'art. 459 » (V. dans le même sens : Valette, *Explication sommaire du livre 1er du code Napoléon*, p. 250 ; Demolombe, *Cours de code Napoléon, Traité de la minorité*, t. 1, n° 737 ; Guillouard, t. 2, n° 920). — C'est en ce sens également que nous nous sommes prononcés au *Rép.* v° *Minorité*, n° 545. — Un jugement du tribunal civil de Termonde (Belgique), en date du 14 juin 1879 (aff. Liévin Bruyneel, *Pasicrisie belge*, 1880. 3. 47), paraît avoir admis, au contraire, conformément aux conclusions du ministère public, que les immeubles appartenant à des mineurs ne peuvent former l'objet d'un contrat d'échange.

17. Le législateur, qui a réglementé la vente entre époux, ne s'est pas expliqué, au contraire, sur le contrat d'échange entre époux. Aux termes de l'art. 1595 c. civ., « le contrat de vente ne peut avoir lieu entre époux que dans les trois cas suivants : 1° celui où l'un des deux époux cède des biens à l'autre, séparé judiciairement d'avec lui, en payement de ses droits ; 2° celui où la cession que le mari fait à sa femme, même non séparée, a une cause légitime, telle que le remploi de ses immeubles aliénés, ou de deniers à elle appartenant, si ces immeubles ou deniers ne tombent pas en communauté ; 3° celui où la femme cède des biens à son mari en payement d'une somme qu'elle lui aurait promise en dot, et lorsqu'il y a exclusion de communauté ; sauf, dans ces trois cas, les droits des héritiers des parties contractantes, s'il y a avantage indirect ». Cette disposition est-elle applicable à l'échange ?

Que l'échange soit, en principe, prohibé entre époux, c'est ce qui ne paraît pas contestable. L'art. 1707 c. civ. renvoie, en effet, aux règles de la vente pour tout ce qui ne fait pas l'objet d'une disposition spéciale au titre de l'échange. Mais la prohibition comporte-t-elle, en ce qui concerne l'échange, les mêmes exceptions qu'en ce qui concerne la vente ? La raison de douter est que l'art. 1595 c. civ. n'autorise exceptionnellement la vente entre époux que dans des hypothèses où la vente est pour l'un des époux un moyen de s'acquitter envers son conjoint d'une dette préexistante (V. *Rép.* v° *Vente*, nos 425 et suiv.). Or l'acquittement d'une dette ne paraît guère devoir pratiquement se réaliser au moyen d'un échange, ce contrat supposant des prestations réciproques. La prohibition de l'échange entre époux nous semble donc avoir une portée plus absolue que la prohibition de la vente entre époux (V. Guillouard, t. 2, n° 221).

La cour de Pau, dans un arrêt du 5 janv. 1885 (aff. Pecondom, D. P. 86. 2. 44), a consacré le principe de la prohibition générale de l'échange entre époux. Un arrêt de la cour d'Agen du 4 déc. 1854 (aff. Capdeville,-MM. Sorbier, pr.-Réquier, av. gén.) voit, au contraire, une cause légitime d'échange dans un simple intérêt de convenance (V. aussi Limoges, 30 déc. 1861, aff. Beaure, D. P. 62. 2. 201).

§ 4. — Effets de l'échange ; Droits et obligations des échangistes. — Chose d'autrui ; Éviction ; Rescision (*Rép.* nos 24 à 53).

18. L'effet de l'échange, avons-nous dit au *Rép.* n° 24, est de faire passer la propriété sur la tête de celui qui reçoit la chose en échange.

Il convient de rappeler ici que cet effet translatif est subordonné à la condition que la chose échangée soit un corps certain. Si l'échange avait pour objet des choses *in genere*, l'effet du contrat serait seulement de rendre chacun des coéchangistes créancier de l'autre (V. *suprà*, n° 4).

19. Depuis la publication du traité de l'échange au *Répertoire*, la loi du 23 mars 1855, en soumettant à la transcription les actes entre vifs translatifs de propriété immobilière à titre onéreux, a modifié, en ce qui concerne les échanges d'immeubles, les principes du code civil sur les effets du contrat au regard des tiers.

L'échange d'immeubles, comme tout autre acte entre vifs translatif de propriété immobilière à titre onéreux, doit être transcrit. A défaut de transcription, la mutation de propriété, parfaite entre les parties, est inopposable aux tiers qui auraient acquis, postérieurement à l'échange, des droits sur l'immeuble du chef du coéchangiste aliénateur et qui les auraient eux-mêmes conservés au moyen d'une transcription régulière (L. 23 mars 1855, art. 3, D. P. 55. 4. 27) (V. *Rép.* v° *Transcription hypothécaire*, nos 134 et suiv., 483 et suiv., et *suprà*, n° 8).

20. La non-réalisation d'un projet d'échange donne-t-elle lieu à dommages-intérêts ? Nous avons, au *Rép.* n° 24, renvoyé pour la solution de cette question v° *Domaine de la couronne*, n° 86.

Ajoutons que les parties peuvent garantir par des arrhes l'exécution d'une promesse d'échange (Lyon, 2 juill. 1875, aff. Vulliermorz, D. P. 76. 5. 176).

21. L'échange ayant pour but, en principe, une translation de propriété, le contrat est résoluble, si cette translation ne peut se réaliser.

L'art. 1704 c. civ. dispose : « Si l'un des copermutants a déjà reçu la chose à lui donnée en échange, et qu'il prouve ensuite que l'autre contractant n'est pas propriétaire de cette chose, il ne peut pas être forcé à livrer celle qu'il a promise en contre-échange, mais seulement à rendre celle qu'il a reçue ». Le droit de demander la nullité de l'échange appartiendrait, avant même toute exécution de part et d'autre, à l'échangiste qui prouverait que son coéchangiste n'est pas propriétaire de la chose qu'il a promise (Laurent, t. 24, n° 620). Dans ce cas, comme dans celui où l'échange a déjà été exécuté par l'une des parties, non seulement l'échangiste serait autorisé à ne pas livrer sa chose, mais il pourrait obtenir des dommages-intérêts à raison de l'inexécution des engagements de son cocontractant. Le droit de demander la nullité de l'échange est, d'ailleurs, pour l'échangiste une simple faculté. Il peut, s'il espère que la chose ne sera pas revendiquée entre ses mains, ou que la prescription s'accomplira à son profit, se faire livrer la chose ou la conserver, sauf à exercer plus tard, si ses espérances sont déçues, l'action que l'art. 1705 lui accorde contre son coéchangiste en cas d'éviction (Laurent, t. 24, n° 621 ; Demante et Colmet de Santerre, t. 7, n° 152 *bis*).

22. Nous n'avons rien à ajouter à ce que nous avons dit au *Répertoire* sur l'art. 1705, qui prévoit le cas d'une éviction postérieure à l'exécution de l'échange par chacune des parties (V. *Rép.* n° 39).

23. La résolution a pour effet, en principe, de faire tomber tous les droits qu'aurait pu consentir l'échangiste contre qui elle est prononcée sur les biens que l'échange avait fait entrer dans son patrimoine. En conséquence, l'échangiste évincé peut revendiquer aux mains du tiers acquéreur les immeubles que son coéchangiste aurait aliénés, sauf au tiers acquéreur à opposer, s'il y a lieu, la prescription de dix à vingt ans, conformément au principe que nous avons posé au *Rép.* n° 47, ou la prescription trentenaire (Aubry et Rau, t. 4, p. 461 ; Laurent, t. 24, n° 627 ; Guillouard, t. 2, n° 930). Mais il a été jugé que la prescription ne peut courir au profit du tiers acquéreur qu'à dater de l'éviction par application de l'art. 2257 c. civ. et de la règle *contra non valentem agere non currit præscriptio* (Civ. cass. 28 janv. 1862, aff. Monlezun, D. P. 62. 1. 89). Si l'échange avait pour objet des meubles, l'action en revendication se trouverait, à l'encontre du tiers acquéreur de bonne foi, paralysée par l'application de la maxime *en fait de meuble possession vaut titre* (Marcadé, t. 6, p. 431 ; Laurent, t. 24, n° 627 ; Guillouard, *loc. cit.*).

La résolution de l'échange devant avoir pour effet de remettre les parties au même état qu'avant le contrat, l'échangiste qui, en aliénant la chose reçue, s'est mis dans l'impossibilité de la restituer à son coéchangiste est par là même irrecevable à poursuivre contre lui la résolution de l'échange (Laurent, t. 24, n° 625 ; Aubry et Rau, t. 4, p. 461 ; Guillouard, t. 2, n° 929. V. aussi Civ. rej. 2 juin 1886, aff. Commune de Limanton, D. P. 86. 1. 460). L'échangiste peut, d'ailleurs, expressément renoncer à poursuivre la résolution de l'échange.

24. Dans le contrat d'échange, l'un des échangistes peut parfois se trouver créancier de l'autre d'une somme d'argent, notamment au cas de soulte ou d'indemnité pour cause d'éviction, lorsque l'échangiste évincé ne peut ou ne veut exiger la restitution de la chose en nature ou encore lorsqu'il a été obligé, pour conserver l'immeuble, de désintéresser le créancier de son coéchangiste ayant inscription sur cet immeuble. Notre code ne confère expressément aucun privilége à l'échangiste pour la garantie des créances qu'il peut avoir contre son coéchangiste. En principe, la créance de l'échangiste est donc purement chirographaire (Aubry et Rau, t. 4, p. 461. V. aussi Civ. rej. 14 nov. 1859, aff. Dufour, D. P. 60. 1. 221). — Toutefois, la soulte, considérée comme un prix de vente, est garantie par le privilége du vendeur (Aubry et Rau, *loc. cit.*). Cette solution ne fait aucune difficulté, si l'on reconnaît à l'échange avec soulte le caractère mixte d'échange jusqu'à concurrence de l'objet de moindre valeur, de vente, dans la mesure de la soulte. Dans une autre opinion, que nous avons signalée *suprà*, n° 6, plus conforme, croyons-nous, à la réalité pratique, on considère l'échange avec soulte, malgré la dualité de ses éléments, comme un contrat unique dont l'élément dominant détermine la nature. Dans ce cas, lorsque, à raison du caractère accessoire de la soulte, le contrat présente pour le tout le caractère d'échange, il peut sembler contradictoire de conférer à l'une des parties, dans un contrat qui n'est pas une vente, un privilège de vendeur. Une brève explication est ici nécessaire. Si nous croyons, avec Aubry et Rau, Marcadé, Laurent (V. *suprà*, n° 6), devoir admettre l'unité de contrat, et si nous considérons comme un échange pour le tout, malgré la promesse d'une soulte, le contrat dans lequel la prestation d'une chose pour une autre constitue l'élément prédominant, ce n'est pas que nous contestions à la soulte prise en elle-même le caractère d'un prix de vente, mais nous estimons que, dans ces conditions, la prestation de la soulte ne saurait avoir qu'un caractère accessoire et qu'il n'en faut pas tenir compte pour déterminer la nature de l'acte dans son ensemble.

L'inscription du privilége pour soulte garantit, comme toute inscription de privilége, l'intégralité des intérêts dus, et non pas seulement deux années et l'année courante dans les termes de l'art. 2151 c. civ. (Req. 11 mai 1863, aff. Mignot, D. P. 64. 1. 191).

La législation belge, en cas d'échange d'immeubles, accorde un privilége à l'échangiste, non seulement, ainsi que la loi française pour le payement de la soulte, mais encore pour le payement de la somme qui a été fixée dans l'acte comme dommages-intérêts en cas d'éviction (L. 16 déc. 1851, portant revision du régime hypothécaire, art. 27).

25. Conformément au droit commun (c. civ. art. 1184), l'échangiste qui ne peut obtenir de son coéchangiste le payement des sommes qui lui sont dues a, comme l'échangiste évincé, le droit de poursuivre contre son coéchangiste la résolution de l'échange.

26. L'éventualité de l'action résolutoire constitue, pour les acquéreurs d'immeubles échangés, une menace redoutable, à laquelle ils ne pouvaient, sous le régime du code civil, se soustraire que par la prescription acquisitive.

A l'encontre du droit de résolution pour soulte, les tiers acquéreurs se trouvent aujourd'hui protégés par la disposition de l'art. 717 c. proc. civ. (L. 2 juin 1841; 21 mai 1858, D. P. 58. 4. 38), et par celle de l'art. 7 de la loi du 23 mars 1855. La soulte étant considérée comme un prix de vente, les règles sur l'action résolutoire du vendeur non payé s'y appliquent. Par suite, d'une part, lorsque l'immeuble grevé de soulte a été vendu sur saisie immobilière, l'action résolutoire, par application de l'art. 717 c. proc. civ., ne peut plus être intentée après l'adjudication au préjudice de l'adjudicataire (Aubry et Rau, t. 4, p. 461); d'autre part, au cas d'aliénation volontaire et en vertu de la loi du 23 mars 1855, l'action résolutoire ne peut être exercée après l'extinction du privilége, « au préjudice des tiers qui ont acquis des droits sur l'immeuble du chef de l'acquéreur et qui se sont conformés aux lois pour les conserver ». L'adjudicataire sur saisie immobilière est donc assuré de n'avoir point à redouter une action résolutoire ultérieure. Quant à l'acquéreur sur aliénation volontaire, s'il demeure exposé à l'action résolutoire tant que le privilége subsiste, la publicité du privilége l'avertit suffisamment du danger; dans tous les cas, dès qu'il constate l'extinction du privilége, il sait par là même qu'il est également à l'abri de l'action résolutoire.

27. En dehors du cas de soulte, l'échangiste n'ayant pas de privilége, il ne saurait être question de faire à l'action résolutoire l'application de l'art. 7 de la loi du 23 mars 1855 (Nancy, 9 janv. 1862, aff. Michel, D. P. 62. 2. 193). Il a y donc à cet égard une différence notable entre l'action résolutoire de l'échangiste et l'action résolutoire du vendeur non payé : la première a un caractère de permanence qui ne se retrouve pas au même degré dans la seconde. Cette persistance de l'action résolutoire de l'échangiste peut apporter une sérieuse entrave à la stabilité des transmissions de propriété réalisées par voie d'échange.

La pratique notariale peut obvier dans une certaine mesure à cet inconvénient, en insérant soit dans un acte de compte rendu des formalités hypothécaires, soit dans la quittance de soulte, une disposition portant que les échangistes renoncent à l'action en répétition résultant de l'art. 1705 (Defrénois, *Traité pratique et formulaire général du notariat*, 4e éd., 1881, t. 3, p. 309 et 310). Dans ce cas, les échangistes conservent une simple action en dommages-intérêts. Il y a là, en ce qui concerne l'insertion de la clause, une question d'opportunité qui relève de l'appréciation intime des parties éclairées, s'il en est besoin, par les conseils du notaire.

La doctrine admet que la renonciation peut non seulement être expresse, mais encore tacite (V. *suprà*, n° 23). Il y aura renonciation tacite dans le cas où la partie qui veut provoquer la résolution se sera mise, en aliénant la chose qu'elle a reçue, dans l'impossibilité de satisfaire elle-même à l'obligation de restitution qui lui incomberait comme conséquence de la résolution (Aubry et Rau, t. 4, p. 461; Laurent, t. 24, n° 625). Il en serait de même si l'immeuble avait reçu une affectation s'opposant à la restitution (V. Civ. rej. 2 juin 1886, aff. Commune de Limanton, D. P. 86. 1. 460). Il a été jugé, toutefois, que l'échangiste, même après avoir aliéné l'immeuble reçu, peut encore poursuivre la résolution de l'échange, lorsque cet immeuble est saisi aux mains du tiers acquéreur par des créanciers du coéchangiste (Grenoble, 4 mars 1847, aff. Crépisson, D. P. 49. 2. 203).

D'après Laurent, t. 24, n° 626, le créancier qui fait vendre l'immeuble reçu à titre d'échange par son débiteur est censé renoncer à poursuivre ses droits sur l'immeuble remis en échange par ce débiteur.

28. La législation belge renferme quelques particularités en ce qui concerne l'exercice de l'action résolutoire dans le contrat d'échange. Après avoir, dans l'art. 27, expressément attribué un privilége aux copermutants sur les immeubles réciproquement échangés « pour le payement des soultes et retours, et aussi de la somme fixe qui serait déterminée par l'acte à titre de dommages-intérêts dans les cas d'éviction... », la loi du 16 déc. 1851, dans son art. 28, dispose : « L'action résolutoire de la vente, établie par l'art. 1654, et l'action en reprise de l'objet échangé, établie par l'art. 1705 c. civ. ne peuvent être exercées au préjudice ni du créancier inscrit, ni du sous-acquéreur, ni des tiers acquéreurs de droits réels, après l'extinction ou la déchéance du privilége établi par l'article précédent. — La même règle s'applique à l'action en révocation fondée sur l'inexécution des conditions qui auraient pu être garanties par le privilége. — Dans le cas où le vendeur, l'échangiste, le donateur exerceraient l'action résolutoire, les tiers pourront toujours en arrêter les effets, en remboursant au demandeur le capital et les accessoires conservés par l'inscription du privilége, conformément à l'art. 87 de la présente loi. — Les sommes que le vendeur ou le copermutant pourrait être condamné à restituer par suite de l'action en résolution ou en reprise seront affectées au payement des créances privilégiées ou hypothécaires qui perdraient ce caractère par suite de l'une ou l'autre de ces actions, et ce d'après le rang que ces créances avaient au moment de la résolution de la vente ou de l'échange ».

29. Le code civil italien (art. 1933) soumet à la formalité de la transcription les demandes en résolution d'échange d'immeubles dans les cas prévus aux art. 1551 et 1552 qui reproduisent en substance les dispositions des art. 1704 et 1705 c. civ. français. — « Si l'un des permutants, dit l'art. 1551, a déjà reçu la chose à lui donnée en échange et qu'il prouve ensuite que l'autre contractant n'est pas propriétaire de cette même chose, il ne peut être contraint de livrer celle qu'il a promis de donner, mais seulement de restituer la chose reçue. — Le permutant qui a souffert l'éviction de la chose reçue en échange peut, à son choix, demander des dommages ou répéter la chose donnée (art. 1552). Aux termes de l'art. 1553, dans les cas de résolution énoncés dans les deux articles précédents, les droits acquis par des tiers sur les immeubles avant la transcription de la demande en résolution demeurent conservés. »

30. D'après le code civil espagnol (art. 1540), l'échangiste évincé de la chose qu'il a reçue en échange a l'option ou de reprendre la chose qu'il a livrée, ou de réclamer des dommages-intérêts; cependant il ne peut user du droit de reprendre la chose qu'il a livrée qu'à la condition qu'elle se trouve encore entre les mains de son coéchangiste, et sans préjudice des droits qu'un tiers aurait entre temps acquis sur elle de bonne foi.

31. Comme le vendeur, l'échangiste est garant des vices cachés de la chose remise par lui (V. *Rép.* v° *Vices rédhibitoires*, n°s 41 et 278).

Il y a lieu de mentionner, à cet égard, les dispositions des art. 2, 3 et 4 de la loi nouvelle du 2 août 1884 sur les vices rédhibitoires dans les ventes et échanges d'animaux domestiques. « Art. 2. Sont réputés vices rédhibitoires et résultant des art. 1641 et suiv. c. civ., sans distinction des localités où les ventes et échanges auront lieu, les maladies ou défauts ci-après, savoir : pour le cheval, l'âne et le mulet : la morve, le farcin, l'immobilité, l'emphysème pulmonaire, le cornage chronique, le tic proprement dit, avec ou sans usure des dents, les boiteries anciennes intermittentes, la fluxion périodique des yeux. Pour l'espèce ovine : la clavelée ; cette maladie reconnue chez un seul animal entraînera la rédhibition de tout le troupeau, s'il porte la marque du vendeur. Pour l'espèce porcine : la ladrerie. — Art. 3. L'action en réduction de prix, autorisée par l'art. 1644 c. civ. ne pourra être exercée dans les ventes et échanges d'animaux énoncés à l'article précédent lorsque le vendeur offrira de reprendre l'animal vendu, en restituant le prix et en remboursant à l'acquéreur les frais occasionnés par la vente. — Art. 4. Aucune action en garantie, même en réduction de prix, ne sera admise pour les ventes ou pour les échanges d'animaux domestiques, si le prix, en cas de vente, ou la valeur en cas d'échange, ne dépasse pas 100 fr. »

32. D'après l'art. 1706 c. civ., l'échange n'est pas rescindable pour lésion (*Rép.* n° 51). C'est là une différence avec le contrat de vente (c. civ. art. 1674), et c'est à raison de cette différence qu'il peut être intéressant de déterminer, ainsi que nous l'avons fait *suprà*, n° 6, le caractère exact de l'échange avec soulte. Doit-on le considérer comme un échange, la lésion de plus des sept douzièmes au préjudice du débiteur de la soulte ne donnerait pas ouverture à la rescision. Si, au contraire, on le considère soit pour le tout, soit pour partie, comme une vente, la rescision pourrait être prononcée au profit du débiteur de la soulte (V. Aubry et Rau, t. 4, p. 462).

Le code civil italien prévoit l'hypothèse d'un échange avec soulte et détermine le cas où la lésion donnera ouverture à rescision. — « Art. 1554. La rescision pour cause de lésion n'a pas lieu dans le contrat d'échange. Si cependant il a été convenu que l'un des permutants serait chargé de payer une soulte en argent qui surpasse la valeur de l'immeuble donné par lui en échange, ce contrat est considéré comme une vente, et l'action en rescision appartient à celui qui a reçu la soulte. »

Table sommaire

des matières contenues dans le Supplément et le Répertoire.

(Les chiffres précédés de la lettre *S* renvoient au Supplément ; les chiffres précédés de la lettre *R* renvoient au Répertoire.)

Table chronologique des Lois, Arrêts, etc.

ÉCHANTILLON. — V. *Postes; Vente;* — *Rép.* v^is *Postes*, n°s 22 et suiv.; *Vente*, n°s 241, 247.

ÉCHÉANCE. — V. *Effets de commerce; Obligations;* — *Rép.* v^is *Effets de commerce*, n°s 75 et suiv., 615 et suiv.; *Obligations*, n°s 755 et suiv.

ÉCHELLES DU LEVANT ET DE BARBARIE.

Division.

ART. 1er. — *Historique et législation.*

1. Nous avons dit au *Rép.* n° 11 qu'au nombre des privilèges dont jouissent les Français résidant dans les Echelles du Levant et de Barbarie, on doit regarder comme un des plus précieux celui de n'être soumis qu'à leur justice nationale. Les *capitulations* intervenues à diverses époques entre la Porte et les Etats européens avaient garanti aux étrangers, avec le libre exercice de leur religion, le droit de conserver sur le territoire ottoman leurs lois et leurs juges. Les premières capitulations remontent à 1535, époque où la France entra en relations officielles avec la Porte : un premier traité dans lequel la France stipulait non seulement pour elle-même, mais pour toutes les nations autorisées par elle à se placer sous la protection de son pavillon, maintenait aux étrangers établis dans les Echelles du Levant tous les avantages de la patrie, comme s'ils n'avaient jamais cessé de résider dans la métropole, et leur concédait ainsi un véritable privilège *d'exterritorialité* (Benoit, *Etude sur les capitulations*, p. 11). De 1535 à 1740, les capitulations de la Porte avec la France furent renouvelées seize fois. La capitulation de 1740, qui résume les règles de nos rapports avec la Porte et consacre les droits et privilèges de nos nationaux dans le Levant, est encore aujourd'hui en vigueur dans son ensemble. Le traité de Paris, conclu le 26 juin 1802 entre la République française et Sélim III s'est borné à en renouveler les stipulations.

2. L'origine de ce régime exceptionnel a été expliquée dans les termes suivants par M. Féraud-Giraud, *Juridiction française dans les Echelles du Levant*, 2e éd., t. 1, p. 29 : « Lorsqu'il existe entre deux peuples une très grande différence sous le rapport de la religion, des mœurs, des lois et coutumes, des rapports durables et suivis ne sont possibles qu'autant que celui de ces peuples que son activité pousse sur le territoire de l'autre y trouve des garanties exceptionnelles, sans lesquelles il n'existe aucune sécurité pour les personnes ni pour les biens. L'introduction de leur justice nationale dans un pays est, pour les étrangers, le plus précieux gage de sécurité qu'ils puissent obtenir. Les prescriptions du Coran relatives à la guerre sainte et à l'extermination des infidèles en Orient rendent ces garanties exceptionnelles particulièrement nécessaires et les musulmans eux-mêmes, à raison des idées qu'ils professaient sur la sainteté de leur loi civile et sur l'impossibilité de communiquer leur droit aux infidèles, ont été logiquement amenés à permettre aux chrétiens de vivre sous l'empire de leurs lois personnelles » (V. aussi Laget, *De la condition juridique des Français en Egypte*, p. 16).

3. Les capitulations étaient applicables dans toutes les parties de l'Empire ottoman, musulmanes ou non musulmanes. Les événements qui se sont produits, dans le cours de ce siècle, en Orient et dans les pays barbaresques, ont eu pour effet de soustraire à ce régime une partie des Etats qui y étaient soumis, et d'y placer les étrangers sous les règles normales des justices territoriales.

4. La création du royaume de Grèce a fait rentrer cet Etat dans le droit commun ; il en a été de même pour les îles Ioniennes, avant même leur annexion à la Grèce et dès l'établissement du protectorat reconnu par l'*act* du 24 avr. 1819.

Les principautés danubiennes, comme vassales de la Porte, étaient, malgré l'autonomie dont elles jouissaient, soumises aux capitulations. La suppression de la juridiction consulaire dans la Roumanie fut demandée et mise à l'étude après le traité de paix de 1856 ; mais cette réforme resta à l'état de projet, et le traité de Berlin en 1878, tout en assurant à cet Etat une complète indépendance, y maintint encore les capitulations. L'art. 34 du traité laisse entrevoir que ces stipulations pourraient être modifiées d'un commun accord entre les principautés et les puissances intéressées mais la Russie seule a renoncé à ce régime par la convention du 22 nov. 1869 conclue avec la Roumanie.

Le traité de Berlin a également maintenu en vigueur les capitulations en Serbie ; mais les puissances ont successivement accepté dans cet Etat la suppression du privilège de la juridiction consulaire, et la France a consenti à cette suppression dans l'art. 26 du traité de commerce du 19 janv. 1883.

L'occupation de la Bosnie et de l'Herzégovine par l'Autriche et la substitution d'une administration autrichienne à l'administration turque a motivé en 1883, de la part de la plupart des puissances, une renonciation au régime des capitulations dans ces provinces.

Lorsque l'Angleterre s'est fait concéder par la Porte en 1878 le droit d'occuper et d'administrer l'île de Chypre, elle a notifié aux puissances l'abolition des capitulations dans cette île et la substitution de la justice anglaise aux juridictions consulaires.

5. Les Etats barbaresques sur lesquels la Porte avait exercé une souveraineté plus ou moins directe étaient également soumis au régime des capitulations.

Le Maroc, qui n'a jamais relevé du sultan de Constantinople, est lié directement avec la France par des traités conclus en 1630 et en 1767, qui ont consacré la juridiction consulaire. « Il n'y a pas aujourd'hui d'Etat musulman, dit M. Benoit, *op. cit.*, p. 66, où les consuls étrangers exercent davantage leur juridiction dans toute sa plénitude ; mais il n'en est pas non plus où cette protection soit plus nécessaire à nos nationaux. »

La régence de Tripoli a également conclu avec la France des capitulations analogues à celles qui lient avec nous l'Empire ottoman. La juridiction consulaire a été notamment reconnue par un traité intervenu en 1801 entre la République française et le bey de Tripoli.

L'Algérie est rentrée dans le droit commun depuis qu'elle est devenue une province française.

6. Avant le traité du 12 mai 1881 (D. P. 82. 4. 54) qui a placé la régence de Tunis sous le protectorat de la France, les Européens étaient soumis dans la Tunisie au régime des capitulations.

Le gouvernement français qui, par l'art. 4 du traité, « se portait garant de l'exécution des traités actuellement existant entre le gouvernement de la régence et les diverses puissances européennes », ne crut pas devoir supprimer les capitulations par un acte d'administration intérieure, et préféra ouvrir des négociations avec les gouvernements intéressés pour les amener à renoncer à leur privilège. Il tint d'ailleurs, avant d'entrer dans la voie des négociations, à établir sur des bases nouvelles dans la régence, une organisation judiciaire qui pût offrir aux puissances étrangères toutes les garanties nécessaires. Une loi du 27 mars 1883 (D. P. 83. 4. 96) (V. *suprà*, v° *Consuls*, n° 26), institua à Tunis un tribunal ressortissant de la cour d'Alger, et dans le ressort de ce tribunal six justices de paix. En matière civile, le tribunal de Tunis connaît en premier et en dernier ressort des actions personnelles ou mobilières jusqu'à 3000 fr. et des actions réelles immobilières jusqu'à 120 fr. de revenu ; en matière correctionnelle, il statue en premier ressort sur tous les délits dont la connaissance n'est pas attribuée aux juges de paix ; en matière criminelle, il constitue, sauf l'absence du jury, une véritable cour d'assises. Des assesseurs tirés au sort et ayant voix délibérative sont, dans ce dernier cas, adjoints au tribunal. La juridiction des tribunaux créés en Tunisie par la loi précitée du 27 mars 1883 s'étend sur tous les Français et les protégés français qui étaient précédemment soumis à la juridiction consulaire française : leur compétence peut être étendue à toutes autres personnes que les Français par des arrêtés ou décrets du bey rendus avec l'assentiment du gouvernement français. En vertu de cette disposition, le bey a déclaré le 5 mai 1883, que les nationaux des puissances dont les tribunaux consulaires seraient supprimés deviendraient justiciables des tribunaux français dans les mêmes conditions que les Français eux-mêmes. Les indigènes ne sont pas soumis à la juridiction des tribunaux français ; mais un décret beylical du 31 juill. 1884 a décidé que toute affaire dans laquelle un Européen est en cause soit avec un Européen, soit avec un indigène, qu'il soit demandeur ou défendeur, peut être portée devant ces tribunaux, dans toutes les matières civiles ou commerciales qui sont de la compétence desdits tribunaux (Benoît, *op. cit.*, p. 75).

7. Le même décret réserve expressément aux tribunaux indigènes la connaissance de toutes les contestations relatives au statut personnel ou aux successions des sujets tunisiens, musulmans ou israélites, ainsi que de toutes les questions qui touchent à la propriété immobilière. Mais, depuis cette époque, le décret du 5 juill. 1885, qui a mis en vigueur en Tunisie le système d'enregistrement des titres de propriété foncière introduit en Australie par l'*act Torrens*, a décidé que les immeubles immatriculés conformément à ses prescriptions seraient soumis à la loi française et à la juridiction des tribunaux français, quelle que soit d'ailleurs la nationalité des propriétaires (Benoit, *op. cit.*, p. 77).

8. A la suite de l'organisation des tribunaux français en Tunisie, le gouvernement a demandé aux diverses puissances qui avaient conclu des traités avec la régence de consentir à supprimer la juridiction de leurs consuls. Cette demande a été accueillie favorablement par la plupart des puissances; toutefois l'Angleterre et l'Italie, tout en consentant en principe à l'abolition ou à la suspension de leur juridiction consulaire, ont demandé que « nulle atteinte ne fût portée à tous les autres droits, prérogatives et immunités dont jouissaient leurs nationaux et leurs consuls en Tunisie, conformément aux capitulations, traités et usages ». — Malgré ces premières réserves, l'Angleterre a aboli la juridiction de ses consuls en Tunisie par l'ordre en conseil du 31 déc. 1883. Mais l'Italie a subordonné son assentiment à certaines modifications à apporter à la loi du 27 mars 1883. Pour donner satisfaction à ces réclamations, il a été stipulé dans le protocole du 25 janv. 1884 : 1° que, dans les questions de statut personnel, la loi italienne serait appliquée aux sujets italiens; 2° que, pour les causes pénales contre les étrangers, les trois assesseurs seraient choisis dans la liste des nationaux de l'inculpé ou, en cas d'insuffisance, dans la liste d'une autre nation désignée par lui, s'il ne préférait être jugé avec le concours d'assesseurs français; 3° que le contentieux administratif rentrerait dans la compétence des nouveaux tribunaux; 4° que, lorsque la peine capitale serait prononcée en Tunisie contre un sujet italien, l'attention du président de la République serait appelée d'une manière toute spéciale, en vue de l'instance en grâce pour la commutation de cette peine, sur l'état actuel de la législation en Italie à l'égard de la peine de mort (on sait qu'en Italie la peine de mort avait cessé en fait d'être appliquée, quoiqu'elle eût été conservée dans la législation pénale; d'ailleurs, le nouveau code pénal, en vigueur depuis le 1er janv. 1890, n'en fait plus mention).

A la suite de ce protocole, une loi suspendant la juridiction consulaire a été votée par le parlement italien le 7 juin 1884, et un décret du 15 juillet suivant a soumis les nationaux et protégés italiens en Tunisie à la juridiction des tribunaux français.

9. Le régime des capitulations était en vigueur en Egypte, comme dans toutes les provinces dépendant de l'Empire ottoman, et il avait continué à y subsister après que l'établissement d'une vice-royauté héréditaire eut réduit à une suzeraineté purement nominale le lien qui rattachait l'Egypte à la Porte. La juridiction consulaire y avait même reçu une extension extraordinaire nécessitée par l'affluence de plus en plus considérable d'étrangers appartenant à toutes les nationalités. La juridiction des consuls, qui ne devait d'abord s'appliquer qu'aux procès engagés entre leurs nationaux fut bientôt étendue aux procès entre étrangers de nationalités différentes par application de la règle : « *Actor sequitur forum rei* » ; les tribunaux consulaires furent même appelés à juger, en vertu de ce principe, les différends entre étrangers et indigènes, lorsque l'étranger était défendeur. Les tribunaux indigènes se trouvèrent ainsi peu à peu dessaisis, et les consuls connurent de la presque totalité des procès. Ces consuls étaient au nombre de dix-sept, appliquant chacun sa loi et sa procédure propres, et il est aisé de concevoir la confusion qu'entraînait un pareil régime (V. Benoît, p. 85 et suiv.; Laget, p. 89). — Les vices de cet état de choses suscitèrent en 1867 des projets de réformes dont l'initiative fut prise par Nubar-Pacha, alors ministre du khédive, et qui tendaient à élargir la compétence des tribunaux mixtes de commerce établis depuis 1861 à Alexandrie et au Caire comme ils l'avaient été à Constantinople. Le système déjà admis pour les matières commerciales devait être appliqué en matière civile et criminelle avec le concours d'une sorte de jury mixte pour les causes criminelles; il devait, en outre, être procédé à une refonte de la législation civile et pénale, le code de commerce de la France ayant déjà été mis en vigueur. La prépondérance devait, dans les nouveaux tribunaux, rester assurée à l'élément indigène, et les tribunaux locaux devaient conserver la connaissance des matières immobilières.

10. Les puissances étrangères auxquelles furent communiquées ces propositions les accueillirent assez peu favorablement. Le gouvernement français notamment, après avoir soumis le projet à l'examen d'une commission, repoussa toute atteinte à la compétence criminelle de nos consuls et à leur compétence civile pour les différends entre Français. Nubar-Pacha ne se laissa pas décourager par cet insuccès, et il obtint en 1869 la convocation au Caire d'une commission internationale comprenant les délégués de toutes les puissances intéressées pour étudier dans ses détails ses projets de réforme. Après des négociations activement conduites, la Porte, qui avait d'abord protesté contre l'atteinte portée à sa souveraineté, donna son adhésion au principe de la réforme projetée, et en 1870 le gouvernement français, représenté par M. Emile Ollivier, ministre par interim des affaires étrangères, accepta un texte qui avait été soumis à une seconde commission française présidée, comme l'avait été la première, par M. Duvergier, président de section du conseil d'Etat. Ce projet réalisait une partie des réformes proposées par Nubar Pacha ; mais il repoussait absolument l'extension de la juridiction des tribunaux mixtes aux matières pénales. Les autres puissances intéressées se rallièrent à ce projet qui allait être définitivement adopté, lorsque éclata la guerre de 1870.

11. Les négociations furent reprises après la conclusion de la paix. Le gouvernement égyptien insista sur la nécessité de reconnaître, comme un principe essentiel de la réforme, la juridiction criminelle des nouveaux tribunaux. L'Autriche, la Russie et l'Angleterre résistaient, comme la France, à cette prétention ; mais l'Allemagne et l'Italie étaient disposées à reconnaître à ces tribunaux le droit de réprimer les crimes et délits commis contre les magistrats et officiers de justice dans l'exercice de leurs fonctions, ou commis par eux, ou enfin commis en vue d'entraver l'exécution des sentences. Le gouvernement français dut se rallier à ce système et renoncer, en outre, à faire maintenir les déclarations de faillites dans les attributions des consuls, ainsi qu'il l'avait demandé avec insistance. Il donna, en conséquence, le 10 nov. 1874, son adhésion au projet de règlement d'organisation judiciaire déjà accepté par les autres puissances. Notre diplomatie obtint cependant la suppression définitive des faits de banqueroute dans la liste des délits spéciaux soumis aux tribunaux, l'assurance d'avoir un juge au tribunal du Caire et un membre du parquet pris parmi les magistrats français sur la désignation de notre ministre de la justice, la réserve expressément renouvelée que les consuls, leurs familles ou le personnel à leur service, pas plus que les établissements religieux ou charitables placés sous le protectorat français, ne dépendraient en aucune façon des institutions nouvelles. Enfin les réclamations antérieures de nos nationaux contre le gouvernement égyptien devaient être examinées par des chambres spéciales composées avec les nouveaux magistrats ou par une commission arbitrale de trois membres de la cour d'appel choisis par les deux parties (*Documents diplomatiques*, janv. 1875, p. 204 et 211 ; Laget, *op. cit.*, p. 109).

12. L'Assemblée nationale devait être appelée à donner sa sanction au projet accepté par le Gouvernement. Le rapporteur, M. Rouvier, en demanda l'ajournement, afin de permettre au ministre des affaires étrangères d'entamer de nouvelles négociations et d'obtenir dans la nouvelle organisation judiciaire des garanties plus complètes pour les intérêts français. L'Assemblée n'adopta pas ces conclusions, afin de ne pas placer la France en dehors du concert des puissances européennes ; mais la loi du 17 déc. 1875 (D. P. 76. 4. 57) (V. *suprà*, v° *Consuls*, n° 25) n'approuva la réforme qu'à titre d'essai pour une période de cinq ans, et réserva en principe la juridiction des consuls. L'art. 3 portait expressément que les capitulations, telles qu'elles avaient été appliquées jusqu'alors, demeuraient la loi absolue des rapports entre le gouvernement égyptien et les étrangers, à l'exception des dérogations partielles et explicites expressément convenues par le gouvernement français et qui portent principalement sur les usages particuliers à l'Egypte.

13. Le règlement organique annexé à la loi précitée créa trois tribunaux mixtes de première instance, composés chacun de sept juges, dont quatre étrangers et trois indigènes. Une cour d'appel fut instituée à Alexandrie : elle comptait à l'origine sept conseillers européens et quatre conseillers indigènes ; le nombre actuel des conseillers européens est de huit. La juridiction des nouveaux tribunaux est mixte, et non internationale. La juridiction est rendue au nom du khédive et les magistrats sont nommés par lui ; mais les magistrats étrangers ne sont nommés qu'avec le concours de leur gouvernement. Tous les magistrats qui font partie de ces tribunaux sont inamovibles ; auprès de chaque tribunal est institué un parquet amovible.

14. Les tribunaux mixtes connaissent de toutes les contestations en matière civile et commerciale entre indigènes et étrangers et entre étrangers de nationalités différentes, et de toutes actions réelles immobilières même entre personnes appartenant à la même nationalité. Les questions d'état civil, de régime successoral et conjugal continuent à être soumises à la juridiction consulaire.

En matière pénale, ils connaissent : 1° sans acception de personnes, des contraventions ; 2° sans acception de personnes, des crimes et délits commis directement contre les magistrats et leurs auxiliaires ou contre l'exécution des sentences et des mandats de justice ; 3° des crimes et délits commis par les magistrats ou leurs auxiliaires limitativement désignés, dans l'exercice ou à l'occasion de l'exercice de leurs fonctions.

Un article du règlement d'organisation soumet à la juridiction des tribunaux mixtes le gouvernement, les administrations, les daïras du khédive et des membres de sa famille, dans leurs procès avec les étrangers.

15. A l'expiration de la période quinquennale d'essai de la réforme judiciaire en Egypte, deux prorogations d'un an ont été successivement consenties, à titre provisoire, par le gouvernement français. Ces prorogations, dont la régularité pouvait être contestée, ont été ratifiées par la loi du 20 déc. 1882 (D. P. 83. 4. 80) qui a autorisé le Gouvernement à en conclure une nouvelle pour une durée n'excédant pas cinq années. Le rapporteur de la commission chargée de l'examen du projet de loi, M. Maunoury a, à cette occasion, recommandé certaines réformes à l'attention du ministre des affaires étrangères. Il a notamment signalé, parmi les mesures dont la réalisation paraissait désirable, l'attribution aux tribunaux mixtes de la connaissance des faillites, lorsque plusieurs créanciers de nationalités différentes pouvaient y être intéressés, l'extension de la compétence immobilière aux litiges entre indigènes, la création des tribunaux statuant en matière d'impôts et l'unité de juridiction pénale. La commission exprimait également le vœu de voir créer des tribunaux indigènes ou de voir attribuer aux tribunaux mixtes la connaissance des contestations entre indigènes. Le décret du 14 juin 1883, qui a réorganisé les tribunaux indigènes, a donné satisfaction à ce vœu (Laget, *op. cit.*, p. 218).

16. Le gouvernement égyptien avait déjà dans cet intervalle élaboré divers projets en vue d'étendre la juridiction des tribunaux mixtes ; une nouvelle commission internationale de réformes, instituée le 30 juin 1883, présenta un projet complet de réorganisation de ces tribunaux. Ce projet, dont l'exécution a été suspendue par les événements dont l'Egypte a été le théâtre depuis cette époque, tendait à assurer aux étrangers une meilleure justice en matière civile et en matière criminelle, et à en étendre le bienfait aux indigènes, et elle devait ainsi contribuer à faire pénétrer dans les populations de l'Egypte l'esprit et les principes de notre législation (Benoît, *op. cit.*, p. 143).

17. La plupart de ceux qui ont suivi le fonctionnement des tribunaux mixtes en Egypte ont fait l'éloge de cette institution et en ont constaté les heureux effets. « C'est la meilleure institution de l'Orient, écrivait en 1877 le consul général des Etats-Unis dans un rapport à son gouvernement. Même les nations qui l'avaient d'abord regardée avec méfiance, à cause de leurs préjugés nationaux et religieux, reconnaissent maintenant la justice de ses décisions et se soumettent volontiers à sa juridiction » (*Diplomatic correspondence*, 1877, p. 614 à 630). Les auteurs d'ouvrages spéciaux que nous avons déjà cités n'hésitent pas à déclarer que la création de ces tribunaux marque le dernier progrès du droit international dans les pays de civilisation musulmane (Benoit, *op. cit.*, p. 149 ; Laget, *op. cit.*, p. 251), et des publicistes considérables ont proposé de généraliser cette réforme et de l'étendre à tous les pays hors chrétienté (F. de Martens, *Revue de droit international*, 1882, p. 328 ; Hornung, *Annuaire de l'Institut de droit international*, 1883, p. 258). Mais cette proposition a été combattue avec une grande force d'argumentation par M. Féraud-Giraud, qui a mis en lumière les inconvénients qu'entraînerait l'abandon du régime des capitulations (*Les justices mixtes dans les pays hors chrétienté*, p. 65). Cet auteur a très bien établi que les capitulations devront être maintenues, tant que l'organisation politique et judiciaire des pays qui les ont acceptées n'aura pas été modifiée de manière à les rendre inutiles, c'est-à-dire tant que l'état social de ces Etats ne se sera pas complètement transformé. Cette transformation semble encore fort éloignée, et les gouvernements européens ne pourraient aujourd'hui sans péril ni renoncer en Orient à l'exercice de leurs droits de juridiction consulaire, ni consentir à des atténuations au profit des justices locales qui ne donneraient satisfaction à aucune des parties.

18. L'abolition des capitulations a été fréquemment réclamée par la Turquie depuis le congrès de Paris de 1856, dans lequel les représentants des puissances avaient reconnu la nécessité de « reviser les stipulations qui fixent les rapports commerciaux de la Porte avec les autres puissances ainsi que la condition des étrangers résidant en Turquie ». Mais, dans tous les traités conclus depuis cette époque par la Porte avec les gouvernements de divers Etats, il est formellement stipulé que « tous les droits, privilèges et immunités qui ont été conférés aux sujets de la puissance contractante par les capitulations et traités existants sont confirmés maintenant et pour toujours » (Féraud-Giraud, *op. cit.*, p. 127). Cette clause se retrouve dans le traité intervenu entre la France et la Porte le 29 avr. 1861, ainsi que dans les traités passés avec l'Angleterre, l'Italie, la Russie, l'Autriche, les Etats-Unis, la Prusse et le Zollverein (Féraud-Giraud, *Juridiction française dans les Echelles du Levant*, t. 1, p. 58).

19. Une dérogation importante au système général des capitulations résulte cependant du firman de 1867, par lequel le sultan a autorisé les étrangers à acquérir des immeubles dans toute l'étendue de l'empire. En effet, en vertu de ce principe de droit commun que les immeubles même possédés par des étrangers sont régis par la loi territoriale, les étrangers devenus propriétaires fonciers en Turquie sont devenus, par suite, justiciables des tribunaux ottomans pour les contestations immobilières. C'est ce qu'a reconnu le protocole signé le 9 juin 1868 entre la Porte et la France (Benoit, *op. cit.*, p. 55).

Le même protocole a également apporté une restriction importante au principe de l'inviolabilité du domicile assurée aux Français établis en Turquie par l'art. 70 de la capitulation de 1740. Dans certains cas urgents et pour ne pas entraver l'action de la police, il autorise les autorités locales à pénétrer dans le domicile des Français qui habitent des localités éloignées de plus de neuf heures de la résidence du consul (Benoit, *op. cit.*, p. 56).

20. Les dispositions qui ont organisé, dans les Echelles du Levant, la juridiction consulaire ont été étendues par des lois spéciales à divers pays de l'Extrême Orient. Nous citerons la loi du 8 juill. 1852 pour la Chine et les Etats de l'Iman de Mascate (D. P. 52. 4. 177) ; celle du 18 mai 1858 relative à la Perse et au royaume de Siam (D. P. 58. 4. 35), et celle du 19 mars 1862 qui concerne le Japon (D. P. 62. 4. 31. V. *suprà*, v° *Consuls*, n° 24). Un décret du 11 mars 1886 (D. P. 87. 4. 28) a donné à nos résidents et vice-résidents à Madagascar, en matière judiciaire et en matière de haute police, des pouvoirs identiques à ceux qu'exercent nos consuls dans les Echelles.

Tableau chronologique de la législation relative aux Echelles du Levant et de Barbarie.

28 mai-1er juin 1836. — Loi relative à la poursuite et au jugement des contraventions, délits et crimes commis par des Français dans les Echelles du Levant et de Barbarie (*Rép.* v° *Consuls*, p. 270).

8-13 juill. 1852. — Loi relative à la juridiction des consuls de France en Chine et dans les Etats de l'Iman de Mascate (D. P. 52. 4. 177).

18-26 mai 1858. — Loi relative à la juridiction des consuls de France en Perse et dans le royaume de Siam (D. P. 58. 4. 35).

19-26 mars 1862. — Loi relative à la juridiction des consuls de France au Japon (D. P. 62. 4. 31).

3 mai-3 juin 1862. — Loi portant modification des délais en matière civile et commerciale (art. 1er et 5, D. P. 62. 4. 43).

27 juin-14 juill. 1868. — Décret impérial qui approuve le protocole signé entre la France et la Turquie le 9 juin 1868 et en prescrit la publication (D. P. 68. 4. 91).

28 avr.-4 mai 1869. — Loi qui attribue à la cour impériale de Saïgon les appels des jugements des tribunaux consulaires de la Chine, du royaume de Siam et du Japon et la connaissance des crimes commis par des Français dans les mêmes contrées (D. P. 69. 4. 47).

17-25 déc. 1875. — Loi relative à la réforme judiciaire en Egypte (D. P. 76. 4. 87).

5-9 sept. 1878. — Décret portant promulgation du traité signé à Berlin le 13 juill. 1878, entre la France, l'Allemagne, l'Autriche-Hongrie, la Grande-Bretagne, l'Italie, la Russie et la Turquie (art. 34 et 61, D. P. 78. 4. 101).

20-21 déc. 1882. — Loi qui autorise le gouvernement de la République à consentir de nouvelles prorogations de la réforme judiciaire en Egypte (D. P. 83. 4. 80).

27-28 mars 1883. — Loi portant organisation de la juridiction française en Tunisie (art. 18, D. P. 83. 4. 96).

14 juin 1883. — Décret qui réorganise les tribunaux indigènes en Egypte (V. *suprà*, n° 15).

17-19 juill. 1883. — Loi qui approuve le traité d'amitié, de commerce et de navigation signé à Paris le 18 janv. 1883 entre la France et la Serbie (D. P. 84. 4. 21).

18-19 juill. 1883. — Décret portant promulgation du traité d'amitié, de commerce et de navigation signé à Paris le 18 janv. 1883 entre la France et la Serbie (art. 26, D. P. 84. 4. 21).

15 juill. 1884. — Décret qui soumet les nationaux et protégés italiens en Tunisie à la juridiction des tribunaux français (V. *suprà*, n° 8).

5 juill. 1885. — Décret qui soumet à la loi et à la juridiction françaises tous les immeubles de Tunisie immatriculés conformément au système d'enregistrement de l'*act Torrens* (V. *suprà*, n° 7).

11-24 mars 1886. — Décret relatif aux attributions consulaires des résidents, vice-résidents et chanceliers à Madagascar (D. P. 87. 4. 28).

Art. 2. — *De la juridiction consulaire dans les Echelles du Levant en matière civile.*

21. Ainsi qu'on l'a vu au *Rép.* n° 2, l'édit de juin 1778, qui consacre la juridiction des consuls en matière civile dans les Echelles du Levant, n'a pas cessé d'être en vigueur (V. *suprà*, v° *Consuls*, n° 23 ; Req. 7 déc. 1863, aff. Llewellyn, D. P. 64. 1. 129). Mais, si l'on doit se conformer aux prescriptions de cet édit en ce qui concerne la procédure spéciale qui doit être suivie devant les consuls, il y a lieu de recourir aux règles de droit tracées dans nos codes pour statuer au fond sur le mérite des prétentions respectives des parties (Féraud-Giraud, *Juridiction française dans les Echelles du Levant*, 2e éd., t. 2, p. 231). Toutefois, l'art. 26 de la capitulation de 1740 autorise les consuls à décider les contestations entre leurs nationaux d'après leurs us et coutumes. Ils doivent, en conséquence, déroger aux dispositions de la loi française, lorsqu'elles sont en contradiction avec les usages reçus dans les Echelles. D'ailleurs, la règle « *Locus regit actum* » est applicable aux actes passés par les Français même dans les pays hors chrétienté ; et il a été décidé, par application de ce principe, que le contrat de mariage d'un Français résidant à Constantinople peut être passé valablement par acte sous seing privé, conformément à la législation du pays, alors surtout qu'il s'agit du contrat de mariage d'un Français avec une étrangère (Req. 18 avr. 1865, aff. Stiepowitch, D. P. 65. 1. 342).

22. — I. Compétence des consuls. — Nous avons dit *suprà*, v° *Consuls*, n° 23, que la compétence des consuls dans les Echelles du Levant s'étend à toutes les contestations, tant civiles que commerciales, qui peuvent s'élever entre Français, et aux questions d'état, aussi bien qu'aux autres affaires civiles (Aix, 20 mars 1862, aff. Coccifi, D. P. 63. 2. 68), ainsi qu'aux questions relatives à la validité des testaments (Aix, 16 févr. 1871, aff. Lafont, D. P. 72. 2. 52). Une seule exception doit être apportée à cette règle : elle a trait, ainsi que nous l'avons dit *suprà*, n° 19, aux contestations en matière immobilière, depuis que les Européens ont été autorisés à posséder des immeubles dans l'empire ottoman.

23. L'édit de 1778 attribue pleine juridiction aux consuls de France pour tout litige entre Français négociants, navigateurs et autres, qui se trouvent dans l'étendue de leur consulat. Cette compétence n'implique pas la condition d'un domicile légalement constitué, mais suppose seulement le fait de la résidence (Req. 16 janv. 1867, aff. Mahmoud-Ben-Ayard, D. P. 67. 1. 308). Elle n'est, d'ailleurs, pas restreinte au cas où les deux parties résident dans le ressort du consulat ; il suffit que le défendeur à l'action y réside (Trib. Seine, 21 juin 1872, aff. Visson de Saint-Alais, D. P. 73. 3. 63). Par suite, la validité de la saisie-arrêt pratiquée en France au préjudice d'un Français ayant son domicile dans les Echelles du Levant ne peut être compétemment demandée qu'au tribunal consulaire du lieu de ce domicile, alors même que la saisie se rattacherait à l'exécution d'un contrat passé en France avec des Français qui y sont domiciliés (Même jugement. V. *suprà*, v° *Consuls*, n° 32).

24. Les Européens qui voyageaient ou faisaient le commerce en Orient étaient tous autrefois placés sous la protection de la France et relevaient par suite de la juridiction de nos consuls. Mais, depuis que les autres puissances ont établi des consuls en Orient et obtenu des capitulations analogues à celles de la France, leurs sujets portent leurs litiges devant leurs tribunaux consulaires.

Bien que l'art. 1er de l'édit de 1778 n'attribue compétence à nos consuls que pour les contestations élevées *entre sujets français*, ils peuvent connaître, en vertu de l'art. 15 c. civ. des actions exercées contre des Français par des étrangers (Req. 16 janv. 1867, cité *suprà*, n° 23 ; Aix, 3 juin 1867, aff. Messageries impériales, D. P. 69. 2. 34). Mais le Français demandeur ne pourrait amener un étranger devant la juridiction consulaire française (Aix, 28 juill. 1855, rapporté par M. Féraud-Giraud, *op. cit.*, t. 2, p. 250).

25. Les contestations entre étrangers de nationalité différente étaient autrefois portées devant des tribunaux mixtes. Une convention conclue en 1820 entre la France, l'Angleterre, l'Autriche et la Russie substitua à ces tribunaux des *commissions mixtes* (V. *Rép.* v° *Consuls*, n° 58). La procédure de ces commissions avait pour base la maxime *Actor sequitur forum rei*. La légation du pays du défendeur avait seule le droit de convoquer la commission mixte. Cette commission était composée de trois juges commissaires, dont deux devaient être nommés par la légation du défendeur et le troisième par celle du demandeur ; elle devait prononcer en premier ressort sur les contestations civiles et commerciales portées devant elle ; la sentence devait être homologuée par le tribunal de la légation du défendeur, et l'appel porté devant le tribunal compétent pour connaître en dernier ressort des sentences rendues par les juges consulaires de l'appelant.

26. Un arrêt de la cour d'Aix du 28 nov. 1864 (aff. Pigeon, D. P. 65. 2. 112) a décidé que la juridiction de ces commissions n'était pas obligatoire, et que le sujet français assigné devant le tribunal consulaire par le sujet d'une autre puissance, à l'effet de concourir à la composition de la commission mixte chargée de statuer sur leurs différends, pouvait déclarer qu'il n'acceptait pas sa juridiction et, par suite, refuser de concourir ou d'adhérer à sa formation (V. *suprà*, v° *Consuls*, n° 23). Cette solution est critiquée par MM. de Clercq et de Vallat, *Guide pratique des consulats*, 4e éd., p. 379, et par M. Féraud-Giraud, *op. cit.*, p. 253. D'après ce dernier auteur, la légalité des commissions mixtes résulte de l'art. 52 de la capitulation de 1740 qui déclare la justice turque incompétente, lorsque toutes les parties ne consentent pas à y recourir et autorise, à défaut de ce consentement, les chrétiens de nationalités différentes à porter leurs litiges devant leurs ambassadeurs. Ces derniers ne pouvant exercer par eux-mêmes la juridiction dont ils ont été investis, en ont délégué l'exercice à des tribunaux mixtes formés par eux ou par les consuls pour chaque affaire, et cette pratique fondée en droit a été sanctionnée par l'usage. — Quoi qu'il en soit, l'institution des commissions mixtes, que l'arrêt précité de la cour d'Aix reconnaissait lui-même « sage dans son principe, basée sur l'intérêt des justiciables et généralement acceptée dans la pratique », paraît avoir aujourd'hui complètement disparu, soit à raison des complications, des lenteurs et des frais qu'entraînait la procédure suivie devant ces commissions, soit à raison de la jurisprudence qui en a contesté le caractère obligatoire.

27. Aux termes des capitulations de 1740, lorsqu'un Français intente une action contre un indigène du Levant, la juridiction locale est compétente. Le Français demandeur adresse une requête rédigée en français et contenant l'objet de la demande et l'exposé sommaire des moyens à l'ambassadeur, à Constantinople, au consul, dans les autres localités. Un résumé de cette requête est transmis par l'ambassade ou le consulat à l'autorité administrative ottomane, qui saisit le tribunal compétent. — Lorsque l'affaire vient devant le tribunal, le demandeur doit être assisté par un drogman de l'ambassade ou du consulat ; c'est à cette condition seulement que l'affaire peut être jugée (Féraud-Giraud, *op. cit.*, t. 1, p. 61). L'intervention des représentants de l'autorité diplomatique française devant les juridictions du Levant, dans les procès qui intéressent les Français, est un acte de la puissance publique. Il a néanmoins été jugé que cette protection doit être salariée et qu'il y a lieu, en pareil cas, de percevoir le droit proportionnel de 2 0/0 imposé par le décret du 22 juin 1862 (D. P. 62. 4. 124) sur les recouvrements faits par les soins des chancelleries des consulats (Aix, 11 nov. 1873, aff. Misserli-Oglou, D. P. 75. 2. 59). Cette solution semble peu conforme au décret précité du 22 juin 1862. En effet, d'après une circulaire du 15 juill. 1862, « ce décret a pour objet de combler une lacune en ce qui concerne les recouvrements de créances et de successions opérés à l'étranger par les soins des consuls pour le compte des particuliers » (V. de Clercq et de Vallat, *Formulaire des chancelleries*, t. 2, p. 474). Il résulte des termes de cette circulaire que le droit proportionnel est dû toutes les fois qu'il y a recouvrement opéré en vertu d'un mandat spécial donné à la chancellerie, et que, par conséquent, la chancellerie rend un service d'ordre purement privé à un particulier ; mais il ne paraît pas qu'aucune rémunération puisse être réclamée, lorsqu'il y a, de la part des représentants de l'autorité diplomatique, exercice de la puissance publique.

28. Les litiges entre un consul de France et ses nationaux ne peuvent être jugés qu'en France. La connaissance de ces litiges était attribuée par l'ordonnance de 1681 à l'amirauté de Marseille. D'après MM. de Clercq et de Vallat, *op. cit.*, t. 2, p. 375, elle appartiendrait aujourd'hui, suivant la nature de la contestation, au tribunal de première instance ou au tribunal de commerce de cette ville. — Les mêmes auteurs font observer que cette disposition, qui ne vise que les consuls, ne saurait être étendue aux différends des chanceliers, drogmans ou employés des consulats avec des Français.

29. L'art. 2 de l'édit de 1778 faisait défense aux Français voyageant soit par terre, soit par mer, ou faisant le commerce en pays étranger, d'y traduire, pour quelque cause que ce fût, leurs compatriotes devant les juges étrangers à peine de 1500 livres d'amende. M. Féraud-Giraud, *op. cit.*, t. 2, p. 265, considère cette disposition, rappelée par l'instruction générale du 8 août 1814, comme encore en vigueur dans les Échelles du Levant (V. en sens contraire : Eynaud, *Procédure civile française dans les Echelles du Levant*, p. 10). Il est certain, dans tous les cas, que l'amende qui, aux termes de l'art. 4 de l'édit, devait être appliquée à la chambre de commerce de Marseille, ne peut recevoir cette destination depuis que l'ordonnance du 18 avr. 1835 a déchargé la chambre de commerce de Marseille des dépenses relatives aux établissements publics dans les Echelles et, par suite, l'a privée des revenus corrélatifs à cette charge (*Rép.* n° 7 ; Féraud-Giraud, *op. cit.*, t. 2, p. 269).

30. — II. COMPOSITION DU TRIBUNAL CONSULAIRE. — Les consuls doivent, aux termes de l'art. 6 de l'édit de 1778, se faire assister de deux assesseurs, lorsqu'ils statuent en matière contentieuse. Ces assesseurs ne sont soumis à aucune condition de capacité ni de résidence (Aix, 13 févr. 1863, aff. Messageries impériales, cité par Féraud-Giraud, p. 271). Ils sont membres du tribunal et y ont voix délibérative au même titre que le consul. Le jugement doit constater ce concours des assesseurs, et il ne suffirait pas qu'il indiquât que le consul a statué *assisté d'assesseurs* ; mais la mention que le jugement a été rendu par le consul, *après en avoir délibéré* avec ses assesseurs, constate suffisamment la participation de ceux-ci à la sentence avec voix délibérative (Req. 7 déc. 1863, aff. Llewellyn, D. P. 64. 1. 129). Bien qu'en principe le jugement doive contenir les noms des assesseurs qui y ont concouru avec le consul, le défaut d'indication de ces noms n'est pas une cause de nullité, s'il résulte de son rapprochement avec un jugement antérieur dont il est le complément et où les noms des assesseurs qui l'ont rendu sont mentionnés, que les deux décisions émanent des mêmes assesseurs (Même arrêt). — S'il est impossible au consul de se procurer des notables de la nation pour lui servir d'assesseurs, l'art. 7 de l'édit de 1778 l'autorise à juger seul ; mais il lui impose l'obligation de constater cette impossibilité dans sa sentence (V. *suprà*, v° *Consuls*, n° 34. Comp. Civ. rej. 23 août 1870, aff. Meynard, D. P. 70. 1. 351). — Le chancelier du consulat exerce les fonctions de greffier et celles d'huissier (Edit de 1778, art. 8, cité par Eynaud, *op. cit.*, p. 19).

31. Les vice-consuls, que les consuls peuvent nommer aux termes de l'ordonnance du 26 oct. 1833, n'ont, comme on l'a vu au *Rép.* v° *Consuls*, n° 95, aucun pouvoir de juridiction : ils ne peuvent donc exercer les attributions conférées aux consuls en matière contentieuse par l'édit de 1778 (Aix, 27 juill. 1870, aff. Béchard, D. P. 72. 5. 162).

32. — III. RÈGLES DE PROCÉDURE. — Les dispositions du code de procédure civile ne sont pas obligatoires devant les tribunaux consulaires des Echelles du Levant (Req. 30 avr. 1867, aff. Crespin, D. P. 68. 1. 18. V. *suprà*, v° *Consuls*, n° 36). En effet, ainsi, que le fait observer l'arrêt du 7 déc. 1863 (V. *suprà*, n° 21), l'édit de juin 1778 explique dans son préambule que les procédures suivies dans ces pays éloignés doivent être affranchies des formalités observées dans le royaume, et instruites par les voies simples et sommaires que détermine l'édit. Toutefois, à défaut de règles tracées par l'édit, M. Féraud-Giraud estime avec raison qu'il faut recourir au code de procédure, mais en n'appliquant les prescriptions de ce code que dans les limites que posent naturellement les circonstances exceptionnelles de lieu dans lesquelles on est placé au Levant et en Barbarie (*op. cit.*, t. 2, p. 237).

33. Le tribunal consulaire est saisi par une requête introductive d'instance adressée au consul par le demandeur, et signifiée au défendeur par le chancelier en vertu d'une ordonnance consulaire (Edit de 1778, art. 9, 10 et 11). Les procès se jugent sans l'intervention d'avoués ni d'avocats, et l'institution du ministère public n'existe pas près des tribunaux consulaires. Les art. 75 à 84 c. proc. civ. sont donc sans application dans le Levant (Eynaud, *op. cit.*, p. 23).

Les demandes d'un étranger contre un Français doivent être remises par la chancellerie de cet étranger ; mais ce mode de transmission n'est pas exigé à peine de nullité (Req. 10 juin 1864, aff. Rosetti, cité par Féraud-Giraud, t. 2, p. 279).

La règle « Nul en France ne plaide par procureur », n'est pas admise dans le Levant, où l'Edit autorise les parties à se faire représenter par un procureur légalement fondé (Féraud-Giraud, *op. cit.*, p. 279).

Tous les actes de procédure faits dans les Echelles sont dispensés du timbre et de l'enregistrement (*Ibid.*).

34. D'après l'art. 12 de l'édit de 1778, pour que l'assignation soit valable, elle doit, à peine de nullité, remplir les conditions suivantes : 1° la signification doit être faite parlant à la personne du défendeur ou à son domicile, ou à son procureur fondé, si le pouvoir contient élection de domicile au domicile de ce dernier, ou par des affiches apposées au consulat quand le défendeur n'a pas de domicile, est absent ou ne peut être trouvé ; 2° l'original doit faire mention des noms du défendeur, de la personne à laquelle la signification aura été laissée ou de l'affiche qui aura été apposée ; 3° assignation doit être donnée au défendeur à comparaître aux lieu, jour et heure indiqués dans l'ordonnance ; 4° l'original et la copie doivent être signés par le chancelier. Les navigateurs et les passagers qui n'ont d'autre domicile que leur navire doivent y être assignés dans la forme prescrite par l'art. 12.

35. Au jour fixé pour l'audience, les parties sont tenues de se présenter devant le consul en personne ou par fondé de pouvoirs. Dans le cas d'empêchement, elles peuvent envoyer au consul un mémoire signé d'elles, qui est lu par le greffier à l'audience et auquel elles joignent leurs pièces. Le tribunal consulaire statue définitivement sur la comparution personnelle des parties ou sur le vu de leurs mémoires, si l'affaire lui paraît suffisamment instruite.

36. — IV. FORMES DES JUGEMENTS. — En fait, les audiences des tribunaux consulaires sont publiques ; mais cette publicité n'est prescrite, en matière civile, par aucune disposition légale (Motifs, Aix, 24 mai 1858, aff. Bonnafous, et 12 févr. 1863, aff. Pinède, rapportés par Féraud-Giraud, *op. cit.*, p. 286-287. V. *suprà*, v° *Consuls*, n° 36). Le jugement est lu, séance tenante, à l'audience ou à une audience suivante.

37. Les jugements des consuls doivent contenir les noms des juges, les noms, professions et demeures des parties, leurs conclusions, l'exposition sommaire des points de fait et de droit, les motifs et le dispositif. Les prescriptions de l'art. 141 c. proc. civ. à cet égard sont substantielles et doivent être observées, à peine de nullité, dans les Echelles du Levant. Il a été jugé, spécialement, que le défaut d'indication des points de fait et de droit et des conclusions des parties entraîne la nullité du jugement (Aix, 5 janv. 1860, aff. Dumricher, 16 août 1860 et 19 août 1861, aff. Nicoley, 27 févr. 1861, aff. Santi, 1er avr. 1862, aff. Sarene, 12 mai 1862, aff. Béchara, rapportés par Féraud-Giraud, *op. cit.*, p. 285).

Bien que la sentence doive être datée, l'omission de cette formalité ne saurait entraîner la nullité de la sentence (Aix, 24 mai 1858, aff. Reginopoulo, rapporté par Féraud-Giraud, *ibid.*).

Il est d'usage que les sentences portent la signature des assesseurs qui y ont concouru ; mais cette signature n'est exigée ni par l'édit de 1778, ni par le code de procédure civile. La signature du président et celle du greffier sont seules exigées à peine de nullité (Féraud-Giraud, *op. cit.*, t. 2, p. 287).

38. — V. MESURES D'INSTRUCTION. — L'édit de 1778 autorise expressément les consuls à ordonner, avant faire droit, certaines mesures d'instruction ; il énumère les interrogations des parties (art. 17), les descentes sur les lieux (art. 18), les expertises (art. 19) et les enquêtes (art. 21-26) ; mais le tribunal reste libre de recourir, pour s'éclairer, à tous les moyens autorisés par le code de procédure civile. Dans ces procédures, il doit, le cas échéant, prendre pour guide le code, sans être tenu pourtant à en observer rigoureusement toutes les dispositions (Féraud-Giraud, *op. cit.*, p. 296).

39 Les prescriptions des art. 302 et suiv. c. proc. civ., en matière d'expertise, ne sont pas obligatoires dans les Echelles, et il y a lieu simplement de suivre les formes très simples de procédure déterminées par l'art. 9 de l'édit de 1778. Mais on a vu au *Rép.* v° *Consuls*, n° 74 que la formalité du serment des experts est substantielle, et ne saurait être omise, à peine de nullité.

40. D'après un arrêt de la cour d'Aix du 17 avr. 1863 (cité par M. Eynaud, *op. cit.*, n° 57), le mode de procéder aux enquêtes prescrit par les art. 21 et suiv. de l'édit de 1778 n'est applicable qu'en matière sommaire et de commerce ; les tribunaux doivent, en matière civile, suivre la marche tracée par les art. 252 et suiv. c. proc. civ. Cette solution est combattue par M. Eynaud : il fait observer que l'art. 21 de l'édit ne limite pas aux affaires sommaires ou commerciales l'application de la procédure qu'il a fixée, que l'observation de la procédure du code ne donnerait probablement pas beaucoup de garanties nouvelles aux justiciables du Levant, et qu'elle exposerait les juges à un surcroît de formalités auquel ne les a pas obligés la législation spéciale de 1778, faite en vue de la situation particulière des tribunaux consulaires.

41. Les jugements des tribunaux consulaires sont signifiés aux parties par le chancelier dans la forme ordinaire de toutes les citations et assignations, sans qu'il soit besoin d'aucun autre commandement ou sommation. La signification est irrégulière et nulle, si elle ne porte ni dans l'original, ni dans la copie, le nom de la personne à laquelle a été laissée la signification, et si l'original et la copie ne sont pas signés par l'officier faisant fonction de chancelier qui, en cette qualité, a signifié l'acte (Aix, 8 août 1862, aff. Compagnie de Suez, cité par M. Féraud-Giraud, *op. cit.*, p. 297).

42. — VI. EXÉCUTION DES JUGEMENTS. — Les jugements des tribunaux consulaires sont exécutoires dans les Echelles du Levant « par toutes les voies praticables » (Edit de 1778, art. 35), c'est-à-dire par toutes les voies de droit dont les traités, les conventions diplomatiques et les usages autorisent l'emploi (Féraud-Giraud, *op. cit.*, p. 305). Si l'intervention de la force publique est nécessaire, la partie doit s'adresser au consul, qui se concerte à cet effet avec les autorités locales.

Ces jugements sont exécutoires en France sans homologation ou mandement des tribunaux français, et en vertu seulement des mandats et ordonnances dont ils sont revêtus, parce que les consuls ont un caractère public et une délégation du souverain pour rendre la justice (Féraud-Giraud, *op. cit.*, p. 306).

43. Les arrêts, jugements et actes passés en France sont exécutoires dans le Levant après une simple légalisation du ministre des affaires étrangères (Ord. 25 oct. 1833, art. 10, *Rép.* v° *Consuls*, p. 265). Quant aux jugements rendus par les tribunaux étrangers contre un Français établi en Orient, ils ne peuvent être exécutés qu'après l'homologation de ces jugements dans les formes ordinaires par le tribunal consulaire français (Aix, 25 oct. 1833, cité par Eynaud, *op. cit.*, p. 54).

44. Aux termes des art. 30 et 31 de l'édit de 1778, tous jugements sur lettres de change, billets, comptes, arrêtés ou autres obligations par écrit doivent être exécutés provisoirement nonobstant opposition ou appel, sans qu'il soit nécessaire de fournir caution : au contraire, l'exécution provisoire a lieu avec caution quand il s'agit de conventions verbales et de comptes courants. Dans les autres cas non prévus par l'édit, il y a lieu d'appliquer les dispositions de l'art. 135 c. proc. civ. relatif à l'exécution provisoire des jugements civils.

Celui qui veut exécuter avec caution un jugement frappé d'appel doit présenter au consul une requête par laquelle il indique sa caution; le consul ordonne que les parties se présenteront à l'audience, dont il fixe l'heure et le jour, pour être procédé à la réception de la caution. Cette requête et l'ordonnance consulaire sont signifiées au défendeur avec assignation à comparaître. Dans le cas où une contestation s'élève sur la recevabilité de la caution, nous croyons que c'est au tribunal, et non au consul seul, qu'il appartient de statuer (V. conf. Eynaud, *op. cit.*, p. 52).

Il a été jugé que l'exécution provisoire ordonnée par le tribunal consulaire peut être suspendue par une ordonnance émanée du président de la cour d'appel permettant d'assigner à bref délai (Trib. consul. Alexandrie, 29 sept. 1874, aff. Claude, *Journal de droit international privé*, 1874, p. 327).

45. — VII. Voies de recours. — 1° *Opposition.* — Les jugements consulaires rendus par défaut peuvent être frappés d'opposition dans le délai de trois jours à partir de la signification qui en est faite à la partie en personne ou à son procureur fondé (Edit de 1778, art. 28). Si le jugement est notifié à une personne qui a cessé de représenter la partie défaillante, quoiqu'elle ait été antérieurement son procureur fondé, la signification n'est pas valable et ne peut faire courir le délai de l'opposition (Civ. cass. 11 nov. 1885, aff. Société anonyme des constructions du Loiret, D. P. 86. 1. 399). Lorsque la partie est absente et n'a pas de représentant, le délai de l'opposition ne part que du jour où il lui a été donné connaissance du jugement.—Le seul défaut qui puisse être prononcé par les tribunaux consulaires est le défaut *faute de comparaître*, puisque le ministère d'avoué n'y existe pas. Pour combler les lacunes de l'édit de 1778, il y a lieu d'appliquer les dispositions du code de procédure civile, notamment celles qui sont relatives au défaut profit joint et à la péremption des jugements par défaut faute d'exécution (Aix, 16 avr. 1858, aff. Balta, et 6 août 1864, aff. Colin, cités par Féraud-Giraud, *op. cit.*, p. 298 et 299).

46. — 2° *Tierce opposition; Requête civile.* — La voie de la tierce opposition contre les jugements consulaires est également recevable dans les cas prévus par le code de procédure (Aix, 11 mai 1858, cité par Féraud-Giraud, *op. cit.*, p. 300). Il en est de même de la requête civile (Féraud-Giraud, *op. cit.*, p. 331).

47. — 3° *Appel.* — Les appels des sentences des consuls du Levant et de Barbarie étaient, aux termes de l'art. 37 de l'édit de 1778, portés devant le parlement d'Aix : ils le sont aujourd'hui devant la cour d'appel d'Aix, quoiqu'une cour plus rapprochée ait été créée à Bastia. Mais la loi du 8 juill. 1852 (D. P. 52. 4. 177) attribue à la cour d'appel de la Réunion la connaissance des appels des jugements rendus par les consuls dans les Etats de l'Iman de Mascate, et la loi du 28 avr. 1869 (D. P. 69. 4. 47) dispose que les appels des jugements des tribunaux consulaires de Chine, de Siam et du Japon seront portés devant la cour de Saïgon.

On a exposé au *Rép.* n° 9, et v° *Consuls*, n° 85, la controverse à laquelle a donné lieu la question de savoir si les jugements consulaires sont toujours susceptibles d'appel, quel que soit le montant de la condamnation. Cette question n'est pas résolue par le texte de l'édit de 1778 : mais la cour d'Aix, par un arrêt du 26 juin 1863 (1), et la cour de cassation, par un arrêt du 21 avr. 1869 (aff. Messageries impériales, D. P. 71. 1. 105), ont décidé que les jugements rendus par les consuls dans les Echelles du Levant sont soumis aux règles générales de compétence édictées par la loi française, et qu'en conséquence, ils sont rendus en dernier ressort sur les demandes qui n'excèdent pas 1500 fr. (V. conf. Féraud-Giraud, *op. cit.*, p. 312 ; Caumont, *Dictionnaire de droit maritime*, v° *Consuls*, n° 48. — V. en sens contraire : Pardessus, *Droit commercial*, t. 4, n° 1473 *ter* ; De Beaussant, *Code maritime*, t. 2, n° 1050 *in fine* ; Goujet et Merger, *Dictionnaire de droit commercial*, v° *Consuls*, n° 371 ; Richelot, *Encyclopédie du droit*, v° *Consuls*, n° 95. — V. *suprà*, v° *Consuls*, n° 37).

La solution consacrée par la jurisprudence nous paraît conforme aux véritables principes. On comprend, en effet, que telle ou telle formalité de procédure ne soit pas admise dans les tribunaux consulaires ; mais, comme l'a très bien dit la cour de cassation, dans un arrêt du 30 avr. 1867 (V. *suprà*, n° 32), « autre chose est la forme de procéder, autre chose l'organisation judiciaire » : et l'on ne saurait admettre que ces juridictions fassent exception aux règles générales du pouvoir judiciaire en France. Pour que dans la question actuelle il pût être dérogé à ces règles générales, il faudrait qu'un texte formel soumît à l'appel toutes les décisions consulaires rendues dans les Echelles du Levant, quelle que fût l'importance du litige. Or les art. 1er et 37 de l'édit de juin 1778 se bornent à indiquer de quelles affaires le consul connaîtra en première instance et à quelle juridiction l'appel sera porté, sans rien préjuger sur le point de savoir quand il y aura lieu d'interjeter appel.

48. Les dispositions du code de procédure civile relatives aux délais d'appel, modifiées par la loi du 3 mai 1862 (D. P. 62. 4. 43) sont applicables dans les Echelles du Levant (Aix, 23 avr. 1863, aff. Giraud, D. P. 69. 1. 286; 12 déc. 1863, aff. Chevalier, cité par Féraud-Giraud, *op. cit.*, p. 320). Lorsqu'une des parties n'habite pas dans les Echelles, le délai d'appel est prorogé pour elle, conformément aux art. 73 et 445 c. proc. civ., comme il l'est en France pour la partie domiciliée hors du territoire continental. M. Féraud-Giraud, *ibid.*, tout en reconnaissant la nécessité d'appliquer en pareil cas les dispositions précitées, fait observer que leur application n'est pas sans difficulté, l'art. 73 ayant été édicté pour régler des délais établis suivant des distances qui ne sont plus les mêmes pour les Echelles que pour la France.

Mais lorsque toutes les parties sont domiciliées au siège du consulat où le jugement a été rendu, le délai d'appel ne comporte pas prolongation à raison des distances (Req. 5 févr. 1868, aff. Mahmoud-ben-Ayard, D. P. 69. 1. 286 ; 20 juill. 1870, aff. Thiébaut, D. P. 71. 1. 104. V. *suprà*, v° *Consuls*, n° 39). Cette prolongation ne résulte, en effet, ni du texte de l'art. 445 c. proc. civ., qui suppose nécessairement comme

(1) (Certonciny C. Giraud.) — La cour ; — Attendu que, dans les Echelles du Levant, les tribunaux consulaires tiennent la place de nos tribunaux civils et de commerce, en ont les attributions, les pouvoirs, la compétence, et statuent comme eux sur l'application des lois françaises ; — Attendu que ni la loi spéciale de leur institution, ni les lois générales de notre organisation judiciaire, ne renferment rien d'où l'on puisse induire que les décisions des juges consulaires sont placées en dehors des règles de l'appel et des degrés de juridiction ; — Attendu que les exceptions qui tendent à troubler l'unité de notre législation ne peuvent se faire accepter qu'en vertu d'un texte positif qui les autorise ; — Attendu que celle qui demande un droit d'appel illimité contre les jugements des tribunaux consulaires ne se fonde que sur une induction et sur une interprétation abusive du silence de l'édit de 1778 ; — Attendu que cet édit a pour but d'établir la composition du tribunal consulaire et la procédure spéciale qui sera suivie devant lui, mais ne déroge en rien aux règles de l'appel, laisse à cet égard les parties sous l'empire du droit commun, et se borne, dans son art. 37, à déclarer que les appellations des sentences consulaires ressortiront au parlement d'Aix, aujourd'hui remplacé par la cour impériale de cette ville ; — Attendu, dès lors, que l'appel de Certonciny est régi par les lois de 1838 et de 1840 sur les tribunaux de première instance ; — Attendu qu'aux termes de ces lois ces tribunaux connaissent en dernier ressort des demandes personnelles et mobilières jusqu'à la valeur de 1500 fr. de principal ; — Attendu que les demandes principales et reconventionnelles portées devant le tribunal consulaire du Caire étaient personnelles et mobilières et de beaucoup inférieures à cette somme ; que, dès lors, la décision attaquée est en dernier ressort, etc.

Par ces motifs, etc.

Du 26 juin 1863.-C. d'Aix.

l'art. 73 une signification faite de France à l'étranger, ni surtout de ses motifs, car il accorde à l'appelant, à raison de la distance où son domicile se trouve par rapport à celui de l'intimé, un délai supplémentaire qui ne se comprend plus quand les deux parties sont domiciliées au même lieu.

49. Les actes d'appel, dans les Echelles du Levant, sont soumis aux formes substantielles édictées par le code de procédure, en tant qu'il n'y est pas dérogé par les dispositions de l'édit de juin 1778. Ils doivent, en conséquence, à peine de nullité, contenir les indications exigées par les art. 61 et 456 c. proc. civ. (Req. 20 juill 1870, cité *suprà*, n° 48), et spécialement élection du domicile avec constitution d'avoué, indication du délai pour comparaître, griefs et conclusions des parties (Même arrêt. V. *suprà*, v° *Consuls*, n° 38).

50. La déclaration d'appel d'une sentence consulaire est valablement faite sur les lieux par une déclaration à la chancellerie du consulat notifiée dans les formes usitées (Aix, 23 avr. 1863, aff. Giraud, D. P. 69. 1. 286). Mais la déclaration, faite par l'une des parties au consulat étranger dont elle dépend, qu'elle est dans l'intention d'appeler d'une sentence rendue par le tribunal consulaire français, se réservant d'introduire son appel dans les formes et délais voulus, est insuffisante pour constituer une déclaration d'appel valable (Aix, 29 avr. 1863, aff. Vouros, cité par Féraud-Giraud, *op. cit.*, p. 315).

51. La signification de l'acte d'appel doit être faite par le chancelier à la personne de l'intimé ou à son domicile, lorsqu'il a un domicile connu dans le consulat (Edit de 1778, art. 12). Le chancelier du consulat de l'appelant qui a été chargé de cette signification doit, à peine de nullité et sous sa responsabilité, la faire remettre à la personne ou au domicile de l'intimé avant l'expiration du délai d'appel (Req. 3 janv. 1865, aff. Giraud, D. P. 69. 1. 286). Si l'acte d'appel est signifié à l'intimé par l'intermédiaire de son propre chancelier, c'est encore avant l'expiration du même délai que ce dernier doit faire parvenir la signification, et il ne suffirait pas que la déclaration eût été faite au consulat de l'appelant, ou même transmise au consulat de l'intimé, avant l'expiration de ce délai (Même arrêt; Req. 5 févr. 1868, aff. Mahmoud-ben-Ayard, D. P. 69. 1. 286. V. anal. Aix, 26 nov. 1868, aff. Messageries impériales, D. P. 69. 2. 241; Req. 5 avr. 1870, aff. Compagnie russe de navigation, D. P. 71. 1. 23).

52. La nullité de l'appel est donc également encourue, que le retard de la signification doive être imputé à l'appelant ou à son consulat ou même au consulat de l'intimé. « La chancellerie du demandeur chargée de faire une signification au nom de ce dernier, dit M. Féraud-Giraud, *op. cit.*, t. 2, p. 158, n'est considérée que comme un intermédiaire, et l'emploi d'un intermédiaire ne dispense pas de l'accomplissement des formalités dans les lieux, conditions et délais où elles doivent être remplies. » Mais l'appelant peut, s'il y a lieu, exercer un recours contre l'officier public qui a reçu sa déclaration d'appel et n'en a pas fait la transmission en temps utile (Arrêt du 3 janv. 1865, cité *suprà*, n° 51).

53. Ainsi qu'on l'a vu au *Rép.* n° 9, l'appel des jugements rendus par les consuls dans les Echelles du Levant ne peut pas, lorsque l'appelant et l'intimé y résident tous deux, être valablement signifié au parquet du procureur général près la cour d'appel de France qui doit connaître de cet appel, l'art. 69, § 9, c. proc. civ. ne s'appliquant qu'aux significations faites de France à l'étranger (Arrêt du 3 janv. 1865, cité *suprà*, n° 51. V. conf. Féraud-Giraud, *op. cit.*, t. 2, *op. cit.*, p. 316). Toutefois, d'après M. Féraud-Giraud, *op. cit.*, t. 2, p. 318, si l'acte d'appel avait été fait dans les Echelles et notifié dans les formes qui y sont usitées, et qu'à l'arrivée du dossier à Aix on constatât certaines irrégularités dans cet appel, rien ne s'opposerait à ce qu'avant l'expiration des délais, il fût renouvelé à Aix, et alors cet acte, fait en France et destiné à des personnes qui n'habitent pas le continent, devrait être notifié conformément à l'art. 69, § 9, c. proc. civ. Mais le même auteur fait observer que la cour d'Aix préfère tellement la signification faite dans les Echelles qu'elle se borne à reconnaître que, dans ce cas, la signification faite au domicile du procureur général n'est *pas essentiellement nulle* (Aix, 1er mars 1866, aff. Sakakini, *loc. cit.*).

54. L'art. 449 c. proc. civ. est applicable aux sentences rendues dans les Echelles, et, par suite, l'appel interjeté dans la huitaine de la prononciation du jugement est nul, à moins que la partie n'ait voulu exécuter avant ce délai, par exemple dans le cas d'un jugement ordonnant une enquête (Aix, 1er mai 1865, aff. Sakakini, cité par M. Féraud-Giraud, p. 319), ou à moins que l'exécution provisoire n'ait été ordonnée.

55. — 4° *Pourvoi en cassation.* — Les décisions consulaires rendues en premier ressort peuvent être attaquées devant la cour de cassation dans les formes et dans les délais du droit commun (Féraud-Giraud, *op. cit.*, p. 332). Mais, aux termes des lois du 8 juill. 1852 (art. 4), du 18 mai 1858 et du 19 mars 1862, le recours en cassation n'est ouvert que pour excès de pouvoir contre les jugements rendus en dernier ressort, en matière civile et commerciale, par nos consuls en Chine, au Japon, dans le royaume de Siam et les Etats de l'Iman de Mascate (V. *suprà*, v° *Consuls*, n° 42).

Art. 3. — *De la juridiction consulaire dans les Echelles du Levant en matière criminelle.*

56. On a vu au *Rép.* n° 10, et v° *Consuls*, n° 88, que la loi du 28 mai 1836, relative à la poursuite et au jugement des contraventions, délits et crimes commis par des Français dans les Echelles de Levant et de Barbarie, forme aujourd'hui un code complet de la matière. Il a, toutefois, été bien entendu, au cours de la discussion que, dans le silence de cette loi, les consuls devraient prendre pour guide notre législation criminelle toutes les fois que leur position exceptionnelle leur permettrait de l'appliquer (Rapport à la Chambre des pairs, *Moniteur* du 17 avr. 1836; Féraud-Giraud, *op. cit.*, p. 342).

Les lois des 8 juill. 1852, 18 mai 1858 et 19 mars 1862, citées *suprà*, n° 55, ont déclaré la loi du 28 mai 1836 applicable avec quelques modifications à la Chine, au Japon, à la Perse, au royaume de Siam et aux Etats de l'Iman de Mascate.

57. L'art. 1er de la loi de 1836 porte que, dans les cas prévus par les traités et capitulations ou autorisés par les usages, les consuls des Echelles du Levant et de Barbarie continueront d'informer, soit sur plaintes ou dénonciations, soit d'office et sans qu'il soit besoin de ministère public, sur les contraventions, délits et crimes commis par des Français dans l'étendue desdites Echelles. D'après l'art. 75 de la même loi, ces contraventions, délits et crimes doivent être punis des peines portées par les lois françaises. — On ne doit pas conclure du rapprochement de ces deux dispositions que la loi du 28 mai 1836 n'attribue compétence aux consuls que dans le cas de violation des lois françaises. Ce serait méconnaître ce principe du droit des gens, énoncé dans l'art. 3 c. civ. et applicable partout, que les lois de police et de sûreté obligent tous ceux qui habitent le territoire. Aussi a-t-il été décidé que les tribunaux consulaires français dans les Echelles du Levant ont le droit et le devoir de faire cesser en les réprimant les actes de leurs nationaux résidant sur ces territoires, lorsque ces actes se produisent en contravention aux lois de police et de répression du pays et qu'ils y sont dénoncés aux agents français par l'autorité locale; que, par suite, et spécialement en Egypte, il est loisible à un tribunal consulaire d'ordonner, sur la plainte de l'autorité locale, les mesures nécessaires pour faire cesser la publication d'un journal créé dans ce pays par un Français en contravention aux lois qui y sont en vigueur, alors d'ailleurs qu'il s'abstient de prononcer les peines édictées par ces lois (Aix, 22 mars 1872, aff. de Maillard de Marafy, D. P. 73. 2. 126. Comp. Crim. rej. 28 nov. 1857, aff. Noguès, D. P. 58. 1. 92. V. *suprà*, v° *Consuls*, n° 45).

58. Les consuls de France n'ont pas seulement le droit de poursuivre la répression des crimes et délits commis dans les Echelles du Levant par des Français au préjudice des Français; ils ont également le droit de faire arrêter et de renvoyer en France les sujets français prévenus de crimes et délits commis en France (Crim. rej. 18 déc. 1858, aff. Bernard, D. P. 72. 5. 161; Crim. cass. 1er déc. 1887, aff. Mouvet, D. P. 88. 1. 89). En effet, l'art. 82 de l'édit de 1778 leur donne le pouvoir de faire arrêter et de renvoyer en France tout sujet français qui, par sa mauvaise conduite ou ses intrigues, pourrait être nuisible au bien général; et il serait inadmissible que ce droit leur fût refusé à l'égard d'un Français qui, après avoir commis en France un crime ou un délit, viendrait se réfugier dans un pays du Levant pour se dérober aux poursuites dont il est l'objet (V. conf. Féraud-Giraud, *op. cit.*, t. 2, p. 93). Le Français arrêté dans ces conditions et embarqué par l'ordre du consul n'est pas extradé, et il n'y a pas lieu, par conséquent, d'observer à son égard les formalités de l'extradition (Arrêt précité du 1er déc. 1887). Mais la juridiction des consuls ne peut s'exercer dans ces conditions que vis-à-vis des Français; si donc le prévenu arrêté prétend ne pas être de nationalité française, une question préjudicielle d'extranéité s'élève et doit être préalablement résolue par l'autorité compétente (Même arrêt. V. *suprà*, v° *Consuls*, n° 46).

59. Ainsi que nous l'avons exposé au *Rép.* v° *Consuls*, n° 90, les art. 1er à 36 de la loi de 1836 contiennent les règles d'instruction que le consul doit suivre en matière criminelle. Aux termes de l'art. 19, le consul remplit, en règle générale, les fonctions de juge d'instruction; mais, à Constantinople, ces fonctions ont été confiées au chancelier par une ordonnance du 5 juill. 1842. Le consul est saisi, soit par plainte, soit par constitution de partie civile (art. 3), soit par la clameur publique (art. 4), soit par le rapport des agents consulaires qui jouent auprès de lui le rôle d'officiers de police judiciaire (art. 7). Sauf le cas de flagrant délit, ces agents ne peuvent faire aucune visite ou perquisition au domicile de l'inculpé sans l'autorisation spéciale du consul.

60. L'arrestation des prévenus ne peut être ordonnée par le consul que lorsqu'elle est indispensable pour assurer la répression. L'art. 8 ne l'autorise que dans les cas suivants : 1° s'il s'agit d'un crime; 2° s'il s'agit d'un délit emportant la peine d'emprisonnement et si, dans ce dernier cas, le prévenu n'est pas immatriculé soit comme chef actuel ou ancien, soit comme gérant d'un établissement commercial. En cas de prévention de délit, la mise en liberté provisoire peut même être toujours prononcée moyennant caution (art. 9).

Les prévenus arrêtés dans le Levant ne peuvent revendiquer le bénéfice des dispositions des lois postérieures à la loi de 1836, et notamment de celle du 14 juill. 1865 (D. P. 65. 4. 145) (Féraud-Giraud, *op. cit.*, t. 2, p. 369).

61. L'inculpé placé sous mandat d'amener doit autant que possible être interrogé dans les vingt-quatre heures par le consul (art. 10). Celui qui n'a pas été mis en état d'arrestation est assigné aux jour et heure indiqués par le consul dans son ordonnance. C'est également le consul qui saisit les pièces à conviction, et qui recueille les dépositions. Les témoins sont appelés par le chancelier, lorsqu'ils sont Français, par l'intermédiaire de leur consul, lorsqu'ils sont étrangers, ou des autorités locales, lorsqu'ils sont indigènes (art. 17).

62. L'information peut se terminer soit par une ordonnance de non-lieu, soit par une ordonnance de renvoi devant le tribunal consulaire statuant comme chambre du conseil, soit, lorsqu'il y a indice de crime passible d'une peine afflictive et infamante, par une ordonnance aux fins de procéder au récolement ou à la confrontation (art. 20). — Le *récolement* et la *confrontation* sont des formalités empruntées à notre ancienne procédure et qui n'ont plus de raison d'être dans la métropole, où le jugement n'est rendu qu'après un débat oral et contradictoire, mais que le législateur a jugé nécessaire de maintenir dans le Levant comme une garantie pour les inculpés. Le *récolement* consiste dans la lecture de sa déposition faite séparément et en particulier à chaque témoin, avec interpellation de déclarer s'il n'y veut rien ajouter ou retrancher et s'il y persiste (art. 24). La *confrontation* qui suit le récolement consiste à lire la déposition du témoin au prévenu, en provoquant leurs observations respectives (art. 26).

63. Lorsque l'instruction est terminée, l'affaire est soumise au tribunal consulaire. Ce tribunal composé du consul et de deux Français notables, choisis par lui dans le ressort, joue le rôle des anciennes chambres du conseil, la loi du 17 juill. 1856 (D. P. 56. 4. 123) qui a fait passer les pouvoirs de ces chambres aux juges d'instruction n'ayant abrogé ni explicitement ni implicitement la législation spéciale aux Echelles du Levant (Féraud-Giraud, *op. cit.*, t. 2, p. 389). La loi ne détermine pas les conditions que doivent remplir les Français pour être considérés comme notables. M. Féraud-Giraud estime que, par une induction tirée de l'art. 8 de la loi de 1836 (V. *suprà*, n° 60), il faut reconnaître à tout Français immatriculé comme chef ou gérant d'un établissement commercial la qualité de notable. La liste des notables doit être arrêtée au mois de décembre de chaque année, avant la désignation des deux asseseurs et transmise au département des affaires étrangères (Circ. min. aff. étrang., 15 juill. 1836).

Les deux notables appelés à faire partie du tribunal consulaire sont désignés d'avance pour toute l'année et doivent prêter serment (art. 38 et 39).

S'il est impossible de trouver des notables, le consul peut statuer seul, à la charge de faire mention de cette impossibilité dans ses ordonnances et jugements (art. 40) (Comp. *suprà*, n° 30).

64. Le tribunal consulaire peut soit rendre une ordonnance de non-lieu, si le fait ne présente ni contravention, ni délit, ni crime, ou s'il n'existe pas de charges suffisantes contre l'inculpé (art. 41), soit renvoyer le prévenu à l'audience, s'il reconnaît qu'il y a contravention ou délit (art. 41 et 42), soit décerner une ordonnance de prise de corps, si le fait emporte peine afflictive ou infamante ou si la prévention est suffisamment établie (art. 43). Dans ce dernier cas, l'inculpé est renvoyé en France et la chambre des mises en accusation de la cour d'Aix statue (art. 64).

65. Les ordonnances du tribunal consulaire peuvent être frappées d'opposition soit par la partie civile, soit par le procureur général de la cour d'Aix devant la chambre des mises en accusation de cette cour. L'opposition de la partie civile doit être déclarée par elle à la chancellerie du consulat dans le délai de trois jours, à partir de la signification qui lui sera faite de cette ordonnance (art. 44). L'opposition du procureur général doit être déclarée dans les six mois de la date de l'ordonnance (art. 45 et 79).

66. Les art. 46 et 63 de la loi du 28 mai 1836 sont relatifs au jugement des contraventions et délits, ainsi qu'on l'a vu au *Rép.* v° *Consuls*, nos 91 et 92. Le consul statue seul sur les contraventions de police. Il est saisi soit par citation directe, soit par renvoi du tribunal consulaire (art. 46). En pareille matière, ses décisions sont définitives et sans appel. Lorsqu'il y a partie civile et que la demande en réparation excède 150 fr., le consul renvoie la partie à se pourvoir à fins civiles et statue néanmoins sur la contravention (art. 54).

67. Le tribunal consulaire composé, ainsi que nous l'avons dit *suprà*, n° 63, du consul et de deux notables, est saisi de la connaissance des délits, soit par citation directe, soit par suite de renvoi. Il procède conformément aux règles du code d'instruction criminelle résumées dans les art. 49 et suiv. de la loi du 28 mai 1836. Cette loi a apporté une innovation considérable dans les usages du Levant en consacrant le principe de la publicité des audiences; mais, pour éviter que l'application de ce principe ne devienne une occasion de désordre, l'art. 52 n'ouvre le lieu où siège le tribunal qu'aux Français immatriculés, en réservant expressément aux consuls la police de l'audience. Cette dernière disposition doit être entendue dans le sens le plus large, et elle autorise le consul, suivant les circontances, à limiter l'admission aux seuls notables et aux gens connus comme amis de l'ordre (Rapport à la Chambre des pairs, séance du 16 avril, *Moniteur* du 17, p. 764, 1re col.; Circ. 15 juill. 1856, n° 32; Féraud-Giraud, *op. cit.*, p. 405).

68. Les jugements rendus par les tribunaux consulaires en matière correctionnelle sont, comme on l'a vu au *Rép.* v° *Consuls*, n° 91, susceptibles d'appel devant la cour d'Aix. Nous avons indiqué *ibid.*, n° 92, les formes de cet appel et de la procédure sur appel d'après les art. 56 à 63 de la loi du 28 mai 1836.

69. On a vu au *Rép.* v° *Consuls*, n° 92, que lorsque le tribunal consulaire a déclaré que le fait emporte peine afflictive ou infamante et que l'ordonnance de prise du corps a été notifiée au prévenu, celui-ci est embarqué sur le premier navire français destiné à faire retour en France, et est renvoyé avec la procédure et les pièces de conviction au procureur général près la cour d'appel d'Aix. Si la mise en accusation est ordonnée, on a dit au *Rép.* v° *Consuls*.

n° 92, que l'accusé doit être traduit devant la première chambre et la chambre des appels de police correctionnelle réunies de la cour d'Aix, sans que jamais le nombre des membres des deux chambres réunies puisse être moindre de douze (art. 65 et 66). Nous avons également indiqué les causes qui ont déterminé le législateur à écarter en cette matière l'intervention du jury. Ces considérations n'ont toutefois pas arrêté le législateur belge qui, par une loi de 1851, a déféré à la cour d'assises du Brabant les inculpés de crimes commis en pays hors chrétienté (Benoit, *op. cit.*, p. 44).

70. Le recours en cassation est ouvert contre les arrêts de la cour d'Aix statuant, ainsi qu'il vient d'être dit, en matière criminelle, de même que contre les arrêts rendus par cette cour en matière correctionnelle, sur appel des jugements des tribunaux consulaires (art. 76).

71. L'art. 75 de la loi de 1836 dispose que les contraventions, les délits et les crimes commis par des Français dans les Echelles du Levant seront punis des peines portées par les lois françaises. Il n'est pas douteux que cette disposition doit être entendue en ce sens que ces faits seront qualifiés comme ils le seraient s'ils s'étaient accomplis en France (Crim. rej. 5 janv. 1884, aff. Picard, D. P. 84. 1. 432). Il a été décidé, en conséquence, que les faits de contrefaçon et d'altération en Egypte de monnaies égyptiennes, ainsi que les faits d'émission en Egypte de ces monnaies contrefaites ou altérées, sont punissables des peines édictées par l'art. 133 c. pén., encore que cet article ne s'applique expressément qu'à des actes accomplis en France (Même arrêt. V. *suprà*, v° *Consuls*, n° 48).

72. L'art. 75 donne aux tribunaux consulaires, comme on l'a vu au *Rép.* v° *Consuls*, n° 92, en matière correctionnelle et de simple police, la faculté de convertir la peine d'emprisonnement en une amende spéciale, calculée à raison de 10 fr. au plus par chacun des jours de l'emprisonnement prononcé. Dans un discours de rentrée prononcé le 3 nov. 1858 à la cour d'appel d'Aix, M. de Gabrielli, alors avocat général, a critiqué cette disposition dans laquelle il voit « comme un reflet des mœurs turques, et la dernière trace dans les lois d'un peuple civilisé du rachat des peines à prix d'or ». Il constate, d'ailleurs, qu'elle est assez rarement appliquée. Dans tous les cas, la substitution qu'elle autorise ne peut s'effectuer qu'en vertu d'une disposition expresse du jugement même et ne saurait être prononcée postérieurement (Circ. min. aff. étrang. 15 juill. 1836).

73. M. Féraud-Giraud, *op. cit.*, t. 2, p. 433, cite un jugement du tribunal consulaire d'Alexandrie du 12 juin 1865, qui prononce la peine de la surveillance de la haute police contre un individu condamné à trois mois d'emprisonnement pour vagabondage. Ainsi qu'il le fait observer, aucune exception à l'application des lois pénales édictées par nos codes n'étant faite en ce qui concerne la surveillance, il est difficile de contester aux tribunaux consulaires le droit de la prononcer.

ART. 4. — *Du droit de police des consuls dans les Echelles du Levant.*

74. L'édit de 1778 a, comme on l'a vu au *Rép.* v° *Consuls*, n° 68, conféré à nos consuls dans les Echelles du Levant des pouvoirs de police très étendus. L'art. 82 les autorise à faire embarquer et renvoyer en France tout Français qui, par sa mauvaise conduite et ses intrigues, pourrait être nuisible au bien général (V. *suprà*, n° 58). L'art. 83 leur permet même de donner par écrit au capitaine du navire sur lequel est embarqué un sujet dangereux l'ordre de le faire détenir dans le lieu de débarquement jusqu'à ce qu'il ait pris à son égard les ordres ministériels. Il résulte de la discussion de la loi de 1836 à la Chambre des députés que l'art. 83 est virtuellement abrogé comme incompatible avec les principes de la Charte et avec les idées actuelles ; mais que l'art. 82 a conservé toute sa force et qu'on doit se soumettre à ses prescriptions (V. conf. Féraud-Giraud, *op. cit.*, t. 2, p. 88 ; Pouget, *Principes de droit maritime*, t. 1, p. 388 ; Caumont, *Dictionnaire*, v° *Consul*, n° 47 ; Cons. d'Et. 15 mars 1855, aff. Yomtob Lévy, D. P. 55. 3. 54). Le droit de haute police conféré aux consuls de France dans les Echelles du Levant par les dispositions précitées a, d'ailleurs, reçu une sanction nouvelle de l'art. 16 de la loi du 8 juill. 1852 qui en investit les consuls de France en Chine et dans les Etats de l'Iman de Mascate.

75. Le Sénat a également reconnu, dans sa séance du 30 mai 1865 (*Moniteur* du 31), que l'art. 82 de l'édit de 1778 n'avait pas cessé d'être en vigueur, à l'occasion de la pétition d'un M. B... qui se plaignait de l'expulsion dont il avait été l'objet. M. le conseiller d'Etat Marchand, commissaire du Gouvernement, a établi que le droit d'expulsion accordé aux consuls était corrélatif au droit de protection ; qu'il résultait non seulement de l'art. 82 de l'édit de juin 1778, mais de la loi du 28 mai 1836, qui l'avait confirmé ; qu'il avait été appliqué à toutes les époques et par tous les Gouvernements.

76. Sous l'empire de l'ordonnance de 1681, les consuls ne pouvaient expulser un Français des Echelles qu'après information et sur l'avis des députés de la nation. Aujourd'hui, conformément à l'édit de 1778, le consul prononce seul l'expulsion, et sa décision, qu'il fait connaître d'ordinaire à l'intéressé par l'entremise d'un drogman, n'est pas motivée (Féraud-Giraud, *op. cit.*, t. 2, p. 89). L'ordre du consul peut être déféré par l'individu expulsé à l'appréciation du ministre des affaires étrangères ; mais la décision ministérielle qui confirme cet ordre ne saurait être attaquée devant le conseil d'Etat par la voie contentieuse (Cons. d'Et. 15 mars 1855, cité *suprà*, n° 74 ; 8 déc. 1882, aff. Laffon, D. P. 84. 3. 69. V. *suprà*, v° *Consuls*, n° 28). — Le tribunal consulaire statuant sur un litige privé ne peut ordonner que l'une des parties sera expulsée de l'Echelle, ni que le séjour lui en sera interdit (Aix, 29 déc. 1865, aff. Davesne, cité par Féraud-Giraud, *op. cit.*, t. 2, p. 91).

Table sommaire

des matières contenues dans le Supplément et le Répertoire.

(Les chiffres précédés de la lettre *S* renvoient au Supplément ; les chiffres précédés de la lettre *R* renvoient au Répertoire.)

Table chronologique des Lois, Arrêts, etc.

1875. 17 déc. Loi. 12 c., p. 784.
1878. ... Traité. 4 c.
—5 sept. Décr. p. 784.
1881. 12 mai. Traité. 6 c.
1882. 8 déc. Cons. d'Ét. 76 c.
—20 déc. Loi. 15 c., p. 784.
1883. 19 janv. Traité. 4 c.
—27 mars. Loi. 6 c., 8 c., p. 784.
—14 juin. Décr. 15 c., p. 784.
—17 juill. Loi. p. 784.
—18 juill. Décr. p. 784.
—31 déc. Ordre. 8 c.
1884. 5 janv. Crim. 71 c.
—25 janv. Protocole. 8 c.
—7 juin. Loi. 8 c.
—15 juill. Décr. 8 c., p. 784.
—31 juill. Décr. 6 c.
1885. 5 juill. Décr. 7 c., p. 784.
—11 nov. Civ. 45 c.
1886. 11 mars. Décr. 20 c., p. 784.
1887. 1er déc. Crim. 58 c.

ÉCHENILLAGE. — V. *Contravention-contraventions de police;* — *Rép.* eod. v°, nos 174 et suiv.

ÉCHOUEMENT. — V. outre les renvois mentionnés au *Répertoire : infrà*, vis *Organisation maritime ; Prises maritimes ;* — *Rép.* vis *Organisation maritime*, nos 656, 713 et suiv., 722, 903 et suiv.; *Prises maritimes*, nos 27 et suiv.

ÉCLAIRAGE. — V. *Commune; Travaux publics; Voirie par terre; Voiture-voiture publique;* — *Rép.* vis *Commune*, nos 932 et suiv., 1033 et suiv.; *Travaux publics*, n° 1280 ; *Voirie par terre*, nos 1707 et suiv.; *Voiture-voiture publique*, nos 120 et suiv.

ÉCOLE. — V. *Organisation de l'instruction publique;* — *Rép.* eod. v°.

V. aussi *suprà*, vis *Conseil d'Etat*, nos 203 et suiv.; *Dispositions entre vifs et testamentaires*, nos 31 et suiv.; *Domaine de l'Etat*, n° 12; *infrà*, vis *Organisation de l'Algérie; Organisation maritime ; Organisation militaire.*

ÉCONOMIE POLITIQUE. — **1.** On a donné au *Répertoire* un véritable traité élémentaire d'économie politique; nous n'avons l'intention ni de le refaire, ni même, à proprement parler, de le compléter. L'économie politique a été l'objet, depuis quarante ans, de publications innombrables, et les systèmes se sont multipliés sur les différentes questions que cette science a pour objet. Présenter un tableau complet de l'état actuel des doctrines économiques et de leurs divergences, et y joindre la critique des doctrines, serait un travail d'une trop vaste étendue, et en dehors du cadre dans lequel nous devons nous renfermer. Aussi nous bornerons-nous à indiquer les questions qui se sont fait jour ou ont pris un intérêt nouveau dans le domaine économique, et à donner la liste des principaux ouvrages, généraux ou spéciaux où l'on trouvera, pour étudier les problèmes de l'économie politique, tous les éléments que peut offrir l'état actuel de la science.

Division.

ART. 1er. — *Notions générales. — Historique. — Tendances principales* (*Rép.* nos 2 à 28).

2. Les économistes sont divisés aujourd'hui en plusieurs écoles en dehors desquelles se placent en outre un certain nombre d'indépendants. — L'école qui compte encore le plus d'adhérents est l'école classique ou libérale, issue des économistes du 18e siècle. Ceux-ci ont subi, dans une large mesure, l'influence de la philosophie en vogue au temps où ils écrivaient; ils se sont inspirés du système de la nature ; c'est ce qui les a conduits à faire de la liberté du travail, considérée comme un droit naturel le fondement de tout leur système économique. Liberté du travail et libre concurrence, telles sont les bases sur lesquelles ils ont cru pouvoir faire reposer toute la science économique.

L'expérience a paru tout d'abord confirmer leur doctrine; le système de contrainte et de réglementation qui gouvernait le monde économique au 18e siècle n'avait alors que de fâcheux résultats; la réglementation, pleinement justifiée et intelligemment faite au siècle précédent, avait été poussée à l'excès et avait entravé tout progrès; l'abaissement des barrières, la suppression des maîtrises et jurandes, l'abolition des privilèges permirent aux inventions de se développer et coïncidèrent avec de remarquables progrès dans l'industrie. Les économistes virent dans ces phénomènes la preuve de la justesse de leur théorie; l'intérêt personnel stimulé par la concurrence, l'individualisme favorisé par la liberté devint ainsi de plus en plus, à leurs yeux, un principe absolu, appuyé sur la double autorité de la raison et de l'expérience.

3. En préconisant l'individualisme, les économistes du 18e siècle et leurs successeurs supposaient que les intérêts, contraires en apparence, des différents individus s'harmoniseraient naturellement, que leurs efforts se coordonneraient d'eux-mêmes, et qu'il suffirait de permettre à chacun d'agir librement pour que l'état social atteignît de lui-même le plus haut degré de prospérité. L'exagération de ce système a provoqué une réaction en sens inverse. Les socialistes ont montré les abus que peut entraîner l'individualisme : la liberté absolue favorise les forts au détriment des faibles, et la concurrence illimitée engendre des misères et des injustices sociales. Préoccupés surtout de l'intérêt social, les socialistes lui sacrifient l'intérêt individuel et cherchent dans l'intervention prépondérante des pouvoirs collectifs, Etats, communes, corporations, le remède aux maux qu'entraîne le conflit des intérêts individuels abandonnés à eux-mêmes.

La partie critique des divers systèmes socialistes contient assurément une part de vérité; mais il importe de se mettre en garde contre un procédé fréquent chez les écrivains socialistes, procédé qui consiste à construire une série de raisonnements sur une proposition empruntée aux économistes de l'école libérale, pour en déduire des conclusions opposées à celles de cette école, mais sans discuter ni vérifier la valeur de cette proposition initiale, souvent contestable ou inexacte. C'est ainsi, notamment, que l'opinion émise par Turgot sur les salaires a servi de point de départ à la théorie, devenue célèbre sous le nom de *loi d'airain*, formulée par le socialiste allemand Lassalle.

Quand il s'agit de construire, de former un plan de réorganisation économique, les socialistes sont en général beaucoup moins heureux que lorsqu'ils se bornent à critiquer. Les divergences sont, d'ailleurs, nombreuses parmi eux, et la distance est grande entre le communisme ou le collectivisme et le socialisme d'Etat.

4. On désigne souvent sous le nom de *socialisme chrétien* un ensemble de doctrines et de tendances qui se séparent très nettement du socialisme proprement dit en ce que ses partisans ne songent nullement à détruire les institutions qui forment la base des sociétés modernes, telles que la propriété, l'hérédité et le salariat, mais simplement à en corriger les abus, en réagissant contre les excès de l'individualisme au moyen d'associations professionnelles entre patrons et ouvriers, de l'exercice du patronage par les classes dirigeantes; ils se rapprochent toutefois des écoles socialistes en ce qu'ils demandent à l'Etat d'intervenir dans une mesure assez large pour protéger les faibles.

5. L'école historique, qui a pris naissance en Allemagne à une époque assez récente, se distingue surtout par son scepticisme à l'égard des lois naturelles et par sa méthode qu'elle prétend réduire exclusivement à l'observation des faits. Elle considère qu'il y a eu des sociétés prospères et en progrès au point de vue économique sous d'autres régimes que la liberté du travail et la concurrence illimitée; elle en conclut que faire de ce double principe la loi nécessaire du progrès économique, c'est donner à la science une base trop étroite et inexacte; frappée peut-être à l'excès de la multiplicité et de la complexité des causes qui agissent dans le domaine économique, elle doute de la possibilité d'en dégager des lois générales, elle se contente, par suite, d'étudier la série des « états économiques » différents selon les temps et les lieux, et de rechercher quel serait actuellement le meilleur état économique approprié à telle ou telle nation. N'ayant nulle foi dans les lois naturelles, elle incline à reconnaître au pouvoir social une grande influence dans le domaine économique et n'éprouve aucune répugnance à réclamer l'intervention de l'Etat. « Les lois dont s'occupe l'économie politique, dit un de ses partisans, ne sont pas les lois de la nature; ce sont celles qu'édicte le législateur. Les unes échappent à la volonté de l'homme, les autres en émanent » (de Laveleye, *Eléments d'économie politique*, p. 17).

6. Après cet aperçu rapide des principales tendances qui se manifestent en économie politique, il nous reste à indiquer les ouvrages généraux où l'on pourra trouver l'exposé des doctrines différentes qu'inspirent ces tendances diverses; nous énumérerons à part ceux que l'on ne peut rattacher aux écoles dont nous venons de dessiner à grands traits les principaux caractères. Pour ce qui concerne les questions spéciales que soulèvent les diverses parties de l'économie politique, nous indiquerons les ouvrages qui en ont traité d'une façon particulière, en passant rapidement en revue, selon l'ordre suivi au *Répertoire*, les divisions classiques de l'économie politique et les problèmes qu'elles soulèvent actuellement.

7. Les doctrines de l'école libérale sont exposées dans un grand nombre de traités généraux. Nous citerons notamment : G. de Molinari, *Cours d'économie politique*, 2e éd., 2 vol. 1863; *Les lois naturelles de l'économie politique*, 1887; Frédéric Passy, *Leçons d'économie politique faites à Montpellier*, recueillies par Emile Bertin et Paul Glaize, 2 vol., 1861; A. Batbie, *Nouveau cours d'économie politique professé à la Faculté de droit de Paris*, 2 vol., 1865; Courcelle-Seneuil, *Traité théorique et pratique d'économie politique*, 2e éd., 2 vol., 1867; Joseph Garnier, *Traité d'économie politique sociale et industrielle*, 7e éd., 1872; John Stuart Mill, *Principes d'économie politique avec quelques-unes de leurs applications à l'économie sociale*, traduit par H. Dussard et Courcelle-Seneuil, 3e éd., 2 vol., 1872; Schulze-Delitsch, *Cours d'économie politique à l'usage des ouvriers et des artisans*, traduit par Benjamin Rampal, 1874; F. Passy, *Mélanges économiques*, 1857; E. Worms, *Exposé élémentaire de l'économie politique à l'usage des écoles*, 1879; Alfred Jourdan, *Cours analytique d'économie politique*, 1882; E. Levasseur, *Précis d'économie politique*, 1883; Yves Guyot, *La science économique*, 1881; Baudrillart, *Philosophie de l'économie politique*, *Des rapports de l'économie politique et de la morale*, 1883; Jourdan, *Des rapports entre le droit et l'économie politique*, 1884; Ed. Villey, *Traité élémentaire d'économie politique et de législation économique*, 1885; Paul Leroy-Beaulieu, *Précis d'économie politique*, 1888; Maurice Block, *Les progrès de la science économique depuis Adam Smith*, *Revision des doctrines économiques*, 1890.

8. L'exposé des théories socialistes se trouve dans deux catégories d'ouvrages : les uns ont été écrits par des socialistes; les autres émanent d'adversaires du socialisme, joignent la critique à l'exposition des doctrines, et offrent parfois l'avantage de présenter un tableau d'ensemble des divers systèmes socialistes. Parmi les premiers, ceux qui ont donné la plus vive impulsion au socialisme révolutionnaire sont: *Le capital* de Karl Marx, traduction de J. Roy, 1873, et *Monsieur Schulze Delitsch, le Julien économique, ou capital et travail*, de Ferdinand Lassalle, traduction française par B. Malon, 1879. On peut y joindre : B. Malon, *Histoire critique de l'économie politique; La question sociale*, 1876; *Histoire du socialisme depuis ses origines jusqu'à nos jours*, 1879; *Histoire du socialisme depuis les temps les plus reculés jusqu'à nos jours*, 5 vol., 1880-1885; *Manuel d'économie sociale*, 1883; Colins, *Science sociale*, 7 vol.; André Godin, *Le gouvernement, ce qu'il a été, ce qu'il doit être et le vrai socialisme en action*, 1883; Schäffle, *La quintessence du socialisme*, traduction de l'allemand, 1880. Parmi les seconds, on peut consulter, entre autres : Louis Reybaud, *Etudes sur les réformateurs ou socialistes modernes*, 7e éd., 1864, 2 vol.; Alfred Sudre, *Histoire du communisme ou réfutation historique des utopies socialistes*; Léon Walras, *L'économie politique et la justice, examen critique et réfutation des doctrines économiques de P.-J. Proudhon*, 1860; E. de Laveleye, *Le socialisme contemporain*, 1883; Paul Leroy-Beaulieu, *Le collectivisme*, 1884; Gabriel Deville, *Le capital de Karl Marx, résumé et accompagné d'un aperçu sur le socialisme scientifique*, 1883; abbé Winterer, *Le danger social ou deux années de socialisme en Europe et en Amérique*, 1885; *Le socialisme contemporain*, 1878; Léon Say, *Le socialisme d'Etat*, 1884; Claudio Jannet, *Le socialisme d'Etat et la réforme sociale*, 1889.

9. L'école qualifiée tantôt d'école catholique, tantôt d'école socialiste chrétienne, est représentée surtout par MM. Ch. Périn, *De la richesse dans les sociétés chrétiennes*, 2e éd., 1868, 2 vol.; *Les doctrines économiques depuis un siècle*, 1880; *Le socialisme chrétien*, 1879; V. Brants, *La lutte pour le pain quotidien*, 1885; de Metz-Noblat, *Les lois économiques*, 2e éd., 1879; Hervé-Bazin, *Traité élémentaire d'économie politique*, 2e éd., 1885; abbé Corbière, *L'économie sociale au point de vue chrétien*, 1863.

10. Parmi les principales œuvres de l'école historique, nous devons mentionner celles de G. Roscher, *Principes d'économie politique*, traduit par Wolowski; F. List, *Système national d'économie politique*, traduit par H. Richelot, 1851, et les ouvrages de M. de Laveleye (V. notamment les *Eléments d'économie politique*, par ce dernier auteur, 1882).

11. Enfin parmi les ouvrages généraux qui ne se rattachent point aux écoles que nous venons d'indiquer, nous citerons : Le Play, *La réforme sociale en France, déduite de l'observation comparée des peuples européens*, 5e éd., 3 vol., 1874; *Les ouvriers européens*, 2e éd., 6 vol., 1877-1879; *L'organisation du travail selon la coutume des ateliers et la loi du décalogue*, 1870; Th. Fünck-Brentano, *Nouveau précis d'économie politique*, 1887; Carey, *Principes de la science sociale*, traduit par Saint-Germain Leduc et A. Planche, 3 vol., 1861; Paul Cauwès, *Précis du cours d'économie politique professé à la Faculté de droit de Paris*, 2e éd., 2 vol., 1881-1882; Charles Gide, *Principes d'économie politique*, 2e éd., 1889; Louis Cossa, *Premiers éléments d'économie politique*, traduit d'après la huitième édition par Louis Paoli, revue par Ch. Gide, 1889; A.-E. Cherbuliez, *Précis de la science économigne et de ses principales applications*, 2 vol., 1862; Léon Walras, *Eléments d'économie politique pure*, 2 vol., 1874-1877; *Théorie mathématique de la richesse sociale*, 1883.

12. Les publications périodiques relatives à l'économie politique sont, en France, le *Journal des économistes*, *l'Economiste français*, la *Réforme sociale* et la *Revue d'économie politique*.

13. Sur l'histoire de l'économie politique, V. du Mesnil-Marigny, *Histoire de l'économie politique des anciens peuples de l'Inde, de l'Egypte, de la Judée et de la Grèce*, 3e éd., 1877; Ch. Périn, *Les doctrines économiques depuis un siècle*, 1880; G. de Molinari, *L'évolution économique au 19e siècle*, *Théorie du progrès*, 1880; V. Brants, *Coup d'œil sur les débuts de la science économique dans les écoles françaises aux 13e et 14e siècles*, 1881; H. Baudrillart, *Bodin et son temps*, 1853; Horn, *L'économie politique avant les physiocrates*, 1867.

ART. 2. — *De la production* (*Rép.* nos 29 à 89).

14. La production des richesses suppose le concours de trois agents, qui sont : les forces naturelles (désignées souvent sous l'expression unique et trop restreinte : *la terre*), le capital et le travail. Nul ne conteste la nécessité du concours de ces trois agents. De même, nul ne conteste l'efficacité de la division du travail ou de l'emploi des machines pour augmenter la production; on a seulement reproché aux économistes d'exagérer beaucoup la puissance des machines; on a fait remarquer que leur action est des plus faibles et ne paraît pas devoir beaucoup s'accroître, du moins avant longtemps, dans la partie la plus importante de la production qui est la production agricole (V. Gide, *Principes d'économie politique*, liv. 2, chap. 3, *Le progrès dans la production*, p. 378 et suiv.).

15. Si l'on s'accorde en principe sur le caractère des trois facteurs de la production, il n'en est plus de même, lorsqu'il s'agit de l'organisation du travail. La liberté des travailleurs (*Rép.* nos 50 et suiv.) est désormais chose acquise dans tous les pays de civilisation chrétienne; l'esclavage, dont les inconvénients au point de vue économique ont été maintes fois signalés, a été aboli dans les colonies anglaises en 1833, dans les colonies françaises en 1848, aux Etats-Unis à la suite de la guerre de Sécession, au Brésil en 1888 (V. notamment : Augustin Cochin, *L'abolition de l'esclavage*, 2 vol., 1861). — La liberté du travail (*Rép.* nos 54 et suiv.)

est au contraire très contestée; c'est, ainsi que nous l'avons dit *suprà*, nos 2 et suiv., un principe fondamental pour l'école libérale, la source de toutes les misères dans l'opinion des socialistes, une des formes de l'organisation économique pour l'école historique. La question de la liberté du travail est traitée dans les ouvrages généraux dont nous avons donné la liste. On y peut joindre: Courcelle-Seneuil, *Liberté ou socialisme, ou discussion des principes de l'organisation du travail industriel*, 1868; Hubert-Valleroux, *Les corporations d'arts et métiers et les syndicats professionnels en France et à l'étranger*, 1885; E. Reinaud, *Les syndicats professionnels, leur rôle historique et économique avant et depuis la reconnaissance légale; la loi du 21 mars 1884*.

16. L'association joue un grand rôle dans la production; elle peut ou bien réunir seulement des capitaux dont l'assemblage leur donne une puissance plus grande, ou bien associer en même temps les personnes et les capitaux. Le premier mode d'association se rencontre dans les sociétés par actions, auxquelles certains économistes attribuent une supériorité qui paraît exagérée (V. de Molinari, *L'évolution économique au 19e siècle;* Yves Guyot, *La science économique*). Le second revêt diverses formes: les associations coopératives de production sont des associations de travailleurs, qui unissent à la fois leurs capitaux et leur travail dans une entreprise productive; elles sont assez rares et jusqu'à présent n'ont guère réussi en France; les deux causes de leur petit nombre et de leurs fréquents échecs sont la difficulté pour les travailleurs de réunir les capitaux nécessaires et le défaut d'expérience et d'entente des affaires qui, compromettant la direction de l'entreprise, en amène l'insuccès. Les syndicats agricoles réunissent un certain nombre de propriétaires fonciers en vue d'opérations particulières, soit pour accomplir des travaux d'utilité commune, tels que des travaux d'irrigation, soit pour exploiter une industrie agricole (fabrication de fromages, élevage de bétail), soit pour acheter en gros et dans de meilleures conditions, au double point de vue du prix et de la qualité, des matières premières nécessaires à l'agriculture, telles que des engrais (V. *Rép.* nos 87 et suiv.; Hubert-Valleroux, *Les associations coopératives en France et à l'étranger*, 1884; V. du Bled, *Les syndicats professionnels et agricoles*, 1887).

17. Les questions relatives à la monnaie ont pris une importance particulière à la suite d'événements qui ont profondément troublé le marché monétaire; la question du monométallisme ou du bi-métallisme a été l'objet de discussions très vives. A la suite de la découverte des mines d'or de Californie (1847) et d'Australie (1851), la quantité d'or jetée sur le marché a augmenté dans de notables proportions et a entraîné par suite une dépréciation de ce métal; vers la même époque, le développement du commerce avec l'Inde amenait une raréfaction de l'argent, ce métal étant la seule monnaie en usage dans ce pays. La valeur respective de l'or et de l'argent a été ainsi modifiée; dans les pays comme la France, dont le système monétaire admet le double étalon d'or et d'argent, c'est-à-dire où les monnaies d'or et d'argent ont, au même titre, force libératoire indéfinie pour l'extinction des dettes, et où le rapport entre la valeur des deux métaux a été fixée par la loi d'une manière invariable, le rapport légal est devenu inexact et, conformément à la loi connue sous le nom de *loi de Gresham*, la monnaie dont la valeur réelle était supérieure à la valeur nominale, la monnaie d'or, a émigré, ne laissant dans la circulation intérieure que la monnaie dépréciée. Vers 1873, la découverte de mines d'argent considérables dans les Etats de l'Ouest américain a déterminé un revirement complet: l'argent, à son tour, a été déprécié; sa dépréciation a été encore augmentée par l'adoption en Allemagne de l'étalon d'or et la démonétisation de la monnaie d'argent qui en a été la conséquence. L'argent a perdu plus d'un quart de sa valeur et a afflué dans les pays bimétallistes, pendant que l'or s'y raréfiait. Pour remédier à ce danger, les Etats bimétallistes, réunis depuis 1865 dans l'Union latine, ont dû suspendre complètement la frappe de la monnaie d'argent (Convention du 5 nov. 1878). — Sur la question du monométallisme et du bimétallisme, on peut consulter, outre les traités généraux, les ouvrages suivants: H. Cernuschi, *La monnaie bimétallique*, 1876; *Le bimétallisme à quinze et demi, nécessaire pour le continent, pour les Etats-Unis, pour l'Angleterre*, 1881; *Le bi-métallisme en Angleterre*, 1879; *La diplomatie monétaire en 1878*; *Le grand procès de l'Union latine*, 1884; *Les assignats métalliques* (faisant suite au *Grand procès de l'Union latine*), 1885; *Les grandes puissances métalliques*, 1885; *Le Bland Bill*, 1878; E. de Laveleye, *La monnaie bimétallique*, 1876; *La question monétaire en 1880 et 1881* (4 brochures) 1881; *La crise et la contraction monétaire*, 1885; *Le marché monétaire et ses crises depuis cinquante ans*, 1865; H. Costes, *Les institutions monétaires de la France avant et depuis 1789*, 1885; Stanley Jevons, *La monnaie et le mécanisme de l'échange*, 1876; O. Noel, *La question monétaire et l'Union latine*, 1882; Léon Walras, *Théorie de la monnaie*, 1886.

18. La question du droit de propriété ou, pour parler plus exactement, du régime de la propriété, est une de celles sur lesquelles éclatent le plus vivement les divergences entre les diverses écoles. L'école libérale considère la propriété individuelle comme le régime le plus parfait. Les socialistes attaquent, au contraire, ce régime de la manière la plus vive. Le communisme, maintenant un peu démodé, réclamait la mise en commun de tous les biens. Le collectivisme distingue les capitaux destinés à la production, et les objets produits destinés à la consommation; il demande la propriété collective pour les premiers, la socialisation des instruments de production, et admet la propriété individuelle pour les seconds.

Les partisans de la nationalisation du sol ne condamnent point le régime de la propriété individuelle pour les instruments de production, mais ne veulent pas l'admettre en ce qui concerne la terre. Dans leur opinion, la terre dont l'étendue est limitée acquiert une plus-value constante par le seul effet de l'accroissement de la population, qui augmente la demande des produits du sol et, par suite leur valeur qui donne plus de prix aux terrains des villes dont la cherté croît à mesure que l'agglomération devient plus considérable; ils en concluent qu'il se produit, au profit de tous les détenteurs du sol, une plus-value due à des causes qui leur sont absolument étrangères et dont il est injuste de les laisser seuls profiter; c'est la société, c'est-à-dire l'Etat, qui, selon eux, doit bénéficier de cette plus-value. Deux procédés ont été proposés pour réaliser ce but: d'après les uns, l'Etat devrait être seul propriétaire du sol, sauf à en faire l'objet de concessions à long terme (cinquante, soixante-quinze ou quatre-vingt-dix-neuf ans), comme il fait, en certains pays, pour les chemins de fer: ce système, impraticable dans les pays où la propriété individuelle est anciennement établie, à cause des difficultés énormes d'un rachat, qui, pour être équitable, deviendrait ruineux pour l'Etat, paraît susceptible d'applications très heureuses à tous les points de vue dans les pays neufs où l'Etat fait des concessions de terre. D'après les autres, la propriété foncière devrait être frappée d'un impôt croissant, destiné à absorber la plus-value à mesure qu'elle se produirait: ce système serait extrêmement dangereux et risquerait de frapper aussi bien la plus-value due aux améliorations réalisées par le propriétaire que celle résultant de causes gratuites; il deviendrait facilement une confiscation déguisée.

L'école historique ne reconnaît pas à la propriété individuelle la valeur d'un principe absolu; elle a montré qu'à telle ou telle époque, suivant l'état social de tels ou tels pays, diverses formes de propriété avaient pu répondre utilement à leurs besoins. La propriété collective n'a jamais existé seule, il y a des objets qui sont nécessairement soumis à l'appropriation individuelle; mais l'étendue et l'importance de la propriété collective sont susceptibles de degrés divers. C'est à la terre qu'elle a été le plus souvent appliquée dans une mesure plus ou moins large; aujourd'hui encore, dans certains pays, la terre appartient à la commune et fait entre les habitants l'objet de partages périodiques; dans d'autres régions, elle est possédée en commun par chaque famille; enfin l'Etat ou les communes ont souvent des biens qu'ils font valoir, ou dont les communes partagent l'usage ou les produits entre les habitants.

Quant à l'école socialiste chrétienne, elle ne conteste pas la légitimité de la propriété individuelle; elle s'attache seulement à montrer que la propriété entraîne pour celui qui la détient des devoirs en même temps que des droits elle la considère comme une fonction sociale et non comme un moyen de jouir; le caractère élevé qu'elle donne ainsi surtout à la grande propriété foncière est de nature à exercer la meilleure influence au point de vue économique et social.

Les principaux ouvrages à consulter, en dehors des ouvrages généraux sur l'organisation de la propriété sont les suivants: Henri George, *Progrès et pauvreté*, traduit par Le Monnier, 1888; A. Wallace, *Nationalisation of Land*; E. de Laveleye, *La propriété et ses formes primitives*, 1874; *La propriété collective du sol en différents pays*, 1886; Anatole Leroy-Beaulieu, *L'empire des tsars et les Russes*, t. 1, liv. 8, 1883; de Foville, *Etudes économiques et statistiques sur la propriété foncière; le morcellement*, 1885.

19. Le régime de la propriété foncière soulève encore d'autres questions, en ce qui concerne sa transmission. Dans certains pays, la législation a eu pour effet de la concentrer en un petit nombre de mains; le fait est saillant surtout en Angleterre, où le droit d'aînesse et les substitutions ont amené la constitution de fortunes territoriales si considérables que la moitié de l'Angleterre et du pays de Galles est possédée par quatre mille cinq cents personnes, la moitié de l'Irlande par sept cent quarante-quatre personnes, et la moitié de l'Ecosse par soixante-dix personnes seulement (V. Gide, p. 502, note). — Les abus de cette concentration excessive ont été la cause déterminante du succès qu'ont rencontré dans le royaume britannique les théories sur la nationalisation du sol. — En France, au contraire, la loi tend à la division du sol par l'égalité des partages entre héritiers et à sa transmission facile par l'interdiction des substitutions, la limitation des biens de mainmorte. L'égalité des partages est vivement attaquée par l'école catholique et par celle de Le Play, à cause du morcellement excessif des héritages qu'elle peut entraîner, au grand préjudice des intérêts d'une bonne exploitation; le remède est demandé, d'une part, à l'abolition de la disposition de l'art. 826 c. civ. qui exige non seulement le partage égal, mais encore le partage en nature; d'autre part, à l'extension de la liberté testamentaire.

On a signalé également la contradiction de la loi française qui, d'une part, tend à assurer la facile transmission des héritages (les dispositions du code civil sont en ce sens) et qui, de l'autre, entrave cette transmission par l'énormité des droits fiscaux dont elle frappe toutes les mutations d'immeubles. Les avantages que présente une facile transmissibilité du sol ont poussé ses partisans à réclamer la mobilisation du sol, c'est-à-dire un système qui permette au propriétaire de vendre ou d'hypothéquer sa terre sans avoir de formalités à remplir. Ce système a été réalisé par l'*act Torrens*, actuellement en vigueur dans toutes les colonies australiennes et quelques autres colonies anglaises, et récemment introduit en Tunisie. Le système Torrens suppose: 1° un registre donnant en quelque sorte l'état civil de chaque immeuble, présentant, avec la description et le plan de chaque immeuble, son historique depuis l'époque où il est objet de propriété privée; — 2° Un titre reproduisant les mentions du registre et représentant l'immeuble; ce titre est remis entre les mains du propriétaire qui peut, au moyen d'un simple endossement, le céder ou l'engager et par là même céder ou engager l'immeuble qu'il représente.

On ne saurait se dissimuler qu'une trop grande facilité d'aliéner et surtout d'hypothéquer peut avoir de graves inconvénients pour une catégorie nombreuse de propriétaires, qui peuvent être séduits par les avantages du crédit sans en apercevoir nettement les dangers. — Dans certains pays, on a édicté des mesures en sens contraire, tendant à soustraire aux poursuites des créanciers une certaine étendue de terre, qui forme ainsi le patrimoine de la famille. De telles mesures limitent sans doute le crédit dont peut disposer le cultivateur; mais elles ont le grand avantage de le préserver par là même contre le danger de l'emprunt et d'assurer la conservation du foyer et le maintien de la petite propriété.

ART. 3. — *De l'échange* (*Rép.* n° 90 à 104).

20. L'échange est une des conditions de la vie sociale; il se multiplie à mesure que les besoins deviennent plus nombreux et que le développement de la division du travail diminue la variété des produits que chacun peut fournir en vue de la satisfaction de ses besoins. Le commerce n'a d'autre but que de faciliter les échanges; nul ne conteste les services qu'il rend, mais beaucoup estiment que ces services sont devenus trop coûteux par suite de la multiplication exagérée du nombre des personnes qui se livrent au commerce. Cette multiplication a eu pour effet de restreindre le nombre des opérations commerciales auxquelles chacun se livre, et le chiffre du bénéfice à prélever sur chacune de ces opérations a dû être augmenté; c'est la raison pour laquelle le prix de détail de certains objets est resté stationnaire ou a augmenté, alors que le prix auquel le producteur vend ces objets a considérablement baissé. Ce phénomène est particulièrement sensible en France en ce qui concerne la boucherie et la boulangerie (V. Gide, p. 192 et suiv.). On a proposé de remédier à cette situation par l'association soit des producteurs s'entendant pour vendre directement leurs produits au public (syndicats agricoles, par exemple), soit des consommateurs s'entendant pour acheter directement aux producteurs (sociétés coopératives de consommation). Les sociétés coopératives de consommation ont atteint un grand développement en Angleterre, où l'on en comptait, en 1879, plus de onze cents, avec 574000 membres et un avoir total de 144 millions (Cauwès, n° 935); elles sont encore peu nombreuses en France (V. *infrà*, n° 38). Les associations de producteurs pour la vente directe des produits sont en nombre tout à fait infime.

21. Les échanges ont été développés dans une énorme proportion par la révolution qui s'est opérée dans les moyens de transport (V. de Foville, *La transformation des moyens de transport et ses conséquences économiques et sociales*, 1880). Cette révolution a contribué, peut-être plus encore que l'impulsion libre-échangiste donnée par les économistes, à augmenter les échanges internationaux. Le commerce extérieur de la France (commerce spécial) atteignait, en 1883, les chiffres de 4804 millions à l'importation, 3452 millions à l'exportation, et s'élevait encore, en 1887, à 4271 millions pour l'importation et à 3320 millions pour l'exportation.

22. La question du libre-échange et de la protection est une des questions économiques les plus vivement discutées. Le libre-échange est, pour l'école libérale, un principe fondamental; depuis le 18e siècle, les économistes ne cessaient de réclamer la liberté commerciale et l'application du « laissez faire, laissez passer » dans les relations internationales aussi bien que dans les limites d'un même Etat. Les industriels et les hommes d'Etat se montraient beaucoup moins convaincus de l'excellence de cette formule et, en France, la politique douanière resta jusqu'en 1860 nettement protectionniste. Le 23 janv. 1860, un traité de commerce secrètement négocié avec l'Angleterre, ouvrit l'ère non pas du libre-échange absolu, mais d'une liberté plus grande par l'abaissement des tarifs de douane. Les traités de commerce conclus dans le même sens avec un certain nombre de puissances de 1861 à 1866 furent suivis d'une augmentation notable du commerce extérieur de la France. Les partisans du libre-échange y virent une confirmation évidente de l'exactitude de leurs théories. Cependant le mouvement libre-échangiste ne fut ni universel, ni de très longue durée. Dès 1867, au sortir de la guerre de Sécession, les Etats-Unis adoptaient une politique fortement protectionniste, et en 1879, M. de Bismarck engagea l'Allemagne dans la même voie. En 1881, le tarif général des douanes françaises a été refait dans un sens plus restrictif; en 1885 et 1887, les blés étrangers ont été frappés d'un droit de 3 fr., puis de 5 fr. par quintal; en 1888, la France a refusé de renouveler son traité de commerce avec l'Italie, et sa politique commerciale tend à devenir de plus en plus protectionniste.

En réalité, la question du libre-échange et de la protection n'existe pas dans la pratique; chaque Etat est, suivant les circonstances et les nécessités que lui impose la sauvegarde de ses intérêts, tantôt libre-échangiste, tantôt protectionniste, ou, pour mieux dire, presque toujours à la fois protectionniste pour certains produits, libre-échangiste pour d'autres; les Etats-Unis actuellement protègent leur industrie et ne demandent que le libre-échange pour leur agriculture. En ce qui concerne le système en lui-même, on a fait remarquer que le libre-échange serait le meilleur régime si chaque pays pouvait toujours employer les capitaux et le travail dont il dispose à la production exclusive des objets à l'égard desquels il se trouve dans les meilleures conditions de production; mais, en réalité, il n'en est pas ainsi, et un pays ne peut pas renoncer brusquement à telle ou telle industrie parce qu'une circonstance nouvelle a donné à un pays concurrent une supériorité contre laquelle la lutte est devenue au moins momentanément impossible. Le libre-échange absolu aurait, a-t-on dit, pour conséquence nécessaire des émigrations en quelque sorte périodiques correspondant à chaque changement dans les conditions respectives de la production dans les différents Etats, et ces émigrations, coûteuses en elles-mêmes, seraient forcément accompagnées de destructions considérables de capitaux devenus sans emploi par suite du déplacement des industries. Ces phénomènes qui se produisent dans l'intérieur des Etats, lorsque la situation respective de leurs diverses provinces vient à se modifier, auraient des conséquences plus étendues et plus graves si la protection, au moyen de droits de douane, n'en amortissait les effets dans les relations d'Etats à Etats. Outre que les déplacements d'industrie, s'opérant sur une plus vaste étendue, détermineraient des crises plus fréquentes et plus profondes, il s'ensuivrait des modifications telles, dans le rapport de la puissance des divers Etats, que le plus favorisé au point de vue économique ne tarderait pas à absorber ou tout au moins à dominer tous les autres; l'histoire du Zollverein allemand en fournit un exemple remarquable. Le libre-échange est favorable aux Etats qui possèdent une supériorité économique; c'est pourquoi les diverses nations doivent tendre à pouvoir supporter ce régime; si elles sont en mesure d'en profiter ou simplement de n'en pas souffrir, c'est en effet un signe de leur prospérité; mais un Etat qui se trouve dans des conditions de production inférieures ne peut, sans se ruiner, souscrire au libre-échange; la protection lui est nécessaire pour lui permettre de vivre et de perfectionner ses procédés, son régime du travail, afin d'être en mesure de soutenir de nouveau la concurrence de ses rivaux. — Telles sont les principales objections que soulève la doctrine du libre-échange. V. sur cette doctrine, sur celle de la protection et sur les traités de commerce, outre les traités généraux : Frédéric Passy, *La liberté du travail et les traités de commerce*, 1879; Michel Chevalier, *Examen du système commercial, connu sous le nom de système protecteur*, 1852; P. Clément, *Histoire du système protecteur en France depuis le ministère de Colbert jusqu'à la révolution de 1848*, 1854; L. Wolowski, *La liberté commerciale et les résultats du traité de commerce de 1860*, 1868; Jules Simon, *Le libre-échange*, 1870; duc Victor de Broglie, *Le libre-échange et l'impôt, études d'économie politique*, publiées par le duc A. de Broglie, 1879; du Mesnil Marigny, *L'économie politique devenue science exacte, ou les libre-échangistes et les protectionnistes conciliés*, 4e éd., 1883; Fournier de Flaix, *L'impôt sur le pain; la réaction protectionniste et les résultats des traités de commerce*, 1885; Léon Amé, *Etude sur les tarifs des douanes et sur les traités de commerce*, 1876; comte de Butenval, *Etablissement en France du premier tarif général de douanes*, 1876; *Politique économique et négociations commerciales du gouvernement de la République française pendant les années 1871, 1872, 1873*; O. Noel, *Histoire du commerce extérieur de la France depuis la révolution*, 1879; Rougier, *La liberté commerciale*, 1880; Fauconnier, *Protection et libre-échange*, 1879; de Laveleye, *Etudes sur la liberté du commerce international*; J. Garnier, *Notes et petits traités*, 2e éd., 1864; A. Amelin, *Le libre-échange absolu à l'intérieur et à la frontière*, 1884; Henri George, *Protection ou libre-échange*, traduit par L. Vossion.

23. Le système colonial, dont on a indiqué les grands traits au *Rép.* nos 94 et suiv., a été aboli dans les colonies anglaises en 1850 et dans les colonies françaises de 1861 à 1868. Les colonies sont libres d'échanger leurs produits avec qui bon leur semble, et la métropole peut acheter les produits exotiques où il lui plaît; certains produits coloniaux sont soumis aux droits de douane et subissent même l'application du tarif général; de leur côté, les colonies peuvent établir des taxes à l'importation, dites octrois de mer, sur les marchandises de provenance étrangère (V. *infrà*, v° *Organisation des colonies*).

24. Les institutions de crédit sont de puissants auxiliaires pour le commerce. On est toutefois trop porté à exagérer les effets du crédit; on le considère parfois comme un agent de la production au même titre que la terre ou le travail; or comme le fait observer M. Gide, p. 301, « le crédit n'est pas un agent de la production; il est, ce qui est fort différent, un mode spécial de production, tout comme l'échange, comme la division du travail. Il consiste à transférer une richesse, un capital d'une main dans une autre, mais transférer n'est pas créer; le crédit ne crée pas plus les capitaux que l'échange ne crée les marchandises » (*Rép.* nos 99 et suiv.).

Le commerce des capitaux est fait par les banquiers qui empruntent sous forme de dépôts et prêtent sous forme d'escompte; certaines banques font, en outre, des émissions de billets. Au moyen de ces billets, la banque qui en émet peut escompter des effets de commerce sans avoir en caisse les fonds qui représentent la valeur de ces effets; elle ne donne qu'un titre de créance en échange d'un titre de créance, mais un titre de créance plus commode en ce qu'il fait office de monnaie. — L'émission de billets permet à une banque d'étendre ses opérations sans augmenter ses capitaux. Certains admirateurs de la puissance du crédit en ont conclu à l'utilité de généraliser cette opération, et de laisser aux banques pleine liberté d'émettre des billets. Les essais qui ont été faits de ce régime aux Etats-Unis ont abouti à des désastres; la faculté d'émettre des billets n'est pas, en effet, sans danger; une banque peut émettre une quantité de billets hors de proportion avec ses capitaux disponibles et n'être plus en état de les rembourser à vue; elle peut les émettre en échange d'effets de commerce d'une valeur douteuse, et les bénéfices qu'elle poursuit ainsi peuvent se changer, par suite de l'insolvabilité des débiteurs de ces effets, en pertes considérables, non seulement pour la banque, mais aussi pour le public qui avait tout d'abord accepté sans défiance les billets. En fait, aujourd'hui, le système de la liberté absolue n'a plus cours: ou bien la faculté d'émission fait l'objet d'un monopole, et la banque investie de ce monopole procède à l'émission dans les conditions qu'elle juge convenables, ou bien le principe de la concurrence des banques pour l'émission des billets est corrigé par une réglementation sévère concernant cette émission. Le premier système est suivi en France (V. *suprà*, v° *Banque*, nos 21 et suiv.); le second est en vigueur aux Etats-Unis.

Sur la question des banques, V. notamment: Cauwès, t. 1, nos 624 et suiv.; Jourdan, p. 542 et suiv., et les ouvrages spéciaux qui suivent : Léon Rolland, *Les banques d'Allemagne, de Belgique, de Suisse et d'Italie*, 1858; Courcelle-Seneuil, *La banque libre; exposé des fonctions du commerce de banque et de son application à l'agriculture*, 1867; Louis Wolowski, *La banque d'Angleterre et les banques d'Ecosse*, 1867; *Le change et la circulation*, 1869; Clément Juglar, *Du change et de la liberté d'émission*, 1868; Horn, *La liberté des banques*; Walter Bagehot, *Lombard Street, ou le marché financier en Angleterre*, 1874; G. Cruchon, *Les banques dans l'antiquité*, 1879; H. Lefèvre, *Des opérations du commerce; l'art de payer et de recevoir; le change et la banque*, 1881; O. Noel, *La question de l'argent et les instruments de crédit dans la seconde moitié du 19e siècle*, 1882; *Les banques d'émission en Europe*, 1888; A. Courtois, *Histoire des banques en France*, 2e éd., 1881; G. Bousquet, *La Banque de France et les institutions de crédit*, 1885; Ed. Thaller, *Examen juridique du privilège d'émission de la Banque de France*, 1877; Clément Favarel, *Théorie du crédit*, 1875, 1880.

25. Les banques ne prêtent qu'aux personnes qui présentent des garanties de solvabilité; elles ne font pas d'avances à celles qui sont dépourvues de fortune. Pour rendre le crédit accessible aux classes ouvrières ou, pour être plus exact, aux ouvriers d'élite et aux petits artisans, on a fondé en certains pays, notamment en Ecosse, en Allemagne et en Italie, des banques populaires qui présentent des caractères spéciaux. L'idée fondamentale qui leur sert de base est que le crédit doit être mesuré à chacun suivant ses qualités personnelles, les garanties qu'il présente au point de vue du travail, de l'ordre et de l'économie, et le cautionnement donné par des personnes membres ou clients de la banque et présentant des garanties analogues. En Allemagne, ces banques sont des banques de crédit mutuel et tous les sociétaires sont solidairement responsables des engagements pris par la banque; lorsque l'un d'eux veut emprunter au delà de son apport et de ses versements, il doit fournir le cautionnement d'un ou de plusieurs autres sociétaires (V. sur les banques populaires: Batbie, *Le crédit populaire*, 1863; Fr. Vigano, *Banques populaires*, 1875; Claudio Jannet, *Le crédit populaire et les banques en Italie du 15e au 18e siècle* 1885; J. Schaar, *Les banques populaires ou les opérations coopératives du crédit en Belgique*, 1878).

26. Le crédit foncier a été développé en France par la constitution, en 1852, d'une société privilégiée (le Crédit foncier de France) destinée à faciliter aux propriétaires fonciers les emprunts qu'ils peuvent avoir besoin de faire pour améliorer leurs immeubles (V. *infrà*, v° *Sociétés de Crédit foncier*). En fait, le Crédit foncier n'a guère étendu ses opérations de prêts hypothécaires en dehors de la propriété urbaine et, pour celle-ci même, son action se restreint aux grandes villes. — La question du crédit agricole a été souvent agitée; le crédit agricole est certainement susceptible de rendre des services à l'agriculture, mais c'est une arme dont l'usage est très délicat et qui peut devenir dangereuse en des mains inhabiles; il semble qu'il ne puisse être pratiqué dans de bonnes conditions en France que par les syndicats agricoles; l'élément personnel y doit être d'une grande considération pour les mêmes raisons que lorsqu'il s'agit du crédit populaire. Sur le crédit agricole, V. outre les traités généraux, les publications suivantes: *Société nationale d'agriculture de France, Enquête sur le crédit agricole*, publiée par les soins de MM. Barral et Louis Passy, 2 vol., 1884; *Rapport sur le crédit agricole* par M. Josseau, 1885; Clément, *Le crédit agricole, recherches sur les moyens de l'établir*, 1887; J. Valserres, *Le crédit agricole et la Banque de France*, 1882. V. aussi la proposition de loi tendant à l'organisation du crédit agricole et populaire, déposée par M. Méline, député et plusieurs de ses collègues, le 10 mai 1890.

27. Les diverses fonctions économiques doivent être remplies dans une certaine proportion qu'il est très difficile de déterminer; si cette proportion n'est pas observée, l'équilibre est rompu et une crise éclate. L'excès de production qui entraîne de graves souffrances pour l'industrie où elle se produit n'est que la manifestation d'un défaut de proportion entre la puissance productive des diverses industries; l'une ne produit trop que parce que les autres n'ont pu assez accroître leur puissance pour permettre à ceux qui s'y adonnent de fournir la contre-valeur des produits qui ne peuvent s'écouler (V. sur les crises: Clément Juglar, *Des crises commerciales et de leur retour périodique*, 2e éd., 1889).

Art. 4. — *De la distribution de la richesse* (*Rép.* nos 105 à 118).

28. La distribution des richesses est la partie de l'économie politique qui soulève le plus de questions irritantes. On l'a considérée parfois comme étant d'importance secondaire; on a fait observer qu'elle ne donne lieu à difficulté qu'à raison de l'insuffisance de la production, insuffisance à raison de laquelle tous les besoins des hommes ne peuvent recevoir satisfaction. Mais alors même que la production serait plus considérable, les désirs et les besoins des hommes croîtraient dans des proportions sans doute plus grandes que les moyens destinés à les satisfaire; à côté des besoins impérieux, tels que ceux de l'alimentation, il en est beaucoup qui ne sont que relatifs et naissent du spectacle des dépenses, des goûts et des coutumes des classes riches. En tout cas, les questions de répartition sont celles qui touchent le plus vivement la grande majorité des hommes; à de rares exceptions près, chacun s'inquiète fort peu de savoir dans quelle mesure il contribue à la production totale des richesses, mais chacun se préoccupe vivement de la part qu'il doit avoir dans leur répartition. — Sur les problèmes qui se posent au sujet de cette répartition, les divergences sont complètes. Suivant les disciples de l'école libérale, l'organisation économique basée sur la liberté du travail et la libre concurrence amène naturellement une moindre inégalité des conditions (V. Leroy-Beaulieu, *Essai sur la répartition des richesses et la tendance à une moindre inégalité des conditions*, 1883); d'après les socialistes, elle a, au contraire, pour effet de rendre les riches de plus en plus riches et les pauvres toujours plus pauvres. Le contrat de salaire, que la plupart considèrent comme le contrat le plus naturel et le mieux justifié, est attaqué par les autres comme le signe d'une organisation vicieuse, qui désintéresse l'ouvrier des suites de l'entreprise à laquelle il apporte le concours de son travail et le met, d'ailleurs, par l'effet de la concurrence, à la merci du capitaliste qui l'exploite. Les phénomènes concernant la répartition des richesses sont d'une analyse fort délicate et ont un immense intérêt; si la production a une action incontestable sur la répartition, celle-ci à son tour réagit fortement sur la production; la manière dont s'opère la répartition influe, en effet, sur la nature des consommations, et, comme les consommations sont le but et la raison d'être de la production, elle influe par là même sur la direction que prend celle-ci.

29. La part du travail dans la répartition des richesses est ordinairement désignée sous le nom de *salaires*, parce que le salaire est aujourd'hui la forme de rémunération la plus répandue pour ceux qui n'apportent pas dans l'œuvre de la production d'autre élément que leur travail (*Rép.* nos 106 et suiv.). Trois théories ont essayé de déterminer avec précision les lois qui régissent le taux des salaires.

Ferdinand Lassalle, reproduisant et développant une idée émise par Turgot et par des économistes de l'école classique, a soutenu que les salaires ne peuvent jamais s'élever au delà du minimum nécessaire pour assurer la subsistance de l'ouvrier; la main-d'œuvre, dit-il, n'est dans l'organisation actuelle de la société qu'une marchandise soumise comme toutes les autres à la loi de la concurrence; or cette loi a pour effet de régler la valeur des marchandises d'après le coût de leur production, et le coût de la production, pour la *marchandise-travail*, est le strict nécessaire pour assurer la subsistance de la population ouvrière. D'après cette théorie, connue sous le nom de *loi d'airain des salaires*, nul effort ne pourrait améliorer la situation de la classe ouvrière; l'augmentation de productivité du travail n'élèverait point les salaires et ne profiterait qu'aux capitalistes; la restriction des dépenses de l'ouvrier due à une excessive sobriété amènerait une diminution de salaires et n'aurait pas d'autre effet que d'accroître les bénéfices du capital.

D'autres économistes soutiennent, au contraire, que le taux des salaires se règle d'après la productivité du travail; la main-d'œuvre, disent-ils, n'est pas une marchandise dont le prix se détermine d'après le coût de sa production, c'est un instrument de production dont la valeur dépend de sa puissance. Mais cette théorie ne tient pas assez compte d'un élément qui joue un rôle considérable dans la fixation du taux des salaires, à savoir, la concurrence que se font les travailleurs, le rapport qui existe entre leur nombre et la quantité de travail que peuvent utiliser les diverses industries.

La théorie dite du « fonds commun des salaires » s'appuie, au contraire, sur la loi de l'offre et la demande, mais prétend donner à cette loi une précision trop grande et une portée exagérée: elle admet que le salaire est déterminé par la division du capital circulant d'un pays (fonds des salaires), destiné à payer les ouvriers, par le nombre des travailleurs appelés à partager entre eux ce fonds; que, par suite, le taux des salaires ne peut s'élever que si le capital circulant ou fonds des salaires augmente par l'épargne sans que le nombre des ouvriers augmente dans une proportion correspondante; or, comme elle estime que la classe ouvrière croît proportionnellement plus vite que le fonds des salaires, elle conclut que le salaire arrive naturellement à se réduire au minimum nécessaire; elle aboutit donc au même point que la doctrine de Lassalle.

En réalité, des causes trop complexes agissent simultanément sur la détermination du taux des salaires pour qu'on puisse en formuler la loi avec précision. On ne peut guère déterminer que le minimum et le maximum entre lesquels peuvent se mouvoir les salaires. D'une manière générale, il est évident que le taux des salaires ne peut se maintenir au-dessous du nécessaire à l'entretien de la classe ouvrière; toutefois, on ne saurait se dissimuler qu'en certains cas, par suite de crises, d'inventions nouvelles ou autres causes, les salaires, ou tout au moins certains salaires tombent au-dessous du minimum nécessaire, ce qui entraîne la destruction lente de la population réduite à cet excès de misère. D'autre part, le taux des salaires ne peut s'élever d'une manière normale au-delà de la valeur produite par l'ouvrier; un taux plus élevé, ne laissant plus de bénéfices aux capitalistes et entrepreneurs, leur ferait abandonner des opérations sans profits; toutefois, d'une manière accidentelle, il peut arriver que, pour ne pas perdre intégralement des capitaux engagés dans une entreprise, les chefs d'industrie continuent à faire travailler dans leurs usines sans en retirer de bénéfice et même en subissant quelques pertes; les ouvriers touchent alors un salaire supérieur à la valeur créée par leur travail. Entre le minimum et le maximum de salaire ainsi déterminés, des causes multiples peuvent faire varier la rémunération de l'ouvrier; la coutume, les traditions, l'esprit d'équité, l'intervention des pouvoirs publics, les grèves sont autant d'éléments qui peuvent exercer une notable influence. L'intervention des pouvoirs publics est l'espoir des systèmes socialistes; elle peut être fort dangereuse, car elle est généralement maladroite, et elle risque d'être d'autant plus maladroite et, partant, d'autant plus dangereuse que l'état économique et social est plus compliqué, que les rouages de la production sont plus multipliés et que leur mécanisme est plus délicat. Les grèves sont également une arme dangereuse à la fois pour les patrons contre qui elles sont dirigées et pour les ouvriers qui y recourent; elles ne peuvent avoir de bons résultats pour les ouvriers que lorsque l'écart entre le prix de vente des produits de l'industrie où elle éclate et le taux des salaires est assez grand pour que ce dernier puisse être élevé sans trop absorber ou réduire les profits du capital et, par suite, sans compromettre l'avenir de cette industrie (V. sur ces questions, outre les ouvrages généraux mentionnés *suprà*, n°s 7 et suiv.: de Thünen, *Le salaire naturel et son rapport au taux de l'intérêt*, traduit de l'allemand par Mathieu Wolkoff, 1857; Paul Leroy-Beaulieu, *De l'état social et intellectuel des populations ouvrières et de son influence sur le taux des salaires*, 1868; Henri Fawcett, *Travail et salaires*, traduit par M. A. Raffalovich, 1884; Ed. Villey, *La question des salaires ou la question sociale*, 1887; comte O. d'Haussonville, *La vie et les salaires à Paris*, 1883; Emile Chevallier, *Les salaires au 19e siècle*, 1887; Beauregard, *Essai sur la théorie du salaire; La main-d'œuvre et son prix*, 1887; Ch. Renault, *Histoire des grèves*, 1887).

30. S'il ne peut être sérieusement question, dans le domaine pratique, d'abolir le régime du contrat de salaire, il n'est pas impossible de chercher à remédier à ses défauts, soit en le perfectionnant, soit en lui substituant d'autres combinaisons, soit, d'une manière plus générale, en développant certaines institutions favorables aux salariés. Le contrat de salaire a l'inconvénient de ne pas intéresser l'ouvrier, ou de ne l'intéresser que d'une manière très éloignée et peu sensible pour lui aux résultats de l'entreprise à laquelle il est attaché; le salaire à la tâche, dans les industries où ce mode de rétribution est possible, est le remède le plus simple à cet inconvénient, mais il a le défaut d'inviter l'ouvrier à négliger la qualité pour produire une plus grande quantité. Dans certaines industries, d'ingénieuses combinaisons de primes assurent à l'ouvrier des bénéfices correspondant à l'économie qu'il réalise dans les frais de production ou à l'exactitude avec laquelle il accomplit son service; ce système est employé notamment à l'égard des mécaniciens de chemins de fer. La participation aux bénéfices peut être encore un excellent stimulant; enfin la coopération peut, dans certains cas, remplacer le régime du salaire par celui de l'association.

Les dangers les plus graves peuvent résulter pour les classes ouvrières de l'excès de travail. Le législateur est intervenu, dans presque tous les pays civilisés, pour prévenir au moins en partie ces dangers, soit en limitant la durée du travail dans les usines même pour les adultes, soit en interdisant ou limitant le travail industriel seulement en ce qui concerne les enfants et les femmes dans certains cas déterminés (V. *infrà*, v° *Enfant*). L'école libérale est fort opposée à la limitation de la durée de travail pour les adultes; les autres écoles réclament l'intervention du législateur et, pour rendre cette intervention réellement efficace, on a demandé l'établissement d'une législation internationale du travail, afin que les pays où la limitation du travail serait obligatoire ne puissent pas se trouver de ce fait en état d'infériorité vis-à-vis de ceux où cette limitation ne serait pas imposée par la loi (V. *infrà*, v° *Industrie et commerce*).

La question de l'habitation a pour les ouvriers une importance capitale; si l'ouvrier ne peut avoir une habitation convenable, un foyer agréable, il devient la proie du cabaret où il perd toute habitude morale et épuise ses forces. Aussi les entreprises tendant à abaisser le prix des logements ouvriers rendent-elles à tous égards les plus grands services. Diverses associations se sont proposé pour but soit de construire des maisons destinées à devenir la propriété des ouvriers au moyen d'une annuité, jointe au prix d'un loyer modéré, soit simplement de louer des logements ouvriers en se contentant invariablement de l'intérêt à 4 pour 100 du capital engagé. On a proposé de consacrer à des opérations de ce genre les fonds des caisses d'épargne. On pourrait encore ajouter à ces mesures l'établissement et le transfert (quand il est possible) des industries dans les campagnes, où la vie est moins coûteuse que dans les villes, et où l'air est plus sain; la tendance depuis un siècle est malheureusement en sens contraire; les campagnes, en France, se dépeuplent pour accroître l'agglomération des villes au détriment de tous.

Enfin l'on se préoccupe des moyens de remédier aux risques qui pèsent lourdement sur les classes ouvrières: la maladie, la vieillesse, les accidents et le chômage. Ce dernier risque, devenu grave par le retour fréquent des crises industrielles, paraît le plus difficile à conjurer à cause du grand nombre de personnes qui se trouvent atteintes en même temps. Contre la maladie, les sociétés de secours mutuels peuvent rendre de grands services; contre la vieillesse, elles sont impuissantes; la constitution de caisses de retraite serait pour elles une charge trop lourde. Diverses combinaisons dans l'étude desquelles nous ne pouvons entrer ont été proposées pour généraliser l'assurance contre les accidents. En Allemagne, l'assurance obligatoire contre les accidents est à la charge des patrons groupés en corporation (V. sur ces différentes questions: Lavollée, *Les classes ouvrières en Europe; Etude sur leur situation matérielle et morale*, 1883; Le Play, *Les ouvriers européens*, 2e éd., 1877-1879; G. Picot, *Un devoir social et les logements d'ouvriers*, 1885; A. Fougerousse, *Patrons et ouvriers de Paris; Réformes introduites dans l'organisation du travail par divers chefs d'industrie*, 1880; E. Muller et E. Cacheux, *Les habitations ouvrières en tous pays; situation en 1878, avenir*, 1879; E. Cheysson, *La question des habitations ouvrières en France et à l'étranger*, 1886; Lujo Brentano, *La question ouvrière*, traduction par Léon Caubert, 1885; *Questions sociales et ouvrières*, publiées par le conseil des études de l'œuvre des cercles catholiques d'ouvriers, I. *Régime du travail*, 1883; comte de Paris, *Les associations ouvrières en Angleterre (Trades unions)*, 6e éd., 1869; *De la situation des ouvriers en Angleterre*, 1884; Paul Leroy-Beaulieu, *La question ouvrière au 19e siècle*, 2e éd., 1881; A. Raffalowich, *Le logement de l'ouvrier et du pauvre*, 1887; A. Renouard, *Questions ouvrières*, 1re *série. La question des accidents du travail, législation française, législations étrangères, projets de réforme, responsabilité des patrons et ouvriers*, Extrait de la *Réforme sociale*, 1886; 2e série, *Les habitations ouvrières de Lille*, 1887; Amédée Marteau, *Les assurances ouvrières en Allemagne, leur organisation et leur fonctionnement; Rapport adressé à M. le ministre des affaires étrangères* (Extrait du *Journal officiel* des 23, 24, 25 mai 1887) 1887; Hubert-Valleroux, *Etude sur les diverses législations qui règlent le travail des enfants et des femmes employés dans l'industrie*, 1880; Dr Victor Bohmert, *La participation aux bénéfices*, traduit et mis à jour par A. Trombert, 1888; Emile Laurent, *Le paupérisme et les associations de prévoyance*, 1865; Francesco Vigano, *La fraternité humaine ou les sociétés de secours mutuels, de coopération, de crédit populaire, de participation*, 1880; G. Salomon, *Les caisses de secours et de prévoyance des ouvriers mineurs en Europe*, 1878; Paul Matrat, *L'avenir de l'ouvrier, travail et prévoyance*, 1883; Ed. Grüner, *Les lois d'assistance ouvrière en Allemagne*, 1887; Cl. Jannet, *L'assurance obligatoire*, 1888.

31. On désigne sous le nom de *profits* ou *intérêts* (*Rép.* n°s 111 et suiv.) la part qui revient au capital dans la production des richesses. La légitimité de l'intérêt dû par l'emprunteur au prêteur est maintenant pleinement reconnue : cela tient à la transformation qui s'est opérée dans le régime économique, et spécialement en ce qui concerne l'objet des prêts. Lorsque le prêt est fait à un individu qui ne se servira de la somme prêtée que pour subvenir à des besoins impérieux et immédiats, la charge des intérêts à ajouter à la restitution du capital est ruineuse pour lui; il est exact de dire alors que l'argent n'a pas produit d'argent. La prohibition du prêt à intérêt avait ce danger pour raison d'être à une époque où l'on empruntait pour vivre ou pour dépenser, non pour produire; la situation est absolument différente aujourd'hui où l'immense majorité des emprunteurs n'emprunte que pour appliquer la somme prêtée à une entreprise productive; il est juste, dans de telles conditions, que celui qui a constitué un capital et s'en est dessaisi participe aux bénéfices dont ce capital devient la source. La seule question débattue est celle du taux de l'intérêt. Les économistes de l'école libérale n'ont cessé d'en demander la complète liberté. En France, la loi de 1807 en avait fixé le maximum à 5 pour 100 en matière civile et 6 pour 100 en matière commerciale; la loi du 12 janv. 1886 (D. P. 86. 4. 32) a maintenu la limitation à 5 pour 100 en matière civile et supprimé toute limitation en matière commerciale (V. *infrà*, v° *Prêt à intérêt*).

32. Nous avons eu occasion de signaler *suprà*, n° 18, les systèmes de nationalisation du sol; la théorie connue sous le nom de *théorie de la rente* leur a servi de fondement. Cette théorie (V. *Rép.* n°s 114 et suiv.) est actuellement démentie, en ce qui concerne la terre, par la concurrence que font les pays neufs aux contrées déjà cultivées depuis plusieurs siècles, et les propriétaires fonciers, loin de profiter d'une élévation constante de leurs revenus due à la cherté croissante des produits de l'agriculture, ont souvent peine à retirer de leurs terres l'intérêt des capitaux qu'ils y ont incorporés. L'accroissement de valeur du terrain par des causes auxquelles le propriétaire reste étranger est plus fréquent et frappe davantage dans les villes; il a atteint, aux Etats-Unis, des proportions inouïes qui ont été pour beaucoup dans le succès des doctrines d'Henri George; mais le bénéfice qui en résulte pour le détenteur du sol n'a en soi rien de plus choquant que les profits réalisés par un fabricant grâce à l'engouement de la mode dont jouissent ses produits. De même que le fabricant peut être victime d'un revirement de la mode, le propriétaire urbain peut voir diminuer la valeur de sa propriété, soit que la ville où elle est située tombe en décadence, soit que le quartier où elle se trouve se déprécie par suite de l'émigration vers des quartiers nouveaux de la population qui l'habite ou des industries que y sont établies.

33. L'Etat joue un rôle des plus importants dans l'ordre économique; son intervention peut s'exercer de diverses manières. Souvent il est producteur (par exemple, en France, il exploite les manufactures de tabacs; presque partout, il a le monopole des postes); il réglemente le régime du travail, au moins dans une mesure restreinte (femmes et enfants), quelquefois sur une plus vaste échelle. Par les droits de douane qu'il établit, il cherche à rendre la concurrence avec l'étranger possible pour certaines industries nationales; il s'occupe aussi de secourir l'indigence, se charge des travaux publics et, au moins en grande partie, du service de l'instruction, etc. Son intervention se fait surtout sentir par la part considérable qu'il prélève dans la répartition des richesses au moyen de l'impôt (*Rép.* n°s 117 et suiv.). On évalue, pour la France, du septième au sixième de la production totale la part que prend ainsi chaque année l'Etat. L'impôt, toujours dû par ceux qu'il frappe sans distinction selon les résultats de leurs entreprises, pèse tantôt sur les consommateurs, tantôt sur les producteurs, et réagit toujours soit indirectement, soit directement sur la production qu'il peut ralentir en restreignant la consommation des produits qu'il atteint ou mettre en état d'infériorité vis-à-vis des producteurs étrangers.

Les services que rend l'Etat ne sont pas toujours proportionnés à la part qu'il s'attribue. L'Etat, en tant que pouvoir chargé de faire régner l'ordre dans la société, remplit un rôle essentiel, mais il pourrait souvent le remplir mieux et à moins de frais. L'énormité de la dette publique française provient de la liquidation de guerres le plus souvent inutiles ou désastreuses, des dépenses consacrées aux travaux publics et à l'instruction publique. Les dépenses affectées aux travaux publics sont utiles, lorsqu'elles développent la production ou les échanges; elles sont funestes, lorsque les charges qu'elles entraînent pour les contribuables ne sont pas compensées par une augmentation proportionnelle de la richesse. Certains pays se sont ruinés ou ont compromis leur avenir au point de vue économique pour avoir dépensé des sommes exagérées en construction de voies ferrées sur lesquelles les trains circulent à vide. De même, les capitaux consacrés à l'instruction publique sont utilement employés, lorsque le développement de l'instruction accroît la force productive, et que la diffusion d'une bonne éducation élève le niveau intellectuel et moral d'une nation; ils deviennent un élément de décadence économique et sociale, lorsqu'ils ne font que multiplier les besoins et surexciter les appétits sans donner les moyens de les satisfaire, détourner des travaux productifs et augmenter le nombre des déclassés plutôt que celui des gens instruits. — Les écoles socialistes tendent à étendre de plus en plus les attributions de l'Etat; l'école libérale se défie non sans motifs des capacités de l'Etat et tend plutôt à restreindre son rôle.

34. Les formes de l'impôt sont encore matière à controverse. L'impôt unique a ses partisans; la multiplicité des impôts est, au contraire, la règle universellement adoptée : on fait remarquer que la justice en matière d'impôts ne pouvant être qu'approximative, les inégalités seraient beaucoup plus choquantes avec l'unité de l'impôt; avec des impôts variés, ces inégalités, ces injustices peuvent se corriger réciproquement dans une certaine mesure, les injustices de l'un profitant aux contribuables qui souffrent des injustices de l'autre. — L'impôt progressif a été réclamé comme le plus conforme à la justice sociale : il a été rarement adopté; il peut devenir facilement le plus injuste des impôts; son principe est dangereux par les conséquences qu'il entraîne; son application a pour premier effet de déterminer l'émigration des grandes fortunes, et pour second effet de démontrer que la progression menace de ruiner les uns sans alléger beaucoup les autres; le principe de l'impôt proportionnel est encore celui qui rallie le plus grand nombre de défenseurs. — L'impôt sur le revenu est l'impôt rêvé par les partisans de l'impôt unique; il peut aussi s'ajouter à d'autres impôts; c'est ce qui a lieu dans tous les pays qui l'ont adopté; il a pour base une évaluation des revenus de chacun par l'autorité publique; cette évaluation qui ne présente pas, au point de vue de la justice, plus de garanties que d'autres modes d'imposition, a l'inconvénient d'amener les pouvoirs publics à se livrer, en ce qui concerne la fortune de chacun, à des investigations auxquelles les contribuables ne se prêtent pas volontiers (V. sur le rôle de l'Etat et les impôts : Villey, *Du rôle de l'Etat dans l'ordre économique*, 1881; Jourdan, *Du rôle de l'Etat dans l'ordre économique, ou économie politique et socialisme*, 1882; Paul Leroy-Beaulieu, *L'Etat moderne et ses fonctions*, 1890; les ouvrages généraux, particulièrement ceux qui nous avons cités *suprà*, n° 8, au sujet du socialisme et ceux qui seront indiqués *infrà*, v° *Impôts*).

35. La question de l'assistance aux indigents soulève des problèmes fort intéressants. Le droit à l'assistance est très discuté : c'est, disent les uns, un encouragement à l'imprévoyance et à la multiplication du nombre des indigents, au détriment de ceux sur qui pèsent les frais de leur entretien; c'est, répondent les autres, une dette pour la société de secourir ceux qui sont trop faibles pour se suffire à eux-mêmes, et cette obligation sociale a pour contre-partie un droit correspondant. — La principale difficulté est de déterminer les conditions à requérir pour l'exercice du droit à l'assistance; celle-ci doit avoir pour but et pour effet de secourir et de relever les victimes de circonstances défavorables, telles qu'accidents, maladies, etc., non de subvenir à l'entretien des ivrognes et des paresseux, ni de donner une prime à l'insouciance. Tel droit proclamé en faveur des indigents en général risque de manquer le but, et de profiter aux moins intéressants; ce sont ces considérations qui ont fait dire parfois que l'assistance est un devoir pour la société, mais ne constitue point un droit en faveur de celui qui la reçoit. On fait remarquer que, si la société doit secourir, il est quelque peu subtil d'alléguer que personne n'a droit d'être secouru. En réalité, la formule critiquée doit être entendue en ce sens qu'il est difficile de préciser dans un texte qui a droit d'être assisté et dans quelle mesure ce droit peut s'exercer.

L'assistance obligatoire existe en Angleterre et, généralement, dans les pays protestants. En s'emparant des biens des congrégations religieuses auparavant chargées du soin des indigents, les Etats qui ont embrassé la réforme ont, en général, accepté cette charge; dans les pays catholiques, au contraire, l'obligation de l'assistance n'a pas été inscrite dans la loi. En France, la confiscation des biens des ordres religieux n'a pas eu pour contre-partie l'assistance obligatoire : l'assistance publique est facultative pour les communes; dans les campagnes, elle est insignifiante. On a parfois signalé ce fait comme une des causes qui contribuent à augmenter l'émigration des campagnes vers les villes. Ce n'est pas cependant que, même dans ces dernières, l'assistance publique soit à la hauteur de tous les besoins. La charité privée concourt dans une large mesure à l'assistance; elle a même, pour l'exercer d'une manière utile, une aptitude qui fait souvent défaut aux administrations publiques. L'assistance publique et la charité privée se prêtent parfois un concours mutuel dont les résultats sont très satisfaisants; c'est ce qui a fait la supériorité du système d'Elberfeld (V. dans la *Revue d'économie politique* de 1887 : *Le système d'Elberfeld*, par M. Saint-Marc).

On peut consulter sur les questions relatives à l'assistance les livres suivants : E. Robin, *Hospitalité et travail*, 1887; comte d'Haussonville, *Etudes sociales. Misère et remèdes*, 1886; Maxime du Camp, *La charité privée à Paris*, 1887; Hubert-Valleroux, *La charité avant et depuis 1789 dans les campagnes de France*, 1890; Saunois de Chevert, *L'indigence et l'assistance dans les campagnes depuis 1789 jusqu'à nos jours*, 1889; E. Cheysson, *L'assistance rurale et le groupement des communes*, Extrait de la *Réforme sociale*, 1886.

ART. 5. — *De la consommation et de la population* (*Rép.* n°s 119 à 128).

36. Les richesses ne sont produites qu'en vue de satisfaire nos besoins; elles ne satisfont ces besoins qu'en se détruisant, qu'en se consommant plus ou moins rapidement. La consommation, but de la production, exerce sur celle-ci une action considérable; à son tour, la production a une grande influence sur la consommation: c'est parce que la consommation prend telle ou telle direction que la production se développe en tel ou tel sens; c'est parce que la production a fait tels progrès, et que le prix de tels produits s'est abaissé, que la consommation, devenue moins coûteuse, devient plus générale (*Rép.* n°s 120 et suiv.). La consommation, ainsi que nous avons eu occasion de le dire, dépend aussi dans une large mesure de la répartition; suivant que telle ou telle classe de la société prend une part plus ou moins large dans la répartition, suivant que l'État dépense plus ou moins en prélevant des impôts plus ou moins considérables, la consommation recherche tels ou tels produits, s'étend à telles ou telles catégories d'objets. — L'action réciproque de la consommation sur la production et de la production sur la consommation, ainsi que l'influence moins étudiée de la répartition sur la consommation, sont extrêmement difficiles à dégager à travers la complexité des phénomènes économiques. Leur rôle n'a pas été jusqu'à présent suffisamment mis en lumière; au contraire, on a trop souvent opposé le consommateur au producteur et les intérêts de l'un à ceux de l'autre. Les termes de consommateur et de producteur ainsi opposés l'un à l'autre ne sont que de pures abstractions; chacun est à la fois (sauf très rares exceptions) producteur et consommateur; il est vrai qu'en général chacun n'a d'intérêts que dans la production d'un petit nombre d'objets et consomme des produits beaucoup plus variés que ceux à la création desquels il contribue, que, par suite, chacun est porté à attacher plus d'importance aux bénéfices des industries où il est producteur qu'au prix de vente de ces produits, et s'inquiète plus du prix des objets qu'il achète sans avoir part aux profits de leur vente que du taux des bénéfices que procure celle-ci; mais, si l'on considère l'ensemble de la société, il est impossible de concevoir le progrès général de la production sans un développement parallèle de la consommation; si donc certaines personnes peuvent avoir, comme consommateurs, des intérêts contraires à ceux de certains producteurs, on n'en saurait conclure que le consommateur en général ait un intérêt opposé à celui du producteur.

37. Les consommations sont improductives ou productives, selon qu'elles ont pour effet de détruire toute l'utilité de la chose à laquelle elles s'appliquent ou de contribuer à la transformation de cette chose en tel objet plus utile. Les deux questions sur lesquelles s'élèvent les difficultés à ce propos sont les questions du luxe et de l'épargne. La première a été examinée au *Rép.* n° 122, où l'on a reproduit les arguments que font valoir soit les partisans, soit les adversaires du luxe. La controverse dure encore; il semble qu'elle devrait s'apaiser si l'on s'entendait sur le sens exact du mot *luxe*. Le luxe est chose relative plutôt qu'absolue. On a maintes fois observé que certains objets de luxe à certaines époques sont devenus plus tard des objets de consommation courante; or le dévelopement de la consommation d'objets non indispensables, mais propres à augmenter le bien-être ou à procurer de saines jouissances, ne peut nuire à la prospérité économique d'un peuple, s'il coïncide avec un progrès dans la production et dans la puissance du travail; il devient ruineux, au contraire, s'il n'est pas en rapport avec un progrès correspondant des moyens de production, car alors il ne peut se faire qu'au détriment de consommations plus utiles et entraîne une destruction partielle de capitaux affectés à la production. On peut dire que le luxe est nuisible pour la société de même que pour les particuliers, si l'on désigne sous le nom de luxe l'excès des consommations sans utilité par rapport à la fortune publique ou privée. L'exagération des dépenses publiques peut être considérée comme un luxe déplorable, et d'autant plus dangereux que ses conséquences sont moins apparentes; l'on doit faire rentrer dans la catégorie des dépenses du luxe public celles même qui paraissent le mieux justifiées, telles que les dépenses faites pour les travaux publics ou l'instruction publique, lorsque ces dépenses sont hors de proportion avec l'état économique de la nation qui les fait et qu'elles n'ont point pour corollaire un accroissement de la fortune publique (V. *suprà*, n° 33). — V. sur la question du luxe les traités généraux d'économie politique et H. Baudrillart, *Histoire du luxe privé et public depuis l'antiquité jusqu'à nos jours*, 4 vol., 1881.

38. On désigne souvent sous le seul nom d'*épargne* deux opérations très distinctes par leur caractère et leurs effets; la première consiste à mettre de côté une richesse quelconque, à la réserver pour l'avenir au lieu de la consommer immédiatement, c'est l'épargne proprement dite; la seconde consiste à employer la richesse mise de côté d'une manière productive. — L'épargne est singulièrement facilitée aujourd'hui grâce à la multiplication des caisses d'épargne où les déposants peuvent amasser peu à peu une certaine somme en faisant successivement des versements minimes; l'intérêt servi pour les sommes déposées est, en outre, un stimulant pour les déposants. Les sociétés coopératives de consommation réalisent l'épargne d'une manière pour ainsi dire automatique. Ces sociétés achètent en gros les marchandises de consommation usuelles, les revendent à leurs membres au prix du détail et répartissent entre ces derniers, à la fin de l'exercice, le bénéfice résultant de la différence du prix d'achat au prix de vente, frais d'administration déduits; les dividendes ainsi remis aux associés représentent l'épargne réalisée pour leur compte par la société, sans qu'ils aient eu la peine de réduire leurs consommations (V. *suprà*, n° 20; et sur les sociétés coopératives de consommation, V. Francesco Vigano, *Histoire des équitables pionniers de Rochdale, de Holyoake*, 1881; *L'ouvrier coopérateur, ou traité d'économie populaire avec des dialogues sur la coopération*, 1881; E. Brelay, *Les associations populaires de consommation et de crédit mutuel en 1882, 1883*).

39. L'épargne a été exaltée par certains économistes comme une source en quelque sorte inépuisable de richesses; il importe de se garder à cet égard d'erreurs trop répandues. L'épargne ne vaut que par l'emploi qui en est fait; elle peut constituer des capitaux considérables, mais elle ne donne pas le moyen de les mettre en valeur, et les capitaux qu'elle crée ne deviennent une source de richesses que s'ils sont mis en œuvre par un travail rémunérateur. Pour que l'épargne soit productive, il faut qu'à l'augmentation du capital qui en résulte corresponde un accroissement dans la puissance du travail; sinon, elle ne fait que grever les travailleurs du poids des intérêts qu'elle réclame, sans augmenter la richesse publique. L'emploi des fonds des caisses d'épargne est donc une question fort grave; elle paraît avoir été résolue de la manière la plus heureuse en Italie où ces fonds ont servi à réaliser le crédit mutuel agricole, et où leur emploi s'est ainsi le plus rapproché de l'emploi par l'épargneur même, qui est le meilleur mode de mise en valeur de l'épargne. L'affectation des épargnes à des prêts hypothécaires est utile, lorsque le travail est assez puissant pour en tirer parti, augmenter par des améliorations réelles la valeur de la propriété, et pourvoir sans peine au service des intérêts et au remboursement du capital; en dehors de ces conditions, cette affectation est ruineuse pour l'emprunteur qui finit par être dépouillé de sa propriété au profit du prêteur, sans que celui-ci doive en tirer grand bénéfice s'il n'a pas les aptitudes nécessaires pour l'exploiter. En France, les fonds des caisses d'épargne sont versés aux mains de l'Etat qui en sert l'intérêt : ce procédé est dangereux en ce qu'il donne à l'Etat un moyen facile de faire des emprunts déguisés, et le grève de la charge des intérêts, le plus souvent sans que l'emploi des fonds détermine un accroissement de richesses qui permette au pays de supporter ce supplément de dette; une augmentation d'impôts doit pourvoir au payement des intérêts, et l'épargne qui n'a rien produit devient pour la nation une source d'appauvrissement et non une source de richesses. — L'exagération du rôle de l'épargne est due à l'habitude que l'on a d'isoler les phénomènes économiques au lieu d'étudier leur action réciproque. Il en est de l'épargne, du prêt à intérêt comme des moyens de transport : ce sont des instruments qui n'ont d'autre valeur que celle que leur donne le travail; leur attribuer une valeur propre, une vertu particulière en faisant abstraction du travail qui les met en œuvre, c'est se faire l'illusion la plus dangereuse et se préparer les déceptions les plus graves (V. en ce qui concerne l'épargne, outre les traités généraux : A. Jourdan, *Epargne et capital, ou du meilleur emploi de la richesse*, 1878; *Société d'économie sociale. Les garanties pour les fonds de prévoyance et d'épargne.* Rapport de M. A. Gibon et observations de MM. Badon-Pascal, Malapert, Gruner, Cacheux, Garreau, Cheysson, Extrait de la *Réforme sociale*, 1888).

40. La théorie de Malthus sur la population (*Rép.* n° 128) procédait d'une observation incomplète. La quantité de subsistances dont dispose une nation est loin d'être la seule cause qui influe sur le développement de sa population; des peuples riches se sont affaiblis et ont peu à peu disparu, tandis que d'autres ont vu leur population croître avec des ressources beaucoup moindres. D'autre part, dans certaines circonstances, la quantité des subsistances peut croître plus rapidement que la population. En France, aujourd'hui, l'on se préoccupe plus de l'insuffisance des progrès de la population que de l'insuffisance des objets d'alimentation. La population s'accroît, lorsque la production augmente dans une mesure plus large que les besoins de la consommation individuelle et que l'esprit de famille est en progrès; elle diminue, lorsque les besoins de chacun croissent dans une proportion plus grande que la production et font redouter les charges de la famille comme une source de privations (V. les traités généraux et E. Cheysson, *La question de population en France et à l'étranger*, 1883; Jos. Garnier, *Du principe de population*, 2e éd., 1885; A. Sudre, *Le libre-échange et la dépopulation de la France*, 1879).

Table sommaire

des matières contenues dans le Supplément et le Répertoire.

(Les chiffres précédés de la lettre *S* renvoient au Supplément; les chiffres précédés de la lettre *R* renvoient au Répertoire.)

Table chronologique des Lois, Arrêts, etc.

ÉCRIT. — V. *Presse-outrage-publication; Propriété littéraire et artistique;* — *Rép.* vis *Presse-outrage-publication*, nos 428 et suiv.; *Propriété littéraire et artistique*, nos 84 et suiv.

ÉCRIT INJURIEUX. — V. *Presse-outrage-publication;* — *Rép.* eod. v°, nos 791 et suiv.

ÉCRITS PÉRIODIQUES. — V. *Presse-outrage-publication;* — *Rép.* eod. v°, nos 225 et suiv.

ÉCRITS PRODUITS EN JUSTICE. — V. *Presse-outrage-publication;* — *Rép.* eod. v°, nos 1199, 1261.

V. aussi *infrà*, vis *Lettre missive; Prescription criminelle.*

ÉCRITURE DE COMMERCE OU PUBLIQUE. — V. *Faux et fausse monnaie; Instruction criminelle;* — *Rép.* vis *Faux et fausse monnaie*, nos 171 et suiv.; *Instruction criminelle*, nos 2471 et suiv.

ÉDIFICE MENAÇANT RUINE. — V. *Responsabilité; Voirie par terre;* — *Rép.* vis *Responsabilité*, nos 767 et suiv.; *Voirie par terre*, nos 1810 et suiv.

FIN DU SIXIÈME VOLUME

www.ingramcontent.com/pod-product-compliance
Lightning Source LLC
Chambersburg PA
CBHW030008220326
41599CB00014B/1736

* 9 7 8 2 0 1 1 9 2 2 5 5 7 *